Europäisches Urheberrecht

Kommentar

Herausgegeben von Michel M. Walter

Insbesondere Software-, Vermiet- und Verleih-, Satelliten- und Kabel-, Schutzdauer-, Datenbank-, Folgerecht-, Informationsgesellschaft-Richtlinie, Produktpiraterie-Verordnung

Verfasst von:
Silke von Lewinski
Michel M. Walter
Walter Blocher
Thomas Dreier
Felix Daum
Walter Dillenz

SpringerWienNewYork

Dr. Silke von Lewinski
Max-Planck-Institut für ausländisches und internationales Patent-, Urheber- und Wettbewerbsrecht, München, Deutschland

Hon.-Prof. Dr. Michel M. Walter
Rechtsanwalt in Wien,
Institut für Handels- und Wirtschaftsrecht, Universität Wien, Österreich

Ass.-Prof. Dr. Walter Blocher
Institut für Bürgerliches Recht, Handels- und Wertpapierrecht, Wirtschaftsuniversität Wien, Österreich

Univ.-Prof. Dr. Thomas Dreier
Institut für Informationsrecht, Zentrum für angewandte Rechtswissenschaft (ZAR), Universität Karlsruhe, Deutschland

Dr. Felix Daum
Rechtsanwalt in Wien, Österreich

Univ.-Prof. Dr. Walter Dillenz
Institut für Handels- und Wirtschaftsrecht, Universität Wien, Österreich

Zitiervorschlag: *Dreier* in *v Lewinski/Walter/Blocher/Dreier/Daum/Dillenz*, Europäisches Urheberrecht (Hrsg *Walter*) Art 7 Rz 2 Satelliten- und Kabel-RL

Printed in Austria

Textkonvertierung und Umbruch: Grafik Rödl, A-2486 Pottendorf
Druck und Bindung: Druckerei Theiss GmbH, A-9400 Wolfsberg
Gedruckt auf säurefreiem, chlorfrei gebleichtem Papier – TCF
SPIN: 10635807

Die Deutsche Bibliothek – CIP-Einheitsaufnahme
Ein Titeldatensatz für diese Publikation ist bei
Der Deutschen Bibliothek erhältlich

ISBN 3-211-83164-9 Springer-Verlag Wien New York

Vorwort des Herausgebers

1. Ziel und Inhalt. Der vorliegende Kommentar zum Europäischen Urheberrecht hat sich zum Ziel gesetzt, eine wissenschaftliche Zwischenbilanz der bisher erreichten Harmonisierung dieses Rechtsgebiets zu ziehen. Zu diesem Zweck werden in erster Linie die bisher erlassenen fünf urheberrechtlichen Richtlinien, nämlich die Software-RL, die Vermiet- und Verleih-RL, die in ihrem zweiten Kapitel auch die „Europäischen" Leistungsschutzrechte regelt, die Satelliten- und Kabel-RL, die Schutzdauer-RL und die Datenbank-RL kommentiert. Abgerundet wird dies durch eine Analyse der – das Gesamtgebiet des Immaterialgüterrechts betreffenden und für die praktische Rechtsdurchsetzung besonders wichtigen – Produktpiraterieverordnung 1994 in ihrer Fassung nach der Änderungsverordnung 1999.

Die Richtlinie über das Folgerecht des Urhebers des Originals eines Kunstwerks sowie die Richtlinie zur Harmonisierung bestimmter Aspekte des Urheberrechts und der verwandten Schutzrechte in der Informationsgesellschaft sind noch nicht erlassen, sie liegen aber jeweils bereits in der Fassung des Gemeinsamen Standpunkts vor. Die Folgerecht-RL wurde im Europäischen Parlament in Zweiter Lesung auch schon behandelt; die Info-RL wird zum Zeitpunkt der Endredaktion dieses Kommentars im Europäischen Parlament in Zweiter Lesung beraten. Da mit der Erlassung beider Richtlinien in nicht allzu ferner Zukunft zu rechnen ist, und ihr Text im Wesentlichen – wenn auch noch nicht endgültig – feststeht, werden auch diese Richtlinien in ihren Fassungen nach dem Gemeinsamen Standpunkt kurz kommentiert und – in Bezug auf Haftungsfragen – durch kurze ergänzende Hinweise auch auf die bereits erlassene E-Commerce-RL und die Zugangskontroll-RL ergänzt.

In einem einleitenden Allgemeinen Teil werden neben einer Übersicht über die Rechtsetzung in der EG, die Auslegung des Gemeinschaftsrechts und die Rechtsfolgen der Nichtumsetzung von Richtlinien (1. Kapitel – Einleitung) weitere für das Urheberrecht relevante Fragen des EG-Primärrechts behandelt. Dazu zählen neben dem Diskriminierungsverbot (2. Kapitel) die Ausübung des Urheberrechts im Spannungsverhältnis zum Europäischen Kartellrecht und zu der Grundfreiheit des freien Waren- und Dienstleistungsverkehrs (3. Kapitel) und die urheberrechtlichen Verwertungsgesellschaften (4. Kapitel), die bei der Rechtewahrnehmung eine immer wichtigere Rolle spielen. In einem letzten 5. Kapitel dieses Abschnitts wird die anlässlich des Gipfels in Nizza im Dezember 2000 proklamierte Charta der Grundrechte aus der Sicht des geistigen Eigentums kurz ergänzend beleuchtet. Im letzten Abschnitt des Werks wird schließlich ein kurzer Überblick über den Stand der Harmonisierung sowie ein Ausblick auf bestehende Lücken und jene Rechtsgebiete gegeben, die noch einer Harmonisierung harren. In diesem Teil wird auch die für die Rechtspraxis wichtige Frage der Erschöpfung des Verbreitungsrechts aus der Sicht des Europäischen Rechts behandelt, wobei einerseits die Rechtsprechung des Europäischen Gerichtshofs zum EG-Primärrecht, anderseits aber auch die Regelungen in einzelnen Richtlinien berücksichtigt werden.

2. Aufbau des Kommentars. Da es sich bei dem vorliegenden Band, soweit ersichtlich, um die erste umfassende Kommentierung des Europäischen Urheberrechts handelt, wird in den einzelnen Abschnitten verhältnismäßig ausführlich auch auf die Entstehungsgeschichte der betreffenden Rechtsquellen eingegangen. Den Schwerpunkt bildet aber die Kommentierung der geltenden Fassungen. Ergänzend wird auch auf die Umsetzung der jeweiligen Vorschriften in der Bundesrepublik Deutschland und Österreich verwiesen, und diese, soweit erforderlich, aus der Sicht dieser Rechtsordnungen erläutert. Auf eine umfassende Darstellung der Umsetzung auch in den übrigen Mitgliedsstaaten der EU bzw Vertragsstaaten des EWR wird in diesem deutschsprachigen Werk dagegen verzichtet. Es mag dies eine reizvolle Aufgabe für die Zukunft bleiben.

Eine Ausnahme bildet insofern die Schutzdauer-RL, bei deren Kommentierung in einem Anhang zu Art 10 einerseits der Stand der nationalen Gesetzgebungen zum Stichzeitpunkt 1. Juli 1995 und anderseits die auch in den übrigen Ländern erfolgte Umsetzung in aller Kürze dargestellt werden.

Der Aufbau der Kommentierung folgt im Wesentlichen einheitlichen Gesichtspunkten. Zunächst werden die Materialien zu dem jeweiligen Gesetzgebungsakt und die maßgebenden Vorschriften zusammengefasst. Dem folgt eine Übersicht über die Literatur zu der jeweils kommentierten Richtlinie (Verordnung). Diese ist nicht auf Vollständigkeit bedacht, soll aber einen repräsentativen Überblick vor allem, aber nicht ausschließlich über die deutschsprachige Literatur geben.

Die Kommentierung der einzelnen Bestimmungen selbst ist verhältnismäßig ausführlich gestaltet. Querverweise auf andere Teile des Kommentars sollen die Benützung erleichtern, wurden aber bewusst eher sparsam gesetzt. Auf eine vollständige Wiedergabe des jeweiligen Rechtstexts (Richtlinie, Verordnung) in ihrem Zusammenhang bzw in englischer und/oder französischer Sprache wurde aus Platzgründen verzichtet.

3. Autorenkommentar. Bei dem vorliegenden Werk handelt es sich um einen Autorenkommentar. Der Herausgeber war deshalb bemüht, zwar einen einheitlichen und übersichtlichen Aufbau der Kommentierung zu gewährleisten, den einzelnen Autoren aber anderseits bei der inhaltlichen und strukturellen Gestaltung weitgehend Freiraum zu lassen. Inhaltlich wurde während der mehrjährigen Arbeit an diesem Werk versucht, die von den Autoren vertretenen Meinungen aufeinander abzustimmen, es wurde aber bewusst darauf verzichtet, durchgehend auf einen lückenlosen Einklang hinzuwirken. Es mag deshalb vorkommen, dass in einzelnen Detailfragen nicht völlig übereinstimmende Meinungen vertreten werden.

4. Zitierweise. Die Zitierweise folgt den in Österreich gebräuchlichen Allgemeinen Zitierregeln (AZR). Diese sind vor allem dadurch gekennzeichnet, dass Abkürzungen nicht durch Punkte abgeschlossen werden. Autorennamen scheinen kursiv gedruckt auf; mehrere Autoren eines Werks werden durch Schrägstrich (/) getrennt, während Doppelnamen durch Bindestrich (-) gekennzeichnet sind. Zahlen nach Schrägstrichen (/) bedeuten in der Regel Nummern, Hefte oder Ausgaben einer Zeitschrift, eines Gesetzesblattes etc; Zahlen nach Kommata sind gewöhnlich als Hinweis auf die entsprechenden Seiten (ohne dem Zusatz „Seite“

oder „S“) zu verstehen. Bei Aufsätzen aus Fachzeitschriften verweist die erste Seitenangabe auf den Beginn der zitierten Arbeit, während die Ziffernangabe in Klammern die konkrete Stelle angibt, auf welche Bezug genommen wird. Soweit in den Literaturübersichten ein „Kurzzitat“ angegeben wird, wird dieses an Stelle des vollen Titels verwendet; bei im Literaturverzeichnis angeführten Zeitschriftenaufsätzen wird in den Fußnoten nur auf die Fundstelle (ohne Titel) und die konkret zitierte Seite hingewiesen.

Mehrfach zitierte Werke aus der urheberrechtlichen Literatur sowie allgemeines Schrifttum zum Europäischen Urheberrecht finden sich in der Literaturübersicht zu Beginn des Werks, wo auch die Materialien zu den Urheberrechtsgesetz-Novellen der letzten Jahre in Deutschland und Österreich sowie Materialien zum Europäischen Urheberrecht zusammengefasst werden, die nicht bestimmte Rechtssetzungsakte betreffen, wie mehrere Rechtsgebiete betreffende Grünbücher, Weißbücher und Initiativen. Die wichtigsten Entscheidungen des Europäischen Gerichtshofs samt zahlreichen, aber nicht vollständig erfassten Fundstellen werden gleichfalls am Anfang des Werks zusammengestellt; bei der Kommentierung werden diese Entscheidungen nur unter Anführung des Datums und des Entscheidungsstichworts zitiert.

5. Rechtschreibung. Der gegenständliche Kommentar ist nach den Regeln der neuen deutschen Rechtschreibung verfasst, wobei die Autoren um eine möglichst einheitliche Schreibweise bemüht waren. Allfällige Unzulänglichkeiten mögen den Autoren und dem Verlag nachgesehen werden. Bei der Wiedergabe der Rechtsvorschriften selbst wurde jedoch die alte Rechtschreibung beibehalten, wie sie – im Amtsblatt der Europäischen Gemeinschaften – veröffentlicht wurden. Erwähnt sei in diesem Zusammenhang, dass die amtliche deutsche Übersetzung des Gemeinsamen Standpunkts der Info-RL gleichfalls bereits nach den Regeln der neuen deutschen Rechtschreibung verfasst ist und auch so abgedruckt wird.

6. Abschluss der Arbeiten. Die Arbeiten an diesem Kommentar waren im Wesentlichen im Frühjahr 2000 abgeschlossen, wurden aber im Hinblick auf die jüngsten Entwicklungen vor allem bei der weiteren Behandlung der Folgerecht-RL und der Info-RL noch weitergeführt und adaptiert. Auf die Festlegung eines bestimmten Stichzeitpunkts wurde dabei verzichtet. Auch jüngere Literatur konnte zwar in den Literaturverzeichnissen, nicht immer aber auch im Text noch berücksichtigt werden.

***

Der Herausgeber dankt vor allem den Mitautoren für die besonders angenehme Zusammenarbeit und den fruchtbaren Gedankenaustausch im Zug der Arbeiten an diesem Gemeinschaftskommentar. Dank gebührt aber auch dem Springer Verlag und seinen Mitarbeitern, vor allem *Mag Jan Sramek* für sein förderndes Interesse, mit welchem er die Arbeiten an diesem Kommentar begleitet hat. Dank sei auch der Herstellung, vor allem *Ing Edwin Schwarz*, nicht zuletzt aber auch dem *Grafikstudio Rödl* und seinem Team für ihre sachkundige und prompte Arbeit sowie wohlwollende Geduld ausgesprochen, mit welcher bis in die letzte Phase der Redaktion immer neue Korrekturen und Ergänzungen eingearbeitet wurden.

Gedankt sei im Voraus aber auch der Leserschaft für eine inhaltliche Auseinandersetzung mit den von den Autoren vertretenen Meinungen einschließlich konstruktiver Kritik und allfälliger Verbesserungsvorschläge für künftige Auflagen (auch per E-Mail an kommentar@vip.at).

Wien, im Februar 2001 Michel M Walter im Namen der Autoren

Inhaltsverzeichnis

Verzeichnis der Abschnitte und Bearbeiter

Allgemeiner Teil	
1. Kapitel Einleitung	*v Lewinski*
2. Kapitel Diskriminierungsverbot	*Walter*
3. Kapitel Ausübung des Urheberrechts, Europäisches Kartellrecht und freier Waren- und Dienstleistungsverkehr	*Daum*
4. Kapitel Urheberrechtliche Verwertungsgesellschaften	*Dillenz*
5. Kapitel Charta der Grundrechte	*Walter*
Software-RL	*Blocher/Walter*
Art 1 bis 3	*Walter*
Art 4 bis 6	*Blocher*
Art 7 bis 11	*Walter*
Vermiet- und Verleih-RL (Umsetzung in Österreich *Walter*)	*v Lewinski*
Satelliten- und Kabel-RL (Umsetzung in Österreich *Walter*)	*Dreier*
Schutzdauer-RL	*Walter*
Datenbank-RL (Umsetzung in Österreich *Walter*)	*v Lewinski*
Produktpiraterieverordnung	*Walter*
Folgerecht-RL	*Walter*
Info-RL	*v Lewinski/Walter*
I. Vorbemerkungen	*Walter*
II. Entstehungsgeschichte und Hintergründe	*v Lewinski*
III. Anwendungsbereich und Verwertungsrechte	*Walter*
IV. Freie Nutzungen	*Walter*
V. Sanktionen	*Walter*
VI. Haftungsbeschränkungen	*Walter*
VII. Technische Schutzmaßnahmen	*v Lewinski/Walter*
VIII. Zeitlicher Anwendungsbereich und technische Anpassungen	*v Lewinski/Walter*
Stand der Harmonisierung	*v Lewinski/Walter*
I. Vorbemerkungen	*Walter*
II. Vertikale und horizontale Harmonisierung	*Walter*

Autoren

Silke von Lewinski, Dr jur, ist wissenschaftliche Referentin für internationales Recht am Max-Plank-Institut für Patent-, Urheber- und Wettbewerbsrecht, München und befasst sich insbesondere mit dem Gebiet Urheberrecht und neue Technologien. Sie hat sich durch intensive, weltweite Veröffentlichungs- und Vortragstätigkeit als Urheberrechtsexpertin bekannt gemacht. Seit einigen Jahren lehrt sie als Adjunct Professor am Franklin Pierce Law Center, N.H. (USA) und als Lehrbeauftragte an der Johannes-Gutenberg Universität, Mainz. An den Universitäten Laval (Québec), Nantes, Toulouse, Paris (Sceaux/Sorbonne) und Montpellier war sie Gastprofessorin, an der Universität McGill (Montreal) Lehrbeauftragte und an der Columbia University (New York) Walter Minton Scholar. Als Beraterin der EG-Kommission wirkte sie unter anderem maßgeblich am Richtlinienentwurf zum Vermiet- und Verleihrecht sowie bei der Diplomatischen Konferenz der WIPO 1996 mit; bei der Diplomatischen Konferenz der WIPO 2000 gehörte sie der deutschen Delegation an. Sie berät zahlreiche Regierungen bei der Urheberrechtsgesetzgebung, insbesondere im Rahmen der Programme der Kommission PHARE und TACIS.

Michel M Walter, Dr jur, studierte Rechtswissenschaften an den Universitäten in Wien, München und Paris und absolvierte eine Musik- und Bühnenausbildung; er war mehrere Jahre als Forschungsstipendiat am Max-Planck-Institut für ausländisches und internationales Patent-, Urheber- und Wettbewerbsrecht, München tätig. Michel Walter war zunächst Richter und ist seit 1969 Rechtsanwalt in Wien. Er ist Honorarprofessor für Urheberrecht und Internationales Privatrecht an der juristischen Fakultät der Universität Wien, Visiting Professor an der Donau Universität in Krems und lehrt an der Wirtschaftsuniversität in Wien, an der Universität für Angewandte Kunst in Wien und an der Universität für Musik und darstellende Kunst „Mozarteum" in Salzburg. Michel Walter ist Gerichtssachverständiger, Mitglied der Schiedsstelle beim Bundesministerium für Justiz und Vizepräsident der österreichischen Landesgruppe der *Association littéraire et artistique internationale* (ALAI). Er leitet die urheberrechtliche Abteilung der Fachzeitschrift Medien und Recht und ist durch zahlreiche Publikationen, insbesondere zum nationalen und internationalen Urheberrecht sowie zum Internationalen Privatrecht bekannt.

Walter Blocher, Mag rer soc oec und Dr jur, ist Betriebsinformatiker und Jurist, Assistenzprofessor am Institut für Bürgerliches Recht, Handels- und Wertpapierrecht der Wirtschaftsuniversität Wien, Lehrbeauftragter für IT-Recht an der Wirtschaftsuniversität Wien, für „Recht für Wirtschaftsinformatiker" an der Universität Wien und Lehrbeauftragter am Lehrgang für Informationsrecht und Rechtsinformatik der Universität Wien. Walter Blocher ist Leiter der Arbeitsgruppe „EDV-Recht" der OCG (Österreichische Computer Gesellschaft), Mitglied des Bundesvorstands der ADV (Arbeitsgemeinschaft für Datenverarbeitung) und Mitglied der DGRI (Deutsche Gesellschaft für Recht und Informatik eV). Seinen Arbeitsschwerpunkt bilden die privatrechtlichen Aspekte des IT-Einsatzes, insbes Rechtsfragen des Software-Schutzes, der IT-Vertragsgestaltung und des E-Commerce.

Thomas Dreier, Dr jur, M.C.J. (New York University), Attorney-at-Law (New York), ist Universitätsprofessor und Direktor des Instituts für Informationsrecht der Universität

Karlsruhe. Bis 1999 war er wissenschaftlicher Referent am Münchner Max-Planck-Institut für ausländisches und internationales Patent-, Urheber- und Wettbewerbsrecht. Er hat die Kommission der Europäischen Gemeinschaften im Rahmen der Verabschiedung der Satelliten- und Kabel-Richtlinie beraten, war Mitglied der deutschen Delegation auf der Diplomatischen Konferenz zum rechtlichen Schutz integrierter Halbleiterschaltkreise und hat an mehreren von der WIPO veranstalteten Worldwide Symposia zum digitalen Urheberrecht mitgewirkt. Thomas Dreier ist Vizepräsident der *Association littéraire et artistique internationale* (ALAI) und stellvertretender Vorsitzender deren deutscher Landesgruppe sowie Vorsitzender des Fachausschusses Softwareschutz der Deutschen Gesellschaft für Recht und Informatik (DGRI). Er war Lehrbeauftragter an der Fachakademie für Fotodesign (München), Visiting Professor an der Universität Toulouse (1997 und 1998), Lehrbeauftragter an der Universität St. Gallen im Rahmen deren Master of Business Law (M.B.L.)-Programms (1996 bis 1999) und ist für das Frühjahr 2002 als Global Professor of Law an die New York University eingeladen. Zahlreiche Aufsätze und Vorträge haben Thomas Dreier im In- und Ausland als Urheberrechtsexperten bekannt gemacht.

Felix Daum, Mag und Dr jur, studierte Rechtswissenschaften an der Universität Wien und war Stipendiat am Max-Planck-Institut für ausländisches und internationales Patent-, Urheber- und Wettbewerbsrecht in München. Felix Daum hat seine Dissertation über ein urheberrechtliches Thema verfasst, hat zu diesem Rechtsgebiet publiziert und ist seit 1999 in der Kanzlei von HonProf Dr Michel Walter als Rechtsanwalt in Wien tätig.

Walter Dillenz, Dr jur, studierte Rechtswissenschaften in Österreich und USA, er ist in führenden Positionen bei urheberrechtlichen Verwertungsgesellschaften tätig, a.o. Universitätsprofessor an der Universität Wien, Gerichtssachverständiger für Urheberfragen, Mitglied der Gruppe von Urheberrechtsexperten der EG (Generaldirektion XV) und Mitglied der Privatradio-, Kabel- und Satellitenbehörde beim Bundeskanzleramt, Wien. Walter Dillenz ist durch zahlreiche Publikationen zum Urheber- und Verwertungsgesellschaftenrecht im In- und Ausland ausgewiesen.

Abkürzungsverzeichnis

aA	anderer Ansicht
aaO	am angegebenen (zitierten) Ort
ABGB	Allgemeines Bürgerliches Gesetzbuch (Österreich)
abl	ablehnend
ABl	Amtsblatt der EG
Abs	Absatz
AcP	Archiv für die civilistische Praxis
AfP	Archiv für Presserecht
AHG	Amtshaftungsgesetz (Österreich)
ALAI	Association littéraire et artistique internationale
AIDA	Annali italiani del diritto d'autore, della cultura e dello spettacolo
ALD	Actualité Législative Dalloz
aM	anderer Meinung
AMI	Informatierecht/AMI, Tijdschrift voor auteurs-, media- en informatierecht
Anh	Anhang
Anm	Anmerkung
Annales	Annales de la propriété industrielle, artistique et littéraire
AnwBl	Anwaltsblatt (Österreich)
AöR (AföR)	Archiv für öffentliches Recht
arg	argumentum
Art	Artikel
Aufl	Auflage
AWD	Außenwirtschaftsdienst des BB (seit 1975 RIW)
AW-Prax	Außenwirtschaftliche Praxis
AZ	Aktenzeichen
BAG	Bundesarbeitsgericht (Deutschland)
BAO	Bundesabgabenordnung (Österreich)
BayVwGH	Bayerischer Verwaltungsgerichtshof
BB	Der Betriebs-Berater
Bd	Band
BDA	Le Bulletin du droit d'auteur
Begr	Begründung
Beil	Beilagen
belg	belgisch
BFH	Bundesfinanzhof (Deutschland)
BGB	Bürgerliches Gesetzbuch (Deutschland)
BGBl	Bundesgesetzblatt
BGH	Bundesgerichtshof (Deutschland)
BGHZ	Entscheidungen des BGH in Zivilsachen
Bl f PMZ	Blatt für Patent-, Muster- und Zeichenwesen

BM	Bundesministerium
BMF	Bundesministerium für Finanzen
BMJ	Bundesministerium für Justiz
brit	britisch
BT-DrS	Bundestag-Drucksache (Deutschland)
BVerfG	Bundesverfassungsgericht (Deutschland)
BVerfGE	Entscheidungen des Bundesverfassungsgerichts
B-VG	Bundes-Verfassungsgesetz (Österreich)
bzw	beziehungsweise
CDA	Les Cahiers du droit d'auteur
CDE	Les Cahiers du droit européen
CDPA	Copyright, Designs and Patents Act 1988 (United Kingdom)
CEE	Communauté Economique Européenne
CJCE	Cour de Justice des Communautés Européennes
Clunet	Journal de Droit international (JDI)
CMLR	Common Market Law Review
CPI	Code français de la Propriété Intellectuelle
CR	Computer und Recht
CR Int	Computer und Recht International
Chron	Chronique
CW	Copyright World
d	vor Rechtsvorschriften (Gesetzen): deutsch zB dUrhG
dän	dänisch
Datenbank-RL	Richtlinie 96/9/EG des Europäischen Parlaments und des Rates vom 11. März 1996 über den rechtlichen Schutz von Datenbanken
DB	Der Betrieb
DdA	Droit d'Auteur
ders	derselbe
dh	das heißt
Dir Aut	Il diritto di autore
Diss	Dissertation
DIT	Droit de l'informatique et des télécoms
Dok	Dokument
DStR	Deutsches Steuerrecht
DVBl	Deutsches Verwaltungsblatt
E	Entscheidung
EB	Erläuternde Bemerkungen
EBLR	European Business Law Review
ECC	European Commercial Cases
ECLR	European Competition Law Review
E-Commerce-RL	Richtlinie 2000/31/EG des Europäischen Parlaments und des Rates vom 8. Juni 2000 über bestimmte rechtliche Aspekte der Dienste der Informationsgesellschaft, insbesondere des elektronischen Geschäftsverkehrs, im Binnenmarkt („Richtlinie über den elektronischen Geschäftsverkehr“)

ecolex	Fachzeitschrift für Wirtschaftsrecht
EDVuR	EDV und Recht
EEA	Einheitliche Europäische Akte
EFTA	Europäische Freihandelszone (European Free Trade Association)
EGV	EG-Vertrag
EGBGB	Einführungsgesetz zum BGB (Deutschland)
ErwG	Erwägungsgrund
EIPR	European Intellectual Property Review
EJIL	European Journal of International Law
EKMR	Europäische Konvention für Menschenrechte
ELR	European Law Reporter (deutschsprachig)
ELRev	European Law Review
EMLR	Entertainment & Media Law Reports
EntLR	Entertainment Law Review
Entw	Entwurf
EP	Europäisches Parlament
ErlRV	Erläuternde Bemerkungen zur Regierungsvorlage (Österreich)
etc	et cetera
EU	Europäische Union
EuG	Gericht erster Instanz der Europäischen Gemeinschaften
EuGH	Gerichtshof der Europäischen Gemeinschaften
EuGVÜ	Übereinkommen der Europäischen Gemeinschaft über die gerichtliche Zuständigkeit und die Vollstreckung gerichtlicher Entscheidungen in Zivil- und Handelssachen
EuR	Europarecht
EuZW	Europäische Zeitschrift für Wirtschaftsrecht
EvBl	Evidenzblatt der Rechtsmittelentscheidungen – Entscheidungsteil der ÖJZ (Österreich)
EWG	Europäische Wirtschaftsgemeinschaft
EWR	Europäischer Wirtschaftsraum
EWS	Europäisches Wirtschafts- & Steuerrecht, Betriebsberater für Europa
f	folgende
ff	fortfolgende
finn	finnisch
FN	Fußnote
Folgerecht-RL	Richtlinie des Europäischen Parlaments und des Rates über das Folgerecht des Urhebers des Originals eines Kunstwerks – noch nicht erlassen; Zitate beziehen sich auf den Gemeinsamer Standpunkt
franz	französisch
FS	Festschrift
FSR	Fleet Street Reports of Industrial Property Cases from the Commonwealth and Europe
FuR	Film und Recht (seit 1984 ZUM)
G	Gesetz
GATT	General Agreement on Tariffs and Trade

Gaz Pal	Gazette du Palais
GD	Generaldirektion
gem	gemäß
GEMA	Gesellschaft für musikalische Aufführungs- und mechanische Vervielfältigungsrechte (Deutschland)
GESAC	Groupement européen des sociétés d'auteurs et compositeurs
GG	(Bonner) Grundgesetz (Deutschland)
GMG	Gebrauchsmustergesetz
GP	Gesetzgebungsperiode
griech	griechisch
GRUR	Gewerblicher Rechtsschutz und Urheberrecht
GRUR Int	Gewerblicher Rechtsschutz und Urheberrecht – Internationaler Teil
GVL	Gesellschaft zur Verwertung von Leistungsschutzrechten m.b.H. (Deutschland)
GWB	Gesetz gegen Wettbewerbsbeschränkungen (dKartellG)
hL	herrschende Lehre
hM	herrschende Meinung
Hrsg	Herausgeber
idF	in der Fassung
idR	in der Regel
ieS	im engeren Sinn
IFPI	International Federation of the Phonographic Industry
IGH	Internationaler Gerichtshof
IIC	International Review of Industrial Property and Copyright Law
Il Foro Italiano	Il Foro Italiano (Giur: Giurisprudenza; IV: communitaria e straniera)
Info	Information
Info-RL	Richtlinie des Europäischen Parlaments und des Rates zur Harmonisierung bestimmter Aspekte des Urheberrechts und der verwandten Schutzrechte in der Informationsgesellschaft – noch nicht erlassen; Zitate beziehen sich auf den Gemeinsamen Standpunkt
Informatierecht	siehe AMI
Int and Comp Law Qu	International and Company Law Quarterly
INTERGU	Internationale Gesellschaft für Urheberrecht
IPEL	Intellectual Property and Entertainment Law
ir	irisch
IPR	Internationales Privatrecht
IPRax	Praxis des Internationalen Privat- und Verfahrensrechts
IPRG	Gesetz über das internationale Privatrecht (Österreich)
IStR	Internationales Steuerrecht
iS	im Sinn
iSd	im Sinn des (der)
iSv	im Sinn von
ital	italienisch

IuKDG	Informations- und Kommunikationsdienstegesetz (Deutschland)
IuR	Informatik und Recht (Deutschland)
iVm	in Verbindung mit
iwS	im weiteren Sinn
JBl	Juristische Blätter (Österreich)
JCoprSoc (JCS)	Journal of the Copyright Society of the USA
JCP (fasc)	Jurisclasseur périodique (édition générale) (fascicule)
JDI	siehe Clunet
JN	Jurisdiktionsnorm (Österreich)
JTDE	Journal des Tribunaux de Droit Européen
jur-pc	herausgegeben von der MediConsult GmbH, Wiesbaden
JuS	Juristische Schulung
JZ	Juristenzeitung (Deutschland)
Kap	Kapitel
KOM	Kommissionsdokumente
Komm	Kommentar
KUR	Kultur- und Urheberrecht
Lfg	Lieferung
LG	Landgericht (Deutschland) bzw Landesgericht (Österreich)
liechtenst	liechtensteinisch
lit	litera (Buchstabe)
LUG	Literaturuhrheberrechtsgesetz (Deutschland)
lux	luxemburgisch
MAC	Mélanges A Colomer
MarkenR	Markenrecht
MarkenR	MarkenR – Zeitschrift für deutsches, Europäisches und internationales Markenrecht
Mat	Materialien
mE	meines Erachtens
Mitt	Mitteilungen des Verbands deutscher Patentanwälte
MittBl	Mitteilungsblatt der Deutschen Vereinigung für gewerblichen Rechtsschutz und Urheberrecht
MMR	Multimedia und Recht
MR	Medien und Recht
mwN	mit weiteren Nachweisen
niederld	niederländisch
NIR	Nordiskt Immateriellt Rättsskydd
NJ	Nederlandse Jurisprudentie
NJW	Neue Juristische Wochenschrift
NJW-CoR	Neue Juristische Wochenschrift Computer-Recht
NJW-RR	Neue Juristische Wochenschrift Rechtsprechungs-Rundschau
NLJ	New Law Journal

norw	norwegisch
Nr	Nummer
N°	numéro, number
NR	Nationalrat (Österreich)
NVwZ	Neue Zeitschrift für Verwaltungsrecht
ö	vor Rechtsvorschriften (Gesetzen): österreichisch zB öUrhG
ÖBl	Österreichische Blätter für Gewerblichen Rechtsschutz und Urheberrecht
OGH	Oberster Gerichtshof (Österreich)
ÖJZ	Österreichische Juristenzeitung
ÖJZ/LSK	Leitsatzkartei der Österreichischen Juristenzeitung
OLG	Oberlandesgericht
ÖSGRUM	Österreichische Schriftenreihe zum Gewerblichen Rechtsschutz, Urheber- und Medienrecht
österr	österreichisch
Österr	Österreich
OWiG	Gesetz über Ordnungswidrigkeiten (Deutschland)
PatG	Patentgesetz
PIBD	Propriété Intellectuelle Bulletin Documentaire
pma	*post mortem auctoris*
port	portugiesisch
PPV	Produktpiraterieverordnung (Verordnung (EG) Nr 3295/94 des Rates vom 22. Dezember 1994 über Maßnahmen zum Verbot der Überführung nachgeahmter Waren und unerlaubt hergestellter Vervielfältigungsstücke oder Nachbildungen in den zollrechtlich freien Verkehr oder in ein Nichterhebungsverfahren sowie zum Verbot ihrer Ausfuhr und Wiederausfuhr)
PPG	Produktpirateriegesetz (Deutschland)
Prot	Protokolle
RabelsZ	Rabels Zeitschrift für ausländisches und internationales Privatrecht
RA	Rom-Abkommen
RAB	Revue Alain Bensoussan
RAO	Rechtsanwaltsordnung (österr)
RBÜ	Revidierte Berner Übereinkunft
RBÜ 1967/71	Revidierte Berner Übereinkunft idF Stockholm/Paris
RdW	Recht der Wirtschaft (Österreich)
RD (D) (Rec Dalloz)	Recueil Dalloz hebdomadaire (inkl Cahier droit des affaires) (Chron: Chroniques/Doctrine; Jur: Jurisprudence/Commentaires; Lég: Législation)
RDPI	Revue du Droit des Propriétés Intellectuelles
RfR	Zeitschrift für Rundfunkrecht (Österreich)
RGBl	Reichsgesetzblatt
RIDA	Revue Internationale du Droit d'Auteur
RIDC	Revue Internationale de Droit comparé

Riv Dir Ind	Rivista di diritto industriale
RIW	Recht der Internationalen Wirtschaft (vor 1975 AWD)
RJDA	Revue de Jurisprudence de Droit des Affaires
RL	Richtlinie
RMUE	Revue du Marché Unique Européen
RMCUE	Revue du Marché Commun et de l'Union Européen (danach RMC)
RMC	Revue du Marché Commun
Rs	Rechtssache (insbes Geschäftszahl von EuGH-Entscheidungen)
Rsp	Rechtsprechung
RTDC	Revue Trimestrielle de Droit Commercial
RTDE	Revue Trimestrielle de Droit Européen
Rz	Randziffer
s	siehe
S	Seite
Satelliten- und Kabel-RL	Richtlinie 93/83/EWG des Rates vom 27. September 1993 zur Koordinierung bestimmter urheber- und leistungsschutzrechtlicher Vorschriften betreffend Satellitenrundfunk und Kabelweiterverbreitung
SchrR	Schriftenreihe
Schulze (Rsp)	Rechtsprechung zum Urheberrecht – Entscheidungssammlung mit Anmerkungen
Schulze Ausl	siehe Schulze (Rsp) – Auslandsteil
Schutzdauer-RL	Richtlinie 93/98/EWG des Rates vom 29. Oktober 1993 zur Harmonisierung der Schutzdauer des Urheberrechts und bestimmter verwandter Schutzrechte
schwed	schwedisch
schweiz	schweizerisch
Sem jur entrepr	La Semaine juridique – édition entreprise
Sem jur gén	La Semaine juridique – édition générale
SGRUM	Schriftenreihe zum gewerblichen Rechtsschutz, Urheber- und Medienrecht
Slg	Sammlung der Rsp des Europäischen Gerichtshofs
Software-RL	Richtlinie 91/250/EWG des Rates vom 14. Mai 1991 über den Rechtsschutz von Computerprogrammen
sog	sogenannt
Sp	Spalte
span	spanisch
SSt	Sammlung der Entscheidungen des Obersten Gerichtshofs in Strafsachen (Österreich)
st	ständig(e)
Sten	stenografisch
StGB	Strafgesetzbuch
StPO	Strafprozessordnung
str	strittig
s.u.	siehe unten
schwed	schwedisch

SZ	Sammlung der Entscheidungen des Obersten Gerichtshofs in Zivilsachen (Österreich)
TDG	Teledienstegesetz
TKG	Telekommunikationsgesetz
TRIPs-Abkommen	Übereinkommen über handelsbezogene Aspekte der Rechte des geistigen Eigentums (Agreement on Trade Related Aspects of Intellectual Property Rights)
ua	und anderem(n)
UFITA	Archiv für Urheber-, Film-, Funk- und Theaterrecht
UrhG	Urheberrechtsgesetz
UrhGNov	Urheberrechtsgesetz-Novelle
dUrhG	deutsches UrhG
öUrhG	österr UrhG
UrhWG	Gesetz über die Wahrnehmung von Urheberrechten und verwandten Schutzrechten (Deutschland)
UWG	Gesetz gegen den unlauteren Wettbewerb
V	Verordnung
VerwGesG	Verwertungsgesellschaftengesetz (Österreich)
vgl	vergleiche
Vermiet- und Verleih-RL	Richtlinie 92/100/EWG des Rates vom 19. November 1992 zum Vermietrecht und Verleihrecht sowie zu bestimmten dem Urheberrecht verwandten Schutzrechten im Bereich des geistigen Eigentums
VfGH	Verfassungsgerichtshof (Österreich)
VwGH	Verwaltungsgerichtshof (Österreich)
WBl	Wirtschaftsrechtliche Blätter (Österreich)
WCT	WIPO Copyright Treaty
WIPO	Weltorganisation für Geistiges Eigentum (World Intellectual Property Organization)
WLR	The Weekly Law Reports
WPPT	WIPO Performances and Phonograms Treaty
WRP	Wettbewerb in Recht und Praxis
WTO	World Trade Organization
WURA	Welturheberrechts-Abkommen
WuW	Wirtschaft und Wettbewerb
WuW/E	WuW-Entscheidungssammlung
WuW/E EWG	WuW-Entscheidungen des Gerichtshofs der Europäischen Gemeinschaften
Z	Ziffer/Zahl
ZaöRV	Zeitschrift für ausländisches öffentliches Recht und Völkerrecht
zB	zum Beispiel
ZER	Zeitschrift für Europarecht (Beilage zu ZfRV)
ZEuP	Zeitschrift für Europäisches Privatrecht
ZfRV	Zeitschrift für Rechtsvergleichung (Österreich)

ZfZ	Zeitschrift für Zölle und Verbrauchsteuern
ZGR	Zeitschrift für Unternehmens- und Gesellschaftsrecht
zit	zitiert
ZK	Zollkodex
ZK-DVO	Zollkodex-Durchführungsverordnung
ZollBefrV	Zollbefreiungsverordnung
ZollR-DG	Zollrechts-Durchführungsgesetz (Österreich)
ZollVG	Zollverwaltungsgesetz (Deutschland)
ZPO	Zivilprozessordnung
zT	zum Teil
Zugangskontroll-RL	Richtlinie über den rechtlichen Schutz von zugangskontrollierten Diensten und von Zugangskontrolldiensten
ZUM	Zeitschrift für Urheber- und Medienrecht (vor 1984 FuR)
zust	zustimmend
zutr	zutreffend

Literaturverzeichnis

Allgemeine Literatur zum Europäischen Urheberrecht und abgekürzt zitierte Literatur

I. Allgemeine Literatur zum Europäischen Urheberrecht

Addor/Govoni, Die Harmonisierung des europäischen Urheberrechts aus schweizerischer Perspektive, ZUM 1995, 464

Beier, Stand und Aussichten der europäischen Rechtsvereinheitlichung auf dem Gebiet des gewerblichen Rechtsschutzes, GRUR Int 1969, 145

Benabou, Droits d'auteur, droits voisins et droit communautaire (1997) (Kurzzitat: *Benabou*, Droits d'auteur et droit communautaire)

Berge, La protection internationale et communautaire du droit d'auteur: essai d'une analyse conflictuelle (1996)

Bernard, Les critères d'application du droit communautaire aux propriétés intellectuelles (1989)

Beseler, Die Harmonisierung des Urheberrechts aus europäischer Sicht, ZUM 1995, 437

Castelain/Milchior, Droit d'auteur et Marché commun (1983)

Cohen Jehoram, The EC Copyright Directives, Economics and Authors' Rights, IIC 1994, 821

Cohen Jehoram, Rapport sur le droit d'auteur et les droits voisins dans les directives de la CEE in Economie et les droits d'auteurs dans les conventions internationales, ALAI Journées d'études de Genève (1994) 124

Cohen Jehoram/Smulders, The Law of the European Community and Copyright in *Geller/Nimmer*, International Copyright Law and Practice EC-1ff (Kurzzitat: *Cohen Jehoram/Smulders*, Law of the European Community)

Dessurmont, Chronique de la Communauté Européenne, RIDA 155 (1993) 89

Dietz, Das Urheberrecht in der Europäischen Gemeinschaft (1978) (Kurzzitat: *Dietz*, Urheberrecht in der Europäischen Gemeinschaft)

Dietz, Möglichkeiten der Harmonisierung des Urheberrechts in Europa, GRUR Int 1978, 101 = IIC 1979, 395

Dietz, Harmonisierung des Urheberrechts in der Europäischen Gemeinschaft, ZUM 1984, 343 = IIC 1985, 379

Dietz, Harmonisierung des europäischen Urheberrechts in *Ress* (Hrsg), Entwicklung des Europäischen Urheberrechts, wissenschaftliches Kolloquium anlässlich des 70. Geburtstags von *Reischl* (1989)

Dietz, Das Urheberrecht in der Europäischen Gemeinschaft in *Beier/Kraft/Schricker/Wadle* (Hrsg), Gewerblicher Rechtsschutz und Urheberrecht in Deutschland, FS zum hundertjährigen Bestehen der Deutschen Vereinigung für gewerblichen Rechtsschutz und Urheberrecht (1991) II 1445 (Kurzzitat: *Dietz* in GRUR-FS)

Dietz, L'harmonisation du droit d'auteur dans l'Europe communautaire, Les Petites Affiches 67 (1992) 29

Dietz, A propos de l'harmonisation des législations nationales dans les pays de la CEE, RIDA 158 (1993) 49

Dillenz, Internationales Urheberrecht in Zeiten der Europäischen Union, JBl 1995, 351

Ellins, Copyright Law, Urheberrecht und ihre Harmonisierung in der Europäischen Gemeinschaft, Schriften zum Europäischen Recht Bd 34 (1997) 230ff (Kurzzitat: *Ellins*, Copyright Law)

Edelman, Réflexions sur le droit d'auteur et son évolution dans la Communauté européenne, BDA 1993/4, 9

Emmert/Pereira de Azevedo, L'effet horizontal des directives. La jurisprudence de la CJCE: un bateau ivre? RTDE 1993, 503

Françon, Le droit d'auteur et le Traité de Rome instituant la CEE, RIDA 100 (1979) 129

Françon, Réflexions sur le Livre vert, RIDA 139 (1989) 129

Franzone, Droit d'auteur et droits voisins: bilan et perspectives de l'action communautaire, RMUE 1993, 143

De Gaulle, Les droits nationaux de propriété intellectuelle à l'épreuve du droit communautaire, RJDA 1995, 735

Ginsburg, Die Rolle des nationalen Urheberrechts im Zeitalter der internationalen Urheberrechtsnormen, GRUR Int 2000, 97

Gotzern (Hrsg), Copyright and the European Community (1989)

Jorna/Martin-Prat, New Rules for the Game in the European Copyright Field and Their Impact on Existing Situations, EIPR 1994, 145

Koppensteiner (Hrsg), Österreichisches und europäisches Wirtschaftsprivatrecht, Teil 2: Geistiges Eigentum, Österreichische Akademie der Wissenschaften, Philosophisch-Historische Klasse, Sitzungsberichte 235. Band Wien 1996 (Kurzzitat: *Koppensteiner*, Österreichisches und europäisches Wirtschaftsprivatrecht)

Kreile/Becker, Neuordnung des Urheberrechts in der Europäischen Union, GRUR Int 1994, 901 (Kurzzitat: *Kreile/Becker*, Neuordnung)

Kretschmer, Bundesregierung zum EG-Grünbuch „Urheberrecht", GRUR 1989, 408

v Lewinski, Copyright in the European Communities: the Proposed Harmonisation Measures 18 (1992) Brooklyn Journal of Intellectual Law 703

v Lewinski, Urheberrecht als Gegenstand des internationalen Wirtschaftsrechts, GRUR Int 1996, 630

v Lewinski, Europäische Integration jenseits der Union – Geistiges Eigentum im Netzwerk intereuropäischer Beziehungen in *Straus* (Hrg), Aktuelle Herausforderungen des geistigen Eigentums, FS *Beier* (1996) 607

Reinbothe, Die Harmonisierung des Urheberrechts in der Europäischen Gemeinschaft, ÖBl 1990, 145

Reischl, Gewerblicher Rechtsschutz und Urheberrecht in der Rechtsprechung des Europäischen Gerichtshofs, GRUR Int 1982, 151 = IIC 1982, 414

Röttinger, Vom „Urheberrecht ohne Urheber" zur „Währung des Informationszeitalters": Das Urheberrecht in Rechtspolitik und Rechtsetzung der Europäischen Gemeinschaft, FS *Dittrich* (2000) 269

Schricker, Harmonisation of Copyright in the European Community, IIC 1989, 466

Schricker/Bastian/Dietz (Hrsg), Konturen eines europäischen Urheberrechts (1996) (Kurzzitat: *Schricker/Bastian/Dietz*, Konturen)

Verstrynge, The European Commisssions's Direction on Copyright and Neighbouring Rights: Toward the Regime of the Twenty-First Centruy, Col VLA JL & Arts 1993, 187

Verstrynge, Copyright in the European Economic Community, Fordham Intell Prop Media & Ent LJ 1993/4 5

Vivant, L'incidence de l'harmonisation communautaire en matière de droits d'auteur sur le multimédia (1995)

Wienand, Copyright Harmonisation in the European Union, Copyright World 1994/5, 24

Walter, Die Europäische Harmonisierung des Urheberrechts – Rechtsangleichung und Weiterentwicklung des Urheberrechts in Europa in *Tomuschat/Kötz/Maydell* (Hrsg), Europäische Integration und nationale Rechtskulturen – Referate des 13. Symposiums der Alexander von Humboldt Stiftung in Bamberg (1993) 123 (Kurzzitat: *Walter*, Europäische Harmonisierung)

II. Sonstige abgekürzt zitierte Literatur

Beier/Götting/Lehmann/Moufang (Hrsg), Urhebervertragsrecht, FS *Schricker* (1995) (Kurzzitat: *Beier*, Urhebervertragsrecht)

Dittrich, Österreichisches und Internationales Urheberrecht[3] (1999) (Kurzzitat: *Dittrich*, Urheberrecht[3])

Fromm/Nordemann, Urheberrecht[9] (1998) (Kurzzitat: *Fromm/Nordemann*, Urheberrecht[9])

Geller/Nimmer, International Copyright Law and Practice (Stand: 1999) (Kurzzitat: *Geller/Nimmer*, International Copyright)

Gendreau/Nordemann/Oesch, Copyright and Photographs – An International Survey (1999) (Kurzzitat: *Gendreau/Nordemann/Oesch*, Copyright and Photographs)

Nordemann/Vinck/Hertin, Internationales Urheberrecht und Leistungsschutzrecht der deutschsprachigen Länder unter Berücksichtigung auch der Staaten der Europäischen Gemeinschaft (1977) (Kurzzitat: *Nordemann/Vinck/Hertin*, Internationales Urheberrecht)

Nordemann/Vinck/Hertin/Meyer, International Copyright and Neighboring Rights Law (1990) (Kurzzitat: *Nordemann/Vinck/Hertin/Meyer*, International Copyright)

Masouyé, Kommentar zur Berner Übereinkunft (1978) deutsche Übersetzung *Walter* (1981) (Kurzzitat: *Masouyé*, Berner Übereinkunft)

Möhring/Schulze/Ulmer/Zweigert, Quellen des Urheberrechts (Hrsg *Katzenberger, Puttfarken, Schricker, E Schulze und M Schulze*) (Kurzzitat: Quellen/Land)

Ricketson, The Berne Convention for the protection of literary and artistic works: 1886–1986 (1987) (Kurzzitat: *Ricketson*, Berne Convention)

M Schulze, Materialien zum Urheberrechtsgesetz – Texte – Begriffe – Begründung[2] (1997) (Kurzzitat: *M Schulze*, Materialien[2])

Schricker, Urheberrecht – Kommentar[2] (1999) (Kurzzitat: *Schricker*, Kommentar[2])

Staehelin, Das TRIPs-Abkommen, Schriften zum Medien- und Immaterialgüterrecht Bd 42 (1997) (Kurzzitat: *Staehelin*, TRIPs-Abkommen)

Walter in *Rüster*, Intellectual Property Guidebook (1991) – Austria, Copyright Law (Kurzzitat: *Walter*, Guidebook)

Walter in *Lehmann/Tapper* (Hrsg), A Handbook of European Software Law (1993/1995) II Austria (Kurzzitat: *Walter*, Handbook)

Walter, Grundlagen und Ziele einer österr Urheberrechtsreform, FS 50 Jahre Urheberrechtsgesetz, ÖSGRUM (4/1986) 233 (Kurzzitat: *Walter*, Grundlagen)

Allgemeine Materialien zum Europäischen Urheberrecht

Die Aktion der Gemeinschaft im kulturellen Bereich, Bulletin der EG, Beilage 6/1977 und Beilage 3/1980[1] (Kurzzitat: Aktion im kulturellen Bereich)

Verstärkung der Gemeinschaftsaktion im Bereich Kultur 1982

Weißbuch der Kommission zur Vollendung des Binnenmarkts vom 14. Juni 1985 KOM (85) 310 endg (Kurzzitat: Weißbuch 1985)

Grünbuch über das Urheberrecht und die technologische Herausforderung – Urheberrechtsfragen, die sofortiges Handeln erfordern KOM (88) 172 (endg) vom 23. August 1988 (Kurzzitat: Grünbuch 1988)

Arbeitsprogramm der Kommission auf dem Gebiet des Urheberrechts und der verwandten Schutzrechte – „Initiativen zum Grünbuch" vom 17. Januar 1991 KOM (90) 584 endg[2] (Kurzzitat: Initiativen zum Grünbuch)

Mitteilung über die Politik im audiovisuellen Bereich 1990

Schlussfolgerungen der im Rat vereinigten Minister für Kulturfragen vom 7. Juni 1991 über das Urheberrecht und die verwandten Schutzrechte ABl C 188 vom 19.07.1991, 4

---

[1] Vgl dazu Bericht GRUR Int 1980, 767.

[2] GRUR Int 1991, 359.

Materialien Deutschland und Österreich

I. Deutschland

1. Gesetz zur Änderung des Urheberrechtsgesetzes vom 24. Juni 1985 BGBl 1985 I 1137 (Kurzzitat: Erstes ÄnderungsG 1985):
   Entwurf eines Gesetzes zur Änderung von Vorschriften auf dem Gebiet des Urheberrechts vom 22. Dezember 1983 BT-DrS 10/837 (Kurzzitat: Entw Erstes ÄnderungsG)
   Bericht des Rechtsausschusses BT-DrS 10/3360, 18
   Bericht der Bundesregierung über die Auswirkungen der UrhGNov 1985 vom 7. Juli 1985 BT-DrS 11/4929, 43
2. Gesetz zur Stärkung des Schutzes des geistigen Eigentums und zur Bekämpfung der Produktpiraterie (PrPG) vom 7. März 1990 BGBl I 422 (Kurzzitat: PPG):
   Entwurf eines Gesetzes zur Bekämpfung der Produktpiraterie vom 15. Juni 1989 BT-DrS 11/4792 (Kurzzitat: Entw ProduktpiraterieG)
3. Zweites Gesetz zur Änderung des Urheberrechtsgesetzes vom 9. Juni 1993 BGBl 1993 I 910 (Kurzzitat: Zweites ÄnderungsG 1993) – Software-RL:
   Entwurf eines Zweiten Gesetzes zur Änderung des Urheberrechtsgesetzes vom 18. Dezember 1992 BT-DrS 12/4022 (Kurzzitat: Entw Zweites ÄnderungsG)
4. Drittes Gesetz zur Änderung des Urheberrechtsgesetzes vom 23. Juni 1995 BGBl 1995 I 842 (Kurzzitat: Drittes ÄnderungsG 1995) – Vermiet- und Verleih-RL und Schutzdauer-RL:
   Entwurf eines Dritten Gesetzes zur Änderung des Urheberrechtsgesetzes vom 18. März 1994 BT-DrS 218/94 (Kurzzitat: Entw I Drittes ÄnderungsG)
   Entwurf eines Dritten Gesetzes zur Änderung des Urheberrechtsgesetzes vom 23. September 1994 BT-DrS 876/94 (Kurzzitat: Entw II Drittes ÄnderungsG)
   Entwurf eines Vierten Gesetzes zur Änderung des Urheberrechtsgesetzes vom 13. März 1995 BT-Drucksache 13/781 (im Zug des parlamentarischen Verfahrens mit dem Entw II Drittes ÄnderungsG zusammengefasst) (Kurzzitat: Entw III Drittes ÄnderungsG)
5. Gesetz zur Regelung der Rahmenbedingungen für Informations- und Kommunikationsdienste – Informations- und Kommunikationsdienste-Gesetz (IuKDG) vom 22. Juli 1997 BGBl 1997 I 1870 – Datenbank-RL:
   Entwurf eines Gesetzes zur Regelung der Rahmenbedingungen für Informations- und Kommunikationsdienste (Informations- und Kommunikationsdienste-Gesetz – IuKDG) vom 20. Dezember 1996 BR-Drucksache 966/96 (Kurzzitat: Entw IuKDG)
6. Viertes Gesetz zur Änderung des Urheberrechtsgesetzes vom 8. Mai 1998 BGBl 1998 I 902 (Kurzzitat: Viertes ÄnderungsG 1998) – Satelliten- und Kabel-RL:
   Entwurf eines Vierten Änderungsgesetzes zur Änderung des Urheberrechtsgesetzes vom 22. März 1996 BR-DrS 212/96; siehe auch BR-DrS 13/4796 (Kurzzitat: Entw Viertes ÄnderungsG)

II. Österreich

1. Urheberrechtsgesetz-Novelle 1993 (UrhGNov 1993) BGBl 1993/93:
   Erläuternde Bemerkungen zur Regierungsvorlage 596 der Beil zu den Sten Prot NR 18. GP (ErlRV UrhGNov 1993)

Bericht des Justizausschusses vom 24. November 1992 854 der Beil zu den Sten Prot NR 18. GP)

2. Urheberrechtsgesetz-Novelle 1996 vom 29. März 1996 (UrhGNov 1996) BGBl 1996/151:

   Erläuternde Bemerkungen zur Regierungsvorlage 3 der Beil zu den Sten Prot NR 20. GP (ErlRV UrhGNov 1996)

   Bericht des Justizausschusses vom 6. Februar 1996 40 der Beil zu den Sten Prot NR 20. GP

3. Urheberrechtsgesetz-Novelle 1997 (UrhGNov 1997) BGBl I 1998/25

   Erläuternde Bemerkungen zur Regierungsvorlage UrhGNov 1997 883 der Beil zu den Sten Prot NR 20. GP (ErlRV UrhGNov 1996)

   Bericht des Justizausschusses vom 2. Dezember 1997 1001 der Beil zu den Sten Prot NR 20. GP.

Entscheidungen des Europäischen Gerichtshofs, des EFTA Gerichtshofs, der Kommision und des Europäischen Gerichts erster Instanz

EuGH 13.07.1966 – „Grundig/Consten" Rs 56 u 58/64 Slg 1966, 321 = GRUR Int 1966, 580 = WuW/E EWG 125 = Clunet 1966, 914

EuGH 29.02.1968 – „Parke Davis" Rs 24/67 Slg 1968, 85 = GRUR Int 1968, 99 = WuW/E EWG 193

Kommission 01.02.1971 – „ZVEI/ZPÜ" ABl 1971 L 34, 13

EuGH 18.02.1971 – „Sirena/Novimpex" Rs 40/70 Slg 1971, 69 = GRUR Int 1971, 279 = NJW 1971, 1007 = WuW/E EWG 257

Kommission 02.06.1971 – „GEMA I" Az IV/26.760 ABl 1971 L 134, 15 = GRUR Int 1973, 86 (*Schulze*) = UFITA 65 (1972) 344 = WuW EV 331

EuGH 08.06.1971 – „Deutsche Grammophon/Polydor/Metro" Rs 78/70 Slg 1971, 487 = GRUR Int 1971, 450 = NJW 1971, 1533 = UFITA 63 (1972) 349 = *Schulze* EuGH 1 (*Mestmäcker*) = RIW 1971, 40 = WuW/E EWG 263 = CMLR 1971, 631 = RIDA 100, 147 (*Françon*) = RTDE 1971, 481

Kommission 09.11.1971 – „SIAE" ABl 1971 L 254, 15

Kommission 06.07.1972 – „GEMA II" Az IV/26.760 ABl 1972 L 166, 22 = UFITA 65 (1972) 369

EuGH 21.03.1974 – „SABAM III/BRT II" Rs 127/73 Slg 1974, 313 = *Schulze* EuGH 3 (*Mestmäcker*) = GRUR Int 1974, 342 (*Schulze*) = WuW/E EWG 311 = CMLR 1974 II 244 und 285 = JTDE 1974, 263 = Riv dir ind 1974 II 334

EuGH 30.04.1974 – „RAI/Sacchi" Rs 155/73 Slg 1974, 409 = *Schulze* EuGH 4 (*Mestmäcker*) = UFITA 78 (1977) 349 = WuW/E EWG 337

EuGH 03.07.1974 – „HAG I" Rs 192/73 Slg 1974, 731 = GRUR Int 1974, 338 = NJW 1974, 1640

EuGH 31.10.1974 – „Centrafarm I/Sterling Drug" = „NEGRAM II" Rs 15/74 Slg 1974, 1147 = GRUR Int 1974, 454 = NJW 1975, 516 = WuW/E EWG 327 = JCP 1976 I 2752 (*Burst/Kovar*) = RTDE 1975, 593 (*Kovar*) = Clunet 1976, 208 (*Kovar*) = RTDC 1977, 384

EuGH 15.06.1976 – „EMI/CBS Schallplatten" Rs 96/75 Slg 1976, 913 = GRUR Int 1976, 398 = NJW 1976, 1579 = WuW/E EWG 392

EuGH 22.06.1976 – „Terrapin/Terranova" Rs 119/75 Slg 1976, 1039 = GRUR Int 1976, 402 = NJW 1976, 1578 = BB 1976, 851 = RIW 1976, 434 = EuR 1976, 340 = DB 1976, 1662 = CDE 1976, 424

EuGH 23.05.1978 – „Hoffmann-La Roche/Centrafarm" Rs 102/77 Slg 1978, 1139 = GRUR Int 1978, 291 = NJW 1978, 1739 = IIC 1978, 580

EuGH 10.10.1978 – „Centrafarm/American Home Products" Rs 3/78 Slg 1978, 1823 = GRUR Int 1979, 99 = NJW 1979, 484

EuGH 25.10.1979 – „SACEM/Greenwich Film" Rs 22/79 Slg 1979, 3275 = *Schulze* EuGH 5 (*Mestmäcker*) = GRUR Int 1980, 159 = NJW 1980, 2013 = WuW/E EWG 481 = RIDA 103, 136

EuGH 18.03.1980 – „Coditel I/Ciné Vog/Le Boucher I“ Rs 62/79 Slg 1980, 881= GRUR Int 1980, 602 = NJW 1980, 2011 = *Schulze* EuGH 6 (*Mestmäcker*) = RIDA 105, 156 (*Françon*) = RTDC 1980, 339 (*Françon*) = RTDE 1981, 101 (*Bonet*) = RD 1980 Jur 597 (*Plaisant*) = IIC 1981, 207

EuGH 20.01.1981 – „GEMA/Musikvertrieb Membran/Gebührendifferenz II“ Rs 55 und 57/80 Slg 1981, 147 = *Schulze* EuGH 2 (*Schulze*) = GRUR Int 1981, 229 = NJW 1981, 1143 = FuR 1981, 389 = CMLR 1981, 422 (*Alexander*) = RIDA 109, 174 (*Joubert*) = RTDC 1981, 538 (*Françon*) = RTDE 1981, 181 (*Bonet*) = Gaz Pal 1981, 1-351 (*Sarraute*)

EuGH 22.01.1981 – „Dansk Supermarked/Imerco Jubiläum“ Rs 58/80 Slg 1981, 181 = GRUR Int 1981, 393 = NJW 1981, 1893 = WuW/E EWG 542

EuGH 14.07.1981 – „Merck/Moduretik“ Rs 187/80 Slg 1981, 2063 = GRUR Int 1982, 47 = NJW 1981, 2633

Kommission 29.10.1981 – „GVL“ Az IV/29.839 ABl 1981 L 370, 49 = GRUR Int 1982, 242

EuGH 03.12.1981 – „Pfizer/Eurim-Pharm“ Rs 1/81 Slg 1981, 2913 = GRUR Int 1982, 187 = NJW 1982, 1210

Kommission 04.12.1981 – „GEMA-Satzung“ Az IV/29.971 ABl 1982 L 94, 12 = GRUR Int 1982, 539 = WuW EV 921

EuGH 09.02.1982 – „Polydor/Harlequin“ Rs 270/80 Slg 1982, 329 = GRUR Int 1982, 372 = NJW 1982, 1208 = *Schulze* EuGH 8 (*Mestmäcker*) = RIDA 113, 134 = RTDE 1982, 300 (*Bonet*)

EuGH 08.06.1982 – „Maissaatgut/Nungesser“ Rs 258/78 Slg 1982, 2015 = GRUR Int 1982, 530 = NJW 1982, 1929 = RIW 1982, 358 = RTDE 1983, 286 (*Bonet*)

EuGH 06.10.1982 – „Coditel II/Ciné Vog/Le Boucher II“ Rs 262/81 Slg 1982, 3381 = *Schulze* EuGH 9 (*Mestmäcker*) = GRUR Int 1983, 175 = NJW 1983, 1255 = WuW/E EWG 578 = UFITA 98 (1984) 185= CMLR 1983 I 49 = RIDA 115, 120 (*Françon*) = RTDC 1982, 558 (*Françon*) = RTDE 1983, 297 (*Bonet*) = JCP 1984 II 13389 (*Blaise/Kovar*)

EuGH 02.03.1983 – „GVL/Kommission“ Rs 7/82 Slg 1983, 483 = *Schulze* EuGH 10 (*Mestmäcker*) = GRUR Int 1983, 734 = NJW 1984, 2765 = WuW/E EWG 593 = JuS 1985, 141 = UFITA 98 (1984) 189 = EIPR 1983, D-86 = RIDA 119, 220

EuGH 03.07.1985 – „Binon/AMP“ Rs 243/83 Slg 1985, 2015 = GRUR Int 1986, 51 = NJW 1986, 651 = RIW 1986, 651 = JuS 1986, 476 = WuW/E EWG 687

EuGH 09.07.1985 – „Pharmon/Hoechst“ Rs 19/84 Slg 1985, 2281 = GRUR Int 1985, 822 = NJW 1986, 2186 = RTDC 1986, 82 (*Chavanne/Azema*) = RTDE 1986, 281 (*Bonet*)

EuGH 11.07.1985 – „Cinéthèque“ Rs 60 und 61/84 Slg 1985, 2605 = *Schulze* EuGH 11 (*Mestmäcker*) = GRUR Int 1986, 114 = NJW 1985, 1421 = RIDA 126, 132

EuGH 25.02.1986 – „Windsurfing“ Rs 193/83 Slg 1986, 611 = GRUR Int 1986, 635 = RIW 1986, 725 = WuW/E EWG 725

EuGH 09.04.1987 – „Basset/SACEM/Surtaxe“ Rs 402/85 Slg 1987, 1747 = AfP 1988, 104 = GRUR Int 1988, 243 = NJW 1988, 619 = *Schulze* EuGH 13 (*Mestmäcker*) = ZUM 1988, 25 = MR 1987/4, 150 = RIDA 133, 168 (*Delmoly*) = RTDC 1987, 391 (*Françon*) = Clunet 1988, 504 (*Hermitte*) = Annales 1984, 66 = CMLR 1984 III 233 = FSR 1985, 39 = Rec Dalloz 1985, 277

EuGH 17.05.1988 – „Warner Brothers/Christiansen“ Rs 158/86 Slg 1988, 2605 = GRUR Int 1989, 668 = RIDA 137, 84 (*Delmoly*) = RTDC 1989, 73 (*Françon*) = RTDE 1988, 647 (*Bonet*) = JCP 1989 II 21173 (*Edelman*) = IIC 1988, 666

Kommission 21.12.1988 – „Magill TV Guide“ Az IV/31.851 ABl 1989 L 78, 43 = WuW EV 1447

EuGH 24.01.1989 – „EMI/Patricia/Schutzfristenunterschiede„ Rs C-341/87 Slg 1989, 79 = GRUR Int 1989, 319 = *Schulze* EuGH 14 (*Mestmäcker*) = NJW 1989, 1428 = RIW 1989, 307 = WuW/E EWG 878 = ZUM 1989, 97 = IIC 1990, 689 = CMLR 1989, 413 = RIDA 141, 235 (*Kéréver*) = RTDC 1989, 464 (*Françon*) = RTDE 1990, 733 (*Bonet*) = JCP 1989 II 21241

EuGH 13.07.1989 – „Ministère Public/Tournier" Rs C-395/87 Slg 1989, 2521 = GRUR Int 1990, 622 = *Schulze* EuGH 15 (*Schulze*) = EuZW 1990, 518 = EWS 1990, 133 = WuW/E EWG 901 = ZUM 1990, 239 = CMLR 1990, 561 = RIDA 142, 289 = JCP 1990 II 21437 (*Edelman*) = CDA 1989-19, 1 = Clunet 1990, 278 (*Hermitte*)

EuGH 13.07.1989 – „SACEM/Lucazeau/Diskotheken" Rs 110/88, 241/88 und 242/88 Slg 1989, 2811 = EuZW 1990, 515 = *Schulze* EuGH 16 (*Schulze*) = RIDA 142, 289 = FSR 1989, 209

EuGH 17.10.1990 – „HAG II" Rs C-10/89 Slg 1990, I-3711 = GRUR Int 1990, 960 = NJW 1991, 626 = EuZW 1990, 545

EuGH 12.12.1990 – „SACEM-Tarife" Rs 270/86 Slg 1990, I-4607

EuG 10.07.1991 – „BBC/Kommission" Rs T-70/89 Slg 1991, II-535 = GRUR Int 1993, 316 = EuZW 1993, 189

EuG 10.07.1991 – „RTE/Kommission" Rs T-69/89 Slg 1991, II-485

EuG 10.07.1991 – „ITP/Kommission" Rs T-76/89 Slg 1991, II-575 = RIDA 151, 216 (*Desurmont*) = RTDC 1992, 372 (*Françon*) = RTDE 1993, 529 (*Bonet*)

EuGH 20.10.1993 – „Phil Collins/Imtrat" Rs C-92 und 326/92 Slg 1993, I-5145 = ABl 1993 C 312, 3 = GRUR 1994, 280 = GRUR Int 1994, 53 = NJW 1994, 375 = *Schulze* EuGH 17 (*Movsessian*) = CR 1994, 339 (*Günther*) = EuZW 1993, 710 (*Kröger*, EuZW 1994, 85) = EWS 1993, 400 = JZ 1994, 142 (*Schack*) = MR 1993, 200 (*Medwenitsch*) = ZER 1993, 178 = ZUM 1993, 612 = RIDA 159, 304 = RD 1995 Jur 133 (*Edelman*) = RTDE 1995, 845 (*Bonet*) = FSR 1994, 166 = CMLR 1993, 773 = Intelectuele Eigendom, Jurisprudentie en annotaties Ars Aequi 1953-1998, 205 (*Cohen Jehoram*)

EuG 29.11.1993 – „BUMA I/Koelman" Rs T-56/92 Slg 1993, II-1267

EuG 24.01.1995 – „BEMIM" Rs T-114/92 Slg 1995, II-147

EuGH 06.04.1995 – „Magill/RTE/ITP" Rs C-241/91 P und C-242/91 P Slg 1995, I-743 = GRUR Int 1995, 490 = *Schulze* EuGH 18 (*M. Schulze*) = CR 1995, 647 = JZ 1996, 304 = EuZW 1995, 339 = MR 1995, 154 = ecolex 1995, 948 (*Bunte* 565) = WBl 1995, 239 = ZER 1995/38 = IIC 1996, 78 = RIDA 165, 173 = RD 1996 Jur 119 (*Edelman*) = RTDC 1995, 606 (*Françon*) = RTDE 1995, 835 (*Bonet*)

EuG 09.01.1996 – „BUMA II/Koelman" Rs T-575/93 Slg 1996, II-1 = RIDA 169, 261 (*Kéréver* 247) = Journal du droit international 1997, 578 = WBl 1996, 159

EuGH 25.06.1996 – „SIAE I/Italia Testa" Rs C-101/96 Slg 1996, I-3081

EuG 11.07.1996 – „Métropole télévision/Kommission" Rs T-528, 542 u. 546/93 Slg 1996, II-649 = WBl 1996, 404 (Leitsatz)

EuGH 19.07.1996 – „SIAE II/Modesti" Rs C-191/96 Slg 1996, I-3937

EuGH 19.07.1996 – „SIAE III/Hassan" Rs C-196/96 Slg 1996, I-3945

EuGH 24.10.1996 – „SELL/Kommission" Rs C-91/95 Slg 1996, I-5547 = Journal du droit international 1997, 583

EuGH 04.11.1997 – „Dior/Evora" Rs C-337/95 Slg 1997, I-6013 = GRUR Int 1998, 140 = WRP 1998, 150 = ecolex 1998, 187 (Kurzbericht), 228 (Leitsätze und Anm *Schanda*) = ZER 1998/57 = WBl 1998/1 = IIC 1998, 43

EFTA-Gerichtshof Gutachten 03.12.1997 – „Maglite" Rs E 2/97 GRUR Int 1998, 309 = MittBl 1998, 188 (*Ullrich*) = IIC 1998, 316

EuGH 28.04.1998 – „Metronome Musik/Music Point Hokamp“ Rs C-200/96 Slg 1998, I-1953 = GRUR Int 1998, 596 = WBl 1998/257 = ZER 1998/184 = ZUM 1998, 490 = RIDA 178, 213

EuGH 16.07.1998 – „Silhouette“ Rs C-355/96 Slg 1998, I-4799 = GRUR Int 1998, 695 = EuZW 1998, 563 = ÖBl 1998, 296 = MR 1998, 205 = WBl 1998/259 = ecolex 1998, 718 (Leitsätze und Anm *Schanda*) = ZER 1998/287 = AnwBl 1998, 494 (*Stix-Hackl*) = IIC 1998, 920

EuGH 22.09.1998 – „Videogramdistributører/Laserdisken“ Rs C-61/97 Slg 1998, I-5171 = GRUR Int 1998, 878 = EuZW 1998, 700 = RIDA 179, 349 = ÖBl 1999, 151 = MR 1999, 29 = ÖJZ 1999, 151 = WBl 1998/370 = ecolex 1999, 40 (*Schanda*) = ZER 1999/323

EuGH 29.06.1999 – „Butterfly/Briciole di baci“ Rs C-60/98 Slg 1999, I-3939 = GRUR Int 1999, 868 = CR 1999, 646 = MR 2000, 33 = ÖBl 2000, 92 = WBl 1999/242 = Dir Aut 1999, 636 = ÖBl 2000, 92

EuGH 14.10.1999 – „adidas“ Rs C-223/98 Slg 1999, I-7081 = GRUR Int 2000, 163 = EuZW 2000, 274

EuG 16.12.1999 – „Microsoft Business Leader – MBL“ Rs T-198/98

EuGH 03.02.2000 – „SatKabel-RL/Hotelzimmer/Hostelería Asturiana/Egeda/Hoasa/ Hotel-Fernsehempfangsanlage“ Rs C-293/98 ABl C 102 vom 08.04.2000, 4 = Slg 2000, I-629 = EuZW 2000, 223 = WBl 2000, 171 (Auszug) = GRUR Int 2000, 548 = ÖBl 2000, 186 (*Kucsko*) = MR 2000, 160 = KUR 2000, 222

EuGH 06.04.2000 – „Polo/Polo-T-Shirts II/Lauren/Diwidua“ Rs C-383/98 Slg 2000, I-2519 = MR 2000, 96 (*Walter*) = WBl 2000, 222 = MarkenR 2000, 169 = GRUR Int 2000, 461 (Bericht) = GRUR Int 2000, 748 = ecolex 2000, 440 = ELR 2000, 121[1]

[1] Siehe dazu *Braun/Heise*, Die Grenzbeschlagnahme illegaler Tonträger in Fällen des Transits – Zugleich Anmerkung zum Urteil des EuGH vom 6.4.2000 Rs. C-383/98 „Polo/ Lauren“, GRUR Int 2001, 28.

Allgemeiner Teil

(Bearbeiter: v Lewinski/Walter/Daum/Dillenz)

1. Kapitel Einleitung

(Bearbeiterin: v Lewinski)

Übersicht

I. Literatur

Benabou, Droits d'auteur et droit communautaire 21

Biber/Ress, Die Dynamik des europäischen Gemeinschaftsrechts (1987) (Kurzzitat: *Biber/Ress*, Dynamik)

Blanchet/Püpponen/Westman-Clément, The Agreement On the European Economic Area (EEA) (1994) (Kurzzitat: *Blanchet/Püpponen/Westman-Clément,* Agreement EEA)

Bleckmann, Europarecht[6] (1997)

Bleckmann, Zu den Auslegungsmethoden des Europäischen Gerichtshofs, NJW 1982, 1177

Bleckmann, Probleme der Auslegung von EWG-Richtlinien, RIW 1987, 929

Bleckmann, Probleme der Auslegung europäischer Richtlinien, ZGR 1992, 364

Brechmann, Die richtlinienkonforme Auslegung – zugleich ein Beitrag zur Dogmatik der EG-Richtlinien (1994)

Cohen Jehoram/Smulders, Law of the European Community and Copyright in *Geller/Nimmer*, International Copyright EC-1ff

Ellins, Copyright Law 230ff

Everling, Zur Auslegung des durch EG-Richtlinien angeglichenen nationalen Rechts, ZGR 1992, 376

Fischer/Köck, Europarecht[3] (1997)

Funke, Das Urheberrecht in der EG, EWS 1991, 161

Geiger, EG-Vertrag – Kommentar zu dem Vertrag zur Gründung der Europäischen Gemeinschaft[2] (1995) (Kurzzitat: *Geiger,* EG-Vertrag[2])

Grabitz/Hilf, Kommentar zur Europäischen Union[4] (Loseblatt, Stand Oktober 1999) (Kurzzitat: *Grabitz/Hilf*)

Grabitz/Hilf, Das Recht der Europäischen Union, Kommentar (Loseblatt, Stand Januar 2000) (Kurzzitat: *Grabitz/Hilf*, Das Recht)

Groeben/Thiesing/Ehlermann, Kommentar zum EWG-Vertrag[4] (1991)

Groeben/Thiesing/Ehlermann, Kommentar zum EU-, EG-Vertrag[5] (1997)

Hailbronner/Klein/Magiera/Müller-Graff, Handkommentar zum Vertrag über die Europäische Union (EUV/EGV) (Loseblatt, Stand November 1998)

Herber, Direktwirkung sogenannter horizontaler EG-Richtlinien? EuZW 1991, 401

Hummer, Chronologie und Konzeptualität des EWR, in *Hummer* (Hrsg), Der europäische Wirtschaftsraum und Österreich (1994)

Hummer, Von den Freihandelsabkommen Österreichs mit EGKS und EWG (1972) zum Beitrittsantrag zu den EG (1989), in *Hummer* (Hrsg), Österreichs Integration in Europa 1948–1989 (1990) 109

Ipsen, Richtlinien-Ergebnisse, in FS *Ophüls* (1965) 67 (71)

Isaac, Droit Communautaire Général[4] (1994) (Kurzzitat: *Isaac*, Droit Communautaire Général[4])

Jarass, Binnenmarktrichtlinien und Umweltschutzrichtlinien, EuZW 1991, 530

Jarass, Richtlinienkonforme bzw EG-Rechtskonforme Auslegung nationalen Rechts, EuR 1991, 211

Lenz, EG-Vertrag Kommentar[2] (1999)
Schmidt, Privatrechtsangleichende EU-Richtlinien und nationale Auslegungsmethoden, RabelsZ 1995, 569
Weigel, Zur Auslegung von EG-Richtlinien – dargestellt am Beispiel des Verhältnisses der Kapitalschutzrichtlinie zur Rechtsfigur der verdeckten Sacheinlage, ÖJZ 1996, 933

II. Primäres und sekundäres Gemeinschaftsrecht

Das primäre und sekundäre Gemeinschaftsrecht bilden die **Quellen** des Gemeinschaftsrechts im Bereich des **geschriebenen Rechts**, im Gegensatz zu den Quellen des ungeschriebenen Rechts, den allgemeinen Rechtsgrundsätzen und dem Gewohnheitsrecht. Zum **Primärrecht** gehören die Gründungsverträge der EG einschließlich der dazugehörenden Anhänge und Protokolle, die späteren Änderungs- und Ergänzungsverträge sowie die Verträge über den Beitritt neuer Mitglieder[1]. Das **Sekundärrecht** umfasst das von den Organen der Gemeinschaft auf Grund von Kompetenzzuweisungen im Vertrag erlassene, also das abgeleitete Gemeinschaftsrecht. Dazu gehören insbes die Maßnahmen auf Grund von Art 249 EGV 1997 (früher Art 189), also Richtlinien, Verordnungen, Entscheidungen, Empfehlungen und Stellungnahmen sowie alle sonstigen Rechtshandlungen der Gemeinschaftsorgane[2]. Von Bedeutung ist diese Unterscheidung zwischen Primär- und Sekundärrecht für die Bestimmung des **Rangverhältnisses** zwischen den einzelnen Quellen des Gemeinschaftsrechts. Innerhalb desselben Ranges gilt der Grundsatz des Vorrangs der *lex posterior* und der *lex specialis*. Der Rang verschiedener Rechtsakte des Sekundärrechts untereinander wird im Einzelnen unterschiedlich beurteilt. Den von der EG geschlossenen völkerrechtlichen Verträgen wird innerhalb des Sekundärrechts im Allgemeinen eine Vorrangstellung zuerkannt[3]. **1**

III. Rechtssetzung in der EG

1. Kompetenz

1.1. Kompetenzgrundlagen

(A) Begrenzte Einzelermächtigung

Im Gemeinschaftsrecht gilt der Grundsatz der **begrenzten Einzelermächtigung**. Art 249 Abs 1 EG (früher Art 189 Abs 1) verweist mit den Worten „zur Erfüllung ihrer Aufgaben und nach Maßgabe dieses Vertrags“ auf besondere Ermächtigungsgrundlagen, die sich an verschiedenen Stellen im EGV befinden. Er stellt jedoch selbst keine Ermächtigungsnorm dar. Auf die besonderen Ermächtigungsgrundlagen der bisher angenommenen urheberrechtlichen Richtlinien soll im Folgenden unter 1.4. näher eingegangen werden. An dieser Stelle sei zunächst die Kompetenzstruktur der Gemeinschaft insgesamt dargestellt. **2**

---

[1] *Bleckmann*, Europarecht[6] Rz 526; *Zuleeg* in *Groeben/Thiesing/Ehlermann*, Kommentar[5] Art 1 Rz 11 und 17.
[2] *Grabitz* in *Grabitz/Hilf* Art 189 Rz 16.
[3] *Grabitz* in *Grabitz/Hilf* Art 189 Rz 16.

(B) Art 308 EGV 1997 (früher Art 235)

3 Der Grundsatz der begrenzten Einzelermächtigung wird durch die (ebenfalls begrenzte) **Generalermächtigung** in Art 308 EGV 1997 (früher Art 235) ergänzt. Durch diese Vorschrift wird der Rat ermächtigt, geeignete Vorschriften zu erlassen, wenn ein Tätigwerden der Gemeinschaft erforderlich erscheint, um im Rahmen des Gemeinsamen Markts eines ihrer Ziele zu verwirklichen, die hierfür erforderlichen Befugnisse aber im EGV nicht vorgesehen sind. Art 308 EGV 1997 ist gegenüber den Einzelermächtigungen also subsidiär. Über die Subsidiarität hinaus dürfte auch das Erfordernis der Einstimmigkeit der Ratsentscheidung ein Grund dafür sein, dass diese Vorschrift bisher in dem so komplizierten und in der Gemeinschaft unterschiedlich ausgestalteten Bereich des Urheberrechts und der verwandten Schutzrechte nicht als Kompetenzgrundlage herangezogen worden ist. Art 308 EGV 1997 räumt dem Rat in verschiedener Hinsicht, insbes bezüglich der Wahl der Rechtshandlungsform, Ermessen ein[4]. Der Tatbestand enthält mit den Worten „erscheint ein Tätigwerden der Gemeinschaft erforderlich" und „im Rahmen des Gemeinsamen Marktes" sehr weit gefasste unbestimmte Rechtsbegriffe, deren Auslegung zumindest leicht zu divergierenden Auffassungen führen kann[5].

(C) Implied powers

4 Schließlich können neben den Einzelermächtigungen und neben Art 308 EGV 1997 auch die sog ***implied powers*** als Befugnisgrundlage herangezogen werden. Hierbei handelt es sich um eine ungeschriebene, vom EuGH anerkannte Befugnis, die in allen Fällen vorliegt, in denen eine Materie, für die eine ausdrücklich zugewiesene Kompetenz besteht, verständigerweise nicht geregelt werden kann, ohne dass gleichzeitig eine andere Materie, für die keine ausdrückliche Kompetenz besteht, mitgeregelt wird. Die Lehre von den *implied powers* war schon im Völkerrecht[6] und im nationalen Recht anerkannt, bevor der EuGH sie erstmalig in seiner Entscheidung zum EGKS-Vertrag[7] für die Gemeinschaft angenommen hat[8]. *Implied powers* weisen also eine Ähnlichkeit mit der Lehre von der Zuständigkeit kraft Sachzusammenhangs auf. Der EuGH hat die Lehre der *implied powers* insbes in Bezug auf die Außenkompetenz angewandt[9]. Demnach besitzt

---

[4] Siehe im Einzelnen *Grabitz* in *Grabitz/Hilf* Art 235 Rz 64 und 72ff.

[5] Siehe dazu insbes *Dorn*, Art 235 EWGV – Prinzipien der Auslegung; zum Gutachten des EuGH 28.03.1996 2/94, EuZW 1996, 307; *Häde/Puttler*, Zur Abgrenzung des Art 235 EGV von der Vertragsänderung, EuZW 1997, 13.

[6] Vgl IGH 11.04.1949 Slg 1954, 57.

[7] EuGH 29.11.1956 – „Fédération Charbonnière de Belgique/Hohe Behörde" Rs 8/55 Slg 1955-1956, 297 (312).

[8] Die maßgebende Passage lautet wörtlich wie folgt: „Der Gerichtshof hält, ohne sich dabei an eine extensive Auslegung zu begeben, die Anwendung einer sowohl im Völkerrecht als auch im innerstaatlichen Recht allgemein anerkannten Auslegungsregel für zulässig, wonach die Vorschriften eines völkerrechtlichen Vertrages oder eines Gesetzes zugleich diejenigen Vorschriften beinhalten, bei deren Fehlen sie sinnlos wären oder nicht in vernünftiger und zweckmäßiger Weise zur Anwendung gelangen könnten."

[9] Siehe insbes EuGH 31.03.1971 – „AETR" Rs 22/70 Slg 1971, 263 (275); 14.07.1976 – „Kramer" Rs 3, 4 und 6/76 Slg 1976, 1279; 26.04.1977 – Gutachten zum Stillegungsfonds 1/76 Slg 1977, 741.

die Gemeinschaft immer dann, wenn ihr eine interne Kompetenz vom Vertrag gegeben ist, auch die Zuständigkeit zum Abschluss internationaler Abkommen auf diesem Gebiet[10]. Der EuGH lässt allerdings zur ungeschriebenen Außenkompetenz in neueren Gutachten eine restriktive Tendenz erkennen[11].

1.2. Vertikale Kompetenzverteilung

Im Hinblick auf die **vertikale Kompetenzverteilung** zwischen der Gemeinschaft und den Mitgliedstaaten unterscheidet man zwischen **drei Kompetenztypen**, nämlich der ausschließlichen, der konkurrierenden und der parallelen Regelungskompetenz[12]. **5**

(A) Ausschließliche Kompetenzen

Liegt eine **ausschließliche Kompetenz** der Gemeinschaft vor, so dürfen entsprechende nationale Kompetenzen nicht ausgeübt werden. Gleichzeitig besteht ein komplementäres, an die Gemeinschaft gerichtetes Rechtssetzungsgebot. Da es der Gemeinschaft allerdings nicht stets möglich ist, diesem Gebot vollständig nachzukommen, wird insoweit den Mitgliedstaaten zugestanden, als „Sachwalter des gemeinsamen Interesses" tätig zu werden[13]. Dabei haben sie alle gemeinschaftsrechtlichen Aspekte zu beachten und unterliegen der Kontrolle der geplanten Maßnahmen durch die Kommission[14]. **6**

Welche **Regelungsmaterien** nun im Einzelnen in die ausschließliche Gemeinschaftskompetenz fallen, geht aus dem Text des Primärrechts nicht unmittelbar hervor. Weitgehend besteht **Übereinstimmung** zumindest dahingehend, dass die gemeinsame Handelspolitik gem Art 133 EGV 1997 (früher Art 113)[15], die Erhaltung der biologischen Meeresressourcen im Rahmen der allgemeinen Fischereipolitik[16] und das interne Organisations- und Verfahrensrecht in die ausschließliche Kompetenz der Gemeinschaft fallen; dies dürfte auch, nach Inkrafttreten der dritten Stufe der Währungsunion, für die Währungspolitik gelten[17]. **7**

Demgegenüber sieht die **Kommission** einen größeren Raum für die ausschließliche Gemeinschaftskompetenz. In ihrem Dokument zur Subsidiarität

---

[10] *Grabitz* in *Grabitz/Hilf* Art 189 Rz 8.

[11] Siehe dazu *Dörr*, Die Entwicklung der ungeschriebenen Außenkompetenzen der EG, EuZW 1996, 39.

[12] Vgl zu dieser Dreiteilung, die nicht völlig unbestritten ist, *v Bogdandy/Nettesheim* in *Grabitz/Hilf* Art 3b Rz 11 mwN.

[13] Siehe zB EuGH 05.05.1981 – „Kommission/Vereinigtes Königreich" Rs 804/79 Slg 1981, 1045 (1076); 10.02.82 – „Bout" Rs 21/81 Slg 1982, 381 (388).

[14] *v Bogdandy/Nettesheim* in *Grabitz/Hilf* Art 3b Rz 12; *Isaac*, Droit Communautaire Général[4], 46.

[15] Siehe dazu insb EuGH 11.11.1975 Gutachten 1/75 Slg 1975, 1355 und 15.12.1976 – „Donckerwolcke" Rs 41/76 Slg 1976, 1921 sowie *Isaac*, Droit Communautaire Général[4], 47.

[16] Siehe dazu insb EuGH 14.07.1976 – „Kramer" Rs 3, 4 und 6/76 Slg 1976, 1279 sowie *Isaac*, Droit Communautaire Général[4], 48.

[17] *v Bogdandy/Nettesheim* in *Grabitz/Hilf* Art 3b Rz 30; einen guten Überblick über die EuGH-Rechtsprechung und Literatur zum Begriff der ausschließlichen Zuständigkeit gibt *Calliess*, Der Schlüsselbegriff der „ausschließlichen Zuständigkeit" im Subsidiaritätsprinzip des Art 3b II EGV, EuZW 1995, 693 (694).

gem Art 5 Abs 2 EGV 1997 (früher Art 3b Abs 2) zählt sie die Beseitigung der Hindernisse im Binnenmarkt gem Art 14 EGV 1997 (früher Art 7a), die gemeinsame Handelspolitik gem Art 133 EGV 1997 (früher Art 113), die allgemeinen Wettbewerbsregeln gem Art 81ff EGV 1997 (früher Art 85ff), die gemeinsame Organisation der Agrarmärkte gem Art 33 EGV 1997 (früher Art 39), die Erhaltung der Fischbestände gem Art 97 EGV 1997 (früher Art 102) der Beitrittsakte und die wesentlichen Elemente der Verkehrspolitik gem Art 71 Abs 1a und b EGV 1997 (früher Art 75 Abs 1a und b) zu den ausschließlichen Kompetenzen der EG[18]. Die den vier Grundfreiheiten innewohnende Dynamik könne zu flankierenden Maßnahmen führen, die auch unter die ausschließliche Zuständigkeit der Gemeinschaft fallen würden. Auch hält die Kommission eine Verschiebung der Abgrenzungslinie zwischen ausschließlicher und nicht-ausschließlicher Kompetenz gerade im Hinblick auf den Integrationsprozess für möglich und nennt in diesem Zusammenhang die Währungsunion.

Anders als die Kommission möchte etwa die **deutsche Bundesregierung** der Gemeinschaft erheblich weniger ausschließliche Zuständigkeiten, nämlich nur die vom EuGH als solche anerkannten, zuerkennen[19].

Die Frage, wieweit die ausschließliche Zuständigkeit der Gemeinschaft reicht, ist eine vom EuGH in vollem Umfang **überprüfbare Rechtsfrage**. Sie hat insb durch Art 5 Abs 2 EGV 1997 (früher Art 3b Abs 2) an Bedeutung gewonnen, demzufolge das Subsidiaritätsprinzip nicht in Bereichen der ausschließlichen Zuständigkeit gilt; hier ist nur das Prinzip der Verhältnismäßigkeit gem Art 5 Abs 3 EGV 1997 (früher Art 3b Abs 3) zu beachten.

(B) Konkurrierende Kompetenzen

8 Im Allgemeinen handelt es sich bei den Gemeinschaftskompetenzen jedoch um **konkurrierende Kompetenzen**. Demnach behalten die Mitgliedstaaten ihre Kompetenz zur Gesetzgebung oder auch zur Eingehung von Verpflichtungen gegenüber Drittstaaten in einem bestimmten Bereich solange, bis die Gemeinschaft selbst ihre Regelungskompetenz ausübt. Bei der konkurrierenden Kompetenz hat die Ausübung der Kompetenz durch die Gemeinschaft zur Folge, dass den Mitgliedstaaten eine Rechtssetzung in dem geregelten Bereich nicht mehr erlaubt ist. Dieses Verbot der Rechtssetzung ist meist implizit in der Gemeinschaftsregelung enthalten. Soweit also zB eine Sachfrage in einer **Harmonisierungsrichtlinie** geregelt ist, darf ein Mitgliedstaat weder auf nationaler noch auf internationaler Ebene entgegenstehendes Recht setzen. So war zB die Gemeinschaft im Rahmen der Diplomatischen Konferenz der WIPO im Dezember 1996 unter Ausschluss der Mitgliedstaaten zur Verhandlung und zum Vertragsabschluss in Bezug auf den Rechtsschutz von Computerprogrammen zuständig, da diese Materie schon durch eine Harmonisierungsrichtlinie geregelt ist. Problematisch ist in solchen Fällen häufig die Reichweite der Gemeinschaftsregelung und

[18] Kommissionsdokument SEK (92) 1990 endg 5ff; siehe dazu auch *Calliess*, Der Schlüsselbegriff der „ausschließlichen Zuständigkeit" im Subsidiaritätsprinzip des Art 3b II EGV, EuZW 1995, 693.

[19] Memorandum der Regierung der Bundesrepublik Deutschland zum Subsidiaritätsprinzip, September 1992, abgedruckt in *Merten* (Hrsg), Die Subsidiarität Europas (1993) 130.

damit des Verbots mitgliedstaatlicher Rechtssetzung. Meist geht aus der Gemeinschaftsregelung nicht ausdrücklich hervor, ob nur die konkret behandelten Einzelfragen oder der ganze Sachverhalt abschließend geregelt werden sollte. Die Antwort wird durch eine Auslegung der Gemeinschaftsmaßnahmen gefunden werden müssen[20].

(C) Parallele Kompetenzen

Schließlich bedeutet die **parallele Kompetenz**, dass die Ausübung einer EG- **9**
Kompetenz, anders als bei der konkurrierenden Kompetenz, ein Verbot mitgliedstaatlicher Rechtssetzung nicht nach sich zieht. Ein Sachverhalt kann also **kumulativ** durch Gemeinschaftsrecht und durch nationales Recht geregelt werden. Dies ist insb im Bereich des Wettbewerbsrechts oder auch bei Art 296 EGV 1997 (früher Art 223) der Fall. Parallele Kompetenzen kommen über die primärrechtlich vorgesehenen Fälle hinaus nur dann in Betracht, wenn die parallele Regelung auf gemeinschaftlicher und nationaler Ebene der Wirksamkeit der Gemeinschaftsregelungen nicht schadet[21].

1.3. Subsidiaritätsprinzip

Durch den Vertrag von **Maastricht** wurde in Art 3b Abs 2 EGV (jetzt Art 5 Abs 2 **10**
EGV 1997) das **Subsidiaritätsprinzip** ausdrücklich in das Gemeinschaftsrecht aufgenommen[22]. Die Subsidiarität berührt nicht die Kompetenzverteilung, sondern stellt nur eine Regelung zur Kompetenzausübung dar[23]. Das Subsidiaritätsprinzip gem Art 5 Abs 2 EGV 1997 besagt, dass die Gemeinschaft (außer im Bereich ihrer ausschließlichen Zuständigkeit) nur tätig werden darf, wenn und soweit die Ziele der gemeinschaftlichen Maßnahmen von den Mitgliedstaaten allein nicht ausreichend und daher besser auf Gemeinschaftsebene erreicht werden können. Die Tätigkeit der Gemeinschaft muss also zur Erreichung der Ziele erforderlich sein, und die Gemeinschaft muss diese Ziele effizienter als die einzelnen Mitgliedstaaten erreichen können (allerdings führt die Verbindung beider Voraussetzungen mit dem Wort „daher" zu einem äußerst eingeschränkten Anwendungsbereich des Effizienzkriteriums)[24].

Trotz der vergleichsweise unbestimmten Tatbestandsvoraussetzungen von Art 5 **11**
Abs 2 EGV 1997 ist diese Vorschrift **justiziabel**; dem EuGH kommt ein weiter Konkretisierungsspielraum zu. In bestimmten Fällen dürfte jedoch ein eigener Beurteilungsspielraum der Gemeinschaftsorgane Rat, Parlament oder Kommission zu Lasten des EuGH anzuerkennen sein, nämlich insbes dann, wenn die Mitgliedstaaten in die Entscheidung über die Maßnahme einbezogen wurden und sich mit dem Problem der Erforderlichkeit gründlich befasst haben, und wenn die

---

20 Siehe hierzu *v Bogdandy/Nettesheim* in *Grabitz/Hilf* Art 3b Rz 13; *Isaac*, Droit Communautaire Général[4], 45.

21 Siehe zur parallelen, auch als kumulativ-konkurrierend bezeichneten Kompetenz *v Bogdandy/Nettesheim* in *Grabitz/Hilf* Art 3b Rz 14 und 16.

22 Nach hM handelt es sich um eine konstitutive, also nicht deklaratorische Aufnahme; siehe *v Bogdandy/Nettesheim* in *Grabitz/Hilf* Art 3b Rz 22 und 23.

23 *v Bogdandy/Nettesheim* in *Grabitz/Hilf* Art 3b Rz 19.

24 Siehe *v Bogdandy/Nettesheim* in *Grabitz/Hilf* Art 3b Rz 38.

betroffenen Organe und Rechtsträger ausführlich gehört wurden. In solchen Fällen bleibt dem EuGH nur, die Entscheidung weitgehend zu respektieren und sich auf die Beanstandung schwerer Fehler zu beschränken[25].

Der **Europäische Rat** und die **Kommission** selbst haben schon **Erklärungen** zu Art 5 Abs 2 EGV 1997 abgegeben, die jedoch zum Teil als sehr allgemein oder auch als zu eng, nämlich auf das Effizienzkriterium reduziert, kritisiert worden sind. So ist etwa nach den Kriterien des Europäischen Rats ein gemeinschaftliches Handeln nur zulässig, wenn es sich um ein transnationales Problem handelt, das durch Maßnahmen der Mitgliedstaaten nicht zufriedenstellend geregelt werden kann, und/oder wenn mitgliedstaatliche Maßnahmen allein oder das Fehlen gemeinschaftlicher Maßnahmen zu den Erfordernissen des Vertrags im Widerspruch stünden, und/oder wenn Maßnahmen auf Gemeinschaftsebene auf Grund ihrer Größenordnung oder ihrer Auswirkungen im Verhältnis zu einem Tätigwerden auf der Ebene der Mitgliedstaaten deutliche Vorteile hätten. Demgegenüber ist der Kommission zufolge zu fragen, ob die Mitgliedstaaten über Mittel, einschließlich finanzieller Mittel, zur Erreichung der Ziele verfügen; auch ist zu prüfen, wie effizient die Gemeinschaftsmaßnahme ist[26].

12 Wird die Gemeinschaft im Widerspruch zu Art 5 Abs 2 EGV 1997 tätig, so ist ihr Handeln unzulässig; ein ergangener Rechtsakt ist **intern nichtig**. Der unzulässige Abschluss **internationaler Verträge** wird intern nichtig, allerdings völkerrechtlich regelmäßig wirksam sein[27].

1.4. Kompetenzgrundlagen im Bereich des Urheberrechts

13 Weder für den Bereich des Urheberrechts noch für das **geistige Eigentum** im weiteren Sinne enthält der EGV ausdrückliche Befugnisnormen zur Rechtssetzung. Bisher musste daher auf allgemeine Befugnisnormen, insb Art 47 Abs 2 EGV 1997 (früher Art 57 Abs 2), Art 55 EGV 1997 (früher Art 66) und Art 95 EGV 1997 (früher Art 100a) zurückgegriffen werden. Diese Vorschriften ermächtigen die Gemeinschaft zum Erlass von Maßnahmen zur Koordinierung bzw Angleichung von Rechtsvorschriften zum Zwecke des freien Dienstleistungsverkehrs und zum Zwecke der Errichtung und des Funktionierens des Binnenmarkts. So sollte etwa die Satelliten- und Kabel-RL den freien Verkehr der Dienstleistung „Kabelweiterleitung" und „Satellitensendung" von einem Mitgliedstaat in den anderen gewährleisten. Die Angleichung der Schutzfristen innerhalb der EU war zur Gewährleistung des freien Verkehrs nicht nur von Dienstleistungen, sondern auch von (geschützte Werke oder Leistungen verkörpernden) Waren erforderlich. Für jeden einzelnen Vorschlag einer Maßnahme muss die Kommission darlegen, dass eine Gemeinschaftskompetenz besteht und – seit Inkrafttreten des Vertrags von Maastricht – dass die Voraussetzungen von Art 5 Abs 2 EGV 1997 (früher Art 3b Abs 2) vorliegen.

14 Im Bereich des **Urheberrechts und der verwandten Schutzrechte** erscheint es angesichts der weit gefassten Bestimmungen des EGV nicht immer leicht, eine

---

[25] *v Bogdandy/Nettesheim* in *Grabitz/Hilf* Art 3b Rz 41.

[26] *v Bogdandy/Nettesheim* in *Grabitz/Hilf* Art 3b Rz 32 mwN.

[27] *v Bogdandy/Nettesheim* in *Grabitz/Hilf* Art 3b Rz 39.

Relevanz für die Gewährleistung des **freien Dienstleistungsverkehrs** oder die Errichtung und das Funktionieren des **Binnenmarkts** zu begründen. So definiert etwa Art 14 Abs 3 EGV 1997 (früher Art 7a Abs 3), der im Zusammenhang mit Art 95 EGV 1997 (früher Art 100a) zu lesen ist, den Binnenmarkt als „einen Raum ohne Binnengrenzen, in dem der freie Verkehr von Waren, Personen, Dienstleistungen und Kapital gemäß den Bestimmungen dieses Vertrags gewährleistet ist." Eine solche Formulierung lässt zumindest in einigen Fällen einen gewissen Beurteilungsspielraum, da die möglichen Auswirkungen einer bestimmten Rechtsangleichungsmaßnahme auf den freien Warenverkehr oft nicht eindeutig vorhersehbar sind. Die Kommission hat daher bisher auf eine sorgfältige Begründung der Gemeinschaftskompetenz viel Wert gelegt; so enthält etwa die Begründung zum Vorschlag der Vermiet- und Verleih-RL umfangreiche Ausführungen (sieben Seiten) über die Gemeinschaftskompetenz jeweils in Bezug auf das Vermietrecht, das Verleihrecht, die verwandten Schutzrechte und die Schutzfristen[28].

Gelegentlich haben Feststellungen des **EuGH** das Augenmerk der Kommission auf bestimmte Situationen gelenkt, in denen die Unterschiede in den Rechtsordnungen der Mitgliedstaaten der Gemeinschaft zu **Beschränkungen des freien Warenverkehrs** führten, nach Art 36 EGV (jetzt Art 30 EGV 1997) aber **gerechtfertigt** waren. Allein eine Rechtsangleichung konnte also die Beschränkung des freien Warenverkehrs beseitigen. So hat der EuGH in seinem Urteil „Patricia"[29] ausdrücklich darauf hingewiesen, dass sich das aufgeworfene Problem aus der Verschiedenheit der nationalen Rechtsvorschriften zur Schutzfrist ergebe (Entscheidungsgrund 10) und im Entscheidungsgrund 11 ausdrücklich hinzugefügt: „Dazu ist festzustellen, dass es **beim gegenwärtigen Stand des Gemeinschaftsrechts**, der durch eine fehlende Harmonisierung oder Angleichung der Rechtsvorschriften über den Schutz des Eigentums an literarischen und künstlerischen Werken gekennzeichnet ist, Sache der nationalen Gesetzgeber ist, die Voraussetzungen und die Modalitäten dieses Schutzes festzulegen." (Hervorhebung durch die Verfasserin). Eine solche Formulierung deutet auf die Notwendigkeit einer Gemeinschaftsmaßnahme zur Rechtsangleichung im Hinblick auf die Verwirklichung des Binnenmarktes hin und kann einer Begründung für die Gemeinschaftskompetenz ein noch größeres Gewicht verleihen. So hat sich auch die Kommission in ihrer Begründung zum Vorschlag der Schutzdauer-RL weitgehend auf die genannten Ausführungen des EuGH gestützt[30].

Der **Mangel einer umfassenden Kompetenzgrundlage** der Gemeinschaft im Bereich des Urheberrechts und der verwandten Schutzrechte dürfte einer der Gründe für die bisher nur **fragmentarische Harmonisierung** dieses Rechtsgebiets in Europa sein. Die Idee, eine solche konkrete Kompetenzgrundlage im Primärrecht zu schaffen, wurde insb Anfang der Neunziger Jahre diskutiert, konnte sich jedoch bisher nicht durchsetzen. Zwar wurde der Bereich „künstlerisches und literarisches Schaffen, einschließlich im audiovisuellen Bereich" auf Grund des Vertrags von Maastricht unter dem Titel IX „Kultur" in den neuen **15**

[28] Kommissionsdokument KOM (90) 586 endg – SYN 319 Rz 42 bis 46.

[29] EuGH 24.01.1989 – „EMI Electrola/Patricia/Schutzfristenunterschiede".

[30] RL-Vorschlag KOM (92) 33 endg – SYN 395 Rz 26 bis 28.

Art 128 EGV (jetzt Titel XII, Art 151 EGV 1997) aufgenommen, jedoch beschränkt dessen Abs 2 die Tätigkeit der Gemeinschaft auf die Förderung der Zusammenarbeit zwischen den Mitgliedstaaten sowie die Unterstützung und Ergänzung von deren Tätigkeit und schließt in Abs 5 sogar ausdrücklich alle Maßnahmen zur Harmonisierung der Rechts- und Verwaltungsvorschriften der Mitgliedstaaten aus.

16 Die Kompetenzgrundlage bestimmt jeweils auch das anzuwendende Verfahren, das Mehrheitserfordernis im Rat (zB Einstimmigkeit oder qualifizierte Mehrheit), die zugelassenen Rechtsinstrumente oder auch den Umfang parlamentarischer Beteiligung. Angesichts dieser Unterschiede führt die Wahl einer **unzutreffenden Kompetenzgrundlage** regelmäßig zur **Nichtigkeit der Maßnahme**, es sei denn, dass das Verfahren und der Abstimmungsmodus der gewählten und der zutreffenden Rechtsgrundlage identisch sind[31]. Da die bisher im Urheberrecht gewählten Kompetenzgrundlagen keine solchen Unterschiede aufweisen, stellten sich die aus dem Verhältnis verschiedener Kompetenzgrundlagen ergebenden Probleme[32] hier nicht.

2. *Rechtssetzungsinstrumente*

17 Art 249 EGV 1997 (früher Art 189) nennt die wichtigsten **Rechtsinstrumente** der Gemeinschaft, nämlich Verordnungen, Richtlinien und Entscheidungen als rechtsverbindliche Akte sowie Empfehlungen und Stellungnahmen als nicht verbindliche Akte. Weitere Arten von Rechtshandlungen, wie etwa Beschlüsse, Entschließungen oder Feststellungen, sind in der Gemeinschaftspraxis bekannt; sie können sogar bindende Wirkung für die Gemeinschaftsorgane und für die Mitgliedstaaten entfalten. Aus Gründen der Rechtssicherheit greifen die Gemeinschaftsorgane allerdings im Verkehr mit den Mitgliedstaaten und den einzelnen Bürgern vornehmlich auf die in Art 249 EGV 1997 (früher Art 189) genannten Instrumente zurück[33].

2.1. Verordnung

18 Von den drei verbindlichen Rechtsinstrumenten entfaltet die **Verordnung** die am weitesten reichenden Rechtswirkungen. Sie steht materiell einem Gesetz gleich. Sie hat allgemeine Geltung, ist also von abstrakt-generellem Charakter im Gegensatz zu konkret-individuellen Entscheidungen. Sie ist, anders als die Richtlinie, in allen Teilen verbindlich und gilt **unmittelbar**, muss also nicht in nationales Recht umgesetzt werden. Der EuGH schließt aus der Unmittelbarkeit der Anwendung auf den Vorrang der Verordnung vor ihr entgegenstehendem, auch jüngerem nationalen Recht[34]. Verordnungen sind nicht nur an die Mitgliedstaaten und die Gemeinschaftsorgane, sondern an die Bürger selbst adressiert; die Behörden und

---

[31] EuGH 26.03.1987 – „Kommission/Rat (APS)" Rs 45/86 Slg 1987, 1493 (1520); 27.09. 1988 – „Kommission/Rat" Rs 165/87 Slg 1988, 5545 (5562).

[32] Vgl zu derartigen Problemen *v Bogdandy/Nettesheim* in *Grabitz/Hilf* Art 3b Rz 18.

[33] *Grabitz* in *Grabitz/Hilf* Art 189 Rz 30.

[34] EuGH 14.12.1971 – „Politi/Italien" Rs 43/71 Slg 1971, 1039 (1049); 30.11.1978 – „Bussone" Rs 31/78 Slg 1978, 2429 (2444).

Gerichte der Mitgliedstaaten müssen die sich aus der Verordnung ergebenden Rechte und Pflichten für den einzelnen Bürger beachten und durchsetzen.

2.2. Richtlinie

Weniger weitreichend ist die **Richtlinie**, die sich nur an die Mitgliedstaaten selbst richtet – eine **Umsetzung** in nationales Recht ist also erforderlich – und nur hinsichtlich des zu erreichenden Ziels, nicht jedoch der Form und Mittel zur Ausführung der Richtlinie verbindlich ist. Nicht zuletzt auf Grund dieses Merkmals eignen sich Richtlinien primär zur **Rechtsangleichung**, also zur Harmonisierung unterschiedlicher nationaler Vorschriften mit dem Ziel möglichst gleicher Regelungen in den einzelnen Mitgliedstaaten; im Gegensatz dazu ist die Verordnung das geeignete Instrument zur Rechtsvereinheitlichung. Die Harmonisierung des Urheberrechts ist dementsprechend auf Grund von Richtlinien erfolgt. Art 47 Abs 2 EGV 1997 (früher Art 57 Abs 2) ermächtigt im Übrigen nur zum Erlass von Richtlinien, während Art 95 EGV 1997 (früher Art 100a) allgemein von „Maßnahmen zur Angleichung der Rechts- und Verwaltungsvorschriften der Mitgliedstaaten“ spricht. Richtlinien sind innerhalb der darin angegebenen Fristen in nationales Recht umzusetzen[35]. Da die Richtlinie anders als die Verordnung grundsätzlich nicht unmittelbar gilt, kann sich der einzelne Bürger insoweit nicht auf die Richtlinie selbst berufen. Dieser Grundsatz ist allerdings angesichts der immer dichter werdenden Regelungsintensität von Richtlinien in Frage gestellt worden[36]. Beispiele für Richtlinienbestimmungen, die nur das Ziel angeben, jedoch die Form und Mittel der Ausführung den Mitgliedstaaten überlassen, sind Art 4 Vermiet- und Verleih-RL sowie Art 11 und 12 Satelliten- und Kabel-RL. **19**

2.3. Entscheidung

Die dritte in Art 249 EGV 1997 (früher Art 189) genannte verbindliche Rechtshandlung ist die **Entscheidung**. Anders als Verordnungen und Richtlinien regelt sie **Einzelfälle** und kommt daher für den Bereich des Urheberrechts und der verwandten Schutzrechte kaum in Betracht. Allerdings war diese Handlungsform in einem Vorschlag der Kommission mit dem Zwecke, die Mitgliedstaaten zum Beitritt zur RBÜ 1967/71 und zum Rom-Abkommen zu verpflichten, vorgesehen und stellte zu diesem Zweck auch die richtige Handlungsform dar. Denn eine Entscheidung kann nicht nur an den einzelnen Bürger, sondern auch an Mitgliedstaaten gerichtet sein. Aus verschiedenen Gründen wurde dieser Kommissionsvorschlag schließlich aber nicht als (verbindliche) Entscheidung angenommen, sondern – in reduzierter Fassung – nur als (unverbindliche) Entschließung des Rats[37]. **20**

---

[35] Zu den Rechtsfolgen einer nicht fristgemäßen Umsetzung siehe unten Rz 43ff.

[36] Siehe zur Diskussion der unmittelbaren Anwendung von Richtlinien unten Rz 52 bis 54.

[37] Siehe den Vorschlag für eine Entscheidung des Rates über den Beitritt der Mitgliedstaaten zur Berner Übereinkunft zum Schutz von Werken der Literatur und Kunst, revidiert in Paris am 24.07.1971 und zum Internationalen Abkommen über den Schutz der ausübenden Künstler, der Hersteller von Tonträgern und der Sendeunternehmen vom 26.10.1961 KOM (90) 582 endg sowie die Entschließung des Rates vom 14.05.1992 im Hinblick auf

3. *Rechtssetzungsverfahren*

3.1. Zustimmung, Zusammenarbeit und Mitentscheidung

21 Während der EWGV zunächst nur die Verfahren der **Zustimmung** und der **Zusammenarbeit** vorsah[38], hat der Vertrag von Maastricht das neue Verfahren der **Mitentscheidung** eingeführt (Art 189b EGV), das im Vertrag von Amsterdam vereinfacht wurde (Art 251 EGV 1997). In diesem Verfahren kommt dem Europäischen Parlament eine sehr viel stärkere Rolle als in den bisherigen Verfahren zu. Es stellt also einen weiteren Schritt zur Demokratisierung der EU dar. Dementsprechend ist der Anwendungsbereich für dieses Verfahren breit und wurde durch den Amsterdamer Vertrag noch erheblich erweitert: Es ist etwa in den Bereichen Forschung, Umwelt, Bildung, Verbraucherschutz, Beschäftigungspolitik, öffentliche Gesundheit und insb in Bezug auf Maßnahmen zur Vollendung des Binnenmarkts anzuwenden. Art 47 Abs 2 EGV 1997 (früher Art 57 Abs 2) und Art 95 Abs 1 EGV 1997 (früher Art 100a Abs 1) verweisen ausdrücklich auf das Mitentscheidungsverfahren nach dem – als erste urheberrechtliche RL – schon die Datenbank-RL angenommen worden ist.

3.2. Das Mitentscheidungsverfahren

22 Die **erste Verfahrensstufe** entspricht derjenigen des früher im Bereich des Urheberrechts angewandten Zusammenarbeitsverfahrens: Die Kommission hat das alleinige Initiativrecht, unterbreitet also dem Europäischen Parlament und dem Rat einen Vorschlag. Ein solcher Vorschlag wird von der zuständigen Abteilung entworfen und muss von allen Generaldirektionen in Form eines Kommissionsbeschlusses als Kommissionsvorschlag angenommen werden. Kommissionsvorschläge werden mit Begründung regelmäßig als Kommissionsdokumente sowie, allerdings ohne Begründung, im Amtsblatt C der EG veröffentlicht. Der Vorschlag wird im Europäischen Parlament behandelt, und zwar zunächst in verschiedenen Ausschüssen, deren Federführung im Bereich des Urheberrechts regelmäßig der Rechtsausschuss innehat. Das Plenum verabschiedet schließlich mit einfacher Mehrheit eine Stellungnahme zum Kommissionsvorschlag, die meist[39] eine Reihe von Änderungsvorschlägen enthält. Die Kommission, die zu jeder Zeit einen geänderten Vorschlag unterbreiten kann, hat dies bisher regelmäßig im Anschluss an die Stellungnahme des Parlaments getan und dabei die Bedenken oder Änderungsvorschläge des Parlaments soweit wie möglich berücksichtigt.

Gleichzeitig mit dem Parlament berät auch die Arbeitsgruppe des Rats den Vorschlag. Sie besteht aus den Fachvertretern der Regierungen der Mitgliedstaaten, wie etwa den für das Urheberrecht jeweils national zuständigen Beamten. Bevor sich der Rat über einen ersten Kompromiss, den sog Gemeinsamen Standpunkt einigt, liegen ihm auch die Stellungnahme des Europäischen Parlaments und in der Regel der geänderte Vorschlag der Kommission vor. Er kann also

---

einen verstärkten Schutz des Urheberrechts und der Leistungsschutzrechte ABl C 138 vom 28.05.1992, 1. Siehe auch *Walter* Stand der Harmonisierung Rz 92f.

[38] Die urheberrechtlichen Richtlinien bis 1993 wurden nach dem Zusammenarbeitsverfahren angenommen.

[39] Es kann auch eine Stellungnahme ohne Änderungsvorschläge abgeben.

deren Vorschläge berücksichtigen. Regelmäßig liegt dem Rat auch die Stellungnahme eines beratenden Ausschusses vor, nämlich des Wirtschafts- und Sozialausschusses. Nach Vorbereitung des Gemeinsamen Standpunkts durch die Arbeitsgruppe des Rats und den Ausschuss der Ständigen Vertreter beschließt der Rat selbst, also auf Ministerebene, wobei die Vertreter für die Regierungen der jeweiligen Mitgliedstaaten verbindlich handeln können, den Gemeinsamen Standpunkt. Dieser, die erste Verfahrensstufe beendende Schritt ist *de facto* von sehr großer Bedeutung; Änderungen des Gemeinsamen Standpunkts sind im weiteren Verfahren nur unter erschwerten Voraussetzungen[40] möglich und bei den bisherigen Richtlinien im Bereich des Urheberrechts und der verwandten Schutzrechte in kaum nennenswertem Maße erfolgt. Der Gemeinsame Standpunkt wird mit qualifizierter Mehrheit beschlossen[41].

Die **zweite Verfahrensstufe** des Mitentscheidungsverfahrens beginnt mit der **23**
Zuleitung des Gemeinsamen Standpunkts mit Begründung an das Europäische Parlament, das in Zweiter Lesung über diesen Standpunkt berät. Das weitere Verfahren hängt von der Reaktion des Parlaments ab. Billigt es den Gemeinsamen Standpunkt mit einfacher Mehrheit oder nimmt es innerhalb von drei Monaten nach Übermittlung des Gemeinsamen Standpunkts nicht Stellung, so erlässt der Rat den betreffenden Rechtsakt – etwa die Richtlinie – entsprechend dem Gemeinsamen Standpunkt. Die anderen beiden Möglichkeiten des Parlaments bestehen darin, mit absoluter Mehrheit die Absicht zu äußern, den Gemeinsamen Standpunkt insgesamt abzulehnen oder – ebenfalls mit absoluter Mehrheit – den Standpunkt grundsätzlich zwar zu billigen, jedoch Änderungen vorzuschlagen. Hat das Parlament seine Absicht, den Gemeinsamen Standpunkt abzulehnen, dem Rat gegenüber geäußert, so gilt der betreffende Rechtsakt als nicht angenommen (Art 251 Abs 2b EGV 1997).

Schlägt das Parlament Abänderungen vor, so werden diese dem Rat und der Kommission zugeleitet. Die Kommission gibt ihre Stellungnahme hierzu ab. Der Rat hat entweder die Möglichkeit, diese Abänderungen innerhalb von drei Monaten mit qualifizierter Mehrheit oder im Fall einer negativen Kommissionsstellungnahme einstimmig zu billigen; in diesem Fall gilt der betreffende Rechtsakt als in Form des entsprechend geänderten Gemeinsamen Standpunkts als angenommen. Statt dessen kann der Rat auch einige oder alle Änderungen des Parlaments innerhalb von drei Monaten nicht billigen. In diesem Fall wird im Einvernehmen mit dem Präsidenten des Parlaments innerhalb von sechs Wochen der Vermittlungsausschuss einberufen. Der Vermittlungsausschuss besteht aus Mitgliedern des Rats oder deren Vertretern und ebenso vielen Vertretern des Europäischen Parlaments. Für den Vermittlungsausschuss gibt es nun wiederum zwei Möglichkeiten: Entweder billigt er innerhalb von sechs Wochen nach seiner Einberufung einen gemeinsamen Entwurf, der innerhalb von weiteren sechs Wochen entweder vom Parlament (mit absoluter Mehrheit) und vom Rat (mit qualifizierter Mehrheit) in Form des betreffenden Rechtsakts angenommen werden kann oder von Parlament und/oder Rat nicht angenommen wird; in letzterem Fall gilt der Rechtsakt als nicht angenommen. Billigt der Vermittlungsausschuss

---

[40] Siehe dazu Rz 23.

[41] Siehe zur Stimmverteilung unten Rz 30.

keinen gemeinsamen Entwurf, so gilt der vorgeschlagene Rechtsakt ebenfalls als nicht angenommen.

24 Das gesamte Verfahren kann noch dadurch verlängert werden, dass die jeweiligen **Fristen** von drei Monaten bzw sechs Wochen auf Initiative des Europäischen Parlaments oder des Rats um höchstens einen Monat bzw zwei Wochen verlängert werden.

25 Im Gegensatz zum Zusammenarbeitsverfahren ist das Mitentscheidungsverfahren also nicht nur komplizierter und potentiell länger, sondern stärkt die Rolle des Parlaments entscheidend. Insbes muss bei unterschiedlichen Standpunkten von Rat und Parlament ein **Vermittlungsverfahren** stattfinden. Selbst wenn dieses scheitert, hat der Rat nicht, wie bisher, das letzte Wort, sondern kann das Parlament den Erlass des Rechtsaktes mit absoluter Mehrheit verhindern.

3.3. Beteiligte Gemeinschaftsorgane

(A) Kommission

26 Im Zusammenhang mit dem Rechtssetzungsverfahren seien die beteiligten Gemeinschaftsorgane kurz beschrieben. Die Europäische **Kommission** könnte man als Organ der Exekutive mit legislativen Befugnissen bezeichnen. Die Kommission besteht derzeit (Stand Juli 2000) aus 20 Mitgliedern, nämlich je zwei Deutschen, Franzosen, Spaniern, Italienern, Briten und je einem Mitglied aus den anderen Ländern der EU. Die Mitglieder sind so wie auch alle Kommissionsbeamten von ihren Regierungen unabhängig und dürfen allein im Interesse der EU handeln. Die Dienststellen der Kommission in Brüssel und Luxemburg beschäftigen gut 15.000 Beamte in 36 Generaldirektionen und 2 Fachdiensten. Das Gebiet des Urheberrechts und der verwandten Schutzrechte ist derzeit der Generaldirektion MARKT E-3 zugeordnet. Neben ihren Aufgaben im legislativen Bereich – Unterbreitung von Vorschlägen zum Erlass von Rechtsakten – erfüllt sie Aufgaben der Exekutive und ist als Hüterin der Europäischen Verträge anerkannt; insb kann sie Vertragsverletzungsverfahren gegen Mitgliedstaaten einleiten[42].

(B) Wirtschafts- und Sozialausschuss

27 Der **Wirtschafts- und Sozialausschuss**, dem nur eine beratende Funktion in Rechtssetzungsverfahren zukommt, besteht aus 222 Mitgliedern, die sich auf drei Gruppen verteilen: Arbeitgeber, Arbeitnehmer und andere Interessengruppen (Vertreter von Landwirtschaft, Handwerk, kleinen und mittleren Unternehmen, freien Berufen, Verbrauchern, Wissenschaft, Lehrberufen, Sozialwirtschaft, Familien und Umweltorganisationen)[43].

(C) Europäisches Parlament

28 Das **Europäische Parlament** setzt sich derzeit aus 626 Abgeordneten zusammen, die in allgemeiner direkter Wahl gewählt werden. Sie verteilen sich auf die Mit-

---

[42] Siehe dazu näher unten Rz 44ff; Bestimmungen über die Kommission finden sich in Art 211ff EGV 1997.

[43] Siehe zum Wirtschafts- und Sozialausschuss Art 257ff EGV 1997.

gliedstaaten wie folgt: Deutschland 99, Frankreich, Italien, Vereinigtes Königreich je 87, Spanien 64, Niederlande 31, Belgien, Griechenland, Portugal je 25, Schweden 22, Österreich 21, Dänemark und Finnland je 16, Irland 15 und Luxemburg 6[44]. Diese Abgeordneten bilden Fraktionen auf Unionsebene. Derzeit (Stand: Juli 2000) bestehen folgende Fraktionen: Fraktion der Sozialdemokratischen Partei Europas (214 Abgeordnete), Fraktion der Europäischen Volkspartei (200), Fraktion der Liberalen und Demokratischen Partei Europas (41), Konföderale Fraktion der Vereinigten Europäischen Linken – Nordische Grüne Linke (34), Fraktion Union für Europa (36), Fraktion Die Grünen im Europäischen Parlament (27), Fraktion der Radikalen Europäischen Allianz (20), Fraktion der Unabhängigen für ein Europa der Nationen (17) und Fraktionslose (37). Das Plenum tagt einmal monatlich an seinem Sitz in Straßburg und zusätzlich in Brüssel, wo auch Ausschusssitzungen abgehalten werden, um den Kontakt mit der Europäischen Kommission und dem Rat zu erleichtern. Das Sekretariat des Parlaments mit etwa 4.000 Beamten und Fraktionsmitarbeitern hat seinen Sitz in Luxemburg. Das Parlament bereitet in derzeit 17 ständigen Ausschüssen die Arbeit der Plenartagung vor. Das Parlament hat einen Präsidenten und 14 Vizepräsidenten. Es nimmt nicht nur seine Rolle im Rahmen von Verfahren zum Erlass von Rechtsakten wahr, sondern bildet gemeinsam mit dem Rat auch die Haushaltsbehörde, die den jährlichen Gesamthaushaltsplan verabschiedet und seinen Vollzug kontrolliert[45].

(D) Rat

Der Rat der Europäischen Union ist vom **Europäischen Rat** zu unterscheiden (Art 4 EU-Vertrag). Letzterer ist kein Gemeinschaftsorgan, sondern vielmehr eine seit 1974 bestehende, informelle Einrichtung. Mindestens zweimal jährlich kommen die Staats- bzw Regierungschefs der Mitgliedstaaten und der Präsident der Europäischen Kommission zusammen, unterstützt durch die Außenminister und ein Mitglied der Kommission. Der Europäische Rat legt die allgemeinen politischen Zielvorstellungen fest und gibt der Gemeinschaftspolitik die notwendigen Impulse. Der Rat der Europäischen Union ist auch vom 1950 gegründeten **Europarat** zu unterscheiden. Der Europarat ist eine regional[46] und politisch umfassende europäische Organisation; er soll die weitere europäische Integration fördern. Die EG soll gemäß Art 303 EGV 1997 (früher Art 230) in zweckdienlicher Weise mit dem Europarat zusammenarbeiten. **29**

Dagegen stellt der **Rat der Europäischen Union** ein **Gemeinschaftsorgan** dar, das aus Vertretern der Mitgliedstaaten auf Ministerebene, die für ihre Regierung **30**

---

[44] Nach dem Vertrag von Nizza 2000 (vorläufige Fassung vom 12.12.2000 SN 533/00) soll die Sitzverteilung in Zukunft wie folgt aussehen: Deutschland 99, Frankreich, Italien und Vereinigtes Königreich je 72, Spanien 50, Niederlande 25, Belgien, Griechenland und Portugal je 22, Schweden 18, Österreich 17, Dänemark und Finnland je 13, Irland 12 und Luxemburg 6. Die nachstehend genannten Staaten, die im Zug der sog Ost-Erweiterung einen Beitritt anstreben, werden im Europäischen Parlament wie folgt vertreten sein: Polen 50, Rumänien 33, Tschechien und Ungarn je 20, Bulgarien 17, Slowakei 13, Litauen 12, Lettland 8, Slowenien 7, Estland und Zypern je 6 und Malta 5 (Art 2 Protokall über die Erweiterung und Erklärung zur Erweiterung der Europäischen Union für die Schlussakte der Konferenz).

[45] Zum Europäischen Parlament siehe Art 189ff EGV 1997.

[46] Derzeit (Stand: Juli 2000) umfasst er 41 Mitgliedstaaten bis hin zu Georgien.

verbindlich handeln können, besteht. Die einzelnen Vertreter wechseln je nach dem Beratungsgegenstand. So berät der Ministerrat beispielsweise als Binnenmarktrat oder auch als Fischereirat. Die Facharbeit wird in den sog Arbeitsgruppen vorgenommen, die aus den Fachvertretern der Regierungen der Mitgliedstaaten bestehen. Letzte Vorbereitungen vor einem Ministerratsbeschluss werden vom Ausschuss der Ständigen Vertreter (AStV) vorgenommen. Den Vorsitz führt jeweils ein Mitgliedstaat; er wechselt jedes halbe Jahr, seit 1. Juli 1995 in der folgenden Reihenfolge: Italien, Irland, Niederlande, Luxemburg, Vereinigtes Königreich, Österreich, Deutschland, Finnland, Portugal, Frankreich, Schweden, Belgien, Spanien, Dänemark, Griechenland[47].

Seit der Einheitlichen Europäischen Akte und verstärkt seit dem Vertrag von Maastricht und zuletzt von Nizza 2000 ist, zum Zwecke der Förderung der Integration, das Einstimmigkeitserfordernis für Ratsbeschlüsse zu Gunsten der **qualifizierten Mehrheit** zurückgedrängt worden. So ist auch für Rechtsakte auf Grund von Art 47 Abs 2 EGV 1997 (früher Art 57 Abs 2) und Art 95 Abs 1 EGV 1997 (früher Art 100a Abs 1) iVm Art 251 EGV 1997 (früher Art 189b), die regelmäßig im Bereich des Urheberrechts und der verwandten Schutzrechte Anwendung finden, nur die qualifizierte Mehrheit im Rat notwendig. Wenn, wie im Falle des Verfahrens nach Art 251 EGV 1997 (früher Art 189b), der Beschluss auf Vorschlag der Kommission zu fassen ist, ist die qualifizierte Mehrheit mit 62 von 87 Stimmen erreicht. Die Stimmenverteilung ist derzeit wie folgt[48]: Je 10 Stimmen für Deutschland, Frankreich, Italien und das Vereinigte Königreich, 8 für Spanien, je 5 für Belgien, Griechenland, die Niederlande und Portugal, je 4 für Österreich und Schweden, je 3 für Dänemark, Irland und Finnland sowie 2 Stimmen für Luxemburg[49].

IV. Auslegung des Gemeinschaftsrechts

31 Die **Auslegung** des Gemeinschaftsrechts, insbes der Richtlinien, ist nicht nur auf der Ebene der **Umsetzung in nationales Recht** bedeutsam, also für den nationalen Gesetzgeber, der die Vorgaben der Richtlinie richtig erfassen muss, für die Europäische Kommission, die nach der Umsetzung entscheiden muss, ob ein Verletzungsverfahren wegen mangelhafter Umsetzung gem Art 226 EGV 1997 (früher Art 169) einzuleiten ist, sowie für den EuGH, der möglicherweise im Rahmen eines Verletzungsverfahrens gem Art 226, 227 EGV 1997 (früher Art 169, 170) oder auch im Weg der Vorabentscheidung gem Art 234 EGV 1997 (früher Art 177) über die Auslegung einer Richtlinie entscheiden muss. Vielmehr

---

[47] Beschluss des Rats vom 01.01.1995 ABl 1995 L 220, 1.

[48] Nach dem Vertrag von Nizza 2000 (vorläufige Fassung vom 12.12.2000 SN 533/00) soll die Stimmenverteilung in Zukunft wie folgt aussehen: Deutschland, Frankreich, Italien und Vereinigtes Königreich je 29, Spanien 27, Niederlande 13, Belgien, Griechenland und Portugal je 12, Schweden und Österreich je 10, Dänemark, Finnland und Irland je 7 und Luxemburg 4. Für die beitrittswerbenden Staaten im Zug der sog Ost-Erweiterung sind folgende Stimmen im Rat vorgesehen: Polen 27, Rumänien 14, Tschechien und Ungarn je 12, Bulgarien 10, Slowakei und Litauen je 7, Lettland, Slowenien, Estland und Zypern je 4 und Malta 3 (Art 3 Protokoll über die Erweiterung und Erklärung zur Erweiterung der Europäischen Union für die Schlussakte der Konferenz).

[49] Bestimmungen über den Rat finden sich in Art 202ff EGV 1997.

ist die Auslegung des Gemeinschafts- und insb des Richtlinienrechts auch für die **Auslegung des nationalen Rechts** von Bedeutung: Dieses ist gemeinschaftsrechtskonform, insbes richtlinienkonform auszulegen[50]. Diese Verpflichtung der nationalen Gerichte ist vom EuGH unter Bezugnahme auf den verpflichtenden Charakter von Richtlinien und Art 10 EGV 1997 (früher Art 5) vor allem in den Entscheidungen „von Colson und Kamann/Land Nordrhein Westfalen"[51] sowie „Marleasing"[52] herausgearbeitet worden. *Schneider*[53] spricht sich insbes für das Zurücktreten der Motive des nationalen Gesetzgebers bei der Auslegung des Umsetzungsgesetzes aus, wenn sie dem EG-Recht widersprechen. Der Inhalt des nationalen Rechts ist also nicht zuletzt durch die Auslegung der Richtlinie, die durch das nationale Recht umgesetzt werden sollte oder der das nationale Recht schon entsprach, bestimmt; die Verpflichtung zur gemeinschaftsrechtskonformen Auslegung nationalen Rechts besteht auch in Bezug auf schon vor der Richtlinie erlassene nationale Vorschriften[54].

Eine andere Frage zur Auslegung betrifft die **Beziehung** der gemeinschaftsrechts- bzw **richtlinienkonformen Auslegung** des nationalen, rechtsangleichenden Rechts zu den **weiteren Auslegungsmethoden** des nationalen Rechts. Sie soll im Rahmen dieses Beitrags allerdings nicht erörtert werden[55].

Die letztgültige Bestimmung von Inhalt und Tragweite des Gemeinschaftsrechts **32**
obliegt dem **EuGH**. Nach Art 220 EGV 1997 (früher Art 164) sichert er die Wahrung des Rechts bei der Auslegung und Anwendung des Vertrags[56]. Die Zuständigkeit der anderen Gemeinschaftsorgane und der Mitgliedstaaten zur Auslegung und Anwendung des Vertrags wird durch Art 220 EGV 1997 nicht berührt[57]. Das Gemeinschaftsrecht enthält keine Vorschriften betreffend die anzuwendenden **Auslegungsmethoden**. Der EuGH hat zwar in einer Reihe von Urteilen auf die jeweils angewandten Methoden Bezug genommen, jedoch kein umfassendes System der Auslegungsmethodik entwickelt. Daher muss man auf die Analysen der EuGH-Rechtsprechung durch die Rechtswissenschaft zurückgreifen, deren Vertreter allerdings zum Teil zu unterschiedlichen Ergebnissen gekommen sind[58].

Zunächst stellt sich die Frage, ob für das Gemeinschaftsrecht ähnliche oder gar **33**
dieselben Auslegungsmethoden wie im **Völkerrecht** anwendbar sind, nämlich

---

[50] Siehe zu einem Sonderproblem *Ehricke*, Die richtlinienkonforme Auslegung nationalen Rechts vor Ende der Umsetzungsfrist einer Richtlinie, EuZW 1999, 553.

[51] EuGH 10.04.1984 – „von Colson und Kamann/Nordrhein Westfalen" Rs 14/83 Slg 1984, 1891.

[52] EuGH 13.11.1990 – „Marleasing" Rs C-106/89 Slg 1990, I-4135.

[53] Die Kollision der Motive, EuZW 1995, 653.

[54] EuGH 13.11.1990 – „Marleasing" Rs C-106/89 Slg 1990, I-4135 Rz 8.

[55] Siehe hierzu zB *Ehricke*, Die richtlinienkonforme und die gemeinschaftsrechtskonforme Auslegung nationalen Rechts, RabelsZ 1995, 598; *Lutter*, Die Auslegung angeglichenen Rechts, JZ 1992, 593; *Schmidt*, RabelsZ 1995, 586ff.

[56] Zu den britischen Vorschlägen zur „Korrektur" von Auslegungen des Sekundärrechts durch den EuGH, durch die Mitgliedstaaten auf der Ebene des Primärrechts bzw durch neuerliche Rechtssetzung durch den Rat siehe jedoch *Hummer/Obwexer*, Vom „Gesetzesstaat zum Richterstaat" und wieder retour? EuZW 1997, 295.

[57] *Bernice* in *Grabitz/Hilf* Art 164 Rz 20.

[58] Siehe etwa den Überblick bei *Bleckmann*, Europarecht[7] Rz 537ff.

das in den Art 31ff des Wiener Übereinkommens über das Recht der Verträge vom 23. Mai 1969 niedergelegte Völkergewohnheitsrecht zur Vertragsauslegung. Diese Frage wird fast einhellig verneint, zum Teil unter Hinweis auf den vom EuGH anerkannten Charakter des Gemeinschaftsrechts als eigenständige Rechtsordnung[59]. Auch von den Auslegungsmethoden der **nationalen Gerichte** unterscheiden sich diejenigen des EuGH; dies ist auf die Besonderheiten der Gemeinschaftsverfassung zurückzuführen[60]. Zum Teil wird auch darauf hingewiesen, dass der EuGH das Primärrecht und das Sekundärrecht bei der Auslegung nicht ganz einheitlich behandelt[61].

34 Auch der EuGH stellt bei der Auslegung auf den Wortlaut, den systematischen Zusammenhang und den *telos* ab. Im Folgenden sollen Besonderheiten dieser drei Auslegungsmethoden in der Anwendung durch den EuGH erläutert werden, bevor die Bedeutung weiterer, möglicher Gesichtspunkte bei der Auslegung untersucht wird.

1. Wortlaut

35 Eine gemeinschaftsrechtliche Besonderheit der wörtlichen Auslegung ergibt sich schon daraus, dass das Gemeinschaftsrecht in inzwischen elf gleichrangigen, verbindlichen **Sprachfassungen** existiert. Die Auslegung einer gemeinschaftsrechtlichen Vorschrift erfordert also einen Vergleich aller Sprachfassungen[62]. Ein solcher Vergleich kann entweder Auslegungszweifel beseitigen, oder auch – selbst bei eindeutigem Wortlaut einer Textfassung – zu einem anderen Auslegungsergebnis führen, das sich aus anderen Textfassungen ergibt und sich beispielsweise weniger belastend auswirkt als die geprüfte Textfassung[63]. Der Wortsinn muss sich aus einer **autonomen Interpretation** ergeben; das Gemeinschaftsrecht muss aus sich selbst heraus ausgelegt werden. Es verwendet eine „eigene, besondere Terminologie"; seine Rechtsbegriffe müssen nicht unbedingt denselben Gehalt wie in den verschiedenen nationalen Rechten haben[64].

2. Systematische Auslegung

36 Der EuGH wendet auch die **systematische Auslegungsmethode** an, wonach „jede Vorschrift des Gemeinschaftsrechts in ihrem Zusammenhang zu sehen

---

[59] Vgl *Schmidt*, RabelsZ 1995, 573 mwN; siehe dagegen *Bleckmann*, NJW 1982, 1181, nach dessen Analyse der EuGH im Wesentlichen die Auslegungsmethoden des Völkerrechts anwendet.

[60] *Bernice* in *Grabitz/Hilf* Art 164 Rz 23 mwN.

[61] *Bleckmann*, NJW 1982, 1178.

[62] Siehe dazu *Luttermann*, Rechtssprachenvergleich in der Europäischen Union, EuZW 1999, 401, der zugleich die neue EUGH-Entscheidung „Codan" EuZW 1999, 154 bespricht.

[63] Siehe zu diesen Beispielen *Schmidt*, RabelsZ 1995, 575f; zu den Problemen der Auslegung verschiedensprachiger Fassungen siehe auch *Braselmann*, Übernationales Recht und Mehrsprachigkeit, EuR 1992, 55 und *Nettesheim* in *Grabitz/Hilf* Art 4 Rz 51 mwN.

[64] EuGH 06.10.1982 – „C.I.L.F.I.T./Ministerio della Sanità" Rs 283/81 Slg 1982, 3415 Rz 18ff.

[65] EuGH 06.10.1982 – „C.I.L.F.I.T./Ministerio della Sanità" Rs 283/81 Slg 1982, 3415 Rz 18ff.

und im Lichte des gesamten Gemeinschaftsrechts ... auszulegen" ist[65]. Die auszulegende Norm muss widerspruchsfrei in das normative Umfeld eingeordnet werden können. Im Falle von Richtlinien muss die einschlägige Interpretation also mit den übrigen Bestimmungen der Richtlinie selbst, verwandten Richtlinien auf dem gleichen Gebiet, den zugrundeliegenden Ermächtigungsgrundlagen des Gemeinschaftsrechts und den allgemeinen Grundsätzen des Gemeinschaftsrechts in Einklang stehen. Bei der systematischen Auslegung rechtsangleichender Richtlinien greift der EuGH zum Teil auch auf gemeinsame Grundsätze der nationalen Rechtsordnungen zurück[66]. Im Zusammenhang mit der systematischen Auslegung ist auch zu erwähnen, dass der EuGH Ausnahmen von den grundlegenden Vertragsbestimmungen im Allgemeinen eng auslegt[67].

Angesichts des Vorrangs der von der Gemeinschaft geschlossenen völkerrechtlichen Verträge vor dem abgeleiteten Gemeinschaftsrecht hat der EuGH im Übrigen das Gebot der völkerrechtskonformen Auslegung des Sekundärrechts anerkannt[68]. Damit hat die Frage der unmittelbaren Anwendbarkeit des WTO-Rechts einschließlich des TRIPs-Abkommens an Brisanz verloren[69]. Während der EuGH bisher nur dem GATT als solchem die unmittelbare Anwendbarkeit abgesprochen hat, sprechen im Fall des TRIPs-Abkommens die besseren Gründe für dessen unmittelbare Anwendbarkeit[70].

3. Teleologische Auslegung

Die **teleologische Auslegung** stellt in der Praxis des EuGH neben der systema- **37**
tischen Auslegung die wichtigste Auslegungsmethode dar. Zum Teil hat der EuGH sogar einen nach allen sprachlichen Fassungen eindeutigen Wortlaut berichtigend im Sinne der Vertragsziele ausgelegt[71]. In diesem Zusammenhang fragt der EuGH auch häufig nach dem *effet utile*, also danach, welche Auslegung

---

[66] Siehe hierzu EuGH 07.02.1985 – „Abels/Bestuur" Rs 135/83 Slg 1985, 469, erläutert in *Schmidt*, RabelsZ 1995, 577f.

[67] Vgl *Bernice* in *Grabitz/Hilf* Art 164 Rz 26 mwN.

[68] EuGH 10.09.1996 – „Kommission/Bundesrepublik Deutschland" Rs C-61/94 Slg 1996, I-3989/4021.

[69] *Moritz*, Internationaler Handel mit Basis-TK-Leistungen, MMR 1998, 398.

[70] Siehe dazu insb *Drexl*, Nach „GATT und WIPO": Das TRIPs-Abkommen und seine Anwendung in der Europäischen Gemeinschaft, GRUR Int 1994, 777; *ders*, The TRIPs Agreement and the EC: What Comes Next After Joint Competence?, in *Beier/Schricker* (Hrsg), From GATT to TRIPs – The Agreement on Trade-Related Aspects of Intellectual Property Rights (1996) 18; siehe zur Frage der unmittelbaren Anwendbarkeit von durch die EG abgeschlossenen Völkerrechtsverträgen allgemein *Tomuschat* in *Groeben/Thiesing/Ehlermann*[5] II Art 228 EGV Rz 61 bis 70, und zu der die unmittelbare Anwendbarkeit von WTO-Recht ablehnenden Entscheidung EuGH 23.11.1999 – „Portugal/Rat" C-149/96 *Toggenburg* WTO: Unmittelbare Anwendbarkeit weiterhin anwendbar, ELR 2000, 46.

[71] Vgl Beispiele bei *Schmidt*, RabelsZ 1995, 576f mit dem Hinweis auf die Aussage von Generalanwalt *Mayras* in EuGH 28.02.1980 – „Fellinger/Bundesanstalt" Rs 67/79 Slg 1980, 535 (552), jede andere Auslegung würde dem Geist der einschlägigen Bestimmung „den Gehorsam ... versagen, indem sie sich zum Sklaven ihres Wortlauts macht"; siehe auch *Bleckmann*, NJW 1982, 1178 und *Schmidt*, RabelsZ 1995, 579.

die praktische Wirksamkeit der einschlägigen Bestimmung am Besten garantiert oder die Verwirklichung der (Vertrags)Ziele am Besten fördert[72]. Da die **Vertragsziele**, wie etwa in Art 2, 10 Abs 2, 14, 33 oder auch 174 Abs 1 EGV 1997 (früher Art 2, 5 Abs 2, 7a, 39 und 130r Abs 1) niedergelegt, meist sehr allgemein formuliert sind und Raum für unterschiedliche Interpretationen lassen, kann man das Ergebnis einer teleologischen Auslegung in einem konkreten Fall meist nicht mit genügender Sicherheit vorhersehen. Zudem hat der EuGH im Lauf der Jahre über die Vertragsziele hinaus weitere allgemeine Ziele, die er als **„Grundsätze" oder „Prinzipien"** bezeichnet, formuliert. Dazu gehören die einheitliche Tragweite bzw Wirkung des Gemeinschaftsrechts in allen Mitgliedstaaten; die Rechtssicherheit, der Vertrauensschutz und ein effektiver Rechtsschutz als grundlegende rechtsstaatliche Ziele; ein adäquater Grundrechtsschutz, die materielle Nichtdiskriminierung von Unionsbürgern und die mitgliedstaatliche Verfahrens- und Organisationsautonomie[73].

Das Sekundärrecht ist jedenfalls, nach dem Grundsatz der Einheit der (Gemeinschafts)Rechtsordnung[74], im Einklang mit dem höherrangigen Gemeinschaftsrecht auszulegen[75].

38 Den Sinn und Zweck einer Norm des Sekundärrechts kann man darüber hinaus den gem Art 253 EGV 1997 (früher Art 190) erforderlichen Begründungen des jeweiligen Rechtsakts entnehmen. Sie sind meist in Form von sog **Erwägungsgründen** in einer Präambel enthalten und stellen ein äußerst wichtiges Hilfsmittel zur Auslegung dar, gehören jedoch nicht selbst zu den operativen Bestimmungen. Letzteres ergibt sich schon aus der Tatsache, dass die Präambel üblicherweise mit den Worten endet: „... haben/hat folgende Richtlinie erlassen". Sollte also, wie regelmäßig nicht zu erwarten ist, ein Erwägungsgrund dem operativen Text widersprechen, so wird er nicht zu berücksichtigen sein.

4. Subjektiv-historische Auslegung

39 Anders als im nationalen Recht hat die **subjektiv-historische** Auslegung im **Primärrecht** der Gemeinschaft kaum eine Bedeutung. Der Hauptgrund liegt in der Unzugänglichkeit der Materialien zu den Gründungsverträgen. Im Übrigen kann man aus der bewussten Nichtveröffentlichung auch der Materialien zum EGV schließen, dass die Vertragspartner eine gewisse Dynamik im Gemeinschaftsrecht nicht durch ihre zeitgebundenen Vorstellungen behindert wissen wollten[76]. Vereinzelt wird auch eine bewusste Entscheidung des EuGH zu Gunsten einer objektiven Auslegung angenommen, da der EuGH von der Möglichkeit keinen Gebrauch gemacht hat, zumindest auf die Materialien zurückzugreifen,

---

[72] Siehe dazu insb *Bernice* in *Grabitz/Hilf* Art 164 Rz 27; *Nettesheim* in *Grabitz/Hilf* Art 4 Rz 55.

[73] *Nettesheim* in *Grabitz/Hilf* Art 4 Rz 57; siehe zum Problem der Abwägung sich widersprechender Argumente auch dort Rz 62ff.

[74] Siehe dazu *Nettesheim* in *Grabitz/Hilf* Art 4 Rz 71.

[75] Siehe dazu etwa *Bleckmann*, NJW 1982, 1179.

[76] Vgl auch zu weiteren Einwänden gegen subjektiv-historische Erwägungen *Nettesheim* in *Grabitz/Hilf* Art 4 Rz 53.

die anlässlich der nationalen Zustimmungsverfahren zu den Gründungsverträgen veröffentlicht wurden[77].

Dagegen hat sich der EuGH der subjektiv-historischen Methode im Rahmen des **Sekundärrechts** schon häufig bedient, soweit die Materialien wie Vorentwürfe etc veröffentlicht bzw für jedermann zugänglich waren[78]. Zur subjektiv-historischen Auslegung des Sekundärrechts werden zB die aufeinander folgenden Fassungen der jeweiligen Rechtsakte herangezogen. **40**

Oft geben einzelne Mitgliedstaaten, alle Mitgliedstaaten übereinstimmend und/ oder die Kommission im Zusammenhang mit dem Erlass von Rechtsakten – insb Richtlinien – **Protokollerklärungen** ab, die bisher grundsätzlich nicht veröffentlicht wurden. Der EuGH hat solche Erklärungen daher bisher kaum zur Auslegung herangezogen; sie können nur dann als unverbindliche Auslegungshilfe dienen, wenn sie ausnahmsweise veröffentlicht wurden und dem Wortlaut nicht widersprechen, oder wenn sie Erklärungen des – mit dem erforderlichen Stimmenquorum verabschiedenden – Rechtssetzungsorgans darstellen, worunter der Rat, nicht jedoch die Kommission oder einzelne Mitgliedstaaten zu verstehen sind[79]. Protokollerklärungen haben deshalb für die Auslegung des jeweiligen Gemeinschaftsrechtsakts bisher keine oder – soweit dies in Ausnahmefällen der Fall war – eine eher geringe Rolle gespielt[80]. Allerdings erleichtern sie häufig die Meinungsbildung im Rahmen der Rechtssetzung. So dürfte manchem Mitgliedstaat die Zustimmung zu einem bestimmten Text erst dann möglich werden, wenn er seine Auffassung über dessen Auslegung zu Protokoll erklärt und damit etwa nationalen Interessenvertretern entgegenkommt[81]. **41**

Der Rat hat am 2. Oktober 1995 einen „Verhaltenskodex betreffend den Zugang der Öffentlichkeit zu Protokollen und Protokollerklärungen des Rates in seiner Rolle als Gesetzgeber“ beschlossen, demzufolge Protokolle und Protokollerklärungen in bestimmten Grenzen und unter bestimmten Bedingungen

[77] *Bleckmann*, NJW 1982, 1178.

[78] *Bleckmann*, NJW 1982, 1178f, 1181 mwN; auf Grund der VO Nr 354/83 des Rats vom 01.02.1983 über die Freigabe der historischen Archive von EWG und EURATOM ABl L 43 vom 15.02.1983, 1 müssen alle Schriftstücke der Gemeinschaftsorgane, die älter als 30 Jahre sind und keinem Geheimnisschutz unterliegen, der Öffentlichkeit zugänglich gemacht werden. Vgl auch den Beschluss 93/731/EG des Rats vom 20.12.1993 über den Zugang der Öffentlichkeit zu Ratsdokumenten ABl L 340 vom 31.12.1993, 43 und den „Verhaltenskodex für den Zugang der Öffentlichkeit zu Rats- und Kommissionsdokumenten“ ABl L 340 vom 31.12.1993, 41 sowie den Beschluss des Präsidenten des EuG vom 03.03.1998 T-610/97 R dazu, dass Stellungnahmen der juristischen Dienste der Gemeinschaftsorgane der Öffentlichkeit nicht zugänglich gemacht werden müssen; vgl dazu *Novak-Stief*, ELR 1998, 496ff. Seit dem Vertrag von Amsterdam ist das Zugangsrecht auch im Primärrecht niedergelegt (Art 255 EGV 1997); siehe dazu auch die Forderungen des Europäischen Parlaments vom 12.01.1999 EuZW 1999, 324.

[79] Siehe *Lutter*, Die Auslegung angeglichenen Rechts, JZ 1992, 600 mwN.

[80] Vgl etwa *Bernice* in *Grabitz/Hilf* Art 164 Rz 33; *Bleckmann*, NJW 1982, 1179; *Everling*, Probleme atypischer Rechts- und Handlungsformen bei der Auslegung des Europäischen Gemeinschaftsrechts in *Biber/Ress*, Dynamik 426 bis 428.

[81] Vgl *Everling*, Probleme atypischer Rechts- und Handlungsformen bei der Auslegung des Europäischen Gemeinschaftsrechts in *Biber/Ress*, Dynamik 421.

grundsätzlich veröffentlicht werden sollen. Soweit sie nicht im Widerspruch zum Rechtsakt stehen, mit dem erforderlichen Quorum und vom Rechtssetzungsorgan selbst verabschiedet wurden, können sie im Rahmen der subjektiv-historischen Auslegung herangezogen werden[82].

5. Nachfolgende Praxis

42 Eine andere Auslegungsmethode, die aus dem Völkerrecht (Art 31 Abs 3 lit b Wiener Übereinkommen über das Recht der Verträge) bekannt ist, ist die an bestimmte Voraussetzungen gebundene Berücksichtigung der nachfolgenden, **in Rechtsüberzeugung ausgeübten Praxis** der Vertragspartner. Der EuGH hat zwar vereinzelt auf die Praxis der EG-Organe und der Mitgliedstaaten zur Auslegung insbes von Sekundärrecht zurückgegriffen[83], diese Auslegungsmethode jedoch in jüngerer Zeit zurückgewiesen[84]. Differenzierende Überlegungen finden sich zum Teil in der – allerdings zu diesem Thema nicht reichhaltigen – Literatur[85].

V. Rechtsfolgen der Nichtumsetzung von Richtlinien

43 Richtlinien geben in ihren Schlussbestimmungen regelmäßig den **Zeitpunkt** an, zu dem die Mitgliedstaaten ihr Recht den Vorgaben der Richtlinie angepasst haben müssen. So bestimmt etwa Art 14 Abs 1 Satelliten- und Kabel-RL: „Die Mitgliedstaaten erlassen die erforderlichen Rechts- und Verwaltungsvorschriften, um dieser Richtlinie bis zum 1. Januar 1995 nachzukommen. Sie setzen die Kommission unverzüglich davon in Kenntnis." Häufig gelingt es den Mitgliedstaaten allerdings nicht, die Richtlinien bis zum vorgegebenen Zeitpunkt in nationales Recht umzusetzen. Bliebe die Nichtumsetzung ohne Rechtsfolgen, so wäre vielleicht der eine oder andere Mitgliedstaat zumindest bei Richtlinien, die er nicht ganz mitgetragen hat, versucht, die Umsetzung möglichst lange herauszuschieben oder ganz zu „vergessen". Nicht zuletzt um eine solche Verzögerung der Integration zu verhindern, sieht der EG-Vertrag die **Verletzungsverfahren** nach Art 226ff EGV 1997 (früher Art 169ff) vor. Darüber hinaus hat der EuGH durch seine Rechtsprechung zur **unmittelbaren Anwendbarkeit** von Richtlinien und zur **Schadensersatzhaftung** von Mitgliedstaaten nicht unwesentlich zur Förderung der Integration und zur Disziplin der Mitgliedstaaten beigetragen. Es ist nicht auszuschließen, dass der EuGH in Zukunft noch weiterreichende Schritte in die schon eingeschlagene Richtung machen wird.

---

[82] Siehe insb *Dreher*, Transparenz und Publizität bei Ratsentscheidungen, EuZW 1996, 487 (490).

[83] *Bleckmann*, NJW 1982, 1179 mwN.

[84] EuGH 23.02.88 – „Hormone" Rs 68/86 Slg 1988, 855 (898): „Eine bloße Praxis vermag Regeln des Vertrags nicht abzuändern. Eine solche Praxis kann folglich kein Präjudiz sein, das die Organe der Gemeinschaft hinsichtlich der Bestimmung der zutreffenden Rechtsgrundlage bindet".

[85] Siehe insb *Slynn*, The use of subsequent practice as an aid to interpretation by the Court of Justice of the European Communities in *Biber/Ress*, Dynamik 137. Die zit Veröffentlichung von *Biber/Ress* befasst sich insgesamt – unter unterschiedlichen Aspekten – mit der Auslegung des Europäischen Gemeinschaftsrechts im Licht nachfolgender Praxis der Mitgliedstaaten und der EG-Organe.

1. Verletzungsverfahren

Zunächst seien die **Grundzüge des Verletzungsverfahrens nach Art 226ff EGV 1997** (früher Art 169ff) erörtert. Ein Verletzungsverfahren wegen **nicht fristgemäßer Umsetzung** einer Richtlinie kann nach Art 227 EGV 1997 (früher Art 170) von einem Mitgliedstaat oder nach Art 226 EGV 1997 (früher Art 169) von der Kommission initiiert werden. In ersterem Falle muss der Mitgliedstaat allerdings eine Stellungnahme der Kommission einholen, die den beteiligten Staaten die Möglichkeit zur Äußerung in einem streitigen Verfahren geben soll, bevor der Mitgliedstaat den EuGH anrufen kann. Da dieses Verfahren aus verständlichen politischen Gründen von den Mitgliedstaaten kaum in Anspruch genommen wird[86], und im Übrigen in vielerlei Hinsicht dem Verfahren nach Art 226 EGV 1997 entspricht, soll hierauf nicht näher eingegangen werden. Möchte ein Mitgliedstaat die nicht fristgemäße Umsetzung einer Richtlinie durch einen anderen Mitgliedstaat außerhalb des Verfahrens von Art 227 EGV 1997 beanstanden, so bleibt ihm immer noch die Möglichkeit, die Kommission formlos um die Einleitung eines Verfahrens nach Art 226 EGV 1997 zu ersuchen. **44**

Art 226 EGV 1997 (früher Art 169) spricht, ebenso wie Art 227 EGV 1997 (früher Art 170), nur von einem Verstoß gegen eine **Verpflichtung „aus diesem Vertrag“**. Trotz dieses Wortlauts ist allgemein anerkannt, dass darunter auch Verstöße gegen das Sekundärrecht, wie zB Richtlinienbestimmungen über die Umsetzungsfrist erfasst sind[87]. Das Verletzungsverfahren richtet sich **gegen Mitgliedstaaten**, die für das Handeln, ebenso wie für das Untätigbleiben ihrer Organe im Fall einer gemeinschaftsrechtlichen Handlungspflicht – wie etwa für die Nichtumsetzung trotz Umsetzungspflicht bis zu einem bestimmten Zeitpunkt – verantwortlich sind. Zu diesen Organen gehören die Gesetzgebungsorgane[88]. Da das Verletzungsverfahren nur die Herstellung eines vertragskonformen Zustandes zum Ziel hat, also objektiven Charakter bzw Ordnungs- und Erzwingungsfunktion hat, kommt es auf ein Verschulden nicht an. **45**

Aus dem Wortlaut sowohl des Art 226 Abs 1 EGV 1997 (früher Art 169 Abs 1) als auch des Art 211 erster Gedankenstrich EGV 1997 (früher Art 155) ergibt sich, dass die **Kommission** zur Verfahrenseinleitung **verpflichtet** ist, sobald ihr ein Vertragsverstoß bekannt geworden ist[89]. Nur durch eine solche Verfolgungspflicht kann das in der Gemeinschaft angestrebte hohe Integrationsniveau erreicht werden. Allerdings wird der Kommission bei der Erfüllung dieser Verfolgungspflicht in Bezug auf den Zeitpunkt und die Bedingungen der Durchführung eines Verfahrens ein gewisser Spielraum zugestanden. So wäre es beispielsweise kaum sinnvoll, ein Verletzungsverfahren wegen nicht fristgemäßer Umsetzung einer Richtlinie gegen einen Mitgliedstaat einzuleiten, der schon ernsthafte An- **46**

---

[86] Vgl *Karpenstein/Karpenstein* in *Grabitz/Hilf*, Das Recht Art 227 Rz 7.

[87] Vgl *Karpenstein/Karpenstein* in *Grabitz/Hilf*, Das Recht Art 226 Rz 14.

[88] Vgl *Karpenstein/Karpenstein* in *Grabitz/Hilf*, Das Recht Art 226 Rz 19.

[89] Dies ist heute im Wesentlichen unbestritten; vgl *Karpenstein/Karpenstein* in *Grabitz/Hilf*, Das Recht Art 226 Rz 39. Siehe zur Überwachung der Umsetzung von Richtlinien den Bericht der Kommission für 1997 KOM (1998) 317 endg sowie einen Bericht zur Arbeit der Kommission im Zusammenhang mit dem Verletzungsverfahren, N.N., EuZW 1998, 482.

strengungen zur Umsetzung gemacht hat und von dem zu erwarten ist, dass er die Umsetzung in absehbarer Zeit bewältigen wird. Auch dürften informelle Verhandlungen der Kommission mit den betreffenden Mitgliedstaaten oft besser geeignet sein als eine Konfrontation im Rahmen eines formellen Verletzungsverfahrens. Letzteres könnte im Übrigen auch durch eine zu häufige Anwendung sein Gewicht verlieren.

47 Das Verletzungsverfahren **beginnt** mit einem Mahnschreiben, das dem betroffenen Mitgliedstaat Gelegenheit zur Äußerung geben soll; daraufhin versendet die Kommission eine begründete Stellungnahme. Falls der Mitgliedstaat innerhalb der gesetzten Frist der Stellungnahme nicht nachkommt, kann die Kommission gem Art 226 Abs 2 EGV 1997 (früher Art 169 Abs 2) den Gerichtshof anrufen. Hierzu ist sie, wie der Wortlaut des Abs 2 zeigt, nicht rechtlich verpflichtet, jedoch wird sie vor dem Hintergrund ihrer in Art 211 EGV 1997 (früher Art 155) bestimmten Aufgaben insb als Hüterin des Vertrags häufig politisch zur Anrufung des EuGH verpflichtet sein[90].

48 Stellt der **Gerichtshof** fest, dass ein Mitgliedstaat gegen eine Verpflichtung aus dem Vertrag bzw dem Sekundärrecht verstoßen hat, so hat der Staat mit seinen Organen die Maßnahmen zu ergreifen, die sich aus dem Urteil des EuGH ergeben (Art 228 EGV 1997 [früher Art 171]). Er kann also verpflichtet werden, eine bestimmte Richtlinie unverzüglich in nationales Recht umzusetzen. Seit den Achtzigerjahren konnte man allerdings zunehmend Fälle beobachten, in denen Mitgliedstaaten solche Urteile über einen längeren Zeitraum hinweg nicht beachtet haben[91].

49 Diese Tatsache hat die Mitgliedstaaten dazu veranlasst, die Vorschrift des **Art 171 EWGV** (jetzt Art 228 EGV 1997) durch die Änderungsverträge von Maastricht in zweierlei Hinsicht zu **verstärken.** Der neue Abs 2 schreibt zunächst – in Übereinstimmung mit der bisherigen ungeschriebenen Praxis – die **Fortführung des Verfahrens bei Nichtbefolgung des Urteils** vor. Demnach ist die Kommission verpflichtet, ein zweites Verletzungsverfahren einzuleiten, das allerdings nunmehr auf die Nichtbefolgung des betroffenen EuGH-Urteils zu stützen ist. Dazu muss sie wiederum ein Mahnschreiben an den Mitgliedstaat versenden und eine begründete Stellungnahme abgeben.

Die zweite durch den Vertrag von Maastricht eingeführte Ergänzung des Art 171 EWGV (jetzt Art 228 EGV 1997) erlaubt, **finanzielle Sanktionen für den Fall der Nichtbefolgung eines EuGH-Urteils** festzusetzen, wenn der Mitgliedstaat die erforderlichen Maßnahmen nicht innerhalb der von der Kommission gesetzten Frist getroffen hat, und die Kommission den Gerichtshof anruft. In diesem Fall hat die Kommission die von ihr als angemessen erachtete Höhe des zu zahlenden Pauschalbetrags oder Zwangsgelds zu benennen. Im Januar 1997 hat die Kommission eine Berechnungsmethode zur Verhängung von Zwangsgeldern gegen Mitgliedstaaten festgelegt. Danach berechnet sich die Höhe des

---

[90] Zum Teil wird auch eine Rechtspflicht angenommen; vgl die Nachweise zu den unterschiedlichen Auffassungen bei *Karpenstein/Karpenstein* in *Grabitz/Hilf*, Das Recht Art 226 Rz 44.

[91] Vgl *Karpenstein/Karpenstein* in *Grabitz/Hilf*, Das Recht Art 228 Rz 19.

täglichen Zwangsgelds aus der Multiplikation der Pauschale von € 500,00 pro Tag mit einem Koeffizienten nach der Schwere (zwischen 1 und 20) und Dauer (zwischen 1 und 3) des Verstoßes und einem für jeden Mitgliedstaat (auf Grund des Bruttoinlandprodukts und der Stimmenanzahl im Rat) entwickelten Faktor[92]. Es obliegt schließlich dem EuGH, über die Verhängung eines Zwangsgelds bzw Pauschalbetrags sowie über dessen Höhe zu entscheiden[93]. Selbst wenn also ein Mitgliedstaat dem Urteil des EuGH innerhalb der gesetzten Frist nicht nachgekommen ist, kann der EuGH von einer finanziellen Sanktionierung absehen.

Diese neue Möglichkeit der Sanktionierung gem Art 228 Abs 2 EGV 1997 (früher Art 171 Abs 2) dürfte allerdings von geringerer Bedeutung sein als auf den ersten Blick zu vermuten ist. Die vom EuGH festgesetzten Sanktionen nach Art 256 Abs 1 Satz 2 EGV 1997 (früher Art 192 Abs 1 Satz 2) können nämlich nicht vollstreckt werden. Daher ist der Kommission schon ein Rückgriff auf die Aufrechnung, etwa durch Kürzungen bei Zuweisungen der diversen Fonds, empfohlen worden[94]. Angesichts dieser Schwäche wird in der Literatur – mit unterschiedlichem Ergebnis – auch überlegt, ob andere Mitgliedstaaten gegenüber einem sich uneinsichtig zeigenden Mitgliedstaat nicht auf das Völkerrecht, insb in Form von Retorsionsmaßnahmen oder Repressalien zurückgreifen können[95].

2. Art 95 Abs 4 bis 10 EGV 1997 (früher Art 100a Abs 4 bis 10)

Da die meisten Richtlinien im Bereich des Urheberrechts und der verwandten **50**
Schutzrechte auf Grund des Art 95 EGV 1997 (früher Art 100a) erlassen wurden, sei noch Art 95 Abs 4 bis 10 EGV 1997 als Sonderregelung gegenüber Art 226, 227 EGV 1997 (früher Art 169, 170) erwähnt. Diese Bestimmung erlaubt es einem Mitgliedstaat zunächst, im Fall einer mit qualifizierter Mehrheit beschlossenen Harmonisierungsmaßnahme **einzelstaatliche Bestimmungen** anzuwenden, die durch wichtige Erfordernisse insb im Sinn des Art 30 EGV 1997 (früher Art 36) gerechtfertigt sind, falls die Kommission die betreffenden Bestimmungen billigt oder die Billigung fingiert wird (Art 95 Abs 6 Satz 2 EGV 1997 [früher Art 100a Abs 6 Satz 2]). Falls nun die Kommission oder ein Mitgliedstaat der Auffassung ist, dass der betroffene Mitgliedstaat diese Befugnisse missbraucht, so können die Kommission oder der Mitgliedstaat in Abweichung von Art 226, 227 EGV 1997 (früher Art 169, 170) den EuGH auch unmittelbar anrufen. Diese Vorschrift ist bisher kaum angewendet worden[96].

---

[92] Siehe die Information „Zwangsgelder gegen Mitgliedstaaten", EuZW 1997, 130 sowie die Mitteilung der Kommission über die Anwendung von Art 171 EGV 1997 ABl C 242 vom 21.08.1996, 7.

[93] Am 04.07.2000 hat der EuGH zum ersten Mal in der Geschichte der EG ein solches Zwangsgeld verhängt, nämlich 20 000 € pro Tag, die von Griechenland bis zur Beseitgung des Rechtsverstoßes (Mülldeponie im Wildbach) zu zahlen sind. Der EuGH gab als Kriterien für die Berechnung den Antrag der Kommission, die Dauer und Schwere des Verstoßes, die Zahlungsfähigkeit des Mitgliedstaats, die Dringlichkeit und die Folgen des staatlichen Fehlverhaltens für private und öffentliche Interessen an (C-387/97).

[94] Vgl *Karpenstein/Karpenstein* in *Grabitz/Hilf*, Das Recht Art 228 Rz 44.

[95] Vgl die Nachweise bei *Karpenstein/Karpenstein* in *Grabitz/Hilf*, Das Recht Art 228 Rz 47.

[96] Vgl *Karpenstein/Karpenstein* in *Grabitz/Hilf*, Das Recht Art 226 Rz 13.

3. Individueller Rechtsschutz

51 Die soeben erörterten Verletzungsverfahren dürften also nicht in allen Fällen zu befriedigenden Ergebnissen führen. Darüber hinaus ermächtigen sie nur die Kommission oder die Mitgliedstaaten zur Verfahrenseinleitung gegen den verletzenden Mitgliedstaat. Für den einzelnen Unionsbürger stellt sich nun die Frage, ob und inwieweit ihm **individueller Rechtsschutz** für den Fall zusteht, dass sein Staat gegen Gemeinschaftsrecht verstoßen hat, insb eine Richtlinie nicht fristgemäß umgesetzt hat. Grundsätzlich stehen ihm folgende Rechtsschutzmöglichkeiten offen: Soweit die verletzte Gemeinschaftsnorm **unmittelbar anwendbar** ist, kann sich der Bürger vor den nationalen Gerichten darauf berufen – gegebenenfalls unter Einschaltung des Vorlageverfahrens gem Art 234 EGV 1997 (früher Art 177). Ist die Gemeinschaftsnorm nicht unmittelbar anwendbar, will sie aber die Interessen des Einzelnen schützen, so kommt unter bestimmten Voraussetzungen eine **Schadensersatzklage gegen den eigenen Staat** wegen fehlerhafter Amtsführung in Frage; Amtspflichten im Sinn des nationalen Amtshaftungsrechts können nämlich auch durch das Gemeinschaftsrecht begründet werden. Denkbar erscheint auch eine Schadensersatzklage gegen die Gemeinschaft nach Art 288 EGV 1997 (früher Art 215) wegen Verletzung der Aufsichtspflicht durch die Kommission, wenn diese etwa trotz Wissens um einen Vertragsverstoß das Verfahren nach Art 226 EGV 1997 (früher Art 169) nicht eingeleitet hat. Diese Alternative begegnet allerdings zahlreichen Bedenken und hat auch in der Praxis bisher noch nicht zu einem Erfolg geführt[97]. Daher sollen im Folgenden nur die beiden ersten Alternativen kurz erörtert werden.

3.1. Unmittelbare Anwendbarkeit

52 Ein Unionsbürger kann sich vor den nationalen Gerichten auf Gemeinschaftsrecht berufen, soweit dieses **unmittelbar anwendbar** ist. Während Art 249 Abs 2 EGV 1997 (früher Art 189 Abs 2) die unmittelbare Geltung der **Verordnung** ausdrücklich festlegt, schweigt Abs 3 über die unmittelbare Geltung von Richtlinien. Da Richtlinien darüber hinaus nur an die einzelnen Mitgliedstaaten gerichtet sind, wurde Art 249 Abs 3 EGV 1997 zunächst dahingehend interpretiert, dass Richtlinien keine unmittelbare Wirkung zukomme. Erst in den Siebzigerjahren begann der EuGH, auch anderen Rechtsakten als Verordnungen in einzelnen Fällen unmittelbare Wirkung zuzusprechen[98]. Der EuGH ließ einen *e contrario* Schluss daraus, dass die unmittelbare Anwendbarkeit allein bei Verordnungen erwähnt ist, nicht zu und berief sich auf den *effet utile*.

53 Angesichts der Tendenz, Richtlinienbestimmungen immer detaillierter zu formulieren und den Mitgliedstaaten immer weniger Freiheit in Bezug auf Form und Mittel der Umsetzung zu lassen, und damit den Richtlinien eine starke Ähnlichkeit zu Verordnungen zu geben, hat der EuGH seine Rechtsprechung zur unmittelbaren Anwendbarkeit von Gemeinschaftsrecht in inzwischen ständiger Rechtsprechung auch auf **Richtlinien** angewandt. Für die unmittelbare Geltung

---

[97] Vgl *Karpenstein/Karpenstein* in *Grabitz/Hilf*, Das Recht Art 226 Rz 34.

[98] Siehe insb EuGH 04.12.1974 – „van Duyn" Rs 41/74 Slg 1974, 1337; vgl wN auch bei *Grabitz* in *Grabitz/Hilf* Art 189 Rz 61.

von Richtlinien müssen folgende **Voraussetzungen** vorliegen: Zunächst muss die Umsetzungsfrist schon abgelaufen sein; die Wahl des Umsetzungszeitpunkts wird den Mitgliedstaaten innerhalb der vorgeschriebenen Umsetzungsfrist zugestanden. Darüber hinaus müssen die Richtlinienbestimmungen, auf die sich der Bürger berufen möchte, klar, präzise und unbedingt bzw *self-executing*, also nach ihrem Wesen geeignet sein, unmittelbare Wirkung zu entfalten. Den Mitgliedstaaten darf schließlich in Bezug auf die geltend gemachte Bestimmung kein Ermessensspielraum zustehen. Im Übrigen hat der EuGH bisher die unmittelbare Wirkung nur für den Fall zugelassen, dass sich ein Bürger gegenüber seinem Mitgliedstaat oder einer staatlichen Stelle, etwa einer gemeindlichen Gesundheitsbehörde oder einem verstaatlichten Industriebetrieb, auf eine Richtlinie beruft. Dasselbe gilt, wenn sich der Bürger gegen den Staat als Arbeitgeber oder gegen Organisationen oder Einrichtungen wendet, die dem Staat oder dessen Aufsicht unterliegen oder mit besonderen Rechten ausgestattet sind[99]. Dagegen kann die strafrechtliche Verantwortlichkeit eines Unionsbürgers in Ermangelung einer Richtlinienumsetzung in nationales Recht nicht allein durch die unmittelbare Anwendung strafverschärfender Gemeinschaftsrechtsbestimmungen begründet oder erhöht werden[100].

Ausgeschlossen hat der EuGH demnach bisher die unmittelbare Wirkung von **54**
Richtlinien im Verhältnis von **Privaten** untereinander. Obwohl diese Rechtsprechung von vielen Seiten kritisiert worden ist[101], hat der EuGH in seinen jüngsten Entscheidungen zu dieser Frage an der Verweigerung einer horizontalen Direktwirkung von Richtlinien festgehalten; Private können sich also weiterhin gegenüber anderen Privaten vor nationalen Gerichten nicht unmittelbar auf Richtlinienbestimmungen berufen[102]. Bedeutsam am Fall „Faccini Dori" waren insbes die Schlussanträge des Generalanwalts *Lenz* vom 9. Februar 1994, der auf Grund einer detaillierten Analyse der widerstreitenden Argumente zu dem Ergebnis kam, die horizontale Wirkung von Richtlinien sei zwar für die Vergangenheit aus Gründen der Rechtssicherheit abzulehnen, jedoch für die Zukunft „im Interesse der einheitlichen und effizienten Anwendung des Gemeinschaftsrechts notwendig, um die berechtigten Erwartungen zu erfüllen, die die Unionsbürger nach der Verwirklichung des Binnenmarkts und dem Inkrafttreten des Vertrags für die Europäische Union hegen"[103]. In bestimmten Fällen kann nach der EuGH-

---

[99] Siehe insb EuGH 10.04.1984 – „von Colson und Kamann/Nordrhein Westfalen" Rs 14/83 Slg 1984, 1891; 26.02.1986 – „Marshall" Rs 152/84 Slg 1986, 723; 12.07.90 – „Foster" Rs C-188/89 Slg 1990, I-3313.

[100] EuGH 08.10.1987 – „Kolpinghuis" Rs 80/86 Slg 1987, 3969 (3985).

[101] Siehe etwa *Grabitz* in *Grabitz/Hilf* Art 189 Rz 61a; *Bleckmann*, Europarecht[6] Rz 436ff.

[102] EuGH 14.07.1994 – „Paola Faccini Dori" Rs C-91/92 Slg 1994, I-3325 = EuZW 1994, 498; vgl auch die Anm von *Turnbull*, EBLR 1994, 230; EuGH 07.03.1996 – „El Corte Inglés SA" Rs C-192/94 Slg 1996, I-1281 = EuZW 1996, 236. Siehe im gleichen Sinn Bezirksgericht Den Haag vom 20.03.1998-98/147 zur (noch nicht umgesetzten) Datenbank-RL, MMR 1998, 299 (*Gaster*). Siehe allerdings die zweifelnde Anmerkung von *Abele* zum untypischen Fall EuGH 16.06.1998 – „Lemmens" Rs C-226/97 Slg 1998, I-3711 = EuZW 1998, 569/571.

[103] Siehe insb Z 73 sowie Z 74 (4.) der Schlussanträge; die Entscheidung ist in der vorangehenden FN zitiert.

Rechtsprechung jedoch die unmittelbare Wirkung von Richtlinien zwischen Privaten im Ergebnis mittelbar durch die Verpflichtung der nationalen Gerichte erzielt werden, das nationale Recht so auszulegen, dass Sinn und Zweck einer nicht umgesetzten Richtlinie erreicht werden können[104].

3.2. Staatshaftungsanspruch

55 Während also die unmittelbare Wirkung von Richtlinien nur unter bestimmten Bedingungen anerkannt ist, hat der EuGH ein anderes Mittel gefunden, die Mitgliedstaaten zur Erfüllung ihrer Verpflichtungen, insb zur rechtzeitigen Umsetzung von Richtlinien, anzuhalten. Er begründete einen gemeinschaftsrechtlichen **Staatshaftungsanspruch** des einzelnen Gemeinschaftsbürgers wegen gemeinschaftsrechtswidrigen Verhaltens eines Mitgliedstaats, insb im Falle der nicht fristgemäßen Richtlinienumsetzung, gegen den Mitgliedstaat[105]. Der EuGH hat die folgenden drei **gemeinschaftsrechtlichen Voraussetzungen** für einen Staatshaftungsanspruch aufgestellt: Die Richtlinie muss die Verleihung von Rechten an Einzelne bezwecken; der Inhalt dieser Rechte muss auf der Grundlage der Richtlinie bestimmt werden können; schließlich muss die Nichtumsetzung der Richtlinie durch den Mitgliedstaat für den erlittenen Schaden ursächlich sein.

[104] EuGH 13.11.1990 – „Marleasing“ Rs C-106/89 Slg 1990, I-4135 (4159f).

[105] EuGH 19.11.1991 – „Francovich I“ Rs C-6/90 und 9/90 Slg 1991, I-5357 = EWS 1991, 391; der EuGH bestätigte und vertiefte die „Francovich“-Rechtsprechung in seinen Urteilen EuGH 05.03.1996 – „Brasserie du Pêcheur“ Rs C-46/93 und „Factortame III“ Rs C-48/93 Slg 1996, I-1029; 26.03.1996 – „British Telecommunications“ Rs C-392/93 Slg 1996, I-1631; 23.05.1996 – „Hedley Lomas“ Rs C-5/94 Slg 1996, I-2553; 08.10.1996 – „Dillenkofer ua“ Rs C-178/94, 179/94, 188/94 und 190/94 Slg 1996, I-4845; EuGH 17.10.1996 – „Denkavit“ Rs C-283/94, 291/94 und 292/94 Slg 1996, I-5063 = EuZW 1996, 695. Der vom EuGH entwickelte Grundsatz der Staatshaftung wurde sogar vom EFTA-Gerichtshof für den EWR übernommen, EFTA-GH vom 10.12.1998, E-9/97, siehe dazu *Bruha*, EFTA-Gerichtshof anerkennt Staatshaftung bei Verstoß gegen EWR-Recht, ELR 1999, 2. Vgl auch *Malferrari*, State Liability for Violation of EC Law in Italy: The Reaction of the Corte di Cassazione to Francovich and Future Prospects in Light of its Decision of July 22, 1999, No. 500, ZaöRV 59/3 (1999) 809; *Schlemmer-Schulte/Ukrow*, Haftung des Staates gegenüber dem Marktbürger für gemeinschaftsrechtswidriges Verhalten, EuR 1992, 82; *Smith*, The Francovich case: State liability and the individual's right to damages, ECLR 1992, 129; *Steiner*, From direct effects to Francovich: shifting means of enforcement of Community Law, ELR 1993/1, 3; *Uecker*, Francovich and beyond: a German perspective, EBLR 1994, 286; im Zusammenhang mit der Pauschalreise-RL 90/314/EWG vgl auch *Everling*, Francovich – Zweite Runde, EuZW 1995, 33 und *Huff*, Francovich oder was hat der Bürger von der Gemeinschaft? EuZW 1995, 161; *Führich*, Gemeinschaftsrechtliche Staatshaftung wegen verspäteter Umsetzung der EG-Pauschalreise-Richtlinie, EuZW 1993, 725; *Irmer/Wooldridge*, 1996: The Return of Francovich, EBLR 1997, 67; *Reich*, Der Schutz subjektiver Gemeinschaftsrechte durch Staatshaftung, EuZW 1996, 709, insbes auch zu verspätet, unvollständig und vertretbar falsch umgesetzten Richtlinien; *Schimke*, Zur Haftung der Bundesrepublik Deutschland gegenüber Bürgern wegen Nichtumsetzung der EG-Richtlinie über Pauschalreisen, EuZW 1993, 698; *Smith/Woods*, Causation in Francovich: The neglected problem, Int and Comp Law Qu 46 (1997) 925; *Hilson*, Liability of Member States in Damages: The Place of Discretion, Int and Comp Law Qu 46 (1997) 941, sowie umfassend *Hidien*, Die gemeinschaftsrechtliche Staatshaftung der EU-Mitgliedstaaten (1999).

Dagegen richten sich die gerichtliche Zuständigkeit, das Haftungssubjekt, die Höhe der Entschädigung und die Verjährung des Anspruches grundsätzlich nach dem **nationalen Recht**. Allerdings hat der EuGH in Bezug auf die Entschädigung ausgesprochen, dass eine Klage auf Grund des Gemeinschaftsrechts nicht ungünstiger als eine solche auf Grund nationalen Rechts behandelt werden darf, und die nationalen Regelungen die Geltendmachung des Entschädigungsanspruchs durch den Berechtigten nicht unmöglich oder unangemessen schwierig gestalten dürfen[106]. Schließlich ist die gemeinschaftsrechtliche Staatshaftung eine objektive Unrechtshaftung; da dem Gemeinschaftsrecht Vorrang zukommt, sind eventuelle Verschuldensvoraussetzungen nach nationalem Staatshaftungsrecht also nicht zu beachten[107]. **56**

VI. EU und EWR

Der EWR bedeutet eine Zusammenführung von Ländergruppen, die im Nachkriegseuropa zunächst getrennte Wege gehen wollten: Einerseits die Länder, die ein hohes Integrationsniveau anstrebten und die **Europäischen Gemeinschaften** gründeten oder sich ihnen später anschlossen, sowie anderseits die Länder, die sich weniger eng zusammenschließen wollten, nämlich nur in Form einer Freihandelszone, die in Bezug auf ihren Gegenstand (Industriegüter) und institutionellen Rahmen (klassische zwischenstaatliche Organe ohne Gesetzgebungsbefugnis) beschränkt war, und die 1960 das Europäische Freihandelsabkommen **EFTA** abschlossen[108]. Als Dänemark und das Vereinigte Königreich 1973 den Europäischen Gemeinschaften beitraten, begann eine erste Annäherung zwischen den Europäischen Gemeinschaften und der EFTA. Die verbleibenden EFTA-Staaten schlossen jeweils **Freihandelsabkommen** mit der EWG ab, um den Freihandel zwischen ihnen und den beiden ehemaligen EFTA-Staaten aufrecht zu erhalten[109]. Diese Abkommen entsprachen inhaltlich weitgehend der EFTA-Konvention. **57**

Ein weiterer, entscheidender Schritt der Annäherung war die sog **Luxemburger Erklärung** der EWG und der EFTA-Staaten im Jahr 1984, welche die Entscheidung zur Schaffung eines **Europäischen Wirtschaftsraums** enthielt. Der Plan der EWG, ihren Binnenmarkt bis Ende 1992 zu vollenden, weckte den Wunsch der EFTA-Staaten nach einer Intensivierung der Beziehungen zu den Europäischen Gemeinschaften, ihrem wichtigsten Handelspartner. Der konkrete Vor- **58**

---

[106] Vgl *Smith*, The Francovich Case: State Liability and the Individual's Right to Damages, ECLR 1992, 129f.

[107] Vgl *Schlemmer-Schulte/Ukrow*, EuR 1992, 94; siehe auch *Eilmansberger*, Rechtsfolgen und subjektives Recht im Gemeinschaftsrecht – Zugleich ein Beitrag zur Dogmatik der Staatshaftungsdoktrin des EuGH (1997).

[108] Die sog Stockholmer Konvention war am 04.01.1960 unterzeichnet worden und trat am 03.05.1960 in Kraft. Gründungsmitglieder waren Österreich, Dänemark, Norwegen, Portugal, Schweden, die Schweiz und das Vereinigte Königreich. Später traten Island (01.03.1970), Finnland (01.01.1986) und Liechtenstein (01.09.1992) bei.

[109] Siehe die bilateralen Freihandelsabkommen mit Österreich, Schweden und der Schweiz ABl L 300 vom 31.12.1972, 1, das Abkommen mit Island ABl L 301 vom 31.12. 1972, 1, mit Norwegen ABl L 171 vom 27.06.1973, 1 und mit Finnland ABl L 328 vom 28.11. 1973, 1.

schlag für eine Verwirklichung des EWR durch den Kommissionspräsidenten *Delors* im Jahr 1989[110] führte schon bald zum Erfolg. Am 2. Mai 1992 wurde das **EWR-Abkommen** in Porto von den Europäischen Gemeinschaften, ihren zwölf Mitgliedstaaten und den sieben EFTA-Staaten (Österreich, Finnland, Island, Liechtenstein, Norwegen, Schweden und Schweiz) unterzeichnet[111]. Es handelt sich also um ein gemischtes Abkommen; es ist am 1. Januar 1994 in Kraft getreten[112]. Inzwischen hat der EWR durch den Beitritt Finnlands, Schwedens und Österreichs zur EU etwas an Bedeutung verloren. Auch die Option, derzufolge der EWR künftig für beitrittswillige Staaten insbes Mittel- und Osteuropas als eine Stufe zwischen Assoziierungsabkommen mit der EG und dem Beitritt dienen könnte, wie dies von Kommissionspräsident *Delors* vorgeschlagen wurde[113], erscheint heute nicht mehr aktuell.

59 Die beiden in Art 1 Abs 1 EWR-Abkommen niedergelegten **Hauptziele** des EWR sind einerseits – in Anlehnung an den klassischen Freihandels-Ansatz – die Intensivierung der Handels- und Wirtschaftsbeziehungen und anderseits – über die klassischen Freihandelsabkommen weit hinausgehend – die Schaffung eines homogenen Wirtschaftsraums. Dieser soll insbes durch die Erstreckung des EU-Binnenmarkts auf die betroffenen EFTA-Staaten erreicht werden. So findet sich insbes das Primärrecht der EU in Bezug auf die vier Freiheiten (den freien Verkehr von Waren, Personen, Dienstleistungen und Kapital), begleitet von Maßnahmen und Bestimmungen zum Wettbewerbsrecht – meist in einem Wortlaut, der an denjenigen der entsprechenden Artikel im EGV angelehnt ist – im EWR-Abkommen wieder[114]. So entsprechen insbes die Art 11 und 13 EWR-Abkommen den Art 28 EGV 1997 (früher Art 30) und Art 30 EGV 1997 (früher Art 36); als für das Urheberrecht relevante Vorschriften sind im Übrigen diejenigen zur Dienstleistungsfreiheit (Art 36 bis 39 EWR-Abkommen) und zum Wettbewerbsrecht (insbes Art 53 und 54 sowie Art 59 EWR-Abkommen), die insbes die den Art 81 und 82 EGV 1997 (früher Art 85 und 86) nachgebildet sind, zu nennen.

60 Da das **geistige Eigentum** in der EU den Regelungen des **Binnenmarkts** zugeordnet wird, ist auch das **Sekundärrecht** der EU zum geistigen Eigentum, das zur Zeit der Unterzeichnung des EWR-Abkommens bestand, als sog ***acquis communautaire*** sowie – auf Grund eines Beschlusses des EWR-Rats im März 1994 – der sog ***acquis intérimaire***, also das zwischen dem 2. Mai 1992 und dem 1. Januar

---

[110] Rede vor dem Europäischen Parlament vom 17.01.1989 Europe Docs vom 26.1. 1989, 1542f.

[111] In einem Protokoll vom 17.03.1993 wurde das Ausscheiden der Schweiz nach dem negativen Ausgang des Referendums berücksichtigt und vereinbart, dass das Abkommen für Liechtenstein, das mit der Schweiz rechtlich und wirtschaftlich eng verbunden ist, erst am 01.05.1995 in Kraft treten sollte.

[112] Siehe dBGBl 1993 II 267 bzw öBGBl 1993/909 und Anpassungsprotokoll öBGBl 1993/910 (vgl dazu auch EWR-BVG BGBl 1993/115). Siehe dazu *Blanchet/Piipponen/Westman-Clément*, Agreement EEA; *Jacot-Guillarmod* (Hrsg), EWR-Abkommen (1992) Siehe das Abkommen selbst in ABl L 1 vom 03.01.1994, 1.

[113] Vgl *Blanchet/Piipponen/Westman-Clément*, Agreement EEA 4.

[114] Siehe hierzu die Zielbestimmung des Art 1 Abs 2 EWR-Abkommen.

1994 verabschiedete Sekundärrecht der EG, auf die betroffenen EFTA-Staaten erstreckt worden. Die Aufnahme des *acquis communautaire* bzw *acquis intérimaire* in das EWR-Abkommen erfolgte in allen Bereichen im Weg der Technik der Bezugnahme, die schon früher in Beitrittsverträgen zur EG verwendet worden war. Das von den betroffenen EFTA-Staaten zu übernehmende Sekundärrecht ist demnach in 22 Anhängen zum EWR-Abkommen unter Bezugnahme auf den jeweiligen Titel des Rechtsakts und dessen Veröffentlichungsdatum im Amtsblatt der EG angegeben. Die notwendigen Textanpassungen wurden zum Teil im Zusammenhang mit dem einzelnen, angegebenen Rechtsakt (zB besondere Übergangsfristen für einzelne EFTA-Staaten) vorgenommen, zum Teil im Zusammenhang mit einem ganzen Rechtsgebiet[115] oder auch – im Sinn einer horizontalen Anpassung – in Bezug auf alle in den Anhängen angegebenen Rechtsakte; diese horizontalen Anpassungen sind im Protokoll 1 zum EWR-Abkommen niedergelegt und bestimmen beispielsweise, wie das EG-Vokabular (zB „Mitgliedstaaten", „Gemeinschaft", „Gemeinsamer Markt" etc) im Zusammenhang mit dem EWR-Abkommen zu verstehen ist.

Im Bereich des geistigen Eigentums findet sich **das zu übernehmende Sekundärrecht** in **Anhang XVII** (iVm Art 65 Abs 2 EWR-Abkommen) in seiner durch den *acquis intérimaire* und Folgebeschlüsse des Gemeinsamen EWR-Ausschusses erweiterten Fassung. Demnach sind im Bereich des Urheberrechts und der verwandten Schutzrechte folgende Rechtsakte zu übernehmen: Die Richtlinie zum Rechtsschutz der Topographien von Halbleitererzeugnissen 1987 und sich darauf beziehende Entscheidungen des Rats, die Software-RL[116], die Vermiet- und Verleih-RL[117], die Satelliten- und Kabel-RL[118], die Schutzdauer-RL[119] sowie die Datenbank-RL[120]. In Bezug auf die Vermiet- und Verleih-RL wurden die Umset- **61**

[115] So ist etwa im Anhang XIV über den Wettbewerb angegeben, dass „Handel zwischen den Mitgliedstaaten" die Bedeutung „Handel zwischen Vertragsparteien" haben soll.

[116] Siehe Anhang XVII Geistiges Eigentum Z 5 mit einer Änderung in Art 4 lit c, der folgende Fassung erhält: „jede Form der öffentlichen Verbreitung des originalen Computerprogramms oder von Kopien davon einschließlich der Vermietung. Mit dem Erstverkauf einer Programmkopie in einem Vertragsstaat durch den Rechtsinhaber oder mit seiner Zustimmung erschöpft sich im Gebiet der Vertragsparteien das Recht der Verbreitung dieser Kopie; ausgenommen hiervon ist jedoch das Recht auf Kontrolle der Weitervermietung des Programms oder einer Kopie davon."

[117] Siehe Anhang XVII Geistiges Eigentum Z 7 (Beschluss des Gemeinsamen EWR-Ausschusses Nr 7/94 vom 21.03.1994, veröffentlicht am 28.06.1994) mit einer der Software-RL entsprechenden Änderung in Bezug auf Art 9 Abs 2, der folgende Fassung erhält: „Das Verbreitungsrecht im Gebiet der Vertragsparteien hinsichtlich eines der in Absatz 1 genannten Gegenstände erschöpft sich nur mit dem Erstverkauf des Gegenstands im Gebiet der Vertragsparteien durch den Rechtsinhaber oder mit seiner Zustimmung." (Z 7 lit b).

[118] Siehe Anhang XVII Geistiges Eigentum Z 8 (Beschluss des Gemeinsamen EWR-Ausschusses Nr 7/94 vom 21.03.1994, veröffentlicht am 28.06.1994).

[119] Siehe Anhang XVII Geistiges Eigentum Z 9 (Beschluss des Gemeinsamen EWR-Ausschusses Nr 7/94 vom 21.03.1994, veröffentlicht am 28.06.1994).

[120] Siehe Anhang XVII Geistiges Eigentum Z 9a (siehe Beschluss des Gemeinsamen EWR-Ausschusses Nr 59/96 vom 25.10.1996 ABl L 21 vom 23.01.1997, 11 und EWR Supplement Nr 4 vom 23.01.1997 (gem Art 3 am 01.11.1996 in Kraft getreten, sofern dem EWR-Ausschuss alle Mitteilungen nach Art 103 Abs 1 übermittelt worden sind).

zungsfristen für die EFTA-Staaten um sechs Monate (bis zum 1. Januar 1995) und für Norwegen hinsichtlich der öffentlichen Wiedergabe von Industrietonträgern (Art 8 Abs 2) anders als durch Rundfunksendung um 18 Monate (bis zum 1. Januar 1996) verlängert[121]. Darüber hinaus wird die Rats-Entschließung zum Beitritt zum Rom-Abkommen und zur Berner Konvention vom 14. Mai 1992[122] zur Kenntnis genommen[123].

62 Neben Anhang XVII enthält **Protokoll 28**, auf das Art 65 Abs 2 EWR-Abkommen ebenfalls Bezug nimmt, **besondere Bestimmungen über geistiges Eigentum**. Diese grundlegenden Bestimmungen sollten zunächst in das Abkommen selbst aufgenommen werden. Dies ist noch an Art 98 EWR-Abkommen abzulesen, der ein erleichtertes Änderungsverfahren für die Anhänge und bestimmte Protokolle vorsieht und Protokoll 28 nicht erwähnt. Dieses kann also nur, ebenso wie der Hauptteil des Abkommens selbst, durch das aufwendigere Verfahren einer diplomatischen Konferenz geändert werden[124]. Das Protokoll 28 wurde schließlich nicht in den Hauptteil aufgenommen, da man die Parallelität zur Struktur des EGV wahren wollte.

Für den Bereich des **Urheberrechts** und der **verwandten Schutzrechte** sind insbes Art 2 Protokoll 28 über die Erschöpfung der Rechte sowie dessen Art 5 zu nennen. Art 5 Abs 1 lit b und c verpflichtet die Vertragsparteien, vor dem 1. Januar 1995 der RBÜ 1967/71 und dem Rom-Abkommen beizutreten und die materiellen Bestimmungen in ihr innerstaatliches Recht zu übernehmen (Art 5 Abs 3). Art 2 Protokoll 28 stellt klar, dass Maßnahmen der Gemeinschaft sowie die EuGH-Rechtsprechung zur Rechtserschöpfung auf den EWR erstreckt werden. Die vom EuGH entwickelte, inzwischen zur ständigen Rechtsprechung gewordene **gemeinschaftsweite Erschöpfung** findet also nun im gesamten EWR statt. Auch die Bestimmungen des Sekundärrechts zur Erschöpfung, insbes in der Software-RL, Datenbank-RL und der Vermiet- und Verleih-RL (einschließlich des Verbots der internationalen Erschöpfung) sind im gesamten EWR anzuwenden. Art 2 über die Erschöpfung der Rechte wäre nicht notwendig gewesen, da das Sekundärrecht schon über Anhang XVII und die EuGH-Rechtsprechung über Art 6 EWR-Abkommen auf den gesamten EWR erstreckt ist; wegen der großen Bedeutung des Erschöpfungsgrundsatzes und im Hinblick auf Transparenz und Rechtssicherheit wurde Art 2 jedoch dessen ungeachtet in das Protokoll aufgenommen[125].

63 Die angestrebte **Homogenität** im EWR sollte nicht nur durch die Übernahme des Primär- und Sekundärrechts in bestimmten Gebieten erreicht werden, sondern zusätzlich durch die **Bindung an die bisherige Rechtsprechung des EuGH** bei der Auslegung der einschlägigen Bestimmungen des EWR-Abkommens

---

[121] Siehe Anhang XVII Geistiges Eigentum Z 7 lit a (Beschluss des Gemeinsamen EWR-Ausschusses Nr 7/94 vom 21.03.1994, veröffentlicht am 28.06.1994).

[122] Entschließung des Rats vom 14.05.1992 im Hinblick auf einen verstärkten Schutz des Urheberrechts und der Leistungsschutzrechte ABl C 138 vom 28.05.1992, 1.

[123] Siehe zum Anhang XVII auch *Blanchet/Piipponen/Westman-Clément,* Agreement EEA 130.

[124] Vgl *Blanchet/Piipponen/Westman-Clément*, Agreement EEA 118.

[125] Vgl *Blanchet/Piipponen/Westman-Clément*, Agreement EEA 120.

(Art 6 EWR-Abkommen). Das von der Gemeinschaft auf die EFTA-Staaten im Rahmen des EWR erstreckte Primär- und Sekundärrecht muss also bei der Durchführung und Anwendung des EWR-Abkommens in Übereinstimmung mit der vor dem Zeitpunkt der Unterzeichnung dieses Abkommens ergangenen EuGH-Rechtsprechung ausgelegt werden.

Die alleinige Übernahme des *acquis communautaire* und Bindung an die bisherige EuGH-Rechtsprechung würden allerdings zur Erreichung einer dauerhaften Homogenität nicht ausreichen. Im Bereich der **Rechtsprechung** musste man, nachdem der EuGH den Gedanken eines gemeinsamen EWR-Gerichtshofs abgelehnt hatte, andere Mittel finden, um die **Homogenität für die Zukunft** zu garantieren. Zunächst sieht Art 105 EWR-Abkommen vor, dass der Gemeinsame **EWR-Ausschuss** (Art 92 bis 94 EWR-Abkommen), der aus Vertretern der Vertragsparteien besteht, die Entwicklung der Rechtsprechung des EuGH und des EFTA-Gerichtshofs ständig verfolgt und sich für die homogene Auslegung des EWR-Abkommens einsetzt. Im Fall einer Abweichung in der Rechtsprechung der beiden Gerichte, deren Unabhängigkeit durch das EWR-Abkommen nicht angetastet wird, kann der Gemeinsame EWR-Ausschuss, wenn ihm die Wahrung der homogenen Auslegung nicht innerhalb von zwei Monaten gelingt, im Rahmen des Streitbeilegungsverfahrens nach Art 111 EWR-Abkommen von der EG oder einem EFTA-Staat angerufen werden. Der Gemeinsame EWR-Ausschuss kann den Streit beilegen. Im Fall von Streitigkeiten über die Auslegung von Bestimmungen des EWR-Abkommens, die mit denjenigen des Gemeinschaftsrechts im Wesentlichen identisch sind, kann – falls der Streit nicht innerhalb von drei Monaten nach Anrufung des Ausschusses beigelegt ist, und die am Streit beteiligten Vertragsparteien zustimmen – der EuGH um eine Entscheidung über die Auslegung der streitigen Bestimmung ersucht werden. Eine solche Auslegung durch den EuGH hat bindenden Charakter, wie sich aus dem Wort „Entscheidung“ ergibt[126].

Darüber hinaus dienen weitere Bestimmungen der Erzielung von Homogenität. **64**
So soll der Gemeinsame EWR-Ausschuss nach Art 106 EWR-Abkommen ein System für den **Austausch von Informationen** über Urteile des EFTA-Gerichtshofs, des EuGH und des Gerichts erster Instanz der EG sowie der Gerichte letzter Instanz der EFTA-Staaten einrichten. Auch können die EFTA-Staaten einem Gericht oder Gerichtshof gestatten, den EuGH zu ersuchen, über die Auslegung einer EWR-Bestimmung zu entscheiden (Art 107 EWR-Abkommen). Die Wahrscheinlichkeit, dass EFTA-Staaten hiervon Gebrauch machen, ist allerdings nicht sehr groß[127].

Schließlich haben sich die EFTA-Staaten in ihrem **Abkommen über die Er- 65**
richtung einer Überwachungsbehörde und eines Gerichtshofs[128] dazu bereit

[126] Zu weiteren Möglichkeiten im Streitbeilegungsverfahren siehe Art 111 EWR-Abkommen.

[127] Vgl *Blanchet/Piipponen/Westman-Clément*, Agreement EEA 36.

[128] Siehe Art 3 Abs 2 dieses Abkommens, abgedruckt in *Blanchet/Piipponen/Westman-Clément*, Agreement EEA 339. Zur Rolle des EFTA-Gerichtshofs bei der homogenen Entwicklung des Rechts im EWR siehe *Baudenbacher*, ELR 1997, 254ff; *Bandenbacher*, Vier Jahre EFTA-Gerichtshof, EuZW 1998, 391.

erklärt, die vom EuGH nach Unterzeichnung des EWR-Abkommens in den einschlägigen Entscheidungen niedergelegten Grundsätze zu berücksichtigen, soweit die Auslegung des EWR-Abkommens bzw solcher Regelungen des EWGV und des EGKS-Vertrags, die im Wesentlichen mit den EWR-Bestimmungen identisch sind, betroffen ist. Obwohl diese Bereitschaft nur in einem Abkommen der EFTA-Staaten untereinander enthalten ist und deshalb ohne Bindungswirkung gegenüber der EG bleibt, darf man annehmen, dass hierdurch *de facto* auch die künftige EuGH-Rechtsprechung zu den genannten Bestimmungen auf den gesamten EWR erstreckt werden wird[129].

Auch im Bereich der Überwachung der Erfüllung von EWR-Verpflichtungen ist eine Zusammenarbeit zwischen der Europäischen Kommission und der EFTA-Überwachungsbehörde vorgesehen, um die Einheitlichkeit der Durchführung und Anwendung der EWR-Bestimmungen zu gewährleisten (Art 108 bis 110, insb 109 EWR-Abkommen).

66 Im Bereich der **Rechtssetzung** hat sich die EG vorbehalten, weiterhin selbständig Rechtsakte zu erlassen. Die EFTA-Staaten wollten allerdings eine automatische Übernahme der künftigen, EWR-relevanten Rechtssetzung bzw eine automatische Änderung der betroffenen Anhänge zum EWR-Abkommen nicht akzeptieren. Schließlich wurde eine Lösung gefunden, die der EG und den EFTA-Staaten die **Autonomie** belässt und gleichzeitig die **Homogenität der künftigen Rechtssetzung im EWR** weitgehend sicherstellen dürfte.

Vor allem müssen die EFTA-Staaten bzw deren Sachverständige in allen Stadien des Rechtssetzungsverfahrens informiert und konsultiert werden (Art 99ff EWR-Abkommen). Schon diese gemeinsamen Beratungen, meist im Gemeinsamen EWR-Ausschuss, dürften zu einer Annäherung der Standpunkte in einem frühen Stadium führen, so dass die der EG-Rechtssetzung folgende Erstreckung auf den gesamten EWR durch Änderung eines Anhangs zum EWR-Abkommen regelmäßig keine größeren Probleme mehr bereiten dürfte. Nach der formellen Annahme eines EG-Rechtssetzungsakts obliegt es dem Gemeinsamen EWR-Ausschuss, sobald wie möglich Beschlüsse zur Änderung des betroffenen Anhangs zum EWR-Abkommen zu fassen (Art 102 Abs 1 EWR-Abkommen)[130]. Entscheidungen, die die EG-Rechtssetzung auf den gesamten EWR erstrecken, werden in den Sprachen der Gemeinschaft in einem besonderen EWR-Abschnitt des EG-Amtsblattes veröffentlicht; Übersetzungen in die nordischen Sprachen werden in einer besonderen, von der EFTA herausgegebenen EWR-Beilage veröffentlicht.

67 Schließlich muss das Gemeinschaftsrecht im Bereich des Urheberrechts und der verwandten Schutzrechte nicht nur auf die EFTA-Staaten des EWR erstreckt, sondern auch von den meisten **ost- und mitteleuropäischen Ländern** bis hin zu einigen Staaten der **früheren Sowjetunion** übernommen werden, sofern dies noch nicht der Fall ist. Rechtsgrundlage hierfür sind insbes die **Assoziierungs-**

---

[129] Vgl *Blanchet/Piipponen/Westman-Clément*, Agreement EEA 37.

[130] Dieser Artikel sieht auch für den Fall, dass im Gemeinsamen EWR-Ausschuss kein Einvernehmen erzielt werden kann, weitere Möglichkeiten vor, innerhalb kurzer Zeit zu einer einheitlichen Rechtssetzung im gesamten EWR zu kommen.

abkommen, die zunächst mit Polen, Ungarn, Rumänien, Bulgarien, der Slowakischen Republik und der Tschechischen Republik abgeschlossen wurden[131], zu denen später weitere Staaten hinzukamen, insb die **baltischen Staaten** und **Slowenien**. Diese auf den EG-Beitritt vorbereitenden Abkommen verpflichten die betreffenden Länder insb zur Einführung eines wirksamen und angemessenen Schutzes auf einem ähnlichen Schutzniveau wie dem der Gemeinschaft sowie zum Beitritt zur RBÜ 1967/71 und zum Rom-Abkommen innerhalb von fünf Jahren seit Inkrafttreten des jeweiligen Abkommens. Darüber hinaus sollen die Vertragsstaaten dafür sorgen, dass ihre künftigen Rechtsvorschriften im Bereich des geistigen Eigentums weitgehend mit dem Gemeinschaftsrecht vereinbar sind. Mit weiteren Ländern Ost- und Mitteleuropas und der ehemaligen Sowjetunion sind **Handels- und Zusammenarbeitsabkommen** geschlossen worden, die ähnliche, allerdings weniger weitreichende und weniger präzise formulierte Verpflichtungen in Bezug auf den Rechtsschutz im Bereich des Urheberrechts und der verwandten Schutzrechte enthalten[132].

---

[131] Siehe ABl EG L 348 vom 31.12.1993; ABl EG L 347 vom 31.12.1993; ABl EG L 357 vom 31.12.1994; ABl EG L 358 vom 31.12.1994; ABl EG L 359 vom 31.12.1994; ABl EG L 360 vom 31.12.1994.

[132] Siehe zu den Handels- und Zusammenarbeitsabkommen und den Europa-Abkommen der EG sowie auch zu ähnlichen Abkommen der EFTA-Staaten mit ost- und mitteleuropäischen Ländern *v Lewinski*, Urheberrecht als Gegenstand des internationalen Wirtschaftsrechts, GRUR Int 1996, 630 (638ff); *v Lewinski*, Europäische Integration jenseits der Union – Geistiges Eigentum im Netzwerk intereuropäischer Beziehungen in *Straus* (Hrsg), Aktuelle Herausforderungen des geistigen Eigentums (1996) 607ff; vgl auch eine kurze Übersicht in *Blanchet/Piipponen/Westman-Clément*, Agreement EEA 132.

2. Kapitel Diskriminierungsverbot

(Bearbeiter: Walter)

Übersicht

I. Materialien

Arbeitsdokument der Kommissionsdienststellen über die Folgen des Phil-Collins-Urteils des EuGH für den Bereich des Urheberrechts und der Leistungsschutzrechte vom 11.01.1995 SEC (94) 2191

II. Rechtsakte (Text)

Art 12 EGV 1997 (früher Art 6)

(1) Unbeschadet besonderer Bestimmungen dieses Vertrags ist in seinem Anwendungsbereich jede Diskriminierung aus Gründen der Staatsangehörigkeit verboten.
(2) Der Rat kann nach dem Verfahren des Artikels 251 Regelungen für das Verbot solcher Diskriminierungen treffen.

Art 4 EWR-Abkommen

Unbeschadet besonderer Bestimmungen dieses Abkommens ist in seinem Anwendungsbereich jede Diskriminierung aus Gründen der Staatsangehörigkeit verboten.

Artikel 21 Charta der Grundrechte der Europäischen Union

(1) Diskriminierungen insbesondere wegen des Geschlechts, der Rasse, der Hautfarbe, der ethnischen oder sozialen Herkunft, der genetischen Merkmale, der Sprache, der Religion oder der Weltanschauung, der politischen oder sonstigen Anschauung, der Zugehörigkeit zu einer nationalen Minderheit, des Vermögens, der Geburt, einer Behinderung, des Alters oder der sexuellen Ausrichtung sind verboten.
(2) Im Anwendungsbereich des Vertrags zur Gründung der Europäischen Gemeinschaft und des Vertrags über die Europäische Union ist unbeschadet der besonderen Bestim-

mungen dieser Verträge jede Diskriminierung aus Gründen der Staatsangehörigkeit verboten.

III. Literatur[133]

Bell/Waddington, The 1996 Intergovernmental Conference and the prospects of a non-discrimination treaty article, Industrial Law Journal 1996, 320
Benabou, Droits d'auteur et droit communautaire 66ff (168, 390f, 401f, 508f)
Bode, Das Diskriminierungsverbot im Vertrag über die EWG (1969)
Braun, Schutzlückenpiraterie, UFITA-Schriftenreihe 135 (1995)
Braun, Das Diskriminierungsverbot des Art 7 Abs 1 EWGV und das internationale Urheber- und Leistungsschutzrecht, IPRax 1994, 263
Braun, Die Schutzlücken-Piraterie nach dem Urheberrechtsänderungsgesetz vom 23. Juni 1995, GRUR Int 1996, 790
Bungert, Die Entwicklung der Dogmatik von Art 6 Abs 1 EGV anhand des deutschen Urheberrechts, IStR 1994, 134
Cohen Jehoram/Smulders, Law of the European Community EC-22ff
Cornish, Intellectual Property in Yearbook of European Law 13 (1993) 485 (491)
Dittrich, Ist die Phil-Collins-Entscheidung in Österreich auf Grund des EWR-Abkommens von unmittelbarer Bedeutung? RfR 1994, 1
Dworkin/Sterling, Phil Collins and the Term Directive, EIPR 1994, 187
Edelman, La CJCE, le droit moral de l'auteur et le principe de non-discrimination à raison de la nationalité, RD 1995 Jur 133
Ellins, Copyright Law 304ff
Epiney, Umgekehrte Diskriminierungen – Zulässigkeit und Grenzen der discrimination à rebours nach europäischem Gemeinschaftsrecht und nationalem Verfassungsrecht in *Heymann* (Hrsg) Völkerrecht – Europarecht – Staatsrecht (1995) 15
Fastenrath, Inländerdiskriminierung, JZ 1987, 170
Feige, Der Gleichheitssatz im Recht der EWG (1973)
Gaster, Anmerkungen zum Arbeitsdokument der Kommissionsdienststellen über die Folgen des Phil-Collins Urteils des EuGH für den Bereich des Urheberrechts und der Leistungsschutzrechte, ZUM 1996, 261
Gaster, Suites de l'arrêt Phil Collins de la CJCE dans le domaine du droit d'auteur et des droits voisins, RIDA 168 (1996) 3
Hauschka, Der Ausschluß der Staatshaftung nach § 839 BGB gegenüber Staatsangehörigen aus Ländern der Europäischen Gemeinschaft, NVwZ 1990, 1155
Jäger, Stellung einer Ausländersicherheit durch Kläger aus Mitgliedstaaten der EU, NJW 1997, 1220
Juranek Johannes, Ausgewählte Probleme der Schutzfristenberechnung, Beiträge zum Urheberrecht V (ÖSGRUM 20/1997) 41 (45f)
Juranek Johannes, Inländerdiskriminierung durch das österreichische Urheberrechtsgesetz, MR 1999, 222
Kaltner, Zum EuGH-Urteil „Phil Collins", ecolex 1994, 33
Karnell, Wer liebt Phil Collins? GRUR Int 1994, 733
Katzenberger, TRIPs und das Urheberrecht, GRUR Int 1995, 447 (462)
König, Das Problem der Inländerdiskriminierung – Abschied vom Reinheitsgebot, Nachtbackverbot und Meisterprüfung, AöR 1993, 591

---

133 Siehe auch die Literaturangaben zum 1. Kapitel Einleitung.

Kröger, Die Anwendung des Diskriminierungsverbots auf das Urheberrecht und verwandte Schutzrechte, EuZW 1994, 85
Lenaerts/Arts, La personne et le principe d'égalité en droit communautaire et dans la Convention européenne de sauvegarde des droits de l'homme et des libertés fondamentales in La personne humaine, sujet de droit (Publication de la facultés de droit et des sciences sociales de Poitiers)
Loewenheim, Der Schutz ausübender Künstler aus anderen Mitgliedstaaten der Europäischen Gemeinschaft im deutschen Urheberrecht – Zur Anwendbarkeit des Art 7 Abs 1 EWGV auf die Regelung des § 125 UrhG, GRUR Int 1993, 105
Loewenheim, Gemeinschaftsrechtliches Diskriminierungsverbot und nationales Urheberrecht, NJW 1994, 1046
Medwenitsch, „Phil Collins" und die Folgen: Ende der Schutzlückenpiraterie? MR 1993, 171
Mestmäcker, Schutz der ausübenden Künstler und EWG-Diskriminierungsverbot, GRUR Int 1993, 532
Münnich, Art 7 EWG-Vertrag und Inländerdiskriminierung, ZfRV 1992, 92
Reindl A, Der Einfluß des Gemeinschaftsrechts auf das österr Urheberrecht in *Koppensteiner*, Österr und europäisches Wirtschaftsprivatrecht 249 (261ff)
Reitmaier, Inländerdiskriminierungen nach dem EWG-Vertrag – Zugleich ein Beitrag zur Auslegung von Art 7 EWGV (1984)
Schack, Schutzfristenchaos, GRUR Int 1995, 310 (312f)
Schack, Entscheidungsanmerkung zu *Phil Collins*, JZ 1994, 144
Schaefer, Für EG-Bürger führen viele Wege nach Rom, GRUR 1992, 424
Schilling, Gleichheitssatz und Inländerdiskriminierung, JZ 1994, 8
Steindorff, Der Gleichheitssatz im Wirtschaftsrecht des Gemeinsamen Marktes (1965)
Streinz/Leible, Prozeßkostensicherheit und gemeinschaftsrechtliches Diskriminierungsverbot, IPRax 1998, 162
Strömer, Gemeinschaftsrechtliche Diskriminierungsverbote versus nationale Grundrechte? AföR 1998, 54
Thümmel, Der Arrestgrund der Auslandsvollstreckung im Fadenkreuz des europäischen Rechts, EuZW 1994, 242
VerLoren van Themaat/Wefers Bettink, Another Side of the Story: Why the Phil Collins Judgement does not Necessarily Mean the End of the Reciprocity Principle, EIPR 1995, 307
Walter, Das Diskriminierungsverbot nach dem EWR-Abkommen und das österreichische Urheber- und Leistungsschutzrecht – Überlegungen anlässlich der Entscheidung des EuGH in Sachen Phil Collins, MR 1994, 101 (Teil I) und MR 1994, 152 (Teil II)
Walter, Il divieto di discriminazione nell'accordo sullo spazio economico europeo ed i suoi riflessi sulla tutela del diritto d'autore e dei diritti connessi (con particolare riferimento al diritto austriaco e ai rapporti tra Austria ed Italia), AIDA III (1994) 143;
Walter, Handbook 65f
Zuleeg, Die Bedeutung des europäischen Gemeinschaftsrechts für das Ausländerrecht, NJW 1987, 2193
Zuleeg, Betrachtungen zum Gleichheitssatz im Europäischen Gemeinschaftsrecht, FS *Börner* (1992) 473

IV. Diskriminierungsverbot (Art 12 Abs 1 EGV 1997)

1. Art 12 EGV 1997 und seine Auslegung

Nach Art 12 Abs 1 EGV 1997 (früher Art 6 Abs 1[134]) ist im Anwendungsbereich des Vertrags – unbeschadet besonderer Bestimmungen – jede **Diskriminierung** aus Gründen der Staatsangehörigkeit[135] verboten. Nach herrschender Ansicht wirkt das Diskriminierungsverbot **absolut**[136] und nicht bloß relativ[137]. Absolute Wirkung bedeutet, dass eine Diskriminierung auch unzulässig ist, wenn objektiv gerechtfertigte Gründe für eine Differenzierung vorliegen. Dadurch unterscheidet sich die Vorschrift von einem bloßen Willkürverbot, das nur unsachliche Differenzierungen untersagt[138]. Das allgemeine – auch im Europäischen Recht anerkannte – Gleichheitsgebot wird dagegen in einem relativen Sinn verstanden. Dies gilt auch für den verfassungsrechtlichen Gleichheitsgrundsatz, wie er etwa in Art 7 österr B-VG oder in Art 3 GG verankert ist. So hat das deutsche BVerfG – gerade in urheberrechtlichem Zusammenhang – ausgesprochen, dass eine fremdenrechtliche Differenzierung (§§ 121 und 125 dUrhG) im Hinblick auf das bestehende internationale System (vor TRIPs) als sachlich gerechtfertigt anzusehen ist[139]. Diese Rechtfertigung fremdenrechtlicher Diskriminierung überzeugt aber – wenn überhaupt – im Europäischen Kontext vor dem Hintergrund des Binnenmarkts nicht. Dem grundlegenden, spezifischen Diskriminierungsverbot des Art 12 EGV 1997 käme sonst auch keine ins Gewicht fallende normative Bedeutung zu[140]. Denn vom Verbot unsachlicher Diskriminierung (allgemeiner Gleichheitssatz) geht man im Anwendungsbereich des EGV 1997 – wie bereits erwähnt – ganz allgemein aus. **1**

Das Diskriminierungsverbot wirkt auch zu Gunsten **juristischer Personen**[141], **2**
wobei es in diesem Fall auf deren Sitz in der Gemeinschaft ankommt. Wird zwar nicht nach der Staatsangehörigkeit differenziert, aber auf Kriterien (zB Wohnsitz oder Herkunftsort) abgestellt, die typischer Weise nur von Inländern erfüllt

---

134 Vor dem Unionsvertrag Art 7 Abs 1.

135 Diese richtet sich nach dem Recht der Mitgliedstaaten (vgl *Lenz*, EG-Vertrag Kommentar² Art 12 Rz 1 und Art 17 Rz 3); die gleichzeitige Angehörigkeit zu einem Drittstaat schadet nicht (vgl EuGH 02.10.1997 – „Saldanha" Rs-C 122/96 Slg 1997, I-5325).

136 Vgl *v Bogdandy* in *Grabitz/Hilf* Art 6 Rz 22ff; *Bungert*, IStR 1994, 138f; *Feige*, Der Gleichheitssatz im Recht der EWG; *Geiger*, EG-Vertrag² Art 6 Rz 7; *Hauschka*, NVwZ 1990, 1155; *Kröger*, EuZW 1994, 85; *Reitmaier*, Inländerdiskriminierungen nach dem EWG-Vertrag 344ff; *Thümmel*, EuZW 1994, 243. So auch das Arbeitsdokument der Kommissionsdienststellen 11.01.1995 Punkt III und dazu *Gaster*, ZUM 1996, 265.

137 AM *Zuleeg* in *Groeben/Thiesing/Ehlermann*⁵ I Art 6 Rz 3 mit dem Hinweis auf EuGH 10.02.1994 – „Mund & Fester/Hatrex" Rs C-398/92 Slg 1994, I-467; siehe auch *Bleckmann*, Europarecht⁵ Art 7 Rz 1221f; *Loewenheim*, GRUR Int 1993, 113f; *Mestmäcker*, GRUR Int 1993, 533; *Zuleeg*, NJW 1987, 2193.

138 Vgl dazu *Steindorff*, Der Gleichheitssatz im Wirtschaftsrecht des Gemeinsamen Marktes.

139 Vgl BVerfG 23.01.1990 – „Bob Dylan" BVerfGE 81, 208 = NJW 1990, 2189 = GRUR 1990, 438. Vgl auch BGH 25.06.1992 – „Cliff Richard I" GRUR 1992, 845 = NJW 1992, 3056 = EuZW 1992, 644.

140 Vgl dazu auch *Walter*, MR 1994, 103.

141 Vgl *Lenz*, EG-Vertrag Kommentar² Art 12 Rz 1.

werden („**versteckte oder indirekte Diskriminierung**"), gilt das Diskriminierungsverbot nach herrschender Ansicht gleichfalls[142]. Im Urheber- und Leistungsschutzrecht könnte eine solche versteckte Diskriminierung in der Anknüpfung an den Ort des ersten Erscheinens, der Erbringung einer Darbietung oder der Ausstrahlung erblickt werden. Da Inländer bzw Unternehmen mit Sitz im Inland aber in der Regel jedenfalls bessergestellt werden, spielt diese Frage nur gelegentlich eine Rolle. Soweit dies der Fall ist, wird eine Sachlichkeit gerade solcher Differenzierungen gleichfalls eher zu verneinen sein[143].

3 Strittig ist, ob das Diskriminierungsverbot auch auf eine Schlechterstellung von **Inländern** anzuwenden ist („umgekehrte Diskriminierung")[144]; dies vor allem dann, wenn kein Bezug zu gemeinschaftsrechtlichen Sachfragen besteht[145]. Unberührt bleiben innerstaatliche (verfassungsrechtlich gewährleistete) Gleichbehandlungsvorschriften und das allgemeine Gleichbehandlungsgebot im Gemeinschaftsrecht[146].

2. Unmittelbare Anwendbarkeit

4 Nach herrschender Ansicht[147] und Rechtsprechung[148] sind die Normen des EGV Primärrechts im Zweifel **unmittelbar anwendbar**, und zwar auch dann, wenn sie sich ihrem Wortlaut nach an die Mitgliedstaaten richten oder ausdrücklich zum Erlass von Durchführungsbestimmungen ermächtigen. Auch in letzterem Fall ist nämlich zu prüfen, ob solche Durchführungsvorschriften nicht bloß die Anwendbarkeit erleichtern sollen. Darüber hinaus wird aus Art 10 EGV 1997

---

[142] Vgl dazu *Geiger*, EG-Vertrag² Art 6 EGV Rz 7; *Lenz*, EG-Vertrag Kommentar² Art 12 Rz 6f; *Zuleeg* in *Groeben/Thiesing/Ehlermann*⁵ I Art 6 Rz 4. Siehe EuGH 12.02.1974 – „Sotgiu" Rs 152/73 Slg 1974, 153 (164); 12.07.1979 – „Toia" Rs 237/78 Slg 1979, 2645; 29.10.1980 – „Boussac" Rs 22/80 Slg 1980, 3427; 10.02.1994 – „Munds & Fester/Hatrex" Rs C-398/92 Slg 1994, I-467; 23.01.1997 – „Pastoors" Rs C-29/95 Slg 1997, I-285; 16.07.1998 – „ICI" Rs C-264/90 Slg 1998, I-4695. Gewöhnlich wird in diesen Fällen aber eine sachliche Rechtfertigung zugelassen (ohne diese Einschränkung ausdrücklich *v Bogdandy* in *Grabitz/Hilf* Art 6 Rz 25 und – im urheberrechtlichen Zusammenhang – wohl auch Arbeitsdokument der Kommissionsdienststellen 11.01.1995 Punkt III).

[143] Vgl Arbeitsdokument der Kommissionsdienststellen 11.01.1995 Punkt III.

[144] Für eine Anwendbarkeit mit beachtlichen Argumenten *Grabitz* in *Grabitz/Hilf* Art 7 Rz 6. Dagegen etwa *Lenz*, EG-Vertrag Kommentar² Art 12 Rz 3 mit dem Hinweis auf EuGH 26.01.1993 – „Werner" Rs C-112/91 Slg 1993, I-470. Siehe zu dieser Frage auch *Epiney*, Umgekehrte Diskriminierungen; *Fastenrath*, JZ 1987, 170; *König*, AöR 1993, 591; *Münnich*, ZfRV 1992, 92; *Reitmaier*, Inländerdiskriminierungen nach dem EWG-Vertrag; *Schilling*, JZ 1994, 8.

[145] Vgl *Geiger*, EG-Vertrag² Art 6 Rz 11 und 12; EuGH 28.01.1992 – „Steen" Rs C-332/90 Slg 1992, I-353. Vgl dazu auch *Münnich*, ZfRV 1992, 92; *Zuleeg* in *Groeben/Thiesing/Ehlermann*⁵ I Art 6 Rz 15.

[146] Vgl dazu etwa *Geiger*, EG-Vertrag² Art 6 Rz 1; siehe auch *Strömer*, AöR 1998, 54.

[147] Vgl *Gaster*, ZUM 1996, 265; *Geiger*, EG-Vertrag² Art 6 Rz 15; *Katzenberger* in *Schricker*, Kommentar² § 120 Rz 5; Arbeitsdokument der Kommissionsdienststellen 11.01.1995 Punkt III letzter Abs.

[148] Siehe etwa EuGH 05.02.1963 – „Van Gend & Loos" Rs 26/62 Slg 1963, 1; 16.06.1966 – „Lütticke" Rs 57/65 Slg 1966, 257; 21.06.1974 – „Reyners" Rs 2/74 Slg 1974, 631; 28.06.1977 – „Patrick" Rs 11/77 Slg 1977, 1199; 02.02.1989 – „Cowan" Rs 186/87 Slg 1989, 195.

(früher Art 5) und Art 249 EGV 1997 (früher Art 189) der Grundsatz des **Vorrangs des Gemeinschaftsrechts** abgeleitet, der einerseits zum Anwendungsvorrang gegenüber widersprechenden Bestimmungen des nationalen Rechts[149] und anderseits zu Kompetenzbeschränkungen führt[150]. Auch für nicht unmittelbar anwendbares Gemeinschaftsrecht geht man im Übrigen davon aus, dass sich dieses nicht an die Mitgliedstaaten als Völkerrechtssubjekte, sondern direkt an die innerstaatlichen Gesetzgebungsorgane richtet[151]. Die unmittelbare Anwendbarkeit des EG-Primärrechts gilt nach der EuGH Rechtsprechung[152] und der herrschenden Lehre[153] insbes für das **Diskriminierungsverbot**. Von der Ermächtigung des Art 12 Abs 2 EGV 1997, wonach der Rat Regelungen für das Verbot von Diskriminierungen treffen kann, ist deshalb bisher auch kein Gebrauch gemacht worden.

V. Diskriminierungsverbot im Urheber- und Leistungsschutzrecht

Das Diskriminierungsverbot gilt aber nicht generell, sondern bloß im **Anwendungsbereich** des EGV. Dieser ist jedenfalls im Zusammenhang mit den gemeinschaftsrechtlichen Grundfreiheiten betroffen, wobei die spezifischen Sonderregeln in diesem Zusammenhang vorgehen. Darüber hinaus sind die Ansätze strittig; während manche einen Bezug zum Wirtschaftsleben als ausreichend erachten, stellen andere auf den Regelungsbereich des Gemeinschaftsrechts[154] bzw einen Bezug zu den Grundfreiheiten ab. Maßgebend wird eine Gesamtbetrachtung und eine Orientierung an den Zielen des EGV sein. **5**

Auch das **Urheber- und Leistungsschutzrecht** fällt in den Anwendungsbereich des EGV[155]. Denn Werke und Leistungen sind insoweit als Waren bzw Dienstleistungen im Sinn des EGV deutbar, zumal eine unterschiedliche Ausgestaltung wettbewerbsverzerrende Auswirkungen haben kann[156]. Auch das primäre Gemeinschaftsrecht nimmt ausdrücklich auf Immaterialgüterrechte Bezug; so lässt **6**

---

[149] EuGH 09.03.1978 – „Simmenthal" Rs 106/77 Slg 1978, 629 ua.

[150] Siehe zum Vorrang des Gemeinschaftsrechts etwa *Lenz*, EG-Vertrag Kommentar[2] Art 249 Rz 22ff.

[151] EuGH 10.04.1984 – „von Colson" Rs 14/83 Slg 1984, 1891; 22.07.1989 – „Fratelli Costanzo" Rs 103/88 Slg 1989, 1839.

[152] EuGH 13.02.1985 – „Gravier" Rs 293/83 Slg 1985, 593; 26.02.1992 – „Raulin" Rs C-357/89 Slg 1992, I-1054; 02.10.1997 – „Saldanha" Rs 122/96 Slg 1997, I-5325.

[153] Vgl *Geiger*, EG-Vertrag[2] Art 6 EGV Rz 15; *Grabitz* in *Grabitz/Hilf* Art 7 Rz 23; *Lenz*, EG-Vertrag Kommentar[2] Art 12 Rz 9. Aus dem urheberrechtlichen Schrifttum siehe etwa *Braun*, Schutzlückenpiraterie 122f; *Bungert*, IStR 1994, 135; *Schaefer*, GRUR 1992, 425.

[154] EuGH 23.10.1986 – „Driancourt" Rs 355/85 Slg 1986, 3231; 13.02.1985 – „Gravier" Rs 239/83 Slg 1985, 593.

[155] Vgl *Braun*, Schutzlückenpiraterie 120f; *Braun*, IPRax 1994, 264; *Gaster*, ZUM 1996, 263f; *Kröger*, EuZW 1994, 85; *Mestmäcker*, GRUR Int 1993, 532; *Schack*, JZ 1994, 145; *Zuleeg* in *Groeben/Thiesing/Ehlermann*[5] I Art 6 Rz 13. So auch das Arbeitsdokument der Kommissionsdienststellen 11.01.1995 Punkt II.

AM *Loewenheim*, GRUR Int 1993, 105 und – nach Vorliegen der Phil Collins Entscheidung – NJW 1994, 1046.

[156] So insbes *Schaefer*, GRUR 1992, 424.

etwa Art 30 EGV 1997 (früher Art 36) Ausnahmen vom Grundsatz des freien Warenverkehrs nach Art 28 EGV 1997 (früher Art 30) insbes dann zu, wenn diese aus Gründen des gewerblichen und kommerziellen Eigentums[157] gerechtfertigt sind. Art 30 Satz 2 EGV 1997 (früher Art 36 Satz 2) fügt ausdrücklich hinzu, dass solche Verbote oder Beschränkungen weder ein Mittel zur willkürlichen Diskriminierung noch eine verschleierte Beschränkung des Handels zwischen den Mitgliedstaaten darstellen dürfen[158]. Hinzu kommen die Richtlinien in Bezug auf urheber- und leistungsschutzrechtliche Fragen in Verbindung mit der hierfür in Anspruch genommenen Harmonisierungskompetenz[159] und die Befassung von Gemeinschaftsorganen mit Teilaspekten des Immaterialgüterrechts, insbes dem Erschöpfungsgrundsatz (im Zusammenhang mit der Grundfreiheit des freien Warenverkehrs) und dem Verwertungsgesellschaftenrecht[160].

7 In seiner ***Phil Collins*** **Entscheidung** vom 20. Oktober 1993[161] hat der EuGH die angesprochenen Aspekte ausdrücklich bestätigt. Der EuGH anerkennt nicht nur die unmittelbare Anwendbarkeit des Diskriminierungsverbots und dessen absolute Wirkung, sondern vor allem auch die Anwendung im Bereich des Urheber- und Leistungsschutzrechts. Der EuGH unterstreicht auch den wirtschaftlichen Charakter dieser Rechte, die als Ausschlussrechte den Austausch von Gütern und Dienstleistungen beeinflussen und die Wettbewerbsverhältnisse berühren können. Für den Anlassfall stellte der Gerichtshof klar, dass die fremdenrechtlichen Bestimmungen des dUrhG, wonach ausländische ausübende Künstler anders als inländische nur für Darbietungen im Inland geschützt waren, eine im Sinn des Diskriminierungsverbots relevante Differenzierung nach der Staatsangehörigkeit darstellen, und es sich nicht bloß um eine Differenzierung nach dem Ort der Darbietung handelt.

8 Ginge man aber entgegen der *Phil Collins* Entscheidung mit einem Teil der Lehre von einer bloß relativen Wirkung des Diskriminierungsverbots aus, wäre eine Schlechterbehandlung von Ausländern aus Mitgliedstaaten der EU bzw Vertragsstaaten des EWR auch **sachlich nicht gerechtfertigt**. Abgesehen von der allgemeinen Fragwürdigkeit des Retorsionsprinzips hat dieses in den Europäischen Gemeinschaften mit ihren (supranationalen) Instanzen und eigenständigen Mechanismen der Rechtsangleichung vor dem Hintergrund des Binnenmarkts keinen Platz[162]. Dagegen spricht auch nicht, dass der EuGH in seiner Entscheidung 24. Jänner 1989 „Schutzfristenunterschiede"[163] abweichende leistungsschutzrechtliche Regelungen (insbes längere Schutzfristen) als mit den Vorschrif-

---

[157] Dazu gehört nach der Terminologie des EGV (und des EWR-Abkommens) auch das Urheber- und Leistungsschutzrecht.

[158] Vgl auch Art 151 EGV 1997 (früher Art 128) (Kultur), der ua ausdrücklich auf das künstlerische und literarische Schaffen hinweist (Abs 2).

[159] Vgl *Walter*, Die Europäische Harmonisierung.

[160] Vgl zu all dem ausführlich auch *Walter*, MR 1994, 105f.

[161] Zum Sachverhalt und Hintergrund der Entscheidung und den Vorlagefragen siehe *Gaster*, ZUM 1996, 262f.

[162] Vgl *Braun*, Schutzlückenpiraterie 118ff; *Mestmäcker*, GRUR Int 1993, 533; *Walter*, MR 1994, 103.

[163] EuGH 24.01.1989 – „EMI Electrola/Patricia/Schutzfristenunterschiede".

ten über den freien Warenverkehr nach Art 28f EGV 1997 (früher Art 30f) vereinbar gehalten und ausdrücklich darauf hingewiesen hatte, die Regelung dieser Rechte falle vor einer Harmonisierung des Urheber- und Leistungsschutzrechts in die „Kompetenz“ der Mitgliedstaaten. Es ging in dieser Rechtssache nicht um die Diskriminierung von Ausländern aus einem Mitgliedstaat, sondern um unterschiedliche Regelungen des materiellen Urheberrechts und die Frage, ob solche Unterschiede für sich genommen als versteckte Handelshemmnisse angesehen werden können[164].

VI. Diskriminierungsverbot im EWR-Abkommen

Art 4 **EWR-Abkommen** entspricht wörtlich Art 12 Abs 1 EGV 1997 (früher **9**
Art 6 Abs 1). Nach Art 6 EWR-Abkommen sind die einzelnen Bestimmungen des Abkommens (und des EG-Sekundärrechts), sofern sie mit dem EGV in ihrem wesentlichen Gehalt identisch sind, im Einklang mit der Rechtsprechung des Europäischen Gerichtshofs (EuGH) auszulegen (*acquis communautaire*). Kraft dieser ausdrücklichen Bestimmung kommt der EuGH-Rechtsprechung mehr oder weniger die Wirkung einer authentischen Interpretation des EWR Rechts zu. Im Rahmen des EWR gilt dies mit Rücksicht auf die verfassungsrechtliche Situation in den (ehemaligen) EFTA-Ländern des EWR formal aber nur für die zum Zeitpunkt der Unterzeichnung des Abkommens am 2. Mai 1992 in Porto bereits bestehende Rechtsprechung. Spätere Entwicklungen des EG-Rechts, einschließlich der Rechtsprechung des EuGH, werden im Inland erst nach einem entsprechenden Beschluss des gemeinsamen EWR-Ausschusses und dessen Umsetzung in nationales Recht formell bindend. Nach dem in Art 105ff EWR-Abkommen verankerten Homogenitätsprinzip ist es aber das erklärte Ziel der Vertragsparteien, eine möglichst einheitliche Auslegung des Abkommens und der gemeinschaftsrechtlichen Bestimmungen zu gewährleisten, die mit ihrem wesentlichen Gehalt in das Abkommen übernommen wurden (*mirror legislation*)[165].

Dies gilt insbes für das **Diskriminierungsverbot** des Art 4 EWR-Abkommen, **10**
dessen Inhalt dem allgemeinen Verständnis dieser grundlegenden Bestimmung im Gemeinschaftsrecht folgt[166]. In beiden Verträgen ist das Gleichbehandlungsprinzip in zahlreichen Vertragsbestimmungen (insbes den Grundfreiheiten) konkretisiert, hat aber darüber hinaus auch selbständige Bedeutung für die Auslegung. Das Diskriminierungsverbot als solches zählt deshalb zum *acquis communautaire*. Allerdings ist die *Phil Collins* Entscheidung vom 20. Oktober 1993 erst nach Unterzeichnung des EWR-Abkommens am 2. Mai 1992 ergangen und war deshalb nicht formell bindend. Dessen ungeachtet ist das Gleichbehandlungsgebot nach der zum *acquis communautaire* gehörenden EuGH Rechtsprechung aus der Sicht des Abkommens jedenfalls unmittelbar anwendbar und wirkt absolut.

---

[164] Vgl *Walter*, MR 1994, 103; aA *Dittrich*, RfR 1994, 7.

[165] Vgl dazu oben 1. Kapitel Einleitung Rz 60. Siehe auch *Walter*, MR 1994, 106.

[166] *Kaltner*, ecolex 1994, 34 differenziert nicht zwischen dem Gemeinschaftsrecht und seiner Auslegung zum Stichzeitpunkt 02.05.1992 und dem „künftigen Recht“; er kommt deshalb zu dem unrichtigen Ergebnis, wörtlich übereinstimmende Bestimmungen seien nicht notwendig im selben Sinn auszulegen.

Darüber hinaus wird dies aber im Hinblick auf die in der *Phil Collins* Entscheidung enthaltenen Sachargumente auch ohne förmliche Bindung für die Frage gelten, ob Urheber- und Leistungsschutzrechte zum Anwendungsbereich des EWR-Abkommens gehören. Hingewiesen sei in diesem Zusammenhang nur auf Protokoll 28 über geistiges Eigentum[167], welches ausdrücklich auf Urheber- und Leistungsschutzrechte Bezug nimmt und insbes den Grundsatz der gemeinschaftsweiten Erschöpfung des Verbreitungsrechts verankert. Aber auch die Software-RL wurde lange vor dem Stichzeitpunkt 2. Mai 1992 erlassen und war nach Art XVII EWR- Abkommen zwingend umzusetzen[168].

VII. Auswirkungen im Urheber- und Leistungsschutzrecht

11 Der Gleichbehandlungsgrundsatz gilt zunächst im Rahmen des **innerstaatlichen Fremdenrechts**. Soweit die **internationalen Abkommen** auf dem Gebiet des Urheber- und Leistungsschutzrechts ausnahmsweise vom Grundsatz der materiellen Reziprozität ausgehen, ist dies gegenüber Angehörigen eines Mitgliedsstaats der EU oder eines Vertragsstaats des EWR nach *Phil Collins* nicht mehr zulässig. Dies gilt für den Schutzfristenvergleich (Art 7 Abs 8 RBÜ 1967/71)[169] ebenso wie für die nach Art 14ter RBÜ 1967/71 zulässige materielle Gegenseitigkeit im Bereich des Folgerechts[170]. Verkürzt ein Mitgliedstaat im Sinn der Ermächtigung des Art 7 Abs 4 RBÜ 1967/71 jedoch die Schutzfrist für fotografische Werke oder Werke der angewandten Kunst, ohne zwischen Inländern und Ausländern zu differenzieren, wäre dies zwar nach *Phil Collins* zulässig, nicht aber nach der Schutzdauer-RL, die auch für diese Werkkategorien von der einheitlichen siebzigjährigen Europäischen Schutzfrist ausgeht[171]. Die *Phil Collins* Entscheidung hat über Art 10 Abs 2 Schutzdauer-RL wesentlich zu einer rascheren Harmonisierung der Schutzfristen in Europa beigetragen[172].

---

167 Vgl dazu oben 1. Kapitel Einleitung Rz 62.

168 Vgl dazu ausführlich *Walter*, MR 1994, 106 und 152; ähnlich *Cohen Jehoram/Smulders*, Law of the European Community EC-24f; *Dillenz*, EU: 3x Urheberrecht, ecolex 1993, 29f. So auch das Arbeitsdokument der Kommissionsdienststellen 11.01.1995 Punkt IV.4. und *Gaster*, ZUM 1996, 270f.

AA *Dittrich*, RfR 1994, 6f, der meint, das Urheberrecht im Allgemeinen und die Frage der urheberrechtlichen Schutzfristen im Besonderen gehöre nicht zum Anwendungsbereich des EWR-Abkommens. Nicht auf einzelne Fragen und den – naturgemäß abweichenden – Mechanismus der Rechtsangleichung in der EU und im EWR kommt es aber an, sondern allein darauf, ob das Urheber- und Leistungsschutzrecht als solches in den Anwendungsbereich des Abkommens fällt, was zu bejahen ist.

169 Vgl dazu ausführlich *Walter* Art 7 Rz 3ff und 19ff Schutzdauer-RL.

170 Siehe zu den Auswirkungen der *Phil Collins* Entscheidung auch das Arbeitsdokument der Kommissionsdienststellen 11.01.1995 Punkt IV.1. und 3 sowie *Cohen Jehoram/Smulders*, Law of the European Community EC-25ff und ausführlich *Gaster*, ZUM 1996, 271ff.

171 Vgl zu all dem *Walter*, MR 1994, 155.

172 Vgl dazu *Best*, CW (1995) 21; *Cohen Jehoram*, IIC 1994, 835f; *Cornish*, Yearbook of European Law 13 (1993) 493ff; ausführlich *Dietz*, GRUR Int 1995, 682f; *Hirnböck* (ÖSGRUM 20/1997) 53 (54f); *Johannes Juranek* (ÖSGRUM 20/1997) 45f; *Katzenberger* in *Schricker*, Kommentar² § 64 Rz 42; *Reindl*, Einfluß des Gemeinschaftsrechts 403ff. Vgl dazu *Walter* Art 10 Rz 18f Schutzdauer-RL.

Die volle Gleichbehandlung von EU- bzw EWR-Staatsangehörigen erstreckt sich auch auf **weitere Rechte**, die der nationale Gesetzgeber gegebenenfalls gewährt. Dazu zählen etwa der Schutz wissenschaftlich-kritischer Ausgaben im Sinn des Art 5 Schutzdauer-RL oder der Katalogschutz des skandinavischen Rechts und ganz allgemein auch Vergütungsansprüche[173].

Da der EuGH in seinen Entscheidungen (im Rahmen des Vorabentscheidungs- **12**
verfahrens) das EG-(Primär)Recht auszulegen hat, handelt es sich nicht um Rechtssetzung (Rechtsfortbildung), sondern um Klarstellungen zum geltenden Recht, die an sich bis zu dessen Inkrafttreten „zurückwirken". Im gegebenen Zusammenhang wirkt sich das Diskriminierungsverbot des Art 12 EGV 1997 (früher Art 6) deshalb nicht erst ab dem Zeitpunkt der Beschlussfassung im Fall *Phil Collins* aus, sondern grundsätzlich auch auf Rechtsverhältnisse, die vorher entstanden sind[174]. Allerdings könnte der EuGH selbst im Fall schwerwiegender Störungen in Bezug auf gutgläubig begründete Rechtsverhältnisse die unmittelbare Anwendbarkeit seiner Entscheidung beschränken, was im Fall *Phil Collins* aber nicht geschehen ist.

Freilich findet die Inanspruchnahme von Rechten auf Grund des Diskriminie- **13**
rungsverbots für Nutzungshandlungen, die vor dem 20. Oktober 1993 stattgefunden haben, jedenfalls in den Verjährungsbestimmungen der nationalen Rechtsordnungen ihre Grenzen. Hinzu kommen sonstige Bestimmungen des nationalen Rechts zum Schutz des Gutgläubigen und die Beschränkung mancher Ansprüche auf schuldhafte Rechtsverletzungen.

VIII. Überführung in deutsches und österreichisches Recht

1. Deutschland

Im Hinblick auf die unmittelbare Anwendbarkeit des Art 12 EGV 1997 (früher **14**
Art 6) in seiner Auslegung durch die *Phil Collins* Entscheidung hat die Rechtsprechung des BGH das Diskriminierungsverbot auch schon vor dessen ausdrückliche Überführung in deutsches Recht angewandt und die fremdenrechtlichen Vorschriften des dUrhG dahingehend ausgelegt, dass Angehörige von EG-Mitgliedstaaten bzw EWR-Vertragsstaaten in Deutschland den gleichen Schutz beanspruchen können wie inländische Rechtsinhaber[175].

Mit dem Dritten Änderungsgesetz 1995 hat der deutsche Gesetzgeber – neben anderen Maßnahmen zur Stärkung des Schutzes ausübender Künstler – die sich aus der *Phil Collins* Entscheidung ergebende **Gleichstellung** der Staatsangehörigen von Mitgliedsländern (Vertragsstaaten) mit Inländern (Deutschen) in § 120

---

[173] Siehe auch *Walter*, MR 1994, 155f.

[174] Vgl Arbeitsdokument der Kommissionsdienststellen 11.01.1995 Punkt IV.2.; *Cohen Jehoram/Smulders*, Law of the European Community EC-24f; *Gaster*, ZUM 1996, 266; *Katzenberger* in *Schricker*, Kommentar² § 120 Rz 6.

[175] Siehe *Katzenberger* in *Schricker*, Kommentar² § 120 Rz 5. Vgl BGH 21.04.1994 – „Rolling Stones" NJW 1994, 2607 (*Schulze*) = GRUR 1994, 794 = IIC 1995, 730 = EuZW 1994, 637 = WRP 1994, 750; 06.10.1994 – „Cliff Richard II" GRUR Int 1994, 503 = NJW 1995, 868. Siehe dazu auch *Gaster*, ZUM 1996, 269.

Abs 2 dUrhG aber auch ausdrücklich verankert[176]. Nach dieser Vorschrift sind deutschen Staatsangehörigen solche eines anderen Mitgliedstaats der Europäischen Union oder eines anderen Vertragsstaats des EWR ausdrücklich gleichgestellt. Dies gilt im Leistungsschutzrecht entsprechend (§§ 124 bis 128 jeweils Abs 1 iVm § 120 Abs 2 und § 126 Abs 1 Satz 3 dUrhG).

15 Die Frage der „Rückwirkung" der *Phil Collins* Entscheidung ist im deutschen Recht im Hinblick auf die lange dreißigjährige Verjährungsfrist für Bereicherungsansprüche von besonderer Bedeutung. Die bisherige deutsche Rechtsprechung hat sich zu allgemeinen Anspruchsbeschränkungen in Bezug auf Eingriffshandlungen seit dem Jahr 1989 jedoch nicht veranlasst gesehen[177]. Für verschuldensunabhängige Schadenersatzansprüche könnte ein entschuldbarer Rechtsirrtum angenommen werden, was der BGH aber für Rechtsverletzungen im Jahr 1993 vor der *Phil Collins* Entscheidung im Hinblick auf die damals bereits geführte Diskussion verneint hat[178].

Nach herrschender und wohl richtiger Ansicht ist das Diskriminierungsverbot auch dann anzuwenden, wenn ein ausländischer Urheber bereits verstorben war, als der EGV in seinem Heimatland in Kraft getreten ist[179]. Der BGH hat hieran jedoch Zweifel geäußert und die Frage gemäß Art 234 EGV 1997 dem EuGH zur Vorabentscheidung vorgelegt[180]. Als Begründung hierfür wird im Wesentlichen ausgeführt, dass das Diskriminierungsverbot auf den räumlichen, personellen und sachlichen Anwendungsbereich des Vertrags beschränkt sei. Nun wird es im Zusammenhang mit dem Diskriminierungsverbot zwar auf die Staatsangehörigkeit des Urhebers (zu dessen Todeszeitpunkt) ankommen und nicht auf diejenige seiner Rechtsnachfolger von Todes wegen, doch fällt wohl auch die vom Urheber abgeleitete Rechtsposition der Rechtsnachfolger unter den (personellen) Anwendungsbereich des Vertrags.

2. Österreich

16 In Österreich ist das EWR-Hauptabkommen generell in österr Recht **transformiert** worden und am 1. Januar 1994 – also ein Jahr vor der Vollmitgliedschaft Österreichs in der EU – in Kraft getreten[181]. Die Transformation des Diskriminierungsverbots erfolgte im Hinblick darauf im Verfassungsrang, dass es sich um eine Ergänzung der Ausnahme vom Verbot der rassischen Diskriminierung zu

---

[176] Vgl dazu *Braun*, GRUR Int 1996, 790.

[177] Vgl *Katzenberger* in *Schricker*, Kommentar[2] § 120 Rz 7; siehe BGH 21.04.1994 – „Rolling Stones" NJW 1994, 2607 (*Schulze*) = GRUR 1994, 794 = IIC 1995, 730 = EuZW 1994, 637 = WRP 1994, 750.

[178] Vgl BGH 18.12.1997 – „Beatles-Doppel-CD" GRUR 1998, 568 = *Schulze* BGHZ 458 (*Donle*); 23.04.1998 – „Bruce Springsteen and his Band" ZUM 1998, 934 = KUR 1999, 329.

[179] Vgl *Cohen-Jehoram*, The EC Copyright Directives, Economics and Authors' Rights, IIC 1994, 826; *Dietz*, Die Schutzdauer-Richtlinie der EU, GRUR Int 1995, 670 (683); *Fromm/Nordemann*, Urheberrecht[9] § 120 Rz 7; *Rhein*, FS *Piper* (1996) 755 (760f).

[180] Beschluss 30.03.2000 GRUR Int 2000, 1020.

[181] öBGBl 1993/909 und öBGBl 1993/910 (Anpassungsprotokoll); vgl dazu auch das EWR-BVG BGBl 1993/115.

Gunsten österr Staatsbürger handelte[182]. Das Diskriminierungsverbot nach Art 4 war auch aus der Sicht des österr Rechts *self-executing* im Sinn faktischer Anwendbarkeit im Rahmen der österr Rechtsordnung; es war deshalb auch ohne ausdrückliche Überführung in österr Recht unmittelbar anwendbar. Mit der Vollmitgliedschaft Österr zur EU mit Wirksamkeit vom 1. Januar 1995 ist deshalb keine Änderung der Rechtslage eingetreten; seither gilt das Diskriminierungsverbot des Art 12 Abs 1 EGV 1997 (früher Art 6 Abs 1)[183].

Allerdings erfolgte **keine ausdrückliche Verankerung** im österr Urheber- und Leistungsschutzrecht. Weder die UrhGNov 1996 noch diejenige des Jahres 1997 hat die fremdenrechtlichen Bestimmungen des öUrhG (§§ 96ff) insoweit ergänzt. Da das Diskriminierungsverbot aber unmittelbar anwendbar ist, sind die fremdenrechtlichen Bestimmungen des österr Urheberrechts entsprechend auszulegen. Soweit nach der Staatsbürgerschaft differenziert wird[184], sind EU- und EWR-Staatsangehörige Inländern gleichzuhalten. Nach § 94 UrhG wird es auch genügen, wenn einer von mehreren Miturhebern einem EU- bzw EWR-Vertragsstaat angehört[185]. Dies gilt entsprechend auch für das Anknüpfungskriterium des inländischen Sitzes, das für die Leistungsschutzrechte des Licht- und Laufbildherstellers und des Tonträgerherstellers im Vordergrund steht, da diese Rechte originär häufig juristischen Personen zustehen[186]. Auch für den Signalschutz des Rundfunkunternehmers nach § 76a UrhG wird von einer versteckten Diskriminierung auszugehen sein, wenn das öUrhG in diesem Fall – allerdings einheitlich – nach dem Ort der Ausstrahlung differenziert (§ 99a Abs 1 UrhG)[187]. **17**

IX. Charta der Grundrechte

Art 21 Abs 2 der **Charta der Grundrechte** (Nizza 2000)[188] enthält neben dem in Abs 1 festgeschriebenen allgemeinen Diskriminierungsverbot in seinem zweiten Absatz ein entsprechendes Verbot jeder Diskriminierung aus Gründen der Staatsangehörigkeit, geht damit aber inhaltlich nicht über die geltende Regelung des Art 12 EGV 1997 (früher Art 6) hinaus. Auch die Charta der Grundrechte beschränkt das Diskriminierungsverbot auf den Anwendungsbereich der Verträge und stellt gleichfalls nur auf die Staatsangehörigkeit ab. Damit wird das Diskriminierungsverbot aus dem Gesichtswinkel der Europäischen Grundrechte zwar bestätigt, aber nicht weiter ausgebaut. **18**

---

182 BundesverfassungsG 1973 zur Durchführung des Internationalen Übereinkommens zur Beseitigung aller Formen der rassischen Diskriminierung. Das Diskriminierungsverbot des EWR-Abkommens ist deshalb der Kontrolle durch den VfGH entzogen.

183 Vgl zur Transformation und zur unmittelbaren Anwendbarkeit ausführlich *Walter*, MR 1994, 152ff.

184 Siehe dazu *Walter*, MR 1994, 101f.

185 Für die Leistungsschutzrechte der ausübenden Künstler bedarf diese Frage noch näherer Untersuchung (vgl *Walter*, MR 1994, 102).

186 Vgl zu all dem ausführlich *Walter*, MR 1994, 155.

187 Anders noch *Walter*, MR 1994, 155.

188 Siehe dazu *Walter* unten 5. Kapitel Charta der Grundrechte.

3. Kapitel Ausübung des Urheberrechts, Europäisches Kartellrecht und freier Waren- und Dienstleistungsverkehr

(Bearbeiter: Daum)

Übersicht

I. Materialien und Rechtsakte

Grünbuch zur EG-Wettbewerbspolitik gegenüber vertikalen Wettbewerbsbeschränkungen KOM (96) 721 endg

Verordnung (EG) Nr 240/96 der Kommission vom 31. Jänner 1996 zur Anwendung von Art 85 Abs 3 EGV auf Gruppen von Technologietransfer-Vereinbarungen ABl L 31 vom 09.02.1996, 2

Mitteilung über die Anwendung der EG-Wettbewerbsregeln auf vertikale Beschränkungen KOM (98) 544 endg

Vorschlag für eine Verordnung (EG) des Rates zur Änderung der Verordnung (EWG) Nr 19/65/EWG über die Anwendung von Artikel 85 Absatz 3 des Vertrags auf Gruppen von Vereinbarungen und aufeinander abgestimmten Verhaltensweisen KOM (98) 546 endg. = ABl C 365 vom 26.11.1998, 30

Verordnung (EG) Nr 1215/1999 des Rates vom 10. Juni 1999 zur Änderung der Verordnung Nr 19/65/EWG über die Anwendung von Artikel 81 Absatz 3 des Vertrags auf Gruppen von Vereinbarungen und aufeinander abgestimmten Verhaltensweisen ABl L 148 vom 15.06.1999, 1

Verordnung (EG) Nr 1216/1999 des Rates vom 10. Juni 1999 zur Änderung der Verordnung Nr 17: Erste Durchführungsverordnung zu den Artikeln 81 und 82 des Vertrags ABl L 148 vom 15.06.1999, 5

Weißbuch der Kommission über die Modernisierung der Vorschriften zur Anwendung der Art 85 und 86 EGV; Arbeitsprogramm der Kommission Nr 99/027 ABl C 132 vom 12.05.1999, 1

Verordnung (EG) Nr 2790/1999 der Kommission vom 22. Dezember 1999 über die Anwendung von Artikel 81 Absatz 3 des Vertrags auf Gruppen von vertikalen Vereinbarungen und aufeinander abgestimmten Verhaltensweisen ABl L 336 von 29.12.1999, 21

II. Literatur

Benabou, Droits d'auteur et droit communautaire 33 und 137

Beier, Gewerblicher Rechtsschutz und freier Warenverkehr im europäischen Binnenmarkt und im Verkehr mit Drittstaaten, GRUR Int 1989, 603

Bertrand, Le conflit SACEM/Discothèques: „une guerre judiciaire pleine de précédents ...", RDPI 47 (1993) 31

Bonet, Défense et illustration des droits sur les créations au regard des règles communautaires de concurrence, RJDA 1993, 173

Bonet, Abus de position dominante et droits sur les créations: une évolution inquiétante de la jurisprudence communautaire in Mélanges *Colomer* (1993) 87

Bunte, Missbrauch einer beherrschenden Stellung durch Ausübung gewerblicher Schutzrechte, ecolex 1995, 565

Carreau, Droit d'auteur et abus de position dominante: vers une éviction des législations nationales? Europe juillet 1995, 1

Carreau, Propriété intellectuelle et abus de droit in Propriétés intellectuelles, Mélanges *Françon* (1995) 17

Cook, Copyright in the European Community, EuZW 1994, 7

Cohen Jehoram/Smulders, Law of the European Community EC-45

Deringer, Wandlungen des Urheberrechts unter dem Einfluss des Europäischen Gemeinschaftsrechts, NJW 1985, 513

Deringer, Stellungnahme zum Weißbuch der Europäischen Kommission über die Modernisierung der Vorschriften zur Anwendung der Art. 85 und 86 EG-Vertrag (Art. 81 und 82 EG), EuZW 2000, 5

Dietz, in GRUR-FS

Doutrelepont, Mißbräuchliche Ausübung von Urheberrechten? Bemerkungen zur Magill-Entscheidung des Gerichts 1. Instanz des Europäischen Gerichtshofs, GRUR Int 1994, 301

Edelman, Droit communautaire. Droit d'auteur et droits voisins dans la liberté des échanges, JCP Propriété littéraire et artistique, fasc 1810

Edelman, Droit communautaire. Droit d'auteur et droits voisins dans la libre concurrence, JCP Propriété littéraire et artistique, fasc 1820

Edelman, L'arrêt Magill: une révolution? à propos de l' arrêt de la CJCE du 6 avril 1995, RD 1996 Chron 119

Eilmansberger, Der Umgang marktbeherrschender Unternehmen mit Immaterialgüterrechten im Lichte des Art 86 EWGV, EuZW 1992, 625

Erhart, Neue EG-Kartellregeln für Patent- und Know-How-Lizenzen, ecolex 1996, 221

Ferid H, Zur Anwendung von Art 36 EWG-Vertrag auf nationale Urheberrechte und verwandte Schutzrechte, in Mitarbeiter-FS *Eugen Ulmer* (1973) 75 (Kurzzitat: *Ferid H* in Mitarbeiter-FS *Ulmer*)

Fikentscher, Urhebervertragsrecht und Kartellrecht in *Beier* Urhebervertragsrecht 149 (Kurzzitat: *Fikentscher* in FS *Schricker*)

Fikentscher/Heinemann/Kunz-Hallstein, Das Kartellrecht des Immaterialgüterschutzes im Draft International Antitrust Code, GRUR Int 1995, 757

Fikentscher/Immenga (Hrsg), Draft International Antitrust Code (1995)

Flynn, Intellectual Property and Anti-trust: EC Attitudes, EIPR 1992, 49

Focsaneanu, Propriété intellectuelle et concurrence, RMC 1975, 343

Forrester, Software Licensing in the Light of Current Competition Law Considerations, ELR 1992, 5

Friden, Recent Developments in the EEC Intellectual Property Law: the Distinction between Existence and Exercise Revisited, CMLR 1989, 193

v Gamm, Urheberrechtliche Verwertungsverträge und Einschränkungen durch den EWG-Vertrag, GRUR Int 1983, 403 = IIC 1983, 579

Glasl, Essential Facilities Doctrine in E.C. anti-trust law: A Contribution to the Current Debate, ELR 1994, 306

Gotzen, Der Anwendungsbereich des europäischen Kartellrechts und der Schutz der Urheber nach der Berner Übereinkunft in Mitarbeiter-FS *Eugen Ulmer* (1973) 83

Gotzen, Gewerbliche Schutzrechte und Urheberrecht in der Rechtsprechung des Europäischen Gerichtshofs zu Art 30 bis 36 des EWG-Vertrags, GRUR Int 1984, 146

Hepp, L'exercice des droits de propriété littéraire et artistique dans la Communauté Économique Européenne, LDA 1964, 301

Immenga/Mestmäcker (Hrsg), EG-Wettbewerbsrecht, Kommentar (1997)

Joliet, Geistiges Eigentum und freier Warenverkehr, GRUR Int 1989, 177

Joliet, La libre circulation des marchandises. L'arrêt *Keck* et *Mithouard* et les nouvelles orientations de la jurisprudence, JTDE 1994/12, 145

Koch in *Grabitz/Hilf*, Kommentar zur Europäischen Union Art 85 EGV

Korah, Commentaire sur l'impact de Coditel II sur le droit de la concurrence in Copyright in Free and Competitive Markets, ALAI journées d'études d'Oxford (1987) 52

Kunz-Hallstein, Die Reform des internationalen Patentschutzes im Interesse der Entwicklungsländer, GRUR Int 1979,369

Lehmann, Eigentum, geistiges Eigentum, gewerbliche Schutzrechte, GRUR Int 1983, 356

Liebmann, Lizenzverträge in der EU, ÖBl 1998, 167

Loewenheim, Warenzeichenrecht, freier Warenverkehr, Kartellrecht in *Beier/Kraft/Schricker/Wadle* (Hrsg), FS zum hundertjährigen Bestehen der Deutschen Vereinigung für gewerblichen Rechtsschutz und Urheberrecht und ihrer Zeitschrift (1991) II 1051

Mailänder, Die kartellrechtliche Beurteilung von Lizenzverträgen nach EU-Kartellrecht und US-Antitrustrecht, GRUR Int 1979, 378

Mattera, De l'arrêt *Dassonville* à l'arrêt *Keck*, l'obscure clarté d'une jurisprudence riche en principes novateurs et en contradictions, RMUE 1994, 117

Meinhardt, Die Beschränkung nationaler Immaterialgüterrechte durch Art 86 EGV unter besonderer Berücksichtigung der Essential facilities-Doktrin (1998) (Kurzzitat: *Meinhardt*, Beschränkung nationaler Immaterialgüterrechte)

Mestmäcker, Rechtsstellung und Marktstellung der Inhaber gewerblichen und kommerziellen Eigentums im europäischen Gemeinschaftsrecht – Zum Verhältnis von Art. 36 und Art. 86 EGV, in *Becker/Lerche/Mestmäcker* (Hrsg), Wanderer zwischen Politik und Recht, FS *Kreile* (1994) 419 (Kurzzitat: *Mestmäcker* in FS *Kreile*)

Mestmäcker, Urheberrechte und Verwertungsgesellschaften im Europäischen Gemeinschaftsrecht, in *Mestmäcker/Schulze*, Urheberrechtskommentar, 6. Abschnitt
Mestmäcker, Versuch einer kartellpolitischen Wende in der EU, EuZW 1999, 523
Miller, Magill: Time to Abandon the ‚Specific Subject Matter' Concept, EIPR 1994, 415
Pagenberg/Geissler, Lizenzverträge – License Agreements[4] (1997)
Pickrahn, Verwertungsgesellschaften nach deutschem und europäischem Kartellrecht (1996)
Reindl, The magic of Magill: TV programs guides as a limit of copyright law, IRIPCL 1993, 60
Reischl, Die Rechtsprechung des Gerichtshofs der Europäischen Gemeinschaften zum Urheberrecht im Gemeinsamen Markt in *Ress* (Hrsg), Entwicklung des Europäischen Urheberrechts, Wissenschaftliches Kolloquium anlässlich des 70. Geburtstags von *Gerhard Reischl* (1989) 45 (Kurzzitat: *Reischl* in *Ress*)
Roth, Die Vereinbarkeit von Auswertungsbeschränkungen in Filmlizenzverträgen mit deutschem und europäischen Kartellrecht, in *Rehbinder* (Hrsg), Beiträge zum Film- und Medienrecht, FS *Schwarz* (1988) Ufita-Schriftenreihe 77, 85
Stumpf/Groß, Der Lizenzvertrag[6] (1993)
Temple Lang, Defining Legitimate Competition: Companies' Duty to Supply Competitors, and Access to Essential Facilities, Fordham International Law Journal 1994, 245
Tritton, Articles 30 to 36 and Intellectual Property: Is the Jurisprudence of the ECJ now of an Ideal Standard? EIPR 1994, 422
Ullrich, Die wettbewerbspolitische Behandlung gewerblicher Schutzrechte in der EWG, GRUR Int 1984, 89
Ullrich, Lizenzkartellrecht auf dem Weg zur Mitte, GRUR Int 1996, 555
Ullrich in *Immenga/Mestmäcker* (Hrsg), EG-Wettbewerbsrecht, Kommentar (1997) I 1101
Vinje, Magill: Its Impact on the Information Technologie Industry, DIT 1993/2, 16
Vinje, The final Word on Magill: The Judgement of the ECJ, EIPR 1995, 297
Vivant, La propriété intellectuelle entre abus de droit et abus de position dominante, JCP 1995 I 3883
Vogel, Les limites du marché comme instrument de la concurrence, JCP 1994 I 3737
Winkler-Jugel, Die neue EG-Gruppenfreistellungsverordnung für Technologietransfer-Vereinbarungen, EuZW 1996, 364

III. Grundlagen

Die Gemeinschaftsrechtsordnung strebt zur Erreichung der in Art 2 EGV 1997 **1**
formulierten Ziele die Verwirklichung eines Systems des freien, unverfälschten Wettbewerbs an (Art 3 Abs 1 lit g EGV 1997). Es handelt sich dabei um einen Eckpfeiler des **Binnenmarktkonzepts**. Die nationalen Rechtsordnungen der Mitgliedstaaten dürfen deshalb keine Regelungen aufweisen, die den freien Verkehr von Waren, Dienstleistungen, Personen und Kapital verhindern oder beschränken können. Besonders wichtig sind deshalb Vertragsbestimmungen, die verbieten, zwischen Mitgliedstaaten – sei es durch Zölle (Art 23 Abs 1 EGV 1997 [früher Art 9 Abs 1] und Art 25 EGV 1997 [früher Art 12]) oder mengenmäßige Ein- (Art 28 EGV 1997 [früher Art 30]) oder Ausfuhrbeschränkungen (Art 29 EGV 1997 [früher Art 34]) bzw durch Maßnahmen gleicher Wirkung – **Handelsschranken** zu errichten oder den Austausch von Dienstleistungen innerhalb der Gemeinschaft für Angehörige der Mitgliedstaaten zu beschränken

(Art 49 EGV 1997 [früher Art 59]). Wesentliche Voraussetzung zur Erreichung eines freien, gleichberechtigten Wettbewerbs ist auch das Verbot, eigene Staatsangehörige in Anwendungsbereichen des EG-Vertrags gegenüber Angehörigen anderer Mitgliedstaaten zu bevorzugen. Dieser Grundsatz ist als **Diskriminierungsverbot** in Art 12 EGV 1997 (früher Art 6) festgehalten. Neben diesen naturgemäß an die Mitgliedstaaten adressierten Normen sieht der EG-Vertrag aber auch wesentliche Grundregeln für die Teilnehmer am Binnenmarkt vor, die das Funktionieren eines fairen, gemeinschaftsweiten Wettbewerbs gewährleisten sollen. Dazu gehören insbesondere das Verbot, **Kartelle** zu errichten, die den Wettbewerb innerhalb der Gemeinschaft – etwa durch Abschottungen einzelner Marktsegmente – verhindern, einschränken oder verfälschen (Art 81 EGV 1997 [früher Art 85]), das Verbot der missbräuchlichen Ausnutzung einer **marktbeherrschenden Stellung** (Art 82 EGV 1997 [früher Art 86]) und die Fusionskontrolle.

2 Die Urheberrechtsordnungen der Mitgliedstaaten sehen zum Schutz des Urhebers bzw der Inhaber sonstiger Schutzrechte (Leistungsschutzrechte) **Ausschlussrechte** unterschiedlicher Art vor. Ziel dieser „Monopolrechte" ist es, dem Berechtigten die Möglichkeit zu geben, bestimmte Nutzungen zu erlauben oder zu verbieten. Mit Hilfe dieser Verbotsrechte wird dem Berechtigten insoweit eine **Alleinstellung** verschafft, als nur er entscheiden kann, ob und wem er die Nutzung seines Werks oder sonstigen Schutzgegenstands und gegebenenfalls mit welchen inhaltlichen, territorialen oder zeitlichen Beschränkungen erlaubt. In der Regel sind die urheberrechtlichen Ausschlussrechte allerdings nicht Selbstzweck, sondern nur ein Instrument zur Aushandlung sachgerechter Vertragsbedingungen und eines angemessenes Entgelts. Sie dienen aber auch der Sicherung und ermöglichen es dem Berechtigten, gegen Rechtsverletzungen wirksam vorzugehen. Auf diese Weise kann der Berechtigte die Verwertung des jeweiligen Schutzgegenstands kontrollieren. Soweit es sich bei den urheberrechtlichen Befugnissen um Ausschlussrechte handelt, sollen diese eine „konkurrenzierende" Nutzung durch nicht autorisierte Dritte verhindern.

3 Daraus folgt, dass die Grundidee des freien Wettbewerbs und des freien Waren- und Dienstleistungsverkehrs in einem **Spannungsverhältnis** zur Ausgestaltung der Immaterialgüterrechte und insbes auch der Urheberrechte als Verbotsrechte steht[189]. Allerdings ist in Anbetracht des in der Praxis regen wirtschaftlichen Wettbewerbs sowie des Rechtsverkehrs mit Schutzrechten und den entsprechenden Produkten und Dienstleistungen festzustellen, dass die Rechtsschutznormen in aller Regel den freien Wettbewerb und das Binnenmarktkonzepts nicht stören; im Gegenteil sie tragen zu einem innovativen, chancenreichen und auch grenzüberschreitenden Wirtschaftsleben bei[190].

In zwei Fallgruppen können allerdings **Konflikte** mit den einschlägigen Vorschriften des EG-Vertrags auftreten: Zum einen können Konflikte mit den an

[189] Siehe statt vieler etwa *Mailänder*, GRUR Int 1979, 379.

[190] Vgl *Fikentscher/Heinemann/Kunz-Hallstein*, GRUR Int 1995, 761; *Kunz-Hallstein*, GRUR Int 1979, 370; *Lehmann*, GRUR Int 1983, 360. Zum Urheberrecht *Schricker* in *Schricker*, Kommentar² Einleitung Rz 8.

Unternehmen adressierten **kartellrechtlichen Vorschriften** entstehen, wenn die Berufung auf die privilegierten Rechtspositionen des Urheberrechts mit Hilfe entsprechender vertraglicher Vereinbarungen zu spürbaren Beschränkungen des Wettbewerbs führt. Zum anderen können solche Konflikte auch ohne entsprechende, dem Europäischen Kartellrecht unterliegende Vereinbarungen im Hinblick darauf auftreten, dass nationale Vorschriften oder Maßnahmen wie etwa Gerichtsentscheidungen dazu führen, dass die Ausübung des gewährten Schutzrechts zu Beschränkungen des **freien Waren- oder Dienstleistungsverkehrs** führt, zumal wenn diese Beeinträchtigung zur Wahrung des „spezifischen Gegenstands“ des betreffenden Schutzrechts nicht erforderlich bzw nicht gerechtfertigt ist. Nicht zur Diskussion steht deshalb der **Bestand** der Schutzrechte als solcher; gestützt auf Art 30 EGV 1997 (früher Art 36) unterscheidet der EuGH in ständiger Rechtsprechung zwischen Bestand und **Ausübung** von Schutzrechten[191] und geht davon aus, dass die Rechtsposition des Schutzrechtsinhabers als solche keinesfalls als mit dem Gemeinschaftsrecht in Widerspruch stehend einzustufen ist.

IV. Schutzrechtsbestand

Für jene Schutzrechtsbereiche, die innerhalb der Gemeinschaft nicht harmoni- **4**
siert sind, bleibt es den Mitgliedstaaten nach Art 295 EGV 1997[192] (früher Art 222) vorbehalten, ob und in welchem Ausmaß sie – freilich unter Beachtung der Bestimmungen des EG-Vertrags wie etwa des Diskriminierungsverbots – den Schutz von Immaterialgüterrechten vorsehen[193]. Daraus kann sich ein **Gefälle** zwischen den in den Mitgliedstaaten unterschiedlich ausgestalteten Schutzrechten ergeben, was zu Beschränkungen des freien Waren- und Dienstleistungsverkehrs führen kann. Auf Grund der eben erwähnten Bestandsgarantie der einzelstaatlichen Vorschriften bietet das Gemeinschaftsrecht keine unmittelbare Handhabe, dagegen vorzugehen; angefochten werden können nur daraus entstehende EG-vertragswidrige Auswirkungen. Dies trifft etwa zu, wenn sich aus einer unterschiedlichen Ausgestaltung von Ausschlussrechten in den Mitgliedstaaten eine Marktabschottung oder eine sonstige Beeinträchtigung des freien Waren- oder Dienstleistungsverkehrs ergibt[194]. Davon abgesehen können die rechtssetzenden Organe der Gemeinschaft freilich für eine Harmonisierung des Rechtebestands in den Mitgliedstaaten sorgen, wie dies etwa hinsichtlich der bis dahin unterschiedlichen urheberrechtlichen Schutzfristen durch die Schutzdauer-RL geschehen ist[195].

---

[191] EuGH 13.07.1966 – „Grundig/Consten“; 29.02.1968 – „Parke Davis“; 18.02.1971 – „Sirena/Novimpex“; 08.06.1971 – „Deutsche Grammophon/Polydor/Metro“. Siehe dazu bereits *Ferid H* in Mitarbeiter-FS *Ulmer* 75. Kritisch zu dieser Unterscheidung *Beier*, GRUR Int 1989, 609 und *Fikentscher* in FS *Schricker* 155.

[192] Nach dieser Bestimmung bleiben die innerstaatlichen Eigentumsordnungen, zu denen auch die Ausgestaltung des Immaterialgüterschutzes gehört, unberührt.

[193] EuGH 14.09.1982 – „Keurkoop/Handtaschenmodell“.

[194] So *Fikentscher* in FS *Schricker* 154f.

[195] Eine Konstellation wie im Fall EuGH 24.01.1989 – „EMI/Patricia/Schutzfristenunterschiede“ ist seither nicht mehr möglich, sieht man von den Fällen einer unterbliebenen, verspäteten oder mangelhaften Umsetzung in nationales Recht ab.

5 Seit der „Magill“Entscheidung des EuGH[196] bzw des Gerichts erster Instanz wurde von einem Teil der Lehre allerdings auch die Ansicht vertreten, der EuGH habe mit diesem Erkenntnis nicht nur einen bestimmten Akt der Ausübung eines Schutzrechts für unzulässig erklärt, sondern – entgegen Art 295 EGV 1997 (früher Art 222) – im Ergebnis schon den Bestand des Ausschlussrechts als solches in Frage gestellt[197]. Diese Deutung hat einiges für sich und kann sich auch auf die schon vor Jahren geäußerte Kritik *Beiers*[198] berufen, die Unterscheidung zwischen Bestand und Ausübung sei missverständlich und trage zur Klärung des Konflikts zwischen den Grundsätzen des freien Warenverkehrs einerseits und dem Schutz des gewerblichen Eigentums anderseits nicht bei. Nach bisher ständiger Rechtsprechung des EuGH und deren Deutung kommt eine Prüfung, ob ein Verstoß gegen EG-rechtliche Vorschriften vorliegt, aber bloß hinsichtlich der **Ausübung** eines Schutzrechts in Betracht.

V. Ausübung des Schutzrechts

1. Kartellrechtliche Aspekte

6 Nach ständiger Rechtsprechung des EuGH liegt ein Verstoß gegen Art 81 EGV 1997 (früher Art 85) dann vor, wenn die Ausübung des Schutzrechts Gegenstand, Mittel oder Folge einer **Kartellabsprache** ist[199]. Ist der Tatbestand erfüllt, so hat dies gemäß Art 81 Abs 2 EGV 1997 (früher Art 85 Abs 2) die Nichtigkeit der Vereinbarung zur Folge. Steht die Ausübung des Schutzrechts nicht mit einer Vereinbarung oder einem abgestimmten Verhalten in Verbindung, so liegt kein Anwendungsfall des Art 81 EGV 1997 vor. In diesem Fall bleibt aber zu untersuchen, ob die Ausübung des Schutzrechts gegen andere Vorschriften des EG-Vertrags, insbes diejenigen über den freien Waren- und Dienstleistungsverkehr verstößt[200].

7 Für die Prüfung der Frage, wann eine auf einer Vereinbarung beruhende Ausübung eines Schutzrechts eine kartellrechtswidrige Beschränkung darstellt, hat sich die sog **Inhaltstheorie** durchgesetzt[201]. Ihr Grundtenor besagt, dass Beschränkungen des Wettbewerbs im Zusammenhang mit Schutzrechten des geistigen Eigentums kartellrechtlich unbedenklich sind, solange sie durch den Inhalt des jeweiligen Schutzrechts gedeckt sind[202]. Übersteigt eine Beschränkung aber den Inhalt des Schutzrechts, so ist seine Ausübung unzulässig, wenn die Beschrän-

---

196 Siehe dazu unten bei Rz 24f.

197 Vgl *Eilmansberger*, EuZW 1992, 633 und *Grill* in *Lenz*, EG-Vertrag Kommentar² Art 82 Rz 40.

198 GRUR Int 1989, 609.

199 EuGH 18.02.1971 – „Sirena/Novimpex“; 08.06.1971 – „Deutsche Grammophon/Polydor/Metro“.

200 EuGH 08.06.1971 – „Deutsche Grammophon/Polydor/Metro“.

201 Zum Europäischen Kartellrecht siehe statt vieler *Koch* in *Grabitz/Hilf* Art 85 Rz 208 mwN. Das deutsche Kartellrecht geht für Verträge über den Erwerb oder die Benutzung von Patenten, Gebrauchsmustern, Topographien oder Sortenschutzrechten in den §§ 20 und 21 GWB ausdrücklich von der Inhaltstheorie aus, die sich jedoch unter anderem nicht auf urheberrechtliche Sachverhalte erstreckt. Sie ist überdies nur auf vertikale, nicht aber auf horizontale wettbewerbsbeschränkende Vereinbarungen anzuwenden.

202 Vgl *Fikentscher* in FS *Schricker* 152 mwN.

kung einen kartellrechtlichen Verbotstatbestand erfüllt. In dieser ursprünglichen Fassung kennt die Inhaltstheorie daher nur **zwei „Felder“**: Bleibt die Ausübung im Rahmen des Schutzrechtsinhalts, so scheidet eine kartellrechtliche Überprüfung von vornherein aus; geht sie darüber hinaus, so wird sie aus kartellrechtlicher Sicht wie jede andere Beschränkung des Wettbewerbs behandelt.

Im Juli 1993 wurde dem Generaldirektor des GATT ein Entwurf für ein **Weltkartellrecht** (*Draft International Antitrust Code – DIAC*) vorgelegt[203], in welchem das Verhältnis von Immaterialgüterrechten zum Kartellrecht insbes im Licht der praktischen Erfahrungen neu beurteilt und die zweigliedrige Schutzrechtsinhaltstheorie durch die von *Heinemann* eingeführte **Vier-Felder-Theorie** modifiziert wird[204]. Diese geht davon aus, dass auch eine Vorgangsweise, die innerhalb der Grenzen des Schutzrechtsinhalts bleibt, kartellrechtswidrig sein kann. Diese Konstellation bildet neben jenen Handlungen, die im Rahmen des Schutzrechtsinhalts bleiben und dabei kartellrechtlich unbedenklich sind, ein eigenes Feld. Gleichzeitig wird eingeräumt, dass nicht unbedingt jedes Überschreiten des Schutzrechtsinhalts einen Kartellrechtsverstoß bedeuten muss. Neben diesem (dritten) Feld von Verhaltensweisen sind Handlungen einzureihen, die außerhalb des Schutzrechtsinhalts liegen und gegen ein kartellrechtliches Verbot verstoßen (viertes Feld). Die Vier-Felder-Theorie bezieht sich im Übrigen – anders als die Bestimmungen der §§ 20 und 21 dGWB – auf sämtliche Immaterialgüterrechte und daher auch auf Urheber- und Leistungsschutzrechte[205]. **8**

Der derzeit geltende Art 81 Abs 3 EGV 1997 (früher Art 85 Abs 3) sieht vor, dass das Kartellverbot des Abs 1 leg cit unter bestimmten Voraussetzungen auf Vereinbarungen, Verhaltensweisen bzw Beschlüssen oder Gruppen von solchen für nicht anwendbar erklärt werden kann. Auf Grundlage dieser Bestimmung hat die Kommission die seit 1. April 1996 geltende **Gruppenfreistellungsverordnung** für Technologietransfer-Vereinbarungen erlassen[206]. Unter bestimmten Bedingungen[207] werden dadurch bestimmte Gruppen von Patent- und Know-How-Lizenzverträgen trotz wettbewerbsbeschränkenden Inhalts vom Kartellverbot freigestellt. Anders als in den davor geltenden Gruppenfreistellungsverordnungen sind nun auch Vereinbarungen über andere Rechte des geistigen Eigentums – etwa urheberrechtliche Werknutzungsrechte – erfasst, wenn sie bloß als **Nebenrechte** in einem den Hauptregelungsgegenstand darstellenden Technologietransfer-Vertrag anzusehen sind[208]. Lizenzverträge, einschließlich Softwarelizenzverträge, die in der Hauptsache urheberrechtliche Verwertungsregelungen **9**

---

[203] Abgedruckt in *Fikentscher/Immenga*, Draft International Antitrust Code 53ff.

[204] Vgl *Fikentscher/Heinemann/Kunz-Hallstein*, GRUR Int 1995, 763. Die Autoren sind Mitglieder der zwölfköpfigen Arbeitsgruppe renommierter Experten auf dem Gebiet des Kartell- und Immaterialgüterrechts, die den DIAC erstellte.

[205] Dies wurde in Art 2 DIAC dadurch ausdrücklich festgelegt, dass auf Art 2 (viii) WIPO-Abkommen (Übereinkommen vom 14.07.1967 zur Errichtung der Weltorganisation für geistiges Eigentum) verwiesen wird. Vgl dazu *Fikentscher/Heinemann/Kunz-Hallstein*, GRUR Int 1995, 763 und Anhang.

[206] Siehe oben bei I. Materialien und Rechtsakte.

[207] Näheres zum Regelungsinhalt siehe etwa bei *Erhart*, ecolex 1996, 221.

[208] Vorbemerkung Nr 6 und Art 5 Abs 1 Z 4 Technologietransfer-VO.

betreffen, sind jedoch bislang von keiner Freistellungsverordnung gemäß Art 81 Abs 3 EGV 1997 (früher Art 85 Abs 3) erfasst[209] und unterliegen daher gegebenenfalls der Einzelfreistellung durch die Kommission[210].

2. Binnenmarktrechtliche Aspekte

10 Wie bereits erwähnt, erfolgt die Prüfung der Ausübung eines Schutzrechts bei Fehlen einer Absprache unter dem Gesichtswinkel einer Vereinbarkeit mit den übrigen Grundregeln des EG-Vertrags. Denn die gemäß Art 295 EGV 1997 (früher Art 222) unberührt bleibenden Rechtsvorschriften zur nationalen Eigentumsordnung dürfen nicht in Widerspruch mit den fundamentalen Grundsätzen des Gemeinschaftsrechts stehen[211]. Dazu gehört vor allem die Vorschrift des Art 30 EGV 1997 (früher Art 36), wonach **Ein-, Aus- und Durchfuhrverbote** oder **-beschränkungen**, die zum Schutz des gewerblichen und kommerziellen Eigentums[212] gerechtfertigt sind, nur mit dem ausdrücklichen Vorbehalt für zulässig erklärt werden, dass sie weder ein Mittel zur willkürlichen Diskriminierung noch eine verschleierte Beschränkung des Handels zwischen den Mitgliedstaaten darstellen. Ungeachtet der sich aus Art 30 EGV 1997 (früher Art 36) ergebenden Toleranz hinsichtlich der innerstaatlichen Regelung des Immaterialgüterschutzes im Verhältnis zu den Grundsätzen der Art 28ff EGV 1997 (früher Art 30ff) und ungeachtet der Vorschrift des Art 295 EGV 1997 (früher Art 222) bleibt also ein Einflussbereich für das Gemeinschaftsrecht in Bezug auf die Ausübung der nationalen Ausschlussrechte (Art 30 Satz 2 EGV 1997 [früher Art 36 Satz 2])[213]. Nach ständiger Rechtsprechung des EuGH lässt Art 30 Ausnahmen nur insoweit zu, als diese zur Wahrung der Rechte gerechtfertigt sind, die den spezifischen Gegenstand des jeweiligen „geistigen Eigentums" ausmachen[214]. Damit gelangt man auch insoweit zum Kriterium des Schutzrechtsinhalts.

3. Schutzrechtsinhalt

11 Die Umschreibung des Begriffs Schutzrechtsinhalt, der auch als **„spezifischer Gegenstand des Schutzrechts"** bezeichnet wird[215], stellt sich deshalb sowohl

---

[209] So auch die GruppenfreistellungsV Nr 2790/1999 (vgl oben I. Materialien und Rechtsakte).

[210] Im Hinblick auf das Weißbuch der Kommission über die Modernisierung der Vorschriften zur Anwendung der Art 85 und 86 EGV ist jedoch in absehbarer Zeit mit einer grundlegenden Änderung des bisherigen Anmelde- und Freistellungssystems hin zu einer generellen „Kartellerlaubnis" mit Verbotsvorbehalt zu rechnen. Siehe hierzu kritisch *Deringer*, EuZW 2000, 5 und *Mestmäcker*, EuZW 1999, 523.

[211] Vgl EuGH 18.02.1992 – „Kommission/Italien" Rs C-235/89 Slg 1992 I-777.

[212] Hierzu gehören auch die Urheberrechte (so ausdrücklich EuGH 09.02.1982 – „Polydor/Harlequin") und die Leistungsschutzrechte (vgl EuGH 08.06.1971 – „Deutsche Grammophon/Polydor/Metro").

[213] Siehe etwa EuGH 13.07.1966 – „Grundig/Consten".

[214] Vgl etwa EuGH 31.10.1974 – „Centrafarm I/Sterling Drug" = „NEGRAM II"; 22.01.1981 – „Dansk Supermarked/Imerco Jubiläum"; 17.10.1990 – „HAG II".

[215] Vgl EuGH 03.07.1974 – „HAG". Siehe auch *v Gamm*, Die Auswirkungen der Rechtsprechung des Gerichtshofs der Europäischen Gemeinschaften auf das Warenzeichenrecht, GRUR Int 1975, 185 (189).

unter dem kartellrechtlichen als auch unter dem binnenmarktrechtlichen Aspekt. Allerdings stößt die Ermittlung des „spezifischen Gegenstands des betreffenden Schutzrechts“[216] auf Schwierigkeiten. Diese liegen nach *Fikentscher* insbes darin, dass das Urheberrecht keinen eigentlich „spezifischen Gegenstand“ kennt, sondern in den einzelnen Rechtsordnungen und je nach Verwertungsform unterschiedlich ausgestaltet ist[217]. So ist in letzterem Zusammenhang insbes die Unterscheidung in körperliche und unkörperliche Formen der Verwertung von besonderer Bedeutung; während bei ersteren der Erschöpfungsgrundsatz zum Tragen kommt, ist dies bei letzteren nicht der Fall.

Dabei stellt sich zunächst die Frage, welche **Kriterien** für die Beurteilung heranzuziehen sind. Die nationale Ausgestaltung des betreffenden Rechtsgebiets kann deshalb nicht maßgebend sein, weil dies dem **Prinzip des Vorrangs des Gemeinschaftsrechts** zuwiderliefe[218] und die Anwendbarkeit des EG-Wettbewerbsrechts von nationalen Gesichtspunkten abhängig machen würde. Gerade auf dem Gebiet des Urheberrechts sind darüber hinaus sogar die **Schutzrechtsinhalte** ein und derselben Rechtskategorie häufig von Land zu Land **verschieden**[219]. Primär wird daher bei der Beurteilung des Schutzrechtsinhalts auf die gemeinschaftsrechtlich anerkannten Funktionen desselben abzustellen sein[220]. Letztlich nimmt der Grenzverlauf des Schutzrechtsinhalts erst im Zug der konkreten Auseinandersetzung mit dem zu beurteilenden Sachverhalts Gestalt an und besitzt daher kaum über den Einzelfall hinausgehende Aussagekraft. **12**

Folgt man der **Vier-Felder-Theorie**, so verliert die Definition des Schutzrechtsinhalts mE an Bedeutung. Letztlich wird es auf die kartell- bzw binnenmarktrechtliche Relevanz der in Frage stehenden Verhaltensweise ankommen. Insofern verschiebt sich die Betrachtungsweise von einem immaterialgüterrechtlichen Ansatz deutlich zu Gunsten eines kartellrechtlichen Blickwinkels. Im Kern reduziert sich die Aufgabenstellung auf die Frage, ob die mit der konkreten Verhaltensweise verbundene Wettbewerbsbeschränkung gerechtfertigt ist oder nicht[221]. **13**

---

[216] Vgl *Reischl* in *Ress* 47.

[217] Vgl *Fikentscher* in FS *Schricker* 157f. *V Gamm*, GRUR Int 1983, 405 sieht den spezifischen Gegenstand des Urheberrechts im Sinn der Rsp des EuGH darin, dass der Inhaber zum Ausgleich und Schutz seiner schöpferischen Leistung ein ausschließliches Recht erlangt, das ein Urheberpersönlichkeits- und Verwertungsrecht umfasst. Letzteres bestehe zumindest im ausschließlichen Recht, das Werk in körperlicher Form zu verwerten und in unkörperlicher Form öffentlich wiederzugeben. Vgl auch *Hailbronner* in *Hailbronner/Klein/Magiera/Müller-Graff*, Handkommentar zum Vertrag über die Europäische Union (EUV/EGV) I (1998) Art 36 Rz 45.

[218] Vgl *v Gamm*, GRUR Int 1983, 403; *Koch* in *Grabitz/Hilf* Art 85 Rz 208. AM *Gleiss/Hirsch*, Kommentar zum EG-Kartellrecht[4] (1993) I Art 85 Rz 704.

[219] Siehe dazu auch *Mestmäcker* in FS *Kreile* 421.

[220] Vgl *Fikentscher/Heinemann/Kunz-Hallstein*, GRUR Int 1995, 762 mwN. *Gotzen*, GRUR Int 1984, 150 konzediert dem EuGH kein besonderes Bemühen um die Entwicklung einer einheitlichen Definition dessen, was der spezifische Gegenstand einzelner Schutzrechte ist, und ortet auch die Ursache hierfür (151).

[221] So schon vor Propagierung der Vier-Felder-Theorie *Gotzen*, GRUR Int 1984, 150f und *Beier*, GRUR Int 1989, 610.

Mit zu berücksichtigen sind auch allgemeine Überlegungen betreffend die Rechtsposition des Berechtigten und die Verwertbarkeit des Schutzgegenstands, während die Bestimmung des Schutzrechtsinhalts, des „spezifischen Gegenstand des Schutzrechts“ zunehmend an Bedeutung verliert[222]. Zwar wurde die Vier-Felder-Theorie von den Europäischen Rechtsprechungsinstanzen noch nicht ausdrücklich übernommen, doch deckt sich dieser Ansatz weitgehend mit der bisherigen Praxis und dem gemeinschaftseigenen Verständnis der Wettbewerbsregeln.

14 Nach diesem allgemeinen Befund der EG-rechtlichen Grundlagen für die Prüfung von Urheberrechtsverträgen kommt man zu dem Ergebnis, dass brauchbare Maßstäbe oder Orientierungshilfen für die konkrete Einschätzung bzw Gestaltung von Urheberrechtsverträgen kaum ablesbar sind. Die folgende Darstellung und Analyse der wichtigsten Entscheidungen des EuGH in diesem Zusammenhang lässt aber zumindest die Situationen erkennen, in welchen die Ausübung von Schutzrechten mit den Vorschriften zur Erreichung der Ziele der Gemeinschaft in Konflikt geraten kann. Gleichzeitig lässt sich an Hand dieser Beispiele abschätzen, unter welchen Voraussetzungen der jeweils „spezifische Gegenstand“ eines Schutzrechts im Hinblick auf die gemeinschaftsrechtlichen Prinzipien Bestand haben kann.

VI. Rechtsprechung

15 Einige der Entscheidungen betreffen sowohl kartellrechtliche als auch Fragen des freien Waren- und Dienstleistungsverkehrs im Verhältnis zu Rechten des geistigen Eigentums. Aus diesem Grund beginnt die Darstellung mit kartellrechtliche Aussagen enthaltenden Entscheidungen, geht sodann auf bereichsübergreifende Judikatur und zuletzt auf Urteile aus dem Bereich Waren- und Dienstleistungsverkehr ein.

1. „Sirena/Novimpex“[223], „Polydor“[224] und „Coditel II“[225]

16 In diesen Entscheidungen hat der EuGH ausgesprochen, dass der **Bestand** eines Schutzrechts durch die Art 85 und 86 EGV (jetzt Art 81 und 82 EGV 1997) nicht berührt wird, seine **Ausübung** jedoch unter die dort festgelegten Verbote fallen kann. Der EuGH bestätigt in diesen Entscheidungen den Grundsatz, dass die Ausübung eines Immaterialgüterrechts nach Art 85 gemeinschaftsrechtlich verboten ist, wenn sie **Gegenstand, Mittel oder Folge einer Kartellabsprache** ist, die eine Verhinderung, Einschränkung oder Verfälschung des Wettbewerbs innerhalb des gemeinsamen Marktes bezweckt oder bewirkt.

2. „Grundig/Consten“[226]

17 In diesem Fall räumte die Grundig GmbH ihrer Alleinvertreterin (Fa Consten) für den Vertrieb von Grundig-Elektrogeräten in Frankreich das Recht ein, das

---

[222] Nach *Gotzen*, GRUR Int 1984, 151 verwendet der EuGH den Begriff im Wesentlichen als seine Argumentation unterstreichendes Schlagwort.

[223] EuGH 18.02.1971.

[224] EuGH 08.06.1971 – „Deutsche Grammophon/Polydor/Metro“.

[225] EuGH 06.10.1982 – „Coditel II/Ciné Vog/Le Boucher II“.

[226] EuGH 13.07.1966.

von Grundig eingeführte Warenzeichen „GINT“ zu benützen. Entsprechend war auch jeder Alleinvertriebsberechtigte in anderen Ländern zur Benutzung dieser Marke im jeweiligen Mitgliedstaat berechtigt. Als andere französische Elektrogerätehändler Grundig-Waren, die sie von deutschen Handelsfirmen erworben hatten, in Frankreich zu niedrigeren Preisen als Consten zum Kauf anboten, versuchte Consten diese **Parallelimporte** zu unterbinden, indem sie ihre Ansprüche aus dem Warenzeichenrecht geltend machte. Der EuGH sah die Berufung auf ein Warenzeichen, dessen Eintragung der Absicherung und Durchführung einer kartellrechtswidrigen, weil *de facto* **absoluten Gebietsschutz** bewirkenden Alleinvertriebsvereinbarung und somit auch der Abwehr von Parallelimporten dienen sollte, als missbräuchlich und sohin als Verstoß gegen Art 85 Abs 1 EGV (jetzt Art 81 Abs 1 EGV 1997) an.

3. „RAI/Unitel“ (Kommission)[227]

Die Kommission hat in dieser Entscheidung unzulässige wettbewerbsbeschränkende Auswirkungen einer Exklusivvereinbarung festgestellt, als eine Lizenznehmerin (Unitel München) die Live-TV-Übertragung einer Opernaufführung anlässlich des zweihundertjährigen Bestehens der Mailänder Scala untersagen wollte. Der Anspruch wurde auf eine mit den vier Solisten dieser Aufführung abgeschlossene Vereinbarung gestützt, in welcher sich diese verpflichtet hatten, nur an Opernaufführungen für Film- und Fernsehzwecke mitzuwirken, die von Unitel autorisiert sind. Die Kommission vertrat den Standpunkt, dass **ausübende Künstler** als **Unternehmer** im Sinn des Art 85 Abs 1 EGV (jetzt Art 81 Abs 1 EGV 1997) anzusehen sind und die Frage, ob eine solche Vereinbarung mit einem oder einigen wenigen Solisten (Opernsängern) spürbare Auswirkungen auf den Wettbewerb haben können, bei wenig bekannten Künstlern zu verneinen sei. Dies traf in diesem Fall aber nicht zu, weshalb die Vereinbarung insbes wegen der ungewöhnlich langen **Dauer** der vereinbarten **Exklusivität** als wettbewerbswidrig beanstandet wurde. Auf ein einziges Werk und eine einzige Verwertungsart (Fernsehfilm) beschränkte Vereinbarungen dieser Art wären nach Ansicht der Kommission dagegen in der Regel wirksam und nicht von Art 81 EGV 1997 erfasst. **18**

4. „Neilson-Hordell/Richmark“[228]

Anlässlich der Beschwerde eines Lizenznehmers, dem im Rahmen eines gerichtlichen Vergleichs über eine Urheberrechtsstreitigkeit die Beschränkungen der Nichtangriffsklausel[229], des Wettbewerbsverbots, die Verpflichtung zur Entrich- **19**

---

[227] 26.05.1978 ABl L 157 vom 15.06.1978, 39. Vgl den 8. Bericht der Kommission über die Wettbewerbspolitk (1978) Z 128 und den Bericht dazu in GRUR Int 1979, 466 (468) sowie den 12. Wettbewerbsbericht der Kommission (1982) Z 90, GRUR Int 1983, 804 (806).

[228] Vgl 12. Bericht der Kommission über die Wettbewerbspolitik (1982) Z 88f und den Bericht dazu in GRUR Int 1983, 804 (805). Vgl zu Verstößen gegen das Verbot von Ausfuhrbeschränkungen zwei Fälle des 6. Berichts über die Wettbewerbspolitik (1976) Z 163 „BBC Valley Printing“ und Z 164 „The Old Man and the Sea“ und die Berichte dazu in GRUR Int 1977, 272 (275) sowie den Fall „Ernest Benn Ltd“ im 9. Bericht über die Wettbewerbspolitik der Kommission (1979) Z 118f. Weitere Nachweise bei *Dietz* in GRUR-FS, 1473.

[229] Darunter versteht man die vertragliche Verpflichtung des Lizenznehmers, die in der

tung von Lizenzen für urheberrechtlich nicht geschützte Waren sowie die Verpflichtung auferlegt wurde, dem Lizenzgeber jedes Urheberrecht zu übertragen, das der Lizenznehmer für Verbesserungen an dem lizenzierten Erzeugnis erwirbt, vertrat die Kommission auch in diesem Fall eines Vergleichsabschlusses die Auffassung, dass es sich dabei in der Regel um Verstöße gegen Art 85 Abs 1 EGV (jetzt Art 81 Abs 1 EGV 1997) handelt, die auch keiner Freistellung nach Art 85 Abs 3 EGV (jetzt Art 81 Abs 3 EGV 1997) zugänglich sind. Sachlich ging es um die Verwertung eines Urheberrechts, das nach englischem Recht rein technische Zeichnungen und die darauf beruhenden Waren schützt. Die Vertragsparteien haben nach Einschreiten der Kommission eine neue Vereinbarung ohne eine der vorgenannten Beschränkungen geschlossen.

5. *„Maissaatgut"*[230] *und „Tetra Pak"*[231]

20 In der Entscheidung „Maissaatgut" hat der EuGH ausgesprochen, dass eine ausschließliche Lizenzvereinbarung mit **absolutem Gebietsschutz**, bei der die Parteien die **Absicht** haben, hinsichtlich der vertragsgegenständlichen Maissorten und eines bestimmten Gebiets jegliche Konkurrenz auszuschließen, **trotz erheblichem Forschungsaufwand** gegen das Kartellverbot verstößt und daher nicht gemäß Art 85 Abs 3 EGV (jetzt Art 81 Abs 3 EGV 1997) freigestellt werden kann, weil der betreffende Gebietsschutz auch gegen den **Parallelimport** rechtmäßig in Verkehr gesetzter Erzeugnisse gerichtet ist.

21 In der Entscheidung „Tetra Pak" des EuG wurde erstmals ausdrücklich judiziert, dass der **Erwerb** eines „gewerblichen Schutzrechts" oder die Einräumung eines exklusiven Lizenz für sich noch nicht gegen Art 86 EGV (jetzt Art 82 EGV 1997) verstößt. Es kommt vielmehr darauf an, ob besondere Markt- und Wettbewerbsverhältnisse vorliegen. In den genannten Fällen hat das EuG erkannt, dass der durch einen Unternehmenskauf bewirkte Erwerb eines Schutzrechts zum Zweck der Erschwerung des Marktzugangs für Mitbewerber missbräuchlich im Sinn des Art 86 EGV (jetzt Art 82 EGV 1997) ist, solange die Ausschließlichkeit der Lizenz nicht aufgehoben wird, was *Tetra Pak* noch während des Verfahrens veranlasst hatte. Bemerkenswert an dieser Entscheidung ist allerdings auch die Klarstellung, dass auf eine Vereinbarung, die auf Grund einer Gruppenfreistellung gemäß Art 85 Abs 3 EGV (jetzt Art 81 Abs 3 EGV 1997) vom Kartellverbot ausgenommen ist, die Missbrauchsbestimmung des Art 86 EGV (jetzt Art 82 EGV 1997) anwendbar bleibt. Dies gilt jedoch nicht für Individualfreistellungen.

6. *„Windsurfing"*[232]

22 Gewisse, durchaus über den patentrechtlichen Bereich hinausgehende Aufschlüsse über die Grenzen zwischen EG-kartellrechtlich zulässigen und unzuläs-

---

Vereinbarung vorausgesetzte Rechtsposition des Lizenzgebers aus dem Urheber-, Warenzeichen-, Patent- oder ähnlichem Recht keinesfalls anzufechten.

[230] EuGH 08.06.1982.

[231] EuG 10.07.1990 Rs T-51/89 Slg 1990, II-309.

[232] EuGH 25.02.1986.

sigen Lizenzvereinbarungen liefert auch diese Entscheidung aus dem Jahr 1986. Das grundsätzlich berechtigte Interesse eines Lizenzgebers am Schutz vor sklavischer Nachahmung darf nicht darin münden, dass der Lizenznehmer dazu verpflichtet wird, die Erfindung ausschließlich in Verbindung mit Erzeugnissen oder Bestandteilen derselben zu benutzen und in Verkehr zu bringen, die darüber hinaus der Lizenzgeber zuvor nach seinem freien Ermessen genehmigt. Der Rechtsschutz kann eben nicht über den Gegenstand hinaus ausgedehnt werden, den das Patent selbst erfasst. Diese Einschätzung des EuGH wäre auf urheberrechtlichem Gebiet etwa bei Software-Lizenzverträgen oder Nutzungsverträgen über (geschützte) Werbekonzepte zu bedenken.

Die Berechnung der Lizenzgebühr für die Benutzung eines in ein Gesamtgerät **23** eingebauten Patents anhand des Preises für das Gesamtgerät, dessen übrigen Bestandteile nicht vom Schutz des Patents erfasst sind, stellt nur dann eine Wettbewerbsbeschränkung dar, wenn dies höhere Gebühren zur Folge hat als sie bei eigenständiger Erfindungsbenutzung anfielen oder wenn diese Berechnung zur Erhebung von Gebühren auf insgesamt nicht geschützte Gegenstände führt. Insoweit könnten allenfalls Rückschlüsse auf Verträge gezogen werden, die großteils (gemein)freie Werke, aber auch vorbestehende und/oder von mehreren Personen geschaffene Werke zum Gegenstand haben.

Die vertragliche Verpflichtung des Lizenznehmers, die Gültigkeit von Waren- **24** zeichen und Patenten des Lizenzgebers nicht anzufechten, gehört nicht zum spezifischen Gegenstand des Patentschutzes und verstößt gegen Art 81 EGV 1997 (früher Art 85). Gleiches wird bei der Verpflichtung eines Werknutzungsberechtigten gelten, dem verboten wird, die Urheberschaft des Vertragspartners in Frage zu stellen.

7. „Magill“[233, 234]

Das Gericht Erster Instanz und der EuGH legen Art 36 EGV (jetzt Art 30 EGV **25** 1997) in diesem Erkenntnis in Anlehnung an die Entscheidung des EuGH 14.09.1982 – „Keurkoop/Nancy Kean/Handtaschenmodell“ dahingehend aus, dass die Erfordernisse des freien Warenverkehrs und „die den Immaterialgüterrechten gebührende Achtung“ so aufeinander abgestimmt werden müssen, dass die rechtmäßige Ausübung dieser Rechte geschützt und gleichzeitig jede missbräuchliche Ausübung ausgeschlossen ist, die geeignet ist, den Markt künstlich abzuschotten oder die Wettbewerbsordnung in der Gemeinschaft zu beeinträchtigen[235]. Die Ausübung der durch das nationale Recht eingeräumten Immaterialgüterrechte sei daher so weit einzuschränken wie eine solche Abstimmung dies erfordert. Lassen die konkreten Umstände erkennen, dass die Art der

---

[233] EuGH 06.04.1995.

[234] Vgl dazu die Anmerkungen von *Bechtold* EuZW 1995, 345; *Deselaers*, EuZW 1995, 563; *Doutrelepont*, GRUR Int 1994, 301; *Eilmansberger*, Geistiges Eigentum und Kontrahierungszwang, WBl 1995, 232; *Pilny*, GRUR Int 1995, 954 und *Wessely*, MR 1995, 45.

[235] EuG 10.07.1991 – „BBC/Kommission“. Diese sowie zwei weitere, verbundene Entscheidungen („RTE/Kommission“ und „ITP/Kommission“) wurden durch Zurückweisung des Rechtsmittels durch den EuGH mit Entscheidung 06.04.1995 – „Magill“ bestätigt.

Rechtsausübung einen Zweck verfolgt, der den durch Art 86 EGV (jetzt Art 82 EGV 1997) festgelegten Zielen zuwiderläuft, so entspricht diese Rechtsausübung nicht mehr der wesentlichen Funktion des Urheberrechts im Sinn des Art 36 EGV (jetzt Art 30 EGV 1997). Diese bestehe nämlich darin, „den Schutz der Rechte an dem geistigen Werk und die Vergütung der schöpferischen Tätigkeit" zu gewährleisten. Benutzt eine TV-Anstalt ihr Ausschließlichkeitsrecht an den eigenen Fernsehprogrammdaten dazu, das Erscheinen eines neuen Produkts (hier: eine umfassende Fernsehprogrammzeitschrift) auf dem Markt zu verhindern und auf diese Weise ihr Monopol aufrechtzuerhalten, so erfolgt dies missbräuchlich. Diese Vorgangsweise geht „offensichtlich über das hinaus, was zur Verwirklichung der wesentlichen Funktion des Urheberrechts, wie sie im Gemeinschaftsrecht anerkannt ist, unerlässlich ist"[236].

26 Das Urteil hat zu zahlreichen kritischen Reaktionen geführt, weil es im Vergleich zu der bisherigen Rechtsprechung eine Schwerpunktverlagerung darstellt. Selbst die Anerkennung des Schutzrechtsbestands wurde nach Ansicht vieler damit in Frage gestellt; denn die Ausübung des Vervielfältigungsrechts werde damit auf ein Zwangslizenz reduziert[237].

Nach einer jüngst ergangene Entscheidung des EuG kann sich ein marktbeherrschendes Unternehmen mit Sitz in Frankreich nicht auf sein Verbreitungsrecht an einem Computerprogramm berufen, um den Import entsprechender Waren aus Kanada zu verhindern, wenn dieses Unternehmen mit dem kanadischen Hersteller der Software eine wirtschaftliche Einheit bildet und eine signifikante Preisdifferenz besteht[238]. Auch hier zeigt sich, dass der Anspruch der Europäischen Gerichte, Kartellrechtsverstöße zu verhindern bzw zu ahnden im Zweifel über jenem der möglichst freien Ausübung von Immaterialgüterrechten und für manche sogar über jenem auf Bestandsgarantie zu rangieren scheint.

8. „Coditel I"[239] und „Coditel II"[240]

27 In diesem Fall war zwischen zwei Firmen ein Vertrag geschlossen worden, in dem unter anderem vereinbart wurde, dass das eingeräumte ausschließliche Recht sich darauf erstrecke, den **Film** „Der Schlächter" in Belgien in Form von Kinovorführungen und Fernsehsendungen öffentlich wahrnehmbar zu machen; das Recht, den Film durch das belgische Fernsehen ausstrahlen zu lassen, durfte jedoch erst 40 Monate nach der ersten Vorführung des Films wahrgenommen

---

[236] Das Urteil wurde von vielen als vorsichtige Bestätigung der *Essential facilities* Doktrin durch den EuGH angesehen. Vgl dazu die kritische Darstellung bei *Meinhardt*, Beschränkung nationaler Immaterialgüterrechte 162 (170). Dass diese Doktrin vom EuGH jedenfalls restriktiv ausgelegt wird, zeigt die Entscheidung vom 26.11.1998 – „Oscar Bronner" Rs C-7/97 Slg 1998 I-7791 = GRUR Int 1999, 262 = EuZW 1999, 86 = MMR 1999, 348 = ÖBl 1999, 146 = MR 1998, 358 = ecolex 1999, 439 = WBl 1999/2 = EuGRZ 1999, 12; siehe dazu ausführlich *Scherer*, Das Bronner-Urteil des EuGH und die *Essential facilities* Doktrin im TK-Sektor, MMR 1999, 315.

[237] Vgl etwa *Doutrelepont*, GRUR Int 1994, 301.

[238] EuG 16.12.1999 – „Microsoft Business Leader-MBL".

[239] EuGH 18.03.1980 – „Coditel I/Ciné Vog/Le Boucher I".

[240] EuGH 06.10.1982 – „Coditel II/Ciné Vog/Le Boucher II".

werden. Der EuGH hat hierzu ausgeführt, dass selbst dann, wenn die Vereinbarung an sich unbedenklich erscheint, vom nationalen Gericht die wirtschaftlichen und rechtlichen Begleitumstände und Auswirkungen zu berücksichtigen sind. Dabei ist zu fragen, ob durch die **Ausübung des Schutzrechts** (Einräumung eines Ausschließlichkeitsrechts für ein bestimmtes Territorium) Hindernisse errichtet werden, die im Hinblick auf die Bedürfnisse der Filmindustrie künstlich und ungerechtfertigt sind, ob unangemessen hohe Vergütungen für die getätigten Investitionen bewirkt werden oder eine Ausschließlichkeit herbeigeführt wird, deren Dauer gemessen an diesen Bedürfnissen übermäßig lange ist.

Für eine konkrete Aussage, dass in den oben erwähnten Vertragspunkten eine ungerechtfertigte Beschränkung des freien Dienstleistungsverkehrs oder eine verbotene Kartellabsprache zu erblicken ist, fehlten dem EuGH im Coditel II Fall die nötigen Anhaltspunkte, weshalb bloß die Coditel I Entscheidung das konkrete Ergebnis enthält, dass die **territoriale** Beschränkung des eingeräumten Rechts der Kinovorführung auf einen Mitgliedstaat weder gegen Art 59 EGV (jetzt Art 49 EGV 1997) (Dienstleistungsfreiheit) noch gegen Art 85 EGV (jetzt Art 81 EGV 1997) verstößt, weil der spezifische Gegenstand des Filmurheberrechts darin besteht, dass dem Filmurheber für jede Vorführung des Films ein gesondertes Entgelt zusteht. Daher erschöpft sich dieses Recht der unkörperlichen Verbreitung/Verwertung auch nicht. Um seine Vergütungschance zu nützen, muss der Rechteinhaber die Möglichkeit haben, die Verwertung räumlich zu kontrollieren und sohin etwa eine ausschließliche Vorführlizenz zu vergeben. Die Entscheidungen bestärkten die in der Lehre schon vorher überwiegend vertretene Auffassung, dass die Weitersendung von Rundfunk- oder Fernsehprogrammen auch innerhalb der Gemeinschaft der Genehmigung der Urheber bedarf[241].

9. *„Musikvertrieb Membran/Gebührendifferenz II“*[242]

Die im Vordergrund dieser Entscheidung stehenden Ausführungen zum Erschöpfungsprinzip und der zugrundeliegende Sachverhalt werden an anderer Stelle behandelt[243]. An dieser Stelle sei erwähnt, dass der Begriff „Schutz des **gewerblichen und kommerzielles Eigentums**“ gemäß Art 36 EGV (jetzt Art 30 EGV 1997) nach dieser Entscheidung auch den durch das **Urheberrecht** gewährten Schutz umfasst. Dies insbes dann, wenn dieses Recht in Form von Lizenzen kommerziell genutzt wird, und dadurch der Vertrieb von Waren, in denen das geschützte Werk verkörpert ist, in einzelnen Mitgliedstaaten beeinträchtigt werden kann. Aber auch persönlichkeitsrechtliche Befugnisse, insbes den Anspruch auf Anerkennung der Urheberschaft, den Schutz vor Entstellung oder Abänderung des Werks und das Recht, sich gegen jede andere Beeinträchtigungen des Werks zur Wehr zu setzen, die den Ruf oder die Ehre des Urhebers in Mitleidenschaft ziehen, hat der EuGH darin ausdrücklich anerkannt und somit wohl als Teile des **spezifischen Gegenstands** des Schutzrechts anerkannt. **28**

[241] Siehe dazu jetzt freilich die Regelungen der Satelliten- und Kabel-RL.
[242] EuGH 20.01.1981 – „GEMA/Musikvertrieb Membran/Gebührendifferenz II“.
[243] Siehe dazu *Walter* Stand der Harmonisierung Rz 48ff.

10. „EMI/Patricia/Schutzfristenunterschiede“[244]

29 In Bezug auf die Bestimmung des Art 36 EGV (jetzt Art 30 EGV 1997) steht das Vervielfältigungs- und Verbreitungsrecht des Tonträgerproduzenten dem Urheberrechtsschutz gleich. Soweit die Verschiedenheit der nationalen Rechtsvorschriften zu Beschränkungen des innergemeinschaftlichen Handels mit Tonträgern führt, sind diese Beschränkungen nach Art 36 EGV gerechtfertigt, wenn sie auf dem Unterschied zwischen den Regelungen über die **Schutzfrist** beruhen und diese **untrennbar mit** dem **Bestand** der ausschließlichen Rechte **verknüpft** ist[245].

11. „Warner Bros/Christiansen“[246], „Metronome Musik“[247] und „Laserdisken“[248]

30 Die beiden grundlegenden Rechte des Urhebers, das ausschließliche Recht der öffentlichen Wiedergabe und das ausschließliche Recht der Vervielfältigung, werden von den Bestimmungen des EG-Vertrags nicht berührt[249]. Art 30 und 36 EGV (jetzt Art 28 und 30 EGV 1997) stehen der Anwendung nationaler Rechtsvorschriften nicht entgegen, die dem Urheber die Befugnis geben, die **Vermietung** von Videokassetten von seiner Zustimmung abhängig zu machen, auch wenn diese Videokassetten bereits in einem anderen Mitgliedstaat mit seiner Zustimmung in den Verkehr gebracht worden sind, dessen Rechtsvorschriften es dem Urheber erlauben, den Erstverkauf zu kontrollieren, ihm aber nicht die Befugnis geben, die Vermietung zu untersagen.

31 Das ausschließliche Recht zur Vermietung einzelner Vervielfältigungsstücke des auf einem Videogramm aufgezeichneten Werks ist naturgemäß für eine Verwertung mittels wiederholter und potentiell zahlenmäßig unbegrenzter Geschäfte geeignet, von denen jedes einzelne einen Anspruch auf Vergütung eröffnet. Das spezifische Recht, die Vermietung zu erlauben oder zu verbieten, würde seiner Substanz beraubt werden, wenn es allein durch das erste Angebot zur Vermietung erschöpft wäre. Es verstößt daher nicht gegen die Art 28 und 30 EG (früher Art 30 und 36) und die Vermiet- und Verleih-RL, wenn der Inhaber eines ausschließlichen Vermietrechts in einem Mitgliedstaat die Vermietung von Vervielfältigungsstücken eines Filmwerks verbietet, obwohl der Vermietung dieser Vervielfältigungsstücke in einem anderen Mitgliedstaat zugestimmt wurde[250].

VII. Zusammenfassung

32 Aus der dargestellten Rechtsprechung des EuGH ergibt sich, dass exklusive Lizenzen (Einräumung ausschließlicher Werknutzungsrechte) grundsätzlich keine Wettbewerbsbeschränkung darstellen. Besondere Begleitumstände, wie über-

---

244 EuGH 24.01.1989.
245 Siehe zur Harmonisierung der Schutzfristen jetzt die Schutzdauer-RL.
246 EuGH 17.05.1988.
247 EuGH 28.04.1998 – „Metronome Musik/Music Point Hokamp“.
248 EuGH 22.09.1998 – „Videogramdistributorer/Laserdisken“.
249 Siehe dazu auch *Walter* Stand der Harmonisierung Rz 53f.
250 Siehe dazu *Walter* Stand der Harmonisierung Rz 55f.

höhte Lizenzgebühren oder übermäßig lange Exklusivbindungen, können aber eine spürbare Einschränkung des Vertriebs der Ware oder Verwertung der Dienstleistung an sich oder eine Verfälschung des Wettbewerbs herbeiführen[251]. Bei der Beurteilung der zulässigen Beschränkungen in Lizenzverträgen ist vor allem auf den spezifischen Schutzrechtsinhalt zu achten, der sich nach dem wettbewerbsrechtlich orientierten Verständnis des EuGH allzu oft aus dem Substrat der tatsächlichen Verwertungsmöglichkeiten ergibt.

[251] Siehe auch *Fikentscher* in FS *Schricker* 158.

4. Kapitel Urheberrechtliche Verwertungsgesellschaften

(Bearbeiter: Dillenz)

Übersicht

I. Literatur

Barrelet/Egloff, Das neue Urheberrecht (1994) (Kurzzitat: *Barrelet/Egloff*)
Becker (Hrsg), Die Verwertungsgesellschaften im europäischen Binnenmarkt (1990)
Dietz, Urheberrecht in der Europäischen Gemeinschaft
Dillenz, Materialien zum Verwertungsgesellschaftengesetz (ÖSGRUM 5/1987) (Kurzzitat: *Dillenz*, Materialien)
Dillenz, Harmonisierung des Rechts der Verwertungsgesellschaften in Europa, GRUR Int 1997, 315
Dillenz, Copyright Royalty Tribunals in Austria, the Federal Republic of Germany and Switzerland, JCoprS 34 (1986/87)
Ficsor, Collective Administration of Copyright and Neighboring Rights (1990)
Françon, Le conflit entre la SACEM et les discothèques devant la Cour de Justice des Communautés Européennes, RIDA 144 (1990) 51
Hilty (Hrsg), Die Verwertung von Urheberrechten in Europa (1995)
Häußer, Praxis und Probleme der Aufsicht über Verwertungsgesellschaften, FuR 1980, 57
Häußer, Das Recht der Verwertungsgesellschaften aus der Sicht der Aufsichtsbehörde, Mitt 1984, 64
Joubert, Le prix du répertoire d'une société d'auteurs en position dominante dans le carcan du droit de la concurrence, RIDA 117 (1983) 3
Karnell, Outsider's rights: a dilemma for collective administration of authors' rights in a present and enlarged European Community, EIPR 1991, 430
Karnell, Die Verwertungsgesellschaften in einem zusammenwachsenden Europa, GRUR Int 1991, 583
Katzenberger, Die verschiedenen Systeme des Aufsichtsrechtes über die kollektive Verwertung von Urheberrechten in den europäischen Staaten, in *Hilty* (Hrsg), Die Verwertung von Urheberrechten in Europa (1995) 1 (Kurzzitat: *Katzenberger* in *Hilty*)
Kerever, Gestion collective des œuvres audiovisuelles et nouvelles technologies, in Les œuvres audiovisuelles et propriété littéraire et artistique, ALAI Congrès (1995) 399
Melichar, Die Wahrnehmung von Urheberrechten durch Verwertungsgesellschaften (1983) (Kurzzitat: *Melichar*, Wahrnehmung)
Melichar, Der Abzug für soziale und kulturelle Zwecke bei Verwertungsgesellschaften im Lichte des internationalen Urheberrechts, in *Becker* (Hrsg), Die Verwertungsgesellschaften im europäischen Binnenmarkt 47
Melichar, Verwertungsgesellschaften und Multimedia, in *Lehmann* (Hrsg), Internet- und Multimediarecht (Cyberlaw) (1997) 206 (Kurzzitat: *Melichar* in *Lehmann*, Internet- und Multimediarecht)
Mestmäcker, Zur Rechtsstellung urheberrechtlicher Verwertungsgesellschaften im europäischen Wettbewerbsrecht, in *Löwisch/Schmidt-Leithoff/Schmiedel* (Hrsg), Beiträge zum Handels- und Wirtschaftsrecht, FS *Rittner* (1991) 391
Meralli-Ballou, Les sociétés d'auteurs et le droit communautaire de la concurrence (1983)
Noguier, Gestion collective des droits d'auteur et des droits voisins, Rémunération obligatoire ou libre exercice d'un droit, Légipresse 98 (1988) 1
Nordemann, Les problèmes actuels des sociétés d'exploitation des droits d'auteur au sein de la Communauté Européenne, RIDA 135 (1988) 31
Pollaud-Dulian, La jurisprudence de la Cour de Cassation dans le conflit opposant la SACEM aux discothèques et le droit d'auteur, CDA 15 (1989) 1
Pollaud-Dulian, L'accès au répertoire des sociétés de gestion collective en droit de la concurrence, Contrats Concurrence Consommation 12 (1995) 1

Porter, European Union Competition Policy: Should the Role of Collecting Societies Be Legitimised? EIPR 1996, 672

Reinbothe, Schlichtung im Urheberrecht: Die Schiedsstelle nach dem Wahrnehmungsgesetz (1978)

Reinbothe, Rechtliche Rahmenbedingungen für Verwertungsgesellschaften im Europäischen Binnenmarkt, in *Becker*, Die Verwertungsgesellschaften im europäischen Binnenmarkt (1990) 19

Reischl, Gewerblicher Rechtsschutz und Urheberrecht in der Rechtsprechung des Europäischen Gerichtshofs, GRUR Int 1982, 151

Schulze, Urheberrechtliche Verwertungsgesellschaften auf dem Gemeinsamen Markt, UFITA 65 (1972) 342

Stamatoudi, The European Court's Love-Hate Relationship with Collecting Societies, EIPR 1997, 289

Temple Lang, Defining Legitimate Competition: Companies' Duty to Supply Competitors, and Access to Essential Facilities, Fordham International Law Journal 1994, 245

Tournier, Le conflit SACEM/Discothèques, une guerre judiciare sans précédent, RIDA 140 (1989) 3

Vogel, Wahrnehmungsrecht und Verwertungsgesellschaften in der Bundesrepublik Deutschland, GRUR 1993, 513

Vogel, Verwertungsgesellschaften, in *Schricker/Bastian/Dietz*, Konturen 79 (Kurzzitat: *Vogel*, Verwertungsgesellschaften)

Wallace, Control over the Monopoly Exercise of Copyright, GRUR Int 1973, 357

II. Einleitung

1 Das Urheberrecht hat – im Gegensatz zu anderen Rechtsgebieten – sich immer bemühen müssen, selbst die **Rechtfertigung** für seine Existenz zu liefern. Von der naturrechtlich-aufklärerischen Wurzel des kontinentalen *Droit d'auteur* Prinzips, das den Schutz des Werks aus der Person des Schöpfer fließend betrachtet[252], bis hin zum Belohnungsprinzip des anglo-amerikanischen *Copyright*[253] spannt sich der Bogen. Zunehmend, und mit Seitenblick auf die gesetzgebenden Körperschaften, argumentiert die Wissenschaft aber auch mit dem wirtschaftlichen Nutzen, der sich aus einem funktionierenden Urheberrechtssystem ergibt. Die Studien, die in den letzten zehn Jahren dazu verfasst wurden, kommen zu überraschend gleichlautenden Ergebnissen.

2 So stellt eine österr Studie[254] fest, dass die Wertschöpfung der Copyright Industries zum Bruttoinlandsprodukt in Österreich 2,053% beiträgt; in den erfassten Bereichen sind etwa 75.000 Personen beschäftigt. Daraus ergibt sich, dass die Copyright Industries, gemessen am Beitrag zum Bruttoinlandsprodukt, etwa gleichwertig mit der industriellen Erzeugung von Nahrungsmitteln sind, einen

---

[252] „Jeder Mensch hat angeborne, schon durch die Vernunft einleuchtende Rechte und ist daher als Person zu betrachten" (§ 16 ABGB).

[253] „*To promote the Progress of Science and useful Arts*" (Art 1 § 8 der Verfassung der Vereinigten Staaten).

[254] *Scheuch/Holzmüller*, Wirtschaftliche Bedeutung des Urheberrechts in Österreich (1989) 59.

höheren Beitrag als die chemische Industrie und einen doppelt so hohen Wert wie die eisen- und metallverarbeitende Industrie liefern. Dies demonstriert in beeindruckender Form die **gesamtwirtschaftliche Bedeutung** dieses Branchenkonglomerats der *Copyright Industries*[255]. Eine deutsche Studie[256] kommt zu dem Ergebnis, dass in Deutschland von urheberrechtlich schutzfähigen Werken direkt und indirekt rund 54 Mrd DM an Einkommen und rund 799.000 Arbeitsplätze abhängen. Dies entspricht einem Anteil von 2,9% an der Bruttowertschöpfung und einem Anteil von 3,1% aller Erwerbstätigen. Damit gehört die Bundesrepublik Deutschland, nicht zuletzt wegen des besonders stark ausgeprägten Bereichs Presse-, Verlags- und Druckerzeugnisse, einschließlich der zugehörigen Handelsbereiche, im internationalen Vergleich zu den Staaten, in denen das Urheberrecht ein besonderes Gewicht hat[257].

Auch die Europäische Union ist sich zunehmend der Tatsache bewusst, dass es sich bei den *Copyright Industries* um typische Wachstumsindustrien handelt, die – zumindest überwiegend – intelligente Produkte erzeugen. Produktion und Wertschöpfung der durch diese Rechte geschützten Tätigkeiten verzeichneten ein hohes Wachstum, das häufig über dem der Wirtschaft insgesamt lag. So wies zum Beispiel der audio-visuelle Sektor in den letzten Jahren eine reale Wachtstumsrate von 6 % jährlich auf, die selbst heute gehalten wird. Allgemein dürfte sich dabei der Beitrag der urheberrechtlich geschützten Tätigkeiten zum Bruttoinlandsprodukt der Gemeinschaft auf 3 bis 5 % belaufen[258].

Die jüngste Studie zu diesem Thema wurde in den USA erstellt. Die *International Intellectual Property Alliance*[259] stellte fest, dass die *Copyright Industries* eine Wertschöpfung von 3,78 % des Bruttosozialprodukts lieferten, ihr Anteil hieran in den Jahren 1987 bis 1994 mehr als doppelt so rasch wuchs wie dies bei anderen Industrien der Fall war und dass schließlich der Exportwert dieses Industriezweigs sich im Jahr 1995 auf 53,25 Mrd $ belief. Diese Zahlen, insbes die letztgenannte, machen im Übrigen verständlich, wie vehement sich die US-Regierung für den Schutz des geistigen Eigentums einsetzt; der Streit mit China, der fast zu einem Handelskrieg geführt hätte, ist noch in frischer Erinnerung.

Innerhalb dieser *Copyright Industries* spielen die **Verwertungsgesellschaften** **3**
eine besondere Rolle. Die erwähnte deutsche Studie weist darauf ausdrücklich hin und betont auch die Umverteilungsfunktion der Verwertungsgesellschaften. Zum Zeitpunkt der Untersuchung (Geschäftsjahr 1986) hatten die deutschen Verwertungsgesellschaften insgesamt ein Haushaltsvolumen von 770 Mio DM[260]. Dieses Volumen hat sich innerhalb von acht Jahren mehr als verdoppelt. Im Jahr 1994 hatten die zehn deutschen Verwertungsgesellschaften insgesamt einen Er-

255 *Scheuch/Holzmüller*, Wirtschaftliche Bedeutung des Urheberrechts in Österreich (1989) 61.

256 *Hummel*, Volkswirtschaftliche Bedeutung von Kunst und Kultur 205.

257 *Hummel*, Volkswirtschaftliche Bedeutung von Kunst und Kultur 205.

258 Grünbuch Urheberrecht und verwandte Schutzrechte in der Informationsgesellschaft vom 19.07.1995 KOM (95) 382, 12.

259 Studie vom 19.03.1997, zitiert nach der Veröffentlichung in Billboard vom 29.03. 1997, 6.

260 *Hummel*, Volkswirtschaftliche Bedeutung von Kunst und Kultur 206.

trag von rund 1,7 Mrd DM[261]. In anderen Ländern der Europäischen Union ist die Lage ähnlich. Sowohl von den Wirtschaftsleistungen als auch von den Wachstumsraten her gesehen stehen die Verwertungsgesellschaften als Clearingstellen für Rechte im Mittelpunkt einer Wachstumsindustrie.

Ohne in der Folge die Rolle der Verwertungsgesellschaften ausschließlich in wirtschaftlichen Dimensionen zu sehen, muss doch festgestellt werden, dass diese als bedeutende Marktteilnehmer in dieser Wachstumsbranche tätig sind und auch aus diesem Grund die – gegebenenfalls kritische – Aufmerksamkeit der Politik (Kultur- und Wirtschaftspolitik) auf sich ziehen. Damit verbunden ist die Frage ihrer rechtlichen Stellung nach dem Recht der einzelnen Mitgliedstaaten der EU, aber auch nach dem Recht der Europäischen Union selbst.

4 Die **Geschichte** der Verwertungsgesellschaften verliert sich im Anekdotischen. Danach sollen im Jahr 1847 die beiden Komponisten *Paul Henrion* und *Victor Parizot* sowie der Textautor *Ernest Bourget* im Restaurant „Ambassadeurs" in Paris ihr Abendessen eingenommen haben. Die Bezahlung der Rechnung verweigerten sie mit dem Hinweis darauf, dass während des Essens ihre Musik gespielt worden sei, und sie dafür nichts erhalten hätten. Ein gewonnener Rechtsstreit mit dem Restaurant, den die Urheber – charakteristischer Weise mit finanzieller Unterstützung ihres Verlegers – führten, endete mit der Gründung der auch heute noch existierenden größten französischen Verwertungsgesellschaft SACEM. Ungeachtet dieser wenig seriösen Anfänge – kaum eine andere Branche hat als „Gründungsakt" eine Zechprellerei vorzuweisen – entwickelten sich die Verwertungsgesellschaften weltweit zu einem dichten Netz von Unternehmen, das im Rahmen ihrer internationalen Dachorganisation CISAC 158 Gesellschaften in 86 Ländern umfasst. Alle diese Gesellschaften zusammen hatten im Jahr 1992 einen Ertrag von rund 4 Mrd $[262]. Das von den Verwertungsgesellschaften international angestrebte und jedenfalls im Bereich der Musik großteils bereits erreichte Ziel ist es, durch ein umfassenden System von Gegenseitigkeitsverträgen den Nutzern des eigenen Landes als Vertreter des Weltrepertoires gegenüber treten zu können.

5 **Aufgabe der Verwertungsgesellschaften** ist die Erleichterung des Verkehrs mit Urheberrechten. Das für das Urheberrecht typische Stufensystem zur mittelbaren Erfassung des Endverbrauchers setzt in seinem Kernbereich der uneingeschränkten Ausschließungsrechte eine vertragliche Rechtseinräumung vom Urheber an den Nutzer voraus. Dieses auch für den sonstigen Bereich des gewerblichen Rechtsschutzes typische individuelle Lizenzierungssystem stößt allerdings dort an seine Grenzen, wo ein direkter Kontakt zwischen Urheber und Nutzer als Voraussetzung für entsprechende Vertragsabschlüsse nicht möglich ist. Das ist vor allem dann der Fall, wenn eine große Zahl von Nutzern einer ebenso großen Zahl von Urhebern gegenübersteht. Am deutlichsten wird das bei der Verwertung kleiner musikalischer Urheberrechte. So hatte etwa die deutsche Verwertungsgesellschaft GEMA am 31.12.1994 rund 38.000 Bezugsberechtigte

---

[261] Tantiemeaufkommen der drei größten deutschen Verwertungsgesellschaften: GEMA – 1,26 Mrd DM; GVL – 176 Mio DM; VG WORT – 112 Mio DM.

[262] Broschüre „What is CISAC?" (nicht datiert, nicht paginiert).

(Komponisten, Textautoren und Verleger) und vertrat darüber hinaus rund 700.000 Musikurheber im Weg von Gegenseitigkeitsverträgen. In ihrer Werkdokumentation finden sich Daten über 2,9 Mio Werke[263]. Mit rund 350.000 Musiknutzern bestehen Verträge. An diesem Beispiel wird deutlich, dass der Rechtsverkehr durch individuellen Vertragsabschluss in solchen Fällen unmöglich ist.

Verwertungsgesellschaften sind also als **Clearingstellen** zwischen Urhebern und Leistungsschutzberechtigten einerseits und Nutzern anderseits tätig. Sie kanalisieren den Rechtefluss, indem sie sich von den Bezugsberechtigten durch Wahrnehmungsverträge Werknutzungsrechte, verbunden mit einem Inkassoauftrag, treuhändig einräumen lassen und auf der anderen Seite zu einheitlichen Bedingungen Tarife aufstellen[264], mit Gesamt- und Einzelverträgen Nutzungsbewilligungen erteilen und hierfür das Entgelt kassieren. In der Regel werden Verwertungsgesellschaften aber nur tätig, wenn die einzelnen Urheber und Nutzer nicht direkt miteinander kontrahieren können. Der Lyriker kann mit dem Verlag über die Herausgabe eines Gedichtbandes individuell verhandeln und abschließen, der Schlagerkomponist hingegen ist gegenüber der Vielzahl von Musiknutzern auf die Dienste der Verwertungsgesellschaft angewiesen.

III. Europäisches Kartellrecht und Verwertungsgesellschaften

Der Vertrag zur Gründung der Europäischen Wirtschaftsgemeinschaft enthält in **6**
seinem 3. Teil (Die Politik der Gemeinschaft) unter dem Titel I „Gemeinsame Regeln" als Kapitel 1 die **Wettbewerbsregeln** (Art 81 bis 89 EGV 1997 [früher Art 85 bis 94]). Im gegenständlichen Zusammenhang sind die Art 81 EGV 1997 (Verbot wettbewerbshindernder Vereinbarungen oder Beschlüsse), Art 82 EGV 1997 (früher Art 86) (Mißbrauch einer den Markt beherrschenden Stellung) und Art 86 EGV 1997 (früher Art 90) (Öffentliche und monopolartige Unternehmen) von Bedeutung. Die erste Konfrontation der Wettbewerbsregeln der Europäischen Union mit dem Urheberrecht fand nicht gerade unter günstigen Umständen statt. So stand bereits in der ersten Entscheidung des Europäischen Gerichtshofs[265] die Frage zur Beurteilung, ob eine territoriale Aufsplittung in Teilmärkte (hier: für Tonträger) durch das Verbot von Parallelimporten mit Mitteln des Urheberrechts zulässig ist. Diese Frage wurde vom Gerichtshof verneint. Denn

---

[263] GEMA-Jahrbuch 1995, 48.

[264] §§ 12 und 13 dUrhWG.

[265] EuGH 08.06.1971 – „Deutsche Grammophon/Polydor/Metro". Vgl dazu *Alexander*, Nederlands Juristenblad 1971, 1079; *Alexander*, CDE 1971, 594; *Cicala*, La funzione amministrativa 1989, 430; *Cohen Jehoram*, Bijblad bij de industriële eigendom 1972, 186; *Cohen Jehoram*, Riv Dir Ind 1973 I 345; *Collin*, Annales 1971 I 224; *Defalque*, RDPI 1973, 21; *Deringer/Sedemund*, AWD 1971, 341; *De Sanctis*, Dir Aut 1973, 158; *Emmerich*, JuS 1971, 597; *Johannes*, Gewerblicher Rechtsschutz und Urheberrecht im Europäischen Gemeinschaftsrecht, RIW-Schriftenreihe 9 (1973) 37; *Johannes*, RTDE 1973, 392; *Joliet/Delsaux*, CDE 1985, 381; *Marchini-Camia*, Il diritto negli scambi internazionali 1971, 463; *Melville*, New Law Journal 1974, 433; *Möhring*, Der Re-import von Ton- und Bildträgern, UFITA 64 (1972) 195; *Möhring* in FS *Roeber* UFITA 46 (1973) 369; *Olivier*, Texas International Law Journal 1971-72, 516; *Schröter*, Zur Rechtsprechung des Europäischen Gerichtshofes auf dem Gebiet der gewerblichen Schutzrechte, WRP 1971, 356; *Wertheimer*, Sociaal-economische wetgeving 1971, 659; *Windisch* in FS *Roeber*, UFITA 46 (1973) 707.

nach der Rechtsprechung des Gerichtshofs darf auch das Urheberrecht nicht zur Isolierung und Abschottung der nationalen Märkte benutzt werden[266]. Die **gemeinschaftsweite Erschöpfung** des Verbreitungsrechts bei der Verbreitung von Werkexemplaren in körperlicher Form sollte auch in weiteren Fällen die Regel bleiben[267]. Dieses Prinzip hindert die Mitgliedstaaten allerdings nicht daran, ein Verbot von Parallelimporten aus Drittländern vorzusehen. „Ein Mitgliedstaat kann daher nicht vorschreiben, dass der Erstverkauf in einem Land außerhalb der Gemeinschaft zur Erschöpfung des Verbreitungsrechts innerhalb seines Hoheitsgebietes und damit auch innerhalb der gesamten Gemeinschaft führt"[268].

7 Nach Art 81 Abs 1 EGV 1997 (früher Art 85 Abs 1) **verbotene Kartelle** können unter bestimmten Voraussetzungen **freigestellt** werden. Art 81 Abs 3 EGV 1997 ermächtigt die Kommission, solche Ausnahmen oder **Nichtanwendbarerklärungen** bezüglich Art 81 Abs 1 EGV 1997 bei Erfüllung von zwei positiven und zwei negativen Voraussetzungen zu erteilen. Demgemäß muss die Verbesserung der Warenerzeugung oder Verteilung bzw die Förderung des technischen oder wirtschaftlichen Fortschrittes und eine angemessene Beteiligung der Verbraucher am entstehenden Gewinn herbeigeführt werden (positive Bedingungen). Anderseits dürfen den beteiligten Unternehmen keine Beschränkungen auferlegt werden, die für die Verwirklichung dieser Ziele nicht unerlässlich sind oder dadurch Möglichkeiten eröffnet werden, für einen wesentlichen Teil der betreffenden Waren, den Wettbewerb auszuschalten (negative Bedingungen). Neben den Nichtanwendbarerklärungen unter den genannten Voraussetzungen kann die Kommission auf Antrag der beteiligten Unternehmen und Unternehmensvereinigungen feststellen, dass nach den ihr bekannten Tatsachen für sie kein Anlass besteht, gegen eine Vereinbarung, einen Beschluss oder eine Verhaltensweise (Kartelle) oder auf Grund von Art 82 EGV 1997 (früher Art 86) (marktbeherrschende Stellung) einzuschreiten. Solche Feststellungen werden **Negativatteste** genannt[269]. Auf der Grundlage der V Nr 19/65 des Rats kann die Kommission **Gruppenfreistellungsverordnungen** erlassen, mit denen ganze Gruppen gleichartiger Beschlüsse oder Verhaltensweisen von Marktteilnehmern vom Verbot des Art 81 Abs 1 EGV 1997 ausgenommen werden. Eine solche Verordnung im Bereich des gewerblichen Rechtsschutzes ist die V Nr 240/96 für Technologie-Transfervereinbarungen[270].

Eine Freistellungserklärung nach Art 81 Abs 3 EGV 1997 (früher Art 85 Abs 3) aus Gründen der Förderung des kulturellen Fortschritts bezogen auf das **Urheberrecht**, wie sie *Dietz* forderte[271], hat die Kommission bisher nicht erlassen. Dagegen hat die Kommission mit Entscheidung vom 11. Juni 1993[272] der

---

266 *Loewenheim* in *Schricker,* Kommentar² § 17 Rz 59.

267 Vgl EuGH 20.01.1981 – „GEMA/Gebührendifferenz II".

268 Antwort der Kommission vom 26.04.1994 auf die schriftlichen Anfrage betreffend Internationale Schutzrechtserschöpfung, GRUR Int 1995, 205. Vgl zur Erschöpfung ausführlich *Walter* Stand der Harmonisierung Rz 47ff und 61ff.

269 *Fischer/Köck,* Europarecht³, 608.

270 ABl L 31 vom 09.02.1996, 2.

271 *Dietz,* Urheberrecht in der Europäischen Gemeinschaft 43.

272 ABl L 179 vom 22.07.1993, 23.

Europäischen Rundfunkunion (EBU) für den Erwerb von Sportübertragungsrechten im Fernsehen eine solche Ausnahme nach Art 85 Abs 3 EGV (jetzt Art 81 Abs 3 EGV 1997) für die Zeit vom 26. Februar 1993 bis 25. Februar 1998 zugebilligt[273]. Solchen Ausnahmebestimmungen für Fernsehveranstalter hat auch das Europäische Parlament in jüngerer Zeit das Wort geredet[274]. Allerdings hat das Gericht erster Instanz diese Freistellungserklärung am 11. Juli 1996 als nichtig aufgehoben[275]. Abgesehen von der hauptsächlich behandelten Frage des Europäischen Kartellrechts für Zusammenschlüsse öffentlich-rechtlicher Rundfunkunternehmen[276] muss doch in diesem Zusammenhang die Frage gestattet sein, warum eine solche Freistellungserklärung nicht mit derselben Berechtigung – jedoch mit größeren Chancen auf rechtlichen Bestand – den urheberrechtlichen Verwertungsgesellschaften und ihren Zusammenschlüssen gewährt werden können sollte.

Kommission und Europäischer Gerichtshof haben Art 82 EGV 1997 (früher **8**
Art 86) bisher vor allem auf **marktbeherrschende** Anbieter und nicht auch auf Unternehmen mit Nachfragemacht angewendet. Dennoch ist nicht zweifelhaft, dass Art 82 EGV 1997 auch auf den Missbrauch von Nachfragemacht anwendbar ist[277]. Die Abgrenzung von Angebots- und Nachfragemacht wird nicht immer leicht zu treffen sein. So treten etwa urheberrechtliche Verwertungsgesellschaften sowohl ihren eigenen Mitgliedern als auch den Nutzern von Urheberrechten gegenüber auf. Im Vorgriff auf die noch darzulegenden Einzelfälle kann vorausgeschickt werden, dass auch urheberrechtliche Verwertungsgesellschaften auf Grund ihrer weitgehenden Alleinstellung als marktbeherrschend angesehen wurden. Sowohl ihre Satzungen und Verträge mit ihren Bezugsberechtigten als auch die mit Dritten abgeschlossenen Nutzungsverträge können eine missbräuchliche Ausübung von Marktmacht darstellen, wenn die Bindungen über das zur Erreichung des (rechtlich gebilligten) Gesellschafts- oder Vertragszwecks Notwendige hinausgehen und den Betroffenen in seiner Wettbewerbsfreiheit unbillig beeinträchtigen[278].

Die Wettbewerbspolitik der Gemeinschaft konzentrierte sich im Verhältnis zu den urheberrechtlichen Verwertungsgesellschaften vorwiegend auch auf die

---

[273] Vorher war eine solche Freistellung für Sportübertragungsrechte abgelehnt worden (E der Kommission v 19.02.1991 ABl L 63 vom 09.03.1991, 32).

[274] Entschließung des Europäischen Parlaments zur Übertragung von Sportveranstaltungen vom 22.05.1996 ABl 1996 C 109.

[275] EuG 11.07.1996 – „Métropole Télévision/Kommission". Vgl dazu *Beeser*, St. Galler Europarechtsbriefe 1996, 274; *Castillo de la Torre*, WBl 1996, 385; *Delmas-Darroze*, Les petites affiches 135 (1996) 14; *Dios*, Revista Jurídica de Catalunya 1997, 575; *Gautier*, JDI 1997, 497; *Hermitte*, JDI 1997, 596; *Idot*, Europe 1996, 360, 16; *P.J.A.*, RMC 1996, 261; *Pardolesi*, Rivista di diritto sportivo 1996, 811; Giustizia civile 1997 I 18; *Parléani*, RD 1997 Jur 424; *Ritleng/Rigaux*, Europe 1996, 339; *Wezenbeek-Geuke*, Nederlands tijdschrift voor Europees recht 1996, 240.

[276] Siehe dazu *Wittmann*, Ist das Eurovisions-System EG-konform? MR 1996, 175 (176).

[277] Vgl *Grabitz/Hilf*[2] Art 86 Rz 28, 62 und 64.

[278] *v Gamm,* Urheberrechtliche Verwertungsverträge und Einschränkungen durch den EWG-Vertrag, GRUR Int 1983, 403 (406).

Anwendung des Art 82 EGV 1997. Diese Bestimmung lässt sich unter zwei Gesichtspunkten anwenden: Kontrolle eines missbräuchlichen Marktverhaltens und Beschränkung der Wahlmöglichkeiten der Verbraucher durch Zusammenschlüsse, durch die ein marktbeherrschendes Unternehmen praktisch den Wettbewerb ausschaltet, indem es die Kontrolle über ein Konkurrenzunternehmen übernimmt[279].

Die Dienstleistungen der Verwertungsgesellschaften werden in diesem Zusammenhang als *essential facilities* gesehen, die in nicht diskriminierender Weise allen Rechteinhabern zur Verfügung zu stellen sind[280]. Mit dem Zuwachsen von Aufgaben durch Europäisches und nationales Recht und dem Heraufkommen von Multimedia wird die Rolle der Verwertungsgesellschaften immer bedeutender, und die Kontrolle zur Verhinderung des Missbrauchs von Marktmacht immer wichtiger. In den Blickpunkt der Kontrollinstanzen gerät insoweit zunehmend die Frage möglicher „Tarifexzesse", wie sich dies bereits in der im Folgenden behandelten Entscheidung des EuGH aus dem Jahr 1989 „SACEM – Diskotheken" abzeichnete. Die Verwertungsgesellschaften haben sich insbes dem Tarifvergleich mit Gesellschaften anderer Mitgliedstaaten zu stellen und zu einem Katalog von Kriterien in Bezug auf Fragen der eigenen Kostenstruktur, der Promptheit bei der Weiterverrechnung von Tantiemen, der Kundenstruktur, der Effizienz des Verteilungssystems und ähnlichem Stellung zu nehmen. Auch die traditionelle Zugehörigkeit von Urhebern zu den Gesellschaften ihrer Wohnsitzländer ist zu überdenken; die Schaffung einer einheitlichen Europäischen Verwertungsgesellschaft ist in Ansätzen bereits verwirklicht. Geraten wird den Verwertungsgesellschaften, sich ihrer wettbewerbsrechtlichen Position mehr als bisher bewusst zu werden, da die Entwicklung, die im Kommunikations- und Medienbereich generell in Richtung eines verstärkten Wettbewerbs geht, auch vor den Verwertungsgesellschaften nicht halt machen wird[281]. Insgesamt werden Verwertungsgesellschaften dartun müssen, welches der Kernbereich ihrer Tätigkeit ist und wie sie diesen durch ihr Verhalten im Markt abdecken. Im Bereich nicht-typischer Tätigkeiten werden sie sich eine besonders strenge wettbewerbsrechtliche Überprüfung gefallen lassen müssen[282].

1. Entscheidungen betreffend Verwertungsgesellschaften

1.1. ZPÜ

9 Am 1. Februar 1971 entschied die Kommission[283], dass die deutsche Zentralstelle für private Überspielungsrechte (ZPÜ) **Auskünfte** über die von ihr geschlos-

---

[279] Siehe Beurteilung von Vertriebssystemen, Verträgen über gewerbliche Schutzrechte und urheberrechtliche Verwertungsgesellschaften nach europäischem Kartellrecht – Auszug aus dem ersten Bericht der Kommission der Europäischen Gemeinschaften über die Entwicklung der Wettbewerbspolitik, GRUR Int 1972, 363 (369).

[280] *Temple Lang*, Fordham International Law Journal 1994, 245.

[281] *Temple Lang*, Media, Multimedia and European Community Antitrust Law, Vortrag gehalten vor dem Fordham Corporate Law Institute, USA (bisher unveröffentlicht), zitiert nach Music & Copyright vom 03.12.1997, 11.

[282] *Ehlermann/Kaufmann*, Competition Constraints on Copyright and Related Rights, CW 1996, 36 (40).

[283] „ZVEI/ZPÜ".

senen Vereinbarungen geben muss. Dem Verfahren lag die Behauptung von deutschen Großhändlern von Tonbandgeräten zu Grunde, dass sie beim Export von Geräten die Rückerstattung der bereits an die ZPÜ bezahlten Vergütungen nicht erreichen konnten, während dies den deutschen Erzeugern für deren Exporte möglich war. Sie seien dadurch in ihrer Wettbewerbsfähigkeit auf anderen Märkten der Europäischen Gemeinschaft beeinträchtigt. Die Kommission forderte darauf die ZPÜ auf, ihr umfassende Auskunft über die Vertragssituation zu erteilen. Die ZPÜ lieferte zunächst keine und später nur unvollständige Unterlagen. Mit der vorliegenden Entscheidung wurde die ZPÜ unter Fristsetzung und Ankündigung von Geldbußen und Zwangsgeldern aufgefordert, diese Auskünfte zu erteilen, wobei die ZPÜ auf die Möglichkeit einer Klage gegen diese Entscheidung hingewiesen wurde. Offensichtlich wurden die Auskünfte in offener Frist erteilt, da sich keine weitere Tätigkeit der Kommission in dieser Angelegenheit feststellen lässt. Obwohl sich dieses Verfahren nur auf eine Vorfrage dafür bezog, ob überhaupt ein Verstoß gegen Art 85 EGV (jetzt Art 81 EGV 1997) vorliegt, lässt die Haltung der ZPÜ schon erkennen, dass das Bewusstsein, den Wettbewerbsregeln der Europäischen Gemeinschaft zu unterliegen, noch kaum entwickelt war.

1.2. GEMA

Mit Bezug auf die deutsche Verwertungsgesellschaft GEMA entschied die Kom- **10**
mission am 2. Juni 1971[284], dass sie deren **marktbeherrschende Stellung missbräuchlich** ausnütze. Im Einzelnen wurde festgestellt, dass die GEMA ihre beherrschende Stellung in der BRD dadurch missbräuchlich ausnützt, dass sie

- Angehörige anderer Mitgliedstaaten diskriminiert,
- ihre Mitglieder in einer Weise an sich bindet, die nicht notwendig ist,
- durch ihr System das Zustandekommen eines einheitlichen Markts der Dienstleistungen der Musikverleger verhindert,
- das Urheberrecht vertraglich auf ungeschützte Werke ausdehnt,
- die freien Importeure von Schallplatten gegenüber den Schallplattenherstellern und
- die Importeure von Ton- und Bildaufzeichnungsgeräten gegenüber den deutschen Herstellern solcher Geräte diskriminiert.

Im Detail wurden Bestimmungen der Satzung, des Berechtigungsvertrags, der Geschäftsordnung für das Bewertungsverfahren und der Satzung der Sozialkasse angeführt. Die GEMA wurde verpflichtet, die Zuwiderhandlungen teils sofort, teils innerhalb einer Frist von sechs Monaten abzustellen. Die GEMA hat der Entscheidung der Kommission dadurch Rechnung getragen, dass sie eine Reihe der beanstandeten Bestimmungen in der Weise änderte, dass der beanstandete Missbrauch nicht mehr gegeben war[285]. Ursprünglich hatte die GEMA Klage gegen die von ihr und anderen[286] kritisierte Entscheidung der Kommission an den Europäischen Gerichtshof gerichtet. Diese Klage wurde aber zurückgenommen,

---

[284] „GEMA I".

[285] Änderungen im Einzelnen angeführt in der Entscheidungsanmerkung von *Schulze*, GRUR Int 1973, 90.

[286] Vgl *Brunn*, Der GEMA-Fall, WuW 1971, 770.

nachdem der EG-Generaldirektor für Wettbewerb die vorgeschlagenen Änderungen der Satzung, der Geschäftsordnung, des Berechtigungsvertrags und der Satzung der Sozialkasse als ausreichend erachtet und eine entsprechende Ergänzung der Entscheidung in Aussicht gestellt hatte[287]. Die Kommission ergänzte sodann ihre erste Entscheidung am 6. Juli 1972 durch eine zweite[288], die einen Kompromiss hinsichtlich der zeitlichen Bindung der Bezugsberechtigten brachte (Verlängerung der jährlichen Kündigungsmöglichkeit auf dreijährliche). Die Aufspaltung der an die GEMA übertragenen Rechte erfolgte in sieben Rechtesparten. Die GEMA selbst fasste das Ergebnis des Verfahrens wie folgt zusammen: „Die Angehörigen und Verlagsfirmen der Mitgliedstaaten der Gemeinschaft werden den deutschen Staatsangehörigen und deutschen Verlagsfirmen gleichgestellt. Die frühere Mitgliedschaft zu einer anderen Verwertungsgesellschaft in der Gemeinschaft und das Aufkommen dort werden von der GEMA für den Erwerb der ordentlichen Mitgliedschaft angerechnet. Der Berechtigungsvertrag kann auch unter Beschränkung auf bestimmte Nutzungsarten oder bestimmte Länder geschlossen werden, ohne dass Mitgliedschaftsrechte berührt sind. Die freiwilligen Leistungen der GEMA-Sozialkasse unterliegen dem Gleichbehandlungsgrundsatz auch zu Gunsten ausgeschiedener Mitglieder“[289].

Aus dieser Aufzählung wird deutlich, dass das Schwergewicht dieser Entscheidung auf der Beziehung zwischen der GEMA und ihren **Mitgliedern** lag. Die Kommission stellte dazu wörtlich fest: „Der Missbrauch zeigt sich außerdem darin, dass die GEMA ihre Mitglieder in einer Weise behindert, die objektiv nicht gerechtfertigt ist und die insbes den Mitgliedern den Wechsel zu einer anderen Gesellschaft unbillig erschwert.“ Beanstandet wurde auch, dass im Bereich der Verteilung, und zwar nach der Geschäftsordnung für das Bewertungsverfahren ebenso wie in der Satzung der Sozialkasse ein Rechtsanspruch ebenso ausgeschlossen war wie der Rechtsweg. Es sei auch kein Ersatz für den Rechtsweg, dass die GEMA einer Fachaufsicht untersteht, „denn diese Fachaufsicht garantiert nicht jedem Mitglied die individuelle Berücksichtigung seiner Ansprüche auf Grund seiner Leistungen.“ Nach einer mündlichen Verhandlung vom 18. August 1971 stellte der Präsident des Gerichtshofs der Europäischen Gemeinschaften fest, dass die GEMA ihre Zuwiderhandlungen bereits abgestellt habe; die Kommission erklärte ihrerseits, dass auf den sofortigen Vollzug verzichtet werde[290].

1.3. SABAM

11 Am 21. März 1974 entschied der Europäische Gerichtshof in einem Verfahren, das durch die Vorlage eines belgischen Gerichtes in Gang gesetzt worden war[291].

---

[287] *Schulze*, UFITA 65 (1972) 342.

[288] „GEMA II“.

[289] GEMA-Nachrichten 91 (1972). Zu einer etwas ausführlicheren Darstellung siehe den Bericht über die ordentliche Mitgliederversammlung, GEMA-Nachrichten 92 (1972) 5.

[290] Siehe UFITA 65 (1972) 376.

[291] „SABAM III/BRT II“; in einer früheren E in derselben Rechtssache EuGH 30.01. 1974 – „SABAM“, hatte der Gerichtshof beschlossen, vor einer Sachentscheidung den Generalanwalt zu hören. Vgl dazu und zu den Entscheidungen der nationalen Instanzen *van Bunnen*, JTDE 1974, 266; Rechtskundig weekblad 1984-85, 1499; RIDA 131 (1987) 237; *Corbet*, Rechtskundig weekblad 1984-85, 1503; RIDA 139 (1989) 169; *Van Damme*,

Die Anfrage des Gerichtes ging dahin, ob ein Unternehmen, das in einem Mitgliedstaat bei der Verwaltung der Urheberrechte ein tatsächliches Monopol innehat, seine beherrschende Stellung missbräuchlich ausnutzt, wenn es die Globalabtretung aller Urheberrechte verlangt, ohne zwischen bestimmten Sparten von Rechten zu unterscheiden. Als zweites wurde gefragt, ob ein Missbrauch auch darin liegen kann, dass ein Unternehmen vom Urheber die Abtretung seiner gegenwärtigen und künftigen Rechte verlangt und sich das Recht einräumen lässt, die abgetretenen Rechte noch fünf Jahre nach dem Austritt des Mitglieds auszuüben, ohne hierfür Gründe angeben zu müssen.

Der Europäische Gerichtshof erkannte zu Recht: „Eine missbräuchliche Ausnutzung einer beherrschenden Stellung im Sinn Art 86 kann gegeben sein, wenn eine Urheberrechtsverwertungsgesellschaft mit einer solchen Stellung ihren **Mitgliedern** Verpflichtungen auferlegt, die zu Erreichung des Gesellschaftszwecks nicht unentbehrlich sind und deshalb die Freiheit des Mitglieds, sein Urheberrecht auszuüben, unbillig beeinträchtigt. Es ist Sache des Richters zu beurteilen, ob und in welchem Maß etwa festgestellte missbräuchliche Praktiken sich auf die Interessen der Urheber oder Dritter auswirken und daraus die Folgerungen für die Gültigkeit und die Wirkung der umstrittenen Verträge oder einzelner ihrer Bestimmungen zu ziehen."

Aus der Begründung der Entscheidung ist hervorzuheben, dass eine **Interessenabwägung** zwischen den Rechten der einzelnen Komponisten und der Notwendigkeit einer wirkungsvollen Rechtewahrnehmung der Gesellschaft gegenüber Nutzern vorzunehmen ist. Anzustreben ist ein „ausgewogenes Verhältnis zwischen dem Höchstmaß an Freiheit für Textdichter, Komponisten und Verleger, über ihr Werk zu verfügen, und einer wirkungsvollen Verwaltung der Rechte dieser Personen durch ein Unternehmen, dessen Mitglieder zu werden sie praktisch nicht umhin können." Daraus ergibt sich auch das Erfordernis eines möglichst **umfangreichen Repertoires** der Verwertungsgesellschaften. „Wenn eine Verwertungsgesellschaft nicht über ein umfangreiches, möglichst umfassendes Repertoire verfügt, ist sie gegenüber den wirtschaftlich sehr mächtigen Verwertern, wie den Rundfunkanstalten und den Schallplattenunternehmen machtlos und damit nicht in der Lage, ihre Mitglieder wirksam zu vertreten und deren Interessen die nötige Geltung zu verschaffen."[292]

1.4. SACEM (Greenwich Film)

Über Ersuchen eines französischen Gerichts musste sich der Europäische Gerichtshof weiters mit der Vertragspraxis der französischen Verwertungsgesellschaft SACEM und zu den Auswirkungen der Tätigkeit von Verwertungsgesellschaften in Drittländern befassen[293]. Dieser Fall geht auf die zwei unterschiedlichen, von der SACEM angewandten Methoden für das Inkasso der Vergütung bei Filmmusik zurück. In „satzungsgemäßen Ländern" (darunter fallen alle EU-Länder) zieht sie die Vergütung unmittelbar bei den Kinos ein; in anderen **12**

Sociaal-economische wetgeving 1974, 436; *Deutsch*, Europarecht 351; *G.L.V.*, Riv Dir Ind 1974 II 329; *Tizzano*, Il Foro Italiano 1974 Giur IV 319.

292 Vgl *Reischl*, GRUR Int 1982, 158.

293 EuGH 25.10.1979 – „SACEM/Greenwich Film". Vgl dazu *Duk*, Sociaal-economische wetgeving 1980, 365; FSR 1982, 376.

Ländern berechnet sie dem Filmhersteller 3% der Einnahmen aus diesen Ländern[294]. Der EuGH entschied in Bezug auf eine Musik-Verwertungsgesellschaft, die als Unternehmen mit beherrschender Stellung auf dem Gemeinsamen Markt oder auf einem wesentlichen Teil desselben diese Stellung missbräuchlich ausnützt, dass es der Anwendung des Art 86 EGV (jetzt Art 82 EGV 1997) nicht entgegensteht, wenn diese Ausnutzung in einigen Fällen nur die Abwicklung von Verträgen in Drittländern betrifft, die im Gebiet eines Mitgliedstaats durch diesem Staat angehörende Parteien geschlossen wurden[295].

Diese Entscheidung macht klar, dass der „lange Arm des europäischen Kartellrechts"[296] nicht an den Grenzen der EU Halt macht, sondern weit in Drittländer hineingreift. Die Aktivitäten der urheberrechtlichen Verwertungsgesellschaften dürfen demnach nicht isoliert im Hinblick auf ihre Auswirkungen nur auf EU-Länder gesehen werden, sondern schließen bei einer Betrachtung ihrer Gesamtaktivitäten Auswirkungen in Drittländern ein.

1.5. GVL

13 Am 29. Oktober 1981 entschied die Kommission der Europäischen Gemeinschaften den Fall der GVL, Gesellschaft zur Verwertung von Leistungsschutzrechten[297]. Die Kommission entschied, dass die Weigerung einer marktbeherrschenden Verwertungsgesellschaft (auf dem Gebiet des Leistungsschutzes), mit ausländischen Künstlern ohne Wohnsitz in Deutschland Wahrnehmungsverträge abzuschließen, einen Missbrauch ihrer marktbeherrschenden Stellung darstellt. Dies stellt eine Diskriminierung ausländischer Künstler dar, wenn inländischen Künstlern gegenüber diese Bedingung nicht gestellt wird, und ausländische Künstler gleichwertige – wenn auch in ihrem Wert schwerer nachweisbare Leistungen – zu erbringen bereit sind. Daran ändere auch der unterschiedliche Umfang der für ausländische Künstler im Ausland gegebenen Leistungsschutzrechte nichts.

Gegen diese Entscheidung der Kommission richtete sich die Klage der GVL an den Europäischen Gerichtshof[298], der die Klage abwies[299]. Der Gerichtshof stellte fest, dass diese Praxis eine Aufteilung des gemeinsamen Markts und damit eine Behinderung des **freien Dienstleistungsverkehrs** darstellt. Denn durch die Ausgestaltung der Tätigkeit der GVL könne kein ausländischer Künstler ohne Wohnsitz in der BRD in den Genuss der Zweitverwertungsrechte kommen.

Bemerkenswert an dieser Entscheidung ist, dass der Generalanwalt in seinen Schlussanträgen vom 16. November 1982 zu dem Ergebnis gekommen war, dass

---

[294] Beschreibung des Sachverhalts nach den Schlussanträgen des Generalanwalts vom 04.10.1979 Slg 1979, 3275 (3292).

[295] Slg 1979, 3275 (3289).

[296] Bericht in GRUR Int 1980, 66.

[297] Kommission 29.10.1981 – „GVL".

[298] Wiedergabe der wesentlichen Teile der Klage Bericht GRUR Int 1982, 210.

[299] EuGH 02.03.1983 – „GVL". Vgl dazu *Akyürek-Kievits*, Sociaal-economische wetgeving 1985, 387; *Cicala*, La funzione amministrativa 1989, 430; *Domela Nieuwenhuis*, Bulletin europees kartelrecht 1983, 5; *Emmerich*, JuS 1985, 141; *Hendry*, ELR 1985, 48; *van Kraay*, Law Teacher 17 (1983) 136; *Laurent*, Gaz Pal 1983 I Jur 520; *Piselli*, Riv Dir Ind 1985 II 279; Gaceta Jurídica de la CEE – Boletín 40 (1989) 9.

die Kommission unzuständig ist. Das Gericht folgte dieser Ansicht jedoch nicht und trug dem Generalanwalt ergänzende Schlussanträge auf, die am 11. Januar 1983 erstattet wurden. Der Generalanwalt schloss seine Ausführungen mit dem erneuten Hinweis auf die Unzuständigkeit der Kommission und meldete auch Zweifel an, ob das Verhalten der Klägerin geeignet sei, den Handel zwischen den Mitgliedstaaten spürbar zu beeinträchtigen; ungeachtet dieser merkbaren Skepsis des Generalanwalts kam der EuGH aber zu einer Entscheidung in diesem Sinn.

1.6. GEMA (Satzung)

Über Antrag der GEMA nach Art 2 V Nr 17/62 des Rats (Negativattest) stellt die **14** Kommission fest[300], dass es keinen Missbrauch der marktbeherrschenden Stellung einer nationalen Verwertungsgesellschaft darstellt, wenn diese in ihrer Satzung für die mit ihren Mitgliedern abzuschließenden Berechtigungsverträge ein Verbot der **Beteiligung der Werknutzer** am Urheberrechtsaufkommen des berechtigten Mitglieds vorschreibt, soweit ein solches Verbot der Funktionsfähigkeit und Gleichbehandlungspflicht der Verwertungsgesellschaft dient und sich in seiner Wirkung auf die Vermeidung der Manipulation des Nutzungsumfanges zu Gunsten einzelner berechtigter Mitglieder und auf die Sicherung einer vollen Vergütung gegenüber Werknutzern beschränkt, die sich die Einräumung der Nutzungschance selbst bezahlen lassen wollen. Dieser Entscheidung der Kommission lag eine beabsichtigte Satzungsänderung der GEMA zu Grunde, worin das Verbot der Beteiligung eines Tarifpartners am Aufkommen eines Berechtigten enthalten ist, damit diese Tarifpartner nicht bei der Nutzung des GEMA-Repertoires bestimmte Werke des Berechtigten in ungerechtfertigter Weise bevorzugen. Die Kommission stellte abschließend fest, dass diese Satzungsbestimmung ein nicht übermäßiges, aber auch ein wirksames Mittel zur Verhinderung der beschriebenen Verhaltensweisen darstellt. Ein Missbrauch einer beherrschenden Stellung im Sinn des Art 86 EGV (jetzt Art 82 EGV 1997) sei deshalb nicht gegeben.

1.7. SACEM (Diskotheken)

Bereits im Jahr 1979 hatten französische Gerichte über eine Streitfrage zu ent- **15** scheiden, die sich auf die **Tarifgestaltung** der französischen Verwertungsgesellschaft SACEM gegenüber den französischen Diskothekenbetreibern bezog. Diese behaupteten, dass die Verträge mit der SACEM wegen Willensmangels ihrerseits nicht zustande gekommen seien. Die Unterschrift sei faktisch erzwungen gewesen, denn ohne eine Aufführungsgenehmigung durch die SACEM hätten sie ihr Unternehmen nicht fortführen können; sie seien der SACEM insoweit „ausgeliefert“ gewesen. Wenn Verträge zustande gekommen seien, wären sie nichtig, da sich die SACEM beim Abschluss der Verträge nach französischem und nach EG-Recht einen Missbrauch ihrer marktbeherrschenden Stellung habe zuschulden kommen lassen. Die drei involvierten Gerichte wiesen die Klagen der Diskothekenbetreiber ab[301]. Hinsichtlich der Frage, ob Art 86 EGV (jetzt Art 82

---

[300] 04.12.1981 – „GEMA-Satzung“.

[301] *Tribunal de grande instance de Grenoble* 02.11.1979, *Cour d'appel de Douai* 24.10.1979 und *Cour d'appel de Paris* 11.07.1979, alle auszugsweise abgedruckt in GRUR Int 1980, 520; vollständiger Abdruck der Urteile in RIDA 103 (1980) 158, 160 und 171.

EGV 1997) überhaupt auf die immaterielle Dienstleistung der SACEM anzuwenden ist, entschieden die Gerichte zwar unterschiedlich, aber auch das Gericht, das die Anwendung der Kartellbestimmungen auf die SACEM bejahte, verneinte die Frage eines Verstoßes gegen das Verbot von Wettbewerbsbeschränkungen. Ähnlich entschied dann das Tribunal de grande instance de Paris[302]. Das Gericht stellte fest, dass die Gebühren der SACEM auch dann nicht gegen Art 86 EGV (jetzt Art 82 EGV 1997) verstoßen, wenn im Ausland die Gebühren für das ausländische Repertoire niedriger sind. Das Abkommen zwischen der SACEM und der englischen Verwertungsgesellschaft PRS über die gegenseitige Wahrnehmung der Aufführungsrechte stelle keinen verbotenen Kartellvertrag dar. Schließlich lehnte das Gericht es ab, den Fall dem Europäischen Gerichtshof vorzulegen, da die Auslegung der Art 85 und 86 EGV (jetzt Art 81f EGV 1997) unzweideutig sei.

16 Das *Tribunal de grande instance de Poitiers* beschloss im Jahr 1988 mit zwei Urteilen vom 6. Juni 1988[303] jedoch, dem Europäischen Gerichtshof die Frage eines Verstoßes gegen Art 85 Abs 1 und Art 86 EGV (jetzt Art 81f EGV 1997) zur Vorabentscheidung vorzulegen. Auch andere französische Gerichte wählten diesen Weg[304]. Am 13. Juli 1989 entschied der Europäische Gerichtshof[305] wie folgt:

„1. Art 85 EGV verbietet jedes abgestimmte Verhalten von nationalen Gesellschaften der Mitgliedstaaten zur Verwertung von Urheberrechten, das bezweckt oder bewirkt, dass diese Gesellschaften den in einem anderen Mitgliedstaat ansässigen Benutzern den unmittelbaren Zugang zu ihrem Repertoire verwehren. Es ist Sache der nationalen Gerichte festzustellen, ob zwischen diesen Verwertungsgesellschaften tatsächlich eine dahingehende Abstimmung stattgefunden hat.

2. Im Sinn des Art 86 EGV erzwingt eine nationale Gesellschaft zur Verwertung von Urheberrechten, die in einem wesentlichen Teil des Gemeinsamen Markts eine beherrschende Stellung hat, unangemessene Geschäftsbedingungen, wenn sie von Diskotheken wesentlich höhere Gebühren verlangt, als sie in den anderen Mitgliedstaaten gefordert werden, falls die Höhe der Tarife auf einheitlicher Grundlage verglichen wird. Anders verhält es sich, wenn die fragliche Urheberrechtsgesellschaft diesen Unterschied unter Berufung auf objektive und relevante Unterschiede zwischen der Verwaltung der Urheberrechte im betroffenen Mitgliedstaat und in anderen Mitgliedstaaten rechtfertigen kann."

---

302 15.12.1982, auszugsweise abgedruckt in GRUR Int 1984, 186; vollständiger Abdruck in RIDA 116 (1983) 186.

303 GRUR Int 1988, 953.

304 Berichte über die Vorlage durch den *Cour d'appel Aix-en-Provence* in GRUR Int 1988, 273 und durch das *Tribunal de grande instance Les Sables-d'Olonne* in GRUR Int 1988, 188.

305 „SACEM/Lucazeau/Diskotheken". Vgl dazu *Bonet*, Yearbook of European Law 1989, 319; *Boutard-Labarde/Vogel*, Sem jur gén 1990 II 21437; *Dalens*, Revue de la concurrence et de la consommation 51 (1989), 41; *Fabiani*, Dir Aut 1989, 510; *Françon*, The conflict between SACEM and discotheques before the Court of Justice of the European Communities, RIDA 144 (1990) 50; *Kerever*, RIDA 142 (1989) 283; *Laurent*, Gaz Pal 1991 III 235; *Mastroianni*, Rivista italiana di diritto pubblico comunitario 1991, 69; *Schulze*, Observations juridiques de l'Observatoire européen de l'Audiovisuel 1995, 24; *Shaw*, ELR 1990, 68. Siehe dazu auch die Parallelentscheidung EuGH 13.07.1989 – „Ministère Public/Tournier".

Diese Entscheidung hatte sich im Grunde schon in einer früheren Entscheidung des Europäischen Gerichtshofs angekündigt[306]. Dieser hatte im konkreten Anlassfall den Missbrauch zunächst verneint und ausgesprochen, es verstoße nicht gegen Europäisches Kartellrecht, wenn die SACEM Diskotheken bei der Wiedergabe von Tonträgern eine zusätzliche Vergütung für die mechanische Vervielfältigung (sog *surtaxe*) verrechne, wenn dies in der französischen Rechtsordnung zulässig sei. In einer späteren Entscheidung wird die Zulässigkeit dieser Maßnahme der SACEM auch unter dem Gesichtswinkel der Art 30 und 36 EGV (jetzt Art 28 und 30 EGV 1997; Verbot der Beschränkungen im Güterverkehr zwischen den Mitgliedstaaten) erneut bestätigt[307], ergänzend aber schon Folgendes ausgeführt: „Allerdings ist es nicht ausgeschlossen, dass die von der Verwertungsgesellschaft festgesetzte Vergütung oder die nebeneinander erhobenen Vergütungen eine solche Höhe erreichen können, dass Art 86 EGV zur Anwendung kommt ... Daraus folgt, dass das Verhalten dieses Unternehmens gegen diese Bestimmung verstieße, wenn es sich, insbes durch Aufstellung unangemessener Bedingungen, missbräuchlich verhielte."

Die Entscheidung des Europäischen Gerichtshofs vom 13. Juli 1989 war – ungeachtet ihrer Vorbereitung durch die erwähnte Entscheidung vom 9. April 1987 – für die SACEM und andere Verwertungsgesellschaften unerwartet gekommen. Das französische Gericht führte daraufhin und unter Beachtung der Grundsätze des Urteils des Europäischen Gerichtshofs in einem mehrjährigen Verfahren Erhebungen zu den vom EuGH aufgeworfenen Fragen durch. Einen wesentlichen Einfluss hatte dabei die Stellungnahme des *Conseil de la Concurrence*, die dem Gericht vorgelegt wurde[308]. Zur ersten Frage wurde darin ausgesprochen, dass die Gegenseitigkeitsverträge an sich keine verbotene Absprache darstellen, da im Prinzip die Möglichkeit des direkten Zugangs zum Repertoire der ausländischen Gesellschaft besteht. Zur zweiten Frage führte der *Conseil de la Concurrence* eine umfangreiche Erhebung über die Tarife in den einzelnen Ländern in der Europäischen Union durch und stellte dabei fest, dass die französischen Tarife den durchschnittlichen Tarif in anderen Ländern der Europäischen Union um das 3,2- bis 5,5-fache überstiegen. Es gelang der SACEM auch nicht, diese überhöhten Tarife mit objektiven und relevanten Unterschieden gegenüber den Vergleichsländern zu rechtfertigen. Während des Gerichtsverfahrens hatte die SACEM mehrfach ihre Tarife von ursprünglich 8,25 % der Bruttoeinnahmen der Diskotheken auf 4,63 % gesenkt[309] und schließlich in einem Vergleich, in dem der Tarif nochmals auf 4,39 % gesenkt wurde, den Rechtsstreit beendet[310].

Auf der Ebene des Europäischen Gerichtshofs wurde der Streit um die Diskothe- **17**
kentarife allerdings fortgesetzt. Das Handelsgericht von Saint Omer legte dem

---

306 EuGH 09.04.1987 – „Basset/SACEM/Surtaxe". Vgl dazu *Berr*, JDI 1988, 504; *Edelman*, Sem jur gén 1987 I 3312; *Françon*, RTDC 1987, 390; *Hermitte*, JDI 1988, 535; *Shaw*, ELR 1988, 45.

307 EuGH 12.12.1990 – „SACEM-Tarife". Vgl dazu *Desantes Guanter*, Noticias CEE 85 (1992) 75; *Pardolesi*, Il Foro italiano 1991 Giur IV 161.

308 Stellungnahme vom 20.04.1993 GRUR Int 1994, 339.

309 Siehe GRUR Int 1994, 348.

310 Siehe GRUR Int 1994, 874.

EuGH eine Reihe von Fragen zur Vorabentscheidung vor, die sich gleichfalls auf die marktbeherrschende Stellung der SACEM und die sich daraus ergebende Tariffestsetzung bezogen. In ihrer Stellungnahme dazu kritisierte die Kommission die Tatsache, dass aus der Anfrage die Gründe für die behauptete Unvereinbarkeit mit dem Gemeinschaftsrecht nicht hervorgingen und überdies wichtige Dokumente, wie etwa der Bericht der Kommission vom 7. November 1991 über die Ergebnisse des europaweiten Tarifvergleichs, gefehlt hätten. Das Gericht schloss sich dieser Auffassung an und wies die Anfrage wegen fehlender Begründung und Tatsachenfeststellung zurück[311].

In einer offenbar mit diesem Urteil in Verbindung stehenden Anfrage vom 30. November 1994 wollte die Abgeordnete zum Europäischen Parlament *Marie-France Stirbois* von der Kommission wissen, ob nicht die ungleiche Tarifpraxis der SACEM in Frankreich einerseits und in – ebenfalls zum Inkassobereich der SACEM zählenden – Luxemburg anderseits in Widerspruch zum Gemeinschaftsrecht stehe. In seiner Antwort wies Kommissar *Van Miert* zunächst auf den Stand der Verfahren hin und schloss mit dem Hinweis darauf, dass weiter daran gearbeitet werde festzustellen, ob und bejahendenfalls in welchem Umfang die Vollendung des Binnenmarkts ein Vorgehen der Gemeinschaft zur Harmonisierung der Tätigkeit und der Voraussetzungen für die Ausübung der Tätigkeit von Verwertungsgesellschaften erfordert[312]. Eine gleichlautende Anfrage der Abgeordneten vom 31. Januar 1995 an den Rat wurde von diesem mit dem Hinweis darauf beantwortet, dass die Tätigkeit der Verwertungsgesellschaften noch nicht EG-einheitlich geregelt sei, weil die Kommission dem Rat noch keinen diesbezüglichen Vorschlag unterbreitet habe[313].

In diesem Zusammenhang richteten Interessenten die Aufforderung an die Kommission, wegen des behaupteten Missbrauchs von Marktmacht (Tarifexzesse) weiterhin gegen die SACEM vorzugehen, was die Kommission mit Schreiben vom 20. Oktober 1992 ablehnte. Gegen diese Ablehnung richtete sich eine Klage an das Gericht erster Instanz, das die Zulässigkeit bejahte, weil die Kläger ein legitimes Interesse an der Klärung der Fragen hatten[314]. Inhaltlich wurde die Klage jedoch zum überwiegenden Teil abgewiesen, da die nationalen Gerichte diese Frage anhand des Berichts der Kommission über die europaweiten Tarifvergleiche selbst lösen können. Nur soweit die Kommission die behauptete Marktaufteilung zwischen der SACEM und ihren Schwestergesellschaften in anderen Mitgliedstaaten mit Hilfe von Gegenseitigkeitsverträgen nicht untersucht und die Abweisung der Beschwerde in diesem Punkt nicht begründet hatte, hob das

[311] EuGH 09.08.1994 – „La Pyramide“ Rs C-378/93 Slg 1994 I-3999. Vgl dazu *Barone*, Il Foro italiano 1995 Giur IV Sp 1; *Rigaux*, Europe 354 (1994) 7; *Simon*, JDI 1995, 427.

[312] Vgl ABl 1995 C 152, 4.

[313] Vgl ABl 1995 C 88, 20.

[314] EuG 24.01.1995 – „BEMIM“. Siehe Rivista italiana di diritto pubblico comunitario 1995, 1443; Il Foro italiano 1996 Giur IV 43. Vgl dazu *Alexander*, Informatierecht 1995, 143; *Blaise/Robin-Delaine*, Revue des affaires européennes 1995, 114; *Bolze*, RTDC 1996, 391; *Boutard-Labarde*, Sem jur gén 1995 I 3831; *Dios*, Revista Jurídica de Catalunya 1995, 1169; *Vasques*, Il Foro italiano 1996 Giur IV 44; *Hermitte*, JDI 1996, 510; *Idot*, Europe 108 (1995) 15; *Soulard*, Revue de science criminelle et de droit pénal comparé 1995, 645; *Thompson*, EIPR 1995 D-115; *Torremans/Stamatoudi*, ELR 1997, 352; *Vos*, Nederlandse staatscourant 33 (1995) 4; *Wezenbeek-Geuke*, Nederlands tijdschrift voor Europees recht 1995, 38.

Gericht diesen Teile der Entscheidung der Kommission auf. Das von den Klägern gegen die Entscheidung des Gerichts erster Instanz eingelegte Rechtsmittel blieb erfolglos. Der EuGH erblickte in den Hauptpunkten gleichfalls keinen Verstoß gegen Gemeinschaftsrecht und verwies die Rechtsmittelwerber auf die nationalen Gerichte[315].

1.8. BUMA

Ein Beschwerdeführer hatte in einem Brief vom 26. Oktober 1990 gegenüber der Kommission geltend gemacht, dass die holländische Verwertungsgesellschaft BUMA, insbes durch ihre Verträge für die Kabelverbreitung von Programmen, Schaden zugefügt hätte und überdies in ihrem Verhalten gegenüber Komponisten durch Vorenthalten von Beträgen auch den Beschwerdeführer schädige. Die Kommission teilte in zwei Schreiben vom 8. und 14. Oktober 1992 mit, dass sie die Beschwerden als ungerechtfertigt nicht weiterverfolgen werde. Das vom Beschwerdeführer am 7. August 1992 angerufene Gericht erster Instanz wies die Klage zurück, da die Zuständigkeit des Gerichts in einigen Punkten nicht gegeben sei und überdies Unklarheiten in Bezug auf das Klagebegehren bestünden; eine Säumnis der Kommission sei durch die mittlerweile erfolgte Stellungnahme vom 14. Oktober 1993 gleichfalls nicht festzustellen[316]. Derselbe Beschwerdeführer wandte sich mit Beschwerde vom 14. Dezember 1993 neuerlich an das Gericht erster Instanz, das in seiner abweisenden Entscheidung deren Unzulässigkeit feststellte[317]. Den Schwerpunkt der Begründung bildeten verfahrensrechtliche Fragen. **18**

1.9. SIAE

Am 26. März 1996 legte ein römisches Bezirksgericht in einem Verfahren zwischen der italienischen Verwertungsgesellschaft SIAE und einem privaten Sendeunternehmen dem Europäischen Gerichtshof drei Fragen zur Vorabentscheidung vor. Es wurde angefragt, ob das von der italienischen Rechtsordnung der SIAE zugebilligte **Monopol** der kollektiven Rechtewahrnehmung mit dem freien Import und Export von Tonträgern im Widerspruch stehe, die in einem anderen Mitgliedstaat auf den Markt gebracht wurden, weiters ob es mit der Freiheit des Güter- und Dienstleistungsverkehrs in Widerspruch stehe, wenn die SIAE sich zur Durchsetzung ihrer Forderungen auch strafrechtlicher Mittel bedienen könne, und schließlich, ob die Rechtsstellung der SIAE eine willkürliche Diskriminierung oder ein verdecktes Handelshemmnis für den grenzüberschreitenden Verkehr bei der kommerziellen Verwertung von Urheberrechten in anderen Staaten der Gemeinschaft sei. Das Gericht wies diese Anfrage zurück, weil darin die Sach- und Rechtslage nicht ausreichend ausgeführt worden sei, und dem **19**

---

[315] EuGH 24.10.1996 – „SELL/Kommission“. Vgl dazu *Idot*, Europe 469 (1996) 16; *Lagondet*, Europe 441 (1996), 5; *van Liederkerke/Dirk*, Legal Observations of the European Audiovisual Observatory 10 (1996) 7; *Mok*, TVVS ondernemingsrecht en rechtspersonen 1997, 61; *Torremans/Stamatoudi*, ELR 1997, 352

[316] EuG 29.11.1993 – „BUMA I“.

[317] EuG 09.01.1996 – „BUMA II“. Vgl dazu *Bolze*, RTDC 1996, 391; *Boutard-Labarde*, Sem jur gén 1996 I 3940; *Idot*, RTDE 1996, 765; *Idot*, Europe 107 (1996) 9; *Jacob*, RMUE 1996, 196; *Simon*, Europe 93 (1996) 6 und 97 (1996) 7.

Gericht deshalb nicht die nötigen Entscheidungsgrundlagen zur Verfügung stünden[318].

In Parallelverfahren desselben Gerichts wurden am 3. Juni 1996 bzw 10. Juni 1996 entsprechende Fragen an den Europäischen Gerichtshof gerichtet und mit identischer Begründung zurückgewiesen[319, 320].

2. Schlussfolgerung

20 Die Darstellung der Verfahren, an denen Verwertungsgesellschaften beteiligt waren, erfolgte nur überblicksmäßig[321]. Diese kursorische Darstellung reicht aber aus, um zu erkennen, dass mit den Mitteln des Kartellrechts der Europäischen Union nur eine unzulängliche Regelung der differenzierten Tätigkeit der Verwertungsgesellschaften möglich ist. Das Europäische Kartellrecht kann auch zu Widersprüchen mit den Prinzipien der kollektiven Verwaltung von Rechten führen[322]. Die mangelnde Treffsicherheit des Kartellrechts im Zusammenhang mit urheberrechtlichen Verwertungsgesellschaften ergibt sich daraus, dass dieses Instrument für andere Arten wirtschaftlicher Zusammenschlüsse geschaffen wurde. Dies fasst *Wallace* treffend mit den Worten zusammen: *„In my view, anti-cartel laws are too blunt an instrument to use to control monopoly in this field“*[323].

21 Auf der anderen Seite darf die Wirkung dieses groben Instruments auf die Tätigkeit der Verwertungsgesellschaften auch nicht unterschätzt werden. Zahlreiche Gesellschaften orientierten sich an den seit 1971 von Kommission und Europäischem Gerichtshof entschiedenen Fällen. Man kann sagen, dass jeder entschiedene Fall die Anpassung von Satzung, Wahrnehmungsvertrag und Verteilungsbestimmungen anderer Verwertungsgesellschaften in seinem Kielwasser nach sich zog. Insofern entfalteten diese Entscheidungen auch eine „generalpräventive“ Wirkung. Der Umstand, dass in den letzten Jahren die Entscheidungen der Kommission und des Europäischen Gerichtshofs, insbes in den Fällen BUMA und SIAE, zur Abweisung der Beschwerden führten, stellt keinen „Freibrief“ für die Tätigkeit von Verwertungsgesellschaften dar.

Dies umso weniger, als im Fall BUMA eine rechtsunkundige Person als Beschwerdeführer aufgetreten ist, dessen Vorbringen nicht nachvollziehbar war. Auch im Fall SIAE waren offensichtlich weder die Parteien noch das nationale Gericht in der Lage, die Position und das Verhalten der SIAE, die zum Teil auch mit hoheitlichen Aufgaben wie dem Einzug der Vergnügungssteuer belehnt war, in relevanter Form in Frage zu stellen. Im Übrigen gehört gerade die SIAE zu jenen Gesellschaften, die in ihrem Bereich nicht nur *de facto*, sondern auch *de iure* ein Monopol genießen. Diese Situation – mag sie sich auch in letzter Zeit geändert haben – macht auch klar, dass die Meinung der Kommission, es gäbe in den

---

[318] EuGH 25.06.1996 – „SIAE I“.

[319] EuGH 19.07.1996 – „SIAE II“.

[320] EuGH 19.07.1996 – „SIAE III“. Vgl dazu *Luby*, JDI 1997, 564; *Mok*, TVVS ondernemingsrecht en rechtspersonen 1997, 191

[321] Eine genauere Darstellung findet sich bei *Dietz* in GRUR-FS 1456.

[322] Vgl *Karnell*, GRUR Int 1991, 584.

[323] *Wallace*, GRUR Int 1973, 358.

Mitgliedsländern keine Regeln, nach denen eine konkurrierende Verwertungsgesellschaft ausgeschlossen werden könnte, unrichtig ist. Diese Einschätzung der Kommission[324] erklärt sich daraus, dass es keine Erfassung der rechtlichen Situation der Verwertungsgesellschaften in den Mitgliedstaaten gibt. Wo es einen solchen europaweiten Vergleich gegeben hat, nämlich beim Tarifvergleich im Fall SACEM, hat sich eine Harmonisierung (hier: bei den Diskothekentarifen) aber rasch eingestellt.

Zu beachten ist in diesem Zusammenhang auch, dass sich die Kommission in jüngster Zeit besonders mit der Anwendung der Art 81 und 82 EGV 1997 (früher Art 85f) durch nationale Organe der Mitgliedstaaten auseinander gesetzt hat, und zunehmend auch diese Kartellbehörden und -gerichte mit der Anwendung von Europäischem Kartellrecht befasst sein werden[325]. Dass Verwertungsgesellschaften auch in Zukunft nicht aus dem Gesichtskreis der Wettbewerbsinstanzen der Europäischen Union gelangen werden, folgt auch aus der Tatsache, dass es im Zug der Konzentration von Verwertungsgesellschaften im Multimedia-Zeitalter[326] zu europaweiten Zusammenschlüssen kommen wird. Die Kommission hat bereits darauf hingewiesen, dass dabei die Kartellbestimmungen der Europäischen Union zu beachten sind[327].

3. Ausnahme nach Art 86 EGV 1997 (früher Art 90)

Nicht behandelt wurde bisher die Frage einer Anwendung der Ausnahmebestimmung des Art 86 EGV 1997 (früher Art 90). Der Europäische Gerichtshof beschäftigte sich damit sowohl in der SABAM-Entscheidung als auch in der GVL Entscheidung. Im Fall SABAM stellte das Gericht fest, dass der Begriff der Unternehmen, die sich auf diese Vorschrift berufen können, eng auszulegen ist. Es sei zwar nicht ausgeschlossen, dass auch **Privatunternehmen** unter diese Bestimmung fallen, dies treffe aber nur zu, wenn sie durch Hoheitsakt mit Dienstleistungen von allgemeinem wirtschaftlichen Interesse betraut sind. Das folge eindeutig daraus, dass der Hinweis auf die „ihnen übertragene besondere Aufgabe“ auch für Unternehmen gilt, die den Charakter eines Finanzmonopols haben. Folglich muss der innerstaatliche Richter ermitteln, ob ein Unternehmen, das sich auf Art 90 Abs 2 EGV (jetzt Art 86 Abs 2 EGV 1997) beruft, um eine vom Vertrag abweichende Regelung für sich in Anspruch zu nehmen, von dem Mitgliedstaat tatsächlich mit Dienstleistungen von allgemeinem wirtschaftlichen Interesse betraut worden ist. Das kann aber auf Unternehmen nicht zutreffen, die der Staat mit keinen besonderen Aufgaben betraut hat, und die Privatinteressen wahrnehmen, auch wenn es sich dabei um gesetzlich geschützte geistige Eigentumsrechte handelt. Wörtlich stellte das Gericht dazu fest[328]: „Ein Unternehmen, das der Staat mit keiner besonderen Aufgabe betraut hat und das private Interessen wahrnimmt, fällt auch dann nicht unter die Bestimmungen von Art 90 Abs 2 EGV, wenn es sich bei diesen Interessen um gesetzlich geschützte geistige Eigentumsrechte handelt.“ 22

[324] ABl 1997 C 105, 4.
[325] Vgl ABl 1997 C 313, 3.
[326] Vgl *Melichar* in *Lehmann,* Internet- und Multimediarecht 206.
[327] Vgl ABl 1997 C 105, 4.
[328] EuGH 21.03.1974 – „SABAM III“; vgl auch oben FN 291.

In seiner Anmerkung zu dieser Entscheidung stellte *Schulze*[329] unter Berufung auf *Mestmäcker*[330] fest, dass dies zwar für die SABAM gelte, da diese Gesellschaft gesetzlich nicht geregelt sei und auch keiner Staatsaufsicht unterliege, nicht aber für die GEMA. Auch *Melichar*[331] geht davon aus, für deutsche Verwertungsgesellschaften sei auf Grund des Wahrnehmungsgesetzes von einer Betrauung im Sinn des Art 90 Abs 2 EGV (jetzt Art 86 Abs 2 EGV 1997) auszugehen. Andere Kommentatoren meinen dagegen, dass die dem deutschen UrhWG unterliegenden Verwertungsgesellschaften das Privileg des Art 86 Abs 2 EGV 1997 nicht für sich in Anspruch nehmen können[332]. So vertritt etwa *Reischl* die Auffassung, für die deutschen Verwertungsgesellschaften könne nichts anderes als für die SABAM gelten, da das dUrhWG nur die Erlaubnis zum Geschäftsbetrieb, die Rechte und Pflichten solcher Gesellschaften und die Staatsaufsicht über sie regele, diese auf privater Grundlage gebildeten Gesellschaften aber nicht durch Hoheitsakt mit besonderen Aufgaben betraue[333]. *Dietz*[334] geht zwar nicht davon aus, dass Art 86 Abs 2 EGV 1997 auf Verwertungsgesellschaften anwendbar ist, hielte eine solche Anwendung aber für gerechtfertigt.

23 Diese Diskussion wurde durch den Europäischen Gerichtshof schon mit Entscheidung 29. Oktober 1981 im Fall GVL eindeutig entschieden. Bereits die Entscheidung der Kommission stellte fest, dass der bloße „Erlaubnisvorbehalt" des deutschen Wahrnehmungsgesetzes nicht als „Übertragung besonderer Aufgaben" zu verstehen ist und über das Gestatten einer bestimmten Tätigkeit nicht hinausgeht. Die Ausnahme von einem sonst geltenden gesetzlichen Verbot stelle etwas grundsätzlich Anderes dar als die Betrauung mit bestimmten Aufgaben, mit der bestimmte Pflichten hoheitlich übertragen werden. Aber selbst wenn man von einer solchen Betrauung ausginge, müsse die Dienstleistung im „allgemeinen wirtschaftlichen Interesse" liegen; dem gegenüber nehme die GVL lediglich die Privatinteressen der Künstler wahr[335].

Der Europäische Gerichtshof führte zur Frage der Anwendbarkeit des Art 90 Abs 2 EGV (jetzt Art 86 Abs 2 EGV 1997) wörtlich aus: „Dass die für Gesellschaften zur Wahrnehmung von Urheberrechten und verwandten Schutzrechten maßgebliche innerstaatliche Gesetzgebung eine Überwachung der Geschäftstätigkeit dieser Gesellschaften vorsieht, die über die öffentliche Überwachung vieler anderer Unternehmen hinausgeht, reicht für sich allein für die Einbeziehung dieser Gesellschaften in die von Art 90 Abs 2 des Vertrages genannte Gruppe von Unternehmen nicht aus, wenn die betreffende Gesetzgebung die Wahrnehmung von Urheberrechten und verwandten Schutzrechten nicht bestimmten Unternehmen überträgt, sondern die Tätigkeit von Gesellschaften allgemein regelt, die sich die gemeinsame Auswertung derartiger Rechte zum Ziel setzten."

---

[329] GRUR Int 1974, 344 (345).
[330] Europäisches Wettbewerbsrecht (1974) 663f.
[331] Wahrnehmung 59.
[332] Vgl *Reinbothe*, Schlichtung im Urheberrecht 179.
[333] GRUR Int 1982, 158.
[334] *Dietz*, Urheberrecht in der Europäischen Gemeinschaft 50 FN 27.
[335] Kommission 29.10.1981 – „GVL".

IV. Regelungsansätze im Sekundärrecht der Europäischen Union

Die **Kommission** war mehrfach im Vorfeld der oben zitierten Entscheidungen des Europäischen Gerichtshofs mit Verwertungsgesellschaften befasst. Ihre Entscheidungen beschränkten sich aber ebenso wie diejenigen des EuGH auf allfällige Wettbewerbsverstöße von Verwertungsgesellschaften; die „Begegnungen" fanden daher durchwegs unter negativen Vorzeichen statt. Dennoch zeigte sich die Kommission in ihrer weiteren Befassung mit Belangen des Urheberrechts der Institution der Verwertungsgesellschaften gegenüber aufgeschlossen. Bereits im Grünbuch „Fernsehen ohne Grenzen" wird auf die marktgerechte vertragliche Lösung der Rechtewahrnehmung bei Kabelübertragungen durch die Einschaltung von Verwertungsgesellschaften hingewiesen. „Konzentrierte man alle von der Kabelübertragung berührten Rechte in jedem Mitgliedsland in der Hand einer oder mehrerer Verwertungsgesellschaften, so ließe sich erwarten, dass Abmachungen mit dem Kabelunternehmen zustande kämen, die den Interessen sowohl der Urheber- und Leistungsschutzberechtigten als auch der Kabelsender in angemessener Weise Rechnung trügen.", heißt es darin wörtlich[336]. Allerdings entschied sich dieses Dokument ebenso wie das später herausgegebene Grünbuch „Technologische Herausforderungen" für ein System gesetzlicher Lizenzen, bei dem das Vermögen der Verwertungsgesellschaften, durch vertragliche Abmachungen den Interessenausgleich zu schaffen, in den Hintergrund trat. 24

Als Reaktion auf die dagegen vorgebrachte Kritik[337] veröffentlichte die Kommission im Jahr 1991 in den **Initiativen zum Grünbuch** eine Mitteilung, in der in Form eines Globalprogramms dargelegt wurde, welche Initiativen bis zum 31. Dezember 1992 (Vollendung des Binnenmarkts) gesetzt werden sollten. Eine Bestandsaufnahme aus heutiger Sicht zeigt, dass eine beträchtliche Zahl der darin angekündigten Initiativen realisiert wurde, andere hingegen noch ihrer Verwirklichung harren. Während von den insgesamt sechs vorgeschlagenen Richtlinien – mit Ausnahme einer Richtlinie betreffend das private Kopieren von Ton- und Bildtonträgern – bereits alle erlassen wurden, ist von einer zweiten Gruppe zu prüfender Maßnahmen noch keine verwirklicht. Dazu zählt auch das Thema einer kollektiven Verwertung von Urheber- und Leistungsschutzrechten durch Verwertungsgesellschaften[338]. 25

Dennoch hat sich der Europäische Gesetzgeber wiederholt mit der Frage der kollektiven Wahrnehmung von Urheber- und Leistungsschutzrechten befasst. Eine Definition der Verwertungsgesellschaften ist zunächst in der **Satelliten- und Kabel-RL** enthalten. Art 1 Abs 4 Satelliten- und Kabel-RL beschreibt als Verwertungsgesellschaft jede Organisation, die Urheber- oder Verwandte Schutzrechte als einziges Ziel oder als eines ihrer Hauptziele wahrnimmt oder verwaltet. Die Richtlinie geht also von einem vorhandenen System der Verwertungsgesellschaften aus. Dieses System wird in der Richtlinie dadurch nutzbar 26

---

336 Grünbuch „Fernsehen ohne Grenzen" KOM (84) 300; auszugsweise abgedruckt in GRUR Int 1984, 612.

337 Vgl etwa *Schricker*, Harmonisierung des Urheber- und Verlagsrechtes im EG-Binnenmarkt, in *Becker* (Hrsg), Der Buchhandel im Europäischen Binnenmarkt (1989) 29.

338 Initiativen zum Grünbuch Informationsgesellschaft KOM (96) 568, 38.

gemacht, dass die Geltendmachung des Rechts der zeitgleichen, unveränderten und vollständigen Kabelweitersendung solchen Verwertungsgesellschaften vorbehalten wird (Art 9 Abs 1). Diese Verpflichtung zur Einschaltung von Verwertungsgesellschaften ist sonst in keiner Richtlinie enthalten. Der Europäische Gesetzgeber begründet diese Ausnahmeregelung in ErwG 28 damit, dass das reibungslose Funktionieren vertraglicher Vereinbarungen nicht durch Außenseiter in Frage gestellt werden können soll. Durch die Einführung der Verwertungsgesellschaftenpflicht soll das Verbotsrecht nur kollektiv wahrgenommen werden. Bemerkenswert ist, dass in Art 9 Abs 2 Satelliten- und Kabel-RL gleichsam eine gesetzliche Treuhand für jene Rechteinhaber vorgesehen wird, welche die Wahrnehmung ihrer Rechte keiner Verwertungsgesellschaft übertragen haben. Es gilt die Verwertungsgesellschaft, die Rechte der gleichen Art wahrnimmt, als „bevollmächtigt", auch deren Rechte wahrzunehmen. Bemerkenswert ist weiters die – gleichfalls in Art 9 Abs 2 Satelliten- und Kabel-RL verankerte – Wahlmöglichkeit für Rechteinhaber, in einem Mitgliedstaat, in dem es mehr als eine Verwertungsgesellschaft für Rechte der gleichen Art gibt, zwischen diesen zu wählen. Allein daraus ergibt sich übrigens, dass die Monopolstellung von Verwertungsgesellschaften in einzelnen Mitgliedstaaten nicht als modellhaft angesehen wird.

In der **Vermiet- und Verleih-RL** wird festgehalten, dass die Wahrnehmung des unverzichtbaren Rechts auf angemessene Vergütung (Art 4 Vermiet- und Verleih-RL) „Verwertungsgesellschaften übertragen werden" kann, die Urheber oder ausübende Künstler vertreten. Art 4 Abs 4 Vermiet- und Verleih-RL präzisiert, dass die Mitgliedstaaten eine solche Form der Rechtewahrnehmung auch zwingend vorschreiben können. In den Erwägungsgründen wird in diesem Sinn festgehalten, dass Urhebern und ausübenden Künstlern die Möglichkeit bleiben muss, mit der Wahrnehmung dieses Rechtes an ihrer Stelle tätig werdende Verwertungsgesellschaften zu beauftragen. In der Formulierung „an ihrer Stelle" klingt auch die Treuhandfunktion der Verwertungsgesellschaften an.

27 Die Tatsache, dass die bisherigen Richtlinien die Frage der Verwertungsgesellschaften nur am Rand berühren, indem sie nämlich solche Organisationen als bestehend und funktionierend voraussetzen, erinnert an die **historische Situation** in den einzelnen Mitgliedstaaten, bevor es zu einschlägigen gesetzlichen Regelungen kam. Auch in den Mitgliedsländern fand der Gesetzgeber nämlich schon funktionierende Verwertungsgesellschaften vor. In vielen Fällen brachte er nur die Praxis der Verwertungsgesellschaften in Gesetzesform, orientierte sich also weitgehend an bestehenden Strukturen und Übungen. So sieht etwa § 3 Abs 2 öVerwGesG die Höherbewertung „kulturell hochwertiger Werke" vor, eine gängige Praxis der damals im Jahr 1936 bereits seit Jahrzehnten bestehenden österr Verwertungsgesellschaft AKM. Auch die weitere Verpflichtung nach § 3 Abs 2 öVerwGesG, Bearbeitungen geringer zu bewerten als Originalwerke, spiegelt die Praxis dieser Verwertungsgesellschaft wieder. Die Erläuterungen zum öVerwGesG schildern im übrigen ausführlich die Statuten und die Verteilungspraxis der AKM und nehmen sie zum Vorbild für das Gesetz[339].

Die bestehenden Verwertungsgesellschaften in Europa funktionieren in einem vorhandenen Netzwerk von rechtlichen und faktischen Beziehungen.

---

[339] ErlRV öVerwGesG bei *Dillenz*, Materialien 13.

Auch auf Europäischer Ebene stellt sich heute aber die Frage, ob es zu einer Normierung der Tätigkeit dieser Gesellschaften im Europäischen Rahmen kommen soll. Die nationalen Rechtsordnungen haben diese Frage für ihren Bereich durchgehend bejaht.

V. Harmonisierung des Verwertungsgesellschaftenrechts in der Europäischen Union

Namhafte **Autoren** haben für eine Harmonisierung des Verwertungsgesellschaf- **28**
tenrechts im Rahmen der Europäischen Union plädiert. So meint *Dietz*[340], dass Verwertungsgesellschaften nun einmal ein zunehmend wichtigeres Instrument bei der effektiven Durchsetzung des Urheberrechtsschutzes sind, und zwar sowohl im Interesse der Urheber als auch der Verwerter. Dies liegt auf der Linie der von diesem Autor immer wieder vertretenen Auffassung, dass bei einem noch so hohen Niveau des primären Urheberrechts das Fehlen eines effektiven Urhebervertragsrechts den Autor letztlich schutzlos lässt. Es ist der Verkehr mit Urheberrechten, bei dem der Urheber am Leichtesten unter die Räder kommt. Die Rechtewahrnehmung durch Verwertungsgesellschaften bietet ihm in jenen Bereichen, die von Verwertungsgesellschaften abgedeckt werden, eine stärkere Verhandlungsposition gegenüber dem Nutzer, die er in sonstigen Bereichen der Urheberrechtstransaktion üblicherweise nicht hat. Man kann in diesem Zusammenhang von einer gewerkschaftsähnlichen Funktion der Verwertungsgesellschaften sprechen[341]. Auch *Vogel* – einer der Autoren, die sich am Gründlichsten mit dieser Frage auseinandergesetzt haben – meint, dass eine Vereinheitlichung des Verwertungsgesellschaftenrechts in der Europäischen Union schon deswegen erforderlich ist, weil es sonst zu einer Wettbewerbsverzerrung bei unterschiedlichen nationalen Regelungen dieses Rechtsgebiets käme[342]. In einem weiteren Beitrag plädiert *Vogel* für eine Harmonisierung auch im Hinblick auf den Zusammenhang zwischen effektiv funktionierenden Verwertungsgesellschaften und der Verankerung der kollektiven Wahrnehmung auch für weitere Zweitverwertungsrechte. „Nur wenn es gelingt", so führt der Autor wörtlich aus, „dem Urheber weitere Rechte, namentlich der Zweitverwertung, zuzuordnen und damit die kollektive Wahrnehmung zu stärken, können die Verwertungsgesellschaften ihre urheberschützende Aufgabe auf Dauer erfolgreich wahrnehmen und sicherstellen, dass der Urheber auch dort für die Nutzung seines Werkes angemessen entlohnt wird, wo sie massenhaft und individuell unkontrollierbar erfolgt"[343].

Schon jetzt ist erkennbar, dass Verwertungsgesellschaften im Rahmen der **EU-** **29**
Gesetzgebung weiterhin eine wichtige Rolle spielen werden. Auch im Gemeinsamen Standpunkt Folgerecht-RL ist die – wahlweise oder obligatorische – Einschaltung von Verwertungsgesellschaften vorgesehen. In der geplanten, allerdings derzeit nicht aktuellen Richtlinie zur Harmonisierung der privaten Vervielfältigung sollte eine zentrale Inkassostelle sogar zwingend vorgesehen werden,

---

340 GRUR-FS 1464.

341 Vgl *Holeschofsky*, Gedanken zur urheberrechtlichen Verwertungsgesellschaft als Interessenvertretung, ÖBl 1979, 145.

342 *Vogel*, GRUR 1993, 531.

343 *Vogel*, Verwertungsgesellschaften 86.

welche die eingehobenen Beträge an die Verwertungsgesellschaften weiterverrechnet, die die einzelnen Gruppen von Rechteinhabern vertreten. Dasselbe gilt für die Begründung zum Info-RL-Vorschlag, die in Kapitel 2 Punkt 5 die Frage der (kollektiven) Rechtewahrnehmung als zu behandelnde Frage aufwirft, vor deren Behandlung allerdings weitere Klärungsschritte zu setzen seien. Am 23. September 2000 hat die Kommission einen Fragenkatalog versandt und für den 13. und 14. November 2000 zu einer Anhörung der beteiligten Kreise eingeladen[344].

Auch eine Resolution des **Europäischen Parlaments**[345] befasst sich in Punkt 45 mit Verwertungsgesellschaften und fordert bei der zentralisierten Wahrnehmung von Rechten in der Informationsgesellschaft die Berücksichtigung deren Rolle, wobei die Einhaltung der Wettbewerbsregeln auf dem Europäischen Markt ebenso gefordert wird wie eine vollkommene Transparenz ihrer Tätigkeit und der dieser zu Grunde liegenden Regeln. Dieser Stellungnahme des Parlaments waren die Initiativen zum Grünbuch Informationsgesellschaft der Kommission vorangegangen, in denen ebenfalls zur Frage der Verwertungsgesellschaften Stellung genommen wird. Wörtlich wird darin ausgeführt: „Die Kommission beabsichtigt jedoch, die Frage der Verwaltung der Rechte unter Berücksichtigung der Marktentwicklung und insbes im Hinblick auf die Informationsgesellschaft weiter zu untersuchen. In diesem Zusammenhang ist vor allem die Notwendigkeit einer umfassenden kohärenten Initiative auf Gemeinschaftsebene, die sowohl Binnenmarkt- als auch Wettbewerbsbelange berücksichtigt, zu prüfen. Was die kollektive Verwaltung betrifft, so gibt es bereits Anzeichen für die Notwendigkeit, unter Berücksichtigung sowohl der Binnenmarkt- als auch der Wettbewerbsbestimmungen des EG-Vertrags die Rechte und Pflichten der Verwertungsgesellschaften auf Gemeinschaftsebene festzulegen, insbes hinsichtlich der Verfahren der Gebührenerhebung und -berechnung, der Überwachungsmechanismen und der Anwendung der Wettbewerbsregeln auf Verwertungsgesellschaften und die kollektive Rechteverwaltung."[346]

30 Es finden sich also sowohl im Schrifttum als auch auf der Ebene der EU-Gesetzgebung entschiedene Befürworter sowohl einer verstärkten Einbindung der Verwertungsgesellschaften in die künftige Rechtsentwicklung als auch deren einheitliche Regelung im Rahmen der Europäischen Union.

1. Gründe für eine Harmonisierung

31 Bei der Beschreibung der Funktion der Verwertungsgesellschaften wurde darauf hingewiesen, dass diese durchwegs nur subsidiär tätig werden, das heißt in Fällen, in denen eine individuelle Rechtewahrnehmung nicht möglich ist. Aus diesem Prinzip der **Subsidiarität** lassen sich aber auch Schlüsse für eine verstärkte Tätigkeit der Verwertungsgesellschaften und damit für einen allfälligen Regelungsbedarf ziehen.

---

344 Siehe dazu die Zusammenfassung der Ergebnisse dieser Anhörung von *Reinbothe* (GESAC Info vom 21.11.2000 – nicht veröffentlicht).

345 Protokoll der Parlamentssitzung vom 23.10.1997 A4-0297/97.

346 Initiativen Grünbuch Informationsgesellschaft KOM (96) 568, 26f.

1.1. Urheberrechtstendenzen

Das klassische Urheberrecht mit seinem System von Ausschließungsrechten wird zunehmend durch **Vergütungsansprüche** ergänzt. Solche Vergütungsansprüche werden in erster Linie für massenhafte Nutzungen vorgesehen, bei denen der einzelne Nutzungsakt gleichsam „atomisiert" ist und deshalb ein vertraglicher Rechtserwerb zwischen Urheber einerseits und Nutzer anderseits nicht möglich ist. Als charakteristisches Beispiel für diese Tendenz soll die österr UrhGNov 1996 dienen[347], mit welcher folgende Verwertungsvergütungen, die ausschließlich von Verwertungsgesellschaften wahrgenommen werden können, neu eingeführt wurden: Ausstellungsvergütung[348], Reprografievergütung, Benutzung von Bild- oder Schallträgern in Bibliotheken, öffentliche Wiedergabe von Werken im Unterricht und öffentliche Wiedergabe in Beherbergungsbetrieben. 32

Österreich liegt mit dieser Gesetzgebung sicherlich nicht außerhalb der allgemeinen Entwicklung. Es besteht vielmehr ganz allgemein die Tendenz, die Ansprüche des Urhebers vom Vollrecht (Ausschließungsrecht) auf einen Vergütungsanspruch zu reduzieren, so dass seine anderen Ansprüche ins Hintertreffen geraten. So bedauerlich dies – vor allem im Bereich des Urheberpersönlichkeitsrechts – auch sein mag, es entspricht dies einer sich deutlich abzeichnenden Tendenz. Bei einer solchen Entwicklung des Urheberrechts sind die Verwertungsgesellschaften aber notwendige, wenn nicht sogar unentbehrliche Instrumente. Inkasso und Verteilung von Vergütungen sind ihr ureigenstes Metier, wobei sie durch den Auftrag der Rechteinhaber legitimiert sind; die internationale Rechtewahrnehmung ist ihnen durch das Netz ihrer Gegenseitigkeitsverträge möglich. Verwertungsgesellschaften sind demnach in idealer Weise für die Wahrnehmung von Vergütungsansprüchen gerüstet.

1.2. Multimedia

Die gegenwärtige Diskussion um die Multimedianutzung geht in dieselbe Richtung. Hier gilt es, eine Vielzahl von Rechten aus allen Rechtekategorien in einem Multimediaprodukt zu kombinieren. Die hier erforderliche Erleichterung des Verkehrs erfolgt in solchen Fällen traditioneller Weise im Weg einer kollektiven Wahrnehmung durch Verwertungsgesellschaften. Gefordert aber ist ein höherer Organisationsgrad, der dem Multimediaprodukt gerecht wird. „Dies setzt jedoch voraus" führt das Grünbuch Informationsgesellschaft dazu aus, „dass sich die traditionellen Verwalter der Rechte, wie Verwertungsgesellschaften, Hersteller und Verleger, rasch der notwendigen Weiterentwicklung ihrer Rolle bewusst werden. Dieser Erkenntnisprozess müsste gefördert werden."[349] Dasselbe wird gefordert, wenn von der *„creation of administrative systems to streamline the clearance of rights for use of works in a digital medium"*[350] die Rede ist. Die Vereinigung und Konzentration der Verwertungsrechte im Zusammenhang mit multimedialen Produkten macht es erforderlich, gemeinsame Organisationen der 33

347 öBGBl Nr 151/1996, in Kraft getreten am 01.04.1996.

348 Mit öUrhGNov 2000, BGBl I 2000/110, wieder abgeschafft.

349 Grünbuch Informationsgesellschaft 75.

350 Information Highway Advisory Council (Canada) – The Challenge of the Information Highway (1995) 119.

Verwertungsgesellschaften zu schaffen, bei denen die potentiellen Nutzer im Weg einer „*One-stop-licence*" die Nutzungsrechte quer durch die Werkkategorien und damit auch die verschiedenen Verwertungsgesellschaften zu erwerben. „Will man für den Multimediabereich eine Situation erreichen, in der die Rechte an allen Werken, Leistungen (und anderem geschütztem Material) zentral wahrgenommen bzw verwaltet werden, so sollten die Verwertungsgesellschaften und andere Verwalter solcher Rechte angeregt werden, gemeinsame Organisationen zu schaffen, die eine Vereinfachung der Verwaltung der Rechte erlauben."[351]

Im Grund beschleunigt Multimedia nur den ohnehin bestehenden Trend zu einer Zersplitterung von Nutzungen und der hierfür erforderlichen Rechtepakete, der durch die elektronischen Medien bereits in der Vergangenheit eingeleitet wurde. Die Antwort darauf kann nur in einer Konzentration der Rechte in der Hand von Verwertungsgesellschaften bestehen und – in einer zweiten Konzentrationsstufe – in einer gemeinsamen Stelle für multimediale Rechtevergabe, etwa nach dem Vorbild der von den französischen Urheberrechtsgesellschaften gegründeten und den sprechenden Namen tragenden „SESAM".

1.3. Verwertungsgesellschaften als dritter Weg

34 Am Beispiel der Satelliten- und Kabel-RL wurde deutlich, in welchem Dilemma sich der (Europäische) Gesetzgeber befand. Wie bereits erwähnt, wurden die Ansätze, für diese Nutzung gesetzliche Lizenzen einzuführen, also die Ansprüche der Urheber auf eine Vergütung zu reduzieren, allgemein abgelehnt und wurden nicht mehr aufgegriffen. In der Richtlinie selbst ist man zum Ausschließungsrecht des Urhebers zurückgekehrt (Art 9 Abs 1 Satelliten- und Kabel-RL), jedoch ergänzt durch eine **Verwertungsgesellschaftenpflicht** samt Außenseiterwirkung. Diese Möglichkeit wird auch in Zukunft zunehmend aufgegriffen werden. Wo es darum geht, zwischen einer individuellen vertraglichen Rechtseinräumung auf der einen Seite und einer gesetzlichen Lizenz oder Zwangslizenz auf der anderen Seite zu wählen, wird sich der Gesetzgeber oft für den dritten Weg, nämlich den vertraglichen Rechtserwerb unter Einschaltung von Verwertungsgesellschaften entscheiden. Wenn durch die Berner Übereinkunft die Bedingungen für die Ausübung des Rechtes der nationalen Gesetzgebung überlassen werden, wie dies etwa in Art 11bis Abs 2 und Art 13 Abs 1 RBÜ 1967/1971 der Fall ist, wird sich der Gesetzgeber immer häufiger für die Verwertungsgesellschaftenpflicht entscheiden. Der Schutz gegen Außenseiter kann, so wie dies in der Satelliten- und Kabel-RL geschah, durch eine für die nordischen Urheberrechtsgesetze typische „*extended collective licence*" erfolgen. Richtig ist allerdings auch, dass für Nichtmitglieder bei dieser Konstruktion „eine Art von Zwangslizenzelement in diesem System ist."[352]

35 Der Schutz gegen Außenseiter, wie er etwa in Art 9 Abs 2 Satelliten- und Kabel-RLvorgesehen ist, lässt allerdings die Frage zu, wo hier noch der – dogmatische und praktische – Unterschied zur zwangsweisen kollektiven Wahrnehmung durch Verwertungsgesellschaften in Bezug auf Außenseiter liegt. Kritik daran wurde wiederholt geübt. „Die Erstreckung einer kollektiven Vereinbarung auf

[351] Grünbuch Informationsgesellschaft 76.
[352] *Ficsor*, Collective Administration 36.

Urheber, die nicht zu der betreffenden Verwertungsgesellschaft gehören, ist angreifbar, da sie der Vertragsfreiheit widerspricht, den Urhebern nicht die Möglichkeit belässt, die Verwertungsgesellschaft zu verlassen und eine andere zu gründen und da sie zur Einmischung der öffentlichen Gewalt in Angelegenheiten privaten Charakters führt."[353]

1.4. Konkurrenz

In der SACEM (Diskotheken) Entscheidung äußerte sich der EuGH auch zur Frage des Verwaltungsaufwands von Verwertungsgesellschaften. Er bedauert das „Fehlen des Wettbewerbs auf dem betreffenden Markt, das die Schwerfälligkeit des Verwaltungsapparats und damit auch den erhöhten Betrag der Vergütungen zu erklären erlaubt".[354] Auch wenn diese Überlegung im weiteren Fortgang des Verfahrens keine Rolle gespielt hat (das Verfahren endete mit einem Vergleich), so wird doch deutlich, dass dem EuGH eine **Wettbewerbssituation** vorschwebte, in der Verwertungsgesellschaften dem Nutzer in Konkurrenz zueinander gegenübertreten. Im Bereich der mechanischen Vervielfältigungsrechte ist diese Konkurrenzsituation auch bereits verwirklicht. Die großen internationalen Tonträgerhersteller lizenzieren zentral mit bestimmten Verwertungsgesellschaften mit Wirkung für das gesamte Gebiet der Europäischen Union. Es ist ein offenes Geheimnis, dass die Entscheidung eines Tonträgerkonzerns für die eine oder andere Verwertungsgesellschaft das Ergebnis eines Konditionenwettbewerbs ist. Es kommt also in dem früher territorial nach Staatsgebieten aufgeteilten Markt ein neues Wettbewerbselement hinzu, und zwar sowohl im Verhältnis zu den Rechteinhabern als auch zu den Nutzern. 36

Die Nutznießer einer gegebenen Wettbewerbssituation sollten aber nicht zusätzlich auch von der Verschiedenheit der rechtlichen Rahmenbedingungen für Verwertungsgesellschaften in den einzelnen Mitgliedstaaten der EU profitieren können. In demselben Ausmaß, in dem früher angeführte Argumente für eine verstärkte Beteiligung der Verwertungsgesellschaften in der Urheberrechtsentwicklung sprechen, spricht das Wettbewerbsargument für eine Harmonisierung des Rechts der Verwertungsgesellschaften in der Europäischen Union.

2. *Kernpunkte einer Harmonisierung*

Die Schwerpunkte der Tätigkeit von Verwertungsgesellschaften ergeben sich aus ihrer Funktion als urheberrechtliche Clearingstellen: Sie stehen einerseits in Beziehung zum Rechteinhaber anderseits in Beziehung zum Nutzer, sorgen für den Rechtefluss in die eine Richtung und den Geldfluss in die Gegenrichtung. 37

2.1. Beziehung zu Rechteinhabern

(A) Innerer Kontrahierungszwang

Der Frage der inhaltlichen Gestaltung des Vertragsverhältnisses zwischen **Rechteinhabern** und Verwertungsgesellschaft ist die Frage vorgelagert, ob Verwer- 38

[353] *Pollaud-Dulian*, Die neuere Entwicklung des Urheberrechts in Frankreich, GRUR Int 1995, 361 (371).

[354] EuGH 13.07.1989 – „SACEM/Lucazeau/Diskotheken"; vgl auch FN 305.

tungsgesellschaften verpflichtet sind, mit dem Rechteinhaber zu kontrahieren. Diese Frage stellt sich im Zusammenhang mit Verwertungsgesellschaften schon im Hinblick auf ihre faktische oder rechtliche Monopolstellung so wie für Verkehrs- oder Energieversorgungsunternehmen.

39 Der Kontrahierungszwang ist etwa im dUrhWG als „Wahrnehmungszwang" ausgestaltet (§ 6 dUrhWG). Das österr VerwGesG sieht in § 3 Abs 2 ebenfalls eine solche Wahrnehmungsverpflichtung vor[355]. Die UrhGNov 1980 hat die Tätigkeit der Verwertungsgesellschaften auf die neu in dieser Novelle geregelten Vergütungsansprüche (Kabelvergütung und Leerkassettenvergütung) ausgedehnt und eine korrespondierende Wahrnehmungsverpflichtung der Verwertungsgesellschaften eingeführt. Danach müssen Verwertungsgesellschaften die zu ihrem Tätigkeitsbereich gehörenden Ansprüche auf Verlangen der Berechtigten zu angemessenen Bedingungen wahrnehmen, wenn diese österr Staatsbürger sind oder ihren ordentlichen Wohnsitz im Inland haben, es sei denn, dass die Einnahmen des betreffenden Bezugsberechtigten den auf ihn entfallenden Verwaltungsaufwand nicht decken.

Das neue schweizerische Urheberrecht regelt in Art 44 UrhG 1992 eine sogenannte Verwertungspflicht im Verhältnis zu den Rechteinhabern, die aus faktischen oder rechtlichen Gründen auf das Einschreiten einer Verwertungsgesellschaft angewiesen sind[356]. Auch das neue belgische UrhG 1994 sieht vor, dass Verwertungsgesellschaften verpflichtet sind, die Rechte zu verwalten, wenn es der Rechteinhaber von ihr verlangt (§ 66). Rechtsordnungen anderer Mitgliedstaaten sehen eine solche Verpflichtung zur Rechtewahrnehmung nicht (ausdrücklich) vor. Aus dem Gesamtzusammenhang der jeweiligen Gesetze ergibt sich aber, dass auch ohne ausdrückliche Erwähnung von einer solchen Verpflichtung ausgegangen wird. Art 135 spanisches UrhG 1987 spricht von der umfassenden Ausübung der einer Verwertungsgesellschaft eingeräumten Rechte[357].

40 Unabhängig von einer sich unmittelbar aus Urheberrechtsgesetzen oder Wahrnehmungsgesetzen ergebenden Verpflichtung zur Rechtewahrnehmung kann eine solche auch aus anderen Rechtsgrundlagen abgeleitet werden. Zunächst sind jene zu nennen, die sich aus der Monopolstellung von Verwertungsgesellschaften ergeben oder aus anderen Verpflichtungen folgen, zB derjenigen zum Vertragsabschluss in Bezug auf Güter oder Dienstleistungen des täglichen Bedarfs. Diese Frage wurde rechtsvergleichend noch nicht näher geprüft. Lehre und ständige Rechtsprechung in Österr nehmen einen Kontrahierungszwang nicht nur dann an, wenn er in einem besonderen Gesetz geregelt ist, sondern immer auch dann, wenn die faktische Übermacht eines Beteiligten bei bloß formaler Parität diesem die Möglichkeit der „Fremdbestimmung" über andere gibt[358]. Der Kontrahie-

[355] „Die Verwertungsgesellschaften haben die im § 1 bezeichneten Rechte inländischer und ausländischer Urheber und Werknutzungsberechtigter wirksam zu wahren und nutzbar zu machen."

[356] Vgl *Rehbinder*, Schweizerisches Urheberrecht² (1996) 176f.

[357] Von einem öffentlichen Interesse an der Wahrnehmung der Rechte ist in Art 133 Abs 1 lit b span UrhG die Rede.

[358] OGH 30.11.1993 – „Linzer Straßenbahnen" ÖBl 1994, 96 = WBl 1994, 169 = ecolex 1994, 405 (*Tahedl*) = RdW 1994, 173 mwN.

rungszwang, der ursprünglich nur für lebenswichtige Güter angenommen wurde, wurde deshalb allgemein auf Monopolisten ausgedehnt[359]. Diese österr Lehre steht im Einklang mit der *Essential facilities* Doktrin, die in der Magill-Entscheidung bekräftigt wurde[360]. Bedauern mag man, dass in dieser Entscheidung die *Essential facilities* Doktrin nicht ausdrücklich als Entscheidungsgrundlage genannt wurde[361].

Im Europäischen Rahmen ist allerdings weiter zu fragen, ob nicht auch **Vereinigungen** von Urhebern (Verwertungsgesellschaften) Anspruch auf Rechtewahrnehmung haben. So sehr es zu begrüßen ist, dass im Anschluss an das GVL-Erkenntnis und die *Phil Collins* Entscheidung[362] die Rechtewahrnehmung des einzelnen Urhebers oder Leistungsschutzberechtigten innerhalb der EU auf der Basis der Nichtdiskriminierung gewährleistet ist, so fraglich erscheint es, ob dies allein für eine wirksame Rechtewahrnehmung ausreicht. Der finnische Komponist etwa hat dann zwar theoretisch Anspruch darauf, dass seine Rechte von der zuständigen griechischen Verwertungsgesellschaft für Musikrechte wahrgenommen werden, was aber nicht sehr lebensnah erscheint. Praktisch erfolgt die Rechtewahrnehmung im Ausland vielmehr durch Verwertungsgesellschaften im Weg von Gegenseitigkeitsverträgen. **41**

Zu Problemen kann es in diesem Zusammenhang insbes kommen, wenn in einem Land **mehrere Verwertungsgesellschaften** die Rechte einer bestimmten Kategorie vertreten und die ausländische Gesellschaft einen Gegenseitigkeitsvertrag nur mit einer dieser konkurrierenden Gesellschaften des betreffenden Mitgliedstaats, nicht aber mit der anderen schließen will. Die Alternative für den Urheber dieser anderen Verwertungsgesellschaft bestünde dann nur darin, die ausländische Gesellschaft auf direktem Weg mit der Rechtewahrnehmung zu betrauen. Wie bereits angedeutet, ist diese Lösung allerdings nicht praxisnah. So müsste der finnische Komponist unseres Beispiels mit einer Gesellschaft, die tausende Kilometer entfernt ist, in einem Land, in dem eine andere Sprache gesprochen und eine andere Schrift geschrieben wird, auf direktem Weg kontrahieren und mit dieser Gesellschaft Kontakt halten. Die Gleichbehandlung (Nichtdiskriminierung) der Angehörigen eines anderen Mitgliedstaats muss deshalb auch für dessen Verwertungsgesellschaften gelten, wenn sie in der Praxis wirksam sein soll. **42**

Nach schweizerischem Recht zählt der Abschluß von **Gegenseitigkeitsverträgen** mit ausländischen Verwertungsgesellschaften deshalb auch zu den Grundsätzen der Geschäftsführung (Art 45 IV UrhG). Diese Verpflichtung ist zwar nicht unter allen Umständen gegeben, sicherlich aber dann, wenn die ausländische **43**

---

[359] *Aicher* in *Rummel*, Kommentar ABGB² § 16 Rz 31.

[360] EuGH 06.04.1995 – „Magill"; siehe dazu auch oben *Daum* 3. Kapitel Ausübung des Urheberrechts, Europäisches Kartellrecht und freier Waren- und Dienstleistungsverkehr Rz 24f.

[361] *Pilny*, Mißbräuchliche Marktbeherrschung gemäß Art 86 EWGV durch Immaterialgüterrechte, GRUR Int 1995, 954 (956).

[362] EuGH 20.10.1993 – „Phil Collins"; siehe dazu auch oben *Walter* 2. Kapitel Diskriminierungsverbot Rz 7, 10ff, 14f.

Gesellschaft den schweizerischen Berechtigten die gleiche Behandlung zuteil werden lässt wie ihren eigenen Mitgliedern[363]. Auch das österr Verwertungsgesellschaftenrecht verpflichtet Verwertungsgesellschaften, durch Verbindung mit den gleiche Zwecke verfolgenden ausländischen Unternehmen auch im Ausland für die Wahrung und Nutzbarmachung der genannten Rechte österr Staatsbürger in möglichst weitgehendem Maße vorzusorgen (§ 3 Abs 2 VerwGesG).

Auch die deutsche Lehre hat sich mit der Frage befasst, ob die Wahrnehmungspflicht auch gegenüber ausländischen Verwertungsgesellschaften besteht. Zum Teil wird dies ohne nähere Begründung verneint[364], zum Teil werden die beiden Aufsätze *Häußers*[365] zitiert, die – allerdings vor den Entscheidungen GVL und *Phil Collins* – zu demselben Ergebnis kommen. Auch *Häußer* geht aber davon aus, dass eine inländische (deutsche) Verwertungsgesellschaft den Wunsch einer ausländischen Schwestergesellschaft auf Abschluss eines Gegenseitigkeitsvertrags nicht schlicht ignorieren darf, wenn er wörtlich ausführt: „Der Umfang des Repertoires der ausländischen Verwertungsgesellschaften, deren wirtschaftliche Solidität und Liquidität müssen bei verantwortungsbewusster Geschäftsführung auf jeden Fall Beachtung finden."[366]

44 Ausgewogener sprechen sich zu dieser Frage andere Autoren in jüngeren Stellungnahmen aus[367]; danach wird eine Wahrnehmungspflicht jedenfalls dann anerkannt, wenn es sich um Rechte und Ansprüche handelt, die nach dem UrhG ausschließlich von Verwertungsgesellschaften geltend gemacht werden können. Die dagegen vorgetragene Auffassung, dass das internationale Netz von Gegenseitigkeitsverträgen ausreiche[368], wenn dieses wirklich umfassend ist, kann nur dann überzeugen, wenn durch diese Verträge auch tatsächlich der wesentliche Teil des ausländischen Repertoires abgedeckt wird[369]. Auch diese Auffassung spricht übrigens – entgegen ihrer eigenen Intention – für die Verpflichtung zum Abschluss von Gegenseitigkeitsverträgen, da ja nur dann ein lückenloses Netz entstehen kann.

Freilich kann auch der Hinweis *Häußers* auf die **wirtschaftliche Bedeutung** einer solchen ausländischen Verwertungsgesellschaft, die den Abschluss eines Gegenseitigkeitsvertrags wünscht, nicht außer Acht gelassen werden. Es muss eine Art Mindestgrenze der wirtschaftlichen Bedeutung der ausländischen Verwertungsgesellschaft eingezogen werden, die verhindert, dass völlig unbedeutende ausländische Gesellschaften sich auf den Kontrahierungszwang berufen können. Es spräche in diesem Zusammenhang nichts dagegen, ähnliche Kriterien anzuwenden wie sie im eigenen Land für die Zulassung verlangt werden[370]. Taugliche Kriterien könnten etwa die Zahl der Berechtigten und die wirtschaftliche Bedeutung der einer Verwertungsgesellschaft zur Wahrnehmung anvertrauten Rechte und Ansprüche sein (vgl § 2 Z 3 dUrhWG).

---

363 Vgl *Barrelet/Egloff* 210.
364 Vgl *Fromm/Nordemann*, Urheberrecht[9] § 6 dUrhWG Rz 2.
365 *Häußer*, FuR 1980, 57 und Mitt 1984, 64.
366 *Häußer*, FuR 1980, 57 (65) und Mitt 1984, 64 (71).
367 *Reinbothe* in *Schricker*, Kommentar[2] § 6 UrhWG Rz 9.
368 *Melichar*, Wahrnehmung 36.
369 *Pro forma* Verträge reichen jedenfalls nicht aus.
370 Soweit ein solches Zulassungserfordernis überhaupt gegeben ist.

Dazu ein praktisches Beispiel: In Deutschland bestehen fünf Verwertungsgesellschaften für den Bereich Film. Die von diesen fünf Gesellschaften erlösten Beträge – im Fall der VG-Bild/Kunst allerdings einschließlich der Rechte der bildenden Künstler – im Jahr 1994 belaufen sich auf ca 131 Mio DM. Die VFF als kleinste Gesellschaft erhielt hiervon 12 Mio. Betrachtet man den Gesamtmarkt der Verwertungsgesellschaften für Film in Deutschland, zeigt sich, dass einer Verwertungsgesellschaft, die weniger als ein Zehntel des Gesamtmarkts abdeckt, die Betriebsgenehmigung erteilt wurde. Es wäre folgerichtig, eine solche „Spürbarkeitsgrenze" auch für den Abschluss von Gegenseitigkeitsverträgen mit ausländischen Verwertungsgesellschaften einzuführen. Deckt eine solche Verwertungsgesellschaft mindestens 10% des jeweiligen Teilmarktes ab, sollte sie Anspruch auf Rechtewahrnehmung durch die andere Gesellschaft – jedenfalls in einem Mitgliedstaat der EU – haben.

(B) Inhalt der Rechtseinräumung

Zum Inhalt der Rechtseinräumung haben EuGH und Kommission Feststellun- **45**
gen getroffen, die oben kurz dargestellt wurden. Diese Forderungen an den Inhalt der Rechtseinräumung bzw deren Beschränkbarkeit sind das Ergebnis einer Missbrauchsaufsicht, stellen aber nur den Mindeststandard dar, an dem die Vertragsbedingungen der Verwertungsgesellschaften mit ihren Bezugsberechtigten inhaltlich zu messen sind. Die Kernpunkte einer inhaltlichen Determinierung, die einer Harmonisierung zugänglich sind, sollen deshalb zusätzlich hervorgehoben werden.

(C) Repräsentation

In Deutschland wurde das Problem der Vertretung der Berechtigten in den **46**
Organen einer Verwertungsgesellschaft in einer Auseinandersetzung behandelt, die mit einem Aufsatz von *Rehbinder* begann[371] und in einer Erwiderung von *Nordemann*[372] seine Fortsetzung fand. Neben anderen Punkten wurde vor allem die Tatsache kritisiert, dass die „nicht ordentlichen Mitglieder" keine ihrer Zahl und der Höhe des von ihnen erzielten Tantiemeaufkommens entsprechende Vertretung in den Organen der Verwertungsgesellschaften haben. Tatsächlich schweigt sich § 6 Abs 2 dUrhWG, der „zur angemessenen Wahrung der Belange der Berechtigten, die nicht als Mitglieder der Verwertungsgesellschaft aufgenommen werden", eine gemeinsame Vertretung vorschreibt, über deren Kompetenz und Mitwirkung an der Willensbildung der Verwertungsgesellschaft aus. Will man nicht davon ausgehen, dass dieser Gesetzesbestimmung eine reine „Alibifunktion" zukommt, müsste die Frage der Repräsentation bei der Harmonisierung des Verwertungsgesellschaftenrechts in Europa eine Rolle spielen.

Ansätze dafür sind vorhanden: So verbietet Art 66 belgisches UrhG die Beschränkung der Vertretung von Bezugsberechtigten in den Organen der Gesellschaft. Im spanischen Gesetz ist bereits als Zulassungserfordernis für die

---

371 *Rehbinder*, Mängel der Staatsaufsicht über die deutschen Verwertungsgesellschaften, DVBl 1992, 216.

372 *Nordemann*, Mängel der Staatsaufsicht über die deutschen Verwertungsgesellschaften? GRUR 1992, 584.

Verwertungsgesellschaft die Vorsehung eines Wahlrechts der Mitglieder vorgesehen, wobei die Stimmen innerhalb bestimmter Grenzen gewichtet werden können; nur im Fall des Ausschlusses von Mitgliedern zählt jede Stimme gleich (Art 136 Abs 5 span UrhG).

47 Die Frage der Repräsentation von Bezugsberechtigten (Mitgliedern) kann nicht diskutiert werden, ohne auf das System der **Berufsgruppen** oder Kurien einzugehen, das in den meisten Verwertungsgesellschaften vorgesehen ist. Dieses System trägt der Tatsache Rechnung, dass in einer Verwertungsgesellschaft häufig heterogene Berufsgruppen zusammengefasst sind, so etwa in der GEMA Urheber und Verleger, in der GVL Tonträgerproduzenten und ausübende Künstler, in der VG-Bild/Kunst Urheber und Filmproduzenten. Diese Berufsgruppen haben zwar im Verhältnis zum Nutzer gleichgerichtete Interessen, nämlich ein möglichst hohes Entgelt für die Verwertung ihrer Werke und Leistungen zu erhalten. Deshalb bedienen sie sich einer gemeinsamen Verwertungsgesellschaft.

Nach erfolgtem Inkasso beginnt allerdings der bekannte „Kampf um die Quote". Es geht dabei nicht nur um die Verteilungsprozentsätze, die meist in Verteilungsordnungen festgeschrieben sind, die nur mit qualifizierter Mehrheit geändert werden können, sondern auch um Geschäftsführungsmaßnahmen, die in ihrer konkreten Auswirkung eine belastende oder entlastende Auswirkung auf einzelne Berufsgruppen haben können. Der Schutz der Berufsgruppen gegen eine Majorisierung durch andere kann im Übrigen auch zu einer Immobilisierung einer Verwertungsgesellschaft führen, wodurch Maßnahmen verhindert werden, die insgesamt nützlich sind, aber zu Lasten einer Berufsgruppe gehen und deshalb von dieser unter Einsatz der ihr zur Wahrung ihrer Minderheitsrechte an die Hand gegebenen Mittel verhindert wird. Es ist deshalb im Zusammenhang mit der Repräsentation nicht nur zu entscheiden, ob sie gewährleistet sein soll, sondern – unter Berücksichtigung der Berufsgruppenproblematik – auch in welcher Form dies geschehen soll.

(D) Verteilung

48 Die Verteilung der Werknutzungsentgelte oder Vergütungen durch die Verwertungsgesellschaften ist in den einschlägigen Bestimmungen meist nur rudimentär geregelt. Üblicherweise beschränkt sich der Gesetzgeber auf ein Willkürverbot und eine Bevorzugung von kulturell hochwertigen Werken (und Leistungen). Eine sachliche Angemessenheitsprüfung wird nur ausnahmsweise angeordnet[373]. Dennoch ist die Verteilung ein Kernpunkt der Tätigkeit der Verwertungsgesellschaften. So schreibt *Vessillier-Ressi* treffend: *„It would be illusory to protect authors' rights unless steps are taken to ensure that the substantial royalties collected are effectively distributed to the real authors."*[374]

49 Bemerkenswert ist deshalb, dass selbst so fortschrittliche Gesetze wie das deutsche UrhWG hinsichtlich der Verteilung so schweigsam sind. So enthält § 7

---

[373] So hat das Deutsche Patentamt als Aufsichtsbehörde die Angemessenheit eines Teils des Verteilungsplans der GEMA geprüft (UFITA 81 [1978] 348 [360f]).

[374] *Vessillier-Ressi,* The authors' Trade (1990) 261.

dUrhWG neben dem erwähnten Willkürverbot und der Förderverpflichtung für kulturell bedeutende Werke und Leistungen keine weiteren Anhaltspunkte in Bezug auf die Verteilung. Es wird aber davon auszugehen sein, dass die Verteilung weitgehend nutzungsbezogen zu erfolgen hat, was Verteilungserleichterungen wie Repräsentativerhebungen betreffend die tatsächliche Nutzung einschließt. Dagegen enthält Art 49 schweiz UrhG Richtlinien für die Verteilung der Erlöse. Zunächst wird eine nutzungsbezogene Verteilung als Regel vorgegeben. Darüber hinaus wird aber der Grundsatz aufgestellt, dass den ursprünglichen Rechtsinhabern ein angemessener Anteil zu verbleiben hat. Diese Bestimmung soll verhindern, „dass die Verwertungsgesellschaften aus Selbsthilfeorganisationen der Urheberinnen und Urheber zum reinen Instrument von Verlagen und Produktionsfirmen werden."[375] Auch das spanische Gesetz geht über das deutsche hinaus, wenn es in Art 139 Abs 2 span UrhG die nutzungsgebundene Verteilung von Entgelten statuiert.

Insgesamt kann man sich gerade im Bereich der Verteilung den Forderungen nach **50**
einer Harmonisierung anschließen[376]. Eine weise Selbstbeschränkung auf die tragenden Grundsätze der Verteilung würde die Verteilungsgerechtigkeit europaweit statuieren und harmonisieren, ohne allzu tief in den autonomen Bereich der Verwertungsgesellschaften einzugreifen.

(E) Sozialleistungen

Wie bereits erwähnt, hielten sich die Gesetzgebungen der Mitgliedstaaten bei der **51**
Regelung von Verwertungsgesellschaften im Wesentlichen an die tatsächlichen Gegebenheiten; sie orientierten sich meist an bestehenden Gesellschaften. Dies trifft ua für den deutschen Gesetzgeber zu[377]. Seit jeher haben die Verwertungsgesellschaften aber in Erfüllung ihrer historischen Teilfunktion als Unterstützungsvereine auch soziale Leistungen für ihre Bezugsberechtigten vorgesehen.

Das dUrhWG sieht hierfür sogar eine Sollvorschrift in Bezug auf die Schaffung solcher Vorsorge- und Unterstützungseinrichtungen vor (§ 8 dUrhWG). Gesetzliche Maßstäbe für die Verwaltung solcher vorsorgenden Unterstützungseinrichtungen fehlen; es wird wohl auch in diesem Bereich von einem Willkürverbot auszugehen sein[378]. Im österr Verwertungsgesellschaftenrecht besteht seit der UrhGNov 1980 gleichfalls eine ausdrückliche Regelung betreffend sozialen Zwecken dienenden Einrichtungen (Art II Abs 6 UrhGNov 1980). Eine Verpflichtung zur Schaffung solcher Einrichtungen gilt allerdings nur für Verwertungsgesellschaften, welche die (Kabel- oder) Leerkassettenvergütungen verteilen. Im letztgenannten Fall ist diesen Einrichtungen sogar der „überwiegende Teil der Gesamteinnahmen aus diesen Vergütungen" zuzuführen; in der Praxis werden bei der Leerkassettenvergütung 51 % sozialen und kulturellen Zwecken dienenden Einrichtungen zugewendet.

---

375 *Barrelet/Egloff* 226.

376 Vgl dazu *Vogel*, GRUR 1993, 531.

377 *Haertel*, Verwertungsgesellschaften und Verwertungsgesellschaftengesetz, UFITA 50 (1967) 7.

378 Vgl *Reinbothe* in *Schricker*, Kommentar² § 8 dUrhWG Rz 3.

52 Nach einer langen Tradition[379] sehen Verwertungsgesellschaften solche soziale Einrichtungen vor, gleichviel ob sie nun im Gesetz verankert sind oder nicht. Diese sozialen – oft auch kulturellen – Abzüge werden insbes im Bereich der neuen Verwertungsarten und der daraus fließenden Einnahmen angewandt[380]. So bieten sich solche Abzüge vor allem bei der Vergütung für private Überspielungen besonders an[381]. Die Harmonisierung in diesem Bereich könnte sich auf die Feststellung, dass solche Abzüge zulässig sind, verbunden mit einer Festsetzung der zulässigen Höhe, beschränken[382]. Es darf in diesem Zusammenhang auch nicht übersehen werden, dass der Vorrang einer Ausschüttung der Erlöse als Tantiemen Verwertungsgesellschaften inhärent sein sollte.

53 Abgesehen von solchen naheliegenden Harmonisierungsmaßnahmen müsste aber auch das Problem der Anrechnung von **sozialen Anwartschaften** im Fall eines Gesellschaftswechsels untersucht werden. Die – allerdings mehr theoretische – Möglichkeit des Wechsels zwischen Gesellschaften innerhalb der EU könnte bedeutungslos werden, wenn ein solcher Wechsel mit dem Verlust von Anwartschaften bei der einen Gesellschaft und der Notwendigkeit eines „Hochdienens" mit Bezug auf solche Anwartschaften bei der anderen Gesellschaft verbunden ist. Hier müsste die Anerkennung etwa von „pensionsfähigen Mitgliedschaftsjahren" durch die andere Gesellschaft festgeschrieben werden, was auch seine innere Berechtigung hätte. Die Zahlung etwa von Alterspensionen erfolgt durch Abzüge von den Gesamteinnahmen, also einschließlich jener, die für ausländische Urheber eingehen. Diese Internationalität des Abzuges, aus dem die Zahlungen dotiert werden, sollte sich auch in der Internationalität der sozialen Leistungen widerspiegeln. Dass dies möglich ist, haben die EU-Mitgliedstaaten durch die gegenseitige Anerkennung von Leistungen im Bereich der Sozialversicherungen bereits gezeigt.

2.2. Beziehung zu Nutzern

54 Die Beziehung zwischen Verwertungsgesellschaften und Nutzern ist wahrscheinlich jene, die vom Regelungsinteresse her noch wichtiger ist, als jene zwischen Rechteinhabern und Verwertungsgesellschaften. Ein öffentliches Interesse besteht primär daran, dass Massennutzungen von Werken und Leistungen ermöglicht werden. Das Verwertungsgesellschaftenrecht soll zu dieser Seite der Verkehrserleichterung in besonderer Weise beitragen.

---

[379] Vgl *Dittrich*, Der Grundsatz der Inländerbehandlung der RBÜ, in FS 50 Jahre Urheberrechtsgesetz (ÖSGRUM 4/1986) 64 (84). Siehe dazu auch *Walter*, Urheberrecht mit dem menschlichen Antlitz – Ansätze und Ziele eines ausgleichenden (sozialen) Urheberrechts, Present Problems of Copyright and Industrial Property – FS *Knap* (1989) 129.

[380] Vgl *Melichar* in *Becker* (Hrsg), Die Verwertungsgesellschaften im europäischen Binnenmarkt 47. Zu den internationalen Aspekten siehe auch *Walter*, Die Grundsätze des Konventionsrechts vor dem Hintergrund der neueren urheberrechtlichen Entwicklungen, in Woher kommt das Urheberrecht und wohin geht es (ÖSGRUM 7/1988) 238.

[381] Vgl auch Art L 321-9 franz CPI, allerdings hier nicht für soziale Zwecke.

[382] Siehe zur Sozialbindung des Folgerechts auch *Walter* Vor Artikel 1 Rz 11 und Art 6 Rz 4 Folgerecht-RL (Gemeinsamer Standpunkt).

(A) Äußerer Kontrahierungszwang

Die Probleme, die der Kontrahierungszwang der Verwertungsgesellschaft gegenüber dem Rechteinhaber mit sich bringt, wurden oben erörtert. Zu behandeln ist aber auch der Kontrahierungszwang im Verhältnis zum Nutzer, wobei der Abschlusszwang in Verbindung mit einer Verwertungsgesellschaftenpflicht je nach Ausgestaltung im Ergebnis einer Zwangslizenz nahekommen kann.

Nach **deutschem Recht** (§ 11 dUrhWG) ist die Verwertungsgesellschaft verpflichtet, auf Grund der von ihr wahrgenommenen Rechte auf Verlangen zu angemessenen Bedingungen Nutzungsrechte einzuräumen oder Bewilligungen zu erteilen. Zwar ließe sich argumentieren, dass § 11 dUrhWG im Hinblick darauf überflüssig ist, dass sich der Abschlusszwang der Verwertungsgesellschaften ohnehin schon aus § 26 Abs 2 dGWB ergibt. Dennoch wollte der Gesetzgeber im Interesse der Allgemeinheit den Zugang zu Werken und Leistungen durch eine spezifische Sonderregel erleichtern. Die Tragweite des Abschlusszwangs ist im deutschen Recht nicht ganz unumstritten. Während *Fromm/Nordemann* noch in der 3. Auflage ihres Kommentars die Meinung vertraten, dass sich die Verwertungsgesellschaft nicht auf berechtigte Interessen, die gegen den Abschluss eines Nutzungsvertrages sprechen, berufen kann, rückten diese Autoren in den folgenden Auflagen von dieser Auffassung ab. Danach können Verwertungsgesellschaften berechtigte Interessen gegen den Abschluss eines Vertrags mit einem Nutzer ins Treffen führen, etwa wenn dieser ein notorischer Rechtsbrecher ist oder der Urheber für bestimmte Werke sein Rückrufsrecht wegen gewandelter Überzeugung (§ 42 dUrhG) ausgeübt hat; in solchen Fällen wäre eine Verweigerung des Vertragsabschlusses gerechtfertigt[383]. Nach anderer Auffassung gilt der Abschlusszwang absolut, lässt also die Berufung auf berechtigte Interessen nicht zu[384]. Flankierend zum Abschlusszwang gilt die Bestimmung des § 11 Abs 2 dUrhWG, wonach eine Nutzung dann zulässig ist, wenn der Nutzer die geforderte Vergütung unter Vorbehalt zahlt oder hinterlegt. „Dies ist nötig, um der Gesellschaft die Möglichkeit zu nehmen, durch Hinauszögern der Nutzungserlaubnis einen Druck auf den Verwerter zur Anerkennung der von ihr verlangten Vergütung auszuüben.“[385]

Auch das **österr VerwGesG** verpflichtet Verwertungsgesellschaften ganz allgemein, den Veranstaltern von öffentlichen Vorträgen, von konzertmäßigen Aufführungen und von Rundfunksendungen die Erlangung der dazu erforderlichen Werknutzungsbewilligungen gegen angemessenes Entgelt tunlichst zu erleichtern (§ 3 Abs 2 VerwGesG), verankert den Kontrahierungszwang aber nicht ausdrücklich. Eine § 11 Abs 2 dUrhWG entsprechende Regelung findet sich aber in § 26 VerwGesG. Danach muss dem Veranstalter die Werknutzungsbewilligung erteilt werden, wenn er eine der Höhe des von der Verwertungsgesellschaft verlangten Entgelts entsprechende Sicherheit leistet, und der Vertragsabschluss nur an der Höhe des Entgelts scheitert. Auch hier wird die Bestimmung damit begründet, den Veranstalter aus der Zwangslage zu befreien, sich dem Preisdiktat einer Verwertungsgesellschaft unterwerfen zu müssen[386].

---

[383] *Fromm/Nordemann,* Urheberrecht[9] § 11 dUrhWG Rz 2.

[384] *Reinbothe* in *Schricker,* Kommentar[2] § 11 dUrhWG Rz 8.

[385] *Hubmann/Rehbinder,* Urheber- und Verlagsrecht[8] (1995) 269.

[386] Vgl ErlRV öVerwGesG bei *Dillenz,* Materialien 22.

Das **schweizerische Urheberrecht** kennt keinen vergleichbaren Kontrahierungszwang, was damit begründet wird, dass möglichst selten der Boden des Privatrechts verlassen werden sollte[387]. Bei den Beziehungen zwischen Verwertungsgesellschaft und Nutzern steht der Tarif im Mittelpunkt (§§ 46 und 47 schweiz UrhG). Nach Statuten und Praxis der schweizerischen Verwertungsgesellschaften können einzelne Bezugsberechtigte bestimmte Nutzungen aber nicht ausnehmen. Dem Nutzer steht deshalb auch in der Schweiz grundsätzlich das gesamte Repertoire einer Verwertungsgesellschaft zu den von der Schiedskommission genehmigten Tarifen zur Verfügung. Insofern ist im Ergebnis kaum ein Unterschied zu der Rechtslage in Deutschland und Österreich zu erkennen.

Art 142 Abs 1 lit a des spanischen UrhG verpflichtet Verwertungsgesellschaften, die Verträge mit jedem Nutzer abzuschließen, wenn nicht berechtigte Gründe entgegenstehen. Nach britischem Recht (Art 121 CDPA 1988) kann der Nutzer eine Nutzungserlaubnis beim *Copyright Tribunal* einfordern, wenn die beabsichtigte Nutzung unter ein *„licensing scheme"* (Tarif) fällt.

57 **Zusammenfassend** kann zur Frage des Kontrahierungszwangs gegenüber dem Nutzer festgehalten werden, dass mehrere Rechtsordnungen einen Kontrahierungszwang ausdrücklich vorsehen, während in anderen von einem faktischen Kontrahierungszwang auszugehen ist, der auch auf anderen gesetzlichen Grundlagen als dem Urheber- und Verwertungsgesellschaftenrecht beruhen kann. Die Frage des Kontrahierungszwangs im Verhältnis zum Nutzer verlangt deshalb in besonderem Maß eine Harmonisierung. Das wird etwa an der Gebührendifferenzentscheidung des EuGH[388] deutlich, die eine „Nachlizenzierung" von im Ausland bereits lizenzierten Tonträgern abgelehnt hat. Bemerkenswert hieran ist, dass die Lizenzierung der Tonträger in diesem Fall in Großbritannien erfolgte, wo eine gesetzliche Lizenz anwendbar war, und der übliche Lizenzsatz von 6,25 % des Einzelverkaufspreises deutlich unter dem in Kontinentaleuropa auf Grund ausgehandelter vertraglicher Vereinbarungen üblichen lag. Eine Harmonisierung der Grundregeln der Beziehungen zwischen Verwertungsgesellschaft und Nutzer ist vor dem Hintergrund dieser Entscheidung nötiger denn je, um eine Wettbewerbsverzerrung durch eine gezielte Wahl des Orts der Lizenzierung auszuschließen.

(B) Gesamtverträge und Tarife

58 Handelt es sich um gleichförmige, massenhafte und gegebenenfalls dem Kontrahierungszwang unterliegende Nutzungen, ist es naheliegend, für diese Nutzungen **Tarife** zu erstellen, wie dies im deutschen (§ 13 dUrhWG), österreichischen (§§ 6ff und 25 öVerwGesG), schweizerischen (Art 46 und 47 schweiz UrhG), englischen (§§ 116ff CDPA 1988) und spanischen Recht (Art 142 Abs 1 lit b und lit c span UrhG) der Fall ist.

59 Abschluss und Inhalt von Gesamtverträgen und Satzungen sind in den einzelnen Rechtsordnungen unterschiedlich geregelt, was hier nicht näher erörtert werden

[387] *Barrelet/Egloff* 209.

[388] EuGH 20.01.1981 – „Gebührendifferenz II". Siehe dazu auch *Daum* oben 3. Kapitel Ausübung des Urheberrechts, Europäisches Kartellrecht und freier Waren- und Dienstleistungsverkehr Rz 27.

soll. Allen Rechtsordnungen gemeinsam ist aber das Bestreben, bestimmte Nutzungsbereiche ähnlich wie bei Tarif- bzw Kollektivverträgen durch **Gesamtverträge** zu regeln, sodass die Bestimmungen des Gesamtvertrags in die einzelnen Nutzungsverträge einfließen. Die autonomen oder durch Gesamtverträge festgelegten Tarife der Verwertungsgesellschaften orientieren sich an dem allgemeinen Grundsatz, dass Urheber und Leistungsschutzberechtigte am wirtschaftlichen Ertrag der Nutzung ihrer Werke oder Leistungen möglichst zu beteiligen sind. Durch Anknüpfung an Tatbestandsmerkmale wie Größe des Veranstaltungslokals, Eintrittspreis, Kategorie eines Lokals, Größe und Reichweite eines Senders, Preise eines Tonträgers wird sichergestellt, dass diesem Prinzip auch Rechnung getragen wird. Gleichzeitig wird eine Diskriminierung einzelner Veranstalter durch die einheitliche Gestaltung von Gesamtverträgen und Tarifen ausgeschlossen. Problematisch ist das Verhältnis zu Außenseitern, auf welche die Bestimmungen von Gesamtverträgen an sich nicht anwendbar sind, weil sie keine Mitglieder der Nutzerorganisation sind, die den Gesamtvertrag abgeschlossen hat. Im Hinblick auf die für die Verwertungsgesellschaft mit Gesamtverträgen verbundene Kostenersparnis wird in solchen Fällen eine „Gebührendifferenz" zu berücksichtigen sein. Auf der anderen Seite darf diese Gebührendifferenz nicht so hoch sein, dass damit aus wirtschaftlicher Sicht *de facto* ein „Anschlusszwang" verbunden ist.

(C) Schiedsstellen, Schiedskommissionen und sonstige Schlichtungsinstanzen

Eine notwendige Ergänzung zum System der Gesamtverträge und Tarife sind **60**
Streitbeilegungs- und Tariffestsetzungsinstanzen außerhalb der ordentlichen Gerichtsbarkeit. Mit solchen Einrichtungen soll sichergestellt werden, dass im Fall der Nichteinigung über neue und Streit über bestehende Tarife bzw sonstige Vertragsbedingungen in Gesamtverträgen eine sachkundige Instanz mit konziliatorischem Element rasch entscheiden kann. Auf die verschiedenartige Zusammensetzung und die Verfahrensvorschriften solcher Streitbeilegungsinstanzen kann hier nicht näher eingegangen werden[389].

Zusammensetzung und Verfahren dieser Instanzen sind unterschiedlich geregelt. Eine Harmonisierung erscheint wünschenswert. Als Vorbild könnte die Satelliten- und Kabel-RL dienen, wenngleich die in Art 11 enthaltenen Vorgaben nur eine rudimentäre Skizze eines Vermittlungsverfahrens enthält. Art 12 Satelliten- und Kabel-RL sieht darüber hinaus unter dem Titel „Verhinderung des Mißbrauchs von Verhandlungspositionen" eine Stelle vor, die im Fall der Verweigerung der Genehmigung ohne stichhaltigen Grund oder zu unangemessenen Bedingungen zuständig ist. Es kann also für eine Europäische Harmonisierung auf die Ansätze in dieser Richtlinie zurückgegriffen werden.

2.3. Aufsicht über Verwertungsgesellschaften

Abgesehen von sonstigen national unterschiedlichen Systemen des Aufsichts- **61**
rechts, die nach Kartell- oder Wettbewerbsrecht oder entsprechend der Rechts-

[389] Vgl dazu ausführlich *Katzenberger* in *Hilty* 13f und *Dillenz*, JCoprSoc 34 (1986/87) 193ff.

form der jeweiligen Verwertungsgesellschaft bestehen mögen, steht hier die **spezifische Aufsicht** über Verwertungsgesellschaften im Vordergrund. In den meisten Mitgliedstaaten der Europäischen Union besteht eine staatliche Gründungskontrolle für Verwertungsgesellschaften. Diese kann sich von der Festlegung der Rechtsform (zB nach Art L 321-1 franz CPI) bis zur völligen Freigabe der Rechtsform erstrecken. So erklärt etwa § 1 Abs 4 Satz 2 dUrhWG die Vorschriften über Verwertungsgesellschaften auch auf Einzelpersonen anwendbar. Wie *Katzenberger*[390] gezeigt hat, ist dies nicht bloß von theoretischem Interesse. So wurde ein Bewerber um Erteilung der Erlaubnis, als Verwertungsgesellschaft tätig zu sein, nur deshalb abgewiesen, weil er weder über die erforderlichen wirtschaftlichen Grundlagen (kein Telefonanschluss, keine funktionierende Schreibmaschine) verfügte noch persönlich geeignet war, zumal er sich „im wesentlichen nur einer unrealistischen und unfruchtbaren Beschäftigung mit dem Abfassen juristischer Texte und dem Planen ihrer urheberrechtlichen Verwertung hingegeben hat." Im Allgemeinen wird in diesem Zusammenhang auf wirtschaftliche und persönliche Kriterien der Gesellschaft bzw ihrer Gründer oder Organe verwiesen. Auch die fortlaufende Kontrolle ist in den Mitgliedsländern der EU unterschiedlich ausgeprägt. Die Verwertungsgesellschaften trifft in der Regel eine Informationspflicht über alle relevanten Vorgänge. Auch die Interventionsinstrumente, die bis zum Entzug der Betriebsgenehmigung gehen können, sind unterschiedlich ausgestaltet.

62 Als problematisch hat sich in der Praxis die zu geringe Differenzierung des der Aufsichtsbehörde zur Verfügung stehenden **Interventionsinstrumentariums** erwiesen. Zwischen einer – rechtlich unverbindlichen und meist wirkungslosen – Ermahnung und dem stärksten Mittel, dem Entzug der Betriebsgenehmigung, liegt gewöhnlich kein oder nur ein geringer Handlungsspielraum für die Aufsichtsbehörde. Dies ist aus der privatwirtschaftlichen Struktur der Verwertungsgesellschaften zu erklären, die eine direkte Intervention – etwa durch Erteilung von Weisungen an Geschäftsführungsorgane – weitgehend ausschließt. Dadurch stößt auch eine abgestufte Reaktion der Aufsichtsbehörde an diese Grenzen.

Einvernehmen besteht darüber, dass Interventionsmöglichkeiten für die Aufsichtsbehörde bestehen müssen. So wird in Deutschland unter anderem daran Kritik geäußert, dass Filmproduzenten unter den Augen der Aufsichtsbehörde an den Erträgen aus der gesetzlichen Vergütung für die private Ton- und Bildaufzeichnung beteiligt werden[391].

63 Es ist deshalb auch in diesem Bereich eine **Harmonisierung** der Staatsaufsicht über Verwertungsgesellschaften erstrebenswert. Damit sollten die Grundregeln für die Gründungskontrolle und für die fortlaufende Kontrolle vorgegeben werden. Das schließt freilich nicht aus, dass in den Mitgliedsländern eingerichtete Aufsichtsbehörden nach solchen neuen Richtlinien bestehen bleiben und weiterhin für die Aufsicht der Verwertungsgesellschaft zuständig bleiben.

---

[390] *Katzenberger* in *Hilty* 11f. Siehe BayVwGH 16.3.1978 Bl f PMZ 1978, 261.
[391] *Katzenberger*, Vom Kinofilm zum Videoprogramm, in GRUR-FS 1401 (1440f).

2.4. Transnationale Tätigkeit

64 Die Frage, ob Verwertungsgesellschaften auch **im Ausland** tätig werden können, wurde bisher in der Literatur wenig behandelt. Soweit keine Ausnahmen vorgesehen sind (zB Art 45 EGV 1997 [früher Art 55]), gilt im EWR grundsätzlich Niederlassungsfreiheit (Art 43 bis 48 EGV 1997 [früher Art 52 bis 58]) und der freie Dienstleistungsverkehr (Art 50 EGV 1997 [früher Art 60]). Dies führt dazu, dass ausländische Verwertungsgesellschaften aus einem Mitgliedstaat als Erbringer von Dienstleistungen nicht diskriminiert werden dürfen und deshalb grundsätzlich gleich zu behandeln sind[392]. Die Dienstleistungen der Verwertungsgesellschaft bestehen im Inkasso und in der Verteilung von Vergütungen, die für die Nutzung bestimmter Rechte bzw für Vergütungsansprüche anfallen.

65 Soweit durch Sondergesetze, mit welchen die Tätigkeit von Verwertungsgesellschaften geregelt wird, **besondere Anforderungen** an die Ausübung der Tätigkeit in einem Mitgliedstaat gestellt werden, wie etwa im Rahmen einer Gründungskontrolle, ist eine Diskriminierung nicht gegeben, soweit diese Anforderungen in gleicher Weise für Inländer und Ausländer gelten[393]. Voraussetzung für ein Tätigwerden ist deshalb, dass ausländische Unternehmen aus Mitgliedstaaten die im Ausübungsland geltenden gesetzlichen Vorschriften so wie inländische Mitbewerber erfüllen. Sie können ihre Tätigkeit deshalb nicht auf der Grundlage einer Betriebsgenehmigung ihres Heimatlandes in einem anderen Land ausüben.

66 Soweit ersichtlich, ist diese Frage nur in Belgien ausdrücklich geregelt. Nach Art 65 belg UrhG darf eine Gesellschaft, die in dem Mitgliedsland der EU bzw Vertragsstaat des EWR gehörig gegründet worden ist, in welchem sie ihre Tätigkeit als Verwertungsgesellschaft rechtmäßig ausübt, auch in Belgien tätig werden; es gelten für sie aber die Zulassungserfordernisse wie für belgische Gesellschaften (Art 67 belg UrhG). Die Gegenposition nimmt das österr Verwertungsgesellschaftenrecht ein, das Verwertungsgesellschaften ausdrücklich nur verpflichtet, für Rechteinhaber tätig zu werden, die österr Staatsbürger sind oder ihren ordentlichen Wohnsitz im Inland haben (Art II Abs 5 öUrhGNov 1980). Diese Linie wird auch für ausländische Verwertungsgesellschaften konsequent fortgesetzt, wenn § 3 Abs 1 öVerwGesG ausländische Körperschaften von der Erteilung einer Betriebsgenehmigung als Verwertungsgesellschaft ausschließt, indem auf inländische Körperschaften abgestellt wird. Beide Bestimmungen des österr Verwertungsgesellschaftenrechts stehen im Widerspruch zum Europäischen Recht, geht man nicht von einer EU-konformen Auslegung aus.

Im deutschen Recht wurde diese Frage, soweit ersichtlich, bisher nicht behandelt. Eine Entscheidung, die ausländische Verwertungsgesellschaften aus einem Mitgliedstaat von einer Tätigkeit in Deutschland ausschließt, könnte nach § 3 dUrhWG als Verwaltungsakt im Verwaltungsrechtsweg bekämpft werden[394]. Die Ablehnung eines Antrags auf Erteilung der Betriebsgenehmigung einer Ge-

---

[392] Dazu grundlegend EuGH 03.12.1974 – „van Binsbergen“ Rs 33/74 Slg 1974, 1299.

[393] So gelten auch für Banken und Versicherungen Sonderbestimmungen, mit denen Verwertungsgesellschaften insoweit grundsätzlich vergleichbar sind (vgl *Häußer*, FuR 1980, 59).

[394] Näheres bei *Reinbothe* in *Schricker*, Kommentar[2] § 3 dUrhWG Rz 13 und 14.

sellschaft oder einer Einzelperson aus einem EWR-Land nur mit dem Hinweis auf die fremde Staatsangehörigkeit oder den Wohnsitz des Antragstellers außerhalb Deutschlands erscheint allerdings unwahrscheinlich und stünde jedenfalls mit dem Grundsatz der Dienstleistungsfreiheit in Widerspruch.

67 Eine **Harmonisierung** des Verwertungsgesellschaftenrechts in der EU müsste wohl auch diese Frage abschließend regeln. Grundlage einer solchen Regelung sollte nicht das Herkunftslandprinzip sein, sondern die Erfüllung der – dann allerdings harmonisierten – Zulassungsvoraussetzungen in den einzelnen Mitgliedstaaten.

3. Code of Conduct

68 Bei Erörterung der Frage, wie das Recht der Verwertungsgesellschaften in Europa harmonisiert werden soll, wurden schon früher zwei verschiedene Wege aufgezeigt. Die erste Möglichkeit besteht darin, eine Rechtsangleichung herbeizuführen, was allerdings wohl nur mit Hilfe eines Europäischen Rechtssetzungsakts zu realisieren wäre. Der zweite Lösungsweg wäre die Verbesserung und Harmonisierung der Infrastruktur auf freiwilligem Weg durch die Betroffenen selbst[395]. Dieser letztere Weg wurde mit der Erstellung eines „*Code of Conduct of Authors' Societies Members of GESAC*" (COC) im Oktober 1995 von der GESAC (*Groupement Européen des Sociétés d'Auteurs et Compositeurs*) beschritten. Dieser COC wurde mit Schreiben vom 26. Oktober 1995 der Generaldirektion XV vorgelegt. Dieses Dokument entsprang also dem Bemühen der in der GESAC zusammengeschlossenen Verwertungsgesellschaften, die Wahrnehmung von Urheberrechten in Europa zu harmonisieren. Eine inhaltliche Prüfung des COC[396] kann hier unterbleiben, weil der COC von der GESAC in der Zwischenzeit zurückgezogen wurde. Er sei hier deshalb nur aus historischem Interesse erwähnt.

4. Schlussfolgerung für die Harmonisierung

69 Wie aufgezeigt wurde, spielen Immaterialgüter- wie Urheberrechte eine immer größer werdende wirtschaftliche Rolle. Im Gegensatz zu anderen verwandten Rechtsbereichen wie Patent- oder Markenrechte liegt beim Urheberrecht der wirtschaftliche Schwerpunkt bei der massenhaften Nutzung und damit zwangsläufig bei der Verwertungsgesellschaft als Clearingstelle für solche Massennutzungen. Diese Institutionen als „Transporteure von Rechten und Vergütungen" haben große Gestaltungsmöglichkeiten im Rahmen dieses Rechtsverkehrs. Organisation, Struktur und Geschäftspolitik dieser Gesellschaften beeinflussen das Wirtschaftsleben in hohem Maß. Unterschiedliche Ausgestaltungen innerhalb des Europäischen Wirtschaftsraums können zu Wettbewerbsverzerrungen und auch zu Missbräuchen einer marktbeherrschenden Stellung in immer noch weitgehend intakten Teilmärkten der Europäischen Union führen. Es liegt deshalb

---

[395] Vgl *Reinbothe*, Rechtliche Rahmenbedingungen für Verwertungsgesellschaften im Europäischen Binnenmarkt, in *Becker*, Die Verwertungsgesellschaften im europäischen Binnenmarkt (1990) 24.

[396] Siehe dazu *Dillenz*, GRUR Int 1997, 328f.

sowohl im Interesse der Rechteinhaber als auch der Nutzer und im Besonderen eines fairen Wettbewerbs, im Europäischen Wirtschaftsraum die rechtlichen Rahmenbedingungen für die Tätigkeit der Verwertungsgesellschaften zu harmonisieren.

5. Kapitel Charta der Grundrechte

(Bearbeiter: Walter)

I. Text

Artikel 13 Freiheit von Kunst und Wissenschaft

Kunst und Forschung sind frei. Die akademische Freiheit wird geachtet.

Artikel 17 Eigentumsrecht

(1) Jede Person hat das Recht, ihr rechtmäßig erworbenes Eigentum zu besitzen, zu nutzen, darüber zu verfügen und es zu vererben. Niemandem darf sein Eigentum entzogen werden, es sei denn aus Gründen des öffentlichen Interesses in den Fällen und unter den Bedingungen, die in einem Gesetz vorgesehen sind, sowie gegen eine rechtzeitige angemessene Entschädigung für den Verlust des Eigentums. Die Nutzung des Eigentums kann gesetzlich geregelt werden, soweit dies für das Wohl der Allgemeinheit erforderlich ist.

(2) Geistiges Eigentum wird geschützt.

Artikel 51 Anwendungsbereich

(1) Diese Charta gilt für die Organe und Einrichtungen der Union unter Einhaltung des Subsidiaritätsprinzips und für die Mitgliedstaaten ausschließlich bei der Durchführung des Rechts der Union. Dementsprechend achten sie die Rechte, halten sie sich an die Grundsätze und fördern sie deren Anwendung gemäß ihren jeweiligen Zuständigkeiten.

(2) Diese Charta begründet weder neue Zuständigkeiten noch neue Aufgaben für die Gemeinschaft und für die Union, noch ändert sie die in den Verträgen festgelegten Zuständigkeiten und Aufgaben.

Artikel 52 Tragweite der garantierten Rechte

(1) Jede Einschränkung der Ausübung der in dieser Charta anerkannten Rechte und Freiheiten muß gesetzlich vorgesehen sein und den Wesensgehalt dieser Rechte und Freiheiten achten. Unter Wahrung des Grundsatzes der Verhältnismäßigkeit dürfen Einschränkungen nur vorgenommen werden, wenn sie notwendig sind und den von der Union anerkannten dem Gemeinwohl dienenden Zielsetzungen oder den Erfordernissen des Schutzes der Rechte und Freiheiten anderer tatsächlich entsprechen.

(2) Die Ausübung der durch diese Charta anerkannten Rechte, die in den Gemeinschaftsverträgen oder im Vertrag über die Europäische Union begründet sind, erfolgt im Rahmen der darin festgelegten Bedingungen und Grenzen.

II. Proklamation der Grundrechte

1 Bei der Tagung des Europäischen Rats in Köln am 3. und 4. Juni 1999 sind die Staats- und Regierungschefs übereingekommen, eine **Charta der Grundrechte** zu erstellen, die von einem hiermit betrauten Gremium ausgearbeitet werden sollte. Zusammensetzung und Arbeitsweise dieses Gremiums wurden auf der

Tagung des Europäischen Rats am 15. und 16. Oktober 1999 in Tampere präzisiert. Der Entwurf wurde im September 2000 fertiggestellt und anlässlich der Tagung des Europäischen Rats in Nizza (7. bis 11. Dezember 2000 vom Rat, dem Europäischen Parlament und der Kommission gemeinsam verkündet).

Bei der Charta der Grundrechte handelt es sich zunächst nur um eine **Grundsatzerklärung**, mit welchem der Schutz der Grundrechte dadurch gestärkt werden soll, dass sie in einer Charta sichtbar gemacht werden. Die darin festgeschriebenen Grundrechte ergeben sich aus den gemeinsamen Verfassungstraditionen und internationalen Verpflichtungen der Mitgliedstaaten, aus dem Vertrag über die Europäische Union und den Gemeinschaftsverträgen, aus der Europäischen Konvention zum Schutz der Menschenrechte und Grundfreiheiten, aus den von der Gemeinschaft und dem Europarat beschlossenen Sozialchartas sowie aus der Rechtsprechung des Gerichtshofs der Europäischen Gemeinschaften und des Europäischen Gerichtshofs für Menschenrechte (Präambel). **2**

Als Festschreibung der in der Europäischen Union anerkannten Rechte, Freiheiten und Grundsätze kommt der Charta hohe Signalwirkung zu; es handelt es sich aber um **keinen verbindlichen Rechtstext**. Nach der Schlusserklärung der französischen Präsidentschaft in Nizza soll die Frage, ob und gegebenenfalls auf welche Weise die Charta in die Europäischen Verträge aufgenommen werden kann, in Übereinstimmung mit den Beschlüssen bei der Tagung des Europäischen Rats in Köln erst geprüft werden. Die Unionsbürger können sich deshalb derzeit noch nicht unmittelbar hierauf berufen. Die Charta mag aber für die Auslegung des Gemeinschaftsrechts Bedeutung haben. **3**

Nach Erlangen der Rechtsverbindlichkeit wird die Charta der Grundrechte gemäß Art 51 Abs 1 für die Organe und Einrichtungen der Union unter Einhaltung des Subsidiaritätsprinzips, darüber hinaus aber auch für die Mitgliedsstaaten verbindlich. Der **Anwendungsbereich** der Charta ist jedoch auf die Durchführung des Rechts der Union beschränkt und bezieht sich deshalb insbes auf den Schutz des geistigen Eigentums nur insoweit, als dieser gemeinschaftsrechtlich geregelt ist. **4**

III. Schutz des geistigen Eigentums

Von besonderer Bedeutung ist im gegenständlichen Zusammenhang der Umstand, dass der in Art 17 festgeschriebene Schutz des Eigentums nach Abs 2 auch das **geistige Eigentum** umfasst. Der Eigentumsschutz ist zwar kein absoluter, doch sind Einschränkungen in Art 52 Abs 1 verhältnismäßig enge Grenzen gesetzt. Danach kann eine Einschränkung der Ausübung der in der Charta anerkannten Rechte und Freiheiten nur gesetzlich vorgesehen werden (Gesetzesvorbehalt) und muss jedenfalls deren Wesensgehalt geachtet werden. Solche Einschränkungen dürfen unter Wahrung des Grundsatzes der Verhältnismäßigkeit nur vorgenommen werden, wenn sie notwendig sind und den von der Union anerkannten, dem Gemeinwohl dienenden Zielsetzungen oder den Erfordernissen des Schutzes der Rechte und Freiheiten anderer tatsächlich entsprechen. Mit diesem **Substanzschutz** wird der Schutz des geistigen Eigentums zumindest in seinem Wesenskern garantiert, gleichzeitig allerdings – insbes auf das Urheberrecht bezogen – dessen **Sozialbindung** festgeschrieben. **5**

6 Während für den Umweltschutz (Art 37) und den Verbraucherschutz (Art 38) ein **hohes Schutzniveau** ausdrücklich vorgeschrieben wird, fehlt eine entsprechende Bestimmung in Bezug auf den Schutz des geistigen Eigentums, insbes des Urheberrechts, auch in der Charta. Allerdings hält schon ErwG 10 Schutzdauer-RL in Übereinstimmung mit den Initiativen zum Grünbuch 1991 fest, dass die Harmonisierung des Urheberrechts und der verwandten Schutzrechte auf einem hohen Schutzniveau erfolgen muss, da diese Rechte die Grundlage für das geistige Schaffen bilden, und dadurch die Aufrechterhaltung und Entwicklung der Kreativität im Interesse der Autoren, der Kulturindustrie, der Verbraucher und der ganzen Gesellschaft sichergestellt werden kann. Allerdings hat die weitere Entwicklung gezeigt, dass eine Harmonisierung des Urheberrechts auf hohem Niveau zunehmend schwieriger wird. Eine Festschreibung dieses Grundprinzips stellt deshalb weiterhin ein offenes Anliegen dar.

IV. Freiheit von Kunst und Wissenschaft

7 Nach Art 13 sind Kunst und Forschung frei. Mit der Aufnahme des Grundrechts der **Kunstfreiheit** in die Charta wird eine (staatliche) Einflussnahme auf Kunst (und Wissenschaft), insbes eine Zensur untersagt, und die freie künstlerische Entfaltung garantiert. Freilich unterliegt auch diese Grundfreiheit immanenten Grenzen. Eine (gesetzliche) Beschränkung ist jedoch nur unter den Voraussetzungen des Art 52 Abs 1 zulässig und bedarf einer Abwägung der Interessen unter Berücksichtigung des Gemeinwohls und des Schutzes der Rechte und Freiheiten Dritter.

Software-Richtlinie

(Bearbeiter: Blocher/Walter)

Materialien, Rechtsakte und Literatur

I. Materialien

Richtlinienvorschlag der Kommission vom 15. Januar 1989 KOM (88) 816 (endg) – SYN 183, ABl C 91 vom 12.04.1989, 4[1]

Stellungnahme des Wirtschafts- und Sozialausschusses vom 18. Oktober 1989 ABl C 329 vom 30.12.1989, 4

Stellungnahme des Europäischen Parlaments vom 11. Juli 1990 ABl C 231 vom 17.09.1990, 78

Geänderter Richtlinienvorschlag der Kommission vom 18. Oktober 1990 KOM (90) 509 endg – SYN 183 ABl C 320 vom 20.12.1990, 22

Gemeinsamer Standpunkt des Rates vom 13. Dezember 1990 Dok 10652/1/90[2]

Mitteilung der Kommission an das Europäische Parlament vom 18. Januar 1991 betreffend den Gemeinsamen Standpunkt des Rats SEK (91) 87 endg – SYN 183[3]

Entschließung des Europäischen Parlaments zum Gemeinsamen Standpunkt vom 17. April 1991 ABl C 129 vom 20.05.1991, 93

Vorschlag für eine Richtlinie der Kommission über die Angleichung der Rechtsvorschriften betreffend den Schutz von Erfindungen durch Gebrauchsmuster vom 12. Dezember 1997 KOM (1997) 691 ABl C 36 vom 03.02.1998, 13

Stellungnahme des Wirtschafts- und Sozialausschusses vom 27. Mai 1998 CES 792/1998 ABl C 235 vom 27.07.1998, 26

Stellungnahme des Europäischen Parlaments vom 12. März 1999 R4-96/99 ABl C 175 vom 21.06.1999, 5

Geänderter Vorschlag vom 25. Juni 1999 KOM (1999) 309 endg[4] ABl C 248 vom 29.08.2000, 56

Grünbuch über das Gemeinschaftspatent und das Patentschutzsystem in Europa vom 24. Juni 1997 KOM (1997) 314 endg

Folgemitteilung über das Gemeinschaftspatent und das Patentschutzsystem in Europa vom 5. Februar 1999 KOM (1999) 42 endg

Vorschlag für eine Verordnung über das Gemeinschaftspatent vom 1. August 2000 KOM (2000) 412 ABl C 337 vom 28.11.2000, 278

II. Rechtsakte

Richtlinie 91/250/EWG des Rates vom 14. Mai 1991 über den Rechtsschutz von Computerprogrammen ABl L 122 vom 17.05.1991, 42[5]

---

[1] Abgedruckt in GRUR Int 1989, 564 = CR 1989, 450.

[2] Abgedruckt in GRUR Int 1991, 548 = Quellen EG-Recht/III/3a.

[3] Abgedruckt in GRUR Int 1991, 549 = Quellen EG-Recht/III/3b.

[4] Vgl dazu Eingabe der deutschen Vereinigung für GRUR zum geänderten RL-Vorschlag, GRUR 2000, 134.

[5] Siehe auch GRUR Int 1991, 545 = EWS 1991, 183 = Quellen EG-Recht/III/3.

III. Literatur

1. Literatur zur Richtlinie

Benabou, Droits d'auteur et droit communautaire 237

Bensoussan, La protection du logiciel, un an après la loi du 10 mai 1994, RAB 1995/2, 113

Berkvens/Alkemade, Software Protection: The Life after Directive, EIPR 1991, 476

Blocher, Die EG-Richtlinie über den Rechtsschutz von Computerprogrammen, MR 1991, 93

Blocher/Walter, Softwareschutz nach der EG-Richtlinie und nach österreichischem Urheberrecht, EDV & Recht 1992 I 1 (Kurzzitat: *Blocher/Walter*, Softwareschutz)

Blocher/Walter, Anpassungserfordernisse österreichischen Rechts im Hinblick auf die Richtlinie des Rats vom 14. Mai 1991 über den Rechtsschutz von Computerprogrammen (91/250/EWG), in *Koppensteiner* (Hrsg), Österreichisches und europäisches Wirtschaftsprivatrecht 423 (Kurzzitat: *Blocher/Walter*, Anpassungserfordernisse)

Brown/Kempner, Violent Emotions Surge in Brussels over the Impending Changes to Software Copyright Laws, Computer Weekly 19.07.1990, 15

Chalton, Implementation of the Software Directive in the United Kingdom: The Effects of the Copyright (Computer Programs) Regulations 1992, EIPR 1993, 138

Cohen Jehoram/Smulders, Law of the European community, in *Geller/Nimmer*, International Copyright, EC-72ff

Cohen Jehoram, The EC Copyright Directive, Economics and Authors' Rights, IIC 1994, 821

Czarnota/Hart, Legal Protection of Computer Programs in Europe. A Guide to the EC Directive (1991) (Kurzzitat: *Czarnota/Hart,* Legal Protection)

Dreier, Rechtsschutz von Computerprogrammen – Die Richtlinie des Rates der EG vom 14.5.1991, CR 1991, 577

Dreier, Die Internationale Entwicklung des Rechtsschutzes von Computerprogrammen, in *Lehmann,* Rechtsschutz², 31 (Kurzzitat: *Dreier* in *Lehmann*, Rechtsschutz²)

Dreier, The Council Directive of 14 May 1991 on the Legal Protection of Computer Programs, EIPR 1991, 319

Dreier, La directive du Conseil des Communautés européenes du 14 mai 1991 concernant la protection juridique des programmes d'ordinateur, JCP 1991 II 3536

Ehrlich, Comment: Fair Use or Foul Play? The EC Directive on the Legal Protection of Computer Programs and Its Impact on Reverse Engineering, Pace Law Review 1994, 1003

Feral-Schuhl, Droits d'Auteur: Nouveautés et Incertitudes de la Directive Européenne sur la Protection des Programmes d'Ordinateur, Gaz Pal 1992/3, 209

Gaster, Der Erfahrungsbericht zur EG-Computerprogramm-Richtlinie, CR Int 2000, 11

Goldrian, EG-Richtlinienentwurf für den Urheberrechtsschutz von Computerprogrammen, CR 1990, 557

Heymann, Software-Copyright: Richtlinie der EG lässt einige Fragen offen, Computerwoche 1991/22, 58

Heymann, The International Effect of the EU Restrictions On Reverse Engineering, The International Computer Lawyer 2/7 (1994) 15

Holzinger, EG-Richtlinie über den Rechtsschutz von Computerprogrammen, EDVuR 1991, 106

Köhler/Fritzsche, Herstellung und Überlassung von Software im bürgerlichen Recht, in *Lehmann*, Rechtsschutz², 521

Lehmann/Tapper (Hrsg), A Handbook of European Software Law, Part I (1993) – Part II (1995) National Reports (Kurzzitat: *Lehmann/Tapper*, Handbook)
Lehmann (Hrsg), Rechtsschutz und Verwertung von Computerprogrammen² (1993) (Kurzzitat: *Lehmann*, Rechtsschutz²)
Lehmann, Die Europäische Richtlinie über den Schutz von Computerprogrammen, in *Lehmann*, Rechtsschutz², 1
Lehmann, Der wettbewerbsrechtliche Schutz von Computerprogrammen gem § 1 UWG – sklavische Nachahmung und unmittelbare Leistungsübernahme, in *Lehmann*, Rechtsschutz², 383
Lehmann, Der neue Europäische Rechtsschutz von Computerprogrammen, NJW 1991, 2112
Lehmann, Die Europäische Richtlinie über den Schutz von Computerprogrammen, GRUR Int 1991, 327
Lesshafft/D Ulmer, Urheberrechtsschutz von Computerprogrammen nach der Europäischen Richtlinie, CR 1991, 519
Marly, Urheberrechtsschutz für Computersoftware in der Europäischen Union – Abschied vom überkommenen Urheberrechtsverständnis (1995) (Kurzzitat: *Marly*, Urheberrechtsschutz)
Meijboom, The EC Directive on Software Copyright Protection, in *Jongen/Meijboom* (Hrsg), Copyright Software Protection in the EC (1993) 12
Müller, Künftige EG-Richtlinie über Patentierbarkeit von Computerprogrammen, CR Int 2000, 17
Pearson/Miller/Turtel, Commercial Implications of The European Software Copyright Directive, The Computer Lawyer 8/11 (1991) 13
Schlatter, Der Rechtsschutz von Computerspielen, Benutzeroberflächen und Computerkunst, in *Lehmann*, Rechtsschutz², 169
Sucker, EG-Richtlinie über den Rechtsschutz von Computerprogrammen, CR 1990, 811
Vinje, The Development of Interoperable Products under the EC Software Direcitve, The Computer Lawyer 8/11 (1991) 1
Vinje, Die EG-Richtlinie zum Schutz von Computerprogrammen und die Frage der Interoperabilität, GRUR Int 1992, 250
Vivant, Copyrightability of Computer Programs in Europe, in *Meijboom/Preus* (Hrsg), The Law of Information Technology in Europe (1992) 103

2. Sonstige (abgekürzt zitierte) Literatur

Axter/Axter, Die Urheberrechtsfähigkeit von Rechenprogrammen, BB 1967, 606
Becker, Die digitale Verwertung von Musikwerken aus der Sicht der Musikurheber, in *Becker/Dreier* (Hrsg), Urheberrecht und digitale Technologie, UFITA-SchrR Bd 121 (1994) 45 (Kurzzitat: *Becker* in *Becker/Dreier* (Hrsg), Digitale Technologie)
Berger, Zum Erschöpfungsgrundsatz beim Vertrieb sog „OEM"-Software, NJW 1997, 300
Blocher, Der Schutz von Software im Urheberrecht (1989) (Kurzzitat: *Blocher*, Schutz von Software)
Brandi-Dohrn, Softwareschutz nach dem neuen deutschen Urheberrechtsgesetz, BB 1994, 658
Buchner, Der Schutz von Computerprogrammen und Know-how im Arbeitsverhältnis, in *Lehmann*, Rechtsschutz², 69
Dreier, Perspektiven einer Entwicklung des Urheberrechts, in *Becker/Dreier* (Hrsg), Urheberrecht und digitale Technologie, UFITA-SchrR Bd 121 (1994) 123 (Kurzzitat: *Dreier* in *Becker/Dreier* [Hrsg], Digitale Technologie)

Dreier, Verletzung urheberrechtlich geschützter Software nach der Umsetzung der EG-Richtlinie, GRUR 1993, 781

Erdmann/Bornkamm, Schutz von Computerprogrammen – Rechtslage nach der EG-Richtlinie, GRUR 1991, 877

Ertl/Wolf, Die Software im österreichischen Zivilrecht (1991) (Kurzzitat: *Ertl/Wolf*, Software im österr Zivilrecht)

v Gamm, Der urheber- und wettbewerbsrechtliche Schutz von Rechenprogrammen, WRP 1969, 97

Graham/Zerbe, Economically Efficient Treatment of Computer Software: Reverse Engineering, Protection, and Disclosure, Rutgers Computer & Tech LJ 61 (1996) 21/1

Haberstumpf, Das Software-Urhebervertragsrecht im Lichte der bevorstehenden Umsetzung der EG-Richtlinie über den Rechtsschutz von Computerprogrammen, GRUR Int 1992, 715

Haberstumpf, Der Ablauf eines Computerprogramms im System der urheberrechtlichen Verwertungsrechte, CR 1987, 411

Haberstumpf, Der urheberrechtliche Schutz von Computerprogrammen, in *Lehmann*, Rechtsschutz², 69

Haberstumpf, Grundsätzliches zum Urheberrechtsschutz von Computerprogrammen nach dem Urteil des Bundesgerichtshofs vom 9. Mai 1985, GRUR 1986, 224

Haberstumpf, Zur urheberrechtlichen Beurteilung von Programmen für Datenverarbeitungsanlagen, GRUR 1982, 142

Harte-Bavendamm, Wettbewerbsrechtliche Aspekte des Reverse Engineering von Computerprogrammen, GRUR 1990, 657

Herberger, Die Umsetzung der Richtlinie 91/250/EWG über den Rechtsschutz von Computerprogrammen, jur-pc 1993, 2124

Hodik, Der Schutz von Software im österreichischen Recht – Ein Beitrag zum urheberrechtlichen Werkbegriff² (1986) (Kurzzitat: *Hodik*, Schutz von Software)

Hoeren, Zu den Schutzanforderungen an Computerprogramme, CR 1993, 756

Hoeren, Urheberrechtsfähigkeit von Software – die EG-Richtlinie zum Softwareschutz und die Rechtsprechung des Bundesgerichtshofs, CR 1991, 463

Hoeren/Schuhmacher, Verwendungsbeschränkungen im Softwarevertrag. Überlegungen zum Umfang des Benutzungsrechts für Standardsoftware, CR 2000, 137

Holländer, Das Urheberpersönlichkeitsrecht des angestellten Programmierers, CR 1992, 279

Holländer, Ist der Lauf eines Computerprogrammes eine Vervielfältigung im Sinne von § 16 UrhG trotz § 20 UrhG? GRUR 1991, 421

Holländer, Urheberrechtsschutz nur für weit überdurchschnittliche Computerprogramme? CR 1991, 715

Holzinger, Können Objektprogramme urheberrechtlich geschützt sein? GRUR 1991, 366

Jaburek, Das Neue Software Urheberrecht – Praxis-Ratgeber für EDV-Anwender, Entwickler und Händler (1993) (Kurzzitat: *Jaburek*, Software Urheberrecht)

Johnson-Laird, Reverse Engineering of Software: Separating Legal Mythology From Actual Technology, Software Law Journal 1992, 331

Johnson-Laird, Software Reverse Engineering in the Real World, Dayton Law Review 1994, 843

Kochinke, Neue Verleihbestimmungen für Software in den Vereinigten Staaten, CR 1991, 391

Köhler, Der urheberrechtliche Schutz von Rechenprogrammen (1968)

König, Der wettbewerbsrechtliche Schutz von Computerprogrammen vor Nachahmung, NJW 1990, 2233

Lehmann, Das neue deutsche Softwarerecht, CR 1992, 324

Lehmann, Das neue Software-Vertragsrecht – Verkauf und Lizenzierung von Computerprogrammen, NJW 1993, 1822

Lehmann, Urhebervertragsrecht der Softwareüberlassung in FS *Schricker* (1995) 543

Lesshafft/D Ulmer, Urheberrechtliche Schutzwürdigkeit und tatsächliche Schutzfähigkeit von Software, CR 1993, 607

Lietz, Technische Aspekte des Reverse-Engineering – Motivation, Hilfsmittel, Vorgehensweise, Nachweisbarkeit, CR 1991, 564

Loewenheim, Benutzung von Computerprogrammen und Vervielfältigung im Sinne des § 16 UrhG, in FS *v Gamm* (1990) 423 (Kurzzitat: *Loewenheim* in FS *v Gamm*)

Mäger, Der urheberrechtliche Erschöpfungsgrundsatz bei der Veräußerung von Software, CR 1996, 523

Marinos, Der Schutz von Computerprogrammen nach dem neuen griechischen Urheberrechtsgesetz Nr 2121/1993, GRUR Int 1993, 747

Marly, Stellungnahme zum Diskussionsentwurf des Bundesjustizministeriums zur Änderung des Urheberrechtsgesetzes, jur-pc 1992, 1620 und 1652

Moritz, Softwarelizenzverträge – Rechtslage nach der Harmonisierung durch die EG-Richtlinie über den Rechtsschutz von Computerprogrammen, CR 1993, 257, 341 und 414

Moritz/Tybusseck, Computersoftware, Rechtsschutz und Vertragsgestaltung – Eine flächenübergreifende Darstellung nach deutschem und EG-Recht[2] (1992) (Kurzzitat: *Moritz/Tybusseck*, Computersoftware)

Raubenheimer, Softwareschutz nach dem neuen Urheberrecht, CR 1994, 69

Raubenheimer, Vernichtungsanspruch gemäß § 69f UrhG, CR 1994, 129

Raubenheimer, Beseitigung/Umgehung eines technischen Programmschutzes nach UrhG und UWG, CR 1996, 69

Röttinger, Abkehr vom Urheberrechtsschutz für Computerprogramme? IuR 1986, 12

Schneider, Softwarenutzungsverträge im Spannungsfeld von Urheber- und Kartellrecht (1989) (*Schneider*, Softwarenutzungsverträge)

Schneider, Vervielfältigungsvorgänge beim Einsatz von Computerprogrammen, CR 1990, 503

Schricker, Abschied von der Gestaltungshöhe im Urheberrecht, in FS *Kreile* (1995) 715

Schricker, Farewell to the „Level of Creativity“ (Schöpfungshöhe) in German Copyright Law? IIC 1995, 41

Schulte, Der Referentenentwurf eines Zweiten Gesetztes zur Änderung des Urheberrechtsgesetzes – Ausgewählte Auslegungsfragen der EG-Richtlinie über den Rechtsschutz von Computerprogrammen, CR 1992, 588 und 648

Strowel, Das belgische Gesetz vom 30. Juni 1994 über die Computerprogramme – Entwicklung zu einem Urheberrecht sui generis? GRUR Int 1995, 374

Troller, Der urheberrechtliche Schutz von Inhalt und Form der Computerprogramme, CR 1987, 357

Ulmer, Der Urheberschutz wissenschaftlicher Werke unter besonderer Berücksichtigung der Programme elektronischer Rechenanlagen, Bayerische Akademie der Wissenschaften, Sitzungsberichte 1967/1, 15 (Kurzzitat: *Ulmer*, Urheberschutz wissenschaftlicher Werke)

Wiebe, Reverse Engineering und Geheimnisschutz von Computerprogrammen, CR 1992, 134

Williams, Can Reverse Engineering of Software Ever Be Fair Use? Application of Campbell's „Transformative Use" Concept, Washington Law Review 1996, 255
Witte, Eigentumsanspruch und Urheberrecht bei Standardsoftware, DStR 1996, 1049
Zahrnt, Überlassung von Softwareprodukten nach neuem Urheberrecht, CR 1994, 455

Artikel 1 Gegenstand des Schutzes

(Walter)

Übersicht

Text

Artikel 1 Gegenstand des Schutzes

(1) Gemäß den Bestimmungen dieser Richtlinie schützen die Mitgliedstaaten Computerprogramme urheberrechtlich als literarische Werke im Sinn der

Berner Übereinkunft zum Schutz von Werken der Literatur und der Kunst. Im Sinn dieser Richtlinie umfaßt der Begriff „Computerprogramm“ auch das Entwurfsmaterial zu ihrer Vorbereitung.

(2) Der gemäß dieser Richtlinie gewährte Schutz gilt für alle Ausdrucksformen von Computerprogrammen. Ideen und Grundsätze, die irgendeinem Element eines Computerprogramms zu Grunde liegen, einschließlich der den Schnittstellen zu Grunde liegenden Ideen und Grundsätze, sind nicht im Sinn dieser Richtlinie urheberrechtlich geschützt.

(3) Computerprogramme werden geschützt, wenn sie individuelle Werke in dem Sinn darstellen, daß sie das Ergebnis der eigenen geistigen Schöpfung ihres Urhebers sind. Zur Bestimmung ihrer Schutzfähigkeit sind keine anderen Kriterien anzuwenden.

Aus den Erwägungsgründen

ErwG 1 Derzeit ist nicht in allen Mitgliedstaaten ein eindeutiger Rechtsschutz von Computerprogrammen gegeben. Wird ein solcher Rechtsschutz gewährt, so weist er unterschiedliche Merkmale auf.

ErwG 2 Die Entwicklung von Computerprogrammen erfordert die Investition erheblicher menschlicher, technischer und finanzieller Mittel. Computerprogramme können jedoch zu einem Bruchteil der zu ihrer unabhängigen Entwicklung erforderlichen Kosten kopiert werden.

ErwG 3 Computerprogramme spielen eine immer bedeutendere Rolle in einer Vielzahl von Industrien. Die Technik der Computerprogramme kann somit als von grundlegender Bedeutung für die industrielle Entwicklung der Gemeinschaft angesehen werden.

ErwG 4 Bestimmte Unterschiede des in den Mitgliedstaaten gewährten Rechtsschutzes von Computerprogrammen haben direkte und schädliche Auswirkungen auf das Funktionieren des gemeinsamen Marktes für Computerprogramme; mit der Einführung neuer Rechtsvorschriften der Mitgliedstaaten auf diesem Gebiet könnten sich diese Unterschiede noch vergrößern.

ErwG 5 Bestehende Unterschiede, die solche Auswirkungen haben, müssen beseitigt und die Entstehung neuer Unterschiede muß verhindert werden. Unterschiede, die das Funktionieren des Gemeinsamen Marktes nicht in erheblichem Maß beeinträchtigen, müssen jedoch nicht beseitigt und ihre Entstehung muß nicht verhindert werden.

ErwG 6 Der Rechtsrahmen der Gemeinschaft für den Schutz von Computerprogrammen kann somit zunächst darauf beschränkt werden, grundsätzlich festzulegen, daß die Mitgliedstaaten Computerprogrammen als Werke der Literatur Urheberrechtsschutz gewähren. Ferner ist festzulegen, was schutzberechtigt und schutzwürdig ist, und darüber hinaus sind die Ausschließlichkeitsrechte festzulegen, die die Schutzberechtigten geltend machen können, um bestimmte Handlungen zu erlauben oder zu verbieten, sowie die Schutzdauer.

ErwG 7 Für die Zwecke dieser Richtlinie soll der Begriff „Computerprogramm“ Programme in jeder Form umfassen, auch solche, die in die Hardware integriert sind; dieser Begriff umfaßt auch Entwurfsmaterial zur Entwicklung eines Computerprogramms, sofern die Art der vorbereitenden Arbeit die spätere Entstehung eines Computerprogramms zuläßt.

ErwG 8 Qualitative oder ästhetische Vorzüge eines Computerprogramms sollten nicht als Kriterium für die Beurteilung der Frage angewendet werden, ob ein Programm ein Individuelles Werk ist oder nicht.

ErwG 13 Zur Vermeidung von Zweifeln muß klargestellt werden, daß der Rechtsschutz nur für die Ausdrucksform eines Computerprogramms gilt und daß die Ideen und Grundsätze, die irgendeinem Element des Programms einschließlich seiner Schnittstellen zu Grunde liegen, im Rahmen dieser Richtlinie nicht urheberrechtlich geschützt sind.

ErwG 14 Entsprechend diesem Urheberrechtsgrundsatz sind Ideen und Grundsätze, die der Logik, den Algorithmen und den Programmsprachen zu Grunde liegen, im Rahmen dieser Richtlinie nicht urheberrechtlich geschützt.

ErwG 15 Nach dem Recht und der Rechtsprechung der Mitgliedstaaten und nach den internationalen Urheberrechtskonventionen ist die Ausdrucksform dieser Ideen und Grundsätze urheberrechtlich zu schützen.

Kommentar

1. Entstehungsgeschichte

1 Die Entstehungsgeschichte[6] des Art 1 lässt sich bis zum **Grünbuch** zurück verfolgen. Schon dieses hat einen urheberrechtlichen Schutz von Computerprogrammen ins Auge gefasst, einen patentrechtlichen Schutz aber ungeachtet der Ablehnung der Patentfähigkeit von Computerprogrammen für Datenverarbeitungsanlagen „als solche" durch das Europäische Patentübereinkommen 1973 (Art 52 Abs 2 EPÜ) nicht generell ausgeschlossen[7]. Allerdings sei ein patentrechtlicher Schutz wegen des möglichen Fehlens eines technischen Charakters und des für den Patentschutz erforderlichen technischen Fortschritts bzw der Erfindungshöhe fraglich, weshalb ungeachtet des großen Aufwands an Mühen und Kosten ein patentrechtlicher Schutz nicht sicher gewährleistet wäre. Hinzu kamen Vorbehalte im Hinblick auf das erforderliche Patenterteilungsverfahren. Der im Grünbuch propagierte *copyright approach* war im Übrigen im weitesten Sinn zu verstehen und schloss auch eine leistungsschutzrechtliche Regelung ein (Punkt 5.3.4. und 5.5.13.); ein Sonderschutz (*sui generis* Schutz) wurde allerdings im Einklang mit dem damaligen Meinungsstand[8] abgelehnt (Punkt 5.3.5.).

Zu der für den urheberrechtlichen Schutz erforderlichen Originalität wies das Grünbuch darauf hin, dass diese nicht in allen europäischen Urheberrechtsordnungen im gleichen Sinn verstanden werde, wobei das Grünbuch eher das

---

[6] Vgl dazu allgemein *Lehmann* in *Lehmann*, Rechtsschutz^2, 1ff Rz 1 bis 3; zu Art 1 siehe auch *Walter* in *Blocher/Walter*, Anpassungserfordernisse 464ff.

[7] Das Grünbuch 5.3.3. verwies in diesem Zusammenhang insb auf eine Entscheidung der *Cour d'Appel de Paris* PIBD 1981 III 175 und auf die Richtlinien des Europäischen Patentamts vom 06.03.1985.

[8] Vgl dazu etwa den Bericht des WIPO Expertenkommitees zum Schutz von Computerprogrammen vom Juni 1983 (LPCS/11/6) DdA 1983, 243.

Begriffsverständnis des britisch-irischen Urheberrechts zu Grunde legte. Danach ist ein Werk originell, wenn es das Ergebnis der eigenen geistigen Leistung des Urhebers und selbst keine Kopie ist (Punkt 5.6.3.)[9]. Seinerseits schlug das Grünbuch eine an die Definition der Eigenart (Originalität) in der Richtlinie über den Rechtsschutz der Topographien von Halbleitererzeugnissen[10] angelehnte Umschreibung der Originalität vor. Danach ist eine Topographie originell, wenn sie das Ergebnis der eigenen geistigen Tätigkeit ihres Schöpfers und in der Halbleitertechnik nicht alltäglich ist (Art 2 Abs 2).

Der **RL-Vorschlag** sah für Computerprogramme einen urheberrechtlichen Schutz in der Form von Ausschlussrechten vor (Art 1 Abs 1 und 2 sowie Begründung Teil 1 Punkt 3.1. bis 3.15.), wobei alle Ausdrucksformen geschützt sein sollten. Ideen, Grundsätze und Algorithmen sollten aber ebenso frei bleiben wie die Programmlogik und die Programmsprachen (Art 1 Abs 3). Was den Begriff der Originalität anlangt, verwies der RL-Vorschlag auf die allgemeinen urheberrechtlichen Schutzvoraussetzungen (Abs 4 lit a); die Begründung stellte allerdings bloß darauf ab, dass das Programm nicht von anderen übernommen (kopiert) sein darf (Teil 2 Punkt 1.3.); im Übrigen sollten weder ästhetische noch qualitative Maßstäbe angelegt werden. Unter denselben Voraussetzungen waren nach der ausdrücklichen Vorschrift des Abs 4 lit b auch mit Hilfe eines Computers entwickelte Programme geschützt. **2**

Der unter Berücksichtigung der Stellungnahmen des Wirtschafts- und Sozialausschusses und des Europäischen Parlaments **geänderte RL-Vorschlag**[11] enthielt im Wesentlichen schon den endgültigen Richtlinientext. Hinzu kamen die ausdrückliche Einbeziehung auch des Entwurfsmaterials und die explizite Qualifizierung von Computerprogrammen als Werke (der Literatur) im Sinn der Berner Übereinkunft (Art 1 Abs 1 sowie Begründung Teil 1 Punkt 3.8.). Die Bestimmung über die Freiheit von Ideen und Grundsätzen wurde etwas modifiziert; Hinweise auf die der Logik, den Algorithmen und den Programmiersprachen zu Grunde liegenden Ideen und Grundsätze wurden in einen neuen ErwG 14 transferiert. Die Vorschrift über mit Hilfe von Computern entwickelte Programme wurde fallen gelassen, weil man eine Regelung im Hinblick auf die technische Entwicklung für verfrüht hielt (Begründung Art 1 Abs 3). Die wesentlichste Änderung bestand in einer ausdrücklichen Umschreibung des (einzigen) Schutzkriteriums der eigenen geistigen Schöpfung unter Ausschluss aller sonstigen (qualitativen oder ästhetischen) Maßstäbe[12]. Der Vorschlag des **Europäischen Parlaments,** Computerprogramme nur dann zu schützen, wenn sie „insofern **3**

---

[9] Das Grünbuch verwies aber auch darauf, dass in manchen (kontinental-europäischen) Ländern strengere Anforderungen an die Originalität des Werks gestellt werden, wobei auch hier Unterschiede bestünden (5.6.4.). Dabei wurde insb auf die „Inkasso-Programm"-Entscheidung des deutschen BGH 09.05.1985 BGHZ 94, 279 = GRUR 1985, 1041 = CR 1985, 22 = NJW 1986, 192 = IIC 1986, 681 und die „Atari-Centipède II"-Entscheidung der französischen *Cour de Cassation* 07.03.1986 GRUR Int 1986, 478 hingewiesen.

[10] RL 16.12.1986 ABl L 24 vom 27.01.1987, 36.

[11] Vgl auch Gemeinsamer Standpunkt Punkt 4.3.

[12] Die Formulierung stützte sich auf die Begründung RL-Vorschlag Teil 2 Punkt 1.3.; siehe allerdings auch Teil 1 Punkt 2.5., wo von Unterscheidbarkeit die Rede ist.

Originale darstellen, als sie das Ergebnis der kreativen geistigen Leistung ihres Urhebers sind“ (Abänderungsvorschlag Nr 4), wurde in dieser Form nicht übernommen. Dagegen sind die vom Wirtschafts- und Sozialausschuss angesprochenen Definitionselemente jedenfalls sinngemäß in den Richtlinientext eingeflossen. Danach sollten keine ästhetischen, qualitativen oder quantitativen Kriterien angelegt und auch keine bestimmte Höhe der Programmierkunst verlangt werden; die Prüfung sollte sich letztlich darauf beschränken festzustellen, ob Programmteile von anderen Programmen kopiert wurden (Art 1 Abs 4 Punkte 3.3.3.1. bis 3.3.3.3.).

2. Grundsätze der Regelung

4 Die Software-RL entscheidet sich in Art 1 für einen **urheberrechtlichen Schutz** von Computerprogrammen, ohne einen ergänzenden patent-, vertrags- oder wettbewerbsrechtlichen Schutz damit auszuschließen. Damit wurde die seit den Sechzigerjahren geführte Diskussion um die Art des zu gewährenden Softwareschutzes abgeschlossen, der Schutz von Computerprogrammen urheberrechtlich konzipiert und damit in das System der internationalen Urheberrechtskonventionen eingegliedert[13]. Der gewählte *copyright approach* impliziert freilich, dass jeweils nur die konkreten Ausdrucksformen eines Programms, nicht aber die ihm zu Grunde liegenden Ideen und Grundsätze geschützt sind[14]. Dies soll vor allem auch für Schnittstellen *(interfaces)* gelten, womit – im Verein mit den Vorschriften über die Dekompilierung (Art 6) – auch die internationale Standardisierung und die „Interoperabilität“ gefördert werden sollen (ErwG 9). In Verbindung mit dem reduzierten Originalitätsbegriff der Richtlinie soll damit einerseits ein angemessener Schutz gewährleistet werden, auf der anderen Seite aber auch ein ausreichender Spielraum für das unabhängige Schaffen anderer, wenngleich ähnlicher Programme bleiben[15].

5 Mit der ausdrücklichen Qualifizierung von Computerprogrammen als **Werke der Literatur** im Sinn der Berner Übereinkunft soll nicht nur klargestellt werden, dass Computerprogramme literarische Werke sind; es soll damit vor allem auch sichergestellt werden, dass der Inländerbehandlungsgrundsatz der internationalen Konventionen auf Computerprogramme anzuwenden ist[16]. Nach Ansicht der Richtlinienverfasser wiegt allein dieser internationale Aspekt alle möglichen Vorteile eines Sonderschutzes *sui generis* auf.

3. Urheberrechtlicher Schutz

6 Die Richtlinie hat sich für einen möglichst einheitlichen Schutz von Software auf **urheberrechtlicher Grundlage** entschieden und diesem den Vorzug vor einem

---

[13] Vgl *Lehmann* in *Lehmann*, Rechtsschutz², 7f Rz 5.

[14] Vgl Begründung RL-Vorschlag Teil 1 Punkte 3.6. und 3.7. sowie Gemeinsamer Standpunkt 4.3. Siehe auch Art 9 Z 2 TRIPs-Abkommen.

[15] Die Begründung RL-Vorschlag Teil 1 Punkt 3.6. und 3.7. spricht sogar von identischen Programmen.

[16] Begründung RL-Vorschlag Punkt 4.0. sowie Gemeinsamer Standpunkt Punkt 4.3. Siehe auch Art 10 Z 1 TRIPs-Abkommen.

Sonderschutz gegeben (Begründung RL-Vorschlag Punkt 3.8.). Trotz der mit dieser Entscheidung verbundenen Unzulänglichkeiten wurde diese Klarstellung aus der Sicht der Rechtspraxis ebenso begrüßt wie aus internationaler Sicht. Allerdings ist die Gefahr eines systemwidrigen Einflusses auf das traditionelle Urheberrecht nicht zu unterschätzen, doch sollte dem durch sinnvolle Interpretation und entsprechende Differenzierung begegnet werden können. Dies kommt etwa bei der Umsetzung der Richtlinie in Deutschland und Österreich darin zum Ausdruck, dass die für Software vorgesehenen Sondervorschriften in besonderen Abschnitten des UrhG zusammengefasst wurden (§§ 69a bis 69g dUrhG bzw §§ 40a bis 40e öUrhG)[17]. Die Entscheidung der Richtlinie für den urheberrechtlichen Schutz schließt einen ergänzenden Schutz auf anderer Rechtsgrundlage wie Patentrecht, Gebrauchsmusterschutz, Wettbewerbsrecht, Halbleiterschutz, Warenzeichenrecht (Markenrecht), Vertragsrecht oder Schutz von Geschäftsgeheimnissen aber nicht aus; Art 9 Abs 1 Software-RL stellt dies auch ausdrücklich klar.

Die **Problematik** eines urheberrechtlichen Schutzes liegt – von nationalen Be- **7** sonderheiten abgesehen – weniger in Schwierigkeiten einer Einordnung in die eine oder andere Werkkategorie oder in der Funktionalität von Computerprogrammen. Denn die Umschreibung der schützbaren Werke in den nationalen Urheberrechtsgesetzen ist im Wesentlichen eine offene, und der urheberrechtliche Werkbegriff wird ganz allgemein zweckneutral verstanden. Computerprogramme sind aber ihrer Natur nach jedenfalls in der Endstufe nicht darauf gerichtet, die menschlichen Sinne anzusprechen, sie richten sich vielmehr an Datenverarbeitungsanlagen und sind auch nicht als Kunst im objektiven Sinn interpretierbar. Hinzu kommt, dass zahlreiche urheberrechtliche Regelungen für Computerprogramme nicht recht stimmig sind[18]. Im Hinblick auf die von der Richtlinie getroffene Grundsatzentscheidung erübrigt es sich aber, auf diese problematischen Aspekte näher einzugehen.

4. Originalitätsbegriff

4.1. Richtlinientext

Art 1 Abs 3 entspricht in seiner Textierung dem geänderten RL-Vorschlag und **8** bestimmt, dass Computerprogramme geschützt werden, wenn sie **individuelle Werke** in dem Sinn darstellen, dass sie das Ergebnis der „eigenen geistigen Schöpfung ihres Urhebers" sind. Hinzugefügt wird, dass zur Bestimmung ihrer Schutzfähigkeit keine anderen Kriterien anzuwenden sind. Dies wird in ErwG 8 noch unterstrichen, wonach qualitative oder ästhetische Vorzüge eines Computerprogramms nicht als Kriterium für die Beurteilung der Frage der Individualität eines Programms herangezogen werden sollen.

---

[17] Vgl auch Begründung Zweites Änderungsgesetz A.2. bei *M Schulze*, Materialien², 834.

[18] Kritisch etwa auch *Axter/Axter*, BB 1967, 606; *Röttinger*, IuR 1986, 12; *Walter*, MR 1987, 135; *Walter*, Guidebook 11ff; *Walter* in *Blocher/Walter*, Anpassungserfordernisse 475f mwN.

4.2. Entstehungsgeschichte

9 Die gewählte Formulierung entspricht im Wesentlichen dem von der Kommission seit dem Grünbuch vertretenen Konzept, wonach an die Originalität (Individualität) keine hohen Anforderungen zu stellen sind. Für das **Grünbuch** ergibt sich dies aus dem Vorschlag, den Originalitätsbegriff aus der Halbleiter-RL zu übernehmen, wonach Eigenart schon dann gegeben ist, wenn eine Topographie (ein Programm) das Ergebnis der eigenen geistigen Leistung ihres Schöpfers und in der Halbleitertechnik nicht alltäglich ist[19].

10 Waren nach dem Grünbuch alltägliche Programme allerdings noch ausdrücklich vom Schutz ausgeschlossen, verschwindet auch dieser Anklang an die kontinental-europäische Auffassung schon im **RL-Vorschlag**. Zwar verwies der Richtlinientext noch auf die allgemeinen (allerdings noch nicht harmonisierten) Schutzvoraussetzungen für literarische Werke[20], die Begründung stellt aber nur mehr auf die Individualität iS einer eigenen, also nicht kopierten Schöpfung ab (Teil 2 Punkt 1.3.)[21] und schließt ebenso wie die Erwägungsgründe ausdrücklich auch jeden ästhetischen oder qualitativen „Test" aus. Damit stellte sich die Begründung weitgehend auf den Boden der britisch-irischen Auffassung, die nur verlangt, dass keine Kopie vorliegt. Die Haltung der Kommission ist offensichtlich auf die restriktiven Entscheidungen des deutschen BGH in den Fällen „Inkassoprogramm"[22] und „Betriebssystem/Nixdorf"[23] zurückzuführen.

4.3. Originalität nach britischer Auffassung

11 Das britische Recht unterscheidet nicht zwischen Urheberrecht ieS und verwandten Schutzrechten *(neighbouring rights)*. Soweit der *Copyright, Designs and Patents Act* 1988 neben den klassischen Urheberrechten an literarischen, dramatischen, musikalischen und künstlerischen Werken Schutzrechte gewährt, geschieht dies mit Hilfe des Urheberrechts. Solche Urheberrechte sieht der CDPA 1988 etwa für Tonträger *(sound recordings)*, Filme *(films)*, Rundfunksendungen *(broadcasts)*, Kabelsendungen *(cable programs)* und typographische Gestaltungen veröffentlichter Ausgaben *(typographical arrangements of published editions)* vor[24]. Sieht man von den kürzeren Schutzfristen ab, besteht der einzige Unterschied zum Urheberrecht ieS darin, dass für Urheberrechte – einschließlich der ausdrücklich angeführten Computerprogramme (Sec 3 lit b CDPA 1988) – Originalität verlangt wird, an welche aber nur **geringe Anforderungen** gestellt werden.

---

[19] *„Which are commonplace in the software industry"*.

[20] *Verstrynge* in *Lehmann/Tapper,* Handbook I EC-Directive 4, versteht auch den endgültigen Text in diesem Sinn.

[21] Vgl dazu auch *Marly*, Urheberrechtsschutz 119.

[22] BGH 09.05.1985 „Inkassoprogramm" BGHZ 94 , 276 = CR 1985, 22 = GRUR 1985, 1041 = NJW 1986, 192 = IIC 1986, 681.

[23] BGH 04.10.1990 – „Betriebssystem/Nixdorf" CR 1991, 80 = GRUR 1991, 449 (*Betten/v Gravenreuth*) = ZUM 1991, 246 = NJW 1991, 1231 = EDVuR 1991, 7 = MR 1991, 40 = IIC 1991, 723.

[24] Leistungsschutzrechte im eigentlichen Sinn werden ausübenden Künstlern gewährt *(rights in performances)* – Sec 180 bis 212 CDPA 1988.

Seit der noch zum *Copyright Act* 1911 ergangenen Entscheidung *University of London Press v Universal Tutorial Press*[25] ist im britischen Urheberrecht anerkannt, dass der Ausdruck eines Gedankens nicht „originell" oder „neu" sein muss; es genügt für die Annahme der **Originalität** vielmehr, dass das Werk nicht die Kopie eines bestehenden Werks ist und deshalb von seinem Urheber stammt[26]. Diesem Grundgedanken wird seit der Entscheidung *McMillan v Cooper*[27] auch ein Hinweis auf den Schutzzweck des Urheberrechts hinzugefügt, der darin liegt, dass das (urheberrechtlich schützbare) Werk das Ergebnis des Aufwands an Mühe, Fertigkeit und Kosten (*skill, labour and costs*[28]) ist, das sich ein anderer nicht aneignen darf. Insoweit konsequent wird zur Frage der Parallelschöpfungen im britischen Urheberrecht deshalb auch der Standpunkt vertreten, dass Urheber, die unabhängig voneinander ein identisches Werk geschaffen haben, nebeneinander geschützt sind[29]. Allerdings darf nicht übersehen werden, dass in der zuletzt genannten Entscheidung *McMillan v Cooper* auch der Gedanke anklingt, dass das Leistungsergebnis eine gewisse Qualität oder Eigenart (*„some quality or character")* aufweisen muss, die es vom „Rohmaterial", aus dem es geformt ist, unterscheidet[30]. Ähnlich auch das US-amerikanische Urheberrecht, wonach es grundsätzlich ausreicht, dass ein Werk (Programm) nicht banal ist und vom Urheber selbst stammt[31]. 12

4.4. Originalitätsbegriff der Richtlinie und seine dogmatische Einordnung

Wie sich aus der Entstehungsgeschichte der Richtlinie ergibt, diente ihr offensichtlich das britisch-irische Recht als Vorbild. Auch die Richtlinie geht deshalb von einer **reduzierten Originalität** aus[32], die grundsätzlich schon dann vorliegt, 13

---

25 (1916) 2 Ch 601 – Justice *Peterson.*

26 Vgl *Gendreau* in *Gendreau/Nordemann/Oesch*, Copyright and Photographs 286; *Marly*, Urheberrechtsschutz 119; *Tapper* in *Lehmann/Tapper,* Handbook II United Kingdom 5.

27 (1923) LR 51 IND APP 109 – Justice *Adkinson.*

28 Gelegentlich ist von *skill, judgement and labour* oder von *labour, skill and capital* die Rede.

29 *Flint*, A User's Guide to Copyright[3] (1990) 23. Auch diesen Gedanken übernahm die Begründung zum RL-Vorschlag ausdrücklich, wenn das Urheberrecht deshalb als adäquates Schutzinstrument bezeichnet wird, weil es nur die Ausdrucksform eines Werks, nicht aber die ihm zu Grunde liegende Idee schützt, und damit weder den technischen Fortschritt behindert noch jemanden, der ein Computerprogramm unabhängig entwickelt hat, daran hindert, den Nutzen aus seiner Arbeit und Investition zu ziehen (siehe Begründung RL-Vorschlag Teil 1 Punkt 3.6.). Dazu wird auch an anderer Stelle ergänzend darauf hingewiesen, dass (einfache) Programme, auch soweit kein Kopieren erfolgt, einander sehr ähnlich oder diese sogar identisch sein können (Begründung RL-Vorschlag 1. Teil Punkt 2.6.).

30 Vgl dazu etwa *Flint*, A User's Guide to Copyright[3] (1990) 22 f; *Joynson/Hicks*, On UK Copyright Law (1989) 12 ff.

31 Vgl *Dreier* in *Lehmann*, Rechtsschutz[2], 45 Rz 24. Zur *Feist*-Entscheidung des Supreme Court siehe unten Rz 15.

32 So auch *Marly*, Urheberrechtsschutz 105 und 119. Siehe auch *Ellins*, Copyright Law 257ff; *Schricker*, Fairwell to the „Level of Creativity" (Schöpfungshöhe) in German Copyright Law? IIC 1995, 41; *Walter* in *Blocher/Walter*, Anpassungserfordernisse 477f und 479f; *Walter* in *Lehmann/Tapper,* Handbook II Austria 13 ff. Zum Fotourheberrecht auch *Gendreau* in *Gendreau/Nordemann/Oesch*, Copyright and Photographs 286.

wenn das Programm nicht kopiert und daher die eigene geistige Schöpfung seines Urhebers ist. Es ergibt sich dies aber auch aus der endgültigen Textierung („eigene geistige Schöpfung"). Weder ästhetische noch qualitative Maßstäbe dürfen angelegt werden. Es bedarf auch keines Mindestmaßes an Kreativität oder Eigentümlichkeit, weshalb auch einfache Programme geschützt sind. Der Formulierungsvorschlag des Europäischen Parlaments, der auf „kreative geistige Leistungen" abstellen wollte, ist in den endgültigen Richtlinientext nicht eingeflossen.

Dessen ungeachtet sind völlig **alltägliche Programme** nicht geschützt. Es folgt dies aus den wiederholten Hinweisen der RL-Vorschläge auf das Erfordernis eines Aufwands von Mühen und Kosten[33] und der schon im Grünbuch erwähnten Beschreibung der Eigenart (Originalität) in der Halbleiter-RL, die alltägliche Leistungen ausdrücklich vom Schutz ausnimmt. Es folgt dies aber vor allem auch aus dem ausdrücklichen Hinweis des Richtlinientexts darauf, dass es sich um eine „geistige Schöpfung" handeln muss, sowie aus dem Kompromisscharakter der Richtlinie[34]. Was in der Softwaretechnik völlig alltäglich (banal) ist, bedarf weder eines Aufwands an Mühen und Kosten noch einer ins Gewicht fallenden geistigen Leistung. Der Begriff der Alltäglichkeit ist allerdings vorsichtig zu interpretieren; nach den Intentionen der Richtlinie darf diese Untergrenze jedenfalls nicht zur Anwendung von Qualitäts- oder Gestaltungsmaßstäben oder ein Abstellen auf Programmierleistungen führen, die das handwerkliche Durchschnittskönnen eines Programmierers (erheblich) überragen[35].

14 In der Literatur wird der **Kompromisscharakter** der Richtlinie stets besonders hervorgehoben[36]. Dieser kommt in der gewählten Formulierung insoweit zum Ausdruck, als die Aufnahme des Begriffs der **geistigen Schöpfung** dem Formelrepertoire der kontinental-europäischen Urheberrechtsgesetze entspricht, während das Abstellen darauf, dass es sich um die eigene Schöpfung des Urhebers handeln muss, dem britischen Urheberrecht entnommen ist[37]. ME neigt der Kompromiss der Richtlinie eher der britischen Auffassung zu[38], zumal auch die

---

[33] Begründung RL-Vorschlag 1. Teil Punkt 3.6. und 2. Teil Punkt 1.4a (darüber hinausgehend 1. Teil Punkt 2.5.). Dazu wird in der Begründung auch an anderer Stelle ergänzend darauf hingewiesen, dass (einfache) Programme, auch soweit kein Kopieren erfolgt, einander sehr ähnlich oder sogar identisch sein können (Begründung RL-Vorschlag Teil 1 Punkt 2.6.).

[34] Diesen Aspekt bewertet *Marly*, Urheberrechtsschutz 118ff zu wenig, wenn er ausschließlich die britische Auffassung zu Grunde legt. Auch *Marly*, Urheberrechtsschutz 120ff geht aber davon aus, dass Banalprogramme keinen Schutz genießen.

[35] Vgl *Czarnota/Hart*, Legal Protection 44f; *Lehmann* in *Lehmann*, Rechtsschutz[2], 7f Rz 5.

[36] *Dreier*, CR 1991, 578 und FN 23; *Lesshafft/D Ulmer*, CR 1991, 523f.

[37] Siehe dazu etwa die Ausführungen in der erwähnten Entscheidung University of London Press v Universal Tutorial Press (1916) 2 Ch 601: „*... does not require that the expression must be in an original or novel form, but that the work must not be copied from another work – that it should originate from the author.*"

[38] Vgl dazu *Walter* in *Blocher/Walter*, Anpassungserfordernisse 481 f. *Marly*, Urheberrechtsschutz 118ff und *Tapper* in *Lehmann/Tapper*, Handbook II United Kingdom 5, gehen davon aus, dass sich die Richtlinie zur Gänze der britischen Auffassung angeschlossen hat.

Formulierung „geistige Schöpfung" eine differenzierte Interpretation zulässt. Art 1 Abs 3 spricht nur von der „eigenen geistigen Schöpfung" und vermeidet Hinweise auf eine „Eigenpersönlichkeit" des Programms ebenso wie den Ausdruck „Originalität"[39]. Auch die angesprochene Individualität wird ausdrücklich relativiert, wenn diese nur „in dem Sinn" zu verstehen ist, dass es sich um das Ergebnis der eigenen geistigen Schöpfung des Urhebers handeln muss.

Sieht man vom Erfordernis einer **Werk- oder Gestaltungshöhe** ab, wie dies die Richtlinie ohne Zweifel tut[40], sind die Unterschiede zwischen der britisch-irischen und der kontinental-europäischen Auffassung allerdings ungeachtet der unterschiedlichen Ausgangspositionen mE nicht so groß, wie dies gelegentlich angenommen wird. Denn auch das Erfordernis eines Aufwands an *skill and labour* lässt sich im Sinn eines Mindestmaßes an geistiger Tätigkeit und einer – wenn auch reduzierten – Eigenart interpretieren. Es geschieht dies etwa, wenn im britischen Recht *„some quality or character"* verlangt werden[41], und trifft auch für die USA zu, wenn jedenfalls seit der *Feist* – Entscheidung[42] eine mit Mühen *(sweat of the brow)* verbundene Leistung allein noch keinen Urheberrechtsschutz auslöst. Auf der anderer Seite umfasst auch das kontinental-europäische Verständnis der Originalität – gerade in Deutschland und nach der jüngeren Rechtsprechung in Österreich – auch den Schutz der sog „kleinen Münze". Ist ein auch nur geringer Gestaltungsspielraum gegeben, kommt auch nach deutscher und österr Auffassung ein urheberrechtlicher Schutz in Frage; das Vorliegen einer „Werkhöhe" wird ganz allgemein nicht verlangt[43]. 15

5. Werke der Literatur im Sinn der Berner Übereinkunft

5.1. Computerprogramme als Werke im Sinn der Berner Übereinkunft

Mit der Vorgabe, Computerprogramme urheberrechtlich nach den für Werke der Literatur im Sinn der Berner Übereinkunft geltenden Regeln zu schützen, stellt die Richtlinie klar, dass Software in die **klassischen Werkkategorien** einzugliedern ist, und der Schutz nicht durch Schaffung einer neuen Werkgattung „Computerprogramme" vorzusehen ist. Zu erklären ist diese ausdrückliche Regelung aus dem Bestreben der Richtlinie, Software in den Rahmen des Art 2 Abs 1 RBÜ 1967/71 einzufügen und damit nicht nur die Gewährung der **Inländerbehandlung** durch die Mitgliedstaaten der EU sicherzustellen, sondern darüber 16

[39] Siehe dagegen die Formulierungen „persönlich" in § 2 Abs 2 dUrhG oder „eigentümlich" in § 1 Abs 1 öUrhG.

[40] *Dreier*, CR 1991, 578; *Holzinger*, EDVuR 1991, 107f.

[41] Vgl McMillan v Cooper (1923) LR 51 IND APP 109 – Justice *Adkinson*; siehe dazu auch *Flint*, A User's Guide to Copyright³ (1990) 22; *Joynson/Hicks*, On UK Copyright Law (1989) 12 ff; *Marly*, Urheberrechtsschutz 87f FN 114 und 104f.

[42] *Supreme Court* Feist Publications v Rural Telephone Service Co 111 S Ct 1282 (1991) = GRUR Int 1991, 933 (*Hoebbel*).

[43] Das Abstellen auf eine „Gestaltungshöhe" für den Schutz von Computerprogrammen in den Entscheidungen des BGH „Inkassoprogramm" und „Betriebssystem" dürfte eher eine Folge der zunächst zurückhaltenden Einstellung des deutschen Höchstgerichts zur Anerkennung der urheberrechtlichen Schutzfähigkeit von Programmen an sich sein.

hinaus auch auf die Auslegung dieses internationalen Vertragsinstruments Einfluss zu nehmen[44]. Dies halten nun auch Art 10 Abs 1 TRIPs-Abkommen[45] und Art 4 WIPO Copyright Treaty 1996 (WCT) ausdrücklich fest[46].

5.2. Computerprogramme als Werke der Literatur

17 Soweit Computerprogramme vor Umsetzung der Software-RL als urheberrechtlich schützbar angesehen wurden, sind sie überwiegend den Werken der Literatur (**Sprachwerken**) zugeordnet worden[47]. Dafür spricht einmal der Umstand, dass bestimmte Vorstufen von Computerprogrammen Sprachwerke sein können, und sich die in Fachsprachen (Programmiersprachen) geschriebenen Programme selbst gleichfalls als Sprachwerke im traditionellen Sinn verstehen lassen, was für den Maschinencode (Object Code) allerdings nicht gleichermaßen nahe liegt[48]. Manche Programmvorstufen können aber auch in der Form wissenschaftlich-technischer Darstellungen oder als bildliche Darstellungen (Grafiken) auftreten, was wieder eine Einordnung in besondere Werkkategorien[49] oder in die Kategorie der Werke der bildenden Künste rechtfertigen würde.

18 Im Hinblick auf den technisch-funktionellen Charakter von Computerprogrammen wäre auch die Vorsehung einer **eigenen Werkkategorie** im Rahmen wissenschaftlicher Werke denkbar gewesen, zumal die Berner Übereinkunft ausdrücklich von „allen Erzeugnissen auf dem Gebiet der Literatur, Wissenschaft und Kunst" spricht (Art 2 Abs 1 RBÜ 1967/71), und auch zahlreiche nationale Urheberrechtsgesetze **wissenschaftliche Werke** ausdrücklich ansprechen, wie etwa die §§ 1 und 2 Abs 1 dUrhG. Im Hinblick auf die ausdrückliche Vorschrift des Art 1 Abs 1 Software-RL erübrigt sich aber eine weitere Diskussion über die Einordnung von Computerprogrammen; sie sind als Werke der Literatur (Sprachwerke) zu schützen. Die Richtlinie wollte offensichtlich das Entstehen von Unsicherheiten vermeiden, die sich aus der Einordnung in eine eigene Werkkategorie hätten ergeben können. Erleichtert wurde diese Entscheidung durch die Einbeziehung auch der Vorstufen von Computerprogrammen und die „Doppelgesichtigkeit" von Software[50].

---

[44] So ausdrücklich auch die Stellungnahme des Wirtschafts- und Sozialausschusses (Punkt 2.2.2.). Vgl *Walter* in *Blocher/Walter*, Anpassungserfordernisse 487 und unten Art 3 Rz 3.

[45] „Computer Programme in Quellcode oder Maschinenprogrammcode werden nach der Berner Übereinkunft (1971) als Werke der Literatur geschützt".

[46] *„Computer programs are protected as literary works within the meaning of Art 2 of the Berne Convention. Such protection applies to computer programs, whatever may be the mode or form of their expression."*

[47] Vgl *Blocher*, Schutz von Software; *Hodik*, Schutz von Software; *Köhler*, Der urheberrechtliche Schutz von Rechenprogrammen 41; *Marly*, Urheberrechtsschutz 111 mwN FN 295.

[48] Vgl dazu etwa *Marly*, Urheberrechtsschutz 111ff.

[49] Vgl etwa in Österreich bildliche Darstellungen in der Fläche oder im Raum wissenschaftlicher oder belehrender Art (§ 2 Z 3 öUrhG) oder in Deutschland Darstellungen wissenschaftlicher oder technischer Art, wie Zeichnungen, Pläne, Karten, Skizzen, Tabellen und plastische Darstellungen (§ 2 Abs 1 Z 7 dUrhG).

[50] Vgl *Haberstumpf* in *Lehmann*, Rechtsschutz², 30ff Rz 30 und 32.

6. Begriff des Programms

6.1. Offenes Begriffsverständnis

Die Richtlinie enthält – von den Klarstellungen in ErwG 7 abgesehen – keine **Definition** der Computerprogramme. Schon der RL-Vorschlag hielt die Aufnahme einer Begriffsbestimmung nicht für ratsam, weil die Gefahr bestünde, dass diese durch die Entwicklung auf dem Gebiet der Informatik rasch überholt sein könnte (Begründung Teil 2 Punkt 1.1.)[51]. Ganz allgemein werden Computerprogramme als Folge von Befehlen verstanden, die dazu dienen, einen Computer zur Ausführung bestimmter Funktionen oder Aufgaben zu veranlassen, und zwar ohne Rücksicht auf die gewählte Form, Sprache oder Notation[52]. Eine ähnliche Umschreibung hatte auch das Europäische Parlament vorgeschlagen (Abänderungsvorschlag Nr 2); danach sollte unter Computerprogramm jede Abfolge von Befehlen zu verstehen sein, die direkt oder indirekt in einem Computersystem verwendet werden, um eine Funktion zu realisieren oder ein bestimmtes Ergebnis zu erzielen, und zwar unabhängig von seiner Ausdrucksform. Auch der geänderte RL-Vorschlag folgte dieser Anregung jedoch nicht und hielt die Aufnahme einer Definition für entbehrlich[53]. **19**

Die Richtlinie legt den Begriff des Computerprogramms bewusst nicht fest, um für weitere Entwicklungen der Informationswissenschaft und -technik offen zu bleiben. Jede Summe von Befehlen (Anweisungen) wird deshalb als Computerprogramm im Sinn der Richtlinie zu verstehen sein, die darauf gerichtet sind, Datenverarbeitungsanlagen (Computer) jeder Art zur Erfüllung bestimmter Funktionen (Aufgaben) zu veranlassen[54]. Dies ungeachtet des verfolgten Zwecks, der verwendeten Mittel und Programmiersprachen, ohne Rücksicht auf die Code- und Ausdrucksform und die (technische) Ausgestaltung der Datenverarbeitungsanlagen (Computer) und gleichviel auch, ob das Programm in selbständiger Form auftritt oder fester (integrierter) Bestandteil der Hardware ist[55]. **20**

---

[51] Siehe auch die Begründung Gemeinsamer Standpunkt bei Punkt 2.

[52] Zum Begriff der Computersoftware vgl ausführlich *Marly*, Urheberrechtsschutz 107ff und *Moritz/Tybusseck*, Computersoftware Rz 2 bis 98. Zu den verschiedenen Definitionen und einer kritischen Auseinandersetzung mit diesen siehe ausführlich auch *Ertl/Wolf*, Software im österr Zivilrecht 11ff.

[53] Siehe auch Gemeinsamer Standpunkt Punkt 2.

[54] Nach den Mustervorschriften der WIPO für den Schutz von Computersoftware (§ 1 Abs 1) ist als „Computerprogramm" eine Folge von Befehlen zu verstehen, die nach Aufnahme in einen maschinenlesbaren Träger fähig sind zu bewirken, dass eine Maschine mit informationsverarbeitenden Fähigkeiten eine bestimmte Funktion oder Aufgabe oder ein bestimmtes Ergebnis anzeigt, ausführt oder erzielt (vgl Copyright 1978, 6 = DdA 1978, 7 = GRUR Int 286 ff).

Nach Sec 101 des US-*Copyright Act* ist ein „Computerprogramm" eine Reihe von Anweisungen oder Befehlen, die dazu bestimmt sind, direkt oder indirekt in einem Computer verwendet zu werden, um ein bestimmtes Ergebnis zu erzielen.

[55] Vgl Begründung RL-Vorschlag Teil 2 Punkt 1.1. und ErwG 7. Siehe auch *Loewenheim* in *Schricker* Kommentar[2] § 69a Rz 4.

6.2. Entwurfsmaterial

21 Einem Vorschlag des Europäischen Parlaments (Abänderungsvorschlag Nr 2) entsprechend stellt Art 1 Abs 1 Satz 2 aber klar, dass der Begriff „Computerprogramm" auch das **Entwurfsmaterial** zu seiner Vorbereitung umfasst[56]. Diese Klarstellung ist wesentlich, weil Vorstufen von Computerprogrammen auch nach den allgemeinen Regeln beurteilt werden könnten. Nach dem Konzept der Richtlinie soll das Entwurfsmaterial aber das Schicksal des lauffähigen Programms (Source Code und Object Code) teilen, was auch sachgerecht erscheint. Auch für die Programmvorstufen gelten deshalb die Sonderregeln für Computerprogramme.

22 Als Entwurfsmaterial sind alle **unmittelbaren Vorstufen** eines Programms zu verstehen, die im Hinblick auf dessen konkrete Ausgestaltung geschaffen werden (Datenflussdiagramm, Beschreibung der Schrittfolgen etc). Leistungen, die zwar im Hinblick auf die Erstellung eines Programms erbracht werden, aber noch nicht auf dessen konkrete Ausgestaltung Bezug nehmen, wie etwa das Pflichtenheft, fallen jedoch nicht darunter[57]. Denn das Pflichtenheft umreißt gewöhnlich nur die Aufgabenstellung eines Programms und erörtert die zu erfüllenden Aufgaben in Verbindung mit der Systemumgebung und den erforderlichen Schnittstellen oder enthält allgemeine Untersuchungen zur Problemlösung[58]. Solche Vorgaben und Aufgabenbeschreibungen sind zwar nicht Teil der unmittelbaren Problemlösung, sie können aber gegebenenfalls als „vorbestehende" Sprachwerke (mit wissenschaftlichem Inhalt) geschützt sein. Die Sonderregeln für Computerprogramme finden hierauf aber keine Anwendung. Keinen Schutz genießen nach allgemeinen Ansicht dagegen bloße Anregungen zu fremdem Werkschaffen[59].

6.3. Integrierte Werke und Programmoberfläche

23 Vom Computerprogramm im eigentlichen Sinn sind die in ein Programm **integrierten Werke** zu unterscheiden, die beim Laufenlassen und Anzeigen eines Programms – automatisch oder über Aufruf – wahrnehmbar werden, wie Texte, Grafiken, Klänge, Lichtbilder, Filmsequenzen etc. Es handelt sich dabei um selbständige sprachliche, optische oder akustische Gestaltungen, die zwar in die Software eingebettet, aber nicht Teil des Computerprogramms sind. Sie können als Werke der bildenden Künste (Zeichnungen und sonstige grafische Gestaltungen), als Sprachwerke (Menütexte, Benutzerführung, Hilfetexte, Mustertexte etc), als bildliche Darstellungen wissenschaftlicher oder belehrender Art (Tabellen etc) oder als Licht- und Laufbilder bzw Filmwerke (zB Trickfilmgestaltungen) unter den allgemeinen Voraussetzungen für sich urheberrechtlich geschützt

---

56 Vgl dazu schon die Begründung RL-Vorschlag 2. Teil Punkt 1.1. Siehe auch Begründung geänderter RL-Vorschlag zu Art 1 und dem neu hinzugefügten ErwG 7.

57 Vgl *Walter* in *Blocher/Walter*, Anpassungserfordernisse 489f; aM *Lehmann* in *Lehmann/Tapper*, Handbook II Germany 7.

58 Vgl etwa *Moritz/Tybusseck*, Computersoftware Rz 135 und 139. ErwG 7 fügt als Bedingung für die Beurteilung des Entwurfsmaterials als Computerprogramm hinzu, „sofern die Art der vorbereitenden Arbeit die spätere Entstehung eines Computerprogramms zulässt".

59 Ungenau daher OGH 28.10.1997 – „Einzigartiges EDV-Programm/Buchhaltungsprogramm" ÖBl 1999, 57 = MR 1998, 66 (*Walter*) = WBl 1998, 181 = GRUR Int 1998, 1008.

sein[60]. Die Sondervorschriften für Computerprogramme sind auf solche bloß integrierte Werke nicht anwendbar; anders als beim Entwurfsmaterial für Computerprogramme würde eine Gleichbehandlung hier auch zu Wertungswidersprüchen führen[61].

Strittig ist dies aber für die sog **Programmoberfläche** (Benutzeroberfläche) ieS, nämlich die Bedienung des Programms, die Art der Informationsausgabe, die Organisation der Dateneingabe und deren Darstellung (*Icons,* Bildschirmmasken, Menüs etc)[62]. Für das äußere Erscheinungsbild wird auch insoweit von einem Schutz nach den allgemeinen urheberrechtlichen Regeln auszugehen sein[63]. Soweit aber die Struktur und Organisation der Benutzeroberfläche und die damit zusammenhängende Steuerung durch die Software Teil des operativen Programms ist, sind die Sonderbestimmungen des Softwareschutzes anzuwenden[64]. **24**

6.4. Benutzerdokumentation

Keinesfalls Programmbestandteil ist dagegen die Computerprogrammen beigegebene Benutzerdokumentation[65] wie Benutzerhandbücher *(Manuals)*, Installations- und Wartungshandbücher, Online-Hilfetexte und sonstige Bedienungsanleitungen. Schon nach dem RL-Vorschlag sollten hierauf die Sonderregeln für Computerprogramme nicht anwendbar sein (Begründung 2. Teil Punkt 1.1.); sie können jedoch nach allgemeinen Gesichtspunkten als Sprachwerke, Werke der bildenden Künste oder bildliche Darstellungen wissenschaftlicher oder belehrender (technischer) Art urheberrechtlichen Schutz genießen[66]. Der Vorschlag des Europäischen Parlaments (Art 1 Abs 2a), neben dem Entwurfsmaterial auch die Benutzerdokumentation und die Bedienungsanleitungen den Regeln für Computerprogramme zu unterwerfen, wurde nicht übernommen[67]. **25**

7. Ideen und Grundsätze – Programminhalt, Programmlogik und Algorithmen

7.1. Ideen und Grundsätze

Nach einem allgemein anerkannten urheberrechtlichen Grundsatz sind **Ideen** als solche, Gedanken an sich, abstrakte Grundkonzepte, Methoden und Systeme **26**

---

[60] Vgl dazu *Blocher*, Schutz von Software 71; ähnlich auch *Raubenheimer*, CR 1994, 70; *Moritz/Tybusseck*, Computersoftware Rz 307 bis 310; *Schlatter* in *Lehmann*, Rechtsschutz², 202f Rz 67 ff.

[61] Vgl *Walter* in *Blocher/Walter*, Anpassungserfordernisse 490.

[62] Zur Begriffsbestimmung vgl *König*, NJW 1990, 2233.

[63] So auch *Loewenheim* in *Schricker* Kommentar² § 69a Rz 7. AA *Marly*, Urheberrechtsschutz 141ff. Auch nach OLG Karlsruhe 13.06.1994 – Bildschirmmasken – GRUR 1994, 726 = NJW 1995, 829 = NJW-RR 1995, 176 = NJW-CoR 1994, 301 = CR 1994, 607 (*Günther*) genießt die Gestaltung von Bildschirmmasken Urheberrechtsschutz nach neuem Recht, also nach den Sondervorschriften für Computerprogramme.

[64] Zur Differenzierung siehe *Raubenheimer,* CR 1994, 70f.

[65] Vgl dazu *Ertl/Wolf*, Software im österr Zivilrecht 24ff; *Loewenheim* in *Schricker* Kommentar² § 69a Rz 6.

[66] Vgl *Moritz/Tybusseck,* Computersoftware Rz 145; *Walter* in *Blocher/Walter*, Anpassungserfordernisse 491.

[67] Vgl Begründung Gemeinsamer Standpunkt Punkt 2.

urheberrechtlich nicht geschützt. Die Richtlinie folgt diesem Verständnis und hält in Art 1 Abs 2 Satz 2 ausdrücklich fest, dass Ideen und Grundsätze, die irgendeinem Element eines Computerprogramms zu Grunde liegen, einschließlich der den Schnittstellen zu Grunde liegenden Ideen und Grundsätze, nicht urheberrechtlich geschützt sind[68]. Nicht die abstrakten Ideen sind urheberrechtlich geschützt, sondern deren Ausformulierung, der (sprachliche) Ausdruck, in den Ideen oder Ideenfolgen gekleidet sind. Nur die „Gestalt gewordene Idee" genießt deshalb urheberrechtlichen Schutz[69].

7.1. Programminhalt, Programmlogik und Algorithmen

27 Nach herrschender und richtiger Ansicht sind auch mathematische Formeln, allgemeine Regeln und Anweisungen, **wissenschaftliche Erkenntnisse** und Theorien als solche urheberrechtlich nicht schützbar[70]. Daraus folgt aber nicht, dass Inhalte stets ungeschützt sind. So ist man sich darin einig, dass etwa die der Phantasie des Schöpfers entspringende „Fabel", der Handlungsablauf, die Story urheberrechtlich geschützt sein können. Bei wissenschaftlichen Werken oder Werken belehrender Art müssen zwar die Fakten, wissenschaftlichen Erkenntnisse, Formeln und Grundsätze frei bleiben, geschützt sind aber nicht nur die sprachliche Gestaltung (Formulierung, Formgebung), sondern auch inhaltlich-strukturelle Elemente. So können die Art und Logik der konkreten Gedankenführung, die systematische Gestaltung (der inhaltliche Aufbau), die Vielfalt und Auswahl der gedanklichen Bezüge, Belege und Anmerkungen (der Anmerkungsapparat), die Auswahl und Reihung der Lösungen und Lösungswege, die gleichsam das gedankliche Gewebe bilden, das den freien Kern der wissenschaftlichen Aussage umlagert[71], urheberrechtlich geschützt sein.

28 Im Zusammenhang mit dem Schutz von Software stellt sich in diesem Zusammenhang vor allem die Frage nach dem urheberrechtlichen Schutz des **Algorithmus**. Darunter versteht man in der Informatik die Gesamtheit der (allgemeinen) Regeln oder Anweisungen, deren Befolgung die Lösung einer bestimmten Aufgabe (Problemstellung) ermöglicht, doch ist die Begriffsbestimmung nicht einheitlich[72]. Meist werden darunter vor allem Verfahrensbeschreibungen einer höherer Allgemeinstufe (Abstraktion) bis hin zu mehr oder weniger abstrakten

---

[68] ErwG 13 unterstreicht diese Aussage nochmals.

[69] Siehe Begründung RL-Vorschlag 2. Teil Punkte 1.2. und 1.3. und geänderter Vorschlag (zu Art 1 Abs 2) sowie Abänderungsvorschlag Nr 3 des Europäischen Parlaments (Art 1 Abs 3). Siehe auch Stellungnahme Wirtschafts- und Sozialausschuss Punkte 3.3.1. bis 3.3.3. Vgl dazu *Loewenheim* in *Schricker* Kommentar[2] § 69a Rz 8f und 12; *Walter* in *Blocher/Walter*, Anpassungserfordernisse 491f. Zur Abgrenzung zwischen Idee und Ausdruck siehe etwa *Haberstumpf* in *Lehmann*, Rechtsschutz[2], 100ff Rz 54 bis 62.

[70] Vgl *Walter*, Guidebook 24; kritisch etwa *Haberstumpf* in *Lehmann*, Rechtsschutz[2], 104ff Rz 63 bis 78.

[71] Dieses Bild stammt von *Ulmer*, Urheberschutz wissenschaftlicher Werke 15f. Siehe auch *Moltke*, Das Urheberrecht an den Werken der Wissenschaft, UFITA-Schriftenreihe 97 (1992) 110 ff.

[72] *Marly*, Urheberrechtsschutz 112ff bezeichnet den Begriff des Algorithmus als geradezu „nebulös".

mathematischen Strukturen verstanden[73]. Nach herrschender Ansicht ist der Algorithmus als abstrakte Idee, Regel bzw Anweisung an den menschlichen Geist oder wissenschaftliche Erkenntnis urheberrechtlich frei[74]. Dies wird als Nachteil des urheberrechtlichen Schutzes gewertet, weil die entscheidende geistige Leistung in der Regel gerade in der (mehr oder weniger abstrakten) Problemlösung und weniger in der Ausformulierung eines Programms (in einer bestimmten Programmiersprache) liegt[75].

29 Ob Algorithmen urheberrechtlich geschützt sein können, hängt maßgebend von dem zu Grunde liegenden Begriffsverständnis ab. Soweit es sich um abstrakte Ideen und Gedanken handelt, wird daran festzuhalten sein, dass diese nicht schutzfähig sind. Handelt es sich aber nicht nur um die allgemeine, abstrakte Beschreibung von Lösungswegen, um bloße Grundsätze und Anweisungen, sondern um inhaltlich gestaltete Strukturen zur Lösung einer konkreten Problemstellung, erscheint ein urheberrechtlicher Schutz nicht ausgeschlossen, auch wenn es sich um eine höhere gedankliche Ebene handelt[76]. Für eine elastische Auslegung spricht auch der Text der Software-RL, der den Schutz von Algorithmen nicht ausdrücklich anspricht und einen gewissen Auslegungsspielraum lässt. Auch in ErwG 14 ist nur von den Ideen und Grundsätzen die Rede, die der Logik, den Algorithmen und den Programmiersprachen „zu Grunde liegen". Damit wird der ungeschützte Algorithmus eher auf einer höheren Abstraktionsstufe angesiedelt. Nur die den Algorithmen zu Grunde liegenden (abstrakten) Ideen und Grundsätze bleiben ungeschützt; der Algorithmus im Sinn des logischen Aufbaus und der Organisation eines konkreten Programms kann dagegen Schutz genießen. So spricht auch die englische Fassung des Richtlinientexts nur davon, dass Logik, Algorithmen und Programmiersprachen „soweit" nicht geschützt sind, als sie aus Ideen und Grundsätzen bestehen[77]. Schließlich weist auch die Entstehungsgeschichte der Richtlinie in diese Richtung. Hatte der RL-Vorschlag (Art 1 Abs 3) Logik, Algorithmus und Programmsprachen noch ausdrücklich vom Schutz ausgeschlossen, wurde die Formulierung im geänderten RL-Vorschlag[78] in dem beschriebenen Sinn modifiziert, wobei diese Passage in der endgültigen Fassung aus Art 1 in die Erwägungsgründe transferiert wurde.

---

[73] Vgl zu den Definitionen *Ertl/Wolf*, Software im österr Zivilrecht 58ff. Siehe auch *Haberstumpf* in *Lehmann*, Rechtsschutz², 84 Rz 26 mwN, der differenzierend von „Entwurfsalgorithmen" spricht.

[74] AM *Haberstumpf*, Computerprogramm und Algorithmus, UFITA 95 (1983) 221; *Haberstumpf*, GRUR 1986, 224; *Haberstumpf* in *Lehmann*, Rechtsschutz², 100 Rz 54 und *Troller*, CR 1987, 357.

[75] Siehe schon *Ulmer*, Urheberschutz wissenschaftlicher Werke 19. Vgl dazu auch *Ertl/Wolf*, Software im österr Zivilrecht 168ff.

[76] *Walter* in *Blocher/Walter*, Anpassungserfordernisse 492ff. Etwas enger wohl *Loewenheim* in *Schricker* Kommentar² § 69a Rz 12.

[77] *„Whereas in accordance with this principle of copyright, to the extent that logic, algorithms and programming languages comprise ideas and principles, those ideas and principles are not protected under this Directive."*

[78] Siehe auch den Abänderungsvorschlag Nr 3 des Europäischen Parlaments. Der Wirtschafts- und Sozialausschuss hatte sogar die gänzliche Streichung verlangt (Stellungnahme Punkte 3.3.2.1. bis 3.3.2.4.).

8. Bearbeitungen, Übersetzungen und Sammlungen

30 Wenngleich Art 1 nicht ausdrücklich auf **Bearbeitungen**, Übersetzungen und Sammlungen Bezug nimmt, sind nach allgemeinen urheberrechtlichen Grundsätzen auch diese urheberrechtlich geschützt, sofern sie originell im Sinn der Richtlinie sind. Es ergibt sich dies für Bearbeitungen (Übersetzungen) schon aus den Vorschriften über das Entwurfsmaterial (Art 1 Abs 1 Ende); denn alle späteren Programmstufen sind aus urheberrechtlicher Sicht jeweils als Bearbeitungen der vorangehenden Entwicklungsphasen (Entwürfe) anzusehen[79]. Es folgt dies aber auch aus der Unbeschadet-Klausel des Art 4 lit b Software-RL, wonach die Übersetzung, Bearbeitung, das Arrangement und andere Umarbeitungen eines Computerprogramms dem Programmschöpfer vorbehalten ist, dies jedoch unbeschadet der Rechte des Bearbeiters. Sofern Programme durch **Sammeln** (Auswahl und Anordnung) – geschützten oder ungeschützten[80] – vorbestehenden Materials (von Programmen oder Programmteilen) entstehen, können auch solche Sammlungen nach den einschlägigen Regelungen der Mitgliedstaaten als Sammelwerke[81], gegebenenfalls als Datenbanken urheberrechtlichen Schutz genießen. Auch der *sui generis* Schutz im Sinn des Art 7 Abs 1 Datenbank-RL kommt für **Programm-Datenbanken** grundsätzlich in Frage. Wie Art 1 Abs 3 Datenbank-RL ausdrücklich klarstellt, erstreckt sich der für Datenbanken vorgesehene Schutz aber nicht auf Computerprogramme, die für die Herstellung oder den Betrieb elektronisch zugänglicher Datenbanken verwendet werden.

9. Computerunterstütztes Werkschaffen

9.1. Computerunterstütztes Werkschaffen

31 Werke, die mit Hilfe von Computern geschaffen werden, genießen nach den allgemeinen Regeln urheberrechtlichen Schutz. Der Computer bzw das eingesetzte Programm dienen dabei nur als **Werkzeug**. Dies gilt etwa für mit Hilfe von Computern (Grafikprogrammen) erstellte Zeichnungen und Grafiken oder für Musikwerke, die mit Computern (Synthesizern, Schlagzeugcomputern etc) geschaffen werden. Im Fall der Verwendung von Computern als Werkzeug ist es nicht zweifelhaft, dass die so geschaffenen Werke urheberrechtlich geschützt sein können[82]. Dabei spielt es keine Rolle, ob der Urheber zu diesem Zweck ein Programm entwirft, mit dessen Hilfe das gedanklich vorgegebene, im Einzelnen determinierte Werk erstellt wird, oder ob ein bestehendes Programm verwendet wird, das einen Gestaltungsspielraum lässt.

32 Probleme besonderer Art entstehen, wenn mit Hilfe von Computerprogrammen Werke geschaffen werden, deren Gestaltung vom Urheber nicht in allen Einzel-

---

[79] Vgl *Walter* in *Blocher/Walter*, Anpassungserfordernisse 495.

[80] Art 2 Abs 5 RBÜ 1967/71 erfasst nur Sammlungen geschützten urheberrechtlichen Materials.

[81] Vgl § 6 öUrhG und § 4 dUrhG. Vgl auch Art 10 Abs 2 TRIPs-Abkommen. Siehe dazu *Walter* in *Blocher/Walter*, Anpassungserfordernisse 495.

[82] Vgl *Schlatter* in *Lehmann*, Rechtsschutz², 211f Rz 88 und 89 mwN; *Walter* in *Blocher/Walter*, Anpassungserfordernisse 496f. Siehe zum musikalischen Bereich auch *Hodik*, Urheberrechtsfragen bei computerunterstützter Musikproduktion, MR 1988/4, 110.

heiten vorgegeben wird. Das konkrete Ergebnis wird dabei in der Regel mit Hilfe eines Zufallsgenerators gesteuert. Während *Kummer*[83] solchen Erzeugnissen unter der Voraussetzung, dass statistische Einmaligkeit gegebenen ist, und sie als Kunstwerke präsentiert werden, urheberrechtlichen Schutz zubilligt, verneinen andere die Schutzfähigkeit solcher Werke[84]. Ein urheberrechtlicher Schutz ist mE anzunehmen, wenn das vom Urheber vorgegebene **Grundmuster** bereits ausreichend konkretisiert ist oder in der vom Urheber selbst vorgenommenen **Auswahl** ein schöpferischer Akt erblickt werden kann, wobei beide Gesichtspunkte auch ineinander greifen können[85].

Werden Werke jedoch **vom Computer** (mit Hilfe entsprechender Software) **33**
ohne das Eingreifen eines gestaltenden Urhebers geschaffen (*Computer generated works* ieS), geht die herrschende Lehre davon aus, dass kein urheberrechtlich schützbares Werk vorliegt[86]. Ein urheberrechtlich relevanter Schaffensvorgang könnte allerdings auch hier in der Auswahl aus einer Vielzahl solcher Ergebnisse liegen.

Was die **Rechtsinhaberschaft** an solchen Werken anlangt, stehen die Rechte an den Programmen jedenfalls dem Programmschöpfer zu, der gelegentlich auch mit dem Urheber des mit Hilfe eines solchen Programms geschaffenen Werks zusammenfallen kann. Urheber des mit Hilfe eines Werkzeug-Programms geschaffenen Werks ist jedenfalls der Anwender und nicht der Programmierer, freilich unbeschadet des Urheberrechts am Programm. Spielen die Vorgaben eines (schützbaren) Grundmusters in einem Werkzeug-Programm und die Beeinflussung bzw Auswahl durch den Anwender eine urheberrechtlich relevante Rolle, wird in der Regel eine getrennte Urheberschaft am „Original" und an der „Bearbeitung" und nicht Miturheberschaft vorliegen[87]. Für vom Computer erzeugte Werke ieS stellt sich mangels eines schützbaren Werks nach herrschender Ansicht die Zuordnungsproblematik nicht. Neue Wege geht insoweit der britische *Copyright Designs and Patent Act* 1988, der das Urheberrecht an solchen Werken dem zubilligt, der die Vorkehrungen zur Schaffung solcher Werke getroffen hat (§§ 9 Abs 3 und 178 CDPA). Die Urheber solcher Programme als solche sind in der Regel nicht Miturheber der mit ihrer Hilfe geschaffenen Werke.

---

[83] Das urheberrechtlich schützbare Werk 184ff.

[84] Vgl etwa *Brutschke*, Urheberrecht und EDV, 47ff; *Möhring*, Können technische, insbes Computer-Erzeugnisse Werke der Literatur, Musik und Kunst sein? UFITA 50 (1967) 835 (840 ff).

[85] So im Wesentlichen schon *Ulmer*, Urheber- und Urhebervertragsrecht³, 128. Vgl *Dreier*, Int Computer Law Adviser, Dezember 1990 / Jänner 1991, 11 (13); *Loewenheim* in *Schricker*, Kommentar² § 2 Rz 12ff; *Schlatter* in *Lehmann*, Rechtsschutz², 214f Rz 94 und 95. Vgl (zum Lichtbildrecht) OGH 01.02.2000 – „Vorarlberg Online" = MR 2000, 167 (*Walter*) = ecolex 2000, 439.

[86] Vgl *Goldstein*, General Report ALAI-Kongress Quebec 1989, 440 (442); *Schlatter* in *Lehmann*, Rechtsschutz², 215 Rz 96. Siehe auch *Walter*, MR 2000, 171.

[87] So im Wesentlichen auch *Schlatter* in *Lehmann*, Rechtsschutz², 215f Rz 98 und 100. Vgl dazu auch *Gervais*, The Protection Under International Copyright Law of Works Created with or by Computers, IIC 1991, 629 (641 ff).

9.2. Computerunterstützte Programmierung

34 Das Gesagte gilt entsprechend für Programme oder Programmteile, die mit Hilfe von Computerprogrammen erstellt werden. So erfolgt die Übersetzung in den Maschinencode heute in der Regel nicht durch den Programmierer, sondern mit Hilfe von **Assemblern, Compilern** oder Interpretern[88]. Sofern beim Einsatz solcher Programme noch Raum für eine eigene geistige Schöpfung bleibt, ist der Programmierer als Urheber dieser Erscheinungsform des Programms (Maschinencode) anzusehen, während der Urheber des Übersetzungsprogramms in der Regel nicht Miturheber des mit dessen Hilfe erstellten Programms (an der erstellten Bearbeitung) wird[89].

Der RL-Vorschlag (Art 1 Abs 4 lit b) hatte in diesem Sinn noch ausdrücklich festgehalten, dass mit Hilfe eines Computers entwickelte Programme unter den in der Richtlinie umschriebenen Bedingungen geschützt sind[90]. Im geänderten RL-Vorschlag wurde diese Bestimmung jedoch gestrichen, weil man sich im Hinblick auf die technische Weiterentwicklung nicht vorzeitig festlegen wollte[91].

Umsetzung in Deutschland und Österreich

1. Deutschland

35 Die deutsche Rechtsprechung **vor Umsetzung der Software-RL** ging einerseits ganz allgemein davon aus, dass für den urheberrechtlichen Schutz ein Mindestmaß an „ästhetischem Gehalt" erforderlich ist[92], wobei dieses Erfordernis vom Reichsgericht ursprünglich für die Abgrenzung zwischen Kunstschutz und Geschmacksmusterschutz entwickelt wurde[93]. Auf der anderen Seite wurde weder eine bestimmte künstlerische Qualität noch eine „Werkhöhe" verlangt[94] und auch einfachsten Produkten des menschlichen Geistes (der sog „kleine Münze") Schutz gewährt[95]. Was den urheberrechtlichen Schutz von Computerprogrammen anlangt, war dieser in der deutschen Rechtsprechung grundsätzlich schon vor dem Grundsatzurteil des BGH im Fall „Inkassoprogramm"[96] anerkannt, wenn ein entsprechender Gestaltungsspielraum gegeben war[97]. In der genannten Entscheidung bestätigte der BGH zwar die urheberrechtliche Schutzfähigkeit

---

[88] Zu den Begriffen siehe *Ertl/Wolf*, Software im österr Zivilrecht 46ff; vgl auch *Moritz/Tybusseck*, Computersoftware Rz 204ff.

[89] Vgl *Walter* in *Blocher/Walter*, Anpassungserfordernisse 496.

[90] Vgl dazu auch Begründung 2. Teil Punkt 1.4.b. Auch der Abänderungsvorschlag Nr 2 des Europäischen Parlaments enthielt eine ähnliche Formulierung.

[91] Vgl Begründung (zu Art 1 Abs 3).

[92] Vgl etwa RG 12.06.1937 – „Stoffmuster" RGZ 155, 199 = *Schulze* RGZ 9 (*Seydel*); BGH 14.12.1954 – „Mantelmodell" BGHZ 16, 4 = GRUR 1955, 445; BGH 23.01.1981 – „Rollhocker" GRUR 1981, 517 = UFITA 92, 190 – uva.

[93] Vgl RG 10.06.1911 – „Schulfraktur" RGZ 76, 339.

[94] Vgl RG seit RG 10.06.1911 – „Schulfraktur" RGZ 76, 339; s BGH 09.12.1958 – „Rosenthal-Vase" BGHZ 29, 62 = *Schulze* BGHZ 53 (*Müller*) = NJW 1959, 882.

[95] Vgl dazu (kritisch) *Schack*, Urheber- und Urhebervertragsrecht Rz 260 ff.

[96] BGH 09.05.1985 „Inkassoprogramm" BGHZ 94 , 276 = CR 1985, 22 = GRUR 1985, 1041 = NJW 1986, 192 = IIC 1986, 681. Siehe dazu auch Begründung Zweites Änderungsgesetz bei *M Schulze*, Materialien[2], 830ff.

[97] Vgl *Marly*, Urheberrechtsschutz 73 mwN.

von Software, verlangte aber das Abheben von bekannten und üblichen Anordnungen, Systemen, Aufbau- und Einteilungsprinzipien sowie das Vorliegen einer das Können eines Durchschnittsprogrammierers überragenden Leistung und führte damit für Software das Erfordernis einer Gestaltungshöhe ein, was im Schrifttum zum Teil heftig kritisiert wurde[98].

Mit dem **Ersten Änderungsgesetz** 1985 wurde die Schutzfähigkeit von Software ausdrücklich anerkannt, indem der Werkkatalog des § 2 dUrhG durch Computerprogramme ergänzt wurde (Abs 1 Z 1)[99]. Während der BGH den Schutz der „kleinen Münze" für andere Werkkategorien ungeachtet seiner „Inkassoprogramm" – Entscheidung weiterhin anerkannte[100], blieb das Höchstgericht für Software aber auch in seiner „Betriebssystem" – Entscheidung bei den strengeren Anforderungen[101]. **36**

Die Software-RL wurde in Deutschland mit dem **Zweiten Änderungsgesetz**[102] 1993 umgesetzt, und zwar in einem eigenen achten Abschnitt betreffend besondere Bestimmungen für Computerprogramme. Art 1 Software-RL wurde dabei im Wesentlichen wörtlich übernommen. Beibehalten wurde zunächst die ausdrückliche Anführung von Computerprogrammen (früher: „Programme für die Datenverarbeitung") in § 2 Abs 1 Z 1 dUrhG, die aber jetzt als Sprachwerke und nicht mehr neben diesen genannt werden. Klargestellt wird weiters richtlinienkonform, dass Computerprogramme in jeder Gestalt geschützt sind, und zwar einschließlich des Entwurfsmaterials (§ 69a Abs 1 dUrhG), und dass der Schutz für alle Ausdrucksformen eines Programms gilt (§ 69a Abs 2 Satz 1). Ausdrücklich festgehalten wird auch, dass die einem Element eines Computerprogramms zu Grunde liegenden Ideen und Grundsätze nicht geschützt sind (§ 69a Abs 2 Satz 2). Eine Abgrenzung im Einzelnen fehlt bewusst[103]. **37**

§ 69a Abs 3 dUrhG enthält auch eine Umschreibung der urheberrechtlichen **Individualität** im Sinn des Art 1 Abs 3 Software-RL, wobei die Unmaßgeblichkeit anderer Kriterien als derjenigen der eigenen geistigen Schöpfung des Urhebers im zweiten Satz im Sinn des ErwG 8 durch einen ausdrücklichen Hinweis auf qualitative oder ästhetische Kriterien ergänzt wird. Die Begründung[104] hält dazu fest, dass nach der Richtlinie auch die „kleine Münze" zu schützen ist, und die bisherige Rechtsprechung des BGH hiermit nicht im Einklang steht. Zu der in **38**

---

[98] Vgl etwa *Holländer*, CR 1991, 715; *Marly*, Urheberrechtsschutz 76ff uva.

[99] Vgl dazu den Bericht des Rechtsausschusses BT-Dr 10/3360, 18.

[100] Vgl BGH 20.11.1986 – „Werbepläne" GRUR 1987, 360 (*Stefan*); 02.07.1987 – „Topographische Landeskarten" GRUR 1988, 33.

[101] BGH 04.10.1990 – „Betriebssystem/Nixdorf" CR 1991, 80 = GRUR 1991, 449 (*Betten/v Gravenreuth*) = ZUM 1991, 246 = NJW 1991, 1231 = EDVuR 1991, 7 = MR 1991, 40 = IIC 1991, 723. Vgl dazu *König*, CR 1991, 584; *Lehmann*, CR 1991, 150; *Moritz/Tybusseck*, Computersoftware 48f.

[102] Vgl dazu *Schulte*, CR 1992, 588 und 648.

[103] Vgl zu all dem Begründung Zweites Änderungsgesetz bei bei *M Schulze*, Materialien², 833ff und 836f. Siehe auch *Loewenheim* im *Schricker*, Kommentar² § 69a Rz 1ff und 8ff.

[104] Begründung Zweites Änderungsgesetz bei bei *M Schulze*, Materialien², 837ff.

der Praxis nach der „Inkassoprogramm“ – Entscheidung des BGH problematischen Darlegungslast wird ausdrücklich darauf hingewiesen, es genüge darzutun, dass ein Programm nicht nur das Werk eines anderen nachahmt. Nur wenn ernsthafte Anhaltspunkte dafür bestehen, dass ein Programm sehr einfach strukturiert ist, könne eine nähere Darlegung des Programminhalts verlangt werden. *Marly*[105] sieht darin wohl zu Recht den reduzierten Originalitätsbegriff der Richtlinie verwirklicht, während andere nach wie vor davon ausgehen, dass sich der Originalitätsbegriff des deutschen UrhG von demjenigen der Richtlinie unterscheidet[106]. Jedenfalls aber werden die Anforderungen an den Urheberrechtsschutz und die damit zusammenhängende Darlegungslast als entscheidend herabgesetzt angesehen[107].

39 Der vom BGH in seiner Entscheidung „Buchhaltungsprogramm“ vom 14. Juli 1993[108] zu prüfende Sachverhalt war zwar noch nach altem Recht zu beurteilen, doch wies der BGH ausdrücklich darauf hin, dass nach § 69a Abs 3 dUrhG geringere Schutzanforderungen zu stellen sind als nach altem Recht. Offen blieben allerdings die Anforderungen an die **Darlegungslast**[109]. Die geringeren Schutzvoraussetzungen kommen nach dem BGH im Hinblick auf die in § 137d Abs 1 dUrhG angeordnete Rückwirkung wohl zu Recht auch „Altprogrammen“ zugute. Allerdings sind frühere Verletzungshandlungen nach altem Recht zu beurteilen; sie können aber in die Zukunft wirkende Unterlassungsansprüche auslösen[110].

2. *Österreich*

2.1. Die ältere Judikatur zum Werkbegriff

40 Die österr Rechtsprechung geht bei der Umschreibung der Schutzvoraussetzungen vom kontinental-europäischen Begriffsverständnis der **Originalität** aus[111]. Die traditionellen Formulierungen umschreiben das urheberrechtlich schützbare Werk als das Ergebnis schöpferischer Geistestätigkeit, das seine Eigenheiten, die es von anderen Werken unterscheidet, aus der Persönlichkeit seines Schöpfers empfangen hat. Nach ständiger oberstgerichtlicher Judikatur muss diese Persönlichkeit im Werk so zum Ausdruck kommen, dass sie ihm den Stempel der

[105] Urheberrechtsschutz 121. So auch *Lehmann*, CR 1992, 324; *Raubenheimer*, CR 1994, 71f; *Ullmann*, CR 1992, 641.

[106] Vgl etwa *Dreier*, CR 1991, 577 und *ders*, GRUR 1993, 782 und FN 17. *Hoeren*, CR 1991, 464 bezweifelt, dass der BGH zur Aufgabe seiner restriktiven Rechtsprechung verpflichtet sein könnte.

[107] Vgl *Dreier*, GRUR 1993, 782; *Erdmann/Bornkamm*, GRUR 1991, 877; *Loewenheim* in *Schricker* Kommentar² § 69a Rz 17 und 20 und 22 (mit Hinweisung auf die jüngere Rechtsprechung); *Ullmann*, CR 1992, 642f.

[108] CR 1993, 752. = GRUR 1994, 39.

[109] Die herrschende deutsche Lehre geht im Anschluss an die Begründung Zweites Änderungsgesetz bei *M Schulze*, Materialien², 838f von einer tatsächlichen Vermutung für die Schutzfähigkeit eines Computerprogramms aus (vgl *Loewenheim* in *Schricker* Kommentar² § 69a Rz 21).

[110] Zur Beurteilung der Entscheidung in der Literatur siehe etwa *Herberger*, jur-pc 1993, 229; *Hoeren*, CR 1993, 756; *Lehmann* CR 1993, 755; *Raubenheimer*, CR 1994, 74f.

[111] Vgl *Walter*, Handbook 13.

Einmaligkeit und der Zugehörigkeit zu seinem Schöpfer aufprägt, also eine aus dem innersten Wesen des geistigen Schaffens fließende Formung vorliegt. Maßgebend ist danach allein die auf der Persönlichkeit seines Schöpfers beruhende Individualität des Werks; die individuelle eigentümliche Leistung muss sich vom Alltäglichen, Landläufigen, üblicherweise Hervorgebrachten abheben. Sie setzt voraus, dass beim Werkschaffen persönliche Züge zur Geltung kommen[112]. Das Vorliegen einer „statistischen Einmaligkeit" allein reicht nach der Rechtsprechung nicht aus[113]. Darüber hinaus aber forderte der OGH – vor allem im Bereich der bildenden Künste – bis in die jüngste Vergangenheit das Vorliegen einer gewissen Werk- bzw Gestaltungshöhe[114].

2.2. Die Wandlung des Werkbegriffs in der jüngeren Judikatur

Schon mit den Entscheidungen „*Happy Skiing*"[115] und „*Willkommen in Innsbruck*"[116], in der erstmals ausdrücklich von der sog „**kleinen Münze**" die Rede war[117], ließ die Rechtsprechung des OGH aber eine Tendenzwende erkennen. Diese Entwicklung hat mit der Entscheidung vom 7. April 1992 – „Bundesheer-Formular"[118] ihren Abschluss gefunden, die das Erfordernis der „Werkhöhe" ausdrücklich aufgibt und nur mehr auf die Unterscheidbarkeit und die objektive Interpretierbarkeit eines Werks als Kunst (im weitesten Sinn) abstellt[119]. Diese **41**

[112] Vgl zu all dem *Walter*, Guidebook 31ff.

[113] Vgl aus der jüngeren Rechtsprechung etwa OGH 10.07.1984 – „Mart Stam-Stuhl I" ÖBl 1985, 24 = MR 1992, 21 (*Walter*) = GRUR Int 1985, 684 = *Schulze* Rsp, Österr 94; 10.12.1985 – „Tagebücher" ÖBl 1986, 27 = MR 1986/2, 20 (*Walter*) = SZ 58/201 = EvBl 1986/120 = GRUR Int 1986, 486; 04.04.1989 – „Gästeurkunde" ÖBl 1990, 88 = MR 1989, 97 (*Walter*) = SZ 62/57; 23.10.1990 – „So ein Tag" ÖBl 1991, 42 = MR 1991, 22 (*Walter*) = ecolex 1991, 184 = WBl 1991, 66 = GRUR Int 1991, 652 = ZUM 1991, 418; 05.11.1991 – „Le Corbusier-Liege" ÖBl 1991, 272 = MR 1992, 27 (*Walter*) = ZfRV 1992, 234 = *Schulze* Rsp, Österr 11 (*Dittrich*) = GRUR Int 1992, 674; 07.04.1992 – „Bundesheer-Formular" ÖBl 1992, 81 = MR 1992, 199 (*Walter*) = WBl 1992, 340 = SZ 65/51 = EvBl 1993/36 = ÖJZ NRsp 1992/183/184 = *Schulze* Rsp, Österr 118 (zust *Dittrich*) = GRUR Int 1993, 565; 16.06.1992 – „Kilian-Lindwurm" ÖBl 1992, 181 = MR 1992, 201 (*Walter*) = ecolex 1992, 712 = *Schulze* Rsp, Österr 120; 18.05.1993 – „Flügelsymbol" ÖBl 1993, 132 = MR 1993, 186 (*Walter*) = ecolex 1993, 688 = WBl 1993, 368; 22.03.1994 – „Wienerwald II" ÖBl 1994, 232 = MR 1994, 120 (*Walter*) = ecolex 1994, 552 = WBl 1994, 314 = RdW 1994,279 = SZ 69/283.

[114] Vgl etwa OGH 01.07.1986 – „Weihnachtslieder" ÖBl 1986, 162 = MR 1986/5, 14 (*Walter*) = JBl 1986, 780 = SZ 59/119 = GRUR Int 1987, 262; 10.07.1984 – „Mart Stam-Stuhl I" ÖBl 1985, 24 = MR 1992, 21 (*Walter*) = GRUR Int 1985, 684 = *Schulze* Rsp, Österr 94.

[115] OGH 12.09.1989 ÖBl 1990, 136 = MR 1989, 210 (*Walter*).

[116] OGH 06.11.1990 ÖBl 1991, 134 = MR 1991, 70 (*Walter*) = ecolex 1991, 183 = WBl 1991, 138 = GRUR Int 1991, 745.

[117] Siehe auch OGH 23.10.1990 – „So ein Tag" ÖBl 1991, 42 = MR 1991, 22 (*Walter*) = ecolex 1991, 184 = WBl 1991, 66 = GRUR Int 1991, 652 = ZUM 1991, 418.

[118] ÖBl 1992, 81 = MR 1992, 199 (*Walter*) = WBl 1992, 340 = SZ 65/51 = EvBl 1993/36 = ÖJZ NRsp 1992/183/184 = *Schulze* Rsp, Österr 118 (zust *Dittrich*) = GRUR Int 1993, 565.

[119] Vgl auch OGH 16.06.1992 – „Kilian-Lindwurm" ÖBl 1992, 181 = MR 1992, 201 (*Walter*) = ecolex 1992, 712 = *Schulze* Rsp, Österr 120 und 18.05.1993 – „Flügelsymbol" ÖBl 1993, 132 = MR 1993, 186 (*Walter*) = ecolex 1993, 688 = WBl 1993, 368; 12.07.1994 – „Glasfenster" ÖBl 1995, 81 = MR 1994, 204 (*Walter*) = ecolex 1994, 691; 11.07. 1995 – „Pfeilgraphik" ÖBl 1996, 56 = MR 1996, 107 (*Walter*) = ecolex 1995, 910 = WBl 1995, 514;

Entwicklung kommt dem reduzierten Originalitätsbegriff der Richtlinie weitgehend entgegen[120].

2.3. Die Urheberrechtsgesetz-Novelle 1993

42 Die Software-RL wurde in Österreich noch vor dem Wirksamwerden des EWR mit 1. Januar 1994 und der mit 1. Januar 1995 vollzogenen Vollmitgliedschaft Österreichs in der EU umgesetzt, und zwar mit **öUrhGNov 1993**[121]. Die Klarstellung, dass Computerprogramme urheberrechtlichen Schutz genießen können, erfolgte auch in Österr durch eine Ergänzung des Katalogs literarischer Werke, wobei Computerprogramme den dort erwähnten **Sprachwerken** an die Seite gestellt werden (§ 2 Z 1 öUrhG). Die Vorsehung einer eigenen Werkart im Rahmen der in § 2 öUrhG umschriebenen Werke der Literatur – neben den Sprachwerken ieS, choreografischen Werken und bildlichen Darstellungen wissenschaftlicher oder belehrender Art – wäre allerdings überlegenswert gewesen[122].

43 Im Übrigen sind die Sonderregeln für Software in einem neuen Abschnitt VIa (Sondervorschriften für Computerprogramme) in den §§ 40a bis 40e öUrhG zusammengefasst. Die Aufnahme dieser Bestimmungen in einen **Sonderabschnitt** soll vor allem die in der Lehre befürchteten Rückwirkungen dieser Sonderregeln auf andere Werkarten verhindern, was in den Erläuterungen in Bezug auf die Anforderungen an den Werkbegriff ausdrücklich festgehalten wird[123].

44 Im Sinn des Art 1 Abs 1 Software-RL wird klargestellt, dass als Computerprogramme alle **Ausdrucksformen** und insbes auch das **Entwicklungsmaterial** anzusehen sind (§ 40a Abs 2 öUrhG); auch auf den Maschinencode wird in diesem Zusammenhang ausdrücklich hingewiesen. Der reduzierte **Originalitätsbegriff** der Richtlinie wird durch eine wörtliche Übernahme des Art 1 Abs 3 Software-RL umgesetzt; ein ausdrücklicher Hinweis auf die Unmaßgeblichkeit anderer, insbes ästhetischer oder qualitativer Kriterien fehlt dagegen, weil dies ohnehin der herrschenden Lehre und Judikatur in Österr entspricht. Der reduzierte Originalitätsmaßstab deckt sich zwar im Wesentlichen mit der derzeit herrschenden Judikatur, unterstreicht aber die geringen Anforderungen an die Originalität und beugt einem eventuellen künftigen Abweichen von der derzeitigen Linie vor[124]. Ungeachtet der identischen Umschreibung der Originalität in Art 6 Schutzdauer-RL hat die öUrhGNov 1996 eine entsprechende Klarstellung

12.03.1996 – „Happy Birthday II" ÖBl 1996, 251 = MR 1996, 111 (*Walter*) = ZfRV 1996, 193; 14.05.1996 – „Hier wohnt" ÖBl 1996, 292 = MR 1996, 241 (*Walter*) = ecolex 1996, 769.

[120] Vgl *Walter* in *Blocher/Walter*, Anpassungserfordernisse 485f; Vgl *Walter*, Handbook 13.

[121] öBGBl 1993/93. Die Neuregelung ist grundsätzlich mit 01.03.1993 in Kraft getreten; dies gilt insb für die Regelungen betreffend Computerprogramme. Zur Erörterung der Anpassungserfordernisse des österr Urheberrechts und detaillierten Formulierungsvorschlägen siehe *Blocher/Walter*, Softwareschutz, jeweils zu den einzelnen Artikeln der Software-RL und 67ff.

[122] Vgl dazu den Vorschlag von *Blocher/Walter*, Softwareschutz 67.

[123] ErlRV öUrhGNov 1993 bei *Dittrich*, Urheberrecht[3], 175.

[124] Vgl *Walter*, Handbook 15f; *Walter* in *Blocher/Walter*, Anpassungserfordernisse 497. So ausdrücklich auch ErlRV 1993 bei *Dittrich*, Urheberrecht[3], 175.

für fotografische Werke jedoch nicht vorgesehen. Die Erläuterungen begründen dies mit der fehlenden Sonderstellung fotografischer Werke, was allerdings nicht überzeugt[125]. Dass **Ideen** und Grundsätze als solche keinen urheberrechtlichen Schutz genießen, entspricht einem allgemein anerkannten urheberrechtliches Prinzip und bedurfte deshalb tatsächlich keiner Umsetzung[126].

Erwähnt sei in diesem Zusammenhang noch eine Besonderheit des österr Rechts. **45** Seit 1994 kennt auch das österr Recht einen bis dahin unbekannten Gebrauchsmusterschutz[127]. Nach § 1 Abs 1 Gebrauchsmustergesetz (öGMG) kann für neue und gewerblich anwendbare Erfindungen, die nach dem Stand der Technik nicht auf der Hand liegen[128], durch Registrierung beim Österr Patentamt ein Gebrauchsmuster erworben werden. Nach der ausdrücklichen Bestimmung des § 1 Abs 1 öGMG ist ein technischer Fortschritt zwar Schutzvoraussetzung, für die erforderliche „Erfindungshöhe" wird jedoch nur ein niedriger Standard vorausgesetzt[129]. Während Computerprogramme „als solche" vom Gebrauchsmusterschutz ebenso ausgeschlossen sind (§ 1 Abs 3 Z 3 und 4 öGMG) wie vom Patentschutz[130], steht der Gebrauchsmusterschutz aber nach der ausdrücklichen Vorschrift des § 1 Abs 2 öGMG für die ihnen zu Grunde liegende „**Programmlogik**" offen. Danach sind Konzepte und Ideen für die Lösung von Problemen bei der Erstellung von Computerprogrammen nach dem öGMG schützbar[131]. Da Art 9 der Software-RL andere Schutzmechanismen als den Urheberrechtsschutz nicht ausschließt, und es sich insoweit nicht um einen Maximalschutz handelt, ist diese Regelung richtlinienkonform.

Artikel 2 Urheberschaft am Programm

(Walter)

Übersicht

Text: Art 2

Kommentar

---

125 Siehe ErlRV 1996 bei *Dittrich*, Urheberrecht³, 12f. Gerade im Hinblick auf das parallele Leistungsschutzrecht des Lichtbildherstellers könnte die Rechtsprechung dazu neigen, den Originalitätsmaßstab für Werke der Lichtbildkunst in Abgrenzung zu einfachen Lichtbildnern höher anzusetzen. Insoweit wollte Art 6 Schutzdauer-RL den aus der Software-RL stammenden Originalitätsbegriff aber auch auf andere Werke (fotografische Werke) übertragen. Siehe dazu *Walter* Art 6 Schutzdauer-RL Rz 7f.

126 Vgl *Walter*, Handbook 10ff.

127 öBGBl 1994/211; vgl dazu ErlRV 1235 Beil Sten Prot NR 18. GP.

128 Zum Neuheitsbegriff siehe § 3 öGMG.

129 Vgl die ErlRV 1235 der Beil Sten Prot NR 18. GP.

130 Der geänderte Gebrauchsmuster-RL-Vorschlag lässt den Gebrauchsmusterschutz für Erfindungen, die sich auf Computerprogramme beziehen, jetzt aber zu. Siehe auch *Walter* Art 9 Rz 2 unten.

131 Vgl *Puchberger/Jakadofsky*, Gebrauchsmusterrecht 21.

Text

Artikel 2 Urheberschaft am Programm

(1) Der Urheber eines Computerprogrammes ist die natürliche Person, die Gruppe natürlicher Personen, die das Programm geschaffen hat, oder, soweit nach den Rechtsvorschriften der Mitgliedstaates zulässig, die juristische Person, die nach diesen Rechtsvorschriften als Rechtsinhaber gilt. Soweit kollektive Werke durch die Rechtsvorschriften eines Mitgliedstaats anerkannt sind, gilt die Person als Urheber, die nach den Rechtsvorschriften des Mitgliedstaats als Person angesehen wird, die das Werk geschaffen hat.

(2) Ist ein Computerprogramm von einer Gruppe natürlicher Personen gemeinsam geschaffen worden, so stehen dieser die ausschließlichen Rechte darauf gemeinsam zu.

(3) Wird ein Computerprogramm von einem Arbeitnehmer in Wahrnehmung seiner Aufgaben oder nach den Anweisungen seines Arbeitgebers geschaffen, so ist ausschließlich der Arbeitgeber zur Ausübung aller wirtschaftlichen Rechte an dem so geschaffenen Programm berechtigt, sofern keine andere vertragliche Vereinbarung getroffen wird.

Kommentar

1. Entstehungsgeschichte

1 Schon das **Grünbuch**[132] hat im Rahmen des vorgeschlagenen urheberrechtlichen Schutzes von Computerprogrammen die Frage angesprochen, wer als Urheber von Dienst- oder Auftragnehmerwerken anzusehen ist (Punkt 5.6.1.). Ins Auge gefasst wurde insoweit eine subsidiäre, bloß im Fall fehlender vertraglicher Vereinbarungen zum Tragen kommende Regelung (Punkte 5.6.24. und 5.8.2.h).

[132] Zur Entstehungsgeschichte siehe auch *Walter* in *Blocher/Walter*, Anpassungserfordernisse 499ff.

Auch in diesem Zusammenhang wurde auf die Halbleiter-RL zurückgegriffen, wonach die Rechte an Halbleitern mangels anderer vertraglicher Vereinbarung dem Dienst- oder Auftraggeber zustehen (Art 3 Abs 2 Halbleiter-RL).

Der ursprüngliche **RL-Vorschlag** ging im Sinn der kontinental-europäischen Auffassung davon aus, dass originärer Inhaber der Rechte an einem Computerprogramm die natürliche Person oder die Gruppe natürlicher Personen ist, die das Programm geschaffen hat (Art 2 Abs 1). Die Begründung (2. Teil Punkte 2.1.) weist ausdrücklich auf das (unverzichtbare) Urheberpersönlichkeitsrecht auf Inanspruchnahme der „geistigen Vaterschaft" an einem Werk hin. Bei in Teamarbeit von mehreren Personen geschaffenen Programmen sollte die Ausübung der Rechte gemeinsam erfolgen (Art 2 Abs 2), was aber als vertraglich abdingbar angesehen wurde (Begründung 2. Teil Punkt 2.2.). In den Abs 3 und 4 wurde dem Grünbuch folgend die Problematik der Dienst- und Auftragsprogramme geregelt, und zwar als widerlegbare Vermutung[133], wonach die Ausübung aller Rechte an Dienst- und Auftragsprogrammen mangels abweichender Vereinbarung dem Auftrags- bzw Dienstgeber zustehen sollte. **2**

Der RL-Vorschlag befasste sich auch mit der Frage, wem die Rechte an mit Hilfe von Computerprogrammen geschaffenen Programmen zustehen (Art 2 Abs 5). Die Begründung hielt dazu fest, dass sich solche Programme (Compiler-Programme) nicht von anderen Werkzeugen zur Schaffung von Werken unterscheiden, weshalb dem Schöpfer des „zweiten Programmes" die Rechte daran zustünden (2. Teil Punkt 2.5.)[134]. Abs 5 bezog sich aber nur auf Auftrags- und Dienstnehmerprogramme.

In der Stellungnahme des **Wirtschafts- und Sozialausschusses** wurde die Regelung für Auftragswerke ausdrücklich begrüßt (Punkt 3.4.1.2.) und der Unterschied zwischen Computerprogrammen und traditionellen Werken hervorgehoben. Für Dienstnehmerwerke wurde eine Klarstellung dahingehend angeregt, dass es nicht nur auf die Schaffung von Programmen während der Laufzeit des Arbeitsvertrags, sondern auch darauf ankommen soll, dass ihre Entwicklung zu den beruflichen Aufgaben des Arbeitnehmers gehört[135].

Im **geänderten RL-Vorschlag** erhielt Art 2 Abs 1 auf Grund der Stellungnahme des Europäischen Parlaments bereits seine endgültige Fassung. Im Hinblick auf die unterschiedlichen urheberrechtlichen Traditionen einzelner Mitgliedstaaten wurden auch juristische Personen als originäre Inhaber von Urheberrechten anerkannt und Sonderbestimmungen für Kollektivwerke zugelassen; maßgebend sollten in beiden Fällen die Vorschriften der nationalen Gesetze sein. Im Zusammenhang mit der Vermutungsregel für Dienstnehmer- und für Auftragswerke wurde der Hinweis auf die Laufzeit eines Arbeitsvertrags durch die Wahrnehmung **3**

---

133 Dies ergibt sich sowohl aus dem vorgeschlagenen Text („... es sei denn, der Vertrag sieht eine andere Regelung vor") als auch aus dem ausdrücklichen Hinweis auf die Aufrechterhaltung der Vertragsfreiheit und den urheberpersönlichkeitsrechtlichen Aspekt (Inanspruchnahme der Urheberschaft) in der Begründung (2. Teil Punkte 2.3. und 2.4.).

134 Siehe dazu oben Art 1 Rz 34.

135 Eine abweichende vertragliche Vereinbarung sollte nach dem Formulierungsvorschlag des Ausschusses auch tarifvertraglich (kollektivvertraglich) erfolgen können.

dienstvertraglicher Aufgaben bzw die Anweisungen des Arbeitgebers ersetzt. Die Unterstreichung der wirtschaftlichen Rechte machte noch deutlicher, dass Urheberpersönlichkeitsrechte von der Vermutungsregel nicht betroffen sind (Begründung Art 2). Im Hinblick auf die Streichung der Bestimmung für Programme, die mit Hilfe von Computerprogrammen entwickelt wurden (Art 1 Abs 4 lit b RL-Vorschlag), wurde auch die entsprechende Bestimmung des Art 2 Abs 5 eliminiert.

4 Die wesentlichste Änderung, die der **Rat** anlässlich der Beschlussfassung über den geänderten RL-Vorschlag vorgenommen hat, besteht in der Streichung der erwähnten Vermutungsregel für Auftragswerke und deren Beschränkung auf **Dienstnehmerwerke**. Der Rat war der Ansicht, dass im Fall von Auftragswerken der Rechtsübergang zur Gänze dem Vertrag vorbehalten bleiben soll[136].

2. Grundsätze der Regelung

5 Die Richtlinie[137] geht grundsätzlich vom kontinental-europäischen **Schöpferprinzip** aus, wonach Urheber eines Werks nur eine oder mehrere natürliche (physische) Personen sein können. Allerdings schätzt die Richtlinie den Harmonisierungsbedarf in Fragen der Inhaberschaft des Urheberrechts geringer ein als auf anderen Gebieten. Die Richtlinie beschränkt sich deshalb darauf, einige wenige Grundsätze aufzustellen. So wird zwar festgehalten, dass die Rechte an Programmen, die von mehreren natürlichen Personen (einer „Gruppe natürlicher Personen“) gemeinsam geschaffen wurden, diesen gemeinsam zustehen; nähere Vorschriften über die Rechtsnatur einer solchen Miturheberschaft und die Ausübung der gemeinsamen Rechte fehlen. Insoweit bleibt dem nationalen Gesetzgeber deshalb ein Gestaltungsspielraum. Die endgültige Fassung der Richtlinie lässt darüber hinaus dem Vorschlag des Europäischen Parlaments folgend auch die Urheberschaft **juristischer Personen** zu und akzeptiert Sonderregeln für **Kollektivwerke**.

6 Für die von **Arbeitnehmern** (Dienstnehmern) geschaffenen Computerprogramme sieht die Richtlinie eine widerlegbare Vermutung vor, wonach alle wirtschaftlichen Rechte dem Arbeitgeber (Dienstgeber) zustehen. Über die – in den Richtlinien nicht näher geregelten – Urheberpersönlichkeitsrechte, insbes das Recht auf Inanspruchnahme der Urheberschaft, enthält der Richtlinientext keine verbindliche Aussage.

3. Natürliche Personen

3.1. Grundregel

7 Mit der Verankerung des Grundsatzes, dass als Urheber eines Computerprogramms die natürliche Person oder die Gruppe natürlicher Personen anzusehen

---

136 Siehe die Begründung des Gemeinsamen Standpunkts: „Der Rat ist jedoch der Auffassung, dass es bei einem aufgrund eines Vertrags geschaffenen Computerprogramm den betroffenen Parteien überlassen bleiben sollte, in dem Vertrag diejenige Partei zu bestimmen, die zur Ausübung aller Rechte an dem Programm berechtigt ist; er hat deshalb diesen Absatz (Art 2 Abs 3) gestrichen.“ Vgl dazu auch *Dreier*, CR 1991, 579.

137 Zu den Grundsätzen siehe auch *Walter* in *Blocher/Walter*, Anpassungserfordernisse 502f.

ist, die es geschaffen hat, folgt die Richtlinie dem **Schöpferprinzip**, wie es auch im deutschen und österr Urheberrecht festgeschrieben ist (§§ 7 dUrhG, 10 Abs 1 öUrhG).

3.2. Urheberschaftsvermutung, anonyme und pseudonyme Werke

Die Richtlinie enthält keine Vorschriften über die **Vermutung der Urheberschaft** oder die Befugnis des „Verlegers", die Rechte an anonymen oder pseudonymen Werken wahrzunehmen[138]. Auch eine Definition der anonymen und pseudonymen Werke fehlt[139]. **8**

Soweit dies in den Gesetzen der Mitgliedstaaten nach den Vorgaben der Berner Übereinkunft vorgesehen ist[140], wird die vermutete **Vertretungsmacht des Verlegers**, die mit Offenlegung der Urheberschaft endet, auch auf **Computerprogramme** anwendbar sein, auch wenn vergleichbare, auf einem persönlichen Vertrauensverhältnis beruhende Vertragsbeziehungen wie zwischen Autor und Verleger hier eher die Ausnahme sein werden. An die Eigenschaft eines „Software-Verlegers" bzw Herausgebers wird aber ein strenger Maßstab anzulegen sein. **9**

4. Juristische Personen und Kollektivwerke

4.1. Juristische Personen

Während weder das deutsche (§ 7 dUrhG)[141] noch das österr Urheberrecht (§ 10 Abs 1 öUrhG) ein originäres Urheberrecht **juristischer Personen** kennen und insoweit uneingeschränkt vom Schöpferprinzip ausgehen, ist ausländischen Gesetzen die Urheberschaft juristischer Personen nicht unbekannt[142]. Ausnahmsweise galt dies auch für das deutsches Recht vor 1965 (§ 3 LUG) und das österr Recht vor 1936 (§§ 13 und 40 öUrhG 1920). **10**

Die Richtlinie harmonisiert die Inhaberschaft der Urheberrechte an Computerprogrammen nicht vollständig und überlässt es in Art 2 Abs 1 der innerstaatlichen Gesetzgebung zu bestimmen, ob auch juristische Personen originäre Inhaber von Urheberrechten an Computerprogrammen sein können. Wenn und soweit dies der nationale Gesetzgeber vorsieht, können die Rechte an Computerprogrammen auch einer juristischen Person zustehen. Das innerstaatliche Recht muss dies entweder für alle Werke (unter bestimmten Voraussetzungen) oder speziell für Computerprogramme vorsehen[143]. Die – allerdings differenzierte – Sonderregel des österr Gesetzes für Filmwerke (*cessio legis* – Regel) ist deshalb auf Computerprogramme nicht anwendbar. **11**

---

[138] Vgl *Walter* in *Blocher/Walter*, Anpassungserfordernisse 503f.

[139] Vgl *Walter* Art 1 Rz 39ff Schutzdauer-RL.

[140] Vgl dazu *Walter* Stand der Harmonisierung Rz 12.

[141] Vgl dazu etwa *Haberstumpf* in *Lehmann*, Rechtsschutz^2, 125 Rz 101; *Moritz/Tybusseck*, Computersoftware Rz 220.

[142] Siehe dazu *Walter* Art 1 Rz 50 Schutzdauer-RL.

[143] Siehe *Walter* in *Blocher/Walter*, Anpassungserfordernisse 504f.

4.2. Kollektivwerke

12 Entsprechendes gilt für so genannte **Kollektivwerke**[144]. Nur wenn und soweit die Gesetzgebung eines Mitgliedstaats solche Werke anerkennt, gelten als Urheber nicht die tatsächlichen Schöpfer des Werks, sondern die Personen, die nach den Rechtsvorschriften des betreffenden Mitgliedslands als solche anzusehen sind. Dem innerstaatlichen Gesetzgeber soll es nach der Richtlinie freistehen, solche nach der nationalen Rechtstradition bestehende Vorschriften auch für Computerprogramme aufrecht zu erhalten oder solche Regelungen für diese Werkkategorie auch neu vorzusehen. Es handelt sich dabei nicht bloß um eine Übergangsvorschrift zur Aufrechterhaltung bestehender Vorschriften, sondern um einen echten Vorbehalt zu Gunsten des nationalen Gesetzgebers[145].

13 Ein klassisches Beispiel für solche Kollektivwerke (*œuvres collectives*) bietet das französische Recht. Dieses versteht darunter Werke, die auf Veranlassung einer natürlichen oder juristischen Person geschaffen werden, die sie unter ihrer Leitung und ihrem Namen herausgibt und erscheinen (veröffentlichen) lässt, wobei die persönlichen Beiträge der an der Ausarbeitung beteiligten Urheber zum Gesamtwerk, für das sie geschaffen wurden, in diesem aufgehen, ohne dass jedem Urheber ein gesondertes Recht am Gesamtwerk zuerkannt werden könnte. Dem geltenden deutschen und österr Urheberrecht sind Kollektivwerke in diesem Sinn fremd. Der Auftraggeber (Herausgeber, Verleger) solcher Werke muss für die Einräumung entsprechender Nutzungsrechte bzw für die Erteilung der erforderlichen Nutzungsbewilligungen sorgen.

5. *Miturheberschaft*

5.1. Miturheberschaft und verbundene Werke

14 Computerprogramme sind in der Regel das Ergebnis der Arbeit mehrerer Urheber, die das Programm im „Teamwork" erarbeiten[146]. Bei größeren, komplexen Programmen sind nicht nur mehrere Urheber gleichzeitig beteiligt, sie wechseln einander vielmehr auch in zeitlicher Aufeinanderfolge ab[147]. Das **Zusammenwirken** mehrerer Personen bei der Erstellung eines Werks wird im Urheberrecht als Miturheberschaft (*joint authorship*) bezeichnet und ist nach deutscher und österr Auffassung dadurch gekennzeichnet, dass mehrere Personen so bei der Schaffung eines Werks zusammenarbeiten, dass das Ergebnis ihres Schaffens eine im Wesentlichen untrennbare Einheit bildet (§ 11 Abs 1 öUrhG) bzw die einzelnen Beiträge nicht gesondert verwertet werden können (§ 8 Abs 1 dUrhG)[148]. Von dieser Miturheberschaft im eigentlichen Sinn ist die **Verbindung** selbständi-

---

[144] Siehe dazu *Walter* Art 1 Rz 51f Schutzdauer-RL.

[145] Vgl *Walter* in *Blocher/Walter*, Anpassungserfordernisse 505f.

[146] Vgl *Haberstumpf* in *Lehmann*, Rechtsschutz², 125 Rz 101; *Moritz/Tybusseck*, Computersoftware Rz 221.

[147] Für die Erstellung mancher Programme sind sogar mehrere „Mannjahre" erforderlich.

[148] Zum deutschen Recht vgl *Haberstumpf* in *Lehmann*, Rechtsschutz², 126 Rz 104; *Harte-Bavendam*, Computerrechtshandbuch Rz 42; *Moritz/Tybusseck*, Computersoftware Rz 221; *v Gamm*, WRP 1969, 97.

ger Werke zur gemeinsamen Verwertung zu unterscheiden, wie dies etwa bei der Verbindung von Text und Musik zu einer Gesangsnummer, einer Oper oder einem Musical der Fall ist[149]; solche Werke werden im deutschen und österr Urheberrecht als „verbundene Werke“ bezeichnet.

Auch bei der Erstellung von **Computerprogrammen** können beide Formen des Zusammenwirkens mehrerer Urheber vorkommen. So kann die Zusammenarbeit mehrerer Programmierer oder Gruppen von Programmierern integrativ sein oder auch darin bestehen, dass verschiedene Aufgabenstellungen (selbständige Funktionen) von verschiedenen Personen (Personengruppen) mehr oder weniger selbständig gelöst, und die gewonnenen Ergebnisse in weiterer Folge (nach einem einheitlichen Plan) für die Bewältigung einer übergeordneten Problemstellung nutzbar gemacht und miteinander verbunden werden. Dabei kann im Einzelfall auch eine Verbindung mehrerer (selbständiger) Werkteile eine individuelle Leistung darstellen und ihrerseits als Sammelwerk schützbar sein. Die Unterscheidung zwischen Miturheberschaft und Werkverbindung wird gerade bei der Erstellung von Software nicht immer einfach sein[150]; entscheidend wird es darauf ankommen, ob die Einzelteile sinnvoll selbständig bestehen und verwertet werden können. **15**

Davon zu unterscheiden ist wieder die Benutzung vorbestehender Programme oder Programmteile zur Erstellung neuer oder überarbeiteter Programme (*Updates*). In diesen Fällen liegen aus urheberrechtlicher Sicht **Bearbeitungen** vor[151]. Bei der Bearbeitung bestehender Programme handelt es sich nicht um gemeinsam geschaffene Programme im Sinn des Art 2 Abs 2. **16**

5.2. Spielraum für den nationalen Gesetzgeber

Ohne Zweifel betrifft die Regel des Art 2 Abs 2 Programme, die in Miturheberschaft im Sinn des deutschen und österr Verständnisses geschaffenen werden (Miturheberschaft ieS). Ist das Ergebnis des gemeinsamen Schaffens nicht trennbar, steht das Urheberrecht den Miturhebern gemeinsam zu. Fraglich könnte dies aber für Programme sein, die in mehr oder weniger selbständigen Teilen erstellt und daher voneinander abtrennbar sind, dessen ungeachtet aber zu einem übergeordneten einheitlichen Zweck miteinander verbunden werden. So stellt etwa das französische und belgische Urheberrecht bei *œuvres de collaboration* nicht auf die Abtrennbarkeit bzw gesonderte Verwertbarkeit, sondern auf den Gesamtcharakter des Werks und seinen einheitlichen Zweck ab und versteht deshalb auch die Schaffung verbundener Werke im Sinn des deutschen und österr Rechts als Miturheberschaft[152]. **17**

Die Software-RL legt den **Begriff der Miturheberschaft** nicht näher fest; auch der Entstehungsgeschichte sind keine eindeutigen Anhaltspunkte zu entnehmen. **18**

---

[149] Vgl dazu § 11 Abs 3 öUrhG und § 9 dUrhG.

[150] Vgl dazu ausführlich *Plett*, Urheberschaft, Miturheberschaft und wissenschaftliches Gemeinschaftswerk 60ff.

[151] Vgl dazu *Haberstumpf* in *Lehmann*, Rechtsschutz², 126f Rz 105.

[152] Zu den unterschiedlichen Auffassungen in den einzelnen Mitgliedstaaten siehe *Walter* Art 1 Rz 26ff Schutzdauer-RL.

Zwar schien der im endgültigen Richtlinientext enthaltene Hinweis auf das gemeinsame Schaffen weder im ursprünglichen noch im geänderten RL-Vorschlag auf, wo nur von Programmen die Rede war, die von „einer Gruppe natürlicher Personen" geschaffen werden. Aber auch unter „gemeinsam geschaffenen" Werken (*works created jointly*) lassen sich beide Spielarten der Miturheberschaft verstehen, ohne dass dies aber zwingend vorgegeben wäre. Da die Richtlinie die Miturheberschaft nicht definiert und diese nur in groben Zügen umschreibt, lässt sie mE ebenso wie für die Urheberschaft juristischer Personen und die Vorsehung von Kollektivwerken bewusst einen weiten Spielraum[153].

19 Auch die Schutzdauer-RL[154] überlässt die Umschreibung der Miturheberschaft dem Gesetzgeber der Mitgliedstaaten. Dies gilt auch für Art 7bis RBÜ 1967/71, wonach die Festlegung der Miturheberschaft gleichfalls dem nationalen Gesetzgeber überlassen wird, und nur eine Regel für die Bemessung der Schutzfrist vorgesehen ist. Abgesehen von der Frage der Schutzfristberechnung sind die praktischen Auswirkungen dieses unterschiedlichen Verständnisses der Miturheberschaft aber verhältnismäßig gering, zumal im Fall verbundener Werke auch nach französischer Auffassung eine abgesonderte Verwertung zulässig ist, und zu einer gemeinsamen Verwertung verbundener Werke auch nach dem Konzept des deutschen und österr Gesetzes die Zustimmung aller beteiligten Urheber erforderlich ist[155].

20 Die Richtlinie regelt aber auch die Ausgestaltung der **Rechtsgemeinschaft** mehrerer Miturheber nicht. Es bleibt der nationalen Gesetzgebung deshalb auch vorbehalten, diese „Miteigentümergemeinschaft" etwa als Gesamthandeigentum[156] oder als Miteigentum im Sinn einer Bruchteilsgemeinschaft zu regeln[157].

6. *Dienstnehmerwerke*

6.1. Wirtschaftliche Rechte

21 Art 2 Abs 3 weist die Ausübung aller „wirtschaftlichen Rechte" an einem von einem Arbeitnehmer in Wahrnehmung seiner Aufgaben oder nach den Anweisungen seines Arbeitgebers geschaffenen Computerprogramm mangels anderer vertraglicher Vereinbarung dem **Arbeitgeber** zu. Wie sich schon aus der Entstehungsgeschichte der Vorschrift ergibt, erstreckt sie sich jedenfalls nur auf die **Verwertungsrechte** und nicht auf die Urheberpersönlichkeitsrechte, insbes nicht auf das Recht, die Urheberschaft an einem Programm für sich in Anspruch zu nehmen. Auch die Software-RL regelt das Urheberpersönlichkeitsrecht nicht und überlässt dessen Ausgestaltung dem innerstaatlichen Gesetzgeber[158]. Über

---

153 Abweichend wohl *v Lewinski* Art 4 Rz 4 Datenbank-RL.

154 Siehe *Walter* Art 1 Rz 29 Schutzdauer-RL.

155 Vgl *Walter* in *Blocher/Walter*, Anpassungserfordernisse 508ff.

156 So ausdrücklich § 8 Abs 2 dUrhG.

157 Zur Miturhebergemeinschaft nach österr Recht siehe ausführlich *Walter* in *Blocher/Walter*, Anpassungserfordernisse 510f. Vgl auch *Walter* Schutzdauer-RL Art 1 Rz 30.

158 So ausdrücklich schon die Begründung RL-Vorschlags 2. Teil Punkt 2.4., obwohl dieser noch von der Ausübung „aller Rechte" sprach.

Vorschlag des Europäischen Parlaments machte dies schon der geänderte RL-Vorschlag durch die ausdrückliche Einschränkung auf die „wirtschaftlichen Rechte" deutlich. Der Gesetzgeber der Mitgliedstaaten kann deshalb für Urheberpersönlichkeitsrechte abweichende Regeln vorsehen oder die Vermutung auch für diese gelten lassen.

6.2. Zuweisungsregel

Dogmatisch ist diese Zuweisungsregel in der Richtlinie nicht eindeutig festgelegt. **22**
Dreier[159] meint deshalb, die Richtlinie lasse bewusst offen, ob der Rechtserwerb durch den Arbeitgeber derivativen oder originären Charakter hat, weshalb der nationale Gesetzgeber auch insoweit einen Regelungsspielraum habe. Nach der Entstehungsgeschichte und der Systematik der Bestimmung wird man aber eher von einem derivativen Rechtserwerb des Arbeitgebers ausgehen und die Bestimmung als (widerlegbare) Vermutung deuten müssen. Dafür spricht schon die gewählte Formulierung, wonach nicht die Rechte selbst, sondern nur deren „Ausübung" dem Arbeitgeber zugewiesen werden. Hinzu kommt die vertragliche Abdingbarkeit der Regelung[160], die schlecht zu einer originären Rechtezuweisung passt. Es ergibt sich dies aber vor allem auch aus einem Vergleich mit Abs 1. Während dort offensichtlich eine originäre Rechtezuweisung erfolgt, soll Abs 3 bloß eine widerlegbare Auslegungsregel an die Hand geben[161].

6.3. Vergütungsansprüche

Ob die „wirtschaftlichen Rechte" nur die ausschließlichen Verwertungsrechte im **23**
eigentlichen Sinn umfassen, die der Arbeitgeber in der Regel zur Verwertung des von seinem Dienstnehmer geschaffenen Programms benötigt, oder auch bloße Vergütungsansprüche, ist zweifelhaft[162]. Wenn der Richtlinientext ausdrücklich von „allen wirtschaftlichen Rechten"[163] spricht, scheint dies eher für den Einschluss auch bloßer Vergütungsansprüche zu sprechen. Allerdings hat die Richtlinie diese Problematik offensichtlich nicht gesehen; sie sieht auch keine Vergütungsansprüche vor. Man wird deshalb davon ausgehen können, dass der innerstaatliche Gesetzgeber, wenn er neben den Ausschließungsrechten auch Vergütungsansprüche vorsieht, in deren Zuordnung jedenfalls frei ist[164].

---

[159] CR 1991, 579.

[160] Allerdings dürfen die systematisch-dogmatischen Erwartungen an die Richtlinie nicht überspannt werden. So war ursprünglich auch die Regelung der Urheberschaft juristischer Personen abdingbar konstruiert (vgl Art 2 Abs 2 des ursprünglichen und des geänderten RL-Vorschlags).

[161] Vgl *Walter* in *Blocher/Walter*, Anpassungserfordernisse 511f. So auch *v Lewinski* Stand der Harmonisierung Rz 77.

[162] So auch *Dreier*, CR 1991, 579, der eine Beschränkung auf Verwertungsrechte im eigentlichen Sinn für argumentierbar hält.

[163] Vgl dagegen Abs 2, wo im Zusammenhang mit der Miturheberschaft von den „ausschließlichen Rechten" die Rede ist. Allerdings werden nach dem Regelungszweck gerade in diesem Fall auch allfällige Vergütungsansprüche eingeschlossen sein.

[164] Vgl *Walter* in *Blocher/Walter*, Anpassungserfordernisse 512. Siehe dazu auch *v Lewinski* Stand der Harmonisierung Rz 78.

6.4. Dienstnehmerprogramme

24 Die Sondervorschrift ist auf Computerprogramme beschränkt, die von einem **Arbeitnehmer** „in Wahrnehmung seiner **Aufgaben** oder nach den Anweisungen seines Arbeitgebers“ geschaffen werden. Für Auftragsprogramme gilt die Regelung nicht. Soweit die Auslegungsregel zur Anwendung kommt, stehen dem Dienstgeber die wirtschaftlichen Rechte zeitlich, räumlich und inhaltlich unbeschränkt zu[165].

Die gewählte Formulierung erscheint insoweit etwas missverständlich, als der Arbeitgeber dem Arbeitnehmer **Anweisungen** nur im Rahmen der **Dienstpflichten** geben kann. Offensichtlich sollte damit zum Ausdruck gebracht werden, dass sich die Verpflichtung zur Schaffung von Programmen entweder ganz allgemein aus dem Dienstvertrag bzw aus der Natur des Dienstverhältnisses oder aber aus Sondervereinbarungen mit dem Arbeitgeber ergeben kann[166]. So kommt es häufig vor, dass ein an sich nicht zur Erstellung von Programmen beschäftigter Dienstnehmer im Einverständnis mit dem Dienstgeber und in Anrechnung auf seine Dienstpflicht Programme erstellt. Jedenfalls muss die Erstellung von Computerprogrammen im Einzelfall zu den dienstlichen Obliegenheiten des Arbeitnehmers gehören[167].

25 Weder sogenannte **Freizeitwerke** noch solche, die von einem Dienstnehmer nach Ablauf des Dienstverhältnisses (für den Arbeitgeber) oder außerhalb seiner vertraglichen Verpflichtungen geschaffen werden, fallen unter die Regelung des Abs 3[168]. Der RL-Vorschlag hatte noch ausdrücklich auf „während der Laufzeit eines Arbeitsvertrags“ geschaffene Programme abgestellt. Die auf den Vorschlag des Europäischen Parlaments zurückgehende Neuformulierung im geänderten RL-Vorschlag enthielt diese (selbstverständliche) Voraussetzung nicht mehr; sie ist in der umfassenderen Formulierung aber weiterhin enthalten[169].

6.5. Juristische Personen, Kollektivwerke und Dienstnehmerwerke

26 Im Hinblick darauf, dass die Richtlinie dem innerstaatlichen Gesetzgeber weitgehend Gestaltungsfreiheit lässt, werden nationale Sonderregelungen nach Abs 1 (Urheberschaft juristischer Personen und Kollektivwerke) auch für Dienstnehmerwerke vorgesehen werden können. Nicht zulässig wird es sein, den Umstand, dass es sich um ein von einem Dienstnehmer geschaffenes Programm handelt, zum alleinigen oder entscheidenden Kriterium für eine Zuweisungsvorschrift im Sinn des Abs 1 zu machen. Dies gilt auch für Auftragswerke; denn die Streichung der entsprechenden Bestimmung durch den Rat erfolgte in dem Bestreben, in

---

165 So auch *Buchner* in *Lehmann*, Rechtsschutz², 435f Rz 41.

166 Vgl dazu etwa den vom BAG 13.09.1983 – „Statikprogramme“ GRUR 1984, 429 entschiedenen Fall.

167 So richtig *Buchner* in *Lehmann*, Rechtsschutz², 433f Rz 34f. Aus der österr Rechtsprechung siehe etwa OGH 16.06.1992 – „Übungsprogramm“ ÖBl 1992, 281 = MR 1992, 244 (*Walter*) = JBl 1993, 116 = SZ 65/89 = EDV & Recht 1992/2, 133; 28.10.1997 – „Einzigartiges EDV-Programm/Buchhaltungsprogramm“ ÖBl 1999, 57 = MR 1998, 66 (*Walter*) = WBl 1998, 181 = GRUR Int 1998, 1008.

168 Vgl dazu *Buchner* in *Lehmann*, Rechtsschutz², 434ff Rz 34ff und 439 Rz 51f.

169 Vgl *Walter* in *Blocher/Walter*, Anpassungserfordernisse 513.

diesen Fällen einer vertraglichen Regelung, nicht aber einer gesetzlichen Zuweisung den Vorzug zu geben[170].

Umsetzung in Deutschland und Österreich

1. Deutschland

Das deutsche Urheberrecht geht ebenso wie das österr vom **Schöpferprinzip** aus; **27**
weder ein Urheberrecht juristischer Personen noch Kollektivwerke sind vorgesehen. Hieran hat der deutsche Gesetzgeber auch in Umsetzung der Software-RL mit dem **Zweiten Änderungsgesetz** 1993 festgehalten. Auch die Regeln über die Miturheberschaft und verbundene Werke sind unverändert auf Computerprogramme anwendbar. Von einer **Miturheberschaft** im eigentlichen Sinn geht das deutsche Urheberrecht nur dann aus, wenn sich die Anteile eines gemeinsam geschaffenes Werks nicht gesondert verwerten lassen[171].

Die Vermutungsregel des Art 2 Abs 3 Software-RL zu Gunsten des **Arbeits- oder** **28**
Dienstgebers wurde in § 69b dUrhG umgesetzt, wobei der Richtlinientext wieder weitgehend wörtlich übernommen wurde. Danach steht – in Abweichung von der Regel des § 43 dUrhG – die Ausübung aller vermögensrechtlichen Befugnisse an Computerprogrammen, die von Arbeitnehmern in Wahrnehmung ihrer Aufgaben oder nach den Anweisungen ihres Arbeitgebers geschaffen werden, ausschließlich dem Arbeitgeber zu, sofern nicht vertraglich etwas anderes vereinbart ist[172]. Die Bestimmung gilt für Arbeitsverhältnisse ebenso wie für Dienstverhältnisse (§ 69 Abs 2 dUrhG). Dogmatisch ist die Regelung als gesetzliche – vertraglich allerdings abdingbare – Einräumung aller Nutzungsrechte zu verstehen und nicht als originäre Rechtezuweisung[173]; die für Nutzungsrechte geltenden allgemeinen Regeln (zB über den Rechterückruf) sind deshalb anwendbar.

Nach der vom deutschen Gesetzgeber gewählten Formulierung, wonach dem Arbeits- oder Dienstgeber alle vermögensrechtlichen Befugnisse zustehen, umfasst diese Vermutungsregel wohl auch die Abtretung aller urheberrechtlichen **Vergütungsansprüche**[174]. Anders als nach österreichischem Recht verbleiben

---

[170] Vgl *Walter* in *Blocher/Walter*, Anpassungserfordernisse 506f.

[171] Vgl dazu auch BGH 14.07.1993 – „Buchhaltungsprogramm" CR 1993, 752 = GRUR 1994, 39.

[172] Vgl dazu Begründung Zweites Änderungsgesetz bei *M Schulze*, Materialien², 839f. Siehe auch *Loewenheim* in *Schricker* Kommentar² § 69b Rz 2ff; *Sack*, Arbeitnehmer-Urheberrechte an Computerprogrammen nach der Urheberrechtsgesetznovelle, UFITA 121 (1993) 15.

[173] Vgl *Haberstumpf* in *Lehmann*, Rechtsschutz², 125 Rz 101; *Buchner* in *Lehmann*, Rechtsschutz², 428f Rz 18f; *Loewenheim* in *Schricker* Kommentar² § 69b Rz 11.

[174] Die etwas abweichende Formulierung („vermögensrechtliche Befugnisse" statt „wirtschaftliche Rechte") geht allerdings nur auf die Übernahme der amtlichen deutschen Übersetzung des Art 6bis RBÜ 1967/1971 zurück (vgl Begründung Zweites Änderungsgesetz bei *M Schulze*, Materialien², 840). Vgl dazu *Haberstumpf* in *Lehmann*, Rechtsschutz², 125 Rz 101; *Lehmann*, CR 1992, 325; wohl auch *Buchner* in *Lehmann*, Rechtsschutz², 436f Rz 44 ff. Zur Problematik der Anwendung des Bestsellerparagraphen siehe *Buchner* in *Lehmann*, Rechtsschutz², 447f Rz 78 bis 80.

die **urheberpersönlichkeitsrechtlichen Befugnisse** dagegen zur Gänze beim Urheber[175].

2. Österreich

29 Was das **Schöpferprinzip** und die Regelung der **Miturheberschaft** anlangt, gilt das zum deutschen Recht Gesagte für das österr entsprechend. Ein Urheberrecht juristischer Personen oder Kollektivwerke sieht das österr Urheberrecht auch nach Umsetzung der Software-RL mit öUrhGNov 1993 ebenso wenig vor wie das deutsche.

30 Die Vorschrift des Art 2 Abs 3 Software-RL für von **Dienstnehmern** geschaffene Programme bedurfte dagegen der Umsetzung in österr Recht. Nach § 40b öUrhG steht dem Dienstgeber an einem Computerprogramm, das von einem Dienstnehmer in Erfüllung seiner dienstlichen Obliegenheiten geschaffen wurde, ein unbeschränktes Werknutzungsrecht zu, sofern mit dem Urheber nichts anderes vereinbart wurde. Die Regelung des österr Gesetzes geht in mehrfacher Hinsicht über die entsprechende deutsche Vorschrift hinaus. Der Dienstgeber ist nämlich auch zur Ausübung des Rechts auf Urheberbezeichnung (§ 20 öUrhG) und des Änderungsverbots (§ 21 Abs 1 öUrhG) berechtigt; dem Urheber verbleibt nur das Recht auf Inanspruchnahme der Urheberschaft[176], das nach § 19 öUrhG ganz allgemein unverzichtbar ist. Darüber hinaus können Werknutzungsrechte an Computerprogrammen, wenn mit dem Urheber nichts anderes vereinbart ist, auch ohne dessen Einwilligung auf einen anderen übertragen werden (§ 40c Satz 1 öUrhG)[177], was auch für Dienstnehmerprogramme gilt. Die Vorschrift des § 29 öUrhG über den Rechterückruf wegen Nichtausübung gelten für Werknutzungsrechte an Computerprogrammen ganz allgemein und daher auch für Dienstnehmerprogramme nicht (§ 40c Satz 2 öUrhG).

In Übereinstimmung mit der Terminologie der §§ 6ff öPatG für Diensterfindungen stellt das Gesetz allgemein auf Dienstnehmer ab; als solche gelten Angestellte und Arbeiter jeder Art (§ 6 Abs 2 öPatG). Auch die Formulierung „dienstliche Obliegenheiten" folgt dem Vorbild des § 7 Abs 3 lit a öPatG[178] und vermeidet die etwas missverständliche Formulierung der Richtlinie („in Wahrnehmung seiner Aufgaben oder nach den Anweisungen seines Arbeitgebers").

31 Der Entw einer öUrhGNov 1992[179] hatte noch eine wörtliche Übernahme der Richtlinienvorschrift vorgesehen, wonach der Arbeitgeber „ausschließlich zur Ausübung der Verwertungsrechte berechtigt" ist. Die endgültige Fassung nach

---

175 Siehe dazu *Buchner* in *Lehmann*, Rechtsschutz², 444f Rz 67 ff; *Holländer*, CR 1992, 279; *Loewenheim* in *Schricker* Kommentar² § 69b Rz 13f.

176 Dazu und zu den Abweichungen vom Entw 1992 siehe ausführlich *Walter* in *Blocher/Walter*, Anpassungserfordernisse 516f.

177 Damit wird die allgemeine Regel des § 27 öUrhG umgekehrt. Danach sind Werknutzungsrechte vererblich und veräußerlich (Abs 1), sie können aber auf Sondernachfolger in der Regel (mangels anderer Vereinbarung oder in den in § 28 öUrhG angeführten Fällen) nur mit Einwilligung des Urhebers übertragen werden; allerdings kann die Einwilligung nur aus einem wichtigen Grund verweigert werden (Abs 2).

178 Der Begriff der Dienstnehmererfindung ist im Übrigen aber weiter.

179 Dazu kritisch *Walter* in *Blocher/Walter*, Softwareschutz 67ff.

der öUrhGNov 1993 stellt aber klar, dass es sich um eine widerlegliche Vermutung der Einräumung von **Werknutzungsrechten** handelt. Damit unterscheidet sich die Regelung wesentlich von der *cessio legis* im Filmurheberrecht (§ 38 Abs 1 öUrhG)[180], die als originäre Rechtezuweisung verstanden wird[181]. Allerdings nimmt das Gesetz einen Teil der sich daraus ergebenden Rechtsfolgen (Zustimmung des Urhebers zur Weiterübertragung, Rechterückruf wegen Nichtausübung) wieder ausdrücklich zurück.

Abgesehen von dem unverzichtbaren Recht auf Inanspruchnahme der Urheberschaft, weist § 40b öUrhG dem Dienstgeber auch alle **Urheberpersönlichkeitsrechte** zu. Es mag rechtspolitisch zweifelhaft erscheinen, ob es erforderlich war, auch das Recht auf Urheberbezeichnung dem Arbeitgeber an die Hand zu geben[182]. Die Ausübung des Rechts auf Anbringung der Urheberbezeichnung durch den Dienstgeber schließt wohl auch die Entscheidung mit ein, das Werk anonym oder unter einem Pseudonym zu veröffentlichen. Da Urheberpersönlichkeitsrechte nach österr Auffassung unter Lebenden nicht übertragbar sind (§ 23 Abs 3 öUrhG), folgt das Gesetz insoweit der Formulierung des Art 2 Abs 3 der Richtlinie, wonach dem Dienstgeber im Zweifel die „Ausübung" dieser Rechte zusteht[183]. **32**

Im Hinblick auf die vermutete Einräumung unbeschränkter Werknutzungsrechte werden die gesetzlichen **Vergütungsansprüche** anders als nach deutschem Recht von der Vermutungsregel des § 40b öUrhG nicht erfasst. Wem die gesetzlichen Vergütungsansprüche an Dienstnehmerprogrammen zustehen, ist deshalb nach den allgemeinen Regeln und daher vor allem nach dem Zweck des Dienstvertrags zu beurteilen, wobei es häufig auch zu einer ergänzenden Vertragsauslegung kommen wird. Denkbar ist aber auch eine analoge Anwendung der mit öUrhGNov 1996 für die Vergütungsansprüche der Filmurheber vorgesehenen Regelung, wonach diese je zur Hälfte dem Produzenten und dem Filmurheber zustehen. Dabei ist aber zu beachten, dass manche gesetzliche Vergütungsansprüche aus praktischen oder rechtlichen Gründen für Computerprogramme ausscheiden. Mangels einer auf Software anwendbaren freien Werknutzung der Vervielfältigung zum eigenen Gebrauch (§ 40d Abs 1 öUrhG) sind jedenfalls die Vorschriften betreffend die „Leerkassettenvergütung" und die „Reprografievergütung" nicht anwendbar. Dagegen kommt der Vergütungsanspruch nach § 16a Abs 2 öUrhG für das (nicht Erwerbszwecken dienende) Verleihen auch für Computerprogramme in Frage. Zu beachten ist in diesem Zusammenhang, dass auch der (unverzichtbare) Beteiligungsanspruch am Vermiet- und Verleihrecht (§ 16 Abs 5 öUrhG) auf Software anwendbar ist. **33**

---

[180] Vgl dazu die Vorschläge von *Blocher/Walter*, Softwareschutz 67 (68 und FN 14 bis 16).

[181] Vgl OGH 09.12.1997 – „Kunststücke" ÖBl 1998, 315 = MR 1998, 72 (*Walter*) = ecolex 1998, 410 (Kurzfassung – *Schanda*).

[182] Kritisch etwa *Walter* in *Blocher/Walter*, Softwareschutz 71 FN 18.

[183] Diese entspricht im Übrigen der österr Rechtslage vor dem Inkrafttreten des öUrhG 1936, wonach Urheberrechte unter Lebenden nur „der Ausübung nach" übertragen werden konnten.

Artikel 3 Schutzberechtigte

(Walter)

Übersicht

Text: Artikel 3 und Erwägungsgründe

Kommentar

Text

Artikel 3 Schutzberechtigte

Schutzberechtigt sind alle natürlichen und juristischen Personen gemäß dem für Werke der Literatur geltenden innerstaatlichen Urheberrecht.

Aus den Erwägungsgründen

ErwG 6 Der Rechtsrahmen der Gemeinschaft für den Schutz von Computerprogrammen kann somit zunächst darauf beschränkt werden, grundsätzlich festzulegen, daß die Mitgliedstaaten Computerprogrammen als Werke der Literatur Urheberrechtsschutz gewähren. Ferner ist festzulegen, was schutzberechtigt und schutzwürdig ist, und darüber hinaus sind die Ausschließlichkeitsrechte festzulegen, die die Schutzberechtigten geltend machen können, um bestimmte Handlungen zu erlauben oder zu verbieten, sowie die Schutzdauer.

ErwG 15 Nach dem Recht und der Rechtsprechung der Mitgliedstaaten und nach den internationalen Urheberrechtskonventionen ist die Ausdrucksform dieser Ideen und Grundsätze urheberrechtlich zu schützen.

Kommentar

1. Entstehungsgeschichte

1 Das **Grünbuch** hatte besondere Vorschriften in Bezug auf „ausländische Programme"[184] für entbehrlich gehalten. Wenn Programme in den Mitgliedsländern als Werke im Sinn der Berner Übereinkunft bzw des Welturheberrechtsabkommens angesehen werden, sei die Inländerbehandlung automatisch gewährleistet. Allerdings räumte das Grünbuch ein (Punkt 5.6.28.), dass Mitgliedstaaten den urheberrechtlichen Schutz auf einen Schutz *sui generis* oder einen leistungsschutzrechtlichen umstellen und damit die Anwendbarkeit der internationalen Urheberrechtskonventionen umgehen könnten. Mangels einer zwingender Anwendbarkeit der internationalen Konventionen müsse der Schutz „ausländischer Programme" deshalb in der Richtlinie geregelt werden, wofür sich mehrere Lösungsansätze anboten: Einmal könnten ausländische Programme nach dem

[184] Von ausländischen Staatsangehörigen, Personen mit ausländischem Wohnsitz oder Aufenthalt geschaffene Programme oder im Ausland (erst)erschienene Programme.

Modell der Halbleiter-RL auf Grund gewährleisteter Gegenseitigkeit oder dann geschützt werden, wenn sie zu einem Mitgliedstaat in einem Naheverhältnis stehen (Staatsangehörigkeit, Wohnsitz, tatsächliche Niederlassung). Nach einem anderen Lösungsmodell könnte der Schutz ohne Rücksicht auf die Qualifizierung als urheberrechtlich oder leistungsschutzrechtlich im Fall der Verwirklichung eines der Anknüpfungspunkte der RBÜ oder des WURA gewährt werden. Diese Lösung wäre einfach und würde Diskussionen über die Qualifizierung des Schutzes vermeiden, könnte allerdings auch dazu führen, dass aus der Gemeinschaft stammende Programme in dem einen oder anderen Land dessen ungeachtet schutzlos blieben. Schließlich bestand nach Ansicht des Grünbuchs noch die Möglichkeit, Inländerbehandlung ohne Rücksicht auf irgendwelche Anknüpfungspunkte zu gewähren (Punkt 5.6.29.)

Schon der **RL-Vorschlag** (Art 3 Abs 1) entschied sich für die auch in die endgültige Fassung der Richtlinie übernommene Regelung. Danach sollten die in den Mitgliedstaaten der EU ganz allgemein für Werke der Literatur geltenden fremdenrechtlichen Regeln auch für Computerprogramme gelten. Abgesehen von der damit jedenfalls für das innerstaatliche Fremdenrecht bereits vollzogenen urheberrechtlichen Qualifikation wurde dazu ausdrücklich festgehalten, dass auch der Inländerbehandlungsgrundsatz der Berner Übereinkunft (Art 5 Abs 1 RBÜ 1967/71) zum „innerstaatlichen Urheberrecht" zählt (Begründung 2. Teil Punkt 3.1. Ende). Ergänzend sah der RL-Vorschlag vor (Art 3 Abs 2), dass es für den Schutz eines in Teamarbeit geschaffenen Programms ausreicht, wenn einer von mehreren Miturhebern auf Grund des innerstaatlichen Fremdenrechts oder eines internationalen Abkommens Schutz in Anspruch nehmen kann[185]. Diese Bestimmung wurde auch in den **geänderten RL-Vorschlag** übernommen[186], vom **Rat** aber wieder beseitigt, weil er einen insoweit über die RBÜ hinausgehenden Schutz nicht für wünschenswert hielt. Dabei wurde allerdings übersehen, dass es nach Art 3 Abs 1 lit a und Abs 2 RBÜ 1967/71 ohnehin genügt, wenn ein persönlicher Anknüpfungspunkt (Staatsangehörigkeit, gewöhnlicher Aufenthalt) auch bloß in Bezug auf einen von mehreren Miturhebern erfüllt ist[187]. Einer Entscheidung des Europäischen Gesetzgebers bedurfte es deshalb gar nicht[188]. **2**

2. Urheberrechtliche Qualifikation (Art 1 Abs 1)

Die Richtlinie **qualifiziert** den zu gewährenden Schutz **urheberrechtlich**; dies ergibt sich schon aus Art 1 Abs 1, wonach die Mitgliedstaaten Computerpro- **3**

---

[185] Dadurch sollten vor allem Programmierer aus Entwicklungsländern nicht benachteiligt werden, die an gemeinsamen Vorhaben mit Programmschöpfern aus der EU zusammenarbeiten (Begründung 2. Teil Punkt 3.2.).

[186] Weder der Wirtschafts- und Sozialausschuss noch das Europäische Parlament hatten Änderungen vorgeschlagen.

[187] *Nordemann/Vinck/Hertin*, Internationales Urheberrecht – Kommentar Art 7bis Rz 1; *Nordemann/Vinck/Hertin/Meyer*, International Copyright Art 7bis Rz 1; Bericht der Hauptkommission I der Stockholmer Revisionskonferenz (*Bergström*) Nr 199, Actes Stockholm Bd 2, 1171; *Bappert/Wagner*, Internationales Urheberrecht – Kommentar Art 4 RBÜ Rz 12.

[188] Vgl *Walter* in *Blocher/Walter*, Anpassungserfordernisse 529.

gramme als literarische Werke „im Sinn der Berner Übereinkunft", also urheberrechtlich zu schützen haben. Mit der ausdrücklichen Qualifizierung des Schutzes als urheberrechtlichen im Sinn der Berner Übereinkunft wird auch eine einheitliche Auslegung dieses internationalen Vertragsinstruments durch die Mitgliedstaaten dahingehend vorgegeben, dass Computerprogramme zum engeren Kreis der von Art 2 RBÜ 1967/71 erfassten Werke zu zählen sind und deshalb **Inländerbehandlung** jedenfalls zu gewähren ist. Dies ist jetzt in Art 10 Abs 1 TRIPs-Abkommen und in Art 4 WCT 1996 auch aus der Sicht des Berner Verbandsrechts ausdrücklich klargestellt, freilich nur für die Staaten, die diese neuen internationalen Verträge ratifizieren. Aber auch wenn dem aus konventionsrechtlicher Sicht nicht so wäre, sind die Regeln der Berner Übereinkunft einschließlich des Inländerbehandlungsgrundsatzes nach herrschender Ansicht[189] im Fall einer urheberrechtlichen Qualifikation des Schutzes durch die Mitgliedstaaten (Verbandsländer) anzuwenden[190]. Die Richtlinie vermeidet es mit der urheberrechtlichen Qualifikation des zu gewährenden Schutzes deshalb, im Sinn der zweiten vom Grünbuch angesprochenen Variante ein mehr oder weniger kompliziertes fremdenrechtliches Sonderschutzsystem vorzusehen.

3. Anwendbarkeit der Regeln für Werke der Literatur (Art 3)

4 Art 3 sichert das aus Art 1 Abs 1 folgende Ergebnis ergänzend dadurch ab, dass alle natürlichen und juristischen Personen als schutzberechtigt erklärt werden, die nach dem für **Werke der Literatur** geltenden innerstaatlichen Urheberrecht geschützt sind[191]. Wie sich auch aus der Entstehungsgeschichte ergibt, umfasst der Hinweis des Art 3 auf das „innerstaatliche Urheberrecht" nämlich auch die Anwendung der – in nationales Recht übergeleiteten – Grundsätze der Konventionen[192]. Damit ist der Schutz ungeachtet seiner Qualifikation auch dann zu garantieren, wenn man Computerprogramme nicht zum engeren Kreis der von der Berner Übereinkunft erfassten Werke zählt oder entgegen der herrschenden Ansicht nicht von einer Verpflichtung zur Inländerbehandlung im Fall der urheberrechtlichen Qualifikation des im Inland gewährten Schutzes ausgeht.

5 Die Richtlinie hat mit dieser Lösung freilich in Kauf genommen, dass diese Position **außerhalb der EU** nicht respektiert wird, was dazu führen könnte, dass „Europäische Programme" dort schutzlos bleiben. Dies könnte der Fall sein, wenn das betreffende Land Computerprogramme überhaupt nicht schützt, einen Schutz nicht urheberrechtlich (sondern zB leistungsschutzrechtlich) regelt oder Software zwar urheberrechtlich schützt, für diesen Schutz aber wegen einer von der herrschenden Ansicht abweichenden Rechtsauffassung keine Inländerbehandlung gewährt. Im Hinblick auf die ausdrückliche Aufnahme der Computerprogramme in den Werkkatalog der Berner Übereinkunft in Art 10 Abs 1 TRIPs-Abkommen („Bern-Plus") und in Art 4 WCT 1996 ist dieser Problematik aber heute die Spitze genommen, wobei die Europäische Software-RL zur inter-

---

[189] Vgl dazu ausführlich *Walter* in *Blocher/Walter*, Anpassungserfordernisse 523f mwN.

[190] Dazu kritisch *Walter* in *Blocher/Walter*, Anpassungserfordernisse 526ff.

[191] Vgl *Walter* in *Blocher/Walter*, Softwareschutz 31.

[192] Vgl *Czarnota/Hart*, Legal Protection 53.

nationalen Anerkennung von Computerprogrammen als Werke der Literatur sicherlich entscheidend beigetragen hat.

Die Verweisung auf das für Werke der Literatur geltende innerstaatliche Urheberrecht umfasst ohne Zweifel ergänzend auch das **innerstaatliche Fremdenrecht** und andere **multilaterale oder bilaterale Staatsverträge**, insbes das Welturheberrechtsabkommen (WURA). Art 1 Abs 1 spricht wohl deshalb nur von der Berner Übereinkunft, weil alle Mitgliedstaaten der Europäischen Gemeinschaften Mitglieder des Berner Verbands sind, und das WURA nach der Zusatzerkärung zu Art XVII WURA auf Werke nicht anwendbar ist, deren Ursprungsland ein Verbandsland der RBÜ ist. Schutzberechtigt nach Art 3 sind aber auch alle Werke, die Schutz nach den Regeln des innerstaatlichen Fremdenrechts, dem WURA oder zweiseitigen Staatsverträgen genießen[193]. **6**

Umsetzung in Deutschland und Österreich

Einer besonderen Umsetzung des Art 3 bedurfte es weder in Deutschland noch in Österreich. Da auf Computerprogramme nach § 69a Abs 4 dUrhG, soweit nichts anderes bestimmt ist, die für Sprachwerke geltenden Bestimmungen Anwendung finden, gilt dies auch für die fremdenrechtlichen Vorschriften der §§ 120ff dUrhG und die internationalen Staatsverträge, auf die auch ausdrücklich verwiesen wird. Auch in Österreich wurden Computerprogramme ausdrücklich als Werke der Literatur (Sprachwerke) im Gesetz verankert hat (§ 2 Z 1 öUrhG). Mit der Aufnahme von Computerprogrammen in den Werkkatalog des österr UrhG sind aber auch die fremdenrechtlichen Bestimmungen der §§ 94 bis 96 öUrhG anwendbar, ohne dass dies besonders erwähnt werden müsste; dies gilt für Staatsverträge, denen Österreich angehört, und auf die § 96 Abs 1 öUrhG ausdrücklich verweist, entsprechend. **7**

Allerdings geht die Richtlinie davon aus, dass Computerprogramme nicht nur aus Europäischer Sicht, sondern auch nach der Berner Übereinkunft als Werke im Sinn der Konvention zu qualifizieren sind, was im deutschen und österr UrhG nicht ausdrücklich angesprochen wird. Richtlinienkonform ist dies jedoch zu unterstellen, weshalb allen „verbandsangehörigen" Programmen auch für Software Inländerbehandlung zu gewähren ist. Es folgt dies jetzt auch aus Art 10 Abs 1 TRIPs-Abkommen und Art 4 WCT. **8**

Artikel 4 Zustimmungsbedürftige Handlungen

(Blocher)

Übersicht

[193] Vgl *Walter* in *Blocher/Walter*, Anpassungserfordernisse 522.

Text

Artikel 4 Zustimmungsbedürftige Handlungen

Vorbehaltlich der Bestimmungen der Artikel 5 und 6 umfassen die Ausschließlichkeitsrechte des Rechtsinhabers im Sinne des Artikels 2 das Recht, folgende Handlungen vorzunehmen oder zu gestatten:

a) die dauerhafte oder vorübergehende Vervielfältigung, ganz oder teilweise, eines Computerprogramms mit jedem Mittel und in jeder Form. Soweit das Laden, Anzeigen, Ablaufen, Übertragen oder Speichern des Computerprogramms eine Vervielfältigung erforderlich macht, bedürfen diese Handlungen der Zustimmung des Rechtsinhabers;

b) die Übersetzung, die Bearbeitung, das Arrangement und andere Umarbeitungen eines Computerprogramms sowie die Vervielfältigung der erzielten Ergebnisse, unbeschadet der Rechte der Person, die das Programm umarbeitet;

c) jede Form der öffentlichen Verbreitung des originalen Computerprogramms oder von Kopien davon, einschließlich der Vermietung. Mit dem Erstverkauf einer Programmkopie in einem Vertragsstaat[194] durch den Rechtsinhaber oder mit seiner Zustimmung erschöpft sich im Gebiet der Vertragsparteien das Recht auf die Verbreitung dieser Kopie; ausgenommen hiervon ist jedoch das Recht auf Kontrolle der Weitervermietung des Programms oder einer Kopie davon.

Aus den Erwägungsgründen

ErwG 16 Im Sinne dieser Richtlinie bedeutet der Begriff „Vermietung" die Überlassung eines Computerprogramms oder einer Kopie davon zur zeitweiligen Verwendung und zu Erwerbszwecken; dieser Begriff beinhaltet nicht den öffentlichen Verleih, der somit aus dem Anwendungsbereich der Richtlinie ausgeschlossen bleibt.

Kommentar

1. Entstehungsgeschichte

Im **Grünbuch** wurde betont, die besondere Natur von Computerprogrammen und ihre typische Verwendung seien bei der Festsetzung jener Formen des Gebrauchs zu berücksichtigen, die als Vorbehaltsrechte des Urhebers dessen Zustimmung erfordern sollen. Die für herkömmliche Werkarten vorgesehenen Vorbehaltsrechte wären nicht ohne weiteres auf Software anwendbar (Punkt 5.6.9.). So müsse etwa das Bedürfnis des Softwarelieferanten, die gleichzeitige Benützung des Programms durch mehr als einen Benutzer zu verhindern, anerkannt werden. Anderseits wurde darauf hingewiesen, dass die Erlaubnis, Software auf Dritte zu übertragen, eine notwendige Folge der „kaufähnlichen" Verwertung von Software auf dem Massenmarkt sei. Das Grünbuch schlug schließlich ein umfassendes Nutzungsrecht vor, das entweder als solches neu formuliert werden oder sich aus den Rechten der Reproduktion, Vermietung, Bearbeitung und Übersetzung ergeben sollte. 1

Bereits der ursprüngliche **RL-Vorschlag** sah eine Regelung der Vorbehaltsrechte des Urhebers vor, die dem endgültigen Text sehr nahe kam. In der Begründung dazu wurde ausgeführt, dass die Ausschließlichkeitsrechte des Softwareurhebers das Recht umfassen sollen, die Vervielfältigung, die Bearbeitung und die Übersetzung seines Werks zu kontrollieren (2. Teil Punkt 4.1.a). Bemerkenswert ist in diesem Zusammenhang vor allem die Erörterung des besonderen, von der Kommission zu Grunde gelegten Vervielfältigungsbegriffs. 2

Der **Wirtschafts- und Sozialausschuss** vertrat die Ansicht, das „Betrachten" eines Programms sei technisch schwer zu definieren und sollte daher durch „Ausgabe auf dem Bildschirm" („*displaying*") ersetzt werden. Aus Gründen 3

---

[194] Gemäß Z 5 des Anhangs XVII des EWR-Abkommens (kundgemacht in Österr durch öBGBl 1993/909; in Deutschland durch dBGBl II 1993, 267) wurde die in der ursprünglichen Fassung hier geregelte „gemeinschaftsweite" Erschöpfung durch die „EWR-weite" Erschöpfung ersetzt.

einer möglichst weitgehenden Übereinstimmung mit der Berner Übereinkunft wurde weiters vorgeschlagen (Punkt 3.5.2.), dem Urheber vorzubehalten, „die Bearbeitung, Übersetzung, Änderung und Umgestaltung eines Computerprogramms und die Vervielfältigung einer solchen Bearbeitung, Übersetzung, Änderung oder Umgestaltung zu erlauben."

Neben einigen Änderungen in lit a, etwa durch die ausdrückliche Erwähnung, dass dem Urheber jede „permanente oder vorübergehende" Vervielfältigung „zu jedem Zweck" vorbehalten sein soll, schlug das **Europäische Parlament** insbes eine detailliertere Definition des Bearbeitungsrechts vor (lit b). So sollte es dem Urheber ausdrücklich vorbehalten sein, „die Übersetzung, Bearbeitung, Umgestaltung und alle anderen Änderungen eines Computerprogramms sowie die Vervielfältigung der Ergebnisse dieser Handlungen vorzunehmen oder zu erlauben" (Abänderungsvorschlag Nr 8).

4 Die Kommission übernahm in ihrem **geänderten RL-Vorschlag** die vom Parlament vorgeschlagene ausdrückliche Klarstellung, dass die Vervielfältigung „zu jedem Zweck" erfasst sei, und eliminierte anderseits den vom Wirtschafts- und Sozialausschuss kritisierten Begriff des „Betrachtens". Hinsichtlich der Präzisierung „dauerhaft oder vorübergehend" sowie der Neufassung der lit b wurden wiederum weitgehend die Parlamentsvorschläge berücksichtigt.

5 Während das Parlament zu lit c keine Änderungen vorgeschlagen und die Kommission den Text gegenüber dem ursprünglichen RL-Vorschlag unverändert gelassen hatte, nahm der Rat im **Gemeinsamen Standpunkt** wesentliche Modifikationen vor (Begründung Punkt 9). Dies in dem Bestreben, „deutlicher herauszustellen", dass das Verbreitungsrecht jede Form der öffentlichen Verbreitung, einschließlich der Vermietung betrifft, und der Erschöpfungsgrundsatz gemeinschaftsweit gilt, sich aber nicht auf das Recht der Kontrolle der Weitervermietung eines verkauften Programms bzw einer Programmkopie erstreckt.

2. Grundsätze der Regelung

6 Dieser Artikel ist eine zentrale Bestimmung der Richtlinie, legt er doch die dem Urheber bzw Rechtsinhaber vorbehaltenen „**Ausschließlichkeitsrechte**" fest. Es sind dies das Recht zur Vervielfältigung, das Recht der Bearbeitung und das Recht der Verbreitung; jeder Dritte bedarf zur Vornahme solcher Verwertungshandlungen der Einwilligung des Berechtigten.

3. Vervielfältigung (lit a)

3.1. Begriff des Vervielfältigungsrechts

7 Die von der Richtlinie gewählte **Umschreibung** entspricht in ihrem Kern Art 9 Abs 1 RBÜ 1967/71, wonach die Urheber von Werken der Literatur und Kunst das Recht genießen, „die Vervielfältigung dieser Werke zu erlauben, gleichviel auf welche Art und in welcher Form sie vorgenommen wird". Unter Vervielfältigung im urheberrechtlichen Sinn wird allgemein die Herstellung von körperlichen Festlegungen[195] verstanden, die geeignet sind, das Werk den menschlichen Sinnen

[195] Vgl jetzt auch Art 2 Info-RL, wonach das Vervielfältigungsrecht das „ausschließ-

auf irgendeine Weise (wiederholt) unmittelbar oder mittelbar wahrnehmbar zu machen[196].

3.2. Vervielfältigung von Programmteilen

8 Im Gegensatz zur Berner Übereinkunft, zu der lediglich im Generalbericht ausgeführt wird, dass den Urhebern alle Rechte auch an **Teilen des Werks** zustehen[197], stellt dies die Richtlinie ausdrücklich klar. Im Sinn einer leichter nachvollziehbaren Systematik wäre eine solche Klarstellung in Art 1 bei der Regelung des Schutzgegenstands zu erwarten gewesen; jedenfalls ist dies schon lange unbestritten[198]. Im Licht des in Art 1 Abs 3 Software-RL definierten, von der kontinental-europäischen Urheberrechtstradition abweichenden Werkbegriffs zeigen sich aber neue Abgrenzungsprobleme: Unter Zugrundelegung des herkömmlichen Werkbegriffs ist ein Werkteil dann geschützt, wenn auch der (entlehnte) Teil für sich originell ist. Auch die Entlehnung kleinster Teile eines Werks wird demnach als Urheberrechtsverletzung gewertet, wenn diese Teile eine entsprechende individuelle Prägung aufweisen[199]. Da die Richtlinie aber von einem reduzierten Originalitätsbegriff ausgeht, wird damit auch die Untergrenze für den Schutz von Werkteilen aufgeweicht. Wer aus einem fremden Computerprogramm einen auch noch so geringen Teil übernimmt, riskiert eine Urheberrechtsverletzung, wenn es sich um einen (gerade noch) schützbaren Teil handelt, der also etwa in der Softwaretechnik nicht „alltäglich" ist.

3.3. Die Vervielfältigungshandlungen

9 Der Rechtsinhaber allein ist befugt, die Vervielfältigung seines Computerprogramms vorzunehmen oder einem Dritten zu gestatten. Dabei ist zunächst etwa an Foto- oder Mikrokopien des Programmablauf- oder Datenflussplans oder des Programmlistings bzw an die Herstellung sog *hardcopies* mit Hilfe eines Druckers oder sonstigen Ausgabegeräts zu denken. Von ungleich größerer praktischer Bedeutung ist aber die Herstellung von Kopien durch Überspielen des Programms auf **Datenträger** jeder Art wie Magnetbänder, Floppy- bzw Hard-

---

liche Recht, die unmittelbare oder mittelbare, vorübergehende oder dauerhafte Vervielfältigung auf jede Art und Weise und in jeder Form ganz oder teilweise zu erlauben oder zu verbieten" umfasst. Nach der Begründung zum ursprünglichen Vorschlag (2. Teil Punkt 2.3) fallen darunter alle relevanten Vervielfältigungshandlungen, „ob online oder offline, in materieller oder immaterieller Form". Damit soll (Begr 2. Teil Punkt 2.1) der Gleichklang mit der Software-RL und der Datenbank-RL hergestellt werden; vgl dazu ausführlich *Walter* Rz 47ff Info-RL.

[196] Vgl etwa die ErlRV zu § 15 öUrhG bei *Dillenz*, Materialien I 65 und Begründung § 16 dUrhG bei bei *M Schulze*, Materialien[2], 439f. Siehe auch *Ulmer*, Urheber- und Verlagsrecht[3], 230; *Vinck* in *Fromm/Nordemann*, Urheberrecht[9] § 16 UrhG Rz 1. Ähnlich auch Sec 191 US Copyright Act.

[197] Vgl *Dittrich*, Urheberrecht[3] Art 9 RBÜ 1967/71 FN 1.

[198] Vgl schon §§ 41 LUG und 36 KUG und § 1 Abs 2 öUrhG; trotz Fehlens einer ausdrücklichen Bestimmung im dUrhG auch die herrschende deutsche Lehre (*Ulmer*, Urheber- und Verlagsrecht[3], 134; *Hubmann/Rehbinder*, Urheber- und Verlagsrecht[8], 90; *Vinck* in *Fromm/Nordemann*, Urheberrecht[9] § 2 UrhG Rz 26).

[199] *Hubmann/Rehbinder*, Urheber- und Verlagsrecht[8], 90.

disks, CD-ROMs, DVDs, WORMs etc[200]. Während es sich bei den genannten Vorgängen unstrittig sowohl um Kopien im technischen als auch um **Vervielfältigungen im urheberrechtlichen Sinn** handelt, war in den letzten Jahren vor Erlassung der Richtlinie um die Frage, ob auch das bloße Laufenlassen eines Programms als urheberrechtlich relevante Vervielfältigung anzusehen ist, ein heftiger Meinungsstreit entbrannt[201].

3.4. Programmlauf als Vervielfältigung

(A) Rechtslage vor Umsetzung der Software-RL

10 Ausgehend von *Köhler*[202], in weiterer Folge vor allem gestützt auf die Auffassung *Kolles*[203] ging die „ältere Lehre" zur Rechtslage vor Umsetzung der Richtlinie zunächst davon aus[204], dass jeder bei der Anwendung von Computerprogrammen technisch bedingte Kopiervorgang urheberrechtlich als Vervielfältigung anzusehen und somit grundsätzlich dem Urheber vorbehalten sei. Die zur Benutzung des Programms erforderliche Nutzungsbewilligung werde dem berechtigten Anwender vom Rechteinhaber mit dem Softwareüberlassungsvertrag ausdrücklich oder zumindest stillschweigend erteilt.

11 In **jüngerer Zeit** schien man sich zur Lösung der Frage, ob der Programmlauf eine zustimmungsbedürftige Vervielfältigungshandlung darstellt, auf das **„Partizipationsinteresse"**[205] des Urhebers zu besinnen: Solange eine Kopie im tech-

[200] Vgl *Blocher*, Schutz von Software 80.

[201] Vgl *Vivant* in *Meijboom/Preus* (Hrsg), The Law of Information Technology in Europe 103 (111).

[202] *Köhler*, Der urheberrechtliche Schutz von Rechenprogrammen.

[203] *Kolle*, Der Rechtsschutz von Computerprogrammen aus nationaler und internationaler Sicht – Teil 1 GRUR 1973, 611 (617); *ders*, Der Rechtsschutz von Computersoftware in der Bundesrepublik Deutschland, GRUR 1982, 443 (450); *ders*, Internationale Vereinigung für gewerblichen Rechtsschutz – Bericht der deutschen Landesgruppe für die Tagung des Geschäftsführenden Ausschusses vom 13. bis 18.05.1985 in Rio de Janeiro, GRUR Int 1985, 29 (31); *Ulmer/Kolle*, Der Urheberrechtsschutz von Computerprogrammen, GRUR Int 1982, 489 (499).

[204] Vgl für Österreich *Bolka*, Elemente des EDV-Vertrages, EDVuR 1990/2, 56; *Dittrich*, Urheberschutz für Computerprogramme? in *Kühne* (Hrsg), Software und Recht (1986) 103 (108); *ders*, Computer-Programme und Vervielfältigungsrecht, ecolex 1992, 339 (bereits im Licht der Richtlinie); *Röttinger*, Finden beim Lauf eines Computerprogramms Vervielfältigungsvorgänge im Sinne des Urheberrechts statt? in FS 50 Jahre Urheberrechtsgesetz (ÖSGRUM 4/1986) 203; *Walter*, Die freie Werknutzung der Vervielfältigung zum eigenen Gebrauch, Kommentare zum Urheberrecht (Teil I – Werke), MR 1989, 69; *Walter*, Handbook 23; *Wolff*, Umsatzsteuersatz für Software, EDVuR 1987/4, 2; *ders*, Softwarelizenzverträge und Rechtsgeschäftsgebühr, EDVuR 1987/1, 4. Vgl zum deutschen Recht *v Gravenreuth*, Anm zu AG Amberg – Laden eines Computerprogramms als Vervielfältigung, CR 1990, 658 mit mehr als 20 wN; *Hubmann/Rehbinder*, Urheber und Verlagsrecht[8], 138; *Kindermann*, Vertrieb und Nutzung von Computersoftware aus urheberrechtlicher Sicht, GRUR 1983, 150 (157); *Troller*, CR 1987, 356; *Vinck* in *Fromm/Nordemann*, Urheberrecht[9] § 16 UrhG Rz 1.

[205] Dieser Begriff wurde von *Lehmann* geprägt. Vgl zB *Lehmann* in *Lehmann*, Rechtsschutz[2], 14f Rz 15.

nischen Sinn nicht zu einer Vermehrung der (gleichzeitigen) Benutzungsmöglichkeiten eines Programms führt, werden nach dieser Auffassung die Interessen des Urhebers nicht berührt, sodass der betreffende Vorgang nicht dem Vervielfältigungsrecht unterlag[206]. Im Laufenlassen des Programms war daher keine Vervielfältigung, sondern allenfalls in Bezug auf die durch das Programm auf der Bildschirmoberfläche dargestellten Ergebnisse eine den unkörperlichen Wiedergabearten wie Vortrag, Aufführung oder Vorführung zuzurechnende Verwertungshandlung zu sehen, die mangels „Öffentlichkeit" kein dem Urheber vorbehaltenes Recht verletzte. Sah man im Laufenlassen eines Programms bloß dessen „**Benutzung**", nicht aber eine „**Nutzung**" im urheberrechtlichen Sinn, war hierfür die Zustimmung des Urhebers nicht erforderlich.

In zunehmendem Maß wurde aber auch von den Vertretern der „jüngeren Lehre" **12**
die Gefahr einer Beeinträchtigung von Urheberinteressen durch potentielle „**Mehrfachnutzungen**" gesehen, wenn man auch das Laden eines Programms von einem Datenträger in den Arbeitsspeicher des Computers als technisch bedingte Vorbereitungshandlung der bloßen „Benutzung" und nicht als Akt der Vervielfältigung wertet. Als plastisches – wenn auch wenig praxisnahes[207] – Beispiel wurde meist die Möglichkeit angeführt, mit einer einzigen „lizenzierten" Diskette von Computer zu Computer zu gehen und das darauf enthaltene Programm damit zu starten[208]. Von wesentlich größerer Bedeutung dürfte das mehrfache Laden ein und derselben Programmkopie von der Platte eines File-Servers in einem lokalen Netzwerk sein.

Häufig wurde deshalb darauf abgestellt, ob ein neues **Festlegungsexemplar** geschaffen wird, was nur dann der Fall sei, wenn das Programm von einem räumlich trennbaren Datenträger geladen werde[209]. Danach stellt das Laufenlassen selbst keine Vervielfältigung im urheberrechtlichen Sinn dar, wohl aber das Laden in den Arbeitsspeicher[210]. Als Abwandlung dieser Ansicht wurde auch die Meinung vertreten, nicht schon bei potentieller, sondern erst bei konkreter physischer Trennung der beiden Kopien (jener im Arbeitsspeicher und jener auf dem peripheren Speichermedium), zB durch Entfernen der (auswechselbaren) Platte oder der Diskette uä lägen zwei selbständig (be-)nutzbare Programmduplikate und damit eine urheberrechtlich relevante Vervielfältigung vor[211].

---

[206] Vgl *Blocher*, Schutz von Software 81 und 124; *Dreier*, CR 1991, 579; *Haberstumpf* in *Lehmann*, Rechtsschutz[2], 136 Rz 122; *König*, CR 1991, 591; *Lehmann*, GRUR Int 1991, 327; *Lehmann*, NJW 1991, 2114; *Loewenheim* in FS *v Gamm* 434; *Schneider*, Softwarenutzungsverträge 26; *Schneider*, CR 1990, 503.

[207] Die bei fast allen umfangreicheren Programmen angewandte „*Overlay*-Technik" bzw das Konzept der virtuellen Speicherverwaltung erfordern auch während des Programmlaufs regelmäßige Zugriffe auf den peripheren Speicher.

[208] Vgl etwa *Schneider*, CR 1990, 506.

[209] *Haberstumpf*, GRUR 1982, 149; *Haberstumpf*, CR 1987, 411; *Haberstumpf* in *Lehmann*, Rechtsschutz[2], 136f Rz 123f; noch deutlicher: *Haberstumpf* in *Lehmann*, Rechtsschutz[1] (1988) II Rz 115.

[210] Vgl zB *Lehmann*, NJW 1991, 2114.

[211] Vgl *König*, CR 1991, 592; ebenso *Holzinger*, GRUR 1991, 367; vgl auch *Schneider*, CR 1990, 506: „Die dort entstehenden Arbeitsspeicherkopien sind selbständig nutzbare Festlegungen des Programms und als solche Vervielfältigungen iS des § 16 dUrhG".

13 Wie gerade die verschiedenen Ausprägungen der „jüngeren Lehre" in Bezug auf das Laufenlassen eines Programms zeigen, bestand bei der Beurteilung dieser Frage große Unsicherheit. Auch die Judikatur des **Bundesgerichtshofs**[212] trug wenig zu einer Klärung bei, wenn betont wurde, dass die reine Benutzung – im Gegensatz zu den technischen Nutzungsrechten – urheberrechtlich nicht erfasst wird, und die **Benutzung** eines Werks als solche deshalb kein urheberrechtlich relevanter Vorgang sei. Dies gelte für das Benutzen eines Computerprogramms ebenso wie für das Lesen eines Buchs, das Anhören einer Schallplatte, das Betrachten eines Kunstwerks oder eines Videofilms. Es komme daher auf die Frage an, ob die im Rahmen der Programmbenutzung erfolgende Programmeingabe und -verarbeitung eine Vervielfältigung erforderlich macht. Die Abgrenzung von Programmbenutzung von der Programmverarbeitung ist aber schwierig, und daher lässt sich die Aussage des BGH letztlich auf den Zirkelschluss reduzieren, dass „Vervielfältigungsvorgänge vorliegen, wenn eine Vervielfältigung erforderlich wird". Da es sich bei dieser Problematik aber keineswegs bloß um eine akademische Streitfrage, sondern um eine Schlüsselfrage für die Reichweite des Urheberrechtsschutzes von Computerprogrammen handelt, schien eine klärende Stellungnahme seitens des Richtliniengebers dringend geboten[213].

(B) Rechtslage nach Umsetzung der Software-RL

14 Mit großer Spannung wurde daher auch eine Lösung dieser Streitfrage durch die Richtlinie erwartet. Umso größer war die Enttäuschung über den Wortlaut des Art 4 lit a zweiter Satz: „Soweit das Laden, Anzeigen, Ablaufen, Übertragen oder Speichern des Computerprogramms eine Vervielfältigung erforderlich macht, bedürfen diese Handlungen der Zustimmung des Rechtsinhabers".

Diese etwas unglückliche Formulierung scheint an sich Selbstverständliches auszudrücken. Wenn nämlich – wie bereits der vorhergehende Satz normiert – jede Vervielfältigung dem Rechtsinhaber vorbehalten ist, dann natürlich auch eine solche, die anlässlich der hier aufgezählten Handlungen vorgenommen wird. Der entscheidenden Frage, unter welchen Umständen das Laden, Anzeigen, Ablaufen, Übertragen oder Speichern nun eine Vervielfältigung darstellt, schien die Richtlinie durch die Verwendung des Worts „soweit" auszuweichen[214, 215]. In

---

[212] BGH 04.10.1990 – „Betriebssystem/Nixdorf" CR 1991, 80 = GRUR 1991, 449 (*Betten/v Gravenreuth*) = ZUM 1991, 246 = NJW 1991, 1231 = EDVuR 1991, 7 = MR 1991, 40 = IIC 1991, 723.

[213] In seiner bereits nach Umsetzung der Richtlinie aber noch zur älteren Rechtslage ergangenen Entscheidung 20.01.1994 – „Holzhandelsprogramm" GRUR 1994, 363 vertritt der BGH die Ansicht, die Frage, ob die im Rahmen der Programmbenutzung erfolgende Programmeingabe und -verarbeitung eine Vervielfältigung erforderlich macht, sei auch durch das Zweite Änderungsgesetz nicht abschließend beantwortet worden. Anders als bei den technischen Schutzrechten werde die reine Benutzung urheberrechtlich nicht erfasst, die Benutzung als solche sei kein urheberrechtlich relevanter Vorgang. Im Streitfall ließ er es jedoch dahinstehen, „ob die beim Lauf eines Computerprogramms erforderliche Eingabe des Programms in den Arbeitsspeicher einen Eingriff in das Vervielfältigungsrecht" darstellt".

[214] So meint etwa *Lehmann*, NJW 1991, 2114, die Richtlinie treffe ähnlich wie das deutsche Urheberrecht keine Regelung, ob die genannten Handlungen Vervielfältigungen

Wahrheit war die Kommission aber immer davon ausgegangen, dass zum derzeitigen Zeitpunkt jede der genannten Handlungen eine Vervielfältigung voraussetzt[216].

(AA) Vervielfältigungsbegriff der Richtlinie

Aus der Begründung geht klar hervor, dass die Richtlinienverfasser von einem **15** bestimmten **Bedeutungsinhalt** des Begriffs „Vervielfältigung" ausgingen, der sich von jenem der österr bzw deutschen Urheberrechtstradition deutlich unterscheidet. Letzterem entspricht eher der Terminus „Kopieren" (in der englischen Fassung: *„replication"*) in der zitierten Begründung, während die „Vervielfältigung" (in der englischen Fassung: *„reproduction"*) mit der ihr dort beigegebenen Bedeutung dem Begriffsverständnis des anglo-amerikanischen *copyright* entlehnt ist[217]. Dabei darf nicht übersehen werden, dass es sich bei der Software-RL um einen in internationalen Verhandlungen und Abstimmungen entwickelten Text handelt, was bei dessen Auslegung zu berücksichtigen ist. Der Begriff der „Vervielfältigung" ist daher nicht nur als originär urheberrechtlicher Begriff iSd nationalen Urheberrechtstradition zu verstehen. So rechtfertigt die Begründung RL-Vorschlag (2. Teil Punkt 4.1.a) den generellen Vorbehalt der Vervielfältigung aufschlussreich damit, dass „alle Handlungen, die die Interessen des Urhebers schädigen könnten, dh das Laden, Betrachten, Ablaufen, Übertragen oder Speichern des Programms, nur im Weg einer Vervielfältigung des Programms ausgeführt werden können." Wie weit die von der Richtlinie intendierte Lösung den Schutzbedürfnissen der Softwareurheber entgegenkommt, ergibt sich auch aus der in der Fußnote wörtlich zitierten Passage der Begründung RL-Vorschlag (2. Teil Punkt 4.1.a letzter Abs)[218].

---

iSd Urheberrechts sind, so dass diese Entscheidung dem jeweiligen nationalen Recht überlassen bleibt.

[215] In ihrer an den deutschen Gesetzgeber gerichteten Eingabe vertraten der „grüne Verein" und die Deutsche Landesgruppe der ALAI mehrheitlich – gegen eine starke Minderheitsmeinung – den Standpunkt, Laden und Programmlauf seien grundsätzlich nicht als Vervielfältigung im Rechtssinn anzusehen. Gleichwohl wurde für die Umsetzung empfohlen, sich auf eine Übernahme des Art 4 lit a zu beschränken und lediglich in der Begründung darauf hinzuweisen, die Frage, inwieweit eine Vervielfältigung vorliegt, müsse von Lehre und Rsp von Fall zu Fall geklärt werden, wofür sich Ansätze schon in der „Betriebssystem"-Entscheidung fänden.

[216] Dies wurde von *Schulte*, der als Vertreter Deutschlands in der Rats-Arbeitsgruppe die Entstehung der Richtlinie mitverfolgt hatte, anlässlich einer gemeinsamen Sitzung der deutschen Landesgruppe der ALAI und des Fachausschusses für Urheber- und Verlagsrecht der Deutschen Vereinigung für gewerblichen Rechtsschutz und Urheberrecht („grüner Verein") vom 05. und 12.07.1991 bestätigt. Aufschlussreich ist in diesem Zusammenhang auch die Begründung zum ursprünglichen RL-Vorschlag (2. Teil Punkt 4.1.a).

[217] Vgl etwa Sec 17 II 2 brit CDPA.

[218] „Das Laden des Programms ist insoweit als eine zustimmungsbedürftige Handlung anzusehen, als augenblicklich dafür normalerweise eine Vervielfältigung eines Teils des Programms oder des gesamten Programms erforderlich ist. In Zukunft sind Programme vielleicht häufiger in Trägern enthalten, die, wie beispielsweise Chips, körperlich in den Computer eingeführt werden können, oder sind möglicherweise Bestandteile der Hardware. Unter diesen Umständen ist eine Vervielfältigung des Programms vielleicht nicht

(BB) Konzept der Richtlinie

16 Die Richtlinie beabsichtigt ohne Zweifel, schon die **bloße Benutzung** eines Computerprogramms von der Zustimmung des Rechtsinhabers abhängig zu machen[219], sofern sie nicht unter eine der Ausnahmen des Art 5 fällt[220]. Die auf Vorschlag des Europäischen Parlaments in lit a aufgenommene Klarstellung, dass auch eine **vorübergehende Vervielfältigung** relevant ist, bestätigt diese Ansicht. Die Richtlinie stellt nicht auf eine Vervielfältigung im Sinn der erwähnten „jüngere Lehre", sondern bloß auf eine Vervielfältigung im technischen Sinn ab[221]. Dem Vorwurf, der Schöpfer von Computerprogrammen erhalte damit mehr Rechte als die Inhaber von Urheberrechten an herkömmlichen Werken, deren Genuss nicht zustimmungspflichtig ist[222], kann entgegengehalten werden, dass die Richtlinie für neue Technologien[223] in bestimmten Bereichen ganz bewusst neue Regelungen angestrebt hat[224].

17 Dass alle in Art 4 lit a Satz 2 genannten Vorgänge der Kontrolle durch den Urheber unterliegen sollen, folgt – von den bereits zitierten Stellen abgesehen – mit aller Deutlichkeit auch aus folgender Passage der **Begründung RL-Vorschlag** (2. Teil Punkt 4.1.a letzter Absatz), die wörtlich lautet wie folgt:

„Das Ansehen[225], Ablaufen, Übertragen und Speichern des Programms erfordern ausnahmslos die Vervielfältigung und sind für die Interessen des Rechtsinhabers potentiell schädigend."

Diese Auslegung wird durch die englische Fassung des oben aus den ErwG zum RL-Vorschlag zitierten Absatzes bestätigt: „*Loading of the program is to be considered a restricted act in so far as it normally at the present time necessitates reproduction of the program in part or in whole.*" „*In so far*" wird hier offensichtlich in der Bedeutung von „*because*" verwendet, was – wie im Deutschen – gele-

---

mehr erforderlich, um mit dem Programm zu arbeiten. Angesichts des Risikos, dass Anwender, die hierfür keine Erlaubnis haben, in Programme einsteigen und diese verfälschen, wird die Ansicht vertreten, dass das Laden vorläufig weiterhin der ausschließlichen Kontrolle des Urhebers unterliegen sollte."

[219] Vgl OLG Celle 02.09.1994 – „Streitwert bei unbefugter Softwarenutzung" CR 1995, 16 zu § 69c Z 1 dUrhG.

[220] Anders offensichtlich BGH 20.01.1994 – „Holzhandelsprogramm" GRUR 1994, 363, differenziert dabei aber zwischen „bloßer Benutzung als solcher" und „Eingabe des Programms in den Arbeitsspeicher".

[221] Ähnlich *Vinck* in *Fromm/Nordemann*, Urheberrecht[9] § 69c UrhG Rz 3. Vgl auch *Walter*, Handbook 22f und 23f.

[222] Vgl den von *Küster* und *Müller* redigierten „Vorschlag für ein Gesetz zur Umsetzung der Richtlinie vom 14.05.1991" des Bundesverbandes Deutscher Unternehmensberater (1991) 23. Vgl auch *Lehmann*, Sitzung „grüner Verein" und ALAI (FN 216 oben) Protokoll 05.07.1991, 25.

[223] Zur Notwendigkeit, den Programmlauf im Hinblick auf seine technischen Eigenheiten als neue selbständige Verwertungsart zu qualifizieren, siehe *Holländer*, GRUR 1991, 422.

[224] Ebenso *Schulte*, Sitzung „grüner Verein" und ALAI (FN 216) Protokoll 05.07. 1991, 27.

[225] In der endgültigen Fassung der RL wird stattdessen der Ausdruck „Anzeigen" verwendet.

gentlich vorkommt[226] und in der deutschen Fassung durch ein eingefügtes „schon" wiedergegeben werden könnte[227]. Über den Text des RL-Vorschlags und den Text des geänderten RL-Vorschlags fand diese Wendung schließlich Eingang in den Gemeinsamen Standpunkt und in die endgültige Fassung der Richtlinie.

(CC) Laden ohne Vervielfältigungshandlung

Übrigens sind die Richtlinienverfasser zutreffend davon ausgegangen, dass nur **18**
das **Laden eines Programms** ohne Vervielfältigungsvorgänge (im technischen Sinn) denkbar ist. Das Kopieren von einem Datenträger in den Arbeitsspeicher (RAM) eines Computers kann durch das Einsetzen eines Speicherchips (ROM, PROM, EPROM, EEPROM, Chipkarte etc) substituiert werden. Der Kopiervorgang wurde in diesem Fall schon bei der Herstellung des Chips (zB eines ROMs) bzw beim eventuell erst später erfolgenden Übertragen des Programms darauf (zB „Brennen" eines EPROMs) vorweggenommen. Der Programmlauf selbst erfordert aber auch bei der sog „Software im Gehäuse"[228] eine Vervielfältigung des Programmcodes, auch wenn diese möglicherweise nur stückweise erfolgt.

Gewöhnlich bringt ein **Programmlauf** sogar eine ganze Reihe technischer Vervielfältigungsvorgänge mit sich, wobei meist eine schrittweise Verlagerung von einem langsameren Speichermedium in das nächstschnellere erfolgt. Von einem Band, einer Diskette oder einer CD-ROM wird zunächst auf eine Festplatte kopiert (insbes bei der sog „Installation"), von dort in den Platten-Cache (ein im RAM eingerichteter Bereich zur Pufferung von Platten-Zugriffen), weiter in den eigentlichen Arbeitsspeicher (RAM), in den RAM-Cache[229] und schließlich – unmittelbar vor der Ausführung der einzelnen Befehle – in die Register der CPU. Bei Verwendung eines sog „virtuellen Speicherkonzepts" kommen noch vorübergehende „Auslagerungen" augenblicklich nicht benötigter Code-Segmente auf langsamere Speicherbereiche (zB die Festplatte) hinzu.

(DD) Laden von „Software im Gehäuse"

Nicht gedeckt ist die erwähnte Intention der Kommission, das Laden eines **19**
Programms vorläufig jedenfalls – also offensichtlich auch im Fall einer „**Software**

[226] Für die synonyme Wendung „*insomuch*" werden in Collins Concise English Dictionary (1990) zwei gleichberechtigte Bedeutungen angeführt: 1. „*to such an extent or degree*" und 2. „*because of the fact*". Im Longman Webster English College Dictionary (1984) wird „*inasmuch as*" als Synonym für „*insofar as*" angegeben. „*Inasmuch as*" wiederum wird von Chamber 20th Century Dictionary (1983) mit „*considering that*" erklärt. In Roget's International Thesaurus (1984) werden im Abschnitt „*Attribution (assignment of cause)*" folgende Konjunktionen als Synonyme ausgewiesen: „*because, since, as, for, whereas, inasmuch as, forasmuch as, insofar as, insomuch as, as things go; in that, for the cause that, taking into account that, seeing that, seeing as how [dial], being as how [dial]*".

[227] „Das Laden ist (schon) insoweit als eine zustimmungsbedürftige Handlung anzusehen, als augenblicklich dafür normalerweise eine Vervielfältigung eines Teils des Programms oder des gesamten Programms erforderlich ist."

[228] *Haberstumpf* in *Lehmann*, Rechtsschutz[2], 136 Rz 123.

[229] Dies sind besonders schnelle RAM-Bausteine. Gelegentlich – wie etwa bei den Prozessoren der Type „Pentium" der Firma INTEL – sind diese bereits in die CPU integriert.

im Gehäuse" – von der Zustimmung des Urhebers abhängig zu machen[230]. Fraglich ist, ob ein vernünftiger Grund einzusehen ist, hier wieder auf technische Zufälligkeiten abzustellen. Potentiell würden Hersteller von innovativen Methoden des Softwarevertriebs abgehalten, wenn diese zur Folge hätten, dass ihnen weniger Kontrollrechte verblieben, als dies bei herkömmlichen Formen der Fall ist. Allerdings dürfte es sich dabei auf absehbare Zeit um eine eher akademische Streitfrage handeln. Denn gegenwärtig ist bloß das Laden ohne Vervielfältigungsvorgang im technischen Sinn denkbar, nicht aber das Laufenlassen, weshalb kaum schützenswerte Interessen des Urhebers berührt sind. Auf der anderen Seite sollte die Regelung gerade auch für künftige, heute noch gar nicht absehbare Entwicklungen offen bleiben.

4. Bearbeitung, Arrangement, Übersetzung und Umarbeitung (lit b)

4.1. Entstehungsgeschichte

20 Während der RL-Vorschlag nur die Bearbeitung erwähnt hatte, schlug das Europäische Parlament auf Empfehlung des Wirtschafts- und Sozialausschusses eine größtmögliche Übereinstimmung mit der Berner Übereinkunft vor (Art 8 und 12 RBÜ 1967/71), was vom Rat übernommen wurde, obwohl der Begriff des „Arrangements" eher dem musikalischen Bereich entstammt und im Zusammenhang mit Computerprogrammen bislang keine Bedeutung hatte.

4.2. Begriffsbestimmung

21 Im Bereich des „klassischen" Urheberrechts wird der Unterschied zwischen **Bearbeitungen** und **anderen Umgestaltungen** manchmal damit erklärt, dass die Bearbeitung im Weg der Anpassung an einen geänderten Zweck dem Werk dient, während dies bei anderen Umgestaltungen nicht der Fall ist[231]. Nach wohl hA sind Bearbeitungen selbst originell und daher urheberrechtlich schützbar, andere Umarbeitungen hingegen nicht[232]. Unter Übersetzung wird allgemein eine besondere Form der Bearbeitung oder Umarbeitung im Wortbereich verstanden, die Identisches in einer anderen Sprache ausdrückt. Daher kann man die manuelle Übertragung eines Programms von einer Programmiersprache in eine andere darunter subsumieren. Die Weiterentwicklung eines Programms von einer Entwicklungsstufe in die nächsthöhere, – etwa von der Systemanalyse bzw dem Pflichtenheft in den Pseudo-Code, von diesem in eine höhere Programmiersprache etc – ist als Bearbeitung anzusehen. Mangels Originalität trifft dies auf die maschinelle Translation vom Source Code in den Object Code dagegen nicht zu. Man wird sie eher als eine Art der Vervielfältigung oder – da ja die Form geändert wird – als „andere Umgestaltung" auffassen müssen.

Da die Richtlinie aber hinsichtlich der Rechtsfolgen einen Unterschied weder zwischen der Vervielfältigung im Sinn von lit a einerseits und den in lit b angeführten Handlungen anderseits noch zwischen den letzteren untereinander macht, handelt es sich dabei in diesem Zusammenhang lediglich um Definitions-

---

230 Begründung RL-Vorschlag 2. Teil Punkt 4.1.a letzter Abs. Siehe FN 218 oben.
231 Vgl *Loewenheim* in *Schricker*, Kommentar² § 23 Rz 4 mwN.
232 *Vinck* in *Fromm/Nordemann*, Urheberrecht⁹ § 23 Rz 1 mwN.

fragen ohne praktische Relevanz. Die Fehlerbehebung, die Wartung (einschließlich der Ergänzung der Funktionalität des Programms) und die Übertragung von einer Hardware- bzw Betriebssystem-Plattform auf eine andere (Portierung, Migration) fallen jedenfalls unter Art 4 und sind lediglich im Rahmen der Ausnahmen des Art 5 nicht zustimmungsbedürftig[233].

4.3. Rechte an Bearbeitungen

Da im geänderten RL-Vorschlag klargestellt worden war, dass auch die Vervielfältigung der Ergebnisse solcher Handlungen der Zustimmung des Rechtsinhabers (der Originalversion) bedarf, wurde durch den Rat im Gemeinsamen Standpunkt die Ergänzung „unbeschadet der Rechte der Person, die das Programm umarbeitet" hinzugefügt, um damit Art 2 Abs 3 RBÜ 1967/71 Rechnung zu tragen (Begründung Punkt 8). Auf diese Weise sollte sichergestellt werden, dass auch Dritte, die (mit Zustimmung des Rechtsinhabers) eine der in lit b genannten Handlungen durchführen, in ihren dabei allenfalls erworbenen eigenen Rechten **geschützt** sind. In diesem Zusammenhang ist zu beachten, dass es für die Zustimmungsbedürftigkeit keine Rolle spielt, ob die Übersetzung, Bearbeitung oder sonstige Umarbeitung eine eigene geistige Schöpfung ist. Dieses Kriterium ist nur Voraussetzung für den Erwerb eines (abhängigen) Urheberrechts durch den Bearbeiter. Umgekehrt muss auch das zu bearbeitende Programm nicht bzw nicht mehr geschützt zu sein, um an dessen Bearbeitung abgeleitete Urheberrechte entstehen zu lassen[234]. **22**

5. Verbreitung (lit c)

Die Software-RL gewährt dem Softwareurheber ausdrücklich auch das Recht der Verbreitung an die Öffentlichkeit. Während das Vervielfältigungsrecht dem Urheber ein Entgelt für diejenigen Nutzungshandlungen sichern will, die durch Vervielfältigungen erfolgen, soll das Verbreitungsrecht jene Nutzungen erfassen, die in der **öffentlichen Weitergabe** des Originals oder von Kopien liegen[235]. Ein Verbreiten kann dabei nicht nur in einem (Weiter)Verkauf, sondern auch in einem Tauschen, Schenken, Vermieten, Verleasen etc bestehen. **23**

5.1. Selbständige Bedeutung des Verbreitungsrechts

Das Verbreitungsrecht ist unabhängig vom Vervielfältigungsrecht und bezieht sich auch auf Programmkopien, die rechtmäßig – zB als Sicherungskopien gem Art 5 – hergestellt wurden[236]. Dem Verbreitungsrecht kann neben dem Verviel- **24**

---

[233] Vgl zur deutschen Rechtslage nach Umsetzung der Richtlinie OLG Düsseldorf 27.03.1997 – „Dongle-Umgebung" CR 1997, 337, wonach in der Entfernung einer Dongleabfrage als Kopierschutz eine Umgestaltung des Computerprogramms liegt, die als eine grundsätzlich dem Urheber vorbehaltene Bearbeitung iSd § 69c Z 2 dUrhG einzustufen und nicht von § 69d Abs 1 und 2 dUrhG gedeckt ist; ebenso OLG Karlsruhe 10.01.1996 CR 1996, 341 (*Raubenheimer*).

[234] Vgl *Loewenheim* in *Schricker*, Kommentar[2] § 3 Rz 8.

[235] Vgl *Loewenheim* in *Schricker*, Kommentar[2] § 17 Rz 1.

[236] Vgl *Walter*, Werkverwertung in körperlicher Form (II) – Vervielfältigung und Verbreitung des Werks, MR 1990, 162.

fältigungsrecht etwa auch dann eine selbständige Bedeutung zukommen, wenn ein Vertragshändler von einem ihm zur Verbreitung überlassenen Programm zwar noch während der Dauer des Vertragsverhältnisses Kopien anfertigt, diese aber auch noch nach Ablauf des Vertragsverhältnisses feilhält, oder wenn ein Programm in einem Land, in dem es keinen Urheberrechtsschutz genießt, ohne Einwilligung des Urhebers mit dem Ziel vervielfältigt wird, Kopien dieses Programms in einem anderen Land zu verbreiten, in dem dafür sehr wohl Urheberrechtsschutz besteht.

Wegen der dafür notwendigen Vervielfältigungsvorgänge dürfte ein ohne Zustimmung des Urhebers verkauftes Programm zwar gar nicht eingesetzt werden, sodass ein selbständiges Verbreitungsrecht in Bezug auf Software so betrachtet entbehrlich wäre. Vom Standpunkt der praktischen Rechtsdurchsetzung betrachtet, hat der Urheber damit aber eine bedeutend schärfere Waffe gegen Softwarepiraterie zur Hand, wenn er schon den wesentlich leichter nachweisbaren[237] **Vertrieb** von „Raubkopien" untersagen kann.

5.2. Weiter Begriff der Verbreitung nach der Richtlinie

25 Art 4 lit c Software-RL definiert den Begriff der öffentlichen Verbreitung nicht näher. Die Richtlinie bezieht ihn zwar auf das „originale Computerprogramm" bzw auf „Kopien davon", spricht aber im Gegensatz zu den meisten nationalen Regelungen nicht von „Vervielfältigungsstücken" bzw „Werkstücken". Vielmehr erfasst das Verbreitungsrecht neben dem Feilhalten oder Inverkehrbringen von körperlichen Festlegungen auch jede **andere Form der öffentlichen Verbreitung**[238]. Dabei ist vor allem an alle Arten von drahtgebundenen Übertragung von Computerprogrammen zu denken wie die Eröffnung der Möglichkeit des *Downloading* aus einem BBS oder durch FTP von einem Server in einem TCP/IP-Netz wie insbes dem Internet. Aber auch die Funkübermittlung, wie sie etwa beim „Channel-Videodat" durch Aufmodulieren auf das Fernsehsignal des Satellitensenders PRO-7 praktiziert wurde, und die Übermittlung von Internet-Seiten über die Satelliten Astra und Eutelsat im Rahmen des [monodirektionalen] Net-Sat-Dienstes des luxemburgischen Unternehmens SkyCom sind ebenso erfasst wie eine Programmübertragung mittels Notebook und Handy. Künftig kommen insbes auch der drahtlose, bidirektionale Internet-Zugang via Teledesic[239] oder ähnliche Dienste in Frage[240]. Auf der Seite des Empfängers werden die genannten

---

[237] Siehe dazu *Karger*, Beweisermittlung im deutschen und US-amerikanischen Softwareverletzungsprozess (1996). Allgemein zum Softwareprozess *Bartsch*, Softwareüberlassung und Zivilprozess – Gewährleistung und Urheberrechtsschutz in der prozessualen Durchsetzung (1991) passim.

[238] AA in Bezug auf die Erfassung auch der öffentlichen Wiedergabe *Walter*, Handbook 33.

[239] Im Jahr 2004 wird Teledesic (eine Kooperation von Teledesic LLC, Motorola Inc, Boeing und Matra Marconi Space) damit beginnen, eine Zweiwege-Internet-Anbindung per Satellit anzubieten, mit Geschwindigkeiten von bis zu 64 Mbps vom Satelliten zur Erde und zwei Mbps von der Erde zum Satelliten. Angekündigt als „*Internet-in-the-sky*" wird das Sendegebiet der 288 Satelliten fast 95 Prozent der Erdoberfläche abdecken (vgl http://www.teledesic.com/about/about.htm).

[240] Ebenso *Czarnota/Hart*, Legal Protection 59: „*The right is not defined, since any*

Verbreitungshandlungen regelmäßig mit einer Vervielfältigung – spätestens beim Programmlauf – einhergehen und schon deshalb zustimmungsbedürftig sein. Könnte der Urheber aber unter Berufung auf eine Verletzung seines Vervielfältigungsrechts nur gegen den Empfänger vorgehen, stünde er – wegen unüberwindlicher **Beweisschwierigkeiten** – meist auf verlorenem Posten. Die Bezugnahme auf *„jede Form* der öffentlichen Verbreitung" und das Anliegen des Richtliniengebers, einen angemessenen Schutz des Softwareurhebers zu schaffen, legen es daher nahe, die nicht ausdrücklich erwähnte **„Online-Übertragung"** von Computerprogrammen[241] unter den ausreichend flexiblen Verbreitungsbegriff der Richtlinie zu subsumieren[242].

5.3. Erfordernis der „Öffentlichkeit" der Verbreitung

Eine Begrenzung erfährt das Verbreitungsrecht dadurch, dass es nur die Formen **26**
der **öffentlichen Verbreitung** umfasst. Da die Richtlinie den Begriff der „Öffentlichkeit" nicht definiert, wird man bei seiner Auslegung auf das entsprechende Begriffsverständnis im nationalen Urheberrecht abzustellen haben. So ist etwa nach § 15 Abs 3 dUrhG die Wiedergabe eines Werks öffentlich, wenn sie für eine Mehrzahl von Personen bestimmt ist, es sei denn, dass der Kreis dieser Personen bestimmt abgegrenzt ist, und sie durch gegenseitige Beziehungen oder durch Beziehungen zum Veranstalter persönlich untereinander verbunden sind. In jedem Fall wird die Verbreitung von Programmkopien in der privaten Sphäre nicht urheberrechtlich relevant sein. So wird jemand, der ein Softwarepaket gemietet hat, zwar möglicherweise eine Vertragsverletzung, nicht aber eine Urheberrechtsverletzung zu verantworten haben, wenn er den ihm übergebenen Datenträger an einen Freund weitergibt.

5.5. Erschöpfung des Verbreitungsrechts

(A) Allgemeines

Neben der Beschränkung auf die öffentliche Verbreitung sieht die Richtlinie eine **27**
weitere bedeutsame Begrenzung des Verbreitungsrechts in Gestalt des **Erschöpfungsgrundsatzes** vor[243]. Ausgehend von dem Gedanken, dass der Urheber bei

---

form of distribution is controllable. This means that transmission of the original or copies via any medium, 'broadcasting' in the sense of Article 11bis of the Berne Convention, networking and any other form of making available to the public are all subject to authorisation."

[241] Die Begründung des ursprünglichen Info-RL-Vorschlags (Punkt II.A.5.) erklärt dies damit, dass es zur Zeit der Erlassung der Software-RL noch üblich war, Computerprogramme in der Form von Disketten zu verbreiten und nicht online. Nach Art 3 Abs 1 Info-RL fallen Online-Übertragungen unter das Recht der „öffentlichen Wiedergabe", wenn sie Mitgliedern der Öffentlichkeit den individuellen Abruf von Werken ermöglichen.

[242] Vgl dazu ausführlich *Marly*, Urheberrechtsschutz 242ff, der ua darauf verweist, dass die deutsche Rsp vor Einführung des gesonderten Senderechts auch Rundfunksendungen als Werkverbreitung einstufte, um dem Urheber ein entsprechendes Ausschließlichkeitsrecht zu verschaffen. Er gelangt zu dem Ergebnis, die Beschränkung des Verbreitungsrechts auf Verwertungen in körperlicher Form sei aufzugeben, wenn andernfalls ungerechtfertigte Schutzlücken zu befürchten sind. In Bezug auf die Online-Übertragung siehe auch *Walter*, Handbook 33f und Rz 81ff Info-RL.

[243] Vgl dazu *Walter*, Handbook 26ff.

der ersten Veräußerung eines Werkstücks die Möglichkeit gehabt hat, eine Belohnung für seine schöpferische Leistung zu erhalten, und dass damit der Zweck des Verbreitungsrechts erreicht ist, sowie im Interesse der Allgemeinheit an klaren und übersichtlichen Verhältnissen im **Rechtsverkehr**[244] wird das Verbreitungsrecht mit dem Erstverkauf einer Programmkopie in der Gemeinschaft verbraucht, wenn dieser durch den Rechtsinhaber oder mit seiner Zustimmung erfolgt. Die deutsche Fassung des Art 4 lit c ist sprachlich insoweit etwas unglücklich formuliert, als danach das „Recht auf die Verbreitung" erschöpft; gemeint ist zweifellos, dass das Recht, die Verbreitung zu kontrollieren, also das Verbreitungsrecht des Urhebers, verbraucht wird.

Beschränkungen (Abspaltungen) des vertraglich eingeräumten Verbreitungsrechts in räumlicher, zeitlicher oder inhaltlicher Hinsicht können nach hA zwar vereinbart werden, sich aber nur auf die Art und Weise des ersten Inverkehrbringens beziehen, während sich nach einer mit Zustimmung des Urhebers erfolgten Veräußerung die Methode der Weiterverbreitung auf Grund des Erschöpfungsprinzips dessen Einflussnahme entzieht. Durch eine rechtmäßige (ursprüngliche) Veräußerung erschöpft das Verbreitungsrecht in der Regel auch für Verbreitungshandlungen, die später außerhalb der Grenzen der Einwilligung des urheberrechtlich Berechtigten erfolgen[245]. In diesem Sinn entschied der BGH[246] nun auch in einer Leitentscheidung, dass ein Softwareunternehmen keine Ansprüche gegen einen mit ihm vertraglich nicht verbundenen Händler geltend machen kann, wenn dieser ausdrücklich als OEM-Software gekennzeichnete Ware – also Software, die nur mit einem neuen PC vertrieben werden soll – isoliert an einen Verbraucher veräußert. Der BGH ließ im Übrigen das Argument der Klägerin nicht gelten, sie sei im Interesse der Bekämpfung der Softwarepiraterie auf einen gespaltenen Vertrieb angewiesen. Wenn die Klägerin ihre Programme verbilligt an PC-Hersteller abgebe, um eine Erstausrüstung der PCs mit ihren Produkten zu fördern, sei nicht einzusehen, warum nicht auch Interessenten an einer isolierten Programmkopie in den Genuss des günstigeren Preises kommen sollten. Das Interesse des Herstellers, verschiedene Marktsegmente mit unterschiedlichen Preisen zu bedienen, werde auch sonst von der Rechtsordnung nicht ohne weiteres geschützt.

Die (zwingende) Wirkung der Erschöpfung besteht darin, dass die **Weiterverbreitung** der konkreten Programmkopie **zulässig** ist, und der Urheber diesbezüglich sein Verbreitungsrecht nicht mehr geltend machen kann. Der Verbrauch des Verbreitungsrechts bezieht sich aber nur auf das Verbreitungsrecht, nicht hingegen auf andere Verwertungsrechte, insbes nicht auf das Vervielfältigungsrecht. Allerdings ist die Erschöpfung des Verbreitungsrechts insoweit auch für die Vervielfältigung von Programmen relevant, als das Recht zur bestimmungsgemäßen Benutzung des Programms nach Art 5 Abs 1 dem rechtmäßigen Erwerber zusteht[247].

---

244 Vgl *Loewenheim* in *Schricker*, Kommentar² § 17 Rz 36.

245 Dies trifft jedenfalls für sekundäre zeitliche Beschränkungen zu, wird aber grundsätzlich auch für inhaltliche der Fall sein. Vgl dazu *Walter*, Grundfragen der Erschöpfung des Verbreitungsrechts im österreichischen Urheberrecht, ÖJZ 1975, 143 (148f) und *Walter* Rz 41 Stand der Harmonisierung.

246 BGH 06.07.2000 – „OEM-Version" CR 2000, 651 (*Witte*) = MMR 2000, 749 = MarkenR 2001, 25.

247 Vgl *Blocher* unten Art 5 Rz 11.

(B) Erschöpfung bei Online-Übertragungen?

Wegen der zunehmenden Bedeutung des Softwareabsatzes im Weg der Datenfernübertragung (DFÜ) stellt sich die Frage, ob die **Online-Übertragung** eines Computerprogramms ebenfalls die Erschöpfung des Verbreitungsrechts auslöst[248]. Auf Grund der gleichen Interessenlage ist es gewiss gerechtfertigt, auch hier eine Weiterveräußerung nicht von der Zustimmung des Urhebers abhängig zu machen[249]. Die Richtlinie stellt zudem für den Eintritt der Erschöpfungswirkung nicht auf eine Eigentumsübertragung, sondern auf den „Erstverkauf einer Programmkopie" ab. Da ein Kaufvertrag auch ohne Verpflichtung zur Übergabe eines Werkstücks vorliegen kann, ist die Richtlinie von der Formulierung her für die Annahme der Erschöpfung auch im Fall von Online-Übertragungen offen. Dies gilt aber nur für die Erstkopie, etwa die auf die Festplatte des Computers übertragene, nicht aber für allfällige weitere Kopien[250]. Solche weitere Kopien dürfen freilich nicht veräußert werden, da diesbezüglich das Verbreitungsrecht nicht erschöpft ist. Dem Wiederveräußerer ist es untersagt, bei ihm verbliebene Kopien weiter zu verwenden, da eine Weiterverwendung nicht mehr unter die „bestimmungsgemäße Benutzung" nach Art 5 Abs 1 fällt. **28**

Gegen die hier vertretene Auslegung scheint die **jüngste Entwicklung** der urheber- bzw leistungsschutzrechtlichen Harmonisierung zu sprechen. In den ErwG 33 und 43 der Datenbank-RL 1996 wird nämlich ausgeführt, die Frage der Erschöpfung des Verbreitungsrechts stelle sich nicht[251] im Fall von **Online-Datenbanken**, die in den Dienstleistungsbereich fallen. Dies gelte auch in Bezug auf ein physisches Vervielfältigungsstück einer solchen Datenbank, das vom Nutzer der betreffenden Dienstleistung mit Zustimmung des Rechtsinhabers **29**

---

[248] Zur Frage der urheberrechtlichen Einordnung der digitalen Werkvermittlung und des damit im Zusammenhang stehenden Problems der Erschöpfung des Verbreitungsrechts vgl *Dittrich*, Unkörperliche Verbreitung? Eine Kritik der APA-Entscheidung, ecolex 1997, 367; *Dreier* in *Schricker*, Urheberrecht auf dem Weg zur Informationsgesellschaft (1997) 128ff; *Lehmann*, Reichweite gesetzlicher Schranken und Lizenzen in *Lehmann* (Hrsg), Internet und Multimediarecht (1997) 64; *Schanda*, Urheberrecht in der Informationsgesellschaft, ecolex 1996, 104; *Wachter*, Multimedia und Recht, GRURInt 1995, 860; *Walter*, Zur urheberrechtlichen Einordnung der digitalen Werkvermittlung, Anm zu OGH 04.10.1994 – „APA-Bildfunknetz" MR 1995, 125; *Walter*, Handbook 33f; *Walter*, Öffentliche Wiedergabe und Online-Übertragung – Berner Übereinkunft, WIPO-Verträge, künftige Info-RL und deren Umsetzung in österreichisches Recht, FS *Dittrich* (2000) 363 (365ff).

[249] Vgl wieder *Haberstumpf* in *Lehmann*, Rechtsschutz², 141f Rz 133 mwN. So grundsätzlich auch *Walter*, Handbook 34.

[250] Vgl *Walter*, Handbook 35.

[251] Diese Formulierung dürfte auf *Dreier* in *Becker/Dreier* (Hrsg), Digitale Technologie 138, zurückgehen, der die „Parallele zum Verbreitungsrecht" des § 17 dUrhG im Vergleich zu einer Subsumtion unter das Senderecht für „weniger nahe liegend" hält. Da auch nur im Fall der körperlichen Werkverwertung ein „Konflikt zwischen immaterieller Berechtigung und sachenrechtlichem Eigentum am materiellen Werkexemplar" bestehen könne, stelle sich für Online-Nutzungen auch die in § 17 Abs 2 dUrhG geregelte Frage der Erschöpfung nicht. Ebenso in der Folge *Lehmann*, Reichweite gesetzlicher Schranken und Lizenzen in *Lehmann* (Hrsg), Internet und Multimediarecht (1997) 64.

hergestellt wurde. Im Fall einer Online-Übermittlung erschöpfe sich das Recht, die Weiterverwendung zu untersagen, weder hinsichtlich der Datenbank noch hinsichtlich eines vom Empfänger der Übermittlung mit Zustimmung des Rechtsinhabers angefertigten physischen Vervielfältigungsstücks der Datenbank oder eines Teils davon[252]. Die Kommission hat damit erstmals[253] ihre Absicht verwirklicht, bei der weiteren Harmonisierung deutlich zu machen, dass der Erschöpfungsgrundsatz lediglich auf das Recht der Verbreitung von Waren, nicht aber auf die Erbringung von Online-Diensten Anwendung findet[254].

Die Anwendung dieses historisch-systematischen Arguments auch im Zusammenhang mit der Auslegung der Software-RL erscheint aber fraglich. Die zitierten Erwägungsgründe beziehen sich ausdrücklich nur auf die Online-Übermittlung von Datenbanken, die vor allem im Hinblick auf ihre ständige Aktualisierung ein anderes Marktsegment abdecken als vergleichbare Offline-Datenbanken auf CD-ROM etc. Tatsächlich wird es sich dabei in aller Regel eher um eine Art Dienstleistung als um eine Vertriebsform handeln, sodass eine Erschöpfung wegen der sonst zu befürchtenden Aushöhlung des wesentlichen Inhalts des Urheberrechts nicht in Betracht kommt. Der Kommission ging es offensichtlich darum, im Sinn der ständigen Rechtsprechung des EuGH[255], wonach

---

252 Vgl dazu auch *v Lewinski* Art 5 Rz 26 Datenbank-RL. Siehe dazu aber auch *Walter* Stand der Harmonisierung Rz 70ff.

253 Auch die Info-RL sieht eine ähnliche Regelung vor. Nach Art 3 Abs 3 erschöpfen sich die in den Abs 1 und 2 bezeichneten Rechte nicht mit den in Abs 2 genannten Handlungen der öffentlichen Wiedergabe eines Werks und sonstiger Schutzgegenstände einschließlich ihrer Zugänglichmachung für die Öffentlichkeit. In der Begründung des ursprünglichen RL-Vorschlags (2. Teil Punkt 35) zu dieser Bestimmung heißt es: „So ist die öffentliche Wiedergabe eines Werks oder eines sonstigen Schutzgegenstands, ob mit drahtgebundenen oder drahtlosen Mitteln, eine Handlung, die endlos wiederholt werden kann und im Einklang mit den gesetzlichen Grenzen stets der Zustimmung bedarf. Diese Bestimmung klärt nur die bestehende Rechtslage auf Gemeinschaftsebene, indem sie daran erinnert, dass die Erbringung von Dienstleistungen zu keiner Erschöpfung der Rechte führt." Ob es sich bei einer konkreten Datenübertragung um eine Dienstleistung oder vielmehr um eine Vertriebsform handelt, wird nicht erörtert. Vgl dazu ausführlich *Walter*, Öffentliche Wiedergabe und Online-Übertragung – Berner Übereinkunft, WIPO-Verträge, künftige Info-RL und deren Umsetzung in österreichisches Recht, FS *Dittrich* (2000) 363 (378ff).

254 Initiativen Informationsgesellschaft 17. Mit demselben Argument empfiehlt – gleichfalls undifferenziert – auch *Möschel*, Neue Medien und Urheberrecht – Positionspapier für die Enquete-Kommission des deutschen Bundestages „Zukunft der Medien in Wirtschaft und Gesellschaft – Deutschlands Weg in die Informationsgesellschaft" (http://www.bundestag.de/gremien/14344y.htm) (1996) bei Punkt IV.3., den Erschöpfungsgrundsatz nicht auf elektronisch übermittelte Dienstleistungen auszudehnen; ähnlich auch *Berchtold*, Multimedia und das Urheberrecht, (http://www.jura.uni-tuebingen.de/student/stefan.berchtold/sem97/) (1997) 19 mwN und *Weinknecht*, Urheberrecht im Internet (http://www.weinknecht.de/uii01.html) (1997) unter der Überschrift „Downloads".

255 Vgl etwa EuGH 18.03.1980 – „Coditel I". Siehe dazu *Dittrich*, Der EuGH und der „Erschöpfungsgrundsatz", ecolex 1993, 249; vgl auch *Dillenz*, Internationales Urheberrecht in Zeiten der Europäischen Union, JBl 1995, 351; *Walter*, Das Diskriminierungsverbot nach dem EWR-Abkommen und das österreichische Urheber- und Leistungsschutzrecht, MR 1994, 101. Ausführlich zur Erschöpfung siehe auch *Walter* Stand der Harmonisierung Rz 35ff.

die zum freien Warenverkehr[256] aufgestellten Grundsätze nicht auf die unter Art 59 EGV (jetzt Art 49 EGV 1997) fallenden Dienstleistungen anzuwenden sind, klarzustellen, dass der Erschöpfungsgrundsatz auch nicht im Rahmen des Verbots ungerechtfertigter Beschränkungen des freien Dienstleistungsverkehrs gilt[257].

Diese Überlegungen treffen auf Software, die über Datenfernübertragung ausgeliefert wird, nicht zu. Denn hier geht es weder darum, dass ein Werk der Allgemeinheit durch beliebig oft wiederholbare Vorführungen zugänglich gemacht werden soll", noch um die dem Berechtigten zustehende Möglichkeit, eine Vergütung für jede Vorführung zu verlangen. Im Fall des Online-Vertriebs von Software wird lediglich der Umstand genützt, dass sich Computerprogramme ihrer digitalen Natur wegen – anders als die meisten anderen Werkarten – rasch, kostengünstig und ohne Qualitätsverlust digital übermitteln lassen. Dem Kunden wird dadurch die **Möglichkeit einer dauernden Benutzung** des Werks ohne weitere Online-Verbindung in gleicher Weise eingeräumt wie beim Erwerb eines körperlichen Werkstücks etwa durch Postversand. Nicht entscheidend ist in diesem Zusammenhang, dass es sich um Dienstleistungen handelt, die im Prinzip unendlich oft wiederholt werden können[258]. Auch im Fall des klassischen Vertriebs von Software, etwa in der Form von CD-ROMs, sind die Veräußerungsvorgänge „unendlich" wiederholbar, ohne dass die Erschöpfungswirkung zweifelhaft wäre.

Wirtschaftlich betrachtet bzw – im urheberrechtlichen Kontext – vom Standpunkt des Partizipationsinteresses des Urhebers aus gesehen ist die unterschiedliche Behandlung von Online-Diensten gegenüber der „körperlichen Werkvermittlung" nur dann zu rechtfertigen, wenn der Online-Dienst für jede Verwendung des Werks in Anspruch genommen werden muss oder wenn für jede Verwendung ein Entgelt bezahlt werden soll. Ist etwa im Fall des Video oder Audio *on demand* für den Werkgenuss ein wesentlich geringerer Preis als für eine Werkkopie auf Videofilm, CD etc zu bezahlen, sind weder die Motive noch die tatbestandsmäßigen Voraussetzungen für den Eintritt der Erschöpfung des Verbreitungsrechts erfüllt. Gewiss ist derartiges auch im Softwarebereich denkbar: Werden – etwa bei den derzeit heftig diskutierten NCs (*Network Computers*), *„Thin Clients"* etc – künftig gerade benötigte Funktionen von Anwendungsprogrammen (zB in Form von *Java-Applets*) *„on demand"* aus dem Internet oder ähnlichen Netzen gegen (relativ geringe) Gebühr bezogen, wird die Judikatur des EuGH auch darauf anwendbar, und der Eintritt der Erschöpfung des Verbreitungsrechts ausgeschlossen sein. Auf die gegenwärtig noch wesentlich häufiger zu beobachtenden (einmaligen) digitalen Übermittlungen von Standard-Software trifft dies jedoch nicht zu. Um eine sachlich nicht gerechtfertigte unterschiedliche Behandlung des

---

[256] Siehe für viele *Beier,* Gewerblicher Rechtsschutz und freier Warenverkehr im europäischen Binnenmarkt und im Verkehr mit Drittstaaten, GRUR Int 1989, 603.

[257] Vgl *Gaster,* Funktionen des Binnenmarktes und Paralleleinfuhren aus Drittländern: Ein Plädoyer gegen die internationale (globale) Erschöpfung von Immaterialgüterrechten, WBl 1997, 47 (55).

[258] So aber *Gaster,* Funktionen des Binnenmarktes und Parelleleinfuhren aus Drittländern: Ein Plädoyer gegen die internationale (globale) Erschöpfung von Immaterialgüterrechten, WBl 1997, 47 (55).

Vertriebs von Software oder anderer Werke[259] nach der Art des verwendeten „Transportmittels" zu vermeiden, ist somit vorläufig[260] vom Eintritt der Erschöpfungswirkung auch im Fall digitaler Werkvermittlung auszugehen[261].

(C) Weiterveräußerung eines Computers mit installierter Software

30 Folgt man der hier vertretenen Auffassung, wird man wegen der Vergleichbarkeit der zu Grunde liegenden Wertung auch die Zulässigkeit der Veräußerung einer Festplatte bzw eines Computers mit installierter Software ohne Zustimmung des Urhebers bejahen müssen, wenn die Software ursprünglich in körperlicher Form (zB auf CD-ROM) veräußert wurde. Der dem nunmehrigen Wiederverkäufer seinerzeit übergebene Datenträger ist durch die Installation auf der Festplatte zur „Sicherungskopie" geworden[262]. Anderenfalls müsste das Programm vom Computer gelöscht, dürfte aber vom Zweiterwerber mit Hilfe der ihm übergebenen „Original-Kopie" auf CD-ROM im Rahmen der bestimmungsgemäßen Benutzung wieder installieren werden. Diese Auslegung ist aber auch mit dem Partizipationsinteresse des Urhebers nicht zu rechtfertigen. Es käme dann tatsächlich darauf an, ob ein PC ursprünglich – mit Zustimmung des Urhebers – mit vorinstallierter Software oder lediglich mit den benötigten CD-ROMs in Verkehr gebracht wurde, wobei in letzterem Fall vor einem allfälligen Weiterverkauf sogar das Betriebssystem von der Festplatte „deinstalliert" werden müsste.

(D) Unabhängigkeit vom konkreten Datenträger

31 Das eben skizzierte wenig sinnvolle Ergebnis folgt aus der Beschränkung des Erschöpfungsgrundsatzes auf das veräußerte Werkstück. Es lässt sich mit Hilfe eines Ansatzes vermeiden, der dem Umstand Rechnung trägt, dass Computerprogramme vom „Vehikel Datenträger" weitgehend unabhängig sind. So kann davon ausgegangen werden, dass die Position des „zur Verwendung eines Vervielfältigungsstücks Berechtigten"[263] bzw des „zur Benutzung Berechtigten"

---

[259] Ähnlich *Wachter*, Multimedia und Recht, GRUR Int 1995, 860 (866), wonach sich die Differenzierung der Schrankenbestimmungen zwischen körperlicher und unkörperlicher Werkverwertung im Zeitalter der Digitalisierung nur noch schwer aufrechterhalten lässt.

[260] Mit Inkrafttreten der Info-RL wird dies vermutlich anders zu beurteilen sein. Denn beinahe wortgleich mit ErwG 33 Datenbank-RL wird in ErwG 19 (hier aber für alle Werkarten) die Anwendbarkeit des Erschöpfungsgrundsatzes auf Werkübermittlungen im Rahmen von Online-Diensten ausgeschlossen; außerdem beschränkt Art 4 Abs 2 die Erschöpfungswirkung auf „Vervielfältigungsstücke". Siehe dazu kritisch aber auch *Walter*, Öffentliche Wiedergabe und Online-Übertragung – Berner Übereinkunft, WIPO-Verträge, künftige Info-RL und deren Umsetzung in österreichisches Recht, FS *Dittrich* (2000) 363 (378ff) und *Walter* Rz 84f Info-RL.

[261] Vgl *Mäger*, CR 1996, 526; *Walter*, Handbook 34. Für die amerikanische *first sale doctrine* gelangt *Samuelson*, Copyright's Fair Use Doctrine and Digital Data, Communications of the ACM 37 (1994/12) 21, zu einem ähnlichen Ergebnis; sie kritisiert darin mit Nachdruck die im sog „*Lehmann*-Report" (http://roscoe.law.harvard.edu/courses/techseminar96/course/sessions/whitepaper/whitepaper.html) vorgeschlagene Klarstellung, dass die „*first sale doctrine*" im digitalen Bereich nicht anwendbar sei.

[262] Vgl BGH 18.10.1989 – „VIII" NJW 1990, 320 (321).

[263] Vgl dazu *Blocher* unten Art 5 Rz 10ff.

vom Erwerber auf Dritte „übertragen“ werden kann, so dass diesem – ohne Verletzung des Urheberrechts – die rechtmäßige Inhabung eines Vervielfältigungsstücks verschafft wird. Dieses Vervielfältigungsstück stellt gewissermaßen ein Surrogat für das ursprünglich mit dem Willen das Urhebers in Verkehr gebrachte „Original“ dar. Da der Weiterveräußerer durch diesen Vorgang seine Stellung als „zur Benutzung Berechtigter“ verliert, folgt daraus, dass er die veräußerte Software (genauer: das von ihm seinerzeit erworbene Original bzw Vervielfältigungsstück) seinerseits nicht mehr verwenden darf.

Allerdings scheint diese Lösung an der von der Richtlinie verwendeten Formulierung „erschöpft sich ... das Recht auf die Verbreitung dieser Kopie“ zu scheitern[264]. Doch auch bei aller gebotenen Vorsicht in Bezug auf Analogieschlüsse und teleologische Reduktionen im Fall vergleichsweise „junger“ gesetzlicher Bestimmungen, scheint die hier vertretene Auslegung unumgänglich, will man die erwähnten unbefriedigenden Folgen vermeiden. Schließlich wird damit für Software eine urheberrechtliche Situation geschaffen, die – und das war etwa unzweifelhaft die Absicht des deutschen Gesetzgebers – mit jener bei „herkömmlichen“ Werkarten vergleichbar ist. So wie der Wechsel eines Buches oder eines Bildes von einem Eigentümer zum anderen die Interessen des Urhebers nach Eintritt der Erschöpfung des Verbreitungsrechts nicht mehr tangiert, ist kein vernünftiger Grund erkennbar, Verfügungen über einmal mit Zustimmung des Urhebers verkaufte Software zu behindern.

(E) Sicherungskopien

Mit dieser Argumentation lässt sich auch das Recht des Wiederverkäufers begründen, eine allenfalls von ihm – zulässigerweise – angefertigte Sicherungskopie zusammen mit dem „Original“ weiterzugeben. Das Verbreitungsrecht an der Sicherungskopie ist zwar an sich nicht erloschen[265], doch wird der Erwerber des „Originals“ mit dessen Übernahme ein „zur Benutzung Berechtigter“, weshalb er sofort eine Kopie anfertigen könnte. Wurde eine solche Kopie aber bereits durch den früheren „zur Benutzung Berechtigten“ hergestellt, spricht nichts dagegen, dass mit der Position des „zur Benutzung (und damit zur Herstellung von Sicherungskopien) Berechtigten“ auch diese Kopie übergeben werden darf. Urheberinteressen werden dadurch nicht beeinträchtigt. Im Gegenteil, wird die Sicherungskopie mit übergeben, verringert sich die faktische Gefahr einer unzulässigen Weiterverwendung durch den Veräußerer; manche Softwareverträge sehen übrigens sogar eine dahin gehende Verpflichtung vor. **32**

5.6. Vermietrecht

(A) Vermietrecht als Ausnahme vom Erschöpfungsgrundsatz

Nach der Rechtslage vor Umsetzung der Richtlinie konnte der Urheber im Hinblick auf den Verbrauch des Verbreitungsrechts nach den meisten nationalen Rechtsordnungen insbes auch das Vermieten und das Verleihen eines von ihm oder mit seiner Zustimmung verkauften Werkstücks nicht verhindern. Die Richt- **33**

[264] Noch deutlicher wird dies bei der Formulierung des § 69c Z 3 dUrhG („... in Bezug auf dieses Vervielfältigungsstück“).

[265] Vgl *Blocher* in *Blocher/Walter*, Softwareschutz 52f.

linie hat vom **Erschöpfungsgrundsatz** aber zunächst das Recht der Vermietung von Programmkopien ausdrücklich **ausgenommen**[266] und dem Programmurheber damit ein ausschließliches **Vermietrecht** gewährt. Schon im RL-Vorschlag wurde auf die besondere Gefährdung der Interessen von Softwareurhebern hingewiesen, die im Fall eines unkontrollierbaren Software-Mietmarkts entstünde. Da die von den Mietern mit minimalem Aufwand herzustellenden digitalen Kopien – anders als im Fall des privaten Überspielens auf Musik- und Videokassetten mit analogen Mitteln – keinerlei Qualitätsverlust gegenüber dem Original aufweisen, wäre sonst zu befürchten, dass potentielle Softwarekäufer dadurch in zunehmendem Maß von einem Kauf abgehalten würden[267].

(B) Verhältnis der Software-RL zur Vermiet- und Verleih-RL

34 Mit der **Vermiet- und Verleih-RL** wurde etwa eineinhalb Jahre nach Verabschiedung der Software-RL das Vermieten und Verleihen von Originalen oder Vervielfältigungsstücken ihrer Werke allen Urhebern und Leistungsschutzberechtigten vorbehalten. Die Software-RL hat diese Entwicklung in Bezug auf das Vermietrecht vorweggenommen. Allerdings hat der Rat ausdrücklich festgehalten, dass damit der damals noch in Vorbereitung befindlichen Vermiet- und Verleih-RL nicht vorgegriffen werden sollte[268]. Anderseits bestimmt Art 3 Vermiet- und Verleih-RL ausdrücklich, dass Art 4 lit c Software-RL unberührt bleibt[269].

35 ErwG 16 Software-RL zufolge ist unter **Vermietung** die Überlassung eines Computerprogramms oder einer Kopie davon zur **zeitweiligen Verwendung** zu **Erwerbszwecken** zu verstehen. Der zeitweiligen Verwendung entspricht inhaltlich die „zeitlich begrenzte Gebrauchsüberlassung“ nach Art 1 Abs 2 Vermiet- und Verleih-RL. Auch die Umschreibung der Erwerbszwecke in Art 1 Abs 2 Vermiet- und Verleih-RL mit „unmittelbarem oder mittelbarem wirtschaftlichen oder kommerziellen Nutzen“ dürfte inhaltlich nicht abweichen und nur eine Präzisierung der in der Software-RL angesprochenen Erwerbszwecke darstellen[270]. Der Begriff des Vermietens umfasst daher auch die unentgeltliche Gebrauchsüberlassung, wenn sie einem mittelbaren wirtschaftlichen oder kommerziellen Nutzen dient. Als Beispiel sei etwa die Aktion einer österr Fluglinie angeführt, die auf Langstreckenflügen Business-Class Passagieren einen tragbaren Computer samt Software überließ.

---

[266] Vgl hierzu die Regelung des *Computer Software Rental Amendments Act* 1990 durch den in den USA das Vermieten von Computerprogrammen bereits seit 01.12.1990 – vorläufig befristet bis 01.10.1997 – dem Urheber vorbehalten war. Vgl *Kochinke*, CR 1991, 391, wonach die USA im Rahmen der GATT-Verhandlungen nachdrücklich für ein generelles Vermietrecht für Programme eintraten und auch in die Handelsabkommen mit den Staaten des ehemaligen Ostblocks entsprechende Bestimmungen aufgenommen haben. Diese Bestimmung wurde durch Sec 17 USC § 109 (b) kodifiziert, wobei die Befristung (sog „*sunset provision*“) schließlich im Rahmen der GATT-Umsetzung (PL No 103-465, 103rd Cong, 2d Sess vom 08.12.1995) entfiel.

[267] Vgl Begründung RL-Vorschlag Teil 2 Punkt 4.1.c.

[268] Vgl Begründung Gemeinsamer Standpunkt 8.

[269] Vgl dazu *v Lewinski* Art 3 Rz 1ff Vermiet- und Verleih-RL.

[270] Vgl dazu *v Lewinski* Art 3 Rz 2 Vermiet- und Verleih-RL.

Die Software-RL erfasste dagegen das öffentliche **Verleihen** bewusst nicht, da die Gefährdung der Urheberinteressen hier weniger akut zu sein schien, sodass man die Regelung der Vermiet- und Verleih-RL abwarten wollte. Die Regelungen betreffend das Verleihen, wie sie nun in der Vermiet- und Verleih-RL enthalten sind, gelten daher auch für Software[271]. Danach ist grundsätzlich auch das Verleihrecht als Ausschließungsrecht auszugestalten (Art 1), doch wird den Mitgliedstaaten die Möglichkeit eingeräumt, bloß einen Vergütungsanspruch (Art 5) vorzusehen, und zwar zumindest für Urheber. **36**

(C) Vermieten und Verleihen ohne Besitzüberlassung

Weder der Begriff der „Vermietung" noch jener des „Verleihens" setzt eine **Besitzübertragung** voraus. Diese kann vielmehr entfallen, wenn die Gebrauchsüberlassung auch ohne Besitzverschaffung möglich ist[272]. Praktische Relevanz hat dieser Umstand vor allem für gemischte Verträge, bei denen neben anderen Leistungen auch die vorübergehende Überlassung von Software oder – wohl häufiger – eines Computers samt Software geschuldet wird, wie dies etwa bei Computerkursen der Fall ist. Wenn für die Gesamtleistung ein Entgelt vereinbart wird, dient die Softwaregebrauchsüberlassung sogar unmittelbar dem wirtschaftlichen oder kommerziellen Nutzen des Veranstalters und ist daher als Vermietung anzusehen. Da es für das Vorliegen einer Gebrauchsüberlassung nicht auf die Besitzübertragung ankommt, werden sowohl Fernkurse als auch die üblichen Kurse in einem PC-Übungsraum als Vermieten zu qualifizieren sein. Allerdings ist nach ErwG 13 Vermiet- und Verleih-RL die Überlassung zur Einsichtnahme an Ort und Stelle nicht vom Vermiet- oder Verleihrecht erfasst[273]. Es wird dies aber im Kontext der Software-RL, deren Art 4 unberührt bleibt, nicht gelten, wenn es sich um Vermietvorgänge handelt. **37**

(D) Softwaregesteuerte Gebrauchsgüter

Problematisch ist, dass weder die Software-RL noch die Vermiet- und Verleih-RL Ausnahmen für Fälle vorsehen, in welchen **Gebrauchsgüter** durch **Mikroprozessoren** gesteuert werden. Diese Mikroprozessoren sind im „digitalen Zeitalter" freilich programmgesteuert, sodass im Fall einer Vermietung oder eines Verleihens solcher Geräte auch die darin enthaltene Software mitvermietet bzw mitverliehen wird. Daher bedarf die Vermietung eines modernen PKWs mit ABS, „intelligentem Radio" mit GPS oder gar mit einem Verkehrsleitsystem grundsätzlich ebenso der Zustimmung des Softwareurhebers wie jene eines Handys, einer Videokamera oder einer Ferienwohnung mit mikroprozessorgesteuerter Waschmaschine. Bis zu einer gesetzlichen Klarstellung wird man sich in diesen Fällen mit der Annahme einer **konkludenten Zustimmung**, allenfalls abgesichert durch das Konzept des *venire contra factum proprium* behelfen müssen. Da hier kaum die Gefahr besteht, dass die Miete dazu missbraucht werden könnte, zum Nachteil des Softwareurhebers eine kostengünstige Gelegenheit zur Verviel- **38**

---

[271] Vgl *v Lewinski*, EG-Richtlinienvorschlag zum Vermieten und Verleihen, CR 1991, 255; siehe auch *v Lewinski* Art 3 Rz 4 Vermiet- und Verleih-RL.

[272] Vgl BGH 22.10.1975 BGHZ 65, 137.

[273] Siehe dazu *v Lewinski* Art 1 Rz 11 Vermiet- und Verleih-RL.

fältigung der Software zu erhalten, entfällt zugleich auch eines der wichtigsten Argumente für die Einrichtung des Vermietrechts als Ausschlussrecht. Auch an eine Lückenfüllung durch einen mittels Rechtsvergleichung gewonnenen Rechtsgrundsatz könnte gedacht werden. So sieht § 109 (b) (1) (B) *US Copyright Law* für diese Fälle wörtlich folgende Ausnahmen vor:

„*This subsection does not apply to –*
(i) *a computer program which is embodied in a machine or product and which cannot be copied during the ordinary operation or use of the machine or product; or*
(ii) *a computer program embodied in or used in conjunction with a limited purpose computer that is designed for playing video games and may be designed for other purposes.*“

Umsetzung in Deutschland und Österreich

1. Deutschland

39 Art 4 wurde durch das zweite Änderungsgesetz in § 69c dUrhG weitgehend wörtlich übernommen, sodass sich die obigen Ausführungen zur Richtlinie gleichermaßen auf ihre Umsetzung in das deutsche Urheberrecht beziehen.

40 Das in Z 3 geregelte **Verbreitungsrecht** steht ausweislich der Begründung in Übereinstimmung mit § 17 dUrhG[274]. Folgt man dieser Auffassung, werden die unkörperlichen Verwertungsarten vom Verbreitungsbegriff nicht erfasst. Allerdings ließe sich auch die Ansicht vertreten, dass mangels einer Sonderbestimmung für Computerprogramme (im achten Abschnitt des dUrhG) insbes das **Senderecht** nach der allgemeinen Vorschrift des § 20 dUrhG ergänzend zur Anwendung kommt. Die Subsumtion der – praktisch besonders bedeutsamen – **Online-Übertragung** (über individuellen Abruf) unter das Senderecht stößt dagegen auf die Schwierigkeit, dass die Begriffe der Öffentlichkeit bzw der Sendung nach herrschender Ansicht ein gleichzeitiges Erreichen einer Mehrzahl von Personen voraussetzen[275]. Allerdings verzichtet eine im Vordringen begriffene Meinung zur Vermeidung einer Schutzlücke bei interaktiven Diensten auf das Erfordernis der Gleichzeitigkeit[276]. In diese Richtung tendiert auch die internationale Entwicklung[277]. Geht man jedoch – wie oben vorgeschlagen – davon

---

[274] Bei *M Schulze*, Materialien², 842. Diese Auffassung wird auch von *Haberstumpf* in *Lehmann*, Rechtsschutz², 138f Rz 126 geteilt.

[275] Vgl nur *Becker* in *Becker/Dreier* (Hrsg), Digitale Technologie 45; *Koch*, Grundlagen des Urheberrechtsschutzes im Internet und in Online-Diensten, GRUR 1997, 417 (428); *v Ungern-Sternberg* in *Schricker*, Kommentar² § 15 Rz 59; jeweils mwN.

[276] Vgl für viele *Loewenheim*, Urheberrechtliche Probleme bei Multimediaanwendungen, GRUR 1996, 830 (835) mwN.

[277] Art 8 WCT sieht unter dem Titel „*Right of Communication to the Public*“ vor, dass dieses auch jene Fälle erfasst, bei denen Mitglieder der Öffentlichkeit Ort und Zeit des Abrufs individuell wählen können. Diese Bestimmung wird mit Art 3 Info-RL in das Gemeinschaftsrecht übernommen; vgl dazu auch *Walter*, Öffentliche Wiedergabe und Online-Übertragung – Berner Übereinkunft, WIPO-Verträge, künftige Info-RL und deren Umsetzung in österreichisches Recht, FS Dittrich (2000) 363 (369ff und 377f) und *Walter* Rz 81ff Info-RL.

aus, dass der Verbreitungsbegriff des Art 4 lit c Software-RL umfassend zu verstehen ist, lässt sich die Online-Übermittlung von Computerprogrammen im Rahmen einer richtlinienkonformen Auslegung unter das Verbreitungsrecht des § 69c Z 3 dUrhG subsumieren[278].

Die oben vertretene Auslösung der **Erschöpfungswirkung** durch Datenfernübertragung lässt sich mit dem Wortlaut des § 69c Z 3 dUrhG („im Wege der Veräußerung in Verkehr gebracht") durchaus in Einklang bringen, wenn man „Veräußerung" auf das schuldrechtliche Verpflichtungsgeschäft bezieht. **41**

Schon anlässlich der Umsetzung der Software-RL hatten die Verbände der Software-Hersteller gefordert, auch das **Verleihen** von Computerprogrammen dem Rechteinhaber vorzubehalten. Dieser Forderung hat das Zweite Änderungsgesetz mit dem Hinweis auf die bevorstehende Erlassung der Vermiet- und Verleih-RL nicht entsprochen[279]. Anlässlich der Umsetzung der Vermiet- und Verleih-RL mit dem Dritten Änderungsgesetz wurde dieses Anliegen seitens der Software-Industrie neuerlich vehement vertreten. Sie machte geltend, der Verleih von Computerprogrammen durch öffentliche Bibliotheken sei eine Quelle für das in Deutschland nach wie vor weit verbreitete unerlaubte Kopieren von Software. Die Verbände der öffentlichen Bibliotheken sprachen sich – unterstützt von den Landesregierungen – gegen eine Änderung der bestehenden Rechtslage aus und schlugen der Software-Industrie den Abschluss einer Vereinbarung über die Beschränkung der Ausleihe von Computerprogrammen vor. Da dieses Anerbieten nicht angenommen wurde, legten die Bundesvereinigung Deutscher Bibliotheksverbände und der Deutsche Bibliotheksverband dem Bundesministerium der Justiz am 9. Mai 1994 eine entsprechende Selbstverpflichtungserklärung vor. Danach sollten Bibliotheken Vervielfältigungsstücke läuffähiger Computerprogramme, bei denen eine besondere Gefahr bestünde, dass sie unerlaubt kopiert würden und den Berechtigten dadurch ein nicht unerheblicher Schaden entstünde, nur mit Erlaubnis der Rechteinhaber an Bibliotheksbenutzer verleihen. Der Gesetzgeber sah darauf hin von einer besonderen Regelung des Verleihs von Computerprogrammen ab, um zunächst die weitere Entwicklung beobachten zu können. Der den Mitgliedstaaten offen stehende Handlungsspielraum (Art 5 Vermiet- und Verleih-RL) wurde deshalb für alle Werkkategorien – einschließlich der Computerprogramme – ausgenützt, und für das Verleihen wurde als Ausgleich ein **Vergütungsanspruch** vorgesehen[280]. **42**

Bei der Formulierung des diesen **Vergütungsanspruch** regelnden § 27 Abs 2 dUrhG wurde allerdings übersehen, dass die Erschöpfung des Verbreitungsrechts für Computerprogramme nicht in der allgemeinen Vorschrift des § 17 Abs 2 dUrhG, sondern in der Sonderbestimmung des § 69c Z 3 dUrhG geregelt ist. Da § 27 Abs 2 den Vergütungsanspruch seinem Wortlaut nach nur für das **43**

[278] Vgl *Marly*, Urheberrechtsschutz 352, der aus der Richtlinie eine Pflicht zum Verzicht auf das Kriterium der Körperlichkeit und damit ein umfassendes Verbreitungsrecht für Computersoftware ableitet.

[279] Vgl Begründung bei *M Schulze*, Materialien², 843.

[280] Vgl zu all dem Begründung Entw I Drittes Änderungsgesetz bei *M Schulze*, Materialien², 898ff.

Verleihen von Originalen oder Werkstücken vorsieht, deren Weiterverbreitung nach § 17 Abs 2 zulässig ist, bestünde danach für Computerprogramme auch kein Vergütungsanspruch. Wie die Entstehungsgeschichte dieser Bestimmung zeigt, lag dies jedoch nicht in der Absicht des Gesetzgebers. Dieser Umstand und der sonst gegebene und nicht zu rechtfertigende Wertungswiderspruch lassen unschwer eine Regelungslücke erkennen, die im Weg der Analogie zu schließen ist, sodass auch Software-Urhebern ein entsprechender Vergütungsanspruch zusteht.

2. Österreich

44 Die ErlRV öUrhGNov 1993 gehen davon aus, dass das öUrhG den Vorgaben des Art 4 Software-RL weitgehend entspricht[281], weshalb keine Umsetzung dieser Vorschrift erforderlich war. Die dem Urheber vorbehaltenen Verwertungsrechte (§§ 14ff öUrhG) gelten deshalb auch für Computerprogramme. Nach österr Recht sind die vermögensrechtlichen Befugnisse deshalb nicht auf die in Art 4 ausdrücklich genannten beschränkt; mangels einer Differenzierung ist auf Computerprogramme vielmehr nicht nur das **Vervielfältigungs- und Verbreitungsrecht** (§§ 15 und 16 öUrhG), sondern auch das **Senderecht** (§ 17 öUrhG) sowie das **Vortrags-, Aufführungs- und Vorführungsrecht** (§ 18 öUrhG) anwendbar[282].

45 Auch das in § 15 öUrhG geregelte **Vervielfältigungsrecht** blieb durch die öUrhGNov 1993 unangetastet. Im Hinblick auf Art 4 lit a der Richtlinie und die oben dargestellt Diskussion darüber, ob das Laden eines Programms in den Arbeitsspeicher bzw der Programmlauf selbst als Vervielfältigung anzusehen sind[283], wäre eine entsprechende Klarstellung allerdings wünschenswert gewesen. Ganz allgemein wird aber eine Dauerhaftigkeit der Vervielfältigung nicht vorausgesetzt, weshalb auch *„pavement paintings“* und ephemere Festhaltungen als Vervielfältigungen gelten, so dass die Bestimmung als richtlinienkonform angesehen werden kann.

46 Im Anschluss an die APA-Bildfunknetz Entscheidung des OGH wird die **digitale Werkvermittlung** in der österr Lehre eher als mit einer Vervielfältigung einhergehende Verbreitung[284] denn als Sendung[285] qualifiziert, und die **Erschöpfung des Verbreitungsrechts** an digital übermittelten Computerprogrammen vorsichtig bejaht[286]. Zum Öffentlichkeitsbegriff hatte der OGH schon in seiner „Sex-Shop“ Entscheidung[287] klargestellt, dass ein gleichzeitiges Wahrnehmbarmachen nicht erforderlich ist.

---

[281] Vgl ErlRV 1993 bei *Dittrich*, Urheberrecht[3], 175.

[282] Vgl *Walter*, Handbook 31f.

[283] Vgl oben Rz 10ff.

[284] Vgl *Walter*, Zur urheberrechtlichen Einordnung der digitalen Werkvermittlung, MR 1995, 125; *Walter*, Handbook 33f; siehe auch *Walter* FN 277 oben.

[285] Als Sendung bzw als öffentliche Wiedergabe qualifiziert aber etwa *Dittrich*, Unkörperliche Verbreitung? Eine Kritik der APA-Entscheidung, ecolex 1997, 367.

[286] Vgl *Walter*, Zur urheberrechtlichen Einordnung der digitalen Werkvermittlung – Anm zu OGH 04.10.1994 – „APA-Bildfunknetz“ MR 1995, 125; *Walter*, Handbook 34.

[287] OGH 27.01.1987 – „Sex-Shop“ ÖBl 1987, 82 = MR 1987, 54 *(Walter)* = WBl 1987, 127 = SZ 60/9 = GRUR Int 1987, 609.

Die bestehende Regelung des **Bearbeitungs- und Übersetzungsrechts** (§ 5 öUrhG) wurde durch die öUrhGNov 1993 nicht modifiziert. Danach ist nur die **Verwertung** einer Übersetzung oder anderen Bearbeitung von der Zustimmung des Urhebers abhängig, während die Erstellung einer Bearbeitung als solche – etwa für den eigenen Gebrauch – ohne Einwilligung des Urhebers zulässig ist. Dies steht mit Art 4 lit b der Richtlinie insoweit in Widerspruch, als diese das Bearbeitungsrecht unabhängig von einer allfälligen Verwertung (Veröffentlichung) gewährt. **47**

Da der Grundsatz gemeinschaftsweiter Erschöpfung in der neu gefassten Formulierung des § 16 Abs 3 öUrhG jetzt für alle Werkstücke zum Ausdruck gebracht wurde, bedurfte der in Art 4 lit c verankerte Erschöpfungsgrundsatz für Computerprogramme keiner besonderen Umsetzung. Von der Erschöpfung ausgenommen wurde aber die **Vermietung,** während für das **Verleihen** auch von Software bloß ein Vergütungsanspruch eingeführt wurde (§ 16a öUrhG). **48**

Artikel 5 Ausnahmen von den zustimmungsbedürftigen Handlungen

(Blocher)

Übersicht

Text

Artikel 5 Ausnahmen von den zustimmungsbedürftigen Handlungen

(1) In Ermangelung spezifischer vertraglicher Bestimmungen bedürfen die in Artikel 4 Buchstaben a) und b) genannten Handlungen nicht der Zustimmung des Rechtsinhabers, wenn sie für eine bestimmungsgemäße Benutzung des Computerprogramms einschließlich der Fehlerberichtigung durch den rechtmäßigen Erwerber notwendig sind.

(2) Die Erstellung einer Sicherungskopie durch eine Person, die zur Benutzung des Programms berechtigt ist, darf nicht untersagt werden, wenn sie für die Benutzung erforderlich ist.

(3) Die zur Verwendung einer Programmkopie berechtigte Person kann, ohne die Genehmigung des Rechtsinhabers einholen zu müssen, das Funktionieren dieses Programms beobachten, untersuchen oder testen, um die einem Programmelement zugrundeliegenden Ideen und Grundsätze zu ermitteln, wenn sie dies durch Handlungen zum Laden, Anzeigen, Ablaufen, Übertragen oder Speichern des Programms tut, zu denen sie berechtigt ist.

Aus den Erwägungsgründen

ErwG 17 Zu dem Ausschließlichkeitsrecht des Urhebers, die nicht erlaubte Vervielfältigung seines Werks zu untersagen, sind im Fall eines Computerprogramms begrenzte Ausnahmen für die Vervielfältigung vorzusehen, die für die bestimmungsgemäße Verwendung des Programms durch den rechtmäßigen Erwerber technisch erforderlich sind. Dies bedeutet, daß das Laden und Ablaufen, sofern es für die Benutzung einer Kopie eines rechtmäßig erworbenen Computerprogramms erforderlich ist, sowie die Fehlerberichtigung nicht vertraglich untersagt werden dürfen. Wenn spezifische vertragliche Vorschriften nicht vereinbart worden sind, und zwar auch im Fall des Verkaufs einer Programmkopie, ist jede andere Handlung eines rechtmäßigen Erwerbers einer Programmkopie zulässig, wenn sie für eine bestimmungsgemäße Benutzung der Kopie notwendig ist.

ErwG 18 Einer zur Verwendung eines Computerprogramms berechtigten Person sollte nicht untersagt sein, die zum Betrachten, Prüfen oder Testen des Funktionierens des Programms notwendigen Handlungen vorzunehmen, sofern diese Handlungen nicht gegen das Urheberrecht an dem Programm verstoßen.

Kommentar

1. Entstehungsgeschichte

1 Schon das **Grünbuch** ging davon aus, dass die Erlaubnis, ein Programm zu benutzen, notwendigerweise auch die Erlaubnis zur Durchführung aller damit verbundenen Handlungen impliziere (Punkt 5.6.14.). Darüber hinaus behandelte es auch die Frage der Zustimmungsbedürftigkeit von Programmanpassungen bzw -verbesserungen und schlug vor, die Zustimmung des Rechtsinhabers dann einholen zu lassen, wenn die Bearbeitung im Widerspruch zur normalen Nutzung seiner Rechte stünde. Ebenso sollte die kommerzielle Verwertung einer

Anpassung zustimmungsbedürftig sein. Dagegen müsse man die Anpassung eines Programms zur Steigerung seiner Effizienz bei Anwendungen im Rahmen des zwischen Anwender und Anbieter geschlossenen Lizenzabkommens als legitimen und sogar notwendigen Aspekt des Rechts des Anwenders betrachten, das Programm für den Zweck zu nutzen, für den es angeschafft wurde. Eine Zustimmung des Anbieters sollte daher in diesem Fall nicht erforderlich bzw als konkludent erteilt anzusehen sein (Punkt 5.6.15.).

Der ursprüngliche **RL-Vorschlag** sah lediglich für den Fall, dass ein Computer- **2**
programm der Allgemeinheit auf anderem Weg als mit einer schriftlichen, von beiden Parteien unterzeichneten Lizenzvereinbarung verkauft oder zur Verfügung gestellt wird, eine Ausnahme von den Ausschließlichkeitsrechten des Rechtsinhabers vor, soweit dies für die Verwendung des Programms erforderlich ist. Dabei dachte man vor allem an die Praxis der sog „Shrink-wrap-Lizenzen" (Verpackungslizenzen). Beeinflusst vom angelsächsischen Begriff des *fair dealing* war vorgesehen, dass der Rechtsinhaber von seinen umfassenden Rechten fairerweise keinen Gebrauch machen dürfe, damit der Käufer eines Programms in der normalen Benutzung seines Eigentums nicht beeinträchtigt werde. Will der Programmhersteller ein größeres Maß an Kontrolle in Anspruch nehmen, sollte er vom Käufer eine entsprechende Lizenzurkunde unterschreiben lassen (Begründung 2. Teil Punkt 5.1.).

Der **Wirtschafts- und Sozialausschuss** wies in seiner Stellungnahme (Punkt **3**
3.6.1.1.) darauf hin, es gäbe viele Wege der Lizenzierung von Computerprogrammen, bei welchen keine schriftliche, von beiden Parteien unterzeichnete Lizenzvereinbarung getroffen wird. Mit der Fortentwicklung der Technologie würden derartige schriftliche Lizenzvereinbarungen immer seltener werden, weshalb empfohlen wurde, die kritisierte Klausel durch die Worte „eine gültige Lizenzvereinbarung" zu ersetzen.

Das **Europäische Parlament** schließlich wollte die genannte Klausel durch die Wendung „Sofern keine spezifischen vertraglichen Vereinbarungen getroffen wurden ..." ersetzen und schlug im Übrigen eine Regelung vor, die schon weitgehend dem endgültigen Richtlinientext entsprach. Dies allerdings mit Ausnahme der Berechtigung des Erwerbers zur Fehlerberichtigung; denn insoweit hatte das Europäische Parlament im Zusammen mit dem Problem der Dekompilierung sogar ein noch weitergehendes Recht auf „Wartung" vorgeschlagen.

Die Kommission berücksichtigte im **geänderten RL-Vorschlag** (Art 5 Abs 1) **4**
zwar den Wunsch des Europäischen Parlaments nach Vereinfachung des ursprünglichen Texts, wählte aber die Formulierung „Ist die Kopie eines Computerprogramms verkauft worden ...". In einem eigenen Abs 2 wurde bestimmt, dass diese Regelung auch für einen Lizenzinhaber gelten soll, „wenn die Lizenz für die Verwendung einer Kopie eines Computerprogramms keine spezifischen Vereinbarungen betreffend dieser Handlungen enthält." Bemerkenswert ist, dass diese Fassung dem Lizenznehmer das für die bestimmungsgemäße Verwendung notwendige Laden und Ablaufen[288] des Programms zwingend zugestand.

---

[288] Im Übrigen zeigt auch diese Formulierung, dass die Kommission immer davon

5 Erst der Rat machte sich im **Gemeinsamen Standpunkt** wieder die Formulierung des Europäischen Parlaments zu Eigen und legte die endgültige Textfassung fest. Die ausdrückliche Erwähnung der Fehlerberichtigung wurde beibehalten. Das in Abs 2 vorgesehene Recht auf Erstellung einer Sicherungskopie geht auf eine Anregung des Wirtschafts- und Sozialausschusses zurück, in Erwägung zu ziehen, „das Recht auf Anfertigung von Reservekopien eines Programms zu einem allgemeinen Recht des Anwenders zu machen“ (Punkt 3.6.1.2.). Dieser Vorschlag wurde sowohl vom Europäischen Parlament (Abänderungsvorschlag Nr 9) als auch von der Kommission in ihrem geänderten RL-Vorschlag aufgegriffen und vom Rat – in einer lediglich sprachlich geringfügig abgeänderter Form – in den Gemeinsamen Standpunkt übernommen. Die Bestimmung des Abs 3, die es erlaubt, das Funktionieren des Programms zu beobachten, zu untersuchen oder zu testen, wurde in Entsprechung einer Anregung des Europäischen Parlaments (Abänderungsvorschlag Nr 10) in den geänderten RL-Vorschlag (Art 5 Abs 5) neu eingeführt und vom Rat – wiederum sprachlich geringfügig modifiziert – im Gemeinsamen Standpunkt beibehalten.

2. Grundsätze der Regelung

6 Die Richtlinie umschreibt die dem Rechtsinhaber zustehenden Ausschließlichkeitsrechte mit Hilfe der **dogmatischen Konstruktion** von Regel und Ausnahme[289]. Während Art 4 lit a und b den Kreis der zustimmungsbedürftigen Handlungen recht weit zieht, sieht Art 5 im Interesse des Programmerwerbers gewisse Schranken der absolut wirkenden Ausschließlichkeitsrechte vor. Art 9 Abs 1 Satz 2 zufolge handelt es sich bei den Ausnahmen nach Art 6 (Dekompilierung) und nach Art 5 Abs 2 und 3 um **zwingendes Recht**, sodass die dort vorgesehenen Ausnahmen vertraglich nicht abbedungen werden können.

7 Die Notwendigkeit dieser Bestimmung folgt aus dem Konzept des Art 4 lit a, wonach dem Rechtsinhaber grundsätzlich auch jede mit der **Benutzung** eines Programms verbundene Vervielfältigung im technischen Sinn vorbehalten ist. Wie bereits ausgeführt[290], entsteht dadurch für Computerprogramme eine im Kontext des Urheberrechts neue Situation. Während dem Urheber bei allen anderen Werkarten kein unmittelbarer Anspruch gegen den Benutzer eines Werks zusteht, da das Urheberrecht grundsätzlich an die Werkvermittlung anknüpft, bedürfte der Programmanwender einer Genehmigung des Berechtigten, und zwar unabhängig vom Erwerb eines Vervielfältigungsstücks. Das an den Verkauf (die Übereignung) eines Vervielfältigungsstücks anknüpfende Erschöpfungsprinzip bezieht sich nur auf die weitere Verbreitung, nicht aber auf die dem Urheber gleichfalls vorbehaltende Vervielfältigung. Der Käufer könnte das er-

---

ausgegangen ist, der Vorgang des Ladens, Laufenlassens etc selbst und nicht bloß die damit allenfalls einhergehenden Vervielfältigungshandlungen sollten grundsätzlich der Kontrolle durch den Rechtsinhaber unterliegen. Andernfalls hätte es hier „die mit dem Laden und Ablaufen verbundenen Vervielfältigungen“ heißen müssen.

[289] *Lehmann*, GRUR Int 1991, 330; *Lehmann* in *Lehmann*, Rechtsschutz[2], 10f Rz 12.

[290] Vgl dazu *Blocher* oben Art 4 Rz 10ff.

worbene Programm danach zwar ohne Zustimmung des Rechtsinhabers weiterverkaufen, nicht aber selbst benutzen[291].

Art 5 soll dieses unbillige Ergebnis korrigieren, welches aus der spezifischen Natur der neuen Werkart „Computerprogramme" bzw aus der – vom Standpunkt der „jüngeren Lehre" – systemwidrigen Gleichsetzung rein technischer Kopiervorgänge mit Vervielfältigungen im urheberrechtlichen Sinn resultiert. Schon der RL-Vorschlag sah eine ausdrückliche **Ausnahme** von den Ausschließlichkeitsrechten vor, die im geänderten RL-Vorschlag gewissermaßen als „Ausdehnung des Erschöpfungsprinzips" auf Teilbereiche des Vervielfältigungs- bzw Bearbeitungsrechts (Art 4 lit a und b) gestaltet war, da sie ebenfalls auf den Verkauf einer Programmkopie abstellte. Wenn hier dieser Begriff verwendet wird, geht es aber nicht um die Herleitung einer „allgemeinen Rechtsregel von der Erschöpfung des Rechts", für welche vor allem die deutsche Rechtsprechung in anderem Zusammenhang[292] zu Recht gescholten wurde[293], sondern um die plakative Umschreibung des in Art 5 realisierten **neuen Konzepts** zur Begrenzung des sonst über das Ziel hinaus schießenden urheberrechtlichen Softwareschutzes. Dieses ist sowohl in Bezug auf die Motive als auch strukturell eng mit der Erschöpfung des Verbreitungsrechts verwandt. Hier wie dort kommt nicht „die Allgemeinheit" in den Genuss einer freien Werknutzung, die mit der Sozialgebundenheit des geistigen Eigentums erklärt werden kann. Es handelt sich vielmehr in beiden Fällen um Schranken des Urheberrechts, die nur zu Gunsten qualifizierter Personen greifen. Ist dies bei der Erschöpfung des Verbreitungsrechts derjenige, der ein Werkstück mit Zustimmung des Rechtsinhabers erworben hat, so ist es nach Art 5 Software-RL der rechtmäßige Erwerber einer Softwarekopie bzw der zu deren Benutzung Berechtigte. Beide sind sowohl der **Belohnungstheorie** als auch der **Verkehrssicherungstheorie** verpflichtet. **8**

Dabei sollte dem „Käufer" kein unbeschränktes Vervielfältigungs- bzw Bearbeitungsrecht zugestanden werden, das vor allem im Fall von Mehrfachnutzungen des Werks das Partizipationsinteresse des Urhebers massiv beeinträchtigt hätte. Gerade deshalb bleiben die übrigen Verwertungsrechte auch von der Erschöpfung unberührt. Daher sind auch die Befugnisse des „rechtmäßigen Erwerbers" auf die „**bestimmungsgemäße Verwendung**" des Programms beschränkt. Anders als bei der Erschöpfung des Verbreitungsrechts ist diese Begrenzung der Ausschlussrechte des Urhebers aber nicht auf Fälle der Weiterverbreitung (Weiterveräußerung) beschränkt, sondern kommt jedem zugute, der die Software benutzen möchte. Da diese neue Schranke des Urheberrechts innerhalb eines gewissen Rahmens (durch Festlegung der „bestimmungsgemäßen Benutzung") vertraglich konkretisiert werden kann, wirkt sie in Bezug auf lizenzvertragliche Vereinbarungen zugleich als **Beschränkung der Vertragsfreiheit**. **9**

---

[291] Vgl *Meijboom* in *Jongen/Meijboom* (Hrsg), Copyright Software Protection in the EC (1993) 12.

[292] BGH 07.11.1980 – „Kabelfernsehen in Abschattungsgebieten" BGHZ 79, 350 = GRUR 1981, 413; vgl auch BGH 27.02.1981 – „Schallplattenimport I" GRUR 1981, 587.

[293] Vgl für viele ausführlich *Joos*, Erschöpfungslehre 216ff und *Vinck* in *Fromm/Nordemann*, Urheberrecht[9] § 17 dUrhG Rz 8 und § 20 dUrhG Rz 3.

3. Bestimmungsgemäße Benutzung durch den rechtmäßigen Erwerber (Abs 1)

3.1. Begriff des rechtmäßigen Erwerbers

10 Die Formulierung des ursprünglichen RL-Vorschlags „… der Allgemeinheit auf anderem Wege als einer schriftlichen, von beiden Parteien unterzeichneten Lizenzvereinbarung verkauft oder zur Verfügung gestellt …" war wenig glücklich gewählt und ist aus mehreren Gründen kritisiert worden[294]. Abgesehen davon, dass Computerprogramme wohl nicht der „Allgemeinheit verkauft", sondern allenfalls „der Öffentlichkeit zugänglich gemacht" werden, hätte diese Bestimmung nur durch Schriftform (durch beiderseitige Unterschrift), nicht aber durch mündliche Vereinbarung abbedungen werden können. Auch war übersehen worden, dass urheberrechtliche Bewilligungen nicht nur in Lizenzvereinbarungen im eigentlichen Sinn, sondern etwa auch in Kaufverträgen vorkommen[295]. Der gravierendste Nachteil dieser Fassung bestand aber darin, dass nach ihrem Wortlaut jeder Anwender – gleichviel wie er sich eine Kopie verschafft haben mag – in den Genuss der Ausnahme gekommen wäre. Erst die vom Europäischen Parlament vorgeschlagene Beschränkung der Anwendbarkeit des Art 5 auf den **„rechtmäßigen Erwerber"** bewirkte die im vorigen Abschnitt dargestellte Eleganz der von der Richtlinie vorgesehenen Lösung, die nicht nur die Herstellung, sondern auch die Verwendung einer „Raubkopie" untersagt.

Allerdings erweist sich die Auslegung des Begriffs des „rechtmäßigen Erwerbers" als problematisch. So wird von manchen vermutet, dass er sich nur auf Käufer beziehe[296]. Die überwiegende und wohl zutreffende Meinung geht aber davon aus, dass in der endgültigen Fassung, welche die differenzierenden Bestimmungen der ersten beiden Absätze des Art 5 geänderter RL-Vorschlag in einen Absatz verschmolzen hat, nicht mehr zwischen **Käufer und Lizenznehmer** unterschieden wird[297]. Danach ist Art 5 gleichermaßen auf „Kaufsoftware" und auf „Lizenzsoftware" anzuwenden[298].

Hervorzuheben ist in diesem Zusammenhang, dass die Richtlinie nicht darauf abstellt, ob mit dem rechtmäßigen Erwerber, der die Programmkopie innehat, spezifische **vertragliche Bestimmungen** vereinbart wurden. Vielmehr kommt es nur darauf an, unter welchen Bedingungen die Kopie ursprünglich in Verkehr gebracht wurde, also ob sie durch den Rechtsinhaber oder mit dessen Zustimmung mit spezifischen Beschränkungen verkauft oder lizenziert wurde.

---

294 Vgl zB die Stellungnahme des Wirtschafts- und Sozialausschusses Punkt 3.6.1.1.

295 Siehe dazu *Caduff*, Die urheberrechtlichen Konsequenzen der Veräußerung von Computerprogrammen (1997) passim; *Pres*, Gestaltungsformen urheberrechtlicher Softwarelizenzverträge (1994) passim.

296 Vgl zB *Schricker*, Sitzung „grüner Verein" und ALAI (FN 216 oben) Protokoll 12.07.1991, 11f. Er vertrat dazu die Ansicht, aus der Verwendung des Begriffs „zur Verwendung einer Programmkopie berechtigte Person" in Art 6 könne geschlossen werden, dass es sich dabei um den Oberbegriff handle, während „rechtmäßiger Erwerber" als engerer Begriff iSv „Käufer" aufzufassen sei.

297 Vgl *Czarnota/Hart*, Legal Protection 64; *Lehmann*, NJW 1991, 2115; ähnlich *Dreier*, CR 1991, 580f.

298 Vgl Begründung Zweites Änderungsgesetz bei *M Schulze*, Materialien², 843, wo von einem diesbezüglichen Redaktionsversehen der Richtlinie die Rede ist.

Es stellt sich deshalb die entscheidende Frage, wie man **rechtmäßiger Softwareanwender** oder – um mit der Richtlinie zu sprechen – „rechtmäßiger Erwerber" wird. In aller Regel – jedenfalls was Standardsoftware anbelangt – wird dies ohne Abschluss eines Lizenzvertrags mit dem Urheber geschehen[299]. Auch wenn die rechtliche Einordnung der Softwareüberlassung schon als „Schauplatz juristischer Kontroversen" bezeichnet wurde, „auf dem so ziemlich jede denkbare Meinung vertreten wird"[300], ist es heute doch weitgehend unbestritten, dass Softwarekopien jedenfalls Gegenstand von Kaufverträgen sein können[301]. **11**

Zu Recht wird in diesem Zusammenhang seit einiger Zeit auf die softwarespezifische Besonderheit der Loslösbarkeit von einem bestimmten **körperlichen Datenträger** hingewiesen[302]. Tatsächlich liegt der Zweck eines Softwarekaufvertrags darin, die Software für den Erwerber durch Speichern auf der Festplatte seines Computers nutzbar zu machen. Ob dies mittels eines Datenträgers geschieht, der anschließend nur noch als Sicherungskopie fungiert, oder durch unmittelbares Überspielen von einer Festplatte des Verkäufers auf eine solche des Käufers ist – wie schon erwähnt – unerheblich[303]. Gleiches muss auch für die Übertragung der Software im Weg der Datenfernübertragung (DFÜ) gelten[304], will man nicht durch ein begriffsjuristisches Abstellen auf technische Zufälligkeiten zu sachlich nicht gerechtfertigten Differenzierungen gelangen. **Gegenstand des Kaufvertrags** ist so betrachtet die mit Zustimmung des Urhebers bzw ohne Verletzung von Urheberrechten erfolgende Eröffnung der Möglichkeit, die Software zu benutzen. Der Softwareverkäufer schuldet dem Käufer die Verschaffung der Eigentümerstellung an einem mit der gekauften Software bespielten Datenträger. **12**

Die Erteilung einer **vertraglichen Bewilligung** ist jedenfalls **nicht** notwendigerweise **Gegenstand** eines solchen Kaufvertrags. Handelt es sich um einen Datenträger, den der Verkäufer seinerseits als Handelsware erworben und nicht selbst hergestellt hat, ist – sofern dieser mit Zustimmung des Urhebers im Weg der **13**

---

299 Vgl *Zahrnt*, CR 1994, 456; *Ebert*, Die Kehrseite der „kleinen Münze" – Änderung der Umsatzsteuer durch das UrhG? CR 1994, 140 (141); BFH 13.03.1997 NJW-CoR 1997, 429.

300 Vgl *Köhler/Fritzsche* in *Lehmann*, Rechtsschutz², 521 Rz 12.

301 Für die österr Rechtsordnung hat dies *Ertl* in *Ertl/Wolf*, Software im österr Zivilrecht 200ff überzeugend nachgewiesen; ihm folgt die Entscheidung OGH 14.10.1997 – „Qualifikation eines Vertrages über Standardsoftware" SZ 70/202 = JBl 1998, 577 (*Staudegger*) = RdW 1998, 127 = ecolex 1998, 127 (*Wilhelm*). Zur ausführlichen Auseinandersetzung mit dieser Frage im deutschen Urheberrecht siehe *Hoeren*, Softwareüberlassung als Sachkauf (1989); *Koch/Schnupp*, Software-Recht I (1991) 245ff; *Lehmann*, NJW 1993, 1822, diesem folgend OLG Frankfurt NJW-RR 1997, 494; *Marly*, Softwareüberlassungsverträge (1991) Rz 32ff mwN; *Witte*, DStR 1996, 1051.

302 Vgl zB *Schneider*, Praxis des EDV-Rechts (1990) D Rz 86ff.

303 BGH 18.10.1989 – „VIII" NJW 1990, 320 (321).

304 Eine Gleichbehandlung der auf fortschrittlichen technischen Möglichkeiten beruhenden Programmüberlassung mit der Überlassung eines Datenträgers fordert daher *Marly*, Die Qualifizierung der Computerprogramme als Sache nach § 90 BGB, BB 1991, 432 (435); aA *Bydlinski P*, Der Sachbegriff im elektronischen Zeitalter: zeitlos oder anpassungsbedürftig? AcP 1998, 288 (309 ff).

Veräußerung in Verkehr gebracht wurde – daran das Verbreitungsrecht erschöpft. In allen anderen Fällen, wenn also der Datenträger vom Verkäufer hergestellt wird oder eine Übertragung der Software mittels DFÜ erfolgt, handelt es sich dabei unzweifelhaft um eine urheberrechtlich relevante Vervielfältigung, für welche der Veräußerer eine entsprechende urheberrechtliche Bewilligung (Nutzungsrecht oder Nutzungsbewilligung) benötigt. Der Verkäufer befindet sich dann in einer Position, die man als „Softwareverleger" bezeichnen könnte. Soll die Vervielfältigung durch den Käufer erfolgen, bedarf er hierfür gleichfalls einer entsprechenden Bewilligung.

14 Wurde eine Programmkopie vom Rechtsinhaber bzw mit dessen Zustimmung in der Gemeinschaft verkauft, ist gemäß Art 4 lit c das Verbreitungsrecht hieran erloschen. In diesem Fall ist auch jeder **spätere Käufer**, **Mieter** (falls der Rechtsinhaber das Vermieten gestattet hat) oder **Entlehner** (falls der Rechtsinhaber das Verleihen gestattet hat oder der nationale Gesetzgeber dafür lediglich einen Vergütungsanspruch vorsieht) ein „rechtmäßiger Erwerber" iS von „jemand, der die Kopie ohne Verletzung des Urheberrechts erlangt hat"[305]. Schon um die Erschöpfung des Verbreitungsrechts nicht dadurch *ad absurdum* zu führen, dass der Erstkäufer seine Programmkopie zwar weiterveräußern und unter Umständen auch vermieten oder verleihen dürfte, der spätere Erwerber das Programm aber mangels einer vertraglichen Befugnis zur Vervielfältigung nicht verwenden könnte, erstreckt sich die oben als „Ausdehnung des Erschöpfungsprinzips auf Teilbereiche des Vervielfältigungs- bzw Bearbeitungsrechts" bezeichnete Regelung des Art 5 Abs 1 auch auf den Letztgenannten. Einen deutlichen Hinweis darauf liefert nicht zuletzt die Verwendung des Begriffs *„acquirer"* in der englischen Fassung der Richtlinie, da man hierunter in der englischen Rechtssprache keineswegs bloß den Käufer versteht[306].

15 Verkauft der Rechtsinhaber eine Programmkopie nicht, sondern **vermietet oder verleiht** er sie nur, tritt keine Erschöpfung ein. Ein Untermieter oder -entlehner ist in einem solchen Fall kein „rechtmäßiger Erwerber" und daher nicht von der Regelung des Art 5 Abs 1 erfasst, sofern die Verbreitung (Untervermietung, Weiterverleih) nicht gestattet wurde, und auch keine enge persönliche Beziehung zum ursprünglichen Erwerber besteht, so dass nicht von einer Verbreitung an die Öffentlichkeit im Sinn des Art 4 lit c auszugehen ist. Der ursprüngliche Mieter oder Entlehner selbst hat aber rechtmäßig vom Rechtsinhaber erworben und wird von dieser Bestimmung erfasst. Anders hatte sich noch der ursprünglichen RL-Vorschlag entschieden, der so wie für die Erschöpfung auf einen Eigentumsübergang abstellte. Diese Lösung erscheint durchaus sachgerecht, da der ursprüngliche Mieter oder Entlehner für die Programmnutzung gleichfalls auf die in Art 4 lit a und b genannten Handlungen angewiesen ist. In diesem Fall besteht aber mangels Weiterübertragbarkeit und wegen des fehlenden Bedürfnisses Dritter nach überschaubaren Rechtsverhältnissen kein Grund, von einer „Erschöpfung" der für die bestimmungsgemäße Benutzung notwendigen Vervielfäl-

---

305 Ebenso *Czarnota/Hart*, Legal Protection 64.

306 Vgl zu diesem Stichwort *Black's* Law Dictionary (1951): *„receive or gain in whatever manner; ... Broad meaning ...; It does not necessarily mean that title has passed"*.

tigungs- bzw Bearbeitungshandlungen auszugehen. Die hier so bezeichnete „Ausdehnung der Erschöpfung" auf diese Rechte findet ihre Begründung ja vor allem in der sonst zu befürchtenden Aushöhlung bzw Umgehung der Erschöpfung des Verbreitungsrechts.

Die „Erschöpfung" des Vervielfältigungs- bzw Bearbeitungsrechts bezüglich jener Handlungen, die für eine bestimmungsgemäße Benutzung eines Computerprogramms notwendig sind, stellt also gewissermaßen ein **Akzessorium zur Erschöpfung** des Verbreitungsrechts dar. Ist letztere nicht eingetreten, wird man die Regelung des Art 5 Abs 1 bloß als **gesetzliche Vermutung** der Einräumung bestimmter Rechte auffassen müssen. Dies hat zur Folge, dass diese Rechte nach Beendigung des Rechtsverhältnisses zwischen dem Mieter bzw Entlehner und dem Rechtsinhaber wieder an den Letztgenannten zurückfallen, sodass es ihm freisteht, bei einer neuerlichen Verfügung über die betreffende Programmkopie (Vermietung, Verleih oder auch Verkauf) diese Rechte durch „spezifische vertragliche Bestimmungen" zu beschränken. Im Gegensatz dazu können einmal erschöpfte Rechte nicht „wiederaufleben". **16**

Ein Käufer einer Programmkopie kann also im Fall eines **Weiterverkaufs** keine dinglich wirkenden Beschränkungen vorsehen, die über jene hinausgehen, welche ihm der Rechtsinhaber anlässlich des Erstverkaufs auferlegte. Eine solche Vereinbarung wird allenfalls eine schuldrechtliche Bindung entfalten. Anderseits kann ein (Wieder)Verkäufer auch nicht mehr Rechte übertragen, als er selbst hat. Geht der (Weiter)Verkauf über den Rahmen einer zulässigen dinglichen Beschränkung („Abspaltung") des Verbreitungsrechts hinaus, wird der Käufer mangels diesbezüglicher Erschöpfung des Verbreitungsrechts nicht zum „rechtmäßigen Erwerber", sodass auch Art 5 auf ihn nicht anwendbar ist. Ist die Verbreitungshandlung dagegen zulässig, und wurden anlässlich des Erstverkaufs seitens des Rechtsinhabers keine Benutzungsbeschränkungen vorgesehen, steht das nach Art 5 Abs 1 „erschöpfte" Vervielfältigungs- bzw Bearbeitungsrecht in gleicher Weise auch einem nachfolgenden rechtmäßigen Erwerber nicht im Weg. Hat der Rechtsinhaber hingegen den Eintritt dieser (auf das Vervielfältigungs- bzw Bearbeitungsrecht bezogenen) „Erschöpfungswirkung" durch dinglich wirksame „spezifische vertragliche Bestimmungen" beschränkt, gelten die Beschränkungen auch für jeden späteren Erwerber. **17**

Im Hinblick auf die Softwareüberlassung und das diesbezügliche Zusammenspiel der Art 4 und 5 kann deshalb **zusammenfassend** festgehalten werden, dass Software – unabhängig vom Bestehen des Urheberrechts am immateriellen Gut – Gegenstand ganz „alltäglicher" schuldrechtlicher Verträge sein kann. So wie es sich bei dauernder Überlassung gegen einmaliges Entgelt und ohne Kündigungsmöglichkeit um einen Kaufvertrag handelt, ist bloß vorübergehende Überlassung als Miete zu qualifizieren. Da nach dem Konzept des Art 5 für die „bestimmungsgemäße Benutzung" des Computerprogramms durch denjenigen, der zB als Käufer oder Mieter zum „rechtmäßigen Erwerber" wurde, keine Zustimmung des Urhebers erforderlich ist, bedarf es auch keiner Einräumung eines Nutzungsrechts oder Erteilung einer Nutzungsbewilligung, es genügt vielmehr die bloße tatsächliche Ermöglichung der Programmbenutzung durch Übergabe eines damit bespielten Datenträgers oder Übermittlung per DFÜ. Diese – ohne Verlet- **18** zung von Urheberrechten erfolgende – Einräumung der Position eines zur Benutzung bzw Verwendung Berechtigten ist auch der eigentliche Gegenstand eines Softwarekaufvertrags und löst die Erschöpfung des Verbreitungsrechts aus. Die für die bestimmungsgemäße Benutzung durch den Berechtigten notwendigen Handlungen liegen als „freie Werknutzungen" kraft gesetzlicher Anordnung jenseits der Schranken der dem Urheber vorbehaltenen Exklusivrechte. Auf Grund des Erschöpfungsprinzips benötigt selbst der Softwarehändler – diesbezüglich vergleichbar mit dem Buch- oder Schallplattenhändler – keine besonderen Nutzungsrechte[307]. Lediglich ein „Softwareverleger", der mit umfassenden und möglicherweise ausschließlichen Rechten zur Bearbeitung des Werks bzw zur Herstellung von Vervielfältigungsstücken und deren Vertrieb ausgestattet werden und das Werk iSv „Verwerten" nutzen soll, muss sich diese Rechte in Form eines „Nutzungsrechts" bzw eines „Werknutzungsrechts" oder einer „Werknutzungsbewilligung" einräumen lassen[308]. Die Weiterveräußerung eines Computers samt Software ist – nach einmal eingetretener Erschöpfung des Verbreitungsrechts – auch mit bereits (bzw noch) installierter Software zulässig, wobei der Weiterverkäufer gleichzeitig seine Stellung als „zur Benutzung Berechtigter" verliert. Eine zulässigerweise hergestellte Sicherungskopie darf durch den Weiterveräußerer an den Erwerber der Software mitübergeben werden.

3.2. Versteckte Grenze des nachgiebigen Charakters des Art 5 Abs 1

19 Nach Art 9 Abs 1 letzter Satz Software-RL sind nur die Abs 2 und 3 des Art 5 zwingend. Dies und die endgültige Fassung des Art 5 Abs 1 vermitteln den Eindruck, es könnten alle für die bestimmungsgemäße Benutzung eines Programms notwendigen Handlungen vertraglich auch beschränkt bzw untersagt werden. Nach ErwG 17 dürfen das **Laden und Ablaufen** sowie die **Fehlerberichtigung** unter der Voraussetzung nicht vertraglich untersagt werden, dass dies für die Benutzung eines rechtmäßig erworbenen Computerprogramms erforderlich ist. Dieser Widerspruch bzw die missverständliche Formulierung des Richtlinientexts ist darauf zurückzuführen, dass in der Endphase der Beratungen im Hinblick auf die politische Vorgabe, die Richtlinie endlich zu einem Abschluss zu bringen, ein starker Einigungsdruck bestand. So konnte es geschehen, dass die am Vorschlag des Europäischen Parlaments orientierte Zusammenfassung der Abs 1 und 2 des Art 5 geänderter RL-Vorschlag in einem Absatz (jetzt Art 5 Abs 1) nur lückenhaft erfolgte und erst in der letzten Sitzung der Rats-Arbeitsgruppe auf Grund einer Intervention der Niederlande durch Aufnahme eines neuen Erwägungsgrunds (ErwG 17) „repariert" wurde[309].

---

[307] Vgl hierzu BFH 13.03.1997, NJW-CoR 1997, 429: Die Veräußerung von Standardsoftware durch einen Händler ist keine Einräumung, Übertragung oder Wahrnehmung von Rechten, die sich aus dem Urheberrechtsgesetz ergeben. Daher kommt kein ermäßigter Umsatzsteuersatz in Betracht.

[308] Übrigens ist im öUrhG eine (Weiter)Übertragung von Werknutzungsbewilligungen gar nicht vorgesehen. Selbst wenn man die analoge Anwendbarkeit der Bestimmungen betreffend die Übertragung von Werknutzungsrechten bejahte, könnte ihre Weiterübertragung nach § 40c vertraglich abbedungen werden.

[309] Vgl *Schulte*, Sitzung „grüner Verein" und ALAI (FN 216 oben) Protokoll 12.07. 1991, 11.

In ihrer Mitteilung an das Europäische Parlament betreffend den Gemeinsamen Standpunkt des Rats führte die Kommission dazu aus, der Rat hätte den von der Kommission in ihrem geänderten RL-Vorschlag vorgesehenen Wortlaut des Art 5 zwar vereinfacht, dessen Inhalt aber unverändert beibehalten[310]. Da Art 5 Abs 2 geänderter RL-Vorschlag ausdrücklich festgehalten hat, dass eine Lizenz nicht das Laden und Ablaufen einer Kopie eines Computerprogramms untersagen darf, wenn diese Handlungen für die bestimmungsgemäße Verwendung des Programms durch den Lizenznehmer notwendig sind, bestätigt dies die Bedeutung des ErwG 17 für die Auslegung des Art 5 Abs 1 in seiner endgültigen Fassung. Demzufolge enthält diese Bestimmung also einen **„zwingenden Kern“**[311], wonach das Laden oder Ablaufen vertraglich nicht ausgeschlossen werden kann.

3.3. Abdingbarkeit durch „spezifische vertragliche Bestimmungen“

Abgesehen vom Laden und Ablaufen oder der Fehlerberichtigung, die vertraglich **20**
nicht untersagt werden können, sind im Fall ihrer Notwendigkeit für die bestimmungsgemäße Benutzung eines Computerprogramms durch den rechtmäßigen Erwerber auch die übrigen in Art 4 lit a und b aufgezählten Handlungen zulässig. Dies allerdings nur dann, wenn dem nicht spezifische vertragliche Bestimmungen entgegenstehen. In dieser Regelung kann die **Umkehrung der Zweckübertragungsregel**[312] des § 31 Abs 5 dUrhG gesehen werden, wonach sich der Umfang des Nutzungsrechts nach dem mit seiner Einräumung verfolgten Zweck bestimmt, wenn die Nutzungsarten, auf die sich das Recht erstrecken soll, nicht einzeln bezeichnet sind.

Während es bei der Zweckübertragungstheorie darum geht, den Urheber zu schützen und dazu beizutragen, das Anliegen einer möglichst weitgehenden Beteiligung an den wirtschaftlichen Früchten aus der Werkverwertung zu verwirklichen[313], steht in Art 5 Abs 1 der **Schutz des rechtmäßigen Erwerbers** im Vordergrund. Ist im Verhältnis zwischen Urheber und Verwerter der Urheber typischerweise schutzbedürftig und in Gefahr, durch eine vertragliche Vereinbarung übervorteilt zu werden, so ist die Situation im Verhältnis zwischen Urheber und Softwareanwender umgekehrt. Zum einen ist der rechtmäßige Erwerber schon für die bloße Benutzung des Computerprogramms auf die Rechte angewiesen, die ihm Art 5 Abs 1 im Zweifel zugestehen möchte, und zum anderen wurde dem Partizipationsinteresse des Urhebers durch den vereinbarten Kaufpreis bzw ein sonstiges Entgelt bereits entsprochen.

Wenn bzw soweit sich der Urheber entgegen dem von der Richtlinie vorgesehenen Normalfall noch einzelne der für eine bestimmungsgemäße Benutzung notwendigen Rechte vorbehalten möchte, trägt er dafür die **Spezifizierungslast**. Kommt er dieser nicht nach und sorgt er nicht für eine genaue Bezeichnung der

---

310 SEK (91) 87 endg – SYN 183, 4.

311 So auch Begründung Zweites Änderungsgesetz bei *M Schulze*, Materialien², 844f (zu § 69d Abs 1 dUrhG).

312 *Lehmann* in *Lehmann*, Rechtsschutz², 16f Rz 17 spricht dagegen von einer „Inkorporierung der Zweckübertragungstheorie“, *Haberstumpf* in *Lehmann*, Rechtsschutz², 154f Rz 159 von einer „konkreten Ausprägung des Zweckübertragungsgrundsatzes“.

313 Vgl *Schricker* in *Schricker*, Kommentar² § 31/32 Rz 32.

vorbehaltenen Rechte nach Art und Umfang, so richtet sich das Ausmaß der vom rechtmäßigen Erwerber ohne Zustimmung des Urhebers bzw sonstigen Rechtsinhabers ausübbaren Handlungen allein nach dem bestimmungsgemäßen Gebrauch. Ein pauschales Verbot der genannten Handlungen wird jedenfalls nicht wirksam sein[314]. Da für die „spezifischen vertraglichen Bestimmungen" **keine besondere Form** vorgesehen ist, müssen sie nicht schriftlich vereinbart werden.

3.4. Grenzen der Kontrolle durch den Rechtsinhaber

21 Es ist nicht auszuschließen, dass Softwarehersteller früher oder später ihre „Lizenzvereinbarungen" der neuen Rechtslage anpassen und mittels „spezifischer Bestimmungen" versuchen, die größtmögliche Kontrolle über die in Art 4 lit a und b aufgezählten Rechte zu bewahren. Abgesehen davon, dass Art 5 Abs 1 schon dadurch zum Schutz des Anwenders beiträgt, dass dieser sich durch einen solchen Katalog „spezifischer vertraglicher Bestimmungen" vor dem Erwerb eines bestimmten Computerprogramms darüber informieren kann, welche Rechte ihm vorenthalten bleiben, unterliegen auch solche Vereinbarung den allgemeinen Kontrollbestimmungen. So muss eine vertragliche Regelung etwa in Deutschland und Österreich zunächst die allgemeine **Inhaltskontrolle** nach § 138 BGB bzw § 879 Abs 1 ABGB passieren, indem sie nicht gegen die guten Sitten bzw gegen ein gesetzliches Verbot verstößt. Bei Verwendung von Allgemeinen Geschäftsbedingungen (AGB) oder Vertragsformblättern sind im österr Recht zusätzlich die Hürden der §§ 864a und 879 Abs 3 ABGB zu überwinden, während in Deutschland die strenge Prüfung nach dem AGBG[315] greift. Darüber hinaus sind auch in diesem Zusammenhang die kartellrechtlichen Rahmenbedingungen zu beachten[316].

22 Ist festgestellt, dass eine Vertragsklausel die Grenzen zulässiger Gestaltungsfreiheit nach den eben erwähnten Bestimmungen nicht überschreitet, bleibt zu prüfen, welche Wirkung sie entfaltet. Nach der hier vertretenen Auffassung, wonach Art 5 im Fall einer Erschöpfung des Verbreitungsrechts eine Art „Ausdehnung der Erschöpfungswirkung" auf Teilbereiche des Vervielfältigungs- bzw Bearbeitungsrechts darstellt, kann einer diesbezüglichen „spezifischen vertraglichen Bestimmung" dingliche Wirkung nur dann zukommen, wenn sie sinngemäß jene Kriterien erfüllt, die auch die Voraussetzung für eine wirksame Beschränkung (Abspaltung) des Verbreitungsrechts darstellen. So ist im Interesse der Rechtssicherheit zu fordern, dass **dinglich wirkende Vorbehalte** nicht zu unkla-

---

[314] AA *Dreier*, CR 1991, 581.

[315] AA *Moritz*, Überlassung von Programmkopien – Sachkauf oder Realakt ein Vertrag sui generis? CR 1994, 257 (263), der die These vertritt, Nutzungsbedingungen in Lizenzverträgen über Computerprogramme seien nach § 8 AGBG als preis- und leistungsbestimmende Klauseln kontrollfrei.

[316] Vgl etwa *Moritz*, CR 1993, 257, 341 und 414; *Schneider*, Softwarenutzungsverträge, passim; *Sucker*, Lizenzierung von Computersoftware. Kartellrechtliche Grenzen nach dem EWG-Vertrag, CR 1989, 353 und 468. Vgl dazu allgemein *Daum* Allgemeiner Teil – 3. Kapitel Ausübung des Urheberrechts, Europäisches Kartellrecht und freier Waren- und Dienstleistungsverkehr.

ren und unübersichtlichen Rechtsverhältnissen führen. Der Rechtsverkehr soll nicht mit beliebig zugeschnittenen Rechten konfrontiert werden, sondern nur mit Rechten, die klar abgrenzbar sind und vernünftigen wirtschaftlichen Bedürfnissen entsprechen[317].

Für am Massenverkehr teilnehmende **Dritte** ist es realistisch betrachtet schwierig, den Umfang des ursprünglichen Vertrags abzuschätzen und entsprechend zu berücksichtigen. Einschränkende Klauseln müssen zumindest vorhersehbar sein[318]. In diesem Zusammenhang könnte den sog **„Shrink-wrap-Verträgen"**, deren Wirksamkeit als Bestandteil eines Vertrags zwischen einem Softwarehändler und dem Anwender mit Recht bezweifelt wird[319], eine neue und bisher nicht beachtete Funktion zukommen, soweit es nämlich darum geht, den Dritten darüber zu informieren, welche Rechte sich der Rechtsinhaber in seinem Vertrag mit dem Erstkäufer (zB Distributor) vorbehalten hat. Dinglich wirksam werden also nur solche Beschränkungen, mit denen ein am ursprünglichen Vertrag nicht beteiligter Dritter beim Erwerb des (weiter)veräußerten Programms rechnen konnte; alle anderen Beschränkungen wirken nur *inter partes*[320]. Nur **schuldrechtliche Wirkung** entfalten auch jene Beschränkungen des Gebrauchs, die andernfalls auf eine Umgehung der in Art 4 lit c zwingend vorgesehenen Erschöpfung des Verbreitungsrechts hinauslaufen würden. Dies gilt zB für eine Klausel, wonach ein einmal verkauftes Programm nur auf einer CPU mit einer bestimmten Seriennummer eingesetzt werden darf[321]. Ohne gleichzeitige Übertragung der CPU wäre im Fall der Dinglichkeit einer solchen Vertragsbestimmung ein Weiterverkauf der Programmkopie überhaupt ausgeschlossen[322]. Ist hingegen das Verbreitungsrecht noch nicht erschöpft, da das Programm vom Rechtsinhaber lediglich vermietet wurde, so kann eine derartige CPU-Klausel auch urheberrechtlich wirksam werden[323]. Das damit verbundene Resultat, dass die Verletzung ein und derselben Vertragsklausel im ersten Fall bloß schuldrechtliche Folgen nach sich zieht, während sie im zweiten Fall mit dem gesamten urheberrechtlichen Instrumentarium verfolgt werden kann, lässt sich einerseits mit der typischerweise wesentlich engeren Bindung zwischen Vertragspartnern eines Dauerschuldverhältnisses erklären und anderseits wiederum damit, dass im Fall eines Verkaufs das Partizipationsinteresse des Rechtsinhabers bereits befriedigt ist, sodass ein derartiger gravierender Rechtevorbehalt bei der Eigentums-

---

[317] *Schricker* in *Schricker*, Kommentar[2] §§ 28ff Rz 52.

[318] Vgl *Walter*, Werkverwertung in körperlicher Form (II) – Vervielfältigung und Verbreitung des Werks, MR 1990, 204.

[319] Vgl *Ertl/Wolf*, Software im österr Zivilrecht 242f; *Klinger/Burnett*, Drafting and Negotiating Computer Contracts (1994) 68.

[320] Vgl OLG Bremen 13.02.1997 – „Expiration date" (nicht rechtskräftig) CR 1997, 609, wonach ein in den AGB des Softwareherstellers vorgesehenes Weiterveräußerungsverbot nicht gegenüber dem Zweiterwerber wirkt.

[321] Vgl etwa *Brandi-Dohrn*, BB 1994, 660.

[322] Vgl OLG Frankfurt 10.03.1994 – „Wirksamkeit von CPU-Klauseln" CR 1994, 7, wonach es bei Softwareüberlassungsverträgen mit wesentlichen Grundgedanken des Eigentums nicht zu vereinbaren ist, dass die dem Anwender aus Eigentum zustehende Freiheit beliebiger Nutzung durch eine Bindung der Programmnutzung an eine Zentraleinheit eingeschränkt wird.

[323] Vgl *Dreier*, CR 1991, 581.

übertragung unbillig erscheint[324] und jedenfalls keine urheberrechtliche Absicherung verdient.

3.5. Begriff der „bestimmungsgemäßen Benutzung"

23 Die als Ausnahme von der Zweckübertragungsregel nach § 31 Abs 5 dUrhG zulässige und durch eine „im Einzelnen" erfolgende Bezeichnung der Nutzungsarten zu bewirkende Ausdehnung des Nutzungsrechts über den (zum Zeitpunkt des Vertragsabschlusses) beabsichtigten Zweck hinaus ist für den Urheber zwar tendenziell nachteilig, kann aber im Einzelfall durchaus sinnvoll und von beiden Parteien gewünscht sein. Die Vorschrift stellt dabei auf den von den Parteien subjektiv „verfolgten" Vertragszweck ab, der auch – zB in der Präambel – zum Vertragsinhalt gemacht werden kann[325]. Demgegenüber ist eine sinnvolle (nicht von Willensmängeln behaftete) Konstellation, bei der sich die Parteien zunächst im Sinn des Art 5 Abs 1 auf eine „bestimmungsgemäße Benutzung" einigen, um in demselben Vertrag durch **„spezifische Bestimmungen"** jene Handlungen zu beschränken oder auszuschließen, die dafür *notwendig* sind, nicht denkbar. Vielmehr ist davon auszugehen, dass die Richtlinie zwei einander ausschließende Alternativen anbietet: Entweder die Parteien „vereinbaren spezifische vertragliche Bestimmungen" zur Beschränkung der in Art 4 lit a und b angeführten Handlungen und definieren so die *subjektive* „bestimmungsgemäße Benutzung"[326], oder der rechtmäßige Erwerber kann jene Handlungen ohne Zustimmung des Rechtsinhabers ausüben, die für eine „bestimmungsgemäße Benutzung" im *objektiven* Sinn, den der Richtliniengeber offenbar im Auge hatte, notwendig sind.

24 Was unter der „bestimmungsgemäßen Benutzung" im **objektiven Sinn** zu verstehen ist, wird insbes von technischen Merkmalen des betreffenden Computerprogramms und der Verkehrsauffassung abhängen. Unter diesem Aspekt stellt etwa eine Beschränkung „nur für Forschungs- und Lehrzwecke" bei einem – objektiv gesehen – auch für beliebige andere Zwecke geeigneten Programm bereits eine *subjektive* Beschränkung dar, die nur dann dinglich wirksam wird, wenn sie den oben angeführten Kriterien einer „spezifischen vertraglichen Bestimmung" genügt.

25 Der Wirtschafts- und Sozialausschuss ist mit seinem vom Standpunkt der Rechtssicherheit[327] aus durchaus begrüßenswerten Vorschlag (Punkt 3.6.1.1.) nicht

---

[324] Die gleiche Situation unterschiedlicher Rechtsfolgen war bis zur Richtlinie auch hinsichtlich eines Verbots des Weitervermietens gegeben. Im Fall eines Verkaufs konnte es – wegen der eingetretenen Erschöpfung – nur schuldrechtliche Wirkung entfalten, während ein Zuwiderhandeln dann, wenn der Urheber selbst nur vermietet oder verliehen hatte, eine Urheberrechtsverletzung darstellte.

[325] Vgl *Schricker* in *Schricker*, Kommentar[2] vor §§ 31/32 Rz 39.

[326] AA offenbar *Vinje*, Softwarelizenzen im Lichte von Art 85 des EWG-Vertrages, CR 1993, 401 (404), der ohne Begründung meint: „In diesem Zusammenhang ist wichtig, dass die Vorschrift keinem der Vertragspartner erlaubt, die bestimmungsgemäße Benutzung des Computerprogramms zu definieren, sondern dass es sich vielmehr um eine objektive Bestimmung ‚seiner' bestimmungsgemäßen Benutzung handelt."

[327] Im Hinblick auf die rasche technische Entwicklung wäre diese Formulierung allerdings Gefahr gelaufen, bald überholt zu sein. Schon heute gibt es sog „Multiprozessoren-

durchgedrungen, „die Verwendung des Programms"[328] durch die Einfügung von „auf lediglich einem Prozessor durch nur einen Benutzer während eines gegebenen Zeitraums" zu präzisieren. Allerdings wird die durch Vertragsauslegung (des Vertrags mit dem Erstkäufer) bzw ergänzende Vertragsauslegung unter Berücksichtigung der Verkehrssitte vorzunehmende Ermittlung des „bestimmungsgemäßen Gebrauchs" im Sinn der endgültigen Fassung dieser Bestimmung regelmäßig zu dem Ergebnis führen, dass dieser eine sinngemäße Beschränkung impliziert[329], wenn die Programmkopie nicht ausdrücklich als „**Netzwerkversion**", „Serverlizenz" etc bezeichnet ist. Dann wird die Anzahl der Prozessoren, auf denen das Programm gleichzeitig eingesetzt werden darf, meist aus der „Lizenzvereinbarung" zu entnehmen sein. Dies steht im Einklang mit dem tragenden Prinzip des Urheberrechts, den Urheber angemessen an der Verwertung seines Werks zu beteiligen. Jede andere Lösung würde den Grundgedanken des Schutzes geistigen Eigentums in Frage stellen[330]. Es ist angezeigt, an dieser Stelle an die bekannte Feststellung *Ulmers* zu erinnern, das Urheberrecht habe die Tendenz, soweit wie möglich beim Urheber zu verbleiben[331].

3.6. Die Fehlerberichtigung

Die ausdrückliche Erwähnung der **Fehlerberichtigung** erscheint an sich über- **26**
flüssig[332]. Die Kommission sah sich im geänderten RL-Vorschlag aber offenbar im Hinblick auf den Vorschlag des Europäischen Parlaments, ein noch umfassenderes Recht „zur Sicherstellung der Aufrechterhaltung des Programms" (gewöhnlich als „Wartung" bezeichnet) vorzusehen, dazu veranlasst. Diesem von der Industrie lebhaft bekämpften Ansinnen[333] des Parlaments schloss sich die

---

Systeme", bei denen sich mehrere Prozessoren mit dem Ziel einer Leistungssteigerung „die Arbeit teilen", ohne dass deshalb die Gefahr einer Mehrfachverwendung bestünde. Nach dem Wortlaut dieses Vorschlags wäre schon die Verwendung eines mathematischen Co-Prozessors, der bei modernen Mikroprozessoren bereits mit dem Hauptprozessor auf einem einzigen Chip vereint ist (zB Intel 80486 DX und „Pentium"), unzulässig.

[328] So die entsprechende Formulierung des ursprünglichen RL-Vorschlags.

[329] Vgl im Ansatz ähnlich *Walter*, Handbook 42ff, der allerdings eine „erklärte Absicht" („*declared intention*") des Rechtsinhabers vorauszusetzen scheint.

[330] AA *Jaburek*, Software Urheberrecht 45f, der bei Fehlen einer expliziten Vereinbarung erst ab „einer größeren Anzahl von Nutzern (100?)" eine unzulässige öffentliche Aufführung annimmt.

[331] Diese Feststellung ist hier allerdings nur im Zusammenhang mit der Definition der „bestimmungsgemäßen Benutzung" angebracht, während Art 5 Abs 1 im Hinblick auf die Handlungen, die dafür notwendig sind, zu Gunsten des diesbezüglich schutzbedürftigen rechtmäßigen Erwerbers eine Ausnahme vorsieht.

[332] Nach § 21 Abs 1 öUrhG sind auch im allgemeinen Urheberrecht Änderungen zulässig, die der Urheber nach den im redlichen Verkehr geltenden Gewohnheiten nicht untersagen kann, namentlich solche, die durch die Art und den Zweck der erlaubten Werknutzung gefordert werden. Ähnlich § 39 Abs 2 dUrhG, wonach Änderungen des Werks und seines Titels zulässig sind, wenn der Urheber seine Einwilligung hierzu nach Treu und Glauben nicht versagen kann. So konnte der Softwareurheber auch vor Umsetzung der Software-RL insbes eine Korrektur von Programmfehlern oder die Anpassung an geänderte Rechtsvorschriften sowie in gewissen Grenzen eine Adaptierung an verschiedene Hardware- bzw Softwareumgebungen nicht verhindern (vgl dazu *Blocher*, Schutz von Software 78).

[333] Vgl *Goldrian*, CR 1990, 557.

Kommission nicht an, da der Begriff „Wartung" unterschiedliche Inhalte haben und sich beispielsweise auch auf Erweiterungen und Aktualisierungen eines Programms erstrecken könne[334].

27 Weder die „Fehlerberichtigung" noch der „Fehler" selbst werden in der Richtlinie definiert. Unter „Fehlerberichtigung" wird wohl alles zu subsumieren sein, was dem Aufspüren und Lokalisieren eines Fehlers bzw dessen Korrektur dient[335]. Dazu können grundsätzlich auch Handlungen gezählt werden, die typischerweise beim Dekompilieren vorgenommen werden. Der in diesem Zusammenhang maßgebliche **Fehlerbegriff** setzt zum einen das Vorliegen eines Softwarefehlers im technischen Sinn voraus[336]. Zum anderen muss eine solche Abweichung noch die bestimmungsgemäße Benutzung des Programms beeinträchtigen, damit sie als Fehler im Sinn des Art 5 Abs 1 zu werten ist. Das prominenteste Beispiel für derartige Fehler ist das als „Y2K"- bzw „Jahr-2000-Problematik" bezeichnete Phänomen, dass viele Programme und Datenbanksysteme Jahreszahlen nur zweistellig darstellten, sodass es ab dem 1. Jänner 2000 ohne entsprechende Fehlerberichtigung unausweichlich zu fehlerhaften (insbes auf falschen Differenzbildungen beruhenden) Verarbeitungsvorgängen bis hin zu vollständigen Systemausfällen gekommen wäre[337].

Während Gewährleistungsansprüche üblicherweiser voraussetzen, dass der „Mangel" bzw „subjektive Fehler" bereits zum Zeitpunkt der Übergabe bzw des Gefahrenübergangs vorhanden war, kann ein Fehler im Sinn der Richtlinie auch dann vorliegen, wenn eine Beeinträchtigung der bestimmungsgemäßen Benutzung erst **nachträglich** eintritt, was etwa bei einem Buchhaltungsprogramm infolge der Änderung des gesetzlichen Umsatzsteuersatzes oder sonstiger rechtlicher Rahmenbedingungen geschehen kann. Umgekehrt liegt ein Mangel jedenfalls auch dann vor, wenn der ausdrücklich bedungene Gebrauch dadurch verhindert wird, dass Software den vertraglich geschuldeten Funktionsumfang nicht abgedeckt, während dies nicht unbedingt auf einen Fehler im technischen Sinn zurückzuführen sein muss. In letzterem Fall wird die Korrektur des Mangels nicht durch eine „Fehlerbehebung" erreicht werden können, sondern eine nicht von Art 5 Abs 1 gedeckte „Wartung" iS einer **Erweiterung der Funktionalität** erfordern.

28 Auch die **Portierung** eines Programms von einer Betriebssystem- bzw Hardwareplattform auf eine andere wird nicht von der „Fehlerberichtigung" miterfasst sein. Da letztere seitens des Richtliniengebers bewusst als wesentlich weniger weit reichende Alternative zu der vom Europäischen Parlament vorge-

---

334 Vgl *Sucker*, CR 1990, 812.

335 Vgl *Czarnota/Hart*, Legal Protection 65.

336 Vgl etwa die Definition bei *Bons*, Fehler und Fehlerauswertungen in *Gorny/Kilian* (Hrsg), Computer-Software und Sachmängelhaftung (1985) 35 unter Hinweis auf *Schmitz/Bons/van Megen*, Software-Qualitätssicherung² (1983): „Ein Fehler beinhaltet jegliche Abweichung in Inhalt, Aufbau und Verhalten eines Objekts zwischen ermittelten, beobachteten, gemessenen Daten einerseits und den entsprechenden, in den Zielvorgaben spezifizierten oder theoretisch gültigen Daten anderseits."

337 Ausführlich dazu *Bartsch*, Software und das Jahr 2000 – Haftung und Versicherungsschutz für ein technisches Großproblem (1998) passim.

schlagenen Wartung gesehen wurde, darf ihr nicht durch eine extensive Interpretation ein ähnlich breiter Anwendungsbereich gegeben werden[338].

Eine wichtige Begrenzung der in Art 5 Abs 1 vorgesehenen Ausnahmen von den zustimmungsbedürftigen Handlungen besteht auch darin, dass diese Handlungen für die bestimmungsgemäße Benutzung *notwendig* sein müssen; bloße wirtschaftliche Vorteilhaftigkeit genügt also nicht. So wird es der Rechtsinhaber in der Hand haben, einer Fehlerberichtigung durch den Erwerber die Notwendigkeit zu nehmen, indem er sich selbst verpflichtet, diese – in angemessener Zeit und zu angemessenen Bedingungen – durchzuführen[339].

4. Erstellung einer Sicherungskopie (Abs 2)

Das Recht zur Herstellung einer **Sicherungskopie** war nach einer verbreiteten Auffassung schon vor Umsetzung der Richtlinie regelmäßig zumindest konkludent in den Softwareüberlassungsverträgen enthalten[340]. Gemäß der Richtlinie ist das Recht zur Erstellung einer Sicherungskopie nun nicht einmal abdingbar, und zwar auch nicht durch ausdrückliche Vereinbarung. Wenn Art 5 Abs 2 von der „Person" spricht, „die zur Benutzung des Programms berechtigt ist", so wird diese mit dem „rechtmäßigen Erwerber" des Abs 1 gleichzusetzen und die inkonsequente Begriffsbildung auf die bewegte Entstehungsgeschichte der Richtlinie zurückzuführen sein. **29**

Das Wort „**eine**" ist zwar eher als unbestimmter Artikel denn als Zahlwort aufzufassen, es liegt aber beim Anwender zu beweisen, dass mehrere Sicherungskopien notwendig sind. Auch in dieser Hinsicht lässt die Ausdrucksweise der Richtlinie zu wünschen übrig. Denn genau genommen ist eine Sicherungskopie niemals für die Benutzung eines Programms notwendig. Gemeint ist ganz offensichtlich, dass Sicherungskopien zulässig sind, wenn sie zur Gewährleistung der fortgesetzten Benutzung notwendig sind. Dies wird immer dann der Fall sein, wenn die gelieferte Kopie von Beschädigung oder Zerstörung bedroht ist und nicht bereits eine Sicherungskopie mitgeliefert wurde bzw wenn nicht auf andere Weise unverzüglich Ersatz beschafft werden kann. Ob zunächst das Original eingesetzt und die Sicherungskopie als Reserve verwendet wird oder umgekehrt, bleibt wohl dem Anwender überlassen. **30**

Unberücksichtigt blieb in der Richtlinie ein für die Praxis wichtiger Aspekt: Bei sog „**Vollsicherungen**", die gewöhnlich nach der Installation neuer Programme oder in regelmäßigen Abständen stattfinden, werden nicht nur die laufenden Änderungen unterliegenden Daten auf Band, CD-R etc kopiert, sondern – wie schon der Name sagt – der vollständige Platteninhalt samt aller darauf instal- **31**

---

[338] Vgl *Heymann*, Computerwoche 1991/22, 58, der zutreffend bemerkt, dass dann, wenn man die „Erforderlichkeit" der Bearbeitung – wie im Fall der Portierung – von besonderen individuellen Wünschen abhängig machen will, jede Bearbeitung zulässig ist. AA *Dreier*, CR 1991, 581; *Lehmann*, NJW 1991, 2114.

[339] Vgl wieder *Czarnota/Hart*, Legal Protection 65; ebenso *Heymann*, Computerwoche 1991/22, 58. Zur Fehlerberichtigung durch Dritte siehe BGH 24.02.2000 – „Programmfehlerbeseitigung" GRUR 2000, 866.

[340] Vgl für viele *Haberstumpf* in *Lehmann*, Rechtsschutz^2, 135 Rz 121.

lierter Software. Da es bei einem komplexen System – wie beispielsweise einem File-Server eines größeren Netzwerks – ohne eine solche Vollsicherung unter Umständen mehrere Tage dauern könnte, bis sämtliche Softwareprodukte wieder so installiert sind, wie dies vor einem Plattendefekt der Fall war, wird man auch hier von der Notwendigkeit solcher Sicherungen auszugehen haben. In anderen Fällen wird man – so wie vor der Richtlinie – auf eine schlüssig eingeräumte Befugnis zurückgreifen können. Dies umso mehr, als die Gefahr einer missbräuchlichen Weitergabe von Sicherungsbändern schon wegen der darauf enthaltenen Daten wesentlich geringer ist als jene von Sicherungskopien einzelner Programme.

32 Da selbst bei einem gekauften Programm das Verbreitungsrecht an der vom Anwender hergestellten Sicherungskopie – im Gegensatz zu jenem am „Original" – nicht erlischt, ist deren **Weitergabe unzulässig**. Werden die Originaldisketten weiterverkauft, darf der ursprüngliche Käufer die Sicherungskopie nicht mehr verwenden, weil eine solche Vorgangsweise nicht als „bestimmungsgemäße Verwendung" im Sinn des Abs 1 angesehen werden kann.

5. Beobachten, Untersuchen und Testen (Abs 3)

5.1. Zur Formulierung

33 Auch dieser Absatz ist nicht recht glücklich formuliert. Wörtlich genommen besteht der Kern seiner Aussage nämlich in dem Pleonasmus, dass die zur Verwendung einer Programmkopie berechtigte Person all das tun darf, wozu sie berechtigt ist[341]. Auch ErwG 18 trägt kaum zur Klarstellung bei, wenn danach Handlungen nicht untersagt werden sollen, sofern sie „nicht gegen das Urheberrecht an dem Programm verstoßen". Was gemeint ist, ergibt sich aber vor allem aus der Entstehungsgeschichte. Art 5 Abs 3 war im ursprünglichen RL-Vorschlag noch nicht enthalten; die Vorschrift wurde erst im Verlauf der Diskussion um die Zulässigkeit des Dekompilierens von Seiten gemäßigter Kreise der Industrie als Kompromissformel unterbreitet; über den Parlamentsvorschlag und den geänderten RL-Vorschlag hat sie schließlich Eingang in die endgültige Fassung gefunden. Da sich die Gegner der Zulässigkeit von Analysemethoden vor allem gegen das Dekompilieren wandten, sollte Art 5 Abs 3 als vermittelnde Lösung alle **Analysemethoden** mit Ausnahme des Dekompilierens erlauben[342].

Die missverständliche Formulierung des letzten Halbsatzes wird auf den politischen Einigungsdruck in der Endphase der Entstehungsgeschichte der Richtlinie zurückzuführen sein, der eine sorgfältige Textierung nicht zuließ[343]. Statt „zu denen sie berechtigt ist" sollte es deutlicher „zu denen sie auch sonst berechtigt ist" oder „zu denen sie gemäß Abs 1 berechtigt ist" lauten; in diesem Sinn wird die Bestimmung auch in der jetzigen Fassung zu verstehen sein.

---

[341] In der englischen Fassung kommt die sprachliche Ungenauigkeit sogar noch krasser zum Ausdruck: „*The person having a right to use a copy of a computer program shall be entitled ... (to acts) ... which he is entitled to do.*"

[342] Vgl *Vinje*, The Computer Lawyer 8/11 (1991) 4.

[343] Vgl *Schulte*, Sitzung „grüner Verein" und ALAI (FN 216 oben) Protokoll 12.07. 1991, 15.

5.2. Zweck der Regelung

Auch die Ausnahme nach Abs 3 ist eine Folge der technischen Besonderheit von Computerprogrammen. Während andere Werke dazu bestimmt sind, mit und vom menschlichen Geist wahrgenommen zu werden[344], werden Computerprogramme in der Regel nur in „maschinenlesbarer" – also dem Menschen nicht unmittelbar zugänglicher – Form ausgeliefert. Schon für die Ermittlung der ihnen zu Grunde liegenden **Ideen und Grundsätze** sind deshalb Handlungen nötig, die nach Art 4 grundsätzlich dem Rechtsinhaber vorbehalten sind. Dies gilt auch für die **Analysemethoden**, die man insgesamt als **„Black-box-Technik"** bezeichnet, weil sie im Gegensatz zum Dekompilieren das Programm selbst unverändert lassen und insbes keine Rückübersetzung in eine dem Source Code ähnliche Form zum Ziel haben. So können zB auch Testläufe, das Beobachten übertragener Daten (*„Line tracing"*) und die Betrachtung des Object Codes am Bildschirm in hexadezimaler Form (*„Hex dump"*) zur Entdeckung von Ideen und Grundsätzen (zB Schnittstelleninformationen) beitragen. Dabei erfordern etwa ein Testlauf das Laden und Ablaufen im Sinn des Art 4 lit a und ein *Hex dump* zunächst ebenfalls das Laden in den Arbeitsspeicher und schließlich das Anzeigen. **34**

Ohne die in Abs 3 vorgesehene Ausnahme wäre auch der rechtmäßige Erwerber im Sinn des Abs 1 für die Anwendung der genannten Analysemethoden auf die Zustimmung des Rechtsinhabers angewiesen, da ihm die in Art 4 lit a und b aufgezählten Handlungen sonst nur offen stehen, „wenn sie für eine bestimmungsgemäße Benutzung ... notwendig sind", was auf die „Black-box-Analyse" nicht zutrifft. Abs 3 soll deshalb vermeiden, dass bei Computerprogrammen die an sich nicht geschützten Ideen und Grundsätze mittelbar doch geschützt würden, weil sie dem Menschen nur durch zustimmungspflichtige Handlungen zugänglich gemacht werden könnten.

5.3. Unterschiedliche Umschreibung des Berechtigten

Ein weiteres Auslegungsproblem folgt daraus, dass in jedem der drei Absätze des Art 5 eine andere **Umschreibung des Berechtigten** gewählt wurde. Da sich aus der Entstehungsgeschichte der Richtlinie keinerlei Anhaltspunkte für eine bewusste Differenzierung ergeben, und auch sonst kein vernünftiger Grund dafür ersichtlich ist, wird man „die zur Verwendung einer Programmkopie berechtigte Person" ebenso wie die „Person, die zur Benutzung des Programms berechtigt ist" (Abs 2) mit dem „rechtmäßigen Erwerber" aus Abs 1 gleichsetzen müssen[345]. **35**

5.4. Ideen und Grundsätze eines Programmelements

Die Beschränkung auf die Ermittlung jener **Ideen und Grundsätze**, „die einem Programmelement zugrundeliegen" ist die Folge einer unpräzisen Übersetzung. In der englischen Fassung ist hier – ebenso wie in Art 1 Abs 2 – von *„any element"* die Rede. Daher hätte es im Deutschen gleichfalls „die irgendeinem Programmelement zugrundeliegen" heißen müssen. Auch die Materialien geben keinen **36**

[344] *Dittrich*, Urheberrechtsschutz für Computerprogramme? in *Kühne* (Hrsg), Software und Recht (1986) 103 (107).

[345] ErwG 18 formuliert abermals anders: „zur Verwendung eines Computerprogramms berechtigte Person".

Anlass, daran zu zweifeln, dass auch die dem gesamten Programm zu Grunde liegenden Ideen und Grundsätze Gegenstand der Untersuchung sein dürfen.

5.5. Vertragliche Abdingbarkeit

37 Im Zusammenspiel mit Art 9 Abs 1 letzter Satz, wonach unter anderem vertragliche Bestimmungen, die im Widerspruch zu Art 5 Abs 3 stehen, unwirksam sind, stellt sich für den rechtmäßigen Erwerber die Situation folgendermaßen dar: Im Zweifel darf er alle Handlungen zum Laden, Anzeigen, Ablaufen, Übertragen oder Speichern (Art 4 lit a) dann zum Beobachten, Untersuchen oder Testen des Funktionierens des Programms einsetzen, wenn sie gemäß Abs 1 für eine bestimmungsgemäße Benutzung dieses Computerprogramms notwendig sind. Wurden die genannten Handlungen durch „spezifische vertragliche Bestimmungen" untersagt oder begrenzt, so gilt dies auch für das von Abs 3 vorgesehene „urheberrechtliche Testrecht", doch sind solche Beschränkungen bezüglich des Ladens, des Ablaufens und der Fehlerberichtigung nicht wirksam möglich. Ein Ausschluss bzw eine Beschränkung dieses „Testrechts" allein ist nichtig, wenn sich dies nicht in gleicher Weise auch auf die Benutzung des Programms bezieht.

5.6. Problematik des Anzeigens

38 Da das **„Anzeigen" des Codes** – und nicht etwa der Ergebnisse (Bildschirmmasken, Menüs etc) – gewöhnlich für die bestimmungsgemäße Benutzung eines Programms nicht erforderlich ist, bleibt es nach Art 5 Abs 1 dem Rechtsinhaber in der Regel vorbehalten, sodass es gemäß Abs 3 letzter Halbsatz auch für Testzwecke nur mit dessen **Zustimmung** zulässig ist. Außerdem ist es gerade deshalb, weil es für die Benutzung nicht benötigt wird, für den Rechtsinhaber ein Leichtes, sicherheitshalber das „Anzeigen" durch eine routinemäßige „spezifische vertragliche Bestimmung" abzubedingen. Nun könnte man argumentieren, dass das „Anzeigen" des Programmcodes für die Fehlerberichtigung im Sinn des Abs 1 unentbehrlich ist und deshalb (siehe ErwG 17) nicht untersagt werden darf. Die nicht zustimmungsbedürftige Zulässigkeit der für eine Fehlerberichtigung notwendigen Handlungen kann sich aber nach dem Konzept der Richtlinie nur auf einen **konkreten und „akuten" Fehler** beziehen. Sonst könnte ein rechtmäßiger Erwerber mit dem Hinweis auf die potentielle Notwendigkeit zur Fehlerberichtigung jede der in Art 4 lit a genannten Handlungen ohne Zustimmung des Rechtsinhabers und vor allem ohne jede ernst zu nehmende Schranke durchführen. Das „Anzeigen" des Codes wird also nur im Fall des Vorliegens eines konkreten Fehlers zulässig sein. Selbst dann kann es dem Rechtsinhaber vorbehalten bleiben, wenn sich dieser zur Fehlerberichtigung verpflichtet hat. Es bleibt allerdings fraglich, wie der Rechtsinhaber in der Praxis unzulässiges „Anzeigen" verhindern soll. Wie auch den meisten AGB der Softwarehersteller zu entnehmen ist, kann Software nämlich nicht fehlerfrei sein[346]. Der rechtmäßige Erwerber wird daher wohl irgendeinen Fehler finden, mit dem er das – möglicherweise für ganz andere Zwecke durchgeführte – „Anzeigen" zu rechtfertigen weiß.

---

[346] Vgl *Kilian*, Vertragsgestaltung und Mängelhaftung bei Computersoftware, CR 1986, 187 (190).

5.7. Darüber hinausgehende Analysemethoden

Da sich Abs 3 nicht generell auf alle nach Art 4 lit a dem Rechtsinhaber vorbehaltenen Vervielfältigungshandlungen bezieht, sondern seinen Anwendungsbereich ausdrücklich auf Handlungen zum Laden, Anzeigen, Ablaufen, Übertragen oder Speichern des Programms beschränkt, sind alle darüber hinausgehenden Analysemethoden nicht miterfasst und allenfalls unter den wesentlich strengeren Voraussetzungen des Art 6 zulässig. Dies gilt schon für die Herstellung einer *Hard copy* des *Hex dumps* mittels eines Druckers und erst recht für alle Maßnahmen, die über eine reine „Black-box-Analyse" hinaus die Übersetzung des Programms im Sinn des Art 4 lit b erfordern. **39**

6. Weitere freie Werknutzungen

Wie sich vor allem der Begründung zum geänderten RL-Vorschlag entnehmen **40** lässt, ist die Kommission davon ausgegangen, dass mit den Art 5 und 6 sämtliche Ausnahmen von den Ausschließlichkeitsrechten des Rechtsinhabers **abschließend** geregelt sind. Weitere Ausnahmen in Form von freien Werknutzungen sollten also mit der Richtlinie grundsätzlich nicht in Einklang stehen. Die etwas kryptische Formulierung des ErwG 28, wonach die Richtlinie nicht die in den einzelstaatlichen Rechtsvorschriften in Übereinstimmung mit der Berner Übereinkunft vorgesehenen Ausnahmeregelungen für Punkte berührt, die nicht von der Richtlinie erfasst werden, bietet aber einen **gewissen Spielraum** für die Umsetzung in innerstaatliches Recht. Danach dürften freie Nutzungen, die den in Art 5 und 6 geregelten Fällen entsprechen, aber über diese hinausgehen, nicht auf Computerprogramme anwendbar sein, andere hingegen schon.

Umsetzung in Deutschland und Österreich

1. Vorbemerkung

Nach der Vorgabe des Art 5 haben sowohl der deutsche als auch der österr **41** Gesetzgeber (§ 69d dUrhG bzw § 40d öUrhG) zu Gunsten des berechtigten Softwareanwenders eine ausdrückliche **Ausnahme** von den Ausschließlichkeitsrechten des Urhebers bzw sonstigen Berechtigten vorgesehen. Es verwundert, dass dieser zentrale Punkt der durch die Richtlinie vorgegebenen Regel-Ausnahme-Konstruktion in der bisherigen Diskussion verhältnismäßig wenig Beachtung gefunden hat, obwohl er dazu angetan ist, die rechtliche Position des Softwareanwenders und in der Folge die Gestaltung von Softwareüberlassungsverträgen nachhaltig zu verändern. So wird etwa nach wie vor die Auffassung vertreten, dass „jeder Erwerber eines selbständig verkehrsfähigen Programmexemplars ein Nutzungsrecht zur Eingabe des Programms in sein Computergerät und zur Herstellung erforderlicher Sicherungskopien erwerben muss"[347]. In vielen bereits zur neuen Rechtslage verfassten Stellungnahmen ist von „vertraglichen Nutzungsrechten"[348] die Rede, die dem Softwareanwender vom Urheber bzw sonstigen Berechtigten einzuräumen seien.

---

[347] *Vgl Haberstumpf*, GRUR Int 1992, 717.

[348] Vgl nur *Habel/Keune*, Ermäßigter Umsatzsteuersatz für Anwendersoftware? CR 1994, 198; *Haberstumpf* in *Lehmann*, Rechtsschutz², 151 Rz 152, 154f und 159; *Köhler/*

Demgegenüber sehen die §§ 69d dUrhG und 40d öUrhG ebenso wie Art 5[349] eine Ausnahme von den Ausschlussrechten des Urhebers vor. Die dort normierten Fälle werden also von den Ausschließlichkeitsrechten des Urhebers nicht erfasst, was am deutlichsten die neue österr Regelung erkennen lässt, die konsequenterweise auch mit **„Freie Werknutzungen"** übertitelt ist (§ 40d öUrhG).

42 Was die **Person** anlangt, zu deren Gunsten die Schrankenbestimmung wirken soll, meinten sowohl der deutsche als auch der österr Gesetzgeber, das vermeintliche **„Redaktionsversehen"**[350] des Richtliniengebers durch die Formulierungen „bestimmungsgemäße Benutzung ... durch den zur Benutzung Berechtigten" bzw „durch jeden zur Verwendung eines Vervielfältigungsstücks des Programms Berechtigten" korrigieren zu müssen. Da die urheberrechtlich relevanten Benutzungshandlungen aber gerade in den – grundsätzlich dem Urheber vorbehaltenen – Vervielfältigungs- und Bearbeitungsrechten nach Art 4 lit a und b zu sehen sind, zu denen der Softwareanwender erst durch die gegenständlichen Ausnahmebestimmungen berechtigt werden soll, drehen sich diese nun als Zirkelschlüsse im Kreis, wenn man dafür auf die – offenbar als bereits vorhanden vorausgesetzte – urheberrechtliche „Berechtigung" zur Verwendung bzw Benutzung abstellt. Wie oben dargestellt, wird erst im Licht der – gar nicht so unklaren – Richtlinie und vor dem Hintergrund ihrer Entstehungsgeschichte klar, was gemeint ist: Jeder, der ohne Urheberrechtsverletzung – also ohne Verletzung der Ausschließlichkeitsrechte des Urhebers, dh mit Zustimmung des Urhebers bzw nach Erschöpfung des Verbreitungsrechts – Inhaber einer Programmkopie wurde, ist für deren bestimmungsgemäße Benutzung nicht mehr auf eine gesonderte Zustimmung des Urhebers bzw dessen Rechtsnachfolgers angewiesen.

In diesem Sinn lassen sich auch die eben angesprochenen Zirkelschlüsse in den Bestimmungen der §§ 69d dUrhG und 40d öUrhG auflösen. Die Ausdrücke „zur Verwendung eines Vervielfältigungsstücks des Programms Berechtigter" bzw „berechtigter Benutzer" beziehen sich nicht auf eine urheberrechtliche Berechtigung, sondern lediglich darauf, dass jemand ohne Urheberrechtsverletzung Inhaber eines Vervielfältigungsstücks geworden ist. Dann ist er ohne Zustimmung des Urhebers befugt, alle zur bestimmungsgemäßen Benutzung des Programms notwendigen Handlungen vorzunehmen. Diese Auslegung steht auch mit der klaren Absicht des Richtliniengebers in Einklang, wonach vermieden werden soll, dass wegen der technischen Besonderheiten von Software für die „Benutzung" eines Werkstücks – im Gegensatz zu allen herkömmlichen Werkarten – urheberrechtliche Nutzungsrechte benötigt werden.

Fritzsche in *Lehmann*, Rechtsschutz², 528f Rz 25 f. Auch *Lehmann*, NJW 1993, 1824, äußert sich hier zumindest missverständlich, wenn er ausführt, der Rechtsinhaber gewähre seinen Käufern oder Lizenznehmern in jedem Fall eine gewisse Mindestausstattung von Nutzungsbefugnissen, wenn er sie oder Lizenznehmer zur Nutzung seiner Programme gegen Entgelt berechtigt; siehe auch *Lehmann* in *Schricker*-FS (1995) 543ff, wo einerseits von einer „verbraucherschutzrechtlich orientierten" gesetzlichen Schrankenbestimmung die Rede ist (553), anderseits aber ausgeführt wird, die Überlassung von urheberrechtlich geschützter Software könne nur „durch eine Einräumung von Nutzungsrechten gemäß §§ 31ff dUrhG erfolgen" (546).

[349] Siehe dazu oben Rz 6ff.

[350] So die Begründung bei *M Schulze*, Materialien², 843.

2. Deutschland

Der durch das Zweite Änderungsgesetz neu eingefügte § 69d dUrhG entspricht der Begründung zufolge sachlich Art 5 der Richtlinie[351]. Die vorgenommenen **Umformulierungen** haben danach – von der bereits erörterten vermeintlichen „Korrektur eines Redaktionsversehens“ abgesehen – keine sachliche Bedeutung und sind nur sprachlicher Natur. Es kann deshalb – insbes in Bezug auf die Ausnahme für das Beobachten, Untersuchen und Testen – auf die obigen Ausführungen zur Richtlinie verwiesen werden. **43**

Bei der Umsetzung des Art 5 Abs 2 wurde allerdings erkannt, dass eine **Sicherungskopie** nicht eigentlich „zur Benutzung“ eines Programms erforderlich“ ist, weshalb darauf abgestellt wird, dass die Sicherungskopie „für die Sicherung künftiger Benutzung erforderlich ist“. Die Begründung geht allerdings davon aus, dass dieser Halbsatz die Erstellung mehrerer Sicherungskopien ausschließt[352]. **44**

Wegen der vom deutschen Gesetzgeber im Unterschied zum österr gewählten Regelungstechnik, die Artikel 4 und 5 in Gestalt der §§ 69c und 69d dUrhG weitgehend wörtlich in den neuen Abschnitt „Besondere Bestimmungen für Computerprogramme“ zu übernehmen, stellt sich die Regel-Ausnahme-Konstruktion im Verhältnis zu damit verwandten Bestimmungen im übrigen dUrhG als spezielle und insofern abschließende Norm dar. Daher bleibt insbes für eine Anwendung der in den §§ 45ff dUrhG geregelten **Schranken des Urheberrechts** auf Computerprogramme wohl kein Raum. **45**

3. Österreich

In Österr wurden die Bestimmungen des Art 5 mit der öUrhGNov 1993 in § 40d Abs 2 und 3 öUrhG umgesetzt. Nach Abs 2 dürfen Computerprogramme danach ohne Zustimmung des Urhebers vervielfältigt und bearbeitet werden, soweit dies für ihre bestimmungsgemäße Benutzung durch den zur Benutzung Berechtigten notwendig ist; hierzu gehört auch die Anpassung an dessen Bedürfnisse. Die Abweichungen vom Richtlinientext werden in den ErlRV damit erläutert, dass man eine Anpassung an die „Rechtstechnik“ des öUrhG und die österr Rechtssprache vornehmen wollte[353]. **46**

§ 40d Abs 1 öUrhG schließt die Anwendbarkeit der für alle Werkkategorien geltenden freien Werknutzung des § 42 öUrhG betreffend die **Vervielfältigung zum eigenen Gebrauch** für Computerprogramme aus. Dies war notwendig, weil eine solche freie Werknutzung jedenfalls den engeren Regelungsbereich der Art 5 und 6 berührt, in den darin abschließend formulierten Ausnahmeregelungen aber nicht vorgesehen ist. Tatsächlich berührte diese Bestimmung die Interessen der österr Softwarehersteller vor Umsetzung der Richtlinie am stärksten. Denn so mancher Verwender von Raubkopien berief sich auf diese Bestimmung, deren **47**

[351] Vgl Begründung bei *M Schulze*, Materialien², 843.
[352] Vgl Begründung bei *M Schulze*, Materialien², 844.
[353] ErlRV bei *Dittrich*, Urheberrecht³, 178.

Anwendbarkeit auf Software übrigens nach der damaligen Rechtslage alles andere als gesichert war.

48 Was die sonstigen **freien Werknutzungen** des öUrhG an Werken der Literatur bzw an Sprachwerken anbelangt, wird in den ErlRV die Auffassung vertreten, dass diese – sofern sie für Computerprogramme nicht ihrer Art nach von vornherein ausscheiden – mit der Richtlinie vereinbar seien, da es sich dabei um Ausnahmeregelungen in Fragen handelt, die nicht von der Richtlinie erfasst sind. Allerdings wird eingeräumt, dass die im Interesse der **Rechtspflege und der Verwaltung** vorgesehene freie Werknutzung (§ 41 öUrhG) nach ihrem Normzweck die mit der Strafrechtspflege und der öffentlichen Sicherheit befassten Behörden nicht berechtigt, die zum Betrieb ihrer Rechenanlagen verwendeten Computerprogramme frei zu nutzen. Im Hinblick auf die in § 45 öUrhG geregelte **„Schulbuchfreiheit"** bemerken die ErlRV zwar, es bestünde innerstaatlich keine Notwendigkeit, Computerprogramme in dieser Beziehung anders zu behandeln als andere Werke der Literatur. Um Missverständnissen vorzubeugen werde jedoch darauf hingewiesen, dass diese freie Werknutzung nur dazu berechtigt, Computerprogramme unter bestimmten Voraussetzungen in bestimmten Sammlungen zu vervielfältigen und diese Vervielfältigungsstücke zu verbreiten, jedoch keineswegs dazu, Computerprogramme im Unterricht am Computer (also durch Laden, Anzeigen, Ablaufen, Übertragen oder Speichern des Computerprogramms) zu vervielfältigen[354].

49 Zutreffend geht der österr Gesetzgeber davon aus, dass von den Begriffen **„Vervielfältigung"** und **„Bearbeitung"** alle Handlungen erfasst sind, welche die Richtlinie in Art 4 lit a und b grundsätzlich dem Urheber vorbehält, und die gemäß Art 5 nur dann ohne Zustimmung des Rechtsinhabers vorgenommen werden dürfen, wenn sie für die bestimmungsgemäße Benutzung des Computerprogramms durch den rechtmäßigen Erwerber notwendig sind. Da diese Begriffe dem Sprachgebrauch des öUrhG entsprechen, war es zweckmäßig, zur Umsetzung des Art 5 darauf zurückzugreifen.

Nicht beizupflichten ist dem österr Gesetzgeber, wenn er auch die **„Anpassung an die Bedürfnisse"** des zur Benutzung Berechtigten zur bestimmungsgemäßen Benutzung zählt. Die ErlRV führen dazu aus[355], § 40d Abs 2 öUrhG verwende anstelle des in der deutschen Fassung der Richtlinie aufscheinenden Ausdrucks „Fehlerberichtigung" in Anlehnung an die englische Fassung *„adaptation"* den Ausdruck „Anpassung", welcher dem Zweck der Bestimmung besser gerecht werde. In Wahrheit gebraucht aber auch die englische Fassung den Begriff *„error correction"*. Die Wendung „Anpassung an die Bedürfnisse" widerspricht nicht nur dem Wortlaut, sondern vor allem auch der eindeutigen Intention der Richtlinie. Die Kommission hat die „Fehlerberichtigung" bewusst dem vom Parlament vorgeschlagenen Begriff der „Wartung" vorgezogen. Insoweit ist die Umsetzung nicht richtlinienkonform, was auch durch eine restriktive Auslegung nicht zu korrigieren sein dürfte.

---

354 Vgl zu all dem ErlRV bei *Dittrich*, Urheberrecht[3], 178.

355 ErlRV bei *Dittrich*, Urheberrecht[3], 178.

Dagegen hat der österr Gesetzgeber bei der Umsetzung des Art 5 Abs 2 durch die gewählte Formulierung „Vervielfältigungsstücke für Sicherungszwecke (Sicherungskopien)" (§ 40d Abs 3 Z 1) zu Recht klargestellt, dass nötigenfalls auch **mehrere Sicherungskopien** angefertigt werden dürfen. Unter Ausnützung des dem nationalen Gesetzgeber bei der Umsetzung von Richtlinien zugestandenen Freiraums wäre es allerdings angebracht gewesen, im Zusammenhang mit der „Notwendigkeit" von Sicherungskopien – etwa wie in § 69d Abs 2 dUrhG – sowie in Bezug auf die Problematik von „Vollsicherungen" besser geeignete Formulierungen zu suchen. **50**

Die Bestimmung des § 40d Abs 3 Z 2 betreffend das **Beobachten, Untersuchen und Testen** stellt – von geringfügigen Anpassungen abgesehen – eine wörtliche Übernahme des Richtlinientexts dar. So ist die Vorschrift zwar zweifellos richtlinienkonform, doch wurde damit gerade die sprachlich nicht recht glückliche Formulierung des Art 5 Abs 3 übernommen. **51**

Was den **Umfang** der „bestimmungsgemäßen Benutzung" anbelangt, ist der österr Gesetzgeber offenbar ebenfalls davon ausgegangen, dass der rechtmäßige Erwerber nach dem Konzept der Richtlinie alle Handlungen ohne Zustimmung des Rechtsinhabers ausführen darf, die für eine „bestimmungsgemäße Benutzung" im **objektiven** Sinn notwendig sind, wenn nicht „spezifische vertragliche Bestimmungen" etwas anderes vorsehen. Die gelungene Umsetzung des Art 5 Abs 1 in § 40d Abs 4 öUrhG normiert nämlich, dass zwar auf die Rechte nach Abs 2 und 3 nicht wirksam verzichtet werden könne, dies aber Vereinbarungen über den Umfang der bestimmungsgemäßen Benutzung nicht ausschließe. **52**

Artikel 6 Dekompilierung

(Blocher)

Übersicht

Text

Artikel 6 Dekompilierung

(1) Die Zustimmung des Rechtsinhabers ist nicht erforderlich, wenn die Vervielfältigung des Codes oder die Übersetzung der Codeform im Sinne des Artikels 4 Buchstaben a) und b) unerlässlich ist, um die erforderlichen Informationen zur Herstellung der Interoperabilität eines unabhängig geschaffenen Computerprogramms mit anderen Programmen zu erhalten, sofern folgende Bedingungen erfüllt sind:
a) Die Handlungen werden von dem Lizenznehmer oder von einer anderen zur Verwendung einer Programmkopie berechtigten Person oder in deren Namen von einer hierzu ermächtigten Person vorgenommen;
b) die für die Herstellung der Interoperabilität notwendigen Informationen sind für die unter Buchstabe a) genannten Personen noch nicht ohne weiteres zugänglich gemacht; und
c) die Handlungen beschränken sich auf die Teile des ursprünglichen Programms, die zur Herstellung der Interoperabilität notwendig sind.

(2) Die Bestimmungen von Absatz 1 erlauben nicht, daß die im Rahmen ihrer Anwendung gewonnenen Informationen
a) zu anderen Zwecken als zur Herstellung der Interoperabilität des unabhängig geschaffenen Programms verwendet werden;

b) an Dritte weitergegeben werden, es sei denn, daß dies für die Interoperabilität des unabhängig geschaffenen Programms notwendig ist;

c) für die Entwicklung, Herstellung oder Vermarktung eines Programms mit im wesentlichen ähnlicher Ausdrucksform oder für irgendwelche anderen, das Urheberrecht verletzende[n][356] Handlungen verwendet werden.

(3) Zur Wahrung der Übereinstimmung mit den Bestimmungen der Berner Übereinkunft zum Schutz von Werken der Literatur und der Kunst können die Bestimmungen dieses Artikels nicht dahin gehend ausgelegt werden, daß dieser Artikel in einer Weise angewendet werden kann, die die rechtmäßigen Interessen des Rechtsinhabers in unvertretbarer Weise beeinträchtigt oder im Widerspruch zur normalen Nutzung des Computerprogramms steht.

Aus den Erwägungsgründen

ErwG 19 Die nicht erlaubte Vervielfältigung, Übersetzung, Bearbeitung oder Änderung der Codeform einer Kopie eines Computerprogramms stellt eine Verletzung der Ausschließlichkeitsrechte des Urhebers dar.

ErwG 20 Es können jedoch Situationen eintreten, in denen eine solche Vervielfältigung des Codes und der Übersetzung der Codeform im Sinne des Artikels 4 Buchstaben a) und b) unerläßlich ist, um die Informationen zu erhalten, die für die Interoperabilität eines unabhängig geschaffenen Programms mit anderen Programmen notwendig sind.

ErwG 21 Folglich ist davon auszugehen, daß nur in diesen begrenzten Fällen eine Vervielfältigung und Übersetzung seitens oder im Namen einer zur Verwendung einer Kopie des Programms berechtigten Person rechtmäßig ist, anständigen Gepflogenheiten entspricht und deshalb nicht der Zustimmung des Rechtsinhabers bedarf.

ErwG 22 Ein Ziel dieser Ausnahme ist es, die Verbindung aller Elemente eines Computersystems, auch solcher verschiedener Hersteller, zu ermöglichen, so daß sie zusammenwirken können.

ErwG 23 Von einer solchen Ausnahme vom Ausschließlichkeitsrecht des Urhebers darf nicht in einer Weise Gebrauch gemacht werden, die die rechtmäßigen Interessen des Rechtsinhabers beeinträchtigt oder die im Widerspruch zur normalen Verwendung des Programms steht.

ErwG 26 Die Bestimmungen dieser Richtlinie lassen die Anwendung der Wettbewerbsregeln nach den Artikeln 85 und 86 des Vertrages[357] unberührt, wenn ein marktbeherrschender Anbieter den Zugang zu Informationen verweigert, die für die in dieser Richtlinie definierte Interoperabilität notwendig sind.

Kommentar

1. Entstehungsgeschichte

Im **Grünbuch** wird zwar der Begriff „Dekompilierung“ noch nicht verwendet[358], die damit zusammenhängende Problematik aber bereits erkannt. So wird darauf **1**

---

356 Offensichtlicher Druckfehler.

357 Jetzt Art 81 und 82 EGV 1997.

358 Das Grünbuch spricht von *Reverse Engineering*, allerdings nur in der Feststellung,

hingewiesen, Zugangsprotokolle und Schnittstellen müssten exakt in der ursprünglichen Ausdrucksform verwendet werden, wenn neu entwickelte Software oder Hardware mit bereits auf dem Markt befindlicher kompatibel zusammenarbeiten sollen. Außerdem wird die Befürchtung referiert, das Urheberrecht könnte nicht nur für das Zugangsprotokoll selbst, sondern auch für Systeme, die von seiner Verwendung abhängen, ein unerwünschtes Monopol schaffen (Punkt 5.5.9.ff). Auch die wettbewerbsrechtliche Dimension der Schnittstellenproblematik wurde von den Verfassern des Grünbuchs bereits gesehen. Die dargestellte Situation könne durch die Ausübung des Urheberrechts zu einer marktbeherrschenden Stellung und bei Vorliegen weiterer Faktoren zu einem Missbrauch im Sinn des Wettbewerbsrechts führen (Punkt 5.5.11.).

2 Der ursprüngliche **RL-Vorschlag** sah keine ausdrückliche Regelung der Dekompilierung vor. Der Begründung zufolge war sich die Kommission zwar bewusst, dass es technisch möglich sei, ein Programm „auseinander zu nehmen", um Informationen über Zugangsprotokolle und Schnittstellen herauszufinden. Da dies aber ein langwieriges, kostspieliges und ineffizientes Verfahren sei, wäre es für die Beteiligten normalerweise zielführender, sich auf die Bedingungen zu einigen, unter denen die Informationen zur Verfügung gestellt werden. Probleme in Bezug auf die Gewährleistung des Zugangs zu Informationen wären eventuell mit anderen Mitteln zu lösen (Begründung 1. Teil Punkt 3.14.). Allerdings wurde in Aussicht gestellt, angesichts der rapiden Weiterentwicklung der Computerindustrie diese Fragen ständig zu überprüfen (Begründung 1. Teil Punkt 3.15.).

Im Zug der sich daran anschließenden Diskussion kam es zu erbitterten Auseinandersetzungen[359] der Befürworter und der Gegner einer Bestimmung, wonach die Dekompilierung unter bestimmten Umständen zustimmungsfrei sein sollte. Zu den Gegnern zählte vor allem ein relativ kleiner Kreis der größten Hersteller[360], während die kleineren und mittleren Softwareproduzenten[361] die sonst drohende Gefahr einer Monopolisierung von Schnittstellen und einer daraus resultierenden Behinderung des freien Wettbewerbs als Argument für eine solche Freistellung ins Treffen führten.

3 Der **Wirtschafts- und Sozialausschuss** machte sich in seiner Stellungnahme zum ursprünglichen RL-Vorschlag die Befürchtung zu Eigen, die Rechtsinhaber könnten ihre Rechte in Bezug auf Schnittstellen in wettbewerbsbeschränkender

---

dass nach einer weit verbreiteten Meinung der Wettbewerb empfindlich beeinträchtigt werden könnte, wenn die unabhängige Nachschöpfung von Programmen mit im Wesentlichen gleichartigen Funktionen oder das *Reverse Engineering* verboten würden (Punkt 5.5.7.ff).

[359] Vgl *Cohen Jehoram*, IIC 1994, 832.

[360] Die zum Zweck des diesbezüglichen Lobbyings ins Leben gerufene „Software Action Group of Europe" (SAGE) wurde von IBM, DEC, Philips und Siemens dominiert (vgl *Schneider*, Storm Rages over Britain's Proposal to Ban Reverse Engineering, Electronics Weekly 28.11.1990, 15).

[361] Diese bildeten unter der Bezeichnung „European Committee for Inter-operable Systems" (ECIS) eine Pressure-Group, die einerseits die Zulässigkeit der Dekompilierung und anderseits die Zurücknahme des Schutzes für die Spezifikation von Schnittstellen erreichen wollte (vgl *Brown/Kempner*, Computer Weekly 19.07.1990, 15; *Ehrlich*, Pace Law Review 1994, 1007).

Weise ausüben. Im Übrigen hielt er die für Art 1 Abs 3 Satz 2 vorgeschlagene Formulierung, wonach Schnittstellenspezifikationen nicht urheberrechtlich schutzfähig sein sollten, nicht für ausreichend, wettbewerbswidrige Praktiken einzudämmen, und vertrat die Ansicht, es sei Aufgabe der Kommission, den Wettbewerbsregeln der Gemeinschaft Geltung zu verschaffen (Punkt 3.3.2.3.). Die Frage der Dekompilierung wurde zwar nicht konkret angesprochen[362], die Bemerkung, im Grünbuch über Urheberrecht seien weitere Probleme enthalten, für welche bis zum 1. Januar 1993 Vorschläge erwartet würden (Punkt 4.1.), zielte aber gewiss auch auf diese Problematik ab.

Die endgültige Fassung des Art 1 Abs 2, wonach Ideen und Grundsätze, die irgendeinem Element des Programms einschließlich seiner Schnittstellen zu Grunde liegen, nach der Richtlinie nicht urheberrechtlich geschützt sind, geht auf die Stellungnahme des **Europäischen Parlaments** zurück (Abänderungsvorschlag Nr 2). Der weitreichendste Abänderungsvorschlag des Parlaments (Nr 10) bestand aber in einem neu eingefügten Art 5a, welcher erstmals eine explizite Regelung der Dekompilierung vorsah und im Großen und Ganzen ebenfalls bereits der endgültigen Formulierung des späteren Art 6 entsprach. Mit diesem Vorschlag wurde **legistisches Neuland** betreten; eine vergleichbare Regelung war zum damaligen Zeitpunkt in keinem Land der Welt bekannt[363]. **4**

Schon im Mai 1990 wurde vom Ministerrat eine **Arbeitsgruppe** eingesetzt, welche folgende drei Vorgangsweisen im Zusammenhang mit dem ***Reverse Engineering*** prüfen sollte: Verzicht auf eine Regelung der Dekompilierung und Entscheidung durch die Gerichte von Fall zu Fall, Einführung einer „*Fair Use*"-Klausel nach englischem Vorbild bzw ausdrückliche Zulassung des *Reverse Engineering*. Die ursprüngliche Absicht der Kommission, die Frage der Dekompilierung ungeregelt zu lassen, war nicht zuletzt auf die kurz zuvor in Großbritannien, Frankreich, Deutschland, Spanien und Dänemark in Kraft getretenen Urheberrechtsnovellen zurückzuführen, die gleichfalls keine Sonderbestimmungen enthielten. Auch das US-amerikanische und das japanische Recht sahen keine ausdrückliche Regelung vor. Im Licht der inzwischen darüber entbrannten Debatte wurde diese Möglichkeit allerdings immer unwahrscheinlicher. Der Vorteil des „*Fair Use*" Konzepts[364] wurde vor allem darin gesehen, dass neue Umstände problemlos im Rahmen der von den Ausnahmen erfassten Kategorien berücksichtigt werden könnten. Anderseits stand dieses Konzept mit der Tradition der kontinental-europäischen Zivilrechtsordnungen in Widerspruch[365]. Letztlich ließ sich die Kommission durch die Stellungnahme des Europäischen Parlaments davon überzeugen, dass zur Förderung offener Systeme und standardisierter Schnittstellen eine an sehr restriktive Bedingungen geknüpfte, weitere – nach Art 9 Abs 1 letzter Satz zwingende – explizite Ausnahme von den Ausschließlichkeitsrechten zweckmäßig sei. **5**

---

[362] Insofern missverständlich der Hinweis bei *Marly*, Urheberrechtsschutz 312 FN 278.

[363] Vgl *Marly*, jur-pc 1992, 1670.

[364] Zur Lehre und Rsp in den USA vgl etwa *Williams*, Washington Law Review 71/1 (1996) 255.

[365] *Czarnota/Hart*, Legal Protection 75f.

6 Allerdings folgte der **geänderte RL-Vorschlag** dem Abänderungsvorschlag des Europäischen Parlaments in einem wesentlichen Punkt nicht. Während der Vorschlag des Parlaments „die Durchführung der zur Sicherstellung der Aufrechterhaltung des Programms und zur Schaffung oder zum Funktionieren interoperabler Programme unerlässlichen Handlungen" betraf, stellte der geänderte RL-Vorschlag klar, dass sich die Ausnahme auf „die Vervielfältigung des Codes oder die Übersetzung der Code-Form ..." beschränkt, die zur „Schaffung, zur Wartung oder zum Funktionieren eines unabhängig geschaffenen interoperablen Programms unerlässlich sind".

Während die im geänderten RL-Vorschlag als Art 5a präsentierte Regelung im Übrigen schon weitgehend dem Wortlaut des Art 6 der endgültigen Fassung entsprach, wurden vom Rat die Voraussetzungen für die Zulässigkeit der Dekompilierung abermals umformuliert. Er meinte, dass die von der Kommission gewählte Formulierung zu weit ausgelegt werden könnte und ersetzte die Worte „zur Schaffung, zur Wartung oder zum Funktionieren eines unabhängig geschaffenen interoperablen Programms unerlässlich" durch die Wendung „unerlässlich, um die erforderliche Information zur Herstellung der Interoperabilität eines unabhängig geschaffenen Computerprogramms mit anderen Programmen zu erhalten". Damit sollte ausweislich der Begründung des **Gemeinsamen Standpunkts** (Punkt 4.7.) klargestellt werden, dass die **Interoperabilität** der einzige Grund für diese Ausnahme ist und sich auf die Verbindung zwischen einem unabhängig geschaffenen Programm und einem oder mehreren anderen Programmen bezieht. Der Rat fügte auch eine Überschrift hinzu und brachte damit den Begriff der „Dekompilierung" in den Richtlinientext ein.

2. Technischer und wirtschaftlicher Hintergrund

2.1. Das Umfeld

7 Aus naheliegenden Gründen sind Softwareproduzenten in aller Regel darauf bedacht, das in ihren Produkten steckende **Know-how** geheim zu halten. Dies wird dadurch erleichtert, dass die Kenntnis dieses Know-how für die Nutzung der Software nicht erforderlich ist. In der überwiegenden Zahl aller Fälle erfolgt Softwareüberlassung in Form des Object Codes, also des Endprodukts des Softwareentwicklungsprozesses in ablauffähigem Maschinencode.

8 Während die Ergebnisse der vorangehenden Produktionsphasen[366] wie Pflichtenheft, Programmiervorgabe oder Source Code (in einer höheren Programmiersprache) zumindest von Fachleuten gelesen werden können, ist der **Maschinencode** – abgesehen von ganz kurzen und banalen Programmen – für menschliche Leser unverständlich. Der Hauptgrund dafür ist dabei weniger in der binären Codierung der Maschinenbefehle zu sehen, die Programme letztlich als lange Folge der Ziffern Null und Eins erscheinen lässt, sondern darin, dass der Maschinencode mittels eines Compilers maschinell aus dem Source Code erzeugt wird. Bei diesem Vorgang werden unter anderem selbsterklärende Variablenbezeichnungen durch Speicheradressen ersetzt, komplexe Befehle einer höheren Programmiersprache meist in eine Vielzahl einfacher – für den menschlichen

[366] Zum Phasenkonzept vgl *Lesshafft/D Ulmer*, CR 1993, 610.

Betrachter in ihrem Zusammenwirken aber schwerer verständlicher – Maschinenbefehle umgesetzt und die für das Verständnis des Programms besonders wichtigen Kommentare des Programmierers entfernt. Vor allem durch optimierende Compiler, die im Hinblick auf einen möglichst effizienten Programmablauf zB Schleifen auflösen oder umgestalten[367], wird schließlich die Programmstruktur so verändert, dass das im Source Code niedergelegte Know-how zwar die konkrete Gestalt des sog Kompilats bewirkt, aber nicht mehr als verallgemeinerungsfähiges Methodenwissen in Erscheinung tritt, das dadurch insbes auf Konkurrenzprodukte übertragen werden könnte.

Zu all dem werden durch den Compiler bei der maschinellen Übersetzung neben Start-up-Routinen, welche die Laufzeit-Umgebung einrichten, noch die zur Ausführung des Source Codes benötigten Module der sog *Runtime-Library* in den Object Code eingebunden[368]. Dabei handelt es sich – vereinfacht ausgedrückt – um mit der Compiler-Software mitgelieferte Programmteile im Maschinencode, die zB für die vom Source Code angesprochene Bildschirmausgabe, für Sortiervorgänge oder mathematische Operationen „zuständig" sind. Das ist der Grund dafür, dass selbst ein nur wenige Zeilen umfassender Source Code oft in Hunderte oder Tausende Object Code-Zeilen „übersetzt" wird. So kommt es, dass ein in der weit verbreiteten Programmiersprache C geschriebenes, sehr kleines Programm zur Ausgabe der – unter Programmierern berühmten – Phrase *„hello world"* durch den Compiler Lauf auf einem Intel-PC ein ausführbares Programm mit mehr als 25 verschiedenen Unterprogrammen erzeugt. Dasselbe als Pascal-Programm führt zu einem Object Code mit mehr als 40 Sub-Routinen. Der Software-Ingenieur dagegen wird – wenn er den Code dekompiliert – in aller Regel nur an der ursprünglichen Routine, also dem Hauptprogramm, interessiert sein.

Ist es aus den genannten Gründen schon ein schwieriges Unterfangen, aus dem Object Code die Logik eines ganz kurzen, diesem zu Grunde liegenden Source Codes zu ermitteln, kann dies bei einem umfangreichen Softwareprodukt gar nicht oder nur mit enormem Aufwand erreicht werden.

2.2. Möglichkeiten, Grenzen und Einsatzbereiche des Dekompilierens

Im Anhang zu diesem Abschnitt wird der bisher wahrscheinlich ziemlich ab- **9**
strakt anmutende Vorgang des Dekompilierens an Hand eines simplen Beispiels plastischer dargestellt. Freilich darf über das dabei erzielte Ergebnis nicht über-

[367] Übersichtlich geschriebener Programm-Code ist oft nicht effizient. Dagegen ist hinsichtlich des Speicherbedarfs oder der Geschwindigkeit optimierter Code meist extrem unübersichtlich und damit kaum verständlich. Die meisten modernen Compiler verfügen über eine ganze Palette von Optionen, mit denen der Software-Ingenieur festlegen kann, welche Optimierungstechniken angewandt werden sollen. Je nach Auswahl der Optionen wird der aus dem Source Code erzeugte Object Code sehr unterschiedlich ausfallen. Aus diesem Grund müsste ein brauchbarer Decompiler gleichzeitig ein *Deoptimizer* sein, der erkennt, welche Optimierungstechniken beim Compiler Lauf eingesetzt wurden.

[368] So verhält es sich jedenfalls bei Betriebssystemen, die – wie MS-DOS – keine gemeinsamen Libraries nutzen. Im Fall gemeinsam genutzter Libraries werden diese Routinen nicht in den ausführbaren Code eingebunden, sondern zur Laufzeit aus speziellen Dateien aufgerufen (unter MS-Windows sind das zB die DLL-Files).

sehen werden, dass das Beispielprogramm im Vergleich zu einem kompletten Software-System bewusst einfach gehalten ist. In Bezug auf komplexere Programme wird das Dekompilieren in der Praxis weiterhin einen **hohen Aufwand** erfordern und deshalb nur *ultima ratio* sein. Trotz verbesserter Softwarewerkzeuge[369] wird der Aufwand für die Erschließung der benötigten Informationen demjenigen für die Erstellung des Originalprogramms kaum nachstehen und sich nicht selten auf „Personenjahre" belaufen[370].

Anderseits beschränkt sich das Einsatzgebiet des Dekompilierens – anders als die Entstehungsgeschichte des Art 6 vermuten ließe – keineswegs auf das Aufspüren von Schnittstelleninformationen. So wird Dekompilieren im Bereich der **Softwarewartung** eingesetzt, um verloren gegangenen Source Code zu dem Zweck wiederzuerlangen, in einer inzwischen veralteten Programmiersprache geschriebene Programme in eine moderne Sprache zu übersetzen, um Code, der in unstrukturierter Form erstellt wurde (sog „Spaghetti Code") in eine strukturierte Sprache zu transkribieren, um Anwendungsprogramme auf eine neue Hardware-Plattform zu portieren, um für nicht oder mangelhaft dokumentierte Assembler-Programme nachträglich eine Dokumentation zu erstellen und schließlich um Fehler an Programmen zu beheben, deren Source Code nicht zur Verfügung steht.

Im **Sicherheitsbereich** dient das Dekompilieren etwa dazu, den von einem Compiler erzeugten Object Code zu verifizieren, also die Zuverlässigkeit des Compilers zu testen[371]. Ebenso kann damit ermittelt werden, ob sicherheitsrelevante Anwendungen wie Verschlüsselungs- oder Berechtigungsprüfungssysteme frei von „Trojanischen Pferden" oder „*back doors*" sind, die es einem Programmierer ermöglichen würden, durch Umgehung des von ihm entwickelten Sicherheitssystems dessen Anwender Schaden zuzufügen.

10 In jüngster Zeit erlangte das Dekompilieren im Zusammenhang mit der „**Jahr-2000-Problematik**" („Y2K"-Problematik)[372] besondere Bedeutung. Dabei ging

---

[369] Zum Stand der Dekompilier-Technologie vgl *Zongtian/Fuan*, Research on Decompiling Technology, Journal of computer science and technology, 9/4 (1994) 311; vgl auch *Jackson/Rollins,* A New Model of Program Dependences for Reverse Engineering, Software engineering notes 19/5 (1994) 2; *Saleh/Boujarwah,* Communications software reverse engineering: a semiautomatic approach, Information and software technology 38/6 (1996) 379.

[370] Vgl *Wiebe*, CR 1992, 134 mwN.

[371] Vgl *Cifuentes*, Reverse Compilation Techniques, Queensland University of Technology, PhD thesis (1994), ftp://ftp.it.uq.edu.au/pub/CSM/dcc/decompilation_thesis.ps.gz, 15.

[372] Dieses Problem war bekanntlich dadurch entstanden, dass Programmierer, vor allem zu Zeiten, in denen Speicherplatz noch besonders wertvoll war, für Jahreszahlen in Datumsangaben lediglich zwei- statt vierstellige Felder vorsahen (zB: 85 = 1985). Das führte dazu, dass jede auf diese Weise programmierte Software die Jahresangabe „00" als das Jahr 1900 gedeutet hätte und daher spätestens bis zum 01.01.2000 ersetzt oder umgeschrieben werden musste. Andernfalls waren nicht nur Fehlberechnungen in kaufmännischen Applikationen, sondern auch gefährliche Aktionen computergesteuerter Sicherheitsreinrichtungen etc zu erwarten gewesen. In einer Untersuchung der Gartner Group wurden die weltweiten Umstellungskosten bis 1999 auf 300 bis 600 Mrd US-$ (vgl http://www.gartner.com/aboutgg/pressrel/pry2000.html) und jene für Deutschland auf 40 bis 60 Mrd DM (vgl ohne Autorenangabe, Teure Jahrtausendwende, Süddeutsche Zeitung vom 22.12.1995, 20)

es unter anderem darum, in unzähligen älteren, teils schon vor zehn und mehr Jahren geschriebenen und immer noch im Einsatz befindlichen Programmen festzustellen, wo Datumsangaben verarbeitet oder Zeitdifferenzen berechnet werden, und diese Code-Teile so zu adaptieren, dass statt wie bisher mit zweistelligen mit vierstelligen Datumsfeldern gearbeitet wird. Dieses Unterfangen war deshalb besonders aufwändig, weil die Programme zum Teil nur mehr im Object Code verfügbar, schlecht oder gar nicht dokumentiert oder in heute nicht mehr geläufigen Programmiersprachen verfasst sind und die damaligen Programmierer oft nicht mehr eruiert bzw für derartige Arbeiten nicht mehr herangezogen werden konnten. In diesen Fällen war es oft nötig, unter Anwendung von Dekompilier-Techniken[373] die kritischen Stellen ausfindig zu machen und entsprechend zu korrigieren.

Inzwischen hat sich eine Reihe von Unternehmen etabliert, die auf das Dekompilieren spezialisiert sind und dieses als **Dienstleistung** anbieten. Zur Beleuchtung des diesbezüglichen Angebots sei hier ein Querschnitt durch dieses Marktsegment angeführt: So garantiert etwa *The Source Recovery Company, Inc*[374] exakte funktionelle Übereinstimmung des Dekompilats mit dem Object Code für die Programmier- und Datenbankumgebungen *COBOL, CICS, DB2, IMS, BMS MAPS*, Assembler und *MVS/VSE/VM*; *InterGlossa*[375] dekompiliert Assembler- und PROM-Code nach *ANSI C*; *Software Migrations Limited*[376] bietet mit *Fermat* ein leistungsfähiges System insb zur Dekompilierung von *IBM 370* Assembler-Modulen in *COBOL* an; *Applied Conversion Technologies, Inc*[377] unterstützt die Software-Migration zu neuen Hardware-Plattformen und verspricht, dass mit X4MR zu 10 % der Kosten „manuellen" Dekompilierens 99,99 % des Source Codes (zB für die Plattformen *x86, ULTRIX, CDC469*) mit hundertprozentiger funktionaler Entsprechung in *C* übersetzt werden können. **11**

Neben den bisher beschriebenen Szenarien, die Dekompilieren als in weiten Bereichen mögliches, aber überaus komplexes und daher zeit- und kostenintensives Unternehmen erscheinen lassen, gibt es auch wahre „Glücksfälle" für Dekompilierer. So ist bei „informativem" Object Code **Dekompilieren ganz einfach**. Manche Compiler erzeugen etwa keine binären Dateien im eigentlichen **12**

---

geschätzt, während eine vom österr Bundesministerium für wirtschaftliche Angelegenheiten in Auftrag gegebene Studie „Vorbereitung der EDV-Infrastruktur österreichischer Klein- und Mittelbetriebe auf den bevorstehenden Jahrtausendwechsel" für Österreich Kosten von 30 bis 60 Mrd S prognostizierte (vgl *Triendl*, Das Jahr 2000 kommt, na und?! – Die Jahrtausendwende muss ernst genommen werden, Computerwelt Extraausgabe vom 25.08.1997, 18).

[373] Schon einige Jahre vor der Jahreswende 1999/2000 etablierte sich ein neuer Zweig der Software-Industrie, der seine Dienste für die Jahr-2000-Umstellung anbot. Ausgeklügelte Software-Systeme machten es möglich, die betroffenen Code-Teile festzustellen und in Form eines mit Kommentaren versehenen Source Code-Listings auszugeben, selbst wenn mit Registern, „missbrauchten" Scratch-Variablen oder ähnlich unsauberen „Programmier-Tricks" gearbeitet wurde (vgl zB http://www.personal.u-net.com/~sml/index.htm).

[374] Im WWW unter http://www.source-recovery.com/.

[375] Im WWW unter http://www.glossa.co.uk/.

[376] Im WWW unter http://www.personal.u-net.com/~sml/index.htm.

[377] Im WWW unter http://www.actworld.com/index.html.

Sinn, sondern packen den oft nur geringfügig modifizierten Source Code zusammen mit einem Interpreter[378] in eine ausführbare Datei. Ein bekanntes Beispiel für diese besondere Form von „Dekompilier-Anfälligkeit“ stellt die weit verbreitete Programmiersprache für die *Microsoft Windows* Umgebung *„Microsoft Visual Basic 3.0“* dar, welche die Kommentare, die Variablen-Typen und sogar die Einrückungen des Source Codes im ausführbaren *.EXE-Programm speichert[379]. Daher kann durch einen Decompiler[380] vollautomatisch aus dem *Visual Basic* Object Code ein mit Ausnahme der Variablen-Bezeichnungen mit dem ursprünglichen Quelltext identisches Programm-Listing generiert werden. Zum Entsetzen vieler *Visual Basic* Programmierer ist es damit zB möglich, eine sog „Demo-Version“ mit eingeschränktem Funktionsumfang (Befehle für Abspeichern, Drucken etc nicht aufrufbar) zu dekompilieren, im Source Code die für die genannten Einschränkungen verantwortlichen Anweisungen zu löschen und durch neuerliches Kompilieren eine voll funktionsfähige Version zu erlangen. Ähnlich verhält es sich mit den Software Entwicklungsumgebungen *FoxBASE* bzw *FoxPro*[381], *Clipper*[382], *VC++*[383], *Apple Newton*[384], *Info/Basic* für *Prime Information*[385] und *Excel*[386].

---

[378] Im Gegensatz zu einem Compiler übersetzt ein Interpreter erst zur Laufzeit den Source Code Zeile für Zeile in Maschinenbefehle.

[379] Genau genommen wird jede Visual Basic 3.0 Code-Zeile schon beim Schreiben analysiert und in sog „p-code“ übersetzt. Dieser Code wird zur Laufzeit durch den Interpreter VBRUN300.DLL, der auf dem System des Anwenders vorhanden sein und daher mit dem ausführbaren Programm mitgeliefert werden muss, interpretiert.

[380] Der vom Stuttgarter Software-Spezialisten *Dr. Hans P. Diettrich* entwickelte und zB unter http://www.apexsc.com/vb/ftp/misc/vbdis8.zip kostenlos verfügbare „DoDi's Visual Basic 3.0 Discompiler“ (vgl dazu http://members.aol.com/vbdis/vbdis.htm) hat die Visual-Basic-Programmier-Szene sehr beunruhigt. Offenbar als Reaktion hierauf wurden unzählige unerwünschte E-Mail-Massensendungen (sog SPAMs) unter dem fingierten Absender *Diettrichs* versandt. Dies führte dazu, dass diese Adresse von AOL (America Online, einer der größten Internet-Provider) zur Verhinderung einer übermäßigen Belastung der Server in einen sog „SPAM-Filter“ aufgenommen wurde, sodass nun auch *Diettrich* selbst AOL-Kunden nicht mehr per E-Mail erreichen und sich auch nicht mehr an AOL-Diskussionslisten beteiligen kann (vgl http://members.aol.com/vbdis/spam.htm). Inzwischen wurden vom selben Autor bereits Decompiler für die Visual-Basic-Versionen 4.0 und 5.0 entwickelt, die er allerdings nicht mehr der Öffentlichkeit zur Verfügung stellt. Vielmehr bietet *Diettrich* nun an, gegen ein Entgelt von US-$ 100,– Programme zu dekompilieren, und zwar gegen eine Bestätigung, dass der Auftraggeber der Inhaber aller Recht daran ist (vgl http://members.aol.com/vbdis/vb4tools.htm). Im Gegensatz zu VB 3.0 Programmen (dafür hat *Diettrich* den Schutz VBGuard entwickelt [http://www.apexsc.com/vb/ftp/misc/vbguard.zip] ist es bei den neueren VB-Versionen nämlich aus Gründen der Compiler-Architektur nicht mehr möglich, *.EXE-Dateien vor dem Dekompilieren zu schützen.

[381] Decompiler: ReFox (http://www.xitech-europe.co.uk/refox.html); kann zusätzlich FoxBASE- und FoxPro-Code so verschlüsseln, dass er durch ReFox nicht mehr dekompiliert werden kann. Es wird wohl wenige Produkte geben, die wie dieses sowohl von denjenigen benötigt werden, die es verwenden wollen, als auch von jenen, die verhindern möchten, dass es durch andere verwendet werden kann.

[382] Decompiler: Valkyrie (http://www.terminal-impact.com/valkyrie/valkyrie.html); Rescue5 (vgl *Duchesneau*, Recover your source code with Rescue5, Data Base Advisor 12/8 [1994] 18).

[383] Decompiler: VC++ 4 „Developer's Workbench“.

Für Aufsehen sorgen als *dernier cri* derzeit vor allem **Decompiler für** ***Java***[387], eine überaus erfolgreiche Programmierumgebung der Firma *Sun Microsystems*, welche die plattformunabhängige Softwareentwicklung ermöglicht. In Form sog „*Applets*" können *Java* Programme ähnlich wie Bilder in HTML-Code inkludiert werden und sind daher hervorragend dafür geeignet, WWW-Seiten mit attraktiven Effekten zu versehen. In diesem Fall beruht die Plattformunabhängigkeit darauf, dass der Code über das Internet geladen und durch den (plattformspezifischen) *Java*-kompatiblen *Browser* ausgeführt wird. Vollständige *Java*-Applikationen bestehen dagegen aus einer „*Virtual Java Engine*"[388] und dem dadurch abgearbeiteten, eigentlichen *Java*-Programm. Wegen der transparenten und mit vielen Informationen angereicherten Struktur der – dem Benutzer zugänglichen – sog *Java-Class-Files* ist es vergleichsweise einfach, mit einem Decompiler[389] den *Java*-Source Code weitgehend zu rekonstruieren. Da die *Java*-Programmierer um ihren Know-how Vorsprung fürchten müssen, wurden rasch sog „*Obfuscators*"[390] entwickelt, die nicht benötigte symbolische Informationen aus den *Java-Class-Files* entfernen bzw durch sinnlose Informationen ersetzen, um das Dekompilieren zu erschweren[391]. **13**

3. Grundsätze der Regelung

3.1. Grundsätzliches Verbotsrecht

Der Wettlauf zwischen Decompiler- und *Obfuscator*-Entwicklern[392] erinnert an jenen zwischen Kopierschutz- und Kopier-Software-Herstellern in den siebziger **14**

---

384 Decompiler: ViewFrame (http://www.cdpubs.com/vframe/vframe.html).

385 Decompiler: TAD – The Adaptable Decompiler (http://www.infocus50.com/TAD.html).

386 Decompiler: XLA2XLS (http://wwwis.cs.utwente.nl:8080/~faase/Ha/D/XLA2XLS.EXE).

387 Näheres hierzu unter http://java.sun.com/nav/whatis/index.html.

388 Eine *Virtual Engine* bzw *Virtual Machine* ist eine abstrakte Spezifikation eines virtuellen Computers, die in Hardware, insb aber auch in Software implementiert werden kann und dafür geschriebene Programme unabhängig von der darunter liegenden „realen Hardware" macht. Das Kompilieren eines Programms in die Sprache der virtuellen Maschine erfolgt in ganz ähnlicher Weise wie jenes in die Maschinensprache eines realen Prozessors.

389 Der bekannteste ist wohl Mocha (kostenlos unter http://www.brouhaha.com/~eric/computers/mocha-b1.zip erhältlich); weitere Java-Decompiler sind Decaf (*http://ourworld.compuserve.com/* homepages/ teleobjet/decaf.htm), JBuilder (diese kommerzielle Java-Entwicklungsumgebung der Firma Borland beinhaltet eine verbesserte Version von Mocha: http://www.borland.com/jbuilder/), Jive (vgl http://www.research.ibm.com:8080/main-cgi-bin/search_paper.pl/entry_ids%3D8148), OEW (ebenfalls eine kommerzielle Java-Entwicklungsumgebung samt Decompiler: http://www.isg.de/OEW/Java/), WingDis http://www.wingsoft.com/wingdis.shtml); vgl dazu *Dyer*, Java decompilers compared (http://www.javaworld.com/javaworld/jw-07-1997/jw-07-decompilers.html).

390 ZB Crema (http://java.cern.ch/CremaE1/DOC/index.html), JShrink (http://www.e-t.com/jshrink.html), Hashjava (kostenlos unter http://www.sbktech.org/hashjava.html),

391 Vgl *Mahmoud*, Protect your bytecodes from reverse engineering/decompilation – Learn how the Crema obfuscator can help protect your Java code from decompilers such as Mocha, http://www.javaworld.com/javatips/jw-javatip22i.html.

392 Bezeichnend dafür ist ein Kommentar in HoseMocha.java (*http://www.math.gatech.edu/~mladue/*HoseMocha.java), einem Java-Programm, das Class-Files vor dem Mocha-

und achtziger Jahren. Tatsächlich kann schon das Kompilieren selbst als die am weitesten verbreitete **Verschlüsselungsmethode** und der Prozessor in gewissem Sinn als „Verschlüsselungsgerät" aufgefasst werden[393]. Lange Zeit war daher das in der Software enthaltene Know-how dadurch ausreichend geschützt, dass lediglich der Object Code vertrieben wurde. Mit der Entwicklung immer ausgeklügelterer und leistungsfähigerer Dekompilier-Techniken wuchs dagegen das Bedürfnis, Unbefugten das Dekompilieren durch technische und/oder rechtliche Vorkehrungen zu verwehren. Den an einem Verbot des Dekompilierens interessierten Industriekreisen kam dabei der sich in der internationalen Diskussion durchsetzende und schließlich in der Richtlinie niederschlagende *copyright approach* sehr gelegen. Durch das Konzept, dem Urheber bzw Rechtsinhaber eines Computerprogramms jede Vervielfältigung und Bearbeitung vorzubehalten, ist grundsätzlich auch das **Dekompilieren zustimmungsbedürftig**.

3.2. Restriktive Ausnahmeregelung

15 Während im ursprünglichen RL-Vorschlag keine Ausnahmen zu Gunsten des Dekompilierens vorgesehen waren, setzte sich das Europäische Parlament mit seiner liberaleren Auffassung zumindest zum Teil durch. Danach sollten die ungeschützten Ideen und Grundsätze auch bei Computerprogrammen nicht mittelbar dadurch geschützt werden, dass sie nur durch Handlungen zugänglich gemacht werden können, die dem Rechtsinhaber vorbehalten sind. Der zunächst vorgeschlagene Kompromiss sah nämlich eine freie Nutzung nur für die in Art 5 Abs 3 geregelte „Black-box-Analyse" (Beobachten, Untersuchen und Testen des Funktionierens) vor. Dem gegenüber ist die Dekompilierregelung des Art 6 sehr **restriktiv** und soll einem Softwareproduzenten nur als *ultima ratio* zur Verfügung stehen, wenn er bei der Schaffung eines **interoperablen Programms** darauf angewiesen ist, dieses an die Schnittstellen eines anderen Programms anzubinden. Wenn die unerlässlichen Informationen über die betreffenden Schnittstellen nicht auf andere Weise verfügbar sind, darf das fremde Programm vervielfältigt und in eine andere Codeform (zB vom Object Code in den Assembler-Code oder in eine dem ursprünglichen Source Code ähnliche Form) übersetzt werden.

3.3. Mittelbarer Schutz des Know-hows

16 Soweit nicht mit Techniken der „Black-box-Analyse" das Auslangen gefunden werden kann, bewirkt die Richtlinie nun außerhalb des schmalen Anwendungsbereichs der Ausnahme zu Gunsten des Dekompilierens einen mittelbaren Schutz des in Computerprogrammen enthaltenen **Know-hows**[394] und damit

---

Dekompiler schützen soll: „*This Java application protects your class files from the Mocha decompiler. Its operation is simple; it just adds a dead opcode (pop, in this case) after each method's return. This seems to have no effect on the viability of the class file, which continues to pass byte code verification, but it thoroughly hoses the Mocha decompiler. If a future release of Mocha starts to defend itself, new strategies can be devised for achieving the desired result.*"

[393] *Faase*, http://wwwis.cs.utwente.nl:8080/~faase/Ha/decompile.html.

[394] Siehe dazu *Wiebe*, Know-how-Schutz von Computersoftware – Eine rechtsvergleichende Untersuchung der wettbewerbsrechtlichen Schutzmöglichkeiten in Deutschland und den USA (1993) passim.

einen Schutz der **Ideen und Grundsätze**, die sowohl nach bisherigem Urheberrechtsverständnis[395] als auch nach der Richtlinie selbst (Art 1 Abs 2 Satz 2 und ErwG 13) nicht urheberrechtlich geschützt sind bzw geschützt sein sollen. Bei vielen Technikern stößt dieser Umstand auf Unverständnis[396]. Tatsächlich ist ein ähnlich **weitgehender Schutz** bei den technischen Schutzrechten nicht vorgesehen. So wird durch das Patentrecht dem Patentinhaber lediglich das Recht zum gewerblichen Gebrauch vorbehalten, während sich die Wirkungen des Patents nicht auf die private Benutzung und zuweilen – wie etwa nach dem deutschen Patentgesetz – auch nicht auf Handlungen zu Versuchszwecken erstrecken (§ 11 dPatG). Auch das Europäische Halbleiterschutzrecht bezieht sich in Art 5 Abs 2 lit b Halbleiter-RL nur auf die geschäftliche Verwertung und die für diesen Zweck erfolgende Einfuhr einer Topographie oder eines Halbleitererzeugnisses, das unter Verwendung dieser Topographie hergestellt wurde, und nimmt – ebenfalls in Art 5 – die der Dekompilierung entsprechende Analyse von Halbleitern vom Schutz aus. Dies steht im Einklang mit den Zielen der technischen Schutzrechte, die ua den Erfinder veranlassen sollen, den Erfindungsgedanken möglichst bald der Öffentlichkeit zur Kenntnis zu bringen und dadurch der Fachwelt die Möglichkeit zu geben, darauf aufzubauen. So wird etwa das Verheimlichen notwendiger Ausführungsmittel im Patentrecht mit dem Verlust des Patents geahndet.

Der im Hinblick auf die restriktive Ausnahme zu Gunsten der Dekompilierung **17**
in der Richtlinie mittelbar gewährte Know-how Schutz steht auch im Spannungsverhältnis zu gängigen Definitionen des **Know-how-Begriffs**, wonach es sich dabei um Wissen handelt, das nicht durch (gewerbliche) Schutzrechte geschützt ist[397]. Solches Wissen genießt sonst lediglich vertraglichen oder allenfalls wettbewerbsrechtlichen[398] Schutz. Das für Software ohnehin nicht recht passende Gewand des Urheberrechts dient im Zusammenhang mit der Dekompilierungsproblematik schließlich dazu, bloße Ideen vor dem Anwender zu verbergen[399]. Die – jedenfalls im Rahmen des Urheberrechts – systemwidrige Regelung stößt in der Literatur bisweilen auf scharfe Kritik[400], und selbst die deutsche Bundesregie-

---

395 Vgl *Walter* in *Blocher/Walter*, Anpassungserfordernisse 491ff.

396 Vgl etwa *Eckbauer*, Copyright gegen offene Systeme? Computerwoche Nr 43/1991, 32: „Dekompilieren zu verbieten entspricht dem Verbot, mit einem Mikroskop einen Micro-Chip zu untersuchen."; *Smith/Eric*, Mocha, the Java Decompiler (http://www.brouhaha.com/~eric/computers/mocha.html): „*Attempting to ban tools like Mocha to prevent reverse engineering of software is like trying to ban socket sets to prevent reverse engineering of automobiles.*"

397 Vgl etwa *Stumpf*, Der Know-How-Vertrag[3] (1977) 27.

398 Vgl dazu *Harte-Bavendamm*, GRUR 1990, 657. Zum Verhältnis zu den EG-Wettbewerbsregeln vgl auch *Moritz*, EC Competition Law Aspects and Software Licensing Agreements – A German Perspective, IIC 1994, 357.

399 Vgl *Graham/Zerbe*, Rutgers computer & technology law journal 22/1 (1996) 61 (133): „*Although computer programs currently enjoy a fortuitous benefit in the prohibition of reverse engineering, this benefit derives in part from the misclassification of software as a work of authorship.*"

400 Vgl *Heymann*, The international computer lawyer 2/7 (1994) 15; *Marly*, Urheberrechtsschutz 313; *Schulte*, CR 1992, 653. *Wiebe*, CR 1992, 134, befürwortet die generelle

rung sah sich in ihrem Entwurf zum Ersten Änderungsgesetz veranlasst, darauf hinzuweisen, die Richtlinie verleihe dem Rechtsinhaber die Befugnis, den Zugang zu den ungeschützten Ideen zu versperren, und ermögliche so im Endeffekt einen mittelbaren Schutz des **Inhalts** von Computerprogrammen, also einen **Know-how-Schutz**[401].

3.4. Aufbau der Regelung

18 Die recht komplizierte[402] Regelung des Art 6 überlässt die Festlegung der Bedingungen und Grenzen des zulässigen Dekompilierens nicht im Sinn des Konzepts des *„fair use"* bzw *„fair dealing"* der Rechtsprechung, sondern legt die Bedingungen im Einzelnen fest. Zunächst werden die Voraussetzungen für das nicht zustimmungsbedürftige Dekompilieren und die darunter fallenden Handlungen definiert (Abs 1), wobei das Erfordernis, dass die für die Herstellung der Interoperabilität notwendigen Informationen nicht anderweitig zugänglich sein dürfen, noch hinzugekommen ist[403]. Sodann wird festgelegt, wozu die so gewonnen Informationen verwendet bzw nicht verwendet werden dürfen (Abs 2). Schließlich wird in einer Art 9 Abs 2 RBÜ 1967/71 nachgebildeten Generalklausel (*Three-Step-Test*)[404] klargestellt, dass die rechtmäßigen Interessen des Rechtsinhabers durch Dekompilieren nicht in unvertretbarer Weise beeinträchtigt werden dürfen, und dass das Dekompilieren auch nicht im Widerspruch zur normalen Nutzung stehen darf (Abs 3).

3.5. Unabdingbarkeit der Regelung

19 Zwar handelt es sich bei Art 6 um eine sehr restriktiv gefasste Ausnahmevorschrift, sie ist aber auf der anderen Seite nach Art 9 Abs 1 letzter Satz **unabdingbar**. Danach sind vertragliche Bestimmungen, die in Widerspruch zu Art 6 stehen, unwirksam. Sind die für die Dekompilierausnahme verlangten Voraussetzungen erfüllt, ist das Dekompilieren im Umfang der Vorschrift des Art 6 ungeachtet entgegenstehender vertraglicher Regelungen zulässig.

Zulässigkeit des Reverse-Engineering; sie sei Bestandteil des Ausgleichs der Interessen an Schutzgewährung und freier Zugänglichkeit, der für Software im Wettbewerbsrecht angemessener durchzuführen sei als im Urheberrecht. Zum angeblich „überbordenden" Software-Schutz nach amerikanischem Urheber- und Patentrecht vgl *Graham/Zerbe*, Rutgers computer & technology law journal 22/1 (1996) 61.

401 Bei *M Schulze*, Materialien², 845.

402 *Pearson/Miller/Turtle*, The Computer Lawyer 8/11 (1991) 13, fordern in einer kritischen Betrachtung, es müsse für Softwarehäuser erkennbar sein, wie Reverse Engineering ohne Urheberrechtsverletzungen möglich sei. Selbstverständlich seien dafür technische Kenntnisse nötig, aber um teure Prozesse zu vermeiden, würde im Hinblick auf die Richtlinie auch entsprechende Rechtsberatung unabdingbar. Damit wäre etwas, das zum wirtschaftlichen Tagesgeschäft zählen könne, überflüssigerweise verkompliziert worden.

403 Vgl *Czarnota/Hart*, Legal Protection 75f.

404 Vgl auch Art 13 TRIPs-Abkommen bzw Art 10 WCT sowie 16 WPPT. Die dritte Voraussetzung, dass Ausnahmen nur für bestimmte Sonderfälle vorgesehen werden dürfen, ist für den Fall des Dekompilierens von vornherein erfüllt.

4. Begriffsbestimmung und Voraussetzungen des Dekompilierens (Abs 1)

4.1. Erlaubte Handlungen

20 Sind die restriktiv formulierten Voraussetzungen erfüllt, darf eine Vervielfältigung des Codes oder eine Übersetzung der Codeform im Sinn des Art 4 lit a und b ohne Zustimmung des Rechtsinhabers vorgenommen werden. Zulässig sind deshalb alle in Art 4 lit a beschriebenen **Vervielfältigungshandlungen**, insbes das Laden, Anzeigen, Ablaufen, Übertragen oder Speichern. Sind diese Handlungen unerlässlich, sind keine weiteren Beschränkungen, etwa hinsichtlich des Umfangs oder der Anzahl der Vervielfältigungen, vorgesehen. Dagegen wird von den in Art 4 lit b dem Rechtsinhaber vorbehaltenen Handlungen für Zwecke des Dekompilierens nur die **Übersetzung** freigegeben, sodass die Bearbeitung, das Arrangement und andere Umarbeitungen eines Computerprogramms nicht erlaubt sind[405]. Diese Differenzierung wird darauf zurückzuführen sein, dass für die Gewinnung der Schnittstellen-Informationen nur Vervielfältigungen und Übersetzungen erforderlich sind, nicht aber die übrigen Nutzungshandlungen nach Art 4 lit b[406]. Allerdings wird man die Begriffe der Vervielfältigung und Übersetzung elastisch interpretieren müssen und auch darauf abzustellen haben, welche Handlungen für die Informationsgewinnung unerlässlich sind. Auch eine zu diesem Zweck vorgenommene Umgestaltung und Umgruppierung von Code-Teilen etc mag deshalb gestattet sein.

21 Art 6 spricht nicht von Computerprogrammen, sondern von „**Code**" bzw „**Codeform**". In der Informatik werden die Begriffe zwar synonym verwendet, doch ist im gegebenen Zusammenhang zu differenzieren. Denn nach Art 1 Abs 1 umfasst der Begriff des Computerprogramms auch das Entwurfsmaterial zu seiner Vorbereitung, auf welches sich die Dekompilierungs-Ausnahme nicht bezieht. Es ist anzunehmen, dass sich der Richtliniengeber dabei eher von faktischen Gegebenheiten denn von einem auf Wertungsunterschiede gestützten normativen Anliegen leiten ließ. Entwurfsmaterial steht dem Dekompilierer in aller Regel nicht zur Verfügung und kommt auch als Objekt des Dekompiliervorgangs sinnvoller Weise nicht in Frage, da es am anderen Ende des Software-Entwicklungsprozesses angesiedelt ist. Um zum gewünschten Source Code zu gelangen, müsste von hier „vorwärts entwickelt" und nicht „rückwärts analysiert" werden.

---

[405] Im Unterschied dazu darf etwa nach dem zur Umsetzung der Richtlinie in das neue griechische Urheberrechtsgesetz aufgenommenen Art 44 Abs 1 UrhG der rechtmäßige Verwender einer Programmkopie zum Zweck des Dekompilierens alle Handlungen nach Art 42 Abs 1 und 2 (Vervielfältigung, Übersetzung, Bearbeitung, Arrangement, Modifizierung, Laden, Speichern, Anzeigen und Ablaufen) ausführen (vgl *Marinos*, GRUR Int 1993, 751).

[406] AA offenbar noch *Vinck* in *Fromm/Nordemann*, Urheberrecht[8] § 69e dUrhG Rz 1, wenn er meinte, dass im Rahmen der Dekompilierung „durch Vervielfältigungshandlungen Informationen aus einem geschützten Programm herausgezogen werden dürfen, um eine Nutzung des Programms mit anderer Software und *auf anderer als der dafür ursprünglich vorgesehenen Hardware zu ermöglichen*" (Hervorhebung von mir). Er berief sich dabei auf *Lehmann*, CR 1992, 327, der derartige Portierungen allerdings als erlaubnispflichtig einstuft (326). In der 9. Aufl stellt *Vinck* aber klar, dass sich die Vorschrift ausdrücklich nur auf die Herstellung der Interoperabilität zwischen zwei Computerprogrammen bezieht.

Die Tatsache, dass ErwG 20 mit der Wendung „Vervielfältigung des Codes und der Übersetzung der Codeform … unerlässlich" den Begriff der Vervielfältigung auf jenen der Übersetzung bezieht und damit an sich nur die Vervielfältigung nicht jedoch die Übersetzung selbst von der Zustimmungspflicht ausnimmt, dürfte auf Übersetzungsprobleme zurückzuführen sein. Im Hinblick auf die insoweit eindeutige Formulierung des ErwG 21, vor allem aber des Art 6 Abs 1 selbst wird dies bei der Auslegung nicht zu beachten sein[407].

4.2. Interoperabilität

22 Die wesentlichste und auch restriktivste Voraussetzung für ein nicht zustimmungspflichtiges Dekompilieren ist, dass es zur Erlangung der erforderlichen Informationen für die Herstellung der Interoperabilität eines unabhängig geschaffenen Computerprogramms **„unerlässlich"** (*„indispensable"*) sein muss. Damit soll zum Ausdruck gebracht werden, dass die Dekompilierung nur als letztes Mittel[408] erlaubt ist, wenn andere zur Beschaffung der erforderlichen Informationen nicht zur Verfügung stehen[409] oder nicht angemessen sind. Dies wäre etwa dann nicht der Fall, wenn mit Hilfe einer nach Art 5 Abs 3 zulässigen „Black-box-Analyse" das Auslangen gefunden werden kann. Im Gegensatz zu dem im selben Satz verwendeten Begriff „erforderlich" ist damit ein absoluter, **objektiver Maßstab** gemeint[410]. Dass hier von „erforderlichen" und in lit b von „notwendigen" Informationen die Rede ist, wird wieder auf die Übersetzung ins Deutsche zurückzuführen sein, da im englischen Text beide Male *„necessary"* verwendet wird.

23 Welcher Art die „Informationen" sein müssen, legt Art 6 zwar nicht fest; vor allem aus ErwG 11 ergibt sich aber, dass damit Informationen über Schnittstellen gemeint sind, die dort als „Teile des Programms, die eine solche Verbindung zwischen den Elementen von Software und Hardware ermöglichen sollen" definiert werden. Zentrale Bedeutung kommt in diesem Zusammenhang dem Begriff der **„Interoperabilität"**[411] zu, den ErwG 12 als „die Fähigkeit zum Austausch von

[407] In der englischen Fassung heißt es: *„such a reproduction of the code and translation of its form […] are indispensable"*.

[408] Vgl etwa *Lehmann*, GRUR Int 1991, 334.

[409] So Punkt 4.7. der Mitteilung der Kommission betreffend den Gemeinsamer Standpunkt des Rats.

[410] Vgl *Czarnota/Hart*, Legal Protection 77; *Marinos*, GRUR Int 1993, 752, der meint, dass der griechische Gesetzgeber Opfer der Übersetzer der Richtlinie geworden sei, wenn *Reverse Engineering* einfach „notwendig" und nicht „unerlässlich" oder *„indispensable"* sein müsse.

[411] Der Begriff wurde der Militärterminologie entlehnt, wo er in der Bedeutung verwendet wird, dass verschiedene Systeme, Einheiten und Organe, die zu gegenseitiger Hilfe verpflichtet sind, nach einem gemeinsamen Konzept operieren können (*Frohnmeyer* in *Grabitz/Hilf*, Art 129b EGV Rz 10). Mit dem durch den EUV eingefügten Abschnitt XII „Transnationale Netze" fand er sogar Eingang in das primäre Gemeinschaftsrecht. So lautet Art 154 Abs 2 EGV 1997: „Die Tätigkeit der Gemeinschaft zielt im Rahmen eines Systems offener und wettbewerbsorientierter Märkte auf die Förderung des Verbunds und der *Interoperabilität* der einzelstaatlichen Netze sowie des Zugangs zu diesen Netzen ab.", während Art 155 Abs 1 zweiter Gedankenstrich vorsieht, dass die Gemeinschaft zur Er-

Informationen und zur wechselseitigen Verwendung der ausgetauschten Informationen" umschreibt. Bemerkenswert ist, dass sich die Anwendbarkeit der Ausnahme keineswegs darauf beschränkt, dass ein derartiger Informationsaustausch zwischen dem zu dekompilierenden ursprünglichen Programm und dem interoperabel zu gestaltenden Zweitprogramm stattfinden soll. Es genügt vielmehr, dass die Interoperabilität des Zweitprogramms zu beliebigen anderen (Dritt)-Programmen nur durch ein Dekompilieren des Erstprogramms herzustellen ist. Das kann insbes dann der Fall sein, wenn das Zweitprogramm an die Stelle des Erstprogramms treten soll, sei es, dass die von ihm produzierten Daten nunmehr an Stelle jener des Erstprogramms von den Drittprogrammen verarbeitet werden sollen, sei es, dass umgekehrt beabsichtigt ist, die Ergebnisse von Drittprogrammen statt wie bisher vom Erstprogramm künftig in kompatibler Weise auch vom Zweitprogramm übernehmen und weiterverarbeiten zu lassen[412].

---

reichung der Ziele des Art 154 wie folgt vorgeht: „Sie führt jede Aktion durch, die sich gegebenenfalls notwendig erweist, um die *Interoperabilität* der Netze zu gewährleisten, insbesondere im Bereich der Harmonisierung der technischen Normen;". Im Bereich des sekundären Gemeinschaftsrechts wurde der Terminus „Interoperabilität" – soweit ersichtlich – erstmals in zwei am 28.06.1990 (also knapp ein Jahr vor der Software-RL) erlassenen Richtlinien verwendet: In Art 2 Z 6, Art 3 Abs 2 dritter Gedankenstrich, Art 3 Abs 5 und Art 5 Abs 3 der Richtlinie 90/387/EWG des Rates zur Verwirklichung des Binnenmarktes für Telekommunikationsdienste durch Einführung eines offenen Netzzugangs (Open Network Provision – ONP) ABl L 192 vom 24.07.1990, 1 sowie in den ErwG 8 und 9 (in Letzterem heißt es: „Der Begriff der *Interoperabilität* der Dienste bezieht sich auf die Einhaltung der technischen Mindestspezifikationen, die zur Ausweitung des Angebots an Diensten und der Wahlmöglichkeiten der Benutzer festgelegt worden sind.") und Art 1 Abs 1 sechster Gedankenstrich der Richtlinie 90/388/EWG der Kommission über den Wettbewerb auf dem Markt für Telekommunikationsdienste ABl L 192 vom 24.07.1990, 10. In der Folge wurde auf Gemeinschaftsebene „Interoperabilität" in einer Vielzahl von Verordnungen, Richtlinien, Beschlüssen, Entscheidungen und Entschließungen, zumeist im Zusammenhang mit Telekommunikations-, Informationstechnologie- und Verkehrsinfrastruktur, verwendet. Als ein Beispiel unter vielen sei hier nur die Richtlinie 96/48/EG des Rates vom 23.07.1996 über die Interoperabilität des transeuropäischen Hochgeschwindigkeitsbahnsystems ABl L 235 vom 17.09.1996, 6 angeführt, die in Art 2 lit b „Interoperabilität" wie folgt definiert: „die Tauglichkeit des transeuropäischen Hochgeschwindigkeitsbahnsystems für den sicheren und durchgehenden Verkehr von Hochgeschwindigkeitszügen, die den spezifizierten Leistungskennwerten entsprechen."

Dessen ungeachtet scheint der Begriff der „Interoperabilität" im Kontext der Software-Entwicklung selbst den (nationalen) gesetzgebenden Körperschaften einige Probleme bereitet zu haben: So wollte ihn der deutsche Bundesrat ebenso wie den Begriff „Dekompilierung" durch allgemein verständliche Ausdrücke ersetzt wissen, was mangels Alternativen nicht erfüllbar war (vgl Begründung Zweites Änderungsgesetz bei *M Schulze*, Materialien², 853 und 855). Im belgischen Rechtsausschuss gab es dagegen eine Diskussion darüber, ob der französische Ausdruck *interopérabilité* und der niederländische Ausdruck *compatibiliteit* völlig gleichbedeutend sind, und der Präsident dieses Rechtsausschusses stellte gar die Frage, ob *interopérabilité* überhaupt der französischen Sprache angehöre (vgl *Strowel*, GRUR Int 1995, 380).

In der österr Rechtsordnung begegnet man dem Fachausdruck „Interoperabilität" inzwischen außer in § 40e öUrhG noch in Art 5 TelekommunikationsG (öBGBl 1997 I 100) sowie in § 8 NumerierungsV (öBGBl 1997 II 416).

[412] Vgl *Vinje*, The Computer Lawyer 8/11 (1991) 5. Er berichtet, dass die in verschie-

24 Das Stadium des Software-Entwicklungsprozesses, in dem sich das **Zweitprogramm** zum Zeitpunkt der zulässigen Dekompilierung des Erstprogramms befinden muss, wird von der Richtlinie nicht vorgegeben[413]. Allerdings dürfte es schwierig sein, die Unerlässlichkeit der Dekompilierung zu beweisen und ihren Umfang zu rechtfertigen, wenn sich diese Umstände nicht zumindest durch eine Entwurfsdokumentation belegen lassen[414].

4.3. Berechtigter Personenkreis (lit a)

25 Nach Art 6 Abs 1 lit a dürfen nur **Lizenznehmer** oder andere zur Verwendung einer Programmkopie **berechtigte Personen** bzw in deren Namen hierzu ermächtigte Personen dekompilieren. Freilich sollen „Hacker" oder Besitzer von Raubkopien[415] nicht in den Genuss der freien Werknutzung zu Gunsten des Dekompilierens gelangen. Anderseits wird einem Dekompilieren gewöhnlich eine Benützung der Software vorangehen, so dass in der Regel nur ein rechtmäßiger Erwerber hierfür in Frage kommt. Dessen ungeachtet sind Fälle denkbar, in welchen eine Kopie des ursprünglichen Programms ausschließlich zum Zweck des Dekompilierens benötigt wird. Das kann insbes bei teurer Spezial-Software zu unbilligen Härten führen, wenn etwa ein kleiner Softwarehersteller nur zum Zweck der Ermittlung sonst unzugänglicher Schnittstelleninformationen die volle Lizenzgebühr für jene Software bezahlen muss, an deren Schnittstellen er seine eigenen Produkte „anhängen" möchte. Dies ist aber jedenfalls dann nicht nötig, wenn die Dekompilierung etwa im Rahmen der Erfüllung eines Vertrags mit einem zur Nutzung berechtigten Kunden erfolgen soll.

26 Da der Vorgang des Dekompilierens ein rein faktischer und kein Rechtsgeschäft ist, kann weder dem Begriff „ermächtigt" noch der Wendung „in deren Namen" der übliche, zivilrechtliche Gehalt zuzumessen sein. Vielmehr wird es bloß darauf ankommen, ob die Dekompilierung mit der **Zustimmung** eines rechtmäßigen Erwerbers und im Zusammenhang mit einer von diesem bzw für diesen zu entwickelnden Software erfolgt.

4.4. Unzugänglichkeit der Informationen (lit b)

27 Voraussetzung ist weiters, dass die für die Herstellung der Interoperabilität notwendigen Informationen den unter lit a genannten Personen noch **nicht ohne weiteres zugänglich** gemacht worden sind. Dabei kommt es weder darauf an, wer die Informationen zugänglich gemacht hat, noch auf welche Art und Weise dies geschehen ist. Für Softwarehersteller stellt diese Bedingung einen starken

---

denen Entwürfen der Richtlinie vorgesehene Lösung, Dekompilierung nur für die Herstellung der Interoperabilität mit dem dekompilierten Programm zu gestatten, vom Parlament stets abgelehnt wurde, und dass die britische Delegation (vergeblich) in der Rats-Arbeitsgruppe noch im Oktober 1990 eine Einschränkung auf Interoperabilität „mit dem Originalprogramm" gefordert hatte. Bis zur endgültigen Formulierung entbrannten darüber mehr Kontroversen als über irgendeinen anderen Teil der Richtlinie.

413 *Lehmann*, CR 1992, 327 spricht daher – wohl zutreffend – vom „entwickelten oder zu entwickelnden" Zweitprogramm.

414 Vgl *Czarnota/Hart*, Legal Protection 79.

415 Vgl wieder *Czarnota/Hart*, Legal Protection 79.

Anreiz dafür dar, entweder von sich aus möglichst umfassende Schnittstelleninformationen zur Verfügung zu stellen oder sich gleich an etablierte und daher jedenfalls ausreichend „zugängliche“ Standards zu halten und dadurch den Anwendungsbereich des Dekompilierens weitgehend einzuschränken[416]. Damit wird die klare Absicht des Rats und der Kommission (insbes der Generaldirektion XIII)[417] unterstrichen, eine Entwicklung zu offenen Standards und offenen Systemen zu fördern[418]. Offensichtlich ist die Hervorhebung dieses Anliegens der vornehmliche Zweck dieser Voraussetzung, ihr eigenständiger normativer Gehalt dagegen gering. Denn ohne Zweifel umfasst die Voraussetzung der **Unerlässlichkeit** auch diesen Umstand, so dass sie nicht erfüllt ist, wenn ausreichende Informationen zugänglich sind.

Strittig ist, ob die benötigte Information auch dann „ohne weiteres zugänglich“ **28**
ist, wenn sie der Hersteller der ursprünglichen Software **gegen Entgelt** anbietet. Während manche aus der Entstehungsgeschichte der Richtlinie schließen, der Entwickler interoperabler Software sei nicht verpflichtet, beim Rechtsinhaber um die benötigten Informationen nachzusuchen[419], wird von anderen mit demselben Argument die gegenteilige Ansicht vertreten[420].

---

[416] In Punkt 4.7. der Mitteilung der Kommission betreffend den Gemeinsamer Standpunkt des Rats wird Art 6 als Sicherheitsmechanismus gesehen, „mit dem ein unabhängig geschaffenes Programm mit bestehenden Programmen selbst dann interoperabel gemacht werden kann, wenn der Schöpfer des bestehenden Programms die Schnittstellenmerkmale, die diese Interoperabilität ermöglichen, nicht gegenüber Dritten offen zu legen bereit ist“.

[417] Vgl *Haberstumpf* in *Lehmann*, Rechtsschutz², 165f Rz 178, der in diesem Zusammenhang auf die langjährige kartellrechtliche Praxis der Kommission verweist.

[418] Vgl nur aus dem Jahr des Inkrafttretens der Richtlinie den Anhang I Bereich 3 der Entscheidung 91/394/EWG des Rates vom 08.07.1991 über ein spezifisches Programm für Forschung und technologische Entwicklung im Bereich der Informationstechnologien (1990-1994) ABl L 218 vom 06.08.1991, 22: „Eine weitere strategisch wichtige Forschungsrichtung umfasst offene Systeme zur Integration heterogener Softwarekomponenten, die unterschiedliche Anwendungen unterstützen [...]“; und Anhang I Punkt 3.1. des Beschlusses 91/691/EWG des Rates vom 12.12.1991 über ein Programm zur Schaffung eines Binnenmarktes für Informationsdienste: „Ergänzend zu den laufenden Bestrebungen zur Verwirklichung der Kommunikation offener Systeme (OSI) wird die Kommission in Zusammenarbeit mit Normungsorganisationen wie EWOS, ETSI und CEN/CENELEC die Entwicklung von Normen für den offenen Informationsaustausch fördern.“

[419] Vgl *Vinje*, GRUR Int 1992, 257, unter Verweis auf entsprechende aber schließlich verworfene Formulierungsvorschläge der irischen und der niederländischen Delegation der Rats-Arbeitsgruppe; ebenso (und nicht – wie bei *Marly*, Urheberrechtsschutz 319 FN 315 zitiert – aA) *Haberstumpf* in *Lehmann*, Rechtsschutz², 163f Rz 174. *Lehmann* in *Lehmann*, Rechtsschutz², 20ff Rz 21, folgert ua aus der französischen Fassung des Textes („*informations ... facilement et rapidement accessibles*“), dass die „Schnittstelleninformationen kostenlos und jederzeit einem Dritten, auch einem Konkurrenten, zur Verfügung zu stellen sind“, wenn man als Rechtsinhaber eine Dekompilierung ausschließen will.

[420] *Schulte*, CR 1992, 650; im Ergebnis ähnlich auch *Czarnota/Hart*, Legal Protection 80: „*It is specifically not excluded that a dialogue may take place between the supplier of the information and the would-be decompiler and that information may be provided against payment.*“; und besonders deutlich *Pearson/Miller/Turtle*, The Computer Lawyer 8/11 (1991) 13: „*However, there would appear to be nothing on the face of the Directive to*

4.5. Notwendige Programmteile (lit c)

29 Schließlich muss sich das Dekompilieren auf jene **Teile des ursprünglichen Programms** beschränken, die zur Herstellung der Interoperabilität notwendig sind. Diese Einschränkung ist insofern problematisch, als der Dekompilierer häufig erst durch die Dekompilierung feststellen kann, wo die Schnittstellen bzw die benötigten Informationen verborgen sind[421]. Diese Voraussetzung kann – im Zusammenhalt mit dem ersten Satz des Abs 1 – deshalb sinnvoller Weise nur so verstanden werden: Gibt es keine ausreichenden Informationen darüber, wo die gerade benötigten Schnittstellen zu finden sind, und können solche Informationen auch nicht durch andere Mittel (etwa nach Art 5 Abs 3)[422] in Erfahrung gebracht werden, sind diese selbst „unerlässlich" zur Herstellung der beabsichtigten Interoperabilität, so dass auf der Suche nach den benötigten Schnittstellen zunächst das gesamte Programm dekompiliert werden darf[423]. Stellt sich im Verlauf des Dekompiliervorgangs heraus, auf welche Programmteile es eigentlich ankommt, müssen sich weitere Vervielfältigungs- und Übersetzungshandlungen (zB zur iterativen Verfeinerung des Dekompilats im Sinn einer Annäherung an den ursprünglichen Source Code) aus dem Titel der Dekompilierung darauf beschränken.

30 Realistisch betrachtet wird eine **überschießende Dekompilierung** allerdings erst dann problematisch, wenn dadurch in Erfahrung gebrachte (und durch die Richtlinie urheberrechtlich geschützte) Informationen in evidenter Weise (also zB durch Übernahme nur dadurch gewinnbarer Code-Teile in eigene Programme) missbräuchlich und durch den Zweck der Ausnahme nicht gedeckt verwendet[424] werden. Dagegen ist eine Dekompilierung anderer als der vom Hersteller des ursprünglichen Programms gegebenenfalls als Schnittstellen bezeichneter Programmteile zulässig, wenn diese Schnittstellen für die vom Dekompilierer angestrebte Interoperabilität nicht geeignet bzw nicht ausreichend sind[425].

5. Beschränkung der Verwendung gewonnener Informationen (Abs 2)

31 Der restriktive Charakter der Regelung zeigt sich weiters darin, dass auch die Verwendung der beim Dekompilieren **erzielten Ergebnisse** rigorosen Beschränkungen unterworfen sind (Abs 2). Die Restriktivität und – vom urheberrechtlichen Standpunkt aus gesehen – Systemwidrigkeit der Regelung manifestiert sich

---

prevent a manufacturer from demanding payment each time such information (not otherwise in the pulic domain) is made available."

[421] Ebenso *Ehrlich,* Pace Law Review 1994, 1012; vgl auch *Johnson-Laird*, Software law journal 5/2 (1992) 345.

[422] Vgl *Verstrynge*, Protecting Intellectual Property Rights within the new Pan-European Framework, Vortrag auf dem Weltcomputerrechtskongress, 18.–28.04.1991, Los Angeles = International Computer Law Adviser, 06.1991, 7 (10ff), zit nach *Lehmann* in *Lehmann*, Rechtsschutz[2], 20ff FN 87; ebenso *Marly*, Urheberrechtsschutz 319.

[423] ME hätte man dieses Anliegen der Richtlinie eleganter durch Einfügung von „und soweit" in den ersten Satz des Abs 1 ausdrücken können: „Die Zustimmung des Rechtsinhabers ist nicht erforderlich, wenn *und soweit* die Vervielfältigung [...] unerlässlich ist [...]".

[424] Ähnlich *Haberstumpf* in *Lehmann*, Rechtsschutz[2], 165 Rz 177.

[425] Vgl *Czarnota/Hart*, Legal Protection 80.

für einen Teil der Lehre[426] im „eindeutigen Wortlaut“[427] der Bestimmung. Schon der erste Absatz bewirkt wegen der strengen Voraussetzungen einen mittelbaren Schutz des Inhalts von Computerprogrammen, bewerkstelligt diesen aber mit urheberrechtlichen Mitteln; denn die mit jedem Dekompilieren einhergehenden Kopiervorgänge sind Vervielfältigungen im urheberrechtlichen Sinn und daher grundsätzlich dem Urheber vorbehalten. Dagegen verlassen die Beschränkungen des zweiten Absatzes – wie es zunächst scheinen mag – endgültig das urheberrechtliche Prinzip der Freiheit von Ideen und Grundsätzen.

5.1. Freiheit von Ideen und Grundsätzen

Da Art 6 Abs 2 undifferenziert auf „Informationen“ abstellt, steht die Bestimmung in einem Spannungsverhältnis zu Art 1 Abs 2 Satz 2 bzw zu ErwG 13, wonach Ideen und Grundsätze nicht urheberrechtlich schutzfähig sind. Dieser Widerspruch lässt sich aber dadurch auflösen, dass man die Verwendungsbeschränkung **nicht** als urheberrechtlich systemwidrigen **Ideenschutz** versteht, sondern lediglich als Ergänzung und Abrundung des in Abs 1 festgelegten Konzepts. **32**

5.2. Bedeutung der Verwendungsbeschränkung

Aus den Verwendungsbeschränkungen des zweiten Absatzes folgt zunächst positiv, dass bei Vorliegen der strengen Voraussetzungen des Abs 1 die durch ein Dekompilieren gewonnenen Informationen zur Herstellung der Interoperabilität auch **verwendet** (lit a) bzw erforderlichenfalls auch **weitergegeben** (lit b) werden dürfen[428]. Dies auch dann, wenn diese Informationen an sich urheberrechtlich schutzfähig sein sollten. Anderseits werden die Interessen des Urhebers dadurch geschützt, dass die Verwendung von Code-Teilen nicht zur Herstellung von **Konkurrenzprodukten** mit im Wesentlichen ähnlicher Ausdrucksform (lit c) oder zu sonstigen, die Interessen des Urhebers verletzenden Handlungen führen darf. **33**

Auch der häufig missverstandene zweite Absatz ist aus dem Bemühen des Richtliniengebers zu erklären, einen fairen Ausgleich zwischen den Interessen der an der Geheimhaltung ihres Know-hows interessierten Softwarehersteller einerseits und jenen der Hersteller, die auf die Aufdeckung und Verwendung von Schnittstellen angewiesen sind, anderseits zu bewirken. Die Formulierung dieses Anliegens hätte freilich klarer ausfallen können.

---

[426] *Czarnota/Hart*, Legal Protection 81, führen zwar an, von einigen Kommentatoren sei argumentiert worden, die Verwertung von „Informationen“ sei kein Regelungsgegenstand des Urheberrechts. Ohne Begründung vertreten sie dann allerdings die Auffassung, der Zugang zu den in einem Programm enthaltenen Informationen könne nicht „without a change in the normal rules of copyright“ erfolgen. *Marly*, Urheberrechtsschutz 321 meint, mit der rigorosen Beschränkung des Verwendungszwecks sowie dem Informationsweitergabeverbot nach Art 6 Abs 2 lit a und b werde eine breite Palette softwaretechnischer Literatur schlichtweg für illegal erklärt.

[427] So *Marly*, Urheberrechtsschutz 321.

[428] Zutreffend *Lehmann*, NJW 1991, 2115: „eine reine Dekompilierung ohne Verwertungsmöglichkeiten wäre ein akademisches Experiment“.

34 Dass vom interpretationsbedürftigen Begriff „**Informationen**" hier – anders als in Abs 1 – urheberrechtlich nicht schützbare Schnittstelleninformationen, also Ideen und Grundsätze, nicht umfasst sind, lässt sich mE aus der Bezugnahme auf die Bestimmungen des Abs 1 in Verbindung mit der Wendung „erlauben nicht" erkennen. Die Dekompilier-Ausnahme des Abs 1 regelt eine Schranke des urheberrechtlichen Softwareschutzes, gibt also grundsätzlich dem Urheber vorbehaltene Verwertungshandlungen ausnahmsweise und unter bestimmten, hier besonders engen Voraussetzungen frei. Sie hat daher unmittelbar mit urheberrechtlich nicht geschützten Informationen nichts zu tun, sondern ermöglicht allenfalls mittelbar (*de facto*) auch deren Aufdeckung. Von „Erlauben" im rechtlichen Sinn kann dagegen im Zusammenhang mit urheberrechtlich nicht geschützten Informationen schon deshalb nicht die Rede sein, weil diese von vornherein außerhalb des Urheberrechts zu liegen kommen und nicht erst wegen der in Abs 1 normierten Schranke. Wollte der Richtliniengeber ein im Kontext einer urheberrechtlichen Regelung überraschendes, ja systemwidriges Verbot der Verwendung oder Weitergabe urheberrechtlich nicht geschützter Informationen einführen, wäre diesbezüglich eine explizite Formulierung zu erwarten gewesen. Das Verbot ergäbe sich in diesem Fall erst unmittelbar aus Abs 2 und nicht als Erläuterung bzw Einschränkung der Abs 1 zugeschriebenen Erlaubnis. Was urheberrechtlich grundsätzlich frei, also erlaubt, ist, hätte – um verboten zu sein – ausdrücklich verboten werden müssen, und sein Verbotensein kann nicht aus einer fehlenden Erlaubnis an anderer Stelle abgeleitet werden!

35 Selbst im Hinblick auf seinen hier vertretenen Gehalt ist Abs 2 regelungstechnisch nicht geglückt. Die Dekompilier-Ausnahme des Abs 1 erstreckt sich nämlich nur auf die „Vervielfältigung des Codes oder die Übersetzung der Codeform". Die in Abs 2 gewissermaßen als „authentische Interpretation" formulierte Feststellung dessen, was durch Abs 1 nicht erlaubt wird, setzt aber offensichtlich mehr voraus. So geht lit b eindeutig davon aus, dass eine **Weitergabe** der im Zug der Dekompilierung gewonnen (urheberrechtlich geschützten) Informationen an Dritte zulässig ist, und schränkt lediglich ein, dass dies nur dann der Fall sei, wenn es für die Interoperabilität des unabhängig geschaffenen Programms notwendig ist. Die Weitergabe an Dritte fällt aber unter das von Art 4 lit c grundsätzlich dem Urheber vorbehaltene Verbreitungsrecht, das Abs 1 nicht berührt. Dasselbe gilt für die „Vermarktung" eines Programms, das zwar „im wesentlichen" keine „ähnliche Ausdrucksform" aufweist, immerhin aber durch Dekompilieren ermittelte, urheberrechtlich geschützte Code-Teile des ursprünglichen Programms enthalten darf. Auch diese wird, wie es den Anschein hat, von Abs 2 als zulässig vorausgesetzt. Da es weder in Abs 1 noch an anderer Stelle der Richtlinie Anhaltspunkte für eine derartige freie Werknutzung gibt, ist es Abs 2 selbst, der in (notwendiger) Ergänzung zur urheberrechtlichen Schranke des Abs 1 diesbezüglich zusätzliche – zur Wahrung der Urheberinteressen ebenfalls unter restriktiven Bedingungen stehende – Schranken vorsieht.

36 Die auf den ersten Blick als Restriktionen für den Dekompilierer erscheinenden Bestimmungen des Abs 2 zeigen sich sohin als – wenn auch auf das Nötigste reduzierte – **freie Werknutzungen** für den Dekompilierer zur Förderung von Wettbewerb und offenen Systemen. Es handelt sich daher um Beschränkungen der Rechte des Urhebers, die nach der hier vertretenen Ansicht wie folgt zu lesen sind:

„(2) Die im Zuge einer Dekompilierung gem Abs 1 gewonnenen und durch diese Richtlinie urheberrechtlich geschützten Informationen bzw Code-Teile dürfen
a) für die Herstellung der Interoperabilität des unabhängig geschaffenen Programms verwendet werden;
b) an Dritte weitergegeben werden, wenn dies für die Interoperabilität des unabhängig geschaffenen Programms notwendig ist;
c) für die Entwicklung, Herstellung oder Vermarktung eines Programms verwendet werden, sofern dieses keine im Wesentlichen ähnliche Ausdrucksform aufweist."

Nach **anderer Ansicht** erstreckt sich Abs 2 auch auf alle – und damit auch auf die urheberrechtlich an sich nicht geschützten – Arten von Informationen. Dies wird damit gerechtfertigt, dass der Zugang zu diesen Informationen mittels Dekompilierens nur auf Grund einer Ausnahme von den üblichen urheberrechtlichen Regeln möglich sei. Es wäre daher notwendig sicherzustellen, dass der Abbau dieser „urheberrechtlichen Barriere" nicht zu Missbräuchen führt, die gerade jenen Schutz unterminieren, den die Richtlinie gewähren möchte. **37**

(A) Herstellung der Interoperabilität (lit a)

Wie bereits erwähnt, ergänzt Art 6 Abs 2 lit a den ersten Absatz insoweit, als unter den dort festgelegten Voraussetzungen nicht nur das Dekompilieren zulässig ist, sondern die dabei gewonnenen Informationen auch zur Herstellung der **Interoperabilität** des unabhängigen Programms **verwendet** werden dürfen. Umgekehrt darf dies für andere Zwecke nicht geschehen. Im Hinblick auf das Anliegen der Vorschrift ist diese Beschränkung folgerichtig. Sie verhindert, dass die im Zug einer nicht zustimmungsbedürftigen Dekompilierung zulässigerweise aufgedeckten Informationen später für ein anderes, nicht interoperables Programm verwendet werden[429]. **38**

Auch wenn in lit a nur von dem (einen) unabhängigen Programm die Rede ist, werden die Ergebnisse der Dekompilierung auch für **weitere Programme** verwendet werden dürfen, die mit dem bereits dekompilierten Programm interoperabel gemacht werden sollen. Dies folgt auch aus Abs 1, wo ausdrücklich von „anderen Programmen" die Rede ist. Außerdem wäre im Hinblick auf die zur Verfügung stehenden erforderlichen Informationen aus einer bereits erfolgten Dekompilierung ein neuerliches Dekompilieren nicht unerlässlich und daher unzulässig. Um einen Wertungswiderspruch zu vermeiden, muss dann konsequenterweise die bereits vorhandene Information auch für die Herstellung der Interoperabilität weiterer Programme verwendet werden dürfen. **39**

---

[429] *Marly*, Urheberrechtsschutz 320, erblickt – im Gegensatz zur hier vertretenen Auffassung – zwar in lit a eine Beschränkung des Urheberrechts und nicht eine solche der Befugnisse des Dekompilierers und meint, diese ergebe sich weitgehend bereits aus der in Abs 1 normierten Zweckbestimmung, kommt diesbezüglich aber zum selben Ergebnis.

(B) Weitergabe der Informationen an Dritte (lit b)

40 Auch die mittels zulässiger Dekompilierung gewonnen Informationen dürfen grundsätzlich nicht an Dritte **weitergegeben** werden. Nach der hier vertretenen Auffassung trifft dies aber für urheberrechtlich nicht geschützte Informationen wie Ideen und Grundsätze nicht zu; diese dürfen, wie bereits ausgeführt, vielmehr unbeschränkt an Dritte weitergegeben werden[430].

41 Unzulässig ist dagegen die Weitergabe von Schnittstelleninformationen in Form urheberrechtlich **geschützter Code-Teile**[431]. Zwar dürfen diese weitergegeben werden, wenn dies für die Interoperabilität des unabhängig geschaffenen Programms notwendig ist, nicht aber für andere Zwecke. Im Gegensatz zu lit a bezieht sich lit b dabei nicht mehr auf die „Herstellung" der Interoperabilität, sondern nur mehr auf die „Interoperabilität" als solche. Daraus ist erkennbar, dass die Bedeutung dieser Bestimmung über die Informationsweitergabe zu Zwecken der Programmerstellung (zB zwischen dem Dekompilierer und einem Sub-Unternehmer) hinausgeht und auch die Weitergabe der Informationen bzw Code-Teile in dem dadurch interoperabel gewordenen, **fertigen Programm** gestattet.

42 Auch hier stellt sich die Frage, ob die Weitergabe nur für die Interoperabilität des entwickelten Zweitprogramms oder auch für jene **künftiger Programme** zulässig ist. Da eine Verbreitung (urheberrechtlich geschützter) Informationen die Interessen des Urhebers schwer beeinträchtigen kann, ist hier davon auszugehen, dass die Weitergabe nur zulässig ist, wenn sie für die Interoperabilität eines **konkreten**, selbständigen **Zweitprogramms** notwendig ist[432] oder für Zwecke der Herstellung der Interoperabilität eines solchen Zweitprogramms erfolgt.

Der unnütze Aufwand für die abermalige Dekompilierung, den ein anderer Hersteller eines interoperablen Programms deshalb auf sich nehmen muss, wird von manchen bedauert, in Anbetracht der heiklen Interessenlage aber als unvermeidlich erachtet[433].

---

[430] Treffend – wenn auch zum Verhältnis der §§ 24 und 69e Abs 2 Z 1 und 3 dUrhG – *Haberstumpf* in *Lehmann*, Rechtsschutz², 165 Rz 177: „es wäre kaum verständlich, wenn aufgrund des Urheberrechts die Verwertung eines Werkes verboten werden könnte, das niemandes Urheberrecht verletzt".

[431] Das wird offenbar auch von *Verstrynge*, Protecting Intellectual Property Rights within the new Pan-European Framework, Vortrag auf dem Weltcomputerrechtskongress, 18. – 28.04.1991, Los Angeles = Intenational Computer Law Adviser, Juni 1991, 7 (10ff), zit nach *Lehmann* in *Lehmann*, Rechtsschutz², 20ff FN 87, so gesehen: *„So it is reasonable to assume that the most common product of reverse engineering will be elements of information which will be recoded and integrated into the new independently created program"*.

[432] Vgl dazu den Abänderungsvorschlag Nr 35 (Art 5a Abs 2 lit c) des Europäischen Parlaments: „die gewonnenen Informationen dürfen nur insofern an Dritte weitergegeben werden, wie dies im Rahmen der Nutzung des Zweitprogramms erforderlich ist".

[433] Vgl *Czarnota/Hart*, Legal Protection 81: *„it would be inequitable to impose conditions on the decompiler but allow others access to the information which he had then made public"*; und *Marly*, Urheberrechtsschutz 320, der im Hinblick auf die von ihm befürchtete Benachteiligung insbes kleiner und mittlerer Softwarehersteller dennoch die „Sinnfälligkeit" der Regelung skeptisch beurteilt.

(C) Entwicklung, Herstellung oder Vermarktung eines Konkurrenzprogramms (lit c)

Diese Bestimmung war in der von Konflikten und Interventionen gekennzeichneten Entstehungsgeschichte der Richtlinie neben Abs 1 Satz 1 die am meisten umstrittene. Dabei ging es um die Frage, ob die Dekompilierung eines Programms auch für Zwecke der Herstellung eines **Konkurrenzprodukts** zulässig sein sollte. Dies schien zunächst ausgeschlossen zu sein[434]. So war nach dem Abänderungsvorschlag Nr 35 (Art 5a Abs 1) des Europäischen Parlaments von der Schaffung „interoperabler Programme" und im geänderten RL-Vorschlag (Art 5a Abs 1) von jener eines „unabhängig geschaffenen interoperablen Programms" die Rede. Erst der Gemeinsame Standpunkt (zu Art 6 Abs 1) stellte mit der in die endgültige Fassung unverändert übernommenen Wendung „Herstellung der Interoperabilität eines unabhängig geschaffenen Computerprogramms mit anderen Programmen"[435] klar[436], dass Dekompilieren auch für die Schaffung konkurrierender Programme zulässig ist[437]. Um die Schaffung von Konkurrenzprogrammen zu verhindern, wurde schließlich noch versucht, in lit c auszuschließen, ein „im wesentlichen ähnliches" Programm zu schaffen. Auch diese Versuche scheiterten letztlich; lit c in seiner endgültigen Fassung stellt vielmehr auf das traditionelle urheberrechtliche Verbot der wesentlichen **Ähnlichkeit des Ausdrucks** und nicht derjenigen der Funktion ab[438]. **43**

Unter den in lit a und lit b geregelten Voraussetzungen dürfen urheberrechtlich geschützte Code-Teile verwendet und weitergegeben werden. Lit c beschränkt diese freie Werknutzung aber insoweit, als zumindest die Entwicklung, Herstel- **44**

---

434 Die britische Delegation in der Rats-Arbeitsgruppe schlug in einer der dramatischesten Phasen der Entstehungsgeschichte im Oktober 1990 sogar noch vor, die Dekompilierung darauf zu beschränken, Interoperabilität „mit dem ursprünglichen Programm" zu erreichen (*Vinje*, GRURInt 1992, 255). Sie war dabei offenbar von der durch IBM, DEC, Apple und Siemens unterstützten SAGE (= Software Action Group for Europe) beeinflusst, die in einer Petition Folgendes verlangte: „*... to make it clear that decompilation cannot be used to create replacement programs, but only programs which attach to the main program*" (vgl ohne Autorenangabe, The good of all: British business wakes up to the implications of a European Software Directive, Which Computer, 13/11 [1990] 13).

435 Das im Hinblick auf den Schutz von Computerprogrammen eng an die Richtlinie angelehnte Gesetz der Russischen Föderation über Urheberrecht und verwandte Schutzrechte vom 09.07.1993 versucht den Zusammenhang deutlicher zu machen: „... um die Interoperabilität eines von dem Besitzer unabhängig entwickelten Computerprogramms mit anderen Programmen zu erreichen, die mit dem dekompilierten Programm interoperabel sind ..."

436 AA *Moritz*, EC Competition Law Aspects and Software Licensing Agreements – A German Perspective, IIC 1994, 357 (378), wonach – zumindest unter bestimmten Umständen – die Herstellung konkurrierender Programme einen Verstoß gegen Art 6 Abs 3 darstellen soll.

437 Vgl dazu die instruktiven Ausführungen in Punkt 4.7. der Mitteilung der Kommission: „Ein solches Programm kann mit dem Programm verbunden werden, das Gegenstand der Dekompilierung ist. Stattdessen kann es aber auch mit dem dekompilierten Programm konkurrieren; in diesem Fall wird es normalerweise nicht mit diesem verbunden."

438 *Vinje*, GRUR Int 1992, 258.

lung oder Vermarktung eines Programms mit im Wesentlichen ähnlicher Ausdrucksform dem Urheber des ursprünglichen Programms vorbehalten bleibt. Im Zusammenhalt mit lit b (arg „notwendig") ergibt sich schließlich, dass durch Dekompilieren ermittelte Schnittstellen nur dann in ihrer urheberrechtlich geschützten **Ausdrucksform** in ein (zur Weitergabe bestimmtes) Zweitprogramm übernommen werden dürfen, wenn dies notwendig in dem Sinn ist, dass es (insbesondere wegen Verschmelzung der Schnittstellen-Idee mit ihrem Ausdruck) keinen zumutbaren Weg gibt, die Schnittstelle auf andere Art und Weise zu realisieren[439]. Selbst für diesen Fall zieht lit c eine weitere, äußerste Grenze, wonach das Zweitprogramm insgesamt keine dem ursprünglichen Programm im Wesentlichen ähnliche Ausdrucksform aufweisen darf[440].

45 Dass – wie lit c weiters vorsieht – die durch das Dekompilieren gewonnenen Informationen nicht für „irgendwelche **anderen**, das Urheberrecht **verletzenden Handlungen** verwendet werden" dürfen, versteht sich von selbst und hat wohl mehr klarstellende Funktion denn normativen Gehalt.

46 Obwohl Abs 1 nur auf die Herstellung der Interoperabilität von Computerprogrammen mit anderen Programmen abstellt, ist es umstritten, ob die Dekompilierung auch für die Herstellung **interoperabler Hardware** zulässig ist bzw sein soll[441]. Anlass zu diesbezüglichen Zweifeln gibt vor allem ErwG 22, wonach es Ziel der Ausnahme zu Gunsten des Dekompilierens ist, „die Verbindung aller Elemente eines Computersystems, auch solcher verschiedener Hersteller, zu ermöglichen, so dass sie zusammenwirken können." Da dem Richtliniengeber – zumal im Kontext einer Regelung des Rechtsschutzes von Computerprogrammen – aber nicht unterstellt werden kann, ihm wäre die Existenz von Hardware oder auch nur das Problem der Interoperabilität von Hardware mit Software nicht bekannt gewesen, scheint angesichts des diesbezüglich klaren Wortlauts des Art 6 für eine entsprechende Analogie wenig Platz zu sein[442].

---

[439] Vgl *Czarnota/Hart*, Legal Protection 82.

[440] Zur Verbesserung der diesbezüglichen Beweissituation des Dekompilierers wird bisweilen die Methode der „Clean-Room-Entwicklung" vorgeschlagen. Dabei werden die mittels Dekompilierung ermittelten Schnittstelleninformationen in Form von Spezifikationen (nicht jedoch in ihrer Ausdrucksform) notiert und an ein von weiteren Informationen über das analysierte Programm abgeschnittenes „sauberes" Entwicklungsteam zur Implementierung in einem eigenen, nicht verletzenden Programm übergeben (vgl *Sucker*, Lizenzierung von Computersoftware. Kartellrechtliche Grenzen nach dem EWG-Vertrag, Teil 2, CR 1989, 468 [471]; *Vinje*, GRUR Int 1992, 259).

[441] Dafür sprechen sich zB *Marly*, Urheberrechtsschutz 322ff (mit ausführlicher Begründung) und offenbar *Lehmann*, NJW 1991, 2112 FN 61 aus; dagegegen *Moritz*, EC Competition Law Aspects and Software Licensing Agreements – A German Perspective, IIC 1994, 357 (379).

[442] In diesem Zusammenhang ist bemerkenswert, dass Artikel 115 Abs 1 des slowenischen Gesetzes über Urheberrecht und verwandte Schutzrechte, der die Regelung des Art 6 Abs 1 Software-RL sonst Wort für Wort übernommen hat, an dieser entscheidenden Stelle davon abweicht und „... mit anderen Programmen oder mit Hardware ..." formuliert.

6. Drei-Schritt-Test (Abs 3)

Diese Bestimmung hat in der Literatur unterschiedlichste Reaktionen ausgelöst, die von scharfer Kritik[443] über das Urteil der Überflüssigkeit[444] bis zur Betonung seiner besonderen Bedeutung reichen. Letztere soll darin bestehen, dass angesichts des bisherigen Fehlens Europäischer Rechtsprechung zu Fragen des *Reverse Engineering* den Gerichten eine **Richtschnur zur Auslegung** der Absätze 1 und 2 an die Hand gegeben wird. Falls das Ergebnis der wörtlichen Anwendung dieser Absätze im Widerspruch zu Abs 3 stünde, müsse letzterer vorgehen[445]. Die Gerichte könnten damit Missbräuchen im Zusammenhang mit einer Rückwärtsanalyse auch in Fällen steuern, die nach dem Wortlaut der Absätze 1 und 2 zulässig wären[446]. **47**

Unklar bleibt, warum der Richtliniengeber annahm, diese Aufgabe würde nicht bereits von Art 9 Abs 2 RBÜ 1967/71 erfüllt, der ohnehin für alle EU-Mitgliedstaaten verbindlich ist, weil sie auch Verbandsländer der RBÜ sind. Ein Grund dafür könnte darin zu sehen sein, dass die unmittelbare Anwendbarkeit der RBÜ von Mitgliedstaat zu Mitgliedstaat unterschiedlich beurteilt wird. Außerdem bindet sie einen Mitgliedstaat nicht, wenn er auch Ursprungsland des Werks ist. Dass der Text des Art 9 Abs 2 RBÜ nicht wörtlich in die Richtlinie übernommen, sondern in wenig geglückter sprachlicher Fassung für diesen Zweck adaptiert wurde, eröffnet jedenfalls ein **Spannungsfeld** zwischen der RBÜ und der Richtlinie und ist dem Abs 3 unterstellten Ziel eher abträglich denn nützlich. So verwundert es nicht, dass Abs 3 von manchen nationalen Regierungen bzw Gesetzgebern teils halbherzig teils – wegen offensichtlicher Inhaltsleere – gar nicht umgesetzt wurde[447]. **48**

Umsetzung in Deutschland und Österreich

1. Deutschland

Dem deutschen Gesetzgeber erschien es wegen dessen komplizierter Formulierung und seines Charakters als höchst diffiziler Kompromiss – wenn auch unter Hinweis auf seine fehlende sprachliche Präzision und insbes die verschiedenen Interpretationsmöglichkeiten des Abs 3 – erforderlich, Art 6 **nahezu wörtlich** und vollständig in Gestalt des § 69e dUrhG zu übernehmen. Allerdings entschied er sich dafür, an Stelle des Wortlauts des Abs 3 den Text der amtlichen deutschen Übersetzung des Art 9 Abs 2 RBÜ 1967/71 zu verwenden[448]. **49**

---

443 *Marly*, Urheberrechtsschutz 325: „Der Inhalt dieser Vorschrift muss als in höchstem Maße nebulös bezeichnet werden, weshalb er Interpretationen hervorruft, die fast schon als kurios zu bezeichnen sind."

444 *Schulte*, CR 1992, 654.

445 *Czarnota/Hart*, Legal Protection 82.

446 So *Lehmann* in *Lehmann*, Rechtsschutz², 23f Rz 22, nicht ohne in FN 93 anzumerken, im Zuge der Beratungen der Richtlinie sei „diese Generalklausel häufig als redundant und daher an sich als überflüssig kritisiert worden."

447 *Czarnota/Hart*, Legal Protection 81.

448 Vgl Begründung Zweites Änderungsgesetz bei *M Schulze*, Materialien², 846.

50 Obwohl sie Art 6 nicht berührt und daher auch das Zweite Änderungsgesetz keine diesbezügliche Regelung enthält, nimmt sich die Begründung des Regierungsentwurfs **beweisrechtlicher Fragen** im Kontext der Dekompilier-Problematik an. So wäre das Problem, ob ein fremdes Programm zum Nachweis einer behaupteten Urheberrechtsverletzung dekompiliert werden dürfe, durch Anwendung des Prozessrechts sachgerecht zu lösen. Weiters könne die Weigerung, den Source Code des eigenen Programms zu einem Vergleich zur Verfügung zu stellen, prozessuale Nachteile nach sich ziehen. Dafür sei aber im Allgemeinen eine gewisse Wahrscheinlichkeit für das Vorliegen einer Urheberrechtsverletzung darzutun.

2. Österreich

51 Auch der österr Gesetzgeber hat – von einigen sprachlichen Anpassungen abgesehen – Art 6 **weitgehend wörtlich** in § 40e öUrhG übernommen. Allerdings verweigerte er die Umsetzung des Abs 3 mit der Begründung, dieser sehe in besonders vorsichtiger Weise eine Auslegung in Übereinstimmung mit der Berner Übereinkunft zum Schutz von Werken der Literatur und Kunst vor, worauf verzichtet werden könne, da solche Klauseln nicht notwendig und im Urheberrechtsgesetz auch nicht üblich seien[449].

Anhang: Einfaches Beispiel für einen Dekompiliervorgang

1 Die Komplexität der mit *Reverse Engineering*[450] verbundenen Vorgänge lässt sich naturgemäß anhand eines einfachen Beispiels nicht in vollem Umfang nachvollziehen, zumindest aber erahnen:

1. Source Code Beispiel

1.1. Source Code-Beispiel in „normaler" Form

```
program qsort;

uses Crt;

{ This program demonstrates the quicksort algorithm,     }
{ which provides an extremely efficient method of        }
{ sorting arrays in memory. The program generates a      }
{ list of 1000 random numbers between 0 and 29999, and   }
{ then sorts them using the QUICKSORT procedure.         }
{ Finally, the sorted list is output on the screen.      }

const
  max = 1000;
```

[449] ErlRV 1993 bei *Dittrich*, Urheberrecht[3], 180.

[450] Siehe dazu im Einzelnen *Epstein/Laurie* (Hrsg), Reverse engineering – legal and business strategies for competitive product design in the 1990's (1992); *Ingle*, Reverse engineering (1994); *Lano/Haughton*, Reverse engineering and software maintenance – a practical approach (1994); *Waters/Chikofsky* (Hrsg), Proceedings of the Working Conference on Reverse Engineering, May 21 – 23, 1993, Baltimore (1993); *Wills/Newcomb* (Hrsg), Reverse engineering – A special issue of Automated software engineering (1996).

```
type
  list = array[1..max] of integer;

var
  data: list;
  i: integer;

{ QUICKSORT sorts elements in the array A with indices   }
{ between LO and HI (both inclusive). Note that the      }
{ QUICKSORT procedure provides only an "interface" to    }
{ the program. The actual processing takes place in the }
{ SORT procedure, which executes itself recursively.     }

procedure quicksort(var a: list; Lo,Hi: integer);

procedure sort(l,r: integer);
var
  i,j,x,y: integer;
begin
  i:=l; j:=r; x:=a[(l+r) DIV 2];
  repeat
    while a[i]<x do i:=i+1;
    while x<a[j] do j:=j-1;
    if i<=j then
    begin
      y:=a[i]; a[i]:=a[j]; a[j]:=y;
      i:=i+1; j:=j-1;
    end;
  until i>j;
  if l<j then sort(l,j);
  if i<r then sort(i,r);
end;

begin {quicksort};
  sort(Lo,Hi);
end;

begin {qsort}
  Write('Now generating 1000 random numbers...');
  Randomize;
  for i:=1 to max do data[i]:=Random(30000);
  Writeln;
  Write('Now sorting random numbers...');
  quicksort(data,1,max);
  Writeln;
  for i:=1 to 1000 do Write(data[i]:8);
end.
```

Dieses Stückchen Source Code drückt den von *Hoare*[451] entwickelten und in **2**
Informatikerkreisen berühmten *Quick-Sort*-Algorithmus in der vor allem für Unterrichtszwecke gerne verwendeten höheren Programmiersprache *Pascal* aus. Der sehr leistungsfähige Sortieralgorithmus ist ein Musterbeispiel für den effizi-

[451] *Hoare*, Computer Science (1973).

enten Einsatz der rekursiven Programmiertechnik und in dieser oder ähnlicher Form in vielen Lehrbüchern[452] zu finden. Programmierkundige werden daher keine Schwierigkeiten haben, Funktion und Zweck des Beispielprogramms zu ermitteln, selbst wenn man die in sog Kommentaren angeführten Erläuterungen entfernt.

1.2. Verändertes Source Code-Beispiel

3 Schwieriger wird die Aufgabe, wenn auch die Variablen- und Prozedurenbezeichnungen mit Hilfe von „Suchen und Ersetzen" gegen – in diesem Kontext sinnstörende – Begriffe ausgetauscht werden:

```
program Interoperabilitaet;

uses Crt;

const
  Richtlinie = 1000;

type
  Software = array[1..Richtlinie] of integer;

var
  Richtlinie: Software;
  Reverse_Engineering: integer;

procedure Dekompilierung(var Europa: Software; Kommission,Rat:
integer);

procedure Verabschieden(Parlament,EU: integer);
var
  Reverse_Engineering,EWR,Urheber,Copyright: integer;
begin
  Reverse_Engineering:=Parlament; EWR:=EU;
  Urheber:=Europa[(Parlament+EU) DIV 2];
  repeat
    while Europa[Reverse_Engineering]<Urheber do
    Reverse_Engineering:=Reverse_Engineering+1;
    while Urheber<Europa[EWR] do EWR:=EWR-1;
    if Reverse_Engineering<=EWR then
    begin
      Copyright:=Europa[Reverse_Engineering];
      Europa[Reverse_Engineering]:=Europa[EWR];
      Europa[EWR]:=Copyright;
      Reverse_Engineering:=Reverse_Engineering+1;
      EWR:=EWR-1;
    end;
  until Reverse_Engineering>EWR;
  if Parlament<EWR then Verabschieden(Parlament,EWR);
  if Reverse_Engineering<EU then
Verabschieden(Reverse_Engineering,EU);
end;
```

452 Vgl schon *Wirth*, Algorithmen und Datenstrukturen (1983) 99.

```
begin {Dekompilierung};
  Verabschieden(Kommission,Rat);
end;

begin {Interoperabilitaet}
  Write('Now generating 1000 random numbers...');
  Randomize;
  for Reverse_Engineering:=1 to Richtlinie do
  Richtlinie[Reverse_Engineering]:=Random(30000);
  Writeln;
  Write('Now sorting random numbers...');
  Dekompilierung(Richtlinie,1,Richtlinie);
  Writeln;
  for Reverse_Engineering:=1 to 1000 do
  Write(Richtlinie[Reverse_Engineering]:8);
end.
```

Die „Analyse" des Programms wird dadurch zwar vermutlich etwas mehr Zeit in Anspruch nehmen, einem einigermaßen erfahrenen Programmierer aber keine größeren Probleme bereiten.

1.3. Weiter verändertes Source Code-Beispiel

Der Schwierigkeitsgrad lässt sich nun dadurch abermals steigern, dass die Ein- 4
rückungen und Zeilenwechsel entfernt werden und durch das Einfügen von Leerräumen „Blocksatz" entsteht:

```
program Interoperabilitaet; uses Crt;const Richtlinie= 1000;type Software=array
[1..Richtlinie] of integer;var Richtlinie: Software;Reverse_Engineering: integer;
procedure Dekompilierung(var Europa:Software;Kommission, Rat:integer);procedure
Verabschieden(Parlament,EU:integer    );var     Reverse_Engineering,EWR,Urheber,
Copyright:integer; begin Reverse_Engineering:=Parlament;EWR:=EU;Urheber:= Europa
[(Parlament+EU)  DIV  2];repeat  while  Europa[Reverse  _Engineering]<Urheber  do
Reverse_Engineering:=Reverse_  Engineering+1;while Urheber<Europa[EWR] do EWR:=
EWR-1;if   Reverse_Engineering<=EWR   then   begin   Copyright:=Europa   [Reverse_
Engineering];                                   Europa[Reverse_Engineering]:=
Europa[EWR];Europa[EWR]:=Copyright;Reverse_Engineering:= Reverse_Engineering +1;
EWR:=   EWR-1;end;until   Reverse_   Engineering>EWR;if   Parlament   <EWR   then
Verabschieden( Parlament,EWR); if Reverse_Engineering <EU then Verabschieden
(Reverse_Engineering,                EU);             end;            begin
{Dekompilierung};Verabschieden(Kommission,Rat);end; begin {Interoperabilitaet}
Write('Now    generating    1000    random    numbers...');   Randomize;   for
Reverse_Engineering:=1 to Richtlinie do Richtlinie[Reverse_Engineering] := Random
(30000);Writeln;Write        ('Now        sorting        random        numbers...'
);Dekompilierung(Richtlinie, 1, Richtlinie); Writeln; for Reverse_Engineering:=1
to 1000 do Write(Richtlinie[ Reverse_Engineering]:8);end.
```

Ohne Hilfsmittel (zumindest Bleistift und Papier) gleicht die Aufgabe, den Sinn dieser Zeilen zu ermitteln, schon einer Denksportaufgabe. Dabei handelt es sich immer noch um Source Code.

2. *Unabhängigkeit des Object Codes vom Source Code*

5 Testläufe der ausführbaren Programme, die der *Pascal*-Compiler aus den drei Source Code-Varianten erzeugt, zeigen, dass alle dieselbe Funktionalität besitzen und zB folgenden Output produzieren:

```
Now generating 1000 random numbers...
Now sorting random numbers...
    9      38      61      72     124     126     128     135
  140     188     188     188     190     194     216     220
  228     334     357     358     364     368     380     436
  485     498     501     507     520     542     565     601
  629     643     651     655     693     708     715     727
  743     798     807     836     837     853     865     916
  920     930     975    1007    1018    1037    1039    1041
 1052    1054    1104    1136    1141    1148    1159    1166
 1167    1176    1225    1255    1271    1287    1325    1336
 1401    1411    1426    1435    1457    1480    1485    1529
.
{Aus Platzgründen wurden hier 105 Zeilen gelöscht.}
.
27471   27510   27516   27563   27567   27593   27623   27635
27651   27661   27695   27744   27773   27774   27782   27804
27834   27850   27920   27927   27934   28024   28027   28120
28132   28184   28215   28318   28335   28347   28356   28378
28401   28406   28485   28496   28507   28544   28601   28662
28663   28680   28686   28687   28746   28801   28829   28837
28867   28883   28945   29050   29051   29054   29149   29167
29189   29196   29242   29270   29272   29354   29365   29420
29425   29432   29553   29580   29617   29618   29739   29748
29761   29813   29824   29848   29914   29945   29955   29961
```

Schon eine oberflächliche Untersuchung des durch den Compiler erzeugten Object Codes lässt den Grund dafür erkennen. Die ausführbaren Versionen der drei Varianten des Programmbeispiels unterscheiden sich durch kein einziges Bit, so dass die Varianten aus der „Sicht" des ausführenden Computers identisch sind und (bei gleicher Startzahl für den durch das Programm aufgerufenen Zufallsgenerator) daher dasselbe Ergebnis liefern. Die auf den ersten Blick doch recht massiv wirkenden Veränderungen des ursprünglichen Source Codes beziehen sich also lediglich auf Merkmale, die der besseren Lesbarkeit und Verständlichkeit des Source Codes für Menschen dienen, während sie auf das Ergebnis des Compiler-Laufs – also den ausführbaren Object Code – keinerlei Auswirkung haben.

3. *Untersuchung des Object Codes*

3.1. Object Code in binärer Darstellung

6 Der aus unseren Beispielsvarianten erzeugte Object Code besteht übrigens – wie jedes unmittelbar auf einer Zielmaschine ausführbare Programm – tatsächlich aus einer Folge von Bits, die – als Ziffern Null und Eins dargestellt – wie folgt beginnt:

```
0100110101011010101100000000000000000101000000000000110010000000000000
1000000000001010010000000100101001001010010011000111000000001000000000
01000000000000000000000001110011000
```

Das Programm *QSORT3.EXE* umfasst (ebenso wie *QSORT1.EXE* und *QSORT2.EXE*) 4.784 Bytes zu je acht Bits, insgesamt also 38.272 Bits, deren Wiedergabe in dieser Form 671 Zeilen benötigen würde.

3.2. Object Code in hexadezimaler Darstellung

Aus Gründen der Platzersparnis, vor allem aber zur Verbesserung der Übersicht- 7
lichkeit und im Hinblick darauf, dass auch der Arbeitsspeicher der gängigsten Computermodelle in Bytes organisiert ist, werden zur Darstellung des Object Codes üblicherweise je acht Bits zusammengefasst und durch eine zweistellige Hexadezimalzahl ausgedrückt. In der Form eines derartigen *„Hex Dumps“* sieht das Programm *QSORT?.EXE* wie folgt aus:

	Hexadezimale Relativadresse																	**ASCII-Darstellung**
	0	**1**	**2**	**3**	**4**	**5**	**6**	**7**		**8**	**9**	**A**	**B**	**C**	**D**	**E**	**F**	
0	4D	5A	B0	00	0A	00	19	00	-	08	00	A4	04	A4	A4	C7	01	MZ_. ._._.ñ_ññ._
10	00	40	00	00	73	01	00	00	-	1C	00	00	00	09	00	00	00	.@..s_.._... ...
20	1D	01	00	00	76	01	00	00	-	7B	01	00	00	8F	01	00	00	__..v_..{_..Å_..
30	94	01	00	00	99	01	00	00	-	9E	01	00	00	B3	01	00	00	ö_..Ö_..P_..¦_..
40	CF	01	00	00	D4	01	00	00	-	E6	01	00	00	EB	01	00	00	-_..+_..µ_..__..
50	F0	01	00	00	0A	02	00	00	-	0F	02	00	00	36	02	00	00	__.. _..¤_..6_..
60	3B	02	00	00	40	02	00	00	-	51	02	00	00	16	00	26	00	;_..@_..Q_.._.&.
70	29	00	26	00	7D	01	26	00	-	01	00	8C	00	F8	01	8C	00	).&.}_&._.î.°_î.
80	55	89	E5	B8	08	00	9A	AD	-	02	8C	00	83	EC	08	8B	46	Uë_+_.Ü¡_î.â__ïF
90	08	89	46	F8	8B	46	06	89	-	46	FA	8B	46	08	03	46	06	_ëF°ïF_ëF·ïF__F_
A0	99	B9	02	00	F7	F9	D1	E0	-	8B	7E	04	36	C4	7D	08	03	Ö¦_._•-_ï~_6-}__
B0	F8	26	8B	45	FE	89	46	FC	-	8B	46	F8	D1	E0	8B	7E	04	°&ïE_ëFnïF°-_ï~_
C0	36	C4	7D	08	03	F8	26	8B	-	45	FE	3B	46	FC	7D	09	8B	6-}__°&ïE_;Fn} ï
D0	46	F8	40	89	46	F8	EB	E0	-	8B	46	FA	D1	E0	8B	7E	04	F°@ëF°__ïF·-_ï~_
E0	36	C4	7D	08	03	F8	26	8B	-	45	FE	3B	46	FC	7E	09	8B	6-}__°&ïE_;Fn~ ï
F0	46	FA	48	89	46	FA	EB	E0	-	8B	46	F8	3B	46	FA	7F	5C	F·HëF·__ïF°;F·□\
100	8B	46	F8	D1	E0	8B	7E	04	-	36	C4	7D	08	03	F8	26	8B	ïF°-_ï~_6-}__°&ï
110	45	FE	89	46	FE	8B	46	FA	-	D1	E0	8B	7E	04	36	C4	7D	E_ëF_ïF·-_ï~_6-}
120	08	03	F8	26	8B	55	FE	8B	-	46	F8	D1	E0	8B	7E	04	36	__°&ïU_ïF°-_ï~_6
130	C4	7D	08	03	F8	26	89	55	-	FE	8B	56	FE	8B	46	FA	D1	-}__°&ëU_ïV_ïF·-
140	E0	8B	7E	04	36	C4	7D	08	-	03	F8	26	89	55	FE	8B	46	_ï~_6-}__°&ëU_ïF
150	F8	40	89	46	F8	8B	46	FA	-	48	89	46	FA	8B	46	F8	3B	°@ëF°ïF·HëF·ïF°;
160	46	FA	7F	03	E9	51	FF	8B	-	46	08	3B	46	FA	7D	0C	FF	F·□__Q.ïF_;F·}_.
170	76	08	FF	76	FA	FF	76	04	-	E8	05	FF	8B	46	F8	3B	46	v_.v·.v____.ïF°;F
180	06	7D	0C	FF	76	F8	FF	76	-	06	FF	76	04	E8	F1	FE	89	_}_.v°.v_.v__±_ë
190	EC	5D	C2	06	00	55	89	E5	-	31	C0	9A	AD	02	8C	00	FF	_]-_.Uë_1+Ü¡_î..
1A0	76	06	FF	76	04	55	E8	D7	-	FE	89	EC	5D	C2	08	00	25	v_.v_U_+_ë_]-_.%
1B0	4E	6F	77	20	67	65	6E	65	-	72	61	74	69	6E	67	20	31	Now generating 1
1C0	30	30	30	20	72	61	6E	64	-	6F	6D	20	6E	75	6D	62	65	000 random numbe
1D0	72	73	2E	2E	2E	1D	4E	6F	-	77	20	73	6F	72	74	69	6E	rs..._Now sortin
1E0	67	20	72	61	6E	64	6F	6D	-	20	6E	75	6D	62	65	72	73	g random numbers
1F0	2E	2E	2E	9A	00	00	8C	00	-	9A	00	00	26	00	89	E5	BF	...Ü..î.Ü..&.ë_+

```
200 EC 08 1E 57 BF 2F 01 0E - 57 31 C0 50 9A 9A 08 8C   ___W+/__W1+PÜÜ_î
210 00 9A 37 08 8C 00 9A 77 - 02 8C 00 9A 46 03 8C 00   .Ü7_î.Üw_î.ÜF_î.
220 C7 06 D0 07 01 00 EB 04 - FF 06 D0 07 B8 30 75 50   ._-__.__._-_+0uP
230 9A C0 02 8C 00 8B 3E D0 - 07 D1 E7 89 85 FE FF 81   Ü+_î.ï>-_-_ëà_.ü
240 3E D0 07 E8 03 75 E1 BF - EC 08 1E 57 9A 1E 08 8C   >-___uß+___WÜ__î
250 00 9A 77 02 8C 00 BF EC - 08 1E 57 BF 55 01 0E 57   .Üw_î.+___W+U__W
260 31 C0 50 9A 9A 08 8C 00 - 9A 37 08 8C 00 9A 77 02   1+PÜÜ_î.Ü7_î.Üw_
270 8C 00 BF 00 00 1E 57 B8 - 01 00 50 B8 E8 03 50 E8   î.+.._W+_.P+__P_
280 13 FF BF EC 08 1E 57 9A - 1E 08 8C 00 9A 77 02 8C   _.+___WÜ__î.Üw_î
290 00 C7 06 D0 07 01 00 EB - 04 FF 06 D0 07 BF EC 08   .._-__.__._-_+__
2A0 1E 57 8B 3E D0 07 D1 E7 - 8B 85 FE FF 99 52 50 B8   _Wï>-_-_ïà_.ÖRP+
2B0 08 00 50 9A 25 09 8C 00 - 9A 37 08 8C 00 9A 77 02   _.PÜ% î.Ü7_î.Üw_
2C0 8C 00 81 3E D0 07 E8 03 - 75 CF 89 EC 31 C0 9A F3   î.ü>-___u-ë_1+Ü_
2D0 01 8C 00 00 00 00 00 00 - 00 00 00 00 00 00 00 00   _î..............
2E0 89 E5 E8 29 00 BF EC 07 - 1E 57 0E E8 6B 03 BF EC   ë__).+___W__k_+_
2F0 07 1E 57 9A D5 04 8C 00 - BF EC 08 1E 57 0E E8 58   __WÜ._î.+___W__X
300 03 BF EC 08 1E 57 9A DA - 04 8C 00 89 EC CB B4 0F   _+___WÜ+_î.ë_-¦¤
310 E8 20 06 3C 07 74 0A 3C - 03 76 06 B8 03 00 E8 78   _ _<_t <_v_+_._x
320 00 E8 D7 00 B4 08 32 FF - E8 08 06 8A C4 24 7F A2   ._+.¦_2.___è-$□ó
330 E9 07 A2 D8 07 33 C0 A2 - D3 07 A2 EA 07 A2 EB 07   __ó+_3+ó+_ó__ó__
340 40 A2 D2 07 B8 40 00 8E - C0 BF 6C 00 26 8A 05 26   @ó-_|@.Ä++l.&è_&
350 3A 05 74 FB 26 8A 05 B9 - FF FF E8 8C 02 B8 37 00   :_t_&è__.._î_+7.
360 91 F7 D0 33 D2 F7 F1 A3 - E5 07 B8 1B 35 CD 21 89   æ_-3-_±ú__+_5-!ë
370 1E DD 07 8C 06 DF 07 1E - 0E 1F BA 7A 01 B8 1B 25   _¦_î______¦z_+_%
380 CD 21 1F C4 06 00 0A A3 - E1 07 8C 06 E3 07 C7 06   -!_-_. úß_î__._
390 00 0A 63 01 8C 0E 02 0A - C3 BA 40 00 8E C2 26 80   . c_î__ +_@.Ä-&Ç
3A0 26 87 00 FE 3C 07 74 06 - 3C 04 72 02 B0 03 50 B4   &ç._<_t_<_r___P¦
3B0 00 E8 7F 05 58 0A E4 74 - 41 B8 12 11 B3 00 E8 72   ._□_X _tA+__¦._r
3C0 05 B8 30 11 B7 00 B2 00 - E8 68 05 80 FA 2A 75 2A   _+0_+._._h_Ç·*u*
3D0 26 80 0E 87 00 01 B8 00 - 01 B9 00 06 E8 54 05 26   &Ç_ç._+._¦.__T_&
3E0 80 3E 49 00 07 75 0C 26 - 8B 16 63 00 B0 14 EE 42   Ç>I._u_&ï_c.___B
3F0 B0 07 EE B4 12 B3 20 E8 - 39 05 C3 B4 0F E8 33 05   ___¦_¦ _9_+¦¤_3_
400 50 B8 30 11 B7 00 B2 00 - E8 28 05 58 B1 00 0A D2   P+0_+._._(_X_. -
410 75 08 B2 18 3C 03 77 02 - B1 01 8A F2 8A D4 FE CA   u___<_w___è_è+_-
420 B4 00 80 FE 18 76 02 B4 - 01 A3 D6 07 89 16 E7 07   ¦.Ç__v_¦_ú+_ë___
430 88 0E D5 07 C6 06 D4 07 - 01 33 C0 A3 D9 07 89 16   ê_._¦_+__3+ú+_ë_
440 DB 07 C3 1E C5 16 DD 07 - B8 1B 25 CD 21 1F C4 06   __+_+_¦_+_%-!_-_
450 E1 07 A3 00 0A 8C 06 02 - 0A CB 50 1E B8 23 01 8E   ß_ú. î__ -P_+#_Ä
460 D8 80 3E D2 07 00 74 05 - C6 06 EB 07 01 1F 58 CF   +Ç>-_.t_¦_____X-
470 80 3E EB 07 00 75 01 C3 - C6 06 EB 07 00 B4 01 CD   Ç>__.u_+¦___.¦_-
480 16 74 06 B4 00 CD 16 EB - F4 B0 5E E8 18 03 B0 43   _t_¦.-____^____C
490 E8 13 03 E8 09 03 CD 23 - 8B DC 36 8B 47 04 E8 F8   ____ _-#ï_6ïG__°
4A0 FE E8 57 FF A0 E9 07 A2 - D8 07 CA 02 00 8B DC 36   __W.á__ó+_-_.ï_6
4B0 8A 57 0A 36 8A 77 08 36 - 8A 4F 06 36 8A 6F 04 3A   èW 6èw_6èO_6èo_:
4C0 D1 77 27 3A F5 77 23 FE - CA 78 1F FE CE 78 1B FE   -w':_w#_-x__+x__
4D0 C9 3A 0E E7 07 77 13 FE - CD 3A 2E E8 07 77 0B 89   .:___w__-:.__w_ë
4E0 16 D9 07 89 0E DB 07 E8 - 3D 03 CA 08 00 B8 00 06   _+_ë____=_-_.+._
4F0 8A 3E D8 07 8B 0E D9 07 - 8B 16 DB 07 E8 34 04 8B   è>+_ï_+_ï____4_ï
500 16 D9 07 E8 21 03 CB E8 - 16 03 B8 00 06 8A 3E D8   _+__!_-___+._è>+
510 07 8B CA 8A 16 DB 07 E8 - 19 04 CB B8 01 07 EB 03   _ï-è______-+____
520 B8 01 06 50 E8 F9 02 58 - 8A 3E D8 07 8A 0E D9 07   +__P_·_Xè>+_è_+_
530 8A EE 8B 16 DB 07 3A EE - 75 02 32 C0 E8 F4 03 CB   è_ï___:_u_2+___-
540 8B DC 36 8A 57 06 36 8A - 77 04 FE CA 02 16 D9 07   ï_6èW_6èw__-__+_
550 72 17 3A 16 DB 07 77 11 - FE CE 02 36 DA 07 72 09   r_:___w__+_6+_r
560 3A 36 DC 07 77 03 E8 BE - 02 CA 04 00 E8 B1 02 8A   :6__w__+_-_.___è
570 C2 2A 06 D9 07 FE C0 CB - E8 A5 02 8A C6 2A 06 DA   -*_+__+-_Ñ_è¦*_+
```

```
580 07 FE C0 CB 8B DC 36 8A - 47 04 A8 F0 74 04 24 0F   __+-ï_6èG_¿_t_$¤
590 0C 80 80 26 D8 07 70 08 - 06 D8 07 CA 02 00 8B DC   _ÇÇ&+_p__+_-_.ï_
5A0 36 8A 47 04 24 07 B1 04 - D2 E0 80 26 D8 07 8F 08   6èG_$____-_Ç&+_Å_
5B0 06 D8 07 CA 02 00 80 26 - D8 07 F7 CB 80 0E D8 07   _+_-_.Ç&+__-Ç_+_
5C0 08 CB A0 E9 07 A2 D8 07 - CB 8B DC 36 8B 57 04 0B   _-á__ó+_-ï_6ïW__
5D0 D2 74 13 33 FF 8E C7 26 - 8A 05 8B 1E E5 07 8B CB   -t_3.Ä.&è_ï___ï-
5E0 E8 06 00 4A 75 F8 CA 02 - 00 26 3A 05 75 02 E2 F9   __.Ju°-_.&:_u__•
5F0 C3 8B DC 36 8B 5F 04 B8 - DD 34 BA 12 00 3B D3 73   +ï_6ï__+¦4¦_.;+s
600 1A F7 F3 8B D8 E4 61 A8 - 03 75 08 0C 03 E6 61 B0   ___ï+_a¿_u___µa_
610 B6 E6 43 8A C3 E6 42 8A - C7 E6 42 CA 02 00 E4 61   ¦µCè+µBè.µB-_._a
620 24 FC E6 61 CB 80 3E EA - 07 00 75 08 B4 01 CD 16   $nµa-Ç>__.u_¦_-_
630 B0 00 74 02 B0 01 CB A0 - EA 07 C6 06 EA 07 00 0A   _.t____-á__¦___.
640 C0 75 12 32 E4 CD 16 0A - C0 75 0A 88 26 EA 07 0A   +u_2_ -_ +u ê&__
650 E4 75 02 B0 03 E8 18 FE - CB 8B DC 1E 36 C5 7F 04   _u_______-ï__6+□_
660 C7 45 02 B0 D7 C7 45 04 - 80 00 8D 85 80 00 89 45   .E__+.E_Ç.ìàÇ.ëE
670 0C 8C 5D 0E C7 45 10 A4 - 03 8C 4D 12 C6 45 30 00   _î]_.E_ñ_îM_¦E0.
680 1F CA 04 00 8B DC 1E 36 - C5 7F 04 B8 DC 03 BB BA   _-_.ï__6+□_+__+¦
690 04 8B CB 81 7D 02 B1 D7 - 74 0A C7 45 02 B2 D7 B8   _ï-ü}__+t .E__++
6A0 89 04 8B D8 89 45 14 8C - 4D 16 89 5D 18 8C 4D 1A   ë_ï+ëEîM_ë] _îM_
6B0 89 4D 1C 8C 4D 1E 33 C0 - 1F CA 04 00 55 8B EC C4   ëM_îM_3+_-_.Uï_-
6C0 7E 06 26 8B 55 04 4A 4A - 26 8B 75 08 26 C4 7D 0C   ~_&ïU_JJ&ïu_&-}_
6D0 33 DB C6 06 EA 07 00 0E - E8 5C FF B9 01 00 3C 08   3_¦___.__\.¦_.<_
6E0 74 34 3C 13 74 30 3C 04 - 74 44 49 3C 1B 74 27 3C   t4<_t0<_tDI<_t'<
6F0 01 74 23 3C 06 74 37 3C - 1A 74 46 3C 0D 74 4F 3C   _t#<_t7<_tF< tO<
700 20 72 CF 3B DA 74 CB 26 - 88 01 43 E8 98 00 3B DE    r-;+t-&ê_C_ÿ.;_
710 76 C0 8B F3 EB BC 0B DB - 74 B8 B0 08 E8 87 00 B0   v+ï__+__t+___ç._
720 20 E8 82 00 B0 08 E8 7D - 00 4B E2 EA EB A4 3B DE    _é.___}.K___ñ;_
730 74 A0 26 8A 01 3C 20 72 - 99 E8 6A 00 43 E2 EF EB   tá&è_< rÖ_j.C___
740 91 80 3E D3 07 00 74 8A - 26 88 01 43 EB 0A E8 4E   æÇ>+_.tè&ê_C_ _N
750 00 26 C7 01 0D 0A 43 43 - C4 7E 06 33 C0 26 89 45   .&._  CC-~_3+&ëE
760 08 26 89 5D 0A 5D CA 04 - 00 8B DC 36 C4 7F 04 26   _&ë] ]-_.ï_6-□_&
770 8B 4D 08 26 29 4D 08 E3 - 19 26 C4 7D 0C 80 3E D4   ïM_&)M___&-}_Ç>+
780 07 00 75 0B 26 8A 05 E8 - 1C 00 47 E2 F7 EB 03 E8   _.u_&è___.G_____
790 9C 00 E8 DB FC 33 C0 CA - 04 00 33 C0 CA 04 00 B0   £.__n3+-_.3+-_._
7A0 0D E8 02 00 B0 0A 53 51 - 52 06 50 E8 72 00 58 3C    __._ SQR_P_r.X<
7B0 07 74 2A 3C 08 74 2D 3C - 0D 74 33 3C 0A 74 35 B4   _t*<_t-< t3< t5¦
7C0 09 8A 1E D8 07 32 FF B9 - 01 00 52 E8 65 01 5A FE   è_+_2. _. R_e_Z_
7D0 C2 3A 16 DB 07 76 20 8A - 16 D9 07 EB 17 B4 0E E8   -:___v è_+___¦__
7E0 51 01 EB 13 3A 16 D9 07 - 74 0D FE CA EB 09 8A 16   Q___:_+_t _-_ è_
7F0 D9 07 EB 03 E8 08 00 E8 - 2D 00 07 5A 59 5B C3 FE   +______._-._ZY[+_
800 C6 3A 36 DC 07 76 18 FE - CE 51 52 B8 01 06 8A 3E   ¦:6__v__+QR+__è>
810 D8 07 8B 0E D9 07 8B 16 - DB 07 E8 16 01 5A 59 C3   +_ï_+_ï_______ZY+
820 B4 03 32 FF E9 0C 01 B4 - 02 32 FF E9 05 01 1E B8   ¦_2.___¦_2.____+
830 40 00 8E D8 8B 16 50 00 - 1F 8B DA 8B F7 26 8A 05   @.Ä+ï_P._ï+ï_&è_
840 3C 07 74 21 3C 08 74 2C - 3C 0A 74 35 3C 0D 74 39   <_t!<_t,< t5< t9
850 47 FE C2 3A 16 DB 07 76 - 3C E8 6F 00 E8 A0 FF 8A   G_-:___v<_o._á.è
860 16 D9 07 EB 2C E8 63 00 - 51 52 B8 07 0E E8 C3 00   _+__,_c.QR+___+.
870 5A 59 EB 1C E8 54 00 3A - 16 D9 07 74 13 FE CA EB   ZY___T.:_+_t__-_
880 0F E8 47 00 E8 78 FF EB - 07 E8 3F 00 8A 16 D9 07   ¤_G._x.___?.è_+_
890 47 8B F7 8B DA E2 A6 E8 - 31 00 1E B8 40 00 8E D8   Gï_ï+_ª_1._+@.Ä+
8A0 89 16 50 00 8A C6 F6 26 - 4A 00 32 F6 03 C2 8B C8   ë_P.è¦÷&J.2÷_-ï.
8B0 8B 16 63 00 B0 0E EE EB - 00 8A C5 42 EE EB 00 4A   ï_c._____.è+B__.J
8C0 B0 0F EE EB 00 8A C1 42 - EE 1F C3 3B F7 74 63 51   _¤__.è-B__+;_tcQ
8D0 52 57 1E 06 8B CF 2B CE - 8A 16 D5 07 8A 36 D8 07   RW__ï-++è_._è6+_
8E0 B8 40 00 8E D8 8A C7 F6 - 26 4A 00 32 FF 03 C3 D1   +@.Ä+è.÷&J.2._+-
8F0 E0 8B F8 8B DA 8B 16 63 - 00 83 C2 06 B8 00 B8 80   _ï°ï+ï_c.â-_+.+Ç
```

```
900 3E 49 00 07 75 02 B4 B0 - 06 1F 8E C0 FC 0A DB 74   >I._u_ ___Ä+n _t
910 16 AC 8A D8 EC A8 01 75 - FB FA EC A8 01 74 FB 8B   _¼è+_¿_u_·_¿_t_ï
920 C3 AB FB E2 EC EB 06 8A - E7 AC AB E2 FC 07 1F 5F   +½______è_¼½_n___
930 5A 59 C3 56 57 55 06 CD - 10 07 5D 5F 5E C3 00 00   ZY+VWU_-__]_^+..
940 BA 23 01 8E DA 8C 06 EC - 09 8B C4 05 13 00 B1 04   ¦#_Ä+î_ ï-__.__
950 D3 E8 8C D2 03 C2 A3 F0 - 09 A3 F4 09 26 A1 02 00   +_î-_-ú_ú_ &í_.
960 2D 00 10 A3 F8 09 C7 06 - FC 09 DD 00 8C 0E FE 09   -._ú° ._n ¦.î__
970 C7 06 00 0A E2 00 8C 0E - 02 0A C6 06 22 0A 02 33   ._. _.î__ ¦_" _3
980 C0 A3 EE 09 A3 F2 09 A3 - F6 09 A3 FA 09 A3 0A 0A   +ú_ ú_ ú÷ ú· ú
990 A3 0C 0A A3 23 0A B8 00 - 35 CD 21 89 1E 0E 0A 8C   ú_ ú# +.5-!ë__î
9A0 06 10 0A B8 02 35 CD 21 - 89 1E 12 0A 8C 06 14 0A   __ +_5-!ë__ î_
9B0 B8 23 35 CD 21 89 1E 16 - 0A 8C 06 18 0A B8 24 35   +#5-!ë__ î__ +$5
9C0 CD 21 89 1E 1A 0A 8C 06 - 1C 0A B8 75 35 CD 21 89   -!ë__ î__ +u5-!ë
9D0 1E 1E 0A 8C 06 20 0A 1E - 0E 1F BA E9 01 B8 00 25   __ î__ ___¦__+.%
9E0 CD 21 BA F0 01 B8 23 25 - CD 21 BA BF 01 B8 24 25   -!¦__+#%-!¦+_+$%
9F0 CD 21 1F B8 EC 07 1E 50 - 1E 50 B8 DC 00 0E 50 0E   -!_+___P_P+_._P_
A00 E8 A2 03 0E E8 0E 04 B8 - EC 08 1E 50 1E 50 B8 DC   _ó_____+___P_P+_
A10 00 0E 50 0E E8 8E 03 0E - E8 FF 03 CB 00 33 C0 CA   ._P__Ä___._-.3+-
A20 02 00 B8 EC 07 1E 50 0E - E8 4D 04 B8 EC 08 1E 50   _.+___P__M_+___P
A30 0E E8 44 04 1E C5 16 0E - 0A B8 00 25 CD 21 1F 1E   __D__+__+.% !__
A40 C5 16 12 0A B8 02 25 CD - 21 1F 1E C5 16 16 0A B8   +__ +_%-!__+__ +
A50 23 25 CD 21 1F 1E C5 16 - 1A 0A B8 24 25 CD 21 1F   #%-!__+__ +$%-!_
A60 1E C5 16 1E 0A B8 75 25 - CD 21 1F A1 06 0A 0B 06   _+__ +u%-!_í_ __
A70 08 0A 74 29 BB A7 01 E8 - 24 00 A1 04 0A E8 2C 00   _ t)+º__$.í_ _,.
A80 BB B6 01 E8 18 00 A1 08 - 0A E8 3A 00 B0 3A E8 4F   +¦__.í_ _:._:_O
A90 00 A1 06 0A E8 2F 00 BB - BB 01 E8 01 00 CB 2E 8A   .í__/.++___.-.è
AA0 07 0A C0 74 06 E8 38 00 - 43 EB F3 C3 B1 64 E8 07   _ +t__8.C__+_d__
AB0 00 B1 0A E8 02 00 EB 04 - 32 E4 F6 F1 04 30 50 E8   ._ __.__2_÷±_0P_
AC0 1E 00 58 8A C4 C3 50 8A - C4 E8 01 00 58 50 B1 04   _.Xè-+Pè-__.XP__
AD0 D2 E8 E8 03 00 58 24 0F - 04 30 3C 3A 72 02 04 07   -____.X$¤_0<:r___
AE0 8A D0 B4 06 CD 21 C3 52 - 75 6E 74 69 6D 65 20 65   è-¦_-!+Runtime e
AF0 72 72 6F 72 20 00 20 61 - 74 20 00 2E 0D 0A 00 FB   rror . at ...._
B00 83 C4 06 58 81 E7 1F 00 - 81 C7 96 00 80 FC 39 73   â-_Xü__.ü.û.Çn9s
B10 03 BF FF FF 57 B4 54 CD - 21 8B EC 80 4E 16 01 58   _+..W¦T-!ï_ÇN__X
B20 5B 59 5A 5E 5F 5D 1F 07 - CF B8 C8 00 59 5B EB 07   [YZ^_]___-+..Y[__
B30 B8 FF 00 33 C9 33 DB BA - 23 01 8E DA 8B D1 0B D3   +..3.3_¦#_Ä+ï-_+
B40 74 07 2B 1E EC 09 83 EB - 10 8E 06 EC 09 26 80 3E   t_+__ â__Ä__ &Ç>
B50 05 00 C3 74 0D 26 8E 06 - 16 00 26 80 3E 05 00 C3   _.+t &Ä__.&Ç>_.+
B60 75 05 26 FF 1E 06 00 A3 - 04 0A 89 0E 06 0A 89 1E   u_&.__.ú_ ë__ ë_
B70 08 0A C4 1E 00 0A 8C C0 - 0B C3 74 13 33 C0 A3 00   _ -_. î+_+t_3+ú.
B80 0A A3 02 0A A3 23 0A B8 - 32 02 0E 50 06 53 CB 8E   ú_ ú# +2__P_S-Ä
B90 06 EC 09 26 80 3E 05 00 - C3 75 0B 26 C6 06 05 00   __ &Ç>_.+u_&¦__.
BA0 00 26 FF 2E 06 00 A1 04 - 0A B4 4C CD 21 A1 23 0A   .&.._.í_ ¦L-!í#
BB0 C7 06 23 0A 00 00 CB 83 - 3E 23 0A 00 75 01 CB A1   ._# ..-â># .u_-í
BC0 23 0A E9 67 FF 8B F4 36 - 8E 44 02 26 3B 55 02 7F   # _g.ï_6ÄD_&;U_⌂
BD0 07 7C 14 26 3B 05 72 0F - 26 3B 55 06 7C 08 7F 07   _|&;_r¤&;U_|_⌂_
BE0 26 3B 45 04 77 01 CB B8 - C9 00 E9 3F FF 8B F4 2B   &;E_w_-+.._?.ï_+
BF0 F0 72 07 81 FE 00 02 72 - 01 CB B8 CA 00 E9 2C FF   _r_ü_._r_-+-._,.
C00 E8 4B 00 33 C0 8B DC 36 - 8B 5F 04 0B DB 74 04 92   _K.3+ï_6ï__ __t_Æ
C10 F7 F3 92 CA 02 00 E8 35 - 00 93 B8 80 00 B9 20 00   __Æ-_._5.ô+Ç.¦ .
C20 F6 C6 80 75 0A D1 E3 D1 - D2 FE C8 E2 F3 32 C0 80   ÷¦Çu ---_.__2+Ç
C30 E6 7F CB E8 18 00 9B 2E - DF 06 0C 03 9B DB 06 0A   µ⌂-__.¢.______¢__
C40 0A 9B D9 E1 9B D9 FD 9B - DD D9 9B CB E1 FF A1 0A   ¢+ß¢+ ²¢¦+¢-ß.í
C50 0A 8B 1E 0C 0A 8B C8 2E - F7 26 44 03 D1 E1 D1 E1   ï__ ï.._&D_-ß-ß
C60 D1 E1 02 E9 03 D1 03 D3 - D1 E3 D1 E3 03 D3 02 F3   -ß___-_+--_+___
C70 B1 05 D3 E3 02 F3 05 01 - 00 83 D2 00 A3 0A 0A 89   __+_____.â-.ú ë
```

```
C80 16 0C 0A C3 05 84 B4 2C - CD 21 89 0E 0A 0A 89 16   __ +_ä¦,-!ë_  ë_
C90 0C 0A CB 57 FC 8B D8 0B - D2 7D 0D F7 D3 F7 D2 83   _ -Wnï+_-} _+_-â
CA0 C3 01 83 D2 00 B0 2D AA - BE A5 03 B1 09 2E 3B 54   +_â-._-.+Ñ__¦.;T
CB0 02 72 07 77 0C 2E 3B 1C - 73 07 83 C6 04 FE C9 75   _r_w_.;_s_â __.u
CC0 EC FE C1 B0 2F FE C0 2E - 2B 1C 2E 1B 54 02 73 F5   __-_/_+.+_._T_s_
CD0 2E 03 1C 2E 13 54 02 83 - C6 04 AA FE C9 75 E4 8B   .__._T_â¦_._.u_ï
CE0 CF 5F 2B CF C3 00 CA 9A - 3B 00 E1 F5 05 80 96 98   -_+-+.-Ü;.ß__Çûÿ
CF0 00 40 42 0F 00 A0 86 01 - 00 10 27 00 00 E8 03 00   .@B¤.áå_._'..__.
D00 00 64 00 00 00 0A 00 00 - 00 01 00 00 00 33 C0 33   .d... ..._...3+3
D10 D2 33 F6 E3 59 26 80 3D - 2B 74 07 26 80 3D 2D 75   -3÷Y&Ç=+t_&Ç=-u
D20 05 46 47 49 E3 48 26 80 - 3D 24 74 44 26 8A 1D 80   _FGIH&Ç=$tD&è_Ç
D30 EB 3A 80 C3 0A 73 28 F7 - C2 00 F0 75 31 53 D1 E0   _:Ç+ s(_-._u1S-_
D40 D1 D2 52 50 D1 E0 D1 D2 - D1 E0 D1 D2 5B 03 C3 5B   --RP-_---_--[_+[
D50 13 D3 5B 32 FF 03 C3 83 - D2 00 78 12 47 E2 CD 4E   _+[2._+â-.x_G_-N
D60 75 0A F7 D0 F7 D2 05 01 - 00 83 D2 00 F8 C3 F9 C3   u _-_-__.â-.°+•+
D70 47 49 E3 FA 26 8A 1D 80 - FB 61 72 03 80 EB 20 80   GI·&è_Ç_ar_Ç_ Ç
D80 EB 3A 80 C3 0A 72 0B 80 - EB 17 80 C3 06 73 D0 80   _:Ç+ r_Ç__Ç+_s-Ç
D90 C3 0A B7 04 D1 E0 D1 D2 - 72 D4 FE CF 75 F6 0A C3   + +_-_--r+_-u÷ +
DA0 47 E2 D1 EB BA 8B DC 1E - 36 C4 7F 08 36 C5 77 04   G_-_¦ï__6-□_6+w_
DB0 FC 33 C0 AB B8 B0 D7 AB - B8 80 00 AB 33 C0 AB AB   n3+½+_+½+Ç.½3+½½
DC0 AB 8D 45 74 AB 8C C0 AB - B8 89 05 AB 8C C8 AB 33   ½ìEt½î+½+ë_½î.½3
DD0 C0 B9 0E 00 F3 AB AC 3C - 4F 76 02 B0 4F 8A C8 32   +¦_.½¼<Ov__Oè.2
DE0 ED F3 A4 32 C0 AA 1F CA - 08 00 8B DC 36 C4 7F 0A   __ñ2+._-_.ï_6-□
DF0 36 8B 47 04 26 89 45 04 - 36 8B 47 06 26 89 45 0C   6ïG_&ëE_6ïG_&ëE_
E00 36 8B 47 08 26 89 45 0E - 33 C0 26 89 45 08 26 89   6ïG_&ëE_3+&ëE_&ë
E10 45 0A CA 0A 00 BA B1 D7 - EB 08 BA B2 D7 EB 03 BA   E - .¦_+__¦_+__¦
E20 B3 D7 8B DC 36 C4 7F 04 - 26 8B 45 02 3D B1 D7 74   ¦+ï_6-□_&ïE_=_+t
E30 12 3D B2 D7 74 0D 3D B0 - D7 74 0D C7 06 23 0A 66   _=_+t =_+t ._# f
E40 00 EB 21 52 E8 6B 00 5A - 33 C0 26 89 55 02 26 89   ._!R_k.Z3+&ëU_&ë
E50 45 08 26 89 45 0A BB 10 - 00 E8 5C 00 74 06 26 C7   E_&ëE +_._\.t_&.
E60 45 02 B0 D7 CA 04 00 8B - DC 36 C4 7F 04 E8 1F 00   E__+-_.ï_6-□___.
E70 75 03 E8 31 00 CA 04 00 - 8B DC 36 C4 7F 04 E8 0E   u__1.-_.ï_6-□___
E80 00 75 09 E8 2C 00 26 C7 - 45 02 B0 D7 CA 04 00 26   .u _,.&.E__+-_.&
E90 81 7D 02 B1 D7 74 0E 26 - 81 7D 02 B2 D7 74 06 C7   ü}__+t_&ü}__+t_.
EA0 06 23 0A 67 00 C3 BB 14 - 00 26 81 7D 02 B2 D7 74   _# g.++.&ü}__+t
EB0 07 C3 E8 F1 FF BB 1C 00 - 06 57 06 57 26 FF 19 0B   _+_±.+_._W_W&.__
EC0 C0 74 03 A3 23 0A 5F 07 - C3 8B DC 1E 36 C5 7F 04   +t_ú# __+ï__6+□_
ED0 33 C9 89 0D B8 00 3D 81 - 7D 02 B1 D7 74 0D B0 02   3.ë +.=ü}__+t __
EE0 FF 05 81 7D 02 B3 D7 74 - 02 B4 3C 80 7D 30 00 74   ._ü}_¦+t_¦<Ç}0.t
EF0 09 8D 55 30 CD 21 72 4B - 89 05 B8 66 06 BB 61 06    ìU0-!rKë_+f_+a_
F00 81 7D 02 B1 D7 74 26 8B - 1D B8 00 44 CD 21 B8 BF   ü}__+t&ï_+.D-!++
F10 06 8B D8 F6 C2 80 75 10 - 81 7D 02 B3 D7 75 03 E8   _ï+÷-Çu_ü}_¦+u__
F20 25 00 B8 96 06 BB 61 06 - C7 45 02 B2 D7 89 45 14   %.+û_+a_.E__+ëE
F30 8C 4D 16 89 5D 18 8C 4D - 1A C7 45 1C E3 06 8C 4D   îM_ë]_îM_.E__îM
F40 1E 33 C0 1F CA 04 00 33 - D2 33 C9 8B 1D B8 02 42   _3+_-_.3-3.ï_+_B
F50 CD 21 2D 80 00 83 DA 00 - 73 04 33 C0 33 D2 8B CA   -!-Ç.â+.s_3+3-ï-
F60 8B D0 8B 1D B8 00 42 CD - 21 8D 95 80 00 B9 80 00   ï-ï_+.B-!ìòÇ.¦Ç.
F70 8B 1D B4 3F CD 21 73 02 - 33 C0 33 DB 3B D8 74 20   ï_¦ ?-!s_3+3_;+t
F80 80 B9 80 00 1A 74 03 43 - EB F2 8B D3 2B D0 B9 FF   Ç¦Ç._t_C__ï++-¦.
F90 FF 8B 1D B8 02 42 CD 21 - 33 C9 8B 1D B4 40 CD 21   .ï_+_B-!3.ï_¦@-!
FA0 C3 33 C0 CA 04 00 8B DC - 1E 36 C4 7F 04 26 C5 55   +3+-_.ï__6-□_&+U
FB0 0C 26 8B 4D 04 26 8B 1D - B4 3F CD 21 72 10 26 89   _&ïM_&ï_¦?-!r_&ë
FC0 45 0A 33 C0 26 C7 45 08 - 00 00 1F CA 04 00 26 C7   E 3+&.E_.._-_.&.
FD0 45 0A 00 00 EB EE 8B DC - 1E 36 C4 7F 04 26 C5 55   E ..__ï__6-□_&+U
FE0 0C 26 8B 4D 08 26 8B 1D - B4 40 CD 21 72 07 2B C1   _&ïM_&ï_¦@-!r_+-
FF0 74 03 B8 65 00 26 C7 45 - 08 00 00 1F CA 04 00 8B   t_+e.&.E_.._-_.ï
```

```
1000 DC 1E 36 C4 7F 04 26 C5 - 55 0C 26 8B 4D 08 26 8B   __6-□_&+U_&ïM_&ï
1010 1D B4 40 CD 21 72 02 33 - C0 26 C7 45 08 00 00 1F   _¦@-!r_3+&.E_.._
1020 CA 04 00 8B DC 36 C4 7F - 04 26 8B 1D 83 FB 04 76   -_.ï_6-□_&ï_â__v
1030 04 B4 3E CD 21 33 C0 CA - 04 00 26 81 7D 02 B1 D7   _¦>-!3+-_.&ü}__+
1040 75 19 83 3E 23 0A 00 75 - 18 5E 1E 06 57 26 8B 5D   u_â># .u_^__W&ï]
1050 08 26 8B 55 0A 26 C4 7D - 0C FF E6 C7 06 23 0A 68   _&ïU &-}_.µ._#h
1060 00 C3 3B DA 74 05 26 8A - 01 F8 C3 51 1E 56 8E 5E   .+;+t_&è_°+Q_VÄ^
1070 FE C4 7E FA 26 89 5D 08 - 06 57 26 FF 5D 14 0B C0   _-~·&ë]__W&.]_+
1080 74 03 A3 23 0A C4 7E FA - 26 8B 5D 08 26 8B 55 0A   t_ú# -~·&ï]_&ïU
1090 26 C4 7D 0C 5E 1F 59 3B - DA 75 CB B0 1A F9 C3 5E   &-}_^_Y;+u-__•+^
10A0 5F 07 1F 26 89 5D 08 FF - E6 26 81 7D 02 B2 D7 75   ___&ë]_.µ&ü}__+u
10B0 19 83 3E 23 0A 00 75 18 - 5E 1E 06 57 26 8B 5D 08   _â># .u_^__W&ï]_
10C0 26 8B 55 04 26 C4 7D 0C - FF E6 C7 06 23 0A 69 00   &ïU_&-}_.µ._# i.
10D0 C3 26 88 01 43 3B DA 74 - 01 C3 51 1E 56 8E 5E FE   +&ê_C;+t_+Q_VÄ^_
10E0 C4 7E FA 26 89 5D 08 06 - 57 26 FF 5D 14 0B C0 74   -~·&ë]__W&.]_+t
10F0 03 A3 23 0A C4 7E FA 26 - 8B 5D 08 26 8B 55 04 26   _ú# -~·&ï]_&ïU_&
1100 C4 7D 0C 5E 1F 59 C3 5E - 5F 07 1F 26 89 5D 08 FF   -}_^_Y+^___&ë]_.
1110 E6 55 8B EC C4 7E 06 E8 - 20 FF 75 17 E8 43 FF 3C   µUï_-~__ .u__C.<
1120 1A 74 0D 43 3C 0D 75 F4 - E8 37 FF 3C 0A 75 01 43   _t C< u__7.< u_C
1130 E8 6C FF 5D 8B DC 36 C4 - 7F 04 26 81 7D 02 B1 D7   _l.]ï_6-□_&ü}__+
1140 75 14 83 3E 23 0A 00 75 - 0A 06 57 26 FF 5D 18 0B   uâ># .u _W&.]__
1150 C0 75 06 CA 04 00 B8 68 - 00 A3 23 0A EB F5 55 8B   +u_-_.+h.ú# __Uï
1160 EC C4 7E 06 E8 42 FF 75 - 0D B0 0D E8 63 FF B0 0A   _-~__B.u _ _c._
1170 E8 5E FF E8 91 FF 5D 8B - DC 36 C4 7F 04 26 81 7D   _^._æ.]ï_6-□_&ü}
1180 02 B2 D7 75 14 83 3E 23 - 0A 00 75 0A 06 57 26 FF   __+uâ># .u _W&.
1190 5D 18 0B C0 75 06 CA 04 - 00 B8 69 00 A3 23 0A EB   ]__+u_-_.+i.ú#_
11A0 F5 55 8B EC C4 7E 0C E8 - 90 FE 75 25 C5 76 08 33   _Uï_-~__É_u%+v_3
11B0 C9 E8 AE FE 3C 0D 74 0E - 3C 1A 74 0A 43 41 46 88   ._«_< t_<_t CAFê
11C0 04 3B 4E 06 75 EB 2B F1 - 88 0C E8 D2 FE 5D CA 06   _;N_u_+±ê__-_]-_
11D0 00 C4 7E 08 26 C6 05 00 - EB F3 55 8B EC C4 7E 0C   .-~_&¦_.__Uï_-~_
11E0 E8 C6 FE 75 25 C5 76 08 - 8B 4E 06 FC AC 32 E4 2B   _¦_u%+v_ïN_n¼2_+
11F0 C8 7E 09 50 B0 20 E8 D8 - FE E2 F9 58 8B C8 E3 07   .~ P_ _+__•Xï._
1200 FC AC E8 CC FE E2 F9 E8 - FD FE 5D CA 06 00 83 EC   n¼_¦__•_²_]-_.â_
1210 20 55 8B EC C4 7E 26 E8 - 20 FE 75 43 33 F6 E8 41    Uï_-~&_ _uC3÷_A
1220 FE 3C 1A 74 1A 3C 20 77 - 03 43 EB F2 E8 33 FE 3C   _<_t_< w_C___3_<
1230 20 76 0C 43 83 FE 20 74 - F3 88 42 02 46 EB ED 8B    v_Câ_ t_êB_F__ï
1240 CE E8 5B FE E3 19 8D 7E - 02 16 07 E8 BF FA 72 09   +_[__ì~_____+·r
1250 0B C9 75 05 5D 83 C4 20 - CB C7 06 23 0A 6A 00 33   _.u_]â- -._# j.3
1260 C0 33 D2 EB EF 83 EC 20 - 55 8B EC 8B 46 28 8B 56   +3-__â_ Uï_ïF(ïV
1270 2A 8D 7E 02 16 07 E8 1A - FA C4 7E 2C E8 2A FE 75   *ì~______·-~,_*_u
1280 21 8B 46 26 2B C1 7E 0B - 51 8B C8 B0 20 E8 41 FE   !ïF&+-~_Qï._ _A_
1290 E2 F9 59 8D 76 02 16 1F - FC AC E8 34 FE E2 F9 E8   _•Yìv___n¼_4__•_
12A0 65 FE 5D 83 C4 20 CA 06 - 00 00 00 00 00 00 00 00   e_]â- -_.......
```

Häufig wird – wie am rechten Rand der obigen Abbildung – auch die „ASCII-Darstellung“ angezeigt. Dabei handelt es sich um jene druckbaren Zeichen, die im ASCII-Code durch den Wert des jeweiligen Bytes repräsentiert werden. Damit erhält der Betrachter eines derartigen *Hex Dumps* zumindest einen vagen Anhaltspunkt dafür, wo sich der ausführbare Code befindet und wo er es bloß mit Daten zu tun hat. So ist etwa aus der Abbildung erkennbar, dass zwischen Byte (hexadezimal) 1B0 und 1F2 der von unserem Beispielprogramm auszugebende Text, nämlich *„Now generating 1000 random numbers…“* und *„Now sorting random numbers …“*, abgelegt ist.

3.3. Disassemblierter Object Code

Da auch einem geübten Programmierer die hexadezimalen Codes der einzelnen Maschinenbefehle kaum geläufig sind, müsste er in einem nächsten Schritt die übrigen Zeilen anhand einer Tabelle Byte für Byte in mnemotechnische Kürzel wie *„ADD, JMP, CALL"* umsetzen, um zu erkennen, dass es sich dabei um einen Additionsbefehl, eine Sprunganweisung oder einen Unterprogrammaufruf etc handelt bzw handeln könnte. Diese monotone Arbeit wird in der Praxis von einem Disassembler-Programm übernommen, welches das Beispielprogramm etwa wie folgt darstellt: **8**

```
01F3    CALL 008C:0000        9A8C000000
01F8    CALL 0026:0000        9A26000000
01FD    MOV BP,SP             89E5
01FF    MOV DI,08EC           BFEC08
0202    PUSH DS               1E
0203    PUSH DI               57
0204    MOV DI,012F           BF2F01
0207    PUSH CS               0E
0208    PUSH DI               57
0209    XOR AX,AX             31C0
020B    PUSH AX               50
020C    CALL 008C:089A        9A8C009A08
0211    CALL 008C:0837        9A8C003708
0216    CALL 008C:0277        9A8C007702
021B    CALL 008C:0346        9A8C004603
0220    MOV W[07D0],0001      C706D0070100
0226    JMP 022C              EB04
0228    INC W[07D0]           FF06D007
022C    MOV AX,07530          B83075
022F    PUSH AX               50
0230    CALL 008C:02C0        9A8C00C002
0235    MOV DI,W[07D0]        8B3ED007
0239    SHL DI,1              D1E7
023B    MOV W[DI+0FFFE],AX    8985FEFF
023F    CMP W[07D0],03E8      813ED007E8
0245    JNZ 0228              75E1
0247    MOV DI,08EC           BFEC08
024A    PUSH DS               1E
024B    PUSH DI               57
024C    CALL 008C:081E        9A8C001E08
0251    CALL 008C:0277        9A8C007702
0256    MOV DI,08EC           BFEC08
.
{Aus Platzgründen werden hier nur die ersten und die letzten 100 Bytes des 4.784 Bytes umfassenden Programms dargestellt.}
.
0124B   CALL 0D0D             E8BFFA
0124E   JB   01259            7209
01250   OR   CX,CX            0BC9
01252   JNZ 01259             7505
01254   POP  BP               5D
01255   ADD SP,020            83C420
01258   RETF                  CB
```

```
01259   MOV W[0A23],006A          C706230A6A00
0125F   XOR AX,AX                 33C0
01261   XOR DX,DX                 33D2
01263   JMP 01254                 EBEF
01265   SUB SP,020                83EC20
01268   PUSH BP                   55
01269   MOV BP,SP                 8BEC
0126B   MOV AX,W[BP+028]          8B4628
0126E   MOV DX,W[BP+02A]          8B562A
01271   LEA DI, [BP+02]           8D7E02
01274   PUSH SS                   16
01275   POP ES                    07
01276   CALL 0C93                 E81AFA
01279   LES DI,W[BP+02C]          C47E2C
0127C   CALL 010A9                E82AFE
0127F   JNZ 012A2                 7521
01281   MOV AX,W[BP+026]          8B4626
01284   SUB AX,CX                 2BC1
01286   JLE 01293                 7E0B
01288   PUSH CX                   51
01289   MOV CX,AX                 8BC8
0128B   MOV AL,020                B020
0128D   CALL 010D1                E841FE
01290   LOOP 0128B                E2F9
01292   POP  CX                   59
01293   LEA SI, [BP+02]           8D7602
01296   PUSH SS                   16
01297   POP DS                    1F
01298   CLD                       FC
01299   LODSB                     AC
0129A   CALL 010D1                E834FE
0129D   LOOP 01298                E2F9
0129F   CALL 01107                E865FE
012A2   POP  BP                   5D
012A3   ADD SP,020                83C420
012A6   RETF ZRELOCTABLENGT       CA0600
012A9   ADD B[BX+SI],AL           0000
012AB   ADD B[BX+SI],AL           0000
012AD   ADD B[BX+SI],AL           0000
012AF   ADD B[BX+SI],AL           0000
```

Der Disassembler hat die sog „Einsprungadresse“ dem vom Compiler dem eigentlichen Programmcode vorangestellten „*Loader*“ entnommen. Er stellt daher den Code nicht ab Byte 1, sondern erst ab Byte 1F3 dar, bei dem die Abarbeitung des Programms durch den Prozessor begonnen wird. Hier endet aber auch schon die „Intelligenz“ der meisten Disassembler-Programme. So können sie nicht ermitteln, wo sich der eigentliche Programmcode verbirgt und welche Routinen durch den Compiler hinzugefügt wurden. Tatsächlich scheitern sie schon an der Aufgabe festzustellen, wo es sich um Daten und wo um auszuführende Maschinenbefehle handelt. Dieses Problem ist keineswegs trivial; nach der den meisten Computern zu Grunde liegenden „*Von Neumann* Architektur“ gibt es nämlich keine prinzipielle Unterscheidungsmöglichkeit zwischen Daten und Befehlen, so dass man dem Inhalt einer Speicherzelle (einem „Byte“) nicht ansieht, worum es sich dabei handelt. So werden zB im Fall selektiver Sprunganweisungen („*case*“) Tabellen zwischen Instruktionen abgelegt. Erst wenn ein Byte vom Speicher in ein Register eingelesen und entweder als Befehl ausgeführt oder als Datum verwendet wird, ist seine Bestimmung zweifelsfrei erkennbar[453]. Da es sich dabei um eine Form des in der Informatik wohlbekannten „Halte-Problems“ bei sog „*Turing*-Maschinen“[454] handelt, lässt sich zeigen, dass eine Unterscheidung *ex ante* algorithmisch „unlösbar“[455] bzw nur teilweise berechenbar ist[456]. Wie man sich leicht vorstellen kann, wird diese Aufgabe durch einen selbstmodifizierenden oder verschlüsselten Code – beide Techniken werden heutzutage vor allem für Computerviren und sog „Trojanische Pferde“ eingesetzt – weiter erheblich erschwert.

Die gängigsten Disassembler übersetzen daher zunächst Byte für Byte in Assembler-Code. Es ist dann Aufgabe eines erfahrenen Assembler-Programmierers, herauszufinden und dem Disassembler „mitzuteilen“, wo es sich um Daten bzw Instruktionen handeln könnte. In der Regel erhält man so nach unzähligen Versuchen und ständigen Verfeinerungen durch Eingabe von Kommentaren und Abschnittsüberschriften ein brauchbares Assembler-Listing.

3.4. Verfeinertes Disassembler-Listing

Da es im Allgemeinen unergiebig ist, die vom Compiler eingebunden *Runtime-Libraries* zu disassemblieren, kann ein „intelligenter“ Disassembler zB anhand typischer Byte-Folgen versuchen, diese *Libararies* zu erkennen und an Stelle des Assembler-Codes lediglich den Namen der jeweiligen *Library* anzugeben. Voraussetzung dafür ist allerdings, dass der Compiler (zB durch den typischen *Start-Up-Code*, der von ihm erzeugt wird) identifiziert werden kann und die von ihm verwendeten *Libraries* bekannt und durch signifikante Byte-Folgen unterscheidbar sind. Weiters ist es möglich, mittels mehrerer Durchläufe die Symbol-Tabelle zu verfeinern und dadurch eine höhere Treffsicherheit bei der Unterscheidung von Daten und Befehlen zu erzielen. Außerdem werden von kommerziellen Disassemblern meist auch Aufrufe von DOS-*Interrupts* (vom Betriebssystem zur Verfügung gestellte Funktionen, wie zB das Öffnen und Schließen einer Datei oder die Ausgabe eines Zeichens) entsprechend kommentiert. Das Beispielprogramm wird dadurch zB wie folgt dargestellt: 9

```
main  PROC   FAR
000 0001F3 9A00009C00          CALL    far ptr INITIALISE
001 0001F8 9A00003600          CALL    far ptr UNIT_INIT_2
002 0001FD 89E5                MOV             bp, sp
003 0001FF BFEC08              MOV             di, 8ECh
004 000202 1E                  PUSH            ds
005 000203 57                  PUSH            di
```

[453] Vgl *Johnson-Laird*, Dayton Law Review 1994, 871.

[454] Siehe dazu *Herken* (Hrsg), The Universal Turing Machine: A Half-Century Survey² (1995).

[455] Vgl *Davis*, Computability and Unsolvability (1958) 69.

[456] Vgl *Cifuentes*, Reverse Compilation Techniques, Queensland University of Technology, PhD thesis (1994), ftp://ftp.it.uq.edu.au/pub/CSM/dcc/decompilation_thesis.ps.gz, 2.

```
000204 BF2F01              MOV             di, 12Fh
000207 0E                  PUSH            cs
000208 57                  PUSH            di
000209 31C0                XOR             ax, ax
00020B 50                  PUSH            ax
00020C 9A9A089C00          CALL   far ptr WriteString
000211 9A37089C00          CALL   far ptr PostWrite
000216 9A77029C00          CALL   far ptr PostIO
00021B 9A46039C00          CALL   far ptr Randomize
000220 C706D0070100        MOV   word ptr [7D0h], 1
000226 EB04                JMP             L1
00022C B83075          L1: MOV             ax, 7530h
00022F 50                  PUSH            ax
000230 9AC0029C00          CALL   far ptr Random
000235 8B3ED007            MOV             di, [7D0h]
000239 D1E7                SHL             di, 1
00023B 8985FEFF            MOV             [di-2], ax
00023F 813ED007E803        CMP   word ptr [7D0h], 3E8h
000245 75E1                JNE             L2
000247 BFEC08              MOV             di, 8ECh
00024A 1E                  PUSH            ds
00024B 57                  PUSH            di
00024C 9A1E089C00          CALL   far ptr CRLF
000251 9A77029C00          CALL   far ptr PostIO
000256 BFEC08              MOV             di, 8ECh
000259 1E                  PUSH            ds
00025A 57                  PUSH            di
00025B BF5501              MOV             di, 155h
00025E 0E                  PUSH            cs
00025F 57                  PUSH            di
000260 31C0                XOR             ax, ax
000262 50                  PUSH            ax
000263 9A9A089C00          CALL   far ptr WriteString
000268 9A37089C00          CALL   far ptr PostWrite
00026D 9A77029C00          CALL   far ptr PostIO
000272 BF0000              MOV             di, 0
000275 1E                  PUSH            ds
000276 57                  PUSH            di
000277 B80100              MOV             ax, 1
00027A 50                  PUSH            ax
00027B B8E803              MOV             ax, 3E8h
00027E 50                  PUSH            ax
00027F E813FF              CALL  near ptr proc_1
000282 BFEC08              MOV             di, 8ECh
000285 1E                  PUSH            ds
000286 57                  PUSH            di
000287 9A1E089C00          CALL   far ptr CRLF
00028C 9A77029C00          CALL   far ptr PostIO
000291 C706D0070100        MOV   word ptr [7D0h], 1
000297 EB04                JMP             L3
00029D BFEC08          L3: MOV             di, 8ECh
0002A0 1E                  PUSH            ds
0002A1 57                  PUSH            di
0002A2 8B3ED007            MOV             di, [7D0h]
0002A6 D1E7                SHL             di, 1
```

```
061 0002A8 8B85FEFF          MOV            ax, [di-2]
062 0002AC 99                CWD
063 0002AD 52                PUSH           dx
064 0002AE 50                PUSH           ax
065 0002AF B80800            MOV            ax, 8
066 0002B2 50                PUSH           ax
067 0002B3 9A25099C00        CALL  far ptr  WriteInt
068 0002B8 9A37089C00        CALL  far ptr  PostWrite
069 0002BD 9A77029C00        CALL  far ptr  PostIO
070 0002C2 813ED007E803      CMP  word ptr  [7D0h], 3E8h
071 0002C8 75CF              JNE            L4
072 0002CA 89EC              MOV            sp, bp
073 0002CC 31C0              XOR            ax, ax
074 0002CE 9AF3019C00        CALL  far ptr  EXIT
075 0002D3 0000              ADD            [bx+si], al
076 0002D5 0000              ADD            [bx+si], al
077 0002D7 0000              ADD            [bx+si], al
078 0002D9 0000              ADD            [bx+si], al
079 0002DB 0000              ADD            [bx+si], al
080 0002DD 0000              ADD            [bx+si], al
081 0002DF 0089E5E8          ADD            [bx+di-171Bh], cl
082 0002E3 2900              SUB            [bx+si], ax
083 0002E5 BFEC07            MOV            di, 7ECh
084 0002E8 1E                PUSH           ds
085 0002E9 57                PUSH           di
086 0002EA 0E                PUSH           cs
087 0002EB E86B03            CALL near ptr  ASSIGNCRT
088 0002EE BFEC07            MOV            di, 7ECh
089 0002F1 1E                PUSH           ds
090 0002F2 57                PUSH           di
091 0002F3 9AD5049C00        CALL  far ptr  UNKNOWN118
092 0002F8 BFEC08            MOV            di, 8ECh
093 0002FB 1E                PUSH           ds
094 0002FC 57                PUSH           di
095 0002FD 0E                PUSH           cs
096 0002FE E85803            CALL near ptr  ASSIGNCRT
097 000301 BFEC08            MOV            di, 8ECh
098 000304 1E                PUSH           ds
099 000305 57                PUSH           di
100 000306 9ADA049C00        CALL  far ptr  UNKNOWN11C
101 00030B 89EC              MOV            sp, bp
102 00030D CB                RETF
103 000299 FF06D007      L4: INC  word ptr  [7D0h]
104                        JMP          L3            ;Synthetic inst
105 000228 FF06D007      L2: INC  word ptr  [7D0h]
106                        JMP          L1            ;Synthetic inst

    main  ENDP

    proc_1  PROC  NEAR
000 000195 55                PUSH           bp
001 000196 89E5              MOV            bp, sp
002 000198 31C0              XOR            ax, ax
003 00019A 9AAD029C00        CALL  far ptr  STACKCHK
004 00019F FF7606            PUSH word ptr  [bp+6]
005 0001A2 FF7604            PUSH word ptr  [bp+4]
```

```
006 0001A5 55                    PUSH            bp
007 0001A6 E8D7FE                CALL  near ptr  proc_2
008 0001A9 89EC                  MOV             sp, bp
009 0001AB 5D                    POP             bp
010 0001AC C20800                RET             8

    proc_1  ENDP

    proc_2  PROC   NEAR
000 000080 55                    PUSH            bp
001 000081 89E5                  MOV             bp, sp
002 000083 B80800                MOV             ax, 8
003 000086 9AAD029C00            CALL   far ptr  STACKCHK
004 00008B 83EC08                SUB             sp, 8
005 00008E 8B4608                MOV             ax, [bp+8]
006 000091 8946F8                MOV             [bp-8], ax
007 000094 8B4606                MOV             ax, [bp+6]
008 000097 8946FA                MOV             [bp-6], ax
009 00009A 8B4608                MOV             ax, [bp+8]
010 00009D 034606                ADD             ax, [bp+6]
011 0000A0 99                    CWD
012 0000A1 B90200                MOV             cx, 2
014 0000A4 F7F9                  IDIV            cx
016 0000A6 D1E0                  SHL             ax, 1
017 0000A8 8B7E04                MOV             di, [bp+4]
018 0000AB 36C47D08              LES             di, dword ptr ss:[di+8]
019 0000AF 03F8                  ADD             di, ax
020 0000B1 268B45FE              MOV             ax, es:[di-2]
021 0000B5 8946FC                MOV             [bp-4], ax
022 0000B8 8B46F8            L5: MOV             ax, [bp-8]
023 0000BB D1E0                  SHL             ax, 1
024 0000BD 8B7E04                MOV             di, [bp+4]
025 0000C0 36C47D08              LES             di, dword ptr ss:[di+8]
026 0000C4 03F8                  ADD             di, ax
027 0000C6 268B45FE              MOV             ax, es:[di-2]
028 0000CA 3B46FC                CMP             ax, [bp-4]
029 0000CD 7D09                  JGE             L6
030 0000CF 8B46F8                MOV             ax, [bp-8]
031 0000D2 40                    INC             ax
032 0000D3 8946F8                MOV             [bp-8], ax
033 0000D6 EBE0                  JMP             L5
034 0000D8 8B46FA            L6: MOV             ax, [bp-6]
035 0000DB D1E0                  SHL             ax, 1
036 0000DD 8B7E04                MOV             di, [bp+4]
037 0000E0 36C47D08              LES             di, dword ptr ss:[di+8]
038 0000E4 03F8                  ADD             di, ax
039 0000E6 268B45FE              MOV             ax, es:[di-2]
040 0000EA 3B46FC                CMP             ax, [bp-4]
041 0000ED 7E09                  JLE             L7
042 0000EF 8B46FA                MOV             ax, [bp-6]
043 0000F2 48                    DEC             ax
044 0000F3 8946FA                MOV             [bp-6], ax
045 0000F6 EBE0                  JMP             L6
046 0000F8 8B46F8            L7: MOV             ax, [bp-8]
047 0000FB 3B46FA                CMP             ax, [bp-6]
048 0000FE 7F5C                  JG              L8
```

```
000100 8B46F8            MOV              ax, [bp-8]
000103 D1E0              SHL              ax, 1
000105 8B7E04            MOV              di, [bp+4]
000108 36C47D08          LES              di, dword ptr ss:[di+8]
00010C 03F8              ADD              di, ax
00010E 268B45FE          MOV              ax, es:[di-2]
000112 8946FE            MOV              [bp-2], ax
000115 8B46FA            MOV              ax, [bp-6]
000118 D1E0              SHL              ax, 1
00011A 8B7E04            MOV              di, [bp+4]
00011D 36C47D08          LES              di, dword ptr ss:[di+8]
000121 03F8              ADD              di, ax
000123 268B55FE          MOV              dx, es:[di-2]
000127 8B46F8            MOV              ax, [bp-8]
00012A D1E0              SHL              ax, 1
00012C 8B7E04            MOV              di, [bp+4]
00012F 36C47D08          LES              di, dword ptr ss:[di+8]
000133 03F8              ADD              di, ax
000135 268955FE          MOV              es:[di-2], dx
000139 8B56FE            MOV              dx, [bp-2]
00013C 8B46FA            MOV              ax, [bp-6]
00013F D1E0              SHL              ax, 1
000141 8B7E04            MOV              di, [bp+4]
000144 36C47D08          LES              di, dword ptr ss:[di+8]
000148 03F8              ADD              di, ax
00014A 268955FE          MOV              es:[di-2], dx
00014E 8B46F8            MOV              ax, [bp-8]
000151 40                INC              ax
000152 8946F8            MOV              [bp-8], ax
000155 8B46FA            MOV              ax, [bp-6]
000158 48                DEC              ax
000159 8946FA            MOV              [bp-6], ax
00015C 8B46F8       L8:  MOV              ax, [bp-8]
00015F 3B46FA            CMP              ax, [bp-6]
000162 7F03              JG               L9
000164 E951FF            JMP              L5
000167 8B4608       L9:  MOV              ax, [bp+8]
00016A 3B46FA            CMP              ax, [bp-6]
00016D 7D0C              JGE              L10
00016F FF7608            PUSH  word ptr   [bp+8]
000172 FF76FA            PUSH  word ptr   [bp-6]
000175 FF7604            PUSH  word ptr   [bp+4]
000178 E805FF            CALL  near ptr   proc_2
00017B 8B46F8       L10: MOV              ax, [bp-8]
00017E 3B4606            CMP              ax, [bp+6]
000181 7D0C              JGE              L11
000183 FF76F8            PUSH  word ptr   [bp-8]
000186 FF7606            PUSH  word ptr   [bp+6]
000189 FF7604            PUSH  word ptr   [bp+4]
00018C E8F1FE            CALL  near ptr   proc_2
00018F 89EC         L11: MOV              sp, bp
000191 5D                POP              bp
000192 C20600            RET              6
    proc_2  ENDP
```

Wie aus den in der Abbildung am linken Rand wiedergegebenen Hexadezimalzahlen leicht erkennbar ist, handelt es sich dabei im Grund bloß um eine andere Form der Darstellung des Object Codes. Ein mit der Assembler-Sprache des Zielsystems vertrauter Programmierer kann daraus schon einige Rückschlüsse auf den Source Code ziehen; bis er allerdings ein diesem auch nur annähernd ähnliches Programm-Listing in der ursprünglich verwendeten höheren Programmiersprache erhält, bedarf es noch enormer Anstrengungen.

4. Aufgabe und Aufbau eines Decompilers

10 Es liegt nahe, den aufwändigen Prozess des Dekompilierens[457] durch den Einsatz entsprechender Software zu automatisieren. So wurden bereits Anfang der sechziger Jahre – ein Jahrzehnt nach den ersten Compilern – sog **Decompiler** entwickelt[458].

Aufgabe eines solchen Systems ist es, ein Programm in Maschinensprache einzulesen und in ein gleichbedeutendes Programm in einer höheren Programmiersprache zu übersetzen. Da es sich dabei um die Umkehrung des von einem Compiler zu bewirkenden Vorgangs handelt, wird für Decompiler auch die Bezeichnung *„Reverse Compiler"* verwendet. Der Aufbau eines Decompilers entspricht tatsächlich weitgehend demjenigen eines Compilers, da für die Programmanalyse sehr ähnliche Techniken verwendet werden. Während aber jedes den syntaktischen Regeln einer höheren Programmiersprache genügende Programm durch einen entsprechenden Compiler automatisch kompiliert werden kann, ist – wie schon dargestellt – die Prozedur des Dekompilierens auf Grund theoretischer und praktischer Probleme nur eingeschränkt möglich[459]. In jüngster Zeit wurden aber bedeutende Fortschritte auf dem Gebiet des „Decompiler-Baus" erzielt[460], so dass Dekompilieren zwar immer noch eine anspruchsvolle und aufwändige Aufgabe für erfahrene Software-Ingenieure darstellt, wegen der weitgehenden maschinellen Unterstützung aber in weiten Bereichen machbar ist. So werden durch moderne Decompiler-Systeme Folgen von Maschinesprachebefehlen (Idiome) erkannt, die auf einen bestimmten Befehl oder ein Konstrukt in der (höheren) Ziel-Programmiersprache (die ja auch Ausgangssprache war) zurückgehen. Weiters können durch Datenflussanalysen *register*- und *flag*-bezogene Operationen festgestellt und eliminiert werden, die in der höheren Programmiersprache keine Entsprechung haben. Durch die Verwendung indirekter oder indizierter Speicheradressierung entstehende Probleme werden mittels heuristischer Methoden gelöst. Schließlich ist es mit Hilfe von graphen-theoretischen

---

457 Vgl *Swanke*, The Art of Reverse Engineering, Computer language 8/6 (1991) 57.

458 *Halstead*, Machine-independent computer programming, Washington (1962) 143 ff, berichtet über den „D-Neliac-Decompiler", der 1960 von *Donnelly* und *Englander* am Navy Electronics Laboratory konstruiert wurde.

459 Vgl *Lietz*, CR 1991, 566, der unter Berufung auf weitere Quellen angibt, dass 75 % bis 98 % des ursprünglichen Maschinencodes dekompiliert werden können, dass aber eine vollständige Dekompilierung im Allgemeinen nicht zu erreichen ist.

460 *Breuer/Bowen*, Decompilation: the enumeration of types and grammars, ACM Transactions on Programming Languages and Systems, 16/5 (1994) 1613, beschreiben, wie auf der Grundlage von Attribut-Grammatiken und funktionalem Programmieren Decompiler aus den Grammatiken der Source- und der Object-Sprache generiert werden können.

Verfahren möglich, die Programmstruktur zu ermitteln und in Konstrukte der Zielsprache (Schleifen, Verzweigungen etc) umzusetzen[461].

5. Dekompiliertes Beispielprogramm

Der Prototyp eines leistungsfähigen Decompilers[462] übersetzt den Object Code des Beispielprogramms in folgende Form: **11**

```
/*
 * Input file     : qsort2.exe
 * File type      : EXE
 */

#include "dcc.h"


 proc_2 (int arg0, int arg1, int arg2)
/* Takes 6 bytes of parameters.
 * High-level language prologue code.
 * Pascal calling convention.
 */
{
int loc1;
int loc2;
int loc3;
int loc4;
int loc5; /* di */

    STACKCHK ();
    loc1 = arg0;
    loc2 = arg1;
    loc5 = (arg2 + (((arg0 + arg1) / 2) << 1));
    loc3 = es[di-2];
    loc5 = (arg2 + (loc1 << 1));

    while ((es[di-2] < loc3)) {
        loc1 = (loc1 + 1);
l1:     loc5 = (arg2 + (loc1 << 1));
    }/* end of while */
    loc5 = (arg2 + (loc2 << 1));

    while ((es[di-2] > loc3)) {
        loc2 = (loc2 - 1);
```

[461] Vgl *Cifuentes/Gough*, Decompilation of Binary Progams, Software – Practice & Experience 25 (1995) 811 (= http://www.it.uq.edu.au/~cristina/spe.ps).

[462] Der Decompiler „dcc" dekompiliert *.EXE-Dateien für Intel-Prozessoren in die höhere Programmiersprache C und ist das Ergebnis einer hervorragenden Dissertation (*Cifuentes*, Reverse Compilation Techniques, Queensland University of Technology, PhD thesis [1994], ftp://ftp.it.uq.edu.au/pub/CSM/dcc/decompilation _thesis.ps.gz). Diese in Umsetzung der in der Dissertation entwickelten Methoden entstandene Software kann in abläuffähiger Form und im Source Code von ftp://ftp.it.uq.edu.au/pub/CSM/dcc/ bezogen werden.

```
        loc5 = (arg2 + (loc2 << 1));
    }/* end of while */

    if (loc1 <= loc2) {
        loc5 = (arg2 + (loc1 << 1));
        loc4 = es[di-2];
        loc5 = (arg2 + (loc2 << 1));
        loc5 = (arg2 + (loc1 << 1));
        es[di-2] = es[di-2];
        loc5 = (arg2 + (loc2 << 1));
        es[di-2] = loc4;
        loc1 = (loc1 + 1);
        loc2 = (loc2 - 1);
    }
        goto L1;
    }
    else {

        if (arg0 < loc2) {
            proc_2 (arg2, loc2, arg0);
        }

        if (loc1 < arg1) {
            proc_2 (arg2, arg1, loc1);
        }
        return (var01B00);
    }
}


 proc_1 (int arg0, int arg1)
/* Takes 4 bytes of parameters.
 * High-level language prologue code.
 * Pascal calling convention.
 */
{
int loc1; /* bp */

    STACKCHK ();
    proc_2 (loc1, arg1, arg0);
    return (var01B00);
}


void main ()
/* Takes no parameters.
 */
{
int loc1;
int loc2; /* ax */
long loc3; /* dx:ax */
char loc4; /* al */
char loc5; /* cl */

    INITIALISE ();
```

```
    UNIT_INIT_2 ();
    loc1 = 0x8EC;
    loc1 = 303;
    WriteString ();
    PostWrite ();
    PostIO ();
    Randomize ();
    var01B00 = 1;

    for (;;) {
        Random ();
        loc1 = var01B00;
        loc1 = (loc1 << 1);
        ds[di-2] = loc2;

        if (var01B00 == 0x3E8) {
13:         loc1 = 0x8EC;
            CRLF ();
            PostIO ();
            loc1 = 0x8EC;
            loc1 = 341;
            WriteString ();
            PostWrite ();
            PostIO ();
            loc1 = 0;
            proc_1 (0x3E8, 1);
            loc1 = 0x8EC;
            CRLF ();
            PostIO ();
            var01B00 = 1;

            for (;;) {
                loc1 = 0x8EC;
                loc1 = var01B00;
                loc1 = (loc1 << 1);
                loc3 = ds[di-2];
                WriteInt ();
                PostWrite ();
                PostIO ();

                if (var01B00 == 0x3E8) {
12:                 EXIT ();
                    ds[bx+si] = (ds[bx+si] + loc4);
                    ds[bx+si] = (ds[bx+si] + loc4);
                    ds[bx+si] = (ds[bx+si] + loc4);
                    ds[bx+si] = (ds[bx+si] + loc4);
                    ds[bx+si] = (ds[bx+si] + loc4);
                    ds[bx+si] = (ds[bx+si] + loc4);
                    ds[bx+di-0x171B] = (ds[bx+di-0x171B] + loc5);
                    ds[bx+si] = (ds[bx+si] - LO(loc3));
                    loc1 = 0x7EC;
                    ASSIGNCRT ();
                    loc1 = 0x7EC;
                    UNKNOWN118 ();
                    loc1 = 0x8EC;
```

```
                    ASSIGNCRT ();
                    loc1 = 0x8EC;
                     UNKNOWN11C (loc1, loc1, loc1, loc1, 8, LO(loc3),
                     HI(loc3), loc1, loc1, loc1, 0, loc1, loc1, loc1,
                     0x7530, 0, loc1);
                }
                else {
                    var01B00 = (var01B00 + 1);
                }
            }    /* end of loop */
            goto L2;
        }
        else {
            var01B00 = (var01B00 + 1);
        }
    }/* end of loop */
    goto L3;
}
Zusätzlich wird die Programmstruktur wie folgt angegeben:
main
   INITIALISE
   UNIT_INIT_2
   WriteString
   PostWrite
   PostIO
   Randomize
   Random
   CRLF
   proc_1
      STACKCHK
      proc_2
         STACKCHK
         proc_2
   WriteInt
   EXIT
   ASSIGNCRT
   UNKNOWN118
   UNKNOWN11C
```

Daraus ist unmittelbar ersichtlich, dass das Programm zwei Prozeduren enthält, wobei sich die zweite in Form einer Rekursion selbst aufruft. Obwohl der hier verwendete Decompiler nicht in *Pascal*, also in die Ausgangssprache des Beispielprogamms, sondern in C „rückübersetzt“, ist das Dekompilat für einen Programmierer vermutlich übersichtlicher, als der oben durch Entfernen der Kommentare und Verändern der Veriablenbezeichnungen entstellte ursprüngliche Source Code. Es wird ihm daher leicht fallen, das Programm als Implementation des *Quick-Sort*-Algorithmus zu identifizieren.

Artikel 7 Besondere Schutzmaßnahmen

(Walter)

Übersicht

Text

Artikel 7 Besondere Schutzmaßnahmen

(1) Unbeschadet der Artikel 4, 5 und 6 sehen die Mitgliedstaaten gemäß ihren innerstaatlichen Rechtsvorschriften geeignete Maßnahmen gegen Personen vor, die eine der nachstehend unter den Buchstaben a), b) und c) aufgeführten Handlungen begehen:
  a) Inverkehrbringen einer Kopie eines Computerprogramms, wenn die betreffende Person wußte oder Grund zu der Annahme hatte, daß es sich um eine unerlaubte Kopie handelt;
  b) Besitz einer Kopie eines Computerprogramms für Erwerbszwecke, wenn diese betroffene Person wußte oder Grund zu der Annahme hatte, daß es sich um eine unerlaubte Kopie handelt;
  c) das Inverkehrbringen oder der Erwerbszwecken dienende Besitz von Mitteln, die allein dazu bestimmt sind, die unerlaubte Beseitigung oder Umgehung technischer Programmschutzmechanismen zu erleichtern.

(2) Jede unerlaubte Kopie eines Computerprogrammes kann gemäß den Rechtsvorschriften des betreffenden Mitgliedstaats beschlagnahmt werden.

(3) Die Mitgliedstaaten können die Beschlagnahme der in Absatz 1 Buchstaben c) genannten Mittel vorsehen.

Kommentar

1. Entstehungsgeschichte

1 Im **Grünbuch** wurden besondere Schutzmaßnahmen noch nicht erörtert. Hingewiesen wurde allerdings auf besondere Beweisschwierigkeiten im Zusammenhang mit dem Schutz von Computerprogrammen (Punkte 5.6.30. und 5.6.31.). Da das Urheberrecht nicht die einem Werk zu Grunde liegenden Ideen, sondern nur deren konkrete Ausdrucksform schützt, sei ein Vergleich der fraglichen Werke in ihrer endgültigen Form erforderlich; dies sei bei Computerprogrammen für das

Gericht aber schwierig, zumal Programme in verschiedenen Formen auftreten können, und der Verletzte meist nicht zu jener Programmversion (Source Code) Zugang hat, die ihm eine Prüfung der Ähnlichkeit (*similarity*) ermöglicht. Um diesen praktischen Schwierigkeiten zu begegnen, hat das Grünbuch die **Umkehr der Beweislast** für den Fall vorgeschlagen, dass der Verletzte dem Gericht die verschiedenen Versionen des von ihm geschaffenen Programms zugänglich macht, und den **Beweis des ersten Anscheins** (*prima facie*) für eine Rechtsverletzung erbringt. Ein solcher Anscheinsbeweis könne etwa durch identische Ergebnisse, die mit denselben Methoden erreicht werden, oder dadurch erbracht werden, dass der mögliche Verletzer Zugang zum Programm des Verletzten hatte. Diese Vorschläge wurden in weiterer Folge aber nicht aufgegriffen.

2 Der ursprüngliche **RL-Vorschlag** stellte in Art 6 Abs 1 unter der Überschrift „Sekundäre Verletzung“ zunächst den Begriff der Verbreitung nach Art 4 lit c dahingehend klar, dass auch die **Einfuhr**, der **Besitz** und **Transaktionen** (der Handel) von bzw mit unerlaubten Programmkopien eine Rechtsverletzung darstellen, wenn der Betreffende weiß oder Grund zu der Annahme hat, dass es sich um eine das Schutzrecht verletzende Kopie des Programms handelt. Die Begründung (2. Teil Punkt 6.1.) wies dazu darauf hin, dass eine entsprechende Klarstellung im Hinblick auf die Leichtigkeit, mit der unerlaubte Programmkopien elektronisch und ohne Hinterlassung von Spuren – auch über nationale Grenzen hinweg – übertragen werden können, erforderlich sei. Unter Transaktionen wurden dabei alle Formen der Verbreitung und der Beteiligung hieran verstanden, wobei ausdrücklich auf den Verkauf, das Angebot zum Verkauf, die Entgegennahme, die Weiterleitung und die Speicherung von Kopien hingewiesen wurde. Art 6 Abs 2 RL-Vorschlag sah auch bereits einen besonderen Schutz von **Programmschutzmechanismen** vor; die Herstellung, die Einfuhr, der Besitz und Transaktionen mit solchen Artikeln sollten gleichfalls eine Verletzung der Ausschließlichkeitsrechte des Urhebers darstellen (Punkt 6.2.).

3 Der **Wirtschafts- und Sozialausschuss** regte in diesem Zusammenhang an, den Begriff der „Verletzung“ dahingehend zu präzisieren, dass es sich nicht notwendig um strafrechtliche Sanktionen handeln muss (Punkt 3.7.). Das Europäische Parlament erstattete in diesem Zusammenhang keine Änderungsvorschläge; der **geänderte RL-Vorschlag** (Art 6) blieb unverändert. Die endgültige Fassung weicht in der Textierung aber ganz wesentlich ab, differenziert zwischen dem Inverkehrbringen und dem bloßen Besitz einer unerlaubten Programmkopie und verankert ergänzend und zwingend (Art 7 Abs 2) die Möglichkeit einer Beschlagnahme jeder unerlaubten Programmkopie.

2. Auslegungsprobleme

4 Das Verständnis des Art 7 bereitet schon deshalb Schwierigkeiten, weil die im Zug seiner **Entstehungsgeschichte** vorgenommenen Änderungen in den Materialien keinen nachvollziehbaren Niederschlag gefunden haben. Der RL-Vorschlag in seiner ursprünglichen und auch in seiner geänderten Fassung hatte im Wesentlichen eine Präzisierung und Ergänzung der dem Urheber eines Computerprogramms zuerkannten **Ausschließlichkeitsrechte** (Art 4) zum Ziel. Lässt man die Vorschrift betreffend technische Programmschutzvorrichtungen (Art 6

Abs 2 RL-Vorschlag) zunächst beiseite, stellte allerdings nur der **Besitz** unerlaubter Programmkopien eine echte Ergänzung des Verbreitungsrechts nach Art 4 lit c dar. Die Einfuhr, die gleichfalls eine Klarstellung bedeutet hätte, wurde im RL-Vorschlag und im geänderten RL-Vorschlag schon in Art 4 lit c selbst ausdrücklich erwähnt, so dass es einer Ergänzung in Art 7 (damals Art 6) nicht bedurfte; im endgültigen Richtlinientext scheint sie aber nicht mehr auf. Die weiters angeführten Transaktionen bzw der Handel mit unerlaubten Programmkopien waren gleichfalls schon vom Verbreitungsrecht erfasst, wobei in Art 4 lit c des ursprünglichen und des geänderten RL-Vorschlags ausdrücklich auch auf den Verkauf, die Lizenzierung, das Leasing, den Verleih und – wie bereits erwähnt – die Einfuhr für diese Zwecke hingewiesen wurde. Ergänzend führte die Begründung auch das Anbieten (Feilbieten), die Entgegennahme und die Weiterleitung ausdrücklich als Verbreitungshandlungen an (2. Teil Punkt 6.1.), wobei letztere aber mit dem ausdrücklichen Hinweis auf die „Übertragung“ schon vom Vervielfältigungsrecht nach Art 4 lit a erfasst war. Allerdings waren alle diese Handlungen nach dem ursprünglichen Konzept der Richtlinie nur bei Vorliegen eines **Verschuldens** relevant. Dieser subjektive Aspekt passt aber wieder schlecht zu einer schlichten Präzisierung bzw Ergänzung der in Art 4 gewährleisteten Ausschließlichkeitsrechte, die zumindest hinsichtlich eines Kernbereichs von Ansprüchen (zB Unterlassung und Beseitigung) als verschuldensunabhängig zu verstehen sein werden.

Dieses unklare **systematische Konzept** mag seine Erklärung darin finden, dass die Aufspaltung zwischen dem Vervielfältigungsrecht einerseits und dem Verbreitungsrecht anderseits dem französischen und belgischen Urheberrecht fremd ist. Das *droit de reproduction* umfasst nach diesen Rechtsordnungen sowohl die Vervielfältigung als auch die weitere Verfügung über die Vervielfältigungsstücke (Verbreitung), ohne dass nach dem traditionellen Konzept dieser Rechtsordnungen ein eigener Verwertungstatbestand der Verbreitung (*mise en circulation*) vorgesehen wäre[463]. Im Hinblick auf diese Rechtstradition mag eine Präzisierung des auch von der Richtlinie gesondert gewährten Verbreitungsrechts (Art 4 lit c) ein besonderes Anliegen gewesen sein; ausdrückliche Hinweise hierauf fehlen allerdings in den Materialien. **5**

3. Ausschließlichkeitsrechte und Rechtsschutz

In der endgültigen Fassung des Art 7 wurde diese systematische Ungenauigkeit zum Teil, allerdings nicht zur Gänze beseitigt. Die Vorschrift erhielt die neue Überschrift „Besondere Schutzmaßnahmen“ und enthält keinen Hinweis mehr darauf, dass es sich dabei um eine Präzisierung bzw Ergänzung der in Art 4 gewährten Ausschließlichkeitsrechte handelt. Art 7 Abs 1 setzt sich vielmehr durch die einleitende **Unbeschadet-Klausel** („Unbeschadet der Artikel 4, 5 und 6 sehen die Mitgliedstaaten ...“) von den in Art 4 vorgesehenen Ausschließlichkeitsrechten (und den Ausnahmen hiervon) ausdrücklich ab. Art 7 wird deshalb weniger als Auslegung (Präzisierung) der in Art 4 verankerten Ausschließlichkeitsrechte, sondern vielmehr als **Ergänzung** dieser Rechte zu verstehen sein. **6**

[463] Vgl dazu *Walter* Rz 58 Info-RL.

Für diese Auslegung sprechen auch die Änderungen, die Art 4 lit c selbst erfahren hat. Während der RL-Vorschlag ebenso wie der geänderte das Ausschließlichkeitsrecht der Verbreitung eines Computerprogramms auf die angeführten Fälle des Verkaufs, des Leasing, des Vermietens und der Einfuhr für diese Zwecke (sowie der Lizenzierung) beschränkt hatte, ist nun von „jeder Form der öffentlichen Verbreitung" die Rede, wobei hinzugefügt wird, dass das Verbreitungsrecht auch das Vermieten umfasst[464]. Durch den ausdrücklichen Hinweis auf jede Form der Verbreitung werden die früher ausdrücklich genannten Fälle des Verkaufs, des Leasing und des Vermietens ebenso erfasst wie alle anderen denkbaren Verbreitungsformen und Beteiligungen hieran, wie sie die Begründung zum RL-Vorschlag angeführt hatte (Anbieten, Entgegennahme etc)[465].

7 Hinzu kommt der – aus der Sicht des österr und deutschen Urheberrechts – eher selbstverständliche Hinweis des Art 4 lit c darauf, dass sich das Verbreitungsrecht nicht nur auf das Original eines Programms, sondern auch auf **Programmkopien** bezieht. Auch insoweit wurde die Präzisierung des Verbreitungsrechts aus der Sonderbestimmung über „sekundäre Verletzungen" in den endgültigen Text des Art 4 lit c überstellt.

8 Fraglich könnte dies nur hinsichtlich der **Einfuhr** sein. Beim Import handelt es sich um einen Teiltatbestand der Verbreitung, weshalb die Einfuhr jedenfalls eine Mitwirkung an der gesamten Verbreitungshandlung darstellt. Eine „Tatbestandsverkürzung" auf die Einfuhr als solche verselbständigt aber den Teil der Verbreitungstätigkeit, der bloß im Import (unerlaubter Programmkopien) besteht, was die Rechtsverfolgung in zweierlei Hinsicht erleichtert: Einmal ist der Einführende selbst Haupttäter und nicht nur Gehilfe, zum anderen wird die Lösung der Frage des anwendbaren Rechts dadurch erleichtert, dass auf die Einfuhrhandlung jedenfalls das Recht im Importland anzuwenden ist, und insoweit der kollisionsrechtlichen Problematik die Spitze genommen wird[466].

Ob nach der Richtlinie die bloße Einfuhr zwingend als selbständige Verbreitungshandlung anzusehen ist, erscheint fraglich. Die Eliminierung dieses Tatbestands aus Art 4 lit c und aus Art 7 (einschließlich desjenigen betreffend Programmschutzvorrichtungen) spricht gegen eine solche Annahme, die allgemeine Formulierung „jede Form der öffentlichen Verbreitung" (Art 4 lit c) und die Verwendung des umfassenden Begriffs des „Inverkehrbringens" (Art 7 Abs 1 lit a und c) in Verbindung mit der Überlegung, dass auch andere Beispiele eliminiert wurden, bei welchen es sich eindeutig um Verbreitung handelte, sprechen eher dafür. Da die endgültige Fassung dieser Bestimmung in Verbindung

---

464 Vgl zur Begriffsbestimmung auch ErwG 16. Nach der Software-RL ist das Verbreitungsrecht deshalb nicht auf ein Inverkehrbringen im Weg der Eigentumsübertragung beschränkt.

465 Die „Weiterleitung" (*transmission*) wird allerdings ausdrücklich von Art 4 lit a der Richtlinie erfasst und offensichtlich dem Vervielfältigungsrecht zugeordnet, was sich aus der bei der digitalen Übertragung notwendig entstehenden Vervielfältigung erklären lässt.

466 Vgl dazu *Walter,* Anm zu OGH 10.11.1992 – „Macht und Magie" MR 1995, 55 (die E ist auch in EvBl 1993/58 und ecolex 1993, 159 abgedruckt). Siehe auch *Walter* Art 1 Rz 30ff PPV.

mit den in Art 4 lit c angebrachten Änderungen eher eine umfassende Regelung vor Augen hatte, und die Einfuhr in der Entstehungsgeschichte ausdrücklich angesprochen wurde, erscheint die Annahme, dass der Verbreitungsbegriff der Richtlinie auch die Einfuhr umfasst, mit guten Gründen vertretbar. Der Sondertatbestand der Einfuhr hat im Übrigen in zahlreichen Urheberrechtsgesetzen, insbes in der Urheberrechtsgesetzgebung Frankreichs eine bis ins vorige Jahrhundert zurück reichende Tradition, und wird in Art 2 Genfer Tonträgerabkommen ausdrücklich erwähnt[467].

4. Inverkehrbringen von Programmkopien (Abs 1 lit a)

Die endgültige Fassung des Art 7 Abs 1 unterscheidet nun drei recht unterschied- **9**
liche Fälle, für welche die Mitgliedstaaten geeignete zusätzliche Maßnahmen vorsehen müssen. Lit a spricht weiterhin einen Fall der schon in Art 4 lit c geregelten Verbreitung durch **Inverkehrbringen** unerlaubter Programmkopien an. Das Inverkehrbringen unerlaubter Kopien ist dem Urheber als Verbreitungshandlung schon nach dieser Vorschrift ohne Rücksicht darauf vorbehalten, ob der Verletzer wusste oder Grund zu der Annahme hatte, dass es sich um eine unerlaubte Kopie handelt. Zwar ist die Ausgestaltung der Ausschließlichkeitsrechte und der Verletzungsfolgen im Einzelnen dem innerstaatlichen Gesetzgeber vorbehalten; es ist aber davon auszugehen, dass der Kernbereich der gewährten Ansprüche, insbes derjenige auf Unterlassung und Beseitigung nicht generell vom Vorliegen eines Verschuldens abhängig gemacht werden darf, wie dies in Art 7 Abs 1 lit a aber der Fall ist. Die Bestimmung lässt sich deshalb nur im Sinn **zusätzlicher Schutzmaßnahmen** für den Fall **schuldhaften Inverkehrbringens** von Programmkopien deuten[468], wofür auch die gewählte Überschrift „Besondere Schutzmaßnahmen" spricht.

Welcher Art diese besonderen Schutzmaßnahmen sein müssen, schreibt die **10**
Richtlinie nicht vor. Allerdings wird man jedenfalls im Zusammenhang mit lit a eher von **strafrechtlichen** (oder verwaltungsstrafrechtlichen) Maßnahmen ausgehen müssen, da die üblichen zivilrechtlichen Verletzungsfolgen wie Unterlassung (Urteilsveröffentlichung), Beseitigung, angemessenes Entgelt (fiktive Lizenzgebühr) und Schadenersatz trotz der Gestaltungsfreiheit des nationalen Gesetzgebers nach dem Schutzstandard der Mitgliedstaaten grundsätzlich schon aus Art 4 lit c folgen werden[469]. Die Formel „wusste oder Grund zu der Annahme hatte" umfasst auch die **fahrlässige** Verletzung des Verbreitungsrechts und nicht bloß Vorsatz und bedingten Vorsatz (*dolus eventualis*).

5. Besitz unerlaubter Programmkopien (Abs 1 lit b)

Die Pönalisierung des **Besitzes** unerlaubter Programmkopien (Art 7 Abs 1 lit b) **11**
stellt dagegen eine echte Ergänzung der Verwertungstatbestände des Art 4 dar.

[467] Vgl dazu auch *Walter* Info-RL Rz 64f.

[468] Vgl *Walter* in *Blocher/Walter*, Softwareschutz 54f; *Walter* in *Blocher/Walter*, Anpassungserfordernisse 624f.

[469] Die Vorsehung bloß eines verschuldensabhängigen zivilrechtlichen Schadenersatzanspruchs wird deshalb im Licht des Art 7 Abs 1 lit a nicht ausreichen.

Denn der Besitz von Eingriffsgegenständen ist für sich weder als Vervielfältigung noch als Verbreitung zu werten[470]. Das auch hier festgeschriebene Verschulden („wusste oder Grund zu der Annahme hatte") weist allerdings auch hier eher in den Bereich des Strafrechts. Dies umso mehr, als schon nach Art 7 Abs 2 die Beschlagnahme jeder unerlaubten Programmkopie gewährleistet sein muss, wobei Beschlagnahmemaßnahmen in Verbindung mit der hierfür meist erforderlichen Durchsuchung (*search and seizure*) in der Regel ohnehin nur im Strafverfahren vorgesehen oder realisierbar sind. Die Richtlinie dürfte deshalb auch für den qualifizierten Besitz eher die Vorsehung eines Straftatbestands vor Augen haben[471].

12 Der **vorwerfbare Besitz** unerlaubter Programmkopien ist aber nur unter der Voraussetzung zu sanktionieren, dass er **Erwerbszwecken** dient. Wer etwa unerlaubt hergestellte Vervielfältigungsstücke von Programmen bloß für private Zwecke besitzt, ist nach dieser Bestimmung nicht verfolgbar, auch wenn er wusste oder Grund zu der Annahme hatte, dass es sich um Raubkopien handelt. Die Vorschrift bezieht sich dessen ungeachtet nicht nur auf Händler, die unerlaubte Programmkopien zum Zweck der weiteren Verbreitung auf Lager halten, sondern auch auf jeden sonstigen Besitz zu Erwerbszwecken[472], wie etwa ganz allgemein im Bereich eines gewerblichen Unternehmens. Der qualifizierte Besitz unerlaubter Programmkopien ist nach dieser Vorschrift auch dann relevant, wenn eine Mittäterschaft des Besitzers, etwa beim Erwerb von „Raubkopien", nicht gegeben ist[473].

6. Programmschutzeinrichtungen

13 Das zum Besitz unerlaubter Programmkopien Gesagte gilt für Mittel entsprechend, die ausschließlich dazu bestimmt sind, die unerlaubte Beseitigung oder Umgehung technischer **Programmschutzmechanismen** zu erleichtern. Auch insoweit handelt es sich um eine echte Ergänzung der Verwertungstatbestände des Art 4, da der Besitz oder die Verbreitung solcher technischer Schutzmaßnahmen keine (unerlaubte) Verwertungshandlung darstellt, eine solche aber begünstigt. Die Einbeziehung einer solchen (technischen) **Begünstigung** von Rechtsverletzungen lehnt sich offensichtlich an die etwa aus dem anglo-amerikanischen Recht bekannte Haftung für Tatbeiträge und Beihilfe (*secondary infringement)* an[474]. Die Haftung

---

470 Vgl dazu auch Begründung Zweites Änderungsgesetz bei *M Schulze*, Materialien², 848.

471 *Czarnota/Hart*, Legal Protection 88, gehen offensichtlich davon aus, dass der innerstaatliche Gesetzgeber bei der Umsetzung der besonderen Schutzmaßnahmen generell in der Wahl der Mittel frei ist.

472 Zum Begriff der Erwerbszwecke siehe etwa *Walter*, Anm zu OGH 09.12.1997 – „Kunststücke" MR 1998, 72. Zum Begriff der Erwerbszwecke siehe etwa *Walter*, Anm zu OGH 09.12.1997 – „Kunststücke" MR 1998, 72 und *Walter*, Zur österreichischen Ausstellungsvergütung, KUR 2000, 45.

473 Vgl zu lit b ausführlich *Walter* in *Blocher/Walter*, Softwareschutz 55; *Walter* in *Blocher/Walter*, Anpassungserfordernisse 625 f.

474 Das amerikanische Deliktsrecht etwa unterscheidet zwischen unmittelbarer Täterschaft einerseits und Mittäterschaft sowie Beihilfe anderseits. Im Fall der Mittäterschaft (*contributory infringement*) liegt eine Förderung der Tat (eines anderen) vor, während im Fall der Beihilfe (*vicarious infringement*) eher von einer Förderung des Täters ausgegangen

für solche Tatbeiträge und eine Beihilfe zu Rechtsverletzungen ist im amerikanischen Recht verhältnismäßig streng und reicht in Einzelfällen bis zur Haftung für die Zurverfügungstellung der technischen Ausrüstung[475]. Die Richtlinie folgt diesem Konzept in Bezug auf Programmschutzvorrichtungen. Art 11 WCT 1996 hat diesen Gedanken allgemein auf technische Schutzmaßnahmen erweitert[476].

14 Die Bestimmung erstreckt sich auf alle Hilfsmittel, auch wenn ihr Einsatz allein nicht zum Erfolg führt, sondern diesen nur erleichtert. Die Eingriffshandlungen als solche sind denjenigen des Art 7 lit a und b nachgebildet (Inverkehrbringen oder Besitz zu Erwerbszwecken). Ein schuldhaftes Handeln wird hier jedoch nicht verlangt. Die Festlegung der für den Fall eines Inverkehrbringens oder eines Erwerbszwecken dienenden Besitzes solcher Mittel vorgesehenen **Sanktionen** steht den Mitgliedstaaten hier frei; die Vorsehung eines Straftatbestands wird nicht unbedingt erforderlich sein. Auch eine Beschlagnahme nach Art 7 Abs 2 Software-RL ist hier nicht zwingend vorgesehen (Art 7 Abs 3 Software-RL).

15 Fraglich könnte sein, ob es dem Rechtsinhaber gestattet ist, mit Hilfe von Programmschutzmechanismen auch **Nutzungshandlungen** zu beschränken, zu welchen der Anwender – insbes nach Art 5 Abs 1 Software-RL – berechtigt ist. Dies insbesondere dann, wenn es sich um den unverzichtbaren Kern der Befugnisse des Nutzers nach dieser Bestimmung handelt. Diese Fragestellung ist auch in den Diskussionen um den in Art 6 Info-RL vorgesehenen Rechtsschutz gegen technische Vorrichtungen oder Dienstleistungen zur Umgehung wirksamer technologischer Maßnahmen aktuell geworden. Grundsätzlich wird davon auszugehen sein, dass eine Sanktionierung technischer Programmschutzmechanismen nicht geboten ist, soweit diese den in der Richtlinie vorgesehenen Rechtebestand des Nutzers beschränken (Art 5 und 6 Software-RL)[477]. Allerdings mögen solche Programmschutzmechanismen die „bestimmungsgemäße Benutzung" eines Computerprogramms im Sinn des Art 5 Abs 1 mitbestimmen[478].

16 Nach Art 10 Abs 4 lit a der konsolidierten Fassung geänderter **Info-RL-Vorschlag 12.1999** sollte Art 7 Abs 1 lit c und die Bezugnahme auf diesen Unterabsatz zu Beginn des Art 7 Abs 1 Software-RL gestrichen und an dessen Stelle eine

---

wird, die eine (rechtliche bzw tatsächliche) Möglichkeit des Eingreifens und ein offensichtliches finanzielles Interesse an der Nutzung, jedoch keine Kenntnis (kein Bewusstsein) der Rechtswidrigkeit voraussetzt. Die Begründung Zweites Änderungsgesetz (bei *M Schulze*, Materialien², 850) weist im Zusammenhang mit Art 7 auch darauf hin, dass diese Bestimmung die Handschrift des britischen Urheberrechts tragen (siehe dazu auch *Loewenheim* in *Schricker* Kommentar² § 69f Rz 1).

475 Auch wenn im Fall Sony v Universal City Studios (464 U.S. 417 1984) eine Haftung des Produzenten von Videorecordern für damit vorgenommene unerlaubte Vervielfältigungen abgelehnt wurde, haben die Gerichte zB im Fall Sega Enterprises v Maphia (857 F Supp 679 ND Cal 1994) eine Mithaftung des Produzenten von Kopiereinrichtungen für Videospiele angenommen. Die im RL-Vorschlag gewählte Überschrift „Sekundäre Verletzung" macht die Parallele zum anglo-amerikanischen Recht noch deutlicher.

476 Vgl auch Art 18 WPPT und Art 6 Info-RL. Siehe dazu *Walter* Rz 151ff Info-RL.

477 So nach deutschem Recht für Sicherungskopien auch *Raubenheimer*, CR 1994, 131; *Raubenheimer*, CR 1996, 72. AA *Loewenheim* in *Schricker* Kommentar² § 69f Rz 11.

478 Vgl *Lehmann* in *Lehmann/Tapper*, Handbook II Germany 32; *Walter*, Handbook 48.

dem Art 6 geänderter Info-RL-Vorschlag entsprechende Bestimmung als Art 7a eingefügt werden[479]. Damit sollten die Regelungen der Software-RL mit den allgemeinen Bestimmungen über technische Schutzmaßnahmen übereingestimmt werden, was insbes auch für die Frage gelten sollte, ob die Sanktionen auch dann greifen, wenn die Umgehung technischer Schutzmaßnahmen nur durch Ausnahmen und Beschränkungen erlaubte Nutzungen ermöglichen soll (Art 6 Abs 4 Info-RL). Diese Angleichung wurde in der Fassung nach dem Gemeinsamen Standpunkt der Info-RL aber wieder fallen gelassen.

7. Beschlagnahme (Abs 2 und 3)

17 Schließlich schreibt die Richtlinie zwingend vor (Art 7 Abs 2), dass nach den Rechtsvorschriften der Mitgliedstaaten jede unerlaubte Programmkopie **beschlagnahmt** werden kann. Die Vorschrift ist allgemein gehalten und stellt auf jede unerlaubte Programmkopie ab, gleichviel ob sie (schon) in Verkehr gebracht wurde oder dazu bestimmt ist bzw ob der in Art 7 Abs 1 lit c geforderte qualifizierte Besitz vorliegt. Die Bestimmung deckt sich mit der gleichfalls umfassenden Vorschrift des Art 16 RBÜ 1967/71, wonach jedes unbefugt hergestellte Werkstück in den Verbandsländern, in denen das Originalwerk Anspruch auf gesetzlichen Schutz hat, beschlagnahmt werden kann (Abs 1), und zwar auch dann, wenn die Vervielfältigungsstücke aus einem Land stammen, in dem das Werk nicht oder nicht mehr geschützt ist (Abs 2). Darin klingt der **verbreitungsrechtliche Aspekt** des seit der Fassung Stockholm/Paris ausdrücklich verankerten **Vervielfältigungsrechts** (Art 9) bereits an[480], der nun in Art 6 WCT zu einem selbständigen Verbreitungsrecht ausgebaut wurde.

18 Unter Beschlagnahme ist zunächst ein **vorbeugender Rechtsschutz** zu verstehen, der in den Mitgliedstaaten gewährleistet sein muss. Die Beschlagnahme setzt aber auch einen **Beseitigungsanspruch** voraus, da die Möglichkeit bestehen muss, den vorbeugende Rechtsschutz im Fall (gerichtlicher) Rechtfertigung in endgültige Maßnahmen überzuleiten. Im Einzelnen bleibt die Regelung der Beschlagnahme (Vernichtung) aber dem innerstaatlichen Gesetzgeber vorbehalten; sie kann in jedem **Verfahren** erfolgen, wobei sich in erster Linie das gerichtliche Strafverfahren anbietet.

19 Dagegen ist die Beschlagnahme der **technischen Mittel** zur Beseitigung von Programmschutzvorrichtung nicht zwingend vorgesehen und bleibt dem nationalen Gesetzgeber überlassen (Art 7 Abs 3).

Umsetzung in Deutschland und Österreich

1. Deutschland

20 Die Umsetzung der Software-RL erfolgte auch im gegenständlichen Zusammenhang mit dem Zweiten Änderungsgesetz. In § 69f dUrhG wird unter der Über-

---

[479] Vgl dazu *Walter* Info-RL Rz 151ff.

[480] Auch nach der Berner Übereinkunft werden die Einzelheiten der Beschlagnahme und des Beschlagnahmeverfahrens der nationalen Gesetzgebung überlassen (Art 16 Abs 3 RBÜ 1967/71).

schrift „Rechtsverletzungen" zunächst der Beseitigungsanspruch des § 98 dUrhG in Bezug auf Computerprogramme erweitert (Abs 1) und richtet sich auch gegen dritte Eigentümer oder Besitzer, die nicht Verletzer sind. Dies gilt entsprechend auch für Programmschutzmechanismen (Abs 2). Im Übrigen sieht das Zweite Änderungsgesetz keine besonderen Schutzmaßnahmen vor; die allgemeinen Bestimmungen des vierten Teils (§§ 96 bis 111 dUrhG – Verwertungsverbot und Rechtsverletzungen) sind aber auch im Fall der Verletzung von Rechten an Computerprogrammen anwendbar (§ 69a Abs 4 dUrhG)[481].

Unbeschadet der zivilrechtlichen Ansprüche (§§ 97ff dUrhG) sind Urheberrechtsdelikte nach § 106 Abs 1 dUrhG **strafrechtlich** verfolgbar, wobei nach Abs 2 auch der Versuch strafbar ist. Urheberrechtsverletzungen sind nach § 109 dUrhG Antragsdelikte. Strafbar sind alle dem Urheber vorbehaltenen Verwertungshandlungen einschließlich der Verbreitung; auch das **Inverkehrbringen** ungenehmigter Programmkopien ist deshalb strafbar[482]. Die Strafdrohung beträgt Freiheitsstrafe bis zu 3 Jahren oder Geldstrafe, bei gewerbsmäßiger Begehung bis zu 5 Jahren (§ 108a dUrhG). Insoweit stehen die vorgesehenen Rechtsfolgen deshalb mit Art 7 Abs 1 lit a Software-RL in Einklang. Aus § 15 StGB ergibt sich jedoch, dass nur vorsätzliches oder zumindest bedingt vorsätzliches Verhalten des Täters strafrechtlich verfolgbar ist[483]. Einen **Fahrlässigkeitstatbestand** kennt das deutsche Urheberstrafrecht auch für Computerprogramme nicht; es bleibt damit insoweit wohl hinter den Anforderungen des Art 7 Abs 1 lit a zurück. **21**

Nach § 98 dUrhG kann der Verletzte auch verlangen, dass alle rechtswidrig hergestellten, verbreiteten oder zur rechtswidrigen Verbreitung bestimmten Vervielfältigungsstücke vernichtet werden, die im **Besitz** oder Eigentum des Verletzers stehen. Diesen (zivilrechtlichen) **Beseitigungsanspruch**[484] dehnt § 69f Abs 1 dUrhG für Computerprogramme insoweit aus, als sich dieser gegen jeden Eigentümer oder Besitzer richtet, auch wenn er nicht Verletzer ist. Der erweiterte Beseitigungsanspruch ist verschuldensunabhängig und geht insoweit über Art 7 Abs 1 lit b hinaus. **22**

Der Beseitigungsanspruch kann vom Verletzten auch im **Strafverfahren** geltend gemacht werden (§ 110 dUrhG iVm §§ 403ff dStPO). Soweit auf Vernichtung gerichteten Anträgen im Strafverfahren stattgegeben wird, scheidet eine Einziehung nach § 110 dUrhG aus; andernfalls können Gegenstände, auf die sich eine Straftat bezieht, auch eingezogen werden (§ 110 Satz 1 dUrhG iVm § 74a dStG). Voraussetzung für ein strafrechtliches Vorgehen ist jedoch das Vorliegen einer strafbaren Handlung, was für den gutgläubigen Besitzer oder Eigentümer

---

481 Vgl Begründung Zweites Änderungsgesetz bei *M Schulze*, Materialien², 848ff. Vgl allgemein auch *Dreier*, GRUR 1993, 781. Zur Umsetzung und den Verletzungsfolgen siehe auch *Loewenheim* in *Schricker* Kommentar² § 69f Rz 2.

482 Zu eventuellen (vorbeugenden) Unterlassungs- und Schadenersatzansprüchen gegen den Besitzer siehe Begründung Zweites Änderungsgesetz bei *M Schulze*, Materialien², 850.

483 Vgl *Haß* in *Schricker*, Kommentar² § 106 Rz 12.

484 Siehe dazu auch *Loewenheim* in *Schricker* Kommentar² § 69f Rz 4ff.

aber nicht zutrifft; insoweit besteht nur der zivilrechtliche Beseitigungsanspruch. Die Strafbarkeit des qualifizierten Besitzes von unerlaubten Programmkopien ist – wohl entgegen den Intentionen der Richtlinie – jedenfalls nicht vorgesehen[485].

23 Hinsichtlich technischer **Programmschutzmechanismen** ist gleichfalls nur ein gegen den Besitzer oder Eigentümer gerichteter **Beseitigungsanspruch** vorgesehen. Nach § 69f Abs 2 dUrhG gilt der (erweiterte) Vernichtungsanspruch auch für Mittel, die allein dazu bestimmt sind, die unerlaubte Beseitigung oder Umgehung technischer Programmschutzmechanismen zu erleichtern[486]. Dies geht insoweit über die Erfordernisse der Richtlinie hinaus, als ein Besitz zu Erwerbszwecken nicht verlangt wird[487]. Die Regelung ist auch richtlinienkonform, weil die Vorsehung eines Straftatbestands hier wohl nicht verlangt wird. Allerdings fehlt eine Sanktion für das **Inverkehrbringen** solcher Programmschutzmechanismen als solches völlig, weshalb insoweit ein ergänzender Umsetzungsbedarf besteht. Denn die allgemeine Verweisung auf die für Sprachwerke geltenden Bestimmungen des dUrhG (§ 69a Abs 4) bezieht sich nur auf Computerprogramme, nicht aber auf Programmschutzvorrichtungen.

24 Zu den durch das ProduktpiraterieG 1990 erweiterten Möglichkeiten einer **Einziehung** von Pirateriewaren und Eingriffsmittel im **Strafverfahren** siehe zur Vermeidung von Wiederholungen die Ausführungen zur Produktpiraterieverordnung – Durchführung in Deutschland und Österreich Rz 22ff. Die Einziehung kann auch durch gerichtliche **Beschlagnahme** gesichert werden[488].

2. Österreich

25 Auch nach dem österr UrhG sind Urheberrechtsverletzungen[489] **strafbar** (§ 91 Abs 1 öUrhG), wobei es sich um ein Privatanklagedelikt handelt (§ 91 Abs 3 öUrhG). Der Strafrahmen beträgt Freiheitsstrafe bis zu sechs Monaten oder Geldstrafe bis zu 360 Tagessätzen; seit der öUrhGNov 1996 ist im Fall gewerbsmäßiger Begehung Freiheitsstrafe bis zu zwei Jahren vorgesehen (§ 91 Abs 2a öUrhG). Die Strafbestimmung umfasst mangels einer Differenzierung zwischen einzelnen Werkkategorien als Sprachwerke auch Computerprogramme. Mit Strafe bedroht ist zwar nur die Verletzung von Verwertungsrechten, doch zählt dazu insbes auch das Verbreiten bzw das **Inverkehrbringen** von Werkstücken (Programmkopien), weshalb den Anforderungen des Art 7 Abs 1 lit a Software-RL insoweit entsprochen ist.

---

[485] Vgl zu den Sanktionen nach deutschem Urheberrecht auch *Walter* Durchführung in Deutschland und Österreich Rz 21ff PPV.

[486] Siehe dazu auch Begründung Zweites Änderungsgesetz bei *M Schulze*, Materialien², 849. Vgl auch *Loewenheim* in *Schricker* Kommentar² § 69f Rz 8ff.

[487] Vgl Begründung Zweites Änderungsgesetz bei *M Schulze*, Materialien², 849.

[488] Vgl dazu *Cremer*, Die Bekämpfung der Produktpiraterie in der Praxis, Mitt 1992, 168 und *Lührs*, Verfolgungsmöglichkeiten im Fall der „Produktpiraterie" unter besonderer Betrachtung der Einziehungs- und Gewinnabschöpfungsmöglichkeiten (bei Ton-, Bild- und Computerprogrammträgern), GRUR 1994, 268f.

[489] Zu den Verletzungsfolgen vgl auch *Walter* Durchführung in Deutschland und Österreich Rz 32ff PPV.

Allerdings ist auch nach österr Urheberstrafrecht im Hinblick auf die Anwendbarkeit der allgemeinen Bestimmung des § 7 Abs 1 StGB mangels abweichender Vorschriften nur vorsätzliches Handeln unter Strafe gestellt. Auch das geltende öUrhG kennt keinen **Fahrlässigkeitstatbestand**, wie er in Art 7 Abs 1 lit a Software-RL aber nach der hier vertretenen Ansicht vorgesehen ist.

Was den Erwerbszwecken dienenden (schlechtgläubigen) **Besitz** anlangt, gilt das **26**
zum deutschen Recht Gesagte entsprechend. Auch im österr Recht ist hierfür kein Straftatbestand vorgesehen, woran auch die öUrhGNov 1993 nichts geändert hat. Hinzu kommt, dass der zivilrechtliche Beseitigungsanspruch und der strafrechtliche Vernichtungsanspruch nur lückenhaft ausgestaltet sind. Während sich der zivilrechtliche Anspruch auf Beseitigung nur gegen den Eigentümer (§ 82 Abs 6 öUrhG) richtet, ist der strafrechtliche Vernichtungsanspruch auf zur widerrechtlichen Verbreitung bestimmte Eingriffsgegenstände beschränkt (§ 92 Abs 1 öUrhG) und trifft deshalb gerade den Besitz zu Erwerbszwecken nicht umfassend; allerdings steht der strafrechtliche Vernichtungsanspruch ohne Rücksicht auf die Eigentumsverhältnisse zu. Auch das österr Urheberrecht bleibt deshalb hinter den Erfordernissen der Richtlinie zurück. Dies ist auch deshalb nicht recht verständlich, weil durch den neuen § 91 Abs 1a öUrhG der qualifizierte Besitz von Programmschutzvorrichtungen sogar mit Strafe bedroht ist.

Was den Schutz von Mitteln zur unerlaubten Beseitigung oder Umgehung tech- **27**
nischer Schutzmechanismen (**Programmschutzvorrichtungen**) betrifft, wurde die strafrechtliche Bestimmung des § 91 öUrhG, wie eben erwähnt, um einen neuen Abs 1a ergänzt. Danach ist auch zu bestrafen, wer Mittel in Verkehr bringt oder zur Erwerbszwecken besitzt, die allein dazu bestimmt sind, die unerlaubte Beseitigung oder Umgehung technischer Mechanismen zum Schutz von Computerprogrammen zu erleichtern. Auch die Unternehmerhaftung nach § 91 Abs 2 öUrhG wurde um diesen Fall ergänzt. Damit geht die Neuregelung über die Anforderungen des Art 7 Abs 1 lit c Software-RL hinaus. Den bloß fahrlässigen Besitz solcher technischer Umgehungsvorrichtungen erfasst auch der neue § 91 Abs 1a öUrhG nicht; es ist dies hier aber auch nicht zwingend vorgeschrieben.

Von den oben erwähnten Einschränkungen abgesehen, kennt das öUrhG auch **28**
wirksame zivil- und strafrechtliche Vorschriften betreffend die **Beseitigung**, Vernichtung und Unbrauchbarmachung von Eingriffsgegenständen und Eingriffsmitteln (§ 82 und § 92 öUrhG) sowie hinsichtlich der **Beschlagnahme** (§ 93 UrhG). Insbes § 92 Abs 1 öUrhG bedarf jedoch einer Ergänzung, da der Vernichtungsanspruch und damit auch die Beschlagnahme auf zur widerrechtlichen Verbreitung bestimmte Eingriffsgegenstände beschränkt ist. Weder die öUrhG-Nov 1993 noch die Novelle 1996 ist diesem Umsetzungsbedarf jedoch nachgekommen[490].

---

[490] Vgl *Walter* in *Blocher/Walter*, Softwareschutz 56f; *Walter* in *Blocher/Walter*, Anpassungserfordernisse 628ff. Siehe auch die Formulierungsvorschläge bei *Blocher/Walter*, Softwareschutz 67 (70).

29 Die öUrhGNov 1996 sieht allerdings **Straffreiheit** vor, wenn es sich nur um eine unbefugte **Vervielfältigung** (oder um ein unbefugtes Festhalten eines Vortrags oder einer Aufführung) jeweils **zum eigenen Gebrauch** oder unentgeltlich zum eigenen Gebrauch eines anderen handelt (§ 91 Abs 1 letzter Satz öUrhG). Diese neue Vorschrift ist im Zusammenhang mit der Neuregelung der Vervielfältigung zum eigenen Gebrauch in den §§ 42 und 42a öUrhG 1996 zu verstehen. Damit wurde die Vervielfältigung zum eigenen Gebrauch einerseits liberalisiert, anderseits aber durch einen neuen Vergütungsanspruch ergänzt („Reprografievergütung"). Die Vervielfältigung zum eigenen Gebrauch ist danach allerdings in einigen Fällen ganz ausgeschlossen[491]; in solchen Fällen soll aber durch die neue Vorschrift eine strafrechtliche Verfolgung unzulässig sein[492]. Ob dieser Regelungszweck in der gewählten Formulierung ausreichend klar zum Ausdruck kommt, ist allerdings zweifelhaft. Denn eine Vervielfältigung zum eigenen Gebrauch kann auch aus anderen Gründen unbefugt sein, etwa weil die Beschränkungen auf einzelne Vervielfältigungsstücke oder andere Voraussetzungen nicht eingehalten werden. Die Vorschrift wird aber jedenfalls im Sinn der Ausführungen in den Erläuterungen auszulegen und zu beschränken sein.

Zur Gänze unanwendbar sind die Vorschriften über die Vervielfältigung zum eigenen Gebrauch im Fall von **Computerprogrammen** (§ 40d Abs 1 öUrhG). Die Ausnahme wird – entgegen den Intentionen des historischen Gesetzgebers – deshalb auf Software nicht anwendbar sein, weil es hier eine erlaubte Vervielfältigung zum eigenen Gebrauch überhaupt nicht gibt. Anderenfalls würde eine strafrechtliche Verfolgung im Fall einer innerbetrieblichen Verwendung unabhängig von deren Umfang völlig ausscheiden, was systemwidrig wäre[493]. Auch wäre die Beantwortung der Frage, ob und unter welchen Voraussetzungen die allgemeinen Bedingungen des § 42 Abs 1 und 2 öUrhG im Hinblick auf den ständig wiederholten Programmlauf erfüllt wären, zumindest schwierig. Gerade diese Schwierigkeiten haben dazu geführt, die im Softwareurheberrecht gegebene Situation nicht mit Hilfe einer freien Werknutzung zu Gunsten der Vervielfältigung zum eigenen Gebrauch zu lösen. Geht man aber entgegen der hier vertretenen Ansicht von einer Anwendbarkeit dieser Ausnahme auch im Softwareurheberrecht aus, bestünde dessen ungeachtet die Möglichkeit einer Beschlagnahme im **objektiven Verfahren**, weshalb die in Art 7 Abs 2 Software-RL zwingend vorgeschriebene Beschlagnahmemöglichkeit gewährleistet wäre. Da die Richtlinie für die unerlaubte Vervielfältigung von Computerprogrammen nicht zwingend strafrechtliche Sanktionen vorsieht, stünde eine solche Auslegung mit Art 7 Software-RL nicht in Widerspruch.

---

491 Für ganze Bücher oder Zeitschriften und Bauwerke (§ 42 Abs 5 Z 1 und 2 öUrhG).

492 Vgl ErlRV 1996 bei *Dittrich*, Urheberrecht³, 387.

493 Vgl dazu auch *Gutjahr*, Zur Strafbarkeit von Softwaredelikten nach der geplanten Urheberrechtsgesetz-Novelle 1994, EDVuR 1994, 161. Siehe auch *Walter* in *Blocher/Walter*, Anpassungserfordernisse 630f.

Artikel 8 Schutzdauer

(Walter)

Übersicht

Text

[**Artikel 8 Schutzdauer**

(1) Die Schutzdauer umfaßt die Lebenszeit des Urhebers und fünfzig Jahre nach seinem Tod bzw nach dem Tod des letzten noch lebenden Urhebers; für anonym oder pseudonym veröffentlichte Computerprogramme oder Computerprogramme, als deren Urheber in Übereinstimmung mit Artikel 2 Absatz 1 auf Grund der einzelstaatlichen Rechtsvorschriften eine juristische Person anzusehen ist, endet die Schutzdauer fünfzig Jahre, nachdem das Programm erstmals erlaubter Weise der Öffentlichkeit zugänglich gemacht worden ist. Die Dauer des Schutzes beginnt am 1. Januar des Jahres, das auf die vorgenannten Ereignisse folgt.

(2) Die Mitgliedstaaten, in denen bereits eine längere Schutzdauer gilt als die, die in Absatz 1 vorgesehen ist, dürfen ihre gegenwärtige Schutzdauer solange beibehalten, bis die Schutzdauer für urheberrechtlich geschützte Werke durch allgemeinere Rechtsvorschriften der Gemeinschaft harmonisiert ist.

Aus den Erwägungsgründen

ErwG 24 Zur Wahrung der Übereinstimmung mit den Bestimmungen der Berner Übereinkunft über den Schutz literarischer und künstlerischer Werke sollte die Dauer des Schutzes auf die Lebenszeit des Urhebers und fünfzig Jahre ab dem 1. Januar des auf sein Todesjahr folgenden Jahres oder im Fall eines anonymen Werks auf 50 Jahre nach dem 1. Januar des Jahres, das auf das Jahr der Erstveröffentlichung des Werks folgt, festgesetzt werden.]

Kommentar

1. Vorbemerkung

Art 8 Software-RL wurde durch Art 11 Abs 1 **Schutzdauer-RL** aufgehoben. **1**
Auch auf die Schutzdauer von Computerprogrammen ist nun ausschließlich die Schutzdauer-RL anwendbar, die für alle Werkkategorien gilt und eine einheitliche Schutzdauer von 70 Jahren pma vorsieht. Davon abgesehen hatte Art 8 Software-RL die Grundsätze der Schutzfristberechnung – in Übereinstimmung

mit den Vorgaben der Berner Übereinkunft – bereits weitgehend vorgezeichnet. Einige Zweifelsfragen hat die Schutzdauer-RL aber nun klargestellt. Auf die Besonderheiten der jetzt aufgehobenen Regelung wird im Zusammenhang mit der Kommentierung der einschlägigen Bestimmungen der Schutzdauer-RL eingegangen, soweit dies von Interesse ist[494]. Hier sollen nur die Entstehungsgeschichte, die Grundzüge der Regelung und die Übergangsregel des Abs 2 kurz dargestellt werden.

2. *Entstehungsgeschichte*

2 Schon das **Grünbuch** (Punkte 5.6.19. bis 5.6.23.) ist davon ausgegangen, dass eine Vereinheitlichung der Schutzfristen innerhalb der Europäischen Gemeinschaften dringend erforderlich ist. Besonders hervorgehoben wurde die im französischen UrhG 1985 vorgesehene kürzere Schutzfrist für Computerprogramme von bloß 25 Jahren, was zu Schwierigkeiten in Bezug auf den freien Warenverkehr führen könne. Das Grünbuch befasste sich auch mit den Argumenten, die für eine kürzere Schutzdauer ins Treffen geführt wurden, wie dem funktionellen Charakter von Computerprogrammen, dem Vergleich mit dem wesentlich kürzeren patentrechtlichen Schutz (von etwa 20 Jahren) und dem Umstand, dass viele Anwenderprogramme in der Praxis eine viel kürzere Lebenszeit haben. Dessen ungeachtet favorisierte das Grünbuch die Regelschutzfrist nach der Berner Übereinkunft von 50 Jahren, fasste als Alternative aber auch eine kürzere Schutzfrist zwischen 20 und 25 Jahren ins Auge (Punkt 5.6.23.). Da Computerprogramme in der Regel von mehreren Miturhebern gemeinsam geschaffen werden, stellte das Grünbuch auch zur Diskussion, die Schutzfrist abweichend von den allgemeinen Regeln vom Zeitpunkt der Schaffung des Programms, dessen erster Ingebrauchnahme oder Vermarktung an zu berechnen (Punkt 5.6.22.).

3 Der **RL-Vorschlag** sah in Art 7 zwar bereits eine fünfzigjährige Schutzdauer vor, berechnete diese aber unter Hinweis auf die Erfordernisse der Praxis vom Tag der Herstellung des Programms (Begründung Punkt 7.1.). Der **geänderte RL-Vorschlag** entsprach dann im Wesentlichen bereits der definitiven Fassung der Richtlinie, die zu der urheberrechtlichen Grundregel der Anknüpfung an den Tod des Urhebers zurückkehrte, was schon der **Wirtschafts- und Sozialausschuss** vorgeschlagen hatte (Punkte 3.8.1. und 3.8.3.). Über Vorschlag des Europäischen Parlaments wurde noch die Berechnungsregel hinzugefügt, wonach die Schutzfrist erst mit dem 1. Januar des Folgejahrs zu laufen beginnt (Abänderungsvorschlag Nr 12). Der **Rat** präzisierte die Vorschrift schließlich noch in Bezug auf die Miturheberschaft und die nach manchen Rechtsordnungen zulässige Urheberschaft juristischer Personen (Art 2) und fügte den zweiten Absatz hinzu, um es vor allem der Bundesrepublik Deutschland zu ermöglichen, an der längeren Schutzfrist von 70 Jahren pma festzuhalten.

3. *Grundzüge der Regelung*

4 Art 8 Abs 1 sah auch für Computerprogramme die **fünfzigjährige Mindestschutzfrist** der Berner Übereinkunft (Art 7 RBÜ 1967/71) bindend vor, und

[494] Siehe *Walter* Art 1 Rz 16 und 46ff Schutzdauer-RL.

zwar berechnet nach dem Tod des Urhebers. Auch die Berechnungsregel des Art 7 Abs 6 RBÜ 1967/71 wurde übernommen, wonach die Dauer der Schutzfrist immer erst vom 1. Januar des Jahres an gerechnet wird, das auf das den Fristenlauf in Gang setzende Ereignis folgt. Wenn Art 8 Abs 1 vom letzten noch lebenden Urheber sprach, wird damit die in Art 7bis RBÜ 1967/71 verankerte **Miturheberregel** gemeint gewesen sein.

Auch für **anonyme und pseudonyme Werke** sah Art 8 Abs 1 eine mit den Grundsätzen der Berner Übereinkunft (Art 7 Abs 3 RBÜ 1967/71) übereinstimmende Regelung vor, wonach die Schutzfrist vom Zeitpunkt der (ersten) Veröffentlichung an berechnet wird. Entgegen dem Vorschlag des Wirtschafts- und Sozialrats wurde aber keine Klarstellung dahingehend aufgenommen, dass die Offenbarung der Identität des Urhebers ebenso zur Anwendung der Regelschutzfrist führt wie die Verwendung eines Pseudonyms, das keinerlei Zweifel über die Identität des Urhebers zulässt (Art 7 Abs 3 Satz 2 RBÜ 1967/71). Im Hinblick auf den angestrebten Gleichklang mit den Regeln der RBÜ wird man aber davon ausgehen können, dass diese Grundsätze auch schon nach Art 8 Abs 1 Software-RL anzuwenden waren. **5**

4. Übergangsvorschrift (Abs 2) und Schutzfristenharmonisierung

Im Hinblick auf die längere allgemeine urheberrechtliche Schutzfrist von 70 Jahren pma in der Bundesrepublik Deutschland stellte Art 8 Abs 2 klar, dass Länder, die eine **längere Schutzfrist** als die fünfzigjährige vorsahen, diese so lange aufrecht erhalten durften, bis eine allgemeinere Harmonisierung der urheberrechtlichen Schutzfristen wirksam wird. Diese Übergangsvorschrift ermöglichte es auch Österreich, die mit öUrhGNov 1972 eingeführte siebzigjährige Schutzfrist auch für Computerprogramme beizubehalten. In der Zwischenzeit wurden die urheberrechtlichen Schutzfristen mit der **Schutzdauer-RL** generell auf siebzig Jahre pma angehoben, und zwar auch für Computerprogramme. Die darin enthaltenen Regeln treten an die Stelle der Bestimmungen des Art 8 Abs 1 Software-RL, der ausdrücklich aufgehoben wurde (Art 11 Abs 1 Schutzdauer-RL). Da die Schutzdauer-RL nach Art 13 Abs 1 von den Mitgliedsländern längstens bis zum 1. Juli 1995 umzusetzen war, kam Art 8 Abs 1 Software-RL nur eine äußerst beschränkte Bedeutung zu. Sieht man von der Verlängerung der Regelschutzfrist auf siebzig Jahre ab, entsprechen die Vorschriften der Schutzdauer-RL aber weitgehend den Grundsätzen des jetzt aufgehobenen Art 8 Abs 1 Software-RL. **6**

Während Art 8 Abs 1 Software-RL ebenso wie Art 7 Abs 3 RBÜ 1967/71 bei **anonymen und pseudonymen** Werken nur an den Zeitpunkt der Veröffentlichung anknüpfte, sieht die Schutzdauer-RL aber für Werke, deren Schutzdauer nicht nach dem Tod des Urhebers berechnet wird, eine Anknüpfung an den Zeitpunkt des **Schaffens oder der Veröffentlichung** vor. Erfolgt eine Veröffentlichung nicht innerhalb eines Zeitraums von 70 Jahren nach Schaffung des Werks, erlischt der Schutz mit Ablauf von 70 Jahren ab Schaffung (Art 1 Abs 6 Schutzdauer-RL). **7**

Umsetzung in Deutschland und Österreich

1. Deutschland

8 Der deutsche Gesetzgeber hat von der Möglichkeit, die schon seit dem dUrhG 1965 mit 70 Jahren pma bemessene Regelschutzfrist auch für Computerprogramme beizubehalten, Gebrauch gemacht. Das Zweite Änderungsgesetz sieht deshalb in Bezug auf die Schutzdauer keine Sonderregelungen für Computerprogramme vor. Die allgemeine urheberrechtliche Schutzfrist gilt deshalb auch für Software (§ 69a Abs 4 dUrhG).

2. Österreich

9 In Österr wurde die allgemeine urheberrechtliche Schutzfrist schon mit öUrhG-Nov 1972 auf 70 Jahre pma verlängert. Diese Frist konnte im Hinblick auf die Übergangsregelung des Art 8 Abs 2 auch für Computerprogramme beibehalten werden. Auch wenn man die kürzere fünfzigjährige Schutzfrist für Software als angemessener betrachten mag als die siebzigjährige, empfahl es sich im Hinblick auf die zu erwartende allgemeine Schutzfristenverlängerung in der EU nicht, von der nach Art 8 Abs 1 der Richtlinie bestehenden Möglichkeit Gebrauch zu machen, die Schutzfrist für Computerprogramme bloß mit 50 Jahren pma zu bemessen. Der Entwurf einer öUrhGNov 1992[495] hatte in einem § 61d öUrhG noch vorgeschlagen, an Stelle der in den §§ 60 und 61 öUrhG verankerten siebzigjährigen Schutzfrist für Computerprogramme nur eine Frist von 50 Jahren vorzusehen; schon die Fassung vom 6. April 1992[496] enthielt aber keine Sonderregelung mehr. So ist die öUrhGNov 1993 auch Gesetz geworden und mit 1. März 1993 in Kraft getreten.

Artikel 9 Weitere Anwendung anderer Rechtsvorschriften

(Walter)

Übersicht

Text

Artikel 9 Weitere Anwendung anderer Rechtsvorschriften

(1) Die Bestimmungen dieser Richtlinie stehen sonstigen Rechtsvorschriften, so für Patentrechte, Warenzeichen, unlauteres Wettbewerbsverhalten, Ge-

[495] BMfJ 8100/817-I 4/92.

[496] BMfJ 8100/839-I 4/92. Vgl im Übrigen ErlRV 1993 bei *Dittrich*, Urheberrecht³, 3.

schäftsgeheimnisse und den Schutz von Halbleiterprodukten, sowie dem Vertragsrecht nicht entgegen. Vertragliche Bestimmungen, die im Widerspruch zu Artikel 6 oder zu den Ausnahmen nach Artikel 5 Absätze 2 und 3 stehen, sind unwirksam.

(2) Die Bestimmungen dieser Richtlinie finden unbeschadet etwaiger vor dem 1. Jänner 1993 getroffener Vereinbarungen und erworbener Rechte auch auf vor diesem Zeitpunkt geschaffene Programme Anwendung.

Aus den Erwägungsgründen

ErwG 25 Der Schutz von Computerprogrammen im Rahmen des Urheberrechts sollte unbeschadet der Anwendung anderer Schutzformen in den relevanten Fällen erfolgen. Vertragliche Regelungen, die im Widerspruch zu Artikel 6 oder den Ausnahmen nach Artikel 5 Absätze 2 und 3 stehen, sollten jedoch unwirksam sein.

ErwG 27 Die Bestimmungen dieser Richtlinie sollten unbeschadet spezifischer Auflagen bereits bestehender gemeinschaftlicher Rechtsvorschriften für die Veröffentlichung von Schnittstellen im Telekommunikationssektor oder von Ratsbeschlüssen betreffend die Normung im Bereich der Informations- und Telekommunikationstechnologie gelten.

ErwG 28 Diese Richtlinie berührt nicht die in den einzelstaatlichen Rechtsvorschriften in Übereinstimmung mit der Berner Übereinkunft vorgesehenen Ausnahmeregelungen für Punkte, die nicht von der Richtlinie erfaßt werden.

Kommentar

1. Sonstige Schutzrechte

Mit dieser Bestimmung wird klargestellt, dass die Richtlinie bzw die zu ihrer Umsetzung ergehenden nationalen Bestimmungen nicht im Verhältnis der Spezialität zu den **übrigen Rechtsgebieten** stehen, die für den Softwareschutz relevant sein können. Die Entscheidung der Richtlinie für den urheberrechtlichen Schutz schließt einen ergänzenden Schutz auf anderer Rechtsgrundlage wie Patentrecht, Gebrauchsmusterrecht, Wettbewerbsrecht, Halbleiterschutz, Warenzeichenrecht (Markenrecht), Vertragsrecht oder Schutz von Geschäftsgeheimnissen nicht aus (Abs 1 und ErwG 25). Gerade ein (ergänzender) patentrechtlicher Schutz dürfte auch in Europa zunehmend wieder an Bedeutung gewinnen. **1**

Der ursprüngliche Gebrauchsmuster-RL-Vorschlag 1997 hatte zunächst in Übereinstimmung mit dem Patentrecht noch vorgesehen, dass auch Erfindungen betreffend Computerprogramme vom Gebrauchsmusterschutz ausgeschlossen sind (Art 4 lit d). In teilweiser Übernahme des Abänderungsvorschlags Nr 8 des Europäischen Parlaments wurde lit d im geänderten RL-Vorschlag 1999 jedoch gestrichen, sodass für Erfindungen, die Computerprogramme betreffen, danach Gebrauchsmuster erteilt werden können, soweit die in der Richtlinie festgelegten Voraussetzungen für den Schutz erfüllt sind. Derzeit bereiten die Dienststellen **2** der Kommission den Vorschlag für eine Richtlinie betreffend die Patentierbarkeit von Computerprogrammen vor[497].

2. *Unabdingbarkeit freier Nutzungen*

3 Die **Unabdingbarkeit** der in Art 5 Abs 2 (Sicherungskopien) und 3 (Analysieren) sowie Art 6 (Dekompilieren) vorgesehenen Ausnahmen wurde bei den genannten Artikeln bereits behandelt[498]. Diese softwarespezifischen freien Nutzungen können deshalb nicht wirksam abbedungen werden. Erinnert sei daran, dass auch die bestimmungsgemäße Benutzung durch den rechtmäßigen Erwerber nach Art 5 Abs 1 jedenfalls nicht zur Gänze abbedungen werden kann[499]. Die Aufnahme des Grundsatzes der Unabdingbarkeit bestimmter freier Nutzungen in Art 9 Abs 1 erscheint systematisch deshalb sinnvoll, weil damit der im ersten Satz ausgesprochene Vorbehalt auch zu Gunsten vertraglicher Vereinbarungen insoweit beschränkt wird.

3. *Übergangsrecht*

4 Die Software-RL ist auch auf vor dem angeordneten Umsetzungszeitpunkt geschaffene Programme („**Altprogramme**") anwendbar. Abs 2 sieht jedoch vor, dass alle bis zum 1. Januar 1993 abgeschlossenen Verträge und erworbenen Rechte von der Richtlinie unberührt bleiben sollen. Daraus folgt zunächst, dass der zwingend angeordnete urheberrechtliche Schutz für Computerprogramme auch für vor Inkrafttreten (Umsetzung) der Richtlinie in den Mitgliedstaaten geschaffene Programme zu gewähren ist. Dies gilt auch dann, wenn ein Mitgliedsland Computerprogramme vorher überhaupt nicht oder etwa nur nach Wettbewerbsrecht geschützt hat. Im Hinblick auf den in Abs 2 angeordneten Grundsatz des Schutzes **wohlerworbener Rechte** wird aber davon auszugehen sein, dass in den Ländern, die bisher einen noch geringeren Originalitätsmaßstab angelegt haben, wie dies allenfalls für Großbritannien und Irland zutrifft, auch Software weiterhin geschützt ist, die nach Art 1 Abs 3 Software-RL nicht geschützt wäre. Dagegen ist das bisherige Fehlen eines Schutzes keine geschützte Rechtsposition (des Nutzers). Der Inhalt des Schutzes (Art 4 und 7) Software-RL wird dagegen auch für „Altprogramme" einheitlich den neuen, an der Software-RL orientierten Vorschriften folgen.

5 Neben dem Schutz wohlerworbener Rechte zielt die Unbeschadetklausel des Abs 2 auch auf etwaige vor dem 1. Januar 1993 abgeschlossene **Verträge** ab. Dies wird vor allem für Lizenzvereinbarungen gelten, die vor Umsetzung der Richtlinie abgeschlossen wurden, was sich allerdings schon aus dem Vorbehalt „spezifischer Vereinbarungen" in Art 5 Abs 1 ergibt. Fraglich könnte dagegen sein, inwieweit sich die Unabdingbarkeit des Kernbereichs dieser Bestimmung bzw der freien Nutzungen nach Art 5 Abs 2 (Sicherheitskopien) und 3 (Programmanalyse) oder Art 6 (Dekompilieren) auch auf solche Verträge erstreckt. Im

---

[497] Vgl dazu auch das Grünbuch über das Gemeinschaftspatent und das Patentschutzsystem in Europa vom 24.06.1997 KOM (1997) 314 endg und die Folgemitteilung vom 05.02.1999 KOM (1999) 42 endg. Siehe auch *Müller*, CR Int 2000, 17.

[498] Vgl *Blocher* oben Art 5 Rz 29 und 37 sowie Art 6 Rz 19.

[499] Vgl *Blocher* oben Art 5 Rz 19f.

Hinblick darauf, dass die in Art 4 umschriebenen Verwertungsrechte und die Ausnahmen hiervon (Art 5 und 6) ein einheitliches System darstellen, wird sich die Unwirksamkeit entgegenstehender Vereinbarungen auch auf „Altverträge" erstrecken müssen.

Was schließlich die Frage der Inhaberschaft der Rechte an **Dienstnehmerprogrammen** (Art 2 Abs 3) anlangt, wird davon auszugehen sein, dass sich die Frage der Inhaberschaft in Bezug auf die dem Softwareurheber zustehenden Verwertungsrechte nach den bisherigen Vorschriften richtet. Dies folgt aus dem Grundsatz des Schutzes wohlerworbener Rechte ebenso wie aus dem Vorbehalt zu Gunsten von „Altverträgen". Dabei erscheint sowohl die Rechtsposition des Dienstgebers als auch diejenige des im Arbeitsverhältnis stehenden Softwareurhebers nach bisherigem Recht schützenswert, zumal das Fehlen besonderer vertraglicher Vereinbarungen mangels einer Art 2 Abs 3 entsprechenden Regelung in einem veränderten Licht erscheinen wird. **6**

Umsetzung in Deutschland und Österreich

1. Deutschland

Der deutsche Gesetzgeber des Zweiten Änderungsgesetzes hat den Vorbehalt zu Gunsten **sonstiger Rechtsvorschriften** in § 69g Abs 1 dUrhG ausdrücklich umgesetzt und führt insbes den Schutz von Erfindungen, Topographien von Halbleitererzeugnissen und Marken sowie den Schutz gegen unlauteren Wettbewerb einschließlich des Schutzes von Geschäfts- und Betriebsgeheimnissen an und weist auch auf schuldrechtliche Vereinbarungen hin. Die Begründung[500] merkt dazu an, dass die Aufzählung nicht abschließend ist, was sich auch aus der Textierung „insbesondere" deutlich ergibt. Von besonderer Bedeutung ist neben dem Patentrecht[501] und dem Markenschutz[502] vor allem der wettbewerbsrechtliche Schutz (Know-how-Schutz) von Computerprogrammen[503]. Allerdings sind mit Hilfe des Know-how-Schutzes nicht Informationen monopolisierbar, die etwa nach § 69e (Dekompilierung) frei zugänglich bleiben sollen[504]. **7**

Auch die Unwirksamkeit (**Nichtigkeit**) von Vereinbarungen bzw des betroffenen Teils von Vereinbarungen (Teilnichtigkeit), mit welchen die freien Nutzungen nach Art 5 Abs 2 (Sicherungskopien) und 3 (Programmanalyse) bzw Art 6 (Dekompilieren) abbedungen werden sollen, wurde in § 69g Abs 2 dUrhG ausdrücklich umgesetzt. Der Grundsatz bezieht sich nicht nur auf urheberrechtliche Lizenzvereinbarungen, sondern betrifft auch die anderen – nach Abs 1 **8**

---

500 Begründung bei *M Schulze*, Materialien², 850.

501 Vgl dazu *Kraßer,* Der Schutz von Computerprogrammen nach deutschem Patentrecht, in *Lehmann*, Rechtsschutz², 221; *Kraßer,* Der Schutz von Computerprogrammen nach europäischem Patentrecht, in *Lehmann*, Rechtsschutz², 279.

502 Vgl dazu *Schweyer,* Der warenzeichenrechtliche Schutz von Computerprogrammen, in *Lehmann*, Rechtsschutz², 357.

503 Vgl dazu BGH 09.11.1995 – „Dongle-Umgehung" GRUR 1996, 78 = CR 1996, 79. Siehe auch *Harte-Bavendamm,* GRUR 1990, 657; *König*, NJW 1990, 2233; *Lehmann* in *Lehmann,* Rechtsschutz², 383.

504 So auch *Loewenheim* in *Schricker* Kommentar² § 69g Rz 1 mwN.

grundsätzlich vorbehaltenen – Rechtsgebiete. Hinsichtlich des unverzichtbaren Kerns der Ausnahme zu Gunsten des berechtigten Benutzers (69d Abs 1 dUrhG) fehlt zwar eine ausdrückliche Umsetzung, der Grundsatz wird aber auch insoweit anzuwenden sein[505].

9 Nach § 137d Abs 1 dUrhG sind die Sondervorschriften für Computerprogramme auch auf Software anzuwenden, die **vor Inkrafttreten** der Umsetzung (24. Juni 1993) geschaffen worden ist, anzuwenden. Das ausschließliche Vermietrecht (§ 69c Z 3 dUrhG) gilt jedoch für Vervielfältigungsstücke eines Programms nicht, die ein Dritter vor dem 1. Januar 1993 zum Zweck der Vermietung erworben hat. Die Begründung zum Zweiten Änderungsgesetz ist dagegen noch davon ausgegangen, dass im Hinblick auf das Fehlen einer nennenswerten Vermietpraxis auch insoweit keine Übergangsregelung erforderlich sei. Hinsichtlich des sonstigen Inhalts der Neuregelung verweist die Begründung darauf, dass die neuen Vorschriften vor allem Klarstellungen und Präzisierungen der Rechtslage enthalten, was auch für die Regelung von **Dienstnehmerprogrammen** gelte. Letztere Annahme erscheint im Hinblick auf den Grundsatz des Schutzes wohlerworbener Rechte allerdings fraglich. Richtig wird dagegen darauf hingewiesen, dass im Hinblick auf die bisherige (strengere) Rechtsprechung des BGH kein Bedarf bestand, den Schutz von Computerprogrammen übergangsrechtlich aufrecht zu erhalten, die eine geringere Schaffenshöhe aufwiesen[506].

10 Ausdrücklich wird schließlich in § 137d Abs 2 dUrhG angeordnet, dass die Unabdingbarkeit der Ausnahmen nach § 69d Abs 2 und 3 sowie § 69e dUrhG (§ 69g Abs 2 dUrhG) auch für Altverträge gilt. Diese Klarstellung erscheint nicht nur zulässig, sondern auch sinnvoll[507].

2. Österreich

11 Einen ausdrücklichen Vorbehalt zu Gunsten **anderer Schutzrechte** enthält die öUrhGNov 1993 nicht. Dessen ungeachtet sind solche Schutzrechte unabhängig von und parallel zu einem urheberrechtlichen Schutz anwendbar, was einem allgemeinen Grundsatz des österr Urheberrechts entspricht. Abgesehen vom Schutz nach Patent- und Markenrecht kann deshalb insbes ein wettbewerbsrechtlicher Schutz ergänzend in Anspruch genommen werden. Erinnert sei in diesem Zusammenhang daran, dass der Gebrauchsmusterschutz gerade in Österr zwar nicht für Computerprogramme als solche, wohl aber für die ihnen zu Grunde liegende Programmlogik offen steht (§ 1 Abs 2 öGMG)[508].

12 Die öUrhGNov 1993 ist am 1. März 1993 in Kraft getreten und erstreckt sich mangels entgegenstehender Übergangsvorschriften auch auf **zuvor geschaffene** Computerprogramme. Zu Recht sieht Art II Abs 5 öUrhGNov 1993 aber vor,

---

505 Vgl zu all dem auch *Loewenheim* in *Schricker* Kommentar² § 69g Rz 2 und 3 mwN.

506 Begründung bei *M Schulze*, Materialien², 851f. Siehe zu dieser Übergangsbestimmung auch *Katzenberger* in *Schricker* Kommentar² § 137d Rz 2.

507 Vgl dazu Begründung Zweites Änderungsgesetz bei *M Schulze*, Materialien², 850f. Siehe auch *Katzenberger* in *Schricker* Kommentar² § 137d Rz 3.

508 Vgl dazu *Walter* oben Art 1 Rz 45.

dass die Regelung für **Dienstnehmerprogramme** nicht für vor dem Inkrafttreten der Novelle geschaffene Computerprogramme gilt. Folgerichtig gilt dies auch für § 40c öUrhG, wonach Werknutzungsrechte an Computerprogrammen mangels anderer Vereinbarung ohne Einwilligung des Programmurhebers auf einen anderen übertragen werden können, und die Unanwendbarkeit der Vorschrift des § 29 öUrhG betreffend den Rückruf von Werknutzungsrechten wegen Nichtgebrauchs. Da diese Übergangsregelung für § 40d Abs 4 öUrhG jedoch nicht gilt, ist die Unabdingbarkeit bestimmter Ausnahmen auch auf ältere Verträge anwendbar, was sachgerecht erscheint.

Hinsichtlich des Vermietrechts und der Verleihvergütung enthält die öUrhGNov **13**
1993 detaillierte Übergangsvorschriften (Art II Abs 3 und 4 öUrhGNov 1993). Insoweit sei auf die Ausführungen zur Umsetzung der Vermiet- und Verleih-RL verwiesen, die in Österr gleichzeitig mit der Software-RL erfolgte[509].

Artikel 10 Schlussbestimmungen

(Walter)

Text

Artikel 10 Schlußbestimmungen

(1) Die Mitgliedstaaten erlassen die erforderlichen Rechts- und Verwaltungsvorschriften, um dieser Richtlinie vor dem 1. Januar 1993 nachzukommen.
Wenn die Mitgliedstaaten diese Vorschriften erlassen, nehmen sie in ihnen selbst oder durch einen Hinweis bei der amtlichen Veröffentlichung auf diese Richtlinie Bezug. Sie regeln die Einzelheiten der Bezugnahme.

(2) Die Mitgliedstaaten teilen der Kommission die innerstaatlichen Rechtsvorschriften mit, die sie auf dem unter diese Richtlinie fallenden Gebiet erlassen.

Kommentar

Art 10 Abs 1 Unterabsatz 1 legte als spätesten Zeitpunkt für die Umsetzung der **1**
Software-RL den **1. Januar 1993** fest. Bis zu diesem Stichzeitpunkt mussten die Mitgliedsländer für die Umsetzung der Software-RL sorgen und die erforderlichen legistischen Maßnahmen treffen. Im Hinblick auf die im Einzelnen detailiert ausgeführten Vorschriften sind die Regelungen der Software-RL ihrer Art nach weitgehend unmittelbar anwendbar. Dies gilt für die Schutzvoraussetzungen (Art 1 Abs 3) ebenso wie für den Schutzrechtsinhalt und die Ausnahmen hiervon (Art 4 bis 6). Ein gewisser Spielraum blieb dem Gesetzgeber der Mitgliedstaaten dagegen vor allem bei der Umsetzung der Art 7 und 9. Die **Umsetzungsfrist** wurde mit etwa eineinhalb Jahren seit Verabschiedung der Richtlinie ausreichend bemessen.

Die im zweiten Unterabsatz vorgesehene Bezugnahme auf die Richtlinie ist **2**
ebenso wie die in Abs 2 vorgesehene Mitteilungspflicht[510] der innerstaatlichen Rechtsvorschriften eine in allen Richtlinien enthaltene Routinevorschrift.

---

[509] Vgl dazu *Walter* Art 13 Rz 39 Vermiet- und Verleih-RL.
[510] Siehe dazu *Dreier* Art 14 Rz 7 Satelliten- und Kabel-RL.

3 Die Software-RL hat im Unterschied zu später verabschiedeten urheberrechtlichen Richtlinien noch keine ausdrückliche Revisions- bzw **Berichtspflicht** der Kommission vorgesehen. Allerdings hat sich die Kommission anlässlich der Verabschiedung des Gemeinsamen Standpunkts verpflichtet, den anderen Organen bis zum 31. Dezember 1996 einen Bericht über die Auswirkungen der Richtlinie vorzulegen. Die Kommission ist dieser Verpflichtung im Januar 2000 nachgekommen; sie kommt darin zu einem insgesamt positiven Ergebnis und sieht derzeit keinen Anlass, für weitere Harmonisierungsinitiativen[511].

Umsetzung in Deutschland und Österreich

1. Deutschland

4 Die Umsetzung der Software-RL erfolgte in Deutschland etwas verspätet mit dem **Zweiten Änderungsgesetz** vom 9. Juni 1993, das am **24. Juni 1993** in Kraft getreten ist (§ 137d dUrhG). Auf die Einzelheiten der Umsetzung in deutsches Recht wird bei den betreffenden Artikeln eingegangen.

2. Österreich

5 In Österr erfolgte die Umsetzung der Software-RL bereits mit öUrhGNov 1993, die mit **1. März 1993** in Kraft getreten ist. Da der EWR für Österr erst mit 1. Januar 1994 wirksam geworden ist, erfolgte die Umsetzung fristgerecht. Im Einzelnen wurde die Umsetzung der Software-RL in österr Recht bei der Kommentierung der jeweiligen Artikel behandelt.

Umsetzung in den anderen Mitgliedstaaten der EU bzw Vertragsstaaten des EWR

6 Die Umsetzung in den übrigen Mitgliedstaaten der Europäischen Union bzw in den Vertragsstaaten des EWR erfolgte – soweit von der Kommission bekannt gemacht oder sonst feststellbar – mit den nachstehend angeführten Gesetzgebungsakten.

Europäische Union

Belgien
Gesetz vom 30.06.1994 Moniteur Belge 27.07.1994, 19315.

Dänemark
Gesetz Nr 1010 vom 19.12.1992 Lovtidende A 1992/173.

Finnland
Gesetz Nr 418 vom 07.05.1993 Finlands foerfattningssamling 12.05.1993, 405;
Gesetz Nr 419 vom 07.05.1993 Finlands foerfattningssamling 12.05.1993, 405;
Dekret Nr 1395 vom 22.12.1993 Finlands foerfattningssamling 28.12.1993.

Frankreich
Gesetz Nr 94-361 vom 10.05.1994 Journal Officiel vom 11.05.1994, 5863.

---

[511] Vgl dazu *Gaster*, CR Int 2000, 11ff.

Irland
European Communities (Legal Protection of Computer Programs) Regulations 1993 Statutory Instruments 1993/26;
Gesetz Nr 28 vom September 2000 (*Copyright and Related Rights Act*), in Kraft seit 01.01.2001.

Italien
Gesetzesdekret Nr 518 vom 29.12.1992 Supplemento ordinario zur Gazzetta Ufficiale vom 31.12.1992/306.

Griechenland
Gesetz Nr 2121 aus 1993 FEK A vom 04.03.1993/25.

Luxemburg
Gesetz vom 24.04.1995 Mémorial A vom 28.04.1995/33, 944.

Niederlande
Gesetz vom 07.07.1994 Staatsblad JS 1994, 521.

Portugal
Gesetz Nr 21 vom 17.06.1994 Diário da República I A vom 17.06.1994/138, 3152;
Gesetzesdekret Nr 252 vom 20.10.1994 Diário da República I A vom 20.10.1994/243, 6374.

Schweden
Gesetz Nr 1687 vom 17.12.1992 Svensk foerfattningssamling (SFS) 1992, 3955.

Spanien
Gesetz Nr 16 vom 23.12.1993 Boletín Oficial del Estado vom 24.12.1994/307, 36816.

Vereinigtes Königreich
The Copyright (Computer Programs) Regulations 1992, Statutory Instruments 1992/3233.

Europäischer Wirtschaftsraum

Island
Gesetz Nr 57 vom 02.06.1992 Stjórnartidindi A 1992/57.

Liechtenstein
Urheberrechtsgesetz vom 19.05.1999 LGBl 1999/160.

Norwegen
Gesetz Nr 27 vom 02.06.1995 Norsk Lovtidend 1995, 661.

Artikel 11

(Walter)

Text

Artikel 11

Diese Richtlinie ist an die Mitgliedstaaten gerichtet.

Kommentar

1 Richtlinien sind zwar für jeden Mitgliedstaat hinsichtlich des zu erreichenden Ziels verbindlich, diesem bleibt jedoch nach Art 249 Abs 3 EGV 1997 (früher Art 189 Abs 3) die innerstaatliche Durchführung (**Umsetzung**) im Einzelnen vorbehalten. Auch bei dieser Vorschrift handelt es sich deshalb um eine Routinebestimmung[512]. Nach Art 7 EWR-Abkommen gilt dies entsprechend auch für die in den Anhängen zu diesem Abkommen oder die in den Entscheidungen des EWR-Ausschusses genannten Rechtsakte. Inwieweit im Fall mangelnder, verspäteter oder unzureichender Umsetzung eine richtlinienkonforme Auslegung des nationalen Rechts geboten ist, hängt auch von den rechtlichen Gegebenheiten in den einzelnen Mitgliedsländern ab; unter bestimmten Voraussetzungen kann auch eine unmittelbare Wirkung eintreten[513].

---

[512] Vgl Art 16 Vermiet- und Verleih-RL, Art 15 Satelliten- und Kabel-RL, Art 14 Schutzdauer-RL und Art 17 Datenbank-RL sowie Art 13 Folgerecht-RL (Gemeinsamer Standpunkt).

[513] Dazu und zum Verletzungsverfahren *v Lewinski* Allgemeiner Teil – 1. Kapitel Einleitung Rz 43ff und *Dreier* Art 14 Rz 6 Satelliten- und Kabel-RL.

Vermiet- und Verleih-Richtlinie

(Bearbeiterin: v Lewinski)

Materialien, Rechtsakte und Literatur

I. Materialien

Vorschlag für eine Richtlinie des Rates zum Vermietrecht, Verleihrecht und zu bestimmten verwandten Schutzrechten vom 13. Dezember 1990 KOM (90) 586 endg – SYN 319 ABl C 53 vom 28.02.1991, 35[1]

Stellungnahme des Wirtschafts- und Sozialausschusses vom 3. Juli 1991 81/C 269/17 ABl C 269 vom 14.10.1991, 54[2]

Legislative Entschließung (Verfahren der Zusammenarbeit: Erste Lesung) mit der Stellungnahme des Europäischen Parlaments zu dem Vorschlag der Kommission an den Rat für eine Richtlinie zum Vermietrecht, Verleihrecht und zu bestimmten verwandten Schutzrechten vom 12. Februar 1992 A3-49/92 ABl C 67 vom 16.03.1992, 97

Geänderter Vorschlag für eine Richtlinie des Rates zum Vermietrecht, Verleihrecht und zu bestimmten verwandten Schutzrechten im Bereich des geistigen Eigentums vom 30. April 1992 KOM (92) 159 endg – SYN 319 ABl C 128 vom 20.05.1992, 8[3]

Bekanntmachung der Festlegung des Gemeinsamen Standpunkts durch den Rat im Rahmen des in Artikel 149 Absatz 2 des Vertrages zur Gründung der EWG vorgesehenen Verfahrens der Zusammenarbeit 92/C 175/01 ABl C 175 vom 11.07.1992, 1

Gemeinsamer Standpunkt des Rates vom 18. Juni 1992 6968/1/92

Mitteilung der Kommission an das Europäische Parlament vom 3. Juli 1992 SEK (92) 1323 endg

Beschluss (Verfahren der Zusammenarbeit: Zweite Lesung) des Europäischen Parlaments betreffend den Gemeinsamen Standpunkt des Rates im Hinblick auf die Annahme einer Richtlinie zum Vermietrecht und Verleihrecht sowie zu bestimmten dem Urheberrecht verwandten Schutzrechten im Bereich des geistigen Eigentums vom 28. Oktober 1992 ABl C 305 vom 23.11.1992, 73

Stellungnahme der Kommission vom 9. November 1992 zum Änderungsvorschlag des Parlaments SEK (92) 2091 endg

II. Rechtsakte

Richtlinie 92/100/EWG des Rates vom 19. November 1992 zum Vermietrecht und Verleihrecht sowie zu bestimmten dem Urheberrecht verwandten Schutzrechten im Bereich des geistigen Eigentums ABl L 346 vom 27.11.1992, 61[4]

---

[1] Abgedruckt in GRUR Int 1991, 111.

[2] Abgedruckt in Quellen/EG-Recht/III/4a.

[3] Abgedruckt in Quellen/EG-Recht/III/4.

[4] Abgedruckt in GRUR Int 1993, 144 = Quellen/EG-Recht/III/4b = UFITA 123 (1993) 169 = IIC 1994, 553.

III. Literatur

Benabou, Droits d'auteur et droit communautaire 297

Comte, Une étape de l'Europe du droit d'auteur: la directive C.E.E. du 19 novembre 1992 relative au prêt et à la location, RIDA 158 (1993) 3

Decker, Vermietung von Laserdisks und der Erschöpfungsgrundsatz, ELR 1998, 521 (Entscheidungsanmerkung)

Ellins, Copyright Law 262ff und 263ff

Geller, The Proposed EC Rental Right: Avoiding some Berne Incompatibilities, EIPR 1992, 4

Geller, Le droit de location communautaire: comment éviter les objections basées sur la convention de Berne, ALD 1992, 29

Henry, Rental and Duration Directives: Issues Arising from Current EC Reforms, EIPR 1993, 437

Krüger, Europäisierung des Urheberrechts: Vermieten und Verleihen von Büchern, Ton- und Bildträgern, GRUR 1990, 974

v Lewinski, National Treatment, Reciprocity and Retorsion – The Case of Public Lending Right, in *Beier/Schricker* (Hrsg), GATT or WIPO? New Ways in the International Protection of Intellectual Property (1989) 53 (Kurzzitat: *v Lewinski*, GATT or WIPO)

v Lewinski, Die urheberrechtliche Vergütung für das Verleihen und Vermieten von Werkstücken (§ 27 UrhG) (1990) (Kurzzitat: *v Lewinski*, Bibliothekstantieme)

v Lewinski, Vermieten, Verleihen und verwandte Schutzrechte – Der zweite Richtlinienvorschlag der EG-Kommission, GRUR Int 1991, 104

v Lewinski, EG-Richtlinienvorschlag zum Vermieten und Verleihen, CR 1991, 255

v Lewinski, Harmonisierung des Urheberrechts in der EG – Vermietrecht – Verleihrecht – verwandte Schutzrechte, MR 1991, 53

v Lewinski, Rental Right, Lending Right and Certain Neighbouring Rights: The EC Commission's Proposal for a Council Directive, EIPR 1991, 117

v Lewinski, Public Lending Right: general and comparative survey of the existing systems in law and practise, RIDA 154 (1992) 3

v Lewinski, Richtlinie des Rates vom 19. November 1992 zum Vermietrecht und Verleihrecht sowie zu bestimmten dem Urheberrecht verwandten Schutzrechten im Bereich des geistigen Eigentums, in Quellen/EG-Recht/II/2

v Lewinski, The Implementation of the EC Rental and Duration Directives, CW 55 (1995) 30

v Lewinski, Die Umsetzung der Richtlinie zum Vermiet- und Verleihrecht, ZUM 1995, 442

v Lewinski, European Harmonization in a controversial Field – The Case of Public Lending Right, FS *Karnell* (1999) 439

Reinbothe/v Lewinski, The EC Directive on Rental and Lending Rights and on Piracy, London 1993 (Kurzzitat: *Reinbothe/v Lewinski*, Rental and Lending Rights)

Reinbothe/v Lewinski, The EC Rental Directive One Year after its Adoption: Some Selected Issues, EntLR 1993, 169

Reinbothe, Die Bibliothekstantieme – Die Entwicklung nach der EU-Richtlinie zum Vermiet- und Verleihrecht in *Becker* (Hrsg), Die Wahrnehmung von Urheberrechten an Sprachwerken (Symposium für *Melichar*) UFITA SchrR 167 (1999) 65

Reindl, Der Einfluß des Gemeinschaftsrechts auf das österr Urheberrecht, in Österreichisches und europäisches Wirtschaftsprivatrecht, Teil 2: Geistiges Eigentum, Österreichische Akademie der Wissenschaften, Philosophisch-Historische Klasse, Sitzungsberichte 235. Band (Hrsg *Hans-Georg Koppensteiner*) (1996) 249 (Kurzzitat: *Reindl*, Einfluß des Gemeinschaftsrechts)

Verstrynge, The European Commission's Directive on Copyright and Neighbouring Rights: Towards the regime of the twenty-first century? (unveröffentlichter Vortrag an der Columbia University New York, März 1993)

Vilmart, La répression de la contrefaçon, les nouveaux moyens juridiques de protection des droits de propriété intellectuelle en France et dans la Communauté européenne, Gaz Pal 16–17.09.94, 2

Vor Artikel 1
Entstehungsgeschichte – Allgemeine Erwägungsgründe

Übersicht

Text

Der Rat der Europäischen Gemeinschaften – gestützt auf den Vertrag zur Gründung der Europäischen Wirtschaftsgemeinschaft, insbesondere auf Artikel 57 Absatz 2, Artikel 66 und Artikel 100a, auf Vorschlag der Kommission, in Zusammenarbeit mit dem Europäischen Parlament, nach Anhörung des Wirtschafts- und Sozialausschusses, in Erwägung nachstehender Gründe:[5]

hat folgende Richtlinie erlassen: ...

Aus den Erwägungsgründen

ErwG 1 Die zwischen den Mitgliedstaaten bestehenden Unterschiede in den Rechtsvorschriften und Praktiken hinsichtlich des Rechtsschutzes für urheberrechtlich geschützte Werke und Gegenstände der verwandten Schutzrechte in bezug auf das Vermieten und Verleihen sind Ursache von Handelsschranken und Wettbewerbsverzerrungen und geeignet, die Verwirklichung und das Funktionieren des Binnenmarktes zu beeinträchtigen.

ErwG 2 Die Unterschiede im Rechtsschutz könnten dadurch noch größer werden, daß die Mitgliedstaaten neue und unterschiedliche Rechtsvorschriften einführen oder daß die nationale Rechtsprechung sich unterschiedlich entwickelt.

ErwG 3 Diese Unterschiede sollten daher entsprechend der in Artikel 8a des Vertrages niedergelegten Zielsetzung, einen Raum ohne Binnengrenzen zu schaffen, beseitigt werden, um so gemäß Artikel 3 Buchstabe f)

---

[5] Dem Aufbau der Kommentierung entsprechend sind die einzelnen Erwägungsgründe jeweils im Zusammenhang mit denjenigen Vorschriften der RL wiedergegeben, auf die sie sich beziehen; einführend sind daher nur diejenigen Erwägungsgründe wiedergegeben, die sich auf die gesamte Richtlinie beziehen.

des Vertrages ein System zu errichten, das den Wettbewerb innerhalb des Gemeinsamen Marktes vor Verfälschungen schützt.

ErwG 4 Das Vermieten und Verleihen von urheberrechtlich geschützten Werken und Gegenständen der verwandten Schutzrechte spielt insbesondere für die Urheber und die ausübenden Künstler sowie für die Hersteller von Tonträgern und Filmen eine immer wichtigere Rolle, und die Piraterie stellt eine zunehmende Bedrohung dar.

ErwG 5 Dem angemessenen Schutz von urheberrechtlich geschützten Werken und Gegenständen der verwandten Schutzrechte durch Vermiet- und Verleihrechte sowie dem Schutz von Gegenständen der verwandten Schutzrechte durch das Aufzeichnungsrecht, Vervielfältigungsrecht, Verbreitungsrecht, Senderecht und Recht der öffentlichen Wiedergabe kommt daher eine grundlegende Bedeutung für die wirtschaftliche und kulturelle Entwicklung der Gemeinschaft zu.

ErwG 6 Der Schutz, den das Urheberrecht und verwandte Schutzrechte gewähren, muß an neue wirtschaftliche Entwicklungen, wie z.B. an neue Nutzungsarten, angepaßt werden.

ErwG 7 Um ihre Tätigkeit ausüben zu können, bedürfen Urheber und ausübende Künstler eines angemessenen Einkommens als Grundlage für weiteres schöpferisches und künstlerisches Arbeiten. Die insbesondere für die Herstellung von Tonträgern und Filmen erforderlichen Investitionen sind außerordentlich hoch und risikoreich. Die Möglichkeit, ein solches Einkommen sicherzustellen und solche Investitionen abzusichern, kann nur durch einen angemessenen Rechtsschutz für die jeweils betroffenen Rechtsinhaber wirkungsvoll gewährleistet werden.

ErwG 8 Diese schöpferischen, künstlerischen und unternehmerischen Tätigkeiten sind großenteils selbständige Tätigkeiten, und ihre Ausübung muß durch die Schaffung eines gemeinschaftsweit harmonisierten Rechtsschutzes erleichtert werden.

ErwG 9 Soweit diese Tätigkeiten hauptsächlich Dienstleistungen darstellen, muß auch ihre Erbringung erleichtert werden, indem ein gemeinschaftsweit harmonisierter rechtlicher Rahmen geschaffen wird.

ErwG 10 Die Angleichung der Rechtsvorschriften der Mitgliedstaaten sollte in der Weise erfolgen, daß die Rechtsvorschriften nicht in Widerspruch zu den internationalen Übereinkommen stehen, auf denen das Urheberrecht und die verwandten Schutzrechte in vielen Mitgliedstaaten beruhen.

ErwG 11 Der rechtliche Rahmen der Gemeinschaft in bezug auf das Vermiet- und Verleihrecht und bestimmte verwandte Schutzrechte kann sich darauf beschränken festzulegen, daß die Mitgliedstaaten Rechte in bezug auf das Vermieten und Verleihen für bestimmte Gruppen von Rechtsinhabern vorsehen und ferner die Rechte der Aufzeichnung, Vervielfältigung, Verbreitung, Sendung und öffentlichen Wiedergabe festlegen, die bestimmten Gruppen von Rechtsinhabern im Bereich der verwandten Schutzrechte zustehen.

ErwG 21 Die harmonisierten Vermiet- und Verleihrechte und der harmonisierte Schutz im Bereich der dem Urheberrecht verwandten Schutzrechte dürfen nicht in einer Weise ausgeübt werden, die eine verschleierte Beschränkung des Handels zwischen den Mitgliedstaaten darstellt oder dem in dem Urteil des Gerichtshofs in der Rechtssache „Cinéthèque gegen FNCF" anerkannten Grundsatz der Chronologie der Auswertung in den Medien zuwiderläuft.

Kommentar

1. Entstehungsgeschichte

Nach der Software-RL vom 14. Mai 1991 ist die Vermiet- und Verleih-RL die zweite Richtlinie im Bereich des Urheberrechts. Sie ist zugleich die erste Harmonisierungsmaßnahme der EG im „klassischen" Urheberrecht und, in grundlegender Weise, im Bereich der verwandten Schutzrechte[6]. **1**

Während das **Weißbuch 1985** weder das Vermiet- und Verleihrecht noch die verwandten Schutzrechte erwähnte, enthielt das **Grünbuch 1988** zwei Kapitel, die sich einerseits mit der Piraterie und anderseits mit dem Verbreitungsrecht, seiner Erschöpfung sowie dem Vermietrecht befassten. Zur Pirateriebekämpfung schlug das Grünbuch ua Harmonisierungsmaßnahmen im Bereich der verwandten Schutzrechte vor. In Bezug auf das Vermietrecht wurden Stellungnahmen zu der Frage erbeten, ob ein ausschließliches Recht oder ein Vergütungsanspruch vorgesehen werden sollte; Maßnahmen im Bereich des Verleihens sah die Kommission im Grünbuch als nicht dringend notwendig an (4.4.4. bis 4.4.10.). Nach einer **Anhörung** der interessierten Kreise am 18. und 19. September 1989 zu diesen Themen erweiterte und präzisierte die Kommission ihr Vorhaben (Punkt 4.3.) und legte am 5. Dezember 1990 einen **Vorschlag für eine Richtlinie** zum Vermietrecht, Verleihrecht und zu bestimmten verwandten Schutzrechten vor[7]. Hierin trug die Kommission der Kritik am Grünbuch Rechnung – insbes dem Vorwurf, fragmentarische Vorschläge ohne Gesamtkonzept machen und die Industrie gegenüber dem einzelnen Urheber einseitig bevorzugen zu wollen[8]. Der Richtlinienvorschlag versuchte, trotz der notwendigen Beschränkungen auf Einzelaspekte des Urheberrechts den Gesamtzusammenhang nicht aus den Augen zu verlieren; gleichzeitig strebte die Kommission ein hohes Schutzniveau an. **2**

Die auf den ersten Blick kaum zusammenhängenden Regelungskomplexe des Vermiet- und Verleihrechts einerseits[9] und der verwandten Schutzrechte anderseits[10] wurden aus guten Gründen in einem Vorschlag zusammengefasst: Es erschien wenig sinnvoll, für bestimmte Leistungsschutzberechtigte nur ein Vermiet- oder Verleihrecht vorzuschlagen, wenn diesen in einigen Mitgliedstaaten **3**

---

[6] Zur Entstehungsgeschichte der Richtlinie siehe auch *v Lewinski*, MR 1991, 53; *Reinbothe/v Lewinski*, Rental and Lending Rights 3ff.

[7] Vgl *Reinbothe/v Lewinski*, Rental and Lending Rights 8ff.

[8] Vgl dazu zB *Möller*, Author's Right or Copyright? in *Gotzen* (Hrsg), Copyright and the European Community 9ff.

[9] Zum Gesamtkonzept des Vermiet- und Verleihrechts im RL-Vorschlag siehe ausführlich *Reinbothe/v Lewinski*, Rental and Lending Rights 10ff.

[10] Siehe einen Überblick zu Kapitel II in *Reinbothe/v Lewinski*, Rental and Lending Rights 13f.

überhaupt noch keine Leistungsschutzrechte, also nicht einmal ein Vervielfältigungsrecht, zustanden. Die Kommission schlug ein ausschließliches Vermiet- und Verleihrecht für Urheber, ausübende Künstler, Hersteller von Tonträgern und Filmhersteller vor, ließ jedoch den Mitgliedstaaten in Bezug auf das Verleihen die Möglichkeit, einen bloßen Vergütungsanspruch vorzusehen. Eine besondere Schutzvorschrift sollte Urhebern und Künstlern, die ihre ausschließlichen Vermiet- und Verleihrechte (an Verwerter) abtreten, einen angemessenen Anteil an den Einkünften aus der Verwertung dieser Rechte garantieren. Im Bereich der verwandten Schutzrechte sollten das Aufzeichnungsrecht für ausübende Künstler und Sendeunternehmen sowie das Recht der Vervielfältigung und Verbreitung zusätzlich für Tonträger- und Filmhersteller harmonisiert werden.

4 Nach der insgesamt positiven Stellungnahme des Wirtschafts- und Sozialausschusses[11] gab das **Europäische Parlament** seine Stellungnahme in Erster Lesung am 12. Februar 1992 ab[12]. Die wichtigsten Änderungsvorschläge sollten den von der Kommission vorgeschlagenen Schutz noch verstärken: So rang sich das Parlament nach lebhafter Debatte und knapper Abstimmung dazu durch, die Anerkennung zumindest des Hauptregisseurs als Filmurheber zu fordern; mit diesem historischen Schritt bewirkte es, dass die Idee einer (Mit)Urheberschaft des Hauptregisseurs am Filmwerk auch in die Rechtssysteme von Ländern des angelsächsischen Rechtssystems Eingang finden sollte. Andere wichtige Änderungsvorschläge betrafen die Aufnahme einer Übertragungsvermutung in Bezug auf Rechte von ausübenden Künstlern im Verhältnis zu Filmproduzenten, die Hinzufügung des Senderechts und des Rechts der öffentlichen Wiedergabe für ausübende Künstler, Tonträgerhersteller und Sendeunternehmen[13] sowie eine Präzisierung der Übergangsbestimmungen zum Schutze wohlerworbener Rechte.

5 Die meisten der vom Europäischen Parlament vorgeschlagenen Änderungen übernahm die Kommission in ihren **geänderten RL-Vorschlag** vom 29. April 1992[14], wenn auch in vielen Fällen unter Änderung des vorgeschlagenen Wortlauts. Am 18. Juni 1992 nahm der Rat einstimmig seinen **Gemeinsamen Standpunkt** zum Richtlinienvorschlag an[15]. Er übernahm, wie schon die Kommission, die meisten vom Parlament eingebrachten Vorschläge, gestaltete jedoch einige Vorschriften noch präziser und einigte sich auf Ergänzungen insbes in Bezug auf die Schutzvorschrift des Art 4, das Verleihrecht und die zeitliche Anwendbarkeit der Richtlinie bzw die Übergangsbestimmungen. Ein in Zweiter Lesung vom **Europäischen Parlament** vorgeschlagener neuer Erwägungsgrund wurde von der **Kommission** nicht übernommen, so dass die Richtlinie am 19. November

---

[11] Vgl dazu *Reinbothe/v Lewinski*, Rental and Lending Rights 19f.

[12] Vgl dazu *Reinbothe/v Lewinski*, Rental and Lending Rights 20ff.

[13] Nach dem Vorbild der Art 7 Abs 1 lit a, 12 und 13 lit d Rom-Abkommen.

[14] Siehe im Einzelnen *Reinbothe/v Lewinski*, Rental and Lending Rights 23ff.

[15] Der Gemeinsame Standpunkt wurde als Ergebnis nichtöffentlicher Verhandlungen des Rats nicht veröffentlicht (erst die Datenbank-RL unterlag der neuen Praxis der Veröffentlichung des Gemeinsamen Standpunkts). Siehe zu den Diskussionen im Rat ausführlich *Reinbothe/v Lewinski*, Rental and Lending Rights 25ff.

1992 vom **Ministerrat** auf der Grundlage des Gemeinsamen Standpunkts ohne weitere Sachdiskussion verabschiedet werden konnte.

2. *Harmonisierungsanliegen*

6 Die Vermiet- und Verleih-RL dient der Verwirklichung des Binnenmarkts und ist demgemäß auf die Art 100a, 57 Abs 2 und 66 EGV (jetzt Art 95, 47 Abs 2 und 55 EGV 1997) gestützt. In Bezug auf unterschiedliche Regelungen des Vermietrechts hatte schon der EuGH das Vorliegen einer Handelsbeschränkung festgestellt, die jedoch durch Art 36 EGV (jetzt Art 30 EGV 1997) gerechtfertigt sei[16]; der freie Warenverkehr konnte also nur durch eine Harmonisierung bewirkt werden. Die Kommission rechtfertigte demnach ihre Wahl des Art 100a EGV (jetzt Art 95 EGV 1997) als Grundlage für die Harmonisierung des Vermietrechts mit den Unterschieden des Rechtsschutzes in den Mitgliedstaaten, die sich negativ auf den innergemeinschaftlichen Handel und das Funktionieren des Binnenmarkts auswirkten sowie beträchtliche Wettbewerbsverzerrungen nach sich ziehen würden (Begründung RL-Vorschlag 25). Dieselben Gründe wurden in Bezug auf die Harmonisierung der verwandten Schutzrechte in Kapitel II der Richtlinie genannt. Da Urheber und ausübende Künstler oft selbständig arbeiten und ihre Tätigkeiten oft Dienstleistungen darstellen, wurden zusätzlich Art 57 Abs 2 EGV (jetzt Art 47 Abs 2 EGV 1997) sowie Art 66 EGV (jetzt Art 55 EGV 1997), der den Art 57 Abs 2 EGV auf Dienstleistungen anwendbar macht, als Kompetenzgrundlage herangezogen. Im Übrigen wandte die Kommission auf das Verleihrecht dieselben Überlegungen zur Kompetenzgrundlage an, wie sie sie für das Vermietrecht entwickelt hatte und begründete dies mit dem engen Zusammenhang zwischen Vermieten und Verleihen.

3. *Nicht behandelte Fragen*

7 Im Zug des Rechtssetzungsverfahrens wurden zwei weitere, mit den Regelungen der Richtlinie nicht unmittelbar zusammenhängende Fragen diskutiert, ohne dass dies im Richtlinientext einen Niederschlag gefunden hätte.

3.1. Urheberpersönlichkeitsrechte

8 Das **Europäische Parlament** hatte in Erster Lesung vorgeschlagen, dem Vermieter, Mieter, Verleiher oder Ausleiher ausdrücklich zu untersagen, an dem gemieteten oder entliehenen Werk Änderungen, Schnitte oder Hinzufügungen vorzunehmen. Damit sollte der urheberpersönlichkeitsrechtliche Grundsatz der Werkintegrität bzw das Bearbeitungsrecht angesprochen werden. Den Vermiet- und Verleiheinrichtungen, aber auch den Mietern und Ausleihern sollte insbes untersagt sein, gemietete oder entliehene Musik- oder Videoaufnahmen ohne Zustimmung des Urhebers durch Schnitte oder auf andere Weise zu verändern. Die **Kommission** respektierte diesen Wunsch des Parlaments und nahm eine entsprechende Bestimmung in einer etwas klareren Fassung unter dem Titel „Urheberpersönlichkeitsrechte“ in Art 4a des geänderten Vorschlages neu auf. Die **Mitgliedstaaten** hielten eine solche Vorschrift aber für überflüssig, zumal

[16] EuGH 17.05.1988 – „Warner Brothers/Christiansen“.

sich dies schon aus den nationalen Regelungen des Urheberpersönlichkeitsrechts oder jedenfalls des Bearbeitungsrechts ergebe. Art 4a fand deshalb in den endgültigen Richtlinientext keinen Eingang.

3.2. Die Beziehung zu Drittstaaten

9 Weiters hatte das **Europäische Parlament** in Erster Lesung auch einen Vorschlag für einen neuen Erwägungsgrund 16a angenommen, der dem Umstand Rechnung tragen sollte, dass durch die Umsetzung der Richtlinie eine geänderte Situation in Bezug auf die Beziehungen der Mitgliedstaaten zu Drittländern geschaffen werde, was Verhandlungen mit diesen Drittländern zur Erzielung eines gegenseitigen Schutzes erforderlich mache. Auch dieser Wunsch des Parlaments wurde von der Kommission respektiert, die diesen Gedanken in einer bereinigten Fassung in den **geänderten RL-Vorschlag** übernahm. Dabei war allerdings zu berücksichtigen, dass die Beziehungen zwischen den Mitgliedstaaten und den meisten Drittländern schon bisher vom Grundsatz der Inländerbehandlung nach der RBÜ, dem WURA oder bilateralen Verträgen geprägt waren, der – zumindest nach der RBÜ – auch künftige Rechte wie zB das Vermietrecht erfasst, weshalb insoweit keine neue Situation entstand. Soweit dies in den Beziehungen zu bestimmten Drittländern aber nicht der Fall sein sollte, und neu eingeführte Rechte nicht erfasst werden, wären Neuverhandlungen tatsächlich sinnvoll. Für diesen Fall hätte der neue Erwägungsgrund 16a solche Verhandlungen mit dem Ziel empfohlen, jedenfalls Gegenseitigkeit herzustellen. Dabei hat die Kommission das Wort „zumindest" hinzugefügt, um daran zu erinnern, dass der im internationalen Urheberrecht vorherrschende Grundsatz der Inländerbehandlung vorrangig anzustreben ist.

10 Die **Mitgliedstaaten** sahen aber keine unmittelbaren Auswirkungen der Richtlinie auf die Beziehungen mit Drittländern und strichen deshalb diesen Erwägungsgrund wieder. Obwohl das **Europäische Parlament** in **Zweiter Lesung** neuerlich – diesmal als einzigen Änderungsvorschlag zum Gemeinsamen Standpunkt – einen entsprechenden Erwägungsgrund vorschlug, trat bei den **Mitgliedstaaten** kein Meinungsumschwung ein. Es blieb deshalb dabei, dass dieser neue Erwägungsgrund gestrichen wurde.

11 Demnach ist das urheberrechtliche Vermietrecht im Verhältnis zu allen **Drittstaaten**, die einem Übereinkommen mit einem weiten **Inländerbehandlungsgrundsatz** nach dem Muster des Art 5 RBÜ angehören, automatisch erfasst. Mitgliedstaaten müssen das ausschließliche Vermietrecht in seiner Ausgestaltung durch die Richtlinie auch im Verhältnis zu solchen Drittstaaten gewähren, die selbst ein Vermietrecht nicht oder etwa nur als Vergütungsanspruch (wie zB derzeit noch die Schweiz) vorsehen. In Bezug auf die Verleihvergütung ist die Frage nach internationalem Recht nicht eindeutig geklärt[17]. Dagegen ist der Inländerbehandlungsgrundsatz für Inhaber verwandter Schutzrechte nach dem TRIPs-Abkommen (Art 3 Abs 1 Satz 2) sowie gem Art 4 WPPT auf die in diesen

---

[17] Siehe dazu *v Lewinski*, Bibliothekstantieme 235ff, 241ff und 258ff; vgl auch *v Lewinski*, GATT or WIPO, 62.

Abkommen niedergelegten Mindestrechte beschränkt, so dass jenseits dieser dort festgelegten Rechte gemäß diesen Abkommen keine Inländerbehandlung gewährt werden muss. Nach dem Rom-Abkommen wird der Inländerbehandlungsgrundsatz anzuwenden sein, was allerdings strittig ist[18].

Kapitel I Vermiet- und Verleihrecht

Artikel 1 Regelungszweck

Art 1 verpflichtet die Mitgliedstaaten, die Rechte der Vermietung und des Verleihs vorzusehen und legt deren Natur als Ausschließlichkeitsrechte fest. Definitionen der „Vermietung" und des „Verleihs" schließen sich an.

Übersicht

Text

Artikel 1 Regelungszweck

(1) In Übereinstimmung mit den Bestimmungen dieses Kapitels sehen die Mitgliedstaaten vorbehaltlich Artikel 5 das Recht vor, die Vermietung und das Verleihen von Originalen und Vervielfältigungsstücken urheberrechtlich geschützter Werke und anderer in Artikel 2 Absatz 1 bezeichneter Schutzgegenstände zu erlauben oder zu vermieten.

(2) Für die Zwecke dieser Richtlinie bedeutet „Vermietung" die zeitlich begrenzte Gebrauchsüberlassung zu unmittelbarem oder mittelbarem wirtschaftlichen oder kommerziellen Nutzen.

(3) Für die Zwecke dieser Richtlinie bedeutet „Verleihen" die zeitlich begrenzte Gebrauchsüberlassung, die nicht einem unmittelbaren oder mittelbaren wirtschaftlichen oder kommerziellen Nutzen dient und durch der Öffentlichkeit zugängliche Einrichtungen vorgenommen wird.

---

[18] Siehe dazu und zu den Gegenmeinungen *Walter* Art 7 Rz 27 Schutzdauer-RL.

(4) Die in Absatz 1 genannten Rechte werden weder durch die Veräußerung von in Artikel 2 Absatz 1 bezeichneten Originalen und Vervielfältigungsstücken von urheberrechtlich geschützten Werken und anderen Schutzgegenständen noch durch andere darauf bezogene Verbreitungshandlungen erschöpft.

Aus den Erwägungsgründen

ErwG 12 Es ist erforderlich, die Begriffe „Vermietung" und „Verleihen" im Sinne dieser Richtlinie zu definieren.

ErwG 13 Der Klarheit halber ist es wünschenswert, von „Vermietung" und „Verleihen" im Sinne dieser Richtlinie bestimmte Formen der Überlassung, z. B. die Überlassung von Tonträgern und Filmen (vertonte oder nicht vertonte Filmwerke oder Laufbilder) zur öffentlichen Vorführung oder Sendung sowie die Überlassung zu Ausstellungszwecken oder zur Einsichtnahme an Ort und Stelle auszuschließen. Unter „Verleihen" im Sinne dieser Richtlinie fällt nicht die Überlassung zwischen der Öffentlichkeit zugänglichen Einrichtungen.

ErwG 14 Wird bei einem Verleihen durch eine der Öffentlichkeit zugängliche Einrichtung ein Entgelt gezahlt, dessen Betrag das für die Deckung der Verwaltungskosten der Einrichtung erforderliche Maß nicht überschreitet, so liegt keine unmittelbare oder mittelbare wirtschaftliche oder kommerzielle Nutzung im Sinne dieser Richtlinie vor.

Kommentar

1. Vermiet- und Verleihrecht als ausschließliche Rechte (Abs 1)

1.1. Das Vermietrecht

1 Die **Kommission** hatte sich in ihrem RL-Vorschlag für ein ausschließliches Vermietrecht entschieden, da die Ausschließlichkeit ein Merkmal aller klassischen, urheberrechtlichen Verwertungsrechte ist und gerade auch für den Fall des Vermietens als die wirksamste Form erschien. Das **Europäische Parlament** machte in Bezug auf die ausschließliche Natur des Vermietrechts keine Änderungsvorschläge. Die **Arbeitsgruppe des Rats** war gespalten: Während sich die Mehrheit der Mitgliedstaaten für ein ausschließliches Recht einsetzte oder diesem zumindest zustimmen konnte, bestanden zwei Mitgliedstaaten bis zuletzt auf einem bloßen Vergütungsanspruch.

2 Der ausschließliche Charakter des Vermietrechts kommt schon in Abs 1 durch die Worte **„das Recht, ... zu erlauben oder zu verbieten"** zum Ausdruck. Wenn in den Art 2 Abs 1, 6 Abs 1 und 2, 7 Abs 1, 8 Abs 1 und 3 hinzugefügt wird, dass es sich beim Vermietrecht um ein „ausschließliches" Recht handelt, so ist dies auf den Wunsch eines Mitgliedstaates zurückzuführen, die Formulierung „ausschließliches Recht" in der ganzen Richtlinie einheitlich zu verwenden. Im RL-Vorschlag war diese Formulierung aus Gründen des Satzbaus nur in Art 7 im Zusammenhang mit dem Verbreitungsrecht gewählt worden. Eine inhaltliche Änderung ist mit diesen Formulierungsänderungen jedoch nicht verbunden.

Das ausschließliche Vermietrecht greift nicht unverhältnismäßig in die **freie Berufsausübung** von CD-Vermietgeschäften ein. Auf eine Vorlagefrage des Landgerichts Köln stellte der EuGH fest, dass die Prüfung der Frage nichts ergeben habe, was die Gültigkeit von Art 1 Abs 1 beeinträchtigen könnte[19]. Auch ist die national unterschiedliche Ausübung des ausschließlichen Vermietrechts mit dem Grundsatz des **freien Warenverkehrs** vereinbar[20]. **3**

Das ausschließliche Vermietrecht bezieht sich nach Abs 1 auf Werke und **„andere in Art 2 Abs 1 bezeichnete Schutzgegenstände"**, worunter Darbietungen ausübender Künstler, Tonträger und Filme zu verstehen sind (Art 2 Abs 1 Fall 4)[21]. Im Tonträgerbereich dürfte von dem Ausschließlichkeitsrecht auch im Sinn eines – zumindest zeitweisen oder inhaltlich differenzierten – Verbots Gebrauch gemacht werden, um nicht zuletzt das private Vervielfältigen und den dadurch bedingten Rückgang der Verkaufszahlen einzudämmen. Im Videobereich ist das Kopieren angesichts geringer Vervielfältigungsmöglichkeiten in digitaler Qualität derzeit noch kein gleichermaßen ernstes Problem, weshalb das Verbotsrecht eher zur Marktstrukturierung eingesetzt wird, nämlich zur parallelen Verwertung im Weg des Verkaufs und der Vermietung. **4**

1.2. Das Verleihrecht

Während die Kommission noch im **Grünbuch 1988** (4.4.4. bis 4.4.10.) keine Notwendigkeit für eine Harmonisierung des Verleihrechts gesehen und zunächst für den RL-Vorschlag nur an einen Vergütungsanspruch gedacht hatte, nahm sie in den endgültigen **RL-Vorschlag** ein ausschließliches Verleihrecht auf; allerdings sollten die Mitgliedstaaten an dessen Stelle einen bloßen Vergütungsanspruch vorsehen können. Damit unterstrich die Kommission, dass das Verleihen aus urheberrechtlicher Sicht eine dem Vermieten vergleichbare Verwertung darstellt und daher grundsätzlich durch ein entsprechendes Ausschließlichkeitsrecht erfasst werden soll. Die Möglichkeit der Wahl eines bloßen Vergütungsanspruchs sollte dem Bedürfnis mehrerer Mitgliedstaaten entgegenkommen, den Zugang zu Werken in öffentlichen Bibliotheken zu gewährleisten; damit sollte auch ein Kompromiss über dieses in den Mitgliedstaaten sehr unterschiedlich beurteilte Recht erleichtert werden. Die Kommission wollte im Übrigen darauf aufmerksam machen, dass der zunehmende Verleih von Tonträgern und Filmen geeignet sein kann, deren Vermietung zu beeinträchtigen und damit die Bedeutung des Vermietrechts erheblich zu verringern; eine ähnliche Erfahrung hatte man im Printbereich schon zu Beginn dieses Jahrhunderts gemacht. **5**

Im **Europäischen Parlament** war das Verleihrecht ganz allgemein sehr umstritten. Mehrere Änderungsvorschläge zur völligen Streichung des Verleihrechts aus der Richtlinie wurden vom Rechtsausschuss aber abgelehnt. Schließlich

---

[19] Siehe EuGH 28.04.1998 – „Metronome Musik/Music Point Hokamp"; siehe dazu auch *Braun*, Schutz geistigen Eigentums contra Berufsausübungsfreiheit am Beispiel der Tonträgervermietung, ZUM 1998, 627.

[20] Siehe EuGH 22.09.1998 – „Videogramdistributører/Laserdisken" und *Becker*, ELR 1998, 521.

[21] Siehe im Einzelnen Art 2 Rz 18 bis 22.

schlug auch die Vollversammlung keine Änderung zum Verleihrecht (Art 1 Abs 1) vor.

Auch in der **Arbeitsgruppe des Rats** gehörte das Verleihrecht als solches und seine ausschließliche Natur zu den am meisten umstrittenen Punkten der Richtlinie. Etwa die Hälfte der Mitgliedstaaten wollte – vor allem aus finanziellen Gründen – kein Verleihrecht einführen, andere nur in Bezug auf bestimmte Medien, etwa Tonträger, Filme und Computerprogramme; wieder andere standen der Einführung des Verleihrechts grundsätzlich positiv gegenüber oder bestanden sogar darauf. Ein Mitgliedstaat wünschte ein zwingendes ausschließliches Recht für bestimmte Medien. Ein Kompromiss wurde schließlich im Rahmen des Art 5 gefunden, worauf auf Wunsch eines Mitgliedstaates schon in Abs 1 durch die eingefügten Worte „vorbehaltlich Art 5" hingewiesen wurde.

6 Die Ausführungen zur **Ausschließlichkeit** („Recht, ... zu erlauben oder zu verbieten") und zu den **„anderen in Art 2 Abs 1 bezeichneten Schutzgegenständen"** gelten für das Verleihrecht entsprechend[22].

2. Parallele Definitionselemente der Vermietung und des Verleihs

2.1. Zeitlich begrenzte Gebrauchsüberlassung (Abs 2 und 3)

7 Die **Kommission** hatte die Worte „zeitlich begrenzte" Gebrauchsüberlassung in den RL-Vorschlag aufgenommen, um damit die Vermietung und den Verleih von Formen der zeitlich unbegrenzten Überlassung wie dem Verkauf oder der Schenkung abzugrenzen. Weder das **Europäische Parlament** noch der **Rat** hatten dagegen etwas einzuwenden.

8 Die gewählte Formulierung umfasst alle Fälle, in welchen das Original oder das Vervielfältigungsstück nach Ablauf einer bestimmten Zeit zurückzugeben ist oder die Option dazu besteht und ausgeübt wird. Um eine zeitlich begrenzte Gebrauchsüberlassung handelt es sich deshalb auch im Fall eines Verkaufs mit Rückgaberecht zu einem niedrigeren als dem Verkaufspreis. Die Definition des Vermietens und Verleihens umfasst ungeachtet ihrer zivilrechtlichen Konstruktion ganz allgemein alle denkbaren Formen der Gebrauchsüberlassung, die dem Vermieten und Verleihen entsprechen. Andernfalls könnten **Umgehungsgeschäfte** nicht ausgeschlossen und der Zweck der Richtlinie nicht erreicht werden[23].

9 Der RL-Vorschlag ist zwar davon ausgegangen, dass das Vermiet- und Verleihrecht nur die **Überlassung an den Endnutzer** und nicht auch die Überlassung zur weiteren Verwertung erfassen soll, wie etwa die Vermietung eines Films an ein Filmtheater zum Zweck der öffentlichen Vorführung; der Vorschlag hat dies aber nicht ausdrücklich klargestellt. Das Europäische Parlament schlug dagegen eine ausdrückliche Klarstellung vor, wonach die Gebrauchsüberlassung „zum Zwecke der öffentlichen Darbietung und Aufführung" nicht vom Vermieten und Verleihen im Sinn der Richtlinie erfasst werden sollte. Die Kommission über-

[22] Siehe oben Rz 2 und 4.
[23] Vgl *Reinbothe/v Lewinski*, Rental and Lending Rights 36.

nahm diesen Vorschlag in ihren geänderten RL-Vorschlag (Art 1 Abs 2 und 3 Ende) in einer etwas deutlicheren Fassung[24] und ging dabei davon aus, dass schon aus dem verwendeten Ausdruck „Gebrauch" im Unterschied zur „Verwertung" folge, dass Überlassungen zum Zwecke der Verwertung, wie der öffentlichen Wiedergabe, in jedem Falle nicht erfasst werden sollten[25].

Bei der Diskussion in der Arbeitsgruppe des Rats wurden weitere, gleichfalls auszuschließende Fallgruppen erwähnt, wie etwa das Vermieten von Noten zum Zwecke der Sendung oder das Verleihen von Kunstwerken durch Museen für Ausstellungszwecke. Die Aufzählung all dieser Fallgruppen hätte das Risiko mit sich gebracht, vergleichbare Fälle zu übersehen oder in der Zukunft denkbare Formen einer Gebrauchsüberlassung zu Zwecken der Verwertung nicht in der Ausschlussliste erfassen zu können. Die an Stelle einer Aufzählung der ausgeschlossenen Handlungen vorgeschlagene Definition der urheberrechtsrelevanten Handlung als „Überlassung zum Gebrauch durch einen Endverbraucher" wurde als zu ungenau und als der urheberrechtlichen Terminologie nicht entsprechend abgelehnt. Da eine befriedigende Definition nicht gefunden und Meinungsverschiedenheiten in Bezug auf einzelne Fälle, vor allem betreffend die Erfassung der Vermietung von Musiknoten (Aufführungsmaterial) für Zwecke der Sendung oder der öffentlichen Aufführung nicht beseitigt werden konnten, bot sich die Formulierung eines Erwägungsgrunds als Lösung an. Erwägungsgründe sind zwar bei der Auslegung der Richtlinie zu berücksichtigen, sie sind aber als solche nicht operativer Natur[26].

ErwG 13 hält nun in diesem Sinn fest, es wäre wünschenswert, vom Begriff des **10** Vermietens und Verleihens im Sinn der Richtlinie Fälle wie die Überlassung von Filmen an ein Kino zum Zweck der öffentlichen Vorführung oder an ein Sendeunternehmen zum Zweck der Sendung, die Überlassung von Tonträgern zur Sendung oder auch die Überlassung von Kunstwerken von Privatpersonen oder Museen an ein (anderes) Museum zum Zweck der Ausstellung auszunehmen. Dies soll entsprechend für die Fernleihe[27] zwischen öffentlichen Bibliotheken zum Zweck des Verleihens an den Endnutzer gelten (ErwG 13 letzter Satz). Aus der Formulierung „bestimmte Formen der Überlassung, zB …" folgt, dass es sich bei den erwähnten Fällen nur um Beispiele handelt; vergleichbare Fälle sind deshalb ebenso zu behandeln. Den aufgezählten Fällen ist gemeinsam, dass die Überlassung nicht zum Gebrauch, sondern zum Zweck einer weiteren, an die Öffentlichkeit gerichteten Verwertungshandlung erfolgt[28]. Es handelt sich um eine verbindliche Auslegung des Worts „Gebrauch"; die Formulierung „… ist es wünschenswert" am Beginn des ErwG 13 ist als gemeinsamer, klarstellender

---

[24] „Überlassung zum Zweck der öffentlichen Wiedergabe".

[25] Zur klarstellenden Natur der Änderung siehe Begründung Geänderter RL-Vorschlag 8. Vgl dazu auch *Reinbothe/v Lewinski*, Rental and Lending Rights 36f.

[26] Siehe *Reinbothe/v Lewinski*, Rental and Lending Rights 37; *v Lewinski*, Allgemeiner Teil – 1. Kapitel Einleitung Rz 38.

[27] Die „Fernmiete" ist von dieser Ausnahme nicht erfasst, dürfte allerdings in der Praxis auch keine Bedeutung haben.

[28] Solche Verwertungshandlungen unterliegen nach der Gesetzgebung der Mitgliedstaaten grundsätzlich – allerdings nicht immer (vgl etwa den Fall der öffentlichen Ausstellung veröffentlichter Werke) – der Zustimmung des Berechtigten.

Wille der Mitgliedstaaten, nicht aber als das bloße Aufzeigen einer möglichen Auslegung anzusehen.

11 Der ausdrückliche Ausschluss der **Einsichtnahme an Ort und Stelle** in ErwG 13 geht auf den Wunsch mehrerer Mitgliedstaaten – insbes der das Verleihrecht überhaupt ablehnenden Mitgliedstaaten – zurück. Das Verleihen in Handbibliotheken soll danach jedenfalls nicht erfasst sein; eine entsprechende Form der Vermietung schien einigen Mitgliedstaaten wirtschaftlich so unbedeutend, dass auch diese ausgeschlossen werden sollte[29]. Der Ausschluss der Einsichtnahme an Ort und Stelle kann als eine Präzisierung des Definitionselements „Überlassung" angesehen werden: Kann man die Werke nur an Ort und Stelle einsehen und nicht mit sich nehmen, so handelt es sich nicht um eine „Überlassung" im Sinn des Art 1 Abs 2 und 3[30].

Obwohl Vermietgeschäfte bisher kein Interesse daran gezeigt haben, Tonträger und Videokassetten nur zum Anhören oder Ansehen an Ort und Stelle zur Verfügung zu stellen, ist dies zumindest denkbar. Wenn in solchen Fällen auch die Nutzung von Kopiermaschinen angeboten wird, so dass der Kunde etwa eine CD an Ort und Stelle abhören, eine Kopie anfertigen und den Tonträger zurückstellen kann, ist darin eine – vom Vermietrecht umfasste – Umgehung des Vermietrechts zu erblicken. Dies entspricht auch der im Rat vertretenen Ansicht der Mitgliedstaaten[31].

2.2. Wirtschaftlicher oder kommerzieller Nutzen (Abs 2 und 3)

12 Vermieten und Verleihen werden in Abs 2 und 3 danach voneinander abgegrenzt, ob die zeitlich begrenzte Gebrauchsüberlassung einem **unmittelbaren oder mittelbaren wirtschaftlichen oder kommerziellen Nutzen** dient oder nicht. Im ersten Fall liegt im Sinn der Richtlinie ein Vermieten, im zweiten ein Verleihen vor. Urheberrechtlich relevant ist das Verleihen aber nur, wenn es durch der Öffentlichkeit zugängliche Einrichtungen vorgenommen wird[32]. Diese Definitionselemente gehörten zu den am meisten umstrittenen Formulierungen der Richtlinie; inhaltlich waren sich die Kommission, die Mitgliedstaaten und das Europäische Parlament aber weitgehend einig[33].

13 Die Kommission hatte in ihrem **RL-Vorschlag** zunächst die Absicht einer Gewinnerzielung als Unterscheidungsmerkmal gewählt. Die ursprünglich in der Definition des Verleihens enthaltene Präzisierung, wonach das Verleihen die Gebrauchsüberlassung abdecken sollte, die nicht der unmittelbaren Gewinnerzielung dient, zielte vor allem auf die sog Werksbibliotheken ab, deren Tätigkeit teilweise mit derjenigen öffentlicher Bibliotheken vergleichbar ist, die aber von wirtschaftlichen Unternehmen getragen werden. Da das Phänomen der

---

[29] Siehe zu dieser Problematik im Zusammenhang mit Software aber auch *Blocher* Art 4 Rz 37 Software-RL.

[30] Vgl *Reinbothe/v Lewinski*, Rental and Lending Rights 37f.

[31] Siehe *Reinbothe/v Lewinski*, Rental and Lending Rights 38.

[32] Siehe hierzu Rz 22 bis 24.

[33] Vgl zur Entstehungsgeschichte *Reinbothe/v Lewinski*, Rental and Lending Rights 38f.

Werksbibliotheken in vielen Mitgliedstaaten nicht bekannt ist und ihm kaum mit Verständnis begegnet wurde, musste diese Differenzierung im Rat aufgegeben werden.

Das **Europäische Parlament** wollte (für den Fall der Vermietung) das Element der Gewinnerzielungsabsicht mit den Worten „zu unmittelbarem oder mittelbarem wirtschaftlichen Nutzen" umschreiben. Das Verleihen im Sinn der Richtlinie sollte dagegen mit den Worten „nicht zum Zwecke der Gewinnerzielung" umrissen werden[34]. Die Vorschläge wurden von der Kommission in ihren **geänderten RL-Vorschlag** aufgenommen, zumal sie in Bezug auf die Vermietung keine inhaltliche Änderung mit sich brachten; nach dem geänderten Vorschlag wären allerdings Werksbibliotheken nicht mehr unter das Verleihen, sondern unter das Vermieten gefallen.

Auch ein Teil der **Arbeitsgruppe des Rats** wollte die Werksbibliotheken als vom Vermietrecht erfasst ansehen. Die Diskussionen im Rat konzentrierten sich jedoch auf das Problem der Abgrenzung des Vermietens vom Verleihen. Dabei standen die Gewinnerzielungsabsicht, der kommerzielle Zweck, der beabsichtigte wirtschaftliche Nutzen, die Entgeltlichkeit oder andere zivilrechtliche Definitionselemente zur Wahl. Das Kriterium der **Entgeltlichkeit** wurde bald als unbrauchbar erkannt, da in jüngerer Zeit auch zahlreiche öffentliche Bibliotheken Gebühren erheben, und ihre Tätigkeit insoweit, entgegen dem Willen der Mitgliedstaaten, als Vermieten zu qualifizieren wäre. Nach ausführlichen Diskussionen kamen viele Mitgliedstaaten zu dem Schluss, dass der ursprüngliche Kommissionsvorschlag (Gewinnerzielungsabsicht) allen anderen Fassungen vorzuziehen sei. Ein Mitgliedstaat machte jedoch geltend, dass Vermietungen in diesem Staat zunehmend durch Organisationen vorgenommen werden, die in Form von gemeinnützigen, nicht wirtschaftlichen Vereinigungen errichtet werden, und deren Tätigkeit nach der Definition des RL-Vorschlags zu Unrecht nicht unter das Vermieten fiele. Nicht zuletzt auch im Hinblick auf den Abänderungsvorschlag des Europäischen Parlaments, auf den wirtschaftlichen Nutzen abzustellen, hat man das Kriterium der Gewinnerzielungsabsicht dann aufgegeben.

Die alternativen Formulierungen **„zu kommerziellen Zwecken"** und **„zu wirtschaftlichem Nutzen"** waren vor allem zwischen zwei Mitgliedstaaten umstritten. Vor dem jeweiligen Hintergrund des nationalen Rechts wurde der eine Begriff als zu eng und der andere als zu weit angesehen. Die meisten Mitgliedstaaten sahen dagegen keinen wesentlichen Unterschied zwischen diesen Begriffen. Als Kompromiss wurden schließlich beide Begriffe in die Definition aufgenommen. Um zu verhindern, dass die nun sehr weite Definition der Vermietung auch den Fall des Verleihens durch öffentliche Bibliotheken gegen Gebühren erfasst, wurde der **ErwG 14** hinzugefügt, wonach im Fall des Verleihens durch eine der Öffentlichkeit zugängliche Einrichtung auch dann kein Vermieten vorliegt, wenn ein Entgelt gezahlt wird, dessen Betrag das für die Deckung der Verwaltungskosten der Einrichtung erforderliche Maß nicht überschreitet[35].

---

[34] Anstatt „nicht zum Zwecke der unmittelbaren Gewinnerzielung" im RL-Vorschlag.

[35] Siehe dazu Rz 17. Ähnliche Überlegungen wurden schon in der Begründung RL-Vorschlag angestellt (Punkt 1.2, 34).

14 Die schließlich sehr weit gefasste Formulierung setzt für das Vermieten eine Gebrauchsüberlassung zu einem **wirtschaftlichen oder kommerziellen Nutzen** voraus und stellt damit jedenfalls auf ein geschäftliches Verhalten ab, was in den Worten „wirtschaftlich“ und „kommerziell“ zum Ausdruck kommt. Dieses geschäftliche Verhalten muss auf einen wirtschaftlichen Vorteil abzielen, was sich aus den Elementen „zu(m) ... Nutzen“ und „wirtschaftlich(en) oder kommerziell(en)“ ergibt. Hauptfälle des Vermietens sind die Vermietvorgänge in Videotheken und CD-Vermietgeschäften; das Verleihen findet vor allem in öffentlichen Bibliotheken statt. Ein wirtschaftlicher oder kommerzieller Nutzen muss nicht tatsächlich erzielt werden; die darauf gerichtete Absicht genügt. Vermietung bzw Verleihen kann in den folgenden vier Fällen vorliegen: Gebrauchsüberlassung zum Zweck (bzw nicht zum Zweck) des unmittelbaren wirtschaftlichen (erster Fall), des unmittelbaren kommerziellen (zweiter Fall), des mittelbaren wirtschaftlichen (dritter Fall) oder des mittelbaren kommerziellen Nutzens (vierter Fall).

15 Ob sich der wirtschaftliche oder kommerzielle Nutzen unmittelbar oder bloß mittelbar ergibt, ist nicht von Bedeutung. **Unmittelbar** ist der Nutzen, wenn eine Tätigkeit mit dem Zweck der Erzielung eines solchen Nutzens ausgeübt wird. Im Fall der Überlassung zu **mittelbarem** wirtschaftlichen oder kommerziellen Nutzen ergibt sich ein solcher Nutzen nur als Nebeneffekt der Vermietung. Ein solcher Nebeneffekt wird etwa bei öffentlich zugänglichen Werksbibliotheken im Hinblick auf die Werbewirkung für das Unternehmen im Allgemeinen zu bejahen sein.

Entsprechendes gilt zB für die unentgeltliche Überlassung von Videokassetten durch ein Hotel zum Gebrauch durch seine Gäste oder für die Zeitschriftenauslage in Warteräumen von Friseuren, Ärzten und Anwälten. In diesen Fällen handelt es sich allerdings um eine Einsichtnahme an Ort und Stelle, die nach dem Begriffsverständnis der Richtlinie vom Vermiet- und Verleihrecht ausgenommen ist[36]. Zwei weitere Beispiele für einen mittelbaren Nutzen sind die Vermietung eines Hotelzimmers, in dem ein Gemälde an der Wand hängt, oder die Vermietung eines Autos mit Kassettendeck und bespielten Musikkassetten[37]. Allerdings sind diese Fälle wohl nicht vom Zweck der Richtlinie erfasst, da die Vermietung des Bilds im ersten Beispielsfall und der Musikkassetten im zweiten nur beiläufig erfolgt.

16 Eine **Umgehung der Vorgaben der Richtlinie** ist nicht zulässig; darin waren sich die Mitgliedstaaten einig. Eine entsprechende ausdrückliche Bestimmung wurde aber nicht in den Richtlinientext aufgenommen, da ihre Formulierung größere Schwierigkeiten bereitet hätte, und die Mitgliedstaaten eine solche Bestimmung auch nicht für erforderlich ansahen. Schon aus dem Zweck der Richtlinie folgt, dass eine Umgehung nicht zu akzeptieren ist. So kommt es zB nicht darauf an, ob die Vermietung von nicht wirtschaftlichen Vereinigungen, von privaten Videoclubs oder öffentlichen Unternehmen vorgenommen wird. Allein auf die in der

---

[36] Siehe ErwG 13 und Rz 11.

[37] Entsprechendes gilt für integrierte Computerprogramme, deren Vermietung allerdings von der Software-RL erfasst ist.

Richtlinie umschriebene Tätigkeit kommt es an, nicht dagegen auf die Organisationsform bzw die rechtliche Struktur der vermietenden Einrichtung.

Verleihen im Sinn der Richtlinie liegt vor, wenn die Gebrauchsüberlassung nicht einem unmittelbaren oder mittelbaren wirtschaftlichen oder kommerziellen Nutzen dient. Dies ist etwa der Fall, wenn Bibliotheken keine oder nur solche Gebühren erheben, die über den für die Deckung der Verwaltungskosten erforderlichen Betrag hinausgehen (ErwG 14). Unerheblich ist, ob es sich um Jahresgebühren für jeden Nutzer, um Gebühren, die für jeden Verleihvorgang eingehoben werden, oder um andere Arten von Entgelten handelt. Strafgebühren wegen verspäteter Rückgabe machen das Verleihen nicht zum Vermieten; in der Regel werden auch solche Strafgebühren ohnehin nicht über die Verwaltungskosten hinausgehen. Davon abgesehen erfolgt das Verleihen von Büchern oder anderen Medien auch nicht zu dem Zweck, solche Strafgebühren einzuziehen, und damit nicht zu einem wirtschaftlichen oder kommerziellen Nutzen. **17**

Da die Richtlinie sowohl das Vermieten als auch das Verleihen regelt und grundsätzlich für beide Fälle der zeitlich begrenzten Gebrauchsüberlassung ein Ausschlussrecht vorsieht, ist die **Abgrenzung** nur für die Vorbehalte nach Art 5 sowie die Übertragungsvermutungen des Art 2 Abs 5 bis Abs 7 und Art 4 von **Bedeutung**. Nach Art 5 können die Mitgliedstaaten im Fall des öffentlichen Verleihwesens an Stelle eines Verbotsrechts bloß einen Vergütungsanspruch vorsehen (Abs 1), für Leistungsschutzberechtigte auch von der Gewährung von Vergütungsansprüchen absehen (Abs 1 und 2) und bestimmte Kategorien von Einrichtungen von der Zahlung der Vergütung ausnehmen (Abs 3). **18**

3. Elektronisches Vermieten oder Verleihen

Elektronische Abrufsysteme erlauben es, Werke, insbes Musik- und Filmwerke, im Weg der elektronischen Datenübermittlung zu „vermieten“ oder zu „verleihen“. Der Nutzer kann in solchen Fällen zB einen Film aus einem Angebot auswählen und sich ihn elektronisch in sein Heimgerät zu einem von ihm bestimmten Zeitpunkt überspielen lassen. Entsteht dabei automatisch eine Kopie, kann man auch von einem „elektronischen Verkauf“ sprechen. Diese auch als **Übermittlung *on-demand*** bekannte, neue Verwertungsform ist insbes von dem sog *pay-per-view* bzw *pay-per-listen* und dem *near-on-demand* zu unterscheiden. Im ersten Fall handelt es sich um kodierte Kabelprogramme, bei welchen der Nutzer nur für die tatsächliche Nutzung zahlt, er aber weiterhin von dem an alle Abonnenten gleichzeitig gesendeten Programm abhängig ist und weder die Werke bzw Leistungen noch den Zeitpunkt individuell wählen kann. Beim *near-on-demand* wird eine bestimmte Auswahl von Werken in Hörschleifen gesendet, so dass ein bestimmtes Werk, insbes ein Bestseller, zB alle 20 Minuten empfangen werden kann. Auch wenn diese Form der Übermittlung der *on-demand* Übermittlung schon näher kommt als dies bei *pay-per-view* bzw *pay-per-listen* Systemen der Fall ist, besteht doch keine individuelle Abrufmöglichkeit. Bei beiden Spielarten handelt es sich also um solche der Sendung, die im Folgenden deshalb außer Betracht bleiben. **19**

Schon in der **Begründung zum RL-Vorschlag** machte sich die Kommission zu der damals noch kaum bekannten *on-demand* Nutzung Gedanken (Punkt 1.2., **20**

35). Da zu erwarten war, dass die Mitgliedstaaten diese (unkörperliche) Übermittlung eher als öffentliche Wiedergabe ansehen werden, beabsichtigte die Kommission nicht, diese Nutzungsform als Vermieten oder Verleihen zu qualifizieren und in der Vermiet- und Verleih-RL zu erfassen. Das **Europäische Parlament** äußerte sich zu dieser Problematik nicht. Die Kommission stellte die Frage der *on-demand* Übermittlung im Zusammenhang mit dem Vermiet- und Verleihrecht aber in der **Arbeitsgruppe des Rats** zur Debatte. Die Mitgliedstaaten lehnten die Behandlung dieser Nutzung im Rahmen der Vermiet- und Verleih-RL jedoch – allerdings nach einer nicht erschöpfenden Diskussion – als verfrüht ab.

21 Die Kommission äußerte ihre Auffassung, derzufolge die Vermiet- und Verleih-RL auch die elektronische Vermietung, wie etwa Video-Auf-Abruf, und den elektronischen Verleih erfasst, im Grünbuch „Urheberrecht und verwandte Schutzrechte in der Informationsgesellschaft" vom 19. Juli 1995 im Rahmen des Kapitels „digitale Verbreitung". Diese Auffassung war juristisch begründet[38], jedoch bevorzugten die Mitgliedstaaten eine Regelung der Online-Übermittlung durch das Recht der öffentlichen Wiedergabe im weiteren Sinne. So legten sie zusammen mit der EG in der Sitzung des Sachverständigenausschusses der WIPO zu einem möglichen Berner Protokoll und Neuen Instrument im Mai 1996 einen Textvorschlag mit einer besonderen Formulierung des Rechts der Online-Zugänglichmachung vor, der später nahezu unverändert Bestandteil des WIPO Copyright Treaty und des WIPO Performances and Phonograms Treaty wurde. Daraufhin hat die Kommission das Recht der Online-Zugänglichmachung in derselben Formulierung wie in den WIPO-Verträgen in Art 3 ihres Vorschlags für eine Richtlinie zur Informationsgesellschaft übernommen. Die Entwicklung ist demnach an dieser Interpretation vorbeigegangen[39]. Es spräche allerdings für die Kohärenz der Europäischen Rechtssetzung, wesentliche Elemente des Vermietrechts, insbes den unverzichtbaren Vergütungsanspruch für Urheber und ausübende Künstler nach Art 4 Vermiet- und Verleih-RL, auch im Rahmen des vergleichbaren Tatbestands der Online-Zugänglichmachung zu übernehmen.

4. Verleihen in der Öffentlichkeit zugänglichen Einrichtungen (Abs 3)

22 Nach Art 1 Abs 3 ist das Verleihen nur dann relevant, wenn es durch der Öffentlichkeit zugängliche Einrichtungen vorgenommen wird. Der ursprüngliche **RL-Vorschlag** der Kommission enthielt zur Erläuterung dieses Begriffs eine Liste von Beispielen, wie etwa öffentliche Bibliotheken, Forschungsbibliotheken oder auch Schulbibliotheken. Erfasst werden sollten alle Arten von

---

[38] Siehe zu den Argumenten *Reinbothe/v Lewinski*, Rental and Lending Rights 41f; nach US-amerikanischem Recht findet das Verbreitungsrecht in den Fällen auf die elektronische Verbreitung iSd digitalen Übermittlung Anwendung, in denen die Übermittlung in einer Kopie endet; vgl Intellectual Property and the National Information Infrastructure (The Report of the Working Group on Intellectual property Rights) (1995) 213ff; Appendix I 2.

[39] Vgl dazu ausführlich *v Lewinski* Rz 14, 22, 29, 30f und 36 Info-RL sowie *Walter* Rz 66ff und 81ff Info-RL.

Verleiheinrichtungen. Dagegen hatte das **Europäische Parlament** keine Einwände. Einige **Mitgliedstaaten**, vorrangig diejenigen, die dem Verleihrecht überhaupt ablehnend gegenüber standen, wollten diese Liste aber auf die öffentlichen Bibliotheken beschränken. Da es sich auch dabei nur um eine beispielsweise Anführung handelte, wurde schließlich auch dieses Beispiel als überflüssig gestrichen. Einige Mitgliedstaaten, in denen Universitäts- und Schulbibliotheken nicht als der Öffentlichkeit zugänglich angesehen werden, plädierten dafür, den Begriff der Öffentlichkeit weiterhin nach nationalem Recht auszulegen.

Der Begriff der **Öffentlichkeit** ist in der Vermiet- und Verleih-RL tatsächlich **23**
nicht umschrieben; die Mitgliedstaaten legten sich auch nicht auf eine bestimmte Definition fest. Die Richtlinie lässt aber sicherlich nicht zu, dass zB eine Gemeindebibliothek, die allen Einwohnern einer Gemeinde zugänglich ist, nicht als öffentlich zugänglich eingestuft wird. Aus Art 5 Abs 3, der das Vorliegen mehrerer Kategorien von Einrichtungen voraussetzt, lässt sich zumindest ableiten, dass Art 1 Abs 3 nicht nur allgemein zugängliche öffentliche Bibliotheken erfasst. Daher sind auch Bibliotheken, die einer besonderen Öffentlichkeit, wie etwa Studenten oder Schülern, offenstehen, also Universitäts-, Schul- oder auch Kirchenbibliotheken etc erfasst. Mitgliedstaaten, die einige solche Kategorien vom Verleihrecht ausschließen wollen, können dies auf Grund des Vorbehalts nach Art 5 Abs 3 tun. Im Übrigen bleibt das jeweilige nationale Recht zur näheren Festlegung der Öffentlichkeit berufen.

Der Begriff der **Einrichtung** ist sehr weit gefasst und insbes nicht auf besondere **24**
Rechtsformen beschränkt. Unerheblich ist auch, welcher Art die von der Einrichtung bereit gehaltene Sammlung ist. Sammlungen von Büchern (Bibliotheken) zählen ebenso dazu wie Sammlungen von Compact-Disks, Videokassetten, Gemälden etc und Archive, die mehrere oder all diese Arten von Medien sammeln. Erfasst ist jede denkbare Sammlung geschützter Werke oder anderer Schutzgegenstände im Sinn des Art 2 Abs 1[40].

5. Ausschluss der Erschöpfung (Abs 4)

Nach dem **RL-Vorschlag** der Kommission sollte das Vermiet- und Verleihrecht **25**
von der Veräußerung oder einer anderen Form der Verbreitung von Originalen und Vervielfältigungsstücken unberührt bleiben (Art 1 Abs 4). In Übereinstimmung mit einem Vorschlag des **Europäischen Parlaments** und einiger **Mitgliedstaaten** wurde diese Formulierung durch eine andere ersetzt, derzufolge sich das Vermiet- und Verleihrecht durch solche Verbreitungshandlungen nicht „erschöpft", was aus urheberrechtlicher Sicht als genauere Formulierung angesehen wurde. Die so argumentierenden Mitgliedstaaten übersahen dabei, dass sich nur das (umfassendere) Verbreitungsrecht erschöpfen kann; das Vermiet- oder Verleihrecht kann dagegen schon begrifflich durch einen Verkauf nicht erschöpft werden. Eine Bedeutungsänderung hat diese Modifizierung des Wortlauts jedenfalls nicht mit sich gebracht.

---

[40] *Reinbothe/v Lewinski*, Rental and Lending Rights 43.

26 Art 1 Abs 4 stellt klar, dass die Erschöpfung des in vielen nationalen Rechten vorgesehenen, die Vermietung und den Verleih umfassenden Verbreitungsrechts den Fortbestand des Vermiet- und Verleihrechts nach Art 1 Abs 1 nicht berührt. Selbst nach dem ersten Verkauf oder einem anderweitigen Inverkehrbringen eines Vervielfältigungsstückes bleibt dem Rechtsinhaber also das ausschließliche Vermiet- und Verleihrecht erhalten. Dies hat der EuGH in Bezug auf die unterschiedliche Ausübung des ausschließlichen Vermietrechts in verschiedenen Mitgliedstaaten bestätigt[41].

27 Die Bestimmung des Art 1 Abs 4 schreibt allerdings nicht vor, dass das Vermiet- und Verleihrecht als Teil eines **weit gefassten Verbreitungsrechts** konzipiert werden muss. Vielmehr steht es den Mitgliedstaaten weiterhin offen, statt dessen ein **enges Verbreitungsrecht**, das nur den Verkauf und andere Formen der zeitlich unbegrenzten Verbreitung umfasst, neben einem davon getrennten Vermiet- bzw Verleihrecht vorzusehen. Auch das Konzept eines umfassenden Bestimmungsrechts (***droit de destination***)[42] kann beibehalten werden. Die ausschließlichen Rechte der Vermietung und des Verleihs, die Teil des *droit de destination* sind, müssen nur ausdrücklich anerkannt und in die Praxis umgesetzt werden.

Umsetzung in Deutschland und Österreich

1. Deutschland (v Lewinski)

28 Das deutsche Urheberrecht sieht neben dem Vervielfältigungsrecht (§ 16 UrhG) ein eigenständiges **Verbreitungsrecht** vor (§§ 15 Abs 1, 17 dUrhG). Das Verbreitungsrecht ist sehr weit konzipiert: Es erfasst das Anbieten an die Öffentlichkeit und das Inverkehrbringen eines Originals eines Werks und von Werkstücken, und damit auch das Vermieten und Verleihen. § 17 Abs 2 dUrhG sieht die Erschöpfung des Verbreitungsrechts in Bezug auf ein Original oder Werkstück vor, das mit Zustimmung des zur Verbreitung Berechtigten in der EU oder einem anderen Vertragsstaat des EWR im Weg der Veräußerung in Verkehr gebracht worden ist; von dieser Erschöpfung ist die **Vermietung** ausgenommen. Vor der Umsetzung der Vermiet- und Verleih-RL durch das Dritte Änderungsgesetz 1995 erstreckte sich die Erschöpfung des Verbreitungsrechts auf die Vermietung, für die in § 27 dUrhG aF allerdings ein gesetzlicher Vergütungsanspruch vorgesehen war.

29 Während also für das Vermieten richtlinienkonform ein Ausschlussrecht eingeführt worden ist, wurde für das **Verleihen** der schon zuvor bestehende gesetz-

[41] Siehe EuGH 22.09.1998 – „Videogramdistributører/Laserdisken" und *Becker*, ELR 1998, 521.

[42] Das *droit de destination* wurde von der französischen Rechtsprechung auf Grundlage des Vervielfältigungsrechts im Bereich des Urheberrechts entwickelt und wird in mehreren Mitgliedstaaten angewandt. Auf Grund dieses Rechts kann der Rechtsinhaber grundsätzlich die Verwertung von Vervielfältigungsstücken seines Werks selbst nach der ersten Verbreitung, zB durch Vermietung oder Verleih, kontrollieren; siehe aber eine kritische Auseinandersetzung mit dem *droit de destination* bei *Lucas/Lucas*, Traité de la Propriété Littéraire et Artistique (1994) Rz 266ff. Vgl dazu auch *Walter* Rz 58 Info-RL.

liche Vergütungsanspruch, der nur durch Verwertungsgesellschaften geltend gemacht werden kann, unter Erweiterung des bisherigen Berechtigtenkreises beibehalten (§ 27 Abs 2 und 3 dUrhG). Damit hat Deutschland von dem Vorbehalt des Art 5 Vermiet- und Verleih-RL Gebrauch gemacht. Ein ausschließliches Verleihrecht besteht also nur soweit, als das Verbreitungsrecht noch nicht erschöpft ist.

Die **Definitionen** der Vermietung und des Verleihs gem der Vermiet- und Verleih-RL sind in § 17 Abs 3 und § 27 Abs 2 Satz 2 dUrhG inhaltlich (und zT auch im Wortlaut) übernommen worden[43]. Die in den ErwG 13 und 14 Vermiet- und Verleih-RL angeführten Präzisierungen der Begriffe „Vermietung" und „Verleihen" sind nicht ausdrücklich in das deutsche Gesetz übernommen worden, werden jedoch im Rahmen einer richtlinienkonformen Auslegung heranzuziehen sein[44]. **30**

§ 17 Abs 3 Satz 2 Z 2 dUrhG schließt von den Begriffen der Vermietung und des Verleihs solche Überlassungen von Originalen oder Vervielfältigungsstücken von Werken im Rahmen eines **Arbeits- oder Dienstverhältnisses** aus, die dem ausschließlichen Zweck der Erfüllung von Verpflichtungen aus dem Arbeits- oder Dienstverhältnis dienen. Obwohl eine solche Ausnahme in der Richtlinie nicht ausdrücklich vorgesehen ist, dürfte sie insbes unter Heranziehung von ErwG 13 Vermiet- und Verleih-RL richtlinienkonform sein. Regelmäßig wird es sich nämlich bei einer solchen Nutzung um eine Einsichtnahme an Ort und Stelle handeln, die gem ErwG 13 Vermiet- und Verleih-RL nicht vom Begriff der Vermietung erfasst ist; auch kann die „Überlassung" iSd Richtlinie als eine Überlassung an Dritte interpretiert und der Arbeit- oder Dienstnehmer im Verhältnis zu seinem Arbeit- bzw Dienstgeber nicht als Dritter angesehen werden. Diese besondere Ausnahme von den Begriffen der Vermietung und des Verleihens wurde aus dem zuvor geltenden Recht (§ 27 Abs 2 2. Alternative dUrhG aF) übernommen. **31**

Der Vergütungsanspruch für das **Verleihen** nach § 27 Abs 2 Satz 1 dUrhG wird in Bezug auf die Verleihtätigkeit jeglicher, der **Öffentlichkeit zugänglicher Einrichtungen** gewährt. Ausdrücklich sind Büchereien, Sammlungen von Bild- und Tonträgern oder von anderen Werkoriginalen oder -stücken genannt. Ob eine Einrichtung der Öffentlichkeit zugänglich ist, richtet sich nach dem allgemeinen Begriff der Öffentlichkeit, der in § 15 Abs 3 dUrhG niedergelegt ist. Eine Einrichtung ist demnach dann öffentlich, wenn sie für einen Kreis mehrerer Personen, der nicht eindeutig abgegrenzt ist, bestimmt ist und wenn diese Personen weder untereinander noch jeweils mit dem Veranstalter persönlich verbunden sind. Folglich sind regelmäßig insbes öffentliche Bibliotheken, Universitäts-, Schul- und Kirchenbibliotheken, städtische Arthotheken etc erfasst. **32**

---

[43] Damit weicht die urheberrechtliche von der zivilrechtlichen Abgrenzung zwischen Vermieten und Verleihen ab; letztere erfolgt nach dem Kriterium der Entgeltlichkeit.

[44] Vgl Begründung Entw I Drittes ÄnderungsG 13.

2. *Österreich* (Walter)

33 Das österr Urheberrecht kennt neben dem Vervielfältigungsrecht (§ 15 öUrhG) ein gesondertes **Verbreitungsrecht** (§ 16 öUrhG)[45]. Das Verbreitungsrecht umfasst jedes Inverkehrbringen von Werkstücken auf eine Art, die das Werk der Öffentlichkeit zugänglich macht. Auch das Vermieten und Verleihen stellt eine Verbreitung in diesem Sinn dar. Allerdings wird das Verbreitungsrecht ganz allgemein nach § 16 Abs 3 öUrhG an einem Werkstück verbraucht (erschöpft), wenn es mit Zustimmung des Berechtigten veräußert (durch Übertragung des Eigentums in den Verkehr gebracht) wird (§ 16 Abs 1 öUrhG)[46]. Vor der öUrhG-Nov 1993, mit welcher die Vermiet- und Verleih-RL noch vor deren Erlassung umgesetzt wurde, blieb das Vermiet- und Verleihrecht deshalb auf Werkstücke beschränkt, die noch nicht veräußert worden waren, wie dies etwa für die Miete (oder den Verleih) von Aufführungsmaterial im Musikverlagswesen zutraf und auch heute noch zutrifft.

34 Nach § 16a Abs 1 öUrhG idF 1993 gilt der Erschöpfungsgrundsatz in Umsetzung der Richtlinie für das **Vermieten** von Werkstücken aber jetzt nicht mehr, womit richtlinienkonform ein Ausschlussrecht vorgesehen wurde. Für das **Verleihen** gilt der Erschöpfungsgrundsatz mit der Maßgabe, dass dem Urheber ein Anspruch auf angemessene Vergütung zusteht, der nur von Verwertungsgesellschaften geltend gemacht werden kann (Abs 2). Auch Österreich hat damit von dem Vorbehalt des Art 5 Vermiet- und Verleih-RL Gebrauch gemacht und für das Verleihen kein ausschließliches Recht vorgesehen. Ein ausschließliches Verleihrecht besteht dagegen weiterhin in Bezug auf Werkstücke, an welchen das Verbreitungsrecht noch nicht erschöpft ist. Dem Vermieten und Verleihen ist die zeitlich begrenzte Gebrauchsüberlassung gemeinsam (Abs 3).

35 Die **Abgrenzung zwischen Vermieten und Verleihen** erfolgt nach dem Kriterium der Erwerbsmäßigkeit (§ 16a Abs 3 öUrhG idF 1993)[47]. Erwerbsmäßigkeit setzt nach österr Recht weder Entgeltlichkeit noch Gewinnerzielungsabsicht voraus, wie sich schon aus § 53 Abs 1 Z 3 öUrhG in Bezug auf die freie Werknutzung zu Gunsten von Gratis- und Wohltätigkeitsveranstaltungen ergibt[48]. Damit ist auch der mittelbare wirtschaftliche oder kommerzielle Nutzen im Sinn der Richtlinie abgedeckt[49]. Den in ErwG 14 enthaltenen Hinweis, es

---

[45] Vgl dazu *Walter*, Kommentare zum Urheberrecht – Werkverwertung in körperlicher Form – Vervielfältigung und Verbreitung (I), MR 1990, 112, (II) MR 1990, 162 und MR 1990, 203.

[46] Vgl dazu *Walter*, Grundfragen der Erschöpfung des Verbreitungsrechts im österr Urheberrecht, ÖJZ 1975, 143.

[47] Nach österr Zivilrecht wird das Vermieten vom Verleihen dagegen nach dem Kriterium der Entgeltlichkeit abgegrenzt. Vgl auch zu dieser Abgrenzung *Reindl*, Einfluß des Gemeinschaftsrechts 296f.

[48] Vgl dazu auch *Walter*, Kommentare zum Urheberrecht, Das Ausstellungsrecht und die Ausstellungsvergütung, MR 1996, 56.

[49] Vgl zu diesen Kriterien im Zusammenhang mit der Ausstellungsvergütung OGH 23.11.1999 – „Bank Austria Kunstforum" MR 2000, 25 = ecolex 2000, 298 (Leitsatz) = KUR 2000, 109 und dazu *Walter*, Zur österreichischen Ausstellungsvergütung, KUR 2000, 45.

handle sich bloß um ein Verleihen, wenn eine der Öffentlichkeit zugängliche Einrichtung ein die Deckung der Verwaltungskosten nicht übersteigendes Entgelt einhebt, hat der österr Gesetzgeber nicht umgesetzt.

Der **Vergütungsanspruch für das Verleihen** von Werkstücken („Bibliotheksgroschen", „Bibliothekstantieme") knüpft in Übereinstimmung mit der Richtlinie an der Öffentlichkeit zugängliche Einrichtungen an (§ 16a Abs 3 öUrhG idF 1993). Öffentlichkeit liegt vor, wenn die Personen, welchen die Einrichtung zugänglich ist, nicht persönlich (privat) miteinander verbunden sind. Dies trifft für Werksbüchereien in der Regel auch dann zu, wenn sie nicht allgemein, sondern nur für Betriebsangehörige zugänglich sind. Allerdings werden in beiden Fällen zumindest mittelbare Erwerbszwecke vorliegen, weshalb das ausschließliche Vermietrecht zur Anwendung kommt. Der Begriff der Einrichtungen ist weit zu verstehen. Das Gesetz führt beispielsweise Bibliotheken, Bild- und Schallträgersammlungen und Artotheken an (Abs 3). **36**

Der österr Gesetzgeber hat Handbibliotheken oder andere Einrichtungen, die Werkstücke nur zur Einsichtnahme an Ort und Stelle überlassen (Präsenzbibliotheken), nicht vom Vermiet- und Verleihrecht ausgenommen[50]. Es ist dies im Hinblick auf die mit öUrhGNov 1996 neu eingeführte freie Nutzung von Bild- und Schallträgern in Bibliotheken und ähnlichen Einrichtungen, die gerade auf die Gleichstellung mit Präsenzbibliotheken abzielt und ihrerseits gleichfalls vergütungspflichtig ist, aus der Sicht des österr UrhG auch konsequent. Jedenfalls für die innerbetriebliche, im Einzelfall aber öffentliche Überlassung an Dienstnehmer im Rahmen des Unternehmenszwecks wird dies aber nicht gelten, wie das Zurverfügungstellen von Fachliteratur oder der häufig gehandhabte Zeitschriftenumlauf; eine ausdrückliche Klarstellung im Sinn des § 17 Abs 3 Satz 2 Z 2 dUrhG fehlt aber im österr Recht. **37**

Kein Vermieten oder Verleihen liegt vor, wenn es sich um die **Überlassung** von Werkstücken zum **Zweck der Rundfunksendung oder der öffentlichen Wiedergabe** (Vortrag, Aufführung oder Vorführung) handelt (§ 16a Abs 4 Z 1 öUrhG idF 1993)[51]. Das österr UrhG folgt insoweit ErwG 13 ausdrücklich. Rechtfertigen lässt sich diese Beschränkung damit, dass in solchen Fällen in der Regel die Sendung oder öffentliche Wiedergabe selbst dem Verbotsrecht des Urhebers unterliegt, was für Leistungsschutzrechte allerdings nicht generell zutrifft[52]. Das in ErwG 13 angesprochene Überlassen zu Ausstellungszwecken ist damit nicht ausgenommen, da das Ausstellen nach dem Konzept des österr UrhG eine Spielart der Verbreitung darstellt (§ 16 Abs 2 öUrhG) und nicht als Sendung oder öffentliche Wiedergabe zu qualifizieren ist. Dasselbe gilt für die Überlassung zwischen der Öffentlichkeit zugänglichen Einrichtungen (**Fernleihe**). **38**

---

50 Vgl dazu *Dittrich*, Information zur Bibliothekstantieme, Mitteilungen des Büchereiverbands Österreichs 1994/1.

51 Vgl dazu *Reindl*, Einfluß des Gemeinschaftsrechts 297f; *Walter*, Entwurf einer Urheberrechtsgesetz-Novelle 1994 – Ein Zwischenergebnis nach der Urheberrechtsgesetz-Novelle 1993 (ÖSGRUM 14/1993) 58 (71 FN 55).

52 Siehe auch *Reindl*, Einfluß des Gemeinschaftsrechts 298.

Artikel 2 Rechtsinhaber und Gegenstand des Vermiet- und Verleihrechts

Art 2 bestimmt die Rechtsinhaber und Schutzgegenstände des Vermiet- und Verleihrechts und enthält Bestimmungen zur Übertragbarkeit dieser Rechte und zu Übertragungsvermutungen.

Übersicht

Text

Artikel 2 Rechtsinhaber und Gegenstand des Vermiet- und Verleihrechts

(1) Das ausschließliche Recht, die Vermietung und das Verleihen zu erlauben oder zu verbieten, steht zu:

- dem Urheber in bezug auf das Original und auf Vervielfältigungsstücke seines Werkes,
- dem ausübenden Künstler in bezug auf Aufzeichnungen seiner Darbietung
- dem Tonträgerhersteller in bezug auf seine Tonträger und
- dem Hersteller der erstmaligen Aufzeichnung eines Films in bezug auf das Original und auf Vervielfältigungsstücke seines Films. Für die Zwecke dieser Richtlinie bedeutet „Film" vertonte und nicht vertonte Filmwerke, audiovisuelle Werke oder Laufbilder.

(2) Für die Zwecke dieser Richtlinie gilt der Hauptregisseur eines Filmwerkes oder audiovisuellen Werkes als sein Urheber oder als einer seiner Urheber. Die Mitgliedstaaten können vorsehen, daß weitere Personen als Miturheber gelten.

(3) Vermiet- und Verleihrechte an Bauwerken und Werken der angewandten Kunst fallen nicht unter diese Richtlinie.

(4) Die in Absatz 1 bezeichneten Rechte können übertragen oder abgetreten werden oder Gegenstand vertraglicher Lizenzen sein.

(5) Schließen ausübende Künstler mit einem Filmproduzenten einen Vertrag als Einzel- oder Tarifvereinbarung über eine Filmproduktion ab, so wird unbeschadet des Absatz 7 vermutet, daß der unter diesen Vertrag fallende ausübende Künstler, sofern in den Vertragsbestimmungen nichts anderes vorgesehen ist, sein Vermietrecht vorbehaltlich Artikel 4 abgetreten hat.

(6) Die Mitgliedstaaten können eine ähnliche Vermutung wie in Absatz 5 in bezug auf die Urheber vorsehen.

(7) Die Mitgliedstaaten können vorsehen, daß die Unterzeichnung des zwischen einem ausübenden Künstler und einem Filmproduzenten geschlossenen Vertrages über eine Filmproduktion als eine Ermächtigung zur Vermietung zu betrachten ist, sofern der Vertrag eine angemessene Vergütung im Sinn von Artikel 4 vorsieht. Die Mitgliedstaaten können ferner vorsehen, daß dieser Absatz sinngemäß auch für die Rechte des Kapitel II gilt.

Aus den Erwägungsgründen

ErwG 19 Die Artikel des Kapitel II dieser Richtlinie hindern die Mitgliedstaaten weder, den Vermutungsgrundsatz gem Artikel 2 Absatz 5 auf die ausschließlichen Rechte dieses Kapitels auszudehnen, noch, für die in diesen Artikeln genannten ausschließlichen Rechte der ausübenden Künstler eine widerlegbare Vermutung der Einwilligung in die Auswertung vorzusehen, sofern eine solche Vermutung mit dem Internationalen Abkommen über den Schutz der ausübenden Künstler, der Hersteller von Tonträgern und der Sendeunternehmen (im folgenden Rom-Abkommen genannt) vereinbar ist.

Kommentar

1. Rechtsinhaber (Abs 1 und 2)

1.1. Der Titel des Artikels

Der Begriff **„Rechtsinhaber"** ersetzt den im RL-Vorschlag verwendeten Begriff „erster Inhaber". Dies ist durch die Erweiterung des ursprünglich vorgesehenen **1**

Artikels durch Bestimmungen über die Rechtsübertragung zu erklären. Dennoch sind die in Abs 1 und 2 genannten Rechtsinhaber „erste Rechtsinhaber“ geblieben, also solche, denen die Rechte ursprünglich (originär) zustehen und die nicht nur (derivative) Rechtserwerber sind.

1.2. Urheber im Allgemeinen

2 Die Kommission hatte sich in ihrem **RL-Vorschlag** bewusst dafür entschieden, den Begriff des Urhebers nicht zu definieren, da dieser ein horizontaler Begriff des Urheberrechts ist und sinnvoll nicht nur in Bezug auf ein einziges Recht definiert werden kann; Unstimmigkeiten in den nationalen Gesetzen wären sonst die Folge. Im Übrigen erwies sich die Harmonisierung dieses Begriffs angesichts der schon durch die Anwendung der Berner Konvention in den Mitgliedstaaten in gewisser Weise erfolgten Rechtsangleichung nicht als dringend notwendig. Das **Parlament** unterbreitete zum Begriff des Urhebers im Allgemeinen[53] keine Änderungsvorschläge. Im **Rat** wurde die Rechtsinhaberschaft des Urhebers nur von einem Mitgliedstaat in Frage gestellt, der damals ein Vermietrecht nur für Tonträger- und Filmhersteller sowie für Urheber von Computerprogrammen vorgesehen hatte.

3 Der **Begriff des Urhebers** im Sinn der Vermiet- und Verleih-RL umfasst Schöpfer aller von der Berner Konvention anerkannten Werkkategorien (Art 2 RBÜ 1967/1971). Demnach sind zB Schriftsteller, Komponisten, Architekten, Übersetzer, bildende Künstler, Urheber von Sammelwerken oder auch Choreografen Urheber im Sinn der Richtlinie. Da solche Werke ihrer Natur nach persönliche geistige Schöpfungen sind, können ihre Urheber nur natürliche Personen sein; auch angestellte Urheber sind Urheber in diesem Sinn. Personen wie Dienstgeber oder Auftraggeber bzw Unternehmen, die nicht selbst Schöpfer sind, sind nicht als Urheber nach der Richtlinie anzusehen. In Bezug auf Tonträger- und Filmhersteller sowie auf ausübende Künstler ergibt sich dies schon daraus, dass diese Rechtsinhaber als eigene Gruppen von Berechtigten den Urhebern gegenübergestellt werden (Art 2 Abs 1); auch würde Abs 6 sonst keinen Sinn ergeben.

1.3. Filmurheber

4 Diese allgemeinen Bemerkungen bedürfen allerdings für den Filmurheber der Präzisierung. Angesichts der sehr unterschiedlichen Regelungen der Urheberschaft am Filmwerk in den Mitgliedstaaten – bis hin zum Produzenten-Copyright – sollte die Filmurheberschaft nach Meinung der **Kommission** weiterhin vom nationalen Recht bestimmt werden (Begründung RL-Vorschlag Punkt 2.1.2.1., 38f). Obwohl die Kommission eine Harmonisierung für wünschenswert hielt (Begründung RL-Vorschlag Punkt 2.1.2.1., 40), sah sie von einem entsprechenden Vorschlag ab, da es sich auch hier um eine horizontale Frage handelt, die nicht nur für das Vermiet- und Verleihrecht von Bedeutung ist und die überdies so umstritten war, dass sie das Potential in sich trug, das Richtlinienvorhaben zu sprengen.

---

[53] Zum Filmurheber siehe jedoch unten Rz 4 bis 5.

Das **Europäische Parlament** nahm dagegen eine andere Haltung ein. Nach einem Änderungsvorschlag des Ausschusses für Kultur, Bildung, Jugend und Medien (Kulturausschuss) sollte zumindest der **Hauptregisseur** als Filmurheber anerkannt werden. Gleichzeitig lehnte der Kulturausschuss einen Änderungsvorschlag ab, wonach diese Frage dem nationalen Recht überlassen werden sollte. Der führende Parlamentsausschuss, der Ausschuss für Recht und Bürgerrechte (Rechtsausschuss), lehnte den Vorschlag des Kulturausschusses dann allerdings ab, doch erhielt er schließlich in der Vollversammlung mit 211 gegen 125 Stimmen (bei vier Enthaltungen) in Erster Lesung die erforderliche Mehrheit. Die Kommission übernahm diesen Änderungsvorschlag in einer nur redaktionell leicht geänderten Fassung in ihren **geänderten RL-Vorschlag** (Art 2 Abs 2)[54].

Im **Rat** gehörte dieser neue Vorschlag zu den am härtesten umstrittenen Problemen. Die drei Mitgliedstaaten, die bisher dem Filmregisseur kein Urheberrecht zuerkannten, lehnten den Vorschlag gänzlich ab. Zwei andere Mitgliedstaaten sahen im Rahmen der Vermiet- und Verleih-RL kein Harmonisierungsbedürfnis. Schließlich machten ua weitreichende Ausnahmen im Zusammenhang mit der zeitlichen Anwendbarkeit[55] einen Kompromiss möglich.

Der Ausdruck **„Hauptregisseur"** wurde Art 14 Abs 3 RBÜ 1967/1971 entnommen und ist im Licht der Berner Übereinkunft auszulegen. Die Formulierung **„Filmwerk oder audiovisuelles Werk"** ist sehr breit angelegt und erfasst insbes Kino-, Fernseh- und Videofilme mit oder ohne Ton[56]. Nach Abs 2 können **weitere Personen als Miturheber** gelten, wie etwa der Kameramann, der Cutter, der Drehbuchautor oder der Autor der für einen Film geschriebenen Filmmusik. Damit bestehende nationale Konzepte in bestimmten Mitgliedstaaten nicht völlig aufgegeben werden müssen, erlaubt es die Richtlinie sogar, auch den Filmproduzenten weiterhin als Urheber anzusehen, allerdings nur als Miturheber gemeinsam mit dem Hauptregisseur und allenfalls anderen Miturhebern[57]. 5

1.4. Ausübende Künstler

Die **Kommission** war von Beginn an der Meinung, dass auch ausübenden Künstlern ein ausschließliches Vermiet- und Verleihrecht zustehen sollte, und zwar nicht zuletzt im Hinblick auf die besondere Bedeutung ihrer Beiträge zu Musik- und Filmaufnahmen. Das **Europäische Parlament** stimmte dem ebenso zu wie die Mehrheit der **Mitgliedstaaten**. Nur zwei Mitgliedstaaten äußerten anfänglich Zweifel an der Rechtfertigung eigenständiger Rechte ausübender Künstler und 6

[54] In ihrer Begründung begrüßte die Kommission, dass der Hauptregisseur nun in allen Mitgliedstaaten geschützt werden sollte, und dies „zumindest" im Zusammenhang der Vermiet- und Verleih-RL; siehe dazu Begründung Geänderter RL-Vorschlag 9.

[55] Siehe dazu Art 13 Abs 4 und 5. Art 2 Abs 2 muss demnach nur auf nach dem 01.07. 1994 geschaffene Filmwerke und auf Verwertungshandlungen nach dem 01.07.1997 angewendet werden. Der Rat und die Kommission gaben in der Ratssitzung vom 18.06.1992 eine gemeinsame Erklärung dahingehend ab, dass die Kommission vor dem 01.07.1997 einen Bericht über die Frage der Filmurheberschaft in der EG erstellen solle. Bis zum August 2000 ist er noch nicht erschienen.

[56] Zu Filmwerken Rz 20.

[57] Vgl *Walter* Art 2 Rz 5 Schutzdauer-RL.

an der Möglichkeit der Ausübung paralleler Schutzrechte durch verschiedene Gruppen von Berechtigten (Urheber, ausübende Künstler, Tonträger- und Filmhersteller).

7 Der **Begriff des ausübenden Künstlers** wird ebensowenig definiert wie derjenige des Urhebers. Die Begriffsbestimmung des ausübenden Künstlers bleibt weitgehend den Mitgliedstaaten überlassen; eine Definition schien auch nicht dringend erforderlich zu sein, zumal der Begriff des ausübenden Künstlers unter dem Einfluss des Rom-Abkommens in den Mitgliedstaaten ohnehin in ähnlicher Weise umschrieben wird. Art 3 lit a und Art 9 Rom-Abkommen können zur Auslegung herangezogen werden. Die Mitgliedstaaten können deshalb auch solche Künstler schützen, die nicht Werke darbieten, wie zB Zirkus- und Varietékünstler oder Künstler, die Folklore darbieten (siehe hierzu Art 3 lit a WPPT).

1.5. Tonträgerhersteller

8 Der ursprüngliche Vorschlag der Kommission betreffend die Rechtsinhaberschaft des Tonträgerherstellers bereitete weder im Parlament noch im Rat Schwierigkeiten. Die Richtlinie überlässt die Bestimmung des **Begriffs des Tonträgerherstellers** gleichfalls den Mitgliedstaaten, wobei auch insoweit das Rom-Abkommen (Art 3 lit c) zur Auslegung herangezogen werden kann. Demnach ist derjenige, der die erstmalige Aufzeichnung von Tönen vornimmt, geschützt, wofür im Übrigen auch die parallele Definition des Filmherstellers in Art 2 Abs 1 vierter Fall spricht. Allerdings ist diese Bestimmung des Rom-Abkommens schon bisher in dem Sinne verstanden worden, dass als Hersteller derjenige gilt, der die Initiative für die erste Aufzeichnung ergriffen hat und die Verantwortung dafür trägt[58]. Auch ist der Begriff „Tonträger" weit genug, um die erstmalige Aufzeichnung von Verkörperungen von Tönen zu erfassen[59].

1.6. Filmhersteller

9 Der **RL-Vorschlag** der Kommission, den Filmherstellern eigene Vermiet- und Verleihrechte zuzuerkennen, beruhte – wie schon der entsprechende Vorschlag im Grünbuch – auf dem Gedanken, dass die Leistungen der Filmhersteller denen der Tonträgerhersteller vergleichbar sind, und die bestehenden Übertragungsvermutungen in Bezug auf die Urheberrechte keinen ausreichenden Schutz verleihen. Auch sollte sich der Herstellerschutz auf reine Laufbilder erstrecken. Das **Europäische Parlament** erhob dagegen keine Einwände. Nur wenige **Mitgliedstaaten** erachteten diesen Schutz nicht als notwendig.

10 Ob dem Filmhersteller das Recht als **Copyright**, wie dies etwa im Vereinigten Königreich der Fall ist, oder als **verwandtes Schutzrecht**, wie dies zB für Frankreich zutrifft, zuerkannt wird, ist unerheblich. Dies wurde bei den Diskussionen im Rat von der Kommission ausdrücklich bestätigt[60]. **Gesetzliche Ver-**

---

58 Siehe dazu *Nordemann/Vinck/Hertin/Meyer*, Art 3 RT Rz 13.

59 Siehe dazu unten Rz 19.

60 Siehe dazu die Kommissionserklärung für das Protokoll der Ratssitzung vom 18.06. 1992 zu Art 2 Abs 1, 7 Abs 1 und 9 Abs 1: „*The Commission considers that the provisions of*

mutungen der Übertragung von Urheberrechten auf den Filmhersteller führen nur zu abgeleiteten, nicht jedoch zu originären Rechten und wären daher zur Umsetzung der Art 2 Abs 1, 7 Abs 1 und 9 Abs 1 nicht ausreichend.

Da der Begriff des Filmherstellers bisher in internationalen Abkommen, die sich auf das Recht der Mitgliedstaaten hätten harmonisierend auswirken können, nicht definiert ist, schlug die Kommission zumindest eine **teilweise Begriffsbestimmung** nach dem Muster des Art 3 lit c Rom-Abkommen (betreffend Tonträgerhersteller) vor. Danach ist nur derjenige geschützt, der eine **erstmalige Aufzeichnung** des Films vornimmt. Damit sind Hersteller bloßer Kopien, zB von Kino-Filmkopien im Videoformat, vom Schutz ausgeschlossen[61]. Weitere Definitionselemente, zB die Übernahme des wirtschaftlichen Risikos durch den Hersteller, können von den Mitgliedstaaten vorgesehen werden[62]. **11**

1.7. Parallele Rechte

Die parallele Zuerkennung eigener Vermiet- und Verleihrechte an Urheber, ausübende Künstler und Hersteller dürfte in der Praxis keine Probleme bereiten. So wie das Vervielfältigungsrecht kann der Hersteller auch das Vermietrecht direkt vom Urheber oder ausübenden Künstler bzw von einer Verwertungsgesellschaft, an die sie ihre Rechte abgetreten haben, vertraglich erwerben; dem Filmhersteller kommen darüber hinaus Übertragungsvermutungen in Bezug auf die Rechte der ausübenden Künstler (Art 2 Abs 5 und Abs 7) und gegebenenfalls auch der Urheber (Art 2 Abs 6) zugute. **12**

Da das ausschließliche Vermiet- und Verleihrecht nur bei Zustimmung aller Rechtsinhaber ausgeübt werden kann, müssen Hersteller, die eine Vermietung bzw den Verleih erlauben möchten, zuvor die Rechte von Urhebern und Künstlern erwerben. Anderseits können sie in Ausübung des ihnen originär zustehenden Rechts das Vermieten oder Verleihen ohne Zustimmung der übrigen Berechtigten alleine verbieten. Konflikte könnten am ehesten dann entstehen, wenn ein Hersteller die Vermietung oder den Verleih verbieten, der Urheber oder ausübende Künstler diese Nutzung aber erlauben möchte. **13**

1.8. Andere Rechtsinhaber

Art 2 enthält eine erschöpfende Aufzählung von Berechtigten, zumal jeder Hinweis auf eine beispielshafte Anführung der Rechtsinhaber (wie „zB" oder „zumindest") in Abs 1 fehlt. **Sendeunternehmen** als solchen darf in der Gemeinschaft deshalb kein Vermiet- und Verleihrecht zuerkannt werden[63]; dies gilt entsprechend für **Filmhersteller**, die nicht Hersteller von erstmaligen Aufzeich- **14**

Art 2 (1), fourth indent, Art 7 (1) third indent and Art 9 (1) third indent, do not oblige Member States to create a separate neighbouring right for film producers where they enjoy in their own right, elsewhere in their national law, the same rights as are introduced by the provisions mentioned."

[61] In diesem Sinn auch zB Sec 5 (2) brit CDPA.

[62] Zur Definition des Begriffs „Film" Rz 20 bis 22.

[63] AM *Reindl*, Einfluß des Gemeinschaftsrechts 309f und 312.

nungen sind[64]. Dies ergibt sich hinsichtlich des Rundfunkunternehmers auch aus einem Vergleich mit den Rechtsinhabern nach Kapitel II der Richtlinie. Kommission und Mitgliedstaaten waren sich jedoch darin einig, dass die Richtlinie nicht die Abschaffung bestehender Rechte bestimmter Gruppen von Berechtigten im Rahmen von Bibliothekstantieme-Systemen fordert. Dies gilt insbes in Fällen von verhältnismäßig geringer wirtschaftlicher Bedeutung, wie dies zB für die Leistungsschutzrechte der **Lichtbildhersteller**, **Herausgeber wissenschaftlich-kritischer Ausgaben** und **Verleger** zutreffen mag, deren Ansprüche auf die Bibliothekstantieme deshalb fortbestehen können[65]. Inzwischen sind die vermögensrechtlichen Befugnisse des Urheberrechts auch auf den Herausgeber bestimmter posthumer Werke nach Art 4 Schutzdauer-RL anzuwenden[66].

2. *Schutzgegenstand (Abs 1)*

2.1. Definitionen

15 Die vier erfassten Schutzgegenstände, nämlich Werke, Darbietungen, Tonträger und Filme, und die in Abs 3 vom Schutz ausgeschlossenen Bauwerke und Werke der angewandten Kunst sind – sieht man von der Teildefinition der Filme ab – aus ähnlichen Überlegungen wie bei der Umschreibung der Rechtsinhaber in der Richtlinie nicht definiert[67]. Das Parlament schlug dazu keine Änderung vor. Nur wenige Mitgliedstaaten regten zu Beginn der Diskussionen in der Arbeitsgruppe des Rats die Aufnahme von Definitionen an. Die Begriffsbestimmung der in Abs 1 und 3 genannten Schutzgegenstände bleibt deshalb den Mitgliedstaaten überlassen. Sie können dabei auf die Berner Übereinkunft und das Rom-Abkommen zurückgreifen.

2.2. Werke

16 Werke sind insbes musikalische Kompositionen, Gemälde, Zeichnungen, Romane, Übersetzungen, Bearbeitungen und die allen anderen von der Berner Übereinkunft erfassten Werkkategorien zugehörigen Werke[68]. Die **Schutzvoraussetzungen** im Einzelnen, wie insbes die erforderliche Werkhöhe bzw Originalität, werden vom nationalen Recht bestimmt, soweit nicht bereits eine Harmonisierung erfolgt ist, wie im Fall von Computerprogrammen, fotografischen Werken und Datenbanken. Aus der Gegenüberstellung von Werken einerseits und Darbietungen, Tonträgern und Filmen in Abs 1 anderseits folgt, dass letztere nach dem Konzept der Richtlinie nicht als Werke anzusehen sind. Das innerstaatliche Recht der Mitgliedstaaten kann aber dessen ungeachtet abweichend qualifizieren und zB Tonträger als Werke schützen, soweit die materiellen Bestimmungen der Richtlinie in Bezug auf Tonträger beachtet werden.

---

[64] Beide Beispiele wurden im Rahmen der Diskussionen der Rats-Arbeitsgruppe ausdrücklich erwähnt.

[65] Vgl zB §§ 70, 72 dUrhG.

[66] Vgl dazu *Walter* Art 4 Schutzdauer-RL.

[67] Siehe dazu die Begründung RL-Vorschlag Punkt 2.1.1, 37; vgl Rz 2 und 7.

[68] Zu den ausgeschlossenen Werken siehe unten Rz 23 bis 25.

Als **Original eines Werks** ist dessen erste Verkörperung anzusehen, etwa in der Form eines Manuskripts. Vervielfältigungsstücke sind alle Kopien davon, wie zB einzelne Buchexemplare. Das Vermiet- und Verleihrecht bezieht sich gleichermaßen auf Originale wie auf Vervielfältigungsstücke (Abs 1). Die Vermietung oder der Verleih von Originalen wird vor allem bei Werken der bildenden Künste, wie bei Gemälden oder Skulpturen, von Bedeutung sein. **17**

2.3. Darbietungen

Darbietungen umfassen Aufführungen musikalischer Kompositionen durch Sänger und Instrumentalisten, Vorträge von Sprachwerken und Aufführungen von Theaterstücken durch Schauspieler sowie Tanzaufführungen durch Tänzer und Pantomimen. Als Darbietungen sind im Allgemeinen die Leistungen der ausübenden Künstler zu verstehen[69]. **18**

2.4. Tonträger

Tonträger sind Festlegungen von Tönen jeder Art. Dazu gehört nicht nur die Aufzeichnung musikalischer Darbietungen oder von Vorträgen, etwa einer Rede, sondern auch von Geräuschen oder Tierlauten. Auch die materiellen Träger können verschiedenster Art sein, wie zB Tonbänder, Musikkassetten, Schallplatten, Compact Disks, DCCs oder DVDs. Da der Begriff „Tonträger" nur impliziert, dass es sich um eine Vorrichtung zur wiederholten Wiedergabe von Tönen, also von akustischen Signalen handeln muss, ohne dass für die Herstellung des Tonträgers ein bestimmtes Verfahren angewendet werden müsste, sind auch solche Tonträger erfasst, die durch die Festlegung von „Verkörperungen" (*representations*) von Tönen im Sinn des Art 2 lit b WPPT entstehen. Dies ist etwa der Fall, wenn aufgenommene Töne mit Hilfe von Synthezisern verändert und – ohne vorher als „Töne" zu erklingen – festgelegt werden[70]. Ein Indiz dafür, dass schon bisher im harmonisierten Europäischen Recht der verwandten Schutzrechte, insbes gem der Vermiet- und Verleih-RL, auch die Festlegung von Verkörperungen von Tönen als Tonträger anzusehen ist, ist die Tatsache, dass eine entsprechende Regelung zur Umsetzung von Art 2 lit b WPPT – etwa in der Info-RL – nicht als erforderlich erachtet wurde. **19**

2.5. Filme

In Ermangelung einer Definition des „Films" bzw des „Filmherstellers" in einem internationalen Vertragsinstrument, die eine gewisse Harmonisierung des Rechts der Mitgliedstaaten bewirkt hätte, erschien zumindest eine Definition hinsichtlich eines Teilaspekts zweckdienlich. Der ursprüngliche RL-Vorschlag der Kommission (Art 2 Abs 1 vierter Fall) wurde vom Europäischen Parlament gebilligt und vom Rat präzisiert, und zwar auf Anregung eines Mitgliedstaates, in welchem der Begriff des Filmwerks auf Kinofilme beschränkt war und Fernseh- oder Videofilme nicht erfasste. Die Begriffsbestimmung wurde deshalb um den Begriff des **„audiovisuellen Werks"** ergänzt, worunter nach dem Recht dieses Mitglieds- **20**

---

[69] Siehe zum Begriff des ausübenden Künstlers Rz 7.

[70] Vgl *v Lewinski*, Die diplomatische Konferenz der WIPO 1996 zum Urheberrecht und zu verwandten Schutzrechten, GRUR Int 1997, 667 (678).

staates alle Arten von Filmen fielen. Da dieser Begriff in den meisten anderen Mitgliedstaaten, die den Begriff „**Filmwerk**" für alle Arten von Filmen verwenden, nicht gebräuchlich ist, wurde der Begriff „Filmwerk" im Text belassen. Im Hinblick auf die recht umfangreiche Umschreibung der erfassten Filme entschied der Rat, in Abs 1 vierter Fall eine für die gesamte Richtlinie geltende Definition vorzusehen und im übrigen Richtlinientext nur den somit festgelegten Ausdruck „**Film**" zu verwenden.

21 Neben Filmwerken und audiovisuellen Werken umfasst der Begriff Film auch **Laufbilder**. Darunter sind Filme ohne Werkqualität zu verstehen, wie zB Berichte über Sportveranstaltungen oder gegebenenfalls bestimmte, ohne Erbringung von Regieleistungen erfolgte Mitschnitte von Konzerten oder Theateraufführungen. Während der Filmhersteller, der wegen des erforderlichen wirtschaftlichen, technischen und organisatorischen Aufwands Schutz genießt, in Bezug auf Filmwerke und Laufbilder geschützt ist, bezieht sich der Schutz des Filmregisseurs und anderer Filmurheber nur auf Filmwerke bzw audiovisuelle Werke.

22 Der ursprünglich von der Kommission gewählte Ausdruck „**Bildträger und Bild- und Tonträger**" entspricht der schließlich in den Richtlinientext aufgenommenen Formulierung, die auf das Original und Vervielfältigungsstücke des Films abstellt, gleichviel ob es sich dabei um **vertonte oder nicht vertonte** Filme handelt. Filme sind also von der Definition des Abs 1 vierter Fall unabhängig davon erfasst, ob sie Werkqualität haben, ob sie vertont sind und ob es sich um Kino-, Fernseh-, Video- oder andere Filme handelt. Auch das verwendete Trägermaterial (Magnetband, Videokassette, Video-CD, Bildplatte, DVD oder auch CD-ROM) ist nicht von Bedeutung.

3. Werke der Angewandten Kunst und Bauwerke (Abs 3)

23 Zum Vorschlag der **Kommission**, Bauwerke und Werke der angewandten Kunst vom Vermiet- und Verleihrecht auszuschließen (Art 2 Abs 2 RL-Vorschlag), machte das **Europäische Parlament** keinen Änderungsvorschlag. Einige wenige **Mitgliedstaaten** schlugen dagegen vor, auch Sprach- und Kunstwerke sowie Werke der Fotografie vom Schutz auszunehmen, da diese nur wenig vermietet bzw verliehen würden. Die Mehrheit der Mitgliedstaaten bestand dagegen auf einer Gleichbehandlung aller Werkarten und machte darauf aufmerksam, dass die drei genannten Werkkategorien regelmäßig in Filmen, Tonaufnahmen und Büchern verkörpert sind und dadurch zu den Hauptgegenständen der Vermietung bzw des Verleihs gehören.

24 Umgekehrt sollten nach dem Wunsch eines Mitgliedstaates Werke der angewandten Kunst und Bauwerke in zweidimensionaler Form vom Vermiet- und Verleihrecht entgegen dem Kommissionsvorschlag erfasst werden. Schließlich einigten sich die Mitgliedstaaten unter Hinweis auf Beispiele wie die Autovermietung, die Vermietung von Designer-Geschirr durch ein Party-Service oder auch von Badeanzügen in Schwimmbädern darauf, **Werke der angewandten Kunst** vom Schutz auszuschließen. Dagegen war man sich darin einig, dass **Bauwerke** nur in dreidimensionaler Form ausgeschlossen werden sollten, da nur bei diesen der unerwünschte Fall eintreten könne, dass der Architekt die Vermietung von Wohnraum durch den Eigentümer eines geschützten Bauwerks verhindern könnte.

Nach Abs 3 fallen Vermiet- und Verleihrechte an Bauwerken und Werken der angewandten Kunst nicht unter die Richtlinie. Wenn der Text allgemein auf **Bauwerke** abstellt, muss jedoch nach dem Gesagten „in dreidimensionaler Form" hinzu gelesen werden; Bauwerke in zweidimensionaler Form, also etwa in der Form von Plänen, Architekturzeichnungen oder Fotografien von Bauwerken, die zB in einem Buch oder Film erscheinen, sind vom Vermiet- und Verleihrecht erfasst. **25**

4. Verkehrsfähigkeit des Vermiet- und Verleihrechts (Abs 4)

Der **RL-Vorschlag** hatte noch keine Bestimmung betreffend die Übertragbarkeit des ausschließlichen Vermiet- und Verleihrechts vorgesehen. Diese Frage sollte vielmehr weiterhin dem nationalen Recht überlassen bleiben[71]. Das **Europäische Parlament** unterbreitete dazu keine Änderungsvorschläge. Einige **Mitgliedstaaten** schienen jedoch zu befürchten, die Unverzichtbarkeit des Vergütungs- bzw Beteiligungsanspruchs nach dem damaligen Art 3 (jetzt Art 4) könnte dahingehend verstanden werden, dass sie auch für die ausschließlichen Vermiet- und Verleihrechte selbst gilt. Sie drangen deshalb auf eine entsprechende Klarstellung, wie sie nun in Abs 4 erfolgt ist[72]. Danach können die in Abs 1 bezeichneten Rechte übertragen oder abgetreten werden bzw Gegenstand vertraglicher Lizenzen sein. **26**

Die Bestimmung soll den Rechtsverkehr nach den geltenden nationalen Regelungen über die Rechtsübertragung oder –einräumung sicherstellen. Die Wahl mehrerer Alternativen, nämlich der Übertragung, der Abtretung und der Einräumung vertraglicher Lizenzen nimmt auf die Eigenheiten der nationalen Rechtsordnungen Rücksicht und deutet die **Weite der Umsetzungsmöglichkeiten** an. Die bestehenden nationalen Rechtssysteme sollten insoweit nicht angetastet werden. So kann ein Mitgliedstaat insbes vorsehen, dass das ausschließliche Vermiet- und Verleihrecht zwar nicht als solches abgetreten, dafür aber ein vertragliches Nutzungsrecht (eine Lizenz) eingeräumt oder eine anderweitige Zustimmung zur Vermietung oder zum Verleih gegeben werden kann[73]. **27**

Nach dem Wortlaut der Vorschrift und dem Gesamtzusammenhang der Regelung sowie der gemeinsamen Auffassung der Mitgliedstaaten in der Arbeitsgruppe des Rats sind nur **vertragliche Verfügungen** zulässig, nicht aber gesetzliche Lizenzen oder Zwangslizenzen, die nicht auf Vertrag beruhen. Selbst eine unwiderlegliche Übertragungsvermutung, die ihrer Natur nach einer ge- **28**

---

[71] Allerdings ging die Kommission grundsätzlich von der Übertragbarkeit dieser Rechte in irgendeiner Form aus. Siehe Begründung RL-Vorschlag Punkt 3.1.1., 45.

[72] Ursprünglich wurde diese Klarstellung in Art 3 Abs 1 (unverzichtbarer Vergütungs- bzw Beteiligungsanspruch) aufgenommen (jetzt Art 4).

[73] Die Kommission gab hierzu in der Ratssitzung vom 18.06.1992 folgende Erklärung zu Protokoll: *„The Commission considers that Art 2 (4) also covers the case of right holders giving an authorization."*

setzlichen Lizenz gleichkommt, ist durch Abs 4 nicht gedeckt und widerspräche im Übrigen, vorbehaltlich der Regelung des Abs 7, dem System zulässiger Übertragungsvermutungen im Sinn der Richtlinie und dem Grundsatz, den bezeichneten Gruppen von Rechtsinhabern ausschließliche Rechte zukommen zu lassen.

29 Um widersprüchliche Formulierungen zu vermeiden, wurde der Text des Art 2 Abs 4 auch im Zusammenhang mit den ausschließlichen Rechten der **Vervielfältigung und Verbreitung** in Kapitel II übernommen (Art 7 Abs 2 und Art 9 Abs 4). In Bezug auf die ausschließlichen Rechte der **Aufzeichnung** und **Sendung** bzw **öffentlichen Wiedergabe** ist diese Übernahme wohl versehentlich unterblieben. Daraus sollte nicht *e contrario* geschlossen werden, dass die letztgenannten Rechte nicht übertragbar wären[74].

5. Übertragungsvermutungen bei Filmverträgen (Abs 5 bis 7)

5.1. Vorbemerkungen – Entstehungsgeschichte

30 Art 2 Abs 5 bis 7 regelt die Vertragsbeziehungen zwischen Urhebern und ausübenden Künstlern einerseits und Filmherstellern anderseits. Der ursprüngliche **RL-Vorschlag** hatte hierzu keine Bestimmung enthalten; die Frage sollte dem Recht der Mitgliedstaaten überlassen bleiben.

Das **Europäische Parlament** nahm – nach eingehender und kontroverser Diskussion vor allem in seinen Ausschüssen[75] – einen Änderungsvorschlag an, demzufolge ein Arbeitsvertrag zwischen ausübendem Künstler und Filmhersteller schriftlich abgeschlossen werden müsse, wobei die Unterschrift des Künstlers vorbehaltlich des unverzichtbaren Vergütungsanspruchs gem Art 3 (jetzt Art 4) eine widerlegbare Übertragungsvermutung nach sich ziehen sollte. Diese Vermutung sollte auch für die Rechte der Vervielfältigung und Verbreitung nach Kapitel II gelten.

Die Kommission folgte dieser Stellungnahme des Parlaments in ihrem **geänderten RL-Vorschlag,** nicht zuletzt um den Forderungen der Filmindustrie nach einer Erleichterung der Filmverwertung in der Gemeinschaft nachzukommen. Sie stimmte mit dem Parlament darin überein, dass die ausübenden Künstler für die Schwächung ihrer Rechtsposition durch diese Übertragungsvermutung kompensiert werden müssen und übernahm daher auch die drei Schutzelemente, nämlich die Schriftform, die Widerlegbarkeit der Vermutung und die Gewährleistung der wirtschaftlichen Beteiligung gem Art 3 (jetzt 4). Darüber hinaus erweiterte sie den Vorschlag über Arbeitsverträge hinaus auf alle Filmverträge zwischen Künstlern und Filmherstellern. Auch in Bezug auf das Vervielfältigungs- und Verbreitungsrecht wurde eine entsprechende Vermutung vorgeschlagen.

31 Im Gegensatz zu diesen einigermaßen ausgewogenen Vorschlägen des Parlaments und der Kommission stand aber die Meinung einiger Mitgliedstaaten in der

---

[74] Siehe aber zur auf ausschließliche Rechte beschränkten Geltung *Reinbothe/v Lewinski*, Rental and Lending Rights 54.

[75] Siehe zu den Einzelheiten *Reinbothe/v Lewinski*, Rental and Lending Rights 55ff.

Arbeitsgruppe des Rats, die eine Übertragungsvermutung ohne solche kompensierenden Elemente verwirklicht sehen wollten. Einige Mitgliedstaaten wandten sich vor allem gegen die Schriftform als Voraussetzung für die Auslösung der Übertragungsvermutung; sie konnten sich damit insoweit durchsetzen, als diese schließlich in Abs 5 aufgegeben wurde. Ein Mitgliedstaat wollte die Übertragungsvermutung zunächst auch nicht an das Beteiligungsrecht nach Art 3 (jetzt Art 4) binden; schließlich sahen aber alle Mitgliedstaaten die Notwendigkeit einer Kompensation zu Gunsten der ausübenden Künstler. Einige Mitgliedstaaten strebten eine unwiderlegliche Übertragungsvermutung an; fast alle Mitgliedstaaten konnten sich nach längeren Diskussionen aber mit deren Widerlegbarkeit einverstanden erklären. Nur ein Mitgliedstaat bestand bis zuletzt darauf, weiterhin sein eigenes System einer unwiderleglichen Vermutung anzuwenden. Um einen Kompromiss zu erreichen, gestand man dies diesem Mitgliedstaat schließlich zu. Dieses Zugeständnis findet sich in Abs 7, der den nationalen Ansatz des betreffenden Mitgliedstaats widerspiegelt. Man konnte auf diese Forderung im Hinblick auf die insgesamt umfassende und einigermaßen ausgeglichene Regelung der Vertragsbeziehungen zwischen ausübendem Künstler und Filmhersteller in diesem Mitgliedsstaat eingehen.

Die Bestimmungen über die Übertragungsvermutung gehörten zu den umstrittensten der Richtlinie. Das konsequente Bestehen der Kommission und einiger Mitgliedstaaten auf einem **Minimum an Schutzelementen** im Zusammenhang mit solchen Vermutungsregelungen konnte eine empfindliche Schwächung der Rechtsposition ausübender Künstler verhindern. Aus dem Zusammenhang der Abs 5 bis 7 und der starken Bedeutung der erwähnten Schutzelemente ergibt sich, dass die Richtlinie Übertragungsvermutungen in Bezug auf das Vermietrecht **abschließend** regelt. Regelungen, die den Voraussetzungen der Abs 5 bis 7 nicht entsprechen, sind deshalb unzulässig. Dies gilt auch für entsprechende Regelungen für Urheber nach Abs 6. Macht ein Mitgliedstaat von der Möglichkeit Gebrauch, Übertragungsvermutungen auch für Urheber vorzusehen, so ist er dabei an die Vorgaben des Abs 5 gebunden[76]. **32**

In den **Übergangsbestimmungen** des Art 13 hat der Rat freilich eine einschneidende Einschränkung des Schutzes von ausübenden Künstlern und Urhebern hinsichtlich der sonst recht ausgeglichenen Regelung der Übertragungsvermutungen vorgesehen[77]. **33**

5.2. Übertragungsvermutung bei ausübenden Künstlern nach Abs 5

(A) Natur der Übertragungsvermutung

Die Übertragungsvermutung des Abs 5 ist im Unterschied zu der Ermächtigung der Mitgliedstaaten nach Abs 7 **zwingender Natur**. Die Regelung muss im Interesse der angestrebten Harmonisierung in allen Mitgliedsländern angewendet werden, sofern nicht von der Alternative des Abs 7 Gebrauch gemacht wird. Es entspricht dies auch dem Erfordernis der Sicherheit des Rechtsverkehrs. **34**

---

[76] *Reinbothe/v Lewinski*, Rental and Lending Rights 57.
[77] Siehe dazu Art 13 Abs 7 bis 9 und Rz 21 bis 28.

(B) Der zu Grunde liegende Vertrag

35 Schließen ausübende Künstler mit einem Filmproduzenten einen Einzel- oder Tarifvertrag über die Mitwirkung an einer Filmproduktion ab, so wird – unbeschadet des Abs 7 – vermutet, dass der ausübende Künstler, sofern nichts anderes vereinbart ist[78], das ihm zustehende Vermietrecht vorbehaltlich seines Vergütungsanspruchs nach Art 4 an den Filmhersteller abgetreten hat. Voraussetzung ist ein **Vertragsabschluss;** ob dieser mündlich oder schriftlich erfolgt, ist unerheblich. Die allgemeinen vertragsrechtlichen Fragen wie die Voraussetzungen für das Zustandekommen eines Vertrags, Geschäftsfähigkeit etc sind nach dem Recht der Mitgliedstaaten zu beurteilen.

36 Die Übertragungsvermutung gilt nur für Verträge betreffend eine **Filmproduktion**. Darunter ist in der Regel die Darbietung des ausübenden Künstlers in einem Film oder die sonstige künstlerische Mitwirkung bei einem Film zu verstehen. Der abschließende Charakter der Regelung verbietet es, solche oder ähnliche Vermutungsregelungen auf andere Verträge anzuwenden, wie Verträge zwischen ausübenden Künstlern und Tonträgerherstellern oder Sendeunternehmen in Bezug auf die Herstellung von Tonaufnahmen oder in Bezug auf die reine Sendung. Die Diskussionen in der Arbeitsgruppe des Rats bestätigen dieses Ergebnis: Die Mehrheit der Mitgliedstaaten wies den Vorschlag, die Vermutung auf andere als Filmproduktionsverträge auszudehnen oder den Mitgliedstaaten diese Entscheidung zu überlassen, zurück[79].

37 Die Vermutungsregelung des Abs 5 findet auf Filmverträge aller Art Anwendung, gleichviel ob es sich um **Arbeits- bzw Dienstverträge** oder um **Werkverträge** handelt. Dies folgt nicht nur aus dem nicht differenzierenden Wortlaut der Vorschrift, sondern auch aus der Entstehungsgeschichte der Bestimmung. Die Kommission, gefolgt von den Mitgliedstaaten, erweiterte nämlich im geänderten RL-Vorschlag den Vorschlag des Europäischen Parlaments, der sich nur auf Arbeitsverträge bezogen hatte. Die Regelung des Abs 5 bzw ihre Umsetzung ist deshalb im Verhältnis zu allgemeinen, innerstaatlichen Vorschriften über die Rechtsposition angestellter ausübender Künstler oder Urheber vorrangig zu beachten.

38 Der Ausdruck **Einzelvereinbarung** bezieht sich auf Verträge, die zwischen dem Künstler und dem Filmhersteller als Einzelpersonen bzw einzelnen Unternehmen individuell geschlossen werden. Bei **Tarifvereinbarungen** stehen sich als Vertragspartner – zumindest auf einer Seite – dagegen Vereinigungen ausübender Künstler bzw Unternehmerverbände gegenüber, etwa die Gewerkschaft der Filmschauspieler auf der einen und Vereinigungen von Filmherstellern auf der anderen Seite. Wirkt ein Gewerkschaftsmitglied an einem Film mit, so finden die tarifvertraglichen Vereinbarungen in die einzelvertraglichen Regelungen Eingang. Solche kollektiven Vereinbarungen sind im Bereich der Filmwirtschaft häufig und wurden deshalb ausdrücklich erwähnt.

---

[78] „… sofern in den Vertragsbestimmungen nichts anderes vorgesehen ist".

[79] Vgl *Reinbothe/v Lewinski*, Rental and Lending Rights 58.

(C) Entgegenstehende Vereinbarungen

Die Übertragungsvermutung gilt nur, wenn nicht (einzel- oder tarifvertraglich) etwas anderes vereinbart ist. Die **Vermutung** ist also **widerleglich**; der Künstler kann sich demnach das ausschließliche Vermietrecht in seinem Vertrag mit dem Filmhersteller vorbehalten. Daran kann er vor allem dann ein Interesse haben, wenn er es einer Verwertungsgesellschaft zur treuhänderischen Wahrnehmung einräumen will. Eine gegenteilige **Vereinbarung** kann mündlich oder schriftlich, ausdrücklich oder stillschweigend getroffen werden. Aus dem Wort „Vertragsbestimmung“ folgt nicht etwa ein Schriftlichkeitserfordernis. Andernfalls wäre Abs 5 in sich unstimmig, da zu einem allenfalls nur mündlich abgeschlossenen Vertrag eine schriftliche Vereinbarung erfolgen müsste. Auch widerspräche dies der Schutzfunktion, die der Widerleglichkeit der Vermutungsregelung zukommt. Ausübende Künstler sollen den Nachweis einer anders lautenden Vereinbarung ohne Beachtung von Formvorschriften erbringen können. **39**

Bestimmungen des nationalen Rechts, wonach der **Filmhersteller**, etwa als **Dienstgeber**, als originärer Inhaber des Vermietrechts gilt oder ihm das Recht zur Ausübung des Vermietrechts des ausübenden Künstlers zusteht, stehen mit Abs 5 jedenfalls dann in Widerspruch, wenn für den Künstler nicht das Recht besteht, sich sein Vermietrecht vorzubehalten. **40**

(D) Vorbehalt des Artikels 4

Das **zweite Schutzelement** im Rahmen der Übertragungsvermutung ist der Vorbehalt der unverzichtbaren Vergütung nach Art 4. Der Vorbehalt dieser Regelung hat zur Folge, dass die gesetzliche Vermutung nach dem Recht eines Mitgliedstaats nur dann ihre Wirkung entfalten kann, wenn der unverzichtbare Vergütungsanspruch des ausübenden Künstlers gewährleistet ist. Dieser Vorbehalt soll den ausübenden Künstler durch die Sicherung eines Vergütungsanspruchs gerade in den Fällen schützen, in welchen er seine ausschließlichen Rechte mit dem Abschluss eines Vertrags infolge der gesetzlichen Übertragungsvermutung „verloren“ hat[80]. **41**

(E) Rechtsfolgen der Übertragungsvermutung

Sind alle Voraussetzungen des Abs 5 erfüllt, so wird vermutet, dass der ausübende Künstler sein Vermietrecht an den Filmhersteller **„abgetreten“** hat. Wie im Zusammenhang mit rechtsgeschäftlichen Verfügungen in Abs 4 möchte die Richtlinie die nationalen Konzepte einer Rechtsübertragung bzw -einräumung nicht antasten; der Ausdruck „abgetreten“ ist deshalb in einem weiten Sinne zu verstehen. So würde etwa die Rechtsordnung eines Mitgliedsstaats, der vom Grundsatz der Unübertragbarkeit des Künstlerrechts ausgeht, mit einer Vermutung der Rechtseinräumung oder der Bewilligung zur Ausübung des Vermietrechts den Anforderungen der Richtlinie genügen. **42**

---

[80] Vgl *Reinbothe/v Lewinski*, Rental and Lending Rights 59.

(F) Anwendbarkeit auf andere Rechte

43 Abs 5 bezieht sich nur auf das Vermietrecht. Übertragungsvermutungen in Bezug auf die **Rechte des Kapitel II** sind in ErwG 19 und Art 2 Abs 7 Satz 2 behandelt[81]. In Bezug auf das **Verleihrecht** stellt sich die Frage, ob ein Mitgliedstaat, der das Verleihrecht als ausschließliches Recht vorsieht, ohne von den Ausnahmemöglichkeiten des Art 5 Gebrauch zu machen, die Übertragungsvermutung des Abs 5 anwenden kann oder muss. Der abschließende Charakter der Regelung der Abs 5 bis 7 und der Wortlaut sprechen gegen eine solche Anwendbarkeit auf das Verleihrecht. Dies würde allerdings zu dem eher fragwürdigen Ergebnis führen, dass das ausschließliche Verleihrecht für Urheber und Künstler stärker als das ausschließliche Vermietrecht ausgestaltet wäre, obwohl Art 5 zahlreiche „Abschwächungen" des Verleihrechts zulässt.

44 Die Entstehungsgeschichte der Richtlinie spricht eher für die Anwendung der Übertragungsvermutung (und des Vergütungsanspruchs nach Art 4) auch auf das ausschließliche **Verleihrecht**. Dem geänderten RL-Vorschlag und den Ratsdiskussionen zufolge sollte die Übertragungsvermutung ebenso wie Art 4 auch das ausschließliche Verleihrecht erfassen. Als es später fraglich wurde, ob das Verleihrecht überhaupt in der Richtlinie beibehalten werden könne, und die weitreichenden Ausnahmemöglichkeiten in Art 5 notwendig wurden, erschien es politisch ratsam, den Bezug zum Verleihrecht in Art 4 zu streichen, um den Eindruck zu verhindern, dass die den Kompromiss begünstigenden Ausnahmemöglichkeiten nach Art 5 durch den Vergütungsanspruch nach Art 4 entwertet würden. Folglich musste die Bezugnahme auf das Verleihrecht auch in Art 2 Abs 5 gestrichen werden; eine Übertragungsvermutung ohne die garantierte wirtschaftliche Beteiligung gem Art 4 erschien unerwünscht. Als zuletzt klar wurde, dass das Verleihrecht in der Richtlinie verbleiben würde, verzichtete man auf jegliche Textänderungen in Bezug auf das Verleihrecht und damit auch auf die Wiederaufnahme des Bezugs zum Verleihrecht in Art 4 und in Art 2 Abs 5, um den gerade erzielten Kompromiss nicht wieder zu gefährden. Die Rechtssetzungsgeschichte zeigt aber, dass von Seiten der Mitgliedstaaten grundsätzlich kein Einwand gegen die Aufnahme des Verleihrechts in diese Bestimmungen erhoben wurde.

45 Nicht zuletzt kann auch nicht unterstellt werden, die Mitgliedstaaten hätten das ausschließliche Verleihrecht in Bezug auf die Übertragungsvermutung anders regeln wollen als das ausschließliche Vermietrecht. Vermietung und Verleih sind ähnliche Verwertungsarten, und die Interessen von Herstellern und Künstlern sind jeweils vergleichbar. Demnach dürfte eine Auslegung, wonach die Richtlinie die Anwendbarkeit der Regelungen in Art 4 und 2 Abs 5 auf das ausschließliche Verleihrecht zumindest erlaubt, wenn nicht vorschreibt, dem Willen der Mitgliedstaaten entsprechen. Sieht also ein Mitgliedstaat ein ausschließliches Verleihrecht vor, ohne auf die Ausnahmemöglichkeiten des Art 5 zurückzugreifen, so sollte er diese Vorschriften auch für das Verleihrecht vorsehen.

---

[81] Siehe dazu Art 10 Rz 9 bis 15.

5.3. Die Ermächtigungsregelung des Abs 7

Auf den ersten Blick erscheint das Verhältnis zwischen Abs 5 und Abs 7 unklar. **46** Bei näherer Betrachtung stellt sich Abs 7 als alternative Regelung dar, von welcher an Stelle der Übertragungsvermutung nach Abs 5 Gebrauch gemacht werden kann. Zwar ist Abs 5 zwingender Natur, doch können die Mitgliedstaaten alternativ eine Regelung im Sinn des Abs 7 vorsehen. Dass es sich dabei um eine **Alternative zu bzw Ausnahme von Abs 5** handelt, folgt schon aus der systematischen Stellung des Abs 7 nach Abs 5. Abs 5 und Abs 7 sind also Alternativen, die im Verhältnis von Grundsatz und Ausnahme stehen[82].

Ob diese Alternative tatsächlich **allen Mitgliedsstaaten** offen steht, könnte frag- **47** lich sein. Aus den Diskussionen im Rat ließe sich ableiten, dass Abs 7 nur für den Mitgliedstaat gelten sollte, dem er politisch zugestanden wurde – dies auch aus der Überlegung, dass dessen innerstaatliches Recht eine einigermaßen ausgewogene Regelung der Filmverträge kannte[83].

Abs 7 enthält eher **schwächere Schutzelemente**: Zwar wird nach dieser Bestim- **48** mung anders als nach Abs 5 die Unterzeichnung (und damit die Schriftform) des Vertrages verlangt, doch ist die Vermutung in diesem Fall nicht widerlegbar. Damit stellt sich Abs 7 auch als Ausnahme von Art 2 Abs 1 dar, der dem ausübenden Künstler ein ausschließliches Verleihrecht nicht in der Absicht gewährt, ihm die Möglichkeit der Rechtsausübung sogleich wieder zu nehmen.

5.4. Die Anwendung der Übertragungsvermutung auf Filmurheber (Abs 6)

In Bezug auf die Rechte der Urheber wollten die Mitgliedstaaten keine zwin- **49** genden Übertragungsvermutungen vorsehen. Sie einigten sich aber schließlich darauf, den Mitgliedsstaaten vorzubehalten, eine Übertragungsvermutung nach dem Muster des Abs 5 auch für Urheberrechte vorzusehen. Aus dem **abschließenden Charakter der Regelungen** betreffend die Übertragungsvermutung und dem Umstand, dass die Richtlinie nicht ganz allgemein von einer solchen Möglichkeit spricht, lässt sich ableiten, dass die Mitgliedstaaten in Bezug auf das ausschließliche Vermietrecht des Urhebers nur **zwei Möglichkeiten** haben: Entweder sie sehen gar keine Übertragungsvermutung vor, oder sie richten eine solche nach dem Muster des Abs 5 ein. Aus der Formulierung „ähnliche Vermutung wie in Abs 5“ folgt, dass alle Voraussetzungen dieser Vorschrift erfüllt sein müssen. Es muss sich also insbes um einen Filmvertrag handeln, die Vermutung muss widerleglich sein und unter dem Vorbehalt des Art 4 stehen.

Dagegen ist die Alternative des **Abs 7** – ungeachtet der Bezugnahme auf diese **50** Vorschrift in Abs 5 – auf die Rechte der Urheber nicht anwendbar. Dies ergibt sich schon aus der systematischen Stellung des Abs 6 im Verhältnis zu Abs 7, darüber hinaus aber auch aus den Diskussionen in der Rats-Arbeitsgruppe.

---

[82] Vgl *Reinbothe/v Lewinski*, Rental and Lending Rights 60f.
[83] Vgl *Reinbothe/v Lewinski*, Rental and Lending Rights 60f und oben Rz 31.

51 **Urheber im Sinn des Abs 6** sind Filmurheber wie zB Regisseure, aber auch Urheber vorbestehender Werke; es muss sich nur um Urheber handeln, die einen Vertrag im Sinn von Abs 5 mit einem Filmhersteller abschließen. Die Richtlinie überlässt die Bestimmung der Filmurheberschaft über Art 2 Abs 2 hinaus dem nationalen Recht der Mitgliedstaaten. Hieran hat auch die Schutzdauer-RL nichts geändert[84].

52 In Bezug auf **andere Rechte als das Vermiet- und Verleihrecht**[85] steht den Mitgliedstaaten die Anwendung einer Übertragungsvermutung und deren eventuelle Ausgestaltung nach der Vermiet- und Verleih-RL frei. Sieht ein Mitgliedstaat eine Übertragungsvermutung bezüglich anderer Rechte des Filmurhebers vor, so bietet sich allerdings die einheitliche Anwendung einer Vermutung im Sinn des Art 2 Abs 6 in Verbindung mit Art 2 Abs 5 auf alle davon erfassten Rechte als kohärente Lösung an.

Umsetzung in Deutschland und Österreich

1. Deutschland (v Lewinski)

53 Das **ausschließliche Vermietrecht** und das – als Teil des noch nicht erschöpften ausschließlichen Verbreitungsrechts bestehende – **ausschließliche Verleihrecht** des **Urhebers** ist in § 17 Abs 1 und 2 dUrhG niedergelegt. Abs 3 Z 1 dieser Bestimmung, der über § 27 Abs 2 Satz 2 dUrhG auch auf das Verleihen anwendbar ist, nimmt ausdrücklich Bauwerke und Werke der angewandten Kunst vom ausschließlichen Vermietrecht und der Verleihvergütung aus und entspricht damit Art 2 Abs 3 Vermiet- und Verleih-RL.

54 Für Inhaber **verwandter Schutzrechte** wurde das ausschließliche Vermietrecht und das ausschließliche, mangels Erschöpfung des Verbreitungsrechts noch bestehende Verleihrecht nicht ausdrücklich aufgeführt. Es war ausreichend, nur das ausschließliche, weite Verbreitungsrecht vorzusehen (§ 75 Abs 2 dUrhG in Bezug auf den ausübenden Künstler, § 85 Abs 1 dUrhG in Bezug auf den Tonträgerhersteller und §§ 94 Abs 1, 95 dUrhG in Bezug auf den Filmhersteller). Richtlinienkonform wurde das Vermietrecht in Bezug auf Sendeunternehmen explizit von deren Verbreitungsrecht ausgenommen (§ 87 Abs 1 Z 2 dUrhG). Über die genannten Rechteinhaber hinaus genießen auch Herausgeber wissenschaftlicher Ausgaben, nachgelassener Werke, Hersteller von (nicht urheberrechtsschutzfähigen) Lichtbildern und Veranstalter von Konzerten und dgl Ereignissen das ausschließliche Vermietrecht (§§ 70 Abs 1, 71 Abs 1 Satz 3, 72 Abs 1 und 81 dUrhG).

55 Die **Verleihvergütung** nach § 27 Abs 2 und 3 dUrhG wurde den ausübenden Künstlern, Tonträgerherstellern und Filmherstellern ausdrücklich neu zuerkannt (§§ 75 Abs 3, 85 Abs 3 und 94 Abs 4, 95 dUrhG). Der schon zuvor bestehende Vergütungsanspruch für das Verleihen für Herausgeber wissenschaftlicher Aus-

---

[84] Vgl *Walter* Art 2 Rz 7ff Schutzdauer-RL.

[85] Zum Verleihrecht siehe die auch hier relevanten Erwägungen im Zusammenhang mit Art 2 Abs 5 Rz 43 bis 45.

gaben sowie nachgelassener Werke und für Hersteller von Lichtbildern wurde beibehalten (§§ 70 Abs 1, 71 Abs 1 Satz 3 und 72 Abs 1 dUrhG). Die Beibehaltung des Vergütungsanspruchs für die drei letztgenannten Inhaber verwandter Schutzrechte ist richtlinienkonform[86].

Im Hinblick auf Art 2 Abs 2 Vermiet- und Verleih-RL musste das deutsche Recht nicht geändert werden, da der **Hauptregisseur** eines Filmwerks bzw audiovisuellen Werks regelmäßig einen schöpferischen Beitrag zum Werk leistet und daher als Miturheber angesehen wird. Nach der Grundregel des § 7 dUrhG ist Urheber der Schöpfer eines Werks; hierzu gehört bei Filmwerken regelmäßig der Hauptregisseur. **56**

Die Definition des **Filmherstellers** im Sinn des Art 2 Abs 1 4. Gedankenstrich Vermiet- und Verleih-RL musste nicht ausdrücklich umgesetzt werden, da ihr das deutsche Recht jedenfalls nach herrschender Meinung schon bisher entspricht. Jedenfalls ist bei der Auslegung der §§ 94, 95 dUrhG die Definition der Richtlinie heranzuziehen; daher ist insbes ein Videoproduzent, der nur eine Videokopie von einem Film in Kinoformat anfertigt, kein Filmhersteller im Sinn der Richtlinie und der §§ 94, 95 dUrhG[87]. **57**

Auch in Bezug auf die **Verkehrsfähigkeit** des ausschließlichen Vermiet- und Verleihrechts nach Art 2 Abs 4 Vermiet- und Verleih-RL war keine gesonderte Umsetzung notwendig. Die Verkehrsfähigkeit der urheberrechtlichen Verwertungsrechte ist in §§ 31ff dUrhG sichergestellt. Die Möglichkeit, das Vermiet- und Verleihrecht einzuräumen, genügt den Anforderungen des Art 2 Abs 4 Vermiet- und Verleih-RL[88]. Daher schadet es nicht, dass das Urheberrecht als Ganzes nach § 29 Satz 2 dUrhG nur von Todes wegen (durch Vererbung oder testamentarische Verfügung) übertragen werden kann. **58**

Die zu Gunsten von Filmherstellern bestehende **Vermutung der Übertragung von Rechten der ausübenden Künstler** wurde durch die Umsetzung der Vermiet- und Verleih-RL zu Gunsten der Künstler abgemildert: Die zuvor unwiderlegliche Vermutung wurde in eine widerlegliche umgeändert, und ihr Umfang auf die ausschließlichen Rechte der Aufzeichnung, Vervielfältigung, Verbreitung und Sendung beschränkt (§ 92 Abs 1 dUrhG). Da gem § 75 Abs 3 dUrhG iVm mit § 27 Abs 1 dUrhG gleichzeitig der unverzichtbare Vergütungsanspruch gem Art 4 Vermiet- und Verleih-RL vorgesehen ist, erfüllt diese Übertragungsvermutung die Voraussetzungen des Art 2 Abs 5 Vermiet- und Verleih-RL. Die für die Rechte der Urheber schon bestehenden Übertragungsvermutungen nach §§ 88, 89 dUrhG in Bezug auf Urheber vorbestehender Werke und Filmurheber entsprechen jedenfalls Art 2 Abs 6 iVm mit Abs 5 Vermiet- und Verleih-RL, da sie (schon bisher) widerleglich sind, Filmverträge betreffen, und weil den Urhebern gem § 27 Abs 1 dUrhG der unverzichtbare Vergütungsanspruch für die Vermietung gem Art 4 Vermiet- und Verleih-RL gewährt ist. Daher war es nicht **59**

---

[86] Vgl Art 2 Rz 14.
[87] Siehe die Begründung Entw I Drittes ÄnderungsG 16.
[88] Vgl Art 2 Rz 27.

notwendig zu klären, ob das Vermietrecht überhaupt von der Vermutung nach § 88 Abs 1 Z 2 dUrhG („… zu verbreiten") erfasst ist.

2. *Österreich* (Walter)

60 Die mit der öUrhGNov 1993 vorweggenommene Umsetzung der Vermiet- und Verleih-RL sieht in § 16a öUrhG für **Urheber** ein ausschließliches Vermietrecht und für das Verleihen einen Anspruch auf angemessene Vergütung vor. Im Sinn des Art 2 Abs 3 der Richtlinie werden Werke der angewandten Kunst (§ 3 Abs 1 öUrhG) ausdrücklich ausgenommen (§ 16a Abs 4 Z 2). Eine entsprechende Ausnahme für Werke der Baukunst war dagegen nicht erforderlich, weil schon das Verbreitungsrecht nach § 16 Abs 4 öUrhG ganz allgemein nicht für Werkstücke gilt, die Zugehör einer unbeweglichen Sache sind. Damit unterliegen nicht ausgeführte Werke der Baukunst (Pläne, Zeichnungen und Entwürfe) richtlinienkonform aber dessen ungeachtet dem Vermietrecht und der Verleihvergütung.

61 Neben Urhebern kommen auch die **Leistungsschutzberechtigten** im Sinn des Kapitels II der Vermiet- und Verleih-RL in den Genuss des Vermietrechts und der Verleihvergütung. Was die Rechte der Urheber anlangt, gilt dies insbes für Filmwerke jeder Art, da Werke der Filmkunst im Sinn des § 4 öUrhG nicht nur Kinofilme, sondern auch Fernsehfilme und Videofilme (audiovisuelle Werke) umfassen. In Bezug auf die Leistungsschutzrechte wird die Vorschrift des § 16a in den ergänzten Verweisungsbestimmungen jeweils für entsprechend anwendbar erklärt. Es sind dies ausübende Künstler (§ 67 Abs 2), Schallträgerhersteller (§ 76 Abs 6), Rundfunkunternehmer (§ 76a Abs 5) und Laufbildhersteller[89] (§ 74 Abs 7 iVm § 73 Abs 2). Da die letztgenannte Vorschrift nicht zwischen Licht- und Laufbildern unterscheidet, werden die neuen Rechte auch dem einfachen Lichtbildhersteller gewährt. Entsprechendes gilt auch für den Veranstalterschutz nach § 66 Abs 5 (in Verbindung mit § 67 Abs 1 und 2 öUrhG), allerdings ist das Verbreitungsrecht des Veranstalters auf ohne seine Zustimmung erfolgte Festhaltungen beschränkt. Die Gewährung des Vermiet- und Verleihrechts auch an Rundfunkunternehmer steht mit der Richtlinie in Widerspruch.

62 Was die **Rechtsinhaberschaft an Filmwerken** anlangt, hat die öUrhGNov 1993, mit welcher die Vermiet- und Verleih-RL umgesetzt wurde, zunächst keine Änderungen gebracht. Es blieb deshalb bei der *cessio legis* Regelung des § 38 Abs 1 öUrhG, wonach die Verwertungsrechte an gewerbsmäßig hergestellten Filmwerken dem Filmhersteller zustehen. In seiner Entscheidung „Kunststücke"[90] hat der OGH einerseits ausgesprochen, dass die *cessio legis* nicht für sog „Autorenfilme" gilt, anderseits aber klargestellt, dass es sich bei der *cessio legis* um eine originäre Rechtsinhaberschaft des Filmherstellers handelt, die auch auf Film-

[89] Nach der Terminologie der Vermiet- und Verleih-RL „Hersteller der erstmaligen Aufzeichnung eines Films". Da der Laufbildschutz nach herrschender Ansicht parallel zu einem urheberrechtlichen Schutz von Filmwerken zusteht, ist der Laufbildschutz auch auf audiovisuelle Werke anwendbar, und entspricht die Regelung der Vermiet- und Verleih-RL (Art 2 Abs 1 4. Gedankenstrich).

[90] OGH 09.12.1997 – „Kunststücke" MR 1998, 72 (*Walter*) = ÖBl 1998, 315 = ecolex 1998, 410 (Kurzfassung/*Schanda*).

werke anwendbar ist, die der Österr Rundfunk ORF herstellt. Die öUrhGNov 1996 hat zwar festgeschrieben, dass die gesetzlichen Vergütungsansprüche mangels anderer Vereinbarung dem Filmhersteller und dem Filmurheber je zur Hälfte zustehen (§ 38 Abs 1 Satz 3 öUrhG), hat die *cessio legis* aber im Übrigen beibehalten. Jedenfalls in Bezug auf das Vermiet- und Verleihrecht steht diese originäre Rechtezuweisung mit der Vermiet- und Verleih-RL in Widerspruch[91]. Zwar ist im Bereich des Vermiet- und Verleihrechts ein Beteiligungsanspruch des Urhebers gewährleistet (§ 16a Abs 5 öUrhG), doch lässt die Richtlinie nur eine (widerlegbare) Übertragungsvermutung, nicht aber eine Rechtezuweisung zu. Davon abgesehen richtet sich der Beteiligungsanspruch nach § 16a Abs 5 öUrhG nur gegen den Filmhersteller und greift nur im Fall eines entgeltlichen Gestattens der Vermietung.

Nach § 67 Abs 2 öUrhG genießen auch **ausübende Künstler** das Vermietrecht **63**
und die Verleihvergütung (§ 16a öUrhG). Allerdings bedarf es nach § 69 Abs 1 öUrhG zur Vervielfältigung und Verbreitung der Zustimmung der ausübenden Künstler nicht, wenn diese – in Kenntnis dieses Umstands – an einem gewerbsmäßig hergestellten Filmwerk oder an Laufbildern mitgewirkt haben. Diese Vorschrift soll offensichtlich für den Bereich der Interpretenrechte die *cessio legis* ersetzen und dem Produzenten die Filmauswertung durch Herstellung der erforderlichen Filmkopien und deren Verbreitung auch ohne Abschluss von Verträgen ermöglichen. Weder die öUrhGNov 1993 noch die öUrhGNov 1996 haben hieran etwas geändert. Die gesetzlichen Vergütungsansprüche werden von dieser – nicht recht klaren – Bestimmung wohl überhaupt nicht erfasst, zumal sowohl die Leerkassettenvergütung als auch die Verleihvergütung ohne Differenzierung für entsprechend anwendbar erklärt werden (§§ 67 Abs 2 und 69 Abs 2 öUrhG), diese auch kein Verkehrshindernis darstellen und überdies zwingend von Verwertungsgesellschaften wahrgenommen werden müssen. Die Vergütungsansprüche stehen deshalb originär dem ausübenden Künstler zu, der freilich vertraglich über sie verfügen kann. Im Fall der Verleihvergütung verbleibt dem ausübenden Künstler allerdings der unverzichtbare Anspruch auf einen angemessenen Anteil an dieser Vergütung (§ 16a Abs 5 letzter Satz öUrhG). Was das ausschließliche Vermietrecht anlangt, könnte im Filmbereich (§ 69 Abs 1 öUrhG) von einer analogen Anwendung der *cessio legis*[92] oder – in richtlinienkonformer Auslegung – von einer (widerleglichen) Vermutung ausgegangen werden, wobei ein unverzichtbarer Vergütungsanspruch des ausübenden Künstlers gleichfalls gewährleistet wäre (§ 16a Abs 5 erster Satz öUrhG), allerdings nur in der erwähnten Form eines Beteiligungsanspruchs.

Artikel 3 Vermietung von Computerprogrammen

Art 3 betrifft die Vermietung von Computerprogrammen; diese ist von der Richtlinie zum Schutz von Computerprogrammen erfasst.

---

[91] So auch *Reindl*, Einfluß des Gemeinschaftsrechts 301ff.
[92] Siehe *Reindl*, Einfluß des Gemeinschaftsrechts 303.

Text

Artikel 3 Vermietung von Computerprogrammen

Art 4 lit c der Richtlinie 91/250/EWG des Rats vom 14. Mai 1991 über den Rechtsschutz von Computerprogrammen bleibt unberührt.

Art 4 und ErwG 16 Software-RL

Vorbehaltlich der Bestimmungen der Artikel 5 und 6 umfassen die Ausschließlichkeitsrechte des Rechtsinhabers im Sinn des Artikels 2 das Recht, folgende Handlungen vorzunehmen oder zu gestatten:

a) die dauerhafte oder vorübergehende Vervielfältigung, ganz oder teilweise, eines Computerprogramms mit jedem Mittel und in jeder Form. Soweit das Laden, Anzeigen, Ablaufen, Übertragen oder Speichern des Computerprogramms eine Vervielfältigung erforderlich macht, bedürfen diese Handlungen der Zustimmung des Rechtsinhabers;
b) die Übersetzung, die Bearbeitung, das Arrangement und andere Umarbeitungen eines Computerprogramms sowie die Vervielfältigung der erzielten Ergebnisse, unbeschadet der Rechte der Person, die das Programm umarbeitet;
c) jede Form der öffentlichen Verbreitung des originalen Computerprogramms oder von Kopien davon, einschließlich der Vermietung. Mit dem Erstverkauf einer Programmkopie in der Gemeinschaft durch den Rechtsinhaber oder mit seiner Zustimmung erschöpft sich in der Gemeinschaft das Recht auf die Verbreitung dieser Kopie; ausgenommen hiervon ist jedoch das Recht auf Kontrolle der Weitervermietung des Programms oder einer Kopie davon.

Aus den Erwägungsgründen

ErwG 16 Im Sinne dieser Richtlinie bedeutet der Begriff „Vermietung" die Überlassung eines Computerprogramms oder einer Kopie davon zur zeitweiligen Verwendung und zu Erwerbszwecken; dieser Begriff beinhaltet nicht den öffentlichen Verleih, der somit aus dem Anwendungsbereich der Richtlinie ausgeschlossen bleibt.

Kommentar

1 Art 4 lit c **Software-RL** hat erstmals ein ausschließliches Vermietrecht vorgesehen, das nach dem Regelungszweck dieser Richtlinie allerdings auf Computerprogramme beschränkt ist. Die Vermiet- und Verleih-RL lässt diese Bestimmung ausdrücklich unberührt. Nach ErwG 16 erfasst die Software-RL für Computerprogramme nicht das Verleihrecht, sondern betrifft nur das Erwerbszwecken dienende Vermieten.

2 Während der ursprüngliche RL-Vorschlag der Kommission für die Vermiet- und Verleih-RL eine mit der Software-RL übereinstimmende Definition des Vermietens enthielt[93], veränderte der Rat diese Umschreibung. Da Art 3 Vermiet- und Verleih-RL nur Art 4 lit c Software-RL unberührt lässt, findet die Vermiet- und

[93] Siehe Art 1 Abs 2 RL-Vorschlag Vermiet- und Verleih-RL und ErwG 16 Software-RL.

Verleih-RL nach ihrem Wortlaut auf alle **Vermietungen von Computerprogrammen** Anwendung, die nicht von der Software-RL erfasst sind. Falls also die Definition der Vermietung nach der Vermiet- und Verleih-RL weiter reichen sollte als diejenige der Software-RL, wäre die Vermiet- und Verleih-RL insoweit auch auf die Vermietung von Computerprogrammen anzuwenden.

Allerdings dürfte der Wortlaut „Überlassung ... zur zeitweiligen Verwendung" (ErwG 16 Software-RL) inhaltlich den Worten „zeitlich begrenzte Gebrauchsüberlassung" gemäß Art 1 Abs 2 Vermiet- und Verleih-RL weitgehend entsprechen. Das gleiche dürfte für das andere wichtige Definitionselement gelten: Die Überlassung „zu Erwerbszwecken" lässt keine inhaltliche Abweichung von einer Überlassung „zu unmittelbarem oder mittelbarem wirtschaftlichen oder kommerziellen Nutzen" erkennen; vielmehr kann man die letztere Definition aus Art 1 Abs 2 Vermiet- und Verleih-RL als eine genauere Umschreibung der „Erwerbszwecke" ansehen. Da die Definitionen des Vermietens also inhaltlich weitgehend übereinstimmen, bleibt insoweit wohl kein Raum für die Anwendung der Vermiet- und Verleih-RL auf die Vermietung von Computerprogrammen. Jedenfalls wird davon auszugehen sein, dass Art 3 nicht nur das ausschließliche Vermietrecht in Art 4 lit c Software-RL, sondern auch die dazugehörige Umschreibung der Vermietung in ErwG 16 unberührt lassen wollte.

Die Übernahme der Bestimmung aus Art 2 Abs 3 des ursprünglichen RL-Vorschlags in den heutigen Art 3 der Richtlinie hat keinen Bedeutungswandel mit sich gebracht. Diese eher technische Vorschrift hat auch kaum Diskussionen hervorgerufen. Sie wurde nur im Zusammenhang mit den Ausnahmen des Art 5 in der Rats-Arbeitsgruppe erwähnt. **3**

Die Software-RL gewährt kein **Verleihrecht** für Computerprogramme; ErwG 16 schließt den öffentlichen Verleih vom Anwendungsbereich dieser Richtlinie aus. Diese Lücke ist durch die Vermiet- und Verleih-RL geschlossen worden. Folglich erfasst die Vermiet- und Verleih-RL das Verleihen von Computerprogrammen; dies wird in Art 5 Abs 2 Vermiet- und Verleih-RL bestätigt, der Computerprogramme ausdrücklich erwähnt. **4**

Umsetzung in Deutschland und Österreich

1. Deutschland (v Lewinski)

Das in § 69c Z 3 dUrhG vorgesehene ausschließliche **Vermietrecht** in Bezug auf Computerprogramme ist nicht durch eine gesonderte Definition des Vermietens ergänzt worden, so dass die später durch das Dritte Änderungsgesetz I eingefügte Definition entsprechend der Vermiet- und Verleih-RL in § 17 Abs 3 dUrhG auch auf die Vermietung von Computerprogrammen anzuwenden ist. Der deutsche Gesetzgeber ging also davon aus, dass zwischen dem Begriff der Vermietung in der Software-RL und in der Vermiet- und Verleih-RL kein Unterschied besteht. **5**

In Bezug auf das **Verleihrecht** sind Computerprogramme den anderen Werkarten gleichgestellt; nach der Erschöpfung des Verbreitungsrechts steht Urhebern von Computerprogrammen demnach ein Vergütungsanspruch für das Verleihen gem § 27 Abs 2 und 3 dUrhG zu. In der Praxis haben sich allerdings die

Bibliotheken in einer schriftlichen Selbstverpflichtungserklärung vom 9. Mai 1994 dazu verpflichtet, bestimmte Arten von Computerprogrammen nur mit Zustimmung der Rechtsinhaber zu verleihen, die zur Präsenznutzung überlassenen Computerprogramme mit allen verfügbaren technischen und organisatorischen Mitteln gegen unerlaubtes Kopieren zu schützen und diese Erklärung im Benehmen mit den Verbänden der Softwareindustrie kontinuierlich der sich verändernden Marktsituation anzupassen[94].

2. *Österreich* (Walter)

6 Die Software-RL wurde in Österreich gleichzeitig mit der Vermiet- und Verleih-RL mit öUrhGNov 1993 umgesetzt. Auch der österr Gesetzgeber geht davon aus, dass die Regelungen in Art 4 lit c Software-RL mit jenen der Vermiet- und Verleih-RL übereinstimmen. Wie alle Verwertungsrechte stehen auch das **Vermietrecht** und die **Verleihvergütung** (§ 16a öUrhG 1993) dem **Softwareurheber** gleichermaßen zu wie den Urhebern aller anderen Werkkategorien. Das österr Recht differenziert auch in Bezug auf die Abgrenzung zwischen Vermieten und Verleihen (§ 16a Abs 3 öUrhG 1993) nicht nach Werkarten.

Artikel 4 Unverzichtbares Recht auf angemessene Vergütung

Art 4 gehört zu den Haupterrungenschaften dieser Richtlinie und könnte ein Modell für künftige nationale Urheberrechtsregelungen in Bezug auf vergleichbare Fälle darstellen[95]. Er soll ausübenden Künstlern und Urhebern, die infolge ihrer regelmäßig schwachen Verhandlungsposition gegenüber Herstellern in der Praxis oft aus ihren ausschließlichen Rechten keinen angemessenen Nutzen ziehen können, einen angemessenen Anteil an den Verwertungserlösen sichern. Dieses Ziel soll durch Gewährung eines unverzichtbaren Anspruchs auf angemessene Vergütung für die Vermietung erreicht werden. Abs 3 und 4 betreffen die Wahrnehmung dieses Vergütungsanspruchs.

Übersicht

[94] Siehe die Begründung Entw I Drittes ÄnderungsG 9f (13); vgl auch *v Lewinski*, ZUM 1995, 447f.

[95] Siehe inzwischen § 20b Abs 2 dUrhG zum Recht der Kabelweitersendung sowie § 32 des von der deutschen Bundesregierung in Auftrag gegebenen Vorschlags für einen Entwurf eines Gesetzes zur Stärkung der vertraglichen Stellung von Urhebern und ausübenden Künstlern vom 22.05. bzw 17.08.2000, GRUR 2000, 765 (http://www.bmj.bund. de/ggv/entwurh).

Text

Artikel 4 Unverzichtbares Recht auf angemessene Vergütung

(1) Hat ein Urheber oder ein ausübender Künstler sein Vermietrecht an einem Tonträger oder an dem Original oder einem Vervielfältigungsstück eines Films an einen Tonträgerhersteller oder Filmproduzenten übertragen oder abgetreten, so behält er den Anspruch auf eine angemessene Vergütung für die Vermietung.
(2) Auf den Anspruch auf eine angemessene Vergütung für die Vermietung kann der Urheber oder ausübende Künstler nicht verzichten.
(3) Die Wahrnehmung dieses Anspruchs auf eine angemessene Vergütung kann Verwertungsgesellschaften, die Urheber oder ausübende Künstler vertreten, übertragen werden.
(4) Die Mitgliedstaaten können regeln, ob und in welchem Umfang zur Auflage gemacht werden kann, daß der Anspruch auf eine angemessene Vergütung durch eine Verwertungsgesellschaft wahrgenommen werden muß, und gegenüber wem diese Vergütung gefordert oder eingezogen werden darf.

Aus den Erwägungsgründen

ErwG 15 Es wird eine Regelung benötigt, durch die ein unverzichtbares Recht auf angemessene Vergütung für die Urheber und ausübenden Künstler gewährleistet wird, denen zugleich die Möglichkeit erhalten bleiben muß, mit der Wahrnehmung dieses Rechts an ihrer Stelle tätig werdende Verwertungsgesellschaften zu beauftragen.

ErwG 16 Die angemessene Vergütung kann in Form einer oder mehrerer Zahlungen jederzeit bei Abschluß des Vertrages oder später entrichtet werden.

ErwG 17 Diese angemessene Vergütung muß dem Umfang des Beitrages der beteiligten Urheber und ausübenden Künstler zum Tonträger bzw Film Rechnung tragen.

Kommentar

1. Entstehungsgeschichte und Hintergrund im Allgemeinen

Der **ursprüngliche RL-Vorschlag** zu dieser Bestimmung fand sich in Art 3, **1**
bestand nur aus einem Absatz und war etwas anders gefasst. Der Wortlaut wurde in der Endfassung zum Teil klarer formuliert, inhaltlich erfolgte jedoch keine wesentliche Änderung. Den Hintergrund für diese Regelung bildet die Einsicht (Begründung Punkt 3.1.1., 45ff), dass ohne entsprechende gesetzgeberische Maß-

nahmen die Zuerkennung eines neuen ausschließlichen Rechtes an Urheber und ausübende Künstler oft nicht zu dem damit gewünschten wirtschaftlichen Erfolg für diese Rechtsinhaber führen würde. Im Allgemeinen übertragen Urheber und ausübende Künstler nämlich als die typischer Weise schwächeren Vertragsparteien im Verhältnis zu Tonträger- oder Filmherstellern die ihnen zustehenden Rechte, ohne für jedes einzelne Recht eine gesonderte Vergütung zu erhalten; häufig werden nur Pauschalentgelte vereinbart. Nach Ansicht der Kommission würde die unbeschränkte Vertragsfreiheit angesichts dieser Standardsituation nicht zu dem gewünschten Ergebnis führen und dem Zweck des Urheberrechts bzw der Zuweisung bestimmter Rechte an Urheber und ausübende Künstler nicht gerecht werden.

Nach der vorgeschlagenen Fassung sollte das abtretbare ausschließliche Vermiet- und Verleihrecht durch einen flankierenden Anspruch auf angemessene Beteiligung an den Erlösen aus dem Vermieten und Verleihen ergänzt werden. Mit dieser Lösung sollten einerseits die Produzenten in der Verwertung der ausschließlichen Rechte nicht behindert werden, anderseits aber für alle originär Berechtigten eine angemessene Beteiligung an den Einnahmen gewährleistet werden.

2 Das **Europäische Parlament** begrüßte diesen auf den Schutz von Urhebern und ausübenden Künstlern abzielenden Vorschlag und lehnte einen aus seinen Reihen stammenden Vorschlag ab, der diesen Artikel insgesamt in Frage stellte.

3 Dagegen waren sich die **Mitgliedstaaten** zunächst nicht im Klaren darüber, wie sie dieses neue Konzept beurteilen sollten. Einige zogen aus grundsätzlichen Überlegungen die unbeschränkte Vertragsfreiheit vor, während andere zwar mit der Grundidee einverstanden waren, jedoch an der Formulierung, der praktischen Durchführbarkeit oder auch an der Notwendigkeit einer solchen Lösung auf Gemeinschaftsebene zweifelten. Andere Mitgliedstaaten wiederum stellten die Kompetenz der Gemeinschaft in Bezug auf solche vertragsrechtlichen Regelungen in Frage; allerdings dürften die wahren Gründe andere gewesen sein, sonst hätten sich diese Mitgliedsstaaten nicht in Bezug auf eine gemeinschaftsweite Regelung der Übertragungsvermutungen des Art 2 Abs 5 bis 7 so positiv verhalten. Langwierige und auch hartknäckige Diskussionen im Grundsätzlichen sowie in Detailfragen gingen der Annahme des Art 4 voraus. Es ist dabei zu einem großen Teil der Kommission und dem Parlament zu verdanken, dass die Notwendigkeit dieser Regelung auch im Rat schließlich anerkannt wurde.

2. Struktur der Regelung

4 Die eher abstrakte Fassung des ursprünglichen RL-Vorschlags gab zu einigen Verständnisfragen von Seiten der Mitgliedstaaten Anlass. Der RL-Vorschlag hatte die Situation vor Augen, in der ein Verwerter, etwa ein Videogeschäft, die Erlaubnis zur Vermietung oder zum Verleih eines Ton- oder Bildtonträgers erhält. Da diese Erlaubnis von allen betroffenen Rechtsinhabern (zB Komponisten, ausübenden Künstlern und Herstellern) erteilt werden muss, ging die Textierung des Vorschlags davon aus, dass „die Rechtsinhaber erlauben". Nach dieser Fassung sollte jeder der betroffenen Rechtsinhaber eine angemessene Beteiligung an den für die Vermieterlaubnis erzielten Einnahmen erhalten. Die Kommission erwartete und beabsichtigte, dass von dieser Regelung vor allem die Urheber und ausübenden Künstler profitieren würden[96].

Mit der ausschließlichen Bezugnahme des endgültigen Texts auf Urheber und ausübende Künstler wird der Zweck des Art 4 als Schutzbestimmung zu Gunsten von Urhebern und ausübenden Künstlern noch verdeutlicht[97]. Da deren Erlaubnis zur Erteilung einer Vermietlizenz allein aber nicht ausreicht[98], und sie das Vermietrecht üblicherweise übertragen oder abtreten bzw dies gesetzlich vermutet wird, wurde der Ausdruck „erlauben" durch die Worte **„übertragen oder abgetreten"** ersetzt. Diese Formulierung ist – wie in Art 2 Abs 4 und 5[99] – weit auszulegen. Sie umfasst insbes auch den Fall einer gesetzlich vermuteten Übertragung bzw Abtretung; dies ergibt sich schon aus dem ausdrücklichen Vorbehalt des Art 4 in Art 2 Abs 5 und 6, vor allem aber auch aus dem Zweck der Vorschrift. **5**

Die oben angedeutete Umstrukturierung dieses Artikels erklärt auch die Notwendigkeit, die ursprüngliche Formulierung „einem Dritten" durch die Worte **„an einen Tonträgerhersteller oder Filmproduzenten"** zu ersetzen – dies auch im Hinblick darauf, dass dieser Ausdruck („einem Dritten") in manchen Mitgliedstaaten unbekannt war und deshalb mit wenig Verständnis aufgenommen wurde. Während die ursprüngliche Fassung auf die (gleichzeitige oder sukzessive) Erteilung der Erlaubnis durch alle Rechtsinhaber an einen Dritten abstellte, bezieht sich die Endfassung auf die vorangehende Stufe, nämlich die Einräumung (Übertragung) von Rechten durch Urheber und ausübende Künstler an Tonträger- und Filmhersteller. Wird das Vermietrecht an andere als diese Hersteller übertragen, so ist die Regelung dann anzuwenden, wenn es sich um eine Umgehung handelt. So ist etwa vorstellbar, dass ein Hersteller den Künstler oder Urheber dazu verpflichtet, das ausschließliche Vermietrecht unmittelbar an eine dritte, mit ihm verbundene Person – etwa einen Musikverlag – zu übertragen, um die Anwendung des Art 4 zu vermeiden. Zwar ist ein solcher Fall nicht vom Wortlaut, dessen ungeachtet aber vom Sinn des Art 4 erfasst. **6**

3. Einzelfragen[100]

3.1. Vermiet- und Verleihrecht

Der Rat beschränkte den ursprünglich die Vermietung und den Verleih umfassenden RL-Vorschlag auf die Vermietung. Dies erschien im Zusammenhang mit den Diskussionen um eine eventuelle gänzliche Streichung des Verleihrechts aus der Richtlinie aus taktischen Gründen notwendig[101]. Hieraus ergibt sich aber, **7**

---

[96] Dies folgt aus den Ausführungen der Kommission zu Art 3 RL-Vorschlag (vgl Begründung Punkt 3.1.1, 45ff).

[97] AM *Reindl*, Einfluß des Gemeinschaftsrechts 310f, der unzutreffend davon ausgeht, dass auch Tonträger- und Filmherstellern Vergütungsansprüche gewährt werden dürfen.

[98] Zusätzlich ist auch die Erlaubnis des Herstellers erforderlich.

[99] Siehe oben Art 2 Rz 27 und 42.

[100] Siehe zu zahlreichen Aspekten des Art 4 auch *Lenselink*, Brahms en de modernen, Informatierecht/AMI 1997, 135.

[101] Siehe zu den Diskussionen in der Rats-Arbeitsgruppe oben Art 2 Rz 44.

dass die Mitgliedstaaten mit einer Anwendung des Beteiligungsanspruchs auch auf das **ausschließliche Verleihrecht** grundsätzlich einverstanden waren, und dies offensichtlich der Absicht des Richtliniengebers entspricht. Art 4 ist deshalb auch auf das ausschließliche Verleihrecht anwendbar.

8 Dagegen ist die Regelung des Art 4 auf eine bloße **Verleihvergütung** („Bibliothekstantieme", „Bibliotheksgroschen") nicht anwendbar. Sieht ein Mitgliedstaat im Rahmen des Art 5 Ausnahmen vom ausschließlichen Verleihrecht vor, ist Art 4 nicht anzuwenden[102].

3.2. Vermietgegenstände

9 Die Regelung des Art 4 war von allem Anfang an auf **Tonträger und Filme** beschränkt. Denn die ins Auge gefasste Situation besteht in erster Linie im Zusammenhang mit solchen Produktionen. **Bücher** werden dagegen selten vermietet, während der Verleih von Büchern in öffentlichen Einrichtungen (Bibliotheken) meist von einem Vergütungssystem im Sinn des Art 5 erfasst sein wird, auf welches die Beteiligungsregelung keine Anwendung findet. Es wäre allerdings konsequent und stünde mit dem Regelungszweck des Art 4 im Einklang, auch **andere** urheberrechtlich relevante **Mietobjekte** in eine Regelung nach Art 4 einzubeziehen.

3.3. Angemessene Vergütung

10 Der **ursprüngliche RL-Vorschlag** hatte das Recht auf einen „angemessenen Teil" am Entgelt für die Erteilung der Vermiet- oder Verleiherlaubnis vorgesehen. Es sollte damit die gerechte Aufteilung der Lizenzeinnahmen gesichert werden. Das **Europäische Parlament** diskutierte in seinen Ausschüssen verschiedene, zum Teil schwächere Formulierungen[103], lehnte diese aber schließlich ab. Die Vollversammlung schlug deshalb keine entscheidende Änderung zum ersten Satz des Kommissionsvorschlags vor, wollte aber den angemessenen Anteil präziser bestimmen. Dieser sollte in einem angemessenen Verhältnis zu dem Beitrag des Urhebers an dem Werk und zur Werkverwertung stehen. Dem Bericht des Rechtsausschusses zufolge sollte damit die große Bedeutung der kreativen bzw künstlerischen Beiträge von Urhebern und ausübenden Künstlern unterstrichen und vor allem deren Berücksichtigung bei der Bestimmung des angemessenen Anteils an den Erlösen sichergestellt werden.

Die Kommission übernahm diese Präzisierung in einer noch deutlicheren Formulierung in ihren **geänderten RL-Vorschlag**. Sie stellte auf die „Bedeutung" des Beitrags ab und führte in Übereinstimmung mit den Wünschen des Parlaments aus, dass die kreativen und künstlerischen Beiträge von Urhebern und ausübenden Künstlern von erheblicher Bedeutung für die Entscheidung des Verbrauchers und damit für die Verwertung von Tonträgern und Filmen sind[104]. Nicht übernommen wurde dagegen der Hinweis auf die Bedeutung der Werkverwertung, da diese überflüssig und in diesem Zusammenhang sogar mehrdeutig erschien.

---

102 Vgl *Reinbothe/v Lewinski*, Rental and Lending Rights 68.

103 Siehe dazu *Reinbothe/v Lewinski*, Rental and Lending Rights 68f.

104 Siehe Begründung geänderter RL-Vorschlag 10.

Die **Mitgliedstaaten** folgten diesem Vorschlag und formulierten ihn noch deutlicher. Durch die ausdrückliche Bezugnahme auf den **„Umfang" des Beitrages** (nur) der beteiligten Urheber und ausübenden Künstler sollte der Schutzcharakter des Art 4 unterstrichen und angedeutet werden, dass deren Beiträge in der Praxis oft unterschätzt werden, weshalb es gilt, ihre Verhandlungsposition gegenüber den Produzenten zu stärken. Da es sich bei diesem Passus um eine Auslegungshilfe handelt, wurde er im Übrigen zu einem Erwägungsgrund gemacht (ErwG 17).

Die Angemessenheit der Vergütung muss auch in einem Verhältnis zum **Ausmaß der Verwertung**, also der Vermietung stehen. Dies ergibt sich aus der Entstehungsgeschichte[105] ebenso wie aus dem Wortlaut der Vorschrift, die auf eine „Vergütung für die Vermietung" abstellt. Dies bedeutet nach allgemeinen urheberrechtlichen Grundsätzen, dass die Vergütung für alle Vermietvorgänge zu bezahlen ist und sich deshalb am Umfang der vorgenommenen Vermietung orientieren muss; mit der Anzahl der Vermietvorgänge wächst auch die Höhe der Vergütung. **11**

In der Praxis vor allem der Verwertungsgesellschaften kann es zur Vermeidung unverhältnismäßiger Verwaltungskosten allerdings erforderlich sein, die Vergütungen auf Grund von Stichproben und Hochrechnungen oder mit Hilfe von Schätzungen der Häufigkeit der Vermietvorgänge zu bemessen, wie dies schon bisher in Bezug auf andere Rechte praktiziert wurde. Solange dabei der Grundsatz, die Angemessenheit anhand der Vermiethäufigkeit zu bestimmen, beachtet wird, ist dies durch die Richtlinie gedeckt.

Die Formulierung „Vergütung für die Vermietung" impliziert auch, dass diese **getrennt von anderen Verwertungserlösen** ausgewiesen sein muss. Ohne flankierende Maßnahmen, wie zB die Verankerung der Verpflichtung zum getrennten Ausweis und zur Erteilung der erforderlichen Auskünfte über die Höhe der Vermieteinnahmen, lässt sich das dem Art 4 zu Grunde liegende Ziel nicht vollständig erreichen. Dies gilt insbes für die Erteilung von Vermiet- oder Verleihlizenzen gegen Bezahlung pauschaler Entgelte. **12**

Einige Mitgliedstaaten bestanden auf der Klarstellung, dass **Pauschalvergütungen** (im Verhältnis von Urhebern und ausübenden Künstlern zu Herstellern) weiterhin zulässig sind. Deshalb wurde in ErwG 16 festgehalten, dass „die angemessene Vergütung … in Form einer oder mehrerer Zahlungen jederzeit bei **13**

[105] Schon der ursprüngliche RL-Vorschlag („angemessene[n] Anteil an diesem Entgelt") implizierte, dass die Rechtsinhaber an allen Vermieteinnahmen beteiligt werden sollten. Nur weil einige Mitgliedstaaten (zu Unrecht) befürchteten, dass demnach auch die Anteile an jeder einzelnen Vermieteinnahme auch körperlich abgeführt werden müssten, und da die Konstruktion von Art 4 auch aus anderen Gründen geändert wurde, wurde der Wortlaut in „angemessene Vergütung für die Vermietung" geändert. Die neue Formulierung ist zwar weniger genau, führt aber im Wesentlichen zum gleichen Ergebnis wie die ursprüngliche: Die Angemessenheit der Vergütung ergibt sich immer noch unter Berücksichtigung der Gesamteinnahmen für die Vermietung. Siehe dazu auch *Reinbothe/v Lewinski*, Rental and Lending Rights 70.

Abschluss des Vertrages oder später entrichtet werden kann". Dieser Erwägungsgrund beschreibt verschiedene Zahlungsmethoden, ändert jedoch nichts an dem Grundsatz, dass die Vergütung „angemessen" sein muss. Der Erwägungsgrund wiederholt diese Voraussetzung des Art 4 Abs 1 und könnte im Übrigen als reine Auslegungshilfe den Text der Richtlinie selbst auch nicht aushöhlen oder ihm gar zuwiderlaufen. Werden also Pauschalvergütungen bezahlt, so müssen sie sich unabhängig von anderen Verwertungshandlungen gesondert auf die Vermietung beziehen.

Darüber hinaus müssen die Vermieteinnahmen fortlaufend bis zum Ablauf der Schutzfrist des betroffenen Werks oder der betroffenen Darbietung beobachtet werden, um entscheiden zu können, ob die entrichtete Pauschalvergütung die laufenden Vermietvorgänge auch tatsächlich abdeckt. Eine oder mehrere Zahlungen bei Vertragsabschluss oder danach können, müssen aber nicht angemessen sein. Dies hängt allein davon ab, ob die Vergütung bei Berücksichtigung der Gesamteinnahmen für alle Vermietvorgänge (bis zum Ablauf der Schutzfrist) unter Berücksichtigung des konkreten schöpferischen bzw künstlerischen Beitrages noch angemessen ist. Sobald dies nicht mehr der Fall ist, müssen weitere Vergütungen gezahlt werden. Beträgt die angemessene Vergütung in einem bestimmten Fall etwa € 20.000 nach 40 Jahren der Verwertung des Vermietrechts, und wurde bei Vertragsabschluss ein Betrag von € 20.000 bezahlt, so müssen zusätzliche Zahlungen von dem Zeitpunkt an geleistet werden, zu welchem die Pauschalzahlung von € 20.000 die weitergehende Vermietung nicht mehr erfasst, also im gegenständlichen Beispiel nach 40 Jahren. Die Möglichkeit von Pauschalvergütungen entbindet also nicht von der Verpflichtung, eine insgesamt angemessene Vergütung zu bezahlen[106].

14 ErwG 16 wird in der Praxis vor allem in denjenigen Mitgliedstaaten eine Rolle spielen, die Art 4 durch Bestimmungen zum **individuellen Vertragsrecht** umsetzen. Produzenten ziehen möglicherweise pauschale Zahlungen regelmäßigen Zahlungen von Anteilen an den Erträgnissen vor. Dagegen wird diese Klarstellung bei einer Umsetzung des Art 4 unter Einschaltung von **Verwertungsgesellschaften** kaum von Bedeutung sein, da diese die erzielten Verwertungseinnahmen ohnehin meist halbjährlich oder jährlich ausschütten. Angesichts der bisherigen Erfahrung, nach welcher Pauschalzahlungen die (Nicht-)Angemessenheit der Vergütungen für Urheber und ausübende Künstler verdecken können, sowie im Hinblick auf das Erfordernis einer fortlaufenden Überprüfung der Angemessenheit von Pauschalvergütungen im Rahmen des Art 4 erscheinen Pauschalzahlungen nicht als die optimale Form einer Verwirklichung der Ziele des Art 4 in der Praxis.

3.4. Unverzichtbarkeit des Vergütungsanspruchs (Abs 2)

15 Die Unverzichtbarkeit des Vergütungsanspruchs ist ein wesentliches Element des Art 4. Ohne diese wäre zu befürchten, dass Urheber und ausübende Künstler vom Produzenten zum Verzicht auf diesen Anspruch verpflichtet werden. Mit der Übernahme dieser Bestimmung in einen neuen, eigenen Absatz hat der Rat

[106] Vgl *Reinbothe/v Lewinski*, Rental and Lending Rights 70f.

deren Bedeutung noch betont. Sobald die rechtsetzenden Organe die Notwendigkeit und das Prinzip dieser Regelung anerkannt hatten, stand die Bestimmung außer Frage; es war klar, dass sie zur Erreichung des verfolgten Ziels notwendig war.

Die geänderte Textierung der endgültigen Fassung (verglichen mit dem ursprünglichen RL-Vorschlag) bedeutet keine inhaltliche Veränderung. Wenn jetzt davon die Rede ist, dass „der Urheber oder ausübende Künstler" auf den Vergütungsanspruch nicht verzichten kann, folgt dies aus der geänderten Konstruktion, wonach der Vergütungsanspruch nur Urhebern und ausübenden Künstlern zusteht.

Die Mitgliedstaaten gaben der Formulierung „kann ... nicht verzichten" gegen- **16**
über derjenigen „nicht ... abtreten" den Vorzug, weil diese umfassender sei und Urheber (ausübende Künstler) deshalb besser geschützt werden. So bedeutet die **Unverzichtbarkeit** des Rechtes auch, dass es nicht abgetreten werden kann, sofern nicht die Zahlung einer angemessenen Vergütung sichergestellt ist. Dagegen kann das Recht zum Zweck der Wahrnehmung vor allem durch Verwertungsgesellschaften abgetreten werden. Die zuletzt genannte Möglichkeit ist in den Abs 3 und 4 sowie in ErwG 15 ausdrücklich erwähnt[107]. Im Fall der Abtretung zur Wahrnehmung verzichtet der Urheber oder ausübende Künstler nicht auf sein Recht, da er einen Anspruch auf Bezahlung der Vergütung behält.

3.5. Kollektive Wahrnehmung durch Verwertungsgesellschaften (Abs 3 und 4)

Art 3 Satz 3 des **ursprünglichen RL-Vorschlags** war noch nicht gleichermaßen **17**
deutlich formuliert wie der endgültige Richtlinientext (Art 4 Abs 3), hatte aber dasselbe Regelungsziel vor Augen. Danach sollte der Beteiligungsanspruch zwar unverzichtbar sein, gleichwohl aber anderen zur Verwaltung übertragen werden können. Damit sollte klargestellt werden, dass dieses Recht nur zu dem Zweck abgetreten werden kann, die Wahrnehmung durch andere, vor allem durch Verwertungsgesellschaften besorgen zu lassen (Begründung Punkt 3.1.2., 48 und Punkt 3.2.2., 49).

Das **Europäische Parlament** verabschiedete in der Vollversammlung so wie schon im Kultur- und im Rechtsausschuss einen präzisierenden Änderungsvorschlag, demzufolge die „Verwaltung" des Vergütungsanspruchs insbes kollektiven Verwaltungsvereinigungen anvertraut werden kann, die „die betreffenden Berufskategorien vertreten". Die **Kommission** übernahm diesen Vorschlag wiederum in einer deutlicheren Fassung, nämlich mit einer Bezugnahme auf „Urheber und ausübende Künstler", da die kollektive Wahrnehmung gerade für diese, nicht aber für Produzenten einen besonderen Schutz bedeutete. Schließlich übernahm der **Rat** nach der Einschränkung des gesamten Art 4 auf Urheber und ausübende Künstler auch diese Präzisierung. Gleichzeitig gliederte er die Bestimmung in drei eigene Absätze 2 bis 4 auf.

Der Begriff der **Verwertungsgesellschaften** ist in der Richtlinie nicht definiert. **18**
Nach dem allgemeinen Verständnis dieser Einrichtungen sind sie durch ihre besondere Tätigkeit gekennzeichnet. Diese besteht in der (treuhänderischen)

---

[107] Vgl Rz 17ff.

Wahrnehmung der ihren Wahrnehmungsberechtigten zustehenden Rechte und Vergütungsansprüche, in der Erteilung der erforderlichen Nutzungsbewilligungen (Lizenzen) und der Verteilung der daraus erzielten Erlöse nach den Verteilungsplänen. Die der Verwertungsgesellschaft angehörenden Berechtigten müssen über Grundfragen ihrer Gesellschaft, zB den Inhalt der Verteilungspläne, mitentscheiden können. Zur Gewährleistung einer effizienten, transparenten und zufriedenstellenden Rechtewahrnehmung erscheint es angezeigt, durch geeignete gesetzliche Maßnahmen eine Aufsicht über die Tätigkeit der Verwertungsgesellschaften vorzusehen. Eine besondere Rechtsform von Verwertungsgesellschaften ist nach der Richtlinie nicht vorgeschrieben; der Ausdruck „Gesellschaft" wird nicht im technischen Sinne gebraucht und umfasst alle Organisationsformen, die den Wahrnehmungsberechtigten eine ausreichende Kontrolle über die Wahrnehmung ihrer Rechte garantieren.

19 Die ausdrückliche Präzisierung der in Abs 3 erwähnten Verwertungsgesellschaften als solche, **die Urheber oder ausübende Künstler vertreten**, erscheint auf den ersten Blick überflüssig, da der Vergütungsanspruch nach Art 4 ohnehin nur Urhebern und ausübenden Künstlern zusteht. Sie wurde aber in den Richtlinientext aufgenommen, um den Schutzcharakter dieser Vorschrift zu unterstreichen. Die Mitgliedstaaten wollten sicherstellen, dass Urheber und ausübende Künstler, die den Vergütungsanspruch nach Art 4 einer Verwertungsgesellschaft zur Wahrnehmung anvertrauen, auch eine gewisse Kontrolle über die Wahrnehmungstätigkeit ausüben können, insbes durch eine angemessene Vertretung ihrer Interessen und eine autonome Entscheidungsfindung im Rahmen der willensbildenden Organe. So wären die Voraussetzungen des Abs 3 etwa nicht erfüllt, wenn die kollektive Verwertung der Rechte von Urhebern und ausübenden Künstlern aus Art 4 von Produzenten oder anderen Personen organisiert würde, deren Interessen mit denjenigen der Urheber und ausübenden Künstler nicht übereinstimmen.

Die Vorschrift des dritten Absatzes erfordert es aber nicht, dass eine Verwertungsgesellschaft ausschließlich die Rechte entweder von Urhebern oder von ausübenden Künstlern oder nur von diesen beiden Gruppen von Rechtsinhabern wahrnimmt. Verwertungsgesellschaften dürfen auch andere Rechte, etwa Produzentenrechte wahrnehmen. So bestehen in der Praxis vielfach Verwertungsgesellschaften, die Rechte verschiedener Gruppen von Berechtigten gemeinsam wahrnehmen, etwa von Komponisten und Musikverlegern oder von ausübenden Künstlern und Tonträgerherstellern. Bei der Wahrnehmung der Rechte aus Art 4 müssen Urheber und ausübende Künstler aber andere Gruppen von der Entscheidungsfindung und allen Fragen der Wahrnehmung, insbes dem Erhalt einer Vergütung von Art 4, ausschließen können.

20 Wenn in Abs 3 davon die Rede ist, dass die **Wahrnehmung** Verwertungsgesellschaften **„übertragen"** werden kann, so ist dies nicht im technischen Sinn zu verstehen. Die englische Fassung *„may be entrusted"* macht noch deutlicher, dass die Formulierung alle nach nationalem Recht denkbaren vertragsrechtlichen Konstruktionen abdecken soll. In der deutschen Fassung wäre die Formulierung „dieser Anspruch kann … zur Wahrnehmung übertragen werden" zwar treffender, da die Rechtewahrnehmung als solche nicht übertragen werden kann, gleichzeitig aber aus europäischer Sicht zu eng, da auch andere Formen der Überlassung des Rechts zur Wahrnehmung zulässig sind. Unter **Wahrnehmung** ist insbes die Einhebung der Vergütungen und deren Verteilung nach allgemeinen urheberrechtlichen Grundsätzen zu verstehen, dh in erster Linie entsprechend dem Ausmaß der Verwertung, hier also der Vermietung. Eine bestimmte Art des Wahrnehmungsverhältnisses ist nicht vorgegeben. Dem Begriff Wahrnehmung wohnt allerdings ein treuhänderisches Element inne, wonach die Verwertungsgesellschaft nicht im eigenen, sondern im Interesse ihrer Wahrnehmungsberechtigten tätig wird. Der Rechtsinhaber kann demnach zwar den Anspruch, letztlich aber nicht dessen wirtschaftlichen Wert übertragen.

Nach Abs 4 bleibt es den Mitgliedstaaten vorbehalten, die Wahrnehmung des Vergütungsanspruchs durch Verwertungsgesellschaften auch zwingend anzuordnen. Die **Verwertungsgesellschaftenpflicht** des Anspruchs dürfte Urhebern und ausübenden Künstlern einen noch stärkeren Schutz verleihen und die Rechtewahrnehmung in der Praxis im Übrigen auch vereinfachen, da einzelne Rechtsinhaber ihre Ansprüche nicht individuell einzelnen Nutzern oder Herstellern gegenüber geltend machen könnten. **21**

3.6. Die Zahlungspflichtigen (Abs 4)

Nach Abs 4 bleibt es den Mitgliedstaaten auch vorbehalten festzulegen, gegenüber wem der Vergütungsanspruch gefordert oder eingezogen werden soll. So ist es insbes auch zulässig, dem originär Berechtigten an Stelle eines Anspruchs gegen den Vertragspartner des Urhebers oder ausübenden Künstlers auf eine angemessene Vergütung für die Vermietung einen direkten Anspruch gegen die Nutzer (zB Videotheken) zuzuerkennen. Diese letztere Variante kommt dem ursprünglichen RL-Vorschlag der Kommission wohl am Nächsten. **22**

4. Umsetzungsmöglichkeiten

Art 4 muss nicht notwendig durch ein System kollektiver Wahrnehmung umgesetzt werden[108]. Dies folgt schon aus dem Wortlaut des Abs 3, der als Kannbestimmung formuliert ist. Der unverzichtbare Vergütungsanspruch kann insbes auch im Weg zwingenden Individual- oder Tarifvertragsrechts realisiert werden. Die ausschließliche Bezugnahme auf die Möglichkeit kollektiver Wahrnehmung[109] in den Abs 3 und 4 sowie in ErwG 15 zeigt allerdings, dass die Richtlinie diese Alternative favorisiert. **23**

Eine optimale Möglichkeit der Umsetzung des Art 4 besteht in folgender Alternative: Unter den Voraussetzungen des Art 4 Abs 1 wird ein gesetzlich gewährleisteter, unverzichtbarer Vergütungsanspruch im nationalen Recht verankert, wobei dieser Anspruch von **Verwertungsgesellschaften** wahrgenommen wer- **24**

---

[108] Zu den Umsetzungsmöglichkeiten siehe *Reinbothe/v Lewinski*, Rental and Lending Rights 74ff.

[109] Selbst wenn ein Mitgliedstaat Art 4 anders, etwa durch zwingendes Vertragsrecht, umsetzt, muss den Urhebern und ausübenden Künstlern die Möglichkeit der kollektiven Wahrnehmung des Anspruchs aus Art 4 gesetzlich gewährleistet sein; die Mitgliedstaaten müssen also einen gesetzlichen Rahmen für die Tätigkeit von Verwertungsgesellschaften, wie oben erläutert, vorsehen.

den kann oder – noch besser – wahrgenommen werden muss (Verwertungsgesellschaftenpflicht). Darüber hinaus sollte gesetzlich festgelegt werden, gegen wen sich der Anspruch richtet. In Frage kommen neben den Produzenten die einzelnen Nutzer (Vermieteinrichtungen) oder Vereinigungen solcher Einrichtungen. Dem Zweck der Richtlinienbestimmung wäre wohl am Besten gedient, wenn sich der Anspruch direkt gegen die Vermieteinrichtungen als Zahlungspflichtige (Schuldner) richtet[110]. In diesem Fall könnten Produzenten und Verwertungsgesellschaften gemeinsam einen Gesamtbetrag verhandeln und sich dann über die Aufteilung untereinander einigen.

25 An Stelle einer Verwertungsgesellschaftenpflicht oder der fakultativen kollektiven Wahrnehmung kann Art 4 auch im Weg des **kollektiven Arbeitsrechts** umgesetzt werden. Dies bietet sich vor allem dann an, wenn Mitgliedstaaten keine Verwertungsgesellschaftenpflicht vorsehen möchten bzw es den Verwertungsgesellschaften nicht gelingt, sich diese Rechte von Urhebern und ausübenden Künstlern zur Wahrnehmung abtreten zu lassen oder Verwertungsgesellschaften in einem Mitgliedstaat nicht zufriedenstellend funktionieren, und Gewerkschaften eine gesicherte Verhandlungsposition im Verhältnis zu Arbeitgebern haben. Bei dieser Alternative müsste die Möglichkeit der Geltendmachung des Rechts aus Art 4 im Rahmen von Kollektivverträgen gesetzlich verankert werden, so dass die angemessene Vergütung zwischen Gewerkschaften und Arbeitgebern bzw Arbeitgeberverbänden ausgehandelt werden kann.

26 Aber auch die individuelle Geltendmachung des Vergütungsanspruchs nach den zwischen Produzenten und Urhebern/ausübenden Künstlern abgeschlossenen **Individualverträgen** stellt eine Umsetzungsalternative dar. In diesem Fall müssten zwingende Gesetzesbestimmungen den Anspruch auf angemessene Vergütung unter den Voraussetzungen des Art 4, einschließlich der Unverzichtbarkeit, festlegen und möglichst durch Auskunftspflichten zur Vergütung etc absichern. Diese Umsetzungsvariante erscheint allerdings nicht optimal. Denn Art 4 soll gerade die Nachteile ausgleichen, die mit der typischer Weise auf Urheber- und Künstlerseite gegebenen Verhandlungsschwäche verbunden sind. Siedelt man den Vergütungsanspruch aus Art 4 gerade in diesem meist unausgewogenen individuellen Vertragsverhältnis an, wären die schwächeren Urheber und ausübenden Künstler wieder von den Produzenten abhängig, sodass ihnen nicht entscheidend geholfen wäre.

27 Auch weitere Möglichkeiten der Umsetzung sind nicht ausgeschlossen. In jedem Fall müssen diese dem Zweck des Art 4 gerecht werden, Urhebern und ausübenden Künstlern eine angemessene Vergütung für die Vermietung wirksam zu sichern.

28 Art 4 ist in seiner Bedeutung durch die Übergangsvorschriften der Art 13 Abs 8 und 9 geschmälert worden. Großteils wird der Stellenwert dieser Vorschrift in der Praxis von den Initiativen der Verwertungsgesellschaften abhängen.

---

110 Ein Zusammenschluss dieser Einrichtungen würde die Rechtswahrnehmung erheblich erleichtern.

Umsetzung in Deutschland und Österreich

1. Deutschland (v Lewinski)

Mit dem Dritten Änderungsgesetz I wurde in Deutschland die oben als optimale **29**
Umsetzungsmöglichkeit beschriebene Alternative verwirklicht. Nach § 27 Abs 1 UrhG schuldet der Vermieter dem Urheber und – über § 75 Abs 3 dUrhG – dem ausübenden Künstler auch dann eine **angemessene Vergütung**, wenn dieser das Vermietrecht einem Tonträger- oder Filmhersteller eingeräumt hat. Dieser direkt gegen den Nutzer gerichtete Vergütungsanspruch ist unverzichtbar (§ 27 Abs 1 Satz 2) und kann nur von Verwertungsgesellschaften geltend gemacht werden (§ 27 Abs 3). Zusätzlich ist zur Sicherung des in Art 4 zum Ausdruck gebrachten Anliegens noch bestimmt (§ 27 Abs 1 letzter Satz dUrhG), dass der Vergütungsanspruch im Voraus nur an eine Verwertungsgesellschaft abgetreten werden kann. Diese **Beschränkung der Abtretbarkeit**, durch die dem Merkmal der Unverzichtbarkeit des Anspruchs besondere Wirksamkeit verliehen wird, erschien für eine effiziente Umsetzung des Art 4 Vermiet- und Verleih-RL wesentlich. Im Übrigen lag die Lösung der **Verwertungsgesellschaftenpflicht** nahe, da für Urheber schon vor der Umsetzung der Vermiet- und Verleih-RL ein gesetzlicher Vergütungsanspruch für das Vermieten ihrer Werke bestand, der verwertungsgesellschaftenpflichtig war. Dieser musste nur in seinen Voraussetzungen leicht geändert und auf ausübende Künstler erweitert werden. Allerdings zeigt die jüngste Entwicklung in der Praxis der Tonträgervermietung, dass solche Modelllösungen, welche die Defizite des Urhebervertragsrechts ausgleichen sollen[111], Urhebern und Künstlern dann nicht weiterhelfen können, wenn das Ausschließlichkeitsrecht von Seiten der Tonträgerhersteller durch ein tatsächliches Nutzungsverbot ausgeübt wird.

2. Österreich (Walter)

Der österr Gesetzgeber hat mit öUrhGNov 1993 einen eigenwilligen Weg der **30**
Umsetzung des **Vergütungsanspruchs** nach Art 4 gewählt, der zum Teil über die Richtlinie hinausgeht, zum Teil aber auch hinter deren Anforderungen zurückbleibt[112]. Österreich hat von der Möglichkeit des Art 5 Gebrauch gemacht und für das öffentliche Verleihen nur einen Vergütungsanspruch vorgesehen (§ 16a Abs 2 idF 1993 öUrhG). Nach § 16a Abs 5 Satz 2 öUrhG hat der Urheber aber auch im Fall des Verleihens einen unverzichtbaren Anspruch auf einen **angemessenen Anteil** an den Erlösen aus der Verleihvergütung. Der unverzichtbare Beteiligungsanspruch für das Vermieten und Verleihen richtet sich, anders als nach deutschem Recht, nicht gegen den Nutzer oder Zahlungspflichtigen, sondern gegen den Werknutzungsberechtigten bzw den gemäß § 38 Abs 1 öUrhG berech-

[111] Siehe dazu, dass die Bundesregierung dieses Modell in mögliche zukünftige Reformüberlegungen zum Urhebervertragsrecht einzubeziehen erwägt, Begründung Entw I Drittes ÄnderungsG 14 und *v Lewinski*, ZUM 1995, 447, sowie § 32 Vorschlag zu einem Gesetzesentwurf zur Stärkung der vertraglichen Stellung von Urhebern und ausübenden Künstlern vom 22.05. bzw 17.08.2000, GRUR 2000, 765 (http://www.bmj.bund.de/ggv/entwurh bzw entwurh1).

[112] Siehe zur Umsetzung des Art 4 auch *Reindl*, Einfluß des Gemeinschaftsrechts 306ff und 310ff.

tigten Filmhersteller bzw gegen denjenigen, dem die Verleihvergütung auf Grund des Gesetzes oder eines Vertrags zusteht. Der Anspruch auf einen Anteil an den Erlösen steht gegen jeden Werknutzungsberechtigten und nicht nur gegen den unmittelbaren Vertragspartner des Urhebers oder ausübenden Künstlers (Tonträger- oder Filmhersteller) zu, was die Durchsetzung erleichtert; auch Produzenten-Verwertungsgesellschaften sind Werknutzungsberechtigte in diesem Sinn. Dessen ungeachtet wäre ein unmittelbar gegen den Nutzer gerichteter Anspruch vorzuziehen gewesen[113]. Wie bereits erwähnt, geht die Regelung mit Bezug auf die Einbeziehung auch der Verleihvergütung („Bibliothekstantieme") über die Anforderungen des Art 4 hinaus; sie ist auch nicht auf Tonträger- und Filmhersteller beschränkt und bezieht sich deshalb insbes auch auf die Vermietung und den Verleih von Büchern und Zeitschriften. Über § 67 Abs 2 öUrhG gilt die Beteiligungsregelung auch für ausübende Künstler entsprechend. Über die Richtlinie hinaus (richtlinienwidrig) ist im Hinblick auf die undifferenzierten Verweise auf § 16a öUrhG ein Beteiligungsanspruch auch zu Gunsten des Licht- und Laufbildherstellers, des Schallträgerherstellers und des Rundfunkunternehmers vorgesehen.

31 Problematisch ist auch die Beschränkung des Beteiligungsanspruchs auf den Fall, dass der Werknutzungsberechtigte bzw der kraft Gesetzes berechtigte Filmhersteller anderen das Vermieten gegen **Entgelt** gestattet. Denn der Vergütungsanspruch nach Art 4 setzt nicht voraus, dass der Berechtigte die Vermietung entgeltlich erlaubt; dem Urheber steht nach Art 4 Abs 1 für jedes Vermieten ein Vergütungsanspruch zu, gleichviel ob der Nutzungsberechtigte seinerseits hierfür ein Entgelt einhebt[114]. Im Übrigen kann das Entgelt auch in den Kaufpreis einkalkuliert sein, und kann auch ein unentgeltliches Gestatten Erwerbszwecken des Nutzungsberechtigten dienen. Nach Art 4 Abs 1 steht dem Urheber und ausübenden Künstler ein Anspruch auf angemessene Vergütung und nicht nur ein Beteiligungsanspruch an allfälligen Erlösen aus der (entgeltlichen) Verwertung des Vermietrechts zu. Entgegen den Intentionen der Vermiet- und Verleih-RL steht der Beteiligungsanspruch auch Licht- und Laufbildherstellern, Schallträgerherstellern und Rundfunkunternehmern zu.

Wenn schließlich auch vom Gestatten des Verleihens gegen Entgelt die Rede ist, so ist dies nicht recht verständlich. Denn im Fall des Verleihens im Sinn des § 16a Abs 3 öUrhG besteht kein Verbotsrecht, weshalb das Verleihen nicht gestattet werden muss. Bezieht sich der Hinweis aber auf Werkstücke, an welchen das Verbreitungsrecht noch nicht erschöpft ist, so dass auch das Verleihen genehmigungspflichtig ist, so kann dies wieder begrifflich nicht gegen Entgelt erfolgen, weil dann ein Vermieten vorliegt. Es wird deshalb insoweit von einem Redaktionsversehen auszugehen sein. Auslegungsbedürftig ist hinsichtlich der Verleihvergütung auch das Verhältnis zwischen der Beteiligungsregelung des § 16a Abs 5 öUrhG und dem Hälfteanspruch des Urhebers in Bezug auf die gesetzlichen Vergütungsansprüche nach § 38 Abs 1 öUrhG idF 1996.

---

113 So auch *Reindl*, Einfluß des Gemeinschaftsrechts 307.

114 Vgl dazu auch *Reindl*, Einfluß des Gemeinschaftsrechts 308 und FN 123, der die Umsetzung im Übrigen aber für richtlinienkonform hält.

Artikel 5 Ausnahme vom ausschließlichen öffentlichen Verleihrecht

Art 5 enthält verschiedene Möglichkeiten, vom ausschließlichen Verleihrecht zu Gunsten eines bloßen Vergütungsanspruchs, der sog „Bibliothekstantieme", abzuweichen und bestimmte Kategorien von Einrichtungen von der Vergütungspflicht auszunehmen.

Übersicht

Text

Artikel 5 Ausnahme vom ausschließlichen öffentlichen Verleihrecht

(1) Die Mitgliedstaaten können hinsichtlich des öffentlichen Verleihwesens Ausnahmen von dem ausschließlichen Recht nach Artikel 1 vorsehen, sofern zumindest die Urheber eine Vergütung für dieses Verleihen erhalten. Es steht den Mitgliedstaaten frei, diese Vergütung entsprechend ihren kulturpolitischen Zielsetzungen festzusetzen.

(2) Bringen die Mitgliedstaaten das ausschließliche Verleihrecht im Sinn von Artikel 1 in bezug auf Tonträger, Filme und Computerprogramme nicht zur Anwendung, so führen sie eine Vergütung zumindest für die Urheber ein.

(3) Die Mitgliedstaaten können bestimmte Kategorien von Einrichtungen von der Zahlung der Vergütung im Sinne der Absätze 1 und 2 ausnehmen.

(4) Die Kommission erstellt vor dem 1. Juli 1997 im Benehmen mit den Mitgliedstaaten einen Bericht über das öffentliche Verleihwesen in der Gemeinschaft. Sie übermittelt diesen Bericht dem Europäischen Parlament und dem Rat.

Aus den Erwägungsgründen

ErwG 18 Die Rechte zumindest der Urheber müssen außerdem in bezug auf das öffentliche Verleihwesen durch Einführung einer Sonderregelung geschützt werden. Ausnahmen auf der Grundlage des Artikels 5 müssen jedoch mit dem Gemeinschaftsrecht, insbesondere mit Artikel 7 des Vertrages, vereinbar sein.

Kommentar

1. Entstehungsgeschichte

1 Schon der **ursprüngliche RL-Vorschlag** hatte im Sinn einer Vorwegnahme eines Kompromisses die großen Unterschiede berücksichtigt, die im Recht der Mitgliedstaaten in Bezug auf ein ausschließliches Verleihrecht bzw eine Bibliothekstantieme bestanden. Es sollte deshalb möglich sein, statt des ausschließlichen Verleihrechts bloß einen – gegebenenfalls auch nicht urheberrechtlich konzipierten – Vergütungsanspruch für eine oder mehrere Kategorien von Leihgegenständen vorzusehen, und zwar zumindest für Urheber zwingend. Der endgültige Text der Richtlinie macht deutlich, dass dieser Vorschlag einigen Mitgliedstaaten noch nicht flexibel genug war.

2 Das **Europäische Parlament** konzentrierte sich in Erster Lesung auf die Fragen, für welche Gegenstände des Verleihs das ausschließliche Recht nicht durch einen Vergütungsanspruch ersetzt werden, und aus welchen Gründen von der Ausnahmemöglichkeit Gebrauch gemacht werden darf. Nach sehr eingehender Diskussion in allen Ausschüssen[115] nahm das Europäische Parlament schließlich keinen Änderungsvorschlag an, so dass auch die Kommission die ursprüngliche Fassung wieder in ihren **geänderten RL-Vorschlag** aufnahm.

3 Auch in der **Rats-Arbeitsgruppe** gehörte dieser Artikel zu den am meisten umstrittenen. So lehnte etwa die Hälfte der Mitgliedstaaten die Aufnahme dieses Artikels in die Richtlinie und die Einrichtung eines Verleihrechts lange Zeit hindurch sogar überhaupt ab. Dies dürfte vor allem auf die finanziellen Belastungen der Staatshaushalte[116] und die – allerdings unbegründeten – Zweifel an der praktischen Durchführbarkeit der „Bibliothekstantieme" zurückzuführen sein. Dagegen setzten sich andere Mitgliedstaaten für ein höheres Schutzniveau ein und wollten insbes für bestimmte Verleihobjekte keine Ausnahmen vom ausschließlichen Verleihrecht zulassen und im Übrigen neben Urhebern auch den ausübenden Künstlern zumindest einen Vergütungsanspruch zuerkennen. Unzählige Fassungen wurden erörtert, darunter auch eine Version, die nicht einmal einen Vergütungsanspruch zwingend gewährt hätte. Der schließlich bei der ersten Sitzung des Binnenmarktrats am 14. Mai 1992 gefundene Kompromiss spiegelt die äußert unterschiedlichen Positionen der Mitgliedstaaten wider. Bei der Auslegung wird zu beachten sein, dass es sich bei diesem Artikel um einen Kompromiss handelt, um den hart gerungen wurde.

---

[115] Siehe dazu *Reinbothe/v Lewinski*, Rental and Lending Rights 78; ua war sogar vorgeschlagen worden, das Verleihrecht völlig aus der Richtlinie herauszunehmen.

[116] Eine besondere Zurückhaltung dürfte auch durch die mögliche Verpflichtung zu Zahlungen an ausländische Rechtsinhaber auf Grund von Art 7 Abs 1 EGV (jetzt Art 12 EGV 1997) hervorgerufen worden sein.

2. *Besondere Fragen*

2.1. Der Titel

Das Wort „**öffentlich**“ wurde auf Anregung eines Mitgliedstaates in den Titel dieser Bestimmung aufgenommen, ohne dass damit eine Bedeutungsänderung verbunden wäre[117]. Es sollte der Titel dadurch mit der Textierung des Art 5 Abs 1 abgestimmt werden. Unter dem ausschließlichen öffentlichen Verleihrecht ist, wie schon im RL-Vorschlag, das ausschließliche Recht des Verleihens im Sinn des Art 1 Abs 3 zu verstehen. **4**

2.2. Ausnahmen vom ausschließlichen Verleihrecht (Abs 1)

(A) Die zulässigen Ausnahmen

Art 5 Abs 1 gestattet den Mitgliedstaaten, in mehrfacher Hinsicht Ausnahmen vom ausschließlichen Verleihrecht vorzusehen. Die deutsche Fassung lässt solche Ausnahmen „**hinsichtlich des öffentlichen Verleihwesens**“ zu. Dies bedeutet nichts anderes als die Zulässigkeit von Ausnahmen vom ausschließlichen Recht des Verleihens (an die Öffentlichkeit) im Sinn des Art 1, was in der englischen Fassung klarer zum Ausdruck kommt. Zumindest für Urheber muss aber eine Vergütung vorgesehen werden. **5**

Von den Ausnahmemöglichkeiten nach Art 5 Abs 1 kann auf sehr unterschiedliche Weise Gebrauch gemacht werden. So kann vom ausschließlichen Recht in Bezug auf eine, mehrere oder alle **Arten von Verleihgegenständen** abgewichen werden, wie sich auch aus Abs 2 ergibt. Ausnahmen können dagegen nicht hinsichtlich bestimmter Kategorien von Rechtsinhabern gemacht werden. In Bezug auf eine bestimmte Art von Verleihgegenständen, zB Tonträgern, kann also nicht einer Gruppe von Rechtsinhabern ein ausschließliches Verleihrecht, einer anderen aber nur ein Vergütungsanspruch gewährt werden. Dagegen ist es zulässig, ein ausschließliches Verleihrecht für Tonträger und einen Vergütungsanspruch für Bildtonträger (Videogramme) vorzusehen; das ausschließliche Recht muss dann allen beteiligten Rechtsinhabern im Sinn des Art 2 gewährt werden, also Urhebern, ausübenden Künstlern und Filmherstellern. Der genannte Vergütungsanspruch muss jedoch nur Urhebern, kann aber auch den ausübenden Künstlern und/oder Filmherstellern zuerkannt werden. **6**

Den Mitgliedstaaten steht es auch frei, das **ausschließliche Verleihrecht** nur auf **gewisse Dauer**, etwa auf zwei Jahre seit Veröffentlichung, zu gewähren und danach einen Vergütungsanspruch vorzusehen. **7**

(B) Gestaltungsspielraum in Bezug auf den Vergütungsanspruch

Wird ein Vergütungsanspruch vorgesehen, so kann auch von der **urheberrechtlichen Natur** des Verleihrechts abgewichen werden. Dies war ausdrücklich im ursprünglichen und im geänderten RL-Vorschlag der Kommission vorgesehen und wurde weder vom Europäischen Parlament noch vom Rat in Frage gestellt. **8**

---

[117] Vgl zu den insbes in der englischen Fassung relevanten Erläuterungen *Reinbothe/ v Lewinski*, Rental and Lending Rights 79.

Die ausdrückliche Bezugnahme auf die „urheberrechtliche" Natur[118], von welcher Ausnahmen zulässig waren, entfiel im Zug der laufenden Erstellung immer neuer Fassungen dieses Artikels wohl unbeabsichtigt. Nach dem Verständnis der Mitgliedstaaten sollte Art 5 von allem Anfang an auch eine nicht im Urheberrecht angesiedelte Vergütungsregelung ermöglichen. Dies ergibt sich aus einer in der Ratssitzung vom 18. Juni 1992 protokollierten Erklärung der Kommission, wonach die nicht urheberrechtlich konzipierte „Bibliothekstantieme" eines bestimmten Mitgliedstaates mit Art 5 vereinbar ist[119]. Die Kommissionserklärung bezieht sich nur deshalb auf einen einzigen Mitgliedstaat, weil nur dieser eine solche Erklärung gewünscht hatte. Ein *e contrario*-Schluss dahingehend, dass die „Bibliothekstantieme"-Systeme anderer Mitgliedstaaten nicht mit Art 5 vereinbar wären, ist nicht zulässig.

Diese Kommissionserklärung kann auch in anderer Hinsicht als Auslegungshilfe dienen. Aus der Bezugnahme auf das gesamte System der Bibliothekstantieme in diesem Mitgliedstaat lässt sich ableiten, dass nicht nur eine andere Rechtsgrundlage als die urheberrechtliche, sondern auch **einzelne Bestimmungen nicht urheberrechtlichen Charakters** mit Art 5 vereinbar sind, wie zB die Dauer des Rechts und die Bestimmung der Berechtigten nach dem Tod des Urhebers[120]. Auch insoweit ist ein *e contrario* Schluss nicht angebracht.

9 Die Mitgliedstaaten können für **die Durchführung der „Bibliothekstantieme"** jedes System wählen; Art 5 macht hierzu keinerlei Vorgaben. Die Wahrnehmung des Vergütungsanspruchs durch Verwertungsgesellschaften ist ebenso zulässig wie eine Verwaltung durch Ministerien, sonstige Behörden oder Organisationen. Die Mitgliedstaaten können auch den **Schuldner der Vergütung** bestimmen; es können dies der Staat, die Gemeinden und andere Bibliotheksträger oder auch die Bibliotheken selbst sein. Auch die Kriterien für die **Bemessung der Vergütung** können von den Mitgliedstaaten nach deren Ermessen bestimmt werden; allerdings folgt aus der Formulierung „Vergütung für dieses Verleihen", dass die Vergütung das Ausmaß der Verleihtätigkeit berücksichtigen muss. Zur Vermeidung unangemessener Verwaltungskosten können Stichproben und Hochrechnungen ebenso herangezogen werden wie Schätzungen und ähnliche, in vergleichbaren Fällen angewendete Berechnungsmethoden.

(C) Sozialen und kulturellen Zwecken dienende Einrichtungen

10 Die Richtlinie hindert die Mitgliedstaaten auch nicht daran, zusätzlich zu einer Vergütung für das Verleihen kulturellen und sozialen Zwecken dienende Einrichtungen (**Kultur-, Sozial- und andere Fonds**) zum Zweck der Vergabe von

---

[118] Der RL-Vorschlag sprach von dem „urheberrechtlichen ausschließlichen Verleihrecht", von welchem Ausnahmen erlaubt sein sollten.

[119] Die Kommissionserklärung lautet wörtlich: *„The Commission considers that the present Danish law on public lending satisfies the requirements of article 5."*

[120] Im dänischen Recht währt die „Bibliothekstantieme" auf Lebenszeit der nach dem Tod des Urhebers gesetzlich berufenen und spezifizierten Personen, die mit den Erben nicht identisch sind. Siehe dazu *v Lewinski*, Die Bibliothekstantieme im Rechtsvergleich, GRUR Int 1992, 432 (436).

Kulturpreisen, Stipendien oder von Sozialleistungen etwa für Urheber vorzusehen, und zwar gleichviel ob die Fonds mit der Verleihvergütung in Verbindung stehen oder nicht.

(D) Vergütungsanspruch: Angemessenheit und kulturpolitische Zielsetzung

Anders als nach dem ursprünglichen RL-Vorschlag muss die Vergütung auch nicht angemessen sein. Die Streichung dieser Qualifikation war zur Erzielung eines Kompromisses notwendig. Da ein Maximalschutz nicht beabsichtigt ist, bleibt es den Mitgliedstaaten freilich vorbehalten, eine **angemessene Vergütung** vorzusehen. **11**

Nach Art 5 Abs 1 letzter Satz steht es den Mitgliedstaaten frei, die Vergütung entsprechend ihren **kulturpolitischen Zielsetzungen** festzulegen. Dieser Zusatz wurde auf Anregung eines Mitgliedstaates mit Bezug auf ein dort im Aufbau befindliches neues Bibliothekssystem zur Kulturförderung hinzugefügt. Um dieses Projekt, das dem Verleihwesen insgesamt zugute kommen sollte, nicht zu gefährden, wünschte dieser Mitgliedstaat die ausdrückliche Anerkennung der Möglichkeit, die Vergütungen für das Verleihen zunächst zu Gunsten des Aufbaus seines neuen Bibliothekssystems niedrig halten zu können. Dieses Anliegen wurde vom Rat gebilligt. Vor diesem Hintergrund muss der zweite Satz – ungeachtet seines weiten Wortlautes – auf diesen Fall und mögliche vergleichbare Fälle beschränkt bleiben. **12**

(E) Verleihvergütung und Inländerbehandlungsgrundsatz

Die mögliche Verpflichtung der Mitgliedstaaten, die Vergütung für das Verleihen auch ausländischen Rechtsinhabern zukommen lassen zu müssen, verursachte bei einigen Mitgliedstaaten starke Bedenken. Die Richtlinie lässt die Frage offen, ob und inwieweit die „Bibliothekstantieme" vom **Inländerbehandlungsgrundsatz** der Berner Übereinkunft erfasst ist[121]; die Entscheidung des Europäischen Richtliniengebers hätte auch keinen unmittelbaren Einfluss auf die Auslegung einer internationalen Konvention. Auch aus dem Umstand, dass Art 5 Raum für „Bibliothekstantieme"-Systeme außerhalb des Urheberrechts lässt, dürfen keine Schlüsse auf die eigenständig zu beurteilende Frage der Inländerbehandlung nach den internationalen Konventionen gezogen werden. Jedenfalls aber ist das in ErwG 18 ausdrücklich erwähnte **Diskriminierungsverbot** nach Art 7 EGV (jetzt 12 EGV 1997) zu beachten. Die Kommission hat im Übrigen schon in ihrem ursprünglichen RL-Vorschlag, also schon vor der *Phil Collins* Entscheidung des EuGH[122], auf diese Vorschrift aufmerksam gemacht, die auch ohne ihre Erwähnung in ErwG 18 zu beachten gewesen wäre. Die Richtlinie selbst gibt keinen Hinweis darauf, bei welchen rechtlichen Ausgestaltungen die Voraussetzungen von Art 12 EGV 1997 erfüllt oder nicht erfüllt wären. Ein Hinweis kann aber der Kommissionserklärung entnommen werden[123], welche die Lösung eines **13**

---

[121] Siehe dazu *v Lewinski*, Bibliothekstantieme 235ff, 241ff, 258ff; vgl auch *v Lewinski*, GATT or WIPO 62.

[122] Siehe dazu *Walter* Allgemeiner Teil – 2. Kapitel Diskriminierungsverbot Rz 7f.

[123] Siehe die Erklärung in FN 119 oben.

bestimmten Mitgliedstaats als mit dem Diskriminierungsverbot vereinbar ansieht[124].

2.3. Tonträger, Filme und Computerprogramme (Abs 2)

14 Bringen die Mitgliedstaaten das ausschließliche Verleihrecht in Bezug auf **Tonträger, Filme und Computerprogramme** nicht zur Anwendung, so müssen sie nach Abs 2 eine Vergütung zumindest für Urheber einführen. Diese Bestimmung spiegelt einen Kompromiss zwischen den Auffassungen zweier Mitgliedstaaten wider. In Bezug auf Computerprogramme bestand der eine Mitgliedstaat auf einem zwingenden ausschließlichen Recht, der andere auf der Möglichkeit, nur einen Vergütungsanspruch vorzusehen. Die Formulierung des zweiten Absatzes impliziert, dass das ausschließliche Recht in Bezug auf Tonträger, Filme und Computerprogramme die Regel darstellt. Dies gilt allerdings in Bezug auf alle Verleihobjekte schon nach Art 1.

Es ist deshalb fraglich, ob Abs 2 inhaltlich überhaupt eine **eigenständige Bedeutung** hat. Die Vorschrift dürfte bloß betonen, dass ein ausschließliches Verleihrecht für Tonträger, Filme und Computerprogramme besonders wichtig erscheint. Tatsächlich lassen sich diese Verleihgegenstände mit geringerem Aufwand zum eigenen Gebrauch vervielfältigen als etwa Bücher; gerade hierin aber erblickte man einen der Gründe, die beim Vermieten für ein ausschließliches Recht sprachen[125]. Abs 2 ändert nichts daran, dass es den Mitgliedstaaten freisteht, in Bezug auf den einen oder anderen Verleihgegenstand ein ausschließliches Recht oder auch nur einen Vergütungsanspruch (zumindest für Urheber) vorzusehen.

15 Aus dem Umstand, dass in Abs 2 eine dem Abs 1 Satz 2 entsprechende Bestimmung fehlt, lässt sich schließen, dass diese Rücksichtnahme auf **kulturpolitische Zielsetzungen** in Bezug auf Tonträger, Filme und Computerprogramme nicht gilt. Die Vergütung darf in diesen Fällen also nicht unter Berücksichtigung solcher kulturpolitischer Zielsetzungen herabgesetzt werden.

2.4. Die Ausnahme bestimmter Einrichtungen (Abs 3)

16 Auch der dritte Absatz des Art 5 ist das Ergebnis eines Kompromisses. Zwei Mitgliedstaaten wünschten nämlich die Festschreibung der Möglichkeit, für öffentliche Bibliotheken und für in Bildungseinrichtungen (zB Schulen) installierte Bibliotheken von der Verleihvergütung absehen zu können[126]. Abs 3 gestattet es

---

124 Nach dänischem Recht können Urheber die Bibliothekstantieme nur dann in Anspruch nehmen, wenn sie auf Dänisch schreiben; bei Übersetzungen ist nur der Übersetzer in die dänische Sprache anspruchsberechtigt.

125 Für diese Auslegung spricht auch die in der Sitzung des Binnenmarktrats vom 18.06. 1992 von der Kommission zu Protokoll gegebene Erklärung zu dem nach Art 5 Abs 4 zu erstellenden Bericht; dieser Erklärung zufolge soll die Kommission auch darüber Bericht erstatten, ob Ausnahmen vom ausschließlichen Recht für andere als Sprachwerke überhaupt gerechtfertigt sind.

126 Siehe dazu die bei der Sitzung des Binnenmarktrats am 18.06.1992 zu Protokoll gegebene Erklärung der Kommission, wonach öffentliche Bibliotheken, Universitätsbibliotheken und Bibliotheken von Bildungseinrichtungen zu den ausschlussfähigen Einrichtungen gehören.

Mitgliedstaaten, die an Stelle des ausschließlichen Verleihrechts eine Vergütung zumindest für Urheber vorgesehen haben, von ihnen zu bestimmende Kategorien von Bibliotheken, einschließlich sogar öffentlicher Bibliotheken, von der Zahlung der Vergütung auszunehmen. Zumindest für Urheber muss eine Vergütung also grundsätzlich gewährt werden; dessen ungeachtet können **bestimmte Kategorien** von der Vergütungspflicht ausgenommen werden. Abs 3 erlaubt aber nur die Ausnahme bestimmter Kategorien; diese müssen deshalb nicht nur (gesetzlich) festgelegt werden, sondern auch auf eine oder mehrere Kategorien beschränkt sein.

Abs 3 lässt also weitgehende Ausnahmen zu und birgt damit die Gefahr einer Aushöhlung der Richtlinienvorschriften zum Verleihrecht. Allerdings ist zu bedenken, dass Abs 3 im Wesentlichen ein Zugeständnis an nur zwei Mitgliedstaaten war.

2.5. Der Kommissionsbericht zum Verleihwesen (Abs 4)

Da die weitgehenden Ausnahmemöglichkeiten nur einen verhältnismäßig geringen Harmonisierungseffekt erwarten ließen, verpflichtete sich die Kommission in Abs 4, vor dem 1. September 1997 einen Bericht über das öffentliche Verleihwesen in der EG zu erstellen. Dieser sollte auch eine Stellungnahme zu eventuellen künftigen Rechtssetzungsmaßnahmen in Bezug auf das Verleihen enthalten[127]. Die Tatsache einer ausdrücklichen Aufnahme dieser Verpflichtung in die Richtlinie macht deutlich, dass die Kommission den Entwicklungen im Verleihwesen besondere Aufmerksamkeit schenken wollte. Dies ergibt sich auch aus der Verpflichtung, den Bericht dem Europäischen Parlament und dem Rat zuzuleiten. **17**

Der Bericht solle Ende 2000 fertiggestellt sein. Er wird im Wesentlichen auf Grund einer Studie von 1997 ergehen, die insbes zu folgenden Ergebnissen kam: Die Regelungen des Verleihrechts in der Richtlinie haben zwar zu schutzverstärkenden Regelungen in den Mitgliedstaaten geführt, jedoch kaum eine Harmonisierung bewirkt. Der weite Ermessensspielraum, der insbes durch Art 5 der Richtlinie gegeben ist, wurde in verschiedenster Weise ausgenutzt. Allerdings konnte, auch mangels eines Substitutionseffekts im Verhältnis zum Vermieten, keine ausreichende Binnenmarktrelevanz festgestellt werden, so dass derzeit keine weitere Harmonisierung empfohlen wird. In Bezug auf die Nutzung neuer Technologien in öffentlichen Bibliotheken stellte die Studie zunächst fest, dass die Online-Nutzung nicht unter das Verleihrecht fällt und daher unmittelbar nicht zu betrachten war. Jedoch konnten auch mittelbare Wirkungen der Online-Nutzung auf das traditionelle Verleihen nicht festgestellt werden; dafür erschienen die bisherigen Erfahrungen als noch nicht ausreichend. Insbes befände sich die Anwendung der Online-Technologie erst in der Projektphase, ohne eindeutige Ergebnisse gezeigt zu haben. Auch in Bezug auf die Nutzung von CD-ROMs in öffentlichen Bibliotheken seien bisher weder aussagekräftige Statistiken noch ausreichende Erfahrungen bekannt geworden. **18**

---

[127] Dies ergibt sich aus einer in der Sitzung des Binnenmarktrats vom 18.06.1992 zu Protokoll gegebenen Erklärung der Kommission.

Umsetzung in Deutschland und Österreich

1. Deutschland (v Lewinski)

19 Deutschland hat von der Möglichkeit nach Art 5 Vermiet- und Verleih-RL Gebrauch gemacht, statt des Ausschließlichkeitsrechts für das Verleihen einen **Vergütungsanspruch** vorzusehen (§ 27 Abs 2 und 3 dUrhG). Dabei ist nicht zwischen verschiedenen Verleihgegenständen differenziert worden; in Bezug auf Computerprogramme wurde allerdings in der Praxis eine Lösung gefunden, die in ihrer Wirkung weitgehend einem Ausschließlichkeitsrecht nahekommt[128]. Dieser Vergütungsanspruch, der vor der Umsetzung der Vermiet- und Verleih-RL schon Urhebern, Herausgebern wissenschaftlicher Ausgaben, nachgelassener Werke und Herstellern von Lichtbildern zustand, ist nach der Umsetzung – über die Minimalverpflichtung der Richtlinie hinaus – auf ausübende Künstler, Tonträgerhersteller und Filmhersteller erstreckt worden[129]. Bisher konnte dabei verhindert werden, dass der Gesamtbetrag der Vergütung für die alten Berechtigten zu Gunsten der neuen Berechtigten beschnitten wird.

20 Über das Minimum der Richtlinie hinaus ist der Anspruch auf eine **angemessene** Vergütung gerichtet, dessen Höhe also nicht auf Grund von kulturpolitischen Zielsetzungen gemindert wird. Wie schon zuvor ist der Vergütungsanspruch verwertungsgesellschaftenpflichtig (§ 27 Abs 3 dUrhG). In der Praxis ist die Zahlungspflicht der Bibliotheken von Bund und Ländern pauschal übernommen worden. Die einzelnen Verwertungsgesellschaften haben ihre Verteilungspläne individuell aufgestellt; gemäß der Sollbestimmung des § 8 dUrhWG werden in unterschiedlicher Weise Anteile für soziale oder kulturelle Zwecke abgeführt[130].

2. Österreich (Walter)

21 Die österr UrhGNov 1993 hat von der Ausnahmebestimmung des Art 5 Abs 1 insoweit Gebrauch gemacht, als für das Verleihen durch öffentlich zugängliche Einrichtungen nur ein **Vergütungsanspruch** gewährt wird (§ 16a Abs 2 öUrhG 1993)[131]. Dabei wird nicht zwischen verschiedenen Verleihobjekten differenziert; es gilt dies für Bücher ebenso wie für Computerprogramme, Tonträger und Bildtonträger (Filme). Auf der anderen Seite wird dieser Vergütungsanspruch nicht nur Urhebern, sondern auch ausübenden Künstlern (Veranstaltern), Tonträgerherstellern, Licht- und Laufbildherstellern und dem Herausgeber nachgelassener Werke sowie dem Rundfunkunternehmer gewährt (§§ 67 Abs 2, 76 Abs 6, 74 Abs 7, 76a Abs 5 und 76b iVm § 16a öUrhG 1993). Wie bereits erwähnt, ist die Zuerkennung eines Vergütungsanspruchs auch an Rundfunkunternehmer aus der Sicht der Vermiet- und Verleih-RL richtlinienwidrig[132].

---

128 Siehe schon oben Art 3 Rz 5.

129 Siehe schon oben Art 2 Rz 55.

130 Siehe im Einzelnen *v Lewinski*, Bibliothekstantieme 33ff; die dortigen Feststellungen sind im Grundsatz noch gültig.

131 Siehe zur Umsetzung von Art 5 *Reindl*, Einfluß des Gemeinschaftsrechts 314.

132 Vgl Art 2 Rz 62; zu den Rechten der Filmdarsteller siehe Art 2 Rz 63.

Die Verleihvergütung ist urheberrechtlich konzipiert, ist verwertungsgesellschaftenpflichtig (§ 16a Abs 2 öUrhG 1993) und besteht in einem Anspruch auf **angemessene** Vergütung[133]. Insoweit geht auch die österr Umsetzung über die Minimalerfordernisse der Richtlinie hinaus. Auch von der Möglichkeit, aus kulturpolitischen Rücksichten eine geringere Vergütung vorzusehen, wurde kein Gebrauch gemacht. Allerdings wurde die Verleihvergütung einer Entschließung des Nationalrats zufolge von Bund und Ländern pauschal übernommen und hat zu einem eher bescheidenen Vertragsabschluss geführt. Eine zwingende Sozialbindung ist nicht vorgesehen. Verwertungsgesellschaften steht es allerdings frei, einen Teil der Erlöse auch sozialen und kulturellen Zwecken dienenden Einrichtungen zuzuführen (Art II Abs 6 öUrhGNov 1980 idF öUrhGNov 1986). **22**

Kapitel II Verwandte Schutzrechte

Vor Artikel 6 bis 10 – Erwägungsgrund 20

Übersicht

Text

ErwG 20 Die Mitgliedstaaten können einen weiterreichenden Schutz für Inhaber von verwandten Schutzrechten vorsehen, als er in Artikel 8 dieser Richtlinie vorgeschrieben ist.

Kommentar

1. Die Harmonisierung der verwandten Schutzrechte (Kapitel II und ErwG 20) im Allgemeinen

Kapitel II harmonisiert bestimmte verwandte Schutzrechte im Bereich des geistigen Eigentums. Im Englischen wurde der Begriff ***rights related to copyright*** dem eher gebräuchlichen Begriff *neighbouring rights* vorgezogen, da er neutraler zu sein schien. Es sollte damit klargestellt werden, dass die Richtlinie nicht in die unterschiedlichen Rechtssysteme eingreifen will, und die betroffenen Mitgliedstaaten auch das ***Copyright*-System** beibehalten können, solange sie den Schutz der Rechtsinhaber nach Kapitel II entsprechend dessen Vorschriften vorsehen. **1**

Kapitel II harmonisiert die **Verwertungsrechte in körperlicher Form** (Aufzeichnung, Vervielfältigung und Verbreitung) für ausübende Künstler, Tonträger- und Filmhersteller sowie für Sendeunternehmen einschließlich Kabelsende- **2**

[133] Siehe Art 1 Rz 35 bis 37.

unternehmen grundsätzlich **abschließend**, wie *e contrario* aus ErwG 20 folgt, der nur für das Sende- und Wiedergaberecht des Art 8 festhält, dass die Mitgliedsländer einen weitergehenden Schutz gewähren können. Ein gewisser Spielraum ist jedoch im Rahmen der Schrankenregelung des Art 10 und in Bezug auf die Möglichkeit gegeben, Übertragungsvermutungen vorzusehen[134]. Allerdings sind auch kaum Fälle der Aufzeichnung, Vervielfältigung und Verbreitung denkbar, die nicht ohnehin erfasst wären.

3 Was das Recht der **öffentlichen Wiedergabe** einschließlich der Sendung anlangt, sieht Art 8 dagegen nur einen **Mindestschutz** vor. Wie sich aus ErwG 20 ergibt, können die Mitgliedstaaten einen weiterreichenden Schutz für Inhaber von verwandten Schutzrechten vorsehen, wie ein ausschließliches Recht an Stelle des Vergütungsanspruchs des Art 8 Abs 2 oder die Erstreckung des Vergütungsanspruchs nach dieser Bestimmung auf die Nutzung aller, also nicht nur der zu Handelszwecken veröffentlichten Tonträger[135].

4 Kapitel II lässt **verwandte Schutzrechte** unberührt, die in der **Richtlinie nicht behandelt** werden. Es gilt dies für einen besonderen Verlegerschutz ebenso wie für einen Schutz des Veranstalters, des wissenschaftlichen Herausgebers oder auch des Lichtbildherstellers. In Bezug auf den Schutz des Verlegers gedruckter Ausgaben hat die Kommission dies auf Anfrage eines Mitgliedstaates ausdrücklich bestätigt[136]. Ein Gegenschluss in Bezug auf andere verwandte Schutzrechte lässt sich aus dieser Erklärung ebensowenig ziehen wie aus ErwG 20, der den Mindestschutzcharakter des Art 8 nur auf den Umfang der Rechte, nicht aber auf eventuelle weitere Rechtsinhaber bezieht. Dagegen verbietet Kapitel II, Rechtsinhaber zu schützen, die nach dem Konzept der Richtlinie vom Schutz ausgeschlossen sein sollen und daher in den entsprechenden Umschreibungen nicht aufscheinen, wie dies zB für die durch die Begriffsbestimmungen der Art 6 Abs 2 und 3 sowie Art 2 Abs 1 ausgeschlossenen Kabelunternehmen und Videoproduzenten gilt.

2. Ausschließliche Rechte auch für ausübende Künstler

5 Wie beim Vermiet- und Verleihrecht nach Kapitel I sind die Rechte der ausübenden Künstler wie diejenigen der übrigen Rechtsinhaber in Art 6, 7, 8 Abs 1 und 3 sowie 9 als **ausschließliche Rechte**, zu erlauben oder zu verbieten, ausgestaltet. Dies lässt im Gegensatz zu der in Art 7 Rom-Abkommen gewählten Formulierung, wo für ausübende Künstler von der Möglichkeit zu untersagen die Rede ist, den Mitgliedstaaten nicht offen, den Schutz etwa nur strafrechtlich auszugestal-

---

[134] Die Übertragungsvermutungen (Art 2 Abs 7 Satz 2 und ErwG 19) lassen sich als eine Art von Schranken im weiteren Sinn ansehen und werden daher im Zusammenhang mit Art 10 erläutert. Siehe Art 10 Rz 9 bis 15.

[135] Siehe weitere Beispiele bei Art 8 Rz 7, 12, 15 bis 16, 22, 26 und 29. Vgl auch *Dreier* Art 6 Rz 3ff Satelliten- und Kabel-RL.

[136] Der in der Sitzung des Binnenmarktrats vom 18.06.1992 zu Protokoll gegebenen Erklärung der Kommission zufolge findet Kapitel II auf Verleger von Druckwerken keine Anwendung und hindert folglich die Mitgliedstaaten nicht, einen solchen Verlegerschutz im nationalen Recht vorzusehen oder beizubehalten.

ten[137]. Den Mitgliedstaaten ist vielmehr zwingend die Einrichtung eines (absoluten) Ausschließlichkeitsrechts vorgegeben.

3. Übertragbarkeit ausschließlicher Rechte

In Art 7 Abs 2 wird ausdrücklich klargestellt, dass das Vervielfältigungsrecht **6**
übertragen oder abgetreten werden bzw Gegenstand vertraglicher Lizenzen sein kann. Die Formulierung folgt Art 2 Abs 4 und ist in gleicher Weise auszulegen[138]. Sie wird in Art 9 Abs 4 für das Verbreitungsrecht wiederholt, gilt aber auch für das Aufzeichnungsrecht und die ausschließlichen Rechte der öffentlichen Wiedergabe und Sendung nach Art 8 entsprechend[139].

Artikel 6 Aufzeichnungsrecht

Art 6 sieht ein ausschließliches Aufzeichnungsrecht für ausübende Künstler und Sendeunternehmen vor und definiert zum Teil mittelbar den Begriff des „Sendeunternehmens".

Übersicht

Text

Artikel 6 Aufzeichnungsrecht

(1) Die Mitgliedstaaten sehen für ausübende Künstler das ausschließliche Recht vor, die Aufzeichnung ihrer Darbietungen zu erlauben oder zu verbieten.
(2) Die Mitgliedstaaten sehen für Sendeunternehmen das ausschließliche Recht vor, die Aufzeichnung ihrer Sendungen zu erlauben oder zu verbieten, unabhängig davon, ob es sich hierbei um drahtlose oder drahtgebundene, über Kabel oder durch Satelliten vermittelte Sendungen handelt.
(3) Einem weiterverbreitenden Kabelsendeunternehmen, das lediglich Sendungen anderer Sendeunternehmen über Kabel weiterverbreitet, steht das Recht nach Absatz 2 jedoch nicht zu.

---

[137] Siehe zu Art 7 Rom-Abkommen *Nordemann/Vinck/Hertin/Meyer*, International Copyright Art 7 RT Rz 2ff.
[138] Siehe auch Art 2 Rz 26 bis 29.
[139] Vgl Art 2 Rz 29. Zur Möglichkeit, für die Rechte nach Kapitel II Übertragungsvermutungen vorzusehen siehe Art 10 Rz 9 bis 15.

Kommentar

1. Aufzeichnungsrecht ausübender Künstler (Abs 1)

1 Das Aufzeichnungsrecht nach Abs 1 betrifft nur die erste **Aufzeichnung** (Festlegung) der persönlich erbrachten Darbietung. Die neuerliche „Aufzeichnung" einer solchen ersten Aufzeichnung ist als Vervielfältigung anzusehen und daher von Art 7 erfasst. An sich stellt auch die erste Aufzeichnung eine Vervielfältigung der Darbietung dar; die Richtlinie unterscheidet aber im Sinn der internationalen Verträge auf dem Gebiet des Leistungsschutzes[140] zwischen der Aufzeichnung einerseits und der Vervielfältigung bereits vorhandener materieller Träger (Aufzeichnungen) anderseits. Das Aufzeichnungsrecht bezieht sich also nur auf zuvor nicht aufgezeichnete persönliche Darbietungen, wie ***Live*-Darbietungen** in einem Konzert oder *live* gesendete Darbietungen. Die Aufzeichnung im Sinn dieser Bestimmung erfolgt mit Hilfe von Vorrichtungen zur wiederholbaren Wiedergabe der aufgezeichneten Darbietung, wie zB einem Ton- oder Bildträger. Das Aufzeichnungsrecht besteht unabhängig davon, ob die Darbietung **öffentlich** oder **nicht öffentlich** (zB im Studio) erfolgt.

2 Die Begriffe **„ausübende Künstler"** und **„Darbietung"** sind im Zusammenhang mit Art 2 Abs 1 erläutert[141].

2. Sende- und Kabelsendeunternehmen (Abs 2 und 3)

3 Da der Tonträger- und Filmhersteller derjenige ist, der die erste Aufzeichnung von Darbietungen vornimmt, scheidet er als Rechtsinhaber des Aufzeichnungsrechts aus. Dagegen steht das Aufzeichnungsrecht auch dem Sendeunternehmen (Abs 2) und grundsätzlich auch dem Kabelsendeunternehmen (Abs 3) an ihren Sendungen zu. Auch insoweit erfasst das Aufzeichnungsrecht nur die erste **Aufzeichnung** der Sendung; jede weitere Aufzeichnung (der ersten Aufzeichnung) stellt eine Vervielfältigung im Sinn des Art 7 dar.

4 Die Kommission ging in ihrem **ursprünglichen RL-Vorschlag** davon aus, dass Satellitensendungen und Kabelübertragungen dann vom Begriff der **„Sendung"** erfasst werden, wenn es sich um eigene Sendungen oder Programme handelt, wie sie traditionelle Sendeunternehmen veranstalten. Dagegen wurden Satelliten- oder Kabelunternehmen, die nur die Programme anderer Sendeunternehmen unverändert und zeitgleich weiterleiten, nicht als schutzwürdig angesehen. Das verwandte Schutzrecht des Sendeunternehmens erschien nämlich im Allgemeinen nur durch den hohen organisatorischen, technischen und wirtschaftlichen Aufwand gerechtfertigt, der bei Unternehmen, die keine eigenen Programme senden, nicht in ausreichendem Maß vorhanden ist (Begründung Punkt 5.2., 55).

Während das **Parlament** keine Änderungsvorschläge hierzu machte, gaben einige Mitgliedstaaten in der **Rats-Arbeitsgruppe** zu bedenken, dass die Begriffe „Sendung" und „Sendeunternehmen" zumindest im Englischen Kabelsendungen

---

140 Vgl etwa Art 7 Abs 1 lit b und c Rom-Abkommen.

141 Siehe Art 2 Rz 6, 7 und 18. Zur Übertragbarkeit des ausschließlichen Aufzeichnungsrechts vgl oben Art 2 Rz 29.

bzw Kabelsendeunternehmen nicht umfassen. Sie regten deshalb an, den Wortlaut entsprechend dem in der Begründung erläuterten Verständnis klarzustellen. Zu diesem Zweck wurde der zweite Satz des ursprünglichen Art 5 (jetzt Art 6) in einem neuen Abs 2 zusammengefasst und ergänzt. Danach waren sowohl drahtgebundene Sendungen wie solche mit Hilfe von Kabeln als auch drahtlose, einschließlich von Sendungen über Satellit, erfasst – dies allerdings unter der Voraussetzung, dass es sich nicht bloß um die Weiterübertragung von Sendungen anderer Sendeunternehmen handelt. Dies fand zunächst die Zustimmung aller Mitgliedstaaten.

Erst ein Jahr später gab ein **Mitgliedstaat** aber noch zu bedenken, dass das zweite Element dieser Ergänzung gegen das Rom-Abkommen verstoße, das den Sendeunternehmen Rechte in Bezug auf „ihre Sendungen" gewähre und die Weitersendung von Sendungen anderer Sendeunternehmen deshalb umfasse. Auch wenn diese Auslegung des Rom-Abkommens strittig und keinesfalls gesichert ist, beharrte dieser Mitgliedstaat auf dieser Lesung und verlangte eine Änderung der Textierung. In der Sitzung des Binnenmarktrats vom 14. Mai 1992 wurde der erwähnte zweite Teil der Ergänzung deshalb in einen neuen Abs 3 abgespalten und auf die Kabelweiterleitung beschränkt. Da das Rom-Abkommen Kabelbetreiber nicht schützt, stand es dieser Regelung keinesfalls entgegen.

Die Entstehungsgeschichte der Bestimmung zeigt, dass der zweite Halbsatz des **5**
Abs 2 (beginnend mit „unabhängig davon") zusammen mit Abs 3 die **schutzfähigen Sendeunternehmen** im Sinn des Kapitel II umschreiben soll. Danach sind insbes herkömmliche Sendeunternehmen sowie Satelliten- und Kabelunternehmen geschützt, letztere allerdings nur für eigene Programme. Keinen Schutz genießen Kabelsendeunternehmen, wenn „lediglich Sendungen anderer Sendeunternehmen über Kabel weiterverbreitet" werden. Der verwendete Ausdruck „lediglich" deutet den Grund für den bloß beschränkten Schutz von Kabelsendeunternehmen an. Die der Begründung des RL-Vorschlags der Kommission folgenden Mitgliedstaaten hielten den Schutz von Kabelunternehmen nicht für gerechtfertigt, die nur empfangene Sendungen anderer Rundfunkunternehmer gleichzeitig und unverändert weiterleiten[142]. Dagegen sind Kabelsendeunternehmen, die eigene Programme gestalten, nach Kapitel II geschützt[143].

Umsetzung in Deutschland und Österreich

1. Deutschland (v Lewinski)

Seit 1965 sind in Deutschland die von Kapitel II Vermiet- und Verleih-RL **6**
erfassten **verwandten Schutzrechte** im deutschen Urheberrecht anerkannt. Zu den schon vor der Richtlinienumsetzung gewährten ausschließlichen Rechten gehörten auch die Aufzeichnungsrechte der ausübenden Künstler und der Sendeunternehmen (§§ 75 Abs 1 und 87 Abs 1 Z 2 dUrhG).

Der Schutz der **Rundfunkunternehmen** bezog sich schon immer sowohl auf **7**
drahtlos als auch auf drahtgebunden sendende Sendeunternehmen, ohne dass dies

---

142 Vgl auch Art 7 Abs 6 lit a brit CDPA 1988.

143 Siehe dazu auch Begründung RL-Vorschlag 55.

ausdrücklich im Gesetz definiert wäre[144]. Auch sind Kabelunternehmen, die die Sendungen anderer Sendeunternehmen zeitgleich und unverändert weiterleiten, nicht durch ein eigenes verwandtes Schutzrecht geschützt; dies ergibt sich nur aus dem Gesetzeszweck[145].

2. *Österreich* (Walter)

8 In Österreich waren die **verwandten Schutzrechte** der ausübenden Künstler, der Schallträgerhersteller und der Licht- und Laufbildhersteller schon in der Stammfassung 1936 anerkannt. Anlässlich der Ratifizierung des Rom-Abkommens kam mit öUrhGNov 1972 noch der Schutz des Rundfunkunternehmers hinzu (§ 76a öUrhG 1972). Einer Umsetzung des Kapitels II der Vermiet- und Verleih-RL bedurfte es deshalb im Allgemeinen nicht.

9 Was das Recht der (ersten) Festlegung anlangt, steht dieses **ausübenden Künstlern** als ausschließliches Recht zu, ihre Darbietungen (Vorträge oder Aufführungen von Werken der Literatur oder Tonkunst) auf einem Bild- oder Schallträger festzuhalten (§ 66 Abs 1 öUrhG). Entsprechende Rechte werden auch dem **Rundfunkunternehmer** gewährt. Als Rundfunkunternehmer gilt derjenige, der Töne oder Bilder durch Rundfunk oder auf eine ähnliche Art sendet (§ 76a Abs 1 öUrhG); auch Kabelsendeunternehmen sind deshalb als Rundfunkunternehmer anzusehen, ohne dass zwischen Kabelbetreibern, die eigene Programme erstellen, und solchen unterschieden wird, die bloß Sendungen anderer Rundfunkunternehmer weiterverbreiten. Insoweit steht § 76a Abs 1 öUrhG mit der Vermiet- und Verleih-RL in Widerspruch und bedürfte der Sanierung[146], sofern man nicht im Auslegungsweg von einer teleologischen Reduktion der Bestimmung ausgeht.

Artikel 7 Vervielfältigungsrecht

Art 7 sieht ein ausschließliches Vervielfältigungsrecht für ausübende Künstler, Tonträger- und Filmhersteller sowie für Sendeunternehmen vor. Er stellt weiters klar, dass dieses Recht übertragbar ist.

Übersicht

[144] *v Ungern-Sternberg* in *Schricker*, Kommentar² § 87 Rz 12.
[145] *v Ungern-Sternberg* in *Schricker*, Kommentar² § 87 Rz 13; Begründung Entw I Drittes ÄnderungsG 16.
[146] Dies entgegen der Annahme der ErlRV öUrhGNov 1993.

Text

Artikel 7 Vervielfältigungsrecht

(1) Die Mitgliedstaaten sehen das ausschließliche Recht, die unmittelbare oder mittelbare Vervielfältigung zu erlauben oder zu verbieten, vor:
- für ausübende Künstler in bezug auf die Aufzeichnung ihrer Darbietungen,
- für Tonträgerhersteller in bezug auf ihre Tonträger,
- für Hersteller der erstmaligen Aufzeichnungen von Filmen in bezug auf das Original und auf Vervielfältigungsstücke ihrer Filme,
- für Sendeunternehmen in bezug auf die Aufzeichnungen ihrer Sendungen nach Maßgabe des Artikels 6 Absatz 2.

(2) Das in Absatz 1 bezeichnete Vervielfältigungsrecht kann übertragen oder abgetreten werden oder Gegenstand vertraglicher Lizenzen sein.

Kommentar

1. Entstehungsgeschichte

Die Vervielfältigung ist als grundlegende Form der körperlichen Verwertung und als Voraussetzung für die Verbreitung von Vervielfältigungsstücken in körperlicher Form im Urheber- und Leistungsschutzrecht von herausragender Bedeutung. Die Kommission schlug deshalb schon im **ursprünglichen RL-Vorschlag** die Gewährung eines ausschließlichen Vervielfältigungsrechts für die vier wichtigsten Gruppen von Inhabern verwandter Schutzrechte als ein wesentliches Mittel der Pirateriebekämpfung vor. Das **Europäische Parlament** und der **Rat** stimmten dem grundsätzlich zu[147]. **1**

Nur wenige **Mitgliedstaaten** wollten das Vervielfältigungsrecht in Bezug auf ausübende Künstler entsprechend Art 7 Abs 1 lit c Rom-Abkommen einschränken. Dagegen machten die Kommission und die anderen Mitgliedstaaten geltend, dass die meisten Mitgliedstaaten schon einen weitergehenden Schutz als denjenigen nach dieser Vorschrift vorsahen, und die Richtlinie nicht nur Mindestrechte statuieren, sondern eine möglichst vollständige Harmonisierung auf hohem Schutzniveau erreichen wolle. Dies sei gerade für den Schutz ausübender Künstler wesentlich, da dieser im Verhältnis zu anderen Inhabern verwandter Schutzrechte oft vernachlässigt worden sei.

2. Rechtsinhaber und Schutzgegenstände

Erläuterungen zu den Rechtsinhabern und Schutzgegenständen finden sich bei Art 2 Abs 1[148] und hinsichtlich **Sendeunternehmen** bei Art 6 Abs 2 und 3[149]. **2**

---

[147] Die in diesem Zusammenhang von Parlament und Rat diskutierte Übertragungsvermutung ist bei Art 10 erläutert. Siehe unten Art 10 Rz 9 bis 15.

[148] Vgl Art 2 Rz 6 bis 11 und 18 bis 22.

[149] Vgl Art 6 Rz 5.

Obwohl sich Art 7 Abs 1 vierter Fall ausdrücklich nur auf Art 6 Abs 2 bezieht, ist diese Bezugnahme so zu lesen, dass sie auch Art 6 Abs 3 umfasst. Dies folgt aus der Entstehungsgeschichte dieser Vorschrift, aus welcher erst sehr spät, nämlich nach der Sitzung des Binnenmarktrats vom 14. Mai 1992, der neue Abs 3 betreffend Kabelsendeunternehmen abgespalten wurde. Dabei wurde übersehen, dass die Bezugnahmen in Art 7 Abs 1 (und 9 Abs 1) anzupassen und auf Art 6 Abs 3 zu erstrecken gewesen wären. Insoweit handelt es sich deshalb um ein bloßes Redaktionsversehen. Kabelsendeunternehmen steht deshalb auch das Vervielfältigungsrecht zu, allerdings nur unter der Voraussetzung, dass sie nicht bloß Sendungen anderer Rundfunkunternehmen weiterleiten.

3 Diese Auslegung wird durch den Gesamtzusammenhang der Vorschriften des Kapitel II bestätigt: Es wäre wenig sinnvoll anzunehmen, dass sich die Umschreibung einer Gruppe von Berechtigten nur auf ein einzelnes Verwertungsrecht, nämlich das Aufzeichnungsrecht beziehen sollte. Auch das Vervielfältigungsrecht steht deshalb allen Unternehmen zu, die drahtlose oder drahtgebundene Sendungen veranstalten, einschließlich solcher über Satellit. Vom Schutz ausgeschlossen sind nur solche Kabelsendeunternehmen, die lediglich Sendungen anderer Sendeunternehmen über Kabel weiterverbreiten.

3. Vervielfältigung

4 Das ausschließliche Vervielfältigungsrecht umfasst die unmittelbare oder mittelbare Vervielfältigung. Diese Begriffe stammen aus Art 10 Rom-Abkommen und wurden jetzt auch in den Info-RL-Vorschlag übernommen. So wie nach dem Rom-Abkommen liegt eine **unmittelbare Vervielfältigung** dann vor, wenn eine Aufnahme auf einen Träger vervielfältigt wird, ohne dass ein anderer Vorgang dazwischen geschaltet wäre – unabhängig davon, ob es sich um den gleichen oder einen anderen Träger handelt. Beispiele sind die Vervielfältigung einer Tonaufnahme in der Form von Compact Disks, die Überspielung einer solchen auf Musikkassette, die Übertragung der Tonspur eines Films auf CDs oder auch die Überspielung eines Kinofilms auf Videokassette. Eine **mittelbare Vervielfältigung** liegt dagegen vor, wenn ein anderer Vorgang zwischengeschaltet wird, wie dies etwa bei der Aufnahme einer Sendung der Fall ist, die selbst mit Hilfe eines Ton- oder Bildtonträgers erfolgt ist.

5 Eine Vervielfältigung im Sinn des Abs 1 liegt auch vor, wenn nur **Teile** von in Abs 1 genannten Leistungen vervielfältigt werden. Auch wer nur einen der auf einem Tonträger festgehaltenen Musiktitel zur Herstellung eines Films verwenden will, muss die Erlaubnis des ausübenden Künstlers und des Tonträgerherstellers einholen, und zwar unabhängig von derjenigen des Komponisten und Textautors. Die Richtlinie lässt allerdings offen, ob ein Schutz auch gegeben ist, wenn nur kleinste Teile verwendet werden; diese Frage ist insbes für das sog Sampling von Bedeutung.

6 Nicht ausdrücklich geregelt ist auch die Frage, ob die **Digitalisierung** einer geschützten Leistung als solche eine Vervielfältigung im Sinn des Abs 1 darstellt. Jedenfalls dann, wenn die Digitalisierung mit einer gesonderten Festlegung verbunden ist, bestehen an ihrem Vervielfältigungscharakter keine Zweifel.

Offen gelassen wurde auch die Frage, ob es für die Vervielfältigung auf eine bestimmte Dauer ankommt oder auch bloß **vorübergehende Vervielfältigungen** von sehr kurzer Dauer zustimmungspflichtig sind. Die zuletzt erwähnte Problematik ist insbes im Zusammenhang mit den neuen Technologien von Bedeutung; sie war zum Zeitpunkt der Beratung der Vermiet- und Verleih-RL noch nicht aktuell und wurde daher auch nicht diskutiert. Der Begriff der Vervielfältigung in Art 7 Abs 1 schließt jedenfalls vorübergehende Vervielfältigungen nicht aus[150]. Er erfasst auch die **Vervielfältigung in einem anderen Format**, wie zB die Vervielfältigung eines Kino- oder Fernsehfilms auf Videokassette. **7**

Eine umfassende gemeinschaftsrechtliche **Definition** der Vervielfältigung ist nun in **Art 2 Info-RL** enthalten[151]. Danach genießen Urheber und Leistungsschutzberechtigte das ausschließliche Recht, die unmittelbare oder mittelbare Vervielfältigung zur Gänze oder in Teilen zu erlauben oder zu verbieten, gleichviel ob die Vervielfältigung vorübergehend oder dauerhaft ist und mit welchen Mitteln und in welcher Form sie erfolgt. Allerdings sind nach Art 5 Abs 1 Info-RL vergängliche oder begleitende Vervielfältigungen dann ausgenommen, wenn sie einen wesentlichen und integrierenden Teil eines technischen Verfahrens darstellen, und ihr alleiniger Zweck darin besteht, die Netzwerk-Übertragung zwischen Dritten durch einen Vermittler oder die rechtmäßige Nutzung eines Werks oder anderen Schutzgegenstands zu ermöglichen, sofern sie keine eigenständige wirtschaftliche Bedeutung haben[152]. **8**

Das ausschließliche Vervielfältigungsrecht steht der Gewährung eines **Vergütungsanspruchs** für die **„private Vervielfältigung“** nicht entgegen. Dies ergibt sich aus Art 10 Abs 1 lit a im Zusammenhang mit der Klarstellung in Art 10 Abs 3[153]. **9**

4. Übertragbarkeit

In Art 7 Abs 2 wird ausdrücklich klargestellt, dass das Vervielfältigungsrecht übertragen oder abgetreten werden bzw Gegenstand vertraglicher Lizenzen sein kann. Die Formulierung folgt derjenigen des Art 2 Abs 4 und ist in gleicher Weise auszulegen[154]. **10**

5. Info-RL

Nach Art 11 Info-RL soll Art 7 Vermiet- und Verleih-RL ersatzlos gestrichen werden, weil sich das umfassende Vervielfältigungsrecht des Art 2 auch auf die Leistungsschutzrechte bezieht[155]. **11**

---

150 Vgl dazu auch Art 4 lit a Software-RL, aus der allerdings nicht *e contrario* geschlossen werden kann, dass Art 7 Abs 1 vorübergehende Vervielfältigungen nicht erfassen sollte; im Zusammenhang der verwandten Schutzrechte wurde dieses Problem überhaupt nicht diskutiert.

151 Vgl *Walter* Rz 47ff Info-RL.

152 Vgl *Walter* Rz 100ff Info-RL.

153 Vgl Art 10 Rz 3.

154 Vgl Art 2 Rz 26 bis 29.

155 Vgl dazu *Walter* Rz 47ff, 90 und 169 Info-RL.

Umsetzung in Deutschland und Österreich

1. Deutschland (v Lewinski)

12 Als eines der grundlegenden Rechte war auch das ausschließliche **Vervielfältigungsrecht** schon vor der Richtlinienumsetzung den ausübenden Künstlern, Tonträgerherstellern, Filmherstellern und Sendeunternehmen (sowie weiteren Leistungsschutzberechtigten) zuerkannt (§§ 75 Abs 2, 85 Abs 1, 87 Abs 1 Z 2 und 94 Abs 1 sowie 95 dUrhG). Eine Umsetzung war also nicht notwendig.

2. Österreich (Walter)

13 Auch das **Vervielfältigungsrecht** ist im österr Leistungsschutzrecht gewährleistet und bedurfte keiner Umsetzung, was auch für die in § 15 öUrhG nicht ausdrücklich erwähnte mittelbare Vervielfältigung gilt[156]. Neben den ausübenden Künstlern und Sendeunternehmen steht das Vervielfältigungsrecht auch den Tonträger- und Filmherstellern und damit allen vier Gruppen von Berechtigten zu. Es wurde schon darauf hingewiesen, dass die Gewährung von Schutzrechten auch an Kabelsendeunternehmen, die nur Sendungen anderer Sendeunternehmer weiterleiten, allerdings nicht richtlinienkonform ist[157], geht man nicht im Auslegungsweg von einer teleologischen Reduktion aus.

14 Problematisch ist auch die Bestimmung des § 69 Abs 1 öUrhG. Danach bedarf es zur Vervielfältigung (und Verbreitung) nicht der Zustimmung des ausübenden Künstlers, wenn dieser (in Kenntnis dieses Umstands) an einem gewerbsmäßig hergestellte Filmwerk oder an Laufbildern mitgewirkt hat (**Filmdarsteller**). Diese Vorschrift soll offensichtlich für den Bereich der Interpretenrechte die *cessio legis* ersetzen, ist aber unklar[158]. Liest man die Bestimmung im Sinn einer Ausnahme vom Vervielfältigungs- und Verbreitungsrecht, steht sie jedenfalls mit der Vermiet- und Verleih-RL in Widerspruch. Aber auch, wenn man sie im Sinn der *cessio legis* (§ 38 Abs 1 öUrhG) deutet, ist sie mit der Richtlinie nicht vereinbar, da die Voraussetzungen des Art 2 Abs 7 in mehrfacher Hinsicht nicht erfüllt sind[159].

Artikel 8 Recht der öffentlichen Sendung und Wiedergabe

Art 8 harmonisiert bestimmte Rechte in Bezug auf die Sendung und öffentliche Wiedergabe für ausübende Künstler, Tonträgerhersteller und Sendeunternehmen.

Übersicht

[156] So auch *Reindl*, Einfluß des Gemeinschaftsrechts 328f.
[157] Vgl Art 6 Rz 9.
[158] Vgl Art 2 Rz 64.
[159] Siehe Art 10 Rz 18. AA *Reindl*, Einfluß des Gemeinschaftsrechts 320f.

Text

Artikel 8 Öffentliche Sendung und Wiedergabe

(1) Die Mitgliedstaaten sehen für ausübende Künstler das ausschließliche Recht vor, drahtlos übertragene Rundfunksendungen und die öffentliche Wiedergabe ihrer Darbietungen zu erlauben oder zu verbieten, es sei denn, die Darbietung ist selbst bereits eine gesendete Darbietung oder beruht auf einer Aufzeichnung.

(2) Die Mitgliedstaaten sehen ein Recht vor, das bei Nutzung eines zu Handelszwecken veröffentlichten Tonträgers oder eines Vervielfältigungsstücks eines solchen Tonträgers für drahtlos übertragene Rundfunksendungen oder eine öffentliche Wiedergabe die Zahlung einer einzigen angemessenen Vergütung durch den Nutzer und die Aufteilung dieser Vergütung auf die ausübenden Künstler und die Tonträgerhersteller gewährleistet. Besteht zwischen den ausübenden Künstlern und den Tonträgerherstellern kein diesbezügliches Einvernehmen, so können die Bedingungen, nach denen die Vergütung unter ihnen aufzuteilen ist, von den Mitgliedstaaten festgelegt werden[160].

(3) Die Mitgliedstaaten sehen für Sendeunternehmen das ausschließliche Recht vor, die drahtlose Weitersendung ihrer Sendungen sowie die öffentliche Wiedergabe ihrer Sendungen, wenn die betreffende Wiedergabe an Orten stattfindet, die der Öffentlichkeit gegen Zahlung eines Eintrittsgeldes zugänglich sind, zu erlauben oder zu verbieten.

---

[160] In Bezug auf die öffentliche Wiedergabe auf andere Weise als durch Rundfunksendung für Norwegen erst mit 01.01.1996 umzusetzen (Beschluss des Gemeinsamen EWR-Ausschusses Nr 7/94 vom 21.03.1994, veröffentlicht am 28.06.1994).

Aus den Erwägungsgründen

ErwG 20 Die Mitgliedstaaten können einen weiterreichenden Schutz für Inhaber von verwandten Schutzrechten vorsehen, als er in Artikel 8 dieser Richtlinie vorgeschrieben ist.

Kommentar

1. Entstehungsgeschichte

1 Dieser Artikel war im **ursprünglichen RL-Vorschlag** noch nicht enthalten, der sich entsprechend Kapitel 2 des Grünbuchs auf die Rechte der körperlichen Verwertung beschränkt hatte. Art 8 ist auf Vorschläge des **Europäischen Parlaments** und der **Rats-Arbeitsgruppe** zurückzuführen, die im **geänderten RL-Vorschlag** der Kommission positiv aufgenommen wurden. Art 8 folgt grundsätzlich Art 7 Abs 1 lit a, Art 12 und Art 13 lit a und d Rom-Abkommen, verpflichtet aber in verschiedener Hinsicht zu einem besseren Schutz. Angesichts der großen Schutzunterschiede im nationalen Recht der Mitgliedstaaten konnte nur eine Teilharmonisierung in Form eines Mindestschutzes erreicht werden[161].

2. Satelliten- und Kabel-RL

2 Die Stellungnahme des Europäischen Parlaments in Erster Lesung und der geänderte RL-Vorschlag der Kommission enthielten auch einen neuen Art 6 Abs 4 lit a (jetzt Art 8), demzufolge dieser Artikel unbeschadet der Bestimmungen der vorgeschlagenen **Satelliten- und Kabel-RL** zur Harmonisierung des Rechts der Satellitensendung gelten sollte. Als sich dann herausstellte, dass mit der Annahme der Vermiet- und Verleih-RL noch vor der Satelliten- und Kabel-RL zu rechnen war und sie daher die Rechte der Sendung und öffentlichen Wiedergabe (einschließlich der Schranken und möglichen Übertragungsvermutungen) regeln würde, hat man diesen Abs 4 als überflüssig gestrichen. Um aber klarzustellen, dass die Definition der „öffentlichen Wiedergabe über Satellit" von der künftigen Satelliten- und Kabel-RL festzulegen war, gaben der Rat und die Kommission bei der Sitzung des Binnenmarktrats vom 18. Juni 1992 eine gemeinsame Erklärung zu Protokoll, derzufolge Art 8 die Bestimmungen der (künftigen) Satelliten- und Kabel-RL unberührt lässt, die ausübenden Künstlern und Tonträgerherstellern das Recht der Wiedergabe über Satellit, und Sendeunternehmen das Recht der zeitgleichen Weiterübertragung ihrer Sendungen über Satellit gewährten.

3 Die zunächst in Art 4 Satelliten- und Kabel-RL enthaltenen Vorschriften wurden schließlich durch eine **Bezugnahme auf** die entsprechenden Bestimmungen der **Vermiet- und Verleih-RL** ersetzt. Dementsprechend sind die Rechte der Sendung (einschließlich der Satellitensendung) und der öffentlichen Wiedergabe für ausübende Künstler, Tonträgerhersteller und Sendeunternehmen ausschließlich nach Art 8 und ErwG 20 der Vermiet- und Verleih-RL zu beurteilen[162]. Nur die Definition der „öffentlichen Wiedergabe über Satellit" ist der Satelliten- und Kabel-RL zu entnehmen.

---

161 Siehe Vor Art 6 bis 10 Rz 3.

162 Vgl *Dreier* Art 2 Rz 8 Satelliten- und Kabel-RL.

3. Begriffsbestimmungen und allgemeine Bemerkungen

Die Begriffe „**ausübende Künstler**", „**ausschließliches Recht**" und „**Tonträgerhersteller**" sowie die Möglichkeit, **Übertragungsvermutungen** vorzusehen, sind an anderer Stelle erläutert[163]. **4**

Da Art 8 von Anfang an nach dem Muster der entsprechenden Vorschriften des Rom-Abkommens gestaltet wurde, befasst er sich nicht mit den Rechten der **Filmhersteller**. Die Mitgliedstaaten sind aber nicht daran gehindert, auch Filmherstellern Senderechte und Rechte der öffentlichen Wiedergabe zu gewähren. **5**

Obwohl Art 8 – anders als Art 7 und 9 – keine ausdrückliche Bestimmung über die Übertragbarkeit der Rechte enthält, sind auch die ausschließlichen Rechte des Art 8 **übertragbar**[164]. Als die Bestimmung in den RL-Vorschlag aufgenommen wurde, war die Diskussion zu Art 2 Abs 4 und den Folgeänderungen in Art 7 Abs 2 und 9 Abs 4 schon abgeschlossen, so dass übersehen wurde, eine aus Gründen der Kohärenz sinnvolle Anpassung auch in Art 8 vorzunehmen. Die Mitgliedstaaten beabsichtigten aber nicht, die ausschließlichen Rechte des Art 8 unübertragbar auszugestalten. Art 2 Abs 4 mit seinem implizierten Verweis auf das nationale Recht ist also auch für die ausschließlichen Rechte nach Art 8 zu beachten[165]. **6**

4. Ausschlussrechte ausübender Künstler (Abs 1)

4.1. Drahtlos übertragene Rundfunksendungen und öffentliche Wiedergabe

Im Rahmen von Abs 1 wurde neben der Frage, ob er sich nur auf Live-Darbietungen beziehen soll, nur eine eventuelle Erstreckung des Senderechts auch auf drahtgebundene Sendungen eingehend diskutiert. Das Parlament hatte seinen Vorschlag zu Art 8 nicht auf **drahtlose Sendungen** beschränkt; auch einige Mitgliedstaaten wollten die Kabelsendung mit erfassen. Die Kommission beschränkte ihren geänderten RL-Vorschlag aber auf drahtlose Sendungen, um jeglichen Konflikt mit dem RL-Vorschlag der Satelliten- und Kabel-RL zu vermeiden. **7**

Da Abs 1 aber nur einen Mindestschutz vorsieht, können die Mitgliedstaaten das ausschließliche Senderecht auf **drahtgebundene Sendungen** erstrecken, sofern sie dabei die Vorschriften der Satelliten- und Kabel-RL beachten.

Unter „**Rundfunksendungen**" sind sowohl Fernseh- als auch Radiosendungen zu verstehen. **8**

Erfasst sind auch Sendungen über **Satellit**, die schon nach dem Wortlaut der Bestimmung als drahtlos übertragene Sendungen anzusehen sind. Die Tatsache, dass Art 8 – anders als Art 6 Abs 2 – Satellitensendungen nicht ausdrücklich nennt, steht dem nicht entgegen. Hätten die Mitgliedstaaten Satellitensendungen ausnehmen wollen, wäre dies – so wie für drahtgebundene Sendungen – sicherlich **9**

[163] Vgl Art 2 Rz 6, 7, Art 1 Rz 2, Art 2 Rz 8, Art 10 Rz 9 bis 15.
[164] Vgl Art 2 Rz 29.
[165] Vgl Art 2 Rz 26 bis 29.

ausdrücklich geschehen. Dieses Ergebnis wird nun auch in Art 4 Abs 2 Satelliten- und Kabel-RL bestätigt.

10 Der Begriff **„öffentliche Wiedergabe"** ist in der Richtlinie nicht definiert, weshalb insoweit das nationale Recht der Mitgliedstaaten Anwendung findet. Da Art 8 dem Muster des Rom-Abkommens folgt, kann dieses zur Auslegung herangezogen werden[166]. Daraus sowie aus der Systematik des Art 8 ergibt sich jedenfalls, dass der Begriff der „öffentlichen Wiedergabe" denjenigen der Sendung nicht umfasst. Allerdings dürfte der bewusste Ausschluss der drahtgebundenen Sendungen vom Begriff der Sendung in Art 8[167] dafür sprechen, dass Kabelsendungen auch nicht vom Begriff der öffentlichen Wiedergabe erfasst sind. Beispiele für verschiedene Formen öffentlicher Wiedergabe werden bei der Erläuterung der einzelnen Bestimmungen des Art 8 angeführt werden.

4.2. Live-Darbietungen

11 Nach einem im **Europäischen Parlament** diskutierten Vorschlag sollte Abs 1 nicht auf Live-Darbietungen beschränkt sein; dieser Vorschlag wurde jedoch schließlich nicht angenommen. Obwohl sich auch einige Mitgliedstaaten gegen diese Beschränkung gewandt hatten, wurde sie vom Parlament beschlossen und auch in den geänderten **RL-Vorschlag** der Kommission übernommen. Die **Mitgliedstaaten** konnten sich nicht auf eine Streichung dieser Beschränkung einigen.

12 Da Art 8 Mindestschutzcharakter hat, steht es den Mitgliedstaaten aber frei, die ausschließlichen Rechte nach Abs 1 auch auf schon **gesendete oder aufgezeichnete Darbietungen** zu erstrecken. In wirtschaftlicher Hinsicht wäre dies insbes in Bezug auf Musikvideos, die zur Sendung oder öffentlichen Wiedergabe genutzt werden, und die nicht von der Vergütungsregelung des Abs 2 umfasst sind, von Bedeutung. Die ausübenden Künstler sollten aus dieser wesentlichen Form der Verwertung Nutzen ziehen können.

Der zweite Halbsatz des ersten Absatzes (beginnend mit „es sei denn …") schließt auch den Schutz gegen die **wiederholte Sendung** der ersten Sendung einer Live-Darbietung und die **Weitersendung** derselben aus, da die Darbietung in diesen Fällen schon gesendet ist und im Übrigen auf Grund einer Aufzeichnung erfolgen müsste. Auch kann der ausübende Künstler nicht die **öffentliche Wiedergabe der gesendeten oder aufgezeichneten Darbietung**, zB die Wiedergabe einer Live-Sendung der Darbietung oder öffentliche Vorführungen mit Hilfe eines Videofilms, von Tonträgern oder einer aufgezeichneten Sendung verhindern. Dagegen erfasst die **öffentliche Wiedergabe der Live-Darbietung** insbes die Übertragung der Live-Darbietung über Lautsprecher und/oder Bildschirm in einen Nebenraum, um eine größere Zuhörerschaft zu erreichen. Der

166 Siehe dazu *Masouyé*, Guide to the Rome Convention and to the Phonograms Convention (1981) insbes Rz 7.12f; *Dreier*, Kabelrundfunk, Satelliten und das Rom-Abkommen zum Schutz der ausübenden Künstler, der Hersteller von Tonträgern und der Sendeunternehmen, GRUR Int 1988, 753. Vgl zum Begriff der öffentlichen Wiedergabe auch *Walter* Rz 68f Info-RL.

167 Siehe oben Rz 7.

Mindestschutz des Abs 1 erfasst also nur die Sendung und öffentliche Wiedergabe der (noch nicht gesendeten oder aufgezeichneten) Live-Darbietung.

5. Zweithandverwertung von Handelstonträgern (Abs 2)

5.1. Allgemeine Bemerkungen

Abs 2 gewährt ausübenden Künstlern und Tonträgerherstellern für die Benutzung von Handelstonträgern zur Sendung oder öffentlichen Wiedergabe einen Vergütungsanspruch. Der Schutz geht in mehrfacher Hinsicht über denjenigen nach **Art 12 Rom-Abkommen** hinaus. Anders als nach dem Rom-Abkommen ist weder ein genereller Anwendungsvorbehalt[168] noch ein auf bestimmte Benützungen beschränkter Vorbehalt[169] vorgesehen. Jedenfalls im Verhältnis zu anderen Mitgliedstaaten sind sie nicht zulässig, ebensowenig wie der Vorbehalt bezüglich alternativer Anknüpfungspunkte und der Vorbehalt zu Gunsten der Anwendung materieller Reziprozität[170]; in Bezug auf die Schutzdauer ist allerdings ausübenden Künstlern und Tonträgerherstellern aus Drittländern gegenüber der Schutzfristenvergleich, soweit nicht etwaiges internationales Recht entgegensteht, zwingend anzuwenden[171]. **13**

Aber auch **inhaltlich** geht Art 8 Abs 2 Vermiet- und Verleih-RL **über** den Schutz nach **Art 12 Rom-Abkommen hinaus**. So ist der Vergütungsanspruch zwingend Künstlern und Tonträgerherstellern zu gewähren. Weiters ist nicht nur die unmittelbare, sondern auch die **mittelbare Nutzung** zur Sendung und öffentlichen Wiedergabe erfasst. **14**

5.2. Zu Handelszwecken veröffentlichte Tonträger

Unter **Handelstonträgern** im Sinn des Abs 2 sind alle zum Zweck der Vermarktung veröffentlichten Tonträger (Schallplatten, CDs, Musikkassetten etc) zu verstehen. Es entspricht dem Zweck der Vorschrift, auch solche Handelstonträger als veröffentlicht anzusehen, die ausschließlich über der Öffentlichkeit online zugängliche Server vertrieben werden[172]. Nicht erfasst sind etwa Studioaufnahmen, die von Sendeunternehmen nur für Sendezwecke hergestellt werden. Unveröffentlichte Tonträger, etwa solche, die für ein Privatarchiv oder zum Zweck des Verschenkens an Freunde angefertigt werden, sind ebensowenig erfasst wie Bildtonträger jeder Art. Für die Benutzung einer Videoaufzeichnung zur Sendung oder öffentlichen Wiedergabe steht dem ausübenden Künstler deshalb nach Abs 2 keine Vergütung zu. **Vervielfältigungsstücke** von Handelstonträgern sind Kopien jeder Art, einschließlich privater Überspielungen von Handelstonträgern auf Magnetband, Musikkassette, DAT-Band, Festplatte, Diskette oder CD. **15**

Der Mindestschutzcharakter des Art 8 steht einer Ausdehnung des Schutzes auf die bisher nicht erfassten Situationen durch die Mitgliedstaaten nicht entgegen.

---

168 Art 16 Abs 1 lit a (i).
169 Art 16 Abs 1 lit a (ii).
170 Art 16 Abs 1 lit a (iii) und (iv).
171 Vgl *Walter* Art 7 Rz 25ff Schutzdauer-RL.
172 Vgl im gleichen Sinn den einstimmig angenommenen Art 15 Abs 4 WPPT.

5.3. Rundfunksendungen

16 So wie das ausschließliche Recht nach Abs 1 umfasst auch der Vergütungsanspruch nach Abs 2 nur **drahtlose Sendungen**, einschließlich Satellitensendungen[173]. Kabel- oder andere drahtgebundene Sendungen sind dagegen nicht erfasst. Auch in diesem Zusammenhang kann jedoch der Schutz im nationalen Recht auf drahtgebundene Sendungen erweitert werden.

5.4. Unmittelbare und mittelbare Nutzung zur Sendung und öffentlichen Wiedergabe

17 Die in früheren, in der Ratsgruppe erstellten Fassungen vorgesehene Klarstellung „unmittelbare oder mittelbare" Nutzung wurde in der Endfassung als überflüssig fallen gelassen. Jedenfalls sollten **beide Nutzungsformen** erfasst werden.

18 Beispiele für die **unmittelbare Nutzung** von Handelstonträgern sind die unmittelbar mit Hilfe solcher Tonträger erfolgende Sendung oder die öffentliche Wiedergabe in der Form des Abspielens von Tonträgern zB in Restaurants, Kaufhäusern, Diskotheken, U-Bahnstationen oder an anderen öffentlich zugänglichen Orten. Die wesentlichen Fälle **mittelbarer Nutzung** sind die Weitersendung einer mit Hilfe von Tonträgern veranstalteten Sendung durch ein anderes Sendeunternehmen und die öffentliche Wiedergabe einer Sendung, die ihrerseits mit Hilfe eines Tonträgers erfolgte, etwa in Hotels, Bars, Restaurants oder an sonstigen öffentlich zugänglichen Orten.

5.5. Einzige angemessene Vergütung

19 Nach dem Vorbild des Art 12 Rom-Abkommen soll der Nutzer nur eine einzige Vergütung zahlen müssen, die dann unter den beiden Gruppen von Rechtsinhabern aufzuteilen ist. Dies soll den Nutzern die Abwicklung der Zahlung erleichtern: Der Nutzer soll sich nicht mit mehreren Gläubigern auseinandersetzen müssen, sondern alle Anspruchsberechtigten durch eine einzige Zahlung befriedigen können. Unter **einziger Vergütung** ist deshalb nicht etwa zu verstehen, dass nur eine Vergütung für die gesamte Nutzung bis zum Ablauf der Schutzdauer zu zahlen wäre; vielmehr ergibt sich aus dem Erfordernis der **Angemessenheit**, dass sich die Vergütung grundsätzlich nach dem Ausmaß der fortlaufenden Nutzung zu richten hat. Auch wenn die Angemessenheit – so wie in Art 12 Rom-Abkommen – nicht näher definiert ist, und ihre Bedeutung im Einzelnen der nationalen Gesetzgebung bzw der Rechtsprechung in den Mitgliedsländern überlassen bleibt, folgt die Orientierung am Ausmaß der Nutzung doch schon aus der Natur und dem Zweck der in der Richtlinie garantierten verwandten Schutzrechte.

20 Die Verpflichtung zur Zahlung dieser einzigen angemessenen Vergütung kann auf **unterschiedliche Weise umgesetzt** werden: Sie kann entweder in Zahlungsansprüchen sowohl der ausübenden Künstler als auch der Tonträgerhersteller bestehen, und zwar insbes im Weg der Wahrnehmung durch eine beide Gruppen

---

[173] Vgl Rz 7 bis 9.

von Berechtigten vertretende Verwertungsgesellschaft oder andere Organisation. Die Zahlungsansprüche können aber auch nur einer Gruppe zustehen, also entweder den ausübenden Künstlern oder den Tonträgerherstellern, wobei der jeweils anderen Gruppe ein Beteiligungsanspruch zusteht. In den letztgenannten Fällen muss sichergestellt werden, dass die Gruppe, die das Inkasso vornimmt, der jeweils anderen zur Rechnungslegung und anteiligen Zahlung verpflichtet ist. Da der Vergütungsanspruch beiden Gruppen von Berechtigten zugute kommen soll, sollten auch beide Gruppen an den Verhandlungen mit den Nutzern teilnehmen, gleichviel wem die Zahlungsansprüche im Außenverhältnis zustehen.

5.6. Aufteilung der Vergütung

Der zweite Satz des Abs 2 stammt aus Art 12 Rom-Abkommen. Er überlässt es den Mitgliedstaaten, die Aufteilungsbedingungen für den Fall festzulegen, dass zwischen den Rechtsinhabern ein Einverständnis nicht erzielt wird. Im Hinblick auf die zwischen den internationalen Organisationen der Tonträgerhersteller und der ausübenden Künstler bestehenden Vereinbarungen über die hälftige Aufteilung der Vergütung dürfte diese Bestimmung in der Praxis keine wesentliche Rolle spielen. **21**

5.7. Vergütungsanspruch und Ausschlussrecht

Der Mindestschutzcharakter des Art 8 ermöglicht es den Mitgliedstaaten, an Stelle des Vergütungsanspruchs für den gesamten von Abs 2 erfassten Regelungsbereich zur Gänze oder zum Teil ein **ausschließliches** Recht vorzusehen. Dies ist nach Annahme der Richtlinie etwa im Zusammenhang mit den durch die Digitalisierung ermöglichten Mehrkanaldiensten weltweit diskutiert worden[174]. **22**

6. Ausschlussrechte der Sendeunternehmen (Abs 3)

6.1. Sendeunternehmen

Art 8 Abs 3 sieht für Sendeunternehmen das ausschließliche Recht der Weitersendung und der öffentlichen Wiedergabe ihrer Sendungen vor[175]. Der **Begriff des Sendeunternehmens** ist im Sinn des Art 6 Abs 2 und 3 zu verstehen, der für die gesamte Richtlinie gilt[176]. Eine ausdrückliche Bezugnahme auf diese Bestimmung, die aus Gründen der Kohärenz sinnvoll gewesen wäre, wurde übersehen, zumal die Diskussion über Art 8 erst zu einem Zeitpunkt begann, zu welchem die entsprechenden Verweisungen in Art 7 und 9[177] schon vorgesehen waren und nicht mehr diskutiert wurden. Dies folgt auch aus dem Gesamtzusammenhang der Richtlinienbestimmungen: es kann nicht angenommen werden, die Richtlinie habe eine Gruppe von Rechtsinhabern nur in Bezug auf einzelne Rechte beschrei- **23**

---

[174] Siehe dazu WIPO-Dok INR/CE/I/2 vom 12.03.1993 Z 56 lit e und 57 lit e und f in Verbindung mit Z 28 (i) und Z 46; Committee of Experts, 2nd Session, Report – Copyright 1994, 44 ff Z 29; WIPO-Dok INR/CE/III/3 vom 16.12. 1994 Z 71, 75 und insb 78; Vereinbarte Erklärung zu Art 15 WPPT.

[175] Zur Übertragbarkeit dieser ausschließlichen Rechte Art 2 Rz 29.

[176] Vgl Art 6 Rz 5, Art 7 Rz 2.

[177] Siehe allerdings zu deren Unvollständigkeit oben Art 7 Rz 2.

ben und hinsichtlich anderer Rechte die Begriffsbestimmung den Mitgliedsländern vorbehalten wollen[178].

6.2. Weitersendung

24 Da Abs 3 nach dem Vorbild des Art 13 lit a und d Rom-Abkommen gestaltet und auch in diesem Sinn verstanden wurde, erfasst das Recht der Weitersendung nur die **zeitgleiche Sendung** einer durch ein anderes Sendeunternehmen veranstalteten Sendung[179]. Gegen zeitversetzte Weitersendungen gewährt das Aufzeichnungsrecht des Art 6 Abs 2 einen gewissen Schutz, da im Fall der zeitverschobenen Weitersendung jedenfalls eine Aufzeichnung erfolgen muss.

25 Durch die ausdrückliche Beschränkung auf die **drahtlose Weitersendung** ist die drahtgebundene Weitersendung, insbes durch Kabelsendungen nicht erfasst. Drahtlose Weitersendungen sind auch solche über Satellit; wiederum kann aus der ausdrücklichen Erwähnung der Sendung mit Hilfe von Satelliten in Art 6 Abs 2 kein Gegenschluss für Art 8 Abs 3 gezogen werden[180]. Nach Abs 3 müssen also herkömmliche Sendeunternehmen, Satellitensendeunternehmen und Kabelbetreiber, die nicht bloß fremde Sendungen weiterleiten, das ausschließliche Recht eingeräumt erhalten, anderen Sendeunternehmen die zeitgleiche drahtlose Sendung ihrer Sendungen zu erlauben oder zu verbieten.

26 Der **Mindestschutzcharakter des Art 8** erlaubt freilich auch im Anwendungsbereich des Abs 3 die Gewährung eines weitergehenden Schutzes, wie zB des Rechts der Weiterleitung durch Kabel oder des Rechts der zeitversetzten Weitersendung durch ein anderes Unternehmen, unabhängig von dem durch das Aufzeichnungsrecht gewährten Schutz.

6.3. Öffentliche Wiedergabe

27 Nach Abs 3 haben Sendeunternehmen im Sinn des Art 6 Abs 2 und 3 weiters das ausschließliche Recht, ihre Sendungen öffentlich zu zeigen, abzuspielen oder anderweitig öffentlich wiederzugeben. Eine Beschränkung auf die Wiedergabe bloß von Fernsehsendungen, wie sie in **Art 13 lit d Rom-Abkommen** vorgesehen ist, fehlt. Dagegen wurde die Beschränkung auf die öffentliche Wiedergabe an Orten, die der Öffentlichkeit gegen Zahlung eines Eintrittsgeldes zugänglich sind, aus dieser Bestimmung des Rom-Abkommens übernommen[181]. Das Rom-Abkommen stammt freilich aus einer Zeit, zu welcher noch verhältnismäßig wenige Haushalte mit eigenen Fernsehgeräten ausgestattet waren, weshalb über Fernsehen ausgestrahlte Sportereignisse oder Theateraufführungen oft gegen Zahlung von Entgelten öffentlich wiedergegeben wurden.

---

[178] Siehe zu einem weiteren, auf die englische Fassung bezogenen Argument *Reinbothe/v Lewinski*, Rental and Lending Rights 99.

[179] Siehe Art 3 lit g Rom-Abkommen.

[180] Vgl Art 8 Rz 9.

[181] Siehe zur Auslegung dieser Bestimmung *Nordemann/Vinck/Hertin/Meyer*, Art 13 RT Rz 6.

Da dies heute kaum mehr zutrifft, schlug das **Europäische Parlament** in Erster Lesung vor, Sendeunternehmen nur das Weitersenderecht, nicht aber das Recht der öffentlichen Wiedergabe zu gewähren[182]. Die **Mitgliedstaaten** befürworteten das Wiedergaberecht dagegen grundsätzlich, waren sich aber über dessen Reichweite nicht einig. Schließlich setzte sich bei den Mitgliedstaaten die Ansicht durch, dass ein nicht dem Muster des Art 13 lit d Rom-Abkommen folgendes Wiedergaberecht zu weit ginge, zumal die Beschränkung auf Fernsehsendungen nicht übernommen werden sollte. **28**

Auch in dieser Beziehung steht es den Mitgliedstaaten frei, **weitergehende Rechte** zu gewähren. So können sie das Recht der öffentlichen Wiedergabe etwa auf das Zeigen bzw Abspielen von Fernseh- und Radiosendungen in Bars, Restaurants und an anderen öffentlich zugänglichen Plätzen ohne Rücksicht auf die Bezahlung eines speziell für die Wiedergabe zu entrichtenden Eintrittsgelds erstrecken. **29**

Umsetzung in Deutschland und Österreich

1. Deutschland (v Lewinski)

In Bezug auf den Mindestschutz nach Art 8 Vermiet- und Verleih-RL waren kaum Umsetzungsmaßnahmen notwendig. So stand dem **ausübenden Künstler** schon zuvor das ausschließliche Recht der Sendung (einschließlich der drahtgebundenen Sendung und der Weitersendung/Kabelweiterleitung) und der öffentlichen Wiedergabe von Live-Darbietungen zu (§§ 76 Abs 1, 74 dUrhG). Dabei erfasst das ausschließliche Senderecht die Sendung aller Darbietungen, die nicht von dem Vergütungsanspruch für die Zweitnutzung von Handelstonträgern nach § 76 Abs 2 UrhG erfasst sind. Allerdings ist in Bezug auf die Kabelweiterleitung die Verwertungsgesellschaftenpflicht (mit einer Ausnahme) gemäß § 20b dUrhG anzuwenden (§ 76 Abs 3 dUrhG). **30**

Der **Vergütungsanspruch** für die Nutzung von **Handelstonträgern** (gem § 76 Abs 2 dUrhG: erschienene Tonträger) zum Zweck der **Sendung** (einschließlich der drahtgebundenen Sendung und der Weitersendung/Kabelweiterleitung) ist nach § 76 Abs 2 dUrhG den ausübenden Künstlern gewährt; der Tonträgerhersteller hat gem § 86 dUrhG einen Beteiligungsanspruch gegenüber dem Künstler. In der Praxis wird dieses Recht durch die gemeinsame Verwertungsgesellschaft GVL wahrgenommen und die Vergütung hälftig geteilt. **31**

Daneben steht den ausübenden Künstlern gem § 77 dUrhG ein gesetzlicher Vergütungsanspruch für die **öffentliche Wiedergabe** ihrer Darbietung mittels Bild- oder Tonträgern oder auf Grund einer Sendung zu. Auch in Bezug auf dieses Vergütungsrecht haben die Tonträgerhersteller gem § 86 dUrhG gegenüber den ausübenden Künstlern einen Beteiligungsanspruch. Für die Wahrnehmung dieses Anspruchs gilt das zur Sendevergütung Ausgeführte. **Filmherstellern** steht gemäß §§ 94 Abs 1, 95 dUrhG sogar ein ausschließliches Recht der **32**

---

[182] Nach Art 16 Abs 1 lit d Rom-Abkommen wäre ein entsprechender Vorbehalt zulässig.

Nutzung zum Zwecke der öffentlichen Wiedergabe und Sendung zu; dies ist richtlinienkonform.

33 In Bezug auf die Sende- und Wiedergaberechte von **Sendeunternehmen** nach Art 8 Abs 3 Vermiet- und Verleih-RL musste das bestehende Wiedergaberecht nach § 87 Abs 1 Z 3 dUrhG nur auf alle Sendungen erstreckt werden; zuvor war es – wie in Art 13 lit d Rom-Abkommen – auf Fernsehsendungen beschränkt. Diese Anpassung ist durch das Dritte ÄnderungsG I erfolgt. Im Übrigen bestand schon zuvor das ausschließliche Recht der Weitersendung, einschließlich der drahtgebundenen Weitersendung (§ 87 Abs 1 Z 1 dUrhG).

2. *Österreich* (Walter)

34 Hinsichtlich der Rechte der **ausübenden Künstler** bedurfte die Vermiet- und Verleih-RL keiner Umsetzungsmaßnahmen. Das Senderecht ist in § 70 Abs 1 öUrhG verankert; es umfasst auch die Sendung mit Hilfe von Satelliten und – über die Richtlinie hinausgehend – auch den Drahtfunk (§ 70 Abs 1 iVm § 17 öUrhG). Dem ausschließlichen Senderecht unterliegen (richtlinienkonform) Sendungen nicht, die mit Hilfe rechtmäßig hergestellter Bild- oder Schallträger bewirkt werden (§ 70 Abs 2 öUrhG). Das Senderecht des ausübenden Künstlers umfasst – mangels Differenzierung – auch die Weitersendung, doch bestehen Sonderregeln für die Weitersendung mit Hilfe von Leitungen (§§ 59a und 59b öUrhG idF 1996 iVm § 70 Abs 1)[183].

Das Recht der öffentlichen Wiedergabe steht dem ausübenden Künstler nur für die Übertragung von Live-Darbietungen in andere Räume zu (§ 71 Abs 1 öUrhG)[184]. Dagegen bedürfen mit Hilfe von Bild- oder Tonträgern oder von Rundfunksendungen bewirkte Vorträge und Aufführungen nicht der Zustimmung des ausübenden Künstlers; es steht diese Beschränkung des Rechts der öffentlichen Wiedergabe aber mit Art 8 Abs 1 Vermiet- und Verleih-RL gleichfalls in Einklang[185].

35 Auch hinsichtlich der in Abs 2 geregelten **Vergütungsansprüche** für die Benutzung von zu **Handelszwecken** hergestellten **Tonträgern** bedurfte es keiner Umsetzung, da diese Ansprüche seit der öUrhGNov 1972 gewährt werden (§ 76 Abs 3 öUrhG). Die Ansprüche stehen dem Tonträgerhersteller zu und können nur von Verwertungsgesellschaften geltend gemacht werden. Die ausübenden Künstler haben gegen den Tonträgerhersteller einen Beteiligungsanspruch, wobei jeder Gruppe von Berechtigten mangels Einigung die Hälfte zusteht. Die Vergütungsansprüche werden für beide Gruppen von Anspruchsberechtigten in

---

183 Vgl zu den Leistungsschutzrechten auch *Walter* Art 8 Rz 14 und 15 Satelliten- und Kabel-RL.

184 Eine Übertragung von mit Hilfe von Bild- oder Tonträgern oder von Rundfunksendungen bewirkten Vorträgen und Aufführungen bedarf jedoch der Zustimmung des Veranstalters.

185 Für die öffentliche Rundfunkwiedergabe erschiene zumindest die Gewährung eines Vergütungsanspruchs angemessen (so ausdrücklich § 77 dUrhG). Ein Anspruch auf angemessene Vergütung ließe sich nach geltendem Recht allenfalls analog zu § 76 Abs 3 öUrhG vertreten.

Österreich von der LSG – Gesellschaft zur Wahrnehmung von Leistungsschutzrechten GmbH wahrgenommen. Der Begriff Rundfunksendung umfasst – über Art 8 Abs 2 Vermiet- und Verleih-RL hinausgehend – auch die Sendung mit Hilfe von Leitungen (Drahtfunk, Kabelsendung). Auch die mittelbare Benutzung von Handelstonträgern zur Sendung oder öffentlichen Wiedergabe ist vergütungspflichtig, wofür auch eine richtlinienkonforme Auslegung spricht. Fraglich ist, ob auch für die Benutzung der Tonspur von Bildtonträgern (Videokassetten) Vergütungsansprüche zustehen. Österreich hat von dem Vorbehalt nach Art 16 Abs 1 lit a (iv) Rom-Abkommen Gebrauch gemacht und wendet deshalb auf diese Vergütungsansprüche materielle Reziprozität an; dies gilt im Hinblick auf das Diskriminierungsverbot aber nicht für EU- oder EWR-Angehörige.

Der Signalschutz des **Rundfunkunternehmers**[186] war in § 76a öUrhG gleichfalls **36**
bereits weitgehend gewährleistet. Dies gilt insbes für das Recht der gleichzeitigen – auch der leitungsgebundenen – Weitersendung (Abs 1). Als Sendeunternehmer ist auch der Kabelbetreiber anzusehen. Soweit dieser aber nur Sendungen anderer Sendeunternehmen weiterleitet, steht dies mit der Richtlinie in Widerspruch.

Nicht richtlinienkonform ist jedenfalls das Fehlen eines ausschließlichen Rechts des Rundfunkunternehmers, die öffentliche Wiedergabe zu erlauben oder zu verbieten. Österreich hat diesbezüglich vom Vorbehalt des Art 16 Abs 1 lit b Rom-Abkommen Gebrauch gemacht und sieht ein solches Recht auch nicht für den Bereich des Fernsehens vor. Im Hinblick auf den erwähnten Vorbehalt war dies nach dem Rom-Abkommen zulässig, nach Art 8 Abs 3 Vermiet- und Verleih-RL liegt jedoch ein Umsetzungsdefizit vor.

Artikel 9 Verbreitungsrecht

Art 9 sieht für ausübende Künstler, Tonträger- und Filmhersteller sowie für Sendeunternehmen ein ausschließliches Verbreitungsrecht vor und regelt dessen Erschöpfung. Klargestellt wird weiters, dass auch das Verbreitungsrecht übertragbar ist.

Übersicht

[186] Siehe dazu *Reindl*, Einfluß des Gemeinschaftsrechts 326f.

Text

Artikel 9 Verbreitungsrecht

(1) Die Mitgliedstaaten sehen
– für ausübende Künstler in bezug auf die Aufzeichnungen ihrer Darbietungen,
– für Tonträgerhersteller in bezug auf ihre Tonträger,
– für Hersteller der erstmaligen Aufzeichnung von Filmen in bezug auf das Original und auf Vervielfältigungsstücke ihrer Filme,
– für Sendeunternehmen in bezug auf die Aufzeichnungen ihrer Sendungen nach Maßgabe von Art 6 Abs 2

das ausschließliche Recht vor, diese Schutzgegenstände sowie Kopien davon der Öffentlichkeit im Wege der Veräußerung oder auf sonstige Weise zur Verfügung zu stellen (nachstehend „Verbreitungsrecht" genannt).

(2) Das Verbreitungsrecht in der Gemeinschaft hinsichtlich eines der in Absatz 1 genannten Gegenstände erschöpft sich nur mit dem Erstverkauf des Gegenstands in der Gemeinschaft durch den Rechtsinhaber oder mit seiner Zustimmung[187].

(3) Die besonderen Bestimmungen des Kapitels I, insbesondere die des Artikels 1 Absatz 4, werden durch das Verbreitungsrecht nicht berührt.

(4) Das Verbreitungsrecht kann übertragen oder abgetreten werden oder Gegenstand vertraglicher Lizenzen sein.

Kommentar

1. Verbreitungsrecht (Abs 1 und 3)

1.1. Entstehungsgeschichte

1 Schon der **ursprüngliche RL-Vorschlag** sah ein ausschließliches Verbreitungsrecht für ausübende Künstler, Tonträgerhersteller, Filmhersteller und Sendeunternehmen vor. Das **Europäische Parlament** schlug nur vor, eine Bestimmung betreffend die Übertragungsvermutung hinzuzufügen[188]. In der **Rats-Arbeitsgruppe** bereitete die vorgeschlagene Vorschrift kaum Probleme. Anfängliche Zweifel des einen oder anderen Mitgliedstaats daran, auch ausübenden Künstlern ein Verbreitungsrecht zuzuerkennen, wurden von der Mehrheit der Mitgliedstaaten mit dem Hinweis darauf zerstreut, dass ein solches Recht zur Pirateriebekämpfung notwendig, und dies auch gerechtfertigt sei, weil ausübende Künstler

[187] Im Anwendungsbereich des EWR lautet Abs 2 wie folgt: „Das Verbreitungsrecht im Gebiet der Vertragsparteien hinsichtlich eines der in Absatz 1 genannten Gegenstände erschöpft sich nur mit dem Erstverkauf des Gegenstands im Gebiet der Vertragsparteien durch den Rechtsinhaber oder mit seiner Zustimmung." Siehe Anhang XVII Geistiges Eigentum Z 7 lit b (Beschluss des Gemeinsamen EWR-Ausschusses Nr 7/94 vom 21.03. 1994, veröffentlicht am 28.06.1994).

[188] Vgl Art 10 Rz 9.

einen wichtigen Beitrag zu Tonträgern und Filmen leisten, weshalb kein Grund bestehe, sie schlechter zu behandeln als andere Rechtsinhaber.

1.2. Rechtsinhaber und Schutzgegenstände – ausschließliches Recht

In Bezug auf die **Rechtsinhaber** und **Schutzgegenstände** sei auf die Erläuterungen zu Art 2 Abs 1[189] und – für Sendeunternehmen und Sendungen – zu Art 6 Abs 2 und 3[190] verwiesen. Erinnert sei daran, dass die Bezugnahme auf Abs 2 so zu lesen ist, dass sie auch Abs 3 des Art 6 umfasst[191]. Danach steht Kabelunternehmern, die nur die Sendungen anderer Sendeunternehmen weiterleiten, kein Verbreitungsrecht zu. In Bezug auf den Ausschließlichkeitscharakter des Rechts sei auf die Kommentierung zu Art 1[192] verwiesen. **2**

Die Modifizierung und Erweiterung der Formulierung „diese Gegenstände" des ursprünglichen RL-Vorschlags in der endgültigen Textierung „diese Schutzgegenstände sowie Kopien davon" hat zu keiner inhaltlichen Änderung geführt. Es sind darunter die Aufzeichnungen von Darbietungen ausübender Künstler, Tonträger, Filme und Aufzeichnungen von Sendungen oder Vervielfältigungsstücke hiervon zu verstehen.

1.3. Der Öffentlichkeitsbegriff

Der **Begriff der Öffentlichkeit** ist auch in diesem Zusammenhang bewusst nicht definiert worden. Schon die bisherigen Erfahrungen auf internationaler Ebene haben die Schwierigkeiten gezeigt, eine für alle annehmbare Umschreibung zu finden. Der Öffentlichkeitsbegriff wird in den nationalen Urheberrechtsgesetzen darüber hinaus meist in Bezug auf verschiedene Aspekte gebraucht; eine Harmonisierung nur im Zusammenhang mit dem Verbreitungsrecht wäre deshalb nicht empfehlenswert gewesen. Demnach bleibt die inhaltliche Bestimmung dieses Begriffes den Mitgliedstaaten überlassen. Da die Richtlinie insgesamt ein hohes Schutzniveau anstrebt, sollten der Begriff der Öffentlichkeit eher weit ausgelegt und nur solche privaten Verbreitungshandlungen ausgeschlossen werden, die zwischen Personen stattfinden, die persönlich miteinander verbunden sind, wie Geschenke im Familien- oder Freundeskreis[193]. **3**

1.4. Die Veräußerungsvorgänge

Nach dem Konzept des ursprünglichen RL-Vorschlags sollten die Formen der **dauerhaften Zurverfügungstellung** wie insbes der Verkauf von den zeitlich begrenzten Formen der Gebrauchsüberlassung wie dem Vermieten und Verleihen durch die Worte „auf unbegrenzte Zeit" abgegrenzt werden. Im ersteren Fall verbleiben die (veräußerten) Gegenstände dem Erwerber, während sie im zweiten nach einer gewissen Zeit zurückgegeben werden müssen. Da nun einige Mitglied- **4**

---

[189] Vgl Art 2 Rz 6 bis 11, 18 bis 22.

[190] Vgl Art 6 Rz 5.

[191] Vgl Art 7 Rz 2.

[192] Vgl Art 1 Rz 2.

[193] Vgl dazu auch *Walter*, Öffentliche Wiedergabe und Online-Übertragung – Berner Übereinkunft, WIPO-Verträge, künftige Info-RL und deren Umsetzung in österreichisches Recht, FS Dittrich (2000) 380f.

staaten (unbegründet) befürchteten, die Formulierung „das ausschließliche Recht ... auf unbegrenzte Zeit zur Verfügung zu stellen" könnte zur Annahme eines „ewigen Verbreitungsrechts" führen, wurden die Worte „auf unbegrenzte Zeit" in weiterer Folge gestrichen. Damit ließ sich aber das Konzept einer klaren Abgrenzung zwischen einem Verbreitungsrecht ieS und einem getrennten Vermiet- und Verleihrecht nicht mehr aufrechterhalten, da die Zurverfügungstellung „im Wege der Veräußerung oder auf sonstige Weise" nun auch Vermietung und Verleih umfasste. Es musste deshalb eine neue Bestimmung angefügt werden, um die Selbständigkeit des Vermiet- und Verleihrechts sicherzustellen. Mit dem neuen Abs 3 sollte insbes klargestellt werden, dass die Erschöpfung des Verbreitungsrechts den Fortbestand des Vermiet- und Verleihrechts nicht berührt. Ist also etwa das Verbreitungsrecht an einem Tonträger nach dem ersten Verkauf in der Gemeinschaft erschöpft, so besteht das ausschließliche Vermiet- und Verleihrecht nach Art 1 in Bezug auf diesen Tonträger dessen ungeachtet weiter.

5 Festzuhalten ist, dass die Streichung der Worte „auf unbegrenzte Zeit" den Mitgliedstaaten nicht die Möglichkeit nehmen sollte, ein enges – das Vermieten und Verleihen nicht umfassendes – Verbreitungsrecht und unabhängig davon ein gesondertes Vermiet- und Verleihrecht vorzusehen. Die Festlegung der **Struktur des Verbreitungsrechts** bleibt dem nationalen Recht überlassen, solange inhaltlich eine richtlinienkonforme Umsetzung erfolgt. Die traditionelle, insbes auch in Deutschland und Österreich gewählte Lösung besteht allerdings in einem weiten, auch die Vermietung und den Verleih umfassenden Verbreitungsrecht, das sich mit der ersten Veräußerung erschöpft, wovon allerdings das Vermiet- und Verleihrecht unberührt bleiben[194].

2. *Erschöpfungsgrundsatz (Abs 2)*

2.1. Entstehungsgeschichte

6 Der **ursprüngliche RL-Vorschlag** ging von der ständigen Rechtsprechung des Europäischen Gerichtshofs aus. Danach führt das erste Inverkehrbringen von Vervielfältigungsstücken von Werken in der Gemeinschaft durch den Rechtsinhaber oder mit seiner Zustimmung zur gemeinschaftsweiten Erschöpfung des Verbreitungsrechts in Bezug auf diese Vervielfältigungsstücke. Die gemeinschaftsrechtliche Erschöpfung, die auch für das Verbreitungsrecht von Inhabern verwandter Schutzrechte gilt, beruht auf Art 28 und 30 EGV 1997 (früher Art 30 und 36) und regelt den Konflikt zwischen territorialen (nationalen) ausschließlichen Verbreitungsrechten einerseits und dem Ziel des freien Warenverkehrs in der Gemeinschaft anderseits. Sowohl im ursprünglichen RL-Vorschlag der Kommission als auch im endgültigen Text wird klargestellt, dass das Verbreitungsrecht keine neuen Handelsschranken im Binnenmarkt schaffen wird.

7 Der Wortlaut des Abs 2 wurde gegenüber dem ursprünglichen RL-Vorschlag auf Anregung eines **Mitgliedstaats**, der eine Anpassung an denjenigen des Art 4 lit c **Software-RL** befürwortete, etwas geändert. Dieses Vorbild wurde allerdings nicht Wort für Wort übernommen.

---

[194] Vgl Art 1 Rz 25 und 26.

2.2. Gemeinschaftsweite Erschöpfung

Nach dem **EWR-Abkommen**, das nach der Annahme der Vermiet- und Verleih-RL in Kraft getreten ist, müssen nicht nur die Binnenmarktregelungen der Gemeinschaft übernommen werden, sondern auch die Rechtsprechung des EuGH, insbes diejenige zum freien Warenverkehr und zur Erschöpfung des Verbreitungsrechts[195]. Der in Art 9 Abs 2 Vermiet- und Verleih-RL festgeschriebene Erschöpfungsgrundsatz gilt deshalb über die Gemeinschaft hinaus für den gesamten **Europäischen Wirtschaftsraum**[196]. Die Bezugnahme auf die „Gemeinschaft" ist deshalb stets so zu lesen, dass sie auch den EWR umfasst. **8**

Die Anwendung des Abs 2 soll an dem folgenden, typischen **Beispiel** erläutert werden: Der Inhaber aller Verbreitungsrechte an einem Tonträger, also etwa der Tonträgerhersteller, dem der Komponist, allenfalls auch der Textautor und die ausübenden Künstler ihre Verbreitungsrechte eingeräumt haben, oder sein Lizenznehmer hat eine bestimmte CD innerhalb der Gemeinschaft erstmals verkauft. In diesem Fall (und nur in diesem Fall) sind die Verbreitungsrechte der drei Rechtsinhaber innerhalb der Gemeinschaft in Bezug auf diese CD erschöpft. Diese Rechtsinhaber können deshalb die weitere Verbreitung (mit Ausnahme der Vermietung und des Verleihs) innerhalb der Gemeinschaft nicht mehr verbieten[197]. **9**

2.3. Internationale Erschöpfung

Unter internationaler Erschöpfung versteht man, dass sich das Verbreitungsrecht für ein bestimmtes Gebiet auch durch die erstmalige Verbreitung mit Zustimmung des (für dieses Gebiet) Berechtigten erschöpft, wenn diese Verbreitung außerhalb dieses Gebiets, also im Ausland, erfolgt. In diesem Fall kann also der Rechtsinhaber nach der von ihm genehmigten erstmaligen Verbreitung außerhalb des betreffenden Gebiets die Verbreitung in diesem Gebiet nicht mehr kontrollieren[198]. **10**

In Abs 2 wird der Begriff der internationalen Erschöpfung zwar nicht ausdrücklich angesprochen. Nach der gewählten Formulierung ist es den Mitgliedstaaten aber nicht gestattet, die internationale Erschöpfung anzuwenden. Ein Mitgliedstaat darf also nicht vorsehen, dass die erste Veräußerung in einem Land außerhalb der Gemeinschaft zur Erschöpfung des Verbreitungsrechts in diesem Mitgliedstaat (und damit in der Gemeinschaft) führt. Die Richtigkeit dieser Auslegung folgt schon aus dem Wortlaut, wonach eine Erschöpfung „nur" **11**

---

195 Siehe insbes Art 6 EWR-Abkommen und Art 28 Protokoll über Geistiges Eigentum zu diesem Abkommen dBGBl 1993 II 267 bzw öBGBl 1993/909 (Anpassungsprotokoll öBGBl 1993/910). Vgl *v Lewinski* Allgemeiner Teil – 1. Kapitel Einleitung Rz 61f; *Walter* Stand der Harmonisierung Rz 57 und Allgemeiner Teil – 2. Kapitel Diskriminierungsverbot Rz 9f.

196 Siehe Anhang XVII Geistiges Eigentum Z 7 lit b (Beschluss des Gemeinsamen EWR-Ausschusses Nr 7/94 vom 21.03.1994, veröffentlicht am 28.06.1994), wonach die Worte „in der Gemeinschaft" durch „im Gebiet der Vertragsparteien" ersetzt wurden.

197 Vgl ausführlich *Walter* Stand der Harmonisierung Rz 47ff.

198 Vgl auch *Walter* Stand der Harmonisierung Rz 61ff.

durch den Erstverkauf in der Gemeinschaft eintritt. Danach ist die einzig zulässige Erschöpfung die in Abs 2 beschriebene, also die aus dem Erstverkauf in der Gemeinschaft folgende. Unter anderen als den in Abs 2 genannten Voraussetzungen, also insbes für den Fall des Erstverkaufs außerhalb der Gemeinschaft, darf keine Erschöpfung des Verbreitungsrechts vorgesehen werden. Dies folgt auch aus dem Zweck dieser Richtlinienbestimmung, die insbes das Verbreitungsrecht harmonisieren, dh eine vergleichbare Rechtssituation in allen Mitgliedstaaten herbeiführen will. Die Rechtsinhaber müssen deshalb die Möglichkeit haben, die Verbreitung innerhalb der Gemeinschaft zumindest einmal zu verhindern, bevor die gemeinschaftsweite Erschöpfung eingreift. Bliebe es den Mitgliedsländern freigestellt, die internationale Erschöpfung einzuführen, so stünde dem Rechtsinhaber im Fall der erstmaligen Verbreitung zB eines schon im EG-Ausland in Verkehr gebrachten Tonträgers, in diesem Mitgliedstaat (und damit in einem Teil der Gemeinschaft) kein ausschließliches Verbreitungsrecht zu. Damit wäre die beabsichtigte Harmonisierung des Verbreitungsrechts nicht zu erreichen[199].

12 Das Verbreitungsrecht nach Art 9 erschöpft sich deshalb im Sinn der in Abs 2 zum Ausdruck kommenden ständigen Rechtsprechung des EuGH in der Gemeinschaft dann, wenn ein Schutzgegenstand innerhalb der Gemeinschaft durch den Rechtsinhaber oder mit seiner Zustimmung (durch den dort Berechtigten) erstmals veräußert wurde. Wurde der Gegenstand aber erstmals außerhalb der Gemeinschaft durch den Rechtsinhaber oder mit seiner Zustimmung verkauft, so erschöpft sich das Verbreitungsrecht innerhalb der Gemeinschaft nicht, sondern bleibt dort zunächst bestehen.

3. Übertragbarkeit (Abs 4)

13 Hinsichtlich der Übertragbarkeit des Verbreitungsrechts sei auf die Erläuterungen zu Art 2 Abs 4 und 7 Abs 2 verwiesen[200].

Die Umsetzung in Deutschland und Österreich

1. Deutschland (v Lewinski)

14 Während Tonträgerhersteller und Filmhersteller schon vor der Umsetzung der Vermiet- und Verleih-RL ein ausschließliches **Verbreitungsrecht** innehatten (§§ 85 Abs 1, 94 Abs 1, 95 dUrhG), musste ein solches für ausübende Künstler und Sendeunternehmen erst eingeführt werden; dies ist durch den neuen § 75 Abs 2 UrhG für ausübende Künstler und eine Ergänzung zu § 87 Abs 1 Z 2 dUrhG für Sendeunternehmen erfolgt.

15 Die **Erschöpfung** des Verbreitungsrechts der verwandten Schutzrechte ist nicht separat geregelt; vielmehr finden die urheberrechtlichen Bestimmungen – im Fall der Erschöpfung § 17 Abs 2 dUrhG – analog Anwendung[201]. Aus dem Wortlaut

---

[199] Vgl auch *Reinbothe/v Lewinski*, Rental and Lending Rights 105.

[200] Vgl Art 2 Rz 26 bis 29; Art 7 Rz 10.

[201] *Krüger* in *Schricker*, Kommentar[2] Vor §§ 73ff Rz 23 und § 75 Rz 13 für ausübende Künstler.

dieser Bestimmung geht zwar hervor, dass sich das Verbreitungsrecht gemeinschaftsweit bzw EWR-weit erschöpft, jedoch ist die Klarstellung aus Art 9 Abs 2 Vermiet- und Verleih-RL, derzufolge die Erschöpfung „nur“ unter den genannten Bedingungen stattfindet, nicht ausdrücklich übernommen worden. § 17 Abs 2 dUrhG lässt dennoch genügend Raum für die Auslegung, wonach die internationale Erschöpfung nicht stattfindet und ist daher, im Rahmen einer solchen Auslegung, als richtlinienkonform anzusehen[202]. Zur Übertragbarkeit (Art 9 Abs 4 Vermiet- und Verleih-RL) sei auf die entsprechenden Ausführungen zum Vermiet- und Verleihrecht verwiesen[203].

2. *Österreich* (Walter)

Im österr Leistungsschutzrecht war das **Verbreitungsrecht** stets anerkannt, **16**
weshalb es insoweit keiner Umsetzung bedurfte. Neben dem Recht der Vervielfältigung bzw Festhaltung stand sowohl dem ausübenden Künstler, dem Tonträgerhersteller und dem Rundfunkunternehmer als auch dem Licht- und Laufbildhersteller ein gesondertes Verbreitungsrecht zu (§§ 66 Abs 1, 74 Abs 1, 76 Abs 1 und 76a Abs 1 öUrhG).

Der **Erschöpfungsgrundsatz** ist im österr UrhG in § 16 Abs 3 UrhG ausführlich **17**
umschrieben, wobei auf das Inverkehrbringen im Weg der Eigentumsübertragung abgestellt und auch die Zulässigkeit einer territorialen Beschränkung der Zustimmung des Berechtigten (sog „geteiltes Verlagsrecht“) ausdrücklich erwähnt wird. Die internationale Erschöpfung war allgemein anerkannt. Solange Österreich mit der Europäischen Gemeinschaft nur im Weg eines Freihandelsabkommens (einer Assoziierung) verbunden war, ist die herrschende Lehre und Judikatur davon ausgegangen, dass der vom EuGH entwickelte Grundsatz der gemeinschaftsweiten Erschöpfung nicht anwendbar war[204]. Der „gemeinschaftsweite“ Erschöpfungsgrundsatz wurde aber dessen ungeachtet für den gesamten Bereich der EU und der EFTA, also des heutigen EWR, schon mit öUrhGNov 1988 festgeschrieben, allerdings zunächst auf Tonträger beschränkt (§ 16 Abs 3). Mit öUrhGNov 1993 wurde dies – in Erfüllung der Verpflichtungen aus dem EWR-Abkommen – auf alle Werke und Schutzgegenstände ausgedehnt.

Artikel 10 Beschränkung der Rechte

Art 10 bestimmt die möglichen Schranken der in Kapitel II aufgeführten Rechte. ErwG 19 betrifft mögliche Übertragungsvermutungen in Bezug auf die Rechte gemäß Kapitel II; da diese als eine Art von Beschränkung angesehen werden können, wird ErwG 19 am Ende der Ausführungen zu Art 10 erläutert.

---

[202] Siehe die Begründung Entw I Drittes ÄnderungsG 12 und deren Erläuterung bei *v Lewinski*, ZUM 1995, 443.

[203] Vgl Art 2 Rz 58.

[204] Vgl OGH 14.03.1989 – „Schallplatten-Parallelimport II“ MR 1989, 94 (*Walter*) = ÖBl 1989, 120 = SZ 62/38 = WBl 1989, 188 (*Seidl-Hohenveldern*) = RdW 1989, 159 = GRUR Int 1989, 699 = *Schulze* Ausl Österr 107

Übersicht

Text: Artikel 10 und Erwägungsgrund
Kommentar

Text

Artikel 10 Beschränkung der Rechte

(1) Die Mitgliedstaaten können Beschränkungen der in Kapitel II genannten Rechte in folgenden Fällen vorsehen:
 a) für eine private Benutzung;
 b) für eine Benutzung kurzer Bruchstücke anlässlich der Berichterstattung über Tagesereignisse;
 c) für eine ephemere Aufzeichnung, die von einem Sendeunternehmen mit seinen eigenen Mitteln und für seine eigenen Sendungen vorgenommen wird;
 d) für eine Benutzung, die ausschließlich Zwecken des Unterrichts oder der wissenschaftlichen Forschung dient.

(2) Unbeschadet des Absatz 1 kann jeder Mitgliedstaat für den Schutz der ausübenden Künstler, Tonträgerhersteller, Sendeunternehmen und Hersteller der erstmaligen Aufzeichnungen von Filmen Beschränkungen der gleichen Art vorsehen, wie sie für den Schutz des Urheberrechts an Werken der Literatur und der Kunst vorgesehen sind. Zwangslizenzen können jedoch nur insoweit vorgesehen werden, als sie mit den Bestimmungen des Rom-Abkommens vereinbar sind.

(3) Absatz 1 Buchstabe a) läßt bestehende und künftige Rechtsvorschriften in Bezug auf die Vergütung für die Vervielfältigung zur privaten Benutzung unberührt.

Aus den Erwägungsgründen

ErwG 19 Die Artikel des Kapitels II dieser Richtlinie hindern die Mitgliedstaaten weder, den Vermutungsgrundsatz gemäß Artikel 2 Absatz 5 auf die ausschließlichen Rechte dieses Kapitels auszudehnen, noch, für die in diesen Artikeln genannten ausschließlichen Rechte der ausübenden Künstler eine widerlegbare Vermutung der Einwilligung in die Auswertung vorzusehen, sofern eine solche Vermutung mit dem Internationalen Abkommen über den Schutz der ausübenden Künstler, der Hersteller von Tonträgern und der Sendeunternehmen (im folgenden Rom-Abkommen genannt) vereinbar ist.

Kommentar

1. Entstehungsgeschichte

Der **ursprüngliche RL-Vorschlag** folgte dem Muster des Art 15 Rom-Abkommen. Diese Technik, sich auf bewährte internationale Vorschriften zu stützen, dürfte auch dazu beigetragen haben, dass weder das **Europäische Parlament** noch der **Rat** Änderungen vorschlugen. Sogar Äußerungen der Mitgliedstaaten zu diesem Artikel waren rar. Er wird Art 15 Rom-Abkommen entsprechend auszulegen sein. **1**

Danach bleibt den Mitgliedstaaten bei der Vorsehung allfälliger Beschränkungen des Schutzes ein gewisser **Spielraum**. Die in Art 10 geregelten Schranken sind für die Mitgliedstaaten nicht verpflichtend; machen sie aber von dieser Möglichkeit Gebrauch, dürfen die Rechte des Kapitels II nur soweit beschränkt werden wie dies Art 10 erlaubt[205]. Der Versuch einer weitergehenden Harmonisierung der Schrankenregelung hätte wohl zu neuen, grundlegenden Problemen und damit zu einer Verzögerung der Annahme der Richtlinie geführt[206]. **2**

2. Besonders geregelte Fälle (Abs 1)

2.1. Vervielfältigung zum privaten Gebrauch (lit a)

Hauptfälle der Beschränkung der Verwertungsrechte zu Gunsten einer privaten Benutzung im Bereich der verwandten Schutzrechte sind die private Vervielfältigung von Ton- oder Filmaufzeichnungen. Die Mitgliedstaaten können also vorsehen, dass die **private Vervielfältigung** nicht vom ausschließlichen Vervielfältigungsrecht der ausübenden Künstler, Tonträger- und Filmhersteller und der Sendeunternehmen erfasst wird. Die Möglichkeit, für die private Vervielfältigung eine gesetzliche Lizenz mit Vergütungsanspruch vorzusehen, wird in Abs 3 ausdrücklich anerkannt. Die Reduzierung eines ausschließlichen Rechtes auf einen Vergütungsanspruch ist als mildere Form einer Beschränkung auch in allen anderen Fällen des Art 10 zulässig[207]. **3**

2.2. Berichterstattung über Tagesereignisse (lit b)

Die **Berichterstattung über Tagesereignisse** gehört zu den wichtigsten Gründen für Schutzbeschränkungen; für das Urheberrecht ist insbes Art 10bis Abs 2 **4**

---

[205] Dies gilt unbeschadet der in der Richtlinie ausdrücklich geregelten bzw erwähnten Übertragungsvermutungen; siehe dazu Art 10 Rz 9ff.

[206] Diese Befürchtung hat sich nicht zuletzt bei der Schrankenregelung im Rahmen der Info-RL bestätigt; siehe dazu *Walter* Rz 89ff Info-RL.

[207] Vgl inzwischen zur privaten Vervielfältigung *Walter* Rz 115ff Info-RL und Stand der Harmonisierung Rz 107ff.

RBÜ 1967/71 zu nennen. Die vorliegende Regelung folgt dem Vorbild des Art 15 lit b Rom-Abkommen[208]. Die Sendung kurzer Auszüge aus einer Konzert- oder Opernaufführung im Rahmen eines Fernsehprogramms über aktuelle Kulturereignisse ist ein Beispiel für die Anwendung dieser Schranke.

2.3. Ephemere Vervielfältigung (lit c)

5 Nach einer weit verbreiteten Praxis zeichnen Sendeunternehmen ihre Programme oft für Sendezwecke auf; selbst in Programmen, die mit Tonträgern gestaltet werden, werden meist vorher angefertigte Kopien (**Sendebänder**) verwendet. Auch diese Schranke findet sich schon in der Berner Übereinkunft (Art 11bis Abs 3 RBÜ 1967/71) und in Art 15 lit c Rom-Abkommen[209]. Das Vervielfältigungsrecht darf aber nur unter der Voraussetzung beschränkt werden, dass die Sendeunternehmen die Vervielfältigung mit eigenen Mitteln und für Zwecke ihrer eigenen Sendungen vornehmen, und diese Aufzeichnungen nach einer bestimmten Zeit wieder gelöscht werden.

2.4. Schulgebrauch und Forschung

6 Als Beispiele seien hier die Aufzeichnung oder Vervielfältigung einer Sendung durch eine Schule zu **Unterrichtszwecken** und die Herstellung einer Filmkopie zum Zweck der Ersetzung einer alten fehlerhaften Kopie in einem **wissenschaftlichen Filmarchiv** genannt. Auch hier kann man auf die Auslegung des Rom-Abkommens (Art 15 lit d) zurückgreifen[210].

3. Generalklausel (Abs 2)

7 Über die in Abs 1 genannten möglichen Beschränkungen hinaus können die Mitgliedstaaten hinsichtlich der Rechte des Kapitels II dieselben Schranken wie in Bezug auf das Urheberrecht vorsehen[211]. Die Urheberrechtsgesetze vieler Mitgliedstaaten bedienten sich schon bisher der Technik, die **urheberrechtlichen Schranken** auch auf die verwandten Schutzrechte für anwendbar zu erklären und auf diese zu verweisen.

8 **Zwangslizenzen** dürfen aber nur insoweit vorgesehen werden, als sie mit den Bestimmungen des Rom-Abkommens vereinbar sind. Das Rom-Abkommen seinerseits (Art 15 Abs 2 Satz 2 Rom-Abkommen) gestattet Zwangslizenzen nur in Art 7 Abs 2 und Art 13 lit d des Abkommens[212].

---

[208] Siehe dazu *Nordemann/Vinck/Hertin/Meyer*, Art 15 RT Rz 5.

[209] Siehe dazu *Nordemann/Vinck/Hertin/Meyer*, Art 15 RT Rz 6 mwN.

[210] Siehe zu den Forschungszwecken *Nordemann/Vinck/Hertin/Meyer*, Art 15 RT Rz 8.

[211] In diesem Zusammenhang sei eine bei der Sitzung des Binnenmarktrats am 18.06. 1992 zu Protokoll gegebene Erklärung der Kommission erwähnt, wonach Art 10 Abs 2 die Bestimmungen von Art 2 Abs 7 unberührt lässt.

[212] Siehe dazu *Nordemann/Vinck/Hertin/Meyer*, Art 15 RT Rz 9.

4. Übertragungsvermutungen (ErwG 19)

4.1. Entstehungsgeschichte

Die Frage der Übertragungsvermutungen zählte nicht nur hinsichtlich des Vermietrechts, sondern auch in Bezug auf die ausschließlichen Verwertungsrechte nach Kapitel II zu den wichtigsten Diskussionspunkten der Richtlinie. Der **ursprüngliche RL-Vorschlag** enthielt noch keine einschlägigen Regelungen. Das **Europäische Parlament** schlug hinsichtlich des Vervielfältigungs- und Verbreitungsrechts entsprechende Vermutungsregeln vor wie für das Vermietrecht, nämlich eine widerlegliche Übertragungsvermutung zu Gunsten des Filmherstellers bezüglich der Rechte des ausübenden Künstlers, unbeschadet des Vergütungsanspruchs nach Art 4 (Art 3 des RL-Vorschlags). Die Kommission übernahm die Idee einer widerleglichen Vermutung in Art 6 Abs 2 und Art 7 Abs 2 ihres **geänderten RL-Vorschlags**; die möglichen Nachteile der Vermutung sollten durch die zwingende Anwendung des Art 4 (Art 3 geänderter RL-Vorschlag) ausgeglichen werden. **9**

In der **Arbeitsgruppe des Rats** wollten mehrere Mitgliedstaaten dagegen eine solche Vermutung nicht zwingend vorgeschrieben wissen; andere wandten sich überhaupt dagegen, eine entsprechende Regelung in Kapitel II aufzunehmen. Wieder andere gaben verschiedenen Varianten von Vermutungsregelungen den Vorzug. Zunächst verständigte man sich darauf, die Regelung der Übertragungsvermutung aus dem Richtlinientext selbst zu streichen und die Möglichkeit einer widerlegbaren Vermutung auch in Bezug auf die Rechte nach Kapitel II in einen neuen Erwägungsgrund aufzunehmen (ErwG 19). Schließlich wurde ein Kompromiss dahingehend erzielt, dass auch unwiderlegbare Übertragungsvermutungen nach dem neuen Art 2 Abs 7 trotz der damit verbundenen potentiellen Schwächung der Stellung der ausübenden Künstler erlaubt sein sollten, dafür aber die widerlegbare Übertragungsvermutung des ErwG 19 durch eine Bezugnahme auf die künstlerfreundlicher ausgestaltete Vermutung des Art 2 Abs 5 ersetzt wurde. Wohl bloß aus redaktionellen Gründen hat man in ErwG 19 nur die Übertragungsvermutung im Sinn des Art 2 Abs 5 angesprochen, nicht aber auch die Möglichkeit einer Regelung nach Art 2 Abs 7, die sich nun im Richtlinientext selbst, nämlich in einem neuen Satz 2 dieser Vorschrift findet.

4.2. Die Bezugnahme auf Art 2 Abs 5 in ErwG 19 erster Teil

Der Verweis auf **Art 2 Abs 5** bedeutet, dass die **Voraussetzungen** dieser Bestimmung für jegliche Übertragungsvermutung bezüglich der Rechte des Kapitels II einzuhalten sind. So muss es sich insbes um einen Vertrag zwischen einem ausübenden Künstler und einem Filmproduzenten handeln, und muss die Vermutung weiters widerleglich sein; schließlich ist zwingend ein **Vergütungsanspruch** im Sinn des Art 4 vorzusehen[213]. Obwohl Art 2 Abs 5 und Art 4 unmittelbar nur auf das Vermiet- und Verleihrecht anwendbar sind, schließt die unbeschränkte Bezugnahme des ErwG 19 auf Art 2 Abs 5 den dort enthaltenen Bezug auf Art 4 ein, weshalb die Bezugnahme auf das Vermietrecht in beiden **10**

---

[213] AM *Reindl*, Einfluß des Gemeinschaftsrechts 318ff.

Artikeln (Art 2 Abs 5 und Art 4) als eine solche auf die ausschließlichen Rechte des Kapitels II zu lesen ist.

Auch wenn in ErwG 19 nicht ausdrücklich von einer **analogen Anwendung des Art 2 Abs 5** die Rede ist, so kann die Formulierung, wonach die Mitgliedstaaten nicht daran gehindert sind, den Vermutungsgrundsatz gemäß Art 2 Abs 5 auch „auf die ausschließlichen Rechte dieses Kapitels auszudehnen", nur im Sinn einer analogen Anwendung verstanden werden. Im Übrigen wären die in ErwG 19 vorgenommenen Änderungen[214] andernfalls nicht als Kompromiss zu verstehen und könnten ihren Zweck nicht erfüllen. Diese Auslegung wird durch die an das Europäische Parlament gerichteten Erläuterungen des Rats zum gemeinsamen Standpunkt bestätigt[215], wonach ErwG 19 die Änderungsvorschläge Nr 19 und 21 des Europäischen Parlaments wiedergeben soll. Diese Änderungsvorschläge verwiesen nämlich auf die Übertragungsvermutung für das Vermiet- und Verleihrecht als eine widerlegliche Vermutung, mit welcher ein Anspruch auf angemessene Vergütung nach Art 4 verbunden ist, wobei ausdrücklich davon die Rede war, dass dieser Artikel „analog" auf die Rechte der Vervielfältigung und Verbreitung anzuwenden sei.

4.3. Zulässige Regelungen einer Übertragungsvermutung

11 So wie dies für das Vermiet- und Verleihrecht zutrifft, ist die Regelung der möglichen Übertragungsvermutungen auch bei den Rechten des Kapitels II **erschöpfend**; andere als die in ErwG 19[216] und Art 2 Abs 7 beschriebenen Übertragungsvermutungen dürfen auch in Bezug auf die Rechte nach Kapitel II nicht vorgesehen werden. Solche Übertragungsvermutungen sind nicht zwingend vorzusehen; die Mitgliedsländer können hiervon auch zur Gänze Abstand nehmen. Wenn sich ein Mitgliedstaat aber für eine Übertragungsvermutung entscheidet, so ist er an die Voraussetzungen des Art 2 Abs 5[217] iVm der Vergütungsregelung nach Art 4, die analog anzuwenden sind, gebunden.

12 Demnach kann eine Übertragungsvermutung nur unter den **Voraussetzungen** vorgesehen werden, dass ein Vertrag zwischen einem ausübenden Künstler und einem Filmproduzenten über eine Filmproduktion vorliegt[218], die Vermutung sich auf die ausschließlichen Rechte der Aufzeichnung, Vervielfältigung, Verbreitung, Sendung oder öffentlichen Wiedergabe bezieht und die beiden Bedingungen des Art 2 Abs 5 erfüllt sind, nämlich dass es sich bloß um eine durch entgegenstehende vertragliche Vereinbarung widerlegbare Vermutung handelt, und der unverzichtbare Anspruch auf eine angemessene Vergütung analog Art 4 gewährt wird. Nach dem Konzept dieser Übertragungsvermutung wird dem ausübenden Künstler also eine angemessene Vergütung für jedes von der Übertragungsvermutung erfasste ausschließliche Recht als Kompensation für die

---

[214] Siehe oben Rz 9: Aufnahme des Verweises auf Art 2 Abs 5 an Stelle der vorherigen, bloßen widerleglichen Vermutung.

[215] Dokument vom 30.06.1992, 8.

[216] Zum zweiten Teil dieses Erwägungsgrunds siehe Rz 14 und 15.

[217] Stattdessen kann er auch die Lösung nach Art 2 Abs 7 Satz 2 wählen, siehe unten Rz 13.

[218] Siehe auch die Erläuterungen zum zweiten Teil des ErwG 19 Rz 14 und 15.

Schwächung seiner Stellung durch die Übertragungsvermutung garantiert. Der Vergütungsanspruch muss so wie in Art 4 Abs 2 festgelegt jedenfalls unverzichtbar sein, wobei auch die Möglichkeiten nach Art 4 Abs 3 und 4 entsprechend gewährleistet sein müssen.

An Stelle einer Vermutung im Sinn des Art 2 Abs 5 kann auch eine Regelung analog Art 2 Abs 7 Satz 1 vorgesehen werden, wie dies in **Art 2 Abs 7 Satz 2** selbst festgehalten ist. Demnach kann auch bestimmt werden, dass die Unterzeichnung des zwischen einem ausübenden Künstler und einem Filmproduzenten geschlossenen Vertrags über eine Filmproduktion als eine Ermächtigung zur Aufzeichnung, Vervielfältigung, Verbreitung, Sendung und/oder öffentlichen Wiedergabe zu betrachten ist, sofern der Vertrag eine angemessene Vergütung in Bezug auf jedes der von der Vermutung erfassten Rechte vorsieht. Darüber hinaus müssen die übrigen Voraussetzungen des Art 4 vorliegen, auf den Art 2 Abs 7 gleichfalls ohne Einschränkung verweist, also insbes die Unverzichtbarkeit des Vergütungsanspruchs und die Möglichkeiten nach Art 4 Abs 3 und 4. Es sei allerdings daran erinnert, dass Art 2 Abs 7 im Rahmen eines Kompromisses und nur im Hinblick auf die besonderen Verhältnisse in einem bestimmten Mitgliedstaat eingeführt wurde[219]. **13**

4.4. Sonstige Übertragungsvermutungen (ErwG 19 zweiter Teil)

Der **zweite Teil des ErwG 19** wurde zu einem sehr späten Zeitpunkt der Diskussionen in der Rats-Arbeitsgruppe hinzugefügt. Er ist das Resultat einer Meinungsverschiedenheit darüber, ob es den Mitgliedstaaten erlaubt sein soll, Übertragungsvermutungen für die Rechte des Kapitels II auch im Verhältnis zwischen ausübenden Künstlern einerseits und **Tonträgerherstellern** oder **Sendeunternehmen** anderseits vorzusehen. Ein Mitgliedstaat legte hierauf großen Wert, während die meisten anderen Mitgliedstaaten dies im Hinblick auf die erschöpfende Natur der Regelung ablehnten. Nach der Ansicht eines Mitgliedstaats stünde eine solche Übertragungsvermutung als Beschränkung der Künstlerrechte sogar mit dem Rom-Abkommen in Widerspruch und dürfe schon aus diesem Grund keinen Eingang in die Richtlinie finden. Dem widersprach wieder der zuerst erwähnte Mitgliedstaat, der auf der Möglichkeit einer solchen Vermutung bestand. Schließlich wurde ein Kompromiss in der Form des zweiten Teils des ErwG 19 gefunden. Er lässt die Frage der Vereinbarkeit mit dem Rom-Abkommen offen und gibt die offen gebliebene Meinungsverschiedenheit zwischen den Mitgliedstaaten wider. Dieser zweite Teil des ErwG 19 stellt deshalb keine verlässliche Auslegungshilfe dar und sollte von den Mitgliedstaaten bei der Umsetzung der Richtlinie besser nicht beachtet werden. **14**

Die Frage, ob die Richtlinie eine **Vermutung** der Übertragung von Rechten der ausübenden Künstler gemäß Kapitel II **außerhalb eines Filmproduktionsvertrages** zulässt, ist zu verneinen. Zunächst ist die Regelung der Übertragungsvermutungen in der Richtlinie erschöpfend[220]. Auch wäre es wenig sinnvoll, eine **15**

[219] Siehe Art 2 Rz 31 und 47.
[220] Vgl Art 2 Rz 36.

Übertragungsvermutung in Bezug auf das Vermietrecht nur für Filmproduktionsverträge, in Bezug auf die Rechte nach Kapitel II aber auch im Hinblick auf andere Verträge zuzulassen. Zudem wäre es wenig stimmig, die Voraussetzungen des Art 2 Abs 5 zwar für Übertragungsvermutungen bei Filmproduktionsverträgen zu fordern, nicht jedoch für andere Übertragungsvermutungen. Da der zweite Teil des ErwG 19 schließlich kaum eine brauchbare Auslegungshilfe darstellt, lässt sich aus dem ersten Teil dieses Erwägungsgrunds ableiten, dass in Bezug auf die ausschließlichen Rechte nach Kapitel II nur Übertragungsvermutungen in Bezug auf das Verhältnis zwischen ausübenden Künstlern und Filmproduzenten erlaubt sind.

Umsetzung in Deutschland und Österreich

1. Deutschland (v Lewinski)

16 Eine Änderung der Bestimmung des deutschen Urheberrechtsgesetzes im Hinblick auf die **Schranken** der verwandten Schutzrechte war nicht erforderlich, da Art 10 Abs 1 und 2 der Richtlinie den Bestimmungen des Art 15 des Rom-Abkommens entspricht, dem Deutschland angehört.

Die **Übertragungsvermutung** in Bezug auf Rechte der ausübenden Künstler, die an Filmproduktionen teilnehmen, musste allerdings in eine widerlegliche Vermutung, die sich nur auf die ausschließlichen Rechte der Künstler bezieht, geändert werden; dies ist durch eine Änderung des § 92 Abs 1 dUrhG erfolgt[221].

2. Österreich (Walter)

17 Eine Anpassung der leistungsschutzrechtlichen Bestimmungen der §§ 66ff öUrhG erfolgte weder mit der öUrhGNov 1993 noch mit der öUrhGNov 1996. Hinsichtlich der **Schrankenbestimmungen** war dies auch nicht erforderlich, da Art 10 Abs 1 und 2 dem Rom-Abkommen entspricht, dem Österreich mit Wirksamkeit vom 9. Juni 1973 angehört[222], und dem die vorgesehenen freien Nutzungen im Wesentlichen entsprechen[223]. Von der Möglichkeit einer freien Nutzung zu Gunsten ephemerer Vervielfältigungen für Sendezwecke hat der österr Gesetzgeber weder im Urheberrecht noch im Leistungsschutzrecht Gebrauch gemacht. Auf Einzelheiten der vorgesehenen freien Nutzungen soll hier nicht näher eingegangen werden.

18 Was ausübende Künstler im Bereich Film (Filmdarsteller) anlangt, ist auch im Zusammenhang mit den Rechten nach Kapitel II auf die Bestimmung des § 69 Abs 1 UrhG hinzuweisen. Liest man diese Vorschrift im Sinn einer gänzlichen Versagung der Vervielfältigungs- und Verbreitungsrechte, steht die Vorschrift jedenfalls mit der Vermiet- und Verleih-RL in Widerspruch. Interpretiert man sie im Sinn einer ***cessio legis*** nach § 38 Abs 1 öUrhG, gilt das zu dieser Bestimmung Gesagte entsprechend[224]. Die *cessio legis* entspricht weder Art 2 Abs 5 noch Art 2

---

[221] Siehe dazu auch schon oben Art 2 Rz 59.

[222] Die erforderlichen Adaptierungen des österr Rechts erfolgten mit öUrhGNov 1972.

[223] Siehe dazu *Walter*, Die Zulässigkeit freier Werknutzungen im Bereich des Vortrags- und Aufführungsrechts aus der Sicht des Berner Verbandsrechts, ÖBl 1974, 77.

[224] Vgl dazu oben Art 2 Rz 63.

Abs 7 Vermiet- und Verleih-RL, da die Vermutung nicht klar als widerleglich ausgestaltet ist oder eine schriftliche Vereinbarung vorsieht, und in beiden Fällen auch kein Anspruch auf angemessene Vergütung besteht[225].

Kapitel III Schutzdauer

Artikel 11 und 12 Dauer der Urheberrechte und der verwandten Schutzrechte

Text

Artikel 11 Dauer der Urheberrechte

Unbeschadet einer weiteren Harmonisierung erlöschen die in dieser Richtlinie genannten Rechte der Urheber nicht vor Ablauf der Frist, die in der Berner Übereinkunft zum Schutz von Werken der Literatur und Kunst vorgesehen ist.

Artikel 12 Dauer der verwandten Schutzrechte

Unbeschadet einer weiteren Harmonisierung erlöschen die in dieser Richtlinie genannten Rechte der ausübenden Künstler, Tonträgerhersteller und Sendeunternehmen nicht vor Ablauf der entsprechenden Fristen, die im Rom-Abkommen vorgesehen sind. Die in dieser Richtlinie genannten Rechte der Hersteller von erstmaligen Aufzeichnungen von Filmen erlöschen nicht vor Ablauf einer Frist von zwanzig Jahren, gerechnet vom Ende des Jahres an, in dem die Aufzeichnung erfolgte.

Kommentar

Art 11 und 12 waren nur bis zur Annahme der Schutzdauer-RL maßgebend, mit **1**
welcher die urheberrechtlichen und leistungsschutzrechtlichen Schutzfristen harmonisiert wurden. Die Schutzdauer-RL war bis zum 1. Juli 1995 umzusetzen. Beide Artikel sind inzwischen durch Art 11 Abs 2 Schutzdauer-RL **aufgehoben worden**.

Art 11 hatte für das Vermiet- und Verleihrecht der Urheber im Hinblick auf die **2**
zu erwartende Harmonisierung durch die Schutzdauer-RL nur die **Mindestschutzdauer** von 50 Jahren pma aus Art 7 RBÜ 1967/71 übernommen.

Da in einigen Mitgliedstaaten verwandte Schutzrechte erstmals auf Grund der **3**
Vermiet- und Verleih-RL eingeführt werden sollten, war zunächst geplant, eine umfassende Harmonisierung der Schutzdauer schon im Rahmen der Vermiet- und Verleih-RL vorzunehmen. Allerdings wurde die Schutzdauerregelung noch während der Erstellung des ursprünglichen RL-Vorschlags aus der Vermiet- und Verleih-RL abgespalten und letztlich einer eigenständugen, nämlich der Schutzdauer-RL vorbehalten. Bis zur Annahme der Schutzdauer-RL sollten aber wenigstens die **Mindestschutzfristen des Rom-Abkommens** von 20 Jahren gelten.

---

[225] Zu den gesetzlichen Vergütungsansprüchen siehe Art 2 Rz 63.

Die Mindestschutzfrist war nach Art 14 Rom-Abkommen für ausübende Künstler grundsätzlich ab Darbietung, für auf Tonträgern festgelegte Darbietungen ebenso wie für die Tonträger selbst ab Festlegung und für Funksendungen ab Sendung, jeweils vom Ende des entsprechenden Jahres zu berechnen. Da das Rom-Abkommen keine **Filmherstellerrechte** regelt, wurde für diese gleichfalls eine Mindestschutzfrist von 20 Jahren ab Ende des Jahres der ersten Aufzeichnung festgelegt. Ab 1. Juli 1995 gilt jetzt aber die harmonisierte Schutzfrist von 50 Jahren nach Art 3 Schutzdauer-RL.

Kapitel IV Gemeinsame Vorschriften

Artikel 13 Zeitliche Anwendbarkeit

Art 13 befasst sich mit der zeitlichen Anwendbarkeit der Bestimmungen dieser Richtlinie, also der Frage, von welchem Zeitpunkt an und inwieweit sie Anwendung finden. Abs 1 und 2 enthalten die Grundregeln, Abs 3 bis 9 beziehen sich auf besondere Sachverhalte.

Übersicht

Text

Artikel 13 Zeitliche Anwendbarkeit

(1) Diese Richtlinie findet auf alle von dieser Richtlinie erfaßten urheberrechtlich geschützten Werke, Darbietungen, Tonträger, Sendungen und erstmaligen Aufzeichnungen von Filmen Anwendung, deren Schutz durch die Rechts-

vorschriften der Mitgliedstaaten auf dem Gebiet des Urheberrechts und der verwandten Schutzrechte am 1. Juli 1994 noch besteht oder die zu diesem Zeitpunkt die Schutzkriterien im Sinne dieser Richtlinie erfüllen.

(2) Diese Richtlinie findet unbeschadet etwaiger vor dem 1. Juli 1994 erfolgter Nutzungshandlungen Anwendung.

(3) Die Mitgliedstaaten können vorsehen, daß davon auszugehen ist, daß die Rechtsinhaber die Vermietung oder das Verleihen eines in Artikel 2 Absatz 1 bezeichneten Gegenstands gestattet haben, wenn dieser nachweislich vor dem 1. Juli 1994 Dritten zu den genannten Zwecken überlassen oder erworben worden ist. Die Mitgliedstaaten können insbesondere im Falle von Digitalaufnahmen jedoch vorsehen, daß die Rechtsinhaber einen Anspruch auf eine angemessene Vergütung für die Vermietung oder das Verleihen des betreffenden Gegenstands haben.

(4) Die Mitgliedstaaten brauchen Artikel 2 Absatz 2 auf vor dem 1. Juli 1994 geschaffene Filmwerke und audiovisuelle Werke nicht anzuwenden.

(5) Die Mitgliedstaaten können festlegen, von wann an Artikel 2 Absatz 2 Anwendung finden soll; der Zeitpunkt darf jedoch nicht nach dem 1. Juli 1997 liegen.

(6) Unbeschadet des Absatzes 3 und vorbehaltlich der Absätze 8 und 9 werden Verträge, die vor der Annahme dieser Richtlinie geschlossen worden sind, von ihr nicht berührt.

(7) Vorbehaltlich der Absätze 8 und 9 können die Mitgliedstaaten vorsehen, daß bei Rechtsinhabern, die gemäß den zur Umsetzung dieser Richtlinie erlassenen nationalen Rechtsvorschriften neue Rechte erwerben und vor dem 1. Juli 1994 einer Nutzung zugestimmt haben, davon ausgegangen wird, daß sie die neuen ausschließlichen Rechte abgetreten haben.

(8) Die Mitgliedstaaten können festlegen, von wann an das unverzichtbare Recht auf eine angemessene Vergütung nach Artikel 4 besteht; dieser Zeitpunkt darf jedoch nicht nach dem 1. Juli 1997 liegen.

(9) Bei vor dem 1. Juli 1994 geschlossenen Verträgen kommt das unverzichtbare Recht auf eine angemessene Vergütung gemäß Artikel 4 nur zur Anwendung, wenn die Urheber oder die ausübenden Künstler oder deren Vertreter vor dem 1. Januar 1997 einen entsprechenden Antrag stellen. Können sich die Rechtsinhaber nicht über die Höhe der Vergütung einigen, so können die Mitgliedstaaten die Höhe der angemessenen Vergütung festsetzen.

Kommentar

1. Entstehungsgeschichte und allgemeine Bemerkungen

Während man diesem Artikel zu Beginn der Verhandlungen kaum Aufmerksamkeit schenkte, wurde er in einem späteren Stadium des Rechtssetzungsverfahrens zu einem der zentralen Probleme. Es ist ein allgemeine Erfahrung, dass die **übergangsrechtlichen Bestimmungen** zunächst oft wenig beachtet werden, obwohl sie außerordentlich wichtig sind. Sie legen nämlich die Auswirkungen bestimmter Vorschriften fest und können diese weitgehend reduzieren und gelegentlich sogar aufheben. Das Übergangsrecht ist deshalb für die wirtschaftlichen Auswirkungen der Richtlinienvorschriften von großer Bedeutung. Die zu Art 13 geführten Diskussionen spiegeln die unterschiedlichen und eher festgefahrenen Positionen der interessierten Kreise wider. **1**

2 Der **ursprüngliche RL-Vorschlag** strebte einen hohen Grad der Harmonisierung und daher einen möglichst weiten Anwendungsbereich der Richtlinie an. Die Vorschriften der Vermiet- und Verleih-RL sollten deshalb auf alle zum vorgesehenen Umsetzungszeitpunkt geschützten Werke und Schutzgegenstände anwendbar sein. Das **Europäische Parlament** ließ sich vor allem die bestehenden Verträge angelegen sein. Während der Wirtschafts- und der Kulturausschuss Änderungsanträge ablehnten, die darauf abzielten, alle bestehenden Verträge vom Anwendungsbereich der Richtlinie zur Gänze auszunehmen, nahm der Rechtsausschuss des Europäischen Parlaments einen solchen Vorschlag an; zugleich wurde ein anderer Vorschlag abgelehnt, wonach bestehende Verträge nicht vollständig ausgenommen werden, sondern innerhalb eines Zeitraums von drei Jahren nach Inkrafttreten der Richtlinie angepasst werden sollten. Diese vermittelnde Lösung wurde im Plenum neuerlich vorgeschlagen und von diesem in Erster Lesung schließlich auch angenommen.

Die Kommission übernahm diesen Vorschlag in einer etwas klareren Fassung in den **geänderten RL-Vorschlag** und fügte einen neuen zweiten Absatz hinzu. Davon abgesehen sah der geänderte Vorschlag unter bestimmten Voraussetzungen noch eine Ausnahme vom ausschließlichen Vermiet- und Verleihrecht für vorhandene Bestände vor.

3 Die **Rats-Arbeitsgruppe** konzentrierte sich gleichfalls auf diese Fragen, nämlich die zuletzt erwähnte Ausnahme zu Gunsten des Bestands bereits vorhandener Vervielfältigungsstücke in Vermiet- und Verleiheinrichtungen sowie auf den Schutz bestehender Verträge. Zunächst wollten die Mitgliedstaaten den Bestand an Tonträgern und/oder Filmen, den Vermiet- und Verleiheinrichtungen zum Zweck der Vermietung oder des Verleihs im Vertrauen darauf erworben hatten, diese Tätigkeiten fortführen zu können, von der Anwendung der neuen ausschließlichen Rechte zur Gänze ausnehmen. Ohne eine solche Ausnahme hätten Rechtsinhaber die Vermietung oder auch den Verleih vollständig verbieten und diese Einrichtungen in ihrem Fortbestand stark beeinträchtigen und sogar gefährden können. Die Mitgliedstaaten einigten sich in Art 13 Abs 3 auf einen solchen **Bestands- bzw Vertrauensschutz**.

4 Die Diskussion über den **Schutz bestehender Verträge** gestaltete sich schwieriger. Die meisten Mitgliedstaaten wollten diese völlig von der Anwendung der Richtlinie ausnehmen, um zu vermeiden, dass bestehende Verträge etwa zwischen Urhebern und Filmproduzenten neu hätten verhandelt werden müssen – eine oft langwierige und für den Produzenten bzw den Vertrieb behindernde Lösung. Die vom Europäischen Parlament vorgeschlagene vermittelnde Lösung, die Gewährung eines dreijährigen Übergangszeitraums zur Vertragsanpassung, ging den meisten Mitgliedstaaten nicht weit genug. Diesen Mitgliedstaaten wurden im Zug der Diskussionen im Rat allerdings die Konsequenzen der von ihnen angestrebten Lösung für Urheber und Künstler dargelegt. Die vollständige Ausnahme bestehender Verträge hätte nämlich bedeutet, dass Urheber und Künstler, die auf Grund eines vor Annahme der Richtlinie geschlossenen Vertrags bei einem Tonträger oder Film mitgewirkt haben, keinerlei Nutzen aus dem Vermietrecht und den anderen durch die Richtlinie neu gewährten Rechten hätten ziehen können. Zugleich wären die Produzenten nicht nur der Notwendigkeit

enthoben gewesen, diese Rechte von Urhebern und Künstlern zu erwerben, sie wären auch die einzigen Rechtsinhaber gewesen, denen die Vergütungen für die Verwertung der bestehenden Beiträge von Urhebern und Künstlern zugute gekommen wären. Die Richtlinie hätte also in Bezug auf die künftige Verwertung des gesamten bestehenden Repertoires nur den Verwertern von Werken und Darbietungen, insbes also den Tonträger- und Filmherstellern, nicht aber Urhebern und ausübenden Künstlern einen Rechtsschutz gewährt.

Angesichts dieser Konsequenzen stellte die Kommission in der Rats-Arbeitsgruppe einen besser ausgeglichenen Vorschlag zur Diskussion, der sowohl die Interessen der Produzenten als auch diejenigen der Urheber und ausübenden Künstler berücksichtigte. Danach sollte einerseits kein neuerlicher Rechtserwerb erforderlich sein, dessen ungeachtet sollten Urheber und ausübende Künstler aber zumindest an den zukünftigen Einnahmen aus der Verwertung ihrer Werke und Leistungen angemessen beteiligt werden. „Altverträge" sollten grundsätzlich von der Richtlinie unberührt bleiben, den Mitgliedstaaten sollte aber freistehen, unwiderlegliche **Übertragungsvermutungen** in Bezug auf die neu eingeführten Rechte vorzusehen. Als Ausgleich dafür sollten die Mitgliedstaaten verpflichtet sein, einen Anspruch auf eine **angemessene Vergütung** nach dem Muster von Art 4 zu gewähren. Viele Mitgliedstaaten wollten diesen Vergütungsanspruch nicht vorsehen, da sie praktische Probleme beim Auffinden von Urhebern und Künstlern alter Filme und Tonträger befürchteten. Diesen Bedenken wurde dadurch Rechnung getragen, dass für den Vergütungsanspruch nach Art 4 eine Übergangsfrist bis zum 1. Juli 1997 gewährt wurde: In Bezug auf „Altverträge" sollte der Vergütungsanspruch nur dann Anwendung finden, wenn ihn die Urheber und Künstler bis zum 1. Januar 1997 geltend machen (Art 13 Abs 8 und 9).

2. Anwendung auf bestehende Werke und Leistungen (Abs 1)

2.1. Die alternativen Kriterien

Abs 1 enthält **zwei alternative Voraussetzungen** für die Anwendung der Richtlinie auf die von ihr erfassten Schutzgegenstände. Bestehende Werke und Leistungen werden dann von der Richtlinie erfasst, wenn sie entweder nach den Rechtsvorschriften der Mitgliedstaaten auf dem Gebiet des Urheberrechts und der verwandten Schutzrechte zum Stichzeitpunkt 1. Juli 1994 noch geschützt waren oder sie zu diesem Zeitpunkt die Schutzkriterien der Richtlinie erfüllten. **5**

2.2. Bestehender Schutz nach nationalem Recht

Die Richtlinie erfasst deshalb alle Werke, Darbietungen, Tonträger, Sendungen **6**
und erstmaligen Aufzeichnungen von Filmen[226], die am 1. Juli 1994 nach dem nationalen Recht eines Mitgliedstaates noch **geschützt waren**. Lief zB der Schutz für ein Werk in einem Mitgliedstaat am 31. Dezember 1993 aus, so war das Werk am 1. Juli 1994 in diesem Mitgliedstaat nicht mehr geschützt und deshalb dort von der Richtlinie nicht erfasst. Ist dasselbe Werk in einem anderen Mitgliedstaat aber etwa bis zum 31. Dezember 2013 geschützt, so war es am 1. Juli 1994 in diesem

[226] Erläuterungen zu diesen Begriffen Art 2 Rz 18 bis 22; Art 6 Rz 5.

Mitgliedstaat noch geschützt und ist daher dort von der Richtlinie erfasst, so dass dem Urheber in diesem Mitgliedstaat das Vermiet- und Verleihrecht gewährt werden muss.

2.3. Erfüllung der Schutzkriterien der Richtlinie

7 Die Anknüpfung an den in den einzelnen Mitgliedstaaten zum Stichzeitpunkt 1. Juli 1994 bestehenden Schutz versagt aber in Mitgliedsländern, die für einen bestimmten Schutzgegenstand bisher keinen Schutz vorgesehen hatten. Daher wurde nach dem Muster des Art 70 TRIPs-Abkommen[227] ergänzend vorgesehen, dass die Richtlinie auch auf Schutzgegenstände anwendbar ist, die zum Stichzeitpunkt 1. Juli 1994 die **Schutzkriterien** der Vermiet- und Verleih-RL selbst erfüllen. Danach ist die Richtlinie auch auf alle von ihr erfassten, im nationalen Recht einzelner Mitgliedstaaten aber am 1. Juli 1994 (noch) nicht geschützten Schutzgegenstände anwendbar. Dieses Anwendungskriterium richtete sich vor allem an diejenigen Mitgliedstaaten, die noch keinen Schutz verwandter Schutzrechte kannten.

8 Die Richtlinie bestimmt die **Schutzkriterien** für Darbietungen, Tonträger, Sendungen und erstmalige Aufzeichnungen von Filmen allerdings nur in wenigen Fällen ausdrücklich. So ergibt sich aus Art 6 Abs 2 und 3, welche Sendungen nach der Richtlinie geschützt sind, und aus Art 2 Abs 1 vierter Fall, für welche Filme ein Filmhersteller nach der Richtlinie geschützt ist. Für die anderen Schutzgegenstände fehlen ausdrückliche Definitionselemente; zu den von der Richtlinie unterstellten Schutzkriterien in diesen Fällen sei auf die Erläuterungen zur Auslegung der betreffenden Begriffe verwiesen[228].

9 Zu den allgemeinen Schutzkriterien im Sinn der Richtlinie gehört auch die **Schutzdauer**. Wenn etwa in einem Mitgliedstaat am 1. Juli 1994 kein Schutz für Tonträger bestand, so ist die Richtlinie dennoch auf all diejenigen Tonträger im Sinn der Richtlinie anwendbar, die bei Anwendung der Mindestschutzdauer nach Art 12 geschützt gewesen wären. Demnach müsste ein Tonträger, der im Jahr 1974 aufgezeichnet wurde, zumindest bis zum Ende des Jahres 1994 Schutz genossen und folglich am 1. Juli 1994 die Schutzkriterien der Richtlinie erfüllt haben. Wurde der Tonträger im Jahr 1973 aufgezeichnet, so wäre der Mindestschutz der Richtlinie nur bis zum Ende des Jahres 1993 gelaufen, so dass die Schutzkriterien am 1. Juli 1994 nicht erfüllt gewesen wären. Obwohl Art 12 inzwischen aufgehoben wurde, ist er also noch zur Anwendung des Art 13 Abs 1 in seiner zweiten Alternative (Schutzkriterien) heranzuziehen.

Die Mindestschutzdauer ist als implizites Schutzkriterium anzusehen, da sonst alle von der Richtlinie, nicht aber vom nationalen Recht erfassten Schutzgegenstände ohne zeitliche Begrenzung zu schützen wären. Bei der Einführung der verwandten Schutzrechte mussten die Mitgliedstaaten deshalb alle bestehenden Darbietungen, Tonträger, Sendungen und Filme schützen, die am 1. Juli 1994

---

[227] Zur Zeit der Diskussionen in der Rats-Arbeitsgruppe handelte es sich noch um Art 70 des „Dunkel-Texts“ vom Dezember 1991.

[228] Siehe insbes die Ausführungen zu den Begriffen „Darbietungen“ und „Tonträger“ Art 2 Rz 18 und 19.

nicht „älter“ als 20 Jahre[229] waren. In Bezug auf ältere Schutzgegenstände stand es den Mitgliedstaaten frei, ob sie Schutz gewähren wollten oder nicht. Die Schutzdauer und deren zeitliche Anwendbarkeit sind inzwischen ausschließlich in der Schutzdauer-RL geregelt.

3. Nichtrückwirkungsgrundsatz (Absatz 2)

Abs 2 stellt klar, dass die Richtlinie auf in der Vergangenheit liegende Verwer- **10**
tungshandlungen nicht rückwirkend anwendbar ist und nur künftige Verwertungshandlungen erfasst. Anders als Abs 1 bezieht sich diese Bestimmung nicht auf die geschützten Werke und Schutzgegenstände, sondern nur auf die **Nutzungshandlungen**, wie die Vermietung eines Tonträgers, die Aufzeichnung einer Sendung, die Vervielfältigung einer Darbietung oder Sendung bzw die Übertragung eines Konzertes über Lautsprecher. Anders als Abs 3 und 6 bis 9 bezieht sich diese Vorschrift auch nicht auf Verträge.

Nutzungshandlungen, die vor dem 1. Juli 1994 erfolgt sind, werden von der **11**
Richtlinie nicht berührt. „**Erfolgt**“ ist eine Nutzungshandlung in diesem Zusammenhang nur, wenn sie abgeschlossen, beendet ist. Das Vermieten oder Verleihen wird in diesem Sinn mit dem Zeitpunkt der Übergabe an den Mieter bzw Ausleiher als „erfolgt“ anzusehen sein, und nicht erst mit der Rückgabe des Gegenstands. Bei Verbreitungshandlungen wie dem Verkauf wird davon auszugehen sein, dass eine Übergabe des Verkaufsgegenstands (auch ein Übergabesurrogat dürfte reichen) erfolgt sein muss, und dass der Abschluss eines Kaufvertrages nicht ausreicht. Bei Nutzungshandlungen, die sich über eine längere Zeitdauer erstrecken, wie etwa die Aufzeichnung der Darbietungen eines Schauspielers in einem Film im Lauf mehrerer Monate, wird die Aufzeichnung nur dann als vor dem 1. Juli 1994 „erfolgt“ anzusehen sein, wenn im Wesentlichen der gesamte Film oder eine Folge einer Serie vor diesem Zeitpunkt „abgedreht“ worden ist.

4. Vermiet- und Verleihrecht und Altbestand (Absatz 3)

4.1. Vertrauensschutz

Nach Abs 3 können die Mitgliedstaaten unterstellen, dass die Rechtsinhaber die **12**
Vermietung oder das Verleihen gestattet haben, wenn der betreffende Gegenstand nachweislich vor dem 1. Juli 1994 erworben oder zu diesen Zwecken überlassen worden ist[230]. Damit sollen Vermiet- und Verleiheinrichtungen geschützt werden, die vor dem genannten Stichzeitpunkt von der Richtlinie erfasste Schutzgegenstände wie Compact Disks erworben oder zum Zweck der Vermietung oder des Verleihs anderweitig rechtmäßig erhalten haben. Die Mitgliedstaaten können das Vertrauen solcher Einrichtungen darauf schützen, die am 1. Juli 1994 zu ihrem **Bestand** gehörenden Schutzgegenstände auch weiterhin vermieten oder verleihen zu dürfen, ohne mit Verbotsansprüchen der Rechtsinhaber kon-

---

229 Nach den Kriterien des Art 12.

230 Andere Sprachfassungen, insbes die englische, französische und spanische, zeigen deutlicher als die deutsche, dass nur die anderweitige Überlassung, nicht aber der Erwerb zu den genannten Zwecken erfolgt sein muss. Vgl zB die englische Fassung: „*… to have been made available to third parties for this purpose or to have been acquired before 1 July 1994.*“

frontiert zu werden. Unter Rechtsinhabern sind alle gegebenenfalls betroffenen Inhaber von Schutzrechten zu verstehen, wie zB Komponisten, Musiker und Tonträgerhersteller. Die Formulierung, wonach von der Zustimmung der Berechtigten „auszugehen" ist, kann insbes im Weg einer gesetzlichen Fiktion oder einer unwiderleglichen Vermutung der Zustimmung umgesetzt werden.

13 Die Gegenstände müssen vor dem 1. Juli 1994 entweder zu **Eigentum erworben** oder zum Zweck der Vermietung bzw des Verleihs überlassen worden sein. Die Alternative der **Überlassung** war notwendig, um auch diejenigen Fälle zu erfassen, in denen Vermiet- und Verleiheinrichtungen Compact Disks, Bücher, Videokassetten etc für Zwecke des Vermietens oder Verleihs nicht kaufen, sondern selbst nur anmieten, wie bei der Videovermietung. „Dritte" im Sinn dieser Bestimmung sind alle Personen oder Unternehmen, die nicht selbst zu den betroffenen Rechtsinhabern gehören; im Zusammenhang mit Abs 3 handelt es sich regelmäßig um Vermiet- bzw Verleiheinrichtungen.

14 Nach Abs 3 ist der Erwerb bzw die Überlassung des Gegenstands vor dem 1. Juli 1994 nachzuweisen. Wie dieser **Nachweis** im Einzelnen zu führen ist, bleibt den Mitgliedstaaten überlassen; die Richtlinie beabsichtigte nicht, in die nationalen Beweisregelungen einzugreifen. In der Praxis sind mehrere Möglichkeiten des Nachweises denkbar, zB eine besondere Kennzeichnung aller nach dem Stichzeitpunkt erworbenen Gegenstände oder die Datumsangabe auf dem Lieferschein etc.

15 In der Rats-Arbeitsgruppe war umstritten, bis zu welchem **Zeitpunkt** ein schützenswertes Interesse an einem solchen Vertrauensschutz anzunehmen ist. Einige Mitgliedstaaten nahmen dies über den 1. Juli 1994 hinaus bis zum Zeitpunkt der tatsächlichen (und nicht nur vorgeschriebenen) Umsetzung der Richtlinie in das jeweilige nationale Recht an. Andere Mitgliedstaaten sprachen sich gegen einen zu weitreichenden Vertrauensschutz aus, da das Vertrauen auf den Fortbestand des geltenden Rechts nur bis zum vorgeschriebenen Umsetzungszeitpunkt schützenswert sei. Außerdem verleite ein längerer Zeitraum Vermiet- und Verleiheinrichtungen dazu, ihren Bestand noch stark auszubauen, um das ausschließliche Vermietrecht so weit wie möglich hinauszuschieben. Schließlich einigte man sich auf den vorgegebenen Umsetzungszeitpunkt, und damit den 1. Juli 1994.

4.2. Vergütungsanspruch

16 Macht ein Mitgliedstaat von der Ausnahmemöglichkeit zu Gunsten des Altbestands Gebrauch, kann es – insbes im Fall von Digitalaufnahmen – als Ausgleich einen Anspruch auf angemessene Vergütung gewähren (Satz 2). Diese Bestimmung geht auf den Vorschlag zurück, der erst zu einem späten Zeitpunkt von einem Mitgliedstaat in die Verhandlungen im Rat eingebracht wurde. Der Vorschlag sollte die Möglichkeit einer besser ausgewogenen Lösung betonen. Der Vertrauensschutz zu Gunsten der Vermiet- und Verleiheinrichtungen lasse sich mit den Interessen der Rechtsinhaber durch Einführung eines Anspruchs auf **angemessene Vergütung** kombinieren: Die Vermiet- und Verleiheinrichtungen sollten zwar in ihrer Tätigkeit nicht durch Verbotsrechte behindert werden, es sei ihnen die Zahlung einer angemessenen Vergütung an die Rechtsinhaber aber zuzumuten. Dies gelte insbes auch im Hinblick darauf, dass gemietete oder geliehene Vervielfältigungsstücke häufig zum privaten Gebrauch vervielfältigt würden, wodurch Rechteinhaber gerade bei digitalen, mit keinem Qualitätsverlust verbundenen Kopien starke finanzielle Einbußen erlitten. Der Vergütungsanspruch kann, muss aber nicht vorgesehen werden.

Mitgliedstaaten können also im Zusammenhang mit dem Bestandsschutz des Abs 3 für die jeweils betroffenen Rechtsinhaber im Sinn des Art 2 Abs 1 einen Vergütungsanspruch für die Vermietung bzw den Verleih vorsehen. Dabei soll die besondere Erwähnung der Digitalaufnahmen nur die große Bedeutung eines Vergütungsanspruchs in diesem Falle unterstreichen. Die Mitgliedstaaten sind aber darin frei, einen Vergütungsanspruch für alle digitalen, oder auch nur für andere als digitale Aufnahmen bzw für jegliche Vermiet- und Verleihgegenstände vorzusehen. Gewährt ein Mitgliedstaat einen Vergütungsanspruch, so findet dieser nach dem Grundsatz der Nichtrückwirkung (Abs 2) auf alle Vermiet- bzw Verleihhandlungen nach dem 1. Juli 1994 Anwendung. **17**

5. Filmurheberschaft und Übergangsregelung bei Altfilmen (Absätze 4 und 5)

Nach Art 2 Abs 2 ist hinsichtlich des Vermiet- und Verleihrechts jedenfalls der Hauptregisseur eines Films als **Filmurheber** anzusehen. Abs 4 gestattet den Mitgliedstaaten aber, diese zwingende Regel nicht auf Filme anzuwenden, die vor dem 1. Juli 1994 geschaffen worden sind (**Altfilme**)[231]. Durch dieses Zugeständnis sollte den Mitgliedstaaten, die den Filmregisseur bisher noch nicht als Urheber anerkannt haben, die Anwendung dieser Vorschrift erleichtert werden. Solche Mitgliedsländer sollten die Möglichkeit haben, dem Hauptregisseur das Vermiet- und Verleihrecht nur für Filme zuzuerkennen, die nach dem 1. Juli 1994 geschaffen wurden. Damit kommt diesen Regisseuren die Richtlinie für Altfilme auch für künftige Verwertungshandlungen nicht zugute. **18**

Davon abgesehen können die Mitgliedstaaten nach der Übergangsvorschrift des Abs 5 auch vorsehen, dass den Hauptregisseuren das Vermiet- und Verleihrecht nur für Vermietungen und Verleihvorgänge zustehen soll, die nach dem 1. Juli 1997 stattfinden. Anders als nach Abs 4 wird also nicht auf eine ganze Kategorie von Filmen (Altfilme), sondern nur auf den **Zeitpunkt der Vermiet- und Verleihhandlungen** abgestellt. So konnte also ein Vermiet- und Verleihrecht für Vermietungen und den Verleih bis zum 1. Juli 1997 auch für die nach dem 1. Juli 1994 geschaffenen Filme versagt werden, für welche die Filmurheberschaft von Hauptregisseuren jedenfalls anzuerkennen ist. **19**

Aus der möglichen **Kombination der Abs 4 und 5** ergeben sich folgende mögliche Situationen: **20**

a) Macht ein Mitgliedstaat weder von der Möglichkeit des Abs 4 noch von derjenigen nach Abs 5 Gebrauch, so genießen Filmregisseure das Vermiet- und Verleihrecht in Bezug auf alle ab dem 1. Juli 1994 erfolgenden Vermiet-

---

[231] Vgl dazu auch die entsprechende Übergangsregelung zur Filmurheberschaft in Art 10 Abs 4 Schutzdauer-RL und dazu *Walter* Art 10 Rz 27.

und Verleihhandlungen für alle von ihnen geschaffenen Filme, einschließlich der Altfilme.

b) Wendet ein Mitgliedstaat nur Abs 4 an, genießen Filmregisseure das Vermiet- und Verleihrecht in Bezug auf alle ab dem 1. Juli 1994 erfolgenden Vermiet- und Verleihhandlungen, jedoch nur für neue, also nach dem 1. Juli 1994 gedrehte Filme.

c) Wird dagegen nur von der Möglichkeit des Abs 5 Gebrauch gemacht, genießen Filmregisseure das Vermiet- und Verleihrecht in Bezug auf alle ab dem 1. Juli 1997 (oder einem anderen zwischen dem 1. Juli 1994 und 1. Juli 1997 liegenden Zeitpunkt) erfolgenden Nutzungshandlungen, und zwar für neue Filme ebenso wie für alte.

d) Werden die Möglichkeiten der Abs 4 und 5 aber kumulativ angewendet, so genießen Filmregisseure das Vermiet- und Verleihrecht nur für ab dem 1. Juli 1997 erfolgende Vermiet- und Verleihhandlungen und dies nur für nach dem 1. Juli 1994 geschaffene Filme.

6. Altverträge und Vergütungsanspruch (Absätze 6 und 7)

21 Die Absätze 6 und 7 befassen sich mit der Anwendung der Richtlinie auf **Altverträge**. Der Vergütungsanspruch nach Art 4 ist allerdings ausschließlich, und damit sowohl für Altverträge wie für Neuverträge, in den Abs 8 und 9 geregelt. Abs 3 ist dagegen eine Sondervorschrift, die das Verhältnis zwischen Rechtsinhabern und Vermiet- bzw Verleiheinrichtungen für die Altbestände regelt.

6.1. Altverträge (Grundregel)

22 Unbeschadet des Bestandsschutzes nach Abs 3 und vorbehaltlich des Vergütungsanspruchs nach Abs 8 und 9 werden Verträge, die vor der Annahme dieser Richtlinie, also vor dem 19. November 1992, geschlossen worden sind, von ihr nicht berührt. Im Unterschied zu der Vorschrift des Abs 7 ist **Abs 6 zwingend**. Erfasst sind Verträge zwischen Rechtsinhabern und Nutzern ebenso wie Verträge zwischen verschiedenen Rechtsinhabern, etwa zwischen Urhebern oder ausübenden Künstlern einerseits und Produzenten anderseits. Die Diskussionen in der Rats-Arbeitsgruppe konzentrierten sich auf Verträge zwischen verschiedenen Rechtsinhabern.

6.2. Fakultative Übergangsregelung

23 Nach **Abs 7** haben die Mitgliedstaaten die Möglichkeit, abweichend von der zuvor beschriebenen Regelung vorzusehen, dass die von Rechtsinhabern vor dem 1. Juli 1994 erteilte Zustimmung zu einer Nutzung auch im Sinn einer Abtretung der infolge Umsetzung der Vermiet- und Verleih-RL entstandenen neuen Rechte zu verstehen ist. Eine solche Zustimmung wird gewöhnlich in einem schriftlichen oder mündlichen **Vertrag** erteilt, die Richtlinie setzt aber ein Vertragsverhältnis nicht voraus; auch die einseitige Zustimmung zur Verwertung des Werks oder der künstlerischen Leistung reicht aus. Als **neue Rechte** im Sinn dieser Übergangsregelung sind das Vermiet- und Verleihrecht und alle ausschließlichen Rechte nach Kapitel II dieser Richtlinie zu verstehen, soweit sie in einem bestimmten Mitgliedstaat für bestimmte Rechtsinhaber im nationalen Recht erstmals durch die Umsetzung der Vermiet- und Verleih-RL vorgesehen werden. Abs 7 ist also nur auf die ausschließlichen Rechte nach der Richtlinie anzuwenden, nicht aber auf die Vergütungsansprüche. Dies folgt aus dem ausdrücklichen Hinweis auf die „neuen ausschließlichen Rechte", dem Vorbehalt der Abs 8 und 9 und dem Zweck der Vorschrift, die Produzenten von der Notwendigkeit eines Rechtserwerbs zu entlasten.

Dem Produzenten soll die Verwertung neuer, Urhebern bzw ausübenden Künstlern auf Grund der Richtlinie zuerkannter Rechte für den Fall erleichtert werden, dass vor dem 1. Juli 1994 geschlossene Verträge nur die allgemeine Zustimmung zur Verwertung, aber keine ausdrückliche Verfügung über die neuen Rechte enthielten. So ist es etwa denkbar, dass ein bestimmter Mitgliedstaat ausübenden Künstlern vor dem 1. Juli 1994 noch kein ausschließliches Vermietrecht gewährte und ein Künstler daher in seinem Vertrag mit dem Film- oder Tonträgerproduzenten nur der Verwertung im Allgemeinen oder unter Bezugnahme auf die bestehenden Rechte, nicht aber auf das noch nicht bekannte Vermietrecht zugestimmt hat. Für solche Fälle können die Mitgliedstaaten eine gesetzliche Fiktion bzw eine unwiderlegliche Vermutung vorsehen, dass die ausübenden Künstler das ausschließliche Vermietrecht an den Produzenten abgetreten haben. Die **Vermutung der Zustimmung** des Rechtsinhabers kann aber auch an bestimmte Bedingungen geknüpft werden. So könnte als Bedingung etwa festgelegt werden, dass die Vermietung von Videokassetten, Compact Disks etc oder andere Nutzungshandlungen zum Zeitpunkt des Vertragsabschlusses nicht unbekannt waren.

Wie bereits erwähnt, ist **Abs 7 fakultativ**[232] und deshalb nicht zwingend umzusetzen. Macht ein Mitgliedstaat von dieser Möglichkeit Gebrauch, tritt diese Regelung insoweit an die Stelle des Grundsatzes nach Abs 6, wonach Altverträge unberührt bleiben. **24**

6.3. Vergütungsanspruch (Absätze 8 und 9)

(A) Übergangsregelung

Abs 8 gewährt den Mitgliedstaaten zur Umsetzung des Vergütungsanspruchs nach Art 4 eine **Übergangsfrist** bis zum 1. Juli 1997, und zwar auch für erst nach dem 1. Januar 1994 geschlossene Verträge. Die Mitgliedstaaten wünschten für die Umsetzung dieses neuartigen Anspruchs einen längeren Zeitraum. Danach konnten sie den Vergütungsanspruch des Art 4 bis zum 1. Juli 1997 entweder überhaupt nicht, nur für bestimmte Kategorien von Verträgen oder auch unbeschränkt vorsehen. Schöpft ein Mitgliedstaat alle Möglichkeiten aus, so können Urheber und ausübende Künstler den Vergütungsanspruch gem Art 4 nur für nach dem 1. Juli 1997 erfolgende Nutzungshandlungen geltend machen. Ab dem 1. Juli 1997 musste dieser Vergütungsanspruch allerdings sowohl für Altverträge als auch für nach dem 1. Juli 1994 geschlossene Verträge gewährt werden. **25**

(B) Frist zur Geltendmachung

Abs 9 sollte die Anwendung des Vergütungsanspruchs nach Art 4 für die Zahlungspflichtigen (zB Produzenten)[233] in Bezug auf Verträge erleichtern, die vor **26**

---

[232] Einige Mitgliedstaaten wollten eine solche Vermutung nicht vorsehen und wandten sich daher erfolgreich dagegen, Abs 7 zwingenden Charakter zu geben.

[233] Zu den möglichen Schuldnern nach nationalem Recht siehe Art 4 Rz 22.

dem 1. Juli 1994 geschlossen wurden. Ohne eine solche Bestimmung hätten sich die Schuldner der mühsamen Aufgabe unterziehen müssen, für alle auf Grund von Altverträgen entstandenen Filme oder Tonträger die berechtigten Komponisten und anderen Urheber, ausübenden Künstler (Musiker, Schauspieler etc) bzw deren Erben ausfindig zu machen, um ihre Zahlungspflicht erfüllen zu können. Das unverzichtbare Recht auf eine angemessene Vergütung kommt nach dieser Vorschrift nur zur Anwendung, wenn die Urheber oder die ausübenden Künstler oder deren Vertreter vor dem 1. Januar 1997 einen entsprechenden Antrag gestellt haben. Ist dies nicht geschehen, so kann die Vergütung für die künftige Verwertung von Werken und Darbietungen auf Grund von Altverträgen nicht mehr in Anspruch genommen werden. Diese Bestimmung ist zwingender Natur.

27 Unter **Vertretern** sind insbes Verwertungsgesellschaften zu verstehen, die zur Erfüllung dieser Aufgabe besonders geeignet erscheinen. Der Ausdruck „Vertreter“ ist nicht im technischen Sinn zu verstehen, beschränkt sich also nicht auf Fälle der Stellvertretung im Sinn des bürgerlichen Rechts. Gefordert wird nur ein entsprechender **Antrag**. Den Mitgliedstaaten bleibt es überlassen, die Einzelheiten einer solchen Antragstellung zu regeln. Verzichtet ein Mitgliedstaat auf eine – im Hinblick auf die Rechtssicherheit allerdings zu empfehlende – detaillierte Regelung, ist jegliche Art der Antragstellung als ausreichend anzuerkennen.

28 Schließlich können die Mitgliedstaaten die **Höhe der angemessenen Vergütung** mangels Einigung der Rechtsinhaber festlegen. Unter „**Mitgliedstaaten**“ sind in diesem Zusammenhang deren Verwaltungsbehörden, Gerichte und auch die gesetzgebenden Organe zu verstehen. So kann die Vergütung gesetzlich festgelegt oder die Entscheidung darüber einem Gericht oder einer Schiedsstelle überlassen werden.

Umsetzung in Deutschland und Österreich

1. Deutschland (v Lewinski)

29 Deutschland hat die Vermiet- und Verleih-RL mit dem Dritten Änderungsgesetz I und damit fast ein Jahr zu spät umgesetzt. Das Dritte Änderungsgesetz I trat (mit Ausnahme der die Schutzdauer-RL umsetzenden Vorschriften) am Tag nach der Verkündung des Gesetzes, am 30. Juni 1995 in Kraft (Art 3 Abs 1).

30 Da die von Kapitel II Vermiet- und Verleih-RL erfassten Inhaber **verwandter Schutzrechte** schon vor der Richtlinienumsetzung in Deutschland geschützt wurden, musste nicht besonders auf die in Art 13 Abs 1 Vermiet- und Verleih-RL genannten Schutzkriterien Bezug genommen werden. In Umsetzung des Art 13 Abs 1 Vermiet- und Verleih-RL sieht § 137e Abs 1 dUrhG vor, dass die einschlägigen Umsetzungsbestimmungen, die am 30. Juni 1995 in Kraft traten, auch auf alle schon vorher entstandenen und zu diesem Zeitpunkt noch geschützten Werke, Darbietungen, Tonträger, Funksendungen und Filme Anwendung finden.

31 Deutschland hat von der Möglichkeit des **Bestands- und Vertrauensschutzes** zu Gunsten von Vermieteinrichtungen in Übereinstimmung mit Art 13 Abs 3

Vermiet- und Verleih-RL Gebrauch gemacht (§ 137e Abs 2 dUrhG). Demnach wird gesetzlich fingiert, dass Urheber, ausübende Künstler, Tonträger- und Filmhersteller ihre Zustimmung zur Vermietung eines Werks, Werkstücks oder Bild- oder Tonträgers gegeben haben, wenn dieser Vermietgegenstand vor dem Zeitpunkt des Inkrafttretens des Gesetzes (30. Juni 1995) erworben oder einer Vermieteinrichtung zum Zwecke der Vermietung überlassen worden ist. Im Sinn eines fairen Interessenausgleichs hat der deutsche Gesetzgeber aber auch von der Möglichkeit des Art 13 Abs 3 Satz 2 Vermiet- und Verleih-RL Gebrauch gemacht, den genannten Rechtsinhabern einen Anspruch auf **angemessene Vergütung** zuzuerkennen. Auf diesen finden die besonderen Schutzvorschriften des § 27 Abs 1 Satz 2 und 3 sowie § 27 Abs 3 dUrhG (Unverzichtbarkeit, Abtretbarkeit des Anspruchs im Voraus nur an Verwertungsgesellschaften und Verwertungsgesellschaftenpflicht) zu Gunsten der Urheber und ausübenden Künstler Anwendung (§ 137e Abs 2 Halbsatz 2 dUrhG). Dieser Vergütungsanspruch ist zwar nicht auf Digitalaufnahmen beschränkt, gilt allerdings nur für Bild- oder Tonträger.

Eine **Besonderheit** im Zusammenhang mit diesem, den Bestandsschutz kompen- **32**
sierenden Vergütungsanspruch nach Art 13 Abs 3 Satz 2 Vermiet- und Verleih-RL ergibt sich daraus, dass die Richtlinie in Deutschland etwa ein Jahr **zu spät umgesetzt** wurde. Nach Meinung des Gesetzgebers gibt es kein schützenswertes Vertrauen auf die verspätete Umsetzung einer Richtlinie, so dass eine bis zum geforderten Umsetzungszeitpunkt (1. Juli 1994) zurückwirkende Vergütungsregelung verfassungsrechtlich zulässig sei[234]. Daher sieht § 137e Abs 3 dUrhG die analoge Anwendung des Vergütungsanspruchs nach Abs 2 Satz 2 auf Vermietvorgänge zwischen dem 1. Juli 1994 und dem 30. Juni 1995 in Bezug auf die sich vor dem 30. Juni 1995 im Warenbestand von Vermietgeschäften befindenden Vermietgegenstände vor.

In § 137e Abs 4 dUrhG hat der deutsche Gesetzgeber von der Möglichkeit **33**
Gebrauch gemacht, eine gesetzliche **Fiktion** in Bezug auf die Einräumung bzw Übertragung der neuen ausschließlichen Rechte der Urheber und ausübenden Künstler vorzusehen. Für Urheber, die vor dem Inkrafttreten des Gesetzes (30. Juni 1995) ein ausschließliches Verbreitungsrecht eingeräumt haben, wird gesetzlich fingiert, dass sie damit auch das neue ausschließliche Vermietrecht eingeräumt haben (§ 137e Abs 4 Satz 1 dUrhG).

Für ausübende Künstler stellt Satz 2 dieser Bestimmung eine entsprechende **34**
Fiktion in Bezug auf alle ausschließlichen Rechte auf, wenn der Künstler vor dem Inkrafttreten des Gesetzes (30. Juni 1995) bei der Herstellung eines Filmwerks mitgewirkt oder in die Benutzung seiner Darbietung zu einer solchen Herstellung eingewilligt hat. Erfasst werden in Übereinstimmung mit Art 13 Abs 7 Vermiet- und Verleih-RL nur die neu erworbenen ausschließlichen Rechte (nach deutschem Recht Verbreitung und Vermietung); in diesem Sinn ist der insoweit nicht ganz klar formulierte Wortlaut richtlinienkonform auszulegen. Mit dieser Regelung wird die bisherige, unwiderlegliche Übertragungsvermutung des § 92

[234] Vgl Begründung Entw I Drittes ÄnderungsG 18.

dUrhG aF in Bezug auf das „Altrepertoire" auch auf die neu erworbenen ausschließlichen Rechte der Verbreitung und Vermietung erstreckt.

35 In Bezug auf Tonträger sieht der dritte Satz des Abs 4 eine vergleichbare Fiktion vor, die an die Einwilligung in die Aufnahme der Darbietung des Künstlers auf Tonträger und in deren Vervielfältigung anknüpft. Eine solche Einwilligung gilt gleichzeitig als Übertragung des Verbreitungsrechts, einschließlich des Vermietrechts.

36 Urheber und Künstler können aus dem neu gewährten, ausschließlichen Vermietrecht demnach für das **Altrepertoire** nur auf Grund des unverzichtbaren Anspruchs auf eine angemessene Vergütung nach § 27 Abs 1 und 3 dUrhG aus den künftigen Vermietvorgängen seit Inkrafttreten des Gesetzes Nutzen ziehen. Da ein solcher Vergütungsanspruch allerdings für das neu eingeführte ausschließliche Verbreitungsrecht des ausübenden Künstlers nicht vorgesehen ist, kommt ihm das Verbreitungsrecht für das gesamte bestehende Repertoire und alle künftigen Nutzungen desselben nicht zugute.

2. *Österreich* (Walter)

37 Österreich hat die Vermiet- und Verleih-RL mit öUrhGNov 1993 rechtzeitig umgesetzt, und zwar noch vor dem 1. Juli 1994. Die öUrhGNov 1993 ist bereits am 1. Januar 1994 in Kraft getreten (Art II Abs 1)[235].

38 Da in Österreich die Leistungen von ausübenden Künstlern, Tonträgerherstellern, Rundfunkunternehmern und Filmherstellern schon vor Umsetzung der Vermiet- und Verleih-RL geschützt waren, musste bei der Umsetzung des Art 13 Abs 1 auf die **Schutzkriterien** der Richtlinie nicht besonders Bezug genommen werden. Dagegen wurden das Vermietrecht und die Verleihvergütung in Österreich erst mit der genannten Novelle eingeführt (§ 16a öUrhG). Auf Vermietungen oder auf Verleihvorgänge vor Inkrafttreten der öUrhGNov 1993 sind die neuen Vorschriften im Sinn des Art 13 Abs 2 Vermiet- und Verleih-RL nicht anwendbar.

39 Art II Abs 3 und 4 öUrhGNov 1993 stellen ausdrücklich klar, dass das Vermietrecht und die Verleihvergütung auch für den **Altbestand** gilt, nämlich für Werkstücke, an denen das Verbreitungsrecht schon vor dem 1. Januar 1994 erloschen (erschöpft) war. Solche Werkstücke durften aber noch bis zum 31. Dezember 1994 ohne Zustimmung der Berechtigten vermietet werden; diesen stand für den Übergangszeitraum von einem Jahr nur ein Anspruch auf angemessene Vergütung zu[236]. Damit hat der österr Gesetzgeber inhaltlich von der Möglichkeit des Art 13 Abs 3 Vermiet- und Verleih-RL Gebrauch gemacht, allerdings bloß befristet bis Ende 1994 und unter Gewährung eines allgemeinen, nicht auf digitale Vervielfältigungen beschränkten Vergütungsanspruchs.

---

[235] Zur Umsetzung des Art 13 siehe auch *Reindl*, Einfluß des Gemeinschaftsrechts 337ff.

[236] § 16a Abs 2, 4 und 5 galt insoweit sinngemäß.

Die Rechte an gewerbsmäßig hergestellten **Filmwerken** wurden ungeachtet des in Art 2 Abs 2 ausgesprochenen Grundsatzes in Österreich erst mit öUrhGNov 1996 neu geregelt, was nach Art 13 Abs 4 an sich zulässig war. Auch nach dieser Neuregelung bleibt es infolge Beibehaltung der *cessio legis* Regelung aber – richtlinienwidrig – dabei, dass das ausschließliche **Vermietrecht** wie die anderen Verwertungsrechte originär dem Produzenten zusteht. Im Hinblick auf die Beibehaltung der *cessio legis* bedurfte es auch keiner Umsetzung der Sonderregelungen für Altverträge nach Art 13 Abs 6 und 7. Dem Filmurheber und insbes dem Hauptregisseur steht aber ein unverzichtbarer Anspruch auf Beteiligung an den Erlösen aus der entgeltlichen Verwertung des Vermietrechts zu (§ 16a Abs 5 öUrhG). Mangels eines Vertragsabschlusses bedurfte es aber keiner Regelung der Antragstellung nach Art 13 Abs 9. Der Beteiligungsanspruch gilt auch für Filmwerke, die vor dem 1. Juli 1994 geschaffen (gedreht) wurden, woran auch die Übergangsvorschrift des Art VI UrhGNov 1996 für Altfilme nichts ändert, die auf diesen, in § 16a Abs 5 UrhG geregelten Beteiligungsanspruch keine Anwendung findet. Die Anwendbarkeit des Beteiligungsanspruchs wurde schließlich auch nicht nach Art 13 Abs 8 bis zum 1. Juli 1997 hinausgeschoben. Dies alles gilt entsprechend auch für das den Filmdarstellern zustehende Vermietrecht, welches gleichfalls der als *cessio legis* zu deutenden Vorschrift des § 69 Abs 1 UrhG unterliegt (§§ 67 Abs 2, 69 Abs 1 öUrhG iVm § 16a Abs 5 öUrhG). **40**

Was die **Verleihvergütung** anlangt, so steht diese seit der Neuregelung mit öUrhGNov 1996 allerdings – soweit nichts anderes vereinbart ist – nach § 38 Abs 1 öUrhG dem Filmhersteller und dem Filmurheber je zur Hälfte zu, so dass der Urheber seinen Hälfteanspruch direkt gegen den Nutzer geltend machen kann. Wird etwas anderes vereinbart, kommt auch in diesem Zusammenhang jedenfalls der unverzichtbare Beteiligungsanspruch zur Anwendung. Zu beachten ist allerdings die Übergangsregelung des Art VI öUrhGNov 1996. Nach dieser Bestimmung findet die Neuregelung zur Gänze nur auf Filme Anwendung, mit deren Aufnahme (Dreharbeiten) nach dem 31. Dezember 1995 begonnen worden ist. Für davor – aber nach dem 31. Dezember 1969 – veröffentliche Filme ist der Anteil des Filmurhebers an den Vergütungsansprüchen geringer, und zwar innerhalb von 10 Jahren nur auf ein Drittel ansteigend (Art VI Abs 2); für vor dem 1. Januar 1970 veröffentlichte Filme gilt die Neuregelung überhaupt nicht. Soweit die Hälfteregelung bzw die Stufenregelung nach dieser Übergangsvorschrift keine Anwendung findet, bleibt es bei dem unverzichtbaren Beteiligungsanspruch nach § 16a Abs 5 UrhG. **41**

In Bezug auf die Verleihvergütung ist die Übergangsregelung deshalb von geringerer Bedeutung. Zwar ist es für die Zeit vor der öUrhGNov 1996 strittig, ob die *cessio legis* Regel für Vergütungsansprüche überhaupt gilt. Ging man nicht von einer Anwendung dieser Regel aus, so stand die Verleihvergütung – ebenso wie der Vergütungsanspruch für das Vermieten im Übergangsjahr 1994 – mangels einer anderen vertraglichen Vereinbarung sogar allein dem Filmurheber zu. Andernfalls sowie im Fall einer abweichenden vertraglichen Vereinbarung hatte der Urheber aber jedenfalls einen Beteiligungsanspruch nach § 16a Abs 5 öUrhG, und zwar mangels Differenzierung auch für Altfilme. Gerade für Filme, die vor dem 1. Januar 1970 veröffentlicht wurden, bleibt die Rechtslage aber auch nach der öUrhGNov 1996 unverändert, wobei all dies nur für den Zeitraum ab 1. Januar 1994 (Einführung der Verleihvergütung) relevant ist[237].

Artikel 14 Beziehung zwischen Urheberrecht und verwandten Schutzrechten

Art 14 stellt sicher, dass die in dieser Richtlinie vorgesehenen verwandten Schutzrechte den Urheberrechtsschutz nicht beeinträchtigen.

Text

Artikel 14 Beziehung zwischen Urheberrecht und verwandten Schutzrechten

Der Schutz von dem Urheberrecht verwandten Schutzrechten gemäß dieser Richtlinie lässt den Schutz der Urheberrechte unberührt und beeinträchtigt ihn in keiner Weise.

Kommentar

1 Der **ursprüngliche RL-Vorschlag** enthielt keine Bestimmung, die sich mit dem Verhältnis zwischen Urheberrecht und verwandten Schutzrechten auseinandersetzte. Man hielt dies für entbehrlich, da dieses Verhältnis in Art 1 Rom-Abkommen ohnehin geregelt und zu erwarten war, dass auch diejenigen Mitgliedstaaten, die noch nicht dem Rom-Abkommen angehörten, diesem kurzfristig beitreten würden, und zwar schon im Hinblick auf die Vermiet- und Verleih-RL.

2 Im **Europäischen Parlament** wurden in Erster Lesung mehrere Fassungen einer Bestimmung zur Beziehung zwischen Urheber- und Leistungsschutzrecht vorgeschlagen. Ein Vorschlag des Kulturausschusses entsprach im Wesentlichen einer Fassung, die schon im Rahmen des Rom-Abkommens diskutiert, jedoch als den Schutz der verwandten Schutzrechte zu stark einschränkend abgelehnt worden war. Diesem Vorschlag zufolge sollte nicht nur der Schutz, sondern auch die Ausübung der Urheberrechte von den verwandten Schutzrechten unberührt bleiben. Dies hätte etwa dazu geführt, dass ein ausübender Künstler die Vervielfältigung seiner Darbietung nicht hätte verhindern können, wenn der Komponist diese erlauben wollte. Schließlich nahm die Vollversammlung des Parlaments eine Art 1 Rom-Abkommen entsprechende Fassung an, wonach nur der Schutz der Urheberrechte durch die verwandten Schutzrechten nicht beeinträchtigt werden soll[238].

3 Die Kommission übernahm diesen Vorschlag unter Anpassung seines Wortlauts an Art 1 Satz 1 Rom-Abkommen in Art 11a **geänderter RL-Vorschlag** und hob die bloß klarstellende Natur dieser Bestimmung im Hinblick darauf hervor, dass

---

[237] Von der Möglichkeit, den Anwendungszeitpunkt des Schöpferprinzips auf den Hauptregisseur (bis zum 1. Juli 1997) hinauszuschieben, hat der österr Gesetzgeber auch im Zusammenhang mit der Verleihvergütung keinen Gebrauch gemacht.

[238] Siehe dazu den vom Europäischen Parlament angenommenen Änderungsantrag Art 4a (neu).

mit einer Rezeption dieser Vorschrift durch alle Mitgliedstaaten in Kürze auch infolge ihres Beitritts zum Rom-Abkommen selbst zu rechnen sei.

Art 14 hat zur Folge, dass Urhebern und Leistungsschutzberechtigten die Verwertungsrechte jeweils selbständig zustehen, und jeweils alle Berechtigten der in Frage stehenden Verwertung zustimmen müssen. Dies bedeutet, dass die Verwertung nicht gestattet ist, auch wenn nur einer der betroffenen Rechtsinhaber, sei es der Urheber oder der Inhaber eines verwandten Schutzrechts, die Verwertung verbietet. **4**

Umsetzung in Deutschland und Österreich

1. Deutschland (v Lewinski)

Deutschland konnte auf eine ausdrückliche Umsetzung von Art 14 verzichten, da es Mitglied des Rom-Abkommens ist, das innerstaatlich grundsätzlich unmittelbar anwendbar ist[239]. **5**

2. Österreich (Walter)

Eine ausdrückliche Umsetzung dieser Vorschrift konnte schon deshalb unterbleiben[240], weil Österreich seit 9. Juni 1973 Mitglied des Rom-Abkommens ist, das generell in innerstaatliches Recht transformiert wurde und unmittelbar anwendbar ist. Dies gilt auch für die Klarstellung in Art 1 Satz 1 und 2 Rom-Abkommen. **6**

Artikel 15 Schlussbestimmungen – Umsetzung

Text

Artikel 15 Schlußbestimmungen

(1) Die Mitgliedstaaten erlassen die erforderlichen Rechts- und Verwaltungsvorschriften, um dieser Richtlinie spätestens ab 1. Juli 1994 nachzukommen. Sie setzen die Kommission unverzüglich davon in Kenntnis.
Wenn die Mitgliedstaaten Vorschriften nach Unterabsatz 1 erlassen, nehmen sie in den Vorschriften selbst oder durch einen Hinweis bei der amtlichen Veröffentlichung auf diese Richtlinie Bezug. Die Mitgliedstaaten regeln die Einzelheiten der Bezugnahme.

(2) Die Mitgliedstaaten teilen der Kommission die wichtigsten innerstaatlichen Rechtsvorschriften mit, die sie auf dem unter diese Richtlinie fallenden Gebiet erlassen.

Kommentar

Art 15 verpflichtet die Mitgliedstaaten, diese Richtlinie spätestens am 1. Juli 1994 in nationales Recht **umzusetzen**, sich dabei auf diese Richtlinie zu beziehen und **1**

239 Siehe *Katzenberger* in *Schricker*, Kommentar² Vor §§ 120 Rz 116f.

240 Dies gilt entsprechend für die parallele Vorschrift in Art 5 Satelliten- und Kabel-RL.

der Kommission die wichtigsten zur Umsetzung der Richtlinie erlassenen Rechtsvorschriften mitzuteilen. Dieser Artikel folgt dem allen vergleichbaren Richtlinien zu Grunde liegenden Muster. Die Umsetzungsfristen für die **EFTA-Staaten** Finnland, Island, Norwegen und Schweden wurden um sechs Monate (bis zum 1. Januar 1995) verlängert; in Bezug auf die öffentliche Wiedergabe von Industrietonträgern auf andere Weise als durch Rundfunksendung (Art 8 Abs 2) wurde die Umsetzungsfrist für Norwegen um 18 Monate (bis zum 1. Januar 1996) verlängert[241].

2 Der späteste Zeitpunkt für die erforderliche Umsetzung in nationales Recht, der 1. Juli 1994, ist auch für die zeitliche Anwendbarkeit der Richtlinie nach Art 13 von Bedeutung.

Umsetzung in Deutschland und Österreich

1. Deutschland (v Lewinski)

3 Die Umsetzung der Vermiet- und Verleih-RL erfolgte in Deutschland mit dem Dritten Gesetz zur Änderung des Urheberrechtsgesetzes vom 23. Juni 1995 BGBl 1995 I 842.

2. Österreich (Walter)

4 Wie bereits erwähnt, erfolgte die Umsetzung der Vermiet- und Verleih-RL in Österreich öUrhGNov 1993 BGBl 1996/151, die grundsätzlich mit 1. April 1993 in Kraft getreten ist. Im Einzelnen sei auf die Ausführungen zu den betreffenden Artikeln verwiesen.

Umsetzung in den anderen Mitgliedstaaten der EU bzw Vertragsstaaten des EWR

5 Die Umsetzung in den übrigen Mitgliedstaaten der Europäischen Union erfolgte – soweit von der Kommission bekannt gemacht oder sonst feststellbar – mit den nachstehend angeführten Gesetzgebungsakten.

Europäische Union

Belgien
Gesetz vom 30.06.1994 Moniteur Belge 27.07.1994, 19297.

Dänemark
Gesetz Nr 395 vom 13.06.1995;
Gesetz Nr 135 vom 14.06.1995.

Finnland
Gesetz Nr 446 vom 24.03.1995 Finlands foerfattningssamling 30.03.1995;
Gesetz Nr 967 vom 31.10.1997 Finlands foerfattningssamling 05.11.1997.

Frankreich
Gesetz Nr 92-597 vom 01.07.1992 Journal Officiel vom 01.07.1992, 8801.

---

[241] Siehe Anhang XVII Geistiges Eigentum Z 7 lit a (Beschluss des Gemeinsamen EWR-Ausschusses Nr 7/94 vom 21.03.1994, veröffentlicht am 28.06.1994).

Griechenland
Gesetz Nr 2121 vom 04.03.1993 FEK A vom 04.03.1993/25.

Irland
Gesetz Nr 28 vom September 2000 (*Copyright and Related Rights Act*), in Kraft seit 01.01.2001.

Italien
Gesetzesdekret Nr 685 vom 16.11.1994 Gazzetta Ufficiale - Serie generale – vom 16.12.1994/293, 4.

Luxemburg
Gesetz vom 08.09.1997 Mémorial A vom 16.09.1997/70, 2288.

Niederlande
Gesetz vom 21.12.1995 Staatsblad vom 28.121995/653.

Portugal
Gesetz Nr 99 vom 03.09.1997 Diário da República I A vom 03.09.1997/203, 4579; Gesetzsdekret Nr 332 vom 27.11.1997 Diário da República I A vom 27.11. 1997/ 275, 6393.

Schweden
Gesetz Nr 447 vom 11.05.1995 Svensk foerfattningssamling (SFS) 1995, 727.

Spanien
Gesetz Nr 43 vom 30.12.1994 Boletín Oficial vom 31.12.1994/313, 39504.

Vereinigtes Königreich
Related Right Regulations 1996 Statutory Instruments 1996/2967.

Europäischer Wirtschaftsraum

Island
Gesetz Nr 145/1996 vom 27.12.1996 Stjórnartidindi A 1996/145.

Liechtenstein
Urheberrechtsgesetz vom 19.05.1999 LGBl 1999/160.

Norwegen
Gesetz Nr 27 vom 02.06.1995 Norsk Lovtidend 1995, 661;
Gesetz Nr 52 vom 23.06.2000 Norsk Lovtidend 2000, 1226 (§ 45b).

Artikel 16

Text

Artikel 16

Diese Richtlinie ist an die Mitgliedstaaten gerichtet.

Kommentar

1 Siehe dazu den Kommentar zu Art 11 Software-RL und Art 15 Satelliten- und Kabel-RL Rz 1f.

Satelliten- und Kabel-Richtlinie

(Bearbeiter: Dreier)

Materialien, Rechtsakte und Literatur

I. Materialien

Grünbuch über die Errichtung des Gemeinsamen Marktes für den Rundfunk, insbesondere über Satellit und Kabel vom 14.06.1984 KOM (84) 300 endg[1] (Kurzzitat: Grünbuch Fernsehen ohne Grenzen)

Vorschlag für eine Richtlinie des Rates zur Koordinierung bestimmter Rechts- und Verwaltungsvorschriften der Mitgliedstaaten über die Ausübung der Rundfunktätigkeit vom 6. Juni 1986 KOM (86) 146 ABl C 179 vom 17.07.1986, 4 (Kurzzitat: RL-Vorschlag Fernsehen ohne Grenzen)

Stellungnahme des Wirtschafts- und Sozialausschusses zu dem Vorschlag für eine Richtlinie des Rates über die Koordinierung bestimmter Rechts- und Verwaltungsvorschriften der Mitgliedstaaten über die Ausübung der Rundfunktätigkeit vom 1. Juli 1987 ABl C 232 vom 31.08.1987, 29

Legislative Entschließung (Verfahren der Zusammenarbeit: Erste Lesung) mit der Stellungnahme des Europäischen Parlaments in Erster Lesung gemäß Artikel 149 Absatz 2 Buchstabe a) des EWG-Vertrags zum Vorschlag der Kommission der Europäischen Gemeinschaften an den Rat für eine Richtlinie zur Koordinierung bestimmter Rechts- und Verwaltungsvorschriften der Mitgliedstaaten über die Ausübung der Rundfunktätigkeit vom 20. Januar 1988 ABl C 49 vom 22.02.1988, 64

Geänderter Vorschlag der Kommission für eine Richtlinie des Rates zur Koordinierung bestimmter Rechts- und Verwaltungsvorschriften der Mitgliedstaaten über die Ausübung der Rundfunktätigkeit vom 21. März 1988 KOM (88) 154 endg – SYN 52, ABl C 110 vom 27.04.1988, 3 (Kurzzitat: Geänderter RL-Vorschlag Fernsehen ohne Grenzen)

Stellungnahme des Wirtschafts- und Sozialausschusses zu dem Vorschlag für eine Richtlinie des Rates zur Koordinierung bestimmter Rechts- und Verwaltungsvorschriften der Mitgliedstaaten über die Ausübung der Rundfunktätigkeit vom 27. April 1989 ABl C 159 vom 26.06.1989, 67

Beschluss des Europäischen Parlaments (Verfahren der Zusammenarbeit: Zweite Lesung) betreffend den Gemeinsamen Standpunkt des Rates im Hinblick auf die Annahme einer Richtlinie zur Koordinierung bestimmter Rechts- und Verwaltungsvorschriften der Mitgliedstaaten über die Ausübung der Rundfunk- und Fernsehtätigkeit vom 24. Mai 1989 ABl C 158 vom 26.06.1989, 138

Überprüfter Vorschlag der Kommission für eine Richtlinie des Rates zur Koordinierung bestimmter Rechts- und Verwaltungsvorschriften der Mitgliedstaaten über die Ausübung der Fernsehtätigkeit vom 26. Mai 1989 KOM (89) 247 endg – SYN 52 vom 31.05. 1989 ABl C 147 vom 14.06.1989, 14

---

[1] Auszugsweise abgedruckt in GRUR Int 1984, 612.

Mitteilung der Kommission über die Politik im audiovisuellen Bereich vom 21.02.1990 KOM (90) 78 endg

Grundsatzpapier Rundfunk und Urheberrecht im Binnenmarkt – Grundsatzpapier der Europäischen Gemeinschaften zu den urheberrechtlichen Fragen im Bereich der Satellitensendungen und Kabelweiterverbreitung Dok III/F/5263/90

Vorschlag der Kommission für eine Richtlinie des Rates zur Koordinierung bestimmter urheber- und leistungsschutzrechtlicher Vorschriften betreffend Satellitenrundfunk und Kabelweiterverbreitung vom 11. September 1991 KOM (91) 276 endg – SYN 358 ABl C 255 vom 01.10.1991, 3[2]

Stellungnahme des Wirtschafts- und Sozialausschusses vom 26. Februar 1992 ABl C 98 vom 21.04.1992, 44[3]

Legislative Entschließung (Verfahren der Zusammenarbeit: Erste Lesung) mit der Stellungnahme des Europäischen Parlaments zu dem Vorschlag der Kommission an den Rat für eine Richtlinie zur Koordinierung bestimmter urheber- und leistungsschutzrechtlicher Vorschriften betreffend Satellitenrundfunk und Kabelweiterverbreitung vom 29. Oktober 1992 ABl C 305 vom 23.11.1992, 134

Geänderter Vorschlag der Kommission für eine Richtlinie des Rates zur Koordinierung bestimmter urheber- und leistungsschutzrechtlicher Vorschriften betreffend Satellitenrundfunk und Kabelweiterverbreitung vom 2. Dezember 1992 KOM (92) 526 ABl C 25 vom 28.01.1993, 43[4]

Bekanntmachung des Rates vom 29. Mai 1993 – Festlegung Gemeinsamer Standpunkt durch den Rat im Rahmen des in Artikel 149 Absatz 2 des Vertrages zur Gründung der EWG vorgesehenen Verfahrens der Zusammenarbeit: Vorschlag für eine Richtlinie des Rates zur Koordinierung bestimmter urheber- und leistungsschutzrechtlicher Vorschriften betreffend Satellitenrundfunk und Kabelweiterverbreitung Dok 6028/1/93 und ADD 1 ABl C 149 vom 29.05.1993, 1

Aussprache des Europäischen Parlaments vom 13. Juli 1993 über die Empfehlung für die Zweite Lesung C3-0201/93 – SYN 358 (A3-0211/93) ABl C 255 vom 20.09.1993, 31

Abstimmung des Europäischen Parlaments vom 14. Juli 1993 über die Empfehlung für die Zweite Lesung C3-0201/93 – SYN 358 (A3-0211/93) ABl C 255 vom 20.09.1993, 66

Beschluss des Europäischen Parlaments betreffend den Gemeinsamen Standpunkt des Rates im Hinblick auf die Annahme einer Richtlinie zur Koordinierung bestimmter urheber- und leistungsschutzrechtlicher Vorschriften betreffend Satellitenrundfunk und Kabelweiterverbreitung vom 14. Juli 1993 (Zweite Lesung) C3-0201/93 – SYN 358 ABl C 255 vom 20.09.1993, 109

Überprüfter Vorschlag der Kommission für eine Richtlinie des Rates zur Koordinierung bestimmter urheber- und leistungsschutzrechtlicher Vorschriften betreffend Satellitenrundfunk und Kabelweiterverbreitung vom 13. September 1993 KOM (93) 426 endg – SYN 358

II. Rechtsakte

Richtlinie 89/552/EWG des Rates vom 3. Oktober 1989 zur Koordinierung bestimmter Rechts- und Verwaltungsvorschriften der Mitgliedstaaten über die Ausübung der Fern-

---

[2] Abgedruckt in GRUR Int 1991, 900.
[3] Abgedruckt in Quellen EG-Recht/III/6a.
[4] Abgedruckt in Quellen EG-Recht/III/6.

sehtätigkeit ABl L 298 vom 17.10.1989, 23; geändert durch Richtlinie 97/36/EG vom 30. Juli 1997 ABl L 202 vom 30.07.1997, 60

Richtlinie 93/83/EWG des Rates vom 27. September 1993 zur Koordinierung bestimmter urheber- und leistungsschutzrechtlicher Vorschriften betreffend Satellitenrundfunk und Kabelweiterverbreitung ABl L 248 vom 06.10.1993, 15[5]

III. Literatur

1. Deutschsprachige Literatur

Auer, Die Umsetzung urheberrechtlicher Richtlinien am Beispiel der Satellitenrichtlinie, Beiträge zum Urheberrecht V (ÖSGRUM 20/1997) 19

Breidenstein, Urheberrecht und Direktsatellit (1993)

Castendyk/v Albrecht, Der Richtlinienvorschlag der EG-Kommission zum Satellitenfernsehen – Eine Stellungnahme aus der Sicht der Praxis, GRUR Int 1992, 734

Castendyk/v Albrecht, Satellitenfernsehen und Urheberrecht – eine Replik, GRUR Int 1993, 300

Dillenz, Direktsatellit und die Grenzen des klassischen Senderechtsbegriffs (1990)

Dreier, Rundfunk und Urheberrechte im Binnenmarkt – Grundsatzpapier der EG-Kommission zu den urheberrechtlichen Fragen im Bereich der Satellitensendungen und Kabelweiterverbreitung, GRUR Int 1990, 13

Dreier, Richtlinie des Rates vom 27. September 1993 zur Koordinierung bestimmter urheber- und leistungsschutzrechtlicher Vorschriften betreffend Satellitenrundfunk und Kabelweiterverbreitung, in *Möhring/Schulze/Ulmer/Zweigert* (Hrsg), Quellen des Urheberrechts, Europäisches Gemeinschaftsrecht II/3, 1ff; (Kurzzitat: *Dreier*, Quellen)

Dreier, Die Umsetzung der Richtlinie zum Satellitenrundfunk und zur Kabelweiterleitung, ZUM 1995, 458

Dreier, Kabelweiterleitung und Urheberrecht --Eine vergleichende Darstellung (1991) (Kurzzitat: *Dreier*, Kabelweiterleitung)

Gounalakis, Kabelfernsehen im Spannungsfeld von Urheberrecht und Verbraucherschutz (1989) (Kurzzitat: *Gounalakis*, Kabelfernsehen)

Haindl, Urheberrecht und grenzüberschreitende Sendungen: EG und Österreich, MR 1991, 180

Herrmann, Grenzüberschreitende Fernseh- und Hörfunksendungen im Gemeinsamen Markt, GRUR Int 1984, 578

Katzenberger, Rechte des Urhebers in *Schricker/Bastian/Dietz*, Konturen 26

Klingner, Die Umsetzung der urheberrechtlichen Richtlinien der EU in das deutsche Urheberrecht (Diskussionsbericht), ZUM 1995, 472

Kreile, Die Lizenzierung musikalischer Urheberrechte für den Satellitenrundfunk, in *Everling/Narjes/Sedemund* (Hrsg), Europarecht, Kartellrecht, Wirtschaftsrecht, FS *Deringer* (1993) 536 (Kurzzitat: *Kreile*, Lizenzierung)

Kreile/Becker, Neuordnung des Urheberrechts in der Europäischen Union, GRUR Int 1994, 901

Löffler/Wittmann, Die geplante Umsetzung der EG-Richtlinie 93/83/EWG in das österreichische Recht, MR 1994, 56

---

[5] Abgedruckt in GRUR Int 1993, 936 = UFITA 124 (1994) 285 = Quellen EG-Recht/III/6b.

Lutz, Das Vierte Gesetz zur Änderung des Urheberrechtsgesetzes, ZUM 1998, 622
Mahr, Interne Weiterleitung von grenzüberschreitenden Rundfunksendungen in die Hotelzimmer, MR 2000, 152
Peifer, Tagungsbericht in *Schricker/Bastian/Dietz*, Konturen 87
Pfennig, Die Umsetzung der Satelliten-Richtlinie und das Urhebervertragsrecht, ZUM 1996, 134
Pichler, EG-Richtlinie über Urheberrecht, Satellitenrundfunk und Kabelweiterverbreitung vom 27. September 1993, MR 1994, 54
Reindl, Der Einfluß des Gemeinschaftsrechts auf das österreichische Urheberrecht, Satellitenrundfunk und Kabelweiterverbreitungsrichtlinie, in *Koppensteiner* (Hrsg), Österreichisches und europäisches Wirtschaftsprivatrecht Teil 2 (1996) 249 (Kurzzitat: *Reindl*, Einfluß des Gemeinschaftsrechts)
Rumphorst, Satellitenfernsehen und Urheberrecht – Kritische Anmerkungen zur sogenannten Theorie des intendierten Sendegebietes, GRUR Int 1992, 910
Rumphorst, Erwerb des Satellitensenderechts für ein bestimmtes Territorium? GRUR Int 1993, 934
Schanda, Satellitenrundfunk: Was heißt „Sendung in Österreich", MR 1996, 133
Schmittmann, Satellitengemeinschaftsantennen im Brennpunkt der neuen §§ 20, 20b UrhG, ZUM 1999, 113
Schricker, Urheberrechtliche Probleme des Kabelrundfunks (1986) (Kurzzitat: *Schricker*, Kabelrundfunk)
Schricker, Grenzüberschreitende Fernseh- und Hörfunksendungen im Gemeinsamen Markt, GRUR Int 1984, 592
Schwarz, Der Referentenentwurf eines Vierten Gesetzes zur Änderung des Urheberrechtsgesetzes, ZUM 1995, 687
Stellungnahme des Fachausschusses für Urheber- und Verlagsrecht der Deutschen Vereinigung für gewerblichen Rechtsschutz und Urheberrecht und der Deutschen Landesgruppe der ALAI zum Entw Viertes Änderungsgesetz GRUR 1995, 570 (Kurzzitat: GRUR-Stellungnahme)
Vogel, Vorschlag der Kommission für eine Richtlinie zur Koordinierung bestimmter urheber- und leistungsschutzrechtlicher Vorschriften betreffend Satellitenrundfunk und Kabelweiterverbreitung, ZUM 1992, 21

2. *Fremdsprachige Literatur (Auswahl)*

Àlvarez, La radiodifusión via satelite en la regulatión española de derecho de autor internacional (1998)
Benabou, Droits d'auteur et droit communautaire 335
Deliyanni, Le droit de représentation des auteurs face à la télévision transfrontalière par satellite et par câble (1993)
Desurmont, Chronique de la Communauté Européenne, RIDA 155 (1993) 89
Doutrelepont, La libre circulation des émissions de radiodiffusion dans l'Union européenne; l'harmonisation des règles relatives à la communication par satellite et à la transmission par câble, RMUE 1994, 83
Doutrelepont, La libre retransmission par câble des émissions de télévision, Journal des tribunaux 1995, 617
Dreier, The Cable and Satellite Analogy, in *Hugenholtz* (Hrsg), The Future of Copyright in a Digital Environment (1996) 57 (Kurzzitat: *Dreier*, Cable and Satellite Analogy)

Dreier, Broadcasting and Copyright in the Internal Market. The New Proposal by the E.C. Commission Concerning Cable and Satellite broadcasts, EIPR 1991, 42

Erdozaín Lopez, Las retransmissiones por cable y el concepto de público en el derecho de autor (1997)

Jorna/Martin-Prat, New Rules for the Game in the European Copyright Field and Their Impact on Existing Situations, EIPR 1994, 145

Kéréver, Réflexions sur la directive du conseil 93/83/CEE du 27 septembre 1993 relative à la coordination de certaines règles de droit d'auteur et des droits voisins du droit d'auteur applicables à la radiodiffusion par satellite et à la retransmission par câble, DIT 1994/4, 66

Kern, The EC ‚Common Position' on Copyright Applicable to Satellite Broadcasting and Cable Retransmission, EIPR 1993, 276

McKnight, Exclusive Licensing of Television Programmes: The Cable and Satellite Directive, EntLR 1995, 287

Pichler, Private Satellite Television in the EC – broadcaster's perspective, Media Law & Practice 1993, 101

Vor Art 1

Übersicht

Text

Einleitung

Der Rat der Europäischen Gemeinschaften – gestützt auf den Vertrag zur Gründung der Europäischen Wirtschaftsgemeinschaft, insbes auf die Artikel 57 Absatz 2 und 66, auf Vorschlag der Kommission, in Zusammenarbeit mit dem Europäischen Parlament, nach Anhörung des Wirtschafts- und Sozialausschusses, in Erwägung nachstehender Gründe[6]:

[6] Dem Aufbau der Kommentierung entsprechend sind die einzelnen Erwägungsgründe jeweils im Zusammenhang mit denjenigen Vorschriften der RL wiedergegeben, auf die sie sich beziehen; einführend sind daher nur diejenigen Erwägungsgründe wiedergegeben, welche die Richtlinie insgesamt betreffen.

Aus den Erwägungsgründen

ErwG 1 Die im Vertrag niedergelegten Ziele der Gemeinschaft umfassen einen immer engeren Zusammenschluß der europäischen Völker und engere Beziehungen zwischen den Staaten der Gemeinschaft sowie die Sicherung des wirtschaftlichen und sozialen Fortschritts ihrer Länder durch gemeinsames Handeln, das auf die Beseitigung der Europa trennenden Schranken gerichtet ist.

ErwG 2 Zu diesem Zweck sieht der Vertrag die Errichtung eines Gemeinsamen Marktes und eines Raumes ohne Binnengrenzen vor. Dazu gehören insbes die Beseitigung der Hindernisse für einen freien Dienstleistungsverkehr und die Gewährleistung eines unverfälschten Wettbewerbs innerhalb des Gemeinsamen Marktes. Zu diesem Zweck kann der Rat Richtlinien zur Koordinierung der Rechts- und Verwaltungsvorschriften der Mitgliedstaaten über die Aufnahme und Ausübung selbständiger Tätigkeiten erlassen.

ErwG 3 Grenzüberschreitende Rundfunksendungen innerhalb der Gemeinschaft, insbes über Satellit und Kabel, sind eines der wichtigsten Mittel zur Förderung der vorgenannten Ziele der Gemeinschaft, die zugleich politischer, wirtschaftlicher, sozialer, kultureller und rechtlicher Art sind.

ErwG 4 Zur Erreichung der vorgenannten Ziele hat der Rat bereits die Richtlinie 89/552 EWG vom 3. Oktober 1989 zur Koordinierung bestimmter Rechts- und Verwaltungsvorschriften der Mitgliedstaaten über die Ausübung der Fernsehtätigkeit verabschiedet und darin Regelungen zur Förderung der europäischen Programmverbreitung und -produktion sowie auf den Gebieten von Werbung, Sponsoring, Jugendschutz und im Bereich des Gegendarstellungsrechts getroffen.

ErwG 5 Dennoch bestehen bei der grenzüberschreitenden Programmverbreitung über Satelliten gegenwärtig ebenso wie bei der Kabelweiterverbreitung von Programmen aus anderen Mitgliedstaaten noch eine Reihe unterschiedlicher nationaler Urheberrechtsvorschriften sowie gewisse Rechtsunsicherheiten. Dadurch sind die Rechtsinhaber der Gefahr ausgesetzt, daß ihre Werke ohne entsprechende Vergütung verwertet werden oder daß einzelne Inhaber ausschließlicher Rechte in verschiedenen Mitgliedstaaten die Verwertung ihrer Werke blockieren. Vor allem bildet die Rechtsunsicherheit ein unmittelbares Hindernis für den freien Verkehr der Programme innerhalb der Gemeinschaft.

ErwG 12 Die durch die Richtlinie 89/552/EWG festgelegten rechtlichen Rahmenbedingungen für die Schaffung eines einheitlichen audiovisuellen Raumes bedürfen mithin in bezug auf das Urheberrecht einer Ergänzung.

ErwG 36 Die Bestimmungen dieser Richtlinie lassen die Anwendung der Wettbewerbsregeln nach den Artikeln 85 und 86 des Vertrages unberührt.

hat folgende Richtlinie erlassen: …

Kommentar

1. Entwicklung des Kabel- und Satellitenrundfunks

Die ausgehenden Siebziger-, vor allem aber die Achtzigerjahre haben in Europa den Beginn der Deregulierung des staatlichen Rundfunkmonopols und eine gleichsam explosionsartige Vermehrung von Rundfunkprogrammen – von Hörfunk- ebenso wie von Fernsehprogrammen – mit sich gebracht. Parallel dazu verlief eine Politik zunehmender **Verkabelung** zunächst städtischer Ballungsräume, später auch flächendeckend ländlicher Gebiete. Die Gründe dafür waren vielfältig und reichten von der Beseitigung hässlicher, die Ortsbilder verschandelnder Antennenwälder, der Erschließung empfangsschwacher Regionen, der Schaffung von Trägermedien für die wachsende Zahl privater Programme bis hin zu zukunftsorientierten Konzeptionen einer modernen Industriestandort- und Infrastrukturpolitik im vordigitalen Zeitalter. Die Entwicklung verlief in den einzelnen Staaten unterschiedlich; Vorreiter waren etwa Belgien, die Niederlande, aber auch Österreich und die Schweiz. Zum Ausgang der Achtzigerjahre jedenfalls bildeten breitbandige Kabelnetze in den meisten europäischen Staaten einen etablierten Bestandteil des Mediensystems; eine Ausnahme stellten seinerzeit vor allem noch Großbritannien und Frankreich sowie angesichts des Siegeszuges der Satellitenschüssel nach wie vor die südeuropäischen Länder dar[7]. In den Kabelnetzen verbreitet werden zum Teil originäre Hörfunkprogramme, zumeist jedoch zeitgleich weitergeleitete Fernsehprogramme. **1**

Aus **urheberrechtlicher Sicht** vertraten die Rechteinhaber mit guten Gründen die Ansicht, die Übernahme ihrer in einer Erstsendung gesendeten Werke und Leistungen in Kabelnetzen stelle selbst dann einen erneuten Eingriff in ihr urheberrechtliches Senderecht dar, wenn sie zeitgleich und unverändert erfolgt. Dementsprechend forderten sie ihre Beteiligung an den Umsätzen der Netzbetreiber ein. Dagegen war den Betreibern der neu entstehenden Kabelsysteme daran gelegen, fremde Programme einspeisen zu können, möglichst ohne dafür irgendwelche Rechte erwerben zu müssen. Ins Feld geführt wurde vor allem das Argument, dass ein rechtzeitiger Rechtserwerb organisatorisch und technisch gar nicht möglich sei; argumentiert wurde auch, dass viele Anlagen allein der Empfangsverbesserung dienten[8]. Nachdem der Streit um die grundsätzliche urheberrechtliche Relevanz der Kabelweiterleitung – wenn auch erst nach mühsamen Kämpfen – in den meisten europäischen Staaten zu Gunsten der Urheber ausgegangen war[9], stellte sich aus Europäischer Sicht dann das Problem, wie in den zahlreichen verkabelten Privathaushalten am Besten für einen geordneten, möglichst ununterbrochenen grenzüberschreitenden Empfang von per Kabel weitergeleiteten Programmen gesorgt werden könne. **2**

Satellitenprogramme wurden zunächst ausschließlich über Satellit verbreitet, die auf Frequenzen sendeten, die der Individualkommunikation vorbehalten **3**

---

[7] Einzelheiten zu einzelnen Ländern bei *Dreier*, Kabelweiterleitung.

[8] Vgl aus der Sicht der Kabelnetzbetreiber etwa *Senger*, Die Vergewaltigung des Urheberrechts – am Beispiel des Kabelfernsehens, MR 1992, 96ff.

[9] Vgl zu Einzelheiten *Dreier*, Kabelweiterleitung 78ff sowie *Gounalakis*, Kabelfernsehen 156ff.

waren (sog Fernmeldesatelliten). Die Signale konnten durch Private deshalb anfangs nur mit erheblichem Antennenaufwand empfangen werden, weshalb sie zunächst vor allem in Kabelnetze eingespeist wurden. Sehr rasch haben sich jedoch sowohl die Sendestärke der Satelliten als auch deren Zahl erhöht; zugleich ist die Leistungsfähigkeit der Parabolantennen erheblich verbessert worden. Der Individualempfang ist deshalb heute nicht mehr auf Sendungen beschränkt, die über Satelliten auf Frequenzen gesendet werden, welche fernmelderechtlich für die Allgemeinheit empfangbar sind (sog Direktstrahlsatelliten). Auch der Individualempfang von solchen Sendungen ist möglich, die über Fernmeldesatelliten ausgestrahlt werden, deren Frequenzen also fernmelderechtlich eigentlich der nichtöffentlichen Individualkommunikation vorbehalten sind. Noch zur Zeit der Erarbeitung der Satelliten- und Kabel-RL war die Zahl der Satellitenprogramme noch vergleichsweise überschaubar; in Zukunft wird jedoch mit mehreren hundert Satellitenprogrammen zu rechnen sein.

4 Von ihrer Natur her können die über einen Satelliten ausgestrahlten Signale in Europa nicht allein im Sendeland, sondern darüber hinaus auch in einer mehr oder minder großen Zahl von Empfangsstaaten empfangen werden (sog Ausleuchtzone oder „*footprint*" des Satelliten); daran vermögen auch technische Begrenzungen der **Ausleuchtzone** oder die Verschlüsselung der Signale in Verbindung mit einem nur auf bestimmte Staaten begrenzten Vertrieb von Dekodern kaum etwas zu ändern. Die Inhaber von Urheber- und Leistungsschutzrechten fürchteten daher im Hinblick auf die erheblich erweiterte Reichweite der Verwertung zu Recht, dass ihre Rechte angesichts der grenzüberschreitenden Natur der Satellitensendung sowohl hinsichtlich deren Ausschließlichkeit als auch in Bezug auf die zu erzielende Vergütung gefährdet sein könnten. Dies galt vor allem für die Inhaber von Filmrechten, die ihr System der Verwertung bislang auf einer territorialen Rechtevergabe und im Zusammenhang damit auf differenzierten nationalen Verwertungsregelungen und Besonderheiten aufgebaut hatten. Auf der anderen Seite sahen sich viele Anbieter von Satellitenprogrammen seinerzeit noch mit zum Teil hohen Anlaufverlusten konfrontiert und klagten über einen allzu mühsamen und kostspieligen Erwerb der Rechte. Dies schien der Entwicklung eines Europäischen audiovisuellen Raumes ohne Handelsbarrieren und wettbewerbsverzerrende Bestimmungen nicht besonders förderlich zu sein.

2. Ausgangslage

2.1. Kabelweiterleitung

(A) „Coditel" – Entscheidungen

5 Territorialitätsprinzip, internationale Verträge des Urheberrechts und nationale Urheberrechtsgesetze der Mitgliedstaaten ermöglichen den Rechteinhabern innerhalb der Gemeinschaft grundsätzlich eine territorial aufgespaltene Rechtevergabe. Angesichts ihres Charakters als Dienstleistung (Art 49, 50 EGV 1997, früher Art 59, 60) bzw generell als selbständige Tätigkeit (Art 47 Abs 2, 55 EGV 1997, früher Art 57 Abs 2, 66) unterliegt die Veranstaltung von Rundfunksendungen jedoch zugleich den Vorschriften des EG-Vertrags über den freien Dienstleistungsverkehr. Damit stellt sich die Frage, ob es eine mit Art 49ff EGV 1997 unvereinbare wirtschaftliche Abschottung des Film- und Fernsehmarkts und eine

Behinderung des **freien Dienstleistungsverkehrs** darstellt, wenn nationale Urheber- bzw Leistungsschutzrechte in einem Mitgliedstaat geltend gemacht werden, obwohl der betreffende Inhaber seine Zustimmung zur Sendung in einem anderen Mitgliedstaat bereits erteilt hat.

In seiner „Coditel I" – Entscheidung[10] hielt es der EuGH mit dem EG-Vertrag jedoch für vereinbar, dass sich der Inhaber der auf Belgien beschränkten Vorführrechte an einem Kinofilm gegen die **Kabelweiterverbreitung** gewandt hatte, die ein belgisches Kabelunternehmen durch die Übernahme einer in der Bundesrepublik Deutschland mit Zustimmung des ursprünglichen Rechtsinhabers ausgestrahlten Fernsehsendung vorgenommen hatte. In seiner Begründung unterschied der EuGH zwischen Werken, die der Öffentlichkeit durch körperliches Inverkehrbringen und solchen, die ihr durch beliebig oft wiederholbare Vorführungen zugänglich gemacht werden, und beschränkte den Grundsatz gemeinschaftsweiter Erschöpfung auf die Verwertung in körperlicher Form[11]. Damit hat der EuGH das berechtigte Interesse der Inhaber des Urheberrechts und ihrer Rechtsnachfolger anerkannt, für jede Sendung – und damit auch für die selbst zeitgleiche und unveränderte Kabelweitersendung – eines geschützten Werks eine Vergütung auszuhandeln[12]. Etwas anderes könnte dann gelten, wenn sich die Geltendmachung innerstaatlichen Urheberrechts im Einzelfall als Mittel willkürlicher Diskriminierung oder als versteckte Beschränkung der Wirtschaftsbeziehungen zwischen Mitgliedstaaten im Sinn der Art 49, 50 EGV 1997 (früher Art 59, 60) oder des Art 81 EGV 1997 (früher Art 85) erweist[13]. **6**

(B) Reaktionen der Kommission

In Reaktion auf die „Coditel" – Entscheidungen des EuGH hatte die Kommission bereits im Jahr 1984 in ihrem **Grünbuch Fernsehen ohne Grenzen**[14] Vorschläge unterbreitet, die es den Einwohnern jedes Mitgliedstaats ermöglichen sollten, möglichst viele der in den übrigen Mitgliedstaaten ausgestrahlten Rundfunksendungen zu empfangen. Dazu zählte auch die Angleichung bzw Beseitigung entgegenstehender urheberrechtlicher Vorschriften. Diese Zielvorstellung fand nachfolgend Eingang in den Maßnahmenkatalog des Weißbuchs 1985 (30 Z 115ff); auf Grund des zeitlichen Vorsprungs war sie jedoch nicht Teil des urheberrechtlichen Harmonisierungsprogramms, das die Kommission im Grünbuch 1988[15] umschrieb[16]. **7**

---

[10] EuGH 18.03.1980 - „Coditel I".

[11] Vgl dazu Stand der Harmonisierung Rz 53f.

[12] Das gilt nach Ansicht des EuGH vor allem deshalb, weil die Verwertung der Urheberrechte an Filmen nicht unabhängig von den Aussichten auf eine Fernsehübertragung dieser Filme geplant werden könne.

[13] Vgl EuGH 18.03.1980 – „Coditel I" und 06.10.1982 - „Coditel II".

[14] Die Kommission erklärte darin ausdrücklich (182), nicht bereit zu sein, die Konsequenzen der „Coditel I und II" – Entscheidungen des EuGH „ohne weiteres hinzunehmen".

[15] Dementsprechend gehörte die Satelliten- und Kabel-RL innerhalb der Kommission zur Zuständigkeit einer anderen Abteilung (GD XV/E/5 Medien und Datenschutz) als die generelle Harmonisierung des Urheberrechts.

[16] Allerdings erfolgte später eine Aufnahme in die Initiativen zum Grünbuch.

8 Der erste **Vorschlag einer Richtlinie Fernsehen ohne Grenzen** hatte sich im Bereich des Urheberrechts auf die zeitgleiche und unveränderte Kabelweiterleitung konzentriert und eine subsidiäre gesetzliche Lizenz vorgesehen, die immer dann hätte greifen sollen, wenn es auf Grund der Geltendmachung von Urheber- oder Leistungsschutzrechten in diesem Bereich zu tatsächlichen Behinderungen gekommen wäre. Angesichts der erheblichen Kritik an einer solchen Regelung wurde schließlich auch die abgeschwächte Form solcher Maßnahmen durch die Einrichtung nationaler Schiedsstellen im geänderten RL-Vorschlag verworfen, und die Richtlinie Fernsehen ohne Grenzen 1989 schließlich ohne urheberrechtliche Bestimmungen verabschiedet[17].

2.2. Satellitenfernsehen

9 Was Satellitensendungen anlangt, war die Ausgangslage von einer nicht unerheblichen Rechtsunsicherheit darüber geprägt, welche Rechte für eine **grenzüberschreitende Programmverbreitung** über Satellit zu erwerben sind[18]. Nach der Berner Übereinkunft bedarf die Mitteilung eines Werkes an die Öffentlichkeit der Erlaubnis des Rechteinhabers. Streitig ist aber, in welchem Land bei einer grenzüberschreitenden Satellitensendung dieser urheberrechtlich relevante Akt der öffentlichen Mitteilung erfolgt. Ist es allein dasjenige Land, von dem aus die Signale ausgesandt werden (sog Sendelandtheorie), wie dies im Fall der traditionellen terrestrischen Sendung angenommen wird, bei der zumindest das unbeabsichtigte Einstrahlen in das grenznahe Ausland (sog *non-intentional overspill*)[19] unbeachtlich ist, oder ist es die Gesamtheit all derjenigen Länder, in denen die Signale empfangen werden können oder in denen der Empfang vom Sendeunternehmen doch zumindest beabsichtigt ist (sog intendierter Empfangsbereich)?

10 Während vor allem die Sendeunternehmen die **Sendelandtheorie** propagierten[20], wurde von den Rechteinhabern die vornehmlich zu deren Schutz entwickelte sog **Bogsch-Theorie** favorisiert[21]. Danach findet die öffentliche Wiedergabe über Satellit nicht nur im Sendeland, sondern zugleich in allen Empfangsländern statt; daraus wird zumeist auch die kollisionsrechtliche Regelung abgeleitet, dass im Verletzungsfall die Urheberrechte aller Empfangsländer kumulativ zur Anwen-

---

[17] Die 1997 modifizierte Richtlinie enthält vor allem Regelungen zur Beseitigung von Hindernissen auf dem Gebiet von Werbung, Sponsoring und Jugendschutz sowie zur Förderung der Europäischen Filmproduktion und Programmverbreitung.

[18] So auch ErwG 5, 7 und 14 Satelliten- und Kabel-RL.

[19] Anders dagegen die gezielte terrestrische Einstrahlung in benachbarte Länder; vgl dazu die Nachweise im Text unten bei Rz 10.

[20] Vgl dazu insbes etwa *Rumphorst*, GRUR Int 1992, 910; in Österreich ebenso vor allem *Dittrich*, Urheberrechtliche Probleme des Satellitenfernsehens, ZUM 1988, 359.

[21] Vgl zur Bogsch-Theorie insbes *Dietz* in *de Bate* (Hrsg), Television by Satellite (1987) 122ff; *Dillenz*, Direktsatellit und die Grenzen des klassischen Senderechtsbegriffs; *Katzenberger*, Urheberrechtsfragen der elektronischen Textkommunikation, GRUR Int 1983, 895 (913ff); *Schricker*, Grundfragen der künftigen Medienordnung, FuR 1984, 63 (66f); *Walter*, Grundlagen 236ff und 244ff; *Walter*, Guidebook 60f. Auf die Fülle weiterer Nachweise zu diesem erbittert geführten Streit muss an dieser Stelle verzichtet werden.

dung kommen. In jedem Fall sind die Rechte für alle Empfangsländer innerhalb der Ausleuchtzone – bzw in modifizierter Form innerhalb des intendierten Sendebereiches – zu erwerben. Nach einer abgeschwächten Form dieser Theorie sollte das Recht auch der Empfangsländer hingegen nur dann herangezogen werden, wenn das Sendeland den Inhabern der Rechte an dem über Satellit übermittelten Programminhalt keinen hinreichenden Schutz gewährt[22]. Die Bogsch-Theorie wollte vor allem verhindern, dass sich die zum Teil erheblichen Lücken im nationalen urheberrechtlichen, vor allem aber im nachbarrechtlichen Schutz bei der grenzüberschreitenden Sendung über Satellit in einem bislang ungekannten Ausmaß zu Lasten der Rechteinhaber auswirken.

Hinzu kam noch, dass das französische, und ihm folgend das spanische Urheberrecht für die Programmverbreitung zumindest über Fernmeldesatelliten – möglicherweise aber auch über Direktsatelliten – mit anschließender Kabelverbreitung mit dem sog *„droit d'injection"* ein drittes Modell bereit hielten. Danach waren zwar beide Akte erlaubnispflichtig, im Ergebnis jedoch sollte nur eine einzige Vergütung anfallen[23].

Die **Rechtsprechung** hat sich zu dieser Streitfrage mit Ausnahme der Gerichte in Österreich[24] und in einer untergerichtlichen Entscheidung auch in Deutschland[25], 11
die in der Tat die Bogsch-Theorie angewandt hatten, bislang kaum geäußert; hinzu kommen in Österreich[26], Frankreich[27] und in Deutschland[28] einige Entscheidungen, welche die gezielte Einstrahlung terrestrischer Programme vom Ausland aus betreffen und die in ähnlicher Weise interpretiert werden können. Allerdings stellte sich das Problem bis zur Verabschiedung der Richtlinie ohnehin nur für die Programmübermittlung über Direktstrahlsatelliten, die jedoch erst seit einigen Jahren eingesetzt werden. Bei der Übermittlung über Fernmeldesatelliten hingegen, deren Signale nicht direkt empfangbar waren, galt – von der französischen und spanischen Regelung einmal abgesehen – nicht schon die Übermittlung der Signale über Satellit sondern erst die nachfolgende Kabelverbreitung als urheberrechtlich relevanter Akt. Praktisch voll zum Tragen kommt die Frage Sendeland- oder Bogsch-Theorie aber dann, wenn man – wie in der Richtlinie vorgesehen – auch Fernmeldesatelliten, deren Signale mit vertretbarem

---

22 Die Theorie wurde schließlich von der WIPO übernommen; vgl etwa WIPO/UNESCO, Copyright 1985, 180 (181) Z 12 und nachfolgend WIPO/UNESCO, Audiovisual Works and Phonograms, Copyright 1986, 218 (231ff) sowie Copyright 1990, 241 (255f und 290f).

23 Vgl Art L 132-20 Z 3 franz CPI; Text abgedruckt bei *Dreier/Krasser*, Das französische Gesetzbuch des geistigen Eigentums (1994).

24 OGH 16.06.1992 – „Schott II/Direktsatellitensendung III" MR 1992, 194 *(Walter)* = ÖBl 1992, 185 = SZ 65/88 = WBl 1993, 27 = EvBl 1992, 192 = GRUR Int 1992, 933.

25 LG Stuttgart 21.04.1994 – „Satelliten-Rundfunk" GRUR Int 1995, 412.

26 OGH 28.05.1991 – „Tele Uno III" MR 1991, 195 *(Walter)* = ÖBl 1991, 181 = SZ 64/64 = EvBl 1991/180.

27 Urteil der *Cour d'appel de Paris* 19.11.1989 JCP 1990 G II 21462.

28 OLG München 25.11.1993 ZUM 1995, 328 (gezielte Aussendung von Signalen in einen anderen Staat als Verletzung der für diesen Staat erteilten Sendelizenz) und 26.01.1995 ZUM 1995, 792 (Erteilung einer Sendelizenz erstreckt sich auch auf den Aussendestaat).

wirtschaftlichem Aufwand auch individuell empfangen werden können, urheberrechtlich wie Direktstrahlsatelliten behandelt.

3. Entstehungsgeschichte

3.1. Grundsatzpapier

12 Mit ihrer **Mitteilung über die Politik im audiovisuellen Bereich 1990** hat die Kommission unter anderem auch die urheberrechtlichen Harmonisierungsbestrebungen erneut aufgenommen, damit die Rechteinhaber von der neuen Dimension des Europäischen audiovisuellen Raums nach Möglichkeit profitieren können. Einbezogen wurden jetzt auch Überlegungen zur Harmonisierung der auf die Programmverbreitung über Satellit anwendbaren **urheberrechtlichen Regeln**. Zur möglichst frühzeitigen Unterrichtung und Einbeziehung der beteiligten Kreise legte die Kommission ihre Vorstellungen dann in einem Grundsatzpapier[29] dar, ehe sie einen ersten RL-Vorschlag veröffentlichte.

13 Dabei ging es im Wesentlichen um die folgenden Punkte. Im Bereich des Satellitenrundfunks sollte zum ersten klargestellt werden, dass es aus urheberrechtlicher Sicht keinen Unterschied machen kann, ob Programme über Satelliten ausgestrahlt werden, die auf Frequenzen arbeiten, die fernmelderechtlich ursprünglich der **Individialkommunikation** vorbehalten waren (sog Fernmeldesatelliten), oder auf Frequenzen, die für den Direktempfang vorgesehen sind (sog Direktempfangssatelliten). Zum zweiten sollte die dahingehende Rechtsunsicherheit, ob bei einer grenzüberschreitenden Satellitensendung die Urheberrechte nur für das Ausstrahlungs- oder zugleich auch für jedes einzelne Empfangsland erworben werden müssen, zu Gunsten der **Sendelandtheorie** harmonisiert werden. Das freilich setzte zum dritten voraus, dass in jedem der Mitgliedstaaten für alle Beteiligten ein **angemessener Mindestschutz** gewährleistet ist. Daran fehlte es vor Verabschiedung der Vermiet- und Verleih-RL in einigen Mitgliedstaaten insbes im Bereich der verwandten Schutzrechte.

Im Bereich der Kabelweiterleitung ging es zum einen darum, dem **Außenseiterproblem** zu begegnen und sicherzustellen, dass die einmal grundsätzlich auf vertraglichem Wege erlaubte zeitgleiche und unveränderte Kabelweiterleitung nicht durch die individuelle Geltendmachung von Verbotsrechten einzelner Rechteinhaber unterbunden wird. Zum anderen sollte der Fortbestand einmal geschlossener vertraglicher Regelungen gefördert werden.

3.2. Vom Richtlinienvorschlag zur Richtlinie

14 Obwohl die Richtlinie bis zuletzt in einzelnen Punkten recht hart umkämpft war, blieb dieses Grundkonzept im Lauf der Verhandlungen doch voll und ganz erhalten. Nach der Stellungnahme des Wirtschafts- und Sozialausschusses vom 26. Februar 1992 und Erster Lesung im Europäischen Parlament im Oktober 1992 legte die Kommission am 2. Dezember 1992 ihren geänderten RL-Vorschlag vor. Nach Annahme eines Gemeinsamen Standpunktes durch den Ministerrat vom 10. Mai 1993 und Zweiter Lesung durch das Europäische Parlament am 13.

---

[29] Vgl dazu *Dreier*, GRUR Int 1990, 13; *Dreier*, EIPR 1991, 42ff.

und 14. Juli 1993, die mit den neuen Erwägungsgründen 22 und 23 sowie dem späteren Art 14 Abs 3 nochmals drei kleinere Änderungen mit sich brachte, wurde die Richtlinie schließlich am 27. September 1993 vom Rat in ihrer endgültigen Form einstimmig angenommen[30].

3.3. Arbeiten des Europarats

Schon die Verabschiedung der Richtlinie Fernsehen ohne Grenzen hatte in einem zeitlichen – und zunächst auch inhaltlichen – Konkurrenzverhältnis zu entsprechenden Arbeiten des Europarates gestanden, die seinerzeit am 5. Mai 1989 zur Annahme des **Europäischen Übereinkommens** über das grenzüberschreitende Fernsehen geführt hatten[31]. Ebenso wie die Richtlinie Fernsehen ohne Grenzen enthielt jedoch auch diese Konvention keine urheberrechtlichen Bestimmungen. **15**

Zur Satelliten- und Kabel-RL parallele Arbeiten nahm der Europarat im Folgenden auch hinsichtlich der urheberrechtlichen Regelung **grenzüberschreitender Satellitensendungen** – nicht jedoch hinsichtlich der Kabelweiterverbreitung – auf. Hier entschieden sich die Mitgliedstaaten nach einigem Tauziehen jedoch für einen zeitlichen wie inhaltlichen Vorrang der EG-Regelung. Aus diesem Grund ist die dann am 16. Februar 1994 verabschiedete **Europäische Konvention** über urheber- und leistungsschutzrechtliche Fragen im Bereich des grenzüberschreitenden Satellitenrundfunks[32] von ihrer zunächst kollisionsrechtlichen Konzeption abgerückt und enthält eine – auch im Übrigen zum Teil sogar weitgehend an den Wortlaut der Kapitel I und II der Satelliten- und Kabel-RL angelehnte – Harmonisierung des materiellen Rechts[33]. **16**

4. Allgemeines

Die Richtlinie umreißt in ihren vorstehend wiedergegebenen Erwägungsgründen 1 bis 5, 12 und 36 zunächst **Ausgangspunkt** und Rahmenbedingungen des gemeinschaftsrechtlichen Tätigwerdens auf dem Gebiet von Satellitenrundfunk und Kabelweiterverbreitung. **17**

Angesichts des Fehlens einer generellen **Kompetenz** der Gemeinschaft, auf dem Gebiet des Urheberrechts gesetzgebend tätig zu werden, bedarf es zunächst einer Rechtfertigung für den Erlass der Richtlinie. Diese ergibt sich aus den vertraglich niedergelegten Zielen, insbes aus dem Gebot der Schaffung eines gemeinsamen **18**

---

[30] Das Verfahren richtete sich noch nicht nach dem erst durch den Vertrag von Maastricht eingefügten Art 189b EGV (jetzt 251 EGV 1997).

[31] Der Text ist abgedruckt in GRUR Int 1990, 448, UFITA 113 (1990) 59 sowie Media Perspektiven, Dokumentation 1989, 96ff. - Gem Art 29 bedarf die Konvention zu ihrem Inkrafttreten der Ratifizierung durch mindestens sieben Staaten. Vgl auch *Trettenbrein*, Die Europaratskonvention vom 5. Mai 1989 über das grenzüberschreitende Fernsehen, MR 1989, 78.

[32] Text abgedruckt in BR-Drucks 377/95, 11 sowie im Vorschlag für einen Beschluss des Rates über die Genehmigung der Konvention ABl C 164 vom 07.06.1996, 10 (11ff).

[33] Dem steht nicht entgegen, dass Kapitel II der Konvention des Europarates noch immer den Titel „Anwendbares Recht“ trägt, heißt es doch in Art 3 Abs 1 „eine Übertragung von Werken und anderen Beiträgen ... findet in dem Vertragsstaat statt ...“.

Markts (ErwG 1 und 2). Angesichts der Bedeutung grenzüberschreitender Rundfunksendungen mittels Satellit und Kabel in politischer, wirtschaftlicher, sozialer, kultureller und rechtlicher Hinsicht (ErwG 3) sowie angesichts der diesbezüglichen Unterschiede nationaler Urheberrechtsvorschriften und gewisser Rechtsunsicherheiten, die ein Hindernis für den freien Verkehr von Programmen innerhalb der Gemeinschaft darstellen (ErwG 5), ist die Richtlinie insbes auf die Art 47 Abs 2 EGV 1997 (selbständige Tätigkeit, früher Art 57 Abs 2) und 55 EGV 1997 (Dienstleistungsfreiheit, früher Art 66) gestützt[34].

19 Dabei galt es, die in der Richtlinie Fernsehen ohne Grenzen enthaltenen Regelungen zur Förderung der Verbreitung und Herstellung von Fernsehprogrammen, der Fernsehwerbung und des Sponsoring, zum Schutz der Minderjährigen und schließlich zum Recht der Gegendarstellung (ErwG 4) um **urheberrechtliche Bestimmungen** zu ergänzen (ErwG 12). Damit sollte letztlich vor allem auch eine Stärkung der wirtschaftlichen Stellung der Urheber, vor allem aber der Inhaber von Leistungsschutzrechten erreicht werden (ErwG 5).

20 Ebenso wie alle übrigen Harmonisierungsmaßnahmen auf dem Gebiet des Urheberrechts lässt schließlich auch die vorliegende Richtlinie die Anwendung der **wettbewerbsrechtlichen Vorschriften** der Art 81 und 82 EGV 1997 (früher Art 85 und 86) des EG-Vertrags unberührt (ErwG 36)[35].

5. Aufbau der Richtlinie

21 Formal ist die Richtlinie in vier Kapitel unterteilt. Kapitel I (Art 1) enthält Definitionen, Kapitel II (Art 2 bis 7) regelt den Satellitenrundfunk, Kapitel III (Art 8 bis 12) die Kabelweiterverbreitung, und Kapitel IV (Art 13 bis 15) enthält schließlich weitere allgemeine Vorschriften sowie die Schlussbestimmungen.

22 Allerdings werden in **Kapitel I** mit den **Definitionen** bereits wesentliche Teile insbes der urheberrechtlichen Regelung der Verbreitung von Programmen über Satellit vorgegeben. Das gilt zunächst für die Definition des Begriffs „Satellit" in Art 1 Abs 1, mit der Fernmeldesatelliten, deren Signale öffentlich empfangbar sind, und Direktstrahlsatelliten einander gleichgestellt werden. Das gilt vor allem

[34] Zu den Rechtsgrundlagen für den Erlass urheberrechtlicher Richtlinien vgl *v Lewinski* Allgemeiner Teil – 1. Kapitel Einleitung Rz 13ff. Zur Kritik der rein ökonomischen Betrachtung der Rundfunktätigkeit zB *Kreile/Becker*, GRUR Int 1994, 909.

[35] Zu den wettbewerbsrechtlichen Fragen der Lizenzierung von Urheberrechten vgl *Daum* Allgemeiner Teil – 3. Kapitel Ausübung des Urheberrechts Rz 6ff. – An dieser Stelle nicht behandelt werden können die wettbewerbsrechtlichen Aspekte der Lizenzierung nicht urheberrechtlich geschützten Materials wie insbes von Sportveranstaltungen, auf welche die Richtlinie als solche keine Anwendung findet; allerdings ist insoweit zu beachten, dass auch hier gegebenenfalls Urheberrechte am gesprochenen Kommentar, zumindest jedoch ein Leistungsschutzrecht an den gesendeten Bildern bestehen dürfte. Zu einem Fall restriktiver Lizenzierung der Aufnahmen von Hunderennen an Wettbüros vgl EuG 24.01. 1995 – „Ladbroke Racing" Rs T-74/92 Slg 1995 II-118 und dazu *Cumming*, Refusal to Grant a Television Retransmission Licence: Ladbroke Racing (Deutschland) GmbH v the Commission of the European Communities, EntLR 1995, 238. Zum Schutz von Sportveranstaltungen siehe auch *Walter* Art 5 Rz 3 Schutzdauer-RL.

für die Umschreibung von Handlung und Ort der Satellitensendung in Art 1 Abs 2 lit a, b sowie d (i) und (ii), mit der die Entscheidung für das Sendeland- und gegen das Empfangslandprinzip (sog Bogsch-Theorie) getroffen wird. Art 2 Abs 2 lit c schließlich bezieht auch kodierte Programme in die Regelung mit ein. Mit der Definition der Kabelweiterverbreitung in Art 2 Abs 3 wird zugleich klargestellt, dass die Richtlinie nur auf grenzüberschreitende Kabelweiterverbreitungen Anwendung findet, wohingegen die Weiterleitung nationaler Programme – und damit insbes die umstrittene Frage der urheberrechtlichen Behandlung des Versorgungsbereichs[36] – ausgeklammert bleibt. Art 1 Abs 5 enthält eine bereits in der Vermiet- und Verleih-RL (Art 2 Abs 2) und später auch in der Schutzdauer-RL (Art 2 Abs 1) enthaltene Teilharmonisierung der Filmurheberschaft. Eine Definition im eigentlichen Sinn findet sich mithin nur in Art 1 Abs 4 mit dem weit gefassten Begriff der „Verwertungsgesellschaften".

Kapitel II umschreibt in Art 2 zunächst das ausschließliche Recht, geschützte Werke über Satellit an die Öffentlichkeit zu senden, das als sog Erstsenderecht nach Art 3 Abs 1 grundsätzlich auf vertraglichem Wege zu erwerben ist. Eine Ausnahme – die jedoch nicht für Filmwerke gilt – besteht hier nach den Abs 2 bis 4 des Art 3 allerdings für diejenigen Mitgliedstaaten, welche die Erstreckung zuvor geschlossener Gesamtverträge auch auf Nichtmitglieder (sog Allgemeinverbindlicherklärung) kennen. Da die Entscheidung zu Gunsten des Sendelandprinzips für Urheber, insbes aber für Leistungsschutzberechtigte, die zum Zeitpunkt des Erlasses der Richtlinie noch nicht in allen Mitgliedstaaten geschützt waren, einen hinreichend harmonisierten Schutz erfordert, verweist Art 4 auf die entsprechende Regelung durch die Vermiet- und Verleih-RL. Art 6 stellt dazu klar, dass es sich dabei nur um einen Mindestschutz, nicht jedoch zugleich um einen Maximalschutz handelt, dh die Mitgliedstaaten sind grundsätzlich frei, weitergehende Leistungsschutzrechte aufrecht zu erhalten oder einzuführen. Art 5 schließlich regelt das Verhältnis zwischen Urheber- und Leistungsschutzrechten, und Art 7 enthält in seinen Abs 1 bis 3 Übergangsregelungen für Leistungsschutzrechte, für zum Zeitpunkt des Inkrafttretens der Richtlinie laufende Verwertungsverträge sowie für internationale Koproduktionen. **23**

Kapitel III statuiert in Art 8 Abs 1 zunächst das den Urhebern und Inhabern verwandter Schutzrechte zustehende Recht der zeitgleichen und unveränderten Kabelweiterverbreitung ausländischer Programme als Ausschließlichkeitsrecht; gesetzlichen Lizenzen durfte dieses Recht nach Art 8 Abs 2 längstens bis zum 31. Dezember 1997 unterworfen sein, und auch dies nur in denjenigen Mitgliedstaaten, deren Gesetze eine gesetzliche Lizenz am 31. Juli 1991 bereits vorgesehen hatten. Das ausschließliche Kabelweiterverbreitungsrecht ist nach Art 9 jedoch verwertungsgesellschaftenpflichtig; das gilt nach Art 10 zwingend aber nicht für diejenigen Rechte, die Sendeunternehmen als eigene oder als ihnen abgetretene Rechte in Bezug auf eigene Sendungen geltend machen. Um auf eine möglichst ununterbrochene Kabelweiterverbreitung hinzuwirken, enthalten die Art 11 und 12 zuletzt Vorschriften über die Vermittlung bei Vertragsabschluss sowie zur Verhinderung eines möglichen Missbrauchs von Verhandlungspositionen. **24**

---

[36] Vgl dazu näher Art 1 Rz 34.

25 Kapitel IV schließlich enthält mit Art 13 an etwas versteckter Stelle eine vor allem für die Regelung der Kabelweiterverbreitung höchst bedeutsame Vorschrift, die den Mitgliedstaaten mit der Regelung der Tätigkeit der Verwertungsgesellschaften auch die Einführung eines allgemeinen Kontrahierungszwangs vorbehält; hinzu kommen in Art 14 und 15 die üblichen Schlussbestimmungen.

Kapitel I Definitionen

Artikel 1 Definitionen

Übersicht

Text

Artikel 1 Definitionen

(1) Für die Zwecke dieser Richtlinie bedeutet „Satellit“ einen Satelliten, der auf Frequenzbändern arbeitet, die fernmelderechtlich dem Aussenden von Signalen zum öffentlichen Empfang oder der nichtöffentlichen Individual-Kommunikation vorbehalten sind. Im letzteren Fall muß jedoch der Individualempfang der Signale unter Bedingungen erfolgen, die den Bedingungen im ersteren Fall vergleichbar sind.

(2)

(a) Für die Zwecke dieser Richtlinie bedeutet „öffentliche Wiedergabe über Satellit“ die Handlung, mit der unter der Kontrolle des Sendeunternehmens und auf dessen Verantwortung die programmtragenden Signale, die für den öffentlichen Empfang bestimmt sind, in eine ununterbrochene Kommunikationskette, die zum Satelliten und zurück zur Erde führt, eingegeben werden.

(b) Die öffentliche Wiedergabe über Satellit findet nur in dem Mitgliedstaat statt, in dem die programmtragenden Signale unter der Kontrolle des Sendeunternehmens und auf dessen Verantwortung in eine ununterbrochene Kommunikationskette eingegeben werden, die zum Satelliten und zurück zur Erde führt.

(c) Sind die programmtragenden Signale kodiert, so liegt eine öffentliche Wiedergabe über Satellit unter der Voraussetzung vor, daß die Mittel zur Dekodierung der Sendung durch das Sendeunternehmen selbst oder mit seiner Zustimmung der Öffentlichkeit zugänglich gemacht worden sind.

(d) Findet eine öffentliche Wiedergabe über Satellit in einem Drittstaat statt, in dem das in Kapitel II vorgesehene Schutzniveau nicht gewährleistet ist, so gilt folgendes:

(i) Werden die programmtragenden Signale von einer in einem Mitgliedstaat gelegenen aussendenden Erdfunkstation an den Satelliten geleitet, so gilt, daß die öffentliche Wiedergabe über Satellit in diesem Mitgliedstaat stattgefunden hat, und die in Kapitel II vorgesehenen Rechte sind gegenüber der Person ausübbar, die die aussendende Erdfunkstation betreibt.

(ii) Wenn keine in einem Mitgliedstaat gelegene aussendende Erdfunkstation verwendet wird, ein in einem Mitgliedstaat niedergelassenes Sendeunternehmen die öffentliche Wiedergabe jedoch in Auftrag gegeben hat, so gilt, daß die Wiedergabe in dem Mitgliedstaat stattgefunden hat, in dem das Sendeunternehmen seine Hauptniederlassung innerhalb der Gemeinschaft hat, und die in Kapitel II vorgesehenen Rechte sind gegenüber dem Sendeunternehmen ausübbar.

(3) Für die Zwecke dieser Richtlinie bedeutet „Kabelweiterverbreitung" die zeitgleiche, unveränderte und vollständige Weiterverbreitung einer drahtlosen oder drahtgebundenen, erdgebundenen oder durch Satellit übermittelten Erstsendung von Fernseh- oder Hörfunkprogrammen, die zum öffentlichen Empfang bestimmt sind, aus einem anderen Mitgliedstaat durch Kabel- oder Mikrowellensysteme.

(4) Für die Zwecke dieser Richtlinie bedeutet „Verwertungsgesellschaft" jede Organisation, die Urheber- oder verwandte Schutzrechte als einziges Ziel oder als eines ihrer Hauptziele wahrnimmt oder verwaltet.

(5) Für die Zwecke dieser Richtlinie gilt der Hauptregisseur eines Filmwerks oder audiovisuellen Werks als sein Urheber oder als einer seiner Urheber. Die Mitgliedstaaten können vorsehen, daß weitere Personen als Miturheber des Werks gelten.

Aus den Erwägungsgründen

ErwG 6 So besteht gegenwärtig eine urheberrechtliche Ungleichbehandlung der öffentlichen Wiedergabe über Direkt- und derjenigen über Fernmeldesatelliten. Angesichts des bei beiden Satellitentypen möglichen und heute wirtschaftlich vertretbaren Individualempfangs ist diese unterschiedliche rechtliche Regelung nicht länger zu rechtfertigen.

ErwG 7 Behindert ist die freie Rundfunksendung von Programmen im weiteren durch die augenblickliche Rechtsunsicherheit, ob die Sendung über Satelliten, deren Signale direkt empfangen werden können, nur die Rechte im Ausstrahlungsland oder aber kumulativ zugleich die Rechte in allen Empfangsländern berührt. Aufgrund der urheberrechtlichen Gleichbehandlung von Fernmelde- und von Direktsatelliten betrifft diese Rechtsunsicherheit jetzt nahezu alle in der Gemeinschaft über Satelliten verbreiteten Programme.

ErwG 13 So sollte die in den Mitgliedstaaten unterschiedliche Behandlung der Verbreitung von Programmen über einen Fernmeldesatelliten beseitigt und gemeinschaftsweit einheitlich darauf abgestellt werden, ob Werke und andere Schutzgegenstände öffentlich wiedergegeben werden. Dadurch erfahren auch die Anbieter grenzüberschreitender Rundfunkprogramme eine Gleichbehandlung unabhängig davon, ob sie sich zur Programmverbreitung eines Direktstrahl- oder eines Fernmeldesatelliten bedienen.

ErwG 14 Die die grenzüberschreitende Programmverbreitung über Satelliten behindernde Rechtsunsicherheit im Hinblick auf die zu erwerbenden Rechte läßt sich beseitigen, indem die öffentliche Wiedergabe geschützter Werke über Satellit auf Gemeinschaftsebene definiert wird, wodurch gleichzeitig auch der Ort der öffentlichen Wiedergabe präzisiert wird. Eine solche Definition ist notwendig, um die kumulative Anwendung von mehreren nationalen Rechten auf einen einzigen Sendeakt zu verhindern. Eine öffentliche Wiedergabe über Satellit findet ausschließlich dann und in dem Mitgliedstaat statt, wo die programmtragenden Signale unter der Kontrolle und Verantwortung des Sendeunternehmens in eine nicht unterbrochene Übertragungskette über Satellit bis zur Rückkehr der Signale zur Erde eingebracht werden. Normale technische Verfahren betreffend die programmtragenden Signale dürfen nicht als Unterbrechung der Übertragungskette betrachtet werden.

ErwG 20 Sendungen aus Drittstaaten, die öffentlich über Satellit wiedergegeben werden, können unter bestimmten Bedingungen als Sendungen angesehen werden, die innerhalb eines Mitgliedstaats der Gemeinschaft erfolgen.

ErwG 24 Die in dieser Richtlinie vorgesehene Rechtsangleichung erfordert, daß die Vorschriften zur Gewährleistung eines hohen Schutzniveaus für Urheber, ausübende Künstler, Hersteller von Tonträgern und Sendeunternehmen harmonisiert werden. Aufgrund dieser Angleichung sollte ein Sendeunternehmen nicht Nutzen aus einem Schutzgefälle ziehen können, indem es den Standort seiner Tätigkeiten auf Kosten der audiovisuellen Produktion verlagert.

ErwG 32 Dagegen erscheint eine gemeinschaftliche Regelung für all diejenigen Sachverhalte nicht erforderlich, deren Auswirkungen, mit Ausnahme allenfalls eines wirtschaftlich nicht ins Gewicht fallenden Teils, lediglich innerhalb der Grenzen eines Mitgliedstaates spürbar werden.

Kommentar

1. Allgemeines

1 Art 1 der Richtlinie ist mit „**Definitionen**" überschrieben, enthält in Abs 1 und vor allem in Abs 2 lit a und b sowie in Abs 2 lit d jedoch **materiellrechtliche Bestimmungen**, die den Kern der urheberrechtlichen Regelung des in Kapitel II behandelten Satellitenrundfunks ausmachen.

2. Fernmeldesatelliten und Direktstrahlsatelliten (Abs 1)

So findet sich in Art 1 Abs 1 die Anordnung der urheberrechtlichen Gleichbehandlung von **Direktstrahlsatelliten** und bestimmten **Fernmeldesatelliten**. Direktstrahlsatelliten sind solche, die fernmelderechtlich dem Aussenden von öffentlich empfangbaren Signalen, Fernmeldesatelliten dagegen solche, die an sich dem Aussenden von Signalen zur nichtöffentlichen Individualkommunikation vorbehalten sind. **2**

Diese **Gleichstellung** hat ihren Grund darin, dass es angesichts der technischen Entwicklung sowohl der Sendestärke der zur Programmverbreitung eingesetzten Satelliten als auch der Empfangsstärke der für ein störungsfreies Bild erforderlichen Parabolantennen aus urheberrechtlicher Sicht – anders als vielleicht früher – keinen Sinn mehr macht, danach zu unterscheiden, auf welcher Frequenz die betreffenden Satelliten senden. Insbes die Signale der noch immer auf den ursprünglich der nichtöffentlichen Individualkommunikation vorbehaltenen Frequenzen arbeitenden sog Medium-power Satelliten etwa vom Typ ASTRA waren zum Zeitpunkt des Erlasses der Richtlinie längst direkt empfangbar geworden. **3**

Aus urheberrechtlicher Sicht muss daher das entscheidende **Kriterium** sein, dass die über Satellit verbreiteten programmtragenden Signale von der Öffentlichkeit empfangen werden können. Aus diesem Grund stellt Abs 1 darauf ab, dass der Individualempfang bei Fernmeldesatelliten „unter Bedingungen" erfolgt, die denjenigen des Individualempfangs bei Direktstrahlsatelliten „vergleichbar" sind. Auch kodierte Signale können, wie Art 1 Abs 2 lit c klarstellt, dann von der Öffentlichkeit empfangen werden, wenn die entsprechenden Dekoder vom Sendeunternehmen selbst oder mit dessen Zustimmung der Öffentlichkeit zugänglich gemacht worden sind. Liegt eine dem öffentlichen Empfang der Signale vergleichbare Empfangbarkeit vor, so ist die Übermittlung von Werken und Leistungen über Fernmeldesatelliten derjenigen über Direktstrahlsatelliten fortan urheberrechtlich gleichzustellen. **4**

Wann die Signale öffentlich empfangbar sind, lässt sich freilich nur anhand der Umstände des konkreten Einzelfalls ermitteln. Sicherlich nicht erforderlich ist, dass die Signale von der Allgemeinheit insgesamt empfangen werden können; es genügt durchaus, wenn „eine" Öffentlichkeit, dh begrenzte Teile „der" Öffentlichkeit die Signale empfangen können[37]. Wie klein der Kreis der Empfänger quantitativ sein kann oder welche qualitativen Kriterien er aufweisen muss, damit man noch von **Öffentlichkeit** sprechen kann und die Regelungen der Richtlinie folglich auf ihn zur Anwendung kommen, ist in ähnlicher Weise etwa für den organisierten Gemeinschaftsempfang[38] und die konzerninterne Verbreitung geschützter Werke und Leistungen erörtert worden. Ebenso wie der Fall, dass geschützte Werke nur einer bestimmten Anzahl von Werkvermittlern zugespielt werden, die diese dann erst an die Öffentlichkeit weiterleiten, unterliegen auch **5**

[37] Vgl GRUR-Stellungnahme GRUR 1995, 570.
[38] Vgl dazu *Dreier*, Kabelweiterleitung 65f und 120ff.

diese Fälle der Richtlinie[39]. So wie für die Berner Übereinkunft wird man auch für die Richtlinie annehmen müssen, dass der Gemeinschaftsgesetzgeber, der den Begriff der Öffentlichkeit nicht näher umschrieben hat, dessen Eingrenzung in gewissen objektiven Grenzen dem nationalen Recht der einzelnen Mitgliedstaaten vorbehalten wollte[40].

6 Das Recht der öffentlichen Wiedergabe stellt schließlich auf die Wahrnehmbarmachung im Sinn des **Aussendens** der Signale ab und nicht darauf, ob die gesendeten Signale auch tatsächlich empfangen werden. Es kommt deshalb für den Bereich des Satellitenrundfunks auch weder darauf an, ob die einzelnen Mitglieder der Öffentlichkeit, für welche die Signale empfangbar sind, die Signale tatsächlich empfangen, noch darauf, ob sie mit Satellitenempfangsanlagen ausgerüstet sind oder nicht, sofern sie sich solche nur besorgen können.

3. Programmeingabe und Ort der Sendehandlung (Abs 2)

7 Art 1 Abs 2 lit a und b enthalten die für die urheberrechtliche Regelung der Verbreitung geschützter Werke und Leistungen über Satellit in Kapitel II[41] wichtige Definition dessen, was für Zwecke der Richtlinie als **„öffentliche Wiedergabe über Satellit"** anzusehen ist (lit a) und an welchem **Ort**, dh in welchem Mitgliedstaat, die öffentliche Wiedergabe über Satellit stattfindet (lit b). Nach diesen Bestimmungen hat sich die Richtlinie für die Theorie des **Sendelands** entschieden und die Regelung – anders als noch die ersten Entwürfe der späteren Satellitenkonvention des Europarates – als Harmonisierung nicht des Internationalen Privatrechts sondern des **materiellen Rechts** ausgestaltet[42]. Gleichviel welches nationale Urheberrecht also nach den jeweils anwendbaren IPR-Regeln

---

[39] So etwa bei der Zuleitung allein an Kabelkopfstationen oder – wie dies bei kommerzieller Hintergrundmusik häufig der Fall ist – an Unternehmen, welche die Musik dann ihren Kunden mittels Lautsprecher wahrnehmbar machen; aA *Doutrelepont,* RMUE 1994, 90, die diese Fälle als von der Richtlinie grundsätzlich nicht erfasst ansieht.

[40] So jetzt ausdrücklich EuGH 03.02.2000 – „SatKabel-RL/Hotelzimmer/Hostelería Asturiana/Egeda/Hoasa/Hotel-Fernsehempfangsanlage" für die Abgrenzung von öffentlicher Wiedergabe und öffentlichem Empfang beim sog Hotelfernsehen über Satelliten. Zur RBÜ vgl *Nordemann/Vinck/Hertin,* Internationales Urheberrecht RBÜ Art 11bis Rz 4; *Schricker,* Kabelrundfunk 48. Vgl *Nordemann/Vinck/Hertin,* Internationales Urheberrecht RBÜ Art 11bis Rz 4; *Schricker,* Kabelrundfunk 48. Siehe dazu auch *Mahr,* MR 2000, 152.

[41] Gem Art 2 sind die Mitgliedstaaten zunächst dazu verpflichtet, überhaupt ein Recht der Sendung urheberrechtlich geschützter Werke über Satellit vorzusehen. Die Sendegenehmigung kann – von der Ausnahme des Art 3 Abs 2 abgesehen – nach Art 3 Abs 1 als Erstsenderecht grundsätzlich nur vertraglich erworben werden. Schließlich schreibt Art 4 mit seinem Verweis auf die Vermiet- und Verleih-RL auch einen Mindestschutz (vgl Art 6) in Bezug auf die Rechte der ausübenden Künstler, der Tonträgerhersteller und der Sendeunternehmen vor.

[42] Das wird häufig missverstanden bzw übersehen, wenn davon gesprochen wird, die Richtlinie habe sich hinsichtlich des „anwendbaren Rechts" für das Ursprungslandprinzip entschieden, oder dann, wenn verkannt wird, dass die Frage grenzüberschreitender Satellitensendungen sowohl eine Frage des IPR als auch des materiellen Rechts ist, wobei die Richtlinie ausdrücklich nur die letztere Frage regelt (vgl auch *Peifer* in *Schricker/Bastian/Dietz,* Konturen 93).

des betreffenden Mitgliedstaats zur Anwendung kommen sollte[43], das materielle Urheberrecht jedes Mitgliedstaates wird die Frage, welches Land allein als Sendeland anzusehen ist, nach der Umsetzung der Richtlinie in gleicher Weise beantworten.

Nach der Sendelandtheorie ist als Sendeland das Land anzusehen, in dem bei unerlaubter Sendung ein Eingriff in das Satellitensenderecht gegeben ist, und in dem folglich das Recht zur Ausstrahlung geschützter Werke über Satellit nach Art 3 erworben, bzw in dem nach Maßgabe des Art 4 auch die Rechte der ausübenden Künstler, der Tonträgerhersteller und der Sendeunternehmen beachtet werden müssen[44]. Inhalt und Umfang des Rechts zur Satellitensendung bestimmen sich ganz allgemein nach dem Recht des Sendelandes. **8**

Das gilt auch für die Geltendmachung der **Urheberpersönlichkeitsrechte**[45], was im Vergleich zur Empfangslandtheorie freilich zu einer gewissen Verkürzung der Rechtsstellung der Urheber führt[46], zumal einige Mitgliedstaaten – wie etwa Großbritannien – nur einen rudimentären Schutz des Urheberpersönlichkeitsrechts kennen und überdies in weitem Umfang auch einen Verzicht hierauf zulassen. Um dem zu entgehen, müsste man annehmen, die Richtlinie lasse den Bereich des Urheberpersönlichkeitsrechts gänzlich ausgeklammert. Dann könnte das Urheberpersönlichkeitsrecht in jedem Empfangsland verletzt sein, auf dessen Recht dann nach den Regeln des IPR – gegebenenfalls im Wege zwingender Sonderanknüpfung – zu verweisen wäre. Geht man dagegen davon aus, dass die Richtlinie das Senderecht zur Erleichterung grenzüberschreitender, gemeinschaftsweiter Satellitensendungen insgesamt regeln wollte, so steht allein der Weg einer späteren Harmonisierung des Urheberpersönlichkeitsrechts offen[47]. **9**

---

[43] Aus der Sicht des Territorialitätsprinzips ergibt sich freilich als kollisionsrechtliche Folge der materiellrechtlichen Regelung der Richtlinie, dass für eine davon abweichende IPR-Regel, die auf ein anderes Land verweisen würde als auf dasjenige, in dem das materielle Recht betroffen ist, kein Raum verbleibt; so zutreffend auch *Delyianni*, Droit de représentation 295, die mit dieser Ansicht entgegen ihrer eigenen Annahme (aaO 294) nicht im Widerspruch zur Richtlinie steht. Daraus folgt zugleich, dass die Kollisionsregel auch nur soweit auf das Recht des Sendelandes verweist, wie dessen alleinige materiellrechtliche Betroffenheit reicht; bei Sendungen aus Drittstaaten, die der RL nicht unterfallen – also vorbehaltlich der in Art 1 Abs 2 lit d (i) und (ii) genannten Fälle – können die Mitgliedstaaten daher kollisionsrechtliche Normen abweichenden Inhalts vorsehen; vgl *Roth*, Angleichung des IPR durch sekundäres Gemeinschaftsrecht, IPRax 1994, 165 (172f). Siehe dazu aus österr Sicht *Walter* unten Rz 46.

[44] Dagegen ist die Bezeichnung „Senderecht für das Sendeland" zumindest missverständlich, könnte sie doch im Sinn einer – nach Inkrafttreten der Richtlinie schuldrechtlichen – territorialen Begrenzung verstanden werden; ebenso *Pichler*, MR 1994, 55. Vgl dazu auch die kontroverse Diskussion zwischen *Castendyk/v Albrecht*, GRUR Int 1992, 734 und Replik GRUR Int 1993, 300 einerseits und *Rumphorst*, GRUR Int 1992, 934 anderseits.

[45] Ebenso *Reindl*, Einfluß des Gemeinschaftsrechts 350f. Vgl die Beispiele bei *Vogel*, ZUM 1992, 24. Skeptisch hinsichtlich der Auswirkungen vor allem auch *Doutrelepont*, RMUE 1994, 95. Vgl zum Urheberpersönlichkeitsrecht auch *Walter* Art 9 Rz 3ff Schutzdauer-RL.

[46] Darauf weist bereits das Diskussionspapier III/F/5263/90 Z 4.1.26 hin.

[47] In diesem Sinne auch *Doutrelepont*, RMUE 1994, 95.

10 Dem Recht des Sendelandes dürften auch die **Rechtsfolgen** zu entnehmen sein, ist doch das materielle Recht dieses Sendelandes verletzt. Das gilt jedenfalls insoweit, als das allgemeine Kollisionsrecht des jeweiligen Lands, in dem um Schutz nachgesucht wird, keine Aufspaltung des auf den Verletzungstatbestand und des auf die Rechtsfolgen anzuwendenden Rechts vorsieht[48]. Daran vermag auch eine kollisionsrechtlich eigenständige Bestimmung des Verletzungsorts – so sie angesichts der materiellen Vorgaben überhaupt noch möglich erschiene – letztlich nichts zu ändern, da sie immer nur auf das Recht des Sendelands als das verletzte Recht verweisen könnte (oder eben auf das Recht eines anderen Lands, das dann jedoch auf Grund der materiellrechtlichen Betroffenheit allein des Sendelands nicht verletzt wäre). Bei der Bemessung des Schadensersatzes im Fall einer Satellitensendung ohne Erlaubnis haben die Gerichte freilich ErwG 17 Rechnung zu tragen und den zuzusprechenden Schadensersatz an der normalerweise zu zahlenden Gesamtvergütung[49] zu orientieren.

11 Zu beachten ist dabei, dass der Gerichtsstand der **unerlaubten Handlung** nach Art 5 Abs 3 EuGVÜ auf Grund des Sendelandprinzips gleichfalls nur in dem Mitgliedstaat besteht, der als Sendeland im Sinn des Art 1 Abs 2 lit b oder auch lit d (i) oder (ii) anzusehen ist[50]; das danach international zuständige Gericht hat demnach – wie sonst in der Regel nur das Gericht am Wohnsitz des Beklagten – den Schaden nicht nur für das Sendeland sondern für die gesamte Verwertung zuzusprechen; hinsichtlich der Unterlassungsverpflichtung folgt das vergleichbare Ergebnis bereits daraus, dass die Unterlassung einer konkreten Satellitensendung ohnehin allein im Sendeland erfolgen muss[51, 52].

12 Der Kommission ebenso wie den Mitgliedstaaten erschien die Sendelandtheorie zur Verwirklichung der Ziele der Gemeinschaft aus folgenden **Gründen** eher geeignet als die Theorie der Empfangsländer (sog Bogsch-Theorie in ihrer ursprünglichen Form): Nach der Bogsch-Theorie, die im Wesentlichen den Interessen der Rechteinhaber entgegenzukommen suchte, hätte eine grenzüberschreitende Satellitensendung die Urheberrechte nicht nur des Sendelands, sondern auch all derjenigen Empfangsländer berührt, in denen die betreffende Sendung empfangen werden kann oder in denen ein Empfang immerhin intendiert ist. Danach könnte der Anbieter eines Satellitenprogramms mit der Verbreitung

[48] So für Deutschland BGH 02.10.1997 – „Spielbankaffäre" GRUR Int 1998, 427 (430) mwN ausdrücklich auch für den Bereicherungsanspruch. Ähnlich auch OGH 18.09.1990 – „Gleichgewicht des Schreckens" MR 1991, 112 (krit *Walter*) = ecolex 1991, 109.

[49] Zur Gesamtvergütung der grenzüberschreitenden Satellitensendung nach ErwG 17 siehe Art 3 Rz 4ff.

[50] Ebenso *Reindl*, Einfluß des Gemeinschaftsrechts 350 FN 228. – In Bezug auf die subsidiären Anknüpfungspunkte in Art 1 Abs 2 lit d (i) und (ii) folgt dies daraus, dass dem Rechtsinhaber hinsichtlich der gesamten Sendung neben dem eigentlich für die Sendung Verantwortlichen ein leicht erreichbarer Schuldner zur Verfügung gestellt werden sollte; vgl unten Art 1 Rz 23ff.

[51] Daher ist es eine andere Frage, ob ein Gericht im Sendeland bereit ist, dem Beklagten wegen Fehlens jeder Berechtigung die Sendung nicht nur vom Sendeland, sondern zugleich von jedem Mitgliedstaat aus zu untersagen.

[52] Zu dem auf Sendeverträge anwendbaren Recht vgl Art 3 Rz 3.

nämlich erst dann beginnen, wenn er die betreffenden Rechte von den Rechteinhabern in allen Staaten der Ausleuchtzone, zumindest aber des intendierten Sendegebietes erworben hat; schon das Scheitern oder die Beendigung eines einzigen dieser Vielzahl von Verträgen würde die gesamte Programmverbreitung gefährden. Selbst der bereits damals in einigen Bereichen zentral erfolgende Rechtserwerb[53] hätte daran nichts entscheidendes zu ändern vermocht. Darüber hinaus dürfte sowohl die Feststellung der Ausleuchtzone als auch die Ermittlung des intendierten Empfangsbereichs in der Praxis zumindest in Randbereichen problematisch sein. In welchen Staaten kann etwa von Empfangbarkeit gesprochen werden, wenn die Signale nur in einem Teil des jeweiligen Staatsgebiets mit vertretbarem Aufwand empfangen werden können; welcher Aufwand ist vertretbar, so dass man davon sprechen kann, ein Programm sei empfangbar? Kommt es bei der Bestimmung des intendierten Empfangsgebiets auf die Sprache des Programms, auf den Werbeinhalt oder auf die Adressaten der Informationen an? Im Vergleich dazu lässt sich das Sendeland dagegen recht einfach bestimmen.

Freilich setzt das Sendelandprinzip das Bestehen eines gewissen **Mindestschutzes** für Urheber[54] und Leistungsschutzberechtigte[55] in jedem einzelnen Mitgliedstaat voraus, ohne den es zu unerwünschten, weil den Wettbewerb innerhalb der Gemeinschaft verzerrenden Delokalisierungen der Satellitenprogrammanbieter kommen würde[56]. Zugleich muss sichergestellt sein, dass die Vergütung, die für den Erwerb des Senderechts im Sendeland gezahlt wird, der Bedeutung der Sendung insgesamt und nicht nur allein für das Sendeland Rechnung trägt[57]. Wenn auch nicht ihrer Konstruktion nach, so trägt die Lösung der Richtlinie damit doch immerhin im Ergebnis dem Hauptanliegen der Bogsch-Theorie Rechnung.

Als relevante Sendehandlung der **„öffentlichen Wiedergabe über Satelliten“**[58] **13**
definiert Art 1 Abs 2 lit a diejenige Handlung, mit der die programmtragenden Signale unter der Kontrolle des Sendeunternehmens und auf dessen Verantwortung in eine ununterbrochene Kette von Sendemitteln zum Satelliten und zurück zur Erde eingegeben werden. Auf diese Weise ist sichergestellt, dass derjenige als

[53] Die zentrale Vergabe der Rechte für alle Länder der Ausleuchtzone nahmen etwa die Tonträgerindustrie und seit 1987 auch die Verwertungsgesellschaften für die von ihnen verwalteten kleinen Senderechte an Werken der Musik nach vorheriger Zustimmung durch die übrigen Schwestergesellschaften vor; vgl dazu *Kreile,* Lizenzierung 556ff.

[54] Vgl jedoch Art 2 Rz 1.

[55] Vgl dazu näher die Ausführungen zu Art 4.

[56] Probleme bleiben allerdings in Bezug auf Sendungen aus Drittstaaten bestehen, die Urhebern und/oder Leistungsschutzberechtigten keinen der Richtlinie entsprechenden Schutz gewähren. Dem versuchen die subsidiären Anknüpfungspunkte in Art 1 Abs 2 lit d (i) und (ii) wenigstens zum Teil Rechnung zu tragen. – Eine große Gefahr der Delokalisierung macht hingegen *Doutrelepont,* RMUE 1994, 93 angesichts der unvollständigen Harmonisierung (erste Urheberschaft, Persönlichkeitsrechte, Sanktionen und Vergütung) aus; dagegen *Kreile*, Lizenzierung 536 (551) mit dem Argument, es werde aus den verschiedensten Gründen nicht jede theoretisch bestehende Lücke in der Praxis auch ausgenutzt.

[57] Vgl den Hinweis auf die „tatsächliche und potentielle Einschaltquote“ in ErwG 17 und dazu näher Art 3 Rz 4ff.

[58] Zur Definition der von der Richtlinie erfassten Satelliten vgl Art 1 Abs 1.

urheberrechtlicher Nutzer angesehen wird, der für die Satellitensendung so, wie sie beim Zuschauer ankommt, letztlich **verantwortlich** ist. Nicht entscheidend ist dagegen der technische Akt der Aussendung von der Erdfunkstelle zum Satelliten[59].

14 Der Definition der öffentlichen Wiedergabe über Satellit in lit a entsprechend definiert Art 1 Abs 2 lit b nun den **Ort**, an dem diese Handlung stattfindet als denjenigen, in dem die programmtragenden Signale unter der Kontrolle des Sendeunternehmens und auf dessen Verantwortung in eine ununterbrochene Kette von Sendemitteln zum Satelliten und zurück zur Erde eingegeben werden. Der Mitgliedstaat, in dem dieser Ort sich befindet, ist für dieses Programm mithin das Sendeland; in diesem Mitgliedstaat sind die Rechte der in diesem Programm enthaltenen geschützten Werke und Leistungen betroffen. Damit ist zur Bestimmung des Sendelands – vorbehaltlich der subsidiären Anknüpfungspunkte gem lit d (i) und (ii) – weder entscheidend, von welchem Land aus die programmtragenden Signale zum Satelliten ausgesandt werden, noch in welchem Land das Sendeunternehmen seinen Sitz hat. In beiden Fällen nämlich würde die ernst zu nehmende Gefahr einer Delokalisierung dieser Orte bestehen, sei es aus technischen Gründen, sei es aber auch zu dem Zweck, um von einer günstigeren Urheberrechtsgesetzgebung zu profitieren. Mag der genaue Wortlaut der beiden Vorschriften auch lange Zeit umstritten gewesen sein, so bestand über das Prinzip doch schon in einem recht frühem Entstehungsstadium der Richtlinie weitgehend Einigkeit.

15 Die Anwendung der beiden Umschreibungen dürften in der Praxis keine größeren Schwierigkeiten bereiten. Denn es kommt – wie bereits erwähnt – weder auf Handlung und Ort der tatsächlichen Aussendung der programmtragenden Signale von der Erdfunkstelle zum Satelliten noch auf den Sitz des Sendeunternehmens an. Dessen ungeachtet verbleiben aber Einzelfälle, in denen die Anwendung der Definitionen nicht einfach sein dürfte. Das gilt vor allem hinsichtlich der Feststellung, wann eine **ununterbrochene Kommunikationskette** vorliegt und wann nicht. Zunächst einmal kann nach der Definition der Richtlinie das urheberrechtlich verantwortliche Sendeunternehmen – also das Unternehmen, unter dessen Kontrolle und auf dessen Verantwortung die programmtragenden Signale auf den Weg geschickt werden – immer nur am Beginn der ununterbrochenen Kommunikationskette seinen Sitz haben. Entscheidend ist also, von wo aus die jeweilige Sendung ohne nachfolgende Unterbrechung „in Gang gesetzt"[60] wird. Problematisch ist das vor allem in Fällen, in denen einzelne Programmbestandteile von

---

[59] Dies gilt mit Ausnahme der subsidiären Anknüpfung bei Sendungen aus Drittstaaten nach Art 1 Abs 2 lit d (i).

[60] *Katzenberger* in *Schricker/Bastian/Dietz*, Konturen 33. – Der ursprüngliche Vorschlag hatte hier in Art 1 lit b noch von „einheitlicher Entscheidung" gesprochen und damit vermutlich die sog „Endregie" zu umschreiben versucht; in diesem Sinn versteht *Keréver*, DIT 1994/4, 76 nach wie vor auch die endgültige Definition. Letztlich dürfte ein allzu großer Unterschied nicht bestehen, sollten die Formulierungsänderungen im Lauf des Gesetzgebungsverfahrens doch nur eventuelle Zweifel beseitigen und keine grundsätzlich andere Umschreibung bewirken.

dritter Seite zugespielt und vom Sendeunternehmen direkt ins Programm eingebaut und weitergeleitet werden. Im Rahmen der Verhandlungen der Richtlinie war klar, dass die Definitionen in lit a und b zu dem Ergebnis führen sollen, dass der Beginn der ununterbrochenen Kommunikationskette nicht dort liegt, von wo der Programmbeitrag zugespielt wurde, sondern dort, wo die Entscheidung über den Inhalt des Gesamtprogramms getroffen wird[61]. Dies festzustellen ist jedoch deshalb nicht immer einfach, weil die Richtlinie nicht definiert, wann ein Programm vorliegt, dh welche Länge das Sendegut haben muss, um vom Vorliegen eines Programms ausgehen zu können. Es wird sich dies auch gar nicht näher definieren lassen. Damit lässt sich in Grenzfällen letztlich nur wertend beurteilen, wann der zugespielte Beitrag nur einen Teil eines Programms ausmacht, so dass das übernehmende Sendeunternehmen urheberrechtlich verantwortlich ist, und wann er selbst als Programm anzusehen ist mit der Folge, dass aus der Sicht der Richtlinie der hierfür Verantwortliche die Sendung dort vornimmt, wo er sie in die ununterbrochene Kommunikationskette eingibt[62]. Rein technische Maßnahmen der Signalveränderung (zB Frequenzmodulationen, Verstärkungen, Empfang und Abstrahlung gegebenenfalls unter kurzzeitiger Zwischenspeicherung auf dem Satelliten ua) sind dagegen keine Akte, welche die Kommunikationskette im Sinn der Richtlinie unterbrechen würden (vgl ErwG 14).

In der Praxis wird die neue Regelung jedoch kaum zu gravierenden Änderungen führen. Vor allem in den Fällen, in denen die EU-weiten Rechte in einer Hand vereinigt sind, umschreiben schon die bisherigen Verträge den Umfang der eingeräumten Rechte nicht abstrakt, sondern objektbezogen (zB „Einräumung des Rechts der Ausstrahlung über einen Satelliten vom Typ ASTRA"). **16**

Sind die Senderechte – und mit ihnen auch die Satellitensenderechte – für das Gebiet der EU bzw des EWR für den gleichen Zeitraum hingegen **territorial getrennt** vergeben, so lässt sich eine Exklusivität der Satellitenausstrahlung anders als nach der Bogsch-Theorie künftig nicht mehr durch die Einräumung dinglicher Rechte zur Ausstrahlung eines Werks nur in einem bestimmten Mitgliedstaat erreichen. Denn wer immer berechtigt ist, das Werk vom Staat A aus über Satellit zu senden, kann damit auch in den Staat B hineinstrahlen, ohne dabei das Recht desjenigen zu tangieren, der das gleiche Werk vom Staat B aus über Satellit senden darf. Umgekehrt aber muss der aus Staat A Sendende hinnehmen, dass die von Staat B ausgesandten Signale auch im Staat A empfangbar sind. **17**

---

[61] Das im Zug der Verhandlungen genannte Beispiel betraf eine Zuspielung von Material für die Sportberichterstattung durch die EBU per Standleitung, das von den jeweiligen empfangenden Sendeunternehmen live ins Programm inkorporiert wird. Hier sollte nach Auffassung der Kommission nicht die EBU, sondern das jeweilige Sendeunternehmen im Sinn der Richtlinie urheberrechtlich für die Satellitenausstrahlung verantwortlich sein. Dass dies erst recht dann gilt, wenn die Zuspielung vom Sendeunternehmen aufgezeichnet und zeitversetzt gesendet oder aber durch eigenständige Werbeeinblendungen unterbrochen wird, wie auch dann, wenn der Beitrag dem Sendeunternehmen in Form einer Kassette übermittelt wird, war ohnehin unstreitig.

[62] Ähnliche Grenzfälle mögen nicht nur bei der Zuspielung ganzer Programmteile sondern auch bei Veränderungen des eingespielten Teils durch Life-Synchronton, Werbeunterbrechungen etc bestehen.

Exklusivität kann fortan demnach nur auf schuldrechtlicher Basis erzielt werden, indem sich der ursprüngliche Rechteinhaber gegenüber dem Sendeunternehmen im Staat A verpflichtet, sich einer Vergabe des Satellitensenderechts in anderen Mitgliedstaaten zu enthalten; der Rechteinhaber kann einem Nutzer aber die Satellitensenderechte auch in allen Staaten einräumen. Auch territoriale Begrenzungen lassen sich auf schuldrechtlicher Grundlage vereinbaren[63]; gegebenenfalls sind die Signale zu verschlüsseln und Dekoder nur im vertraglich zugestandenen Gebiet zu vertreiben[64].

18 Um Ungerechtigkeiten in Bezug auf bestehende Verwertungsverträge zu vermeiden, enthält Art 7 Abs 2 eine **Übergangsregelung**, der zufolge die Vorschriften auf bereits laufende Verträge erst ab dem 1. Januar 2000 Anwendung finden. Den Besonderheiten von Koproduktionsverträgen versucht Art 7 Abs 3 mit einer noch über diesen Zeitpunkt hinaus wirkenden Übergangsregelung Rechnung zu tragen. Sollten sich im Einzelfall – etwa angesichts der jeweiligen Sprachfassung[65] – dennoch Probleme ergeben, so überlässt es die Richtlinie den Betroffenen, eine einverständliche Regelung zu treffen oder um gerichtliche Auslegung bzw Anpassung des betreffenden Vertrages nachzusuchen. Vor allem Verwertungsgesellschaften müssen untereinander Mechanismen einer gerechten Verteilung der fortan allein im Sendestaat eingenommenen Vergütung entwickeln[66].

19 Angesichts der Probleme, die bei der grenzüberschreitenden Verbreitung geschützter Werke und Leistungen in digitalen Netzen sowohl im Hinblick auf den Erwerb der hierfür erforderlichen Rechte als auch im Hinblick auf die Verfolgung von Rechtsverletzungen auftauchen, wird in der Literatur des öfteren vorgeschlagen, das als Ursprungslandprinzip[67] verstandene Abstellen der Richtlinie auf das Sendeland auch im **digitalen Bereich** nutzbar zu machen[68]. Eine direkte Anwendung der Satelliten- und Kabel-RL scheidet hier von vorneherein aus. Denn zum einen betrifft die Richtlinie nur die öffentliche Wiedergabe geschützter Werke und Leistungen über Satellit und nicht in Netzwerken; zum anderen setzt sie eine Verbreitung geschützter Werke und Leistungen in Programmen voraus,

---

[63] Weshalb *Kreile/Becker*, GRUR Int 1994, 910, auch diese Möglichkeit von der Richtlinie für ausgeschlossen halten, bleibt unklar; wie hier *Pichler*, MR 1994, 54f. Vgl zu einem Altfall etwa OLG Frankfurt 25.09.1995 – „Satellit erweitert Lizenzgebiet" GRUR 1996, 247.

[64] Eine solche erneute territoriale Aufspaltung mag unter dem Blickwinkel des gemeinsamen Europäischen audiovisuellen Raums misslich erscheinen; angesichts der wirtschaftlichen Lage vieler Satellitenprogrammanbieter wird sich zumindest in einer Zeit des Übergangs jedoch keine andere Lösung finden lassen; davon geht die Richtlinie selbst implizit aus, wenn sie in Art 1 Abs 2 lit c die Dekodierung von Signalen berücksichtigt.

[65] Vgl dazu *Castendyk/v Albrecht*, GRUR Int 1992, 734.

[66] Vgl dazu näher Art 3 Rz 6.

[67] Wobei unter „Ursprungsland" das Land des Ursprungs der Werkverwertung und nicht, wie im Rahmen des sog Universalitätsprinzips, das Ursprungsland des Werkes zu verstehen ist.

[68] Vgl statt vieler das Grünbuch Informationsgesellschaft 38ff. Allerdings scheint die EU-Kommission von diesem Standpunkt inzwischen abgerückt zu sein; vgl Kapitel 2 Z 7 Info-RL-Vorschlag.

die – anders als der digitale Zugriff von Seiten des Nutzers – durch die vom Anbieter festgelegte sequentielle Abfolge der einzelnen Programmteile charakterisiert sind. Aber auch einer analogen Anwendung des Ursprungslandsprinzips im digitalen Bereich begegnen angesichts der Besonderheiten der Rechte in Bezug auf Rundfunksendungen, welche die Richtlinie überhaupt erst ermöglicht haben, Bedenken. Das gilt zumindest solange, als nicht gemeinschaftsweit oder – im Idealfall – weltweit für alle von der digitalen Übermittlung betroffenen Werke und Leistungen ein hinreichender, auch hinsichtlich der Schrankenbestimmungen harmonisierter Mindestschutz gewährleistet ist[69].

4. Kodierte Signale (Abs 2 lit c)

Eine „öffentliche" Wiedergabe liegt bei einer Satellitensendung gem Art 1 Abs 1, Abs 2 lit a und b sowie Art 2 nicht nur dann vor, wenn die programmtragenden Signale unverschlüsselt sind und daher frei empfangen werden können. Da es entscheidend darauf ankommt, ob Signale von der Öffentlichkeit empfangen werden können oder nicht, gelten auch kodierte Signale nach Art 1 Abs 2 lit c dann als öffentlich empfangbar, wenn die entsprechenden Mittel zur **Dekodierung** der Öffentlichkeit zur Verfügung gestellt worden sind. Um zu verhindern, dass eine Sendung verschlüsselter Signale auch dann als öffentlich gilt, wenn Dritte die Entschlüsselungsmittel unbefugt verbreiten, ist weitere Voraussetzung für die Öffentlichkeit der verschlüsselten Sendung, dass die Entschlüsselungsmittel der Öffentlichkeit vom Sendeunternehmen selbst oder mit dessen Zustimmung durch Dritte zugänglich gemacht werden. Bei den Entschlüsselungsmitteln kann es sich um Hardware, um Software oder um eine Kombination beider handeln. **20**

Anders als im Diskussionspapier zunächst erwogen[70] und anders als Art 7 Abs 1 lit c Software-RL enthält die Satelliten- und Kabel-RL jedoch keine Regelung zum Schutz kodierter Signale gegen unerlaubte Dekodierung bzw gegen die illegale Herstellung und/oder den illegalen Vertrieb von Dekodiergeräten. Das hat seinen Grund darin, dass die Kommission jetzt insbes angesichts der digitalen Verbreitung geschützter Werke und Leistungen eine für alle Verschlüsselungsmechanismen **einheitliche Lösung** erwägt[71]. Anders als bei den in der Software-RL geregelten Mitteln zur Umgehung von Programmsperren, die in der Regel von demjenigen verwandt werden, der auch die Rechte am verschlüsselten Inhalt **21**

---

[69] Zu Einzelheiten vgl *Dreier*, Cable and Satellite Analogy 61ff. – Sobald ein solcher Schutzstandard erreicht ist, ließe sich für die Mitgliedstaaten der EU bzw des EWR möglicherweise eine der Satelliten- und Kabel-RL vergleichbare Lösung schaffen, bei der den subsidiären Anknüpfungspunkten für Werkübermittlungen aus Drittstaaten freilich ganz besondere Bedeutung zukäme. Siehe dazu auch *v Lewinski* Rz 10 und 33 Info-RL; *Walter* Rz 140ff Info-RL und Rz 110ff (112) Stand der Harmonisierung.

[70] Vgl dazu *Dreier*, GRUR Int 1990, 19.

[71] Vgl dazu das Grünbuch über den rechtlichen Schutz verschlüsselter Dienste Doc KOM (96) 76 und nachfolgend die Richtlinie 98/84/EG des Europäischen Parlaments und des Rates vom 20. November 1998 über den rechtlichen Schutz von zugangskontrollierten Diensten und von Zugangskontrolldiensten ABl L 320 vom 28.11.1998, 54, die den Mitgliedstaaten jedoch nach wie vor die Wahl der Mittel zur Schutzgewährung offen lässt. Siehe dazu auch *Walter* Rz 163ff Info-RL.

innehat, sind der verschlüsselnde Programmanbieter und die Inhaber der Rechte am Inhalt des verschlüsselten Programms – zumindest teilweise – nicht identisch. Neben dem Problem der Definition unerlaubter Umgehungsmittel („allein", „hauptsächlich" oder „auch" zur Umgehung geeignet) und der Umschreibung der unzulässigen Akte (Herstellung, Vertrieb ua) stellt sich damit die Frage, wem dieser Schutz (dem Programmanbieter und/oder den Inhabern der Rechte am Programminhalt) zukommen soll.

22 Damit verblieb es in den einzelnen Mitgliedstaaten hinsichtlich des **Umgehungsschutzes** zunächst bei den Vorschriften des nationalen Rechts[72], seien es solche des innerstaatlichen Urheberrechts[73], des Wettbewerbsrechts[74] oder des Strafrechts[75].

5. Subsidiäre Anknüpfungspunkte (Abs 2 lit d)

23 Wie bereits erläutert, setzt die Entscheidung für das Sendelandprinzip voraus, dass in allen Mitgliedstaaten als den jeweils potentiellen Sendeländern ein gewisser **Mindestschutz** der Rechte von Urhebern und vor allem von Leistungsschutzberechtigten gesichert ist, wie ihn die Art 2 und 3 sowie Art 4 in Kapitel II der Richtlinie gewähren[76]. Regelungsbedürftig bleibt danach die Frage, wie Sendungen zu behandeln sind, die nach der Umschreibung des Sendelands von einem Staat außerhalb der EU bzw des EWR ausgesandt werden, der keinen entsprechenden Mindestschutz vorsieht. Um der Gefahr einer Standortverlagerung von Sendeunternehmen in Länder mit niedrigerem Schutzniveau vorzubeugen, sieht die Richtlinie in Art 1 Abs 2 lit d (i) und (ii) auf Anregung des Europäischen Parlaments (Erste Lesung) deshalb zwei subsidiäre Anknüpfungspunkte vor. Allerdings dürfte deren Bedeutung in dem Umfang abnehmen, in dem Drittstaaten die Europaratskonvention zum Satellitenrundfunk[77] unterzeichnen.

24 Nach lit d (i) wird eine Sendung, deren Sendeland nach der Definition des Art 1 Abs 2 lit b ein weder der EU noch dem EWR angehörender **Drittstaat** ist, und dessen Schutz hinter dem Mindestschutz des Kapitel II der Richtlinie zurückbleibt, der Mitgliedstaat als Sendeland angesehen, in dessen Gebiet die **Erdfunk-**

---

[72] Einzelheiten dazu enthält die im Auftrag der Kommission für die EU vom Amsterdamer Institute for Information Law erstellte Studie „Legal protection of encrypted broadcasting signals" vom April 1995.

[73] Vgl zB Sec 297 bis 299 brit CDPA 1988 und dazu *House of Lords* BBC v Hi-Tech Xtravision Ltd – „B.B.C.-Decoder" (1991) 3 WLR 1 = GRUR Int 1991, 819.

[74] Vgl zB § 1 dUWG und dazu BGH 09.11.1995 – „Dongle-Umgehung" GRUR 1996, 78 = CR 1996, 79.

[75] Vgl zB die seit der französischen Strafrechtsreform als Art 79-1 bis 79-5 im Kommunikationsgesetz 30.09.1986 Nr 86-1067 eingestellten ehemaligen Art 429-1 bis 429-5 des alten französischen Code pénal.

[76] Zum Mindestschutz wird man auch den Gedanken des ErwG 17 zählen müssen, so dass die Sendung aus einem Drittstaat, der etwa ausdrücklich vorsieht, die Vergütung habe sich nur an den Gegebenheiten des Sendelandes zu orientieren, kein hinreichendes Schutzniveau gewährt und gegebenenfalls unter lit d fällt (aA *Reindl*, Einfluß des Gemeinschaftsrechts 347).

[77] Vgl oben Vor Art 1 Rz 16.

station liegt. In diesem Fall ist nach dem Wortlaut der lit d (i) der Betreiber der die Signale aussendenden Erdfunkstelle urheberrechtlich verantwortlich. Diese Haftung tritt neben diejenige des Sendeunternehmens. Auch wenn die Haftung des Sendeunternehmens in diesem Fall nicht ausdrücklich erwähnt wird, kann doch kaum angenommen werden, dass die Richtlinie sie ausschließen wollte. Zweck der Regelung ist es, die Stellung der Rechteinhaber dadurch zu stärken, dass ihnen mit dem Betreiber der Erdfunkstelle ein weiterer Schuldner zur Verfügung gestellt wird, der – da er anders als das verantwortliche Sendeunternehmen innerhalb der Gemeinschaft seinen Sitz hat – in der Praxis in aller Regel leichter zu belangen ist, und der andernfalls nach den jeweiligen nationalen Regeln über Täterschaft und Teilnahme wohl nur als Gehilfe oder gar nur als Störer haften würde (gegebenenfalls nur als Störer deshalb, weil er hinsichtlich der die geschützten Werke und Leistungen übermittelnden Signale lediglich eine Transportfunktion wahrnimmt und damit nicht selbst in das Senderecht der Urheber und Leistungsschutzberechtigten eingreift).

Lit d (ii) sieht darüber hinaus vor, dass auch dann, wenn Sendeland ein Drittstaat **25**
mit einem Schutzdefizit ist, und auch die programmtragenden Signale nicht vom Territorium eines EU- Mitgliedstaats bzw eines EWR-Vertragsstaats zum Satelliten ausgesendet werden, gleichwohl aber ein Sendeunternehmen mit Sitz innerhalb der EU bzw des EWR die Sendung in Auftrag gegeben hat, diese Sendung so angesehen wird, als habe sie in demjenigen Mitgliedstaat stattgefunden, in dem das **auftraggebende Sendeunternehmen** seine Hauptniederlassung hat. Ähnlich wie im Fall der lit d (i) tritt hier neben[78] die Haftung des Sendeunternehmens mit Sitz im Drittland ergänzend diejenige des die Sendung in Auftrag gebenden Sendeunternehmens; auch dieses ist urheberrechtlich für den Rechtserwerb verantwortlich.

Offen bleibt nach dem Wortlaut der Richtlinie die Frage, wie die Mitgliedstaaten **26**
andere Sendungen aus Drittstaaten zu behandeln haben. Dies können Sendungen aus Drittstaaten mit Schutzdefiziten sein, bei denen die besonderen Anknüpfungspunkte der lit d (i) und (ii) nicht vorliegen; es kann sich aber auch um Sendungen aus Drittstaaten handeln, die ein der Richtlinie entsprechendes Schutzniveau gewähren oder über dieses hinsichtlich einiger Rechteinhaber sogar hinaus gehen, wobei in letzterem Fall zusätzlich noch einer oder beide der subsidiären Anknüpfungspunkte der lit d (i) und (ii) vorliegen mögen. Die Regelung der lit d ist insoweit nicht abschließend[79]. Obgleich man den Wortlaut der Richtlinie insoweit theoretisch anders interpretieren könnte, folgt dies schon daraus, dass die Richtlinie lediglich zwei subsidiäre Anknüpfungspunkte einge-

[78] Zu den Gründen vgl die insoweit parallelen Ausführungen zu lit d (i) bei Rz 24. Allerdings wird das die Sendung in Auftrag gebende Sendeunternehmen nach einigen der nationalen Urheberrechte der Mitgliedstaaten damit bereits ohnehin als Teilnehmer oder gar selbst als Täter der Sendung und nicht lediglich – wie der Betreiber der Erdfunkstelle – als Störer haften.

[79] So auch die einhellige Ansicht in der Literatur; vgl *Doutrelepont,* RMUE 1994, 97f; *Katzenberger* in *Schricker/Bastian/Dietz*, Konturen 34; *Kéréver*, DIT 1994/4, 76; *Reindl*, Einfluß des Gemeinschaftsrechts 348ff.

führt hat; andere Sachverhalte, die sich nach dem Verständnis der Richtlinie gänzlich außerhalb der EU bzw des EWR abspielen, kann die Richtlinie gar nicht regeln, weil ihr hierzu die Regelungskompetenz fehlt[80]. Abschließend geregelt ist nur die Satellitensendung innerhalb der Gemeinschaft. Wie schon im ursprünglichen RL-Vorschlag vorgesehen, steht es den Mitgliedstaaten damit grundsätzlich frei, Sendungen, die der Richtlinie nicht unterfallen, anders zu behandeln als von der Richtlinie vorgesehen, sie also insbes der Bogsch-Theorie zu unterwerfen. Das gilt zunächst zweifellos für Sendungen aus Drittstaaten, die das in Kapitel II der Richtlinie vorgesehene Schutzniveau nicht gewährleisten. Allerdings wird die Durchsetzung der Rechte in diesen Fällen gerade angesichts der fehlenden innergemeinschaftlichen Anknüpfungspunkte nicht immer einfach sein. Die Mitgliedstaaten sind jedoch auch darin frei, Sendungen aus Drittstaaten, die dem Schutzniveau des Kapitel II der Richtlinie entsprechen oder dieses zum Teil sogar übertreffen mögen[81], anders zu behandeln als Sendungen aus der EU bzw dem EWR[82]. Das mag man als Aspekt der sog „Festung Europa“ zwar bedauern, es ist dies jedoch die Folge einer auf die EU bzw den EWR begrenzten Gesetzgebung.

27 Frei ist ein Mitgliedstaat gem ErwG 32 schließlich auch in der Regelung von Satellitensendungen, die allein von seinem **eigenen Territorium** ausgehen und auch nur dort empfangen werden können[83].

28 Entscheidet sich ein Mitgliedstaat für eine unterschiedliche Behandlung von Sendungen aus Drittstaaten, so führt dies bei der **Umsetzung** in nationales Recht freilich zu einer Aufspaltung der Regelung des Satellitensenderechts, dessen Auswirkungen im übrigen Urheberrecht – etwa was das Verhältnis zum allgemeinen Senderecht oder die Folgen für das Urhebervertragsrecht anbelangt – wohl bedacht sein wollen.

6. *Kabelweiterverbreitung (Abs 3)*

29 Art 1 Abs 3 definiert den für Kapitel III der Richtlinie bedeutsamen Begriff der „Kabelweiterverbreitung“ und damit diejenigen Arten leitergebundener Weitersendung, auf welche die Regelung der Art 8ff – insbes also die Verwertungsgesellschaftenpflicht – Anwendung findet.

30 Wenn die Richtlinie von „Kabelweiterverbreitung“ spricht, so entspricht dies nicht dem urheberrechtlichen Sprachgebrauch im Deutschen; denn der Begriff Verbreitung bezeichnet dort das Inverkehrbringen geschützter Werke und

---

[80] AA *Kern*, EIPR 1993, 277, der eine Kompetenz gem Art 133 EGV 1997 (früher Art 113) annimmt.

[81] Dagegen werden die Mitgliedstaaten in diesem Fall nicht danach zu unterscheiden haben, ob zusätzlich einer der Anknüpfungspunkte von lit d (i) bzw (ii) vorliegt oder nicht; denn es handelt sich dabei nur um subsidiäre Anknüpfungspunkte für den Fall, dass der Drittstaat gerade kein hinreichendes Schutzniveau gewährt.

[82] Dem entspricht dann auch eine andere kollisionsrechtliche Regelung; vgl *Roth*, Angleichung des IPR durch sekundäres Gemeinschaftsrecht, IPRax 1994, 165 (172f).

[83] Vgl dazu die gleichgelagerten Erwägungen hinsichtlich der Kabelweiterverbreitung nationaler Programme Art 1 Rz 34.

Leistungen in körperlicher Form. Die Verwertung geschützter Werke und Leistungen mittels Kabel stellt jedoch eine unkörperliche Art der Verwertung dar; da es sich um eine Unterform der Sendung handelt, wäre der Ausdruck „**Kabelweitersendung**" treffender gewesen. Allerdings mag die Weiterleitung von Programmen nicht in allen Mitgliedstaaten dem Senderecht unterfallen, sondern mitunter ganz allgemein etwa dem Recht der öffentlichen Wiedergabe oder der Mitteilung an die Öffentlichkeit; wohl aus diesem Grund hat sich die Richtlinie für einen neutraleren, auf die Auswirkungen der Tätigkeit abstellenden Begriff entschieden.

Nach der Definition des Art 1 Abs 3 gilt die Richtlinie zunächst für die Weiterleitung jeder zum öffentlichen Empfang bestimmten **Fernseh- und Hörfunksendung**, gleichviel ob sie drahtlos, drahtgebunden, erdgebunden oder über Satellit übermittelt wird. Obwohl im Zusammenhang mit der Kabelweiterverbreitung eine entsprechende Vorschrift fehlt, wie sie für Satellitensendungen in Art 1 Abs 2 lit c vorgesehen ist, werden auch kodierte Sendungen als zum öffentlichen Empfang bestimmt zählen müssen, sofern nur die Mittel zur Dekodierung der Sendesignale der Öffentlichkeit durch das Sendeunternehmen selbst oder doch zumindest mit seiner Zustimmung zugänglich gemacht werden[84]. **31**

Die Regelungen der Art 8ff gelten auch für die vergleichbare Weiterverbreitung über sog **Mikrowellensysteme** (sog *Multipoint Microwave Distribution Systems* – MMDS), wie sie zum Zeitpunkt des Erlasses der Richtlinie insbes in Irland installiert waren. Eine solche Weiterverbreitung über Mikrowellensysteme ist derjenigen durch Kabelsysteme ausdrücklich gleichgestellt. Dies gilt für andere Übertragungssysteme aber nicht. Die technologiespezifische Regelung der Richtlinie ist sicherlich zu bedauern, zumal sie einschränkend und nicht für künftige Übertragungstechnologien offen formuliert ist. Bereits vor Erlass der Richtlinie zeichnete sich die Möglichkeit ab, fremde Programme auch drahtlos mittels Satellit weiterzuverbreiten, oder sich zumindest für einige Teilstrecken eines oder gar mehrerer Satelliten zu bedienen. Gleichwohl ist eine Einbeziehung dieser Arten der Weiterleitung in die Richtlinie unterblieben, da sich die Mitgliedstaaten über deren wirtschaftliche Rahmenbedingungen und insbes über deren wirtschaftliche Vergleichbarkeit mit der Weiterverbreitung über Kabel nicht im Klaren waren. **32**

Darüber hinaus gilt die Richtlinie nach Art 1 Abs 3 nur für die **zeitgleiche, unveränderte und vollständige** Weiterverbreitung einer Erstsendung von Fernseh- oder Hörfunkprogrammen. „Zeitgleich" bedeutet, dass das fremde Rundfunkprogramm nicht zeitversetzt eingespeist wird, sondern den angeschlossenen Kabelteilnehmern in jedem Augenblick der Weiterleitung zur selben Zeit zugänglich gemacht wird wie die übernommene Sendung denjenigen, die diese direkt empfangen. „Unverändert" ist die Weiterleitung dann, wenn kein Eingriff in die Integrität des gesendeten Programms vorgenommen wird und „vollständig", wenn ein fremdes Programm insgesamt, dh ohne Ein- oder Ausblendungen übernommen wird, und nicht lediglich eine – zeitlich oder inhaltlich begrenzte – **33**

---

[84] Vgl die Ausführungen oben Rz 20ff.

Übernahme von Programmteilen erfolgt[85]. Entscheidend ist die Zeitgleicheit, Unverändertheit und Vollständigkeit der Weiterleitung von Programmen und nicht einzelner Werke und Leistungen, auch wenn sich das urheberrechtliche Ausschließlichkeitsrecht des Art 8 Abs 1 immer nur auf die Weiterleitung einzelner geschützter Werke und Leistungen bezieht. Da jedoch der Begriff des „Programms" – wie schon beim Satellitenrundfunk[86] – auch im gegenständlichen Zusammenhang nicht definiert ist, stellt sich die Frage, ob ein fremdes Programm auch dann als vollständig und unverändert übernommen anzusehen ist, wenn sich die Übernahme auf zeitlich beschränkte Abschnitte beschränkt. So kann sich die Weiterleitung etwa nur auf bestimmte Wochen, Tage oder gar nur auf bestimmte Tageszeiten beschränken, wie dies in der Praxis der Fall ist, wenn ein Kabelkanal je nach Tageszeit mit unterschiedlichen Programmen belegt wird. Im Hinblick auf Sinn und Zweck der Richtlinie, den Rechtserwerb seitens der Kabelbetreiber zu erleichtern, wo immer es diesen aus rein tatsächlichen Gründen nicht möglich ist, die Rechte aller durch die Weitersendung Betroffenen rechtzeitig und im vollen erforderlichen Umfang zu erwerben, wird man diese Frage letztlich bejahen können. Freilich darf die zeitlich beschränkte Übernahme fremder Programme nicht zu einem „Herauspicken der Rosinen" fremder Programme und damit zu einer eigenen originären Sendetätigkeit führen. So macht insbes jede Unterbrechung, jede zusätzliche Werbeeinblendung oder ähnliche Zeitverschiebung und nach Ansicht der Kommission bereits ein Austausch der Werbemitteilungen[87] die Kabelverbreitung zu einer nicht mehr von der Richtlinie erfassten eigenständigen neuen Sendung, für deren Privilegierung durch die Erleichterung des Erwerbs des Weitersenderechts gem Art 9 kein Anlass besteht. In Grenzfällen wird man um eine wertende Beurteilung freilich nicht herum kommen.

34 Die Vorschriften des Kapitels III der Richtlinie über die Kabelweiterverbreitung betreffen nach Art 1 Abs 3 und Art 8 Abs 1 schließlich nur die Weiterverbreitung von Sendungen aus einem **anderen Mitgliedstaat**. Vorbehalten bleibt den Mitgliedstaaten damit zum einen die Regelung der Kabelweiterleitung von Sendungen aus einem Drittstaat, der weder der EU noch dem EWR angehört; in der Praxis dürften die Mitgliedstaaten von dieser Differenzierungsmöglichkeit bei Kabelweiterverbreitungen – anders als hinsichtlich der Erstsendung von Werken über Satellit[88] – jedoch kaum Gebrauch machen. Von der Richtlinie unberührt bleibt zum anderen aber auch die urheberrechtliche Behandlung der Weiterverbreitung von Sendungen inländischen Ursprungs, und damit die heftig umstrittene Frage nach der urheberrechtlichen Behandlung der Kabelweiterleitung von Programmen innerhalb des jeweiligen Versorgungs- oder sogar Direktempfangsbereichs[89]. Zwar ließen sich sicherlich auch insoweit den freien Dienstleistungsverkehr beeinträchtigende Handelsbeschränkungen oder Wettbewerbsverzer-

---

[85] Vgl etwa *v Ungern-Sternberg* in *Schricker*, Kommentar[2] § 20b Rz 11.

[86] Vgl die Ausführungen oben Rz 15.

[87] So jedenfalls das Grundsatzpapier Dok III/F/5263/90 Z 4.2.4.

[88] Vgl Art 1 Rz 26ff.

[89] Vgl dazu im Sinn einer urheberrechtlichen Relevanz auch des Versorgungsbereichs eingehend *Dreier*, Kabelweiterleitung 41ff sowie 78ff und passim; aA *Gounalakis*, Kabelfernsehen 217ff.

rungen feststellen[90]; angesichts deren Geringfügigkeit – und nicht zuletzt auch aus politischen Gründen – haben Kommission und Rat hinreichende gemeinschaftsweite Auswirkungen, die ein Tätigwerden des Gemeinschaftsgesetzgebers ermöglicht oder gar erfordert hätten (vgl auch ErwG 32), im Ergebnis jedoch wohl zu Recht verneint.

Nicht geregelt ist in der Richtlinie auch die Frage, wie die urheberrechtlich relevante Tätigkeit der Kabelweiterverbreitung von der Tätigkeit des **gemeinschaftlich organisierten Empfangs** fremder Sendungen abzugrenzen ist[91]. Die originäre Kabelsendung fällt ohnehin nicht unter die Definition der Weiterverbreitung und ist daher durch die Richtlinie nicht geregelt. **35**

7. Verwertungsgesellschaften (Abs 4)

Art 1 Abs 4 enthält die vor allem für die Verwertungsgesellschaftenpflicht des Rechts der Kabelweiterverbreitung nach Art 9 wichtige Umschreibung des **Begriffs** der Verwertungsgesellschaft. **36**

Die Vorschrift ist bewusst weit gefasst und stellt weder auf die Organisations- oder Rechtsform der betreffenden Organisation ab, noch auf die Art der Verträge, die sie mit den Inhabern der Rechte verbindet; es muss sich also nicht um die Wahrnehmung fremder Rechte im engen Sinn handeln[92]. Nicht entscheidend ist auch der Umstand, ob die betreffenden Organisationen nach dem nationalen Recht der Mitgliedstaaten einer besonderen Gesetzgebung unterfallen, welche die kollektive Wahrnehmung fremder Rechte regelt, oder ob sie neben der Rechtewahrnehmung noch andere Ziele verfolgt. Diese weite Definition rührt daher, dass in einigen Mitgliedstaaten urheberrechtliche, zumeist jedoch leistungsschutzrechtliche Befugnisse insbes ausübender Künstler von berufsständischen Organisationen verhandelt werden. Entscheidend ist allein, dass die **Wahrnehmung** oder auch nur **Verwaltung** von Urheber- und/oder Leistungsschutzrechten eines der Hauptziele der Tätigkeit der betreffenden Organisation ist, mag sie auch nicht der einzige Unternehmenszweck sein. Eine nur untergeordnete Wahrnehmung auch von Urheber- oder Leistungsschutzrechten oder eine nur gelegentliche Wahrnehmung oder Verwaltung reicht dagegen nicht aus. Letztlich obliegt es den Mitgliedstaaten festzulegen, welche Organisationen nach nationa- **37**

---

[90] Die nationalen Vorschriften der urheberrechtlichen Behandlung der Weiterleitung innerhalb des Versorgungsbereichs finden ihrem Wortlaut nach zwar Anwendung, ohne zwischen inländischen und ausländischen Kabelnetzbetreibern oder in- und ausländischen Rechteinhabern zu unterscheiden. Zumindest faktisch sind nationale Kabelnetzbetreiber in Mitgliedstaaten, deren nationales Recht den Versorgungsbereich urheberrechtlich freistellt, gegenüber ihren Konkurrenten in denjenigen Mitgliedstaaten, die ihn nicht freistellen, jedoch benachteiligt. Entsprechende Wettbewerbsverzerrungen ergeben sich auch für die Rechteinhaber, da nationale Sendeunternehmen ihr Programm in der Regel – von Ausnahmen fremdsprachiger Musiksender abgesehen – doch überwiegend mit Beiträgen nationaler Rechteinhaber bestreiten dürften.

[91] Vgl auch hierzu wiederum *Dreier*, Kabelweiterleitung 120ff.

[92] So konnte jedoch der ursprüngliche und selbst noch der geänderte Vorschlag verstanden werden.

lem Recht für die Zwecke von Art 9 Abs 2 zur kollektiven Ausübung der Rechte der Kabelweitersendung befugt sein sollen.

8. Hauptregisseur (Abs 5)

38 Art 1 Abs 5 der Satelliten- und Kabel Richtlinie hat die zum ersten Mal in Art 2 Abs 2 Vermiet- und Verleih-RL enthaltene Mindestharmonisierung hinsichtlich der **Urheberschaft bei Filmwerken** und audiovisuellen Werken kurz vor der Verabschiedung übernommen. Danach ist für Zwecke auch der Satelliten- und Kabel-RL zwingend zumindest der Hauptregisseur eines Filmwerkes als einer der (Mit)Urheber anzusehen; den Mitgliedstaaten steht es frei, weitere am Film Mitwirkende als dessen Urheber anzuerkennen. Die Regelung wurde in weiterer Folge in Art 2 Abs 1 Schutzdauer-RL auch für die Berechnung der Schutzfristen von Filmwerken herangezogen. Zu weiteren Einzelheiten kann auf die Kommentierung der Vermiet- und Verleih-RL bzw der Schutzdauer-RL verwiesen werden[93].

Umsetzung in Deutschland und Österreich

1. Deutschland (Dreier)

39 Da sich der deutsche Umsetzungsgesetzgeber für die Nennung der **Satellitensendung** als Beispiels- und damit als Unterfall des generellen Senderechts (§ 20 dUrhG) entschieden hat, wurden die allein für Europäische Satellitensendungen geltenden Sonderregelungen in einem neuen, eigenständigen § 20a dUrhG zusammengefasst. Dieser enthält in Abs 1 die Entscheidung für das Sendelandprinzip, in Abs 2 die subsidiären Anknüpfungspunkte und in Abs 3 die Definition, wer die Sendung wo vornimmt, und setzt damit – mit der Satelliten- und Kabel-RL inhaltlich übereinstimmend, in der Regelungstechnik jedoch geringfügig abweichend – deren Art 1 Abs 2 lit a und b um. Damit kann auch für das deutsche Recht (wie zuvor noch zum Teil vertreten) nicht mehr davon ausgegangen werden, dass für die Bestimmung der urheberrechtlich relevanten Handlung der Ort der Erdfunkstation entscheidend ist; hinsichtlich desjenigen, der urheberrechtlich als Sendender angesehen wird, stimmt die Neuregelung mit dem bisherigen Recht dagegen überein[94]. Ob schließlich nach deutschem Recht der Sendelands- oder der Empfangslandtheorie zu folgen ist, wurde in Deutschland bislang nicht höchstrichterlich geklärt; diese Frage ist nunmehr nur für nicht der Richtlinie einschließlich ihrer subsidiären Anknüpfungspunkte unterfallende Sendungen von Bedeutung[95].

40 Da die deutsche Umsetzung auf eine gesonderte Normierung des Begriffs der **Öffentlichkeit** für Satellitensendungen verzichtet hat[96], konnte auch eine ausdrückliche Umsetzung des Art 1 Abs 1 (Gleichstellung von Fernmeldesatelliten, deren Signale durch die Öffentlichkeit direkt empfangen werden können, mit

---

[93] Vgl *v Lewinski* Art 2 Rz 4f Vermiet- und Verleih-RL und *Walter* Art 2 Rz 5ff Schutzdauer-RL.

[94] Vgl BGH 08.07.1993 – „Verteileranlagen" BGHZ 123, 149 (154) = GRUR 1994, 45.

[95] Vgl bislang ausdrücklich nur LG Stuttgart 21.04.1994 – „Satelliten-Rundfunk" GRUR Int 1995, 412.

[96] Vgl dazu auch Art 2 Rz 10.

Direktstrahlsatelliten) ebenso unterbleiben wie eine Umsetzung des Art 1 Abs 2 lit c (kodierte Signale)[97].

Die **subsidiären Anknüpfungspunkte** des Art 1 Abs 2 lit d (i) und (ii) finden sich in sprachlich leicht gestraffter Form in § 20a Abs 2 dUrhG wieder. Weggefallen ist hier zum einen im zweiten Fall die Voraussetzung, dass das Sendeunternehmen die öffentliche Wiedergabe über den Satelliten in Auftrag gegeben hat, doch dürfte dies am Ergebnis kaum etwas ändern, wäre die Satellitensendung dem Sendeunternehmen ohne entsprechende Auftragserteilung doch ohnehin nicht zuzurechnen. Zum anderen ist für die Beurteilung des Schutzniveaus nach deutschem Recht (insoweit im Vergleich zur RL einschränkend) nicht der gesamte Schutz gem Kapitel II der Satelliten- und Kabel-RL unter Einschluss des Aufzeichungs- und Vervielfältigungsrechts der Leistungsschutzberechtigten (Art 4 Abs 1), sondern allein der Umfang des Satellitensenderechts maßgebend. Die Beantwortung der Frage, wo eine Sendung stattfindet, die weder nach der Grundregel noch nach den subsidiären Anknüpfungspunkten der Richtlinie unterfällt, will die Begründung Viertes ÄnderungsG 1996 schließlich ausdrücklich der Rechtsprechung überlassen[98]; damit ist die Empfangslandtheorie durch die Umsetzung insoweit nicht ausgeschlossen. **41**

Die in Art 1 Abs 3 enthaltene Definition der **Kabelweitersendung** hat der deutsche Umsetzungsgesetzgeber in die Regelung der Verwertungsgesellschaftenpflichtigkeit des Kabelweitersenderechts integriert (§ 20b dUrhG). Sprachlich knüpft das deutsche Recht dabei – inhaltlich korrekter als die Richtlinie – nicht an eine „Erstsendung", sondern an ein „gesendetes Werk" an und benutzt auch nicht den nach deutscher Vorstellung für das Verbreiten körperlicher Werkexemplare reservierten Begriff der „Weiterverbreitung", sondern spricht stattdessen in Übereinstimmung mit der Terminologie des dUrhG von „weitersenden"; inhaltliche Abweichungen sind damit freilich nicht verbunden. **42**

Die Definition der **Verwertungsgesellschaft** in Art 1 Abs 4 deckt die Definition in § 1 des deutschen UrhWG ab[99]; einer eigenen Umsetzung bedurfte die Vorschrift daher nicht. **43**

Auch die Bestimmung des **Hauptregisseurs** als eines der Filmurheber in Art 1 Abs 5 entsprach bereits vor Umsetzung nach einhelliger Ansicht geltendem deutschen Recht[100] und bedurfte daher keiner gesonderten Umsetzung[101]. **44**

2. *Österreich* (Walter)

Die Satelliten- und Kabel-RL wurde in Österreich mit öUrhGNov 1996 umgesetzt. Die wesentlichen **Definitionen** des Art 1 sind in den §§ 17a und 17b öUrhG **45**

---

[97] Vgl Begründung Viertes ÄnderungsG bei *M Schulze*, Materialien², 971.

[98] Vgl Begründung Viertes ÄnderungsG bei *M Schulze*, Materialien², 978.

[99] Vgl Begründung Viertes ÄnderungsG bei *M Schulze*, Materialien², 970.

[100] Vgl statt vieler *Katzenberger* in *Schricker*, Kommentar² Vor §§ 88ff Rz 61 und 70, jeweils mit weiteren Nachw.

[101] Vgl Begründung Viertes ÄnderungsG bei *M Schulze*, Materialien², 970.

1996 enthalten, mit welchen der Ort der Sendehandlung für Satellitensendungen festgelegt wird, und kodierte Sendungen geregelt werden. Da das österr Recht urheberrechtlich nicht zwischen Fernmelde- oder Direktsatelliten unterscheidet, bedurfte es keiner ausdrücklichen Umsetzung des Art 1 Abs 1. Voraussetzung für die urheberrechtliche Relevanz jeder Sendung ist aber, dass sie sich an die **Öffentlichkeit** richtet. Mit dem Abstellen auf das Sendeland ist gerade für Österreich eine Abkehr von der bisher in Lehre[102] und Rechtsprechung[103] vertretenen **Empfangslandtheorie** verbunden.

46 Art 1 Abs 2 lit a und lit b werden in § 17b öUrhG zusammengefasst. Danach liegt die dem Urheber vorbehaltene Verwertungshandlung im Fall der Rundfunksendung über Satellit in der unter der Kontrolle und Verantwortung des Rundfunkunternehmers vorgenommenen Eingabe der programmtragenden Signale in eine ununterbrochene Kommunikationskette, die zum Satelliten und zurück zur Erde führt, weshalb die Satellitensendung – vorbehaltlich der Sonderanknüpfung nach Abs 2 – nur in dem Staat stattfindet, in dem diese Eingabe vorgenommen wird (**Sendelandtheorie**). Daraus folgt zunächst materiellrechtlich, dass zur Satellitensendung nur die Zustimmung des im Sendeland Berechtigten einzuholen ist, weil die Sendung nur dort stattfindet. Da sich das Entstehen, der Inhalt und das Erlöschen des Urheberrechts gemäß dem in § 34 IPRG ausdrücklich verankerten **Territorialitätsprinzip** nach dem Recht des Staats richtet, in dem eine Benützungs- oder Verletzungshandlung stattfindet, hat das Sendelandprinzip indirekt auch kollisionsrechtliche Bedeutung[104], sofern man den Handlungsort im Kollisionsrecht nicht eigenständig und anders bestimmt. Betrachtet man das Sendeland aber nach dem Territorialitätsprinzip als Handlungsort, ist die Satellitensendung auch ausschließlich nach dem Recht des Sendelands zu beurteilen.

47 Die **subsidiäre Festlegung** der Sendehandlung und des Orts der Benutzungshandlung gemäß Art 1 Abs 2 lit d wurde wörtlich in § 17b Abs 2 öUrhG übernommen. Findet die Eingabe der programmtragenden Signale in einem Drittstaat statt, der kein Vertragsstaat des EWR ist, und in dem das Schutzniveau nach Kapitel II nicht gewährleistet ist, dann gilt der Mitgliedstaat, in dem die Erdfunkstation liegt oder in dem die Hauptniederlassung des Rundfunkunternehmers liegt als Sendeland, der die Eingabe in Auftrag gegeben hat. Auch diese subsidiären Anknüpfungen haben mE sowohl materiellrechtliche wie kollisionsrechtliche Bedeutung[105]. § 17b Abs 3 öUrhG stellt ergänzend klar, dass in diesen Fällen das Betreiben der Erdfunkstation bzw die Auftragserteilung zur Eingabe

---

[102] Vgl *Dillenz*, Direktsatellit und die Grenzen des klassischen Senderechtsbegriffs; *Walter*, Grundlagen 244ff; *Walter*, Guidebook 60f.

[103] Vgl OGH 28.05.1991 – „Tele Uno III“ MR 1991, 195 *(Walter)* = ÖBl 1991, 181 = EvBl 1991/180 = SZ 64/64 = EvBl 1991/180 = GRUR Int 1991, 920 (dort: „Tele-Uno II“) und 16.06.1992 – „Schott II/Direktsatellitensendung III“ MR 1992, 194 *(Walter)* = ÖBl 1992, 185 = SZ 65/88 = WBl 1993, 27 = EvBl 1992, 192 = GRUR Int 1992, 933.

[104] Vgl zu diesen beiden Aspekten *Walter*, Grundlagen 244ff; vgl dazu auch ErlRV 1996 bei *Dittrich*, Urheberrecht³, 121f. *Dreier* oben Rz 7 und FN 42 folgert dies nur aus dem herrschenden Territorialitätsprinzip, das nach der RL mE allerdings im gegebenen Zusammenhang zu unterstellen ist.

[105] Vgl ErlRV 1996 bei *Dittrich*, Urheberrecht³, 122.

als Sendung gilt, woraus auch die Haftung dieser Personen folgt, wie dies in Art 1 Abs 2 lit d (i) und (ii) vorgesehen ist.

Von der Möglichkeit, für Satellitensendungen aus **Drittstaaten** dann weiterhin von der Bogsch-Theorie auszugehen, wenn keine subsidiären „Anknüpfungspunkte" gegeben sind, macht die öUrhGNov 1996 jedenfalls keinen ausdrücklichen Gebrauch. Aus der Übernahme des Konzepts der Richtlinie und dem Schutzcharakter der subsidiären Anknüpfungspunkte lässt sich aber ableiten, dass bei Satellitensendungen aus Drittstaaten, die keinen ausreichenden Schutz gewähren, die „Empfangslandtheorie" weiterhin anwendbar ist, wenn keine subsidiären Anknüpfungspunkte gegeben sind. Dies muss allerdings nicht notwendig auch für den Fall gelten, dass das Sendeland einen ausreichenden Schutz bietet.

Art 1 Abs 2 lit c betreffend verschlüsselte Sendungen ist im Wesentlichen wörtlich in § 17a öUrhG übernommen worden. Allerdings erfolgt die Umsetzung allgemein und nicht auf Satellitensendungen beschränkt. Weder in der Richtlinie noch in § 17a öUrhG ist der Fall geregelt, dass Dekoder zwar nicht vom Sendeunternehmen oder mit dessen Zustimmung „der Öffentlichkeit zugänglich gemacht worden sind", gleichwohl aber auf dem Markt allgemein erhältlich sind. Abgesehen von einem auch nach geltendem Recht anzunehmenden wettbewerbsrechtlichen Schutz gegen solche Umgehungseinrichtungen wird in solchen Fällen davon auszugehen sein, dass es sich dann nicht um **verschlüsselte Sendungen** im Sinn der Richtilinie bzw des § 17a öUrhG handelt. **48**

Die weite Umschreibung der **Verwertungsgesellschaften** in Art 1 Abs 4 bedurfte keiner besonderen Umsetzung. Urheberrechtliche Verwertungsgesellschaften sind durch das öVerwGesG 1936 und ergänzend durch die öUrhGNov 1980/86 gesetzlich geregelt. Zur (bisher mangelhaften) Umsetzung des Art 1 Abs 5 (**Hauptregisseur**) siehe die Ausführungen zu Art 2 Abs 2 Vermiet- und Verleih-RL und Art 2 Abs 1 Schutzdauer-RL. **49**

Kapitel II Satellitenrundfunk

Artikel 2 Senderecht

Übersicht

Text

Artikel 2 Senderecht

Gemäß den Bestimmungen dieses Kapitels sehen die Mitgliedstaaten für den Urheber das ausschließliche Recht vor, die öffentliche Wiedergabe von urheberrechtlich geschützten Werken über Satellit zu erlauben.

Kommentar

1 Art 2 verpflichtet die Mitgliedstaaten, den Urhebern ein ausschließliches Recht der **öffentlichen Wiedergabe** ihrer urheberrechtlich geschützten Werke **über Satellit** zu gewähren[106]. Wer als Urheber in Betracht kommt, hat die Richtlinie jedoch mit Ausnahme der Mindestbestimmung betreffend die Filmurheberschaft des Hauptregisseurs in Art 1 Abs 5 nicht geregelt[107]. Obwohl Art 2 selbst – gesetzestechnisch nicht besonders glücklich – nur auf die Bestimmungen des Kapitel II verweist, lässt sich der Charakter dieses „Satellitensenderechts" erst dann erschließen, wenn man die in den Definitionen des Art 1 Abs 1 und 2 enthaltenen Regelungen bei der Auslegung des Art 2 mitliest.

2 Aus der Definition des Art 1 Abs 1 folgt zunächst, dass unter Satellit nicht nur die Sendung über Direktstrahlsatelliten, sondern auch über sog Fernmeldesatelliten zu verstehen ist, sofern nur die über Fernmeldesatelliten abgestrahlten Signale öffentlich empfangbar sind. Aus Art 1 Abs 2 lit c ergibt sich weiterhin, dass es auf eine Kodierung der programmtragenden Signale nicht ankommt, sofern die Dekoder der Öffentlichkeit durch das Sendeunternehmen oder mit dessen Zustimmung durch Dritte zugänglich gemacht werden.

3 Dass das ausschließliche Satellitensenderecht nur im Sendeland besteht, dh in dem Land, in dem die programmtragenden Signale unter der Kontrolle des Sendeunternehmens und auf dessen Verantwortung in eine ununterbrochene Kommunikationskette eingegeben werden, die zum Satelliten und zurück zur Erde führt, ergibt sich aus Art 1 Abs 2 lit a und b. Das gilt freilich nur, wenn es sich bei dem Sendeland um einen Mitgliedstaat der EU oder des EWR handelt, sowie dann, wenn einer der Fälle des Art 1 Abs 2 lit d (i) und (ii) vorliegt. Bei allen übrigen Sendungen geschützter Werke über Satellit steht die Regelung den Mitgliedstaaten dagegen grundsätzlich frei.

4 Der ausschließliche Charakter des Satellitensenderechts als **Erstsenderecht**, den Art 2 festlegt, kommt erneut in Art 3 Abs 1 zum Ausdruck, der nochmals klarstellt, dass das Recht grundsätzlich nur auf vertraglichem Weg erworben werden kann. Abgesehen von der Ausnahme nach Art 3 Abs 2 steht es den Mitgliedstaaten also nicht mehr frei, die den Ausschließlichkeitscharakter beschränkenden Möglichkeiten des Art 11bis Abs 2 RBÜ 1967/71 auszuschöpfen.

---

[106] Zur Abgrenzung vom urheberrechtsfreien Empfang siehe bereits oben Art 1 Rz 5. Wie der EuGH in seiner Entscheidung 03.02.2000 – „SatKabel-RL/Hotelzimmer/Hostelería Asturiana/Egeda/Hoasa/Hotel-Fernsehempfangsanlage" festhält, regelt die Richtlinie nicht die Frage, ob die Weiterleitung von terrestrisch oder über Satellit ausgestrahlte Sendungen in die einzelnen Zimmer eines Hotels als öffentliche Wiedergabe im Sinn der Satellit- und Kabel-RL anzusehen und daher dem Urheber vorbehalten ist.

[107] Allerdings ist diese Regelung gem Art 7 Abs 1 iVm Art 13 der Vermiet- und Verleih-RL für vor dem 01.07.1994 geschaffene Altfilme nicht verpflichtend; vgl dazu Art 7 Rz 6. In der Praxis dürften die Auswirkungen auf Grund der in kontinantaleuropäischen Urheberrechtsgesetzen zumeist enthaltenen Übertragungsvermutungen sowie auf Grund entsprechender Verträge jedoch erheblich geringer sein, als es auf den ersten Blick den Anschein haben mag. – Zu den Auswirkungen der in den einzelnen Mitgliedstaaten unterschiedlich geschützten Leistungsschutzberechtigten vgl Art 6 Rz 4ff.

Die **kollektive Wahrnehmung** des Rechts nach Art 2 bleibt zumindest auf freiwilliger Basis freilich möglich, wie sich aus Art 3 Abs 2 ergibt, der nur die Erstreckung kollektiver Verträge auf Außenseiter, nicht jedoch kollektive Verträge als solche restriktiven Voraussetzungen unterwirft.

Hinsichtlich der **Schranken** des Satellitensenderechts trifft Art 2 für den Bereich des Urheberrechts – anders als Art 4 Abs 1 für Leistungsschutzrechte – keine harmonisierende Regelung; die Mitgliedstaaten bleiben insoweit in ihrer Regelungsbefugnis frei[108]. Allerdings dürften die meisten Schranken nach nationalem Recht der Mitgliedstaaten für eine grenzüberschreitende Satellitensendung ohnehin nicht in Betracht kommen. **5**

In welchem **Verhältnis** das Satellitensenderecht, das die Mitgliedstaaten nach Art 2 gewähren müssen, zum klassischen Senderecht und zu anderen Verwertungsrechten steht, die das nationale Recht den Urhebern gewährt, lässt die Richtlinie grundsätzlich offen. So mag das Satellitensenderecht im nationalen Recht der einzelnen Mitgliedstaaten durchaus als gänzlich neues Verwertungsrecht eingeführt werden, als neue Variante oder schließlich auch als Teil eines bereits bestehenden Senderechts, eines Rechts der öffentlichen Wiedergabe bzw eines Rechts der öffentlichen Mitteilung. **6**

Keine Regelung trifft die Richtlinie darüber hinaus für die Frage, inwieweit die Einräumung oder Übertragung des Senderechts bzw anderer einschlägiger Rechte durch **Verträge**, die zum Zeitpunkt der Umsetzung der Richtlinie bereits geschlossen waren, zugleich auch das Satellitensenderecht des Art 2 erfasst[109]. Allerdings dürfte diese Frage angesichts der Übergangsfrist, die Art 7 Abs 2 hier bis zu Beginn des Jahres 2000 vorsieht, in vielen Fällen von zunehmend geringerer praktischer Bedeutung sein; das gilt angesichts der Übergangsregelung des Art 7 Abs 3 auch für Koproduktionsverträge. **7**

Ausübenden Künstlern, **Tonträgerherstellern** und **Sendeunternehmen** steht das Satellitensenderecht schließlich nicht gem Art 2, sondern gem Art 4 Abs 1 und 2 iVm Art 8 Abs 1, 2 und 3 Vermiet- und Verleih-RL zu. Ein ausschließliches Recht genießen ausübende Künstler danach nur hinsichtlich ihrer Live-Darbietungen, wobei gem Art 4 Abs 3 Satelliten- und Kabel-RL iVm Art 2 Abs 7 Vermiet- und Verleih-RL nach dem Recht des einzelnen Mitgliedstaats auch insoweit die vertragliche Erleichterung zu Gunsten des Filmproduzenten eingreifen mag, nicht jedoch hinsichtlich zuvor aufgezeichneter Darbietungen. Tonträgerhersteller haben auch hinsichtlich der Satellitensendung lediglich einen Anspruch auf Zahlung einer angemessenen Vergütung[110], während Sendeunter- **8**

---

[108] Zweifelnd jedoch *Doutrelepont,* RMUE 1994, 99.

[109] Vgl dazu etwa OLG Frankfurt 25.09.1995 GRUR Int 1996, 247 – „Satellit erweitert Lizenzgebiet" (keine Berechtigung zur Satellitenausstrahlung über legitimen *spill-over* hinaus, jedoch Anpassung der Vergütung nach Grundsätzen des Wegfalls der Geschäftsgrundlage).

[110] Diesen Vergütungsanspruch müssen sie dann, wenn ein Mitgliedstaat dies vorsieht, gegebenenfalls gegenüber den ausübenden Künstlern geltend machen (vgl Art 4 Rz 4 und *v Lewinski* Art 8 Rz 13ff Vermiet- und Verleih-RL).

nehmen gegen die drahtlose Weitersendung ihrer Sendungen – also gegen die Übernahme ihrer Sendung in einem anderen über Satellit verbreiteten Programm – durch ein Ausschließlichkeitsrecht geschützt sind.

Umsetzung in Deutschland und Österreich

1. *Deutschland* (Dreier)

9 Das Recht, geschützte Werke über Satelliten zu senden, deren Signale direkt empfangbar sind, unterfiel auch vor Umsetzung der Satelliten- und Kabel-RL unstreitig dem Senderecht gem § 20 dUrhG und bedurfte damit der urheberrechtlichen Zustimmung[111]. Die Neufassung des § 20 dUrhG durch die Umsetzung hat den umfassenden, für technische Entwicklungen offenen urheberrechtlichen Begriff der Sendung erhalten und den „**Satellitenrundfunk**" lediglich im Weg der Klarstellung als weiteres Beispiel hinzugefügt. Im Übrigen wurde der veraltete Begriff des „Drahtfunks" im Weg der redaktionellen Modernisierung durch den des „**Kabelfunks**" ersetzt[112].

10 Auf eine ausdrückliche Definition, wann ein Werk durch Satellitenrundfunk der „**Öffentlichkeit**" zugänglich gemacht wird und wann es sich um eine urheberrechtlich nicht relevante nichtöffentliche Mitteilung handelt, hat der deutsche Umsetzungsgesetzgeber – ebenso wie bereits die Satelliten- und Kabel-RL selbst – verzichtet. Danach ist der Öffentlichkeitsbegriff des § 15 Abs 3 dUrhG auch der Satellitensendung zu Grunde zu legen[113].

2. *Österreich* (Walter)

11 Das Recht, Werke der Öffentlichkeit über Satellit zugänglich zu machen (**Satellitensenderecht**), ist Teil des allgemeinen Senderechts nach § 17 Abs 1 öUrhG[114]. Diese Vorschrift hatte schon in ihrer Stammfassung 1936 ausdrücklich auf die Sendung durch Rundfunk oder auf eine ähnliche Art abgestellt und blieb damit für technische Entwicklungen offen. Wie alle Verwertungsrechte (§§ 14 bis 18 öUrhG) ist auch das Senderecht grundsätzlich ein ausschließliches Recht[115]. Es bedurfte deshalb insoweit keiner Umsetzung des Art 2 Satelliten- und Kabel-RL. Freilich folgt auch aus den spezifischen Bestimmungen der §§ 17a und 17b öUrhG 1996, mit welchen der Ort der Sendehandlung für Satellitensendungen festgelegt wird, und kodierte Sendungen geregelt werden, dass die Sendung über Satellit dem Urheber vorbehalten ist.

12 Dem Sprachgebrauch des öUrhG[116] folgend ist in § 17a öUrhG folgerichtig nicht von „öffentlicher Wiedergabe" über Satellit, sondern von „Rundfunksen-

[111] Vgl statt vieler *v Ungern-Sternberg* in *Schricker*, Kommentar² § 20 Rz 19.

[112] Auch mit der weiteren Ersetzung von „ähnliche technische Einrichtungen" durch „ähnliche technische Mittel" ist eine inhaltliche Änderung nicht beabsichtigt.

[113] So ausdrücklich Begründung Viertes ÄnderungsG bei *M Schulze*, Materialien², 977f.

[114] Siehe jetzt auch OGH 16.06.1998 – „Thermenhotel L" MR 1998, 277 (*Walter*) = ÖBl 1999, 98 = RdW 1998, 610 = GRUR Int 1999, 279 (*Briem*).

[115] Gesetzliche Lizenzen oder Zwangslizenzen kennt das österr Recht für das Erstsenderecht nicht.

[116] Anders als im dUrhG wird „öffentliche Wiedergabe" im öUrhG nur als Oberbegriff

dung über Satellit" die Rede. Auch die Rundfunksendung ist nur dann urheberrechtlich relevant, wenn sie sich an die **Öffentlichkeit** richtet. Dies gilt für die Sendung über Satellit entsprechend und musste nicht gesondert erwähnt werden[117]. Wenn von der Rechtsprechung und einem Teil der Lehre in Österreich für das Senderecht eine „breitere Öffentlichkeit" vorausgesetzt wird[118], so ist dies in räumlicher Hinsicht zu verstehen und spielt für Satellitensendungen deshalb keine Rolle. Allerdings ist diese Ansicht auch für das klassische Senderecht abzulehnen[119].

Artikel 3 Erwerb von Senderechten

Übersicht

Text

Artikel 3 Erwerb von Senderechten

(1) Die Mitgliedstaaten sorgen dafür, daß die Erlaubnis nach Artikel 2 ausschließlich vertraglich erworben werden kann.

(2) Ein Mitgliedstaat kann vorsehen, daß ein kollektiver Vertrag, den eine Verwertungsgesellschaft mit einem Sendeunternehmen für eine bestimmte Gruppe von Werken geschlossen hat, auf Rechtsinhaber derselben Gruppe, die nicht durch die Verwertungsgesellschaft vertreten sind, unter der Voraussetzung ausgedehnt werden kann, daß
- gleichzeitig mit der öffentlichen Wiedergabe über Satellit von demselben Sendeunternehmen über erdgebundene Systeme gesendet wird und
- der nicht vertretene Rechtsinhaber jederzeit die Ausdehnung des kollektiven Vertrags auf seine Werke ausschließen und seine Rechte entweder individuell oder kollektiv wahrnehmen kann.

---

für den öffentlichen Vortrag, die öffentliche Aufführung oder Vorführung (§ 18 öUrhG) verwendet, nicht aber auch für die Sendung (vgl ErlRV öUrhGNov 1996, 19).

[117] Vgl ErlRV 1996 bei *Dittrich*, Urheberrecht[3], 121.

[118] OGH 17.06.1986 – „Hilton/Conti" ÖBl 1986, 132 = MR 1986/4, 20 *(Walter)* = RdW 1986, 340 *(Holeschofsky)* = JBl 1986, 655 *(Scolik)* = GRUR Int 1986, 728 *(Hodik)* = ZUM 1987, 516 = SZ 59/100 (*Pfersmann* ÖJZ 1989, 391). *Hügel,* Hotelvideo und Senderechtsbegriff, ÖBl 1983, 153.

[119] *Walter*, Guidebook 54ff; *Walter*, Handbook 32f; *Walter*, Kommentare zum Urheberrecht, Die Werkverwertung in unkörperlicher Form (öffentliche Wiedergabe), MR 1998, 132 (137f) mwN.

(3) Absatz 2 findet keine Anwendung auf Filmwerke einschließlich der Werke, die durch ein ähnliches Verfahren wie Filmwerke geschaffen worden sind.

(4) Sehen die Rechtsvorschriften eines Mitgliedstaats die Ausdehnung eines kollektiven Vertrages gemäß Absatz 2 vor, so teilt dieser Mitgliedstaat der Kommission mit, welche Sendeunternehmen diese Rechtsvorschriften in Anspruch nehmen können. Die Kommission veröffentlicht diese Angaben im Amtsblatt der Europäischen Gemeinschaften (Reihe C).

Aus den Erwägungsgründen

ErwG 15 Der vertragliche Erwerb ausschließlicher Senderechte muß dem Urheberrecht und dem Leistungsschutzrecht des Mitgliedstaats entsprechen, in dem die öffentliche Wiedergabe über Satellit erfolgt.

ErwG 16 Der Grundsatz der Vertragsfreiheit, auf den sich diese Richtlinie stützt, gestattet weiterhin eine Einschränkung der Verwertung dieser Rechte, insbes was bestimmte Übertragungstechniken oder bestimmte sprachliche Fassungen anbelangt.

ErwG 17 Bei der Vereinbarung der Vergütung für die erworbenen Rechte sollten die Beteiligten allen Aspekten der Sendung, wie der tatsächlichen und potentiellen Einschaltquote und der sprachlichen Fassung, Rechnung tragen.

ErwG 21 Es muß gewährleistet werden, daß der Schutz der Urheber, ausübenden Künstler, Hersteller von Tonträgern und Sendeunternehmen in allen Mitgliedstaaten gewährt und daß dieser Schutz nicht von einer gesetzlichen Lizenz abhängig gemacht wird. Nur so lassen sich Wettbewerbsverzerrungen aufgrund eines möglichen Schutzgefälles innerhalb des Gemeinsamen Marktes verhindern.

ErwG 33 Es sollten die notwendigen Mindestvorschriften festgelegt werden, um die freie, ungestörte grenzüberschreitende Rundfunksendung über Satelliten sowie die zeitgleiche, unveränderte Kabelweiterverbreitung von Rundfunkprogrammen aus anderen Mitgliedstaaten auf grundsätzlich vertraglicher Grundlage zu verwirklichen und zu gewährleisten.

Kommentar

1. Vertraglicher Rechtserwerb (Abs 1)

1 Dass das Recht, geschützte Werke über Satellit zu senden, ausschließlich **vertraglich** erworben werden kann, insbes also keiner gesetzlichen und auch keiner Zwangslizenz unterworfen ist, folgt im Grunde bereits aus der in Art 2 festgelegten Ausschließlichkeit dieses Rechts. Wenn Art 3 Abs 1 den ausschließlich vertraglichen Erwerb dennoch eigens betont, und der grundsätzlich vertragliche Erwerb im ErwG 33 ausdrücklich angesprochen wird, so deshalb, um unmissverständlich klarzustellen, dass die Mitgliedstaaten hinsichtlich des Satellitensenderechts nach Art 2 künftig nicht mehr befugt sind, den Spielraum voll auszuschöpfen, den Art 11bis Abs 2 RBÜ 1967/71 in Bezug auf Beschränkungen der Ausübung des Senderechts gewährt. Denn angesichts der Entscheidung für das Prinzip des Sendelands musste auf jeden Fall sichergestellt werden, dass kein Mitgliedstaat das Senderecht einer gesetzlichen oder einer Zwangslizenz unterwirft, wie dies nach Art 11bis Abs 2 RBÜ 1967/71 zumindest mit Wirkung für das eigene Territorium zulässig ist. Insoweit herrschte unter den Mitgliedstaaten auch Einigkeit; streitig war nur, inwieweit es einzelnen Mitgliedstaaten erlaubt sein sollte, von Verwertungsgesellschaften geschlossene Verträge durch eine Allgemeinverbindlicherklärung auch auf Urheber zu erstrecken, die bei Vertragsabschluss nicht Mitglieder (Bezugsberechtigte) waren. Der in dieser Frage erzielte Kompromiss ist in Abs 2 enthalten und stellt die einzige Ausnahme vom Grundsatz des vertraglichen Erwerbs dar.

Der Grundsatz des vertraglichen Erwerbs bedeutet jedoch nicht, dass den Mitgliedstaaten jegliche Regelung des vertraglichen Erwerbs von Satellitensenderechten oder jede **Einschränkung** des Satellitensenderechts nach Art 2 untersagt wäre. So erklärt die Richtlinie in ErwG 16 selbst insbes Einschränkungen im Hinblick auf bestimmte Übertragungstechniken oder bestimmte Sprachfassungen für zulässig. Eine zwingende Ausübung des Satellitensenderechts in kollektiver Form im nationalen Recht (Verwertungsgesellschaftenpflicht) wird dagegen grundsätzlich selbst dann nicht zulässig sein, wenn sie den Grundsatz der freien vertraglichen Aushandlung nicht in Frage stellt, und die **Verwertungsgesellschaft** insbes keinem Abschlusszwang und auch sonst keiner Beschränkung in Bezug auf die Gestaltung der Vergütungsforderung oder der Vertragsbedingungen unterwirft. Denn aus Art 3 Abs 2 folgt, dass eine Bindung nicht von Verwertungsgesellschaften vertretener Rechteinhaber an kollektive Vertragsabschlüsse – von der dort genannten Ausnahme abgesehen – nicht erzwungen werden darf; das gilt im Hinblick auf Abs 3 insbes für die Inhaber von Filmrechten. Dagegen ist die Wahrnehmung der Satellitensenderechte in kollektiver Form selbst dann zulässig, wenn die Verwertungsgesellschaft nach nationalem Recht einem Abschlusszwang unterliegt; das folgt zum einen aus Art 3 Abs 2, der von der dort vorgesehenen Ausnahme abgesehen nicht kollektive Verträge als solche, sondern nur deren Erstreckung auf Außenseiter ausschließt, sowie zum anderen aus Art 13, der die Regelung der Tätigkeit von Verwertungsgesellschaften nicht nur für Kapitel III (Kabelweiterleitung) sondern auch für Kapitel II und damit auch für die Verbreitung von Werken über Satellit grundsätzlich den Mitgliedstaaten vorbehält. **2**

Nach ErwG 15 richtet sich der vertragliche Erwerb ausschließlicher Satellitensenderechte nach dem nationalen Urheberrecht desjenigen Mitgliedstaats, in dem die öffentliche Wiedergabe über Satellit erfolgt. Da die Richtlinie in Bezug auf die Verbreitung von Werken über Satellit das materielle Recht harmonisiert, das **internationale Privatrecht** aber ungeregelt lässt, und zwar sowohl was die Rechtswahl als auch was die Frage des ohne Rechtswahl auf einen Sachverhalt anwendbaren Rechts anbelangt, dürfte ErwG 15 ungeachtet seiner Formulierung, die auf eine zwingende kollisionsrechtliche Regelung hindeuten könnte, lediglich als Bekräftigung des Sendelandprinzips und des grundsätzlich vertraglichen Erwerbs der Satellitensenderechte zu verstehen sein; allenfalls ließe sich dieser Bestimmung ein Hinweis auf den Schwerpunkt des Sendevertrags mangels ausdrücklicher Rechtswahl entnehmen. Im Ergebnis verbleibt es daher bei der Freiheit der Rechtswahl des anwendbaren Vertragsrechts[120]. **3**

---

[120] Ebenso *Reindl*, Einfluß des Gemeinschaftsrechts 352.

4 Für die Vertragspraxis im Zusammenhang mit der Ausübung des Satellitensenderechts nach Art 2 von entscheidender Bedeutung ist schließlich ErwG 17. Danach ist bei der Aushandlung des für die öffentliche Wiedergabe geschützter Werke über Satellit zu entrichtenden Entgelts nicht etwa abstrakt nur auf das Territorium des Sendelands abzustellen, dessen Recht durch die Verwertungshandlung allein betroffen ist; es ist vielmehr dem **wirtschaftlichen Gesamtwert** der Satellitensendung dadurch Rechnung zu tragen, dass bei der Bemessung des Entgelts alle Aspekte zu berücksichtigen sind. Dazu zählen insbes die tatsächliche und potentielle Einschaltquote sowie die jeweilige Sprachfassung des über Satellit gesendeten Werks[121]. Es ergibt sich dies als notwendige Folge des Abstellens allein auf das Recht des Sendelands, wodurch zwar die Tätigkeit der ihre Programme über Satellit verbreitenden Sendeunternehmen erleichtert, die wirtschaftliche Position der betroffenen Rechteinhaber aber nicht geschmälert werden sollte. Es wäre in der Tat nicht zu rechtfertigen, wenn sich die Verwerter unter Hinweis auf die Betroffenheit allein des Satellitensenderechts des Sendelandes darauf berufen könnten, sie schuldeten auch nur eine anhand dieses Territoriums bzw anhand der dortigen Zuschauer zu bemessende Vergütung. Diese Auffassung würde innerhalb der Gemeinschaft angesichts der unterschiedlichen Größe der Mitgliedstaaten zu Wettbewerbsverzerrungen und damit auch zu nicht gerechtfertigten Standortverlagerungen führen.

Dass sich dieser Gedanke lediglich in den Erwägungsgründen und nicht in der Richtlinie selbst findet[122], hat letztlich politische Gründe. Es hängt dies rechtstechnisch aber auch damit zusammen, dass die Richtlinie Fragen des Urhebervertragsrechts und insbes das Problem, welche Vergütung im Einzelfall angemessen ist, nicht regeln wollte und konnte[123]. Das ist auch der Grund dafür, dass die genannten Kriterien nur beispielhaft und ohne jede Präferenz genannt sind.

5 In der Praxis ergeben sich in Bezug auf die Höhe der Vergütung und deren Verteilung dann keine Probleme, wenn die Rechte für alle Mitgliedstaaten in einer Hand vereinigt sind; denn in diesen Fällen vermag der Rechteinhaber diejenige Vergütung auszuhandeln, die er für die gemeinschaftsweite Satellitenübertragung seines Werkes für angemessen hält. Bei **territorial aufgespaltenen Rechten** dagegen obliegt es fortan den Rechteinhabern, dafür Sorge zu tragen, dass die Vergütung, die ein Verwerter als Gegenleistung für die in bzw für einen Mitgliedstaat eingeholte Erlaubnis zur Sendung geschützter Werke über Satellit im Hinblick auf deren Empfangbarkeit in mehreren Mitgliedstaaten gezahlt hat, unter

[121] Nach Ansicht von *Kreile/Becker*, GRUR Int 1994, 910 soll mit „Einschaltquote" die technische Erreichbarkeit der Zuschauer und nicht die werbetechnische Einschaltquote gemeint sein; begründet wird dies mit der bisherigen Üblichkeit von Mindestvergütungen und Pauschalen sowie mit dem Hinweis auf die französische bzw die englische Sprachfassung („*audience actuelle*" bzw „*actual audience*"). – Die Richtlinie lässt den Beteiligten hier aber grundsätzlich ohnehin die Wahl der Berücksichtigung der unterschiedlichen Parameter.

[122] Vgl jedoch noch Art 3 Abs 1 Satz 2 des geänderten RL-Vorschlags.

[123] In Betracht kommt eine Kontrolle allenfalls hinsichtlich der Überprüfung der Tätigkeit von Verwertungsgesellschaften im Hinblick auf die Befolgung ihrer Verpflichtung zur Wahrnehmung der ihnen übertragenen Rechte zu „angemessenen" Bedingungen (vgl *Reindl*, Einfluß des Gemeinschaftsrechts 354 FN 257).

den Berechtigten der einzelnen Mitgliedstaaten gerecht aufgeteilt wird[124]. Betroffen sind davon insbes Verwertungsgesellschaften, die Inhaber von Filmrechten und auch Subverleger musik-dramatischer Werke. Letztlich ist diesem Problem im Weg des Vertragsrechts zu begegnen. So wird etwa bei der territorial getrennten, nicht exklusiven Vergabe von Filmrechten[125] – soweit nicht die Übergangsfrist für Koproduktionen des Art 7 Abs 3 eingreift – eine entsprechende Vergütungsregelung in den Lizenzvertrag aufzunehmen sein[126].

Schwierigkeiten begegnen Festsetzung und Aufteilung der Vergütung auch im Verhältnis der **Verwertungsgesellschaften** der einzelnen Mitgliedstaaten. So mögen die Verwertungsgesellschaften in einzelnen Mitgliedsländern eine unterschiedliche Verhandlungsstärke haben. Nicht ausgeschlossen sein mag auch die Versuchung, dass eine nationale Verwertungsgesellschaft durch – im Vergleich zu ihren ausländischen Schwestergesellschaften – niedrigere Tarife Verwerter anzulocken sucht, um dadurch in den Genuss des pauschalen Verwaltungsvorwegabzugs zu gelangen. Um dem zu begegnen, haben sich die in der CISAC organisierten Verwertungsgesellschaften auf eine anteilige Weitergabe dieser Vorwegabzüge[127] sowie auf einen Modus der direkten Ausschüttung an die Berechtigten in den einzelnen Empfangsländern geeinigt[128]. Im Übrigen wird es hier mithin der Anpassung der Tarife bedürfen, soll es nicht auf diese Weise zu einem Schutzgefälle innerhalb der EU kommen. Allerdings hat eine enge Zusammenarbeit der nationalen Verwertungsgesellschaften hinsichtlich der Preisfestsetzung die wettbewerbsrechtlichen Grenzen der Art 81, 82 EGV 1997 (früher Art 85, 86) zu beachten[129]. Schließlich wird man von dem Erfahrungssatz auszugehen haben, **6**

---

[124] *Vogel*, ZUM 1992, 24 hält das kartellrechtlich jedoch für bedenklich. Immerhin aber ist diese Verteilung durch die Richtlinie und damit durch sekundäres Gemeinschaftsrecht geboten; da Ziel dieser Regelung gerade die Verhinderung einer Wettbewerbsverfälschung ist, wird man ein derartiges Verhalten wohl kaum als Verstoß gegen Art 81 EGV 1997 (früher Art 85) werten können.

[125] Werden Filmrechte dagegen – auf schuldrechtlicher Basis (vgl dazu Art 1 Rz 17) – an einen Verwerter in einem einzelnen Mitgliedstaat exklusiv vergeben, ist die Situation hinsichtlich dieses Verwerters derjenigen vergleichbar, in der die Rechte gemeinschaftsweit in einer Hand vereinigt sind. Zu einer Verteilung der Vergütung kommt es in einem solchen Fall nach den Bedingungen des Produktionsvertrages allenfalls an die einzelnen an der Schaffung des Filmwerkes Beteiligten.

[126] Ebenso *Reindl*, Einfluß des Gemeinschaftsrechts 355.

[127] Neben dem 10%igen Abzug für soziale und kulturelle Zwecke ist dies ein 15%iger Einbehalt für Subberechtigte.

[128] Vgl *Kreile,* Lizenzierung 564f.

[129] Darauf weisen die Verwertungsgesellschaften selbst hin; im Übrigen kann ein derartiges Tarifgefälle auch historisch gewachsen sein; vgl *Kreile/Becker*, GRUR Int 1994, 911, und zur bisherigen Praxis der Vergütung musikalischer Rechte im Fernsehen *Kreile*, Die angemessene Vergütung für die Nutzung musikalischer Urheberrechte durch das Fernsehen in Europa, in *Kirchhof* ua (Hrsg), FS *Klein* (1994) 121 (128ff). – Letztlich bedarf es in einem einheitlichen Europäischen audiovisuellen Raum, dessen Funktionieren auf die Verwertungsgesellschaften angewiesen ist, über kurz oder lang auch einer einheitlichen Europäischen Regelung der Tätigkeit der Verwertungsgesellschaften. Diese müsste den Besonderheiten der urheberrechtlichen Verwertungsgesellschaften im Vergleich zu allgemeinen Wirtschaftsunternehmen idealiter durch eine teilweise Sonderregelung gegenüber den

dass eine einzige zu zahlende Vergütung zumindest zunächst geringer ausfällt als die Summe von Einzelvergütungen, die ein Verwerter nach der Empfangslandtheorie in den einzelnen Empfangsländern zu entrichten hätte; es steht jedoch zu erwarten, dass sich insoweit letztlich eine den Marktverhältnissen angemessene Gesamtvergütung einspielen wird[130].

7 Eine Problematik besteht schließlich darin, für eine angemessene Aufteilung der in einem Land von der dortigen Verwertungsgesellschaft (Organisation der Rechteinhaber) eingenommenen Vergütung in Bezug auf die Rechte zu sorgen, deren Inhaber nicht in allen Mitgliedstaaten hinreichend organisiert sind. Fehlt es hier im Sendeland überhaupt an einer entsprechenden **Organisation**, droht die betreffende Gruppe von Rechteinhabern gemeinschaftsweit leer auszugehen; sind die Rechteinhaber in einem Mitgliedstaat nur in geringem Maß organisiert, mag der betreffenden Organisation nur eine geringe Verhandlungsstärke zukommen. Diese Auswirkungen der Entscheidung für das Sendeland waren von der Gemeinschaft jedoch nicht unbeabsichtigt; denn auf diese Weise wird der Druck auf die Rechteinhaber erhöht, sich künftig insbes in den Bereichen besser zu organisieren als bisher, in denen es bislang an einer effektiven Rechtewahrnehmung gefehlt hat[131]. Auch die Sendeunternehmen haben daran letztlich ein Interesse; denn nur dann, wenn nationale Verwertungsgesellschaften über ein weltweites System von Gegenseitigkeitsverträgen nahezu alle weltweiten Rechte vergeben können, ist für diese das Sendelandprinzip schließlich von Nutzen[132], es sei denn, ein Mitgliedstaat macht von den Möglichkeiten des Art 3 Abs 2 Gebrauch. Letztlich führt dies – wenn auch auf eher indirektem Weg – zu einer Stärkung der für das Funktionieren des Europäischen Urheberrechts so wichtigen Verwertungsgesellschaften und damit zu einer Stärkung des Urheber- und Leistungsschutzes überhaupt.

8 Dass territorial beschränkte Satellitensenderechte innerhalb der EU und des EWR fortan nicht mehr mit dinglicher, sondern nur noch mit **schuldrechtlicher Wirkung** vergeben werden können, folgt zwingend aus dem Sendelandprinzip[133].

2. Außenseiterwirkung (Abs 2)

9 Bei der Entscheidung für die Sendelandtheorie konnte nicht länger hingenommen werden, dass ein einzelner Mitgliedstaat befugt sein soll, das Erstsenderecht der Satellitensendung einer **gesetzlichen Lizenz** oder auch nur einer **Zwangslizenz**

Art 81, 82 EGV 1997 (früher Art 85, 86) – etwa nach dem Muster des dWahrnG mit seiner Bereichsausnahme vom dGWB – Rechnung tragen.

[130] Insoweit skeptisch jedoch *Kreile/Becker*, GRUR Int 1994, 910, die vermuten, dass nur Anbieter mit einem einzigartigen Programm eine hinreichende Verhandlungsstärke haben werden, um eine für das gesamte Territorium bemessene Vergütung auszuhandeln.

[131] Sei es auch nur, dass die in einem anderen Mitgliedstaat besser organisierten Rechteinhaber zur Wahrung ihrer eigenen Interessen auf den Aufbau einer Schwestergesellschaft im betroffenen Mitgliedstaat hinwirken.

[132] Vgl *Kreile*, Lizenzierung 555f.

[133] Vgl dazu die Ausführungen zu Art 1 Rz 17.

zu unterwerfen. Zwar wäre eine solche Beeinträchtigung des Ausschließlichkeitsrechts nach Art 11bis Abs 2 RBÜ 1967/71 wohl schon deshalb ohnehin nicht zulässig[134], weil sie zwar rein rechtlich auf das „Hoheitsgebiet des Landes, das sie festgelegt hat“[135] beschränkt, in ihrer Wirkung aber angesichts der grenzüberschreitenden Empfangbarkeit von Satellitensignalen faktisch unbeschränkt wäre. Dessen ungeachtet hat die Richtlinie dies durch die ausdrückliche Verankerung der Ausschließlichkeit in Art 2, durch die Erwähnung des rein vertraglichen Erwerbs des Satellitensenderechts in Art 3 Abs 1 und schließlich auch in ErwG 21 nochmals ausdrücklich betont; insoweit waren sich die Mitgliedstaaten auch einig.

Das Problem bestand jedoch darin, dass die nordischen Staaten – für die Gemeinschaft vor dem Beitritt Schwedens damals also Dänemark – im Sendebereich die Erstreckung kollektiver, zwischen einem Sendunternehmen und einer Verwertungsgesellschaft geschlossener Vereinbarungen auch auf **Nichtmitglieder** der betreffenden Verwertungsgesellschaft kennen (sog Allgemeinverbindlicherklärung oder *„extended collective agreement“*[136]) und auf diese Möglichkeit auch für die Satellitensendung künftig nicht verzichten wollten. Dieses Anliegen erscheint insofern berechtigt, als bislang ausschließlich terrestrisch sendende Unternehmen immer mehr dazu übergehen, ihre Sendungen auch über Satellit zu verbreiten. Eine Abschaffung des Systems der Allgemeinverbindlicherklärung für Satellitensendungen hätte in den betroffenen Staaten mithin zwangsläufig auch Auswirkungen auf die klassische Sendetätigkeit gehabt. Folglich vermochte Dänemark der im ursprünglichen RL-Vorschlag enthaltenen zeitlichen Begrenzung der Aufrechterhaltung dieser Möglichkeit bis zum 31. Dezember 1997 nicht zuzustimmen. **10**

Aus diesem Grund einigte man sich auf den in Abs 2 festgeschriebenen Kompromiss. Danach kann die Regelung der Erstreckung zwar ohne zeitliche Beschränkung nicht nur beibehalten, sondern auch neu eingeführt werden, dies aber nur unter zwei Bedingungen: Einmal dürfen auf Nichtmitglieder nur solche Verträge erstreckt werden, welche die betreffende Verwertungsgesellschaft mit einem Sendeunternehmen geschlossen hat, das die Satellitensendung zugleich über erdgebundene Systeme sendet; zum anderen muss ein von der vertragschließenden Verwertungsgesellschaft nicht vertretener Rechteinhaber der Erstreckung jederzeit widersprechen können. Reine Satellitenprogramme – so das Hauptanliegen – kommen damit nicht in den Genuss der Ausnahmeregelung[137]; **11**

---

134 Überdies betrifft Art 11bis Abs 2 RBÜ 1967/71 nur die Urheberrechte an Werken der Literatur und Kunst; ein entsprechender Vorbehalt fehlt jedoch in Art 11 für die Urheberrechte an dramatischen, dramatisch-musikalischen und musikalischen Rechten ebenso wie in Art 11ter RBÜ 1967/71.

135 So der Wortlaut von Art 11bis Abs 2 Satz 1 RBÜ 1967/71.

136 Vgl dazu etwa *Christiansen*, The Nordic Licensing Systems – Extended Collective Agreement Licensing, EIPR 1991, 346 und *Karnell*, Outsider's Rights: A Dilemma for Collective Administration of Authors' Rights in a Present and Enlarged European Community, EIPR 1991, 430.

137 Umgehungsversuchen durch eine gleichzeitige *pro forma* terrestrische Ausstrahlung wird man wohl mit dem Einwand des Rechtsmissbrauchs begegnen können.

die Allgemeinverbindlichkeit darf auch keinem Rechteinhaber aufgezwungen werden. Im Ergebnis läuft der Kompromiss auf eine Art Bestandschutz für die öffentlich-rechtlichen Sendeunternehmen in den betreffenden Ländern hinaus, da sie – nach dem seinerzeitigen Stand der Programmverbreitung zumindest in Dänemark – die einzigen sind, die sowohl terrestrisch als auch über Satellit senden[138].

3. Filmwerke (Abs 3)

12 Die ausnahmsweise Zulässigkeit der Allgemeinverbindlicherklärung von Gesamtverträgen nach Abs 2 erstreckt sich – wie von Anbeginn an vorgesehen – jedoch nicht auf **Filmwerke** und auf Werke, die ähnlich wie Filmwerke geschaffen worden sind. Die Gleichbehandlung der zuletzt genannten Werke entspricht vom Gedanken wie von der Terminologie her Art 2 Abs 1 RBÜ 1967/71 und wohl auch den meisten nationalen Urheberrechtsgesetzen der Mitgliedstaaten[139]; für allgemeinverbindlich erklärt werden dürfen daher auch keine Gesamtverträge, die sich auf Fernsehfilme beziehen. Darüber waren sich die Mitgliedstaaten von Anbeginn an einig.

13 Die Ausnahme des Abs 3 hat ihren Grund darin, dass die Inhaber von Rechten an Filmwerken bei der Erstverwertung in jedem Fall individuell und frei entscheiden können müssen, ob, zu welchem Zeitpunkt und zu welchen Bedingungen sie ihre Filmwerke im Wege der Verbreitung über Satellit verwerten wollen. Anders als etwa im Fall der ohnehin kollektiv verwalteten sog kleinen Musik- und Sprachrechte, die über die Gegenseitigkeitsverträge, welche die nationalen Verwertungsgesellschaften untereinander verbinden, gemeinschaftsweit verwertet werden, wäre es in der Tat unerträglich, könnten sich die Rechteinhaber einer zwangsweisen gemeinschaftsweiten Verwertung ihrer Filmwerke auf Grund einer Allgemeinverbindlichkeitserklärung von Verträgen in einem Mitgliedstaat nicht widersetzen, die Bedingungen enthalten, auf deren Aushandlung sie keinerlei Einfluss hatten.

4. Mitteilungspflicht (Abs 4)

14 Angesichts des Ausnahmecharakters der Regelung des Abs 2 sind diejenigen Mitgliedstaaten, deren innerstaatliches Recht die Allgemeinverbindlichkeitserklärung eines Gesamtvertrages vorsieht bzw zulässt, gem Abs 4 verpflichtet, der Kommission mitzuteilen, welche Sendeunternehmen hiervon Gebrauch machen können. Die Verpflichtung zur Mitteilung setzt nicht voraus, dass ein Gesamtvertrag bereits abgeschlossen oder gar für allgemeinverbindlich erklärt worden ist; auf der anderen Seite sind Allgemeinverbindlichkeitserklärungen einzelner Verträge nicht mitzuteilen. Offen bleiben die Rechtsfolgen einer unterbliebenen Mitteilung; will man insbes die ausländischen Rechteinhaber wirksam

---

[138] Auch in Zukunft dürfte die Ausnahme angesichts des Erfordernisses einer gleichzeitigen terrestrischen Ausstrahlung letztlich nur nationale Sendungen betreffen (vgl Begründung geänderter RL-Vorschlag 8f).

[139] Gesetzestechnisch erscheint das allerdings wenig gelungen, verwendet Art 1 Abs 5 doch bereits den moderneren Begriff des audiovisuellen Werkes.

schützen, so wird man in der Mitteilung eine Geltungsvoraussetzung sehen müssen, ohne welche solche Erklärungen den Betroffenen gegenüber keine Wirkung erzeugen[140].

Da auch die Mitgliedstaaten, auf welche die Ausnahmeregelung zugeschnitten ist[141], die Richtlinie nicht fristgemäß umgesetzt haben[142], sind im Amtsblatt der EG zunächst auch noch keine Veröffentlichungen nach Art 3 Abs 4 erfolgt. **15**

Umsetzung in Deutschland und Österreich

1. Deutschland (Dreier)

Einschränkungen des ausschließlichen Senderechts nach § 20 dUrhG und damit auch des Rechts, geschützte Werke über Satellit zu senden, kennt das deutsche Urheberrecht nicht. Auch von der Möglichkeit des Art 3 Abs 2 hat der deutsche Gesetzgeber im Rahmen der Umsetzung keinen Gebrauch gemacht; denn es soll im Hinblick auf die bewährte Vertragspraxis in Deutschland bei der Einräumung von Erstsenderechten kein Rechteinhaber die Nutzung seines Werkes ohne zwingenden Grund zudem zu Bedingungen, die er nicht selbst mitbestimmen konnte, hinnehmen müssen[143]. **16**

In der Praxis werden eine Reihe der **kleinen Senderechte** – insbes die kleinen musikalischen Senderechte durch die GEMA, aber auch die Senderechte an verlegten Sprachwerke bis zu zehn Minuten Dauer durch die VG Wort oder an Werken der bildenden Kunst durch die VG Bild/Kunst – von Verwertungsgesellschaften wahrgenommen, die nach § 11 Abs 1 dUrhWG einem **Abschlusszwang** unterliegen. Da Art 13 die Gesetzgebung, welche die Tätigkeit von Verwertungsgesellschaften in allgemeiner Form regelt, unberührt lässt, ist diese Form der kollektiven Wahrnehmung des ausschließlichen Satellitensenderechts mit der Satelliten- und Kabel-RL vereinbar. **17**

Die **vertragsrechtliche** Flankierung der Neuregelung der Satellitensendung in ErwG 17, der zufolge die Vergütung an allen Aspekten der Satellitensendung – wie der tatsächlichen und potentiellen Empfängerkreise und der sprachlichen Fassung – auszurichten ist, hat der deutsche Umsetzungsgesetzgeber zunächst nicht ins dUrhG übernommen. Da derzeit noch nicht abzusehen sei, ob die Sicherstellung einer angemessenen Teilhabe der Urheber am wirtschaftlichen Nutzen ihrer Werke urhebervertragsrechtliche Korrekturen erfordert, soll es hier einstweilen einer veränderten Vertragsgestaltung überlassen bleiben, den sich wandelnden Verwertungsmöglichkeiten im Erstsendebereich Rechnung zu tragen[144]. Auch im Übrigen sieht die Umsetzung hinsichtlich der Satellitensendung keine gesonderten urhebervertragsrechtlichen Regelungen vor. **18**

---

140 So *Kéréver*, DIT 1994/4, 74. – Anderseits kann jeder einzelne Rechteinhaber einer Einbeziehung ohnehin widersprechen.

141 Vgl Art 3 Rz 10.

142 Vgl dazu Art 14 Rz 4.

143 Vgl Begründung Viertes ÄnderungsG bei *M Schulze*, Materialien², 971.

144 Vgl Begründung Viertes ÄnderungsG bei *M Schulze*, Materialien², 969.

2. *Österreich* (Walter)

19 Für die **Erstsendung** über Satellit ist die vertragliche Zustimmung der Berechtigten einzuholen; gesetzliche Lizenzen oder Zwangslizenzen für die Erstsendung bestehen nicht. Das Satellitensenderecht wird aber im Bereich der kleinen (musikalischen) Rechte auf freiwilliger Basis von Verwertungsgesellschaften wahrgenommen. Für Verwertungsgesellschaften gilt grundsätzlich der Abschlusszwang bzw der bedingte Bewilligungszwang nach § 26 öVerwGesG[145]. Von der Möglichkeit einer Allgemeinverbindlichkeitserklärung nach Art 3 hat die öUrhGNov 1996, mit welcher die Satelliten- und Kabel-RL umgesetzt wurde, für das Erstsenderecht über Satellit keinen Gebrauch gemacht. Eine Verwertungsgesellschaftenpflicht mit Außenseiterwirkung ist nur für die Kabelweiterverbreitung vorgesehen (§ 59a Abs 1 und 2 öUrhG). Ein ähnliches Modell kannte das öUrhG schon in seiner Stammfassung 1936 für die öffentliche Rundfunkwiedergabe (§ 59 öUrhG).

20 Den in ErwG 17 zum Ausdruck kommenden Grundsatz, wonach bei der vertraglichen Regelung des Satellitensenderechts auf „alle Aspekte der Sendung", insbes auf die **Reichweite** (die Einschaltquoten) in den Empfangsländern, Rücksicht zu nehmen ist, deutet die öUrhGNov 1996[146] als bloße Empfehlung, die keiner Umsetzung zugänglich ist. Festgehalten wird allerdings ausdrücklich, dass darin eine Wertung zum Ausdruck kommt, die im Fall der rechtsverletzenden Sendung von Bedeutung ist, und zwar insbes für die Bemessung des angemessenen Entgelts nach § 86 öUrhG. Zumindest im letztgenannten Zusammenhang wäre dieser anlässlich der Umstellung auf die Sendelandtheorie ganz wesentliche Gesichtspunkt mE doch umzusetzen gewesen; eine richtlinienkonforme und an der Absicht des Gesetzgebers orientierte Auslegung wird aber jedenfalls zu diesem Ergebnis führen müssen. Daraus folgt weiters zwingend, dass die Rechteinhaber (Verwertungsgesellschaften) im Sendeland, wenn sie nicht über die Rechte in (allen) Empfangsländern verfügen, mit den Rechteinhabern in den Empfangsländern einen finanziellen Ausgleich treffen müssen. Eine gesetzliche Verankerung dieser Grundsätze bei der Umsetzung der Satelliten- und Kabel-RL wäre wünschenswert, wenn nicht geboten gewesen.

21 **Vertragsrechtliche Regelungen** wurden anlässlich der Umsetzung mit öUrhG-Nov 1996 nicht getroffen, insbes wurden keine Auslegungsregeln (für künftige Verträge) vorgesehen. Nach § 43 Abs 1 IPRG richteten sich Urheberrechtsverträge, wenn sie nur die Auswertung in einem Land betrafen, mangels einer Rechtswahl bisher nach dem Recht dieses Landes, andernfalls nach dem Recht des Landes, in welchem der Rechtsnehmer seinen Wohnsitz bzw Sitz hat. Österr ist jedoch jetzt dem EVÜ sowie dem Ersten und Zweiten Protokoll über die Auslegung dieses Übereinkommens durch den EuGH beigetreten[147], ohne dass eine inhaltliche Umsetzung erfolgt wäre; das EVÜ ist deshalb in Österreich mit Wirksamkeit vom 1. Dezember 1998 unmittelbar anwendbar. Im Anwen-

---

[145] Vgl *Walter*, MR 1997, 216.

[146] Vgl ErlRV 1996 bei *Dittrich*, Urheberrecht³, 122.

[147] BGBl III 1998/166. Siehe dazu weiters die IPRG-Nov 1998 und 1999 BGBl I 1998/119 und BGBl 1999 I 18.

dungsbereich des Abkommens wurden die schuldrechtlichen Bestimmungen des IPRG 1978 und damit auch diejenigen für Urheberrechtsverträge aufgehoben; mangels einer entsprechenden Sonderregelung im EVÜ sind dessen allgemeine Regeln auch auf Urheberrechtsverträge anzuwenden. Im Ergebnis wird die frühere österr Regelung aber – mit Ausnahme des Statuts für nur auf ein Land bezogene Verträge – auch den allgemeinen Anknüpfungsregeln des EVÜ entsprechen.

Inhaltliche Beschränkungen des Satellitensenderechts sind auch mit dinglicher Wirkung zulässig, territoriale Beschränkungen dagegen nur auf vertragsrechtlicher Grundlage[148].

Artikel 4 Rechte der ausübenden Künstler, der Tonträgerhersteller und der Sendeunternehmen

Übersicht

Text

Artikel 4 Rechte der Ausübenden Künstler, der Tonträgerhersteller und der Sendeunternehmen

(1) Für die Zwecke der öffentlichen Wiedergabe über Satellit sind die Rechte der ausübenden Künstler, der Tonträgerhersteller und der Sendeunternehmen gemäß den Artikeln 6, 7, 8 und 10 der Richtlinie 92/100/EWG geschützt.
(2) Für die Zwecke von Absatz 1 sind „drahtlos übertragene Rundfunksendungen" gemäß der Richtlinie 92/100/EWG so zu verstehen, daß sie die öffentliche Wiedergabe über Satellit umfassen.
(3) Im Hinblick auf die Ausübung der in Absatz 1 genannten Rechte gelten Artikel 2 Absatz 7 und Artikel 12 der Richtlinie 92/100/EWG.

Aus den Erwägungsgründen

ErwG 17 Bei der Vereinbarung der Vergütung für die erworbenen Rechte sollten die Beteiligten allen Aspekten der Sendung wie der tatsächlichen und potentiellen Einschaltquote und der sprachlichen Fassung, Rechnung tragen.

---

[148] Missverständlich dagegen ErlRV 1996 bei *Dittrich*, Urheberrecht[3], 122, wo davon die Rede ist, der Urheber könne Senderechte auch mit Rücksicht auf das Empfangsland eingeschränkt vergeben („einräumen").

ErwG 21 Es muß gewährleistet werden, daß der Schutz der Urheber, ausübenden Künstler, Hersteller von Tonträgern und Sendeunternehmen in allen Mitgliedstaaten gewährt und daß dieser Schutz nicht von einer gesetzlichen Lizenz abhängig gemacht wird. Nur so lassen sich Wettbewerbsverzerrungen aufgrund eines möglichen Schutzgefälles innerhalb des Gemeinsamen Marktes verhindern.

ErwG 25 Die leistungsschutzrechtlichen Vorschriften für die öffentliche Wiedergabe über Satellit sind an der Richtlinie 92/100/EWG auszurichten. Auf diese Weise wird sichergestellt, daß die ausübenden Künstler und Hersteller von Tonträgern für die öffentliche Wiedergabe ihrer Leistungen oder Tonträger über Satellit eine angemessene Vergütung erhalten.

ErwG 26 Die Bestimmungen von Artikel 4 dieser Richtlinie hindern die Mitgliedstaaten weder, den Vermutungsgrundsatz gemäß Artikel 2 Absatz 5 der Richtlinie 92/100/EWG auf die ausschließlichen Rechte gemäß Artikel 4 auszudehnen, noch für die in diesem Artikel genannten ausschließlichen Rechte der ausübenden Künstler eine widerlegbare Vermutung der Einwilligung in die Auswertung vorzusehen, sofern eine solche Vermutung mit dem Internationalen Abkommen über den Schutz der ausübenden Künstler, der Hersteller von Tonträgern und der Sendeunternehmen vereinbar ist.

Kommentar

1. Satellitensenderecht im Leistungsschutzrecht (Abs 1)

1 Das in den Art 1 Abs 2, Art 2 und 3 verankerte **Sendelandprinzip**, dh die Betroffenheit einzig des Rechts des Sendelandes bei der Satellitenausstrahlung geschützter Werke und Leistungen, setzt insbes voraus, dass auch die Inhaber von **Leistungsschutzrechten** in allen Mitgliedstaaten hinsichtlich der Sendung ihrer Leistungen über Satellit zumindest einen einheitlichen Mindestschutz genießen[149]. Wären die Rechteinhaber nämlich insoweit auch nur in einem Mitgliedstaat nicht oder nicht hinreichend geschützt, so hätte dies zur Folge, dass ihre Leistungen bei einer Sendung von diesem Staat aus ohne ihre Zustimmung und vielleicht sogar vergütungsfrei im gesamten Einstrahlungsgebiet empfangen werden könnten, auch wenn die Sendung nach dortigem Recht erlaubnispflichtig oder doch zumindest vergütungspflichtig wäre.

2 Anders als noch im ursprünglichen RL-Vorschlag, der insoweit eine eigenständige Regelung enthielt, hat sich die Satelliten- und Kabel-RL nach Verabschiedung der **Vermiet- und Verleih-RL** in Art 4 Abs 1 mit einer Verweisung auf die dort gewährten Rechte begnügt. Im Grunde hätte es dieser Verweisung, die als solche lediglich deklaratorische Wirkung entfaltet, gar nicht bedurft[150], zumal die

[149] Vgl die ErwG 21 und 25, wobei sich der dort angesprochene Ausschluss der gesetzlichen Lizenz angesichts des bloßen Vergütungsanspruchs ausübender Künstler und Tonträgerhersteller im Fall der Sendung von Handelstonträgern weitgehend nur auf die Rechte der Urheber bezieht. – Im Übrigen vgl die Ausführungen zu Art 1 Rz 8.

[150] Wenn sie dennoch erfolgt ist, hängt dies sicherlich auch damit zusammen, dass die parallelen materiellen Vorschriften, welche die Satelliten- und Kabel-RL zunächst enthielt,

Verweisungstechnik nicht unbeträchtliche Auslegungsschwierigkeiten bereitet und nicht als besonders gelungen anzusehen ist.

Die Verweisung auf den mit der Vermiet- und Verleih-RL erreichten Grad der Harmonisierung bedeutet zugleich, dass man auch im Bereich der Sendung geschützter Leistungen über Satellit sowohl hinsichtlich des Kreises der Schutzberechtigten als auch in Bezug auf die gewährten Rechte über den Stand des Erreichten nicht hinausgegangen ist. Dieser beschränkt sich – von wenigen Ausnahmen abgesehen – auf den von vielen schon seit Längerem als zu dürftig kritisierten[151] und als revisionsbedürftig erkannten Schutzstandard des Rom-Abkommens[152]. Es ist sicherlich einer der größten Mängel der Satelliten- und Kabel-RL, dass sie ungeachtet der Entscheidung für das Sendelandprinzip, das einen auch für die Leistungsschutzberechtigten hinreichend harmonisierten und möglichst von Ausschließlichkeitsrechten ausgehenden Schutz voraussetzt, nicht zu einem weitergehenden Ausbau des Erreichten gelangt ist. **3**

Im Hinblick auf die Verweisung auf Art 8 der Vermiet- und Verleih-RL[153] steht ausübenden Künstlern ein Verbotsrecht in Bezug auf die Sendung ihrer Live-Darbietungen zu, nicht jedoch hinsichtlich Satellitensendungen, die eine bereits gesendete Darbietung verwenden oder die auf einer Aufzeichnung beruhen. Wird für die Satellitensendung dagegen ein zu Handelszwecken veröffentlichter Tonträger verwandt, so steht den ausübenden Künstlern und den Tonträgerproduzenten – über Art 12 Rom-Abkommen hinausgehend – zwingend eine einheitliche Vergütung zu, an der jedenfalls beide Gruppen von Rechtsinhabern zu beteiligen sind[154]. Sendeunternehmen schließlich sind zwar nicht gegen die Erstsendung geschützt, für die ihnen nur abgetretene Rechte zustehen, es steht ihnen aber in Bezug auf die drahtlose Weitersendung und damit die Übernahme ihrer Sendungen in Satellitensendungen ein Ausschließlichkeitsrecht zu. **4**

Auch wenn es im Hinblick auf die gewählte Verweisungstechnik hinsichtlich der Satellitensendung einer Bezugnahme auf das Recht der **öffentlichen Sendung** **5**

---

erst nach Verabschiedung der Vermiet- und Verleih-RL durch eine entsprechende Verweisung ersetzt wurden.

[151] Selbst die Rundfunkunternehmen stimmen in diese Kritik ein; vgl nur *Rumphorst*, Neighbouring Rights Protection of Broadcasting Organisations, EIPR 1992, 339; aus der Sicht der Tonträgerhersteller vgl etwa *Kern*, EIPR 1993, 279, der angesichts des Erreichten gar eine Vergrößerung der Gefahr der Delokalisierung von Sendeunternehmen ausmacht.

[152] Vgl dazu jetzt das neue internationale WIPO-Abkommen 1996 zum Schutz von Ausübenden Künstlern und Tonträgerherstellern (WPPT). Vgl dazu *v Lewinski,* Die diplomatische Konferenz der WIPO 1996 zum Urheberrecht und zu verwandten Schutzrechten, GRUR Int 1997, 667 (671ff).

[153] Vgl dazu auch *v Lewinski* Art 8 Rz 2f Vermiet- und Verleih-RL.

[154] Zugleich ist es den Mitgliedstaaten damit verwehrt, insoweit länger von den Vorbehaltsmöglichkeiten gem Art 16 Abs 1 lit a Rom-Abkommen Gebrauch zu machen. – Zu dieser Verbesserung der Schutzes sowohl der ausübenden Künstler als auch der Tonträgerhersteller durch die Vermiet- und Verleih-RL – die in den zunächst parallelen Bestimmungen der Satelliten- und Kabel-RL nicht vorgesehen war – vgl *v Lewinski* Art 8 Rz 13ff Vermiet- und Verleih-RL.

und Wiedergabe bedurfte, wie es in Art 8 Vermiet- und Verleih-RL festgelegt ist, so wäre jedoch der zugleich erfolgende Verweis auch auf das Aufzeichnungsrecht (dort Art 6) und das Vervielfältigungsrecht (dort Art 7) entbehrlich gewesen. Es geschah dies wohl nur, um zu verdeutlichen, dass auch hinsichtlich solcher Handlungen, die in Vorbereitung von bzw im Zusammenhang mit Satellitensendungen erfolgen können, der Schutz nach der Vermiet- und Verleih-RL greift.

6 Schließlich gelten nach Art 4 Abs 1 auch für die Sendung geschützter Leistungen die Schrankenbestimmungen des Art 10 Vermiet- und Verleih-RL; danach sind ua Zwangslizenzen in dem Umfang zulässig, wie sie das Rom-Abkommen in Art 15 Abs 2 gestattet.

7 Wie in Art 6 ausdrücklich festgelegt, handelt es sich bei allen Rechten nur um einen **Mindestschutz**, nicht jedoch um einen Maximalschutz. Die Mitgliedstaaten können deshalb zu Gunsten der Genannten weiterreichende Rechte beibehalten oder auch erst künftig einführen, sie können sie auch anderen Berechtigten zuerkennen[155].

2. Drahtlos übertragene Rundfunksendungen (Abs 2)

8 In Art 4 Abs 2 wird ausdrücklich festgehalten, dass die öffentliche Wiedergabe über Satellit, wie sie in Art 1 Abs 2 definiert ist, unter das in Art 8 Abs 1 und 2 **Vermiet- und Verleih-RL** umschriebene Recht fällt, „drahtlos übertragene Rundfunksendungen" zu erlauben. Diese Klarstellung dient wohl nur dazu, möglichen Missverständnissen vorzubeugen[156].

9 Obwohl nicht ausdrücklich genannt, muss die Satellitensendung nach dem Sinn dieser Klarstellung darüber hinaus auch unter die Begriffe „Sendung", „drahtlose Sendung" und „gesendete Darbietung" fallen, wie sie die Vermiet- und Verleih-RL in ihren Art 6, 7, 8 und 10 verwendet.

3. Übertragungsvermutungen (Abs 3)

10 Schwierigkeiten bei der Auslegung bereitet vor allem die in Art 4 Abs 3 enthaltene Verweisung auf Art 2 Abs 7 Vermiet- und Verleih-RL. Denn diese Vorschrift enthält eine vertragsrechtliche Regelung nur für das Vermietrecht nach Art 9 Vermiet- und Verleih-RL, auf das in Art 4 Abs 1 Satelliten- und Kabel-RL jedoch gerade nicht Bezug genommen wird. In Betracht kommt daher also von vornherein lediglich eine **entsprechende Anwendung des Art 2 Abs 7**. Fraglich ist jedoch, wie weit diese entsprechende Anwendung reicht. Unzweifelhaft dürfte noch sein, dass die Mitgliedstaaten auch unter der Satelliten- und Kabel-RL vorsehen können, dass die Unterzeichnung des zwischen einem ausübenden Künstler und einem Filmproduzenten geschlossenen Vertrags über eine Film-

---

155 Vgl dazu auch *v Lewinski* Vor Artikel 6 bis 10 – Erwägungsgrund 20 Rz 3 Vermiet- und Verleih-RL.

156 Zur verwandten Frage des Verhältnisses des urheberrechtlichen Satellitensenderechts nach Art 2 zu den bestehenden nationalen Senderechten vgl Art 2 Rz 6.

produktion diesen zur Sendung der Darbietung auch über Satellit ermächtigt[157]. Fraglich erscheint jedoch, ob dies voraussetzt, dass der Vertrag dafür eine angemessene Vergütung vorsieht, die nach Art 4 Vermiet- und Verleih-RL unverzichtbar ist und nur von einer Verwertungsgesellschaft wahrgenommen werden kann. Aus der Sicht der ausübenden Künstler wäre dies zwar wünschenswert, doch spricht dagegen, dass die Satelliten- und Kabel-RL in Art 7 Abs 1 gerade keinen Bezug auf die diesbezügliche Übergangsvorschriften in Art 13 Abs 8 und 9 Vermiet- und Verleih-RL enthalten. Dagegen scheint auch zu sprechen, dass es sich bei der Vermietung um eine neue Art der ausschließlichen Verwertung handelt, während die Satellitensendung schon bisher vom Senderecht mit umfasst war, und den ausübenden Künstlern dann, wenn der Sendung eine Aufzeichnung – und nicht etwa ein zu Handelszwecken veröffentlichter Tonträger – zu Grunde liegt, weder ein Ausschließlichkeitsrecht noch ein Vergütungsanspruch zusteht. Soweit den ausübenden Künstlern bei einer Satellitensendung unter Verwendung eines Handelstonträgers schließlich ohnehin nur ein Vergütungsanspruch zusteht, kommt eine entsprechende Anwendung von Art 2 Abs 7 Vermiet- und Verleih-RL ohnehin nicht in Betracht.

Schließlich soll den Mitgliedstaaten nach ErwG 26 über den Wortlaut von Art 4 **11**
Abs 3 hinaus auch die Möglichkeit offenstehen, die **Vermutung des Art 2 Abs 5** Vermiet- und Verleih-RL über die einzel- bzw tarifvertragliche Abtretung des Vermietrechts vom ausübenden Künstler an den Filmproduzenten auf das Satellitensenderecht auszudehnen. Dieser Unterschied zwischen Gesetzestext und Erwägungsgrund dürfte seine Ursache einmal mehr in einem nicht gänzlich aufgelösten Kompromiss unterschiedlicher Positionen der einzelnen Mitgliedstaaten haben. Zumindest für Einzelverträge führt die Heranziehung der Vorschrift des Art 2 Abs 5 zum selben Ergebnis wie die entsprechende Anwendung von Art 2 Abs 7 Vermiet- und Verleih-RL[158]. Damit liefert die Heranziehung des Art 2 Abs 5 zugleich ein weiteres Argument für das Nichtbestehen der Voraussetzung einer gesonderten vertraglichen Ausweisung einer entsprechenden Vergütung. Da es sich aber um einen kaum zu Wege gebrachten politischen Kompromiss handelt, sollte man den Bogen der logischen Interpretation in all diesen Fällen anderseits jedoch nicht überspannen.

Der Verweis auf die **Dauer** der verwandten Schutzrechte in Bezug auf Satelliten- **12**
sendungen, wie sie zunächst in Art 12 Vermiet- und Verleih-RL geregelt war, ist

---

[157] Geht man davon aus, dass das Satellitensenderecht des ausübenden Künstlers ohnehin bereits vom Recht der drahtlosen Rundfunksendung nach Art 8 Abs 1 Vermiet- und Verleih-RL erfasst wird, handelt es sich bei Art 4 Abs 3 insoweit jedoch lediglich um eine Klarstellung dahingehend, dass die Satelliten- und Kabel-RL für ihren Bereich keine Sonderregelung trifft. – Dagegen sieht *Kéréver*, DIT 1994/4, 80 die einzig denkbare Möglichkeit in einer analogen Anwendung von Art 2 Abs 7 Satz 2 Vermiet- und Verleih-RL im Sinn einer Vermutung der Übertragung des Senderechts des ausübenden Künstlers auf das Sendeunternehmen mit Abschluss des Vertrages über Live-Darbietungen, die in der Praxis jedoch gleichermaßen leer liefe.

[158] Im Ergebnis ebenso *Kéréver*, DIT 1994/4, 80. – Zum wenig klaren Verhältnis von Art 2 Abs 5 und Abs 7 der Vermiet- und Verleih-RL vgl *v Lewinski* Art 2 Rz 46ff Vermiet- und Verleih-RL.

seit Erlassung der Schutzdauer-RL obsolet. Es gilt jetzt nach Art 3 Schutzdauer-RL grundsätzlich eine fünfzigjährige Schutzfrist, wobei die Übergangsregelungen in Art 10 Schutzdauer-RL zu beachten sind[159].

Umsetzung in Deutschland und Österreich

1. Deutschland (Dreier)

13 Einer **Umsetzung** von Art 4 der Satelliten- und Kabel-RL bedurfte es in Deutschland nach Umsetzung der Vermiet- und Verleih-RL mit dem Dritten ÄnderungsG **nicht mehr**. Soweit § 76 Abs 1 dUrhG ausübenden Künstlern ein Einwilligungsrecht hinsichtlich der Funksendung ihrer Darbietungen gewährt, deckt sich der Begriff der Funksendung mit dem der Sendung in § 20 dUrhG, so dass auch die Regelung des neuen § 20a dUrhG über den maßgeblichen Akt und den Ort der Satellitensendung ohne weitere ausdrückliche Klarstellung im Gesetz ebenso für das Satellitensenderecht des ausübenden Künstlers wie auch der sonstigen Leistungsschutzberechtigten gilt, die ein ausschließliches Senderecht haben[160]. Bei der Sendung von Handelstonträgern über Satelliten steht ausübenden Künstlern auch in Deutschland ohnehin nur ein Anspruch auf Vergütung zu (§ 76 Abs 2 dUrhG), an dem die Tonträgerhersteller angemessen zu beteiligen sind (§ 86 dUrhG).

2. Österreich (Walter)

14 Was die Rechte der **ausübenden Künstler** anlangt, bedurfte es **keiner Umsetzung** der Satelliten- und Kabel-RL. Das Senderecht ist in § 70 Abs 1 öUrhG verankert; es umfasst auch die Sendung mit Hilfe von Satelliten[161]. Das Senderecht des ausübenden Künstlers umfasst auch das Recht der Weitersendung[162]. Dem Senderecht unterliegen aber Sendungen nicht, die mit Hilfe rechtmäßig hergestellter Bild- oder Schallträger bewirkt werden (§ 70 Abs 2 öUrhG). Übertragungsvermutungen zu Gunsten des Filmherstellers sind nicht vorgesehen.

Artikel 5 Beziehung zwischen Urheberrecht und verwandten Schutzrechten

Übersicht

---

[159] Im Einzelnen siehe *Walter* Art 3 Rz 3ff Schutzdauer-RL.

[160] Vgl Begründung Viertes ÄnderungsG bei *M Schulze*, Materialien[2], 983.

[161] Wenn in § 70 Abs 1 öUrhG nur auf § 17 öUrhG (Senderecht) verwiesen wird, gelten auch die neuen Bestimmungen der §§ 17a und 17b öUrhG 1996 entsprechend. Es folgt dies auch aus der ausdrücklichen Verweisung auf die neuen §§ 59a und 59b öUrhG 1996.

[162] Zu den Vergütungsansprüchen der ausübenden Künstlern und Tonträgerhersteller für die Benutzung von Industrietonträgern siehe *v Lewinski* Art 8 Rz 13ff Vermiet- und Verleih-RL.

Text

Artikel 5 Beziehung zwischen Urheberrecht und verwandten Schutzrechten

Der Schutz der dem Urheberrecht verwandten Schutzrechte gemäß dieser Richtlinie läßt den Schutz der Urheberrechte unberührt und beeinträchtigt ihn in keiner Weise.

Kommentar

Die Vorschrift, die das **Verhältnis von Leistungs- und Urheberschutz** regelt **1**
und die sich wortgleich bereits in Art 14 Vermiet- und Verleih-RL findet, nimmt die Formulierung des Art 1 Satz 1 Rom-Abkommen auf. Vergleichbare Regelungen finden sich auch in den nationalen Urheberrechtsgesetzen einiger Mitgliedstaaten[163]. Art 1 Rom-Abkommen enthält noch einen zweiten Satz, demzufolge keine der leistungsschutzrechtlichen Bestimmungen in einer Weise ausgelegt werden darf, die dem Urheberrechtsschutz „Abbruch tut". Auch wenn Art 5 der Richtlinie diesen Satz nicht übernommen hat, wird man daraus nicht folgern können, dass diese Regelung im Bereich der Richtlinie nicht gelten soll; denn diese Vorschrift folgt so unmittelbar aus dem ersten Satz, dass man auch diese Aussage in Art 5 der Richtlinie mitlesen kann.

Dass verwandte Schutzrechte den Schutz der Urheber unberührt lassen und ihn **2**
in keiner Weise beeinträchtigen, ist an sich eine Selbstverständlichkeit. Es ging im Rom-Abkommen deshalb auch nur um eine Klarstellung, dass die urheberrechtlichen Ausschließlichkeitsrechte auf Grund der neu hinzukommenden Nachbarrechte nicht zurückstehen müssen. Dass die Ausübung ausschließlicher Urheberrechte durch das Hinzutreten weiterer – nachbarrechtlicher – Ausschließlichkeitsrechte in der Praxis ohne Zweifel erschwert wird, steht dem nicht entgegen. Allenfalls lassen sich aus dem Gebot der Nichtbeeinträchtigung, wenn schon kein genereller Vorrang des Urheberrechts, so doch immerhin eine gewisse Rücksichtnahme und Treuepflicht der Leistungsschutzberechtigten gegenüber den Inhabern von Urheberrechten ableiten. Im Übrigen kommt der Vorschrift eine eher programmatische Wirkung[164] in Bezug auf vertragliche oder auch gesetzliche Vergütungsregelungen zu. So könnte Art 5 dem von Verwertern gelegentlich ins Treffen geführten Argument entgegen gehalten werden, wonach eine Vergütung, die bislang den Urhebern für die öffentliche Wiedergabe von Werken über Satellit zustand, fortan sowohl der Abgeltung der Urheber- wie auch der Leistungsschutzrechte dienen müsse. Denn das Hinzutreten zusätzlicher, neuer Rechte soll nicht dazu führen, dass die wirtschaftliche Position der bisherigen Rechteinhaber beeinträchtigt wird[165]. Im Ergebnis wäre danach auf

[163] So etwa in Art L 211-1 franz CPI; Text in deutscher Übersetzung bei *Dreier/Krasser*, Das französische Gesetzbuch des geistigen Eigentums (1994).

[164] Vgl dazu *Nordemann/Vinck/Hertin*, Internationales Urheberrecht Rom-Abkommen Art 1 Rz 1ff mwN; aA offensichtlich *Desurmont*, RIDA 155 (1993) 109.

[165] AA jedoch *Nordemann/Vinck/Hertin*, Internationales Urheberrecht Rom-Abkommen Art 1 Rz 3 unter Hinweis auf *Wallace*, Generalbericht zum Haager Entwurf, GRUR Int 1960, 605 (609f Nr 14), wonach der Vorbehalt zu Gunsten der Urheber (Art 2 des Haager Entwurfs) nur rechtlich und nicht wirtschaftlich zu verstehen ist. Zumindest im

Grund von Art 5 also das Endprodukt Satellitenfernsehen für die Verwerter – und damit im Weg der Überwälzung der Kosten letztlich für die Verbraucher – zu verteuern und nicht die wirtschaftliche Beteiligung der bisherigen Rechteinhaber geringer anzusetzen.

Umsetzung in Deutschland und Österreich

1. Deutschland (Dreier)

3 Nach Ansicht des deutschen Gesetzgebers von 1965 erübrigte sich bereits seinerzeit eine ausdrückliche **Vorrangklausel**, da das berechtigte Interesse der Urheber, in der Auswertung ihrer Werke durch die Leistungsschutzrechte nicht unbillig behindert zu werden, bereits bei der Ausgestaltung dieser Rechte berücksichtigt worden sei[166]. Dementsprechend ist auch Art 5 nicht ausdrücklich umgesetzt worden. Nach den in der Literatur vertretenen Auffassungen bedeutet der Primat des Urheberrechts jedoch nicht, dass die Urheberinteressen stets Vorrang vor den Interessen der Leistungsschutzberechtigten haben. Insbes sind wirtschaftliche Einbußen, die sich gegebenenfalls aus der größeren Zahl von Berechtigten ergeben, hinzunehmen[167].

2. Österreich (Walter)

4 Auch in Österreich erfolgte keine ausdrückliche Umsetzung dieser Klarstellung, und zwar weder auf Grund des Art 14 Vermiet- und Verleih-RL noch im Hinblick auf Art 5 Satelliten- und Kabel-RL. Es war dies schon deshalb entbehrlich, weil Österreich mit Wirksamkeit vom 9. Juni 1973 das Rom-Abkommen ratifiziert hat, welches generell in innerstaatliches Recht transformiert wurde und unmittelbar anwendbar ist. Dies gilt auch für die Klarstellung in Art 1 Satz 1 und 2 Rom-Abkommen.

Artikel 6 Mindestschutz

Übersicht

Ergebnis wie hier jedoch *Ulmer*, Das Rom-Abkommen über den Schutz der ausübenden Künstlern, der Hersteller von Tonträgern und der Sendeunternehmungen, GRUR Int 1961, 569 (572), der davon ausgeht, dass eine „Kuchentheorie“ angesichts praktischer Erfahrungen zumindest nicht zu befürchten ist.

166 Vgl *Krüger* in *Schricker*, Kommentar² Vor §§ 73ff Rz 14ff.

167 *Krüger* in *Schricker*, Kommentar² Vor §§ 73ff Rz 15.

Text

Artikel 6 Mindestschutz

(1) Die Mitgliedstaaten können für die Inhaber von dem Urheberrecht verwandten Schutzrechten weitergehende Schutzvorschriften vorsehen als die, die in Artikel 8 der Richtlinie 92/100/EWG vorgeschrieben sind.
(2) Die Mitgliedstaaten beachten bei Anwendung von Absatz 1 die Definitionen des Artikels 1 Absätze 1 und 2.

Aus den Erwägungsgründen

ErwG 34 Diese Richtlinie sollte weitere Harmonisierungsmaßnahmen im Bereich des Urheberrechts und der verwandten Schutzrechte sowie der kollektiven Wahrnehmung solcher Rechte nicht präjudizieren. …

Kommentar

1. Mindestschutzprinzip (Abs 1)

Entsprechend der Grundkonzeption der Richtlinie[168] und im Hinblick auf das zu ihrer Entstehungszeit in der Gemeinschaft Erreichbare, stellt die in der Vermiet- und Verleih-RL geschaffene und in Art 4 der Satelliten- und Kabel-RL für den Bereich der Satellitensendung übernommene Harmonisierung im Bereich der verwandten Schutzrechte vorerst nur eine **Mindestharmonisierung** dar, die sich weitgehend an dem verbesserungsbedürftigen Schutzniveau des Rom-Abkommens orientiert[169]. Art 6 und ErwG 34 stellen dazu klar, dass es sich bei dem bislang Erreichten nicht zugleich um einen Maximalschutz handelt[170]. **1**

So können einzelne Mitgliedstaaten einen über Art 4 hinausgehenden Schutz beibehalten oder einführen. Vor allem aber behält sich auch die Gemeinschaft selbst eine weitergehende Harmonisierung des Leistungsschutzes vor, sei es im Weg einer gemeinschaftlichen Harmonisierungsmaßnahme, sei es im Weg der Verhandlung internationaler Abkommen, wie etwa des TRIPs-Abkommens oder des WIPO-Darbietungs- und Tonträger-Abkommens 1996 (WPPC)[171]. Im Rahmen der gegenwärtigen Diskussion ist das insbes angesichts der digitalen Übermittlung geschützter Leistungen von Bedeutung. **2**

Ein über Art 4 hinausgehender Schutz für Leistungsschutzberechtigte ist in mehrfacher Weise denkbar. So können zum einen den in Art 4 Genannten – gegebenenfalls über die ihnen zustehenden Vergütungsansprüche hinaus – zusätzliche Ausschließlichkeitsrechte oder Vergütungsansprüche zuerkannt werden; es kann also etwa den ausübenden Künstlern ein ausschließliches Recht auch hinsichtlich der Sendung zuvor aufgezeichneter Darbietungen zustehen oder aber Tonträgerherstellern ein ausschließliches Recht der öffentlichen Wieder- **3**

---

[168] Vgl dazu die Ausführungen oben Art 1 Rz 12.
[169] Vgl im Einzelnen *v Lewinski* Art 8 Rz 2f Vermiet- und Verleih-RL.
[170] Allgemein zum Mindest- und Maximalschutzprinzip vgl *Walter* Vor Art 1 Rz 3f Schutzdauer-RL.
[171] Vgl Art 4 Rz 3.

gabe. Es können zum anderen aber auch andere als die in Art 4 Genannten für ihre Leistungen nachbarrechtlich geschützt sein; zu denken ist hier etwa an die Leistungsschutzrechte der Filmproduzenten – sofern diese in einem Mitgliedstaat nicht bereits urheberrechtlich geschützt sind –, der Hersteller einfacher Lichtbilder, der Herausgeber zuvor unveröffentlichter nachgelassener Werke (Art 4 Schutzdauer-RL) oder der Herausgeber kritischer und wissenschaftlicher Ausgaben (Art 5 Schutzdauer-RL), um nur einige Beispiele zu nennen[172].

2. Sendelandprinzip (Abs 2)

4 Gewähren die nationalen Gesetze der einzelnen Mitgliedstaaten entweder den ausübenden Künstlern, Tonträgerherstellern oder Sendeunternehmen einen über den Mindestschutz von Art 4 hinausgehenden Schutz oder schützen sie neben diesen auch andere Leistungsschutzberechtigte hinsichtlich der Sendung von deren Leistungen über Satellit, oder führen die Mitgliedstaaten künftig solche weitergehenden Vorschriften ein, so haben sie nach Abs 2 sicherzustellen, dass auch insoweit die Verbreitung über Fernmeldesatelliten derjenigen über Direktstrahlsatelliten gleichgestellt ist (Art 1 Abs 1) und dass das Sendelandprinzip zur Anwendung kommt (Art 1 Abs 2).

5 Für Leistungsschutzberechtigte, die entweder nicht unter Art 4 fallen oder die zwar unter Art 4 fallen, denen über den dortigen Mindestschutz hinaus im Staat A jedoch ein ausschließliches Recht der Satellitensendung zusteht, hat dies freilich zur Folge, dass sie einer Satellitensendung im Staat B nicht zustimmen müssen, wenn dieser Sendeland ist und insoweit kein ausschließliches Senderecht gewährt. Die *Phil Collins* Entscheidung des EuGH[173] steht dem nicht entgegen, gilt die nach Art 6 zulässige und über den Mindestschutz von Art 4 hinausgehende Schutzgewährung in einem Mitgliedstaat in diesem Fall doch für alle EU-Angehörigen gleichermaßen, so dass eine Diskriminierung auf Grund der Staatsangehörigkeit insoweit nicht in Rede steht.

6 Sind bestimmte Leistungsschutzberechtigte nur in einigen, jedoch **nicht in allen Mitgliedstaaten** geschützt, sei es durch ein Ausschließlichkeitsrecht, sei es auch nur durch einen Vergütungsanspruch, stellt sich die weitere Frage, inwieweit in solchen Fällen der in ErwG 17 niedergelegte Grundsatz über die Bemessung und damit auch die Verteilung der Vergütung[174] zur Anwendung kommt. Entsprechend dem Grundgedanken, dass die für die Erlaubniserteilung im Sendeland gezahlte Vergütung der Empfangbarkeit insgesamt Rechnung tragen soll, wird man davon auszugehen haben, dass ein Anteil der im Sendestaat A eingenommenen Vergütung auch denjenigen Leistungsschutzberechtigten zugute kommen muss, die zwar nicht im Staat A, wohl aber zumindest in einem Empfangsstaat B geschützt sind. Entsprechendes gilt sicherlich auch dann, wenn die Vergütung umgekehrt in einem Sendestaat A eingenommen wird, der bestimmte Leistungsschutzberechtigte über Art 4 der Richtlinie hinaus schützt, die in einem oder

---

172 Vgl dazu *Walter* Art 3 Rz 3f und Art 5 Rz 3 Schutzdauer-RL.

173 Vgl dazu *Walter* Allgemeiner Teil – 2. Kapitel Diskriminierungsverbot Rz 7f.

174 Vgl die Ausführungen zu Art 3 Rz 4ff.

mehreren Empfangsstaaten B aber nicht geschützt sind. In beiden Fällen ist die Höhe dieses Anteils aber entsprechend dem nicht EU-weiten Schutz zu beschränken.

Da Art 6 Abs 2 nicht auf die Art 3 und 4 der Richtlinie verweist, sind die Mitgliedstaaten nicht verpflichtet, über Art 4 hinausgehende Rechte als ausschließliche Rechte zu gewähren oder vorzusehen, dass solche Rechte grundsätzlich nur vertraglich erworben werden können. **7**

Umsetzung in Deutschland und Österreich

1. Deutschland (Dreier)

Hinsichtlich des nach deutschem Urheberrecht über den Mindestschutz der Vermiet- und Verleih-RL hinausgehenden Schutzes verwandter Schutzrechte sei auf die Anmerkungen zur Umsetzung der Vermiet- und Verleih-RL verwiesen[175]. **8**

2. Österreich (Walter)

Das österr Leistungsschutzrecht geht in mehrfacher Hinsicht über den in der Vermiet- und Verleih-RL bzw der Satelliten- und Kabel-RL vorgesehenen **Mindestschutz hinaus**. So erstreckt sich das Senderecht auch im Leistungsschutzrecht ganz allgemein auch auf den Drahtfunk[176]. **9**

Nach § 70 Abs 2 umfasst das ausschließliche Senderecht der **ausübenden Künstler** zwar nicht Rundfunksendungen, die mit Hilfe von rechtmäßig hergestellten Bild- oder Schallträgern bewirkt werden, das Senderecht erstreckt sich aber auch auf die Weitersendung bereits gesendeter Darbietungen. Dies gilt wohl auch dann, wenn die gesendete Darbietung ihrerseits mit Hilfe eines rechtmäßig hergestellten Tonträgers bewirkt wurde. Für die (unmittelbare) Benutzung von Industrietonträgern für Zwecke der Sendung oder öffentlichen Wiedergabe ist allerdings kein Ausschlussrecht, sondern nur ein Anspruch auf eine (einzige) angemessene Vergütung zu Gunsten der ausübenden Künstler und der Tonträgerhersteller vorgesehen (§ 76 Abs 3 öUrhG), der nur von Verwertungsgesellschaften geltend gemacht werden kann. Diese steht dem Tonträgerhersteller zu; der ausübende Künstler hat hieran einen Beteiligungsanspruch. **10**

Die dem **Tonträgerhersteller** zustehenden Rechte gehen nur geringfügig über die Vermiet- und Verleih-RL bzw die Satelliten- und Kabel-RL hinaus. Dem Tonträgerhersteller steht zwar kein ausschließliches Senderecht zu, doch dürfen unrechtmäßig hergestellte oder verbreitete Tonträger nach § 76 Abs 2 öUrhG nicht zu einer Sendung oder öffentlichen Wiedergabe benutzt werden (Verwendungsrecht). Der Tonträgerhersteller ist, wie eben erwähnt, nach österr Recht im Übrigen unmittelbarer Träger der Vergütungsansprüche nach § 76 Abs 3 öUrhG für den Fall einer Sendung mit Hilfe von Industrietonträgern, während dem ausübenden Künstler – anders als nach deutschem Recht – nur ein Beteiligungsanspruch gegen den Schallträgerhersteller zusteht. **11**

---

[175] Vgl *v Lewinski* Art 8 Rz 30ff Vermiet- und Verleih-RL.
[176] Vgl dazu auch *Walter* Art 8 Rz 34ff Vermiet- und Verleih-RL.

12 Der Signalschutz des **Rundfunkunternehmers** ist in § 76a öUrhG geregelt und gewährt insbes das ausschließliche Recht der gleichzeitigen – im Übrigen auch der leitungsgebundenen – Weitersendung (Abs 1). Gegen die verschobene Weitersendung ist der Rundfunkunternehmer indirekt durch das Aufzeichnungsrecht geschützt. Rechtswidrig hergestellte Bild- oder Schallträger dürfen zu einer Sendung oder anderen öffentliche Wiedergabe aber nicht benützt werden (§ 76a Abs 2 öUrhG).

13 Über die Richtlinien hinausgehend gewährt das österr Urheberrecht auch einen **Veranstalterschutz** (§ 66 Abs 5 öUrhG) und einen einfachen Licht- und Laufbildschutz (§§ 73ff öUrhG). Art 4 Schutzdauer-RL folgend wurde mit öUrhG-Nov 1996 auch ein Sonderschutz für bisher nicht veröffentlichte Werke eingeführt (§ 76b öUrhG); einen Schutz wissenschaftlich-kritischer Ausgaben kennt das geltende österr Urheberrecht aber ebensowenig wie einen *sui generis* Schutz für verlegerische Leistungen (*published editions*).

Artikel 7 Übergangsbestimmungen

Übersicht

Text

Artikel 7 Übergangsbestimmungen

(1) Hinsichtlich der zeitlichen Anwendbarkeit der in Artikel 4 Absatz 1 dieser Richtlinie genannten Rechte gilt Artikel 13 Absätze 1, 2, 6 und 7 der Richtlinie 92/100/EWG. Artikel 13 Absätze 4 und 5 der Richtlinie 92/100/EWG gilt sinngemäß.

(2) Für Verträge über die Verwertung der Werke und anderer urheberrechtlich geschützter Gegenstände, die zu dem in Artikel 14 Absatz 1 genannten Zeitpunkt bereits bestehen, gelten Artikel 1 Absatz 2 sowie die Artikel 2 und 3 ab 1. Januar 2000, sofern diese Verträge nach diesem Zeitpunkt ablaufen.

(3) Sieht ein Vertrag über internationale Koproduktion, der vor dem in Artikel 14 Absatz 1 genannten Zeitpunkt zwischen einem Koproduzenten eines Mitgliedstaats und einem oder mehreren Koproduzenten aus anderen Mitgliedstaaten oder Drittländern geschlossen worden ist, ausdrücklich eine Regelung zur Aufteilung der Nutzungsrechte zwischen den Koproduzenten nach geographischen Bereichen für alle Mittel der öffentlichen Wiedergabe ohne Unterscheidung zwischen der auf die öffentliche Wiedergabe über Satellit

anwendbaren Regelung und den auf andere Übertragungswege anwendbaren Bestimmungen vor und würde die öffentliche Wiedergabe der Koproduktion über Satellit die Exklusivrechte, insbes die sprachlichen Exklusivrechte eines der Koproduzenten oder seiner Rechtsnachfolger in einem bestimmten Gebiet beeinträchtigen, so ist für die Genehmigung der öffentlichen Wiedergabe über Satellit durch einen der Koproduzenten oder seine Rechtsnachfolger die vorherige Zustimmung des Inhabers dieser Exklusivrechte – unabhängig davon, ob es sich um einen Koproduzenten oder einen Rechtsnachfolger handelt – erforderlich.

Aus den Erwägungsgründen

ErwG 18 Die Anwendung des in dieser Richtlinie vorgesehenen Ursprungsland-Grundsatzes könnte zu Problemen hinsichtlich bereits bestehender Verträge führen. In dieser Richtlinie sollte ein Übergangszeitraum von fünf Jahren vorgesehen werden, in dessen Verlauf bestehende Verträge gegebenenfalls im Sinne der Richtlinie anzupassen sind. Demzufolge sollte der Ursprungsland-Grundsatz dieser Richtlinie nicht für bereits bestehende Verträge gelten, deren Laufzeit vor dem 1. Januar 2000 endet. Sollten die Vertragsparteien zu jenem Zeitpunkt noch Interesse an dem Vertrag haben, so sollten sie die Vertragsbedingungen erneut miteinander aushandeln können.

ErwG 19 Laufende Verträge über internationale Koproduktionen sind unter Berücksichtigung des wirtschaftlichen Zwecks und des Vertragsumfangs, welche die Parteien bei der Unterzeichnung im Auge hatten, auszulegen. Bislang war die öffentliche Wiedergabe über Satellit im Sinne dieser Richtlinie in Verträgen über internationale Koproduktionen häufig nicht ausdrücklich und spezifisch als besondere Form der Nutzung vorgesehen. Grundlage vieler laufender Verträge über internationale Koproduktionen ist ein Konzept, nach dem die Rechte an der Koproduktion von jedem Koproduzenten getrennt und unabhängig ausgeübt werden, indem die Nutzungsrechte nach territorialen Gesichtspunkten unter ihnen aufgeteilt werden. Generell gilt, daß in den Fällen, in denen eine von einem Koproduzenten genehmigte öffentliche Wiedergabe über Satellit den Wert der Nutzungsrechte eines anderen Koproduzenten schmälern würde, der laufende Vertrag normalerweise dahin gehend auszulegen wäre, daß der letztere Koproduzent der Genehmigung der öffentlichen Wiedergabe über Satellit durch den ersteren Koproduzenten seine Zustimmung geben müßte. Die sprachlichen Exklusivrechte des letzteren Koproduzenten werden beeinträchtigt, wenn die Sprachfassung(en) der öffentlichen Wiedergabe einschließlich synchronisierter oder mit Untertiteln versehener Wiedergabefassungen der (den) Sprache(n) entspricht (entsprechen), die in dem dem letzteren Koproduzenten vertraglich zugeteilten Gebiet weitgehend verstanden wird (werden). Der Begriff Exklusivrechte sollte in einem weitergehenden Sinne verstanden werden, wenn es sich um die über Satellit erfolgende öffentliche Wiedergabe von Werken handelt, die nur aus Bildern bestehen und keinerlei Dialog oder Untertitel enthalten. Es bedarf einer klaren Regelung für jene Fälle, in denen

Verträge über internationale Koproduktionen nicht ausdrücklich eine Aufteilung der Rechte im spezifischen Fall der öffentlichen Wiedergabe über Satellit im Sinne dieser Richtlinie vorsehen.

Kommentar

1. Allgemeines

1 Da die Rechtevergabe hinsichtlich der Sendung urheberrechtlich geschützter Werke und Leistungen über Satellit der neuen Rechtslage vor Verabschiedung der Richtlinie noch nicht hat Rechnung tragen können, bedurfte es in der Richtlinie einiger **Übergangsbestimmungen**. Das gilt in besonderem Maße für Koproduktionsverträge, die in vielen, wenn nicht gar in den meisten Fällen Bestimmungen über eine territorial aufgespaltene Auswertung enthalten.

2. Zeitlicher Anwendungsbereich (Abs 1)

2 Der erste Satz des ersten Absatzes verweist angesichts der Koppelung des nachbarrechtlichen Mindestschutzes in Art 4 an die Bestimmungen der **Vermiet- und Verleih-RL** zunächst auf die dort in Art 13 Abs 1 und 2 sowie 6 und 7 enthaltenen Vorschriften über die zeitliche Anwendbarkeit. Nach dem zweiten Satz sind auch die in Art 13 Abs 4 und 5 Vermiet- und Verleih-RL enthaltenen Übergansgregelungen für die Regelung der Urheberschaft an Filmwerken entsprechend anzuwenden[177]. Die Bezugnahmen sind in ihrer Verkürzung gesetzestechnisch wenig gelungen[178]. Folgendes wird der Vorschrift jedoch zu entnehmen sein.

3 Die Bezugnahme auf Art 13 Abs 1 Vermiet- und Verleih-RL bedeutet wohl, dass kein Mitgliedstaat verpflichtet ist, Rechte ausübender Künstler, Tonträgerhersteller oder Sendeunternehmer auf Grund der Satelliten- und Kabel-RL zu schützen, die er nicht schon auf Grund der zeitlichen Übergangsregelung der Vermiet- und Verleih-RL schützen muss. Entscheidender Stichtag ist insoweit also der 1. Juli 1994; nur solche **Schutzgegenstände**, deren Schutz durch die Rechtsvorschriften der Mitgliedstaaten an diesem Tag noch besteht oder die zu diesem Zeitpunkt die Schutzkriterien im Sinn der Vermiet- und Verleih-RL erfüllen[179], sind mithin auch nach Art 4 Satelliten- und Kabel-RL zu schützen.

4 Der Verweis auf Art 13 Abs 2 Vermiet- und Verleih-RL, demzufolge die Satelliten- und Kabel-RL auf vor dem 1. Juli 1994 erfolgte **Nutzungshandlungen** hinsichtlich geschützter Leistungen der in Art 4 Satelliten- und Kabel-RL ge-

---

[177] Die Abs 3 sowie 8 und 9 Vermiet- und Verleih-RL betreffen allein das Vermiet- und Verleihrecht bzw das unverzichtbare Recht auf eine angemessene Vergütung, so dass Art 7 Abs 1 Satelliten- und Kabel-RL auf sie nicht Bezug nehmen musste.

[178] Das dürfte seinen Grund vor allem darin haben, dass die Satelliten- und Kabel-RL bereits im Parlament verhandelt wurde, als die Vermiet- und Verleih-RL verabschiedet wurde, und bis zu diesem Zeitpunkt unklar war, in welchem Umfang der Leistungsschutz dort tatsächlich geregelt werden würde. Kritisch auch *Reindl*, Einfluß des Gemeinschaftsrechts 371f (allerdings seinerseits mit einem Textfehler).

[179] Vgl zur Auslegung dieser ihrerseits missverständlich und wenig sauber abgefassten Vorschrift *v Lewinski* Art 13 Rz 5ff Vermiet- und Verleih-RL und *Walter* Art 10 Rz 20ff Schutzdauer-RL.

nannten Berechtigten keine Anwendung findet, erscheint überflüssig. Zum einen folgt diese Regelung bereits aus dem allgemeinen Rückwirkungsverbot; zum anderen ist rückwirkender Stichtag der Satelliten- und Kabel-RL ohnehin der später liegende 1. Januar 1995.

Die entsprechende Anwendung des Art 13 Abs 4 und 5 kann sich nur auf die Regelung betreffend die **Urheberschaft an Filmwerken** in Art 1 Abs 5 beziehen, mit der Art 2 Abs 2 Vermiet- und Verleih-RL wörtlich übernommen wird[180]. Danach sind Mitgliedstaaten nicht verpflichtet, bei Filmen, die vor dem 1. Juli 1994 geschaffen wurden, den Hauptregisseur eines Filmwerks oder eines audiovisuellen Werks als dessen Urheber oder Miturheber anzusehen; auch für nach diesem Zeitpunkt geschaffene Filme muss eine Regelung erst spätestens ab dem 1. Juli 1997 eingeführt werden. Dass dieses Datum nach dem Inkrafttreten der Richtlinie zum 1. Januar 1995 liegt, ist misslich, konnte es damit in einigen Mitgliedstaaten für nach – und theoretisch auch vor – dem 1. Juli 1994 geschaffene Filme doch für einen Zeitraum von immerhin bis zu zweieinhalb Jahren zu Lösungen kommen, die vom harmonisierten Zustand abweichen; wohl aus politischen Gründen war dies aber nicht zu verhindern[181]. **5**

Wenig Sinn macht der Verweis auf **Art 13 Abs 6 Vermiet- und Verleih-RL**. Denn zum einen wird damit ein Vorbehalt auf die Absätze 3, 8 und 9 Vermiet- und Verleih-RL erklärt, auf welche die Satelliten- und Kabel-RL ohnehin nicht verweist; zum anderen enthält Art 7 Abs 2 Satelliten- und Kabel-RL eine speziellere Regelung, die auch die in Art 13 Abs 6 Vermiet- und Verleih-RL genannten Altverträge umfasst[182]. **6**

Von Bedeutung ist hingegen die Bezugnahme auf Art 13 Abs 7 Vermiet- und Verleih-RL, wonach Mitgliedstaaten in ihrem nationalen Recht eine Regelung dahingehend vorsehen können, dass Leistungsschutzberechtigte, die erst durch die Umsetzung der Richtlinie ein ausschließliches Satellitensenderecht neu erworben haben, so behandelt werden, als hätten sie dieses **abgetreten**, sofern sie bereits vor dem 1. Juli 1994 einer anderen Nutzung zugestimmt hatten[183]. Da **7**

---

[180] Eine entsprechende Anwendung von Art 13 Abs 4 der Vermiet- und Verleih-RL auf die Rechte nach Art 4 Abs 1 der Satelliten- und Kabel-RL, die vom Wortlaut her auch möglich erscheint, hätte die kaum nachvollziehbare Konsequenz, dass die Leistungsschutzberechtigten mit ihren vor dem 01.07.1994 geschaffenen und über Satellit gesendeten Filmen in den Mitgliedstaaten nicht zwingend geschützt werden müssten. Dass dies nicht gemeint sein kann, ergibt sich auch daraus, dass eine entsprechende Anwendung von Art 13 Abs 5 der Vermiet- und Verleih-RL aus dieser Sicht keinen Sinn machen würde.

[181] Zu den Folgen, die sich aus einer in den einzelnen Mitgliedstaaten unterschiedlichen Regelung der Rechtsinhaberschaft auf die Erlaubniserteilung und die Verteilung der Vergütung ergeben vgl die Ausführungen zu Art 3 Rz 5ff.

[182] Nach anderer Lesart müsste Art 13 Abs 6 Vermiet- und Verleih-RL Vorrang vor Art 7 Abs 2 Satelliten- und Kabel-RL haben; der daraus folgende zeitlich unbegrenzte Ausschluss des Sendelandprinzips für alle Altverträge über Leistungsschutzgegenstände widerspräche aber der erklärten Absicht der Richtlinie, die neue Regelung spätestens mit Beginn des Jahres 2000 einheitlich auf alle Satellitensendungen anwenden zu wollen.

[183] Ebenso *Reindl*, Einfluß des Gemeinschaftsrechts 372.

den in Art 4 Satelliten- und Kabel-RL genannten Berechtigten in Bezug auf die Satellitensendung durch die Satelliten- und Kabel-RL aber keine über die Vermiet- und Verleih-RL hinausgehenden neuen Rechte gewährt wurden, beschränkt sich die Bedeutung dieses Verweises anderseits auf den Hinweis, dass die Satelliten- und Kabel-RL hinsichtlich der Satellitensendung zu keinem Abweichen von Art 13 Abs 7 der Vermiet- und Verleih-RL nötigt.

3. Altverträge (Abs 2)

8 Art 7 Abs 2 nimmt **Verwertungsverträge**, die vor dem Umsetzungsdatum der Richtlinie am 1. Januar 1995 (Art 14 Abs 1) abgeschlossen worden sind, in einer für alle Mitgliedstaaten zwingenden Übergangsregel bis zum 1. Januar 2000 von dem in den Art 1 Abs 2, Art 2 und 3 der Richtlinie festgeschriebenen Prinzip des Sendelands[184] aus. Diese Vorschrift war bereits im ursprünglichen RL-Vorschlag vorgesehen. Dahinter steht die Überlegung, dass zahlreiche – vor allem in zeitlicher Hinsicht und/oder mit Bezug auf eine bestimmte Anzahl von Sendungen beschränkte – Filmverwertungsverträge innerhalb dieser Zeitspanne ohnehin auslaufen oder doch zumindest neu verhandelt werden müssen, so dass sich das Problem einer Anwendung der Richtlinie auf diese Altverträge gar nicht stellt. Im Übrigen soll diese fünfjährige Übergangsfrist den Parteien genügend Zeit lassen, um weiter laufende Verträge im gegenseitigen Einvernehmen oder unter Inanspruchnahme von Schiedsverfahren oder notfalls auch der Gerichte den neuen Gegebenheiten anzupassen[185].

9 Die Regelung des Art 7 Abs 2 gilt grundsätzlich für **alle Verträge** „über die Verwertung" geschützter Werke und Leistungen, und zwar mangels diesbezüglicher Einschränkungen unabhängig davon, ob der jeweilige Vertrag auf eine Ausstrahlung über Satellit ausdrücklich Bezug nimmt oder nicht. Das hat seinen Grund darin, dass die Parteien selbst dann, wenn sie in der Vergangenheit etwa das Senderecht oder das Recht der öffentlichen Wiedergabe oder auch nur ein diesbezügliches Nutzungsrecht übertragen (eingeräumt) haben, an die künftige Regelung der Richtlinie betreffend die Satellitensendung weder haben denken können noch müssen. In der Praxis freilich werden davon zumeist Verträge zwischen Rechteinhabern und Sendeunternehmen betroffen sein[186]. Erfasst die weite Formulierung des Art 7 Abs 2 schließlich auch Verträge über andere Verwertungsrechte als die bei der Satellitensendung betroffenen, so steht eine Anwendung von Art 1 Abs 2 sowie von Art 2 und 3 insoweit allerdings ohnehin nicht in Rede.

10 Für vor dem 1. Januar 1995 geschlossene Verträge verblieb es mithin längstens[187] bis zum Jahr 2000 bei den zu diesem Zeitpunkt jeweils gültigen nationalen

---

[184] Vgl dazu vor allem Art 1 Rz 7ff.

[185] So auch ErwG 18. – Häufig wird sich ein angemessenes Ergebnis bereits im Weg der Vertragsauslegung ermitteln lassen. So wird zB die Einräumung territorial begrenzter Rechte regelmäßig dafür sprechen, dass ein das gesamte Gebiet der EU umfassendes Senderecht nicht eingeräumt werden sollte.

[186] Vgl *Jorna/Martin-Prat*, EIPR 1994, 151.

[187] Das gilt auch für vor dem 01.01.1995 abgeschlossene Verträge, die vor dem 01.01. 2000 ablaufen; Art 7 Abs 2 könnte in seinem letzten Halbsatz insoweit missverstanden

Regelungen, mögen diese nun – wie etwa das österreichische Urheberrecht[188] – von der Bogsch-Theorie oder schon von der Theorie des Sendelands ausgegangen sein. Die sich dadurch ergebenden Wettbewerbsverzerrungen innerhalb der Gemeinschaft sind angesichts der Schutzwürdigkeit des Vertrauens der Beteiligten hinzunehmen, das insoweit Vorrang genießt.

4. Koproduktionsverträge (Abs 3)

Art 7 Abs 3 enthält die unter den Mitgliedstaaten bis zuletzt besonders umstrittene und schließlich auf Initiative Frankreichs erst im Gemeinsamen Standpunkt in die Richtlinie aufgenommene Übergangsvorschrift für internationale Koproduktionen. Der Grund für die Bestimmung liegt darin, dass die Verwertungsrechte in Koproduktionsverträgen unter den beteiligten Koproduzenten häufig sowohl territorial als auch hinsichtlich der jeweiligen Sprachfassungen aufgeteilt werden[189]. Dies mit dem Ziel, den einzelnen Koproduzenten zu ermöglichen, ihre Rechte auf exklusiver Grundlage jeweils getrennt und unabhängig voneinander auszuüben und die Verwertung in ihrem Gebiet – unbeeinträchtigt von den anderen Koproduzenten – mit den jeweiligen Besonderheiten der nationalen Verwertungshierarchie (Kino, Fernsehen, AV-Auswertung, Vermietgeschäft) abzustimmen. Würde das Sendelandprinzip auf derartige Verträge ohne weiteres Anwendung finden, so ließe sich die Auffassung vertreten, jeder Koproduzent sei auf Grund des ihm territorial begrenzt übertragenen Senderechts fortan auch zur grenzüberschreitenden Satellitenaussendung in die Nachbarländer seiner Koproduzenten befugt. Das aber würde dem, der in das Gebiet eines anderen Koproduzenten hineinsendet, über das dadurch erhöhte Werbeaufkommen einen ungerechtfertigten zusätzlichen Gewinn einbringen und die Rechte des dortigen Koproduzenten schmälern. **11**

Dem sucht nun Art 7 Abs 3 entgegenzuwirken, soweit das **Vertrauen** der Koproduzenten auf die unveränderte Rechtslage schutzwürdig erscheint. Die Vorschrift stellt sicher, dass diese Exklusivrechte auf Grund von Verträgen, die vor dem 1. Januar 1995 abgeschlossen worden sind, auch unter der neuen Regelung unbeeinträchtigt bleiben. Da es sich bei derartigen Koproduktionsverträgen zugleich auch um Verträge über die Verwertung geschützter Werke und Leistungen handelt, findet das Sendelandprinzip nach Art 7 Abs 2 auf sie ohnehin erst ab dem 1. Januar 2000 Anwendung. Aber auch danach bedarf jede Aussendung der Koproduktion über Satellit, welche die ursprünglich exklusiv vereinbarten Rechte eines anderen Koproduzenten oder dessen Rechtsnachfolger für dessen Gebiet beeinträchtigen könnte, nach Art 7 Abs 3 dessen Zustimmung. Das gilt jedoch nur unter fünf Voraussetzungen: Der Vertrag muss erstens zwischen Koproduzenten aus verschiedenen Mitgliedstaaten bzw aus einem Mitgliedstaat und einem oder **12**

---

werden. Vgl *Reindl*, Einfluß des Gemeinschaftsrechts 372 FN 277. Zur Anpassung eines Altvertrages an das durch einen Satelliten erweiterte Lizenzgebiet unter dem Gesichtspunkt des Wegfalls der Geschäftsgrundlage vgl OLG Frankfurt – „Satellit erweitert Lizenzgebiet" GRUR 1996, 247.

[188] Vgl dazu Art 1 Rz 45 oben.

[189] Vgl dazu auch ErwG 19. Zur Praxis der Koproduktionsverträge in Europa siehe etwa *Becker/Rehbinder* (Hrsg), Europäische Coproduktion in Film und Fernsehen (1989).

mehreren Drittstaaten geschlossen worden sein; rein nationale Koproduktionen profitieren von der Regelung deshalb nicht. Der Koproduktionsvertrag muss zweitens eine ausdrückliche Regelung der Aufteilung der Nutzungsrechte zwischen den Koproduzenten nach geographischen Bereichen vorsehen. Die ausdrückliche Aufteilung muss drittens für alle Mittel der öffentlichen Wiedergabe gelten, es dürfen von ihr also nicht einzelne Bereiche ausgenommen sein. Die ausdrückliche Aufteilung darf viertens nicht zwischen der Wiedergabe über Satellit und anderen Übertragungswegen der öffentlichen Wiedergabe unterscheiden, und die öffentliche Wiedergabe über Satellit muss fünftens die Exklusivrechte eines anderen Koproduzenten bzw seines Rechtsnachfolgers beeinträchtigen. Das ist insbes im Hinblick auf die Sprachfassung dann der Fall, wenn die betreffende Sprache diejenige des Empfangslandes ist oder dort – sei es angesichts der dortigen Sprachkenntnisse, des überwiegenden Bild- und/oder Musikanteils oder auch nur auf Grund von Untertiteln – doch zumindest weitgehend verstanden wird[190]. Für diesen – und nur für diesen – Fall sieht Art 7 Abs 3 vor, dass eine derartige, die Interessen eines anderen Koproduzenten beeinträchtigende Ausstrahlung über Satellit der vorherigen Zustimmung des Inhabers der Exklusivrechte bedarf.

13 Da sich dieses Ergebnis bei Vorliegen der betreffenden Voraussetzungen – wie dies ErwG 19 selbst hervorhebt – gegebenenfalls auch im Weg der Auslegung des Koproduktionsvetrags ermitteln lässt, dürfte Art 7 Abs 3 letztlich als eine bei Vorliegen der erwähnten Voraussetzungen **unwiderlegliche Auslegungsregel** anzusehen sein. Zugleich wird damit nicht ausgeschlossen sein, selbst bei Fehlen einer der fünf Voraussetzungen[191] nach den Umständen des Einzelfalls und innerhalb der Grenzen nationaler Auslegungsmethoden auch im Weg der Vertragsauslegung oder -anpassung zu übereinstimmenden Ergebnissen zu gelangen. Dafür spricht auch, dass es nach Inkrafttreten des Sendelandprinzips mit Ablauf der Übergangsfrist des Abs 2 ab dem 1. Januar 2000 auch für Altverträge eine dingliche Exklusivität der Rechte nicht mehr geben kann, und dass sich jede ausschließliche Rechtsstellung dann nur mehr auf vertraglicher Grundlage ergeben kann.

14 Keine Regelung enthält die Richtlinie hinsichtlich der **Rechtsfolgen** einer fehlenden Zustimmung. Da der Inhaber des Senderechts in Staat A seit dem 1. Januar 2000 ohne Zustimmung seiner Koproduzenten in Staat B vom Staat A aus über einen auch im Staat B empfangbaren Satelliten senden darf, kann insofern grundsätzlich nur ein vertraglicher Schadensersatzanspruch in Frage kommen. Etwas anderes gilt wohl nur dann, wenn das nationale Recht nach Umsetzung der Richtlinie ein eigenständiges oder doch zumindest dinglich abspaltbares Satellitensenderecht kennt, das auf Grund fehlender Zustimmung des Koproduzenten in Staat B als nicht auf den Koproduzenten in Staat A übergegangen anzusehen

---

[190] Vgl dazu die instruktiven Beispiele bei *Jorna/Martin-Prat*, EIPR 1994, 152. – Zu der vom Wortlaut („insbes") nicht gedeckten engeren Interpretation der Kommission und der britischen Delegation, die Art 7 Abs 3 „allein" auf Fälle der Sprachfassung begrenzen wollten, vgl *Doutrelepont*, RMUE 1994, 101f sowie *Reindl*, Einfluß des Gemeinschaftsrechts 374 FN 280 und 282.

[191] Sehen bestehende Verträge bereits eine ausdrückliche Regelung hinsichtlich der Satellitensendung vor, oder tritt kein wirtschaftlicher Konflikt ein, so erübrigt sich eine Vertragsanpassung in aller Regel ohnehin, vgl dazu *Pichler*, MR 1994, 55.

wäre[192]. Vor dem 1. Januar 2000 ergeben sich die Rechtsfolgen einer fehlenden Zustimmung ebenfalls in Auslegung des Koproduktionsvertrags, wobei zu berücksichtigen ist, ob die betreffenden Mitgliedstaaten vor Umsetzung der Richtlinie von der Bogsch-Theorie oder schon vom Sendelandprinzip ausgegangen sind.

Umsetzung in Deutschland und Österreich

1. Deutschland (Dreier)

Was die zeitliche Anwendbarkeit der in Art 4 Abs 1 gewährten Rechte nach Art 7 Abs 1 anbelangt, so ist zwar die **Vermiet- und Verleih-RL** in Deutschland erst mit einjähriger **Verspätung umgesetzt** worden (30. Juni 1995 anstatt 1. Juli 1994); der dadurch entstandene Rechtsverlust, den § 137e Abs 3 dUrhG überdies durch einen für diese Zeit rückwirkenden Vergütungsanspruch ausgeglichen hat, betraf jedoch nur die Inhaber des Vermietrechts. Die Umsetzung der Schutzdauer-RL ist in Deutschland hingegen rechtzeitig zum 1. Juli 1995 erfolgt. Einer ausdrücklichen Umsetzung von Art 7 Abs 1 der Satelliten- und Kabel-RL bedurfte es daher nicht. **15**

Dagegen findet sich die Übergangsregelung für **Altverträge** nach Art 7 Abs 2 Satelliten- und Kabel-RL in § 137h Abs 1 dUrhG wieder. Anders als in der Richtlinie ist jedoch nicht auf das Umsetzungsdatum 1. Jänner 1995, sondern auf das Datum des Inkrafttretens des Vierten ÄnderungsG zum 1. Juni 1998 Bezug genommen. Damit war das alte Recht bis zum 1. Jänner 2000 noch auf mehr Verträge anzuwenden; angesichts der relativ kurzen verbleibenden Zeitspanne von nur gut eineinhalb Jahren dürfte sich die unterschiedliche Behandlung von Altverträgen in der Praxis jedoch nicht allzu gravierend ausgewirkt haben. **16**

Die Sonderregelung für **Koproduktionen** nach Art 7 Abs 3 hat der deutsche Gesetzgeber in § 137h Abs 2 dUrhG unter geringfügiger sprachlicher Modifikation umgesetzt. Maßgeblicher Stichtag ist auch hier nicht das Datum, bis zu dem die Richtlinie hätte umgesetzt werden müssen, sondern der Tag des Inkrafttretens der Umsetzung in Deutschland (1. Juni 1998); dadurch gilt die alte Regelung für Verträge, die deutschem Recht unterliegen, länger als in Mitgliedstaaten, welche die Satelliten- und Kabel-RL rechtzeitig umgesetzt haben bzw die einen anderen früher liegenden Stichtag vorsehen. Nach Ansicht der amtlichen Begründung berührt diese Regelung allerdings ohnehin nur solche Verträge, bei deren Abschluss die Satellitensendung bereits eine bekannte Nutzungsart (§§ 31 Abs 4, 89 Abs 1 dUrhG) war, und bei denen die der Koproduktion zu Grunde liegenden Nutzungsrechtseinräumungen auch die Einräumung des Rechts der Satellitensendung bezweckten (§ 31 Abs 5 dUrhG)[193]. **17**

---

192 So zumindest im Ergebnis *Reindl*, Einfluß des Gemeinschaftsrechts 374ff, der bei fehlender Zustimmung einen Eingriff in das Urheberrecht annimmt.

193 So die Begründung zum Vierten ÄnderungsG bei *M Schulze*, Materialien², 986. – Dagegen steht die Rechtsprechung bislang einer Anerkennung der Satellitensendung als einer wirtschaftlich und technisch eigenständigen Nutzungsart im Sinn des § 31 Abs 4 dUrhR zurückhaltend gegenüber (vgl BGH 04.07.1996 – „Klimbim" GRUR 1997, 215;

2. *Österreich* (Walter)

18 Österreich hat die Satelliten- und Kabel-RL ebenso wie die Schutzdauer-RL mit UrhGNov 1996, die grundsätzlich mit 1. April 1996 in Kraft getreten ist, **verspätet** umgesetzt. Die in Art 4 genannten **Leistungsschutzrechte** waren aber schon vorher gewährleistet. Dies umso mehr als die Vermiet- und Verleih-RL schon mit UrhGNov 1993 umgesetzt wurde, und zwar vorzeitig.

19 Eine Umsetzung der zwingenden **vertragsrechtlichen Vorschrift** des Art 7 Abs 2 fehlt zur Gänze. Die Annahme des Gesetzgebers der öUrhGNov 1996, die weiteren Übergangsbestimmungen der Richtlinie bedürfen keiner Umsetzung[194], ist nicht verständlich. Allenfalls lässt sich diese Lücke durch richtlinienkonforme ergänzende Auslegung schließen.

20 Die Übergangsvorschriften für **Koproduktionsverträge** wurden dagegen in Art VIII öUrhGNov 1996 umgesetzt. An Stelle des in der Richtlinie vorgegebenen Stichzeitpunkts (1. Januar 1995) wird allerdings auch in Österr auf den Zeitpunkt des Inkrafttretens der öUrhGNov 1996 (1. April 1996) abgestellt.

Da eine **dingliche Abspaltbarkeit** des Satellitensenderechts nach österr Recht anzunehmen sein wird, mag die auch in der Formulierung des Art VIII öUrhG-Nov 1996 („… darf nur mit Zustimmung … gestatten“) zum Ausdruck kommende Ansicht des Gesetzgebers der öUrhGNov 1996 allerdings fragwürdig erscheinen, wonach die fehlende Zustimmung des anderen Koproduzenten nur im Innenverhältnis wirksam sei[195].

Kapitel III Kabelweiterverbreitungsrecht

Artikel 8 Kabelweiterverbreitungsrecht

Übersicht

Text

(1) Die Mitgliedstaaten sorgen dafür, daß die Kabelweiterverbreitung von Rundfunksendungen aus anderen Mitgliedstaaten in ihrem Staatsgebiet unter der

ähnlich zuvor bereits OLG Hamburg 11.05.1989 – „Kabelfernsehen“ GRUR 1989, 590 für die Verbreitung geschützter Werke im Weg des Kabelfernsehens).

[194] ErlRV öUrhGNov 1996 bei *Dittrich*, Urheberrecht³, 444.

[195] ErlRV öUrhGNov 1996 bei *Dittrich*, Urheberrecht³, 444.

Beachtung der anwendbaren Urheberrechte und verwandten Schutzrechte und auf der Grundlage individueller oder kollektiver Verträge zwischen den Urheberrechtsinhabern, den Leistungsschutzberechtigten und den Kabelunternehmen erfolgt.

(2) Unbeschadet des Absatzes 1 können die Mitgliedstaaten am 31. Juli 1991 bestehende oder nach einzelstaatlichem Recht ausdrücklich vorgesehene Regelungen für gesetzliche Lizenzen bis zum 31. Dezember 1997 beibehalten.

Aus den Erwägungsgründen

ErwG 8 Darüber hinaus fehlt es an der für den freien Verkehr von Rundfunksendungen innerhalb der Gemeinschaft erforderlichen Rechtssicherheit, wo Programme grenzüberschreitend in Kabelnetze eingespeist und weiterverbreitet werden.

ErwG 9 Die Entwicklung des vertraglichen Rechteerwerbs durch Erlaubnis trägt schon jetzt nachhaltig zur Schaffung des angestrebten europäischen audiovisuellen Raumes bei. Das Fortbestehen solcher vertraglichen Vereinbarungen ist mithin sicherzustellen und ihre möglichst reibungslose Durchführung in der Praxis nach Möglichkeit zu fördern.

ErwG 27 Die Kabelweiterverbreitung von Programmen aus anderen Mitgliedstaaten stellt eine Handlung dar, die in den Bereich des Urheberrechts und gegebenenfalls der Leistungsschutzrechte fällt. Daher benötigt ein Kabelnetzbetreiber für jeden weiterverbreiteten Programmteil die Genehmigung sämtlicher Rechtsinhaber. Nach dieser Richtlinie sollten diese Genehmigungen grundsätzlich vertraglich zu erteilen sein, soweit nicht für bereits bestehende gesetzliche Lizenzen eine zeitweilige Ausnahme vorgesehen wird.

ErwG 33 Es sollten die notwendigen Mindestvorschriften festgelegt werden, um die freie, ungestörte grenzüberschreitende Rundfunksendung über Satelliten sowie die zeitgleiche, unveränderte Kabelweiterverbreitung von Rundfunkprogrammen aus anderen Mitgliedstaaten auf grundsätzlich vertraglicher Grundlage zu verwirklichen und zu gewährleisten.

Kommentar

1. Allgemeines

Die Vorschriften des III. Kapitels der Richtlinie enthalten die in der Richtlinie Fernsehen ohne Grenzen noch unterbliebene **urheberrechtliche Regelung** der grenzüberschreitenden Kabelweitersendung ausländischer Rundfunksendungen[196]. **1**

Die Definition des Begriffs **Kabelweiterverbreitung** ist in Art 1 Abs 3 enthalten. **2** Danach erfasst die Regelung die Weiterleitung ursprünglicher Programme, gleichviel auf welche Weise diese zunächst verbreitet wurden; geregelt ist dort auch, welche technischen Weitersendehandlungen von der Richtlinie erfasst wer-

[196] Vgl oben Vor Art 1 Rz 8.

den. Aus dieser Definition ergibt sich weiterhin, dass nur die grenzüberschreitende Weiterverbreitung, dh die Weiterleitung von Programmen aus anderen Mitgliedstaaten bzw aus Staaten des EWR unter die Richtlinie fällt, nicht jedoch die Kabelweiterleitung nationaler Programme und ebensowenig die Weiterleitung von Programmen aus Drittstaaten[197].

3 Im **Überblick** sieht die Regelung wie folgt aus: Verpflichtet Art 8 Abs 1 die Mitgliedstaaten zur Gewährung des Rechts der Kabelweiterverbreitung, das nach Art 8 Abs 2 allenfalls für eine begrenzte Übergangszeit durch gesetzliche Lizenzen beschränkt werden darf, so regelt Art 9 die Verwertungsgesellschaftenpflichtigkeit dieses Rechts, von der Sendeunternehmen nach Art 10 jedoch zwingend auszunehmen sind. Das ausschließliche Recht nach Art 8 kann grundsätzlich nur vertraglich übertragen bzw eingeräumt werden; um gleichwohl für eine möglichst reibungslose Kabelweiterverbreitung zu sorgen, sehen die Art 11 und 12 Regelungen über eine Vermittlung in Streitfällen sowie Vorschriften zur Verhinderung des Missbrauchs von Verhandlungspositionen vor.

4 **Ziel** der Regelung ist es, zum einen den Erwerb der Kabelweitersenderechte im definierten Umfang auf vertraglicher Grundlage sicherzustellen und zum anderen zu verhindern, dass die einmal vertraglich gestattete Kabelweitersendung durch einzelne Rechteinhaber, die ihr Verbotsrecht an einzelnen Programmteilen individuell ausüben (sog Außenseiter), behindert und vielleicht sogar unterbunden wird.

2. Kabelweiterverbreitung und grundsätzlich vertraglicher Rechtserwerb (Abs 1)

5 Art 8 Abs 1 stellt zunächst klar, dass die zeitgleiche, unveränderte und vollständige[198] Kabelweiterverbreitung einer Sendung aus einem anderen Mitgliedstaat[199] ein urheberrechtlich relevanter Akt ist. Auch wenn die Formulierung die Gewährung des Kabelweiterverbreitungsrechts nicht ausdrücklich anordnet, so sind die Mitgliedstaaten doch gleichwohl – sofern dies nicht schon bisher geschehen ist – ab dem 1. Januar 1995 verpflichtet, den Urhebern und Leistungsschutzberechtigten für ihre nach nationalem Recht geschützten Werke und Leistungen ein **ausschließliches Recht der Kabelweiterverbreitung** (Weitersendung) zu gewähren. Eine Harmonisierung der Urheber- und Leistungsschutzrechte ist damit – anders als gemäß Art 4 Abs 1 hinsichtlich des Satellitensenderechts – nicht verbunden. Da die Kabelweiterverbreitung jeweils auf das Territorium eines Mitgliedstaats beschränkt bleibt, bedurfte es einer solchen Harmonisierung auch nicht; das setzt freilich voraus, dass man hinsichtlich der grenzüberschreitenden Kabelweiterverbreitung nicht von der Urheberrechtsfreiheit der Weiterleitung innerhalb des Direktempfangsbereichs der Erstsendung ausgeht[200]. Eine Ausnahme von der fehlenden Harmonisierung bildet insoweit lediglich die Regelung der Filmurheberschaft in Art 1 Abs 5, die als allgemeine Regelung in Kapitel I nicht

---

197 Vgl oben Art 1 Rz 34.
198 Auch „integrale" Weiterverbreitung genannt.
199 Vgl die Definition in Art 1 Abs 3.
200 Vgl dazu eingehend *Kéréver*, DIT 1994/4, 68ff sowie 79.

nur für die Satellitensendung (Kapitel II) sondern auch für die Kabelweiterverbreitung (Kapitel III) gilt. Welchen Urhebern und welchen Leistungsschutzberechtigten in Bezug auf die Kabelweiterverbreitung ein Ausschließlichkeitsrecht und welchen nur ein Vergütungsanspruch zusteht, bestimmt sich daher – vorbehaltlich des Rechts der internationalen Konventionen – nach dem jeweiligen (gegenwärtigen bzw künftigen) nationalen Recht der einzelnen Mitgliedstaaten.

Die Kabelweitersendung darf grundsätzlich nur erfolgen, wenn dies auf **vertraglichem Weg** gestattet ist. Verweist Art 8 Abs 1 angesichts der Verwertungsgesellschaftenpflicht neben dem kollektiven zugleich auch auf die Möglichkeit eines individuellen Vertragsabschlusses, so wohl deshalb, weil Sendeunternehmen nach Art 10 von der Verwertungsgesellschaftenpflicht ausgenommen sind[201]. In diesem programmatischen Bekenntnis des Art 8 Abs 1 zum grundsätzlich vertraglichen Rechtserwerb kommt die Abkehr vom Konzept gesetzlicher oder auch nur hilfsweiser Zwangslizenzen deutlich zum Ausdruck, wie es noch zur Zeit der Verabschiedung der Richtlinie Fernsehen ohne Grenzen vorgeherrscht hatte, und an dem eine urheberrechtliche Regelung seinerzeit gescheitert war. Dies ungeachtet des Umstands, dass das Prinzip eines vertraglichen Rechtserwerbs für die Praxis durch die Verwertungsgesellschaftenpflicht nach Art 9 in seinen Auswirkungen modifiziert wurde. Der Gegensatz zwischen denjenigen Mitgliedstaaten, die um keinen Preis vom Prinzip des grundsätzlich vertraglichen Erwerbs abrücken wollten, und denjenigen, die unter keinen Umständen auf die Möglichkeit einer zwangsweisen Durchsetzung der Kabelweiterverbreitung verzichten wollten, bestand freilich nach wie vor. Der schwierige und letztlich mit der Verabschiedung der Richtlinie gelungene Versuch einer Überbrückung dieser gegensätzlichen Positionen[202] spiegelt sich letztlich in den Regelungen und insbes den Formulierungen der Art 11 (Vermittler) und 12 (Verhinderung des Missbrauchs von Verhandlungspositionen) sowie – versteckt – in Art 13 (kollektive Wahrnehmung von Rechten) wider. Dass trotz der bestehenden Gegensätze eine Einigung erzielt werden konnte, ist letztlich wohl darauf zurückzuführen, dass es sich eher um einen Prinzipienstreit in Bezug auf grundlegende Auffassungen des Urheberrechts handelte denn um Fälle, für die sich die gegensätzlichen Standpunkte auch praktisch auswirken könnten; diese dürften ohnehin nicht allzu zahlreich sein. **6**

3. Übergangsrecht für bestehende gesetzliche Lizenzen (Abs 2)

Mit dem Grundsatz des vertraglichen Erwerbs ist jede unfreiwillige Lizenz – sei es nun eine gesetzliche oder eine Zwangslizenz – unvereinbar. Wie bereits im **7**

---

[201] Denkbar ist auch, dass mit individuellem Vertrag hier ein einzelner Vertrag einer einzelnen Gruppe von Rechteinhabern mit einem Kabelnetzbetreiber und mit kollektivem Vertrag ein Vertrag zwischen allen oder doch mehreren Gruppen von Rechteinhabern und/oder einem oder mehreren Kabelnetzbetreibern gemeint ist.

[202] *Reindl*, Einfluß des Gemeinschaftsrechts 359 FN 251 macht „keine signifikante Abweichung" zum seinerzeitigen Vorschlag der Richtlinie Fernsehen ohne Grenzen aus. Der Unterschied besteht mE jedoch in dem jetzt für die Mitgliedstaaten größeren Spielraum der Umsetzung des Richtlinienkonzepts. In der Praxis – darin ist *Reindl* Recht zu geben – dürfte das jedoch weitgehend ohne spürbare Auswirkungen bleiben.

ursprünglichen RL-Vorschlag vorgesehen, mussten die Mitgliedstaaten nach Art 8 Abs 2 bestehende gesetzliche Lizenzen (Zwangslizenzen) spätestens mit Ablauf des **31. Dezember 1997** beseitigen. Beibehalten werden konnten bis dahin aber nur solche Regelungen, die am 31. Juli 1991, also kurz vor Verabschiedung des ursprünglichen RL-Vorschlags, bereits bestanden haben; denn nur insoweit erschien das Vertrauen eines Mitgliedstaats auf die Möglichkeit schützenswert, eine derartige Regelung – wenn auch befristet – beibehalten zu können. Der kurzfristigen Einführung neuer gesetzlicher Lizenzen hat die Richtlinie damit einen Riegel vorgeschoben.

8 Von Art 8 Abs 2 betroffen war zum Zeitpunkt der Verabschiedung der Richtlinie vor allem wiederum Dänemark[203] und danach auf Grund des EWR- bzw des EU-Beitritts etwa auch Österreich[204]. Da Österreich die mit der Richtlinie nicht zu vereinbarenden Regelungen bereits vor dem 31. Januar 1991 verabschiedet hatte, stellt sich die Frage nicht, ob dieses Datum auch als Stichtag für den Vertrauensschutz neu **hinzutretender Mitgliedstaaten** anzusehen ist oder nicht. Dagegen werden nach dem 31. Dezember 1997 neu beitretende Staaten etwaige gesetzliche Lizenzen mit sofortiger Wirkung zu beseitigen haben.

Umsetzung in Deutschland und Österreich

1. Deutschland (Dreier)

9 Das **Ausschließlichkeitsrecht** hinsichtlich der Kabelweitersendung ergab sich bereits aus der bisherigen allgemeinen Regelung des Senderechts in § 20 dUrhG, und zwar nicht nur, wie von der Richtlinie vorgeschrieben, von Sendungen aus einem anderen Mitgliedstaat, sondern auch von Sendungen aus dem Inland sowie aus einem Land, das weder Mitgliedstaat der EU noch Vertragsstaat des EWR ist. Das ist vom BGH in zwei Grundsatzentscheidungen in den Achtziger Jahren höchstrichterlich entschieden worden[205]. Offen ist danach nach deutschem Recht im Wesentlichen nur mehr die – allerdings auch von der Richtlinie und folglich von deren Umsetzung nicht berührte – Frage nach der urheberrechtlichen Relevanz der zeitgleichen und vollständigen Kabelweitersendung einer **nationalen Erstsendung** innerhalb des sog Versorgungsbereichs des Erstsendeunternehmens[206]. Ein ausschließliches Kabelweitersenderecht steht nach deutschem Recht auch sämtlichen **Leistungsschutzberechtigten** zu, mit Ausnahme der Tonträgerhersteller und der ausübenden Künstler hinsichtlich der Verwendung von Handelstonträgern; insoweit bleibt es bei einem Vergütungsanspruch des aus-

---

[203] § 22a sowie § 45 Abs 2 dän UrhG (Zwangslizenz hinsichtlich des Weitersenderechts der Sendeunternehmen) sowie § 11a Gesetz Nr 157 über das Recht an fotografischen Bildern.

[204] Vgl dazu unten Rz 13.

[205] BGH 07.10.1980 – „Kabelfernsehen in Abschattungsgebieten" GRUR 1981, 413 und 04.06.1987 – „Kabelfernsehen II" GRUR 1988, 206.

[206] Für Urheberrechtsrelevanz auch insoweit *Dreier*, Kabelweiterleitung 97ff, dagegen *Gounalakis*, Kabelfernsehen 221ff, jeweils mit eingehender Begründung; wie letzterer jetzt auch KG 11.11.1994 ZUM 1996, 788. – Der BGH hatte die urheberrechtliche Relevanz der Weiterleitung in sog Abschattungsgebieten in seiner ersten Entscheidung mit der Annahme einer Erschöpfungswirkung des Rechts der unkörperlichen Weitersendung verneint, sie für Gebiete mit öffentlich-rechtlichen Antennenverboten jedoch bejaht.

übenden Künstlers, an dem die Tonträgerhersteller beteiligt sind (§§ 76 Abs 2, 86 dUrhG).

Der Umsetzung bedurfte daher im Wesentlichen die **Verwertungsgesellschaftenpflicht** nach Art 9, in deren Zuge der zu diesem Zweck neu geschaffene § 20b dUrhG auch die Definition der Kabelweitersendung in das deutsche Gesetz übernimmt. Der Vollständigkeit der Umsetzung halber werden dabei auch Mikrowellensysteme genannt, obwohl sie in Deutschland derzeit ungebräuchlich sind. Gesetzliche Lizenzen im Sinn des Art 8 Abs 2 kannte das dUrhG ohnehin nicht. **10**

2. *Österreich* (Walter)

Das Recht der Kabelweiterleitung (ausländischer) Rundfunksendungen über Gemeinschaftsantennenanlagen war in Österreich lange Zeit strittig[207]. In seiner grundlegenden Entscheidung vom 25. Juni 1974 „Feldkirch“[208] hat der Oberste Gerichtshof klargestellt, dass die Weiterleitung von Rundfunksendungen über Gemeinschaftsantennenanlagen grundsätzlich **urheberrechtlich relevant** ist. Dabei wurde versucht, das Sonderproblem der gemeinsamen Hausantennen mit Hilfe des Öffentlichkeitsbegriffs zu lösen, womit die – mE unrichtige – Lehre vom differenzierten senderechtlichen Öffentlichkeitsbegriff in Österreich ihren Ausgang nahm. **11**

Mit öUrhGNov 1980 wurde das Drahtfunkrecht (§ 17 Abs 2 öUrhG) neu geordnet. Der schon in der Stammfassung des UrhG 1936 vorgesehenen **Ausnahme** zu Gunsten von Rundfunkvermittlungsanlagen (jetzt § 17 Abs 3 Z 1 öUrhG) wurde eine weitere Ausnahme für bestimmte Gemeinschaftsantennenanlagen (§ 17 Abs 3 Z 2 lit a und b öUrhG) an die Seite gestellt. Danach sind Gemeinschaftsantennenanlagen urheberrechtlich frei, wenn sich die Standorte aller Empfangsanlagen nur auf zusammenhängenden Grundstücken befinden, kein Teil der Anlage einen öffentlichen Weg benützt oder kreuzt, und die Antenne vom Standort der am nächsten liegenden Empfangsanlage nicht mehr als 500 m entfernt ist (lit a); generell freigestellt sind Gemeinschaftsantennenanlagen auch, wenn an die Anlage nicht mehr als 500 Teilnehmer angeschlossen sind. Im Übrigen gilt die gleichzeitige, vollständige und unveränderte Übermittlung von Rundfunksendungen des Österr Rundfunks (ORF) mit Hilfe von Leitungen im Inland als Teil der ursprünglichen Rundfunksendung und ist deshalb im Erstsenderechtsvertrag mit zu berücksichtigen (§ 17 Abs 3 letzter Satz öUrhG). **12**

Die Ausnahme zu Gunsten von Rundfunkvermittlungsanlagen erscheint konventionsrechtlich problematisch[209]; dies gilt insbes auch für die generelle

---

[207] Vgl etwa *Dittrich*, Gemeinschaftsantennen, FS *Kastner* (1972) 77; *Dittrich*, Gemeinschaftsantennen, ÖBl 1975, 29; *Walter*, Gemeinschaftsantennen und Rundfunkvermittlungsanlagen im österr Urheberrecht, JBl 1973, 445; *Walter*, Gemeinschaftsantennen im geltenden und künftigen österr Urheberrecht, FuR 1974, 707.

[208] ÖBl 1974, 140 = SZ 47/81 = EvBl 1975/6 = IIC 1976, 125 = UFITA 73 (1975) 357= Schulze Ausl Österr 63 *(Dittrich)* = JBl 1975, 96 *(Hoyer* und *Walter)* = GRUR Int 1975, 68 *(Walter)*.

[209] Vgl *Walter*, Gemeinschaftsantennen und Rundfunkvermittlungsanlagen im Recht der Berner Übereinkunft, GRUR Int 1974, 119; *Walter*, Kommentare zum Urheberrecht,

Ausnahme zu Gunsten von Gemeinschaftsantennenanlagen mit weniger als 500 Teilnehmern[210]. Während die Weiterverbreitung über Kabel im Inland unter dem Gesichtswinkel des Art 8 unbedenklich ist, erscheint die zuletzt genannte Ausnahme hinsichtlich ausländischer Rundfunksendungen und Satellitensendungen dagegen gleichfalls problematisch, da Art 8 das Recht der Kabelweiterleitung zwar nicht harmonisiert, grundsätzlich aber von der urheberrechtlichen Relevanz – unabhängig von der Größe einer Anlage und unabhängig auch vom Versorgungsbereich – ausgeht. Nicht anwendbar sind die Ausnahmen zu Gunsten bestimmter Gemeinschaftsantennenanlagen mE auf Satellitensendungen, da die Sonderregelungen offensichtlich auf die Nutzbarmachung des *non intentional spill-over* bei klassischen (terrestrischen) Sendungen abstellt[211].

13 Für die gleichzeitige, vollständige und unveränderte Weiterleitung ausländischer Rundfunksendungen hat die öUrhGNov 1980 weiters eine **gesetzliche Lizenz** eingeführt, die Urheber und Leistungsschutzberechtigte auf eine verwertungsgesellschaftenpflichtige angemessene Vergütung beschränkte (§ 59a Abs 1 öUrhG idF 1980). Für die Bemessung der Vergütung war eine „Preisbremse“ eingezogen (§ 59a Abs 2 öUrhG idF 1980). Die mit öUrhGNov 1980 gleichfalls ins Leben gerufene Schiedsstelle hatte zunächst nur einen Betrag von S 3,00 pro Monat und angeschlossenem Teilnehmer festgelegt; die Vergütung wurde in weiterer Folge aber gesamtvertraglich geregelt. Strittig war zunächst, ob bzw inwieweit die gesetzliche Lizenz auch für die Weiterleitung ausländischer Satellitensendungen galt; mit öUrhGNov 1989 wurde dies in § 59b öUrhG für vom Ausland ausgestrahlte Programme klargestellt, sofern die Zustimmung des Programmveranstalters vorlag. Die Beschränkung auf bloße Vergütungsansprüche galt auf Grund entsprechender gesetzlicher Verweisungen auch für die Leistungsschutzrechte der ausübenden Künstler, Tonträgerhersteller, Licht- und Laufbildhersteller und Rundfunkunternehmer, soweit diesen ausschließliche Senderechte zustanden. Die gesetzliche Lizenz wurde mit öUrhGNov 1996 in Umsetzung der Satelliten- und Kabel-RL mit Wirksamkeit ab 1. Januar 1998 beseitigt, und das Ausschlussrecht wieder hergestellt.

14 **Ausübenden Künstlern** steht grundsätzlich ein ausschließliches Senderecht zu, das auch das Recht der Weitersendung einschließt, und zwar auch dann, wenn

---

Die Werkverwertung in unkörperlicher Form (öffentliche Wiedergabe), MR 1998, 132 (140f). AA OGH 16.06.1998 – „Thermenhotel L“ MR 1998, 277 (*Walter*) = ÖBl 1999, 98 = RdW 1998, 610 = GRUR Int 1999, 279 (*Briem*). Differenzierend *Mahr*, MR 2000, 152 (159).

[210] Vgl etwa *Frotz*, Zur Neuregelung des Kabelfernsehens in Österreich, ÖBl 1980, 113; *Walter,* Die Regelung des Kabelfernsehens in der österr Urheberrechtsgesetz-Novelle 1980 unter besonderer Berücksichtigung ihrer Vereinbarkeit mit dem Konventionsrecht, UFITA 91 (1981) 29 (32f); *Walter,* Cable Television in the Austrian Copyright Amending Law, 1980 with Particular Reference to its Conformity with the Provisions of the Berne Convention, Cable Television Media and Copyright Law Aspects (Amsterdam 1983) 189.

[211] AA dagegen OGH 16.06.1998 – „Thermenhotel L“ MR 1998, 277 (*Walter*) = ÖBl 1999, 98 = RdW 1998, 610 = GRUR Int 1999, 279 (*Briem*) für die Weiterleitung von Satellitensendungen mit Hilfe von Parabolantennen in die einzelnen Zimmer eines Hotels. Vgl dazu auch *Mahr*, MR 2000, 152.

diese mit Hilfe von Leitungen erfolgt. Das Senderecht ist allerdings nicht anwendbar, wenn die Sendung mit Hilfe rechtmäßig hergestellter und verbreiteter Bild- oder Schallträger vorgenommen wird[212]. Erfolgt die Erstsendung mit Hilfe von Bild- und Tonträgern, schlägt diese Freistellung wohl nicht auf die Weitersendung durch; jedenfalls steht dem ausübenden Künstler im Fall der Verwendung von Industrietonträgern für die Erstsendung ein Vergütungsanspruch nach § 76 Abs 3 öUrhG zu, auch wenn die Benützung nur indirekt erfolgt. Die Sonderregeln für die Weitersendung mit Hilfe von Leitungen (§§ 59a und 59b öUrhG 1996 iVm § 70 Abs 1 Ende öUrhG) gelten für die Leistungsschutzrechte der ausübenden Künstler entsprechend.

Tonträgerherstellern steht ein ausschließliches Senderecht nicht zu, was auch **15**
für die Weitersendung gilt. Allerdings dürfen rechtswidrig vervielfältigte (verbreitete) oder zum eigenen Gebrauch hergestellte Tonträger nicht zu einer Rundfunksendung benutzt werden. Dieses Verwendungsverbot schlägt aber auf die Weitersendung nicht durch, weshalb es keiner entsprechenden Anwendung des § 59a öUrhG bedarf. Der Vergütungsanspruch nach § 76 Abs 3 öUrhG ist auch im Fall der mittelbaren Benutzung der Weitersendung anwendbar. Dagegen steht dem **Licht- und Laufbildhersteller** das Sende- und Weitersenderecht unbeschränkt zu, weshalb auch die Sonderbestimmungen der §§ 59a und 59b öUrhG entsprechend anwendbar sind. Dem **Rundfunkunternehmer** schließlich steht gerade das ausschließliche Recht der gleichzeitigen Weitersendung zu; eine Verwertungsgesellschaftenpflicht besteht auch hinsichtlich des Signalschutzes des Rundfunkunternehmers nicht[213].

Artikel 9 Ausübung des Kabelweiterverbreitungsrechts

Übersicht

Text

Artikel 9 Ausübung des Kabelweiterverbreitungsrechts

(1) Die Mitgliedstaaten sorgen dafür, daß das Recht der Urheberrechtsinhaber und der Inhaber verwandter Schutzrechte, einem Kabelunternehmen die Er-

---

[212] Vgl § 70 Abs 2 öUrhG und das Verwendungsverbot des § 66 Abs 7 öUrhG.

[213] Siehe in Bezug auf die abgeleiteten Rechte des Rundfunkunternehmers die Ausnahme des § 59 Abs 3 öUrhG.

laubnis zur Kabelweiterverbreitung zu erteilen oder zu verweigern, nur durch Verwertungsgesellschaften geltend gemacht werden kann.

(2) Hat ein Rechtsinhaber die Wahrnehmung seiner Rechte keiner Verwertungsgesellschaft übertragen, so gilt die Verwertungsgesellschaft, die Rechte der gleichen Art wahrnimmt, als bevollmächtigt, seine Rechte wahrzunehmen. Nimmt mehr als eine Verwertungsgesellschaft Rechte dieser Art wahr, so steht es dem Rechtsinhaber frei, unter diesen Verwertungsgesellschaften diejenige auszuwählen, die als zur Wahrung seiner Rechte bevollmächtigt gelten soll. Für einen Rechtsinhaber im Sinne dieses Absatzes ergeben sich aus der Vereinbarung zwischen dem Kabelunternehmen und der Verwertungsgesellschaft, die als bevollmächtigt zur Wahrung seiner Rechte gilt, die gleichen Rechte und Pflichten wie für Rechtsinhaber, die diese Verwertungsgesellschaft bevollmächtigt haben; er kann diese Rechte innerhalb eines von dem betreffenden Mitgliedstaat festzulegenden Zeitraums geltend machen, der, gerechnet vom Zeitpunkt der Kabelweiterverbreitung an, die sein Werk oder andere urheberrechtlich geschützte Gegenstände umfaßt, nicht kürzer als drei Jahre sein darf.

(3) Ein Mitgliedstaat kann vorsehen, daß bei einem Rechtsinhaber, der die Erstsendung eines Werks oder eines anderen urheberrechtlich geschützten Gegenstands im Hoheitsgebiet dieses Mitgliedstaats gestattet, davon ausgegangen wird, daß er damit einverstanden ist, seine Kabelweiterverbreitungsrechte nicht auf individueller Grundlage, sondern gemäß dieser Richtlinie auszuüben.

Aus den Erwägungsgründen

ErwG 10 Gegenwärtig können Kabelnetzbetreiber insbes nicht sicher sein, tatsächlich alle Rechte an den Programmen erworben zu haben, die Gegenstand einer solchen vertraglichen Vereinbarung sind.

ErwG 28 Damit das reibungslose Funktionieren vertraglicher Vereinbarungen nicht durch den Einspruch von Außenseitern, die Rechte an einzelnen Programmteilen innehaben, in Frage gestellt werden kann, sollte, soweit die Besonderheiten der Kabelweiterverbreitung dies erfordern, durch Einführung einer Verwertungsgesellschaftspflicht eine ausschließlich kollektive Ausübung des Verbotsrechts vorgesehen werden. Das Verbotsrecht als solches bleibt dabei erhalten, lediglich die Art seiner Ausübung wird in bestimmtem Umfang geregelt. Daraus folgt zugleich, daß die Kabelweiterverbreitungsrechte nach wie vor abtretbar sind. Die Ausübung des Urheberpersönlichkeitsrechts wird vom Regelungsbereich dieser Richtlinie nicht erfaßt.

Kommentar

1. Allgemeines

1 **Ziel** der Richtlinie ist die Sicherstellung einer möglichst ununterbrochenen Kabelweiterleitung von Programmen aus anderen Mitgliedstaaten. Dazu müssen die Kabelnetzbetreiber tatsächlich alle Rechte an den Programmen erwerben können, wenn sie eine vertragliche Vereinbarungen über die Kabelweiterleitung schließen.

Obwohl die Rechte zur Kabelweiterverbreitung in der Praxis in aller Regel schon immer im Weg kollektiver Verträge übertragen bzw eingeräumt wurden, an denen möglichst alle Gruppen von Rechteinhabern – Sendeunternehmen, Filmrechtsinhaber und Verwertungsgesellschaften – beteiligt waren, konnten die Kabelnetzbetreiber nie wirklich sicher sein, dass die an diesen Verträgen Beteiligten tatsächlich auch alle Weitersenderechte am gesamten Programminhalt innehaben. Es war nicht auszuschließen, dass irgendwelche Rechteinhaber von den am Vertrag Beteiligten doch nicht vertreten waren, ob sie nun ihre Rechte nicht in Verwertungsgesellschaften eingebracht haben mögen oder bei Vertragsabschluss überhaupt nicht repräsentiert waren (sog Außenseiter), wie etwa – um nur ein Beispiel zu nennen – die Urheber und Rechtsinhaber von Werbefilmen. Will man für solche Fälle weder den Weg einer gesetzlichen noch den einer Zwangslizenz gehen, so bleibt zur lückenlosen Gewährleistung eines umfassenden Rechtserwerbs nur die Einführung einer **Verwertungsgesellschaftenpflicht**, dh die Verpflichtung zur ausschließlich kollektiven Ausübung des Verbotsrechts[214]. Hierin besteht der Kern der Regelung des Rechts der Kabelweiterverbreitung. **2**

Hinter der Verwertungsgesellschaftenpflicht steht die Überlegung, dass den Kabelunternehmen eine unüberschaubare Vielzahl einzelner Rechteinhaber gegenübersteht, die rechtzeitig ausfindig zu machen ihnen vor allem deshalb unmöglich ist, weil sie über den Inhalt der von ihnen weitergeleiteten Programme, wenn überhaupt, so nur ganz kurzfristig informiert werden. Aber auch die Rechteinhaber profitieren letztlich von dem Zwang zur kollektiven Geltendmachung ihrer Weitersenderechte, sind sie doch jeder für sich kaum in der Lage, die Tätigkeit einer großen Zahl von Netzbetreibern in ganz Europa tatsächlich zu kontrollieren. **3**

2. Verwertungsgesellschaftenpflicht (Abs 1)

Dementsprechend verpflichtet Art 9 Abs 1 die Mitgliedstaaten dazu, in ihrem nationalen Recht dafür zu sorgen, dass das Kabelweiterverbreitungsrecht des Art 8 Abs 1 fortan nur mehr durch Verwertungsgesellschaften ausgeübt werden kann[215]. Dies gilt nach dem Wortlaut der Vorschrift sowohl für das positive Benutzungsrecht („die Erlaubnis ... zu erteilen") als auch für das negative Verbotsrecht („die Erlaubnis ... zu verweigern"). **4**

Nach dieser Konstruktion der Verwertungsgesellschaftenpflicht eines Ausschließlichkeitsrechts, mit der die Richtlinie Neuland betreten hat[216], bleibt das **5**

---

[214] Vgl auch ErwG 28. – Bereits 1989 hatte die deutsche Bundesregierung eine vergleichbare Lösung vorgeschlagen; vgl den Bericht über die Auswirkungen der UrhGNov 1985 07.07.1989 BT-Drucksache 11/4929, 39f.

[215] Vgl zur weiten Definition der Verwertungsgesellschaft Art 1 Abs 4.

[216] Bislang waren nach nationalem Recht der Mitgliedstaaten lediglich bloße Vergütungsansprüche einer zwangsweisen Wahrnehmung durch Verwertungsgesellschaften unterworfen gewesen. – Inzwischen hat jedoch etwa der französische Gesetzgeber das Modell der Richtlinie auch für die Reprografieabgabe übernommen; vgl Art L 122-10ff CPI, eingeführt mit Gesetz Nr 95-4 vom 03.01.1995. Siehe allerdings auch die ähnliche Regelung des § 59 öUrhG 1936 für die öffentliche Rundfunkwiedergabe.

Verbotsrecht als solches zwar erhalten, die Art und Weise seiner Ausübung wird aber näher geregelt. Ausgeschlossen ist nur die Erteilung oder Verweigerung der Befugnis zur Kabelweiterverbreitung durch den Rechteinhaber selbst; hierzu sind ausschließlich Verwertungsgesellschaften berufen. Aus der Sicht der Kabelnetzbetreiber bedeutet dies, dass sie weder die Erlaubnis vom Rechteinhaber selbst einholen noch fürchten müssen, von diesem wegen einer Verletzung des Weiterverbreitungsrechts auf Unterlassung oder Schadensersatz in Anspruch genommen zu werden. Dagegen bleibt das Recht nach wie vor **übertragbar**; es kann vom Urheber also insbes auch auf das Erstsendeunternehmen übertragen werden[217], wirksam freilich nur dann, wenn dem keine Vorausabtretung an eine Verwertungsgesellschaft entgegensteht.

6 Auch die Ausübung des **Urheberpersönlichkeitsrechts** wird insoweit vom Regelungsbereich der Richtlinie nicht erfasst[218].

3. Außenseiterwirkung (Abs 2)

7 Die Verwertungsgesellschaftenpflicht nach Art 9 Abs 1 bedeutet nicht, dass die Rechteinhaber gezwungen wären, ihre Rechte Verwertungsgesellschaften zu übertragen bzw einzuräumen. Vielmehr steht es ihnen frei, die Rechte entweder Sendeunternehmen einzuräumen oder sie aber auch für sich zu behalten. Während im ersten Fall das Sendeunternehmen nach Art 10 selbst in der Lage ist, die ihm übertragenen (eingeräumten) Rechte[219] gegenüber Kabelnetzbetreibern geltend zu machen, ist diese Möglichkeit dem einzelnen Urheber auf Grund der Verwertungsgesellschaftenpflichtigkeit verwehrt.

8 Dennoch wird der **Außenseiter** und Rechteinhaber nach Art 9 Abs 2 zumindest wirtschaftlich so behandelt, als hätte er seine Rechte einer Verwertungsgesellschaft eingeräumt und als wäre er bei Vertragsabschluss durch diese vertreten gewesen. Hat ein Rechteinhaber seine Weitersenderechte weder einer Verwertungsgesellschaft noch einem Sendeunternehmen übertragen, so gilt nach Art 9 Abs 2 diejenige Verwertungsgesellschaft zur Wahrnehmung als legitimiert, die in dem betreffenden Mitgliedstaat Rechte gleicher Art wahrnimmt. Die gesetzestechnische Ausgestaltung dieser „Bevollmächtigung" werden die Mitgliedstaaten der Tradition ihrer jeweiligen nationalen Regelung des Verwertungsgesellschaftenwesens entsprechend vornehmen dürfen. Schwierigkeiten mag hier die Feststellung der Zuständigkeit einer bestimmten Verwertungsgesellschaft dann bereiten, wenn es auf einem Gebiet mehrere konkurrierende Verwertungsgesellschaften gibt. Weiters wird man annehmen müssen, dass immer die nationale Verwertungsgesellschaft desjenigen Mitgliedstaats für die Außenseiter zuständig ist, in dem die Kabelweiterverbreitung stattgefunden hat[220]. Aus den von der zuständigen Verwertungsgesellschaft mit den Kabelnetzbetreibern geschlosse-

---

[217] Vgl auch ErwG 28.

[218] So ausdrücklich auch ErwG 28.

[219] Das gleiche gilt für die eigenen Rechte des Sendeunternehmens (vgl Art 10).

[220] Dem dürfte nicht entgegen stehen, dass die Verwertungsgesellschaften grundsätzlich allen Rechteinhabern innerhalb der EU offen stehen müssen; vgl dazu *Dillenz* Allgemeiner Teil – 4. Kapitel Urheberrechtliche Verwertungsgesellschaften Rz 13.

nen Verträgen ergeben sich für Außenseiter dieselben Rechte und Pflichten wie für die Rechteinhaber, die ihre Rechte dieser Verwertungsgesellschaft übertragen haben[221]. Insbes steht Außenseitern also gegen die zuständige Verwertungsgesellschaft ein Anspruch auf Beteiligung an den Vergütungen für die Kabelweitersendung in derselben Höhe zu wie allen anderen Rechteinhabern; aber auch etwaige Rechte auf Auskunft und Rechnungslegung sind ihnen im selben Umfang zu gewähren, wie sie den Bezugsberechtigten von Verwertungsgesellschaften nach nationalem Recht zustehen mögen. Insoweit besteht also der Grundsatz der **Gleichbehandlung**. Die Verwertungsgesellschaften müssen die Vergütungen für Außenseiter mindestens drei Jahre seit dem Zeitpunkt der Kabelweiterleitung bereithalten[222].

Die Richtlinie will sicherstellen, dass das Kabelsendeunternehmen, das einen **9**
Vertrag mit der zuständigen Verwertungsgesellschaft geschlossen hat, auch alle Rechte erwirbt. Die zu diesem Zweck eingeführte Verwertungsgesellschaftenpflicht gilt deshalb nicht für etwaige Unterlassungs- oder Schadensersatzansprüche gegenüber solchen Kabelnetzbetreibern, die überhaupt keinen Vertrag zur Kabelweiterleitung (eines bestimmten Programms) abgeschlossen haben. Soweit also nicht lediglich ein Recht an einem Teil eines an sich rechtmäßig weitergeleiteten Programms verletzt ist, können Außenseiter ihre Ansprüche deshalb selbst geltend machen[223]. Inwieweit das auch für die Bezugsberechtigten (Mitglieder) der Verwertungsgesellschaften gilt, richtet sich nach nationalem Recht.

In der Praxis dürfte die Einführung der Verwertungsgesellschaftenpflicht in **10**
denjenigen Mitgliedstaaten, in denen die Kabelweiterverbreitung bereits eingespielt war, mit Ausnahme der Ausschaltung der individuellen Geltendmachung einzelner Weitersenderechte durch Außenseiter im Ergebnis nicht allzuviel ändern, da die Kabelweitersenderechte schon bisher weitgehend kollektiv wahrgenommen wurden. In denjenigen Mitgliedstaaten aber, in welchen die Kabelweiterverbreitung erst in Entwicklung begriffen ist, mögen sich Probleme daraus ergeben, dass kaum repräsentative Organisationen zum Abschluss von Verträgen berechtigt sind oder dass mehrere Organisationen Rechte gleicher Art wahrnehmen[224]. Immerhin stellt die Richtlinie sicher, dass die Rechteinhaber von Anbeginn an mit einbezogen werden. Die Geschichte der Kabelweiterverbreitung hat gezeigt, dass dies selbst in Mitgliedstaaten mit großer Urheberrechtstradition nicht immer der Fall war. Darüber hinaus vermag die Richtlinie die Rechte der Urheber und der Inhaber verwandter Schutzrechte durch den mit ihrer Einbeziehung verbundenen Ausbau von Verwertungsgesellschaften auf Dauer zu stärken.

Zu den Schwierigkeiten, welche diese Konstruktion einer fingierten Legitimation **11**
der Verwertungsgesellschaften auch für Außenseiter für das Verhältnis zwischen

---

[221] Kritisch dazu jedoch *Kéréver*, DIT 1994/4, 70.

[222] In den RL-Vorschlägen war hier noch eine bindende Höchstfrist vorgesehen.

[223] Ebenso *Reindl*, Einfluß des Gemeinschaftsrechts 363. – Zu dem von der Richtlinie nicht näher definierten Begriff des „Programms" vgl Art 1 Rz 29.

[224] Hier bleibt es den Mitgliedstaaten überlassen, etwaige Probleme zu lösen; Art 13 jedenfalls lässt ihnen hierzu den erforderlichen Spielraum.

Verwertungsgesellschaften und Sendeunternehmen mit sich bringt, die bei ihnen liegenden Rechte nach Art 10 selbst wahrnehmen, siehe die Ausführungen zu Art 10 Rz 4 unten.

4. Alternative Vermutungsregelung (Abs 3)

12 Nach Art 9 Abs 3 bleibt es den Mitgliedstaaten vorbehalten vorzusehen, dass bei Rechteinhabern, die der Erstsendung zugestimmt haben, davon ausgegangen wird, „ihre Kabelweiterverbreitungsrechte nicht auf individueller Grundlage, sondern gemäß dieser Richtlinie auszuüben". Diese Vorschrift scheint auf den ersten Blick kaum verständlich und tautologisch zu sein. Wie sich aus der Entstehungsgeschichte ergibt, wollte man durch die Hereinnahme dieses Absatzes, die erst im Gemeinsamen Standpunkt erfolgte, den Bedenken einiger Mitgliedstaaten Rechnung tragen, wonach ein Rechteinhaber nach nationalem Verfassungsrecht nicht gezwungen werden könne, seine Rechte kollektiv über eine Verwertungsgesellschaft wahrzunehmen[225].

13 Der Regelungsgehalt des Art 9 Abs 3 besteht demnach darin, die Verwertungsgesellschaftenpflicht in der Form einer **gesetzlichen Vermutung** der Zustimmung zur kollektiven Ausübung der Kabelweiterverbreitungsrechte zu konstruieren, die an die vertragliche Zustimmung zur Erstsendung und damit letztlich eben an eine individuelle Ausübung des Kabelweitersenderechts anknüpft[226].

Umsetzung in Deutschland und Österreich

1. Deutschland (Dreier)

14 Auch vor Umsetzung der Richtlinie hat zumindest die Deutsche Telekom als größter Netzbetreiber[227] die einschlägigen Rechte durch **Pauschalverträge** mit Sendeunternehmen und Verwertungsgesellschaften erworben. Freilich konnte sie dabei nicht der Gefahr entgehen, Unterlassungsansprüchen einzelner Außenseiter ausgesetzt zu sein, die in der Praxis jedoch – wenn überhaupt – so wohl nicht allzu häufig geltend gemacht wurden[228].

15 Der Vorgabe des Art 9 Abs 1 entsprechend unterwirft nun ein neu eingefügter § 20b Abs 1 dUrhG[229] das Recht der zeitgleichen, unveränderten und vollständigen Kabelweitersendung der zwingenden Ausübung durch eine **Verwertungsgesellschaft** mit der für Sendeunternehmen nach Art 10 vorgeschriebenen Ausnahme (§ 20b Abs 1 Satz 2 dUrhG)[230]. Über die Richtlinie hinaus, die lediglich

[225] So vor allem die Bedenken Italiens.

[226] Dagegen sieht *Reindl*, Einfluß des Gemeinschaftsrechts 361 FN 255 den Schwerpunkt der Vorschrift in der individuellen Erlaubnis der Erstsendung.

[227] Vor allem nach Auflösung des Netzmonopols ist in den letzten Jahren eine wachsende Zahl kleinerer privater Netze hinzugekommen.

[228] Vgl zur Situation Ende der Achtzigerjahre vor allem *Dreier*, Kabelweiterleitung 206ff.

[229] § 76 Abs 3 dUrhG erstreckt die Regelung auch auf ausübende Künstler und gemäß § 94 Abs 4 dUrhG auch auf Filmhersteller.

[230] Vgl jedoch zum gleichwohl mit § 87 Abs 4 dUrhG neu eingeführten abgemilderten Kontrahierungszwang für Sendeunternehmen unter dem Gesichtspunkt der Verhinderung des Missbrauchs von Verhandlungspositionen Art 12 Rz 9 unten.

innergemeinschaftliche, grenzüberschreitende Kabelweitersendungen betrifft, hat der deutsche Umsetzungsgesetzgeber die Verwertungsgesellschaftenpflicht auch auf die Weitersendungen inländischer sowie von Erstsendungen erstreckt, die außerhalb der EU bzw des EWR gesendet werden. Denn die Gründe für die Anordnung der Verwertungsgesellschaftenpflicht des Kabelweitersenderechts gelten auch insoweit[231].

Art 9 Abs 2 ist im Weg einer Ergänzung des § 13b dUrhWG durch Hinzufügung zweier neuer Absätze 3 und 4 unter geringfügiger sprachlicher Anpassung an die deutsche Gesetzesterminologie umgesetzt worden. Geregelt sind die – unwiderlegliche[232] – **Fiktion der Berechtigung** einer Verwertungsgesellschaft zur Wahrnehmung hinsichtlich all derjenigen Rechte, die in ihren satzungsgemäßen Aufgabenbereich fallen (§ 13b Abs 3 Satz 1 dUrhWG) ebenso wie die Folgen der bereits nach § 6 dUrhWG (Wahrnehmungszwang der Verwertungsgesellschaften) bestehenden Wahlmöglichkeit des Außenseiters, an welche Gesellschaft er sich wenden möchte, wenn die Kategorie seiner Rechte von mehreren Gesellschaften vertreten wird (§ 13b Abs 3 Satz 2 dUrhWG). Nach der Begründung kann die Wahl durch einseitige Erklärung erfolgen; des Abschlusses eines Wahrnehmungsvertrages bedarf es nicht[233]. § 13b Abs 4 dUrhWG schließlich regelt das Innenverhältnis des Außenseiters zu der Verwertungsgesellschaft, die als berechtigt gilt. Dabei hat der deutsche Gesetzgeber die Ansprüche der Außenseiter aus der Kabelweitersendung ihrer Werke und Leistungen in § 13b Abs 4 Satz 2 dUrhWG der von der Satelliten- und Kabel-RL in Art 9 Abs 2 Satz 3 vorgeschriebenen Verjährungsfrist von mindestens drei Jahren unterworfen und so die normale dreißigjährige Verjährung (§ 195 BGB) zu Gunsten der Verwertungsgesellschaften abgekürzt. 16

Eine Besonderheit des deutschen Rechts ist schließlich der von der Richtlinie nicht vorgeschriebene **Vergütungsanspruch**, der dem Urheber (und über den neuen § 76 Abs 3 dUrhG auch den ausübenden Künstlern sowie – anders als noch vom Entwurf vorgesehen – über den neu gefassten § 94 Abs 4 dUrhG auch den Filmherstellern) gemäß § 20b Abs 2 dUrhG dann gegenüber dem Kabelsendeunternehmen zusteht, wenn er sein Recht zur Kabelweitersendung zuvor nicht einer Verwertungsgesellschaft, sondern einem Sendeunternehmen oder einem Tonträger- oder Filmhersteller eingeräumt hat. Diese Rechteverdoppelung (Vergütungsanspruch zusätzlich zum Ausschließlichkeitsrecht), die von der Richtlinie nicht vorgeschrieben ist und die ihr Vorbild in der deutschen Umsetzung der Vermiet- und Verleih-RL hat[234], soll aus kulturpolitischen Überlegungen sicherstellen, dass die Urheber für die Übertragung „unter dem Strich" auch tatsächlich eine Vergütung erhalten. Der Gesetzgeber[235] hat hier seine Verpflichtung erfüllt, „dem Gerechtigkeitsgedanken des Urheberrechts zu entsprechen, das dem Urheber die aus seiner schöpferischen Leistung fließenden vermögenswerten Ergeb- 17

231 Vgl Begründung Viertes ÄnderungsG bei *M Schulze*, Materialien², 980f.

232 Vgl Begründung Viertes ÄnderungsG bei *M Schulze*, Materialien², 986f.

233 Vgl Begründung Viertes ÄnderungsG bei *M Schulze*, Materialien², 987.

234 § 27 Abs 1 dUrhG idF Drittes ÄnderungsG (Anspruch des Urhebers gegenüber dem Vermietunternehmen wie Videothek uä).

235 Begründung Viertes ÄnderungsG bei *M Schulze*, Materialien², 975 und 981f.

nisse als ‚geistiges Eigentum' im Sinne von Art 14 GG umfassend und zur ausschließlichen Verfügung zuordnet[236], um ihn tunlichst am wirtschaftlichen Nutzen zu beteiligen, der aus seinem Werk gezogen wird"[237]. Darauf, dass die Einräumung des ausschließlichen Kabelweitersenderechts an die betreffenden Unternehmen tatsächlich zu einer entsprechenden Vergütung führt, wollte der Gesetzgeber angesichts der Marktmacht der in der Regel verhandlungsstärkeren Unternehmen nicht vertrauen[238].

Um zu verhindern, dass sich die Unternehmen den Vergütungsanspruch übertragen lassen, ist dieser darüber hinaus nach § 20b Abs 2 Satz 3 dUrhG im Voraus nur an eine Verwertungsgesellschaft abtretbar und kann – zum Schutz der zahlungspflichtigen Kabelsendeunternehmen – auch nur von einer Verwertungsgesellschaft geltend gemacht werden. Ebenfalls zum Schutz des Urhebers ist der Vergütungsanspruch nach § 20b Abs 2 Satz 2 dUrhG **unverzichtbar**. Die Regelung war im Gesetzgebungsverfahren äußerst umstritten und hat maßgeblich zur erheblichen Verspätung bei der Umsetzung beigetragen. Schließlich hat man sich auf einen Kompromiss geeinigt und den Vergütungsanspruch nur für diejenigen Fälle gewährt, in denen weder Tarifverträge noch Betriebsvereinbarungen von Sendeunternehmen dem Urheber eine angemessene Vergütung für jede Kabelweitersendung einräumen (§ 20b Abs 3 Satz 4 dUrhG). Aus dogmatischer Sicht erscheint der Vergütungsanspruch allerdings deshalb unbefriedigend, weil er zu einer Aufspaltung der Anspruchsbeziehungen für ein- und dieselbe Nutzung führt; folglich müssen die Kabelsendeunternehmen auch zweimal bezahlen: Zahlung an das Sendeunternehmen bzw die Verwertungsgesellschaft der Tonträger- oder Filmhersteller gegen Einräumung des ausschließlichen Rechts der Kabelweitersendung zum einen und Zahlung an die Verwertungsgesellschaft der Urheber zum anderen[239]. Um zu vermeiden, dass die Doppelzahlung auch der Höhe nach unangemessen ist, werden die Beteiligten in der Praxis bei der Höhe der Vergütung, die Kabelsendungen den Sendeunternehmen für die Erlaubnis zur Kabelweiterleitung entrichten, bereits auf den Vergütungsanspruch geleistete Zahlungen der Kabelunternehmen zu berücksichtigen haben. Da sich jedoch nur auf diese Weise ein wirksamer Urheberschutz erzielen lässt, dürfte dieser „Umweg" im Ergebnis letztlich jedoch gerechtfertigt sein.

2. *Österreich* (Walter)

18 Die **Verwertungsgesellschaftenpflicht**, die schon für die Vergütungsansprüche nach der öUrhGNov 1980 gegolten hatte, ist jetzt auch für das wieder installierte Ausschlussrecht in § 59a Abs 1 öUrhG 1996 verankert. Danach kann das Recht,

---

[236] BVerfG 07.07.1971 „Kirchen- und Schulgebrauch" GRUR 1972, 481 (483); 25.10. 1978 „Kirchenmusik" GRUR 1980, 44 (46).

[237] BGH 06.11.1953 „Lautsprecherwiedergabe BGHZ 11, 135 (143) = GRUR 1954, 216.

[238] Vgl die eingehenden Ausführungen in der Begründung Viertes ÄnderungsG bei *M Schulze*, Materialien², 975 und 981f. Die Begründung nimmt insbes auf die Fälle Bezug, in denen Wahrnehmungsverträge die Rechte der Kabelweitersendung noch nicht erfasst haben, oder in denen sich Urheber zu einer Rückübertragung zuvor bereits einer Verwertungsgesellschaft übertragener Rechte verpflichtet haben.

[239] Insgesamt kritisch vor allem *Schwarz*, ZUM 1995, 690ff.

Rundfunksendungen von Werken einschließlich solcher über Satellit zur gleichzeitigen, vollständigen und unveränderten Weitersendung mit Hilfe von Leitungen zu benutzen, nur von Verwertungsgesellschaften geltend gemacht werden. Über die Richtlinie hinausgehend gilt die Verwertungsgesellschaftenpflicht auch für die Weiterleitung inländischer Programme im Inland.

Unberührt von der Verwertungsgesellschaftenpflicht bleibt das Recht, **Verletzungen** des Urheberrechts gerichtlich zu verfolgen (§ 59a Abs 1 Halbsatz 2 öUrhG 1996). Im Hinblick auf die in § 59a Abs 2 öUrhG 1996 vorgesehene Außenseiterwirkung liegt eine Rechtsverletzung allerdings nur vor, wenn kein Vertrag mit der zuständigen Verwertungsgesellschaft besteht. Dabei folgt das Gesetz der Regelung des § 26 letzter Satz öUrhG, wonach der Urheber Rechtsverletzungen auch nach Einräumung eines ausschließenden Werknutzungsrechts – neben dem Nutzungsberechtigten – verfolgen kann.

Die Außenseiterwirkung nach Art 9 Abs 2 kann sich in Österreich auf das **19** Vorbild des § 59 öUrhG 1936 für die öffentliche Rundfunkwiedergabe stützen. Danach dürfen Rundfunksendungen von Sprach- und Musikwerken zur öffentlichen Rundfunkwiedergabe benutzt werden, wenn der Veranstalter die Bewilligung dazu von der zuständigen Verwertungsgesellschaft erhalten hat. Ähnlich dürfen nach § 59a Abs 2 öUrhG 1996 Rundfunksendungen zu einer integralen Weitersendung benutzt werden, wenn der Kabelnetzbetreiber die Bewilligung dazu von der zuständigen Verwertungsgesellschaft erhalten hat. Die Regelung gilt nicht bloß für ausländische Sendungen (aus einem Mitgliedstaat). Mit Beziehung auf diese Bewilligung haben die Urheber, die mit der Verwertungsgesellschaft keinen Wahrnehmungsvertrag abgeschlossen haben[240], dieselben Rechte und Pflichten wie die Bezugsberechtigten der Verwertungsgesellschaft. Nach dieser Regelung wird vom Grundsatz der **Gleichbehandlung** auszugehen sein, der freilich auch eine Beteiligung der Außenseiter an den Einhebungskosten und Zuweisungen an sozialen und kulturellen Zwecken dienende Einrichtungen einschließt. Ob Verwertungsgesellschaften auch ihre Abwehrbefugnisse auf die Rechte von Außenseitern stützen können, ist nicht ausdrücklich geregelt, wird aber – unbeschadet des parallelen Klagerechts des Rechtsinhabers selbst – anzunehmen seien. Diese Regelung ist als gesetzliche Treuhand der Verwertungsgesellschaft zu deuten.

Die in Art 9 Abs 2 vorgesehene dreijährige **Verjährung** bedurfte keiner besonderen Umsetzung, da Ansprüche einzelner Anspruchsberechtigter oder Gruppen von Anspruchsberechtigten gegen Verwertungsgesellschaften schon nach geltendem Recht (§ 90 Abs 2 öUrhG) ohne Rücksicht auf die Kenntnis des Anspruchsberechtigten von den die Zahlungspflicht der Verwertungsgesellschaft begründenden Tatsachen in drei Jahren ab diesem Zeitpunkt verjähren. Als die eine Zahlungspflicht der Verwertungsgesellschaft begründende Tatsache wird im gegenständlichen Zusammenhang aber nicht der Eingang der Nutzungsentgelte oder Vergütungen bei der zuständigen Verwertungsgesellschaft anzusehen sein, sondern der Zeitpunkt, zu welchem der Bezugsberechtigte seine Beteiligung gegen die Verwertungsgesellschaft nach dem Wahrnehmungsvertrag, den Statu-

[240] Soweit deren Rechte auch nicht auf Grund eines Gegenseitigkeitsvertrags mit einer ausländischen Verwertungsgesellschaft wahrgenommen werden.

ten oder Verteilungsbestimmungen geltend machen kann. Dies ist im Hinblick darauf richtlinienkonform, dass die Verjährungsfrist nach Art 9 Abs 2 nur nicht kürzer sein darf als drei Jahre seit dem Zeitpunkt der Nutzungshandlung (Kabelweiterverbreitung).

Artikel 10 Ausübung des Kabelweiterverbreitungsrechts durch Sendeunternehmen

Übersicht

Text

Artikel 10 Ausübung des Kabelweiterverbreitungsrechts durch Sendeunternehmen

Die Mitgliedstaaten sorgen dafür, daß Artikel 9 auf die Rechte, die ein Sendeunternehmen in Bezug auf seine eigenen Sendungen geltend macht, keine Anwendung findet, wobei es unerheblich ist, ob die betreffenden Rechte eigene Rechte des Unternehmens sind oder ihm durch andere Urheberrechtsinhaber und/oder Inhaber verwandter Schutzrechte übertragen worden sind.

Aus den Erwägungsgründen

ErwG 28 Damit das reibungslose Funktionieren vertraglicher Vereinbarungen nicht durch den Einspruch von Außenseitern, die Rechte an einzelnen Programmteilen innehaben, in Frage gestellt werden kann, sollte, soweit die Besonderheiten der Kabelweiterverbreitung dies erfordern, durch Einführung einer Verwertungsgesellschaftspflicht eine ausschließlich kollektive Ausübung des Verbotsrechts vorgesehen werden. Das Verbotsrecht als solches bleibt dabei erhalten, lediglich die Art seiner Ausübung wird in bestimmtem Umfang geregelt. Daraus folgt zugleich, daß die Kabelweiterverbreitungsrechte nach wie vor abtretbar sind. Die Ausübung des Urheberpersönlichkeitsrechts wird vom Regelungsbereich dieser Richtlinie nicht erfaßt.

ErwG 29 Die in Artikel 10 vorgesehene Ausnahmeregelung wirkt sich nicht einschränkend auf die Möglichkeit der Rechtsinhaber aus, ihre Rechte einer Verwertungsgesellschaft zu übertragen und sich so eine direkte Beteiligung an der vom Kabelunternehmen für die Kabelweiterverbreitung gezahlten Vergütung zu sichern.

Kommentar

1 Nach Art 10 sind die **Erstsendeunternehmen**, deren Sendungen per Kabel weiterverbreitet werden, von der Verwertungsgesellschaftenpflicht des Art 9 zwingend[241] **auszunehmen**. Das gilt für eigene Rechte der Sendeunternehmen ebenso wie für die abgeleiteten Weitersenderechte, die Sendeunternehmen im Rahmen von Produktions- oder von Erstsendeverträgen von den Urhebern und Inhabern verwandter Schutzrechte übertragen bzw eingeräumt worden sind. Freilich steht es den Sendeunternehmen frei, die von ihnen ausgeübten[242] Kabelweiterverbreitungsrechte in eine – gegebenenfalls noch zu gründende – Verwertungsgesellschaft einzubringen.

Diese Ausnahme mag auf den ersten Blick als Privilegierung der Sendeunternehmen erscheinen. Sie ergibt sich indessen aus dem **Harmonisierungszweck** und damit aus der Logik der Richtlinie. Denn der Bedarf nach einer Regelung der Ausübung des Kabelweiterverbreitungsrechts bestand nur, „soweit die Besonderheiten der Kabelweiterverbreitung dies erfordern" (ErwG 28). Anlass für die Einführung der Verwertungsgesellschaftenpflicht war die große Zahl und die Unüberschaubarkeit der von der Kabelweiterverbreitung betroffenen Rechte, die ein Kabelnetzbetreiber selbst dann nicht mit Sicherheit lückenlos erwerben kann, wenn er mit Verwertungsgesellschaften und Inhabern von Filmrechten entsprechende Verträge abgeschlossen hat[243]. Im Gegensatz dazu ist die Zahl der bei einer Kabelweiterverbreitung betroffenen Sendeunternehmen jedoch begrenzt und überschaubar. Insbes aber hat der Kabelnetzbetreiber in aller Regel[244] Kenntnis davon, die Programme welcher Sendeunternehmen er in sein Netz einspeist und darin weiterleitet; denn er muss sich mit denjenigen Sendeunternehmen, deren Programme er weiterzuleiten gedenkt, ohnehin vertraglich ins Benehmen setzen. Eine unüberschaubaren Zahl von Rechteinhabern und das damit verbundene Außenseiterproblem, die Anlass zur Einführung der Verwertungsgesellschaftenpflicht waren, ist in Bezug auf Sendeunternehmen also gerade nicht gegeben. **2**

Dessen ungeachtet ist an dieser Regelung von Seiten der Rechtsinhaber mitunter heftige **Kritik** geübt worden[245]. Es wird befürchtet, dass sie die Sendeunternehmen ermuntern könnte, sich die Weitersenderechte von den Inhabern der in den Erstsendungen enthaltenen Werke und Leistungen, die häufig auch in einem **3**

[241] Ob Sendeunternehmen zwingend auszunehmen sind, oder ob dies den Mitgliedstaaten lediglich freisteht, war dem Wortlaut des ursprünglichen Vorschlags noch nicht ganz eindeutig zu entnehmen.

[242] *Vogel*, ZUM 1992, 24 weist darauf hin, dass bereits diese Tätigkeit der Sendeunternehmen nach nationalem Recht als verwertungsgesellschaftliche Tätigkeit anzusehen sein könnte.

[243] Vgl oben bei Art 9 Rz 2.

[244] Ausnahmefälle mögen bei der Einspeisung von Satellitenprogrammen vorkommen, die nur zu bestimmten Tageszeiten gesendet werden, so dass der betreffende Transponder auf dem Satelliten in der übrigen Zeit mit anderen Programmen belegt werden kann. Doch lässt sich eine Weiterleitung auch dieser Programme – für die der Kabeletzbetreiber die Weiterleitungsrechte vertraglich nicht erworben haben mag – durch eine in der Regel vergleichsweise einfache Überwachungstätigkeit und entsprechende technische Vorrichtungen bei der Einspeisung unterbinden.

[245] Vgl den Bericht von *Peifer* in *Schricker/Bastian/Dietz*, Konturen 104; *Vogel*, ZUM 1992, 24f.

Arbeitsverhältnissen zum Rundfunkunternehmer stehen, künftig in noch größerem Umfang übertragen (einräumen) zu lassen als dies schon bislang der Fall ist. Noch gravierender wäre es, wenn Sendeunternehmen die Rechteinhaber dazu verleiteten, bereits erfolgte Vorwegabtretungen der Kabelweitersenderechte an die Verwertungsgesellschaften rückgängig zu machen und sich die frei werdenden ebenso wie die dann künftig nicht mehr Verwertungsgesellschaften zur Wahrnehmung anvertrauten Rechte abtreten ließen oder aber eine Honorarreduktion im Fall der Vorabtretung vereinbarten. Aus der Sicht der Urheber und Leistungsschutzberechtigten wäre eine solche Entwicklung nicht so sehr im Hinblick auf die Ausübung des Verbotsrechts nachteilig, denn dieses kann nach Art 9 Abs 1 ohnehin nicht mehr individuell ausgeübt werden. Die Interessen der Rechtsinhaber wären aber dadurch empfindlich berührt, dass sie – zumindest was die bisherigen Erfahrungen anbelangt[246] – befürchten müssten, dass die Vergütungen, welche die Sendeunternehmen für die abgetreten Rechte der Kabelweiterverbreitung eingenommen haben, nicht oder nicht in vollem Umfang an sie weitergeleitet werden. Ähnliches gilt im Filmbereich, wo sich Filmproduzenten die Kabelweitersenderechte der beteiligten Filmurheber und Filmdarsteller häufig abtreten lassen und sie in Verwertungsgesellschaften einbringen, denen nur Produzenten angehören. Immerhin sucht ErwG 29 dem entgegenzuwirken.

4 Schwierigkeiten bereitet die Ausnahme der Sendeunternehmen von der Verwertungsgesellschaftenpflicht des Art 9 Abs 1 bei der Umsetzung in den Mitgliedstaaten. Denn sie führt dazu, dass **ein Teil der Kabelweitersenderechte** hinsichtlich der gleichen Art von Schutzgegenständen bei den Verwertungsgesellschaften und ein anderer Teil bei den Sendeunternehmen liegt[247]. Das wiederum hat zur Folge, dass die Verwertungsgesellschaften zwar davon Kenntnis haben, wer ihnen die Rechte übertragen hat, aber nicht wissen können, welche Rechte durch Individualverträge mit den Sendeunternehmen (vorweg) auf diese übertragen worden sind und welche nach wie vor bei Außenseitern liegen. Auf der anderen Seite sind Verwertungsgesellschaften aber nach Art 9 Abs 2 verpflichtet, auch die Rechte von Außenseitern wahrzunehmen und auch für diese eine entsprechende Vergütung zu erzielen. Dies kann auch im Verletzungsfall zu einer Erschwerung der Beweislage führen, da der Nachweis der Legitimation ohne Mitwirkung der Sendeunternehmen schwierig ist. Allerdings wird man je nach nationalen Besonderheiten davon ausgehen können, dass zumindest im Fall des Nachweises der Rechtseinräumung an eine Verwertungsgesellschaft nach den Regeln der Beweislastverteilung der Gegenbeweis einer früheren individuellen Rechtseinräumung an ein Sendeunternehmen grundsätzlich vom Beklagten zu erbringen wäre. Für

---

[246] So steht zu befürchten, dass eine Vergütung für die Kabelweiterverbreitung gar nicht gesondert ausgewiesen und damit den Rechteinhabern – wenn überhaupt – pauschal, dh aber ohne jede Möglichkeit der Nachprüfbarkeit, weitergegeben wird. In Deutschland bekannt geworden ist auch ein Fall, in dem die Vergütung auf Grund entsprechender Bestimmungen in den gewerkschaftlich ausgehandelten Tarifverträgen auf das gesamte, auch das nicht schöpferische Personal des Sendeunternehmens verteilt worden ist. Problematisch erscheinen in diesem Zusammenhang auch die jüngst neu redigierten Allgemeinen Bedingungen des Österr Rundfunks ORF.

[247] Vgl dazu aus britischer Sicht *McKnight*, EntRL 1995, 289f.

bisher schon verwertungsgesellschaftenpflichtige Vergütungsansprüche sehen die Urheberrechtsgesetze mancher Mitgliedstaaten[248] deshalb auch ausdrückliche Vermutungsregelungen zu Gunsten der Sachbefugnis von Verwertungsgesellschaften vor; dies ist allerdings gerade dann wieder problematisch, wenn klar ist, dass die Verwertungsgesellschaft nicht alle Rechte einer bestimmten Art innehat[249].

Umsetzung in Deutschland und Österreich

1. Deutschland (Dreier)

5 Die von Art 10 geforderte **Ausnahme** der Sendeunternehmen von der Verwertungsgesellschaftenpflicht in Bezug auf eigene wie (konstitutiv) eingeräumte oder (translativ) übertragene fremde Rechte der Kabelweitersendung in Bezug auf ihre eigenen Sendungen findet sich in § 20b Abs 1 Satz 2 dUrhG wieder. Darüber hinaus stellt der neue § 13b Abs 3 Satz 3 dUrhWG klar, dass sich die Fiktion der Berechtigung zur Wahrnehmung durch Verwertungsgesellschaften nicht auf Rechte erstreckt, die der Verwertungsgesellschaftenpflicht gem § 20b Abs 1 Satz 2 dUrhG nicht unterfallen.

6 Eine nach § 1 dUrhWG erlaubnispflichtige Tätigkeit üben die Sendeunternehmen nicht aus, solange sie neben eigenen nur abgeleitete Rechte im eigenen Namen und für eigene Rechnung geltend machen. Würden sie dagegen in Bezug auf fremde Sendungen und für fremde Rechnung tätig, so unterlägen sie insoweit dem dUrhWG[250].

2. Österreich (Walter)

7 Die **Verwertungsgesellschaftenpflicht** gilt im Sinn des Art 10 nicht, soweit das Recht zur Weitersendung dem Rundfunkunternehmer zusteht, dessen Sendung weitergesendet wird (§ 59a Abs 3 öUrhG 1996); dies gilt richtlinienkonform auch für abgeleitete Rechte des Rundfunkunternehmers. Dadurch wird die Möglichkeit der Vorabtretung an Verwertungsgesellschaften im Sinn des ErwG 29 nicht beeinträchtigt. Über die Wirksamkeit der Rechtseinräumung entscheidet in solchen Fällen ausschließlich die Priorität. Ausdrückliche Beweislast- oder Vermutungsregeln wurden anlässlich der Umsetzung der Satelliten- und Kabel-RL nicht vorgesehen. Im Hinblick auf die grundsätzliche Verwertungsgesellschaftenpflicht (§ 59a Abs 1 öUrhG 1996) in Verbindung mit der Außenseiterwirkung (§ 59a Abs 2 öUrhG 1996) wird aber davon auszugehen sein, dass der Beweis für eine wirksame individuelle Rechtseinräumung an ein Sendeunternehmen als „rechtsvernichtende Tatsache" vom Beklagten zu erbringen ist; dafür spricht auch der Ausnahmecharakter des Art 59a Abs 3 öUrhG 1996. Auch in diesem

[248] Vgl etwa § 13b Abs 2 dUrhWG, jetzt erweitert auf Kabelweitersenderechte.

[249] Zur Frage, inwieweit Sendeunternehmen nach nationalem Recht gleichwohl zur Erteilung ihrer Zustimmung zur Kabelweiterverbreitung verpflichtet werden können vgl unten bei Art 12 Rz 5.

[250] Vgl Begründung Viertes ÄnderungsG bei *M Schulze*, Materialien², 972f, die beispielhaft die treuhänderische Wahrnehmung von in- oder ausländischen Schwestergesellschaften der Sendeunternehmen nennt.

Zusammenhang hat es die öUrhGNov 1996 unterlassen, durch entsprechende urhebervertragsrechtliche Regelungen für klare Rechtsverhältnisse und eine faire Güterverteilung zu sorgen.

Artikel 11 Vermittler

Übersicht

Text

Artikel 11 Vermittler

(1) Kommt keine Vereinbarung über die Erteilung einer Erlaubnis zur Kabelweiterverbreitung einer Rundfunksendung zustande, so gewährleisten die Mitgliedstaaten, daß jeder der Beteiligten einen oder mehrere Vermittler anrufen kann.

(2) Die Vermittler haben die Aufgabe, Verhandlungshilfe zu leisten. Sie können den Beteiligten auch Vorschläge unterbreiten.

(3) Erhebt keine der Parteien innerhalb von drei Monaten nach Übermittlung eines Vorschlags nach Absatz 2 Einwände gegen diesen Vorschlag, so gilt dieser als von den Parteien angenommen. Der Vorschlag sowie jedweder Einwand dagegen ist den betreffenden Parteien nach den für die Zustellung von Rechtsdokumenten geltenden Regeln zuzustellen.

(4) Bei der Auswahl der Vermittler ist sicherzustellen, daß diese die volle Gewähr für Unabhängigkeit und Unparteilichkeit bieten.

Aus den Erwägungsgründen

ErwG 30 Darüber hinaus sollen die vertraglichen Vereinbarungen über die Genehmigung der Kabelweiterverbreitung durch eine Reihe von Maßnahmen gefördert werden. Will ein Beteiligter einen allgemeinen Vertrag abschließen, sollte er verpflichtet sein, kollektive Vorschläge für eine Vereinbarung zu unterbreiten. Außerdem soll allen Beteiligten jederzeit die Anrufung unparteiischer Vermittler offenstehen, die Verhandlungshilfe leisten und Vorschläge unterbreiten können. Solche Vorschläge oder Einwände gegen diese Vorschläge sollten den Beteiligten nach den für die Zustellung von Rechtsdokumenten geltenden Regeln, wie sie insbes in den bestehenden internationalen Übereinkommen niedergelegt sind, zugestellt werden. …

Kommentar

1. Flankierende Maßnahmen

Angesichts der **Zielrichtung der Richtlinie**, für eine möglichst weitgehende Verbreitung Europäischer Fernsehprogramme zu sorgen, bedurfte es im Licht praktischer Erfahrungen schließlich flankierender Maßnahmen, die zum einen den vertraglichen Rechtserwerb erleichtern und zum anderen den Fortbestand einmal geschlossener vertraglicher Vereinbarungen nach Möglichkeit sicherstellen sollen. Ohne solche flankierende Maßnahmen wären angesichts der rechtlichen Monopolstellung, welche die Richtlinie den Verwertungsgesellschaften gewährt, die Investitionen der Kabelbetreiber in den Auf- und Ausbau ihrer Kabelnetze und in die Einwerbung von Abonnenten über Gebühr gefährdet. Auch stehen Kabelnetzbetreibern im Hinblick auf die in den vergangenen Jahren explosionsartig gestiegene Zahl von Fernsehprogrammen und die – zumal bei alter Netztechnologie – begrenzte Anzahl von Kabelkanälen nur knappe Ressourcen zur Verfügung. Auf der anderen Seite sind die meisten Programmveranstalter – soweit sie ihre Einnahmen nicht über Abonnementgebühren einspielen – ihrerseits darauf angewiesen, dass ihre Programme über Kabelnetze weiterverbreitet werden; denn nur so lässt sich in der Regel eine hinreichend große Reichweite (Einschaltquote) erreichen, die ein gewinnträchtiges oder doch zumindest kostendeckendes Werbeaufkommen garantiert. **1**

Anliegen der Richtlinie ist es, diese flankierenden Maßnahmen nun so stark wie möglich auszugestalten, ohne damit zugleich den vertraglichen Erwerb der Kabelweitersenderechte grundsätzlich in Frage zu stellen. In der Tat hätte jede Regelung, die im Ergebnis auf eine zwingend vorzusehende Zwangslizenz hinausgelaufen wäre, im Rat ebensowenig eine Mehrheit gefunden wie eine Regelung, die eine möglichst ununterbrochene Kabelweiterverbreitung nicht mit hinreichender Wahrscheinlichkeit sicherstellt. Dass diese gegensätzlichen Ziele miteinander nicht vollständig in Einklang zu bringen waren[251], spiegelt sich in der nicht gerade juristisch präzisen Sprache der Art 11 und 12 wider. **2**

Die Richtlinie sieht nun in Art 11 zum einen ein Vermittlungsverfahren und in Art 12 zum anderen eine Missbrauchskontrolle vor. Der im ursprünglichen RL-Vorschlag vorgesehene Zwang zur Unterbreitung eines kollektiven Vertragsangebotes für den Fall, in dem der Anbietende seinerseits den Abschluss eines Gesamtvertrages begehrt, wurde vom geänderten RL-Vorschlag auf Antrag des Parlaments nur als Anregung und nur in die Erwägungsgründe übernommen (ErwG 30). **3**

2. Streitschlichtungseinrichtungen (Abs 1)

Nach Art 11 Abs 1 haben die Mitgliedstaaten sicherzustellen, dass sich die Beteiligten dann, wenn eine Vereinbarung nicht zustande kommt, an einen oder mehrere unabhängige und unparteiische **Vermittler** wenden können. **4**

---

[251] Vgl zur Überbrückung dieses Gegensatzes bereits oben bei Art 8 Rz 6; vgl dazu auch Art 13 Rz 4.

5 In der **Ausgestaltung** des Vermittlungsverfahrens sind die Mitgliedstaaten weitgehend frei[252]. So können sie für die Vermittlungstätigkeit eine eigene Stelle ins Leben rufen; sie können eine bestehende Stelle mit der Vermittlung betrauen und für das Verfahren vor dieser Stelle ebenso wie für die Auswahl der Vermittler ein bestimmtes Verfahren vorsehen. Angesichts des Wortlautes des Abs 1 dürften die Mitgliedstaaten nicht dazu verpflichtet sein, vermittelnde Organe und/oder Verfahren bereits vor Auftreten einer konkreten Streitigkeit zu schaffen, mag dies in der Praxis angesichts der vom bloßen Bestehen der Möglichkeit der Vermittlung ausgehenden befriedenden Wirkung auch vorzuziehen sein.

6 Letztlich muss es auch den Parteien freistehen, in eigener Regie für eine **Streitbeilegung** zu sorgen, und zwar selbst dann, wenn ein Mitgliedstaat eine bestimmte Stelle bereits mit der Vermittlungstätigkeit nach Art 11 betraut hat; denn Ziel des Art 11 ist es, auf verbesserte Möglichkeiten der Streitbeilegung hinzuwirken und nicht, ohnehin bereits offenstehende Streitschlichtungseinrichtungen zu beseitigen. So können insbes in (bereits laufenden) Gesamtverträgen für den Fall künftiger Streitigkeiten bzw im Hinblick auf allfällige Vertragsverlängerungen Schiedsabreden getroffen werden.

3. Vermittlungsverfahren (Abs 2)

7 Aufgabe der Vermittler ist es vor allem, den Beteiligten in Streitfällen **Verhandlungshilfe** zu leisten. Im Rahmen dieser Tätigkeit können sie auch durch entsprechende Vorschläge auf den Abschluss einer Vereinbarung hinwirken. Dagegen sind die Vermittler nicht befugt, für die Beteiligten bindende Lösungen vorzuschreiben. Gegebenenfalls werden ihre Vorschläge nach den Bestimmungen des Abs 3 bindend.

8 Auch hinsichtlich der Ausgestaltung des Vermittlungsverfahrens sind die Mitgliedstaaten wohl grundsätzlich frei. Sie können die Festlegung der Verfahrensordnung auch den Vermittlern und/oder den Beteiligten überlassen. Fraglich könnte nur sein, ob es den Mitgliedstaaten freisteht bzw ob sie dazu verpflichtet sind, auf die Beteiligten zumindest insoweit einen gewissen Druck auszuüben, dass sich diese nicht von vornherein und ohne Angabe von Gründen dem Versuch einer **Vermittlung entziehen**. Das ist letztlich wohl zu verneinen; denn das Vermittlungsverfahren ist, wie auch Abs 3 erweist, seiner Anlage nach letztlich auf die Freiwilligkeit der Mitwirkung der Beteiligten ausgelegt. Seine befriedende und die Kabelweiterverbreitung fördernde Wirkung besteht letztlich darin, dass es sich dabei nicht bloß um eine denkbare Variante der Streitschlichtung handelt, sondern dass diese institutionalisiert und gesetzlich garantiert ist.

4. Vermittlungsvorschlag (Abs 3)

9 Immerhin verleiht der auf Antrag des Parlaments in Erster Lesung in den geänderten RL-Vorschlag aufgenommene Art 11 Abs 3 dem Vermittlungsverfahren eine größere Wirkung als zunächst vorgesehen. Macht nämlich ein Vermittler einen **Einigungsvorschlag**, und wird dieser den Parteien ordnungsgemäß zugestellt, so

---

[252] Ebenso *Reindl*, Einfluß des Gemeinschaftsrechts 364.

müssen die Parteien dem Vorschlag binnen drei Monaten widersprechen, wenn sie ihn nicht gegen sich gelten lassen wollen. Damit wird zugleich auch darauf hingewirkt, dass die Parteien ihre Positionen klar und deutlich zum Ausdruck bringen, womit letztlich auch die Transparenz der Verhandlungen gefördert wird.

Die für die **Zustellung** von Rechtsdokumenten geltenden Regelungen, nach **10** denen die Zustellung sowohl des Vermittlungsvorschlags als auch der dagegen erhobenen Einwände zu erfolgen hat, sind in den meisten Fällen dem inzwischen mit Ausnahme Österreichs für alle Mitgliedstaaten verbindlichen Haager Übereinkommen über die Zustellung gerichtlicher und außergerichtlicher Schriftstücke im Ausland in Zivil- und Handelssachen zu entnehmen[253].

5. Unparteilichkeit und Unabhängigkeit (Abs 4)

Art 11 Abs 4 formuliert den für jedes Vermittlungs- und Schiedsverfahren selbst- **11** verständlichen Grundsatz, dass die ausgewählten Vermittler unabhängig und unparteiisch sein müssen. Der Grund für diese ausdrückliche Bekräftigung dürfte darin zu sehen sein, dass Abs 4 offen lässt, auf welche Weise die Vermittler ausgewählt bzw bestimmt werden. Auch wenn die jetzige Formulierung im Gegensatz noch zum ursprünglichen RL-Vorschlag klarstellt, dass die Mitgliedstaaten die Vermittler nicht selbst auswählen müssen[254], so bleibt es ihnen doch nach wie vor vorbehalten, sie zu bestimmen. In einem solchen Fall würden dann vom Mitgliedstaat A ernannte Vermittler Vorschläge im Hinblick auf Kabelweitersenderechte von Rechteinhabern des Mitgliedstaates B ausarbeiten. Diesen ist an der Unabhängigkeit und der Unparteilichkeit der Vermittler deshalb ganz besonders gelegen, auch wenn keine Verpflichtung besteht, einen Vermittlungsvorschlag anzunehmen.

Fraglich erscheint allerdings, ob bei mehreren Vermittlern jeder von ihnen unpar- **12** teiisch sein muss, oder ob nur das Gremium der Vermittler als solches die Gewähr für Unabhängigkeit und Unparteilichkeit bieten muss. Für Ersteres spricht zwar der Wortlaut des Abs 4; anderseits würde eine solche Auslegung den Spielraum für die Ausgestaltung des Vermittlungsverfahrens erheblich einengen und insbes Verfahren, in denen die Parteien zunächst einen oder mehrere mit der Sachlage vertraute, ihnen aber nahestehende Vermittler benennen, die sich dann ihrerseits gemeinsam auf einen oder mehrere zusätzliche Vermittler einigen, ausschließen.

Hat der betreffende Mitgliedstaat hinsichtlich der Kabelweiterverbreitung eine **13** eigene Stelle mit der Vermittlungstätigkeit betraut, so richtet sich die Auswahl der Vermittler nach den für diese Stelle geltenden Verfahrensregeln. Auch insoweit bleibt den Mitgliedstaaten wiederum ein großer Umsetzungsspielraum. So können sie etwa vorsehen, dass Vermittler unabhängig von konkreten Streitfällen im vorhinein ausgewählt und in eine Liste eingetragen werden; sie können die Auswahl und Benennung der Vermittler aber auch erst anlässlich eines konkreten Streitfalles vorsehen. Schließlich wird man es auch den Parteien überlassen müssen, die Vermittler einvernehmlich selbst auszuwählen.

---

253 Text abgedruckt zB bei *Bükow/Böckstiegel*, Internationaler Rechtsverkehr in Zivil- und Handelssachen (1995) 19. Lfg Z 351; Mitgliederstand Z 355 vom 31.12.1995.

254 Begründung geänderter RL-Vorschlag Art 11 Abs 4.

Umsetzung in Deutschland und Österreich

1. Deutschland (Dreier)

14 Der Verpflichtung zur Einrichtung einer Stelle nach Art 11, die bei erfolgloser Verhandlung über die Einräumung des Rechts der Kabelweitersendung angerufen werden kann, um im Weg der Vermittlung Vertragshilfe zu leisten, kommt der deutsche Gesetzgeber durch eine Änderung des § 14 dUrhWG nach. Da Zuständigkeiten, Zusammensetzung und Befugnisse der beim deutschen Patentamt eingerichteten **Schiedsstelle** schon zuvor weitgehend den Anforderungen der Richtlinie entsprachen[255], bedurfte es lediglich einer Erweiterung der Zuständigkeit der Schiedsstelle auch für Kabelweitersendungen betreffende Streitigkeiten zwischen Kabel- und Sendeunternehmen. Die dreimonatige Frist bis zur Annahme (§ 14a Abs 3 dUrhWG) gilt nur für Einigungsvorschläge hinsichtlich der Kabelweitersendung; im Übrigen verbleibt es bei der einmonatigen Frist.

15 Zugleich hat der deutsche Umsetzungsgesetzgeber im Weg eines neu eingefügten § 14d dUrhWG insoweit die Bestimmungen für entsprechend anwendbar erklärt, die nach § 14c dUrhWG bereits bei Streitigkeiten über den Abschluß und die Änderung von Gesamtverträgen unter Beteiligung von Verwertungsgesellschaften Anwendung finden. Das schließt die Unterrichtung des **Bundeskartellamts** (§ 14c Abs 3 dUrhWG) über derartige Verfahren ein, können doch Gesamt- und Pauschalverträge der Sende- und Kabelunternehmen kartellrechtlich ebenso von Bedeutung sein wie Gesamtverträge der Verwertungsgesellschaften[256]. Eine Änderung in § 16 dUrhWG schließlich begründet die **Zuständigkeit** des OLG München über die bisherige Zuständigkeit für Ansprüche auf Abschluss oder Änderung eines Gesamtvertrags mit einer Verwertungsgesellschaft hinaus auch für Pauschalverträge zwischen einem Sende- und einem Kabelunternehmen, die in den Zuständigkeitsbereich der Schiedsstelle für Urheberrechtsstreitsachen fallen, dort jedoch nicht vermittelt werden konnten.

2. Österreich (Walter)

16 Das zwingend vorgesehene Vermittlungsverfahren wurde anlässlich der Umsetzung der Satelliten- und Kabel-RL mit öUrhGNov 1996 institutionalisiert, wobei man auf die mit öUrhGNov 1980 eingerichtete **Schiedsstelle** zurückgreifen konnte. Nach § 59b Abs 1 öUrhG 1996 kann jeder der Beteiligten bei der Schiedsstelle Vertragshilfe beantragen, wenn ein Vertrag über die Bewilligung der integralen Weiterleitung von Rundfunksendungen im Sinn des § 59a öUrhG 1996 nicht zustande kommt. Die Schiedsstelle kann den Parteien auch Vorschläge unterbreiten; ein solcher Schlichtungsvorschlag gilt als angenommen, wenn keine der Parteien binnen drei Monaten Einwände erhebt. Richtlinienkonform ist die Anrufung der Schiedsstelle nicht zwingend vorgeschrieben; die Parteien können sich auch auf ein anderes Schlichtungsverfahren einigen, die bindende Entscheidung einem Schiedsgericht überlassen oder auch eine Klärung durch die ordentlichen Gerichte herbeiführen. Der Rechtswegs ist deshalb jedenfalls zulässig.

---

[255] Vgl zu Einzelheiten Begründung Viertes ÄnderungsG bei *M Schulze*, Materialien², 988f.

[256] Vgl Begründung Viertes ÄnderungsG bei *M Schulze*, Materialien², 990.

Während die Schiedsstelle nach der öUrhGNov 1980 für alle Streitigkeiten aus der Leerkassettenvergütung und aus der Kabelvergütung nach § 59a öUrhG idF 1980 zuständig war, wurde diese mit öUrhGNov 1989 insoweit beschränkt, als der Schiedsstelle nur mehr die Grundsatzentscheidung über die Höhe der Tarife zustand. Die Sonderzuständigkeit der Schiedsstelle galt auch nicht für die – gleichfalls mit öUrhGNov 1989 eingeführte – Satellitenvergütung nach § 59b öUrhG idF 1989, für welche von vornherein die gerichtliche Zuständigkeit bzw – für die Aufstellung von Satzungen bzw Streitigkeiten aus Gesamtverträgen nach dem öVerwGesG – diejenige der Schiedskommission nach dem öVerwGesG gegeben war. Nach der Rückführung des Kabelweitersenderechts in ein Ausschlussrecht mit öUrhGNov 1996 ist nun wieder einheitlich die gerichtliche Zuständigkeit bzw diejenige der Schiedskommission nach dem öVerwGesG gegeben[257]. Hinzu kommt die nun der Schiedsstelle zugewiesene Aufgabe als Vermittler nach der neu gefassten Bestimmung des § 59b Abs 1 öUrhG 1996. Während die Schiedskommission über Antrag einer Seite mangels Zustandekommens eines Gesamtvertrags nur Satzungen aufstellen (oder über Streitigkeiten aus Gesamtverträgen entscheiden) kann, erstreckt sich die Vermittlerrolle der Schiedsstelle[258] wohl nur auf Einzelverträge. **17**

Ob die Schiedsstelle den Erfordernissen der Unparteilichkeit und Unabhängigkeit im Sinn des Art 11 Abs 4 Satelliten- und Kabel-RL und den Anforderungen an ein „unabhängiges Gericht" (*tribunal*) im Sinn des Art 6 Abs 1 MRK entspricht, könnte fraglich sein. Dies vor allem im Hinblick auf deren Besetzung (Art III öUrhGNov 1980)[259]. Der Verfassungsgerichtshof hat dies unter dem Gesichtswinkel des Art 6 MRK allerdings bejaht[260].

Artikel 12 Verhinderung des Missbrauchs von Verhandlungspositionen

Übersicht

257 Für die Leerkassettenvergütung behält die Schiedsstelle aber ihre bisherige Funktion.

258 Zusammensetzung und Verfahren richten sich nach Art III öUrhGNov 1980.

259 Vgl dazu *Walter,* Die Regelung des Kabelfernsehens in der österr Urheberrechtsgesetz-Novelle 1980 unter besonderer Berücksichtigung ihrer Vereinbarkeit mit dem Konventionsrecht, UFITA 91 (1981) 29 (70f).

260 VfGH 05.12.1983 – „Eigentumsgarantie/Gemeinschaftsantennenanlage II" RfR 1984, 16 *(Dittrich)* = VfSlg 9887= ZfVB 1984/5/3184 = GRUR Int 1984, 532.

Text

Artikel 12 Verhinderung des Mißbrauchs von Verhandlungspositionen

(1) Die Mitgliedstaaten sorgen durch entsprechende zivil- oder verwaltungsrechtliche Vorschriften dafür, daß die Beteiligten Verhandlungen über die Erlaubnis der Kabelweiterverbreitung nach Treu und Glauben aufnehmen und diese Verhandlungen nicht ohne triftigen Grund be- oder verhindern.

(2) Verfügt ein Mitgliedstaat zu dem in Artikel 14 Absatz 1 genannten Zeitpunkt über eine für sein Hoheitsgebiet zuständige Stelle, der die Fälle unterbreitet werden können, in denen das Recht der öffentlichen Weiterverbreitung eines Programms durch Kabel in diesem Mitgliedstaat ohne stichhaltigen Grund verweigert oder von einem Sendeunternehmen zu unangemessenen Bedingungen angeboten worden ist, so kann er diese Stelle beibehalten.

(3) Absatz 2 gilt für eine Übergangszeit von acht Jahren, gerechnet ab dem in Artikel 14 Absatz 1 genannten Zeitpunkt.

Aus den Erwägungsgründen

ErwG 11 Schließlich unterliegen nicht alle Beteiligten in allen Mitgliedstaaten gleichermaßen Verpflichtungen, die sie daran hindern, Verhandlungen über den Erwerb der zur Kabelweiterverbreitung erforderlichen Rechte ohne triftigen Grund zu verweigern oder scheitern zu lassen.

ErwG 30 … Schließlich muß dafür gesorgt werden, daß die Vertragsverhandlungen nicht ohne triftigen Grund blockiert werden und daß die Teilnahme einzelner Rechtsinhaber an diesen Verhandlungen nicht ohne triftigen Grund verhindert wird. Keine dieser Maßnahmen zur Förderung des Rechtserwerbs stellt den vertraglichen Charakter des Erwerbs der Kabelweiterverbreitungsrechte in Frage.

ErwG 31 Für eine Übergangszeit sollte den Mitgliedstaaten die Aufrechterhaltung bestehender Stellen erlaubt sein, die in ihrem jeweiligen Hoheitsgebiet zuständig sind, mit Fällen befaßt zu werden, in denen das Recht der öffentlichen Weiterverbreitung eines Programms durch Kabel von einem Sendeunternehmen ohne stichhaltigen Grund verweigert oder zu unangemessenen Bedingungen angeboten worden ist. Dabei wird vorausgesetzt, daß das Recht der betreffenden Parteien auf Anhörung durch die Stelle gewährleistet ist und die Existenz der Stelle die betreffenden Parteien nicht daran hindert, den normalen Rechtsweg zu beschreiten.

Kommentar

1. Missbrauchsaufsicht (Abs 1)

1 Art 12 ergänzt die in Art 11 vorgesehenen **flankierenden Maßnahmen,** mit denen die Richtlinie eine möglichst ungehinderte grenzüberschreitende Kabelweiterverbreitung sicherzustellen sucht.

2 Im Vergleich mit der Vermittlung nach Art 11 ist die **Missbrauchskontrolle** nach Art 12 die strengere Maßnahme. Hier haben die Mitgliedstaaten durch geeignete zivil- oder verwaltungsrechtliche Vorschriften dafür zu sorgen, dass die Beteiligten die Aufnahme von Verhandlungen nicht treuwidrig, dh „ohne triftigen Grund“ verweigern oder sie grundlos behindern oder abbrechen. Die Vorschrift richtet sich gleichermaßen an Verwertungsgesellschaften, Sendeunternehmen und Kabelbetreiber[261], wenngleich im Hinblick auf den Vorbehalt zu Gunsten der nationalen Gesetzgebung nach Art 13 für die Anwendung des Art 12 auf Verwertungsgesellschaften nur ein vergleichsweise geringerer Raum bleiben dürfte.

Wie diese Kontrolle im Einzelnen auszusehen hat, regelt Art 12 Abs 1 nicht; auch hier haben die Mitgliedstaaten – wie dies schon die pauschale Verweisung auf zivil- oder verwaltungsrechtliche Vorschriften nahelegt – wiederum einen großen **Gestaltungsspielraum**. Nationale kartellrechtliche Bestimmungen als solche dürften zur Umsetzung des Art 12 Abs 1 jedoch nicht ausreichen; denn es geht vorliegend nicht allein um die Ausnutzung von Marktmacht, sondern auch um die schlichte Ausübung von Ausschließlichkeitsrechten bzw die Erteilung der Zustimmung zur Einspeisung, was beides – von Ausnahmefällen abgesehen[262] – für sich genommen nicht wettbewerbswidrig ist. **3**

Die **Voraussetzungen** des Tatbestands sind recht vage formuliert; es spiegelt sich in den gewählten Formulierungen die Schwierigkeit wider, die gegensätzlichen Auffassungen der Mitgliedstaaten hinsichtlich des Zwangs miteinander in Einklang zu bringen, der auf die Beteiligten im Interesse der Herbeiführung vertraglicher Vereinbarungen ausgeübt werden können soll und darf[263]. Die Begriffe „Treu und Glauben“, „triftiger Grund“ bzw Verhandlungen „be- oder verhindern“ lassen sich kaum abstrakt definieren. Als tendenziell missbräuchlich genannt seien daher an dieser Stelle beispielhaft nur folgende Verhaltensweisen: Das Nichteingehen auf ernsthafte Angebote ohne Angabe von Gründen; das unentschuldigte Fernbleiben von ernsthaft vorgeschlagenen Verhandlungen oder mehr noch das Nichterscheinen bei einem zuvor einverständlich angesetzten Verhandlungstermin; nicht ernst gemeinte Angebote; gänzlich überhöhte Preisforderungen; Vertragsbedingungen, die – insbes auch im Vergleich mit ähnlichen Regelungen im Ausland – ungewöhnlich und von vornherein inakzeptabel sind. Anderseits beruht nicht jedes Scheitern von Vertragsverhandlungen auf einem missbräuchlichem Verhalten[264]. Auch die Geltendmachung eines im Vergleich zum Erstsendeland im Land der Kabelweiterverbeitung stärkeren Urheberpersönlichkeitsrechts wird man nicht als ungerechtfertigt ansehen können[265]. **4**

---

261 AA *Kéréver*, DIT 1994/4, 71 (keine Anwendung auf Verhandlungen zwischen Kabelnetzbetreibern und Sendeunternehmen).

262 Vgl zu den urheberrechtlichen Fällen, in denen die Ausübung eines Ausschließlichkeitsrechts ausnahmsweise wettbewerbswidrig sein kann, *Daum* Allgemeiner Teil – 3. Kapitel Ausübung des Urheberrechts Rz 6ff mit Nachweisen zur Rechtsprechung des EuGH.

263 Vgl dazu bereits oben bei Art 8 Rz 6 sowie Art 11 Rz 1.

264 So zu Recht *Vogel*, ZUM 1992, 24; ebenso *Kéréver*, DIT 1994/4, 71; in diesem Fall vermag allein das allgemeine Wettbewerbsrecht zu greifen.

265 So auch *Kéréver*, DIT 1994/4, 71; es folgt dies schon aus Art 8 Abs 1, wonach die Kabelweiterverbreitung das Recht desjenigen Staats zu beachten hat, in dem sie erfolgt. Siehe auch oben bei Art 9 Rz 6.

5 Vor allem schweigt sich Art 12 Abs 1 über die **Rechtsfolgen** aus, die ein missbräuchliches Verhalten nach sich ziehen soll[266]. Fraglich ist in diesem Zusammenhang insbes, ob die Formulierung „die Mitgliedstaaten sorgen dafür" auch einen **Kontrahierungszwang** deckt. Das ist zwar des öfteren bezweifelt worden[267], wird letztlich aber angesichts der Entstehungsgeschichte der Richtlinie nicht generell verneint werden können[268]. Denn es standen einander die divergierenden Positionen gegenüber, entweder von der grundsätzlichen Vertragsfreiheit oder aber davon auszugehen, dass eine Kabelweiterverbreitung notfalls auch erzwingbar sein müsse[269]. Wenn nun die Richtlinie – von der durch Art 13 gedeckten Möglichkeit eines allgemeinen Kontrahierungszwanges für Verwertungsgesellschaft abgesehen – in Art 12 nicht so weit geht, einen Vertragsabschluss auch gegen den Willen der Betroffenen vorzusehen, so wird man doch einen Kontrahierungszwang zumindest dann noch als richtlinienkonform ansehen können, wenn er nicht automatisch greift und den Betroffenen in berechtigten Fällen auch die Möglichkeit lässt, ihm zu entgehen. Wollte man anders entscheiden, bestünde die begründete Gefahr, dass das Ziel der Richtlinie, für eine möglichst ununterbrochene Kabelweiterverbreitung zu sorgen, letztlich nicht erreicht werden könnte.

2. *Entscheidungsinstanzen (Abs 2)*

6 Wie groß der Widerstand einiger Mitgliedstaaten gegen jede Regelung war, die auf eine mehr oder minder zwangsweise Erteilung der vertraglichen Zustimmung hinauslaufen könnte, zeigen die erst im Gemeinsamen Standpunkt eingefügten Abs 2 und 3. Danach darf die Missbrauchsaufsicht jedenfalls nicht so weit gehen, dass eigene „Stellen" vorgesehen werden, die über eine grundlose Verweigerung der Zustimmung oder unangemessene Bedingungen zu entscheiden hätten. Das kann nur dahingehend verstanden werden, dass solche Stellen keine für die Parteien bindende Entscheidung treffen können. In Erinnerung gerufen sei jedoch, dass nach Art 13 ein allgemeiner, nicht allein auf die Kabelweiterverbreitung beschränkter Abschlusszwang für Verwertungsgesellschaften mit der Richtlinie vereinbar ist[270].

3. *Übergangsregelung (Abs 3)*

7 In den Mitgliedstaaten, in denen solche Stellen zum 1. Januar 1995 bestanden haben, sind sie spätestens bis zum 1. Januar 2003 abzuschaffen. Das gilt freilich

266 Vgl zu den theoretischen Möglichkeiten *Doutrelepont,* RMUE 1994, 107.

267 Vgl etwa *Schwarz*, ZUM 1995, 688ff, dessen Kritik sich vor allem gegen eine Gleichstellung der Sendeunternehmen und Verwertungsgesellschaften richtet, da er „triftige Gründe" für eine Verweigerung der Einspeisung insbes angesichts des wirtschaftlichen und häufig auch des tatsächlichen Zusammenhangs von Satelliten(erst)sendung und anschließender Kabelweiterverbreitung gegeben sieht. Zweifelnd auch *Reindl*, Einfluß des Gemeinschaftsrechts 370f.

268 So im Ergebnis auch die Umsetzung im neuen § 59b öUrhG sowie die geringfügig abgeschwächte Form in § 87 Abs 4 dUrhG (Verpflichtung zum Abschluss eines Vertrags zu angemessenen Bedingungen, sofern nicht ein die Ablehnung rechtfertigender sachlicher Grund besteht).

269 Vgl die Ausführungen bei Art 8 Rz 6.

270 Vgl dazu bei Art 13 Rz 3.

nur, sofern nicht infolge bis zum 1. Januar 2000 gesammelter Erfahrungen eine nach Art 13 Abs 3 angeregte Änderung dieser Vorschrift erfolgen sollte.

Als typische Kompromissbestimmung schweigt die Vorschrift allerdings über die für die Übergangszeit zulässigen Befugnisse solcher Stellen. Art 12 Abs 2 spricht insoweit nur von einer „zuständigen Stelle, der die Fälle unterbreitet werden können"; auch der dazugehörige ErwG 31 ist mit der Formulierung „zuständig ..., mit Fällen befasst zu werden" nicht präziser. **8**

Umsetzung in Deutschland und Österreich

1. Deutschland (Dreier)

An den Verhandlungen über die Kabelweitersendung im Sinn der Satelliten- und Kabel-RL beteiligt sind das Sendeunternehmen der Erstsendung, Verwertungsgesellschaften und Kabelunternehmen. Da Verwertungsgesellschaften nach deutschem Recht auf Grund ihrer rechtlich anerkannten, faktischen Monopolstellung ohnehin bereits einem allgemeinen Abschlusszwang unterworfen sind (§ 11 dUrhWG), bedurfte es einer Umsetzung des in Art 12 Abs 1 niedergelegten Verbots des Missbrauchs von Verhandlungspositionen nur mehr für Kabelunternehmen und Sendeunternehmen. Dem trägt der im Gesetzgebungsverfahren heftig umstrittene, neu geschaffene § 87 Abs 4 dUrhG Rechnung, der Sendeunternehmen und Kabelunternehmen fortan zivilrechtlich verpflichtet, einen Vertrag über die Kabelweitersendung zu angemessenen Bedingungen abzuschließen, „sofern nicht ein die Ablehnung des Vertragsabschlusses sachlich rechtfertigender Grund besteht". Diese Verpflichtung gilt für das Sendeunternehmen sowohl hinsichtlich seiner eigenen, als auch der ihm von den Urhebern und Leistungsschutzberechtigten eingeräumten oder übertragenen Rechte[271]. **9**

Hinsichtlich Art 12 Abs 2 und 3 bestand in Deutschland kein Handlungsbedarf. **10**

2. Österreich (Walter)

Verwertungsgesellschaften genießen in Österreich eine durch das Erfordernis der Erteilung einer Betriebsgenehmigung rechtlich abgesicherte Monopolstellung, die im Interesse der Rechtsinhaber und Nutzer liegt. Schon die Regelungen des öVerwGesG 1936 zielten darauf ab, einen möglichen Missbrauch dieser Monopolstellung hintanzuhalten; so stehen Verwertungsgesellschaften insbes unter der Aufsicht eines Staatskommissärs. Ob sie unabhängig davon als „marktbeherrschende Unternehmen" auch der kartellgerichtlichen Aufsicht nach den §§ 35ff öKartG unterliegen, ist strittig[272]. Bei Auseinandersetzungen über die Höhe des angemessenen Nutzungsentgelts sieht § 26 öVerwGesG für Verwertungsgesellschaften allgemein den sog bedingten Bewilligungszwang vor. Danach muss eine Verwertungsgesellschaft eine Nutzungsbewilligung erteilen, wenn eine Vereinbarung nur an einer Einigung über die Höhe des Nutzungsentgelts schei- **11**

[271] Vgl zur Begründung und zum Einwand der Sendeunternehmen, ein derart starker, wenn auch abgeschwächter Kontrahierungszwang sei angesichts kartellrechtlicher Regelungen nicht erforderlich, die Begründung Viertes ÄnderungsG bei *M Schulze*, Materialien[2], 983f.

[272] Dagegen *Walter* MR 1997, 216 (217ff).

tert, und der Nutzer für das von der Verwertungsgesellschaft begehrte Entgelt Sicherheit leistet. Darüber hinaus ist aber insoweit auch von einem allgemeinen Kontrahierungszwang auszugehen, als Verwertungsgesellschaft einen Vertragsabschluss nicht ohne zureichende Gründe verweigern dürfen. Liegen sachlich gerechtfertigte Gründe vor, greift der Kontrahierungszwang aber nicht[273]. In seiner Entscheidung vom 9. September 1997 hat der OGH einen Kontrahierungszwang auch für Filmverleiher angenommen[274].

12 Der für Verwertungsgesellschaften insoweit generell geltende **Kontrahierungszwang** hätte mE den Anforderungen der Art 12 und 13 bereits entsprochen. Dessen ungeachtet wurde mit öUrhGNov 1996 speziell für den Fall der Kabelweiterverbreitung vorgesehen, dass der Kabelbetreiber einen Anspruch auf Erteilung der erforderlichen Nutzungsbewilligung zu angemessenen Bedingungen hat, wenn ein Vertrag nur deshalb nicht zustande kommt, weil die Verwertungsgesellschaft die Verhandlungen darüber nicht nach Treu und Glauben aufgenommen oder sie ohne triftigen Grund be- oder verhindert hat (§ 59b Abs 2 öUrhG 1996). Von einer reinen Zwangslizenz unterscheidet sich diese Vorschrift dadurch, dass triftige Gründe die Verweigerung eines Vertragsabschlusses rechtfertigen können. Dieser Kontrahierungszwang gilt nach der ausdrücklichen Regelung dieser Bestimmung auch für Rundfunkunternehmer.

Wenngleich die Vorsehung einer spezifischen Bestimmung nicht im Sinn der Richtlinie ist, wird man nach dem oben Gesagten davon ausgehen können, dass es sich nur um eine Ausformulierung des ohnehin generell jeden Monopolisten unter bestimmten Voraussetzungen treffenden Kontrahierungszwangs handelt. Nach Art 12 Abs 1 trifft die Verpflichtung zur Aufnahme seriöser Verhandlungen allerdings auch die Kabelbetreiber; im Hinblick auf die den Berechtigten mangels einer Vertragsbereitschaft zustehenden urheberrechtlichen Sanktionen (insbes Unterlassung) wird eine gesonderte Regelung aber tatsächlich entbehrlich sein.

13 Da es in Art 12 Abs 2 und 3 genannte Stellen in Österreich nicht gab, erübrigte sich insoweit eine Übergangsregelung[275].

Kapitel IV Kollektive Wahrnehmung von Rechten

Artikel 13 Kollektive Wahrnehmung von Rechten

Übersicht

---

[273] Zu undifferenziert daher OGH 22.04.1997 – „AKM-Vermutung II" MR 1997, 216.

[274] OGH 09.09.1997 – „Filmverleihgesellschaft" MR 1997, 328 = ÖBl 1998, 36 = SZ 70/173 = EvBl 1998/22 = WBl 1998, 96 = RdW 1998, 187 = ÖJZ-LSK 1998/6 = ecolex 1998, 46 (*Tahedl*).

[275] Vgl ErlRV öUrhGNov 1996 bei *Dittrich*, Urheberrecht³, 236.

Text

Artikel 13 Kollektive Wahrnehmung von Rechten

Die Regelung der Tätigkeit von Verwertungsgesellschaften durch die Mitgliedstaaten bleibt von dieser Richtlinie unberührt.

Aus den Erwägungsgründen

ErwG 34 ... Die den Mitgliedstaaten eingeräumte Möglichkeit, die Tätigkeit von Verwertungsgesellschaften zu regeln, beeinträchtigt nicht die in dieser Richtlinie vorgesehene freie vertragliche Aushandlung der Rechte; hierbei wird jedoch davon ausgegangen, daß solche Verhandlungen im Rahmen allgemeiner oder spezifischer nationaler Rechtsvorschriften betreffend das Wettbewerbsrecht oder die Verhinderung der mißbräuchlichen Ausnutzung von Monopolstellungen geführt werden.

ErwG 35 Den Mitgliedstaaten sollte es daher vorbehalten bleiben, die zur Verwirklichung der in dieser Richtlinie angestrebten Ziele erforderlichen Rahmenbedingungen durch einzelstaatliche Rechts- und Verwaltungsvorschriften auszufüllen, soweit sie den mit dieser Richtlinie verfolgten Zielen nicht entgegenwirken und mit dem Gemeinschaftsrecht in Einklang stehen.

Kommentar

Welche Organisationen die Richtlinie als **Verwertungsgesellschaften** ansieht, ist **1**
in Art 1 Abs 4 definiert.

Die Vorschrift des Art 13 ist in Kapitel IV der Richtlinie in die allgemeinen **2**
Bestimmungen eingestellt und gilt daher für den Satellitenrundfunk (Kapitel II) gleichermaßen wie für die Kabelweiterverbreitung (Kapitel III). Den Mitgliedstaaten vorbehalten ist daher insbes die nähere Ausgestaltung der für die Kabelweiterverbreitung vorgesehenen **Verwertungsgesellschaftenpflicht**. Auf den ersten Blick scheint Art 13 lediglich vorzuschreiben, dass die Regelung der Tätigkeit der Verwertungsgesellschaften den Mitgliedstaaten vorbehalten bleiben soll[276]. Die Bedeutung der Vorschrift reicht darüber jedoch in zweifacher Hinsicht hinaus.

Zunächst dient die Vorschrift der **Klarstellung**; denn ohne diese könnte die **3**
Richtlinie im Hinblick auf Art 8 und 12 Abs 2 dahingehend verstanden werden, dass die fehlende Zustimmung der Verwertungsgesellschaften unter keinen Umständen auf gesetzlichem oder richterlichem Weg ersetzt werden dürfte. Damit wäre ein Kontrahierungszwang, wie ihm Verwertungsgesellschaften etwa in Deutschland unterworfen sind[277], wohl ebenso unvereinbar gewesen wie die Möglichkeit der für alle Beteiligten bindenden Herbeiführung eines Vertrags-

[276] So insbes ErwG 35.

[277] §§ 11 (Abschlusszwang) und 12 (Verpflichtung zum Abschluss von Gesamtverträgen) dUrhWG.

schlusses bzw der Festsetzung einer angemessenen Vergütung durch die Gerichte[278]. Ohne die Regelung des Art 13 hätte ein in den innerstaatlichen Regelungen der Mitgliedstaaten vorgesehener Kontrahierungszwang also zumindest punktuell für die kollektive Wahrnehmung der Rechte der Kabelweiterverbreitung geändert werden müssen.

4 Zum anderen ist in der Regelung des Art 13 der **Kompromiss** versteckt, der die gegensätzlichen und eigentlich kaum miteinander zu vereinbarenden Grundsatzpositionen der Mitgliedstaaten in der Frage des Abschlusszwanges bei der Kabelweiterverbreitung letztlich dann doch überbrückt. Ein Teil der Mitgliedstaaten wollte unter keinen Umständen auf die Möglichkeit verzichten, eine fehlende Zustimmung der Beteiligten zur Gewährleistung der Kabelweiterverbreitung notfalls auch erzwingen zu können, sei es auch nur, um diese Möglichkeit den Beteiligten gegenüber als „Rute ins Fenster" stellen zu können („*stick behind the door*"); andere Mitgliedstaaten wollten aber unter keinen Umständen (auch nicht punktuell im Fall der Kabelweiterverbreitung) vom urheberrechtlichen Grundsatz der Vertrags- und Abschlussfreiheit abrücken. Wie delikat dieser Streitpunkt ist, zeigt sich nicht nur in der Umschreibung der Missbrauchskontrolle in Art 12[279], sondern vor allem auch darin, dass der erste Versuch der Verabschiedung eines urheberrechtlichen Teils in der Richtlinie Fernsehen ohne Grenzen gerade an dieser Frage (Einführung einer gesetzlichen Lizenz oder auch nur einer Zwangslizenz) gescheitert ist[280]. Der Kompromiss besteht nun darin, dass zum einen das in Art 8 Abs 1 niedergelegte Prinzip der Vertrags- und Abschlussfreiheit gewahrt bleibt, dass es den Mitgliedstaaten nach Art 13 jedoch dessen ungeachtet freisteht, die Zustimmung zumindest der Verwertungsgesellschaften[281] einem Kontrahierungszwang zu unterwerfen. Einzige Voraussetzung ist, dass es sich dabei – wie in ErwG 34 idF des Gemeinsamen Standpunktes ausgeführt – um eine allgemeine bzw auf Verwertungsgesellschaften generell anwendbare Regelung handelt, und nicht um eine speziell auf die integrale Kabelweiterverbreitung zugeschnittene.

5 Die Anwendung der wettbewerbsrechtlichen Bestimmungen der Art 81 und 82 EGV 1997 (früher Art 85 und 86) bleibt von der Richtlinie ohnehin unberührt[282].

Umsetzung in Deutschland und Österreich

1. Deutschland (Dreier)

6 Die Tätigkeit der Verwertungsgesellschaften ist in Deutschland durch das dUrhWG geregelt. Es besteht insoweit eine ausdrückliche, allerdings beschränkte

---

[278] Vgl etwa §§ 16 Abs 1, 14ff dUrhWG (Einzelnutzungsstreitigkeiten) sowie § 16 Abs 4 Satz 3 dUrhWG (bindende Festsetzung des Inhalts von Gesamtverträgen, insbes von Art und Höhe der Vergütung nach billigem Ermessen durch eine revisionsfähige Entscheidung des zuständigen OLG).

[279] Vgl näher bei Art 12 Rz 4.

[280] Vgl dazu Vor Art 1 Rz 8.

[281] Zur Frage, inwieweit die Mitgliedstaaten auch Sendeunternehmen einem Kontrahierungszwang unterwerfen können vgl die Ausführungen bei Art 12 Rz 5.

[282] Siehe auch ErwG 36.

Freistellung von den Vorschriften des GWB in dessen § 30 (früher 102a). Die erlaubnispflichtigen Verwertungsgesellschaften unterliegen einem Wahrnehmungs- (§ 6 dUrhWG) und einem Abschlusszwang (§ 11 dUrhWG); sie sind verpflichtet, Tarife aufzustellen (§ 13 dUrhWG) und unterliegen der Aufsicht durch das Deutsche Patentamt (§§ 18ff dUrhWG).

2. *Österreich* (Walter)

Die Tätigkeit von **Verwertungsgesellschaften** ist in Österreich mit öVerwGesG 1996 geregelt. Ergänzende Vorschriften enthält Art II öUrhGNov 1980/86. Zur Aufsicht über Verwertungsgesellschaften, zum sog bedingten Bewilligungszwang sowie zum Kontrahierungszwang siehe oben bei Art 12 Rz 11f[283]. **7**

Schlussbestimmungen

Artikel 14 Schlussbestimmungen

Übersicht

Text

Artikel 14 Schlußbestimmungen

(1) Die Mitgliedstaaten erlassen die erforderlichen Rechts- und Verwaltungsvorschriften, um dieser Richtlinie bis zum 1. Januar 1995 nachzukommen. Sie setzen die Kommission unverzüglich davon in Kenntnis.
Wenn die Mitgliedstaaten Vorschriften nach Unterabsatz 1 erlassen, nehmen sie in den Vorschriften selbst oder durch einen Hinweis bei der amtlichen Veröffentlichung auf diese Richtlinie Bezug. Die Mitgliedstaaten regeln die Einzelheiten der Bezugnahme.

(2) Die Mitgliedstaaten teilen der Kommission den Wortlaut der innerstaatlichen Rechtsvorschriften mit, die sie auf dem unter dieser Richtlinie fallenden Gebiet erlassen.

(3) Die Kommission legt dem Europäischen Parlament, dem Rat und dem Wirtschafts- und Sozialausschuß spätestens zum 1. Januar 2000 einen Bericht über die Anwendung dieser Richtlinie vor und unterbreitet gegebenenfalls Vorschläge zur Anpassung der Richtlinie an die Entwicklungen im Rundfunk- und Fernsehsektor.

---

[283] Im Einzelnen siehe dazu auch *Walter*, MR 1997, 216 (217f).

Aus den Erwägungsgründen

ErwG 22 Es steht zu erwarten, daß die Verwendung der neuen Technologien Auswirkungen auf Qualität und Quantität der Verwertung von Werken und sonstigen Leistungen hat.

ErwG 23 In Anbetracht dieser Entwicklung sollte der Schutz, der allen in den Geltungsbereich dieser Richtlinie fallenden Rechtsinhabern in deren Rahmen gewährt wird, laufend geprüft werden.

Kommentar

1. Umsetzungsfrist (Abs 1)

1 Artikel 14 enthält die für alle Richtlinien üblichen **Schlussbestimmungen**.

2 Die **Umsetzungsfrist** bis zum 1. Januar 1995 war mit weniger als eineinhalb Jahren seit Verabschiedung der Richtlinie knapper als sonst bemessen. Das dürfte seinen Grund darin haben, dass der 1. Januar 1993 – das Datum des Inkrafttreten des Gemeinsamen Markts – bei Verabschiedung der Richtlinie bereits verstrichen war. Im Übrigen fügt sich die Umsetzungsfrist in die zeitliche Reihenfolge der bereits verabschiedeten Richtlinien ein (Vermieten und Verleihen: 01.07.1994; Satelliten- und Kabel-RL: 01.01.1995; Schutzdauer-RL: 01.07.1995). Aus der Sicht des nationalen Gesetzgebers ist diese zeitliche Staffelung allerdings eher misslich, da Änderungen des Urheberrechtsgesetzes in Abständen von halben Jahren schwierig sind.

3 Auch die Satelliten- und Kabel-RL gehört zu dem auch im **EWR** anzuwendenden Sekundärrecht der EU, das in Anhang XVII Geistiges Eigentum unter Z 8 gemäß Art 65 Abs 2 EWR-Abkommen ausdrücklich angefügt wurde[284].

4 Nach Abs 1 Unterabsatz 1 Satz 2 sind die Mitgliedstaaten verpflichtet, der Kommission die Umsetzung der Richtlinie in nationales Recht **mitzuteilen**. Diese Information soll es der Kommission erleichtern festzustellen, gegen welche Mitgliedstaaten gegebenenfalls ein Nichtumsetzungsverfahren nach Art 226 EGV 1997 (früher Art 169) einzuleiten sein wird[285]. Der besseren Kontrolle der Umsetzung in nationales Recht dient weiters auch die Verpflichtung der Mitgliedstaaten nach Abs 1 Unterabsatz 2, bei der Umsetzung der Richtlinie in nationales Recht – sei es in den betreffenden Vorschriften selbst oder im Rahmen der amtlichen Veröffentlichung – auf die Richtlinie ausdrücklich Bezug zu nehmen; Art und Weise der Bezugnahme bleiben dem nationalen Recht überlassen.

5 Allerdings wurde die Richtlinie nur in Belgien im Zug seiner umfassenden Urheberrechtsreform von 1994 fristgerecht umgesetzt[286]. In allen übrigen Mitgliedstaaten, in denen die Umsetzung der Richtlinie **verspätet** erfolgt ist, stellt sich daher die Frage, inwieweit die Bestimmungen der Richtlinie im Weg richtlinien-

---

[284] Beschluss des Gemeinsamen EWR-Ausschusses Nr 7/94 vom 21.03.1994, veröffentlicht am 28.06.1994.

[285] Vgl dazu *v Lewinski* Allgemeiner Teil – 1. Kapitel Einleitung Rz 44ff.

[286] Moniteur Belge 27.07.1994 (Art 48ff und 88).

konformer Auslegung bereits vor deren Umsetzung zumindest mittelbare Wirkung entfalten kann. Diese Frage stellt sich auch dann, wenn das nationale Recht den Inhalt der Richtlinie nur unzureichend umsetzt. Eine unmittelbare Wirkung einzelner Bestimmungen der Richtlinie setzt zunächst voraus, dass sie auch ohne Umsetzung hinreichend konkret sind, um im Weg richtlinienkonformer Auslegung des nationalen Rechts angewandt werden zu können[287].

Grundsätzlich denkbar ist eine **unmittelbare Anwendbarkeit** der Satelliten- und Kabel-RL demnach für die Definition des Satelliten in Art 1 Abs 1 sowie für die Umschreibung von Handlung und Ort der urheberrechtlich relevanten Satellitensendung in Art 1 Abs 2, einschließlich des Satellitensenderechts des Urhebers in Art 2 und dessen vertraglichen Erwerbs in Art 3 Abs 1. Für verwandte Schutzrechte nach Art 4 gilt das dagegen wohl nur, sofern das nationale Recht die betreffenden verwandten Schutzrechte überhaupt kennt. Unmittelbare Wirkung wird grundsätzlich auch das Kabelweiterverbreitungsrecht nach Art 8 Abs 1 sowie 1 Abs 3 entfalten können, sofern das nationale Recht einen hinreichenden Spielraum lässt, die Kabelweitersendung unter das Senderecht oder ein sonstiges Recht der unkörperlichen Werkwiedergabe zu subsumieren. Dagegen wird man der Regelung der Verwertungsgesellschaftenpflicht nach Art 9 einschließlich der besonderen Regelungen der Streitschlichtung (Vermittler) und des Missbrauchs von Verhandlungspositionen nach Art 11 und 12 keine unmittelbare Wirkung beimessen können, setzen sie doch in aller Regel ein gesetzgeberisches Tätigwerden voraus. Anders dürfte es dagegen um die Mindestbestimmung der Filmurheberschaft Art 1 Abs 5 in denjenigen Mitgliedstaaten bestellt sein, die den Kreis der Filmurheber nicht einschränkend abschließend aufzählen, sondern deren Bestimmungen über die Inhaberschaft am Filmwerk der Auslegung offen stehen. Zu beachten ist schließlich, dass eine unmittelbare Anwendung selbst dann, wenn sie grundsätzlich möglich erscheint, insoweit und solange nicht in Betracht kommt, als die Übergangsbestimmungen der Richtlinie in Art 7 – wobei Art 7 Abs 1 auf Art 13 Abs 1 bis 7 der Vermiet- und Verleih-RL verweist – und Art 8 Abs 2 zu einer sofortigen Umsetzung der entsprechenden Regelungen der Richtlinie nicht verpflichten bzw sie gar nicht zulassen. 6

2. Mitteilungspflicht der Mitgliedsländer (Abs 2)

Wie schon die Vorschriften der Abs 1 Unterabsatz 1 Satz 2 und Unterabsatz 2 dient auch Abs 2 dazu, der Kommission den **Überblick und die Kontrolle** über den aktuellen Rechtszustand in den einzelnen Mitgliedstaaten zu ermöglichen. Gegenüber der Bekanntgabepflicht des Abs 1 ist die Mitteilungspflicht nach Abs 2 jedoch insofern weitergehend, als sie auch solche Vorschriften nationalen 7

[287] Im Einzelfall hängt die unmittelbare Wirkung dann weiterhin davon ab, welchen „Rang" das nationale Recht der richtlinienkonformen Auslegung beimisst und inwieweit das nationale materielle Recht eine solche zulässt. Zur richtlinienkonformen Auslegung und dem Kanon etwa der deutschen Auslegungsmethoden vgl *Grundmann*, Richtlinienkonforme Auslegung im Bereich des Privatrechts – insbesondere: der Kanon der nationalen Auslegungsmethoden als Grenze? ZEuP 1996, 399 in seiner Besprechung von *Brechmann*, Die richtlinienkonforme Auslegung – zugleich ein Beitrag zur Dogmatik der EG-Richtlinie (1994) jeweils mit zahlreichen wN.

Rechts erfasst, die – ohne spezifisch der Umsetzung der Richtlinie zu dienen – allgemein auf dem Gebiet der vorliegenden Richtlinie erlassen werden, die also das Urheberrecht im Bereich des Satellitenrundfunks und der Kabelweiterleitung betreffen. Damit soll sichergestellt werden, dass die Mitgliedstaaten nicht außerhalb der Umsetzung Regelungen treffen, die zum Inhalt der Richtlinie in Widerspruch stehen.

3. Berichtspflicht der Kommission (Abs 3)

8 Die Pflicht der Kommission, dem Europäischen Parlament, dem Rat und dem Wirtschafts- und Sozialausschuss bis spätestens zum 1. Januar 2000 einen **Bericht** über die Auswirkungen der Anwendung der Richtlinie zu erstatten, geht auf einen Änderungsantrag des Europäischen Parlaments in Zweiter Lesung zurück. Eine entsprechende Verpflichtung, die in den zuvor erlassenen Richtlinien noch nicht enthalten war, findet sich jetzt auch in der Datenbank-RL (Art 16 Abs 3). In der Zwischenzeit ist die Kommission jedoch dazu übergegangen, Berichte auch hinsichtlich der Auswirkungen anderer Richtlinien zu erstellen[288].

Umsetzung in Deutschland und Österreich

1. Deutschland (Dreier)

9 Deutschland hat die Satelliten- und Kabel-RL auf Grund des Streits um einen Abschlusszwang auch für Sendeunternehmen und den dem Urheber verbleibenden Vergütungsanspruch mit dem Vierten ÄnderungsG erst mit dreieinhalbjähriger Verspätung mit Wirkung zum 1. Juni 1998 umgesetzt.

2. Österreich (Walter)

10 Auch Österreich hat die Satelliten- und Kabel-RL verspätet umgesetzt, und zwar mit öUrhGNov 1996. Zwar ist Österreich erst mit Wirksamkeit vom 1. Januar 1995 der Europäischen Union beigetreten, doch ist das EWR-Abkommen bereits mit 1. Januar 1994 wirksam geworden. Die Umsetzung der Satelliten- und Kabel-RL erfolgte im Übrigen gleichzeitig mit der Schutzdauer-RL, die gleichfalls verspätet erfolgt ist.

Umsetzung in den anderen Mitgliedstaaten der EU bzw Vertragsstaaten des EWR

11 Die Umsetzung in den übrigen Mitgliedstaaten der Europäischen Union erfolgte – soweit von der Kommission bekannt gemacht oder sonst feststellbar – mit den nachstehend angeführten Gesetzgebungsakten.

Europäische Union

Belgien
Gesetz vom 30.06.1994 Moniteur Belge 27.07.1994, 19297.

[288] Vgl die Ausschreibung N XV/96/44/E 09.07.1996 zur vorbereitenden Bestandaufnahmen im Hinblick auf die Software-RL sowie den Überblick bei *Dreier*, Gesetzesfolgenabschätzung und Gesetzesevaluierung im Urheberrecht, FS *Dittrich* (2000) 49.

Dänemark
Gesetz Nr 395 vom 14.06.1995 Lovtidende A 15.06.1995/85, 1796.

Finnland
Gesetz Nr 446 vom 24.03.1995 Finlands foerfattningssamling 30.03.1995.

Frankreich
Gesetz Nr 97-283 vom 27.03.1997 Journal Officiel 28.03.1997, 4831.

Griechenland
Gesetz Nr 2557 von 1997 FEK A vom 24.12.1997/271, 8361.

Irland
Gesetz Nr 28 vom September 2000 (*Copyright and Related Rights Act*), in Kraft seit 01.01.2001.

Italien
Gesetzesdekret Nr 581 vom 23.10.1996 Gazzetta Ufficiale – Serie generale – vom 18.11.1996/270, 3.

Luxemburg
Gesetz vom 08.09.1997 Mémorial A vom 16.09.1997/70, 2286.

Niederlande
Gesetz vom 20.06.1996 Staatsblad 1996/410.

Portugal
Gesetz Nr 99 vom 03.09.1997 Diário da República I A vom 03.09.1997/203, 4579; Gesetzesdekret Nr 333 vom 27.11.1997 Diário da República I A vom 27.11.1997/275, 6394.

Schweden
Gesetz Nr 447 vom 11.05.1995 Svensk foerfattningssamling (SFS) 1995, 727;
Gesetz Nr 448 vom 11.05.1995 Svensk foerfattningssamling (SFS) 1995, 732[289].

Spanien
Gesetz Nr 28 vom 11.10.1995 Boletín Oficial del Estado vom 13.10.1995/245, 30048;
Gesetzesdekret Nr 1 vom 12.04.1996 Boletín Oficial del Estado vom 22.04.1996/97, 14369 (Zusammenfassung der bisherigen Änderungen als UrhG 1996).

Vereinigtes Königreich
Related Right Regulations 1996 Statutory Instruments 1996/2967.

Europäischer Wirtschaftsraum

Island
Gesetz Nr 57 vom 02.06.1992 Stjórnartidindi A 1992/57.

---

[289] Betrifft Streitschlichtung.

Liechtenstein
Urheberrechtsgesetz vom 19.05.1999 LGBl 1999/160.

Norwegen
Gesetz Nr 27 vom 02.06.1995 Norsk Lovtidend 1995, 661.

Artikel 15

Text

Artikel 15

Diese Richtlinie ist an die Mitgliedstaaten gerichtet.

Kommentar

1 Dass die Satelliten- und Kabel-RL an die Mitgliedstaaten gerichtet ist, folgt bereits aus dem Charakter der Richtlinie als Instrument der Rechtssetzung und ergibt sich direkt aus Art 249 EGV 1997 (früher Art 189 Abs 3).

2 Der Inhalt der Richtlinie ist daher – anders als der einer Verordnung – in den einzelnen Mitgliedstaaten grundsätzlich nicht unmittelbar geltendes Recht[290], sondern bedarf der Umsetzung. Vor Umsetzung sowie im Falle nicht hinreichender Umsetzung kommt mithin allenfalls eine unmittelbare Wirkung einzelner Bestimmungen der Richtlinie im Weg richtlinienkonformer Auslegung des nationalen Rechts in Betracht[291].

---

[290] Zur unmittelbaren Anwendung vgl *v Lewinski* Allgemeiner Teil – 1. Kapitel Einleitung Rz 52ff.

[291] Zu den Bestimmungen der Satelliten- und Kabel-RL, denen im Verhältnis zwischen Privaten überhaupt unmittelbare Wirkung zukommen könnte, siehe Art 14 Rz 5.

Schutzdauer-Richtlinie

(Bearbeiter: Walter)

Materialien, Rechtsakte und Literatur

I. Materialien

Vorschlag der Kommission für eine Richtlinie des Rates zur Harmonisierung der Schutzdauer des Urheberrechts und bestimmter verwandter Schutzrechte vom 23. März 1992 KOM (92) 33 endg – SYN 395 ABl C 92 vom 11.04.1992, 6

Stellungnahme des Wirtschafts- und Sozialausschusses vom 1. Juli 1992 92/C 287/14 ABl C 287 vom 04.11.1992, 53[1]

Legislative Entschließung (Verfahren der Zusammenarbeit: Erste Lesung) mit der Stellungnahme des Europäischen Parlaments zu dem Vorschlag der Kommission an den Rat für eine Richtlinie zur Harmonisierung der Schutzdauer des Urheberrechts und bestimmter verwandter Schutzrechte vom 19. November 1992 A3-0348/92 ABl C 337 vom 21.12.1992, 205

Geänderter Vorschlag der Kommission für eine Richtlinie des Rates zur Harmonisierung der Schutzdauer des Urheberrechts und bestimmter verwandter Schutzrechte vom 7. Januar 1993 KOM (92) 602 endg ABl C 27 vom 30.01.1993, 7[2]

Mitteilung der Kommission an das Europäische Parlament betreffend den Gemeinsamen Standpunkt des Rates zum Vorschlag einer Richtlinie zur Harmonisierung der Schutzdauer des Urheberrechts und bestimmter verwandter Schutzrechte vom 7. September 1993 SEK (93) 1324 endg – SYN 395

Bekanntmachung des Rates – Festlegung Gemeinsamer Standpunkt durch den Rat im Rahmen des in Artikel 149 Absatz 2 des Vertrages zur Gründung der EWG vorgesehenen Verfahrens der Zusammenarbeit: Vorschlag für eine Richtlinie des Rates zur Harmonisierung der Schutzdauer des Urheberrechts und bestimmter verwandter Schutzrechte vom 18. September 1993 C3-0300/93 – SYN 395 ABl C 254 vom 18.09.1993, 1

Beschluss des Europäischen Parlaments betreffend den Gemeinsamen Standpunkt des Rates im Hinblick auf die Annahme einer Richtlinie zur Harmonisierung der Schutzdauer des Urheberrechts und bestimmter verwandter Schutzrechte vom 27. Oktober 1993 A3-0278/93 ABl C 315 vom 22.11.1993, 129

II. Rechtsakte

Richtlinie 93/98/EWG des Rates vom 29. Oktober 1993 zur Harmonisierung der Schutzdauer des Urheberrechts und bestimmter verwandter Schutzrechte ABl L 290 vom 24.11.1993, 9[3]

---

[1] Abgedruckt in Quellen EG-Recht/III/5a.

[2] Abgedruckt in Quellen EG-Recht/III/5.

[3] Abgedruckt in GRUR Int 1994, 141 = UFITA 125 (1994) 201 = Quellen EG-Recht/III/5b.

III. Literatur

Antill/Coles, Copyright Duration: The European Community Adopts ‚Three Score Years and Ten', EIPR 1996, 379

Becourt, Réflexions sur la proposition de directive du Conseil relative à l'harmonisation de la durée de protection du droit d'auteur et de certains droits voisins, ALD 1993, 111

Becourt, La directive n° 93-98 du 29 octobre 1993, harmonisation des durées de protection des droits d'auteur et des droits voisins, ALD 1994, 125

Benabou, Droits d'auteur et droit communautaire 361

Best, Variations on a Harmonisation Theme, or, EU-phony or dissonance? CW 52 (1995) 18

Brown/Miller, Copyright Term Extension: Sapping American Creativity, JCS 1996, 102

Burke, European Intellectual Property Rights – A Tabular Guide, EIPR 1995, 466

Campi, La durata del diritto d'autore nel quadro dell'integrazione europea[2] (1974)

Cohen Jehoram, The EC Copyright Directives, Economics and Authors' Rights, IIC 1994, 821

Cohen Jehoram/Smulders, Law of the European Community EC-80ff

Cornish, Intellectual Property, in Yearbook of European Law 13 (1993) 485

Dietz, A propos de l'harmonisation des législations nationales dans les pays de la C.E.E., RIDA 117 (1983) 49

Dietz, Le droit de la communauté des auteurs: un concept moderne du domaine public payant, BDA 24/4 (1990) 14

Dietz, Le problème de la durée de protection adéquate du droit d'auteur sous l'aspect de la réglementation des contrats d'auteur, in Propriétés intellectuelles, FS *Françon* (1995) 107

Dietz, Schutzfristen in *Schricker/Bastian/Dietz*, Konturen 64

Dietz, Urheberpersönlichkeitsrechte vor dem Hintergrund der Harmonisierungspläne der EG-Kommission, ZUM 1993, 309

Dietz, Die Schutzdauer-Richtlinie der EU, GRUR Int 1995, 670

Dittrich, Harmonisierung der Schutzfristen in der EG – nachgelassene Werke, in Beiträge zum Urheberrecht II (ÖSGRUM 14/1993) 1

Dworkin, Authorship of Films and the European Commission Proposals for Harmonising the Term of Copyright, EIPR 1993, 151

Dworkin/Sterling, Phil Collins and the Term Directive, EIPR 1994, 187

Ellins, Copyright Law 292ff

Evans, The Copyright Duration Directive, EBLR 1993, 286

Françon, Zur Harmonisierung der Schutzfristen im Urheberrecht der Mitgliedstaaten der Europäischen Gemeinschaft, GRUR Int 1978, 109

Gendreau, Copyright Harmonisation in the European Union and in North America, EIPR 1995, 488

Haller, Der Schutz zuvor unveröffentlichter Werke und seine Einführung ins österr Urheberrecht (ÖSGRUM 20/1997) 40

Henry, Rental and Duration Directives: Issues Arising from Current EC Reforms, EIPR 1993, 437

Hirnböck, Übergangsbestimmungen zur Schutzfristenverlängerung im österr UrhG, in Beiträge zum Urheberrecht V (ÖSGRUM 20/1997) 53

Hodik, Miturheberschaft, Werkverbindung und Kollektivwerke in der EG-Richtlinie zur Vereinheitlichung der Schutzfristen, in Beiträge zum Urheberrecht II (ÖSGRUM 14/1993) 17

Johannes Juranek, Die Richtlinie der Europäischen Union zur Harmonisierung der urheberrechtlichen Schutzfristen im Urheber- und Leistungsschutzrecht – Ziele und Grenzen insbesondere im Bereich der audiovisuellen Medien (ÖSGRUM 15/1994)

Johannes Juranek, Ausgewählte Probleme der Schutzfristenberechnung, in Beiträge zum Urheberrecht V (ÖSGRUM 20/1997) 41

Kamina, Authorship of Films and Implementation of the Term Directive: The Dramatic Tale of Two Copyrights, EIPR 1994, 319

Katzenberger, in *Schricker*, Kommentar[2] § 64 Rz 13ff

Kreile/Schricker/Melichar, Ein Plädoyer für eine einheitliche 70-jährige Schutzfrist für Urheber in der gesamten EG, ZUM 1991, 359

Kurlantzick, Harmonisation of Copyright Protection, EIPR 1994, 463

v Lewinski, Der EG-Richtlinienvorschlag zur Harmonisierung der Schutzdauer im Urheber- und Leistungsschutzrecht, GRUR Int 1992, 724 = IIC 1992, 785

v Lewinski, The Implementation of the EC Rental and Duration Directives in Germany, CW 55 (1995) 30

v Lewinski, Richtlinie des Rates vom 29. Oktober 1993 zur Harmonisierung der Schutzdauer des Urheberrechts und bestimmter verwandter Schutzrechte, in *Möhring/Schulze/Ulmer/Zweigert* (Hrsg), Quellen des Urheberrechts, Europäisches Gemeinschaftsrecht II/4 (Kurzzitat: *v Lewinski*, Quellen)

Maier, L'harmonisation de la durée de protection du droit d'auteur et de certains droits voisins, RMUE 1994, 49

Melichar, Übergangsregelungen bei Veränderung der Schutzdauer, in Beiträge zum Urheberrecht II (ÖSGRUM 14/1993) 25

Morley, Copyright Term Extension in the EC: Harmonization or Headache? CW 9–10 (1992) 10

A Nordemann/Mielke, Zum Schutz von Fotografien nach der Reform durch das dritte Urheberrechts-Änderungsgesetz, ZUM 1996, 214

Pollaud-Dulian, Brèves réflexions sur la loi n° 97-283 du 27 mars 1997. Durée et protection des droits d'auteur et dispositions diverses, JCP I 4024

Puri, Le développement des technologies nouvelles justifie-t-il une réduction de la durée protection du droit d'auteur? BDA 23/3 (1989) 21

Reinbothe, L'impact de la législation communautaire concernant les droits d'auteur sur les relations avec des pays tiers, in Économie et les droits d'auteur dans les conventions internationales, ALAI journées d'études de Genève (1994) 149

Reindl, Der Einfluß des Gemeinschaftsrechts auf das österr Urheberrecht – Schutzdauer-RL in *Koppensteiner* (Hrsg), Österreichisches und europäisches Wirtschaftsprivatrecht 378ff (Kurzzitat: *Reindl*, Einfluß des Gemeinschaftsrechts)

Ricketson, The Copyright Term, IIC 1992, 753

Ricketson, La durée de protection dans le cadre de la convention de Berne, DdA 1991, 91

Schack, Schutzfristenchaos im europäischen Urheberrecht, GRUR Int 1995, 310

Schricker, Abschied von der Gestaltungshöhe im Urheberrecht, FS *Kreile* (1995) 715 (Kurzzitat: *Schricker* in FS *Kreile*)

Schricker, Farewell to the „Level of Creativity" (Schöpfungshöhe) in German Copyright Law? IIC 1995, 41

G Schulze/Bettinger, Wiederaufleben des Urheberrechtsschutzes bei gemeinfreien Fotografien, GRUR 2000, 12

Silvestro, Towards EC Harmonisation of the Term of Protection of Copyright and So-called „Related" Rights, EntLR 3 (1993) 73

Ubertazzi, Der Fall „Butterfly" – Schutzdauer der verwandten Schutzrechte und Übergangsrecht, GRUR Int 1999, 407

Vinje, Harmonising Intellectual Property Laws in the European Union: Past, Present and Future, EIPR 1995, 361

Vogel, Die Umsetzung der Richtlinie zur Harmonisierung der Schutzdauer des Urheberrechts und bestimmter verwandter Schutzrechte, ZUM 1995, 451

Wallentin, Die besondere Schutzfristenproblematik im Zusammenhang mit Filmen, in Beiträge zum Urheberrecht II (ÖSGRUM 14/1993) 21

Walter, Der Schutz nachgelassener Werke nach der EG Schutzdauer-Richtlinie im geänderten deutschen Urheberrecht und nach der österreichischen UrhGNov 1996, in *Joseph Straus* (Hrsg), Aktuelle Herausforderungen des geistigen Eigentums, Festgabe von Freunden und Mitarbeitern für *Friedrich-Karl Beier* zum 70. Geburtstag, 425 (Kurzzitat: *Walter*, Der Schutz nachgelassener Werke)

Walter, Das Diskriminierungsverbot nach dem EWR-Abkommen und das österreichische Urheber- und Leistungsschutzrecht – Überlegungen anlässlich der Entscheidung des EuGH in Sachen Phil Collins, MR 1994, 101 (Teil I) und MR 1994, 152 (Teil II)

Walter, Il divieto di discriminazione nell'accordo sullo spazio economico europeo ed i suoi riflessi sulla tutela del diritto d'autore e dei diritti connessi (con particolare riferimento al diritto austriaco e ai rapporti tra Austria ed Italia), AIDA III (1994) 143

Walter, Die Auswirkungen der Schutzfristverlängerung auf Nutzungsverträge nach deutschem und österr Recht, Mitarbeiter-FS Eugen Ulmer (1973), 63 (Kurzzitat: *Walter*, Auswirkungen der Schutzfristverlängerung)

Wienand, Copyright Harmonisation in the European Union, CW 5 (1994) 24

Vor Artikel 1 Allgemeines – Entstehungsgeschichte

Übersicht

Text

Der Rat der Europäischen Gemeinschaften – gestützt auf den Vertrag zur Gründung der Europäischen Wirtschaftsgemeinschaft, insbesondere auf die Artikel 57 Absatz 2, 66 und 100a, auf Vorschlag der Kommission, in Zusammenarbeit mit dem Europäischen Parlament, nach Stellungnahme des Wirtschafts- und Sozialausschusses, in Erwägung nachstehender Gründe:[4]

[4] Dem Aufbau der Kommentierung entsprechend sind die einzelnen Erwägungsgründe (ErwG) jeweils im Zusammenhang mit denjenigen Vorschriften der Richtlinie wiedergegeben, auf die sie sich beziehen; hier sind daher nur die Erwägungsgründe abgedruckt, die sich auf die gesamte Richtlinie beziehen.

ErwG 1 Die Berner Übereinkunft zum Schutz von Werken der Literatur und Kunst und das Internationale Abkommen über den Schutz der ausübenden Künstler, der Hersteller von Tonträgern und der Sendeunternehmen (Rom-Abkommen) sehen nur eine Mindestschutzdauer vor und überlassen es damit den Vertragsstaaten, die betreffenden Rechte längerfristig zu schützen. Einige Mitgliedstaaten haben von dieser Möglichkeit Gebrauch gemacht. Andere Mitgliedstaaten sind dem Rom-Abkommen nicht beigetreten.

ErwG 2 Diese Rechtslage und die längere Schutzdauer in einigen Mitgliedstaaten führen dazu, daß die geltenden einzelstaatlichen Vorschriften über die Schutzdauer des Urheberrechts und der verwandten Schutzrechte Unterschiede aufweisen, die den freien Warenverkehr sowie den freien Dienstleistungsverkehr behindern und die Wettbewerbsbedingungen im Gemeinsamen Markt verfälschen können. Es ist daher im Hinblick auf das reibungslose Funktionieren des Binnenmarkts erforderlich, die Rechtsvorschriften der Mitgliedstaaten zu harmonisieren, damit in der gesamten Gemeinschaft dieselbe Schutzdauer gilt.

hat folgende Richtlinie erlassen: ...

Kommentar

1. Rechtfertigung der Schutzfristenharmonisierung

Nach dem Konzept der Harmonisierung des Europäischen Urheberrechts erfolgt eine **Rechtsangleichung** nur dann, wenn die bestehenden Unterschiede der Rechtslage in den Mitgliedstaaten das Funktionieren des gemeinsamen Markts (Binnenmarkts) und das Spiel der Grundfreiheiten beeinträchtigen können. Führen die Unterschiede in den Gesetzgebungen der Mitgliedstaaten aber weder zu **Wettbewerbsverzerrungen** noch zu Handelsbarrieren innerhalb der Gemeinschaft, besteht grundsätzlich kein Harmonisierungsbedarf[5]. Unterschiedliche urheber- und leistungsschutzrechtliche Schutzfristen beeinträchtigen das Funktionieren des Binnenmarkts freilich empfindlich, da Werke oder Leistungen in einem Mitgliedsland noch geschützt, in einem anderen Mitgliedstaat aber schon gemeinfrei sein können[6]. **1**

Die **Harmonisierung** der Schutzfristen wurde zwar schon im Grünbuch angesprochen, konkrete Maßnahmen standen allerdings erst verhältnismäßig spät auf dem Programm der zur Rechtsangleichung anstehenden Regelungsgebiete im Bereich des Urheber- und Leistungsschutzrechts. Wesentliche Impulse dazu sind von der Rechtsprechung des Europäischen Gerichtshofs ausgegangen. So hatte der EuGH in seiner Entscheidung vom 24. Januar 1989 – „EMI/Patricia/Schutzfristenunterschiede"[7] zu Recht entschieden, dass Handelsbeschränkungen, die sich aus den unterschiedlichen nationalen Regelungen der urheber- und leistungsschutzrechtlichen Schutzfristen ergeben, mangels einer Rechtsangleichung **2**

---

[5] Vgl *Reinbothe*, Harmonisierung 146f.

[6] Vgl Begründung RL-Vorschlag Teil 1 Punkt 26. Siehe dazu auch *Katzenberger* in *Schricker*, Kommentar[2] § 64 Rz 13ff.

[7] Siehe dazu auch Begründung RL-Vorschlag Teil 1 Punkte 27 bis 29.

nach Art 36 EGV (jetzt Art 30 EGV 1997) nicht zu beanstanden sind[8]. Der EuGH hat in diesem Zusammenhang auch auf die mit unterschiedlichen Schutzfristen verbundene Wettbewerbsverzerrung hingewiesen und hervorgehoben, dass sich die Harmonisierung nicht auf die Schutzfristen als solche beschränken darf, sondern auch andere Gesichtspunkte, wie den Beginn des Fristenlaufs, einschließen muss[9]. Als weitere Argumente für eine Harmonisierung der urheber- und leistungsschutzrechtlichen Schutzfristen wurden die Rechtssicherheit, die Pirateriebekämpfung und die Sicherung von Investitionen im kulturellen Bereich ins Treffen geführt.

2. *Mindestschutz und Maximalschutz*

3 Soweit die Harmonisierung reicht, ist der von den Mitgliedstaaten zu gewährende Schutz grundsätzlich[10] Mindest- und zugleich auch **Maximalschutz**[11]. Dadurch unterscheidet sich die Harmonisierung des Urheberrechts in der Europäischen Union grundlegend vom System der internationalen Urheberrechtskonventionen, deren Schutz als Mindestschutz konzipiert[12] ist und der nationalen Weiterentwicklung des Urheberrechts deshalb keine Grenzen setzt. Im Sinn der angestrebten Rechtsangleichung sind die gemeinschaftsrechtlichen Regelungen im Bereich des Urheber- und Leistungsschutzrechts dagegen als den nationalen Gesetzgeber der Mitgliedstaaten auch „nach oben" bindend ausgelegt, und ist der urheberrechtliche Schutz – wenn und soweit er gemeinschaftsrechtlich festgelegt ist – auch als Maximalschutz zu verstehen. Wenn die Schutzdauer-RL die allgemeine urheberrechtliche Schutzfrist etwa mit 70 Jahren *post mortem auctoris* (pma) festlegt, ist es den Mitgliedstaaten künftig verwehrt, die urheberrechtliche Schutzfrist etwa dem Beispiel des älteren spanischen Rechts folgend mit 80 Jahren *pma* festzulegen.

4 Die Bindung der Mitgliedsländer gilt nicht nur für die Schutzdauer als solche, sondern auch für die übrigen Berechnungskriterien und Grundsätze wie den Beginn des Fristlaufs (Tod, Schaffung des Werks, Veröffentlichung etc), die Berechnung der Schutzfristen (Art 8) oder die Anwendung des Schutzfristenvergleichs (Art 7). Der Maximalschutz steht allerdings der Einführung eines *Domaine Public Payant* durch den Gesetzgeber der Mitgliedstaaten nicht entgegen[13].

---

[8] Vgl dazu *Cohen Jehoram*, IIC 1994, 824; *Cornish*, Yearbook of European Law 13 (1993) 486f; *Dietz*, GRUR Int 1995, 670; *Gendreau*, EIPR 1995, 489; *v Lewinski*, GRUR Int 1992, 724f; *Maier*, RMUE 1994, 50f; *Reindl*, Einfluß des Gemeinschaftsrechts 378 FN 292.

[9] Siehe auch *Katzenberger* in *Schricker*, Kommentar[2] § 64 Rz 18.

[10] Kein Maximalschutz ist etwa die Regelung der öffentlichen Wiedergabe im Bereich der Verwandten Schutzrechte; vgl dazu *v Lewinski* Art 8 Rz 7 und 22 Vermiet- und Verleih-RL und *Dreier* Art 6 Rz 1ff Satelliten- und Kabel-RL.

[11] Vgl dazu allgemein *Walter*, Europäische Harmonisierung; siehe auch *Katzenberger* in *Schricker*, Kommentar[2] § 64 Rz 13.

[12] Vgl Art 19 RBÜ und Art 1 Abs 1 Satz 2 TRIPs-Abkommen, das auch noch durch eine Meistbegünstigungsklausel ergänzt wird (Art 4). Insbes in Bezug auf die Schutzfristenregelung siehe Art IV Abs 1 und 2 lit a WURA 1971.

[13] Siehe dazu unten Art 1 Rz 64.

3. Entstehungsgeschichte

Bereits am 24. Oktober 1980 hatte die Kommission eine **Anhörung** zur Harmonisierung der urheberrechtlichen Schutzfristen durchgeführt[14]. Konkrete Maßnahmen folgten damals aber noch nicht. Das **Grünbuch** ging aber schon davon aus, dass eine Vereinheitlichung der Schutzfristen innerhalb der Europäischen Gemeinschaften dringend erforderlich ist (5.6.19. bis 5.6.23). Zwar würden alle Mitgliedsländer Werken der Literatur und Kunst die in der Berner Übereinkunft vorgesehene Mindestschutzfrist in der Dauer von 50 Jahren *pma* gewähren, auch dieser Grundsatz werde aber in Einzelfällen durchbrochen. So qualifiziere etwa das franz UrhG idF 1985[15] Computerprogramme als Werke der angewandten Kunst und gewähre nur eine fünfundzwanzigjährige Schutzfrist, was zu Schwierigkeiten im freien Warenverkehr innerhalb der Europäischen Gemeinschaften führen könne. Das Grünbuch hat sich in Bezug auf Computerprogramme auch mit den Argumenten befasst, die in diesem Bereich für eine kürzere Schutzdauer ins Treffen geführt werden könnten[16]. Dessen ungeachtet favorisierte das Grünbuch auch für Computerprogramme die längere Schutzfrist von damals 50 Jahren, hatte als Alternative aber auch noch eine kürzere Schutzfrist (zwischen 20 und 25 Jahren) ins Auge gefasst (5.6.23). Art 8 Abs 1 Software-RL hat dann insoweit auch eine wichtige Vorentscheidung getroffen und für Computerprogramme die volle urheberrechtliche Schutzfrist von damals überwiegend 50 Jahren *pma* vorgesehen. Im Hinblick auf die bevorstehende allgemeine Harmonisierung der Schutzfristen, die in Art 8 Abs 2 Software-RL bereits erwähnt wurde, blieb den Mitgliedstaaten die Beibehaltung bereits bestehender längerer Schutzfristen aber ausdrücklich vorbehalten. Die **Initiativen zum Grünbuch** haben die Schutzfristenharmonisierung insbes im Hinblick auf die erwähnte Entscheidung des EuGH vom 24. Januar 1989 – „EMI/Patricia/Schutzfristenunterschiede" wieder aufgegriffen. **5**

Der **ursprüngliche RL-Vorschlag** der Kommission zur Harmonisierung der Schutzdauer des Urheberrechts und bestimmter verwandter Schutzrechte stammt vom 23. März 1992. Schon der RL-Vorschlag ging von einer generellen Anhebung der urheberrechtlichen Schutzfrist auf 70 Jahre *pma* aus und sah gleichfalls keine Ausnahmen für bestimmte Werkkategorien, insbes für Computerprogramme vor. Der Wirtschafts- und Sozialrat begrüßte in seiner Stellungnahme zwar die Initiative der Kommission zur Harmonisierung der Schutzfristen, schlug aber an Stelle der vorgesehenen Anhebung der Schutzdauer auf 70 Jahre eine Harmonisierung der Schutzfristen auf dem Niveau der Mindestschutzfrist der Berner Übereinkunft von bloß 50 Jahren *pma* vor. **6**

---

[14] Siehe dazu Aktion im kulturellen Bereich, Beilage 3 (1980) 20ff.

[15] Gesetz Nr 85-660 vom 03.07.1985 JO 1985, 7495; in der Zwischenzeit aufgehoben durch Gesetz Nr 94-361 vom 10.05.1994 JO 1994, 6863 (siehe Art L 112-2 Z 13 CPI – Text abgedruckt bei *Dreier/Krasser*, Das französische Gesetzbuch des geistigen Eigentums (1994).

[16] Hingewiesen wurde in diesem Zusammenhang insbes auf deren funktionellen Charakter, den Vergleich mit dem wesentlich kürzeren patentrechtlichen Schutz von etwa 20 Jahren und den Umstand, dass viele Anwenderprogramme in der Praxis eine viel kürzere Lebenszeit haben.

Das **Europäischen Parlament** billigte das Grundkonzept des RL-Vorschlags dagegen auch in dieser Kernfrage, machte aber zu einer Reihe von Punkten Abänderungsvorschläge. So wurde insbes eine Umschreibung der Urheberschaft an Film- und Fernsehwerken angeregt (Abänderungsvorschlag Nr 1 und 3) und vorgeschlagen, die Schutzfrist für posthume Veröffentlichungen zu verlängern und vom Zeitpunkt der Veröffentlichung an zu berechnen (Abänderungsvorschlag Nr 7). Während dieser Vorschlag nicht realisiert wurde, ist die weitere Anregung des Europäischen Parlaments, einen Sonderschutz für bereits gemeinfreie nachgelassene Werke einzuführen (Abänderungsvorschlag Nr 9) in die endgültige Fassung der Richtlinie eingeflossen (Art 4). Schließlich ist auch eine wesentliche übergangsrechtliche Anregung des Europäischen Parlaments (Abänderungsvorschlag Nr 12) aufgegriffen worden, wonach der urheberrechtliche Schutz bereits gemeinfreier Werke wieder auflebt, wenn zumindest in einem Mitgliedstaat zum Stichzeitpunkt 1. Juli 1994 (in der endgültigen Fassung 1995) noch Schutz besteht. Dagegen wurde der Vorschlag, verhältnismäßig detaillierte Übergangsregelungen vorzusehen, nicht realisiert.

7 Bereits am 7. Januar 1993 legte die Kommission den **geänderten RL-Vorschlag** vor, wobei ein Teil der Änderungsvorschläge des Europäischen Parlaments aufgegriffen wurde. So etwa die Umschreibung der Inhaberschaft des Urheberrechts am Filmwerk (Art 1a), der Sonderschutz für nachgelassene Werke (Art 2a) und das Wiederaufleben des Schutzes in der gesamten Gemeinschaft, wenn ein Werk auch nur in einem Mitgliedsland zu einem bestimmten Stichzeitpunkt noch Schutz genießt (Art 6a). Die Festschreibung des Schöpferprinzips auch im Filmurheberrecht war aber in der Endfassung der Richtlinie nicht in dieser Allgemeinheit durchzusetzen; die endgültige Fassung begnügte sich damit, den Hauptregisseur als einen der in Frage kommenden Filmurheber zu bestimmen. Neu hinzugekommen ist in der Endfassung die der Software-RL folgende Umschreibung des Begriffs geschützter Fotografien (Art 6), während ein Sonderschutz für einfache Lichtbilder nicht vorgesehen wurde. Auch ein Leistungsschutzrecht für wissenschaftlich-kritische Ausgaben war nicht durchsetzbar; es bleibt aber den Mitgliedsländern ausdrücklich vorbehalten, einen solchen vorzusehen. Eine beschränkte Vereinheitlichung ist in diesem Zusammenhang insoweit erfolgt, als dieser Sonderschutz 30 Jahre nicht übersteigen darf (Art 5). Der **Rat** hat die Richtlinie 93/98/EWG zur Harmonisierung der Schutzdauer des Urheberrechts und bestimmter verwandter Schutzrechte schließlich am 29. Oktober 1993 angenommen; sie war von den Mitgliedstaaten bis zum 1. Juli 1995 umzusetzen.

4. Veröffentlichung und Erscheinen

8 Sowohl die nationalen Urheberrechtsgesetze als auch die internationalen Konventionen unterscheiden zwischen **veröffentlichten** und **erschienenen Werken**. Die **Terminologie** ist aber uneinheitlich[17]. Die internationalen Verträge (Art 3 Abs 3 RBÜ 1967/71; Art VI WURA 1971) verstehen unter Veröffentlichung (*publication*) ein Veröffentlichen im Weg des Inverkehrbringens einer genügen-

[17] Vgl dazu auch *Walter*, Schutz nachgelassener Werke 430ff.

den Anzahl von Werkstücken[18], was im deutschen und österr Urheberrecht als Erscheinen bezeichnet wird (§§ 6 Abs 2 dUrhG, 9 öUrhG). Unter Veröffentlichen wird im deutschen und österr Recht jeder Vorgang verstanden, mit dem das Werk der Öffentlichkeit zugänglich gemacht wird (§ 6 Abs 1 dUrhG und § 8 öUrhG), wobei es auf eine körperliche Festlegung nicht ankommt. Auch eine öffentliche Wiedergabe (Vortrag, Aufführung, Vorführung, Sendung) bewirkt deshalb eine Veröffentlichung.

Die Terminologie ist aber auch unter einem anderen Gesichtspunkt uneinheitlich. Nach der Formulierung des deutschen und österr UrhG gilt ein Werk als erschienen, sobald es mit Einwilligung des Berechtigten der Öffentlichkeit durch Inverkehrbringen von Vervielfältigungsstücken zugänglich gemacht wurde. Ist dies einmal geschehen, gilt das Werk als erschienen, weshalb dieser Vorgang nicht wiederholbar ist. Es erübrigt sich deshalb, von einem „erstmaligen" oder „zuerst" erfolgten Erscheinen zu sprechen (§ 95 öUrhG und § 121 Abs 1 dUrhG), wie dies nach dem Sprachgebrauch der internationalen Urheberrechtskonventionen der Fall ist[19].

Auch die **Schutzdauer-RL** unterscheidet zwischen Veröffentlichen und Erschei- 9
nen, orientiert sich bei der Umschreibung dieser Begriffe aber am Sprachgebrauch der internationalen Verträge. So spricht sie einerseits von „erlaubterweise veröffentlichten" bzw „unveröffentlichten" Werken oder Leistungen und anderseits von Werken oder Leistungen, die „erlaubterweise der Öffentlichkeit zugänglich gemacht" bzw „öffentlich wiedergegeben" worden sind. Diese Differenzierung und die Parallele zum Sprachgebrauch der internationalen Urheberrechtsverträge lassen keinen Zweifel daran, dass die Richtlinie unter „Veröffentlichen" das Erscheinen und unter „der Öffentlichkeit Zugänglichmachen" das Veröffentlichen im Sinn der deutschen und österr Terminologie versteht[20]. Dies ergibt sich insbes aus den Formulierungen in Art 3 Schutzdauer-RL. Wenn etwa nach Art 3 Abs 1 die Schutzfrist von der Darbietung oder von dem Zeitpunkt an zu berechnen ist, zu welchem eine Aufzeichnung der Darbietung „erlaubterweise veröffentlicht oder erlaubterweise öffentlich wiedergegeben" wird, macht dies deutlich, dass hierunter auf der einen Seite das Erscheinen einer Tonträgeraufzeichnung in körperlicher Form, auf der anderen aber die – mit Hilfe einer Aufzeichnung bewirkte – öffentliche Wiedergabe zu verstehen ist[21]. Das der

---

[18] Der Begriff der *publication* ist im WURA 1871 aber insoweit enger, als nur auf die visuelle Wahrnehmbarkeit abgestellt wird, weshalb Tonträger etwa als Mittel der Veröffentlichung ausscheiden.

[19] Vgl Art 3 Abs 1 lit b, Art 5 Abs 4 lit a und c RBÜ 1967/71; Art II Abs 1 WURA 1971; Art 2 Abs 1 lit b, Art 5 Abs 1 lit c und 2 Rom-Abkommen.

[20] So auch *Dietz*, GRUR Int 1995, 672 und – allerdings zweifelnd – *Benabou*, Droits d'auteur et droit communautaire 366f. AM *Reindl*, Einfluß des Gemeinschaftsrechts 392 und FN 322; gerade ErwG 18, auf den sich *Reindl* bezieht, unterscheidet aber deutlich zwischen Veröffentlichung (*publication*) einerseits und öffentlicher Wiedergabe anderseits. Siehe dazu auch Begründung Entw III Drittes ÄnderungsG bei *M Schulze*, Materialien[2], 930.

[21] Zum Begriff des der Öffentlichkeit Zugänglichmachens siehe auch Art 1 Abs 3 im Zusammenhang mit anonymen und pseudonymen Werken. Vgl auch *Walter*, Schutz nachgelassener Werke 430ff.

Öffentlichkeit Zugänglichmachen (Art 1 Abs 1 und Abs 3 bis 6 Schutzdauer-RL) entspricht deshalb dem weiteren Begriff des Veröffentlichens im Sinn der deutschen und österr Ausdrucksweise, während ein Veröffentlichen nach dem Sprachgebrauch der Richtlinie dem Erscheinen durch Vervielfältigen und Verbreiten von Werkexemplaren entspricht. Erfolgt die Veröffentlichung nicht im Weg des Erscheinens, spricht die Richtlinie auch von öffentlicher Wiedergabe und weist – wohl zur Vermeidung von Missverständnissen – in Art 3 und 4 (nicht aber in Art 1 Abs 3, 5 und 6) im Übrigen auch auf die Erstmaligkeit dieser Akte hin.

10 Nach dem Verständnis des deutschen und österr Urheberrechts setzt sowohl das Veröffentlichen als auch das Erscheinen voraus, dass die **Zustimmung** des Berechtigten vorliegt. Eine rechtswidrige Publikation bewirkt deshalb kein Erscheinen und eine unerlaubte Aufführung keine Veröffentlichung. Dies entspricht auch dem Konzept der **Berner Übereinkunft**, was insbes bei der Umschreibung erschienener Werke (Art 3 Abs 3 RBÜ 1967/71) ausdrücklich hervorgehoben wird. Auch in Bezug auf die Regelung der Schutzdauer weist Art 7 Abs 2 RBÜ 1967/71 im Zusammenhang mit der den Verbandsländern vorbehaltenen Sonderregelung für Filmwerke auf das Erfordernis des der Öffentlichkeit Zugänglichmachens mit Zustimmung des Urhebers hin. Dies hat zur Folge, dass neben unerlaubten Veröffentlichungen auch solche ausscheiden, die auf Grund freier Nutzungen zwar erlaubter Weise, gleichwohl aber ohne Zustimmung des Berechtigten erfolgt sind. Allerdings formuliert Art 7 Abs 3 RBÜ 1967/71 bei der Bestimmung der Schutzfrist anonymer und pseudonymer Werke etwas abweichend und berechnet die Schutzdauer 50 Jahre ab dem Zeitpunkt, zu welchem das Werk „erlaubterweise“ der Öffentlichkeit zugänglich gemacht worden ist. Die Brüsseler Fassung (Art 7 Abs 4) hatte dagegen noch auf das Erscheinen mit Zustimmung des Berechtigten abgestellt. Die Änderung der Formulierung in der Fassung 1967/71 ist auf den Vorbehalt zu Gunsten eines Schutzes von Werken der Folklore (Art 15 Abs 4) zurückzuführen. Denn nach Art 15 Abs 4 RBÜ 1967/71 bestimmt die Gesetzgebung der Mitgliedsländer die zuständige Behörde, die den (unbekannten) Urheber vertritt und berechtigt ist, dessen Rechte in den Verbandsländern wahrzunehmen und geltend zu machen[22]. Notwendig wäre diese Umformulierung allerdings mE nicht gewesen, da Art 15 Abs 4 ebenso wie die vermutete Verwaltervollmacht des Verlegers (Art 15 Abs 3) nur von einer Vertretung des Urhebers ausgehen, und in der Regel ohnehin nur von der Zustimmung des Berechtigten (nicht aber des Urhebers) die Rede ist. Jedenfalls erklärt sich die gewählte Formulierung ausschließlich aus den Besonderheiten der Wahrnehmung von Urheberinteressen durch Dritte im Fall anonymer und pseudonymer Werke.

Die **Schutzdauer-RL** stellt dagegen allgemein auf das erlaubter Weise Erscheinen oder der Öffentlichkeit Zugänglichmachen ab, woraus *Reindl* ableitet, dass auch eine Veröffentlichung (ein Erscheinen) auf Grund freier Nutzungen den Lauf der Schutzfrist in Gang setzt[23]. Da ein bewusstes Abweichen vom Konventionsrecht aus der gewählten Formulierung aber nicht zwingend folgt

---

[22] Vgl *Masouyé*, Berner Übereinkunft 7.8.

[23] Einfluß des Gemeinschaftsrechts 385 FN 308.

und weder aus den Erwägungsgründen noch aus der Entstehungsgeschichte ableitbar ist, wird diese Wendung im Gleichklang mit dem Recht der Berner Übereinkunft zu verstehen sein, da auch die Richtlinie konventionskonform auszulegen ist.

Artikel 1 Dauer der Urheberrechte

Übersicht

Text

Artikel 1 Dauer der Urheberrechte

(1) Die Schutzdauer des Urheberrechts an Werken der Literatur und Kunst im Sinne des Artikels 2 der Berner Übereinkunft umfaßt das Leben des Urhebers und siebzig Jahre nach seinem Tod, unabhängig von dem Zeitpunkt, zu dem das Werk erlaubterweise der Öffentlichkeit zugänglich gemacht worden ist.

(2) Steht das Urheberrecht den Miturhebern eines Werkes gemeinsam zu, so beginnt die Frist nach Absatz 1 mit dem Tod des längstlebenden Miturhebers.

(3) Für anonyme und pseudonyme Werke endet die Schutzdauer siebzig Jahre, nachdem das Werk erlaubterweise der Öffentlichkeit zugänglich gemacht worden ist. Wenn jedoch das vom Urheber angenommene Pseudonym keinerlei Zweifel über die Identität des Urhebers zuläßt oder wenn der Urheber

innerhalb der in Satz 1 angegebenen Frist seine Identität offenbart, richtet sich die Schutzdauer nach Absatz 1.

(4) Sieht ein Mitgliedstaat besondere Urheberrechtsbestimmungen in bezug auf Kollektivwerke oder in bezug auf eine als Inhaber der Rechte zu bestimmende juristische Person vor, so wird die Schutzdauer nach Absatz 3 berechnet, sofern nicht die natürlichen Personen, die das Werk als solches geschaffen haben, in den der Öffentlichkeit zugänglich gemachten Fassungen dieses Werks als solche identifiziert sind. Dieser Absatz läßt die Rechte identifizierter Urheber, deren identifizierbare Beiträge in diesen Werken enthalten sind, unberührt; für diese Beiträge findet Absatz 1 oder 2 Anwendung.

(5) Für Werke, die in mehreren Bänden, Teilen, Lieferungen, Nummern oder Episoden veröffentlicht werden und für die die Schutzfrist ab dem Zeitpunkt zu laufen beginnt, in dem das Werk erlaubterweise der Öffentlichkeit zugänglich gemacht worden ist, beginnt die Schutzfrist für jeden Bestandteil einzeln zu laufen.

(6) Bei Werken, deren Schutzdauer nicht nach dem Tod des Urhebers oder der Urheber berechnet wird und die nicht innerhalb von 70 Jahren nach ihrer Schaffung erlaubterweise der Öffentlichkeit zugänglich gemacht worden sind, erlischt der Schutz.

Aus den Erwägungsgründen

ErwG 3 Die Harmonisierung darf sich nicht auf die Schutzdauer als solche erstrecken, sondern muß auch einige ihrer Modalitäten wie den Zeitpunkt, ab dem sie berechnet wird, treffen.

ErwG 5 Die Mindestschutzdauer, die nach der Berner Übereinkunft fünfzig Jahre nach dem Tod des Urhebers umfaßt, verfolgte den Zweck, den Urheber und die ersten beiden Generationen seiner Nachkommen zu schützen. Wegen der gestiegenen durchschnittlichen Lebenserwartung in der Gemeinschaft reicht diese Schutzdauer nicht mehr aus, um zwei Generationen zu erfassen.

ErwG 6 Einige Mitgliedstaaten haben die Schutzdauer über den Zeitraum von fünfzig Jahren nach dem Tod des Urhebers hinaus verlängert, um einen Ausgleich für die Auswirkungen der beiden Weltkriege auf die Verwertung der Werke zu schaffen.

ErwG 9 Die Wahrung erworbener Rechte gehört zu den allgemeinen Rechtsgrundsätzen, die von der Gemeinschaftsrechtsordnung geschützt werden. Eine Harmonisierung der Schutzdauer des Urheberrechts und der verwandten Schutzrechte darf daher nicht zur Folge haben, daß der Schutz, den die Rechtsinhaber gegenwärtig in der Gemeinschaft genießen, beeinträchtigt wird. Damit sich die Auswirkungen der Übergangsmaßnahmen auf ein Mindestmaß beschränken lassen und der Binnenmarkt in der Praxis funktionieren kann, ist die Harmonisierung auf eine lange Schutzdauer auszurichten.

ErwG 10 In ihrer Mitteilung vom 17. Januar 1991 „Initiativen zum Grünbuch – Arbeitsprogramm der Kommission auf dem Gebiet des Urheberrechts und der verwandten Schutzrechte“ betont die Kommission, daß die Harmonisierung des Urheberrechts und der verwandten

Schutzrechte auf einem hohen Schutzniveau erfolgen müsse, da diese Rechte die Grundlage für das geistige Schaffen bilden; weiter hebt sie hervor, daß durch den Schutz dieser Rechte die Aufrechterhaltung und Entwicklung der Kreativität im Interesse der Autoren, der Kulturindustrie, der Verbraucher und der ganzen Gesellschaft sichergestellt werden können.

ErwG 11 Zur Einführung eines hohen Schutzniveaus, das sowohl den Anforderungen des Binnenmarkts als auch der Notwendigkeit entspricht, ein rechtliches Umfeld zu schaffen, das die harmonische Entwicklung der literarischen und künstlerischen Kreativität in der Gemeinschaft fördert, ist die Schutzdauer folgendermaßen zu harmonisieren: siebzig Jahre nach dem Tod des Urhebers bzw siebzig Jahre, nachdem das Werk erlaubterweise der Öffentlichkeit zugänglich gemacht worden ist, für das Urheberrecht und fünfzig Jahre nach dem für den Beginn der Frist maßgebenden Ereignis für die verwandten Schutzrechte.

ErwG 12 Sammlungen sind nach Artikel 2 Absatz 5 der Berner Übereinkunft geschützt, wenn sie wegen der Auswahl und Anordnung des Stoffes geistige Schöpfungen darstellen; diese Werke sind als solche geschützt, und zwar unbeschadet der Rechte der Urheber an jedem einzelnen der Werke, die Bestandteile dieser Sammlungen sind; folglich können für die Werke in Sammlungen spezifische Schutzfristen gelten.

ErwG 13 In allen Fällen, in denen eine oder mehrere natürliche Personen als Urheber identifiziert sind, sollte sich die Schutzfrist ab ihrem Tod berechnen; die Frage der Urheberschaft an einem Werk insgesamt oder an einem Teil des Werks ist eine Tatsachenfrage, über die gegebenenfalls die nationalen Gerichte zu entscheiden haben.

Kommentar

1. Entstehungsgeschichte

Schon der **ursprüngliche RL-Vorschlag** hat die Harmonisierung der urheberrechtlichen Schutzfristen auf **hohem Niveau** vorgesehen und als Regelschutzfrist 70 Jahre *pma* vorgeschlagen. Trotz der Einwände des Wirtschafts- und Sozialausschusses wurde die Harmonisierung der urheberrechtlichen Schutzfristen auf dieser Grundlage vollzogen, und stand dies während des gesamten Entstehungsprozesses nicht in Frage. **1**

Die Regelungen des Art 1 wurden im Wesentlichen schon mit dem RL-Vorschlag vorgegeben und haben im Lauf des weiteren Verfahrens nur verhältnismäßig geringfügige Änderungen erfahren. So ist schon der RL-Vorschlag bei anonymen und pseudonymen Werken von der Ermächtigung der Berner Übereinkunft (Art 7 Abs 3 letzter Satz) ausgegangen und hat vorgesehen, dass solche Werke keinen Schutz (mehr) genießen, wenn ein hinreichender Grund zu der Annahme besteht, dass ihr Urheber seit mehr als 70 Jahren tot ist; diese Regelung blieb auch im **geänderten RL-Vorschlag** erhalten. In der Endfassung wurde dies dann dahingehend präzisiert, dass der Schutz jedenfalls 70 Jahre nach Schaffung des Werks erlischt. Auch der Vorschlag des **Europäischen Parlaments**, bei Liefer- **2** werken und ähnlichen Ausgaben die Schutzfrist für alle Teile erst von der Veröffentlichung des letzten Teils an zu berechnen, wurde von der Kommission nicht aufgegriffen[24].

2. Siebzigjährige Regelschutzfrist

2.1. Allgemeines

3 Nach der in Art 1 Abs 1 festgelegten Grundregel umfasst die **Schutzdauer des Urheberrechts** an Werken der Literatur und Kunst im Sinn des Art 2 RBÜ 1967/71 das Leben des Urhebers und **70 Jahre** nach seinem Tod. Damit geht die Richtlinie – dem Vorbild einzelner Mitgliedsländer folgend – über die fünfzigjährige Mindestschutzfrist der Berner Übereinkunft, die jetzt mittelbar auch in das TRIPs-Abkommen übernommen wurde, hinaus und verwirklicht die Harmonisierung der urheberrechtlichen Schutzfristen in Europa auf hohem Niveau. Eine die fünfzigjährige Mindestschutzfrist der Berner Übereinkunft übersteigende Schutzdauer hatten in Europa – von kriegsbedingten Schutzfristverlängerungen abgesehen – zuvor nur Deutschland (1965 – 70 Jahre), Österreich (1972 – 70 Jahre), Frankreich (1985 – 70 Jahre für Musikwerke mit und ohne Text), Spanien (1987 – 60 Jahre[25]) und zuletzt auch Belgien (1994 – 70 Jahre[26]) sowie schließlich Griechenland (1993 – 70 Jahre[27]) vorgesehen. In allen übrigen Ländern der EU bzw des EWR galt die fünfzigjährige Mindestschutzfrist nach dem Standard der RBÜ 1948[28]. Außerhalb der Europäischen Gemeinschaften und des EWR kannten nur einige wenige Länder längere Schutzfristen, darunter Israel, die Schweiz und Nigeria mit jeweils 70 Jahren, Kolumbien, Guinea und Panama mit jeweils 80 Jahren und schließlich die Elfenbeinküste mit 99 Jahren[29]. Die siebzigjährige Schutzfrist wurde im Hinblick auf die vorgesehene „Ost-Erweiterung" der EU in der Zwischenzeit aber auch bereits in einigen Ländern des ehemaligen Ostblocks eingeführt[30].

Die USA sind mit dem *Copyright Act* 1976 (in Kraft getreten am 01.01.1978) zum Europäischen System der Schutzfristenberechnung nach dem Tod des Urhebers übergegangen; die Schutzfrist betrug in den Vereinigten Staaten von Amerika danach zunächst 50 Jahre pma. Mit dem *Copyright Extension Act* 1998 wurde die Schutzfrist aber nach Europäischem Vorbild in der Zwischenzeit gleichfalls auf 70 Jahre pma verlängert. Bis 1978 kannte das US-amerikanische Urheberrecht eine in zwei Schutzperioden geteilte Schutzfrist; die Schutzfrist

---

[24] Das Europäische Parlament hatte ergänzend noch vorgeschlagen, innerstaatliche Todeserklärungen als Todesvermutung anzuerkennen.

[25] Nach dem Gesetz 1878 war eine Schutzdauer von 80 Jahren vorgesehen, die auf Grund der Übergangsregeln des neuen Gesetzes 1987 für Werke auch weiter anzuwenden ist, deren Urheber vor Inkrafttreten des Gesetzes 1987 verstorben ist.

[26] Gesetz Nr 94 30.06.1994 Moniteur Belge 19297.

[27] Gesetz Nr 2121 03.07.1993 FEK A 25.

[28] Vgl zur „Schutzfristen-Kakophonie" vor der Harmonisierung *Benabou*, Droits d'auteur et droit communautaire 363f.

[29] Siehe dazu *v Lewinski*, GRUR Int 1992, 725.

[30] Vgl Rumänien (Art 25 UrhG 14.03.1996), Slowakei (§ 18 UrhG 05.12.1997), Slowenien (Art 59 UrhG 30.03.1995), Ungarn (§ 31 UrhG 22.06.1999) und Tschechien (§ 27 UrhG 07.04.2000).

währte zunächst 28 Jahre ab Erscheinen (*publication*) und konnte im letzten Jahr um weitere 28 Jahre erneuert werden (*renewal term*), so dass die Schutzfrist insgesamt 56 Jahre ab Erscheinen betrug.

Manche Länder kannten auch **variable Schutzfristen** je nachdem, in welchem Verwandtschaftsverhältnis die Erben zum verstorbenen Urheber standen. So gewährte Art 18 bulgarisches UrhG 1951 einen postmortalen Schutz nur den gesetzlichen Erben, und zwar zu Gunsten der Eltern auf deren Lebenszeit, zu Gunsten des überlebenden Ehegatten bis zu dessen Wiederverehelichung und zu Gunsten aller übrigen Personen bis zum Erreichen der Großjährigkeit bzw der Beendigung ihrer Studien, keinesfalls aber länger als 24 Jahre. Nach Art 42 brasilianisches UrhG hängt die Schutzdauer pma gleichfalls davon ab, welche Verwandte der Urheber hinterlassen hat. Kinder, Eltern und Ehegatten genießen die Urheberrechte des verstorbenen Autors Zeit ihres Lebens (Art 42 Abs 1), während andere Rechtsnachfolger die vermögensrechtlichen Befugnisse nur für die Dauer von 60 Jahren pma genießen (Art 42 Abs 2).

Schon in den Initiativen zum Grünbuch hatte die Kommission betont, dass die **4**
Harmonisierung des Urheberrechts und der verwandten Schutzrechte auf einem **hohen Schutzniveau** erfolgen müsse[31]. Ausschlaggebend für die Entscheidung, die urheberrechtliche Schutzdauer einheitlich auf siebzig Jahre *pma* anzuheben, werden aus Europäischer Sicht vor allem pragmatische Erwägungen gewesen sein. Denn im Fall einer Verkürzung der in einzelnen Mitgliedsländern bereits vorgesehenen längeren Schutzfristen wären verfassungsrechtliche Probleme (Eigentumsgarantie etc) nach den Rechtsordnungen der Mitgliedstaaten zu erwarten[32] oder aber komplizierte Übergangsvorschriften zur Wahrung des Schutzes wohlerworbener Rechte erforderlich gewesen, was eine durchgängige Harmonisierung und damit die Verwirklichung des Binnenmarkts zumindest mittelfristig wieder in Frage gestellt hätte[33], der nach Art 14 EGV 1997 (früher Art 7a) bis zum 31. Dezember 1992 vollendet sein sollte.

Jedenfalls sollte die Harmonisierung der urheberrechtlichen Schutzfristen „nach oben" auch ein Signal für den Stellenwert sein, den die Europäische Union dem Schutz des Urheberrechts als gesellschaftspolitischem Faktor beimisst, was in ErwG 10 auch besonders hervorgehoben wird. Hinzu kommt die Überlegung, dass auch ein angemessener Abstand zur Schutzdauer der Leistungsschutzrechte gehalten werden sollte, für die sich in den Mitgliedsländern und bei den Verhandlungen für das TRIPs-Abkommen eine Tendenz zu Gunsten einer fünfzigjährigen Schutzfrist abgezeichnet hatte. Die Entscheidung des Europäischen Gesetzgebers wird allerdings auch kritisch gesehen[34].

---

[31] Vgl dazu (zum Teil kritisch) auch *Benabou*, Droits d'auteur et droit communautaire 362f und 365ff.

[32] Vgl *Katzenberger* in *Schricker*, Kommentar² § 64 Rz 15ff; *Kreile/Schricker/Melichar*, ZUM 1991, 359f.

[33] Vgl *Cohen Jehoram*, IIC 1994, 834; *Dietz*, GRUR Int 1995, 670; *v Lewinski*, GRUR Int 1992, 725; *v Lewinski*, Quellen 5f; *Maier*, RMUE 1994, 56; *Reindl*, Einfluß des Gemeinschaftsrechts 379f.

[34] Vgl etwa *Dworkin*, EIPR 1993, 151f; *Reindl*, Einfluß des Gemeinschaftsrechts 379f und FN 297.

5 ErwG 10 führt als **gesellschaftspolitische Rechtfertigung** eines hohen Schutzniveaus ins Treffen, dass der urheberrechtliche Schutz die Grundlage für das geistige Schaffen bildet und dadurch die Aufrechterhaltung und Entwicklung der Kreativität sichergestellt werden könne, was im Interesse der Autoren, der Kulturindustrie, der Verbraucher und der ganzen Gesellschaft liege. Dieses programmatische Bekenntnis des Europäischen Gesetzgebers gilt über die Schutzfristregelung hinaus für das gesamte Gebiet des Urheberrechts. Die Bedeutung dieses Erwägungsgrunds als allgemeines Programm kann deshalb kaum überschätzt werden[35], zumal eine umfassende EG-Kulturkompetenz bzw eine Bestimmung über einen urheberrechtlichen Schutz auf hohem Niveau, wie dies in Art 153 EGV 1997 (früher Art 129a) für den Bereich des Konsumentenschutzes festgelegt ist, im EGV selbst fehlt[36]. Wenn ErwG 10 aber das Urheberrecht als Grundlage für das geistige Schaffen und als Garant der Aufrechterhaltung und Entwicklung der Kreativität sieht, wird damit eine klare Verbindung zu den allgemeinen Zielen der Gemeinschaft hergestellt, zu welchen nach Art 3 Abs 1 lit q EGV 1997 (früher Art 3 lit p) auch ein Beitrag zur Entfaltung des Kulturlebens in den Mitgliedstaaten gehört[37].

Wenngleich man die gewählten Formulierungen anders als den Kern der Aussage nicht überbewerten sollte[38], dürfte die Belohnungsidee gleichermaßen im Spiel sein wie der Gedanke des Ansporns[39]. Wenn neben den Urhebern und der Kulturindustrie auch die Konsumenten und die gesamte Gesellschaft als „Interessenten" angeführt werden, wird damit auch der Rahmen für eine angemessene Interessenabwägung gesteckt und letztlich auch auf die „Sozialgebundenheit" des Urheberrechts angespielt[40].

6 Als **sachliche Begründung** für die lange Schutzdauer führt ErwG 5 zunächst ins Treffen, die fünfzigjährige Mindestschutzfrist der Berner Übereinkunft hätte den Zweck verfolgt, den Urheber und die ersten beiden Generationen seiner Nachkommen zu schützen, was aber heute im Hinblick auf die gestiegene durchschnittliche Lebenserwartung nicht mehr ausreiche. Da die Lebenserwartung in den Mitgliedsländern zwischen 1950 und 1991 um nicht weniger als etwa 14% gestiegen sei und schon im Jahr 1991 bei 76,5 Jahren lag[41], erscheint diese Argumentation grundsätzlich auch einleuchtend. Es wurde dagegen allerdings eingewendet, dass die gestiegene Lebenserwartung schon den ersten Abschnitt des die Lebenszeit des Urhebers umfassenden Schutzes verlängere, was *de facto* ohnehin zu einer Ausdehnung der Gesamtschutzfrist führe[42]. Dessen ungeachtet wird

---

[35] Vgl allgemein *Dietz*, GRUR Int 1995, 672.

[36] Vgl *Walter*, Europäische Harmonisierung 130ff.

[37] Vgl auch die Ansätze in Art 151 EGV 1997 (früher Art 128).

[38] Kritisch etwa *Cornish*, Yearbook of European Law 13 (1993) 490f.

[39] Vgl dazu *Walter*, Grundlagen und Ziele 256ff.

[40] Vgl dazu *Walter*, Urheberrecht mit dem menschlichen Antlitz – Ansätze und Ziele eines ausgleichenden (sozialen) Urheberrechts, Present Problems of Copyright and Industrial Property – FS für Karel Knap (1989) 129.

[41] Vgl *Gabriel* (Hrsg), Die EG-Staaten im Vergleich – Strukturen, Prozesse, Politikinhalte (1992).

[42] Vgl *Cohen Jehoram*, IIC 1994, 834; *Cornish*, Yearbook of European Law 13 (1993) 490; *Dietz*, GRUR Int 1995, 671; *Evans*, EBLR 1993, 286; *v Lewinski*, GRUR Int 1992, 725f.

man aber davon ausgehen können, dass die Kindeskinder des Urhebers unter den gegebenen Verhältnissen bei bloß fünfzigjähriger Schutzdauer jedenfalls nicht immer Zeit ihres Lebens in den Genuss des urheberrechtlichen Schutzes kommen. Stirbt der Urheber etwa im Alter von 70 Jahren, und geht man von einem Geburtsalter von 30 Jahren aus, sind seine Kindeskinder zum Zeitpunkt seines Todes erst 10 Jahre alt.

Die siebzigjährige Schutzfrist umfasst dagegen – von Ausnahmesituationen abgesehen – in der Regel die gesamte Lebenszeit der Enkel des Urhebers, ist aber tatsächlich eher reichlich bemessen. Allerdings darf in diesem Zusammenhang auch nicht übersehen werden, dass Urheber gerade im Bereich avantgardistischer, die Kunstentwicklung vorantreibender Kunst typischer Weise Zeit ihres Lebens – auch bei gestiegener Lebenserwartung – oft kein oder nur ein geringes vererbbares Vermögen erwerben können[43], weshalb die Ausmessung der Schutzfrist mit einer zwei volle Generationen von je etwa 35 Jahren umfassenden Zeitdauer auch unter diesem Aspekt angemessen erscheint. Ganz allgemein wird eine lange Schutzfrist vor allem anspruchsvollen Werken zugute kommen, die zwar längerfristig verwertbar sind, aber nur einen verhältnismäßig geringen Umsatz erwarten lassen[44].

ErwG 6 weist ergänzend darauf hin, dass einige Mitgliedstaaten die Schutzdauer schon bisher über 50 Jahre hinaus erstreckt hatten, um einen Ausgleich für die Auswirkungen der beiden Weltkriege auf die Werkverwertung zu schaffen. Die Richtlinie geht offensichtlich davon aus, dass eine Verkürzung dieser außerordentlichen Verlängerungen nicht in Frage kommt, und eine Harmonisierung auch deshalb nur „nach oben" erfolgen könne. Dies um so mehr als die **kriegsbedingten Schutzfristverlängerungen** in den einzelnen Mitgliedsländern sehr unterschiedlich ausgestaltet sind und deshalb zu differenzierten Ergebnissen führen[45]. **7**

Freilich darf nicht übersehen werden, dass Schutzfristverlängerungen nur dann dem Urheber zugute kommen, wenn ein ausgewogenes System **urhebervertragsrechtlicher Bestimmungen** für einen Interessenausgleich zwischen Autoren und Verwertern sorgen[46]. Solche Vorschriften fehlen im Europäischen Urheberrecht aber noch weitgehend, sieht man von dem unverzichtbaren Beteiligungsanspruch nach Art 4 Vermiet- und Verleih-RL ab[47]. Dessen ungeachtet kommt die Verlängerung der Schutzfrist aber jedenfalls dann auch dem Urheber zugute, wenn eine Beteiligung an den Verwertungserlösen vereinbart wurde. **8**

---

43 Vgl *Walter,* Grundlagen und Ziele 257f.

44 Vgl auch *Antill/Coles*, EIPR 1996, 380. Siehe weiters *v Lewinski*, GRUR Int 1992, 726 und die dort dargestellten Gründe, die in Frankreich 1985 zur Verlängerung der Schutzfrist von Musikwerken auf 70 Jahre pma geführt haben.

45 Vgl unten Rz 23f.

46 Vgl *Dietz*, GRUR Int 1995, 671; *Dietz*, Das Problem der angemessenen Urheberschutzfrist unter dem Aspekt des Urhebervertragsrechts, Archivum Juridicum Cracoviense XIX (1986) 59 (63); *v Lewinski*, GRUR Int 1992, 725f; *v Lewinski*, Quellen 5.

47 Vgl zusammenfassend *v Lewinski*, Stand der Harmonisierung Rz 85f.

9 Die sich bietende Alternative, die Harmonisierung der Schutzfristen in Europa im Sinn des Vorschlags von *Dietz*[48] hinsichtlich eines Teils der Schutzfrist im Weg eines *Domaine Public Payant* zu verwirklichen, wäre freilich überlegenswert gewesen[49]. Um so dringlicher erscheint aber gerade im Hinblick auf die Harmonisierung der Schutzfristen auf hohem Niveau eine Europäische Regelung urhebervertragsrechtlicher Fragen und eine Ermächtigung der Verwertungsgesellschaften zu sein, Teile der kollektiv erzielten Erlöse sozialen bzw kulturellen Einrichtungen zuzuführen, die in erster Linie den Schaffenden zukommen.

2.2. Werkarten

10 Nach der Berner Übereinkunft (Art 7 Abs 4 RBÜ 1967/71) bleibt es der Gesetzgebung der Verbandsländer vorbehalten, die Schutzdauer für Werke der Fotografie und für als Kunstwerke geschützte Werke der angewandten Kunst festzusetzen; als Mindestschutzfrist ist in diesen Fällen nur eine Schutzdauer von 25 Jahren ab Herstellung vorgesehen. Die Schutzdauer-RL macht von dieser Ermächtigung weder für fotografische Werke noch für Werke der angewandten Kunst Gebrauch und wendet die siebzigjährige Schutzfrist ausnahmslos auf **alle Werkkategorien** an (Begründung RL-Vorschlag Teil 2 Punkt 1.1.). Die allgemeine siebzigjährige Schutzfrist gilt deshalb insbes auch für Lichtbildwerke, Werke der angewandten Kunst, Computerprogramme und Datenbankwerke. Die Gleichstellung aller Werkarten ist konsequent und sachgerecht[50]. Die differenzierte Schutzfrist für Musikwerke nach der französischen Novelle 1985 war deshalb zu Recht auf Kritik gestoßen und im Übrigen weniger auf Besonderheiten musikalischer Werke als auf die Schwierigkeiten bei der „Vermarktung“ zeitgenössischer Musik zurückzuführen.

11 Was im Sinn der Richtlinie unter **Werken der Literatur und Kunst** zu verstehen ist, richtet sich nach der Berner Übereinkunft. Der Hinweis auf Werke „im Sinn des Art 2 der Berner Übereinkunft“ stellt dies ausdrücklich klar. Zweifelsfragen des Werkkatalogs der RBÜ bleiben deshalb bestehen, sind aber etwa für Computerprogramme aus der Sicht des Europäischen Urheberrechts schon durch die Software-RL abschließend geklärt worden.

12 **Fotografien** haben im nationalen und internationalen Urheberrecht stets eine Sonderstellung eingenommen. Einmal bestanden für urheberrechtlich geschützte Lichtbilder Schutzfristen von sehr unterschiedlicher Dauer, zum anderen wichen auch die Schutzsysteme (urheberrechtlicher Schutz, Leistungsschutz oder ein kombiniertes Schutzsystem) nicht unerheblich voneinander ab und unterlagen einem steten Wandel[51]. So sieht die aktuelle Fassung der Berner Übereinkunft (Art 7 Abs 4 RBÜ 1967/71) für Lichtbildwerke nur eine Mindestschutzfrist von 25 Jahren vor; erst Art 9 WCT 1996 hat insoweit auf internationaler Ebene die

---

[48] Urheberrecht in der Europäischen Gemeinschaft.

[49] So auch *Benabou*, Droits d'auteur et droit communautaire 370f ; *v Lewinski*, GRUR Int 1992, 726; mit Vorbehalt zustimmend auch *Françon*, GRUR Int 1978, 110f.

[50] Vgl *v Lewinski*, GRUR Int 1992, 729.

[51] Siehe dazu die Übersicht bei *v Lewinski*, GRUR Int 1992, 728. Siehe auch *Gendreau/Nordemann/Oesch*, Copyright and Photographs.

Gleichstellung mit anderen Werkarten gebracht. Die Schutzdauer-RL hat diese Gleichstellung bereits vorweggenommen und harmonisiert die materielle Ausgestaltung des Schutzes von Lichtbildern weitgehend, wenn auch nicht vollständig. Für originelle Lichtbilder sind der urheberrechtliche Schutz und eine Schutzfrist von 70 Jahren zwingend vorgesehen (Art 6). Da die künstlerischen Gestaltungsmöglichkeiten im Bereich der Fotografie gleichermaßen gegeben sind wie bei anderen Werkkategorien, ist diese Grundsatzentscheidung auch richtig[52]. Im Hinblick darauf, dass gerade bei Lichtbildern in Bezug auf die erforderliche Originalität unterschiedliche Auffassungen denkbar sind, umschreibt Art 6 Schutzdauer-RL auch diese. Anders als bei Laufbildern bleibt es aber der Entscheidung der Mitgliedsländer vorbehalten, ob für einfache Lichtbilder ein zusätzlicher Leistungsschutz (Lichtbildschutz) beibehalten oder eingeführt wird (Art 6 letzter Satz).

Entsprechendes gilt für **Werke der angewandten Kunst**. Auch für diese macht **13**
die Schutzdauer-RL von der Ermächtigung des Art 7 Abs 4 RBÜ 1967/71 keinen Gebrauch. Die Anwendung der siebzigjährigen Regelschutzfrist entspricht auch der Position, welche die meisten Mitgliedsländer – etwa mit Ausnahme Portugals – eingenommen hatten (Begründung RL-Vorschlag Teil 1 Punkt 10). Auch wenn dies in diesem Zusammenhang nicht ausdrücklich erwähnt wird, blieb es den Mitgliedsländern vorbehalten, neben dem urheberrechtlichen Schutz für solche Werke einen parallelen *sui generis* Schutz für Muster und Modelle (Geschmacksmusterschutz) vorzusehen. Die **Geschmacksmuster-RL** vom 13. Oktober 1998[53] sieht den Geschmacksmusterschutz jetzt aber zwingend vor. Eine Umschreibung der verlangten Originalität von Werken der angewandten Kunst wird nicht gegeben; es sind deshalb die allgemeinen Regeln anzuwenden.

Bei Werken der angewandten Kunst kommt allerdings hinzu, dass die Verbands- **14**
länder der Berner Übereinkunft solche Werke auch **nur musterrechtlich** schützen können (Art 2 Abs 7 RBÜ 1967/71); hieran ändert die Schutzdauer-RL nichts. Wird aber ein (paralleler) urheberrechtlicher Schutz gewährt, ist die harmonisierte Regelschutzfrist anzuwenden. Nach dem Konzept der Berner Übereinkunft müssen die Verbandsländer den urheberrechtlichen Schutz aber Werken nicht gewähren, die in ihrem Ursprungsland nur musterrechtlich geschützt sind; es ist dies einer der wenigen Fälle, in welchen nach der Berner Übereinkunft materielle Gegenseitigkeit angewendet werden darf. Kennt das Schutzland einen solchen Sonderschutz aber nicht, ist der Schutz jedenfalls auf urheberrechtlicher Grundlage zu gewähren, und zwar nach der Schutzdauer-RL für die gesamte harmonisierte Schutzfrist von 70 Jahren[54].

Die Regelschutzfrist gilt nach Art 2 Abs 2 grundsätzlich auch für **Filmwerke**, **15**
doch wird bei diesen nicht an den Todeszeitpunkt des zuletzt versterbenden

[52] So auch *v Lewinski*, GRUR Int 1992, 728 und *v Lewinski*, Quellen 9.

[53] Richtlinie 98/71/EG des Europäischen Parlaments und des Rates vom 13.10.1998 über den rechtlichen Schutz von Mustern und Modellen ABl L 289 vom 28.10.1998, 28. Vgl dazu *Walter* Stand der Harmonisierung Rz 9.

[54] Vgl dazu auch *v Lewinski*, GRUR Int 1992, 729.

Miturhebers angeknüpft, dessen Feststellung schon im Hinblick auf die Zahl der als Filmurheber in Frage kommenden Personen und die unterschiedlichen Auffassungen zu dieser Frage in den Mitgliedsländern Schwierigkeiten bereiten könnte. Maßgebend sind vielmehr nur die in der Richtlinie bezeichneten vier Urheber (Haupturheber), wobei die Schutzfrist vom Tod des Letztversterbenden an zu berechnen ist. Die Richtlinie geht damit nicht nur über die bisherigen nationalen Regelungen in zahlreichen (europäischen) Urheberrechtsgesetzen, sondern auch über die Mindestschutzvorschriften der Berner Übereinkunft hinaus, die es den Verbandsländern freistellt, Filmwerke bloß 50 Jahre und dies nur ab Herstellung bzw Veröffentlichung (innerhalb der ab Herstellung laufenden Frist) zu schützen[55].

16 Der urheberrechtliche Schutz von **Computerprogrammen** wurde schon mit der Software-RL vorweggenommen (Art 1 Abs 1); nach Art 10 Abs 1 TRIPs-Abkommen und Art 4 WCT gilt dies jetzt auch für diese Abkommen. Die Software-RL ist aber noch von der fünfzigjährigen Mindestschutzfrist der Berner Übereinkunft ausgegangen. Vor allem im Hinblick auf die längere allgemeine urheberrechtliche Schutzfrist von 70 Jahren *pma* in der Bundesrepublik Deutschland hatte allerdings Art 8 Abs 2 Software-RL vorgesehen, dass ein bereits bestehender längerer Schutz bis zu einer Harmonisierung der urheberrechtlichen Schutzfristen in der Gemeinschaft aufrecht erhalten werden darf. Dies ermöglichte auch Österreich die Beibehaltung der siebzigjährigen Schutzfrist für Computerprogramme[56]. Diskutiert wurden zunächst auch abweichende (kürzere) Schutzfristen; einer Übereinstimmung mit den Vorschriften der Berner Übereinkunft wurde ungeachtet der sich aus der Entstehungsgeschichte der Software-RL ergebenden praktischen Bedenken aber schließlich der Vorzug gegeben. Auch für Computerprogramme gilt jetzt mangels einer Differenzierung die volle siebzigjährige Schutzfrist; auch die übrigen Regeln (Fristenlauf ab Tod, Miturheberregel, Sonderregeln für anonyme und pseudonyme Werke, Berechnung nach Kalenderjahren) sind anzuwenden. Die abweichende Vorschrift des Art 8 Abs 1 Software-RL wird deshalb in Art 11 Abs 1 Schutzdauer-RL ausdrücklich aufgehoben. Die siebzigjährige Schutzfrist für Computerprogramme mag zwar überzogen erscheinen, ist aber im Hinblick auf die einmal getroffene Entscheidung, Software urheberrechtlich zu schützen, folgerichtig[57].

17 Nach Art 2 lit c **Datenbank-RL** bleiben die Vorschriften der Schutzdauer-RL unberührt, und richtet sich die Schutzdauer für urheberrechtlich geschützte Datenbanken gleichfalls nach dieser. Dagegen richtet sich die Dauer des *sui generis* Schutzes für nicht originelle Datenbanken ausschließlich nach der Datenbank-RL, da dieser neu eingeführte Schutz nicht zu den in der Vermiet- und Verleih-RL und der Schutzdauer-RL geregelten Leistungsschutzrechten gehört[58]. Die

---

[55] Siehe zu den Filmwerken ausführlich unten Art 2 Rz 14ff.

[56] Ungeachtet der Verpflichtungen nach Art 1 Z 2 Protokoll 28 zum EWR-Abkommen. Die öUrhGNov 1993 hat für Computerprogramme keine kürzere Schutzfrist vorgesehen, weshalb die allgemeine siebzigjährige Schutzfrist auch auf Software anwendbar war.

[57] So auch *v Lewinski*, GRUR Int 1992, 729.

[58] Vgl dazu auch *v Lewinski* Art 2 Rz 5 Datenbank-RL.

Bestimmung der Schutzdauer hängt zunächst davon ab, ob der innerstaatliche Gesetzgeber eine natürliche Person, eine juristische Person oder den Urheber eines Kollektivwerks als ersten Rechtsinhaber bestimmt. Bei Erstellung einer Datenbank in Miturheberschaft (Art 4 Abs 3 Datenbank-RL) ist die Schutzfrist nach der Miturheberregel zu bestimmten. Auch die Vorschriften in Bezug auf anonym oder pseudonym veröffentlichte Werke sind entsprechend anzuwenden. Schließlich finden im Fall einer Veröffentlichung in Teilen (Erweiterungen) die Vorschriften über Lieferwerke Anwendung; hieran ändert sich im Ergebnis auch nichts, wenn man Erweiterungen als schutzfähige Bearbeitungen betrachtet.

2.3. Anknüpfung des Fristenlaufs

Die Regelschutzfrist knüpft an den **Tod des Urhebers** an, womit sich im Hinblick **18**
auf das unterschiedliche Lebensalter auch verschieden lange Gesamtschutzfristen ergeben. Dieser Grundsatz entspricht dem Grundgedanken, dass der Schutz jedenfalls die Lebenszeit des Urhebers und durchschnittlich zwei Generationen seiner Nachkommen (Erben) umfassen soll. Dieser Gedanke folgt nicht nur einer weit zurück reichenden Tradition des europäischen Urheberrechts, sondern auch einem in der Berner Übereinkunft schon seit der Berliner Revision 1908 ausdrücklich festgeschriebenen Grundsatz. Auch das amerikanische Recht hat mit dem *Copyright Act* 1976 noch vor dem Beitritt der USA zur Berner Übereinkunft im Jahr 1989 auf das Europäische Schutzfristensystem umgestellt.

Die **Feststellung des Todes** und die Bestimmung des Todeszeitpunkts des Ur- **19**
hebers richten sich nach den einschlägigen Vorschriften des Schutzlands, einschließlich dessen kollisionsrechtlicher Regelungen. Gewöhnlich wird sich die Bestimmung des Todes und des Todeszeitpunkts nach dem letzten bekannten Personalstatut des Autors richten[59]. Danach sind insbes auch allfällige gesetzliche Lebens- und Ablebensvermutungen – etwa die sog Kommorientenpräsumption – und die behördliche Feststellung des Todes (Todeserklärung) zu beurteilen. Im Hinblick auf mögliche materiellrechtliche und kollisionsrechtliche Unterschiede der Rechtslage in den Mitgliedstaaten ist die Harmonisierung insoweit nicht vollständig, was aber eher von untergeordneter Bedeutung sein dürfte.

2.4. Nachgelassene Werke

Nach Art 1 Abs 1 beginnt die Regelschutzfrist **jedenfalls mit dem Tod** des **20**
Urhebers zu laufen, und zwar unabhängig von dem Zeitpunkt, zu welchem das Werk erlaubter Weise der Öffentlichkeit zugänglich gemacht worden ist. Wie schon der ursprüngliche RL-Vorschlag ausdrücklich hervorhob (Teil 1 Punkt 13 und Teil 2 Punkt 1.1.), wird damit eine Schutzfristverlängerung für nachgelassene Werke zu Gunsten der Urhebererben, wie sie manche nationalen Gesetze kannten, ausdrücklich abgelehnt[60]. Die Begründung hielt dazu ausdrücklich fest, dass abweichende Sondervorschriften für nachgelassene Werke nicht beibehalten werden dürfen (Teil 2 Punkt 1.1.). Die Schutzdauer-RL ist damit zu der Regelung des Art 7 Abs 5 RBÜ Brüssel 1948 zurückgekehrt, die in Stockholm/Paris 1967/

[59] Vgl etwa Art 9 EGBGB und § 14 in Verbindung mit den §§ 12 und 9 öIPRG.
[60] Vgl *v Lewinski*, GRUR Int 1992, 731; *Reindl*, Einfluß des Gemeinschaftsrechts 381.

71 zu Gunsten eines allgemeinen Hinweises darauf aufgegeben wurde, dass die Verbandsländer befugt sind, längere Schutzfristen zu gewähren (Art 7 Abs 6). Unbeschadet des Leistungsschutzrechts nach Art 4 Schutzdauer-RL ist es den Mitgliedsländern deshalb nach der Richtlinie verwehrt, von der Ermächtigung des Art 7 Abs 6 RBÜ 1967/71 Gebrauch zu machen und nachgelassenen Werken einen längeren Schutz zu gewähren[61].

21 Das **Europäische Parlament** wollte neben einem Sonderschutz (für bereits gemeinfreie Werke) die Schutzfrist für nachgelassene Werke (abweichend von Abs 1) erst siebzig Jahre nach dem Zeitpunkt einer erlaubten Veröffentlichung (innerhalb der ab Tod laufenden Schutzfrist) enden lassen. Dieser Vorschlag wurde in den endgültigen Richtlinientext jedoch nicht übernommen, da eine Belohnung der Urhebererben, die nachgelassene Werke nicht innerhalb eines angemessenen Zeitraums nach dem Tod des Urhebers veröffentlichen, nicht gerechtfertigt erschien[62]. Der Schutz nachgelassener Werke für zuvor unveröffentlichte Werke nach Art 4 erfasst deshalb nur die Veröffentlichung eines nachgelassenen Werks nach Ablauf der Regelschutzfrist. Soweit bisherige na-tionale Vorschriften zu Gunsten nachgelassener Werke längere Schutzfristen vorsahen[63], bleiben diese allerdings nach Art 10 Abs 1 weiter wirksam, wenn die Schutzfrist zum Stichzeitpunkt 1. Juli 1995 bereits lief. Insoweit wird eine endgültige Harmonisierung im Hinblick auf den Schutz wohlerworbener Rechte etwas verzögert.

22 Die Entscheidung des Richtliniengebers, keine Verlängerung der urheberrechtlichen Schutzfrist im Fall der Veröffentlichung (des Erscheinens) nach dem Tod des Urhebers (während des Laufs der siebzigjährigen Regelschutzfrist ab Tod) vorzusehen, ist grundsätzlich nicht zu beanstanden[64]. Denn ein Anreiz zu einer möglichst frühen Veröffentlichung besteht schon im Hinblick auf die dadurch für einen längeren Zeitraum zur Verfügung stehende Restschutzfrist. Allerdings ist es richtig, dass eine Verlängerung der urheberrechtlichen Schutzfrist für den Fall der posthumen Veröffentlichung, wie sie etwa das deutsche UrhG 1965 vorgesehen hatte[65], einen nahtlosen Übergang zum Leistungsschutz für nachgelassene Werke für den Fall der Veröffentlichung nach Ablauf der Schutzfrist geschaffen hätte, der sonst fehlt und zu einem gewissen Bruch führt[66]. Allerdings folgt die Gewährung eines Leistungsschutzes für gemeinfreie Werke anderen Überlegungen und setzt den Ablauf der Schutzfrist gedanklich voraus. Honoriert werden soll die Veröffentlichung (das Erscheinen) gerade älterer Werke.

---

[61] Vgl *Katzenberger* in *Schricker*, Kommentar² § 64 Rz 28. Unrichtig *Johannes Juranek* (ÖSGRUM 15/1994) 63f und 69f, der meint, es stünde dem nationalen Gesetzgeber frei, eine Schutzfristverlängerung für nachgelassene Werke vorzusehen.

[62] Vgl Begründung geänderter RL-Vorschlag 3 und *v Lewinski*, GRUR Int 1992, 731.

[63] Vgl etwa § 64 Abs 2 dUrhG, Art L 123-4 Abs 1 franz CPI und Art 31 ital UrhG.

[64] So auch *v Lewinski*, GRUR Int 1992, 731.

[65] Nach § 64 Abs 2 dUrhG wurde die siebzigjährige Schutzfrist für den Fall der Veröffentlichung eines nachgelassenen Werks innerhalb der letzten zehn Jahre der ordentlichen Schutzfrist um zehn Jahre (ab Veröffentlichung) verlängert.

[66] Vgl *Dietz*, GRUR Int 1995, 673; kritisch auch *Dittrich* (ÖSGRUM 14/1993) 10ff.

2.5. Kriegsbedingte Schutzfristverlängerungen

In einzelnen Mitgliedsländern ist die (fünfzigjährige) Schutzfrist im Hinblick auf die verminderten Verwertungsmöglichkeiten während der beiden Weltkriege bzw in den Nachkriegsjahren verlängert worden. Solche **kriegsbedingten Schutzfristverlängerungen** bestanden in unterschiedlicher Dauer in Belgien, Frankreich, Italien und Norwegen[67]. In **Österreich** wurde die – damals noch fünfzigjährige – Schutzfrist anlässlich des 2. Weltkriegs um sieben Jahre verlängert[68]. Diese Verlängerung kam für Werke (und Leistungen) zur Anwendung, die am 14. Oktober 1953 noch geschützt waren, wenn das geschützte Recht schon vor dem 01.01.1949 entstanden war. **23**

Diese sehr **unterschiedlich** ausgestalteten kriegsbedingten Schutzfristverlängerungen führten zu weiteren Schutzfristenunterschieden in den Mitgliedsländern. Die Anhebung der Regelschutzfrist auf siebzig Jahre *pma* schließt diese außerordentlichen Schutzfristverlängerungen jetzt ein und führt nicht zu einer Verlängerung über 70 Jahre hinaus. Es ergibt sich dies aus dem abschließenden Charakter der Schutzdauerregelung nach der Richtlinie, dem Harmonisierungsanliegen und dem ausdrücklichen Hinweis auf diese Divergenzen in ErwG 6. Nach Umsetzung der Schutzdauer-RL in den betreffenden Mitgliedsländern sind solche kriegsbedingten Schutzfristverlängerungen nicht mehr relevant, wie dies in Österr schon anlässlich der Verlängerung der Regelschutzfrist auf 70 Jahre *pma* mit UrhGNov 1972 klargestellt wurde (Art II Abs 7). Im Hinblick auf die Übergangsregel des Art 10 Abs 1, wonach zum Stichzeitpunkt 1. Juli 1995 bereits laufende längere Schutzfristen nach dem Recht der Mitgliedsländer **nicht verkürzt** werden, bleiben solche laufenden längeren Schutzfristen aber weiter wirksam, so dass insoweit eine gewisse Verzögerung der Harmonisierung eintritt. **24**

3. Miturheberschaft

Steht das Urheberrecht den Miturhebern eines Werks gemeinsam zu, so beginnt die Frist nach der **Sonderregel** des Art 1 Abs 2 mit dem Tod des **längstlebenden** (letztversterbenden) **Miturhebers** zu laufen. Diese Sonderregel für Werke von Miturhebern entspricht Art 7bis RBÜ 1967/71, der seinerseits auf die Berliner Fassung 1908 zurückgeht und gleichfalls vorschreibt, dass die an den Tod des Urhebers anknüpfenden Schutzfristen vom Todeszeitpunkt des letzten überlebenden Miturhebers an zu berechnen sind. Schon Art 8 Abs 1 Software-RL hatte diese Berechnungsregel übernommen und bestimmt, dass die Schutzfrist die Lebenszeit des Urhebers und (damals noch) fünfzig Jahre nach dem Tod des letzten noch lebenden Urhebers umfasst. Auch wenn die Software-RL in diesem Zusammenhang nicht ausdrücklich von Miturhebern (im Sinn des Art 2 Abs 2 Software-RL) spricht, zielte sie auf von Miturhebern geschaffene Computerprogramme ab. **25**

Im Hinblick auf diese Sonderregel ist der **Begriff** der Miturheberschaft deshalb für die Schutzdauer von wesentlicher Bedeutung. Als Miturheberschaft (*joint* **26**

---

[67] Siehe dazu die Länderübersicht im Anhang zu Art 10 Rz 3, 12, 16 und 25.

[68] öUrhGNov 1953 BGBl 1953/106.

authorship) wird im Urheberrecht das Zusammenwirken mehrerer Urheber bei der Schaffung eines Werks bezeichnet; sie ist nach deutscher und österr Auffassung dadurch gekennzeichnet, dass mehrere Personen bei der Schaffung eines Werks derart zusammenwirken, dass das Ergebnis ihres Schaffens eine untrennbare Einheit bildet (§ 11 Abs 1 öUrhG) bzw sich die Anteile der Miturheber nicht gesondert verwerten lassen (§ 8 Abs 1 dUrhG). Von dieser Miturheberschaft im eigentlichen Sinn ist nach deutscher und österr Auffassung die **Verbindung** selbständiger Werke zur gemeinsamen Verwertung zu unterscheiden, wie dies etwa bei der Verbindung von Text und Musik zu einer Gesangsnummer (Lied, Song), zu Opern, Singspielen, Musicals oder anderen musikdramatischen Werken der Fall ist[69]; solche Werke werden „verbundene Werke" genannt.

27 Nicht alle Mitgliedsländer[70] folgen aber diesem (engeren) Konzept der Miturheberschaft[71]. So wird etwa im belgischen und französischen Urheberrecht nicht auf die Trennbarkeit der Beiträge oder deren gesonderte Verwertbarkeit abgestellt, sondern auf den Gesamtcharakter des Werks. Nach diesen Rechtsordnungen[72] sind deshalb auch „verbundene Werke" im Sinn des deutschen, österr und britischen Verständnisses als *œuvres de collaboration* anzusehen[73]. Das spanische Recht[74] folgt der belgisch-französischen Auffassung[75], was auch für das portugiesische Gesetz gilt, das gleichfalls nicht auf die Unterscheidbarkeit der einzelnen Beiträge abstellt[76]; dies allerdings mit der Besonderheit, dass für die Schutzfrist hinsichtlich unterscheidungsfähiger Beiträge gesondert und nicht an den Tod des letztversterbenden Miturhebers anzuknüpfen ist[77]. Dagegen geht das italienische Recht von einem engeren Begriffsverständnis aus und nimmt Miturheberschaft nur an, wenn ein Werk durch die ununterscheidbaren und untrennbaren Beiträge mehrerer geschaffen wird (Art 10 Abs 1 ital UrhG 1941), wendet für die wichtige Frage der Schutzfristberechnung die Miturheberregel aber auch für verbundene

[69] § 11 Abs 3 öUrhG hält dazu ausdrücklich fest, dass die Verbindung von Werken verschiedener Art für sich keine Miturheberschaft begründet. Siehe auch § 9 dUrhG.

[70] Siehe dazu die Länderübersicht im Anhang zu Art 10.

[71] So auch *Benabou*, Droits d'auteur et droit communautaire 373f. Siehe dazu auch *Hodik* (ÖSGRUM 14/1993) 17; *Walter* Art 2 Rz 14ff Software-RL.

[72] Dies folgt für das belgische Recht aus Art 2 Abs 2 und Art 5 des Gesetzes 30.06.1994 Moniteur Belge 19297 und für das franz Recht aus Art 113-3 Abs 4 CPI, wonach die getrennte Verwertung der einzelnen Beiträge grundsätzlich zulässig ist, wenn sich die Beteiligung der einzelnen Miturheber auf verschiedene Werkgattungen bezieht.

[73] Daneben kennt das französische Recht nach Art 113-2 Abs 2 CPI im Übrigen auch eine besondere Werkgattung der zusammengesetzten Werke (*œuvres composites)*, das sind neue Werke, in die ein vorbestehendes Werk ohne Mitarbeit dessen Urhebers eingefügt wird.

[74] Gesetz vom 11.11.1987 Boletín Oficial del Estado 1987/275.

[75] Es folgt dies aus Art 7, wonach die getrennte Verwertung der einzelnen Beiträge zu Miturheberwerken grundsätzlich zulässig ist; zur Schutzfristberechnung siehe Art 28. Siehe dazu auch die Länderübersicht im Anhang zu Art 10 Rz 35.

[76] Nach Art 16 Abs 1 lit a port UrhG (Gesetz Nr 45 17.09.1985 Diário do governo 1985/214) ist ein Werk gemeinsam geschaffenen, wenn es im Namen der Mitarbeiter oder eines Teils der Mitarbeiter veröffentlicht oder erschienen ist, gleichviel ob sich die Beiträge voneinander unterscheiden lassen oder nicht. Siehe dazu auch die Länderübersicht im Anhang zu Art 10 Rz 33.

[77] Art 32 Abs 3 port UrhG.

Werke (musik-dramatische sowie choreographische und pantomimische Werke) an (Art 26 Abs 1 ital UrhG 1941[78]).

Die mit der Miturheberschaft ieS und sonstigen Werkverbindungen (Miturheberschaft iwS) zusammenhängenden **Probleme** sind verschiedener Art und werden von den Urheberrechtsgesetzen der Mitgliedsländer auch unterschiedlich geregelt. Einmal geht es um die **Verfügungsberechtigung** im Außen- und Innenverhältnis, zum anderen um die Frage einer **gesonderten Verwertung** (abtrennbarer Beiträge) und das Eingehen anderer **Werkverbindungen**, etwa die Neuvertonung eines Opernlibrettos durch einen anderen Komponisten oder das Verfassen eines neuen Texts zu einem Musikstück mit bereits vorhandenem Text. Schließlich geht es um die wesentliche Frage der Berechnung der Schutzfrist in Bezug auf das Gesamtwerk und – im Fall eines weiten Verständnisses der Miturheberschaft – hinsichtlich der abtrennbaren Beiträge. Die Gesetze der Mitgliedsländer sehen zu all diesen Fragen unterschiedliche Regelungen vor; eine einheitliche Europäische Regelung dieser Fragen steht noch aus. **28**

Im gegebenen Zusammenhang stellt sich die Frage, ob Art 1 Abs 2 Schutzdauer-RL für den Teilaspekt der Schutzfristberechnung von einem harmonisierten **Begriff** der Miturheberschaft ausgeht, was mE zu verneinen ist[79]. Die Miturheberregel ist nach Art 1 Abs 2 anzuwenden, wenn das Urheberrecht den Miturhebern eines Werks „gemeinsam zusteht"; wann dies der Fall ist, regelt die Richtlinie nicht. Die gewählte Formulierung geht offensichtlich auf Art 7bis RBÜ 1967/71 zurück, der gleichfalls keine für den nationalen Gesetzgeber verbindliche Begriffsbestimmung vorgibt. Die Berner Übereinkunft und die Schutzdauer-RL überlassen die Anwendung der Miturheberregel im Einzelnen der innerstaatlichen Regelung. Allerdings wird davon auszugehen sein, dass die Miturheberregel zumindest für echte Miturheberschaft im Sinn der deutschen und österr Auffassung zwingend ist. **29**

Auch aus dem Text der **Software-RL** und deren Entstehungsgeschichte ergibt sich nichts anderes[80]. Zwar hält diese Richtlinie (Art 2 Abs 2) fest, dass die ausschließlichen Rechte an einem von einer Gruppe natürlicher Personen gemeinsam geschaffenen Computerprogramm dieser Gruppe gemeinsam zustehen. Dieser Hinweis auf ein gemeinsames Schaffen ist aber gleichfalls nicht zwingend im Sinn eines engeren Konzepts der Miturheberschaft zu verstehen, das von einer tatsächlichen oder wirtschaftlichen Untrennbarkeit ausgeht. Dies um so weniger, als im Zusammenhang mit der Software-RL mehrfach ganz allgemein auch von „in Teamarbeit" geschaffenen Programmen die Rede ist. Dies gilt für den wörtlich übereinstimmenden Art 4 Abs 3 Datenbank-RL für urheberrechtlich geschützte Datenbanken entsprechend[81].

Dagegen könnte eingewendet werden, das unterschiedliche Verständnis der Miturheberschaft führe zu einer Unvollständigkeit der angestrebten Harmonisie-

---

[78] Siehe dazu die Länderübersicht im Anhang zu Art 10 Rz 25.

[79] So auch *Katzenberger* in *Schricker*, Kommentar[2] § 64 Rz 20; *Reindl*, Einfluß des Gemeinschaftsrechts 381.

[80] Vgl *Walter* Art 2 Rz 14f Software-RL.

[81] Insoweit aM wohl *v Lewinski* Art 4 Rz 4 Datenbank-RL.

rung. Der Europäische Gesetzgeber dürfte dies im gegebenen Zusammenhang aber im Hinblick darauf in Kauf genommen haben, dass die Frage der Inhaberschaft des Urheberrechts noch nicht harmonisiert werden sollte[82]. Mangels einer gemeinschaftsrechtlichen Definition der Miturheberschaft bleibt den Mitgliedsländern deshalb ein weiter Spielraum, und sind die Mitgliedstaaten an keine gemeinschaftsrechtliche Vorgabe gebunden[83]. Dies gilt im Übrigen auch für die Urheberschaft juristischer Personen und an Kollektivwerken.

30 Auf die **rechtliche Konstruktion** des Gemeinschaftsverhältnisses mehrerer Miturheber kommt es für die Schutzfristberechnung nicht an. Es kann sich dabei um eine Gesamthandschaft, um Miturheberschaft nach Bruchteilen oder um ein Gesellschaftsverhältnis handeln. Maßgebend sind dabei die Regeln der nationalen Gesetzgebung für die Schutzfristberechnung. So geht das italienische Urheberrecht zwar an sich von einem engeren Begriffsverständnis aus, wendet die Miturheberregel aber auch auf verbundene Werke an, was nach der Schutzdauer-RL zulässig ist.

31 ErwG 13 hält schließlich zu Recht fest, dass die Frage der (schöpferischen) Beteiligung einer Person an der Schaffung eines Werks als **Tatsachenfrage** gegebenenfalls von den nationalen Gerichten zu entscheiden ist.

32 Da die Richtlinie – anders als für die Berechnung der Schutzfrist von Filmwerken – auch keine Sonderregel für Zwecke der Schutzfristberechnung vorsieht, ist davon auszugehen, dass die Anwendung der Miturheberregel von der jeweiligen Begriffsbestimmung (Qualifikation) durch die Gesetzgebung der Mitgliedstaaten abhängt[84]. Das unterschiedliche Verständnis der Miturheberschaft führt insoweit deshalb zu einer nur **unvollständigen Harmonisierung** der urheberrechtlichen Schutzfristen. So wird die Schutzfrist insbes für musik-dramatische Werke in den romanischen Ländern weiterhin überwiegend nach der Miturheberregel zu bestimmen sein, während dies etwa für Österreich und Deutschland nicht zutrifft, wo solche Werke nur als „verbundene Werke" qualifiziert werden, weshalb die Schutzfristen für Musik und Text auch in Zukunft getrennt zu berechnen sind[85].

33 Die unterschiedliche Anwendung der Miturheberregel in den Mitgliedsländern kann in Einzelfällen auch bewirken, dass der Schutz eines bestimmten Werks am 1. Juli 1995 nach der **Übergangsregelung** des Art 10 Abs 2 in einem Mitgliedstaat auf Grund der Anwendung abweichender nationaler Bestimmungen noch aufrecht ist, was in anderen Mitgliedsländern in Anwendung der durch die Richtlinie bewirkten Schutzfristverlängerung von 50 auf 70 Jahre zu einem Wiederaufleben

---

[82] So ausdrücklich auch die Begründung RL-Vorschlag Teil 1 Punkt 55. Vgl auch *Cornish,* Yearbook of European Law 13 (1993) 487 und FN 12; *Maier,* RMUE 1994, 66.

[83] Vgl *Walter* in *Blocher/Walter,* Anpassungserfordernisse 507ff. Siehe ausführlich *Dietz,* GRUR Int 1995, 673f, der allerdings die Möglichkeit einer einheitlichen Begriffsbestimmung der Miturheberschaft durch den EuGH offen lässt. Vgl dazu auch *Ellins,* Copyright Law 298.

[84] Abweichend wohl *v Lewinski* Art 4 Rz 4 Datenbank-RL.

[85] Vgl zu dem dadurch entstehenden Harmonisierungsdeffizit *Dietz,* GRUR Int 1995, 673f; *Katzenberger* in *Schricker,* Kommentar² § 64 Rz 20.

des Schutzes bereits gemeinfreier Werke führen kann, obwohl nach nationalem Recht die Schutzfrist (für Text und Musik) – auch weiterhin – getrennt zu berechnen ist. In weiterer Folge aber driften die Schutzfristen insoweit wieder auseinander. Sollte das Gemeinschaftsrecht auch in Zukunft davon absehen, den Begriff der Miturheberschaft einheitlich festzulegen, bietet sich zur Vervollständigung der Schutzfristenharmonisierung – ähnlich wie für Filmwerke (Art 2 Abs 2) – eine Umschreibung der Miturheberschaft ausschließlich für Zwecke der Schutzfristenberechnung an.

Im Hinblick auf die für **Filmwerke** in Art 2 Abs 2 vorgesehene Sondervorschrift (*lex specialis*) gilt die Regel des Art 1 Abs 2 nicht für diese Werkkategorie[86]. Allerdings ist die Sonderregel des Art 2 Abs 2 der Miturheberregel nachgebildet. Es werden für die Schutzfristberechnung aber nur bestimmte Haupturheber herausgegriffen, wobei deren Anerkennung als Miturheber des Filmwerks oder als Autoren vorbestehender Werke in den Mitgliedsländern der Europäische Union wieder unterschiedlich beurteilt wird. **34**

4. Anonyme und pseudonyme Werke

4.1. Fristenlauf

Im Fall anonymer und pseudonymer Werke, deren Urheber unbekannt bzw nicht mit ausreichender Sicherheit aus der Urheberbezeichnung feststellbar sind, versagt eine Anknüpfung der Schutzfrist an den Todeszeitpunkt des Urhebers, weshalb eine **alternative Anknüpfung** vorgesehen werden muss[87]. Art 7 Abs 3 RBÜ 1967/71 lässt die Schutzfrist bei anonymen und pseudonymen Werken vom Zeitpunkt der Veröffentlichung an laufen, fügt allerdings hinzu, dass die Verbandsländer nicht gehalten sind, anonyme und pseudonyme Werke zu schützen, bei welchen aller Grund zu der Annahme besteht, dass ihr Urheber seit fünfzig Jahren tot ist. **35**

Art 1 Abs 3 Schutzdauer-Richtlinie übernimmt diese Regel und bestimmt, dass die Schutzdauer anonymer oder pseudonymer Werke 70 Jahre nach deren (erlaubter) **Veröffentlichung** endet (Begründung RL-Vorschlag Teil 2 Punkt 1.3.). Von der erwähnten Ermächtigung der Berner Übereinkunft macht Art 1 Abs 6 der Endfassung[88] mit der Maßgabe Gebrauch, dass der Schutz jedenfalls 70 Jahre nach der Schaffung des Werks erlischt (Begründung RL-Vorschlag Teil 2 Punkt 1.3.). Erfolgt eine Veröffentlichung nicht innerhalb eines Zeitraums von 70 Jahren nach Schaffung des Werks, erlischt der Schutz mit Ablauf der siebzigjährigen Frist ab **Werkschöpfung.** Eine spätere Veröffentlichung führt auch für anonyme und pseudonyme Werke nicht zum Wiederaufleben des Schutzes[89]. Diese Regelung gilt für alle Werkkategorien und verdrängt auch die Sonderregelung für in **36**

[86] Vgl *Dietz*, GRUR Int 1995, 674; *v Lewinski*, Quellen 6.

[87] Vgl *Benabou*, Droits d'auteur et droit communautaire 374.

[88] Der ursprüngliche und der geänderte RL-Vorschlag hatten die Ermächtigung der Berner Übereinkunft noch beinahe wörtlich übernommen.

[89] Vgl *Benabou*, Droits d'auteur et droit communautaire 375f; *Reindl*, Einfluß des Gemeinschaftsrechts 383.

Miturheberschaft geschaffene Werke und für **Filmwerke**. Allerdings genügt es für die Anwendung der Miturheberregel bzw der Sonderanknüpfung der Schutzfrist bei Filmwerken, wenn einer von mehreren Miturhebern bzw der für die Schutzfristberechnung an Filmwerken maßgebenden Urheber bekannt ist[90].

4.2. Schaffenszeitpunkt und Berner Übereinkunft

37 Die ergänzende Anknüpfung der Schutzfrist an den Zeitpunkt der **Werkschöpfung** erscheint konsequent und vermeidet vor allem die Schwierigkeiten, die mit der Feststellung des Todeszeitpunkts des Urhebers bzw entsprechender Vermutungen bei anonymen und pseudonymen Werken verbunden sind[91]. Allerdings ist die Verträglichkeit dieser Regelung mit der Berner Übereinkunft fraglich. Geht man nur von einer durchschnittlichen Lebenserwartung von siebzig Jahren aus[92] und unterstellt man, dass das Werkschaffen eines Urhebers typischer Weise etwa mit Vollendung seines 20. Lebensjahrs einsetzt, ist die Frist von 70 Jahren ab Schaffung des Werks für die Werke aus seiner ersten zwanzigjährigen Schaffensperiode schon zwanzig bis vierzig Jahre nach seinem Tod abgelaufen. Die Annahme, dass der Urheber bereits länger als 50 Jahre tot ist, ist deshalb nur für Werke gerechtfertigt, die der Urheber nach Vollendung seines 50. Lebensjahres geschaffen hat.

38 Für **Filmwerke** und **fotografische Werke** ist die Anknüpfung an den Schaffenszeitpunkt dagegen durch Art 7 Abs 2 RBÜ 1967/71 gedeckt. Danach kann der nationale Gesetzgeber die Schutzfrist vom Zeitpunkt der Herstellung oder der – innerhalb dieser ersten Schutzperiode erfolgenden – Veröffentlichung an berechnen. Für andere Werke steht die Anknüpfung an den Zeitpunkt des Werkschaffens aber mit den Regeln der RBÜ in Widerspruch[93]. Denn nach Ablauf von 70 Jahren ab Schaffung eines Werks besteht keinesfalls stets „aller Grund zu der Annahme", dass der Urheber schon seit 50 Jahren tot ist. Allerdings legt nun auch Art 12 TRIPs-Abkommen eine ähnliche Regelung fest. Danach darf die Schutzdauer (außer für fotografische Werk und Werke der angewandten Kunst), wenn sie auf einer anderen Grundlage als jener der Lebensdauer einer natürlichen Person berechnet wird, nicht weniger als 50 Jahre ab dem Ende des Kalenderjahrs der erlaubten Veröffentlichung bzw – wenn es innerhalb von 50 Jahren ab der Herstellung des Werks zu keiner erlaubten Veröffentlichung kommt – nicht weniger als 50 Jahre ab dem Ende des Kalenderjahrs der Herstellung betragen. Auch diese Regelung steht mit den im TRIPs-Abkommen für anwendbar erklärten materiellen Bestimmungen der Berner Übereinkunft aber in einem Spannungsverhältnis, stellt aber – anders als die Schutzdauer-RL – nur eine Mindestschutzvorschrift dar.

---

[90] Vgl zu dieser Problematik nach deutschem Recht *Katzenberger* in *Schricker*, Kommentar[2] § 65 Rz 13f.

[91] Vgl *v Lewinski*, Quellen 6f.

[92] Schon in den Jahren 1985 bis 1988 betrug die durchschnittliche Lebenserwartung in Europa 78,3 Jahre (für Frauen) bzw 71,8 Jahre (für Männer) bei Schwankungen von nur 1,0 bzw 0,8 Jahren. Vgl dazu *Gabriel* (Hrsg), Die EG-Staaten im Vergleich – Strukturen, Prozesse, Politikinhalte (1992) 488.

[93] Vgl *Walter* in *Blocher/Walter*, Anpassungserfordernisse 649.

Nun wird dieser **Konventionswidrigkeit** zunächst dadurch die Spitze genommen, dass es für bereits laufende längere Schutzfristen gemäß Art 10 Abs 1 in den einzelnen Mitgliedsländern zu keiner Verkürzung der Schutzfrist kommt. Sofern bzw sobald dies aber nicht mehr der Fall ist, steht die Anknüpfung an den Zeitpunkt des Schaffens in Widerspruch zu Art 7 Abs 2 RBÜ 1967/71. Für „verbandsangehörige" Werke wird deshalb in allen Mitgliedstaaten mit Ausnahme des Ursprungslands die längere Schutzfrist ab Veröffentlichung zumindest für einen weiteren Zeitraum von 20 bis 30 Jahren als Mindestschutz *iure conventionis* in Anspruch genommen werden können.

4.3. Begriff anonymer und pseudonymer Werke

Der Begriff **anonymer Werke** wird in der Richtlinie nicht umschrieben. Nach dem allgemeinen Sprachgebrauch versteht man darunter Werke, deren Urheber nicht bekannt (und auch nicht feststellbar) ist. Die Urheberrechtsgesetze definieren anonyme Werke aber meist enger und verstehen darunter nur solche Werke, die nicht unter dem (wahren) Namen des Urhebers veröffentlicht wurden (erschienen sind) bzw die nicht auf eine Weise bezeichnet sind, dass dadurch die Urheberschaftsvermutung ausgelöst wird[94]. Auch insoweit bestehen im Detail aber Unterschiede. Das öUrhG etwa stellt auf eine die Urheberschaftsvermutung auslösende Bezeichnung ab und kennt eine solche sowohl für erschienene als auch für bloß veröffentlichte Werke (§ 12 öUrhG), so dass bei der Schutzfristregelung nur auf das Eingreifen der Urheberschaftsvermutung verwiesen werden muss (§ 60 öUrhG). Dagegen war im deutschen Recht im Hinblick auf die Verweisung auf die – auf erschienene Werke beschränkte – Urheberschaftsvermutung des § 10 Abs 1 dUrhG strittig, ob sich die Sonderregelung für anonyme Werke auch auf Werke bezog, die bloß ohne Urheberbezeichnung veröffentlicht wurden. Jedenfalls reichte für die Anwendung der Regelschutzfrist nach bisherigem deutschen Recht auch eine öffentliche Wiedergabe des Werks mit Urheberbezeichnung aus (§ 66 Abs 1 dUrhG alte Fassung). In der geltenden Fassung des § 66 Abs 1 dUrhG wird auf die Urheberbezeichnung nicht mehr Bezug genommen, wodurch eine elastischere Auslegung möglich wird. **39**

Allerdings enthält die Richtlinie in Abs 4 für **anonyme Kollektivwerke** insoweit eine Präzisierung, als auf die Identifizierung der Urheber in den der Öffentlichkeit zugänglichen Fassungen des Werks abgestellt wird. Es wird deshalb davon ausgegangen werden können, dass die Richtlinie allgemein und nicht bloß im Zusammenhang mit Kollektivwerken von diesem spezifischen Verständnis anonymer Werke ausgeht[95]. Wenn es dabei auf die der Öffentlichkeit zugänglichen Fassungen des Werks ankommt und nicht von bezeichneten Vervielfältigungsstücken die Rede ist, genügt offensichtlich auch die bloße **Veröffentlichung** des Werks mit dem Namen des Urhebers, um das Werk nicht als anonymes zu qualifizieren[96]. **40**

Was die **pseudonymen**, mit einem Decknamen des Urhebers bezeichneten Werke anlangt, stellt die Richtlinie klar, dass ein pseudonymes Werk nicht vorliegt, **41**

---

[94] Siehe dazu auch *Dietz*, GRUR Int 1995, 674.

[95] So auch *Benabou*, Droits d'auteur et droit communautaire 375f; *Maier*, RMUE 1994, 68.

[96] Übereinstimmend auch *Maier*, RMUE 1994, 68.

wenn der verwendete Deckname keinerlei Zweifel über die Identität des Urhebers zulässt. Auf welche Weise und durch wen die Zweifel an der Person des Urhebers beseitigt werden, ist in diesem Zusammenhang wohl irrelevant[97]. Auch wenn dies in der Richtlinie nicht ausdrücklich erwähnt wird, gilt dies auch für den Fall der Verwendung eines bekannten Künstlerzeichens (zB § 12 Abs 1 öUrhG), wie dies vor allem bei Werken der bildenden Künste vorkommt.

4.4. Offenbarung der Identität

42 Nach Art 7 Abs 3 RBÜ 1967/71 ist die Regelschutzfrist anzuwenden, wenn der Urheber innerhalb der laufenden Schutzfrist (ab Veröffentlichung) seine **Identität** bekannt gibt; auf welche Weise die Offenbarung der Identität des Urhebers erfolgen muss, lässt die Berner Übereinkunft offen. Art 1 Abs 3 Schutzdauer-RL übernimmt diese Regelung. Nach dem Verständnis der **Anonymität** in der Schutzdauer-RL muss die Offenbarung aber grundsätzlich durch eine **Veröffentlichung** mit Urheberbezeichnung erfolgen oder – im Sinn der Umschreibung des öUrhG – auf eine Weise, die nunmehr die Urheberschaftsvermutung auslöst[98]. Nach § 66 Abs 2 Z 1 dUrhG in seiner Fassung vor dem Dritten ÄnderungsG 1995 reichte es dagegen aus, wenn der Urheber auf andere Weise als durch eine spätere Veröffentlichung mit Urheberbezeichnung und insbes auch durch Dritte als Schöpfer bekannt wird. Die Neufassung (§ 66 Abs 2) lässt dies zwar offen, übernimmt aber bewusst den Richtlinientext und wird in richtlinienkonformer Auslegung insoweit eng auszulegen sein[99]. Dagegen könnte die abweichende Regelung für pseudonyme Werke ins Treffen geführt werden[100], es wird einer differenzierenden Auslegung aber auch im Interesse der Rechtssicherheit der Vorzug zu geben sein. Für das österr Recht folgt dies schon aus der Umschreibung anonymer Werke im Weg der fehlenden Urhebervermutung (§ 61 öUrhG), die nur dann nicht (mehr) zutrifft, wenn ein bisher anonymes Werk mit Urheberbezeichnung veröffentlicht wird.

43 Manche Urheberrechtsgesetze sehen als besondere Form der Offenbarung der Urheberschaft die Eintragung in ein **Urheberregister** (eine Urheberrolle)[101] vor. Die damit verbundene bloß beschränkte Publizität sichert dem Urheber die Regelschutzfrist ohne Aufdeckung seiner Identität auf breiter Basis. Diese Sonderform der Offenbarung der Identität des Urhebers wird auch nach der Schutzdauer-RL zulässig sein[102], zumal solche Eintragungen in der Regel[103] zu einer

---

[97] Vgl *Dietz*, GRUR Int 1995, 674. Siehe auch Begründung Entw III Drittes ÄnderungsG bei *M Schulze*, Materialien², 942.

[98] So auch *Reindl*, Einfluß des Gemeinschaftsrechts 382 FN 301.

[99] Vgl auch Begründung Entw III Drittes ÄnderungsG bei *M Schulze*, Materialien², 942.

[100] So *Dietz*, GRUR Int 1995, 674.

[101] §§ 61a bis 61c öUrhG; §§ 66 Abs 2 letzter Satz und Abs 3 in Verbindung mit 138 dUrhG; ähnlich auch die ital Regelung in Art 28 ital UrhG. Siehe auch §§ 7 Abs 2 und 44 Abs 2 dän UrhG.

[102] So auch Begründung Entw III Drittes ÄnderungsG bei *M Schulze*, Materialien², 942; *Dietz*, GRUR Int 1995, 674, allerdings von einer abweichenden Ausgangsposition ausgehend.

[103] Etwa mit Ausnahme der dänischen Regelung.

Veröffentlichung (der Eintragung) führen. Die Eintragung in ein öffentlich einsehbares Register ist als **formalisierte Offenbarung** der Identität des Urhebers wohl einer (späteren) Veröffentlichung des Werks unter Angabe des wahren Urhebernamens vergleichbar und reicht daher aus. Unzulässig wäre es dagegen, die Registereintragung als einzige (formalisierte) Form der Offenlegung der Identität des Urhebers vorzusehen[104]. Es ist dies aber auch nach § 61a öUrhG nicht der Fall[105], denn die Sonderregel des § 61 öUrhG knüpft an die Umschreibung der anonymen und pseudonymen Werke in § 12 öUrhG an, wonach auch eine spätere Veröffentlichung unter dem Namen des Urhebers die Urheberschaftsvermutung auslöst, und das Werk deshalb nicht mehr als kryptonymes Werk anzusehen ist. Im Sinn des Harmonisierungsanliegens der Richtlinie wird man im Übrigen davon ausgehen müssen, dass solche Eintragungen nicht bloß territorial (im Schutzland) wirken und deshalb in allen Mitgliedsländern zur Anwendung der Regelschutzfrist führen[106]. Jedenfalls wird dies der Fall sein, wenn es sich um die Eintragung in das Urheberregister eines Mitgliedstaats handelt.

Fraglich könnte sein, ob die Offenbarung der Identität des Urhebers – der Formulierung des Art 1 Abs 3 Ende folgend – auch dann noch innerhalb der siebzigjährigen Frist ab Veröffentlichung erfolgen kann, wenn die **Frist ab Schaffung** des Werks im Sinn des Art 1 Abs 6 bereits abgelaufen ist. Es wird dies im Hinblick darauf nicht anzunehmen sein, dass Art 1 Abs 3 Ende offensichtlich den noch offenen Lauf der Schutzfrist unterstellt und ein Wiederaufleben des Schutzes in diesem Zusammenhang gerade vermeiden wollte. Auch lässt sich die Ungenauigkeit der Formulierung aus der gesonderten Behandlung anonymer und pseudonymer Werke (Abs 3) einerseits und von Kollektivwerken (Abs 4) anderseits erklären, die auch zur Herauslösung des Abs 6 über die zusätzliche Berechnung ab Schaffung des Werks geführt hat, der insoweit Vorrang hat. **44**

Die Regeln über die Offenbarung der Identität gelten auch für **pseudonyme Werke**. Allerdings ist hier die Aufdeckung der Identität nicht an eine Veröffentlichung oder eine Registereintragung gebunden. Da nicht von einem pseudonymen Werk auszugehen ist, wenn – aus welchen Gründen immer – keinerlei Zweifel an der Identität des Urhebers bestehen, gilt dies auch dann, wenn diese Zweifel erst im Lauf der Zeit beseitigt werden. Es liegt dann kein pseudonymes Werk mehr vor, weshalb von der Regelschutzfrist auszugehen ist. **45**

4.5. Computerprogramme

Art 8 Abs 1 **Software-RL** hatte bereits eine entsprechende Sonderregel für anonyme und pseudonyme Werke vorgesehen. Danach war die Schutzfrist in diesen Fällen nicht vom Todeszeitpunkt des Urhebers, sondern von demjenigen **46**

[104] So auch *Reindl*, Einfluß des Gemeinschaftsrechts 382 FN 301 und 388f. Unrichtig ErlRV öUrhGNov 1996 zu § 61 bei *Dittrich*, Urheberrecht^3, 245.

[105] So aber offensichtlich ErlRV öUrhGNov 1996 zu § 61 und *Reindl*, Einfluß des Gemeinschaftsrechts 389, der aber korrigierend auslegt, was im Hinblick auf den Verweis auf § 12 UrhG nicht erforderlich ist.

[106] So wohl auch *Reindl*, Einfluß des Gemeinschaftsrechts 389.

der (ersten) Veröffentlichung an zu berechnen. Der Begriff der Veröffentlichung war auch nach der Software-RL im Sinn des erstmaligen, erlaubter Weise der Öffentlichkeit Zugänglichmachens eines Werks zu verstehen. Entgegen einem entsprechenden Vorschlag des Wirtschafts- und Sozialrats wurde in den Text der Software-RL aber noch keine Klarstellung dahingehend aufgenommen, dass eine **Offenbarung der Identität** des Urhebers ebenso zur Anwendung der allgemeinen Regel (Bemessung der Schutzdauer vom Tod des Urhebers) führt wie die Verwendung eines Pseudonyms, das keinerlei Zweifel über die Identität des Urhebers zulässt. Im Hinblick auf den angestrebten Gleichklang mit den Regeln der RBÜ[107] konnte man aber davon ausgehen, dass diese Grundsätze auch im Rahmen der Software-RL zur Anwendung kommen und nicht der Gestaltung durch den innerstaatlichen Gesetzgeber vorbehalten bleiben sollten. Allerdings blieb den Mitgliedsländern im Einzelnen noch ein größerer Spielraum.

47 Art 8 Abs 1 Software-RL kannte auch noch keine dem Art 1 Abs 6 Schutzdauer-RL entsprechende Regelung, wonach anonyme und pseudonyme Werke jedenfalls frei werden, wenn seit ihrer **Schaffung** 70 Jahre verstrichen sind. Diese Begrenzung des Schutzes, die in dieser Form mit den Regeln der Berner Übereinkunft nicht in völligem Einklang steht, ist nun aber auch für Computerprogramme anwendbar, da Art 8 Software-RL durch Art 11 Abs 1 Schutzdauer-RL aufgehoben wurde.

48 Die Bestimmung über anonyme und pseudonyme Werke ist gerade für Software von besonderer praktischer Bedeutung, weil diese häufig ohne Nennung der Urheber (Miturheber) veröffentlicht werden. Meist scheinen bloß der Firmenname des Unternehmens auf, welches das Programm von beauftragten oder angestellten Programmierern hat entwickeln lassen, nicht aber die Namen der tatsächlichen Programmschöpfer (Urheber). Die verhältnismäßig lange siebzigjährige Schutzfrist, die nunmehr auch für Computerprogramme gilt, wird dadurch *de facto* etwas verkürzt, dass die Schutzfrist gewöhnlich vom Tag der (ersten) Veröffentlichung an zu berechnen sein wird[108].

49 Für Computerprogramme stellt sich im gegebenen Zusammenhang noch die Frage, auf welche Weise die **Urheberbezeichnung** anzubringen ist. Eine Anführung der Urheber in der Benutzerdokumentation (in den Handbüchern etc) oder durch Anzeigen beim Programmstart wird hierfür jedenfalls ausreichen. Im Hinblick auf die besondere Natur dieser Werke wird aber auch eine Nennung der Urheber in einer Datei (zB in einer Info-Datei) genügen, sofern hierauf mit ausreichender Deutlichkeit hingewiesen wird.

5. Juristische Personen, Kollektivwerke und Sammelwerke

50 Während das geltende deutsche Urheberrecht[109] (§ 7 dUrhG) ebenso wie das österr (§ 10 Abs 1 öUrhG) kein originäres Urheberrecht **juristischer Personen**

---

[107] Vgl auch ErwG 25 und die erklärte Absicht der Software-RL.

[108] Vgl *Czarnota/Hart*, Legal Protection of Computerprogramms in Europe – A Guide to the EC Directive 92.

[109] Das ältere deutsche Recht vor 1965 kannte allerdings ausnahmsweise auch eine

kennen und vom Schöpferprinzip ausgehen, ist manchen anderen (europäischen) Urheberrechtsgesetzen auch eine (originäre) Urheberschaft juristischer Personen bekannt[110]. So sahen etwa das britische Recht und andere, seinem Vorbild folgende Rechtsordnungen Ausnahmen für Filmwerke vor, wonach das *film copyright* dem Produzenten zustand[111]; die österr *cessio legis* Regel (§ 38 Abs 1 öUrhG), nach welcher die Verwertungsrechte an gewerbsmäßig hergestellten Filmwerken dem Filmhersteller zustehen[112], kommt dem für Filmwerke allerdings sehr nahe[113]. Andere Gesetze kennen ganz allgemein ein Urheberrecht juristischer Personen; so steht etwa das Urheberrecht an einem auf Rechnung und Kosten einer staatlichen Verwaltungsbehörde geschaffenen und unter deren Namen veröffentlichten Werk nach italienischem Recht der Behörde zu (§ 11 ital UrhG), während das niederländische Recht eine ähnliche Regelung (Art 7 UrhG)[114] ganz allgemein zu Gunsten von öffentlichen Anstalten, Vereinigungen, Stiftungen und Handelsgesellschaften enthält. Der brit CDPA 1988 wieder sieht für Werke, die von Beamten und Bediensteten im Rahmen ihrer Verpflichtungen geschaffen werden, ein Urheberrecht der Krone bzw des Parlaments vor[115]. Darüber hinaus stehen nach britischem Recht die Urheberrechte an Dienstnehmerwerken mangels anderer Vereinbarung[116] generell dem Arbeitgeber zu[117]. Noch weiter geht insoweit etwa das US-amerikanische Recht, das die entsprechende *works made for hire* Doktrin auch auf Auftragswerke ausdehnt und für eine entgegenstehende Vereinbarung Schriftlichkeit verlangt[118]. Einen besonderen Fall regelt § 9 Abs 3 brit CDPA 1988; danach stehen die Rechte an Werken, die durch einen Computer hergestellt wurden[119], so dass keine natürliche Person als Urheber in Frage kommt, demjenigen zu, der die erforderlichen Vorkehrungen hierfür getroffen hat.

Nach manchen Rechtsordnungen ist das Schöpferprinzip auch für sogenannte **Kollektivwerke** durchbrochen. So ist etwa nach französischem Recht als Kollektivwerk (*œuvre collective*) ein Werk zu verstehen, das auf Veranlassung einer natürlichen oder auch einer juristischen Person geschaffen wird, die es unter ihrer Leitung und ihrem Namen herausgibt, erscheinen lässt und veröffentlicht, und **51**

Urheberschaft juristischer Personen (Veröffentlichung anonymer Werke durch öffentlichrechtliche juristische Personen oder juristische Personen als Herausgeber von Sammelwerken). Vgl dazu *Katzenberger* in *Schricker*, Kommentar[2] § 64 Rz 23.

[110] Vgl dazu auch *Johannes Juranek* (ÖSGRUM 15/1994) 64f. Siehe dazu auch die Länderübersicht im Anhang zu Art 10.

[111] Sec 9 Abs 2 lit a brit CDPA 1988.

[112] Vgl auch § 46 Abs 1 ital UrhG 1941.

[113] Hieran hat auch die öUrhGNov 1996 nichts geändert, wonach die gesetzlichen Vergütungsansprüche aber dem Filmurheber und dem Filmhersteller je zur Hälfte zustehen (§ 38 Satz 2 öUrhG idF UrhGNov 1996).

[114] Veröffentlichung im eigenen Namen ohne Urheberbenennung.

[115] Sec 163 bis 167 brit CDPA 1988; zum Urheberrecht internationaler Organisationen siehe Sec 168 brit CDPA 1988.

[116] Ähnlich die Regelung des § 7 niederld UrhG.

[117] Sec 11 Abs 2 brit CDPA 1988.

[118] Sec 201 [b] *Copyright Act* 1976.

[119] *Computer generated works*; vgl auch Sec 178 brit CDPA 1988.

bei dem der persönliche Beitrag der verschiedenen, an der Ausarbeitung beteiligten Urheber in dem Gesamtwerk, für das es geschaffen worden ist, aufgeht, ohne dass jedem der Urheber ein gesondertes Recht am geschaffenen Gesamtwerk zuerkannt werden kann[120]. Unter diese Werkkategorie fallen insbes Enzyklopädien, Wörterbücher und andere Nachschlagewerke. Originärer Träger des Urheberrechts an einem Kollektivwerk ist die natürliche oder juristische Person, unter deren Namen es veröffentlicht worden ist; der Beweis des Gegenteils ist allerdings zulässig[121]. Kollektivwerke setzen nach diesen Vorschriften voraus, dass die Erstellung der Werke auf besondere Weise erfolgt. Der Herausgeber muss auf die jeweils näher umschriebene Weise an der Entstehung solcher Werke (durch mehrere Einzelurheber) beteiligt sein. **Sammelwerke** und **Sammlungen** werden dagegen meist aus vorbestehenden Werken zusammengestellt und sind deshalb in der Regel nicht als Kollektivwerke anzusehen[122].

Das öUrhG 1920 kannte eine ähnliche Regelung für Sammelwerke, die von juristischen Personen herausgegeben werden; in diesen Fällen war der Herausgeber als Urheber anzusehen (§ 40 öUrhG 1920). Das geltende deutsche und österr Urheberrecht kennen solche Ausnahmen zu Gunsten einer Urheberschaft juristischer Personen nicht; der Auftraggeber (Herausgeber, Verleger) solcher Werke muss für die Einräumung entsprechender Werknutzungsrechte bzw für die Erteilung von Werknutzungsbewilligungen sorgen. Die veranlassende, organisatorische (koordinierende) und leitende Tätigkeit des Herausgebers begründet grundsätzlich auch keine Miturheberschaft, sofern der Herausgeber nicht im Einzelfall tatsächlich kreativ an der Gestaltung der einzelnen Beiträge mitwirkt. Allerdings mag im Hinblick auf die Auslese oder Anordnung der Beiträge im Einzelfall ein Sammelwerk entstehen (§ 6 öUrhG und § 4 dUrhG), an welchem die Rechte aber wiederum nur der physischen Person (dem Herausgeber) zustehen und nicht dem Auftraggeber (Veranlasser), der auch eine juristische Person sein kann[123].

52 Die Schutzdauer-RL regelt die Frage der **Inhaberschaft** des Urheberrechts, wie bereits erwähnt, ganz allgemein nicht. Es bleibt deshalb auch der Gesetzgebung der Mitgliedstaaten vorbehalten, juristische Personen als Träger von Urheberrechten anzuerkennen oder besondere Werkkategorien wie Kollektivwerke vorzusehen. Die Mitgliedsländer sind aber nicht gehalten, solche Regelungen in ihren Rechtsordnungen vorzusehen[124]. Für den Fall, dass die Gesetze eines Mitgliedstaats solche Bestimmungen treffen, musste die Richtlinie aber die **Schutzfristberechnung** klarstellen. Denn eine Anknüpfung an den Tod (das Erlöschen)

---

120 Siehe Art L 113-2 Abs 3 franz CPI; *œuvres collectives* sind nicht mit den *œuvres de collaboration* (Miturheberwerken) nach Art L 113-2 Abs 1 CPI und den *œuvres composites* (zusammengesetze Werke) nach Art L 113-2 Abs 2 CPI zu verwechseln, die auch dem französischen Recht bekannt sind. Vgl dazu etwa *Desbois*, Le droit d'auteur³, 159 ff (198 ff).

121 Art L 113-5 franz CPI.

122 Stellt die Sammlung wegen der Auswahl oder der Anordnung des Stoffs (Art 2 Abs 5 RBÜ 1967/71) eine originelle Schöpfung dar, handelt es sich um Sammelwerke, sonst um (einfache) Sammlungen.

123 Vgl zu den Sammelwerken *Walter*, Guidebook 19f.

124 Vgl *Dietz*, GRUR Int 1995, 675; *Johannes Juranek* (ÖSGRUM 15/1994) 64ff; *Katzenberger* in *Schricker*, Kommentar² § 64 Rz 22; *v Lewinski*, GRUR Int 1992, 730; *v Lewinski*, Quellen 7.

juristischer Personen scheidet von vornherein aus, während bei Kollektivwerken entweder die Miturheberregel bzw die allgemein für anonyme (pseudonyme) Werke vorgesehene Regel zur Anwendung kommen oder eine Sonderanknüpfung vorgesehen werden musste. Die Richtlinie sieht in diesen Fällen eine **Sonderanknüpfung** vor (Art 1 Abs 4), die an die in Abs 3 für anonyme und pseudonyme Werke vorgesehene Berechnungsregel anknüpft, im Einzelnen aber Auslegungsschwierigkeiten bereitet[125].

Danach ist für den Lauf der Schutzfrist grundsätzlich der Zeitpunkt der **Veröffentlichung** des Werks maßgebend. Auch in diesem Fall endet die Schutzfrist aber jedenfalls 70 Jahre nach der **Schaffung** des Werks, weshalb dies in Art 1 Abs 6 für alle Werke festgehalten wird, deren Schutzdauer nicht nach dem Tod des Urhebers berechnet wird (Art 1 Abs 3 und 4).

Eine entsprechende Regelung hatte auch schon der (nun aufgehobene) Art 8 Abs 1 **Software-RL** vorgesehen. Auch die Software-RL legt die Inhaberschaft der Urheberrechte an Computerprogrammen nicht fest und verweist in Art 2 Abs 1 insoweit auf die innerstaatliche Gesetzgebung. Die Urheberschaft an Computerprogrammen steht nach dieser Vorschrift allerdings grundsätzlich der natürlichen Person oder der Gruppe von natürlichen Personen zu, die es geschaffen hat. Der nationale Gesetzgeber kann aber Kollektivwerke vorsehen und ganz allgemein Fälle festlegen, in denen juristische Personen als Träger der Urheberrechte anzusehen sind. Allerdings hatte Art 8 Abs 1 Software-RL für Kollektivwerke und für juristischen Personen zustehende Werke noch keinen ergänzenden Fristenlauf ab Schaffung vorgesehen und noch generell auf den Zeitpunkt der Veröffentlichung abgestellt. **53**

Wenngleich die Richtlinie dem Gesetzgeber der Mitgliedstaaten die Regelung der Inhaberschaft des Urheberrechts und insbes die Vorsehung einer Urheberschaft juristischer Personen vorbehält, enthält Art 1 Abs 4 für die Schutzfristberechnung zwingende Vorgaben. Sind nämlich die natürlichen Personen, die das Werk als solches geschaffen haben, in den der Öffentlichkeit zugänglichen Fassungen identifiziert, und handelt es sich deshalb nicht um **anonyme (pseudonyme)** Werke, gilt die Sondervorschrift der Schutzfristberechnung für juristische Personen und Kollektivwerke nicht. Die Schutzfrist ist dann – ungeachtet der Rechtezuweisung durch den nationalen Gesetzgeber – nach der Grundregel der Abs 1 oder 2 zu berechnen, also nach dem Tod des physischen Urhebers (bei Werken juristischer Personen) bzw des letztversterbenden Miturhebers (bei Kollektivwerken). Damit stellt diese Vorschrift letztlich nur eine **Klarstellung** dahingehend dar, dass die Schutzfrist unabhängig von der Rechtezuweisung durch das Recht eines Mitgliedstaats nach den **allgemeinen Regeln** zu berechnen ist: Sind die Urheber **identifiziert**, gilt die **allgemeine Berechnungsregel** (Tod des physischen Urhebers oder des letztversterbenden mehrerer Miturheber), gleichviel wem die Rechte nach der nationalen Regelung zustehen; handelt es sich dagegen um anonyme oder pseudonyme Werke, ist nach Abs 3 der Zeitpunkt des Schaffens bzw der Veröffentlichung maßgebend, was aber schon **54**

---

125 Vgl dazu *Benabou*, Droits d'auteur et droit communautaire 374ff; *Reindl*, Einfluß des Gemeinschaftsrechts 382f.

aus Abs 3 folgt[126]. Da die Richtlinie von einer Identifizierung in „den der Öffentlichkeit zugänglich gemachten Fassungen" spricht, muss es sich nicht notwendig um erschienene Werke handeln[127], wenngleich dies der Regelfall sein wird; auch eine öffentliche Wiedergabe jeder Art genügt.

55 Aus der Formulierung, wonach eine Identifizierung in den der Öffentlichkeit zugänglich gemachten Fassungen erfolgen muss, lässt sich – wie bereits erwähnt – allgemein ableiten, was nach der Richtlinie unter **anonymen Werken** zu verstehen ist. Im Hinblick auf den beabsichtigten Gleichklang der Regelungen in Abs 3 und 4 gilt dies gleichermaßen für beide Bestimmungen. Daraus folgt aber auch, dass eine **spätere Offenlegung** der Urheberschaft auch bei Kollektivwerken und einer Urheberschaft juristischer Personen für die Schutzfristberechnung beachtlich sein muss und auch durch Eintragung in ein Urheberregister erfolgen kann[128]; die Abs 3 und 4 sind insgesamt als Einheit zu verstehen[129].

56 Da der erste Satz des Abs 4 auf anonyme und pseudonyme Beiträge beschränkt ist, ist die Schutzfrist von Werken **identifizierter Urheber**, deren „identifizierbaren Beiträge" in Kollektivwerken oder in Werken enthalten sind, an denen die nationale Rechtsordnung die Urheberrechte einer juristischen Person zuweist, nach der Grundregel *post mortem auctoris* zu berechnen. Wenn der zweite Satz des Abs 4 hinzufügt, dass dieser die Rechte identifizierter Urhebers an ihren identifizierbaren Beiträgen unberührt lässt, die in solchen Werken enthalten sind, so soll damit klargestellt werden, dass die Sonderregelung auch für solche Werke nicht gilt, die mit anonymen Werken in einem Sammelwerk dieser Art vereint sind.

6. Filmwerke

57 Im Hinblick auf die für Filmwerke in Art 2 Abs 2 vorgesehene Sonderregel (*lex specialis*) gilt die Regel des Abs 4 nicht für diese Werke[130].

7. Lieferungswerke

58 Einige Mitgliedsländer kannten **Sondervorschriften** für (anonyme oder pseudonyme) Werke, die in mehreren Bänden, Teilen, Lieferungen, Nummern oder Episoden veröffentlicht werden[131]. Im Hinblick auf die Zusammengehörigkeit der einzelnen Teile sahen manche Gesetze eine Anknüpfung der Schutzfrist an den Zeitpunkt der Veröffentlichung der **letzten Lieferung** vor. Eine solche Regelung enthielten etwa das deutsche und österr Urheberrecht (§§ 67 dUrhG

---

[126] Vgl dazu *Benabou*, Droits d'auteur et droit communautaire 374ff; *Dietz*, GRUR Int 1995, 675; *Reindl*, Einfluß des Gemeinschaftsrechts 382f.

[127] Vgl *Maier*, RMUE 1994, 68.

[128] AM im Hinblick auf die insoweit abweichende Grundposition *Dietz*, GRUR Int 1995, 675.

[129] So auch *Benabou*, Droits d'auteur et droit communautaire 375f; *Maier*, RMUE 1994, 68; *Reindl*, Einfluß des Gemeinschaftsrechts 383.

[130] Vgl *Dietz*, GRUR Int 1995, 674; *v Lewinski*, Quellen 6.

[131] Vgl dazu die Übersicht bei *v Lewinski*, GRUR Int 1992, 730f und die Länderübersicht im Anhang zu Art 10.

und 63 öUrhG) für Werke, die in inhaltlich nicht abgeschlossenen Abteilungen (Lieferungen) veröffentlicht werden. Ähnliche Vorschriften kannte das französische Recht für Kollektivwerke; allerdings mussten die erste und die letzte Lieferung innerhalb eines Zeitraums von 20 Jahren veröffentlicht werden (Art L 123-3 Abs 2 CPI). Nach anderen Urheberrechtsordnungen war dagegen auch in solchen Fällen der Veröffentlichungszeitpunkt jeder **einzelnen Lieferung** maßgebend. Es bestand deshalb auch für diese Sonderfälle ein Harmonisierungsbedarf, da bei solchen Werken der Veröffentlichungszeitpunkt unterschiedlich beurteilt wurde.

Art 1 Abs 5 Schutzdauer-RL entscheidet sich für eine klare Regelung und lässt die Schutzfrist in solchen Fällen für **jede Lieferung** gesondert vom jeweiligen Veröffentlichungszeitpunkt an laufen, sofern dieser Zeitpunkt für die Schutzfristberechnung maßgebend ist. Dies trifft nur für **anonyme oder pseudonyme** Werke zu. Das Europäische Parlament hatte in seiner Stellungnahme in diesen Fällen eine Berechnung der Schutzfrist ab Veröffentlichung des letzten Bands oder Teils vorgeschlagen[132]. Die endgültige Richtlinienfassung hat diese Anregung jedoch im Hinblick auf den engen Anwendungsbereich dieser Sonderregel und die mit der Richtlinie erfolgende generelle Verlängerung der urheberrechtlichen Schutzfrist nicht aufgegriffen[133]. Die ergänzende Bestimmung des Abs 6 für die Berechnung ab Schaffung des Werks ist freilich auch in diesen Fällen anzuwenden. **59**

8. Urheberpersönlichkeitsrechte

Die bisher erlassenen urheberrechtlichen Richtlinien haben Fragen des Urheberpersönlichkeitsrechts bewusst **ungeregelt** gelassen, da die Rechtstraditionen der Mitgliedsländer in diesem Punkt stark von einander abweichen, und erhebliche Unterschiede bestehen. Allerdings enthält Art 6bis RBÜ 1967/71 Vorgaben inhaltlicher Art und in Bezug auf die Dauer urheberpersönlichkeitsrechtlicher Befugnisse, die jedenfalls für Lebenszeit des Urhebers zu gewähren sind und nicht vor den vermögensrechtlichen Befugnissen auslaufen dürfen. Da alle Mitgliedstaaten auch dem Berner Verband angehören, wirkt sich diese Regelung auch auf das Europäische Urheberrecht aus. Eine eigenständige Regelung des Urheberpersönlichkeitsrechts fehlt aber auch in Fragen einer verbindlichen Festlegung der Schutzdauer. Den Mitgliedstaaten ist es deshalb insbes nicht verwehrt, das Urheberpersönlichkeitsrecht länger zu schützen und auch ein ewiges *droit moral* vorzusehen. Art 9 Schutzdauer-RL hält in diesem Sinn ganz allgemein fest, dass die Richtlinie die Bestimmungen der Mitgliedstaaten zur Regelung des Urheberpersönlichkeitsrechts unberührt lässt; dies gilt insbes auch für Fragen der Schutzdauer. **60**

9. Domaine Public Payant

Unter *Domaine Public Payant* im klassischen Sinn versteht man die Verlängerung der urheberrechtlichen Schutzfrist um eine zweite Schutzperiode, während wel- **61**

[132] Ergänzungsbände, Jahrbücher und sonstige Ergänzungen zu einem Werk sollten aber nicht als zusammenhängende Werke gelten.

[133] Vgl Begründung geänderter Vorschlag 3. Siehe *Katzenberger* in *Schricker*, Kommentar[2] § 64 Rz 24.

cher geschützte Werke zwar frei verwertet werden dürfen, für diese Nutzung aber eine angemessene Vergütung zu bezahlen ist[134]. Gewöhnlich handelt es sich um eine bestimmte Zeitspanne, es ist aber auch ein „ewiges“ *Domaine Public Payant* denkbar. Wesentlich für diese Einrichtung ist der Gedanke, die Erträgnisse nicht den Urhebern der genutzten Werke bzw deren Erben selbst zuzuerkennen, sondern diese sozialen (und kulturellen) Zwecken zu widmen und damit auf direktem oder indirektem Weg lebenden Urhebern zugute kommen zu lassen. Historisch hat sich der Grundgedanke des *Domaine Public Payant,* das auch als Urhebernachfolgevergütung oder Urhebergemeinschaftsrecht bezeichnet wird, im Bereich des Urheberrechts im engeren Sinn entwickelt, der Gedanke ist aber auf das Leistungsschutzrecht übertragbar.

62 Im Einzelnen ist das *Domaine Public Payant*, soweit es anerkannt wird, in sehr unterschiedlicher Form verwirklicht. Die Lösungsvarianten reichen vom klassischen urheberrechtlichen Ansatz über Kulturfondslösungen bis hin zu (para)fiskalischen Modellen. Eine Auseinandersetzung mit den Argumenten für und wider die Einrichtung eines *Domaine Public Payant* ist im Hinblick auf die unterschiedlichen Ausgestaltungsformen dieser Einrichtung schwierig; die Beurteilung setzt im Übrigen eine kulturpolitische Wertung voraus und lässt sich allein auf rechtlicher Ebene nicht bewerkstelligen. Der Grundgedanke des *Domaine Public Payant* ist jedenfalls nach wie vor bestechend; die dagegen vorgetragenen Argumente[135] kritisieren in Wahrheit meist nur die Nachteile der einen oder anderen konkreten Ausgestaltungsform.

63 In jüngerer Zeit hat vor allem *Dietz*[136] den Gedanken des *Domaine Public Payant* gerade unter dem Aspekt der **Harmonisierung der Schutzfristen** in Europa

[134] Vgl dazu etwa *Dietz*, Die sozialen Bestrebungen der Schriftsteller und Künstler und das Urheberrecht, GRUR 1972, 11 (14f); *Dietz*, Einige Thesen zum Urhebergemeinschaftsrecht, ZUM 1991, 129 mwN; *Dietz*, A Modern Concept for the Right of the Community of Authors (*Domaine Public Payant*) UNESCO Copyright Bulletin XXIV (1990) H 4, 13; *Dietz*, Neue Initiative zur Einführung des Goethe-Groschens gestartet! ZUM 1996, 862; *Dietz*, Ein neuer Vorstoß für das *domaine public payant* auf Grund einer Initiative der deutsche IG Medien, ZfRV 1999, 81; *Dillenz*, Überlegungen zum Domaine Public Payant, GRUR 1983, 820; *Hubmann*, Kulturabgabe (Urhebernachfolgegebühr) GRUR 1958, 527; *Katzenberger*, Die Diskussion um das Domaine Public Payant in Deutschland, FS *Roeber* (1982) 193; *Katzenberger* in *Schricker*, Kommentar² § 64 Rz 3f; *Walter*, *Domaine public payant* – Grundfragen und Gestaltungsmöglichkeiten vor dem Hintergrund einer österreichischen Urheberrechtsreform (ÖSGRUM 13/1993) 22 und die übrigen Beiträge in ÖSGRUM 13/1993; *Walter*, „Mozart-Groschen“ – „Goethe-Pfennig“ – „Beatles-Euro“ – Das Künstlergemeinschaftsrecht (*domaine public payant*) und seine Verwirklichung (2000). Siehe auch *Walter*, Österreichischer Kunstfonds (ÖSGRUM 13/1993) 107; *Zimmermann*, Neue Initiative zur Einführung des Goethegroschens gestartet! ZUM 1996, 862.

[135] Vgl etwa *Dillenz*, Überlegungen zum Domaine Public Payant, GRUR Int 1983, 920; *Johannes Juranek* (ÖSGRUM 15/1994) 58f; *Rehbinder*, Die Urhebernachfolgevergütung – Ein aktuelles Problem? UFITA 137 (1998) 5.

[136] Urheberrecht in der Europäischen Gemeinschaft 226 und 243; vgl auch *Dietz*, Das Urheberrecht in der Europäischen Gemeinschaft in Gewerblicher Rechtsschutz und Urheberrecht in Deutschland – FS zum hundertjährigen Bestehen der Deutschen Vereinigung für gewerblichen Rechtsschutz und Urheberrecht und ihrer Zeitschrift, 1445.

wieder aufgegriffen; diese sollte dadurch erzielt werden, dass an die fünfzigjährige Mindestschutzfrist nach der Berner Übereinkunft eine zweite, nach den Gesichtspunkten des *Domaine Public Payant* organisierte zwanzigjährige Schutzperiode angefügt wird. Dieser Kompromiss hätte eine Angleichung der Schutzfristen insoweit erleichtert, als dadurch weder eine Verkürzung noch eine Verlängerung im eigentlichen Sinn erforderlich gewesen wäre. Allerdings ist die Entwicklung in Europa dann andere Wege gegangen[137], und wurde die Harmonisierung im Weg einer einheitlichen Anhebung der Schutzfristen auf das siebzigjährige Niveau des deutschen, österr und – für Musikwerke – auch französischen Gesetzes realisiert. In diesem Zusammenhang sei daran erinnert, dass das *Domaine Public Payant* auch in der Bundesrepublik Deutschland im Jahr 1965 für die Anhebung der Schutzfrist von 50 auf 70 Jahre Pate gestanden ist.

Die Einführung eines *Domaine Public Payant* in einzelnen nationalen Rechtsord- **64**
nungen ist aus der Sicht der Schutzdauer-RL zulässig. Denn Gegenstand der Harmonisierung sind die urheberrechtlichen Schutzfristen im eigentlichen Sinn, nicht aber ergänzende **eigenständige Regelungen** sozial- und kulturpolitischer Art, wie die Urhebernachfolgevergütung, in welchem konstruktiven Gewand diese auch immer verwirklicht werden mag. Die Schutzdauer-RL steht einer solchen Regelung deshalb nicht entgegen[138]. Wenngleich eine Einführung des *Domaine Public Payant* auf Europäischer Ebene und eine einheitliche Ausgestaltung dieser Einrichtung vieles für sich hätte und nicht nur der kulturellen Entwicklung, sondern auch dem Gedanken der Europäischen Kulturgemeinschaft förderlich wäre, ist eine solche wegen der unterschiedlichen Auffassungen in den Mitgliedsländern in absehbarer Zeit nicht zu erwarten.

Umsetzung in Deutschland und Österreich

1. Deutschland

Die Umsetzung der Schutzdauer-RL erfolgte in Deutschland mit dem **Dritten** **65**
ÄnderungsG 1995, wobei sich die Begründung im Entwurf eines Vierten Änderungsgesetzes findet, das im Zug des parlamentarischen Verfahrens mit dem Dritten ÄnderungsG 1995 verbunden wurde (Entw III Drittes ÄnderungsG). Die **siebzigjährige Regelschutzfrist** wurde in Deutschland bereits mit dUrhG 1965 eingeführt; insoweit bedurfte die Schutzdauer-RL keiner Umsetzung. Dagegen musste die in § 64 Abs 2 vorgesehene Sonderschutzfrist für **posthum veröffentlichte Werke** im Hinblick auf Art 1 Abs 1 beseitigt werden[139]. § 64 Abs 2 alte Fassung hatte eine besondere zehnjährige Schutzfrist ab der Veröffentlichung von Werken vorgesehen, die erstmals nach Ablauf von 60 Jahren, aber vor Ablauf von 70 Jahren nach dem Tod des Urhebers der Öffentlichkeit zugänglich gemacht wurden[140].

---

[137] Vgl dazu den Bericht über die Anhörung in Brüssel GRUR Int 1980, 767.

[138] So auch *Johannes Juranek* (ÖSGRUM 15/1994) 60; *Katzenberger* in *Schricker*, Kommentar[2] § 64 Rz 4.

[139] Vgl *Katzenberger* in *Schricker*, Kommentar[2] § 64 Rz 66ff.

[140] Vgl Begründung bei *M Schulze*, Materialien[2], 939f. Siehe auch *Nordemann* in *Fromm/Nordemann*, Kommentar[9] § 64 Rz 2.

66 Die **Miturheberregel** des Art 1 Abs 2 bedurfte keiner besonderen Anpassung des deutschen Rechts; § 65 Abs 1 dUrhG konnte deshalb unverändert bleiben[141].

67 Dagegen waren Anpassungen der Schutzfristberechnung **anonymer und pseudonymer Werke** erforderlich (§ 66 dUrhG). § 66 Abs 1 Satz 1 dUrhG stellt zunächst im Sinn des Art 1 Abs 3 klar, dass die Schutzfrist jedenfalls ab Veröffentlichung zu laufen beginnt. Bisher war strittig, ob dies nur für anonym oder pseudonym erschienene oder auch für bloß veröffentlichte Werke gilt[142]; eine Bezugnahme auf die Urheberschaftsvermutung fehlt jetzt, weshalb der Begriff anonymer Werke einer elastischeren Auslegung zugänglich ist[143]. Vor Umsetzung der Schutzdauer-RL hatte das deutsche UrhG die Schutzfrist anonymer und pseudonymer Werke grundsätzlich aber nur vom Zeitpunkt der Veröffentlichung an berechnet (§ 66 Abs 1 dUrhG). Allerdings hatte § 66 Abs 3 Z 3 dUrhG hinzugefügt, dass diese Berechnung im Fall der Veröffentlichung nach dem Tod des Urhebers nicht anwendbar ist, so dass die Regelschutzfrist zur Anwendung kam. In Umsetzung des Art 1 Abs 6 erlischt der Schutz jetzt bereits 70 Jahre nach der Schaffung des Werks, wenn es bis dahin nicht veröffentlicht worden ist (§ 66 Abs 1 Satz 2 dUrhG)[144].

Die Sonderregel des § 66 Abs 4 dUrhG, wonach die Regeln für anonyme und pseudonyme Werke nicht für Werke der bildenden Künste galten, konnte nicht aufrecht erhalten und musste in Umsetzung der Schutzdauer-RL aufgegeben werden[145].

Nach § 66 Abs 2 Z 1 dUrhG in seiner bisherigen Fassung genügte es für die Rückkehr zur Regelschutzfrist, wenn innerhalb der siebzigjährigen Frist seit Veröffentlichung der wahre Name oder der bekannte Deckname des Urhebers auf irgendeine Weise, insbes auch durch Dritte bekannt wurde. In Umsetzung des Art 1 Abs 3 wurde diese Regelung in § 66 Abs 2 dUrhG jetzt enger gefasst; die Regelschutzfrist ist nur dann anwendbar, wenn der Urheber selbst (sein Rechtsnachfolger oder der Testamentsvollstrecker) seine Identität fristgerecht offenbart oder das vom Urheber angenommene Pseudonym keinen Zweifel an seiner Identität zulässt. Letztere Regelung wird – wie nach bisherigem Recht – aber großzügiger ausgelegt, sodass jede Form der (auch nachträglichen) Identitätsfest-

---

141 Vgl *Katzenberger* in *Schricker*, Kommentar² § 65 Rz 2f. Die Miturheberregel gilt nach deutschem Urheberrecht aber nur für „echte Miturheberschaft" und nicht für bloß „verbundene Werke".

142 Vgl Begründung bei *M Schulze*, Materialien², 941. Siehe dazu *Katzenberger* in *Schricker*, Kommentar² § 65 Rz 13 sowie § 66 Rz 8, 12 und zum früheren Recht Rz 24ff. Siehe auch oben Rz 39.

143 Vgl dazu *Katzenberger* in *Schricker*, Kommentar² § 66 Rz 10.

144 Vgl zu all dem ausführlich *Katzenberger* in *Schricker*, Kommentar² § 66 Rz 9ff. Aus Gründen der schwierigen Feststellbarkeit bzw Beweisbarkeit kritisch zur Anknüpfung an den Zeitpunkt der Veröffentlichung bzw der Schaffung *Nordemann* in *Fromm/Nordemann*, Kommentar⁹ § 66 Rz 2.

145 Vgl Begründung bei *M Schulze*, Materialien², 942. Siehe auch *Katzenberger* in *Schricker*, Kommentar² § 66 Rz 115; *Nordemann* in *Fromm/Nordemann*, Kommentar⁹ § 66 Rz 8.

stellung ausreicht[146]. Die Möglichkeit der Eintragung in die Urheberrolle (§§ 66 Abs 2 iVm 138 dUrhG) wurde beibehalten[147].

Für **Lieferungswerke** war nach § 67 dUrhG bei Werken, die in inhaltlich nicht abgeschlossenen Teilen veröffentlicht wurden, für die Berechnung der Schutzfrist der Zeitpunkt der Veröffentlichung der letzten Lieferung maßgebend, wenn es sich um anonyme oder pseudonyme Werke handelte. In Umsetzung des Art 1 Abs 5 knüpft § 67 dUrhG jetzt gesondert an den Zeitpunkt der Veröffentlichung jeder Lieferung an[148]. **68**

Soweit das Urheberrecht nach älterem Recht ausnahmsweise **juristischen Personen** zustand, sind diese Vorschriften nach der übergangsrechtlichen Regelung des § 134 dUrhG auf vor 1965 geschaffene Werke weiter anzuwenden. Übergangsrechtliche Vorschriften hierzu fehlen aber[149]. **69**

2. Österreich

Die Umsetzung der Schutzdauer-RL erfolgte in Österreich mit **öUrhGNov 1996**. Die **siebzigjährige Regelschutzfrist** bedurfte – sieht man von Filmwerken ab – auch im österr Urheberrecht keiner Umsetzung, da diese bereits seit der öUrhGNov 1972 gewährleistet ist (§ 60 öUrhG). Dasselbe gilt für die **Miturheberregel** (§ 60 Ende öUrhG). So wie das deutsche Urheberrecht geht auch das österr von einem engeren Begriff der Miturheberschaft aus (§ 11 Abs 1 öUrhG), wonach nur solche gemeinsam erstellte Werke als in Miturheberschaft geschaffen gelten, die eine untrennbare Einheit bilden. **70**

Auch im österr Urheberrecht wurde die Schutzfrist **anonymer und pseudonymer Werke** vor Umsetzung der Schutzdauer-RL nur vom Zeitpunkt der Veröffentlichung an berechnet. Allerdings sah das österr Gesetz vor, dass die Berechnung vom Zeitpunkt der Veröffentlichung dann nicht gilt, wenn die Regelschutzfrist *post mortem auctoris* früher endet (§ 61 öUrhG alte Fassung). Damit wurde im Rahmen der Ermächtigung des Art 7 Abs 3 RBÜ 1967/71 bewirkt, dass die Sonderschutzfrist nie länger dauern konnte als die Regelschutzfrist. Diese Begrenzung setzte allerdings voraus, dass der Todeszeitpunkt des Urhebers ungeachtet der Anonymität (Pseudonymität) des Werks bekannt war, was freilich nicht immer zutraf. In Umsetzung der Schutzdauer-RL wird die Schutzfrist für anonyme und pseudonyme Werke jetzt aber ab Schaffung oder Veröffentlichung (innerhalb der ab Werkschöpfung laufenden Frist) berechnet (§ 61 öUrhG). Im Übrigen behielt § 61 öUrhG die Umschreibung anonymer Werke mit Hilfe der fehlenden Urheberschaftsvermutung – anders als § 66 dUrhG – bei, womit auch die Offenbarung der Identität im Weg der Veröffent- **71**

---

[146] Vgl *Katzenberger* in *Schricker*, Kommentar[2] § 66 Rz 21.

[147] Vgl Begründung bei *M Schulze*, Materialien[2], 942. Zu der offenen Frage, wem gegenüber die Identität zu offenbaren ist, siehe *Nordemann* in *Fromm/Nordemann*, Kommentar[9] § 66 Rz 4. Vgl dazu auch *Katzenberger* in *Schricker*, Kommentar[2] § 66 Rz 20.

[148] Vgl Begründung bei *M Schulze*, Materialien[2], 942f. Siehe auch *Katzenberger* in *Schricker*, Kommentar[2] § 67 Rz 4ff *Nordemann* in *Fromm/Nordemann*, Kommentar[9] § 67.

[149] Vgl *Katzenberger* in *Schricker*, Kommentar[2] § 64 Rz 23.

lichung unter dem wahren Namen des Urhebers klargestellt ist. Die Sonderform einer solchen Offenbarung durch Eintragung in das Urheberregister nach den §§ 61a bis 61c öUrhG wurde – so wie im deutschen Urheberrecht – beibehalten.

72 Vor Umsetzung der Schutzdauer-RL war auch im österr UrhG die Berechnung der Schutzfrist für **Lieferungswerke** abweichend geregelt. Nach § 63 öUrhG alte Fassung wurde die Schutzfrist von der Veröffentlichung der letzten Lieferung an berechnet. In Umsetzung des Art 1 Abs 5 wird die Schutzfrist nun von der Veröffentlichung jedes einzelnen Bestandteils von Werken berechnet, die in mehreren Bänden, Teilen, Lieferungen, Nummern oder Episoden veröffentlicht werden. Dies für den Fall, dass die Veröffentlichung die für den Beginn der Schutzfrist maßgebende Tatsache darstellt, was nur bei anonymen und pseudonymen Werken solcher Art der Fall ist. Ob es sich um inhaltlich nicht abgeschlossene Abteilungen (Lieferungen) handelt, ist jetzt – anders als nach bisherigem Recht – nicht mehr maßgebend (§ 63 öUrhG).

Artikel 2 Filmwerke oder audiovisuelle Werke

Übersicht

Text

Artikel 2 Filmwerke oder audiovisuelle Werke

(1) Der Hauptregisseur eines Filmwerks oder eines audiovisuellen Werks gilt als dessen Urheber oder als einer seiner Urheber. Es steht den Mitgliedstaaten frei, vorzusehen, daß weitere Personen als Miturheber benannt werden können.

(2) Die Schutzfrist für ein Filmwerk oder ein audiovisuelles Werk erlischt 70 Jahre nach dem Tod des Längstlebenden der folgenden Personen, unabhängig

davon, ob diese als Miturheber benannt worden sind: Hauptregisseur, Urheber des Drehbuchs, Urheber der Dialoge und Komponist der speziell für das betreffende Filmwerk oder audiovisuelle Werk komponierten Musik.

Aus den Erwägungsgründen

ErwG 4 Die Bestimmungen dieser Richtlinie berühren nicht die Anwendung von Artikel 14bis Absatz 2 Buchstaben b), c) und Absatz 3 der Berner Übereinkunft durch die Mitgliedstaaten.

Kommentar

1. Entstehungsgeschichte

Der **ursprüngliche RL-Vorschlag** hatte noch keine Sonderregel für die Berech- **1**
nung der Schutzfristen an Filmwerken vorgesehen. Die Kommission war sich freilich des Umstands bewusst, dass die unterschiedlichen Regelungen, die in den Mitgliedsländern in Bezug auf die Bestimmung der Filmurheber bzw die Inhaber der Rechte an einem Filmwerk bestehen, bei einer Anknüpfung der Schutzfrist an den Tod des Urhebers bzw des längstlebenden Miturhebers zwangsläufig zu einer unterschiedlichen Schutzdauer führen müssten. Werden verschiedene Personen als Miturheber am Filmwerk oder wird im Bereich des *film copyright* der Filmhersteller als Urheber anerkannt[150], wären die Schutzfristen von unterschiedlichen Zeitpunkten an zu berechnen. Der RL-Vorschlag (Begründung RL-Vorschlag Teil 1 Punkt 55)[151] hatte die daraus folgende Harmonisierungslücke aber noch in Kauf genommen und keine Sonderregeln für die Berechnung der Schutzfrist von Filmwerken vorgesehen. Allerdings sollte die Grundregel der Berechnung der Schutzfrist vom Tod des Urhebers auch für Filmwerke beibehalten und von der Ermächtigung des Art 7 Abs 2 RBÜ 1967/71, die Schutzfrist vom Zeitpunkt der Herstellung bzw Veröffentlichung an zu berechnen, jedenfalls kein Gebrauch gemacht werden. Auch mit dieser Vorgabe wäre schon eine – wenn auch beschränkte – Harmonisierung verbunden gewesen.

Das **Europäische Parlament** hat die Ziele der Harmonisierung jedoch höher **2**
gesteckt und in seiner Stellungnahme gefordert, den Beginn des Laufs der Schutzfrist insbes auch durch eine Harmonisierung des „Status als Urheber eines Film- oder Fernsehwerks" zu vervollständigen und damit an die erfolgreiche Installation zumindest des Hauptregisseurs als Filmurheber in Art 2 Abs 2 Vermiet- und Verleih-RL anzuknüpfen. Nach dem Abänderungsvorschlag des Europäischen Parlaments Nr 1 (Art 2a und Nr 3 Art 1 Abs 2a) sollten als Urheber audiovisueller Werke die natürliche Person bzw die natürlichen Personen gelten, die als deren geistige Schöpfer anzusehen sind. Bis zum Beweis des Gegenteils sollten danach folgende Personen als Werkschöpfer gelten: Der Regisseur, der Drehbuchautor, der Dialogautor, der Bearbeiter und der Komponist von Musikwerken mit oder ohne Text, die eigens für das Filmwerk geschaffen wurden. Diese dem Schöpferprinzip verpflichtete Regelung mit einer – nicht abschließen-

---

[150] Dies würde nach Art 1 Abs 3 der endgültigen Richtlinienfassung allerdings nur für anonym oder pseudonym bleibende Filmurheber gelten.

[151] Siehe dazu auch *v Lewinski*, GRUR Int 1992, 730 und *v Lewinski*, Quellen 8.

den und widerlegbaren – Vermutung zu Gunsten bestimmter typischer Filmurheber war jedoch nicht durchsetzbar und hätte im Einzelfall im Hinblick auf die Widerlegbarkeit der vorgesehenen Urheberschaftsvermutung und deren nicht abschließenden Charakter wieder zu Unsicherheiten bei der Berechnung der Schutzdauer von Filmwerken geführt.

3 Der **geänderte RL-Vorschlag** hat diese Anregung des Europäischen Parlaments aber aufgegriffen, in einem neuen Art 1a das Schöpferprinzip festgeschrieben und den Hauptregisseur als einen der möglichen Filmurheber festgelegt. Im Übrigen behielt es der geänderte RL-Vorschlag der Gesetzgebung der Mitgliedstaaten vor, im Fall (individuell oder kollektiv) abgeschlossener Verträge eine Vermutung vorzusehen, wonach die Filmurheber einer Verwertung des Filmwerks zustimmen.

4 Die **endgültige Fassung** des Richtlinientexts musste von der geplanten Harmonisierung der Inhaberschaft der Rechte an einem Filmwerk aber wieder Abstriche machen[152]. Vom Bekenntnis zum Schöpferprinzip ist nur die Klarstellung geblieben, dass jedenfalls der Hauptregisseur eines Filmwerks als dessen Urheber oder als einer seiner Urheber anzusehen ist, wobei es den Mitgliedstaaten ausdrücklich freigestellt wird, auch weitere Personen als Miturheber anzuerkennen (Art 2 Abs 1). Für die Schutzfristberechnung stellt der endgültige Richtlinientext insoweit einen Kompromiss dar, als neben dem Hauptregisseur noch weitere – abschließend genannte – Urheber (Drehbuch- und Dialogautor sowie Filmkomponist) herausgegriffen werden, deren Todeszeitpunkt für die Berechnung der Schutzfrist des Filmwerks maßgebend ist. Für den beschränkten, aber wichtigen Teilaspekt der Schutzfristberechnung wird damit eine klare und nachvollziehbare Regelung getroffen. Zwar werden damit eine Reihe weiterer möglicher Miturheber des Filmwerks vernachlässigt, was ein Abweichen von der Grundregel des Art 1 darstellt, es wird dieser Nachteil aber durch den Vorteil der Klarheit und verhältnismäßig leichten Anwendbarkeit der getroffenen Regelung aufgewogen.

2. Urheberschaft am Filmwerk (Abs 1)

2.1. Filmurheberschaft

5 Die Bestimmung der Inhaber des Urheberrechts an Filmwerken bleibt nach Art 14bis Abs 2 lit a RBÜ 1967/71 der Gesetzgebung des Schutzlands vorbehalten. Die Urheberschaft am Filmwerk ist in den Mitgliedsländern auch unterschiedlich geregelt und wird kontroversiell diskutiert. Während etwa Frankreich, Belgien, Deutschland, Italien und die skandinavischen Länder auch für Filmwerke vom Schöpferprinzip ausgehen, betrachten andere traditionell den Filmhersteller (Produzenten) als Urheber (*film copyright*) bzw Inhaber eines entsprechenden Leistungsschutzrechts[153]. Die Schwierigkeiten liegen im Wesentlichen darin, dass Filmwerke in der Regel von einem Team mehrerer Miturheber geschaffen werden, weshalb sich die Frage der Urheberschaft nur im Einzelfall beantworten

---

[152] Vgl zur Entstehungsgeschichte auch *Benabou*, Droits d'auteur et droit communautaire 379ff; *v Lewinski,* Quellen 8.

[153] Vgl *Cornish,* Yearbook of European Law 13 (1993) 488.

lässt, und der Kreis der in Frage kommenden Personen je nach Lage des Falls und der Art des konkreten Filmprojekts[154] unterschiedlich ist. Schon die Feststellung aller als Miturheber in Frage kommenden Personen kann deshalb schwierig sein. Auf der anderen Seite bedürfen Filmwerke zu ihrer Realisierung gewöhnlich eines größeren Kapitaleinsatzes, weshalb es auch die ungestörte Verwertung des Filmwerks und die Sicherheit des Rechtsverkehrs zu gewährleisten gilt[155].

Die dabei **eingeschlagenen Wege** reichen von einer Beschränkung der Zahl der als Filmurheber anerkannten Miturheber bis hin zur (angenommenen) originären Urheberschaft des Filmproduzenten[156], wobei Vermutungsregeln für die Einräumung von Rechten an den Filmproduzenten[157] oder gesetzliche Rechtezuweisungen (*cessio legis* Regelungen)[158] eine vermittelnde Stellung einnehmen[159]. Unterschiedlich beurteilt wird zudem die Rechtsstellung der Urheber von Werken, die bei der Realisierung von Filmwerken benützt werden (sog vorbestehende Werke)[160]. Keine einheitlichen Regelungen bestehen auch für die gesetzlichen Vergütungsansprüche und in Bezug auf Beteiligungsansprüche der Filmurheber im Innenverhältnis. **6**

2.2. Keine umfassende Harmonisierung

Die Schutzdauer-RL in ihrer endgültigen Fassung regelt die meisten dieser schwierigen und komplexen Fragen des Filmurheberrechts nicht. Auch das im geänderten RL-Vorschlag festgelegte Schöpferprinzip wird in dieser Allgemeinheit nicht zwingend vorgegeben. Die Einordnung vorbestehender Werke bleibt der Gesetzgebung der Mitgliedsländer ebenso vorbehalten wie die Regelung des Rechtserwerbs des Produzenten im Weg einer (widerlegbaren) Vermutung, einer *cessio legis* Regelung oder einer originären Rechtsinhaberschaft des Filmherstellers (*film copyright*) und des Inhalts all dieser Vorschriften im Einzelnen (Rechteumfang). Anders als in Art 4 Vermiet- und Verleih-RL wird auch keine zwingende Beteiligungsregelung vorgegeben, wenngleich eine solche wohl dem Geist der Richtlinie im Sinn der verfolgten Anliegen entspricht. Im Hinblick auf den in Art 2 Abs 2 gewählten pragmatischen Weg für die Berechnung der Schutzdauer an Filmwerken vom Tod des Längstlebenden von vier ausgewählten typischen Urhebern war eine Harmonisierung der Rechtsvorschriften betreffend die Inhaberschaft des Urheberrechts an Filmwerken auch nicht erforderlich. **7**

---

[154] Spielfilm, Fernsehfilm, Musik- oder Tanzfilm, filmische Festhaltung einer Theateraufführung oder Sportveranstaltung, wissenschaftlicher Film, Dokumentarfilm, Naturfilm, Experimentalfilm, kinetische Kunst etc.

[155] Vgl zum österr Recht *Walter*, Die *cessio legis* und die künftige Gestaltung des österreichischen Filmurheberrechts, FS Gerhard Frotz (1993) 749.

[156] So bisher Großbritannien, Irland, Luxemburg und nach der Rechtsprechung auch die Niederlande.

[157] So zB Deutschland, Spanien und Portugal.

[158] So Österr und Italien.

[159] Vgl dazu auch die Übersicht bei *Johannes Juranek* (ÖSGRUM 15/1994) 29ff und *v Lewinski*, GRUR Int 1992, 729f.

[160] Vgl zu all diesen Fragen *Dietz*, Urheberrecht in der Europäischen Gemeinschaft 85ff; vgl auch *Dietz* in GRUR-FS 1445.

2.3. Hauptregisseur

8 Wenn Art 2 Abs 1 allerdings festhält, dass jedenfalls der **Hauptregisseur** eines Filmwerks als dessen Urheber oder als einer dessen Urheber gilt, wird – ohne zwingende Notwendigkeit für das Anliegen der Schutzfristenharmonisierung – aber zumindest ein wesentliches Zeichen im Sinn einer Orientierung am **Schöpferprinzip** gesetzt. Anders als nach der Vermiet- und Verleih-RL handelt es sich hier um eine horizontal anwendbare Bestimmung[161]. Es folgt dies nicht nur aus der abweichenden Formulierung, in welcher die Einschränkung „für Zwecke dieser Richtlinie" fehlt, sondern auch aus der Positionierung im Rahmen der Schutzdauer-RL. Zwar bleiben die Mitgliedsländer in allen sonstigen Fragen frei, eine ausschließliche Zuordnung der Rechte am Filmwerk an den Filmhersteller (Produzenten) scheidet aber in Bezug auf den Hauptregisseur aus. Dies gilt für das *film copyright* ebenso wie für die *cessio legis*. Die Richtlinie folgt damit den Vorgaben der Vermiet- und Verleih-RL (Art 2 Abs 2)[162], deren Textierung sie – von der erwähnten Beschränkung abgesehen – wörtlich übernimmt und über das Vermiet- und Verleihrecht hinaus zur allgemein anwendbaren Regel erhebt[163].

9 Unter „Hauptregisseur" ist der **führende Regisseur** zu verstehen; nicht unter diesen Begriff fallen deshalb Hilfsregisseure und Regieassistenten. Dies schließt jedoch nicht aus, dass auch diese – nach Maßgabe der Regelungen in den Mitgliedsländern – Miturheber des Filmwerks sind. Der Ausdruck „Hauptregisseur" stammt aus Art 14bis Abs 3 RBÜ 1967/71 und ist im Sinn dieser Bestimmung zu verstehen[164].

10 Wer als Hauptregisseur in Fällen anzusehen ist, in welchen die filmische Umsetzung als solche in den Hintergrund tritt, weil Gegenstand des Films eine vorbestehende **Bühnenproduktion** ist, die aufgezeichnet oder *live* übertragen wird, könnte fraglich sein. Die Tätigkeit des Regisseurs beschränkt sich in solchen Fällen meist auf die Auswahl der von mehreren Kameras gelieferten Bildfolgen (Sequenzen), weshalb man in solchen Fällen auch von „Bildregie" spricht. Die Beantwortung dieser Frage wird nach dem Rechtssystem des Schutzlands zu beurteilen sein. In Ländern, die – wie etwa Deutschland und Österreich – zwischen dem Filmwerk einerseits und vorbestehenden Werken anderseits unterscheiden, wird als Hauptregisseur der Bildregisseur anzusehen sein, weil es in solchen Fällen um den Schutz des Filmwerks (audiovisuellen Werks), nicht aber um denjenigen der zu Grunde liegenden Bühnenproduktion geht, und die Urheber- oder Leistungsschutzrechte des Bühnenregisseurs als Urheber eines vorbestehenden Werks ohnehin unberührt bleiben. In Rechtsordnungen, die eine solche Unterscheidung nicht treffen und etwa auch den Drehbuchautor als Miturheber am Filmwerk ansehen, wird dagegen der Bühnenregisseur als Hauptregisseur gelten. Mangels einer umfassenden Regelung der Rechtsinha-

---

[161] So auch *Katzenberger* in *Schricker/Bastian/Dietz*, Konturen 45; ähnlich *v Lewinski* in Quellen 8.

[162] Vgl auch Art 1 Abs 5 Satelliten- und Kabel-RL.

[163] Siehe *Cohen Jehoram*, IIC 1994, 829f; *Maier*, RMUE 1994, 69; *Reindl*, Einfluß des Gemeinschaftsrechts 384 FN 304.

[164] Vgl *Reinbothe/v Lewinski*, Rental and Lending Rights 47.

berschaft am Filmwerk wird diese Harmonisierungslücke in Kauf genommen werden müssen.

Nach der **Übergangsvorschrift** des Art 10 Abs 4 sind die Mitgliedstaaten nicht verpflichtet, die Urheberschaft des Hauptregisseurs auch für Filmwerke vorzusehen, die vor dem 1. Juli 1994 geschaffen wurden. Nach Abs 5 dieser Bestimmung können die Mitgliedsländer auch den Zeitpunkt der Anwendung bestimmen; dieser darf jedoch nicht nach dem 1. Juli 1997 liegen. Auch insoweit folgt die Richtlinie den Vorgaben der Vermiet- und Verleih-RL. Das verzögerte Wirksamwerden unter zweierlei Aspekten war Voraussetzung für das Erzielen dieser Kompromisslösung, deren Bedeutung als Grundsatzentscheidung dessen ungeachtet nicht zu unterschätzen ist. **11**

Anders als die Vermiet- und Verleih-RL enthält die Schutzdauer-RL keine ausdrückliche Bestimmung in Bezug auf **Vermutungsregelungen**. Ungeachtet der Anerkennung des Hauptregisseurs als Filmurheber werden solche Regelungen der Mitgliedstaaten aber jedenfalls dann zulässig sein, wenn sie nur eine widerlegbare Vermutung der Rechtseinräumung an den Filmhersteller vorsehen, wie dies in Art 2 Abs 5 und 6 Vermiet- und Verleih-RL vorgesehen ist. Wie bereits erwähnt, ist mit Bezug auf den **Hauptregisseur** die ausschließliche Zuweisung der Rechte an den Filmhersteller (*film copyright*) dagegen ebenso unzulässig[165] wie die Aufrechterhaltung der *cessio legis* Regel des österr Rechts. **12**

Fraglich könnte sein, ob die sinngemäße Anwendung des Art 2 Abs 5 und 6 Vermiet- und Verleih-RL auch den Vorbehalt eines **unverzichtbaren Vergütungsanspruchs** (Art 4 Vermiet- und Verleih-RL) einschließt. Diese Frage dürfte vor allem im Hinblick darauf zu bejahen sein, dass der zwingende Vergütungsanspruch auch bei einer analogen Anwendung der erwähnten Regelung auf die Leistungsschutzrechte nach Kapitel II Vermiet- und Verleih-RL im Sinn des ErwG 19 dieser Richtlinie eine angemessene Vergütung nach Art 4 einschließt[166]. Es wäre wenig stimmig anzunehmen, zwar Filmdarstellern in Bezug auf alle ihnen in Kapitel II Vermiet- und Verleih-RL zugebilligten Rechte einen solchen Vergütungsanspruch im Fall von Übertragungsvermutungen zuzubilligen, nicht aber dem Haupturheber des Filmwerks, dem Hauptregisseur (*arg a maiori ad minus*). Allerdings darf nicht übersehen werden, dass die Schutzdauer-RL diese Frage nicht regelt und auf den Grundsatz des Art 2 Abs 1 reduziert blieb.

2.4. Filmwerke und audiovisuelle Werke

Der Begriff der Filmwerke und audiovisuellen Werke ist im weitesten Sinn zu verstehen[167]. Er umfasst insbes Filmwerke jeder Art wie Spielfilme aller Gattungen, Musik- und Tanzfilme, Musikvideos (*music clips*), filmische Festhaltungen von Theateraufführungen oder Sportveranstaltungen, Werbefilme (Werbespots), wissenschaftliche Filme, Dokumentarfilme, Naturfilme, Experimentalfilme und **13**

---

[165] Zum britischen *film copyright* siehe *Dworkin*, EIPR 1993, 152ff; *Evans*, EBLR 1993, 286.

[166] Vgl *v Lewinski* Art 10 Rz 12 Vermiet- und Verleih-RL.

[167] Vgl auch Art 2 Abs 1 Ende Vermiet- und Verleih-RL.

für Fernsehzwecke (Fernsehspiele und -serien, Talkshows, Nachrichtenmagazine etc) erstellte Filmwerke. Auf die Art des verwendeten Verfahrens kommt es ebenso wenig an wie auf das verwendete Trägermaterial und dessen technisches Format; auch Werke der „Videokunst" werden deshalb erfasst. Auch das (künstlerische) Anliegen und der Stil der filmischen Gestaltung sind nicht ausschlaggebend. Im Einzelnen obliegt die Regelung dem Gesetzgeber der Mitgliedsländer.

3. Sonderregel für die Schutzfristberechnung (Abs 2)

3.1. Bemessung der Schutzdauer

14 Für die Schutzfristberechnung sieht die Richtlinie eine pragmatische Lösung vor, wonach bestimmte am Schaffensprozess beteiligte Personen zur Berechnung der Schutzfrist – und nur für diese – herausgegriffen und als für die Anknüpfung der Schutzfrist maßgebend erklärt werden, ohne die in den Mitgliedstaaten kontrovers diskutierte und gelöste Frage der Urheberschaft auf Europäischer Ebene definitiv zu lösen[168]. Die für die Bestimmung der Schutzdauer der Rechte an Filmwerken **maßgebenden Personen** sind nach Art 2 Abs 2 neben dem Hauptregisseur, der Urheber des Drehbuchs, der Urheber der Dialoge und der Komponist der speziell für das betreffende Filmwerk komponierten Musik. Für die Schutzfristberechnung werden diese Personen wie Miturheber (Art 1 Abs 2) behandelt, so dass der Todeszeitpunkt des Längstlebenden (Letztversterbenden) maßgebend ist. Es handelt sich dabei um eine abstrakte Bemessungsregelung, die – sieht man vom Hauptregisseur ab – nur für die Schutzdauer maßgebend ist und keine Rückschlüsse darauf zulässt, wer als Urheber des Filmwerks anzusehen ist. Die Richtlinie konnte sich bei dieser Lösung an der ähnlichen, allerdings auf den Regisseur beschränkten Regel des schweizerischen UrhG 1992 orientieren[169].

15 Wenngleich die Regel des Abs 2 nur an bestimmte, ausgewählte Urheber anknüpft, wird der Grundsatz der Anbindung der Schutzfrist an den **Tod des Urhebers** (Miturhebers) damit auch im Filmurheberrecht weitgehend beibehalten. Die Regelung der Richtlinie geht damit nicht nur bei der Bemessung der Schutzdauer, sondern auch hinsichtlich des Zeitpunkts der Anknüpfung über Art 7 Abs 2 RBÜ 1967/71 hinaus. Für Länder, die – wie etwa Österreich – bisher von der Ermächtigung dieser konventionsrechtlichen Bestimmung Gebrauch gemacht und die Schutzfrist für Filmwerke vom Zeitpunkt der Herstellung bzw der Veröffentlichung an berechnet haben, führt die Neuregelung deshalb zu einer geradezu drastischen Verlängerung der urheberrechtlichen Schutzfrist, wozu gegebenenfalls noch die Verlängerung von 50 Jahren auf 70 Jahre kommt. Da kaum sachliche Gründe einzusehen sind, weshalb die Schutzfrist für Filmwerke kürzer sein sollte als für andere Werkkategorien, ist die Regelung der Richtlinie zu begrüßen.

---

[168] Vgl *Johannes Juranek* (ÖSGRUM 15/1994) 34; *Katzenberger* in *Schricker*, Kommentar[2] § 64 Rz 25. *Benabou*, Droits d'auteur et droit communautaire 382 erblickt in der Vorschrift aber auch ein starkes Argument dafür, dass die Mitgliedstaaten die vier angeführten Personen nach dem Konzept der Richtlinie auch als Filmurheber anerkennen sollten.

[169] § 30 Abs 3 schweiz UrhG (in Kraft getreten am 01.07.1993).

Den sich nach der besonderen Berechnungsregel für Filmwerke ergebenden Schutz genießen alle Personen, die nach der Rechtsordnung der Mitgliedsländer als Filmurheber anerkannt sind. Dies gilt im Positiven ebenso wie im Negativen: Sind etwa Kameramann oder Cutter als Filmurheber anzusehen, kommen sie in den Genuss der gesamten Schutzfrist, obwohl ihre Beiträge für die Bemessung der Schutzfrist nicht maßgebend sind; gilt aber etwa der Filmkomponist, wie in Deutschland und Österreich, nicht als Filmurheber, bestimmt er zwar die Schutzfrist des Filmwerks mit, genießt hieran aber keine Rechte. **16**

3.2. Vorbestehende Werke

Die Sonderregel für die Schutzfristberechnung bei Filmwerken gilt ausschließlich für Filmwerke als solche, nicht aber für die sog **vorbestehenden Werke** wie Romanvorlagen (Stoffrechte), Drehbücher etc. Auch wenn manche Rechtsordnungen – wie zB das französische Recht – den Drehbuchautor als Miturheber am Filmwerk anerkennen, sind vorbestehende Werke gedanklich vom Filmwerk als solchem zu unterscheiden, und ist die Schutzfrist für sie nach den allgemeinen Regeln gesondert zu berechnen. Die Richtlinie hat das ältere englische und irische Modell[170], wonach die Schutzfrist von fünfzig Jahren ab Veröffentlichung nicht nur für das Filmwerk selbst, sondern auch für vorbestehende Werke gilt, bewusst nicht übernommen[171]. Die Sonderregelung für Filmwerke ist deshalb auf vorbestehende Werke nicht anwendbar[172]. **17**

3.3. Maßgebende Personen

In erster Linie nennt die Richtlinie den „**Hauptregisseur**" eines Films als für die Schutzfristbemessung maßgebende Person. Aus der gewählten Bezeichnung folgt, dass nur der führende Regisseur, nicht aber Hilfsregisseure und Regieassistenten hierunter zu verstehen sind. Die Anführung des Hauptregisseurs an erster Stelle erklärt sich aus der Grundsatzentscheidung des ersten Absatzes, wonach dieser zwingend auch als (einer der) Urheber eines Filmwerks anzusehen ist. **18**

Neben dem Hauptregisseur sind auch der **Drehbuchautor** und der **Dialogautor** ganz wesentlich an der Entstehung und Mitgestaltung eines Filmwerks beteiligt. Nach französischem Recht wird gesetzlich vermutet, dass diese Autoren (*l'auteur du scénario et du texte parlé*) neben dem Regisseur Miturheber des Filmwerks sind (Art L 113-7 Abs 2 Z 1 und 3 CPI). Oft stammen das Drehbuch und die Dialoge von ein- und demselben Autor; gelegentlich ist auch der Regisseur selbst Drehbuchautor bzw Autor der Dialoge oder arbeitet hieran zumindest (als Miturheber oder Bearbeiter) mit. Inwieweit der Drehbuch- und Dialogautor als Filmurheber und/oder als Urheber eines vorbestehenden Werks anzusehen ist, richtet sich nach dem Recht der Mitgliedstaaten. Für die Schutzfristberechnung sind diese Autoren jedoch jedenfalls heranzuziehen. **19**

---

170 Siehe Sec 13 Abs 7 brit Copyright Act 1956 und Art 18 Abs 6 ir UrhG.
171 Vgl dazu *v Lewinski*, GRUR Int 1992, 730.
172 So auch *v Lewinski,* Quellen 9.

20 Das Vorliegen eines im zeitlichen Sinn **vorbestehenden Drehbuchs** oder dessen Festhaltung in schriftlicher Form ist nicht erforderlich. Der Handlungsablauf, die Dialoge oder Anweisungen für die filmische Umsetzung und Darstellung können auch erst im Zug der Dreharbeiten und auch ohne schriftliche Niederlegung entstehen. Häufig existiert ein Drehbuch im traditionellen Sinn nicht, und wird dieses – in der Regel vom Regisseur (Filmemacher) – im Zug der Dreharbeiten selbst entwickelt und *ad hoc* realisiert. Für die Schutzfristberechnung sind diese Varianten und ein allfälliges Zusammenfallen von Funktionen aber nicht von Bedeutung, weil der Regisseur ohnehin für die Schutzfristberechnung maßgebend ist. Sind aber Dritte an der Konzeption eines Filmwerks beteiligt, etwa durch Erfindung eines Handlungsablaufs im weitesten Sinn, durch maßgebende Anweisungen für die filmische Realisierung nach der Art eines Drehbuchs oder durch die Entwicklung der Dialoge, so sind sie als Drehbuch- oder Dialogautoren im Sinn der Richtlinie anzusehen und für die Bemessung der urheberrechtlichen Schutzfrist mitentscheidend.

21 Unter **Dialogen** versteht man im traditionellen Spielfilm die von (mehreren) handelnden Personen gesprochenen Texte. Man wird darunter im gegebenen Zusammenhang aber auch sonstige Texte verstehen müssen, die eigens für einen Film geschaffen werden und diesen maßgebend mitpägen. Auch – aus dem *off* gesprochene – Texte (Monologe) oder auch nur „untertitelte" Texte sind deshalb als Dialoge im Sinn der Richtlinie anzusehen.

22 Der Tod des Drehbuch- oder Dialogautors ist für die Schutzfristbemessung auch dann maßgebend, wenn diese Urheber nach der nationalen Rechtsordnung einzelner Mitgliedsländer nicht als Filmurheber, sondern (nur) als Urheber **vorbestehender Werke** anzusehen sind. Dies trifft etwa nach deutscher (§ 89 Abs 3 dUrhG) und österr (§ 38 Abs 1 Satz 2 öUrhG) Auffassung zu, wobei Einzelheiten im deutschen Recht strittig sind. Allerdings nimmt der Drehbuchautor mE auch in diesen Rechtsordnungen insoweit eine Doppelstellung ein, als er in der Regel durch die für Drehbücher typischen Drehanweisungen auch in die filmische Realisierung hineinwirkt[173]. Der Drehbuchautor ist deshalb auch nach diesen Rechtsordnungen – neben seiner Stellung als Urheber eines vorbestehenden Werks – in der Regel auch als Miturheber des Filmwerks anzusehen.

23 Andere Urheber **vorbestehender literarischer Werke** wie die Autoren verfilmter Romane, Erzählungen oder anderer „Stoffe" sind für die Schutzfristberechnung nicht heranzuziehen. Dies hat zur Folge, dass nach der Richtlinie die „Stoffrechte" in der Regel früher frei werden als die Rechte am Filmwerk, während dies nach älterem Recht meist nicht der Fall war. Wird der verfilmte Handlungsablauf aber vom Drehbuchautor – sei es auch auf Grund eines vorbestehenden Stoffs – eigens für ein bestimmtes Filmprojekt entwickelt, liegt auch unter diesem Gesichtswinkel ein Drehbuch vor, dessen Autor bei der Schutzfristberechnung zu berücksichtigen ist. Der Gesichtspunkt des speziellen Schaffens für einen bestimmten Film kommt in der Richtlinie auch im Zusammenhang mit dem Filmkomponisten zum Ausdruck.

---

[173] Vgl dazu *Walter*, Der Werbefilm im österr Urheber- und Umsatzsteuerrecht, MR 1986/4, 6.

Schließlich bestimmt auch der **Komponist** einer eigens für ein bestimmtes Filmwerk geschaffenen Musik die Schutzfrist des Filmwerks mit. Es muss sich allerdings um Filmmusik im eigentlichen Sinn handeln, die für ein bestimmtes Filmprojekt speziell komponiert wurde. In der Regel werden solche Kompositionen auf das filmische Konzept abgestellt und auch in den Schaffensprozess mit einbezogen, es ist dies aber aus rechtlicher Sicht nicht erforderlich. Solche Kompositionen können, aber müssen nicht notwendig zeitlich den Dreharbeiten vorangehen; häufig wird die Filmmusik erst zu den (geschnittenen) Filmsequenzen nachträglich hinzugefügt. **24**

Die Verwendung **vorbestehender Musik** für einen Film ist für die Bemessung der Schutzfrist dagegen ungeachtet des Umstands ohne Bedeutung, dass es sich bei der verwendeten Musik um eine für den Film wesentliche Komponente handeln mag. Entscheidend ist die Schaffung der Komposition aus Anlass und im Hinblick auf einen bestimmten Film. Meist wird es sich deshalb um Auftragswerke, gelegentlich auch um Dienstnehmerwerke handeln. Es kann sich aber auch um eine gemeinsame Initiative der Filmurheber handeln; es muss auch nicht notwendig ein Auftrags- oder Dienstverhältnis zum Filmproduzenten oder zum Regisseur bestehen. Filmmusik im Sinn dieser Bestimmung kann auch in Bearbeitungen freier oder noch geschützter vorbestehender Kompositionen bestehen. Bloße Zusammenstellungen, mögen sie auch als Sammelwerke Schutz genießen, stellen dagegen keine Filmmusik im Sinn dieser Richtlinienvorschrift dar. **25**

Weder eine besondere Bedeutung für das Filmwerk als Ganzes noch eine bestimmte Intensität der Durchsetzung des Films mit Filmmusik wird vorausgesetzt. Auch wenn nur einzelne (kurze) Filmsequenzen mit einer speziell komponierten Musik versehen sind, wird bei der Schutzfristberechnung auch auf den Komponisten dieser Musik Bedacht zu nehmen sein. Zwar ließe sich der Standpunkt vertreten, dass die Bestimmung nicht für unwesentliche und völlig in den Hintergrund tretende musikalische Passagen gilt. Dem ist aber entgegenzuhalten, dass Schutzfristregelungen möglichst klare Anknüpfungen erfordern, und schwierige Abwägungen zu unerwünschten Unsicherheiten bei der Schutzfristberechnung für das gesamte Filmwerk führen müssten. **26**

Die **Urheber anderer Werke** sind bei der Schutzfristberechnung nicht zu berücksichtigen[174]. Dies gilt insbes für den Ausstatter, den Kostüm- und Maskenbildner, den Choreographen, den Kameramann und den Cutter, mögen ihre Beiträge für das gesamte Filmwerk noch so bedeutsam sein. Dies gilt auch für andere Urheber vorbestehender Werke und sonstige Mitwirkende, die nach der nationalen Rechtsordnung als Miturheber des Filmwerks anzusehen sein mögen. Die Regelung strebt eine klare Anknüpfung an und greift für die Bemessung der urheberrechtlichen Schutzfrist an Filmwerken bewusst nur bestimmte Urheber heraus. **27**

Auch innerhalb der erwähnten Gruppen von Urhebern, die für die Bestimmung der Schutzfrist an Filmwerken maßgebend sind, kann **Miturheberschaft** vor- **28**

---

[174] Für andere vorbestehende Werke *v Lewinski*, Quellen 9. Siehe zu dieser Problematik auch *Katzenberger* in *Schricker*, Kommentar[2] § 64 Rz 26.

liegen. So können im Einzelfall mehrere Hauptregisseure einen Film schaffen oder mehrere Urheber das Drehbuch oder die Dialoge schreiben. In diesen Fällen ist die allgemeine Miturheberregel (Art 1 Abs 2) maßgebend, weshalb auch diese Miturheber für die Schutzfristberechnung relevant sind.

29 Wird ein Film nach dem Ausscheiden des Regisseurs aus welchen Gründen immer von einem anderen Regisseur **fertiggestellt**, liegt entweder Miturheberschaft oder Bearbeitung vor. Jedenfalls werden auch in solchen Fällen für die Schutzfristberechnung beide Urheber (nach der Miturheberregel) maßgebend sein.

30 Wird dagegen ein fertiges Filmwerk (später) **bearbeitet**, sind die Schutzfristen für das originale und das bearbeitete Filmwerk getrennt zu berechnen. Bei der Berechnung der Schutzfrist der bearbeiteten Filmfassung stellen sich aber Auslegungsprobleme. Handelt es sich um eine umfassende Bearbeitung, die alle oder die meisten der maßgebenden Bereiche (Regie, Drehbuch und Dialoge sowie Filmmusik) betrifft, wird die Schutzfrist für die bearbeitete Filmversion analog der Sonderregelung des Art 2 Abs 2 zu berechnen sein. Dies könnte etwa im Fall des Nachdrehens einzelner Szenen zutreffen. Handelt es sich dagegen nur um Teilbearbeitungen wie etwa eine Neuvertonung oder veränderte (übersetzte) Sprachfassungen, wird davon auszugehen sein, dass keine Filmbearbeitung im eigentlichen Sinn entsteht, und sich eine solche Teilbearbeitung nur auf die Schutzfrist des jeweiligen Werkteils (als vorbestehendes Werk) auswirkt. Jedenfalls haben solche Bearbeitungen keinen Einfluss auf die Schutzfrist der Originalfassung. Dies wird umso mehr gelten, wenn es sich dagegen um Bearbeitungen in Bereichen handelt, die für die Schutzfristberechnung am Filmwerk nicht maßgebend sind, wie zB im Fall der Kolorierung von Schwarz-Weiß-Filmen oder eines Neuschnitts vorhandenen Materials[175]. Dies macht deutlich, dass die pragmatische Regelung des Art 2 Abs 2, die wesentliche Filmurheber außer Acht lässt, auch zu Ungereimtheiten führen muss.

31 Das Abstellen der Richtlinie auf vier bestimmte Urheber ist freilich im Wesentlichen am klassischen Spiel- und Fernsehfilm orientiert. Bei **Filmwerken besonderer Art** sind häufig nicht alle maßgebenden Urheber vertreten; gelegentlich werden die Funktionen auch von ein und demselben Urheber ausgeübt. Darüber hinaus sind Filmwerke denkbar, in welchen die maßgebenden Urheber in ihrer klassischen Ausprägung überhaupt nicht vorhanden sind, wie dies etwa für manche wissenschaftliche Filme zutreffen wird. In solchen Fällen wird die Richtlinie elastisch dahingehend auszulegen sein, dass die Person als „Hauptregisseur" anzusehen ist, bei der die gestalterische Hauptverantwortung liegt[176].

3.4. Vorbestehende Werke

32 Soweit die für die Bestimmung der Schutzfrist an Filmwerken maßgebenden Werke getrennt vom Filmwerk verwertet werden, wie dies für das Drehbuch, die

[175] Zur Multimedia-Bearbeitung von Filmen siehe etwa *Kreile/Westphal*, Multimedia und das Filmbearbeitungsrecht, GRUR 1996, 254.

[176] Vgl *Dietz*, GRUR Int 1995, 676f; *Katzenberger* in *Schricker*, Kommentar² § 65 Rz 8.

Dialoge und vor allem für die Filmmusik denkbar ist, bei welchen es sich nach deutscher und österr Auffassung um vorbestehende Werke handelt, sind die Schutzfristen **getrennt** zu berechnen. Denn Art 2 Abs 2 regelt nur die Schutzdauer für Filmwerke als solche. Es führt dies freilich zu dem nicht recht einleuchtenden Ergebnis, dass im Hinblick auf die für Filmwerke geltende modifizierte Miturheberregel das Filmwerk länger geschützt sein kann, als etwa die Filmmusik für sich genommen.

Die fiktive Annahme, es handle sich bei den für die Berechnung der Schutzfrist **33** des Filmwerks maßgebenden Urhebern um Filmurheber, ohne die Filmurheberschaft – mit Ausnahme derjenigen des Hauptregisseurs – einheitlich zu regeln, führt aber auch dazu, dass solche Urheber grundsätzlich gegen den Rechtsinhaber (Filmhersteller) keine Ansprüche auf Beteiligung an den Erträgnissen aus der Filmverwertung haben, wenn die von ihnen geschaffenen Beiträge (zB die Filmmusik) nicht mehr geschützt sind. Im Einzelnen bleibt dies allerdings der Regelung durch die Gesetzgebung der Mitgliedstaaten bzw der (ergänzenden) Vertragsauslegung vorbehalten. Diese kann auch zu dem Ergebnis führen, dass sich etwa eine vertraglich vereinbarte Beteiligungsregelung auf die Dauer des Schutzes des betreffenden Filmwerks bezieht und deshalb vom Auslaufen der Schutzfrist für einzelne Beiträge nicht berührt wird.

3.5. Multimediawerke

Die Entwicklung der digitalen Technik ermöglicht es heute, eine Vielzahl von **34** (meist vorbestehenden) Werken verschiedenster Art in unterschiedlicher Erscheinungsform kompakt – etwa auf einer CD-ROM oder CDi – zu erfassen und zugänglich zu machen, wobei der Zugriff für den Nutzer meist durch Such- und Verzweigungsabläufe den individuellen Bedürfnissen und Interessen angepasst (interaktiv gestaltet) werden kann[177]. Solche **Multimedia-Werke**, wie sie auch genannt werden, können schon im Hinblick auf eine originelle Sammlung und Auslese (Auswahl) des Materials bzw dessen Bearbeitung als Sammelwerke oder Bearbeitungen urheberrechtlich geschützt sein. Sie können je nach der Gestaltung im Einzelfall auch neue Werke oder Werkteile enthalten, für welche die allgemeinen Regeln gelten. Auch wenn sich der Rechtserwerb im Hinblick auf die Vielzahl und Mannigfaltigkeit der benutzten Werke gelegentlich schwierig gestalten mag, sind die Sonderregeln für Filmwerke auf solche Multimedia-Werke mE aber grundsätzlich nicht anwendbar[178]. Dies schon deshalb, weil die Situation bei solchen Multimedia-Werken nicht vergleichbar ist. Während es bei Filmwerken um die Schwierigkeit der Erfassung einer Vielzahl möglicher, aber nur im Einzelfall zu bestimmender Miturheber und meist um hohe Investitionen geht, liegt die Problematik im Multimediabereich eher in den Schwierigkeiten der Rechtebeschaffung an vorbestehenden Werken.

---

[177] Zur Begriffsbestimmung siehe etwa *Gaster*, Urheberrecht und verwandte Schutzrechte in der Informationsgesellschaft, ZUM 1995, 750; *Hoeren*, Multimedia = Multilegia, CR 1994, 391.

[178] Vgl dazu etwa *Katzenberger* in *Schricker*, Kommentar[2] Vor §§ 88ff Rz 35 mwN; siehe auch *Kreile/Westphal*, Multimedia und das Filmbearbeitungsrecht, GRUR 1996, 254.

35 Die Sonderregel, welche die Richtlinie in Art 2 Abs 2 für Filmwerke vorsieht, ist auf Multimedia-Werke als solche nicht anzuwenden, da es sich nicht um Filmwerke im Sinn der Richtlinie handelt. Für darin integrierte Filmwerke findet die Sonderregel für Filmwerke dagegen Anwendung, gleichviel ob es sich um vorbestehende oder auf Veranlassung des Multimedia-Produzenten geschaffene Filmwerke handelt. Im Übrigen gelten aber die allgemeinen Berechnungsregeln.

3.6. Schutzdauer und Berner Übereinkunft

36 Art 14bis Abs 2 lit a RBÜ 1967/71 überlässt es der Gesetzgebung des Schutzlands, die Inhaber des Urheberrechts am Filmwerk zu bestimmen. Die Schutzdauer umfasst nach Art 7 Abs 1 RBÜ 1967/71 zumindest das Leben des Urhebers und 50 Jahre nach seinem Tod. Den Verbandsländern bleibt es jedoch vorbehalten, die Schutzfrist für Filmwerke vom Zeitpunkt der Herstellung oder der Veröffentlichung des Filmwerks an zu berechnen, letzteres wenn die Veröffentlichung innerhalb von 50 Jahren ab Herstellung erfolgt. *Juranek*[179] leitet daraus ab, die Schutzfrist für Filmwerke müsse dann zwingend vom Zeitpunkt des Todes des letztversterbenden Filmurhebers (Miturhebers) berechnet werden, wenn ein Verbandsland nicht von der Ermächtigung des Art 7 Abs 2 Gebrauch macht. Anerkennt ein Verbandsland etwa den Kameramann oder Cutter als Miturheber des Filmwerks, haben diese Urheber Anspruch auf „ihre Schutzfrist", und darf diese nicht vom Tod eines anderen Urhebers an berechnet werden, weshalb Art 2 Abs 2 konventionswidrig sei.

37 Die Regelung der Richtlinie steht aber mE mit der Berner Übereinkunft in **Einklang**[180]. Denn die Freiheit der Verbandsländer, den einen oder anderen Urheber als Urheber des Filmwerks zu bestimmen, mehreren Miturhebern die Filmurheberschaft zuzuerkennen oder diese auch dem Produzenten zuzuschreiben, schließt bei elastischer Auslegung auch das Recht ein, den einen oder anderen Urheber als für die Schutzfristberechnung maßgebend zu bestimmen. Hinzu kommt die Überlegung, dass eine nach Art 7 Abs 2 RBÜ 1967/71 zulässige Anknüpfung an den Zeitpunkt der Herstellung bzw Veröffentlichung in der Regel zu einem beträchtlich kürzeren Schutz führen würde. Wird ein Filmwerk nicht innerhalb von 50 Jahren ab Herstellung veröffentlicht, führt die Anknüpfung an den Tod eines der vier Urheber in der Praxis jedenfalls zu einer längeren Schutzfrist. Aber auch im Fall der Veröffentlichung trifft dies regelmäßig zu, da diese gewöhnlich in verhältnismäßig knappem Abstand zur Herstellung (Fertigstellung) des Films erfolgen wird. Nur in seltenen Ausnahmsfällen, in welchen eine Veröffentlichung später erfolgt, könnte es nach der Sonderregel des Art 7 Abs 2 RBÜ 1967/71 zu einem längeren Schutz kommen[181], wobei zu diesem Zeitpunkt alle vier für die Schutzfristberechnung maßgebenden Urheber bereits verstorben sein müssten.

---

[179] *Johannes Juranek*, (ÖSGRUM 15/1994) 35ff; abgeschwächt auch *Reindl*, Einfluß des Gemeinschaftsrechts 384 FN 306. Zweifelnd *Dworkin*, EIPR 1993, 154.

[180] So auch *Dietz*, GRUR Int 1995, 676; *Maier*, RMUE 1994, 70. Vgl zu diese Problematik auch *Katzenberger* in *Schricker*, Kommentar² § 64 Rz 26.

[181] Vgl *Maier*, RMUE 1994, 70.

Umsetzung in Deutschland und Österreich

1. Deutschland

Die **Inhaberschaft** der Rechte am Filmwerk war in Deutschland schon nach dem dUrhG 1965 im Sinn einer **widerlegbaren Vermutung** geregelt. Wer sich zur Mitwirkung bei der Herstellung eines Filmwerks verpflichtet, räumt dem Filmhersteller im Zweifel das ausschließliche Recht ein, das Filmwerk sowie Übersetzungen und andere filmische Bearbeitungen oder Umgestaltungen des Filmwerks auf alle bekannte Nutzungsarten zu nutzen (§ 89 Abs 1 dUrhG), wobei dieser Regelung Vorausverfügungen zu Gunsten Dritter nicht entgegenstehen (Abs 2). Auf vorbestehende Werke ist diese Vermutungsregel nicht anzuwenden (Abs 3). Das Dritte ÄnderungsG 1995 musste insoweit deshalb keine Änderungen vorsehen[182]. Allerdings enthält die geltende Regelung keinen Anspruch auf eine angemessene Vergütung im Sinn des Art 4 Vermiet- und Verleih-RL. **38**

Die **Schutzfrist** für Filmwerke betrug in Deutschland schon bisher 70 Jahre nach dem **Tod des Urhebers** und war nach der Miturheberregel vom Tod des letztversterbenden Miturhebers an zu berechnen (§§ 64 Abs 1 und 65 dUrhG 1965). Von der Möglichkeit des Art 7 Abs 2 RBÜ 1967/1971, die Schutzfrist vom Zeitpunkt der Herstellung bzw Veröffentlichung des Filmwerks an zu berechnen, hatte das deutsche UrhG keinen Gebrauch gemacht. In Umsetzung der Schutzdauer-RL wird jetzt aber richtlinienkonform nur mehr auf die vier Haupturheber abgestellt (§ 65 Abs 2 dUrhG nF). Die Regelung bezieht sich auf Filmwerke und Werke, die ähnlich wie Filmwerke hergestellt werden. Da im deutschen Urheberrecht auch andere Autoren als Miturheber am Filmwerk anerkannt waren und sind, wie der Kameramann, Cutter, Ausstatter etc, diese Urheber aber jetzt für die Schutzfristberechnung nicht mehr relevant sind, kann es im Einzelfall zu einer **Verkürzung** der Schutzfrist kommen. Nach der Übergangsvorschrift des Art 10 Abs 1 (umgesetzt in § 137f Abs 1 Satz 1 dUrhG) führt dies für „Altfilme" aber zu keiner Einschränkung bestehender Rechte[183]. **39**

2. Österreich

Was die **Rechtsinhaberschaft** an Filmwerken anlangt, hat weder die öUrhGNov 1993, mit welcher die Vermiet- und Verleih-RL umgesetzt wurde, noch die öUrhGNov 1996, mit welcher die Schutzdauer-RL umgesetzt wurde, Änderungen gebracht. Zwar schreibt § 38 Abs 1 Satz 3 öUrhG idF 1996 jetzt vor, dass die gesetzlichen Vergütungsansprüche dem Filmhersteller und dem Filmurheber im Zweifel je zur Hälfte zustehen, die *cessio legis* wurde aber beibehalten. Danach stehen die Verwertungsrechte weiterhin dem Filmhersteller zu. Interpretiert man diese Regel mit der Rechtsprechung[184] als originäre Rechtezuweisung an den Filmproduzenten, steht dies hinsichtlich des Vermiet- und Verleihrechts mit **40**

---

[182] Vgl Begründung bei *M Schulze*, Materialien², 932.

[183] Vgl zu all dem Begründung bei *M Schulze*, Materialien², 932 und 938. Zur verfassungsrechtlichen und übergangsrechtlichen Problematik siehe *Katzenberger* in *Schricker*, Kommentar² § 65 Rz 6f und 10ff.

[184] Vgl OGH 09.12.1997 – „Kunststücke" MR 1998, 72 (*Walter*) = ÖBl 1998, 315 = ecolex 1998, 410 (Kurzfassung und Anm *Schanda*).

Art 2 Abs 2 Vermiet- und Verleih-RL, darüber hinaus aber mit der allgemeinen Vorschrift des Art 2 Abs 1 Schutzdauer-RL in offenem Widerspruch[185]. Zwar ist im Bereich des Vermiet- und Verleihrechts der Beteiligungsanspruch des Urhebers (Art 4) gewährleistet (§ 16a Abs 5 öUrhG)[186], doch lässt die Richtlinie nur eine (widerlegbare) Übertragungsvermutung, nicht aber eine originäre Rechtezuweisung zu, und entspricht auch der Beteiligungsanspruch nicht den Vorgaben der Richtlinie, zumal er nicht unverzichtbar ist[187]. Auch im österr Urheberrecht ist im Übrigen kein allgemeiner Anspruch auf angemessene Vergütung zu Gunsten des Hauptregisseurs im Sinn des Art 4 Vermiet- und Verleih-RL vorgesehen; dieser bezieht sich vielmehr – abgesehen vom Vermietrecht – nur auf die gesetzlichen Vergütungsansprüche und die Rechte aus der Kabelweiterverbreitung.

41 Die besondere **Schutzfristregelung** für Filmwerke, die am Tod des Letztlebenden der vier Haupturheber anknüpft, wurde in § 62 öUrhG 1996 dagegen ordnungsgemäß umgesetzt. Die ErlRV öUrhGNov 1996 halten insoweit auch zu Recht fest, dass es für die Schutzfristberechnung weder auf die Anerkennung der vier genannten Urheber als Filmurheber noch darauf ankommt, ob sie in der Urheberbezeichnung gemäß § 39 Abs 1 öUrhG (im Vor- oder Nachspann) genannt sind[188]. Wie bereits erwähnt, ist nach österr Auffassung auch nur der Hauptregisseur als Filmurheber im eigentlichen Sinn anzusehen.

Artikel 3 Dauer der verwandten Schutzrechte

Übersicht

---

185 Vgl *Walter*, Die vier Säulen des Urheberrechts – Zugleich eine Standortbestimmung der österr Urheberrechtsreform nach der UrhGNov 1997, ZfRV 1999, 92f.
186 Für die übrigen Verwertungsrechte trifft auch dies nicht zu.
187 Vgl oben Art 2 Rz 12.
188 Vgl ErlRV bei *Dittrich*, Urheberrecht^3, 247.

Text

Artikel 3 Dauer der verwandten Schutzrechte

(1) Die Rechte der ausübenden Künstler erlöschen fünfzig Jahre nach der Darbietung. Wird jedoch eine Aufzeichnung der Darbietung innerhalb dieser Frist erlaubterweise veröffentlicht oder erlaubterweise öffentlich wiedergegeben, so erlöschen die Rechte fünfzig Jahre nach der betreffenden ersten Veröffentlichung oder ersten öffentlichen Wiedergabe, je nachdem, welches Ereignis zuerst stattgefunden hat.

(2) Die Rechte der Hersteller von Tonträgern erlöschen fünfzig Jahre nach der Aufzeichnung. Wird jedoch der Tonträger innerhalb dieser Frist erlaubterweise veröffentlicht oder erlaubterweise öffentlich wiedergegeben, so erlöschen die Rechte fünfzig Jahre nach der betreffenden ersten Veröffentlichung oder ersten öffentlichen Wiedergabe, je nachdem, welches Ereignis zuerst stattgefunden hat.

(3) Die Rechte der Hersteller der erstmaligen Aufzeichnung eines Films erlöschen fünfzig Jahre nach der Aufzeichnung. Wird jedoch der Film innerhalb dieser Frist erlaubterweise veröffentlicht oder erlaubterweise öffentlich wiedergegeben, so erlöschen die Rechte fünfzig Jahre nach der betreffenden ersten Veröffentlichung oder öffentlichen Wiedergabe, je nachdem, welches Ereignis zuerst stattgefunden hat. Für die Zwecke dieser Richtlinie bedeutet „Film“ vertonte oder nicht vertonte Filmwerke, audiovisuelle Werke oder Laufbilder.

(4) Die Rechte der Sendeunternehmen erlöschen fünfzig Jahre nach der Erstsendung unabhängig davon, ob es sich hierbei um drahtlose oder drahtgebundene, über Kabel oder durch Satelliten vermittelte Sendungen handelt.

Aus den Erwägungsgründen

ErwG 7 Bei der Schutzdauer der verwandten Schutzrechte haben sich einige Mitgliedstaaten für eine Schutzdauer von fünfzig Jahren nach der erlaubten Veröffentlichung oder der erlaubten öffentlichen Wiedergabe entschieden.

ErwG 8 Nach dem Standpunkt der Gemeinschaft für die Verhandlungen der Uruguay-Runde im Rahmen des Allgemeinen Zoll- und Handelsabkommens (GATT) sollte die Schutzdauer für die Hersteller von Tonträgern fünfzig Jahre nach der ersten Veröffentlichung betragen.

ErwG 11 Zur Einführung eines hohen Schutzniveaus, das sowohl den Anforderungen des Binnenmarkts als auch der Notwendigkeit entspricht, ein rechtliches Umfeld zu schaffen, das die harmonische Entwicklung der literarischen und künstlerischen Kreativität in der Gemeinschaft fördert, ist die Schutzdauer folgendermaßen zu harmonisieren; siebzig Jahre nach dem Tod des Urhebers bzw siebzig Jahre, nachdem das

Werk erlaubterweise der Öffentlichkeit zugänglich gemacht worden ist, für das Urheberrecht und fünfzig Jahre nach dem für den Beginn der Frist maßgebenden Ereignis für die verwandten Schutzrechte.

ErwG 18 Um Unterschiede bei der Schutzdauer für verwandte Schutzrechte zu vermeiden, ist für deren Berechnung in der gesamten Gemeinschaft ein und derselbe für den Beginn der Schutzdauer maßgebliche Zeitpunkt vorzusehen. Die Darbietung, Aufzeichnung, Übertragung, erlaubte Veröffentlichung oder erlaubte öffentliche Wiedergabe, d.h. die Mittel, mit denen ein Gegenstand eines verwandten Schutzrechts Personen in jeder geeigneten Weise generell zugänglich gemacht wird, werden für die Berechnung der Schutzdauer ungeachtet des Landes berücksichtigt, in dem die betreffende Darbietung, Aufzeichnung, Übertragung, erlaubte Veröffentlichung oder erlaubte öffentliche Wiedergabe erfolgt.

ErwG 19 Das Recht der Sendeunternehmen an ihren Sendungen, unabhängig davon, ob es sich hierbei um drahtlose oder drahtgebundene, über Kabel oder durch Satelliten vermittelte Sendungen handelt, sollte nicht zeitlich unbegrenzt währen; es ist deshalb notwendig, die Schutzdauer nur von der ersten Ausstrahlung einer bestimmten Sendung an laufen zu lassen; diese Vorschrift soll verhindern, daß eine neue Frist in den Fällen zu laufen beginnt, in denen eine Sendung mit der vorhergehenden identisch ist.

Kommentar

1. Entstehungsgeschichte

1 Was die Leistungsschutzrechte der ausübenden Künstler, der Hersteller von Tonträgern, der Laufbildhersteller und der Sendeunternehmen anlangt, ging schon der **RL-Vorschlag** von einer einheitlichen Schutzfrist von 50 Jahren und einer einheitlichen Anknüpfung aus (Art 2 RL-Vorschlag). In Einzelheiten unterschied sich der RL-Vorschlag von der endgültigen Fassung des Richtlinientexts, im Wesentlichen ist der Vorschlag aber unverändert geblieben.

2 Der **Wirtschafts- und Sozialausschuss** begrüßte in seiner Stellungnahme die vorgeschlagene Harmonisierung der Schutzfristen grundsätzlich, und zwar einerseits im Hinblick auf die Erfordernisse des Binnenmarkts und anderseits im Interesse eines wirksamen Schutzes (1.1.2., 1.3., 3.1. und 3.2.1.). Er sprach sich aber im Urheberrecht für eine einheitliche Schutzfrist von bloß 50 Jahren aus, während für die Leistungsschutzrechte insoweit eine konkrete Empfehlung fehlte. Das **Europäische Parlament** hat in seinem Abänderungsvorschlag Nr 8 für Darbietungen ausübender Künstler nur eine modifizierte Umschreibung des Anknüpfungszeitpunkts vorgeschlagen, was auch für den **geänderten RL-Vorschlag** gilt. Der **endgültige Richtlinientext** weicht in diesem Punkt in der Formulierung wiederum etwas ab, blieb aber im Übrigen unverändert, sieht man von einer Ergänzung des Art 2 Abs 3 um eine Definition des Begriffs „Film“ ab.

2. *Europäische Leistungsschutzrechte*

2.1. Betroffene Leistungen

3 Die Harmonisierung der Schutzfristen im Bereich der Leistungsschutzrechte erstreckt sich auf die **klassischen Schutzrechte** dieser Art, nämlich die Rechte des ausübenden Künstlers an seinen Darbietungen, des Tonträgerherstellers an den von ihm hergestellten Tonträgern (*phonograms*) und des Rundfunkunternehmers an seinen Sendungen. Den Vorgaben der Vermiet- und Verleih-RL folgend kommt zu diesen traditionellen Leistungsschutzrechten aber auch in der Schutzdauer-RL noch der Schutz des **Film- bzw Laufbildherstellers** zu Gunsten des Herstellers der erstmaligen Aufzeichnung eines Films. Im Folgenden ist der Einfachheit halber der österr Terminologie folgend nur vom Laufbildhersteller bzw vom Laufbildschutz die Rede[189]. Seit der Vermiet- und Verleih-RL zählt auch dieses verwandte Schutzrecht zum Europäischen Standard.

4 Der Katalog der verwandten Schutzrechte ist in beiden Richtlinien aber **nicht abschließend**. Weitergehende Schutzrechte etwa des Veranstalters, des Lichtbidherstellers oder an erschienenen Ausgaben (*published editions*)[190] können von den Mitgliedstaaten vorgesehen werden[191]. Ausdrücklich festgehalten wird dies für wissenschaftlich-kritische Ausgaben und für einfache Lichtbilder (Art 5 und 6 Schutzdauer-RL). Die Harmonisierung (der Schutzdauer) umfasst solche Schutzrechte aber nicht, sieht man vom Schutz wissenschaftlich-kritischer Ausgaben ab, der – für den Fall seiner Gewährung durch die Gesetzgebung eines Mitgliedstaats – mit 30 Jahren begrenzt wird (Art 5).

2.2. Ausübende Künstler

5 Weder die Vermiet- und Verleih-RL noch die Schutzdauer-RL umschreibt den **Begriff** des ausübenden Künstlers[192]. Eine Orientierungshilfe bietet das im Rom-Abkommen (Art 3 lit a und 9) und jetzt auch im WPPT (Art 2 lit a) verankerte Begriffsverständnis, wobei Art 9 Rom-Abkommen dem nationalen Gesetzgeber ausdrücklich vorbehält, den Schutz auch auf Künstler auszudehnen, die keine Werke darbieten, wie manche Artisten, Zirkus- und Varietékünstler. Die Umschreibung im WPPT umfasst jetzt ausdrücklich auch folkloristische Ausdrucksweisen (*expressions of folkore*), bei welchen es sich nicht notwendig um die Interpretation von Werken im traditionellen Sinn handeln muss.

Im gegebenen Zusammenhang stellt sich die Frage, ob die Harmonisierung der Schutzfristen auch einen solchen, in einem Mitgliedstaat gewährten weiter-

---

189 Vgl *Walter* Stand der Harmonisierung Rz 26 und 29.

190 Vgl Sec 1 Abs 1 lit c und Sec 8 brit CDPA 1988; der Schutz ist allerdings urheberrechtlich und nicht leistungsschutzrechtlich qualifiziert, was im Hinblick auf die geringen Anforderungen an die Originalität nach britischem Recht aber kaum einen Unterschied macht. Siehe auch das Leistungsschutzrecht des Verlegers nach § 51 griech UrhG 1993.

191 Siehe unten Art 5 Rz 3 und *v Lewinski* Vor Art 6 bis 10 Rz 4 Vermiet- und Verleih-RL.

192 Vgl *Reinbothe/v Lewinski*, Rental and Lending Rights 48 und 51; zum Begriffsverständnis im österr Urheberrecht siehe *Walter*, Zum Begriff des ausübenden Künstlers im österreichischen Urheberrecht – Regisseure, Bühnenbildner und Choreographen (ÖSGRUM 17/1995) 106.

reichenden Schutz zB für Artisten, Zirkus- und Varietékünstler oder Folkloredarbietungen umfasst. Im Hinblick auf das offene Begriffsverständnis beider Richtlinien und die ausdrückliche Bestimmung des Art 9 Rom-Abkommen dürfte davon auszugehen sein, dass die Harmonisierung der Schutzdauer auch solche Fälle betrifft, sofern es sich um vergleichbare Darbietungen handelt wie solche ausübender Künstler.

2.3. Tonträgerhersteller

6 Entsprechendes gilt für das Verständnis des Begriffs des Tonträgerherstellers, der in den Richtlinien gleichfalls **nicht definiert** wird. Auch hier bieten das Rom-Abkommen (Art 3 lit c), das Genfer Tonträger-Abkommen (Art 1 lit c) und das WPPT (Art 2 lit b und d) Anhaltspunkte. Danach ist als Tonträgerhersteller nur anzusehen, wer Darbietungen (Töne) **erstmals festhält**. Die Definition des WPPT erfasst auch die Festhaltung digital erzeugter Klänge, was aber nur als Klarstellung anzusehen sein wird. Im österr Urheberrecht folgt das Erfordernis der ersten Festhaltung schon aus der Unterscheidung zwischen Festhaltung und Vervielfältigung, weshalb eine Aufnahmetätigkeit vorausgesetzt wird, während § 85 dUrhG nur vom Schutz des Herstellers von Tonträgern spricht. Auch der Begriff des Herstellers setzt aber irgendeine Aufnahmetätigkeit voraus, weshalb das bloße Kopieren bestehender Aufnahmen nicht genügt[193]. Allerdings wird davon auszugehen sein, dass auch Bearbeitungen bestehender Tonträgeraufnahmen wie sog Neuabmischungen (*remixes*) geschützt sind, wenn sie über das bloße Umkopieren hinausgehen.

Dietz weist zu Recht darauf hin, dass dies in der Schutzdauer-RL auch hinsichtlich des Tonträgerherstellers hätte klargestellt werden sollen, wie dies für den Laufbildschutz und den Schutz des Rundfunkunternehmers geschehen ist (Art 3 Abs 3 und 4). Im Hinblick auf die klare Begriffsbestimmung in den internationalen Abkommen hielt dies der Richtliniengeber aber offensichtlich nicht für erforderlich, zumal auch die Gesetze der meisten Mitgliedsländer von diesem Begriffsverständnis ausgehen dürften. Die Hervorhebung im Zusammenhang mit dem Laufbildschutz wird vielmehr darauf zurückzuführen sein, dass dieses Leistungsschutzrecht über die in den internationalen Abkommen geregelten Leistungsschutzrechte hinausgeht und auf Europäischer Ebene erstmals in der Vermiet- und Verleih-RL geregelt wurde. Beim Schutz des Rundfunkunternehmers sollte dagegen bewusst vom bisherigen Verständnis des Signalschutzes abgegangen werden, wonach jede Ausstrahlung den Schutz wieder in Gang setzt. Schließlich ergibt sich dies auch aus den verwendeten Ausdrücken „Aufzeichnung" bzw „*fixation*", die gleichfalls nicht mit einem bloßen Kopieren gleichzusetzen sind.

7 Nicht bloß die Aufnahme von Darbietungen ausübender Künstler jeder Art, sondern **jede Tonaufnahme** ist dem Leistungsschutzrecht des Tonträgerherstellers zugänglich[194]. Auch die Schutzdauer-RL stellt keinen zwingenden Zusammenhang zwischen Tonträgeraufnahmen und einer Darbietung her (Art 3 Abs 3).

---

[193] So auch *Dietz*, GRUR Int 1995, 679. Zur Vermiet- und Verleih-RL siehe *Reinbothe/v Lewinski*, Rental and Lending Rights 48 und 51f und *v Lewinski* Art 2 Rz 8 Vermiet- und Verleih-RL.

[194] Vgl *Dietz*, GRUR Int 1995, 679.

2.4. Laufbildhersteller

Der Laufbildschutz steht dem Hersteller der erstmaligen Aufzeichnung eines Films zu. Wie bereits erwähnt, entspricht dies dem Leistungsschutzrecht des **Film- und Laufbildherstellers** im deutschen bzw des Laufbildherstellers im österr Urheberrecht[195], der für urheberrechtlich geschützte Filme ebenso zur Anwendung kommt wie für einfache, nicht gestaltete Bildfolgen oder Bild- und Tonfolgen. Der Schutz des Laufbildherstellers nach Europäischem Urheberrecht setzt gleichfalls keine originelle Gestaltung und damit nicht das Vorliegen eines Filmwerks voraus[196]. Es gewährt dem Laufbildhersteller ein eigenständiges Recht, und zwar insbes dann, wenn es sich um Erzeugnisse ohne Werkqualität handelt; ein entsprechendes Schutzrecht des einfachen Lichtbildherstellers kennen die Richtlinien dagegen nicht. **8**

Nach Art 2 Abs 1 Vermiet- und Verleih-RL, dem die Formulierung in Art 3 Abs 3 Schutzdauer-RL wörtlich folgt, kommt es auch hier auf die **erstmalige Aufzeichnung** an. Die Herstellung von Vervielfältigungsstücken führt deshalb zu keinem eigenen Schutzrecht[197], wie dies auch schon aus den Ausdrücken „Aufzeichnung“ (*fixation*) folgt. Da die Richtlinien auf die Festhaltung von „Filmen“ abstellen[198], und unter diesem Ausdruck vertonte und unvertonte Filmwerke, audiovisuelle Werke und Laufbilder („*moving pictures*“) zu verstehen sind, folgt auch hieraus, dass keine Individualität im urheberrechtlichen Sinn vorliegen muss. Aus der Anführung auch von Filmwerken (audiovisuellen Werken) ergibt sich aber weiters, dass der Leistungsschutz an Laufbildern unabhängig von einem parallelen Schutz als Filmwerk gewährt wird[199]. **9**

2.5. Rundfunkunternehmer

Auch der **Begriff** des Rundfunkunternehmers wird in der Vermiet- und Verleih-RL nicht ausdrücklich umschrieben, er folgt jedoch aus Art 6 Abs 2 und 3 Vermiet- und Verleih-RL. Da der Begriff der Sendung nach Art 3 lit f Rom-Abkommen nur den drahtlosen Rundfunk umfasst, sind Veranstalter leitungsgebundener Sendungen, insbes Kabelunternehmer nach dem Rom-Abkommen nicht geschützt. Das Verständnis des Rundfunkunternehmers nach der Vermiet- und Verleih-RL geht aber darüber hinaus und umfasst die Veranstalter drahtloser Sendungen einschließlich von Satellitensendungen ebenso wie die Veranstalter leitungsgebundener Sendungen[200]. Auch Art 3 Abs 4 zweiter Satz Schutzdauer-RL hält dies ausdrücklich fest. Für die Veranstalter leitungsgebundener Sendun- **10**

---

[195] Das österr UrhG nennt solche Laufbilder auch „kinematographischen Erzeugnissen“.

[196] Vgl *Dietz*, GRUR Int 1995, 679; *Reinbothe/v Lewinski*, Rental and Lending Rights 52. Siehe auch *v Lewinski* Art 2 Rz 9 bis 11 Vermiet- und Verleih-RL.

[197] Vgl auch *v Lewinski*, Quellen 11.

[198] Die mit der Vermiet- und Verleih-RL übereinstimmende ausdrückliche Umschreibung des Begriffs „Film“ wurde erst im endgültigen Richtlinientext hinzugefügt.

[199] Für das britische Recht ist die Gewährung paralleler Schutzrechte neu (vgl *Evans*, EBLR 1993, 287).

[200] Vgl *Dietz*, GRUR Int 1995, 679; *Reinbothe/v Lewinski*, Rental and Lending Rights 88. Siehe auch *v Lewinski* Art 6 Rz 5 Vermiet- und Verleih-RL.

gen gilt dies allerdings mit der wesentlichen Einschränkung, dass Kabelunternehmern, die nur Rundfunksendungen anderer Sendeunternehmer weiterleiten, keine Rechte in Anspruch nehmen können[201].

3. Fünfzigjährige Schutzfrist

11 Die in den nationalen Rechtsordnungen vorgesehenen Leistungsschutzrechte waren bisher von sehr **unterschiedlicher Dauer**. Sie bewegte sich etwa zwischen 20 und 50 Jahren, wobei auch die Anknüpfungszeitpunkte unterschiedlich geregelt waren[202]. Dies ist darauf zurückzuführen, dass Art 14 Rom-Abkommen und Art 4 Genfer Tonträger-Abkommen nur eine Mindestschutzfrist von 20 Jahren vorsehen, wobei das Genfer Tonträger-Abkommen im Hinblick auf die Möglichkeit, den Schutz auch wettbewerbsrechtlich zu organisieren, eine zeitliche Begrenzung gar nicht zwingend vorschreibt. Art 12 Vermiet- und Verleih-RL hatte sich noch darauf beschränkt, die im Rom-Abkommen festgelegte Mindestschutzfrist zwingend vorzuschreiben, und zwar auch für den im Rom-Abkommen nicht geregelten Laufbildschutz. Es sollte damit der Harmonisierung der Schutzfristen nicht vorgegriffen werden, die Mindestschutzfrist nach dem Rom-Abkommen aber auch für Mitgliedsländer verbindlich sein, die diesem Abkommen noch nicht angehörten.

12 Schon der ursprüngliche RL-Vorschlag hat auch im Bereich des Leistungsschutzrechts eine **Harmonisierung auf hohem Niveau** (so auch ErwG 7, 10 und 11) angestrebt und sich deshalb an der längsten, in einzelnen Mitgliedsländern gewährten Schutzfrist von 50 Jahren orientiert. Hieran hat sich im Zug der Behandlung und Verabschiedung der Richtlinie nichts mehr geändert[203]. Auch die im TRIPs-Abkommen für ausübende Künstler und Tonträgerhersteller vorgesehene Mindestschutzfrist von gleichfalls 50 Jahren (Art 14 Abs 5) legte eine Einigung auf diese Schutzdauer nahe, was in ErwG 8 auch ausdrücklich angesprochen wird.

13 Die in der Vermiet- und Verleih-RL geregelten und in der Schutzdauer-RL behandelten verwandten Schutzrechte sind danach **zeitlich begrenzt**, und zwar für eine einheitliche Schutzfrist von **50 Jahren**. Eine auf Grund unterschiedlicher Wertigkeit der einzelnen geschützten Leistungen sachlich argumentierbare Differenzierung[204] wurde nicht ins Auge gefasst, was der RL-Vorschlag vor allem damit begründet, dass eine einheitliche Schutzfrist aus Gründen der Priraterieverfolgung geboten sei (Punkt 2.1. und 58). Auch die einheitlich mit 50 Jahren festgelegte Schutzfrist der vier in den Richtlinien anerkannten Leistungsschutzrechte ist als **Mindest- und Maximalschutzfrist** zugleich zu verstehen. Die nach

---

201 Siehe dazu *v Lewinski* Art 6 Rz 5, Art 7 Rz 2 und 3 sowie Art 8 Rz 23 Vermiet- und Verleih-RL.

202 Vgl die Übersicht in der Begründung RL-Vorschlag Teil 1 Punkte 21 bis 25 und bei *v Lewinski*, GRUR Int 1992, 727. Siehe dazu auch die Länderübersicht im Anhang zu Art 10.

203 Der Wirtschafts- und Sozialausschuss hat im Bereich des Leistungsschutzrechts keine konkreten Vorschläge gemacht.

204 Vgl *v Lewinski*, GRUR Int 1992, 728; *v Lewinski*, Quellen 10.

dem Genfer Tonträger-Abkommen gegebene Möglichkeit eines zeitlich unbegrenzten oder in seiner Dauer von den konkreten Umständen abhängigen (wettbewerbsrechtlichen) Schutzes scheidet deshalb aus. Die in der Schutzdauer-RL festgelegte fünfzigjährige Schutzdauer entspricht auch der Mindestschutzfrist nach Art 14 Abs 5 TRIPs-Abkommen, sieht man von dem nach diesem Abkommen weiterhin mit bloß 20 Jahren bemessenen Schutz des Rundfunkunternehmers ab, der in diesem Abkommen auch in anderer Hinsicht eher unterentwickelt ist. Art 17 WPPT hat die fünfzigjährige Mindestschutzfrist für ausübende Künstler und Tonträgerhersteller jetzt gleichfalls festgeschrieben.

4. Anknüpfungszeitpunkt der Schutzfristberechnung

4.1. Einleitung

Auch im Leistungsschutzrecht stellt die einheitliche Regelung des Zeitpunkts, von welchem an die Schutzfristen zu berechnen sind, einen wesentlichen Harmonisierungsaspekt dar (so auch ErwG 18)[205]. Die **Anknüpfungszeitpunkte** waren in den Mitgliedsländern auch sehr unterschiedlich geregelt[206]. So wurde etwa die Schutzfrist für Darbietungen ausübender Künstler entweder vom Zeitpunkt der Erbringung einer Darbietung bzw deren Aufzeichnung (Festlegung) oder Hinterlegung an berechnet; nach anderen Schutzsystemen lief die Schutzfrist von der Veröffentlichung oder einem Erscheinen einer aufgezeichneten Darbietung an. Nach Art 14 Rom-Abkommen beginnt die zwanzigjährige Mindestschutzfrist bei Darbietungen ausübender Künstler mit dem Zeitpunkt der Darbietung oder – wenn diese auf Tonträgern festgehalten wurde – mit dem Zeitpunkt der Festlegung zu laufen. Auch für Tonträger ist der Zeitpunkt der Festlegung maßgebend, während die Schutzfrist bei Rundfunksendungen vom Zeitpunkt der Sendung an läuft. **14**

Die Schutzdauer-RL regelt deshalb auch im Leistungsschutzrecht den Zeitpunkt, von dem an die harmonisierte fünfzigjährige Schutzfrist zu berechnen ist. ErwG 18 stellt dazu klar, dass die maßgebenden Ereignisse unabhängig davon zu berücksichtigen sind, **in welchem Land** die betreffende Darbietung, Aufzeichnung, Übertragung, erlaubte Veröffentlichung oder erlaubte öffentliche Wiedergabe stattfindet. Wenn in diesem Zusammenhang auch die „Übertragung" angeführt wird, ist darunter die „Erstsendung" nach Art 3 Abs 4 zu verstehen, die für die Berechnung der Schutzfrist von Rundfunksendungen maßgebend ist. Der Ausdruck ist an dieser Stelle aus der englischen Fassung zu erklären, wo von der *„first transmission of a broadcast"* die Rede ist. **15**

4.2. Ausübende Künstler

Im ursprünglichen **RL-Vorschlag** war zunächst vorgesehen, die Schutzfrist von der Erstveröffentlichung der Aufzeichnung einer Darbietung bzw von deren Erstsendung an zu berechnen, sofern dies innerhalb von 50 Jahren ab Erbringung der Darbietung erfolgt. Mit dem subsidiären Anknüpfen an den Zeitpunkt der Darbietung sollte auch im Leistungsschutzrecht eine absolute Grenze gezogen **16**

---

[205] Siehe zur Anknüpfung auch *Benabou*, Droits d'auteur et droit communautaire 366f.
[206] Vgl die Übersicht bei *v Lewinski*, GRUR Int 1992, 727.

und ein potentiell „ewiger" Schutz – für festgehaltene aber nicht erschienene bzw veröffentlichte Darbietungen – verhindert werden (Begründung Teil 2 Punkt 2.1.). Hieran hat sich grundsätzlich bis zur endgültigen Fassung der Bestimmung nichts geändert. Ob der RL-Vorschlag unter Erstveröffentlichung jede Veröffentlichung oder nur das erste Erscheinen verstand, ist nicht klar. Dies um so weniger, als im Hinblick auf die Möglichkeit der direkten Sendung (Live-Sendung) nicht aufgezeichneter Darbietungen die Erstsendung als Anknüpfungspunkt hinzukam, die allerdings zeitlich mit der Darbietung zusammenfällt. Da Erstsendungen (aufgezeichneter Darbietungen) auch zeitversetzt erfolgen konnten, war eine solche Veröffentlichung durch dieses Kriterium jedenfalls erfasst, im Übrigen konnte eine Veröffentlichung ieS aber durch Erscheinen als Tonträger oder durch eine andere Form der öffentlichen Wiedergabe erfolgen. Die Vorteile dieser Regelung sah der RL-Vorschlag in der leichten Feststellbarkeit des maßgebenden Zeitpunkts und in der Gewährung des Schutzes für die volle Laufdauer der fünfzigjährigen Frist im Fall einer späteren Veröffentlichung (Sendung) erst ab diesem Zeitpunkt (Begründung Teil 2 Punkt 2 Anfang).

17 Das **Europäische Parlament** schlug dagegen vor, statt auf den Zeitpunkt der Erstveröffentlichung auf denjenigen abzustellen, „in dem eine Aufzeichnung der Darbietung erlaubterweise der Öffentlichkeit erstmals zugänglich gemacht worden ist"[207]. Damit stellte der Vorschlag im Sinn der gängigen Formulierungen (Art 3 Abs 3 RBÜ 1967/71; § 6 Abs 2 dUrhG; § 8 öUrhG) klar, dass nur eine erlaubte Veröffentlichung den Lauf der Frist in Gang setzt. Dieser Gedanke ist auch in die Endfassung des Richtlinientexts eingeflossen. Im Übrigen sollte mit der gewählten Formulierung nun unzweifelhaft jede Art der Veröffentlichung einer Aufzeichnung (und nicht bloß deren Erscheinen) den Fristenlauf in Gang setzen; um auch Direktsendungen zu erfassen, wurde das Kriterium der Erstsendung beibehalten. Der **geänderter RL-Vorschlag** (Art 2 Abs 1) verdeutlichte dies noch und stellt auf die „erste erlaubte Veröffentlichung" der Aufzeichnung oder die „erste erlaubte öffentliche Wiedergabe der Darbietung" ab.

18 Diesem Konzept ist schließlich auch die **endgültige Textierung** gefolgt, die allerdings neuerlich umformuliert wurde und die Anknüpfung an den Zeitpunkt der Darbietung als primäres Kriterium an die Spitze stellt. Danach läuft die Schutzfrist ab dem Zeitpunkt der Erbringung einer Darbietung (Aufführung oder Vortrag). Wird eine Aufzeichnung der Darbietung aber innerhalb dieser Frist (erlaubter Weise) „veröffentlicht" oder öffentlich wiedergegeben, läuft die Frist erst von diesem Ereignis an, und zwar ab dem jeweils früheren. Unter Veröffentlichung (*publication*) versteht die Richtlinie im Sinn der gängigen Terminologie der internationalen Konventionen nun ohne Zweifel das Erscheinen einer Aufzeichnung in körperlicher Form, während unter öffentlicher Wiedergabe jede Art der Veröffentlichung[208], einschließlich der Sendung mit Hilfe von Aufzeichnungen zu verstehen ist. Auf das Kriterium der Erstsendung für Direktübertragungen konnte deshalb verzichtet werden, da diese mit dem Zeitpunkt der

[207] Der zweite Vorschlag bezog sich ohne inhaltliche Änderung nur auf die Formulierung des zweiten Satzes.

[208] Vgl dazu auch *Reindl*, Einfluß des Gemeinschaftsrechts 385.

Darbietung zusammenfallen und daher keine Verzögerung des Beginns des Fristenlaufs bewirken können.

Wesentlich ist für die Rechte der ausübenden Künstler, dass die Schutzfrist grundsätzlich vom Zeitpunkt der Erbringung einer **Darbietung** an läuft, und zwar gleichviel ob diese öffentlich stattfindet oder nicht, wie dies etwa bei Studioaufführungen der Fall ist. Im Übrigen wird auf den Zeitpunkt der **Veröffentlichung** iwS abgestellt, sofern diese innerhalb der ersten, ab dem Zeitpunkt der Darbietung laufenden Schutzperiode erfolgt. Eine solche spätere Veröffentlichung setzt das Vorliegen einer Festhaltung (Aufzeichnung) voraus, weshalb von der Veröffentlichung einer Aufzeichnung die Rede ist. Eine Veröffentlichung einer Aufzeichnung kann wiederum durch das Erscheinens von Tonträgern oder durch eine Veröffentlichung im Weg der öffentlichen Wiedergabe jeder Art, einschließlich der Sendung erfolgen. ErwG 18 verdeutlicht dies, wenn dort von den Mitteln die Rede ist, mit denen ein Gegenstand eines verwandten Schutzrechts Personen in jeder geeigneten Weise „generell zugänglich gemacht wird". Weiters wird klargestellt, dass es für die Berechnung der Schutzfrist nicht darauf ankommt, in welchem Land die maßgebenden Ereignisse stattfinden[209]. **19**

Die Bestimmung steht mit der in Art 14 **Rom-Abkommen** verankerten Mindestschutzfrist in Einklang, die auf den Zeitpunkt der Darbietung oder deren Festlegung abstellt, wobei letzteres Kriterium (Festlegung) zeitlich mit dem ersten (Darbietung) zusammenfällt. Die Schutzfrist nach der Richtlinie wird – abgesehen von deren längerer Dauer – aber durch eine Veröffentlichung innerhalb dieser ersten Schutzperiode noch verlängert. Dem Rom-Abkommen folgt auch das **TRIPs-Abkommen**, das für ausübende Künstler auf den Zeitpunkt der Darbietung oder deren Festlegung abstellt, die Schutzfrist aber schon auf 50 Jahre erstreckt. Art 17 Abs 1 **WPPT** geht jetzt gleichfalls von einer fünfzigjährigen Schutzfrist aus; die Frist beginnt aber mit dem Zeitpunkt der ersten Festhaltung auf einem Tonträger zu laufen, was wieder mit deren Darbietung zusammenfällt. Wenn vom Zeitpunkt der Darbietung nicht die Rede ist, wird dies wohl darauf zurückzuführen sein, dass nicht festgehaltene Darbietungen als später nicht mehr verwertbar betrachtet wurden. Allerdings trifft dies für ohne Zustimmung des Berechtigten hergestellte Aufzeichnungen nicht zu, wobei im WPPT aber nicht ausdrücklich davon die Rede ist, dass es sich um eine erlaubter Weise vorgenommene Festhaltung handeln muss. **20**

4.3. Tonträgerhersteller

Für Tonträger sieht Art 3 Abs 2 eine entsprechende[210] Regelung vor. Als primäre Anknüpfung fungiert hier der Zeitpunkt der **Aufzeichnung**; erfolgt aber innerhalb der ab diesem Zeitpunkt berechneten ersten fünfzigjährigen Schutzperiode eine **Veröffentlichung** (Erscheinen oder öffentliche Wiedergabe) der Aufzeichnung, beginnt die Schutzfrist erst mit diesem Zeitpunkt zu laufen, wobei **21**

---

[209] Vgl dazu aber die fremdenrechtliche Bestimmung des Art 10 Abs 2 über den Schutzfristvergleich.

[210] Zur Gleichschaltung siehe *Maier*, RMUE 1994, 71.

wiederum das erste dieser Ereignisse maßgebend ist. Im Übrigen kann auf die Ausführungen zu den Rechten der ausübenden Künstler verwiesen werden. Auch hier bewirkt jede Veröffentlichung einer Aufzeichnung innerhalb der ersten Schutzperiode (ab Aufzeichnung) eine Verschiebung des Beginns des Fristenlaufs, sofern die Veröffentlichung erlaubter Weise erfolgt ist.

22 Zur **Entstehungsgeschichte** ist anzumerken, dass das Europäische Parlament keine Änderungen zu der entsprechenden Bestimmung des RL-Vorschlags (Art 2 Abs 2) vorgeschlagen, und auch der geänderte RL-Vorschlag insoweit unverändert auf die Aufzeichnung bzw Erstveröffentlichung abgestellt hat. In die endgültige Fassung des Richtlinientexts (Art 3 Abs 2) fanden jedoch die dargestellten Überlegungen und Formulierungen auch im Zusammenhang mit der Berechnung der Schutzfrist für Tonträger Eingang.

23 Auch diese Regelung steht mit Art 14 **Rom-Abkommen** in Einklang, der bei Tonträgern auf den Zeitpunkt der Festlegung abstellt. Allerdings knüpft Art 4 **Genfer Tonträger-Abkommen** an die erstmalige Festlegung oder an die Veröffentlichung an, wobei nicht verlangt wird, dass die Veröffentlichung innerhalb der ersten Schutzperiode erfolgen muss, was für ältere, bisher nicht veröffentlichte Aufnahmen von praktischer Bedeutung sein kann. Die Bestimmung ist aber bloß als alternative Ermächtigung des nationalen Gesetzgebers zu verstehen[211], weshalb die von der Schutzdauer-RL gewählte kombinierte Variante auch mit dem Genfer Tonträger-Abkommen in Einklang steht. Dagegen ist die gleichfalls auf 50 Jahre verlängerte Schutzfrist für Tonträger nach Art 17 Abs 2 **WPPT** vom Ende des Kalenderjahrs an zu berechnen, in dem der Tonträger erschienen ist oder – wenn ein Erscheinen nicht innerhalb der fünfzigjährigen Frist ab Festhaltung erfolgt ist – 50 Jahre nach Festhaltung. Mit dem Abstellen auf das leichter feststellbare Kriterium des Erscheinens steht das Konzept des WPPT mit dem der Schutzdauer-RL in Widerspruch, weshalb in Art 10 Abs 2 Info-RL eine entsprechende Anpassung vorgenommen wird.

Danach ist die Schutzfrist von der Aufzeichnung an zu berechnen, wenn der Tonträger aber innerhalb der fünfzigjährigen Schutzfrist ab Aufzeichnung erlaubter Weise erscheint, ist der Zeitpunkt des **Erscheinens** maßgebend. Ist ein Tonträger allerdings innerhalb der ersten Schutzperiode (ab Aufzeichnung) nicht erschienen, wurde er aber veröffentlicht, so erlöschen die Rechte erst fünfzig Jahre nach Veröffentlichung. Im Unterschied zur bisherigen Regelung kommt es also nicht mehr auf das jeweils frühere Ereignis (Erscheinen oder Veröffentlichen) an; die Veröffentlichung ist nur dann maßgebend, wenn ein Tonträger innerhalb der fünfzigjährigen Frist ab Aufzeichnung nicht erschienen ist. Die Info-RL geht dabei offensichtlich davon aus, dass eine bloß subsidiäre Anknüpfung an den Zeitpunkt der Veröffentlichung mit Art 17 Abs 2 WPPT vereinbar ist[212]. Die Info-RL enthält im zweiten Unterabsatz auch eine **übergangsrechtliche** Regelung. War der Schutz nach der bisherigen Regelung bereits abgelaufen, so lebt er im Hinblick auf die Neuregelung nicht wieder auf[213].

---

211 Vgl ErlRV öUrhGNov 1972 bei *Dittrich*, Urheberrecht³, 981.

212 Vgl dazu auch *Walter* Rz 170 Info-RL.

213 Siehe auch hierzu *Walter* Rz 170 Info-RL.

4.4. Laufbildhersteller

Das zum Tonträgerhersteller Gesagte gilt entsprechend auch für den Schutz des Laufbildherstellers nach Art 3 Abs 3 (Art 2 Abs 3 des ursprünglichen und des geänderten RL-Vorschlags). Mangels einer Anwendbarkeit des Rom-Abkommens und des TRIPs-Abkommens bedarf es in diesem Zusammenhang keiner Prüfung der Frage, ob die Regelung mit den internationalen Konventionen in Einklang steht. **24**

4.5. Rundfunkunternehmer

Die Rechte des Rundfunkunternehmers erlöschen **50 Jahre** nach der Erstsendung (Art 3 Abs 4 erster Satz), wie dies schon der RL-Vorschlag vorgesehen hatte. Erst in der endgültigen Fassung wurde klarstellend hinzugefügt (Art 3 Abs 4 zweiter Satz), dass es hierfür keinen Unterschied macht, ob es sich bei den Sendungen um drahtlose oder leitungsgebundene, über Kabel oder durch Satelliten vermittelte handelt (so auch ErwG 18). **25**

Die Veranstalter leitungsgebundener Sendungen sind nach der Vermiet- und Verleih-RL, die den materiellen Schutz des Rundfunkunternehmers festlegt, dann nicht geschützt, wenn sie nur Rundfunksendungen anderer Sendeunternehmer weiterleiten (Art 6 Abs 3 Vermiet- und Verleih-RL)[214]. Die Schutzdauer-RL dehnt diesen Grundgedanken nun insoweit auf das Erstsendeunternehmen aus, als durch eine neuerliche Ausstrahlung derselben Sendung durch das Ursprungssendeunternehmen die Schutzfrist nicht neuerlich zu laufen beginnen soll. Dies wird durch ein Abstellen auf die **Erstsendung** erreicht, wobei ErwG 19 erläuternd hinzufügt, dass die Rechte des Rundfunkunternehmers nicht zeitlich unbegrenzt währen sollen, weshalb es notwendig ist, die Schutzdauer nur von der ersten Ausstrahlung einer bestimmten Sendung und nicht von jeder Wiederholungssendung an laufen zu lassen[215]. Damit entfernt sich die Richtlinie wohl zu Recht vom reinen „Signalschutz" und gewährt das Schutzrecht nicht für die technische Leistung des Ausstrahlens, sondern für die gesamtunternehmerische Leistung der Programmerstellung bis hin zur ersten Ausstrahlung[216]. Ob dieser neue Ansatz mit den Vorgaben des **Rom-Abkommens** und des TRIPs-Abkommens vereinbar ist, bedarf noch näherer Prüfung. **26**

4.6. Erlaubte Veröffentlichung

Nach Art 3 Abs 3 RBÜ 1967/71 gilt ein Werk nur dann als erschienen, wenn es „mit Zustimmung" seines Urhebers in körperlicher Form der Öffentlichkeit zur **27**

---

[214] Siehe *v Lewinski* Art 6 Rz 5, Art 7 Rz 2f und Art 8 Rz 23 Vermiet- und Verleih-RL.

[215] So auch *Benabou*, Droits d'auteur et droit communautaire 367; *Dietz*, GRUR Int 1995, 679 und FN 100; *v Lewinski*, Quellen 11; *Maier*, RMUE 1994, 71; *Reindl*, Einfluß des Gemeinschaftsrechts 386 und FN 309. Vgl auch Begründung Entw III Drittes ÄnderungsG bei *M Schulze*, Materialien[2], 935 und 946.

[216] Vgl auch *v Lewinski*, Quellen 11. Zur Streichung des Art 7 Vermiet- und Verleih-RL durch Art 11 Abs 1 Info-RL und den dadurch bewirkten Wegfall der Einschränkung des Vervielfältigungsrechts von bloß weiterleitenden Kabelunternehmen siehe *Walter* Rz 57 Info-RL.

Verfügung gestellt wird[217]. Soweit nach der Schutzdauer-RL die Schutzfrist mit dem Erscheinen oder der Veröffentlichung einer Aufzeichnung oder eines Tonträgers zu laufen beginnt, wird gleichfalls ausdrücklich darauf hingewiesen (Art 3 Abs 1 bis 3), dass es sich um ein erlaubtes Erscheinen bzw eine erlaubte Veröffentlichung handeln muss („erlaubterweise veröffentlicht oder erlaubterweise öffentlich wiedergegeben"). Auch nach der Richtlinie wird es ungeachtet der etwas abweichenden Formulierung „erlaubterweise" auf die **Zustimmung** des Rechteinhabers ankommen, weshalb ein nur auf Grund einer freien Werknutzung erlaubtes Erscheinen oder eine solche Veröffentlichung den Lauf der „zweiten Schutzperiode" nicht in Gang setzt. Es kann dies im Übrigen zum Vorteil oder auch zum Nachteil des Berechtigten ausschlagen. Erfolgt eine Veröffentlichung innerhalb der „ersten Schutzperiode" durch den Rechtsinhaber später, wird die Gesamtschutzfrist dadurch verlängert. Erfolgt eine Veröffentlichung mit Erlaubnis des Berechtigten dagegen erst nach Ablauf der „ersten Schutzperiode", endet der Schutz jedenfalls 50 Jahre nach der Darbietung bzw Aufzeichnung auch dann, wenn eine spätere aber unerlaubte Veröffentlichung vor Ablauf dieser „ersten Schutzperiode" erfolgt ist.

5. Persönlichkeitsrechte

28 Auch im leistungsschutzrechtlichen Zusammenhang kennen die nationalen Rechtsordnungen spezifische **persönlichkeitsrechtliche Vorschriften**, wie etwa das Namensnennungsrecht des ausübenden Künstlers oder dessen Schutz vor einer Entstellung seiner Darbietung. Weder die Vermiet- und Verleih-RL noch die Schutzdauer-RL sehen solche materiellrechtlichen Vorschriften vor; die Regelung des *droit moral* wird bisher vielmehr im Hinblick auf die grundsätzlichen Systemunterschiede ganz allgemein der Gesetzgebung der Mitgliedstaaten überlassen. Dies gilt auch für Fragen der Schutzfrist, was in Art 9 Schutzdauer-RL ausdrücklich festgehalten wird. Wenn dort in der deutschen Fassung nur von Urheberpersönlichkeitsrechten die Rede ist, schließt dies dessen ungeachtet auch die Leistungsschutzrechte ein und ist aus dem einschlägigen Sprachgebrauch zu erklären. So ist in der englischen Fassung auch allgemein von *moral rights* und in der französischen von *droits moraux* die Rede.

Umsetzung in Deutschland und Österreich

1. Deutschland

29 Der deutsche Gesetzgeber hatte den Wunsch der Tonträgerindustrie, anlässlich des ProduktpiraterieG 1990 auch die Schutzfrist für Tonträger gleich dem Interpretenschutz auf 50 Jahre zu verlängern, noch nicht berücksichtigt[218]. In Umsetzung der Schutzdauer-RL mit dem Dritten ÄnderungsG 1995 wurde die leistungsschutzrechtliche Schutzfrist aber nun einheitlich auf **50 Jahre** angehoben, was für die unternehmensbezogenen Leistungsschutzrechte mit einer Schutzfrist von bisher 25 Jahren eine Verdoppelung darstellt (§§ 85 Abs 2, 87

---

[217] Vgl dazu oben Vor Art 1 Rz 10.

[218] Siehe dazu auch *Dietz*, GRUR Int 1995, 679. Zu einer differenzierten Schutzfrist für die verschiedenen geschützten Leistungen siehe auch *v Lewinski*, GRUR Int 1992, 728.

Abs 2, 94 Abs 2 und 95 dUrhG). Damit wurde gleichzeitig hinsichtlich des Tonträgerschutzes auch den Anforderungen des TRIPs-Abkommens Rechnung getragen. In einem Zug wurde auch die Schutzdauer der **persönlichkeitsrechtlichen Befugnisse** des ausübenden Künstlers (§ 83 Abs 3 dUrhG) auf 50 Jahre verlängert, um den Gleichklang mit der Dauer der vermögensrechtlichen Befugnisse zu gewährleisten. Die unterschiedliche Anknüpfung mit 50 Jahren ab dem Zeitpunkt der Darbietung, jedenfalls aber bis zum Tod des ausübenden Künstlers wurde jedoch beibehalten. Da die Richtlinie die Dauer der Persönlichkeitsrechte nicht regelt, ist diese Abweichung richtlinienkonform. Auch der von der Richtlinie nicht vorgegebene Schutz des **Lichtbildherstellers** wurde auf 50 Jahre angehoben, wobei im Lichtbildrecht gleichzeitig die Differenzierung zwischen Lichtbildern, die Dokumente der Zeitgeschichte sind und solchen, die dieses Kriterium nicht erfüllen, aufgegeben wurde (§ 72 Abs 3 dUrhG)[219]. Der **Veranstalterschutz** wurde zwar in Bezug auf die zeitliche Anknüpfung der Fristberechnung angeglichen, hinsichtlich seiner Dauer aber nicht angehoben und bleibt deshalb auf 25 Jahre beschränkt (§ 82 dUrhG)[220].

Änderungen des bis dahin geltenden deutschen Rechts ergeben sich auch aus den nach der Richtlinie unterschiedlichen zeitlichen **Anknüpfungen des Fristenlaufs**. Während für den Interpreten- und Herstellerschutz bisher das Erscheinen der Ton- oder Bildtonträger maßgebend war, setzt nach der Richtlinie schon die Veröffentlichung (öffentliche Wiedergabe) einer Aufzeichnung den Lauf der Schutzfrist in Gang. Dies kann zu einer Verkürzung der Schutzfrist führen. An der hilfsweisen Berechnung der Schutzfrist beim Interpretenschutz ab dem Zeitpunkt der Darbietung ändert sich dagegen durch die Richtlinie nichts. Von der Änderung des Anknüpfungspunkts (nicht bloß Erscheinen sondern auch Veröffentlichung) ist auch der Veranstalterschutz betroffen, für den es allerdings bei der fünfundzwanzigjährigen Schutzfrist bleibt (§§ 82 und 85 Abs 2 dUrhG). **30**

Dies gilt entsprechend für den Laufbildschutz nach den §§ 54 und 95 dUrhG, wobei subsidiär auch schon bisher auf den Zeitpunkt der Herstellung abgestellt wurde. Schließlich wurde auch der Schutz des Sendeunternehmens von bisher 25 Jahren auf 50 Jahre verlängert, und der Beginn des Fristenlaufs richtlinienkonform an die erste Funksendung angeknüpft[221]. An Stelle des in der Richtlinie verwendeten Ausdrucks „erlaubte Veröffentlichung“ wird folgerichtig auf das „Erscheinen“ verwiesen, worunter nach § 6 Abs 2 dUrhG das öffentliche Anbieten oder Inverkehrbringen einer genügenden Anzahl von Vervielfältigungsstücken mit Zustimmung des Berechtigten zu verstehen ist. Dagegen spricht das

---

219 Vgl Begründung Entw Drittes ÄnderungsG 1995 bei *M Schulze*, Materialien², 934 und 944ff.

220 Vgl *Schricker*, Kommentar², und zwar zu den Rechten des Lichtbildherstellers, der Interpreten und Tonträgerhersteller *Vogel*, § 72 Rz 30ff, § 82 Rz 6, § 83 Rz 35ff (auch zum postmortalen Persönlichkeitsschutz) und § 85 Rz 39; zum Recht des Sendeunternehmers *v Ungern-Sternberg*, § 87 Rz 24, 43 und 44 sowie zum Schutz des Laufbildherstellers *Katzenberger*, § 94 Rz 35ff.

221 Vgl zur Verlängerung der Schutzfristen und zur veränderten Anknüpfung Begründung Entw III Drittes ÄnderungsG 1995 bei *M Schulze*, Materialien², 934 und 944ff.

dUrhG nicht von einer Veröffentlichung eines Bild- oder Tonträgers, sondern – wie die Richtlinie – davon, dass ein Bild- oder Tonträger „erlaubterweise zur öffentlichen Wiedergabe benutzt worden ist". Ebenso wie beim Erscheinen wird es in Übereinstimmen mit § 6 Abs 1 dUrhG auf eine öffentliche Wiedergabe mit Zustimmung des Berechtigten ankommen, und reicht eine auf Grund einer freien Nutzung erlaubte öffentliche Wiedergabe nicht aus.

2. *Österreich*

31 Mit Ausnahme des Licht- und Laufbildschutzes und des Signalschutzes des Rundfunkunternehmers betrug die Schutzdauer im österr Leistungsschutzrecht bereits seit der öUrhGNov 1972 einheitlich **fünfzig Jahre** (§§ 67 Abs 1 und 76 Abs 5 öUrhG). Licht- und Laufbilder sowie Sendeunternehmer waren dagegen nur 30 Jahre geschützt. In Umsetzung der Schutzdauer-RL wurde mit öUrhG-Nov 1996 auch der Schutz für Laufbilder und Sendeunternehmen angeglichen und auf 50 Jahre angehoben, was auch für den – in der Richtlinie nicht geregelten – einfachen Lichtbildschutz gilt (§§ 74 Abs 6 und 76a Abs 4 öUrhG).

Auch im österr Recht musste der **Beginn des Fristenlaufs** modifiziert werden. Die öUrhGNov 1996 folgt dabei – anders als das deutsche Dritte ÄnderungsG – aber nicht der umständlichen Formulierung der Schutzdauer-RL, wonach auf das Erscheinen oder auf die öffentliche Wiedergabe abgestellt wird, je nach dem, welches Ereignis zuerst stattgefunden hat. Da nämlich der Begriff der Veröffentlichung jedes mit Einwilligung des Berechtigten erfolgte der Öffentlichkeit Zugänglichmachen umfasst und daher auch das Erscheinen einschließt, ist es richtlinienkonform, wenn die §§ 67 Abs 1, 74 Abs 6 und 76 Abs 5 öUrhG jetzt neben dem Zeitpunkt der Darbietung bzw der Aufnahme bloß auf denjenigen der Veröffentlichung eines Bild- oder Schallträgers bzw einer Aufnahme abstellen[222]. Da vor der öUrhGNov 1996 nur an den Zeitpunkt der Erbringung einer Darbietung angeknüpft wurde, bringt die Schutzdauer-RL für ausübende Künstler eine ins Gewicht fallende Verlängerung der Schutzfrist. Im deutschen Urheberrecht wurde dagegen schon bisher an den Zeitpunkt der Darbietung oder ein Erscheinen innerhalb der fünfzigjährigen Frist ab Darbietung angeknüpft, wenn die Darbietung auf Bild- oder Tonträgern festgehalten war (§ 82 dUrhG). Eine Änderung war im deutschen Urheberrecht deshalb nur hinsichtlich des Abstellens auch auf den Zeitpunkt der Veröffentlichung erforderlich. Dies traf im österr Recht aber nur für den Licht- und Laufbildschutz zu[223], der schon bisher auf den Zeitpunkt der Aufnahme oder deren Veröffentlichung abstellte.

32 Was den Schutz des Rundfunkunternehmers anlangt, ist der österr Gesetzgeber der öUrhGNov 1996 aber anders als der deutsche bei der Berechnung der Schutzfrist vom Zeitpunkt der „Sendung" geblieben und steht damit in Widerspruch zu den Vorgaben der Richtlinie[224], interpretiert man den Begriff Sendung nicht richtlinienkonform als „Erstsendung".

---

[222] Vgl zu all dem ErlRV 1996 bei *Dittrich*, Urheberrecht[3], 254 und 260. Zur Umsetzung siehe auch *Reindl*, Einfluß des Gemeinschaftsrechts 389.

[223] Zur Umsetzung siehe auch *Reindl*, Einfluß des Gemeinschaftsrechts 385.

[224] So auch *Reindl*, Einfluß des Gemeinschaftsrechts 389f.

Artikel 4 Schutz zuvor unveröffentlichter Werke

Übersicht

Text

Artikel 4 Schutz zuvor unveröffentlichter Werke

Wer ein zuvor unveröffentlichtes Werk, dessen urheberrechtlicher Schutz abgelaufen ist, erstmals erlaubterweise veröffentlicht bzw erlaubterweise öffentlich wiedergibt, genießt einen den vermögensrechtlichen Befugnissen des Urhebers entsprechenden Schutz. Die Schutzdauer für solche Rechte beträgt 25 Jahre ab dem Zeitpunkt, zu dem das Werk erstmals erlaubterweise veröffentlicht oder erstmals erlaubterweise öffentlich wiedergegeben worden ist.

Kommentar

1. Entstehungsgeschichte

Der **ursprüngliche RL-Vorschlag** hatte noch keinen Schutz nachgelassener Werke vorgesehen[225]. In Art 1 Abs 1 wurde vielmehr ausdrücklich klargestellt, dass ein Schutz nachgelassener Werke in der Form einer Schutzfristverlängerung, wie ihn manche nationalen Gesetze kannten, nicht übernommen wird, und die Schutzfrist *post mortem auctoris* unabhängig von dem Zeitpunkt zu berechnen ist, in dem das Werk erlaubter Weise der Öffentlichkeit zugänglich gemacht worden ist. Aber auch die Harmonisierung eines bloß in wenigen Mitgliedsländern gewährten Leistungsschutzrechts hielt der RL-Vorschlag nicht für erforderlich (Begründung Teil 1 Punkt 56). **1**

Der Gedanke, auch einen Schutz nachgelassener Werke vorzusehen, wurde erst vom **Europäischen Parlament** in seinen Abänderungsvorschlägen Nr 7 und 9 eingebracht. Der Schutz nachgelassener Werke sollte danach in der Form eines zweigliedrigen Systems als Schutzfristverlängerung einerseits und als Sonder- **2**

[225] Siehe dazu ausführlich *Walter*, Der Schutz nachgelassener Werke 427ff; zur Entstehungsgeschichte siehe auch *Benabou*, Droits d'auteur et droit communautaire 377.

schutz (für bereits gemeinfreie Werke) anderseits realisiert werden. Die Kommission hat die Anregung eines Sonderschutzes aufgegriffen und in Art 4 des **geänderten RL-Vorschlags** einen Schutz nachgelassener, schon gemeinfrei gewordener Werke aufgenommen. Eine Verlängerung der Schutzfrist für nach dem Tod des Urhebers, aber innerhalb der Regelschutzfrist veröffentlichte Werke wurde jedoch abgelehnt. Für diese Entscheidung wurde ins Treffen geführt, dass eine Belohnung der Urhebererben, die nachgelassene Werke nicht innerhalb eines angemessenen Zeitraums nach dem Tod des Urhebers veröffentlichen, nicht gerechtfertigt sei (Begründung geänderter RL-Vorschlag, 3)[226].

3 Der Schutz nachgelassener Werke erfasst also nur die Veröffentlichung eines **nachgelassenen** (zuvor unveröffentlichten bzw nicht erschienenen) Werks nach Ablauf der Regelschutzfrist. Es handelt sich deshalb weder um eine Verlängerung der urheberrechtlichen Schutzfrist noch um die Einführung eines parallelen Leistungsschutzrechts zu Gunsten der Rechtsnachfolger des Urhebers[227], sondern um einen Sonderschutz außerhalb des Systems urheberrechtlicher Schutzfristen. Gleichviel wie man die getroffene Entscheidung beurteilt[228], im Zug der Harmonisierung der Europäischen Schutzfristen war eine klare Weichenstellung erforderlich.

2. Nachgelassene Werke

4 Unter einem nachgelassenen Werk (*œuvre posthume*) versteht man nach dem allgemeinen Sprachgebrauch ein Werk, das nach dem Ableben des Urhebers veröffentlicht wird, wobei der Begriff der Veröffentlichung im Allgemeinen im Sinn eines Erscheinens verstanden wird (*editio princeps*). Ob eine solche **posthume Veröffentlichung** vor oder nach dem Ablauf der urheberrechtlichen Schutzfrist erfolgt, spielt nach dem allgemeinen Sprachgebrauch keine Rolle. Aus rechtlicher Sicht ist dieser Umstand aber von entscheidender Bedeutung, weil ein Schutz nachgelassener Werke vor Ablauf der urheberrechtlichen Schutzfrist zu einer Verlängerung der Schutzfrist (zu Gunsten der Rechtsnachfolger des Urhebers) führen muss; Art 7 Abs 3 RBÜ Berlin 1908 hat die Regelung besonderer Schutzfristen für posthume Werke im Rahmen des Urheberrechts ausdrücklich dem nationalen Gesetzgeber vorbehalten. Erfolgt die erstmalige Herausgabe eines Werks aber nach Ablauf der Schutzfrist, sind mehrere Varianten einer rechtlichen Regelung denkbar. So kommt in diesem Fall insbes ein Sonderschutz (Leistungsschutz) zu Gunsten des Herausgebers, des Verlegers oder auch des Eigentümers der Vorlage (des Manuskripts) in Frage, der sich zwanglos in das System der verwandten Schutzrechte einordnen lässt.

3. Bisherige Regelungen

5 Die meisten **europäischen Urheberrechtsgesetze** kannten einen Schutz nachgelassener Werke in unterschiedlicher Ausprägung[229]. Das **österr UrhG** 1895 (§ 43

[226] Siehe dazu auch *v Lewinski*, GRUR Int 1992, 731.

[227] Vgl dazu *Maier*, RMUE 1994, 71.

[228] Kritisch etwa *Dittrich* (ÖSGRUM 14/1993) 10ff.

[229] Keinen Schutz kannten die skandinavischen Länder Dänemark, Finnland, Island, Norwegen und Schweden sowie Luxemburg, Österreich, Portugal und das Vereinigte

Abs 1 und 2) hatte die damals dreißigjährige allgemeine Schutzfrist *pma* für nachgelassene Werke, die innerhalb der letzten fünf Jahre der Schutzfrist veröffentlicht[230] wurden, um fünf Jahre ab Erscheinen verlängert[231]. Das öUrhG 1936 hat diese Regelung jedoch nicht übernommen und keinen Schutz nachgelassener Werke vorgesehen. Das **italienische UrhG 1941** kannte eine ähnliche Regelung wie das ältere österr Recht, jedoch in einer abgewandelten Spielart. Danach wurde die fünfzigjährige Regelschutzfrist umgekehrt dann um 20 Jahre verlängert, wenn das Werk innerhalb von 20 Jahren nach dem Tod des Urhebers veröffentlicht (im weiteren Sinn verstanden) wurde (Art 31 ital UrhG). Der Grundgedanke dieser Regelungen liegt in dem Anreiz, nicht veröffentlichte Werke noch innerhalb der Schutzfrist zu veröffentlichen, wobei dieser Anreiz für die Urhebererben in der italienischen Variante noch erhöht wurde.

Auch das **deutsche LUG** kannte eine ähnliche Regelung. Danach endete der gleichfalls dreißigjährige Schutz *pma* keinesfalls früher als zehn Jahre seit der ersten Veröffentlichung. Mangels einer Fristsetzung für die Veröffentlichung waren unveröffentlichte Werke danach sogar unbefristet geschützt[232]. Erfolgte die Veröffentlichung nach Ablauf der dreißigjährigen Schutzfrist nach dem Tod des Urhebers, wurde vermutet, dass das Urheberrecht dem „Eigentümer des Werks" zusteht (§ 29 Satz 2 LUG). Mit dieser Regelung wurde der Weg zu einem Sonderschutz im Ansatz schon vorbereitet. Das dUrhG 1965 hat – so wie die Abänderungsvorschläge des Europäischen Parlaments – aber noch ein zweigliedriges System im Weg einer Schutzfristverlängerung einerseits und eines Sonderschutzes anderseits vorgesehen. Die Verlängerung der Schutzfrist wurde nun aber auch an eine Veröffentlichung innerhalb von zehn Jahren vor Ablauf der Regelschutzfrist geknüpft (§ 64 Abs 2 dUrhG alte Fassung). Parallel zu dieser Schutzfristverlängerung sah § 71 dUrhG aber einen fünfundzwanzigjährigen Sonderschutz für Ausgaben nachgelassener Werke zu Gunsten desjenigen vor, der ein (im Geltungsbereich des deutschen Gesetzes) nicht erschienenes Werk nach Erlöschen des Urheberrechts erscheinen lässt. **6**

Auch die Regelung des Schutzes nachgelassener Werke in anderen europäischen Ländern war im Einzelnen recht unterschiedlich gestaltet und bewirkte entweder **7**

Königreich. Das neue griechische UrhG 1994 kennt jetzt einen Schutz posthum veröffentlichter Werke (Art 31). Vgl die Übersicht bei *Dietz*, Urheberrecht in der Europäischen Gemeinschaft 229ff und *v Lewinski*, GRUR Int 1992, 731; siehe auch die Übersicht über die bestehenden Regelungssysteme Begründung RL-Vorschlag Teil 1 Punkt 13. Vgl dazu auch die Länderübersicht im Anhang zu Art 10.

[230] Zwar ging das Gesetz von einem Erscheinen aus, dieser Begriff wurde aber damals differenziert verstanden. Grundsätzlich wurden zwar nur herausgegebene und verbreitete Werke als erschienen angesehen, musikalische Werke und Bühnenwerke galten aber schon mit ihrer öffentlichen Aufführung und Werke der bildenden Künste mit ihrer öffentlichen Ausstellung als erschienen (§ 6 Abs 1 und 2 öUrhG 1895).

[231] Mit öUrhGNov 1920 auf 10 Jahre verlängert (§ 37 Abs 2); weiters wurden die Begriffe des Veröffentlichens und des Erscheinens im Sinn des heutigen Begriffsverständnisses geändert (§ 6 Abs 1).

[232] Dazu kritisch schon *Heyman*, Die zeitliche Begrenzung des Urheberrechts, Sitzungsberichte der Preußischen Akademie der Wissenschaften 1927 XI 49 (52).

eine Schutzfristverlängerung zu Gunsten der Urhebererben oder einen Sonderschutz zu Gunsten verschiedener Anspruchsberechtigter. Das **französische UrhG** etwa kannte gleichfalls ein gemischtes Schutzsystem[233]. Nach Art L 123-4 Abs 1 CPI betrug die Schutzfrist für nachgelassene Werke zuletzt 50 bzw 70 Jahre (Musikwerke mit und ohne Text) seit Erscheinen, wobei das Verwertungsrecht im Fall des Erscheinens innerhalb der Regelschutzfrist den Urhebererben zustand, sonst den Manuskripteigentümern.

8 Die Schutzdauer-RL beschränkt sich zwar auf die **Harmonisierung** der Schutzfristen und lässt die materiellrechtlichen Vorschriften der Urheberrechtsgesetze in den Mitgliedstaaten unberührt. Im Zusammenhang mit dem Schutz nachgelassener Werke musste jedoch auch eine **inhaltliche Grundsatzentscheidung** getroffen werden, um das Harmonisierungsziel zu erreichen. Einmal musste entschieden werden, ob nachgelassene Werke in der Gemeinschaft einen besonderen Schutz genießen sollen. Bejahendenfalls musste auch die Struktur eines solchen Schutzes (Schutzfristverlängerung, Sonderschutz oder gemischtes System) festgelegt werden. Da die Entscheidung gegen eine Schutzfristverlängerung ausfiel, musste der Europäische Gesetzgeber deshalb das System des Sonderschutzes in der Schutzdauer-RL festlegen und damit auch materielles Recht gestalten.

4. Grundsätze des Sonderschutzes

9 Der nach Art 4 zu gewährende **Sonderschutz** ist zu Gunsten dessen eingerichtet, der ein zuvor unveröffentlichtes Werk, dessen urheberrechtlicher Schutz abgelaufen ist, erstmals erlaubter Weise veröffentlicht bzw erlaubter Weise öffentlich wiedergibt. Der Schutz entspricht den vermögensrechtlichen Befugnissen des Urhebers; die Schutzdauer beträgt 25 Jahre ab dem Zeitpunkt, zu welchem das Werk erstmals erlaubter Weise veröffentlicht oder erstmals erlaubter Weise öffentlich wiedergegeben worden ist. Die Gewährung eines solchen Sonderschutzes ist für Mitgliedstaaten jetzt zwingend vorgesehen. Eine Verlängerung der Schutzfrist für den Fall, dass das Werk zwar nach dem Tod des Urhebers, aber vor Ablauf der Regelschutzfrist veröffentlicht wird, ist dagegen nicht zulässig und dem nationalen Gesetzgeber nach Art 1 Abs 1 ausdrücklich verwehrt.

10 Voraussetzung für den Sonderschutz nach Art 4 ist, dass es sich um bereits **gemeinfreie Werke** handelt, deren urheberrechtlicher Schutz abgelaufen ist. Damit soll ein Anreiz dafür geschaffen werden, ein zuvor unveröffentlichtes Werk herauszugeben. Die Richtlinie spricht von Werken, deren urheberrechtlicher Schutz „abgelaufen" ist, was dahingehend verstanden werden könnte, dass ein Schutz in einem bestimmten Mitgliedsland bestanden haben muss. Die Richtlinie stellt aber nicht auf den Schutz in einem bestimmten Land ab und spricht ganz allgemein vom Ablauf der Schutzfrist. Auch das Harmonisierungsanliegen spricht dafür, nicht den tatsächlich Ablauf eines Schutzes in einzelnen Mitgliedsländern vorauszusetzen[234], zumal dann auch die fremdenrechtliche Situation –

---

[233] Vgl dazu schon die beiden Dekrete aus der Napoleonischen Zeit vom 22. März 1805 [1er Germinal An XIII] und vom 8. Juni 1806. Zu den Auslegungsproblemen siehe *Desbois*, Le droit d'auteur en France², 398ff.

[234] Vgl *v Lewinski*, Quellen 12; *Walter*, Schutz nachgelassener Werke 429f.

nach nationalem Fremdenrecht bzw nach den internationalen Staatsverträgen – in den einzelnen Mitgliedsländern berücksichtigt werden müsste. Auch mit dem Anreizgedanken stünde dies nicht in Einklang[235].

Dies gilt auch für Werke, die auf Grund der Entwicklung des Urheberrechts in einem bestimmten Land deshalb **nicht geschützt** waren, weil sie aus einer Zeit stammen, zu welcher ein urheberrechtlicher Schutz (im modernen Sinn) noch nicht bestand bzw anders strukturiert war. Der Sonderschutz zu Gunsten nachgelassener Werke muss aber gerade auch alte und volkstümliche Werke umfassen, die bisher noch nicht aufgezeichnet bzw noch nicht publiziert wurden (erschienen sind)[236]. **11**

5. Bisher „unveröffentlichte" Werke

Eine weitere Voraussetzung für den Schutz nach Art 4 ist, dass es sich um ein „zuvor unveröffentlichtes Werk" handelt. Was die Richtlinie in diesem Zusammenhang unter einem **unveröffentlichten Werk** versteht, ist weder den Erwägungsgründen noch der Entstehungsgeschichte zu entnehmen. Aus dem Zusammenhalt mit den in der Richtlinie sonst verwendeten Formulierungen[237] ergibt sich aber, dass ein Schutz nach Art 4 bei richtigem Verständnis nur an bisher **nicht erschienenen** Werken erworben werden kann. Ob das Werk zuvor bereits öffentlich wiedergegeben (der Öffentlichkeit zugänglich gemacht) worden ist, spielt für den Erwerb von Rechten an nachgelassenen Werken keine Rolle[238]. Dies gilt auch für bisher bloß öffentlich ausgestellte Werke (Originale), auch wenn es sich bei der Ausstellung nach der Systematik des deutschen und österr UrhG um eine Spielart der Verbreitung und damit eine Form der körperlichen Werkverwertung handelt. Die Regelung ist auch im Hinblick auf die praktische Anwendung sinnvoll, da sich zwar ein Erscheinen in der Regel feststellen lässt, dies für bloß veröffentlichte Werke aber keineswegs immer zutrifft. **12**

6. Erscheinen als Ansatz für die Schutzgewährung

Seinem klaren **Wortlaut** nach knüpft Art 4 nicht bloß an das Erscheinen eines bisher nicht erschienenen Werks an, sondern gewährt den Schutz schon dann, wenn ein nachgelassenes Werk „erlaubterweise **öffentlich wiedergegeben**" wird[239]. Es folgt dies zweifelsfrei aus der gewählten Formulierung, wobei ausdrücklich auf eine Veröffentlichung (ein Erscheinen) oder auch bloß eine öffent- **13**

---

[235] Vgl dazu auch die ausdrückliche Regelung des § 71 Abs 1 dUrhG, die insoweit durch das Dritte ÄnderungsG 1995 nicht verändert wurde. Siehe dazu auch Begründung Entw III Drittes ÄnderungsG bei *M Schulze*, Materialien², 943 (944).

[236] So auch *Haller* (ÖSGRUM 20/1997) 71f; *Maier*, RMUE 1994, 71f; *v Lewinski*, Quellen 11f; *Vogel*, ZUM 1995, 456; *Walter*, Schutz nachgelassener Werke 430; Siehe dazu auch schon die amtliche Begründung zum dUrhG 1965 bei *M Schulze*, Materialien², 529. Zweifelnd *Reindl*, Einfluß des Gemeinschaftsrechts 391f.

[237] Vgl dazu oben Vor Art 1 Rz 9.

[238] Siehe auch *Dietz*, GRUR Int 1995, 673; *Katzenberger* in *Schricker*, Kommentar² § 64 Rz 28; *Maier*, RMUE 1994, 72. AM *Benabou*, Droits d'auteur et droit communautaire 378; *Reindl*, Einfluß des Gemeinschaftsrechts 392 und FN 322. Siehe dazu auch unten bei Rz 13ff.

[239] So auch *Cornish*, Yearbook of European Law 13 (1993) 488 FN 19; *Dietz*, GRUR Int 1995, 680; *v Lewinski*, Quellen 12.

liche Wiedergabe hingewiesen wird. Wo ein nachgelassenes Werk erscheint, ist nicht maßgeblich[240].

14 Der **Grundgedanke** eines Schutzes nachgelassener Werke liegt sinnvoller Weise aber darin, der Öffentlichkeit bisher nicht erschienene Werke dauerhaft zugänglich zu machen und den hierfür erforderlichen Aufwand zu belohnen. Bleibend werden Werke der Öffentlichkeit aber nur dann zugänglich gemacht, wenn sie **erschienen** sind, dh wenn Vervielfältigungsstücke wie Bücher, Zeitschriften, Kunstkarten, Poster, Schallplatten, Musikkassetten, Compact Discs, CD-ROMs, Video-Kassetten, Bildplatten etc der Öffentlichkeit in genügender Anzahl angeboten oder in Verkehr gebracht worden sind. Nur dann kann dauernd auf das Werk zurückgegriffen werden, indem Vervielfältigungsstücke erworben oder diese in Bibliotheken, Ton- oder Videoarchiven eingesehen werden, so dass eine weitere Auseinandersetzung mit dem Werk erfolgen kann. Im Fall einer bloßen Veröffentlichung (wie etwa eine Aufführung oder Sendung) ist dies aber nur in ungleich geringerem Maß der Fall. Aber auch der Belohnungsgedanke trifft typischer Weise nur für das Erscheinen zu, das in der Regel auch einen nicht unbeträchtlichen finanziellen Aufwand erfordert, während dies sonst nur gelegentlich – zB bei Bühnenaufführungen – zutreffen könnte. Die bloße öffentliche Wiedergabe eines Werks rechtfertigt die Zuerkennung eines Sonderschutzes für nachgelassene Werke deshalb nicht[241].

Es ist anzunehmen, dass die Regelung der Richtlinie in Anlehnung an die Schutzfristberechnung für anonyme und pseudonyme Werke getroffen wurde. Auch diese stellt auf das erste erlaubte der Öffentlichkeit Zugänglichmachen ab, was zwar hinsichtlich der Feststellbarkeit dieses Zeitpunkts gleichfalls nicht unproblematisch, aber aus dem Bestreben erklärbar ist, die Schutzfrist anonymer und pseudonymer Werke der Regelschutzfrist möglichst anzugleichen und deshalb schon eine Veröffentlichung innerhalb von 70 Jahren ab Herstellung ausreichen zu lassen. Der Belohnungsgedanke tritt hier deshalb in den Hintergrund.

15 Der Wortlaut des Art 4 wird deshalb dem Regelungszweck nicht gerecht. Die gegenständliche Vorschrift ist aber auch **widersprüchlich**[242], wenn einerseits nur vorausgesetzt wird, dass es sich um ein zuvor nicht erschienenes Werk handelt, der Sonderschutz selbst aber bloß an eine Veröffentlichung anknüpft. Die Bestimmung müsste danach auch dann zur Anwendung kommen, wenn das Werk zwar (zuvor) noch nicht erschienen, aber bereits veröffentlicht worden ist. Dann würde aber eine öffentliche Wiedergabe honoriert werden, obwohl das Werk im Einzelfall schon seit Langem veröffentlicht (öffentlich wiedergegeben) worden sein mag. Allerdings setzt der Text der Richtlinie voraus, dass es sich um das erste Erscheinen oder um die erste öffentliche Wiedergabe des Werks handelt. Das Wort „erstmals“ dürfte in diesem Zusammenhang aber nur klarstellen, dass für

[240] Vgl *Hertin* in *Fromm/Nordemann*, Urheberrecht[9] § 71 Rz 4 und 5.

[241] Vgl *Walter*, Schutz nachgelassener Werke 432f; kritisch auch *Hertin* in *Fromm/Nordemann*, Urheberrecht[9] § 71 Rz 1; *v Lewinski*, Quellen 12; *Loewenheim* in *Schicker*, Kommentar[2] § 71 Rz 3; *Vogel*, ZUM1995, 456. Siehe dazu schon die amtliche Begründung zum dUrhG 1965 bei *M Schulze*, Materialien[2], 529f.

[242] So auch *Dietz*, GRUR Int 1995, 673.

das Entstehen des Schutzes nach dem Konzept der Richtlinie das erste Erscheinen oder die erste Veröffentlichung maßgebend ist, je nachdem welcher dieser Akte zuerst erfolgt. *Hertin*[243] versucht diese Widersprüchlichkeit dadurch aufzulösen, dass es sich nicht nur um bisher nicht erschienene, sondern auch um bisher unveröffentlichte Werke handeln muss. Da auch diese Auslegung mit dem Wortlaut der Richtlinie in Widerspruch stünde, spricht *Loewenheim*[244], der dieser Auslegung folgt, zu Recht von einer **korrigierenden Auslegung**.

Gegen eine bloße Veröffentlichung als schutzauslösendes Moment sprechen aber auch die – vor allem bei älteren Werken nachgerade unlösbaren – Beweisschwierigkeiten[245] und die damit zusammenhängende Rechtsunsicherheit. Vor allem aber eine Besinnung auf den Zweck eines Schutzes nachgelassener Werke gebietet mE eine **Korrektur** dahingehend, dass auch nach Art 4 nur das **erste Erscheinen** eines gemeinfreien Werks den Schutz begründet. Wenn eine korrigierende Auslegung nach inzwischen herrschender Ansicht geboten ist, sollte diese auch zu einem sinnvollen Ergebnis führen[246]. Eine Lesung im Sinn eines Erscheinens erscheint nicht nur sachgerecht, sie garantiert zugleich auch eine reibungslose Anwendung der Vorschrift. Nur das bleibende, durch ein Erscheinen bewirkte Zugänglichmachen eines bisher nicht erschienenen Werks vermittelt deshalb den Sonderschutz des Art 4, während eine zuvor erfolgte Veröffentlichung einem Schutz weder entgegensteht noch den Sonderschutz des Art 4 auslöst und deshalb auch nicht festgestellt werden muss. Für eine Auslegung in diesem Sinn spricht auch die parallele Regelung für wissenschaftlich-kritische Ausgaben, in welcher gleichfalls auf den Zeitpunkt der „ersten erlaubten Veröffentlichung" abgestellt wird (Art 5). **16**

Ein weiteres Auslegungsproblem stellt in diesem Zusammenhang aber auch die Übernahme der Formulierung **„erlaubterweise"**, die im gegenständlichen Kontext nicht recht verständlich ist. Wenn mit diesem Hinweis in anderem Zusammenhang klargestellt werden soll, dass nur ein Erscheinen oder eine Veröffentlichung mit Zustimmung des Urhebers maßgebend ist, macht dies im gegenständlichen Zusammenhang wenig Sinn. Denn der Schutz nachgelassener Werke setzt voraus, dass diese bereits gemeinfrei sind, weshalb keine urheberrechtlich Berechtigten mehr vorhanden sind. Man könnte allerdings davon ausgehen, dass es nach Ablauf der Schutzfrist auf die Zustimmung des Eigentümers des Werkstücks (Manuskripts) ankommt, das Grundlage des Erscheinens bildet. Diese Lösung erscheint aber wenig sachgerecht und wäre in der Richtlinie wohl auch ausdrücklich angesprochen worden. *Cornish* meint, eine Veröffentlichung könne dann unerlaubt erfolgen, wenn sie gegen eine Geheimhaltungspflicht (*confidentiality*) oder gegen das – in manchen Ländern ewige – *droit moral* in der Form des **17**

---

[243] In *Fromm/Nordemann*, Urheberrecht[9] § 71 Rz 2, 4 und 5. So auch *Benabou*, Droits d'auteur et droit communautaire 378.

[244] In *Schicker*, Kommentar[2] § 71 Rz 6.

[245] Siehe auch dazu schon die amtliche Begründung zum dUrhG 1965 bei *M Schulze*, Materialien[2], 529f. Vgl auch *Dietz*, GRUR Int 1995, 680; *Hertin* in *Fromm/Nordemann*, Urheberrecht[9] § 71 Rz 5.

[246] Vgl dazu *Walter*, Schutz nachgelassener Werke 433f.

Veröffentlichungsrechts (*droit de divulgation*) verstößt[247]. Die Verankerung eines generellen, nicht näher umschriebenen Vertrauensschutzes wäre im gegenständlichen Zusammenhang aber in der Richtlinie wohl deutlicher zum Ausdruck gebracht worden und würde im Hinblick auf die unterschiedlichen Regelungen in den einzelnen Mitgliedsländern zu unübersichtlichen und jedenfalls nicht harmonisierten Ergebnissen führen. Am Einleuchtendsten erscheint die Erklärung, dass sich dieser Hinweis auf die Zustimmung des Inhabers eines **ewigen Urheberpersönlichkeitsrechts** bezieht, dessen Einrichtung und Ausgestaltung nach Art 9 der Gesetzgebung der Mitgliedstaaten vorbehalten bleibt und das wirkungslos bliebe, wenn die Einwilligung des Berechtigten nicht zu respektieren wäre. Allerdings kann dies nur in Ländern zum Tragen kommen, in welchen ein ewiges *droit moral* insbes auch in Bezug auf ein Veröffentlichungsrecht gewährleistet ist.

Allerdings könnte es sich insoweit auch um ein unbeachtliches **Redaktionsversehen** handeln, das schon im Abänderungsvorschlag des Europäischen Parlaments unterlaufen und dadurch zu erklären ist, dass die gängigen Formulierungen aus anderen Richtlinienartikeln bzw vergleichbaren Bestimmungen der nationalen Gesetze und internationalen Konventionen übernommen wurden[248]. Die Rücksichtnahme auf Rechte des Manuskripteigentümers überzeugt jedenfalls ebenso wenig wie die Berücksichtigung nicht spezifizierter Geheimhaltungsvorschriften; es liefe dies vielmehr dem Zweck des Sonderschutzes nach Art 4 zuwider, der einen Anreiz zur **Herausgabe** bisher nicht erschienener Werke bilden soll.

7. Rechtsnatur und Inhalt

18 Sachlich handelt es sich beim Sonderschutz nach Art 4, wie bereits erwähnt, um ein verwandtes Schutzrecht (**Leistungsschutzrecht**)[249]. Unter den genannten Voraussetzungen genießen nachgelassene Werke einen den vermögensrechtlichen Befugnissen des Urhebers entsprechenden Schutz. Der Inhalt des Schutzes richtet sich deshalb nach den einschlägigen Bestimmungen der nationalen Urheberrechtsgesetze und kann im Detail unterschiedlich gestaltet sein. Die Richtlinie bewirkt zwar insoweit inhaltlich keine Harmonisierung, der Schutz nachgelassener Werke ist aber zwingend vorgesehen und muss den jeweiligen vermögensrechtlichen Befugnissen des Urhebers entsprechen. Mangels einer Differenzierung gilt dies für alle Werkarten und daher auch für Filmwerke. Für diese wird die Frage, wann sie als erschienen anzusehen sind, damit auch unter diesem Aspekt wieder aktuell.

19 Die Beschränkung des Schutzes nachgelassener Werke auf die **vermögensrechtlichen Befugnisse** folgt aus der Grundsatzentscheidung des bisherigen Europäischen Urheberrechts, eine Harmonisierung des Urheberpersönlichkeitsrechts noch nicht in Angriff zu nehmen und dessen Regelung der Gesetzgebung der Mitgliedsländer vorzubehalten (Art 9 Schutzdauer-RL). Den Mitgliedstaaten

---

[247] *Cornish,* Yearbook of European Law 13 (1993) 488 FN 19. Ähnlich auch *Benabou,* Droits d'auteur et droit communautaire 378.

[248] So im Ergebnis auch *Hertin* in *Fromm/Nordemann,* Urheberrecht[9] § 71 Rz 4. Siehe dazu auch *Loewenheim* in *Schicker,* Kommentar[2] § 71 Rz 10.

[249] Vgl *Dietz,* GRUR Int 1995, 673; siehe auch *v Lewinski,* GRUR Int 1992, 731.

steht es deshalb auch im gegebenen Zusammenhang frei, an nachgelassenen Werken auch persönlichkeitsrechtliche Befugnisse zu gewähren, die hier aber sicherlich eine geringere Rolle spielen werden.

8. Inhaberschaft

Die Frage der **Inhaberschaft** regelt die Richtlinie nicht ausdrücklich[250]. Im Hinblick auf den Entlohnungsgedanken wird man davon ausgehen müssen, dass das Schutzrecht dem **Herausgeber** zusteht, der bisher nicht erschienenen Werken nachspürt, solche Werke auffindet, sie sammelt und – auch ohne wissenschaftlich sichtende Tätigkeit – ein Erscheinen veranlasst[251]. Freilich kann der Träger des Schutzrechts hierüber verfügen und insbes dem Verleger entsprechende (ausschließende) Nutzungsrechte einräumen, der in der Regel – wenn auch nicht immer – das finanzielle Risiko tragen wird. Die Rechte nach Art 4 stehen mE jedenfalls nicht dem Manuskripteigentümer zu. **20**

9. Schutzdauer

Die Schutzdauer beträgt **25 Jahre** ab dem Zeitpunkt, zu welchem das Werk (erlaubter Weise) erschienen ist. Die Richtlinie legt damit die Mindestschutzfrist und zugleich auch die höchst zulässige Schutzdauer fest; sie liegt mit 25 Jahren in dem zeitlichen Bereich, wie ihn § 71 dUrhG zuletzt vorgegeben hatte[252]. Ginge man entgegen der hier vertretenen Auffassung vom Erwerb des Schutzes schon durch eine bloße Veröffentlichung aus, wäre trotz der alternativen Formulierung („oder“) das jeweils früher liegende Ereignis (Erscheinen oder öffentliche Wiedergabe) für den Beginn des Fristenlaufs maßgebend, auch wenn dies hier – anders als in anderem Zusammenhang (Art 3 Abs 1 bis 3) – nicht ausdrücklich klargestellt ist[253]. In der Formulierung des Art 4 kommt dies darin zum Ausdruck, dass das Wörtchen „erstmals“ für beide Alternativen verwendet wird. Bei anderer Auslegung würden parallele Schutzrechte entstehen, was ohne Zweifel nicht beabsichtigt war. **21**

Umsetzung in Deutschland und Österreich

1. Deutschland

§ 71 dUrhG in seiner Fassung nach dem Dritten ÄnderungsG 1995[254] folgt dem Wortlaut der Richtlinie und knüpft an das Erscheinen oder die öffentliche Wie- **22**

[250] Zur Bedeutung der Rechteinhaberschaft schon *Françon*, GRUR Int 1978, 112.

[251] So auch *Benabou*, Droits d'auteur et droit communautaire 413f; *Reindl*, Einfluß des Gemeinschaftsrechts 391. Zum neuen deutschen Recht vgl die Begründung bei *M Schulze*, Materialien², 529; so auch *Loewenheim* in *Schricker*, Urheberrecht Kommentar² § 71 Rz 13; *Hertin* in *Fromm/Nordemann*, Urheberrecht⁹ § 71 Rz . Zuvor schon *Ulmer*, Urheber- und Verlagsrecht³ § 118 II 3; aM *Schmieder*, Die Verwandten Schutzrechte – ein Torso? UFITA 73 (1975) 65 (68).

[252] Ursprünglich betrug die Schutzdauer nach § 71 Abs 3 dUrhG nur 10 Jahre. Allerdings stellte das deutsche UrhG auf den Zeitpunkt des Erscheinens ab, da der Schutz nachgelassener Werke ein Erscheinen voraussetzte.

[253] So auch Begründung Entw III Drittes ÄnderungsG bei *M Schulze*, Materialien², 944.

[254] Vgl zur Umsetzung auch *Vogel*, ZUM1995, 451; *Walter*, Schutz nachgelassener Werke 437ff.

dergabe bisher nicht erschienener Werke an. Der missverständliche Einschub „erlaubterweise“ wurde bewusst beibehalten, wobei die Auslegung dieser fraglichen Wendung den Gerichten vorbehalten bleiben soll[255]. Die schon bisher verwendete Formulierung „nach Erlöschen des Urheberrechts“ konnte ebenso beibehalten werden wie der Hinweis darauf, dass gleiches für Werke gilt, die im Geltungsbereich des deutschen UrhG niemals geschützt waren, deren Urheber aber schon länger als 70 Jahre tot sind. Die bisher vorgesehene Voraussetzung eines Erscheinens im Geltungsbereich des dUrhG musste dagegen entfallen.

23 Der wesentlichste Unterschied zur bisherigen Regelung des § 71 dUrhG liegt darin, dass der Sonderschutz nun an jede Veröffentlichung und nicht bloß an das (erste) Erscheinen eines bisher nicht erschienenen Werks anknüpft, was zwar dem Wortlaut der Richtlinie, nicht aber der hier vertretenen korrigierenden Auslegung entspricht. Ein Festhalten an der bisherigen Regelung wäre sinnvoll und mE auch zulässig gewesen. Auch die in der deutschen Literatur vertretene korrigierende Auslegung dahingehend, dass es sich entgegen dem Wortlaut der Richtlinie um bisher nicht veröffentlichte Werke handeln muss, wurde bei der Umsetzung nicht berücksichtigt. Im Übrigen geht die Neuregelung richtlinienkonform inhaltlich über den bisher vorgesehenen Schutz hinaus und gewährt nun ein umfassendes ausschließliches Verwertungsrecht, während nach bisherigem Recht nur die Vervielfältigung und Verbreitung sowie die Benützung der Vervielfältigungsstücke zu einer öffentlichen Wiedergabe vorbehalten waren.

2. Österreich

24 Dem österr Urheberrecht war zuletzt ein Schutz nachgelassener Werke unbekannt. Mit öUrhGNov 1996 wurde in Umsetzung der Schutzdauer-RL nun aber ein **Sonderschutz** nachgelassener Werke im Sinn des Art 4 eingeführt[256]. Nach § 76b öUrhG stehen demjenigen der ein „nichtveröffentlichtes Werk, für das die Schutzfrist abgelaufen ist, erlaubterweise veröffentlicht, die Verwertungsrechte am Werk wie einem Urheber zu“[257]. Auch § 76b öUrhG folgt damit insoweit dem Wortlaut der Richtlinie als an die Veröffentlichung (im Sinn des § 8 öUrhG) und nicht an das Erscheinen des nachgelassenen Werks angeknüpft wird. Der missverständliche Hinweis darauf, dass die Veröffentlichung „erlaubterweise“ erfolgen müsse, wurde gleichfalls übernommen.

25 Entgegen Art 4 Schutzdauer-RL und anders als § 71 Abs 1 dUrhG neue Fassung stellt die österr Regelung aber auch hinsichtlich der Voraussetzung, dass es sich um ein **„zuvor unveröffentlichtes Werk“** handeln muss, auf eine Veröffentlichung ab. Wenngleich dies konsequent ist und der erwähnten korrigierenden Auslegung entspricht, wie sie in der deutschen Literatur vertreten wird, erscheint diese Lösung nicht sinnvoll und macht die Anwendung der neuen Bestimmung noch problematischer. Denn gerade bei älteren (historischen) Werken kann die

[255] Vgl dazu und zum Folgenden Begründung bei *M Schulze*, Materialien², 943f.

[256] Vgl dazu im Einzelnen *Walter*, Schutz nachgelassener Werke 439ff. Siehe auch *Haller* (ÖSGRUM 20/1997) 40.

[257] Siehe dazu auch die fremdenrechtliche Vorschrift des § 99b öUrhG, wonach für den Schutz nachgelassener Werke die Vorschriften der §§ 94 bis 96 entsprechend gelten.

Frage, ob bzw wann das Werk veröffentlicht wurde, wenn überhaupt nur schwer geklärt werden. Aber auch für jüngere Werke wird dies oft zu unübersteiglichen Schwierigkeiten führen. Wenn die ErlRV dazu ausführen, dass die Richtlinie den Begriff der Veröffentlichung in diesem Zusammenhang nicht im Sinn der Berner Übereinkunft und damit nicht im Sinn von Erscheinen verwendet[258], ist dies zwar – nach dem Wortlaut des Art 4 – für die Anbindung des Schutzes an die erste Veröffentlichung richtig, nicht aber für die erste Voraussetzung, dass es sich um ein „zuvor unveröffentlichtes Werk", dh ein zuvor nicht erschienenes Werk handeln muss.

Artikel 5 Kritische und wissenschaftliche Ausgaben

Übersicht

Text

Artikel 5 Kritische und wissenschaftliche Ausgaben

Die Mitgliedstaaten können kritische und wissenschaftliche Ausgaben von gemeinfrei gewordenen Werken urheberrechtlich schützen. Die Schutzfrist für solche Rechte beträgt höchstens 30 Jahre ab dem Zeitpunkt der ersten erlaubten Veröffentlichung.

Aus den Erwägungsgründen

ErwG 20 Es steht den Mitgliedstaaten frei, andere verwandte Schutzrechte beizubehalten oder einzuführen, insbes in Bezug auf den Schutz kritischer und wissenschaftlicher Ausgaben; um die Transparenz auf Gemeinschaftsebene sicherzustellen, müssen die Mitgliedstaaten, die neue verwandte Schutzrechte einführen, dies jedoch der Kommission mitteilen.

Kommentar

1. Entstehungsgeschichte

Ebensowenig wie im **ursprünglichen RL-Vorschlag** der Schutz nachgelassener Werke behandelt wurde, hat der Vorschlag eine Harmonisierung des in manchen **1**

[258] Bei *Dittrich*, Urheberrecht[3], 273.

Mitgliedsländern gewährten Schutzes wissenschaftlich-kritischer Ausgaben bzw der Dauer eines solchen Sonderschutzes vorgesehen. Auch das **Europäische Parlament** hat diesbezüglich keine Änderung vorgeschlagen. Die Vorschrift des nunmehrigen Art 5 wurde vielmehr erst in der letzten Phase der Richtlinienentstehung eingefügt, um klarzustellen, dass der neu vorgesehene Sonderschutz für nachgelassene Werke ein spezifisches Leistungsschutzrecht für **wissenschaftlich-kritische Ausgaben** durch die Gesetzgebung der Mitgliedsländer nicht ausschließt. Diese Klarstellung erschien deshalb angebracht, weil ein Schutz wissenschaftlich-kritischer Ausgaben mit dem Schutz nachgelassener Werke inhaltlich eng zusammenhängt[259].

2. *Wissenschaftlich-kritische Ausgaben*

2 Unter wissenschaftlich-kritischen Ausgaben versteht man **wissenschaftlich redigierte Ausgaben** gemeinfreier Werke. Es handelt sich dabei um wissenschaftliche Leistungen, die weder in einer Bearbeitung des vorbestehenden freien Werks noch in einem selbständigen (wissenschaftlichen) Sprachwerk bestehen. Liegen solche vor, bleiben die dadurch begründeten Urheberrechte unberührt. Solche wissenschaftlich-kritische Leistungen können etwa in der Erschließung schlecht leserlicher oder unvollständiger Texte, in einer Übertragung aus historischen Schriften, insbes im Fall der paläographischen Übertragung aus alten Notenschriften wie Neumen, Mensuralnotationen, Tabulaturen, alter Schriftzeichen oder (unvollständiger bzw abgekürzter) Inschriften etc oder in der sichtenden Auswahl aus mehreren Überlieferungen oder Handschriften, der Rekonstruktion des Urtexts anhand archivarischen Materials bzw aus überarbeiteten Fassungen oder in der Sammlung, wissenschaftlichen Analyse und Kommentierung bestehen. Vor allem in den zuletzt genannten Fällen werden häufig auch selbständige (Sprach)Werke vorliegen. Beispiele solcher wissenschaftlich-kritischer Ausgaben sind neben Ausgaben alter Notenhandschriften in moderner Notation Urtextausgaben von Werken, Sammlungen und Übertragungen von Inschriften etc.

3. *Regelungsvorbehalt*

3 Wie bereits erwähnt, stellt Art 5 im Wesentlichen nur klar, dass der zwingend vorgegebene Schutz nachgelassener Werke einen darüber hinausgehenden Leistungsschutz wissenschaftlich-kritischer Ausgaben durch den Gesetzgeber der Mitgliedsländer **nicht ausschließt**. ErwG 20 hebt in diesem Sinn ausdrücklich hervor, dass es sich dabei um ein allgemeines Prinzip des Europäischen Urheberrechts handelt[260]. Danach sind auch andere Leistungsschutzrechte wie ein Schutz einfacher Lichtbilder, ein verwandtes Schutzrecht zu Gunsten des Veranstalters von Darbietungen ausübender Künstler oder von Sportveranstaltungen, ein Sonderschutz von Mustern und Modellen[261], ein Katalogschutz (§ 49 schwed UrhG),

---

[259] Vgl zur Konkurrenz *Hertin* in *Fromm/Nordemann*, Kommentar[9] § 71 Rz 7.

[260] Vgl *Dietz*, GRUR Int 1995, 678; *Reinbothe/v Lewinski*, Rental and Lending Rights 50 und 85. Siehe auch oben Art 3 Rz 4 und *v Lewinski* Vor Art 6 bis 10 Rz 4 Vermiet- und Verleih-RL.

[261] Vgl dazu *Walter* Stand der Harmonisierung Rz 9.

ein Verlegerschutz an der typographischen Gestaltung erschienener Ausgaben (*published editions*)[262] oder ein Schutz von Entwürfen für Theaterszenen[263] etc nicht ausgeschlossen. Dies ungeachtet des Umstands, dass solche Schutzrechte derzeit auf Europäischer Ebene weder in inhaltlicher Hinsicht noch in Bezug auf die gewährte Schutzdauer geregelt sind.

Wenn dies im Richtlinientext nur hinsichtlich wissenschaftlich-kritischer Ausgaben und einfacher Lichtbilder ausdrücklich erwähnt wird, ist dies daher zu erklären, dass zwischen dem Schutz nachgelassener Werke und einem solchen wissenschaftlich-kritischer Ausgaben eine inhaltliche Verwandtschaft besteht[264], weshalb hier ein Gegenschluss ausdrücklich ausgeschlossen werden sollte. Dies gilt entsprechend für den einfachen Lichtbildschutz, der in Art 6 letzter Satz Schutzdauer-RL gleichfalls ausdrücklich zugelassen wird. Dass es dabei nicht bloß um bereits bestehende weitere verwandte Schutzrechte, sondern auch um künftige Rechtsentwicklungen geht, ergibt sich schon aus dem in Art 12 vorgesehenen Meldeverfahren. In der Zwischenzeit wurde mit dem *sui generis* Schutz für nicht originelle Datenbanken im Europäischen Urheberrecht selbst ein weiteres Leistungsschutzrecht etabliert.

4. Rechtsnatur des Sonderschutzes

Art 5 Schutzdauer-RL spricht ausdrücklich von einem urheberrechtlichen Schutz. Dies ändert aber nichts daran, dass die Richtlinie im gegenständlichen Zusammenhang in erster Linie an einen **Sonderschutz** (Leistungsschutz) gedacht hat. Die gewählte Formulierung folgt offensichtlich aus dem Anschluss dieser Bestimmung an den Schutz nachgelassener Werke (Art 4), wonach ein den vermögensrechtlichen Befugnissen des Urhebers entsprechender Schutz zu gewähren ist. Auch im Rahmen des Art 5 hat die Richtlinie deshalb ein dem Urheberrecht verwandtes Schutzrecht vor Augen[265]. **4**

5. Begrenzte Harmonisierung

Während gegebenenfalls vom nationalen Gesetzgeber gewährte weitere Leistungsschutzrechte weder in der Schutzdauer-RL noch in anderen Richtlinien inhaltlich determiniert sind, ist dies im gegebenen Zusammenhang in Bezug auf **5**

---

262 Vgl Sec 1 Abs 1 lit c und Sec 8 brit CDPA 1988; der Schutz ist allerdings urheberrechtlich und nicht leistungsschutzrechtlich organisiert, was im Hinblick auf die geringen Anforderungen an die Originalität nach britischem Recht im Ergebnis aber wenig Unterschied macht. In Bezug auf diesen besonderen Schutz des Verlegers hat die Kommission dies auf Anfrage eines Mitgliedstaates schon zur Vermiet- und Verleih-RL ausdrücklich bestätigt. Nach der bei der Sitzung des Binnenmarktrats vom 18.06.1992 abgegebenen Erklärung der Kommission ist Kapitel II der Vermiet- und Verleih-RL auf Verleger von Druckwerken nicht anzuwenden und hindert die Mitgliedstaaten deshalb nicht an der Einführung oder Beibehaltung eines solchen Verlegerschutz.

263 So steht dem Urheber von Entwürfen für Theaterszenen (Regisseur), auch wenn sie nicht urheberrechtlich geschützt sind, nach § 86 ital UrhG für 5 Jahre ab der Erstaufführung ein Vergütungsanspruch zu, wenn sie in anderen Theatern verwendet werden, als denjenigen, für die sie geschaffen wurden.

264 Vgl *Maier*, RMUE 1994, 72.

265 So auch *v Lewinski*, Quellen 12.

die Schutzdauer der Fall. Zwar wird den Mitgliedsländern freigestellt, einen Schutz wissenschaftlich-kritischer Ausgaben vorzusehen und diesen – insbes auch hinsichtlich der Inhaberschaft eines solchen Schutzrechts[266] – auszugestalten, doch sind die Mitgliedsländer an einige **Vorgaben** der Schutzdauer-RL, insbes in Bezug auf die (maximale) Schutzdauer gebunden[267].

6 Auch bei wissenschaftlich-kritischen Ausgaben kommt es nicht darauf an, dass das gemeinfreie Werk in einem Mitgliedsland einmal geschützt war, und der Schutz abgelaufen ist[268]. Es muss sich aber um **gemeinfreie Werke** handeln; ein zu aufrechten Urheberrechten paralleles Schutzrecht ist nicht zulässig. Das dUrhG 1965 kannte einen Schutz wissenschaftlich-kritischer Ausgaben schon vor Umsetzung der Schutzdauer-RL (§ 70 dUrhG). Im italienischen Recht wurde ein Schutz anlässlich der Umsetzung der Richtlinie eingeführt (Art 85quater ital UrhG idF Gesetzesdekret 26.05.1997); die Schutzdauer-RL beträgt 20 Jahre ab Erscheinen, gleichviel auf welche Weise und mit welchen Mitteln dieses geschieht[269].

7 Wird ein Schutz gewährt, ist die **Schutzdauer** in Art 5 zwingend mit höchstens 30 Jahren ab dem Zeitpunkt des ersten (erlaubten) Erscheinens vorgegeben. Dass es hier ohne Zweifel auf das **Erscheinen** ankommt, folgt aus Art 5 Satz 2, der auf den Zeitpunkt der „Veröffentlichung" abstellt, was nach der Terminologie der Richtlinie als Erscheinen zu verstehen ist[270]. Allerdings ist die Harmonisierung auch insoweit nur eine begrenzte, da die vorgegebene Schutzdauer ausnahmsweise nur als **Maximalschutz** vorgesehen ist. Es steht den Mitgliedsländern deshalb frei, auch kürzere Schutzfristen festzulegen; sie dürfen aber jedenfalls nicht länger als 30 Jahre ab dem ersten (erlaubten) Erscheinen bemessen sein. Der auch hier aufscheinende Hinweis auf die **Erlaubtheit** des Erscheinens wird gleichfalls als Redaktionsversehen zu deuten sein.

Umsetzung in Deutschland und Österreich

1. Deutschland

8 Einen Schutz wissenschaftlich-kritischer Ausgaben kannte schon das dUrhG 1965. Nach § 70 Abs 1 dUrhG sind Ausgaben urheberrechtlich nicht geschützter Werke oder Texte[271] gleich Werken geschützt, wenn sie das Ergebnis wissenschaftlich sichtender Tätigkeit darstellen und sich wesentlich von den bisherigen Ausgaben unterscheiden. Schutzgegenstand ist danach die wissenschaftlich-kritische Leistung als solche. Um eine Monopolisierung der freien

---

[266] Vgl *Katzenberger* in *Schricker*, Kommentar² § 64 Rz 29; *Reindl*, Einfluß des Gemeinschaftsrechts 393.

[267] Vgl *Benabou*, Droits d'auteur et droit communautaire 382f.

[268] So zum deutschen Recht auch *Loewenheim* in *Schricker*, Kommentar² § 70 Rz 5; aM *Reindl*, Einfluß des Gemeinschaftsrechts 393.

[269] Siehe dazu auch die Länderübersicht im Anhang zu Art 10 Rz 25f.

[270] So auch *Dietz*, GRUR Int 1995, 680; zum deutschen Recht *Katzenberger*, § 64 Rz 29 und *Loewenheim*, § 70 Rz 13, jeweils in *Schricker*, Kommentar².

[271] Das Vorliegen eines Werks ist deshalb nicht erforderlich. So auch *Loewenheim* in *Schricker*, Kommentar² § 70 Rz 5.

Vorlagen zu verhindern, wird der Schutz von einer wesentlichen Unterscheidung, einer leistungsschutzrechtlichen „Neuheit" abhängig gemacht. Das Schutzrecht steht dem Verfasser zu (§ 70 Abs 2 dUrhG) und erlischt 25 Jahre[272] ab Herstellung bzw ab Erscheinen innerhalb dieser ersten Schutzperiode (§ 70 Abs 3 dUrhG).

Der im deutschen Urheberrecht gewährte Schutz wissenschaftlich-kritischer Ausgaben (§ 70 dUrhG) konnte unverändert beibehalten werden. Da die Schutzfrist mit zuletzt 25 Jahren ab Erscheinen unter der Maximalschutzfrist des Art 5 liegt, war eine Anpassung auch insoweit nicht erforderlich. Allerdings sieht das deutsche Gesetz ergänzend eine Berechnung vom Zeitpunkt der Herstellung vor, wenn die Ausgabe nicht innerhalb dieser Frist erschienen ist. Da dies gegebenenfalls nur zu einer Verkürzung der Schutzfrist führt, die nach der Richtlinie zulässig ist, weil es sich nur um einen Maximalschutz handelt, mag diese ergänzende Anknüpfung richtlinienkonform sein[273]. Dagegen ließe sich allerdings in Treffen führen, dass die Richtlinie durch die Anknüpfung der Schutzfrist an das Erscheinen indirekt auch eine inhaltliche Regelung treffen und die Schutzfrist jedenfalls nur ab diesem Zeitpunkt berechnen wollte[274]. **9**

2. Österreich

Dem österr Urheberrecht ist ein Schutz wissenschaftlich-kritischer Ausgaben fremd. Ansätze hierfür in einem früheren Ministerialentwurf zur öUrhGNov 1996 wurden nicht weiter verfolgt. ME sprechen für den Schutz wissenschaftlich sichtender Tätigkeit sogar zwingendere Gründe als für den Sonderschutz nachgelassener Werke. **10**

Artikel 6 Schutz von Fotografien

Übersicht

---

[272] Zunächst wurde der Schutz nur für 10 Jahre gewährt.

[273] Siehe dazu auch *Dietz*, GRUR Int 1995, 680.

[274] Art 85[quater] ital UrhG berechnet die zwanzigjährige Schutzfrist nur vom Zeitpunkt des Erscheinens.

Text

Artikel 6 Schutz von Fotografien

Fotografien werden gemäß Artikel 1 geschützt, wenn sie individuelle Werke in dem Sinne darstellen, daß sie das Ergebnis der eigenen geistigen Schöpfung ihres Urhebers sind. Zur Bestimmung ihrer Schutzfähigkeit sind keine anderen Kriterien anzuwenden. Die Mitgliedstaaten können den Schutz anderer Fotografien vorsehen.

Aus den Erwägungsgründen

ErwG 17 Der Schutz von Fotografien ist in den Mitgliedstaaten unterschiedlich geregelt. Damit die Schutzdauer für fotografische Werke insbes bei Werken, die aufgrund ihrer künstlerischen oder professionellen Qualität im Rahmen des Binnenmarkts von Bedeutung sind, ausreichend harmonisiert werden kann, muß der hierfür erforderliche Originalitätsgrad in der vorliegenden Richtlinie festgelegt werden. Im Sinne der Berner Übereinkunft ist ein fotografisches Werk als ein individuelles Werk zu betrachten, wenn es die eigene geistige Schöpfung des Urhebers darstellt, in der seine Persönlichkeit zum Ausdruck kommt; andere Kriterien wie zB Wert oder Zwecksetzung sind hierbei nicht zu berücksichtigen. Der Schutz anderer Fotografien kann durch nationale Rechtsvorschriften geregelt werden.

Kommentar

1. Entstehungsgeschichte

1 Die Begründung zum **ursprünglichen RL-Vorschlag** (Teil 1 Punkt 8 und 9) hebt zu Recht hervor, dass die Schutzdauer für fotografische Werke schon im Hinblick auf die Sondervorschrift des Art 7 Abs 4 RBÜ 1967/71 in den Mitgliedsländern sehr unterschiedlich ist. Nach dieser Vorschrift bleibt die Regelung der Schutzfrist nämlich den Mitgliedsländern vorbehalten, und wird lediglich eine Mindestschutzdauer von 25 Jahren ab Herstellung festgelegt. Aber auch die Schutzsysteme weichen erheblich voneinander ab. Manche Mitgliedsländer sehen einen Schutz nur für Lichtbildwerke nach urheberrechtlichen Gesichtspunkten vor, während andere ein gemischtes System von Urheber- und Leistungsschutzrechten in unterschiedlichen Varianten kennen[275]. Der RL-Vorschlag beschränkte sich darauf, eine einheitliche Schutzfrist für fotografische Werke festzulegen (Begründung Teil 1 Punkt 58), sah aber kein Leistungsschutzrecht für einfache Lichtbilder vor. Für „geschützte Photographien" sollte die Schutzfrist nach der allgemeinen Regel des Art 1 mit 70 Jahren *pma* festgelegt werden (Art 3 RL-Vorschlag). Dies sollte wohl auch für Fotografien gelten, die in einem Mitgliedsland nur den Sonderschutz für einfache Lichtbilder genießen, was allerdings dazu geführt hätte, dass Mitgliedsländer mit einem doppelten Schutzsystem dieses jedenfalls hinsichtlich der Schutzdauer hätten aufgeben müssen[276]. Weder das **Europäische Parlament** noch der Wirtschafts- und Sozialausschuss haben hierzu

---

[275] Siehe dazu die Übersicht bei *v Lewinski*, GRUR Int 1992, 728.
[276] Vgl dazu im Einzelnen *v Lewinski*, GRUR Int 1992, 728 und *v Lewinski*, Quellen 9.

Änderungen vorgeschlagen; Art 3 RL-Vorschlag blieb auch im **geänderten Vorschlag** unverändert.

Auch der **endgültige Text** der Richtlinie regelt nur den Schutz fotografischer Werke, geht aber insoweit einen Schritt weiter, als für diese nicht bloß die allgemeinen Regeln des Art 1 zur Bestimmung der Schutzdauer für anwendbar erklärt wird, sondern auch die Voraussetzungen für einen urheberrechtlichen Schutz durch Umschreibung der erforderlichen **Originalität** festgelegt werden. Dabei folgt Art 6 wörtlich der Software-RL (Art 1 Abs 3), der nun auch Art 3 Abs 1 Datenbank-RL gefolgt ist. ErwG 17 stellt dazu – gleichfalls im Einklang mit den Formulierungen der Software-RL – ergänzend klar, dass solche Fotografien Werke im Sinn der Berner Übereinkunft sind. Weiters wird ausdrücklich klargestellt, dass die Harmonisierung der Schutzfrist zwar nur Lichtbildwerke betrifft, für die ein einheitlicher Originalitätsmaßstab festgelegt wird, es den Mitgliedsländern aber freisteht, einen ergänzenden (leistungsschutzrechtlichen) Sonderschutz für andere Fotografien vorzusehen. Für einen solchen ergänzenden Lichtbildschutz wird allerdings – anders als für den Schutz wissenschaftlich-kritischer Ausgaben – die Schutzfrist nicht zwingend vorgegeben[277]. **2**

2. *Entwicklung des Fotoschutzes in der Berner Übereinkunft*

Der urheberrechtliche Schutz fotografischer Werke entwickelte sich erst **schrittweise** und blieb bis zuletzt hinter dem Urheberrechtsschutz zurück, wie er für anderer Werkkategorien gewährt wird. Dies gilt sowohl für die nationalen Urheberrechtsordnungen als auch für das internationale Urheberrecht. Das Schlussprotokoll zur Stammfassung der Berner Übereinkunft 1886 hatte für die Verbandsländer noch keinerlei Schutzverpflichtung vorgesehen. Die Fassung nach der Pariser Zusatzakte 1896 hat für fotografische Werke – allerdings mit Ausnahme der Schutzfrist – zumindest den Grundsatz der Inländerbehandlung verankert, und zwar ohne Rücksicht auf die Art des gewährten Schutzes. Eine Verpflichtung der Verbandsländer, auch Lichtbildwerke zu schützen, wurde in der Berner Übereinkunft erstmals in ihrer Fassung Berlin 1908 verankert, wobei die Rechtsnatur eines solchen Schutzes ebenso offen blieb wie die Dauer des Schutzes. Erst die Brüsseler Fassung 1948 nahm fotografische Werke in den Katalog geschützter Werke auf; eine Mindestschutzfrist wurde aber erst in der Fassung Stockholm/Paris festgelegt, die mit 25 Jahren seit Herstellung aber weiterhin wesentlich hinter der sonst vorgeschriebenen Mindestschutzfrist zurückblieb (Art 7 Abs 3 RBÜ 1967/71). Die völlige Gleichstellung fotografischer Werke mit den übrigen Werkkategorien wurde erst im WIPO-Urheberrechtsvertrag 1996 (WCT) verwirklicht, wenn Art 9 die Vertragsstaaten verpflichtet, von der Möglichkeit einer verkürzten Schutzfrist nach Art 7 Abs 4 RBÜ 1967/71 keinen Gebrauch zu machen. Art 6 Schutzdauer-RL hat diesen Gedanken durch Anwendung der Regelschutzfrist auch auf Lichtbildwerke schon vorweggenommen[278]. **3**

---

[277] Vgl *v Lewinski*, Quellen 9.

[278] Vgl zu all dem *Ricketson*, International Conventions, in *Gendreau/Nordemann/Oesch*, Copyright and Photographs 18ff.

3. Regelungen in den Mitgliedsländern (Schutzsysteme)

4 Entsprechend unterschiedlich waren die **Schutzfristen** für fotografische Werke auch in den Mitgliedsländern ausgestaltet, wobei auch die unterschiedlichsten **Schutzsysteme** bestanden und bestehen[279]. Manche Gesetze schützen nur künstlerische Fotografien, die als originelle Werke anzusehen sind, ohne ein ergänzendes Leistungsschutzrecht für einfache Lichtbilder vorzusehen, wie dies etwa in Frankreich der Fall ist[280]. Die Anforderungen an die Originalität sind gerade in solchen Fällen in der Regel aber gering. Andere Gesetze sehen dagegen nur ein Leistungsschutzrecht vor, wie dies etwa in Österreich vor der öUrhG-Nov 1953 der Fall war. Dagegen sah das deutsche UrhG 1965 einen zweifachen urheberrechtlichen und leistungsschutzrechtlichen Schutz – allerdings mit einer verkürzten Schutzfrist – vor. Auch die gewährten Leistungsschutzrechte konnten unterschiedlich strukturiert sein. Während das deutsche UrhG die urheberrechtlichen Regelungen für einfache Lichtbilder – mit Ausnahme der Schutzdauer – zur Gänze für anwendbar erklärte (§ 72 dUrhG 1965), sah das österr UrhG 1936 ein spezifisches Leistungsschutzrecht – und zunächst nur dieses – vor (§§ 73ff öUrhG). Es bestand deshalb auch insoweit ein besonderer Harmonisierungsbedarf (Begründung RL-Vorschlag Teil 1 Punkt 8 und Teil 2 Punkt 1.1.).

4. Regelschutzfrist für fotografische Werke

5 **Lichtbildwerke** (*œuvres photographiques*) sind seit der Brüsseler Fassung der Berner Übereinkunft in den Werkkatalog des Art 2 aufgenommen und daher als Werke **urheberrechtlich** und nicht bloß leistungsschutzrechtlich zu schützen. Dieser Entscheidung folgt Art 6 Schutzdauer-RL und hält ausdrücklich fest, dass Fotografien urheberrechtlich geschützt sind, wenn es sich um Werke im Sinn der in Art 6 gegebenen Begriffsbestimmung handelt. Auch nach der Schutzdauer-RL ist es den Mitgliedsländern deshalb verwehrt, den Schutz von Fotografien ausschließlich auf der Grundlage eines Leistungsschutzrechts auszugestalten, wie dies in Österr vor der öUrhGNov 1953 der Fall war. Ein **Sonderschutz für einfache Lichtbilder** ist aber damit ebensowenig ausgeschlossen wie ein paralleles Leistungsschutzrecht für Lichtbildwerke. Die Richtlinie regelt ein solches Leistungsschutzrecht aber nicht und überlässt die Einführung bzw Beibehaltung und dessen Ausgestaltung, einschließlich der Dauer dem Gesetzgeber der Mitgliedsländer.

6 Für Lichtbildwerke schreibt die Schutzdauer-RL nun zwingend die Anwendung der **allgemeinen Regeln** des Art 1 und damit insbes die Regelschutzfrist von 70 Jahren *pma* vor. Die Mitgliedsländer dürfen deshalb von der nach der Berner Übereinkunft (Art 7 Abs 4 RBÜ 1967/71) offen stehenden Möglichkeit, für

---

[279] Siehe auch die Übersicht bei *v Lewinski*, GRUR Int 1992, 728; vgl auch *Gendreau/Nordemann/Oesch*, Copyright and Photographs. Siehe dazu auch die Länderübersicht im Anhang zu Art 10.

[280] Das Gesetz 1957 hatte in Art 3 allerdings den urheberrechtlichen Schutz für Fotografien künstlerischen oder dokumentarischen Charakters vorgesehen; letzterer wurde jedoch mit Novelle 1985 wieder beseitigt.

fotografische Werke eine kürzere Schutzfrist (von mindestens 25 Jahren) vorzusehen, keinen Gebrauch machen, worin *Dietz*[281] zu Recht den entscheidenden Beitrag zur Harmonisierung sieht. Damit hält die Schutzdauer-RL auch für fotografische Werke an der Grundsatzentscheidung fest, die harmonisierte Schutzfrist von 70 *pma* für alle Werkarten einheitlich festzulegen[282]. Auch Lichtbildwerke sind deshalb für einen Zeitraum von 70 Jahren nach dem Tod des Urhebers, anonyme und pseudonyme Fotografien ab Veröffentlichung bzw Schaffung geschützt. Aus praktischer Sicht wird allerdings die für anonyme und pseudonyme Werke vorgesehene Regelung (Art 1 Abs 3) häufiger zur Anwendung kommen als dies bei anderen Werkarten der Fall ist. Auch die Miturheberregel des Art 1 Abs 2 Schutzdauer-RL gilt für Lichtbildwerke gleichermaßen. Wie bereits erwähnt, wurde die volle Gleichstellung fotografischer Werke mit anderen Werkkategorien nun auch in Art 9 WCT übernommen.

5. Lichtbildwerke und Originalität

Da ein ergänzendes Leistungsschutzrecht für einfache Lichtbilder von der **7**
Richtlinie nicht vorgeschrieben wird, musste sichergestellt werden, dass auch im fotografischen Bereich zumindest der Schutz der sog kleinen Münze in allen Mitgliedsländern gewährleistet ist. Dies wurde durch die Übernahme des **reduzierten Originalitätsbegriffs** des Art 1 Abs 3 Software-RL erreicht. Danach sind Computerprogramme dann geschützt, wenn sie individuelle Werke in dem Sinn darstellen, dass sie das Ergebnis der eigenen geistigen Schöpfung ihres Urhebers sind; zur Bestimmung ihrer Schutzfähigkeit dürfen keine anderen Kriterien herangezogen werden (Art 1 Abs 3 Software-RL). Ausschlaggebend für die Regelung in der Software-RL waren der besondere Schutzgegenstand und die in den Mitgliedsländern bestehenden unterschiedlichen Auffassungen hinsichtlich der an die Originalität zu stellenden Ansprüche[283]. Entsprechendes gilt auch für die vorliegende Regelung, da eine Harmonisierung der Schutzfristen für urheberrechtlich geschützte Fotografien auch einen Grundkonsens darüber voraussetzt, was als Lichtbildwerk anzusehen ist (so auch ErwG 17). Dieselbe Überlegung trifft übrigens auch für Datenbanken zu, weshalb auch die Datenbank-RL eine ähnliche Umschreiben enthält[284].

Der in der Software-RL vorgegebene Originalitätsbegriff ist durch ein **geringes** **8**
Niveau an Gestaltungshöhe gekennzeichnet[285] und stellt einen Kompromiss zwischen der britisch-irischen Auffassung, die im Wesentlichen nur voraussetzt, dass ein Werk keine Kopie eines anderen (vorbestehenden) Werks ist, und der grundsätzlich strengeren kontinental-europäischen Auffassung dar, die eine gewisse Eigenheit des Werks voraussetzt, allerdings auch mit verschiedenen Nuancierungen vertreten wird. Auch für fotografische Werke wird nach diesem

---

281 GRUR Int 1995, 677.

282 Vgl *Reindl*, Einfluß des Gemeinschaftsrechts 393.

283 Vgl dazu im Einzelnen *Walter* Art 1 Rz 13ff Software-RL und Stand der Harmonisierung Rz 7. Vgl auch *Walter*, Handbook 13ff.

284 Siehe dazu *v Lewinski* Art 3 Rz 7ff Datenbank-RL.

285 Vgl *Katzenberger* in *Schricker*, Kommentar² § 64 Rz 30. Siehe auch *Benabou*, Droits d'auteur et droit communautaire 383f.

Konzept ein geringes Maß an Originalität ausreichen, wobei die verschiedensten Gestaltungsgesichtspunkte relevant sein können, wie Auswahl und Anordnung der Aufnahmeobjekte, Wahl des Standpunkts, des Ausschnitts und der Belichtung oder auch die Nachbearbeitung im Zug der Ausarbeitung oder auch noch am fertigen Lichtbild. Es folgt dies aus der Parallele zur Software-RL und dem Umstand, dass in beiden Fällen ein ergänzender Sonderschutz nicht vorgeschrieben ist, wenn die Schutzdauer-RL einen solchen für Fotografien auch ausdrücklich zulässt.

Es folgt dies aber auch aus ErwG 17, der ausdrücklich von der Bedeutung von Lichtbildern im Hinblick auf ihre künstlerische oder auch nur professionelle Qualität spricht. Wenn in diesem Zusammenhang von der eigenen geistigen Schöpfung des Urhebers die Rede ist, „in der seine Persönlichkeit zum Ausdruck kommt", macht dies zwar den Kompromisscharakter des Europäischen Werkbegriffs deutlich[286], ist aber mE nicht Ausdruck einer strengeren Auffassung im Bereich des Fotourheberrechts[287]. Den allgemeinen Gesichtspunkten folgend hebt ErwG 17 auch hervor, dass eine besondere Qualität der Aufnahmen nicht erforderlich ist, und eine Zweckbestimmung jedenfalls nicht schadet. Ausschlaggebend ist deshalb allein eine Unterscheidbarkeit im urheberrechtlichen Sinn, weshalb bloß für völlig alltägliche Aufnahmen ein urheberrechtlicher Schutz ausscheidet.

6. Schutz einfacher Lichtbilder

9 Während die Vermiet- und Verleih-RL (Art 2 Abs 1 letzter Fall) für Laufbilder ein ergänzendes Leistungsschutzrecht zwingend vorsieht[288], trifft dies für einfache Lichtbilder nicht zu. Hieran ändert auch die Schutzdauer-RL nichts[289]. Art 6 dritter Satz hält aber ausdrücklich fest, dass es dem nationalen Gesetzgeber **vorbehalten** bleibt, auch den Schutz anderer Fotografien vorzusehen, die nicht die erforderliche Originalität im Sinn der Richtlinie aufweisen. Es entspricht dies der Grundhaltung der Richtlinie, die keine abschließende Aufzählung und Regelung aller Leistungsschutzrechte vorsieht[290]. Der Vorbehalt entspricht grundsätzlich demjenigen in Art 5 für wissenschaftlich-kritischer Ausgaben. Für den Lichtbildschutz macht Art 6 aber – anders als nach Art 5 – keine Vorgaben, insbes auch nicht in Bezug auf die Höchstdauer eines solchen ergänzenden Leistungsschutzes. Die Mitgliedstaaten sind deshalb in der Gestaltung eines Lichtbildschutzes für einfache Lichtbilder völlig frei[291]. Auch die Gewährung vollen Urheberrechtsschutzes für einfache Lichtbilder wird zulässig sein, wie dies etwa

---

[286] Vgl *Cohen Jehoram,* IIC 1994, 829.

[287] So auch *Maier*, RMUE 1994, 73f; *Schricker* in FS *Kreile* 715; *Schricker*, IIC 1995, 46. AM wohl *Dietz*, GRUR Int 1995, 677; zweifelnd *Reindl*, Einfluß des Gemeinschaftsrechts 394 und FN 328 und *v Lewinski,* Quellen 9f.

[288] Vgl *Reinbothe/v Lewinski*, Rental and Lending Rights 49.

[289] *Benabou*, Droits d'auteur et droit communautaire 384f erblickt darin zu Recht ein Harmonisierungsdeffizit.

[290] Siehe in diesem Sinn auch ErwG 20; vgl dazu auch die Ausführungen oben zu Art 3 Rz 4 und Art 5 Rz 3 und *v Lewinski* Vor Art 6 bis 10 Rz 4 Vermiet- und Verleih-RL.

[291] Vgl *Dietz*, GRUR Int 1995, 680; *Katzenberger* in *Schricker*, Kommentar^2 § 64 Rz 30 zum doppelspurigen Schutz nach deutschem Recht; *v Lewinski*, Quellen 12.

im britischen Recht der Fall ist, wenn allen – bloß nicht kopierten – Lichtbildern urheberrechtlicher Schutz gewährt wird[292].

Wie bereits erwähnt, sind die **Systeme** eines solchen ergänzenden Lichtbildschutzes unterschiedlich. Die Schutzrechte sind dem urheberrechtlichen Schutz ieS zwar meist nachgebildet, inhaltlich bleibt der Schutz aber gewöhnlich hinter dem urheberrechtlichen zurück und wird in der Regel nur für eine kürzere Zeitspanne gewährt. Ein besonderer Lichtbildschutz dieser Art wird neben Deutschland und Österreich etwa in Italien, den Niederlanden und Spanien gewährt (Begründung RL-Vorschlag Teil 1 Punkt 9)[293].

Umsetzung in Deutschland und Österreich

1. Deutschland

In Deutschland besteht heute[294] ein **doppeltes Schutzsystem**. Fotografische Werke genießen den vollen Urheberrechtsschutz (§ 2 Abs 1 Z 5 dUrhG), einfache Lichtbilder ein paralleles Leistungsschutzrecht (§ 72 Abs 1 dUrhG). Vor dem Dritten ÄnderungsG 1995 gewährte das deutsche Recht eine differenzierte Schutzfrist: Für Aufnahmen, die als Dokumente der Zeitgeschichte anzusehen waren, betrug die Schutzfrist 50 Jahre, für andere Aufnahmen bloß 25 Jahre, jeweils ab Herstellung bzw Erscheinen. Entsprechend dem von der Schutzdauer-RL vorgegebenen Laufbildschutz wurde die Schutzfrist für einfache Lichtbilder jetzt aber einheitlich auf 50 Jahre angehoben, und wurde die Unterscheidung zwischen Lichtbildern, die Dokumente der Zeitgeschichte sind, und anderen Lichtbildern aufgegeben. Die Berechnung der Schutzfrist erfolgt – neben der Anknüpfung an den Zeitpunkt der Herstellung – jetzt gleichfalls nicht mehr ab Erscheinen, sondern ab Veröffentlichung (einschließlich eines Erscheinens)[295]. **10**

Dagegen hat das Dritte ÄnderungsG 1995 den in Art 6 Schutzdauer-RL vorgegebenen reduzierten Originalitätsbegriff im Fotourheberecht nicht ausdrücklich umgesetzt, während dies für Computerprogramme in Umsetzung des Art 1 Abs 3 Software-RL in § 69a Abs 3 dUrhG geschehen ist. Begründet wird dies damit, dass dies im Softwareurheberrecht im Hinblick auf die „Inkassoprogramm" Entscheidung des BGH[296] erforderlich war, nicht aber im Lichtbildrecht[297]. Richtlinienkonform wird jedenfalls von einem reduzierten Originalitätsmaßstab auszugehen sein[298]. **11**

2. Österreich

Auch in Österreich besteht seit der öUrhGNov 1953 ein **doppeltes Schutzsystem**, wonach Lichtbildwerke als Werke der bildenden Künste geschützt sind, **12**

---

[292] Vgl *Cornish,* Yearbook of European Law 13 (1993) 488.

[293] Siehe dazu auch die Länderübersicht im Anhang zu Art 10.

[294] Zur Rechtslage vor 1985 siehe oben Rz 4.

[295] Vgl Begründung Entw III Drittes ÄnderungsG bei *M Schulze*, Materialien^2, 933f und 944f.

[296] 09.05.1985 „Inkassoprogramm „ BGHZ 94, 279 = GRUR 1985, 1041 = CR 1985, 22 = NJW 1986, 192 = IIC 1986, 681.

[297] Vgl Begründung bei *M Schulze*, Materialien^2, 933f. Siehe dazu krit unten Rz 13.

[298] Vgl *A Nordemann/Mielke*, ZUM 1996, 216.

während einfache Lichtbilder den Leistungsschutz für Lichtbildhersteller nach den §§ 73ff öUrhG genießen, der im Übrigen auch Lichtbildwerken parallel zum urheberrechtlichen Schutz offen steht. Der Leistungsschutz für einfache Lichtbilder währte zuletzt – ohne Differenzierung – 30 Jahre, wurde aber mit öUrhG-Nov 1996 gleichfalls auf 50 Jahre ab Herstellung bzw Veröffentlichung verlängert. Die Berechnung der Schutzfrist ab Herstellung bzw Veröffentlichung (§ 74 Abs 6 öUrhG) steht in Einklang mit den Vorgaben der Schutzdauer-RL für den Laufbildschutz, der im öUrhG deckungsgleich mit dem Lichtbildschutz geregelt ist (§ 73 Abs 2 öUrhG), war aber schon im bisherigen Recht so vorgesehen.

13 Während die entsprechende Begriffsbestimmung der **Originalität** des Art 1 Abs 3 Software-RL bei der Umsetzung in das österr Urheberrecht übernommen wurde (§ 40a Abs 1 öUrhG), ist dies auch in Österr für Lichtbildwerke nicht geschehen. In den ErlRV öUrhGNov 1996[299] wird dies damit begründet, dass die in der Schutzdauer-RL genannten Kriterien ohnehin der geltenden Rechtslage entsprechen, was allerdings nicht überzeugt. Denn gerade die „Inkassoprogramm" Entscheidung des BGH hat gezeigt, dass trotz des im deutschen Urheberrecht anerkannten Schutzes auch der sog kleinen Münze abweichende Lösungen in der Rechtsprechung nicht auszuschließen sind. Entsprechendes gilt auch für das österr Urheberrecht, für welches sich erst die jüngere Rechtsprechung vom Erfordernis einer besonderen „Werkhöhe" befreit hat[300], Änderungen der Judikaturlinie aber nicht auszuschließen sind[301]. Auch handelt es sich beim **Originalitätsbegriff** der Richtlinien um einen Kompromiss, der deutliche Spuren des niedrigen Originalitätsstandards des britisch-irischen Rechts trägt.

Artikel 7 Schutz im Verhältnis zu Drittländern

Übersicht

[299] Bei *Dittrich*, Urheberrecht³, 11f.

[300] Vgl dazu *Walter* Art 1 Rz 41 Software-RL.

[301] So auch *Reindl*, Einfluß des Gemeinschaftsrechts 396f. Siehe dazu auch *Walter* in *Gendreau/Nordemann/Oesch*, Copyright and Photographs 50ff.

Text

Artikel 7 Schutz im Verhältnis zu Drittländern

(1) Für Werke, deren Ursprungsland im Sinne der Berner Übereinkunft ein Drittland und deren Urheber nicht Staatsangehöriger eines Mitgliedstaats der Gemeinschaft ist, endet der in den Mitgliedstaaten gewährte Schutz spätestens mit dem Tag, an dem der Schutz im Ursprungsland des Werkes endet, ohne jedoch die Frist nach Artikel 1 zu überschreiten.

(2) Die Schutzdauer nach Artikel 3 gilt auch für Rechtsinhaber, die nicht Angehörige eines Mitgliedstaats der Gemeinschaft sind, sofern ihnen der Schutz in den Mitgliedstaaten gewährt wird. Jedoch endet der in den Mitgliedstaaten gewährte Schutz, unbeschadet der internationalen Verpflichtungen der Mitgliedstaaten, spätestens mit dem Tag, an dem der Schutz in dem Drittland endet, dessen Staatsangehöriger der Rechtsinhaber ist, und darf die in Artikel 3 festgelegte Schutzdauer nicht überschreiten.

(3) Mitgliedstaaten, die zum Zeitpunkt der Annahme dieser Richtlinie insbes aufgrund ihrer internationalen Verpflichtungen eine längere Schutzdauer als die in den Absätzen 1 und 2 vorgesehene gewährt haben, dürfen diesen Schutz bis zum Abschluß internationaler Übereinkommen zur Schutzdauer des Urheberrechts oder verwandter Schutzrechte beibehalten.

Aus den Erwägungsgründen

ErwG 22 Bei Werken, deren Ursprungsland im Sinne der Berner Übereinkunft ein Drittland ist und deren Urheber kein Gemeinschaftsangehöriger ist, sollte ein Schutzfristenvergleich angewandt werden, wobei die in der Gemeinschaft gewährte Schutzfrist die Frist nach dieser Richtlinie nicht überschreiten darf.

ErwG 23 Die in dieser Richtlinie vorgesehene Schutzdauer der verwandten Schutzrechte sollte auch für Rechtsinhaber gelten, die nicht Angehörige eines Mitgliedstaats der Gemeinschaft sind, die jedoch aufgrund internationaler Vereinbarungen einen Schutzanspruch haben, ohne daß diese Schutzdauer die des Drittlands überschreitet, dessen Staatsangehöriger der Rechtsinhaber ist.

ErwG 24 Die Anwendung der Bestimmungen über den Schutzfristenvergleich darf nicht zur Folge haben, daß die Mitgliedstaaten mit ihren internationalen Verpflichtungen in Konflikt geraten.

Kommentar

1. Entstehungsgeschichte

1 Schon der **ursprüngliche RL-Vorschlag** (Art 4 Abs 2) sah keine Gleichbehandlung urheberrechtlich geschützter Werke in der Schutzfristenfrage vor und ordnete die Anwendung des **Schutzfristenvergleichs** im Sinn des Art 7 Abs 8 RBÜ 1967/71 an. Zu Recht weist die Begründung darauf hin (Teil 1 Punkt 60), dass es sich dabei um materielle Gegenseitigkeit (Reziprozität) und damit um Fremdenrecht handelt. Die Begründung hebt auch den rechtspolitischen Hintergrund dieses fremdenrechtlichen Grundsatzes hervor, der darin liegt, Drittländer zu veranlassen, ein entsprechend hohes Schutzniveau zu gewährleisten, wie dies auch schon in den Initiativen zum Grünbuch betont worden war. Ausdrücklich garantiert sollte aber die Gleichbehandlung von Angehörigen der Mitgliedstaaten werden (Teil 2 Punkt 4.2.), was wohl auch für den Bereich des Leistungsschutzrechts gelten sollte. Auch für diese sah der RL-Vorschlag im Verhältnis zu Berechtigten aus Drittländern die Anwendung des Schutzfristenvergleichs vor und machte den Schutz im Übrigen von den Regeln des nationalen oder internationalen Fremdenrechts abhängig (Art 4 Abs 3). Allerdings wurde der Gleichbehandlungsgrundsatz im Verhältnis zu Angehörigen von Mitgliedsländern für den Bereich des Leistungsschutzrechts nicht ausdrücklich festgeschrieben, was auch für die Endfassung der Richtlinie gilt. Maßgebend sei in diesem Zusammenhang die Staatsangehörigkeit des Berechtigten und nicht das Ursprungsland des Werks (Begründung Teil 2 Punkt 4.3.). Um zu vermeiden, dass die Mitgliedstaaten mit ihren internationalen Verpflichtungen in Konflikt geraten, sollte es der Kommission vorbehalten bleiben, nach Anhörung eines Ausschusses (Art 9) Ausnahmen vom Schutzfristenvergleich vorzusehen (Art 4 Abs 4). Dies war insbes im Hinblick auf das Rom-Abkommen erforderlich, das keinen Schutzfristenvergleich kennt (Begründung Teil 2 Punkt 4.4. und 4.4.1.); aber auch bilaterale Vereinbarungen können der Anwendung des Schutzfristenvergleichs entgegenstehen. Schließlich sollten auch geeignete Maßnahmen für den Fall getroffen werden können, dass Leistungen aus Drittländern nur in einigen Mitgliedstaaten geschützt werden, und dies zu Wettbewerbsverzerrungen und Verkehrsverlagerungen im Binnenmarkt führt (Begründung Teil 2 Punkt 4.4. und 4.4.2.).

2 Das **Europäische Parlament** hat hierzu nur vorgeschlagen, auch für verwandte Schutzrechte ausdrücklich klarzustellen, dass der Schutz für Leistungen aus Drittländern jedenfalls die Schutzdauer nach der Richtlinie nicht überschreiten darf. Diese Klarstellung wurde in den **geänderten RL-Vorschlag** übernommen, der sonst in Bezug auf den Schutzfristenvergleich keine Änderungen enthält; sie ist auch in den **endgültigen Richtlinientext** eingeflossen. Dieser weicht von den Vorschlägen aber insoweit ab, als die Anwendung des Schutzfristenvergleichs im Bereich der Leistungsschutzrechte ganz allgemein unter den Vorbehalt der internationalen Verpflichtungen der Mitgliedstaaten gestellt wurde (Art 7 Abs 2), so dass sich insoweit eine Kommissionsentscheidung erübrigte. Der neue Art 7 Abs 3 sieht generell vor, dass Mitgliedstaaten, die zum Zeitpunkt der Annahme der Richtlinie insbes auf Grund internationaler Verpflichtungen eine längere Schutzfrist gewährt haben, diese auch Werken und Leistungen aus Drittländern gegenüber aufrechterhalten dürfen. Die – auch für den Fall einer unterschiedlichen fremdenrechtlichen Behandlung von Berechtigten aus Drittländern – vorgesehene Kommissionsentscheidung ist im endgültigen Text zur Gänze gestrichen worden.

2. Fremdenrecht und Schutzfristenvergleich im Urheberrecht

2.1. Fremdenrecht und internationale Verträge

Art 7 regelt das urheberrechtliche Fremdenrecht nicht umfassend. Die Schutzdauer-RL geht vielmehr vom Fortbestand des **nationalen Fremdenrechts** und der Maßgeblichkeit der **internationalen Urheberrechtskonventionen** aus. Art 7 Abs 1 hält dies zwar – anders als Abs 2 für den leistungsschutzrechtlichen Bereich – nicht ausdrücklich fest, unterstellt dies aber ebenso[302]. Das Schweigen der Richtlinie hierzu erklärt sich im Urheberrecht wohl daraus, dass der Organisationsgrad im internationalen Urheberrecht ungleich größer war als im Leistungsschutzrecht, weshalb ein Schutz ausländischer Werke auf Grund einer der internationalen Urheberrechtsverträge in der Regel gewährleistet ist. Da die Berner Übereinkunft im Verhältnis zwischen Verbandsländern dem WURA vorgeht, und der Anwendungsbereich der RBÜ 1967/71 nun im Hinblick auf das TRIPs-Abkommen noch entscheidend erweitert wurde, richten sich die internationalen Beziehungen im Urheberrecht in erster Linie nach der Berner Übereinkunft. Im Verhältnis zu Ländern, die weder der Berner Übereinkunft noch dem TRIPs-Abkommen angehören, kann darüber hinaus Schutz nach dem Welturheberrechtsabkommen (WURA) gewährleistet sein. Davon abgesehen können regionale Konventionen oder bilaterale Staatsverträge eine ergänzende Rolle spielen. Kommen keine zwei- oder mehrseitigen Staatsverträge zur Anwendung, ist der Schutz ausländischer Werke nach dem nationalen Fremdenrecht zu beurteilen. Auch die Frage, ob die internationalen Verträge das nationale Fremdenrecht bzw eine Gegenseitigkeitsregelung verdrängen oder neben diesem Anwendung finden, kann unterschiedlich geregelt sein. **3**

2.2. Schutzfristenvergleich und Drittländer

Ungeachtet des Inländerbehandlungsgrundsatzes stellen sowohl die **Berner Übereinkunft** als auch das WURA den Mitgliedsländern die Anwendung des Schutzfristenvergleichs frei[303]. Da nach Art XVII WURA samt Zusatzerklärung lit c das WURA in den Beziehungen zwischen den Ländern des Berner Verbands auf den Schutz von Werken nicht anwendbar ist, deren Ursprungsland im Sinn der RBÜ ein Land des Berner Verbands ist, stellt Art 7 Schutzdauer-RL auf die Berner Übereinkunft ab, zumal alle Mitgliedsländer dem Berner Verband angehören. Für die Berner Übereinkunft ist dazu seit der Fassung Stockholm/Paris 1967/71 klargestellt, dass der Schutzfristenvergleich dann anzuwenden ist, wenn **4**

---

[302] Vgl *Katzenberger* in *Schricker*, Kommentar² § 64 Rz 33f; *v Lewinski*, GRUR Int 1992, 732; *Reindl*, Einfluß des Gemeinschaftsrechts 400.

[303] Art 7 Abs 8 RBÜ 1967/71 und Art IV Abs 4 lit a) sowie Abs 5 und 6 WURA 1971. Vgl dazu allgemein *Ricketson*, Berne Convention Rz 7.38. Siehe auch *Antill/Coles*, EIPR 1996, 380; *Cornish*, Yearbook of European Law 13 (1993) 491f; *Johannes Juranek* (ÖSGRUM 15/1994) 44.

der nationale Gesetzgeber nichts anderes vorsieht (Art 7 Abs 8)[304]. Daraus folgt, dass die Verbandsländer von der Anwendung des Schutzfristenvergleichs nach der Berner Übereinkunft auch absehen können.

5 Für Werke, deren Ursprungsland (im Sinn der Berner Übereinkunft) ein Drittland ist, das weder ein Mitgliedstaat der EU noch ein Vertragsstaat des EWR ist, schreibt die Richtlinie den Mitgliedsländern die Anwendung des **Schutzfristenvergleichs** jetzt aber **zwingend** vor (Art 7 Abs 1). Den Mitgliedstaaten steht es deshalb – von der Übergangsregel des Abs 3 abgesehen – nicht mehr frei, von einer Anwendung des Schutzfristenvergleichs keinen Gebrauch zu machen[305]. Für Drittländer soll damit – dem Grundgedanken der Reziprozität folgend – ein Anreiz bestehen, ihr Schutzniveau an das Europäische heranzuführen (Begründung RL-Vorschlag Teil 1 Punkt 60)[306]; die mit dem *Copyright Extension Act* 1998 bewirkte Verlängerung der urheberrechtlichen Schutzfrist in den USA auf gleichfalls 70 Jahre pma wird nicht unerheblich auf das Europäische Beispiel zurückzuführen sein. Die Festschreibung einer einheitlichen Haltung der Mitgliedsländer in dieser Frage war aber auch für die angestrebte Harmonisierung erforderlich, auch wenn die meisten Mitgliedstaaten von der Möglichkeit des Schutzfristenvergleichs schon bisher Gebrauch gemacht hatten[307].

6 Der Schutzfristenvergleich ist eine Sonderregel für Schutzfristen und ist nicht dahingehend zu verstehen, dass ein Werk in seinem **Ursprungsland geschützt** sein muss. An diesem tragenden Grundsatz des Art 5 Abs 2 RBÜ 1967/71 ändert auch die Schutzdauer-RL nichts[308].

2.3. Schutzfristenvergleich und Mitgliedsländer

7 Art 7 Abs 1 nimmt von dieser verbindlichen Regel ausdrücklich Werke aus, deren Urheber Staatsangehörige eines Mitgliedstaats der Gemeinschaft sind. Die Anwendung des Schutzfristenvergleichs gegenüber Staatsbürgern von Mitgliedsländern ist aber nicht nur der Entscheidung der Mitgliedstaaten vorbehalten und damit fakultativ, sondern vielmehr **zwingend ausgeschlossen**. Es ergibt sich dies jetzt auch aus dem Diskriminierungsverbot des Art 12 EGV 1997 (früher Art 6) bzw des Art 4 EWR-Abkommen in seiner Auslegung durch die *Phil Collins* Entscheidung des EuGH. Die Schutzdauer-RL hat dieses Erkenntnis insoweit vorweggenommen und lässt auch in Zukunft keine andere Auslegung mehr zu (Begründung RL-Vorschlag Teil 2 Punkt 4.2. und ErwG 22)[309].

---

[304] Vorher war es strittig, ob der Schutzfristenvergleich mangels einer Anordnung durch den nationalen Gesetzgeber anzuwenden war. Vgl dazu *Ulmer*, Der Vergleich der Schutzfristen nach dem Welturheberrechtsabkommen, GRUR Ausl 1960, 57.

[305] Vgl *Benabou*, Droits d'auteur et droit communautaire 385f; *Dietz*, GRUR Int 1995, 680; *Katzenberger* in *Schricker*, Kommentar² § 64 Rz 32; *v Lewinski*, GRUR Int 1992, 732; *Johannes Juranek* (ÖSGRUM 20/1997) 44; *v Lewinski*, Quellen 13.

[306] Siehe auch *v Lewinski*, GRUR Int 1992, 732.

[307] Von Ausnahmen wie im britischen Recht abgesehen (siehe jetzt aber den neuen Abs 6 der Sec 12 CDPA). Vgl *Cornish,* Yearbook of European Law 13 (1993) 495.

[308] Vgl ausführlich *Benabou*, Droits d'auteur et droit communautaire 386f.

[309] Siehe *Cornish,* Yearbook of European Law 13 (1993) 495; *Dietz*, GRUR Int 1995,

8 Der Schutzfristenvergleich ist Angehörigen von Mitgliedstaaten gegenüber unabhängig davon ausgeschlossen, ob **Ursprungsland** des Werks ein Mitgliedstaat oder ein Drittland ist[310]. Dies gilt entsprechend aber auch für den Fall, dass der Urheber zwar nicht Staatsangehöriger eines Mitgliedslands ist, ein Mitgliedstaat aber als Ursprungsland des Werks[311] anzusehen ist. Dies folgt einmal aus der gewählten Formulierung („... deren Ursprungsland im Sinn der Berner Übereinkunft ein Drittland ist"), zum Andern aber auch aus einem weiter verstandenen Gleichbehandlungsgebot (Diskriminierungsverbot)[312]. Im Hinblick auf die gleichzeitig erfolgte Harmonisierung der Schutzdauer ist diese Frage allerdings nur von marginaler Bedeutung[313], kann im Einzelfall aber – etwa für den Bereich von Harmonisierungslücken (zB in Bezug auf den Begriff der Miturheberschaft) – auch zwischen Mitgliedsstaaten ein Rolle spielen[314].

9 **Erscheint** ein Werk **gleichzeitig** in einem verbandsfremden Land und in einem Verbandsland, gilt nach den Regeln der Berner Übereinkunft das Verbandsland als Ursprungsland (Art 5 Abs 4 lit b RBÜ 1967/71). Eine entsprechende ausdrückliche Regel für das Verhältnis von Drittländern zu Mitgliedsländern der EU bzw Vertragsstaaten des EWR fehlt in der Schutzdauer-RL. Dessen ungeachtet ist der Grundgedanke dieser konventionsrechtlichen Regelung entsprechend anzuwenden. Dies wird sinngemäß auch für den Fall eines **Neubeitritts** von Mitgliedsländern gelten. Mangels Übergangsbestimmungen in den Beitrittsverträgen wird davon auszugehen sein, dass solche neu beitretenden Mitgliedsländer mit Wirksamkeit ihres Beitritts nicht mehr als Drittländer anzusehen sind, und der Schutzfristenvergleich deshalb nicht mehr anzuwenden ist.

2.4. Zeitliche Anwendung

10 Nach dem Konzept der Richtlinie finden deren Vorschriften nur unter der Voraussetzung Anwendung, dass die Richtlinie nach den übergangsrechtlichen Bestimmung des Art 10 Abs 2 auf ein bestimmtes Werk anwendbar ist. Danach ist für jedes Werk zuerst zu prüfen, ob es zum Stichzeitpunkt 1. Juli 1995 in einem Mitgliedsland der EU oder einem Vertragsstaat des EWR nach den bisherigen Vorschriften geschützt war. Nur wenn dies der Fall ist, sind die Bestimmungen der Richtlinie über die Schutzfristen und den Schutzfristenvergleich anwendbar[315].

680f; *Katzenberger* in *Schricker*, Kommentar² § 64 Rz 32; *v Lewinski*, GRUR Int 1992, 732 und FN 73; *v Lewinski*, Quellen 13; *Maier*, RMUE 1994, 75.

310 Vgl *Dietz*, GRUR Int 1995, 681; *Katzenberger* in *Schricker*, Kommentar² § 64 Rz 32.

311 Das Ursprungsland richtet sich nur für nicht erschienene Werke nach der Staatsangehörigkeit des Urhebers.

312 Zweifelnd *Dietz*, GRUR Int 1995, 681 und *Katzenberger* in *Schricker*, Kommentar² § 64 Rz 32.

313 Vgl *Cornish*, Yearbook of European Law 13 (1993) 494; *Dietz*, GRUR Int 1995, 681.

314 Dies übersieht *Reindl*, Einfluß des Gemeinschaftsrechts 399 FN 338, der aber zu Recht auch auf die Problematik einer nicht rechtzeitigen Umsetzung der Schutzdauer-RL hinweist.

315 Ungenau insoweit *Johannes Juranek* (ÖSGRUM 20/1997) 43f.

2.5. Begriff des Ursprungslands nach der Berner Übereinkunft

11 Art 7 Abs 1 verweist auf das Ursprungsland im Sinn der Berner Übereinkunft. Es ist einer der Verdienste der Revisionskonferenzen von Stockholm/Paris 1967/71, systematisch deutlich zwischen den Anknüpfungskriterien als Voraussetzung für den Konventionsschutz einerseits und der Umschreibung des Ursprungslands unterschieden und die einschlägigen Bestimmungen neu gefasst und ergänzt zu haben[316]. Die Definition des Ursprungslands spielt einerseits für die Beschränkung des Konventionsschutzes auf bloße Inländerbehandlung ohne Gewährung des Mindestschutzes (Nichteinmengungsregel) im Ursprungsland und anderseits für den Schutzfristenvergleich eine Rolle. Die Umschreibung des Ursprungslands findet sich jetzt in Art 5 Abs 4 RBÜ 1967/71. Nach der **Grundregel** dieser Bestimmung ist für nicht erschienene Werke das Heimatland des Urhebers als Ursprungsland anzusehen, während für erschienene Werke das Land des ersten Erscheinens als Ursprungsland gilt[317].

12 Von dieser Grundregel bestehen aber mehrere **Ausnahmen**: Ist ein Werk gleichzeitig[318] in einem verbandsfremden Land und in einem Verbandsland erschienen, gilt letzteres als Ursprungsland. Ist das Werk gleichzeitig in verschiedenen Verbandsländern erschienen, gilt das Land mit der kürzesten Schutzfrist als Ursprungsland. Für erstmals in einem verbandsfremden Land erschienene Werke verbandsangehöriger Urheber gilt das Heimatland des Urhebers als Ursprungsland. Für Filmwerke, für welche der Anknüpfungspunkt des ersten Erscheinens nicht im Vordergrund steht, sieht Art 5 Abs 4 lit c (i) eine Sonderregelung vor; danach ist bei Filmwerken als Ursprungsland das Verbandsland anzusehen, in welchem der Hersteller seinen Sitz oder seinen gewöhnlichen Aufenthalt hat. Für (nicht erschienenen) Werken der Baukunst und Werke der grafischen und plastischen Künste ist das Verbandsland als Ursprungsland angesehen, in welchem sie errichtet sind bzw das Grundstück liegt, dessen Bestandteil sie darstellen (Art 5 Abs 4 lit c [ii]).

13 Art 5 Abs 4 RBÜ regelt ausdrücklich nur jene Fälle, die für die Nichteinmengungsregel des Abs 3 von Bedeutung sind, deren Anwendung sich nur auf ein Verbandsland beziehen kann und die Gewährung von Konventionsschutz nach den Anknüpfungspunkten des Art 3 voraussetzt. Deshalb ist der Fall nicht erschienener oder in einem verbandsfremden Land erschienener Werke eines verbandsfremden Autors **nicht geregelt**, obwohl solche Werke Verbandsschutz genießen können, wenn sich der Urheber gewöhnlich in einem Verbandsland

---

[316] Vgl dazu *Ulmer*, Anknüpfungspunkte und Ursprungsland im System der Berner Übereinkunft zum Schutz von Werken der Literatur und Kunst in Rechtsvergleichung und Rechtsvereinheitlichung, FS Heidelberger Institut für ausländisches und internationales Privat- und Wirtschaftsrecht (1967) 57.

[317] Vgl *Nordemann/Vinck/Hertin/Meyer*, International Copyright BC Art 5 Rz 8. Siehe dazu und zum Folgenden auch *Walter*, Die Mindestschutzrechte der Berner Übereinkunft und das innerstaatliche Urheberrecht – Die Entscheidung „ludus tonalis“: Kein Irrweg, MR 1997, 309 (310 und 311f).

[318] Als gleichzeitig in mehreren Ländern erschienen gelten Werke, die innerhalb von dreißig Tagen in zwei oder mehr Ländern erschienen sind (Art 3 Abs 4).

aufhält. Nach herrschender Ansicht ist als Ursprungsland solcher Werke das Aufenthaltsland anzusehen, das den Konventionsschutz vermittelt[319]. Allerdings mag der Regelungszusammenhang im Rahmen der Nichteinmengungsregel und derjenige in Bezug auf den Schutzfristenvergleich differenziert zu betrachten sein.

Auch sonst ist die Bestimmung des Ursprungslands nicht für alle Situationen klar festgelegt, wobei die Problemlösung nicht für alle Regelungszusammenhänge notwendig dieselbe sein muss. Erwähnt sei zunächst der Fall mehrerer Miturheber unterschiedlicher Staatsangehörigkeit oder der Fall einer Doppelstaatsbürgerschaft[320]. Besondere Fragen sind aber auch mit einem Wechsel der Staatsangehörigkeit und einem Beitritt oder Austritt von Mitgliedsländern verbunden[321]. **14**

Kurz behandelt sei hier nur der Fall des Bestehens **mehrerer Ursprungsländer** im Hinblick auf die „Dreißig-Tage-Regel" des Art 3 Abs 4 RBÜ 1967/71. Danach kann ein Werk auch bei gleichzeitigem Erscheinen in mehreren Verbandsländern mit gleicher Schutzfrist mehrere Ursprungsländer haben. *Bergström* sieht in solchen Fällen das Land des tatsächlich früheren Erscheinens als Ursprungsland an[322], es widerspricht dies aber nicht nur dem Inhalt der erwähnten Regel, sondern versagt auch für den Fall eines nicht unterscheidbaren zeitgleichen Erscheinens[323]. Im Übrigen ist die Annahme mehrerer Ursprungsländer auch in anderen Fällen nicht zu vermeiden, und lässt sich der exakte Zeitpunkt des Erscheinens oft nur schwer feststellen, zumal es sich hierbei um einen komplexen, punktuell kaum festzulegender Vorgang handelt. Im Zusammenhang mit dem Schutzfristenvergleich kommt die Problematik nur zum Tragen, wenn die Schutzdauer nicht in allen Ursprungsländern gleichermaßen verlängert oder verkürzt wird. In Bezug auf die Verwirklichung der Anknüpfungspunkte nach Art 3 RBÜ hat *Katzenberger*[324] überzeugend nachgewiesen, dass es weniger um die Festlegung des maßgebenden Zeitpunkts als um eine übergangsrechtliche Frage geht, wobei grundsätzlich die Urheberinteressen überwiegen.

Im gegenständlichen Zusammenhang wird der fremdenrechtliche (rechtspolitische) Zweck des Schutzfristenvergleichs, auf die Gesetzgebung im Ursprungsland einzuwirken, nicht überbewertet werden dürfen. Zwar soll mit der Regel von der kürzeren Schutzfrist einer Manipulation des Ursprungslands durch Veröffentlichungen, die mehr oder weniger nur zum Schein erfolgen, vorgebeugt werden; dieser Gesichtspunkt scheidet im Fall gesetzlicher Schutzfristverlänge-

---

319 Vgl *Masouyé*, Berner Übereinkunft Rz5.13 c; *Ricketson*, Berne Convention Rz 5.73.

320 Vgl dazu *Ricketson*, Berne Convention Rz 5.72.3. und 5.77.

321 Vgl *Katzenberger*, Wechsel der Anknüpfungspunkte im deutschen und internationalen Urheberrecht, FS Ulmer, GRUR Int 1973, 274 (278ff) und *Ricketson*, Berne Convention Rz 5.74. bis 5.76. sowie 5.78. und 5.79.

322 *Bergström*, Schutzprinzipien der Berner Übereinkunft nach der Stockholm-Pariser Fassung, GRUR Int 1973, 238 (240). So auch *Bappert/Wagner*, Internationales Urheberrecht – Kommentar, 81; *Desbois/Kerever/Françon*, Les conventions internationales du droit d'auteur et des droits voisins 48f; *Masouyé*, Berner Übereinkunft Rz 5.13a.

323 Vgl *Nordemann/Vinck/Hertin/Meyer*, International Copyright BC Art 5 Rz 8c und d; *Ricketson*, Berne Convention Rz 5.72.

324 Wechsel der Anknüpfungspunkte im deutschen und internationalen Urheberrecht, FS *Ulmer*, GRUR Int 1973, 274 (278ff).

rungen aber aus[325]. Im Interesse eines möglichst umfassenden Schutzes wird der in Art 7 Abs 1 angeordnete Schutzfristenvergleich deshalb bei Werken, deren Ursprungsländer mehrere Drittländer sind, mit dem Land vorzunehmen sein, das – infolge erfolgter Verlängerung der Schutzdauer – die längere Schutzfrist vorsieht[326]. Hinzu kommt allerdings die Frage, auf welche Konventionsfassung bei der Bestimmung des Ursprungslands abzustellen ist[327].

2.6. Schutzfristenvergleich und TRIPs-Abkommen

15 Im Bereich des Urheberrechts erklärt das TRIPs-Abkommen (Art 9 Z 1) die materiellen Bestimmungen der RBÜ[328] – mit Ausnahme des Art 6bis RBÜ betreffend das Urheberpersönlichkeitsrecht – einschließlich des Inländerbehandlungsgrundsatzes für anwendbar. Das Gleichbehandlungsprinzip der Berner Übereinkunft ist deshalb indirekt auch auf Grund dieses Abkommens anzuwenden[329]. Da das TRIPs-Abkommen für den Schutzfristenvergleich keine Sonderregeln enthält, gilt das vorstehend zur Berner Übereinkunft Gesagte entsprechend auch für dieses internationale Abkommen. WTO-Mitgliedsländer können deshalb den Schutzfristenvergleich anwenden. Im gegebenen Zusammenhang bedeutet dies, dass der Schutzfristenvergleich auch im Verhältnis zu Drittländern, die der WTO angehören, jetzt zwingend anzuwenden ist.

16 Ergänzend ist nach dem TRIPs-Abkommen aber auch die **Meistbegünstigungsklausel** (*Most Favored Nation Clause*) anzuwenden[330]. Danach genießen die Angehörigen von WTO-Mitgliedsländern „unmittelbar und unbedingt" jeden Vorteil, jede Begünstigung und jedes Vorrecht sowie alle Befreiungen, die Angehörigen anderer Länder gewährt werden (Art 4)[331]. Ausgenommen von der Meistbegünstigung sind allgemeine Rechtshilfeabkommen (lit a) und alle bereits bestehenden (zu notifizierenden) internationalen Abkommen betreffend den Schutz des geistigen Eigentums (lit d). Ausgenommen sind weiters auch Begünstigungen, die auf dem in dem betreffenden Land gewährten Schutz beruhen und mit der RBÜ (bzw dem Rom-Abkommen) in Einklang stehen (lit b), sofern

---

325 Auch der Umstand, dass es sich beim Schutzfristenvergleich um den Rest des – sonst seit Langem aufgegebenen – Prinzips der Abhängigkeit des Schutzes vom Bestand eines solchen im Ursprungsland handelt, ist zu berücksichtigen.

326 AM offensichtlich *Nordemann/Vinck/Hertin/Meyer*, International Copyright BC Rz 8f.

327 Vgl dazu *Katzenberger* in *Schricker*, Kommentar² Vor § 120ff Rz 48 und BGH 01.07.1985 „Puccini" BGHZ 95, 229 = GRUR Int 1986, 802.

328 Art 1 bis 21 RBÜ einschließlich Anhang in der Fassung Stockholm/Paris 1967/71.

329 Vgl dazu *Katzenberger*, TRIPs und das Urheberrecht, GRUR Int 1995, 447 (456); siehe auch *Cornish*, Yearbook of European Law 13 (1993) 492f.

330 Siehe *Katzenberger*, TRIPs und das Urheberrecht, GRUR Int 1995, 447 (458 und 461); *Katzenberger* in *Schricker*, Kommentar² Vor §§ 120ff Rz 20; *Reindl*, Einfluß des Gemeinschaftsrechts 399 bei FN 338; *Staehelin*, TRIPs-Abkommen 23ff.

331 Ob unter Angehörigen hier – anders als nach Art 1 Abs 3 zweiter Satz TRIPs-Abkommen – alle Staatsangehörigen von WTO-Mitgliedsländern zu verstehen sind, bedarf noch näherer Untersuchung. Es mag dies aus den allgemeinen Meistbegünstigungsklauseln der Art 1 GATT und Art 2 GATS sowie aus dem Fehlen eines spezifischen Zusammenhangs mit den klassischen Urheberrechtskonventionen folgen.

es sich nicht um eine willkürliche oder sonst ungerechtfertigte Diskriminierung von WTO-Angehörigen handelt. Hierunter fallen auch die in der Berner Übereinkunft vorgesehenen Fälle materieller Gegenseitigkeit wie der Schutzfristenvergleich.

Art 7 Abs 1 Schutzdauer-RL ordnet nun an, dass bei Werken von Angehörigen von **EU-Mitgliedstaaten** bzw von EWR-Vertragsstaaten von der Anwendung des Schutzfristenvergleichs abzusehen ist. Diese Ausnahmeregelung kommt zum Tragen, wenn Werke von Urhebern, die einem Mitgliedsland angehören, nach den Regeln der Berner Übereinkunft ein Drittland zum Ursprungsland haben. Diese Sonderbehandlung könnte als Begünstigung im Sinn des TRIPs-Abkommen angesehen werden, die der Meistbegünstigungsklausel dieses Abkommens unterliegt. Dies gilt entsprechend für ein generelles Absehen vom Schutzfristenvergleich im Verhältnis zwischen Mitgliedsländern. Eine allgemeine Ausnahme für begünstigende Regelungen in einem engeren Wirtschaftsraum wie der Europäische Union oder dem Europäischen Wirtschaftsraum sieht das TRIPs-Abkommen nicht vor[332]. Die Richtlinienvorschrift ist aber durch Art 7 Abs 8 RBÜ 1967/71 gedeckt und damit von der Ausnahme nach Art 4 lit b TRIPs-Abkommen erfasst[333]; denn die Berner Übereinkunft stellt den Verbandsländern die Anwendung des Schutzfristenvergleichs frei und lässt deshalb auch eine differenzierte Anwendung zu. Diese ist auch nicht willkürlich, da sie auf die weitgehende Harmonisierung der Schutzfristen in den Mitgliedsländern der EU bzw den Vertragsstaaten des EWR zurückzuführen ist. **17**

An diesem Ergebnis ändert es auch nichts, wenn man die Problematik unter dem Gesichtswinkel einer Sonderbehandlung nach Art 12 EGV 1997 (früher Art 6) bzw Art 4 EWR-Abkommen im Sinn der *Phil Collins* Entscheidung betrachtet[334]. Denn das Diskriminierungsverbot ist im Sinn der Rechtsprechung des EuGH im Urheber- und Leistungsschutzrecht ganz allgemein anwendbar und lässt sich auch als bestehendes „internationales Abkommen“ auf dem Gebiet des Immaterialgüterrechts verstehen, das zwar dem TRIPs Rat zu notifizieren ist[335], aber durch die Ausnahme des Art 4 lit d TRIPs-Abkommen gedeckt und von der Meistbegünstigungs-Klausel ausgenommen ist[336].

---

[332] Vgl dazu auch *Cohen Jehoram,* IIC 1994, 826f und FN 12.

[333] Schon deshalb kommt es nicht darauf an, ob das TRIPs-Abkommen je nach dem Zeitpunkt der Umsetzung der Schutzdauer-RL bzw im Verhältnis zu Art 12 EGV 1997 (früher Art 6) die *lex posterior* ist (so aber *Schack*, GRUR Int 1995, 313f und offenbar auch *Johannes Juranek* [ÖSGRUM 20/1997] 47f). Davon abgesehen wäre die Sonderbehandlung von Mitgliedsländern der EU und des EWR in Art 7 Abs 1 Schutzdauer-RL bzw in Art 12 EGV 1997 (früher Art 6) (Diskriminierungsverbot) im Verhältnis zu TRIPs und RBÜ als *lex specialis* anzusehen.

[334] Vgl *Katzenberger*, TRIPs und das Urheberrecht, GRUR Int 1995, 447 (462).

[335] Die Notifzizierung des EG-Vertrags und des EWR-Abkommens erfolgte am 19.12. 1995 (vgl GRUR Int 1996, 269f).

[336] So auch *Katzenberger*, TRIPs und das Urheberrecht, GRUR Int 1995, 447 (462); im Ergebnis auch *Karnell*, Wer liebt *Phil Collins*? GRUR Int 1994, 733 (737) und *Schack*, GRUR Int 1995, 313f. AA wohl *Reindl*, Einfluß des Gemeinschaftsrechts 399 FN 338. Vgl dazu auch *Firsching*, Der Schutz der ausübenden Künstler aus europäischer Perspektive im Hinblick auf das „*Phil Collins*“ Urteil des Europäischen Gerichtshofs, UFITA 133 (1997) 131.

18 Nicht ausdrücklich geregelt ist im TRIPs-Abkommen die Frage, wie eine aus der Anwendung einer **nationalen materiellen Gegenseitigkeitsregel** folgende Gleichbehandlung ausländischer Werke ohne Rücksicht auf einen Schutzfristenvergleich unter dem Gesichtswinkel der Meistbegünstigungsklausel zu beurteilen ist. So sieht etwa das österr Urheberrecht eine allgemeine Gegenseitigkeitsregel vor (§ 96 öUrhG), die im Unterschied zum deutschen Urheberrecht auch neben den einschlägigen Staatsverträgen anwendbar ist[337]; ein urheberrechtlicher Schutz auf Grund eines Staatsvertrags schließt deshalb einen allenfalls weiter gehenden Schutz nach Maßgabe der Gegenseitigkeit nicht aus[338]. Auch in diesen Fällen wird die Meistbegünstigungsklausel aber nicht anwendbar sein, weil der weitergehende Schutz im Hinblick auf die Voraussetzung der Gegenseitigkeit nicht als Vorteil, Begünstigung, Vorrecht oder Befreiung anzusehen ist. Für die in den Konventionen vorgesehenen Fälle materieller Reziprozität hält dies Art 4 lit b TRIPs-Abkommen ausdrücklich fest; dies wird auf entsprechende Fälle des nationalen Fremdenrechts analog anwendbar sein.

3. Fremdenrecht und Schutzfristenvergleich im Leistungsschutzrecht

3.1. Fremdenrecht und internationale Verträge

19 Im Zusammenhang mit dem Leistungsschutzrecht hält Art 7 Abs 2 Satz 1 zunächst fest, dass die in der Richtlinie festgelegte Schutzdauer (Art 3) grundsätzlich auch für Rechtsinhaber gilt, die nicht Angehörige eines Mitgliedstaats der Gemeinschaft (des EWR) sind. Allerdings wird hier ausdrücklich hinzugefügt, dass dies nur gilt, sofern ihnen der Schutz in den einzelnen Mitgliedstaaten gewährt wird. Wie bereits erwähnt, ist dies darauf zurückzuführen, dass das internationale Leistungsschutzrecht zum Zeitpunkt der Erlassung der Schutzdauer-RL nicht gleichermaßen entwickelt war wie das Urheberrecht. In der Zwischenzeit wurde der Abstand durch das TRIPs-Abkommen allerdings entscheidend verringert[339], und enthält auch das EWR-Abkommen eine Verpflichtung zur Ratifizierung des Rom-Abkommens[340]. Maßgebend für einen Schutz von Leistungen im Sinn des Art 3 Schutzdauer-RL, deren Berechtigte aus Drittländern stammen, sind deshalb das **nationale Fremdenrecht** und die **internationalen Verträge** auf dem Gebiet der verwandten Schutzrechte, insbes das Rom-Abkommen, das Genfer Tonträger-Abkommen, das TRIPs-Abkommen und schließlich auch das WIPO Darbietungs- und Tonträgerabkommen 1996 (WPPT). Die Richtlinie enthält insoweit keine bindenden Vorgaben[341].

20 Von besonderer Bedeutung ist die Gestaltungsfreiheit der Mitgliedstaaten in Bezug auf die fremdenrechtliche Behandlung von Leistungen aus Drittländern im

---

[337] Vgl OGH 05.11.1991 – „Le Corbusier-Liege“ MR 1992, 27 (*Walter*) = ÖBl 1991, 272 = ZfRV 1992, 234 = Schulze Ausl Österr 11 (*Dittrich*) = GRUR Int 1992, 674.

[338] Vgl OGH 29.06.1982 – „Otello“ ÖBl 1983, 28 = EvBl 1982/197 = SZ 55/93 = Schulze Ausl Österr 89 (*Dittrich*) = UFITA 96 (1983) 345 = GRUR Int 1983, 118.

[339] Vgl *Maier*, RMUE 1994, 75.

[340] Vgl *v Lewinski,* Quellen 14. Siehe auch *Walter* Stand der Harmonisierung Rz 93.

[341] Vgl *v Lewinski*, GRUR Int 1992, 732; im Ergebnis auch *Benabou*, Droits d'auteur et droit communautaire 389f; siehe auch *Reindl*, Einfluß des Gemeinschaftsrechts 400f.

Bereich des **Laufbildschutzes** des Filmherstellers. Denn dieses in der Schutzdauer-RL geregelte Leistungsschutzrecht fällt bisher unter keines der internationalen Abkommen und ist insbes weder vom Rom-Abkommen und noch vom TRIPs-Abkommen erfasst[342].

3.2. Schutzfristenvergleich und Drittländer

Wird nach dem Inhalt des nationalen Fremdenrechts bzw der internationalen **21** Konventionen Schutz gewährt, schreibt die Richtlinie aber auch im Bereich des Leistungsschutzrechts im Verhältnis zu Drittländern **zwingend** einen **Vergleich der Schutzfristen** vor[343]. Anders als im Urheberrecht erfolgt dieser Vergleich aber nicht mit einem nach bestimmten Kriterien zu bestimmenden Ursprungsland, etwa den Anknüpfungskriterien nach dem Rom-Abkommen, sondern ausschließlich im Verhältnis zum **Heimatland** des Leistungsschutzberechtigten[344]. Wenn die Richtlinie in diesem Zusammenhang von „Rechtsinhaber" spricht, ist darunter der originär berechtigte ausübende Künstler, Tonträgerhersteller oder Rundfunkunternehmer, nicht aber der Inhaber abgeleiteter Rechte zu verstehen[345].

Die Anwendung des Schutzfristenvergleichs auch für Leistungsschutzrechte ist **22** sowohl aus der Sicht des nationalen Fremdenrechts der Mitgliedstaaten als auch nach dem Konzept der internationalen Abkommen auf dem Gebiet der verwandten Schutzrechte **neu**[346]. Eine einheitliche Haltung gegenüber Drittländern fördert aber – abgesehen von dem allgemeinen Anliegen materieller Reziprozität – auch das Harmonisierungsziel. Zwar sind und bleiben die Mitgliedsländer durch die internationalen Abkommen gebunden, soweit diese einen Schutzfristenvergleich aber zulassen, ist dieser jetzt grundsätzlich vorzusehen[347]. Dies gilt auch für das nationale Fremdenrecht, das im Einzelnen unterschiedlich gestaltet sein mag und entweder parallel zu den internationalen Abkommen oder nur im Verhältnis zu Ländern zur Anwendung kommt, die keinem einschlägigen Abkommen angehören. Die Anordnung des Vergleichs der Schutzfristen für Leistungen von Berechtigten aus Drittländern bewirkt deshalb eine begrenzte Harmonisierung auch auf diesem Gebiet.

---

342 Vgl *Dietz*, GRUR Int 1995, 681; *Katzenberger* in *Schricker*, Kommentar² § 64 Rz 35, § 95 Rz 12 und §128 Rz 5; *v Lewinski*, Quellen 14.

343 Siehe *Dietz*, GRUR Int 1995, 681; *Katzenberger* in *Schricker*, Kommentar² § 64 Rz 35; *v Lewinski*, GRUR Int 1992, 732; *v Lewinski*, Quellen 13f; *Reindl*, Einfluß des Gemeinschaftsrechts 397f.

344 Vgl *Benabou*, Droits d'auteur et droit communautaire 389f; *Katzenberger* in *Schricker*, Kommentar² § 64 Rz 35; *v Lewinski*, GRUR Int 1992, 724732; *v Lewinski*, Quellen 13.

345 Siehe zu der ähnlichen Fragestellung im Zusammenhang mit Art 11 Datenbank-RL *v Lewinski* Art 11 Rz 11 Datenbank-RL.

346 Vgl *Katzenberger* in *Schricker*, Kommentar² § 64 Rz 35.

347 So auch *Katzenberger* in *Schricker*, Kommentar² § 64 Rz 35; aA *v Lewinski*, Quellen 14, jedoch aus anderen Gründen, nämlich ausgehend von einem auf die im Rom-Abkommen selbst gewährten Mindestrechte (hier also einer bloß zwanzigjährigen Schutzfrist) beschränkten Inländerbehandlungsgrundsatz.

3.3. Schutzfristenvergleich und Mitgliedsländer

23 Aus der gewählten Formulierung („gilt auch für Rechtsinhaber") in Verbindung mit dem nur gegenüber Drittländern vorgesehen Schutzfristenvergleich folgt auch für das Leistungsschutzrecht, dass der Schutz nach dem Konzept der Richtlinie jedenfalls für alle Leistungen zu gewähren ist, die von Staatsangehörigen eines Mitgliedslands erbracht werden (**Gleichbehandlungsprinzip**). Da im Leistungsschutzrecht nicht zwischen Ursprungsland und Heimatland des Berechtigten unterschieden wird, kommt dies hier noch deutlicher zum Ausdruck. Jedenfalls folgt dies heute aus dem Diskriminierungsverbot des Art 12 EGV 1997 (früher Art 6) in Verbindung mit der *Phil Collins* Entscheidung. Da die Verpflichtungen aus dem Rom-Abkommen und dem TRIPs-Abkommen mE einen Schutzfristenvergleich ohnehin ausschließen, ist die Problematik in Bezug auf Leistungsschutzrechte wesentlich entschärft. Auch hier kommt die Gleichstellung der Angehörigen von Mitgliedsländern Staatsangehörigen aus Drittländern auf Grund der Meistbegünstigungsklausel des TRIPs-Abkommen nicht zugute, was durch die Ausnahme nach Art 4 lit d zu Gunsten vorher abgeschlossener Übereinkommen gedeckt ist, die im Hinblick auf den Europäischen Binnenmarkt auch keine willkürliche Diskriminierung von WTO-Angehörigen darstellen[348].

3.4. Zeitliche Anwendung

24 Zur zeitlichen Anwendung dieses Grundsatzes gilt das oben zu den Werken der Literatur und Kunst Gesagte entsprechend. Auch für geschützte Leistungen ist Voraussetzung für die Anwendung der Schutzdauer-RL, dass die Leistung auch nur in einem Mitgliedsland auf Grund der bisherigen Vorschriften zum Stichzeitpunkt 1. Juli 1995 noch geschützt war, oder die Schutzkriterien der Vermiet- und Verleih-RL gegeben sind.

3.5. Vorbehalt der Staatsverträge

25 Art 7 Abs 2 Satz 2 hält im leistungsschutzrechtlichen Zusammenhang ausdrücklich fest, dass der Schutzfristenvergleich nur unbeschadet der **internationalen Verpflichtungen** der Mitgliedstaaten anzuwenden ist (siehe auch ErwG 24). Denn die Richtlinie kann die Einhaltung solcher Verpflichtungen nicht der Entscheidung der Mitgliedstaaten überlassen. Verpflichtungen aus internationalen Abkommen etwa im Sinn einer Schutzes von bestimmter Dauer oder einer absoluten Inländerbehandlung (ohne Schutzfristenvergleich) sind deshalb jedenfalls zu beachten. Aus den unterschiedlichen Voraussetzungen, die in den Absätzen 2 und 3 festgelegt sind, folgt für den Vorbehalt nach Abs 2 wohl, dass es sich hier auch um neu eingegangene internationale Verpflichtungen handeln kann[349].

26 Dieser Vorbehalt im Leistungsschutzrecht wird darauf zurückzuführen sein, dass die Grundsätze der Inländerbehandlung und des Schutzfristenvergleichs in den einschlägigen leistungsschutzrechtlichen Abkommen anders ausgestaltet

---

348 Siehe dazu ausführlich oben bei Rz 16.

349 So auch *Reindl*, Einfluß des Gemeinschaftsrechts 398 bei FN 336.

sind als in den urheberrechtlichen[350]. So geht zwar nur das **Rom-Abkommen** vom Grundsatz der Inländerbehandlung ieS aus[351], lässt – anders als der Haager Entwurf – aber keinen Schutzfristenvergleich zu[352]. Soweit auch Vorbehalte nicht zulässig sind oder hiervon kein Gebrauch gemacht wird, ist die Inländerbehandlung nach dem Rom-Abkommen deshalb ohne Vornahme eines Schutzfristenvergleichs zu gewähren. Im Rahmen dieser internationalen Verpflichtungen ist deshalb ungeachtet der zwingenden Anordnung eines Schutzfristenvergleichs im Verhältnis zu Drittländern von einem solchen abzusehen. Berechtigte aus Drittländern können nach dem Rom-Abkommen deshalb grundsätzlich den Schutz für die gesamte (harmonisierte) Schutzdauer von 50 Jahren in Anspruch nehmen. Dies wirkt sich insbes in Bezug auf den Schutz von Rundfunksendungen aus, für die Art 14 Abs 5 TRIPs-Abkommen nur eine zwanzigjährige Schutzfrist vorsieht[353].

Allerdings ist die Anwendung des **Inländerbehandlungsgrundsatzes** nach dem **Rom-Abkommen** nicht unbestritten. So wird auch die Ansicht vertreten, dass die Gleichbehandlung ausländischer Leistungen auf die im Rom-Abkommen selbst gewährten Mindestschutzrechte und damit auf eine Schutzfrist von 20 Jahren beschränkt ist[354]. Wenn gem Art 2 Abs 2 Inländerbehandlung „nach Maßgabe des in diesem Abkommen ausdrücklich gewährleisteten Schutzes und der darin ausdrücklich vorgesehenen Einschränkungen“ zu gewähren ist, so ist dies mE aber nicht als Einschränkung des allgemeinen Grundsatzes auf die im Abkommen selbst umschriebenen Mindestschutzrechte zu verstehen[355]. Es wird damit nur ergänzend auf die jedenfalls zu gewährenden Mindestschutzrechte des Abkommens verwiesen. Da das nationale Fremdenrecht im Übrigen nicht ausschließlich auf die Nationalität des Berechtigten abstellen muss, und auch andere Differenzierunskriterien heranziehen kann, ist der Begriff der Inländerbehandlung weit zu verstehen. In diesem Sinn stellt Art 2 Abs 1 Rom-Abkommen ausdrücklich klar, dass dem Abkommen unterliegende Leistungen so zu schützen sind wie Leistungen von Inländern mit maximalem Inlandsbezug. So sind Leis- **27**

---

350 Vgl dazu *Dietz*, GRUR Int 1995, 681; *Katzenberger* in *Schricker*, Kommentar² § 64 Rz 35; *v Lewinski*, GRUR Int 1992, 732, *v Lewinski*, Quellen 14.

351 Allerdings sind nach Art 16 (mit Bezug auf die in den Art 12 und 13 gewährleisteten Rechte) verschiedene Vorbehalte zulässig, wobei auch die Berücksichtigung der Schutzdauer ausdrücklich erwähnt wird (vgl dazu *v Lewinski*, Quellen 14 und FN 36).

352 Vgl *Dietz*, GRUR Int 1995, 681; *Katzenberger* in *Schricker*, Kommentar² § 64 Rz 35; *Maier*, RMUE 1994, 75; *Nordemann/Vinck/Hertin/Meyer*, International Copyright RT Art 14 Rz 1.

353 Vgl *Reindl*, Einfluß des Gemeinschaftsrechts 400 bei FN 338.

354 Vgl *v Lewinski*, Quellen 14 und Vor Artikel 1 Entstehungsgeschichte – Allgemeine Erwägungsgründe Rz 11 Vermiet- und Verleih-RL. Vgl dazu auch *Reindl*, Einfluß des Gemeinschaftsrechts 398 und FN 336.

355 So auch *Desjeux*, La Convention de Rome 84ff; *Nordemann/Vinck/Hertin/Meyer*, International Copyright RT Art 2 Rz 2 und 4; *Stewart*, International Copyright and Neighbouring Rights², 227; grundsätzlich auch *Reindl*, Einfluß des Gemeinschaftsrechts 398 und 401. Siehe auch ErlRV 1972 zur Ratifizierung des Rom-Abkommens durch Österr mit BGBl 1973/413 bei *Dittrich*, Urheberrecht³, 913 und *Dittrich*, Das Rom-Abkommen über die verwandten Schutzrechte, ÖBl 1962, 21 (22).

tungen ausübender Künstler danach etwa so zu behandeln wie Darbietungen von Inländern, die im Inland erbracht, gesendet oder erstmals festgehalten wurden (Art 2 Abs 1 lit a). Unterscheidet das nationale Fremdenrecht zB nicht nach der Staatsangehörigkeit, sondern nur danach, ob die Leistung im Inland erbracht wurde, greift der Inländerbehandlungsgrundsatz danach gleichwohl.

28 Das zum Rom-Abkommen Gesagte gilt für die übrigen leistungsschutzrechtlichen internationalen Abkommen jedoch nicht. So geht Art 2 **Genfer Tonträger-Abkommen** nicht von einer Verpflichtung zur umfassenden Inländerbehandlung aus, sondern schreibt nur vor, dass Angehörige eines Mitgliedslands gegen die ungenehmigte Vervielfältigung von Tonträgern zum Zweck der Verbreitung, gegen die Einfuhr und die Verbreitung solcher Tonträger geschützt werden müssen[356]. Solange der Mindestschutz für „Angehörige" anderer Vertragsstaaten gewährleistet wird, ist eine Ungleichbehandlung (Diskriminierung) und damit auch ein Schutzfristenvergleich nicht untersagt[357]. Dies gilt für das **Brüsseler Satelliten-Abkommen** entsprechend, dessen Art 2 Abs 1 die Mitgliedstaaten nur verpflichtet, angemessene Schutzmaßnahmen gegen die unbefugte Verbreitung programmtragender Satellitensignale vorzusehen, wenn das Ursprungsunternehmen Staatsangehöriger eines anderen Vertragsstaats[358] ist. Weder aus dem Genfer Tonträger-Abkommen noch aus dem Brüsseler Satelliten-Abkommen folgen deshalb internationale Verpflichtungen, die nach der „Unbeschadet-Klausel" des Art 7 Abs 2 Schutzdauer-RL einzuhalten wären, soweit der in diesen Abkommen festgelegte Mindestschutz gewahrt bleibt.

29 Auch das **TRIPs-Abkommen** sieht keinen Inländerbehandlungsgrundsatz ieS vor. Es rezipiert im Bereich der Leistungsschutzrechte auch nicht die materiellen Vorschriften des Rom-Abkommens, sondern legt eine Reihe von eigenständigen Mindestschutzrechten fest, die sich zwar am Inhalt des Rom-Abkommens orientieren, im Einzelnen aber – sieht man von dem zwingend vorgeschriebenen Vermietrecht nach Art 11 TRIPs-Abkommen ab – hinter diesem zurück bleiben (Art 14). Die Schutzdauer beträgt für ausübende Künstler und Tonträgerhersteller einheitlich 50 Jahre, allerdings ab Aufführung oder Festlegung berechnet; für Rundfunkunternehmer bleibt sie mit 20 Jahren ab Sendung jedenfalls hinter der Europäischen Regelung zurück (Art 14 Abs 5). Die Verpflichtung zur Inländerbehandlung (Art 1 Abs 3 und Art 3 Abs 1) erstreckt sich nur auf diese im TRIPs-Abkommen selbst festgelegten Mindestschutzrechte[359], wobei nicht auf die Staatsangehörigkeit abgestellt wird, sondern auf die im Rom-Abkommen festgelegten Anknüpfungspunkte. Gewährt ein WTO-Mitgliedsland einen längeren Schutz, wäre es schon deshalb nicht verpflichtet, diesen auch Leistungen aus einem anderen Mitgliedsland zugute kommen zu lassen. Auf der anderen Seite

---

[356] Vgl dazu *Dietz*, GRUR Int 1995, 681 bei FN 118; *Nordemann/Vinck/Hertin/Meyer*, International Copyright GT Art 2 Rz 1.

[357] Vgl *Dietz*, GRUR Int 1995, 681; *Stewart*, International Copyright and Neighbouring Rights², 258; siehe auch ErlRV zur österr Ratifizierung des Genfer Tonträger-Abkommens mit BGBl 1982/294 bei *Dittrich*, Urheberrecht³, 971f.

[358] Siehe jedoch die nach Art 8 Abs 2 zulässige Ausnahme zu Gunsten des Orts der ersten Ausstrahlung.

[359] Vgl *Katzenberger*, TRIPs und das Urheberrecht, GRUR Int 1995, 447 (460f).

sind WTO-Mitgliedsländer zur Gewährung der Mindestschutzfrist von 50 Jahren (für ausübende Künstler und Tonträgerhersteller) auch dann verpflichtet, wenn ein anderes Mitgliedsland seinen Verpflichtungen zur Gewährung eines fünfzigjährigen Schutzes nicht nachkommen sollte. Dabei handelt es sich um eine internationale Verpflichtung, die Art 7 Abs 2 Schutzdauer-RL vorgeht. Dieses beschränkte Verständnis der Inländerbehandlung wurde auch in das WIPO Darbietungs- und Tonträger Abkommen 1996 (**WPPT**) übernommen (Art 3 und 4 WPPT), wonach Angehörigen anderer Vertragsstaaten die in diesem Abkommen garantierten Rechte und grundsätzlich auch der Vergütungsanspruch nach Art 4 Abs 1 WPPT zu gewähren sind[360].

3.6. Schutzfristenvergleich und sonstige Leistungsschutzrechte

Art 7 Abs 2 Schutzdauer-RL bezieht sich nur auf die in Art 3 geregelten Europäischen Leistungsschutzrechte der ausübenden Künstler, Tonträgerhersteller, Laufbildhersteller und Sendeunternehmen. Wie bereits erwähnt, bestehen für den **Laufbildschutz** keine multilateralen internationalen Vereinbarungen; sie sind weder vom Rom-Abkommen noch vom TRIPs-Abkommen oder vom WPPT erfasst. Der Laufbildschutz richtet sich in den Mitgliedsländern deshalb ausschließlich nach dem innerstaatlichen Fremdenrecht und allfälligen bilateralen Staatsverträgen. Unbeschadet von Verpflichtungen aus solchen zweiseitigen Staatsverträgen, ist nach Abs 2 der Schutzfristenvergleich vorgeschrieben[361]. Allerdings gilt der Vorbehalt zu Gunsten bestehender anders lautender Regelungen nach Abs 3 auch für dieses Leistungsschutzrecht. **30**

Zu den in Art 3 nicht erwähnten Leistungsschutzrechten gehört auch der in Art 4 geregelte Schutz **nachgelassener Werke**. Dieser ist als besonderes Schutzrecht und nicht als Urheberrecht ieS zu qualifizieren, auch wenn ein den vermögensrechtlichen Befugnissen des Urhebers entsprechender Schutz zu gewähren ist. Da sich Art 7 Abs 2 seinem Wortlaut nach aber nur auf die Leistungsschutzrechte im Sinn des Art 3 bzw im Sinn der Vermiet- und Verleih-RL bezieht, wären Mitgliedsländer in der Anwendung des Schutzfristenvergleichs an sich frei[362]. Da der Schutz nachgelassener Werke auch durch keine mehrseitigen internationaler Konventionen geregelt ist, stünden dem Schutzfristenvergleich auch keine internationalen Verpflichtungen entgegen, sieht man von allfälligen bilateralen Staatsverträgen ab. **31**

Dieser Auslegung lässt sich allerdings entgegenhalten, dass der Sonderschutz für nachgelassene Werke erst zu einem verhältnismäßig späten Zeitpunkt über Vorschlag des Europäischen Parlaments in den Richtlinientext eingefügt wurde, weshalb die Nichterwähnung in Art 7 Abs 2 auch als bloßes Redaktionsversehen angesehen werden kann. Vor allem aber dürfte eine Anwendung der in Art 7

---

360 Art 4 des Konferenzprogramms hatte jedoch vorgeschlagen, den Inländerbehandlungsgrundsatz ieS vorzusehen (siehe Basic Proposals for the Geneva Diplomatic Conference of December 1996 CRNR/DC/5 Nr 4.01 to 4.03.).

361 So auch *Dietz*, GRUR Int 1995, 681; *Katzenberger* in *Schricker*, Kommentar² § 64 Rz 36; *v Lewinski*, Quellen 14.

362 Vgl in diesem Sinn *Katzenberger* in *Schricker*, Kommentar² § 64 Rz 37 und – allerdings zweifelnd – *v Lewinski*, Quellen 13.

Abs 2 und 3 zum Ausdruck kommenden Grunsatzentscheidungen auch auf dieses neue Schutzrecht im Sinn eines zumindest teilweise harmonisierten Verhaltens gegenüber Drittländern sachlich geboten sein. Beim Sonderschutz nachgelassener Werke sprechen deshalb die besseren Gründe für eine analoge Anwendung des Art 7 Abs 2 und 3. Danach liegt die Entscheidung, ob nachgelassene Werke aus Drittländern überhaupt Schutz genießen, beim nationalen Gesetzgeber. Wird ein Schutz aber gewährt, ist der Schutzfristenvergleich zwingend vorzusehen, sofern nicht Verpflichtungen aus zweiseitigen Staatsverträgen entgegenstehen. Bestehende Regeln, die zu einem längeren Schutz führen, können nach Art 7 Abs 3 aufrecht erhalten werden.

32 Anders wird man für **weitere Leistungsschutzrechte** entscheiden müssen, die in den Richtlinien nicht durchgängig geregelt sind, wie der Lichtbildschutz (Art 6 letzter Satz) und der Schutz wissenschaftlich-kritischer Ausgaben (Art 5). Auch wenn die Richtlinie für das zuletzt genannte Leistungsschutzrecht bestimmte Vorgaben enthält, bleibt in diesen Fällen nicht nur die fremdenrechtliche Disposition, sondern auch die Einführung solcher Leistungsschutzrechte überhaupt und deren inhaltliche Gestaltung im Einzelnen weitgehend den Mitgliedsstaaten vorbehalten, was deshalb auch für die Anwendung des Schutzfristenvergleichs gelten wird. Dies gilt umso mehr für andere Leistungsschutzrechte, die im Europäischen Urheberrecht nicht angesprochen werden, wie etwa der Schutz von *published editions* oder von Sportveranstaltungen. Was den Schutz artistischer Darbietungen anlangt, ist dieser zwar nicht zwingend vorgeschrieben, zählt aber gleichwohl grundsätzlich zu den „Rom-Rechten“[363], weshalb von einem zwingenden Schutzfristenvergleich auszugehen ist. Für den *sui generis* Schutz von nicht originellen **Datenbanken** gehen dagegen die Sonderregeln des Art 11 Datenbank-RL vor.

4. Vorbehalt bestehender Regelungen

33 Für die in der Richtlinie geregelten Leistungsschutzrechte ist der Vorbehalt zu Gunsten der Verpflichtungen aus internationalen Verträgen schon in Art 7 Abs 2 verankert. Die Vorschrift des folgenden Absatzes geht zwar darüber hinaus, ist aber auf zum Zeitpunkt der Annahme der Schutzdauer-RL am 23. Oktober 1993 bereits bestehende Regelungen beschränkt und schließt künftige Abweichungen daher aus. Die Mitgliedsländer sind danach berechtigt, ungeachtet der Abs 1 und 2 auch im Verhältnis zu Drittländern einen **längeren Schutz** als nach den Art 1 bis 3 zu gewähren und insbes von einem **Schutzfristenvergleich abzusehen**. Hat ein Mitgliedsland etwa auf Grund bilateraler Vereinbarungen oder wegen einer abweichenden Ausgestaltung des nationalen Fremdenrechts (bestimmten Drittländern gegenüber) den Schutzfristenvergleich nicht angewandt, können solche längere Schutzfristen bis zum Abschluss eventueller internationaler Übereinkommen zur Schutzdauer aufrecht erhalten werden[364]. Damit wird der Gleich-

---

[363] Vgl die Ausführungen oben bei Art 3 Rz 5.

[364] Dies trifft etwa für Großbritannien zu (Sec 12 CDPA). Die neue britische Regelung (Sec 12 und 15 CDPA) beschränkt die Anwendung des Schutzfristenvergleichs auf neue Werke.

klang mit der allgemeinen Regel des Art 10 Abs 1 über die Beibehaltung bisher längerer Schutzfristen hergestellt, was im gegenständlichen Zusammenhang allerdings nicht zwingend ist und der nationalen Regelung vorbehalten bleibt. Art 7 Abs 3 geht als Sonderregel insoweit der allgemeinen Vorschrift des Art 10 Abs 1 vor.

Von dem Vorbehalt zu Gunsten der Verpflichtungen aus Staatsverträgen **unterscheidet** sich die Vorschrift des Art 7 Abs 3 in mehrfacher Hinsicht. Einmal betrifft diese Möglichkeit das Urheberrecht gleichermaßen wie das Leistungsschutzrecht. Zum anderen ist die Gewährung eines längeren Schutzes nur fakultativ und nicht zwingend vorgesehen; der nationale Gesetzgeber kann den Schutzfristenvergleich auch jederzeit anzuordnen, soweit er hieran nicht durch entgegenstehende Staatsverträge gehindert ist. Weiters umfasst die Regelung das nationale Fremdenrecht ebenso wie zwei- oder mehrseitige Staatsverträge. Die Mitgliedsländer sind nicht gehalten, internationale Verpflichtungen aus mehrseitigen oder bilateralen Verträgen (so rasch wie möglich) zu beenden[365]. Schließlich bezieht sich diese Vorschrift nicht bloß auf den Schutzfristenvergleich, sondern ganz allgemein auf längere Schutzfristen und stellt insoweit auch eine Ausnahme vom sonst vorgesehenen Maximalschutz dar. Wie bereits erwähnt, gilt die Freiheit des Gesetzgebers der Mitgliedsländer aber nur für bereits bestehende Regelungen. **34**

Fraglich könnte sein, ob Mitgliedstaaten von dieser Möglichkeit ausdrücklich Gebrauch machen müssen oder ob es mangels einer Intervention des Gesetzgebers nach Art 7 Abs 3 bei den bisherigen (für Werke aus Drittstaaten günstigeren) Regelungen bleibt und diese **automatisch** weiter gelten. Schon aus der Wahl des Ausdrucks „beibehalten" folgt, dass die Aufrechterhaltung bestehender Bestimmungen und (bilateraler) Verträge keine gesetzgeberischen Maßnahmen erfordert, und mangels anderer Verfügungen die zum Stichzeitpunkt geltenden Regelungen automatisch weiter anwendbar bleiben. Dies folgt auch aus der parallelen Regelung des Art 10 Abs 1 Schutzdauer-RL, die gleichfalls keine Intervention des Gesetzgebers voraussetzt. **35**

Umsetzung in Deutschland und Österreich

1. Deutschland

1.1. Urheberrecht

Nach deutschem **Fremdenrecht** (§ 121 Abs 1 und 2 dUrhG) genießen ausländische Staatsangehörige in Deutschland Schutz für ihre dort ersterschienenen Werke; Werke der bildenden Künste, die mit einem in Deutschland gelegenen Grundstück fest verbunden sind, sind solchen Werken gleichgestellt. Im Übrigen genießen ausländische Staatsangehörige den urheberrechtlichen Schutz nach Inhalt der Staatsverträge (§ 121 Abs 4 dUrhG). Im Unterschied zum österreichischen Recht kommt die Gegenseitigkeitsregel des zweiten Satzes dieser Bestimmung nur dann zur Anwendung, wenn keine Staatsverträge bestehen. Den Schutz der Persönlichkeitsrechte nach den §§ 12 bis 14 dUrhG genießen ausländische Staatsangehörige unbeschränkt. **36**

---

[365] AM *Antill/Coles*, EIPR 1996, 380.

37 Im Anwendungsbereich der mehrseitigen Staatsverträge ist deshalb auch in Deutschland grundsätzlich von der Anwendbarkeit des **Schutzfristenvergleichs** auszugehen. Da Sonderregelungen fehlen, folgt dies für das Berner Verbandsrecht aus Art 7 Abs 8 RBÜ 1967/71. Es gilt dies aber auch für den Anwendungsbereich des WURA, da man in Deutschland stets davon ausgegangen ist, dass der Schutzfristenvergleich des Art IV Abs 4 lit a WURA unmittelbar anwendbar ist und keiner innerstaatlichen Durchführung bedarf[366]. Eine ausdrückliche Regelung anlässlich der Umsetzung der Schutzdauer-RL hielt man deshalb zu Recht nicht für erforderlich[367].

38 Anders als der österr Gesetzgeber hat der deutsche die sich aus Art 7 Abs 1 Schutzdauer-RL bzw aus der *Phil Collins* Entscheidung ergebende **Gleichstellung** der Staatsangehörigen von Mitgliedsländern mit Inländern (Deutschen) ausdrücklich umgesetzt, was aber nur klarstellende Bedeutung hat[368]. Nach § 120 Abs 2 Z 2 dUrhG sind deutschen Staatsangehörigen solche eines anderen Mitgliedstaats der Europäischen Union oder eines anderen Vertragsstaats des EWR ausdrücklich gleichgestellt. Den sich aus Art 7 Abs 1 schlüssig ergebenden Ausschluss des Schutzfristenvergleichs, wenn – unabhängig von der Staatsangehörigkeit des Urhebers – Ursprungsland des Werks ein Mitgliedsland ist[369], hat der deutsche Gesetzgeber aber nicht umgesetzt. Im Hinblick auf die mit der Schutzdauer-RL selbst bewirkte Harmonisierung spielt dies aber nur in Randbereichen, etwa soweit noch Harmonisierungslücken bestehen, eine Rolle und wird wohl durch richtlinienkonforme Auslegung zu bewältigen sein.

39 **Ältere** multilaterale oder bilaterale **Staatsverträge** können nach Art 7 Abs 3 Schutzdauer-RL aufrecht erhalten werden. Auch die Meistbegünstigungsklausel des TRIPs-Abkommens lässt solche Verträge unberührt (Art 4 lit d). Dies gilt insbes für das deutsch-amerikanische Übereinkommen 1892[370], das im Unterschied zu den multilateralen Staatsverträgen keinen Schutzfristenvergleich vorsieht[371]. Amerikanische Staatsangehörige konnten deshalb schon vor der Verlängerung der Schutzfrist auf 70 Jahre mit dem *Copyright Extension Act* 1998 in Deutschland grundsätzlich die volle urheberrechtliche Schutzfrist ohne Schutzfristenvergleich in Anspruch nehmen[372]. Andere TRIPs-Mitgliedsländer können

---

[366] Vgl *Ulmer*, Der Vergleich der Schutzfristen im Welturheberrechtsabkommen, GRUR Ausl 1960, 257.

[367] Vgl Begründung Entw III Drittes ÄnderungsG bei *M Schulze*, Materialien², 937. Siehe auch *Katzenberger* in *Schricker*, Kommentar² § 121 Rz 11.

[368] Vgl Begründung Entw III Drittes ÄnderungsG bei *M Schulze*, Materialien², 935f. Siehe auch *Katzenberger* in *Schricker*, Kommentar² § 120 Rz 4ff.

[369] Siehe oben Rz 8.

[370] 15.01.1892 RGBl 473 – in Kraft getreten am 15.04.1892.

[371] Vgl dazu *Katzenberger* in *Schricker*, Kommentar² Vor §§ 120ff Rz 72. Siehe auch *Drexl*, Zur Dauer des US-amerikanischen Urhebern gewährten Schutzes in der Bundesrepublik Deutschland, GRUR Int 1990, 35 (43); *Katzenberger*, TRIPs und das Urheberrecht, GRUR Int 1995, 447 (457f); *Schack*, GRUR Int 1995, 313; *Schack*, ZUM 1986, 73. Siehe auch Begründung Entw III Drittes ÄnderungsG bei *M Schulze*, Materialien², 937.

[372] Differenziert wird dies aber für die Zeitspanne gesehen, während welcher die Vereinigten Staaten von Amerika zwar dem WURA 1971, aber noch nicht der Berner Überein-

diese Begünstigung aber nicht unter Berufung auf die Meistbegünstigungsklausel beanspruchen.

1.2. Leistungsschutzrecht

40 Im deutschen Leistungsschutzrecht war bisher ein **Schutzfristenvergleich** unbekannt. Seit dem Dritten ÄnderungsG 1995 ist ein Schutzfristenvergleich jetzt aber in allen Fällen vorgesehen, in welchen Leistungsschutzrechte auf Grund fremdenrechtlicher Anknüpfungspunkte oder im Hinblick auf den Grundsatz der Gegenseitigkeit gewährt werden (§§ 125 Abs 7, 126 Abs 2 Satz 2, 127 Abs 2 Satz 2 und 128 Abs 2 dUrhG)[373]. Beruht der Schutz in Deutschland aber auf Staatsverträgen, ist der Schutzfristenvergleich nicht anzuwenden[374].

41 Was den Schutz **nachgelassener Werke** anlangt, ist in der Fassung des § 71 dUrhG nach dem Dritten ÄnderungsG 1995 die bisherige Beschränkung auf „im Geltungsbereich dieses Gesetzes" erschienene Werke zur Gänze gestrichen worden. Im Hinblick auf diese Streichung und das Fehlen einer sonstigen fremdenrechtlichen Regelung ist im deutschen Recht wohl von einem umfassenden Schutz auszugehen. Folgt man der hier vertretenen Ansicht, fehlt deshalb insoweit der zwingend vorgeschriebene Schutzfristenvergleich, wobei mangels eines längeren Schutzes nach der alten deutschen Regelung auch der Vorbehalt zu Gunsten bestehender Regelungen nach Art 7 Abs 3 als Rechtfertigung ausscheidet.

2. Österreich

2.1. Urheberrecht

42 Jedenfalls seit der Neufassung des Art 7 Abs 8 RBÜ Stockholm/Paris 1967/71 ist auch für das österr Recht klargestellt, dass der **Schutzfristenvergleich** mangels einer besonderen Regelung anwendbar ist[375]. Dagegen war der Schutzfristenvergleich nach dem WURA nicht von allem Anfang an (automatisch) anwendbar. Das Durchführungsgesetz zum WURA[376] ist vielmehr zunächst davon ausgegangen, dass der Schutzfristenvergleich nur eine Option für den nationalen Gesetzgeber darstellt und einer besonderen Anordnung bedarf. Der Bundesminister für Justiz wurde deshalb nur ermächtigt, die Schutzfrist für Werke, die in Österreich ausschließlich auf Grund des WURA geschützt sind, nach Maßgabe des Art IV Z 4 Abs 1 WURA (jetzt Art IV Abs 4 lit a WURA 1971) durch Verordnung abzukürzen, soweit dies zur Durchsetzung österr Interessen in dem betreffenden

---

kunft angehörten. Vgl dazu *Schack*, GRUR Int 1995, 313; *Schack*, ZUM 1986, 73; *Ulmer*, Der Vergleich der Schutzfristen in seiner Bedeutung für den Urheberrechtsschutz amerikanischer Werke in der Bundesrepublik Deutschland, GRUR Int 1979, 39. Siehe auch BGH 27.01.1978 – „Buster-Keaton-Filme" BGHZ 70, 268 = GRUR Int 1979, 50 = GRUR 1978, 300; 27.01.1978 – „Wolfsblut" GRUR Int 1979, 52 = GRUR 1978, 302.

[373] Vgl zu all dem Begründung Entw III Drittes ÄnderungsG bei *M Schulze*, Materialien[2], 937.

[374] Vgl dazu *Katzenberger* in *Schricker*, Kommentar[2] § 125 Rz 14 und zu den übrigen im Text angeführten Bestimmungen.

[375] Die Fassung Stockholm/Paris ist in Österreich mit 21.08.1982 wirksam geworden.

[376] 07.11.1956 BGBl 157/109.

Staat erforderlich ist[377]; von dieser Ermächtigung wurde allerdings nie Gebrauch gemacht. Die öUrhGNov 1982 hat diese Ansicht jedoch aufgegeben und den Schutzfristenvergleich nach dem WURA in einem neuen § 96 Abs 2 öUrhG zwingend vorgeschrieben[378].

Im urheberrechtlichen Zusammenhang war deshalb eine zwingende Anordnung des Schutzfristenvergleichs bei Umsetzung der Schutzdauer-RL mit öUrhGNov 1996 ebensowenig erforderlich wie eine Berufung auf den Vorbehalt des Art 7 Abs 3 Schutzdauer-RL[379]. Auf Grund des **Diskriminierungsverbots** nach Art 12 EGV 1997 (früher Art 6) bzw Art 4 EWR-Abkommen ist der Schutzfristenvergleich auf Werke von Urhebern, die einem Mitgliedstaat der EU bzw einem Vertragsstaat des EWR angehören, bereits seit dem Inkrafttreten des EWR-Abkommens in Österreich mit 1. Januar 1994 nicht mehr anwendbar. Eine ausdrückliche Gleichstellung erfolgte mit öUrhGNov 1996 anders als im deutschen Recht jedoch nicht. Entsprechendes gilt nach Art 7 Abs 1 Schutzdauer-RL für Werke, deren Ursprungsland im Sinn der Berner Übereinkunft ein Mitgliedstaat ist; auch dieser Gesichtspunkt wurde bei der Umsetzung des Schutzdauer-RL nicht berücksichtigt, es wird dieses Ergebnis allerdings auch nach österr Urheberrecht im Weg richtlinienkonformer Auslegung zu gewinnen sein.

43 Was das Verhältnis Österreichs zu den **Vereinigte Staaten von Amerika** anlangt, war dieses zunächst durch das WURA bestimmt, wobei mangels besonderer Anordnung bis zur öUrhGNov 1982 kein Schutzfristenvergleich vorzunehmen war; seit dem Beitritt der USA zur Berner Übereinkunft mit Wirksamkeit vom 1. März 1989 ist jetzt die RBÜ 1967/71 maßgebend. Daneben ist aber auch die Verordnung 1907[380] anwendbar, die allerdings nicht als Staatsvertrag, sondern als Gegenseitigkeitsverordnung zu qualifizieren sein wird, der seit der öUrhGNov 1982 nur deklarative Wirkung zukommt. Nach der heutigen Gegenseitigkeitsvorschrift des § 96 öUrhG ist von einer absoluten prinzipiellen Reziprozität auszugehen, die keinen Schutzfristenvergleich kennt. Nach der Verordnung ist das österr UrhG auch auf nicht im Inland erschienene Werke von Bürgern der Vereinigten Staaten anzuwenden, sofern diese in den USA Schutz genießen. Die Qualifizierung dieser Einschränkung und deren Verhältnis zu der heutigen Verordnungsermächtigung des § 96 öUrhG ist unklar. Geht man von ihrer Wirksamkeit aus, dürfte sie einen Schutzfristenvergleich ausschließen[381]. Nach der Recht-

---

[377] Vgl dazu ErlRV bei *Dillenz*, Materialien 364f.

[378] Vgl ErlRV bei *Dillenz,* Materialien 365. Gleichzeitig wurde das Durchführungsgesetz zum WURA 1956 aufgehoben; Übergangsvorschriften fehlen.

[379] Vgl *Reindl*, Einfluß des Gemeinschaftsrechts 401.

[380] Die Verordnung 09.12.1907 RGBl 1907/265 ist am 14.12.1907 in Kraft getreten und hatte nur für bis dahin noch nicht erschienene Werke Geltung. Siehe dazu die entsprechende Proklamation des Präsidenten der USA vom 20.09.1907, die das amerikanische UrhG für österr Staatsbürger anwendbar erklärt, freilich einschließlich aller damals noch strengen Formvorschriften, insbes der *manufacturing clause*. Zu den Formvorschriften des US-amerikanischen Rechts und den eingetretenen Veränderungen siehe ausführlich *Walter*, Die Wiederherstellung des Schutzes gemeinfreier Werke in den USA *(Copyright Restoration)*, ÖBl 1997, 51.

[381] So auch *Scolik,* Der Schutzfristenvergleich nach dem Welturheberrechtsabkommen im österr Recht, FS 50 Jahre Urheberrechtsgesetz (ÖSGRUM 4) 217 (218).

sprechung[382] ist die Verordnung weiter anwendbar, und ist die Gegenseitigkeit als absolute zu verstehen, weshalb es nicht darauf ankommt, dass das fragliche Recht in den USA im selben Ausmaß gewährt wird; die Entscheidungen sprechen in diesem Zusammenhang allerdings von einer „formellen Gegenseitigkeit". Nach Art 7 Abs 3 Schutzdauer-RL ist die Sonderregelung weiter wirksam; einer Inanspruchnahme auf Grund der Meistbegünstigungsklausel des TRIPs-Abkommens auch durch Urheber anderer WTO-Mitgliedsländer scheidet dagegen aus.

2.2. Leistungsschutzrecht

Die österr UrhGNov 1996 hat Art 7 Abs 2 Schutzdauer-RL nicht umgesetzt und keinen Schutzfristenvergleich angeordnet. Dies erscheint nach Art 7 Abs 3 im Hinblick auf die bisher geltende Regelung zulässig. Dies ist insbes im Hinblick auf die großzügige Regelung des § 99 Abs 4 öUrhG von besonderer Bedeutung, wonach – über die Verpflichtungen des Genfer Tonträger-Abkommens hinaus – den Vertragsstaaten dieses Abkommens volle Inländerbehandlung gewährt wird. Was die Zweithandverwertung von Industrietonträgern (Art 12 Rom-Abkommen) anlangt, hat Österreich aber von den Vorbehalten nach Art 16 Abs 1 lit a (iii und iv) Gebrauch gemacht[383]. Eine Aufgabe des letzteren Vorbehalts (materielle Reziprozität einschließlich des Schutzfristenvergleichs) ist hinsichtlich des Schutzfristenvergleichs im Hinblick auf Art 7 Abs 2 Schutzdauer-RL nicht mehr möglich[384]. **44**

Die österr UrhGNov 1996 erklärt die fremdenrechtlichen Regeln, die für urheberrechtlich geschützte Werke vorgesehen sind (§§ 94 bis 96 öUrhG), für den Schutz **nachgelassener Werke** entsprechend anwendbar und ordnet keinen Schutzfristenvergleich an (§ 99b öUrhG). Folgt man der hier vertretenen Ansicht, fehlt deshalb auch im österr Recht der zwingend vorgeschriebene Schutzfristenvergleich, wobei im Hinblick auf das Fehlen entsprechender Vorschriften im österr Urheberrecht vor der öUrhGNov 1996 auch der Vorbehalt zu Gunsten bestehender Regelungen nach Art 7 Abs 3 als Rechtfertigung ausscheidet. **45**

Artikel 8 Berechnung der Fristen

Übersicht

---

[382] OGH 06.10.1954 – „Baby-Book" ÖBl 1955, 19; OGH 17.06.1986 – „Hilton/Conti" ÖBl 1986, 132 = RdW 1986, 340 (*Holeschofsky*) = JBl 1986,655 (*Scolik*) = SZ 59/100 = MR 1986/4, 20 (*Walter*) = GRUR Int 1986, 728 (*Hodik*).

[383] Vgl dazu *Dittrich*, Urheberrecht³, 925f und 934ff. Der Vorbehalt bezieht sich nur auf Art 12 Rom-Abkommen, was *Reindl*, Einfluß des Gemeinschaftsrechts 401 übersehen dürfte.

[384] Vgl auch *Reindl*, Einfluß des Gemeinschaftsrechts 401.

Text

Artikel 8 Berechnung der Fristen

Die in dieser Richtlinie genannten Fristen werden vom 1. Januar des Jahres an berechnet, das auf das für den Beginn der Frist maßgebende Ereignis folgt.

Aus den Erwägungsgründen

ErwG 3 Die Harmonisierung darf sich nicht auf die Schutzdauer als solche erstrecken, sondern muß auch einige ihrer Modalitäten wie den Zeitpunkt, ab dem sie berechnet wird, betreffen.

ErwG 14 Die Schutzfristen sollten entsprechend der Regelung in der Berner Übereinkunft und im Rom-Abkommen am 1. Januar des Jahres beginnen, das auf einen rechtsbegründenden Tatbestand folgt.

Kommentar

1. Entstehungsgeschichte

1 Schon der **ursprüngliche RL-Vorschlag** hat die Berechnungsregel des Art 7 Abs 5 RBÜ 1967/71 in Art 5 ausdrücklich übernommen (Begründung Teil 2 Punkt 5). Hieran hat sich im Zug der Entstehungsgeschichte grundsätzlich nichts geändert. Allerdings wurde die Formulierung über Vorschlag des **Europäischen Parlaments** zunächst geändert, was in der endgültigen Fassung aber zum Teil wieder rückgängig gemacht wurde. Die schließlich gewählte Textierung soll klarstellen, dass die Schutzfristen auch die Lebenszeit des Urhebers umfassen. Dies wurde dadurch erreicht, dass nicht der Beginn des Fristenlaufs festgelegt, sondern nur eine Berechnungsregel aufgestellt wird.

2. Berechnungsregel

2 Die **Auswirkungen** der gegenständlichen Berechnungsregel sind im Hinblick auf ihren Harmonisierungseffekt beschränkt. Denn die Vorschrift ist in Art 7 Abs 5 RBÜ 1967/71 vorgegeben, und zwar bereits seit der Brüsseler Fassung der Berner Übereinkunft (Art 7 Abs 6 RBÜ 1948). Die Berechnung der Schutzfristen mit dem 1. Januar des Folgejahres war deshalb in den Mitgliedsländern bereits verwirklicht. Dessen ungeachtet musste die Regel auch in der Schutzdauer-RL verankert werden. Alle Schutzfristen werden danach der Einfachheit und Übersichtlichkeit halber nicht *de momento ad momentum*, sondern in ganzen Jahren gerechnet. Gleichviel welches Ereignis den Lauf der Schutzfrist in Gang setzt (Tod des Urhebers, Schaffen eines Werks, Erbringen oder Herstellung einer Leistung, Erscheinen oder Veröffentlichung eines Werks oder einer festgehaltenen Leistung etc), die Schutzfrist wird immer erst ab dem 1. Januar des folgenden Jahres berechnet, wobei der Schutz freilich auch schon vorher besteht. Dies führt im Übrigen aus praktischer Sicht zu dem Ergebnis, dass die Endziffer des Jahres, in welches das maßgebende Ereignis fällt, mit der Endziffer des Ablaufjahres zusammenfällt. Ist ein Urheber – etwa wie *Claude Monet* – im Lauf des Jahres 1926 gestorben, so ist der urheberrechtliche Schutz mit Ablauf des 31. Dezember 1996 abgelaufen.

Umsetzung in Deutschland und Österreich

1. Deutschland

Art 8 bedurfte im deutschen Urheberrecht keiner Umsetzung. Schon bisher begannen die urheber- und leistungsschutzrechtlichen Schutzfristen mit dem Ablauf des Kalenderjahrs zu laufen, in dem das für den Beginn der Frist maßgebende Ereignis eingetreten ist (§ 69 dUrhG). Wie bereits erwähnt, ist diese Berechnungsregel durch die Berner Übereinkunft vorgezeichnet. Allerdings hat das Dritte Änderungsgesetz übersehen, eine entsprechende Regelung auch für den Schutz nachgelassener Werke nach § 71 dUrhG vorzusehen. § 69 dUrhG spricht nur von den Fristen „nach diesem Abschnitt", während die Schutzfrist für nachgelassene Werke im folgenden Abschnitt geregelt ist (§ 71 Abs 3 dUrhG). Allerdings erscheint eine analoge und damit richtlinienkonforme Auslegung vertretbar[385]. **3**

2. Österreich

Das zum deutschen Urheberrecht Gesagte gilt entsprechend auch für das öUrhG. **4**
Nach § 64 öUrhG war und ist bei Berechnung der Schutzfristen das Kalenderjahr, in dem die für den Beginn der Frist maßgebende Tatsache eingetreten ist, nicht mitzuzählen, was zum selben Ergebnis führt.

Artikel 9 Urheberpersönlichkeitsrechte

Übersicht

Text

Artikel 9 Urheberpersönlichkeitsrechte

Diese Richtlinie läßt die Bestimmungen der Mitgliedstaaten zur Regelung der Urheberpersönlichkeitsrechte unberührt.

---

[385] AM *Loewenheim* in *Schricker*, Kommentar² § 71 Rz 14, der davon ausgeht, dass Art 4 Schutzdauer-RL keine Berechnungsregel vorgibt. Dies ist zwar richtig, doch gilt die allgemeine Vorschrift des Art 8 auch für die in Art 4 festgelegte fünfundzwanzigjährige Schutzfrist für nachgelassene Werke („Die in dieser Richtlinie genannten Fristen ...").

Aus den Erwägungsgründen

ErwG 21 Es empfiehlt sich klarzustellen, daß sich die in dieser Richtlinie vorgesehene Harmonisierung nicht auf die Urheberpersönlichkeitsrechte erstreckt.

Kommentar

1. Unterschiedliche Rechtstraditionen und konventionsrechtlicher Rahmen

1 Die **Rechtstraditionen** der Mitgliedsländer weichen in Fragen des Urheberpersönlichkeitsrechts (*droit moral*) beträchtlich von einander ab[386]. Dies gilt für den Inhalt der urheberpersönlichkeitsrechtlichen Befugnisse ebenso wie für Fragen der Inhaberschaft (nach dem Tod des Urhebers) und die Schutzdauer. So kennen etwa das belgische, dänische, französische, italienische, portugiesische und spanische Urheberrecht[387] zumindest theoretisch ein ewiges Urheberpersönlichkeitsrecht[388], während die übrigen Mitgliedsländer von einer zeitlichen Begrenzung des Urheberpersönlichkeitsrechts ausgehen. Nach deutscher und österr Auffassung gilt auch das Urheberpersönlichkeitsrecht – dem monistischen Konzept folgend – als Teil des einheitlich verstandenen Urheberrechts und endet deshalb grundsätzlich gleichzeitig mit den vermögensrechtlichen Befugnissen. Nach britischem, irischem und luxemburgischem Recht wieder sind die vorgesehenen urheberpersönlichkeitsrechtlichen Befugnisse tendenziell sogar kürzer bemessen als die vermögensrechtlichen[389].

2 Auch in diesem Bereich hat die **Berner Übereinkunft** aber zumindest in Teilaspekten zu einer Rechtsvereinheitlichung geführt. Während Art 6bis Abs 1 seit der Fassung Rom 1928 und verstärkt seit der Brüsseler Revision 1948 in inhaltlicher Hinsicht einen Mindestschutz gewährt (Inanspruchnahme der Urheberschaft und Änderungsverbot), bestimmt Abs 2 in seiner Fassung Stockholm/Paris 1967/71, dass der Schutz des Urheberpersönlichkeitsrechts nach dem Tod des Urhebers zumindest bis zum Erlöschen der vermögensrechtlichen Befugnisse gewährt werden muss[390]. Auch für die Schutzdauer des *droit moral* ist deshalb ein konventionsrechtlicher Rahmen vorgegeben. Danach können die urheberpersönlichkeitsrechtlichen Befugnisse jedenfalls für Lebenszeit des Urhebers und darüber hinaus für die Dauer der vermögensrechtlichen Befugnisse in Anspruch genommen werden. Insoweit wirkt sich die Harmonisierung der Schutzfristen in Europa auch auf das Urheberpersönlichkeitsrecht aus. Den Verbandsländern bleibt es aber vorbehalten, die Struktur dieses Schutzes für die Zeit nach dem Tod

---

[386] Vgl dazu ausführlich *Dietz*, Urheberrecht in der Europäischen Gemeinschaft 104ff. Siehe auch *Johannes Juranek* (ÖSGRUM 15/1994) 51ff; *Katzenberger* in *Schricker*, Kommentar[2] § 64 Rz 31; *v Lewinski*, GRUR Int 1992, 731f. Siehe dazu auch die Länderübersicht im Anhang zu Art 10.

[387] Siehe die Übersicht in der Begründung RL-Vorschlag Teil 2 Punkt 6.2.

[388] Nach Art L 121-1 Abs 3 CPI ist das Urheberpersönlichkeitsrecht unveräußerlich, ewig und verjährt auch nicht – *„Il est perpétuel, inaliénable et imprescriptible."* Vgl ähnlich auch Art 23 ital UrhG.

[389] Vgl *Dietz*, Urheberrecht in der Europäischen Gemeinschaft 239f.

[390] In der Brüsseler Fassung war dies zwingend nur für Lebenszeit des Urhebers vorgesehen.

des Urhebers festzulegen und die Rechtsinhaber zu bestimmen; insbes können die Verbandsländer auch einen längeren Schutz und auch ein ewiges *droit moral* gewähren.

2. Position der Richtlinie

Art 9 hält fest, dass die Richtlinie die Vorschriften der Urheberrechtsgesetze der **Mitgliedstaaten** zur Regelung des Urheberpersönlichkeitsrechts unberührt lässt. Damit wird klargestellt, dass die bisherige Abstinenz des Europäischen Gesetzgebers in Fragen des Urheberpersönlichkeitsrechts aufrecht erhalten wird und auch für die Frage der Schutzdauer gilt[391]. Auch wenn die Richtlinie die Regel des Art 6bis Abs 2 RBÜ 1967/71 – anders als noch Art 6 Abs 2 RL-Vorschlag – nicht ausdrücklich übernommen hat[392], wirkt sie sich auf das Urheberrecht der Mitgliedstaaten aus, da alle EU-Mitgliedsländer bzw Vertragsstaaten des EWR auch der Berner Übereinkunft angehören. **3**

Die bisherige Zurückhaltung des Europäischen Gesetzgebers hinsichtlich der Harmonisierung des Urheberpersönlichkeitsrechts[393] führt freilich zu einer **Begrenzung der Harmonisierung**, die auch aus praktischer Sicht von Bedeutung sein kann. Dies wird durch die gleichfalls weitgehend offen gelassenen Fragen der Inhaberschaft des Urheberpersönlichkeitsrechts und des anwendbaren Rechts noch verstärkt[394]. **4**

3. Vermögensrechte überdauernde Urheberpersönlichkeitsrechte

Soweit nationale Gesetze für Urheberpersönlichkeitsrechte eine abweichende **längere Schutzdauer** festlegen, ist dies deshalb weiterhin zulässig, und bleiben solche Regelungen des innerstaatlichen Urheberrechts unberührt. Dies gilt insbes für die Einrichtung eines ewigen *droit moral*[395]. **5**

Es gilt dies aber auch für Regelungen nationaler Gesetze, wonach bestimmte Urheberpersönlichkeitsrechte nicht mit den vermögensrechtlichen Befugnissen des Urhebers erlöschen. So sieht etwa § 65 öUrhG vor, dass der Urheber das Recht auf Inanspruchnahme der Urheberschaft und den Schutz vor schwerwiegenden Entstellungen seines Werks (§§ 19 und 21 Abs 3 öUrhG), wenn er diesen nicht im Einzelnen, sondern nur allgemein zugestimmt hat, **Zeit seines Lebens** in Anspruch nehmen kann, auch wenn die allgemeine Schutzfrist schon abgelaufen ist. Dies kann etwa für anonyme oder pseudonyme Werke zutreffen, deren Urheber noch am Leben sind, seit deren Schaffung bzw Veröffentlichung aber schon 70 Jahre verstrichen sind. Freilich hat diese Regelung seit der Verlängerung **6**

---

391 Allerdings wird die Festlegung des Orts der Sendehandlung im Fall von Satellitensendungen wohl auch für das Urheberpersönlichkeitsrecht gelten. Vgl dazu *Dreier* Art 1 Rz 9 Satelliten- und Kabel-RL.

392 Vgl dazu *v Lewinski*, GRUR Int 1992, 732; *v Lewinski*, Quellen 4f.

393 Vgl dazu auch *Maier*, RMUE 1994, 75.

394 Vgl *Johannes Juranek* (ÖSGRUM 15/1994) 53ff. Siehe dazu auch *Walter* Stand der Harmonisierung Rz 97ff.

395 Vgl *Dietz*, GRUR Int 1995, 677; *Johannes Juranek* (ÖSGRUM 15/1994) 53; *Katzenberger* in *Schricker*, Kommentar[2] § 64 Rz 31, *v Lewinski*, Quellen 4f.

der allgemeinen urheberrechtlichen Schutzfrist auf 70 Jahre an Bedeutung verloren, soweit diese nicht durch Anwendung des Schutzfristenvergleichs verkürzt wird.

Diese Regelung entspricht der Vorgabe des Art 6bis Abs 2 RBÜ 1967/71, da die Fortdauer der Urheberpersönlichkeitsrechte nach der Berner Übereinkunft zumindest bis zum Erlöschen der vermögensrechtlichen Befugnisse nur für die Zeit „nach dem Tod des Urhebers" festgelegt ist. Die Urheberpersönlichkeitsrechte werden deshalb auch nach Konventionsrecht – unabhängig von der Art der Fristberechnung (ab dem Tod des Urhebers oder ab Schaffung bzw Veröffentlichung) – jedenfalls für Lebenszeit des Urhebers gewährt. Es folgt dies auch aus der historischen Entwicklung, da schon die RBÜ Brüssel 1948 die Schutzdauer jedenfalls für Lebenszeit des Urhebers („*pendant toute sa vie*") gewährt hat. Nicht alle Urheberrechtsgesetze tragen dieser Überlegung aber Rechnung; da die Schutzdauer-RL die Urheberpersönlichkeitsrechte nicht regelt, fehlen insoweit auch verbindliche Vorschriften.

4. Leistungsschutzrechte

7 Auch im leistungsschutzrechtlichen Zusammenhang kennen die nationalen Rechtsordnungen spezifische **persönlichkeitsrechtliche Vorschriften**, wie etwa das Namensnennungsrecht des ausübenden Künstlers oder dessen Schutz vor Entstellung seiner Darbietung. Der Schutz dieser Rechte ist jetzt in Art 5 WPPT auch auf internationaler Ebene vorgesehen. Die Regelung folgt weitgehend der in der Berner Übereinkunft für Urheber vorgesehenen. Ihr Schutz währt nach dem Tod des Künstlers zumindest für die Dauer der vermögensrechtlichen Befugnisse. Nach dem Tod kann die Rechtsinhaberschaft von der nationalen Gesetzgebung festgelegt werden. Sehen Vertragsstaaten zum Zeitpunkt ihres Beitritts zum WPPT einen Schutz nach dem Tod des Künstlers nicht für alle persönlichkeitsrechtlichen Befugnisse vor, müssen sie nicht alle diese Befugnisse nach dem Tod des Künstlers aufrecht erhalten (Art 5 Abs 2 WPPT).

8 Solche materiellrechtlichen Vorschriften fehlen bisher auch im Europäischen Leistungsschutzrecht. Auch hier bleibt die Regelung im Hinblick auf die grundsätzlichen Systemunterschiede der Gesetzgebung der **Mitgliedstaaten** überlassen, was – wie Art 9 Schutzdauer-RL auch für die Leistungsschutzrechte festhält – auch für die Frage der Schutzfrist gilt. Wenn in der deutschen Fassung des Art 9 nur von „Urheberpersönlichkeitsrechten" die Rede ist, schließt dies dessen ungeachtet auch die Leistungsschutzrechte ein[396].

Umsetzung in Deutschland und Österreich

1. Deutschland

9 Im Urheberrecht sieht das dUrhG – anders als das österr Recht – keine Fälle vor, in welchen die **urheberpersönlichkeitsrechtlichen Befugnisse** die vermögensrechtlichen in zeitlicher Hinsicht überdauernden. Dies ist mangels einer Regelung dieser Frage in der Schutzdauer-RL zwar richtlinienkonform, bleibt aber

[396] Vgl oben Art 3 Rz 28.

hinter den Vorgaben der RBÜ 1967/1971 zurück. Allerdings hat diese Regel im Hinblick auf die Verlängerung der Schutzfrist auf 70 Jahre sehr an Bedeutung verloren. Dagegen enthält § 83 dUrhG Abs 3 dUrhG für den Entstellungsschutz des ausübenden Künstlers eine Sonderregelung, nach welcher dieses Recht für die Dauer der vermögensrechtlichen Befugnisse währt, jedenfalls aber bis zum Tod des ausübenden Künstlers. Der Gleichklang mit der Dauer der Vermögensrechte des ausübenden Künstlers wurde im Übrigen mit dem Dritten ÄnderungsG 1995 wieder hergestellt.

2. Österreich

Die bereits erwähnte Sonderregel betreffend die Dauer der **Urheberpersönlichkeitsrechte** zumindest für die Lebenszeit des Urhebers war schon in der Stammfassung des öUrhG 1936 vorgesehen (§ 65 öUrhG)[397]. Die öUrhGNov 1996 konnte diese Sonderregel unverändert lassen. Da die Offenbarung der Identität anonymer oder pseudonymer Urheber jedoch innerhalb offener Schutzfrist erfolgen muss (§ 61a öUrhG idF öUrhGNov 1996), kann der Urheber seine Urheberschaft zwar Zeit seines Lebens in Anspruch nehmen, eine Offenbarung der Identität des Urhebers zu diesem späteren Zeitpunkt führt aber nicht mehr zur Schutzfristberechnung nach der Grundregel *post mortem auctoris*. **10**

Die persönlichkeitsrechtlichen Befugnisse des **ausübenden Künstlers** sind im geltenden österr Urheberrecht eher unterentwickelt (§ 68 Abs 1 und 3 öUrhG). Auch in diesem Bereich sieht § 68 Abs 2 öUrhG aber vor, dass die Persönlichkeitsrechte des ausübenden Künstlers keinesfalls vor dem Tod des nach § 66 Abs 1 öUrhG Verwertungsberechtigten enden und nach seinem Tod bis zum Erlöschen der Verwertungsrechte den Personen zustehen, auf die diese übergegangen sind. **11**

Artikel 10 Zeitliche Anwendbarkeit

Übersicht

[397] Vgl ErlRV 1936 bei *Dillenz*, Materialien 141f.

Text

Artikel 10 Zeitlicher Anwendungsbereich

(1) Wenn eine Schutzfrist, die länger als die entsprechende Schutzfrist nach dieser Richtlinie ist, zu dem in Artikel 13 Absatz 1 genannten Zeitpunkt in einem Mitgliedstaat bereits läuft, so wird sie durch diese Richtlinie in dem betreffenden Mitgliedstaat nicht verkürzt.

(2) Die in dieser Richtlinie vorgesehene Schutzfrist findet auf alle Werke oder Gegenstände Anwendung, die zu dem in Artikel 13 Absatz 1 genannten Zeitpunkt zumindest in einem der Mitgliedstaaten aufgrund der Anwendung nationaler Bestimmungen im Bereich des Urheberrechts oder verwandter Schutzrechte geschützt werden, oder die zu diesem Zeitpunkt die Schutzkriterien der Richtlinie 92/100/EWG erfüllen.

(3) Nutzungshandlungen, die vor dem in Artikel 13 Absatz 1 genannten Zeitpunkt erfolgt sind, bleiben von dieser Richtlinie unberührt. Die Mitgliedstaaten treffen die notwendigen Bestimmungen, um insbes die erworbenen Rechte Dritter zu schützen.

(4) Die Mitgliedstaaten brauchen Artikel 2 Absatz 1 auf vor dem 1. Juli 1994 geschaffene Filmwerke und audiovisuelle Werke nicht anzuwenden.

(5) Die Mitgliedstaaten können festlegen, von wann an Artikel 2 Absatz 1 Anwendung finden soll; der Zeitpunkt darf jedoch nicht nach dem 1. Juli 1997 liegen.

Aus den Erwägungsgründen

ErwG 9 Die Wahrung erworbener Rechte gehört zu den allgemeinen Rechtsgrundsätzen, die von der Gemeinschaftsrechtsordnung geschützt werden. Eine Harmonisierung der Schutzdauer des Urheberrechts und der verwandten Schutzrechte darf daher nicht zur Folge haben, daß der Schutz, den die Rechtsinhaber gegenwärtig in der Gemeinschaft genießen, beeinträchtigt wird. Damit sich die Auswirkungen der Übergangsmaßnahmen auf ein Mindestmaß beschränken lassen und der Binnenmarkt in der Praxis funktionieren kann, ist die Harmonisierung auf eine lange Schutzdauer auszurichten.

ErwG 26 Den Mitgliedstaaten sollte es freistehen, Bestimmungen zu erlassen, die die Auslegung, Anpassung und weitere Erfüllung von Verträgen über die Nutzung geschützter Werke oder sonstiger Gegenstände betreffen, die vor der sich aus dieser Richtlinie ergebenden Verlängerung der Schutzdauer geschlossen wurden.

ErwG 27 Die Wahrung erworbener Rechte und die Berücksichtigung berechtigter Erwartungen sind Bestandteil der gemeinschaftlichen Rechtsordnung. Die Mitgliedstaaten sollten insbes vorsehen können, daß das Urheberrecht und verwandte Schutzrechte, die in Anwendung dieser Richtlinie wiederaufleben, unter bestimmten Umständen diejenigen Personen nicht zu Zahlungen verpflichten, die die Werke zu einer Zeit gutgläubig verwertet haben, als diese gemeinfrei waren.

Kommentar

1. Entstehungsgeschichte

Im internationalen und nationalen Urheberrecht ist man bisher überwiegend davon ausgegangen, dass Werke, die durch Ablauf der Schutzfrist einmal frei geworden sind, durch eine Gesetzesänderung (Schutzfristverlängerung) oder einen Beitritt zu einer internationalen Konvention nicht wieder Schutz erlangen[398]. So lebt der Schutz an einem Werk nach Art 18 Abs 2 RBÜ 1967/71 in einem bestimmten Verbandsland nicht wieder auf, wenn es dort infolge Ablaufs der Schutzfrist einmal gemeinfrei geworden ist[399]. Auch der **ursprüngliche RL-Vorschlag** war zunächst noch diesem traditionellen Ansatz verpflichtet[400]. Die Richtlinie sollte deshalb nur für Werke gelten, die in dem betreffenden **Mitgliedsland** zu einem in der Richtlinie festgesetzten Stichzeitpunkt (zunächst 31. Dezember 1994) noch geschützt waren. Damit hätte man freilich in Kauf genommen, die angestrebte Harmonisierung nur schrittweise zu erreichen[401], im Urheberrecht etwa erst im Jahr 2015. Durch den einheitlichen Stichzeitpunkt sollte zumindest für den Fall einer nicht rechtzeitigen Umsetzung der Richtlinie ein fester Bezugszeitpunkt geschaffen werden (Begründung RL-Vorschlag Teil 2 Punkt 6.1.1.). **1**

Das **Europäische Parlament** ging aber im Interesse der angestrebten Harmonisierung einen Schritt weiter und schlug vor, die neuen (verlängerten) Schutzfristen in **allen Mitgliedstaaten** unter der Voraussetzung anzuwenden, dass das Werk oder die Leistung (der Schutzgegenstand) zu dem festgelegten Stichzeitpunkt (auf den 1. Juli 1994 vorverlegt) auch nur **in einem Mitgliedstaat** noch geschützt ist (Art 6 Abs 1 Z 1). Der **geänderte RL-Vorschlag** hat diese Anregung aufgegriffen, in den gewählten Formulierungen präzisiert und in zwei Punkten geändert. Einmal wurde statt des vorgeschlagenen Stichzeitpunkts auf denjenigen der Annahme der Richtlinie abgestellt, um ein Freiwerden zwischen diesem Zeitpunkt und demjenigen der Umsetzung zu verhindern. Zum anderen wurde neben dem nationalen Recht auch die Vermiet- und Verleih-RL als für das Bestehen aufrechter Schutzrechte maßgebend einbezogen (Begründung geänderter RL-Vorschlag 6). Danach sollten die Vorschriften der Richtlinie auf alle Werke und „Gegenstände" Anwendung finden, die zum Zeitpunkt der Annahme **2**

---

[398] Vgl *Melichar* (ÖSGRUM 14/1993) 26ff.

[399] Ergänzend schreibt Art 18 Abs 1 RBÜ 1967/71 auch insoweit einen Schutzfristenvergleich vor, als die Berner Übereinkunft auf Werke nicht anwendbar ist, die vor ihrem Inkrafttreten im Ursprungsland infolge Ablaufs der Schutzdauer Gemeingut geworden sind; vgl dazu etwa *Masouyé*, Berner Übereinkunft 111f.

[400] Zur Entstehungsgeschichte vgl *v Lewinski*, GRUR Int 1992, 733 und Quellen 14f.

[401] Vgl *Dietz*, GRUR Int 1995, 682 und *v Lewinski*, Quellen 15. Dazu und zur Entstehungsgeschichte auch *Melichar* (ÖSGRUM 14/1993) 30.

der Richtlinie zumindest in einem der Mitgliedstaaten auf Grund der Anwendung nationaler Bestimmungen im Bereich des Urheberrechts oder verwandter Schutzrechte noch geschützt sind oder die zu diesem Zeitpunkt die Schutzkriterien der Bestimmungen der Vermiet- und Verleih-RL erfüllen (Art 6a Abs 2 geänderter RL-Vorschlag). Die von der Richtlinie eingenommene Position sieht damit auf breiter Basis ein Wiederaufleben von Urheber- und Leistungsschutzrechten vor, die in einzelnen Mitgliedsländern bereits erloschenen waren. Dem traditionellen übergangsrechtlichen Denken entspricht dagegen die beibehaltene Voraussetzung, dass ein bestimmter Schutzgegenstand zumindest in einem Mitgliedsland oder nach der Vermiet- und Verleih-RL als *acquis communautaire* noch aufrecht geschützt sein muss.

3 Im Hinblick auf den Grundsatz des Schutzes **wohlerworbener Rechte** hat schon der ursprüngliche RL-Vorschlag festgelegt, dass bereits laufende Schutzfristen durch die Bestimmungen der Richtlinie nicht verkürzt werden sollen (Art 6 Abs 1 Satz 2 RL-Vorschlag und Begründung Teil 2 Punkt 6.1.2. und 6.1.3.). Dieser Grundsatz blieb im Abänderungsvorschlag Nr 12 des Europäischen Parlaments (Art 6 Abs 1 Z 1 Satz 2) und im geänderten RL-Vorschlag inhaltlich unverändert (Art 6a Abs 1 Satz 1 und Begründung 6). Der endgültige Richtlinientext weicht nur in der Formulierung etwas ab.

4 Mit der Umstellung des **übergangsrechtlichen Systems** durch das Europäische Parlament wurden auch Vorschriften über frühere Nutzungshandlungen und den Schutz bereits erfolgter Investitionen erforderlich. Der Abänderungsvorschlag des Europäischen Parlaments sah hierfür detaillierte Bestimmungen vor (Abänderungsvorschlag Nr 12). Einmal wurde ausdrücklich festgehalten, dass das Wiederaufleben des Schutzes keine Wirkung auf vorher erfolgte Nutzungshandlungen hat (Grundsatz der Nichtrückwirkung). Zum anderen wurde festgelegt, dass der Rechteinhaber die Fortsetzung von Nutzungshandlungen nicht verweigern kann, welche die unmittelbare Folge von Investitionen sind, die in gutem Glauben vor Inkrafttreten der Richtlinie getätigt worden sind, wobei mangels Einigung allerdings eine angemessene Vergütung vorzusehen war (Zwangslizenz). Der abgeänderte RL-Vorschlag übernahm zwar den Grundsatz der Nichtrückwirkung auf frühere Nutzungshandlungen (Art 6a Abs 1 Satz 2), sah aber im Hinblick auf die unterschiedlichen Rechtstraditionen und Schutzfristen in den Mitgliedsländern keine detaillierten Regelungen zu Gunsten des Schutzes wohlerworbener Rechte vor und schrieb nur fest, dass die Mitgliedsländer die nach Gemeinschaftsrecht und nationalem Recht notwendigen Bestimmungen zum Schutz wohlerworbener Rechte und des guten Glaubens Dritter vorzusehen haben (Art 6a Abs 3 – vgl Begründung 3 und 7). Der endgültige Richtlinientext übernimmt den Grundsatz der Nichtrückwirkung gleichfalls ausdrücklich, formuliert im Übrigen aber noch klarer und schreibt nur vor, dass die Mitgliedstaaten die notwendigen Bestimmungen treffen, um insbes die erworbenen Rechte Dritter zu schützen (Art 10 Abs 3).

2. Bereits laufende längere Schutzfristen (Absatz 1)

5 Nach Art 10 Abs 1 werden in einzelnen Mitgliedsländern bereits laufende Schutzfristen durch die Bestimmungen der Richtlinie nicht verkürzt und bleiben als **wohlerworbene Rechte** (*droits acquis*) aufrecht[402]. Maßgebend ist auch hierfür der Stichzeitpunkt 1. Juli 1995. Es gilt dies zB für die achtzigjährige Schutzfrist *pma* des spanischen Gesetzes 1879, die allerdings mit UrhG 1987 (Art 26) auf sechzig Jahre *pma* zurückgenommen wurde[403]. Soweit ein bestimmtes Werk nach den Übergangsbestimmungen des spanischen UrhG 1987 in Spanien zum Stichzeitpunkt 1. Juli 1995 aber noch geschützt war, bleibt diese längere Schutzfrist von der Neuregelung der Europäischen Schutzfristen aber unberührt. Ähnliches gilt in bestimmten Fällen einer kriegsbedingten Schutzfristverlängerung – etwa in Frankreich – oder – im deutschen Urheberrecht – für Filmwerke, deren Miturheber (zB Cutter, Kameramann etc) später versterben als die vier in Art 2 Abs 2 Schutzdauer-RL genannten Urheber[404].

Die Vorschrift bezieht sich auf alle für die Bemessung der Schutzfrist **maßgebenden Umstände** und nicht bloß auf die Länge der Schutzdauer als solche. So kann durch die Schutzdauer-RL insbes auch der Anknüpfungszeitpunkt für den Lauf der Schutzfrist verändert worden sein, wobei dies allerdings je nach Lage des Falls zu einer Verkürzung oder auch zu einer Verlängerung der Schutzfrist führen kann. Dies insbes in Fällen, in welchen die Schutzfrist neu zu laufen beginnt, wenn innerhalb einer ersten Schutzperiode (zB ab Darbietung) ein weiteres Ereignis (zB Erscheinen) eintritt, von welchem die Schutzfrist neu zu berechnen ist. So war nach § 82 dUrhG die Schutzdauer für Darbietungen ausübender Künstler, die auf einen Tonträger aufgenommen wurden, bisher grundsätzlich vom Zeitpunkt des Erscheinens an zu berechnen, sofern dieses innerhalb der ersten Schutzperiode ab Darbietung erfolgte; nach der Neuregelung im Dritten ÄnderungsG 1995 wird jetzt aber neben dem Erscheinen auch auf die erste Benutzung zu einer öffentlichen Wiedergabe (Veröffentlichung) abgestellt. Dies führt dann zu einer Verlängerung der Schutzfrist, wenn die Aufnahme innerhalb der ersten Schutzperiode zwar noch nicht erschienen, gleichwohl aber zu einer öffentlichen Wiedergabe benutzt wurde; umgekehrt wird die Schutzfrist durch die Neuregelung verkürzt, wenn der Tonträger innerhalb der ersten Schutzperiode erschienen ist und schon früher zu einer öffentlichen Wiedergabe benutzt worden ist, da der jeweils frühere Zeitpunkt maßgebend ist. Man wird die Frage deshalb nicht abstrakt beurteilen können und vielmehr auf ein **konkretes Werk** oder eine **bestimmte Leistung** unter Einbeziehung aller gegebenen Umstände abstellen müssen. 6

Daraus folgt weiters, dass die Prüfung der Frage, ob längere Schutzfristen nach bisherigem Recht zu wahren sind, nur im Hinblick auf die zum Stichzeitpunkt 1. Juli 1995 bereits **eingetretenen Ereignisse** zu erfolgen hat. Dies wird schon im Hinblick darauf zu bejahen sein, dass der Richtlinientext nur auf solche längere Schutzfristen abstellt, die in einem Mitgliedstaat bereits „laufen“. Ein besonderes Problem stellen in diesem Zusammenhang aber die *post mortem auctoris* zu 7

---

[402] Siehe dazu *Katzenberger* in *Schricker*, Kommentar² § 64 Rz 40; *v Lewinski*, GRUR Int 1992, 733; *v Lewinski*, Quellen 14; *Maier*, RMUE 1994, 76f; *Reindl*, Einfluß des Gemeinschaftsrechts 402f. Zu der entsprechenden Problematik nach dem deutschen Einigungsvertrag siehe *Melichar* (ÖSGRUM 14/1993) 32 mwN.

[403] Vgl dazu *Melichar* (ÖSGRUM 14/1993) 33.

[404] Vgl *Benabou*, Droits d'auteur et droit communautaire 399.

berechnenden Fristen dar, was wiederum vor allem im Filmurheberrecht eine Rolle spielt. War die Schutzfrist *pma* etwa nach bisherigem deutschen Urheberrecht auch nach dem Tod anderer Miturheber als nach der Vier-Personen-Regel zu berechnen, etwa nach dem des Kameramanns oder des Cutters als weitere mögliche Miturheber des Filmwerks, so sind jetzt nur mehr die vier Urheber Hauptregisseur, Drehbuch- und Dialogautor sowie Filmkomponist für die Berechnung der Schutzfrist maßgebend, wobei nach deutscher Auffassung nur der Hauptregisseur Filmurheber im eigentlichen Sinn ist. Allerdings wird zum Stichzeitpunkt 1. Juli 1995 oft noch nicht feststehen, welche der in Frage kommenden Personen letztlich am längsten leben wird. Im Sinn einer möglichst weitgehenden Harmonisierung und der Einschränkung auf bereits „laufende Schutzfristen" wird mE auf den Todeszeitpunkt anderer „Miturheber" als der vier maßgebenden Personen nur dann abzustellen sein, wenn dieser vor dem Stichzeitpunkt 1. Juli 1995 liegt und nach der Miturheberregel für die Bestimmung der Schutzfrist maßgebend ist. Nicht darauf kommt es an, ob ein Werk bereits geschaffen oder eine Leistung bereits erbracht wurde, sondern auf bereits laufende Fristen. Dies ungeachtet des Umstands, dass die Regelschutzfrist nach Art 1 Abs 1 auch die Lebenszeit des Urhebers umfasst[405].

8 Die Wahrung längerer Schutzfristen an Werken oder Leistungen ist freilich auf den betreffenden **Mitgliedstaat** beschränkt[406]. Es folgt dies aus der Formulierung des Abs 1 ebenso wie aus dem Charakter dieser Vorschrift als Ausnahme von der angestrebten Harmonisierung. Fraglich könnte aber sein, ob es dem nationalen Gesetzgeber freisteht, die Schutzfrist auf das harmonisierte Maß herabzusetzen, da nur davon die Rede ist, dass solche längeren, schon laufende Schutzfristen durch die Richtlinie nicht berührt werden. Die gewählte Formulierung und der in ErwG 9 und 27 als gemeinschaftsrechtliches Prinzip hervorgehobene allgemeine Grundsatz des Schutzes wohlerworbener Rechte sprechen aber für die Annahme, dass die Wahrung bereits laufender längerer Schutzfristen in der Richtlinie selbst zwingend vorgegeben ist.

9 Was den Schutz von **Werken aus Drittländern** im Sinn des Art 7 Abs 1 anlangt, ist die Aufrechterhaltung einer längeren Schutzfrist infolge Nichtanwendung des **Schutzfristenvergleichs** in einem Mitgliedsland aber nicht zwingend. Dies folgt aus der Sonderregel des Art 7 Abs 3, wonach Mitgliedsländer einen längeren Schutz aufrecht erhalten dürfen, hierzu aber nicht verpflichtet sind.

3. Zeitlicher Anwendungsbereich der Richtlinie (Absatz 2)

3.1. Grundposition der Richtlinie

10 Wie schon zur Entstehungsgeschichte der Richtlinie dargelegt, sind die harmonisierten Schutzfristen in allen Mitgliedstaaten anzuwenden, wenn ein bestimmtes Werk oder eine bestimmte Leistung (ein bestimmter Schutzgegenstand)[407]

---

[405] So grundsätzlich auch *Dietz*, GRUR Int 1995, 684.
[406] Vgl *Maier*, RMUE 1994, 76.
[407] Der Einfachheit halber wird im Folgenden nur von Werken gesprochen, es gelten die Ausführungen aber für andere Schutzgegenstände (Leistungen) gleichermaßen.

zum **Stichzeitpunkt 1. Juli 1995** auch nur in einem Mitgliedsland der Europäischen Gemeinschaft oder des Europäischen Wirtschaftsraums (noch) geschützt war. Dies kann auch zu einem **Wiederaufleben** des Schutzes von – durch Ablauf der Schutzfrist – bereits gemeinfrei gewordenen oder solchen Werken führen[408], die in einem Mitgliedsland insbes auf Grund fremdenrechtlicher Diskriminierung nie geschützt waren. Die dadurch entstehende Problematik des Schutzes wohlerworbener Rechte Dritter behandelt der dritte Absatz allerdings nur kursorisch. Ist ein Werk in keinem Mitgliedstaat mehr geschützt, lebt der Schutz auch dann nicht mehr auf, wenn es nach den Vorschriften der Richtlinie noch geschützt wäre. Insoweit stellt die Regelung einen Kompromiss zwischen der traditionellen übergangsrechtlichen Auffassung und dem neueren Ansatz dar, wonach der Schutz an bereits gemeinfrei gewordenen Werken wieder aufleben kann[409].

Ob das Werk oder der Schutzgegenstand im Schutzland **jemals geschützt** war, ist **11**
für den Schutz nach der Schutzdauer-RL nicht von Bedeutung. Eine Gemeinfreiheit mag auf einen bisher überhaupt fehlenden Schutz für bestimmte Leistungen, auf unterschiedliche Anforderungen an die Originalität, auf übergangsrechtliche Vorschriften oder auf die Ausgestaltung des (nationalen und internationalen) Fremdenrechts, insbes die Anwendung des Schutzfristenvergleichs in einem Mitgliedsland zurückzuführen sein. Dies folgt einmal aus der gewählten Formulierung des Abs 2, wonach die Schutzfristen der Schutzdauer-RL unter der erwähnten Voraussetzung „Anwendung finden", zum anderen aber auch aus dem verfolgten Harmonisierungsziel. Es ergibt sich dies aber auch aus dem Hinweis auf die Voraussetzungen der Vermiet- und Verleih-RL, der dies für Mitgliedsländer ausdrücklich klarstellt, in welchen ein Schutz von Leistungsschutzrechten bisher noch nicht gewährleistet war[410]. Es ist deshalb ungenau, nur von einem „Wiederaufleben" des Schutzes zu sprechen.

3.2. Maßgebende Vorschriften

Für die Beurteilung der Frage, ob ein bestimmtes Werk in einem Mitgliedstaat **12**
zum 1. Juli 1995 noch geschützt war, sind zunächst die **materiellen Bestimmungen** der betreffenden nationalen Rechtsordnung auf dem Gebiet des Urheber- und Leistungsschutzrechts maßgebend, und zwar mit allen ihren möglichen nationalen Besonderheiten (zB Anforderungen an die Originalität, kriegsbedingte Schutzfristverlängerungen, Verlängerung der urheberrechtlichen Schutzfrist für posthume Werke). Zu den maßgebenden Rechtsvorschriften der Mitgliedsländer zählen auch die **übergangsrechtlichen** (intertemporalrechtlichen) Bestimmungen, weshalb zB auch die ehemals achtzigjährige Schutzfrist nach spanischem Recht für die Beurteilung der Frage, ob ein Werk in Spanien zum

---

[408] Siehe dazu *Benabou*, Droits d'auteur et droit communautaire 400f. Vgl auch EuGH 29.06.1999 – „Butterfly".

[409] Zur zeitlichen Anwendbarkeit siehe auch *Ellins*, Copyright Law 302ff.

[410] Vgl *Katzenberger* in *Schricker*, Kommentar² § 64 Rz 41; *v Lewinski*, Quellen 15. Da die Vermiet- und Verleih-RL längstens bis zum 01.01.1993 umzusetzen war, gilt dies allerdings nur für den Fall einer verspäteten Umsetzung in innerstaatliches Recht.

Stichzeitpunkt noch geschützt war, indirekt noch von Bedeutung sein kann[411]. Aber auch die nationalen und internationalen **fremdenrechtlichen** Vorschriften, einschließlich allfälliger zweiseitiger Staatsverträge, sind in diesem Zusammenhang von Bedeutung. Für die Bemessung der harmonisierten Schutzfrist wird es freilich in erster Linie auf einen aufrechten Schutz in den Ländern ankommen, die im Urheber- und Leistungsschutzrecht schon bisher längere Schutzfristen gekannt haben, wie Deutschland, Frankreich (für Musikwerke), Österreich und Spanien.

13 Der Beurteilung der Frage, ob ein Werk in einem bestimmten Mitgliedstaat zum Stichzeitpunkt 1. Juli 1995 noch geschützt ist, sind die **bisherigen Bestimmungen** des in diesem Mitgliedsland anwendbaren nationalen (und internationalen) Urheber- und Leistungsschutzrechts zu Grunde zu legen. Die Verweisung des Abs 2 erfasst die Vorschriften der Schutzdauer-RL selbst deshalb nicht, und zwar auch dann nicht, wenn diese in einem bestimmten Mitgliedsland schon vor oder zum Stichtag 1. Juli 1995 umgesetzt worden sein sollten. Allerdings konnte eine vorgezogene Umsetzung den Ablauf der Schutzfrist verhindern, und konnten nationale Übergangsvorschriften dazu geführt haben, dass ein gegebenenfalls bereits erloschener Schutz vor dem Stichzeitpunkt 1. Juli 1995 wieder aufgelebt ist, weshalb der Schutz in diesem Land zum Stichzeitpunkt noch gegebenen war.

14 Auf die **Qualifizierung** des in einem Mitgliedstaat gewährten Schutzes als leistungsschutzrechtlich oder als urheberrechtlich ieS kommt es nicht an. Als leistungsschutzrechtlicher Schutz wird in diesem Zusammenhang auch der Schutz **einfacher Lichtbilder** anzusehen sein, auch wenn dieser auf Europäischer Ebene nicht zwingend vorgegeben und geregelt ist. Denn der Lichtbildschutz steht mit den anerkannten Schutzrechten in einem engen Regelungszusammenhang und mag auch die reduzierten Ansprüche an den aus urheberrechtlicher Sicht erforderlichen Originalitätmaßstab beeinflusst haben. Es reicht deshalb zB aus, wenn ein Lichtbild als Dokument der Zeitgeschichte anzusehen und deshalb nach deutschem Urheberrecht in der Fassung der UrhGNov 1985 fünfzig Jahre (ab Herstellung bzw Erscheinen) geschützt war, um auch in anderen Mitgliedsländern den siebzigjährigen Schutz *pma* zu genießen, wenn ein urheberrechtlicher Schutz nach den Vorgaben des Art 6 Schutzdauer-RL gegeben ist. Es genügt aber auch, wenn ein Lichtbild etwa im Vereinigten Königreich im Hinblick auf die geringen Originalitätsvoraussetzungen des britischen Rechts zum Stichzeitpunkt 1. Juli 1995 noch geschützt war. Dies allerdings unter der Voraussetzung, dass das betreffende Lichtbild auf Grund der reduzierten Originalitätsvoraussetzungen des Art 6 als Lichtbildwerk anzusehen und deshalb urheberrechtlich und nicht bloß leistungsschutzrechtlich geschützt ist[412]. Ob auch ein bereits erloschener einfacher Lichtbildschutz wieder aufleben kann, wenn das Lichtbild den Originalitätskriterien des Art 6 nicht entspricht, aber etwa den noch geringeren Anforderungen des britischen Rechts,

---

[411] Zur Entwicklung der Schutzfristen in Spanien siehe ausführlich *G Schulze/Bettinger*, GRUR 2000, 15ff.

[412] So auch *v Lewinski*, Quellen 15f.

erscheint fraglich, weil die Richtlinie den einfachen Lichtbildschutz nicht harmonisiert[413].

Ein Schutz nach **anderen Rechtsvorschriften** oder Schutzrechten wie dem allgemeinen Wettbewerbsrecht oder dem Geschmacksmusterrecht genügt dagegen ebensowenig wie ein Schutz nach einem nicht zum *acquis communautaire* gehörenden Leistungsschutzrecht (zB Schutz wissenschaftlich-kritischer Ausgaben). Nicht ausreichend ist auch ein längerer Schutz urheberpersönlichkeitsrechtlicher Befugnisse, wie etwa ein ewiger Schutz des *droit moral* in manchen Europäischen Ländern. Dies folgt schon daraus, dass die Richtlinie diesen Fragenkreis nach der ausdrücklichen Vorschrift des Art 9 ausklammert. Im Übrigen kann in solchen Fällen auch nicht von einem (allgemeinen) Schutz gesprochen werden, auf den Art 10 Abs 2 abstellt. **15**

3.3. Nationales Fremdenrecht, Schutzfristenvergleich und *Phil Collins* Entscheidung

Zu den einschlägigen Vorschriften der Mitgliedsländer zählt auch das **nationale Fremdenrecht**, einschließlich der in den Mitgliedsländern geltenden **zwei- und mehrseitigen Staatsverträge** im Bereich des Urheber- und Leistungsschutzrechts[414]. Nur unter Einbeziehung des fremdenrechtlichen Zusammenhangs lässt sich feststellen, ob ein bestimmtes Werk in einem Mitgliedsland zum Stichzeitpunkt 1. Juli 1995 noch geschützt ist. Ohne eine Berücksichtigung der fremdenrechtlichen Vorschriften wäre die beabsichtigte Harmonisierung auch nicht erzielbar. Zum fremdenrechtlichen Regelungsbestand zählt auch der in den meisten Mitgliedstaaten angewendete Schutzfristenvergleich im Sinn des Art 7 Abs 8 RBÜ 1967/71[415]. **16**

Dies hätte zunächst dazu geführt, dass in den Mitgliedstaaten, die schon bisher längere Schutzfristen kannten, also insbes Deutschland, Frankreich (für Musikwerke), Österreich und Spanien, Werke aus anderen Mitgliedstaaten zum Stichzeitpunkt 1. Juli 1995 infolge Anwendung des **Schutzfristenvergleichs** nicht mehr geschützt sein konnten, und deshalb in der Gemeinschaft nicht in den Genuss der Schutzfristenverlängerung kommen sollten. Werke aus Ländern mit längerer Schutzfrist hätten in den übrigen Ländern dagegen die harmonisierten (langen) Schutzfristen in Anspruch nehmen können, weil die Voraussetzung des aufrechten Schutzes in einem Mitgliedsland erfüllt war. Dadurch wären solche Werke privilegiert gewesen. Nach diesem Konzept der Schutzdauer-RL wäre die Harmonisierung im Hinblick auf diese Unterschiede auch nur recht zögernd zum Tragen gekommen[416]. Denn eine Berufung auf den neuen Grundsatz der Nichtdiskriminierung nach Art 7 Abs 1 hat die Anwendbarkeit der Richtlinie im Sinn **17**

---

[413] Siehe dazu ausführlich und mit beachtenswerten Argumenten für ein Wiederaufleben *G Schulze/Bettinger*, GRUR 2000, 18.

[414] Vgl *Walter*, MR 1994, 154f. AM wohl *Reindl*, Einfluß des Gemeinschaftsrechts 405f, der dies für Werke aus Drittländern nicht gelten lassen will; für zweiseitige Staatsverträge aM auch *Best*, Copyright World 1995/8, 20ff.

[415] So auch *G Schulze/Bettinger*, GRUR 2000, 14ff.

[416] Vgl *Dietz*, GRUR Int 1995, 682; *Katzenberger* in *Schricker*, Kommentar² § 64 Rz 42.

des Art 10 Abs 2 zur Voraussetzung. Bei diesem Ergebnis ist es in Bezug auf alle Werke aus Drittstaaten auch geblieben.

18 Für Werke von Urhebern aus Mitgliedstaaten wurde das Konzept der Richtlinie aber durch die nur wenige Tage vor der Verabschiedung der Schutzdauer-RL ergangene ***Phil Collins*** Entscheidung des EuGH vom 20. Oktober 1993 noch beträchtlich erweitert[417]. Danach ist das Diskriminierungsverbot des Art 12 EGV 1997 (früher Art 6) auch im Urheber- und Leistungsschutzrecht anzuwenden, weshalb eine Differenzierung des nationalen oder staatsvertraglichen Fremdenrechts nach der Staatsangehörigkeit des Berechtigten für EU- oder EWR-Staatsbürger nicht zulässig ist[418]. Dieser Grundsatz ist unmittelbar anwendbar, folgt aus dem Europäischen Primärrecht bzw dem EWR-Abkommen und wirkt als Auslegung des EGV insoweit zurück[419]. Es ist deshalb davon auszugehen, dass in allen Mitgliedstaaten in Bezug auf deren Angehörige auch nach bisherigem Recht eine Diskriminierung nach der Staatsangehörigkeit unzulässig war, und der Gleichbehandlungsgrundsatz deshalb bereits zum Stichzeitpunkt 1. Juli 1995 und nicht erst in Anwendung des Art 7 Abs 1 Schutzdauer-RL gegolten hat. Da hinsichtlich aller Staatsangehörigen von EU-Mitgliedsländern bzw Vertragsstaaten des EWR deshalb ohne Rücksicht auf die Ausgestaltung des nationalen Fremdenrechts die Anwendung des Schutzfristenvergleichs in allen Mitgliedstaaten ausgeschlossen war, und Werke und Leistungen deshalb geschützt waren, ist die Schutzdauer-RL nach Art 10 Abs 2 anwendbar, und wurde der entsprechende Grundsatz der Nichtdiskriminierung nach Art 7 Abs 1 gleichsam vorweggenommen[420]. Damit sind auch Werke von Staatsangehörigen aus Mitgliedsländern mit bisher kürzeren Schutzfristen in allen Mitgliedstaaten nach den Regeln der Schutzdauer-RL und daher grundsätzlich 70 Jahre *pma* geschützt.

19 Das Gesagte gilt für die **Leistungsschutzrechte** der ausübenden Künstler, Tonträgerhersteller, Laufbildhersteller und Rundfunkunternehmer entsprechend. Dies allerdings mit der Präzisierung, dass die internationalen Verträge und nationalen Gesetze auf dem Gebiet des Leistungsschutzrechts in der Regel keinen Schutzfristenvergleich vorsehen, weshalb dieser Aspekt im Zusammenhang mit den Leistungsschutzrechten eine geringere Rolle spielt[421]. Dessen ungeachtet wird der Anwendungsbereich der Schutzdauer-RL durch die *Phil Collins* Entscheidung auch im leistungsschutzrechtlichen Zusammenhang wesentlich er-

---

[417] Vgl dazu *Benabou*, Droits d'auteur et droit communautaire 401f; *Best*, Copyright World 1995/8, 21; *Cohen Jehoram*, IIC 1994, 835f; *Cornish*, Yearbook of European Law 13 (1993) 493ff; ausführlich *Dietz*, GRUR Int 1995, 682f; *Ellins*, Copyright Law 304; *Hirnböck* (ÖSGRUM 20/1997) 54f; *Johannes Juranek* (ÖSGRUM 20/1997) 45f; *Katzenberger* in *Schricker*, Kommentar² § 64 Rz 42; *Reindl*, Einfluß des Gemeinschaftsrechts 403ff.

[418] Vgl dazu ausführlich *Walter* Allgemeiner Teil – 2. Kapitel Diskriminierungsverbot Rz 7ff.

[419] Vgl dazu ausführlich *Walter* Allgemeiner Teil – 2. Kapitel Diskriminierungsverbot Rz 12.

[420] Vgl *Walter*, MR 1994, 154f. Kritisch dazu *Reindl*, Einfluß des Gemeinschaftsrechts 406 und FN 354. Diese Vorwegnahme gilt nicht für die hier vertretene Ausdehnung des Diskriminierungsverbots auf den Vergleich der Schutzfristen mit dem Ursprungsland (vgl dazu die Ausführungen oben bei Art 7 Rz 8).

[421] Vgl Art 7 Rz 21ff.

weitert. Denn mangels einer fremdenrechtlichen Differenzierung nach der Staatsangehörigkeit im Verhältnis zu Angehörigen aus Mitgliedsländern wird der Schutz zum 1. Juli 1995 in zahlreichen Fällen zumindest in einem Mitgliedsland gegeben gewesen sein[422]. Davon abgesehen ist hier auch das mit 1. Januar 1995 wirksam gewordene TRIPs-Abkommen zu berücksichtigen, das mit seinem Verweis auf Art 18 RBÜ 1967/71 im Übrigen gleichfalls von einer „Rückwirkung" ausgeht und damit insofern über das Rom-Abkommen hinausreicht, das nach Art 20 keine Verpflichtung zur Anwendung des Abkommens auf vor seinem Inkrafttreten erbrachte Leistungen kennt.

3.4. Betroffene Leistungsschutzrechte

Abgesehen von einem Schutz nach den einschlägigen Bestimmungen des nationalen Rechts zumindest eines Mitgliedslands, reicht es für ein Wiederaufleben des Schutzes in allen Mitgliedstaaten nach Art 10 Abs 2 Ende aus („oder"), wenn die **Schutzkriterien der Vermiet- und Verleih-RL** erfüllt sind. Nimmt man die Formulierung beim Wort, kommt es in Bezug auf die in der Vermiet- und Verleih-RL geregelten Leistungsschutzrechte nicht auf einen aufrechten Schutz in einem Mitgliedstaat zum Stichzeitpunkt 1. Juli 1995 an, sondern ist die Schutzdauer-RL auf alle bestehenden Leistungen anwendbar, die den „Schutzkriterien" der Vermiet- und Verleih-RL entsprechen, die also zum Kreis der von dieser Richtlinie geregelten Europäischen Leistungsschutzrechte gehören. **20**

Gegen eine solche Wortinterpretation spricht aber, dass diese Regelung mit der für urheberrechtlich geschützte Werke getroffenen in Widerspruch stünde und zu einer totalen „Rückwirkung" der Schutzdauer-RL im Leistungsschutzrecht führen würde, obwohl sowohl das Rom-Abkommen als auch die Vermiet- und Verleih-RL nur eine Mindestschutzfrist von 20 Jahren vorsahen. Folgt man einer beschränkten und mit der urheberrechtlichen Regelung abgestimmten Auslegung, wird auch im Leistungsschutzrecht davon auszugehen sein, dass eine bestimmte Leistung zumindest in einem Mitgliedsland zum Stichzeitpunkt 1. Juli 1995 noch geschützt gewesen sein muss. Der Hinweis auf die Schutzkriterien der Vermiet- und Verleih-RL soll offensichtlich nur klarstellen, dass ein Schutz in den anderen Mitgliedstaaten auch dann entsteht, wenn ein solcher vorher gar nicht bestanden hat, weil die Leistungsschutzrechte erst in Umsetzung der Vermiet- und Verleih-RL eingeführt oder ausgestaltet wurden. Im Leistungsschutzrecht kann der Schutz danach entweder wieder aufleben oder auch erst entstehen, woran auch eine allfällige verspätete Umsetzung der Vermiet- und Verleih-RL nichts ändert. **21**

Für diese Interpretation lässt sich auch die Begründung zum geänderten RL-Vorschlag ins Treffen führen, nach der mit diesem Hinweis die Verbindung zur Vermiet- und Verleih-RL hergestellt werden sollte, um eine einheitliche Anwendung in der ganzen Gemeinschaft zu gewährleisten (Begründung Art 6bis, 6).

Weiters stellt dieser Hinweis klar, dass nur jene Leistungsschutzrechte von der Vereinheitlichung der Schutzfristen erfasst werden, die in der Vermiet- und **22**

---

[422] Zur Frage, inwieweit das Diskriminierungsverbot auch hinsichtlich anderer Anknüpfungspunkte als die Staatsangehörigkeit (Sitz, Ort der Ausstrahlung) zum Tragen kommt vgl *Walter* Allgemeiner Teil – 2. Kapitel Diskriminierungsverbot Rz 2.

Verleih-RL anerkannt und geregelt sind[423]. Es ist dies neben den klassischen „Rom-Rechten" der ausübenden Künstler, Tonträgerhersteller und Rundfunkunternehmer deshalb auch der Laufbildschutz. Nicht erfasst sind aber die noch nicht harmonisierten Leistungsschutzrechte wie der einfache Lichtbildschutz, der Veranstalterschutz, ein Verlegerschutz oder der Schutz wissenschaftlich-kritischer Ausgaben. Diese Schutzrechte sollten nicht etwa auf dem Umweg über Art 10 Abs 2 in allen Mitgliedsländern deshalb entstehen, weil sie in einem Mitgliedstaat gewährt werden[424].

4. Allgemeine Übergangsregelungen (Absatz 3)

4.1. Grundsatz der Nichtrückwirkung

23 Nach Art 10 Abs 3 Satz 1 bleiben Nutzungshandlungen, die vor dem Stichzeitpunkt 1. Juli 1995 erfolgt sind, von der Schutzdauerregelung der Richtlinie unberührt[425]; es kann deshalb nicht von einer Rückwirkung der Schutzfristenregelung im eigentlichen Sinn gesprochen werden[426]. Mit dieser Bestimmung wird der Grundsatz der Nichtrückwirkung der Schutzdauerregelung auf **Nutzungshandlungen** festgeschrieben, die vor dem Stichzeitpunkt 1. Juli 1995 **vorgenommen** wurden. Dies entspricht dem allgemeinen Prinzip, dass Handlungen, die zum Zeitpunkt ihrer Begehung rechtmäßig waren, nicht durch eine Änderung der Gesetzeslage nachträglich rechtswidrig oder auch nur vergütungspflichtig werden[427].

24 Die Richtlinie unterstellt in diesem Zusammenhang, dass die harmonisierten Vorschriften über die Schutzdauer in allen Mitgliedsländern auch gleichzeitig in Kraft treten, nämlich mit dem Stichzeitpunkt 1. Juli 1995, bis zu welchem die Richtlinie nach Art 13 Abs 1 spätestens in nationales Recht umzusetzen war. Im Fall einer vorzeitigen Umsetzung wird es dem innerstaatlichen Gesetzgeber aber gestattet sein, an den Zeitpunkt des früheren Inkrafttretens im Inland anzuknüpfen[428]. Im Fall einer verspäteten Umsetzung – wie etwa in Österreich[429] – wird dagegen der Stichzeitpunkt 1. Juli 1995 maßgebend sein. Es folgt dies nicht nur aus dem Wortlaut der Bestimmung, sondern auch aus dem Harmonisierungsziel

---

[423] So *v Lewinski*, Quellen 16 und *Dietz*, GRUR Int 1995, 683. Siehe auch *Maier*, RMUE 1994, 77.

[424] Vgl *Katzenberger* in *Schricker*, Kommentar² § 64 Rz 43; *A Nordemann/Mielke*, ZUM 1996, 216.

[425] Vgl *Dietz*, GRUR Int 1995, 683f; *v Lewinski*, Quellen 16f; *Maier*, RMUE 1994, 78. Ausführlich auch zur Frage des gemeinschaftsrechtlichen Grundrechtsschutzes *Reindl*, Einfluß des Gemeinschaftsrechts 406ff; *Schack*, GRUR Int 1995, 311.

[426] So aber *Johannes Juranek* (ÖSGRUM 20/1997) 43f. Zu Recht aM *Schack*, GRUR Int 1995, 311.

[427] So auch Art 13 Abs 2 Vermiet- und Verleih-RL. Siehe dazu auch *Katzenberger* in *Schricker*, Kommentar² § 64 Rz 44.

[428] So – allerdings zweifelnd – auch *v Lewinski*, Quellen 16.

[429] In Österreich ist die Umsetzung der Richtlinie mit öUrhGNov 1996 zwar erst mit 01.04.1996 in Kraft getreten, doch wird an dem Stichzeitpunkt 1. Juli 1995 festgehalten (Art III Abs 1 und VIII Abs 2).

und dem Umstand, dass sich Dritte auf die neue Rechtslage jedenfalls schon einstellen konnten[430].

4.2. Wohlerworbene Rechte Dritter

Nach Art 10 Abs 3 überlässt es die Richtlinie den Mitgliedstaaten, die notwendigen Bestimmungen zum Schutz **wohlerworbener Rechte** Dritter zu treffen. Wie schon zur Entstehungsgeschichte ausgeführt, beschränkt sich die Endfassung des Richtlinientexts auf diese allgemeine Vorgabe, und wurden die detaillierten Vorschläge des Europäischen Parlaments nicht übernommen. Der nationale Gesetzgeber wird bei der Ausgestaltung der übergangsrechtlichen Vorschriften deshalb einen weiten Spielraum haben[431]. So hat der EuGH in seiner Entscheidung 29. Juni 1999 – „Butterfly" die Regelung des italienischen Gesetzes vom 23. Dezember 1996 nicht beanstandet, wonach die Verbreitung von Tonträgern für einen begrenzten Zeitraum von nur drei Monaten durch Personen gestattet ist, die solche Tonträger früher wegen Ablaufs der Schutzfrist vervielfältigen und verbreiten durften[432]. Die Richtlinie geht aber offensichtlich davon aus, dass alle relevanten Sachverhalte geregelt werden müssen, die zum Schutz bereits getätigter Investitionen erforderlich sind (Begründung geänderter RL-Vorschlag Art 6, 7). **25**

Zum Schutz wohlerworbener Rechte zählt aber nicht die Erfüllung aller **Nutzererwartungen** im Hinblick auf die bisherige Schutzfristregelung. Es müssen aber **alle Situationen** erfasst werden, in welchen im **Vertrauen** auf die bisherige Rechtslage Investitionen getätigt wurden. Dies wird insbes für (zum Zweck der Verbreitung) vorgenommene Vervielfältigungen (Buchausgaben, Ton- oder Bildtonträger etc) oder für Theater- oder Filmproduktionen zutreffen, wobei auch das Bearbeitungsrecht (Übersetzungsrecht) betroffen sein kann. Entscheidend wird in solchen Fällen vor allem sein, dass der Urheber oder Leistungsschutzberechtigte keine Unterlassungsansprüche stellen kann. Dagegen wird in der Regel ein Anspruch auf **angemessene Vergütung** für die künftige Nutzung sachgerecht sein, auch wenn dies entgegen dem Abänderungsvorschlag des Europäischen Parlaments (Abänderungsvorschlag Nr 12 Art 6 Abs 1c) in der Richtlinie nicht zwingend vorgeschrieben ist. Auch die Richtlinie dürfte grundsätzlich von einer solchen Vergütungspflicht ausgehen, wie sich dies insbes aus ErwG 27 ergibt, demzufolge nur „unter bestimmten Umständen" von einer Zahlungspflicht abgesehen werden kann[433]. Jedenfalls bedarf es einer feinsinnigen Interessenabwägung durch den nationalen Gesetzgeber im Geist der jeweiligen Rechtstradition. **26**

---

[430] So unter dem Aspekt einer unmittelbaren Anwendbarkeit der Richtlinienvorschriften auch *v Lewinski*, Quellen 17.

[431] Vgl *Benabou*, Droits d'auteur et droit communautaire 402ff; *Dietz*, GRUR Int 1995, 684 FN 140; *Katzenberger* in *Schricker*, Kommentar² § 64 Rz 44; *v Lewinski*, Quellen 16.

[432] Vgl dazu auch *Ubertazzi*, GRUR Int 1999, 407.

[433] Siehe dazu auch *Dietz*, GRUR Int 1995, 684; *v Lewinski*, Quellen 16; *Maier*, RMUE 1994, 78; *Reindl*, Einfluß des Gemeinschaftsrechts 407. – Die Formulierung des ErwG 27 stellt ungenau auf Nutzungshandlungen aus der Zeit vor dem Inkrafttreten der Neuregelung ab.

5. Filmurheberschaft (Absatz 4 und 5)

27 Die endgültige Fassung der Schutzdauer-RL harmonisiert die Inhaberschaft des Urheberrechts an Filmwerken zumindest insoweit, als nach Art 2 Abs 1 jedenfalls der Hauptregisseur als Urheber oder als einer der Urheber eines Filmwerks gilt. Art 10 Abs 4 und 5 sehen aus **übergangsrechtlicher** Sicht in diesem Zusammenhang zwei Einschränkungen vor. Einmal sind die Mitgliedstaaten nicht verpflichtet, die Regelung auf vor dem 1. Juli 1994 geschaffene Filmwerke überhaupt anzuwenden (Abs 4); zum anderen kann ihre Anwendbarkeit durch den nationalen Gesetzgeber auch für nach dem genannten Zeitpunkt geschaffene Werke noch hinausgeschoben werden, allerdings nicht länger als bis zum 1. Juli 1997. Der 1. Juli 1994 entspricht dem Zeitpunkt, zu welchem die Vermiet- und Verleih-RL spätestens umzusetzen war, welche die Rechtsinhaberschaft des Hauptregisseurs für deren Regelungsbereich bereits festgelegt und entsprechende Einschränkungen vorgesehen hatte[434].

Art 10 Abs 4 und 5 beziehen sich nur auf die zwingende Festlegung des Hauptregisseurs als Filmurheber (Art 2 Abs 1), nicht aber auf die „Rückwirkung" der neuen Schutzfristberechnung für Filmwerke nach Art 2 Abs 2[435].

6. Schutzfristverlängerung und Urhebervertragsrecht (ErwG 26)

28 In zahlreichen Mitgliedsländern führt die Schutzdauer-RL zu einer nicht unbeträchtlichen **Verlängerung der Schutzfristen**. Es gilt dies insbes für all jene Mitgliedsländer, die bisher bloß einen fünfzigjährigen urheberrechtlichen Schutz gewährt haben, wie etwa Großbritannien, Irland, Portugal, Italien, Griechenland, die Benelux-Länder und die skandinavischen Länder sowie zum Teil auch Frankreich[436]. Es trifft dies aber auch für Spanien zu, das nach Einführung einer achtzigjährigen Schutzfrist wieder auf eine kürzere sechzigjährige Frist umgestellt hat. Etwas abgeschwächt werden die Auswirkungen der Schutzfristverlängerung in den Ländern, die ergänzend eine kriegsbedingte Schutzfristverlängerung kannten, wie Frankreich und Italien. Aber auch für Österreich, das die Regelschutzfrist schon 1972 mit 70 Jahren *pma* festgelegt hat, ergeben sich wesentliche Verlängerungen der urheberrechtlichen Schutzfrist im Bereich des Filmurheberrechts[437]. Dies gilt schließlich auch für Länder wie das Vereinigte Königreich, welche die Schutzfrist bisher schon deshalb nicht vom Tod des Urhebers an berechnet haben, weil sie vom System des *film copyright* ausgegangen sind, und die *Dietz* deshalb zu Recht als die „großen Schutzfristengewinner" bezeichnet hat[438].

---

434 Siehe *v Lewinski* Art 13 Rz 18ff Vermiet- und Verleih-RL; vgl auch *Dietz*, GRUR Int 1995, 684.

435 Dies übersieht *Hirnböck* (ÖSGRUM 20/1997) 56, wenn sie annimmt, den Mitgliedstaaten werde die „Rückwirkung" der neuen Schutzfristberechnung für Filmwerke freigestellt.

436 Mit UrhGNov 1985 hatte Frankreich eine siebzigjährige Schutzfrist nur für Musikwerke mit und ohne Text vorgesehen.

437 Für Filmwerke betrug die Schutzfrist vor 1996 nur 50 Jahre und wurde vom Zeitpunkt der Herstellung bzw der Veröffentlichung an berechnet und nicht *post mortem auctoris.*

438 *Dietz*, GRUR Int 1995, 685. Vgl dazu auch *Hirnböck* (ÖSGRUM 20/1997) 56f. Zur

Im Hinblick auf den mit solchen Schutzfristenverlängerungen verbundenen Vermögenszuwachs (*windfall profit*) stellt sich die übergangsrechtliche (intertemporalrechtliche) Frage auch im **Urhebervertragsrecht**. Hat der Urheber (Leistungsschutzberechtigte) vor Inkrafttreten der Schutzfristverlängerung über urheberrechtliche Befugnisse verfügt, ist zu prüfen, ob diese Verfügung auch den Zeitraum der verlängerten Schutzfrist umfasst, und der Vertrag insoweit als verlängert gilt oder ob bzw unter welchen Voraussetzungen dies nicht der Fall ist. Dabei kann es einen Unterschied machen, ob die Parteien im Vertrag Vereinbarungen für den Fall einer Verlängerung der Schutzfrist getroffen haben oder nicht. Erstreckt sich der Vertrag (ausdrücklich) auch auf den Zeitraum einer Schutzfristverlängerung, stellt sich die weitere Frage, ob bzw unter welchen Voraussetzungen dem Urheber zumindest Ansprüche auf eine angemessene Vergütung bzw auf Überprüfung der (bisherigen) Vertragsbedingungen, insbes der erhaltenen Gegenleistung hat (Adäquanzprüfung). **29**

All diese Fragen sind in den nationalen Gesetzen anlässlich bisheriger Schutzfristverlängerungen unterschiedlich und oft nicht mit der wünschenswerten Klarheit geregelt worden[439]. Dessen ungeachtet enthält die Schutzdauer-RL für diese vertragsrechtlichen Fragen anlässlich der durch die Europäische Harmonisierung der Schutzdauer bewirkten und zum Teil beträchtlichen Schutzfristverlängerung keine einheitliche Regelung. Die Ausgestaltung der vertragsrechtlichen Übergangsregeln bleibt vielmehr grundsätzlich dem Gesetzgeber der **Mitgliedstaaten** vorbehalten. ErwG 26 hält dazu ausdrücklich fest, dass es den Mitgliedsstaaten freisteht, Bestimmungen in Bezug auf die Auslegung, Anpassung und weitere Erfüllung von Verträgen über die Nutzung geschützter Werke (Leistungen) zu treffen, die vor der sich aus der Richtlinie ergebenden Verlängerung der Schutzdauer geschlossen wurden. Es ist dies insofern konsequent, als eine umfassende Regelung des Urhebervertragsrechts bisher nicht in Angriff genommen wurde. **30**

Allerdings wird die Richtlinie – ohne dies bindend vorzuschreiben – davon ausgegangen sein, dass Urheber und Leistungsschutzberechtigte in angemessener Weise an dem Rechtezuwachs, der durch Schutzfristverlängerungen entsteht, zu **beteiligen** sind. Dies ergibt sich zum einen aus der Grundsatzentscheidung in Art 4 Vermiet- und Verleih-RL, der einen unverzichtbaren Vergütungsanspruch des Urhebers (Leistungsschutzberechtigten) an den Erträgnissen aus dem Vermietrecht vorgibt, wobei es sich nach dem Stand der Urheberrechtsgesetzgebung in den meisten Mitgliedsländern gleichfalls um einen Rechtezuwachs gehandelt hat. Zum anderen folgt dies auch aus dem Anliegen der Schutzdauer-RL selbst, die in ErwG 10 die Harmonisierung des Urheberrechts und der verwandten Schutzrechte auf einem hohen Schutzniveau im Interesse der Kulturindustrie und der Verbraucher, aber auch im Interesse der Autoren und der gesamten Gesellschaft im Sinn einer Aufrechterhaltung und Entwicklung der Kreativität postuliert. Die **31**

---

bisherigen Schutzdauer für Filmwerke siehe die Übersicht bei *Wallentin* (ÖSGRUM 14/1993) 22f.

[439] Vgl allgemein auch *Dietz*, Das Problem der angemessenen Urheberschutzfrist unter dem Aspekt des Urhebervertragsrechts, Archivum Juridicum Cracoviense XIX (1986) 59. Zum brit Copyright Act 1911 siehe etwa *Henry*, EIPR 1993, 439.

Harmonisierung auf hohem Schutzniveau, die sich insbes in der Angleichung der urheberrechtlichen Schutzfristen in Europa nach oben niedergeschlagen hat, kann den angestrebten Zweck aber nur dann erreichen, wenn der nationale Gesetzgeber eine ausgewogene Verteilung des Rechtezugewinns zwischen Urhebern (Leistungsschutzberechtigten) einerseits und der Kulturindustrie anderseits gewährleistet. Das folgt auch aus der Leitidee des ErwG 5, wonach die vom Tod des Urhebers an berechnete Regelschutzfrist von nunmehr 70 Jahren den Zweck verfolgt, den Urheber und die ersten beiden Generationen seiner Nachkommen zu schützen, was gleichfalls nur im Fall einer ausgewogenen Zuteilung des durch die Schutzfristverlängerung bewirkten Rechtezuwachses gewährleistet werden kann. Zwar überlässt die Richtlinie die Ausgestaltung der vertragsrechtlichen Übergangsregeln im Einzelnen dem Gesetzgeber der Mitgliedstaaten, dieser hat jedoch im Geist der Schutzdauer-RL für eine ausgewogene Verteilung zu sorgen.

Umsetzung in Deutschland und Österreich

1. Deutschland

32 Die im Hinblick auf die Umsetzung der Schutzdauer-RL erforderlichen Übergangsvorschriften enthält der mit dem Dritten ÄnderungsG 1995 hinzugefügte § 137f dUrhG. Art 10 Abs 1 entsprechend sieht § 137f Abs 1 Satz 1 dUrhG vor, dass der Schutz erst mit Ablauf der Schutzdauer nach den bisher geltenden Vorschriften erlischt, wenn die Anwendung der ab dem 1. Juli 1995 geltenden Fassung die Dauer eines „vorher entstandenen Rechts“ **verkürzen** würde. Ungeachtet dieser etwas abweichenden Formulierung wird es darauf ankommen, ob das Ereignis, welches eine längere Schutzfrist auslöst (zB der Tod eines Miturhebers an einem Filmwerk), vor dem 1. Juli 1995 schon eingetreten ist. Beispiele für eine Verkürzung der Schutzfrist im Zug der Umsetzung der Schutzdauer-RL sind etwa der bisher in einer Schutzfristverlängerung bestehende Schutz nachgelassener Werke (§ 64 Abs 2 dUrhG), die geänderte Anknüpfung bei anonymen und pseudonymen Werken (§ 66 dUrhG) und bei Lieferungswerken (§ 67 dUrhG) sowie die nun auf bestimmte „Miturheber“ beschränkte Bemessung der Schutzfrist für Filmwerke. Auch im Leistungsschutzrecht kann es zu einer Verkürzung der Schutzfristen kommen[440].

33 Das **dUrhG 1965** folgte im Übrigen in **übergangsrechtlicher** Hinsicht bisher dem traditionellen System. Es war daher nur dann auf vorher geschaffene Werke anwendbar, wenn diese zum Zeitpunkt des Inkrafttretens[441] noch geschützt waren (§ 129 Abs 1 dUrhG). Dieser traditionelle Ansatz wurde aber in jüngerer Zeit nicht mehr konsequent verfolgt. So verfügte schon Art 8 des deutschen **Einigungsvertrags**[442] in Verbindung mit dessen Anlage 1 im Interesse einer

---

[440] Vgl dazu Begründung Entw III Drittes ÄnderungsG bei *M Schulze*, Materialien², 938 und 949. Zur Bedeutung einer Verkürzung der bisher geltenden Schutzfristen siehe auch *Dietz*, GRUR Int 1995, 684. Vgl auch *Katzenberger* in *Schricker*, Kommentar² § 137f Rz 1f.

[441] Das dUrhG ist mit 01.01.1966 in Kraft getreten. Allerdings sind die Bestimmungen betreffend die Schutzfrist nach § 143 Abs 1 dUrhG schon am 17.09.1965 in Kraft getreten, so dass alle am 31.12.1965 noch geschützten Werke gleichfalls in den Genuss der Schutzfristenverlängerung kamen (vgl *Möhring/Nicolini*, Urheberrechtsgesetz § 129 Rz 3 lit a).

[442] Vom 31.08.1990 BGBl 1990 II 889 = GRUR Int 1990, 750 und 768. Vgl dazu

möglichst lückenlosen Rechtsvereinheitlichung die Anwendung des dUrhG 1965 auch auf Werke und Leistungen, die nach dem bis dahin in der DDR geltenden UrhG schon frei geworden waren.

Hinsichtlich der mit dem **Dritten ÄnderungsG 1995** eingeführten neuen Regelungen betreffend die Schutzdauer macht § 137f Abs 1 Satz1 dUrhG zunächst nach der traditionellen Regel deren Anwendung davon abhängig, dass es sich um Werke und verwandte Schutzrechte handeln muss, deren Schutz am 1. Juli 1995 noch nicht erloschen ist. In Übereinstimmung mit Art 10 Abs 2 fügt § 137f Abs 2 Satz 1 dUrhG jedoch hinzu, dass dies auch dann gilt, wenn der Schutz nach dem Gesetz eines **anderen Mitgliedstaats** der Europäischen Union oder eines Vertragsstaats des Abkommens über den Europäischen Wirtschaftsraum zu diesem Zeitpunkt noch besteht. Der zweite Satz dieser Bestimmung erklärt diese Regelung auch für die Leistungsschutzrechte der ausübenden Künstler, Hersteller von Tonträgern, Sendeunternehmen und Filmhersteller sowie die verwandten Schutzrechte des Herausgebers nachgelassener Werke für entsprechend anwendbar[443]. Damit folgt der deutsche Gesetzgeber der hier vertretenen Ansicht, dass der Hinweis des Art 10 Abs 2 auf die Schutzkriterien der Vermiet- und Verleih-RL nur klarstellende und keine eigenständige Bedeutung hat. Betroffen sind nach dem deutschen Urheberrecht vor allem Lichtbildwerke, aber auch Leistungsschutzrechte, wie diejenigen der Herausgeber nachgelassener Werke, der Tonträger- und Laufbildhersteller sowie der Sendeunternehmen, die nach dem Recht vor 1995 nur 25 Jahre geschützt waren, während sie in verschiedenen anderen Mitgliedstaaten schon vor der Umsetzung der Richtlinie einen fünfzigjährigen Schutz genossen haben. **34**

Für den Fall des **Wiederauflebens** des Schutzes in Deutschland enthält § 137f Abs 3 dUrhG eine elastische allgemeine Regelung[444]. Danach stehen auf Grund der Übergangsvorschriften wiederauflebende Rechte dem Urheber oder Leistungsschutzberechtigten zu, doch darf eine bereits begonnene Nutzungshandlung im vorgesehenen Rahmen fortgesetzt werden, ohne dass dies der Urheber oder Leistungsschutzberechtigte verbieten könnte. Diesem steht aber für die Nutzung ab dem 1. Juli 1995 eine **angemessene Vergütung** zu. Diese Regelung entspricht den vorstehend skizzierten Grundsätzen, erfasst alle denkbaren früher begonnenen Nutzungshandlungen und gewährt dem Berechtigten zu Recht einen Anspruch auf angemessene Vergütung. Die vorgesehene Vergütungspflicht kann dabei gleichfalls an die Tradition des deutschen Einigungsvertrags anknüpfen[445]. Bei Projekten, die eine längerfristige Planung voraussetzen, wie dies etwa **35**

Katzenberger in *Schricker*, Kommentar[2] Vor §§ 120 Rz 28ff; *Melichar* (ÖSGRUM 14/1993) 2528f; *Wandtke*, Auswirkungen des Einigungsvertrags in den neuen Bundesländern, GRUR 1991, 263.

[443] Vgl Begründung Entw III Drittes ÄnderungsG bei *M Schulze*, Materialien[2], 938 und 949. Siehe auch *Katzenberger* in *Schricker*, Kommentar[2] § 137f Rz 3.

[444] Siehe dazu auch Begründung Entw III Drittes ÄnderungsG bei *M Schulze*, Materialien[2], 938 und 950. Vgl auch *Katzenberger* in *Schricker*, Kommentar[2] § 137f Rz 4. Zum Wiederaufleben des Schutzes an gemeinfreien Fotografien siehe *G Schulze/Bettinger*, GRUR 2000, 15.

[445] Vgl Anlage I Kapitel III Sachgebiet E Abschnitt II 2 § 2 Abs 1.

bei Filmproduktionen der Fall ist, wird auch schon die konkrete Vorbereitung als begonnene Nutzungshandlung zu verstehen sein[446].

36 Ist einem Dritten vor dem 1. Juli 1995 ein **Nutzungsrecht** an einer noch geschützten Leistung eingeräumt bzw übertragen worden, so erstreckt sich diese Vereinbarung im Zweifel auch auf den Zeitraum, um den die Schutzdauer verlängert worden ist, es ist aber eine **angemessene Vergütung** zu zahlen (§ 137f Abs 4 dUrhG). Wenn das Gesetz nur von geschützten Leistungen spricht, so deshalb, weil aus deutscher Sicht nur im Leistungsschutzrecht eine Verlängerung der Schutzfristen erfolgte. Damit wird klargestellt, dass ältere Verträge als für den Zeitraum des Schutzfristenzuwachses als verlängert gelten, der Berechtigte aber Anspruch auf eine angemessene Vergütung hat. Dieser Anspruch ist objektiv zu beurteilen und bezieht sich in erster Linie auf Pauschalverträge und unentgeltliche Rechtseinräumungen; die Vorschrift kann aber auch zu Korrekturen (unangemessener) Beteiligungsregelungen führen.

Diese Regelung ist nicht anwendbar, wenn die Rechtseinräumung im Vertrag (ausdrücklich) nicht für den Zeitraum eventueller Schutzfristverlängerungen erfolgt ist, weil dann kein Zweifelsfall besteht. Bei sinnvoller Auslegung findet die Vorschrift aber auch in Fällen Anwendung, in welchen sich die Rechtseinräumung nicht auf Grund der gesetzlichen Vermutung, sondern nach dem geschlossenen Vertrag auch auf den Zeitraum künftiger Verlängerungen der Schutzfrist erstreckt[447]. Die Vorschrift ist § 137 Abs 2 und 3 dUrhG nachgebildet; so wie schon in § 3 der Anlage I zum Einigungsvertrag wird die Vergütungspflicht aber nicht von der Annahme abhängig gemacht, dass der Veräußerer (Erlaubnisgeber) für die Übertragung oder Erlaubnis für den Zeitraum der verlängerten Schutzdauer eine höhere Gegenleistung erzielt hätte. Ausnahmen von der Vergütungspflicht für den Fall des Anbots einer „Rückabtretung" sind ebensowenig vorgesehen wie solche für Rechte, die üblicher Weise vertraglich nicht übertragen werden[448].

2. Österreich

37 Die Schutzdauer-RL führt in Österreich vor allem für Filmwerke in der Regel zu einer bedeutenden Schutzfristverlängerung. Aber auch bei Darbietungen ausübender Künstler kann es durch die zusätzliche Anknüpfung an den Zeitpunkt der Veröffentlichung (§ 67 Abs 1 öUrhG) zu einem **längeren Schutz** kommen. In Einzelfällen kann aber auch eine **Verkürzung** der Schutzfrist eintreten, wie insbes im Hinblick auf die veränderte Anknüpfung des Fristenlaufs bei Lieferungswerken (§ 63 öUrhG) sowie bei anonymen und pseudonymen Werken, die

---

446 Zu praktischen Problemen im Fotourheberrecht siehe etwa *A Nordemann/Mielke*, ZUM 1996, 216ff.

447 Vgl Begründung Entw III Drittes ÄnderungsG bei *M Schulze*, Materialien², 938 und 950, insbes mit dem Hinweis auf die entsprechende Regelung des Einigungsvertrags und den Grundsatz, dass dem Urheber für jede Nutzung seines Werks eine angemessene Entlohnung gebührt.

448 Siehe dazu § 137 Abs 4 dUrhG bzw § 3 Abs 2 Satz 2 und § 3 Abs 3 der Anlage I zum Einigungsvertrag. Vgl zu all dem *Katzenberger* in *Schricker*, Kommentar² Vor §§ 120 Rz 31 und § 137f Rz 5

nicht innerhalb von 70 Jahren ab Herstellung veröffentlicht wurden[449]. Im Sinn des Art 10 Abs 1 Schutzdauer-RL verfügt Art VIII Abs 1 öUrhGNov 1996, dass die Neuregelung nicht gilt, soweit dadurch eine bereits laufende Schutzfrist verkürzt wird. Das österr Gesetz folgt dabei der in der Richtlinie vorgegebenen Formulierung und stellt darauf ab, dass die (längere) Schutzfrist bereits läuft. Dies trifft etwa für anonyme oder pseudonyme Werke zu, deren siebzigjährige Schutzfrist ab Schaffung bereits abgelaufen war, die aber weniger als 70 Jahre vor Inkrafttreten der öUrhGNov 1996 veröffentlicht wurden.

Auch nach § 101 Abs 1 öUrhG 1936[450] war das UrhG zwar auch auf bereits geschaffene Werke anwendbar, allerdings nur dann, wenn sie nicht schon früher infolge Ablaufs der Schutzfrist gemeinfrei geworden sind. Soweit mit der öUrhGNov 1996 eine Verlängerung der Schutzfristen bewirkt wird, folgt Art VIII Abs 2 Z 1 zunächst dem traditionellen Prinzip, dass sich die Schutzfristenverlängerung auf alle auch vor dem 1. April 1996 entstandenen Werke, vorgenommenen Vorträge und Aufführungen, aufgenommenen Lichtbilder und gesendeten Rundfunksendungen bezieht, für die zum Stichzeitpunkt 1. Juli 1995 die Schutzfrist nach bisher geltendem Recht noch nicht abgelaufen ist. Richtlinienkonform fügt Z 2 dieser Bestimmung jedoch hinzu, dass dies auch dann gilt, wenn die Schutzfrist zu dem genannten Stichzeitpunkt in einem **anderen Mitgliedsland** noch nicht abgelaufen ist. Auch das österr Gesetz differenziert nicht zwischen Werken und Leistungen und fordert einen aufrechten Schutz entweder in Österreich oder einem anderen EU-Mitgliedsstaat bzw EWR-Vertragsstaat. Da die Schutzdauer-RL in Österreich verspätet umgesetzt wurde, und die Neuregelung erst am 1. April 1996 in Kraft getreten ist, leben bisher erloschene, auf Grund der öUrhGNov 1996 aber geschützte Rechte erst mit diesem Zeitpunkt wieder auf. Bis dahin – also auch zwischen dem 1. Juli 1995 und dem 31. März 1996 – war die Verwertung solcher Werke bzw Leistungen frei[451]. Auf die sich daraus allenfalls ergebenden Haftungsfolgen sei hier nicht näher eingegangen. **38**

Für den Schutz **wohlerworbener Rechte** sorgt Art VIII Abs 4 öUrhGNov 1996 und knüpft ungeachtet der etwas verspäteten Umsetzung der Schutzdauer-RL in Österreich an den in der Richtlinie vorgegebenen Stichzeitpunkt 1. Juli 1995 an. Dies wird zu Recht damit gerechtfertigt, dass es im Hinblick auf die Richtlinienvorschriften an einem Vertrauensinteresse fehlt[452]. Im Übrigen ist die Übergangsregelung in mehrfacher Hinsicht unbefriedigend. Einmal stellt die Vorschrift nur auf bereits begonnene Vervielfältigungshandlungen und bereits vorhandene Vervielfältigungsstücke ab, was jedenfalls zu eng ist[453]. Anderseits wird auch kein **39**

---

[449] Vgl ErlRV 1996 bei *Dittrich*, Urheberrecht³, 446.

[450] Vgl dazu auch die entsprechenden Übergangsvorschriften der für Schutzfristen relevanten Neuregelungen in Art II Abs 1 Verordnung 1933; Art III Abs 1 öUrhGNov 1953; Art II Abs 2 öUrhGNov 1972.

[451] Vgl ErlRV 1996 bei *Dittrich*, Urheberrecht³, 447.

[452] Vgl ErlRV 1996 bei *Dittrich*, Urheberrecht³, 447 und dazu *Hirnböck* (ÖSGRUM 20/1997) 57f.

[453] So auch *Reindl*, Einfluß des Gemeinschaftsrechts 415. Die Bestimmung greift auf Art II Abs 4 öUrhGNov 1953 zurück, der jedoch nur geringfügige Änderungen bei der

ausgleichender Vergütungsanspruch gewährt, der allerdings in analoger Anwendung der vertraglichen Übergangsregel des Art VIII Abs 3 öUrhGNov 1996 vertretbar erscheint. Auch der Begriff der „begonnen Vervielfältigung" ist wenig klar und jedenfalls auslegungsbedürftig.

40 Für **ältere Verträge** sieht Art VIII Abs 3 öUrhGNov 1996 eine Regelung vor, wie sie seit der Verlängerung der urheberrechtlichen Regelschutzfrist von 30 Jahren auf 50 Jahre im Jahr 1933 auch für alle bisherigen Schutzfristverlängerungen formuliert war (Art II Abs 2 Verordnung 1933; Art III Abs 3 öUrhGNov 1953; Art II Abs 3 öUrhGNov 1972). Danach erstreckt sich eine vom Urheber vor Inkrafttreten der jeweiligen Schutzfristverlängerung vorgenommene Verfügung im Zweifel nicht auf den Zeitraum der Schutzfristverlängerung. Im Fall des entgeltlichen Rechtserwerbs bleibt der Erwerber jedoch gegen Zahlung einer angemessenen Vergütung zur Nutzung berechtigt. Diese Befugnis wird als Vertragsverlängerung gedeutet[454], anders als im deutschen Recht erfolgte jedoch auch bei der jüngsten Regelung der öUrhGNov 1996 keine gesetzliche Klarstellung in diesem Sinn.

Im Unterschied zum deutschen Recht erfolgt eine gesetzliche Vertragsverlängerung aber nur im Fall einer entgeltlichen Rechtseinräumung. Dem Urheber (Leistungsschutzberechtigten) stehen die Rechte aus der Schutzfristverlängerung deshalb jedenfalls dann zu, wenn sich der Vertrag zweifelsfrei (ausdrücklich oder nach den Umständen) nicht auf Verlängerungen der Schutzfrist erstreckt. Ist dies dagegen unklar, erstreckt sich der Vertrag nur bei entgeltlichen Verfügungen auch auf die Dauer der verlängerten Schutzfrist, doch steht dem Urheber ein Anspruch auf angemessene Vergütung zu.

Bezieht sich der Vertrag – bei entgeltlichen und bei unentgeltlichen Verfügungen – zweifelsfrei auch auf den Zeitraum der Schutzfristverlängerung, könnte es fraglich sein, ob dem Originalberechtigten auch in diesen Fällen ein Anspruch auf angemessene Vergütung zusteht, da dies ausdrücklich nur für Zweifelsfälle vorgesehen ist. Nach dem Grundanliegen der Regelung, die Schutzfristverlängerung (auch) dem Urheber bzw Leistungsschutzberechtigten zugute kommen zu lassen, und im Hinblick auf den Umstand, dass ein zum Vertragszeitpunkt nicht feststehender künftiger Rechtezuwachs bei der Entgeltregelung erfahrungsgemäß auch nicht berücksichtigt wird, ist mE auch in diesen Fällen von einem Anspruch auf angemessene Vergütung auszugehen. Dies gebietet eine sinnvolle Auslegung, da es keinen Unterschied machen kann, ob es sich um eine vertragliche oder um eine gesetzliche Vertragsverlängerung handelt. Dabei ist auch zu berücksichtigen, dass eine Korrektur auch bei vertraglichen Beteiligungsregelungen erfolgen kann[455]. Zu demselben Ergebnis müsste im Übrigen auch eine

---

Umschreibung anonymer Werke betraf und sich jedenfalls nicht auf Filmwerke bezog. Siehe dazu auch *Hirnböck* (ÖSGRUM 20/1997) 58.

[454] *Walter*, Auswirkungen der Schutzfristverlängerung 69ff; so auch schon OGH 09.05. 1967 – „Jetzt trink ma noch a Flascherl Wein" ÖBl 1967, 91 = SZ 40/69 = EvBl 1968/109 = UFITA 52 (1969) 329 = Schulze Ausl Österr 43 (*Dittrich*). Siehe dazu auch *Hirnböck* (ÖSGRUM 20/1997) 59f und *Melichar* (ÖSGRUM 14/1993) 27f.

[455] Vgl auch ErlRV 1953 *Dillenz*, Materialien 284. Siehe auch *Hirnböck* (ÖSGRUM 20/ 1997) 56.

ergänzende Vertragsauslegung führen; denn eine Verlängerung des Vertragsverhältnisses auch auf den Zeitraum von Schutzfristverlängerungen bedeutet nicht notwendig, dass auch dieser Zeitraum durch das ursprünglich vereinbarte Entgelt abgedeckt sein soll.

Wie bereits erwähnt, hat die Schutzdauer-RL in Österreich vor allem im Filmurheberrecht zu beträchtlichen Schutzfristverlängerungen und daher in größerem Umfang auch zu einem Wiederaufleben bereits gemeinfreier Filmwerke geführt. Umso unbefriedigender ist es, wenn die öUrhGNov 1996 einerseits an der *cessio legis* Regel festhält (§ 38 Abs 1 öUrhG) und anderseits keine ausdrückliche Übergangsvorschrift vorsieht. Bedenkt man, dass die *cessio legis* letztlich ein Surrogat für vertragliche Verfügungen darstellt, erscheint eine analoge Anwendung der Übergangsregel für vertragliche Verfügungen ieS (Art VIII Abs 3 öUrhGNov 1996) nicht nur vertretbar, sondern vielmehr geboten[456]. Bei anderer Auslegung erhielte die – hinsichtlich des Hauptregisseurs ohnehin richtlinienwidrige – Regelung der *cessio legis* eine Dimension, die mit dem Grundanliegen des öUrhG unvereinbar wäre.

Anhang
Die Schutzfristen in den einzelnen Mitgliedstaaten

(*Bearbeiter: Walter*)[457]

Im Hinblick auf die Übergangsregelung des § 10 Abs 2 Schutzdauer-RL ist die Regelung der **Schutzdauer** in den **Mitgliedstaaten** der EU bzw den Vertragsstaaten des EWR zum Stichzeitpunkt **1. Juli 1995** für die harmonisierte Schutzdauer von entscheidender Bedeutung. Im Folgenden soll die Schutzfristenregelung, wie sie sich zu diesem Stichzeitpunkt in den einzelnen Mitgliedsländern dargestellt hat, deshalb kurz skizziert werden. Aus Platzgründen werden die nationalen sowie bilateralen und multilateralen staatsvertraglichen Vorschriften des **Fremdenrechts** in den einzelnen Mitgliedsländern dagegen nicht behandelt; sie sind aber bei der Beurteilung der Frage, ob ein Werk oder sonstiger Schutzgegenstand in einem bestimmten Mitgliedsstaat (Vertragsstaat) zum genannten Stichzeitpunkt (noch) geschützt war, gleichfalls zu beachten. Auf die inhaltliche **Umsetzung** der Schutzdauer-RL in den einzelnen Mitgliedstaaten der EU bzw Vertragsstaaten des EWR wird gleichfalls nur kurz eingegangen, vor allem dann, wenn diese – wie etwa in Belgien – vorgezogen wurde, und deshalb innerstaatlich schon am 1. Juli 1995 gegolten hat. Auf die gleichfalls praktisch bedeutsamen **Übergangsvorschriften** wird in aller Kürze hingewiesen, ohne auf Details ein- **1**

[456] Siehe *Walter*, Auswirkungen der Schutzfristverlängerung (72ff). AM *Hirnböck* (ÖSGRUM 20/1997) 60f, deren auf dem Argument der Rechtssicherheit basierende Argumentation aber nicht überzeugt, da ein Vergütungsanspruch den Rechtsverkehr in keiner Weise beeinträchtigt; die besondere Übergangsvorschrift des Art VI öUrhGNov 1996 steht mit der vorliegenden Frage aber in keinem Zusammenhang.

[457] An den nachstehend angeführten Länderberichten haben folgende Autoren mitgewirkt: ***Koriatopoulou*** (Griechenland), ***Moens de Hase/Strowel*** (Belgien, Frankreich und Luxemburg), ***Oesch*** (Skandinavische Länder) und ***Rocha*** (Portugal).

gehen zu können. Im Hinblick auf die Komplexität der Regelungen kann die Darstellung nicht auf Vollständigkeit bedacht sein und auch nicht alle Einzelfragen oder Zweifelsfragen erörtern.

Der Einfachheit halber werden die einzelnen Bestimmungen einheitlich mit „Paragraph, Absatz, Unterabsatz und litera" bzw mit den entsprechenden Abkürzungen bezeichnet[458], auch wenn in dem betreffenden Land andere Bezeichnungen wie Artikel oder Section üblich sind. Beziehen sich die Hinweise auf das unmittelbar zuvor genannte Gesetz, unterbleibt dessen neuerliche Anführung.

Die Länderübersicht ist alphabetisch geordnet. Island, Norwegen und Schweden werden jedoch im Hinblick auf die weitgehende inhaltliche Übereinstimmung der Rechtslage in den Skandinavischen Ländern vorgezogen und im Anschluss an Dänemark behandelt.

2 Die **Berechnungsregel** des § 8 Schutzdauer-RL, wonach die Schutzfrist jeweils vom 1. Januar des Jahres zu berechnen ist, das auf das für den Beginn der Frist maßgebende Ereignis folgt, entspricht der Regel des § 7 Abs 6 RBÜ Brüssel 1948 und war in allen Mitgliedsländern anerkannt. Es wird bei der Darstellung der Schutzfristensituation hierauf deshalb nicht gesondert hingewiesen.

1. Belgien

3 Die **urheberrechtliche** Regelschutzfrist betrug in Belgien vor dem Inkrafttreten des neuen belg UrhG 1994[459] fünfzig Jahre nach dem Tod des Urhebers (§ 2 belg UrhG 1886). Die Schutzfrist wurde mit Gesetz 1921 für alle vor dem 4. August 1924 veröffentlichten Werke (**kriegsbedingt**) um zehn Jahre verlängert, soweit diese zum Zeitpunkt der Kundmachung dieses Gesetzes (25.06.1921) noch nicht gemeinfrei waren[460]. Die Miturheberregel (§ 5 belg UrhG 1886) fand nicht nur auf unteilbare gemeinsam geschaffene Werke, sondern auch auf solche Anwendung, bei welchen sich die einzelnen Teile trennen ließen wie bei musik-dramatischen Werken. Sonderregeln für Filmwerke kannte das ältere belg Recht nicht. Spezifische Regeln für die Schutzdauer anonymer oder pseudonymer Werke waren dem belg UrhG 1986 gleichfalls nicht bekannt, doch war der Verleger – bis zu einer allfälligen Offenlegung der Urheberschaft durch den Urheber – Dritten gegenüber als Urheber anzusehen (§ 7 Abs 1). Sofern der Staat oder Behörden als Urheber galten, währte die Schutzfrist für solche Publikationen 50 Jahre vom Zeitpunkt „ihres Datums"[461] an (§ 11). Unter der Voraussetzung einer Registrierung binnen sechs Monaten war auch ein Sonderschutz für nachgelassene Werke vorgesehen, wobei der Lauf der Schutzfrist solcher posthumer

---

[458] Dies mit Ausnahme das franz *Code de la Propriété Intellectuelle* (CPI), für welchen die eingeführte Artikelbezeichnung beibehalten wurde.

[459] Vgl zur Rechtslage vor 1994 *Knauer* in Quellen (Stand 09/1971) Belgien Einführung I 11; siehe auch *Strowel/Corbet* in *Geller/Nimmer*, International Copyright I (Stand 10/98) Bel-24f.

[460] Vgl dazu *Strowel/Corbet* in *Geller/Nimmer*, International Copyright I (Stand 10/98) Bel-25, und zwar auch zu der Frage, ob diese kriegsbedingte Verlängerung zur harmonisierten siebzigjährigen Schutzfrist noch hinzukommt, was mE zu verneinen ist.

[461] Dieses war mit Verordnung zu präzisieren. Danach war der Zeitpunkt der Veröffentlichung maßgebend und eine Registrierung vorgeschrieben.

Werke erst durch eine Veröffentlichung in Gang gesetzt wurde, und bis dahin daher ein „ewiger" Schutz bestand (§ 4). Erwähnt sei weiters, dass auf Grund der generellen Bestimmung des Gesetzes vom 27. Juli 1953 die RBÜ in ihrer Brüsseler Fassung 1948 auch von belg Staatsbürgern in Anspruch genommen werden konnte[462].

Verwandte Schutzrechte waren in Belgien bis zum belg UrhG 1994 nicht bekannt.

Das belgische Urheberrecht wurde mit UrhG 1994 einer **Generalrevision** unterzogen, wobei die Schutzdauer-RL bereits berücksichtigt und die **urheberrechtliche** Regelschutzfrist auf siebzig Jahre verlängert wurde. Das Gesetz ist am 1. August 1994 in Kraft getreten[463], was deshalb auch für die neue Schutzfristregelung gilt (§ 92 Abs 1 belg UrhG 1994). Auch das neue belg UrhG geht von der erweiterten Miturheberregel aus, die nicht auf untrennbare Gemeinschaftswerke beschränkt ist, sondern für alle *œuvres de collaboration* und daher auch für musik-dramatische Werke gilt (§ 2 Abs 2 Unterabs 1)[464]. Insoweit ist keine Änderung der Rechtslage eingetreten, doch gilt für audiovisuelle Werke jetzt die Sonderregel des § 2 Abs 2 Unterabs 2. Die Schutzfrist für anonyme und pseudonyme Werke ist in § 2 Abs 3 richtlinienkonform ausgestaltet. Der Schutz nachgelassener Werke knüpft an die Veröffentlichung bisher nicht erschienener Werke an (§ 2 Abs 6) und folgt damit dem Wortlaut des § 6 Schutzdauer-RL. 4

Die **verwandten Schutzrechte** sind in Kapitel II (§ 33ff belg UrhG 1994) geregelt. Hervorzuheben ist, dass als ausübende Künstler nach belg Recht auch Varieté- und Zirkuskünstler anzusehen sind, nicht dagegen Komparsen (§ 35 Abs 1 Unterabs 5). Die Schutzdauer beträgt einheitlich 50 Jahre ab Darbietung, Aufzeichnung bzw Veröffentlichung (§ 38 und 39 Abs 5) bzw ab Erstsendung (§ 45). Ein besonderer Lichtbildschutz ist dem belg Recht unbekannt[465].

Übergangsrechtlich ist das Gesetz nach § 88 Abs 1 belg UrhG 1994 auch auf bereits vorher ausgeführte Werke und Leistungen anwendbar, die zum Zeitpunkt seines Inkrafttretens noch nicht gemeinfrei geworden sind[466]. Die Verlängerung der Schutzfrist von 50 Jahren auf 70 wurde damit um ein Jahr vorgezogen, allerdings nur für Werke, die zum Zeitpunkt des Inkrafttretens der Neuregelung noch geschützt waren. Diese gilt richtlinienkonform aber auch für Werke und Leistungen, die zum Stichzeitpunkt 1. Juli 1995 zumindest in einem anderen Mitgliedsstaat (Vertragsstaat) noch geschützt waren (§ 88 Abs 2 Unterabs 1)[467]. Als längere Schutzfristen, die nach § 10 Abs 1 Schutzdauer-RL nicht verkürzt werden, kommen vor allem die besonderen Schutzfristen für nachgelassene Werke nach älterem belg Recht in Frage.

---

462 Und zwar rückwirkend vom 27.08.1951 an.

463 Abgesehen von den in Art 92 §§ 2 bis 7 vorgesehenen Ausnahmen.

464 Vgl etwa *Stowel/Corbet* in *Geller/Nimmer*, International Copyright I (Stand 10/99) Bel-22.

465 Zum urheberrechtlichen Schutz von Fotografien siehe *Strowel/Ide* in *Gendreau/Nordemann/Oesch*, Copyright an Photographs – An International Survey (1999) 79 (85f).

466 Übergangsregelungen finden sich in Art 91 § 2 Abs 2 und §§ 3 bis 5 UrhG 1994.

467 Vgl zur neuen Rechtslage *Strowel/Corbet* in *Geller/Nimmer*, International Copyright I (Stand 10/98); *Wachter* in Quellen (Stand 9/96) Belgien Einführung I 33f.

2. Dänemark

5 Die **skandinavischen Länder** haben zwar kein einheitliches UrhG erlassen, ihre Gesetzgebungen aber Anfang der Sechzigerjahre aufeinander abgestimmt. Die Urheberrechtsgesetze stammen – mit einer Ausnahme (Island) – aus den Jahren 1960 und 1961. Sie wurden zwar wiederholt novelliert, behielten aber die gewählte Systematik bei. Nur das neue dänische UrhG 1995 hat anlässlich der Umsetzung der Vermiet- und Verleih-RL, der Satelliten- und Kabel-RL und der Schutzdauer-RL eine Neukodifizierung vorgenommen, die aber gleichfalls der skandinavischen Tradition folgt. Ungeachtet der erfolgten Abstimmung der Regelungen, wichen diese aber in Einzelheiten voneinander ab.

6 Auch das letzte dänische UrhG vor dem Stichzeitpunkt 1. Juli 1995 stammte aus dieser Zeit, nämlich vom 31. Mai 1961[468]. Die **urheberrechtliche** Regelschutzfrist entsprach der Mindestschutzfrist nach der Berner Übereinkunft und betrug fünfzig Jahre pma (§ 43 UrhG 1961). Kriegsbedingte Schutzfristverlängerungen kannte das dän Urheberrecht nicht, es bestanden aber einige ältere, besondere Privilegien und Verbote, die zeitlich nicht limitiert waren, wie solche in Bezug auf den Druck von Bibeln und Landkarten, die nach § 62 weiter in Kraft blieben. Die Miturheberregel war nur auf Miturheberschaft ieS anzuwenden (§ 6), wenn also die einzelnen Beiträge nicht trennbar waren. Sonderregeln für Filmwerke bestanden ebensowenig wie für nachgelassene Werke. Bei Werken, die ohne Urheberbezeichnung veröffentlicht worden waren (anonyme und pseudonyme Werke), wurde die Schutzfrist ab Veröffentlichung berechnet (§ 44 Abs 1). Im Fall einer Veröffentlichung (iS des § 7) mit Urheberbezeichnung vor Ablauf dieser Frist oder des Nachweises, dass der Urheber vor der Veröffentlichung gestorben ist, kam die Regelschutzfrist pma zur Anwendung (§ 44 Abs 2). Bei (anonymen oder pseudonymen) Lieferungswerken war die Veröffentlichung des letzten Teils maßgebend (§ 44 Abs 1 letzter Satz). Nach der Anordnung vom 21. September 1979[469] war der Schutzfristenvergleich anzuwenden[470].

Erwähnenswert ist, dass der Schutz des *droit moral* (Recht auf Namensnennung und Änderungsverbot im Sinn des § 3 Abs 1 und 2 UrhG 1961) die allgemeine Schutzfrist nach § 53 überdauern konnte („ewiges" Urheberpersönlichkeitsrecht). Dies unter der Voraussetzung einer Verletzung kultureller Interessen, deren Feststellung auf Antrag dem Kulturministerium oblag; aktivlegitimiert war der Staat im Weg einer öffentlichen Klage.

Auch das ältere dän Recht kannte bereits **verwandte Schutzrechte** zu Gunsten ausübender Künstler, Tonträgerhersteller und Rundfunkunternehmer (§§ 45 bis 49 UrhG 1961). Die Schutzfrist betrug zunächst 25 Jahre (ab Darbietung, Aufnahme bzw Sendung) und wurde mit Gesetz vom 6. Juni 1985[471] auf 50 Jahre verlängert, sofern zum Stichzeitpunkt 1. Juli 1985 noch Schutz bestand (§ 2 Abs 2). Das **Lichtbildrecht** war in einem gleichzeitig mit dem UrhG erlassenen

468 Gesetz Nr 158/1961; in Kraft getreten am 01.10.1961 (§ 63 Abs 1).

469 Anordnung Nr 449 (§ 2 Abs 1 und § 8 Abs 1).

470 Vgl zum älteren dän Recht *Blomqvist* in Quellen (Stand 10/1986) Dänemark Einführung I 27.

471 Gesetz Nr 274/1985.

gesonderten Gesetz[472] geregelt, welches das Gesetz vom 13. Mai 1911 abgelöst hat. Der Lichtbildschutz währte 25 Jahre ab Herstellung (§ 15 Gesetz 1961). Eine Besonderheit des skandinavischen Urheberrechts ist der sog **Katalogschutz,** der auch im dän UrhG 1961 verwirklicht war. Nach § 49 durften Kataloge, Tabellen und ähnliche Arbeiten, die zahlreiche Informationen enthalten, nicht ohne Zustimmung des Herstellers vervielfältigt werden, wenn seit ihrem Erscheinen noch nicht 10 Jahre verstrichen waren.

Die **Umsetzung** der Schutzdauer-RL erfolgte in Dänemark mit dem neuen dän **7**
UrhG vom 14. Juni 1995[473]. Die **urheberrechtliche** Schutzfrist beträgt nunmehr 70 Jahre pma (§ 63 Abs 1 dän UrhG 1995). Miturheberschaft liegt weiterhin nur vor, wenn die Beiträge nicht als unabhängige (trennbare) Werke anzusehen sind (§ 63 Abs 1 iVm § 6). Für audiovisuelle Werke gilt die harmonisierte Sonderregel (§ 63 Abs 1). Die Schutzfrist für anonyme und pseudonyme Werke ist in § 63 Abs 2 und 4 richtlinienkonform geregelt[474]. Die Offenlegung der Urheberschaft solcher Werke erfolgt durch eine Veröffentlichung im Sinn des § 7 Abs 1, also im Weg einer Veröffentlichung mit Urheberbezeichnung; eine Registrierung nicht vorgesehen. Die Regelschutzfrist gilt aber auch dann, wenn nachgewiesen wird, dass der Urheber vor Veröffentlichung verstorben ist. Der Schutz nachgelassener Werke knüpft an die Veröffentlichung bisher nicht erschienener Werke an und folgt damit der Formulierung des § 6 Schutzdauer-RL (§ 64).

Die Neuregelung umfasst jetzt das Urheberrecht (§ 63f UrhG 1995), die **verwandten Schutzrechte** (§ 65ff) und den **Lichtbildschutz** (§ 70)[475]. Die Schutzfrist für Lichtbilder wurde gleichfalls auf 50 Jahre ab Herstellung verlängert (§ 70 Abs 2); die Neuregelung ist auf Lichtbilder nicht anwendbar, die vor dem 1. Januar 1970 hergestellt wurden. Der **Katalogschutz** wurde auch im neuen dän Urheberrecht beibehalten (§ 71); er endet jedenfalls 15 Jahre nach Herstellung.

Die Vorschrift über das „ewige“ *droit moral* wurde allgemeiner gefasst (§ 75 UrhG 1995); Änderungen oder eine Veröffentlichung des Werks auf eine Weise oder unter Bedingungen, welche den künstlerischen Ruf, die Persönlichkeit des Urhebers oder sein Recht auf Namensnennung beeinträchtigen (§ 3 Abs 1 und 2), sind auch nach Ablauf der Schutzfrist untersagt, wenn dadurch kulturelle Interessen berührt werden.

Übergangsrechtich ist die neue Schutzfristenregelung nach § 90 Abs 1 UrhG 1995 auch auf schon bestehende Werke und Leistungen anzuwenden, und zwar – soweit ersichtlich – ohne Vorbehalt. Sonstige Übergangsregelungen für bereits abgeschlossene oder begonnene und nach alter Rechtslage zulässige Nutzungshandlungen sowie für „Altverträge“ (erworbene Rechte) enthalten die Abs 2 bis 4 dieser Bestimmung sowie § 91. Eine Verkürzung der Schutzfrist findet jedenfalls nicht statt (Abs 5). Die Sonderregelung für im Dienstverhältnis geschaffene Computerprogramme (§ 59) ist nur auf Computerprogramme anzuwenden, die

---

472 Gesetz Nr 157/1961 über das Recht an Fotografien; in Kraft getreten am 01.10.1961.

473 Gesetz Nr 395 vom 14.06.1995; in Kraft getreten am 01.07.1995. Siehe auch die Neubekanntmachung des dänischen UrhG GRUR Int 1997, 893.

474 Bei Lieferungswerken ist die Schutzfrist für jeden Beitrag gesondert zu berechnen.

475 Vgl dazu *Oesch* in *Gendreau/Nordemann/Oesch*, Copyright an Photographs – An International Survey (1999) 231 (244f).

vor dem 1. Januar 1993 geschaffen wurden (§ 91 Abs 4). Die erwähnten älteren Privilegien werden weiter aufrecht erhalten (§ 92).

3. Finnland

8 Auch das finnische UrhG stammt aus dem Jahr 1961, und zwar vom 8. Juli 1961[476]. Es ging gleichfalls von der fünfzigjährigen[477] **urheberrechtlichen** Mindestschutzfrist der Berner Übereinkunft aus (§ 43 UrhG 1961)[478]. Für anonyme Werke wurde die Schutzfrist von der Veröffentlichung an berechnet (§ 44); als anonym galten Werke, die bei ihrer Veröffentlichung nicht entsprechend bezeichnet waren (§ 7). Die Offenlegung der Identität konnte im Fall einer Neuauflage oder durch Mitteilung an das Ministerium erfolgen. War der Urheber aber nachweislich vor der Veröffentlichung des Werks verstorben, wurde die Schutzfrist pma berechnet. Bei Lieferungswerken war die Veröffentlichung des letzten Teils maßgebend. Die Miturheberregel war nur auf Miturheberschaft ieS anzuwenden (§ 6), wenn es sich also um unselbständige, nicht trennbare Beiträge handelte. Sonderregeln für Filmwerke kannte auch das ältere finn Urheberrecht nicht. Der posthumen Werken früher gewährte zehnjährige Schutz ab Veröffentlichung wurde in das UrhG 1961 nicht übernommen und ist deshalb heute nicht mehr relevant.

Nach § 53 finn UrhG 1961 überdauerte das Urheberpersönlichkeitsrecht insoweit die allgemeine Schutzfrist, als im Fall der Veröffentlichung von Werken auf eine Weise, welche die kulturellen Belange verletzt, eine im Verordnungsweg zu bestimmende Behörde berechtigt war, dagegen vorzugehen („ewiges" *droit moral*).

Das finn UrhG 1961 kannte auch bereits **verwandte Schutzrechte** zu Gunsten ausübender Künstler, Tonträgerhersteller und Rundfunkunternehmer (§§ 45 bis 48 UrhG 1961). Die Schutzfrist betrug zunächst 25 Jahre ab Aufnahme bzw für Rundfunkunternehmer ab Sendung und wurde mit Gesetz vom 11. Januar 1991[479] auf 50 Jahre verlängert. Nach dem gleichzeitig mit dem UrhG 1961 erlassenen Gesetz über den Schutz von Fotografien[480] war auch ein ergänzender **Lichtbildschutz** vorgesehen, der dem urheberrechtlichen Schutz weitgehend nachgebildet war; die Schutzdauer betrug zunächst gleichfalls 25 Jahre ab Veröffentlichung (§ 16) und wurde im Jahr 1991 ebenfalls auf 50 Jahre verlängert, allerdings berechnet ab Herstellung[481]. Nach § 64 Abs 8 UrhG idF 1991 kam die Schutzfristenverlängerung allen Darbietungen, Tonträgern und Sendungen zugute, die nach dem 1. September 1961 aufgenommen oder ausgestrahlt wurden; weitere Übergangsvorschriften enthielt Abs 9. Dies gilt für den Lichtbildschutz entsprechend. Auch das finn UrhG 1961 kannte den sog **Katalogschutz** (§ 49 UrhG 1961). Danach durften Kataloge, Tabellen, Programme und andere ver-

[476] Gesetz Nr 404; in Kraft getreten am 01.09.1961. Siehe zu den Skandinavischen Gesetzen auch oben bei Dänemark Rz 5.

[477] Die fünfzigjährige Schutzfrist galt in Finnland schon seit dem Jahr 1865.

[478] Vgl zur älteren Rechtslage *Strömholm* in Quellen (Stand 02/1968) Finnland Einführung I 15f, 23ff und 25ff.

[479] Gesetz Nr 34/1991; in Kraft getreten am 16.01.1991.

[480] Gesetz Nr 405 vom 08.07.1961.

[481] Gesetz Nr 35 vom 11.01.1991; in Kraft getreten am 16.01.1991.

gleichbare Arbeiten, in welchen eine große Anzahl von Angaben zusammengestellt ist, nicht ohne Zustimmung des Herstellers nachgemacht werden. Die Schutzfrist betrug 10 Jahre seit Erscheinen; sie endet aber jedenfalls 15 Jahre nach Herstellung[482].

Die **Umsetzung** der Schutzdauer-RL erfolgte etwas verspätet mit Gesetz vom 22. Dezember 1995[483]. Danach beträgt die **urheberrechtliche** Regelschutzfrist jetzt 70 Jahre pma. Miturheberschaft liegt weiterhin nur vor, wenn die Beiträge nicht als unabhängige Werke anzusehen sind (§ 6 UrhG idF 1995); für Filmwerke gilt die harmonisierte Regelung. Zu erwähnen ist, dass die Offenlegung der Urheberschaft anonymer oder pseudonymer Werke auf jede Weise erfolgen kann, dies aber vor Ablauf der Schutzfrist ab Schaffung geschehen muss (§ 44 Abs 2); eine Registrierung ist nicht vorgesehen. Der Schutz nachgelassener Werke knüpft an die Veröffentlichung bisher nicht veröffentlichter Werke an (§ 44a UrhG idF 1995) und folgt damit nicht dem Wortlaut des § 6 Schutzdauer-RL. Das „ewige" Urheberpersönlichkeitsrecht wurde auch nach Umsetzung der Schutzdauer-RL aufrecht erhalten (§ 53 UrhG). Danach kann im Fall einer Verletzung kultureller Interessen die Veröffentlichung eines Werks durch eine mit Verordnung zu bestimmende Einrichtung nach dem Tod des Urhebers untersagt werden, auch wenn das Werk nicht mehr geschützt ist oder niemals geschützt war. Der Rechtsweg steht dem Betroffenen offen. 9

Die Neuregelung umfasst jetzt das Urheberrecht (§ 43f UrhG 1995) und die **verwandten Schutzrechte** der ausübenden Künstler, des Tonträgerherstellers, des Laufbildherstellers und des Rundfunkunternehmers (§ 45ff). Der Schutz einfacher **Lichtbilder**[484] ist nunmehr im UrhG geregelt (§ 49a); die Schutzfrist währt weiterhin 50 Jahre ab Herstellung. Der **Katalogschutz** wurde auch nach Umsetzung der Schutzdauer-RL aufrecht erhalten.

Nach den **Übergangsvorschriften** des Gesetzes 1995 sind die Regelungen auch auf vor seinem Inkrafttreten (01.01.1996) geschaffene Werke und erbrachte Leistungen anwendbar (Abs 2 und 7). Die Schutzfristverlängerung erstreckt sich aber nur auf Werke und andere Schutzgegenstände, die zum Zeitpunkt des Inkrafttretens noch geschützt waren (Abs 9). Diese „Rückwirkung" gilt aber nur für Werke und Leistungen, die aus dem EWR stammen, bzw für Rechte an Tonträgern nach § 14 Abs 1, 2 und 4 TRIPs-Abkommen (Abs 8). Weitere detaillierte Übergangsbestimmungen enthalten die Abs 3 bis 6. Danach werden weder ältere Verträge noch wohlerworbene Rechte durch die Neuregelung berührt (Abs 3). Bereits hergestellte Vervielfältigungsstücke dürfen weiter verbreitet werden (Abs 4); bereits begonnene Nutzungen dürfen noch bis zum 1. Januar 2003 fortgesetzt werden (Abs 5 und 6).

---

482 Gesetz Nr 34/1991.

483 Gesetz Nr 1654/1996; in Kraft getreten am 01.01.1996.

484 In § 49a fin UrhG idF 1995 gleichfalls als „fotografische Werke" bezeichnet. Für urheberrechtlich geschützte Fotografien sind aber nach § 49a Abs 3 Ende die urheberrechtlichen Vorschriften anwendbar. Zum Schutz von Fotografien siehe auch *Oesch* in *Gendreau/Nordemann/Oesch*, Copyright an Photographs – An International Survey (1999) 231 (244f).

4. Island

10 Auch das isländische UrhG vom 29. Mai 1972[485] folgte dem skandinavischen Regelungsmuster[486]. Die **urheberrechtliche** Schutzfrist betrug gleichfalls fünfzig Jahre pma (§ 43)[487]. Die Miturheberregel war auch nach isländischem Recht auf Miturheber ieS beschränkt, deren Beiträge sich nicht im Sinn des § 7 trennen lassen. Bei anonymen und pseudonymen Werken lief die Schutzfrist ab Veröffentlichung (§ 44); bei Lieferwerken war die Veröffentlichung der letzten Lieferung maßgebend. Eine Registrierung anonymer und pseudonymer Werke war nicht vorgesehen. Sonderregeln für Filmwerke kannte auch das isländische Urheberrecht nicht. Im Unterschied zu den anderen skandinavischen Ländern war dem isländischen Urheberrecht ein „ewiges" *droit moral* unbekannt.

Die **Leistungen** der ausübenden Künstler, Tonträgerhersteller und Rundfunkunternehmer waren 25 Jahre ab Erbringung der Darbietung, Aufnahme bzw Erstausstrahlung geschützt. Einfache **Lichtbilder** genossen für 25 Jahre ab Herstellung Schutz (§ 49 Abs 1). Dagegen kannte das isländische Recht keinen **Katalogschutz**.

11 Die **Umsetzung** der Schutzdauer-RL erfolgte mit Gesetz vom 27. Dezember 1996[488]. Die **urheberrechtliche** Schutzfrist wurde auf 70 Jahre pma verlängert. Die Anwendung der Miturheberregel ist weiterhin auf Miturheberschaft ieS beschränkt (§ 43 UrhG 1996). Als anonyme und pseudonyme Werke (§ 44) sind weiterhin solche anzusehen, die nicht mit einer Urheberbezeichnung veröffentlicht werden (§ 8 Abs 1). Die Offenlegung der wahren Urheberschaft erfolgt wie bisher durch eine Veröffentlichung mit Urheberbezeichnung. Die Regelschutzfrist ist aber auch dann anzuwenden, wenn sonst nachgewiesen wird, dass der Urheber vor Veröffentlichung des Werks verstorben ist. Die Schutzfrist für Lieferungswerke wurde nun richtlinienkonform umgestellt. Der Schutz nachgelassener Werke knüpft an die Veröffentlichung bisher nicht veröffentlichter Werke an und weicht damit von der Formulierung des § 6 Schutzdauer-RL ab (§ 44a UrhG). Die **leistungsschutzrechtlichen** Schutzfristen wurden richtlinienkonform auf 50 Jahre verlängert; der Schutz einfacher **Lichtbilder** bleibt aber auf 25 Jahre ab Herstellung beschränkt[489].

Nach § 62 Abs 1 UrhG 1996 gelten die verlängerten Schutzfristen auch für schon bestehende Werke und Leistungen, und zwar – soweit ersichtlich – ohne Vorbehalt. Weitere **Übergangsvorschriften** enthalten die Abs 2 bis 5 dieser Vorschrift.

5. Norwegen[490]

12 Die **urheberrechtliche** Schutzfrist betrug schon nach dem norwegischen UrhG 1930 fünfzig Jahre; das zuletzt geltende norwegische UrhG stammt vom 12. Mai

---

[485] Gesetz Nr 73/1972.

[486] Siehe zu den Skandinavischen Gesetzen auch oben bei Dänemark Rz 5.

[487] Vgl zur älteren Rechtslage *Pétursson* in Quellen (Stand 04/1986) Island Einführung I 17f.

[488] Gesetz Nr 145 vom 27.12.1996.

[489] Zum Schutz von Fotografien siehe *Oesch* in *Gendreau/Nordemann/Oesch*, Copyright an Photographs – An International Survey (1999) 231 (244f).

[490] Für wertvolle Hinweise sei *Ole-Andreas Rognstad* herzlich gedankt.

1961[491] und regelt die Schutzfristen in den §§ 40 und 41 UrhG 1961. Werden Werke nicht mit einer Urheberbezeichnung veröffentlicht (anonyme und pseudonyme Werke), wird die Schutzfrist ab Veröffentlichung berechnet. Erfolgt später eine Veröffentlichung mit entsprechender Bezeichnung, kommt die Regelschutzfrist zur Anwendung; dies gilt auch dann, wenn nachgewiesen wird, dass der Urheber vor Veröffentlichung verstorben ist. Da die Schutzfrist schon vor Inkrafttreten des UrhG 1961 fünfzig Jahre betrug, sind die Übergangsvorschriften des § 60 in Bezug auf die Schutzfristregelung von geringer Bedeutung. Zu erwähnen ist, dass das beschränkte Zugangsrecht (§ 49 Abs 3) sowie das Recht, über die Zerstörung eines Originals unterrichtet zu werden (§ 49 Abs 2), nur dem Urheber selbst zustanden, nicht aber seinen Rechtsnachfolgern (Erben).

Die fünfzigjährige Schutzfrist nach dem norw UrhG 1930 wurde mit einem Gesetz aus dem Jahr 1955[492] für Werke, die am 2. Dezember dieses Jahres noch geschützt waren, und deren Urheber vor Ende 1955 verstorben waren, um sechs Jahre **kriegsbedingt** verlängert. Diese Verlängerung galt aber nicht für die besondere Schutzfrist von zehn Jahre für nachgelassene Werke (§ 17 Abs 1 UrhG 1930), die in das UrhG 1961 nicht übernommen wurde. Bei in Miturheberschaft (im engeren Sinn) geschaffenen Werken musste der zuletzt versterbende Miturheber vor Ende 1955 gestorben sein. Die Schutzfristverlängerung galt auch für anonyme Werke und für von juristischen Personen herausgegebene Werken. Da diese Schutzfristverlängerung eine allgemeine war, kann sie für die Beurteilung der Frage, ob ein Werk in Norwegen zum Stichzeitpunkt 1. Juli 1995 noch geschützt war, von Bedeutung sein. Zu erwähnen ist, dass diese Schutzfristenverlängerung dem Schutzfristenvergleich unterlag und deshalb nur norwegischen Staatsangehörigen und erstmals in Norwegen erschienenen Werke, anderen Werken dagegen nur unter der Voraussetzung der Gegenseitigkeit zustand. Gegenseitigkeit (auf Grund bilateraler Abkommen) bestand zu jenen Ländern, die ähnliche kriegsbedingte Schutzfristverlängerungen kannten (Frankreich, Italien und Österreich) oder eine generelle längere Schutzfrist kannten (Brasilien, Deutschland[493] und Spanien)[494]. Mit Gesetz vom 3. Juni 1966[495] wurde die kriegsbedingt verlängerte Schutzfrist weiters für alle Werke bis zum 31. Dezember 1968 verlängert, die in den Jahren 1962 bis 1967 frei geworden wären.

Nach § 48 norw UrhG 1961 kannte das norw Urheberrecht insoweit ein „ewiges" Urheberpersönlichkeitsrecht, als die Veröffentlichung von Werken auf eine Weise oder unter Bedingungen untersagt war, die den künstlerischen Ruf bzw die Persönlichkeit des Urhebers, die Reputation bzw die Eigenart des Werks beeinträchtigen oder ganz allgemein kulturelle Belange verletzen konnte. Nach dem Tod des Urhebers war das zuständige Ministerium aktivlegitimiert; dies galt auch dann, wenn der lebende Urheber eines in Norwegen nicht geschützten Werks dies beantragt. All dies galt entsprechend auch für das Recht auf Namensnennung (§ 3 Abs 1).

---

[491] Gesetz Nr 2/1961; in Kraft getreten am 01.07.1961 (§ 61 Abs 1 UrhG 1961). Siehe zu den Skandinavischen Gesetzen auch oben bei Dänemark Rz 5.

[492] Norsk Lovtidende I 1955, 1140.

[493] Soweit Werke deutschen Ursprungs am 17.09.1965 noch geschützt waren.

[494] Vgl zu all dem *Strömholm* in Quellen (Stand 29.02.1968) Norwegen Einführung I 21f.

[495] Norsk Lovtidende I 1966, 648.

Hinsichtlich der **Leistungsschutzrechte** der ausübenden Künstler, Tonträgerhersteller und Rundfunkunternehmen folgte das norwegische Gesetz (§§ 42 bis 45a) dem skandinavischen Modell. Die Schutzdauer betrug 25 Jahre. Für **Lichtbilder** galten die Sonderbestimmungen des gleichzeitig mit dem norw UrhG 1961 in Kraft getretenen Gesetzes vom 17. Juni 1960[496]; der Lichtbildschutz endete grundsätzlich 15 Jahre pma (§ 13 Gesetz 1961), wobei auch die Miturheberregel zur Anwendung kam. War jedoch eine juristische Person Hersteller, so endete das Recht 25 Jahre nach Veröffentlichung. Auch das norw UrhG kannte einen **Katalogschutz** (§ 43).

13 Die **Umsetzung** der Schutzdauer-RL erfolgte mit Gesetz vom 2. Juni 1995[497], mit welchem insbes die **urheberrechtliche** Regelschutzfrist auf 70 Jahre pma verlängert wurde. Miturheberschaft ist weiterhin nur dann anzunehmen, wenn die Beiträge als untrennbar anzusehen sind (§ 6 UrhG 1995). Die Offenlegung der Anonymität oder Pseudonymität erfolgt nach wie vor durch eine entsprechende Veröffentlichung des Werks mit Urheberbezeichnung; wird bewiesen, dass der Urheber vor Veröffentlichung des Werks gestorben ist, gilt aber die Regelschutzfrist. Der Schutz nachgelassener Werke knüpft an die Veröffentlichung bisher nicht veröffentlichter Werke an und weicht damit vom Wortlaut des Art 6 Schutzdauer-RL ab (§ 41a). Die Vorschriften über das „ewige" Urheberpersönlichkeitsrecht wurden aufrecht erhalten (§ 48 norw UrhG 1995).

Die Schutzdauer der **verwandten Schutzrechte** wurde richtlinienkonform auf 50 Jahre verlängert (§§ 42ff UrhG 1995). Die Neufassung des UrhG im Jahr 1995 bindet jetzt auch den **Lichtbildschutz** ein (§ 43a UrhG 1995)[498]; die Schutzfrist beträgt aber unverändert 15 Jahre, jedoch vom Zeitpunkt des Todes des Fotografen oder des letztversterbenden Mitberechtigten an berechnet (§ 43a Abs 2), mindestens jedoch 50 Jahre ab Herstellung. Schließlich wurde auch der **Katalogschutz** beibehalten (§ 43); er endet 10 Jahre nach Erscheinen.

Die Neuregelung der Schutzfristen ist nach § 60 Abs 1 UrhG 1995 – offensichtlich ohne Vorbehalt – auch auf schon bestehende Werke und Leistungen anzuwenden; eine **Übergangsregelung** enthält Abs 2 dieser Vorschrift.

6. Schweden[499]

14 In Schweden hatte zunächst schon früher eine fünfzigjährige **urheberrechtliche** Schutzfrist gegolten; sie ist jedoch mit UrhG 1919 wieder zu Gunsten einer bloß dreißigjährigen Schutzfrist aufgegeben worden. Dem skandinavischen Modell folgend ist Schweden mit dem UrhG vom 30. Dezember 1960[500] aber wieder zur fünfzigjährigen Schutzfrist zurückgekehrt (§ 43 Abs 1 schwed UrhG 1960). Die

---

[496] Norsk Lovtidende I 1960, 464. Zum Schutz von Fotografien siehe *Oesch* in *Gendreau/Nordemann/Oesch*, Copyright an Photographs – An International Survey (1999) 231 (244f).

[497] Gesetz Nr 27/1995; in Kraft getreten am 1. Juli 1995.

[498] Parallel zu diesem Sonderschutz kann auch der urheberrechtliche Schutz in Anspruch genommen werden (§ 43a Abs 4 UrhG 1995).

[499] Für wertvolle Hinweise sei *Gunnar Karnell* herzlich gedankt.

[500] Svenks författningssamling Nr 729; in Kraft getreten am 01.07.1961 (§ 63 UrhG 1960). Siehe zu den Skandinavischen Gesetzen auch oben bei Dänemark Rz 5.

Miturheberregel galt nur für Miturheber ieS; Sondervorschriften für Filmwerke waren auch dem schwed Urheberrecht nicht bekannt. Erwähnenswert ist, dass die Schutzfrist für Werke der angewandten Kunst (Erzeugnisse des Kunsthandwerks bzw der Kunstindustrie) nach § 43 Abs 2 nur zehn Jahre ab Veröffentlichung betrug; bei nachgelassenen Erzeugnissen dieser Art wurde die Schutzfrist jedoch pma berechnet. Die Sondervorschriften für anonyme und pseudonyme Werke galt für diese Erzeugnisse nicht (§ 43 Abs 3). Diese entsprachen im Übrigen dem skandinavischen Modell (§ 44 Abs 1 und 2); eine Registrierung war nicht vorgesehen.

Ein „ewiges" *droit moral* kannte das schwed Urheberrecht in der Form (§ 51f schwed UrhG 1960 idF 1978), dass das Gericht über Antrag der zuständigen Behörde die öffentliche Wiedergabe eines Werks auf eine Weise, die kulturellen Belange verletzt, verbieten konnte.

Nach § 65 schwed UrhG 1960 galt die Neuregelung auch für bereits geschaffene Werke; **Übergangsregelungen** enthielten die §§ 66ff.

Auch das schwed Recht hatte die **Leistungsschutzrechte** der ausübenden Künstler, Tonträgerhersteller und Rundfunkunternehmen bereits anerkannt (§§ 45 bis 48 schwed UrhG 1960). Die Schutzfrist betrug 25 Jahre ab Aufnahme bzw Sendung; sie wurde schon vor Umsetzung der Schutzdauer-RL auf 50 Jahre verlängert[501]. Der **Lichtbildschutz** war in einem Sondergesetz geregelt, das gleichzeitig mit dem UrhG 1960 erlassen wurde[502]. Die Schutzdauer betrug 25 Jahre ab Herstellung; Fotografien von künstlerischem oder wissenschaftlichem Wert waren aber wie Werke der bildenden Künste für die Dauer von 50 Jahren pma geschützt; für anonyme oder pseudonyme Fotografien dieser Art waren entsprechende Regelungen wie im Urheberrecht vorgesehen (§ 15 Abs 2 und 3 Gesetz 1960). Schließlich kannte auch das schwedische Recht einen **„Katalogschutz"** (§ 49 schwed UrhG 1960) in der Dauer von 10 Jahren ab Erscheinen.

Die **Umsetzung** der Schutzdauer-RL erfolgte in Schweden mit Gesetz vom 7. Dezember 1995[503]. Hervorzuheben ist, dass die Miturheberregel weiterhin nur auf Miturheberschaft ieS anzuwenden ist (§ 43 iVm § 65 schwed UrhG 1995). Anonyme und pseudonyme Werke sind solche, die nicht mit einer Urheberbezeichnung veröffentlicht werden (§ 44 Abs 1). Die Offenlegung der Urheberschaft kann nach schwed Recht auf jede Weise erfolgen (§ 44 Abs 2); eine Registrierung ist nicht ausdrücklich vorgesehen. Die Schutzfrist für Filmwerke folgt den Vorgaben der Schutzdauer-RL. Der Schutz nachgelassener Werke knüpft an die Veröffentlichung bisher nicht erschienener Werke an und folgt damit dem Wortlaut des Art 6 Schutzdauer-RL (§ 44a). Der besondere Schutz des postmortalen Urheberpersönlichkeitsrechts wurde beibehalten (§ 51 schwed UrhG 1995 idF 1978). **15**

Die **leistungsschutzrechtlichen** Schutzfristen wurden schon vor Umsetzung der Schutzdauer-RL richtlinienkonform auf 50 Jahre verlängert (§ 45 bis 48

---

[501] Gesetz Nr 367/1986; in Kraft getreten am 01.07.1986.

[502] Gesetz Nr 730 vom 30.12.1960; Svenks författningssamling 1960/730.

[503] Gesetz Nr 1273/1995; in Kraft getreten am 01.01.1996. Siehe zur Neuregelung *Karnell* in *Geller/Nimmer*, International Copyright (Stand 10/99) Swe-18ff.

schwed UrhG 1995). Der Schutz einfacher **Lichtbilder** wurde zuvor schon ins schwed UrhG integriert[504] und ist jetzt in § 49a schwed UrhG 1995 geregelt. Gleichzeitig wurde die Schutzfrist auch für einfache Lichtbilder auf 50 Jahre ab Herstellung verlängert; sofern am 1. Juli 1994 der Schutz noch aufrecht war, galt dies auch für bereits bestehende Fotografien. In diesem Zusammenhang sei daran erinnert, dass Lichtbilder von künstlerischem oder wissenschaftlichem Wert schon nach der alten Regelung 50 Jahre geschützt waren, und zwar berechnet vom Tod des Fotografen. Insoweit waren deshalb ausführliche **Übergangsvorschriften** erforderlich[505], wonach längere Schutzfristen jedenfalls unberührt blieben[506]. Auch der **Katalogschutz** wurde beibehalten (§ 49). Die Schutzfrist betrug zunächst weiterhin 10 Jahre gerechnet ab Erscheinen; mit Umsetzung der Datenbank-RL wurde die Schutzfrist aber auf 15 Jahre ab Herstellung bzw Veröffentlichung verlängert[507].

Nach den **Übergangsbestimmungen** des Gesetzes Nr 1273/1995 gelten die verlängerten Schutzfristen auch für schon bestehende Werke und Leistungen (Punkt 2), und zwar – soweit ersichtlich – ohne Vorbehalt[508]. Längere Schutzfristen nach älterem Recht bleiben aufrecht (Punkt 5). Nach den Übergangsvorschriften konnte jeder, der vor Inkrafttreten der neuen Bestimmungen mit den Nutzungen des Werk begonnen hatte, diese wie vorgesehen und üblich im notwendigen Umfang fortsetzen, längstens jedoch bis zum 1. Januar 2000. Dies galt entsprechend für bereits getroffene Vorbereitungshandlungen. Bereits hergestellte Vervielfältigungsstücke dürfen – unbeschadet des Vermietrechts und des Folgerechts – weiter verbreitet werden (Punkt 4). In Bezug auf die Leistungsschutzrechte der ausübenden Künstler, Tonträgerhersteller und Rundfunkunternehmer sollten diese Vorschriften zunächst entsprechend anwendbar sein (Punkt 6), doch wurde diese Verweisungsbestimmung mit dem Gesetz Nr 1274/1995 vom selben Tag wieder beseitigt.

7. Frankreich

16 In Frankreich betrug die **urheberrechtliche** Schutzfrist schon seit dem Jahr 1866 fünfzig Jahre pma[509]. Sie war zuletzt im *Code français de la Propriété Intellectuelle* (CPI)[510] festgeschrieben[511]. Eine Besonderheit des französischen Urheberrechts bestand in der Sonderschutzfrist für Musikwerke mit und ohne Text, die bereits

---

[504] Gesetz Nr 233/1994; in Kraft getreten am 01.07.1994. Zum Schutz von Fotografien siehe auch *Oesch* in *Gendreau/Nordemann/Oesch*, Copyright an Photographs – An International Survey (1999) 231 (244f).

[505] Vgl Gesetz Nr 150/1994.

[506] Vgl dazu ausführlich *Karnell* in *Geller/Nimmer*, International Copyright (Stand 10/99) Swe-20.

[507] Zu den Übergangsregelungen siehe Gesetz Nr 790/1997. Vgl dazu *Karnell* in *Geller/Nimmer*, International Copyright (Stand 10/99) Swe-20 und 21.

[508] Vgl ausdrücklich *Karnell* in *Geller/Nimmer*, International Copyright (Stand 10/99) Swe-21.

[509] Zur Rechtslage vor dem 01.07.1995 siehe *Dreier* in Quellen (Stand 10/1995) Frankreich Einführung I 22ff; *Dreier/Krasser*, Das französische Gesetzbuch des geistigen Eigentums (1994) 25f.

[510] Gesetz Nr 92-597 vom 01.07.1992.

[511] Art 123-1 Abs 2, 123-3 und 123-7 CPI.

seit der Novelle 1985[512] siebzig Jahre pma betrug (Art L 123-1 Abs 2 Satz 2, 123-3 Abs 1 Satz 2 und 123-4 Abs 1 Halbsatz 2 CPI). Diese Sonderschutzfrist sollte die für die Herausgabe von Musikwerken erforderlichen Investitionen schützen und eine Gleichbehandlung französischer Musikverleger (im Ausland) bewirken. Eine kürzere Schutzfrist war dagegen für Computerprogramme – als Werke der angewandten Kunst – vorgesehen, die nur 25 Jahre ab Schaffung währte (Art L 123-5 CPI). Die Anknüpfung an den Zeitpunkt der Schöpfung eines Computerprogramms wurde anlässlich der Umsetzung der Software-RL ebenso aufgehoben wie die Sonderschutzfrist von 25 Jahren, die zunächst auf 50 Jahre verlängert wurde[513]. Die Miturheberregel (Art L 123-2 CPI) galt im französischen Recht für alle Werke, an welchen mehrere physische Personen mitgewirkt haben, wobei eine untrennbare Einheit nicht vorausgesetzt wurde. Hieran hat sich, was schon hier angemerkt sei, auch durch die Umsetzung der Schutzdauer-RL nichts geändert. Auch verbundene Werke wie musik-dramatische Werke gelten deshalb als *œuvres de collaboration* (Art L 113-2 Abs 1 CPI)[514]. Für die im französischem Recht anerkannten Kollektivwerke (*œuvres collectives*)[515] wurde die Schutzfrist ab Veröffentlichung berechnet (Art L 123-3 Abs 1 CPI). Der Zeitpunkt der Veröffentlichung war auch für die Berechnung der Schutzfrist anonymer[516] und pseudonymer sowie für posthum veröffentlichter Werke maßgebend (Art L 123-3 Abs 1 und 123-4 Abs 1 CPI). Der Zeitpunkt der Veröffentlichung kann auf jede Weise, insbesondere durch das *dépôt légale* (Art L 123-3 Abs 1 letzter Satz CPI) nachgewiesen werden. Eine besondere Begriffsbestimmung der anonymen und pseudonymen Werke enthielt der CPI nicht; die Offenbarung der Identität führte zur Anwendung der Regelschutzfrist und konnte auf jede Weise, insbes auch testamentarisch erfolgen (Art L 123-3 Abs 4 und 113-6 Abs 3 CPI). Im Fall kollektiver Lieferungswerke kannte das franz Recht eine differenzierte Regelung: Grundsätzlich wurde die Schutzfrist für jede Lieferung gesondert berechnet, dies galt aber dann nicht, wenn das Gesamtwerk innerhalb von 20 Jahren ab Veröffentlichung der ersten Lieferung abgeschlossen war. In diesem Fall wurde die Schutzfrist ab Veröffentlichung der letzten Lieferung berechnet (Art L 123-3 Abs 3 CPI). Wurden nachgelassene Werke innerhalb der regulären Schutzdauer veröffentlicht, standen die Rechte den Urhebererben zu, anderenfalls den Manuskripteigentümern (Art L 123-4 Abs 2 und 3 CPI)[517]. Abgesehen vom Sonderfall der Kollektivwerke kannte das franz Recht keine Urheberschaft juristischer Personen; sofern Rechte an nachgelassenen Werken aber dem Manuskripteigentümer zustanden, konnte dieser auch eine juristische Person sein, was nach älteren Regelungen allenfalls sogar zu einem „ewigen“ Schutz führen konnte. Zu bemerken ist schließlich, dass der Lauf der Schutzfrist im Fall nachgelassener

[512] Gesetz Nr 85-660 vom 03.07.1985; in Kraft getreten am 01.01.1986.

[513] Gesetz Nr 94-361 vom 10.05.1994 (Streichung des § L 123-5 CPI).

[514] Vgl etwa *Dreier* in Quellen (Stand 10/1995) Frankreich Einführung I 11 und 23. Siehe auch *Walter* Art 2 Rz 17 Software-RL und Art 1 Rz 27 Schutzdauer-RL.

[515] Vgl dazu *Walter* Art 2 Rz 12 Software-RL und Art 1 Rz 51 Schutzdauer-RL.

[516] Das Gesetz nennt ausdrücklich zwar nur pseudonyme Werke, die Bestimmung ist aber auch auf anonyme Werke anwendbar. Es folgt dies auch aus Art L 123-3 Abs 4 CPI, wo im Zusammenhang mit der Offenbarung der Identität des Urhebers auch anonyme Werke angeführt sind.

[517] Zur Frage einer getrennten Veröffentlichung siehe Art L 123-4 Abs 4 CPI.

Werke mit dem Veröffentlichungszeitpunkt und nicht mit dem Beginn des folgenden Kalenderjahrs beginnt (Art L 123-4 Abs 1 CPI). Ungeachtet der nicht konsequenten Terminologie wird unter *publication* im Zusammenhang mit der Schutzdauer die Veröffentlichung (*divulgation*) auf jede Weise zu verstehen sein[518]. Zu den erbrechtlichen Sonderregelungen zu Gunsten des überlebenden Ehegatten siehe Art L 123-6 (jetzt 5) CPI.

Das französische Urheberrecht kannte auch mehrere **kriegsbedingte** Schutzfristverlängerungen anlässlich des ersten und des zweiten Weltkriegs. Nach dem Gesetz vom 3. Februar 1919 wurde die Schutzfrist für Werke, die am 24. Oktober oder 31. Dezember 1920 bereits veröffentlicht waren, um einen nach Jahren und Tagen zu berechnenden Zeitraum verlängert, was so umschrieben wurde: „zwischen dem 2. August 1914 und dem Ende des Jahres, das dem Tag der Unterzeichnung des Friedensvertrags folgt". Strittig ist, ob danach der Zeitpunkt der Unterzeichnung des Friedensvertrags von Versailles (28. Juni 1919) oder die Einstellung der Kriegshandlungen (24. Oktober 1919) maßgebend ist. Die Fristverlängerung beläuft sich deshalb je nach Standpunkt auf 6 Jahre und 83 bzw 6 Jahre und 152 Tage. Die Schutzfristverlängerung anlässlich des zweiten Weltkriegs beläuft sich nach dem Gesetz vom 21. September 1951, welches das Gesetz vom 22. Juli 1941 ersetzt und klarer gefasst hatte, dagegen unstrittig auf 8 Jahre und 120 Tage, und zwar für Werke, die am 1. Januar 1948 bereits veröffentlicht waren. Für Werke, welchen beide Schutzfristverlängerungen zugute kamen, beträgt die kriegsbedingte Schutzfristverlängerung deshalb 14 Jahre und 205 bzw 274 Tage. Hinzu kommt, dass die Schutzfrist für Werke von Urhebern, die für Frankreich gestorben sind, mit dem erwähnten Gesetz vom 21. September 1951 zusätzlich um 30 Jahre verlängert wurde[519]. Die Regelungen betreffend die kriegsbedingte Schutzfristverlängerung wurden in Art 123-8 bis 123-11 CPI zusammengefasst.

Eine weitere Besonderheit des französischen Urheberrechts besteht darin, dass die Begrenzung des Schutzes auf die Verwertungsrechte beschränkt ist. Das Urheberpersönlichkeitsrecht überdauert deshalb die Schutzfrist und wird als ewig (*perpétuel*), unveräußerlich (*inaliénable*) und unverjährbar (*imprescriptible*) bezeichnet (Art 121-1 Abs 3 CPI). Im Erbfall bestehen Sonderregeln.

Mit der franz UrhGNov 1985 hat das franz Urheberrecht auch die **Leistungsschutzrechte** (*droits voisins*) der ausübenden Künstler, Ton- und Bildtonträgerhersteller und Sendeunternehmen („Unternehmen der audio-visuellen Kommunikation") anerkannt. Die Schutzfrist betrug 50 Jahre, gerechnet von der ersten öffentlichen Wiedergabe der Werkinterpretation, seiner Produktion oder der Programme (Art L 211-4 CPI). Als ausübende Künstler sind auch Varieté- und Zirkuskünstler sowie Puppenspieler anzusehen (Art 212-1 CPI). Strittig ist, ob das *droit moral* der ausübenden Künstler zeitlich begrenzt ist. Geschützt sind auch Leistungen, die vor Inkrafttreten der UrhGNov 1985 erbracht wurden. Ein gewisser Schutz bestand in Ansätzen nach der Rechtsprechung zuvor schon nach persönlichkeits- und wettbewerbsrechtlichen Grundsätzen. Erwähnt sei schließlich, dass Schöpfungen der saisongebundenen Bekleidungs- und Schmuckindustrie (**Modeschöpfungen**) abgesehen vom urheber- und musterrechtlichen Schutz

---

518 Vgl *Dreier* in Quellen (Stand 10/1995) Frankreich Einführung I 10.

519 Vgl *Dreier* in Quellen (Stand 10/1995) Frankreich Einführung I 24.

einen Sonderschutz gegen Nachahmungen genossen[520], wobei die Schutzdauer nicht näher bestimmt und in der Rechtsprechung flexibel für den Zeitraum gewährt wurde, in dem der Schutzgegenstand der jeweiligen Mode entsprach. Der Sonderschutz wurde mit Inkrafttreten des CPI aufgehoben[521]. Ein besonderer Schutz von Lichtbildern ist im franz Recht nicht vorgesehen. Der Fotoschutz hängt deshalb vom Kriterium der Originalität ab, wobei der Hinweis des franz UrhG 1957 auf Fotografien künstlerischen oder dokumentarischen Charakters mit der Novelle 1985 gestrichen wurde[522].

Die **Umsetzung** der Schutzdauer-RL[523] erfolgte in Frankreich mit Gesetz vom 27. März 1997[524]. Die Regelschutzfrist wurde im **Urheberrecht** richtlinienkonform generell auf 70 Jahre pma verlängert (Art 123-1 Abs 2, 123-3 und 123-7 CPI), was schon zuvor für Musikwerke (mit und ohne Text) gegolten hatte. Die Miturheberregel gilt weiterhin auch für *œuvres de collaboration*, bei welchen sich die einzelnen Beiträge trennen lassen, wie dies insbes bei Text und Musik (Lieder, musik-dramatische Werke etc) der Fall ist (Art L 123-2 Abs 1 CPI)[525]. Für Filmwerke gilt jetzt die Sonderregel nach Art 2 Schutzdauer-RL (Art L 123-2 Abs 2 CPI). Die Regeln für anonyme und pseudonyme Werke wurden ebenso den Vorgaben der Schutzdauer-RL angeglichen wie diejenigen betreffend Kollektivwerke und Lieferungswerke (Art L 123-3 CPI). Der in Art 123-3 Abs 1 verwendete Begriff der *publication* wird hier richtlinienkonform als Veröffentlichung zu verstehen sein. Am Begriff der anonymen und pseudonymen Werke hat sich ebensowenig geändert wie an den Hinweisen in Bezug auf die Beweisführung des Veröffentlichungszeitpunkts. Umfassend geändert werden mussten auch die Vorschriften betreffend nachgelassene Werke, wobei die Anknüpfung an die Begriffe des Erscheinens bzw der Veröffentlichung unklar ist. Während der Begriff der *œuvres posthumes* nicht definiert wird, ist bei der Anknüpfung des Sonderschutzes sowohl von *divulgation* als auch von *publication* die Rede (Art L 123-3 Abs 5 und 123-4 CPI), weshalb hier ein Auslegungsspielraum bleibt[526]. Die Rechte stehen bei anonymen und pseudonymen Werken sowie bei Kollektivwerken offensichtlich dem Manuskripteigentümer (*propriétaire*) zu, der die Veröffentlichung (das Erscheinen) vornimmt oder veranlasst (Art L 123-3 Abs 5 CPI), während der Sonderschutz bei kryptonymen Werken offensichtlich den Urhebererben zustehen soll (Art L 123-4 CPI). **17**

---

[520] Gesetz Nr 52-300 vom 12.03.1952.

[521] Art 5 siebenter Gedankenstrich CPI; siehe jetzt auch die Aufzählung geschützter Werke in Art 112-2 Z 14 CPI.

[522] Zum Schutz von Fotografien nach franz Urheberrecht siehe *Gendreau* in *Gendreau/Nordemann/Oesch*, Copyright an Photographs – An International Survey (1999) 117 und insbes 119ff (Originalität) sowie 123 (Schutzfrist).

[523] Siehe zur neuen Rechtslage *Lucas* in *Geller/Nimmer*, International Copyright Frankreich (Stand 10/99) § 3.

[524] Gesetz Nr 97-283 vom 27.03.1997; in Kraft getreten am 28.03.1997.

[525] Vgl dazu *Lucas* in *Geller/Nimmer*, International Copyright Frankreich (Stand 10/99) § 4 [i] mwN mit weiteren Nachweisen in FN 16.

[526] *Lucas* in *Geller/Nimmer*, International Copyright Frankreich (Stand 10/99) § 3 [1] [c] geht – allerdings zweifelnd – davon aus, dass es sich um bisher nicht veröffentlichte Werke handeln muss, die (nach Ablauf der Schutzfrist) veröffentlicht werden.

Auch die **leistungsschutzrechtlichen** Fristen für ausübende Künstler, Ton- und Bildtonträgerhersteller sowie Rundfunkunternehmen wurden richtlinienkonform angeglichen (Art 211-4 CPI). Die Schutzfrist für Sendungen wird ausdrücklich von der ersten öffentlichen Wiedergabe an berechnet (Art 211-4 Abs 1 dritter Gedankenstrich CPI).

Die **Übergangsbestimmungen** des Gesetzes vom 27. März 1997 wurden nicht in den CPI übernommen. Die Vorschriften sind danach rückwirkend mit 1. Juli 1995 in Kraft getreten; strafrechtliche Sanktionen sind allerdings erst ab 28. März 1997 anwendbar (Art 16-I Gesetz 1997). Längere Schutzfristen bleiben weiterhin anwendbar (Art 16-II Gesetz 1997), was insbes für nachgelassene Werke gilt. Richtlinienkonform ist der Schutz (nach der neuen Schutzfristenregelung) davon abhängig, dass ein Werk oder Schutzgegenstand zum Stichzeitpunkt 1. Juli 1995 in einem Vertragsstaat des EWR noch geschützt war (Art 16-III Gesetz 1997). Für das Wiederaufleben des Schutzes in solchen Fällen sind detaillierte Übergangsregelungen vorgesehen (Art 16-III Gesetz 1997); die Auswirkung der Schutzfristenverlängerung auf bestehende Verträge ist in Art 16-IV Gesetz 1997 geregelt.

8. Griechenland

18 Im griechischen **Urheberrecht** betrug die allgemeine urheberrechtliche Schutzfrist nach § 2 UrhG 1920[527] fünfzig Jahre pma. Das Übersetzungsrecht währte aber nur zehn Jahre nach Veröffentlichung des Werks (§ 6)[528]. Die Miturheberregel (§ 3 UrhG 1920) fand auf alle in Zusammenarbeit geschaffenen Werke Anwendung, wobei eine gemeinsame Bemühung und wohl auch eine gegenseitige Beeinflussung vorausgesetzt wurde. Die Rechte an anonymen oder pseudonymen Werken standen dem Herausgeber oder demjenigen zu, der solche Werke veröffentlichte, doch trat der wahre Urheber in diese Rechte ein, sobald er sich zu erkennen gab (§ 4 UrhG 1920). Das ältere griechische Recht kannte auch einen besonderen Schutz für nachgelassene Werke, der dem „Besitzer" noch nicht erschienener Werke verstorbener Urheber für 50 Jahre ab dem ersten Erscheinen zustand (§ 5)[529]; dies galt auch für noch nicht veröffentlichte posthume Werke (§ 7).

Zu beachten ist allerdings, dass sich die Urheber verbandsangehöriger Werke, deren Ursprungsland nicht Griechenland war, unabhängig von den Vorschriften des griech UrhG unmittelbar auch auf die (günstigeren) Bestimmungen der **Berner Übereinkunft** berufen konnten. Nach § 1 Verordnung 1962[530] galt dies dann auch für griechische Staatsangehörige, und zwar für die Brüsseler Fassung der RBÜ. Diese Regelung wirkte sich insbes auf das Übersetzungsrecht aus, zumal die noch zu den Fassungen der RBÜ 1908 und 1928 (Berlin und Rom) abgegebenen Vorbehalte mit Verordnung Nr 4264/1962 aufgegeben wurden. Dessen ungeachtet wurden die Sonderregelungen der § 6 und 7 nicht völlig bedeutungslos[531].

---

[527] Gesetz Nr 2387/1920. Siehe für Bühnenwerke auch das Gesetz Nr 3483/1909.

[528] Die für das Übersetzungsrecht geltenden Regelungen fanden auch auf die neuerliche Veröffentlichung von Werken in Sammlungen, Anthologien, Schulbüchern etc Anwendung.

[529] Vgl dazu *Koumantos* in Quellen (Stand 08/1970) Griechenland Einführung I 6.

[530] Nr 4264/1962.

[531] Vgl dazu *Koumantos* in Quellen (Stand 08/1970) Griechenland Einführung I 10 und 14.

Verwandte Schutzrechte kannte das griechische UrhG 1920 nicht; ein beschränkter Schutz konnte nach persönlichkeitsrechtlichen und wettbewerbsrechtlichen Bestimmungen bestehen. Auch ein besonderer Schutz von Lichtbildern war nicht vorgesehen.

Am 4. März 1993 ist in Griechenland ein **neues UrhG**[532] in Kraft getreten, mit **19**
welchem die urheberrechtliche Schutzfrist bereits auf siebzig Jahre pma hinaufgesetzt wurde (§ 29 Abs 1 UrhG 1993). Die Schutzfrist für Computerprogramme betrug jedoch nur 50 Jahre pma (§ 44). Im Fall der Veröffentlichung eines Werks nach dem Tod des Urhebers währte die Schutzfrist 70 Jahre ab der ersten Veröffentlichung. Für in Miturheberschaft geschaffene Werke galt die Miturheberregel (§ 30). Das jüngere griechische Recht dürfte allerdings von einem engeren Begriff der Miturheberschaft ausgehen, was darin zum Ausdruck kommt, dass § 7 Abs 1 Satz 1 UrhG 1993 von einem direkten Zusammenwirken spricht; allerdings dürfte man davon ausgehen, dass es auf die Trennbarkeit der Beiträge nicht ankommt[533]. Als Urheber von Filmwerken ist der Regisseur anzusehen (§ 9 UrhG), was auch für die Berechnung der Schutzfrist maßgebend war. Anonym oder pseudonym veröffentlichte Werke waren 70 Jahre ab dem Zeitpunkt (rechtmäßiger) Veröffentlichung geschützt, sofern der Urheber innerhalb dieser Frist nicht seine Identität aufgedeckt, oder es sich um ein allgemein bekanntes Pseudonym handelt (§ 31 Abs 1). Ein öffentliches Register für anonyme und pseudonyme Werke war nicht vorgesehen. Werke der Folklore sind nur im Fall der Bearbeitung oder Sammlung geschützt (§ 2 Abs 2). Juristische Personen können nur ausnahmsweise Träger von Urheberrechten sein, nämlich im Fall anonymer und pseudonymer Werke sowie im Fall nachgelassener Werke. Soweit die Veröffentlichung eines Werks nach Ablauf der urheberrechtlichen Schutzfrist erfolgt, stand das Recht an posthumen Werken nach dem UrhG 1993 dem Besitzer zu, der die Veröffentlichung vornimmt oder veranlasst (§ 11 Abs 2). Das griechische UrhG 1993 kennt auch Kollektivwerke (§ 7 Abs 2), doch können die Rechte hieran – anders als nach französischem Recht – nur physischen Personen zustehen; Sonderregeln für die Schutzfristberechnung bestanden nicht.

Das Urheberpersönlichkeitsrecht endet nach dem UrhG 1993 zwar mit dem Ablauf der allgemeinen Schutzfrist, doch kann das Recht auf Anerkennung der Urheberschaft und das Änderungsverbot nach Ablauf der Schutzfrist vom Kultusminister ausgeübt werden (§ 29 Abs 2).

Das UrhG 1993 sah auch **Leistungsschutzrechte** für ausübende Künstler, Ton- und Bildtonträgerhersteller sowie Rundfunkunternehmen vor (§ 46 bis 50 UrhG 1993). Die Schutzfrist betrug 50 Jahre ab Darbietung, Produktion oder Erstsendung, bei ausübenden Künstlern aber zumindest deren Lebenszeit (§ 52 lit c und d). Darüber hinaus kennt das griechische Urheberrecht auch einen Leistungsschutz des **Verlegers** (§ 51), der gleichfalls 50 Jahre ab der letzten Auflage beträgt.

Übergangsrechtlich waren vor dem Inkrafttreten des UrhG 1993 geschaffene Computerprogramme und erbrachte Leistungen „rückwirkend" geschützt

---

[532] Gesetz Nr 2121 vom 04.03.1993 FEK A vom 04.03.1993/25. Deutsche Übersetzung in GRUR Int 1997, 531.

[533] Vgl *Marinos* in Quellen (Stand06/1999) Griechenland Einführung I 8, anders allerdings 14 für die Schutzfristberechnung.

(§ 68 Abs 2 UrhG 1993). Der Schutz von Werken, die mit 31. Dezember 1992 bereits gemeinfrei geworden sind, lebte aber nicht wieder auf (§ 68 Abs 1).

20 Die Schutzdauer-RL wurde mit Gesetz 1997[534] **umgesetzt**. Die **urheberrechtliche** Schutzfrist für anonyme und pseudonyme Werke beträgt mangels einer Offenbarung der Identität während des aufrechten Schutzes siebzigjährig Jahre ab (erlaubter) Veröffentlichung. Eine ergänzende Regelung für den Fall, dass die Veröffentlichung nicht innerhalb von 70 Jahren ab Schaffung des Werks erfolgt, fehlt allerdings (§ 31 Abs 1 UrhG 1993 idF 1997). Die Sonderregel für Lieferungswerke ist in § 31 Abs 2 umgesetzt, während die Neuregelung der Schutzfristberechnung für Filmwerke in Abs 3 dieser Vorschrift verankert ist. Computerprogramme sind nun gleichfalls siebzig Jahre pma geschützt[535].

Im **Leistungsschutzrecht** wird die Schutzfrist für ausübende Künstler nun an den Zeitpunkt der Darbietung oder die Veröffentlichung angeknüpft, wobei die Regelung beibehalten wurde, dass der Schutz jedenfalls für die Lebenszeit des ausübenden Künstlers währt. Die Schutzfrist für Rechte an Ton- und Bildtonträgern und Rundfunksendungen wird weiterhin ab dem Zeitpunkt der Aufzeichnung bzw Erstsendung gerechnet, doch ist der Veröffentlichungszeitpunkt maßgebend, wenn ein Ton- oder Bildtonträger innerhalb der ab Aufzeichnung berechneten Schutzfrist veröffentlicht wird. Das neue Leistungsschutzrecht an nachgelassenen Werken ist in § 51a UrhG 1993 idF 1997 geregelt und bezieht sich auf zuvor unveröffentlichte Werke, die zum ersten Mal veröffentlicht werden.

Im Sinn der **Übergangsregelung** des Art 10 Abs 2 Schutzdauer-RL kann der Schutz gemeinfreier Werke und Leistungen auch wieder aufleben, wenn sie in einem Mitgliedstaat zum 1. Juli 1995 noch geschützt waren (§ 68a UrhG 1993 idF 1997). Eine bereits begonnene Nutzung gemeinfreier Werke oder anderer Schutzgegenstände konnte auf die gleiche Art und Weise bis zum 1. Januar 1999 fortgesetzt werden (§ 68a Abs 1).

9. Großbritannien

21 In Großbritannien wurde das **Urheberrecht** zuletzt mit dem *Copyright, Designs and Patents Act* 1988 (CDPA)[536] geregelt. Dieser löste die älteren Gesetze aus den Jahren 1911 und 1956[537] ab. Während der *Copyright Act* 1956 das Urheberrecht einerseits und die verwandten Schutzrechte anderseits noch gesondert regelte, wurde auch diese Trennung im CDPA 1988 aufgehoben. Die urheberrechtliche Schutzfrist betrug 50 Jahre pma (§ 12 Abs 1 CDPA 1988); ältere „ewige Urheberrechte" an besonderen Werken (etwa von Universitäten) wurden – von begrenzten Ausnahmen abgesehen – beendet[538]. Auch ältere Bestimmungen, wonach

---

[534] Gesetz Nr 2557/1997 FEK A Nr 271 vom 24.12.1997, 8361.

[535] § 44 UrhG 1993 wurde aufgehoben.

[536] In Kraft getreten am 01.08.1989. Vgl dazu *Cornish* in Quellen (Stand 12/1991) Großbritannien Einführung I 17f und *Cornish* in *Geller/Nimmer*, International Copyright I (Stand 11/95) UK-26ff.

[537] Zum *Copyright Act* 1956 siehe die Ausführungen zum irischen Recht. Beachte insbes die ausführlichen übergangsrechtlichen Bestimmungen in Schedule VII (iVm § 50 *Copyright Act* 1956).

[538] Der Schutz zu Gunsten von Universitäten endet jetzt im Jahr 2040; zu den Aus-

unveröffentlichte Werke einen unbegrenzten Schutz genossen und im Fall eines posthumen Erscheinens[539] 50 Jahre ab diesem Zeitpunkt geschützt waren, wurden auf alte Werke beschränkt[540]. Die Reduzierung der Schutzdauer von Fotografien mit 50 Jahren ab Veröffentlichung wurde beseitigt[541]. Die Beschränkung des Schutzes von Werken, die für gewerbliche Muster verwendet werden, blieb dagegen bestehen, wurde aber modifiziert; die Schutzfrist für solche Werke beträgt nach dem CDPA 1988 25 Jahre seit der ersten rechtmäßigen Vermarktung solcher Gegenstände (§ 51 und 52). Die Schutzfrist für von Computern hergestellte Werke betrug 50 Jahre ab Herstellung (§ 12 Abs 3). Urheberrechte der Krone oder des Parlaments wurden 50 Jahre seit der gewerblichen Veröffentlichung solcher Werke, höchstens jedoch 125 Jahre ab Schaffung geschützt (§ 163ff)[542]. Anonyme und pseudonyme Werke waren 50 Jahre seit deren erster Veröffentlichung geschützt, wobei eine Bekanntgabe der Urheberschaft nach Ablauf dieser Frist nicht die Rückkehr zur Regelschutzfrist pma bewirkte (§ 12 Abs 2). Als anonym oder pseudonym sind Werke anzusehen, wenn die Identität des Urhebers in dem Sinn unbekannt ist, dass es nicht möglich ist, diese durch angemessene Nachforschungen in Erfahrung zu bringen (§ 11 Abs 4 und 5). Für die Anwendung der Miturheberregel ging das britische Recht von einem engeren Begriff der Miturheberschaft aus, der die Untrennbarkeit des gemeinsamen Schaffensergebnisses voraussetzte. Wurde die Identität nur einiger von mehreren Miturhebern anonymer oder pseudonymer Werke bekanntgegeben, war der Tod des Letztversterbenden der bekannten Urheber für die Berechnung der Schutzfrist maßgebend (§ 12 Abs 4 iVm § 10 Abs 1). Filmwerke waren nach dem *Copyright Act* 1956 und dem CDPA 1988 50 Jahre ab Veröffentlichung (*release*) geschützt. Bemerkenswert ist, dass das britische Urheberrecht schon seit dem *Copyright Act* 1956 keinen Schutzfristenvergleich kannte[543].

Die als *Copyrights* organisierten **Leistungsschutzrechte** an Tonträgern und Filmen endeten 50 Jahre ab Herstellung bzw ab Veröffentlichung (*release*)[544], sofern die Veröffentlichung innerhalb der ab Herstellung berechneten Schutzdauer erfolgte (§ 13 Abs 1). Die Rechte an Sendungen und Kabelprogrammen

---

nahmen siehe Schedule 2 § 13 und Schedule 6. Vgl dazu *Cornish* in *Geller/Nimmer*, International Copyright I (Stand 11/95) UK-26 bei FN 1.

[539] Der Begriff der *publication* wurde allerdings in diesem Zusammenhang weiter gesehen; so war etwa die öffentliche Aufführung dem Erscheinen gleichgestellt. Vgl *Cornish* in *Geller/Nimmer*, International Copyright I (Stand 11/95) UK-27 bei FN 2 und UK-44.

[540] Am 01.08.1989 noch nicht veröffentlichte Werke bleiben für 50 Jahre ab diesem Zeitpunkt geschützt; vorher posthum erschienene Werke bleiben für 50 Jahre ab Erscheinen geschützt. Siehe Schedule 2 § 12 Abs 4 und dazu *Cornish* in *Geller/Nimmer*, International Copyright I (Stand 11/95) UK-27 und FN 3.

[541] Für vorher hergestellte Aufnahmen blieben jedoch die älteren Schutzfristen bestehen, dh 50 Jahre ab Herstellung nach dem *Copyright Act* 1911 bzw ab Erscheinen nach dem *Copyright Act* 1956. Zum Schutz von Lichtbildern siehe auch *Gendreau* in in *Gendreau/Nordemann/Oesch*, Copyright an Photographs – An International Survey (1999) 283 (291).

[542] Eine ähnliche Regelung bestand für Urheberrechte internationaler Organisationen.

[543] Vgl dazu ausführlich *Cornish* in *Geller/Nimmer*, International Copyright I (Stand 11/95) UK-29.

[544] Zum Begriff der Veröffentlichung (*release*) bei Tonträgern und Filmen siehe § 13 Abs 2 CDPA 1988.

währten 50 Jahre ab Erstsendung[545] bzw Einspeisung in einen Kabeldienst (§ 14 Abs 1). Eine Besonderheit des britischen Urheberrechts ist der „urheberrechtliche“ Schutz veröffentlichter Werkausgaben(*typographical arrangements of published editions*), der 25 Jahre nach dem ersten Erscheinen *(publication)* endet[546].

Die Leistungsschutzrechte ausübender Künstler waren zunächst in den *Performers Protection Acts* 1958 und 1972 geregelt, die an sich nur strafrechtlichen Schutz gewährten, der in der Rechtsprechung aber auch zu einem zivilrechtlichen Schutz (Unterlassung und Schadenersatz) ausgebaut wurde. In seinem Teil II sieht der CDPA 1988 jetzt ein verwandtes Schutzrecht vor, das sich nicht nur auf Darbietungen von Werken, sondern auch auf Varieté-Darbietungen und Ähnliches bezieht (§§ 180ff). Die Rechte stehen einerseits dem ausübenden Künstler selbst, anderseits dem Tonträger- oder Filmhersteller zu, wenn diese mit dem ausübenden Künstler einen Exklusivvertrag in Bezug auf die gewerbliche Verwertung der Aufnahme abgeschlossen haben. Das Recht des ausübenden Künstlers ist unter Lebenden unübertragbar (§ 192). Beide Rechte währen 50 Jahre seit Darbietung (§ 191); sie sind zivil- und strafrechtlich abgesichert[547].

Der Vollständigkeit halber sei erwähnt, dass der Schutz registrierter Muster mit einer Schutzdauer von 25 Jahren seit Eintragung weiterhin nach dem *Registered Design Act* 1949 geregelt wird; in seinem Teil III ergänzt der CDPA 1988 diesen Schutz aber durch eine neue Art des Musterschutzes an nicht registrierten Mustern, und zwar für eine Dauer von zehn Jahren ab der ersten Vermarktung entsprechender Produkte[548]. Das Recht gilt für funktionale Formen und Gestaltungen. Die Neuregelung des Musterschutzes und die damit in Zusammenhang stehende Beschränkung des Urheberschutzes (§ 51 CPDA 1988) stellen einen Kernbereich der Reform 1988 dar und sind im Zusammenhang mit dem weiten britischen Originalitätsbegriff zu sehen. Pläne für funktionale Geräte sind in Zukunft nur als registrierte oder nicht registrierte Muster geschützt. Schedule 1 § 19 Abs 1 sieht jedoch komplizierte Übergangsvorschriften vor. Soweit Urheberrechte an gewerblich hergestellten Gegenständen noch bestehen, werden diese, wie bereits erwähnt, im gewerblichen Bereich nur für die Dauer von 25 Jahren seit der ersten Vermarktung geschützt (§ 52)[549].

So wie der *Copyright Act* 1956 ist auch der CDPA 1988 auf vorher geschaffene Werke und Schutzgegenstände anwendbar. Beide Gesetze enthalten jedoch detaillierte **Übergangsbestimmungen**[550], die insbes auch für die Rechtslage (Schutzdauer) zum Stichzeitpunkt 1. Juli 1995 maßgebend sind. Grundsätzlich sind die Bestimmungen des CDPA 1988 auch auf vorher geschaffene Werke und Schutzgegenstände anwendbar, sofern die Schutzfrist zum 1. August 1989 nach den älteren Vorschriften noch nicht abgelaufen war[551].

---

545 Für Wiederholungssendungen begann deshalb keine neue Schutzfrist zu laufen (§ 14 Abs 2 CDPA 1988).

546 Vgl dazu *Cornish* in *Geller/Nimmer*, International Copyright I (Stand 11/95) UK-28.

547 Vgl zu all dem *Cornish* in Quellen (Stand 12/1991) Großbritannien Einführung I 25f.

548 Nach Ablauf von 5 Jahren können Zwangslizenzen begehrt werden.

549 Vgl zu all dem *Cornish* in Quellen (Stand 12/1991) Großbritannien Einführung I 23f.

550 Siehe CDPA 1988 Schedule 1 § 12. Vgl auch *Cornish* in *Geller/Nimmer*, International Copyright I (Stand 11/95) UK-14 und FN 3.

551 Vgl *Bently/Cornish* in *Geller/Nimmer*, International Copyright I (Stand 10/99) UK-15.

Die **Umsetzung** der Schutzdauer-RL erfolgte verspätet mit *The Duration of Copyright and Rights in Performances Regulations* 1995[552]. Die Schutzfrist beträgt im **Urheberrecht** jetzt grundsätzlich 70 Jahre pma, doch wurden die Sonderschutzfristen für von Computern geschaffene Werke sowie für Urheberrechte der Krone und des Parlaments beibehalten. Dasselbe gilt für die Sonderregelung für Werke, die für gewerbliche Produkte verwendet werden. Die Miturheberregel gilt weiterhin nur für Miturheberschaft im engeren Sinn, während die Schutzfrist für Filmwerke an die Vorgaben der Schutzdauer-RL angepasst wurde (§ 13b Abs 2 CDPA 1988)[553]. Ist keine der maßgebenden Personen vorhanden, beträgt die Schutzfrist 50 Jahre ab Herstellung (§ 13b Abs 9). Nach der Sonderregel des § 66a CDPA 1988 stellt es keine Urheberrechtsverletzung dar, wenn die Identität der für den Fristenlauf maßgebenden Personen trotz ausreichender Recherchen nicht feststellbar und anzunehmen ist, dass die Schutzfrist bereits abgelaufen ist. Die verlängerte Schutzfrist kommt auch den Produzenten von „Altfilmen" zugute, während die jetzt auch dem Hauptregisseur zustehende „Miturheberschaft" mit dem Produzenten nur auf neue Filme anzuwenden ist. Auch die Schutzfrist anonymer und pseudonymer Werke wurde den Vorgaben der Schutzdauer-RL angepasst; die Offenbarung der Identität des Urhebers führt nur dann zur Regelschutzfrist pma, wenn sie vor Ablauf der ab Schaffung oder Veröffentlichung berechneten Schutzfrist erfolgt. Der Sonderschutz für nachgelassene Werke wurde mit den *Related Right Regulations* 1996[554] eingeführt, und zwar für die Veröffentlichung bisher unveröffentlichter gemeinfreier Werke[555]. 22

Auch die **leistungsschutzrechtlichen** Schutzfristen wurden den Vorgaben der Schutzdauer-RL entsprechend adaptiert. Der Verzicht auf die Anwendung des Schutzfristenvergleichs musste aufgegeben werden (§§ 12 Abs 6 und 13b Abs 7).

Teil III der *Duration of Copyright and Rights in Performances Regulations* 1995 enthält umfangreiche **Übergangsvorschriften** (§§ 12 bis 35 *Duration Regulations* 1995). Die neuen Schutzfristen sind auch auf bereits bestehende Werke und Schutzgegenstände anwendbar, sofern sie zum Stichzeitpunkt 1. Juli 1995 in einem Vertragsstaat des EWR noch geschützt waren (§ 16). Im Fall des Wiederauflebens fallen die Rechte dem letzten Inhaber (Lizenznehmer) zu, sofern dieser noch existiert. Für vor dem 1. Januar 1996 ausgeführte Nutzungshandlungen besteht keine Haftung, wobei die Verschiebung des Stichzeitpunkts vom 1. Juli 1995 auf 1. Januar 1996 auf die verspätete Umsetzung der Schutzdauer-RL zurückzuführen ist. Nutzungen auf Grund von Maßnahmen, die schon vor dem 1. Jänner 1995 getroffen wurden, werden von wiederauflebenden Rechten nicht berührt; dies gilt gleichermaßen für die Verbreitung von vor dem 1. Juli 1995 hergestellten Exemplaren (§§ 23 und 33). Eine ähnliche Regelung gilt für in

---

552 Statutory Instruments 1995/3297; in Kraft getreten am 01.01.1996. Vgl zur neuen Rechtslage etwa *Bently/Cornish* in *Geller/Nimmer*, International Copyright II (Stand 10/99) UK-42ff.

553 Von jeder Gruppe maßgebender Autoren können auch mehrere vorhanden sein, wobei nicht identifizierte Urheber für die Schutzfristberechnung nicht herangezogen werden (§ 13B Abs 3 CDPA 1988). Ist keiner der Autoren identifiziert, kommen die Regeln für anonyme und pseudonyme Werke zur Anwendung (§ 13B Abs 4 CDPA 1988).

554 Statutory Instruments 1996/2967.

555 Vgl dazu ausführlich *Bently/Cornish* in *Geller/Nimmer*, International Copyright I (Stand 10/99) UK-131f.

Werke aufgenommene Kopien oder Bearbeitungen. Eine Besonderheit des britischen Übergangsrechts besteht in einer Zwangslizenz für den Zeitraum wiederaufgelebter Schutzfristen, die individuell auszuhandeln, von Verwertungsgesellschaften zu erwerben oder vom *Copyright Tribunal* festzusetzen ist (§§ 24f und 34f). Voraussetzung ist lediglich eine Information des Rechtsinhabers über die beabsichtige Nutzung[555].

10. Irland

23 Das irische UrhG 1963[557] folgte weitgehend dem britischen *Copyright Act* 1956. Es sah eine **urheberrechtliche** Regelschutzfrist von fünfzig Jahren pma vor (§§ 8 Abs 4 und 9 Abs 5 ir *Copyright Act* 1963). Die Miturheberregel ging nach dem britischen Muster gleichfalls von einem engen Begriff der Miturheberschaft aus, welcher die Untrennbarkeit des gemeinsamen Schaffensergebnisses voraussetzt (§ 16 Abs 1 und 3). Bei anonymen und pseudonymen Werken lief die Schutzfrist ab Erscheinen, wobei solche Werke nicht vorliegen, wenn innerhalb dieser Schutzfrist durch angemessene Nachforschungen die Person des Urhebers festgestellt werden kann (§ 15 Abs 2 iVm § 3 Abs 2). Ist auch nur einer von mehreren Miturhebern bekannt, ist die Regelschutzfrist anwendbar (§§ 15 Abs 2 und 16 Abs 2). Für Filmwerke war die urheberrechtliche Schutzfrist ab dem ersten Erscheinen zu berechnen, wobei auch das irische Recht vom *film copyright* des Filmherstellers ausging, sofern nicht Auftragswerke vorlagen (§ 18 Abs 2 und 3). Auch die Schutzfrist für Lichtbilder (Lichtbildwerke und einfache Lichtbilder) wurde ab Erscheinen berechnet (§ 9 Abs 7), wobei als Urheber der Eigentümer des Filmmaterials anzusehen war (§ 2 Abs 1). Postum veröffentlichte Werke (§ 8 Abs 5) und Druckgrafiken (§ 9 Abs 6) waren 50 Jahre ab Veröffentlichung (Wiedergabe, Feilbieten eines Tonträgers, Senden) geschützt.

Was die **verwandten Schutzrechte** anlangt, genossen Tonträger Urheberrechtsschutz für 50 Jahre ab Erscheinen (§ 17 Abs 2 ir *Copyright Act* 1963). Sendungen von Radio Irland waren gleichfalls für 50 Jahre geschützt, und zwar ab Erstsendung. Auch das irische Recht kennt ein besonderes Leistungsschutzrecht zu Gunsten von *published editions*, das 25 Jahre ab Erscheinen währt (§ 20 Abs 4). Die Rechte der ausübenden Künstler waren im *Performers' Protection Act* 1968 geregelt[558], der jedoch nur einen strafrechtlichen Schutz vorsah, wobei eine zeitliche Begrenzung nicht ersichtlich ist[559].

24 Die **Umsetzung** der Schutzdauer-RL erfolgte mit den *Term of Protection of Copyright Regulations* 1995[560]. Die Regelschutzfrist beträgt danach 70 Jahre pma; die Miturheberregel blieb unverändert. Bei anonymen und pseudonymen Wer-

---

[556] Zum Übergangsrecht siehe *Bently/Cornish* in *Geller/Nimmer*, International Copyright I (Stand 10/99) UK-46f. Siehe auch *Adams/Edenborough*, The Duration of Copyright in the United Kingdom after the 1995 Regulations, EIPR 1996, 590; *Robinson*, The Life and Terms of U.K. Copyright in Original Works EntLR 1997, 60.

[557] Vom 08.04.1963 idF *Copyright Amendment Act* vom 11.12.1987; siehe dazu *M. Schulze* in Quellen (Stand 9/93) Einführung Irland I 11f.

[558] Gesetz Nr 19 vom 02.07.1969.

[559] Vgl *Coughlan*, National Reports Ireland, EIPR 1996/1, D 15f.

[560] Statutory Instruments 1995/158; in Kraft getreten am 01.07.1995.

ken berechnet sich die Schutzfrist ab Schaffung bzw Veröffentlichung, sofern es sich nicht um ein bekanntes Pseudonym handelt und der Urheber nicht fristgerecht seine Identität geoffenbart hat (§§ 4 und 5 *Term Regulations* 1995). Die Schutzfrist für Filmwerke ist in § 6 *Term Regulations* 1995 geregelt. Der Sonderschutz nachgelassener Werke wird durch die erste Veröffentlichung bisher nicht veröffentlichter gemeinfreier Werke gewährt; dies gilt auch für Tonaufnahmen, Rundfunksendungen und Filme (§ 8 *Term Regulations* 1995).

Der urheberrechtlich konzipierte Schutz des **Tonträgerherstellers** und des **Rundfunkunternehmers** ist in § 7 *Term Regulations* 1995 geregelt, wobei in letzterer Hinsicht – wie bisher – ausdrücklich an die erste Ausstrahlung angeknüpft wird. Der Schutzfristenvergleich für Werke, deren Ursprungsland nicht ein Vertragsstaat des EWR ist und dessen Urheber auch keinem Vertragsstaat angehört, ist jetzt in § 10 *Term Regulations* 1995 geregelt[561].

Übergangsrechtlich sind die neuen Schutzfristen auch auf vorher entstandene Werke und Schutzgegenstände anwendbar, die zum Stichzeitpunkt 1. Juli 1995 in einem Mitgliedsland geschützt sind oder den Voraussetzungen der Vermiet- und Verleih-RL entsprechen (§ 12 *Term Regulations* 1995), wobei längere Schutzfristen aufrecht bleiben (§ 15). Die Rechte während der verlängerten oder wiederhergestellten Schutzdauer stehen den originären Rechtsinhabern bzw Testamentsvollstreckern[562] oder Rechtsnachfolgern zu. Wurden Rechte übertragen, stehen diese dem Rechtsnehmer (Lizenznehmer) nur im Fall ausdrücklicher Vereinbarung zu (§ 13). Bei der Regelung der Haftung für frühere Handlungen wird zwischen dem Zeitpunkt der Erlassung der Schutzdauer-RL und des Inkrafttretens der *Term Regulations* 1995 unterschieden. Wer vor dem 29. Oktober 1993 mit einer Nutzung begonnen oder ernsthafte Vorbereitungen hierzu getroffen hat, kann die Nutzung auch für die Dauer der wiederaufgelebten Schutzfrist fortsetzen. Für solche Nutzungen zwischen dem 29. Oktober 1993 und dem 1. Juli 1995 gilt dies aber nur dann, wenn der Nutzer beweisen kann, keinen Grund zu der Annahme gehabt zu haben, dass der Schutz wieder aufleben wird; diese Regeln gelten für Rechtsnehmer entsprechend (§ 14).

Mangels einer zeitlichen Begrenzung des Schutzes fehlt, soweit ersichtlich, eine entsprechende Umsetzung der Schutzdauer-RL im Bereich der Leistungsschutzrechte der ausübenden Künstler.

Mit dem *Copyright and Related Rights Act* 2000 wurden das Urheberrecht und die Verwandten Schutzrechte in Irland einer **Generalrevision** unterzogen; diese konnte im vorliegenden Kommentar nicht mehr berücksichtigt werden.

11. Italien

Die **urheberrechtliche** Regelschutzfrist betrug seit dem UrhG 1925 auch in **25**
Italien fünfzig Jahre pma (§ 25 ital UrhG 1941[563]). Davor betrug die Schutzfrist 40 Jahre pma bzw 80 Jahre ab Veröffentlichung, wobei die Schutzfrist nach

---

[561] Zu den Rechten des Tonträgerherstellers und des Rundfunkunternehmers siehe § 11 *Term Regulations* 1995.

[562] Zum Testamentsvollstrecker siehe § 13 Abs 4 *Term Regulations* 1995.

[563] Gesetz Nr 633 vom 22.04.1941. Zu den Schutzfristen nach älterem Recht siehe *Singer* in Quellen (Stand 8/64) Einführung Italien I 16ff; *Fabiani* in *Geller/Nimmer*, International Copyright I (Stand 10/94) ITA-25ff.

Ablauf von 40 Jahren nach dem Tod des Urhebers als *Domaine Public Payant* ausgestaltet war. Das ital Urheberrecht geht zwar von einem engen Begriff der Miturheberschaft aus, welche die Untrennbarkeit der Beiträge voraussetzt (§ 10), doch war die Miturheberregel auch auf dramatisch-musikalische, choreographische und pantomimische Werke anwendbar (§ 26 Abs 1). Bei Sammelwerken (*opere collective*) richtete sich die Schutzfrist an den einzelnen Beiträgen nach der allgemeinen Regel, die Verwertungsrechte am Sammelwerk bestanden jedoch nur 50 Jahre ab Veröffentlichung, wobei im Fall von Lieferungswerken die einzelnen Auslieferungen gesondert zu berechnen waren (§§ 26 Abs 2 und 30). Auch für anonyme und pseudonyme Werke war der Zeitpunkt der Veröffentlichung maßgebend, sofern der Urheber nicht vor Ablauf dieser Frist seine Identität geoffenbart hat, was jedoch nur durch Erklärung gegenüber dem Amt für literarisches, wissenschaftliches und künstlerisches Eigentum geschehen konnte (§§ 27 und 28). Wurden Werke binnen 20 Jahren pma posthum veröffentlicht, lief die Schutzfrist erst ab Veröffentlichung (§ 31 ital UrhG 1941). Soweit das Urheberrecht juristischen Personen zustand (§ 11), währten sie nur 20 Jahre ab Veröffentlichung; für die von Akademien und anderen öffentlichen kulturellen Gemeinschaften herausgegebenen Mitteilungen und Denkschriften betrug die Schutzfrist für solche Sammelwerke sogar nur 2 Jahre, allerdings unbeschadet der Rechte der Urheber an den einzelnen Beiträgen (§ 29). Im Filmurheberrecht ging das ital Urheberrecht von der *cessio legis* Regel aus; die Schutzfrist betrug zunächst 30 Jahre ab der ersten öffentlichen Vorführung, soweit diese innerhalb von 5 Jahren ab Herstellung erfolgte, anderenfalls ab Herstellung (§ 45). Die Schutzfrist wurde im Jahr 1979[564] auf 50 Jahre verlängert (§ 32). Lichtbildwerke waren 50 Jahre ab Herstellung geschützt (§ 32bis).

Das Urheberpersönlichkeitsrecht unterlag keiner zeitlichen Begrenzung und stand den in § 23 UrhG 1941 bezeichneten Angehörigen oder öffentlichen Stellen zu. Das *Domaine Public Payant* hatte in Italien Tradition und war auch im UrhG 1941 verankert (§§ 175 bis 179).

Im Jahr 1945 wurde die Schutzfrist für vor dem 17. August 1945 veröffentlichte Werke **kriegsbedingt** um sechs Jahre verlängert[565]. Für Werke, die zwischen dem 31. Dezember 1956 und dem 31. Dezember 1961 gemeinfrei geworden wären, wurde die Schutzfrist darüber hinaus zunächst bis zum 31. Dezember 1961 und in weiterer Folge bis zum 31. Dezember 1962 verlängert[566]. Die Verlängerung kommt grundsätzlich dem Urheber zugute; Lizenznehmer konnten gegen Bezahlung einer angemessenen Vergütung die ihnen eingeräumten Rechte jedoch weiter nutzen, wobei die Vergütung im Zweifel in einer Beteiligung an den Bruttoerträgen bestand[567].

Das ital Urheberrecht 1941 anerkannte auch bereits die **Leistungsschutzrechte** des Tonträgerherstellers, des ausübenden Künstlers, des Rundfunkunternehmers sowie des Bild- und Laufbildherstellers (Titel II – §§ 72ff ital UrhG 1941) und darüber hinaus einen Schutz an Entwürfen für Theaterszenen und technischen Entwürfen (§§ 86 und 99). Die Schutzfrist betrug für Tonträgerher-

---

564 Gesetzesdekret Nr 19 vom 08.01.1979; in Kraft getreten am 30.01.1979.

565 Gesetzesdekret Nr 440 vom 20.07.1945.

566 Gesetze Nr 1421 vom 19.12.1956 und Nr 1337 vom 27.12.1961.

567 Für Streitigkeiten war ein Schiedsgericht vorgesehen.

steller 30 Jahre ab Hinterlegung oder – im Fall der Anbringung eines Schutzvermerks – ab Herstellung, dauerte aber – mangels Veröffentlichung – nie länger als 40 Jahre ab Herstellung (§ 75). Die Leistungsschutzrechte des ausübenden Künstlers bestanden allerdings nur in der Form eines Vergütungsanspruchs für 20 Jahre ab Erbringung der Darbietung (§ 85). Das Recht an Entwürfen für Bühnenszenen bestand gleichfalls nur in einem Vergütungsanspruch, und zwar für die Dauer von 5 Jahren ab erster Aufführung; auch die Rechte an technischen Entwürfen bestanden in einem Vergütungsanspruch für die Dauer von 20 Jahren ab Hinterlegung. Für die Rechte des Rundfunkunternehmers sah das Gesetz keine zeitliche Beschränkung vor (§ 79). Einfache Lichtbilder und Laufbilder waren 20 Jahre ab Herstellung geschützt (§ 92)[568]. Da das ital UrhG 1941 Fotografien zunächst nur leistungsschutzrechtlich schützte, war für bestimmte Lichtbilder (von Werken der bildenden Künste oder der Baukunst, solchen technischen oder wissenschaftlichen Charakters oder von besonderem künstlerischen Wert) unter bestimmten Voraussetzungen (Hinterlegung und Vorbehalt) ein vierzigjähriger Schutz vorgesehen. Die kriegsbedingte Schutzfristenverlängerung galt auch für Tonträger, Lichtbilder und technische Entwürfe.

Die **Umsetzung** der Schutzdauer-RL erfolgte mit mehreren gesetzlichen Maßnahmen[569]. Zunächst wurden mit § 17 des Gesetzes vom 6. Februar 1996[570] die **urheberrechtliche** Regelschutzfrist auf 70 Jahre pma und die **leistungsschutzrechtliche** Schutzdauer auf 50 Jahre verlängert (Abs 1). Soweit die Schutzdauer-RL für den Beginn des Fristenlaufs abweichende Anknüpfungen vorschreibt, wurden weitere Änderungen entsprechend den harmonisierten Vorschriften der Schutzdauer-RL vorgesehen (Abs 5 lit a); dies galt auch für die Angleichung der Schutzfrist von Filmwerken an diejenige anderer Werkkategorien (Abs 5 lit d). Weiters wurde eine Regelung des neuen Leistungsschutzrechts für nachgelassene Werke sowie für wissenschaftlich-kritische Ausgaben vorgegeben (Abs 5 lit b). **Übergangsrechtlich** wurde festgeschrieben, dass sich die (verlängerten) Schutzfristen auch auf nicht mehr geschützte Werke und Leistungen beziehen (Abs 2). Weitere übergangsrechtliche Bestimmungen für „Altverträge" und bereits vorgenommene Nutzungshandlungen enthielt Abs 4 bzw wurden angekündigt (Abs 5 lit c). Da die verlängerte Schutzfrist an Filmwerken gewöhnlich dem Produzenten zugute kommt, wurde bereits mit diesem Gesetz ein unverzichtbarer Vergütungsanspruch des Urhebers vorgegeben (Abs 5 lit d). Die kriegsbedingte Schutzfristverlängerung ist in den verlängerten Schutzfristen aufgegangen[571]; die Übergangsbestimmungen dieser Regelung wurden jedoch übernommen (Abs 3). Mit Gesetzesdekret vom 23. Oktober 1996[572] wurden diese Bestimmungen weiter ausgeführt (§ 9). Die Ergänzungen bezogen sich vor allem auf den Schutz des Film- und Laufbildherstellers und übergangsrechtliche Bestimmungen betref- **26**

568 Zum Schutz von Fotografien siehe *Ubertazzi* in *Gendreau/Nordemann/Oesch*, Copyright an Photographs – An International Survey (1999) 161 (173).

569 Vgl zur Neuregelung *Fabiani* in *Geller/Nimmer*, International Copyright I (Stand 10/99) ITA-21ff.

570 Gesetz Nr 52 Gazzetta Uffiziale – Serie generale vom 10.02.1996/24, 12.

571 § 17 Abs 1 hebt das Gesetzesdekret 1945 deshalb auf.

572 Gesetzesdekret Nr 541 Gazzetta Uffiziale – Serie generale vom 23.10.1996/249, 20.

fend „Altverträge" von Film- und Tonträgerherstellern. Als Stichzeitpunkt für die übergangsrechtlichen Vorschriften wurde generell der 29. Juni 1995 bestimmt.

Mit Gesetz vom 23. Dezember 1996[573] wurde das Gesetzesdekret vom 23. Oktober 1996 als weiter wirksam erklärt und in den Abs 52 bis 58 in die Bestimmungen des Gesetzes Nr 52 vom 6. Februar 1996 eingefügt. Diese komplizierte Vorgangsweise war erforderlich, weil die Regierung nach der ital Verfassung zur Erlassung von Gesetzesdekreten befugt ist, diese nach § 77 der italienischen Verfassung aber nach 60 Tagen außer Kraft treten, wenn sie nicht durch ein Gesetz bestätigt oder durch ein neues Gesetzesdekret verlängert werden. Um die durch die verspätete Umsetzung der Schutzdauer-RL entstehende Regelungslücke zu füllen, hat die Regierung von dieser Möglichkeit Gebrauch gemacht, es mussten diese vorläufigen Maßnahmen aber laufend verlängert bzw gesetzlich bestätigt werden.

Mit dem Gesetzesdekret vom 26. Mai 1997[574] wurden die skizzierten Vorschriften in das ital UrhG 1941 eingefügt und ergänzt. Die vorgenommenen Ergänzungen bezogen sich vor allem auf die (verlängerte) Schutzfrist von Filmwerken (§ 3 – § 32 ital UrhG 1941), die Schutzfrist für Lichtbildwerke (§ 4 – § 32bis ital UrhG 1941), posthum veröffentlichte Werke (§ 2 – § 31 ital UrhG 1941) sowie die für Urheber und ausübende Künstler vorgesehenen Vergütungsansprüche (§§ 1, 6, 11 und 12)[575]. Der Leistungsschutz für nachgelassene Werke ist in § 14 (§ 85ter ital UrhG 1941) geregelt und folgt dem Wortlaut Art 4 Schutzdauer-RL. Schließlich sieht § 15 (§ 85^{quater} ital UrhG 1941) auch einen Leistungsschutz für wissenschaftlich-kritische Ausgaben im Sinn des Art 5 Schutzdauer-RL vor. Im Übrigen blieben die bestehenden Regelungen des ital UrhG 1941 bezüglich der Schutzdauer unberührt. Dies gilt insbesondere auch für die Anwendung der Miturheberregel auch auf dramatisch-musikalische, choreografische und pantomimische Werke. Die Schutzdauer von Sammelwerken wird weiterhin ab Veröffentlichung berechnet, ohne dass dies auf Kollektivwerke ieS etwa im Sinn des französischen Rechts beschränkt wäre. Die Sonderregelungen für bestimmte juristische Personen des öffentlichen und privaten Rechts wurden beibehalten[576].

Mit Entscheidung vom 29. Juni 1999 – „Butterfly" hat der EuGH die dreimonatige Frist für die weitere Verbreitung von vorher schon gemeinfreien Tonträgern als ausreichend angesehen.

12. Liechtenstein

27 Das Gesetz vom 26. Oktober 1928 betreffend das **Urheberrecht** an Werken der Literatur und Kunst[577] ist dem schweiz UrhG 1922 nachgebildet. Zur Auslegung

---

[573] Gesetz Nr 650 Gazzetta Uffiziale – Serie generale vom 23.12.1996/300, 16.

[574] Nr 154 Gazzetta Ufficiale – Serie generale vom 13.06.1997/136, 9.

[575] Die Anpassung der leistungsschutzrechtlichen Vorschriften erfolgte in den §§ 7–13.

[576] Vgl zu all dem auch *Fabiani* in *Geller/Nimmer*, International Copyright I (Stand 10/99) ITA-24f.

[577] LGBl 1928/12 idF Gesetz vom 08.08.1959 LGBl 1959/17. Siehe auch die Verordnung 30.01.1996 über bestimmte Schutzrechte im Bereich des Geistigen Eigentums LGBl 1996/31. Vgl zur älteren Rechtslage *Baur/Seeger*, Das Urheberrecht des Fürstentums Liechtensteins, UFITA 128 (1995) 69.

sind nach der ständigen Rechtsprechung des liechtensteinischen OGH auch die schweizerische Judikatur und Literatur heranzuziehen. Die Regelschutzfrist (§ 36 liechtenst UrhG 1928 idF 1959) betrug zuletzt 50 Jahre pma. Auch das liechtenst Urheberrecht ging von einem engen Begriff der Miturheberschaft aus, die Untrennbarkeit der einzelnen Beiträge voraussetzt (§ 7); nur für solche Werke galt die Miturheberregel (§ 39). Sonderregeln für Filmwerke kannte das liechtenst UrhG nicht. Im schweiz Recht war es strittig; wem das Urheberrecht an Filmwerken zusteht; gegebenenfalls kam die Miturheberregel zur Anwendung. Bei anonymen und pseudonymen Werken wurde die Schutzfrist vom Zeitpunkt der Veröffentlichung an berechnet; handelte es sich allerdings um ein bekanntes Pseudonym oder gabt der Urheber seine Identität vor Ablauf der ab Veröffentlichung berechneten Schutzfrist bekannt, fand die Regelschutzfrist Anwendung (§ 37). Ein Sonderschutz für nachgelassene Werke bestand nicht; § 38 hält dazu ausdrücklich fest, dass der Schutz jedenfalls 50 Jahre pma endet, sofern es sich nicht um anonyme oder pseudonyme Werke handelt. Für selbständige, in mehreren Teilen erscheinende (anonyme und pseudonyme) Werke, die nicht gleichzeitig veröffentlicht wurden, war die Schutzfrist für jeden Teil gesondert zu berechnen; für Lieferungswerke war jedoch die letzte Lieferung maßgebend (§ 40). Das liechtenst Urheberrecht kannte weder ein ewiges *droit moral* noch die Einrichtung des *Domaine Public Payant*.

Leistungsschutzrechte kannte das liechtenst UrhG 1928 nicht; allerdings wurde im schweizerischen Recht aus § 4 Abs 2 schw UrhG 1928 ein Sonderschutz zu Gunsten des Tonträgerherstellers abgeleitet, dessen Charakter strittig war, aber eher wettbewerbsrechtlich gedeutet wurde. Auch ein Lichtbildschutz war dem liechtenst Urheberrecht unbekannt; geschützt waren nur Werke der Lichtbildkunst.

Die Erfüllung der Verpflichtungen aus dem TRIPs-Abkommen und den urhe- **28**
berrechtlichen Richtlinien wurde in Liechtenstein zum Teil schon mit Verordnung vom 30. Januar 1996[578] provisorisch vorweggenommen. Endgültig erfolgte die **Umsetzung** mit dem neuen liechtenst UrhG vom 19. Mai 1999[579]. Nach dem neuen UrhG beträgt die Regelschutzfrist jetzt auch in Liechtenstein 70 Jahre pma (§ 32 Abs 2 liechtenst UrhG 1999). Dazu wird ganz allgemein darauf verwiesen, dass dann kein Schutz mehr besteht, wenn angenommen werden muss, dass der Urheber seit mehr als 70 Jahren tot ist (§ 32 Abs 3). Die Miturheberregel bleibt weiterhin auf untrennbare Miturheberschaft beschränkt, was ausdrücklich hervorgehoben worden ist (§ 33 Abs 1 und 2). Die spezielle Regelung der Schutzfrist an Filmwerken findet sich in § 33 Abs 3, wobei ausdrücklich darauf hingewiesen wird, dass diese Regel unabhängig davon anzuwenden ist, ob die maßgebenden Urheber (als solche) benannt worden sind. Anonyme und pseudonyme Werke sind 70 Jahre ab Veröffentlichung geschützt, doch kommt die Regelschutzfrist zur Anwendung, wenn vor Ablauf dieser Schutzdauer allgemein bekannt wird, wer Urheber ist (§ 34). Ein ergänzendes Abstellen auf den Zeitpunkt der Schaffung des Werks fehlt, soweit

[578] LGBl 1996/31.

[579] Gesetz über das Urheberrecht und verwandte Schutzrechte LGBl 1999/160; in Kraft getreten am 23.07.1999.

ersichtlich, ebenso wie ein Sonderschutz nachgelassener Werke im Sinn des Art 4 Schutzdauer-RL.

Das liechtenst UrhG 1999 regelt in den §§ 37 bis 43 jetzt auch die verwandten Schutzrechte der ausübenden Künstler, Tonträger- und Filmproduzenten sowie der Sendeunternehmen. Zum Teil wurde dies zuvor schon mit der Verordnung vom 30. Januar 1996 vorweggenommen. Schon nach § 13 dieser Verordnung betrug die Schutzdauer 50 Jahre ab Darbietung, Herstellung eines Tonträgern bzw erstmaliger Aufzeichnung eines Tonbild- oder Bildträgers bzw ab dessen Erscheinen oder öffentlicher Wiedergabe sowie mit Ausstrahlung einer Sendung; § 44 liechtenst UrhG 1999 hat diese Regelung übernommen. Der *sui generis* Schutz von Datenbanken ist in den §§ 45ff geregelt.

Nach der **Übergangsbestimmung** des § 76 liechtenst UrhG 1999 gilt das Gesetz auch für vorher geschaffene Werke oder erbrachte Leistungen; bisher erlaubte Nutzungen dürfen jedoch vollendet werden (§ 78 Abs 1 liechtenst UrhG 1999). Bereits abgelaufene Schutzfristen leben aber grundsätzlich nicht wieder auf. Davon ist allerdings eine Ausnahme „im Verhältnis zu Mitgliedstaaten" des EWR vorgesehen; insoweit leben Schutzrechte – rückwirkend mit 1. Juli 1995 – wieder auf, was jedoch nicht für vor dem 1. Juli 1994 geschaffene Filmwerke gilt (§ 78 Abs 2). Die Auslegung dieser Bestimmung könnte fraglich sein, wird aber richtlinienkonform wohl für Werke gelten, die zum Stichzeitpunkt 1. Juli 1995 in einem Vertragsstaat des EWR noch geschützt waren. Wer vor dem 23. Juli 1999 früher gemeinfreie Werke gutgläubig verwertet oder mit der Verwertung begonnen hat, darf dies weiterhin vergütungsfrei tun (§ 78 Abs 3).

13. Luxemburg

29 Das luxemburgische UrhG aus dem Jahr 1898 folgte beinahe wörtlich dem belgischen UrhG 1886; es wurde durch das neue luxemburgische UrhG 1972[580] abgelöst. Die Regelschutzfrist betrug im **Urheberrecht** danach 50 Jahre pma (§ 2 Abs 1 lux UrhG 1972)[581]. Das luxemburgische Urheberrecht geht von einem engeren Begriff der Miturheberschaft aus und setzt die Untrennbarkeit der einzelnen Beiträge voraus; die Miturheberregel gilt nur für solche Gemeinschaftswerke (§ 6). Das Urheberrecht an Filmwerken stand originär dem Produzenten zu; sie waren nur 50 Jahre ab Veröffentlichung geschützt (§ 27 Abs 2 lux UrhG 1972). Auch für fotografische Werke und für Werke der angewandten Kunst bestand eine Sonderregelung; sie waren nur 50 Jahre ab Herstellung geschützt (§ 4). Für Schriftwerke, die vom Staat, den Gemeinden oder öffentlichen Einrichtungen erstellt wurden, galt gleichfalls eine Sonderregelung: Solche Werke waren nur 50 Jahre ab Erscheinen geschützt, sofern der Urheber seine Rechte auf die öffentliche Hand übertragen hatte; anderenfalls fand die Regelschutzfrist Anwendung (§ 12 Abs 2). Anonyme und pseudonyme Werke waren 50 Jahre ab Veröffentlichung geschützt (§ 8 Abs 1 Satz 2); wird die Identität des Urhebers jedoch festgestellt, so traten der Urheber oder seine Erben wieder in ihre Rechte ein (§ 8 Abs 2).

---

[580] Gesetz vom 29.03.1972 Journal Officiel A vom 12.04.1972/23, 810.

[581] Vgl zur älteren Rechtslage *Bungeroth* in Quellen (Stand 11/1977) Luxemburg Einführung I 12f.

Die **Leistungsschutzrechte** der Tonträgerhersteller, ausübenden Künstler und Sendeunternehmen wurden in Luxemburg erstmals mit Gesetz 1975 eingeführt und sind nicht im UrhG selbst geregelt[582]. Die Regelung folgt weitgehend dem Rom-Abkommen. Die Schutzdauer betrug einheitlich 20 Jahre ab Aufzeichnung, Darbietung bzw Sendung (§ 12 Gesetz 1975).

Die Schutzdauer-RL wurde in Luxemburg mit Gesetz 1997 **umgesetzt**[583]. Die **urheberrechtliche** Regelschutzfrist wurde auf 70 Jahre pma hinaufgesetzt (§ 2 Abs 1 lux UrhG 1972 idF 1997). Auch Computerprogramme genießen die volle urheberrechtliche Schutzfrist (§ 28-8). In Bezug auf die Miturheberregel ist keine Änderung eingetreten. Die adaptierten Sondervorschriften für Filmwerke (§ 27 Abs 2) halten ausdrücklich fest, dass das Abstellen auf den Tod des Längstlebenden der vier maßgebenden Urheber unabhängig davon zu erfolgen hat, ob dieser als Miturheber am Filmwerk genannt wird. Das Urheberrecht steht dem Hauptregisseur und dem Produzenten gemeinsam zu (§ 27 Abs 1 letzter Satz). Die Sonderregel für Werke der angewandten Kunst wurde beibehalten; diese Werke sind nur 50 Jahre ab Herstellung geschützt. Dies gilt auch für Fotografien, doch genießen diese die volle siebzigjährige Schutzfrist pma, wenn sie originell in dem Sinn sind, dass sie die eigene geistige Schöpfung ihres Urhebers sind. Auch die Sonderregelung für von der öffentlichen Hand erstellte Werke wurde aufrecht erhalten; die Schutzfrist wurde jedoch von 50 Jahren auf 70 Jahre ab Erscheinen verlängert (§ 12 Abs 2). Bei anonymen und pseudonymen Werken wird die – auf 70 Jahre verlängerte – Schutzfrist weiterhin ab Veröffentlichung berechnet, doch endet der Schutz 70 Jahre nach Schaffung, wenn innerhalb dieser Frist keine Veröffentlichung erfolgt (§ 8ter); dies gilt auch in anderen Fällen, in welchen die Schutzfrist nicht ab dem Tod des Urhebers berechnet wird. Für Lieferungswerke ist die Schutzfrist für jede Lieferung gesondert zu berechnen (§ 8bis). Der Schutz nachgelassener Werke wird für bisher nicht erschienene gemeinfreie Werke gewährt, die erstmals veröffentlicht werden, und folgt damit dem Wortlaut des Art 4 Schutzdauer-RL (§ 8[quater]). 30

Auch das Gesetz 1975 betreffend die **verwandten Schutzrechte** der ausübenden Künstler, Tonträgerhersteller und Rundfunkunternehmen wurde den Vorgaben der Schutzdauer-RL entsprechend angepasst[584]. Die Schutzfrist beträgt danach 50 Jahre ab Erstsendung, Darbietung oder Aufzeichnung bzw ab Veröffentlichung (§ 12 Abs 1 Gesetz 1975 idF 1997)[585]. Ein besonderes Schutzrecht zu Gunsten des Laufbildherstellers fehlt[586]; allerdings kommt dem Filmproduzenten die Stellung eines Miturhebers zu.

Ausführliche **Übergangsbestimmungen** enthalten die §§ 49 und 49ter lux UrhG 1972 idF 1997. Danach sind alle Werke geschützt, wenn sie zum Stichzeitpunkt 1. Juli 1995 in einem Vertragsstaat des EWR noch geschützt waren. Werke,

---

582 Gesetz vom 23.09.1975 Journal Officiel A vom 30.09.1975/62, 1354.

583 Gesetz vom 08.09.1997 Journal Officiel vom 16.09.1997/70, 2284; in Kraft getreten am 20.09.1997.

584 Gesetz vom 08.09.1997; in Kraft getreten am 20.09.1997.

585 Übergangsbestimmungen finden sich in den § 20 lux UrhG 1975 idF 1997.

586 In der Übergangsbestimmung des Art 49ter Abs 2 lux UrhG 1972 idF 1997 sind die „ersten Festhaltungen von Filmen“ allerdings erwähnt.

an welchen der Schutz wieder auflebt, können von den bisherigen Nutzern auf dieselbe Weise weiter frei benutzt werden. Die Neuregelung bezieht sich nicht auf in der Vergangenheit liegende Nutzungshandlungen. Besondere vertragliche Übergangsregelungen enthalten die § 49bis und 49ter.

14. Niederlande

31 Das geltende niederländische UrhG stammt aus dem Jahr 1912, wurde jedoch wiederholt geändert, insbes anlässlich des Beitritts der Niederlande zur Brüsseler Fassung der Berner Übereinkunft mit Gesetz vom 27. Oktober 1972. Die **urheberrechtliche** Regelschutzfrist betrug 50 Jahre pma (§ 37 niederld UrhG)[587]. Das Gesetz geht von einer engen Begriffsbestimmung der Miturheberschaft aus und setzt voraus, dass sich die einzelnen Anteile nicht bestimmen lassen; die Miturheberregel ist wohl auf solche gemeinschaftliche Werke beschränkt (§ 37 Abs 2)[588]. Bei pseudonymen und anonymen Werken, die nicht mit einer Urheberbezeichnung versehen sind, wurde die Schutzfrist ab Veröffentlichung berechnet, sofern der Urheber nicht vor Ablauf dieser Frist seine Identität offenbart hat (§ 38 Abs 1 und 3). Sofern mehrere Lieferungen eine Einheit darstellten, war der Zeitpunkt der letzten Lieferung maßgebend. Soweit das Urheberrecht juristischen Personen wie öffentlichen Anstalten, Vereinigungen, Stiftungen oder Handelsgesellschaften zusteht[589], wurde die Schutzfrist gleichfalls vom Zeitpunkt der Veröffentlichung an gerechnet; dies gilt auch für den Schutz nachgelassener Werke (§ 38 Abs 2). § 40 hatte zunächst für fotografische und nicht originelle kinematografische Werke (also für Laufbilder) die Schutzfrist gleichfalls ab Veröffentlichung berechnet, doch wurde diese Sonderregel im Jahr 1972 beseitigt. Auch für Filmwerke[590] war deshalb die Schutzfrist ab dem Tod des letztversterbenden Miturhebers zu berechnen (§ 40).

Die **Leistungsschutzrechte** des ausübenden Künstlers, des Tonträgerherstellers und des Rundfunkunternehmers wurden erst mit dem Gesetz zum Schutz der Nachbarrechte 1993[591] eingeführt. Die Schutzdauer betrug 50 Jahre ab Darbietung, Herstellung oder Sendung. Allerdings hatte der Hooge Raad in seiner Entscheidung „Elvis Presley I“ aus dem Jahr 1989[592] bereits einen deliktsrechtlichen Schutz des ausübenden Künstlers anerkannt. Einen besonderen Lichtbildschutz kennt das niederld Recht nicht[593].

---

587 Vgl zur älteren Rechtslage *Brauns/Lill* in Quellen (Stand 9/75) Niederlande Einführung I.

588 Zum Begriff der Miturheberschaft nach niederländischem Recht siehe *Cohen Jehoram* in *Geller/Nimmer*, International Copyright (Stand 10/98) Neth-29.

589 Nach § 7 stehen die Urheberrechte von Dienstnehmerwerken mangels einer anderen Vereinbarung dem Dienstgeber zu. Nach § 8 UrhG gilt dies auch für Werke, die ohne Urheberbezeichnung von öffentlichen Anstalten, Vereinigungen, Stiftungen oder Handelsgesellschaften veröffentlicht werden.

590 Siehe dazu § 45a bis 45g UrhG 1912 idF 1985.

591 Gesetz vom 18.03.1993; in Kraft getreten am 01.07.1993.

592 Hooge Raad 24.02.1989 NJ 1989, 701 (*Hoeth*).

593 Zum Schutz von Fotografien siehe *Oerle* in *Gendreau/Nordemann/Oesch*, Copyright an Photographs – An International Survey (1999) 203 und insbes 204ff (Originalität) und 213f (Schutzdauer).

Die **Umsetzung** der Schutzdauer-RL erfolgte im Jahr 1995[594]. Die bestehenden Regelungen wurden den Vorgaben der Schutzdauer-RL entsprechend modifiziert. Dies gilt insbes für Filmwerke (§ 40 niederld UrhG) und Lieferungswerke (§ 41 niederld UrhG). Die Sonderregelung der Schutzfrist für Werke, an welchen die Rechte juristischen Personen zustehen, wurde beibehalten. Der ewige Schutz unveröffentlichter Werke wurde dagegen ebenso beseitigt wie die Verlängerung der Schutzfrist im Fall posthumer Veröffentlichung eines Werks durch Berechnung der Schutzfrist ab Veröffentlichung (§ 39). Der Sonderschutz posthumer Werke wird für die Veröffentlichung unveröffentlichter gemeinfreier Werke gewährt (§ 45)[595]. Die Leistungsschutzrechte wurden um den Schutz von Laufbildern ergänzt; die Schutzfristen folgen den Vorgaben der Schutzdauer-RL. **32**

Die **Übergangsregeln** sind in § 51 Abs 2 niederld UrhG enthalten. Bereits laufende längere Schutzfristen werden nicht verkürzt, was insbes für Filmwerke und posthum veröffentlichte Werke relevant sein könnte. Die Neuregelung ist auf alle Werke und Schutzgegenstände anwendbar, die zum Stichzeitpunkt 1. Juli 1995 in einem Mitgliedstaat der EU oder einem Vertragsstaat des EWR noch geschützt waren (§ 51 Abs 1). Der übergangsrechtliche Gutglaubensschutz knüpft an den Zeitpunkt der Veröffentlichung der Schutzdauer-RL (24.11.1993) an. Zuvor vorgenommene Nutzungshandlungen werden nicht rückwirkend unerlaubt (§ 51 Abs 3); wer vor diesem Zeitpunkt bereits Nutzungen vorgenommen hat, kann diese aber auch fortsetzen (§ 51 Abs 4). Die verlängerten oder wiederauflebenden Rechte stehen im Zweifel dem letzten Inhaber zu (§ 51 Abs 5).

15. Portugal

In Portugal betrug die **urheberrechtliche** Schutzfrist ursprünglich 30 Jahre, wurde aber schon mit dem *Codigo Civil* im Jahr 1867 auf 50 Jahre pma verlängert. Mit § 15 Dekret 1927[596] ist in Portugal jedoch ein ewiger Schutz eingeführt worden, von dem nur Werke ausgenommen waren, die im Zeitpunkt des Inkrafttretens schon gemeinfrei waren. Im Jahr 1966 wurde der ewige Schutz aber auch in Portugal auf die damalige Standardschutzfrist von 50 Jahren pma zurückgenommen (§ 25 port UrhG 1966[597]). Der ewige Schutz sollte aber jedenfalls noch 25 Jahre nach Inkrafttreten der Neuregelung, sohin bis zum 26. April 1991 fortdauern (§ 37 Abs 2); diese Übergangsregelung wurde aber mit Gesetz 1979[598] aufgehoben[599], weshalb die ehemals ewige Schutzfrist für den Schutz zum Stichzeitpunkt 1. Juli 1995 keine Bedeutung mehr hat. Eine Sonderregelung war für **33**

---

[594] Gesetze vom 21.12.1995 Staatsblad vom 28.12.1995/651 und 652; in Kraft getreten am 29.12.1995. Vgl zum jüngeren Recht *Cohen Jehoram* in *Geller/Nimmer*, International Copyright II (Stand 10/98) Neth-24ff.

[595] Siehe dazu *Quaedvlieg*, Artikel 45. Een ongewerveld intellectueel eigendomsrecht, Informatierecht/AMI 1996/5, 87.

[596] Dekret Nr 13725/1927.

[597] Gesetzesdekret Nr 46.980 vom 27.04.1966 Diário do Governo vom 27.04.1966/99.

[598] Gesetz Nr 29 vom 06.09.1979.

[599] Vgl zu den älteren Regelungen und zur Rechtslage nach dem port UrhG 1966 *Rau*, in Quellen (Stand 08/70) Portugal I Einleitung 7.

den Fall des Heimfalls an den Staat vorgesehen: Wurde das Werk in solchen Fällen nicht innerhalb von 10 Jahren unmittelbar oder mittelbar (durch Dritte) genutzt, so wurde es bereits nach Ablauf von 10 Jahren nach dem Heimfall des Nachlasses frei (§ 42 Abs 2).

Auch das neue port UrhG 1985[600] hat die fünfzigjährige Regelschutzfrist beibehalten, und zwar ausdrücklich auch für posthume Werke (§ 31 port UrhG 1985). Die Miturheberschaft ist in den §§ 16f ausführlich geregelt und umfasst an sich auch Werke mit unterscheidbaren Beiträgen. Die Miturheberregel (§ 32 Abs 1) ist jedoch auf unterscheidbare Beiträge der einzelnen Miturheber nicht anwendbar (§ 32 Abs 3). Nach portugiesischem Recht ist im Übrigen ein Werk der aleatorischen Kunst, in dem der kreative Beitrag des oder der Interpreten vom Komponisten vorgesehen ist, als gemeinsam geschaffenes Werk anzusehen (Art 16 Abs 2 port UrhG). Das geltende port UrhG 1985 kennt auch Kollektivwerke, worunter – ähnlich wie im franz Recht – Werke zu verstehen sind, deren Erstellung von juristischen Personen organisiert oder geleitet und unter deren Namen veröffentlicht werden, sofern sich die einzelnen Beiträge nicht unterscheiden lassen; bei Zeitungen und sonstigen periodischen Druckschriften stehen die Rechte in einem solchen Fall dem Unternehmen zu (§ 19). Die Schutzfrist für Kollektivwerke betrug 50 Jahre nach der Veröffentlichung oder dem Erscheinen (§ 32 Abs 2), was auch für sonstige Werke galt, an welchen das Urheberrecht originär einer Gesellschaft[601] zustand. Zur Sonderregel für an den Staat heimgefallene Werke siehe § 51 port UrhG 1985. Filmwerke waren nur 50 Jahre ab Herstellung bzw Veröffentlichung geschützt (§ 35). Anonyme und pseudonyme Werke, die nicht unter dem Namen oder einer sonst keinen Zweifel an der Identität des Urhebers lassenden Bezeichnung veröffentlicht werden, waren 50 Jahre ab Veröffentlichung (oder Erscheinen) geschützt, sofern der Urheber nicht innerhalb dieser Frist seine Identität offenbart (§ 33). Bei nicht gleichzeitig erscheinenden Teilen oder Bänden eines Werks[602], war die Schutzdauer schon nach bisherigem Recht für die einzelnen Teile gesondert zu berechnen (§ 35). Sonderschutzfristen bestanden für Lichtbildwerke und Werke der angewandten Kunst; in diesen Fällen währte die Schutzfrist nur 25 Jahre ab Herstellung bzw Veröffentlichung (mit Zustimmung des Urhebers) (§ 34).

Das *droit moral* ist zwar – ähnlich wie nach franz Recht – unübertragbar, unverzichtbar und unverjährbar (§ 56 Abs 2 port UrhG 1985). Anders als im franz Urheberrecht besteht das Urheberpersönlichkeitsrecht aber nach Gemeinfreiwerden eines Werks nicht als Individualrecht weiter, sondern wird vom Staat durch das Kultusministerium wahrgenommen, welches die Wahrnehmung des *droit moral* nach dem Tod des Urhebers auch bei noch aufrechtem Schutz an sich ziehen kann (§ 57 port UrhG 1985). Zu Einzelheiten siehe auch das noch geltende, recht weit gehende und nicht unbedenkliche Gesetzesdekret 1982[603], mit

[600] Gesetz Nr 45 vom 17.09.1985 Diário do Governo vom 17.09.1985/214. Vgl zur Rechtslage nach dem port UrhG 1985 auch *Dietz* in Quellen (Stand 12/92) Portugal Einführung I 16f.

[601] „... *obra originariamente attribuída a pessoa collectiva caduca*".

[602] Dieser Grundsatz galt auch für die einzelnen Nummern oder Hefte eines Kollektivwerks einer periodischen Veröffentlichung wie einer Zeitung oder Zeitschrift.

[603] Gesetzesdekret Nr 52 vom 27.04.1982.

welchem im Übrigen das erst im Jahr 1980 eingeführte *Domaine Public Payant*[604] wieder abgeschafft wurde.

Das port UrhG 1966 hatte noch keine Leistungsschutzrechte gekannt, deren Verwirklichung allerdings bereits angekündigt. Das port UrhG 1985 regelte aber auch die **Leistungsschutzrechte** der ausübenden Künstler, Tonträgerhersteller und Rundfunkunternehmer sowie darüber hinaus auch den Laufbildschutz (§ 176 bis 194 port UrhG 1985). Die Schutzdauer betrug zunächst 40 Jahre (ausübende Künstler), 25 Jahre (Tonträgerhersteller) bzw 20 Jahre (Rundfunkunternehmer), seit dem Gesetz 1991[605] jedoch einheitlich 50 Jahre ab Darbietung, Herstellung bzw Sendung (§ 183, 186 bzw 188). Diese Vorschriften sind nach der Übergangsregelung des § 194 port UrhG (ursprüngliche Fassung 1985 und geänderte Fassung 1991) auch auf bereits bestehende Schutzgegenstände anwendbar und wirken insoweit zurück; ältere längere Fristen blieben aber nicht aufrecht.

Die **Umsetzung** der Schutzdauer-RL erfolgte in Portugal mit Gesetz 1997[606], mit welchem die Regierung ermächtigt wurde, ua auch die Schutzdauer-RL umzusetzen, wobei die Vorgaben in § 5 lit a bis l skizziert werden. Im Einzelnen erfolgte die Umsetzung mit Gesetzesdekret vom 27. November 1997[607]. Danach beträgt die urheberrechtliche Regelschutzfrist – auch für posthum veröffentlichte Werke – 70 Jahre pma (§ 31 port UrhG idF 1997)[608]. Sowohl die Miturheberregel als auch die Sondervorschriften für Kollektivwerke und Werke, an welchen die Rechte juristischen Personen zustehen (§ 32), blieben unverändert. Die Sonderregelung für Filmwerke ist in § 34 enthalten. Die §§ 33 und 38 betreffend anonyme und pseudonyme Werke wurden entsprechend adaptiert. Die Schutzfrist für Lieferwerke ist in § 35 geregelt. Der Leistungsschutz für nachgelassene Werke (§ 39) folgt dem Wortlaut des Art 4 Schutzdauer-RL. Die leistungsschutzrechtlichen Schutzfristen wurden in § 183 an die Schutzdauer-RL angepasst. **34**

In **übergangsrechtlicher** Hinsicht sind die Vorschriften auch auf bereits geschaffene Werke bzw erbrachte Leistungen anzuwenden, soweit diese zum Stichzeitpunkt 1. Juli 1995 in einem Mitgliedstaat der EU noch geschützt sind (§ 5 Abs 1 Gesetz 1997). Nach Abs 2 dieser Vorschrift kommt die Schutzfristenverlängerung den Rechtsnachfolgern des Urhebers zu Gute, dies jedoch unbeschadet bereits vorgenommener Nutzungshandlungen und von Dritten erworbener Rechte.

16. Spanien

In Spanien galt bis zum Inkrafttreten des neuen span UrhG 1987 – abgesehen vom ewigen Schutz nach älterem port Recht – die längste **urheberrechtliche** Schutzfrist in Europa. Schon das Gesetz 1879 hatte die Regelschutzfrist nämlich mit 80 Jahren pma festgesetzt[609]. Mit UrhG 1987[610] wurde diese Schutzfrist auf **35**

[604] Siehe dazu die Gesetzesdekrete Nr 54 vom 26.03.1980 und Nr 393 vom 25.09.1980.
[605] Gesetz Nr 114/1991.
[606] Gesetz Nr 99 vom 03.09.1997 Diário da República A vom 03.09.1997/203,4579.
[607] Gesetzesdekret Nr 334/1997 Diário da República A vom 27.11.1997/275, 6396.
[608] Zur Schutzfrist von Computerprogrammen siehe § 36.
[609] Im Fall vertraglicher Verfügung standen dem Rechtsnehmer die Rechte nur für 25 Jahre zu, wenn der Urheber qualifizierte Erben hinterließ.
[610] Gesetz Nr 22 vom 11.11.1987.

60 Jahre pma zurückgenommen, wobei eine Reihe von **Übergangsbestimmungen**[611] zu beachten ist, die vom Grundsatz der „Nichtrückwirkung" ausgehen. Vor allem sind nach der vierten Übergangsbestimmung Werke, deren Urheber vor dem 7. Dezember 1987 verstorben sind, weiterhin 80 Jahre pma geschützt[612], was auch für die Miturheberregel gelten wird. Auch der achtzigjährige Schutz ab Erscheinen von Werken, an welchen die Urheberrechte juristischen Personen zustanden, wirkte weiter, obwohl das span UrhG 1987 diese Regelungen nicht übernommen hat (dritte Übergangsbestimmung). Dies gilt für anonyme oder pseudonyme Werke entsprechend, die vor dem 7. Dezember 1987 veröffentlicht wurden, und zwar jedenfalls dann, wenn die Veröffentlichung durch eine juristische Person erfolgte[613]. Das span UrhG 1987 hat im Übrigen auch die Folgen einer mangelnden Registrierung abgeschafft, die – vorbehaltlich der Bestimmungen der Berner Übereinkunft und des WURA – vorgeschrieben war. Diese haben darin bestanden, dass nicht innerhalb von 10 Jahren registrierte Werke nachgedruckt werden durften und mangels einer Registrierung im 11. Jahr überhaupt gemeinfrei wurden.

Die Regelschutzfrist nach dem span UrhG 1987 betrug sohin zuletzt 60 Jahre pma[614], wobei neben dem Tod des Urhebers ausdrücklich auch auf eine eventuelle Todeserklärung hingewiesen wird (§ 26 span UrhG 1987). Miturheberschaft liegt bei gemeinsam geschaffenen einheitlichen Werke vor; sie setzt Untrennbarkeit der einzelnen Beiträge nicht voraus (§ 7 Abs 1). Die Miturheberregel (§ 28 Abs 1) galt deshalb wohl auch für verbundene Werke. Sonderregeln für Filmwerke kannte das span UrhG 1987 nicht, weshalb auch die Meinung vertreten wurde, dass für die Schutzdauer nicht bloß die ausdrücklich angeführten Filmurheber, sondern alle in Frage kommenden Personen zu berücksichtigen sind[615]. Computerprogramme waren zunächst nur 50 Jahre ab Herstellung bzw Erscheinen geschützt (§ 97 span UrhG 1987 bzw § 96 Abs). In Umsetzung der Software-RL[616] wurde die fünfzigjährige Schutzfrist an die Vorgaben des § 8 Software-RL angepasst; die Schutzfrist wurde jedoch unverändert ab Schaffung bzw Veröffentlichung berechnet, wenn eine juristische Person Inhaber der Urheberrechte war[617].

---

611 Zu den Übergangsbestimmungen des Gesetzes 1987 vgl ausführlich *Delgado* in Quellen (Stand 8/91) Spanien Einführung I 22f; siehe auch *A Bercovitz/F Bercovitz/Milagros del Corral* in *Geller/Nimmer*, International Copyright (Stand 11/95) SPA-22f.

612 Ob dies auch für Werke gilt, deren Urheber erst nach dem Inkrafttreten des span UrhG 1987 verstorben ist, ist strittig. Siehe dazu *A Bercovitz/F Bercovitz/Milagros del Corral* in *Geller/Nimmer*, International Copyright (Stand 11/95) SPA-22f; *Alvárez*, Disposición Transitoria Primera, Párrafo 2, in *Becovitz* (Hrsg) Comentarios a la Ley de Propriedad Intelectual 1952.

613 Das span UrhG 1879 kannte keine Sondervorschriften für anonyme und pseudonyme Werke

614 Zur Rechtslage nach dem span UrhG 1987 siehe auch *A Bercovitz/F Bercovitz/Milagros del Corral* in *Geller/Nimmer*, International Copyright (Stand 11/95) SPA-21ff.

615 Vgl dazu *A Bercovitz/F Bercovitz/Milagros del Corral* in *Geller/Nimmer*, International Copyright (Stand 10/1999) SPA-28.

616 § 7 Gesetz Nr 16 vom 23.12.1993.

617 Siehe dazu auch die achte Übergangsregel span UrhG 1995/96, wonach die neuen Vorschriften – unbeschadet bereits gesetzter Handlungen und wohlerworbener Rechte – auch auf Programme anwendbar sind, die vor dem 25.12.1993 geschaffen wurden.

Das span Recht kennt auch Kollektivwerke, die ähnlich wie im franz und port Recht umschrieben werden (§ 26); ihre Schutzfrist wird vom Zeitpunkt der Veröffentlichung an berechnet (§ 28 Abs 2). Anonym und pseudonym veröffentlichte Werke waren 60 Jahre ab Veröffentlichung geschützt, sofern sich der Urheber nicht innerhalb dieser Frist zu erkennen gegeben hat (§ 27 Abs 2 Unterabsatz 1); aber auch eine Offenbarung der Identität nach Ablauf dieser Frist führte zur Anwendung der Regelschutzfrist, wenn sie glaubwürdig zu Lebzeiten des Urhebers oder in einer letztwilligen Verfügung erfolgt (§ 27 Abs 2 Unterabsatz 2). Posthum veröffentlichte Werke waren 60 Jahre ab Veröffentlichung geschützt, sofern die Veröffentlichung innerhalb von 60 Jahren pma erfolgte (§ 27 Abs 1).

Das *droit moral* ist auch im span Urheberrecht unveräußerlich und unverzichtbar (§ 14 span UrhG 1987); das Recht auf Inanspruchnahme der Urheberschaft und das Änderungsverbot sind auch zeitlich unbeschränkt. Anders als im port Urheberrecht ist die Ausübung dieser Rechte nach dem Tod des Urhebers den testamentarisch bestimmten Personen oder den Erben individuell vorbehalten (§ 15 Abs 1); nur wenn keine legitimierte Person existiert oder deren Aufenthalt unbekannt ist, kann es vom Staat oder anderen öffentlichen Stellen ausgeübt werden (§ 16). Das früher anerkannte, inhaltlich beschränkte *Domaine Public Payant* wurde mit Gesetz 1964 wieder abgeschafft.

Das span UrhG 1987 anerkannte auch die **Leistungsschutzrechte** der ausübenden Künstler, Tonträgerhersteller, Licht- und Laufbildhersteller und Rundfunkunternehmer (§ 101 bis 118 span UrhG 1987). Die Schutzfristen betrugen für ausübende Künstler[618] und Tonträgerhersteller 40 Jahre ab Darbietung bzw Produktion oder Erscheinen (§§ 106 und 111) und für Rundfunkunternehmer 40 Jahre ab Sendung (§ 117). Während Laufbilder gleichfalls 40 Jahre ab Herstellung bzw Veröffentlichung geschützt waren (§ 115), betrug der einfache Lichtbildschutz nur 25 Jahre ab Herstellung (§ 118). Darüber hinaus kannte das span Urheberrecht auch einen Sonderschutz in der Dauer von 10 Jahren zu Gunsten des Verlegers bisher nicht erschienener gemeinfreier Werke (§ 119f).

Die Schutzdauer-RL wurde in Spanien mit Gesetz 1995[619] **umgesetzt,** welches **36** ebenso wie weitere bisherige Änderungen mit Dekret 1996[620] in das span UrhG 1987 integriert wurde (span UrhG 1996). Abgesehen von der Verlängerung der Regelschutzfrist von 60 Jahren auf 70 Jahre pma, wurden die Schutzfristregeln für anonyme und pseudonyme Werke adaptiert, wobei die Schutzfrist jetzt ab Schaffung bzw Veröffentlichung läuft (§ 27 Abs 1 und 3). Wird ein Pseudonym zum nachvollziehbaren Hinweis auf den Urheber oder offenbart dieser seine Identität, wird die Schutzfrist pma berechnet (§ 27 Abs 2). Die Sonderregeln für Kollektivwerke folgen weitgehend den Formulierungen des § 1 Abs 4 Schutzdauer-RL; auch die Regeln betreffend Lieferwerke wurden angepasst (§ 29). Die Miturheberregel blieb unverändert und gilt weiterhin auch für Filmwerke (§ 28 Abs 1).

---

[618] Zum Recht auf Namensnennung siehe § 107 span UrhG 1987.

[619] Gesetz Nr 27 vom 11.10.1995; in Kraft getreten am 14.10.1995. Vgl zur neuen Rechtslage *Dietz* in Quellen Spanien I Einführung 23ff; *A Bercovitz/F Bercovitz/Milagros del Corral* in *Geller/Nimmer*, International Copyright (Stand 10/1999) SPA-24ff.

[620] Dekret Nr 1 vom 12.04.1996 Boletín Oficial del Estado vom 22.04.1996/97, 14369.

Einer Umsetzung des § 2 Abs 2 Schutzdauer-RL bedurfte es im Hinblick darauf nicht, dass § 87 span UrhG 1996[621] die dort genannten Urheber gleichfalls als Filmurheber aufzählt; bei richtlinienkonformer Auslegung scheiden andere Miturheber dann aber für die Schutzfristberechnung jedenfalls aus. Auf Computerprogramme sind jetzt die allgemeinen Regeln anwendbar (§ 98). Der Schutz nachgelassener Werke für die Veröffentlichung bisher nicht erschienener gemeinfreier Werke ist in § 129 und § 130 jeweils Abs 1 span UrhG 1996 geregelt und folgt dem Wortlaut des Art 4 Schutzdauer-RL. Die Vorschriften für das postmortale Urheberpersönlichkeitsrecht blieben unverändert.

Die Schutzfristen der Leistungsschutzrechte wurden entsprechend adaptiert und betragen für die vier Europäischen verwandten Schutzrechte einheitlich 50 Jahre ab Darbietung, Produktion bzw Veröffentlichung oder Erstsendung (§ 112, 119, 125 bzw 127 span UrhG 1996). Die Schutzfrist für einfache Lichtbilder blieb mit 25 Jahre ab Herstellung unverändert (§ 128 Abs 2). Darüber hinaus kennt das span Recht jetzt auch einen Schutz von Verlagswerken, die keinen Urheberrechtsschutz genießen und durch ihre typografische Gestaltung, ihre Aufmachung oder sonstige Charakteristika unterscheidbar sind; der Schutz währt 25 Jahre ab Erscheinen (§ 129 und § 130 jeweils Abs 2 span UrhG 1996).

Die vorstehend schon erwähnten **Übergangsregeln** in Bezug auf das Gesetz 1879 wurden auch in das span UrhG 1996 übernommen (zweite bis siebente Übergangsvorschrift). Nach der ersten Übergangsvorschrift bleiben wohlerworbene Rechte grundsätzlich unberührt. Gemäß dem ersten Absatz der dreizehnten Übergangsvorschrift bleiben auch vor dem 1. Juli 1995 erfolgte Nutzungen unberührt; auch ein Vergütungsanspruch für die Nutzung bisher gemeinfreier Werke steht nicht zu. Nach dem zweiten Absatz dieser Übergangsregel erstreckt sich die Neuregelung auf alle Werke, die in Spanien oder einem anderen EU-Mitgliedstaat zum 1. Juli 1995 noch geschützt waren, sowie auf Werke und Leistungen, welche die Voraussetzungen für die Inanspruchnahme des Verbreitungsrechts (Werke und Leistungen) bzw des Rechts der Festhaltung, Vervielfältigung oder öffentlichen Wiedergabe (Leistungen) nach dem neuen Gesetz erfüllten.

Artikel 11 Technische Anpassungen

Text

Artikel 11 Technische Anpassungen

(1) Artikel 8 der Richtlinie 91/250/EWG wird aufgehoben.
(2) Die Artikel 11 und 12 der Richtlinie 92/100/EWG werden aufgehoben.

Aus den Erwägungsgründen

ErwG 15 Gemäß Artikel 1 der Richtlinie 91/250/EWG des Rates vom 14. Mai 1991 über den Rechtsschutz von Computerprogrammen haben die Mitgliedstaaten Computerprogramme urheberrechtlich als literarische Werke im Sinne der Berner Übereinkunft zu schützen. Artikel 8

[621] Dies traf auch schon für die Stammfassung 1987 zu.

der Richtlinie 91/250/EWG, der nur eine vorläufige Harmonisierung der Schutzdauer für Computerprogramme vorsieht, ist daher aufzuheben.

ErwG 16 Die Artikel 11 und 12 der Richtlinie 92/100/EWG des Rates vom 19. November 1992 zum Vermietrecht und Verleihrecht sowie zu bestimmten dem Urheberrecht verwandten Schutzrechten im Bereich des geistigen Eigentums sehen unbeschadet einer weiteren Harmonisierung nur eine Mindestschutzdauer der Rechte vor. Die vorliegende Richtlinie bezweckt diese weitere Harmonisierung. Folglich ist es notwendig, diese Artikel außer Kraft treten zu lassen.

Kommentar

Schon der **ursprüngliche RL-Vorschlag** hatte die Streichung der in Art 8 Soft- **1**
ware-RL bloß vorläufig vorgenommenen Harmonisierung der Schutzfristen für Computerprogramme und die Anpassung der gleichfalls bloß vorläufigen Bestimmungen der Vermiet- und Verleih-RL über die Schutzdauer vorgesehen (Art 7 – Begründung Teil 2 Punkt 7). Der **geänderte RL-Vorschlag** hat nur die Artikelbezeichnung angepasst; im Übrigen blieb die Bestimmung unverändert.

Art 1 Schutzdauer-RL differenziert nicht nach **Werkkategorien**; die siebzig- **2**
jährige Regelschutzfrist *pma* und die übrigen Vorschriften des Art 1 gelten deshalb auch für Computerprogramme. Art 8 Abs 1 **Software-RL** ist dagegen vorerst noch von einer Harmonisierung auf der Basis der fünfzigjährigen Mindestschutzfrist der Berner Übereinkunft ausgegangen, hatte allerdings die Aufrechterhaltung von in einzelnen Mitgliedsländern schon vorgesehenen längeren Schutzfristen bis zu einer generellen Harmonisierung der urheberrechtlichen Schutzfristen in der Gemeinschaft zugelassen (Art 8 Abs 2). Mit der Realisierung dieses Harmonisierungsvorhabens musste Art 8 Abs 1 Software-RL, der eine abweichende Schutzdauer von bloß 50 Jahren vorsah, aufgehoben werden. Die übrigen Vorschriften dieser Regelung entsprechen im Wesentlichen den jetzt allgemein festgeschriebenen Grundsätzen der Schutzdauer-RL. Art 8 konnte deshalb zur Gänze gestrichen werden, zumal auch die Ermächtigung zur Aufrechterhaltung einer längeren Schutzfrist durch die Harmonisierung auf hohem Schutzniveau ihre Berechtigung verloren hat.

Art 11 **Vermiet- und Verleih-RL** hatte für den urheberrechtlichen Bereich **3**
unbeschadet einer weiteren Harmonisierung nur auf die Mindestschutzfrist der Berner Übereinkunft verwiesen, weshalb auch diese Bestimmung entfallen konnte. Im Bereich des Leistungsschutzrechts hatte sich Art 12 Vermiet- und Verleih-RL weiters darauf beschränkt, die im Rom-Abkommen festgelegte Mindestschutzfrist zwingend vorzuschreiben, und zwar auch für den im Rom-Abkommen nicht geregelten Laufbildschutz. Es sollte damit der Harmonisierung der Schutzfristen nicht vorgegriffen werden, die Mindestschutzfrist nach dem Rom-Abkommen aber auch für Mitgliedsländer verbindlich sein, die diesem Abkommen noch nicht angehörten. Auch diese Vorschrift konnte im Hinblick auf die mit der Schutzdauer-RL vollzogene Harmonisierung der Schutzfristen gestrichen werden.

Umsetzung in Deutschland und Österreich

1. Deutschland

4 Der deutsche Gesetzgeber hat bei Umsetzung der Software-RL mit dem Zweiten ÄnderungsG 1993 von der Ermächtigung des Art 8 Gebrauch gemacht und die Schutzfrist für **Computerprogramme** gleichfalls mit 70 Jahren nach dem Tod des Urhebers festgelegt. Die Schutzdauer-RL hat die Bemessung der Schutzfrist auf diesem Niveau auch für Computerprogramme in der Zwischenzeit gemeinschaftsweit festgeschrieben.

2. Österreich

5 Auch die österr UrhGNov 1993, mit welcher die **Software-RL** in österr Recht umgesetzt wurde, hat von der Möglichkeit Gebrauch gemacht, die Schutzfrist undifferenziert mit 70 Jahren *pma* festzusetzen.

Artikel 12 Meldeverfahren

Text

Artikel 12 Meldeverfahren

Die Mitgliedstaaten teilen der Kommission unverzüglich jeden Gesetzentwurf zur Einführung neuer verwandter Schutzrechte mit und geben die Hauptgründe für ihre Einführung sowie die vorgesehene Schutzdauer an.

Kommentar

1 Die Informationspflicht der Mitgliedstaaten betreffend die beabsichtigte Einführung **neuer verwandter Schutzrechte** war schon in Art 8 Abs 1 des ursprünglichen RL-Vorschlags enthalten und ist der Richtlinie 83/189/EWG[622] nachgebildet. Der **RL-Vorschlag** hatte aber darüber hinaus vorgesehen (Abs 2), dass die Mitgliedstaaten das Gesetzgebungsverfahren zunächst für drei Monate aussetzen müssen, um der Kommission die Möglichkeit zu geben, eine entsprechende Richtlinie vorzuschlagen. Die Aussetzungsfrist sollte für den Fall auf zwölf Monate verlängert werden, dass die Kommission eine entsprechende Absicht bekanntgibt. Damit sollte verhindert werden, dass die Mitgliedstaaten in Zukunft Regelungen schaffen, die sich negativ auf den Binnenmarkt auswirken könnten (Begründung RL-Vorschlag Teil 2 Punkt 8.2.). Nach dem Konzept des RL-Vorschlags sollte in solchen Fällen aber nur ein Dialog eingeleitet, und der Kommission die Möglichkeit gegeben werden zu reagieren; im Übrigen blieben die Mitgliedsländer aber – vorbehaltlich der allgemeinen Verpflichtung nach Art 10 EGV 1997 (früher Art 5) – nach Ablauf eines Jahres frei, die geplanten gesetzgeberischen Maßnahmen zu treffen (Begründung RL-Vorschlag Teil 2 Punkt 8.2.).

Das **Europäische Parlament** hat jedoch die Streichung des zweiten Absatzes vorgeschlagen (Abänderungsvorschlag Nr 13); dem hat die Kommission in ihrem

622 ABl Nr L 109 vom 26.04.1983, 8.

geänderten RL-Vorschlag Rechnung getragen (Begründung Art 8, 7). Der endgültige Richtlinientext sieht deshalb nur mehr ein Meldeverfahren vor.

Das vorgesehene **Meldeverfahren** soll der Kommission die Möglichkeit geben, auf eine Weiterentwicklung des Leistungsschutzrechts in den Mitgliedsländern zu reagieren und gegebenenfalls eine Richtlinie vorzuschlagen. Die ursprünglich vorgesehene Wartepflicht wurde jedoch aufgegebenen, weshalb nur eine einfache Informationspflicht der Mitgliedsländer besteht. Diese umfasst nicht nur die Schutzdauer solcher neuer verwandter Schutzrechte, sondern die Regelung insgesamt, wie sie vorgesehen ist (Begründung RL-Vorschlag Teil 2 Punkt 8.1.). Zu melden sind schon Gesetzentwürfe, worunter je nach der Ordnung des Gesetzgebungsverfahren in den einzelnen Mitgliedstaaten alle mehr oder weniger offiziellen Gesetzesvorhaben zählen. Dies sind insbes Referentenentwürfe, Ministerialentwürfe und Regierungsvorlagen, aber auch Initiativanträge von Abgeordneten zu den gesetzgebenden Körperschaften. **2**

Unter verwandten Schutzrechten werden alle **Leistungsschutzrechte** im kulturellen Bereich zu verstehen sein, gleichviel ob es sich um Ausschlussrechte oder nur um Vergütungsansprüche handelt (Begründung RL-Vorschlag Teil 2 Punkt 8.1.). Dazu zählen neben dem in Art 5 behandelten Schutz wissenschaftlich-kritischer Ausgaben und dem in Art 6 angesprochenen Lichtbildschutz auch Schutzrechte des Veranstalters von Darbietungen ausübender Künstler, ein allgemeines Schutzrecht typografischer Schriftzeichen bzw des Verlegers (*published editions*), ein vom Urheberrecht an Sammelwerken getrennter Katalogschutz etc. Dagegen wäre ein Leistungsschutzrecht für Sportveranstalter (*droit d'arène*) wohl nicht zu den verwandten Schutzrechten im kulturellen Zusammenhang zu zählen. **3**

Nach Art 13 Abs 2 gilt die Meldeverpflichtung der Mitgliedstaaten bereits ab dem Tag der Bekanntgabe der Richtlinie. Es wäre auch nicht einzusehen, weshalb die bloße Informationspflicht gleichfalls erst mit dem für die Umsetzung gewählten Stichzeitpunkt gelten sollte. Dies wird entsprechend für den Fall von Neubeitritten gelten. **4**

Umsetzung in Deutschland und Österreich

1. Deutschland

Eine Umsetzung der Informationspflicht erfolgte mit dem Dritten ÄnderungsG 1995 nicht. Der deutsche Gesetzgeber geht offensichtlich von der unmittelbaren Anwendbarkeit dieser Verpflichtung und davon aus, dass sich Art 12 unmittelbar an die Mitgliedstaaten richtet. **5**

2. Österreich

Auch in Österreich wurde die Informationspflicht des Art 12 nicht umgesetzt. Auch der österr Gesetzgeber wird davon ausgegangen sein, dass sich die Meldepflicht unmittelbar an die Mitgliedstaaten richtet und unmittelbar anwendbar ist. **6**

Artikel 13 Allgemeine Bestimmungen

Text

Artikel 13 Allgemeine Bestimmungen

(1) Die Mitgliedstaaten erlassen die erforderlichen Rechts- und Verwaltungsvorschriften, um den Bestimmungen der Artikel 1 bis 11 dieser Richtlinie bis zum 1. Juli 1995 nachzukommen.
Wenn die Mitgliedstaaten die Vorschriften nach Unterabsatz 1 erlassen, nehmen sie in diesen Vorschriften oder durch einen Hinweis bei der amtlichen Veröffentlichung auf diese Richtlinie Bezug. Die Mitgliedstaaten regeln die Einzelheiten dieser Bezugnahme.
Die Mitgliedstaaten teilen der Kommission die innerstaatlichen Rechtsvorschriften mit, die sie auf dem unter diese Richtlinie fallenden Gebiet erlassen.

(2) Die Mitgliedstaaten wenden die Bestimmungen des Artikels 12 ab dem Tag der Bekanntgabe dieser Richtlinie an.

Aus den Erwägungsgründen

ErwG 25 Damit der Binnenmarkt reibungslos funktionieren kann, sollte diese Richtlinie ab 1. Juli 1995 anwendbar sein.

Kommentar

1 Die Vorschriften des Art 13 stammen im Wesentlichen schon aus dem **ursprünglichen RL-Vorschlag** (Art 10) und wurden nur hinsichtlich der Umsetzungsfrist verändert. Zunächst war als Stichzeitpunkt der 31. Dezember 1992 vorgesehen, das Europäische Parlament hat jedoch eine Frist bis zum 1. Juli 1994 vorgeschlagen (Abänderungsvorschlag Nr 14), die vom geänderter RL-Vorschlag übernommen wurde (Art 10 Abs 1 und Begründung 7). Die Umsetzungsfrist wurde schließlich in der Endfassung der Richtlinie noch um ein Jahr auf den 1. Juli 1995 verschoben.

2 Art 13 Abs 1 legte als spätesten Zeitpunkt für die Umsetzung der Art 1 bis 11 den **1. Juli 1995** fest. Bis zu diesem Stichzeitpunkt mussten die Mitgliedsländer für die Umsetzung der Schutzdauer-RL sorgen und die erforderlichen nationalen Bestimmungen erlassen. Inwieweit im Fall mangelnder, verspäteter oder unzureichender Umsetzung eine richtlinienkonforme Auslegung des nationalen Rechts geboten ist, hängt auch von den rechtlichen Gegebenheiten in den Mitgliedsländern ab; unter bestimmten Voraussetzungen kann auch eine unmittelbare Wirkung eintreten[623].

3 Im Hinblick auf die im Einzelnen weitgehend ausgeführten Vorschriften sind die Regelungen der Schutzdauer-RL ihrer Art nach jedenfalls weitgehend **unmittelbar anwendbar**. Dies gilt grundsätzlich für die Schutzfristregeln als solche (Art 1, 2 Abs 3, 3 und 8), darüber hinaus aber auch für den Schutz von Fotografien

---

623 Dazu und zum Verletzungsverfahren siehe *v Lewinski* Allgemeiner Teil – 1. Kapitel Einleitung Rz 44ff und *Dreier* Art 14 Rz 5f Kabel- und Satelliten-RL.

(Art 6 Satz 1 und 2), die Bestimmungen über den Schutzfristenvergleich (Art 7), soweit dem Gesetzgeber der Mitgliedstaaten kein Ermessensspielraum bleibt, den Grundsatz der Wahrung längerer Schutzfristen (Art 10 Abs 1), die zeitliche Anwendung der Schutzdauerregelung (Art 10 Abs 2) und den Grundsatz der Nichtrückwirkung (Art 10 Abs 3 Satz 1). Ob dies auch für die Grundsatzentscheidung gilt, dass jedenfalls der Hauptregisseur eines Filmwerks als Urheber anzusehen ist (Art 2 Abs 1), wird wohl auch von der Ausgestaltung des jeweiligen innerstaatlichen Urheberrechts abhängen; jedenfalls besteht ein Ermessensspielraum hinsichtlich der zeitlichen Einschränkungen des Art 10 Abs 4 und 5. Freilich setzt die Annahme unmittelbarer Anwendbarkeit die Einrichtung entsprechender Leistungsschutzrechte im Sinn der Vermiet- und Verleih-RL voraus. Keinesfalls unmittelbar anwendbar sind die Vorschriften des Art 5 betreffend einen allfälligen Schutz wissenschaftlich-kritischer Ausgaben und einfacher Lichtbilder (Art 6 letzter Satz) sowie die vom nationalen Gesetzgeber vorzusehenden Übergangsvorschriften (Art 10 Abs 3 Satz 2 sowie Abs 4 und 5).

Die **Umsetzungsfrist** wurde mit mehr als eineinhalb Jahren seit Verabschiedung **4** eher reichlich bemessen. Es sollte den Mitgliedsländern wohl auch noch ein Jahr Zeit seit Umsetzung der Vermiet- und Verleih-RL mit 1. Juli 1994 bleiben, um gegebenenfalls insbes auch die dort verankerten Leistungsschutzrechte im nationalen Recht zu verankern.

Die Bedeutung des in Art 13 Abs 1 festgelegten Zeitpunkts für die Umsetzung **5** geht aber hier deshalb weit über die Festlegung des spätesten Umsetzungszeitpunkts hinaus. Denn das Datum 1. Juli 1995 gilt auch als **Stichzeitpunkt** im Rahmen des zeitlichen Anwendungsbereichs der Richtlinie. So richtet sich insbes die Wahrung der Rechte aus längeren nationalen Schutzfristen (Art 10 Abs 1) nach diesem Zeitpunkt, der ganz allgemein als übergangsrechtlicher Angelpunkt gilt (Art 10 Abs 2 und 3).

Die Richtlinie dürfte davon ausgehen, dass die nationalen Regelungen betreffend **6** die harmonisierten Vorschriften über die Schutzdauer in allen Mitgliedsländern mit diesem Zeitpunkt gleichzeitig **in Kraft treten**. So stellt auch das Rückwirkungsverbot des Art 10 Abs 3 Satz 1 auf diesen festen Stichzeitpunkt ab, und hält ErwG 25 ausdrücklich fest, dass die Richtlinie ab 1. Juli 1995 anwendbar sein soll, um ein reibungsloses Funktionieren des Binnenmarkts zu gewährleisten.

Die Unterabsätze 2 und 3 des ersten Absatzes enthalten die üblichen **ergänzenden Vorschriften** und weichen nur in geringfügigen Details von den **7** entsprechenden Bestimmungen der anderen urheberrechtlichen Richtlinien ab[624]. Danach sind die Mitgliedsländer verpflichtet, bei Erlassung der nationalen Vorschriften in deren Text oder bei der amtlichen Veröffentlichung auf die Richtlinie Bezug zu nehmen (Abs 1 Unterabsatz 1) und der Kommission die innerstaatlichen Vorschriften im gegenständlichen Zusammenhang mitzuteilen. Beides soll es der Kommission erleichtern, gegebenenfalls ein Nichtumsetzungsverfahren

[624] Vgl dazu Art 10 Software-RL, Art 14 Kabel- und Satelliten-RL, Art 15 Vermiet- und Verleih-RL und Art 16 Datenbank-RL.

nach Art 226 EGV 1997 (früher Art 169) durchzuführen. Eine Berichtspflicht, wie sie in der Satelliten- und Kabel-RL und der Datenbank-RL vorgesehen ist, kennt die Schutzdauer-RL nicht.

Abweichend legt Art 13 Abs 2 fest, dass die Meldepflichten nach Art 12 betreffend allenfalls geplante neue **Leistungsschutzrechte** schon ab der Erlassung der Richtlinie besteht und nicht erst ab dem Umsetzungszeitpunkt 1. Juli 1995 (Begründung RL-Vorschlag Teil 2 Punkt 10).

Umsetzung in Deutschland und Österreich

1. Deutschland

8 Die Umsetzung der Schutzdauer-RL erfolgte in Deutschland fristgerecht mit dem **Dritten ÄnderungsG 1995** vom 23. Juni 1995, das grundsätzlich mit 1. Juli 1995 in Kraft getreten ist[625]. Auf die Einzelheiten der Umsetzung in deutsches Recht wird bei den betreffenden Artikeln eingegangen.

2. Österreich

9 Wie bereits erwähnt, erfolgte die Umsetzung der Schutzdauer-RL in Österreich verspätet mit **öUrhGNov 1996**, die grundsätzlich mit 1. April 1996 in Kraft getreten ist. Die Übergangsregelungen versuchen, die Nachteile der verspäteten Umsetzung möglichst gering zu halten. Im Einzelnen sei auf die Ausführungen zu den betreffenden Artikeln verwiesen[626].

Umsetzung in den anderen Mitgliedstaaten der EU bzw Vertragsstaaten des EWR

10 Die Umsetzung in den übrigen Mitgliedstaaten der Europäischen Union erfolgte – soweit von der Kommission bekannt gemacht oder sonst feststellbar – mit den nachstehend angeführten Gesetzgebungsakten.

Europäische Union

Belgien
Gesetz vom 30.06.1994 Moniteur Belge 27.07.1994, 19297.

Dänemark
Gesetz Nr 395 vom 14.06.1995 Lovtidende A vom 15.06.1995/85, 1796.

Finnland
Gesetz Nr 1654 vom 22.12.1995 Finlands foerfattningssamling vom 28.12.1995.

Frankreich
Gesetz Nr 97-283 vom 27.03.1997 Journal Officiel 28.03.1997, 4831.

Griechenland
Gesetz Nr 2557/1997 FEK A vom 24.12.1997/271, 8361.

---

[625] Siehe dazu oben Art 1 Rz 65.

[626] Zu der Übergangsregelung siehe Art 10 Rz 39f oben.

Irland
European Communities (Term of Protection of Copyright) Regulations 1995 Statutory Instruments 1995/158;
Gesetz Nr 28 vom September 2000 (*Copyright and Related Rights Act*), in Kraft seit 01.01.2001.

Italien
Eine Reihe von Gesetzesdekreten ab Mitte 1995, zuletzt das Gesetzesdekret Nr 541 vom 23.10.1996;
Gesetz Nr 52 vom 06.02.1996;
Gesetz Nr 650 vom 23.12.1996 Gazzetta Ufficiale vom 23.12.1996/ 300;
Gesetzesdekret Nr 154 vom 26.05.1997 Gazzetta Ufficiale – Serie generale vom 13.06.1997/136, 9.

Luxemburg
Gesetz vom 08.09.1997 Mémorial A vom 16.09.1997/70, 2288.

Niederlande
Gesetze vom 21.12.1995 Staatsblad vom 28.12.1995/651, 1 und 652, 1.

Portugal
Gesetz Nr 99 vom 03.09.1997 Diário da República A vom 03.09.1997/203, 4579;
Gesetzesdekret Nr 334 vom 27.11.1997 Diário da República A vom 27.11.1997/ 275, 6396.

Schweden
Gesetz Nr 1273 vom 07.12.1995 Svensk foerfattningssamling (SFS) 1995, 2320;
Gesetz Nr 1274 Svensk foerfattningssamling (SFS) 1995, 2324[627];
Gesetz Nr 448 Svensk foerfattningssamling (SFS) 1995, 732[628].

Spanien
Gesetz Nr 27 vom 11.10.1995 Boletín Oficial del Estado vom 13.10.1995/245, 30046.

Vereinigtes Königreich
The Duration of Copyright and Rights in Performances Regulations vom 19.12. 1995 Statutory Instruments 1995/3297;
Related Right Regulations 1996 Statutory Instruments 1996/2967 (Schutz nachgelassener Werke).

Europäischer Wirtschaftsraum

Island
Gesetz Nr 145/1996 vom 27.12.1996 Stjórnartidindi A 1996/145.

Liechtenstein
Urheberrechtsgesetz vom 19.05.1999 LGBl 1999/160.

---

[627] Aufhebung des Punktes 6 der Übergangsbestimmungen.
[628] Betrifft Streitschlichtung.

Norwegen
Gesetz Nr 37 vom 23.06.1995 Norsk Lovtidend 1995, 752.

Artikel 14

Text

Artikel 14

Diese Richtlinie ist an die Mitgliedstaaten gerichtet.

Kommentar

1 Richtlinien sind zwar für jeden Mitgliedstaat hinsichtlich des zu erreichenden Ziels verbindlich, diesem bleibt jedoch nach Art 249 Abs 3 EGV 1997 (früher Art 189 Abs 3) die innerstaatliche Durchführung (**Umsetzung**) im Einzelnen vorbehalten. Nach Art 7 EWR-Abkommen gilt dies entsprechend auch für die in den Anhängen zu diesem Abkommen oder die in den Entscheidungen des EWR-Ausschusses genannten Rechtsakte. Richtlinien[629] sind deshalb grundsätzlich vor ihrer Umsetzung in innerstaatliches Recht nicht unmittelbar anwendbar[630].

---

[629] Vgl Art 11 Software-RL, Art 16 Vermiet- und Verleih-RL, Art 15 Satelliten- und Kabel-RL und Art 17 Datenbank-RL sowie Art 13 Folgerecht RL.

[630] Zur richtlinienkonformen Auslegung und zu einer eventuellen unmittelbaren Anwendbarkeit siehe *v Lewinski* Allgemeiner Teil – 1. Kapitel Einleitung Rz 52ff.

Datenbank-Richtlinie

(Bearbeiterin: v Lewinski)

Materialien, Rechtsakte und Literatur

I. Materialien

Vorschlag für eine Richtlinie des Rates über den rechtlichen Schutz von Datenbanken vom 30. Januar 1992 KOM (92) 24 endg – SYN 393 ABl C 156 vom 23.06.1992, 4[1]

Stellungnahme des Wirtschafts- und Sozialausschusses zu dem Vorschlag für eine Richtlinie des Rates über den rechtlichen Schutz von Datenbanken vom 24. November 1992 CES 1313/1992 ABl C 19 vom 25.01.1993, 3[2]

Legislative Entschließung mit der Stellungnahme des Europäischen Parlaments zu dem Vorschlag für eine Richtlinie des Rates über den rechtlichen Schutz von Datenbanken (Verfahren der Zusammenarbeit: Erste Lesung) vom 23. Juni 1993 R3-0183/1993 ABl C 194 vom 19.07. 1993, 144

Geänderter Vorschlag für eine Richtlinie des Rates über den Rechtsschutz von Datenbanken vom 4. Oktober 1993 KOM (93) 464 endg – SYN 393 ABl C 308 vom 15.11. 1993, 1[3]

Gemeinsamer Standpunkt des Rates im Hinblick auf den Erlass der Richtlinie des Europäischen Parlaments und des Rates über den rechtlichen Schutz von Datenbanken vom 10. Juli 1995 CSL 7934/2/1995 ABl C 288 vom 30.10.1995, 14

Mitteilung der Kommission an das Europäische Parlament vom 18. September 1995 betreffend den Gemeinsamen Standpunkt des Rats SEK (95) 1430 endg

Beschluss betreffend den Gemeinsamen Standpunkt des Rates im Hinblick auf den Erlass der Richtlinie des Europäischen Parlaments und des Rates über den rechtlichen Schutz von Datenbanken (Verfahren der Mitentscheidung: Zweite Lesung) vom 14. Dezember 1995 R4-0290/95 ABl C 17 vom 22.01.1996, 135 und 164

Stellungnahme der Kommission gemäß Artikel 189b Absatz 2 Buchstabe d) des EG-Vertrages zu den Abänderungen des Europäischen Parlaments des Gemeinsamen Standpunkts des Rates betreffend den Vorschlag für eine Richtlinie des Europäischen Parlaments und des Rates über den Rechtsschutz von Datenbanken zur Änderung des Vorschlags der Kommission gemäß Artikel 189a Absatz 2 des EG-Vertrages vom 10. Januar 1996 KOM (96) 2

Grünbuch Urheberrecht und verwandte Schutzrechte in der Informationsgesellschaft vom 19. Juli 1995 KOM (95) 382 endg (Kurzzitat: Grünbuch Informationsgesellschaft)

Mitteilung der Kommission Initiativen zum Grünbuch über Urheberrecht und verwandte Schutzrechte in der Informationsgesellschaft vom 20. November 1996 KOM (96) 568 endg 8 (Kurzzitat: Initiativen Grünbuch Informationsgesellschaft)

---

[1] Abgedruckt in GRUR Int 1992, 759.
[2] Abgedruckt in Quellen EG-Recht/III/7a.
[3] Abgedruckt in Quellen EG-Recht/III/7.

II. Rechtsakte

Richtlinie 96/9/EG des Europäischen Parlaments und des Rates vom 11. März 1996 über den rechtlichen Schutz von Datenbanken ABl L 77 vom 27.03.1996, 20[4]

III. Literatur

Alpa/Gagger, La protection des bases de données dans l'avant-projet communautaire, RIDC 1994, 1069

Benabou, Droits d'auteur et droit communautaire 237

Bensinger, *Sui-generis* Schutz für Datenbanken – Die EG-Datenbankrichtlinie vor dem Hintergrund des nordischen Rechts (1999)

Berger, Der Schutz elektronischer Datenbanken nach der EG-Richtlinie vom 11.3.1996. GRUR 1997, 169

Beutler, The protection of multimedia products through the European Community's Directive on the Legal Protection of Databases, EntLR 1996, 317

Chalton, The Amended Database Directive Proposal: A Commentary and Synopsis, EIPR 1994, 94

Chalton, The Effect of the E.C. Database Directive on United Kingdom Copyright Law in Relation to Databases: A Comparison of Features, EIPR 1997, 278

Cook, The Final Version of the EC Database Directive – A Model for the Rest of the World? Copyright World CW 61 (1996) 24

Cornish, 1996 European Community Directive on Database Protection, Columbia VLA Journal of Law & the Arts 21/1 (1996) 1

Delaval, Le projet de directive relatif à la protection juridique des bases de données ou l'adaptation du droit d'auteur au traitement de l'information, Gaz Pal 1993 III 67

Doutrelepont, Le contexte européen de l'harmonisation des législations dans le domaine du droit d'auteur: Le projet relatif à la protection des bases de données, in *De Vos* (Hrsg), Actes du Colloque Droits d'auteur, Bruxelles, Bibliothèque Albert Ier (21.10.1994) 123 (Kurzzitat: *Doutrelepont* in *De Vos*, Actes)

Dragne/Guenot, De la protection des créations à celle de l'investissement : La proposition de directive communautaire du 29 janvier 1992 relative à la protection juridique des bases de données, Gaz Pal 1994 III 69

Dreier, Die Harmonisierung des Rechtsschutzes von Datenbanken in der EG, GRUR Int 1992, 739

Ellins, Copyright Law 259f und 268ff

Flechsig, Der rechtliche Rahmen der europäischen Richtlinie zum Schutz von Datenbanken, ZUM 1997, 577

Gaster, The EU Council of Ministers' Common Position Concerning the Legal Protection of Data Bases – A First Comment, EntLR 1995, 258

Gaster, Die neue EU-RL zum rechtlichen Schutz von Datenbanken, VPP-Mitteilungen 1996, 107

Gaster, Der Rechtsschutz von Datenbanken im Lichte der Diskussion zu den urheberrechtlichen Aspekten der Informationsgesellschaft in *Dittrich* (Hrsg) Beiträge zum Urheberrecht IV (ÖSGRUM 19/1996) 15

Gaster, Zur anstehenden Umsetzung der EG-Datenbankrichtlinie, CR 1997, 669 (I) und 717 (II)

[4] Abgedruckt in GRUR Int 1996, 811 = Quellen EG-Recht/III/7b (dt/engl/franz/span).

Gaster, Der Rechtsschutz von Datenbanken: Kommentar zur Richtlinie 96/9/EG mit Erläuterungen zur Umsetzung in das deutsche und österreichische Recht (1999) (Kurzzitat: *Gaster*, Kommentar)

Gaster, Die draft U.S. Database legislation und die EU-Datenbankrichtlinie – ein Vergleich, CR 1999, 669

Gaster, Sui-generis-Recht der Datenbankrichtlinie, in *Hoeren/Sieber* (Hrsg), Handbuch Multimedia-Recht, Loseblatt (1999) Teil 7.8.

Gaster, Zwei Jahre sui-generis-Recht: Europäischer Datenbankschutz in der Praxis der EG-Mitgliedstaaten, CR 2000, 38

Gotzen, Grandes orientations du droit d'auteur dans les Etats membres de la C.E.E. en matière de banques de données, in Banques de données et droit d'auteur, colloque de l'IRPI (1987) 85

Gotzen, Programmes d'ordinateurs et banques de données, in Droit d'auteur et Communauté européenne, le Livre vert sur le droit d'auteur et le défi technologique, Story Scientia (1989) 23

Grützmacher, Urheber-, Leistungs- und Sui-generis-Schutz von Datenbanken. Eine Untersuchung des europäischen, deutschen und britischen Rechts (1999) (Kurzzitat: *Grützmacher*, Datenbanken)

Heitland, Kommentar zu Art 7 IuKDG, in *Roßnagel* (Hrsg), Recht der Multimediadienste – Kommentar (1999) (Kurzzitat: *Heitland*, IuKDG)

Hoebbel, Der Schutz von elektronischen Datenbanken nach deutschem und kommendem europäischen Recht, in *Lehmann* (Hrsg), Rechtsschutz und Verwertung von Computerprogrammen, 2. Aufl 1993, 1015 (Kurzzitat: *Hoebbel* in *Lehmann*, Rechtsschutz)

Hornung, Die EU-Datenbank-Richtlinie und ihre Umsetzung in das deutsche Recht (1998) (Kurzzitat: *Hornung*, Die EU-Datenbank-Richtlinie)

Hughes/Weightman, E.C. Database Protection: Fine Tuning the Commission's Proposal, EIPR 1992, 147

Karnell, § 49 des schwedischen Urheberrechtsgesetzes – ein EG-rechtswidriger Wolpertinger? GRUR Int 1999, 329

Kotthoff, Zum Schutz von Datenbanken beim Einsatz von CD-ROMs in Netzwerken, GRUR 1997, 597

Lehmann, in Quellen des Urheberrechts, Europäisches Gemeinschaftsrecht II/5, Rechtsschutz von Datenbanken (Kurzzitat: *Lehmann* in Quellen II)

Lehmann, Die europäische Datenbank-RL und Multimedia, in: *Lehmann* (Hrsg), Internet- und Multimediarecht (Cyberlaw) (1997) 67 (Kurzzitat: *Lehmann* in *Lehmann*, Internet- und Multimediarecht)

Lehmann, The European Database Directive and its Implementation into German Law, IIC 1998, 776

Leistner, Der neue Rechtsschutz des Datenbankherstellers, GRUR Int 1999, 819

Leistner, Der Schutz von Telefonverzeichnissen und das neue Datenbankherstellerrecht, MMR 1999, 636

Leistner, Der Rechtsschutz von Datenbanken im deutschen und europäischen Recht. Eine Untersuchung zur Richtlinie 96/9 EG und zu ihrer Umsetzung in das deutsche Urheberrechtsgesetz (2000) (Kurzzitat: *Leistner*, Rechtsschutz)

v Lewinski, Kommentar zu Art 7 IuKDG in *Roßnagel* (Hrsg), Recht der Multimediadienste – Kommentar (1999) (Kurzzitat: *v Lewinski*, IuKDG)

v Lewinski, Der Schutz von Datenbanken: Rechtsangleichung in der EG, MR 1992, 178

Mallet-Poujol, La directive concernant la protection juridique des bases de données: la gageure de la protection privative, Droit de l'informatique & des Telecoms 1996/1, 6
Pattison, The European Commission's Proposal on the Protection of Computer Databases, EIPR 1992, 113
Pollaud-Dulian, Brèves remarques sur la directive du 11 mars 1996 concernant la protection des bases de données, Dalloz Affaires 18 (1996) 539
Raue/Bensinger, Umsetzung des *sui-generis*-Rechts an Datenbanken in den §§ 87a ff UrhG, MMR 1998, 507
Rehbinder, Die Erweiterung des Kreises der Produzentenrechte um den Leistungsschutz für Datenbankhersteller, in *Rehbinder/Schaefer/Zombik* (Hrsg), Aktuelle Rechtsprobleme des Urheber- und Leistungsschutzes sowie der Rechtewahrnehmung (FS *Thurow*), UFITA SchrR 163 (1999) 89
Richard, La protection européenne des bases de données, RMCUE 405 (1997) 111
Röttinger, Droit communautaire : protection des bases de données , Expertises 159 (1993) 100
Schwarz, Ein neues Schutzrecht für Datenbanken, ecolex 1998, 42
Sillard-Malphettes, Bases de données: proposition de directive européenne du 29 janvier 1992, RDPI 1992/4, 27
Sirinelli, L'auteur face à l'intégration de son œuvre dans une base de données doctrinale. De l'écrit à l'écran, D 1993 Chron 323
Strowel/Triaille, Le Droit d'Auteur, du Logiciel au Multimédia (1997) (Kurzzitat: *Strowel/Triaille*, Droit d'Auteur)
Vivant, Recueils, bases, banques de données, compilations, collections : l'introuvable notion? A propos et au delà de la proposition de directive européenne, D 1995 Chron 197
Vogel, Die Umsetzung der Richtlinie 96/9/EG über den rechtlichen Schutz von Datenbanken in Art 7 des Regierungsentwurfs eines Informations- und Kommunikationsdienstegesetzes, ZUM 1997, 592
Weber, La protection des bases de données: étude de la proposition de directive du Conseil et premières interrogations, Gaz Pal 1993, 1271
Wiebe, Rechtsschutz von Datenbanken und europäische Harmonisierung, CR 1996, 198
Wiebe/Funkat, Multimedia-Anwendungen als urheberrechtlicher Schutzgegenstand, MMR 1998, 69
Worthy/Weightman, Exploiting Commercial Information: A Legal Status Report, The Computer Law and Security Report 12/2 (1996) 95
Wuermeling, Neuer Rechtsschutz für Datenbanken, NJW-CoR 1996, 183

Vor Artikel 1 Entstehungsgeschichte

1 Die Datenbank-RL ist die **fünfte urheberrechtliche Richtlinie** der EG. Sie ist gleichzeitig die erste Richtlinie, die nach dem neuen, im Vertrag über die Europäische Gemeinschaft in Maastricht eingeführten Mitentscheidungsverfahren nach Art 251 EGV 1997 (früher Art 189b) verhandelt und abgeschlossen wurde. Wie die meisten anderen urheberrechtlichen Richtlinien ist sie auf die Kompetenzgrundlagen der Art 47 Abs 2 EGV 1997 (früher Art 57 Abs 2), Art 55 EGV 1997 (früher Art 66) und Art 95 EGV 1997 (früher Art 100a) gestützt[5].

[5] Vgl dazu den Beginn der Erwägungsgründe sowie die ErwG 1 bis 4 und 6.

Erstmals wurde der Rechtsschutz von Datenbanken im **Grünbuch** 1988 (Kapitel 6) als einer derjenigen Bereiche genannt, die zur Verwirklichung des Binnenmarkts ein sofortiges Handeln erforderten. Die interessierten Kreise wurden im Grünbuch insbes gefragt, ob Zusammenstellungen von Werken urheberrechtlich geschützt werden sollten, oder auch ein Copyright oder *sui generis* Schutz für nicht urheberrechtsfähiges Material enthaltende Datenbanken auf Gemeinschaftsebene geschaffen werden sollte. Die Ergebnisse der schriftlichen Stellungnahmen und der im April 1990 zu diesem Thema veranstalteten Anhörung waren Grundlage für Kapitel VI der **Initiativen zum Grünbuch** 1991; darin kündigte die Kommission insbes eine Richtlinie zur Harmonisierung des Rechtsschutzes von Datenbanken an (18ff). **2**

Die Kommission erarbeitete und verabschiedete schließlich am 13. Mai 1992 einen **RL-Vorschlag** über den rechtlichen Schutz von Datenbanken. In diesem Vorschlag entschied sich die Kommission für einen Schutz durch Urheberrecht sowie durch „ein Recht auf Schutz vor unlauteren Auszügen" und sah diesen nur für elektronische Datenbanken vor. Der Schutz vor unlauteren Auszügen war sehr weit ausgestaltet, jedoch durch bestimmte Zwangslizenzen beschränkt. **3**

Diesen RL-Vorschlag übermittelte die Kommission an die anderen zuständigen Gemeinschaftsinstitutionen. Der **Wirtschafts- und Sozialausschuss** gab am 24. November 1992 eine weitgehend zustimmende Stellungnahme zum RL-Vorschlag ab. Das **Europäische Parlament** nahm in Erster Lesung am 23. Juni 1993 eine Entschließung mit 37 Änderungsvorschlägen an. Erwähnenswert ist dabei die vorgeschlagene Änderung der Schutzdauer des *sui generis* Rechts von 10 auf 15 Jahre. Die Kommission übernahm 32 dieser vom Parlament vorgeschlagenen Änderungen – zum Teil in leicht geändertem Wortlaut – in ihren **geänderten RL-Vorschlag** vom 4. Oktober 1993. **4**

Die **Rats-Arbeitsgruppe** begann mit ihren Beratungen zum geänderten RL-Vorschlag zu Beginn des Jahres 1994 unter der griechischen Präsidentschaft. Erst in der zweiten Hälfte des Jahres 1994 wurden – unter deutscher Präsidentschaft – erwähnenswerte Fortschritte, insbes in Bezug auf die urheberrechtlichen Bestimmungen erzielt; die *sui generis* Vorschriften wurden mit besonderer Intensität unter der französischen Präsidentschaft in der ersten Hälfte des Jahres 1995 beraten[6]. Am 6. Juni 1995 wurde auf dem Luxemburger Binnenmarktrat ein erster Kompromiss geschlossen, der am 10. Juli 1995 in Form eines **Gemeinsamen Standpunkts** des Rats angenommen wurde. Dieser unterschied sich in einigen Punkten wesentlich vom RL-Vorschlag. Die gesamte Struktur des Inhalts wurde klarer gestaltet, insbes wurden die Bestimmungen zum Urheberrechtsschutz und zum *sui generis* Schutz klar getrennt. Der Text wurde „entschlackt", sein Wortlaut an vielen Stellen klarer gefasst, und viele schwierige Probleme wurden im Rahmen der Erwägungsgründe gelöst; der Gemeinsame Standpunkt sah mit 60 Erwägungsgründen im Vergleich zum ursprünglichen RL-Vorschlag 20 zusätzliche Erwägungsgründe vor. Der Rechtsschutz der Richtlinie wurde auf nichtelektronische Datenbanken erstreckt. **5**

---

[6] *Gaster*, VPP-Mitteilungen 1996, 107.

6 Das *sui generis* **Recht** wurde klarer als immaterialgüterrechtliches Investitionsschutzrecht im Sinn eines Rechts des geistigen Eigentums, also eines subjektiven, übertragbaren Rechts im Gegensatz zum wettbewerbsrechtlichen Schutz ausgestaltet. Auch wurde der Rechtsschutz durch das *sui generis* Recht auf Handlungen in Bezug auf die ganze Datenbank oder wesentliche Teile davon beschränkt; unwesentliche Teile sollten also nicht mehr vom Schutz erfasst sein. Daher konnten auch die zunächst vorgesehenen Zwangslizenzen gestrichen und durch eine Liste zulässiger Ausnahmen ersetzt werden. Die Schutzdauer von 15 Jahren sollte auch in Bezug auf jede wesentliche Änderung des Inhalts, die zu einer wesentlichen Neuinvestition führt, neu zu laufen beginnen.

Hinsichtlich des **urheberrechtlichen Schutzes** ist zu erwähnen, dass die zunächst in Anlehnung an die Software-RL vorgeschlagene Regelung in Bezug auf die Urheberschaft bei im Arbeitsverhältnis geschaffenen Datenbanken gestrichen wurde, so dass die Mitgliedstaaten frei entscheiden können, wie sie diese Frage regeln möchten. Schließlich wurde im Rahmen der zeitlichen Anwendbarkeit eine Ausnahmeregelung zu Gunsten von urheberrechtlich geschützten Datenbanken, welche die Kriterien des Art 3 Abs 1 nicht erfüllen, vorgesehen (Art 14 Abs 2); diese Ausnahme sollte Rechtsinhabern in den drei betroffenen Mitgliedstaaten (Vereinigtes Königreich, Irland und die Niederlande) zugute kommen.

7 Das **Europäische Parlament**, das mit dem Gemeinsamen Standpunkt seit dem 21. September 1995 in Zweiter Lesung befasst war, verabschiedete am 14. Dezember 1995 einen Beschluss betreffend den Gemeinsamen Standpunkt des Rates mit nur 8 Änderungsvorschlägen redaktioneller Natur. Die Kommission legte am 10. Januar 1996 einen entsprechend geänderten Vorschlag vor und der Rat stimmte am 26. Februar 1996 diesem Text formell zu. Die Richtlinie 96/9/EG über den rechtlichen Schutz von Datenbanken konnte sodann nach Unterzeichnung durch die Präsidenten des Europäischen Parlaments und des Ministerrats am 11. März 1996 erlassen werden. Angesichts der großen Bedeutung von Datenbanken im Informationszeitalter wird die Datenbank-RL als Grundpfeiler für den Schutz des geistigen Eigentums in einer technologiegeprägten Umwelt angesehen[7].

8 Das *sui generis* Recht für Datenbanken ist weltweit eine Innovation; außerhalb der EG findet sich bisher keine vergleichbare Regelung. Die Kommission hat daher für die Europäische Gemeinschaft und ihre Mitgliedstaaten im Jahr 1996 – im Rahmen der Sachverständigenausschüsse der WIPO zu einem möglichen Protokoll zur Berner Übereinkunft und zu einem möglichen „Neuen Instrument" – einen **Vorschlag** für einen möglichen **internationalen Vertrag zum** ***sui generis*** **Schutz** von Datenbanken vorgelegt[8]. Dieser Vorschlag stieß weltweit auf Interesse; insbes die USA haben bei der darauffolgenden Sitzung der Sachverständigenausschüsse einen vergleichbaren Textvorschlag für einen solchen internationalen Vertrag vorgelegt[9]. Während der **Textvorschlag der EG**-Mitgliedstaaten inhaltlich weitgehend der Richtlinie entsprach, wich der **Vorschlag**

[7] Vgl Initiativen Informationsgesellschaft 8.
[8] WIPO-Dok BCP/CE/VI/13 vom 01.02.1996.
[9] WIPO-Dok BCP/CE/VII/2-INR/CE/VI/2 vom 20.05.1996.

der USA davon in einigen Punkten ab, so insbes hinsichtlich der Schutzdauer, die nach den Vorstellungen der USA 25 Jahre (und nicht 15 Jahre) währen sollte, sowie in Bezug auf die Inländerbehandlung und das Formalitätenverbot, die von den USA vorgeschlagen wurden. Die Richtlinie schützt dagegen nur Datenbanken mit EG-Ursprung und erlaubt nur Verhandlungen mit Drittstaaten auf der Basis der materiellen Gegenseitigkeit; der EG-Vorschlag enthielt keine Formulierungen zu diesen Fragen. Auch sah der US-Vorschlag über denjenigen der EG hinausgehend eine Bestimmung über den flankierenden Rechtsschutz von technischen Schutzmaßnahmen sowie eine Rückwirkungsklausel nach dem Muster von Art 18 RBÜ 1967/1971 vor. Schließlich ließ der amerikanische Vorschlag ausdrücklich offen, auf welche Weise dieser Schutz umgesetzt werden sollte, sei es im Rahmen des Schutzes geistigen Eigentums, des Rechts gegen den unlauteren Wettbewerb oder auf andere Weise.

Im Rahmen der Vorbereitung der Diplomatischen Konferenz der WIPO 1996 **9**
erarbeitete der Vorsitzende der Sachverständigenausschüsse der WIPO einen **Textvorschlag** für einen internationalen Vertrag zum *sui generis* Schutz von Datenbanken; dieser Vorschlag wurde von der **WIPO** Anfang September 1996 als Grundlage für die Verhandlungen bei der **Diplomatischen Konferenz** im Dezember 1996 herausgegeben[10]. In vieler Hinsicht stand dieser Text dem EG-Vorschlag nahe, enthielt jedoch einige zusätzliche Bestimmungen, zB zur Inländerbehandlung und zur Unabhängigkeit des Schutzes. Auch ein Formalitätenverbot, Verpflichtungen in Bezug auf technische Schutzmaßnahmen, Bestimmungen zur zeitlichen Anwendbarkeit und zu Beziehungen zu anderen Rechtsvorschriften sowie besondere Bestimmungen zur Rechtsdurchsetzung waren zusätzlich zu denjenigen des EG-Vorschlags vorgesehen; in Bezug auf die Schutzdauer wurden beide Vorschläge, also 15 und 25 Jahre, als Alternativen in den Textvorschlag aufgenommen. Im Dezember 1996 kam es aus Zeitmangel nur zu einer Empfehlung, im ersten Viertel des Jahres 1997 über die Planung der weiteren Vorarbeiten für einen solchen Vertrag zu entscheiden[11]. Wenn es zu einem späteren Zeitpunkt zu einem solchen internationalen Vertrag kommen sollte, so wird man sagen können, dass die EG am Ursprung eines neuen internationalen Vertrags gestanden hat[12].

Kapitel I Geltungsbereich

Artikel 1 Geltungsbereich

Das Kapitel I (Geltungsbereich) besteht aus den Art 1 und 2. Art 1 bestimmt zunächst, auf welche Arten von Datenbanken sich der Schutz dieser Richtlinie bezieht und enthält insbes eine Definition des Begriffs der Datenbank. Er schließt

[10] Basic Proposal for the Substantive Provisions of the Treaty on Intellectual Property in Respect of Data Bases to be considered by the Diplomatic Conference, WIPO-Dok CRNR/DC/6.

[11] WIPO-Dok CRNR/DC/88.

[12] Siehe zur weiteren Verfolgung des Themas im Rahmen der WIPO Art 11 Rz 15.

bestimmte zur Herstellung oder zum Betrieb von elektronischen Datenbanken verwendete Computerprogramme vom Schutz dieser Richtlinie aus.

Übersicht

Text

Artikel 1 Geltungsbereich

(1) Diese Richtlinie betrifft den Rechtsschutz von Datenbanken in jeglicher Form.

(2) Im Sinne dieser Richtlinie bezeichnet der Ausdruck „Datenbank" eine Sammlung von Werken, Daten oder anderen unabhängigen Elementen, die systematisch oder methodisch angeordnet und einzeln mit elektronischen Mitteln oder auf andere Weise zugänglich sind.

(3) Der durch diese Richtlinie gewährte Schutz erstreckt sich nicht auf für die Herstellung oder den Betrieb elektronisch zugänglicher Datenbanken verwendete Computerprogramme.

Aus den Erwägungsgründen

ErwG 13 Mit dieser Richtlinie werden Sammlungen – bisweilen auch Zusammenstellungen genannt – von Werken, Daten oder anderen Elementen geschützt, bei denen die Zusammenstellung, die Speicherung und der Zugang über elektronische, elektromagnetische, elektrooptische oder ähnliche Verfahren erfolgen.

ErwG 14 Der aufgrund dieser Richtlinie gewährte Schutz ist auf nichtelektronische Datenbanken auszuweiten.

ErwG 17 Unter dem Begriff „Datenbank" sollten Sammlungen von literarischen, künstlerischen, musikalischen oder anderen Werken sowie von anderem Material wie Texten, Tönen, Bildern, Zahlen, Fakten und Daten verstanden werden. Es muß sich um Sammlungen von Werken, Daten oder anderen unabhängigen Elementen handeln, die systematisch oder methodisch angeordnet und einzeln zugänglich sind. Daraus ergibt sich, daß die Aufzeichnung eines audiovisuellen, kinematographischen, literarischen oder musikalischen Werkes als solche nicht in den Anwendungsbereich dieser Richtlinie fällt.

ErwG 19 Normalerweise fällt die Zusammenstellung mehrerer Aufzeichnungen musikalischer Darbietungen auf einer CD nicht in den Anwendungsbereich dieser Richtlinie, da sie als Zusammenstellung weder die Voraussetzungen für einen urheberrechtlichen Schutz erfüllt, noch eine Investition im Sinne eines Schutzrechts sui generis darstellt, die ausreichend erheblich wäre, um in den Genuß eines Rechts sui generis zu kommen.

ErwG 20 Der in dieser Richtlinie vorgesehene Schutz kann sich auch auf Elemente erstrecken, die für den Betrieb oder die Abfrage bestimmter Datenbanken erforderlich sind, beispielsweise auf den Thesaurus oder die Indexierungssysteme.

ErwG 21 Der in dieser Richtlinie vorgesehene Schutz bezieht sich auf Datenbanken, in denen die Werke, Daten oder anderen Elemente systematisch oder methodisch angeordnet sind. Es ist nicht erforderlich, daß ihre physische Speicherung in geordneter Weise erfolgt.

ErwG 22 Elektronische Datenbanken im Sinne dieser Richtlinie können auch Vorrichtungen wie CD-ROM und CD-I umfassen.

ErwG 23 Der Begriff „Datenbank" ist nicht auf für die Herstellung oder den Betrieb einer Datenbank verwendete Computerprogramme anzuwenden; diese Computerprogramme sind durch die Richtlinie 91/250/EWG des Rates vom 14. Mai 1991 über den Rechtsschutz von Computerprogrammen geschützt.

Kommentar

1. Schutzgegenstand (Abs 1)

1.1. Entstehungsgeschichte (zu Abs 1)

Die Kommission hatte ihren ursprünglichen **RL-Vorschlag** auf den Schutz von **1**
elektronischen Datenbanken beschränkt; eine Datenbank wurde in Art 1 Abs 1 als „eine Sammlung von Werken oder Informationsmaterial, die mit *elektronischen* Mitteln angeordnet, gespeichert und zugänglich sind, ..."[13] definiert. Der Schutz nichtelektronischer Sammlungen sollte sich nicht nach der Richtlinie, sondern weiterhin nach dem nationalen Recht der Mitgliedstaaten in Übereinstimmung mit Art 2 Abs 5 RBÜ 1967/71 bestimmen (Art 2 Abs 2 RL-Vorschlag). Die Kommission begründete diese Beschränkung auf elektronische Datenbanken mit deren besonderen Natur, nämlich der Ausrichtung auf Vollständigkeit und der systematischen, software-gesteuerten Anordnung des Inhalts mit der Folge, dass die Voraussetzungen des Urheberrechtsschutzes häufig nicht vorliegen (Begründung 3.1., insbes 3.1.8. bis 3.1.10.). Weiters führte die Kommission neue Zweifelsfragen ins Treffen, die sich gerade aus der Möglichkeit ergeben könnten, verschiedene Datentypen, wie etwa Bild und Ton, auf demselben Träger zu

[13] Hervorhebung durch die Verfasserin.

vereinigen (Begründung 3.1.11.). Schließlich wurde diese Entscheidung mit der besonderen Anfälligkeit gerade elektronischer Datenbanken für Piraterie begründet, denn der Abruf über digitale Netze und die anschließende elektronische Vervielfältigung seien sehr leicht, schnell und preiswert zu bewerkstelligen (Begründung 3.1.11.).

Diese Beschränkung stieß allerdings von vielen Seiten auf Kritik. Schon der **Wirtschafts- und Sozialausschuss** empfahl die Erweiterung des Kommissionsvorschlags auf nichtelektronische Datenbanken. Auch das **Parlament** schlug eine entsprechende Änderung vor.

2 Tatsächlich gab es einige Gründe, die gegen diesen engen Ansatz sprachen. So war – wie bei jeder an eine bestimmte Technik gebundenen Formulierung – zu befürchten, dass die weitere technische Entwicklung den unbeabsichtigten Ausschluss bestimmter Datenbanken mit sich bringen könnte. So ist etwa an Biochips, „*Electronic Bubbles*" und sogar an die optisch, nämlich durch Laserstrahl zugänglichen CD-ROMs zu denken, die nach einer genauen Auslegung des Wortlauts entgegen der Absicht der Kommission nicht von der Definition des RL-Vorschlags erfasst waren[14].

3 In Bezug auf den urheberrechtlichen Schutz von Datenbanken war im Übrigen schon seit Vorliegen des Dunkel-Texts vom Dezember 1991 zu Art 10 Abs 2 des geplanten **TRIPs-Abkommens** abzusehen, dass nach dem Abschluss dieses Abkommens ein urheberrechtlicher Schutz auch von nichtelektronischen Datenbanken vorzusehen war. Nach Art 10 Abs 2 des schließlich am 15. April 1994 verabschiedeten TRIPs-Abkommens sollten über Art 2 Abs 5 RBÜ 1967/71 hinaus[15] sogar „Zusammenstellungen von Daten oder sonstigem Material", also nicht nur Sammlungen von Werken, geschützt werden. Der Verweis in Art 2 Abs 2 RL-Vorschlag auf Art 2 Abs 5 RBÜ 1967/71 für den urheberrechtlichen Schutz nichtelektronischer Datenbanken wäre also wohl nicht ausreichend gewesen. Eine Regelung des Urheberschutzes allein für nichtelektronische Datenbanken wäre aber angesichts der Kumulierbarkeit mit dem *sui generis* Recht und aus Gründen der Praktikabilität sowie im Hinblick auf die zu fordernde Gleichbehandlung von Datenbanken jeglicher (elektronischer oder nichtelektronischer) Form kaum sinnvoll gewesen.

Das Hauptargument in der **Rats-Arbeitsgruppe** war schließlich, dass selbst allein in Bezug auf das *sui generis* Recht eine Beschränkung auf elektronische Datenbanken nicht gerechtfertigt sei, da durch dieses Recht die Investitionen des Datenbankherstellers geschützt werden sollten, und zwar unabhängig davon, in welcher Form (elektronisch oder nicht) die Datenbank erstellt und betrieben werde. Der Einsatz eines Scanners dürfe für die Gewährung von Schutzrechten nicht ausschlaggebend sein[16]. Der Rat erweiterte also in seinem Gemeinsamen Standpunkt den Geltungsbereich auf nichtelektronische Datenbanken und führte damit eine der grundlegenden Änderungen gegenüber den beiden Kommissions-

---

[14] Siehe dazu *Hoebbel* in *Lehmann*, Rechtsschutz 1019 (Z 10).

[15] Siehe dazu FN 58 unten.

[16] So die Äußerung eines Delegierten eines Mitgliedstaats, erwähnt bei *Gaster* (ÖSGRUM 19/1996) 17.

vorschlägen durch. Diese Änderung wurde im Folgenden auch nicht mehr in Frage gestellt. Sie fand ihren Ausdruck in einem neu eingeführten Abs 1 des Art 1, dem zufolge Datenbanken „in jeglicher Form" von der Richtlinie erfasst sind, wobei dies durch den neuen, expliziten ErwG 14 erläutert wird. Darüber hinaus wurde die Definition der Datenbank in dem neuen Abs 2 durch die Worte „mit elektronischen Mitteln *oder auf andere Weise*"[17] entsprechend abgeändert.

1.2. Datenbanken in jeglicher Form

Der Ausdruck „in jeglicher Form" erfasst also sowohl Datenbanken, die mit **elektronischen** Mitteln angeordnet, gespeichert und/oder zugänglich sind, als auch solche, bei denen dazu optische oder andere technische Mittel verwendet werden oder die auch nur in **traditioneller Weise**, also zB auf Karteikarten, in Büchern oder Katalogen, verkörpert sind[18]. **4**

Die Formulierung „in jeglicher Form" ist allerdings nicht nur vor dem Hintergrund des Gegensatzes zwischen elektronischen und nichtelektronischen Datenbanken zu sehen. Aus ihr ergibt sich auch, dass es auf die Art des Datenbankzugangs – **Online** oder **Off-Line** (insb CD-ROM, CD-I) – nicht ankommt. Dass Datenbanken auf CD-ROM und CD-I von der Richtlinie erfasst sind, stellt auch ErwG 22 klar. Die dort gewählte Formulierung „können" soll nur andeuten, dass elektronische Datenbanken auch in anderer Form bestehen können; keinesfalls soll den Mitgliedstaaten dadurch die Möglichkeit gegeben werden, CD-ROMs und CD-Is als vom Geltungsbereich der Richtlinie ausgeschlossen anzusehen. Dies ergibt sich nicht zuletzt aus der Tatsache, dass ein Erwägungsgrund nur der Auslegung des Richtlinientexts selbst dient und dessen Wortlaut nicht entkräften kann. **5**

Schließlich sind auch sowohl **statische**, also nicht fortlaufend veränderte – zB auf einer CD-ROM festgelegte – Datenbanken als auch **dynamische Datenbanken** erfasst, also insbes solche, deren Datenbestand und -anordnung ständig, etwa durch Aufnahme neuer Daten und Löschung alter Daten, verändert wird, wie dies bei einer laufenden Aktualisierung von Daten, zB von Börsennotierungen in Realzeit oder beinahe in Realzeit, der Fall ist. **6**

2. Begriff der Datenbank (Abs 2 und 3)

2.1. Entstehungsgeschichte (zu Abs 2 und 3)

Die Definition der Datenbank in Art 1 Z 1 **RL-Vorschlag** war noch auf elektronische Datenbanken beschränkt und konnte deshalb die jetzt in ErwG 20 und Art 1 Abs 3 ausgegliederten Bestimmungen umfassen. Die Definition der Datenbank als „Sammlung(en) von ... Werken oder ... Informationsmaterial" war sehr weit gefasst und deckte ua Sammlungen von Tonfolgen, Bildern, Zahlen, Fakten, Daten oder deren Kombinationen ab[19]. **7**

---

[17] Hervorhebung durch die Verfasserin.

[18] AM *Hertin* in *Fromm/Nordemann*, Urheberrecht[9] § 87a Rz 5, mE nicht vertretbar; siehe auch *Leistner*, MMR 1999, 638.

[19] Siehe ErwG 6 RL-Vorschlag.

8 Das **Europäische Parlament** beschloss in Erster Lesung zwei Änderungsvorschläge zur Definition der Datenbank. Die erste Änderung präzisierte in Übereinstimmung mit dem (damals geplanten) TRIPs-Abkommen und dem Entwurf für das Protokoll zur RBÜ den Begriff der Datenbank dahingehend, dass er auch Sammlungen von Daten umfasst. Die Kommission nahm diese klarstellende Ergänzung in ihren **geänderten RL-Vorschlag** auf. Dagegen übernahm sie den zweiten Abänderungsvorschlag des Parlaments nicht, demzufolge Datenbanken Sammlungen „einer beträchtlichen Anzahl von Daten, Werken und auch sonstigem Informationsmaterial" seien. Die Kommission befürchtete, eine solche Ergänzung könne zu Auslegungsschwierigkeiten führen und stünde im Übrigen nicht im Einklang mit den geplanten TRIPs-Vorschriften bzw dem Entwurf für das Protokoll zur RBÜ[20]. Die Kommission hatte schon in ihrem ursprünglichen RL-Vorschlag im Zusammenhang mit der Definition der Datenbank und deren urheberrechtlichen Schutz erwähnt, dass eine Mindestzahl an Daten nicht festgelegt werden kann[21].

9 Der Begriff der Datenbank gehörte zu den in der **Rats-Arbeitsgruppe** am intensivsten diskutierten Problemen. Die Definition der Kommission wurde als zu weit angesehen. Insbes stellte sich die Frage, ob Multimedia-Produkte oder -werke von der Definition erfasst seien und erfasst sein sollten. Einige Mitgliedstaaten wollten **Multimedia** ausdrücklich erfassen, andere wollten sie von der Richtlinie als nicht umfasst ansehen. Auf eine ausdrückliche Regelung oder nur Erwähnung in die eine oder andere Richtung konnten sich die Mitgliedstaaten nicht einigen, weshalb das Problem offen gelassen wurde.

10 Das zweite Hauptproblem im Rahmen dieser Definition war die Frage, ob eventuell **einzelne Werke** oder **Ton- bzw Bildaufzeichnungen** unter die vorliegende Definition der Datenbank fielen. Da jegliche (elektronische) Sammlung von Informationsmaterial unter diesen Begriff fallen sollte, und unter „Material" auch Töne und Bilder zu verstehen sind, war es denkbar, ein auf CD aufgezeichnetes Werk der Musik, das eine Anordnung von Tönen bzw Tonfolgen ist, als Datenbank im Sinn der Definition anzusehen. Da die Auswahl bzw Anordnung der einzelnen Töne bzw Tonfolgen durch den Komponisten bestimmt wird und daher grundsätzlich eine persönliche geistige Schöpfung darstellt, hätte diese Definition der Datenbank dazu führen können, dass das Werk über den Schutz als Musikwerk hinaus als Datenbank urheberrechtlich geschützt wäre. Dasselbe wurde auch für die Tonaufzeichnung mit der Folge befürchtet, dass Tonträgerhersteller über den Leistungs- oder auch Copyright Schutz hinaus einen urheberrechtlichen (Datenbank-)Schutz an ihren Tonträgern erlangen würden. Ein solcher urheberrechtlicher Schutz für (nach kontinental-europäischem Recht) Leistungsschutzberechtigte war jedoch ebenso wenig gewollt wie ein Überlappen eines zusätzlichen, überflüssigen und inkohärenten Datenbankschutzes mit dem herkömmlichen Schutz von Werken bzw Gegenständen des Leistungsschutzes. Allerdings gestaltete sich die demnach erforderliche Einengung des Datenbankbegriffs als gesetzestechnisch höchst schwierig; schließlich einigte man sich da-

[20] Siehe Begründung geänderter RL-Vorschlag 3.
[21] Siehe Begründung RL-Vorschlag Art 1 Punkt 1.1.

rauf, die Definition selbst durch das Erfordernis der systematischen oder methodischen Anordnung der Elemente und der Zugänglichkeit der einzelnen Elemente einzuschränken und nur in ErwG 17 Satz 3 die Aufzeichnung eines Werkes als solche ausdrücklich vom Geltungsbereich der Richtlinie auszunehmen.

Da auch Off-line Datenbanken, insbes solche auf CD-ROM und CD-I, erfasst **11**
sein sollten, wie der Rat im neuen ErwG 22 ausdrücklich klarstellte, wurde die Frage aufgeworfen, ob nicht auch **Musik-CDs**, die sich in der Technik kaum von CD-ROMs unterschieden, vom Datenbankbegriff erfasst seien. Wiederum schien dies dem Wunsch einiger Gruppen von Leistungsschutzberechtigten entgegenzukommen, auf dem Umweg über einen Datenbankschutz Urheberrechtsschutz zu erlangen. Auch dieses Problem wurde erst nach Diskussion zahlreicher Textfassungen durch den klarstellenden ErwG 19 gelöst.

Im Gemeinsamen Standpunkt nahm der Rat über diese (in Zweiter Lesung des **12**
Europäischen Parlaments später nicht in Frage gestellten) Änderungen hinaus solche vor, die aus der Erweiterung des Geltungsbereichs der Richtlinie auf **nicht-elektronische Datenbanken** folgten. So wurde die Voraussetzung der Anordnung, Speicherung und Zugänglichkeit mit elektronischen Mitteln durch die Worte „... und einzeln mit elektronischen Mitteln oder auf andere Weise zugänglich sind" ersetzt. Der zweite Teil des ursprünglichen RL-Vorschlags zum elektronischen Material wurde in leicht geänderter Fassung in den ErwG 20, und der Ausschluss von bestimmten **Computerprogrammen** in einen neuen Abs 3 übernommen.

2.2. Allgemeines zum Begriff der Datenbank

Der Schutzgegenstand dieser Richtlinie wird – anders als nach Art 2 Abs 5 RBÜ **13**
1967/71 und Art 10 Abs 2 TRIPs-Abkommen – nicht als „Sammlung" oder „Zusammenstellung" bezeichnet, sondern als „Datenbank". Dieser neutrale, nicht allein vom Urheberrecht besetzte Begriff ist besonders dazu geeignet, den Schutzgegenstand sowohl eines Urheberrechts als auch eines *sui generis* Rechts zu bezeichnen. „Datenbank" ist also ein **Oberbegriff**, der allein noch nicht zur Bestimmung der Schutzfähigkeit ausreicht. Für den Schutz durch das Urheberrecht müssen zusätzlich die Voraussetzungen nach Art 3 Abs 1 und für das *sui generis* Recht diejenigen nach Art 7 Abs 1 erfüllt sein. Nicht jede Datenbank, die von der weiten Definition des Art 1 Abs 2 erfasst ist, ist auch nach der Richtlinie geschützt.

2.3. Sammlung von unabhängigen Elementen

Die Tatsache, dass die Richtlinie den Begriff „**Sammlung**" und nicht den der **14**
„Zusammenstellung" (Art 10 Abs 2 TRIPs-Abkommen) verwendet, dürfte inhaltlich kaum von Bedeutung sein. Allenfalls kann man die Sammlung als das Ergebnis einer – im Vergleich zur Zusammenstellung – weniger anspruchsvollen Tätigkeit ansehen[22]. Unter „Sammlung" wird üblicherweise die Beschaffung von

[22] So sieht *Ricketson*, Berne Convention Z 6.71, den Unterschied zwischen „*collection*" und „*compilation*" darin, dass (nur) für die „compilation" ein gewisses Können („*skill*") erforderlich ist.

Material und dessen Aufbewahrung an einem Ort verstanden, wie etwa die Beschaffung der gewünschten Daten und deren zusammenhängende Aufzeichnung oder Einspeicherung[23].

15 Die Richtlinie lässt dabei offen, **wieviel Material** angesammelt sein muss, um eine „Sammlung" zu bilden[24]; sie gibt hierzu auch keine Entscheidungskriterien an die Hand. Diese Frage wird deshalb im Einzelfall von den Gerichten der Mitgliedstaaten zu entscheiden sein. Dem üblichen Wortsinn zufolge müssen jedenfalls mehr als zwei, regelmäßig jedoch einige Elemente mehr „gesammelt" worden sein.

Die Bestimmung einer Mindestzahl von Elementen, etwa durch den nationalen Gesetzgeber, dürfte sich allerdings dadurch erübrigen, dass die Schutzvoraussetzungen nach Art 3 Abs 1 und Art 7 Abs 1 eine gewisse, im Einzelfall festzusetzende Mindestzahl von Elementen implizieren. So kann eine eigene geistige Schöpfung in der Auswahl oder Anordnung von Material nur dann vorliegen, wenn ein gewisser Spielraum für die Auswahl oder Anordnung gegeben ist, und das Ergebnis als eigene geistige Schöpfung des Urhebers bezeichnet werden kann. Für das *sui generis* Recht ist eine in qualitativer oder quantitativer Hinsicht wesentliche Investition entscheidend; regelmäßig wird diese Voraussetzung bei der Sammlung sehr weniger Elemente nicht erfüllt sein. Ausgeschlossen ist dies allerdings etwa bei schwer zugänglichen Elementen, deren Sammlung qualitativ wesentliche Investitionen bedingt, nicht.

16 Als **Gegenstände der Sammlung** nennt die Richtlinie **„Werke"**, Daten oder andere unabhängige Elemente. Das Beispiel der Werke dürfte auf Art 2 Abs 5 RBÜ 1967/71 bzw Art 10 Abs 2 TRIPs-Abkommen zurückgehen und wie dort auszulegen sein; es muss sich also um Werke im Sinn des Urheberrechts handeln; ErwG 17 weist ausdrücklich auf die Schutzbereiche der Literatur, Kunst und Musik hin. Im Rahmen des Art 2 RBÜ 1967/71 bleibt es den Mitgliedstaaten überlassen, die schutzfähigen Werke im Einzelnen zu bestimmen. Dabei dürfte es nicht schaden, wenn ein nach den allgemeinen Voraussetzungen schutzfähiges Werk vom Schutz nach dem nationalen Gesetz eines Mitgliedstaats ausdrücklich ausgeschlossen ist, wie dies etwa für amtliche Werke zutreffen kann. Da Werke nur ein Beispiel für den sehr weiten Oberbegriff „unabhängige Elemente" sind, kommt es allerdings auf die nähere Bestimmung des Werkbegriffs nicht an. Daher sind zB auch Laufbilder oder Fotografien, die keine Werke sind, als „andere unabhängige Elemente" anzusehen und daher möglicher Sammlungsgegenstand. Wenn schon Werke unter den Oberbegriff „Elemente" fallen, so gilt dies umso mehr für **Leistungsergebnisse**, die nicht oder teilweise schutzfähig sind.

17 Auch das Wort **„Daten"** ist nur ein Beispiel für solche Elemente. Als Daten bezeichnet man insbes jegliche Art von Angaben oder Informationseinheiten. Der Oberbegriff **„Element"**, also „Grundbestandteil", setzt eine gewisse erkenn-

[23] Vgl ähnlich *Grützmacher*, Datenbanken 168 und *Leistner*, Rechtsschutz 45.

[24] Siehe dazu schon oben Rz 8 zu dem von der Kommission nicht übernommenen Abänderungsvorschlag des Europäischen Parlaments. Siehe ebenso *Leistner*, Rechtsschutz 45f mwN.

bare Einheit voraus; im Übrigen ist dieser Begriff äußerst weit zu verstehen und umfasst insbes Material wie Texte, Töne, Bilder, Zahlen und Fakten[25]. Der Begriff „Elemente" erscheint sogar noch weiter als der im ursprünglichen RL-Vorschlag verwendete Begriff „Informationsmaterial" oder der im geänderten RL-Vorschlag aufscheinende Begriff „Informationen". Die beiden zuletzt genannten Begriffe enthalten eine Zweckbestimmung, nämlich diejenige, den Datenbanknutzer zu informieren, die bei dem neutralen Begriff „Element" nicht vorausgesetzt ist[26].

Eine Sammlung von Elementen könnte demnach auch die Aufzeichnung eines einzelnen Werks, nämlich insbes die Sammlung von Tönen oder von einzelnen Filmbildern im Fall der Ton- oder Bildtonaufzeichnung sein. Um dieses Ergebnis zu vermeiden[27], wurde das Erfordernis der **Unabhängigkeit der Elemente** eingefügt. Die einzelnen Töne innerhalb eines Musikwerks hängen voneinander ab, da sie nur in ihrem komponierten Zusammenhang einen Sinn ergeben. Auch die einzelnen Filmbilder sind als eine beabsichtigte Folge von Einzelbildern, die den Eindruck bewegter Bilder, also eines Filmes ergeben sollen, voneinander abhängig[28]. Durch diese Voraussetzung der Unabhängigkeit der einzelnen Elemente sollten insbes Aufzeichnungen von Werken als solche aus dem Anwendungsbereich der Richtlinie ausgeschlossen werden. Die dahin gehende Klarstellung in ErwG 17 Satz 3 enthält eine beispielhafte Aufzählung von Aufzeichnungen; ein Umkehrschluss in Bezug auf Aufzeichnungen anderer, dort nicht genannter Werkarten ist deshalb unzulässig. Ein einzelnes Werk (mit Ausnahme eines Sammelwerks oder Multimediawerks) und die Aufzeichnung desselben ist für sich genommen also keine Datenbank im Sinn der Richtlinie. Wenn in ErwG 17 Satz 3 von „Aufzeichnung" die Rede ist, so wird dies daraus zu erklären sein, dass die Klarstellung insbes auf Ton- und Bildtonträger abzielt. Die Klarstellung ist aber weit zu verstehen, nämlich in dem Sinn, dass Werke als solche und jegliche Art ihrer Verkörperung nicht in den Anwendungsbereich der Richtlinie fallen. **18**

Sind nun aber zB mehrere Songs auf einer CD aufgenommen, so handelt es sich bei diesen Songs um unabhängige Elemente, so dass sich die Frage stellt, ob diese Sammlung von Songs auf der CD einen Datenbankschutz für den Tonträgerhersteller begründet. Da ErwG 22 CD-ROMs und CD-Is als mögliche Datenbanken bezeichnet, und sich die CD-Technik bei **Musik-CDs** nicht wesentlich von derjenigen bei CD-ROMs unterscheidet, lag für die daran interessierten Kreise das Argument nahe, dass CDs grundsätzlich als Off-line Datenbanken anzusehen sind[29]. Um den Schluss zu vermeiden, solche CDs würden zusätzlich zum Schutz des Tonträgerherstellers einen (möglicherweise urheberrechtlichen) Datenbank- **19**

---

[25] Vgl auch ErwG 17 Satz 1.

[26] Allerdings ist einzuräumen, dass der Begriff der Information inzwischen kaum mehr fassbar ist und sogar schon häufig so weit verstanden wird, dass er sogar Werke umfasst.

[27] Siehe dazu oben Rz 10.

[28] Zum Problem der Bestimmung der Unabhängigkeit bei Elementen von Multimedia-Werken siehe *Beutler*, EntLR 1996, 324. Zur Problematik dieses Definitionselements allgemein siehe *Grützmacher*, Datenbanken 170.

[29] Siehe Rz 11.

schutz genießen, wurde in ErwG 19 klargestellt, wie sich die Richtlinie regelmäßig auf diesen Fall auswirkt. Demnach wird eine CD mit mehreren Songs, auch wenn es sich um eine Datenbank im Sinn von Art 1 Abs 2 handelt, regelmäßig nicht nach der Richtlinie geschützt sein, weil entweder die Auswahl oder Anordnung der Songs die Voraussetzungen der eigenen geistigen Schöpfung nicht erfüllt und daher nach Art 3 Abs 1 nicht urheberrechtlich geschützt sein wird, oder weil die Zusammenstellung keine qualitativ oder quantitativ wesentliche Investition erforderlich macht und daher auch den *sui generis* Schutz nach Art 7 Abs 1 nicht begründen kann.

ErwG 19 deutet durch das Wort „normalerweise" an, dass es etwa bei einer ganz außergewöhnlichen Zusammenstellung von Titeln auf einer CD nicht ausgeschlossen ist, dass im Einzelfall die Schutzvoraussetzungen nach Art 3 Abs 1 oder, im Fall einer ausnahmsweise erheblichen Investition etwa in die Beschaffung der Titel dieser CD, nach Art 7 Abs 1 erfüllt sind. Da ErwG 19 infolge einer Diskussion im Rat aufgenommen wurde, die sich auf dieses praktisch besonders relevante Beispiel der Tonaufzeichnungen mehrerer Werke bezog, kann auch aus diesem Erwägungsgrund kein *e contrario*-Schluss in Bezug auf vergleichbare Fälle gezogen werden. Wird etwa eine Video-CD in der Zukunft eine Auswahl von Kurzfilmen enthalten, so ist auch diese Video-CD nur unter den Voraussetzungen des Art 3 Abs 1 bzw 7 Abs 1 schutzfähig.

2.4. Systematische oder methodische Anordnung

20 Die Voraussetzung der **systematischen oder methodischen Anordnung** soll die Datenbank von einer willkürlichen, unstrukturierten und ungeordneten Datenanhäufung abgrenzen. Sowohl „systematisch" als auch „methodisch" bedeutet „**planmäßig**"; die Anordnung muss nach festgelegten Kriterien erfolgen. An diese Kriterien sind keine besonderen Anforderungen zu stellen. Sie müssen zB nicht dem Bereich der Logik entstammen, sondern können auch künstlerischer oder ästhetischer Art sein[30]. Ausgeschlossen werden sollen nur Sammlungen von Daten, bei welchen der Zufall eine Rolle spielt[31]. Die Umwandlung einer Datenanhäufung in eine Datenbank kann mit Hilfe eines auf die Datenanhäufung zugeschnittenen **Suchprogramms** erfolgen. Dafür dürften in der Regel einfache, billige Computerprogramme ausreichen. Der Einsatz von Computerprogrammen bei der Datenstrukturierung erübrigt eine **physische Speicherung** in geordneter Weise. ErwG 21 Satz 2 stellt dementsprechend klar, dass Daten auch dann systematisch oder methodisch angeordnet sind, wenn ihre physische Speicherung nicht in geordneter Weise erfolgt.

21 Im Einzelfall können sich Probleme der **Abgrenzung** zwischen einer bloßen Datenanhäufung und einer systematisch oder methodisch geordneten Daten-

[30] Ebenso *Leistner*, GRUR Int 1999, 822; aM *Raue/Bensinger*, MMR 1998, 508, die jedoch verkennen, dass diese Kriterien aus der auch für das Urheberrecht geltenden Definition der Datenbank in Art 1 Abs 2 Datenbank-RL stammen und im Urheberrecht jedenfalls künstlerische oder ästhetische Kriterien maßgeblich sein können.

[31] Ein Beispiel für eine (nicht schutzfähige) Datenanhäufung ist das World Wide Web; vgl *Leistner*, GRUR Int 1999, 824, der dagegen die systematische oder methodische Anordnung bei Web-Sites zutreffend als gegeben annimmt.

sammlung, also einer Datenbank ergeben. Bei **Satellitenaufnahmen** kann man das Element der systematischen und methodischen Anordnung bejahen. Bei Satellitenaufnahmen werden bestimmte Messdaten, zB Helligkeitswerte, nach einem bestimmten Plan erfasst; so enthält das Programm des Satelliten zB die Anweisung, den Helligkeitswert eines bestimmten Pixels im Abstand von jeweils 5 km zu messen. Die Erfassung dieser Daten geschieht also nach bestimmten räumlichen und zeitlichen Kriterien. Im Gegensatz dazu stünde eine völlig willkürliche, ungeordnete Erfassung solcher Helligkeitswerte, die allerdings nicht zur Erstellung einer Wetterkarte herangezogen werden könnten. Die Tatsache, dass die Anordnung bei Satellitenaufnahmen nicht erst nach der Anhäufung von Daten erfolgt, sondern schon bei der Datenerfassung, schadet nicht; Art 1 Abs 2 fordert nur, dass die Daten in der Sammlung systematisch oder methodisch angeordnet sind. Führt die systematische oder methodische Erfassung der Daten zu einer solchen Anordnung innerhalb der Sammlung, so ist Art 1 Abs 2 Genüge getan. Daher dürfte auch eine systematische oder methodische Anordnung im Sinn der Richtlinie im Falle von Katasterkarten vorliegen; es handelt sich hierbei um Sammlungen von nach einem bestimmten Plan erfassten Vermessungsdaten.

2.5. Einzeln zugänglich

Ein wesentliches Merkmal von Datenbanken besteht darin, dass der Nutzer einen **22**
Zugriff auf die **einzelnen** Daten hat. Schon im ursprünglichen RL-Vorschlag war vorausgesetzt, dass das Informationsmaterial zugänglich sein muss; die Richtlinie drückt dies durch die Hinzufügung des Wortes „einzeln“ noch klarer aus. Die Eigenschaft, einzeln zugänglich zu sein, charakterisiert gleichzeitig auch die „Elemente“ und verstärkt das Begriffsmerkmal der Unabhängigkeit dieser Elemente. Sie kann als zusätzliches Argument dafür herangezogen werden, dass Werke bzw Werkteile nicht als Sammlungen von Daten, etwa von Bildpunkten (Pixeln) oder Tönen, angesehen werden können[32]. Die einzelnen Bildpunkte oder Töne sind nämlich als solche auf der Ebene des Datenretrieval[33] nicht zugänglich; es ist dies nur im Zusammenhang mit dem gesamten Bild oder der gesamten Tonaufzeichnung der Fall.

Die Elemente müssen allerdings nicht nur einzeln, sondern überhaupt **zugäng- 23**
lich sein; dies ist etwa bei den Elementen neuronaler Netze, den Gewichten, nicht der Fall. Diese sind nur als interne Informationen für das Verhalten des neuronalen Netzes bedeutsam; der Benutzer kann jedoch nicht auf sie zugreifen[34].

Die Elemente müssen mit elektronischen Mitteln oder auf andere Weise zugäng- **24**
lich sein. Die Worte **„oder auf andere Weise“** wurden hinzugefügt, um nicht nur – wie ursprünglich geplant – elektronische Datenbanken zu erfassen, sondern auch alle nichtelektronischen, wie etwa solche auf Papier. Demnach kann man

---

32 Siehe dazu ErwG 17 Satz 3 und Rz 18 und 10 oben.

33 Vgl *Grützmacher*, Datenbanken 172, der auf die technische Zugänglichkeit der Elemente hinweist.

34 Siehe dazu etwa *Dreier*, GRUR Int 1992, 745 und *Dreier*, Die Internationale Entwicklung des Rechtsschutzes von Computerprogrammen, in *Lehmann* (Hrsg), Rechtsschutz und Verwertung von Computerprogrammen² (1993) 31 (58 Z 50).

selbst eine Sammlung von Büchern in einer Bibliothek, auf die einzeln, im ursprünglichen Sinn des Worts „Zugriff" genommen werden kann, als Datenbank verstehen. Dasselbe gilt für Buchläden, Verkaufsgeschäfte für CDs, Videogeschäfte, Artotheken etc. Bei Kunstausstellungen ist nur fraglich, ob die einzelnen Kunstwerke „zugänglich" sind, ob also die Möglichkeit, das gewünschte Kunstwerk anzusehen, schon dessen „Zugänglichkeit" bedeutet. Man sollte dies bejahen, da ein wesentlicher Unterschied zum Zugang zu einem Kunstwerk aus einer Datenbank über den Bildschirm nicht besteht. Diese zuletzt genannten Beispiele dürften in der Praxis insbes dort relevant werden, wo zB Museumsbestände digitalisiert und als Sammlung, etwa in Form einer CD-ROM oder online zugänglich gemacht werden. Jenseits der Digitalisierung scheint die Gefahr der Rechtsverletzung allerdings geringer: Obwohl zB Ausstellungen in Museen schon bisher als Sammelwerke geschützt waren, sofern die Auswahl und/oder Anordnung der Kunstwerke, wie üblicherweise anzunehmen ist, eine persönliche geistige Schöpfung war bzw die sonstigen allgemeinen Schutzvoraussetzungen erfüllt waren, scheint dies in der Praxis bisher kaum zu Streitigkeiten geführt zu haben. Die Gründe dürften nicht zuletzt darin liegen, dass eine bestimmte Ausstellung üblicherweise nicht genauso von einem anderen Museum wiederholt (sondern allenfalls auf vertraglicher Grundlage übernommen) wird, und die Ausstellungskataloge, die gegebenenfalls als Vervielfältigung der Sammlung angesehen werden können, vom Veranstalter der Ausstellung selbst angefertigt werden[35]. Der spätere Raubdruck des Katalogs verletzt allerdings auch das Recht an der geschützten Sammlung.

25 Die Worte „auf andere Weise" bewirken über die Erstreckung auf traditionelle nichtelektronische Datenbanken hinaus auch den Einschluss solcher Datenbanken, bei denen die Elemente zwar nicht mit elektronischen, aber mit ähnlichen, etwa elektrooptischen oder biologischen Mitteln zugänglich sind[36]. Die Definition ist also nicht an eine bestimmte Technik gebunden.

2.6. Sonderproblem Multimedia

26 Das Wort „Multimedia" wird in der Datenbank-RL nicht erwähnt. Die Mitgliedstaaten berieten darüber, ob die Richtlinie **Multimedia-Produkte** erfassen sollte, konnten jedoch zu keiner Einigung kommen. Folglich ist jeder Einzelfall anhand des vorliegenden Richtlinientexts zu beurteilen. Die Frage, ob Multimedia-Produkte Datenbanken im Sinn der Richtlinie sind, ist also dann zu bejahen, wenn die einzelnen Voraussetzungen der Definition des Art 1 Abs 2 vorliegen[37].

Eine allgemeine Antwort auf diese Frage kann schon deshalb nicht gegeben werden, weil der **Begriff Multimedia** nicht definiert ist und auch nach dem

---

[35] Ein österr Urteil jüngeren Datums betraf eine Kunstsammlung, aus der einzelne Objekte ohne Zustimmung des Urhebers entnommen worden sind, siehe OGH 11.02.97 – „Wiener Aktionismus" ÖBl 1997, 301 = ecolex 1997, 419 = MR 1997, 98 (*Walter*). Siehe dazu die Anm *Walter*, MR 1997, 100, der zwischen einer Kunstsammlung und einer Ausstellung differenziert.

[36] Siehe hierzu etwa *Hoebbel* in *Lehmann*, Rechtsschutz Z 10.

[37] Diese Möglichkeit wird allgemein positiv beurteilt von *Benabou*, Droits d'auteur et droit communautaire, 244 (Z 404).

üblichen Sprachgebrauch nicht klar bestimmt werden kann[38]. Zum Teil werden unter dem Begriff nicht nur strukturierte Sammlungen von Text, Bild, Ton und Film, wie zB im Fall einer CD-ROM über das Leben von Ludwig van Beethoven, verstanden, sondern auch mit Hilfe von Computern erzeugte Filme[39].

Darüber hinaus ist die **juristische Einordnung** von **Multimedia-Produkten** bzw **-Werken** umstritten[40]. Während die dem Nutzer als Film erscheinenden Produkte eher als Filmwerke anzusehen sein dürften und daher, wie ErwG 17 Satz 3 klarstellt, keine Datenbanken im Sinn der Richtlinie darstellen, erfüllen die meist in CD-ROMs verkörperten und oft Bildungszwecken dienenden Produkte regelmäßig die Voraussetzungen des Art 1 Abs 2. So handelt es sich im Beispielsfall einer CD-ROM über das Leben von Beethoven um eine Sammlung von Werken oder Werkteilen, wie zB Auszügen aus seinen Kompositionen, entweder nur als Tonaufzeichnung oder auch als Filmaufzeichnung eines Konzertes, Auszügen aus Abhandlungen über diesen Komponisten, Fotos seiner Wohnorte oder auch nur einer Zusammenstellung von Lebensdaten etc. Diese Elemente sind in einer bestimmten Weise angeordnet und voneinander in der Weise unabhängig, dass der Benutzer auf einzelne Elemente in der gewünschten Reihenfolge und Auswahl Zugriff nehmen kann. Solche und vergleichbare Produkte, wie sie zB im Bereich der Bildung oder auch der Touristik (Präsentation von Städten oder anderen Reisezielen) bestehen, fallen also regelmäßig unter den Begriff der Datenbank im Sinn von Art 1 Abs 2. In ErwG 22 ist ausdrücklich bestätigt, dass Datenbanken auch CD-ROMs und CD-Is umfassen[41] „können" – nämlich dann, wenn die Voraussetzungen des Art 1 Abs 2 gegeben sind. **27**

2.7. Abfragesysteme und Computerprogramme (Abs 3)

Gemäß **ErwG 20** erfasst der Begriff der Datenbank auch diejenigen Elemente, „die für den Betrieb oder die Abfrage bestimmter Datenbanken erforderlich sind, beispielsweise ... den Thesaurus oder die Indexierungssysteme". Dagegen sind nach **Abs 3** die für die Herstellung oder den Betrieb elektronisch zugänglicher Datenbanken verwendeten Computerprogramme vom Schutz der Richtlinie ausgeschlossen, da der Schutz von Computerprogrammen schon von der Software-RL erfasst ist. Die in ErwG 20 genannten Materialien dürfen also keine Computerprogramme sein; nur die Datenbankschemata werden erfasst[42]. Angesichts dieser unterschiedlichen rechtlichen Behandlung ist die **Abgrenzung** zwischen **28**

---

[38] Siehe ähnlich *Gaster*, Kommentar Art 1 Rz 82. Vgl auch dazu die differenzierenden Betrachtungen von *Leistner*, Rechtsschutz 50ff.

[39] Siehe zum uneinheitlichen Gebrauch dieses Begriffes *Beutler*, EntLR 1996, 318.

[40] Siehe dazu etwa *Edelman*, L'œuvre multimedia, un essai de qualification, Dalloz 1995 Chronique 109; *Gautier*, Les œuvres „multimedia" en droit français, RIDA 160 (1994) 91; *Lucas*, Le droit d'auteur et multimedia, in *Colombet/Sirinelli* (Hrsg), Propriétés Intellectuelles, Mélanges en l'honneur de André Françon (1995) 325. Für das deutsche Recht siehe *Schricker* in *Schricker*, Urheberrecht auf dem Weg zur Informationsgesellschaft 37ff und 49f.

[41] Diese Formulierung des ErwG 22 ist insofern ungenau, als CD-ROMs und CD-Is nur die Träger der Multimedia-Produkte bzw Datenbanken sind.

[42] *Lehmann* in Quellen II/5, 5.

beiden Elementen wichtig, kann jedoch auch Schwierigkeiten verursachen[43]. So kann zB der Thesaurus oder Index ein Bestandteil des zum Zugriff auf die Daten verwendeten Computerprogrammes sein[44]. Die Befehlsstruktur eines Abfragesystems ähnelt einer Computersprache auf hohem Niveau, wird aber üblicherweise nicht als Computerprogramm angesehen und ist daher nicht von der Software-RL erfasst; sie wird nur als Teil der Datenbank geschützt[45].

29 **Thesaurus** und **Indexierungssysteme** sind Datensammlungen, die zusammen mit der Datenbank eingespeichert werden und den Zugriff darauf erleichtern. Indexierungs- und Querverweisungssysteme können zu einem schnelleren, effizienteren Zugang zu den gewünschten Daten führen. Die Aufbereitung von Daten durch Abstraktion oder Identifizierung ist zum Betrieb von Datenbanken bzw zur Datenabfrage notwendig. Der Thesaurus kann zB zur Erstellung von Querverweisungen zwischen verschiedenen, als gleichwertig angesehenen Begriffen dienen.

30 **Computerprogramme**, die zum Betrieb oder zur Herstellung von elektronisch zugänglichen Datenbanken benutzt werden, sind neben der gespeicherten Information und dem in ErwG 20 genannten Material einer der drei wesentlichen Bestandteile einer modernen elektronischen Datenbank. Solche Programme unterscheiden sich nicht grundsätzlich von anderen Computerprogrammen; sie sind normalerweise in einer Standard-Computersprache, wie etwa C oder Basic, geschrieben und für die Öffentlichkeit nur in Form des Object-Codes erhältlich.

Umsetzung in Deutschland und Österreich

1. Deutschland (v Lewinski)

31 Die Datenbank-RL wurde in Deutschland als Teil des **Gesetzes zur Regelung der Rahmenbedingungen für Informations- und Kommunikationsdienste**[46] umgesetzt. Der Urheberrechtsschutz für Datenbanken wurde in die bestehenden Vorschriften (§§ 4, 23 Satz 2, 53, 55a, 63 Abs 1 dUrhG) integriert. Dagegen wurde für das *sui generis* Recht ein neuer, Sechster Abschnitt über den Schutz des Datenbankherstellers im Rahmen der Regelungen verwandter Schutzrechte im Zweiten Teil und vor den besonderen Bestimmungen für Filme (Dritter Teil) eingefügt (§§ 87a ff dUrhG). Bestehende Bestimmungen für verwandte Schutz-

---

[43] Siehe zB *Grützmacher*, Datenbanken 174ff; *Beutler*, EntLR 1996, 325; *Dreier*, GRUR Int 1992, 745; *Hornung*, Die EU-Datenbank-Richtlinie 76f; *Mallet-Poujol*, Droit de l'informatique & des Télécoms 1996/1, 7; *Wiebe*, CR 1996, 198, 201.

[44] *Hoebbel* in *Lehmann*, Rechtsschutz 1018 Z 6. Siehe zum Sonderproblem des möglichen Schutzes von Programmschnittstellen durch die Datenbank-RL *Leistner*, Rechtsschutz 58ff.

[45] Siehe dazu *Pattison*, EIPR 1992, 115; *Worthy/Weightman*, The Computer Law and Security Report 12/2 (1996) 97. Beide Autoren kritisieren, dass die Befehlsstruktur als ein sehr wichtiger Teil der Datenbank, dessen Erarbeitung mit der eines Computerprogramms vergleichbar ist, keinen eigenständigen Schutz genießt und in vielen Fällen die Schutzvoraussetzungen der Art 3 Abs 1 bzw 7 Abs 1 nicht erfüllen dürfte.

[46] Informations- und Kommunikationsdienste-Gesetz (IuKDG) vom 22.07.1997 dBGBl 1997 I 1870; siehe dort Art 7 zur Änderung des dUrhG.

rechte in Bezug auf strafrechtliche Sanktionen und die Zwangsvollstreckung wurden, soweit notwendig, auf den Datenbankschutz erweitert (§§ 108 Abs 1 Z 8, 119 Abs 3 dUrhG). Der fremdenrechtliche Schutz des Datenbankherstellers wurde in § 127a dUrhG geregelt; die Übergangsvorschriften sowohl zum Urheberrecht als auch zum Datenbankhersteller-Recht finden sich in § 137g dUrhG. Art 7 IuKDG ist am 1. Januar 1998 in Kraft getreten.

Der **Begriff der Datenbank** wurde im deutschen Recht jeweils in Kombination **32** mit den urheberrechtlichen Voraussetzungen für den Schutz als Datenbankwerk bzw den Voraussetzungen für den Schutz nach § 87a ff dUrhG umgesetzt. § 4 alte Fassung dUrhG zum Sammelwerk wurde durch den Bestandteil der Datenbank-Definition „unabhängige Elemente" ergänzt; in einem neuen Abs 2 wurde das Datenbankwerk als eine besondere Form des Sammelwerks nach Abs 1 definiert, „dessen Elemente systematisch oder methodisch angeordnet und einzeln mit Hilfe elektronischer Mittel oder auf andere Weise zugänglich sind". Dieser Teil der Definition des Art 1 Abs 2 Datenbank-RL wurde also wortwörtlich übernommen.

Im Rahmen des besonderen Schutzes nach §§ 87a ff dUrhG wurde die Datenbank unter Übernahme der Datenbankdefinition in Art 1 Abs 2 Datenbank-RL und der Voraussetzungen nach Art 7 Abs 1 Datenbank-RL in § 87a Abs 1 Satz 1 dUrhG definiert. Nach der Struktur des Datenbankschutzes im deutschen UrhG ist also zwischen einer „Datenbank" zu unterscheiden, die Gegenstand des besonderen Schutzes nach §§ 87a ff dUrhG ist, und einem „Datenbankwerk" mit den besonderen Merkmalen einer Datenbank im Sinn des Art 1 Abs 2 Halbsatz 2 Datenbank-RL.

Der Ausschluss von bestimmten **Computerprogrammen** nach Art 1 Abs 3 **33** Datenbank-RL wurde im Zusammenhang mit dem Datenbankwerk in einem neuen § 4 Abs 2 Satz 2 dUrhG berücksichtigt. Dabei wählte der Gesetzgeber statt der Worte „Herstellung" und „Betrieb" der Datenbank die Worte „Schaffung" und „Ermöglichung des Zugangs zu" den Elementen des Datenbankwerks. Obwohl eine entsprechende Bestimmung nicht in § 87a dUrhG aufgenommen wurde, ist Art 1 Abs 3 Datenbank-RL auch hier zu berücksichtigen. Die Begründung zum Regierungsentwurf selbst wies darauf hin, dass Art 1 Abs 3 Datenbank-RL nur eine Klarstellung bedeute und keiner Umsetzung bedürfe[47].

2. *Österreich* (Walter)

Die Datenbank-RL wurde in Österreich mit **öUrhGNov 1997** umgesetzt. Die **34** urheberrechtlichen Sondervorschriften für Datenbankwerke sind im Abschnitt VIb (§§ 40f bis 40h öUrhG) enthalten; der *sui generis* Schutz für Datenbanken wird in den §§ 76c bis 76e öUrhG geregelt. Die erforderlichen Anpassungen in Bezug auf das angemessene Entgelt nach § 86 öUrhG erfolgte durch Hinzufügung einer weiteren Z 6 zu dieser Bestimmung. Die fremdenrechtlichen Vorschriften für den *sui generis* Schutz enthält § 97c öUrhG, die übergangsrechtlichen Art IV. Die öUrhGNov 1997 ist am 1. Januar 1998 in Kraft getreten.

---

[47] BT-Dr 13/7385, 42.

35 Die Definition des **Begriffs Datenbank** folgt nahezu wörtlich Art 1 Abs 2 Datenbank-RL (§ 40f Abs 1 öUrhG). Datenbanken im Sinn des Gesetzes sind danach Sammlungen von Werken, Daten oder anderen unabhängigen Elementen, die systematisch oder methodisch angeordnet und einzeln mit elektronischen Mitteln oder auf andere Weise zugänglich sind. Weitere Bestimmungen oder Klarstellungen enthält die öUrhGNov 1997 in diesem Zusammenhang nicht; auch die ErlRV geben keine Interpretationshilfen an die Hand. Die Auslegung des Begriffs der Datenbank wird deshalb richtlinienkonform im Sinn der vorstehenden Ausführungen zu Art 1 Abs 2 Datenbank-RL zu erfolgen haben.

36 Auch die Entscheidung der Richtlinie, die für die Herstellung oder den Betrieb elektronisch zugänglicher Datenbanken verwendeten **Computerprogramme** ausschließlich nach der Software-RL zu schützen (Art 1 Abs 3 Datenbank-RL), wird weitgehend wörtlich übernommen, allerdings in die Begriffsbestimmung der Datenbank eingebaut. Danach ist ein Computerprogramm, das für die Herstellung oder den Betrieb einer elektronisch zugänglichen Datenbank verwendet wird, nicht Bestandteil der Datenbank im beschriebenen Sinn (§ 40f Abs 1 Satz 2 öUrhG). Ungeachtet der etwas abweichenden Formulierung sind die genannten Computerprogramme ausschließlich als solche geschützt, genießen aber nicht (parallel) auch den urheberrechtlichen Schutz als Datenbankwerke oder den Sonderschutz nach § 76d öUrhG[48].

Artikel 2 Beschränkungen des Geltungsbereichs

Nach Art 2 gilt die Datenbank-RL unbeschadet der Bestimmungen der Software-RL, der Vermiet- und Verleih-RL und der Schutzdauer-RL.

Text

Artikel 2 Beschränkungen des Geltungsbereichs

Diese Richtlinie gilt unbeschadet der gemeinschaftlichen Bestimmungen[49]

a) über den Rechtsschutz von Computerprogrammen;
b) zum Vermietrecht und Verleihrecht sowie zu bestimmten dem Urheberrecht verwandten Schutzrechten im Bereich des geistigen Eigentums;
c) zur Schutzdauer des Urheberrechts und bestimmter verwandter Schutzrechte.

Aus den Erwägungsgründen

ErwG 23 Der Begriff „Datenbank" ist nicht auf für die Herstellung oder den Betrieb einer Datenbank verwendete Computerprogramme anzuwenden; diese Computerprogramme sind durch die Richtlinie 91/

---

[48] ErlRV öUrhGNov 1987, 6 Besonderer Teil zu § 40f; *Dittrich*, Urheberrecht[3], 180f.

[49] Nach Art 1 lit a Beschluss des Gemeinsamen EWR-Ausschusses Nr 59/96 vom 25. Oktober 1996 ABl L 21 vom 23.01.1997, 11 und EWR-Beilage Nr 4 vom 23.01.1997 werden im Anwendungsbereich des EWR die Worte „gemeinschaftlichen Bestimmungen" durch „EWR-Bestimmungen" ersetzt.

250/EWG des Rates vom 14. Mai 1991 über den Rechtsschutz von Computerprogrammen geschützt.

ErwG 24 Die Vermietung und der Verleih von Datenbanken werden hinsichtlich des Urheberrechts und verwandter Schutzrechte ausschließlich durch die Richtlinie 92/100/EWG des Rates vom 19. November 1992 zum Vermietrecht und Verleihrecht sowie zu bestimmten dem Urheberrecht verwandten Schutzrechten im Bereich des geistigen Eigentums geregelt.

ErwG 25 Die Schutzdauer des Urheberrechts ist bereits durch die Richtlinie 93/98/EWG des Rates vom 29. Oktober 1993 zur Harmonisierung der Schutzdauer des Urheberrechts und bestimmter verwandter Schutzrechte geregelt.

Kommentar

Während weder der ursprüngliche noch der geänderte **RL-Vorschlag** der Kommission eine dem Art 2 vergleichbare Bestimmung enthielt und weder der **Wirtschafts- und Sozialausschuss** noch das **Parlament** Vorschläge machten, sah der **Rat** schon in seinem Gemeinsamen Standpunkt eine ausdrückliche, in der Richtlinie beibehaltene Bestimmung über das Verhältnis zu den anderen bereits erlassenen Richtlinien auf dem Gebiet des Urheberrechts als notwendig an, um Kollisionen zwischen den verschiedenen Gemeinschaftsregelungen zu vermeiden. **1**

Schon in Art 1 Abs 3 Datenbank-RL ist klargestellt, dass sich der Schutz von Computerprogrammen ausschließlich nach der **Software-RL** richtet, und ein paralleler Schutz von Computerprogrammen nach der Datenbank-RL auch für Programme ausscheidet, die der Herstellung oder dem Betrieb von Datenbanken dienen. Art 2 stellt ergänzend klar, dass die Software-RL durch die Datenbank-RL ganz allgemein nicht berührt wird. **2**

Ist eine Datenbank nach Art 3 Abs 1 urheberrechtlich schutzfähig, so ist sie als Werk von der **Vermiet- und Verleih-RL** und insbes von deren Art 2 Abs 1 erfasst. Dem Urheber einer urheberrechtlich geschützten Datenbank steht demnach ein ausschließliches Vermietrecht sowie ein ausschließliches Verleihrecht zu, von dem nach Art 5 Vermiet- und Verleih-RL bestimmte Ausnahmen gemacht werden können. Für alle Einzelheiten in Bezug auf das Vermiet- und Verleihrecht, insbes die Definitionen des Vermietens und Verleihens, ist für den urheberrechtlichen Datenbankschutz[50] ausschließlich die Vermiet- und Verleih-RL maßgebend. **3**

Insbes Art 5 lit c Datenbank-RL zum urheberrechtlichen Schutz ist im Licht des Art 2 lit b zu lesen. Auf den ersten Blick enthält Art 5 lit c ein ausschließliches Recht der Verbreitung in jeder Form, also auch in Form der Vermietung und des Verleihs, das sich nur in Bezug auf den Weiterverkauf erschöpft, also ein ausschließliches Recht der Vermietung und des Verleihs weiterbestehen zu lassen scheint. Dagegen eröffnet Art 5 Vermiet- und Verleih-RL den Mitgliedstaaten die

[50] Zum *sui generis* Recht siehe Rz 4.

Möglichkeit, vom ausschließlichen Verleihrecht bestimmte Ausnahmen zu machen. Sowohl aus der Formulierung „unbeschadet" in Art 2 Datenbank-RL als auch aus der Klarstellung in ErwG 24, wonach sich der **Verleih** von Datenbanken „ausschließlich" nach der Vermiet- und Verleih-RL bestimmt, folgt, dass den Mitgliedstaaten diese Möglichkeit nach Art 5 Vermiet- und Verleih-RL weiterhin offen bleibt. Für das *sui generis* Recht gilt wiederum nur die Datenbank-RL[51].

Allein die in der Vermiet- und Verleih-RL nicht geregelten Aspekte des urheberrechtlichen[52] Schutzes von Datenbanken, wie etwa die Bestimmung des Schutzgegenstandes und der Urheberschaft (Art 3 und 4 Datenbank-RL), bestimmen sich nach der Datenbank-RL. Da die Vermiet- und Verleih-RL die Reichweite des Vermiet- und Verleihrechts regelt und folglich keine anderen als die ausdrücklich zugelassenen **Schranken**[53] zulässt, dürfte auch Art 6 Datenbank-RL nicht auf die Handlungen der Vermietung und des Verleihs anwendbar sein.

4 Die Bezugnahme zu Beginn des ErwG 24 auf „verwandte(r) Schutzrechte" erscheint überflüssig, da die Vermiet- und Verleih-RL ohnehin nur die verwandten Schutzrechte der ausübenden Künstler, Tonträgerhersteller, Filmhersteller und Sendeunternehmen regelt und deshalb selbst dann, wenn man das ***sui generis* Recht** als verwandtes Schutzrecht ansieht, dieses nicht erfassen kann. Da die Datenbank-RL im Übrigen den Schutz des in der Datenbank enthaltenen Materials unberührt lässt, ergibt sich kein potentieller Konflikt mit der Vermiet- und Verleih-RL. Der Verweis auf die verwandten Schutzrechte erscheint deshalb auch insofern obsolet.

5 Der Verweis auf die **Schutzdauer-RL** ist klarstellender Natur; hier ergibt sich keinesfalls eine Kollision, da die Datenbank-RL keine Vorschrift zur urheberrechtlichen Schutzdauer und die Schutzdauer-RL anderseits keine potentiell auf den *sui generis* Schutz von Datenbanken anwendbare Vorschrift enthält[54]. Die Schutzdauer einer urheberrechtlich geschützten Datenbank bestimmt sich also nach Art 1 Schutzdauer-RL, dessen Anwendung im Einzelnen wiederum von Art 4 Datenbank-RL bzw der entsprechenden Umsetzung in das nationale Recht der Mitgliedstaaten abhängt. Je nachdem, ob also im Einzelfall eine natürliche Person, eine juristische Person bzw der Urheber eines Kollektivwerks als erster Rechtsinhaber des Urheberrechts an einer Datenbank anerkannt ist, ist die Schutzdauer nach Art 1 Abs 1 bzw Abs 4 iVm 3 und 6 Schutzdauer-RL zu bestimmen. Bei gemeinsamer Schaffung der Datenbank durch eine Gruppe natürlicher Personen gemäß Art 4 Abs 3 Datenbank-RL ist Art 1 Abs 2 Schutzdauer-RL anzuwenden, auch wenn der dort verwendete Begriff der Miturheberschaft nicht notwendig mit der in Art 4 Abs 3 Datenbank-RL gewählten Umschreibung übereinstimmt. Im Fall einer anonym oder pseudonym veröffentlich-

---

[51] Siehe Rz 4.

[52] Der *sui generis* Schutz ist ohnehin nicht von ihr erfasst; siehe Rz 4.

[53] Urheberrechtliche Schranken im traditionellen Sinn sieht die Vermiet- und Verleih-RL für die Rechte der Vermietung und des Verleihs nicht vor. Beschränkungen im nicht technischen Sinn ergeben sich allein aus Art 5 Vermiet- und Verleih-RL.

[54] Vgl dazu auch *Walter* Art 1 Rz 17 Schutzdauer-RL.

ten Datenbank findet Art 1 Abs 3 Schutzdauer-RL Anwendung. Beginnt die Schutzdauer im Einzelfall mit dem erlaubten Zugänglichmachen an die Öffentlichkeit (wie zB im Falle der Rechtsinhaberschaft einer juristischen Person) und wird die Datenbank in Teilen veröffentlicht, werden also zB in gewissen Zeitabständen schutzfähige Erweiterungen oder Ergänzungen der Datenbank vorgenommen, so berechnet sich die Schutzdauer nach Art 1 Abs 5 Schutzdauer-RL. Auch wenn mit dieser Bestimmung ursprünglich an sogenannte Lieferungswerke gedacht war, so erfasst der Wortlaut auch den soeben genannten Fall.

Über Art 1 Schutzdauer-RL hinaus sind auch Art 4, 7 Abs 1 und 3 sowie 8 bis 10 Schutzdauer-RL in Bezug auf die Dauer des urheberrechtlichen Datenbankschutzes zu beachten.

Die Tatsache, dass die **Satelliten- und Kabel-RL** in Art 2 nicht genannt ist, wird **6**
damit zu erklären sein, dass sich die Satelliten- und Kabel-RL nur auf „Programme" im herkömmlichen Sinn bezieht, innerhalb welcher Datenbanken nicht gesendet werden[55]. Auch erfasst sie die Übertragung einer Datenbank über Satellit oder Kabel *on-demand* nicht. Da die Satelliten- und Kabel-RL also überhaupt nicht einschlägig ist, musste sie auch in Art 2 nicht genannt werden.

Umsetzung in Deutschland und Österreich

1. Deutschland (v Lewinski)

Eine besondere **Umsetzung** von Art 2 Datenbank-RL war **nicht erforderlich.** **7**
Sowohl die Software-RL als auch die Vermiet- und Verleih-RL und die Schutzdauer-RL sind schon vor 1998 umgesetzt worden. § 4 Abs 2 Satz 2 dUrhG stellt ausdrücklich klar, dass sich der Schutz von Computerprogrammen nur nach §§ 69a dUrhG richtet. Die für den Urheberrechtsschutz relevanten Vorschriften der Vermiet- und Verleih-RL und der Schutzdauer-RL gelten in ihrer Umsetzung in das deutsche Recht nun auch für den neu umgesetzten Schutz von Datenbankwerken.

2. Österreich (Walter)

Art 2 Datenbank-RL bedurfte keiner besonderen Regelung durch die **öUrhG-Nov 1997**. Die Software-RL wurde ebenso wie die Vermiet- und Verleih-RL bereits mit öUrhGNov 1993 umgesetzt, während die Umsetzung der Schutzdauer-RL mit **öUrhGNov 1996** erfolgte. Wie bereits erwähnt, sind Computerprogramme ausschließlich nach den einschlägigen Bestimmungen für Computerprogramme geschützt (§§ 40a ff öUrhG); der urheberrechtliche Schutz für Datenbankwerke ist auf Programme auch dann nicht anwendbar, wenn diese zur Herstellung oder zum Betrieb von Datenbanken verwendet werden (§ 40f Abs 1 Satz 2 öUrhG). Soweit nicht ausdrücklich etwas anderes bestimmt ist, gelten die urheberrechtlichen Bestimmungen ohne Einschränkungen für Datenbankwerke entsprechend; dies gilt auch für die urheberrechtliche Schutzfrist von Datenbankwerken. **8**

---

[55] Siehe zB Art 1 Abs 2 lit a und Art 1 Abs 3 Satelliten- und Kabel-RL, die sich auf „programmtragende Signale" und „Fernseh- oder Hörfunkprogramme" beziehen.

Kapitel II Urheberrecht

Artikel 3 Schutzgegenstand

Im **Kapitel II Urheberrecht** bestimmt zunächst Art 3 die Voraussetzungen für die urheberrechtliche Schutzfähigkeit einer Datenbank und stellt klar, dass sich der Schutz der Datenbank nicht auf ihren Inhalt selbst erstreckt und die Rechte daran unberührt lässt.

Übersicht

Text

Artikel 3 Schutzgegenstand

(1) Gemäß dieser Richtlinie werden Datenbanken, die aufgrund der Auswahl oder Anordnung des Stoffes eine eigene geistige Schöpfung ihres Urhebers darstellen, als solche urheberrechtlich geschützt. Bei der Bestimmung, ob sie für diesen Schutz in Betracht kommen, sind keine anderen Kriterien anzuwenden.

(2) Der durch diese Richtlinie gewährte urheberrechtliche Schutz einer Datenbank erstreckt sich nicht auf deren Inhalt und läßt Rechte an diesem Inhalt unberührt.

Aus den Erwägungsgründen

ErwG 15 Die Kriterien, ob eine Datenbank für den urheberrechtlichen Schutz in Betracht kommt, sollten darauf beschränkt sein, daß der Urheber mit der Auswahl oder Anordnung des Inhalts der Datenbank eine eigene geistige Schöpfung vollbracht hat. Dieser Schutz bezieht sich auf die Struktur der Datenbank.

ErwG 16 Bei der Beurteilung, ob eine Datenbank für den urheberrechtlichen Schutz in Betracht kommt, sollten keine anderen Kriterien angewendet werden als die Originalität im Sinne einer geistigen Schöpfung; insbesondere sollte keine Beurteilung der Qualität oder des ästhetischen Wertes der Datenbank vorgenommen werden.

ErwG 18 Diese Richtlinie läßt die Freiheit der Urheber unberührt zu entscheiden, ob oder in welcher Form sie die Aufnahme ihrer Werke in eine

Datenbank gestatten und insbesondere ob die Genehmigung ausschließlich ist oder nicht.

ErwG 26 Für urheberrechtlich geschützte Werke und durch verwandte Schutzrechte geschützte Leistungen, die in eine Datenbank aufgenommen sind, gelten jedoch weiterhin die jeweiligen ausschließlichen Rechte; ohne Erlaubnis des Rechtsinhabers oder dessen Rechtsnachfolgers dürfen sie somit nicht in eine Datenbank aufgenommen oder aus dieser vervielfältigt werden.

ErwG 27 Das Urheberrecht an Werken bzw die verwandten Schutzrechte an Leistungen, die auf diese Weise in Datenbanken aufgenommen sind, werden in keiner Weise durch die Existenz eines gesonderten Rechts an der Auswahl oder Anordnung dieser Werke und Leistungen in der Datenbank berührt.

Kommentar

1. Schutz von Datenbankwerken (Abs 1)

1.1. Auswahl oder Anordnung des Stoffs

(A) Entstehungsgeschichte

Von Beginn an war vorgeschlagen worden, dass sich der urheberrechtliche Schutz auf die Auswahl oder Anordnung des Datenbankinhalts beziehen sollte. Die Kommission hatte in ihrem ursprünglichen **RL-Vorschlag** in Art 2 Abs 1 noch ausdrücklich auf Art 2 Abs 5 RBÜ 1967/1971 Bezug genommen und die nun in Art 3 Abs 1 enthaltene Bestimmung in einer geringfügig anderen Fassung in Art 2 Abs 3 vorgesehen. Der **Wirtschafts- und Sozialausschuss**, das **Europäische Parlament** und die Kommission in ihrem **geänderten RL-Vorschlag** schlugen dazu keine Änderungen vor. Der **Rat** strich jedoch die Bezugnahme auf die RBÜ 1967/1971 in Art 2 Abs 1 des Kommissionsvorschlags[56]. Dadurch wurde der Text nicht nur vereinfacht, sondern auch klarer, da der Schutzumfang des Art 2 Abs 5 RBÜ 1967/1971 im Detail nicht vollständig mit demjenigen des Richtlinientexts übereinstimmt[57]. **1**

---

[56] Der Wortlaut von Art 2 Abs 5 RBÜ 1967/71, der auf Sammlungen von „Werken" beschränkt ist, und der systematische Zusammenhang mit Art 2 Abs 1 RBÜ sprechen dafür, dass Abs 5 eine Sondervorschrift ist, so dass in Bezug auf Sammlungen von anderem Material als Werken nicht auf die allgemeine Vorschrift des Art 2 Abs 1 RBÜ zurückgegriffen werden kann; sonst wäre die Beschränkung in Art 2 Abs 5 auf „Sammlungen von Werken" weder sinnvoll noch verständlich. Allerdings ist zu erwähnen, dass die Mehrheit der Mitgliedstaaten der Berner Union der Meinung ist, dass Sammlungen von Daten und anderem nicht unter Art 2 Abs 5 RBÜ fallenden Material von Art 2 Abs 1 RBÜ erfasst sind; insbes sprachen sie sich im Rahmen der Beratungen der Sachverständigenausschüsse zu einem möglichen Protokoll zur RBÜ dafür aus, dass die geplante Bestimmung zum urheberrechtlichen Schutz von Datensammlungen im Rahmen des möglichen Protokolls zur RBÜ deklaratorischer Natur sein sollte (WIPO-Dok Nr BCP/CE/IV/3 vom 09.12.1994 Z 41). Dies fand schließlich in Art 5 WCT und der vereinbarten Erklärung dazu seinen Ausdruck. Siehe auch WIPO, Implications of the TRIPS-Agreement on Treaties Administered by WIPO, Industrial Property and Copyright 1996, 164 Z 40.

[57] Siehe dazu auch Begründung RL-Vorschlag 2. Teil Z 2.1.

(B) Auswahl oder Anordnung

2 Wie Art 2 Abs 5 RBÜ 1967/1971 und Art 10 Abs 2 TRIPs-Abkommen fordert die Richtlinie nicht, dass die Kriterien „Auswahl" und „Anordnung" kumulativ vorliegen müssen. Es reicht also für den urheberrechtlichen Schutz aus, wenn die Datenbank entweder in Bezug auf die **Auswahl oder** in Bezug auf die **Anordnung** eine eigene geistige Schöpfung ihres Urhebers darstellt. Demnach sind potentiell mehr Datenbanken urheberrechtlich schutzfähig als dies bei einer Kumulierung beider Voraussetzungen der Fall wäre[58].

3 Anders als nach Art 2 Abs 5 RBÜ 1967/1971[59], jedoch so wie nach Art 10 Abs 2 TRIPs-Abkommen, bezieht sich die Auswahl oder Anordnung auf den „**Stoff**", also auf Werke, Daten oder andere unabhängige Elemente im Sinn der Definition der Datenbank nach Art 1 Abs 2.

(C) Besondere Erwägungen zur Auswahl

4 Das Kriterium der **Auswahl** bezieht sich auf die in Art 1 Abs 2 genannten **unabhängigen Elemente**, also zB die Auswahl bestimmter, in die Datenbank aufzunehmender Fotografien, Filme, Kompositionen oder Fakten. Dementsprechend kann sich die Auswahl nicht auf einzelne Pixel, Töne etc einer Werkaufzeichnung beziehen, da solche Elemente keine einzeln zugänglichen und unabhängigen Elemente sind[60]. Dagegen bezieht sich die Auswahl nicht auf den Gesamtgegenstand einer Datenbank; so stellt zB die grundsätzliche Entscheidung, eine Datenbank mit einer vollständigen Sammlung aller in- und ausländischen Rechtsvorschriften im Zusammenhang mit der Bienenzucht (und nicht etwa zum Stellvertretungsrecht etc) zu erstellen, keine Auswahl im Sinn von Art 3 Abs 1 dar[61]. Viele moderne Datenbanken werden im Hinblick auf die getroffene Auswahl keine Originalität aufweisen, da sie auf Vollständigkeit ausgerichtet sind und daher eine Auswahl gerade nicht stattfindet[62].

(D) Besondere Erwägungen zur Anordnung

5 Auch die **Anordnung** muss sich auf den „Stoff" im Sinn von Art 3 Abs 1, also auf die einzeln zugänglichen, **unabhängigen Elemente** im Sinn von Art 1 Abs 2 beziehen. Im Zusammenhang mit der Definition in Art 1 Abs 2 stellt sich die Frage, ob die Voraussetzungen für einen urheberrechtlichen Schutz nach der Richtlinie strenger sind als nach vielen nationalen Vorschriften betreffend Sam-

---

58 *Mallet-Poujol*, Droit de l'informatique & des Telecoms 1996/1, 8, bedauert diese schwächere Ausgestaltung der Schutzvoraussetzungen. Während nach der englischen Fassung des Art 2 Abs 5 RBÜ 1967/1971 beide Voraussetzungen kumulativ vorliegen müssen, gebraucht die maßgebliche französische Fassung das Wort *„ou"* (oder).

59 Zu Art 2 Abs 1 RBÜ 1967/71 siehe FN 58.

60 Siehe zu diesem Problem im Zusammenhang mit dem RL-Vorschlag *Dreier*, GRUR Int 1992, 745 sowie oben Art 1 Rz 18ff und 22f.

61 Siehe für ein anderes Beispiel *Berger*, GRUR 1997, 173f; er weist auch auf die schöpferische Auswahltätigkeit des Nutzers hin.

62 Siehe Beispiele zur Auswahl bei *Gaster*, Kommentar Art 3 Rz 144 bis 152; vgl auch *Grützmacher*, Datenbanken 206ff.

melwerke, wie etwa nach § 4 dUrhG oder § 6 öUrhG. Dies wäre dann der Fall, wenn die Kriterien **„systematisch oder methodisch angeordnet"** in Art 1 Abs 2 eine Anordnung nach künstlerischen Gesichtspunkten oder persönlichen Präferenzen ausschlössen. Nimmt man dies an, so ergäbe sich die weitere Frage, ob solche traditionellen Sammelwerke weiterhin geschützt werden können oder nach der Richtlinie vom Schutz ausgeschlossen werden müssen. Letzteres ist schon im Hinblick auf die Weitergeltung von Art 2 Abs 5 RBÜ 1967/1971 nicht anzunehmen. Daher wird schon die Voraussetzung „systematisch oder methodisch angeordnet" in Art 1 Abs 2 so weit auszulegen sein, dass sie nur zur Abgrenzung einer rein zufälligen Anordnung dient und Sammlungen, die nach künstlerischen oder ähnlichen Gesichtspunkten angeordnet sind, nicht ausschließen soll[63].

Bei **elektronischen Datenbanken** stellt sich die Frage, wie das Merkmal der **6**
„Anordnung" zu bestimmen ist[64]. Zunächst kann sich dieses Kriterium sinnvollerweise nicht auf die physische Anordnung der Daten im Speichermedium beziehen, da diese technisch bedingt ist. Sie wird von dem Computerprogramm, das für den Betrieb der Datenbank verwendet wird, und von dem jeweiligen Betriebssystem bestimmt. Daten, die aus Sicht des Benutzers in einer bestimmten, zusammenhängenden Struktur präsentiert werden, können sich tatsächlich in verschiedenen Speichereinheiten des Computers befinden[65]. Als maßgebliche Anordnung kann statt dessen die **Anordnung** der Daten bei der **Wiedergabe** auf dem Bildschirm, also der Darbietung bei der Benutzung der Datenbank angesehen werden. Diese Anordnung hängt von der **Befehlsstruktur** ab. Als problematisch ist dabei nicht nur angesehen worden, dass sich die Originalität der Datenbank aus der Originalität dieses nicht selbständig geschützten Teils herleiten würde, sondern auch, dass die Schutzfähigkeit einer auf Vollständigkeit angelegten Datenbank nur davon abhinge, ob die verwendete Befehlsstruktur gegenüber vergleichbaren Befehlsstrukturen Originalität aufweist oder nicht[66]. Für **Fakteninformationssysteme** ist vorgeschlagen worden, die maßgebliche Anordnung im Entwurf des Datenmodells zu sehen[67]. Nach einer weiteren Ansicht ist auf das logische Gesamtmodell abzustellen, das der Datenbank zu Grunde liegt[68]. Auch wird sich die schöpferische Leistung bei der Anordnung in elektronischen Datenbanken im Zugangs- und Abfragesystem manifestieren, wobei die Individualität der verwendeten Computerprogramme nicht berücksichtigt werden darf, sondern nur die Art und Weise der durch die Programme bewirkten Zugangs- und Abfragemöglichkeiten[69].

---

[63] Siehe zur Erläuterung der Voraussetzung „systematisch oder methodisch angeordnet" schon Art 1 Rz 20f oben.

[64] Siehe dazu ausführlich *Leistner*, Rechtsschutz 74ff; *Grützmacher*, Datenbanken 210ff.

[65] Siehe dazu *Pattison*, EIPR 1992, 116; siehe auch *Beutler*, EntLR 1996, 325. Vgl auch ErwG 21 Satz 2.

[66] Siehe dazu *Dreier*, GRUR Int 1992, 746 mit Hinweis auf *Pattison*, EIPR 1992, 116; siehe auch kritisch *Beutler*, EntLR 1996, 326.

[67] *Wiebe*, CR 1996, 201.

[68] Siehe *Heitland*, IuKDG 10. Teil § 4 Rz 31 mit Verweis auf *Wiebe/Funkat*, MMR 1998, 73.

[69] Siehe *Loewenheim* in *Schricker*, Kommentar² § 4 Rz 35 mwN.

Da die meisten elektronischen Datenbanken auf Vollständigkeit ausgerichtet sind, und die in der Anordnung manifestierte geistige Schöpfung oft nur im Computerprogramm gelegen ist, das nach Art 1 Abs 3 gesondert geschützt wird, dürften die meisten elektronischen Datenbanken nach der Richtlinie nicht urheberrechtlich geschützt sein.

1.2. Schutzvoraussetzung

7 Schon der **RL-Vorschlag** der Kommission enthielt in seinem Art 2 Abs 3 die Umschreibung der Schutzfähigkeit, die sich heute, ohne vom **Europäischen Parlament** in Frage gestellt worden zu sein, in Art 3 Abs 1 wiederfindet. Die Kommission begründete die Übernahme der maßgeblichen Kriterien aus der **Software-RL** mit der Ähnlichkeit des schöpferischen Prozesses bei Datenbanken und Computerprogrammen sowie damit, dass Computerprogramme ein wesentlicher Bestandteil des Datenbankmanagements seien (Begründung RL-Vorschlag 2. Teil Z 2.3.).

8 Die Datenbank-RL ist inzwischen die **dritte Europäische Richtlinie** nach der Software-RL (Art 1 Abs 3) und der Schutzdauer-RL (Art 5 in Bezug auf Werke der Fotografie), die als Voraussetzung des Urheberrechtsschutzes das Kriterium der **eigenen geistigen Schöpfung** nennt und andere Kriterien ausdrücklich ausschließt[70]. Es ist davon auszugehen, dass die Kommission im Rahmen künftiger RL-Vorschläge, bei denen die urheberrechtlichen Schutzvoraussetzungen im Einzelfall zu regeln sind, auf dasselbe Kriterium zurückgreifen wird[71]. Dies entspräche jedenfalls einem in sich stimmigen, den Vorwurf des *piece meal approach* widerlegenden Ansatz. Allerdings sind die nationalen Gesetzgeber derzeit nicht verpflichtet, dieses Kriterium auch für andere Werkarten vorzusehen; ausgeschlossen ist ein solches Vorgehen bei der Umsetzung der Datenbank-RL jedoch nicht[72].

9 Wie hoch die Schutzvoraussetzungen nach den Kriterien der Richtlinie sein müssen, wird im Einzelfall schwierig zu bestimmen sein. Aus Europäischer Sicht wird versucht, diese Voraussetzungen so zu harmonisieren, dass Mitgliedstaaten mit hohen Anforderungen an die Schutzfähigkeit diese herabsetzen müssen und andere, wie insbes das Vereinigte Königreich mit seinem Konzept

---

[70] Während der Wortlaut der drei Richtlinien übereinstimmt, weicht derjenige des dazugehörigen ErwG 17 der Schutzdauer-RL von demjenigen der ErwG 15 und 16 Datenbank-RL sowie ErwG 8 Software-RL ab. Ein fotografisches Werk sei „als ein individuelles Werk zu betrachten, wenn es die eigene geistige Schöpfung des Urhebers darstellt, in der seine Persönlichkeit zum Ausdruck kommt". Maßgebend für die Auslegung ist allerdings der Richtlinientext selbst.

[71] Ähnlich *Benabou*, Droits d'auteur et droit communautaire 247 (Z 409).

[72] So schlägt zB *Schricker* in *Schricker*, Urheberrecht auf dem Weg in die Informationsgesellschaft 44 (49) für das deutsche Recht vor, den Schutzstandard für alle urheberrechtlich geschützten Werke im Sinn der partiellen Vorgaben der Richtlinie zu definieren und damit auf das Erfordernis einer besonderen Schöpfungshöhe zu verzichten; ähnlich *Schricker*, Fairwell to the „Level of Creativity" (*Schöpfungshöhe*) in German Copyright Law? IIC 1995, 41 (44f) und wohl auch *Heker*, So bleibt zu befürchten, dass …, Börsenblatt für den deutschen Buchhandel 1992, 22 (29); siehe auch *Flechsig*, ZUM 1997, 581f.

der *originality*, die Anforderungen anheben müssen[73]. *Originality* gemäß dem britischen Recht fordert nach dem sogenannten *sweat of the brow*-Test nicht mehr als *skill and labour*[74], also den reinen Investitions- und Arbeitsaufwand[75], und damit keine „eigene geistige Schöpfung". Die Tatsache, dass diese „originality" die Voraussetzungen von Art 3 Abs 1 nicht erfüllt, hat auch in der Übergangsbestimmung des Art 14 Abs 2 Ausdruck gefunden, der wohlerworbene Copyright-Rechte schützt, indem er den Copyright-Schutz von bestehenden Datenbanken, welche die Kriterien des Art 3 Abs 1 nicht erfüllen, unberührt lässt. Im Rahmen der Software-RL sollte das Kriterium der „eigenen geistigen Schöpfung" insbes bewirken, dass die vom deutschen BGH für Computerprogramme aufgestellten, besonders hohen Anforderungen[76] abgesenkt werden.

Klar ist jedenfalls, dass andere Kriterien, die nicht unter den Begriff der „eigenen geistigen Schöpfung" fallen, wie etwa die Qualität oder der ästhetische Wert, nicht zu beachten sind. Klar ist auch, dass kein besonderes Maß an Individualität und damit keine besonderen Anforderungen an die Gestaltungshöhe verlangt werden dürfen, so dass auf jeden Fall die **„kleine Münze"** im Sinn des deutschen Rechts zu schützen ist. Nicht ganz eindeutig geht allerdings aus der Richtlinie hervor, ob auch diejenigen Datenbanken, deren Anforderungen unterhalb derjenigen der „kleinen Münze", jedoch oberhalb des Kriteriums *originality* nach britischem Recht liegen, zu schützen sind. Soweit erforderlich, müsste der EuGH hierzu Klarheit schaffen[77].

2. Schutz des Datenbankinhalts (Abs 2)

Schon in Art 2 Abs 4 des ursprünglichen **RL-Vorschlags** war vorgesehen, dass **10**
sich der urheberrechtliche Schutz einer Datenbank nicht auf die darin enthaltenen Werke oder Informationen erstreckt, seien diese selbst nun urheberrechtlich geschützt oder nicht; auch sollte die Datenbank „unbeschadet" von Rechten an den Werken oder Informationen geschützt werden. Diese Bestimmung wurde inhaltlich im Verlauf der weiteren Beratungen im Rechtssetzungsverfahren nicht in Frage gestellt. Der Rat einigte sich allerdings in seinem **Gemeinsamen Standpunkt** auf die einfachere und insbes in Bezug auf den zweiten Teil präzisere[78] Fassung des heutigen Art 3 Abs 2.

---

[73] Vgl auch *Benabou*, Droits d'auteur et droit communautaire 245 (Z 406).

[74] Siehe dazu ausführlich *Walter* Art 1 Rz 11f Software-RL.

[75] Die US-amerikanische Feist-Entscheidung hat gezeigt, dass auch in einem Copyright-System für die Schutzfähigkeit eines Werks mehr als nur der reine Arbeits- und Investitionsaufwand gefordert werden kann; siehe Feist Publications v Rural Telephone Service Co, 111 S Ct 1282 (1991) = GRUR Int 1991, 933 (*Hoebbel*).

[76] Die Programmierleistung sollte „erheblich über dem Durchschnitt liegen".

[77] Vgl dazu ausführlich *Walter* Art 1 Rz 13ff Software-RL und Stand der Harmonisierung Rz 6ff. Siehe auch *Leistner*, Rechtsschutz 68ff; *Lehmann*, IIC 1998, 780f.

[78] Während nach der Kommissionsfassung der Schutz der Datenbank vom Rechtsschutz ihres Inhalts unberührt bleiben sollte, bestimmt Art 3 Abs 2 umgekehrt, dass die Rechte am Inhalt von dem Schutz der Datenbank unberührt bleiben sollen. In dieser anderen Schwerpunktsetzung dürfte auch die ursprüngliche Intention der Kommission besser zum Ausdruck kommen.

11 In der Bestimmung des Abs 2 sind zwei Aussagen enthalten. Zunächst wird klargestellt, dass sich der **urheberrechtliche Schutz** einer Datenbank **nicht** auf ihren **Inhalt** erstreckt. Dies ergibt sich schon aus Abs 1 und ErwG 15 (insbes Satz 2), denen zufolge sich die „eigene geistige Schöpfung" und damit das schutzbegründende Merkmal nur auf die Auswahl oder Anordnung des Stoffs bzw die „Struktur" der Datenbank bezieht. Der Schutz kann nur so weit reichen wie die urheberrechtlichen Schutzvoraussetzungen vorliegen. Schon daraus ergibt sich, dass eine Datenbank als solche nur hinsichtlich der Auswahl oder Anordnung des Stoffs geschützt sein kann, nicht aber im Hinblick auf die in ihr enthaltenen Werke oder anderen Elemente. Diese Klarstellung fehlt zwar in Art 2 Abs 5 RBÜ 1967/1971, scheint aber in Art 10 Abs 2 TRIPs-Abkommen und inzwischen auch in Art 5 Satz 2 WCT auf; sie mag notwendig gewesen sein, um (unbegründeten) Befürchtungen entgegenzutreten, wonach der urheberrechtliche Datenbankschutz insbes zu einem Monopol an reinen Informationen führen würde. Der Inhaber eines Urheberrechts an einer Datenbank kann demzufolge aus eigenem Recht etwa die Vervielfältigung eines in der Datenbank gespeicherten Werkes oder einzelner Fakten sowie weitere in Art 5 bezeichnete Handlungen in Bezug auf solche einzelnen Elemente nicht verhindern. Nur soweit die Vervielfältigung oder andere Nutzungshandlung einen schutzfähigen Teil der Datenbank, also eine auf Grund der Auswahl oder Anordnung gegebene eigene geistige Schöpfung betrifft, kann er diese Handlungen verbieten. Einen zusätzlichen Aspekt dieser ersten Aussage erwähnt die Begründung RL-Vorschlag; so kann insbes ein Tonträgerhersteller, der verschiedene Tonträger in einer Datenbank zusammenstellt und dadurch einen Urheberrechtsschutz an der Datenbank erlangt, auf diesem Wege kein Urheberrecht an den einzelnen Tonträgern erlangen (Begründung RL-Vorschlag 2. Teil Z 2.4.).

12 Der zweiten Aussage dieses Absatzes zufolge bleiben die **Rechte** an dem **Datenbankinhalt** von dem urheberrechtlichen Schutz der Datenbank **unberührt**. Dieser Gedanke findet sich auch in Art 2 Abs 5 RBÜ 1967/1971, Art 10 Abs 2 Satz 2 TRIPs-Abkommen und in Art 5 Satz 2 WCT. Soweit also Rechte an den in die Datenbank aufgenommenen Elementen bestehen, sind sie zu beachten. Lädt zB ein Nutzer ein Werk aus der Datenbank in seinen Computer, stellt davon Vervielfältigungsstücke her und verbreitet diese, so muss er gegebenenfalls die Zustimmung des Urhebers des Werks einholen. Auch kann etwa der Urheber eines in der Datenbank enthaltenen Werks die Vervielfältigung oder sonstige Verwertung dieses Werkes selbst dann erlauben, wenn der Urheber der Datenbank die Verwertung dieser Datenbank oder eines Teils davon verbietet. Der Datenbankurheber kann die Verwertung der einzelnen Werke nicht behindern.

ErwG 18 Satz 1 präzisiert dies noch dahingehend, dass der Urheber nicht nur darüber entscheiden kann, ob das Werk in die Datenbank aufgenommen werden soll oder nicht, sondern auch darüber, ob er eine ausschließliche oder nur eine einfache Lizenz erteilen möchte. All dies entspricht den schon bisher geltenden urheberrechtlichen Grundsätzen insbes im Zusammenhang mit Sammelwerken.

Umsetzung in Deutschland und Österreich

1. Deutschland (v Lewinski)

Da **Datenbankwerke** gem § 4 Abs 2 dUrhG als **Sammelwerke** geschützt werden, musste die Bestimmung, nach der sich der Schutz auf die Auswahl oder Anordnung des Stoffes bezieht, nicht gesondert umgesetzt werden; sie findet sich in § 4 Abs 1 dUrhG zur Definition des Sammelwerks. Für die Umsetzung von Art 3 Abs 1 Satz 2 Datenbank-RL, demzufolge über die **eigene geistige Schöpfung** hinaus keine anderen Kriterien bei der Bestimmung der Schutzfähigkeit anzuwenden sind, bestand nach der Begründung des Regierungsentwurfs kein Bedarf. Anders als bei der Umsetzung der Software-RL bestehe bei den Sammelwerken keine besondere Problemlage in Deutschland, da die Rechtsprechung hier keine besonderen Anforderungen an die Schutzfähigkeit gestellt habe. Aus demselben Grunde sei auch schon im Zusammenhang mit den Werken der Fotografie im Rahmen der Schutzdauer-RL auf eine ausdrückliche Umsetzung der entsprechenden Richtlinienbestimmung verzichtet worden[79]. **13**

Schon bisher sah § 4 alte Fassung dUrhG vor, dass die an den **einzelnen Beiträgen** bestehenden Urheberrechte vom Sammelwerkschutz unberührt bleiben. Diese „Unberührtheitsklausel" müsste entsprechend **Art 3 Abs 2 Datenbank-RL** also nur auf die verwandten Schutzrechte erstreckt werden. Da im Übrigen schon aus der Beschränkung des Schutzes auf die Auswahl oder Anordnung des Stoffs folgt, dass einzelne inhaltliche Elemente nicht vom Datenbankschutz erfasst werden, war die entsprechende Bestimmung des Art 3 Abs 2 Datenbank-RL nicht umzusetzen. **14**

2. Österreich (Walter)

Der urheberrechtliche Schutz von Datenbanken (Datenbankwerken) wird dadurch erreicht, dass § 40f Abs 2 öUrhG **Datenbankwerke** als **Sammelwerke** (§ 6 UrhG) schützt, wenn sie infolge der Auswahl oder Anordnung des Stoffs eine eigentümliche geistige Schöpfung sind. Originell gestaltete Datenbanken waren schon vor Umsetzung der Datenbank-RL als Sammelwerke urheberrechtlich geschützt. Bereits die öUrhGNov 1953 hatte dazu schon klargestellt, dass Sammelwerke nicht bloß aus Werken der Literatur und Kunst, sondern auch aus (anderen) Beiträgen bestehen können. Wenngleich § 6 öUrhG von der Zusammenstellung „zu einem einheitlichen Ganzen" spricht, sind auch urheberrechtlich geschützte Sammelwerke denkbar, bei welchen die Originalität nicht in der Zusammenstellung zu einem einheitlichen Ganzen liegt. Jedenfalls wird dies nicht für die urheberrechtliche Schutzfähigkeit von Datenbanken gelten; der Hinweis darauf, dass Datenbanken „als Sammelwerke" urheberrechtlich geschützt sind, darf auch nicht zu einer Kumulierung der Schutzvoraussetzungen nach § 6 und § 40f Abs 2 öUrhG führen. Eine gleichzeitige Bereinigung der Begriffsbestimmung der Sammelwerke wäre freilich wünschenswert gewesen. **15**

---

[79] Begründung zum Regierungsentwurf BT-Dr 13/7385, 43; siehe auch *Loewenheim* in *Schricker*[2], Kommentar § 4 Rz 33; *Heitland*, IuKDG, 10. Teil § 4 Rz 26 bis 29 und 36 bis 40; *Grützmacher*, Datenbanken 182f; *Leistner*, MMR 1999, 637 (zu BGH 06.05.1999), jeweils insbes auch zum Problem der Individualität und der Gestaltungshöhe.

16 Als **Schutzvoraussetzung** für den urheberrechtlichen Schutz von Datenbanken stellt § 40f Abs 2 öUrhG auf die allgemeine Umschreibung der Originalität in § 1 Abs 1 öUrhG ab und spricht deshalb von „eigentümlichen" und nicht von „eigenen" geistigen Schöpfungen im Hinblick auf die Auswahl oder Anordnungen des Stoffs. Die ErlRV führen dazu aus[80], es bestünde kein sachlicher Unterschied zwischen diesen Begriffen. Wie oben sowie zur Software-RL dargelegt[81], gehen die Richtlinien jedoch von einem reduzierten Originalitätsbegriff aus, der in der klassischen Formulierung „eigentümliche geistige Schöpfung" nicht zum Ausdruck kommt. Hinzu kommt, dass § 40a Abs 1 öUrhG für Computerprogramme, von der in den Richtlinien verwendeten Formulierung (eigene geistige Schöpfung ihres Urhebers) ausgeht, was zu Auslegungsschwierigkeiten führen könnte. Richtlinienkonform wird jedenfalls sowohl für Computerprogramme als auch für urheberrechtlich geschützte Datenbanken vom Originalitätsbegriff der Richtlinie auszugehen sein, wonach nur alltägliche bzw banale Programme oder Datenbanken nicht urheberrechtlich schutzfähig sind.

17 Art 3 Abs 2 Datenbank-RL bedurfte deshalb keiner besonderen Umsetzung, weil das österr Urheberrecht ganz allgemein von einer **Parallelität** der Schutzrechte (Urheberrecht, Leistungsschutz, Musterschutz etc) ausgeht. So beeinträchtigt etwa der Leistungsschutz des ausübenden Künstlers oder des Tonträgerherstellers die Rechte an den interpretierten oder aufgenommenen Werke nicht; es entspricht dies einem allgemeinen urheberrechtlichen Grundsatz. Die Rechte am **Inhalt** einer Datenbank bleiben deshalb von einem allfälligen urheberrechtlichen Schutz der Datenbank selbst **unberührt**. Die ErlRV[82] weisen in diesem Zusammenhang auch darauf hin, dass sich dies schon aus § 6 öUrhG ergibt, wo am Ende ausdrücklich davon die Rede ist, dass die an den in eine Sammlung aufgenommenen Beiträgen etwa bestehenden Urheberrechte unberührt bleiben. Auch im Rahmen des § 6 öUrhG wird dies aber über die dort ausdrücklich erwähnten Urheberrechte hinaus als Ausdruck eines allgemeinen Grundsatzes zu verstehen sein, der sich auf Urheberrechte ebenso bezieht wie auf Leistungsschutzrechte und andere (gewerbliche) Schutzrechte. Auf der anderen Seite erstreckt sich ein urheberrechtlicher Schutz an einer Datenbank nicht auf **inhaltliche Elemente**, sondern nur auf die getroffene Auswahl oder Anordnung, was schon in der aus der Richtlinie übernommenen Umschreibung des Begriffs der Datenbank zum Ausdruck kommt.

Artikel 4 Urheberschaft

Art 4 bestimmt, dass Urheber einer Datenbank grundsätzlich die natürliche Person oder die Gruppe natürlicher Personen ist, welche die Datenbank geschaffen hat. Er lässt Ausnahmen nach den Rechtsvorschriften der Mitgliedstaaten in bestimmten Fällen zu.

---

[80] ErlRV öUrhGNov 1997 bei *Dittrich*, Urheberrecht[3], 180f.
[81] Vgl *Walter* Art 1 Rz 13ff und 44 Software-RL.
[82] ErlRV öUrhGNov 1997 bei *Dittrich*, Urheberrecht[3], 181.

Übersicht

Text

Artikel 4 Urheberschaft

(1) Der Urheber einer Datenbank ist die natürliche Person oder die Gruppe natürlicher Personen, die die Datenbank geschaffen hat, oder, soweit dies nach den Rechtsvorschriften der Mitgliedstaaten zulässig ist, die juristische Person, die nach diesen Rechtsvorschriften als Rechtsinhaber gilt.
(2) Soweit kollektive Werke durch die Rechtsvorschriften eines Mitgliedstaats anerkannt sind, stehen die vermögensrechtlichen Befugnisse der Person zu, die das Urheberrecht innehat.
(3) Ist eine Datenbank von einer Gruppe natürlicher Personen gemeinsam geschaffen worden, so stehen diesen die ausschließlichen Rechte daran gemeinsam zu.

Aus den Erwägungsgründen

ErwG 29 Es bleibt den Mitgliedstaaten überlassen, welche Regelung auf die Schöpfung von Datenbanken in unselbständiger Tätigkeit anzuwenden ist. Diese Richtlinie hindert die Mitgliedstaaten daher nicht daran, in ihren Rechtsvorschriften vorzusehen, daß im Fall einer Datenbank, die von einem Arbeitnehmer in Wahrnehmung seiner Aufgaben oder nach den Anweisungen seines Arbeitgebers geschaffen wird, ausschließlich der Arbeitgeber zur Ausübung aller vermögensrechtlichen Befugnisse an der so geschaffenen Datenbank berechtigt ist, sofern durch vertragliche Vereinbarung nichts anderes bestimmt wird.

Kommentar

1. Entstehungsgeschichte

Art 3 des ursprünglichen **RL-Vorschlags** war Art 2 Software-RL nachgebildet. **1**
Demnach sollte Urheber der Datenbank grundsätzlich die natürliche Person oder Gruppe natürlicher Personen sein, die sie geschaffen hat. Angesichts der Besonderheiten des Datenbankschaffens, die denen im Bereich der Computerprogramme entsprechen, sollten jedoch auch nationale Vorschriften, welche die erste Rechtsinhaberschaft juristischer Personen anerkennen oder Besonderheiten für Kollektivwerke vorsehen, in Bezug auf den Datenbankschutz weiterbestehen können. Schließlich wurde eine Vorschrift zur Schaffung von Datenbanken im Arbeitsverhältnis nach dem Muster von Art 2 Abs 3 Software-RL vorgeschlagen.

2 Zu diesem Kommissionsvorschlag hatte weder der **Wirtschafts- und Sozialausschuss** noch das **Europäische Parlament** Änderungsvorschläge gemacht. In der **Rats-Arbeitsgruppe** lehnten jedoch viele Mitgliedstaaten die – dem kontinentaleuropäischen Rechtskreis grundsätzlich fremde – Bestimmung betreffend die Vermutung der ausschließlichen Berechtigung des Arbeitgebers ab. Der Rat zog es schließlich vor, die Regelung dieser Frage den Mitgliedstaaten zu überlassen. Er legte dieses Ergebnis in ErwG 29 nieder und strich Art 3 Abs 4 des Kommissionsvorschlags. Damit konnte nicht nur ein politisch schwieriges Problem gelöst werden, sondern die gesamte Regelung der Urheberschaft in sich stimmig gemacht werden. Auch die ersten drei Absätze des Art 3 in der Fassung des ursprünglichen RL-Vorschlags hatten die Regelung der Urheberschaft grundsätzlich dem Recht der Mitgliedstaaten überlassen. Da die Urheberschaft ein horizontales Problem des Urheberrechts ist, also in Bezug auf alle Werkarten grundsätzlich gleichartig geregelt werden sollte, ist dieser Ansatz und die genannte Änderung durch den Rat im Sinn einer Harmonisierung mit Weitblick zu begrüßen.

2. Natürliche Personen und Miturheberschaft

3 **Abs 1** bestätigt den urheberrechtlichen Grundsatz, wonach nur eine **natürliche Person** eine geistige Schöpfung vollbringen und daher Urheber sein kann[83]. Demnach ist grundsätzlich die natürliche Person, welche die Datenbank geschaffen hat, deren Urheber. Gerade bei der Schaffung moderner Datenbanken müssen allerdings häufig zahlreiche Personen mitwirken, weshalb Abs 1 ausdrücklich auch **Gruppen** natürlicher Personen als Urheber einer Datenbank erwähnt. Der Wortlaut ist insofern ungenau, als eine „Gruppe" nicht der Urheber sein kann; gemeint sind damit die Mitglieder dieser Gruppe, denen das Urheberrecht an der geschaffenen Datenbank gemeinsam zusteht (**Abs 3**). Die Richtlinie beschränkt sich für den Fall der Beteiligung mehrerer Urheber an der Schaffung einer Datenbank auf die Feststellung, dass die ausschließlichen Rechte daran allen gemeinsam zustehen. Den Mitgliedstaaten bleibt es überlassen, die Rechtsfolgen einer solchen gemeinsamen Rechtsinhaberschaft im Einzelnen festzulegen. So können zB die nationalen Vorschriften über die Miturheberschaft auf diesen Fall angewendet werden, obwohl die Richtlinie selbst den Begriff „Miturheberschaft" nicht erwähnt. Allerdings sind auch besondere, von den nationalen Vorschriften über die Miturheberschaft abweichende Regelungen eines gemeinsamen Urheberrechts denkbar[84].

4 Abs 3 setzt für die Entstehung des **gemeinschaftlichen Urheberrechts** nur ein gemeinsames Schaffen voraus und fordert insbes nicht, dass die Anteile nicht gesondert verwertbar sind, wie dies in § 8 dUrhG der Fall ist. Sind die allgemeinen Voraussetzungen für die Entstehung des gemeinsamen Urheberrechts (insbes für den Fall der Miturheberschaft) im nationalen Recht abweichend von Abs 3 geregelt, müssen sie für den Fall des gemeinsamen Urheberrechts an einer Datenbank gesondert, in Übereinstimmung mit Abs 3, festgesetzt werden. Für das

---

[83] Die Kommission hat sich ausdrücklich auf diesen „Grundsatz der Berner Übereinkunft" berufen; siehe Begründung RL-Vorschlag 2. Teil Z 3.1.

[84] Vgl *Walter* Art 2 Rz 18ff Software-RL und Art 1 Rz 25ff Schutzdauer-RL.

Entstehen des gemeinsamen Urheberrechts an der Datenbank dürfen jedenfalls keine anderen Voraussetzungen als die „gemeinsame Schaffung“ gefordert werden[85].

Probleme können sich bei der Schaffung von Datenbanken durch **größere Personengruppen** ergeben, wenn etwa die Mitglieder solcher Gruppen häufig wechseln, wie dies bei Angestellten eines Betriebes und bei dynamischen Datenbanken vorkommen kann. Da Arbeitnehmer ihren Anteil am gemeinsamen Urheberrecht aber meist dem Arbeitgeber abtreten bzw ihm daran Rechte einräumen werden, wird dieser Problematik in der Praxis wohl die Spitze genommen. **5**

3. Juristische Personen und Kollektivwerke

Einzelne Mitgliedstaaten kennen in ihrem Recht Ausnahmen von dem Grundsatz, dass Urheber nur natürliche Personen sein können. So kann zB das Copyright nach dem britischen Urheberrecht in bestimmten Fällen einer **juristischen Person** originär zustehen[86]; andere Länder kennen Sonderregelungen für sog Kollektivwerke. So bestimmt zB Art L 113-5 franz CPI, dass **Kollektivwerke** bis zum Beweis des Gegenteils Eigentum der natürlichen oder juristischen Person sind, unter deren Namen sie veröffentlicht wurden; diese Person ist Träger des Urheberrechts. Die Definition des Kollektivwerks findet sich in Art L 113-2 Abs 3 CPI[87]. **6**

Kennt das Recht eines Mitgliedstaats **Kollektivwerke**, stehen die **vermögensrechtlichen** (also nicht die urheberpersönlichkeitsrechtlichen) Befugnisse derjenigen Person zu, die nach dem Recht dieses Mitgliedstaats als Inhaber des Urheberrechts bezeichnet ist. Die **urheberpersönlichkeitsrechtlichen Befugnisse** dürften nach nationalem Recht infolge der allgemeinen Regel des Abs 1 der oder den natürlichen Personen zustehen, welche die Datenbank geschaffen haben (siehe auch ErwG 28). Diese Frage wird allerdings praktisch kaum relevant werden; denn selbst im Fall des Rechts auf Namensnennung wird im Hinblick auf die bei Kollektivwerken mitwirkende große Anzahl von Personen davon auszugehen sein, dass die Urheber in der Regel zum Rechtsausübungsverzicht verpflichtet werden. **7**

Art 4 überlässt die Bestimmung der Urheberschaft also weitgehend dem **nationalen Recht** der Mitgliedstaaten. Soweit Mitgliedstaaten die originäre Rechtsinhaberschaft von juristischen Personen oder, bei Kollektivwerken, von besonders bestimmten Personen zulassen, sind die betreffenden innerstaatlichen Vorschriften auf den urheberrechtlichen Schutz von Datenbanken anzuwenden. Ansonsten gilt der Grundsatz der Urheberschaft natürlicher Personen. **8**

4. Urheber im Arbeitnehmer- oder Auftragsverhältnis

Da der Rat den Vorschlag der Kommission abgelehnt hat, dem Arbeitgeber grundsätzlich die Ausübung aller wirtschaftlichen Rechte an im **Arbeitsverhältnis** **9**

---

[85] Abweichend *Walter* Art 2 Rz 17ff Software-RL und Art 1 Rz 29 Schutzdauer-RL.
[86] Siehe zB Sec 9 Abs 2 und 3 CDPA 1988.
[87] Vgl *Walter* Art 2 Rz 12f Software-RL und Art 1 Rz 51 Schutzdauer-RL.

geschaffenen Datenbanken zuzuerkennen[88], bleibt es den Mitgliedstaaten überlassen, wie sie die Schaffung einer Datenbank in unselbständiger Tätigkeit regeln möchten (ErwG 29). Als eine Möglichkeit nennt ErwG 29 Satz 2 die ursprünglich in Art 3 Abs 4 RL-Vorschlag enthaltene Regelung. Jede andere Regelung ist aber gleichfalls zulässig (ErwG 29 Satz 1). Es ist anzunehmen, dass die dem kontinental-europäischen Rechtssystem angehörenden Mitgliedstaaten keine Sonderregelungen vorsehen, sondern das Verhältnis zwischen dem Arbeitnehmerurheber und seinem Arbeitgeber den vertraglichen Regelungen überlassen werden[89].

10 Nach den negativen Erfahrungen mit dem Vorschlag einer Sonderregelung für **Auftragswerke** im Rahmen von Art 2 Abs 3 RL-Vorschlag Software-RL[90] enthielt schon der Kommissionsvorschlag zur Datenbank-RL keine solche Vorschrift. Demnach gelten auch für Auftragswerke die allgemeinen Regeln des Art 4. Da eine Auftragstätigkeit nicht als unselbständige Tätigkeit bezeichnet werden kann, steht den Mitgliedstaaten die Möglichkeit nach ErwG 29 nicht offen.

Umsetzung in Deutschland und Österreich

1. Deutschland (v Lewinski)

11 Art 4, der weitgehend auf nationales Recht verweist, musste nicht ausdrücklich umgesetzt werden. Da das deutsche Recht keine Urheberschaft **juristischer Personen** und keinen Urheberschutz für **Kollektivwerke** vorsieht, steht das Urheberrecht am Datenbankwerk gem der Grundregel des § 7 dUrhG der **natürlichen Person** zu, die das Datenbankwerk geschaffen hat oder, bei Beteiligung mehrerer natürlicher Personen, der **Gruppe dieser Personen**, welche die Datenbank geschaffen haben. Angesichts der Rechtsfolge gem Art 4 Abs 3, nämlich der gemeinschaftlichen Rechtsinhaberschaft, ist anzunehmen, dass der Gesetzgeber davon ausgeht, dass § 8 dUrhG zur Miturheberschaft Anwendung findet. Allerdings wird § 8 dUrhG richtlinienkonform dahingehend auszulegen sein, dass die gemeinsame Schaffung ohne weitere Voraussetzungen für das Eintreten der Rechtsfolge nach § 8 dUrhG ausreicht.

12 In Bezug auf Datenbankwerke, die von **Arbeitnehmern** im Rahmen eines Arbeitsverhältnisses geschaffen werden, findet die allgemeine Regel des § 43 dUrhG Anwendung; primär ist also die vertragliche Vereinbarung maßgeblich.

2. Österreich (Walter)

13 Die in Art 4 festgelegten Grundsätze entsprechen dem geltenden österr Recht. Originär **juristischen Personen** zustehende Urheberrechte sind dem österr UrhG ebenso unbekannt wie **Kollektivwerke**.

14 Anders als Art 2 Abs 3 Software-RL sieht die Datenbank-RL keine zwingende Vorschrift für die Rechte an **Dienstnehmerwerken** vor. Auch der österr Ministe-

---

[88] Siehe Art 3 Abs 4 RL-Vorschlag und oben Rz 2.

[89] Vgl zB § 43 dUrhG. Siehe auch die dahingehende Empfehlung von *Leistner*, Rechtsschutz 84ff (88).

[90] Dieser Vorschlag wurde vom Rat gestrichen. Vgl *Walter* Art 2 Rz 4 Software-RL.

rialentw für eine öUrhGNov 1997 hatte deshalb auf eine entsprechende Regelung verzichtet. Im Hinblick auf die vergleichbaren Verhältnisse wurden die entsprechenden Bestimmungen für Computerprogramme (§ 40b öUrhG) aber schließlich für entsprechend anwendbar erklärt (§ 40f Abs 3 öUrhG). Danach steht dem Dienstgeber deshalb auch an Datenbankwerken, die von einem Dienstnehmer in Erfüllung seiner dienstlichen Obliegenheiten geschaffen wurden, ein unbeschränktes Werknutzungsrecht zu, sofern nichts anderes vereinbart wurde. Dem Dienstgeber steht in solchen Fällen auch die Ausübung der urheberpersönlichkeitsrechtlichen Befugnisse (§§ 20 und 21 Abs 1 öUrhG) zu; der Urheber bleibt aber berechtigt, die Urheberschaft für sich in Anspruch zu nehmen (§ 19 öUrhG)[91].

Durch die Verweisung auf § 40c öUrhG sind auch **Werknutzungsrechte** an **15**
Datenbankwerken, wenn mit dem Urheber nichts anderes vereinbart worden ist, ohne dessen Einwilligung **übertragbar**, und gilt die Vorschrift über den **Rückruf** der Rechte wegen Nichtgebrauchs (§ 29 öUrhG) für Werknutzungsrechte an Datenbankwerken nicht.

Artikel 5 Zustimmungsbedürftige Handlungen

Art 5 zählt die dem Urheber einer Datenbank zustehenden vermögensrechtlichen Befugnisse abschließend auf.

Übersicht

Text

Artikel 5 Zustimmungsbedürftige Handlungen

Der Urheber einer Datenbank hat das ausschließliche Recht, folgende Handlungen in bezug auf die urheberrechtsfähige Ausdrucksform vorzunehmen oder zu erlauben:

a) die vorübergehende oder dauerhafte Vervielfältigung, ganz oder teilweise, mit jedem Mittel und in jeder Form;

---

[91] Vgl *Walter* Art 2 Rz 32 Software-RL.

b) die Übersetzung, die Bearbeitung, die Anordnung und jede andere Umgestaltung,
c) jede Form der öffentlichen Verbreitung der Datenbank oder eines ihrer Vervielfältigungsstücke. Mit dem Erstverkauf eines Vervielfältigungsstücks einer Datenbank in der Gemeinschaft durch den Rechtsinhaber oder mit seiner Zustimmung erschöpft sich in der Gemeinschaft das Recht, den Weiterverkauf dieses Vervielfältigungsstücks zu kontrollieren;
d) jede öffentliche Wiedergabe, Vorführung oder Aufführung;
e) jede Vervielfältigung sowie öffentliche Verbreitung, Wiedergabe, Vorführung oder Aufführung der Ergebnisse der unter Buchstabe b) genannten Handlungen.

Aus den Erwägungsgründen

ErwG 28 Für die Urheberpersönlichkeitsrechte der natürlichen Person, die die Datenbank geschaffen hat, und deren Ausübung haben die Rechtsvorschriften der Mitgliedstaaten im Einklang mit den Bestimmungen der Berner Übereinkunft zum Schutz von Werken der Literatur und der Kunst zu gelten; sie bleiben deshalb außerhalb des Anwendungsbereichs dieser Richtlinie.

ErwG 30 Die ausschließlichen Rechte des Urhebers sollten das Recht einschließen, zu bestimmen, in welcher Weise und durch wen das Werk genutzt wird, und insbesondere das Recht, die Verbreitung seines Werkes an unbefugte Personen zu kontrollieren.

ErwG 31 Der urheberrechtliche Schutz von Datenbanken schließt auch die Zurverfügungstellung von Datenbanken in einer anderen Weise als durch die Verbreitung von Vervielfältigungsstücken ein.

ErwG 32 Die Mitgliedstaaten sind gehalten, zumindest die materielle Gleichwertigkeit ihrer einzelstaatlichen Bestimmungen in bezug auf die in dieser Richtlinie vorgesehenen zustimmungsbedürftigen Handlungen sicherzustellen.

ErwG 33 Die Frage der Erschöpfung des Verbreitungsrechts stellt sich nicht im Fall von Online-Datenbanken, die in den Dienstleistungsbereich fallen. Dies gilt auch in bezug auf ein physisches Vervielfältigungsstück einer solchen Datenbank, das vom Nutzer der betreffenden Dienstleistung mit Zustimmung des Rechtsinhabers hergestellt wurde. Anders als im Fall der CD-ROM bzw CD-I, bei denen das geistige Eigentum an ein physisches Trägermedium, d h an eine Ware gebunden ist, stellt jede Online-Leistung nämlich eine Handlung dar, die, sofern das Urheberrecht dies vorsieht, genehmigungspflichtig ist.

ErwG 34 Hat der Rechtsinhaber sich entschieden, einem Benutzer durch einen Online-Dienst oder durch andere Mittel der Verbreitung eine Kopie der Datenbank zur Verfügung zu stellen, …

Kommentar

1. Entstehungsgeschichte

1 Art 5 des ursprünglichen **RL-Vorschlags** folgte im Wesentlichen Art 4 Software-RL, fügte jedoch die Rechte der „öffentliche(n) Übertragung, Vorführung oder

Aufführung“ hinzu. Das **Europäische Parlament** schlug vor (Abänderungsvorschlag Nr 14), diesen Artikel nicht mit „der Urheber hat... das ausschließliche Recht...“ beginnen zu lassen, sondern statt dessen von dem „Rechtsinhaber“ zu sprechen. Dies war eine Folgeänderung der neu vorgeschlagenen Definition des Inhabers einer Datenbank[92]. Mit dieser Definition und den Folgeänderungen in Art 5 sowie in anderen Artikeln wollte das Parlament klarstellen, dass der Inhaber der Rechte an einer Datenbank im Fall des Urheberrechts deren Urheber oder dessen Rechtsnachfolger bzw im Fall eines Rechts *sui generis* deren Ersteller oder dessen Rechtsnachfolger ist; sofern es sich um eine Datenbank handelt, die sowohl Urheberrechtsschutz als auch *sui generis* Schutz genießt, sollte klargestellt werden, dass sowohl deren Urheber als auch deren Ersteller Rechtsinhaber sein können. Die Kommission übernahm diesen Gedanken durch eine klarere Fassung der Definition in Art 1 Abs 2 **geänderter RL-Vorschlag** und änderte die erste Zeile des Art 5 entsprechend[93]. Demgegenüber nahm der **Rat** im Zug der klareren Strukturierung der gesamten Richtlinie eine strikte Trennung zwischen dem urheberrechtlichen Schutz und dem *sui generis* Schutz vor und konnte daher auf einen Oberbegriff für die Rechtsinhaberschaft verzichten. Für den urheberrechtlichen Schutz ging er wieder vom „Urheber einer Datenbank“ aus und ersetzte in Art 5 das Wort „Rechtsinhaber“ wieder durch „Urheber einer Datenbank“.

Im Übrigen diskutierte der Rat insbes die **Online-Übermittlung** von Datenbanken oder Teilen davon. Da man sich hier nur über den Grundsatz einigen konnte, dass die Online-Übermittlung dem Urheber der Datenbank in Form eines ausschließlichen Rechts vorbehalten sein sollte, nicht jedoch über das einschlägige Recht, nahm der Rat mehrere Erwägungsgründe (insbes ErwG 31 bis 33) neu auf. Darüber hinaus nahm er nur redaktionelle oder andere geringfügige Änderungen vor, nämlich eine Erweiterung der ursprünglichen lit c (jetzt lit e) und die Streichung der Bezugnahme auf die Vermietung in lit d RL-Vorschlag als Folge der Neueinführung des Art 2 lit b. **2**

2. Allgemeine Bemerkungen

Art 5 zählt die dem Urheber einer Datenbank zustehenden **ausschließlichen Rechte abschließend** auf. Andere Rechte dürfen also nicht vorgesehen werden. Allerdings ist Art 5 im Zusammenhang mit Art 2 lit b zu lesen, demzufolge das Vermiet- und Verleihrecht (auch) für Datenbanken in der Vermiet- und Verleih-RL geregelt ist. Im Übrigen ist hinzuzufügen, dass diese Liste nicht nur alle Rechte nach der Berner Übereinkunft und sogar nach dem später angenommenen WCT erfasst, sondern weit darüber hinaus geht und kaum eine Handlung denkbar ist, die nicht von diesen Rechten erfasst ist. **3**

---

[92] Abänderungsvorschlag Nr 5 des Europäischen Parlaments in Erster Lesung für einen neuen Art 1 Nr 1b. Diese Definition lautete: „Inhaber einer Datenbank: der Hersteller der Datenbank oder die natürliche oder juristische Person, die vom Hersteller rechtmäßig das Recht erworben hat, nicht genehmigte Auszüge aus einer Datenbank zu verhindern.“

[93] Siehe Art 6 geänderter RL-Vorschlag: „Der Inhaber der Rechte an einer Datenbank hat in Bezug auf ...“.

4 Diese Rechte können in Bezug auf die **„urheberrechtsfähige Ausdrucksform"** geltend gemacht werden. Dies entspricht dem allgemeinen Grundsatz, dass der Rechtsschutz nur soweit besteht wie der Schutzumfang des Werks reicht; im Fall der Datenbank erstreckt er sich daher nur auf die Auswahl oder Anordnung des Stoffs. Der Urheber einer Datenbank kann also aus eigenem Recht nicht etwa die Vervielfältigung eines einzelnen, in der Datenbank enthaltenen Werks verbieten[94].

5 Obwohl Art 5 nur die **positive Nutzungsbefugnis**, Handlungen „vorzunehmen oder zu erlauben", erwähnt, steht außer Frage, dass das in Art 5 genannte ausschließliche Recht, wie jedes andere urheberrechtliche Ausschließlichkeitsrecht, auch die **negative Verbotsbefugnis** einschließt.

6 Über **Urheberpersönlichkeitsrechte** konnten sich die Mitgliedstaaten bisher im Zusammenhang mit noch keiner Richtlinie einigen, und zwar nicht einmal über den Teilaspekt der Schutzdauer. Daher hat es nicht überrascht, dass das Urheberpersönlichkeitsrecht im RL-Vorschlag nicht enthalten war, vielmehr in ErwG 22 RL-Vorschlag vom Geltungsbereich der Richtlinie ausdrücklich ausgeschlossen wurde. In der Praxis dürfte das Urheberpersönlichkeitsrecht im besonderen Fall der Datenbanken, die zumeist von einer großen Anzahl von angestellten Urhebern geschaffen werden, ohnehin nicht von großer Bedeutung sein; zumeist werden diese Urheber zum Verzicht auf die Rechtsausübung verpflichtet werden. ErwG 28 weist nur darauf hin, dass das nationale Recht der Mitgliedstaaten in Bezug auf das Urheberpersönlichkeitsrecht der Datenbankurheber im Einklang mit den Bestimmungen der Berner Übereinkunft stehen muss; dies ist ein Hinweis auf die bestehenden Verpflichtungen auf Grund des Art 6bis RBÜ 1967/1971 in Bezug auf alle natürlichen Personen, welche die Datenbank geschaffen haben, und zwar auch im Fall der Anerkennung einer Rechtsinhaberschaft juristischer oder anderer Personen im Sinn des Art 4. Da die Urheberpersönlichkeitsrechte aber außerhalb des Anwendungsbereichs der Richtlinie bleiben, kann diese internationalrechtliche Verpflichtung nicht gemeinschaftsrechtlich durchgesetzt werden.

3. Vervielfältigungsrecht

7 Wie in der Software-RL wurde eine sehr **weite Formulierung** des Vervielfältigungsrechts gewählt. Dies entspricht Art 9 Abs 1 RBÜ 1967/1971. Die Worte „mit jedem Mittel und in jeder Form" umfassen zB die Herstellung eines Vervielfältigungsstücks durch Fotokopie oder Druck bei Papierdatenbanken und durch Brennen einer CD-ROM oder das Laden einer elektronischen Datenbank in den Festspeicher eines Computers. Dass nicht nur die dauerhafte, sondern auch die **vorübergehende Vervielfältigung** vom urheberrechtlichen Vervielfältigungsrecht im Sinn des Art 9 Abs 1 RBÜ 1967/1971 erfasst ist, mit dem die Richtlinie im Einklang stehen möchte, ist schon seit Langem anerkannt[95]. Umstritten und

---

[94] Siehe dazu auch Art 3 Rz 11.

[95] Siehe dazu insbes die für die WIPO erstellte Studie von *Ulmer*, Copyright Problems Arising from the Computer Storage and Retrieval of Protected Works, Copyright 1972, 37 (57).

noch nicht ganz geklärt ist nur, wie lange die Vervielfältigung mindestens andauern muss, um unter das Vervielfältigungsrecht zu fallen. So wird vor allem im anglo-amerikanischen Rechtskreis vorgebracht, das Wort „Form“ in der Umschreibung des Vervielfältigungsrechts setze eine Mindestdauer voraus, die bei einer flüchtigen Vervielfältigung noch nicht erreicht sei. Von einer flüchtigen („*transient*“/„*transitory*“) Vervielfältigung spricht man insbes bei solchen Vervielfältigungen, die nur einige Mikrosekunden dauern und gewöhnlich etwa beim Lauf eines Computerprogramms oder bei der Online-Übertragung in Form von Zwischenspeicherungen (*caching*) erfolgen[96]. Angesichts der in Art 6 Abs 1 für den rechtmäßigen Benutzer einer Datenbank vorgesehenen Ausnahme erscheint es angebracht, Art 5 lit a so weit auszulegen, dass er auch die **flüchtige Vervielfältigung** einschließt[97].

Die besondere Erwähnung des Umstands, dass eine Vervielfältigung **„ganz oder teilweise“** erfolgen kann, wäre nicht notwendig gewesen. Schon nach allgemeinen urheberrechtlichen Grundsätzen, die wiederum in der Berner Übereinkunft verankert sind, genießen auch Werkteile Schutz, soweit sie nur für sich genommen schutzfähig sind. Bei einer Datenbank muss eine Nutzungshandlung die geschützte Auswahl oder Anordnung des Stoffs betreffen, um vom Urheber nach Art 5 verboten (oder erlaubt) werden zu können. Im Einzelfall kann es schwierig sein nachzuweisen, dass die Vervielfältigung kleiner Teile einer Datenbank in den Schutz der Auswahl oder Anordnung des Stoffs eingreift[98]. Eine in manchen Rechtsordnungen vorgesehene Beschränkung auf „wesentliche“ Teile lässt die Richtlinie nicht zu. **8**

Aus der Tatsache, dass die Worte „ganz oder teilweise“ nur in lit a, nicht jedoch in Verbindung mit den anderen Rechten erwähnt sind, darf kein *e contrario* Schluss gezogen werden. Vielmehr wird in lit a nur ein **allgemeiner urheberrechtlicher Grundsatz**, der auch ohne besondere Erwähnung gelten würde, wiedergegeben. Die diesbezüglichen Erläuterungen im Zusammenhang mit dem Vervielfältigungsrecht gelten also auch für die anderen Rechte des Art 5.

4. Übersetzungs- und Bearbeitungsrecht

Die in lit b genannten Rechte sind in Übereinstimmung mit Art 8 und 12 RBÜ 1967/1971 festgelegt worden[99]. Die **Übersetzung** einer Datenbank, also der Auswahl oder Anordnung im Gegensatz zum Inhalt selbst, ist allerdings kaum denkbar[100]. Insbes führt die Übersetzung des Inhalts einer Datenbank nicht zu einer Übersetzung der getroffenen Auswahl oder Anordnung. Die Auswahl oder **9**

---

[96] *Ulmer*, Copyright Problems Arising from the Computer Storage and Retrieval of Protected Works, Copyright 1972, 37 (53 Z 69 und 57 Z 87).

[97] Ebenso *Gaster*, Kommentar Art 5 Rz 296; in Rz 294 sieht er im Übrigen ausdrücklich das Sichtbarmachen auf dem Bildschirm als Vervielfältigung an. Siehe auch ausführlich *Leistner*, Rechtsschutz 92ff und *Grützmacher*, Datenbanken 230ff.

[98] Siehe Begründung RL-Vorschlag 2. Teil Z 5.0.

[99] Siehe Begründung RL-Vorschlag 2. Teil Z 5.b.

[100] AM wohl *Grützmacher*, Datenbanken 242, der mit seinem Argument, auch nach der Übersetzung (des Datenbankinhalts) bleibe die Datenbankstruktur erhalten, verkennt, dass diese Struktur (Auswahl oder Anordnung) selbst folglich nicht übersetzt wurde.

Anordnung erfolgt nach Kriterien, wie etwa dem der alphabetischen Anordnung, deren Übersetzung entweder nicht möglich ist oder das Kriterium selbst unberührt lässt. Es ist davon auszugehen, dass das Übersetzungsrecht im Wesentlichen aus der Software-RL übernommen und nicht konkret in Bezug auf Datenbanken diskutiert wurde. Diese Überlegungen zum Übersetzungsrecht dürften entsprechend auch auf das Recht der **Anordnung** zutreffen.

10 Wann im Einzelnen eine **Bearbeitung** oder **andere Umgestaltung** der Datenbank vorliegt, ist nach den allgemeinen Regeln im Rahmen des Art 12 RBÜ 1967/1971 und des diesen konkretisierenden nationalen Rechts zu bestimmen. Insbes wird eine Abgrenzung von der bloßen Vervielfältigung einerseits und der freien Benutzung anderseits erforderlich sein. So dürfen etwa nach der deutschen Rechtsprechung die Züge der ursprünglichen Datenbank nicht gegenüber der Eigenart der Bearbeitung verblassen; verblassen sie jedoch, so liegt nur eine freie Benutzung vor[101].

11 Im Einzelnen wird man bei der Auslegung auf die **nationale Rechtsprechung** der Mitgliedstaaten zur Bearbeitung eines Sammelwerks zurückgreifen müssen. Jedenfalls muss die Veränderung die Auswahl oder Anordnung des Datenbankinhalts betreffen. Demnach sind etwa Hinzufügungen oder Streichungen von Elementen einer auf Vollständigkeit ausgerichteten Datenbank keine Bearbeitung, da dadurch die Anordnung der Elemente nicht verändert wird. Dagegen können Umstellungen des Materials, die einen schutzfähigen Teil der Anordnung oder die gesamte Anordnung des Datenbankmaterials verändern, Bearbeitungen oder Umgestaltungen nach lit b darstellen. Auch hier gilt der allgemeine Grundsatz: Je geringer die Schöpfungshöhe ist, desto geringer ist auch der Schutzumfang. So wird der Urheber einer Datenbank, die nach deutschem Recht zur „kleinen Münze" zu zählen ist, weniger Möglichkeiten haben, sich gegenüber Umgestaltungen der Datenbank auf sein Bearbeitungsrecht zu berufen.

5. Verbreitungsrecht

12 Das Recht der Verbreitung ist anders als in Art 9 Abs 1 Vermiet- und Verleih-RL[102] nicht definiert. Die Worte „jede Form" zeigen aber an, dass der **Begriff der Verbreitung** sehr weit zu verstehen ist. Im Hinblick auf die Vermietung und den Verleih ist diese Bestimmung allerdings im Zusammenhang mit Art 2 lit b zu lesen[103]. Die einzige Einschränkung des Begriffs besteht in dem Wort „öffentlich"; damit ist die Verbreitung „an die Öffentlichkeit" gemeint, wie sich aus der französischen und englischen Fassung ergibt[104]. Der Begriff der **Öffentlichkeit** ist – wie schon in den anderen Richtlinien – nicht definiert, sondern durch das nationale Recht auszufüllen.

---

[101] Vgl § 24 Abs 1 dUrhG und § 5 Abs 2 öUrhG. Siehe dazu etwa, wenn auch nicht in Bezug auf Datenbanken, BGH 04.02.1958 GRUR 1958, 402 (404); BGH 21.11.1980 GRUR 1981, 352 (353).

[102] Vgl *v Lewinski* Art 9 Rz 4 und 5 Vermiet- und Verleih-RL.

[103] Siehe auch die Erläuterungen zu Art 2 Rz 3 oben.

[104] Verhandlungstexte im Rat waren zunächst englisch, später französisch; siehe *Gaster*, EntLR 1995, 258 im Text bei FN 11.

Ursprünglich hatte die Kommission daran gedacht, durch das Verbreitungsrecht auch die „**elektronische Verbreitung**“, also den Online-Vertrieb von Datenbanken zu erfassen[105]. Der Rat entschied jedoch, die Frage der Einordnung dieser Nutzungshandlung unter ein bestimmtes Recht offen zu lassen[106]. In jedem Fall aber umfasst Art 5 lit c den Verkauf und die sonstige Verbreitung einer Datenbank auf einem materiellen Träger, wie etwa in Buch- oder Katalogform oder auf CD-ROM, soweit dies nicht in Form der Vermietung oder des Verleihs geschieht[107]. **13**

Die Regelung der **Erschöpfung** war in ihrem Wortlaut ursprünglich derjenigen des RL-Vorschlags der Software-RL gefolgt. Als der Rat allerdings das Vermiet- und Verleihrecht unter Verweis auf die Vermiet- und Verleih-RL in Art 2 lit b aus dem Geltungsbereich der Datenbank-RL ausschloss, musste er die Regelung der Erschöpfung entsprechend anpassen. Im Ergebnis führt der Erstverkauf unter den in Art 5 lit c genannten Bedingungen jedenfalls nur zur Erschöpfung des Rechts, den Weiterverkauf zu kontrollieren; das Vermiet- und Verleihrecht bleibt in jedem Fall vom Verbrauch des Verbreitungsrechts unberührt und ist ausschließlich in der Vermiet- und Verleih-RL geregelt. Allerdings bleiben nach dem Wortlaut auch andere Befugnisse aus dem Verbreitungsrecht, insb die der Schenkung und des Tauschs, dem Rechtsinhaber nach dem Erstverkauf vorbehalten; ob dies so beabsichtigt war, mag man nicht zuletzt im Hinblick auf Art 28, 30 EGV 1997 (früher Art 30, 36) bezweifeln. Zumindest nach dem Wortlaut reicht dieses Verbreitungsrecht damit weiter als dasjenige nach Art 4 lit c Software-RL[108] und Art 9 Abs 2 Vermiet- und Verleih-RL[109]. **14**

Art 5 lit c Satz 2 bestätigt nicht nur den auf Art 28, 30 EGV 1997 (früher Art 30, 36) beruhenden Grundsatz der **gemeinschaftsweiten Erschöpfung**[110] des Verbreitungsrechts, sondern verbietet darüber hinaus die **internationale Erschöpfung**[111]. Obwohl der zweite Satz ähnlich wie Art 4 lit c Satz 2 Software-RL und damit weniger deutlich als Art 9 Abs 2 Vermiet- und Verleih-RL formuliert ist[112], sind alle drei Richtlinien übereinstimmend auszulegen. Auch ohne den klärenden Zusatz „nur“ lässt sich das Verbot der internationalen Erschöpfung begründen. **15**

---

[105] Begründung RL-Vorschlag 2. Teil Z 5.d; siehe auch das Grünbuch Informationsgesellschaft Abschnitt V zur „digitalen Verbreitung“ und zur „elektronischen Vermietung“, insbes 58 Z 2.2, sowie im Zusammenhang mit der Vermiet- und Verleih-RL *v Lewinski* Art 1 Rz 19ff Vermiet- und Verleih-RL.

[106] Siehe zur Online-Übermittlung Rz 22ff unten.

[107] Diese beiden Rechte sind schon durch die Vermiet- und Verleih-RL geregelt; vgl auch Art 2 lit b und die Erläuterungen zu Art 2 Rz 3 oben.

[108] Vgl *Walter* Stand der Harmonisierung Rz 68.

[109] Vgl *v Lewinski* Art 9 Rz 4ff Vermiet- und Verleih-RL.

[110] Siehe dazu ausführlich *Walter* Stand der Harmonisierung Rz 48ff.

[111] So schon Begründung RL-Vorschlag 2. Teil Z 5.d. Siehe dazu ausführlich *Walter* Stand der Harmonisierung Rz 61ff.

[112] Gemäß Art 9 Abs 2 Vermiet- und Verleih-RL erschöpft sich das Verbreitungsrecht „nur“ mit dem Erstverkauf in der Gemeinschaft; das Wort „nur“ fehlt in den beiden anderen RL. Siehe dazu *v Lewinski* Art 9 Rz 11 Vermiet- und Verleih-RL und *Walter* Stand der Harmonisierung Rz 62.

So zielt die Datenbank-RL auf eine Harmonisierung des Rechtsschutzes ab; sie sieht insbes nicht nur Mindestrechte vor, sondern zugleich auch einen Maximalschutz, also Rechte, deren Umfang durch eine abschließende Regelung genau bestimmt ist. Ließe man den Mitgliedstaaten die Möglichkeit offen, die internationale Erschöpfung vorzusehen, so würde dies für den Fall, dass ein Vervielfältigungsstück einer Datenbank schon außerhalb der Gemeinschaft verkauft wurde und dann in die Gemeinschaft eingeführt wird, dazu führen, dass das ausschließliche Verbreitungsrecht nach Art 5 lit c nur in den Mitgliedstaaten besteht, welche die internationale Erschöpfung nicht anerkennen. Eine Harmonisierung würde also entgegen dem Ziel der Richtlinie nicht erreicht. Auch der Wortlaut des zweiten Satzes, wonach der „Erstverkauf" in der „Gemeinschaft" erfolgen muss, damit eine Erschöpfung eintritt, zeigt deutlich, dass der Erstverkauf außerhalb der Gemeinschaft nicht dieselben Rechtsfolgen haben soll; anderenfalls hätte der Text nur vom „Erstverkauf" sprechen müssen. Die Worte „in der Gemeinschaft" sind ebenso wie die Worte „durch den Rechtsinhaber oder mit seiner Zustimmung" Voraussetzung der Erschöpfung. Ein Erstverkauf ohne Zustimmung des Rechtsinhabers führt deshalb ebensowenig zur Erschöpfung wie ein Erstverkauf außerhalb der Gemeinschaft[113]. Für die Frage der Erschöpfung eines weit verstandenen, die „elektronische Verbreitung" umfassenden Verbreitungsrechts sei auf die Ausführungen von *Blocher*[114] und *Walter*[115] verwiesen.

6. Recht der öffentlichen Wiedergabe, Vorführung und Aufführung

16 Art 5 lit e des **RL-Vorschlags** verwendete in der deutschen Fassung noch den Ausdruck „jede öffentliche Übertragung" an Stelle von „jede öffentliche Wiedergabe". Dabei dürfte es sich um einen Übersetzungsfehler gehandelt haben; so lautete die englische Fassung von Beginn an *„communication ... to the public"*. Die spätere Änderung ist also nur als Klarstellung zu verstehen. Der in wirtschaftlicher Hinsicht wohl wichtigste Sachverhalt, der unter das Recht der öffentlichen Wiedergabe fallen kann, ist die **Online-Übermittlung** von Datenbanken[116].

17 Im Übrigen ist in Bezug auf den Begriff **„öffentliche Wiedergabe"** zunächst nicht ganz klar, ob dieser im engeren oder im weiteren Sinn zu verstehen ist, also entweder insbes im Sinn von § 22 dUrhG (öffentliche Wiedergabe von Funksen-

[113] Siehe ebenso, jedoch ohne nähere Begründung, schon *Czarnota/Hart*, Legal Protection of Computer Programs in Europe 60 in Bezug auf Art 4 lit c Software-RL. Dieses Ergebnis wird durch die Antwort von Kommissar *Monti* auf eine parlamentarische Anfrage zur Reichweite der Erschöpfung in der Software-RL bestätigt (siehe Verhandlungen des Europäischen Parlaments Nr 4-466 vom 12.07.1995, 198f). Zur Erschöpfung im sekundären Gemeinschaftsrecht siehe *Gaster*, WBl 1997, 47 (Z 6).

[114] Vgl *Blocher* Art 4 Rz 28f und 31 Software-RL.

[115] *Walter* Stand der Harmonisierung Rz 70ff.

[116] Diese wurde allerdings in der Begründung zum RL-Vorschlag nicht im Zusammenhang mit dem Wiedergaberecht, sondern im Zusammenhang mit dem Verbreitungsrecht genannt, das nach Ansicht der Kommission die *Online*-Übertragung umfasste (siehe Begründung 2. Teil Z 5d). Schließlich hat der Rat die Frage der rechtlichen Einordnung offen gelassen (siehe zur *Online*-Übertragung Rz 22ff unten; vgl auch Rz 13 oben und *Walter* Info-RL Rz 81ff.

dungen) oder im Sinn des Oberbegriffs in § 15 Abs 2 dUrhG. In letzterem Fall müsste auch die Sendung zu den zustimmungsbedürftigen Handlungen gezählt werden. Zu denken wäre beispielsweise an die Ausstrahlung von Videotext, etwa in Form einer Sammlung von Nachrichten oder Wetterdaten[117]. Der Wortlaut ist auch in anderen Sprachfassungen („*communication*" im Englischen und Französischen) nicht ganz eindeutig, da der Sprachgebrauch unterschiedlich ist. So wird das Wort „*communication*" zum Teil für die Wiedergabe unter Ausschluss der Sendung (einschließlich der Kabelsendung), wie in Art 12 Rom-Abkommen, oder unter Einbeziehung der Sendung, wie in Art 1 Abs 2a Satelliten- und Kabel-RL[118] verwendet[119]. Die gleichwertige Stellung des Begriffs der „öffentlichen Wiedergabe" in lit d neben denjenigen der „Vorführung" und „Aufführung", also (nach deutschem Recht) ebenfalls Formen der öffentlichen Wiedergabe iwS, spräche nach deutscher Systematik dafür, den Begriff der öffentlichen Wiedergabe im engeren Sinn auszulegen. Allerdings darf ein Richtlinientext nicht aus dem Blickwinkel der Systematik eines einzelnen nationalen Rechts ausgelegt werden.

Da der Begriff der öffentlichen Wiedergabe in lit d unbeschränkt verwendet wird, und der urheberrechtliche Schutz von Datenbanken im Zweifel umfassend sein soll, ist anzunehmen, dass die Rechte der lit d als Rechte der öffentlichen Wiedergabe **im weiteren Sinn** anzusehen, und nur Vorführungen und Aufführungen ausgeschlossen sind. Im Übrigen haben die meisten Mitgliedstaaten schon bisher einen umfassenden Rechtekatalog vorgesehen, ohne grundsätzlich zwischen Einzelwerken und Sammelwerken zu unterscheiden. Soweit eine bestimmte Nutzung in Bezug auf die eine oder andere Werkart faktisch möglich ist, sollten grundsätzlich alle Werkarten gleich behandelt werden. Dieser urheberrechtliche Grundsatz sollte als Leitlinie für die Auslegung der lit d dienen. Demnach umfasst das Wiedergaberecht zB die Ausstrahlung von Videotext-Sendungen – soweit es sich im Einzelfall um Datenbanken wie zB Börsennotizen handelt, und die urheberrechtlich relevante Struktur genutzt wird – im Weg der Funksendung oder Kabelübertragung und das öffentliche Zeigen solcher Videotext-Sendungen.

Als Beispiel für die **öffentliche Vorführung** kann man das Anzeigen von Börsen- **18**
schlussnotierungen oder anderen fortlaufend aktualisierten Informationen aus Datenbanken auf großen Bildschirmen an Straßen, in Flughäfen und in Hotels nennen (Begründung RL-Vorschlag 2. Teil Z 5e).

Es ist nicht klar ersichtlich, wie eine Datenbank **aufgeführt**[120] werden sollte. Bei **19**
der Aufführung geht es um die persönliche Darbietung oder das persönliche Auftreten bei einer bühnenmäßigen Aufführung. Da der Wortlaut nicht auf Grund der deutschen Terminologie ausgelegt werden darf, wird man unter

---

[117] In den meisten Fällen dürfte der Videotext allerdings die Voraussetzungen des urheberrechtlichen Datenbankschutzes nicht erfüllen.

[118] Hier wird für die Satellitensendung der Begriff „*communication au public par satellite*" bzw „öffentliche Wiedergabe über Satellit" gebraucht.

[119] Art 11bis Abs 1 Z 1 bis 3 RBÜ 1967/71 verwenden den Ausdruck „öffentliche Wiedergabe" neben demjenigen der (drahtlosen) Sendung aber spezifisch für die Weitersendung, die Kabelweiterleitung und die „Lautsprecherwiedergabe".

[120] Nach der englischen bzw französischen Fassung *performance* bzw *représentation*.

„Aufführung" nicht nur die persönliche Darbietung von Musik- oder dramatischen Werken, sondern auch von anderen Werken verstehen müssen. Dennoch ist ein Anwendungsfall schwer vorstellbar. Man könnte allenfalls an die Aufführung eines Konzertprogramms denken, das im Einzelfall als ein schutzfähiges Sammelwerk anzusehen ist. Fraglich ist jedoch, ob die Musikwerke „systematisch oder methodisch" angeordnet und ob sie einzeln zugänglich sind. Letzeres dürfte beim zeitgebundenen Ablauf eines Konzerts nicht der Fall sein, so dass ein Konzertprogramm keine Datenbank im Sinn des Art 1 Abs 2 Datenbank-RL darstellt. Die bühnenmäßige Aufführung etwa einer Sammlung von Sketches oder kurzen pantomimischen Werken ist ebenso zu beurteilen. Davon abgesehen erscheint es fraglich, ob in den genannten Fällen über die Werke hinaus auch deren Auswahl oder Anordnung „aufgeführt" wird. Ein Anwendungsfall für die „Aufführung einer Datenbank" ist demnach nicht ersichtlich[121].

7. Nutzung von Übersetzungen, Bearbeitungen oder anderen Umgestaltungen

20 Art 5 lit c des **RL-Vorschlags** sah noch das Recht der Vervielfältigung der Vervielfältigung, Übersetzung, Bearbeitung und anderen Veränderung der Datenbank vor. Gemessen an allgemeinen urheberrechtlichen Grundsätzen schien die Intention dieser Bestimmung zum Teil unklar. So ist die Vervielfältigung einer Vervielfältigung schon vom Vervielfältigungsrecht erfasst; die ausdrückliche Erwähnung wäre also nicht notwendig gewesen[122]. Auch die Begründung trug zur Klärung nicht viel bei[123]. Die Schutzintention dieser Bestimmung geht allerdings aus der vom **Rat** erarbeiteten Fassung der Richtlinie klarer hervor. Danach soll der gesamte Rechtsschutz des Art 5 lit a bis lit d auch in Bezug auf die **Ergebnisse** der Übersetzung, Bearbeitung, Anordnung und anderen Umgestaltung der Datenbank gewährt werden. Nach dem Wortlaut des Art 5 steht dieser Rechtsschutz dem „Urheber einer Datenbank" zu. Demnach würde lit e nur bedeuten, dass dem Urheber der Datenbank in ihrer ursprünglichen Form die Rechte des Art 5 lit a bis lit d auch in Bezug auf die übersetzte, bearbeitete oder anderweitig umgestaltete Datenbank zustehen. Dies entspricht allgemeinen urheberrechtlichen Grundsätzen; lit e erscheint insofern, zumindest aus der Sicht der meisten Mitgliedstaaten, selbstverständlich[124].

21 Darüber hinaus stellt sich die Frage, ob auch dem Urheber der **Übersetzung, Bearbeitung** oder **anderen Umgestaltung** die Rechte des Art 5 lit a bis d

---

[121] AM wohl *Leistner*, Rechtsschutz 99 mit dem Beispiel eines Vortrags einer Gedichtsammlung, ohne allerdings auf das Element der individuellen Zugänglichkeit einzugehen.

[122] Siehe die Kritik zu dem aus urheberrechtlicher Sicht fremden Konzept der „Ergebnisse", auf die sich das Vervielfältigungsrecht nach lit c beziehen sollte, *Doutrelepont* in *De Vos*, Actes 129.

[123] Begründung RL-Vorschlag 2. Teil Z 5.c lautet: „Die Person, die ohne Genehmigung eine Übersetzung, Bearbeitung oder andere Veränderung einer Datenbank vornimmt, darf nicht weiter Vervielfältigungsstücke dieser nicht genehmigten Fassung verbreiten. Liegt die Zustimmung durch den Inhaber der Rechte an der Datenbank für eine Übersetzung oder eine Bearbeitung vor, so ergeben sich natürlich neue Rechte an dem Werk des zugelassenen Übersetzers oder Bearbeiters."

[124] Siehe zB die Manifestierung dieses Grundsatzes in § 23 dUrhG und in Sec 21 Abs 2 CDPA 1988 (Vereinigtes Königreich).

zustehen. Diese Frage ist allerdings in Art 5 lit e selbst nicht geregelt und daher nach nationalem Recht zu beurteilen. Soweit dieses mit Art 2 Abs 3 RBÜ 1967/1971 übereinstimmt, sind Übersetzungen, Bearbeitungen und andere Umgestaltungen schutzfähige Werke, auf die sich – sofern die allgemeinen Schutzvoraussetzungen erfüllt sind – der Urheberrechtsschutz ebenso wie auf Originalwerke erstreckt. Demnach müsste der Übersetzer, Bearbeiter bzw anderweitige Umgestalter einer Datenbank bei Vorliegen der Schutzvoraussetzungen nach dem nationalen Recht der Mitgliedstaaten dieselben Rechte wie der Urheber der Datenbank genießen.

8. Online-Übertragung

Die **Online-Übertragung** von Werken, Daten oder anderem Material ist eine neue Nutzungsform, die durch die digitale Technik möglich geworden ist. Die Übertragung erfolgt meist noch über Kabel, immer mehr aber auch über Satellit. Ein Charakteristikum der Online-Übertragung in einer ihrer wichtigsten Formen ist das besondere Maß an **Interaktivität.** Die Übertragung erfolgt nicht, wie etwa beim Rundfunk, nach einem vorbestimmten Programm des Anbieters, sondern auf Anfrage bzw Bestellung des Endnutzers; wenn dieser sein Gerät anschaltet, kann er also nicht ein inhaltlich und in Bezug auf die zeitliche Reihenfolge festgelegtes Programm empfangen, sondern muss das gewünschte Material erst ausfindig machen, auswählen und zur Übertragung bestellen. Solche Bestell- oder Abrufsysteme, bei denen der Nutzer auf eine elektronische Datenbank Zugriff hat, werden dementsprechend auch *on-demand* Systeme genannt. Bei Einsatz der „Push"-Technik wählt und bestellt der Nutzer bestimmte Arten von gewünschter Information schon im vorhinein; später werden ihm die aktuellen Informationen gemäß seinen Auswahlkriterien über das Netz zugesandt. Online-Übertragungen können insbes von kommerziellen Anbietern, wie zB Verlagen, aber auch von nicht kommerziellen Anbietern, wie zB öffentlichen Bibliotheken angeboten werden. Darüber hinaus finden Online-Übertragungen im Rahmen von sogenannten *Bulletin Boards*, von durch Software wie von „Napster" ermöglichten Foren, in Form des Internet-Radios (das allerdings vom Recht der öffentlichen Wiedergabe gem Art 5 lit d in der Form der Sendung erfasst ist) und auf andere Weise bis hin zur elektronischen Post (bei der allerdings häufig die notwendige Ausrichtung auf die „Öffentlichkeit" fehlen wird) und zu neuen Mischformen zwischen herkömmlicher Sendung und typischer *on-demand* Übertragung statt. **22**

Wie diese verschiedenen Online-Übertragungen **urheberrechtlich** zu beurteilen sind, geht aus Art 5, der nicht von „Online-Übertragung" spricht, nicht ausdrücklich hervor. So kann die Online-Übertragung unter das Recht der **öffentlichen Wiedergabe** eingeordnet werden, zumal der Öffentlichkeitsbegriff in der Richtlinie nicht definiert ist und der Wortlaut eine Auslegung zulässt, wonach die Wiedergabe an mehrere, nicht untereinander verbundene Personen nicht notwendig gleichzeitig erfolgen muss. Anderseits ist es aber auch möglich, die **Verbreitung** nicht nur im herkömmlichen Sinn, also als eine Übergabe eines (greifbaren) Vervielfältigungsstückes, sondern in einem weiteren, wirtschaftlichen Sinn zu verstehen, und demnach den „Vertrieb" in unkörperlicher Form damit zu erfassen. **23**

24 Ob man der einen oder anderen Meinung folgt, dürfte von dem **Schwerpunkt** abhängen, den man in Bezug auf die Online-Übertragung setzen möchte. Will man die wirtschaftliche Vergleichbarkeit insbes der *on-demand* Dienste mit der herkömmlichen Verbreitung von Vervielfältigungsstücken betonen, so liegt die Wahl des Verbreitungsrechts nahe[125]; setzt man dagegen den Schwerpunkt auf die systematische Einordnung in das Urheberrecht[126], so ist die Online-Übertragung als eine unkörperliche Form der Nutzung unter das Wiedergaberecht im weiteren Sinn einzuordnen[127]. Tatsächlich kann insbes die *on-demand* Nutzung vor dem Hintergrund des traditionellen Urheberrechts als ein Zwitter angesehen werden, der Charakteristika sowohl der Verbreitung als auch der Wiedergabe in sich vereint. Diese Besonderheit kommt auch in dem Vorschlag zum Ausdruck, den die Mitgliedstaaten gemeinsam mit der EG im Rahmen der WIPO-Verhandlungen über ein mögliches Berner Protokoll gemacht hatten[128]. Dieser Vorschlag wurde im Folgenden in den als Grundlage für die Diplomatische Konferenz im Dezember 1996 entworfenen Text[129] übernommen und schließlich in **Art 8 des WCT** aufgenommen. Dieser Bestimmung zufolge werden *on-demand* und vergleichbare Nutzungen als Teil des Rechts der öffentlichen Wiedergabe angesehen, jedoch zum Teil durch Worte definiert, die üblicher Weise zur Definition des Verbreitungsrechts verwendet werden[130].

---

[125] Diese Wahl traf zB die Europäische Kommission im Zusammenhang des RL-Vorschlags; siehe Begründung RL-Vorschlag 2. Teil Z 5.d; vgl auch das Grünbuch Informationsgesellschaft 56ff. Ähnlich auch schon – in Bezug auf die Verbreitung in Form der Vermietung – *Reinbothe/v Lewinski*, Rental and Lending Rights 41f; für Österr vgl etwa *Walter*, Zur urheberrechtlichen Einordnung der digitalen Werkvermittlung, MR 1995, 125. Auch die USA haben in ihrem White Paper zur Informationsgesellschaft für den Fall, dass der Übertragungsvorgang in der Herstellung eines Vervielfältigungsstückes endet, eine Klarstellung zum Verbreitungsrecht durch die Worte „*right to distribute copies* by transmission" vorgeschlagen; siehe White Paper, 213ff und Appendix 1, 2.

[126] Traditionell folgen die meisten, wenn nicht alle Länder dieser Unterscheidung zwischen Nutzungen in körperlicher und in unkörperlicher Form.

[127] Eine erhebliche Anzahl von Ländern (siehe aber auch FN 130 am Ende) scheint diese Lösung vorzuziehen, wie sich auf Europäischer Ebene (siehe Initiativen Informationsgesellschaft 13 und, im Anschluss an die Annahme von Art 8 WCT und Art 10, 14 WPPT, Art 3 Info-RL) und auf internationaler Ebene, insbes im Rahmen der Verhandlungen der WIPO-Sachverständigenausschüsse zu einem möglichen Berner Protokoll und Neuen Instrument und schließlich in der Annahme von Art 8 WCT bzw Art 10 und 14 WPPT gezeigt hat.

[128] WIPO-Dok Nr BCP/CE/VII/1-INR/CE/VI/1 vom 20.06.1996, 3.

[129] WIPO-Dok Nr CRNR/DC/4 vom 30.08.1996 Art 10 und WIPO-Dok Nr CRNR/DC/5 vom 30.08.1996 Art 11 und 18.

[130] So werden die Worte „*making available to the public*" nicht nur in dem Vorschlag zur Erfassung von Online-Übertragungen, sondern zB auch in Art 9 Abs 1 Vermiet- und Verleih-RL und in Art 6 WCT (Verbreitungsrecht) verwendet. Art 8 WCT lautet: „*Without prejudice to the rights provided for in Art 11 (1) (ii), 11*bis *(1) (i) and (ii), 11*ter *(1) (ii), 14(1) (ii) and 14*bis *(1) of the Berne Convention, authors of literary and artistic works shall enjoy the exclusive right of authorizing any communication to the public of their works by wire or wireless means, including the making available to the public of their works, in such a way that members of the public may access these works from a place and at a time individually chosen by them.*" Im Übrigen waren sich die Vertragsparteien darüber einig, dass dieses Recht insbes auch durch ein Verbreitungsrecht umgesetzt werden könne, so wie dies etwa in dem Bericht der Arbeitsgruppe über Rechte des geistigen Eigentums „Intellectual Pro-

Abgesehen von dieser neueren Entwicklung ist die Richtlinie in Übereinstimmung mit dem Ergebnis der Beratungen im Rat so auszulegen, dass in Bezug auf Online-Übertragungen ein ausschließliches Recht vorzusehen ist, und den Mitgliedstaaten die **Wahl** des Rechts der öffentlichen Verbreitung oder des Rechts der öffentlichen Wiedergabe offen steht[131]. Die Behandlung der Online-Übertragung durch den Rat kommt in den ErwG 31 bis 34 erster Halbsatz zum Ausdruck. Gemäß ErwG 31 soll sich der Rechtsschutz auch auf die „Zurverfügungstellung" („*making available*") von Datenbanken in einer anderen Weise als durch die Verbreitung von Vervielfältigungsstücken erstrecken, womit die Online-Übertragung gemeint ist. Interessant ist, dass schon hier der Begriff der „Zurverfügungstellung" vorkommt, der später im Vorschlag zu einem Berner Protokoll verwendet wurde, und schließlich in Art 8 WCT einging[132]. Bemerkenswert ist im Übrigen die Art und Weise der Formulierung der Erwägungsgründe, die – wüsste man nicht von der erwähnten Entscheidung des Rats, die rechtliche Einordnung der Online-Übertragung offen zu lassen – die Einordnung unter das Verbreitungsrecht nahezulegen scheint. So spricht ErwG 31 von „einer anderen Weise als durch die Verbreitung von Vervielfältigungsstücken"; er dürfte also davon ausgehen, dass es neben der Verbreitung von Vervielfältigungsstücken auch eine Verbreitung von (nicht verkörperten) Datenbanken, und folglich eine Form der unkörperlichen Verbreitung gibt. Noch deutlicher kommt dies im ersten Halbsatz des ErwG 34 zum Ausdruck, der von der Zurverfügungstellung einer Kopie der Datenbank „durch einen Online-Dienst oder durch *andere* Mittel der Verbreitung" spricht (Hervorhebung durch die Verfasserin). Demnach wird die Online-Übertragung als ein „Mittel der Verbreitung" angesehen. Angesichts der Einigung des Rats darüber, die rechtliche Einordnung offen zu lassen, muss das Wort „Verbreitung" hier aber untechnisch verstanden werden. Schließlich stellt auch ErwG 33 die Beziehung zwischen der Online-Übertragung und dem Verbreitungsrecht her, indem er sinngemäß feststellt, dass sich das Verbreitungsrecht bei Online-Übertragungen nicht erschöpft. Dieser Text kann, anders als im Fall der zuvor besprochenen Erwägungsgründe, allerdings auch so ausgelegt werden, dass er nicht die Einordnung unter das Verbreitungsrecht fordert, sondern nur die Unanwendbarkeit des Erschöpfungsgrundsatzes für den Fall feststellt, dass ein Mitgliedstaat für die Online-Übertragung das Verbreitungsrecht wählt[133]. **25**

In ErwG 33 wird gleichzeitig die bisherige Rechtsprechung des EuGH auf Grund der Art 28, 30ff EGV 1997 (früher Art 30, 36ff) zur **Erschöpfung** von Rechten festgehalten; es handelt sich also aus gemeinschaftsrechtlicher Sicht um eine **26**

---

perty and the National Information Infrastructure" der USA (1995) 213ff in Bezug auf das US-Recht vorgeschlagen war.

[131] Zum Offenlassen der rechtlichen Einordnung siehe *Gaster*, VPP-Mitteilungen 1996, 109 FN 24. Je nach dem Inhalt der künftigen Richtlinie zur Informationsgesellschaft könnte die Wahlfreiheit durch die Einordnung als Wiedergaberecht aufgehoben werden. Außer Frage steht, dass über die Verbreitung bzw Wiedergabe hinaus im Zusammenhang mit einer „On-Demand"-Nutzung auch Vervielfältigungen stattfinden, die von dem Vervielfältigungsrecht nach Art 5 lit a erfasst sind.

[132] Siehe Rz 24 oben.

[133] Vgl *Walter* Info-RL Rz 83 und 84f.

Klarstellung. Der EuGH hat in ständiger Rechtsprechung zwischen dem Recht der (körperlichen) Verbreitung, also dem Warenverkehr, und Nutzungen, die den Dienstleistungsbereich betreffen, unterschieden und die Erschöpfung nur im ersten Falle zugelassen[134]. Selbst aus urheberrechtlicher Sicht würde eine (analoge) Anwendung der Erschöpfung des Verbreitungsrechts auf Online-Übertragungen ohnehin kaum praktisch relevant werden, da ein Nutzer, der ein Werk online erhält und in seinen Computer lädt, diese Kopie bei sich behält und für die „Weiterverbreitung" online eine neue Kopie erstellt[135]. Selbst wenn man also annimmt, dass sich das „Verbreitungsrecht" in Bezug auf die erhaltene Kopie erschöpft, sodass der Empfänger zB den Computer mit der geladenen Kopie veräußern kann, ohne das Verbreitungsrecht zu verletzen[136], so wird online regelmäßig eine neue Kopie, für deren Herstellung die Zustimmung des Urhebers notwendig ist, übertragen. Für jede Weiterübertragung wäre also das Verbreitungsrecht des Urhebers auf jeden Fall zu beachten.

Auch der zweite Satz ist eine Klarstellung der urheberrechtlichen Sachlage. Eine Kopie, die ein Nutzer in körperlicher Form anfertigt, indem er zB eine online erhaltene Datenbank auf einer Diskette abspeichert, ist ein neu entstehendes Vervielfältigungsstück, das selbst noch nicht verbreitet wurde, weshalb eine Erschöpfung noch nicht erfolgen konnte. Auch in diesem Fall kann der Nutzer also ohne die Zustimmung des Urhebers die Datenbank nicht weiterverbreiten[137].

27 Schließlich spricht ErwG 32 einen allgemeinen gemeinschaftsrechtlichen Grundsatz aus, der wiederum nur klarstellende Bedeutung hat. So sind Richtlinien in Bezug auf ihre Ziele, nicht jedoch die Form und Mittel der **Umsetzung** verbindlich. ErwG 32 bestätigt, dass die nationalen Vorschriften nur inhaltlich mit der Richtlinie übereinstimmen müssen. Diese Klarstellung ergibt allenfalls vor dem Hintergrund einen Sinn, dass damit die Freiheit der Mitgliedstaaten, das Recht der Online-Übertragung systematisch unter das eine oder andere Recht einzuordnen, ausdrücklich gesichert werden soll, solange dies nur den in Art 5 genannten Rechten gleichwertig ist.

Umsetzung in Deutschland und Österreich

1. Deutschland (v Lewinski)

28 Der deutsche Gesetzgeber hat sich darauf beschränkt, das Datenbankwerk in § 4 dUrhG ausdrücklich als **Sammelwerk** zu schützen, so dass dem Urheber des Datenbankwerks automatisch nicht nur die Urheberpersönlichkeitsrechte, sondern auch die **wirtschaftlichen Rechte nach den §§ 15ff dUrhG** zustehen.

[134] So hat er insbes die Weiterübertragung durch Kabel als eine repetitive Handlung bezeichnet, auf welche die Erschöpfung keine Anwendung findet; EuGH 18.03.1980 „Coditel I/Ciné Vog/Le Boucher I" (Gründe 12ff) und 06.10.1982 „Coditel II/Ciné Vog/Le Boucher II". Vgl dazu ausführlich auch *Walter* Stand der Harmonisierung Rz 53f.

[135] Dieser Aspekt wird in der Regel übersehen. Vgl dazu *Leistner*, Rechtsschutz 102ff mwN und *Walter* Stand der Harmonisierung 72.

[136] Vgl dazu auch *Blocher* Art 4 Rz 30f Software-RL und *Walter* Stand der Harmonisierung Rz 70ff.

[137] Siehe allerdings *Gaster*, Kommentar Art 6 Rz 351, der diesen zweiten Satz von ErwG 33 als zu weitgehend ansieht.

Soweit die Rechte der §§ 15ff dUrhG weniger präzise als nach Art 5 formuliert sind, wird eine **richtlinienkonforme Auslegung** vorzunehmen sein. So ist zB § 16 dUrhG im Zusammenhang mit dem Schutz von Datenbankwerken jedenfalls so zu lesen, dass die erfasste Vervielfältigung vorübergehend oder dauerhaft, ganz oder teilweise sein und mit jedem Mittel und in jeder Form erfolgen kann[138]. Auch die Erschöpfung des Verbreitungsrechts nach § 17 Abs 2 dUrhG wird in Übereinstimmung mit Art 5 lit c Satz 2 Datenbank-RL dahingehend auszulegen sein, dass die nationale und gemeinschaftsrechtliche Erschöpfung nur das Recht des Weiterverkaufs (im Gegensatz zum Tausch oder zur Schenkung) erschöpft und die internationale Erschöpfung nicht stattfindet. Das Vermietrecht nach § 17 Abs 2 dUrhG und der Vergütungsanspruch für das Verleihen nach § 27 dUrhG sind schon bei der Umsetzung der Vermiet- und Verleih-RL, die hier Anwendung findet (Art 2 lit b), vorgesehen worden. Da der bisherige § 23 dUrhG für die meisten Werkarten nur das ausschließliche Recht der Veröffentlichung und Verwertung einer Bearbeitung oder Übersetzung bzw anderen Umgestaltung vorsah, musste er um das Recht der Bearbeitung oder Umgestaltung (diese umfasst die Übersetzung) erweitert werden, um mit Art 5 lit b Datenbank-RL in Übereinstimmung gebracht zu werden. Dies ist in § 23 Satz 2 dUrhG erfolgt.

Auch das Recht der öffentlichen Wiedergabe im weiteren Sinne ist für alle Werkarten vorgesehen (§ 15 Abs 2 und 3 dUrhG). Der deutsche Gesetzgeber hat das Recht der **Online-Übertragung** nicht ausdrücklich umgesetzt, da er dieses schon jetzt als von einem bestehenden Recht erfasst ansieht. Dabei legt er sich rechtssystematisch nicht fest[139]. In Frage kommt insbes das Recht der öffentlichen Wiedergabe im weiteren Sinne (§ 15 Abs 2 und 3 dUrhG). Dabei erlaubt es der Wortlaut von § 15 Abs 3 dUrhG, dass die Übertragung an verschiedene Mitglieder der Öffentlichkeit zu unterschiedlichen Zeiten erfolgt[140]. **29**

Schließlich war eine gesonderte Umsetzung des **Art 5 lit e Datenbank-RL** nicht erforderlich, da der Urheber eines Werks nach § 23 Satz 1 dUrhG auch gegen die Verwertung einer **Übersetzung, Bearbeitung, Anordnung oder anderen Umgestaltung** des Werks geschützt ist. **30**

2. *Österreich* (Walter)

Nach § 40f Abs 2 öUrhG werden urheberrechtlich geschützte Datenbanken als **Sammelwerke** (§ 6 öUrhG) geschützt. Mit diesem Verweis auf den Schutz von Sammelwerken werden insbes die ausschließlichen Verwertungsrechte der §§ 14 bis 18 öUrhG für entsprechend anwendbar erklärt, was im Übrigen auch für die Urheberpersönlichkeitsrechte (§§ 19 bis 21 öUrhG) und die gesetzlichen Vergütungsansprüche gilt. Ebenso wie für traditionelle Sammelwerke stellt sich auch für urheberrechtlich geschützte Datenbanken die Frage, ob diese in bestimmten rechtlichen Zusammenhängen einer der übrigen Werkkategorien zuzuordnen **31**

---

[138] Ebenso, mit Beispielen, *Loewenheim* in *Schricker*², Kommentar § 4 Rz 44, und *Heitland*, IuKDG, 10. Teil § 4 Rz 49.

[139] Begründung Regierungsentwurf BT-Dr 13/7385, 44.

[140] Ebenso *Loewenheim* in *Schricker*², Kommentar § 4 Rz 49, 45; siehe ähnlich *Heitland*, IuKDG, 10. Teil § 4 Rz 51-53.

sind[141]. Dies mag vor allem für die Anwendung bestimmter – nur für einzelne Werkkategorien vorgesehener – freier Werknutzungen von Bedeutung sein[142].

32 Mit dem Verweis auf den Schutz von Sammelwerken steht den Urhebern von Datenbankwerken jedenfalls das **Vervielfältigungs**- und **Verbreitungsrecht** (§§ 15 und 16 öUrhG) sowie das **Senderecht** (§ 17 öUrhG) zu, da in diesem Zusammenhang nicht nach Werkkategorien differenziert wird. Bei der Umschreibung des Aufführungs-, Vortrags- und Vorführungsrechts im Sinn des § 18 öUrhG (öffentliche Wiedergabe ieS) werden Sammelwerke dagegen nicht erwähnt. § 40g öUrhG gewährt Datenbanken jetzt deshalb ausdrücklich auch das Recht der öffentlichen Wiedergabe[143]. Eine Klarstellung, dass dies auch für andere Sammelwerke gilt, hat die UrhGNov 1997 allerdings verabsäumt; man wird dessen ungeachtet zur Vermeidung von Wertungswidersprüchen davon ausgehen können. Aus terminologischer Sicht ist darauf hinzuweisen, dass die Verwendung des Begriffs „öffentliche Wiedergabe" als Oberbegriff für das Aufführungs-, Vortrags- und Vorführungsrecht ebensowenig im österr Gesetz verankert ist wie diejenige unter Einschluss des Senderechts, also allgemein für die Verwertung in unkörperlicher Form.

33 Weder im Text noch in den Erläuterungen ausdrücklich angesprochen wird von der öUrhGNov 1997 die Frage, ob der Urheber von Datenbankwerken auch gegen **Online-Übertragungen** geschützt ist. Aus allgemeinen Überlegungen sowie im Hinblick auf die (in den Erwägungsgründen) klar zum Ausdruck gebrachte Intention der Datenbank-RL wird auch ohne explicite Klarstellung von einem entsprechenden Ausschlussrecht des Urhebers auszugehen sein. Nach geltendem Recht ist die Frage der Einordnung aber offen.

Grundsätzlich kommen sowohl das Senderecht (Drahtfunk) als auch das Vervielfältigungs- und Verbreitungsrecht in Frage. Die besseren Gründe sprechen nach geltendem Recht mE aber für eine Qualifizierung als Vervielfältigung und Verbreitung[144]. Dies im Hinblick auf die größeren funktionellen Ähnlichkeiten und den in Diskussion geratenen Sendebegriff, vor allem aber unter Berücksichtigung der Rechtsfolgen im Leistungsschutzrecht[145]. Bei jeder Qualifizierung

---

[141] Vgl dazu *Walter*, MR 1997, 100. Die Rechtsprechung dürfte davon ausgehen, dass Sammelwerke Sprachwerken gleichzustellen sind (vgl OGH 11.02.1997 – „Wiener Aktionismus" ÖBl 1997, 301 = ecolex 1997, 419 = MR 1997, 98 [*Walter*]).

[142] Besondere freie Werknutzungen für Sammelwerke kennt das Gesetz nicht; die für alle Werkkategorien vorgesehenen freien Nutzungen gelten aber jedenfalls auch für Sammelwerke und daher – soweit nicht Sonderregelungen bestehen (§ 40h öUrhG) – auch für Datenbankwerke.

[143] Vgl ErlRV öUrhGNov 1997 bei *Dittrich*, Urheberrecht³, 182.

[144] So wohl auch OGH 04.10.1994 – „APA-Bildfunknetz" MR 1995, 143. Vgl auch *Ciresa*, Urheberrecht aktuell 108; *Mayer-Schönberger*, Das Recht am Info-Highway 152f; *Walter*, Zur urheberrechtlichen Einordnung der digitalen Werkvermittlung, MR 1995, 125; *Wiedenbauer*, Urheberrechtsschutz von Multimediaprodukten 172ff; *Zanger*, Urheberrecht im digitalen Zeitalter 81f und 95f. AM *Dittrich*, On-Demand-Dienste: Drahtfunksendung oder öffentliche Wiedergabe? RfR 1996, 7; *Dittrich*, Unkörperliche Verbreitung? ecolex 1997, 367.

[145] Die ausübenden Künstler und Tonträgerhersteller genießen kein ausschließliches Senderecht für festgehaltene Darbietungen und Schallträger.

sind aber bestimmte Anpassungen erforderlich. So ist etwa die freie Werknutzung der Vervielfältigung zum eigenen Gebrauch eines anderen (§ 42a öUrhG 1996) beim Abruf von Werken aus digitalen Netzen nicht anwendbar. Die Eigenheit des individuellen Werkabrufs *on-demand* (Interaktivität) ist für das Verbreitungsrecht typisch, im Hinblick auf die Anerkennung der „sukzessiven Öffentlichkeit“[146] in der österr Judikatur allerdings auch im Fall einer Qualifizierung als Sendung oder sonstige öffentliche Wiedergabe nicht problematisch.

Artikel 6 Ausnahmen von den zustimmungsbedürftigen Handlungen

Art 6 enthält Schutzbestimmungen zu Gunsten des rechtmäßigen Benutzers einer Datenbank und bestimmt die zulässigen Beschränkungen der Rechte aus Art 5 in abschließender Weise.

Übersicht

Text

Artikel 6 Ausnahmen von den zustimmungsbedürftigen Handlungen

(1) Der rechtmäßige Benutzer einer Datenbank oder ihrer Vervielfältigungsstücke bedarf für die in Artikel 5 aufgezählten Handlungen nicht der Zustim-

[146] Vgl OGH 27.01.1987 – „Sex-Shop“ ÖBl 1987, 82 = MR 1987, 54 *(Walter)* = WBl 1987, 127 = SZ 60/9 = GRUR Int 1987, 609.

mung des Urhebers der Datenbank, wenn sie für den Zugang zum Inhalt der Datenbank und deren normale Benutzung durch den rechtmäßigen Benutzer erforderlich sind. Sofern der rechtmäßige Benutzer nur berechtigt ist, einen Teil der Datenbank zu nutzen, gilt diese Bestimmung nur für diesen Teil.

(2) Die Mitgliedstaaten können Beschränkungen der in Artikel 5 genannten Rechte in folgenden Fällen vorsehen:

a) für die Vervielfältigung einer nichtelektronischen Datenbank zu privaten Zwecken;

b) für die Benutzung ausschließlich zur Veranschaulichung des Unterrichts oder zu Zwecken der wissenschaftlichen Forschung – stets mit Quellenangabe –, sofern dies zur Verfolgung nichtkommerzieller Zwecke gerechtfertigt ist;

c) für die Verwendung zu Zwecken der öffentlichen Sicherheit oder eines Verwaltungs- oder Gerichtsverfahrens;

d) im Fall sonstiger Ausnahmen vom Urheberrecht, die traditionell von ihrem innerstaatlichen Recht geregelt werden, unbeschadet der Buchstaben a), b) und c).

(3) In Übereinstimmung mit der Berner Übereinkunft zum Schutz von Werken der Literatur und der Kunst können die Bestimmungen dieses Artikels nicht dahin gehend ausgelegt werden, dass dieser Artikel in einer Weise angewendet werden kann, die die rechtmäßigen Interessen des Rechtsinhabers unzumutbar verletzt oder die normale Nutzung der Datenbank beeinträchtigt.

Artikel 15 Verbindlichkeit bestimmter Vorschriften

Dem Artikel 6 Absatz 1 und dem Artikel 8 zuwiderlaufende vertragliche Bestimmungen sind nichtig.

Aus den Erwägungsgründen

ErwG 34 Hat der Rechtsinhaber sich entschieden, einem Benutzer durch einen Online-Dienst oder durch andere Mittel der Verbreitung eine Kopie der Datenbank zur Verfügung zu stellen, so muss dieser rechtmäßige Benutzer Zugang zu der Datenbank haben und sie für die Zwecke und in der Art und Weise benutzen können, die in dem Lizenzvertrag mit dem Rechtsinhaber festgelegt sind, auch wenn für diesen Zugang und diese Benutzung Handlungen erforderlich sind, die ansonsten zustimmungsbedürftig sind.

ErwG 35 Für die zustimmungsbedürftigen Handlungen ist eine Liste von Ausnahmen festzulegen und dabei zu berücksichtigen, dass das Urheberrecht im Sinne dieser Richtlinie nur für die Auswahl und Anordnung des Inhalts einer Datenbank gilt. Den Mitgliedstaaten soll die Wahlmöglichkeit gegeben werden, diese Ausnahmen in bestimmten Fällen vorzusehen. Diese Wahlmöglichkeit muss jedoch im Einklang mit der Berner Übereinkunft ausgeübt werden und beschränkt sich auf Fälle, in denen sich die Ausnahmen auf die Struktur der Datenbank beziehen. Dabei ist zu unterscheiden zwischen Ausnahmen für Fälle des privaten Gebrauchs und Ausnahmen für Fälle der Vervielfältigung zu privaten Zwecken, wobei letzterer Bereich die einzelstaatlichen Vorschriften bestimmter Mitgliedstaaten betreffend Abgaben auf unbeschriebene Datenträger und auf Aufzeichnungsgeräte berührt.

ErwG 36 Im Sinne dieser Richtlinie werden mit dem Ausdruck „wissenschaftliche Forschung" sowohl die Naturwissenschaften als auch die Geisteswissenschaften erfasst.

ErwG 37 Artikel 10 Absatz 1 der Berner Übereinkunft wird durch diese Richtlinie nicht berührt.

Kommentar

1. Ausnahmen zu Gunsten des rechtmäßigen Benutzers (Abs 1 und 3)

1.1. Entstehungsgeschichte

In Art 6 des ursprünglichen **RL-Vorschlags** nahm die Kommission den Gedanken aus Art 5 Software-RL wieder auf, besondere Ausnahmen zu Gunsten des rechtmäßigen Benutzers bzw Erwerbers einer Datenbank[147] vorzusehen. Angesichts des sehr weiten Umfangs der Ausschließlichkeitsrechte des Art 5 hätte ohne solche Ausnahmen jede Benutzung einer elektronischen Datenbank vorbehaltlich weiterer Schranken zu Rechtsverletzungen geführt, da der Zugang zur Datenbank notwendig die Vornahme zustimmungsbedürftiger Handlungen, insbes von Vervielfältigungen, mit sich bringt. Durch Art 6 RL-Vorschlag sollte sichergestellt werden, dass der rechtmäßige Benutzer bzw Erwerber für solche, für die Benutzung und den Zugang zum Inhalt der Datenbank erforderlichen Handlungen keine besondere Zustimmung benötigt (Begründung RL-Vorschlag 2. Teil Z 6.1 und 6.2.). **1**

Das **Europäische Parlament** schlug dazu in Erster Lesung vor, dass die Nutzungserlaubnis des Datenbank-Rechtsinhabers eine Genehmigung der zustimmungsbedürftigen Handlungen im Rahmen des Erforderlichen und der erteilten Erlaubnis nur dann umfasst, „sofern vertraglich nichts anderes vereinbart ist" (Abänderungsvorschlag Nr 15). Die Kommission übernahm diesen Abänderungsvorschlag aber nicht in ihren **geänderten RL-Vorschlag**, da „jede vertragliche Einschränkung, die die Nutzung der Datenbank unmöglich machen würde, … zur Folge [hätte], dass die Gültigkeit des Vertrags fraglich wäre" (Begründung geänderter RL-Vorschlag 3 lit d). **2**

Der **Rat** fasste in seinem Gemeinsamen Standpunkt Art 6 Abs 1 und 2 RL-Vorschlag (Art 7 geänderter RL-Vorschlag) in einem einzigen ersten Absatz dieses Artikels zusammen, gab ihm eine klarere Fassung[148] und fügte eine – nicht überraschende – Bestimmung hinzu, derzufolge diese Ausnahme für den Fall, dass der rechtmäßige Benutzer nur einen Teil der Datenbank nutzen darf, nur für diesen Teil gilt. Darüber hinaus strich der Rat Abs 3 des RL-Vorschlags, der klargestellt hatte, dass die Ausnahmen des Art 6 nur für die Rechte des Datenbankurhebers nach Art 5, nicht aber für den Rechtsschutz der in der Datenbank **3**

[147] Art 5 Abs 1 Software-RL spricht nur vom „rechtmäßigen Erwerber".

[148] Diese Fassung wurde schließlich in der endgültigen Richtlinienfassung nochmals – ohne inhaltliche Änderungen – umgestellt. Der Rat strich auch den – wohl als überflüssig angesehenen – ErwG 25 des RL-Vorschlags.

enthaltenen Werke und geschützten Leistungen gelten. Diese Vorschrift wurde vom Rat insbes im Hinblick auf Art 3 Abs 2 des Gemeinsamen Standpunkts[149] als überflüssig angesehen. Schließlich hielt es der Rat für angebracht, in Anlehnung an Art 6 Abs 3 Software-RL einen neuen **dritten Absatz** hinzuzufügen, „damit die in den Abs 1 und 2 dieses Artikels vorgesehenen Ausnahmen das ausgewogene Verhältnis zwischen den Rechten des Urhebers der Datenbank und denen des rechtmäßigen Benutzers nicht über Gebühr beeinträchtigen" (Begründung Gemeinsamer Standpunkt Z 13).

4 Um sicherzustellen, dass von den Ausnahmen des neuen Abs 1 vertraglich nicht abgewichen werden kann, fügte der Rat einen neuen **Art 15** hinzu, demzufolge eine dem Art 6 Abs 1 zuwiderlaufende vertragliche Bestimmung nichtig ist. Damit brachte der Rat, ebenso wie die Kommission, seine ablehnende Haltung gegenüber dem oben erwähnten Abänderungsvorschlag des Europäischen Parlaments (Abänderungsvorschlag Nr 15)[150] zum Ausdruck. Vielmehr sah er in Art 6 Abs 1 eine so grundlegende Bestimmung, dass eine vertragliche Abweichung nicht zulässig sein dürfe. Er sprach sogar von einem in Abs 1 niedergelegten „Mindestrecht" (Begründung Gemeinsamer Standpunkt Z 13; siehe auch Z 23).

1.2. Rechtmäßiger Benutzer

5 Art 6 Abs 1 schützt den **rechtmäßigen Benutzer** einer Datenbank. Rechtmäßig im Sinn dieser Vorschrift ist jeder, der die Datenbank mit **Zustimmung** des Rechtsinhabers benutzt, sei es zB auf Grund eines unmittelbar mit dem Rechtsinhaber geschlossenen Lizenzvertrags oder anderweitig, etwa auf Grund eines Sublizenzvertrags mit einem Dritten. ErwG 34 erster Halbsatz umschreibt die Rechtmäßigkeit mit den Worten „Hat der Rechtsinhaber sich entschieden, einem Benutzer durch einen Online-Dienst oder durch andere Mittel der Verbreitung eine Kopie der Datenbank zur Verfügung zu stellen"; ausdrücklich erwähnt wird sodann der „Lizenzvertrag mit dem Rechtsinhaber". Die Bezugnahme auf eine „Kopie der Datenbank" sollte – zumal es sich um einen Erwägungsgrund handelt – nicht einschränkend verstanden werden; der Zweck des Art 6 Abs 1 erfasst auch Fälle, in denen der Nutzer Zugang zur Datenbank hat, diese aber nicht auf die Festplatte seines Computers laden und daher keine dauerhafte „Kopie" anfertigen kann. Es reicht, wenn sich die Kopie der Datenbank im Speicher des Online-Dienstes befindet und der Benutzer darauf zugreifen kann. ErwG 34 sollte ebenfalls in Bezug auf den Lizenzvertrag nicht einschränkend als Voraussetzung für die Eigenschaft als rechtmäßiger Benutzer ausgelegt werden[151]. Stimmt der Rechtsinhaber der Benutzung grundsätzlich nicht zu, so kann ein Benutzer auch auf Grund einer Schrankenprivilegierung zum rechtmäßigen Benutzer werden[152].

---

[149] Dieser entsprach Art 3 Abs 2 der späteren RL.

[150] Siehe oben Rz 2.

[151] Siehe auch *Berger*, GRUR 1997, 177 zur Unerheblichkeit eines Lizenzvertrages; er schlägt in Anlehnung an den Gedanken der Erschöpfung des Verbreitungsrechts vor, dass derjenige, der ein Werkexemplar ohne Verletzung des Urheberrechts erworben hat, rechtmäßiger Benutzer ist.

[152] Siehe ebenso *Leistner*, Rechtsschutz 115.

Auch der Verkauf von Datenbanken auf physischen Trägern, wie etwa CD-ROMs, durch den Rechtsinhaber bzw mit seiner Zustimmung durch einen Dritten macht den **Erwerber** regelmäßig zum rechtmäßigen Benutzer[153]. Der Erwerber einer illegalen, das heißt ohne Zustimmung des Rechtsinhabers hergestellten Kopie einer Datenbank, ist dagegen kein rechtmäßiger Benutzer. Dasselbe gilt für Benutzer, die sich etwa unter Umgehung von Verschlüsselungen der geschützten Datenbank einen unberechtigten Zugang zu Online-Datenbanken verschaffen. **6**

Der Benutzer ist nur dann ein rechtmäßiger, wenn der Rechtsinhaber gerade ihm die Benutzung gestattet hat; so ist es etwa denkbar, dass er die Benutzung nur dem Vertragspartner selbst, nicht aber dessen Angestellten erlaubt. In diesem Fall wären die Angestellten keine rechtmäßigen Benutzer im Sinn des Art 6 Abs 1. **7**

Da der Benutzer der Datenbank nur insoweit ein rechtmäßiger sein kann, als seine Berechtigung reicht, kann eine – insbes auf einen **Teil einer Datenbank** beschränkte – Berechtigung zur Nutzung auch nur zu einer entsprechend beschränkten Anwendung von Art 6 Abs 1 führen. Der zweite Satz hält dies ausdrücklich fest. **8**

Benutzer einer Datenbank ist jedermann, der sie konsultiert, auf deren Inhalt Zugriff nimmt, sich also einer Datenbank ihrem Zweck entsprechend bedient. Nicht darunter fällt etwa eine Person, die eine Datenbank weiter vertreibt oder sie anderweitig verwertet. **9**

1.3. Zustimmungsbedürftige Handlungen

Art 6 Abs 1 lässt unter bestimmten Bedingungen das Erfordernis der Zustimmung des Berechtigten für die **Nutzungshandlungen nach Art 5** entfallen. Davon sind alle unter Art 5 lit a bis lit e aufgezählten Handlungen erfasst. In der Praxis wird meist die Vervielfältigung betroffen sein. Ausnahmen von den in Art 5 aufgezählten Verwertungsrechten gehen freilich nur so weit wie der Rechtsschutz reicht. Da sich dieser nach Art 3 nur auf die **urheberrechtsfähige Ausdrucksform**, also die Auswahl oder Anordnung des Stoffs bezieht, erstrecken sich auch die Ausnahmen nur darauf. Daher erlaubt Art 6 Abs 1 dem rechtmäßigen Benutzer einer Datenbank zB nicht, die in Art 5 bezeichneten Handlungen in Bezug auf einzelne, in der Datenbank enthaltene **Werke** oder **geschützte Leistungen** vorzunehmen; hierzu bedarf er in Übereinstimmung mit Art 3 Abs 2 der Zustimmung des Urhebers oder Rechtsinhabers einer geschützten Leistung. **10**

1.4. Erforderlichkeit für Zugang und normale Benutzung

Voraussetzung für das Entfallen des Zustimmungserfordernisses ist, dass die Nutzungshandlung für den Zugang zum Inhalt der Datenbank und deren normale Benutzung durch den rechtmäßigen Benutzer erforderlich ist. „**Erforderlich**" ist im Sinn von „unvermeidbar" zu verstehen; ohne die Handlung müsste der Zugang und die normale Benutzung nicht möglich sein. Betroffen sind insbes **11**

[153] Dies kommt auch in ErwG 34 zum Ausdruck.

Vervielfältigungen, die im Zug der Benutzung einer Datenbank beiläufig erfolgen und technisch notwendig sind, wie auch das „Blättern" („*Browsing*"), das regelmäßig für eine normale Benutzung erforderlich ist.

12 Ob eine Benutzung **„normal"** ist, ergibt sich aus dem **Zweck des Nutzungsvertrags**. Dies folgt aus dem erläuternden ErwG 34, demzufolge der rechtmäßige Benutzer die Datenbank „für die Zwecke und in der Art und Weise benutzen können [muss], die im Lizenzvertrag mit dem Rechtsinhaber festgelegt sind". Maßgeblich ist also die im Lizenzvertrag vereinbarte Art und Weise der Benutzung sowie deren Zweck. So kann zB eine Benutzung nur zum privaten Gebrauch oder zur Ausbildung vereinbart werden[154]. Gerade das vorangehende Zitat aus ErwG 34 macht deutlich, dass sich die Benutzung der Datenbank grundsätzlich nach dem Lizenzvertrag richtet, und Art 6 Abs 1 nur diejenigen beiläufigen Handlungen erfassen soll, die zur vertragsmäßigen Benutzung und zum Zugang zu der Datenbank notwendig sind. Nach der Wertung der Richtlinie sind diese Handlungen wirtschaftlich nicht selbständig und sollen daher auch rechtlich irrelevant sein. Dies gilt nicht nur für den Fall, dass eine spezifische vertragliche Vereinbarung über solche Handlungen völlig fehlt, sondern auch für den Fall einer ausdrücklichen, selbst anderweitigen vertraglichen Regelung. In Fällen, in denen kein Lizenzvertrag vorliegt (etwa beim Kauf einer CD-ROM), muss die Bedeutung der „normalen Benutzung" objektiv, etwa unter Berücksichtigung der Verkehrsanschauung ermittelt werden.

1.5. Nichtigkeit zuwiderlaufender vertraglicher Bestimmungen

13 Der rechtmäßige Benutzer wird über Art 6 Abs 1 hinaus auch auf vertraglicher Ebene geschützt; **Art 15** macht die Vorschrift **„vertragsfest"**, also zu *ius cogens*, von dem vertraglich nicht wirksam abgewichen werden kann[155]. Der Lizenzgeber kann sich also die in Art 6 Abs 1 bezeichneten Handlungen nicht vertraglich vorbehalten und auch keine besondere Vergütung für eine „Zustimmung" dazu verlangen; eine solche Bestimmung wäre gemäß Art 15 nichtig.

14 Die weitere Frage, welche Auswirkungen die Nichtigkeit einer Art 6 Abs 1 zuwiderlaufenden vertraglichen Bestimmung auf den **Vertrag insgesamt** hat, lässt Art 15 offen. Dies wird nach den allgemeinen vertragsrechtlichen Vorschriften der Mitgliedstaaten zu bestimmen sein.

15 Die Tatsache, dass der Schutz des rechtmäßigen Benutzers in Art 6 Abs 1 zwingend ausgestaltet wurde[156], ist insbes auf die vergleichbare Regelung für den *sui generis* Schutz zurückzuführen. Dieser reicht trotz der Beschränkung auf wesentliche Teile der Datenbank sehr weit und sollte nicht durch vertragliche

---

[154] Vgl *Lehmann* in Quellen VI.A.

[155] Der Rat bezeichnete Art 6 Abs 1 in der Begründung zum Gemeinsamen Standpunkt sogar als „Mindestrecht" (Z 13). Da diese geschützte Position allerdings nicht mit einem ausschließlichen Recht im Sinn des Urheberrechts, und noch weniger mit einem „Mindestrecht" im Sinn der urheberrechtlichen Konventionen zu vergleichen ist, sollte dieser Begriff im Zusammenhang mit Art 6 Abs 1 besser nicht gebraucht werden.

[156] Siehe zu dem Parallelproblem *Blocher* Art 5 Rz 19ff Software-RL.

Vereinbarungen noch weiter ausgestaltet werden können. Daher war der zwingende Charakter der entsprechenden Bestimmung des Art 8 (für das *sui generis* Recht) erforderlich, um einen Gesamtkompromiss bezüglich dieses Sonderschutzes zu erreichen[157]. Eine parallele Regelung im Kapitel über den urheberrechtlichen Schutz von Datenbanken bot sich schon deshalb an.

1.6. Drei-Stufen-Test (Abs 3)

Die Aufnahme des Abs 3 durch den Rat wird darauf zurückzuführen sein, den **16**
Bedenken der Rechtsinhaber gegen die verhältnismäßig starke Ausgestaltung des Benutzerschutzes in Art 6 Abs 1 und Art 15 Rechnung zu tragen und eine zu weitgehende Beschränkung des Urheberrechts mit Hilfe eines **„Sicherheitsnetzes“** zu verhindern. Die in Abs 3 verwendete Formulierung hat sich nicht nur als Kompromissformel in Art 6 Abs 3 Software-RL bewährt, sondern zuvor schon anlässlich der Aufnahme des Vervielfältigungsrechts bzw der zulässigen Ausnahmen hiervon in die **Berner Übereinkunft**. Deren Art 9 Abs 2 ist inzwischen – mit Geltung über das Vervielfältigungsrecht hinaus – auch in Art 13 TRIPs-Abkommen, Art 10 WCT und Art 16 WPPT aufgenommen worden, um eine für alle Beschränkungen geltende äußerste Grenze festzusetzen, über die hinaus eine im Übrigen zulässige Schranke unzulässig ist. In diesem Sinn wird Abs 3 auch hier zu verstehen sein. Die Worte „in Übereinstimmung mit der Berner Übereinkunft...“ weisen darauf hin, dass Abs 3 im Einzelnen so auszulegen ist, wie die entsprechende Vorschrift des Art 9 Abs 2 RBÜ 1967/1971. Allerdings ist diese Bezugnahme nicht auf das – in Art 9 RBÜ 1967/1971 geregelte – Vervielfältigungsrecht zu beschränken; Abs 3 ist vielmehr auf „die Bestimmungen dieses Artikels“ und damit auf alle Rechte des Art 5 anzuwenden, wobei auf die Auslegung des Art 9 Abs 2 RBÜ 1967/1971 zurückzugreifen ist.

Jedenfalls in **Bezug auf Abs 1** dürfte es nicht häufig vorkommen, dass die **17**
rechtmäßigen Interessen des Rechtsinhabers unzumutbar verletzt werden oder die normale Nutzung der Datenbank beeinträchtigt wird. So lässt diese Bestimmung nur Handlungen zu, die für die „normale Benutzung“ erforderlich sind; wenn sich auch die „normale Benutzung“ regelmäßig nach dem Vertragszweck bestimmt und daher im Einzelfall weiter reichen kann als die „normale Nutzung“ gemäß Abs 3, dürfte sich diese vertragsgemäße Benutzung *de facto* im Regelfall im Rahmen der „normalen Nutzung“ halten. Da im Übrigen Art 6 Abs 1 die grundsätzliche Zustimmung zur Benutzung der Datenbank nicht hinfällig werden lässt (der Benutzer muss immer noch „rechtmäßig“ sein), dürfte das Risiko, dass die rechtmäßigen Interessen des Rechtsinhabers unzumutbar verletzt werden, vergleichsweise gering sein.

2. Schranken des Schutzes (Abs 2 und 3)

2.1. Entstehungsgeschichte

Die Kommission hatte in ihrem ursprünglichen **RL-Vorschlag** nur die heute in **18**
Abs 1 zusammengefasste Regelung in Bezug auf den rechtmäßigen Benutzer bzw

[157] Siehe dazu *Gaster*, VPP-Mitteilungen 1996, 110 im Text nach FN 32.

Erwerber vorgesehen. Erst der Rat hat die neuen Abs 2 und 3 in seinem **Gemeinsamen Standpunkt** in die Schrankenregelung des Art 6 aufgenommen[158].

19 Dagegen hatte die Kommission in Art 4 und 7 des **RL-Vorschlags** bestimmte Ausnahmen in Bezug auf den Schutz der in der Datenbank enthaltenen **Werke und anderen Schutzgegenstände** regeln wollen. So sollte für die Aufnahme bibliographischen Informationsmaterials oder kurzer Auszüge, Zitate oder Zusammenfassungen, welche die Originalwerke selbst nicht ersetzen, in eine Datenbank, die Zustimmung des Rechtsinhabers dieser Werke nicht erforderlich sein. Damit sollte die Aufnahme von Werken und anderem geschützten Material in eine Datenbank ausnahmsweise nicht dem Urheberrecht bzw anderen Schutzrechten unterliegen (Art 4 RL-Vorschlag). Diese im Informationsinteresse der Allgemeinheit vorgesehene Ausnahme[159] wurde im Abänderungsvorschlag Nr 13 des **Europäischen Parlaments** in Erster Lesung enger gefasst, wobei die Absätze entsprechend der Reihenfolge „Grundsatz – Ausnahme" umgestellt wurden. Die Kommission übernahm diesen Vorschlag mit geändertem Wortlaut in ihren **geänderten RL-Vorschlag**. Danach sollten nur noch „solche Werke oder Informationen" ohne vorherige Genehmigung in eine Datenbank aufgenommen werden dürfen, die nicht urheberrechtlich geschützt sind, nicht das Urheberrecht an bestehenden Werken verletzen[160] oder die unter das Zitatrecht fallen (Begründung geänderter RL-Vorschlag Art 5, 5f). Damit schien also keine Abweichung von den allgemeinen Regeln gegeben zu sein. Schließlich strich der Rat in seinem **Gemeinsamen Standpunkt** den gesamten Art 4 des ursprünglichen RL-Vorschlags, da dieser nicht den Rechtsschutz von Datenbanken betreffe – er bezog sich nur auf den Datenbankinhalt – und nicht nur überflüssig, sondern auch unangebracht sei (Begründung Gemeinsamer Standpunkt Z 6.b.).

20 Auch Art 7 des ursprünglichen RL-Vorschlags betraf den **Inhalt von Datenbanken**. Die Mitgliedstaaten sollten auf den Inhalt grundsätzlich dieselben Ausnahmen zum Zweck des Zitats und der Illustration zu Unterrichtszwecken anwenden, die für die Werke und anderen Schutzgegenstände nach nationalem Recht im Allgemeinen gelten. Auch sollten die in Bezug auf die enthaltenen Werke und anderen Schutzgegenstände nach nationalem Recht zulässigen Handlungen das Urheberrecht an einer Datenbank nicht verletzen. Die zulässige Nutzung des Inhalts sollte also nicht allein dadurch unzulässig werden, dass dieser Inhalt über eine Datenbank zugänglich gemacht wird[161]. Der Vorschlag zu Art 7 erschien angesichts der Tatsache, dass die Datenbank immer nur in der Auswahl oder Anordnung, nicht aber in Bezug auf die einzelnen Werke und anderen Schutzgegenstände geschützt ist, überflüssig. Im Vorschlag des Parla-

---

[158] Siehe dazu Begründung Gemeinsamer Standpunkt Z 13. Der Wortlaut wurde in der Endfassung der Richtlinie nur geringfügig geändert; so kam in lit b noch die ausdrückliche Erwähnung der Quellenangabe hinzu.

[159] Mit dieser sollte wohl die Streitfrage geregelt werden, die dem französischen Fall Microfor zu Grunde lag (vgl Cour de Cassation 30.10.1987 JCP 1988 II 20932 [Rapport *Nicot* und Anm *Huet*]).

[160] In der Begründung ist von „Inhaltsangaben" die Rede.

[161] Siehe auch Begründung RL-Vorschlag 2. Teil Z 7.1.

ments in Erster Lesung (Abänderungsvorschlag Nr 16) sowie im geänderten RL-Vorschlag wurden im Wesentlichen redaktionelle Änderungen vorgenommen. Schließlich stellte der Rat zu Recht fest, dass dieser Artikel keine Harmonisierung der Rechtsvorschriften der Mitgliedstaaten bewirke und strich ihn daher als überflüssig (Begründung Gemeinsamer Standpunkt Z 6).

2.2. Allgemeine Bemerkungen

Eine vollständige Harmonisierung der Schranken konnte in Abs 2 nicht erreicht **21** werden. Den Mitgliedstaaten bleibt die **Wahlmöglichkeit**, die dort genannten Schranken anzuwenden, sie nicht anzuwenden oder weniger weitreichende Schranken vorzusehen. Sie müssen dabei allerdings im Rahmen des von der Berner Übereinkunft Erlaubten bleiben[162]. Diese durch das Wort „können" ausgedrückte Wahlmöglichkeit schließt allerdings Beschränkungen aus, die weiter reichen, also die Rechte mehr beschränken als es Abs 2 ausdrücklich erlaubt. Abs 2 ist also so zu verstehen, dass die Mitgliedstaaten Beschränkungen „nur" in den aufgelisteten Fällen vorsehen können.

Da die Schrankenbestimmungen einen **horizontalen Aspekt** des Urheberrechts **22** darstellen, also Bedeutung für **alle Werkarten** haben, wäre eine vollständige Harmonisierung nur in Bezug auf Datenbanken angesichts der präjudizierenden Wirkung für alle anderen Werkarten[163] wohl nicht befriedigend gewesen. Eine Harmonisierung der Schranken in Bezug auf alle Werkarten war deshalb vorzuziehen; dieser weitere Schritt ist mit Art 5 Info-RL-Vorschlag bereits eingeleitet, wenn auch hier weiterhin nur ein Rahmen für die zulässigen Schranken festgelegt wird. Schon die Teilharmonisierung im Rahmen des Art 6 Abs 2 in Bezug auf Datenbanken mag in vielen Mitgliedstaaten zu der Überlegung führen, diese Schrankenregelung zum Anlass zu nehmen, die urheberrechtlichen Schranken vollständig neu zu regeln, zumal sie insbes auch für Sammelwerke im traditionellen Sinn gelten müsste. Dies gilt umso mehr, als Abs 2 in vielen Mitgliedstaaten gegenüber dem bisherigen Recht zu engeren Schranken und daher zu einer Erweiterung des Rechtsschutzes führt; man denke etwa an § 53 Abs 2 dUrhG, der die Vervielfältigung zum eigenen wissenschaftlichen Gebrauch ganz allgemein gestattet, während Art 6 Abs 2 lit b Datenbank-RL die Nutzung für kommerzielle wissenschaftliche Forschung in der Industrie nicht mehr gestattet. Im Sinn einer **Gleichbehandlung** aller Werke erscheint eine Anpassung der nationalen Schrankenbestimmungen in Bezug auf alle Werke angebracht, zumal dies in vielen Mitgliedstaaten zu einem stärkeren Urheberrechtsschutz führen würde.

So wie sich die Rechte des Art 5 nur auf die Auswahl oder Anordnung des in der **23** Datenbank enthaltenen Stoffs beziehen, können sich auch die **Schranken** zu diesen

---

162 ErwG 35 Satz 3 stellt den allgemeinen Grundsatz, dass Richtlinien in Übereinstimmung mit dem geltenden internationalen Recht auszulegen sind, in Bezug auf die Schrankenbestimmungen der Berner Übereinkunft klar.

163 Die präjudizierende Wirkung der Software-RL war angesichts der Besonderheiten von Computerprogrammen vergleichsweise gering; Datenbanken waren dagegen schon bisher als Sammelwerke schutzfähig. Die Regelung ihres Schutzes kann daher, schon bei der Umsetzung in nationales Recht, einen Einfluss auch auf andere Werke haben.

Rechten nur auf diese **„Struktur" der Datenbank** beziehen. Dies ist ausdrücklich in ErwG 35 Satz 1 und 3 klargestellt. So darf zB eine Datenbank gemäß lit c zu Zwecken der öffentlichen Sicherheit verwendet werden; ob dagegen auch die in der Datenbank enthaltenen Werke zu diesen Zwecken ohne Zustimmung des Rechtsinhabers verwendet werden dürfen, ist in der Richtlinie nicht geregelt und bestimmt sich nach den allgemeinen Schrankenregelungen der Mitgliedstaaten.

24 Die Tatsache, dass sich die in Abs 2 genannten Schranken mit Ausnahme von lit a nicht auf einzelne Rechte, sondern auf die „Benutzung" oder „Verwendung" beziehen und damit alle Rechte des Art 5 in gleicher Weise betreffen, bringt in Bezug auf **Online-Übertragungen** den Vorteil mit sich, dass diese in Bezug auf die Schranken nach Abs 2 in den Mitgliedstaaten auch dann in gleicher Weise behandelt werden müssen, wenn sie in Bezug auf das einschlägige Recht dort unterschiedlich geregelt werden[164]. Der Verweis auf die „in Art 5 genannten Rechte" schließt also das Online-Übertragungsrecht ein; offengelassen ist nur, unter welches der ausdrücklich bezeichneten Rechte es einzuordnen ist.

2.3. Die möglichen Schranken im Einzelnen

(A) Vervielfältigung

25 Die Frage, ob die Vervielfältigung von Datenbanken zu **privaten Zwecken** erlaubt sein soll, und wenn ja, unter welchen Voraussetzungen, war im Rat sehr umstritten. Einerseits dachte man daran, an Stelle einer ausdrücklichen Regelung nur auf Art 9 Abs 2 RBÜ 1967/1971 zu verweisen, anderseits wurde ein Verbotsrecht ohne Ausnahmemöglichkeit befürwortet. Die Harmonisierung eines **Vergütungsanspruchs** für das private Vervielfältigen, wie er in vielen Mitgliedstaaten schon besteht[165], hatte nach den bisherigen noch erfolglosen Versuchen, eine solche Vergütungsregelung (nicht nur für Datenbanken) zu harmonisieren, zur Zeit der Verhandlung der Datenbank-RL wenig Aussicht auf Erfolg. Schließlich einigte sich der Rat auf ein Verbotsrecht ohne Ausnahmemöglichkeit für elektronische Datenbanken, da diese leicht vervielfältigt werden können (Begründung Gemeinsamer Standpunkt Z 13). Wenn lit a die Vervielfältigung zu privaten Zwecken also nur in Bezug auf nichtelektronische Datenbanken erlaubt, muss man daraus *e contrario* schließen, dass die Vervielfältigung von **elektronischen Datenbanken** zu privaten Zwecken von den Mitgliedstaaten nicht gesetzlich erlaubt werden darf.

26 Nach lit a bleibt es den Mitgliedstaaten vorbehalten, die Vervielfältigung einer **nichtelektronischen**, insbes auf Papier festgelegten Datenbank zu erlauben und für diese Vervielfältigung einen Vergütungsanspruch vorzusehen. Ob die Mitgliedstaaten auch eine freie Nutzung ohne Vergütungsanspruch vorsehen können, ist nach Art 9 Abs 2 RBÜ 1967/1971 zu beurteilen; ErwG 35 Satz 3 weist ausdrücklich auf die Berner Übereinkunft hin. Da Art 9 Abs 2 RBÜ 1967/1971 auch in Art 6 Abs 3 übernommen wurde und auf Abs 2 angewendet werden muss,

---

[164] Siehe zur Wahlmöglichkeit der Mitgliedstaaten in Bezug auf das Online-Übertragungsrecht Art 5 Rz 25 oben.

[165] Siehe dazu den Hinweis in ErwG 35 Satz 4 am Ende.

ist das Auslegungsproblem der Berner Übereinkunft in die Richtlinie selbst hineingetragen worden.

Die Richtlinie selbst gibt keinen Hinweis darauf, wie **Abs 3** in Bezug auf Abs 2 lit a auszulegen ist. Angesichts des heutzutage erheblichen Ausmaßes, in dem Werke, wie insbes Werke der Musik, zu privaten Zwecken vervielfältigt werden, hat die WIPO in Bezug auf Art 9 Abs 2 RBÜ 1967/1971 geäußert, dass diese Bestimmung Schranken in Bezug auf die private Vervielfältigung dann nicht mehr decken kann, wenn nicht gleichzeitig ein Vergütungsanspruch vorgesehen ist. Ein **gesetzlicher Vergütungsanspruch** kann also bewirken, dass die rechtmäßigen Interessen des Rechtsinhabers nicht unzumutbar verletzt werden[166]. Dies würde im Zusammenhang mit Art 9 Abs 1 RBÜ 1967/1971 bzw im Zusammenhang mit dem ausschließlichen Vervielfältigungsrecht des Art 5 lit a Datenbank-RL bedeuten, dass auf jeden Fall ein Vergütungsanspruch für die private Vervielfältigung vorzusehen ist, wenn nicht ein uneingeschränktes Verbotsrecht gewählt wird. Eine solche Auslegung anhand des Wortlauts ist aber nicht nur möglich, sie erscheint vielmehr auch zutreffend; allerdings sind sich die betroffenen Länder wohl noch nicht über die „richtige" Auslegung dieser Bestimmung einig. Wenn es nicht rechtzeitig zur Harmonisierung eines Vergütungsanspruchs für die private Vervielfältigung aller Werkarten kommt, ist nicht auszuschließen, dass diese Frage auf Grund des Art 6 Abs 2 lit a und Abs 3 eines Tages vom EuGH zu entscheiden sein wird[167]. **27**

Der Begriff **„private Zwecke"** schließt jedenfalls kommerzielle und öffentliche Zwecke aus; im Übrigen ist sein Inhalt dem nationalen Recht der Mitgliedstaaten überlassen. Die Tatsache, dass in den meisten Ländern nicht zwischen „privatem" und „eigenem" Gebrauch unterschieden wird, spricht dafür, dass die Richtlinie auch Ausnahmen für den eigenen Gebrauch zulässt. **28**

(B) Benutzung zu Zwecken des Unterrichts und der Forschung

Lit b lässt Ausnahmen für die Benutzung – also für die Vornahme aller in Art 5 genannten Handlungen – zur Veranschaulichung des **Unterrichts** und zu Zwecken der wissenschaftlichen Forschung zu. Mit Unterricht dürfte dabei, ähnlich wie in Art 10 Abs 2 RBÜ 1967/1971, der Gebrauch in öffentlichrechtlichen und nicht-kommerziellen privaten Schulen, einschließlich Gymnasien und Fachschulen, und an Universitäten gemeint sein. Jedenfalls nicht gedeckt von dieser Ausnahme sind kommerziell ausgerichtete Weiterbildungseinrichtungen, kommerzielle Anbieter jeglicher Art von Kursen und dergleichen, sofern sie nicht ausnahmsweise eine nicht-kommerzielle Benutzung vornehmen. „Kommerziell" ist eine Tätigkeit dann, wenn sie auf die Erzielung eines wirtschaftlichen Vorteils gerichtet ist. **29**

Die Benutzung darf nur der **„Veranschaulichung"** des Unterrichts dienen, also etwa der Ergänzung von sprachlichen Erläuterungen eines Problems. Dabei **30**

[166] Committee of Experts, Second Session, Memorandum, Copyright 1992, 66 (72 insbes Z 97).

[167] Siehe dazu auch *Walter* Rz 116ff Info-RL.

muss, wie im Übrigen schon aus Art 10 Abs 3 RBÜ 1967/1971 hervorgeht, stets die **Quelle** einschließlich des Namens des Urhebers, wenn dieser dort aufscheint, angegeben werden[168]. Nicht ganz klar ist, ob die Benutzung nur durch den Lehrenden erfolgen darf; der Wortlaut, der auf den **„Unterricht"** und damit auf das Lehren im Gegensatz zum Lernen abstellt, spricht dafür. Allerdings kann der Unterricht auch in der Anleitung zur gezielten Benutzung der Datenbank im Hinblick auf die Veranschaulichung des behandelten Themas bestehen, so dass auch die Benutzung einer Datenbank durch Schüler nach Anleitung des Lehrers zur Veranschaulichung des behandelten Themas von der Ausnahme der lit b gedeckt sein dürfte. Das gleiche gilt für die Benutzung einer Datenbank durch einen Schüler im Rahmen eines im Unterricht gehaltenen Referats. Dagegen fällt die Benutzung im Rahmen einer Prüfung bzw eines Examens nicht unter diese Ausnahme, da eine Prüfung nicht im Rahmen des Unterrichts, sondern nach dessen Abschluss stattfindet und auch nicht der Veranschaulichung des Unterrichts, also der Vermittlung von Wissen, sondern der Wissensabfrage dient.

31 Auch die Benutzung ausschließlich zu Zwecken der **wissenschaftlichen Forschung** kann von dem Rechtsschutz nach Art 5 ausgenommen werden. Wie ErwG 36 klarstellt, umfasst die „wissenschaftliche Forschung" sowohl die Naturwissenschaften als auch die Geisteswissenschaften. Diese Erklärung war vermutlich deshalb notwendig, weil das englische Wort *„science"* ebenso wie der französische Ausdruck *„les sciences"* grundsätzlich nur im Sinn von „Naturwissenschaften" verstanden werden. Die Forschung muss zur Verfolgung **nichtkommerzieller**, also nichtgewerblicher bzw nicht auf die Erzielung eines wirtschaftlichen Vorteils gerichteter Zwecke gerechtfertigt sein. Daher kann die wissenschaftliche Forschung etwa im Rahmen von Industrieunternehmen, Wirtschaftsberatungsunternehmen, Anwaltskanzleien und dergleichen nicht freigestellt werden. Diese gegen Ende der Beratungen in der Rats-Arbeitsgruppe hinzugekommene Beschränkung (letzter Halbsatz) wird in einigen Mitgliedstaaten eine Schutzverbesserung bedeuten. Zu beachten ist, dass es nur darauf ankommt, dass die verfolgten Zwecke nicht kommerziell sind. Im Einzelfall kann also in einem kommerziellen Betrieb wissenschaftliche Forschung zu nichtkommerziellen Zwecken unternommen werden und dementsprechend von der Ausnahmemöglichkeit der lit b erfasst sein. Umgekehrt kann auch an nichtkommerziellen Einrichtungen, wie zB Universitäten, wissenschaftliche Forschung zu kommerziellen Zwecken erfolgen, wie zB bei der Anfertigung vergüteter Gutachten.

32 Lit b setzt nicht voraus, dass die Forschung an **bestimmten Einrichtungen** betrieben wird; vielmehr ist jede wissenschaftliche Forschung außerhalb oder innerhalb jeder Art von Einrichtungen – seien sie nun öffentlich oder privat, Abteilungen größerer Einrichtungen oder insgesamt der Forschung gewidmete Einrichtungen etc – von lit b erfasst, wenn sie nur zur Verfolgung nichtkommerzieller Zwecke gerechtfertigt ist. Auch hier ist die **Quellenangabe** erforderlich[169].

---

[168] Das Erfordernis der Quellenangabe wurde infolge des Abänderungsvorschlags Nr 3 des Europäischen Parlaments in Zweiter Lesung aufgenommen.

[169] Siehe dazu schon oben Rz 30.

In beiden Fällen muss die Benutzung zu nichtkommerziellen Zwecken „**gerechtfertigt**“ sein. Das Wort „gerechtfertigt“ impliziert die Notwendigkeit einer Abwägung zwischen den Rechten der Urheber und den Interessen der Allgemeinheit. Es schränkt die Ausnahme des Art 6 Abs 2 lit b ein. Es ist also nicht ausreichend, dass die in lit b bezeichnete Benutzung zu nichtkommerziellen Zwecken möglich oder auch nützlich ist; vielmehr muss sie auch dazu „gerechtfertigt“ sein, also dazu in einem angemessenen Verhältnis stehen. **33**

(C) Öffentliche Sicherheit, Verwaltungs- oder Gerichtsverfahren

Ausnahmen zu Zwecken der öffentlichen Sicherheit und der Rechtspflege gehören zu den klassischen Ausnahmen im Urheberrecht. „**Öffentliche Sicherheit**“ bedeutet die Gewährleistung der Unversehrtheit der Rechtsordnung, grundlegender Staatseinrichtungen und auch von Leben, Gesundheit, Vermögen und Freiheit der einzelnen Bürger. Der Begriff ist also sehr weit gefasst. Er kann zB Nutzungen von Datenbanken oder urheberrechtlich geschützten Teilen davon zu polizeilichen Zwecken, etwa zur Fahndung nach Straftätern oder auch zur Seuchenbekämpfung abdecken. **34**

Ein **Verwaltungs- oder Gerichtsverfahren** ist dadurch gekennzeichnet, dass es einen konkreten Fall betrifft, der nicht verwaltungs- oder gerichtsintern, sondern in einem nach außen wirkenden Vorgang behandelt wird. Ab welchem Zeitpunkt das „Verfahren“ beginnt und wann es endet, bestimmt sich nach dem nationalen Recht der Mitgliedstaaten. Gerichte sind alle Spruchorgane der rechtsprechenden Gewalt, ob es sich nun um Straf-, Verwaltungs-, Zivil- oder andere Gerichte handelt. Unter den Begriff „Gerichte“ fallen nach dem üblichen Sprachgebrauch nicht Schiedsgerichte, Schiedsstellen oder ähnliche zur Schlichtung dienende Schiedsinstitutionen. Verwaltungsverfahren können vor jeder Behörde oder anderen Stelle der öffentlichen Verwaltung, die mit der Durchführung solcher Verfahren beauftragt ist, stattfinden. **35**

Die Verwendung, also die Ausführung der in Art 5 bezeichneten Handlungen, muss **zu den genannten Zwecken erfolgen**; anders als nach lit b muss sie also nicht zur Verfolgung dieser Zwecke „gerechtfertigt“ sein; es reicht aus, wenn sie diesen Zwecken dienen soll. So kann zB die Nutzung einer Datenbank zur Feststellung der Vorstrafen eines Angeklagten im Rahmen eines Gerichtsverfahrens dienen. In vielen Fällen, etwa bei einer gezielten Abfrage betreffend eine bestimmte Person, wird jedoch gar keine Verwendung der Anordnung oder Auswahl des Datenbankmaterials vorliegen – falls überhaupt Urheberrechtsschutz besteht –, so dass das Urheberrecht nicht berührt wird. Ein Beispiel für die mögliche Anwendung von lit c ist der Fall, dass sich ein Straftäter gegenüber öffentlichen Behörden nicht auf sein Urheberrecht berufen können soll, um die Vervielfältigung oder andere Nutzung seiner Datenbank über Kontaktpersonen aus dem Bereich der organisierten Kriminalität zu verhindern.

(D) Sonstige Ausnahmen nach nationalem Urheberrecht

Lit d scheint mit der allgemeinen Formulierung „sonstige Ausnahmen vom Urheberrecht, die **traditionell** von ihrem **innerstaatlichen Recht** geregelt werden“ den Kreis der möglichen Ausnahmen auf den ersten Blick sehr zu erweitern. **36**

Gedacht war allerdings nur an die „traditionell" vorgesehenen Ausnahmen, also solche, die im nationalen Recht schon bisher für Datenbanken bestanden haben. Bei den traditionellen Ausnahmen kann es sich insbes um die in der **Berner Übereinkunft** vorgesehenen und in das nationale Recht übernommenen Ausnahmen handeln[170]. Der Bereich dieser sonstigen Ausnahmen wird allerdings durch die Voraussetzungen des Abs 3 (Drei-Stufen-Test) beschränkt[171]. Darüber hinaus können sie nur **„unbeschadet der lit a, b und c"** angewendet werden. Dies wird so zu verstehen sein, dass die in diesen drei Ausnahmeregelungen getroffenen Entscheidungen als äußerste Grenze für mögliche Ausnahmen respektiert werden müssen. Selbst wenn also im Recht eines Mitgliedstaates bisher die Vervielfältigung zu privaten Zwecken (mit oder ohne Vergütungsanspruch) gesetzlich zulässig gewesen ist, so darf diese Ausnahme nicht auf die Vervielfältigung einer elektronischen Datenbank zu privaten Zwecken angewendet werden, da sonst die Regelung in lit a gegenstandslos wäre. Das gleiche gilt etwa für den Fall, dass die Vervielfältigung zu Zwecken der wissenschaftlichen, kommerziellen Forschung in einem Mitgliedstaat einer gesetzlichen Lizenz unterliegt. Eine solche Ausnahme kann angesichts der eindeutigen Aussage in lit b nicht beibehalten werden; sie würde in deren Regelungsgehalt eingreifen.

37 Insgesamt ist lit d nach dem Willen der Mitgliedstaaten **restriktiv** auszulegen[172]. Viele Anwendungsfälle für lit d werden sich schon deshalb nicht finden, weil es sich um Ausnahmen in Bezug auf die Auswahl oder Anordnung des Datenbankinhalts handeln muss, die meisten traditionellen Ausnahmen jedoch auf Einzelwerke zugeschnitten sind.

38 Vermutlich war auch an die Möglichkeit gedacht, Datenbanken, die **amtliche Werke** sind, vollkommen vom Urheberrechtsschutz auszunehmen[173]. Obwohl die systematische Stellung innerhalb des Art 6, der Ausnahmen von sonst zustimmungsbedürftigen Handlungen, nicht aber eine Beschränkung des Schutzgegenstands regelt, gegen diese Auslegung spricht, erlaubt der Wortlaut der Bestimmung auch die Freistellung amtlicher Werke als „Ausnahmen vom Urheberrecht"; dies entspricht jedenfalls der Absicht des Richtliniengebers.

2.4. Drei-Stufen-Test (Abs 3)

39 Auf alle Schranken nach Abs 2 ist zusätzlich der **Drei-Stufen-Test** nach Abs 3 anzuwenden[174]. Abs 3 bestimmt also auch mit Bezug auf die Schranken nach Abs 2 die äußerste Grenze der Zulässigkeit.

---

[170] So ist in ErwG 37 ausdrücklich das Zitatrecht nach Art 10 Abs 1 RBÜ 1967/1971 genannt. Allerdings sieht *Gaster*, Kommentar Art 6 Rz 396 gerade in der Bezugnahme auf Art 10 Abs 1 RBÜ ein Redaktionsversehen und weist darauf hin, dass Datenbanken als solche bzw ihre Auswahl oder Anordnung nicht zitierfähig seien (Rz 395).

[171] Siehe dazu Rz 16 oben.

[172] Siehe etwa *Gaster*, VPP-Mitteilungen 1996, 110.

[173] *Lehmann* in Quellen II/5, 14. Siehe ähnlich *Gaster*, Kommentar Art 6 Rz 408.

[174] Siehe dazu Rz 16 oben.

Umsetzung in Deutschland und Österreich

1. Deutschland (v Lewinski)

Art 6 Abs 1 Datenbank-RL wurde in § 55a dUrhG umgesetzt. Dabei wurde der **rechtmäßige Benutzer** durch drei Beschreibungen präzisiert, nämlich zunächst als der Eigentümer eines mit Zustimmung des Urhebers durch Veräußerung in Verkehr gebrachten Vervielfältigungsstücks des Datenbankwerks, sodann als der in sonstiger Weise zu dessen Gebrauch Berechtigte und schließlich als derjenige, dem ein Datenbankwerk auf Grund eines mit dem Urheber oder eines mit dessen Zustimmung mit einem Dritten geschlossenen Vertrags zugänglich gemacht wird[175]. Entgegen Art 6 Abs 1 Datenbank-RL bezieht sich § 55a dUrhG nicht auf alle dem Urheber vorbehaltenen Nutzungshandlungen, sondern nur auf die **Vervielfältigung und Bearbeitung**. Dies erscheint zwar auf den ersten Blick hinsichtlich der Konformität mit der Richtlinie bedenklich, kann jedoch als eine Auslegung der Richtlinie dahingehend gesehen werden, dass nur Vervielfältigungs- und Bearbeitungshandlungen als für die normale Benutzung erforderlich angesehen wurden[176]. Die „normale" Benutzung wurde im deutschen Gesetz mit den Worten „übliche" Benutzung wiedergegeben. Art 6 Abs 1 Satz 2 betreffend den nur zur Benutzung eines Teils der Datenbank berechtigten Benutzer wurde in ähnlicher Weise in § 55a Satz 2 dUrhG übernommen. Ausdrücklich setzt dessen Satz 3 fest, dass entgegenstehende vertragliche Vereinbarungen nichtig sind und entspricht damit Art 15 Datenbank-RL. **40**

Die Umsetzung der Schrankenregelung nach Art 6 Abs 2 und 3 Datenbank-RL wurde weitgehend durch die Integration in die allgemeinen urheberrechtlichen Schrankenbestimmungen erreicht. Da Art 6 Abs 2 lit d Datenbank-RL die weitere Anwendung von innerstaatlichen Schrankenbestimmungen erlaubt, soweit die besonderen Schranken nach lit a bis lit c dadurch nicht beeinträchtigt werden, konnten die **bestehenden Schranken** insoweit weitergelten, als sie nicht mit denjenigen der lit a bis c in Konflikt standen[177]. Daher musste in Bezug auf die **Vervielfältigung zum privaten und sonstigen eigenen Gebrauch** die Anwendung der betreffenden Bestimmungen in § 53 Abs 1, Abs 2 Z 2 bis 4 dUrhG für elektronische Datenbankwerke ausgeschlossen werden (§ 53 Abs 5 Satz 1 dUrhG nF). In Bezug auf Vervielfältigungen zum **eigenen wissenschaftlichen Gebrauch** musste die zusätzliche Voraussetzung aufgenommen werden, dass ein solcher wissenschaftlicher Gebrauch nicht gewerblichen Zwecken dienen darf. Der Wortlaut der Umsetzungsbestimmung beschränkt diese Voraussetzung allerdings auf elektronische Datenbanken (§ 53 Abs 5 dUrhG nF). Soweit man hier eine richtlinienkonforme Auslegung nicht für möglich hält[178], muss ein Verstoß gegen die Richtlinie festgestellt werden. Die Verpflichtung zur Quellenangabe **41**

---

175 Siehe dazu im Einzelnen *Loewenheim* in *Schricker*², Kommentar § 55a Rz 5 bis 7, und *Heitland*, IuKDG, 10. Teil § 55a Rz 22 bis 24.

176 Siehe ähnlich *Heitland*, IuKDG 10. Teil § 55a Rz 20 und *Loewenheim* in *Schricker*, Kommentar² § 55a Rz 3.

177 Siehe zu allgemeinen urheberrechtlichen Schranken im Sinn des Art 6 Abs 2 lit d Datenbank-RL, die für Datenbankwerke von Bedeutung sein können, *Heitland*, IuKDG 10. Teil § 53 Rz 21 bis 24.

178 So *Heitland*, IuKDG 10. Teil § 53 Rz 16.

nach Art 6 Abs 2 lit b in Bezug auf den wissenschaftlichen Gebrauch wurde in § 63 Abs 1 dUrhG durch Hinzufügung eines neuen Satzes 2 integriert. Mit diesen Bestimmungen hat der deutsche Gesetzgeber die Schranken bezüglich der privaten Vervielfältigung und der Vervielfältigung zu Forschungszwecken gem Art 6 Abs 2 lit a und b Datenbank-RL umgesetzt.

In Bezug auf den **Schulgebrauch** kann in Einzelfällen § 53 Abs 3 dUrhG Anwendung finden, soweit es sich nicht um elektronische Datenbankwerke handelt[179]. Soweit § 53 Abs 3 Z 2 dUrhG in Bezug auf die Vervielfältigung für **staatliche Prüfungen** nach seinem Wortlaut angewendet werden kann, muss er jedoch im Rahmen einer richtlinienkonformen Auslegung teleologisch dahingehend reduziert werden, dass er nicht auf Datenbankwerke Anwendung findet, da Art 6 Abs 2 lit b nur die Benutzung zur „Veranschaulichung" des Unterrichts erlaubt, nicht jedoch zur Prüfung (also Wissensabfrage im Gegensatz zur Wissensvermittlung)[180]. Aus § 63 Abs 1 Satz 2 nF dUrhG zur Quellenangabe kann im Übrigen geschlossen werden, dass der Gesetzgeber die Ausnahme für staatliche Prüfungen nicht für anwendbar hielt; er beschränkte die Pflicht der Quellenangabe auf § 53 Abs 3 Z 1, also auf den Schulgebrauch.

42 Die möglichen Schranken nach Art 6 Abs 2 lit c Datenbank-RL (Zwecke der **öffentlichen Sicherheit oder eines Verwaltungs- oder Gerichtsverfahrens**) sind schon in § 45 dUrhG als allgemeine Urheberrechtsschranken niedergelegt und finden automatisch auf Datenbankwerke Anwendung. Allerdings ist angesichts des üblichen Sprachgebrauchs[181] zweifelhaft, ob auch die Ausnahme zur Verwendung in Verfahren vor einem Schiedsgericht (Art 45 Abs 1 dUrhG) von der zulässigen Schranke im Fall der Verwendung für ein „Gerichtsverfahren" nach Art 6 Abs 2 lit c Datenbank-RL gedeckt ist.

2. *Österreich* (Walter)

43 In Umsetzung des Art 6 Datenbank-RL enthält § 40h öUrhG Sonderregeln betreffend die Vervielfältigung von Datenbankwerken zum eigenen Gebrauch sowie zu Gunsten des **rechtmäßigen Benutzers** einer Datenbank. Danach sind dem zur Benutzung eines Datenbankwerks (oder Teilen eines solchen) Berechtigten alle Handlungen gestattet, die für den Zugang und die „bestimmungsgemäße Benutzung" notwendig sind. Die Bestimmung folgt bewusst[182] der Formulierung des Art 5 Abs 1 Software-RL (§ 40d Abs 2 öUrhG) und verwendet nicht den Ausdruck „normale Benutzung". Vereinbarungen über den Umfang der bestimmungsgemäßen Benutzung sind zulässig; im Übrigen kann auf dieses Recht nicht wirksam verzichtet werden (§ 40h Abs 3 öUrhG).

44 Anders als im Softwareurheberrecht ist die Vervielfältigung von Datenbankwerken zum **eigenen Gebrauch** nicht zur Gänze ausgeschlossen. **Nichtelektronische Datenbanken** dürfen nach Art 5 Abs 2 lit a aber nur für den privaten

---

179 Siehe dazu *Heitland*, IuKDG 10. Teil § 53 Rz 18.

180 Siehe oben Rz 30 und zu dem Parallelproblem bei Art 9 Datenbank-RL in seiner Umsetzung in § 87c dUrhG *v Lewinski*, IuKDG 10. Teil § 87c Rz 20.

181 Siehe oben Rz 35.

182 ErlRV öUrhGNov 1997 bei *Dittrich*, Urheberrecht³, 183.

Gebrauch vervielfältigt werden. Die öUrhGNov 1997 enthält für nichtelektronische Datenbanken jedoch keine Sonderbestimmungen, weshalb die allgemeinen Regeln der §§ 42 und 42a, einschließlich der Vergütungsregelung nach § 42b öUrhG, auch auf nichtelektronische Datenbankwerke anwendbar sind. Da die freie Werknutzung zu Gunsten der Vervielfältigung zum eigenen Gebrauch auch den beruflichen (erwerbsmäßigen) Gebrauch umfasst und auch zu Gunsten juristischer Personen anwendbar ist, erscheint die Übereinstimmung mit Art 5 Abs 2 lit a Datenbank-RL fraglich.

Da Art 6 Abs 2 lit a Datenbank-RL die Vervielfältigung für private Zwecke nur **45** für nichtelektronische Datenbanken vorsieht, beschränkt § 40h Abs 1 öUrhG die Vervielfältigung zu Gunsten des eigenen Gebrauchs (§ 42 Abs 1 öUrhG) für **elektronische Datenbanken** auf Zwecke der wissenschaftlichen Forschung und schränkt diese im Sinn des Art 6 Abs 2 lit b darauf ein, dass die Vervielfältigung auch nicht Erwerbszwecken dienen darf (§ 40h Abs 1 öUrhG)[183]. Auch eine Vervielfältigung für den Schul- und Hochschulgebrauch im Sinn des § 42 Abs 3 öUrhG ist zulässig, allerdings auch in diesem Fall richtlinienkonform nicht zu Erwerbszwecken (§ 40h Abs 2 öUrhG). Diese Beschränkungen bestehen für andere Werkkategorien nicht, wodurch ein gewisser Wertungswiderspruch entsteht. Die öUrhGNov 1997 hat die Umsetzung der Datenbank-RL nicht zum Anlass genommen, die bestehenden Regelungen anzupassen.

Da weitere Sonderregelungen im Zusammenhang mit freien Werknutzungen **46** fehlen, und Datenbanken nach § 40f Abs 2 öUrhG als Sammelwerke urheberrechtlich geschützt werden, sind alle anderen, inhaltlich in Frage kommenden **traditionellen freien Werknutzungen** auch auf Datenbankwerke anwendbar[184]. Dies macht insoweit keine Schwierigkeiten, als es sich um freie Werknutzungen handelt, die für alle Werkarten gelten, wie § 41 (**Rechtspflege und Verwaltung**) oder § 56 (Benutzung von Bild- und Schallträgern in **bestimmten Geschäftsbetrieben**)[185]. Problematisch kann dies aber hinsichtlich der werkspezifischen freien Nutzungen sein, da Sammelwerke an sich eine eigene Werkkategorie bilden, in den entsprechenden Bestimmungen aber nicht ausdrücklich erwähnt sind. Allerdings werden Sammelwerke hinsichtlich der Anwendung solcher werkspezifischer freier Nutzungen der einen oder anderen Werkkategorie zuzuordnen sein, wobei die öUrhGNov 1997 offensichtlich davon ausgeht, dass Datenbankwerke insoweit als Sprachwerke anzusehen sind[186].

---

[183] Außerdem muss die Quellenangabe erfolgen, was eine Ergänzung des § 57 Abs 2 öUrhG darstellt.

[184] Vgl ErlRV öUrhGNov 1997 bei *Dittrich*, Urheberrecht³, 183.

[185] Die ErlRV öUrhGNov 1997 bei *Dittrich*, Urheberrecht³, 183, führen dazu aus, dass das Speichermedium wohl stets unter den Begriff des „Bild- oder Schallträgers" subsumiert werden könne, während die Vorführgeräte, aber auch die hierfür verwendeten Computerprogramme unter den Begriff der „Vorrichtungen zu ihrem Gebrauch" fallen.

[186] Deshalb wird beispielhaft auf § 46 Abs 2 öUrhG (großes wissenschaftliches Zitat) verwiesen.

Kapitel III Schutzrecht sui generis

Vor Artikel 7 bis 11

Das *sui generis* Recht ist ein wirtschaftliches Recht zum Schutz von wesentlichen Investitionen in eine Datenbank. Es steht dem Hersteller der Datenbank zu. Es wird neben dem urheberrechtlichen Datenbankschutz gewährt.

Übersicht

Text

Aus den Erwägungsgründen

ErwG 6 Da es in den Mitgliedstaaten noch keine harmonisierte Regelung betreffend den unlauteren Wettbewerb bzw noch keine Rechtsprechung auf diesem Gebiet gibt, sind jedoch weitere Maßnahmen erforderlich, um eine unerlaubte Entnahme und/oder Weiterverwendung des Inhalts einer Datenbank zu unterbinden.

ErwG 7 Der Aufbau von Datenbanken erfordert die Investition erheblicher menschlicher, technischer und finanzieller Mittel, während sie zu einem Bruchteil der zu ihrer unabhängigen Entwicklung erforderlichen Kosten kopiert oder abgefragt werden können.

ErwG 8 Die unerlaubte Entnahme und/oder Weiterverwendung des Inhalts einer Datenbank sind Handlungen, die schwerwiegende wirtschaftliche und technische Folgen haben können.

ErwG 9 Datenbanken sind für die Entwicklung des Informationsmarktes in der Gemeinschaft von großer Bedeutung und werden in vielen anderen Bereichen von Nutzen sein.

ErwG 10 Die exponentielle Zunahme der Daten, die in der Gemeinschaft und weltweit jedes Jahr in allen Bereichen des Handels und der Industrie erzeugt und verarbeitet werden, macht in allen Mitgliedstaaten Investitionen in fortgeschrittene Informationsmanagementsysteme erforderlich.

ErwG 11 Zur Zeit besteht ein großes Ungleichgewicht im Ausmaß der Investitionen zur Schaffung von Datenbanken sowohl unter den Mitgliedstaaten selbst als auch zwischen der Gemeinschaft und den in der Herstellung von Datenbanken führenden Drittstaaten.

ErwG 12 Investitionen in moderne Datenspeicher- und Datenverarbeitungs-Systeme werden in der Gemeinschaft nur dann in dem gebotenen Umfang stattfinden, wenn ein solides, einheitliches System zum Schutz der Rechte der Hersteller von Datenbanken geschaffen wird.

Kommentar

1. Gründe für die Einführung des sui generis *Rechts*

Schon in ihrem **Grünbuch** 1988 zählte die Kommission die Harmonisierung des Rechtsschutzes von Datenbanken zu den Fragen, die zur Verwirklichung des **gemeinsamen Markts** ein sofortiges Handeln erfordern[187]. Die Gründe für die Notwendigkeit eines raschen und umfassenden Handelns wurden später insbes in der Begründung und in den Erwägungsgründen zum RL-Vorschlag der Kommission ausgeführt. So wird auf die „vitale Bedeutung" von Datenbanken „für die Entwicklung des Informationsmarkts in der Gemeinschaft" und auf den Nutzen verwiesen, den diese „für ein breites Spektrum anderer Tätigkeiten und Industriezweige" haben (ErwG 8 RL-Vorschlag). Die „exponentielle Zunahme der Daten" (ErwG 9 RL-Vorschlag) führe zum Aufblühen der Datenbankindustrie. Es galt, die Rahmenbedingungen für die Entwicklung einer starken **Europäischen Datenbankindustrie** zu schaffen, die mit derjenigen ihrer wichtigsten Handelspartner konkurrieren können sollte. Die Harmonisierung der Vorschriften zum Rechtsschutz von elektronischen Datenbanken sollte hierzu einen Beitrag leisten und nicht nur Rechtssicherheit, sondern auch einen Investitionsschutz auf hohem Niveau bieten (Begründung RL-Vorschlag 1. Teil Z 2.2.11 und 5.1.1.). 1

Bei der Umsetzung dieses Ziels war allerdings zu beachten, dass ein Schutz von Datenbanken auf **urheberrechtlicher Grundlage** häufig nicht möglich ist, weil Datenbanken oft auf Vollständigkeit ausgerichtet sind, weshalb keine Auswahl stattfindet, oder die Anordnung des Materials zur leichteren Auffindbarkeit nur alphabetisch, chronologisch oder nach anderen ordnenden Kriterien erfolgt, die den geforderten Originalitätsstandard nicht erreichen. Nur in drei, dem Copyrightsystem angehörenden oder nahestehenden Mitgliedstaaten waren infolge des dort anerkannten niedrigeren Originalitätsstandards mehr Datenbanken vom Schutz erfasst als im übrigen Europa. Allerdings machten vor allem Gerichtsentscheidungen in den USA und in Holland deutlich, dass selbst nach dem Copyright-System[188] bzw nach holländischem Recht ein gewisses Mindestmaß an Originalität gefordert wird und daher auch in diesen Ländern nicht mehr alle Datenbanken geschützt werden. So hat insbes in den USA der *Supreme Court* in Sachen Feist v Rural entschieden, dass die bloße Aufwendung von Mühe *(sweat of the brow)* für einen Copyrightschutz von Kompilierungen nicht ausreicht[189]. Ebenso wie die Feist-Entscheidung betraf auch die Entscheidung des niederländischen Hoge Raad in Sachen van Dale v Romme[190] nichtelektronische Sammlungen, nämlich ein Telefonbuch und ein Lexikon; sie gilt aber ebenso für elektronische Datenbanken. 2

Obwohl die beteiligten Kreise in ihrer Antwort auf das Grünbuch 1988 eine eindeutige Präferenz für einen Urheberrechtsschutz gegenüber einem *sui generis* 3

---

[187] Vgl Kapitel 6.

[188] Auswirkungen auf das englische Recht hielt man nicht für ausgeschlossen.

[189] Feist Publications Inc v Rural Telephone Service Co Inc, 111 s Ct 1282 (1991) = GRUR Int 1991, 933 (*Hoebbel*).

[190] Urteil vom 04.01.1991 NJ 1991, 2543/608 (*Verkade* 2549) und *Cohen Jehoram*, Ars Aequi 1992, 33.

Schutz äußerten[191], erschienen weder eine rein **urheberrechtliche Lösung** noch eine „**Copyright**"-**Lösung** vielversprechend. Bei einem Schutzstandard nach kontinental-europäischem Urheberrecht wäre ein großer Teil der Datenbanken schutzlos geblieben, während bei Anwendung des Copyright-Schutzstandards neun (heute zwölf) Mitgliedstaaten ihre Anforderungen an die Schöpfungshöhe erheblich hätten absenken und damit ein – im kontinental-europäischem Recht – systemfremdes Element mit zudem eventuell präjudizierender Wirkung für den Werkschutz im Allgemeinen hätten anerkennen müssen. Darüber hinaus hätte der Schutz selbst in den anderen drei Mitgliedstaaten nach der erwähnten Rechtsprechung nicht mit Sicherheit für eine Erfassung aller investitionsintensiven Datenbanken ausgereicht. Hinzu kam, dass die erstrebte Harmonisierung des Originalitätsstandards bei urheberrechtlichen Datenbanken in diesen drei Mitgliedstaaten noch zu einer Anhebung geführt hätte, so dass die dort bisher Schutz genießenden Datenbanken in Zukunft nicht mehr urheberrechtlich geschützt gewesen wären, und diese Schutzlücke folglich wieder hätte gefüllt werden müssen. Die hohen Investitionen auch in urheberrechtlich nicht schutzfähige Datenbanken mussten durch ein harmonisiertes, **starkes Schutzrecht** gefördert werden, das Sicherheit und Stabilität gewährleistet (Begründung RL-Vorschlag 1. Teil Z 5.1.1.). Die Rechtsnatur eines solchen Schutzrechts war deshalb ein wesentlicher Diskussionspunkt in der weiteren Entstehungsgeschichte der Richtlinie.

2. *Rechtsnatur*

2.1. Entstehungsgeschichte

4 Die Kommission legte sich in ihrem **RL-Vorschlag** nicht auf eine bestimmte Rechtsnatur fest. Sie bezeichnete das Recht zwar als *„sui generis"* Recht und führte aus, dass dieses Recht „von Regelungen wie dem Recht gegen den unlauteren Wettbewerb oder dem Recht gegen parasitäres Verhalten abgeleitet" sei (Begründung RL-Vorschlag 1. Teil Z 5.3.6.), betonte aber gleichzeitig, dass das noch sehr unterschiedlich geregelte, in einigen Mitgliedstaaten sogar unbekannte Wettbewerbsrecht nicht in einer Richtlinie für ein einzelnes Produkt, nämlich Datenbanken, allgemein geregelt werden könne; auch sei es wenig zweckdienlich zu versuchen, den Datenbankschutz durch ein bisher so unterschiedlich ausgestaltetes Regelungssystem zu harmonisieren (Begründung RL-Vorschlag 1. Teil Z 5.3.9.). Dazu komme, dass das Recht gegen den unlauteren Wettbewerb nur das Verhältnis zwischen Wettbewerbern, nicht jedoch zwischen Anbietern und Benutzern regelt. Die Richtlinie sollte aber auch Benutzern eine bestimmte Schutzposition gewährleisten (Begründung RL-Vorschlag 1. Teil Z 5.3.10.). Die Rechtsnatur des neu zu schaffenden Rechts wurde von der Kommission also nie als wettbewerbsrechtlich gesehen; allerdings sollte den Mitgliedstaaten die Wahl der Mittel bei der Umsetzung eines derartigen Rechts gegen unlautere Auszüge aus einer Datenbank freistehen (Begründung RL-Vorschlag 2. Teil Z 2.5.). Dadurch sollte sowohl den Bedenken derjenigen Mitgliedstaaten Rechnung getragen werden, die angesichts ihrer Gesetzgebung zum Recht des unlauteren Wettbewerbs

---

[191] *Gaster*, VPP-Mitteilungen 1996, 110 im Text bei FN 33; *Dreier*, GRUR Int 1992, 740.

zunächst keinen Handlungsbedarf sahen, als auch den Bedenken derjenigen Mitgliedstaaten, die ein Recht gegen den unlauteren Wettbewerb bisher überhaupt nicht kennen[192].

Die Beratungen des **Europäischen Parlaments** in Erster Lesung zeigten sodann den Wunsch, dieses Recht stärker zu harmonisieren und deutlicher als **Immaterialgüterrecht** auszugestalten. So schlug das Parlament insbes vor, nicht mehr von „unlauteren Auszügen", sondern statt dessen von „unerlaubten Auszügen" zu sprechen, womit jegliche wettbewerbsrechtliche Assoziation ausschied[193]. Die **Kommission** übernahm diese **Änderung**[194] und trennte die Bestimmungen über das Recht *sui generis* von den urheberrechtlichen, so dass die Eigenständigkeit des *sui generis* Rechts auch in der Systematik, nämlich der Schaffung eines eigenen Kapitels, zum Ausdruck kam. **5**

Im Lauf der Diskussionen in der **Rats-Arbeitsgruppe** stellte sich nicht zuletzt im Anschluss an den Abänderungsvorschlag des Parlaments heraus, dass es sich bei dem *sui generis* Recht um ein **Investitionsschutzrecht** handeln sollte. Der Hersteller von Datenbanken sollte vor einer Aneignung derjenigen Ergebnisse durch Dritte geschützt werden, die er durch Investitionen zur Erfassung und Zusammenstellung des Inhalts einer Datenbank erzielt hatte. Dies kam insbes in der Neubestimmung des Schutzgegenstands in Art 7 Abs 1 des Gemeinsamen Standpunkts zum Ausdruck. Diese Vorschrift führte nicht nur den Schutzgrund und -gegenstand an, nämlich wesentliche Investitionen, sondern beschränkte den Schutz auch auf die Benutzung des gesamten Inhalts oder eines wesentlichen Teils davon, da die Benutzung unwesentlicher Teile des Inhalts regelmäßig nicht zu einer Beeinträchtigung der Investition führe (Begründung Gemeinsamer Standpunkt Z 14a und b). Auch nahm der Rat eine neue Bestimmung betreffend die Übertragbarkeit des *sui generis* Rechts auf und stellte damit klar, dass dieses nicht wettbewerbsrechtlicher Natur sein konnte, es sich vielmehr um ein subjektives absolutes Recht, ein **Immaterialgüterrecht** handelte. **6**

2.2. Verhältnis zum Recht gegen den unlauteren Wettbewerb

In der Richtlinie ist das *sui generis* Recht eindeutig so ausgestaltet, dass es jedenfalls **nicht wettbewerbsrechtlicher Natur** ist[195]. So regelt das Recht gegen den unlauteren Wettbewerb unlautere Handlungen von Personen, die untereinander in einem Wettbewerbsverhältnis stehen. Dagegen gewährt das *sui generis* Recht auch Schutz gegenüber Nutzern, die keine Wettbewerber des Datenbankherstellers sind. Im Übrigen erhält der Datenbankhersteller, ohne dass es auf Unlauterkeit begründende Umstände ankäme, ein subjektives Ausschließlich- **7**

---

[192] *Gaster*, VPP-Mitteilungen 1996, 111 im Text nach FN 40.

[193] Siehe insbes Abänderungsvorschlag Nr 6 zum „Recht auf Schutz vor unerlaubten Auszügen"; weitere Folgeänderungen sind in der Stellungnahme des Parlaments enthalten.

[194] Sie ersetzte allerdings zusätzlich das Wort „Auszüge" mit „Entnahme"; sie bezeichnete die Änderung von „unlauter" in „unerlaubt" als redaktionelle Änderung, siehe Begründung geänderter RL-Vorschlag 2.

[195] Unzutreffend ist daher die Meinung von *Wuermeling*, Neuer Rechtsschutz für Datenbanken, NJW-CoR 1996, 183 (184f).

keitsrecht an der Datenbank mit negativen und positiven Nutzungsbefugnissen. Auch sanktioniert das Recht gegen den unlauteren Wettbewerb ein unlauteres Verhalten *a posteriori*, während die Richtlinie übertragbare Ausschließlichkeitsrechte *a priori* gewährt. Im Recht gegen den unlauteren Wettbewerb bestimmt sich die Frage, wie lange nach der unlauteren Handlung Schutz besteht, nach dem Einzelfall, insbes der anhaltenden Wettbewerbssituation, während das *sui generis* Recht wie jedes andere Immaterialgüterrecht für eine festgelegte Schutzdauer besteht. Schließlich lässt die Richtlinie gemäß Art 13 Rechtsvorschriften betreffend den unlauteren Wettbewerb unberührt.

2.3. Verwandtes Schutzrecht bzw Leistungsschutzrecht

8 In Betracht kommt allerdings die Einordnung als **verwandtes Schutzrecht** oder Leistungsschutzrecht[196]. Die Richtlinie schreibt keine bestimmte Einordnung in das nationale Recht der Mitgliedstaaten vor und nutzt damit den Vorteil von Richtlinien, eine Harmonisierung des materiellen Rechts zu erreichen, ohne auch die Rechtssysteme der Mitgliedstaaten angleichen zu müssen. So kennen insbes die Copyright-Länder das Konzept gesondert geregelter verwandter Schutzrechte bzw Leistungsschutzrechte nicht, während sich für die Länder des kontinental-europäischen Rechtssystems eine Einordnung als verwandtes Schutzrecht bzw Leistungsschutzrecht anbietet.

9 **Gegen** die Möglichkeit einer Einordnung als **verwandtes Schutzrecht** wird gelegentlich angeführt, dass es sich beim *sui generis* Recht für Datenbanken um eine rechtliche Innovation handle, und dieses Recht bisher weder im Zusammenhang mit den bestehenden internationalen Konventionen im Bereich der verwandten Schutzrechte, insbes dem Rom-Abkommen, noch in irgendeinem nationalen Recht als verwandtes Schutzrecht geregelt ist. Das 1961 in den nordischen Staaten eingeführte Katalogschutzrecht – ein verwandtes Schutzrecht, das als ein Vorläufer des *sui generis* Rechts angesehen werden kann – ist auf Kataloge, Tabellen und ähnliches beschränkt[197]; daher sei einer von den verwandten Schutzrechten getrennten Regelung der Vorzug zu geben[198].

Betrachtet man jedoch die materielle Ausgestaltung des *sui generis* Rechts näher, so drängen sich die **Parallelen zu bekannten verwandten Schutzrechten** auf. So ist Schutzgegenstand bei einigen verwandten Schutzrechten – wie etwa denjenigen des Herstellers von Tonträgern oder Filmen – die technische, organisatorische und wirtschaftliche Leistung, die stets eine Investition darstellt. Solche Leistungen stehen im Zusammenhang mit Werken, jedoch auch mit anderem Material. So sind Tonträgerhersteller auch für die Aufnahme von bloßen Geräuschen, wie zB Walstimmen, und Filmhersteller auch für die Aufzeichnung von

---

[196] Für diese Einordnung spricht sich auch die inzwischen hM aus; siehe zB *Leistner*, Rechtsschutz 143 mwN.

[197] Vgl dazu *Bensinger*, *Sui-generis* Schutz für Datenbanken – Die EG-Datenbankrichtlinie vor dem Hintergrund des nordischen Rechts (1999). Siehe kritisch zur Umsetzung der Datenbank-RL im schwedischen Recht insbes in Zusammenhang mit dem Katalogschutzrecht *Karnell*, GRUR Int 1999, 329.

[198] In diesem Sinn im Ergebnis *Gaster*, VPP-Mitteilungen 1996, 111 im Text nach FN 46.

Laufbildern geschützt. Auch das *sui generis* Recht schützt Investitionen im Zusammenhang mit Werken und ähnlichem Material, wie zB Daten und Fakten. Doch nicht nur die Rechtfertigung für den Schutz und die geschützte Leistung sind vergleichbar, sondern auch die Ausgestaltung des Schutzes. So werden den Rechtsinhabern ausschließliche Rechte[199] in Bezug auf bestimmte Nutzungshandlungen zugewiesen und Schranken zu Gunsten der Allgemeinheit – in Art 8 und 9 auf den „rechtmäßigen" Benutzer beschränkt – vorgesehen. Diese Rechte sind jeweils übertragbar bzw abtretbar oder können Gegenstand vertraglicher Lizenzen sein; sie währen bis zum Ablauf einer gesetzlich festgelegten Schutzfrist. Schließlich steht auch Art 13 einer Regelung im Rahmen der verwandten Schutzrechte nicht entgegen.

Die **Unterschiede** zwischen den bisher bekannten **verwandten Schutzrechten**[200] und dem *sui generis* Recht sind dagegen weniger bedeutend. So darf die **10**
Tatsache, dass in Art 7 eine eigenständige Terminologie zur Bezeichnung der Rechte[201] verwendet wird, gerade angesichts der Tatsache, dass die Copyright-Länder verwandte Schutzrechte nicht kennen, nicht überbewertet werden. Eine neutrale Formulierung auf Europäischer Ebene ist oft einer Einigung der Mitgliedstaaten förderlich, da diesen dadurch eindeutig unterschiedliche Umsetzungsmöglichkeiten belassen werden. Auch stellt diese besondere Umschreibung ein weiteres Argument gegen eine eventuelle Umsetzung als Copyright-Recht dar. Schließlich spricht die Tatsache, dass die Schranken des Rechts nach Art 9 nur teilweise an die urheberrechtlichen Schranken angelehnt sind, nicht gegen eine Umsetzung als verwandtes Schutzrecht. So orientieren sich die Schranken der verwandten Schutzrechte in einigen Ländern überhaupt nicht, und in anderen Ländern nur teilweise an denjenigen des Urheberrechts. Auch die kurze Schutzdauer von nur 15 Jahren steht einer Umsetzung als Leistungsschutzrecht nicht im Weg, da nicht alle verwandten Schutzrechte 50 Jahre währen oder währen müssen; dies zeigt der Katalogschutz in den nordischen Ländern ebenso wie der Schutz wissenschaftlicher Ausgaben nach § 70 dUrhG. Die Abwesenheit eines solchen Schutzes in den internationalen Konventionen betreffend verwandte Schutzrechte und in nationalen leistungsschutzrechtlichen Regelungen ist allein darin begründet, dass ein solcher Schutz bisher nicht als notwendig angesehen wurde[202], sagt aber nichts zur Rechtsnatur aus. Auch erscheint eine Regelung außerhalb der verwandten Schutzrechte nicht erforderlich, um die Inländerbehandlung zu vermeiden (vgl dazu Art 11); so gibt es zB auch zum verwandten Schutzrecht der wissenschaftlichen Herausgeber oder Lichtbildner noch keine internationalen Konventionen, in denen die Inländerbehandlung gefordert wäre.

In Ländern des **kontinental-europäischen Systems** ist demnach eine Umsetzung **11**
im Rahmen der Bestimmungen über verwandte Schutzrechte naheliegend. Die Bestimmungen des Kapitel III könnten sogar einschließlich der besonderen Ter-

[199] Siehe zum ausschließlichen Charakter des Rechts Art 7 Rz 14 unten.

[200] Siehe zu einer Kategorisierung verwandter Schutzrechte im Zusammenhang mit der Diskussion des Datenbank-Herstellerrechts *Hornung*, Die EU-Datenbank-Richtlinie 98.

[201] Rechte der „Entnahme" und „Weiterverwendung".

[202] Die besonders schutzbedürftigen elektronischen Datenbanken sind noch nicht lange auf dem Markt.

minologie in einen eigenen Abschnitt in diesem Rahmen aufgenommen werden. Das Recht könnte beispielsweise als „Datenbankschutzrecht" bezeichnet werden; die Bezeichnung „Schutzrecht *sui generis*" muss jedenfalls nicht übernommen werden, wenn nur die materiellen Bestimmungen der Richtlinie zutreffend umgesetzt werden. Dagegen könnte eine Regelung völlig außerhalb des Urheberrechtsgesetzes[203] Unklarheiten bezüglich der dogmatischen Einordnung aufwerfen. Schließlich ist nicht außer acht zu lassen, dass eine gewisse Parallelität und Verklammerung (Kapitel IV) des Rechts mit dem Urheberrechtsschutz gemäß Kapitel II besteht, und das *sui generis* Recht schon daher ein mit dem Urheberrecht verwandtes Schutzrecht ist.

Artikel 7 Gegenstand des Schutzes

Art 7 bestimmt den Schutzgegenstand, den Rechtsinhaber und die ihm zugewiesenen Rechte, die gesondert und – wie bei jeder Harmonisierung – in abschließender Weise definiert werden. Er legt fest, dass diese Rechte abtretbar sind und sieht die Unabhängigkeit des *sui generis* Rechts von dem urheberrechtlichen oder anderweitigen Schutz der Datenbank und deren Inhalts vor.

Übersicht

---

[203] In Ländern mit getrennten Gesetzen für verwandte Schutzrechte außerhalb dieser Gesetze.

Text

Artikel 7: Gegenstand des Schutzes

(1) Die Mitgliedstaaten sehen für den Hersteller einer Datenbank, bei der für die Beschaffung, die Überprüfung oder die Darstellung ihres Inhalts eine in qualitativer oder quantitativer Hinsicht wesentliche Investition erforderlich ist, das Recht vor, die Entnahme und/oder die Weiterverwendung der Gesamtheit oder eines in qualitativer oder quantitativer Hinsicht wesentlichen Teils des Inhalts dieser Datenbank zu untersagen.

(2) Für die Zwecke dieses Kapitels gelten folgende Begriffsbestimmungen:

a) „Entnahme" bedeutet die ständige oder vorübergehende Übertragung der Gesamtheit oder eines wesentlichen Teils des Inhalts einer Datenbank auf einen anderen Datenträger, ungeachtet der dafür verwendeten Mittel und der Form der Entnahme;

b) „Weiterverwendung" bedeutet jede Form öffentlicher Verfügbarmachung der Gesamtheit oder eines wesentlichen Teils des Inhalts der Datenbank durch die Verbreitung von Vervielfältigungsstücken, durch Vermietung, durch Online-Übermittlung oder durch andere Formen der Übermittlung. Mit dem Erstverkauf eines Vervielfältigungsstücks einer Datenbank in der Gemeinschaft durch den Rechtsinhaber oder mit seiner Zustimmung erschöpft sich in der Gemeinschaft das Recht, den Weiterverkauf dieses Vervielfältigungsstücks zu kontrollieren.

Der öffentliche Verleih ist keine Entnahme oder Weiterverwendung.

(3) Das in Absatz 1 genannte Recht kann übertragen oder abgetreten werden oder Gegenstand vertraglicher Lizenzen sein.

(4) Das in Absatz 1 vorgesehene Recht gilt unabhängig davon, ob die Datenbank für einen Schutz durch das Urheberrecht oder durch andere Rechte in Betracht kommt. Es gilt ferner unabhängig davon, ob der Inhalt der Datenbank für einen Schutz durch das Urheberrecht oder durch andere Rechte in Betracht kommt. Der Schutz von Datenbanken durch das nach Absatz 1 gewährte Recht berührt nicht an ihrem Inhalt bestehende Rechte.

(5) Unzulässig ist die wiederholte und systematische Entnahme und/oder Weiterverwendung unwesentlicher Teile des Inhalts der Datenbank, wenn dies auf Handlungen hinausläuft, die einer normalen Nutzung der Datenbank entgegenstehen oder die berechtigten Interessen des Herstellers der Datenbank unzumutbar beeinträchtigen.

Aus den Erwägungsgründen

ErwG 38 Der zunehmende Einsatz der Digitaltechnik setzt den Hersteller der Datenbank der Gefahr aus, daß die Inhalte seiner Datenbank kopiert und ohne seine Genehmigung zwecks Erstellung einer Datenbank identischen Inhalts, die aber keine Verletzung des Urheberrechts an der Anordnung des Inhalts seiner Datenbank darstellt, elektronisch neu zusammengestellt werden.

ErwG 39 Neben dem Urheberrecht an der Auswahl oder Anordnung des Inhalts einer Datenbank sollen mit dieser Richtlinie die Hersteller von Datenbanken in bezug auf die widerrechtliche Aneignung der Ergebnisse der finanziellen und beruflichen Investitionen, die für die Beschaffung und das Sammeln des Inhalts getätigt wurden, in der Weise geschützt werden, daß die Gesamtheit oder wesentliche Teile einer Datenbank gegen bestimmte Handlungen eines Benutzers oder eines Konkurrenten geschützt sind.

ErwG 40 Das Ziel dieses Schutzrechts sui generis besteht darin, den Schutz einer Investition in die Beschaffung, Überprüfung oder Darstellung des Inhalts einer Datenbank für die begrenzte Dauer des Schutzrechtes sicherzustellen. Diese Investition kann in der Bereitstellung von finanziellen Mitteln und/oder im Einsatz von Zeit, Arbeit und Energie bestehen.

ErwG 41 Das Schutzrecht sui generis soll dem Hersteller einer Datenbank die Möglichkeit geben, die unerlaubte Entnahme und/oder Weiterverwendung der Gesamtheit oder wesentlicher Teile des Inhalts dieser Datenbank zu unterbinden. Hersteller einer Datenbank ist die Person, die die Initiative ergreift und das Investitionsrisiko trägt. Insbesondere Auftragnehmer fallen daher nicht unter den Begriff des Herstellers.

ErwG 42 Das besondere Recht auf Untersagung der unerlaubten Entnahme und/oder Weiterverwendung stellt auf Handlungen des Benutzers ab, die über dessen begründete Rechte hinausgehen und somit der Investition schaden. Das Recht auf Verbot der Entnahme und/oder Weiterverwendung der Gesamtheit oder eines wesentlichen Teils des Inhalts bezieht sich nicht nur auf die Herstellung eines parasitären Konkurrenzprodukts, sondern auch auf einen Benutzer, der durch seine Handlungen einen qualitativ oder quantitativ erheblichen Schaden für die Investition verursacht.

ErwG 43 Im Fall einer Online-Übermittlung erschöpft sich das Recht, die Weiterverwendung zu untersagen, weder hinsichtlich der Datenbank noch hinsichtlich eines vom Empfänger der Übermittlung mit Zustimmung des Rechtsinhabers angefertigten physischen Vervielfältigungsstücks dieser Datenbank oder eines Teils davon.

ErwG 44 Ist für die Darstellung des Inhalts einer Datenbank auf dem Bildschirm die ständige oder vorübergehende Übertragung der Gesamtheit oder eines wesentlichen Teils dieses Inhalts auf einen anderen Datenträger erforderlich, so bedarf diese Handlung der Genehmigung durch den Rechtsinhaber.

ErwG 45 In dem Recht auf Untersagung der unerlaubten Entnahme und/oder Weiterverwendung ist in keinerlei Hinsicht eine Ausdehnung des urheberrechtlichen Schutzes auf reine Fakten oder Daten zu sehen.

ErwG 46 Die Existenz eines Rechts auf Untersagung der unerlaubten Entnahme und/oder Weiterverwendung der Gesamtheit oder eines wesentlichen Teils von Werken, Daten oder Elementen einer Datenbank führt nicht zur Entstehung eines neuen Rechts an diesen Werken, Daten oder Elementen selbst.

Kommentar

1. Schutzgegenstand und Berechtigte (Abs 1 und 5)

1.1. Entstehungsgeschichte

Das ursprüngliche Konzept des *sui generis* Rechts nach dem **RL-Vorschlag** der Kommission unterschied sich grundsätzlich von demjenigen der Richtlinie selbst. So war noch nicht klar ausgedrückt, dass Schutzgegenstand des *sui generis* Rechts die Investitionen des Datenbankherstellers sein sollten. Der Schutz gegen unerlaubte Auszüge und Weiterverwertung sollte sich auf die Datenbank und Teile davon und auch auf den Datenbankinhalt selbst oder Teile desselben beziehen. Dieser Inhaltsschutz sollte jedoch nicht bestehen, soweit der Inhalt der Datenbank schon durch das Urheberrecht oder verwandte Schutzrechte geschützt sei (Art 2 Abs 5 RL-Vorschlag und Begründung Z 2.5.). Das Recht sollte nur bei einer Nutzung für gewerbliche Zwecke eingreifen[204]. Angesichts dieses sehr weitreichenden Rechts hatte die Kommission zum Ausgleich in Art 8 RL-Vorschlag Zwangslizenzen vorgeschlagen; sie sollten insbes den möglichen Problemen entstehender Informationsmonopole vorbeugen. An diesem Grundkonzept wollte das **Europäische Parlament** nach Erster Lesung nichts ändern. Es schlug nur eine Definition der gewerblichen bzw nicht gewerblichen Zwecke und des Herstellers einer Datenbank[205] vor. Zur Umschreibung des Rechts auf Schutz vor Auszügen schlug das Parlament zu Art 1 Abs 2 und in Anpassung an Art 2 Abs 5 vor, dass sich das Recht auf „unerlaubte" (und nicht unlautere) Auszüge sowie auf die Verwertung des gesamten Informationsmaterials oder eines Teils davon beziehen sollte. **1**

Die Kommission übernahm in ihrem **geänderten RL-Vorschlag** diese letztgenannten Präzisierungen im Rahmen der Definition des „Rechts auf Schutz gegen unerlaubte Entnahme"[206]. Dagegen lehnte die Kommission die vorgeschlagene Definition der „nicht gewerblichen Zwecke" ab[207]. Auch die vorgeschlagene Definition des „Herstellers einer Datenbank"[208] lehnte sie als zu extensiv ab[209]. **2**

---

[204] Art 2 Abs 5 RL-Vorschlag. Ob dadurch nur der Wettbewerber oder auch der Nutzer erfasst werden sollte, war ebenso wie die Rechtsnatur nicht klar; siehe dazu auch *Dreier*, GRUR Int 1992, 742.

[205] Siehe Abänderungsvorschläge Nr 7 und 4; zu einem anderen Abänderungsvorschlag („unerlaubte" statt „unlautere" Auszüge) siehe oben Vor Art 7 Rz 5.

[206] Art 10 Abs 1 geänderter RL-Vorschlag. Der Kommission zufolge sollten diese Änderungen die Rechtsnatur des *sui generis* Rechts klären (Begründung geänderter RL-Vorschlag 6). Die Ergänzung in Art 10 Abs 2 geänderter RL-Vorschlag (= Art 2 Abs 5 RL-Vorschlag), derzufolge sich die Verwertung auf den Inhalt oder „wesentliche Teile des Inhalts" beziehen muss, scheint keine inhaltliche Änderung mit sich gebracht zu haben; die englische Fassung des RL-Vorschlags lautete schon: *„in whole or in* substantial *part*".

[207] Siehe Begründung geänderter RL-Vorschlag 3 lit c; die vorgeschlagene Definition für die „gewerblichen Zwecke" findet sich in geänderter Form in Art 11 Abs 7 geänderter RL-Vorschlag wieder.

[208] Die Begründung geänderter RL-Vorschlag 3 lit b spricht vom „Urheber einer Datenbank"; hierbei dürfte es sich um einen Übersetzungsfehler handeln.

[209] Für eine solche spezifische Werkart dürfe eine so extensive Definition des Urhebers als der Person, welche die „Initiative zur Anlage einer Datenbank ... ergriffen hat und die

3 Nach ausführlichen Beratungen zwischen den Mitgliedstaaten klärte der Rat in Art 7 Abs 1 **Gemeinsamer Standpunkt** schließlich den Schutzgegenstand des *sui generis* Rechts, nämlich die wesentlichen Investitionen in die Datenbank, und strich die damit nicht mehr konsistente Voraussetzung „für gewerbliche Zwecke". Ebenfalls als Folge der neuen Bestimmung des Schutzgegenstandes beschränkte der Rat das *sui generis* Recht auf Nutzungen des gesamten Inhalts der Datenbank oder eines wesentlichen Teils davon, denn die Nutzung eines unwesentlichen Teils bringe in der Regel schon keine Beeinträchtigung der Investition des Herstellers mit sich (Begründung Gemeinsamer Standpunkt Z 14b). Diese gegenüber dem Kommissionsvorschlag engere Fassung des Rechts wurde im Übrigen deshalb notwendig, weil sich der Rat im Verlauf der Beratungen für einen stärkeren Schutz und insbes für die Abschaffung der Zwangslizenzen entschieden hatte; zum Ausgleich wurde das Recht selbst enger definiert[210]. Auch fügte er eine Erläuterung zum Begriff des Datenbankherstellers in ErwG 41 ein.

1.2. Wesentliche Investition[211]

(A) Investition

4 Investition ist der Einsatz von Mitteln zur Erreichung eines Zwecks, wie etwa des Aufbaus von Datenbanken. Die Mittel können verschiedenster Art sein, wie etwa der Einsatz menschlicher Arbeitskraft, technischer Einrichtungen und finanzieller Mittel zum Erwerb von Arbeitsmitteln oder zur Entlohnung der an der Datenbank mitarbeitenden Arbeitnehmer. ErwG 7 erwähnt ausdrücklich aber nicht abschließend „menschliche(r), technische(r) und finanzielle(r) Mittel"

ErwG 40 nennt neben den finanziellen Mitteln auch den Einsatz von Zeit, Arbeit und Energie (Satz 2). Es dürfte sich auch hier um eine beispielhafte Aufzählung handeln, aus der die Weite des Begriffs der Investition deutlich wird. Wenn ErwG 39 von „finanziellen und *beruflichen* Investitionen" spricht, so dürfte dies nicht in dem Sinn gemeint sein, dass zB Privatpersonen, die im Rahmen ihres Hobbys wertvolle Daten sammeln und in einer Datenbank zusammenstellen, vom Schutz des *sui generis* Rechts ausgeschlossen sein sollten, wenn sie später auf den Gedanken kommen, diese Sammlung zu verwerten. Solange die Investitionen wesentlich sind, ist kein Grund ersichtlich, zwischen **beruflichen** und **privaten Investitionen** zu unterscheiden, sobald beide verwertet werden. Art 7 Abs 1 selbst enthält im Übrigen keine solche Einschränkung.

(B) Beschaffung, Überprüfung, Darstellung, Erforderlichkeit

5 Die Investitionen müssen bei der Beschaffung, Überprüfung oder Darstellung des Datenbankinhalts anfallen. Die **Beschaffung** muss sich auf den Inhalt beziehen, nicht jedoch auf die Datenbank als solche. Daher ist etwa die finanzielle Investition

---

Verantwortung dafür trägt", nicht in eine so eng begrenzte Richtlinie aufgenommen werden (Begründung geänderter RL-Vorschlag 3 lit b). Soweit von dem „Urheber" die Rede ist, wird es sich um ein Versehen handeln.

210 Siehe *Gaster*, VPP-Mitteilungen 1996, 112 (bei IV.4.); siehe auch die Begründung Gemeinsamer Standpunkt Z 14.

211 Das *Tribunal commercial de Paris* 18.06.1999, MMR 1999, 533 (534) (*Gaster* 536), konnte bei dem streitgegenständlichen Telefonbuch, dem der Schutz des *sui generis* Rechts zuerkannt wurde, vom Vorliegen dieser Voraussetzung ausgehen.

in den Erwerb einer bestehenden Datenbank im Rahmen des *sui generis* Rechts unbeachtlich. Zur Beschaffung des Datenbankinhalts gehört das Sammeln von Informationen (ErwG 39). Es reicht deshalb schon aus, wenn allein die Sammlung oder Erfassung des späteren Datenbankinhalts hohe Investitionen verursacht, auch wenn diese Beschaffung allein noch nicht zu einer Datenbank im Sinn von Art 1 Abs 2, sondern zunächst nur zu einer unstrukturierten Datenanhäufung führt. Der Schutz nach Art 7 Abs 1 greift allerdings erst dann ein, wenn diese Datenanhäufung zu einer Datenbank strukturiert wird – auch dann, wenn diese Strukturierung selbst keine wesentliche Investition erfordert. Alle Vorleistungen zum Gewinn der Daten, die später in eine Datenbank aufgenommen werden, stellen eine Investition „für die Beschaffung" des Datenbankinhalts im Sinn von Art 7 Abs 1 dar. Der Wortlaut fordert auch nicht, dass die Beschaffung des Inhalts der späteren Datenbank schon im Hinblick auf die Einrichtung einer Datenbank erfolgen muss. Hat zB eine Privatperson verschiedene Daten in ungeordneter Weise angesammelt und entschließt sie sich erst nach einiger Zeit, dieses Material zu strukturieren und damit zur Datenbank zu machen, so sind die Investitionen in die Datenanhäufung gemäß Abs 1 zu berücksichtigen. Bei der Erstellung von Satelliten-Wetterkarten und Katasterkarten gehören zu den zu berücksichtigenden Investitionen die Kosten und anderen Mittel, die zur Erfassung der Messdaten notwendig sind, also zB zur Aufnahme der Fotos von Satelliten aus, zur Programmierung zum Zwecke dieser Satellitenaufnahmen sowie zur Herstellung und zum Betrieb der Satelliten selbst. Die Abgrenzung der Beschaffung von der nicht mehr zu berücksichtigenden Datengenerierung kann im Einzelfall aber schwierig sein[212]. Die Investition für die Beschaffung umfasst zB auch die Kosten für die Anschaffung von besonderen technischen Vorrichtungen, ohne welche die gewünschten Daten nicht gewonnen werden können. Ist der zu beschaffende Datenbankinhalt geschützt, so ist auch der notwendige Rechtserwerb eine solche Investition[213].

Das Ziel vieler Datenbanken, insbes von Realzeitdatenbanken, ist es, dem Nutzer **6**
möglichst aktuelle, auf den letzten Stand gebrachte Informationen zu bieten. Dazu ist die ständige **Überprüfung** der gespeicherten Daten auf ihre Übereinstimmung mit der Wirklichkeit notwendig. Die zu diesem Zweck eingesetzten Mittel gehören zu den Investitionen im Sinn des Abs 1. So kann es zB notwendig sein, eine Anzahl von Mitarbeitern dafür zu entlohnen, dass sie sich die aktuellen Daten beschaffen, sie mit den gespeicherten vergleichen und eventuell an Stelle der alten Daten eingeben.

Die **Darstellung** des Datenbankinhalts betrifft zB die Strukturierung des unge- **7**
ordneten Materials, die Art und Weise der Anordnung bis hin zur Präsentation am Bildschirm, unter Einsatz der passenden Software[214].

---

[212] Siehe ebenso *Leistner*, Rechtsschutz 151f mwN. *Vogel* in *Schricker*, Kommentar² § 87a Rz 16, unterscheidet zwischen Datenbeschaffung und Datengewinnung folgendermaßen: Letztere sei nicht zu berücksichtigen, sofern sie nicht mit der sammelnden, sichtenden und ordnenden Tätigkeit bei der Datenbankerstellung zusammenfalle. *Hornung*, Die EU-Datenbank-Richtlinie 111 sieht auch die Investition bei der Datengewinnung als berücksichtigungsfähig an.

[213] So auch *Raue/Bensinger*, MMR 1998, 509.

[214] Siehe weitere Beispiele in *Leistner*, Rechtsschutz 153.

8 Die Investition muss für die Beschaffung, Überprüfung bzw Darstellung **„erforderlich"** sein. Ohne die Investition müsste es also unmöglich sein, den Inhalt der Datenbank zu beschaffen, zu überprüfen oder darzustellen. Eine wesentliche Investition, die zwar für diese Zwecke getätigt wurde, dazu aber nicht erforderlich gewesen wäre, kann nicht zum Schutz nach Abs 1 führen. Dagegen reicht es freilich nicht aus, dass die Investition zwar erforderlich ist, aber nicht getätigt wird; in diesem Fall könnte eine Datenbank gar nicht entstehen[215].

(C) Wesentlichkeit

9 Die Investitionen müssen „in qualitativer oder quantitativer Hinsicht **wesentlich(e)**" sein[216]. ErwG 7 bezeichnet sie als „erheblich(er)" und setzt sie in Beziehung zu den Kosten, zu denen eine Datenbank vervielfältigt und abgefragt werden kann. Ob finanzielle Investitionen wesentlich sind, kann also sicher durch einen Vergleich mit den Kosten für die reine Kopie der hergestellten Datenbank festgestellt werden. Eine gewisse **Wechselbeziehung** besteht auch mit dem zu erwartenden **Ertrag** der Investitionen. Ist zu erwarten, dass die Investitionen erst nach langer Zeit amortisiert sind, einen nicht sehr weit über die Amortisierungsgrenze hinaus gehenden Ertrag erbringen oder ohne rechtliche Absicherung (insbes durch das *sui generis* Recht) nicht getätigt würden, so wird man sie als wesentlich ansehen können. Weniger entscheidend dürften **subjektive Kriterien** sein, wie zB die persönlichen finanziellen Verhältnisse des Investors. Demjenigen, der eine sehr risikoreiche Investition auch ohne rechtliche Absicherung wagen könnte, weil er auf ein äußerst umfangreiches persönliches Vermögen zurückgreifen kann, soll der Schutz nicht allein aus diesem Grund versagt werden können; anderenfalls wäre eine ungerechtfertigte Benachteiligung vermögender Personen die Folge, denen der Verlust persönlichen Vermögens von vornherein zugemutet würde.

10 Die Wesentlichkeit kann nach **qualitativen** oder **quantitativen Kriterien** bestimmt werden. Zu berücksichtigen sind etwa die Höhe der Kosten der Beschaffung, Überprüfung oder Darstellung, der Wert der erforderlichen Arbeitskraft, die Qualität der technischen Ausrüstung zur Datenbeschaffung oder auch die Länge der aufgewandten Zeit. So ist zB denkbar, dass bestimmte meteorologische, geographische oder biologische Daten im Rahmen von Langzeitstudien gesammelt und später zum Aufbau einer Datenbank verwendet werden. Diese zur Erfassung einer sinnvollen Datensammlung erforderliche Zeit kann selbst dann zu einer wesentlichen Investition führen, wenn in sonstiger – etwa in finanzieller – Hinsicht keine wesentlichen Investitionen vorliegen.

---

[215] Im Übrigen spricht ErwG 39 von „Investitionen, die ... getätigt wurden". Das Merkmal der Erforderlichkeit hat jedenfalls keinen Bezug zu dem Gegensatz zwischen Investition und Investitionsergebnis, der jedoch bei *Raue/Bensinger*, MMR 1998, 508 bei der Erforderlichkeit diskutiert wird.

[216] Das *Tribunal commercial de Paris* 18.06.1999 MMR 1999, 533 (534) (*Gaster*) konnte bei dem streitgegenständlichen Telefonbuch, dem der Schutz des *sui generis* Schutzes zuerkannt wurde, vom Vorliegen dieser Voraussetzung ausgehen. Siehe zum Meinungsspektrum in Bezug auf den anzuwendenden Maßstab *Leistner*, Rechtsschutz 162f.

Im Einzelnen wird der unbestimmte Rechtsbegriff der „Wesentlichkeit" durch die Rechtsprechung in den Mitgliedstaaten ausgefüllt werden müssen. Fest steht jedenfalls, dass allein das Vorliegen einer wesentlichen Investition maßgeblich ist, nicht jedoch die Frage, ob das Leistungsergebnis, die Datenbank, besonders wertvoll oder gar wettbewerblich eigenartig ist. **11**

1.3. Hersteller der Datenbank

Der Hersteller der Datenbank ist in ErwG 41 als die Person beschrieben, „die die Initiative ergreift und das Investitionsrisiko trägt."[217] Eine „Person" kann sowohl eine **natürliche** als auch eine **juristische Person** sein; da es sich hier nicht um einen urheberrechtlichen Schutz handelt, steht der originären Rechtsinhaberschaft von nicht natürlichen Personen hier nichts im Weg. „Person" dürfte sogar so weit zu verstehen sein, dass Gebilde, die keine juristischen Personen sind, wie zB Personengesellschaften, Hersteller im Sinn der Richtlinie sein können. „**Initiative ergreifen**" bedeutet mehr, als nur die Idee für eine bestimmte Datenbank zu haben; vielmehr müssen **erste Schritte** zur Herstellung gesetzt werden, wie zB die Erstellung einer finanziellen und organisatorischen Planung, die Anwerbung von Arbeitnehmern, die Anschaffung von Gebäuden und/oder Arbeitsmitteln etc. Die Ausführung dieser einzelnen Tätigkeiten kann einer anderen Person überlassen werden; zum Ergreifen der Initiative im Sinn der Richtlinie reicht es aus, dass die zur Herstellung einer Datenbank notwendigen ersten Schritte auf Veranlassung und Anweisung der Person erfolgt, die als Hersteller anzusehen ist. Allerdings muss diese Person nicht nur die Initiative ergreifen, sondern zusätzlich das **Investitionsrisiko** tragen[218]. Gegebenenfalls muss diese Person also dafür einstehen, dass sich die Investition nicht amortisiert. Auch eine gemeinschaftliche Rechtsinhaberschaft mehrerer gemeinschaftlicher Hersteller ist möglich[219]. Die Richtlinie überlässt die Ausgestaltung einer gemeinschaftlichen Rechtsinhaberschaft dem nationalen Recht der Mitgliedstaaten. **12**

Da **Auftragnehmer** üblicherweise nicht selbst die Initiative zur Herstellung von Datenbanken ergreifen und gewöhnlich auch nicht das (unternehmerische) Investitionsrisiko tragen, stellt ErwG 41 Satz 3 klar, dass Auftragnehmer nicht unter den Begriff des Herstellers fallen[220]. Noch viel weniger als Auftragnehmer kommen dementsprechend **Arbeitnehmer** als Datenbankhersteller in Frage. Das Wort „daher" deutet allerdings darauf hin, dass Auftragnehmer (wie auch Arbeitnehmer) nur deshalb (und folglich auch nur dann) nicht unter den Begriff des Herstellers fallen, weil sie in der Regel (bzw wenn sie) weder die Initiative ergreifen noch das Investitionsrisiko tragen. Im Einzelfall sind allein die Kriterien des zweiten Satzes, also der Definition selbst maßgeblich. **13**

---

[217] Siehe zu einer besonderen Frage der Herstellereigenschaft *Tribunal commercial de Paris* 18.06.1999 MMR 1999, 533 (534) (*Gaster* 536).

[218] Zu Recht lehnt *Hornung*, Die EU-Datenbank-Richtlinie 101f, die Herstellereigenschaft des Datenbankanbieters (*host*) ab.

[219] Siehe auch *Gaster*, Kommentar Art 7 Rz 486.

[220] Siehe zum historischen Hintergrund dieser Klarstellung *Gaster*, Kommentar Art 7 Rz 488.

1.4. Natur und Schutzumfang des *sui generis* Rechts

14 Der Hersteller der Datenbank hat das Recht, bestimmte Nutzungen „zu untersagen". Dies bedeutet allerdings nicht, dass ihm nur die „negative Nutzungsbefugnis", also das Verbotsrecht zusteht. Vielmehr schließt das **Untersagungsrecht** auch die **positive Nutzungsbefugnis** ein, also die Möglichkeit, die Nutzungen zu erlauben. Dies folgt nicht nur aus Art 7 Abs 3, der die Möglichkeit der Übertragung, Abtretung und Lizenzierung feststellt, sondern vor allem aus der Natur des *sui generis* Rechts als eines wirtschaftlichen Rechts.

15 Der Schutz nach Abs 1 wird für die Entnahme und/oder Weiterverwendung entweder des **gesamten Inhalts** der Datenbank oder eines in **qualitativer oder quantitativer Hinsicht wesentlichen Teils** davon gewährt. Das Kriterium der Quantität bezieht sich auf die Menge der benutzten Elemente; deren Wesentlichkeit ist im Verhältnis zur Gesamtmenge der in der Datenbank enthaltenen Elemente zu bestimmen. Das Kriterium der Qualität bezieht sich auf jegliche Beschaffenheitsmerkmale der in der Datenbank enthaltenen Elemente, deren Wesentlichkeit sich insbes anhand des wirtschaftlichen Wertes dieses Teils im Verhältnis zu demjenigen des Gesamtinhalts der Datenbank bestimmen dürfte. So können zB nur 2% des Gesamtinhalts einer Datenbank in qualitativer Hinsicht einen wesentlichen Teil darstellen, wenn die Beschaffung der betreffenden Daten unverhältnismäßig kostspielig war. Was im Einzelnen als **„wesentlich"** zu betrachten ist, bleibt der Rechtsprechung der Mitgliedstaaten überlassen; auch hier handelt es sich um einen unbestimmten Rechtsbegriff, der von der Richtlinie nicht genauer definiert werden konnte. Als Auslegungshilfe können der Zweck und der wirtschaftliche Hintergrund des *sui generis* Rechts herangezogen werden. Auch ErwG 42 Satz 2 Ende kann man einen Hinweis entnehmen: Wenn ein Benutzer durch seine Handlungen qualitativ oder quantitativ erheblichen Schaden für die Investition verursacht, dürfte ein wesentlicher Teil des Datenbankinhalts betroffen sein[221]. Wiederum besteht also eine Wechselbeziehung mit der Investition, deren erwarteter Ertrag durch die Benutzung nicht beeinträchtigt werden darf.

16 Bedenkt man, dass das *sui generis* Recht die Investitionen des Datenbankherstellers schützen soll, so folgt daraus einerseits, dass sich das Recht nur auf die Nutzung der Gesamtheit oder wesentlicher Teile des Datenbankinhalts erstreckt, da die Nutzung unwesentlicher Teile grundsätzlich die Investitionen nicht beeinträchtigt. Anderseits folgt daraus auch, dass die Nutzung **unwesentlicher Teile** dann vom *sui generis* Schutz erfasst sein muss, wenn sie ausnahmsweise zu einer solchen Beeinträchtigung der Investition führt. Dieser Ausnahmefall ist in **Abs 5** geregelt. Er berücksichtigt, dass man mit der Entnahme oder Weiterverwertung nur unwesentlicher Teile *de facto* eine Entnahme oder Weiterverwendung wesentlicher Teile und damit auch eine Beeinträchtigung der Investition erreichen kann. Abs 5 umschreibt den typischen Fall der **Umgehung**[222] einer Vorschrift

---

[221] Siehe ebenso *Kotthoff*, GRUR 1997, 602.

[222] In der Begründung Gemeinsamer Standpunkt, die von einer „missbräuchlichen, wiederholten und systematischen Entnahme und/oder Weiterverwendung" spricht, klingt an, dass hier an die Sanktionierung eines Umgehungstatbestandes gedacht war.

durch Mittel oder Verfahren, die zwar nicht unter den Wortlaut der umgangenen Vorschrift fallen, jedoch dasselbe Ergebnis erzielen, das von der umgangenen Vorschrift gerade erfasst sein soll. Abs 5 ist also eine unmittelbare Konsequenz aus Abs 1; man könnte sogar sagen, dass die in Abs 5 beschriebene Art und Weise der Nutzung unwesentlicher Teile diese Teile zu wesentlichen Teilen macht. Die Bestimmung ist vor dem Hintergrund des Schutzzwecks, also des Investitionsschutzes, auszulegen.

Die Nutzung muss „**wiederholt**" sein; eine einmalige Nutzung unwesentlicher Teile kommt einer Nutzung eines wesentlichen Teils im Sinn des ersten Absatzes nicht gleich[223]. Zusätzlich muss diese wiederholte Nutzung unwesentlicher Teile „**systematisch**" sein, dh planmäßig erfolgen; dieses Merkmal soll als Abgrenzung zur völlig wahllosen, nur zufälligen Entnahme und/oder Weiterverwendung dienen, da eine solche regelmäßig nicht der Nutzung eines wesentlichen Teils gleichkommen dürfte. **17**

Schließlich muss eine solche Entnahme und/oder Weiterverwendung unwesentlicher Teile auf Handlungen hinauslaufen, die einer **normalen Nutzung** der Datenbank entgegenstehen oder die **berechtigten Interessen** des Herstellers der Datenbank unzumutbar beeinträchtigen. Liest man ErwG 42, Satz 1 hinzu, so wird klar, dass damit solche Handlungen gemeint sind, die über die begründeten Rechte der Benutzer hinausgehen und somit der Investition schaden[224]. Während die Nutzung unwesentlicher Teile des Datenbankinhalts nach Art 7 Abs 1, 8 Abs 1 zu den begründeten Rechten des Benutzers gehört, dürfte dies dann nicht mehr der Fall sein, wenn die Nutzung unwesentlicher Teile im Ergebnis der Nutzung eines wesentlichen Teils gleichkommt. Die berechtigten Interessen des Datenbankherstellers werden insbes dann unzumutbar beeinträchtigt, wenn der Benutzer durch seine Handlungen einen erheblichen Schaden für die Investition verursacht (vgl ErwG 42 Ende). Der Hersteller hat jedenfalls ein berechtigtes Interesse daran, dass sein Recht nach Abs 1 nicht beeinträchtigt wird, insbes nicht dadurch, dass der Nutzer oder Konkurrent, an Stelle der einmaligen Entnahme und/oder Weiterverwendung eines wesentlichen Teils, mehrmals einen unwesentlichen Teil entnimmt und/oder weiterverwendet und so zu demselben Ergebnis gelangt. Seine Handlung muss auf eine in Abs 1 sanktionierte Nutzung eines wesentlichen Teils hinauslaufen; im Gemeinsamen Standpunkt war hierfür der noch deutlichere Ausdruck „einer Handlung gleichkommen" gewählt[225]. **18**

---

[223] Es sei daran erinnert, dass ein wesentlicher Teil auch klein sein kann, wenn er nur in qualitativer Hinsicht wesentlich ist.

[224] *Hornung*, Die EU-Datenbank-Richtlinie 117 bezeichnet die „normale Nutzung" als „vertragsgemäße Nutzung" und verweist darüber hinaus auf Art 9 Abs 2 RBÜ 1967/71.

[225] Die Änderung erfolgte wohl, um zu erkennen zu geben, dass sich der Rat mit dem Abänderungsvorschlag des Parlaments in Zweiter Lesung zu Art 7 Abs 5 befasst hatte. Der Vorschlag des Parlaments („...wenn dies *aufgrund von Handlungen geschieht*, ...") drückte allerdings die Intention des Abs 5 weniger klar aus, auf das Gesamtergebnis der (im Einzelnen vielleicht nicht einer normalen Verwertung entgegenstehenden bzw die Interessen beeinträchtigenden) Handlungen abzustellen, und wurde daher nicht übernommen.

2. Schutzinhalt (Abs 2)

2.1. Entnahme

19 In der Richtlinie ist das Wort „Entnahme" und nicht mehr – wie noch im RL-Vorschlag – das Wort „Auszüge" verwendet. Diese Änderung dürfte allerdings ohne inhaltliche Bedeutung sein, wie sich schon aus dem Gleichbleiben der englischen Fassung (*„extraction"*) ergibt. Allerdings sieht die Richtlinie eine sehr viel genauere Definition als noch der RL-Vorschlag vor. Um zu betonen, dass es sich bei dem *sui generis* Recht jedenfalls nicht um ein Urheberrecht handelt, und auch nicht notwendigerweise um ein verwandtes Schutzrecht[226], wurde der **neutrale**, den Bereichen des Urheberrechts und der verwandten Schutzrechte fremde **Begriff** der „Entnahme" gewählt. Die Nutzungshandlungen, die in Bezug auf eine Datenbank möglich sind, sind jedoch dieselben, ob die Datenbank oder sogar deren Inhalt nun durch ein Urheberrecht, verwandtes Schutzrecht oder anderes Recht geschützt ist. Da das *sui generis* Recht auch ein wirtschaftliches Recht ist und einen starken Schutz gewähren soll, liegt es nahe, dass es grundsätzlich dieselben Handlungen erfassen soll wie das Urheberrecht. Wenn nun die Entnahme als „die ständige oder vorübergehende Übertragung ... auf einen anderen Datenträger, ..." definiert ist, so dürfte dies denselben Sachverhalt beschreiben wie „die **vorübergehende oder dauerhafte Vervielfältigung**" (Art 5 lit a)[227]. Zwischen „ständig" und „dauerhaft" besteht in diesem Zusammenhang kein Unterschied. Eine „Übertragung auf einen anderen Datenträger" ist eine Vervielfältigung, wie etwa die Übertragung von Daten von einer Floppy-Disk in den Festspeicher. „Anderer" Datenträger bedeutet dabei nicht, dass dieser andersartig sein muss. Es muss sich nur um einen vom ursprünglichen Datenträger getrennten selbständigen Datenträger handeln. Auch wenn man mit dem Wort „Datenträger" primär elektronische Datenträger assoziiert, ist dieser Begriff doch sehr weit zu verstehen und schließt zB auch Papier ein. Das *sui generis* Recht ist nicht auf elektronische Datenbanken beschränkt; daher umfasst das Entnahmerecht zB auch das Fotokopieren einer auf Papier gedruckten Datensammlung. Ebenso wie in Art 5 lit a kann die Übertragung auf einen anderen Datenträger mit jedem Mittel und in jeder Form erfolgen. Insoweit kann auf die Kommentierung zu Art 5 lit a verwiesen werden[228].

20 Allerdings ist in Bezug auf Abs 2 lit a zusätzlich ErwG 44 zu erwähnen, der die **Anzeige** auf dem **Bildschirm** betrifft. Er umgeht die bisher im Urheberrecht und bei den verwandten Schutzrechten noch nicht einheitlich beantwortete Frage, ob die Anzeige auf dem Bildschirm („Display") eine rechtlich relevante Vervielfältigung ist[229]. ErwG 44 lässt diese Frage offen und damit einen Beurtei-

---

[226] Siehe zur Rechtsnatur Vor Art 7 Rz 4ff oben.

[227] *Strowel/Triaille*, Droit d'Auteur 277 Z 396 sehen den Begriff der „Entnahme" weiter als den der „Vervielfältigung", da allein die Übertragung auf einen anderen Träger ohne eine „Verdoppelung" bzw ohne das Entstehen einer neuen Kopie für die „Entnahme" ausreiche; ein Beispiel dafür wird allerdings nicht genannt. Auch *Gaster*, Kommentar Art 7 Rz 512 sieht im Begriff „Entnahme" nur „weitgehend" ein Synonym für die Vervielfältigung, ohne allerdings den möglichen Unterschied zwischen beiden Begriffen zu erläutern.

[228] Siehe oben Art 5 Rz 7f.

[229] Siehe zB für das deutsche Recht verneinend *Loewenheim* in *Schricker*², Kommentar

lungsspielraum für die Mitgliedstaaten; er sagt nichts anderes aus, als dass das Recht der Entnahme dann eingreift, wenn eine Entnahme für die Bildschirmanzeige notwendig ist, also die Darstellung der Daten auf dem Bildschirm deren Vervielfältigung voraussetzt. Die Beantwortung dieser Frage dürfte nicht allein nach dem technischen Sachverhalt erfolgen (dann läge regelmäßig eine Entnahme bzw Vervielfältigung vor), sondern nach dem Schutzzweck. In der Praxis dürfte dieses Problem allerdings wenig Bedeutung haben, da die Anzeige auf dem Bildschirm zur Standardnutzung gehört und daher von dem Datenbankhersteller regelmäßig im Vertrag ausdrücklich oder stillschweigend erlaubt sein dürfte.

Ob die Entnahme zu **privaten** oder **gewerblichen** oder anderen **Zwecken** erfolgt, **21**
ist im Zusammenhang mit Art 7 unerheblich und wird erst bei der Schrankenregelung des Art 9 relevant.

Die Worte „der **Gesamtheit** oder eines **wesentlichen Teils** des Inhalts einer **22**
Datenbank" stellen nur eine Wiederholung des Textes aus Abs 1 dar und sind dementsprechend auszulegen[230]. Aus gesetzgebungstechnischer Sicht wäre es sogar konsequenter gewesen, diese Worte aus der Definition völlig herauszunehmen, da sie in Bezug auf Abs 1 redundant sind und im Zusammenhang mit Abs 5 sogar zu einem Widerspruch führen, der nur durch das Wegdenken dieser Worte in Abs 2 lit a gelöst werden kann.

Ist im Einzelfall zweifelhaft, ob eine Datenübertragung als „Entnahme" im Sinn **23**
von Abs 2 lit a anzusehen ist, so kann ErwG 8 als Auslegungshilfe herangezogen werden. Danach sind Entnahmehandlungen solche, die schwerwiegende wirtschaftliche und technische Folgen haben können. Auch ErwG 42, der auf den Schaden für die Investition abstellt, ist zu berücksichtigen.

2.2. Weiterverwendung

(A) Allgemeines

Gegenüber dem im RL-Vorschlag benutzten Wort „Weiterverwertung" ist das **24**
Wort „Weiterverwendung" insofern weiter gefasst, als es auch solche Verwendungen deckt, die keine Verwertungen, sondern nur etwa Handlungen ohne das Ziel, einen Gegenwert auf dem Markt zu erzielen, darstellen. So ist zB die Schenkung oder die freie Online-Übertragung an Mitglieder eines *Bulletin-Board* nicht unbedingt eine „Verwertung", jedenfalls aber eine „Verwendung". Dementsprechend ist in ErwG 42 Satz 2 klargestellt, dass nicht nur Handlungen von Konkurrenten (bei denen es sich jedenfalls um eine „Verwertung" handelt), sondern auch solche von Benutzern (die regelmäßig keine Verwertung vornehmen) erfasst sind.

Die meisten der vom Weiterverwendungsrecht erfassten Handlungen dürften *de facto* **kommerzielle Handlungen** betreffen; dies spiegelt sich auch in Art 9

---

§ 16 Rz 6 mwN; siehe auch *Dreier* in *Schricker* (Hrsg), Urheberrecht auf dem Weg zur Informationsgesellschaft 113f.

[230] Siehe oben Rz 15.

wider, der das Weiterverwendungsrecht im Gegensatz zum Entnahmerecht kaum beschränkt[231].

25 Wie im Fall des Entnahmerechts ist für das Weiterverwendungsrecht bewusst eine neutrale, **eigenständige Terminologie** gewählt worden. Bei der Definition des Weiterverwendungsrechts wurden allerdings einige aus dem Urheberrecht und dem Bereich der verwandten Schutzrechte bekannte Begriffe verwendet. Dies erleichtert das Verständnis und wurde wohl aus diesem Grund von einer Mehrheit der Mitgliedstaaten im Rat als opportun erachtet[232].

26 Die Definition der Weiterverwendung enthält einen **Oberbegriff**, der durch eine Liste von **Beispielen** konkretisiert ist. Dass es sich nur um Beispiele handelt, wird an der Formulierung „...oder durch andere Formen der Übermittlung" deutlich. Das Weiterverwendungsrecht kann also als ein sehr weit gefasstes wirtschaftliches Recht angesehen werden, dessen einzelne Befugnisse in Bezug auf „andere Formen der Übermittlung" vom nationalen Recht der Mitgliedstaaten noch zu konkretisieren sind. Auch in diesem Zusammenhang – wie ganz allgemein bei der Auslegung des Inhalts der Rechte nach lit b – kann ErwG 8 herangezogen werden, demzufolge Weiterverwendungshandlungen solche sind, die schwerwiegende wirtschaftliche und technische Folgen haben können.

(B) Öffentliche Verfügbarmachung

(AA) Allgemeines

27 Der Oberbegriff „jede Form öffentlicher Verfügbarmachung" wäre wohl genauer mit „jede Form der Zurverfügungstellung an die Öffentlichkeit" wiederzugeben. Dies entspräche der englischen und französischen Fassung (*„making available to the public"/„mise à la disposition du public"*) besser. Auch ErwG 31 benutzt das Wort „Zurverfügungstellung"[233]. In jedem Fall bedeutet **„Verfügbarmachung"** ebenso wie „Zurverfügungstellung" das Angebot an die Öffentlichkeit, auf die Datenbank in irgendeiner Form Zugriff zu nehmen, wenn zu dem reinen Angebot die tatsächliche Möglichkeit und Bereitschaft des Datenbankherstellers hinzukommt, die Datenbank der Öffentlichkeit in irgendeiner Form so zugänglich zu machen, dass sie benutzt werden kann, der Benutzer also über sie in den genannten Fällen verfügen, zB Inhalte suchen und abfragen oder auch einsehen kann. Angesichts des Zweckes der Richtlinie, einen weitreichenden Schutz zu gewähren, ist der Begriff der Verfügbarmachung im Zweifel weit auszulegen.

28 Der Begriff der **Öffentlichkeit** ist wiederum nicht definiert und muss daher vom nationalen Recht der Mitgliedstaaten ausgefüllt werden. Dies kann insbes bei Nutzungshandlungen im Rahmen von *Bulletin Boards* und Mailing-Listen im Einzelfall zu unterschiedlichen Beurteilungen führen. Bei der Umsetzung in

[231] Das Entnahmerecht ist allerdings auch nur in Bezug auf nichtkommerzielle Zwecke beschränkt.

[232] Siehe dazu *Gaster*, VPP-Mitteilungen 1996, 112 (bei IV.5.).

[233] In der englischen und französischen Fassung wird für diesen Begriff in Art 7 Abs 2 lit b und ErwG 31 dieselbe Terminologie verwendet.

nationales Recht erscheint es dabei zweckdienlich, denselben Öffentlichkeitsbegriff wie im Urheberrecht und bei verwandten Schutzrechten zu wählen, auch wenn es sich bei dem *sui generis* Recht um ein eigenständiges Recht handelt. Immerhin besteht zumindest eine große Nähe zu den verwandten Schutzrechten, und die dem Rechtsinhaber vorbehaltenen Handlungen sind mit denen im Urheberrecht und im Bereich der verwandten Schutzrechte zumindest vergleichbar.

„**Jede Form**" der öffentlichen Verfügbarmachung ist von dem Recht erfasst, also insbes jede körperliche und unkörperliche Verfügbarmachung. **29**

Für die Worte „der **Gesamtheit** oder eines **wesentlichen Teils** des Inhalts der Datenbank" gelten die entsprechenden Ausführungen zur „Entnahme"[234]. **30**

Das Recht der öffentlichen Verfügbarmachung der Gesamtheit oder eines wesentlichen Teils des Inhalts einer Datenbank gibt allerdings gegen die **Übernahme und Anwendung einer Idee** für eine Datenbank durch Dritte keinen Schutz. Hat zB ein Hersteller eine Datenbank mit wichtigen Informationen für Reisende nach Frankreich herausgebracht, so hindert das *sui generis* Recht einen Dritten nicht daran, eine Datenbank mit vergleichbaren Informationen zB für Schweden herzustellen und zu vermarkten. Nur wenn eine bestehende Datenbank ua durch Zusätze auf den neuesten Stand gebracht wird, ist bei der Weiterverwendung der so veränderten Datenbank noch (zumindest) ein wesentlicher Teil des Inhalts der ursprünglichen Datenbank betroffen, so dass sich der Hersteller der ursprünglichen Datenbank auf Grund des Weiterverwendungsrechts gegen die Weiterverwendung seiner durch einen Dritten auf den neuesten Stand gebrachten Datenbank wehren kann. **31**

(BB) Verbreitung von Vervielfältigungsstücken

Die „Verbreitung von Vervielfältigungsstücken" ist eine schon aus dem Urheberrecht und dem Recht der verwandten Schutzrechte bekannte Nutzung; bei der Auslegung kann, angesichts der bewussten Anlehnung an die bekannte Terminologie[235], daher grundsätzlich auf Regelungen des Urheberrechts und der verwandten Schutzrechte zurückgegriffen werden. Allerdings erfasst die Verbreitung gemäß der Definition in lit b weder die **Vermietung** noch den **Verleih**, wie sich aus der separaten Nennung dieser beiden Rechte ergibt[236]. Jedoch dürfte dies die Mitgliedstaaten nicht hindern, im nationalen Recht ein weites, die Vermietung umfassendes Verbreitungsrecht vorzusehen, das sich nur in Bezug auf den Weiterverkauf erschöpft und dem Rechtsinhaber daher eine ausdrückliche Befugnis zur Vermietung belässt. Maßgeblich ist allein, dass der materielle Gehalt einer Richtlinie umgesetzt wird; die Methode der Umsetzung bzw eine besondere systematische oder **dogmatische Einordnung** ist nicht festgeschrieben. **32**

Die Verbreitung muss sich auf Vervielfältigungsstücke beziehen, also nach dem bisherigen Gebrauch der Fachsprache auf **körperliche Gegenstände**. Dieses **33**

---

[234] Siehe Rz 22 oben.

[235] *Gaster*, VPP-Mitteilungen 1996, 112 im Text nach FN 46.

[236] Siehe zu Vermietung und Verleih unten Rz 35f.

Recht erfasst also insbes den Verkauf und das Verschenken von CD-ROMs oder anderen physischen Trägern von Datenbanken, wie zB auf Papier gedruckten Katalogen.

34 Die **Erschöpfung** des Verbreitungsrechts ist in Satz 2 mit den gleichen Worten wie in Art 5 lit c Satz 2 formuliert. Daher kann insofern auf die Erläuterungen zu dieser Bestimmung verwiesen werden[237]. Besonders betont sei nochmals, dass Satz 2 den gemeinschaftsrechtlichen Erschöpfungsgrundsatz bestätigt und darüber hinaus die internationale Erschöpfung verbietet. Auch ist erwähnenswert, dass sich das Recht nur in Bezug auf den Weiterverkauf, nicht jedoch das Verschenken oder andere Formen der Verbreitung (die nicht Vermietung oder Verleih sind) erschöpft[238].

(CC) Vermietung und Verleih

35 Um dem Datenbankhersteller auch die **Vermietung** vorzubehalten, war eine ausdrückliche Erwähnung notwendig, da die Vermiet- und Verleih-RL nur das Vermietrecht für Urheber und Inhaber bestimmter verwandter Schutzrechte regelt, nicht jedoch für das *sui generis* Recht an Datenbanken, und daher auch den Geltungsbereich der Datenbank-RL insofern nicht einschränken kann[239]. Obwohl also die **Vermiet- und Verleih-RL** nicht in Bezug auf das *sui generis* Recht gilt, erscheint es bei der Umsetzung der Datenbank-RL in nationales Recht zweckdienlich (wenn auch nicht zwingend), dieselbe Definition der „Vermietung" wie in Art 1 Abs 2 Vermiet- und Verleih-RL vorzusehen oder dieses Recht zumindest entsprechend auszulegen[240]. Jedenfalls sollte erwogen werden, die Vermietung vom Verleih nicht durch das Merkmal der Entgeltlichkeit, sondern durch dasjenige der kommerziellen Ausrichtung abzugrenzen, da öffentliche Bibliotheken – zumindest für gewisse Dienstleistungen – Benutzungsgebühren erheben und bei einer Abgrenzung nach der Entgeltlichkeit somit unter das ausschließliche Vermietrecht fielen. Letzteres würde der Intention des Richtliniengebers sicher widersprechen. Der öffentliche Verleih, unter dem man nach dem allgemeinen Sprachgebrauch unabhängig von einer Gebührenerhebung die zeitweise Gebrauchsüberlassung durch öffentliche Bibliotheken versteht, soll gemäß Abs 2 Satz 3 keine Weiterverwendung darstellen und daher von dem Recht des Datenbankherstellers nicht erfasst sein[241].

36 Auch in Bezug auf den **Verleih an die Öffentlichkeit**, der dem Rechtsinhaber nicht vorbehalten ist, bietet sich eine Definition oder zumindest eine Auslegung

---

[237] Siehe Art 5 Rz 14f oben.

[238] Zur Erschöpfung eines möglichen „Online-Verbreitungsrechts" siehe unten im Zusammenhang mit der Online-Übermittlung Rz 37.

[239] Siehe dazu Art 2 lit b, ErwG 24 und die Erläuterungen zu Art 2 Rz 4.

[240] Siehe zu dieser Frage auch schon im Zusammenhang mit dem Öffentlichkeitsbegriff Rz 28 oben; vgl auch *v Lewinski* Art 1 Rz 7ff Vermiet- und Verleih-RL.

[241] Dafür, dass diese explizite Ausnahme des Verleihrechts den Mitgliedstaaten sehr wichtig war, spricht die ausdrückliche Bestimmung, dass der „öffentliche Verleih … keine Entnahme …" ist. Schon nach dem allgemeinen Sprachgebrauch ist es ausgeschlossen, dass eine Gebrauchsüberlassung eine Datenübertragung im Sinne von Abs 2 lit a ist.

gemäß den Kriterien der Vermiet- und Verleih-RL an, auch wenn Art 7 dies in keiner Weise fordert[242].

Unklar bleibt bei der Bestimmung des **Satzes 3**, wonach der öffentliche Verleih keine Entnahme ist, ob damit nicht nur der Verleih als solcher vom Schutzumfang ausgeschlossen werden soll, sondern auch alle Vervielfältigungshandlungen, die im Zusammenhang mit dem Verleih einer Datenbank, zB mit der Benutzung einer ausgeliehenen CD-ROM in der Bibliothek oder zu Hause, erfolgen. Sowohl der allgemeine Sprachgebrauch, demzufolge ein Verleih keine Vervielfältigung ist, als auch die abschließende Regelung der Schranken des Entnahmerechts in Art 9 sprechen dafür anzunehmen, dass die Entnahme auch dann vom Entnahmerecht erfasst sein soll, wenn sie im Zusammenhang mit dem öffentlichen Verleih erfolgt. Demnach wäre es klarer gewesen, Satz 3 folgendermaßen zu formulieren: „Der öffentliche Verleih ist keine Weiterverwendung". Eine Entnahme kann er ohnehin nicht sein.

(DD) Online-Übermittlung

Die **Online-Übermittlung** ist im Rahmen des Weiterverwendungsrechts – anders als in Art 5 für das Urheberrecht – ausdrücklich im Richtlinientext selbst erwähnt. Daraus sollte man allerdings nicht schließen, dass die Mitgliedstaaten verpflichtet wären, die Einzelbefugnis der Online-Übermittlung im Rahmen eines eigenständigen Rechts zu regeln. Entsprechend dem allgemeinen Grundsatz, dass die Mitgliedstaaten hinsichtlich der Methode der Umsetzung frei sind und nur den materiellen Gehalt in nationales Recht umsetzen müssen[243], reicht es aus, ein ausschließliches Recht in Bezug auf die Online-Übermittlung an die Öffentlichkeit, in welcher Form auch immer, vorzusehen. Dass die Mitgliedstaaten die Online-Übermittlung insbes als Verbreitung ansehen können, ergibt sich aus ErwG 43, der die Erschöpfung regelt, also ein Konzept, das bisher nur für das Verbreitungsrecht bekannt ist. Inhaltlich entspricht ErwG 43 dem das Urheberrecht an der Datenbank erläuternden ErwG 33. Demnach bewirkt die Online-Übermittlung keine **Erschöpfung** des Weiterverwendungsrechts, ob sie nun in einem physischen Vervielfältigungsstück der Datenbank oder eines Teils davon bei dem Benutzer endet, wie zB in einer Kopie auf einer Floppy-Disk, oder nur in einer vorübergehenden Speicherung im Arbeitsspeicher bzw Anzeige am Bildschirm. **37**

Unter Online-Übermittlung wird gemeinhin eine Übermittlung über **Kabel** verstanden, wie zB durch einen On-demand Dienst. Werden solche Übermittlungen über **Satellit** (oder Kabel und Satellit) geleistet, so sind sie als „andere Form der Übermittlung" jedenfalls vom Weiterverwendungsrecht erfasst[244].

(EE) Andere Formen der Übermittlung

Welche Fälle von Nutzungen darüber hinaus im Einzelnen als „andere Formen der Übermittlung" vom Recht des Datenbankherstellers erfasst sind, ist in der **38**

[242] Vgl dazu *v Lewinski* Art 1 Abs 3 Rz 7ff und 22ff Vermiet- und Verleih-RL.

[243] Siehe dazu auch schon oben im Zusammenhang mit dem Verbreitungsrecht Rz 32.

[244] Zur Online-Übermittlung sei im Übrigen auf Art 5 Rz 22ff im Zusammenhang mit dem Urheberrecht an Datenbanken verwiesen.

Richtlinie nicht näher ausgeführt oder erläutert. Da der Begriff der „**Übermittlung**“ sehr weit ist und nur impliziert, dass die Datenbank in irgendeiner Weise von einem Ort an einen anderen gelangt, nämlich zum Verwender, darf man annehmen, dass jedenfalls alle Handlungen, die im Urheberrecht und bei verwandten Schutzrechten vom Recht der öffentlichen Wiedergabe erfasst sind, eine solche Übermittlung darstellen; dies bis hin zur Sendung (etwa über Videotext), freilich mit Ausnahme der *de facto* unmöglichen persönlichen Darbietung und der unmittelbaren Vorführung. Die Übermittlung muss unter den Oberbegriff der Definition fallen und demnach eine Form der öffentlichen Verfügbarmachung darstellen[245].

3. Verkehrsfähigkeit (Abs 3)

39 Der **dritte Absatz** wurde erst durch den Rat neu aufgenommen. Dies geschah im Gemeinsamen Standpunkt im Zusammenhang mit der Klärung der Rechtsnatur des *sui generis* Rechts als eines wirtschaftlichen Rechts im Sinn des Immaterialgüterrechts. Durch den neuen Abs 3 wurde mit aller Deutlichkeit zum Ausdruck gebracht, dass der *sui generis* Schutz nicht wettbewerbsrechtlicher Art ist. Die Formulierung der Bestimmung entspricht derjenigen der Vermiet- und Verleih-RL. Sie wird auch ebenso wie dort auszulegen sein[246]. Abs 3 zeigt, dass das *sui generis* Recht ein subjektives Recht an einem Immaterialgut und dass es **verkehrsfähig** ist. Wie diese Verkehrsfähigkeit hergestellt wird, ist dem nationalen Recht überlassen. Insbes müssen nicht notwendig die Worte „Übertragung“ oder „Abtretung“ verwendet werden. Obwohl Abs 3 die Übertragbarkeit nur auf das „in Abs 1 genannte Recht“ bezieht, also auf das Gesamtrecht der Entnahme und/oder Weiterverwendung, ist dies nicht dahin zu verstehen, dass nicht auch Einzelbefugnisse übertragbar wären. Dies lässt sich mit einem „Erstrecht-Schluss“ und mit dem Zweck des *sui generis* Rechts als eines wirtschaftlichen Immaterialgüterrechts begründen.

4. Verhältnis zum Urheberrechtsschutz und zum Schutz des Datenbankinhalts (Abs 4)

4.1. Entstehungsgeschichte

40 In Art 2 Abs 5 Satz 3 des ursprünglichen **RL-Vorschlags** hatte die Kommission das *sui generis* Recht auf diejenigen Teile des Inhalts einer Datenbank beschränkt, die nicht urheberrechtlich oder durch verwandte Schutzrechte geschützt sind. Soweit also geschützte Werke oder Gegenstände der verwandten Schutzrechte in einer Datenbank enthalten waren, sollte das *sui generis* Recht nicht eingreifen. Dies hing mit der ursprünglichen Konzeption eines sehr weit gefassten (nicht auf wesentliche Teile beschränkten) *sui generis* Rechts und den zum Ausgleich vorgesehenen Zwangslizenzen zusammen. Eine nach dem *sui generis* Schutz aufzuerlegende Zwangslizenz sollte schon potentiell auf den Schutz des Inhalts durch das Urheberrecht und durch verwandte Schutzrechte keine Auswirkungen haben (Begründung RL-Vorschlag 2. Teil Z 2.5.). Weder das **Europäische Parlament**

---

245 Siehe dazu Rz 27 bis 29 oben.

246 Siehe insbes *v Lewinski* Art 2 Rz 27ff Vermiet- und Verleih-RL.

noch die Kommission in ihrem **geänderten RL-Vorschlag** änderten daran etwas. Im Zug der Neugestaltung des *sui generis* Rechts durch den **Rat**, insbes der Herausnahme unwesentlicher Datenbankteile aus dem Schutzbereich und der dadurch möglich gewordenen Streichung der Zwangslizenzen, war jedoch kein Grund mehr ersichtlich, den *sui generis* Schutz auf solche Teile des Datenbankinhalts zu beschränken, die nicht urheberrechtlich oder durch verwandte Schutzrechte geschützt sind. Der Rat hat also den kumulativen Schutz in Abs 4 ermöglicht, dabei jedoch klargestellt, dass der *sui generis* Schutz das an den einzelnen Werken bestehende Urheberrecht und an anderen Elementen bestehende Rechte unberührt lässt (Begründung Gemeinsamer Standpunkt Z 14). Dies ist nur konsequent, da schutzwürdige Investitionen unabhängig davon anfallen können, ob der Datenbankinhalt selbständig geschützt ist.

4.2. Anderweitiger Datenbank-Schutz

Nach Abs 4 besteht das *sui generis* Recht an einer Datenbank unabhängig davon, **41** ob sie nach Kapitel II urheberrechtlich oder durch andere Rechte, wie etwa das Wettbewerbsrecht, geschützt oder auch nur schutzfähig ist bzw für einen solchen Schutz in Betracht kommt. Eine **Kumulierung** des urheberrechtlichen Datenbankschutzes mit dem *sui generis* Schutz ist also denkbar[247]. Da beide Rechte einen unterschiedlichen Schutzgegenstand haben, nämlich hier die wesentliche Investition, dort die Auswahl oder Anordnung des Stoffs, kann der Schutzumfang unterschiedlich sein. Um Widersprüche bei der gleichzeitigen Anwendbarkeit beider Schutzrechte zu vermeiden, sind die Schranken des *sui generis* Rechts weitgehend denjenigen des urheberrechtlichen Kapitels nachgebildet worden. Ergibt sich dennoch im Einzelfall ein konkreter Widerspruch, so bestimmt die Richtlinie nicht, welche Regelung Vorrang hat. Die Schrankenregelungen werden deshalb von dem geltend gemachten Recht abhängen und gesondert zu beurteilen sein. Reicht etwa der *sui generis* Schutz im Einzelfall weiter als der Urheberrechtsschutz[248], so kann der Rechtsinhaber sein *sui generis* Recht geltend machen, ohne die engeren urheberrechtlichen Schranken beachten zu müssen.

4.3. Verhältnis zum Schutz des Datenbank-Inhalts

Der vierte Absatz regelt neben dem Verhältnis des *sui generis* Schutzes zu einem **42** anderweitigen Schutz auch das Verhältnis zu einem Schutz des Datenbankinhalts durch das Urheberrecht oder andere Rechte, insbes verwandte Schutzrechte. Nach **Satz 2** ist der *sui generis* Schutz unabhängig davon gegeben, ob der Inhalt, wie etwa Werke oder Tonaufzeichnungen, selbständig geschützt ist. Auch hier kann also eine Kumulierung vorliegen. Wiederum ist der Schutzgegenstand ein anderer. Das Urheberrecht betrifft jedes einzelne, in der Datenbank enthaltene Werk, verwandte Schutzrechte jede einzelne dort enthaltene Aufnahme, Darbietung und andere Leistung, während sich das *sui generis* Recht auf die Gesamtheit des Inhalts oder wesentliche Teile davon bezieht. Dies wird noch einmal in ErwG 46 deutlich gemacht, der klarstellt, dass das *sui generis* Recht nicht zur Entstehung eines neuen Rechts an den Werken, Daten oder Elementen selbst führt. Der

[247] Siehe kritisch zu dem zweispurigen Schutzkonzept *Berger*, GRUR 1997, 172f.
[248] Dies ist insb wegen Art 6 Abs 2 lit d möglich.

Fall, dass ein einzelnes Werk oder anderes Element[249] gleichzeitig einen wesentlichen Teil des Datenbankinhalts darstellt, dürfte in der Praxis kaum vorkommen; in einem solchen Fall wäre wohl ein *sui generis* Recht nach Art 7 Abs 1 an diesem Werk oder Element zu bejahen, da ein Erwägungsgrund (hier: 46) nicht entgegen dem Wortlaut eines Artikels ausgelegt werden kann. Allerdings wird der urheberrechtliche oder anderweitige Schutz an dem Werk oder anderen Element dadurch nicht berührt, wie sich eindeutig aus Art 7 Abs 4 Satz 3 ergibt.

43 Die in ErwG 46 enthaltene Klarstellung, dass kein neues **Recht an den „Daten"** entsteht, ist darüber hinaus wichtig, um jeglicher Entstehung von „Informationsmonopolen" vorzubeugen. Die einzelnen Daten, soweit sie nicht etwa durch Gesetze zum Schutz persönlicher Daten und dergl geschützt sind, müssen frei zugänglich sein und dürfen nicht als solche unter das ausschließliche Recht eines Datenbankherstellers fallen. In Übereinstimmung damit stellt ErwG 45 klar, dass das *sui generis* Recht in keinerlei Hinsicht als eine Ausdehnung des Urheberrechtschutzes auf reine Fakten oder Daten angesehen werden kann. Dies wäre schon angesichts der unterschiedlichen Rechtsnatur und Voraussetzungen des Urheberrechtschutzes nicht denkbar. Das *sui generis* Recht könnte ohnehin einen urheberrechtlichen Schutz nicht herbeiführen. ErwG 45 spiegelt wohl das besondere Anliegen wider, jede Möglichkeit des Entstehens eines „Informationsmonopols" zu verhindern.

44 Nach **Satz 3** bleiben am Inhalt der Datenbank bestehende Rechte, wie etwa Urheberrechte, verwandte Schutzrechte, Rechte an persönlichen Daten oder Patentrechte, durch den *sui generis* Schutz unberührt. Daraus folgt zB, dass der Inhaber des Urheberrechts an dem in der Datenbank gespeicherten Werk die Nutzung dieses Werks nach den geltenden urheberrechtlichen Vorschriften verbieten kann, auch wenn der Datenbankhersteller die Nutzung eines wesentlichen Teils des Datenbankinhalts gemäß Art 7 erlauben möchte. Wollen die Urheber gespeicherter Werke in Bezug auf alle Werke, die zusammen einen wesentlichen Teil des Datenbankinhalts ausmachen, eine bestimmte Nutzung nicht genehmigen, so bedeutet dies nach Satz 3, dass der Datenbankhersteller sein Recht nicht durch Lizenzierung der Nutzung gemäß Art 7 ausüben kann. Ein solcher Fall wird allerdings in der Praxis kaum Bedeutung erlangen, da sich die Datenbankhersteller bei der Aufnahme von Werken und anderem geschützten Material zumindest diejenigen Rechte einräumen lassen werden, die zum normalen Betrieb einer Datenbank notwendig sind.

Umsetzung in Deutschland und Österreich

1. Deutschland (v Lewinski)

45 Der deutsche Gesetzgeber hat den Schutz des Datenbankherstellers in einem neuen Sechsten Abschnitt des dUrhG im Rahmen des Zweiten Teils zu den verwandten Schutzrechten und vor den besonderen Bestimmungen für Filme (Dritter Teil) in den §§ 87a bis 87e dUrhG umgesetzt. Das Datenbankherstellerrecht ist damit als neues **verwandtes Schutzrecht** in die Reihe der bestehenden

[249] Siehe zu diesem Begriff Art 1 Rz 17 oben.

verwandten Schutzrechte (ausübender Künstler, Veranstalter, Tonträgerhersteller, Filmhersteller, Sendeunternehmen, Lichtbildner, Rechtsinhaber bezüglich wissenschaftlicher Ausgaben und nachgelassener Werke) aufgenommen worden.

Bei der Bestimmung des **Schutzgegenstands** ist der Gesetzgeber dem Wortlaut von Art 7 Abs 1 Datenbank-RL weitgehend gefolgt; wenn dabei die Worte „nach Art oder Umfang" (wesentliche Investition) den Worten der Richtlinie „in qualitativer oder quantitativer Hinsicht" vorgezogen wurden, so hat dies keine Bedeutungsänderung mit sich gebracht[250]. Die ansonsten mit Art 7 Abs 1 Datenbank-RL übereinstimmende Definition der geschützten Datenbank wurde im Übrigen mit der Definition der Datenbank gem Art 1 Abs 2 Datenbank-RL kombiniert (§ 87a Abs 1 Satz 1 dUrhG)[251]. Allerdings wurde Art 1 Abs 3 Datenbank-RL nicht übernommen. Darüber hinaus setzt Satz 2 des § 87a Abs 1 dUrhG Art 10 Abs 3 Datenbank-RL um, ohne ihr wörtlich zu folgen. Er bestimmt, dass eine nach Art oder Umfang in ihrem Inhalt wesentlich geänderte Datenbank als neue Datenbank gilt, wenn die Änderung eine nach Art oder Umfang wesentliche Investition erfordert. **46**

§ 87a Abs 2 dUrhG definiert den **Datenbankhersteller** als denjenigen, der „die Investition im Sinn des Abs 1 vorgenommen hat." Bei der Auslegung dieser Bestimmung wird ErwG 41 Satz 2 und 3 heranzuziehen sein[252]. **47**

Obwohl der deutsche Gesetzgeber den **Inhalt der Rechte** zunächst entsprechend der neuen Terminologie des Art 7 Abs 2 Datenbank-RL formulieren wollte, entschied er sich zuletzt doch, die auch schon im Urheber- und Leistungsschutzrecht verwandten Begriffe zu übernehmen. So gewährt § 87b Abs 1 dUrhG dem Datenbankhersteller das Recht der Vervielfältigung, Verbreitung und öffentlichen Wiedergabe; dabei dürfte die öffentliche Wiedergabe im weiteren Sinne, also im Sinn von § 15 Abs 2 dUrhG zu verstehen sein, wobei allerdings im Rahmen einer richtlinienkonformen Auslegung Präzisierungen vorgenommen werden müssen[253]. Auch im Rahmen der analogen Anwendung des § 17 dUrhG zum Verbreitungsrecht wird richtlinienkonform zu präzisieren sein, dass der Verleih nicht vom Verbreitungsrecht erfasst ist. Der in § 87b Abs 2 dUrhG unter Verweisung auf § 27 Abs 2 und 3 dUrhG vorgesehene Vergü- **48**

---

[250] Der BGH hat inzwischen den Schutz auf Telefonbücher angewendet, ohne allerdings die Wesentlichkeit der Investition näher zu beleuchten; siehe BGH 06.05.1999 MMR 1999, 470 (472).

[251] Demnach sind auch Printmedien erfasst; siehe inzwischen auch BGH 06.05.1999, MMR 1999,470 (472); siehe aber aA *Hertin* in *Fromm/Nordemann*, Urheberrecht⁹ § 87a Rz 5. *Hertin* zitiert in Rz 9 im Übrigen die Verfasserin unzutreffend dahingehend, dass nur eine Investition, nicht deren Wesentlichkeit erforderlich wäre.

[252] Siehe dazu im Einzelnen *Vogel* in *Schricker*, Kommentar² § 87a Rz 28 bis 30 und *v Lewinski*, IuKDG, 10. Teil § 87a Rz 27 bis 30; siehe auch BGH 06.05.1999 MMR 1999, 470 (472), der die Datenerhebung nicht für die Herstellereigenschaft berücksichtigte.

[253] Siehe *v Lewinski*, IuKDG 10. Teil § 87b Rz 24. Diese Präzisierungen müssen die Rechte betreffen, nicht jedoch, wie von *Raue/Bensinger*, MMR 1998, 509f vorgeschlagen, den Schutzgegenstand (dort wird zwischen dem Inhalt und der Struktur der Datenbank unterschieden).

tungsanspruch für das Verleihen kann nicht als richtlinienkonform angesehen werden[254]. Das Vermietrecht musste nicht gesondert vorgesehen werden, da es im Verbreitungsrecht nach § 17 Abs 1 dUrhG enthalten und im Rahmen des über § 87b Abs 2 dUrhG entsprechend anwendbaren § 17 Abs 2 dUrhG von der Erschöpfung des Verbreitungsrechts ausgenommen ist. Das Recht des Datenbankherstellers ist als ausschließliches Recht bezeichnet und bezieht sich ausdrücklich auf die Datenbank insgesamt oder einen nach Art oder Umfang wesentlichen Teil derselben.

Das Recht der **Online-Übertragung** ist nicht ausdrücklich umgesetzt worden[255]. Angesichts seiner ausdrücklichen Erwähnung in Art 7 Abs 2 lit b Datenbank-RL und angesichts der Begründung des Regierungsentwurfs[256] ist anzunehmen, dass der Gesetzgeber die Online-Übertragung als schon von dem Recht der Vervielfältigung, Verbreitung oder öffentlichen Wiedergabe erfasst angesehen hat. Dabei spricht die Gesetzessystematik für die Anwendung des Wiedergaberechts. In diesem Falle wird der Öffentlichkeitsbegriff gem § 15 Abs 3 dUrhG entsprechend weit auszulegen sein[257].

49 Bei der Anwendung von § 17 Abs 2 dUrhG in Bezug auf die **Erschöpfung des Verbreitungsrechts** wird Art 7 Abs 2 lit b Satz 2 Datenbank-RL zur richtlinienkonformen Anwendung heranzuziehen sein. Dies betrifft insbes das Verbot der internationalen Erschöpfung, das nicht eindeutig aus § 17 Abs 2 dUrhG hervorgeht, sowie die Beschränkung der Erschöpfung auf Vervielfältigungsstücke (im Gegensatz zum Original) und auf das Recht des Weiterverkaufs[258].

50 § 87b Abs 1 Satz 2 dUrhG erstreckt den Schutz des Datenbankherstellers auf die wiederholte und systematische Nutzung von nach Art und Umfang **unwesentlichen Teilen** der Datenbank, wenn diese Nutzung der normalen Auswertung der Datenbank zuwiderläuft oder die berechtigten Interessen des Datenbankherstellers unzumutbar beeinträchtigt, und setzt damit Art 7 Abs 5 Datenbank-RL um.

51 **Art 7 Abs 4 Datenbank-RL** wurde nicht ausdrücklich umgesetzt, da das Urheberrecht und die einzelnen verwandten Schutzrechte grundsätzlich selbständig gewährt werden und daher unabhängig voneinander gelten und die jeweils **anderen Rechte** nicht berühren[259].

---

[254] Ebenso *Raue/Bensinger*, MMR 1998, 510.

[255] Kritisch *Raue/Bensinger*, MMR 1998, 510.

[256] BT-Dr 13/7385, 44.

[257] Siehe *v Lewinski*, IuKDG 10. Teil § 87b Rz 25; vgl dazu auch schon Art 5 Rz 12, 23 und 29 oben. Kritischer zur Unterlassung einer ausdrücklichen Klarstellung ist *Gaster*, Kommentar Art 7 Rz 536 und *Hornung*, Die EU-Datenbank-Richtlinie 194f. Siehe zur öffentlichen Wiedergabe im Zusammenhang mit der Online-Nutzung auch *Hertin* in *Fromm/Nordemann*, Urheberrecht[9] § 87b Rz 8ff.

[258] Siehe dazu *v Lewinski*, IuKDG 10. Teil § 87b Rz 26 bis 28.

[259] Siehe dazu auch die Begründung Regierungsentwurf BT-Dr 13/7385, 46 die trotz der ausdrücklichen Klarstellung im Sinn des Art 7 Abs 4 Datenbank-RL im Regierungsentwurf darauf hinweist, dass eine besondere Umsetzung angesichts der allgemeinen Rechtsgrundsätze nicht notwendig sei.

Bei der Umsetzung von Art 7 Abs 3 Datenbank-RL zur **Verkehrsfähigkeit** des *sui generis* Rechts in das deutsche Recht stellte sich die Frage nicht, ob nur eine Rechtseinräumung oder eine Rechtsabtretung möglich sein sollte. Die für das deutsche Urheberrecht besondere Konzeption der Einräumung von Nutzungsrechten hängt nämlich damit zusammen, dass das Urheberrecht nach der vom Gesetz befolgten monistischen Lehre ein einheitliches aus dem Urheberpersönlichkeitsrecht und den wirtschaftlichen Rechten bestehendes Recht ist, und die Unübertragbarkeit des Persönlichkeitsrechts deshalb diejenige des Gesamtrechts nach sich zieht[260]. Der *sui generis* Schutz nach Art 7 umfasst dagegen keinen besonderen, auf die Datenbank bezogenen Persönlichkeitsschutz. Da also die Grundregel der Übertragbarkeit von Rechten Anwendung findet, war keine ausdrückliche Umsetzung notwendig. **52**

2. Österreich (Walter)

Der in Art 7ff Datenbank-RL eingeführte *sui generis* Schutz wurde mit öUrhG-Nov 1997 in einem neu eingefügten Abschnitt IIa des II. Hauptstücks (Verwandte Schutzrechte) in den §§ 76c bis 76e öUrhG geregelt. Damit wird den im österr Recht schon bisher bekannten Leistungsschutzrechten (ausübender Künstler, Schallträgerhersteller, Lichtbild- und Laufbildhersteller und Rundfunkunternehmer) und dem Schutz nachgelassener Werke (§ 76b öUrhG) ein weiteres **verwandtes Schutzrecht** hinzugefügt (geschützte Datenbanken). Die Ministerialentwürfe einer öUrhGNov 1997 und eines Datenbankrechtsgesetzes waren noch davon ausgegangen, den *sui generis* Schutz als völlig neues Rechtsinstitut in einem eigenen Gesetz zu regeln. Auf Grund der Äußerungen im Begutachtungsverfahren wurde die Neuregelung jedoch ins **öUrhG integriert**[261]. **53**

Art 7 Abs 1 Datenbank-RL folgend genießen Datenbanken den **Sonderschutz**, wenn für die Beschaffung, Überprüfung oder Darstellung ihres Inhalts eine nach Art oder Umfang wesentliche Investition erforderlich war. Sprachlich weicht die Formulierung von derjenigen der Richtlinie nur geringfügig ab, wenn die Worte „in qualitativer oder quantitativer Hinsicht" durch die Wendung „nach Art oder Umfang" (wesentliche Investition) wiedergegeben werden. Die Formulierung ist jedenfalls im Sinn einer in qualitativer oder quantitativer Hinsicht wesentlichen Investition zu interpretieren. **54**

Als **Datenbankhersteller** wird vereinfacht derjenige bezeichnet, der die Investition im Sinn des § 76c öUrhG vorgenommen hat. ErwG 41 folgend werden hierfür sowohl die (organisatorische) Initiative als auch das Investitionsrisiko maßgebend sein[262]. **55**

---

[260] Auch bei ausübenden Künstlern, denen ein „Künstlerpersönlichkeitsrecht" zukommt, wird die im Gesetz als Abtretung bezeichnete Handlung zum Teil als „Einräumung" angesehen; siehe etwa *Krüger* in *Schricker*, Kommentar[2] § 78 Rz 4. Nach österr Recht gilt das Konzept der Rechtseinräumung ausdrücklich auch für den Leistungsschutz der ausübenden Künstler (§ 67 Abs 2 iVm § 24 öUrhG).

[261] Vgl ErlRV öUrhGNov 1997 bei *Dittrich*, Urheberrecht[3], 17.

[262] Vgl ErlRV öUrhGNov 1997 bei *Dittrich*, Urheberrecht[3], 276.

56 Bei der Umschreibung der dem Datenbankhersteller vorbehaltenen Handlungen (Art 7 Abs 2 Datenbank-RL) orientiert sich § 76d Abs 1 öUrhG an den aus dem Urheber- und Leistungsschutzrecht bekannten **Verwertungshandlungen** der Vervielfältigung, Verbreitung, Rundfunksendung und öffentlichen Wiedergabe. Das dem Hersteller zustehende Verwertungsrecht wird ausdrücklich als ausschließliches Recht bezeichnet und umfasst sowohl die negativen Abwehrbefugnisse als auch die positive Nutzungsbefugnis solcher Rechte. Die Verwertungsrechte des Datenbankherstellers sind auf die ganze Datenbank oder einen nach Art und Umfang wesentlichen Teil derselben beschränkt, wobei die Umschreibung der Worte „in qualitativer oder quantitativer Hinsicht" wieder entsprechend modifiziert wurden („nach Art und Umfang"). Zur Bezugnahme auf die öffentliche Wiedergabe sei auf die Ausführungen zu Art 5 verwiesen[263].

Die öUrhGNov 1997 geht zu Recht davon aus, dass die „Entnahme" dem Begriff der Vervielfältigung im Sinn des öUrhG entspricht[264]. Die Online-Übermittlung wird – anders als in Art 7 Abs 2 lit b Datenbank-RL – nicht ausdrücklich genannt, und ist daher in den angeführten Verwertungsrechten enthalten. So ist man sich auch im urheberrechtlichen Zusammenhang darin einig, dass die Online-Übermittlung jedenfalls dem Ausschlussrecht des Urhebers unterliegen muss; Uneinigkeit besteht – nach geltendem Recht – nur in der Einordnung in das eine oder andere Verwertungsrecht[265]. Dass das Verbreitungsrecht ungeachtet seiner (grundsätzlichen) Erschöpfung auch das Vermieten einschließt, ergibt sich aus der sinngemäßen Anwendbarkeit des § 16a Abs 1 und 3 öUrhG (§ 76d Abs 5 öUrhG). Richtlinienkonform wird in § 76d Abs 2 öUrhG dagegen klargestellt, dass das Verbreitungsrecht des Datenbankherstellers nicht das Verleihen (§ 16a Abs 3 öUrhG) umfasst[266].

57 Mit der sinngemäßen Anwendung des § 16 öUrhG (Verbreitungsrecht), einschließlich des Erschöpfungsgrundsatzes, wird auch die Erschöpfung des *sui generis* Rechts klargestellt. Anders als der Richtlinienwortlaut, der bloß von einer Erschöpfung durch den „Erstverkauf eines Vervielfältigungsstücks einer Datenbank" spricht, tritt die Erschöpfung nach § 16 Abs 3 bei jeder Eigentumsübertragung, also auch einer solchen wie Tausch oder Schenkung ein[267]. Eine Umsetzung des in Art 7 Abs 2 lit b Datenbank-RL zum Ausdruck kommenden Verzichts auf die **internationale Erschöpfung** erfolgte mit UrhGNov 1997 ebensowenig wie dies anlässlich der Umsetzung der Software-RL und der Vermiet- und Verleih-RL mit öUrhGNov 1993 der Fall war. Nach österr Auffassung führt auch ein „Erstverkauf" im Ausland, sofern er mit Zustimmung des in Österreich Berechtigten erfolgt, zur Erschöpfung des Verbreitungsrechts in Österreich. Diese Auffassung ist jetzt aber im Sinn der Weiterentwicklung des Europäischen Urheberrechts richtlinienkonform anzupassen.

---

263 Siehe Art 5 Rz 16ff oben.

264 Vgl ErlRV öUrhGNov 1997 bei *Dittrich*, Urheberrecht³, 276.

265 Siehe Art 5 Rz 33 oben.

266 Der Datenbankhersteller hat deshalb auch keinen Vergütungsanspruch (Vgl ErlRV öUrhGNov 1997 bei *Dittrich*, Urheberrecht³, 277).

267 Vgl ErlRV öUrhGNov 1997 bei *Dittrich*, Urheberrecht³, 276f.

Nach § 76d Abs 1 Satz 2 öUrhG umfasst der *sui generis* Schutz auch die wiederholte und systematische Vervielfältigung, Verbreitung, Rundfunksendung und öffentliche Wiedergabe von **unwesentlichen Teilen** der Datenbank, wenn diese Handlungen der normalen Verwertung der Datenbank entgegenstehen oder die berechtigten Interessen des Herstellers der Datenbank unzumutbar beeinträchtigen (Art 7 Abs 5 Datenbank-RL). **58**

§ 76c Abs 3 öUrhG stellt klar, dass der Schutz unabhängig davon besteht, ob die Datenbank als solche oder ihr Inhalt für den urheberrechtlichen oder einen anderen sondergesetzlichen Schutz in Betracht kommt (Art 7 Abs 4 Datenbank-RL). Die Verkehrsfähigkeit des *sui generis* Schutzes (Art 7 Abs 3 Datenbank-RL) wird durch die sinngemäße Anwendung einiger vertragsrechtlicher Bestimmungen des öUrhG umgesetzt[268]. Anders als das Urheberrecht ieS und das Leistungsschutzrecht des ausübenden Künstlers ist das Recht des Datenbankherstellers auch abtretbar. § 76c Abs 4 öUrhG stellt schließlich klar, dass der Schutz des Datenbankherstellers nicht die am Inhalt der Datenbank etwa bestehenden Rechte berührt (Art 7 Abs 4 letzter Satz Datenbank-RL). **59**

Artikel 8 Rechte und Pflichten der rechtmäßigen Benutzer

Art 8 soll in Verbindung mit Art 15 verhindern, dass der Datenbankhersteller den Schutzumfang des *sui generis* Rechts vertraglich auf unwesentliche Teile des Datenbankinhalts erweitert. Nach Art 8 Abs 2 und 3 darf der rechtmäßige Benutzer gegenüber dem Datenbankhersteller und den Inhabern von Urheberrechten oder verwandten Schutzrechten an in der Datenbank enthaltenen Werken oder Leistungen bestimmte, beeinträchtigende Handlungen nicht vornehmen.

Übersicht

---

[268] §§ 23 Abs 2 und 4, 24, 26, 27 Abs 2 und 3 bis 5, 31 Abs 1, 32 Abs 1 und 33 Abs 2 öUrhG.

Text

Artikel 8 Rechte und Pflichten der rechtmäßigen Benutzer

(1) Der Hersteller einer der Öffentlichkeit – in welcher Weise auch immer – zur Verfügung gestellten Datenbank kann dem rechtmäßigen Benutzer dieser Datenbank nicht untersagen, in qualitativer und/oder quantitativer Hinsicht unwesentliche Teile des Inhalts der Datenbank zu beliebigen Zwecken zu entnehmen und/oder weiterzuverwenden. Sofern der rechtmäßige Benutzer nur berechtigt ist, einen Teil der Datenbank zu entnehmen und/oder weiterzuverwenden, gilt dieser Absatz nur für diesen Teil.

(2) Der rechtmäßige Benutzer einer der Öffentlichkeit – in welcher Weise auch immer – zur Verfügung gestellten Datenbank darf keine Handlungen vornehmen, die die normale Nutzung dieser Datenbank beeinträchtigen oder die berechtigten Interessen des Herstellers der Datenbank unzumutbar verletzen.

(3) Der rechtmäßige Benutzer einer der Öffentlichkeit – in welcher Weise auch immer – zur Verfügung gestellten Datenbank darf dem Inhaber eines Urheberrechts oder verwandten Schutzrechts an in dieser Datenbank enthaltenen Werken oder Leistungen keinen Schaden zufügen.

Artikel 15 Verbindlichkeit bestimmter Vorschriften

Dem Artikel 6 Absatz 1 und dem Artikel 8 zuwiderlaufende vertragliche Bestimmungen sind nichtig.

Aus den Erwägungsgründen

ErwG 34 Hat der Rechtsinhaber sich entschieden, einem Benutzer durch einen Online-Dienst oder durch andere Mittel der Verbreitung eine Kopie der Datenbank zur Verfügung zu stellen, so muß dieser rechtmäßige Benutzer…

ErwG 49 Ungeachtet des Rechts, die Entnahme und/oder Weiterverwendung der Gesamtheit oder eines wesentlichen Teils einer Datenbank zu untersagen, ist vorzusehen, daß der Hersteller einer Datenbank oder der Rechtsinhaber dem rechtmäßigen Benutzer der Datenbank nicht untersagen kann, unwesentliche Teile der Datenbank zu entnehmen und weiterzuverwenden. Der Benutzer darf jedoch die berechtigten Interessen weder des Inhabers des Rechts sui generis noch des Inhabers eines Urheberrechts oder eines verwandten Schutzrechts an den in dieser Datenbank enthaltenen Werken oder Leistungen in unzumutbarer Weise beeinträchtigen.

Kommentar

1. Rechte des rechtmäßigen Benutzers (Abs 1)

1.1. Entstehungsgeschichte

1 In Art 8 Abs 4 und 5 des ursprünglichen **RL-Vorschlags** fanden sich zu Gunsten des rechtmäßigen Benutzers in Bezug auf die Nutzung unwesentlicher Teile Bestimmungen, die Art 8 Abs 1 der Richtlinie auf den ersten Blick entfernt vergleichbar sind. Sie sind jedoch im Zusammenhang mit der grundsätzlich anderen Struktur des RL-Vorschlags zu sehen. Das *sui generis* Recht erstreckte sich anders als nach Art 7 der Richtlinie auf unwesentliche Teile, so dass Art 8 Abs 4 und 5 RL-Vorschlag Ausnahmen von diesem Recht darstellten, die allerdings nur zu Gunsten des rechtmäßigen Benutzers vorgesehen waren. Diese Konzeption wurde im **Parlament** und im geänderten RL-Vorschlag grundsätzlich beibehalten; nur in Bezug auf Art 8 Abs 5 RL-Vorschlag schlug das Parlament vor, dass der rechtmäßige Benutzer auch bei der Nutzung unwesentlicher Teile zum nichtkommerziellen Gebrauch die Quelle angeben müsse (Abänderungsvorschlag Nr 19). Dieser Abänderungsvorschlag wurde von der Kommission im **geänderten RL-Vorschlag** abgelehnt, da der Benutzer sonst sogar beim privaten Gebrauch die Quelle unwesentlicher Auszüge hätte angeben müssen (Begründung geänderter RL-Vorschlag 3 lit e). Im Zug der grundlegenden Umgestaltung des *sui generis* Rechts durch den **Rat**, insbes der Beschränkung des Schutzumfangs auf wesentliche Teile, waren diese Bestimmungen als Schrankenvorschriften nicht mehr erforderlich. Der Rat hielt es aber für zweckmäßig, den rechtmäßigen Benutzer gegen eine vertragliche Ausweitung des Schutzumfanges durch den Datenbankhersteller zu schützen und nahm daher Art 8 Abs 1 und Art 15 auf.

1.2. Hersteller einer veröffentlichten Datenbank

Nicht nur der Datenbankhersteller selbst kann den Schutz vertraglich nicht erweitern, sondern auch sein **Rechtsnachfolger.** Dies ergibt sich aus dem Zweck des Art 8 Abs 1, den rechtmäßigen Benutzer zu schützen; dieser Zweck könnte sonst durch die Zwischenschaltung einer dritten Person umgangen werden. Dies klingt auch in ErwG 49 Satz 1 an, der vom „Hersteller einer Datenbank oder [dem] Rechtsinhaber …" spricht. Ein anderer Rechtsinhaber als der Hersteller selbst kann aber nur dessen Rechtsnachfolger sein[269]. Auch der Sublizenznehmer eines Herstellers, zB ein Datenbankbetreiber, kann dem rechtmäßigen Benutzer die in Abs 1 bezeichneten Handlungen vertraglich nicht untersagen. Zum Begriff des Herstellers sei auf ErwG 41 Satz 2 sowie auf die Erläuterungen zu Art 7 Abs 1 verwiesen[270]. **2**

Die Datenbank (im Sinn von Art 1 Abs 2) muss der **Öffentlichkeit** in irgendeiner Weise zur Verfügung gestellt worden sein. Dies kann durch das öffentliche Angebot, die Datenbank zu benutzen, und durch die Gewährung des Zuganges dazu in irgendeiner Weise geschehen[271]. Unerheblich ist es insbes, ob die Datenbank in körperlicher Form, also zB als CD-ROM oder Druckwerk, oder in unkörperlicher Form, etwa über Online-Dienste zu erhalten ist. Dem Wortlaut entsprechend gilt der Schutz des Abs 1 nicht für den – eher seltenen – Fall, dass zB eine Privatperson eine Datenbank erstellt hat, diese aber nur privat, zB zur Ausübung eines Hobbys, benutzt und in keiner Weise der Öffentlichkeit zur **3**

---

[269] Auf Inhaber an Urheber- und anderen Rechten an dem Inhalt selbst kann sich das Wort „Rechtsinhaber" nicht beziehen, da dies im Zusammenhang mit Abs 1 keinen Sinn ergäbe.

[270] Siehe Art 7 Rz 12f oben.

[271] Siehe zum Begriff der Zurverfügungstellung bzw Verfügbarmachung die Erläuterungen zu Art 7 Abs 2 lit b Art 7 Rz 27ff.

Verfügung stellt. Erlaubt diese Privatperson einem Dritten, etwa einem bekannten Wissenschaftler, diese Datenbank auf eine bestimmte Weise zu nutzen, so kann sie ihm vertraglich untersagen, selbst unwesentliche Teile in anderer Weise zu entnehmen und/oder weiterzuverwenden. Die genaue Abgrenzung des Begriffs der „Öffentlichkeit" ist wiederum durch die Mitgliedstaaten zu bestimmen.

1.3. Rechtmäßiger Benutzer

4 Wer „rechtmäßiger Benutzer"[272] ist, ergibt sich mittelbar[273] aus ErwG 34 Halbsatz 1. Der Datenbankhersteller muss sich entschieden haben, dem Benutzer die Datenbank zur Verfügung zu stellen; er muss also grundsätzlich mit der Nutzung durch den Benutzer einverstanden sein. Dies drückt sich in der Regel, aber nicht notwendigerweise, in einem Vertrag aus und ist darüber hinaus zB bei jeder vom Hersteller oder mit dessen Zustimmung auf den Markt gekommenen Kopie einer Datenbank, etwa einer CD-ROM, oder auch einer online Fassung, anzunehmen[274]. Ist der Benutzer nur zur Nutzung eines Teils der Datenbank berechtigt, so gilt er nur in Bezug auf diesen Teil als rechtmäßiger Benutzer, so dass der Datenbankhersteller in Bezug auf den von der Berechtigung nicht erfassten Teil die Nutzung unwesentlicher Teile vertraglich untersagen kann (Satz 2)[275].

1.4. Keine vertragliche Erweiterung des Schutzumfangs

5 Abs 1 soll eine vertragliche Erweiterung des Schutzumfangs durch den Hersteller verhindern bzw die Möglichkeit sichern, **unwesentliche Teile** des Datenbankinhalts zu nutzen, die vom Schutzumfang des Rechts nach Art 7 nicht erfasst sind[276]. Die Bestimmung stellt insofern ein Spiegelbild zu Art 7 Abs 1 dar, der dem Hersteller nur die Nutzung wesentlicher Teile vorbehält, weshalb der Hersteller auch dem unrechtmäßigen Benutzer die Nutzung unwesentlicher Teile nicht auf Grund eines ausschließlichen Rechts untersagen kann. Aus dem Zusammenhang mit Art 7 Abs 1 sowie aus dem Zweck des Art 8 Abs 1 folgt, dass hier nur die **vertragliche Untersagung** gemeint sein kann. Im Ergebnis dürfte daher zwischen der Situation eines rechtmäßigen und derjenigen eines unrechtmäßigen Benutzers kein wesentlicher Unterschied bestehen. Dem unrechtmäßigen Benutzer kann der Hersteller die Nutzung unwesentlicher Teile nicht untersagen, da der Schutzumfang seines Ausschließlichkeitsrechts unwesentliche Teile nicht erfasst. Eine vertragliche Regelung ist kaum wahrscheinlich; erfolgt sie aber in Bezug auf die Datenbanknutzung, so wird aus dem bisher unrechtmäßigen Benutzer ein rechtmäßiger, so dass Art 8 Abs 1 zur Anwendung kommt.

---

272 Zur Situation des unrechtmäßigen Benutzers siehe Rz 5 unten.

273 Unmittelbar erläutert dieser Erwägungsgrund nur Art 6 Abs 1; siehe auch Art 6 Rz 5ff.

274 Die Kommission bezeichnet den rechtmäßigen Benutzer als „eine Person, die ein Recht auf Nutzung an der Datenbank erworben hat" (siehe Begründung RL-Vorschlag 2. Teil Z 8.4). Nach *Gaster*, Kommentar Art 8 Rz 589 folgt die Rechtmäßigkeit (wohl nur) aus einem Benutzervertrag.

275 Die Erläuterungen zu dem wortgleichen Art 6 Abs 1 Satz 2 können, obwohl es sich dort um Urheberrecht handelt, hier entsprechend herangezogen werden. Siehe Art 6 Rz 8.

276 Siehe zur dogmatischen Einordnung von Abs 1 als Inhaltsnorm im Gegensatz zur Auslegungsvorschrift *Hornung*, Die EU-Datenbank-Richtlinie 145ff.

In qualitativer und/oder quantitativer Hinsicht **unwesentliche Teile** sind solche, die nicht wesentlich im Sinn des Art 7 Abs 1 sind. Insofern kann auf die Erläuterungen zu dieser Bestimmung verwiesen werden[277]. Ein Widerspruch ergibt sich allerdings in Bezug auf die **Umgehungsklausel** des **Art 7 Abs 5**. Unter den dort genannten Bedingungen werden nämlich unwesentliche Teile in den Schutzbereich des *sui generis* Rechts genommen. Auch wenn diese Vorschrift nur davon spricht, dass die Handlungen „unzulässig" sind, nicht jedoch davon, dass der Hersteller sie „untersagen" kann, ist Abs 5 entsprechend seinem Zweck in dem Sinn zu verstehen, dass er den Schutzumfang des Verbotsrechts nach Art 7 Abs 1 erweitert[278]. Allein nach dem Wortlaut des Art 8 Abs 1 könnte der Hersteller vertraglich nicht untersagen, dass der rechtmäßige Benutzer unwesentliche Teile wiederholt und systematisch entnimmt und/oder weiterverwendet, selbst wenn dies einer normalen Nutzung entgegenstünde oder die berechtigten Interessen des Herstellers unzumutbar beeinträchtigte. Art 7 Abs 5 wäre damit entgegen seinem Sinn im Verhältnis zum rechtmäßigen Benutzer obsolet. Auch ErwG 49 hilft hier nicht weiter: Die Formulierung „*ungeachtet* des Rechts, die Entnahme und/oder Weiterverwendung ... zu untersagen, ..." (Hervorhebung durch die Verfasserin) scheint sogar darauf hinzudeuten, dass sich die Position des rechtmäßigen Benutzers allein nach Art 8 Abs 1 bestimmt, und das Recht des Herstellers insofern nicht zu beachten ist. Allerdings darf einem Erwägungsgrund nicht soviel Gewicht beigemessen werden, dass er eine Bestimmung der Richtlinie in ihrer Wirkung beeinträchtigen oder sogar obsolet machen könnte. Da der Zweck des Abs 1 darauf beschränkt ist, den Benutzer gegen eine vertragliche Erweiterung des Schutzumfanges nach Art 7, also insbes nach dessen Abs 1 und 5, zu schützen, und da es widersinnig wäre, den gesetzlich festgelegten Schutzumfang eines ausschließlichen Rechts für den Fall der vertraglichen Nutzung durch einen Dritten zu verringern, ist Art 8 Abs 1 so zu lesen, dass er unter dem Vorbehalt von Art 7 Abs 5 steht. Diese Auslegung wird durch Art 8 Abs 2 bestätigt, der insofern als Klarstellung angesehen werden kann. Demnach kann der Hersteller die wiederholte und systematische Nutzung unwesentlicher Teile nach Art 7 Abs 5 nicht nur auf Grund seines Ausschließlichkeitsrechts, sondern auch vertraglich untersagen. **6**

1.5. Sonstiges

Die Begriffe „**Entnahme**" und „**Weiterverwendung**" sind in Art 7 Abs 2 definiert; im Zusammenhang mit Art 8 Abs 1 ist allerdings die Bezugnahme in Art 7 Abs 2 auf die Gesamtheit oder den wesentlichen Teil des Inhalts einer Datenbank hinwegzudenken; bei Art 8 Abs 1 geht es gerade um die Nutzung unwesentlicher Teile[279]. **7**

Der Benutzer kann die unwesentlichen Teile zu **beliebigen Zwecken** nutzen. Ausdrücklich ist damit klargestellt, dass der Hersteller die Nutzung unwesentlicher Teile nicht nur für private, sondern insbes auch für kommerzielle Zwecke des Benutzers vertraglich nicht untersagen kann. Dies stimmt mit dem Schutz- **8**

[277] Siehe oben Art 7 Rz 15ff.

[278] Siehe zu Art 7 Abs 5 auch Art 7 Rz 16 bis 18 oben.

[279] Siehe dazu auch schon Art 7 Rz 22 oben.

umfang des *sui generis* Rechts überein. Unwesentliche Teile sind davon nicht erfasst[280], gleichviel ob die Nutzung nun zu privaten, kommerziellen oder anderen Zwecken erfolgt.

9 Jede vertragliche Bestimmung, die Abs 1 zuwiderläuft, ist gemäß Art 15 **nichtig**[281]; Abs 1 ist deshalb *ius cogens*.

2. Pflichten des rechtmäßigen Benutzers (Abs 2 und 3)

2.1. Wahrung der Interessen des Datenbankinhabers (Abs 2)

10 Der Rat nahm die Absätze 2 und 3 in die Richtlinie auf, da er dies angesichts der Neuartigkeit des *sui generis* Rechts für zweckmäßig hielt (Begründung Gemeinsamer Standpunkt Z 16). Sie begründen die Verpflichtung des rechtmäßigen Benutzers, weder die **berechtigten Interessen** des **Datenbankherstellers** noch diejenigen der Inhaber des **Urheberrechts** oder von **verwandten Schutzrechten** an den in der Datenbank enthaltenen Werken oder Leistungen zu beeinträchtigen.

11 Die Begriffe „rechtmäßiger Benutzer" und „eine der Öffentlichkeit – in welcher Weise auch immer – zur Verfügung gestellte(n) Datenbank" sind schon erläutert worden[282]. Der Ausdruck „Hersteller der Datenbank" umfasst, wie ErwG 49 Satz 2 erläutert, auch jeden anderen Inhaber des *sui generis* Rechts, also insbes Rechtsnachfolger des Datenbankherstellers[283].

2.2. Wahrung der Interessen des Datenbankherstellers

12 Gegenüber dem Datenbankhersteller darf der rechtmäßige Benutzer solche Handlungen nicht vornehmen, welche die **normale Nutzung** der Datenbank beeinträchtigen. Was unter einer normalen Nutzung zu verstehen ist, ist nach dem Schutzzweck des *sui generis* Rechts zu bestimmen[284]. Der Datenbankhersteller soll nicht in Bezug auf seine Investitionen geschädigt werden. Wann die **berechtigten Interessen** des Herstellers unzumutbar verletzt sind, muss ebenfalls anhand des Schutzzwecks des *sui generis* Rechts festgestellt werden. Auch hier sei auf die Erläuterungen zu Art 7 Abs 5 verwiesen[285]. Abs 2 dürfte aus Gründen der Systematik als eine Einschränkung der Rechte nach Abs 1 zu lesen sein und sich daher nur auf die Nutzung unwesentlicher Teile beziehen.

---

280 Siehe allerdings Art 7 Abs 5 und die vorangehenden Erläuterungen Rz 6 oben.

281 Die Erläuterungen in Bezug auf Art 6 Abs 1 und Art 15 können entsprechend herangezogen werden; siehe Art 6 Rz 13 bis 15 oben.

282 Siehe Rz 4 und 3 oben.

283 Siehe dazu Rz 2 oben.

284 Siehe zu dem Begriff der normalen Nutzung auch schon die Erläuterungen zu Art 7 Abs 5 Art 7 Rz 18.

285 Siehe Art 7 Rz 18. Diese Erläuterungen können hier herangezogen werden, auch wenn Art 7 Abs 5 anstelle des Worts „verletzen" das Wort „beeinträchtigen" benutzt. Wie aus ErwG 49 Satz 2 hervorgeht, der von „beeinträchtigen" spricht, sind beide Worte wohl synonym zu verstehen. Tatsächlich ist die Formulierung „Interessen … beeinträchtigen" sprachlich genauer, da nur ein Recht, nicht aber ein Interesse verletzt werden kann. Siehe auch *Leistner*, Rechtsschutz 192, der in Art 8 Abs 2 eine Entsprechung zu Art 7 Abs 5 sieht.

2.3. Wahrung der Rechte am Datenbankinhalt (Abs 3)

Abs 3 legt die Pflicht des rechtmäßigen Benutzers nieder, dem Inhaber eines Urheberrechts oder verwandten Schutzrechts an einem Teil des Datenbankinhalts keinen Schaden zuzufügen. Diese Bestimmung kann unterschiedlich verstanden werden. So kann sie als Bestätigung der Unabhängigheit der verschiedenen Rechte im Sinn von Art 7 Abs 4 Satz 3 Datenbank-RL angesehen werden. Aus Gründen der Systematik erscheint es auch überzeugend, die Vorschrift im Sinn einer Einschränkung bzw Präzisierung des Rechts des rechtmäßigen Benutzers nach Art 8 Abs 1 Datenbank-RL zu verstehen. Demnach würde sich Abs 3 so wie Abs 2[286] nur auf die Nutzung unwesentlicher Teile beziehen, die vom Hersteller dann untersagt werden könnte, wenn der rechtmäßige Benutzer dem Inhaber eines Urheberrechts oder verwandten Schutzrechts Schaden zufügt. **13**

Sieht man Abs 3 als Klarstellung im Sinn des Art 7 Abs 4 Satz 3 Datenbank-RL, so muss die Verpflichtung, keinen Schaden zuzufügen, als eine Verpflichtung gesehen werden, keinen Schaden auf Grund einer Rechtsverletzung zuzufügen. Bevorzugt man dagegen die zweite Auslegungsmöglichkeit, so ist die Verpflichtung, keinen Schaden zuzufügen, in Übereinstimmung mit ErwG 49 Satz 2 in einem weiteren Sinne zu verstehen: Demnach dürfen nämlich nicht nur die Rechte selbst nicht verletzt werden, sondern auch die berechtigten Interessen der Rechtsinhaber nicht unzumutbar beeinträchtigt werden. Dadurch bekäme Abs 3 einen eigenständigen Sinn. Bei beiden Auslegungsweisen ist jedenfalls sowohl ein materieller als auch ein immaterieller Schaden erfasst.

Umsetzung in Deutschland und Österreich

1. Deutschland (v Lewinski)

Gemäß § 87e dUrhG ist eine vertragliche Vereinbarung, durch die sich der rechtmäßige Benutzer gegenüber dem Hersteller verpflichtet, die Nutzung (Vervielfältigung, Verbreitung oder öffentliche Wiedergabe) von nach Art und Umfang **unwesentlichen Teilen** der Datenbank zu unterlassen, insoweit wirksam, als diese Handlungen weder einer normalen Auswertung der Datenbank zuwiderlaufen noch die berechtigten Interessen des Datenbankherstellers unzumutbar beeinträchtigen. Damit hat der deutsche Gesetzgeber sowohl Art 8 Abs 1 Satz 1 als auch Art 8 Abs 2 Datenbank-RL kombiniert umgesetzt und gleichzeitig Art 15 berücksichtigt. Daraus geht hervor, dass er Abs 2 nur auf unwesentliche Teile bezieht. Im Übrigen ist hervorzuheben, dass § 87e dUrhG den Begriff des **rechtmäßigen Benutzers** nicht als solchen übernimmt, sondern durch drei Fälle präzisiert; in allen drei Fällen muss der Hersteller grundsätzlich mit der Nutzung durch den Benutzer einverstanden sein. Als erster Fall des rechtmäßigen Benutzers wird der Eigentümer eines Vervielfältigungsstücks einer Datenbank beschrieben, das mit Zustimmung des Herstellers durch Veräußerung in Verkehr gebracht worden ist. § 87e dUrhG privilegiert im Übrigen jeden in sonstiger Weise zum Gebrauch eines Vervielfältigungsstücks einer Datenbank Berechtigten sowie denjenigen, dem eine Datenbank auf Grund eines mit dem Datenbank- **14**

[286] Siehe dazu oben Rz 12.

hersteller oder eines mit dessen Zustimmung mit einem Dritten geschlossenen Vertrags zugänglich gemacht wird[287].

15 **Art 8 Abs 3 Datenbank-RL** ist nicht ausdrücklich umgesetzt worden. Dies wurde in der Begründung des Regierungsentwurfs damit gerechtfertigt, dass das dem rechtmäßigen Benutzer obliegende Schädigungsverbot gegenüber Rechtsinhabern an in der Datenbank enthaltenem geschützten Material schon aus den allgemeinen urheberrechtlichen Vorschriften (insbes § 97 dUrhG -Anspruch auf Unterlassung und Schadensersatz) folge[288].

2. *Österreich* (Walter)

16 Nach § 76e öUrhG ist eine vertragliche Vereinbarung, durch die sich der rechtmäßige Benutzer einer veröffentlichten Datenbank gegenüber dem Hersteller verpflichtet, die Vervielfältigung, Verbreitung, Rundfunksendung oder öffentliche Wiedergabe von nach Art und Umfang **unwesentlichen Teilen** der Datenbank zu unterlassen, insoweit unwirksam, als diese Handlungen weder der normalen Verwertung der Datenbank entgegenstehen noch die berechtigten Interessen des Datenbankherstellers unzumutbar beeinträchtigen. Damit wurde Art 8 Abs 1 betreffend eine vertragliche Erweiterung des Schutzes auch auf unwesentliche Entnahmen mit dem Zusatz umgesetzt, dass dies dann nicht gilt, wenn dem die normale Verwertung der Datenbank entgegensteht oder berechtigte Interessen des Herstellers unzumutbar beeinträchtigt werden. Der österr Gesetzgeber bezieht danach – wohl zu Recht – Art 8 Abs 2 nur auf die Benutzung unwesentlicher Teile im Sinn des Art 7 Abs 5 bzw Art 8 Abs 1 Datenbank-RL[289].

17 Dagegen setzt die öUrhGNov 1997 **Art 8 Abs 3** Datenbank-RL nicht um. Dies mit der Begründung, diese Vorschrift besage offensichtlich nur, dass Urheberrechte und verwandte Schutzrechte am Inhalt einer Datenbank durch den *sui generis* Schutz nicht berührt werden, was bereits in § 76c Abs 4 UrhG zum Ausdruck gebracht wurde[290].

Artikel 9 Ausnahmen vom Recht *sui generis*

Art 9 bestimmt abschließend die Schranken, welche die Mitgliedstaaten in Bezug auf das *sui generis* Recht vorsehen können.

Übersicht

---

287 Siehe dazu *v Lewinski*, IuKDG 10. Teil § 87e Rz 8 bis 10; *Vogel* in *Schricker*, Kommentar² § 87e Rz 4ff.

288 Begründung Regierungsentwurf, BT-Dr 13/7385, 41.

289 Vgl ErlRV öUrhGNov 1997 bei *Dittrich*, Urheberrecht³, 278f.

290 Vgl ErlRV öUrhGNov 1997 bei *Dittrich*, Urheberrecht³, 279.

Text

Artikel 9 Ausnahmen vom Recht sui generis

Die Mitgliedstaaten können festlegen, daß der rechtmäßige Benutzer einer der Öffentlichkeit – in welcher Weise auch immer – zur Verfügung gestellten Datenbank ohne Genehmigung des Herstellers der Datenbank in folgenden Fällen einen wesentlichen Teil des Inhalts der Datenbank entnehmen und/oder weiterverwenden kann:

a) für eine Entnahme des Inhalts einer nichtelektronischen Datenbank zu privaten Zwecken;
b) für eine Entnahme zur Veranschaulichung des Unterrichts oder zu Zwecken der wissenschaftlichen Forschung, sofern er die Quelle angibt und soweit dies durch den nichtkommerziellen Zweck gerechtfertigt ist;
c) für eine Entnahme und/oder Weiterverwendung zu Zwecken der öffentlichen Sicherheit oder eines Verwaltungs- oder Gerichtsverfahrens.

Aus den Erwägungsgründen

ErwG 47 Zur Förderung des Wettbewerbs zwischen Anbietern von Informationsprodukten und -diensten darf der Schutz durch das Schutzrecht sui generis nicht in einer Weise gewährt werden, durch die der Mißbrauch einer beherrschenden Stellung erleichtert würde, insbesondere in bezug auf die Schaffung und Verbreitung neuer Produkte und Dienste, die einen Mehrwert geistiger, dokumentarischer, technischer, wirtschaftlicher oder kommerzieller Art aufweisen. Die Anwendung der gemeinschaftlichen oder einzelstaatlichen Wettbewerbsvorschriften bleibt daher von den Bestimmungen dieser Richtlinie unberührt.

ErwG 50 Es ist zweckmäßig, den Mitgliedstaaten die Wahlmöglichkeit einzuräumen, Ausnahmen von dem Recht vorzusehen, die unerlaubte Entnahme und/oder die Weiterverwendung eines wesentlichen Teils des Inhalts einer Datenbank zu untersagen, wenn es sich um eine Entnahme zu privaten Zwecken oder zur Veranschaulichung des Unterrichts oder zu Zwecken der wissenschaftlichen Forschung oder auch um eine Entnahme und/oder Weiterverwendung im Interesse der öffentlichen Sicherheit oder im Rahmen eines Verwaltungs- oder Gerichtsverfahrens handelt. Es ist wichtig, daß diese Maßnahmen die ausschließlichen Rechte des Herstellers zur Nutzung der Datenbank unberührt lassen und daß mit ihnen keinerlei kommerzielle Zwecke verfolgt werden.

ErwG 51 Wenn die Mitgliedstaaten von der Möglichkeit Gebrauch machen, dem rechtmäßigen Benutzer einer Datenbank die Entnahme eines wesentlichen Teils des Inhalts zur Veranschaulichung des Unterrichts oder zu Zwecken der wissenschaftlichen Forschung zu genehmigen, können sie diese Genehmigung auf bestimmte Gruppen von

Lehranstalten oder wissenschaftlichen Forschungseinrichtungen beschränken.

ErwG 52 Die Mitgliedstaaten, die bereits eine spezifische Regelung haben, die dem in dieser Richtlinie vorgesehenen Schutzrecht sui generis gleicht, dürfen die nach diesen Rechtsvorschriften herkömmlicherweise gestatteten Ausnahmen in bezug auf das neue Recht beibehalten.

Kommentar

1. Entstehungsgeschichte

1 Die Kommission hatte in ihrem ursprünglichen **RL-Vorschlag** keine klassischen Ausnahmen, dafür aber zwei Zwangslizenzen in Bezug auf das *sui generis* Recht vorgesehen, nämlich einerseits für den Fall einer der Öffentlichkeit zugänglichen Datenbank, welche die einzige mögliche Quelle für das Werk oder Informationsmaterial ist, wobei die Nutzung für gewerbliche Zwecke erfolgen sollte (Art 8 Abs 1 RL-Vorschlag), und anderseits für den Fall einer öffentlich zugänglichen Datenbank, die von einer Behörde unter bestimmten Bedingungen eingerichtet worden ist (Art 8 Abs 2 RL-Vorschlag). Es handelte sich also um Zwangslizenzen bei Missbräuchen von marktbeherrschenden Stellungen (Art 82 EGV 1997 [früher Art 86]) und bei staatlichen Monopolen (Art 86 EGV 1997 [früher Art 90]). In Bezug auf die Lizenzvergabebedingungen war in Art 8 Abs 3 RL-Vorschlag eine Streitschlichtungsregelung vorgesehen.

2 Das **Europäische Parlament** schlug in Erster Lesung Präzisierungen der mit der Nutzung des Datenbankinhalts verfolgten gewerblichen Zwecke (Art 8 Abs 1) und der staatlichen Behörden vor, welche die Datenbank betreiben (Art 8 Abs 2); auch wurde eine Definition der öffentlichen Zugänglichkeit in einem neuen Art 8 Abs 1 hinzugefügt (Änderungsvorschläge Nr 18, 33 und 17). Die Kommission übernahm die vorgeschlagenen Änderungen in leicht geänderter Form in ihren **geänderten RL-Vorschlag**[291].

3 Im **Rat** gehörten die **Zwangslizenzen** zu einem der schwierigsten Probleme. Zunächst gab es nur eine Minderheit von Mitgliedstaaten, die sich unter dem Hinweis darauf, dass das Europäische und nationale Kartellrecht ausreiche, gegen solche Zwangslizenzen aussprachen. Dagegen stand hinter dem Wunsch nach Zwangslizenzen wohl vornehmlich die Furcht vor unbeschränkten Informationsmonopolen. Im Lauf der Diskussionen wurde an vielen Textfassungen gefeilt und schließlich zusätzlich zu den vorgesehenen Zwangslizenzen, die zunehmend als Mittel zum Ausgleich zwischen dem Recht *sui generis* und dem Wettbewerbsrecht gesehen wurden, eine solche zu Unterrichts- und Forschungszwecken erwogen und formuliert[292]. Eine Assoziation dieser neu erwogenen Zwangslizenz mit traditionellen Schranken zu Unterrichts- und Forschungszwecken im Bereich des Urheberrechts und der verwandten Schutzrechte könnte mit dazu geführt haben, dass sich schließlich im Rat doch eine Mehrheit für eine **Schrankenregelung** an Stelle der Zwangslizenzregelung fand. Um den Bedenken

---

[291] Siehe Art 11 Abs 1 bis 3 geänderter RL-Vorschlag.

[292] Vgl *Gaster*, VPP-Mitteilungen 1996, 112 (bei IV.6.).

derjenigen, die Informationsmonopole befürchteten, Rechnung zu tragen, wurde die Streichung der Zwangslizenzregelung mit der Aufnahme einer Revisionsklausel in Art 16 Abs 3 insbes im Hinblick auf die eventuelle Notwendigkeit, in Zukunft doch Zwangslizenzen einzuführen, sowie mit der Aufnahme eines Schrankenkatalogs in Art 9 und der Herausnahme unwesentlicher Datenbankteile aus dem Schutzbereich des Art 7 Abs 1 verbunden[293]. Auch betonte der Rat in einem neu aufgenommenen ErwG 47, dass das *sui generis* Recht einen Missbrauch einer beherrschenden Stellung nicht erleichtern darf und das gemeinschaftliche und das nationale Wettbewerbsrecht weiterhin Anwendung finden[294].

Nachdem sich im Rat die Rechtsnatur des *sui generis* Rechts als eines Investitionsschutzrechts herauskristallisiert hatte und dementsprechend die Kumulierbarkeit mit dem Urheberrechtsschutz in Art 7 Abs 4 festgelegt war[295], galt es, die Schranken zu den beiden Rechten soweit wie möglich parallel auszugestalten. Daher entsprechen die nach Art 9 möglichen Ausnahmen denjenigen nach Art 6 Abs 2 weitgehend. Allerdings konnte anders als nach Art 6 Abs 2 lit d kein Verweis auf traditionelle Ausnahmen aufgenommen werden, da es eine Tradition des *sui generis* Schutzes noch nicht gibt. Nur in den skandinavischen Staaten gibt es ein dem *sui generis* Recht ähnliches Katalogrecht. Diesen Mitgliedstaaten wurde zugestanden, die traditionellen Schranken zu diesem Katalogrecht auf das *sui generis* Recht anzuwenden[296]. **4**

2. *Allgemeine Bemerkungen*

Art 9 gibt den Mitgliedstaaten die Möglichkeit, bestimmte Ausnahmen vom *sui generis* Recht vorzunehmen. Wie bei Art 6 Abs 2 handelt es sich um einen **abschließenden Katalog** von möglichen Ausnahmen. Die Mitgliedstaaten müssen also keine Ausnahmen festlegen, dürfen jedoch, wenn sie dies tun, nicht über die in Art 9 bezeichneten Ausnahmen hinausgehen[297]. Allerdings wird zum Teil empfohlen, dass Ausnahmen für amtliche Datenbanken vorgesehen werden, falls solche auch für den Urheberrechtsschutz gelten, obwohl dies nicht ausdrücklich in Art 9 vorgesehen ist[298]. Das *sui generis* Recht kann nur gegenüber dem **rechtmäßigen Benutzer** beschränkt werden. Wer rechtmäßiger Benutzer ist, ist schon an anderer Stelle erläutert worden[299]. Diese Beschränkung der Ausnahmemöglichkeit auf den rechtmäßigen Benutzer ist weder im urheberrechtlichen Kapitel **5**

---

[293] Siehe Begründung Gemeinsamer Standpunkt 27 Z 15; vgl *Gaster*, VPP-Mitteilungen 1996, 112 (bei IV.6.).

[294] Gemeint sind damit insbes die Vorschriften der Art 81, 82ff EGV 1997 (früher Art 85, 86ff) für das Gemeinschaftsrecht. Siehe auch die Begründung gemeinsamer Standpunkt 27 Z 15.

[295] Siehe dazu die Erläuterungen oben zu Art 7 Abs 4 Art 7 Rz 41ff.

[296] Siehe ErwG 52; vgl zum Hintergrund des Art 9 auch die Begründung Gemeinsamer Standpunkt 27 Z 17.

[297] Die Erschöpfung des Verbreitungsrechts gemäß Art 7 Abs 2 lit b stellt eine Inhaltsbestimmung, nicht jedoch eine Ausnahme vom Recht dar.

[298] Siehe *Gaster*, Kommentar Art 9 Rz 608ff (614). Dagegen zu Recht *Leistner*, Rechtsschutz 196ff.

[299] Siehe Art 8 Rz 4 oben.

(Art 6 Abs 2) noch in herkömmlichen Schrankenbestimmungen im Bereich des Urheberrechts und der verwandten Schutzrechte zu finden; üblicherweise gelten Schrankenbestimmungen gegenüber jedermann. Der Schutzumfang des *sui generis* Rechts ist insofern größer als derjenige nach Kapitel II.

6 Die Begriffe „einer der **Öffentlichkeit** – in welcher Weise auch immer – zur Verfügung gestellten Datenbank", des **„Herstellers der Datenbank"** und des **„wesentlichen Teil**(s) des Inhalts der Datenbank" sind schon an anderer Stelle erläutert worden[300]. Die Handlungen der **„Entnahme"** und **„Weiterverwendung"** sind in Art 7 Abs 2 definiert[301]. Besonders hervorzuheben ist, dass Schranken für die Nutzung der gesamten Datenbank nicht vorgesehen werden dürfen.

7 Die möglichen Ausnahmen betreffen jeweils **nichtkommerzielle Zwecke**. Daher finden sich auch vorwiegend Ausnahmen zum Entnahmerecht, das Handlungen nicht nur zu kommerziellen, sondern auch zu privaten Zwecken umfasst, jedoch kaum solche zum Weiterverwendungsrecht, das *de facto* vorwiegend kommerzielle Handlungen umfasst. ErwG 50 Satz 2 macht deutlich, dass die Ausnahmen nicht für Handlungen gelten dürfen, mit welchen kommerzielle Zwecke verfolgt werden. Der erste Teil des ErwG 50 Satz 2 ist allerdings insofern missverständlich, als er die ausschließlichen Rechte nach Art 7 Abs 1 durch die Ausnahmen unberührt sehen lassen möchte. Dies widerspricht dem Wortlaut und Zweck der Schrankenregelung; man wird in dieser Formulierung des Erwägungsgrundes allenfalls einen Hinweis darauf sehen können, dass Art 9 eng auszulegen ist[302].

3. Die Ausnahmen im Einzelnen

8 Für die **Entnahme** von elektronischen Datenbanken sind, ebenso wie im Urheberrecht, keine Ausnahmen zugelassen, da solche Datenbanken sehr leicht, schnell und kostengünstig vervielfältigt werden können[303]. Nur der Inhalt einer **nichtelektronischen Datenbank**, zB eines gedruckten Katalogs, kann – etwa durch Fotokopieren – „entnommen" werden. Aus Halbsatz 1 ergibt sich dabei, dass nicht der ganze Inhalt, sondern nur ein wesentlicher Teil desselben entnommen werden darf[304]. Das Kopieren eines ganzen auf Papier gedruckten Katalogs oder Verzeichnisses darf also nach Art 9 nicht gesetzlich gestattet werden. Die Entnahme ist im Übrigen nur zu **privaten Zwecken** zulässig, also jedenfalls nicht zu kommerziellen Zwecken[305].

9 Die mögliche Ausnahme nach Art 9 **lit b** in Bezug auf **Unterrichts- und Forschungszwecke** ist – anders als in Art 6 Abs 2 lit b – auf die Entnahme beschränkt;

---

[300] Siehe Art 8 Rz 3, 2 und Art 7 Rz 15 oben.

[301] Siehe dazu die Erläuterungen Art 7 Rz 19ff und 24ff oben.

[302] Ähnlicher Ansicht sind *Strowel/Triaille*, Droit d'Auteur 287 FN 155.

[303] Siehe Begründung Gemeinsamer Standpunkt (im Zusammenhang mit dem urheberrechtlichen Datenbankschutz) 25 Z 13.

[304] Unwesentliche Teile sind nach Art 7 Abs 1 grundsätzlich nicht vom Schutzbereich des *sui generis* Rechts erfasst; siehe jedoch auch die Ausnahme in Art 7 Abs 5.

[305] Siehe zum Begriff der privaten Zwecke die Erläuterungen zu Art 6 Abs 2 lit a Art 6 Rz 28.

Art 6 Abs 2 lit b lässt demgegenüber auch Ausnahmen für die „Benutzung" zu, erfasst damit also zusätzlich insbes die Online-Übertragung und Übertragung auf einen großen, für alle Schüler sichtbaren Bildschirm. Die zuletzt genannten Handlungen können also nur vom Urheberrechtsschutz, nicht jedoch vom *sui generis* Schutz ausgenommen werden. Damit ist der *sui generis* Schutz in einem weiteren Punkt stärker als derjenige des Urheberrechts[306]. Zur Erläuterung dieser Ausnahme kann im Übrigen auf die Erläuterungen zu Art 6 Abs 2 lit b verwiesen werden[307]. In ErwG 51 ist klargestellt, dass die Ausnahme nach lit b auf bestimmte Gruppen von Lehranstalten oder wissenschaftlichen Forschungseinrichtungen beschränkt werden kann; einige Gruppen von Einrichtungen können also gegenüber anderen privilegiert werden.

Die möglichen Ausnahmen nach **lit c** entsprechen denjenigen nach Art 6 Abs 2 lit c, **10**
weshalb auf die Erläuterungen zu dieser Vorschrift verwiesen werden kann[308]. Darüber hinaus können nach **ErwG 52** bestimmte Mitgliedstaaten weitere Ausnahmen vorsehen. Es handelt sich dabei um Dänemark, Schweden und Finnland, die 1961 den sog „Katalogschutz" in ihre Urheberrechtsgesetze eingeführt haben[309]. Allerdings ist zu bezweifeln, ob ein Erwägungsgrund für eine Erweiterung des abschließenden Schrankenkatalogs des Art 9 herangezogen werden kann[310].

Umsetzung in Deutschland und Österreich

1. Deutschland (v Lewinski)

§ 87c dUrhG schöpft die Möglichkeiten, nach Art 9 Datenbank-RL Schranken **11**
zum Recht des Datenbankherstellers vorzusehen, weitgehend aus. Dabei beschränkt er die zulässigen Nutzungen in Übereinstimmung mit Art 9 Datenbank-RL auf einen nach Art oder Umfang wesentlichen Teil der Datenbank. In Bezug auf die Nutzung der gesamten Datenbank sind also keine Schranken vorgesehen[311]. Entgegen Art 9 Datenbank-RL hat der deutsche Gesetzgeber jedoch § 87c dUrhG nicht auf die Nutzung von der Öffentlichkeit zur Verfügung gestellten Datenbanken beschränkt[312].

Zunächst wird die **Vervielfältigung zum privaten Gebrauch** für zulässig erklärt, soweit es sich nicht um eine elektronische Datenbank handelt; letztere ist mit den Worten „Datenbank, deren Elemente einzeln mit Hilfe elektronischer Mittel zugänglich sind" beschrieben. In Übereinstimmung mit der Terminologie des deutschen Urheberrechtsgesetzes dürfte der „private" Gebrauch nicht nur

---

306 Siehe zu einem anderen Punkt („rechtmäßiger Benutzer") schon Art 6 Rz 5 oben.

307 Siehe Art 6 Rz 29 bis 33 oben.

308 Siehe Art 6 Rz 34f oben.

309 Siehe jeweils § 49 des dänischen, schwedischen und finnischen UrhG; vgl auch *Karnell*, GRUR Int 1999, 329.

310 *Gaster*, Kommentar Art 9 Rz 617 bezeichnet ErwG 52 als Redaktionsversehen und reduziert seine Bedeutung teleologisch auf die traditionellen Schranken des Katalogrechts, die auch von Art 9 erfasst sind.

311 Entgegen dem Wortlaut und Sinn von Art 9 Datenbank-RL; vgl *Raue/Bensinger*, MMR 1998, 512, die die Nutzung der gesamten Datenbank nicht als grundsätzlich verboten ansehen.

312 Siehe dazu auch kritisch *Raue/Bensinger*, MMR 1998, 512.

den kommerziellen und gewerblichen Gebrauch ausschließen, sondern auch den sog sonstigen eigenen Gebrauch, also den Gebrauch zur eigenen Verwendung zB durch Behörden, Institutionen, Unternehmen oder Angehörige freier Berufe[313].

Die Beschränkung des Vervielfältigungsrechts zum Zwecke der **wissenschaftlichen Forschung** nach Art 9 lit b Datenbank-RL ist im deutschen Recht insofern reduziert worden, als die Vervielfältigung zum Zweck des eigenen wissenschaftlichen Gebrauchs geboten (und nicht nur gerechtfertigt) sein muss; im Übrigen erlaubt § 87c Abs 1 Z 2 dUrhG wie Art 9 lit b Datenbank-RL nur die Vervielfältigung zu nicht-gewerblichen Zwecken und bei Quellenangabe. Die Schranke zur **Veranschaulichung des Unterrichts** wurde zunächst in Anlehnung an die urheberrechtliche Schranke in § 53 Abs 3 Z 1 dUrhG ausdrücklich auf den eigenen Gebrauch im Schulunterricht, in nicht-gewerblichen Einrichtungen der Aus- und Weiterbildung sowie in der Berufsbildung in der für eine Schulklasse erforderlichen Anzahl beschränkt. Seit der Gesetzesänderung, die am 1. Juni 1998 in Kraft trat[314], ist diese Schranke vereinfacht und dabei an den Wortlaut von Art 9 lit b Datenbank-RL angepasst worden. Nach der neuen Z 3 ist die Vervielfältigung nun zur Veranschaulichung des Unterrichts zu nicht-gewerblichen Zwecken und bei Quellenangabe erlaubt. Der Vorschlag, auch Vervielfältigungen zu Prüfungszwecken von der Ausnahme zu erfassen, wurde nicht angenommen[315].

Schließlich sieht § 87c Abs 2 dUrhG eine Schranke in Bezug auf alle Rechte des Datenbankherstellers zur Verwendung in Verfahren vor einem **Gericht, einem Schiedsgericht oder einer Behörde** und für Zwecke der öffentlichen Sicherheit vor. Diese Bestimmung entspricht weitgehend § 45 dUrhG zur Beschränkung des Urheberrechts. Es ist allerdings fraglich, ob die Ausnahme in Bezug auf Schiedsgerichte noch mit der Richtlinie vereinbar ist, die nur von „Verwaltungs- oder Gerichtsverfahren" spricht[316].

2. Österreich (Walter)

12 Art 9 Datenbank-RL folgend werden die **Ausnahmen** vom *sui generis* Recht in § 76d Abs 3 öUrhG vorgesehen. Danach ist die **Vervielfältigung** eines wesentlichen Teils einer veröffentlichten Datenbank in zwei Fällen zulässig, und zwar bei nichtelektronischen Datenbanken generell für private Zwecke und allgemein – also auch für elektronische Datenbanken – zu Zwecken der Wissenschaft oder des Unterrichts in einem durch den Zweck gerechtfertigten Umfang, wenn dies nicht zu Erwerbszwecken geschieht und die Quelle angegeben wird. Richtlinienkonform erstreckt sich diese freie Werknutzung nur auf die Vervielfältigung, nicht aber auf die Verbreitung oder öffentliche Wiedergabe (Weiterverwendung).

---

313 Siehe auch *Vogel* in *Schricker*, Kommentar² § 87c Rz 9 mwN.

314 Die Änderung wurde im Rahmen der Beratungen zum Gesetzesentwurf der Bundesregierung für ein Viertes Gesetz zur Änderung des Urheberrechtsgesetzes, BT-Dr 13/4796, der zunächst nur die Satelliten- und Kabel-RL umsetzen sollte, behandelt. Siehe dazu auch *v Lewinski*, IuKDG 10. Teil § 87c Rz 4 und 20.

315 Siehe auch *Vogel* in *Schricker*, Kommentar² § 87c Rz 13 und v *Lewinski*, IuKDG, 10.Teil § 87c Rz 20.

316 Siehe dazu v *Lewinski*, IuKDG, 10.Teil § 87c Rz 21; siehe auch schon zum Urheberrecht oben Art 6 Rz 42.

Die Voraussetzung, dass eine Entnahme nur zu nichtkommerziellen Zwecken zulässig ist, wird wohl richtig durch die Worte „ohne Erwerbszweck“ wiedergegeben. Auch eine nicht gewinnorientierte und nicht ständige Tätigkeit, die auf einen wirtschaftlichen Ertrag gerichtet ist, bedarf deshalb der Zustimmung des Datenbankherstellers. Wie bereits erwähnt, führt die Umsetzung dieser strengeren Voraussetzungen für das *sui generis* Recht im Verhältnis zu Werken und anderen Schutzgegenständen zu einem Wertungswiderspruch. Im Hinblick auf die abschließende Regelung der freien Nutzung in Art 9 Datenbank-RL verweist das Gesetz hier bewusst nicht auf die entsprechenden Regelungen für urheberrechtlich geschützte Werke[317]. Hinsichtlich des Begriffs der Öffentlichkeit wird auf die allgemeine Umschreibung in § 8 öUrhG verwiesen (§ 76d Abs 5 öUrhG). Veröffentlicht ist eine Datenbank danach nur, wenn sie mit Zustimmung des Berechtigten – auf irgendeine Weise – der Öffentlichkeit zugänglich gemacht worden ist.

Dagegen konnte die dritte Ausnahme des Art 9 Datenbank-RL zu Zwecken der **öffentlichen Sicherheit** oder eines **Verwaltungs- oder Gerichtsverfahrens** durch eine Verweisung auf die entsprechende urheberrechtliche Bestimmung des § 41 öUrhG übernommen werden, die sich nicht nur auf die Vervielfältigung, sondern darüber hinaus auch auf die Verbreitung und öffentliche Wiedergabe (Weiterverwendung) bezieht[318]. **13**

Artikel 10 Schutzdauer

Art 10 legt die für das *sui generis* Recht anzuwendende Schutzdauer fest und bestimmt, unter welchen Voraussetzungen eine wesentliche Änderung des Datenbankinhalts eine eigene Schutzdauer begründet.

Übersicht

Text

Artikel 10 Schutzdauer

(1) Das in Artikel 7 vorgesehene Recht entsteht mit dem Zeitpunkt des Abschlusses der Herstellung der Datenbank. Es erlischt 15 Jahre nach dem 1. Januar des auf den Tag des Abschlusses der Herstellung folgenden Jahres.

---

317 Vgl ErlRV öUrhGNov 1997 bei *Dittrich*, Urheberrecht³, 277.
318 Siehe ErlRV öUrhGNov 1997 bei *Dittrich*, Urheberrecht³, 277.

(2) Im Fall einer Datenbank, die vor Ablauf des in Absatz 1 genannten Zeitraums der Öffentlichkeit – in welcher Weise auch immer – zur Verfügung gestellt wurde, endet der durch dieses Recht gewährte Schutz 15 Jahre nach dem 1. Januar des Jahres, das auf den Zeitpunkt folgt, zu dem die Datenbank erstmals der Öffentlichkeit zur Verfügung gestellt wurde.

(3) Jede in qualitativer oder quantitativer Hinsicht wesentliche Änderung des Inhalts einer Datenbank einschließlich wesentlicher Änderungen infolge der Anhäufung von aufeinanderfolgenden Zusätzen, Löschungen oder Veränderungen, aufgrund deren angenommen werden kann, daß eine in qualitativer oder quantitativer Hinsicht wesentliche Neuinvestition erfolgt ist, begründet für die Datenbank, die das Ergebnis dieser Investition ist, eine eigene Schutzdauer.

Aus den Erwägungsgründen

ErwG 53 Der Hersteller der Datenbank trägt die Beweislast für den Zeitpunkt der Fertigstellung einer Datenbank.

ErwG 54 Die Beweislast dafür, daß die Voraussetzungen vorliegen, die den Schluß zulassen, daß eine wesentliche Änderung des Inhalts einer Datenbank als eine wesentliche Neuinvestition zu betrachten ist, liegt bei dem Hersteller der aus dieser Neuinvestition hervorgegangen Datenbank.

ErwG 55 Eine wesentliche Neuinvestition, die eine neue Schutzdauer nach sich zieht, kann in einer eingehenden Überprüfung des Inhalts der Datenbank bestehen.

Kommentar

1. Entstehungsgeschichte

1 In Art 9 Abs 3 und 4 ursprünglicher **RL-Vorschlag** war eine Schutzdauer von 10 Jahren nach dem ersten rechtmäßigen Zugänglichmachen der Datenbank an die Öffentlichkeit vorgesehen; unwesentliche Änderungen des Inhalts sollten nicht zu einer Verlängerung der Schutzdauer führen. Die Wahl der zehnjährigen Schutzfrist dürfte in Anlehnung an bestehende Regelungen über den Katalogschutz in den nordischen Ländern erfolgt sein. Das **Europäische Parlament** schlug in Erster Lesung vor, die Schutzdauer auf 15 Jahre zu erhöhen, da dies zur Amortisierung der Investitionen regelmäßig notwendig sei und im Übrigen zu einem besseren Verhältnis zur siebzigjährigen Dauer des Urheberrechtsschutzes führe[319]. Darüber hinaus schlug das Parlament die Begründung einer neuen Schutzdauer mit jeder wesentlichen Änderung der Datenbank vor und definierte die „wesentliche Änderung" in diesem Zusammenhang[320]. Die Kommission übernahm diese Vorschläge in leicht geänderter Fassung in Art 12 **geänderter RL-Vorschlag**. Auch der **Rat** stimmte diesen Änderungen in der Sache zu und fasste den gesamten Artikel zur Schutzdauer klarer[321].

[319] Begründung geänderter RL-Vorschlag 7.
[320] Abänderungsvorschläge Nr 24 bis 26 und Nr 10.
[321] Begründung Gemeinsamer Standpunkt zu Art 10 Z 18.

2. Grundregel (Abs 1 und 2)

Abs 1 legt den Beginn, die Dauer und das Ende des *sui generis* Schutzes fest; Abs 2 bestimmt das Ende der Schutzdauer für einen besonderen Fall abweichend von Abs 1. **2**

Da die Ansammlung von Material und dessen Eingabe in eine Datenbank eine gewisse Zeit beansprucht und da eine Datenbank auch schon funktionsfähig ist, wenn das Material noch nicht vollständig oder im gewünschten Ausmaß in der Datenbank enthalten ist, dürfte es nicht leicht sein, den Zeitpunkt des Schutzbeginnes eindeutig zu bestimmen. Abs 1 Satz 1 bezeichnet diesen Zeitpunkt als denjenigen des „**Abschlusses der Herstellung** der Datenbank". Jedenfalls ist damit eine Datenbank, die zwar schon funktionsfähig ist, jedoch noch nicht fertiggestellt ist, noch nicht geschützt. Wann nun die Herstellung im Einzelfall abgeschlossen ist, hängt sicher auch von den subjektiven Vorstellungen des Datenbankerstellers über den gewünschten Inhalt und die Eigenschaften des Endprodukts „Datenbank" ab. Daher erscheint es sinnvoll, dass ErwG 53 dem Datenbankhersteller die **Beweislast** für den Zeitpunkt der Fertigstellung der Datenbank auferlegt. Der Hersteller wird also im Zweifelsfall zeigen müssen, welchen Inhalt die Datenbank bei Fertigstellung nach seinem Plan haben sollte und zu welchem Zeitpunkt er das nach dem Plan erforderliche Material angesammelt und eingegeben sowie die Datenbank mit dem erforderlichen Abfragesystem versehen hat. Gemäß Abs 1 erlischt die Schutzdauer 15 Jahre nach dem 1. Januar desjenigen Jahres, das auf den Tag des Abschlusses der Datenbankherstellung folgt.

In dem Fall, dass eine Datenbank nicht sofort nach ihrer Herstellung auf den Markt kommt und damit der **Öffentlichkeit zugänglich** gemacht wird, könnte der Hersteller bei Berechnung der Schutzdauer nach Abs 1 nicht die gesamte fünfzehnjährige Dauer zur Amortisierung der Kosten ausnutzen. Dies kann nämlich erst von dem Zeitpunkt an erfolgen, zu welchem die Datenbank der Öffentlichkeit zur Verfügung gestellt wird. Um dem Hersteller auch in einem solchen Fall eine entsprechende Möglichkeit der Amortisierung seiner Kosten zu gewähren, beginnt die Schutzdauer nach **Abs 2** erst mit dem 1. Januar des Jahres zu laufen, das auf den Zeitpunkt folgt, zu dem die Datenbank erstmals der Öffentlichkeit zur Verfügung gestellt wurde. Allerdings soll Abs 2 dem Hersteller den Anreiz geben, die hergestellte Datenbank innerhalb von 15 Jahren nach der Fertigstellung der Öffentlichkeit zur Verfügung zu stellen. Tut er dies nicht, so läuft der Schutz nach Abs 1 ab, ohne dass er sich auf die Schutzberechnung nach Abs 2 – also 15 Jahre nach der erstmaligen Zurverfügungstellung der Datenbank an die Öffentlichkeit – berufen könnte. **3**

Abs 2 bestimmt nicht näher, wann eine Datenbank der **Öffentlichkeit** zur Verfügung gestellt ist; er stellt nur klar, dass es auf die Art und Weise nicht ankommt. Werden zB Datenbanken in Form von CD-ROMs öffentlich zum Kauf, zur Miete oder zum Verleih angeboten, oder wird eine Datenbank der Öffentlichkeit online zugänglich gemacht, so ist sie der Öffentlichkeit zur Verfügung gestellt. Im Einzelnen bleibt auch hier die nähere Bestimmung des Begriffs der Öffentlichkeit den Mitgliedstaaten überlassen[322]. **4**

---

322 Siehe auch schon obenArt 7 Rz 28 und Art 8 Rz 3.

3. Schutzdauer bei wesentlicher Inhaltsänderung (Abs 3)

5 Zahlreiche Datenbanken haben den Zweck, aktuelle Informationen zu einem bestimmten Thema zu bieten. Um für den Nutzer interessant zu sein, müssen die Informationen also fortlaufend auf ihre Richtigkeit überprüft und eventuell gelöscht oder ergänzt werden. Auch wird ein Datenbankhersteller bestrebt sein, den Inhalt seiner Datenbank von Zeit zu Zeit auf verwandte oder auch ganz neue Fragenkomplexe zu **erweitern**. In diesen Fällen stellt sich die Frage, ob und in wie weit ein neuer, fünfzehnjähriger Schutz für diese Tätigkeiten erlangt werden kann. Abs 3 beantwortet diese Frage in Übereinstimmung mit dem Schutzzweck des *sui generis* Rechts. Da dieses Recht qualitativ oder quantitativ wesentliche Investitionen schützen soll, ist auch für die Begründung eines neuen Schutzes an einer wesentlichen Änderung des Datenbankinhalts entscheidend, dass eine solche Änderung den Schluss zulässt, dass sie eine qualitativ oder quantitativ wesentliche Investition mit sich gebracht hat. Nur in Bezug auf das Ergebnis dieser Investition wird eine **neue Schutzdauer** begründet. Wird also zB eine statische Datenbank um einen verwandten Fragenkomplex inhaltlich erweitert und bedarf es dazu einer wesentlichen Neuinvestition, so läuft die neue Schutzdauer nur in Bezug auf diese Erweiterung. Bei solchen **dynamischen Datenbanken**, deren ständige Änderung eine wesentliche Neuinvestition bedingt, führt Abs 3 bei Vorliegen aller Voraussetzungen zu einem Schutz der jeweils neuesten Fassung und damit zu einem Schutz *ad infinitum*. Dies kann zB bei Telefonbüchern, Fahr- oder Flugplänen oder auch Börsennotierungen der Fall sein.

6 Eine **wesentliche Neuinvestition** ist eine Investition, die nach Fertigstellung der Datenbank oder nach einer abgeschlossenen wesentlichen Änderung derselben erfolgt ist. Das Kriterium der Wesentlichkeit ist in Übereinstimmung mit Art 7 Abs 1 auszulegen[323].

Die wesentlichen Neuinvestitionen müssen im Zusammenhang mit wesentlichen **Änderungen** des Inhalts einer Datenbank erfolgt sein. Diese Änderungen sind in Abs 3 und ErwG 55 näher beschrieben. So ist nicht nur der schon erwähnte Fall einer thematischen Erweiterung des Datenbankinhalts eine möglicherweise wesentliche Änderung, sondern auch die Anhäufung kleinerer, aufeinander folgender Änderungen in Form von Ergänzungen, Streichungen oder anderen Veränderungen, wie sie insbes bei dynamischen Datenbanken vorgenommen werden. Schließlich wurde berücksichtigt, dass die im Wettbewerb erforderliche und auch erwünschte Aktualisierung einer Datenbank zwar wesentliche Neuinvestitionen erfordern kann, jedoch nicht unbedingt zu einer tatsächlichen Streichung oder Ergänzung von in der Datenbank enthaltenen Informationen führen muss; dies nämlich dann nicht, wenn die gespeicherten Informationen noch den aktuellen Gegebenheiten entsprechen. Da eine eingehende **Überprüfung** des Datenbankinhalts insbes im Hinblick auf dessen Aktualisierung auch dann von Wert ist und wesentliche Neuinvestitionen bedingen kann, wenn die Daten im Einzelfall nicht geändert werden müssen, soll auch eine solche, nur in einer eingehenden Überprüfung des Datenbankinhalts

---

[323] Siehe die Erläuterungen zu dieser Bestimmung Art 7 Rz 9ff oben.

bestehende wesentliche Neuinvestition eine neue Schutzdauer nach sich ziehen (ErwG 55). Obwohl ErwG 55, der von „Überprüfung" spricht, auf den ersten Blick mit dem RL-Text („Änderung") im Widerspruch zu stehen scheint, kann er dennoch als zu beachtende Texterläuterung angesehen werden, wenn man in der Bestätigung der Aktualität zum Überprüfungszeitpunkt eine neue Aussage und damit – auch ohne Änderung der Daten – eine Änderung des Datenbankinhalts sieht.

Wird der Inhalt der Datenbank geändert, so muss die **Änderung**, um eine neue Schutzdauer zu begründen, in qualitativer oder quantitativer Hinsicht **wesentlich** sein. Entweder müssen also alle oder ein erheblicher Teil der in der Datenbank enthaltenen Informationen ergänzt, gelöscht oder geändert werden, oder nur ein kleiner, jedoch qualitativ bedeutender Teil des Inhalts. So kann es zB ausreichen, sehr schwierig zu beschaffende Daten, die nur einen kleinen Teil der Datenbank betreffen, hinzuzufügen oder auf den neuesten Stand zu bringen. Der Hersteller der aus der Neuinvestition hervorgegangenen Datenbank trägt die **Beweislast** dafür, „dass die Voraussetzungen vorliegen, die den Schluss zulassen, dass eine wesentliche Änderung des Inhalts einer Datenbank als eine wesentliche Neuinvestition zu betrachten ist …" (ErwG 54). Er wird also beweisen müssen, dass der Datenbankinhalt nach deren Fertigstellung (bzw nach einer abgeschlossenen wesentlichen Inhaltsänderung) wesentlich geändert wurde. Hierzu sollte er den jeweiligen Stand des Datenbankinhalts festhalten, bei superdynamischen Datenbanken eventuell durch das *date stamping*[324]. Darüber hinaus wird der Datenbankhersteller beweisen müssen, dass er durch die Änderung eine wesentliche Neuinvestition vorgenommen hat und dass diese zum Zwecke der wesentlichen Änderung des Datenbankinhalts erfolgt ist. Ein Datenbankhersteller, der den neuen Schutz für solche wesentlichen Änderungen beanspruchen möchte, sollte sich also darum bemühen, alle erforderlichen Beweise – insbes durch Dokumentierung des jeweiligen Stands vor und nach der Änderung des Datenbankinhalts und der vorgenommenen Investitionen – sicherzustellen. **7**

Im Ergebnis kann das Investitionsschutzrecht gerade bei dynamischen Datenbanken dazu führen, dass der *sui generis* Schutz länger währt als der urheberrechtliche Datenbankschutz. Für eine „Verlängerung" des urheberrechtlichen Schutzes über die 70 Jahre pma hinaus wäre eine Bearbeitung der Datenbank, also eine Änderung der Auswahl oder Anordnung ihres Inhalts erforderlich; bei dynamischen Datenbanken soll dagegen meist nur der Inhalt aktualisiert, die Auswahl oder Anordnung des Stoffs jedoch nicht angetastet werden. Dieser potentiell **längere Schutz** des *sui generis* Rechts im Verhältnis zum Urheberrecht ist allerdings in der Natur des *sui generis* Rechts als eines Investitionsschutzrechts begründet. Es erscheint konsequent, wesentliche Investitionen nicht nur bei der erstmaligen Erstellung einer Datenbank, sondern auch bei der Änderung einer bestehenden Datenbank zu schützen. **8**

---

324 So etwa *Gaster*, VPP-Mitteilungen 1996, 113 (bei IV.9.). Siehe auch *Worthy/Weightman*, The Computer Law and Security Report 12/2 (1996) 99.

Umsetzung in Deutschland und Österreich

1. *Deutschland* (v Lewinski)

9 § 87d dUrhG bestimmt richtlinienkonform, dass die Rechte des Datenbankherstellers **15 Jahre** nach der Veröffentlichung der Datenbank erlöschen, jedoch schon 15 Jahre nach der Herstellung, wenn die Datenbank innerhalb dieser Frist nicht veröffentlicht worden ist. Für die Fristberechnung wird auf § 69 dUrhG verwiesen, demzufolge die Frist ab dem 1. Januar des Jahres, das dem Jahr folgt, in dem das maßgebliche Ereignis eintrat, zu laufen beginnt. Der **Beginn des Schutzes**, der in Art 10 Abs 1 Datenbank-RL auf den Abschluss der Herstellung festgelegt wird, musste nicht besonders geregelt werden, da der Schutz ohne weitere Regelung mit der Erfüllung aller Schutzvoraussetzungen entsteht.

10 Der Neubeginn einer Schutzfrist nach Art 10 Abs 3 Datenbank-RL im Fall einer **wesentlichen Änderung des Datenbankinhalts** wurde nicht im Zusammenhang mit der Schutzfrist umgesetzt, sondern mit dem Begriff der Datenbank in § 87a Abs 1 Satz 2 dUrhG, demzufolge eine in ihrem Inhalt nach Art oder Umfang wesentlich geänderte Datenbank als neue Datenbank gilt, wenn die Änderung eine nach Art oder Umfang wesentliche Investition erfordert. Auch wenn dieser Wortlaut nicht vollständig demjenigen von Art 10 Abs 3 Datenbank-RL entspricht, dürfte er die Richtlinie in zutreffender Weise umsetzen. Zudem entspricht die Umsetzung in § 87a dUrhG der Systematik des deutschen Gesetzes.

2. *Österreich* (Walter)

11 Die Regelung der fünfzehnjährigen Schutzfrist des *sui generis* Schutzes erfolgt richtlinienkonform in § 76d Abs 4 öUrhG. Danach erlischt das Schutzrecht an Datenbanken **fünfzehn Jahre** nach Abschluss der Herstellung der Datenbank, wenn diese aber vor dem Ablauf dieser Frist veröffentlicht wird, fünfzehn Jahre nach der Veröffentlichung. Die Fristen sind nach § 64 öUrhG zu berechnen und beginnen daher mit dem ersten Januar des Folgejahres zu laufen. Die gesonderte Schutzfrist für in qualitativer oder quantitativer Hinsicht wesentliche Änderungen nach Art 10 Abs 3 Datenbank-RL wird dagegen nicht im Zusammenhang mit der Regelung der Schutzdauer verwirklicht, sondern durch die Gewährung eines eigenen „**Bearbeitungsrechts**" (§ 76c Abs 2 öUrhG). Danach gilt eine in ihrem Inhalt nach Art oder Umfang wesentlich geänderte Datenbank als neue Datenbank, wenn die Änderung eine nach Art oder Umfang wesentliche Investition erfordert hat. Dies gilt auch dann, wenn diese Voraussetzung nur durch mehrere aufeinanderfolgende Änderungen gemeinsam erfüllt wird. Diese Lösung des österr Gesetzgebers erscheint systematisch befriedigend[325].

12 Nicht geregelt wird bewusst der Beginn des Schutzes, der nach Art 10 Abs 1 Datenbank-RL mit dem Abschluss der Herstellung der Datenbank entsteht. Dies entspricht der Systematik des österr Gesetzes, da ganz allgemein davon auszugehen ist, dass der Schutz mit Erfüllung der entsprechenden Voraussetzungen entsteht. Allerdings spricht die Richtlinie ausdrücklich vom Abschluss der auf

---

[325] Vgl dazu ErlRV öUrhGNov 1997 bei *Dittrich*, Urheberrecht[3], 274.

Erstellung einer Datenbank gerichteten Tätigkeit. Hinsichtlich des Laufs der Schutzfrist wird dies in § 76d Abs 4 öUrhG jedenfalls berücksichtigt.

Artikel 11 Begünstigte im Rahmen des Schutzrechts *sui generis*

Art 11 sieht im Sinn einer fremdenrechtlichen Bestimmung vor, dass grundsätzlich nur Datenbankhersteller mit der Staatsangehörigkeit eines Mitgliedstaats oder dem gewöhnlichen Aufenthalt in der EG oder Unternehmen, die gemäß Art 48 EGV 1997 (früher Art 58) wie Staatsangehörige der Mitgliedstaaten zu behandeln sind, den Schutz des *sui generis* Rechts genießen. Abs 3 in Verbindung mit ErwG 56 eröffnet die Möglichkeit, das *sui generis* Recht unter der Voraussetzung der Gegenseitigkeit in internationalen Vereinbarungen auf in Drittländern hergestellte Datenbanken zu erstrecken.

Übersicht

Text

Artikel 11 Begünstigte im Rahmen des Schutzrechts sui generis

(1) Das in Artikel 7 vorgesehene Recht gilt für Datenbanken, sofern deren Hersteller oder Rechtsinhaber Staatsangehöriger eines Mitgliedstaats ist oder seinen gewöhnlichen Aufenthalt im Gebiet der Gemeinschaft hat.

(2) Absatz 1 gilt auch für Unternehmen und Gesellschaften, die entsprechend den Rechtsvorschriften eines Mitgliedstaats begründet wurden und ihren satzungsmäßigen Sitz, ihre Hauptverwaltung oder ihre Hauptniederlassung in der Gemeinschaft haben; haben diese Unternehmen oder Gesellschaften jedoch lediglich ihren satzungsmäßigen Sitz im Gebiet der Gemeinschaft, so muß ihre Tätigkeit eine tatsächliche ständige Verbindung zu der Wirtschaft eines der Mitgliedstaaten aufweisen.

(3) Vereinbarungen über die Ausdehnung des in Artikel 7 vorgesehenen Rechts auf in Drittländern hergestellte Datenbanken, auf die die Bestimmungen der Absätze 1 und 2 keine Anwendung finden, werden vom Rat auf Vorschlag der Kommission geschlossen. Die Dauer des nach diesem Verfahren auf Datenbanken ausgedehnten Schutzes übersteigt nicht die Schutzdauer nach Artikel 10[326].

---

[326] Nach Art 1 lit b Beschluss des Gemeinsamen EWR-Ausschusses Nr 59/96 vom 25. Oktober 1996 ABl L 21 vom 23.01.1997, 11 und EWR-Beilage Nr 4 vom 23.01.1997

Aus den Erwägungsgründen

ErwG 56 Das Recht auf Schutz vor unrechtmäßiger Entnahme und/oder Weiterverwendung gilt für Datenbanken, deren Hersteller Staatsangehörige von Drittländern sind oder dort ihren gewöhnlichen Aufenthalt haben, und für Datenbanken, die von juristischen Personen erstellt wurden, die nicht im Sinne des Vertrags in einem Mitgliedstaat niedergelassen sind, nur dann, wenn diese Drittländer einen vergleichbaren Schutz für Datenbanken bieten, die von Staatsangehörigen der Mitgliedstaaten oder von Personen erstellt wurden, die ihren gewöhnlichen Aufenthalt im Gebiet der Gemeinschaft haben.

Kommentar

1. Entstehungsgeschichte

1 Schon der **RL-Vorschlag** sah in Art 11 vor, dass der *sui generis* Schutz nur solchen Herstellern zustehen soll, die Staatsangehörige der Mitgliedstaaten sind, ihren gewöhnlichen Aufenthalt im Gebiet der EG haben oder Unternehmen bzw Gesellschaften sind, die nach Art 48 EGV 1997 (früher Art 58) Staatsangehörigen von Mitgliedstaaten gleichgestellt werden. Auch die Möglichkeit von Vereinbarungen auf Grundlage der Gegenseitigkeit war vorgesehen.

2 Das **Europäische Parlament** schlug in Erster Lesung zu Art 11 vor, an Stelle des Worts „Hersteller" in Abs 1 das Wort „Rechtsinhaber" zu gebrauchen[327]. Das Wort „Rechtsinhaber" wurde im gesamten Vorschlag des Parlaments zwar nicht definiert, jedoch übergreifend verwendet, also auch für den Rechtsinhaber an einer urheberrechtlich geschützten Datenbank. Nur der „Inhaber einer Datenbank" wurde als „der Hersteller der Datenbank oder die natürliche oder juristische Person, die vom Hersteller rechtmäßig das Recht erworben hat, nicht genehmigte Auszüge aus einer Datenbank zu verhindern" definiert[328]. Vermutlich sollte also nach Ansicht des Parlaments der Hersteller wie auch sein Rechtsnachfolger mit dem Wort „Rechtsinhaber" bezeichnet werden.

Darüber hinaus schlug das Parlament einen neuen Abs 2 lit a vor, demzufolge Datenbanken „im übrigen... Schutz gegen unerlaubte Auszüge nach Inhalt der Staatsverträge" genießen sollten[329].

3 Die Kommission definierte im Anschluss an die Vorschläge des Europäischen Parlaments den Inhaber der Rechte an einer Datenbank im **geänderten RL-Vorschlag** in übergreifender Weise als den Urheber, wie auch als den Ersteller der Datenbank, und als „die natürliche oder juristische Person, die vom Urheber

---

erhält Abs 3 im Anwendungsbereich des EWR folgende Fassung: „Die Dauer des Schutzes, der durch die Vereinbarungen einer Vertragspartei über die Ausdehnung des in Artikel 7 vorgesehenen Rechts auf in Drittländern hergestellte Datenbanken, auf die die Bestimmungen der Absätze 1 und 2 keine Anwendung finden, auf Datenbanken ausgedehnt wird, übersteigt nicht die Schutzdauer nach Artikel 10."

[327] Vgl Abänderungsvorschlag Nr 27; siehe aber zu dem besonders definierten „Hersteller" den Abänderungsvorschlag Nr 4 sowie Art 7 Rz 12f oben.

[328] Siehe Abänderungsvorschlag Nr 5 für einen neuen Art 1 Z 1 lit b.

[329] Abänderungsvorschlag Nr 28.

rechtmäßig das Recht erworben hat, unerlaubte Entnahmen aus einer Datenbank zu unterbinden"[330]. Infolge dieser weiten Definition des Rechtsinhabers an einer Datenbank konnte die zu Art 11 Abs 1 RL-Vorschlag vom Parlament vorgeschlagene Änderung nicht in den geänderten RL-Vorschlag übernommen werden.

Auch der vom Parlament vorgeschlagene neue Abs 2 lit a konnte nicht übernommen werden. Da ein *sui generis* Recht für Datenbanken bisher in internationalen Verträgen noch nicht geregelt ist, hätte eine Bestimmung, derzufolge Datenbanken einen Schutz gegen unerlaubte Auszüge nach dem Inhalt der Staatsverträge genießen sollten, nur zu Unklarheiten, insbes über die Rechtsnatur dieses Rechts geführt. Insbes sollte wohl mit dem Parlamentsvorschlag auf die Vorschriften der Inländerbehandlung nach der Berner Konvention angespielt werden. Daher betonte die Kommission in ihrer Begründung zum geänderten RL-Vorschlag auch ausdrücklich, dass der *sui generis* Schutz gerade kein Urheberrechtschutz ist und daher auch nicht von der Berner Konvention erfasst sein kann (Begründung geänderter RL-Vorschlag 3 lit f).

Der **Rat** schloss sich dieser Begründung der Kommission ausdrücklich an (Begründung Gemeinsamer Standpunkt Z 19). Er nahm dagegen den Gedanken des Europäischen Parlaments zu Abs 1 auf, demzufolge nicht nur der Hersteller selbst, sondern auch sein „Rechtsnachfolger" Staatsangehöriger eines Mitgliedstaats sein oder seinen gewöhnlichen Aufenthalt im Gebiet der EG haben muss. Wohl auf Vorschlag des Europäischen Parlaments in Zweiter Lesung hin[331] ersetzte der Rat das Wort „Rechtsnachfolger" in der Endfassung durch das Wort „Rechtsinhaber", obwohl letzteres den gewünschten Sachverhalt weniger genau ausdrückt. Da der Hersteller nämlich selbst schon Rechtsinhaber ist, erscheint die Formulierung „Hersteller *oder* Rechtsinhaber" in sich widersprüchlich. Gemeint war wohl, dass der Hersteller bzw – falls dieser sein *sui generis* Recht an einen Dritten abgetreten hat – dessen Rechtsnachfolger unter den Voraussetzungen des Abs 1 zu schützen ist. **4**

2. Begünstigte nach Abs 1 und 2

Art 11 bestimmt die Schutzbegünstigten im Hinblick auf „das in Art 7 vorgesehene Recht". Damit ist das ***sui generis* Recht** in seiner gesamten Ausformung, also gemäß Art 7 bis Art 10 gemeint. **5**

Der Schutz knüpft an die Personal- und Territorialhoheit an. Der Hersteller bzw Rechtsinhaber muss **Staatsangehöriger** eines Mitgliedstaates sein oder seinen **gewöhnlichen Aufenthalt** im Gebiet der EG haben. Solange nur die Staatsangehörigkeit eines Mitgliedstaates vorliegt, dürfte das gleichzeitige Vorliegen einer Staatsangehörigkeit eines Drittlandes (doppelte Staatsangehörigkeit) der Anwendung von Abs 1 nicht entgegenstehen. Den gewöhnlichen Aufenthalt hat eine Person dort, wo sie sich nicht nur vorübergehend aufhält bzw an dem Ort, an dem sie eine tatsächliche Bindung mit gewisser Intensität hat. Dies kann der **6**

[330] Art 1 Abs 2 (neu) geänderter RL-Vorschlag; das Wort „Urheber" in dem angeführten Zitat kann sinnvoll nur als „Hersteller" im Sinn des *sui generis* Schutzes verstanden werden.

[331] Abänderungsvorschlag Nr 10.

tatsächliche Wohnort oder auch der Ort der Arbeitsstelle sein. Im Gegensatz zum Wohnsitz ist die Bindung im Falle des Aufenthaltes nicht rechtlicher Natur.

7 Wer „**Hersteller**" der Datenbank ist, ergibt sich aus dem erläuternden ErwG 41 Satz 2[332]. „**Rechtsinhaber**" des *sui generis* Rechts kann nur der Hersteller selbst bzw derjenige, der vom Hersteller das *sui generis* Recht erworben hat, also sein Rechtsnachfolger, sein.

8 Da Datenbankhersteller meist **Unternehmen** sind, mussten die Anknüpfungspunkte in Bezug auf Unternehmen selbständig formuliert werden. Der **zweite Absatz** übernimmt zu diesem Zweck den Inhalt des Art 48 Abs 1 EGV 1997 (früher Art 58 Abs 1) in die Richtlinie; Abs 2 wird daher auch in Übereinstimmung mit dieser Bestimmung auszulegen sein, derzufolge Unternehmen und Gesellschaften unter bestimmten Bedingungen Staatsangehörigen der Mitgliedstaaten gleichzustellen sind. Demgemäß ist es insbes unerheblich, welche Rechtsform das Unternehmen hat, etwa diejenige einer juristischen Person oder einer Personengesellschaft. Die Unternehmen müssen entsprechend den Rechtsvorschriften des betreffenden Mitgliedstaates gegründet sein und ihren satzungsmäßigen Sitz[333], ihre Hauptverwaltung oder ihre Hauptniederlassung in der Gemeinschaft haben. Der satzungsmäßige Sitz ist der in der Unternehmenssatzung formell genannte Sitz. Der Ort der Hauptverwaltung ist derjenige, an dem die Unternehmensorgane die für die Tätigkeit des Unternehmens wesentlichen Entscheidungen treffen. Die Hauptniederlassung befindet sich dort, wo sich die wesentlichen Personal- und Sachmittel des Unternehmens befinden[334].

Der zweite Halbsatz des zweiten Absatzes soll verhindern, dass reine „**Briefkastenfirmen**" den Schutz des *sui generis* Rechts erlangen können. Über den satzungsmäßigen Sitz im Gebiet der Gemeinschaft hinaus müssen Unternehmen bzw Gesellschaften durch ihre Tätigkeit tatsächlich mit der Wirtschaft eines der Mitgliedstaaten ständig verbunden sein. Eine solche tatsächliche Verbindung kann sich zB in der Höhe des Brutto-Umsatzes, einer dauerhaften Anlage von Investitionen in einem Mitgliedstaat oder auch in einer dauerhaften Handelsbeziehung mit Unternehmen des Mitgliedstaates manifestieren[335].

9 Die Datenbank-RL ist inzwischen im Rahmen des **EWR-Abkommens** in die Liste der von allen EWR-Mitgliedstaaten zu übernehmenden Vorschriften aufgenommen worden[336]. Daher muss die Anknüpfung in Art 11 so gelesen werden,

---

[332] Siehe auch oben Art 7 Rz 12f.

[333] Bei Personengesellschaften wird man mangels Satzung auf den Gesellschaftsvertrag oder auch auf den Ort des Schwerpunkts der Gesellschaftstätigkeit abstellen müssen. Der „Sitz" soll die Zugehörigkeit des Unternehmens zur Rechtsordnung eines Mitgliedstaates bestimmen; siehe *Gaster*, Kommentar Art 11 Rz 672 mit Hinweis auf das EuGH-Urteil 10.07.1986 – „Segers" Rs 79/85 Slg 1986, 2382.

[334] Siehe *Grabitz/Hilf*, Kommentar zur Europäischen Union Art 58 Rz 11.

[335] *Gaster*, Kommentar Art 11 Rz 674 sieht eine solche Verbindung bei Datenbankherstellern nur dann als gegeben an, wenn Investitionen von echtem geschäftlichem Gewinn vorgenommen werden.

[336] Entscheidung 59/96 vom 25.10.1996 des Gemischten Ausschusses EG/EFTA zur Änderung von Anhang XVII EWR-Abkommen ABl L 21/11 vom 23.01.1997.

dass sie sich auf die Staatsangehörigkeit aller Mitgliedstaaten des EWR bzw auf den gewöhnlichen Aufenthalt, den Sitz, die Hauptverwaltung oder -niederlassung im Gebiet des EWR erstreckt.

Die Anwendung beider Absätze in Zusammenhang mit Abs 3, der die Erstreckung des Schutzes „auf in **Drittländern hergestellte Datenbanken**, auf welche die Bestimmungen der Abs 1 und 2 keine Anwendung finden, …" ermöglicht, soll im Folgenden anhand ausgewählter Beispielsfälle untersucht werden. **10**

Die Situation ist klar, wenn der Hersteller, der sein Recht nicht an einen Dritten abgetreten hat, Staatsangehöriger eines Mitgliedstaates ist oder in der EG seinen gewöhnlichen Aufenthalt hat und eine Datenbank in der EG hergestellt hat. In diesem Falle ist er nach Abs 1 geschützt.

Hat er die Datenbank in einem Drittland hergestellt, in das er zB ausgewandert ist, ohne seine Staatsangehörigkeit des betreffenden Mitgliedstaats der EG abgegeben zu haben, so hängt das Ergebnis von der Auslegung des Abs 3 Satz 1 ab. Liest man den Relativsatz im Sinn einer konstitutiven Bestimmung, derzufolge die Abs 1 und 2 auf alle in Drittländern hergestellte Datenbanken keine Anwendung finden, so wäre der Hersteller nach Abs 1 nicht geschützt. Liest man den ersten Satz des dritten Absatzes dagegen als einen Verweis auf die Voraussetzungen der Abs 1 und 2 und beschränkt den Anwendungsbereich des Abs 3 demnach auf solche in Drittländern hergestellte Datenbanken, deren Hersteller oder Rechtsinhaber weder Staatsangehörige eines Mitgliedstaates sind noch den gewöhnlichen Aufenthalt im Gebiet der EG haben bzw auf solche Datenbanken, auf welche die Voraussetzungen des Abs 2 keine Anwendung finden, dann genießt der Hersteller im genannten Beispiel Schutz nach Abs 1. Da anzunehmen ist, dass der EG-Gesetzgeber den Schutz der Richtlinie auf alle Staatsangehörigen eines Mitgliedstaates unabhängig vom Ort der Herstellung der Datenbank erstrecken wollte, und dies mit dem Prinzip der Personalhoheit in Übereinstimmung steht, ist die zweite Auslegungsvariante als zutreffend anzusehen.

Der umgekehrte Fall, in dem der Hersteller Staatsangehöriger eines Drittlandes ist und seinen gewöhnlichen Aufenthalt außerhalb des Gebietes der EG hat, die Datenbank jedoch im Gebiet der EG herstellt, ist wohl eher theoretischer Natur. Ganz ausgeschlossen ist es allerdings nicht, dass ein Staatsangehöriger eines Drittlandes mit gewöhnlichem Aufenthalt in diesem Land die Initiative zur Datenbankherstellung ergreift, das Investitionsrisiko trägt[337] und die tatsächliche Beschaffung und Anordnung der Daten zum Zweck der Erstellung der Datenbank unter seiner (oder eines Dritten) Leitung oder Kontrolle in der EG erfolgt. Definiert man die „Herstellung" in diesem Falle in Anlehnung an den Begriff des Herstellers gemäß ErwG 41 Satz 2, so wird man zu dem Schluss kommen, dass die Herstellung im Drittland erfolgt ist und daher der Schutz allenfalls über Abs 3 erlangt werden kann. Aber auch dann, wenn man die Herstellung der Datenbank nach dem gewöhnlichen Sprachgebrauch als die tatsächliche Beschaffung und Anordnung des Datenbankinhalts zum Zweck des Datenbankbetriebs ansieht und daher als Herstellungsort die EG ansieht, wird man nach Abs 1 nicht zu einer Schutzbegünstigung kommen; allerdings scheint auch Abs 3 auf diesen Fall nicht anwendbar zu sein, da diese Datenbank nicht in einem Drittland hergestellt wäre.

[337] Siehe ErwG 41 Satz 2.

Damit wäre also nicht einmal die Schutzmöglichkeit über Gegenseitigkeitsvereinbarungen gegeben. Zumindest dürfte die tatsächliche Herstellung meist durch ein Unternehmen in der EG erfolgen, so dass eine Anknüpfung über Abs 2 möglich erscheint. Wie schon erwähnt, handelt es sich allerdings um einen wohl theoretischen Fall.

Eindeutig ist dagegen der Fall, in welchem der Hersteller ein Staatsangehöriger eines Drittlands mit gewöhnlichem Aufenthalt im Drittland ist, und die Herstellung der Datenbank im Drittland erfolgt. In diesem Fall kann nur über Abs 3 Schutz erlangt werden.

11 Schwieriger zu beurteilen sind einige derjenigen Fälle, in denen der Hersteller sein *sui generis* Recht an einen Dritten **abgetreten** hat, der eine andere Staatsangehörigkeit bzw einen anderen gewöhnlichen Aufenthalt als der Hersteller hat. So ist es zunächst denkbar, dass der Hersteller Staatsangehöriger eines Mitgliedstaates ist oder seinen gewöhnlichen Aufenthalt dort hat, sein Rechtsnachfolger jedoch Staatsangehöriger eines Drittlandes ist bzw dort seinen gewöhnlichen Aufenthalt hat. Ist die Datenbank in der EG hergestellt worden, so findet Abs 3 keine Anwendung. Nach Abs 1 reicht es aus, wenn der Hersteller *oder* der Rechtsinhaber Staatsangehöriger eines Mitgliedstaates ist. Zwar könnte Abs 1 auch dahingehend verstanden werden, dass der jeweilige Rechtsinhaber – sei es nun der Hersteller, der seine Rechte noch nicht abgetreten hat, oder der Rechtsnachfolger des Herstellers – die Staatsangehörigkeit eines Mitgliedstaates haben muss; dann wäre der Rechtsnachfolger in dem genannten Beispielsfall nicht durch Abs 1 geschützt und könnte auch nicht über Abs 3 geschützt werden. Allerdings kann es nicht der Zweck des Art 11 sein, den schon einmal entstandenen Schutz[338] infolge der Rechtsübertragung an einen Dritten, der nicht Staatsangehöriger eines Mitgliedstaats ist und nicht im Gebiet der EG den gewöhnlichen Aufenthalt hat, entfallen zu lassen. Auch die Anknüpfung an die Territorialhoheit kann als Begründung für den fortwährenden Schutz einer in der EG hergestellten Datenbank herangezogen werden. In dem genannten Beispiel ist die Datenbank also nach Abs 1 geschützt.

Ist die Datenbank im zuletzt genannten Beispielsfall nicht in der EG, sondern in einem Drittland hergestellt, so muss nach Abs 3 wiederum gefragt werden, ob die Bestimmungen des Abs 1 Anwendung finden. Die Frage wurde soeben schon dahingehend beantwortet, dass es ausreicht, wenn der Hersteller Staatsangehöriger eines Mitgliedstaats ist und der Schutz deshalb, auch bei Herstellung der Datenbank in einem Drittland, einmal entstanden ist. Auch hier ist also der Schutz nach Abs 1 zu bejahen.

Schließlich ist der umgekehrte Fall denkbar, dass der Hersteller Staatsangehöriger eines Drittstaates, sein Rechtsnachfolger jedoch Staatsangehöriger eines Mitgliedstaats ist. Wenn die Datenbank in diesem Fall in einem Drittland hergestellt wurde, so ist nach Abs 3 wiederum zu fragen, ob die Bestimmungen des Abs 1 Anwendung finden. Stellt man dabei allein auf dessen Wortlaut ab, so könnte man zu dem Ergebnis kommen, es reiche aus, dass der Rechtsinhaber (im gegebenen Fall also der Rechtsnachfolger) Staatsangehöriger eines Mitgliedstaats

---

[338] Da der Hersteller in dem Beispielsfall Staatsangehöriger eines Mitgliedstaats ist, stand ihm das *sui generis* Recht nach Abs 1 schon seit der Herstellung zu.

ist. Vor dem Hintergrund der dem Art 11 zu Grunde liegenden Anknüpfungspunkte der Personal- bzw Territorialhoheit[339] muss dieser Lösung allerdings entgegengehalten werden, dass in dem genannten Fall ein *sui generis* Recht an einer Datenbank nie entstanden sein kann, da die Anknüpfung weder über die Personalhoheit (der Hersteller ist Staatsangehöriger eines Drittlandes), noch über die Territorialhoheit (die Datenbank wurde in einem Drittland hergestellt) erfolgt sein kann. Da ein nicht entstandenes Recht auch nicht übertragen werden kann, gibt es auch keinen Rechtsnachfolger bzw anderen Rechtsinhaber im Sinn des Abs 1. Ist die Datenbank nicht in einem Drittland, sondern in der EG hergestellt worden, so handelt es sich wiederum um den schon zuvor besprochenen, eher theoretischen Fall[340].

Diese für die Rechtsabtretung gebildeten Fälle gelten entsprechend auch für den **Wechsel der Staatsangehörigkeit** und des gewöhnlichen Aufenthaltes. Ein einmal unter den Voraussetzungen des Art 11 entstandenes Recht endet nicht auf Grund des Wechsels der Staatsangehörigkeit oder des gewöhnlichen Aufenthaltes des Herstellers. Umgekehrt kann ein Recht nicht durch den nachträglichen Erwerb der Staatsangehörigkeit nach Abs 1, die nachträgliche Änderung des gewöhnlichen Aufenthaltes oder die nachträgliche Schaffung der Voraussetzungen nach Abs 2 entstehen. Bei mehreren Mitherstellern, von denen einer der Hauptbeteiligten nach Art 11 Abs 1 oder 2 berechtigt ist, sollte dieser für seinen Beitrag Schutz beanspruchen können[341]. **12**

Soweit **Neuinvestitionen** im Sinn des Art 10 Abs 3 von einer anderen Person als dem Hersteller der ursprünglichen Datenbank vorgenommen werden, wird man für die Auslegung des Abs 1 diese andere Person als den Hersteller der aus dieser Neuinvestition hervorgegangenen Datenbank ansehen müssen. Ist demnach zB die ursprüngliche Datenbank von einem Staatsangehörigen aus einem Drittland in einem Drittland hergestellt, und übernimmt ein Staatsangehöriger eines EG-Mitgliedstaates die Datenbank, an der er wesentliche Änderungen durchführt, die eine wesentliche Neuinvestition im Sinn von Art 10 Abs 3 bedingen, so ist die aus der Neuinvestition hervorgegangene Datenbank gemäß Art 11 Abs 1 geschützt. **13**

3. Internationale Vereinbarungen (materielle Gegenseitigkeit) (Abs 3)

Nach Abs 3 kann der Rat auf Vorschlag der Kommission Vereinbarungen über die Erstreckung des *sui generis* Rechts auf in Drittländern hergestellte Datenbanken schließen, auf welche die Bestimmungen der Abs 1 und 2 keine Anwendung finden[342]. Sind Datenbanken also außerhalb der EG (und auch des Gebiets des EWR-Abkommens) hergestellt und greift ein Schutz nach Abs 1 und 2 nicht ein, so kann eine **internationale Vereinbarung** über den Schutz von Datenbanken geschlossen werden, deren Hersteller Staatsangehörige von Drittländern sind **14**

---

339 *Gaster*, VPP-Mitteilungen 1996, 113 (bei IV.10.).

340 Siehe oben Rz 10.

341 Siehe *Gaster*, Kommentar Art 11 Rz 676.

342 Siehe zum Verhältnis des Abs 3 zu Abs 1 und 2 oben Rz 10.

oder dort ihren gewöhnlichen Aufenthalt haben bzw Unternehmen und Gesellschaften sind, die nicht im Sinn des Art 48 EGV 1997 (früher Art 58) in einem Mitgliedstaat niedergelassen sind. ErwG 56 spezifiziert allerdings, dass eine solche Vereinbarung nur unter der Bedingung der **materiellen Gegenseitigkeit** geschlossen werden darf. Die betroffenen Drittländer müssen für Datenbanken, die von Staatsangehörigen der Mitgliedstaaten oder sonst nach Abs 1 und 2 berechtigten Personen oder Unternehmen hergestellt wurden, einen mit dem Schutz der Datenbank-RL vergleichbaren Schutz bieten.

15 Bisher ist dies nicht der Fall. Insbes ist der **Copyright Schutz** der Länder des anglo-amerikanischen Rechtskreises nach der Feist Entscheidung des US Supreme Court[343] nicht annähernd so weitreichend wie der *sui generis* Schutz nach der Datenbank-RL und daher kein vergleichbarer Schutz im Sinn der materiellen Gegenseitigkeit. Diese Ansicht wird durch bisher im *House of Representatives* eingebrachte Gesetzesvorlagen zum Schutz von Datenbanken[344] sowie die jüngsten Entwicklungen auf internationaler Ebene bestätigt: Nachdem die EG und ihre Mitgliedstaaten am 1. Februar 1996 in den Sachverständigenausschüssen der WIPO zu einem möglichen Protokoll zur Berner Übereinkunft und zu einem möglichen „Neuen Instrument" einen Vorschlag für eine internationale Konvention zum *sui generis* Rechtsschutz von Datenbanken vorgelegt hatten[345], machte die USA in der folgenden Sitzung am 22. Mai 1996 einen vergleichbaren Vorschlag[346]; auf der Grundlage dieser Texte wurde vom Vorsitzenden der Sachverständigenausschüsse schließlich ein Textvorschlag formuliert, der als Verhandlungsgrundlage für die Diplomatische Konferenz im Dezember 1996 dienen sollte[347]. Der geplante internationale Datenbankvertrag konnte zwar auf dieser Konferenz aus Zeitmangel nicht verhandelt werden, jedoch wurde eine Empfehlung verabschiedet, dass die leitenden Organe der WIPO im ersten Viertel 1997 über die Planung der weiteren, einen solchen Vertrag vorbereitenden Arbeiten beschließen sollten[348]. Erster Schritt dieser Planung war eine Informationssitzung der WIPO zum Datenbankschutz, die am 17. bis 19. September 1997 in Genf stattfand und bei der unter anderem die Empfehlung beschlossen wurde, alle WIPO-Mitgliedstaaten, die EG und die eingeladenen Organisationen aufzufordern, bis Ende April 1998 Informationen zu diesem Thema an die WIPO zu senden[349]. Diese Informationen dienten zur Unterstützung der Diskussionen im Rahmen des Ständigen Ausschusses zum Urheberrecht und zu verwandten

[343] Siehe dazu im Zusammenhang mit Art 11 insbes *Cook*, CW 61 (1996) 28.

[344] Siehe die Bill HR 3531 (104th Congress, 2nd session) des Abgeordneten *Moorhead* für einen „Act to promote investment and prevent intellectual property piracy with respect to data bases", sowie die Bill HR 2652 (105th Congress, 1st session) des Abgeordneten *Coble* für einen „Collections of Information Antipiracy Act", der später in die Vorlage zum „Digital Millenium Copyright Act" integriert, jedoch kurz vor dessen Annahme wieder herausgenommen wurde. Die Bill von *Coble* wurde als Bill HR 354 mit demselben Titel im 106. Congress wieder eingebracht.

[345] WIPO Dok BCP/CE/VI.13.

[346] WIPO Dok BCP/CE/VII.2-INR CE/VI.2.

[347] WIPO Dok CRNR/DC/6.

[348] WIPO Dok CRNR/DC/88.

[349] WIPO Dok DB/IM/6 Rev Z 12 ii.

Schutzrechten der WIPO vom 2. bis 10. November 1998 in Genf[350]. Bei dieser Sitzung wurde insb beschlossen, den Datenbankschutz sowohl in von dem Internationalen Büro der WIPO organisierten regionalen Treffen, als auch im Rahmen der nächsten Sitzung des Ständigen Ausschusses weiter zu behandeln sowie beim Internationalen Büro eine Studie über die wirtschaftliche Bedeutung des Schutzes von Datenbanken in Entwicklungsländern in Auftag zu geben[351]. Auch wenn der Datenbankschutz noch auf der Tagesordnung des Ständigen Ausschusses steht, gehört er derzeit (2000) nicht zu dessen Prioritäten.

Die Forderung der **Gegenseitigkeit** von Seiten der EG mit ihren Mitgliedstaaten **16**
ist für ein bisher weltweit einmaliges Rechtsinstitut durchaus nicht ungewöhnlich[352] und mag eine Reaktion auf ein paralleles Verhalten der USA im Zusammenhang mit dem Schutz integrierter Halbleiterschaltkreise sein; damals zwangen die USA durch das Gegenseitigkeitserfordernis den Drittstaaten die Einführung eines entsprechenden Schutzes auf[353]. Tatsächlich kann das Gegenseitigkeitserfordernis anders als die Gewährung der Inländerbehandlung in Drittstaaten dazu führen, einen bestimmten Schutz einzuführen[354]. Auch zeigen die bisherigen internationalen Konventionen im Bereich des geistigen Eigentums, dass die Inländerbehandlung in Fällen, in denen große Schutzunterschiede bestanden, nicht durchgesetzt werden konnte[355]. Hier bleiben also die weiteren Entwicklungen abzuwarten.

Art 11 Abs 3 in Verbindung mit ErwG 56 steht nicht im Widerspruch zu **17**
bestehenden **internationalen Verträgen** im Bereich des geistigen Eigentums, welche die Inländerbehandlung vorsehen. So fällt das *sui generis* Recht, das kein Urheberrecht ist, nicht unter die Berner Konvention und ist auch nicht von irgendeiner Konvention zum Schutz der verwandten Schutzrechte erfasst; solche Konventionen betreffen insbes die Rechte der Tonträgerhersteller, Sendeunternehmen und ausübenden Künstler. Auch von den wettbewerbsrechtlichen Bestimmungen der PVÜ ist das *sui generis* Recht nicht erfasst[356]. Vielmehr lässt die Richtlinie gemäß Art 13 einen wettbewerbsrechtlichen Schutz von Datenbanken

---

[350] Siehe die eingesandten Informationen in WIPO Dok SCCR/1/INF 2, 3, 3 Add.

[351] Siehe den Report WIPO Dok SCCR/1/9 204 b) (i), (iv) und (ii).

[352] So werden zB ausländische Lichtbilder, die keine Werke sind und von keiner internationalen Konvention erfasst sind, gemäß § 124 iVm §§ 120 bis 123 dUrhG, abgesehen von besonderen Anknüpfungspunkten, nicht nach dem Inländerbehandlungsgrundsatz geschützt.

[353] Siehe dazu *Dreier*, Die Entwicklung des Schutzes integrierter Halbleiterschaltkreise, GRUR Int 1987, 645 (645 und 663). Siehe in diesem Sinn zu Art 11 *Strowel/Triaille*, Droit d'Auteur 289 Z 410.

[354] Man denke nur an die Reaktion der USA auf die Verpflichtung der Mitgliedstaaten, gem Art 7 Schutzdauer-RL den Schutzfristenvergleich anzuwenden.

[355] So zB im Fall des Folgerechts und der Schutzfristen im Rahmen der Berner Konvention.

[356] Siehe zur Rechtsnatur des *sui generis* Rechts und zu dessen Abgrenzung gegenüber einem wettbewerbsrechtlichen Schutz Vor Art 7 Rz 7 oben; *Cornish*, Columbia-VLA Journal of Law & the Arts 21/1 (1996) 10, scheint dagegen Zweifel an der Vereinbarkeit der Reziprozität des Abs 3 mit Art 10bis PVÜ zu haben.

unberührt, der von der PVÜ und deren Inländerbehandlungsgrundsatz erfasst wäre. Auch die Inländerbehandlung und das Meistbegünstigungsprinzip der Art 3 und 4 TRIPs-Abkommen findet auf das *sui generis* Recht keine Anwendung, da das TRIPs-Abkommen gemäß seinem Art 1 Abs 2 nur die in den Abschnitten 1 bis 7 des Teils II genannten Gebiete des geistigen Eigentums abdeckt[357].

18 **Abs 3 Satz 2** schreibt für den Fall einer Gegenseitigkeitsvereinbarung vor, dass Drittland-Datenbanken in der EG nicht länger als nach Art 10 geschützt werden dürfen. Dies ergibt sich ohnehin aus dem Territorialitätsprinzip. Abs 3 Satz 2 enthält dagegen keinen Schutzfristenvergleich, da ein Vergleich insbes mit der Dauer im Ursprungsland nicht vorgesehen ist[358]. *De facto* dürfte allerdings auf Grund des Gegenseitigkeitserfordernisses die Notwendigkeit eines Schutzfristenvergleichs entfallen: Begünstigte Drittländer müssten wohl zumindest eine vergleichbare Schutzdauer vorsehen, damit überhaupt eine Vereinbarung nach Abs 3 geschlossen wird.

Umsetzung in Deutschland und Österreich

1. Deutschland (v Lewinski)

19 Die **fremdenrechtlichen Vorschriften** für das besondere Schutzrecht sind nach Art 11 Datenbank-RL in § 127a dUrhG umgesetzt[359]. Nach dessen Abs 1 Satz 1 genießen deutsche Staatsangehörige und juristische Personen mit Sitz im Geltungsbereich des deutschen Urheberrechtsgesetzes den Schutz des Datenbankherstellers. Dieser Schutz wird durch die Bezugnahme auf § 87b beschrieben; präziser wäre wohl eine Bezugnahme auf alle, das besondere Schutzrecht regelnden Bestimmungen gewesen. Gemäß Satz 2, der auf § 120 Abs 2 dUrhG verweist, sind auch Deutsche iSv Art 116 Abs 1 GG, die nicht die deutsche Staatsangehörigkeit besitzen, schutzberechtigt sowie Staatsangehörige eines anderen Mitgliedstaats der Europäischen Union oder eines anderen Vertragsstaates des Abkommens über den Europäischen Wirtschaftsraum. Obwohl der **gewöhnliche Aufenthalt** im Gebiet der Europäischen Gemeinschaft (Art 11 Abs 1 Datenbank-RL) in § 127a dUrhG nicht ausdrücklich erwähnt ist, erscheint eine richtlinienkonforme Auslegung, derzufolge dieses Kriterium ebenfalls maßgeblich ist, mit Hilfe der historischen und teleologischen Auslegungsmethode möglich[360].

Nach § 127 Abs 2 dUrhG sind im Übrigen juristische Personen ohne Sitz im Geltungsbereich des dUrhG, die jedoch nach deutschem Recht oder dem Recht eines Mitgliedstaates der Europäischen Union oder eines Vertragsstaates des EWR-Abkommens gegründet sind, dann schutzberechtigt, wenn sich entweder ihre Hauptverwaltung oder Hauptniederlassung im Gebiet eines der genannten Staaten befindet oder sich ihr satzungsmäßiger Sitz im Gebiet eines dieser Staaten

---

[357] Es handelt sich um Urheberrecht und verwandte Schutzrechte, Marken, geographische Herkunftsangaben, gewerbliche Muster und Modelle, Patente, Layout- Designs (Topographien) integrierter Schaltkreise und um den Schutz nicht offenbarter Informationen.

[358] AM wohl irrtümlich *Gaster*, Kommentar Art 11 Rz 680 und 686.

[359] Siehe kritisch zur Umsetzung in verschiedener Hinsicht *Nordemann* in *Fromm/Nordemann*, Urheberrecht[9] § 127a Rz 1 bis 3.

[360] Siehe im Einzelnen *v Lewinski*, IuKDG 10. Teil § 127a UrhG Rz 10.

befindet und ihre Tätigkeit eine tatsächliche Verbindung zur deutschen Wirtschaft oder zur Wirtschaft eines dieser Staaten aufweist. Auch zu dieser Bestimmung gibt es Fragen der Richtlinienkonformität[361].

§ 127a Abs 3 dUrhG setzt **Art 11 Abs 3 Datenbank-RL** um. Dieser Bestimmung zufolge genießen ausländische Staatsangehörige und juristische Personen über § 127a Abs 1 und 2 dUrhG hinaus den Schutz nach dem Inhalt der Staatsverträge und der Vereinbarungen, welche die EG mit dritten Staaten schließt. Wie aus der Begründung des Regierungsentwurfs hervorgeht, sind damit sowohl bilaterale als auch multilaterale Verträge bzw Vereinbarungen zwischen der EG und Drittstaaten gemeint[362]. **20**

2. Österreich (Walter)

Die besonderen **fremdenrechtlichen Vorschriften** für den *sui generis* Schutz von Datenbanken sind in § 99c öUrhG enthalten. Datenbanken sind danach geschützt, wenn der Hersteller österr Staatsbürger ist oder seinen gewöhnlichen Aufenthalt im Inland hat. Durch die Verweisung auf § 98 Abs 2 öUrhG kommt es bei juristischen Personen auf deren inländischen Sitz an. Damit geht § 99c öUrhG etwas über den Richtlinientext hinaus, da in diesem Fall insbes keine tatsächliche ständige Verbindung mit einem Mitgliedstaat der EU oder einem Vertragsstaat des EWR gefordert wird. Im Übrigen wurde die Bestimmung des Art 11 Abs 2 Datenbank-RL in § 99c Abs 2 öUrhG gesondert umgesetzt, wobei ausdrücklich auf die Gründung nach den Rechtsvorschriften eines Mitgliedstaats der EU oder eines Vertragsstaats des EWR abgestellt wird, die Hauptverwaltung oder Hauptniederlassung in einem dieser Staaten liegen und die erwähnte wirtschaftliche Verbindung gegeben sein muss. **21**

Auch im gegenständlichen Zusammenhang ist nur von der österr Staatsangehörigkeit bzw vom gewöhnlichen Aufenthalt im Inland die Rede. Die Gleichstellung von Staatsangehörigen anderer Mitgliedsstaaten bzw von Vertragsstaaten des EWR folgt unmittelbar aus den entsprechenden Bestimmungen (Art 12 EGV 1997 [früher Art 6] bzw Art 4 EWR-Abkommen). Allerdings mag dies für das Kriterium des gewöhnlichen Aufenthalts nicht gleichermaßen sicher sein[363]; richtlinienkonform wird aber jedenfalls im gegebenen Zusammenhang davon auszugehen sein.

Art 11 Abs 3 Datenbank-RL betreffend **internationale Vereinbarungen** wurde in einem eigenen § 99c Abs 3 öUrhG umgesetzt, wobei der österr Gesetzgeber – wohl zu Recht – davon ausgeht, dass solche Staatsverträge in allen übrigen Fällen abgeschlossen werden können, in welchen ein Schutz nicht schon nach Abs 1 und 2 besteht, und diese Möglichkeit nicht auf im Ausland hergestellte Datenbanken beschränkt ist. **22**

Auf eine ausdrückliche Umsetzung des letzten Satzes des Art 11 Abs 3 Datenbank-RL hat der österr Gesetzgeber wohl zu Recht mit dem sinngemäßen Hin- **23**

---

361 Siehe dazu *v Lewinski*, IuKDG 10. Teil § 127a UrhG Rz 12 mwN.

362 Siehe Begründung Regierungsentwurf BT-Dr 13/7385, 48.

363 Vgl dazu *Walter* Allgemeiner Teil – 2. Kapitel Diskriminierungsverbot Rz 2.

weis darauf verzichtet[364], dass die Gewährung eines längeren Schutzes als desjenigen nach der Richtlinie schon im Hinblick auf das herrschende Territorialitätsprinzip ausscheidet. Danach richtet sich der Inhalt des Schutzes und damit auch dessen Dauer – soweit die fremdenrechtlichen Voraussetzungen gegeben sind – im Inland nach inländischem Recht[365].

Kapitel IV Gemeinsame Bestimmungen

Artikel 12 Sanktionen

Art 12 verpflichtet die Mitgliedstaaten, geeignete Sanktionen gegen die Verletzungen der in dieser Richtlinie vorgesehenen Rechte vorzusehen.

Text

Artikel 12 Sanktionen

Die Mitgliedstaaten sehen geeignete Sanktionen für Verletzungen der in dieser Richtlinie vorgesehenen Rechte vor.

Aus den Erwägungsgründen

ErwG 57 Neben den Sanktionen, die im Recht der Mitgliedstaaten für Verletzungen des Urheberrechts oder anderer Rechte vorgesehen sind, haben die Mitgliedstaaten geeignete Sanktionen gegen die nicht genehmigte Entnahme und/oder Weiterverwendung des Inhalts von Datenbanken vorzusehen.

Kommentar

1 Eine Pflicht der Mitgliedstaaten, geeignete Rechtsbehelfe für Verletzungen von Rechten nach der Datenbank-RL vorzusehen, war schon in Art 10 **RL-Vorschlag** vorgesehen. Zu diesem Artikel wurden vom Parlament keine Änderungen vorgeschlagen; die Vorschrift schien unverändert im geänderten RL-Vorschlag als Art 14 auf. Allein der **Wirtschafts- und Sozialausschuss** hatte angeregt, die Mitgliedstaaten zu konkreteren Sanktionen, etwa nach dem Muster von Art 7 Abs 1 lit c Software-RL, zu verpflichten (Stellungnahme Z 3.15.). Anders als im Rahmen von Art 7 Software-RL legte sich der **Rat** allerdings nicht auf genauer bestimmte Sanktionen fest.

2 In diesem Zusammenhang sind verschiedene **Dokumente** von EG-Organen zu erwähnen: Die Mitteilung der Kommission über die Rolle von Sanktionen bei der Durchführung der Gemeinschaftsgesetzgebung im Bereich des Binnenmarkts[366] fordert eine detaillierte Ausgestaltung der Verpflichtung der Mitgliedstaaten in Bezug auf die Verhängung von „effektiven, verhältnismäßigen und abschreckenden Sanktionen" ua bei Verstößen gegen Bestimmungen von Richtlinien. Im

[364] ErlRV öUrhGNov 1997 bei *Dittrich*, Urheberrecht[3], 404.
[365] Vgl § 34 IPRG.
[366] Dok KOM (95) 162 endg vom 03.05.1995.

Anschluss daran hat der Rat am 29. Juni 1995 eine Entschließung verabschiedet, welche die Aufmerksamkeit der Mitgliedstaaten und der Kommission in verschiedener Hinsicht auf die Sanktionen bei Verstößen gegen das Gemeinschaftsrecht im Bereich des Binnenmarkts richtet[367]. Auch die Mitteilung der Kommission zur Frage der Haftung im Internet sei hier erwähnt[368].

Art 12 verpflichtet die Mitgliedstaaten zur Festlegung geeigneter **Sanktionen** gegen die Verletzung des Urheberrechts wie auch des *sui generis* Rechts an Datenbanken. Da die Mitgliedstaaten im Allgemeinen geeignete Sanktionen für die **Urheberrechtsverletzung** vorsehen, dürfte ein Umsetzungsbedarf vorwiegend, wenn nicht ausschließlich, im Bereich des ***sui generis*** **Rechts** bestehen. Es erscheint zweckmäßig, hierfür Sanktionen zu schaffen, die denjenigen der verwandten Schutzrechte vergleichbar sind. Zu den geeigneten Sanktionen gehören zB Ansprüche auf Unterlassung, Beseitigung, Schadensersatz, Herausgabe ungerechtfertigter Bereicherung und Strafsanktionen[369]. **3**

Umsetzung in Deutschland und Österreich

1. Deutschland (v Lewinski)

Art 12 Datenbank-RL musste für das Urheberrecht, das schon bisher geeignete Sanktionen für Rechtsverletzungen vorsieht, nicht umgesetzt werden. Da im Übrigen die meisten Bestimmungen zu **Sanktionen** in §§ 96ff dUrhG so formuliert sind, dass sie auch das Datenbankherstellerrecht erfassen („... Urheberrecht oder ein anderes nach diesem Gesetz geschütztes Recht ...“), waren auch für das Datenbankherstellerrecht nur wenige Ergänzungen erforderlich. Diese betrafen den **strafrechtlichen Schutz** nach § 108 dUrhG, der die einzelnen verwandten Schutzrechte ausdrücklich aufführt und daher durch eine neue Z 8 zum Datenbankherstellerrecht ergänzt werden musste[370], so wie – aus demselben Grund – § 119 Abs 3 dUrhG zur **Zwangsvollstreckung**. **4**

2. Österreich (Walter)

Art 12 Datenbank-RL bedurfte nur in einem Punkt einer Umsetzung. Denn die für das Urheberrecht ieS bzw die im öUrhG geregelten verwandten Schutzrechte vorgesehenen Sanktionen beziehen sich in der Regel allgemein auf Zuwiderhandlungen gegen das öUrhG und umfassen deshalb auch den darin geregelten neu eingeführten *sui generis* Schutz des Datenbankherstellers. Nur die den (verschuldensunabhängigen) Anspruch auf **angemessenes Entgelt** regelnde Vorschrift des § 86 öUrhG führt die einzelnen Schutzrechte gesondert an, weshalb diese Bestim- **5**

---

[367] Entschließung des Rats vom 29.06.1995 zur einheitlichen und wirksamen Anwendung des Gemeinschaftsrechts und zu Sanktionen bei Verstößen gegen das Gemeinschaftsrecht im Bereich des Binnenmarkts ABl C 188 vom 22.07.1995, 1.

[368] Vgl dazu *Walter* Vor Art 1 Rz 22f Produktpiraterieverordnung.

[369] Mitteilung „Verbreitung gesetzeswidriger und schädlicher Inhalte über das Internet“ KOM (96) 487 endg vom 10.06.1996.

[370] Zur Unvereinbarkeit mit dem mit Verfassungsrang (Art 103 Abs 2 GG) versehenen strafrechtlichen Bestimmtheitsgebot siehe *Hertin* in *Fromm/Nordemann*, Urheberrecht[9] Vor §§ 87a bis e Rz 5.

mung in Abs 1 durch Hinzufügung einer weiteren Z 5 ergänzt werden musste. Da auch die strafrechtlichen Sanktionen (§ 91 öUrhG) an diese Bestimmung anknüpfen, wird durch diese Ergänzung indirekt auch der strafrechtliche Schutz des Datenbankherstellers gewährleistet.

Artikel 13 Weitere Anwendbarkeit anderer Rechtsvorschriften

Art 13 enthält eine beispielhafte Aufzählung der Rechtsvorschriften aus verschiedenen Bereichen, die durch die Datenbank-RL unberührt bleiben.

Text

Artikel 13 Weitere Anwendbarkeit anderer Rechtsvorschriften

Diese Richtlinie läßt die Rechtsvorschriften unberührt, die insbesondere folgendes betreffen: das Urheberrecht, verwandte Schutzrechte oder andere Rechte und Pflichten, die in Bezug auf die in eine Datenbank aufgenommenen Daten, Werke oder anderen Elemente bestehen, Patentrechte, Warenzeichen, Geschmacksmuster, den Schutz von nationalem Kulturgut, das Kartellrecht und den unlauteren Wettbewerb, Geschäftsgeheimnisse, die Sicherheit, die Vertraulichkeit, den Schutz personenbezogener Daten und der Privatsphäre, den Zugang zu öffentlichen Dokumenten sowie das Vertragsrecht.

Aus den Erwägungsgründen

ErwG 47 Zur Förderung des Wettbewerbs zwischen Anbietern von Informationsprodukten und -diensten darf der Schutz durch das Schutzrecht sui generis nicht in einer Weise gewährt werden, durch die der Mißbrauch einer beherrschenden Stellung erleichtert würde, insbesondere in bezug auf die Schaffung und Verbreitung neuer Produkte und Dienste, die einen Mehrwert geistiger, dokumentarischer, technischer, wirtschaftlicher oder kommerzieller Art aufweisen. Die Anwendung der gemeinschaftlichen oder einzelstaatlichen Wettbewerbsvorschriften bleibt daher von den Bestimmungen dieser Richtlinie unberührt.

ErwG 48 Ziel dieser Richtlinie ist es, ein angemessenes und einheitliches Niveau im Schutz der Datenbanken sicherzustellen, damit der Hersteller der Datenbank die ihm zustehende Vergütung erhält; Ziel der Richtlinie 95/46/EG des Europäischen Parlaments und des Rates vom 24. Oktober 1995 zum Schutz natürlicher Personen bei der Verarbeitung personenbezogener Daten und zum freien Datenverkehr[371] ist es hingegen, den freien Verkehr personenbezogener Daten auf der Grundlage harmonisierter Bestimmungen zu gewährleisten, mit denen die Grundrechte und insbesondere das in Artikel 8 der Europäischen Konvention zum Schutz der Menschenrechte und Grundfreiheiten

[371] ABl L 281 vom 23.11.1995, 31.

anerkannte Recht auf Schutz der Privatsphäre geschützt werden sollen. Die Bestimmungen der vorliegenden Richtlinie berühren nicht die Rechtsvorschriften für den Datenschutz.

ErwG 58 Neben dem Schutz, der mit dieser Richtlinie der Struktur der Datenbank durch das Urheberrecht und deren Inhalt durch das Recht sui generis, die nicht genehmigte Entnahme und/oder Weiterverwendung zu untersagen, gewährt wird, bleiben andere Rechtsvorschriften eines Mitgliedstaates betreffend das Anbieten von Datenbankprodukten und -diensten weiter anwendbar.

ErwG 59 Diese Richtlinie berührt nicht die Anwendung der gegebenenfalls durch die Rechtsvorschriften eines Mitgliedstaats anerkannten Regeln über die Sendung audiovisueller Programme auf Datenbanken, die audiovisuelle Werke zum Inhalt haben.

Kommentar

Art 12 Abs 1 **RL-Vorschlag** enthielt noch weniger Beispiele als Art 13; das Beispiel des Vertragsrechts war durch die Worte „das für die Datenbank selbst oder ihren Inhalt anwendbare Vertragsrecht" spezifiziert. Im **Parlament** und im **geänderten RL-Vorschlag** der Kommission erfolgten keine Änderungen. Der **Rat** fügte weitere Beispiele hinzu, nämlich den Schutz von nationalem Kulturgut, das Kartellrecht, die Sicherheit bezüglich personenbezogener Daten und der Privatsphäre und den Zugang zu öffentlichen Dokumenten. **1**

Die **Bereiche**, deren Rechtsvorschriften durch die Datenbank-RL unberührt bleiben, sind in Art 13 nur **beispielhaft** aufgezählt; andere Rechtsvorschriften, die das Anbieten von Datenbankprodukten und -diensten betreffen[372], können also auch weiterhin angewendet werden. Dass das Urheberrecht an den in der Datenbank enthaltenen Werken und verwandte Schutzrechte, wie etwa Rechte der ausübenden Künstler, Tonträgerhersteller, Filmhersteller, Lichtbildner etc an in der Datenbank enthaltenen Leistungen, wie zB Aufnahmen von Darbietungen, Tonaufnahmen, Filmaufnahmen oder Lichtbildern, durch die Richtlinie unberührt bleiben, ergibt sich schon aus Art 3 Abs 2 und Art 7 Abs 4 Satz 3. Auch die Rechte und Pflichten in Bezug auf die in der Datenbank enthaltenen personenbezogenen Daten insbes gemäß der Richtlinie vom 24. Oktober 1995[373] bleiben unberührt. Dasselbe gilt für gewerbliche Schutzrechte. Wird etwa eine Datenbank über Patente, Warenzeichen oder Geschmacksmuster erstellt, so bleibt der Rechtsschutz des Inhabers dieser Rechte völlig unberührt. Auch das Kartellrecht[374] und das Recht gegen den unlauteren Wettbewerb ist zu beachten; so kann ein Datenbankbetreiber im Einzelfall durch Vorschriften über den Missbrauch einer marktbeherrschenden Stellung oder über Kartelle sowie über unlautere Wettbewerbshandlungen in seinen Handlungen beschränkt werden. Auch das Vertragsrecht, insbes auch Sondervorschriften des Urhebervertragsrechts im Zusammenhang mit in die Datenbank aufgenommenen Werken, sind zu beach- **2**

[372] Siehe ErwG 58.
[373] Siehe ErwG 48.
[374] Siehe ErwG 47.

ten. Im Übrigen sind Regelungen zum elektronischen Handel und zum Zugang zu öffentlichen Dokumenten weiter anwendbar[375].

3 **ErwG 59** soll klarstellen, dass nationale **Systeme der Filmverwertung**, die unter dem Begriff „*chronologie des médias*" bekannt geworden sind, durch die Datenbank-RL nicht berührt werden. Auch **Quotenregelungen** im Sinn der EG-Richtlinie „Fernsehen ohne Grenzen" sind hier angesprochen[376].

Umsetzung in Deutschland und Österreich}

1. Deutschland (v Lewinski)

4 Da die weitere Anwendbarkeit **anderer Rechtsvorschriften** nach Art 13 Datenbank-RL dem allgemeinen Rechtsgrundsatz der Eigenständigkeit und Parallelität von verschiedenen Schutzrechten sowie anderen Rechten und Pflichten im Sinn des Art 13 Datenbank-RL entspricht, war eine ausdrückliche Umsetzung in nationales Recht nicht erforderlich.

2. Österreich (Walter)

5 Auf eine Umsetzung des in Art 13 Datenbank-RL festgehaltenen Grundsatzes, dass die Anwendbarkeit **anderer Rechtsvorschriften** unberührt bleibt, verzichtet der österr Gesetzgeber, weil dies der allgemein anerkannten Regel entspricht, dass allenfalls bestehende parallele Schutzrechte unabhängig voneinander in Anspruch genommen werden können. Dies gilt grundsätzlich auch für vertragliche Regelungen.

Artikel 14 Anwendbarkeit in zeitlicher Hinsicht

Art 14 bestimmt in seinem Abs 1 die Anwendbarkeit der Richtlinie auf vor dem geforderten Umsetzungszeitpunkt hergestellte, urheberrechtlich geschützte Datenbanken, enthält in Abs 2 eine Ausnahmeregelung zu Gunsten wohlerworbener Rechte, sieht in den Absätzen 3 und 5 eine gesonderte Behandlung für „Altdatenbanken" im Hinblick auf die Schutzdauer des *sui generis* Rechts vor und lässt gemäß Abs 4 die vor dem geforderten Umsetzungszeitpunkt abgeschlossenen Handlungen und erworbenen Rechte unberührt.

Übersicht

[375] Siehe dazu *Gaster*, Kommentar Art 13 Rz 748 und 737 bis 744.
[376] Siehe dazu *Strowel/Triaille*, Droit d'Auteur 258 (insb FN 83).

Text

Art 14 Anwendbarkeit in zeitlicher Hinsicht

(1) Der urheberrechtliche Schutz nach dieser Richtlinie gilt auch für Datenbanken, die vor dem in Artikel 16 Absatz 1 genannten Zeitpunkt hergestellt wurden, wenn sie zu diesem Zeitpunkt die Anforderungen, wie sie in dieser Richtlinie für den urheberrechtlichen Schutz von Datenbanken niedergelegt sind, erfüllen.

(2) Genügt eine Datenbank, die zum Zeitpunkt der Veröffentlichung dieser Richtlinie in einem Mitgliedstaat durch eine urheberrechtliche Regelung geschützt wird, nicht den Kriterien für den urheberrechtlichen Schutz gemäß Artikel 3 Absatz 1, so bewirkt diese Richtlinie in Abweichung von Absatz 1 in diesem Mitgliedstaat nicht die Verkürzung der verbleibenden Dauer des durch die obengenannte Regelung gewährten Schutzes.

(3) Der in dieser Richtlinie vorgesehene Schutz in bezug auf das in Artikel 7 vorgesehene Recht gilt auch für die Datenbanken, deren Herstellung während der letzten 15 Jahre vor dem in Artikel 16 Absatz 1 genannten Zeitpunkt abgeschlossen wurde und die zu diesem Zeitpunkt die in Artikel 7 vorgesehenen Anforderungen erfüllen.

(4) Der in den Absätzen 1 und 3 vorgesehene Schutz läßt die vor dem in diesen Absätzen genannten Zeitpunkt abgeschlossenen Handlungen und erworbenen Rechte unberührt.

(5) Im Fall einer Datenbank, deren Herstellung während der letzten 15 Jahre vor dem in Artikel 16 Absatz 1 genannten Zeitpunkt abgeschlossen wurde, beträgt die Schutzdauer des in Artikel 7 vorgesehenen Rechts 15 Jahre ab dem 1. Januar, der auf diesen Zeitpunkt folgt.

Aus den Erwägungsgründen

ErwG 60 In einigen Mitgliedstaaten werden Datenbanken, die den Kriterien für den urheberrechtlichen Schutz gemäß dieser Richtlinie nicht genügen, gegenwärtig durch eine urheberrechtliche Regelung geschützt. Auch wenn die betreffenden Datenbanken für den Schutz durch das in dieser Richtlinie vorgesehene Recht, die unrechtmäßige Entnahme und/oder Weiterverwendung ihres Inhalts zu untersagen, in Frage kommen, liegt die Dauer des Schutzes durch das zuletzt genannte Recht weiter unter der Dauer des Schutzes durch die gegenwärtig geltenden einzelstaatlichen Regelungen. Eine Harmonisierung der Kriterien, die angewendet werden, um festzustellen, ob eine Datenbank urheberrechtlich geschützt wird, darf nicht zu einer Verkürzung der Schutzdauer führen, die derzeit den Inhabern der betreffenden Rechte zusteht. Diesbezüglich ist eine Ausnahmeregelung vorzusehen. Die Auswirkungen dieser Ausnahmeregelung müssen auf das Hoheitsgebiet der betreffenden Mitgliedstaaten beschränkt werden.

Kommentar

1. Entstehungsgeschichte

1 Wie schon im Fall von anderen Richtlinien im Bereich des Urheberrechts[377] wurden auch bei der Datenbank-RL ursprünglich kurze Bestimmungen zur zeitlichen Anwendbarkeit im Lauf des legislativen Verfahrens genauer und detaillierter formuliert. So sah Art 12 Abs 2 **RL-Vorschlag** in nur wenigen Worten vor, dass der Schutz der Richtlinie auch für schon bestehende Datenbanken gelten soll, und geschlossene Verträge und erworbene Rechte unberührt bleiben[378]. Das **Europäische Parlament** präzisierte im Abänderungsvorschlag Nr 29 in Erster Lesung, dass nur solche, schon bestehenden Datenbanken nach der Richtlinie geschützt werden sollten, die zur Zeit des Inkrafttretens der Richtlinie deren Schutzanforderungen entsprechen. Darüber hinaus sollte in einem neuen Art 12 lit a ausdrücklich bestimmt werden, dass auch das *sui generis* Recht auf schon bestehende Datenbanken Anwendung findet, und die bestehenden Verträge und erworbenen Rechte unberührt bleiben (Abänderungsvorschlag Nr 30). Die **Kommission** formulierte daraufhin ihren ursprünglichen Vorschlag klarer dahingehend, dass die Richtlinie sowohl in Bezug auf das Urheberrecht als auch auf das *sui generis* Recht auf alle bestehenden Datenbanken Anwendung finden soll, die vor dem Tag der Veröffentlichung der Richtlinie den Anforderungen derselben entsprechen[379].

2 Der **Rat** stimmte dem Grundsatz, alle Bestimmungen der Richtlinie auf bestehende Datenbanken anzuwenden, in Art 14 Abs 1 (für das Urheberrecht) und Abs 3 (für das *sui generis* Recht) zu. Dabei legte er, anders als die Kommission[380], den geforderten Umsetzungszeitpunkt, nämlich den 1. Januar 1998, als den maßgeblichen Zeitpunkt fest, um zu vermeiden, dass die Umsetzungsmaßnahmen selbst rückwirkend angewendet werden müssten (Begründung Gemeinsamer Standpunkt 29 Z 22). In Bezug auf das *sui generis* Recht wurde in Abs 3 klargestellt, dass in Übereinstimmung mit der fünfzehnjährigen Schutzdauer nur solche Datenbanken geschützt werden können, die während der letzten 15 Jahre vor dem geforderten Umsetzungszeitpunkt fertiggestellt wurden. In Art 14 Abs 5 des Gemeinsamen Standpunkts entschied der Rat, dass solche, zum Umsetzungszeitpunkt schon bestehende Datenbanken für 15 Jahre ab dem geforderten Umsetzungszeitpunkt, nicht jedoch nach der Fertigstellung der Datenbank zu schützen sind, da ein *sui generis* Recht vor der Umsetzung der Richtlinie noch nicht bestanden habe und daher diesen schon geschaffenen Datenbanken vor

---

[377] Siehe zB *v Lewinski* Art 13 Rz 1 Vermiet- und Verleih-RL.

[378] Der Text des Art 12 Abs 2 RL-Vorschlag lautete: „Der Schutz aufgrund dieser Richtlinie gilt auch für Datenbanken, die vor Wirksamwerden der Richtlinie geschaffen wurden, unbeschadet der vor diesem Zeitpunkt geschlossenen Verträge und erworbenen Rechte".

[379] Siehe Art 15 Abs 2 geänderter RL-Vorschlag und die Begründung zum ursprünglichen RL-Vorschlag 2. Teil Z 12.2., aus der hervorgeht, dass die Kommission von Beginn an sowohl den Urheberschutz als auch das *sui generis* Recht auf bestehende Datenbanken angewendet wissen wollte.

[380] Der von der Kommission vorgeschlagene maßgebliche Zeitpunkt war der Tag der Veröffentlichung der Richtlinie.

diesem Zeitpunkt nicht zugute kommen könne (Begründung Gemeinsamer Standpunkt 29 Z 22). In Bezug auf das Urheberrecht fügte der Rat einen neuen Absatz hinzu, um wohlerworbene Rechte zu schützen[381]. Der von der Kommission schon von Beginn an und später auch vom Parlament vorgeschlagene Grundsatz, bestehende Verträge und erworbene Rechte von der Richtlinie unberührt zu lassen, wurde vom Rat in einen gesonderten Abs 4 aufgenommen.

2. Zeitliche Anwendbarkeit des urheberrechtlichen Schutzes (Abs 1 und 2)

Nach **Abs 1** gilt der urheberrechtliche Schutz der Richtlinie auch für **bestehende Datenbanken**, die vor dem 1. Januar 1998 hergestellt wurden und zu diesem Zeitpunkt die urheberrechtlichen Schutzanforderungen der Richtlinie erfüllt haben. Die Schutzdauer für solche Datenbanken berechnet sich nach der Schutzdauer-Richtlinie. Ist zB eine natürliche Person Urheber der Datenbank und ist diese Person im Jahr 1970 gestorben, so ist diese Datenbank bis zum Ende des Jahres 2040[382] nach den Bestimmungen der Datenbank-RL geschützt. Liegt eine andere Art der Urheberschaft gemäß Art 4 vor, so sind für die Berechnung der Schutzdauer die entsprechenden, maßgeblichen Vorschriften des Art 1 Schutzdauer-RL anzuwenden[383]. **3**

Um von dieser Richtlinie erfasst zu werden, muss die urheberrechtlich geschützte Datenbank am 1. Januar 1998 die urheberrechtlichen **Schutzanforderungen** erfüllen, wie sie in Art 3 Abs 1 niedergelegt und in ErwG 15 und 16 näher erläutert sind. Die Auswahl oder Anordnung des Stoffs muss also eine eigene geistige Schöpfung des Urhebers darstellen, wobei andere Kriterien zur Beurteilung der Schutzfähigkeit nicht zu berücksichtigen sind. Da die urheberrechtlichen Schutzanforderungen in den kontinental-europäischen Mitgliedstaaten (außer wohl in den Niederlanden) schon bisher mindestens so hoch waren, wie von Art 3 Abs 1 gefordert, werden bestehende Datenbanken in diesen Ländern von der Richtlinie erfasst. Soweit diese Länder bisher nur Sammlungen von Werken, nicht jedoch von Daten oder anderen unabhängigen Elementen (Art 1 Abs 2) geschützt haben, wird Abs 1 die Neubegründung des urheberrechtlichen Schutzes für bestehende Datenbanken in Bezug auf künftige Nutzungshandlungen (Art 14 Abs 4) bewirken. **4**

Im **Vereinigten Königreich**, in **Irland** und den **Niederlanden** dürften zahlreiche Datenbanken zwar nach den dort geltenden niedrigeren Schutzanforderungen, nicht jedoch nach den Anforderungen des Art 3 Abs 1 urheberrechtlich geschützt sein. Die uneingeschränkte Anwendung des Art 14 Abs 1 hätte also dazu geführt, dass solche, in diesen Ländern bisher urheberrechtlich geschützten Datenbanken nicht mehr nach dem (50 bzw inzwischen 70 Jahre währenden) Urheberrechtsschutz, sondern allenfalls nach dem sehr viel kürzer währenden *sui generis* Recht geschützt gewesen wären. Um einen entsprechenden Verlust von – gemäß den **5**

---

[381] Siehe dazu Begründung Gemeinsamer Standpunkt 28f Z 22f und die Erläuterungen zu Abs 2 Rz 5 unten.

[382] Dies gilt vorbehaltlich der Übergangsbestimmung des Art 10 Abs 1 Schutzdauer-RL.

[383] Vgl *Walter* Art 1 Rz 10 und 17 Schutzdauer-RL.

nationalen Gesetzen schon erworbenen – Rechten zu vermeiden, wurde in **Abs 2** festgelegt, dass Datenbanken, die zum Zeitpunkt der Veröffentlichung der Richtlinie, also am 27. März 1996, nach dem Recht eines Mitgliedstaates urheberrechtlich geschützt waren, die Kriterien nach Art 3 Abs 1 aber nicht erfüllten, bis zum Ablauf der nationalen urheberrechtlichen Schutzdauer geschützt bleiben. Zweck der Regelung von Abs 2 ist es also, eine Verkürzung einer schon bestehenden Schutzdauer infolge der Harmonisierung der Schutzkriterien zu vermeiden, und **wohlerworbene Rechte** zu wahren[384]. Ob die nationale Schutzdauer in den betroffenen Ländern wie bisher 50 Jahre pma oder entsprechend der Schutzdauer-RL inzwischen schon 70 Jahre beträgt, ist nach der jeweiligen Rechtslage zur Zeit der Veröffentlichung der Richtlinie (27. März 1996) zu entscheiden.

3. Zeitliche Anwendbarkeit des sui generis *Schutzrechts (Abs 3 und 5)*

6 **Abs 3** stellt für das *sui generis* Recht den für das Urheberrecht schon in Abs 1 enthaltenen Grundsatz auf, demzufolge der *sui generis* Schutz auch für am 1. Januar 1998 **bestehende Datenbanken** gilt, sofern diese am 1. Januar 1998 die in Art 7 (insbes in dessen Abs 1) vorgesehenen Anforderungen erfüllen. Da dieses Recht 15 Jahre währt, kann es nur für solche Datenbanken gelten, die während der letzten 15 Jahre vor dem 1. Januar 1998, also nicht vor dem 1. Januar 1983, fertiggestellt wurden[385].

7 Nicht ganz klar erscheint, ab welchem **Zeitpunkt** die fünfzehnjährige Frist in Bezug auf schon bestehende Datenbanken gilt. **Abs 5** bestimmt, dass die Schutzdauer „15 Jahre ab dem 1. Januar“ gilt, „der auf diesen Zeitpunkt folgt“. Welcher Zeitpunkt mit „diesem Zeitpunkt“ gemeint ist, ist aber fraglich: Der Zeitpunkt des Abschlusses der Herstellung der Datenbank oder der im ersten Halbsatz erwähnte, „in Art 16 Abs 1 genannte Zeitpunkt“, also der 1. Januar 1998. Für den Zeitpunkt des Abschlusses der Herstellung spricht, dass dies dem Grundsatz der allgemeinen Schutzdauerberechnung in Art 10 Abs 1 entspräche; auch die Berechnung der urheberrechtlichen Schutzdauer im Zusammenhang mit Art 14 erfolgt nach den allgemeinen Regeln zur Schutzdauerberechnung. Auch scheint die Festsetzung des Zeitpunkts auf den „1. Januar, der auf diesen Zeitpunkt folgt“ für den Fall eines Herstellungsdatums, das auf jeden Tag eines Jahres fallen kann, sinnvoller als für den Fall der Bezugnahme auf den 1. Januar 1998, für den man sich nicht auf den „1. Januar“ des folgenden Jahres hätte festlegen müssen[386].

Allerdings sprechen triftige Gründe für den „in Art 16 Abs 1 genannten Zeitpunkt“, also den 1. Januar 1998. So ergibt sich aus der Verwendung der Worte „zu diesem Zeitpunkt“ in Art 14 Abs 1 und 3, dass sich die Worte „zu diesem Zeitpunkt“ stets auf den ausdrücklich bezeichneten, genau angegebenen Zeitpunkt (des Art 16 Abs 1) beziehen; durch die zweimalige Verwendung des Wortes „Zeitpunkt“ wird diese Beziehung auch syntaktisch klargestellt. Auch wäre eine ausdrückliche, gesonderte Regelung nicht notwendig, wenn die Schutz-

---

384 Siehe dazu auch ErwG 60 Satz 3 bis 5; Satz 5 beschränkt die Anwendung der längeren Schutzdauer ausdrücklich auf die jeweils betroffenen Mitgliedstaaten.

385 Auch hier ist zu beachten, dass der Hersteller der Datenbank die Beweislast für den Zeitpunkt der Fertigstellung trägt; siehe ErwG 53.

386 So *Vogel*, ZUM 1997, 599.

dauer nach den allgemeinen Regelungen zu berechnen wäre; so wurde es auch im Zusammenhang mit der urheberrechtlichen Schutzdauer in Abs 1 nicht als notwendig angesehen, die Berechnung der Schutzdauer nach dem Tod des Urhebers etc ausdrücklich zu erwähnen. Im Übrigen ist zu bedenken, dass der in Art 16 Abs 1 genannte Zeitpunkt „vor dem 1. Januar 1998" liegt, sodass der 1. Januar, der diesem Zeitpunkt folgt, der 1. Januar 1998 ist. Schließlich hat der Rat in der Begründung zum Gemeinsamen Standpunkt ausdrücklich erwähnt, dass die fünfzehnjährige Dauer des *sui generis* Rechts bei bestehenden Datenbanken ausnahmsweise nach dem Umsetzungszeitpunkt[387] und nicht nach dem Zeitpunkt der Fertigstellung zu berechnen ist (Begründung Gemeinsamer Standpunkt 29 Z 22). Dadurch soll der Tatsache Rechnung getragen werden, dass das *sui generis* Recht ein bisher in den Mitgliedstaaten noch nicht bestehendes, neues Recht ist, das den bestehenden Datenbanken also noch nicht zugute kommen konnte. „Altdatenbanken" gemäß Abs 3 erhalten also nach Abs 5 einen fünfzehnjährigen Schutz ab dem 1. Januar 1998. Eine Datenbank, die zB 1990 fertiggestellt wurde und am 1. Januar 1998 die Anforderungen gemäß Art 7 Abs 1 erfüllt hat, ist also durch das *sui generis* Recht vom 1. Januar 1998 an bis zum Ablauf von 15 Jahren nach diesem Zeitpunkt zu schützen[388].

4. Abgeschlossene Handlungen, erworbene Rechte (Abs 4)

Abs 4 stellt zunächst klar, dass die Richtlinie nur auf **künftige Handlungen** **8**
Anwendung findet. Handlungen, die vor dem 1. Januar 1998 abgeschlossen wurden, bleiben demnach von dem in Bezug auf bestehende Datenbanken nach den Abs 1 und 3 gewährten Schutz unberührt. Bestehende Datenbanken werden also nur in Bezug auf künftige Handlungen geschützt. Dies entspricht einem allgemeinen Grundsatz, der auch zB schon in Art 13 Abs 2 Vermiet- und Verleih-RL niedergelegt wurde. Im Einzelnen kann fraglich sein, wann eine **Handlung abgeschlossen** ist. Für den Fall der Online-Übertragung kann man insbes nach ErwG 31 und 34 sowie nach Art 7 Abs 2 lit b („Verfügbarmachung") argumentieren, dass die Online-Übermittlung mit der Handlung des Zurverfügungstellens zum Zwecke des Zugriffs durch Nutzer, also mit dem Zugänglichmachen etwa in einer Datenbank abgeschlossen ist; die tatsächliche Übermittlung muss also zu diesem Zweck nicht erfolgen. Andererseits spricht die Tatsache, dass es sich bei dem Zugänglichmachen um eine kontinuierliche Handlung im Sinne eines andauernden Zurverfügunghaltens handelt, eher dafür, dass diese Handlung erst dann abgeschlossen ist, wenn etwa ein Werk nicht mehr online zur Verfügung gestellt wird.

Die Bezeichnung „Verfügbarmachung" in Art 7 Abs 2 lit b spricht jedenfalls im Zusammenhang mit dem *sui generis* Recht dafür, dass andere Handlungen der körperlichen Verwertung, wie insbes die Verbreitung und Vermietung von Vervielfältigungsstücken, mit der Übergabe (bzw Übergabesurrogaten) der Vervielfältigungsstücke auf Grund eines Kauf- oder Mietvertrages den Abschluss der

---

[387] Gemeint ist hier wohl der geforderte Umsetzungszeitpunkt.

[388] AM ist *Lehmann* in *Lehmann*, Internet- und Multimediarecht 73; er nimmt an, dass der fünfzehnjährige Schutz rückwirkend, im Einzelnen durch Art 10 präzisiert, zu laufen beginnt.

Handlung darstellt; der Kauf wäre demnach also noch nicht mit dem Abschluss des Kaufvertrags allein abgeschlossen. Die Vermietung wäre jedoch vor der Rückgabe der Mietsache schon als abgeschlossen anzusehen[389].

9 Auch **erworbene Rechte**, also insbes vertraglich schon erworbene Rechte, werden durch diese Richtlinie nicht berührt. Ob im Einzelfall ein Recht schon erworben ist, bestimmt sich nach dem Inhalt des betroffenen Vertrages und eventuellen urhebervertragsrechtlichen Bestimmungen der Mitgliedstaaten. So ist es etwa denkbar, dass ein Lizenznehmer eines Datenbankurhebers auf Grund eines dem deutschen Recht unterliegenden Vertrags zahlreiche Rechte erworben hat, mangels ausdrücklicher Bestimmung jedoch das Online-Übermittlungsrecht, das eine neue Nutzungsart darstellt, wegen der Schutzbestimmung des § 31 Abs 4 dUrhG nicht erwerben konnte. In diesem Fall müsste das entsprechende Recht vertraglich neu erworben werden.

Umsetzung in Deutschland und Österreich

1. Deutschland (v Lewinski)

10 § 137g dUrhG setzt die übergangsrechtlichen Vorschriften des Art 14 Datenbank-RL um. In Bezug auf den **urheberrechtlichen Schutz** bestimmt § 137g Abs 1 dUrhG die Geltung der neuen Bestimmungen auch für Datenbankwerke, die vor dem 1. Januar 1998 geschaffen wurden. Die zusätzliche Bedingung, dass solche Datenbankwerke zu diesem Zeitpunkt die Anforderungen in Bezug auf den urheberrechtlichen Schutz nach den (umgesetzten) Richtlinienbestimmungen erfüllen müssen (Art 4 Abs 1 Halbsatz 2 Datenbank-RL), musste nicht ausdrücklich umgesetzt werden. Auch Art 14 Abs 2 Datenbank-RL war nicht umzusetzen, da der dort geregelte Fall für den urheberrechtlichen Schutz von Datenbanken in Deutschland nicht eingreift.

11 § 137g Abs 2 dUrhG erstreckt den besonderen **Schutz des Datenbankherstellers** nach §§ 87a ff dUrhG in Übereinstimmung mit Art 14 Abs 3, Abs 5 Datenbank-RL auf solche Datenbanken, die zwischen dem 1. Januar 1983 und dem 31. Dezember 1997 hergestellt worden sind; deren Schutzfrist beginnt mit dem 1. Januar 1998.

12 Schließlich bestimmt § 137g Abs 3 dUrhG in Übereinstimmung mit Art 14 Abs 4 Datenbank-RL, dass die **vertragsrechtlichen Vorschriften** der §§ 55a und 87e dUrhG nicht auf Verträge anzuwenden sind, die vor dem 1. Januar 1998 abgeschlossen worden sind.

2. Österreich (Walter)

13 Die übergangsrechtlichen Vorschriften setzt die öUrhGNov 1997 in Art IV (Anwendung auf bestehende Datenbankwerke und Datenbanken) um; auf die Klarstellung „wenn sie zu diesem Zeitpunkt die Anforderungen, wie sie in dieser Richtlinie für den urheberrechtlichen Schutz von Datenbanken niedergelegt sind, erfüllen" konnte zu Recht verzichtet werden. Auch Übergangsregeln für Daten-

---

[389] Siehe auch *v Lewinski* Vermiet- und Verleih-RL Art 13 Rz 11.

banken, die bisher urheberrechtlich geschützt waren, den Kriterien der Richtlinie aber nicht entsprechen, war mangels eines solchen Schutzes nicht erforderlich. Nach Art IV Abs 1 öUrhGNov 1997 gelten die urheberrechtlichen Bestimmungen auch für Datenbankwerke, die vor dem 1. Januar 1998 geschaffen worden sind. Entsprechend hält Abs 2 fest, dass der nachbarrechtliche Schutz auch für Datenbanken gilt, deren Herstellung zwischen dem 1. Januar 1983 und dem 31. Dezember 1997 abgeschlossen worden ist, wobei die Schutzfrist in diesen Fällen – wie zu Recht klarstellend hinzugefügt wird – am 1. Januar 1998 zu laufen beginnt. Ergänzend bestimmt Art IV Abs 3, dass die vertragsrechtlichen Regelungen der §§ 40h Abs 3[390] und 76e öUrhG nicht auf Verträge anzuwenden sind, die vor dem 1. Januar 1998 abgeschlossen worden sind.

Artikel 15 Verbindlichkeit bestimmter Vorschriften

Art 15 erklärt vertragliche Bestimmungen, die dem Art 6 Abs 1 und Art 8 zuwiderlaufen, als nichtig.

Text

Artikel 15 Verbindlichkeit bestimmter Vorschriften

Dem Artikel 6 Absatz 1 und dem Artikel 8 zuwiderlaufende vertragliche Bestimmungen sind nichtig.

Kommentar

Art 15 macht die Vorschriften des Art 6 Abs 1 und des Art 8, die den rechtmäßi- **1**
gen Benutzer einer Datenbank von der Zustimmung des Urhebers bzw Inhabers des *sui generis* Rechts in Bezug auf bestimmte Handlungen freistellen, vertragsfest, also zum *ius cogens*, indem er vorschreibt, dass vertragliche Bestimmungen, die Art 6 Abs 1 und Art 8 zuwiderlaufen, nichtig sind. Dieser Artikel ist schon in Zusammenhang mit Art 6 Abs 1 und Art 8 erläutert worden[391].

Umsetzung in Deutschland und Österreich

1. Deutschland (v Lewinski)

Zur Umsetzung dieser Vorschrift sei auf die Ausführungen zu Art 6 und 8 **2**
verwiesen[392].

2. Österreich (Walter)

Zur Umsetzung dieser Vorschrift sei auf die Ausführungen zu Art 6 und 8 **3**
verwiesen.

---

[390] Im Gesetz wohl versehentlich „§ 40h Abs 2".

[391] Siehe zur Wirkungsweise des Art 15 im Zusammenhang mit Art 6 Abs 1 und Art 8 Art 6 Rz 13 bis 15, Art 8 Rz 9 oben.

[392] Siehe oben Art 6 Rz 40 und Art 8 Rz 14.

Artikel 16 Schlussbestimmungen

Art 16 setzt den Umsetzungszeitpunkt fest und verpflichtet die Kommission, alle drei Jahre einen Bericht über die Anwendung der Richtlinie vorzulegen.

Text

Artikel 16 Schlußbestimmungen

(1) Die Mitgliedstaaten erlassen die erforderlichen Rechts- und Verwaltungsvorschriften, um dieser Richtlinie vor dem 1. Januar 1998 nachzukommen. Wenn die Mitgliedstaaten diese Vorschriften erlassen, nehmen sie in den Vorschriften selbst oder durch einen Hinweis bei der amtlichen Veröffentlichung auf diese Richtlinie Bezug. Die Mitgliedstaaten regeln die Einzelheiten der Bezugnahme.

(2) Die Mitgliedstaaten teilen der Kommission den Wortlaut der innerstaatlichen Rechtsvorschriften mit, die sie auf dem unter diese Richtlinie fallenden Gebiet erlassen.

(3) Spätestens am Ende des dritten Jahres nach dem in Absatz 1 genannten Zeitpunkt und danach alle drei Jahre übermittelt die Kommission dem Europäischen Parlament, dem Rat und dem Wirtschafts- und Sozialausschuß einen Bericht über die Anwendung dieser RL, in dem sie – vor allem anhand spezifischer Informationen der Mitgliedstaaten – insbesondere die Anwendung des Schutzrechts sui generis, einschließlich der Artikel 8 und 9, prüft und insbesondere untersucht, ob die Anwendung dieses Rechts zu Mißbräuchen einer beherrschenden Stellung oder anderen Beeinträchtigungen des freien Wettbewerbs geführt hat, die entsprechende Maßnahmen rechtfertigen würden, wie insbesondere die Einführung einer Zwangslizenzregelung. Sie macht gegebenenfalls Vorschläge für die Anpassung dieser Richtlinie an die Entwicklungen im Bereich der Datenbanken.

Kommentar

1 Art 16 Abs 1 verpflichtet die Mitgliedstaaten, die Richtlinie vor dem **1. Januar 1998** in das nationale Recht **umzusetzen** und in den Umsetzungsvorschriften oder bei der amtlichen Veröffentlichung derselben auf diese Richtlinie Bezug zu nehmen. Der Wortlaut der Umsetzungsvorschriften muss der Kommission mitgeteilt werden. Der Text der Abs 1 und 2 ist nach dem in vergleichbaren Richtlinien benutzten Muster formuliert. Der Zeitpunkt des 1. Januar 1998 ist auch für die Bestimmung der Anwendbarkeit in zeitlicher Hinsicht gemäß Art 14 maßgeblich. Da gerade das *sui generis* Recht in den Mitgliedstaaten zuvor noch nicht bestanden hat und die Investitionen in die Datenbankerstellung entscheidend fördern dürfte, bestand der Anreiz einer zügigen Umsetzung zumindest in einigen Mitgliedstaaten, die sich davon einen Standortvorteil versprechen.

2 In Abs 3 wurde die Kommission zur periodischen Erstellung von **Berichten** an das Europäische Parlament, den Rat und den Wirtschafts- und Sozialausschuss über die Anwendung der Richtlinie verpflichtet. Diese Berichte könnte die Kommission auch ohne die ausdrückliche Erwähnung in Abs 3 anfertigen; der Zweck des Abs 3 liegt gerade darin, sie dazu zu verpflichten. Der erste Bericht muss am

Ende des dritten Jahres nach dem 1. Januar 1998, also am 1. Januar 2001 vorliegen. Die Mitgliedstaaten werden gemäß Abs 3 zur Mitwirkung durch die Übermittlung spezifischer Informationen verpflichtet. Obwohl der Bericht die Anwendung aller Richtlinienbestimmungen erfassen soll, ist ein besonderes Augenmerk auf die möglichen Beeinträchtigungen des freien Wettbewerbs, insbes durch Missbräuche von beherrschenden Stellungen, zu richten. Angesichts des sehr weit ausgestalteten *sui generis* Rechts und der im Zug der Beratungen erfolgten Streichung der ursprünglich vorgesehenen Zwangslizenzen war die Verpflichtung der Kommission, in ihrem Bericht gerade das Verhältnis zwischen dem *sui generis* Recht und dem freien Wettbewerb zu berücksichtigen, als notwendig erachtet worden. Sollte also das *sui generis* Recht in der Praxis etwa zu Missbräuchen von marktbeherrschenden Stellungen oder anderen Beeinträchtigungen führen, so könnte sich die Kommission veranlasst oder sogar verpflichtet sehen, eine Zwangslizenzregelung oder andere Vorschriften zu Gunsten eines freien Wettbewerbs vorzuschlagen. Allein diese Berichterstattungs- und Beobachtungspflicht nach Abs 3 dürfte auf die Rechtsinhaber des *sui generis* Rechts eine gewisse präventive Wirkung ausüben.

Mit Beschluss des Gemeinsamen EWR-Ausschusses[393] wurde auch die Datenbank-RL in Anhang XVII Z 9a EWR-Abkommen übernommen. Nach Art 3 des Beschlusses ist dieser am 1. November 1996 in Kraft getreten, sofern dem EWR-Ausschuss alle Mitteilungen nach Art 103 Abs 1 EWR-Abkommen übermittelt worden sind. **3**

Umsetzung in Deutschland und Österreich

1. Deutschland (v Lewinski)

Die Datenbank-RL wurde in Deutschland im Rahmen des IuKDG fristgerecht umgesetzt. Dazu sei auf die Ausführungen zu Art 1 verwiesen[394]. **4**

2. Österreich (Walter)

Die Datenbank-RL wurde in Österreich mit öUrhGNov 1997 fristgerecht umgesetzt. Siehe dazu die Ausführungen zu Art 1. **5**

Umsetzung in den anderen Mitgliedstaaten der EU bzw Vertragsstaaten des EWR

Die Umsetzung in den übrigen Mitgliedstaaten der Europäischen Union erfolgte – soweit von der Kommission bekannt gemacht oder sonst feststellbar – mit den nachstehend angeführten Gesetzgebungsakten. **6**

Europäische Union

Belgien
Gesetz vom 31.08.1998 Moniteur Belge 14.11.1998, 36914.

---

[393] Beschluss Nr 59/96 vom 25.10.1996 ABl L 21 vom 23.01.1997, 11 und EWR-Beilage Nr 4 vom 23.01.1997.

[394] Siehe oben Art 1 Rz 31.

Dänemark
Gesetz Nr 407 vom 26.06.1998 Lovtidende A vom 27.06.1998/93, 2459.

Finnland
Gesetze Nr 250 und Nr 251 (Änderung des Strafgesetzes) jeweils vom 03.04.1998 Finlands foerfattningssamling 09.04.1998, 963.

Frankreich
Gesetz Nr 98-536 vom 01.07.1998 JO vom 02.07.1998/151, 10075.

Irland
Gesetz Nr 28 vom September 2000 (*Copyright and Related Rights Act*), in Kraft seit 01.01.2001.

Italien
Gesetzesdekret Nr 169 vom 06.05.1999 Gazzetta Ufficiale vom 15.06.1999/138, 5.

Niederlande
Datenbankengesetz vom 08.07.1999 Staatsblad 1999/303.

Schweden
Gesetz Nr 790 vom 06.11.1997 Svensk foerfattningssamling (SFS) 1997, 1464.

Spanien
Gesetz Nr 5 vom 06.03.1998 Boletín Oficial del Estado vom 07.03.1998/57, 7935.

Vereinigtes Königreich
Copyright and Rights in Databases Regulations vom 18.12.1997 Statutory Instruments 1997/3032.

7 Am 30. Juli 1999 hat die Kommission eine Klagsführung beim EuGH gegen **Griechenland, Irland, Luxemburg** und **Portugal** wegen nicht rechtzeitiger Umsetzung der Datenbank-RL beschlossen.

Europäischer Wirtschaftsraum

Liechtenstein
Urheberrechtsgesetz vom 19.05.1999 LGBl 1999/160.

Norwegen
Gesetz Nr 19 vom 16.04.1999 Norsk Lovtidend 1999, 944.

Artikel 17

Text

Artikel 17

Diese Richtlinie ist an die Mitgliedstaaten gerichtet.

Kommentar

1 Siehe dazu den Kommentar zu Art 11 Software-RL und Art 15 Satelliten- und Kabel-RL Rz 1f.

Produktpiraterieverordnung vom 22. Dezember 1994 idF 25. Januar 1999

(Bearbeiter: Walter)

Materialien, Rechtsakte und Literatur

I. Materialien

Mitteilung der Regierungsvertreter der Mitgliedstaaten vom 24.07.1984 zur Bekämpfung der audiovisuellen Piraterie ABl C 204 vom 03.08.1984, 1

Bericht der Kommission vom 15. Februar 1991 SEK (91) 262 endg[1]

Vorschlag der Kommission für eine Verordnung (EWG) des Rates über Maßnahmen zum Verbot der Überführung, der Ausfuhr und des Versandes nachgeahmter Waren und unerlaubt hergestellter Vervielfältigungsstücke in den zollrechtlich freien Verkehr vom 13. Juli 1993 KOM (93) 329 endg ABl C 238 vom 02.09.1993, 9 (Vorschlag PPV 1994)

Stellungnahme des Wirtschafts- und Sozialausschusses vom 21. Dezember 1993 ABl C 52 vom 19.02.1994, 37

Stellungnahme des Europäischen Parlaments (Erste Lesung) vom 9. Februar 1994 ABl C 61 vom 28.02.1994, 79

Geänderter Vorschlag für eine Verordnung (EWG) des Rates über Maßnahmen zum Verbot der Überführung nachgeahmter Waren sowie unerlaubt hergestellter Vervielfältigungsstücke und Nachbildungen in den zollrechtlich freien Verkehr, der Ausfuhr, ihrer Wiederausfuhr und ihrer Überführung in ein Nichterhebungsverfahren vom 18. Februar 1994 KOM (94) 43 endg ABl C 86 vom 23.03.1994, 14 (geänderter Vorschlag PPV 1994)

Stellungnahme des Europäischen Parlaments (Zweite Lesung) vom 16. Dezember 1994 ABl C 18 vom 23.01.1995, 427

Mitteilung der Kommission über die Bedeutung von Sanktionen für die Anwendung des Gemeinschaftsrechts im Binnenmarkt vom 3. Mai 1995 KOM (95) 162 endg

Aktionsplan zur Bekämpfung der organisierten Kriminalität vom 28. April 1997 ABl C 251 vom 15.08.1997, 1

Bericht der Kommission über die Durchführung der Verordnung (EG) Nr. 3295/94 des Rates vom 22. Dezember 1994 über Grenzkontrollen im Hinblick auf mutmaßlich nachgeahmte Waren sowie möglicherweise unerlaubt hergestellte Vervielfältigungsstücke und Nachbildungen vom 28. Januar 1998 KOM (1998) 25 endg

Vorschlag der Kommission zur Änderung der Verordnung (EG) Nr 3295/94 des Rates vom 22. Dezember 1994 über Maßnahmen zum Verbot der Überführung nachgeahmter Waren und unerlaubt hergestellter Vervielfältigungsstücke oder Nachbildungen in den zollrechtlich freien Verkehr oder in ein Nichterhebungsverfahren sowie zum Verbot ihrer Ausfuhr und Wiederausfuhr Anhang I zum Bericht der Kommission vom 28. Januar 1998 KOM (1998) 25 endg ABl C 108 vom 07.04.1998, 63

---

[1] GRUR Int 1991, 835.

Stellungnahme des Europäischen Parlaments vom 17. Juni 1998 ABl C 210 vom 06.07.1998, 123

Stellungnahme des Wirtschafts- und Sozialausschusses vom 1. Juli 1998 ABl C 284 vom 14.09.1998, 3

Grünbuch der Kommission zur Bekämpfung von Nachahmungen und Produkt- und Dienstleistungspiraterie im Binnenmarkt vom 15. Oktober 1998 KOM (98) 569 endg (Grünbuch Produktpiraterie 1998)

Geänderter Vorschlag für eine Verordnung (EG) des Rates zur Änderung der Verordnung (EG) Nr 3295/94 des Rates vom 22. Dezember 1994 über Maßnahmen zum Verbot der Überführung nachgeahmter Waren und unerlaubt hergestellter Vervielfältigungsstücke oder Nachbildungen in den zollrechtlich freien Verkehr oder in ein Nichterhebungsverfahren sowie zum Verbot ihrer Ausfuhr und Wiederausfuhr vom 9. November 1998 KOM (1998) 639 endg ABl C 377 vom 05.12.1998, 16

Stellungnahme des Wirtschafts- und Sozialausschusses zum Grünbuch zur Bekämpfung von Nachahmungen und Produkt- und Dienstleistungspiraterie im Binnenmarkt vom 24. Februar 1999, ABl C 116 v. 28.04.1999, 35.

Mitteilung der Kommission vom 17. November 2000 (Folgedokument zum Grünbuch zur Produkt- und Dienstleistungspiraterie) mit einem Aktionsplan und weiteren Empfehlungen KOM (2000) 789

II. Rechtsakte

Verordnung (EWG) Nr 3842/86 des Rates vom 1. Dezember 1986 über Maßnahmen zum Verbot der Überführung nachgeahmter Waren in den zollrechtlich freien Verkehr ABl L 357 vom 18.12.1986, 1 (aufgehoben)

Verordnung (EWG) Nr 2913/92 vom 12. Oktober 1992 zur Festlegung des Zollkodex der Gemeinschaften ABl L 302 vom 19.10.1992, 1 (mehrfach berichtigt und geändert)[2]

Verordnung (EWG) Nr 2454/ 93 vom 2. Juli 1993 mit Durchführungsvorschriften zum Zollkodex ABl L 253 vom 11.10.1993, 1

Verordnung (EG) Nr 3295/94 des Rates vom 22. Dezember 1994 über Maßnahmen zum Verbot der Überführung nachgeahmter Waren und unerlaubt hergestellter Vervielfältigungsstücke oder Nachbildungen in den zollrechtlich freien Verkehr oder in ein Nichterhebungsverfahren sowie zum Verbot ihrer Ausfuhr und Wiederausfuhr ABl L 341 vom 30.12.1994, 8 (ProduktpiraterieV 1994 – PPV 1994)[3]

Verordnung (EG) Nr 1367/95 der Kommission vom 16. Juni 1995 mit Durchführungsvorschriften zu der Verordnung (EG) Nr 3295/94 des Rates über Maßnahmen zum Verbot der Überführung nachgeahmter Waren und unerlaubt hergestellter Vervielfältigungsstücke oder Nachbildungen in den zollrechtlich freien Verkehr oder in ein Nichterhebungsverfahren sowie zum Verbot ihrer Ausfuhr und Wiederausfuhr ABl 133 vom 17. Juni 1995, 2 (DurchführungsV 1994)[4]

---

[2] Zuletzt insbes in Bezug auf Verbesserungen des Versandverfahrens durch die V (EG) Nr 955/99 ABl L 119/99 und die DurchführungsV (EG) Nr 502/99 ABl L 65/99 geändert.

[3] GRUR Int 1995, 483.

[4] Der Titel nach der DurchführungsV 1999 lautet: Verordnung (EG) Nr 1367/95 der Kommission vom 16. Juni 1995 mit Durchführungsvorschriften zu der Verordnung (EG) Nr 3295/94 des Rates über Maßnahmen, welche das Verbringen von Waren, die bestimmte Rechte am geistigen Eigentum verletzen, in die Gemeinschaft sowie ihre Ausfuhr und Wiederausfuhr aus der Gemeinschaft betreffen.

Beschluss 210/97/EG des Europäischen Parlaments und des Rates vom 19. Dezember 1996 über die Annahme eines Aktionsprogramms für den Zoll in der Gemeinschaft ABl L 33 vom 04.02.1997, 24 („Zoll 2000“)

Verordnung (EG) Nr 241/1999 des Rates vom 25. Januar 1999 zur Änderung der Verordnung (EG) Nr 3295/94 über Maßnahmen zum Verbot der Überführung nachgeahmter Waren und unerlaubt hergestellter Vervielfältigungsstücke oder Nachbildungen in den zollrechtlich freien Verkehr oder in ein Nichterhebungsverfahren sowie zum Verbot ihrer Ausfuhr und Wiederausfuhr ABl L 27 vom 02.02.1999, 1 (Änderungsverordnung 1999)

Verordnung (EG) Nr 2549/1999 der Kommission vom 2. Dezember 1999 zur Änderung der Verordnung (EG) Nr 1367/95 mit Durchführungsvorschriften zu der Verordnung (EG) Nr 3295/94 des Rates über Maßnahmen zum Verbot der Überführung nachgeahmter Waren und unerlaubt hergestellter Vervielfältigungsstücke oder Nachbildungen in den zollrechtlich freien Verkehr oder in ein Nichterhebungsverfahren sowie zum Verbot ihrer Ausfuhr und Wiederausfuhr, ABl L 308 vom 03.12.1999, 16 (DurchführungsV 1999)

III. Literatur

Ahrens, Die europarechtlichen Möglichkeiten der Beschlagnahme von Produktpirateriewaren an der Grenze unter Berücksichtigung des TRIPs-Abkommens, RIW 1996, 727

Bender, Verbote und Beschränkungen im Binnenmarkt – straf- und bußgeldrechtliche Aspekte, ZfZ 1992, 199

Beußel, Die Grenzbeschlagnahme von Parallelimporten, GRUR 2000, 188

Bortloff, Erfahrungen mit der Bekämpfung der elektronischen Musikpiraterie im Internet, GRUR Int 2000, 665

Braun, Produktpiraterie (1993)

Cremer, Die Bekämpfung der Produktpiraterie in der Praxis, Mitt (der deutschen Patentanwälte) 1992, 153

Daum, Abschöpfung der Bereicherung und Einstweilige Verfügung im Privatanklageverfahren wegen Produktpiraterie, MR 1999, 84

Dierck/Lehmann, Die Bekämpfung der Produktpiraterie nach der Urheberrechtsnovelle, CR 1993, 537

Dreier, TRIPs und die Durchsetzung von Rechten des geistigen Eigentums, GRUR Int 1996, 205

Ensthaler, Produktpirateriegesetz, GRUR 1992, 273

Fritze, Die Verordnung (EG) Nr. 3295/94 des Rates der Europäischen Union vom 22. Dezember 1994 über die Zollbeschlagnahme nachgeahmter Waren und unerlaubt hergestellter Vervielfältigungsstücke oder Nachbildungen und ihre Aussichten auf Erfolg, in Erdmann/Gloy/Herber (Hrsg), FS für *Henning Piper* um 65. Geburtstag (1996), 221 (Kurzzitat: *Fritze*, FS *Piper*)

Gourdin-Lamblin, La lutte contre la contrefaçon en droit communautaire, RMCUE 394 (1996) 40

Grauel, EU-Grünbuch zur Produkt- und Dienstleistungspiriaterie, MarkenR 1999, 124

Gravenreuth, Entwurf eines Gesetzes zur Bekämpfung der Produktpiraterie, BB 1988, 1614

Jung, Gesetz zur Bekämpfung der Produktpiraterie, JuS 1990, 856

Harte-Bavendamm, Handbuch der Markenpiraterie in Europa (2000) (Kurzzitat: *Harte-Bavendamm*, Handbuch)

Harte-Bavendamm, § 5 Deutschland in *Harte-Bavendamm*, Handbuch 75

Henke, Bekämpfung der Produktpiraterie, AW-Prax 1995, 204
Henke, Verbote und Beschränkungen für den Warenverkehr über die Grenze, AW-Prax 1995, 333, 372 und 407
Hoffmeister/Harte-Bavendamm, § 5 Deutschland – Grenzbeschlagnahme in *Harte-Bavendamm,* Handbuch 159
Hoffmeister, The protection of intellectual property rights in co-operation with custom authorities, ALAI Kongress Berlin 1999 (noch nicht veröffentlicht)
Katzenberger, TRIPs und das Urheberrecht, GRUR Int 1995, 447
Klindt, Schutz von Markenpiraterie – auch ein Thema der EG-Binnenmarktrichtlinie? GRUR 2000, 973
Knaak, Die nationalen und internationalen Arbeiten gegen die Markenpiraterie, GRUR Int 1988, 11
Knaak, § 4 EG-Produktpiraterie-Verordnung in *Harte-Bavendamm,* Handbuch 51
Lührs, Verfolgungsmöglichkeiten im Fall der „Produktpiraterie" unter besonderer Betrachtung der Einziehungs- und Gewinnabschöpfungsmöglichkeiten (bei Ton-, Bild- und Computerprogrammträgern), GRUR 1994, 264
Loos, Durchsetzung von Rechten des Geistigen Eigentums: Verfahren und Sanktionen, ÖBl 1997, 267
Meister, Leistungsschutz und Produktpiraterie (1990)
Oppermann, Der Auskunftsanspruch im gewerblichen Rechtsschutz und Urheberrecht – Dargestellt unter besonderer Berücksichtigung der Produktpiraterie (1997)
Pöchhacker/Annacker, § 10 Österreich in *Harte-Bavendamm,* Handbuch 319
Prettenthaler/Wittmann, Pirateriekontrolle durch die Zollbehörden, MR 1995, 202
Reiterer, Die neuen Bereiche der Welthandelsorganisation, ecolex 1995, 861
Renner, Rechtsschutz von Computerprogrammen (1998) 68ff (Kurzzitat: *Renner*, Rechtsschutz)
Scheja, Bekämpfung der grenzüberschreitenden Produktpiraterie durch die Zollbehörden, CR 1995, 714
Schöner, Die Bekämpfung der Produktpiraterie durch die Zollbehörden, Mitt 1992, 180
Schuhmacher, Verordnung gegen „Markenpiraterie", WBl 1987, 92
Staehlin, Das TRIPs-Abkommen – Immaterialgüterrechte im Licht der globalisierten Handelspolitik, Schriften zum Medien- und Immaterialgüterrecht 42 (1997) (Kurzzitat: *Staehlin*, Das TRIPs-Abkommen)
Steinmetz, Urheberrechtliche Aspekte des GATT (ÖSGRUM 17/1995) 40
Tilmann, Der Schutz gegen Produktpiraterie nach dem Gesetz von 1990, BB 1990, 1565
Trainer, Border Enforcement of Intellectual Property (1999)
Walter in *Blocher – Walter*, Anpassungserfordernisse österreichischen Rechts im Hinblick auf die Richtlinie des Rats vom 14. Mai 1991 über den Rechtsschutz von Computerprogrammen /91/250/EWG) in *Koppensteiner*, Österreichisches und europäisches Wirtschaftsprivatrecht 631ff (Kurzzitat: *Walter* in *Blocher – Walter*, Anpassungserfordernisse)
Walter, Anm zu OLG Wien 08.10.1999 „Royal Sped" MR 1999, 286
Walter, MR 2000, 245 (Entscheidungsanmerkung)
Witte/Wolffgang, Lehrbuch des Europäischen Zollrechts[3] (1998) (Kurzzitat: *Witte/Wolffgang*, Lehrbuch)
Witte (Hrsg), Zollkodex Kommentar[2] (1998)
Zolldokumentation (ZD) des österr Bundesministeriums für Finanzen – Verbote und Beschränkungen (VB 0100 – Allgemein und VB 0730 Produktpiraterie) (lose Blattausgabe)

Vor Artikel 1 Einleitung

Übersicht

Text

Einleitung und allgemeine Erwägungsgründe

Produktpiraterieverordnung 1994

Der Rat der Europäischen Gemeinschaften – gestützt auf den Vertrag zur Gründung der Europäischen Wirtschaftsgemeinschaft, insbesondere auf Artikel 113 und 235, auf Vorschlag der Kommission, nach Stellungnahme des Europäischen Parlaments, nach Stellungnahme des Wirtschafts- und Sozialausschusses, in Erwägung nachstehender Gründe:[5] ...

ErwG 1 Die Verordnung (EWG) Nr 3842/86 des Rates vom 1. Dezember 1986 über Maßnahmen zum Verbot der Überführung nachgeahmter Waren in den zollrechtlich freien Verkehr ist seit dem 1. Januar 1988 in Kraft. Es ist den Erfahrungen der ersten Jahre der Anwendung dieser Verordnung Rechnung zu tragen, um die Wirksamkeit des eingeführten Systems zu verbessern.

ErwG 2 Durch das Inverkehrbringen nachgeahmter Waren und unerlaubt hergestellter Vervielfältigungsstücke oder Nachbildungen wird den gesetzestreuen Herstellern und Händlern sowie den Inhabern von Urheberrechten und verwandten Schutzrechten erheblicher Schaden zugefügt und der Verbraucher getäuscht. Es ist daher notwendig, so

---

[5] Dem Aufbau der Kommentierung entsprechend sind die einzelnen Erwägungsgründe jeweils im Zusammenhang mit denjenigen Vorschriften der Verordnung wiedergegeben, auf die sie sich beziehen; einführend sind daher nur diejenigen Erwägungsgründe abgedruckt, die sich auf die gesamte Verordnung beziehen.

weit wie möglich zu verhindern, daß solche Waren auf den Markt gelangen; zu diesem Zweck sind Maßnahmen zur wirksamen Bekämpfung dieser illegalen Praktiken zu ergreifen, ohne jedoch dadurch den rechtmäßigen Handel in seiner Freiheit zu behindern. Diese Zielsetzung steht im übrigen im Einklang mit gleichgerichteten Anstrengungen auf internationaler Ebene.

ErwG 6 Die Gemeinschaft berücksichtigt die Bestimmungen des im Rahmen des GATT ausgehandelten Übereinkommens über die handelsrelevanten Aspekte der Rechte des geistigen Eigentums einschließlich des Handels mit nachgeahmten Waren und insbesondere die Maßnahmen beim Grenzübergang.

Änderungsverordnung 1999

Einleitung

Der Rat der Europäischen Union – gestützt auf den Vertrag zur Gründung der Europäischen Gemeinschaft, insbesondere auf Artikel 113, auf Vorschlag der Kommission, nach Stellungnahme des Europäischen Parlaments, nach Stellungnahme des Wirtschafts- und Sozialausschusses, in Erwägung nachstehender Gründe: ...

Durchführungsverordnung 1995

Die Kommission der Europäischen Gemeinschaften – gestützt auf den Vertrag zur Gründung der Europäischen Gemeinschaft, gestützt auf die Verordnung (EG) Nr 3295/94 des Rates vom 22. Dezember 1994 über Maßnahmen zum Verbot der Überführung nachgeahmter Waren und unerlaubt hergestellter Vervielfältigungsstücke oder Nachbildungen in den zollrechtlich freien Verkehr oder in ein Nichterhebungsverfahren, sowie zum Verbot ihrer Ausfuhr und Wiederausfuhr, insbesondere auf die Artikel 12, 13 und 14, in Erwägung nachstehender Gründe:

ErwG 1 Mit der Verordnung (EG) Nr 3295/94 sind gemeinsame Regeln zum Verbot der Überführung nachgeahmter Waren sowie unerlaubt hergestellter Vervielfältigungsstücke oder Nachbildungen in den zollrechtlich freien Verkehr oder in ein Nichterhebungsverfahren sowie zum Verbot ihrer Ausfuhr und Wiederausfuhr festgelegt worden; sie sollen zur wirksamen Bekämpfung des illegalen Inverkehrbringens solcher Waren dienen, ohne daß dadurch der rechtmäßige freie Handel behindert wird.

Durchführungsverordnung 1999

Die Kommission der Europäischen Gemeinschaften – gestützt auf den Vertrag zur Gründung der Europäischen Gemeinschaft, gestützt auf die Verordnung (EG) Nr 3295/94 des Rates vom 22. Dezember 1994 über Maßnahmen, welche das Verbringen von Waren, die bestimmte Rechte am geistigen Eigentum verletzen, in die Gemeinschaft sowie ihre Ausfuhr und Wiederausfuhr aus der Gemeinschaft betreffen, geändert durch die Verordnung (EG) Nr 241/1999(2), in Erwägung nachstehender Gründe:

ErwG 1 Um die Einheitlichkeit des Vordrucks für das Ersuchen auf Tätigwerden hinsichtlich einer Gemeinschaftsmarke gemäß der Verordnung (EG) Nr. 40/94 des Rates vom 20. Dezember 1993 über die Gemeinschaftsmarke(3), zuletzt geändert durch die Verordnung (EG) 3288/94(4), zu gewährleisten, sind die Einzelheiten der Ausstellung, Erteilung und Verwendung dieses Vordrucks zu regeln, damit es leicht erkennbar ist und überall in der Gemeinschaft Verwendung findet. Dazu ist ein Muster für die Genehmigung festzulegen.

ErwG 3 Die Verordnung (EG) Nr 1367/95 der Kommission ist demgemäß zu ändern.

ErwG 4 Die in dieser Verordnung vorgesehenen Maßnahmen entsprechen der Stellungnahme des durch Artikel 247 der Verordnung (EWG) Nr 2913/92(6), zuletzt geändert durch die Verordnung (EG) Nr 955/1999 des Europäischen Parlaments und des Rates, eingerichteten Ausschusses für den Zollkodex.

Gemeinsamer Standpunkt Info-RL

Artikel 8 Sanktionen und Rechtsbehelfe (Info-RL)

(1) Die Mitgliedstaaten sehen bei Verletzungen der in dieser Richtlinie festgelegten Rechte und Pflichten angemessene Sanktionen und Rechtsbehelfe vor und treffen alle notwendigen Maßnahmen, um deren Anwendung sicherzustellen. Die betreffenden Sanktionen müssen wirksam, verhältnismäßig und abschreckend sein.

(2) Jeder Mitgliedstaat trifft die erforderlichen Maßnahmen, um sicherzustellen, dass Rechtsinhaber, deren Interessen durch eine in seinem Hoheitsgebiet begangene Rechtsverletzung beeinträchtigt werden, Klage auf Schadenersatz erheben und/oder eine gerichtliche Anordnung sowie gegebenenfalls die Beschlagnahme von rechtswidrigem Material sowie von Vorrichtungen, Erzeugnissen oder Bestandteilen im Sinne des Artikels 6 Absatz 2 beantragen können.

(3) Die Mitgliedstaaten stellen sicher, dass die Rechtsinhaber gerichtliche Anordnungen gegen Vermittler beantragen können, deren Dienste von einem Dritten zur Verletzung eines Urheberrechts oder verwandter Schutzrechte genutzt werden.

Artikel 9 Weitere Anwendung anderer Rechtsvorschriften (Info-RL)

Diese Richtlinie lässt andere Rechtsvorschriften insbesondere in folgenden Bereichen unberührt: Patentrechte, Marken, Musterrechte, Gebrauchsmuster, Topographien von Halbleitererzeugnissen, typographische Schriftzeichen, Zugangskontrolle, Zugang zum Kabel von Sendediensten, Schutz nationalen Kulturguts, Anforderungen im Bereich gesetzlicher Hinterlegungspflichten, Rechtsvorschriften über Wettbewerbsbeschränkungen und unlauteren Wettbewerb, Betriebsgeheimnisse, Sicherheit, Vertraulichkeit, Datenschutz und

Schutz der Privatsphäre, Zugang zu öffentlichen Dokumenten sowie Vertragsrecht.

Aus den Erwägungsgründen (Info-RL)

ErwG 57 Die Mitgliedstaaten sollten wirksame Sanktionen und Rechtsbehelfe bei Zuwiderhandlungen gegen die in dieser Richtlinie festgelegten Rechte und Pflichten vorsehen. Sie sollten alle erforderlichen Maßnahmen treffen, um die Anwendung dieser Sanktionen und Rechtsbehelfe sicherzustellen. Die vorgesehenen Sanktionen müssen wirksam, verhältnismäßig und abschreckend sein und die Möglichkeit einschließen, Schadenersatz und/oder eine gerichtliche Anordnung sowie gegebenenfalls die Beschlagnahme von rechtswidrigem Material zu beantragen.

ErwG 58 Insbesondere in der digitalen Technik können die Dienste von Vermittlern immer stärker von Dritten für Rechtsverstöße genutzt werden. Oftmals sind diese Vermittler selbst am besten in der Lage, diesen Verstößen ein Ende zu setzen. Daher sollten die Rechtsinhaber – unbeschadet anderer zur Verfügung stehender Sanktionen und Rechtsbehelfe – die Möglichkeit haben, eine gerichtliche Anordnung gegen einen Vermittler zu beantragen, der die Rechtsverletzung eines Dritten in bezug auf ein geschütztes Werk oder einen anderen Schutzgegenstand in einem Netz überträgt. Diese Möglichkeit sollte auch dann bestehen, wenn die Handlungen des Vermittlers nach Artikel 5 freigestellt sind. Die Bedingungen und Modalitäten für eine derartige gerichtliche Anordnung sollten im nationalen Recht der Mitgliedstaaten geregelt werden.

ErwG 59 Der durch diese Richtlinie gewährte Schutz sollte die nationalen und gemeinschaftlichen Rechtsvorschriften in anderen Bereichen wie gewerbliches Eigentum, Datenschutz, Zugangskontrolle, Zugang zu öffentlichen Dokumenten und den Grundsatz der Chronologie der Auswertung in den Medien, die sich auf den Schutz des Urheberrechts oder verwandter Rechte auswirken, unberührt lassen.

Erklärung der Schwedischen Delegation zu Artikel 9

Schweden erinnert daran, daß die Formulierung „Registrierungsvoraussetzungen" unter anderem nationale Systeme umfasst, nach welchen dazu bestimmte Behörden technische Maßnahmen beim Herunterladen von Werken oder anderen Schutzgegenständen aus Computer-Netzwerken für nationale Archivzwecke umgehen können.

Kommentar

1. Produktpiraterieverordnung vom 1. Dezember 1986

1 Noch vor Einsetzen der Diskussion um einen Ausbau der **Rechtsdurchsetzung** im Bereich der Immaterialgüterrechte auf internationaler Ebene hat die Europäische Union zum Zweck der Verbesserung der sog Pirterieverfolgung eine Einbindung der Zollbehörden vorgesehen und die Grenzbeschlagnahme piratisierter Waren ermöglicht. Die Voraussetzungen und das Verfahren wurden mit der sog **ProduktpiraterieV** vom 1. Dezember **1986**[6] geregelt. Diese war aber einerseits nur auf rechtswidrig mit einer Marke bzw einem Warenzeichen versehene (nachgeahmte) Waren anwendbar und umfasste deshalb insbes weder Patentrechte noch Urheber- und Leistungsschutzrechte oder Geschmacksmuster; anderseits war sie auf die Einfuhr (Überführung angemeldeter Waren in den zollrechtlich freien Verkehr) beschränkt (Art 1 und 2). Das Verfahren entsprach in seinen Grundzügen demjenigen, wie es nun in der PPV 1994/99 vorgesehen ist, die aber in verschiedener Hinsicht präziser formuliert und wirksamer gestaltet wurde. Ein Tätigwerden der Zollbehörden erfolgte nur über Antrag (Art 3); von einer positiven Entscheidung der Zollbehörde waren die Zollstellen unverzüglich zu benachrichtigen (Art 4). Die eigentliche Zollbeschlagnahme durch die Zollstellen und die Sachentscheidung der zuständigen Behörden (Rechtfertigungsverfahren) waren in den Art 5 und 6 geregelt. Art 7 sah bereits eine Vernichtung sowie einen Anspruch auf Herausgabe des Verletzergewinns vor. Ausgenommen vom Anwendungsbereich der Verordnung waren das persönliche Reisegepäck und Kleinsendungen (Art 9). Gemäß Art 10 galt die ProduktpiraterieV 1986 sinngemäß auch für die Gemeinschaftsmarke. In den siebeneinhalb Jahren ihrer Anwendung wurden insgesamt 1.842 Zollinterventionen durchgeführt[7].

Auch ein Informationsaustausch und eine Einbeziehung des Ausschusses für allgemeine Zollregelungen nach Art 24 der Richtlinie 79/695/EWG[8] waren be- **2**
reits vorgesehen (Art 11), an dessen Stelle nun der mit Art 247 der Verordnung (EWG) Nr 2913/92 eingesetzte Ausschuss getreten ist. Eine Bilanz betreffend das Greifen der PPV 1986 ist dem Bericht der Kommission vom 15. Februar 1991 zu entnehmen[9].

2. *TRIPs-Abkommen*

2.1. Allgemeines

In der Zwischenzeit hat sich auf internationaler Ebene auch die Uruguay Runde **3**
des *General Agreement on Tariffs and Trade* (GATT) des Schutzes des Geistigen Eigentums angenommen, und wurde insbes auch die Rechtsdurchsetzung (*enforcement*) im Fall der Verletzung von Immaterialgüterrechten diskutiert. Ergebnis dieser Bemühungen ist das TRIPs-Abkommen über handelsbezogene Aspekte der Rechte des Geistigen Eigentums[10].

[6] Siehe dazu *Fritze*, FS *Piper* 221ff; *Knaak* in *Harte-Bavendamm*, Handbuch Rz 1. Vgl dazu auch den Bericht der Kommission vom 15.02.1991 und 28.01.1998 Punkt 1.2.

[7] Siehe Bericht der Kommission 28.01.1998 Punkt 3.3.

[8] ABl L 205 vom 13.08.1979, 19.

[9] Siehe dazu auch *Ahrens*, RIW 1996, 727; *Cremer*, Mitt 1992, 164f; *Scheja*, CR 1995, 715f; *Schöner*, Mitt 1992, 181.

[10] *Agreement on Trade Related Aspects of Intellectual Property Rights* (TRIPs). Das Abkommen ist im WTO-Abkommen (Abkommen zur Errichtung der Welthandelsorganisation) enthalten und wurde am 15. April 1994 in Marrakesch unterzeichnet. Vgl dazu etwa *Dreier*, GRUR Int 1996, 207; *Katzenberger*, GRUR Int 1995, 447; *Knaak* in *Harte-Bavendamm*, Handbuch Rz 7 und 78ff; *Loos*, ÖBl 1997, 267; *Reiterer*, ecolex 1995, 861; *Staehlin*, Das TRIPs-Abkommen 42; *Steinmetz*, Urheberrechtliche Aspekte 40; *Walter*, Anpassungserfordernisse 631ff.

4 Das Abkommen sieht in urheberrechtlicher Hinsicht einerseits **Inländerbehandlung** und auf der anderen Seite eine Reihe von **Mindestschutzrechten** vor, die in einzelnen Punkten über diejenigen der Berner Übereinkunft hinausgehen bzw Klarstellungen enthalten (sog „Bern Plus"). Davon abgesehen rezipiert das TRIPs-Abkommen die materiellen Vorschriften der RBÜ 1967/1971 (Art 1 bis 21), einschließlich des gewährten Mindestschutzes und des auch dort vorgesehenen Inländerbehandlungsgrundsatzes (Art 9 Z 1 TRIPs-Abkommen). Ausgenommen sind jedoch die Vorschriften zum Schutz des **Urheberpersönlichkeitsrechts** (Art 6bis RBÜ 1967/1971). Die Inanspruchnahme von Inländerbehandlung und Mindestschutz setzt das Vorliegen eines Anknüpfungspunkts (Staatsangehörigkeit, gewöhnlicher Aufenthalt, Ersterscheinen etc) im Sinn der Berner Übereinkunft im Verhältnis zu einem TRIPs-Mitgliedstaat voraus.

Das Abkommen regelt auch die **Leistungsschutzrechte** des ausübenden Künstlers, des Tonträgerherstellers und des Rundfunkunternehmers und sieht hierfür gleichfalls Mindestschutzrechte vor (Art 14). Der Inländerbehandlungsgrundsatz bezieht sich hier aber nur auf die TRIPs-eigenen Rechte; die Mindestschutzrechte des Rom-Abkommens werden nicht generell übernommen. Schließlich ist im TRIPs-Abkommen – mit einigen Ausnahmen – auch der Grundsatz der **Meistbegünstigung** verankert (Art 4 TRIPs-Abkommen)[11].

2.2. Rechtsdurchsetzungsvorschriften

5 Das TRIPs-Abkommen enthält in seinem III. Teil auch Vorschriften zur Durchsetzung der Rechte an Geistigem Eigentum (Art 41ff)[12]. Art 44 Abs 1 sieht etwa einen **Unterlassungsanspruch**[13] und Art 45 einen **Schadenersatzanspruch,** einschließlich der Gewinnherausgabe vor[14]. Nach Art 46 sind die Justizbehörden befugt anzuordnen, dass Eingriffsgegenstände ohne Ersatzleistung aus dem Verkehr gezogen (**vernichtet**) und Materialien und Werkzeuge, die vorwiegend zur Schaffung rechtsverletzender Waren verwendet werden (Eingriffsmittel), ohne Ersatzleistung irgendeiner Art so aus dem Verkehr gezogen werden, dass die Gefahr weiterer Verletzungen möglichst gering gehalten wird (Unbrauchbarmachung). Eingriffsmittel unterliegen danach der Unbrauchbarmachung, auch wenn sie nicht ausschließlich zur widerrechtlichen Verwertung bestimmt sind; auch auf die Eigentumsverhältnisse kommt es nach dem TRIPs-Abkommen nicht an[15].

6 Art 47 TRIPs-Abkommen sieht – allerdings nicht zwingend – auch einen **erweiterten Auskunftsanspruch** vor, wonach die Gerichte befugt sind, den Verletzer anzuweisen, den Rechtsinhaber von der Identität **Dritter**, die an der Herstellung und am Vertrieb der verletzenden Waren oder Dienstleistungen beteiligt waren, und von ihren Vertriebswegen in Kenntnis zu setzten, sofern dies im Vergleich

---

[11] Vgl dazu *Walter* Art 7 Rz 16ff Schutzdauer-RL.

[12] Vgl dazu *Walter*, Anpassungserfordernisse 632ff.

[13] Der Unterlassungsanspruch richtet sich nicht notwendig auch gegen Personen, die nicht schuldhaft handeln, wobei Fahrlässigkeit genügt (Art 44 Abs 1 Satz 2). Vgl dazu *Dreier*, GRUR Int 1996, 211; *Renner*, Rechtsschutz 74.

[14] Der Schadenersatzanspruch wiederum ist nicht notwendig verschuldensabhängig.

[15] Vgl dazu *Renner*, Rechtsschutz 75; *Walter*, Anpassungserfordernisse 632f.

zur Schwere der Verletzung nicht unverhältnismäßig wäre. Diese Bestimmung soll dem Verletzten die Möglichkeit geben, den Vertriebsweg bis hin zum Produzenten zu verfolgen, was auf Grund des allgemeinen Rechnungslegungs- und Auskunftsanspruchs nicht immer möglich ist[16].

Art 61 TRIPs-Abkommen schreibt weiters zwingend die **Strafbarkeit** zumindest der gewerbsmäßigen vorsätzlichen Nachahmung urheberrechtlich geschützter Waren vor. Die vorgesehenen Strafen (Haft und/oder Geldstrafe) sollen ausreichen, um abschreckend zu wirken; sie müssen dem Strafmaß entsprechen, das für entsprechend schwere Straftaten vorgesehen ist. Auch im Strafverfahren muss gegebenenfalls die Beschlagnahme und Vernichtung gewährleistet sein[17]. **7**

2.3. Einstweilige Maßnahmen

Unter dem Titel „Einstweilige Maßnahmen" sind die Gerichte (Justizbehörden) befugt, **unverzügliche und wirksame Maßnahmen** anzuordnen, um die Verletzung des Geistigen Eigentums zu verhindern, insbes dass (eingeführte) Waren unmittelbar nach der Zollabfertigung in die inländischen Handelswege gelangen, und um einschlägige Beweise im Zusammenhang mit der behaupteten Verletzung zu sichern (Art 50 Abs 1 TRIPs-Abkommen). Solche Einstweiligen Maßnahmen können erforderlichenfalls auch ohne Anhörung der Gegenpartei getroffen werden (Abs 2). Der Antragsteller muss alle zumutbaren Beweismittel und erforderlichen Informationen (zur Identifizierung der betreffenden Waren durch die Behörde) vorlegen (Abs 3)[18]. Diese Vorschrift zielt auf eine Beschlagnahme von Eingriffsgegenständen ab; sie bezieht sich insbes, aber nicht ausschließlich, auf zur Zollabfertigung gelangende Waren. Art 50 Abs 1 lit b TRIPs-Abkommen sieht einstweilige Maßnahmen ausdrücklich auch zum Zweck der **Beweissicherung** vor. **8**

2.4. Mitwirkung der Zollbehörden

Vor allem aber sieht das TRIPs-Abkommen auch zwingend die Mitwirkung der **Zollbehörden** bei der Verfolgung der Verletzung von Immaterialgüterrechten (Urheberrechten) vor (Art 51 bis 60). Hat der Rechtsinhaber triftige Gründe für den Verdacht, dass es zur Einfuhr von Eingriffsgegenständen kommen kann, haben die Zollbehörden über schriftlichen Antrag des Berechtigten die Abfertigung solcher Erzeugnisse in den freien Verkehr auszusetzen. Im Einzelnen werden diese Vorschriften im Zusammenhang mit den entsprechenden Regelungen der ProduktpiraterieV behandelt. Die Vorschriften des TRIPs-Abkommens betreffend die Grenzbeschlagnahme werden als nicht unmittelbar anwendbar anzusehen sein[19]. **9**

---

[16] Vgl dazu *Renner*, Rechtsschutz 74; *Walter*, Anpassungserfordernisse 633.

[17] Vgl dazu *Renner*, Rechtsschutz 83ff; *Walter*, Anpassungserfordernisse 633.

[18] Im Einzelnen siehe auch die Abs 6 bis 8, die insb Fristen für die Einleitung einer Sachentscheidung vorsehen und auch den Schutz des Betroffenen regeln. Vgl zu all dem *Dreier*, GRUR Int 1996, 212f; *Renner*, Rechtsschutz 78ff; *Walter*, Anpassungserfordernisse 633ff.

[19] Vgl etwa *Ahrens*, RIW 1996, 727; *Dreier*, GRUR Int 1996, 215; *Walter*, Anpassungserfordernisse 635f.

3. *Weiterentwicklung auf internationaler Ebene*

10 Auf internationaler Ebene wurden die Intentionen des TRIPs-Abkommens mit den **WIPO Verträgen 1996** weiterentwickelt. Abgesehen von einer Übernahme der „Bern Plus" Elemente dienen die WIPO Verträge, das *WIPO Copyright Treaty* (WCT) und das *WIPO Performances and Phonograms Treaty* (WPPT), vor allem der urheberrechtlichen Erfassung der Online-Übertragung (*digital transmission*). Darüber hinaus enthalten die Abkommen aber auch Bestimmungen betreffend technische Schutzmaßnahmen und Informationen über die Rechtewahrnehmung. Nicht zuletzt enthalten beide Abkommen auch Bestimmungen über die Rechtsdurchsetzung, wonach sich die Vertragsstaaten verpflichten, für eine effektive Rechtsdurchsetzung zu sorgen und insbes vorbeugende Maßnahmen und ausreichende (abschreckende) Sanktionen vorzusehen (Art 14 Abs 2 WCT und 23 WPPT). Der harmonisierten Umsetzung dieser neuen internationalen Vertragsinstrumente in der EU dient die Info-RL, die in Art 8 aber auch allgemeine Vorschriften über Sanktionen und Rechtsbehelfe enthält.

4. *Produktpiraterieverordnung vom 22. Dezember 1994*

4.1. Anliegen

11 Die ProduktpiraterieV vom 22. Dezember 1994 bezieht sich so wie ihre Vorgängerin, die Verordnung vom 1. Dezember 1986, auf die Mitwirkung der Zollbehörden an der Bekämpfung der sog **Produktpiraterie.** Mit den Arbeiten an einer Neufassung der ProduktpiraterieV 1986 (PPV 1986) wurde schon vor Verabschiedung des TRIPs-Abkommens im April 1994 begonnen. Hauptanliegen war es, die Antragstellung durch den Rechtsinhaber zu erleichtern und den Schutz auch auf andere Rechte als das Markenrecht auszudehnen[20]. Auch die fortschreitenden Arbeiten am TRIPs-Abkommen sollten berücksichtigt, aber nicht abgewartet werden (Begründung Punkt I). Grundlage für die Arbeiten war ein Bericht der Kommission an den Rat und das Europäische Parlament vom 15. Februar 1991. Im Zug der weiteren Entwicklung konnte das TRIPs-Abkommen aber auch in seiner endgültigen Fassung noch berücksichtigt werden.

4.2. Entstehungsgeschichte

12 Schon in ihrem Bericht vom 15. Februar 1991 hatte die Kommission eine Erweiterung der ProduktpiraterieV 1986 vorgeschlagen. Am 13. Juli 1993 legte die Kommission den **Vorschlag** für eine Verordnung des Rats vor[21], wonach im Bereich des Kennzeichenrechts eine Ausdehnung auch auf andere Kennzeichen als Marken (Logos), auf die Umschließungen von Waren sowie auf Eingriffsmittel (Formen, Modelle etc) erfolgen sollte. Vor allem aber sollten auch ohne Einwilligung des **Urhebers** oder Inhabers **verwandter Schutzrechte** hergestellte Vervielfältigungsstücke und Nachbildungen geschmacksmusterrechtlich geschützter Produkte einbezogen werden (Art 1)[22]. Dem Wunsch auf Erfassung

---

[20] Vgl dazu etwa *Ahrens*, RIW 1996, 728f.

[21] Zu den Hauptanliegen vgl auch Begründung Vorschlag Punkt II. Zur Entstehungsgeschichte siehe auch *Knaak* in *Harte-Bavendamm*, Handbuch Rz 8.

[22] Zu diesen und den übrigen Änderungen gegenüber der PPV 1986 siehe etwa *Fritze*, FS *Piper* 225ff.

auch patentrechtlich geschützter Waren kam der Kommissionsvorschlag aber noch nicht nach (Begründung Vorschlag Punkt III). Weiters wurde die Anwendung der Zollbeschlagnahme über die Einfuhr hinaus auf weitere Zollverfahren (**Ausfuhr** und **Versandverfahren**) vorgesehen (Abs 1 lit a und Art 2). Nicht berücksichtigt wurde dagegen der Vorschlag, die Verordnung auch auf Einfuhren auszudehnen, die unter anderen Bedingungen durchgeführt werden als vertraglich vereinbart. Schließlich enthielt der Kommissionsvorschlag eine genaue Aufzählung der vom Rechtsinhaber in seinem Antrag zu machenden Angaben (Art 3), räumte die Möglichkeit einer Beschau ein (Art 5), gewährte einen Auskunftsanspruch auch hinsichtlich Namen und Anschrift des Herstellers (Art 7) und formulierte die Ausnahmen zu Gunsten einer Einfuhr als Reisegepäck genauer.

Der **Wirtschafts- und Sozialausschuss** betonte in seiner positiven Stellung- **13**
nahme vom 21. Dezember 1993 die Wichtigkeit und Dringlichkeit des Kommissionsvorschlags und erörterte die wirtschaftlichen und sozialen Aspekte aus der Sicht der Rechtsinhaber (Markenartikelindustrie) und des Konsumenten, darüber hinaus aber auch aus beschäftigungspolitischer Sicht (Punkt 1.5.). Die Stellungnahme vermisste, dass die erfassten „illegalen Handelspraktiken" nicht als zollrechtliche Übertretung anzusehen sind, und die Staatsanwaltschaft nicht ermächtigt wird, im Konsumenteninteresse einzugreifen (Punkt 2.4.). Auch die fehlende Harmonisierung der Rechtsfolgen (Sanktionen) – über die in Art 7 vorgesehene Vernichtung und Gewinnabschöpfung hinaus – wurde als Regelungslücke betrachtet (Punkt 2.5. und 5.1.). Schließlich vermisste die Stellungnahme die Einbeziehung des aktiven und passiven Veredelungsverkehrs sowie der Zwischenlager und Freizonen (Punkt 2.6.). Nicht zuletzt regte der Wirtschafts- und Sozialausschuss auch an, die Zollbehörden zu einem amtswegigen Einschreiten zu ermächtigen (Punkt 3.2.) und ein solches auch dann vorzusehen, wenn die Verletzung der Rechtsordnung eines anderen Mitgliedsstaats droht (Punkt 3.4.).

Auch das **Europäische Parlament** begrüßte in seiner Stellungnahme vom 9. Fe- **14**
bruar 1994 den Kommissionsvorschlag und schlug seinerseits zahlreiche Ergänzungen vor, die sich sowohl auf die Erwägungsgründe als auch auf die einzelnen Artikel der Verordnung bezogen. So unterstützte das Europäische Parlament den Vorschlag des Wirtschafts- und Sozialausschusses, die Prüfung der Frage, ob es sich um unerlaubte hergestellte Vervielfältigungsstücke (Nachbildungen) handelt, auch nach den Rechtsvorschriften anderer Mitgliedsstaaten zu beurteilen (Abänderungsvorschlag 10). Auch die „vorübergehende Verwahrung" (Art 50 ZK), „Zolllager" (Art 98 ZK), „aktive und passive Veredelung" (Art 114 und 145 ZK), „Umwandlungsverfahren" (Art 130 ZK), „vorübergehende Verwendung" (Art 137 ZK), „Freizonen und Freilager" (Art 166 ZK) und die Wiederausfuhr (Art 182 ZK) sollten erfasst werden (Abänderungsvorschlag 10). Weiters griff das Europäische Parlament auch den Vorschlag des Wirtschafts- und Sozialausschusses auf, ein amtswegiges Einschreiten der Zollbehörden vorzusehen (Abänderungsvorschlag 17), und sollten der Kommission nach Ansicht des Europäischen Parlaments auch Koordinationsaufgaben zukommen (Abänderungsvorschlag 28). Schließlich regte das Europäische Parlament an, nicht nur unerlaubt hergestellte, sondern auch parallel importierte Vervielfältigungsstücke zu erfassen (Abänderungsvorschlag 11).

15 In ihrem **geänderten Vorschlag** übernahm die Kommission mehrere der erwähnten Anregungen. So wurde der Anwendungsbereich der Verordnung auf weitere Zollverfahren (Wiederausfuhr und Nichterhebungsverfahren) ausgedehnt, wurden Vervielfältigungsmittel auch im urheber- und leistungsschutzrechtlichen Bereich einbezogen und der Begriff der unerlaubt hergestellten Vervielfältigungsstücke und Nachbildungen präzisiert. Weiters übernahm der geänderte Kommissionsvorschlag die Anregung, den Zollbehörden auch ein amtswegiges Einschreiten zu ermöglichen, präzisierte die vorgesehenen Fristen und übertrug der Kommission Koordinierungsaufgaben bei der Bekämpfung der Produktpiraterie (Begründung Punkt 2). Dagegen lehnte der geänderte Kommissionsvorschlag die Anregung ab, auch die Rechtsvorschriften in anderen Mitgliedsstaaten zu berücksichtigen, die Hinweise auf die Haftung der Zollbehörden zu streichen und auch den sog „Parallelimport" sowie Patente zu erfassen (Begründung Punkt 3). In seiner zweiten Stellungnahme vom 16. Dezember 1994 wiederholte das **Europäische Parlament** einen Teil seiner früheren Abänderungsvorschläge und regte insbes an, auch Patentrechte einzubeziehen (Abänderungsvorschlag 18). Die Kommission hat die ProduktpiraterieV am 22. Dezember 1994 erlassen.

4.3. Auswirkungen der Produktpiraterieverordnung 1994

16 Nach dem Bericht der Kommission vom 28. Januar 1998 war die ProduktpiraterieV 1994 Grundlage für ein **funktionierendes System** einer Mithilfe der Zollbehörden bei der Bewältigung des Problems der Produktpiraterie. Behandelt wurden in der Zeit vom 1. Juli 1995 bis zum 1. Juli 1997 nicht weniger als 4.133 Fälle, wobei Markenrechtsverletzungen weiterhin am zahlreichsten waren, zunehmend aber auch Verletzungen von Urheber- und Leistungsschutzrechten Anlass zum Einschreiten gaben. Zu den Zahlen und deren Analyse nach den verschiedensten Gesichtspunkten und zu den **wirtschaftlichen Auswirkungen** der Produktpiraterie im Einzelnen siehe Punkt 3 und Anhang II sowie Punkt 5 des Berichts[23]. Insgesamt konnte die Kommission feststellen, dass sich – abgesehen von gelegentlichen Unzulänglichkeiten in bestimmten Ländern – keine besonderen Probleme bei der Durchführung der ProduktpiraterieV 1994 ergeben haben. Der gleichzeitig vorgelegte Vorschlag einer Änderung konnte sich deshalb auf wenige Punkte beschränken.

5. Änderungsverordnung vom 25. Januar 1999

5.1. Anliegen

17 Hauptanliegen der Änderungsverordnung 1999 war einerseits die Einbeziehung auch von **Patenten,** Arzneimitteln und Pflanzenschutzmitteln sowie eine entsprechende Integrierung der seit 1. April 1996 wirksamen **Gemeinschaftsmarke** in das System der Verordnung. Auf der anderen Seite sollte der **Handlungsspielraum** der Zollbehörden auf Freizonen und Freilager sowie auf alle verdächtige Waren, die unter zollamtlicher Überwachung stehen, **erweitert** und letztlich auf alle zollrechtlich relevanten Situationen ausgedehnt werden[24].

---

[23] Vgl dazu auch Grünbuch Produktpiraterie 1998.

[24] Bericht 28.01.1998 Zusammenfassung – Verbesserungsvorschläge; zur Übersicht siehe auch Punkt 6.2.

5.2. Entstehungsgeschichte

Der Bericht der Kommission vom 28. Januar 1998 und der diesem angeschlossene **Vorschlag einer Änderung** der ProduktpiraterieV 1994 zielte, wie bereits erwähnt, vor allem darauf ab, auch Patente, Arzneimittel und Pflanzenschutzmittel einzubeziehen, wobei der Vorschlag zunächst nur auf „Erzeugungspatente", nicht aber auf Verfahrenspatente abstellte. Weiters sollte die Gemeinschaftsmarke in das System der Grenzbeschlagnahmen einbezogen, und der von den Zollbehörden eines Mitgliedsstaats bewilligte Grundantrag in Bezug auf Gemeinschaftsmarken auch für die übrigen Mitgliedstaaten gelten. Im Hinblick auf die Ausdehnung des sachlichen Anwendungsbereichs der Verordnung wurde die Wendung „nachgeahmte Waren oder unerlaubt hergestellte Vervielfältigungsstücke oder Nachbildungen" durchgehend durch die Verweisung auf „Waren im Sinne von Art 1 Abs 2 Buchstabe a)" ersetzt[25]. In dieser erweiterten Bestimmung sind die Waren, die ein relevantes Recht am geistigen Eigentum nach der ProduktpiraterieV 1994/99 verletzen, jetzt umschrieben[26]. Die Erfassung sämtlicher zollrechtlich relevanter Situationen folgt aus der ergänzten Fassung des Art 1 Abs 1 lit a PPV 1994/99[27]. Anregungen in diese Richtung hatten der Wirtschafts- und Sozialausschuss sowie das Europäische Parlament schon anlässlich der Beratungen der ProduktpiraterieV 1994 gegeben. Die Vorschläge der Kommission entsprachen den Zielen des **Aktionsprogramms „Zoll 2000"**. **18**

Dagegen wurden weitere Ergänzungen, wie sie von den **beteiligten Kreisen** (Berufsverbänden) bei der **Anhörung vom 23. Juli 1997** gefordert worden waren, in den Vorschlag nicht aufgenommen. Diese zielten darauf ab, auch Waren nicht kommerziellen Charakters im persönlichen Gepäck von Reisenden zu erfassen, um damit dem „Kleinschmuggel" zu steuern (Bericht 28.01.1998 Punkte 7.5. bis 7.8.). Weiters wurde neuerlich gefordert, auch Parallelimporte in den Anwendungsbereich der Verordnung einzubeziehen (Bericht 28.01.1998 Punkte 7.9. und 7.10.). Auch eine Vereinheitlichung der Gebühren und Sicherstellungen sowie der Kosten der Vernichtung wurde angeregt, aber nicht berücksichtigt (Bericht Punkte 7.11. bis 7.14.). Schließlich sollte den Rechtsinhabern der Zugang zu Proben und Mustern erleichtert werden (Bericht Punkte 7.15. bis 7.17.), und wurden Leitlinien für verwaltungsrechtliche und strafrechtliche Sanktionen bzw die Einführung eines Zolldeliktstatbestands gefordert (Bericht Punkte 7.18. bis 7.21.).

Der **Wirtschafts- und Sozialausschuss** behandelte zunächst die wirtschaftlichen Implikationen der Produktpiraterie (Punkte 1.1. bis 1.5.) und begrüßte die vorgeschlagenen Änderungen (Punkt 3.2.). Besonders hervorgehoben wurde die Bedeutung eines Informationsaustauschs, die Entwicklung der Zollverwaltung zu einer wirtschaftsfördernden Dienstleistungsverwaltung, eine Einschränkung der Ausnahme zu Gunsten des persönlichen Reisegepäcks und eine Harmonisierung der den Mitgliedsländern überlassenen Maßnahmen. Weiters plädierte der Ausschuss für eine einheitliche Bewilligungsdauer von Grundanträgen für die Dauer eines Jahres und unterstützte die von den beteiligten Kreisen erhobenen **19**

---

[25] Vgl dazu auch Bericht 28.01.1998 Punkt 6.3. bis 6.5. und 6.9. bis 6.16.

[26] Entspricht Art 1 Abs 2 lit a und b in der PPV 1994.

[27] Vgl Bericht 28.01.1998 Punkt 6.6. bis 6.8.

Forderungen in Bezug auf die Vereinheitlichung der Gebühren und Sicherheiten. Die Sanktionen sollten durch die Mitgliedstaaten jedenfalls so festgelegt werden, dass sie ausreichend abschreckend sind.

20 Auch das **Europäische Parlament** begrüßte die vorgeschlagenen Änderungen und unterbreitete mehrere Abänderungsvorschläge in Bezug auf die Gebühren und Sicherheitsleistungen. Weiters wurde eine Sonderregelung für Waren vorgeschlagen, für welche bestimmte Lagerungsbedingungen vorgeschrieben sind (Abänderungsvorschlag Nr 5). Hinsichtlich der von den Mitgliedstaaten vorzusehenden Sanktionen sollte festgeschrieben werden, dass diese spürbar, verhältnismäßig und abschreckend sein müssen (Abänderungsvorschlag Nr 6). Einige dieser Abänderungsvorschläge hat die Kommission in ihren **geänderten Vorschlag** aufgenommen.

6. Binnenmarktrelevante Maßnahmen

21 Die bisherigen gemeinschaftsrechtlichen Maßnahmen, einschließlich der ProduktpiraterieV 1994/99, bezogen sich in erster Linie auf den Schutz der Außengrenzen der Gemeinschaft; das Hauptaugenmerk galt dem Verkehr zwischen der Gemeinschaft und Drittländern. Soweit die vorgesehenen Maßnahmen aber nicht greifen, weil unerlaubt hergestellte Vervielfältigungsstücke (Nachbildungen) den Kontrollen entgehen oder weil diese umgangen werden, können piratisierte Waren gleichwohl in den Wirtschaftskreislauf der Gemeinschaft geraten. Es wird deshalb in Zukunft erforderlich sein, vermehrt auch im **Binnenmarkt** für eine effiziente Rechtsdurchsetzung zu sorgen, zumal in den bisher erlassenen Richtlinien **Sanktionen und Rechtsbehelfe** nur punktuell geregelt sind, und auch Art 8 Info-RL nur sehr allgemein gehalten ist. Das Grünbuch zur Bekämpfung von Nachahmungen und Produkt- und Dienstleistungspiraterie im Binnenmarkt 1998 stellt deshalb weitergehende, horizontal ausgerichtete Initiativen zur Diskussion. Ansätze hierfür waren schon im Grünbuch zur Innovation[28] und im ersten Aktionsplan der Kommission für Innovation in Europa[29] zu erkennen[30]. Das **Grünbuch Produkt- und Dienstleistungspiraterie** 1998 stellt vor allem Überwachungsaktivitäten des privatwirtschaftlichen Sektors, die Verwendung technischer Schutzvorkehrungen, die administrative Zusammenarbeit der zuständigen Behörden und vor allem ausgebaute, präzisierte und harmonisierte Sanktionen und Mittel zur Durchsetzung der Rechte des geistigen Eigentums zur Diskussion[31]. Diese Initiative ist auch im Zusammenhang mit der ProduktpiraterieV 1994/99 von Bedeutung, welche die (zivil- und strafrechtlichen) Sanktionen zumindest zum Teil der Gesetzgebung der Mitgliedstaaten überlässt[32].

---

[28] KOM (95) 688 vom 20.12.1995.

[29] KOM (96) 589 vom 20.11.1996.

[30] Vgl dazu Grünbuch Produkt- und Dienstleistungspiraterie 1998 1.3.

[31] Zur Weiterentwicklung der Maßnahmen gegen die Produktpiraterie siehe auch *Knaak* in *Harte-Bavendamm*, Handbuch Rz 9.

[32] Zu den Sanktionen und zur Rechtsdurchsetzung siehe näher Grünbuch Produkt- und Dienstleistungspiraterie 1998 5.3. (Straf- und Zivilverfahren, sonstige Maßnahmen und Gerichtszuständigkeit).

7. Sanktionen (Gemeinsamer Standpunkt Info-RL)

Art 8 Info-RL verankert im Einklang mit der Mitteilung der Kommission über die Bedeutung von Sanktionen für die Anwendung des Gemeinschaftsrechts im Binnenmarkt die allgemeine Verpflichtung der Mitgliedstaaten, geeignete **Sanktionen und Rechtsbehelfe**, insbes die Möglichkeit der Schadensersatzklage, eines vorläufigen Rechtsschutzes und der Beschlagnahme von rechtswidrigem Material vorzusehen. Der ursprüngliche Vorschlag wurde in Entsprechung des Abänderungsvorschlags Nr 56 des Europäischen Parlaments dahingehend präzisiert, dass die Sanktionen nicht nur wirksam und verhältnismäßig sein, sondern auch als Abschreckung gegen weitere Zuwiderhandlungen wirken müssen (Art 8 Abs 1 Satz 2 Info-RL). Mit dieser Vorschrift sollen auch die Verpflichtungen aus Art 14 Abs 2 WCT und 23 Abs 2 WPPT erfüllt werden[33]. **22**

Die ProduktpiraterieV enthält auch für die von ihr geregelten Tatbestände, insbes das Verbringungsverbot nach Art 2, kein geschlossenes Sanktionensystem. Allerdings folgt aus der Einbettung der Verordnung in das zollrechtliche System des Zollkodex und durch den Ausschluss der meisten zollrechtlichen Bestimmungen für „Piraterieware" im Fall einer (gerichtlichen) Bestätigung im Rechtfertigungsverfahren die Möglichkeit der zollrechtlichen Vernichtung. Art 8 Abs 1 PPV 1994/99 enthält in diesem Zusammenhang – insoweit unmittelbar anwendbare – Präzisierungen. Diese Vorschrift enthält darüber hinaus in Umsetzung einer fakultativen Vorschrift des TRIPs-Abkommens einen – verschuldensunabhängigen – Anspruch auf Herausgabe des Verletzergewinns. Schließlich verpflichtet Art 11 PPV 1994/99 die Mitgliedstaaten zur Verankerung von Sanktionen im Fall eines Zuwiderhandelns gegen Art 2, was sich in erster Linie auf das Verbringungsverbot dieser Vorschrift beziehen wird. Davon abgesehen wird im Sinn der erwähnten Formel hinzugefügt, dass die Sanktionen wirksam, verhältnismäßig und abschreckend sein müssen. **23**

In ihrer Mitteilung vom 17. November 2000 stellt die Kommission einen Aktionsplan für eine weitere Verbesserung der Rechtsdurchsetzung vor und kündigt – neben weiterer Empfehlungen und Maßnahmen – vor allem den Vorschlag für eine Richtlinie an, mit welcher die Rechtsdurchsetzung über die Mindesterfordernisse des TRIPs-Abkommens hinaus verbessert und harmonisiert werden soll. Diese soll insbes folgende Regelungen enthalten: Antragslegitimation von Berufsvereinigungen, Schutz technischer Maßnahmen auch außerhalb des Anwendungsbereichs der Info-RL, Geschäftsschließungen in besonderen Fällen, Vernichtung von Eingriffsmitteln und Herausgabe des Verletzergewinns (auch außerhalb des Anwendungsbereichs der PPV), zivilrechtliche Maßnahmen wie Durchsuchung und Beschlagnahme, ein Verfahren, mit dessen Hilfe bedenkliche Waren vom Markt genommen werden können, harmonisierte Kriterien für die Schadenberechnung, Ansprüche auf Auskunft und Urteilsveröffentlichung. Von den weiteren Maßnahmen, welche die Kommission mittelfristig zur Diskussion stellt, seien harmonisierte strafrechtliche Tatbestände und Mindeststrafen sowie die Einbeziehung der „Europol" in die Aktivitäten zur Pirateriebekämpfung erwähnt.

---

[33] Siehe dazu auch die im Wesentlichen übereinstimmende Formulierung in Art 11 ProduktpiraterieV idF der Änderungsverordnung 1999.

Kapitel I Allgemeines

Artikel 1

Übersicht

Text

Artikel 1 Produktpiraterieverordnung 1994/99[34]

(1) Diese Verordnung regelt

a) die Voraussetzungen für ein Tätigwerden der Zollbehörden hinsichtlich der Waren, bei denen der Verdacht besteht, daß es sich um *Waren im Sinne von Absatz 2 Buchstabe a)* [nachgeahmte Waren oder unerlaubt hergestellte Vervielfältigungsstücke oder Nachbildungen] handelt,
– wenn sie *im Sinne von Artikel 61 der Verordnung (EWG) Nr 2913/92 des Rates vom 12. Oktober 1992 zur Festlegung des Zollkodex der Gemeinschaften* zur Überführung in den zollrechtlich freien Verkehr, zur Ausfuhr oder zur Wiederausfuhr angemeldet werden;
– wenn sie im Zusammenhang *mit ihrer zollamtlichen Überwachung gemäß Artikel 37 der Verordnung (EWG) Nr 2913/92,* mit ihrer Überführung in ein Nichterhebungsverfahren im Sinne des Artikels 84 Absatz 1 Buchstabe a) *jener Verordnung* [der Verordnung (EWG) Nr 2913/92 des Rates vom 12. Oktober 1992 zur Festlegung des Zollkodex der Gemeinschaften] oder anläßlich der Mitteilung ihrer Wiederausfuhr *oder Verbringung in eine Freizone oder ein Freilager im Sinne des Artikels 166 jener Verordnung* im Rahmen einer zollamtlichen Prüfung entdeckt werden; und

b) die von den zuständigen Stellen zu treffenden Maßnahmen, wenn festgestellt ist, daß die betreffenden Waren tatsächlich *Waren im Sinne von*

[34] Die mit Änderungsverordnung 1999 geänderten oder hinzugefügten Stellen sind durch Kursivdruck hervorgehoben. Die alte Fassung nach der ProduktpiraterieV 1994 ist durch eckige Klammern ersichtlich gemacht.

Absatz 2 Buchstabe a) [nachgeahmte Waren oder unerlaubt hergestellte Vervielfältigungsstücke oder Nachbildungen] sind.

(2) Im Sinne dieser Verordnung bedeutet

a) „Waren, die ein Recht am geistigen Eigentum verletzen":

- „nachgeahmte Waren", *dh* die Waren einschließlich ihrer Verpackungen, auf denen ohne Zustimmung Marken oder Zeichen angebracht sind, die mit Marken *oder Zeichen* identisch sind, die für derartige Waren rechtsgültig eingetragen sind oder die in ihren wesentlichen Merkmalen nicht von solchen Marken *oder Zeichen* zu unterscheiden sind und damit nach den Rechtsvorschriften der Gemeinschaft oder denjenigen des Mitgliedstaats, bei dem der Antrag auf Tätigwerden der Zollbehörden gestellt wird, die Rechte des Inhabers der betreffenden Marken verletzen;
- alle gegebenenfalls auch gesondert gestellten Kennzeichnungsmittel (wie Embleme, Anhänger, Aufkleber, Prospekte, Bedienungs- oder Gebrauchsanweisungen, Garantiedokumente), auf die die im ersten Gedankenstrich genannten Umstände zutreffen;
- die mit Marken oder Zeichen nachgeahmter Waren versehenen Verpackungen, die gesondert gestellt werden und auf die die im ersten *Punkt* [ersten Gedankenstrich] genannten Umstände zutreffen;
- „unerlaubt hergestellte Vervielfältigungsstücke oder Nachbildungen", *dh* Waren, welche Vervielfältigungsstücke oder Nachbildungen sind oder solche enthalten und die ohne Zustimmung des Inhabers des Urheberrechts oder verwandter Schutzrechte oder ohne Zustimmung des Inhabers eines nach einzelstaatlichem Recht eingetragenen oder nicht eingetragenen Geschmacksmusterrechts oder ohne Zustimmung einer von dem Rechtsinhaber im Herstellungsland ordnungsgemäß ermächtigten Person angefertigt werden, sofern die Herstellung dieser Vervielfältigungsstücke oder Nachbildungen nach den Rechtsvorschriften der Gemeinschaft oder denjenigen des Mitgliedstaats, bei dem der Antrag auf Tätigwerden der Zollbehörden gestellt wird, die betroffenen Rechte verletzt;
- Waren, die nach den Rechtsvorschriften des Mitgliedstaats, bei dem der Antrag auf Tätigwerden der Zollbehörden gestellt wird, ein Patent oder ein ergänzendes Schutzzertifikat gemäß der Verordnung (EWG) Nr 1768/92 des Rates oder der Verordnung (EG) Nr 1610/96 des Europäischen Parlaments und des Rates verletzen;

b) „Rechtsinhaber": der Inhaber einer Marke *oder eines Zeichens, eines Patents, eines Zertifikats und/oder eines der Rechte* im Sinne des Buchstabens a) sowie jede andere zur Benutzung dieser Marke *oder dieses Patents, dieses Zertifikats* und/oder zur Wahrnehmung dieser Rechte befugte Person oder deren Vertreter;

c) „Gemeinschaftsmarke": die Marke im Sinne des Artikels 1 der Verordnung (EG) Nr 40/94 des Rates.

d) „Zertifikat": Das ergänzende Schutzzertifikat gemäß der Verordnung (EWG) Nr 1768/92 oder gemäß der Verordnung (EG) Nr 1610/96.

[Anmeldungen zur Überführung in den zollrechtlich freien Verkehr, zur Ausfuhr oder zur Wiederausfuhr: Gemäß Artikel 61 der Verordnung (EWG) Nr 2913/92 abgegebene Anmeldungen.]

(3) *Waren im Sinne von Absatz 2 Buchstabe a)* [Nachgeahmten Waren oder unerlaubt hergestellten Vervielfältigungsstücken oder Nachbildungen] gleichgestellt sind Formen oder Matrizen, die speziell zur Herstellung einer nachgeahmten Marke oder einer Ware, die eine derartige Marke trägt, *zur Herstellung einer Ware, die ein Patent oder ein Zertifikat verletzt,* oder zur unerlaubten Herstellung von Vervielfältigungsstücken oder Nachbildungen bestimmt oder im Hinblick darauf angepaßt worden sind, sofern die Verwendung dieser Formen oder Matrizen nach den Rechtsvorschriften der Gemeinschaft oder *des Mitgliedstaats* [denjenigen des Mitgliedstaats], bei dem der Antrag auf Tätigwerden der Zollbehörden gestellt wird, die Rechte des Rechtsinhabers verletzt.

(4) Diese Verordnung findet keine Anwendung [gilt nicht für] auf Waren, die mit Zustimmung des Markeninhabers mit der Marke versehen sind oder die durch *ein Patent oder ein Zertifikat,* ein Urheberrecht oder ein verwandtes Schutzrecht oder ein Geschmacksmusterrecht geschützt und mit Zustimmung des Rechtsinhabers hergestellt worden sind, für die jedoch ohne dessen Zustimmung einer der in Absatz 1 Buchstabe a) genannten Tatbestände vorliegt. Gleiches gilt für die in Unterabsatz 1 genannten Waren, die unter anderen als den mit dem Inhaber der betreffenden Rechte vereinbarten Bedingungen hergestellt oder mit der Marke versehen worden sind.

Aus den Erwägungsgründen

ProduktpiraterieV 1994

ErwG 5 Im Rahmen eines Nichterhebungsverfahrens oder bei einer Wiederausfuhr, für die die Mitteilung genügt, werden die Zollbehörden nur in den Fällen tätig, in denen mutmaßlich nachgeahmte Waren und unerlaubt hergestellte Vervielfältigungsstücke oder Nachbildungen im Rahmen einer zollamtlichen Prüfung entdeckt werden.

Änderungsverordnung 1999

ErwG 2 Das Inverkehrbringen von Waren, die Patente oder ergänzende Schutzzertifikate für Arzneimittel gemäß der Verordnung (EWG) Nr 1768/92 des Rates vom 18. Juni 1992 über die Schaffung eines ergänzenden Schutzzertifikats für Arzneimittel oder ergänzende Schutzzertifikate für Pflanzenschutzmittel gemäß der Verordnung (EG) Nr 1610/96 des Europäischen Parlaments und des Rates vom 23. Juli 1996 über die Schaffung eines ergänzenden Schutzzertifikats für Pflanzenschutzmittel verletzen, fügt den Inhabern der betreffenden Patente erheblichen Schaden zu und stellt eine unlautere und illegale Handelspraktik dar. Es sollte daher soweit wie möglich verhindert werden, daß solche Waren auf den Markt gelangen; zu diesem Zweck sollten Maßnahmen zur wirksamen Bekämpfung dieser illegalen Praktiken ergriffen werden, ohne jedoch dadurch den rechtmäßigen Handel in seiner Freiheit zu behindern. Diese Zielsetzung steht im Einklang mit gleichgerichteten Anstrengungen auf internationaler Ebene.

ErwG 3 Zur Gewährleistung der völligen Geschlossenheit der Außengrenzen der Gemeinschaft sollte den Zollbehörden die Möglichkeit gegeben werden, in bezug auf sämtliche zollrechtliche Sachverhalte tätig zu werden, in denen Waren, die bestimmte Rechte am geistigen Eigentum verletzen, und damit gleichzustellende Waren, angetroffen werden können. Daher sollten ihre Überführung in den zollrechtlich freien Verkehr der Gemeinschaft oder in ein Nichterhebungsverfahren, ihre Wiederausfuhr sowie ihr Verbringen in eine Freizone oder in ein Freilager verboten werden. Ferner sollte ein Tätigwerden der Zollbehörden bereits im Stadium des Verbringens der Waren in die Gemeinschaft ermöglicht werden.

ErwG 4 Bei Nichterhebungsverfahren, bei Waren in Freizonen oder Freilagern, bei der Mitteilung der Wiederausfuhr und bei vorübergehender Verwahrung werden die Zollbehörden nur tätig, wenn im Rahmen einer zollamtlichen Prüfung Waren entdeckt werden, bei denen der Verdacht besteht, daß sie bestimmte Rechte am geistigen Eigentum verletzen.

ErwG 5 Mit der Verordnung (EG) Nr 40/94 des Rates vom 20. Dezember 1993 über die Gemeinschaftsmarke ist ein Markensystem der Gemeinschaft geschaffen worden, das den Rechtsinhabern ermöglicht, in einem einzigen Verfahren Gemeinschaftsmarken zu erwerben, die einheitlichen Schutz genießen und in der gesamten Gemeinschaft wirksam sind.

ErwG 6 Damit die Gemeinschaftsmarke ihre volle Wirkung entfalten kann, sollte der Zollschutz von Gemeinschaftsmarken administrativ vereinfacht werden.

ErwG 7 Für die Inhaber solcher Marken sollte ein Verfahren ermöglicht werden, in dem die zuständige Behörde eines Mitgliedstaats eine einmalige Entscheidung über ein Tätigwerden trifft, die für einen oder mehrere andere Mitgliedstaaten verbindlich ist. Die Entwicklungen im Bereich der elektronischen Datenübermittlung sind bei der administrativen Abwicklung, insbesondere im Zusammenhang mit der Übermittlung von Entscheidungen und Informationen, zu berücksichtigen.

ErwG 8 Um die einheitliche Anwendung einer solchen Entscheidung in den betreffenden Mitgliedstaaten zu gewährleisten, sollte für diese Entscheidung eine einheitliche Geltungsdauer festgelegt werden.

Artikel 1 Durchführungsverordnung 1995[35]

Als Vertreter des Rechtsinhabers oder jeder anderen zur Benutzung des Rechtes befugten Person im Sinne des Artikels 1 Absatz 2 *Buchstabe b)* [Buchstabe c] der Verordnung (EG) Nr 3295/94 („Grundverordnung") können natürliche und juristische Personen handeln; zu letzteren gehören Verwertungsgesellschaften, deren einziger Zweck oder Hauptzweck darin besteht, Urheberrechte oder verwandte Schutzrechte wahrzunehmen oder zu verwalten.

---

[35] Die mit DurchführungsV 1999 geänderten oder hinzugefügten Stellen sind durch Kursivdruck hervorgehoben. Die alte Fassung nach der DurchführungsV 1995 ist durch eckige Klammern ersichtlich gemacht.

Kommentar

1. Zollverfahren nach dem Zollkodex

1 Die Richtlinie des Rats vom 30. Juli 1968 regelte zunächst vor allem die **vorübergehende Verwahrung** von Waren in der Zeit zwischen deren Gestellung und Freigabe bzw Überlassung. Diese Richtlinie wurde mit Wirksamkeit vom 1. Januar 1992 durch die sog VerbringungsV[36] abgelöst, die das Schicksal von Waren nach ihrer **Verbringung** in das Zollgebiet der Gemeinschaft bis zu deren Gestellung, also der Manifestation ihrer „zollrechtlichen Bestimmung" regelte. Dieser Regelung war allerdings nur eine verhältnismäßig kurze Zeit der Anwendung beschieden, da sie durch den bereits mit 1. Januar 1994 in Kraft getretenen Zollkodex ersetzt wurde, der ursprünglich schon mit Verwirklichung des Binnenmarkts zum 1. Januar 1993 anwendbar sein sollte, damals aber im Wesentlichen nur in Bezug auf seine Ausfuhrregelungen in Kraft getreten ist.

2 Der Zollkodex (ZK) unterscheidet mehrere zollrechtliche Phasen (Situationen). Mit der (tatsächlichen) **Verbringung** von Waren in das Zollgebiet der Gemeinschaft unterliegen diese der allgemeinen **zollamtlichen Überwachung** (Art 37 Abs 1 ZK)[37]. Während dieser Phase kann die Zollverwaltung **Prüfungen** vornehmen, und können auch bestimmte Verpflichtungen für den Verbringer bestehen, wie der Transport zu einer bestimmten Zollstelle unter Benutzung bestimmter Straßen. Unter zollamtlichen Prüfungen sind konkrete Amtshandlungen zu verstehen, welche die Kenntnis der Zollverwaltung vom Vorhandensein der Waren im Zollgebiet der Gemeinschaft voraussetzen (Art 4 Z 13 und 14 ZK).

3 Die **konkrete Erfassung** der in die Gemeinschaft verbrachten Waren erfolgt auf Grund ihrer **Gestellung** bei der zuständigen Zollstelle[38]. Mit der Gestellung von in das Gemeinschaftsgebiet verbrachten Waren erhalten diese den zollrechtlichen Status von **vorübergehend verwahrten Waren** (Art 50 ZK), der mit Erhalt einer zollrechtlichen Bestimmung erlischt. Unter Gestellung ist die in der vorgeschriebenen Form erfolgende Mitteilung an die Zollbehörden zu verstehen, dass sich die Waren bei der Zollstelle oder an einem anderen von den Zollbehörden bezeichneten oder zugelassenen Ort befinden (Art 40 ZK). Die Gestellung (Mitteilung) muss grundsätzlich in der vorgeschriebenen Form erfolgen, doch genügen meist auch schlüssige Handlungen (Unterlassungen), und bestehen Sonderregelungen, wie etwa für den Reiseverkehr (Art 41 ZK). Grundsätzlich hat mit der Gestellung eine **summarische Anmeldung** (durch Vorlage von Papieren) zu erfolgen (Art 43f ZK), wovon die Zollbehörden – abgesehen von Sonderregelungen für den Reise- und Postverkehr – aber auch absehen können (Art 45 ZK).

Die Befugnisse der Zollbehörden in Bezug auf Waren, die sich in vorübergehender Verwahrung befinden, sind in den Art 51 bis 53 ZK geregelt und betreffen insbes den Ort und die Bedingungen der Lagerung und die Verbringung unter zollamtlicher Überwachung. Gestellte Nichtgemeinschaftswaren müssen eine für

---

[36] Verordnung (EWG) Nr 4151/88 vom 21.12.1988.

[37] Vgl *Witte/Wolffgang*, Lehrbuch Rz 83ff, 103ff (insbes zu Verboten und Beschränkungen Rz 162f).

[38] Vgl *Witte/Wolffgang*, Lehrbuch Rz 208ff.

diese zulässige **zollrechtliche Bestimmung** erhalten (Art 48 ZK). Nach Art 49 ZK müssen summarisch angemeldete Waren – je nach Transportweg – binnen 20 oder 45 Tagen eine solche zollrechtliche Bestimmung erhalten; die Bestimmung kürzerer Fristen einerseits und Fristverlängerungen anderseits sind zulässig. Werden die Bedingungen (Förmlichkeiten) für den Erhalt einer (zulässigen) zollrechtlichen Bestimmung nicht (fristgerecht) erfüllt, können die Zollbehörden alle **erforderlichen Maßnahmen**, einschließlich der **Vernichtung** bzw Veräußerung anordnen (Art 53 Abs 1 ZK).

Die **zollrechtliche Bestimmung**[39] einer Ware kann zunächst in der Überführung in ein **Zollverfahren** (Art 4 Z 15 lit a und Z 16 ZK) bestehen. Aber auch die Verbringung in eine **Freizone** bzw ein **Freilager**, die **Wiederausfuhr** aus dem Zollgebiet oder die **Vernichtung** (Zerstörung) bzw **Aufgabe** zu Gunsten der Staatskasse (Art 4 Z 15 lit b bis e ZK) sind zulässige zollrechtliche Bestimmungen. Nicht mit jedem Zollverfahren ist auch ein Wechsel des **zollrechtlichen Status**, also von einer Nichtgemeinschaftsware zu einer Gemeinschaftsware oder umgekehrt verbunden. Dies trifft zB für die „sofortige Wiederausfuhr“ zu, wenn eine gestellte aber noch nicht abgefertigte Ware wieder ausgeführt werden soll und daher „zur Wiederausfuhr bestimmt“ wird. Wieder ausgeführt werden aber auch Waren, die zunächst in ein Nichterhebungsverfahren (zB zur vorübergehenden Verwendung in der Gemeinschaft) überführt wurden und in weiterer Folge wieder ausgeführt werden (müssen)[40]. Die Wiederausfuhr dient dem ordnungsgemäßen Verbringen von Nichtgemeinschaftswaren aus dem Zollgebiet. Dagegen ist mit der Ausfuhr (von Gemeinschaftswaren) ebenso wie mit der Einfuhr (Überlassung in den zollrechtlich freien Verkehr) ein zollrechtlicher Statuswechsel verbunden. Hervorzuheben ist in diesem Zusammenhang, dass es sich auch bei der Vernichtung um eine zollrechtliche Bestimmung durch den Verfügungsberechtigten handelt, von der die zollamtliche Vernichtung nach dem Zollkodex oder auf Grund eines gerichtlichen Verfallserkenntnisses zu unterscheiden ist. **4**

Die Überführung in ein **Zollverfahren** (Art 4 Z 16 ZK) bezieht sich sowohl auf Gemeinschaftswaren (Art 4 Z 7 ZK) als auch auf Nichtgemeinschaftswaren (Art 4 Z 8 ZK). Dabei unterscheidet man zwischen dem **Einfuhrverfahren**, dem **Ausfuhrverfahren** und mehreren **Nichterhebungsverfahren**. **5**

Gemeinschaftswaren können in ein Ausfuhrverfahren oder gleichfalls in ein Nichterhebungsverfahren (Versandverfahren und passive Veredelung) überführt werden. Im Ausfuhrverfahren (Art 161f ZK) werden Gemeinschaftswaren aus dem Zollgebiet der Gemeinschaft verbracht, und zwar in der Regel im überwachten Ausfuhrverfahren. Die Prüfung erfolgt dabei durch eine Ausfuhrzollstelle am (Geschäfts)Sitz des Ausführers, während die tatsächliche Verbringung aus dem Zollgebiet an einer (beliebigen) Ausgangszollstelle an der Außengrenze erfolgt. Durch die Überführung in das Ausfuhrverfahren ändert sich der zollrechtliche Status von Gemeinschaftswaren zu Nichtgemeinschaftswaren.

---

[39] Vgl *Witte/Wolffgang*, Lehrbuch Rz 280ff.

[40] Die Wiederausfuhr setzt demnach nicht voraus, dass es sich um vorher in das Zollgebiet der Gemeinschaft eingeführte, also in den zollrechtlich freien Verkehr überführte Waren handelt.

Nichtgemeinschaftswaren können ihrerseits in den zollrechtlich freien Verkehr (Einfuhr) oder gleichfalls in verschiedene Nichterhebungsverfahren überführt werden. Die Überführung in den zollrechtlich freien Verkehr verleiht einer Nichtgemeinschaftsware den zollrechtlichen Status der Gemeinschaftsware (Art 79ff ZK). Damit endet in der Regel auch die zollamtliche Überwachung. Diese bleibt nur aufrecht, wenn die Ware wegen ihrer besonderen Verwendung abgabenbegünstigt oder -befreit eingeführt wurde (Art 82 ZK). Wie bereits erwähnt, erfolgt die Wiederausfuhr von Nichtgemeinschaftswaren dagegen im Weg der Wiederausfuhr (Art 182 ZK), die kein Zollverfahren im technischen Sinn, gleichwohl aber eine zollrechtliche Bestimmung ist.

6 Die **Nichterhebungsverfahren** dienen bei Nichtgemeinschaftswaren dazu, Einfuhrabgaben nicht oder noch nicht entstehen zu lassen. Dazu zählen das (externe) Versandverfahren, das Zolllagerverfahren, die aktive Veredelung nach dem Nichterhebungsverfahren, die Umwandlung unter zollamtlicher Überwachung und die vorübergehende Verwendung (Art 84 Abs 1 lit a ZK). An die sog „Nichterhebungsverfahren mit wirtschaftlicher Bedeutung" (Zolllagerverfahren, aktive Veredelung, Umwandlungsverfahren und vorübergehende Verwendung)[41] können sich auch weitere zollrechtliche Bestimmungen anschließen. Bei Gemeinschaftswaren zählen einerseits gleichfalls das Versandverfahren (hier das interne) und anderseits die passive Veredelung zu den Nichterhebungsverfahren.

7 Beim **Versandverfahren** ist zwischen dem externen Versandverfahren (Art 91ff ZK) und dem internen zu unterscheiden. Im externen Versandverfahren werden in erster Linie Nichtgemeinschaftswaren zwischen zwei innerhalb des Zollgebiets der Gemeinschaft gelegenen Orten befördert[42]. Das externe Versandverfahren findet etwa Anwendung, wenn die Ware nicht am Grenzzollamt in das endgültige Zollverfahren überführt, sondern zunächst von der Grenze zu einer Zollstelle innerhalb des Zollgebiets – etwa am Geschäftssitz des Empfängers – befördert wird. Das externe Versandverfahren kommt aber auch zur Anwendung, wenn Nichtgemeinschaftswaren durch das Zollgebiet der Gemeinschaft oder innerhalb desselben befördert werden sollen (**Durchfuhr, Transit**). Das interne Versandverfahren betrifft dagegen die Beförderung von Gemeinschaftswaren zwischen zwei innerhalb des Zollgebiets der Gemeinschaft gelegenen Orten ohne Änderung ihres zollrechtlichen Status über das Gebiet eines Drittlands[43]. Das interne Versandverfahren hat vor allem im Warenverkehr mit Griechenland und über die Schweiz Bedeutung.

Im **Zolllagerverfahren** können Nichtgemeinschaftswaren im Zollgebiet gelagert werden (Art 98ff ZK), wobei Zolllager nicht mit Freizonen und Freilagern

---

[41] Nicht also das Versandverfahren und die passiven Veredelung (Art 84 Abs 1 lit b ZK).

[42] Art 91 Abs 1 lit a ZK. Die Beförderung erfolgt im externen gemeinschaftlichen Versandverfahren mit Carnet TIR, Carnet ATA, auf Grund des Rheinmanifests, nach dem am 19.06.1951 in London unterzeichneten Abkommen der NATO-Vertragsparteien über das Statut ihrer Streitkräfte oder durch die Post (Art 91 Abs 2 ZK). Vgl dazu *Scheja*, CR 1995, 718.

[43] Siehe Art 163 ZK. Die Beförderung erfolgt entsprechend dem externen Versandverfahren, doch ist das interne gemeinschaftliche Versandverfahren nur anwendbar, sofern diese Möglichkeit in einem internationalen Abkommen vorgesehen ist (Art 163 Abs 2 lit a ZK).

zu verwechseln sind. In diesem Fall werden Waren – ohne dass Einfuhrabgaben entstehen – innerhalb der Gemeinschaft gelagert und später entweder wiederausgeführt (Transitlagerung) oder unter Erhebung von Einfuhrabgaben in ein anderes Zollverfahren übergeführt (Kreditlagerung). Das Zolllagerverfahren kommt aber auch im Anschluss an andere Zollverfahren in Betracht. Beispielsweise sei die Überführung in ein Zolllagerverfahren innerhalb der Wiederausfuhrfrist zu dem Zweck erwähnt, die aktive Veredelung damit rechtzeitig zu beenden und die Entstehung von Einfuhrabgaben zu verhindern (Art 89 ZK).

Bei der **aktiven Veredelung** nach dem Nichterhebungsverfahren (Art 114 Abs 2 lit a ZK) werden Nichtgemeinschaftswaren ohne Erhebung von Einfuhrabgaben oder Anwendung handelspolitischer Maßnahmen im Zollgebiet veredelt, sind aber zur Wiederausfuhr (mit Veredlungszeugnissen) bestimmt (Art 114ff ZK). Da in diesem Zusammenhang Zollvergünstigungen gewährt werden, verfolgt dieses Verfahren die Förderung der (Wieder)Ausfuhr und erleichtert den Absatz von in der Gemeinschaft bearbeiteten, verarbeiteten oder ausgebesserten Waren in Drittländern. Neben der aktiven Veredelung im Nichterhebungsverfahren kennt der Zollkodex auch ein entsprechendes Verfahren mit Zollrückvergütung (Art 114 Abs 2 lit b ZK).

Im **Umwandlungsverfahren** können Nichtgemeinschaftswaren unter zollamtlicher Überwachung im Zollgebiet der Gemeinschaft auf eine Weise be- oder verarbeitet werden, dass sich ihre Beschaffenheit oder ihr Zustand verändert, wobei die entstehenden Erzeugnisse anders als im Veredelungsverfahren nicht wiederausgeführt, sondern zu den für sie geltenden (günstigeren) Abgaben in den zollrechtlich freien Verkehr übergeführt werden (Art 130ff ZK). Ziel der Umwandlung kann es sein, die Einfuhrwaren auf eine zolltariflich niedrigere Produktionsstufe abzusenken oder hinsichtlich ihres Werts oder ihrer Menge zu verringern.

Im Fall der **vorübergehenden Verwendung** schließlich können Nichtgemeinschaftswaren, die zur Wiederausfuhr bestimmt sind, ohne Veränderungen im Zollgebiet der Gemeinschaft verwendet werden (Art 137ff ZK). In diesen Fällen sollen die Waren nach ihrer Einfuhr nicht endgültig in den innergemeinschaftlichen Wirtschaftskreislauf eingehen, sondern nur zeitlich begrenzt genutzt oder vorübergehend gebraucht und unverändert wieder ausgeführt werden. Dazu zählt etwa die vorübergehende Einfuhr von Beförderungsmitteln, Behältnissen und Containern, Berufsausrüstung, persönlichen Gebrauchsgegenständen oder Waren, die auf Messen, Ausstellungen und Kongressen ausgestellt oder verwendet werden.

Auch das Verbringen von Waren in ein **Freilager** oder eine **Freizone** (Art 166ff ZK) ist eine zollrechtliche Bestimmung. Während es sich bei Freilagern um als solche bewilligte Räumlichkeiten handelt, sind Freizonen fiktive Freigebiete im Zollgebiet der Gemeinschaft (zB Freihäfen), die zu solchen erklärt worden sind und durch Einzäunungen vom übrigen Zollgebiet getrennt sind. In Freilager oder Freizonen verbrachte Nichtgemeinschaftswaren gelten als nicht im Zollgebiet befindlich und bleiben deshalb abgabenfrei. **8**

Das förmliche **Verfahren**, mit welchem eine Ware aus ihrer vorübergehenden Verwahrung herausgenommen werden muss, um in das angestrebte Zollverfah- **9** ren überlassen oder einer sonstigen zulässigen zollrechtlichen Bestimmung zugeführt werden zu können, ist die **Zollanmeldung**[44]. Unter Zollanmeldung ist die Handlung zu verstehen, mit der eine Person – in der vorgeschriebenen Form und nach den vorgeschriebenen Bestimmungen – die Absicht bekundet, eine Ware in ein bestimmtes Zollverfahren überführen zu lassen (Art 4 Z 17 ZK), wofür im Zollkodex vier Formen vorgesehen sind. Im Normalfall erfolgt die Zollanmeldung schriftlich im Verfahren mittels Einheitspapiers (Art 62 bis 75 ZK) oder im vereinfachten Verfahren. Weiters kann die Zollanmeldung mit Hilfe der Datenverarbeitung (Informatikverfahren) oder schließlich mündlich bzw durch andere Willenserklärungen erfolgen. Die mündliche Zollanmeldung ist auf bestimmte Fälle des freien Verkehrs, des Ausfuhrverfahrens und der vorübergehenden Verwendung beschränkt. Auch die Zollanmeldung durch andere Formen der Willenserklärung ist nur auf solche besonderen Fälle anwendbar, wobei es sich – mit Ausnahme des Postverkehrs – nur um einfuhrabgabenbefreite Waren handelt (Art 76 ZK).

Schließt sich die **Wiederausfuhr** von Waren an ein Zollverfahren mit wirtschaftlicher Bedeutung (Zolllagerverfahren, aktive Veredelung, Umwandlungsverfahren oder vorübergehende Verwendung) an, finden die Vorschriften betreffend das Ausfuhrverfahren auch auf die Wiederausfuhr Anwendung, weshalb es der Zollanmeldung bedarf[45]. In anderen Fällen (Versandverfahren) genügt die Mitteilung der Wiederausfuhr. Deshalb wird auch in der ProduktpiraterieV zwischen der Wiederausfuhr einerseits und der bloßen Mitteilung der Wiederausfuhr anderseits unterschieden.

2. *Aufgriffstatbestände nach der Produktpiraterieverordnung*

2.1. Zollrechtliche Situationen nach dem TRIPs-Abkommen

10 Art 51 Abs 1 Satz **TRIPs-Abkommen** sieht die Aussetzung der Freigabe durch die Zollbehörden zwingend nur für die **Einfuhr** vor. Eine Ausdehnung auf die Ausfuhr wird den Mitgliedern ausdrücklich vorbehalten, ist aber nicht zwingend angeordnet (Satz 3). Es ist deshalb ungenau, wenn die österr ErlRV[46] davon sprechen, dass die Vorschriften über Grenzmaßnahmen bei der Einfuhr sinngemäß auch für die Ausfuhr gelten. Anmerkung 2 zu Art 51 TRIPs-Abkommen hält weiters ausdrücklich fest, dass die Mitglieder nicht verpflichtet sind, Grenzmaßnahmen für den Fall des Transits vorzusehen; es steht ihnen die Ausdehnung solcher Maßnahmen auch auf den Transit von Waren aber frei.

2.2. Aufgriffstatbestände nach der Produktpiraterieverordnung 1994

11 Schon die **ProduktpiraterieV 1994** ging über die Mindesterfordernisse des TRIPs-Abkommens hinaus (Art 1 Abs 1 lit a PPV 1994). Ein Tätigwerden der Zollbehörden (Art 3 Abs 1) war sowohl im Fall der **Anmeldung** zur Überführung von Nichtgemeinschaftswaren (aus Drittstaaten) in den zollrechtlich freien Verkehr in der Gemeinschaft (**Einfuhr**) als auch im Fall der Anmeldung zur **Ausfuhr** von Gemeinschaftswaren aus dem Zollgebiet der Gemeinschaft in

---

[44] Vgl *Witte/Wolffgang*, Lehrbuch Rz 324ff.
[45] Vgl *Witte/Wolffgang*, Lehrbuch Rz 308.
[46] Bei *Dittrich*, Urheberrecht[3], 1120.

Drittstaaten sowie im Fall der Anmeldung zur **Wiederausfuhr** vorgesehen. Eine Anmeldung zur Wiederausfuhr ist erforderlich, wenn Waren nach Überführung in ein Nichterhebungsverfahren mit wirtschaftlicher Bedeutung (Zolllagerverfahren, Veredelungs- und Umwandlungsverfahren und vorübergehende Verwendung) wieder ausgeführt werden.

Neben diesen Anmeldeverfahren erfasste die ProduktpiraterieV 1994 aber auch die *Entdeckung* von Waren im Rahmen einer **zollamtlichen Prüfung** im Zusammenhang mit ihrer Überführung in ein **Nichterhebungsverfahren**[47] im Sinn des Art 84 Abs 1 lit a ZK oder anlässlich der **Mitteilung** ihrer **Wiederausfuhr**. Nichterhebungsverfahren im Sinn dieser Bestimmung sind das Versandverfahren, das Zolllagerverfahren, die aktive Veredelung nach dem Nichterhebungsverfahren, die Umwandlung unter zollrechtlicher Überwachung und die vorübergehende Verwendung. Diese Regelung hatte zur Folge, dass die ProduktpiraterieV 1994 nicht nur anlässlich der Prüfung im Zusammenhang mit der Überführung in eines der genannten Nichterhebungsverfahren, also bei der „Eingangsbehandlung", sondern auch anlässlich der Wiederausfuhr, also der „Ausgangsbehandlung" solcher Waren anwendbar war. Die gesonderte Anführung der Mitteilung der Wiederausfuhr bezieht sich auf den Fall des Versandverfahrens, bei welchem keine Anmeldung zur Wiederausfuhr erforderlich ist, und eine Mitteilung genügt. Ursprünglich sollte das Tätigwerden der Zollbehörden nur auf das Versandverfahren ausgedehnt werden; die endgültige Fassung der ProduktpiraterieV 1994 hat aber auch die übrigen Nichterhebungsverfahren einbezogen. **12**

Die ProduktpiraterieV 1994 hatte deshalb schon zahlreiche, allerdings nicht sämtliche **zollrechtlichen Situationen** umfasst. **Nicht erfasst** waren insbes das Stadium der zollamtlichen Überwachung nach Verbringen der Waren in die Gemeinschaft und die vorübergehende Verwahrung nach deren Gestellung bis zum Erhalt einer zollrechtlichen Bestimmung. Auch im Fall der Verbringung von Waren in Freizonen und Freilager war ein Tätigwerden der Zollbehörden nicht vorgesehen. Dieses setzte vielmehr die Anmeldung zur Überführung der Waren in eines der genannten Zollverfahren (Nichterhebungsverfahren) bzw die Mitteilung ihrer Wiederausfuhr voraus. Davon abgesehen war ein Tätigwerden im Zusammenhang mit den erwähnten Nichterhebungsverfahren in der Regel nur im Fall der Entdeckung ungenehmigter Vervielfältigungsstücke (Nachbildungen) im Rahmen einer zollamtlichen Prüfung vorgesehen. **13**

Dagegen erfasste schon die ProduktpiraterieV 1994 durch die Einbeziehung des **Versandverfahrens** auch die **Durchfuhr** (den Transit) von Waren[48]. Dies galt zunächst für Fälle „unechten Transits", wenn Waren in das Zollgebiet der Gemeinschaft eingeführt werden, aber nicht für das Mitgliedsland bestimmt sind, dessen Außengrenze sie überschritten haben. Dies ist etwa bei Waren aus der Tschechischen Republik der Fall, die über die österr Grenze in die Gemeinschaft eingeführt werden, aber nicht für Österr, sondern etwa für Italien bestimmt sind. Hier handelt es sich zollrechtlich um die Anmeldung zur Einfuhr von Nicht- **14**

[47] Vgl dazu *Scheja*, CR 1995, 718f.
[48] Vgl zum Transit etwa *Fritze*, FS *Piper* 226 und 228.

gemeinschaftswaren in das Zollgebiet der Gemeinschaft, wobei es nicht relevant ist, für welchen Mitgliedstaat die Waren bestimmt sind. Dasselbe gilt aber auch, wenn die Verzollung von Waren aus einem Drittland nicht beim Überschreiten der Außengrenze der Gemeinschaft, sondern erst im Bestimmungsland durchgeführt wird, wie für die (versiegelte) Beförderung durch einen Mitgliedstaat im Versandverfahren, wie das Verbringen von Tonträgern aus der Ukraine über die österr Außengrenze und deren „Durchfuhr" durch Österreich in die Bundesrepublik Deutschland, wo sie verzollt werden[49]. Ein Tätigwerden der Zollbehörden war aber auch in den Fällen „echten Transits" von Waren im internen oder externen Versandverfahren vorgesehen. Letzteres ist etwa der Fall, wenn Nichtgemeinschaftswaren aus einem Drittland durch das Zollgebiet der Gemeinschaft in ein (anders) Drittland gebracht werden, wie etwa die Durchfuhr von aus den USA stammenden Drittwaren durch Österreich über die Tschechische Republik nach Polen.

Das Tätigwerden der Zollbehörden war deshalb auch in dem Fall durch die ProduktpiraterieV 1994 gedeckt[50], in welchem der österr OGH mit Entscheidung vom 29. September 1998[51] das **Vorabentscheidungsverfahren** eingeleitet und dem EuGH folgende Frage zur Entscheidung vorgelegt hat: Ist Art 1 PPV 1994 dahingehend auszulegen, dass diese Verordnung auch auf solche Sachverhalte anzuwenden ist, bei denen Waren der in der Verordnung näher bezeichneten Art, die auf der Durchfuhr (Transit) aus einem nicht der Europäischen Gemeinschaft angehörigen Staat in einen Drittstaat auf Antrag eines inländischen Markenrechtsinhabers, dessen Unternehmen seinen Sitz in einem Drittstaat hat, von den Zollbehörden eines Mitgliedsstaats vorläufig angehalten werden. Zwar bezieht sich die Verordnung weder auf den Binnenhandel[52] noch auf den Handel zwischen Drittländern, doch besteht in den in der Verordnung geregelten Fällen auch dann eine ausreichende **Beziehung** zwischen der Gemeinschaft und Drittländern, wenn es sich „nur" um die Durchfuhr von piratisierter Ware in ein Drittland handelt, und die Waren im Gebiet der Gemeinschaft nicht in den Verkehr bzw in den Wirtschaftskreislauf gebracht werden sollen. Dies wohl auch aus kompetenzrechtlicher Sicht[53]. Es trifft dies im Übrigen auch für andere zollrechtliche Situationen wie die Ausfuhr von Gemeinschaftswaren zu, die zwar im Zollgebiet der Gemeinschaft hergestellt, dort aber nicht verbreitet werden. Die Bekämpfung der Produktpiraterie ist ein internationales Problem, dessen Bewältigung sich die Europäische Gemeinschaft im Sinn der Intentionen des TRIPs-Abkommens zur Aufgabe gemacht hat. Die in Anmerkung 2 zu Art 51 TRIPs-Abkommen enthaltene Anregung, die Ausfuhr und auch den Transit in die Regelung der Grenzbeschlagnahme mit einzubeziehen, wurde deshalb aufgegriffen. Auch das Abstellen auf die Rechtsordnung des Mitgliedstaats, in welchem die Zollbehörden tätig werden (Art 1 Abs 2 lit a und b PPV 1994 = Art 1

[49] Vgl *Ahrens*, RIW 1996, 728.

[50] So auch *Knaak* in *Harte-Bavendamm*, Handbuch Rz 13.

[51] OGH 29.09.1998 – „Polo-T-Shirts I" WBl 1999/64 = ecolex 1999, 81 (*Schanda*) = ÖBl 1999, 84.

[52] Vgl dazu Bericht der Kommission vom 28.01.1998 Punkt 1.1. und 4.2.

[53] Nach *Knaak* in *Harte-Bavendamm*, Handbuch Rz 13 bezog sich die Vorlagefrage des OGH vor allem auf diesen kompetenzrechtlichen Aspekt.

Abs 2 lit a PPV 1994/99) spricht für diese Auslegung. Es ist dies auch systemkonform, da etwa die Vervielfältigung in einem bestimmten Land auch dann untersagt ist, wenn diese ausschließlich zum Zweck des Exports in ein Land erfolgt, in welchem der Schutzgegenstand keinen Schutz (mehr) genießt.

Mit seiner Entscheidung vom 6. April 2000 – „Polo/Polo-T-Shirts II/Lauren Company/Diwidua" hat der EuGH bestätigt, dass die ProduktpiraterieV 1994[54] auch auf Sachverhalte anzuwenden ist, bei denen aus einem Drittstaat eingeführte Waren bei ihrer Durchfuhr in einen anderen Drittstaat im Sinn der PPV vorläufig angehalten werden, und zwar auch dann, wenn das berechtigteUnternehmen seinen Sitz in einem Drittstaat hat. Auch habe die Prüfung der vorgelegten Frage nichts ergeben, was die Gültigkeit der Verordnung in Frage stellen könnte[55].

2.3. Aufgriffstatbestände nach der Änderungsverordnung 1999

Neben der Erweiterung auch auf Patente und Schutzzertifikate von Arzneimitteln und Pflanzenschutzmitteln bzw die Einbeziehung der Gemeinschaftsmarke ist es das zentrale Anliegen der Änderungsverordnung 1999, auch die noch verbliebenen **zollrechtlichen Situationen**, in welchen ein Tätigwerden der Zollbehörden bisher nicht möglich war, in den Anwendungsbereich der Verordnung einzubeziehen. Der Handlungsspielraum der Zollbehörden wurde insbes dahingehend erweitert, dass diese auch dann tätig werden können, wenn die Waren in eine **Freizone** oder in ein **Freilager** verbracht werden. Weiters ist ein Tätigwerden der Zollbehörden jetzt schon mit der **Verbringung** der Waren in die Gemeinschaft zulässig, womit diese unter zollamtlicher Überwachung stehen oder sich – nach ihrer Gestellung – in vorübergehender Verwahrung befinden[56]. **15**

Die erweiterten Möglichkeiten (Voraussetzungen) für ein Tätigwerden der Zollbehörden sind in dem ergänzten Art 1 Abs 1 lit a PPV 1994/99 zusammengefasst. An den im ersten Gedankenstrich genannten Aufgriffstatbeständen hat sich inhaltlich nichts geändert. Die in diesen Fällen erforderliche **Anmeldung** wurde durch den Hinweis auf die entsprechende Bestimmung des Zollkodex bloß präzisiert (Art 61)[57]. Im zweiten Gedankenstrich wird neben den schon bisher erfassten zollrechtlichen Situationen jetzt auch die Verbringung in eine **Freizone** oder ein **Freilager** erwähnt. Vor allem aber wird nun ein Tätigwerden der Zollbehörden schon im Zusammenhang mit der **zollamtlichen Überwachung** von Waren nach Artikel 37 ZK möglich und nicht erst mit Erhalt einer zollrechtlichen Bestimmung. **16**

In das Zollgebiet der Gemeinschaft verbrachte Waren unterliegen von diesem Zeitpunkt an der zollamtlichen Überwachung und können zollamtlich geprüft

[54] Der zur Vorabentscheidung vorgelegte Fall hatte sich noch vor der ÄnderungsV 1999 ereignet.

[55] Siehe dazu auch die Folgeentscheidungen des OGH 03.05.2000 – „Polo T-Shirt III" MR 2000, 239 und 23.05.2000 – „BOSS III" MR 2000, 240. Siehe zu beiden Entscheidungen ausführlich *Walter*. MR 2000, 245. Vgl auch *Braun/Heise*, GRUR Int 2001, 28 (30f).

[56] Vgl Bericht der Kommission vom 28. Januar 1998 Punkt 6.6.bis 6.8. und Begründung Verordnungsvorschlag Punkt 2.

[57] In der ProduktpiraterieV 1994 erfolgte diese Klarstellung in Art 1 Abs 2 lit d PPV 1994 gesondert.

werden (Art 37 Abs 1 ZK). Sie bleiben dies so lange, wie es die Ermittlung ihres zollrechtlichen Status erfordert und – im Fall von Nichtgemeinschaftswaren – grundsätzlich bis zu einem Wechsel ihres zollrechtlichen Status, einem Verbringen in eine Freizone oder ein Freilager oder ihrer Vernichtung bzw Zerstörung (Art 37 Abs 2 ZK). Die zollamtliche Überwachung erstreckt sich auch auf gestellte und vorübergehend, nämlich bis zum Erhalt einer zollrechtlichen Bestimmung **verwahrte Waren** (Art 50ff ZK)[58].

17 In diesem Sinn hält auch ErwG 3 Änderungsverordnung 1999 ausdrücklich fest, dass die völlige Geschlossenheit der Außengrenzen der Gemeinschaft gewährleistet und den Zollbehörden die Möglichkeit gegeben werden soll, in Bezug auf **sämtliche zollrechtliche Sachverhalte** tätig zu werden, in denen piratisierte Waren **angetroffen** werden können. Daher soll ein Tätigwerden der Zollbehörden schon im Stadium des Verbringens solcher Waren in die Gemeinschaft ermöglicht und auch ihr Verbringen in eine Freizone oder in ein Freilager erfasst werden. Im Fall von Nichterhebungsverfahren, der Verbringung in Freizonen oder Freilager, der Mitteilung der Wiederausfuhr sowie der vorübergehenden Verwahrung werden die Zollbehörden aber weiterhin nur tätig, wenn im Rahmen einer zollamtlichen Prüfung Waren entdeckt werden, bei denen der Verdacht besteht, dass es sich um piratisierte Waren handelt (ErwG 4 Änderungsverordnung 1999).

3. Betroffene Immaterialgüterrechte

18 Nach Art 51 **TRIPs-Abkommen** ist eine Aussetzung der Zollabfertigung, wie bereits erwähnt, zwingend nur für die Einfuhr nachgeahmter Markenerzeugnisse und nachgeahmter urheberrechtlich geschützter Waren vorgesehen. Der Begriff „urheberrechtlich geschützte Waren" umfasst auch verwandte Schutzrechte[59]. Die Mitgliedsstaaten können solche Grenzverfahren nach dem Abkommen aber auch für die Verletzung anderer Immaterialgüterrechte vorsehen, wie von Patentrechten, Gebrauchs- und Geschmacksmusterrechten oder des Halbleiterschutzes (Art 51 Abs 1 Satz 2).

19 Art 1 Abs 2 lit a PPV 1994/99 spricht jetzt in Bezug auf die von der Verordnung erfassten Schutzgegenstände zusammenfassend von „Waren, die ein Recht am geistigen Eigentum verletzen". Darunter fallen zunächst „nachgeahmten Waren", die **Marken- oder Zeichenrechten** verletzen, und „unerlaubt hergestellte Vervielfältigungsstücke oder Nachbildungen", die **Urheberrechte** ieS oder **verwandte Schutzrechte** bzw – eingetragene oder nicht eingetragene – **Geschmacksmuster** verletzen[60]. Das TRIPs-Abkommen spricht in letzterem Zusammenhang von *„pirated copyright goods"* (Art 51 Abs 1); auch in der Praxis spricht man gewöhnlich von „Raubkopien". Für Marken und Zeichenrechte sind im ersten bis dritten

---

[58] Vgl zu all dem schon die Vorschläge des Europäischen Parlaments zum Vorschlag ProduktpiraterieV 1994. Siehe Vor Art 1 Rz 14 oben.

[59] Vgl Anm 3 zu Art 51 TRIPs-Abkommen.

[60] Zur Erweiterung des Anwendungsbereichs im Vergleich zur PPV 1986 vgl Begründung ursprünglicher Vorschlag ProduktpiraterieV 1994 sowie die Stellungnahme des Wirtschafts- und Sozialausschusses 1994 Punkt 2.3. Siehe dazu auch *Scheja*, CR 1995, 718.

Gedankenstrich des Art 1 Abs 2 lit a weitere Klarstellungen enthalten[61], die im urheberrechtlichen Zusammenhang nicht relevant sind. Anders als die noch auf Markenrechte beschränkte ProduktpiraterieV 1986 erstreckte sich damit schon die ProduktpiraterieV 1994 auf alle Zeichenrechte, auf Urheberrechte, verwandte Schutzrechte und Geschmacksmuster[62]. Dagegen wurde die Anregung des Europäischen Parlaments[63], entweder sofort oder zumindest mittelfristig auch Patentrechte einzubeziehen, in der ProduktpiraterieV 1994 noch nicht aufgegriffen. Dies geschah erst mit der Änderungsverordnung 1999. Auf Halbleiter (*Layout-Designs*) und nicht offengelegte Informationen (Geschäftsgeheimnisse) erstreckt sich die ProduktpiraterieV auch in ihrer aktuellen Fassung 1999 nicht.

Ein wesentliches Anliegen der Änderungsverordnung 1999 bestand auch darin, **20**
den Kreis der durch die Verordnung geschützten Immaterialgüterrechte um **Patente, Arzneimittel** und **Pflanzenschutzmittel** zu erweitern. Diese Rechte sind jetzt in Art 1 Abs 2 lit a fünfter Gedankenstrich PPV 1994/99 umschrieben. Die zunächst vorgesehene Einschränkung auf „Erzeugnispatente" wurde im endgültigen Text fallengelassen. Hinsichtlich der Schutzzertifikate für Arzneimittel wird auf die Verordnung (EWG) Nr 1768/92 des Rates vom 18. Juni 1992[64] und hinsichtlich der Schutzzertifikate für Pflanzenschutzmittel (phytopharmazeutische Waren) auf die Verordnung (EG) Nr 1610/96 des Europäischen Parlaments und des Rates vom 23. Juli 1996 verwiesen[65].

Wie bereits erwähnt, bezieht die Änderungsverordnung 1999 auch die seit dem 1. April 1996 funktionierende **Gemeinschaftsmarke**[66] ein und sieht hierfür einige Sonderregelungen vor, die den Besonderheiten dieses Europäischen Markensystems Rechnung tragen und den Zollschutz von Gemeinschaftsmarken administrativ vereinfachen sollen. Die Inhaber solcher Marken können bei der zuständigen Behörde eines Mitgliedsstaats eine einmalige Entscheidung erwirken, die auch für andere Mitgliedsstaaten verbindlich ist (ErwG 6 bis 8 Änderungsverordnung 1999). Die DurchführungsV 1999 enthält hierfür ergänzende Bestimmungen und sieht im Anhang ein Formblatt für solche Anträge vor. Auf diese Besonderheiten soll hier mangels Relevanz für den urheber- und leistungsschutzrechtlichen Bereich aber nicht näher eingegangen werden.

---

[61] Identische oder verwechslungsfähige Zeichen, Waren einschließlich ihrer Verpackungen, besonders gestellte Kennzeichnungsmittel wie Aufkleber, Prospekte, Gebrauchsanweisungen etc und gesondert gestellte Verpackungen. Siehe dazu *Knaak* in *Harte-Bavendamm*, Handbuch Rz 14ff.

[62] Vgl dazu Richtlinie 98/71/EG des Europäischen Parlaments und des Rates über den rechtlichen Schutz von Mustern und Modellen vom 13. Oktober 1998 ABl L 289 vom 28.10. 1998, 28.

[63] Stellungnahme (Erste Lesung) Abänderungsvorschlag 7 und Stellungnahme (Zweite Lesung) Abänderungsvorschlag 18.

[64] ABl L 182 vom 02.07.1992, 1.

[65] ABl L 198 vom 08.08. 1996, 30.

[66] Verordnung (EG) Nr 40/94 des Rates vom 20. Dezember 1993 über die Gemeinschaftsmarke ABl L 11 vom 04.01.1994, 1. Vgl dazu auch ErwG 5 Änderungsverordnung 1999 und Bericht der Kommission vom 28.01.1998 Punkt 6.9. bis 6.16. Als in den einzelnen Mitgliedstaaten wirksame (nationale) Markenrechte waren Gemeinschaftsmarken auch schon von der PPV 1994 erfasst (vgl *Ahrens*, RIW 1996, 728f).

21 Im Hinblick auf die Erweiterung der geschützten Immaterialgüterrechte spricht die ProduktpiraterieV 1994/99 jetzt einheitlich und zusammenfassend von „Waren im Sinne von Artikel 1 Absatz 2 Buchstabe a)".

4. Urheber- und Leistungsschutzrechte

22 Abgesehen vom Geschmacksmusterschutz erfasst die ProduktpiraterieV in ihrer aktuellen Fassung nach Art 1 Abs 2 lit b sohin in dem hier interessierenden Zusammenhang **Urheberrechte** und **verwandte Schutzrechte**. Da eine abschließende horizontale Harmonisierung urheberrechtlich geschützter Werke noch fehlt, wird klargestellt (Art 1 Abs 2 lit a vierter Gedankenstrich), dass es bei der Beurteilung der Frage, ob ein Gegenstand (urheberrechtlichen) Schutz genießt, auf die Rechtsvorschriften der Gemeinschaft oder diejenigen des Mitgliedstaats ankommt, bei dem der Antrag auf Tätigwerden der Zollbehörden gestellt wird (im Folgenden auch kurz „**Einfuhrland**" genannt). Damit nimmt die ProduktpiraterieV auch auf die Territorialität der Immaterialgüterrechte Rücksicht, was umso mehr für die durch Registrierung in einem Mitgliedsland erworbenen Rechte gilt[67]. Dabei kommt es auf den jeweiligen Stand des Gemeinschaftsrechts bzw der Rechtsordnung des betreffenden Mitgliedstaats an. Zu den urheberrechtlich geschützten Werken nach den Rechtsvorschriften des Gemeinschaftsrechts zählen deshalb neben Computerprogrammen im Sinn der Software-RL insbes auch urheberrechtlich geschützte Datenbanken (Datenbankwerke) nach der Datenbank-RL. Da alle Mitgliedstaaten der EU auch der Berner Übereinkunft angehören, zählen zu den urheberrechtlich schutzfähigen Werken auch alle Werke der Literatur und Kunst im Sinn des Berner Verbandsrechts (Art 2 RBÜ). Hinzu kommen Werke, die nach der Rechtsordnung des „Einfuhrlands" als urheberrechtlich schutzfähig anerkannt sind.

Das Gesagte gilt auch für die Frage der **Originalität** (Individualität) als Voraussetzung für den urheberrechtlichen Schutz. Soweit dieser bereits harmonisiert ist, wie dies für Computerprogramme (Art 1 Abs 3 Software-RL), Datenbankwerke (Art 3 Abs 1 Datenbank-RL) und Lichtbildwerke (Art 6 Schutzdauer-RL) der Fall ist, richten sich die Schutzvoraussetzungen nach den gemeinschaftsrechtlichen Vorschriften. Wo dies nicht zutrifft, sind wieder die Rechtsvorschriften des Mitgliedstaats maßgebend, in welchem der Antrag auf Tätigwerden der Zollbehörden gestellt wird („Einfuhrland").

23 Für den **leistungsschutzrechtlichen** Bereich gilt dies entsprechend. Zu den auf gemeinschaftsrechtlicher Ebene anerkannten vier „Europäischen Leistungsschutzrechten"[68] zählen zunächst die klassischen Nachbarrechte nach dem Rom-Abkommen, also die Rechte der ausübenden Künstler, Tonträgerhersteller und Rundfunkunternehmen, wie sie auch in der Vermiet- und Verleih-RL anerkannt sind. Hinzu kommt nach dieser auch der Leistungsschutz des Herstellers der erstmaligen Aufzeichnung eines Films (Laufbildherstellers) und nun auch der *sui generis* Schutz für einfache, nicht urheberrechtlich geschützte Datenbanken

---

[67] Vgl dazu auch unten Rz 30ff.

[68] Vgl dazu auch *Scheja*, CR 1995, 718.

(Art 7ff Datenbank-RL)[69]. Denn es ist nicht davon auszugehen, dass sich die Verordnung nur auf die zum Zeitpunkt ihrer Erlassung (Dezember 1994) gemeinschaftsrechtlich anerkannten verwandten Schutzrechte beschränken wollte, zumal dies auch nicht für sonstige verwandte Schutzrechte gelten könnte, die nach den Rechtsvorschriften der einzelnen Mitgliedstaaten anerkannt, im Gemeinschaftsrecht aber noch nicht geregelt sind. Zu den auf Gemeinschaftsebene anerkannten Leistungsschutzrechten zählt weiters auch der Schutz nachgelassener Werke im Sinn des Art 4 Schutzdauer-RL. Dagegen zählt ein Schutz wissenschaftlich-kritischer Ausgaben im Sinn des Art 5 Schutzdauer-RL nur dann zum Kreis der von der ProduktpiraterieV erfassten Leistungsschutzrechte, wenn ein solcher Schutz im „Einfuhrland" anerkannt ist. Dasselbe gilt für sonstige Leistungsschutzrechte, wie sie etwa in Deutschland und Österreich für den Veranstalter von Darbietungen ausübender Künstler und einfache Lichtbilder gewährt werden. Trifft diese Voraussetzung zu, können Anträge im Sinn der ProduktpiraterieV aber auch hinsichtlich solcher, nur in einzelnen Mitgliedstaaten anerkannten Leistungsschutzrechte gestellt werden.

5. Räumlicher Anwendungsbereich (Binnenmarkt)

Im Hinblick auf die Verwirklichung des Binnenmarkts in der EU bzw im EWR **24** kommt ein Tätigwerden der Zollbehörden nur in Frage, soweit Zollbehörden an den **Außengrenzen** tätig werden. Sowohl die Einfuhr in den Binnenmarkt als auch die Ausfuhr oder Wiederausfuhr kann zu einer Aussetzung der Überlassung oder Zurückhaltung (Zollbeschlagnahme) führen, nicht aber ein Überschreiten der Binnengrenzen[70]. Anmerkung 1 zu Art 51 TRIPs-Abkommen hält dazu ausdrücklich fest, dass im Fall von Zollunionen Grenzmaßnahmen an den Innengrenzen nicht getroffen werden müssen, wenn an diesen alle Kontrollen im Wesentlichen abgebaut wurden. Die Problematik des **Binnenverkehrs** mit piratisierten Waren ist allerdings weiterhin bewusst und gegebenenfalls ein Feld für künftige Maßnahmen, worauf schon der Wirtschafts- und Sozialausschuss in seiner Stellungnahme zur Änderungsverordnung 1999 (Punkt 4.4.) hingewiesen hat. Das von der Kommission vorgelegte Grünbuch zur Bekämpfung von Nachahmungen und Produkt- und Dienstleistungspiraterie im Binnenmarkt widmet sich in erster Linie dieser Problematik.

6. Unerlaubt hergestellte Vervielfältigunsstücke oder Nachbildungen

Die ProduktpiraterieV stellt auf „unerlaubt hergestellte **Vervielfältigungsstücke** **25** oder **Nachbildungen**" ab. Als Vervielfältigungen sind deshalb nicht nur Identkopien, sondern auch Nachbildungen anzusehen. Ursprünglich war von Nachbildungen nur im Zusammenhang mit Geschmacksmustern die Rede, weshalb das Europäische Parlament auch nachgeahmte Werke einbeziehen wollte[71]. In der Endfassung der ProduktpiraterieV 1994 bezog sich der Ausdruck Nachbildung aber auch auf urheber- oder leistungsschutzrechtlich geschützte Waren,

---

[69] Dies ungeachtet des Umstands, dass der *sui generis* Schutz von Datenbanken nicht zwingend als Leistungsschutzrecht geregelt werden muss.

[70] Vgl österr Zolldokumentation (ZD) VB-0730, 10 (Punkt 3.1. Abs 2).

[71] Stellungnahme PPV 1994 (Erste Lesung) Abänderungsvorschlag 10.

woran die geänderte Fassung 1999 nichts geändert hat. Unter Nachbildungen sind alle Vervielfältigungen eines Werks oder sonstigen Schutzgegenstands zu verstehen, die keine identischen Kopien darstellen, gleichwohl aber in den Schutzbereich des betreffenden Urheber- oder Leistungsschutzrechts eingreifen. Im Bereich der sog Tonträger- oder Bildtonträgerpiraterie unterschied man schon immer zwischen *Counterfeits* einerseits sowie *Bootlegs* und sonstige **Raubkopien** anderseits. Bei *Counterfeits* oder Identfälschungen wird das Original in allen Einzelheiten nachgemacht, und zwar meist einschließlich der äußeren Aufmachung (Ausstattung) wie Label-Aufdrucke, Covergestaltung, Beihefte, Inlaycards etc. Dagegen versteht man unter *Bootlegs*[72] unerlaubte Mitschnitte von Konzerten, die sich äußerlich meist – insbes durch schlichte bzw auffällige Gestaltung – sogar bewusst von ähnlichen Originalprodukten absetzen. Unter sonstigen Raubkopien (Raubpressungen) versteht man alle übrigen unerlaubten Ton- oder Bildtonträgerproduktionen, etwa Raubkompilationen, *Disco-Mixes* und ähnliche Produkte.

26 Ausdrücklich klargestellt wird in Art 1 Abs 2 lit a vierter Gedankenstrich, dass der Antragstellung nach der ProduktpiraterieV nicht nur Waren unterliegen, die solche Vervielfältigungsstücke sind; es genügt vielmehr, dass sie solche Vervielfältigungen **enthalten**. Unerlaubte Vervielfältigungsstücke müssen also nicht zur Gänze rechtswidrig hergestellt worden sein. Die in Art 51 TRIPs-Abkommen enthaltene weitere Klarstellung, dass es sich um unmittelbar oder mittelbar nachgeahmte Waren (Vervielfältigungen) handeln könne[73], wurde wohl deshalb nicht übernommen, weil dies aus dem weiten Begriff des Vervielfältigens ohnehin folgt.

7. Unerlaubte Verbreitung (Parallelimport)

27 Nach Anmerkung 2 zu Art 51 **TRIPs-Abkommen** besteht Einverständnis darüber, dass nach diesem Abkommen keine Verpflichtung besteht, die Aussetzung der Zollabfertigung auch auf die Einfuhr von Waren anzuwenden, die in einem anderen Land vom Rechtsinhaber oder mit seiner Zustimmung in den Verkehr gebracht wurden. Damit ist der sog **Parallelimport** (Direktimport) gemeint, für welchen keine Verpflichtung zur Einführung von Grenzmaßnahmen besteht. Dies folgt freilich schon aus dem Begriff der Nachahmung, der sich wohl nur auf die unerlaubte Produktion (Vervielfältigung), nicht aber auf die **Verbreitung** von – erlaubterweise oder unrechtmäßig hergestellten – Vervielfältigungsstücken bezieht.

28 Auch Art 1 Abs 2 lit a vierter Gedankenstrich PPV 1994/99 stellt nur auf die unerlaubte **Herstellung** von Vervielfältigungsstücken bzw Nachbildungen ab, weshalb schon deshalb die unerlaubte Verbreitung von Vervielfältigungsstücken ausscheidet. Dies betrifft auch – aber nicht nur – den unerlaubten **Parallelimport** von Vervielfältigungsstücken; auch erlaubter Weise hergestellte, aber ohne Zu-

---

[72] Der Ausdruck stammt aus der amerikanischen Prohibitionszeit.

[73] Anm 3 zu Art 51 TRIPs-Abkommen. Siehe auch die entsprechende Anregung in der Stellungnahme des Europäischen Parlaments PPV 1994 (Zweite Lesung) Abänderungsvorschlag 4.

stimmung des Berechtigten verbreitete Vervielfältigungsstücke scheiden aus dem Anwendungsbereich der Verordnung ganz allgemein aus[74]. Dies folgt auch daraus, dass ausdrücklich auf die Zustimmung des Rechtsinhabers im Herstellungsland abgestellt wird, auch wenn dies nur im Zusammenhang mit der Zustimmung einer vom Rechtsinhaber im Herstellungsland ordnungsgemäß ermächtigten Person geschieht. Aus dem Umstand, dass letzteres in Unterabsatz 4 nicht ausdrücklich wiederholt wird, ist nicht abzuleiten, dass zwischen Lizenzwaren und vom Rechtsinhaber selbst hergestellten Waren zu unterscheiden wäre[75]. Hat der Rechtsinhaber – selbst oder durch seine Lizenznehmer – im Herstellungsland der Vervielfältigung zugestimmt, scheidet ein Tätigwerden der Zollbehörden auch dann aus, wenn das Verbreitungsrecht im EWR noch nicht erschöpft sein sollte, und der hier Berechtigte – mangels einer internationalen Erschöpfung – die Verbreitung in der Gemeinschaft verhindern kann[76].

Art 1 Abs 4 Unterabsatz 1 PPV 1994/99 bekräftigt den eingeschränkten Anwendungsbereich der Verordnung, wenn dort ausdrücklich festgehalten wird, dass die Verordnung nicht auf Waren oder Vervielfältigungsstücke (Nachbildungen) anzuwenden ist, die mit **Zustimmung des Rechtsinhabers hergestellt** worden sind, die aber ohne dessen Zustimmung im Sinn des Art 1 Abs 1 lit a zollbehördlich behandelt werden, was insbes im Fall einer ungenehmigten Verbreitung der Fall sein kann. Der Vorschlag des Europäischen Parlaments in seiner Stellungnahme zur ProduktpiraterieV 1994, Zuwiderhandlungen gegen das Verbreitungsrecht zumindest dann einzubeziehen, wenn sich der Rechtsinhaber aus berechtigen Gründen einer späteren Vermarktung (rechtmäßig hergestellter Produkte) widersetzt, vor allem dann, wenn der Zustand dieser Produkte nach ihrem Inverkehrbringen geändert worden ist[77], wurde schon von der ProduktpiraterieV 1994 nicht aufgegriffen. Hieran hat auch die Fassung 1999 nichts geändert; diesbezügliche Anregungen von Interessenvertretungen wurden nicht aufgegriffen[78].

Art 1 Abs 4 Unterabsatz 2 stellt schließlich noch klar, dass es nur auf die grundsätzliche Genehmigung der Herstellung (Vervielfältigung) durch den Berechtigten, nicht aber darauf ankommt, ob alle in einem Lizenzvertrag vereinbarten **vertraglichen Bedingungen** eingehalten werden. Gemeint werden mit „vereinbarten Bedingungen" vor allem vertragliche **Nebenbedingungen** sein, mögen sie mit absoluter (dinglicher) oder bloß mit schuldrechtlicher Wirkung vereinbart worden sein. Die Missachtung solcher Nebenbestimmungen eines Lizenzvertrags soll nicht dazu führen, dass es sich um unerlaubt hergestellte Vervielfältigungsstücke (Nachbildungen) im Sinn der ProduktpiraterieV handelt, die der Zollbeschlagnahme unterliegen. Es wäre den Zollbehörden eine Über- **29**

---

[74] Vgl *Ahrens*, RIW 1996, 729; *Cremer*, Mitt 1992, 168; *Scheja*, CR 1995, 718.

[75] So auch *Knaak* in *Harte-Bavendamm*, Handbuch Rz 22; aM *Ahrens*, RIW 1996, 729.

[76] Die von der PPV 1994/99 gewählten Formulierungen folgen weitgehend Anm 3 zu Art 51 TRIPs-Abkommen. Auch dort ist insbes vom Rechtsinhaber im Land der Erzeugung die Rede.

[77] Stellungnahme PPV 1994 (Erste Lesung) Abänderungsvorschlag 11; Stellungnahme (Zweite Lesung) Abänderungsvorschlag 7.

[78] Vgl dazu Bericht der Kommission 28.01.1998 Punkt 7.9. und 7.10.

wachung solcher Vertragsbestimmungen auch kaum möglich. Wurde die Zustimmung grundsätzlich erteilt, liegen in solchen Fällen keine unerlaubt hergestellten Vervielfältigungsstücke (Nachbildungen) im Sinn der Verordnung vor[79]. Dies freilich unbeschadet aller sonstigen Rechtsfolgen, die an die Nichteinhaltung solcher vertraglichen Nebenbestimmungen nach den Rechtsordnungen in den Mitgliedstaaten geknüpft sein mögen.

Fraglich erscheint aber, ob Bedingungen und vor allem Beschränkungen der Zustimmung ganz allgemein nicht zu berücksichtigen sind. So sind substanzielle inhaltliche Beschränkungen denkbar, deren Missachtung dazu führt, dass die Zustimmung des im Herstellungsland Berechtigten nicht gegeben ist. Wird die Genehmigung etwa nur für eine bestimmte Auflagezahl erteilt, werden aber ohne Zustimmung des Berechtigten gleichwohl größere Stückzahlen als vereinbart hergestellt, handelt es sich um unerlaubt hergestellte Vervielfältigungsstücke oder Nachbildungen. *Knaak*[80] meint vor allem im Hinblick auf die Schwierigkeit der Überprüfung durch die Zollbehörden, dass auch solche „*overrun*"-Waren aus dem Betrieb eines Lizenznehmers aus dem Anwendungsbereich der Verordnung ausscheiden. Es erscheint dies aber fraglich und wird jedenfalls nur dann zutreffen, wenn es sich um Lizenzwaren aus dem Betrieb eines Lizenznehmers handelt, nicht aber etwa im Fall der Fertigung (Lohnpressung) durch beauftragte Unternehmen.

8. Anwendbares Recht (Vervielfältigungsfiktion)

30 Wenn in Art 1 Abs 2 lit a vierter Gedankenstrich PPV 1994/99 zunächst von der Zustimmung des Inhabers des Urheberrechts oder verwandter Schutzrechte bzw von derjenigen einer vom Rechtsinhaber im **Herstellungsland** ordnungsgemäß ermächtigten Person die Rede ist, könnte daraus abgeleitet werden, dass unerlaubt hergestellte Vervielfältigungsstücke (Nachbildungen) nur dann vorliegen, wenn die Vervielfältigung im Herstellungsland nach dem dort geltenden Recht rechtswidrig ist. Anderenfalls bedürfte es dort weder einer Zustimmung, noch gäbe es Berechtigte und Rechtsinhaber im eigentlichen Sinn. Die weitere Voraussetzung, dass auch eine Verletzung gemeinschaftsrechtlicher oder einzelstaatlicher Vorschriften (des „Einfuhrlands") vorliegen müsse, könnte so nur als zusätzliche Voraussetzung betrachtet werden (Grundsatz der „identischen Norm").

31 Eine solche Auslegung wird dem Sinn dieser Bestimmung aber nicht gerecht. Danach soll es vielmehr ausschließlich auf die einschlägigen gemeinschaftsrechtlichen Vorschriften bzw diejenigen des Mitgliedstaats ankommen, in dem der Antrag auf Tätigwerden der Zollbehörden gestellt wird, was im Fall der Verbringung von unerlaubt hergestellten Vervielfältigungsstücken (Nachbildungen) in das Zollgebiet der Gemeinschaft das „**Einfuhrland**" ist. Zwar genügt die Zustimmung des im Herstellungsland Berechtigten, und kommt es nicht auf eine Genehmigung durch den „regionalen" Rechtsinhaber im Inland an; ob es sich aber überhaupt um einen Schutzgegenstand handelt, ob dieser noch geschützt ist, ob der Berechtigte nach den innerstaatlichen fremdenrechtlichen Vorschriften oder

---

[79] Vgl *Knaak* in *Harte-Bavendamm*, Handbuch Rz 23.

[80] In *Harte-Bavendamm*, Handbuch Rz 23.

den dort anwendbaren internationalen Verträgen Schutz genießt und dort deshalb von einem Rechtsinhaber im eigentlichen Sinn gesprochen werden kann, beurteilt sich ausschließlich nach Gemeinschaftsrecht bzw nach dem Recht des Mitgliedstaats, in welchem die Zollbehörden tätig werden. Damit wird auch dem Grundsatz der **Territorialität** der Immaterialgüterrechte Rechnung getragen[81]. Auch Anmerkung 3 zu Art 51 TRIPs-Abkommen stellt darauf ab, dass die Vervielfältigung eine Verletzung eines Urheberrechts oder verwandten Rechts „nach Maßgabe des Rechts des Einfuhrlands dargestellt **hätte**"[82], wobei durch die Verwendung der Bedingungsform das **fiktive Abstellen** auf die Rechtsordnung des Einfuhrlands auch im Wortlaut noch deutlicher zum Ausdruck kommt[83]. Der Oberste Gerichtshof hat sich dieser Ansicht in zwei Entscheidungen aus jüngster Zeit angeschlossen und die Einleitung eines Vorabentscheidungsverfahrens insoweit nicht für erforderlich gehalten[84].

Dabei darf aber nicht übersehen werden, dass die ProduktpiraterieV auch auf **Gemeinschaftswaren** anwendbar ist, wenn die Voraussetzungen des Art 1 Abs 1 lit a PPV 1994/99 erfüllt sind. Dies trifft insbes für deren Überführung in das Ausfuhrverfahren zu. In solchen Fällen wird die Vervielfältigung in der Regel tatsächlich im Inland stattgefunden haben, weshalb jedenfalls eine inländische Verletzungshandlung vorliegt. Es wird dies auch der Grund dafür sein, weshalb die ProduktpiraterieV – anders als der ursprüngliche Vorschlag 1994 (Art 1 Abs 1 lit b) und das TRIPs-Abkommen – nicht mehr ausschließlich darauf abstellt, dass die Vervielfältigung „die betroffenen Rechte verletzt hätte".

Dieses Konzept ist insoweit nicht neu, als auch nach der **Berner Übereinkunft** **32**
jedes unbefugt hergestellte Werkstück in den Verbandsländern, in denen das Originalwerk Anspruch auf gesetzlichen Schutz hat, **beschlagnahmt** werden kann (Art 16 Abs 1 RBÜ 1967/1971), wobei dies auch hier selbst auf Vervielfältigungsstücke anwendbar ist, die aus einem Land stammen, in dem das Werk nicht oder nicht mehr geschützt ist (Abs 2). Auch sei daran erinnert, dass etwa Art 2 Genfer Tonträger Abkommen die **Einfuhr** von Vervielfältigungsstücken (zum Zweck der Verbreitung an die Öffentlichkeit) deren tatsächlicher Verbreitung (*distribution*) gleichstellt.

Es kommt auch nicht darauf an, ob die unerlaubt hergestellten Vervielfältigungs- **33**
stücke (Nachbildungen) nach den innerstaatlichen Vorschriften in einem anderen Mitgliedstaat, im Inland oder in einem Drittstaat (im urheberrechtlichen Sinn) verbreitet werden sollen oder ob schon der Import (die Durchfuhr oder der Export) eine urheberrechtliche Verbreitungshandlung im traditionellen Sinn oder sonst einen dem Berechtigten vorbehaltenen Verwertungsakt (*restricted act*) darstellt, und wie insoweit etwa das internationale Strafrecht ausgestaltet ist[85].

---

[81] Vgl dazu auch oben Rz 22.

[82] Hervorhebung vom Verfasser. Die englische Fassung lautet: „... *where the making of that copy would have constituted an infringement of a copyright or a related right under the law of the country of importation.*"

[83] Vgl zu diesen Fragen auch *Walter*, MR 1999, 286 bei Z 2.1. bis 2.3.

[84] Vgl OGH 23.05.2000 – „BOSS III" MR 2000, 240 und 04.07.2000 – „Disques Duchesse III" MR 2000, 242 und zu beiden Entscheidungen auch *Walter*, MR 2000, 245.

[85] Vgl zur Rechtslage in Österr *Walter*, MR 1999, 287.

Für ein Tätigwerden der Zollbehörden genügt es, wenn die **Vervielfältigung** im „Importland" nach den dort geltenden Vorschriften **unzulässig** und daher als Urheberrechtsverletzung anzusehen **wäre**. Der Zollbeschlagnahme unterliegen deshalb auch Vervielfältigungsstücke und Nachbildungen, die im Herstellungsland – aus welchen Gründen immer – nicht oder nicht mehr geschützt sind oder die in ein Land ausgeführt (und dort verbreitet) werden sollen, in welchem kein Schutz besteht. Im Hinblick auf das Verbringungsverbot des Art 2 und die Vorschrift des Art 6 Abs 2 lit b PPV 1994/99 gilt dies aber nicht nur für das Einschreiten der Zollbehörden, sondern auch in Bezug auf das weitere Schicksal der zurückgehaltenen Waren (Vervielfältigungsstücke). Denn es würde wenig Sinn machen, zwar die Grenzbeschlagnahme zu regeln, nicht aber gleichzeitig auch dafür zu sorgen, dass solche Waren – wenn es sich tatsächlich um unerlaubt hergestellte Vervielfältigungsstücke (Nachbildungen) handelt – auch vernichtet und als Rechtsverletzungen verfolgt werden können.

34 Nicht aufgegriffen wurde dagegen der Vorschlag des Europäischen Parlaments[86], für den – gegebenenfalls fiktiven – Eingriff in das Vervielfältigungsrecht neben dem Gemeinschaftsrecht und dem Recht im „Einfuhrland" auch auf die Rechtsvorschriften eines **anderen Mitgliedstaats** abzustellen. Dieser Ansatz wurde auch in der Änderungsverordnung 1999 nur für Gemeinschaftsmarken verwirklicht.

9. Eingriffsmittel

35 Art 1 Abs 3 PPV stellt Eingriffsgegenständen **Eingriffsmittel** gleich, das sind Formen oder Matrizen, die speziell zur Herstellung von Eingriffsgegenständen im Sinn des Abs 2 lit a PPV 1994/99 bestimmt oder im Hinblick auf eine solche Herstellung angepasst worden sind. Vorausgesetzt wird auch hier, dass die Verwendung solcher Eingriffsmittel nach den Rechtsvorschriften der Gemeinschaft oder denjenigen des „Einfuhrlands" rechtswidrig ist. Dabei wird es darauf ankommen, ob die Vervielfältigung mit Hilfe solcher Eingriffsmittel gegen diese Rechtsvorschriften verstößt[87]. Die Ausdrücke „Formen oder Matrizen" werden weit auszulegen sein[88] und umfassen deshalb alle Vervielfältigungsmittel ungeachtet des verwendeten technischen Verfahrens. Auch unmittelbare Vorstufen (zB Druckfilme) zählen dazu. Voraussetzung ist aber, dass es sich um besonders („speziell") zur Herstellung nachgeahmter Waren oder Raubkopien bestimmte oder hierfür angepasste Werkzeuge handelt; Produktionsgeräte als solche scheiden deshalb wohl aus. Allerdings wird die besondere Widmung (spezielle Bestimmung oder Anpassung) zur Herstellung unerlaubter Vervielfältigungsstücke in

---

[86] Stellungnahme PPV 1994 (Erste Lesung) Abänderungsvorschlag 10. Siehe auch die Stellungnahme des Wirtschafts- und Sozialausschusses ProduktpiraterieV 1994 Punkt 3.4.

[87] Zu Unrecht meint die österr Zolldokumentation (ZD) VB-0730, 10 (Punkt 1.5.), ein Tätigwerden der Zollbehörden sei in Bezug auf Formen oder Matrizen derzeit in Österr nicht möglich, weil die Einfuhr oder Ausfuhr keine Schutzrechtsverletzung darstelle.

[88] Dafür spricht auch die weitere Formulierung in Art 46 TRIPs-Abkommen, wo von Werkzeugen und Materialien die Rede ist. Siehe auch den weiter gefassten Formulierungsvorschlag des Europäischen Parlaments für den Bereich des Zeichenrechts (Stellungnahme PPV 1994 Erste Lesung Änderungsvorschlag 9).

TRIPs- konformer Auslegung[89] großzügig zu verstehen sein, da in Art 46 TRIPs-Abkommen allgemeiner von Werkzeugen und Materialien die Rede ist, die **vorwiegend** zur Schaffung der rechtsverletzenden Waren verwendet werden.

10. Begründeter Verdacht

Für ein Tätigwerden der Zollbehörden ist es nicht erforderlich, dass bereits feststeht oder gar gerichtlich festgestellt wäre, dass es sich um unerlaubt hergestellte Vervielfältigungsstücke (Nachbildungen) handelt. Es reicht nach Art 1 Abs 1 lit a PPV 1994/99 vielmehr aus, dass ein **begründeter Verdacht** besteht; auch „offensichtlich“ (im Sinn des § 111a Abs 1 dUrhG) muss dies nicht sein[90]. Art 51 TRIPs-Abkommen spricht von triftigen Gründen (*valid grounds*), während in der Verordnung nur von einem Verdacht die Rede ist. Erforderlich, aber auch ausreichend wird deshalb das Vorliegen begründeter Verdachtsmomente sein. **36**

11. Rechtsinhaber

Unter Rechtsinhaber im Sinn der Verordnung ist jeder **originär Berechtigte** wie Urheber, ausübender Künstler, Tonträgerhersteller oder jede zur Wahrnehmung von Urheber- oder Leistungsschutzrechten befugte Person zu verstehen (Art 1 Abs 1 lit b PPV 1994/99). Als Wahrnehmungsberechtigte sind Personen anzusehen, die in eigenem Namen auftreten und gegen Rechtsverletzungen vorgehen können. Dazu zählen nach deutschem und österr Verständnis die Inhaber ausschließlicher **(Werk)Nutzungsrechte** oder Personen, auf welche – soweit dies zulässig ist – Urheber- oder Leistungsschutzrechte **übertragen** wurden. Dies trifft aber nicht für alle zur Nutzung berechtigten Person zu; so ist der Inhaber einer einfachen (Werk)Nutzungsbewilligung zwar selbst zur Nutzung berechtigt, kann Dritten aber nicht die Nutzung gestatten und auch nicht im eigenen Namen gegen Rechtsverletzungen vorgehen. Allerdings kann der Inhaber einer Nutzungsbewilligung als Vertreter einschreiten, wenn ihn der ausschließlich Berechtigte damit betraut hat. Werden Vervielfältigungsstücke aber vom Inhabers einer einfachen (Werk)Nutzungsbewilligung oder über dessen Auftrag hergestellt, handelt es sich gleichwohl um erlaubter Weise hergestellte Vervielfältigungsstücke, da die Vervielfältigung in diesem Fall auf die Zustimmung des Rechtsinhabers zurückzuführen ist. Was die übrigen betroffenen Rechte wie Marken- und Zeichenrechte, Patentrechte und die Rechte aus einem Zertifikat anlangt, lässt die Verordnung jedenfalls ihrem Wortlaut nach dagegen jeden zur Nutzung Berechtigten als antragslegitimiert zu[91]. **37**

Art 1 Abs 2 lit b Ende PPV 1994/99 stellt schließlich klar, dass die Rechtsinhaber auch durch **Vertreter** handeln können. Dabei wird die – zivilrechtliche – Unterscheidung zwischen Wahrnehmungsberechtigten, die auf Grund einer Rechtsübertragung oder Rechtseinräumung im eigenen Namen handeln, und Vertretern ieS nicht klar gezogen, und bleibt dies der Gesetzgebung der Mitgliedstaaten **38**

---

[89] Vgl zur TRIPs-konformen Auslegung auch *Knaak* in *Harte-Bavendamm*, Handbuch Rz 7.

[90] Vgl *Scheja*, CR 1995, 719.

[91] So etwa *Ahrens*, BB 1997, 903 und RIW 1996, 729.

vorbehalten. Dies folgt auch aus Art 1 Durchführungsverordnung, wenn dort ausdrücklich auf Verwertungsgesellschaften hingewiesen wird, deren einziger oder vorwiegender[92] Zweck darin besteht, Urheberrechte oder verwandte Schutzrechte wahrzunehmen bzw zu verwalten. Es kommt deshalb nicht darauf an, ob Verwertungsgesellschaften auf Grund eines Auftrags (Mandats) in fremdem Namen oder auf Grund einer Rechtsabtretung *(cession des droits)* bzw eingeräumter (Werk)Nutzungsrechte im eigenen Namen handeln. Nach Art 1 Durchführungsverordnung können Nutzungsberechtigte oder Vertreter freilich sowohl natürliche als auch juristische Personen sein.

Kapitel II

Verbot des Verbringens von Waren, die bestimmte Rechte am geistigen Eigentum verletzen, sowie ihrer Überführung in den zollrechtlich freien Verkehr oder in ein Nichterhebungsverfahren, ihre Verbringung in eine Freizone oder ein Freilager sowie Verbot ihrer Ausfuhr und Wiederausfuhr[93]

Artikel 2

Übersicht

Text

Artikel 2 Produktpiraterieverordnung 1994/99[94]

Waren, die aufgrund des Verfahrens nach Artikel 6 als *Waren im Sinne von Artikel 1 Absatz 2 Buchstabe a)* [nachgeahmte Waren oder unerlaubt hergestellte Vervielfältigungsstücke oder Nachbildungen] erkannt werden, dürfen nicht *in die Gemeinschaft verbracht*, in den zollrechtlich freien Verkehr oder in ein

---

[92] Die österr Zolldokumentation (ZD) VB-0730, 10 (Punkt 1.6.lit f) spricht missverständlich nur vom „einzigen Zweck" der Verwertungsgesellschaften, Urheberrechte wahrzunehmen. Auch wird übersehen, dass Verwertungsgesellschaften in der Regel nicht als Vertreter, sondern auf Grund eingeräumter Nutzungsrechte im eigenen Namen tätig werden.

[93] Titel nach der Änderungsverordnung 1999.

[94] Die mit Änderungsverordnung 1999 geänderten oder hinzugefügten Stellen sind durch Kursivdruck hervorgehoben. Die Fassung nach der ProduktpiraterieV 1994 ist durch eckige Klammern ersichtlich gemacht.

Nichterhebungsverfahren überführt, *in eine Freizone oder ein Freilager verbracht*, ausgeführt oder wiederausgeführt werden.

Aus den Erwägungsgründen

ErwG 3 Soweit die nachgeahmten Waren, die unerlaubt hergestellten Vervielfältigungsstücke oder Nachbildungen sowie ihnen gleichgestellte Waren aus Drittländern eingeführt werden, muß ihre Überführung in den zollrechtlich freien Verkehr oder in ein Nichterhebungsverfahren in der Gemeinschaft verboten und ein geeignetes Verfahren für das Tätigwerden der Zollbehörde eingeführt werden, um bestmögliche Voraussetzungen für die Beachtung dieses Verbots zu schaffen.

ErwG 4 Das Tätigwerden der Zollbehörden im Hinblick auf das Verbot der Überführung nachgeahmter Waren und unerlaubt hergestellter Vervielfältigungsstücke oder Nachbildungen in den zollrechtlich freien Verkehr oder in ein Nichterhebungsverfahren muß sich auch auf die Ausfuhr und die Wiederausfuhr dieser Waren erstrecken.

Artikel 58 Zollkodex

(Titel IV Zollrechtliche Bestimmung Kapitel 1 Allgemeines)

(1) Sofern nichts Gegenteiliges bestimmt ist, können Waren ungeachtet ihrer Beschaffenheit, ihrer Menge, ihres Ursprungs, ihrer Herkunft oder ihres Bestimmungsorts jederzeit unter den festgelegten Voraussetzungen eine beliebige zollrechtliche Bestimmung erhalten.

(2) Absatz 1 steht Verboten oder Beschränkungen nicht entgegen, die aus Gründen der öffentlichen Sittlichkeit, Ordnung oder Sicherheit zum Schutze der Gesundheit und des Lebens von Menschen, Tieren oder Pflanzen, des nationalen Kulturguts von künstlerischem (geschichtlichem oder archäologischem) Wert oder des gewerblichen oder kommerziellen Eigentums gerechtfertigt sind. Dem Schutz der öffentlichen Sittlichkeit, Ordnung oder Sicherheit dienen Bestimmungen betreffend Pornografie, Waffen, Schieß- und Sprengmittel sowie Kriegsmaterial.

Kommentar

1. Zollrechtliche Bestimmung (Wahlfreiheit)

Nach Art 58 Abs 1 ZK können Waren aus zollrechtlicher Sicht grundsätzlich ungeachtet ihrer Beschaffenheit, ihrer Menge, ihres Ursprungs, ihrer Herkunft oder ihres Bestimmungsorts unter den festgelegten Voraussetzungen jederzeit eine beliebige **zollrechtliche Bestimmung** erhalten; dem Verfügungsberechtigten steht insoweit ein **Wahlrecht** zu. Dies ist Ausfluss des Grundsatzes des **freien Warenverkehrs**, wie er sowohl im GATT als auch nach den Grundfreiheiten des EGV grundsätzlich gewährleistet wird. Herr des Verfahrens ist im Zollverfahren deshalb der Wirtschaftsbeteiligte (**Verfügungsberechtigte**), dem auch ein gewisser Gestaltungsspielraum zur Verfügung steht[95]. **1**

---

[95] Vgl *Witte/Wolffgang*, Lehrbuch Rz 280 und 320; *Witte*, Zollkodex Kommentar[2] Art 58 Rz 1.

2 Allerdings muss der Verfügungsberechtigte die im Zollkodex und in der Zollkodex-DurchführungsV (ZK-DVO) vorgeschriebenen Bedingungen für die Inanspruchnahme einer zollrechtlichen Bestimmung erfüllen. Dazu zählen Vorschriften betreffend die Verbringung von Waren in das Zollgebiet der Gemeinschaft (Erfassung des Warenverkehrs) oder das Verbringen von Waren aus der Gemeinschaft, Bestimmungen über die Bewilligung der Zollverfahren bzw über die Zulassung sonstiger zollrechtlicher Bestimmungen und über die Anmeldung von Waren zu einem und deren Überführung in ein Zollverfahren (allgemeine Zollbehandlung, Abfertigung, Überlassung) und schließlich Vorschriften über die Durchführung und Beendigung eines Zollverfahrens (zB Art 89 ZK)[96].

2. Verbote und Beschränkungen nach Art 58 Abs 2 ZK

3 Art 58 Abs 2 enthält jedoch einen **allgemeinen Vorbehalt** zu Gunsten außerwirtschaftlicher Verbote und Beschränkungen des Warenverkehrs, die aus Gründen der öffentlichen Sittlichkeit, Ordnung oder Sicherheit zum Schutz der Gesundheit und des Lebens von Menschen, Tieren oder Pflanzen, des nationalen Kulturguts von künstlerischem (geschichtlichem oder archäologischem) Wert oder des gewerblichen oder kommerziellen Eigentums gerechtfertigt sind. Solche Verbote und Beschränkungen können im Gemeinschaftsrecht oder im Recht der Mitgliedstaaten (also im sog „geltenden Recht"[97]) verankert sein. Dem Schutz der Gesundheit und des Lebens von Menschen dienen etwa Verbote und Beschränkungen betreffend Lebensmittel, Suchtmittel, Arzneiwaren oder die Gentechnik; andere Vorschriften gewährleisten einen entsprechenden Schutz von Tieren oder Pflanzen und betreffen den Pflanzen- und Artenschutz, Saatgut, Tierseuchen, Jungrobben oder Dünger- und Futtermittel. Den Umweltschutz zum Gegenstand haben zB Bestimmungen in Bezug auf Abfälle und Altöle sowie zum Schutz der Ozonschicht. Schließlich betreffen solche Verbote und Beschränkungen auch den Schutz des künstlerischen-historischen Erbes der Menschheit (Kulturguts)[98]. Unter dem gleichfalls ausdrücklich erwähnten gewerblichen und kommerziellen Eigentum sind – so wie nach Art 30 EGV 1997 (früher Art 36) – auch das Urheberrecht und die verwandten Schutzrechte zu verstehen.

4 **Verbote und Beschränkungen** dieser Art, an deren Durchsetzung die Zollbehörden mitzuwirken haben, gewinnen zunehmend an Bedeutung und sind auf Grund des allgemeinen Vorbehalts fest im Zollkodex verankert. Im Einzelnen richten sich Voraussetzungen und Umfang des Tätigwerdens der Zollbehörden ebenso wie das Verfahren nach den jeweiligen Vorschriften[99]. Die ProduktpiraterieV macht von diesem Vorbehalt für den Bereich des **gewerblichen und kommerziellen Eigentums** Gebrauch. Im österr Recht wurde die Hilfestellung der

---

[96] Vgl dazu *Witte*, Zollkodex Kommentar[2] Art 58 Rz 7 und die ausführliche Kommentierung der einzelnen Bestimmungen. Siehe oben Art 1 Rz 1ff.

[97] Vgl Art 4 Z 23 ZK.

[98] Vgl dazu die Verordnung (EWG) Nr 3911/92 des Rates vom 09.12.1992 über die Ausfuhr von Kulturgütern idF Verordnung (EG) Nr 2469/96.

[99] Siehe dazu ausführlich *Witte*, Zollkodex Kommentar[2] Art 58.

Zollbehörden zuvor schon im Zusammenhang mit der Durchsetzung der Leerkassettenvergütung vorgesehen (§ 90a UrhG)[100].

3. Art 2 Produktpiraterieverordnung als Verbot im Sinn des Art 58 Abs 2 ZK

Art 2 **ProduktpiraterieV** erklärt Waren im Sinn von Art 1 Abs 2 lit a, einschließlich unerlaubt hergestellter Vervielfältigungsstücke (Nachbildungen), zu solchen, die den in Art 58 Abs 2 ZK erwähnten Verboten und Beschränkungen unterliegen. Die Verordnung richtet sich damit zunächst an die **Zollbehörden** (Zollstellen) der Mitgliedsstaaten, indem nachgeahmte Waren und unerlaubt hergestellte Vervielfältigungsstücke (Nachbildungen) dem Regime der Verbote und Beschränkungen nach dieser Bestimmung unterstellt und dem **Aufgabenbereich der Zollbehörden** zugeordnet werden[101]. Die Aufgriffstatbestände (zollrechtlichen Situationen), in welchen ein Tätigwerden der Zollbehörden vorgesehen ist, sind schon in Art 1 Abs 1 lit a PPV 1994/99 festgelegt. **5**

Das **Verbot** nach Art 2 PPV 1994/99 geht im Vergleich zu anderen Verboten und Beschränkungen im Sinn des Art 58 Abs 2 ZK verhältnismäßig weit. Es wird insbes nicht vorausgesetzt, dass die unerlaubt hergestellten Vervielfältigungsstücke (Nachbildungen) tatsächlich in der Gemeinschaft in den Wirtschaftskreislauf kommen (sollen), um ein Tätigwerden der Zollbehörden zu rechtfertigen. Denn die Ausfuhr und Wiederausfuhr werden ebenso erfasst wie die bloße Durchfuhr (externes Versandverfahren) und – nach der ÄnderungsV 1999 – auch die Verbringung in eine Freizone oder ein Freilager und ganz allgemein die Verbringung in das Zollgebiet der Gemeinschaft. **6**

4. Zollrechtliche Verfügungsbeschränkung

Art 2 PPV 1994/99 hat aber noch eine weitere **zollrechtliche Dimension**. Nach dieser Verbotsregelung dürfen als unerlaubt hergestellt erkannte Vervielfältigungsstücke (Nachbildungen) nicht in den zollrechtlich freien Verkehr oder in ein Nichterhebungsverfahren überführt, in eine Freizone oder ein Freilager verbracht, ausgeführt oder wiederausgeführt werden. Aus zollrechtlicher Sicht stellt sich dies als **Beschränkung** des dem zollrechtlich Verfügungsberechtigten an sich zustehenden **Wahlrechts** dar, den (in die Gemeinschaft verbrachten bzw gestellten) Waren eine beliebige zollrechtliche Bestimmung zu geben (Art 58 Abs 1 ZK). Damit wird das weitere Schicksal von als unerlaubt hergestellt erkannten Vervielfältigungsstücken (Nachbildungen) zollrechtlich geregelt. Dem Verfügungsberechtigten ist jede zollrechtliche Bestimmungen im Sinn des Art 4 Z 15 und 16 ZK mit Ausnahme der **Vernichtung** (Zerstörung) bzw der **Aufgabe** (des Verzichts) zu Gunsten der Staatskasse (Art 4 Z 15 lit d und e) untersagt. **7**

5. Freiwillige und zollamtliche Vernichtung

Da für unerlaubt hergestellte Vervielfältigungsstücke (Nachbildungen) nach Art 2 die zollrechtliche Bestimmung der Vernichtung (Aufgabe zu Gunsten der **8**

---

[100] Vgl dazu österr Zolldokumentation (ZD) VB-740.

[101] Vgl *Hoffmeister/Harte-Bavendamm*, § 5 Deutschland – Grenzbeschlagnahme in *Harte-Bavendamm*, Handbuch Rz 204.

Staatskasse) nicht ausgeschlossen ist, kann der Verfügungsberechtigte nach Aussetzung der Überlassung bzw Zurückhaltung die unerlaubt hergestellten Vervielfältigungsstücke (Nachbildungen) nach Art 182 ZK **freiwillig vernichten** oder der Zollverwaltung zur Vernichtung oder Zerstörung übergeben, wobei die Kosten zu Lasten des Anmelders gehen[102]. Dabei sind die Vorgaben des Art 8 Abs 1 und 2 PPV 1994/99 zu beachten, und kann grundsätzlich auch eine Aufgabe zu Gunsten der Staatskasse erfolgen (Art 8 Abs 2 PPV 1994/99)[103]. Die Bestimmung zur Vernichtung ist im Hinblick auf das umfassende Verbot des Art 2 aber auch die einzige zulässige zollrechtliche Bestimmung, die der Verfügungsberechtigte vornehmen kann. Denn Art 8 Abs 1 Unterabsatz 2 dritter Gedankenstrich PPV 1994/99 hält dazu ergänzend ausdrücklich fest, dass auch die Überführung in ein anderes Zollverfahren unzulässig ist, wie etwa die passive Veredelung, die – weil kein Nichterhebungsverfahren – nicht durch Art 2 erfasst wird.

9 Macht der Verfügungsberechtigte von dieser Wahlmöglichkeit keinen Gebrauch und nimmt er deshalb keine zulässige zollrechtliche Bestimmung vor, so sind die Waren (Vervielfältigungsstücke) im Fall einer positiven Entscheidung der zuständigen Behörde (des Gerichts), die ihrerseits nicht notwendig auf Vernichtung lauten muss[104], gleichfalls **zollamtlich zu vernichten**. Art 56 ZK sieht nämlich eine Vernichtung oder Zerstörung gestellter Waren ganz allgemein vor, „wenn die Umstände dies erfordern", was hier mangels einer zulässigen anderen zollrechtlichen Bestimmung zutrifft. Die Vorschrift ist im Übrigen im Zusammenhang mit Art 53 Abs 1 ZK zu lesen, wonach die Zollbehörden gleichfalls alle erforderlichen Maßnahmen – einschließlich der Veräußerung von Waren – treffen können, was jetzt nach Art 57 ZK auch dann gilt, wenn festgestellt wird, dass Waren vorschriftswidrig in das Zollgebiet der Gemeinschaft **verbracht** oder der **zollamtlichen Überwachung entzogen** worden sind[105]. Art 75 lit a vierter Gedankenstrich ZK spricht dies ausdrücklich auch für die Verbote und Beschränkungen des Art 58 Abs 2 ZK aus und ermächtigt die Zollbehörden gleichfalls zu allen erforderlichen Maßnahmen (einschließlich der Einziehung und der Veräußerung)[106]. Eine Veräußerung wird allerdings im Hinblick auf das Verbot des Art 2 ProduktpiraterieV im gegebenen Zusammenhang in der Regel ausscheiden[107].

6. Verbot der Verbringung in die Gemeinschaft

10 Nach Art 2 in seiner seit der Änderungsverordnung 1999 gültigen Fassung dürfen Waren (und Vervielfältigungsstücke), die auf Grund des Verfahrens nach Art 6 als Waren im Sinn des Art 1 Abs 2 lit a erkannt werden, nicht **in die Gemeinschaft**

---

[102] Vgl österr Zolldokumentation (ZD) VB-0730, 15 (Punkt 3.4. Abs 3).
[103] Vgl dazu unten Art 8 Rz 9f.
[104] Vgl dazu unten Art 6 Rz 15ff.
[105] Vgl dazu *Witte/Wolffgang*, Lehrbuch Rz 268.
[106] Vgl *Witte*, Zollkodex Kommentar² Art 58 Rz 41 und 43; österr Zolldokumentation (ZD) VB-0730, 15 (Punkt 3.4. Abs 4). Siehe dazu die entsprechenden Durchführungsvorschriften im deutschen ZollVG und im österr ZollR-DG (zB § 58 iVm § 51).
[107] Vgl dazu unten Art 8 Rz 9f.

verbracht werden. Wenn die Vorschrift von (nachgeahmten) Waren und unerlaubt hergestellten Vervielfältigungsstücken (Nachbildungen) spricht, die „aufgrund des Verfahrens nach Art 6“ als solche erkannt werden, ist darunter das (gerichtliche) Rechtfertigungsverfahren nach Art 6 Abs 2 zu verstehen.

Das Verbringen von Waren (Vervielfältigungsstücken) in die Gemeinschaft ist keine zollrechtliche Bestimmung. Es handelt sich aber um einen tatsächlichen Vorgang, der zollrechtlich von Bedeutung ist, weil er nach Art 37 ZK die **zollamtliche Überwachung** solcher Waren (Vervielfältigungsstücke) bzw – nach ihrer Gestellung – deren vorübergehende Verwahrung auslöst. Dieser zollrechtliche Aspekt wird aber schon in Art 1 Abs 1 lit a bei der Umschreibung der ein Tätigwerden der Zollbehörden zulassenden Aufgriffstatbestände berücksichtigt, wenn die ÄnderungsV diese insbes um den der zollamtlichen Prüfung im Zusammenhang mit einer zollamtlichen Überwachung bzw Verwahrung erweitert hat. Der rechtliche Gehalt des Verbringungsverbots kann sich deshalb nicht in diesem zollrechtlichen Aspekt erschöpfen.

Mehrere **Auslegungen** sind denkbar. Das Verbot des tatsächlichen Verbringens in das Zollgebiet der Gemeinschaft könnte zunächst im Sinn einer vorsorglichen Klarstellung verstanden werden, dass – nach einer entsprechenden (gerichtlichen) Entscheidung im Rechtfertigungsverfahren – ein (endgültiges) Verbringen in das Zollgebiet der Gemeinschaft ebenso untersagt ist wie die Vornahme einer der angeführten zollrechtlichen Bestimmungen. Das Verbot könnte sich aber auch auf eine Entziehung von Waren (Vervielfältigungsstücken) aus der zollamtlichen Überwachung oder Verwahrung bzw einer zollamtlichen Beschlagnahme beziehen. Es ließe sich schließlich auch als ungenaue Formulierung deuten, der es nur um eine Anpassung an die schon in Art 1 Abs 1 lit a PPV 1994/99 festgelegte Erweiterung der zollrechtlichen Aufgriffstatbestände geht, anlässlich welcher die Zollbehörden tätig werden sollen. **11**

Im Hinblick auf die klare Formulierung des Art 2 als Verbotsregel wird sich die mit ÄnderungsV erweiterte Bestimmung im Gesamtgefüge der Regelungen des Zollverfahrens aber nicht auf eine bloße Anpassung oder auf Randfälle beschränken, die im Übrigen im Zollkodex ohnehin weitgehend geregelt sind, sondern als allgemeine **Verbotsnorm** zu verstehen sein, die sich unmittelbar gegen den Verbringer richtet. Hinzugefügt werden musste freilich, dass dies nur für tatsächlich unerlaubt hergestellte Vervielfältigungsstücke (Nachbildungen) im Sinn der ProduktpiraterieV gilt, die letztlich in einem Rechtfertigungsverfahren auch als solche „erkannt“ werden. Damit steht auch Art 11 in Einklang, wonach jeder Mitgliedstaat für den Fall Sanktionen festzusetzen hat, dass gegen Art 2 verstoßen wird. Diese Sanktionen müssen – wie ausdrücklich hinzugefügt wird – wirksam, verhältnismäßig und abschreckend sein. Denn die „Sanktionen“ in Bezug auf die Vornahme einer der in Art 2 angeführten unzulässigen zollrechtlichen Bestimmungen ergeben sich unmittelbar aus dem Zollkodex und bedürfen keiner ergänzenden Regelung. Dies gilt auch für die Sanktion der Vernichtung, die sich gleichfalls schon aus der Verfügungsbeschränkung des Art 2 in Verbindung mit den Bestimmungen des Zollkodex und des Art 8 Abs 1 und 2 PPV 1994/99 ergibt. Die Sanktionen nach Art 11 werden sich deshalb in erster Linie gerade auf das Verbringungsverbot als (urheberrechtlichen) Verletzungstatbestand beziehen, **12** wobei die vorzusehenden Sanktionen nur allgemein umschrieben werden, ohne diese näher zu bestimmen[108].

Für das Verständnis des Verfügungsverbots als Verbotsnorm spricht auch, dass die Entscheidungsfindung im Rechtfertigungsverfahren unter Zugrundelegung der „gleichen Kriterien" zu erfolgen hat, die auch für eine Entscheidung darüber gelten, ob in dem betreffenden Mitgliedstaat hergestellte Waren die Rechte des Rechtsinhabers verletzen (Art 6 Abs 2 lit b PPV 1994/99). Im Rechtfertigungsverfahren ist das Verbot nach Art 2 deshalb einer **inländischen Verletzungshandlung** gleichzuhalten[109]. Auch dies spricht für die Annahme, dass das Verbringungsverbot nach Art 2 als Umschreibung einer Verletzungshandlung zu qualifizieren ist, das unter denselben Sanktionen steht, wie sie für Urheberrechtsverletzungen nach dem nationalen Recht vorgesehen sind. Ergänzt wird dies durch die Verpflichtung der Mitgliedstaaten, entsprechend wirksame, verhältnismäßige und abschreckende Sanktionen vorzusehen.

13 Damit läuft das Verbringungsverbot des Art 2 letztlich auf eine selbständige Verletzungshandlung der „**Einfuhr**" hinaus. Da das Verbringen als solches und unabhängig vom intendierten weiteren Schicksal der Waren (Vervielfältigungsstücke) unter der Voraussetzung verboten ist, dass die Vervielfältigung nach dem im „Einfuhrland" geltenden Recht rechtswidrig wäre, kommt es nicht darauf an, ob die Gesetzgebung der Mitgliedstaaten auch sonst von einer (versuchten) Verbreitung ausginge oder ihrerseits selbständige Verwertungstatbestände der Einfuhr, Ausfuhr, Durchfuhr etc vorsieht. Das Verbot nach Art 2 ergänzt damit die Rechtsanwendungsnorm des Art 1 Abs 2 lit a bzw die Fiktion der Vervielfältigung im Inland um den entsprechenden Tatbestand.

7. Zusammenwirken der Regelungen der Art 1 und 2

14 Zunächst werden in Art 1 Abs 1 lit a die zollrechtlichen Aufgriffstatbestände umschrieben. Dann legt Art 1 PPV 1994/99 fest, was unter unerlaubt hergestellten Vervielfältigungsstücken (Nachbildungen) zu verstehen ist, womit die – unmittelbar anwendbare – materiellrechtliche Grundlage vorgegeben wird (Abs 2 lit a). Art 2 knüpft hieran an und beschränkt die Wahlfreiheit des Verfügungsberechtigten in Bezug auf die zollrechtliche Bestimmung und verbietet auch eine Verbringung in Freizonen oder Freilager. Damit wird in Verbindung mit Art 8 das Schicksal solcher als unerlaubt hergestellt erkannter Vervielfältigungsstücke (Nachbildungen) festgelegt. Darüber hinaus enthält Art 2 aber ein allgemeines Verbot, solche Vervielfältigungsstücke in das Gebiet der Gemeinschaft zu verbringen. Dagegen obliegt es der Gesetzgebung der Mitgliedsstaaten, das Rechtfertigungsverfahren zu regeln und vorzusehen, dass in einem geeigneten (gerichtlichen) Verfahren geprüft wird, ob es sich im Einzelfall tatsächlich um unerlaubt hergestellte Vervielfältigungsstücke (Nachbildungen) im Sinn der ProduktpiraterieV handelt. Dabei sind nach Art 6 Abs 2 lit b die gleichen Kriterien heranzuziehen wie für die Beurteilung der Frage, ob im Inland („Einfuhrland")

---

[108] Eine entsprechende allgemeine Bestimmung ist jetzt für Urheberrechtsverletzungen auch in Art 8 Info-RL vorgesehen.

[109] Vgl dazu auch OGH 04.07.2000 – „Disques Duchesse III" MR 2000, 242 und dazu *Walter*, MR 2000, 245.

hergestellte Vervielfältigungsstücke als Rechtsverletzungen anzusehen sind. Damit wird das Verbringungsverbot – materiellrechtlich und verfahrensrechtlich – inländischen Verletzungshandlungen gleichgestellt. Die Sanktionen werden zum Teil nur allgemein umschrieben (Art 11), zum Teil (Vernichtung und Gewinnabschöpfung) in der ProduktpiraterieV festgelegt (Art 8 Abs 1 und 2). Damit soll auf der einen Seite gewährleistet werden, dass das Rechtfertigungsverfahren entweder zur zollamtlichen oder zu einer gerichtlichen Vernichtung führt, während auf der anderen Seite (Gewinnabschöpfung) eine im TRIPs-Abkommens nur fakultativ vorgesehene Sanktion für Urheberrechtsverletzungen gemeinschaftsweit vorgeschrieben wird. Inwieweit dieses System in Einzelheiten einer weiteren „Umsetzung" in den Mitgliedstaaten bedarf, ist eine Frage der nationalen Rechtsschutzsysteme.

Kapitel III Antrag auf Tätigwerden der Zollbehörden

Artikel 3

Übersicht

Text: Produktpiraterieverordnung 1994/99 Artikel 3 und Erwägungsgründe
Durchführungsverordnung Artikel 2, 2a, 3 und 5 sowie Erwägungsgründe

Text

Artikel 3 Produktpiraterieverordnung 1994/99[110]

(1) In jedem Mitgliedstaat kann der Rechtsinhaber bei den zuständigen Zollbehörden einen schriftlichen Antrag auf Tätigwerden der Zollbehörden für den Fall stellen, daß für Waren einer der in Artikel 1 Absatz 1 Buchstabe a) genannten Tatbestände vorliegt.
Ist der Antragsteller Inhaber einer Gemeinschaftsmarke, so kann Gegenstand dieses Antrags außer dem Tätigwerden der Zollbehörden des Mitgliedstaats, bei dem der Antrag gestellt wird, auch das Tätigwerden der Zollbehörden eines anderen Mitgliedstaats oder mehrerer anderer Mitgliedstaaten sein. Wenn Systeme zur elektronischen Datenübermittlung bestehen, können die

[110] Die mit Änderungsverordnung 1999 geänderten oder hinzugefügten Stellen sind durch Kursivdruck hervorgehoben. Die Fassung nach der ProduktpiraterieV 1994 ist durch eckige Klammern ersichtlich gemacht.

Mitgliedstaaten vorsehen, daß der Antrag auf Tätigwerden der Zollbehörden mittels Datenverarbeitung gestellt wird.

(2) Der Antrag nach Absatz 1 muß folgendes enthalten:
- eine hinreichend genaue Beschreibung der Waren, die es den Zollbehörden ermöglicht, diese zu erkennen,
- einen Nachweis darüber, daß der Antragsteller der Inhaber des Schutzrechtes für die betreffenden Waren ist.

Außerdem hat der Rechtsinhaber alle sonstigen zweckdienlichen Informationen beizubringen, über die er verfügt, damit die zuständige Zollbehörde in voller Kenntnis der Sachlage entscheiden kann, wobei diese Informationen keine Bedingung für die Zulässigkeit des Antrags darstellen.

Bezüglich unerlaubt hergestellter Vervielfältigungsstücke oder Nachbildungen *oder Waren, die Patente oder Zertifikate verletzen*, geben die Informationen so weit wie möglich Auskunft beispielsweise über
- den Ort, an dem sich die Waren befinden, oder den vorgesehenen Bestimmungsort;
- die Nämlichkeitszeichen der Sendung oder der Packstücke;
- das vorgesehene Ankunfts- oder Abgangsdatum der Waren;
- das benutzte Beförderungsmittel;
- die Person des Einführers, des Ausführers oder des Besitzers.

(3) In dem Antrag ist *außer im Falle eines Antrags nach Absatz 1 Unterabsatz 2* der Zeitraum anzugeben, für den das Tätigwerden der Zollbehörden beantragt wird. *In dem Antrag nach Absatz 1 Unterabsatz 2 ist anzugeben, für welchen Mitgliedstaat oder für welche Mitgliedstaaten das Tätigwerden der Zollbehörden beantragt wird.*

(4) Von dem Antragsteller kann die *Entrichtung* [Zahlung] einer Gebühr zur Deckung der durch die Bearbeitung des Antrags verursachten Verwaltungskosten verlangt werden. *Ferner kann von dem Antragsteller oder seinem Vertreter in jedem Mitgliedstaat, in dem die dem Antrag stattgebende Entscheidung Anwendung findet, die Entrichtung einer Gebühr zur Deckung der durch die Durchführung der Entscheidung verursachten Kosten verlangt werden.* Die Höhe dieser Gebühr *darf nicht in einem unangemessenen* [muß in einem angemessenen] Verhältnis zur erbrachten Leistung stehen.

(5) Die mit einem Antrag nach Absatz 2 befaßte Zollbehörde bearbeitet diesen Antrag und unterrichtet den Antragsteller unverzüglich schriftlich über ihre Entscheidung.

Gibt sie dem Antrag statt, so legt sie den Zeitraum fest, innerhalb dessen die Zollbehörden tätig werden. Dieser Zeitraum kann auf Antrag des Rechtsinhabers von der Zollbehörde, die die erste Entscheidung getroffen hat, verlängert werden.

Die Zurückweisung eines Antrags ist angemessen zu begründen; gegen sie kann ein Rechtsbehelf eingelegt werden.

Im Falle eines Antrags nach Absatz 1 Unterabsatz 2 wird dieser Zeitraum auf ein Jahr festgesetzt und kann auf Antrag des Rechtsinhabers von der Zollbehörde, die die erste Entscheidung getroffen hat, um ein Jahr verlängert werden.

(6) Ist dem Antrag des Rechtsinhabers stattgegeben worden oder sind nach Maßgabe des Artikel 6 Absatz 1 Maßnahmen zum Tätigwerden gemäß Arti-

kel 1 Absatz 1 Buchstabe a) ergriffen worden, so können die Mitgliedstaaten vom Rechtsinhaber die Leistung einer Sicherheit verlangen,
- um seine etwaige Haftung gegenüber den von einer Maßnahme nach Artikel 1) Absatz 1 Buchstabe a) betroffenen Personen zu decken, falls das nach Artikel 6 Absatz 1 eröffnete Verfahren aufgrund einer Handlung oder Unterlassung des Rechtsinhabers nicht fortgesetzt wird oder sich später herausstellt, daß die fraglichen Waren *keine Waren im Sinne des Artikels 1 Absatz 2 Buchstabe a)* [nachgeahmten Waren oder unerlaubt hergestellten Vervielfältigungsstücke oder Nachbildungen] sind;
- um die Bezahlung der Kosten sicherzustellen, die gemäß dieser Verordnung im Falle des Verbleibs der Waren unter zollamtlicher Überwachung gemäß Artikel 6 entstehen.

  Im Falle eines Antrags nach Absatz 1 Unterabsatz 2 ist die Sicherheit jeweils in jenem Mitgliedstaat zu entrichten, wo sie verlangt wird und wo die dem Antrag stattgebende Entscheidung zur Anwendung kommt.

(7) Der Rechtsinhaber ist verpflichtet, die in Absatz 1 bezeichnete Zollbehörde *oder gegebenenfalls die in Artikel 5 Absatz 2 Unterabsatz 2 bezeichneten Behörden* zu unterrichten, wenn sein Recht nicht mehr rechtsgültig eingetragen ist oder nicht mehr besteht.

(8) Die Mitgliedstaaten benennen die Zollbehörden, die befugt sind, den in diesem Artikel genannten Antrag entgegenzunehmen und zu bearbeiten.

(9) Die Absätze 1 bis 8 finden auf die Verlängerung der Entscheidung über den ersten Antrag entsprechend Anwendung.

Aus den Erwägungsgründen

ErwG 7 Es muß festgelegt werden, daß die Zollbehörden befugt sind, Anträge auf Tätigwerden entgegenzunehmen und darüber zu entscheiden.

ErwG 8 Das Tätigwerden der Zollbehörden muß darin bestehen, im Falle von Waren, bei denen der Verdacht besteht, daß sie nachgeahmte Waren oder unerlaubt hergestellte Vervielfältigungsstücke oder Nachbildungen sind, für die Zeit, die für die Prüfung der Frage, ob es sich tatsächlich um solche Waren handelt, erforderlich ist, entweder die Überlassung dieser Waren im Rahmen der Überführung in den zollrechtlich freien Verkehr, der Ausfuhr oder der Wiederausfuhr auszusetzen oder diese Waren zurückhalten, wenn sie im Rahmen eines Nichterhebungsverfahrens oder bei einer Wiederausfuhr, für die die Mitteilung genügt, entdeckt werden.

Durchführungsverordnung 1995/99[111]

Artikel 2

Als Nachweis dafür, daß der Antragsteller Inhaber eines der in Artikel 1 Absatz 2 *Buchstabe a)* [Buchstabe a und b] der Grundverordnung genannten Rechte des geistigen Eigentums ist, ist bei der Einreichung des Antrags auf Tätigwerden der

[111] Die mit DurchführungsV 1999 geänderten oder hinzugefügten Stellen sind durch Kursivdruck hervorgehoben. Die Fassung nach der DurchführungsV 1995 ist durch eckige Klammern ersichtlich gemacht.

Zollbehörden gemäß Artikel 3 Absatz 2 Unterabsatz 1 zweiter Gedankenstrich der Grundverordnung vorzulegen:

a) bei Einreichung des Antrags durch den Rechtsinhaber selbst:
   - für Rechte, die Gegenstand einer Eintragung oder einer Anmeldung sind (Warenzeichen- sowie Geschmacksmusterrechte): ein Nachweis über die Eintragung beim zuständigen Amt beziehungsweise für die Anmeldung;
   - für Urheberrechte, verwandte Schutzrechte sowie Rechte an nichteingetragenen oder nichtangemeldeten Geschmacksmustern: Glaubhaftmachung der Urheberschaft;

b) bei Einreichung des Antrags durch jede andere Person, die zur Ausübung eines der Rechte gemäß Artikel 1 Absatz 2 *Buchstabe a)* [Buchstabe a und b] der Grundverordnung berechtigt ist, zusätzlich zu den Nachweisen gemäß Buchstabe a) dieses Artikels der Nachweis, daß die betreffende Person zur Ausübung des Rechtes ermächtigt ist;

c) bei Einreichung des Antrags durch einen Vertreter des Rechtsinhabers oder jeder anderen Person, die zur Ausübung eines der Rechte gemäß Artikel 1 Absatz 2 *Buchstabe a)* [Buchstabe a und b] der Grundverordnung berechtigt ist, zusätzlich zu den Nachweisen gemäß Buchstaben a und b dieses Artikels ein Nachweis seiner Vollmacht.

Artikel 2a

(1) Der Vordruck, auf dem der Antrag auf Tätigwerden gemäß Artikel 3 Absatz 1 Unterabsatz 2 der Grundverordnung gestellt und die Entscheidung über diesen Antrag gemäß Artikel 3 Absatz 5 der Grundverordnung erlassen wird, muß dem Muster im Anhang entsprechen.
Verwendet der Antragsteller zusätzliche Blätter im Sinne des Absatzes 8 Unterabsatz 2, so werden diese Blätter als integrale Bestandteile des Vordruckes angesehen.
Dieser Vordruck wird gemäß den Bestimmungen der Grundverordnung sowie der vorliegenden Durchführungsverordnung verwendet.

(2) a) Für den Vordruck ist weißes holzfreies geleimtes Schreibpapier mit einem Quadratmetergewicht von mindestens 55 Gramm zu verwenden.
b) Die Vordrucke haben das Format 210 mm x 297 mm, wobei in der Länge Abweichungen von minus 5 mm bis plus 8 mm zugelassen sind.

(3) Unbeschadet der Anwendung des Artikels 3 Absatz 1 Unterabsatz 3 der Grundverordnung obliegt es den Mitgliedstaaten, die Vordrucke zu drucken oder drucken zu lassen. Sie sind mit dem Namen und der Anschrift der Druckerei zu versehen oder müssen ihr Kennzeichen tragen.

(4) Der Vordruck ist in einer von den zuständigen Behörden des Mitgliedstaats, in dem der Antrag auf Tätigwerden gestellt wird, bezeichneten Amtssprache der Gemeinschaft zu drucken und auszufüllen.

(5) Außer für den Fall, daß dem Antragsteller ein Vordruck in digitalem Format auf einer oder mehreren, mittels Computertechnik erreichbaren, öffentlichen Sites zugänglich ist, wird der Antragsvordruck auf Tätigwerden auf Verlangen durch die in Artikel 3 Absatz 1 der Grundverordnung genannten zuständigen Zollbehörden ausgegeben.

(6) Der Vordruck ist auf mechanischem Wege oder leserlich von Hand auszufüllen; in letzteren Fall ist er mit Tinte in Großbuchstaben auszufüllen. Bei allen

Verfahren dürfen die Vordrucke weder Radierungen noch Übermalungen oder sonstige Änderungen aufweisen.
Für den Fall, daß der Vordruck auf informatisiertem Wege ausgefüllt wurde, kann er anschließend auf privatem Druckwege ausgegeben werden.

(7) *Der Vordruck besteht aus zwei Exemplaren:*
- *Dem Antragsformular für den Mitgliedstaat, in dem der Antrag gestellt wird; es trägt die Nummer 1;*
- *dem Exemplar für den Inhaber der Gemeinschaftsmarke; es trägt die Nummer 2.*

(8) *Der Antragsteller füllt die Felder 1 bis 9 des Formulars aus, bringt auf beiden Vordruckexemplaren seine Unterschrift an und fügt dem Antrag die Nachweise und andere zweckdienliche Informationen im Sinne des Artikels 3 Absatz 2 der Grundverordnung bei.*
Wenn der im Feld 4 des Antrags verfügbare Platz unzureichend ist, kann der Antragsteller auf zusätzlichen Blättern zusätzliche Daten mitteilen, die die Identifizierung der Waren gewährleisten. In diesem Fall gibt er die Anzahl der zusätzlich verwendeten Blätter auf dem hierfür vorgesehenen Platz in Feld 4 an.

(9) *Der ordnungsgemäß ausgefüllte und unterzeichnete Vordruck und eine Anzahl von Auszügen, die der Anzahl der in Feld 8 des Vordrucks angegebenen Anzahl der Mitgliedstaaten entspricht, sowie die in Absatz 8 genannten Nachweise und Informationen sind der zuständigen Zollbehörde im Sinne des Artikels 3 Absatz 1 der Grundverordnung vorzulegen.*

(10) *Wird dem Antrag auf Tätigwerden durch die zuständige Zollbehörde im Sinne des Artikels 3 Absatz 1 der Grundverordnung stattgegeben, so wird in dem Vordruck die Gültigkeitsdauer dieser Maßnahme angegeben und durch Anbringen eines Dienststempelabdrucks und der Unterschrift bestätigt. Das Exemplar für den Gemeinschaftsmarkeninhaber sowie die bestätigten Auszüge werden dem Antragsteller ausgehändigt.*
Wird der Antrag auf Tätigwerden durch die zuständige Zollbehörde im Sinne des Artikels 3 Absatz 1 der Grundverordnung zurückgewiesen, so gibt sie neben der Begründung für die Zurückweisung auch die Stelle an, bei der ein Rechtsbehelf eingelegt werden kann, gefolgt von dem Dienststempelabdruck und der Unterschrift. Das Exemplar für den Gemeinschaftsmarkeninhaber wird dem Antragsteller zurückgegeben.
In allen Fällen wird der Vordruck für den Mitgliedstaat, in dem der Antrag gestellt wurde, in diesen Archiven mindestens zwei Jahre vom Tag der Ausstellung an aufbewahrt.

(11) *Lediglich im Fall gemäß Artikel 5 Absatz 2 Unterabsatz 2 Satz 2 der Grundverordnung ist der Abschnitt ‚Empfangsbescheinigung' von dem Mitgliedstaat oder den Mitgliedstaaten, an den oder die eine stattgebende Entscheidung über den Antrag gerichtet ist, auszufüllen, mit dem Eingangsdatum zu versehen und unverzüglich an die in Feld 3 angegebene zuständige Behörde zurückzusenden.*

Artikel 3

Zweckdienliche Informationen gemäß Artikel 3 Absatz 2 Unterabsatz 2 der Grundverordnung betreffen insbesondere alle Besonderheiten der Waren, zB ihren Wert und ihre Aufmachung sowie alle Merkmale, durch die die Ware sich von der geschützten Ware unterscheidet. Diese Informationen müssen in Übereinstimmung mit Artikel 3 Absatz 2 Unterabsatz 2 der Grundverordnung möglichst genau sein, damit die Zollbehörden verdächtige Sendungen nach den Methoden der Risikoanalyse unter vertretbarem Arbeitsaufwand zielsicher erkennen können.

Artikel 5

(1) Jeder Mitgliedstaat übermittelt der Kommission schnellstmöglich genaue Angaben über ...
  b) die zuständige Dienststelle der Zollbehörde nach Artikel 3 Absatz 8 der Grundverordnung, die den schriftlichen Antrag des Rechtsinhabers entgegennimmt und bearbeitet.

Aus den Erwägungsgründen

Durchführungsverordnung 1995

ErwG 2 Es ist zweckmäßig festzulegen, mit welchen Mitteln der in Artikel 3 Absatz 2 Unterabsatz 1 zweiter Gedankenstrich der genannten Verordnung verlangte Nachweis für das Innehaben des Schutzrechts zu erbringen ist.

Durchführungsverordnung 1999

ErwG 2 Der Vordruck muß in einer der Amtssprachen der Gemeinschaft erteilt werden.

Kommentar

1. Antrag auf Tätigwerden

1 Die Zollbehörden werden grundsätzlich nur auf **Antrag** des Rechtsinhabers tätig[112]. Unter **Zollbehörden** sind die (unter anderem) für die Anwendung des Zollrechts zuständigen Behörden zu verstehen (Art 4 Z 3 ZK), die mit Entscheidungsbefugnis ausgestattet sind. Dagegen handelt es sich bei **Zollstellen** um **Dienststellen**, bei welchen im Zollrecht vorgesehene Förmlichkeiten erfüllt werden können (Art 4 Z 4 ZK), die also mit der Durchführung der zollrechtlichen Maßnahmen – einschließlich der Verbote und Beschränkungen im Sinn des Art 58 Abs 2 ZK – betraut sind.

Solche „Grundanträge" sind **schriftlich** zu stellen[113], und zwar im Voraus für den Fall, dass im Hinblick auf einen bestehenden allgemeinen Verdacht ein zollamtliches Vorgehen im Sinn des Art 1 Abs 1 lit a PPV 1994/99 erfolgen soll. Mit Hilfe eines solchen Antrags soll der Zollbehörde bzw den einzelnen Zollstellen die Möglichkeit gegeben werden, nachgeahmte Waren oder unerlaubt hergestellte Vervielfältigungsstücke (Nachbildungen) im Sinn des Art 1 Abs 2

---

[112] Zum Verfahren nach der PPV 1994/99 siehe insbes *Ahrens*, RIW 1996, 730ff; *Knaak* in *Harte-Bavendamm*, Handbuch Rz 25ff; *Scheja*, CR 1995, 716f. siehe

[113] Aus Art 6 Abs 2 Unterabsatz 2 ZK folgt, dass Anträge sonst nicht notwendig schriftlich zu stellen sind.

lit a zu erkennen und die Überlassung solcher Waren oder Vervielfältigungsstücke auszusetzen oder diese zurückzuhalten (Art 6 Abs 1).

Art 3 Abs 1 wiederholt nicht ausdrücklich, dass die Bewilligung solcher Grundanträge einen begründeten **Verdacht** voraussetzt, dass (bestimmte) unerlaubt hergestellte Vervielfältigungsstücke (Nachbildungen) in das Zollgebiet der Gemeinschaft oder in eine Freizone oder ein Freilager verbracht, eingeführt, ausgeführt oder wiederausgeführt werden könnten[114]. Es folgt dies aber aus der Verweisung auf Art 1 Abs 1 lit a PPV 1994/99, der einen solchen Verdacht ausdrücklich voraussetzt. Auch nach Art 51 Satz 1 TRIPs-Abkommen müssen „triftige Gründe für den Verdacht“ vorliegen, dass es zur Einfuhr von – nach Maßgabe des Rechts im „Einfuhrland“ – unerlaubt hergestellten Vervielfältigungsstücken (Nachbildungen) kommen kann, wobei nach Art 52 TRIPs-Abkommen angemessene Beweise hierfür vorgelegt werden müssen. Allerdings ist kein förmlicher Beweis erforderlich; es genügt vielmehr **Glaubhaftmachung**. Dies folgt schon daraus, dass nur ein Verdacht bestehen muss; in diesem Sinn spricht Art 52 TRIPs-Abkommen ausdrücklich vom Vorliegen einer Rechtsverletzung *prima facie* („dem ersten Anschein nach“)[115]. Der Grundantrag kann auch allgemein gehalten sein[116]; die Anforderungen an eine Präzisierung der ungenehmigt hergestellten Vervielfältigungsstücke (Nachbildungen) bzw die zu erwartende zollrechtliche Situation (Verbringung, Einfuhr, Ausfuhr oder Wiederausfuhr) dürfen jedenfalls nicht überzogen werden. 2

2. Inhalt des Antrags

Grundvoraussetzung ist eine ausreichend genaue **Beschreibung** der Waren bzw Vervielfältigungsstücke[117], die es den Zollstellen ermöglicht, diese bei der zollrechtlichen Behandlung zu erkennen. Eine hinreichend genaue Beschreibung der zurückzuhaltenden Vervielfältigungsstücke ist zwingend vorgeschrieben (Art 3 Abs 2 erster Gedankenstrich). Nicht zwingend vorgeschrieben ist dagegen die Beibringung aller sonstigen zweckdienlichen Informationen, um die zuständige Zollbehörde in die Lage zu versetzen, in voller Kenntnis der Sachlage zu entscheiden (Art 3 Abs 2 Unterabsatz 2). 3

Für unerlaubt hergestellte Vervielfältigungsstücke (Nachbildungen) werden solche **ergänzenden**, nicht zwingend vorgeschriebenen **Informationen** beispielsweise angeführt (Art 3 Abs 2 Unterabsatz 3). Soweit der Rechtsinhaber hierüber informiert ist, hat er der Zollbehörde auch mitzuteilen, wo sich die Vervielfältigungsstücke befinden; auch die Angabe des Bestimmungsorts kann hilfreich sein. 4

---

[114] Vgl auch österr ErlRV TRIPs-Abkommen zu Art 52 bei *Dittrich*, Urheberrecht[3], 1120, wo von einem „begründeten Verdacht“ die Rede ist.

[115] Die österr ErlRV TRIPs-Abkommen zu Art 52 bei *Dittrich*, Urheberrecht[3], 1121 sprechen ausdrücklich von einer Glaubhaftmachung.

[116] Vgl dazu auch *Scheja*, CR 1995, 717.

[117] Art 3 Abs 2 PPV 1994/99 spricht zwar in dieser Stelle nur von Waren und nicht von (unerlaubt hergestellten) Vervielfältigungsstücken, was aber nur eine vereinfachte Formulierung sein kann, zumal in weiterer Folge ausdrücklich auch von unerlaubt hergestellten Vervielfältigungsstücken die Rede ist (Art 3 Abs 2 Unterabsatz 3).

Dasselbe gilt für die Nämlichkeitszeichen der Sendung oder der Packstücke, das vorgesehene Ankunfts- oder Abgangsdatum, das benutzte Beförderungsmittel und die Person des Einführers, Ausführers oder des Besitzers.

5 Art 3 DurchführungsV führt gleichfalls beispielsweise solche – nicht zwingend vorgeschriebenen – zweckdienlichen Informationen an, bezieht sich aber wohl vor allem auf nachgeahmte Waren und weniger auf unerlaubt hergestellte Vervielfältigungsstücke (Nachbildungen), für welche Art 3 Abs 2 Unterabsatz 3 selbst Beispiele gibt. In beiden Fällen müssen die Angaben möglichst genau sein, damit die Zollstellen verdächtige Sendungen „nach den Methoden der Risikoanalyse" mit vertretbarem Arbeitsaufwand zielsicher erkennen können. Die mangelnde Kenntnis solcher ergänzenden Informationen steht einer entsprechenden Antragstellung und Entscheidung aber nicht entgegen.

3. Rechtenachweis und Antragslegitimation

6 Eine weitere zwingende Voraussetzung für den Grundantrag ist der **Nachweis**, dass der Antragsteller **Rechtsinhaber** im Sinn der Verordnung ist (Art 3 Abs 2 zweiter Gedankenstrich); Art 2 DurchführungsV präzisiert dies näher. Dabei wird zwischen einer Antragstellung durch den Rechtsinhaber (originär Berechtigten) selbst (lit a), durch sonstige Berechtigte (lit b) und durch bloße Vertreter (lit c) unterschieden. Für den urheber- und leistungsschutzrechtlichen Bereich ist im Fall der Antragstellung durch den Rechtsinhaber die Urheberschaft nur **glaubhaft** zu machen; einer Beweisführung bedarf es auch in diesem Zusammenhang nicht. Dies umso weniger, als der Beweis der Urheberschaft bzw der originären Rechtsinhaberschaft eines verwandten Schutzrechts in der Regel schwierig ist. Urheberschaftsvermutungen oder sonstige Vermutungen der Rechtsinhaberschaft reichen als Glaubhaftmachung jedenfalls aus.

7 Wird der Antrag von einem **sonstigen Berechtigten** gestellt, ist die Rechtsübertragung oder Rechteinräumung zusätzlich nachzuweisen. Der Inhaber einer einfachen (Werk)nutzungsbewilligung wird nicht antragslegitimiert sein, kann aber als Vertreter einschreiten[118]. Auch wenn in diesem Zusammenhang nicht von **Glaubhaftmachung**, sondern von „Nachweisen" die Rede ist, sind an einen solchen Nachweis keine strengen Anforderungen zu stellen. Dabei ist auch zu berücksichtigen, dass es sich bei der Zurückhaltung durch die Zollbehörden nur um vorläufige Maßnahmen handelt, die der behördlichen (gerichtlichen) Überprüfung unterliegen und meist unter Zeitdruck stehen. Bei **Verwertungsgesellschaften** ist grundsätzlich davon auszugehen, dass sie im Rahmen ihres Tätigkeitsbereichs ein mehr oder weniger umfassendes Repertoire vertreten. Nach der Entscheidung des OGH „Belgische Verwertungsgesellschaft" spricht ein *prima facie* Beweis dafür, dass die Mitglieder bzw Bezugsberechtigten einer (ausländischen) Verwertungsgesellschaft dieser alle erforderlichen Rechte eingeräumt haben[119].

---

[118] Siehe dazu oben Art 1 Rz 37.

[119] OGH 25.01.1994 – „Belgische Verwertungsgesellschaft" MR 1994, 66 = ÖBl 1994, 185 = ZUM 1995, 863 = GRUR Int 1995,164.

Sofern für den Rechtsinhaber oder den (Werk)Nutzungsberechtigten ein **Vertreter** einschreitet, ist zusätzlich auch ein Nachweis der erfolgten Bevollmächtigung zu erbringen. Der Nachweis der Bevollmächtigung ist – anders als nach Art 5 Abs 5 ZK – hier zwingend vorgeschrieben. Im Übrigen gelten die Vorschriften des Art 5 Abs 1 bis 4 ZK ergänzend; im Einzelnen sind die Vorschriften des Mitgliedstaats maßgebend, in welchem das Tätigwerden der Zollbehörden beantragt wird. So ersetzt etwa nach § 8 öRAO bei Rechtsanwälten die Berufung auf die ihnen erteilte Vollmacht deren (urkundlichen) Nachweis. Dies gilt auch im Verfahren vor den Zollbehörden und auch im gegenständlichen Zusammenhang. Zu erinnern ist daran, dass Art 2 DurchführungsV zwischen den Inhabern originärer oder abgeleiteter Rechte einerseits (Art 2 lit a und b) und einer bloßen Bevollmächtigung anderseits deutlich unterscheidet. **8**

4. Befristung und Verlängerung

Nach Art 3 Abs 2 ist schon im Antrag der **Zeitraum** anzugeben, für den das Tätigwerden der Zollbehörden beantragt wird. Die Zollbehörde hat in ihrer Entscheidung sodann den Zeitraum festzulegen, innerhalb dessen die Zollstellen tätig werden. Auf Antrag des Rechtsinhabers kann dieser Zeitraum verlängert werden. Eine unbefristete Bewilligung ist nicht vorgesehen (Abs 5 Unterabsatz 2). Nach Lage des Falls kann das Tätigwerden der Zollbehörden aber auch längerfristig bewilligt werden, etwa auf die Dauer eines Jahres oder zweier Jahre[120]. Nur für die Gemeinschaftsmarke ist die Bewilligung jetzt einheitlich für die Dauer eines Jahres vorgegeben (Art 3 Abs 5 Unterabsatz 4 PPV 1994/99). **9**

5. Entscheidung und Rechtsmittel

Die Zollbehörde hat Anträge zu bearbeiten, hierüber zu **entscheiden** und den Antragsteller unverzüglich **schriftlich** zu benachrichtigen (Art 3 Abs 5 Unterabsatz 1). Letzteres folgt schon aus Art 6 Abs 2 Unterabsatz 2 letzter Satz ZK. Nach Art 6 Abs 2 ZK muss die Entscheidung so bald wie möglich ergehen, und zwar innerhalb der im geltenden Recht[121] dafür vorgesehenen Fristen, die gegebenenfalls – nach Unterrichtung des Antragstellers – überschritten werden dürfen[122]. Mangels gemeinschaftsrechtlicher Vorschriften wird das Verfahren im Übrigen von den Mitgliedstaaten festgelegt. **10**

Nach Art 6 Abs 3 ZK sind schriftliche Entscheidungen, mit denen Anträge abgelehnt werden oder die für die Personen, an die sie gerichtet sind, nachteilige Folgen haben, zu **begründen**. Sie müssen eine Belehrung über die Möglichkeit enthalten, einen Rechtsbehelf (Art 243 ZK) einzulegen. Da Anträge nach Art 3 PPV 1994/99 zunächst allgemeiner Natur sind und sich in der Regel nicht gegen bestimmte Personen als Antragsgegner richten, kommt hier ein Rechtsbehelf nur **11**

---

[120] Nach Art 52 Ende TRIPs-Abkommen ist die Befristung nicht zwingend vorgeschrieben.

[121] Darunter ist nach Art 4 Z 23 Gemeinschaftsrecht oder einzelstaatliches Recht zu verstehen.

[122] Die Unterrichtung des Antragstellers von der Entscheidung innerhalb angemessener Frist ist auch nach Art 52 Ende TRIPs-Abkommen vorgeschrieben.

für den Antragsteller in Betracht. Art 3 Abs 5 Unterabsatz 3 PPV 1994/99 hält deshalb folgerichtig fest, dass nur die Zurückweisung (Abweisung) eines Antrags angemessen zu begründen ist, und gegen diese ein **Rechtsbehelf** eingelegt werden kann.

12 Die Einzelheiten des **Rechtsbehelfsverfahrens** sind in Art 243 bis 246 ZK geregelt. Danach kann eine Person gegen Entscheidungen der Zollbehörden auf dem Gebiet des Zollrechts, die sie unmittelbar und persönlich betreffen, einen Rechtsbehelf einlegen (Art 243 Abs 1 ZK); auch eine „Säumnisbeschwerde" ist vorgesehen (Art 243 Abs 1 Unterabsatz 2 ZK iVm Art 6 Abs 2 ZK). Die Entscheidung hierüber erfolgt in einer ersten Stufe durch eine zu bestimmende Zollbehörde (zweiter Instanz), auf einer zweiten Stufe – also in dritter Instanz – jedoch zwingend durch eine „unabhängige Instanz" wie ein Gericht oder eine gleichwertige Stelle (Art 243 Abs 2 ZK). Die Einzelheiten des Rechtsbehelfsverfahrens werden von den Mitgliedsstaaten geregelt (Art 245 ZK).

6. *Sicherheitsleistung*

13 Wird dem Antrag stattgegeben oder wird die Zollstelle nach Art 6 Abs 1 tätig, steht es den Mitgliedstaaten frei, dem Antragsteller eine **Sicherheitsleistung** aufzuerlegen (Art 3 Abs 6 PPV 1994/99). Die Sicherheitsleistung dient ausschließlich der Abdeckung einer eventuellen **Haftung** des Antragstellers für den Fall, dass sich später (im Rechtfertigungsverfahren) herausstellt, dass der Verdacht unbegründet war, und es sich nicht um unerlaubt hergestellte Vervielfältigungsstücke (Nachbildungen) handelt oder für den Fall, dass das Verfahren – durch Handlungen oder Unterlassungen des Antragstellers – nicht fortgesetzt wird, etwa weil er es unterlässt, fristgerecht die zuständigen Behörden (Gerichte) zu befassen. Weiters kann die Sicherheitsleistung der Abdeckung von **Kosten** dienen, die im Fall des Verbleibs der Waren (oder Vervielfältigungsstücke) unter zollamtlicher Überwachung entstehen[123]. Die Aufzählung der Gründe für eine Sicherheitsleistung ist abschließend; zu anderen Zwecken darf keine Sicherheitsleistung auferlegt werden. Höhe und Verfahren für die Auferlegung einer Sicherheitsleistung kann durch Rechtsvorschriften der Mitgliedstaaten näher geregelt werden.

14 Die Auferlegung einer Sicherheitsleistung (Kaution) ist in Art 53 Abs 1 TRIPs-Abkommen vorgegeben, wo hinzugefügt wird, dass sie nicht in unangemessener Weise davon abschrecken darf, auf die Möglichkeit einer Zollbeschlagnahme zurückzugreifen. Auch wenn dies in der ProduktpiraterieV nicht ausdrücklich erwähnt wird, gilt dies auch für diese[124]. Während Art 3 Abs 6 PPV 1994/99 die Auferlegung einer Sicherheitsleistung den Mitgliedstaaten nur freistellt, dürfte Art 53 Abs 1 TRIPs-Abkommen eher davon ausgehen, dass eine solche Möglichkeit – nicht notwendig die Auferlegung einer Sicherheitsleistung in jedem einzelnen Fall – **zwingend** bestehen muss.

---

[123] Die österr Zolldokumentation (ZD) VB-0730, 10 (Punkt 2.2.) nennt Transport- oder Lagerkosten im Zusammenhang mit einer Beschlagnahme sowie eventuelle Kosten für die Vernichtung.

[124] Vgl auch öErlRV zu Art 53 TRIPs-Abkommen bei *Dittrich*, Urheberrecht[3], 1122.

7. Gebühren

15 Die Zollbehörde kann vom Antragsteller die Zahlung einer **Gebühr** zur Deckung der mit der Erledigung des Grundantrags verursachten **Verwaltungskosten** verlangen (Art 3 Abs 4 PPV). Die Höhe der Gebühr muss in einem angemessenen Verhältnis zur erbrachten Leistung stehen (Abs 4 Satz 2) und darf jedenfalls nicht so hoch sein, dass die Inanspruchnahme des Verfahrens zur Zollbeschlagnahme dadurch erschwert wird. Was unter Verwaltungskosten zu verstehen ist, könnte fraglich sein. Die Kosten des Tätigwerdens der Zollstellen werden nicht als Verwaltungskosten in diesem Sinn anzusehen sein, zumal Verwaltungskosten hier wohl nur die mit der Erledigung des Grundantrags verbundenen Kosten sind. Im Einzelnen werden die Höhe der Gebühr und das bei ihrer Einhebung anzuwendende Verfahren durch die Mitgliedstaaten bestimmt; sind keine besonderen Bestimmungen vorgesehen, kommen die allgemeinen Vorschriften zur Anwendung. Fehlen auch solche Vorschriften, wird die Zollbehörde die Gebühr auf Grund der unmittelbar anwendbaren Vorschrift des Art 3 Abs 4 PPV im Einzelfall festlegen können; auch eine Festsetzung mit Verordnung (Dienstanweisung) kommt auf Grund der genannten Bestimmung in Frage.

8. Untergang des Rechts

16 Für den Fall, dass das Urheberrecht oder verwandte Schutzrecht nach Einbringung eines Grundantrags (und dessen Bewilligung) **untergehen** sollte, ist der Rechtsinhaber verpflichtet, die Zollbehörde hiervon zu unterrichten (Art 3 Abs 7 PPV 1994/99). So kann das betreffende Schutzrecht etwa durch Ablauf der Schutzfrist frei werden. In diesem Fall wird die Zollbehörde die getroffene Entscheidung über den Grundantrag ab dem Zeitpunkt des Untergangs des Rechts aufzuheben haben. Dies ändert aber nichts an der Rechtswirksamkeit der bereits vollzogenen Grenzbeschlagnahmen[125]. Erlischt nur ein abgeleitetes Recht – etwa ein (Werk)Nutzungsrecht – durch Zeitablauf oder aus anderen Gründen, wird die Zollbehörde zwar gleichfalls zu unterrichten sein, es führt dies aber nicht zur Aufhebung der bewilligenden Entscheidung. Die Schutzrechte fallen in solchen Fällen in der Regel an den (originär) Berechtigten zurück, der in die Rechte des Antragstellers eintritt. Allerdings steht es diesem dann frei, den Antrag – mit Wirkung *ex nunc* – zurückzuziehen.

9. Zuständige Zollbehörde

17 Die Bestimmung der Zollbehörde bzw mehrerer Zollbehörden, die zur Entgegennahme, Bearbeitung und Erledigung von Grundanträgen nach Art 3 **zuständig** sind, obliegt den Mitgliedstaaten (Art 3 Abs 8 PPV 1994/99). In der Regel wird nur eine Zollbehörde bestimmt, welche für die Behandlung der Grundanträge zuständig sind. Werden mehrere Stellen festgelegt, haben deren Entscheidungen für alle Zollstellen in diesem Mitgliedstaat Wirkung[126]. Ist dies nicht der Fall, wie derzeit in Griechenland, kann es auch zu praktischen Schwierigkeiten kommen.

---

[125] Zur Aufrechterhaltung einer Beschlagnahme von Eingriffsgegenständen auch bei späterem Ablauf der Schutzfrist während des laufenden Verfahrens siehe etwa LG für Strafsachen Wien (Ratskammer) 15.01.1997 – „Monet" MR 1997, 102 (*Walter*).

[126] Vgl Bericht der Kommission 28.01.1998 Punkt 2.5.

Artikel 4

Übersicht

Text

Artikel 4 Produktpiraterieverordnung 1994/99[127]

Ist es für die Zollstelle bei einer Prüfung im Rahmen eines der Zollverfahren gemäß Art 1 Abs 1 Buchstabe a vor Einreichung eines Antrags durch den Rechtsinhaber oder vor einer positiven Entscheidung über diesen Antrag offensichtlich, dass es sich bei den Waren um *Waren im Sinne des Artikels 1 Absatz 2 Buchstabe a)* [nachgeahmte Waren oder unerlaubt hergestellte Vervielfältigungsstücke oder Nachbildungen] handelt, so können die Zollbehörden den Rechtsinhaber, sofern er bekannt ist, gemäß den in dem betreffenden Mitgliedstaat geltenden Rechtsvorschriften darüber unterrichten, dass möglicherweise ein Verstoß vorliegt. In diesem Falle sind die Zollbehörden ermächtigt, die Überlassung drei Arbeitstage auszusetzen oder die betreffenden Waren während der gleichen Frist zurückzuhalten, damit der Rechtsinhaber einen Antrag auf Tätigwerden gemäß Art 3 stellen kann.

Aus den Erwägungsgründen

ErwG 9 Den Mitgliedstaaten ist die Möglichkeit einzuräumen, die betreffenden Waren vorübergehend zurückzuhalten, noch bevor ein Antrag vom Rechtsinhaber gestellt oder genehmigt worden ist, damit der Rechtsinhaber innerhalb einer bestimmten Frist einen Antrag auf Tätigwerden bei den Zollbehörden stellen kann.

Artikel 4 Durchführungsverordnung 1995

Wird ein Antrag auf Tätigwerden gemäß Artikel 4 der Grundverordnung vor Ablauf der Frist von drei Tagen gestellt, so werden die Fristen nach Artikel 7 der Grundverordnung vom Datum der Entgegennahme des Antrags an gerechnet.

Setzt die Zollbehörde gemäß Artikel 4 der Grundverordnung die Überlassung aus oder hält sie die Ware zurück, so setzt sie unverzüglich den Anmelder in Kenntnis.

Kommentar

1. Voraussetzungen für ein amtwegiges Einschreiten der Zollstellen

1 Art 58 **TRIPs-Abkommen** stellt es den Vertragsstaaten frei, auch ein Vorgehen der Zollbehörden aus eigener Initiative (von Amts wegen) vorzusehen, wenn ein

[127] Die mit Änderungsverordnung 1999 geänderten oder hinzugefügten Stellen sind durch Kursivdruck hervorgehoben. Die Fassung nach der ProduktpiraterieV 1994 ist durch eckige Klammern ersichtlich gemacht.

prima facie Beweis für das Vorliegen einer Verletzung von Immaterialgüterrechten vorliegt. Auch dies wird im Sinn eines ausreichenden Verdachts zu verstehen sein. Ist dies der Fall, dürfen die Zollbehörden vom Rechtsinhaber jederzeit weitere Informationen einholen (lit a); jedenfalls sind Importeur und Rechtsinhaber unverzüglich von der Aussetzung der Überlassung oder der Zurückhaltung in Kenntnis zu setzen (lit b).

Art 4 PPV macht von dieser Möglichkeit einer *ex officio action* Gebrauch und ermächtigt die Zollbehörden, die Überlassung der möglicher Weise ungenehmigt hergestellten Vervielfältigungsstücke (Nachbildungen) drei Arbeitstage auszusetzen bzw die Vervielfältigungsstücke zurückzuhalten, damit der Rechtsinhaber einen Antrag auf Tätigwerden nach Art 3 stellen kann. Ein **amtswegiges Vorgehen** ist allerdings nur dann zulässig, wenn es für die Zollstelle anlässlich einer Amtshandlung im Sinn des Art 1 Abs 1 lit a **offensichtlich** ist, dass es sich um unerlaubt hergestellte Vervielfältigungsstücke (Nachbildungen) handelt. „Offensichtlich" ist aber nicht im Sinn einer Gewissheit, sondern auch hier im Sinn eines **begründeten Verdachts** zu verstehen, der für die Zollbehörde erkennbar (offensichtlich) ist. Dies ergibt sich auch aus der Verpflichtung der Zollbehörde, den Rechtsinhaber davon zu verständigen, dass „möglicher Weise ein Verstoß vorliegt"[128]. **2**

Liegt ein solcher Verdacht vor, haben die Zollstellen die zuständige (Art 3 Abs 8 PPV 1994/99) Zollbehörde zu verständigen[129]. Diese hat die betreffenden Waren (Vervielfältigungsstücke) für **drei Arbeitstage** nicht in den zollrechtlich freien Verkehr zu überlassen bzw zurückzuhalten und den Rechtsinhaber nach den einschlägigen Rechtsvorschriften des betreffenden Mitgliedstaats unverzüglich hiervon zu **verständigen** (Art 4 PPV 1994/99 und Art 4 Abs 2 DurchführungsV). Innerhalb dieser Dreitagesfrist hat der Rechtsinhaber die Möglichkeit, einen entsprechenden Grundantrag zu stellen und in weiterer Folge das Rechtfertigungsverfahren nach Art 6 Abs 2 einzuleiten. Voraussetzung für eine Zurückhaltung nach Art 4 ist allerdings, dass den Zollbehörden der Rechtsinhaber bekannt ist. Ist dies der Fall, wird das amtswegige Verfahren ungeachtet der gewählten Formulierung „können die Zollbehörden" bzw „sind die Zollbehörden ermächtigt" aber **zwingend** einzuleiten sein. Dies wird auch dann gelten, wenn der Rechtsinhaber zwar nicht bekannt, gleichwohl aber ohne größeren Aufwand erhoben werden kann. Umfangreiche Nachforschungen muss die Zollbehörde aber schon im Hinblick darauf nicht anstellen, dass die Entscheidung über die Aussetzung bzw Zurückhaltung rasch erfolgen muss. **3**

Da für ein amtswegiges Vorgehen der Zollstellen bzw Zollbehörden die Kenntnis von der Person des Rechtsinhabers oder entsprechender Informationen, die seine Auffindung ermöglichen, Voraussetzung ist, wird es sich vor allem für **Verwertungsgesellschaften** empfehlen, die Zollbehörde entsprechend im Voraus zu unterrichten und dieser den Wahrnehmungsbereich der jeweiligen Verwertungsgesellschaft mitzuteilen. Solche Mitteilungen werden von der Zollbehörde (form- **4**

---

[128] Vgl zum amtswegigen Verfahren auch *Knaak* in *Harte-Bavendamm*, Handbuch Rz 39.

[129] Siehe dazu österr Zolldokumentation (ZD) VB-0730, 13f (Punkt 3.3.).

los) zur Kenntnis zu nehmen sein, um sie in die Lage zu versetzen, gegebenenfalls ein amtswegiges Verfahren einzuleiten.

2. Fristen

5 Eine Antragstellung nach Art 3 ist zwar als solche nicht befristet, doch dürfen die unerlaubt hergestellten Vervielfältigungsstücke (Nachbildungen) nur für **drei Arbeitstage** zurückgehalten werden. Da es fraglich sein könnte, ob eine spätere Antragstellung noch zulässig ist, solange die unerlaubt hergestellten Vervielfältigungsstücke (Nachbildungen) – aus welchen Gründen immer – noch nicht überlassen wurden bzw noch unter zollamtlicher Überwachung stehen und zurückgehalten werden, stellt Art 4 Abs 1 DurchführungsV klar, dass ein Antrag nach Art 3 der ProduktpiraterieV vor Ablauf der **Dreitagesfrist** gestellt werden muss. Ist dies der Fall, werden die Fristen zur Einleitung des Rechtfertigungsverfahrens nach Art 7 PPV 1994/99 nicht vom Zeitpunkt der Verständigung von der amtswegigen Aussetzung an gerechnet, sondern erst vom Datum der **Entgegennahme** des Grundantrags durch die Zollbehörde innerhalb der erwähnten Dreitagesfrist. Auch auf den Zeitpunkt einer allfälligen Verständigung des Rechtsinhabers von der auf Grund des fristgerecht eingebrachten Antrags nach Art 3 erfolgten definitiven Aussetzung (Zurückhaltung) kommt es für die Berechnung der zehntätigen Frist des Art 7 Abs 1 nicht an.

6 Art 4 Abs 1 DurchführungsV spricht zwar nur von einer dreitägigen Frist, ohne ausdrücklich auf Arbeitstage abzustellen, bezieht sich aber auf die Frist nach Art 4 PPV 1994/99. Damit sind auch in diese Frist Feiertage (Art 2 Abs 1 FristV), Sonntage und Sonnabende (Samstage) nicht einzurechnen[130]. Obwohl sich die Dreitagesfrist primär an die Zollbehörden richtet, wird die Frist für den Rechtsinhaber erst ab Verständigung laufen können, die allerdings unverzüglich zu erfolgen hat. Erfolgt die Verständigung des Rechtsinhabers deshalb zB an einem Freitag, beginnt die Frist am darauffolgenden Montag zu laufen und endet – mangels dazwischen liegender Feiertage – am darauffolgenden Mittwoch.

Artikel 5

Text

Artikel 5 Produktpiraterieverordnung 1994/99[131]

(1) *Die dem Antrag des Rechtsinhabers stattgebende Entscheidung* [Eine positive Entscheidung über den Antrag des Rechtsinhabers] wird den Zollstellen des Mitgliedstaats, bei denen die in dem Antrag beschriebenen mutmaßlich *Waren im Sinne von Artikel 1 Absatz 2 Buchstabe a)* [nachgeahmten Waren oder unerlaubt hergestellten Vervielfältigungsstücke oder Nachbildungen] abgefertigt werden könnten, unverzüglich mitgeteilt.

(2) Im Falle eines Antrags nach Artikel 3 Absatz 1 Unterabsatz 2 findet Artikel 250 erster Gedankenstrich der Verordnung (EWG) Nr 2913/92 auf die

[130] Siehe zur Fristenberechnung auch unten Art 7 Rz 4.

[131] Art 5 in seiner Fassung nach der ProduktpiraterieV 1994 ist am Ende in eckigen Klammern wiedergegeben.

dem Antrag stattgebende Entscheidung sowie auf die Entscheidung zu ihrer Verlängerung oder Aufhebung entsprechend Anwendung. Im Falle einer dem Antrag stattgebenden Entscheidung obliegt es dem Antragsteller, diese Entscheidung und gegebenenfalls weitere zweckdienliche Unterlagen sowie Übersetzungen den in Artikel 3 Absatz 1 Unterabsatz 1 genannten Zollbehörden jener Mitgliedstaaten zu übermitteln, in denen er das Tätigwerden der Zollbehörden beantragt hat. Im Einvernehmen mit dem Antragsteller kann jedoch diese Übermittlung direkt von der Dienststelle der Zollbehörde vorgenommen werden, die die dem Antrag stattgebende Entscheidung getroffen hat. Auf Aufforderung der Zollbehörden der betroffenen Mitgliedstaaten übermittelt der Antragsteller die Zusatzinformationen, die sich für die Ausführung der genannten Entscheidung als erforderlich erweisen.

Der in Artikel 3 Absatz 5 Unterabsatz 3 genannte Zeitraum beginnt an dem Tag, an dem die dem Antrag stattgebende Entscheidung getroffen wird. Diese Entscheidung tritt jedoch in den Mitgliedstaaten, an die die Entscheidung gerichtet ist, erst in Kraft, wenn die Übermittlung nach Unterabsatz 2 erfolgt ist und gegebenenfalls die in Artikel 3 Absatz 4 Unterabsatz 2 vorgesehene Gebühr entrichtet sowie die in Artikel 3 Absatz 6 vorgesehene Sicherheit geleistet worden ist. Die Gültigkeitsdauer der Entscheidung darf aber keinesfalls die Dauer von einem Jahr ab dem Tag überschreiten, an dem die dem Antrag stattgebende Entscheidung getroffen worden ist. Die betreffende Entscheidung wird danach unverzüglich den nationalen Zollstellen mitgeteilt, bei denen die mutmaßlich nachgeahmten Waren, die Gegenstand der Entscheidung sind, abgefertigt werden könnten. Dieser Absatz findet auf die Entscheidung zur Verlängerung der Entscheidung über den ersten Antrag entsprechend Anwendung.

Kommentar

Nach Bewilligung eines Grundantrags hat die Zollbehörde all jene **Zollstellen** des betreffenden Mitgliedstaats zu **verständigen**, bei welchen die im Antrag bzw in der Entscheidung hierüber beschriebenen mutmaßlich unerlaubt hergestellten Vervielfältigungsstücke (Nachbildungen) abgefertigt werden könnten. Die Mitteilung hat zur Erreichung des beabsichtigten Zwecks unverzüglich, dh ohne unnötigen Aufschub zu erfolgen, um es den Zollstellen zu ermöglichen, im Sinn des Art 6 tätig zu werden. **1**

Entgegen dem Wortlaut des Art 5 Abs 1 PPV 1994/99 wird davon auszugehen sein, dass für ein Einschreiten der Zollstellen auch in einem oder mehreren **anderen Mitgliedstaaten** eine gesonderte Antragstellung in Bezug auf dessen bzw deren EU-Außengrenze zu erfolgen hat. Dies auch dann, wenn sich die Rechtswidrigkeit von Vervielfältigungsstücken (Nachbildungen) aus gemeinschaftsrechtlichen (harmonisierten) Vorschriften ergibt. Eine unmittelbare Benachrichtigung der Zollstellen eines anderen Mitgliedstaats an den gemeinsamen EU-Außengrenzen im Fall einer positiven Entscheidung der Zollbehörde eines anderen Mitgliedstaats ist nach Abs 1 nicht vorgesehen[132]. Dies erklärt sich auch **2**

[132] *Knaak* in *Harte-Bavendamm*, Handbuch Rz 36 dürfte dagegen davon ausgehen,

daraus, dass die Prüfung der Frage der Rechtswidrigkeit nicht nur nach gemeinschaftsrechtlichen Vorschriften, sondern vor allem nach den Rechtsvorschriften des jeweiligen Mitgliedstaats zu erfolgen hat, in dem ein Tätigwerden der Zollbehörden erfolgen soll (Art 1 Abs 2 lit a PPV). Entsprechendes gilt für das (gerichtliche) Rechtfertigungsverfahren im Sinn des Art 6 Abs 2 PPV 1994/99. Freilich bleibt es den Rechtsinhabern vorbehalten, entsprechende Anträge bei den zuständigen Zollbehörden mehrerer Mitgliedstaaten zu stellen, was allerdings voraussetzt, dass es sich bei diesen um „Schutzländer" handelt. Die Richtigkeit dieser Ansicht folgt seit der Änderungsverordnung 1999 auch aus den Abs 2 und 3 betreffend die Gemeinschaftsmarke, für die ein die Binnengrenzen überschreitendes Verfahren jetzt ausdrücklich vorgesehen ist.

3 Nach der mit der Änderungsverordnung 1999 hinzugefügten Bestimmung des Art 3 Abs 1 Unterabsatz 2 PPV 1994/99 wurde für **Gemeinschaftsmarken** eine Sonderregelung geschaffen, nach welcher die Entscheidung eines Mitgliedstaats über einen Grundantrag auch in dem im Antrag bezeichneten anderen Mitgliedstaat oder in mehreren anderen Mitgliedsstaaten wirksam ist[133]. Die Verbindlichkeit der Entscheidung der Zollbehörde des angerufenen Mitgliedstaats ergibt sich aus der Verweisung auf Art 250 ZK, wonach im Fall eines in mehreren Mitgliedstaaten durchgeführten Zollverfahrens die von den Zollbehörden eines Mitgliedstaats getroffenen Entscheidungen in den anderen Mitgliedstaaten die gleichen Rechtswirkungen wie die von den Zollbehörden dieser Mitgliedstaaten erlassenen Entscheidungen haben. Dem Antragsteller obliegt es aber, die Entscheidung und gegebenenfalls weitere zweckdienliche Unterlagen, wie etwa Übersetzungen, den Zollbehörden der übrigen Mitgliedstaaten zu übermitteln, die nach dem Antrag gleichfalls tätig werden sollen (Art 5 Abs 2 Unterabsatz 1 PPV 1994/99). Im Einvernehmen mit dem Antragsteller kann dies jedoch auch auf direktem Weg durch die angerufene Zollbehörde erfolgen. Über Aufforderung der Zollbehörden der betroffenen Mitgliedstaaten hat der Antragsteller auch erforderliche Zusatzinformationen mitzuteilen. Art 5 Abs 2 Unterabsatz 2 PPV 1994/99 enthält weitere Detailregelungen. Danach tritt die Entscheidung in den übrigen Mitgliedstaaten erst mit Übermittlung und nach Entrichtung einer gegebenenfalls vorgesehenen gesonderten Gebühr oder Leistung einer Sicherheit in Kraft. Zur Gewährleistung des Gleichklangs auch hinsichtlich der in diesen Fällen vorgeschriebenen einheitlichen einjährigen Geltungsdauer ist weiters vorgesehen, dass ein späteres Inkrafttreten in anderen Mitgliedstaaten die Geltungsdauer der Entscheidung nicht verlängert.

4 **Rechtspolitisch** erscheint eine Weiterentwicklung der Verordnung allerdings auch für andere Waren im Sinn des Art 1 Abs 2 lit a PPV 1994/99 sinnvoll. Eine solche Entwicklung könnte auch schrittweise erfolgen und in der Anfangsphase etwa nur die amtswegige Weiterleitung von Grundanträgen an die Zollbehörden anderer im Antrag bezeichneter Mitgliedstaaten vorsehen, und zwar zur Entscheidung hierüber in Bezug auf die Zollstellen an dessen EU-Außengrenze. In

---

dass auch die Zollstellen anderer Mitgliedstaaten in das Informationssystem eingebunden werden können.

[133] Vgl dazu *Knaak* in *Harte-Bavendamm*, Handbuch Rz 36.

einem weiteren Schritt könnte das für Gemeinschaftsmarken bereits mit der Änderungsverordnung 1999 eingeführte Verfahren auch auf andere Waren (Vervielfältigungsstücke und Nachbildungen) ausgedehnt werden, wobei die Prüfung der Rechtswidrigkeit dann auch nach den Rechtsvorschriften des betreffenden Mitgliedstaats oder der betroffenen Mitgliedstaaten erfolgen müsste.

Kapitel IV Voraussetzungen für ein Tätigwerden der Zollbehörden und der für Entscheidungen in der Sache zuständigen Stellen

Artikel 6

Übersicht

Text

Artikel 6 Produktpiraterieverordnung 1994/99[134]

(1) Stellt eine Zollstelle, der eine positive Entscheidung über den Antrag des Rechtsinhabers nach Maßgabe von Art 5 mitgeteilt worden ist, gegebenenfalls nach Konsultierung des Antragstellers fest, daß Waren, für die einer der in Art 1 Abs 1 Buchstabe a) genannten Tatbestände vorliegt, den in der genannten Entscheidung beschriebenen *Waren im Sinne des Artikels 1 Absatz 2 Buchstabe a)* [nachgeahmten Waren oder unerlaubt hergestellten Vervielfälti-

[134] Die mit Änderungsverordnung 1999 geänderten oder hinzugefügten Stellen sind durch Kursivdruck hervorgehoben. Die Fassung nach der ProduktpiraterieV 1994 ist durch eckige Klammern ersichtlich gemacht.

gungsstücken oder Nachbildungen] entsprechen, so setzt sie die Überlassung dieser Waren aus oder hält sie zurück.

Die Zollstelle setzt unverzüglich die Zollbehörde, die den Antrag nach Art 3 bearbeitet hat, hiervon in Kenntnis. Diese Zollbehörde oder die Zollstelle setzt unverzüglich den Anmelder sowie den Antragsteller vom Tätigwerden in Kenntnis. Die Zollstelle oder die Zollbehörde, die den Antrag bearbeitet hat, teilt dem Rechtsinhaber nach Maßgabe der nationalen Rechtsvorschriften über den Schutz von personenbezogenen Daten, von Geschäfts- und Betriebsgeheimnissen sowie Berufs- und Amtsgeheimnissen auf Antrag Namen und Anschrift des Anmelders und, soweit bekannt, des Empfängers mit, damit der Rechtsinhaber die für Entscheidungen in der Sache zuständigen Stellen befassen kann. Die Zollstelle räumt dem Antragsteller und den von einer Maßnahme nach Artikel 1 Absatz 1 Buchstabe a) betroffenen Personen die Möglichkeit ein, die Waren, deren Überlassung ausgesetzt ist oder die zurückgehalten worden sind, zu beschauen.

Bei der Prüfung der Waren kann die Zollstelle Proben entnehmen, um das weitere Verfahren zu erleichtern.

(2) Die Rechtsvorschriften des Mitgliedstaats, in dessen Hoheitsgebiet für Waren einer der in Artikel 1 Absatz 1 Buchstabe a) genannten Tatbestände vorliegt, gelten für

a) die Befassung der für Entscheidungen in der Sache zuständigen Stellen und die unverzügliche Unterrichtung der in Absatz 1 genannten Zollbehörde oder Zollstelle über diese Befassung, sofern diese Befassung nicht von der Zollbehörde oder der Zollstelle selbst vorgenommen wird;

b) die Entscheidungsfindung dieser Stellen; in Ermangelung einer gemeinschaftlichen Regelung sind der Entscheidung die gleichen Kriterien zugrunde zu legen, die auch für eine Entscheidung darüber gelten, ob in dem betreffenden Mitgliedstaat hergestellte Waren die Rechte des Rechtsinhabers verletzen. Die von der zuständigen Stelle getroffenen Entscheidungen sind zu begründen.

Artikel 8

(3) Neben den Informationen, die gemäß Artikel 6 Absatz 1 Unterabsatz 2 unter den dort vorgesehenen Bedingungen übermittelt werden, teilt die betreffende Zollstelle oder die zuständige Zollbehörde dem Rechtsinhaber auf Antrag den Namen und die Anschrift des Versenders, des Einführers, des Ausführers und des Herstellers der als nachgeahmte Waren oder als unerlaubt hergestellte Vervielfältigungsstücke oder Nachbildungen erkannten Waren sowie die Warenmenge mit.

Aus den Erwägungsgründen

ErwG 10 Es ist angezeigt, daß die zuständige Stelle über die ihr vorgelegten Fälle nach denselben Kriterien entscheidet, die auch bei der Prüfung der Frage zugrunde gelegt werden, ob in dem betreffenden Mitgliedstaat hergestellte Waren Rechte des geistigen Eigentums verletzen. Die Rechtsvorschriften der Mitgliedstaaten über die Zuständigkeit der Justizbehörden und die gerichtlichen Verfahren bleiben unberührt.

Artikel 5 Durchführungsverordnung 1995

(1) Jeder Mitgliedstaat übermittelt der Kommission schnellstmöglich genaue Angaben über

a) die Rechts- und Verwaltungsvorschriften, die er zur Durchführung dieser Verordnung erläßt. Gegebenenfalls teilt er der Kommission ferner mit, welche nationalen Rechtsvorschriften der Unterrichtung des Antragstellers nach Artikel 6 Absatz 1 Unterabsatz 2 und Artikel 8 Absatz 3 der Grundverordnung entgegenstehen; ...

Kommentar

1. Tätigwerden der Zollstellen

1.1. Aussetzung der Überlassung bzw Zurückhaltung

Grundsätzlich werden die einzelnen **Zollstellen** – von den Fällen eines amtswegigen Vorgehens nach Art 4 abgesehen – nur tätig, wenn eine positive **Entscheidung** der Zollbehörde über einen Grundantrag vorliegt. Ist dies der Fall, sind die Zollstellen von der Zollbehörde unverzüglich zu verständigen (Art 5 Abs 1 PPV 1994/99), so dass sie im Sinn der Entscheidung hinsichtlich der dort näher beschriebenen Waren oder Vervielfältigungsstücke (Nachbildungen) ohne weitere Antragstellung einschreiten können. Hierzu sind sie nach Art 6 Abs 1 PPV 1994/99 **verpflichtet**. Stellt eine Zollstelle anlässlich eines Tätigwerdens im Sinn des Art 1 Abs 1 lit a fest, dass Waren oder Vervielfältigungsstücke (Nachbildungen) der Beschreibung in der Grundentscheidung entsprechen, so **setzt** sie gemäß Art 6 Abs 1 Unterabsatz 1 die **Überlassung** dieser Waren **aus** oder **hält** diese **zurück** (**Zollbeschlagnahme**). **1**

Aus den unterschiedlichen zollrechtlichen **Aufgriffstatbeständen** erklärt sich die Verpflichtung der Zollstellen, die **Überlassung** unerlaubt hergestellter Vervielfältigungsstücke (Nachbildungen) entweder **auszusetzen** oder diese zurückzuhalten (Art 6 Abs 1 PPV 1994/99). Unter Überlassen einer Ware wird die Maßnahme verstanden, durch die sie von den Zollbehörden für die Zwecke des betreffenden Zollverfahrens überlassen wird (Art 4 Z 20 ZK). Die Überlassung und deren Aussetzung setzt deshalb die Überführung in ein Zollverfahren voraus. Solche nach der ProduktpiraterieV relevanten Zollverfahren sind die Einfuhr und die Ausfuhr sowie die in Art 1 Abs 1 lit a genannten Nichterhebungsverfahren (Versand- und Zolllagerverfahren, aktive Veredelung im Nichterhebungsverfahren und Umwandlungsverfahren). Dagegen bezieht sich die **Zurückhaltung** auf alle anderen zollrechtlichen Situationen, insbes auf den Zeitraum der zollamtlichen Überwachung (zwischen Verbringen und Gestellung) und der vorübergehenden Verwahrung (zwischen Gestellung und Erhalt einer zollrechtlichen Bestimmung) sowie auf die Wiederausfuhr (mit Anmeldung oder Mitteilung) und die Verbringung in eine Freizone oder ein Freilager[135]. **2**

[135] Die österr Zolldokumentation (ZD) VB-0730, 14 (Punkt 3.4.) nennt nur die Fälle der Wiederausfuhr und der Verbringung in eine Freizone oder ein Freilager.

1.2. Konsultierung des Antragstellers

3 Vor einer Aussetzung der Überlassung oder Zurückhaltung kann die Zollstelle den **Antragsteller konsultieren**. Da die Beschreibung der Waren oder Vervielfältigungsstücke (Nachbildungen) im Grundantrag sowie in der Entscheidung der Zollbehörde auch allgemein gehalten sein kann, wenn zwar ein Verdacht besteht, aber noch keine näheren Angaben über Herkunft, Produktionsstätte, Titel der unerlaubt hergestellten Vervielfältigungsstücke (Nachbildungen) etc gemacht werden können, steht es den Zollstellen frei, allfällige Zweifelsfragen schon im Vorfeld der Zollbeschlagnahme mit dem Antragsteller abzuklären (Art 6 Abs 1 Unterabsatz 1). Daraus folgt, dass die Zollstelle zwar ohne unnötigen Aufschub, gleichwohl aber nicht sofort über ein Tätigwerden entscheiden muss. Anderenfalls wäre eine Konsultierung des Antragstellers nicht möglich.

1.3. Benachrichtigungspflichten

4 Hat die Zollstelle Waren oder Vervielfältigungsstücke (Nachbildungen) zurückbehalten oder deren Überlassung ausgesetzt, hat sie unverzüglich die **Zollbehörde** hiervon in **Kenntnis zu setzen**, die den Grundantrag bearbeitet und eine positive Entscheidung erlassen hat; die Zollstelle oder die Zollbehörde hat unverzüglich auch den **Anmelder** sowie den **Antragsteller** vom Tätigwerden der Zollstelle zu unterrichten (Art 6 Abs 1 Unterabsatz 2)[136]. Beiden Benachrichtigungspflichten ist auf raschestem Weg und deshalb nicht notwendig schriftlich zu entsprechen. Eine Benachrichtigung per Telefax, E-Mail oder auch bloß mündlich oder telefonisch genügt grundsätzlich, wenngleich eine schriftliche Benachrichtigung schon aus Gründen der Nachweislichkeit, vor allem aber im Hinblick auf die Fristberechnung empfehlenswert erscheint. Im Fall einer Verständigung per E-Mail ist auch zu beachten, dass die Kenntnis von einer Übermittlung per E-Mail in der Regel vom Zeitpunkt der Abfrage durch den Antragsteller abhängt. Wird eine Benachrichtigung bloß mündlich oder fernmündlich avisiert, läuft die Frist erst mit Einlangen der schriftlichen Benachrichtigung. Unter Anmelder ist die Person zu verstehen, die im eigenen Namen eine Zollanmeldung abgibt, oder die Person, in deren Namen eine Zollanmeldung abgegeben wird (Art 4 Z 18 ZK)[137].

5 Entweder die Zollstelle oder die bewilligende Zollbehörde teilt dem **Antragsteller** (Rechtsinhaber) auch Namen und Anschrift des **Anmelders** und – soweit dies bekannt ist – des **Empfängers** mit, damit der Rechtsinhaber die für die Sachentscheidung zuständige Stelle (rechtzeitig) befassen kann; die Bekanntgabe dieser Daten erfolgt jedoch nur über Antrag (Art 6 Abs 1 Unterabsatz 2). Bei der Auskunfterteilung sind die nationalen Rechtsvorschriften über den Datenschutz und den Schutz von Geschäfts- und Betriebsgeheimnissen sowie von Berufs- und Amtsgeheimnissen zu beachten (Art 6 Abs 1 Unterabsatz 2)[138]. Dabei wird zu berücksichtigen sein, dass die Einhaltung solcher spezifischer gemeinschaftsrechtlicher oder nationaler Vorschriften jedenfalls nicht dazu führen darf, dass

---

136 Diese Verpflichtung entspricht auch Art 54 TRIPs-Abkommen, wo vom „Importeur" und vom „Antragsteller" die Rede ist.

137 Zum zollrechtlichen Begriff des Anmelders siehe näher *Walter*, MR 2000, 245 (247f).

138 Siehe dazu auch Art 57 TRIPs-Abkommen.

der Antragsteller (Rechtsinhaber) in der Verfolgung der mutmaßlichen Rechtsverletzungen und der Erfüllung seiner Verpflichtungen nach der Verordnung behindert wird. Dies gilt insbes für Rechtsordnungen, die eine Verfolgung von Urheberrechtsdelikten nur auf Antrag des Verletzten oder im Weg der Privatanklage vorsehen. In seine Entscheidung vom 14. Oktober 1999 – „adidas" hat der EuGH dies bestätigt und ausgesprochen, dass die ProduktpiraterieV nationalen Vorschriften entgegensteht, denen zufolge dem Berechtigten die Identität des Anmelders bzw des Empfängers nicht bekannt gegeben werden darf[139]. Der Gerichtshof hält dazu ausdrücklich fest, dass dem Berechtigten anderenfalls die Einleitung eines Rechtfertigungsverfahrens nicht möglich wäre.

Dem Rechtsinhaber steht nach Art 8 Abs 3 ein ergänzender Auskunftsanspruch **6**
auch hinsichtlich des **Versenders** oder **Ausführers** sowie des **Herstellers** zu. Diese Auskünfte können allerdings nach der systematischen Einordnung dieser Bestimmung erst nach Durchführung des Rechtfertigungsverfahrens verlangt werden und sollen offensichtlich der Erleichterung der weiteren Rechtsverfolgung dienen. Auch nach Art 57 TRIPs-Abkommen ist die zuständigen Behörden erst nach Ergehen einer positiven Sachentscheidung ermächtigt, dem Rechtsinhaber Namen und Anschrift des Versenders, des Importeurs und des Empfängers sowie die Menge der fraglichen Waren mitzuteilen. Folgt man dieser Ansicht, wird allerdings davon auszugehen sein, dass der **Anmelder** und – soweit bekannt – auch der **Empfänger** nach der Verordnung zur Durchsetzung des Verbots nach Art 2 PPV 1994/99 jedenfalls **passiv legitimiert** sein müssen, und zwar gleichviel ob sie nach dem Recht des „Einfuhrlands" zivil- oder strafrechtlich für eine Urheberrechtsverletzung haftet[140]. In der Praxis können sich Schwierigkeiten dessen ungeachtet dann ergeben, wenn die Anmeldung in fremdem Namen durchgeführt wird, und der Anmelder im (fernen) Ausland seinen Wohnsitz oder Sitz hat.

1.4. Beschau durch den Antragsteller

Auch in diesem Verfahrensstadium sind die Zollstellen verpflichtet, dem Antrag- **7**
steller sowie den sonst betroffenen Personen (Anmelder, Empfänger, Eigentümer

[139] Nach den Bestimmungen des schwedischen Gesetzes betreffend die Geheimhaltung darf über Informationen in Bezug auf die persönlichen und wirtschaftlichen Verhältnisse eines Einzelnen, die im Rahmen einer Zollkontrolle erlangt worden sind, keine Auskunft erteilt werden.

[140] AM jedoch OGH 04.07.2000 – „Disques Duchesse III" MR 2000, 242. Abgesehen von den im Text aus der PPV abgeleiteten Argumenten für eine Passivlegitimation des Anmelders spricht gegen die vom OGH vertretene Ansicht auch die zollrechtlich selbständige Stellung des Anmelders. Dieser ist nämlich nicht Vertreter des zivilrechtlich Verfügungsberechtigten und Abwickler irgendwelcher untergeordneter Formalitäten, sondern der zollrechtlich allein Verfügungsberechtigte, der im eigenen Namen eine Zollanmeldung abgibt oder in dessen Namen diese von einer anderen Person (als Vertreter) abgegeben wird (Art 4 Z 18 ZK). Der Anmelder (siehe dazu auch Rz 4 oben) ist damit derjenige, der auf eine der von Art 2 PPV 1994/99 untersagten zollrechtlichen Bestimmungen hinwirkt und damit Waren oder unerlaubt hergestellte Vervielfältigungsstücke „einführt". Zu Recht hat die PPV 1994/99 den Anmelder nach dem System des ZK deshalb als „Importeur" im Sinn des Art 54 TRIPs-Abkommen angesehen und bloß ergänzend auch die Namhaftmachung des Empfängers, sofern dieser bekannt ist, vorgeschrieben. Siehe dazu ausführlich *Walter*, MR 2000, 245 (247ff).

etc) die Möglichkeit zu geben, die Waren (Vervielfältigungsstücke) zu **besichtigen** (Art 6 Abs 1 Unterabsatz 2 Ende). Für den Antragsteller ist dies in der Regel unerlässlich, um das Rechtfertigungsverfahren (Art 6 Abs 2 PPV) rechtzeitig einzuleiten und konkrete Anträge stellen zu können. Es dient dieses Besichtigungsrecht des Antragstellers aber auch den Interessen der übrigen Beteiligten, zumal eine solche Beschau auch zur Freigabe der zurückgehaltenen Waren (Vervielfältigungsstücke) führen kann, wenn der Antragsteller (Rechtsinhaber) feststellt, dass es sich nicht um die in seinem Grundantrag beschriebenen Waren (Vervielfältigungsstücke) und auch sonst nicht um unerlaubt hergestellte Vervielfältigungsstücke handelt.

8 Da die Beschau der zurückgehaltenen Waren (Vervielfältigungsstücke) durch den Antragsteller der Vorbereitung seiner Rechtfertigungsmaßnahmen dient, wird dem Antragsteller auch zu gestatten sein, die zurückgehaltenen Waren (Vervielfältigungsstücke) zu **untersuchen**. Jedenfalls wird es ihm auch frei stehen, Kopien herzustellen und Bestandlisten aufzunehmen bzw zu kopieren, soweit dies zur Vorbereitung der Rechtfertigungsmaßnahmen vor den zuständigen Behörden (Art 6 Abs 2 PPV) erforderlich ist.

1.5. Entnahme von Proben

9 Der **Zollstelle** ist es auch gestattet, bei der Prüfung der Waren (Vervielfältigungsstücke) **Proben** zu entnehmen, um das weitere Verfahren zu erleichtern (Art 6 Abs 1 Unterabsatz 3). Diese Entnahme und deren Prüfung soll die Entscheidung der Zollstelle erleichtern, die Übereinstimmung der Waren (Vervielfältigungsstücke) mit den im Bewilligungsbescheid angeführten Merkmalen zu prüfen. Die Entnahme von Proben ist aber auch nach einer Zurückhaltung (Aussetzung) der Waren (Vervielfältigungsstücke) zulässig, wenn und soweit dies erforderlich ist, um dem **Antragsteller** die Prüfung zu ermöglichen oder zu erleichtern. Dies gilt insbes dann, wenn technisch aufwändigere Prüfungen vorgenommen werden müssen, und dies vor Ort nicht möglich ist. Die Entnahme von Proben wird auch dann zulässig sein, wenn die Waren (über Antrag des Verfügungsberechtigten) vernichtet werden[141]. Dies insbes auch zu dem Zweck, dem Rechtsinhaber ungeachtet freiwilliger Vernichtung die Möglichkeit der weiteren Rechtsverfolgung zu wahren.

Anlässlich der Anhörung vom 23. Juli 1997 hatten die beteiligten Kreise auch gefordert, in der Verordnung ausdrücklich zu verankern, dass auch den Rechtsinhabern das Recht zur Entnahme von Proben eingeräumt werden möge. Die Kommission lehnte dies mit der Begründung ab, dass die Mitgliedstaaten insoweit ohnehin einen Spielraum haben[142].

1.6. Grenzbeschlagnahme und gerichtliche Beschlagnahme

10 Unerlaubt hergestellte Vervielfältigungsstücke (Nachbildungen), deren Überlassung ausgesetzt wurde, haben die Rechtsstellung von Waren in vorübergehender Verwahrung. Zur Verhinderung unzulässiger Verfügungen wird gegebenenfalls

---

[141] Vgl österr Zolldokumentation (ZD) VB-0730, 16 (Punkt 3.5.)

[142] Vgl Bericht der Kommission 28.01.1998 Punkt 7.15. bis 7.17.

eine **zollrechtliche Beschlagnahme** anzuordnen sein, soweit die Aussetzung der Überlassung bzw Zurückhaltung nicht ohnehin als ein Beschlagnahmesurrogat anzusehen ist[143]. Im Einzelnen wird die Vorgangsweise der Gesetzgebung der Mitgliedstaaten vorbehalten sein. Nach § 29 Abs 2 österr ZollR-DG ist eine unzulässige Verfügung jedenfalls zu untersagen; bei Gefahr im Verzug sind die Zollorgane auch befugt, die Ware zu beschlagnahmen (§ 29 Abs 3)[144]. Dies ist in der Praxis die Regel, weshalb – vereinfachend – auch von „Grenzbeschlagnahme" bzw von „Zollbeschlagnahme" gesprochen wird.

Wurde das **Rechtfertigungsverfahren** rechtzeitig eingeleitet, ist die Aussetzung der Überlassung bzw die Zurückhaltung so lange aufrecht zu erhalten, bis eine Entscheidung des Gerichts vorliegt. Im Hinblick darauf wird eine gerichtliche Beschlagnahme in der Regel nicht erforderlich, gleichwohl aber zulässig sein. Verfügt das **Gericht** die **Beschlagnahme**, wird das Beschlagnahmegut dem Gericht auszufolgen sein. Dabei wird es sich empfehlen, darauf hinzuweisen, dass die Waren bzw unerlaubt hergestellten Vervielfältigungsstücke (Nachbildungen) als in ein **Zolllager** übergeführt gelten und daher vor einer allfälligen Freigabe oder Vernichtung (Verwertung) dem Zollamt neuerlich zu gestellen sind (Art 867a ZK-DVO)[145]. **11**

Nimmt der Verfügungsberechtigte eine solche Vernichtung nicht vor, kann die Entscheidung der zuständigen Behörden (Gerichte) im **Rechtfertigungsverfahren** zunächst gleichfalls auf **Vernichtung** (Verfall, Einziehung, Zerstörung, Unbrauchbarmachung) lauten. In diesem Fall erlischt dadurch die eventuell entstandene Zollschuld (Art 233 Abs 1 lit c zweiter Gedankenstrich und lit d ZK), und ist eine allenfalls bereits entrichtete Zollschuld zu erstatten[146]. Aus Art 6 Abs 2 PPV 1994/99 sowie aus der eben genannten Vorschrift des Zollkodex folgt, dass der (gerichtlichen) Verfügung darüber, was mit den für verfallen erklärten Waren (Vervielfältigungsstücken) zu geschehen hat, von den Zollbehörden unter Beachtung von Art 867a ZK-DVO zu entsprechen ist[147]. **12**

1.7. Freigabe

Wird das Rechtfertigungsverfahren nicht rechtzeitig (Art 4 bzw Art 7 Abs 1) eingeleitet und die Zollbehörde hiervon verständigt, ist die beantragte Abfertigung durchzuführen und die Zurückhaltung aufzuheben, sofern dem kein anderes Hindernis entgegensteht[148]. Auch wenn dies in der Verordnung nicht **13**

---

143 So wohl *Witte*, Zollkodex Kommentar² Art 58 Rz 45.

144 Vgl österr Zolldokumentation (ZD) VB-0730, 114f (Punkt 3.4. Abs 2). Nach dem ausdrücklich für anwendbar erklärten § 26 Abs 3 ZollR-DG sind die abgenommenen Waren der Behörde abzuliefern, die für die weiteren Maßnahmen zuständig ist. Da dies – je nach Gestaltung des Rechtfertigungsverfahrens – nicht notwendig die Gerichte sind, werden die beschlagnahmten Waren in zollamtlicher Verwahrung zu verbleiben haben.

145 Vgl österr Zolldokumentation (ZD) VB-0730, 15 (Punkt 3.4. Abs 5).

146 Vorbehaltlich zollstrafrechtlicher Bestimmungen der Mitgliedstaaten (Art 233 Abs 2 ZK).

147 Vgl österr Zolldokumentation (ZD) VB-0730, 10 (Punkt 3.7. Abs 2).

148 Vgl österr Zolldokumentation (ZD) VB-0730, 15 (Punkt 3.4. Abs 4).

ausdrücklich erwähnt ist, steht es dem Antragsteller jederzeit frei zu erklären, dass es sich bei den grenzbeschlagnahmten Waren (Vervielfältigungsstücken) nicht um unerlaubt hergestellte Vervielfältigungsstücke (Nachbildungen) handelt bzw einer **Freigabe** zugestimmt wird. In einem solchen Fall ist die Zollbeschlagnahme durch die Zollstelle unverzüglich aufzuheben. Die Zollbehörde, die den Grundantrag bewilligt hat, wird hiervon zu verständigen sein. Es ist nicht erforderlich, den ungenützten Ablauf der Rechtfertigungsfrist nach Art 4 bzw Art 7 PPV abzuwarten.

1.8. Rechtsbehelfe

14 Setzt die Zollbehörde die Überlassung unerlaubt hergestellter Vervielfältigungsstücke (Nachbildungen) aus oder hält sie diese zurück, können abgesehen von den Interessen des Rechtsinhabers auch diejenigen sonstiger Beteiligter, insbes des Anmelders berührt sein. Nach Art 243 Abs 1 (iVm Art 6 Abs 2 ZK) kann eine Person gegen Entscheidungen der Zollbehörden auf dem Gebiet des Zollrechts, die sie unmittelbar und persönlich betreffen, einen Rechtsbehelf einlegen[149]. Ob es sich bei den Maßnahmen der Aussetzung der Überlassung bzw Zurückhaltung um Entscheidungen oder um „faktische Amtshandlungen" handelt, wird nach dem nationalen Recht der Mitgliedstaaten zu beurteilen sein.

Da die Frage, ob es sich tatsächlich um unerlaubt hergestellte Vervielfältigungsstücke (Nachbildungen) handelt, aber in einem gesonderten Verfahren nach Art 6 Abs 2 PPV 1994/99 – in der Regel gerichtlich – zu prüfen ist (Rechtfertigungsverfahren), scheiden Rechtsbehelfe der Beteiligten in Bezug auf die inhaltliche Berechtigung der Grenzbeschlagnahme und die vom Rechtsinhaber zu stellenden materiellen Ansprüche und Sanktionen jedenfalls aus. Allerdings wird es zulässig sein, die Prüfung der Voraussetzungen eines Tätigwerdens der Zollbehörden in einem zollamtlichen Rechtsmittelverfahren im Sinn der Art 243ff ZK vorzusehen, wie dies etwa in Österreich nach § 85a Abs 1 Z 2 ZollR-DG der Fall ist. Nach dieser Vorschrift steht der Rechtsbehelf der Berufung auch wegen der Behauptung einer Rechtsverletzung durch Ausübung unmittelbarer Befehls- oder Zwangsgewalt durch ein Zollorgan zu. In einem solchen Verfahren genießt auch der Antragsteller Parteien- bzw Beteiligtenstellung. Soweit solche Rechtsbehelfe vorgesehen sind, haben sie grundsätzlich keine aufschiebende Wirkung (Art 244 Abs 1 ZK[150]).

2. Rechtfertigungsverfahren

2.1. Sachentscheidung (Rechtfertigungsverfahren)

15 Die Grenzbeschlagnahme ist eine vorbeugende Maßnahme, die der Bestätigung durch die zur **Sachentscheidung** berufene Behörde bedarf. Die Verordnung regelt das Rechtfertigungsverfahren als solches nicht und überlässt dies den – bestehenden oder vorzusehenden – Rechtsvorschriften des Mitgliedstaats, in dessen Hoheitsgebiet die Zollbehörden im Sinn der ProduktpiraterieV tätig geworden sind (Art 1 Abs 1 lit a PPV 1994/99)[151]. Nach Art 6 Abs 2 gelten deshalb

---

[149] Vgl dazu oben Art 3 Rz 11f.

[150] Siehe auch Art 7 ZK.

[151] Vgl *Knaak* in *Harte-Bavendamm*, Handbuch Rz 47ff.

für die Befassung der zuständigen Stellen und für die Entscheidungsfindung die Rechtsvorschriften der Mitgliedstaaten. Dies gilt sowohl für die Bestimmung der zur Sachentscheidung berufenen Behörde, deren Organisation (Besetzung) und Zuständigkeit als auch für die Regelung des Verfahrens im Einzelnen. Dabei wird zwischen der Durchsetzung einer „freiwilligen" oder zollamtlichen Vernichtung einerseits und dem Verletzungsverfahren anderseits zu unterscheiden sein.

Soweit Urheberrechtsverletzungen (strafrechtlich) **von amtswegen** zu verfolgen **16** sind, wird die Befassung der zuständigen Stellen (Gerichte) durch die Zollstellen oder Zollbehörden unmittelbar zu erfolgen haben (Art 6 Abs 2 lit a Ende). Entsprechendes gilt für die **Unterrichtung** der Zollbehörde bzw Zollstelle von einer (rechtzeitig erfolgten) Befassung der zuständigen Stellen (Gerichte) mit der Rechtfertigung der vorläufigen Zollbeschlagnahme nach Art 7 Abs 1 PPV 1994/99. Einer solchen Unterrichtung durch den Rechtsinhaber bedarf es nicht, wenn die Befassung von der Zollbehörde oder der Zollstelle selbst (unmittelbar) vorgenommen wird.

2.2. Durchsetzung der Vernichtung

Unbeschadet einer zivil- oder strafrechtlichen Verfolgung des Verbringens uner- **17** laubt hergestellter Vervielfältigungsstücke (Nachbildungen) in die Gemeinschaft als Urheberrechtsverletzung und unbeschadet einer Verfolgung aller sonstigen im gegenständlichen Zusammenhang möglichen Verletzungshandlungen – etwa anlässlich der Ausfuhr von im Inland hergestellter ungenehmigter Vervielfältigungsstücke – bedarf es für die Vernichtung nur der (gerichtlichen) **Feststellung**, dass es sich tatsächlich um unerlaubt hergestellte Vervielfältigungsstücke (Nachbildungen) im Sinn der Verordnung handelt. Denn im Fall einer solchen Feststellung sind die Rechtsfolgen unmittelbar in Art 2 in Verbindung mit Art 8 und den Bestimmungen des Zollkodex sowie der ZK-DV geregelt. Ergibt das Rechtfertigungsverfahren, dass es sich tatsächlich um unerlaubt hergestellte Vervielfältigungsstücke (Nachbildungen) handelt, dürfen diese nicht in den zollrechtlich freien Verkehr oder in ein Nichterhebungsverfahren überführt, ausgeführt oder wiederausgeführt bzw in Freizonen bzw Freilager verbracht oder in ein anderes Zollverfahren überführt werden[152].

Unter Berücksichtigung des **Rechtssystems** der Mitgliedstaaten kann die (ge- **18** richtliche) Entscheidung deshalb auf die **Feststellung** beschränkt sein, dass es sich um unerlaubt hergestellte Vervielfältigungsstücke (Nachbildungen) im Sinn der ProduktpiraterieV handelt, oder aber auf **Unterlassung** einer der in Art 2 ausgeschlossenen zollrechtlichen Bestimmungen durch den Verfügungsberechtigten (Anmelder) lauten. In diesem Fall liegt die weitere Verfügung zwar grundsätzlich weiterhin beim zollrechtlich Verfügungsberechtigten, doch ist dieser in seiner Wahlfreiheit durch die auf dem Verbot des Art 2 basierende (gerichtliche) Entscheidung beschränkt, und steht ihm nur die **Bestimmung zur Vernichtung** (Aufgabe zu Gunsten der Staatskasse) zur Verfügung, wobei mangels einer solchen (zulässigen) Bestimmung eine zollamtliche Vernichtung zu erfolgen hat.

[152] Siehe dazu auch oben Art 2 Rz 12ff.

Die Entscheidung im Rechtfertigungsverfahren wird aber auch auf **Zustimmung** zur Vernichtung gerichtet sein können, also auf Abgabe einer entsprechenden Willenserklärung. In diesen Fällen ersetzt die (gerichtliche) Entscheidung im Rechtfertigungsverfahren die freiwillige Bestimmung zur Vernichtung im Sinn des Art 182 ZK, und sind die unerlaubt hergestellten Vervielfältigungsstücke (Nachbildungen) – auf Kosten des Anmelders – zollamtlich zu vernichten.

19 Aus der Sicht der ProduktpiraterieV wird es aber auch ausreichen, wenn über die maßgebende Frage, dass es sich nämlich um unerlaubt hergestellte Vervielfältigungsstücke (Nachbildungen) im Sinn der Verordnung handelt, in einem Verletzungsverfahren als **Vorfrage** entschieden wird, insbes in einem auf die strafrechtliche Verurteilung eines oder mehrerer Beteiligten gerichteten – amtswegig oder über Parteienantrag eingeleiteten – Verfahren.

2.3. Vorläufige Maßnahmen

20 **Vorläufige Maßnahmen** wie die Verwahrung (Sequestrierung), Verfügungsbeschränkungen im Weg des Verfügungsverfahrens oder strafprozessuale Beschlagnahmen sind nach der ProduktpiraterieV nicht erforderlich, reichen aber zur weiteren Aufrechterhaltung der Grenzbeschlagnahme jedenfalls aus. Allerdings wird davon auszugehen sein, dass nach den Vorschriften des innerstaatlichen Rechts innerhalb gesetzlicher oder angemessener Frist auch das Hauptsacheverfahren eingeleitet werden muss[153]. **Vereinbarungen** der Parteien – insbes im Weg eines gerichtlichen oder außergerichtlichen **Vergleichs** – werden grundsätzlich zulässig sein, wobei zum Abschluss solcher Vereinbarungen jedenfalls auch der Anmelder legitimiert sein wird.

2.4. Verletzungsverfahren

21 Das Rechtfertigungsverfahren kann aber auch als **Verletzungsverfahren** geführt werden, das von Amts wegen oder über Parteienantrag eingeleitet wird und nach dem jeweils geltenden Rechtssystem des betreffenden Mitgliedstaats zivilrechtlich oder auch strafrechtlich ablaufen kann. Dabei kann der Sachverhalt nach den einschlägigen Vorschriften der Mitgliedstaaten als Urheberrechtsverletzung verfolgbar sein. Im Hinblick auf das Verbringungsverbot des Art 2 kann ein Verletzungsverfahren aber auch unmittelbar auf die Bestimmungen der ProduktpiraterieV gegründet werden. Dazu bestimmt Art 6 Abs 2 lit b PPV 1994/99, dass der Entscheidung – in Ermangelung einer gemeinschaftsrechtlichen Regelung – die „gleichen Kriterien zugrundezulegen" sind, „die auch für eine Entscheidung darüber gelten, ob in dem betreffenden Mitgliedsstaat hergestellte Waren die Rechte des Rechtsinhabers verletzen". Mangels einer konkreten Umsetzung wird die Verbringung in die Gemeinschaft damit der Vervielfältigung (Herstellung) im Inland – materiellrechtlich und verfahrensrechtlich – gleichgestellt[154]; dies wird

---

153 Vgl Art 50 Abs 6 TRIPs-Abkommen.

154 Dies wird in den bisherigen Erörterungen oft übersehen, die gewöhnlich ausschließlich auf Verletzungstatbetände des nationalen Rechts abstellen. In der deutschen Literatur wird dies vor allem auf den abweichenden Ausgangspunkt des deutschen ProduktpiraterieG 1990 zurückzuführen sein. Der österr OGH hat dies dagegen in seinen Entscheidun-

auch für die nach nationalem Recht des betreffenden Mitgliedstaat vorgesehenen Sanktionen zutreffen.

Unter Berücksichtigung des Katalogs der in der innerstaatlichen Gesetzgebung vorgesehenen **Sanktionen** wird deshalb zivilrechtlich insbes auf Unterlassung (Urteilsveröffentlichung bzw -bekanntmachung), Gewinnherausgabe (Art 8 Abs 1 Unterabsatz 1 lit b) und sonstige finanzielle Ansprüche (Schadenersatz) geklagt werden können[155]. Die Rechtsfolgen (Sanktionen) richten sich – unbeschadet der Vorgaben des Art 8 Abs 1 PPV 1994/99 – nach der Gesetzgebung des betreffenden Mitgliedstaats. Dies gilt entsprechend für eine – amtswegige oder über Antrag (Privatanklage) erfolgende – strafrechtliche Rechtsdurchsetzung.

Wie bereits erwähnt, kann im Verletzungsverfahren auch die **Vernichtung** (Ein- **22**
ziehung, Unbrauchbarmachung bzw der Verfall) durchgesetzt werden. In diesem Fall gehen gerichtliche Verfügungen der zollamtlichen Vernichtung vor. Maßgebend sind hierfür die Bestimmungen des innerstaatlichen Rechts in Bezug auf eine Vernichtung von im Inland unrechtmäßig hergestellten Vervielfältigungsstücken.

Wie bereits ausgeführt, folgt schon aus Art 1 Abs 2 lit a vierter Gedankenstrich **23**
PPV 1994/99, dass für die Prüfung der Frage, ob unerlaubt hergestellte Vervielfältigungsstücke (Nachbildungen) im Sinn der Verordnung vorliegen, die Herstellung **in dem Mitgliedstaat** fingiert wird, bei dem der Antrag auf Tätigwerden der Zollbehörden gestellt wurde und dessen Zollstellen in weiterer Folge tätig geworden sind[156]. Allerdings kann die unerlaubte Vervielfältigung auch tatsächlich in einem Mitgliedstaat erfolgt sein, wenn die Zollbehörden etwa anlässlich der Ausfuhr von Gemeinschaftswaren tätig geworden sind. Weder die Rechtslage im (ausländischen) Herkunftsland noch diejenige im Bestimmungsland, wo die Vervielfältigungsstücke verbreitet werden sollen und das auch in Drittland sein kann, sind maßgebend. Es kommt auch nicht darauf an, ob die Einfuhr, Ausfuhr oder Wiederausfuhr oder sonst eine vom Anmelder oder Beteiligten geschaffene zollrechtliche Situation als eine dem Rechtsinhaber vorbehaltene Verwertung (insbes Verbreitung) im urheberrechtlichen Sinn anzusehen ist, sofern nur die Herstellung solcher Vervielfältigungsstücke im „Einfuhrland" rechtswidrig wäre[157]. Die relevante Verletzungshandlung besteht im Fall der „Einfuhr" im Verbringen unerlaubt hergestellter Vervielfältigungsstücke (Nachbildungen) in das Zollgebiet der Gemeinschaft (Art 2).

2.5. Verfahren

Wenn nach Art 6 Abs 2 lit b PPV 1994/99 die Regelung der Entscheidungsfin- **24**
dung der zuständigen Stellen (Gerichte) der Gesetzgebung der Mitgliedstaaten

---

gen 03.05.2000 – „Polo T-Shirt III" MR 2000, 239 und 23.05.2000 – „BOSS III" MR 2000, 240 für den Zuständigkeitstatbestand des § 83c Abs 1 und 3 öJN (inländische Verletzungshandlung bzw Einlangen eines versendeten Eingriffsgegenstands) und damit auch für die inländische Gerichtsbarkeit (§ 27a öJN) ausdrücklich bestätigt. Siehe zu beiden Entscheidungen ausführlich *Walter*, MR 2000, 245.

[155] Vgl unten Art 8 Rz 1ff und 11ff.

[156] Vgl *Walter*, MR 1999, 286 bei Z 2.1. bis 2.3.

[157] Vgl dazu oben Art 1 Rz 30ff.

vorbehalten bleibt, betrifft dies, wie bereits angedeutet, auch die Verfahrensbestimmungen. Danach finden auf das Rechtfertigungsverfahren die allgemeinen **Verfahrensvorschriften** (des Zivil- und Strafverfahrens) – gegebenenfalls einschließlich eines vorgelagerten Verfügungsverfahrens (Provisorialverfahrens) – Anwendung, wie sie nach der Gesetzgebung der Mitgliedstaaten für die unerlaubte Herstellung von „Raubkopien" in diesen Mitgliedstaaten vorgesehen sind. Die Verordnung geht damit gegebenenfalls auch verfahrensrechtlich von der Fiktion einer Herstellung in dem Mitgliedstaat aus, in welchem die Zollbehörden tätig geworden sind. Dies kann insbes für Fragen der **Zuständigkeit** (Gerichtsstand des Verletzungsorts) als auch für Fragen der **inländischen Gerichtsbarkeit** und für sonstige Verfahrensfragen von Bedeutung sein[158]. Da die Bestimmung insoweit unmittelbar anwendbar ist, wird jedenfalls von „Inlandstaten" auszugehen sein.

25 Nach Art 6 Abs 2 lit b Satz 2 PPV 1994/99 sind die Entscheidungen der zuständigen Stellen jedenfalls zu **begründen;** diese Begründungspflicht kraft Gemeinschaftsrechts gilt unabhängig von den Verfahrensvorschriften, die in den einzelnen Mitgliedstaaten gelten. Aus Art 55 TRIPs-Abkommen folgt für das Rechtfertigungsverfahren weiters, dass dieses eine sachliche **Prüfung** zu gewährleisten hat, wobei dem Antragsgegner jedenfalls das **rechtliche Gehör** (Recht zur Stellungnahme) zu gewähren ist. Weiters muss eine Entscheidung innerhalb **angemessener Frist** ergehen (Art 55 TRIPs-Abkommen). Auch wenn die Verordnung diese Grundsätze nicht ausdrücklich übernommen hat, sind sie in den Mitgliedstaaten anzuwenden und im Wesentlichen auch als *self executing* anzusehen.

2.6. Zur Sachentscheidung berufene Behörden (Gerichte)

26 Die Verordnung lässt offen, welche Behördenqualität die zur Entscheidung in der Sache „zuständigen Stellen" aufweisen müssen, ob es sich also um **Verwaltungsbehörden** oder zwingend um **unabhängige Gerichte** handeln muss. Damit bleibt den Mitgliedstaaten aus der Sicht des Gemeinschaftsrechts ein Spielraum bei der Wahl der zur Sachentscheidung berufenen Behörden. Auch Art 55 TRIPs-Abkommen spricht zunächst nur vom Ingangsetzen eines zu einer Sachentscheidung führenden Verfahrens oder vom Treffen einstweiliger Maßnahmen zur Verlängerung der Aussetzung durch die ordnungsgemäß berufene Behörde[159] („*duly empowered authority*"). Die Aussetzung kann auch auf Grund einstweiliger Maßnahmen durchgeführt oder fortgeführt werden (Art 55 letzter Satz TRIPs-Abkommen), wobei die Fristen für die Einleitung des ordentlichen Verfahrens (Art 50 Abs 6 TRIPs-Abkommen) zu beachten sind. Die Anordnung solcher einstweiligen Maßnahmen ist nach Art 50 TRIPs-Abkommen allerdings ausdrücklich den Justizbehörden (Gerichten) vorbehalten. Auch das TRIPs-

---

[158] Insoweit unsicher noch die Vorlageentscheidung des österr OGH 29.09.1998 – „Polo-T-Shirts I" WBl 1999/64 = ecolex 1999, 81 (*Schanda*) = ÖBl 1999, 84. Ausdrücklich zustimmend dagegen die Folgeentscheidungen 03.05.2000 – „Polo T-Shirt III" MR 2000, 239 und 23.05.2000 – „BOSS III" MR 2000, 240. Siehe auch *Walter*, MR 2000, 245 (246).

[159] Die offizielle deutsche Übersetzung lautet „ordnungsgemäß bevollmächtigte Behörde".

Abkommen verlangt deshalb nicht zwingend und jedenfalls nicht für jedes Verfahren bzw jeden Verfahrensabschnitt, dass die Sachentscheidung in einem gerichtlichen Verfahren herbeizuführen ist.

Nach dem TRIPs-Abkommen muss auf Antrag des Betroffenen[160] – durch welche Behörde immer – jedenfalls eine **sachliche Prüfung** erfolgen. Allerdings ordnet Art 59 TRIPs-Abkommen zwingend an, dass der Antragsgegner das Recht hat, die Überprüfung durch eine **Justizbehörde** zu beantragen. Wird die Sachentscheidung deshalb von einer Verwaltungsbehörde getroffen, muss sowohl für den Antragsteller (Rechtsinhaber) als auch für den Antragsgegner die Möglichkeit bestehen, eine gerichtliche Entscheidung herbeizuführen[161]. Da es sich bei den gegenständlichen Immaterialgüterrechten weiters um *civil rights* im Sinn des Art 6 MRK handelt, müssen die berufenen Behörden jedenfalls den an Gerichte (*tribunals*) zu stellenden Anforderungen dieser Vorschrift entsprechen. In Mitgliedstaaten, in welchen – wie etwa Österreich – im Hinblick auf den verfassungsrechtlichen Grundsatz der Gewaltentrennung ein Rechtszug von Verwaltungsbehörden an Gerichte grundsätzlich[162] ausgeschlossen ist (Art 94 B-VG), kommen als zur Sachentscheidung berufene Behörden nur Gerichte oder „Verwaltungsbehörden mit richterlichem Einschlag" (Art 133 Z 4 B-VG) in Betracht. **27**

Die Verfolgung von Urheberrechtsverletzungen ist in den Mitgliedstaaten der Gemeinschaft auch sonst im Wesentlichen den **Gerichten** vorbehalten. Es wird dies deshalb grundsätzlich auch für das Rechtfertigungsverfahren nach Art 6 Abs 2 lit b PPV 1994/99 gelten, worauf die Kommission in ihrem Bericht vom 28. Januar 1998 ausdrücklich hinweist (Punkt 3.3.) und wovon wohl auch Art 6 Abs 2 lit b PPV 1994/99 ausgeht. Allerdings steht weder das TRIPs-Abkommen noch die ProduktpiraterieV einem vorgelagerten Verwaltungsverfahren – etwa durch die Zollbehörden selbst – im Weg[163]. Probleme können sich allerdings im Zusammenhang mit der Regelung der Befassung der zuständigen Behörde und den zwingend vorgegebenen Fristen hierfür (Art 7 Abs 1 PPV 1994/99) ergeben. **28**

Artikel 7

Übersicht

---

[160] Die Anordnung der Einziehung (der Vernichtung) mangels Widerspruchs des Betroffenen ist deshalb zulässig.

[161] Art 59 TRIPs-Abkommen spricht ausdrücklich auch die „Klagerechte" („*rights of action*") des Rechtsinhabers an, worunter gleichfalls das Recht zu verstehen sein wird, eine gerichtliche Entscheidung herbeizuführen.

[162] Dies mit Ausnahmen der Anrufung der Gerichtshöfe des öffentlichen Rechts (Verfassungs- und Verwaltungsgerichtshof), die gerade zur Prüfung der Rechts- und Verfassungsmäßigkeit der Entscheidungen von Verwaltungsbehörden (höchster Instanz) berufen sind.

[163] Vgl zu dieser Problematik auch *Knaak* in *Harte-Bavendamm*, Handbuch Rz 48f.

Text

Artikel 7 Produktpiraterieverordnung 1994/99[164]

(1) Wenn die in Art 6 Abs 1 genannte Zollstelle nicht innerhalb von zehn Arbeitstagen nach Mitteilung der Aussetzung der Überlassung oder der Zurückhaltung von der Befassung der gemäß Art 6 Abs 2 für die Entscheidung in der Sache zuständigen Stelle oder über die von der hierzu befugten Stelle getroffenen einstweiligen Maßnahmen in Kenntnis gesetzt worden ist, erfolgt die Überlassung, sofern alle Zollformalitäten erfüllt sind, oder wird die Zurückhaltung aufgehoben.
Erforderlichenfalls kann diese Frist um höchstens zehn Arbeitstage verlängert werden.

(2) Bei Waren, *bei denen der Verdacht besteht, daß sie ein Patent oder Zertifikat oder ein Geschmacksmusterrecht verletzen, kann* [die im Verdacht stehen, ein Geschmacksmusterrecht zu verletzen, können] der Eigentümer, der Einführer oder der Empfänger der Waren die Überlassung der Waren oder die Aufhebung der Zurückhaltung derselben erwirken, sofern *er eine Sicherheit leistet* [sie Sicherheit leisten] und [vorausgesetzt, daß]
a) die in Artikel 6 Absatz 1 bezeichnete Zollbehörde oder Zollstelle innerhalb der in Absatz 1 *dieses Artikels* genannten Frist von der Befassung der dort vorgesehenen, für die Entscheidung in der Sache zuständigen Stelle in Kenntnis gesetzt worden ist,
b) bei Ablauf dieser Frist keine einstweiligen Maßnahmen von der hierzu befugten Stelle getroffen worden sind und
c) sämtliche Zollformalitäten erfüllt sind.

Die Sicherheit muß so bemessen sein, daß die Interessen des Rechtsinhabers ausreichend geschützt sind. Die Leistung dieser Sicherheit steht der Möglichkeit des Rechtsinhabers, andere *Rechtsbehelfe einzulegen* [rechtliche Schritte einzuleiten], nicht entgegen. Wurde die für die Entscheidung in der Sache zuständige Stelle auf andere Weise als auf Betreiben des Inhabers *des Patents, des Inhabers des Zertifikats oder* des Geschmacksmusterrechts befaßt, so wird die Sicherheit freigegeben, falls der Rechtsinhaber von der Möglichkeit, den Rechtsweg zu beschreiten, *nicht* innerhalb von *20* [zwanzig] Arbeitstagen nach seiner Benachrichtigung von der Aussetzung der Überlassung oder der Zurückhaltung [nicht] Gebrauch macht. *Kommt Absatz 1 Unterabsatz 2 zur Anwendung, so kann diese Frist auf höchstens 30 Arbeitstage verlängert werden.* [In Fällen, in denen Absatz 1 Unterabsatz 2 angewandt wird, kann diese Frist auf höchstens dreißig Arbeitstage verlängert werden.]

(3) Die Bedingungen für die Lagerung der Waren während der Dauer der Aussetzung der Überlassung oder der Zurückhaltung werden von jedem Mitgliedstaat festgelegt.

---

[164] Die mit Änderungsverordnung 1999 geänderten oder hinzugefügten Stellen sind durch Kursivdruck hervorgehoben. Die Fassung nach der ProduktpiraterieV 1994 ist durch eckige Klammern ersichtlich gemacht.

Kommentar

1. Frist für die Einleitung des Rechtfertigungsverfahrens

1 Nach Art 7 Abs 1 PPV ist die **Zollstelle** (Art 6 Abs 1) längstens innerhalb von **10 Arbeitstagen** nach Mitteilung der Aussetzung oder der Zurückhaltung (Zollbeschlagnahme) von der erfolgten Befassung der zuständigen Stelle in Kenntnis zu setzen. Daraus folgt, dass der Antragsteller (Rechtsinhaber) im Interesse einer raschen Klärung innerhalb von 10 Arbeitstagen die für die Herbeiführung einer Sachentscheidung oder einer einstweiligen Maßnahme **zuständige Stelle befassen** und innerhalb derselben Frist die Zollstelle benachrichtigen muss. Die Regelung geht auf Art 55 TRIPs-Abkommen zurück, wo auch ausdrücklich festgehalten ist, dass das Rechtfertigungsverfahren von einer anderen Person als dem Antragsgegner einzuleiten ist; eine allfällige Befassung der zuständigen Stelle durch den Antragsgegner genügt deshalb nicht. Die Frist beginnt mit der **Mitteilung** der erfolgten Zollbeschlagnahme zu laufen, die nicht notwendig schriftlich erfolgen muss[165]. Auch die Benachrichtigung der Zollstelle muss nicht notwendig schriftlich erfolgen, wenngleich dies aus Beweisgründen ratsam sein wird. Erfolgt eine schriftliche Benachrichtigung, genügt die rechtzeitige **Zurpostgabe**.

2 Wird die Zollstelle nicht rechtzeitig von der erfolgten oder gleichzeitig erfolgenden Befassung der zur Sachentscheidung zuständigen Behörde oder von einer bereits erwirkten einstweiligen Maßnahme der zuständigen Behörde in Kenntnis gesetzt, werden die zurückgehaltenen (nicht überlassenen) Vervielfältigungsstücke (Nachbildungen) – sofern alle zollrechtlichen Voraussetzungen erfüllt sind – überlassen bzw wird deren Zurückhaltung **aufgehoben**, sofern dem auch keine anders lautende gerichtliche Verfügung entgegensteht.

3 Erforderlichenfalls kann diese Frist um höchstens 10 weitere Arbeitstage **verlängert** werden (Art 7 Abs 1 Unterabsatz 2 PPV 1994/99). Im Hinblick auf die verhältnismäßig kurz bemessenen Fristen[166] wird bei der Bewilligung entsprechender Anträge nicht engherzig vorzugehen sein. Die Verlängerung setzt nicht notwendig einen Antrag voraus, es wird dies aber der Regelfall sein. Ein entsprechender Antrag ist spätestens am letzten Tag der ersten Zeitspanne von 10 Arbeitstagen zu stellen (zur Post zu geben). Entscheidet die Zollbehörde nicht innerhalb einer weiteren Frist von 10 Tagen, hat die Unterrichtung der Zollstelle spätestens innerhalb des beantragten zweiten Zeitraums von 10 Arbeitstagen zu erfolgen. Erfolgt dagegen vor Ablauf dieser zweiten Zeitspanne eine ablehnende Entscheidung, wird darin zumindest eine kurze Fristerstreckung zu gewähren sein, weil dem Antragsteller anderenfalls die Einleitung des Rechtfertigungsverfahrens nicht mehr möglich wäre. Erfolgt eine auch nur kurze Fristverlängerung nicht, wird die Befassung der zuständigen Stelle (Gericht) jedenfalls als rechtzeitig anzusehen sein, wenn sie ohne Aufschub nach Mitteilung (Zustellung) der Entscheidung erfolgt.

---

165 Vgl dazu oben Art 6 Rz 4.

166 Vgl dazu auch *Knaak* in *Harte-Bavendamm*, Handbuch Rz 45f.

4 Was unter **Arbeitstagen** zu verstehen ist, richtet sich nach der EG-FristenV[167], die – soweit nichts anderes bestimmt ist – für alle Rechtsakte gilt, die der Rat oder die Kommission erlassen haben bzw erlassen werden (Art 1)[168]. Danach sind unter Arbeitstagen alle Tage außer Feiertagen, Sonntagen und Sonnabenden (Samstagen) zu verstehen (Art 2 Abs 2). Als Feiertage gelten solche, die in dem Mitgliedsstaat vorgesehen (gesetzlich anerkannt) sind, bei dem eine Handlung vorgenommen werden soll (Art 2 Abs 1). Im gegenständlichen Zusammenhang ist dies das Mitgliedsland, in welchem die Zollbehörden tätig geworden sind. Ist für den Anfang einer nach Tagen bemessenen Frist der Zeitpunkt maßgebend, in welchem ein Ereignis eintritt oder eine Handlung vorgenommen wird, so wird bei der Berechnung dieser Frist der Tag nicht mitgerechnet, in den das Ereignis oder die Handlung fällt (Art 3 Abs 1 Unterabsatz 2). Dies trifft im gegebenen Zusammenhang in Bezug auf die **Benachrichtigung** des Rechtsinhabers durch die Zollstellen zu. Im Übrigen beginnt eine nach Tagen bemessene Frist am Anfang der ersten Stunde des ersten Tags und endet mit Ablauf der letzten Stunde des letzten Tags der Frist (Art 3 Abs 2 lit b). Die Fristen umfassen zwar grundsätzlich auch Feiertage, Sonntage und Sonnabende, soweit diese nicht ausdrücklich ausgenommen oder die Fristen nach Arbeitstagen bemessen sind (Art 3 Abs 3), was hier zutrifft. Fällt der letzte Tag einer nicht nach Stunden bemessenen Frist auf einen Feiertag, einen Sonntag oder einen Sonnabend (Samstag), so endet die Frist mit Ablauf der letzten Stunde des folgenden Arbeitstags (Art 3 Abs 4). Fallen in den Fristenlauf nach der gegenständlichen Vorschrift keine Feiertage, steht damit in der Regel eine Frist von 2 Wochen zur Verfügung[169].

2. Sonderregelung für Geschmacksmuster, Patente und Zertifikate

5 Eine Sonderregelung für Waren, die mutmaßlich ein **Geschmacksmusterrecht** verletzen, enthielt schon die ProduktpiraterieV 1994 (Art 7 Abs 2). Die Änderungsverordnung 1999 hat diese Sonderregelung jetzt auch auf die neu hinzugekommenen Patente und Zertifikate ausgedehnt. Nur in diesen Fällen kann die Zollbeschlagnahme durch eine **Sicherheitsleistung abgewendet** werden. Entsprechende Anträge können sowohl der Eigentümer als auch der Einführer oder der Empfänger der Ware stellen (Art 7 Abs 2 Unterabsatz 1). Voraussetzung ist allerdings, dass der Rechtsinhaber fristgerecht die zuständigen Stellen mit der Herbeiführung einer Sachentscheidung befasst hat. Denn anderenfalls ist die Zollbeschlagnahme ohnehin mit Ablauf der Frist von 10 bzw 20 Arbeitstagen aufzuheben. Voraussetzung ist weiters, dass keine einstweiligen Maßnahmen getroffen worden sind, wobei wohl eine entsprechende Antragstellung genügt.

---

167 Verordnung Nr 1182/71 ABl L 124 vom 08.06.1971, 1.

168 § 2 Abs 3 österr ZollR-DG erklärt die FristenV ausdrücklich für anwendbar.

169 Art 55 TRIPs-Abkommen weist hinsichtlich einstweiliger Vorkehrungen (zB einstweiliger Verfügungen oder gerichtlicher Beschlagnahmen in einem Strafverfahren) auf die Regelung der Art 50 Z 6 TRIPs-Abkommen hin, wonach in diesen Fällen innerhalb einer von den Justizbehörden zu bestimmenden Frist die Sachentscheidung im ordentlichen Verfahren einzuleiten ist (mangels einer gerichtlichen Fristsetzung hat dies innerhalb von 20 Arbeitstagen oder 31 Kalendertagen zu erfolgen).

Einzelheiten betreffend die Sicherheitsleistung regelt Art 7 Abs 2 Unterabsatz 2 PPV 1994/99. Aus dieser Sonderregelung[170] folgt *e contrario*, dass im Fall einer mutmaßlichen Verletzung anderer Immaterialgüterrechte die Zollbeschlagnahme nicht durch den Erlag einer Sicherheitsleistung abgewendet werden kann. Die Frist zur Befassung der zur Sachentscheidung berufenen Stelle kann in diesen Fällen bis zu 30 Arbeitstagen verlängert werden.

3. Lagerung

Die Bedingungen für die **Lagerung** der Waren oder Vervielfältigungsstücke während der Dauer der Aussetzung der Überlassung bzw der Zurückhaltung werden von den Mitgliedstaaten festgelegt. Mangels einer Sonderregelung sind die entsprechenden gemeinschaftsrechtlichen oder nationalen zollrechtlichen Rechtsvorschriften anwendbar (Art 7 Abs 3 PPV 1994/99). Nach Art 53 Abs 2 ZK können die Zollbehörden Waren bis zur Regelung des Falls auf Kosten und Gefahr ihres Besitzers an einen unter zollamtlicher Überwachung stehenden besonderen Ort verbringen lassen. **6**

4. Zweigliedrige Verfahren (Widerspruchsverfahren)

Da Art 6 Abs 2 PPV 1994/99 die Befassung der für die Entscheidung in der Sache zuständigen Stell den Mitgliedsstaaten überlässt, können diese an sich auch ein zweigliedriges Verfahren vorsehen, wonach zunächst die **Zollbehörden** zuständig sind, und die Zuständigkeit erst im Fall eines **Widerspruchs** (oder sonstigen Rechtsbehelfs) auf die Justizbehörden (Gerichte) übergeht. Dies ist etwa nach § 111a Abs 4 und 4 dUrhG vorgesehen, wonach die Gerichte nur dann befasst werden müssen, wenn nicht spätestens nach zwei Wochen Widerspruch erhoben wird. Geschieht dies nicht, erfolgt ohne weiteres Verfahren die zollrechtliche Einziehung der zurückgehaltenen unerlaubt hergestellten Vervielfältigungsstücke (Nachbildungen). Ein solches zweigliedriges Verfahren erscheint durchaus sinnvoll, zumal die Praxis gezeigt hat, dass häufig kein Widerspruch erhoben wird, was ohne weiteren Verfahrensaufwand zur Einziehung führt. **7**

Bedenken gegen diese und ähnliche Regelungen könnten sich aber aus Art 7 Abs 1 PPV 1994/99 ergeben, da die zur Entscheidung in der Sache berufenen Stellen danach binnen zehn bzw binnen 20 Arbeitstagen nach Benachrichtigung des Rechtsinhabers von der Aussetzung (Zurückhaltung) befasst werden müssen. Dazu stellt Art 55 TRIPs-Abkommen auch klar, dass die Befassung durch andere Personen als den Antragsgegner erfolgen muss, also entweder von Amts wegen oder durch den Rechtsinhaber. Da die Benachrichtigung nach Art 6 Abs 1 Unterabsatz 2 unverzüglich zu erfolgen hat, beginnt die Frist für die Einleitung des Rechtfertigungsverfahrens deshalb schon zu laufen, während die Widerspruchsfrist noch offen ist.

---

[170] Diese Sonderregelung ist in Art 53 Abs 2 TRIPs-Abkommen vorgegeben, wo neben den gewerblichen Mustern (Geschmacksmustern) auch Patente, Layout-Designs (Halbleiter) und nicht offengelegte Informationen genannt sind, auf die sich die PPV 1994/99 aber weiterhin nur zum Teil bezieht.

Kapitel V Bestimmungen über die Waren, die als ein Recht am geistigen Eigentum verletzend erkannt sind[171]

Artikel 8

Übersicht

Text

Artikel 8 Produktpiraterieverordnung 1994/99[172]

(1) Unbeschadet der sonstigen *Rechtsbehelfe* [rechtlichen Schritte], die der *Rechtsinhaber einlegen* [Markeninhaber einleiten] kann, [wenn festgestellt worden ist, daß es sich um nachgeahmte Waren handelt, oder die die Inhaber des Urheberrechts, des verwandten Schutzrechts oder des Geschmacksmusterrechts einleiten können, wenn festgestellt worden ist, daß unerlaubt Vervielfältigungsstücke oder Nachbildungen hergestellt worden sind,] treffen die Mitgliedstaaten die erforderlichen Maßnahmen, damit die zuständigen Stellen

a) in der Regel die als *Waren im Sinne des Artikels 1 Absatz 2 Buchstabe a)* [nachgeahmte Waren oder unerlaubt hergestellte Vervielfältigungsstücke oder Nachbildungen] erkannten Waren gemäß den einschlägigen innerstaatlichen Rechtsvorschriften ohne Entschädigung und ohne Kosten für die Staatskasse vernichten oder aus dem Marktkreislauf nehmen können, um eine Schädigung des Rechtsinhabers zu verhindern;

b) im Hinblick auf diese Waren jede andere Maßnahme treffen können, die zur Folge hat, daß die betreffenden Personen tatsächlich um den wirtschaftlichen Gewinn aus diesem Geschäft gebracht werden. *Von Ausnahmefällen abgesehen gilt als derartige Maßnahme nicht das einfache Entfernen der Marken oder Zeichen, mit denen die nachgeahmten Waren rechtswidrig versehen sind.*

Als derartige Maßnahmen gelten insbesondere nicht:

- die Wiederausfuhr der nachgeahmten Waren oder unerlaubt hergestellten Vervielfältigungsstücke oder Nachbildungen in unverändertem Zustand;
- außer im Ausnahmefall das einfache Entfernen der Marken oder Zeichen, mit denen die nachgeahmten Waren rechtswidrig versehen sind;
- die Überführung der Waren in ein anderes Zollverfahren.

---

[171] Titel nach der Änderungsverordnung 1999.

[172] Die mit Änderungsverordnung 1999 geänderten oder hinzugefügten Stellen sind durch Kursivdruck hervorgehoben. Die Fassung nach der ProduktpiraterieV 1994 ist durch eckige Klammern ersichtlich gemacht.

(2) Auf die *Waren im Sinne des Artikels 1 Absatz 2 Buchstabe a)* [nachgeahmten Waren und unerlaubt hergestellten Vervielfältigungsstücke oder Nachbildungen] kann zugunsten der Staatskasse verzichtet werden. In diesem Fall gilt Absatz 1 Buchstabe a).

(3) Neben den Informationen, die gemäß Artikel 6 Absatz 1 Unterabsatz 2 unter den dort vorgesehenen Bedingungen übermittelt werden, teilt die betreffende Zollstelle oder die zuständige Zollbehörde dem Rechtsinhaber auf Antrag den Namen und die Anschrift des Versenders, des Einführers, des Ausführers und des Herstellers der als *Waren im Sinne des Artikels 1 Absatz 2 Buchstabe a)* [nachgeahmte Waren oder als unerlaubt hergestellte Vervielfältigungsstücke oder Nachbildungen] erkannten Waren sowie die Warenmenge mit.

Aus den Erwägungsgründen

ErwG 11 Es muß festgelegt werden, welche Maßnahmen zu ergreifen sind, wenn festgestellt wird, daß es sich bei den betreffenden Waren um nachgeahmte Waren oder unerlaubt hergestellte Vervielfältigungsstücke oder Nachbildungen handelt. Diese Maßnahmen sollen nicht nur die für den Handel mit diesen Waren Verantwortlichen um den daraus erwachsenden wirtschaftlichen Gewinn bringen und ihr Handeln ahnden, sondern auch eine wirksame Abschreckung für künftige [Handlungen[173]] dieser Art darstellen.

Kommentar

1. Vernichtung

1.1. Allgemeines

Ist durch die zur Sachentscheidung berufene Stelle **festgestellt** worden, dass es sich bei den beschlagnahmten Waren tatsächlich um unerlaubt hergestellte Vervielfältigungsstücke (Nachbildungen) handelt, haben die Mitgliedstaaten die erforderlichen Maßnahmen zu gewährleisten, dass solche Waren oder Vervielfältigungsstücke **vernichtet** (beseitigt) oder sonst **aus dem Verkehr gezogen** werden können. Es entspricht dies der zwingenden Vorgabe des Art 59 TRIPs-Abkommen, wonach die zuständigen Behörden – unbeschadet sonstiger Klagerechte des Rechtsinhabers – befugt sind, die Vernichtung (Beseitigung) nach Art 46 des Abkommens anzuordnen. Nach dieser Vorschrift sind solche Waren oder unerlaubt hergestellte Vervielfältigungsstücke (Nachbildungen) ohne jeden Ersatz aus dem Verkehr zu ziehen[174] oder zu vernichten. Erfolgt keine Vernichtung, muss das „Ausdemverkehrziehen“ jedenfalls auf eine Weise erfolgen, die eine weitere Verletzung von Rechten ausschließt und dem Rechtsinhaber keinen Schaden zufügt. In Übereinstimmung mit Art 46 TRIPs-Abkommen hält auch Art 7 **1**

[173] Fehlt im Text, wie er im ABl veröffentlicht ist. Vgl *Dittrich*, Urheberrecht[3], 531 bei FN a).

[174] Die deutsche Übersetzung „über Waren … außerhalb der Handelswege so zu verfügen, daß …“ sollte besser lauten „Waren … so aus dem Verkehr zu ziehen, dass …“ („*to order that goods … disposed of outside the channels of commerce in such a manner as to avoid any …*“). Art 8 Abs 1 lit a spricht davon, dass solche Waren (Vervielfältigungsstücke) aus dem „Marktkreislauf“ zu nehmen oder zu vernichten sind.

Abs 1 Unterabsatz 1 lit a ausdrücklich fest, dass die Vernichtung ohne Entschädigung und wohl zu Lasten des Verletzers, jedenfalls aber nicht auf Kosten der Staatskasse[175] zu erfolgen hat.

2 Ein Ausdemverkehrziehen bzw eine Vernichtung muss aber nur **„in der Regel"** erfolgen (Abs 1 Unterabsatz 1 lit a). Damit sollen wohl Einschränkungen zu Gunsten **gelinderer Mittel** abgedeckt werden, die in den Rechtsordnungen der Mitgliedstaaten vor allem dann vorgesehen sind, wenn unerlaubt hergestellte Vervielfältigungsstücke (Nachbildungen) nicht zur Gänze rechtswidrig sind. In solchen Fällen kann es genügen, wenn die **rechtsverletzenden Teile** eliminiert werden, etwa durch Löschen, Überkleben, Abtrennen oder entsprechende Maßnahmen.

3 Fraglich könnte sein, ob die in manchen Rechtsordnungen der Mitgliedstaaten vorgesehene Möglichkeit mit der Verordnung vereinbart ist, an Stelle einer Vernichtung die **Herausgabe an den Verletzten** vorzusehen. Dieser kann als Inhaber des betreffenden Schutzrechts die Waren oder unerlaubt hergestellten Vervielfältigungsstücke (Nachbildungen) rechtmäßig verwerten, ohne ihren Materialwert zu zerstören oder die Herstellungskosten zu frustrieren. Auch solche Regelungen werden im Hinblick darauf zulässig sein, dass Art 8 Abs 1 Unterabsatz 1 lit a eine Vernichtung oder ein Ausdemverkehrziehen nur „in der Regel" vorschreibt, weshalb für solche Sonderregeln Raum ist; sie sind aber nicht zwingend vorgesehen. Wenn Art 46 TRIPs-Abkommen diese Möglichkeit nicht ausdrücklich erwähnt, erscheint diese Einschränkung gleichwohl sinnvoll und zulässig; sie entspricht auch dem im TRIPs-Abkommen im Zusammenhang mit der Unbrauchbarmachung von Vervielfältigungmitteln ausdrücklich angesprochenen Grundsatz der Verhältnismäßigkeit. Es folgt dies auch den allgemeinen zollrechtlichen Vorschriften der Art 53 Abs 1 und 57 ZK, wo ausdrücklich ganz allgemein von den „erforderlichen Maßnahmen, einschließlich der Veräußerung der Waren" die Rede ist. Allerdings wird im gegenständlichen Zusammenhang eben nur eine Veräußerung an den Rechtsinhaber in Frage kommen.

4 Wie bereits ausgeführt, ergibt sich die Vernichtung unerlaubt hergestellter Vervielfältigungsstücke (Nachbildungen) schon aus dem Verbot des Art 2 PPV 1994/99, welches eine andere zollrechtliche Bestimmung als die Vernichtung oder Aufgabe zu Gunsten der Staatskasse nicht zulässt. Mit Hilfe von Unterlassungs- oder Feststellungsansprüchen bzw solchen auf Abgabe einer Willenserklärung (Zustimmung) ist dies im Rechtfertigungsverfahren auch im Rahmen des Zollrechts durchsetzbar, hängt aber im Einzelnen von der Rechtslage in den Mitgliedsstaaten ab. Art 8 Abs 1 und 2 PPV 1994/99 ist deshalb in Bezug auf die Vernichtung unerlaubt hergestellter Vervielfältigungsstücke (Nachbildungen) in erster Linie als Präzisierung der Vorschriften des **Zollkodex** betreffend die (freiwillige) Bestimmung zur Vernichtung bzw die zollamtliche Vernichtung zu verstehen[176].

5 Wie gleichfalls bereits erwähnt, kann die Vernichtung aber auch mit Hilfe eines **Verletzungsverfahrens** durchgesetzt werden, das (insbes) auf Vernichtung ge-

---

[175] So auch Art 182 Abs 4 Zollkodex.

[176] Vgl dazu oben Art 2 Rz 12.

richtet ist und für welches die Vorschriften des innerstaatlichen Rechts gelten, wie sie für im Inland hergestellte unerlaubte Vervielfältigungsstücke vorgesehen sind. Die in Art 8 Abs 1 PPV 1994/99 enthaltenen besonderen Vorschriften sind dabei zu berücksichtigen und wohl auch unmittelbar anwendbar[177].

Daraus folgt allerdings, dass die Umsetzung der in Art 59 **TRIPs-Abkommen** allgemein vorgesehenen Vernichtung mit der ProduktpiraterieV nur lückenhaft erfolgt ist, da die Regelung nur für unerlaubt hergestellte Vervielfältigungsstücke (Nachbildungen) im Sinn der ProduktpiraterieV gilt. Dies wird darauf zurückzuführen sein, dass das Sanktionensystem im Hinblick auf eine hier nicht gleichermaßen einsichtige Binnenmarktrelevanz nicht zur Gänze harmonisiert werden sollte. Zwar dient die ProduktpiraterieV auch der Umsetzung des TRIPs-Abkommens, doch bleibt sie auf das Tätigwerden der Zollbehörden an der EU-Außengrenze beschränkt[178]. Bei einer Umsetzung der Verpflichtungen aus dem TRIPs-Abkommen wird aber zu berücksichtigen sein, dass die Vorschriften dieses Abkommens – soweit sie nicht als *self-executing* anzusehen sind – einer mit den Vorgaben der ProduktpiraterieV abgestimmten Umsetzung bedürfen. **6**

1.2. Ungenügende Maßnahmen

Art 8 Abs 1 Unterabsatz 2 führt beispielsweise einige Maßnahmen an, die den zwingenden Vorschriften des Unterabsatz 1 lit a und b nicht entsprechen. Dazu zählt die **Wiederausfuhr** in unverändertem Zustand (Art 8 Abs 1 Unterabsatz 2 erster und dritter Gedankenstrich) und die Überführung der Waren in ein anderes Zollverfahren (Art 8 Abs 1 Unterabsatz 2 dritter Gedankenstrich). Dies ergibt sich allerdings weitgehend schon aus dem Verbot des Art 2 PPV 1994/99 selbst, das auch die Wiederausfuhr und die Überführung in die dort genannten Zollverfahren umfasst. Denn nach Art 2 PPV 1994/99 dürfen in einem Rechtfertigungsverfahrens als unerlaubt hergestellte Vervielfältigungsstücke (Nachbildungen) erkannte Waren (Vervielfältigungsstücke) weder in den zollrechtlich freien Verkehr überführt (eingeführt) oder in ein Nichterhebungsverfahren überführt noch ausgeführt oder in eine Freizone oder ein Freilager verbracht werden. Der Verletzer (Verfügungsberechtigte) kann sich der Vernichtung aber auch nicht dadurch entziehen, dass er die Waren in ein **anderes Zollverfahren** überführt, die Waren also etwa der aktiven Veredelung im Rückvergütungsverfahren oder einer passiven Veredelung zuführt[179]. **7**

Nur auf **Marken** (Zeichen) ist dagegen Art 8 Abs 1 Unterabsatz 2 zweiter Gedankenstrich anwendbar, wonach das bloße **Entfernen** der Marken, mit welchen die nachgeahmten Waren rechtswidrig versehen sind, in der Regel nicht ausreicht, obwohl es hier nur um eine Kennzeichenverletzung geht. Es stellt dies eine zusätzliche Sanktion für die Verletzung von Kennzeichenrechten dar, die – von Ausnahmsfällen abgesehen – auch dann zur Vernichtung der nachgeahmten Waren führen, wenn die unerlaubte Kennzeichnung beseitigt wird. Damit wird **8**

---

[177] Vgl dazu unten Rz 15.

[178] Vgl *Knaak* in *Harte-Bavendamm*, Handbuch Rz 78. Siehe dazu auch oben Art 1 Rz 24.

[179] Vgl dazu oben Art 2 Rz 8.

im Markenrecht dem Ziel des Art 46 TRIPs-Abkommen entsprochen, wonach die anzuordnenden Abhilfemaßnahmen auch wirksam von Rechtsverletzungen abschrecken sollen. Insgesamt geht es nicht bloß um die Unterbindung künftiger Verletzungen und ein Ausdemverkehrziehen der Eingriffsgegenstände, sondern auch um eine wirksame **Abschreckung**[180].

1.3. Verzicht zu Gunsten der Staatskasse

9 Art 8 Abs 2 PPV 1994/99 sieht ausdrücklich auch die Möglichkeit eines **Verzichts** zu Gunsten der Staatskasse vor. Auch diese Bestimmung ist an den Vorschriften des Zollkodex orientiert. Nach Art 182 Abs 1 dritter Gedankenstrich ZK ist eine „Aufgabe" zu Gunsten der Staatskasse nur statthaft, wenn dies nach einzelstaatlichem Recht zulässig ist. So ist etwa in Deutschland – anders als in Österreich (§ 67 Abs 2 ZollR-DG) – keine Aufgabe zu Gunsten der Staatskasse vorgesehen[181]. Allerdings bedarf ein solcher Verzicht nach der österr Regelung der Annahme durch die Zollstelle, mit welcher der Bund originär Eigentum erwirbt. Im Hinblick auf die ausdrückliche Zulassung eines solchen Verzichts in Art 8 Abs 2 PPV 1994/99 wird dieser im Zusammenhang mit der ProduktpiraterieV nun aber grundsätzlich in allen Mitgliedstaaten generell zulässig sein. Dessen ungeachtet wird ein Verzicht zu Gunsten der Staatskasse im gegebenen Zusammenhang nur beschränkt anwendbar, und werden jedenfalls die Interessen des Rechtsinhabers zu berücksichtigen sein. Dies folgt auch aus dem ausdrücklichen Verweis auf Art 8 Abs 1 Unterabsatz 1 lit a auch im Zusammenhang mit einem Verzicht zu Gunsten der Staatskasse. Denkbar wäre etwa eine Zustimmung des Rechtsinhabers zu bestimmten Bedingungen[182] oder eine Löschung des beschlagnahmten Trägermaterials zur Erhaltung des Materialwerts. Insgesamt wird diese Bestimmung im Marken- oder Geschmacksmusterrecht eine größere Rolle spielen als im Urheberrecht.

10 Da es sich bei der Aufgabe zu Gunsten der Staatskasse um eine zollrechtliche Bestimmung handelt, ist ein solcher Verzicht vom zollrechtlich **Verfügungsberechtigten** abzugeben. Auch die Möglichkeit eines Verzichts folgt an sich schon aus Art 2, dessen Verbot diese zollrechtliche Bestimmung ebensowenig erfasst wie die Vernichtung oder Zerstörung. Die Klarstellung ist aber im Hinblick auf die grundsätzlich angeordnete Vernichtung und die Regelungen des Zollkodex erforderlich, wonach ein Verzicht in der nationalen Gesetzgebung der Mitgliedstaaten vorgesehen sein muss.

2. Gewinnabschöpfung und Schadenersatz

11 Abgesehen vom Vernichtungsanspruch ordnet Art 8 zwingend auch die **Abschöpfung des Verletzergewinns** an (Abs 1 Unterabsatz lit b). Danach sollen

[180] Im Urheberrecht wird dies insoweit von Bedeutung sein, als von der Möglichkeit, an Stelle einer Vernichtung weniger einschneidende Maßnahmen wie eine bloß teilweise Vernichtung oder Unbrauchbarmachung vorzusehen, zumindest nur sparsam Gebrauch zu machen sein wird.

[181] Vgl *Witte/Wolffgang*, Lehrbuch Rz 311.

[182] So setzt die österr Zolldokumentation (ZD) VB-0730, 15 (Punkt 3.4. Abs 3) ausdrücklich eine Zustimmung des Rechtsinhabers voraus.

„die betreffenden Personen um den wirtschaftlichen Gewinn dieses Geschäfts" gebracht werden. Damit macht die Verordnung von der Ermächtigung des Art 45 Abs 2 Ende TRIPs-Abkommen Gebrauch, wonach die Gerichte „gegebenenfalls" ermächtigt werden können, die Erstattung der Gewinne bzw den Ersatz des zuvor ermittelten Schadens auch dann anzuordnen, wenn der Verletzer nicht vorsätzlich oder fahrlässig gehandelt hat. Auch nach Art 8 PPV 1994/99 ist die Herausgabe des Verletzergewinns – anders als etwa nach § 87 Abs 4 öUrhG – **verschuldensunabhängig**. Abgesehen von dieser Besonderheit ist auch der Anspruch auf Gewinnabschöpfung nur daran gebunden, dass die Herstellung der unerlaubt hergestellten Vervielfältigungsstücke (Nachbildungen) im „Importland" rechtswidrig wäre, was für Art 45 Satz 2 TRIPs-Abkommen nicht zutrifft, der aber nicht zwingend und daher auch für sich nicht *self executing* ist. Die Abschöpfung des Verletzergewinns wird wohl auch die ersparten Lizenzgebühren (das angemessene Entgelt im Sinn des § 86 öUrhG) umfassen.

Dagegen ist der nach Art 45 Abs 1 TRIPs-Abkommen zu gewährende **Schadenersatzanspruch**, also nicht die Herausgabe des Verletzergewinns, sondern der Ersatz des dem Verletzten entstandenen Schadens in der ProduktpiraterieV nicht gesondert geregelt. Dies wird darauf zurückzuführen sein, dass solche Ansprüche im **TRIPs-Abkommen** ohnehin **zwingend** angeordnet und auch in allen Mitgliedstaaten gewährleistet sein werden, allerdings nur für Urheberrechtsverletzungen im Sinn des innerstaatlichen Rechts. Auch einen verschuldensunabhängigen Anspruch auf Ersatz des entstandenen Schadens (Art 45 Abs 2 Ende TRIPs-Abkommen) sieht die Verordnung nicht vor. Schließlich ist auch der in Art 44 Abs 1 TRIPs-Abkommen[183] zwingend vorgeschriebene **Unterlassungsanspruch** in Art 8 PPV nicht ausdrücklich geregelt. Auch in diesem Zusammenhang wird die ProduktpiraterieV davon ausgegangen sein, dass dieser auf Grund des Abkommens von den Mitgliedstaaten jedenfalls zu gewähren ist, wenn nicht ohnehin von einer unmittelbaren Anwendbarkeit auszugehen ist. **12**

Die Vorschrift betreffend den Anspruch auf Herausgabe des Verletzergewinns steht mit der Zollbeschlagnahme nicht in unmittelbarem Zusammenhang und wird vor allem der insoweit harmonisierten Umsetzung des TRIPs-Abkommens dienen. Auch hier wird die Beschränkung auf die Tatbestände der ProduktpiraterieV auf die hier gegebene Binnenmarktrelevanz zurückzuführen sein. Allerdings wird auch in diesem Zusammenhang die Grundsatzentscheidung der ProduktpiraterieV in Bezug auf die Inanspruchnahme der Ermächtigung nach Art 45 Abs 2 Ende TRIPs-Abkommen zu berücksichtigen sein. **13**

3. Benachrichtigungsansprüche

Art 8 Abs 3 sieht – ergänzend zu Art 6 Abs 1 Unterabsatz 2 – ergänzende **Benachrichtigungsansprüche** des Verletzers vor. Während die in Art 6 geregel- **14**

[183] Auch Art 44 Abs 1 TRIPs-Abkommen ist zwingend und wohl auch *self executing*. Nur von der Einschränkung dahingehend, einen Unterlassungsanspruch gegen Personen nicht zuzulassen, die ohne Verschulden Eingriffsgegenstände erworben oder bestellt haben, müssten die Mitgliedsstaaten in ihrer nationalen Gesetzgebung ausdrücklich Gebrauch machen.

ten Auskunftsansprüche nur das Tätigwerden der Zollstelle zur Voraussetzung haben[184], geht Art 8 Abs 3 davon aus, dass die Rechtsverletzung bereits (gerichtlich) festgestellt wurde. Der Benachrichtigungsanspruch betrifft hier deshalb einen **erweiterten Personenkreis**, und zwar den Versender, den Einführer (Importeur), den Ausführer (Exporteur) und den Hersteller[185]. Darüber hinaus ist auch die Warenmenge bekannt zu geben. Auch nach Art 8 Abs 3 steht der Auskunftsanspruch dem Antragsteller (Rechtsinhaber) zu und setzt eine gesonderte Antragstellung voraus. Voraussetzung wird weiters sein, dass sich die genannten Personen aus den Transportpapieren ergeben oder der Zollstelle (Zollbehörde) sonst bekannt sind. Auch wenn der Eigentümer der Waren oder Vervielfältigungsstücke nicht ausdrücklich erwähnt ist, wird er gleichfalls zu dem zu nennenden Personenkreis gehören. Die Vorschrift geht auf Art 57 TRIPs-Abkommen zurück.

4. Sanktionensystem und unmittelbare Anwendbarkeit

15 Wenn in Art 8 Abs 1 Unterabsatz 1 davon die Rede ist, dass die Mitgliedstaaten, die **erforderlichen Maßnahmen** zu treffen haben, damit ungenehmigt hergestellte Vervielfältigungsstücke (Nachbildungen) aus dem Verkehr gezogen (vernichtet) werden können und damit der Gewinn abgeschöpft werden kann, so ist dies nicht im Sinn einer zwingenden spezifischen Umsetzung der ProduktpiraterieV zu verstehen[186]. Es soll damit nur zum Ausdruck gebracht werden, dass die Vernichtung – sollte sie im Rechtssystem der Mitgliedstaaten nicht gewährleistet sein – bei der Regelung des Rechtfertigungsverfahrens vorzusehen ist. Wie bereits dargelegt, reicht als Voraussetzung für eine zollamtliche Vernichtung auch eine (gerichtliche) Feststellung aus, dass es sich um unerlaubt hergestellte Vervielfältigungsstücke (Nachbildungen) handelt, und muss insoweit nicht notwendig ein Verletzungsverfahren (mit dem Ziel der Vernichtung) vorgesehen sein[187].

Soweit das innerstaatliche Recht aber für im Inland hergestellte unerlaubte Vervielfältigungsstücke eine Vernichtung von Eingriffsgegenständen (und Eingriffsmitteln) vorsieht, sind diese Vorschriften schon nach Art 6 Abs 2 lit b auch im gegenständlichen Zusammenhang anzuwenden[188].

16 Auch der **Gewinnherausgabeanspruch** wird aber unmittelbar anwendbar sein, zumal es besonderer Umsetzungsmaßnahmen in der Regel nicht bedarf. Jedenfalls wird dies dann der Fall sein, wenn die Rechtsordnung eines Mitgliedstaats allgemein einen Anspruch auf Herausgabe des Verletzergewinns vorsieht. Auch wenn solche Ansprüche nach innerstaatlichem Recht verschuldensabhängig sein sollten, wird dies im gegenständlichen Zusammenhang nicht Voraussetzung sein.

---

[184] Siehe dazu auch Art 6 Rz 4ff.

[185] Auch hier sind Namen und Anschriften mitzuteilen.

[186] So aber *Pöchhacker/Annacker*, § 10 Österreich in *Harte-Bavendamm,* Handbuch 17f.

[187] Zur unmittelbaren Anwendbarkeit siehe ausführlich *Walter*, MR 2000, 245 (246f).

[188] Vgl *Walter*, MR 1999, 286f bei Z 2.3.

Kapitel VI Schlussbestimmungen

Artikel 9

Übersicht

Text

Artikel 9 Produktpiraterieverordnung 1994/99[189]

(1) Die Annahme eines *Antrags nach Artikel 3 Absatz 2*[190] verleiht dem Rechtsinhaber für den Fall, daß *Waren im Sinne des Artikels 1 Absatz 2 Buchstabe a)* [nachgeahmte Waren oder unerlaubt hergestellte Vervielfältigungsstücke oder Nachbildungen] der Kontrolle einer Zollstelle *mangels Aussetzung* [aufgrund] der Überlassung oder [mangels einer] Zurückhaltung der Waren nach Artikel 6 Absatz 1 entgehen, nur unter den Voraussetzungen, die in den Rechtsvorschriften des Mitgliedstaats vorgesehen sind, in dem der Antrag gestellt wurde[191] *oder im Falle eines Antrags nach Artikel 3 Absatz 1 Unterabsatz 2 nur unter den Voraussetzungen, die in den Rechtsvorschriften des Mitgliedstaats vorgesehen sind, in dem die Waren der Kontrolle einer Zollstelle entgangen sind,* einen Anspruch auf Entschädigung.

(2) Die Ausübung der jeweils übertragenen Zuständigkeiten für die Bekämpfung des Handels mit *Waren im Sinne des Artikels 1 Absatz 2 Buchstabe a)* [nachgeahmten Waren, unerlaubt hergestellten Vervielfältigungsstücken oder Nachbildungen] durch eine Zollstelle oder eine andere hierzu befugte Stelle begründet nur unter den Voraussetzungen, die in den Rechtsvorschriften des Mitgliedstaats *vorgesehen sind, in dem der Antrag gestellt wurde*[192], *oder im Falle eines Antrags nach Artikel 3 Absatz 1 Unterabsatz 2 nur unter den Voraussetzungen, die in den Rechtsvorschriften des Mitgliedstaats vorgesehen sind, in dem der Schaden entstanden ist,* eine Haftung dieser Zollstelle oder Stelle für Schäden, die den von den Maßnahmen nach Artikel 1 Absatz 1 Buchstabe a) und Artikel 4 betroffenen Personen aus dem Tätigwerden der Zollstelle oder Stelle entstehen.

(3) Die etwaige zivilrechtliche Haftung des Rechtsinhabers bestimmt sich nach dem Recht desjenigen Mitgliedstaats, in dem für die betreffenden Waren einer der in Artikel 1 Absatz 1 Buchstabe a) genannten Tatbestände vorliegt.

---

[189] Die mit Änderungsverordnung 1999 geänderten oder hinzugefügten Stellen sind durch Kursivdruck hervorgehoben. Die Fassung nach der ProduktpiraterieV 1994 ist durch eckige Klammern ersichtlich gemacht.

[190] In der ProduktpiraterieV 1994 war nur die Wortstellung anders: „nach Art 3 Abs 2 gestellten Antrags".

[191] In der ProduktpiraterieV 1994 war nur die Wortstellung anders: „die in den Rechtsvorschriften des Mitgliedstaats, in dem der Antrag gestellt wurde, vorgesehen sind".

[192] In der ProduktpiraterieV 1994 war nur die Wortstellung anders: „in dem der Antrag gestellt wurde, vorgesehen sind".

Kommentar

1. Haftung gegenüber dem Rechtsinhaber

1 Die positive Erledigung eines Antrags nach Art 3 Abs 2 PPV 1994/99 gewährt dem Rechtsinhaber einen **Anspruch auf ein Tätigwerden** der Zollstellen nach Art 6 Abs 1. Die gegenständliche Bestimmung behält die Regelung einer allfälligen **Haftung der Zollstelle** dafür, dass – wegen unzureichender Kontrollen – nachgeahmte Waren oder unerlaubt hergestellte Vervielfältigungsstücke (Nachbildungen) der Zollbeschlagnahme entgehen, der Gesetzgebung der Mitgliedstaaten vor. Die Frage ob und unter welchen Voraussetzungen eine solche Haftung besteht und gegebenenfalls durchzusetzen ist, wird nicht harmonisiert. Die Verordnung ist insoweit nicht unmittelbar anwendbar. Die mit der Änderungsverordnung 1999 vorgenommenen Textänderungen passen den Verordnungstext vor allem[193] an die erweiterte territoriale Wirksamkeit von Entscheidungen der Zollbehörden im Zusammenhang mit der Gemeinschaftsmarke an[194].

2. Haftung gegenüber den Betroffenen

2 Entsprechendes gilt für die Haftung der Zollstellen für Schäden, die den von solchen Maßnahmen **betroffenen Personen** aus dem Tätigwerden der Zollstelle entstehen, gleichviel ob dieses auf Antrag oder von Amts wegen erfolgt. Dabei ist allerdings zu beachten, dass eine Haftungsbefreiung nach Art 58 lit c TRIPs-Abkommen – für Behörden und Beamte – nur unter der Voraussetzung erfolgen darf, dass diese nicht schuldhaft, sondern im guten Glauben gehandelt haben.

3. Haftung des Antragstellers

3 Schließlich richtet sich auch eine allfällige **zivilrechtliche Haftung des Rechtsinhabers** für unbegründete oder überschießende Anträge nach dem Recht des Mitgliedstaats, in welchem die Zollbehörden im Sinn des Art 1 Abs 1 lit a tätig geworden sind. Nach Art 56 TRIPs Abkommen ist dem Importeur, dem Empfänger und dem Eigentümer vom Antragsteller ein angemessener Ersatz für alle Schäden zu leisten, die sie auf Grund einer unrechtmäßigen Aussetzung der Überlassung oder Zurückhaltung erlitten haben. Auch wenn Art 9 Abs 3 PPV 1994/99 bloß von einer „etwaigen zivilrechtlichen Haftung des Rechtsinhabers" spricht, ist diese durch Art 56 TRIPs Abkommen grundsätzlich zwingend vorgeschrieben. Ob es sich dabei um eine Erfolgshaftung handeln muss oder ob die zivilrechtliche Haftung des Rechtsinhabers – nach allgemeinen Regeln – auch als verschuldensabhängige Haftung vorgesehen werden kann, könnte fraglich sein. Ein Vergleich mit dem Pendant des Art 45 Abs 1 TRIPs-Abkommen, wo ausdrücklich von einer Verschuldenshaftung die Rede ist, spricht eher für eine Erfolgshaftung.

---

[193] Im Übrigen wurden in der ÄnderungsV bloß sprachliche Verbesserungen angebracht und wurde auch hier auf die allgemeine Verweisung auf „Waren im Sinne des Artikels 1 Absatz 2 Buchstabe a)" umgestellt.

[194] Zu den Haftungsfragen siehe auch *Knaak* in *Harte-Bavendamm*, Handbuch Rz 70ff.

Artikel 10

Text

Artikel 10 Produktpiraterieverordnung 1994/99

Vom Anwendungsbereich dieser Verordnung ausgenommen sind Waren ohne kommerziellen Charakter, die im persönlichen Gepäck der Reisenden enthalten sind, und zwar in den Grenzen, die für die Gewährung einer Zollbefreiung festgelegt sind.

Aus den Erwägungsgründen

ErwG 12 Um eine ernstliche Beeinträchtigung der Zollabfertigung von im persönlichen Gepäck der Reisenden enthaltenen Waren zu vermeiden, sollen Waren, bei denen es sich möglicherweise um nachgeahmte Waren oder unerlaubt hergestellte Vervielfältigungsstücke oder Nachbildungen handelt und die innerhalb der in der Gemeinschaftsregelung für Zollbefreiungen vorgesehenen Grenzen aus Drittländern eingeführt werden, aus dem Anwendungsbereich dieser Verordnung ausgeschlossen werden.

Kommentar

Ausgenommen von der Grenzbeschlagnahme nach der ProduktpiraterieV sind Waren ohne kommerziellen Charakter, die im **persönlichen Gepäck** der **Reisenden**[195] enthalten sind, sofern dies innerhalb der Grenzen einer **Zollbefreiung** erfolgt. Damit gelten die Befreiungsbestimmungen nach Art 45ff der auf der Grundlage des Art 184 ZK erlassenen ZollbefreiungsV (ZollBefrV)[196] auch für die ProduktpiraterieV, aus welcher auch die dort näher umschriebenen Begriffe „persönliches Gepäck“ und „kommerzieller Charakter“ stammen. Nach Art 45 Abs 1 ZollBefrV sind die aus einem Drittland eingeführten Waren im persönlichen Gepäck von Reisenden befreit, wenn es sich um Einfuhren ohne kommerziellen Charakter handelt, und die Freigrenzen der Art 46 bis 49 ZollBefrV nicht überschritten werden. Nach Art 47 ZollBefrV wird die Befreiung je Reisenden bis zu einem Gesamtwert von 175 € gewährt; für Reisende unter 15 Jahren können die Mitgliedstaaten diesen Freibetrag jedoch bis auf 90 € verringern[197]. **1**

Unter **persönlichem Gepäck** sind alle Gepäckstücke anzusehen, die der Reisende der Zollstelle bei seiner Ankunft im Zollgebiet der Gemeinschaft gestellt oder als **2**

---

[195] Zur schwierigen Begriffsbestimmung des Reiseverkehrs siehe *Witte/Wolffgang*, Lehrbuch Rz 1850ff.

[196] Verordnung (EWG) 918/83 vom 28.03.1983 ABl L 105 vom 23.04.1983, 1 (mehrfach novelliert).

[197] Der Beitrittsvertrag mit Spanien enthält bis zum 31.12.2000 wirksame Abweichungen, die in Art 47a ZollBefrV enthalten sind. Für den Fall eines Übersteigens des Gesamtwerts mehrerer Waren enthält Art 48 ZollBefrV Sonderregeln. Für den Grenzverkehr innerhalb des Grenzgebiets bzw das Personal von Verkehrsbetrieben sind die Mitgliedstaaten ermächtigt, die Befreiungsgrenzen nach Menge oder Wert niedriger anzusetzen (Art 49 ZollBefrV).

Reisegepäck aufgegeben hat (Art 45 Abs 2 lit a ZollBefrV). Unter Einfuhren **ohne kommerziellen Charakter** sind solche zu verstehen, die nur gelegentlich erfolgen und sich ausschließlich aus Waren zusammensetzen, die zum persönlichen Gebrauch oder Verbrauch des Reisenden oder den Angehörigen seines Haushalts oder als Geschenk bestimmt sind. Auch solche Waren dürfen aber weder ihrer Art noch ihrer Menge nach zu der Besorgnis Anlass geben, dass die Einfuhr aus **geschäftlichen Gründen** erfolgt (Art 45 Abs 2 lit b ZollBefrV). Eine Gewinnabsicht ist danach nicht erforderlich; es genügt die Besorgnis, dass die Einfuhr geschäftlichen Zwecken dient.

3 Die Einschränkung der Zollbeschlagnahme findet in **Art 60 TRIPs Abkommen** Deckung, wo auf „kleine nicht für den Handel bestimmte Mengen von Waren, die sich im persönlichen Gepäck von Reisenden (oder in Kleinsendungen) befinden", abgestellt wird. Die Beschränkung auf kleine Mengen ergibt sich auch nach der Verordnung aus der Voraussetzung einer Einfuhr nicht kommerziellen Charakters, wozu ergänzend noch die wertmäßige Beschränkung kommt. Die Nichtanwendbarkeit dieser Ausnahme auf Einfuhren, die geschäftlichen Zwecken dienen, ist noch enger als diejenige des TRIPs-Abkommens, die nur einen „Handel mit solchen Waren" ausschließt[198].

4 An dieser Rechtslage hat auch die **Änderungsverordnung 1999** nichts geändert. Die von interessierten Kreisen erhobene Forderung, auch das Reisegepäck in den Anwendungsbereich der Verordnung einzubeziehen[199], um damit auch das Einschleusen kleinerer Mengen piratisierter Waren über Privatpersonen (sog „Ameisenverkehr") hintanzuhalten[200], wurde nicht aufgegriffen.

Artikel 11

Text

Artikel 11 Produktpiraterieverordnung 1994/99[201]

Jeder Mitgliedstaat setzt Sanktionen für den Fall fest, dass gegen Artikel 2 verstoßen wird. Diese Sanktionen müssen *wirksam, verhältnismäßig und abschreckend sein* [so beschaffen sein, dass sie die Einhaltung der einschlägigen Rechtsvorschriften bewirken.]

Kommentar

1 Erkennt die zuständige Behörde nach einer Grenzbeschlagnahme im Rechtfertigungsverfahren, dass es sich um unerlaubt hergestellte Vervielfältigungsstücke

---

198 Die englische Fassung spricht allerdings von „*goods of a non-commercial nature*". Die österr ErlRV TRIPs-Abkommen bei *Dittrich*, Urheberrecht³, 1126 stellen in diesem Zusammenhang wieder auf „Gewerbsmäßigkeit" ab.

199 Vgl Bericht der Kommission 28.01.1998 Punkt 7.5. bis 7.7.

200 Vgl dazu *Scheja*, CR 1995, 720.

201 Die mit Änderungsverordnung 1999 geänderten oder hinzugefügten Stellen sind durch Kursivdruck hervorgehoben. Die Fassung nach der ProduktpiraterieV 1994 ist durch eckige Klammern ersichtlich gemacht.

(Nachbildungen) handelt, ergeben sich die **Rechtsfolgen** teils unmittelbar aus Art 2 in Verbindung mit den Vorschriften des Zollkodex und den Präzisierungen in Art 8 Abs 1 PPV 1994/99, teils aus dem Sanktionensystem der Mitgliedstaaten für im Inland rechtswidrig hergestellte Vervielfältigungsstücke (Art 6 Abs 2 lit b). Weiters sieht Art 8 einen verschuldensunabhängigen Anspruch auf Abschöpfung des Verletzergewinns vor (Abs 1 Unterabsatz 1 lit b), und macht damit von der fakultativen Ermächtigung des Art 45 Abs 2 Ende TRIPs-Abkommen Gebrauch.

Sofern die Rechtsordnung eines Mitgliedslands **Sanktionen bestimmter Art** vorsieht, sind diese auch auf unerlaubt hergestellte Vervielfältigungsstücke (Nachbildungen) im Sinn der ProduktpiraterieV anzuwenden, auch wenn dies nicht durch eine spezielle Umsetzung der Vorschriften der Verordnung klargestellt bzw präzisiert wird. Die ProduktpiraterieV überlässt es aber den Mitgliedstaaten, das Sanktionensystem als solches zu regeln, weshalb es nach Ansicht der Kommission auch keiner durch die Verordnung vorgegebenen Leitlinien bedurfte, wie dies anlässlich der Beratungen der Änderungsverordnung 1999 gefordert worden war[202]. Nach der Entschließung des Rats vom 29. Juni 1995[203] zur einheitlichen und wirksamen Anwendung des Gemeinschaftsrechts und zu Sanktionen bei Verstößen gegen das Gemeinschaftsrecht im Bereich des Binnenmarkts sind die Mitgliedstaaten ganz allgemein gehalten, Maßnahmen dahingehend zu treffen, dass das Gemeinschaftsrecht mit gleicher Wirksamkeit und Strenge wie das innerstaatliche Recht angewandt wird. 2

Sofern nach den Vorschriften der innerstaatlichen Gesetzgebung die **Vernichtung** Beschränkungen unterliegt, die mit Art 8 in Widerspruch stehen, gehen die Vorschriften der ProduktpiraterieV vor, und werden die bestehenden Vorschriften jedenfalls flexibel auszulegen sein. Dies gilt auch für Beschränkungen, die daraus folgen, dass die Sanktionen auf Verletzungstatbestände des nationalen Rechts abstellen. Die Verordnung selbst enthält aber kein lückenloses Sanktionensystem, während die Ausgestaltung der Sanktionen nach nationalem Recht unterschiedlich und auch lückenhaft sein kann. Art 11 schreibt darüber hinaus deshalb ganz allgemein die Verpflichtung der Mitgliedstaaten fest, wirksame Sanktionen für den Fall eines Verstoßes gegen Art 2 vorzusehen. Da sich die im Vordergrund stehende Vernichtung aber im Wesentlichen schon aus dem Verbot des Art 2 in Verbindung mit den Vorschriften des Zollkodex und den Präzisierungen in Art 8 Abs 1 PPV 1994/99 ergibt, werden sich die nach Art 11 vorzusehenden Sanktionen in erster Linie auf das Verbringungsverbot des Art 2 als (urheberrechtlichen) Verletzungstatbestand beziehen, wobei die vorzusehenden Sanktionen nur allgemein umschrieben werden, ohne diese näher zu bestimmen[204]. 3

Dagegen wurde – wie in Art 61 TRIPs-Abkommen vorgegeben[205] – ausdrücklich festgehalten, dass die von den Mitgliedsländern vorgesehenen Sanktionen „**wirk-** 4

[202] Vgl Bericht der Kommission 28.01.1998 Punkt 7.19. bis 7.21.

[203] ABl C 188 vom 22.07.1995, 1.

[204] Vgl dazu oben Art 2 Rz 12f.

[205] Siehe auch Art 14 Abs 2 WCT und 23 WPPT sowie Art 8 Info-RL. Vgl dazu oben Vor Art 1 Rz 22f.

sam, verhältnismäßig und **abschreckend**" sein müssen. Nach dem Bericht der Kommission vom 28. Januar 1998 (Punkt 7.18) ergibt sich dies schon aus Art 10 EGV 1997 (früher Art 5) und der ständigen Rechtsprechung des EuGH. Eine entsprechende Bestimmung ist jetzt auch in Art 8 Info-RL vorgesehen[206]. Diese Vorgabe bedarf gegebenenfalls der Umsetzung durch den nationalen Gesetzgeber der Mitgliedstaaten.

Artikel 12

Text

Artikel 12 Produktpiraterieverordnung 1994/99

Die erforderlichen Durchführungsvorschriften zu dieser Verordnung werden nach dem in Art 13 Abs 3 und 4 bestimmten Verfahren erlassen.

Aus den Erwägungsgründen

ErwG 13 Die einheitliche Anwendung der in dieser Verordnung vorgesehenen gemeinsamen Regeln ist zu gewährleisten, und zu diesem Zweck muß ein Gemeinschaftsverfahren festgelegt werden, aufgrund dessen die Einzelheiten der Anwendung dieser Regeln innerhalb angemessener Fristen festgelegt werden können; außerdem ist die gegenseitige Amtshilfe zwischen den Mitgliedstaaten sowie zwischen den Mitgliedstaaten und der Kommission zu fördern, um deren größtmögliche Wirksamkeit zu gewährleisten.

Kommentar

1 Art 12 ermächtigte die Kommission dazu, die erforderlichen **Durchführungsvorschriften** zur ProduktpiraterieV 1994 zu erlassen. Nach ErwG 13 soll damit die einheitliche Anwendung der Verordnung gewährleistet werden. Der Vorteil dieser Verordnungsermächtigung liegt darin, dass Einzelheiten in einem raschen Verfahren von der Kommission geregelt und im Bedarfsfall auch angepasst werden können. Die Kommission hat am 16. Juni 1995 auch eine DurchführungsV zur ProduktpiraterieV 1994 erlassen[207], die ergänzende Vorschriften betreffend die Rechtsinhaber (Art 1), die zu erbringenden Nachweise (Art 2), zweckdienliche Informationen durch den Antragsteller (Art 3), die Fristenberechnung (Art 4) und die Informationspflichten der Mitgliedsstaaten (Art 5) enthält. Die Vorschriften werden im sachlichen Zusammenhang bei den einzelnen Artikeln der ProduktpiraterieV 1994/99 behandelt.

2 Am 2. Dezember 1999 wurde auch zur ÄnderungsV 1999 eine DurchführungsV erlassen. Neben einer Anpassung des Titels und redaktionellen Änderungen wird damit vor allem Art 2 neu gefasst, und werden in einem neu eingefügten Art 2a Formvorschriften für Anträge betreffend **Gemeinschaftsmarken** eingefügt und

[206] Vgl dazu auch oben Vor Art 1 Rz 22f.
[207] Verordnung (EG) 1367/95 ABl L 133 vom 17.06.1995, 2.

als Anlage ein aus vier Seiten bestehendes Formular vorgesehen. An Art 5 wird ein neuer fünfter Absatz angefügt, wonach die Kommission die von den Mitgliedsstaaten nach Art 3 Abs 8 zu benennenden Zollbehörden in der Reihe „C“ des Amtsblatts der Europäischen Gemeinschaften zu veröffentlichen hat. Die DurchführungsV 1999 ist 7 Tage nach ihrer Veröffentlichung im Amtsblatt in Kraft getreten und ist ab 1. Juli 1999 anwendbar (Art 2).

In Ausführung des Art 14 Abs 1 und 2 PPV 1994/99 regelt Art 5 der Durch- **3**
führungsV auch die **Informationspflicht der Mitgliedstaaten** der Kommission gegenüber und die Weiterleitung solcher Informationen an die einzelnen Mitgliedsstaaten durch die Kommission.

Nach ErwG 13 soll auch die gegenseitige **Amtshilfe** zwischen den Mitgliedstaa- **4**
ten sowie zwischen diesen und der Kommission gefördert werden, um die größtmögliche Wirksamkeit der Verordnung zu gewährleisten. Hierzu enthält die DurchführungsV allerdings keine Regelungen, was daraus zu erklären sein wird, dass Art 14 Abs 3 ohnehin die AmtshilfeV für entsprechend anwendbar erklärt[208].

Artikel 13

Text

Artikel 13 Produktpiraterieverordnung 1994/99

(1) Die Kommission wird durch den gemäß Art 247 der Verordnung (EWG) Nr 2913/92 eingesetzten Ausschuß unterstützt.

(2) Der Ausschuß prüft alle Fragen im Zusammenhang mit der Anwendung dieser Verordnung, die dessen Vorsitzender von sich aus oder auf Antrag des Vertreters eines Mitgliedstaats zur Sprache bringen kann.

(3) Der Vertreter der Kommission unterbreitet dem Ausschuß einen Entwurf der zu treffenden Maßnahmen. Der Ausschuß gibt eine Stellungnahme zu diesem Entwurf innerhalb einer Frist ab, die der Vorsitzende unter Berücksichtigung der Dringlichkeit der betreffenden Fragen festsetzen kann. Die Stellungnahme wird mit der Mehrheit abgegeben, die in Artikel 148 Absatz 2 des Vertrags für die Annahme der vom Rat auf Vorschlag der Kommission zu fassenden Beschlüsse vorgesehen ist. Bei der Abstimmung im Ausschuß werden die Stimmen der Vertreter der Mitgliedstaaten gemäß dem vorgenannten Artikel gewogen. Der Vorsitzende nimmt an der Abstimmung nicht teil.

(4) Die Kommission erläßt Maßnahmen, die unmittelbar gelten. Stimmen sie jedoch mit der Stellungnahme des Ausschusses nicht überein, so werden sie sofort von der Kommission dem Rat mitgeteilt. In diesem Fall gilt folgendes:
- Die Kommission verschiebt die Durchführung der von ihr beschlossenen Maßnahmen um einen Zeitraum von höchstens drei Monaten von dieser Mitteilung an.
- Der Rat kann innerhalb des im ersten Gedankenstrich genannten Zeitraums mit qualifizierter Mehrheit einen anderslautenden Beschluß fassen.

[208] Siehe unten bei Art 14 Rz 5.

Kommentar

1 Art 13 sieht die Unterstützung der Kommission durch den nach Art 247 Verordnung Nr 2913/92 eingesetzten **Ausschuss** vor. Dieser behandelt alle mit der Anwendung der ProduktpiraterieV zusammenhängenden Fragen über Initiative des Vorsitzenden oder auf Antrag eines Mitgliedstaats (Art 13 Abs 1 und 2). Die zu treffenden Maßnahmen werden von der Kommission vorgeschlagen; der Ausschuss gibt hierzu innerhalb einer bestimmten Frist seine Stellungnahme ab (Art 13 Abs 3).

2 Zur Erlassung der erforderlichen **Maßnahmen** ist die Kommission berechtigt (Abs 4). Diese gelten dann unmittelbar, wenn sie vom Ausschuss gebilligt wurden. Anderenfalls teilt die Kommission die erlassenen Maßnahmen dem Rat mit und verschiebt die Durchführung der Maßnahmen um höchstens drei Monate vom Zeitpunkt der Mitteilung an gerechnet. Fasst der Rat innerhalb dieses Zeitraums (mit qualifizierter Mehrheit) einen anderslautenden Beschluss, ersetzt dieser die von der Kommission beschlossenen Maßnahmen. Anderenfalls sind die von der Kommission beschlossenen Maßnahmen durchzuführen.

Artikel 14

Übersicht

Text

Artikel 14 Produktpiraterieverordnung 1994/99

Die Mitgliedstaaten übermitteln der Kommission alle zweckdienlichen Angaben im Zusammenhang mit der Anwendung dieser Verordnung.

Die Kommission übermittelt diese Angaben den übrigen Mitgliedstaaten.

Zur Durchführung dieser Verordnung gelten die Vorschriften der Verordnung (EWG) Nr. 1468/81 des Rates vom 19. Mai 1981 betreffend die gegenseitige Unterstützung der Verwaltungsbehörden der Mitgliedstaaten und die Zusammenarbeit dieser Behörden mit der Kommission, um die ordnungsgemäße Anwendung der Zoll- und Agrarregelung zu gewährleisten, entsprechend.

Die Einzelheiten des Verfahrens für den Informationsaustausch werden im Rahmen der Durchführungsvorschriften gemäß Art 13 Absätze 2, 3 und 4 festgelegt.

Aus den Erwägungsgründen

ErwG 14 Anhand der Erfahrungen mit der Durchführung dieser Verordnung wird die Möglichkeit zu prüfen sein, die Liste der unter diese Verordnung fallenden Rechte des geistigen Eigentums zu erweitern.

Artikel 5 Durchführungsverordnung 1995[209]

(1) Jeder Mitgliedstaat übermittelt der Kommission schnellstmöglich genaue Angaben über
   a) die Rechts- und Verwaltungsvorschriften, die er zur Durchführung dieser Verordnung erläßt. Gegebenenfalls teilt er der Kommission ferner mit, welche nationalen Rechtsvorschriften der Unterrichtung des Antragstellers nach Artikel 6 Absatz 1 Unterabsatz 2 und Artikel 8 Absatz 3 der Grundverordnung entgegenstehen;
   b) die zuständige Dienststelle der Zollbehörde nach Artikel 3 Absatz 8 der Grundverordnung, die den schriftlichen Antrag des Rechtsinhabers entgegennimmt und bearbeitet.

(2) Um der Kommission die Möglichkeit zu geben, die wirksame Durchführung des mit der Grundverordnung eingeführten Verfahrens zu verfolgen und zu gegebener Zeit ihren Bericht gemäß Artikel 15 der Grundverordnung zu erstellen, übermittelt jeder Mitgliedstaat der Kommission
   a) zum Ende jedes Kalenderjahres die Aufstellung aller schriftlichen Anträge gemäß Artikel 3 Absatz 1 der Grundverordnung unter Angabe des Namens und der Anschrift des Rechtsinhabers, einer kurzen Beschreibung der Ware und gegebenenfalls des Warenzeichens sowie der zu dem Antrag ergangenen Entscheidung;
   b) zum Ende jedes Quartals ein Verzeichnis aller detailliert dargelegten Fälle, in denen die Freigabe von Waren ausgesetzt wurde und in denen Waren zurückgehalten wurden. Über jeden Fall anzugeben sind insbesondere
      - Name und Anschrift des Rechtsinhabers sowie kurze Beschreibung der Ware und gegebenenfalls des Warenzeichens und
      - zollrechtliche Stellung, Herkunfts- oder Bestimmungsland, Beschaffenheit, Menge und angemeldeter Wert der nicht freigegeben bzw der zurückgehaltenen Waren sowie Zeitpunkt der Aussetzung der Freigabe bzw Zeitpunkt der Zurückhaltung.

(3) Die Kommission unterrichtet alle Mitgliedstaaten in geeigneter Form von sämtlichen Angaben, die sie aufgrund dieses Artikels erhält. Die Angaben zu den in Absatz 2 Buchstabe b) genannten Fällen werden allen Mitgliedstaaten vierteljährlich von der Kommission übermittelt.

(4) Die aufgrund der Absätze 1, 2 und 3 übermittelten Angaben dürfen lediglich für die in der Grundverordnung festgelegten Zwecke benutzt werden.

(5) Die Kommission veröffentlicht das Verzeichnis der Zollbehörden im Sinne des Artikels 3 Absatz 8 der Grundverordnung im Amtsblatt der Europäischen Gemeinschaften, Reihe C.

Aus den Erwägungsgründen

Durchführungsverordnung 1995

ErwG 3 Artikel 14 der genannten Verordnung sieht vor, daß die Mitgliedstaaten der Kommission alle der Durchführung dienlichen Angaben

---

[209] Die mit DurchführungsV 1999 geänderten oder hinzugefügten Stellen sind durch Kursivdruck hervorgehoben. Die Fassung nach der DurchführungsV 1995 ist durch eckige Klammern ersichtlich gemacht.

übermitteln und die Kommission diese an die übrigen Mitgliedstaaten weiterleitet. Die Einzelheiten des Verfahrens für diesen Informationsaustausch müssen festgelegt werden.

Kommentar

1. Informationspflichten der Mitgliedstaaten

1 Art 14 Abs 1 und 2 PPV 1994/99 sieht vor, dass die Mitgliedstaaten der Kommission alle zweckdienlichen Angaben hinsichtlich der Anwendung der Verordnung zu machen haben, während die Kommission ihrerseits den übrigen Mitgliedstaaten diese Angaben mitteilt. Zu diesen **Informationen** zählen nach Art 5 DurchführungsV alle Rechts- und Verwaltungsvorschriften, die zur Durchführung der Verordnung erlassen werden, sofern nationale Rechtsvorschriften, insbes solche über das Amtsgeheimnis oder den Datenschutz, der Unterrichtung des Antragstellers entgegenstehen, sind auch diese mitzuteilen. Weiters sind die zuständigen Dienststellen der Zollbehörde mitzuteilen, die Anträge nach Art 3 entgegennehmen und bearbeiten (Art 5 Abs 1). Diese Informationen sind jetzt auch im Amtsblatt der Europäischen Gemeinschaften (Reihe C) zu veröffentlichen.

2 Um der Kommission die Möglichkeit zu geben, ihrer Berichtspflicht gegenüber dem Europäischen Parlament und dem Rat nach Art 15 PPV zu entsprechen, haben die Mitgliedstaaten der Kommission jährlich eine **Aufstellung** aller Anträge und quartalsweise ein Verzeichnis aller Fälle, in denen es zur Zollbeschlagnahme gekommen ist, zu übermitteln (Art 5 Abs 2).

3 Die **Kommission** unterrichtet ihrerseits die Mitgliedstaaten von allen Angaben, die ihr zugekommen sind. Die Bekanntgabe der einzelnen Fälle hat gleichfalls vierteljährlich zu erfolgen.

4 Sowohl die der Kommission zugegangenen Informationen als auch die von der Kommission an die einzelnen Mitgliedstaaten weitergeleiteten Informationen dürfen ausschließlich für Zwecke der **Piraterieverfolgung verwendet** werden. Soweit dies dem Anliegen der Verordnung dienlich ist, können solche Informationen – gegebenenfalls „neutralisiert“ – auch Rechtsinhabern mitgeteilt werden, um ihnen die Verfolgung der Produktpiraterie im Sinn der Verordnung zu erleichtern. Die festgelegte Informationspflicht sollte auch die Grundlage für die Entscheidung, gegebenenfalls **weitere Immaterialgüterrechte** in die Verordnung mit einzubeziehen, vorbereiten (ErwG 14), was mit der Änderungsverordnung 1999 auch bereits geschehen ist.

2. Amtshilfe

5 Zur Erleichterung der Durchführung der angeordneten Maßnahmen der ProduktpiraterieV erklärt Art 14 Abs 3 die Verordnung (EWG) Nr 1468/81 vom 19. Mai 1981[210] in Bezug auf die gegenseitige Unterstützung der Verwaltungsbehörden der Mitgliedstaaten und die Zusammenarbeit dieser Behörden mit der

[210] ABl L 144 vom 02.06.1981, 1.

Kommission zur Gewährleistung der ordnungsgemäßen Anwendung der Zoll- und Agrarregelung für entsprechend anwendbar. Diese Verordnung wurde mit Verordnung (EWG) Nr 945/87 vom 30. März 1987[211] zunächst geändert und schließlich durch die AmtshilfeV (EG) 515/97 vom 13. März 1997[212] ersetzt (Art 52 Abs 1 und 2 AmtshilfeV 1997).

Artikel 15

Text

Artikel 15 Produktpiraterieverordnung 1994/99

Die Kommission erstattet dem Europäischen Parlament und dem Rat anhand der in Artikel 14 genannten Angaben regelmäßig Bericht über das Funktionieren des Systems, insbesondere über die wirtschaftlichen und sozialen Folgen der Nachahmung, und schlägt binnen 2 Jahren nach dem Beginn der Anwendung dieser Verordnung notwendige Änderungen und Ergänzungen vor.

Aus den Erwägungsgründen

Änderungsverordnung 1999

ErwG 1 Nach Artikel 15 der Verordnung (EG) Nr 3295/94 sind die in den ersten Jahren der Anwendung der genannten Verordnung gesammelten Erfahrungen auszuwerten, um das Funktionieren des mit ihr eingerichteten Systems zu verbessern.

Kommentar

Auf Grund der Informationen, welche die Kommission von den Mitgliedstaaten erhält, unterrichtet sie ihrerseits das **Europäische Parlament** und den **Rat** regelmäßig über das Funktionieren des Systems, darüber hinaus aber auch über die wirtschaftlichen und sozialen Auswirkungen der Produktpiraterie. Innerhalb von zwei Jahren seit dem 1. Juli 1995 sollten allenfalls notwendige Änderungen und Ergänzungen vorgeschlagen werden. **1**

Mit Bericht vom 28. Januar 1998 hat die Kommission ihre Berichtspflicht erfüllt und gleichzeitig Änderungen vorgeschlagen, die zur Änderungsverordnung 1999 geführt haben und bei den vorstehenden Ausführungen bereits berücksichtigt wurden. **2**

Artikel 16

Text

Artikel 16 Produktpiraterieverordnung 1994

Die Verordnung (EWG) Nr 3842/86 des Rates wird mit Beginn der Anwendung dieser Verordnung aufgehoben.

---

[211] ABl L 90 vom 02.04.1987, 3.

[212] ABl L 82 vom 22.03.1997, 1. Die Amtshilfeverordnung ist am 13.03.1998 in Kraft getreten (auf Grund eines Druckfehlers lautet es im deutschen Text: 13.03.1997).

Aus den Erwägungsgründen

ErwG 15 Die Verordnung (EWG) Nr 3842/86 ist aufzuheben.

Artikel 6 Durchführungsverordnung 1995

Die Verordnung (EWG) Nr 3077/87 wird mit Wirkung ab 1. Juli 1995 aufgehoben.

Kommentar

1 Auf Grund der getroffenen Neuregelung war die **ProduktpiraterieV 1986** mit dem Wirksamkeitsbeginn der ProduktpiraterieV 1994 (1. Juli 1995) aufzuheben. Entsprechendes gilt für die DurchführungsV aus dem Jahr 1987. Sie wurde mit Art 6 der DurchführungsV 1995 – gleichfalls mit Wirksamkeit ab dem 1. Juli 1995 – aufgehoben.

2 Dagegen bedurfte es einer Aufhebung der ProduktpiraterieV 1994 durch die Änderungsverordnung 1999 nicht, da diese die ProduktpiraterieV 1994 nur modifiziert und ergänzt hat. Auch die DurchführungsV 1994 wird durch die DurchführungsV 1999 zwar zum Teil modifiziert und ergänzt, aber nicht aufgehoben.

Artikel 17

Text

Artikel 17 Produktpiraterieverordnung 1994

(1) Diese Verordnung tritt am dritten Tag nach ihrer Veröffentlichung im Amtsblatt der Europäischen Gemeinschaften in Kraft.

(2) Sie gilt ab dem 1. Juli 1995.

Diese Verordnung ist in allen ihren Teilen verbindlich und gilt unmittelbar in jedem Mitgliedstaat.

Geschehen zu Brüssel am 22. Dezember 199.

Artikel 2 Änderungsverordnung 1999

(1) Diese Verordnung tritt am Tag nach ihrer Veröffentlichung im Amtsblatt der Europäischen Gemeinschaften in Kraft.

(2) Sie gilt ab dem 1. Juli 1999.

Diese Verordnung ist in allen ihren Teilen verbindlich und gilt unmittelbar in jedem Mitgliedstaat.

Geschehen zu Brüssel am 25. Januar 1999.

Artikel 7 Durchführungsverordnung 1995

(1) Diese Verordnung tritt am dritten Tag nach ihrer Veröffentlichung im Amtsblatt der Europäischen Gemeinschaften in Kraft.

(2) Sie gilt ab 1. Juli 1995.

Diese Verordnung ist in allen ihren Teilen verbindlich und gilt unmittelbar in jedem Mitgliedstaat.

Brüssel, den 16. Juni 1995

Artikel 2 Durchführungsverordnung 1999

(1) Diese Verordnung tritt am dritten Tag nach ihrer Veröffentlichung im Amtsblatt der Europäischen Gemeinschaften in Kraft.
(2) Sie gilt mit Wirkung vom 1. Juli 1999.
Diese Verordnung ist in allen ihren Teilen verbindlich und gilt unmittelbar in jedem Mitgliedstaat.
Brüssel, den 2. Dezember 1999

Kommentar

Sowohl die ProduktpiraterieV 1994 als auch die DurchführungsV gelten seit dem **1. Juli 1995** und sind als Verordnungen in den Mitgliedstaaten grundsätzlich unmittelbar anwendbar, ohne dass es einer Umsetzung bedürfte. Allerdings sieht die Verordnung gelegentlich vor, dass die erforderlichen gesetzlichen Maßnahmen von den Mitgliedstaaten zu setzen sind. Insoweit ist die Verordnung nicht unmittelbar anwendbar und bedarf der Durchführung in den einzelnen Mitgliedsländern. Es gilt dies etwa für die Bestimmung der zuständigen Stellen, das Rechtfertigungsverfahren und die Ausgestaltung der vorzusehenden Sanktionen im Einzelnen. Überwiegend ist die Produktpiraterieverordnung jedoch unmittelbar anwendbar[213]. Dies ist auch dann der Fall, wenn innerstaatliche Vorschriften, insbes bestimmte Sanktionen, zwar nicht ausdrücklich für die Anwendungsfälle der PPV vorgesehen sind oder nicht besonders in deren „Umsetzung“ erlassen wurden, aber auf inländische Verletzungshandlungen anzuwenden sind oder allgemeiner Natur sind, wie die Einrichtung von Unterlassungs- oder Feststellungsklagen. **1**

Die ÄnderungsV 1999 ist mit **1. Juli 1999** in Kraft getreten; wenngleich die geänderte DurchführungsV vom 2. Dezember 1999 erst sieben Tage nach ihrer Veröffentlichung im Amtsblatt in Kraft getreten ist, ist sie gleichfalls ab 1. Juli 1999 (rückwirkend) anwendbar. **2**

Durchführung in Deutschland und Österreich

Übersicht

---

[213] Zur unmittelbaren Anwendbarkeit siehe auch *Walter*, MR 2000, 245 (246f).

I. Deutschland

1. TRIPs-Abkommen

1 Mit Gesetz zum Übereinkommen vom 15. April 1994 zur Errichtung der Welthandelsorganisation und zur Änderung anderer Gesetze vom 30. August 1994[214] wurde das TRIPs-Abkommen in innerstaatliches deutsches Recht **transformiert.** Flankierende Änderungen des materiellen Rechts oder des Verfahrensrechts enthält dieses Gesetz deshalb nicht, weil der Gesetzgeber davon ausging, dass das geltende deutsche Recht den Anforderungen des III. Teils des TRIPs-Abkommens in Bezug auf die Rechtsdurchsetzung entspricht. Dies insbes im Hinblick darauf, dass bereits im Jahr 1990 mit dem Gesetz zur Stärkung des Schutzes des geistigen Eigentums und Bekämpfung der Produktpiraterie (**ProduktpiraterieG**) ein Ausbau der zivil- und strafrechtlichen Rechtsverletzungsfolgen (**Sanktionen**) erfolgte und besondere Vorschriften zur Ermöglichung einer **Grenzbeschlagnahme** eingeführt worden waren. Der deutsche Gesetzgeber geht im Übrigen davon aus, dass die Vorschriften des III. Teils des TRIPs-Abkommens nicht unmittelbar anwendbar sind[215], was insbes für die Grenzbeschlagnahme nach Art 51ff TRIPs-Abkommen gelte[216]. Diese Fragestellung wird allerdings dadurch entschärft, dass die ProduktpiraterieV die Vorschriften über die Zollbeschlagnahme auf Europäischer Ebene umgesetzt hat und als EG-Verordnung ihrerseits grundsätzlich unmittelbar anwendbar ist, was allerdings nicht für jene Vorschriften gilt, die dem Gesetzgeber der Mitgliedstaaten bewusst einen Spielraum lassen wie bei der Umschreibung von Sanktionen im Einzelnen.

2. Produktpirateriegesetz 1990

2.1 Anliegen der Regelung

2 Das deutsche **ProduktpiraterieG** vom 7. März 1990[217] hat die ProduktpiraterieV insbes im Zusammenhang mit der Grenzbeschlagnahme tatsächlich weitgehend vorweggenommen. Ziel des Gesetzes war es, die Regelungen zur Verfolgung von Schutzrechtsverletzungen im gesamten Bereich des geistigen Eigentums zu ver-

---

214 BGBl 1994 II 1438; vgl dazu die Begründung BT-Drucks 12/7655 (neu).

215 Vgl Begründung BT-Drucks 12/7655 (neu) 347; so grundsätzlich auch *Dreier*, GRUR Int 1996, 215, der allerdings zu Recht differenziert. MF. kommt eine unmittelbare Anwendbarkeit je nach der Struktur des betroffenen nationalen Rechts hinsichtlich bestimmter materieller Ansprüche durchaus in Frage.

216 Vgl etwa *Ahrens*, RIW 1996, 727; *Dreier*, GRUR Int 1996, 215.

217 BGBl 1990 II 422; vgl Begründung BT-Drucks 11/4792 bei *M Schulze*, Materialien², 397ff.

bessern und zu vereinheitlichen[218]. Diesem Ziel diente ein **Bündel von Maßnahmen** wie die Verschärfung der strafrechtlichen Sanktionen, wobei die Strafdrohung bei einfacher Schutzrechtsverletzung auf 3 Jahre Höchstfreiheitsstrafe (oder Geldstrafe) angehoben wurde[219], während ein neu vorgesehener Qualifikationstatbestand für gewerbsmäßige Schutzrechtsverletzungen mit einer Strafdrohung von 5 Jahren Höchstfreiheitsstrafe (oder Geldstrafe) bewehrt wurde (§ 108a dUrhG). Weiters wurden die Strafbarkeit des Versuchs eingeführt und die qualifizierte Schutzrechtsverletzung als Offizialdelikt ausgestaltet (§ 109 dUrhG). Die zivilrechtlichen und strafrechtlichen Vernichtungs- und Einziehungsmöglichkeiten mit Bezug auf Eingriffsgegenstände und Eingriffsmittel wurden erweitert; nach § 98 Abs 1 dUrhG[220] kann der Verletzte verlangen, dass alle rechtswidrig hergestellten, verbreiteten und zur rechtswidrigen Verbreitung bestimmten Vervielfältigungsstücke, die im Besitz oder Eigentum des Verletzers stehen, vernichtet werden, während schutzrechtsverletzende Waren bzw Produktionsmittel im Strafverfahren in erweitertem Umfang eingezogen werden können (§ 110 dUrhG). Weiters wurde zur Aufklärung der Quellen und Vertriebswege schutzrechtsverletzender Waren ein besonderer Auskunftsanspruch eingeführt (§ 101a dUrhG)[221].

2.2. Grenzbeschlagnahme

(A) Vorläufer der Regelung

Im gegenständlichen Zusammenhang ist vor allem die erweiterte **Grenzbeschlagnahme** durch die Zollbehörden[222] von Bedeutung. Vor dem ProduktpiraterieG waren solche Maßnahmen nur für Warenzeichen (**Marken**) vorgesehen (§ 28 WarenzeichenG)[223]. Nach dieser Vorschrift konnte der Inhaber eines Warenzeichens bei den Zollbehörden beantragen, dass ausländische Waren, die widerrechtlich mit einer deutschen Firma, einer Ortsbezeichnung oder mit einer markenrechtlich geschützten Warenbezeichnung versehen sind, bei ihrer **Einfuhr oder Durchfuhr** gegen Sicherheitsleistung durch die Zollbehörden beschlagnahmt werden. Der Betroffene musste gegebenenfalls gegen eine solche Maßnahme auf dem ordentlichen Rechtsweg vorgehen. Am Beschlagnahmeverfahren selbst war der Schutzrechtsinhaber nicht beteiligt, weshalb die Zollverwaltung 3

[218] Vgl Entw ProduktpiraterieG bei *M Schulze*, Materialien[2] 742ff (A. Allgemeines I.). Siehe dazu *Gravenreuth*, BB 1988, 1614; *Jung*, Gesetz zur Bekämpfung der Produktpiraterie, JuS 1990, 856; *Tilmann*, BB 1990, 1565.

[219] Vgl dazu etwa *Cremer*, Mitt 1992, 159ff.

[220] Zum Herausgabeanspruch an Stelle der Vernichtung siehe § 98 Abs 2 dUrhG und zum Vorgehen im Fall einer Unverhältnismäßigkeit der Vernichtung siehe § 98 Abs 3 dUrhG.

[221] Vgl zum PPG 1990 und zur Grenzbeschlagnahme nach der ProduktpiraterieV auch den Bericht der Bundesregierung vom 10.11.1999 BT-DrS 14/2111.

[222] Allgemein zum Aufbau und Funktionieren der deutschen Zollverwaltung siehe *Schöner,* Mitt 1992, 180.

[223] Siehe dazu etwa *Ahrens*, RIW 1996, 727; *Cremer*, Mitt 1992, 164f; *Scheja*, CR 1995, 715f; *Schöner,* Mitt 1992, 181. Zur Entstehungsgeschichte siehe auch *Hoffmeister/Harte-Bavendamm*, § 5 Deutschland – Grenzbeschlagnahme in *Harte-Bavendamm*, Handbuch Rz 199ff.

auch das Kostenrisiko zu tragen hatte. Die Regelung war auf die EG-ProduktpiraterieV 1986 zurückzuführen, die gleichfalls auf Markenrechte beschränkt war[224].

(B) Anwendungsbereich

4 Das ProduktpiraterieG ging aber sowohl über die erwähnte markenrechtliche Regelung als auch über die damals maßgebende Europäische Regelung nach der **ProduktpiraterieV 1986** hinaus, und zwar vor allem in zweierlei Hinsicht: Einmal wurde die Grenzbeschlagnahme auch auf andere **Immaterialgüterrechte** als Markenrechte ausgedehnt, was auf Europäischer Ebene erst mit der ProduktpiraterieV 1994 geschah und mit ÄnderungsV 1999 weiter ausgebaut wurde. Das deutsche ProduktpiraterieG 1990 war deshalb insbes auch auf **Patentrechte** anwendbar. Zum anderen wurde nicht nur die Einfuhr, sondern auch die **Ausfuhr** erfasst. Im urheber- und leistungsschutzrechtlichen Bereich geht das ProduktpiraterieG 1990 insoweit auch heute über die ProduktpiraterieV 1994/99 hinaus, als auch die unrechtmäßiger Verbreitung, insbes der sog **Parallelimporte** (Direktimporte) erfasst wird[225].

5 Der unmittelbare Anwendungsbereich der **EG-ProduktpiraterieV 1986** wurde allerdings von der Anwendung des ProduktpiraterieG 1990 bzw der entsprechenden Bestimmungen in den immaterialgüterrechtlichen Vorschriften ausgenommen, so dass zwei getrennte, einander aber überschneidende Regelungsbereiche entstanden. Da die ProduktpiraterieV 1986 auf Urheber- und Leistungsschutzrechte nicht anwendbar war, galt hier nur das ProduktpiraterieG 1990, dessen Bestimmungen betreffend die Grenzbeschlagnahme in § 111a dUrhG eingeflossen sind. Da die ProduktpiraterieV 1994/99 heute auch Urheber- und Leistungsschutzrechte erfasst, musste das Verhältnis zwischen der Europäischen Regelung und dem ProduktpiraterieG 1990 jetzt auch für diesen Bereich festgelegt werden. Nach § 111a Abs 8 dUrhG gehen die Vorschriften der ProduktpiraterieV 1994/99 vor, soweit sie entgegenstehende Bestimmungen enthält. Das ProduktpiraterieG 1990 bleibt deshalb auch insoweit weiter maßgebend, als es ergänzende bzw über die ProduktpiraterieV 1994/99 hinausgehende und mit ihr nicht in Widerspruch stehende Regelungen enthält[226].

(C) Voraussetzungen

6 Nach dem ProduktpiraterieG 1990[227] können die Zollbehörden offensichtlich

---

[224] Vgl dazu Entw ProduktpiraterieG bei *M Schulze*, Materialien², 792f (B. Grundsätze des Entw IV.8.).

[225] Vgl dazu *Hoffmeister/Harte-Bavendamm*, § 5 Deutschland – Grenzbeschlagnahme in *Harte-Bavendamm*, Handbuch Rz 221 und FN 538; *Scheja*, CR 1995, 718. Der BFH hat dies in seiner Entscheidung 07.10.1999 – „Jockey" MarkenR 2000/52 = GRUR Int 2000, 780 (*Knaak*) jetzt auch für das Markenrecht klargestellt. Siehe dazu auch *Blumenröder*, Grenzbeschlagnahme bei Parallelimporten – Zu dem als Urteil geltenden Gerichtsbescheid des BFH vom 7.10.1999 – Jockey MarkenR 2000, 46.

[226] Vgl dazu *Ahrens*, BB 1997, 902f.

[227] Im Folgenden wird auf die einschlägigen urheberrechtlichen Bestimmungen des § 111a dUrhG abgestellt.

schutzrechtsverletzende Waren bei ihrer **Ein- oder Ausfuhr** anhalten[228]. Im Hinblick auf die mit dem ProduktpiraterieG 1990 erfolgte Erweiterung des Anwendungsbereichs auf alle Schutzrechte des geistigen Eigentums, wozu auch Patentrechte zählen[229], konnte das amtswegige **Verfahren** aber nicht aufrecht erhalten werden. Nur wenn der Betroffene der Zollbeschlagnahme nicht widerspricht, bleibt es im Wesentlichen beim bisherigen Verfahren, und wird die beschlagnahmte Ware von der Zollbehörde eingezogen, womit das Verfahren beendet ist. Die Grenzbeschlagnahme setzt nach dem ProduktpiraterieG 1990 bzw der einschlägigen urheberrechtlichen Vorschrift des § 111a dUrhG aber voraus, dass ein urheberrechtlicher **Verletzungstatbestand** erfüllt ist, was nach den jeweiligen deutschen materiellen Rechtsvorschriften zu beurteilen ist; die Vorschriften über die Grenzbeschlagnahme erweitern diese Tatbestände nicht[230], was nach der ProduktpiraterieV jedoch der Fall ist. Wie bereits erwähnt, geht § 111a Abs 1 dUrhG auf der anderen Seite insoweit über die ProduktpiraterieV hinaus, als auch die Verletzung des **Verbreitungsrechts** erfasst wird. Im Fall der Ausfuhr wird in der Regel eine inländische Vervielfältigung erfolgt sein; bei der Einfuhr wird gewöhnlich die Verbreitung im Inland beabsichtigt sein[231]. Die bloße **Durchfuhr** (der Transit) sollte nach dieser Regelung grundsätzlich nicht erfasst werden; es kommt jedoch darauf an, ob in Deutschland ein Verbreitungsakt, wofür schon das Anbieten genügt, oder eine Mitwirkung hieran anzunehmen ist, was auch bei sofortiger Wiederausfuhr nicht ausgeschlossen wird, vor allem wenn ein Erwerbsakt vorliegt[232].

Anders als nach der ProduktpiraterieV 1994/99, für deren Anwendung das Vorliegen eines **Verdachts** ausreicht, muss die Rechtsverletzung nach dem ProduktpiraterieG 1990 **offensichtlich** sein[233]; auf ein schuldhaftes Verhalten kommt es aber nicht an. Allerdings spricht die Dienstanweisung zum Schutz des geistigen Eigentums[234] in Abs 6 nur von einer Glaubhaftmachung[235]. Eine Prüfungspflicht der Zollbehörden besteht weiterhin nicht[236]. **7**

---

[228] Vgl zu den Voraussetzungen und zum Verfahrensgang ausführlich *Hoffmeister/Harte-Bavendamm*, § 5 Deutschland – Grenzbeschlagnahme in *Harte-Bavendamm*, Handbuch Rz 209ff.

[229] Zu diesem „horizontalen Ansatz" siehe *Tilmann*, BB 1990, 1567f.

[230] Vgl Entw ProduktpiraterieG bei *M Schulze*, Materialien², 787f (B. Grundsätze des Entw IV.5.a).

[231] Vgl *Haß* in *Schricker*, Kommentar² § 111a Rz 3.

[232] Vgl dazu auch *Ahrens*, BB 1997, 903; *Cremer*, Mitt 1992, 161; *Haß* in *Schricker*, Kommentar² § 111a Rz 3. Siehe zum Markenrecht ausführlich auch *Hoffmeister/Harte-Bavendamm*, § 5 Deutschland – Grenzbeschlagnahme in *Harte-Bavendamm*, Handbuch Rz 223.

[233] Vgl *Haß* in *Schricker*, Kommentar² § 111a Rz 15 am Ende. Zur Offensichtlichkeit siehe *Cremer*, Mitt 1992, 166f; *Hoffmeister/Harte-Bavendamm*, § 5 Deutschland – Grenzbeschlagnahme in *Harte-Bavendamm*, Handbuch Rz 222; ausführlich auch *Tilmann*, BB 1990, 1566.

[234] Vorschriftensammlung der deutschen Finanzverwaltung SV 1204 V und B Gewerblicher Rechtsschutz; teilweise abgedruckt bei *Haß* in *Schricker*, Kommentar² § 111a Rz 15.

[235] So *Haß* in *Schricker*, Kommentar² § 111a Rz 4. Vgl zum Begriff der Offensichtlichkeit auch die Ausführungen des Entw ProduktpiraterieG bei *M Schulze*, Materialien², 780 (B. Grundsätze des Entw III.4.d) zum Auskunftsanspruch.

[236] Vgl *Cremer*, Mitt 1992, 165.

(D) Verfahrensgang

8 Voraussetzung für eine Zollbeschlagnahme nach § 111a dUrhG ist ein **Antrag** des Berechtigten; ein amtswegiges Verfahren ist nicht mehr vorgesehen. Außerdem muss der Rechtsinhaber zwingend eine **Sicherheitsleistung** erbringen[237]. Die Laufzeit eines Beschlagnahmeantrags ist mit 2 Jahren begrenzt. Das Verfahren[238] und die praktische Handhabung der Bestimmung wird in der erwähnten **Dienstanweisung** zum Schutz des geistigen Eigentums erläutert. Zuständig war zunächst die Oberfinanzdirektion, in deren Bezirk der Geschäftssitz des Schutzrechtsinhabers liegt, sonst die Oberfinanzdirektion München bzw in Eilfällen die Zollstelle, die tätig werden sollte. Nach der erwähnten Dienstanweisung wurde dann für alle Anträge einheitlich die Oberfinanzdirektion München als zuständig erklärt. Zuletzt ist die Zuständigkeit bei der Oberfinanzdirektion Nürnberg – Zentrale Gewerblicher Rechtsschutz[239] konzentriert worden[240].

9 Ordnet die Zollbehörde die **Beschlagnahme** an, sind der Verfügungsberechtigte und der Antragsteller hiervon zu unterrichten, wobei dem Antragsteller Herkunft, Menge und Lagerort der Vervielfältigungsstücke sowie Name und Anschrift des Verfügungsberechtigten mitzuteilen sind, und ihm die Gelegenheit zu geben ist, die Vervielfältigungsstücke zu **besichtigen** (§ 111a Abs 3 dUrhG)[241]. **Widerspricht** der Verfügungsberechtigte **nicht** innerhalb von 2 Wochen nach Zustellung einer entsprechenden Mitteilung, ordnet die Zollbehörde ohne Einleitung eines (gerichtlichen) Verfahrens die **Einziehung** der beschlagnahmten Vervielfältigungsstücke an (§ 111a Abs 3 dUrhG)[242]. Die Beschlagnahme und die Einziehung können mit **Rechtsmitteln** angefochten werden, die nach dem Gesetz über Ordnungswidrigkeiten (OWiG) im Bußgeldverfahren zulässig sind, wobei der Antragsteller zu hören ist. Es sind dies der Antrag auf gerichtliche Entscheidung gegen die Beschlagnahme (§ 62 OWiG) und der Einspruch (§ 67 OWiG) gegen die Einziehung. Gegen die Entscheidung des Amtsgerichts ist die sofortige Beschwerde an das Oberlandesgericht zulässig (§ 111a Abs 7 dUrhG)[243].

10 **Widerspricht** der Verfügungsberechtigte (Absender, Empfänger, Anmelder/ Spediteur) der Beschlagnahme, wird der Antragsteller von der Zollbehörde un-

---

237 Siehe dazu *Cremer*, Mitt 1992, 167. Für Warenzeichen lag die von den Zollbehörden verlangte Sicherheitsleistung meist zwischen DM 25.000,00 und DM 100.000,00. Die Sicherheit ist in der Form einer selbstschuldnerischen Bankbürgschaft zu leisten (siehe *Hoffmeister/Harte-Bavendamm*, § 5 Deutschland – Grenzbeschlagnahme in *Harte-Bavendamm,* Handbuch Rz 215).

238 Zum Verfahren siehe insbes *Ahrens*, RIW 1996, 730ff und *Cremer*, Mitt 1992, 166f.

239 Anschrift: Sophienstraße 6, D-80333 München.

240 Erlass des BMF 10.02.1994 AZ II B 7 SV 1204-143/94.

241 In der Praxis werden auch Muster und Proben zur Verfügung gestellt (zugesandt); vgl dazu *Cremer*, Mitt 1992, 167 und *Scheja*, CR 1995, 719.

242 Vgl *Hoffmeister/Harte-Bavendamm*, § 5 Deutschland – Grenzbeschlagnahme in *Harte-Bavendamm,* Handbuch Rz 230.

243 Vgl *Hoffmeister/Harte-Bavendamm*, § 5 Deutschland – Grenzbeschlagnahme in *Harte-Bavendamm,* Handbuch Rz 236.

terrichtet[244]. In diesem Fall steht es ihm frei, den Antrag entweder zurückzuziehen oder binnen zwei Wochen eine (vorläufige) vollstreckbare Entscheidung vorzulegen, wobei die Frist nur dann um zwei weitere Wochen verlängert werden kann, wenn eine entsprechende Antragstellung nachgewiesen wird (§ 111a Abs 4 Unterabsatz 2 dUrhG). Wird der Antrag zurückgenommen, hat die Zollbehörde die Beschlagnahme unverzüglich aufzuheben. Hält der Antragsteller den Antrag jedoch aufrecht und legt er eine vollziehbare (vollstreckbare) **gerichtliche Entscheidung** vor, welche die Verwahrung der beschlagnahmten Vervielfältigungsstücke oder eine Verfügungsbeschränkung anordnet, bleibt die Beschlagnahme aufrecht, und hat die Zollbehörde die erforderlichen Maßnahmen zu treffen (§ 111a Abs 4 dUrhG). Anderenfalls ist die Beschlagnahme nach Ablauf von zwei bzw vier Wochen aufzuheben.

Nach dem **zweigliedrigen Konzept** des ProduktpiraterieG 1990 muss die Sachentscheidung nach Erhebung eines Widerspruchs also im **ordentlichen Rechtsweg** herbeigeführt werden. Dabei geht es zunächst um eine Rechtfertigung der Zollbeschlagnahme durch **einstweilige** gerichtliche **Maßnahmen**. Der Gesetzgeber dürfte dabei in erster Linie an zivilgerichtliche Entscheidungen im Eilverfahren (**Einstweilige Verfügungen**) gedacht haben[245], es kommt aber auch eine **strafrechtliche Beschlagnahme** in Frage[246]. Das Verfügungsbegehren kann im Hinblick auf die Beschlagnahmesituation Schwierigkeiten bereiten[247]; ist es nicht auf Verwahrung gerichtet, wird es auch in einem Unterlassungsbegehren (Verbot) wegen (drohender) Rechtsverletzung gegenüber dem Verletzer bestehen können, das gleichfalls die Aufrechterhaltung der Grenzbeschlagnahme rechtfertigt.

Liegt eine vorläufige gerichtliche Maßnahme vor, ist die zollrechtliche Beschlagnahme unvorgreiflich für den Ausgang des **Hauptsacheverfahrens** gerechtfertigt, und entscheiden über das weitere Schicksal der beschlagnahmten Vervielfältigungsstücke ausschließlich die Gerichte. Lautet die aus der Sicht des Rechtsinhabers positive endgültige Entscheidung auf Vernichtung (Einziehung bzw Unbrauchbarmachung oder Herausgabe an den Verletzten), ist diese nach den einschlägigen zivil- oder strafrechtlichen Vorschriften zu vollstrecken. Setzt der Rechtsinhaber sein – im Eilverfahren gesichertes – Unterlassungsbegehren im Hauptverfahren durch, wird dies gleichfalls ausreichen. In diesem Fall wird im Weg einer zollrechtlichen Einziehung vorzugehen sein, wie dies auch dann der Fall ist, wenn der Verfügungsberechtigte keinen Widerspruch erhebt, der Berechtigte seinen Antrag zurückzieht oder nicht rechtzeitig eine vorläufige Gerichtsentscheidung vorlegt.

---

[244] Zum Widerspruchsverfahren siehe *Cremer*, Mitt 1992, 167f; *Hoffmeister/Harte-Bavendamm*, § 5 Deutschland – Grenzbeschlagnahme in *Harte-Bavendamm,* Handbuch Rz 227ff.

[245] Vgl Entw ProduktpiraterieG bei *M Schulze*, Materialien², 788 (B. Grundsätze des Entw IV.5. a.bb). Siehe dazu *Cremer*, Mitt 1992, 168; *Hoffmeister/Harte-Bavendamm*, § 5 Deutschland – Grenzbeschlagnahme in *Harte-Bavendamm,* Handbuch Rz 232.

[246] Vgl *Cremer*, Mitt 1992, 168; *Hoffmeister/Harte-Bavendamm*, § 5 Deutschland – Grenzbeschlagnahme in *Harte-Bavendamm,* Handbuch Rz 233; *Scheja*, CR 1995, 71.

[247] Vgl *Ahrens*, RIW 1996, 731 und *Meister*, 106.

2.3. Verhältnis zur EG-Produktpiraterieverordnung

11 Wie bereits erwähnt, sind die Vorschriften des ProduktpiraterieG 1990 nicht anzuwenden, soweit die ProduktpiraterieV zur Anwendung kommt (§ 111a Abs 1 dUrhG)[248]. Im Verfahren nach der EG-Verordnung sind die Abs 1 bis 7 des § 111a dUrhG nach dessen Abs 8 aber **„entsprechend anzuwenden**, soweit in der Verordnung nichts anderes bestimmt ist". Es soll deshalb im Folgenden noch kurz geprüft werden, inwieweit die Vorschriften der ProduktpiraterieV 1994/99 von den materiellen und verfahrensrechtlichen Regelungen des ProduktpiraterieG 1990, wie eben in Kürze dargestellt, abweichen und deshalb zu eine Änderung der Rechtslage geführt haben.

12 Hinsichtlich der Voraussetzungen für ein **Tätigwerden der Zollbehörden** kommt es nach Art 1 Abs 1 PPV 1994/99 auf die in lit a umschriebenen Aufgriffstatbestände (zollrechtlichen Situationen) an, weshalb nicht nur die Einfuhr und die Ausfuhr erfasst werden, sondern nahezu alle Zollverfahren (Nichterhebungsverfahren) nach dieser Bestimmung, insbes einschließlich des Versandverfahrens (der **Durchfuhr** bzw des **Transits**), sowie die **Wiederausfuhr** und die bloße **Verbringung** in die Gemeinschaft, in eine **Freizone** oder ein **Freilager**.

Auch in Bezug auf die **materiellen Voraussetzungen** unterscheiden sich die Regelungen wesentlich voneinander. Während es nach § 111a Abs 1 dUrhG auf die Verletzung des (deutschen) Vervielfältigungs- oder Verbreitungsrechts ankommt, genügt es nach der ProduktpiraterieV, dass das deutsche Vervielfältigungsrecht verletzt ist oder verletzt wäre, wenn die Herstellung der Vervielfältigungsstücke (Nachbildungen) in Deutschland (als „Einfuhrland") erfolgte. Nach Art 2 PPV 1994/99 ist deshalb das **Verbringen** solcher Waren (Vervielfältigungsstücke) in die Gemeinschaft als Verletzungstatbestand festgeschrieben, ohne dass es im Einzelfall erforderlich wäre, dass auch nach deutschem Recht von einer (inländischen) Verbreitungshandlung auszugehen ist. Auf der anderen Seite reicht nach der ProduktpiraterieV eine Verletzung des Verbreitungsrechts oder eine Missachtung vertraglicher Nebenbestimmung (in Bezug auf die Herstellung) nicht aus, weshalb insbes der „Parallelimport" nicht erfasst wird. Insoweit bleiben die Vorschriften des § 111a dUrhG weiter anwendbar.

13 Was das **Grenzbeschlagnahmeverfahren** einschließlich des (gerichtlichen) Rechtfertigungsverfahrens anlangt, sind die Vorschriften des § 111a Abs 2 bis 4 sowie 6 und 7 dUrhG[249] zwar grundsätzlich anwendbar, es stellt sich aber die Frage, ob das – sachlich durchaus sinnvolle[250] – **zweigliedrige Verfahren** nach § 111a Abs 2 bis 4 dUrhG und die Strukturierung des Rechtfertigungsverfahrens unter Berücksichtigung der einzuhaltenden Fristen nach Art 7 Abs 1 PPV 1994/99 mit der Konzeption der Verordnung in Einklang stehen, worauf unten noch zurückzukommen sein wird. Nach der ProduktpiraterieV sind **Anträge** jedenfalls schriftlich zu stellen, und zwar der erwähnten Dienstanweisung zufolge nunmehr für ganz Deutschland bei der Oberfinanzdirektion Nürnberg – Zen-

---

[248] Zur PPV 1986 siehe *Cremer*, Mitt 1992, 165.

[249] § 111a Abs 5 dUrhG betrifft Haftungsfragen.

[250] Vgl *Hoffmeister/Harte-Bavendamm*, § 5 Deutschland – Grenzbeschlagnahme in *Harte-Bavendamm*, Handbuch Rz 229.

trale für Gewerblichen Rechtsschutz[251]; dies gilt auch für Verfahren nach der ProduktpiraterieV. Der Entwurf einer **überarbeiteten Dienstanweisung** wird derzeit zwischen dem Bundesministerium der Finanzen und dem Bundesministerium der Justiz verhandelt[252]. Auch die Vorschrift in Bezug auf die **Geltungsdauer** von Entscheidungen der Zollbehörden (§ 111a Abs 6 dUrhG) ist für Verfahren nach der ProduktpiraterieV anwendbar. Sofern keine kürzere Geltungsdauer beantragt wird, gilt ein Antrag bzw die Entscheidung der Zollbehörde danach für 2 Jahre und kann wiederholt werden. Zwar schreibt auch die Dienstanweisung eine möglichst **genaue Bezeichnung** der in Frage kommenden Waren vor (Abs 6), doch sind die Vorschriften des Art 3 PPV 1994/99 insoweit detaillierter und gehen in Verfahren nach der ProduktpiraterieV deshalb vor. Entsprechendes gilt für die Vorschriften betreffend den **Rechtenachweis** bzw die **Antragslegitimation**.

Ein **amtswegiges Einschreiten** der Zollbehörden ist in § 111a Abs 1 dUrhG nicht vorgesehen. Insoweit kommen deshalb ausschließlich die Vorschriften des Art 4 PPV zur Anwendung[253]. Für das weitere Verfahren sind dagegen die Bestimmungen des § 111a dUrhG entsprechend anwendbar, soweit sie nicht in Widerspruch mit denjenigen der Verordnung stehen. **14**

Die ProduktpiraterieV stellt das Erfordernis einer **Sicherheitsleistung** in das Ermessen der Mitgliedstaaten (Art 3 Abs 6 PPV 1994/99), während eine solche nach deutschem Recht zwingend vorgeschrieben ist (§ 111a Abs 1 dUrhG); dies wird auch für Verfahren nach der ProduktpiraterieV gelten. Die Sicherheitsleistung dient jedoch nur der Absicherung einer allfälligen Haftung des Rechtsinhabers, soweit eine solche nach dem innerstaatlichen Recht vorgesehen ist, bzw der Kosten, die im Fall des Verbleibs der Waren (Vervielfältigungsstücke) unter zollamtlicher Überwachung entstehen (Kosten der Lagerung nach Art 7 Abs 3 PPV). Die Sicherheitsleistung ist auch in Abs 8 der erwähnten Dienstanweisung vorgeschrieben, und zwar in angemessener, nach pflichtgemäßem Ermessen festzusetzender Höhe. Hierfür sind die entsprechenden Vorschriften im Besteuerungsverfahren sinngemäß anzuwenden. **15**

Für die mit dem Antrag verbundenen Amtshandlungen werden vom Antragsteller **Kosten** nach Maßgabe des § 178 Abgabenordnung erhoben, die im Zusammenhang mit der ProduktpiraterieV nur die **Verwaltungskosten** umfassen dürfen. Aber auch die erwähnte Dienstanweisung spricht nur vom „Verwaltungsaufwand", der unter Berücksichtigung der Umstände des Einzelfalls nach § 12 Abs 1 ZollkostenV zu erheben ist (Abs 7), im Fall der Verlängerung einer Anordnung ermäßigt werden kann und für Anträge, die auf bestimmte Einfuhr- oder Ausfuhrsendungen beschränkt sind, höchstens DM 100,00 betragen darf. **16**

---

[251] Anschrift: Sophienstraße 6, D-80333 München.

[252] Zur derzeit gültigen Fassung siehe Vorschriftensammlung der deutschen Finanzverwaltung SV 1204 V und B Gewerblicher Rechtsschutz; teilweise abgedruckt bei *Haß* in *Schricker*, Kommentar[2] § 111a Rz 15.

[253] Vgl dazu *Hoffmeister/Harte-Bavendamm*, § 5 Deutschland – Grenzbeschlagnahme in *Harte-Bavendamm,* Handbuch Rz 209f.

17 Nach § 111a Abs 2 dUrhG sind dem Antragsteller Name und Anschrift des **Verfügungsberechtigten mitzuteilen**, worunter insbes Anmelder und Empfänger zu verstehen sein werden, die auch in der ProduktpiraterieV genannte sind[254]. Auch Herkunft, Menge und Lagerort sind dem Rechtsinhaber bekanntzugeben, womit die Regelung wohl zulässiger Weise über die ProduktpiraterieV hinausgeht. Die Anordnung, dass dem Antragsteller Gelegenheit zu geben ist, die Vervielfältigungsstücke zu **besichtigen**, entspricht der Regelung der ProduktpiraterieV und wird nach Lage des Falls auch die Entnahme von Proben[255] umfassen.

18 Wie bereits angedeutet, stellt sich für das deutsche Recht aber die Frage, ob das – sachlich sinnvolle – **zweigliedrige System**, wonach ein (gerichtliches) Rechtfertigungsverfahren nur dann eingeleitet werden muss, wenn der zollrechtlich Verfügungsberechtigte Widerspruch erhebt, mit der ProduktpiraterieV vereinbar ist. Zwar schließt die ProduktpiraterieV ein Widerspruchsverfahren grundsätzlich nicht aus, doch muss die Initiative zur Befassung der zur Sachentscheidung berufenen Stelle binnen zehn – im Fall einer Verlängerung maximal binnen zwanzig – Arbeitstagen nach Mitteilung von der Aussetzung der Überlassung oder der Zurückhaltung nach Art 7 Abs 1 PPV vom Rechtsinhaber ausgehen, was mit einem vorgelagerten zollamtlichen Widerspruchsverfahren (mit einer zweiwöchigen Widerspruchsfrist für den Verfügungsberechtigten) schwere in Einklang zu bringen ist[256]. Aber auch die zweite (gerichtliche) Phase des Rechtfertigungsverfahrens nach dem ProduktpiraterieG 1990 deckt sich nicht völlig mit den Regeln der ProduktpiraterieV, da nach deutschem Recht binnen zwei Wochen (höchstens binnen vier Wochen) bereits eine (vorläufige) Gerichtsentscheidung vorliegen muss, während nach Art 7 Abs 1 PPV die Zollbehörde bloß von der Einleitung des Rechtfertigungsverfahrens (der Befassung der zuständigen Stelle) zu unterrichten ist. Außerdem muss es sich nach der ProduktpiraterieV nicht notwendig um eine vorläufige Maßnahme handeln; auch die unmittelbare Einleitung des Hauptverfahrens genügt.

19 In der deutschen Literatur geht man dagegen überwiegend davon aus, dass die Aussetzung der Überlassung bzw Zurückhaltung im Sinn der PPV 1994/99 noch nicht als zollrechtliche Grenzbeschlagnahme im Sinn des § 111a Abs 1 dUrhG anzusehen ist. Bei der nach dieser Bestimmung auszusprechenden **Grenzbeschlagnahme** handle es sich vielmehr bereits um den ersten Schritt des – der Gesetzgebung der Mitgliedsstaaten überlassenen – **Rechtfertigungsverfahrens**[257]. Da es dem nationalen Gesetzgeber freistehe, das Rechtfertigungsverfahren – zumindest in einer ersten Phase – auch den Zollbehörden zu überlassen, handle es sich bei der Grenzbeschlagnahme und dem sich anschließenden Wider-

---

[254] Vgl *Hoffmeister/Harte-Bavendamm*, § 5 Deutschland – Grenzbeschlagnahme in *Harte-Bavendamm,* Handbuch Rz 226.

[255] Vgl *Cremer*, Mitt 1992, 167 und *Scheja*, CR 1995, 719.

[256] Im Sinn einer Unvereinbarkeit auch *Ahrens*, BB 1997, 904; aA *Scheja*, CR 1995, 719f.

[257] Vgl *Hoffmeister/Harte-Bavendamm*, § 5 Deutschland – Grenzbeschlagnahme in *Harte-Bavendamm,* Handbuch Rz 206 und 228f; *Knaak* in *Harte-Bavendamm*, Handbuch Rz 53ff.

spruchsverfahren um ein Rechtfertigungsverfahren im Sinn der ProduktpiraterieV, welches mangels eines Widerspruchs mit der Einziehung endet. Dagegen geht das OLG München[258] davon aus, dass die Aussetzung der Überlassung (Zurückhaltung) und die Grenzbeschlagnahme nach dem PPG 1990 zusammenfallen. Dies trifft mE bei unbefangener Betrachtung auch zu, wenngleich es richtig ist, dass die Aussetzung der Überlassung (Zurückhaltung) für sich noch nicht notwendig eine zollrechtliche Beschlagnahme im technischen Sinn einschließt, die nach dem Zollkodex nach den Umständen aber zulässig ist und eine flankierende Maßnahme zur Aussetzung der Überlassung (Zurückhaltung), nicht aber Teil des Rechtfertigungsverfahrens darstellt.

Die sich daraus ergebenden Schwierigkeiten im Zusammenhang mit dem zweigliedrigen System (Widerspruchsverfahren) des geltenden deutschen Rechts lassen sich mE aber durch eine flexible Auslegung der ProduktpiraterieV, insbes der Fristen zur Einleitung des Rechtfertigungsverfahrens nach Art 7 Abs 1 im Sinn des Anliegens der Verordnung lösen. So erscheint es vertretbar anzunehmen, dass es dem nationalen Gesetzgeber auch freisteht, in einem dem Rechtfertigungsverfahren im eigentlichen Sinn vorgelagerten **zollrechtlichen Widerspruchsverfahren** zu klären, ob der zollrechtlich Verfügungsberechtigte der Einziehung widerspricht oder durch Unterlassen eines Widerspruchs schlüssig selbst die zollrechtliche Bestimmung der (freiwilligen) Vernichtung nach Art 182 ZK vornimmt, so dass sich ein (gerichtliches) Rechtfertigungsverfahren erübrigt. Die Frist zur Einleitung des Rechtfertigungsverfahrens kann dann freilich nur ab Verständigung des Berechtigten von der Erhebung eines Widerspruchs an laufen.

Der in der deutschen Lehre vorgezogene „Sprung ins nationale Recht“[259] führt im **20**
Übrigen aber auch zu einer Vernachlässigung der materiellrechtlichen Aspekte der ProduktpiraterieV und zu der – in dieser Allgemeinheit nicht zutreffenden – Annahme, es müsse sich auch im Rechtfertigungsverfahren nach der PPV 1994/99 um einen **Verletzungstatbestand** des inländischen Rechts handeln, wie dies für das PPG 1990 zutrifft und vor allem im Fall der bloßen Durchfuhr zu Schwierigkeiten führen kann. Dasselbe trifft für die Beschränkung auf das Sanktionensystem des inländischen Rechts und dessen Ausrichtung auf dessen Verletzungstatbestände zu.

2.4. Rechtsverletzungsfolgen (Sanktionen)

Da das ProduktpiraterieG 1990 davon ausgegangen ist, dass das Vorliegen einer **21**
(inländischen) Verletzungshandlung Voraussetzung für das Einschreiten der Zollbehörden ist, wurde gleichzeitig mit der Einführung bzw Erweiterung der „Grenzbeschlagnahme“ auch ein Ausbau der zivil- und strafrechtlichen **Sanktionen**, insbes der Vernichtung (Einziehung) vorgesehen. Das Rechtfertigungsverfahren lief danach als **Verletzungsverfahren** ab. Dies ist nach der ProduktpiraterieV 1994/99 nicht mehr erforderlich, wenngleich dies eine Rechtfertigung der „Zollbeschlagnahme“ im Weg eines Verletzungsprozesses ebensowenig aus-

---

[258] 19.03.1997 RIW 1998, 248.

[259] Vgl *Hoffmeister/Harte-Bavendamm*, § 5 Deutschland – Grenzbeschlagnahme in *Harte-Bavendamm*, Handbuch Rz 228.

schließt wie eine gerichtlich verfügte Vernichtung (Einziehung). Es reicht aber als Rechtfertigung und für eine sich anschließende (freiwillige) Bestimmung zur Vernichtung bzw eine zollamtliche Vernichtung etwa auch aus, wenn in einem Zivilverfahren auf Feststellung, Abgabe einer Willenserklärung oder auch nur als Vorfrage definitiv festgestellt wird, dass es sich um unerlaubt hergestellte Vervielfältigungsstücke (Nachbildungen) im Sinn der ProduktpiraterieV handelt. Im Folgenden seien die im deutschen Recht vorgesehenen Verletzungsfolgen (Sanktionen) zivil- und strafrechtlicher Art aber gleichwohl kurz dargestellt.

22 Nach der – durch das ProduktpiraterieG 1990[260] erweiterten – Bestimmung des § 98 Abs 1 dUrhG kann der Verletzte auf dem Zivilrechtsweg verlangen, dass alle rechtswidrig hergestellten, verbreiteten und zur rechtswidrigen Verbreitung bestimmten Vervielfältigungsstücke **vernichtet** werden[261]. Die Verletzungshandlung muss danach nicht notwendig im Inland stattgefunden haben. Im Sinn der ProduktpiraterieV wird es aber im Fall der Einfuhr oder Durchfuhr auch genügen, wenn die Vervielfältigung im Inland rechtswidrig wäre. Zwar spricht die genannte Vorschrift vom „Verletzten", doch wird hierunter nach dem Konzept der ProduktpiraterieV auch der Rechtsinhaber zu verstehen sein, dessen Rechte nach der ProduktpiraterieV verletzt sind, auch wenn es sich nach inländischem Recht nicht notwendig um eine Urheberrechtsverletzung handelt. Denn nach Art 6 Abs 2 Unterabsatz 2 lit b PPV 1994/99 sind im Rechtfertigungsverfahren dieselben Kriterien zu Grunde zu legen, die für die Vervielfältigung im Inland maßgebend sind.

Voraussetzung für den zivilrechtlichen Vernichtungsanspruch ist jedoch, dass sich die Eingriffsgegenstände im **Besitz oder Eigentum** des Verletzers befinden, wobei unter Verletzer auch jeder Tatbeteiligte (Mittäter) zu verstehen ist. Ungeachtet der gewählten Formulierung richtet sich der Vernichtungsanspruch aber gegen den Eigentümer wohl auch dann, wenn dieser nicht als Verletzer anzusehen ist[262]. Für Computerprogramme ist dies in § 69f Abs 1 dUrhG für Besitzer und Eigentümer ausdrücklich klargestellt. Im gegenständlichen Zusammenhang wird jeder **Verfügungsberechtigte**, insbes der Anmelder ungeachtet der Eigentumsverhältnisse als Besitzer anzusehen sein[263]; im Übrigen geht man ganz allgemein davon aus, dass die Zollbehörde im Fall der Grenzbeschlagnahme für den Verfügungsberechtigten besitzen will[264]. Im Hinblick auf das Verbringungsverbot des Art 2 PPV 1994/99 wird der Verfügungsberechtigte (Anmelder) aber auch als Verletzer im Sinn dieser Vorschrift anzusehen sein. Die passive Klagslegitimation des Anmelders folgt auch aus Art 6 Abs 1 Unterabsatz 2 PPV 1994/99, wonach

---

[260] Zu den Änderungen im Vergleich zur bisherigen Rechtslage sowie zu den Hintergründen und Zielen der Neuregelung siehe Entw ProduktpiraterieG bei *M Schulze*, Materialien², 769ff (B. Grundsätze des Entw II.1.).

[261] Vgl dazu *Ensthaler*, GRUR 1992, 277; *v Gravenreuth*, BB 1988, 1614; *Lührs*, GRUR 1994, 268; *Tilmann*, BB 1990, 1568.

[262] Vgl Entw ProduktpiraterieG bei *M Schulze*, Materialien², 769 (B. Grundsätze des Entw II.1.a).

[263] Vgl dazu *Lührs*, GRUR 1994, 268. Nach *Cremer*, Mitt 1992, 168 kann insbes gegen den Ein- oder Ausführer vorgegangen werden.

[264] Vgl *Haß* in *Schricker*, Kommentar² § 111a Rz 5 und Begründung Entw ProduktpiraterieG bei *M Schulze*, Materialien², 789 (B. Grundsätze des Entw IV.5.a.bb).

dem Rechtsinhaber insbes der Anmelder bekanntzugeben ist, „damit“ dieser „die für die Entscheidung in der Sache zuständige Stelle befassen kann“[265].

An Stelle einer Vernichtung kann der Verletzte nach § 98 Abs 2 dUrhG verlangen, dass ihm die Vervielfältigungsstücke, die im Eigentum des Verletzers stehen, gegen eine angemessene Vergütung überlassen werden, welche die Herstellungskosten nicht übersteigen darf. Jedenfalls darf die Vernichtung im Einzelfall nicht unverhältnismäßig sein, und hat der Verletzte nur Anspruch auf mildere Maßnahmen, wenn der durch die Rechtsverletzung verursachte Zustand der Vervielfältigungsstücke auf andere Weise beseitigt werden kann (§ 98 Abs 3 dUrhG). Auch im Fall einer Anordnung solcher subsidiärer Maßnahmen ist der Verletzte als im Rechtfertigungsverfahren obsiegend anzusehen. Sie sind durch Art 8 Abs 1 lit a PPV 1994/99 grundsätzlich gedeckt, da die Vernichtung nur „in der Regel“ erfolgen muss.

Das Gesagte gilt entsprechend für **Eingriffsmittel** (§ 99 dUrhG), doch ist hier Voraussetzung, dass sie im Eigentum des Verletzers stehen. Der Vernichtungs- bzw Überlassungsanspruch bezieht sich danach auch auf Vorrichtungen, die ausschließlich oder nahezu ausschließlich zur rechtswidrigen Herstellung von Vervielfältigungsstücken benützt wurden oder hierzu bestimmt sind[266].

Das ProduktpiraterieG 1990 hat auch die Möglichkeiten, Piraterieware und Eingriffsmittel im **Strafverfahren einzuziehen**, entscheidend erweitert[267]. Zu diesem Zweck wurde in § 110 dUrhG die Einziehungsmöglichkeit nach den §§ 74ff StGB auf die sog Beziehungsgegenstände der Straftat erstreckt. Allerdings mag es fraglich sein, ob Eingriffsmittel solche Beziehungsgegenstände darstellen[268]. Davon abgesehen wurde aber auch § 74a StGB für anwendbar erklärt, wodurch die Mängel der bisherigen Rechtslage weitgehend beseitigt wurden[269]. § 74a StGB ermöglicht nämlich auch die Einziehung bei dritten Eigentümern, die nicht an der Rechtsverletzung teilgenommen haben (Dritteinziehung), wenn sie zumindest leichtfertig dazu beigetragen haben, dass die Sache Mittel oder Gegenstand der Tat oder ihrer Vorbereitung gewesen ist bzw der Eigentümer die Gegenstände in Kenntnis der Umstände, welche die Einziehung zugelassen hätten, in verwerflicher Weise erworben hat. Darüber hinaus können die zivilrechtlichen Vernichtungsansprüche (§§ 98 und 99 dUrhG) auch im strafrechtlichen Adhäsionsverfahren geltend gemacht werden; in einem solchen Fall finden die Vorschriften über die Einziehung keine Anwendung. Hierfür spielt es keine Rolle, ob das Strafverfahren über Antrag des öffentlichen Anklägers oder des Rechtsinhabers in Gang gesetzt worden ist, der Verletzte muss auch weder Privat- noch Nebenkläger zu sein; auch ein Strafantrag muss nicht vorliegen[270]. Die Einziehung kann auch durch gerichtliche **Beschlagnahme** gesichert werden[271].

---

265 Zur Passivlegitimation des Anmelders siehe auch *Walter*, MR 2000, 245 (247ff).

266 Vgl dazu auch Begründung Zweites Änderungsgesetz bei *M Schulze*, Materialien², 849.

267 Vgl dazu *Cremer*, Mitt 1992, 169 und *Lührs*, GRUR 1994, 267f.

268 Vgl *Lührs*, GRUR 1994, 267f.

269 Zu den Änderungen im Vergleich zur bisherigen Rechtslage und den Grundsätzen der Neuregelung vgl Entw ProduktpiraterieG bei *M Schulze*, Materialien², 774ff (B. Grundsätze des Entw II.2.).

270 Vgl dazu *Haß* in *Schricker*, Kommentar² § 110 Rz 2 und 4 (zu § 74a StGB).

271 Vgl dazu *Cremer*, Mitt 1992, 168 und *Lührs*, GRUR 1994, 268f.

23 Nach § 97 Abs 1 Satz 2 dUrhG hat der Verletzer dem Verletzten an Stelle des Schadenersatzes auch den **Gewinn**, den er durch die Verletzung des Rechts erzielt hat, herauszugeben. Allerdings setzt dieser Anspruch auf Gewinnherausgabe als Schadenersatzanspruch das Vorliegen eines Verschuldens voraus, was nach der ProduktpiraterieV nicht der Fall ist. Im Anwendungsbereich der Verordnung wird deshalb ein Verschulden nicht vorauszusetzen sein. Auch in diesem Zusammenhang wird als Verletzer im Hinblick auf das Verbringungsverbot des Art 2 PPV 1994/99 jeder anzusehen sein, der unerlaubt hergestellte Vervielfältigungsstücke (Nachbildungen) in die Gemeinschaft verbringt.

24 Nach § 97 Abs 1 Satz 1 dUrhG steht dem Verletzten auch ein verschuldensunabhängiger **Unterlassungsanspruch** zu, der sich jedenfalls auf (drohende) Rechtsverletzungen bezieht. Der urheberrechtliche Unterlassungsanspruch wird auch zur Durchsetzung des Verbots nach Art 2 PPV 1994/99 herangezogen werden können, lässt sich aber auch nach allgemeinen Gesichtspunkten unmittelbar aus dem Verbot des Art 2 ableiten.

25 Neben weiteren finanziellen Ansprüchen (auf angemessenes Entgelt bzw Herausgabe der Bereicherung) und dem Anspruch auf Bekanntmachung (Veröffentlichung) des Urteils sieht das dUrhG insbes auch **strafrechtliche Verfolgungansprüche** vor (§§ 106 bis 108a dUrhG). Die Verfolgung erfolgt grundsätzlich nur über Antrag des Berechtigten, doch kann die Strafverfolgungsbehörde wegen des besonderen öffentlichen Interesses an der Strafverfolgung ein Einschreiten auch von Amts wegen für geboten halten (§ 109 dUrhG); im Fall der Gewerbsmäßigkeit erfolgt die Strafverfolgung jedoch im Offizialverfahren. Sofern im Verbringen unerlaubt hergestellter Vervielfältigungsstücke (Nachbildungen) nicht auch nach deutschem Recht eine Vervielfältigung oder Verbreitung zu erblicken ist, wird allerdings eine strafrechtliche Verfolgung im gegenständlichen Zusammenhang im Hinblick auf den im deutschen Strafrecht geltenden Grundsatz *nulla poena* bzw *nullum crimen sine lege (certa)* (§ 1 dStGB[272]) ausscheiden.

2.5. Ausnahmen im Reiseverkehr

26 Wenngleich in § 111a dUrhG eine Ausnahme für das **persönliche Reisegepäck** nicht vorgesehen ist, lässt die Dienstanweisung zum Schutz des geistigen Eigentums[273] eine Grenzbeschlagnahme für Waren nicht zu, die etwa im Reiseverkehr oder als Geschenksendung für den privaten Gebrauch eingeführt oder ausgeführt werden[274], sofern nicht im Hinblick auf Art und Menge der Waren, der Person des Beteiligten oder auf Grund sonstiger Umstände Anlass für die Annahme besteht, dass die Waren in den gewerblichen Verkehr gebracht werden sollen.

---

[272] Nach § 1 dStGB kann eine Tat nur bestraft werden, wenn die Strafbarkeit gesetzlich bestimmt war, bevor die Tat begangen wurde.

[273] Vorschriftensammlung der deutschen Finanzverwaltung SV 1204 V und B Gewerblicher Rechtsschutz Abs 1; teilweise abgedruckt bei *Haß* in *Schricker,* Kommentar² § 111a Rz 15.

[274] Für das Markenrecht wird dies daraus abgeleitet, dass solche Einfuhren außerhalb des geschäftlichen Verkehrs stattfinden (vgl *Hoffmeister/Harte-Bavendamm*, § 5 Deutschland – Grenzbeschlagnahme in *Harte-Bavendamm,* Handbuch Rz 224).

Diese Vorschrift wird auch im Fall der Grenzbeschlagnahme nach der ProduktpiraterieV anwendbar sein, bedürfte aber im Einzelnen einer Präzisierung im Sinn des Art 10 PPV 1994/99.

2.6. Haftungsfragen

Die Haftung der **Zollbehörden** (Zollstellen) bzw der ausführenden Beamten richtet sich sowohl im Verhältnis zum Rechtsinhaber als auch im Verhältnis zu den von einer Grenzbeschlagnahme betroffenen Personen nach den allgemeinen Vorschriften der Haftung für Amtspflichtverletzungen, auf die hier nicht näher eingegangen werden soll. **27**

Die zivilrechtliche Haftung des **Rechtsinhabers** für unberechtigte Grenzbeschlagnahmen richtet sich nach der Sondervorschrift des § 111a Abs 5 dUrhG. Danach haftet der Antragsteller für eine ungerechtfertigte Beschlagnahme nur dann, wenn er den Antrag ungeachtet eines Widerspruchs des Betroffenen aufrecht erhält oder sich nicht unverzüglich erklärt (§ 111a Abs 4 dUrhG). Die Haftung ist danach verschuldensunabhängig, kommt aber nur dann zum Tragen, wenn der Antragsteller im Fall eines Widerspruchs auf der Aufrechterhaltung der Grenzbeschlagnahme beharrt oder deren Aufhebung wegen nicht unverzüglicher Äußerung verzögert. Die Regelung folgt dem Muster des § 945 dZPO[275]. Für ein kurzfristiges Anhalten verdächtiger Ware soll der Antragsteller – unbeschadet des § 826 BGB – nicht haften und ohne Haftungsrisiko die angehaltene Ware prüfen (§ 111a Abs 2 dUrhG) bzw abwarten können, ob der Verfügungsberechtigte Widerspruch erhebt (§ 111a Abs 3 dUrhG)[276].

Auch wenn man davon ausgeht[277], dass das Widerspruchsverfahren nach § 111a Abs 3 und 4 dUrhG im Fall einer Grenzbeschlagnahme nach der ProduktpiraterieV jedenfalls in der derzeit vorgesehenen Form nicht zulässig ist, ist Abs 5 gleichwohl analog bis zum Ablauf der zehntätigen bzw (verlängerten) zwanzigtägigen Frist anzuwenden, und wird eine Haftung nur dann gegeben sein, wenn der Rechtsinhaber das Rechtfertigungsverfahren einleitet, mit diesem aber nicht durchdringt.

II. Österreich

1. TRIPs-Abkommen

Österreich hat das WTO-Abkommen ratifiziert und – als teilweise verfassungsändernden – Staatsvertrag generell in österr Recht transformiert[278]. Soweit die Bestimmungen des Abkommens nach dessen Absicht unmittelbar zur Anwendung kommen sollen und im Hinblick auf die geltende Rechtslage in Österr unmittelbar anwendbar (*self-executing*) sind, erübrigen sich gesetzliche Ausführungsbestimmungen. Es wird dies aber jedenfalls nicht für alle Bestimmungen zutreffen und ist jedenfalls für die Grenzbeschlagnahme nach Art 51ff nicht der **28**

[275] Haftung desjenigen, der aus einer Einstweiligen Verfügung vollstreckt hat.

[276] Begründung bei *M Schulze*, Materialien², 790 (B Grundsätze des Entw IV.5.b).

[277] Siehe Rz 18f.

[278] BGBl 1995/1; die ErlRV sind bei *Dittrich*, Urheberrecht³, 1082ff zu den einzelnen Artikeln abgedruckt. Vgl auch *Zuleeg*, Die innerstaatliche Anwendbarkeit völkerrechtlicher Verträge am Beispiel des GATT und der Europäischen Sozialcharta, ZaöRV 35 (1975) 341.

Fall[279]. Die Umsetzung des TRIPs-Abkommens erfolgte in Österr insoweit indirekt im Weg der EG-ProduktpiraterieV.

2. Grenzbeschlagnahme nach der Produktpiraterieverordnung

29 Die Mitwirkung der **Zollbehörden** bei der Rechtsverfolgung wurde auch in Österreich schon seit Langem **gefordert**[280], doch ist der Gesetzgeber dieser Forderung nicht nachgekommen. Erst mit dem Wirksamwerden der ProduktpiraterieV 1994 mit 1. Juli 1995 besteht auch in Österreich die Möglichkeit der Zollbeschlagnahme. Durchführungsbestimmungen wurden bisher jedoch nicht erlassen. Zwar hatte das Bundesministerium für Finanzen bereits im Jahr 1995 einen Entwurf eines ProduktpiraterieG (PPG) vorgelegt, der die zur Entgegennahme von Anträgen auf Tätigwerden der Zollbehörden zuständige Zollstelle bestimmte[281], hinsichtlich der Verfahrensvorschriften auf den Zollkodex verwies, die Kostenpflicht von Anträgen und die Verpflichtung zur Leistung von Sicherheiten sowie die Schaffung einer Verpflichtung zur Kostenübernahme durch den Rechtsinhaber bzw den Anmelder vorgesehen hatte. Materielle (urheberrechtliche) Vorschriften enthielt der Entwurf ebensowenig wie Verfahrensregeln für das zivil- oder strafrechtliche Rechtfertigungsverfahren.

30 Die Voraussetzungen und das Verfahren der **Grenzbeschlagnahme** durch die Zollbehörden richten sich deshalb in Österr nach den weitgehend unmittelbar anwendbaren Vorschriften der ProduktpiraterieV 1994/99[282]. Ergänzend kommen die Vorschriften des Zollkodex und der ZK-DVO sowie die Bestimmungen des österr Zollrechts-DurchführungsG[283] (§ 2 Abs 1 ZollR-DG) und gegebenenfalls der Bundesabgabenordnung (BAO) zur Anwendung. Seit Inkrafttreten der ProduktpiraterieV 1994 am 1. Juli 1995 wurden in der Praxis mit der Grenzbeschlagnahme auch bereits gute Erfahrungen gemacht.

Antragstellung und Bewilligung des Grundantrags folgen deshalb den vorstehend beschriebenen Bestimmungen des Art 3 PPV 1994/99; für das **amtswegige Verfahren** gelten ausschließlich die Regelungen des Art 4. Diese Regelungen sind in der österr Zolldokumentation[284] zusammengefasst, erläutert und ergänzt. Anträge sind für ganz Österr zentral beim **Zollamt Arnoldstein**[285] als Zollbehörde einzubringen[286], welches über Grundanträge mit Bescheid entschei-

[279] Vgl dazu insbes *Dreier*, GRUR Int 1996, 215.

[280] Vgl *Walter*, Entwurf einer Urheberrechtsgesetz-Novelle 1994 – Ein Zwischenergebnis nach der Urheberrechtsgesetz-Novelle 1993 (ÖSGRUM 14/1993) 105f.

[281] Damals noch die Finanzlandesdirektion für Salzburg (heute: das Zollamt Arnoldstein).

[282] Vgl dazu auch die Kurzdarstellung bei *Pöchhacker/Annacker*, § 10 Österreich in *Harte-Bavendamm*, Handbuch 12ff. Wenn für eine Aussetzung der Überlassung bzw Zurückhaltung verlangt wird, dass die Rechtsverletzung offensichtlich ist (Rz 14 Abs 1), geht dies allerdings über die Erfordernisse der ProduktpiraterieV hinaus.

[283] BGBl 1994/659 idF BGBl 1995/516, BGBl 1996/422, BGBl 1996/757 und BGBl I 1998/13. Allgemein zur Überwachung bei Verboten und Beschränkungen siehe § 29 ZollR-DG.

[284] Österr Zolldokumentation (ZD) VB-730.

[285] Anschrift: Geuth 9, A-9602 Thörl-Maglern.

[286] Vgl österr Zolldokumentation (ZD) VB-730, 11 (Punkt 2.1.).

det. Verordnungskonform muss nur ein ablehnender Bescheid begründet werden, da Bescheide nach § 93 Abs 3 lit a Bundesabgabenordnung (BAO) keiner Begründung bedürfen, wenn einem Parteienantrag vollinhaltlich entsprochen wird. Die Entscheidungsfrist beträgt im Allgemeinen sechs Monate (§ 311 Abs 2 erster Satz BAO). Nach der österr Zolldokumentation (ZD)[287] erfolgt die Verständigung der Zollstellen vozugsweise elektronisch mit BI-Post; Bewilligungsbescheide, die alle Zollämter betreffen, sind auch in Anlage A zur Zolldokumentation zu veröffentlichen.

Gegen (ablehnende) Bescheide ist nach § 85a ZollR-DG **Berufung** zulässig, und zwar sowohl gegen Entscheidungen (Bescheide) der Zollbehörden als gegen „faktische Amtshandlungen" durch Ausübung unmittelbarer Befehls- oder Zwangsgewalt durch ein Zollorgan (§ 85a Abs 1 Z 1 und 2). Wegen Verletzung der Entscheidungspflicht kann auch Säumnisbeschwerde erhoben werden (§ 85a Abs 1 Z 3). Für die Einbringung der Berufung gelten die §§ 50 Abs 1 (Zuständigkeitswahrnehmung) und 244 bis 258 BAO (und wohl auch § 108 betreffend die Fristenberechnung); die Berufungsfrist beträgt grundsätzlich ein Monat (§ 245 Abs 1 BAO)[288]. Die Behörde, die den angefochtenen Bescheid erlassen hat, kann zunächst mit Berufungsvorentscheidung selbst entscheiden; eine zweite Berufungsvorentscheidung ist jedoch nur unter bestimmten Voraussetzungen zulässig (§ 85b Abs 4 ZollR-DG). Gegen Berufungsvorentscheidungen sowie wegen Verletzung der Entscheidungspflicht durch die Berufungsbehörde ist innerhalb eines Monats die Beschwerde an den Berufungssenat zulässig, bei welchem es sich um eine Verwaltungsbehörde mit richterlichem Einschlag besonderer Art handelt[289]. Gegen die Entscheidung des Berufungssenats steht der Weg an die Gerichtshöfe des öffentlichen Rechts (Verwaltungs- und Verfassungsgerichtshof) offen; so wie im Abgabenverfahren ist auch hier eine sog „Präsidialbeschwerde" an den VwGH vorgesehen (§ 85c Abs 4 ZollR-DG).

Mangels einer Durchführungsregelung bestehen keine besonderen Vorschriften betreffend eine vom Antragsteller zu leistende **Sicherheit**; eine solche wird in der Regel in der Höhe von AS 50.000,00 (€ 3.634,00) vorgeschrieben. Vor allem im Fall wiederholter Antragstellung (Verlängerungen) wird ein Tätigwerden der Zollstellen in der Praxis auch für einen **längeren Zeitraum** (meist ein Jahr) bewilligt.

Die **Gebühr** für den Grundantrag beträgt in Österr derzeit AS 800,00 (€ 58,00). Nach § 14 GebührenG unterliegen insbes Eingaben an Verwaltungsbehörden (Tarifpost 6) einer festen Eingabengebühr von derzeit S 180,00 (€ 13,00). Nach § 14 Abs 5 Z 4a GebührenG idF 1997 sind hiervon Eingaben an Zollbehörden in Angelegenheiten des Zollrechts oder der sonstigen Eingangs- oder Ausgangsabgaben befreit[290]. Als Angelegenheit des Zollrechts im weiteren Sinn werden auch die gegenständlichen Verbote und Beschränkungen anzusehen sein.

---

[287] VB-0730, 10 (Punkt 2.2.).

[288] Fristerstreckungen sind zulässig (§ 245 Abs 2 bis 4 BAO). Der Postlauf ist in die Frist nicht einzurechnen (§ 108 Abs 4); zur Berechnung siehe § 108 Abs 1 bis 3 BAO.

[289] Die Mitglieder sind an keine Weisungen gebunden (§ 85d Abs 7 ZollR-DG – Verfassungsbestimmung), es gehört ihnen aber – anders als bei Behörden nach Art 133 Z 4 B-VG – kein Richter an.

[290] Diese Befreiung gilt nicht für Ansuchen um Zahlungserleichterungen (Art 229 ZK)

31 Mangels einer besonderen Regelung hat die **Rechtfertigung** der Zollbeschlagnahme im **ordentlichen Rechtsweg** durch die Zivil- oder Strafgerichte zu erfolgen. Da auch besondere Sanktionen und verfahrensrechtliche Bestimmungen fehlen, sind auch insoweit die allgemeinen zivil- und strafrechtlichen Vorschriften sowie die entsprechenden prozessualen Bestimmungen anzuwenden. Allerdings sind die materiellrechtlichen Vorgaben der ProduktpiraterieV und die darin vorgeschriebenen Sanktionen zu berücksichtigen[291].

3. Rechtsverletzungsfolgen (Sanktionen)

32 Auch im österr Recht ist die (freiwillige) Bestimmung zur Vernichtung bzw die zollamtliche Vernichtung im Rechtfertigungsverfahren im Weg der Feststellung, dass es sich um unerlaubt hergestellte Vervielfältigungsstücke (Nachbildungen) handelt, durchsetzbar. Dies kann entweder im Weg der **Feststellungsklage** oder durch Klagsführung auf Abgabe einer Willenserklärung (**Zustimmung**) bzw auf **Unterlassung** geschehen. Das Unterlassungsbegehren kann insbes auf Unterlassung der Vornahme einer nach Art 2 PPV verpönten zollrechtlichen Bestimmung und wohl auch auf Unterlassung der Verbringung unerlaubter Vervielfältigungsstücke in das Zollgebiet der Gemeinschaft gerichtet sein. Auch die Entscheidung hierüber als Vorfrage in einem Verletzungsstreit zivil- oder strafrechtlicher Art reicht aus. Davon abgesehen kann das Rechtfertigungsverfahren selbst auf Vernichtung durch gerichtliche Verfügung gerichtet sein.

33 Nach § 82 Abs 2 öUrhG kann der Verletzte **zivilrechtlich** insbes die **Vernichtung** (Unbrauchbarmachung) von rechtswidrig hergestellten, verbreiteten oder zur widerrechtlichen Verbreitung bestimmten Vervielfältigungsstücken (Eingriffsmitteln) sowie der ausschließlich zur widerrechtlichen Vervielfältigung bestimmten Mittel (Eingriffsmittel) verlangen. Die Umschreibung der Verletzungshandlungen der Verwertungsrechte in körperlicher Form ist umfassend.

Die Beschränkung auf ausschließlich zur widerrechtlichen Vervielfältigung bestimmte Vervielfältigungsmittel wurde dagegen bereits wiederholt als reformbedürftig gerügt[292], ohne dass der Gesetzgeber aber bisher eine Änderung herbeigeführt hätte. Diese Beschränkung gilt im Fall der Grenzbeschlagnahme nach der ProduktpiraterieV im Rahmen des Art 1 Abs 3 aber nicht und dürfte auch im Hinblick auf die zwingende Bestimmung des Art 46 TRIPs-Abkommen keinen Bestand haben, welches auf „vorwiegend“ zur Schaffung der rechtsverletzenden Waren verwendete Materialien abstellt und insoweit in Österr unmittelbar anwendbar sein dürfte. Nach § 82 Abs 3 öUrhG ist die Vernichtung oder Unbrauchbarmachung auf jene Teile der Eingriffsgegenstände oder Eingriffsmittel

---

sowie um Erlass oder Erstattung nach Art 905 ZK-DV, wenn die Höhe des vom Ansuchen erfassten Betrags insgesamt S 2.000,00 (€ 145,00) übersteigt. Vor dem 01.12.1997 (Inkrafttreten des 2. BudgetbegleitG 1997 BGBl 1997 I 130) galt die Befreiung von Eingaben an Verwaltungsbehörden in Abgabensachen auch für Eingaben an Zollbehörden. Die Neuregelung zollrechtlicher Eingaben in der neu hinzugefügten Z 4a diente vor allem der Anpassung der Terminologie an diejenige des Europäischen Zollrechts.

[291] Vgl *Walter*, MR 1999, 286f bei Z 2 und MR 2000, 245.

[292] Vgl *Walter*, Entwurf einer Urheberrechtsgesetz-Novelle 1994 – Ein Zwischenergebnis nach der Urheberrechtsgesetz-Novelle 1993 (ÖSGRUM 14/1993) 104.

zu beschränken, deren unveränderter Bestand (Gebrauch) das Ausschließungsrecht des Klägers verletzt. Nach den Umständen des Falls sind auch mildere Mittel als die Vernichtung anzuwenden (§ 82 Abs 4 öUrhG). Schließlich kann der Verletzte auch nach österr Recht verlangten, dass ihm die Eingriffsgegenstände oder Eingriffsmittel vom Eigentümer gegen eine angemessene, die Herstellungskosten nicht übersteigende Entschädigung überlassen werden (§ 82 Abs 5 öUrhG).

Allerdings richtet sich der Beseitigungsanspruch nach § 82 Abs 6 öUrhG (nur) gegen den Eigentümer. Im Anwendungsbereich der ProduktpiraterieV kann der Vernichtungsanspruch aber jedenfalls auch gegen den Anmelder oder – wenn dieser bekannt ist – den Empfänger gerichtet werden, zumal Art 6 Abs 1 Unterabsatz 2 PPV 1994/99 die Informationspflicht der Zollstellen hinsichtlich dieser Personen ausdrücklich zu dem Zweck festlegt, dem Rechtsinhaber damit zu ermöglichen, die für die Entscheidung in der Sache zuständigen Stellen zu befassen[293].

Auch ein Anspruch auf **Herausgabe des Verletzergewinns** ist im österr Urheberrecht vorgesehen (§ 87 Abs 4 öUrhG), und zwar gerade und nur im Fall **34**
einer Werkverwertung in körperlicher Form. Soweit dieser Anspruch aber auch nach österr Recht verschuldensabhängig ist, bleibt er jedoch hinter Art 8 Abs 1 lit b PPV 1994/99 zurück. Im Anwendungsbereich der ProduktpiraterieV wird der Anspruch aber auch im Fall fehlenden Verschuldens zustehen, zumal die Voraussetzung eines Verschuldens in Fällen der Geschäftsführung ohne Auftrag (*negotiorum gestio*) ohnehin atypisch ist.

Der in seinen Rechten Verletzte kann weiters nach § 86 öUrhG auch ein **angemessenes Entgelt** (eine marktübliche Lizenzgebühr) verlangen, wobei dieser Anspruch kein Verschulden voraussetzt. Liegt schuldhaftes Handeln vor, stehen dem Verletzten auch übersteigende **Schadenersatzansprüche** zu, die bei jedem Verschulden auch den entgangenen Gewinn einschließen (§ 87 Abs 1 öUrhG)[294].

Nach § 81 öUrhG steht dem Verletzten – im Fall der Wiederholungs- bzw **35**
Begehungsgefahr – auch ein verschuldensunabhängiger **Unterlassungsanspruch** zu, der durch Einstweilige Verfügung abgesichert werden kann, die keine Gefahrenbescheinigung voraussetzt (§ 81 Abs 2 öUrhG). Der Unterlassungsanspruch bezieht sich auf die urheberrechtlichen Verwertungstatbestände ebenso wie auf die persönlichkeitsrechtlichen Befugnisse des Urhebers oder Leistungsschutzberechtigten. Aber auch das Verbot nach Art 2 PPV 1994/99 wird durch den Unterlassungsanspruch nach § 81 öUrhG abgesichert sein, sich jedenfalls aber unmittelbar aus Art 2 PPV 1994/99 ergeben.

Nach § 228 ZPO kann im Fall eines rechtlichen Interesses an der alsbaldigen Feststellung eines Rechtsverhältnisses oder Rechts auch auf **Feststellung** geklagt werden. Ein solches Feststellungsinteresse ist im gegenständlichen Zusammen-

[293] Zur Passivlegitimation des Anmelders siehe auch *Walter*, MR 2000, 245 (247ff).

[294] An Stelle eines höheren nachgewiesenen Schadens kann – auch ohne Nachweis eines Grundschadens – als pauschalierter Schadenersatz das Doppelte des angemessenen Entgelts verlangt werden (§ 87 Abs 3 UrhG); auch ein Anspruch auf den Ersatz immaterieller Schäden steht zu (§ 87 Abs 2 UrhG).

hang schon im Hinblick auf das Verbot nach Art 2 anzunehmen, weshalb auch auf Feststellung geklagt werden kann, dass es sich um unrechtmäßig hergestellte Vervielfältigungsstücke (Nachbildungen) im Sinn der ProduktpiraterieV handelt. Schließlich kann im gegenständlichen Zusammenhang auch auf **Einwilligung** in die (zollamtliche) Vernichtung bzw Abgabe einer entsprechenden **Willenserklärung** (zollrechtliche Bestimmung zur Vernichtung) geklagt werden.

36 Auch nach österr Urheberrecht sind Urheberrechtsverletzungen **strafrechtlich** verfolgbar. Dabei handelt es sich aber um **Privatanklagedelikte**, die nicht von Amts wegen verfolgt werden. Das Grunddelikt ist nach § 91 Abs 1 öUrhG nur mit Freiheitsstrafe bis zu sechs Monaten oder mit Geldstrafe bedroht. Mit UrhGNov 1996 wurde jedoch im Fall gewerbsmäßiger Begehung ein Qualifikationstatbestand geschaffen, der mit Freiheitsstrafe bis zu zwei Jahren zu bestrafen ist (§ 91 Abs 2a öUrhG); auch hierbei handelt es sich – im Unterschied zum deutschen Urheberrecht – um ein Privatanklagedelikt. Fraglich ist freilich, ob diese Strafdrohungen als ausreichend abschreckend angesehen werden können; im internationalen Vergleich liegen sie jedenfalls deutlich unter den durchschnittlich angedrohten Strafen.

Auch im Privatanklageverfahren kann nach § 92 Abs 1 öUrhG die **Vernichtung** der zur widerrechtlichen Verbreitung bestimmten Eingriffsgegenstände sowie die **Unbrauchbarmachung** der ausschließlich zur widerrechtlichen Vervielfältigung bestimmten Eingriffsmittel angeordnet werden. Der strafrechtliche Vernichtungsanspruch besteht, wie ausdrücklich klargestellt ist, **unabhängig** davon, wem die Eingriffsgegenstände oder Eingriffsmittel **gehören** (§ 92 Abs 1 Satz 2 öUrhG)[295]. Die **Einschränkung** auf zur **widerrechtlichen Verbreitung** bestimmte Eingriffsgegenstände ist gleichfalls reformbedürftig, gilt jedoch im Verfahren nach der ProduktpiraterieV auch im strafrechtlichen Zusammenhang nicht; denn die Verbringung in die Gemeinschaft wird der Vervielfältigung bzw der Verbreitung (im Inland) gleichgestellt[296]. Nach § 93 kann zur Sicherung der strafrechtlichen Vernichtungsansprüche auf Antrag des Privatanklägers vom Strafgericht die **Beschlagnahme** angeordnet werden. Hierüber ist sofort zu entscheiden; die Bewilligung kann vom Erlag einer Sicherstellung abhängig gemacht werden. Eine gerichtliche Beschlagnahme dürfte im Fall der Grenzbeschlagnahme nicht erforderlich, wird aber zulässig sein.

Eine Besonderheit des österr Urheberstrafrechts ist das sog **objektive Verfallsverfahren.** Kann nämlich eine bestimmte Person nicht verfolgt oder verurteilt werden, so hat das Strafgericht auf Antrag des Verletzten die Vernichtung in einem freisprechenden Erkenntnis oder in einem selbständigen (objektiven) Verfahren anzuordnen (§ 92 Abs 2 öUrhG). Auch hier kommt es nicht auf die Eigentumsverhältnisse an, nach Möglichkeit ist der Eigentümer von der Vernichtung oder Unbrauchbarmachung unterliegenden Gegenständen aber der Verhandlung zuzuziehen (§ 92 Abs 3 öUrhG). Aus welchem Grund ein Strafverfahren gegen eine bestimmte Person nicht eingeleitet oder mit verurteilendem Erkenntnis abgeschlossen werden kann, spielt keine Rolle. Das objektive Ver-

---

[295] Zum Erfordernis der ausschließlichen Bestimmung von Eingriffsmitteln siehe das zum zivilrechtlichen Vernichtungsanspruch Gesagte Rz 33 oben.

[296] Vgl *Walter*, MR 1999, 286f bei Z 2 insbes Z 2.4. und MR 2000, 245.

fallsverfahren ist insbes auch anzuwenden, wenn der Täter unbekannt ist, mangels Verschuldens oder wegen jugendlichen Alters (§ 44 JGG) nicht bzw nur vom öffentlichen Ankläger (Staatsanwalt) verfolgt werden kann, weil die internationale Zuständigkeit (inländische Strafgerichtsbarkeit)[297] nicht gegeben ist oder weil Rechtfertigung- bzw Schuldausschließungsgründe vorliegen.

Aber auch die **Abschöpfung der Bereicherung** (§ 20 Abs 1 StGB) im Strafverfahren stellt eine Besonderheit dar[298]. Dieser Regelung liegt der Gedanke zu Grunde, dass sich strafbare Handlungen für den Täter wirtschaftlich nicht lohnen sollen. Die Abschöpfung bezieht sich auch auf durch die Handlung eines anderen unrechtmäßig bereicherte Dritte, und zwar nicht als „Nebenstrafe", sondern als „vermögensrechtliche Anordnung", weshalb eine (schuldhafte) Tatbeteiligung als Mittäter für den bereicherten Dritten nicht Voraussetzung der Abschöpfung ist. So wie bei der Vernichtung von Eingriffsgegenständen oder –mitteln ist aber auch eine Verurteilung des Täters selbst nicht erforderlich; in solchen Fällen kann im selbständigen (objektiven) Verfahren abgeschöpft werden (§ 445 StPO)[299]. Die Abschöpfung der Bereicherung ist auch im Privatanklageverfahren und daher auch im Fall von Urheberrechtsverletzungen zulässig[300] und kann mit Einstweiliger Verfügung abgesichert werden (§ 144a StPO).

4. Unmittelbare Anwendbarkeit

Die genannten Rechtsverletzungsfolgen setzen nach der ProduktpiraterieV auch **37**
im Fall der Einfuhr oder Durchfuhr nur voraus, dass die Herstellung der Vervielfältigungsstücke (Nachbildungen) nach Gemeinschaftsrecht oder nach der Rechtslage in Österreich **rechtswidrig** wäre (Art 1 Abs 2 lit b). Ob darüber hinaus nach inländischem Recht oder nach dem von dessen Kollisionsregeln bestimmten anwendbaren ausländischen Recht eine urheber- oder leistungsschutzrechtlich relevante Verwertungshandlung (Verletzungshandlung) vorliegt, ist nicht maßgebend.

Dem steht mE nicht entgegen, dass die einschlägigen Vorschriften in Bezug auf die Rechtsdurchsetzung jeweils auf „dieses Gesetz" bzw auf ein „auf dieses Gesetz gegründetes Ausschließungsrecht" verweisen[301]. Denn diese aus der Zeit vor dem Beitritt Österreichs zur EU stammende Formulierung schließt ohne Zweifel auch das (unmittelbar anwendbare) Gemeinschaftsrecht ein und bezog sich ungeachtet der gewählten Formulierung stets auch auf das – durch die einschlägigen Kollisionsnormen verwiesene – (ausländische) Recht. Es wird dies bei richtiger Auslegung auch für den Anspruch auf angemessenes Entgelt nach § 86 Abs 1 öUrhG gelten, wo auf bestimmte, dem Urheber oder Leistungsschutzberechtigten vorbehaltene Verwertungsarten verwiesen wird, die durch Art 2 PPV 1994/99 ergänzt wurden. Dies trifft schließlich auch für den strafrechtlichen Vernichtungsanspruch nach § 92 Abs 1 öUrhG zu, wo ganz allgemein auf die

---

[297] Siehe dazu *Walter*, MR 1999, 286ff bei Z 3 und OLG Wien 08.10.1999 – „Royal Sped" MR 1999, 285.

[298] Vgl dazu *Daum*, MR 1999, 84.

[299] Zum Unterbleiben einer Abschöpfung siehe § 20a StGB idF 1996.

[300] Siehe dazu OLG Innsbruck 05.08.1998 – „TK"; vgl auch *Daum*, MR 1999, 88.

[301] Siehe §§ 81 Abs 1, 82 Abs 1 und 87 Abs 1 UrhG.

Widerrechtlichkeit abgestellt wird, was vor allem für das **objektive Verfallsverfahren** nach Abs 2 dieser Bestimmung relevant ist.

38 Fraglich wird dies allerdings für den **Straftatbestand** des § 91 Abs 1 öUrhG selbst sein, der auf Eingriffe der in § 86 Abs 1 öUrhG bezeichneten Art abstellt. Auch wenn Art 2 PPV 1994/99 eine unmittelbar anwendbare Verbotsnorm darstellt, fehlt in der ProduktpiraterieV eine (unmittelbar anwendbare) Strafsanktion ebenso wie im österr UrhG. Der auch im österr Strafrecht geltende Grundsatz *nulla poena* bzw *nullum crimen sine lege* (*certa*)[302], der auch aus dem verfassungsrechtlichen Bestimmtheitsgebot (Art 18 B-VB) abgeleitet wird, bzw das strafrechtliche Analogieverbot stehen einer Ergänzung des Straftatbestands wohl entgegen. Dies steht einer Verwirklichung der strafbewehrten Verwertungstatbestände des öUrhG unter Berücksichtigung der Normen des internationalen Strafrechts (§§ 62ff StGB) aber nicht im Weg.

5. Ausnahmen im Reiseverkehr

39 Da in Österreich keine besonderen Vorschriften über die Grenzbeschlagnahme bestehen, und auch Art 10 PPV 1994/99 nicht gesondert umgesetzt wurde, sind auch insoweit ausschließlich die Vorschriften der ProduktpiraterieV anzuwenden, die ihrerseits auch auf die EG-ZollbefreiungsV (ZollBefrV) verweist[303].

6. Haftungsfragen

40 Die Haftung der **Zollbehörden** (Zollstellen) und Beamten richtet sich nach den allgemeinen Vorschriften. Nach Art 23 Abs 1 B-VG haften der Bund, die Länder, die Bezirke, die Gemeinden und sonstige Körperschaften und Anstalten des öffentlichen Rechts für den Schaden, den die als ihre Organe handelnden Personen in Vollziehung der Gesetze, also im Bereich der Hoheitsverwaltung, durch ein rechtswidriges Verhalten wem immer schuldhaft zugefügt haben. Diese Ansprüche sind in einem besonderen Verfahren, dem **Amtshaftungsverfahren**, durchzusetzen und im AmtshaftungsG (AHG) geregelt, worauf hier nicht näher eingegangen werden kann.

41 Was die Haftung des **Rechtsinhabers** wegen einer ungerechtfertigten Grenzbeschlagnahme anlangt, bestehen gleichfalls keine Sondervorschriften. Diese Haftung wird sich deshalb nach den allgemeinen Bestimmungen richten. Im Strafverfahren hat der Antragsteller im Fall einer Beschlagnahme nach § 93 Abs 5 öUrhG dem Betroffenen alle hierdurch verursachten vermögensrechtlichen Nachteile zu ersetzen, wenn nicht auf Vernichtung oder Unbrauchbarmachung erkannt wird. Kommt es infolge einer von den Parteien getroffenen Vereinbarung zu keiner Entscheidung, so kann der Betroffene den Anspruch auf Ersatz nur erheben, wenn er sich dies in der Vereinbarung vorbehalten hat. Solche – verschuldensunabhängigen – Ersatzansprüche sind im ordentlichen Rechtsweg

---

[302] Nach § 1 Abs 1 öStGB darf eine Strafe oder eine vorbeugende Maßnahme nur wegen einer Tat verhängt werden, die unter eine ausdrückliche gesetzliche Strafdrohung fällt und schon zur Zeit ihrer Begehung mit Strafe bedroht war.

[303] Siehe oben Art 10 Rz 1ff.

durchzusetzen (§ 93 Abs 6 öUrhG). Der Ersatzanspruch setzt kein Verschulden voraus.

Entsprechendes gilt für im Provisorialverfahren durchgesetzte vorläufige Maßnahmen. Wird der gefährdeten Partei der behauptete Anspruch rechtskräftig aberkannt, erweist sich ihr Antrag sonst als ungerechtfertigt oder versäumt sie die Frist zur Erhebung der Klage oder Einleitung der Exekution, ist sie dem Gegner für alle ihm durch die Einstweilige Verfügung verursachten Vermögensnachteile ersatzpflichtig (§ 394 Abs 1 EO). Die Höhe kann über Antrag auch nach freiem richterlichen Ermessen (§ 273 ZPO) festgesetzt werden. Hierüber ist mit Beschluss zu entscheiden, der vollstreckbar ist. Für den Schaden muss die erlassene Einstweilige Verfügung bloß kausal gewesen sein; ein Verschulden muss nicht vorliegen. Der Ersatzanspruch umfasst auch den entgangenen Gewinn (volle Genugtuung) und insbes auch die entstandenen Verfahrenskosten, soweit sie noch nicht zugesprochen wurden.

Auch nach österr Recht wird aber davon auszugehen sein, dass ein Ersatzanspruch nur dann besteht, wenn der Rechtsinhaber das Rechtfertigungsverfahren einleitet und darin unterliegt. Die Aussetzung (Zurückhaltung) innerhalb der zehntägigen bzw (verlängerten) zwanzigtägigen Frist nach Art 7 Abs 1 PPV 1994/99 führt dagegen zu keinem Ersatzanspruch, wenn die Frist nicht genützt oder die beschlagnahmten Vervielfältigungsstücke (Nachbildungen) vorher vom Rechteinhaber freigegeben werden.

7. Entwurf eines österreichischen Produktpirateriegesetzes 2001

Nach Abschluss der Arbeiten an diesem Kommentar hat das österr Bundesministerium für Finanzen im Januar 2001 den Entwurf eines ProduktpiraterieG 2001 zur Begutachtung versendet[304], der hier noch kurz erläutert werden soll. Das ProduktpiraterieG 2001 soll noch im Frühjahr 2001 vom Parlament verabschiedet werden. **42**

Wie schon bisher wird darin das **Zollamt Arnoldstein** als zur Entgegennahme von Anträgen nach Art 3 Abs 1 PPV 1994/99 zuständig bezeichnet (§ 1 Abs 1) und wird ausdrücklich klargestellt, dass die Vorschriften über das **Zollverfahren** anwendbar sind, soweit im ProduktpiraterieG nichts anderes bestimmt wird (§ 1 Abs 2). Nach § 2 Abs 1 soll der durch die Bearbeitung solcher Anträge erwachsende **Personal- und Sachaufwand** vom Antragsteller ersetzt werden, wobei zur Berechnung des Personalaufwands § 101 Abs 2 ZollR-DG heranzuziehen ist. Geht man von einem durchschnittlichen Zeitaufwand von 5 Stunden aus, belaufen sich die Kosten bei einem Einsatz von Bediensteten der Verwendungsgruppen A und B danach etwa auf S 1.000,00 (= € 67,75), und zwar unabhängig von allenfalls anfallenden Barauslagen oder einem sonstigen Sachaufwand. Davon abgesehen sind dem Bund nach dem Entwurf auch alle **Kosten** vom Antragsteller zu ersetzen, die aus der Durchführung einer Maßnahme nach Art 6 PPV 1994/99 entstehen (§ 2 Abs 2). Dies gilt für eventuelle in diesem Zusammenhang entstehende Lagerkosten entsprechend; hierfür sind vom Antragsteller Verwaltungsabgaben nach § 104 Abs 1 ZollR-DG zu entrichten.

Zur Abdeckung dieser Kosten und Verwaltungsabgaben sieht der Entwurf vor, dass der Antragsteller eine **Sicherheit** zu leisten hat (§ 3 Abs 1). Hiervon

[304] Siehe http://www.bmf.gv.at/zoll/begutachtung/produktpiraterie/_start.htm.

kann nach Abs 2 abgesehen werden, wenn die Einbringlichkeit der Kosten und der Verwaltungsabgaben auf andere Art gesichert ist.

43 In Präzisierung des **amtswegigen Verfahrens** nach Art 4 PPV 1994/99 sieht § 4 Abs 1 des Entwurfs eine Verpflichtung zur Unterrichtung des Rechtsinhabers vor, was der geltenden Rechtslage nach der PPV 1994/99 entspricht. Zu Recht gilt dies nicht nur dann, wenn der Rechtsinhaber bekannt ist, sondern auch für den Fall, dass dieser leicht festzustellen ist[305].

Über die ProduktpiraterieV hinausgehend, aber im Einklang mit deren Anliegen sieht § 4 Abs 2 des Entwurfs ein amtswegiges Vorgehen auch dann vor, wenn keiner der in der Verordnung vorgesehenen **Aufgriffstatbestände** gegeben ist, es für Zollorgane bei ihrem Tätigwerden im Rahmen der ihnen **sonst obliegenden Aufgaben** aber offensichtlich ist, dass es sich bei den Waren um solche handelt, die ein Recht am geistigen Eigentum verletzen; die Art 4 und Art 7 Abs 1 PPV 1994/99 sind in diesen Fällen sinngemäß anzuwenden (§ 4 Abs 2 des Entwurfs). Diese Erweiterung erscheint vor allem für Waren sinnvoll, die bereits in ein Zollverfahren überführt wurden. Allerdings ist auch nach geltendem Recht ein Einschreiten der Zollbehörden schon mit dem Verbringen der Waren in das Zollgebiet möglich, und gilt dies insbes auch für den in der Begründung des Entwurfs erwähnten Fall des Schmuggels, auch wenn eine Überführung in den zollrechtlich freien Verkehr in diesem Fall nicht stattfindet, sondern zollrechtlich nur mehr die Eingangsabgaben nacherhoben werden[306].

44 Eine wesentliche Neuerung des Entwurfs betrifft die Einführung eines **Widerspruchsverfahrens** nach dem Muster des deutschen PPG 1990. Nach § 5 Abs 1 kann der Anmelder bzw der Verfügungsberechtigte der Aussetzung der Überlassung oder der Beschlagnahme innerhalb von 7 Arbeitstagen schriftlich widersprechen. In diesem Fall unterrichtet das Zollamt den Rechtsinhaber, der binnen 20 Arbeitstagen ab Aussetzung (Beschlagnahme) das Rechtfertigungsverfahren einleiten kann. Unterbleibt ein Widerspruch, so wird nach § 5 Abs 2 des Entwurfs vermutet, dass es sich um unerlaubt hergestellte Vervielfältigungsstücke (Nachbildungen) handelt, und erkennt die örtlich zuständige Zollstelle auf deren Verfall (§ 5 Abs 2). Gegen den Verfallsausspruch kann jedoch nach Abs 3 dieser Bestimmung ein **Rechtsbehelf** erhoben werden, mit welchem auch geltend gemacht werden kann, dass es sich nicht um Waren (Vervielfältigungsstücke) handelt, die ein Recht am geistigen Eigentum verletzen. In diesem Fall ist der Antragsteller unverzüglich zu benachrichtigen, der seinerseits auch in diesem Verfahrensstadium noch das Rechtfertigungsverfahren einleiten kann, und zwar binnen 4 Wochen.

Die Vorschaltung eines formlosen Widerspruchsverfahrens erscheint grundsätzlich sinnvoll[307]. Die vorgeschlagene Regelung ist auch mit den Fristen des Art 7 Abs 1 PPV 1994/99 verträglich, da die Frist von 20 Arbeitstagen für die Einleitung des Rechtfertigungsverfahrens ab Aussetzung der Überlassung (Beschlagnahme) zu berechnen ist. Allerdings bleibt der Rechtsinhaber damit auf eine etwa zehntägige Frist beschränkt, da eine Verlängerung über 20 Arbeitstage

---

305 Siehe zu beiden Aspekten oben Art 4 Rz 3.
306 Vgl zu den erweiterten Aufgriffstatbeständen oben Art 1 Rz 15ff.
307 Siehe oben Art 7 Rz 7 sowie Durchführung Deutschland Rz 9f und Rz 18f.

hinaus unzulässig ist, und das vorgeschaltete Widerspruchsverfahren einschließlich der erforderlichen Verständigungen jedenfalls den ersten Zeitraum vom 10 Arbeitstagen in Anspruch nehmen wird. Problematisch erscheint aber vor allem die Regelung, dass ungeachtet eines unterbliebenen Widerspruchs in dem gegen das Verfallserkenntnis ergriffenen Rechtsmittel (Rechtsbehelf) geltend gemacht werden kann, dass es sich nicht um unerlaubte Vervielfältigungen (Nachahmungen) handelt. Abgesehen von systematischen Bedenken liegt die dem Rechtsinhaber in einem solchen Fall eingeräumte Möglichkeit, das Rechtfertigungsverfahren binnen 4 Wochen einzuleiten, jedenfalls außerhalb des Fristenkonzepts des Art 7 Abs 1 PPV 1994/99. Sinnvoll erscheint das Widerspruchsverfahren außerdem nur dann, wenn mit Unterlassen eines Widerspruchs das Schicksal der ausgesetzten bzw beschlagnahmten Waren auch abschließend geregelt ist. Folgt man dieser Ansicht, liegt die Vorsehung einer unwiderleglichen gesetzlichen Vermutung auf der Hand, wonach der Anmelder bzw sonst Verfügungsberechtigte die zollrechtliche Bestimmung der Vernichtung (Zerstörung) nach Art 4 Z 15 lit d ZK vornimmt, sodass es eines Verfallserkenntnisses nicht bedarf. Diese Möglichkeit steht dem Anmelder (Verfügungsberechtigten) allerdings auch schon nach geltendem Recht zu, da diese zollrechtliche Bestimmung durch die PPV 1994/99 nicht verpönt ist.

Aus rechtlichen und praktischen Erwägungen bedenklich ist jedenfalls die vorgesehene Regelung in § 5 Abs 4 und 5 des Entwurfs, derzufolge der Antragsteller dem Zollamt binnen **6 Monaten** ab Aussetzung (Beschlagnahme) eine **gerichtliche Entscheidung** vorlegen muss, mit welcher entweder die Verwahrung der zurückgehaltenen Waren angeordnet oder eine Verfügungsbeschränkung ausgesprochen wird. Abgesehen davon, dass hier der Fall einer gerichtlichen Feststellung nicht erwähnt ist, steht dieses Erfordernis mit Art 7 Abs 1 PPV 1994/99 in Widerspruch, wonach der Rechtsinhaber das Rechtfertigungsverfahren bloß fristgerecht **einzuleiten** hat. Hinzu kommt, dass der Rechtsinhaber Gerichtsverfahren nur beschränkt beeinflussen kann und auch Verfahren nicht selten sind, in welchen schon die Erlassung einer Einstweiligen Verfügung oder die Anordnung einer (strafgerichtlichen) Beschlagnahme länger als 6 Monate in Anspruch nimmt.

Nach § 7 Abs 1 des Entwurfs hat die Zollbehörde Waren, die ein Recht am **45**
geistigen Eigentum verletzen, zu **vernichten**, zu zerstören oder auf andere Weise ohne Kosten für die Staatskasse aus dem Marktkreislauf zu nehmen, wenn zu Gunsten der Staatskasse auf sie verzichtet oder gemäß § 5 Abs 2 des Entwurfs der Verfall ausgesprochen wird. Damit wird klargestellt, dass auch ein **Verzicht** zu Gunsten der Staatskasse – jedenfalls ohne Zustimmung des Rechtsinhabers – grundsätzlich zur Vernichtung führt[308]. Ergänzend sollte klargestellt werden, dass dies auch dann gilt, wenn ein gerichtliches Erkenntnis im **Rechtfertigungsverfahren** vorliegt oder der Anmelder (Verfügungsberechtigte) die zulässige zollrechtliche **Bestimmung** der Vernichtung wählt. Neu ist, dass nach § 7 Abs 2 des Entwurfs Waren auch **karitativen Zwecken** zugeführt oder auf andere Weise verwertet werden dürfen. Dies erscheint im Hinblick darauf zulässig und sinnvoll, dass die Zustimmung des Rechtsinhabers vorausgesetzt wird.

---

[308] Vgl Art 8 Rz 9f.

46 Neu ist auch die Regelung in § 8 Abs 1 des Entwurfs, wonach ein Zuwiderhandeln gegen Art 2 PPV 1994/99 als **Finanzvergehen** zu ahnden ist, sofern die Tat nicht den Tatbestand einer in die Zuständigkeit der Gerichte fallenden strafbaren Handlung bildet. Als Sanktionen sind Geldstrafe bis zu € 14.800,00 bzw – bei bloß fahrlässiger Begehung – bis zu € 3.700,00 vorgesehen. Auch diese Regelung erscheint im Hinblick auf die ausdrückliche Sanktionsdrohung des Art 11 PPV 1994/99 zulässig und im Sinn des angestrebten Ziels einer wirksamen Pirateriebekämpfung auch sinnvoll zu sein.

Ergänzend sieht Abs 2 des Entwurf den **Verfall** nach Maßgabe des § 17 FinanzstrafG vor, sofern der Verfall nicht bereits gemäß § 5 Abs 2 ausgesprochen wurde. Darüber hinaus sollte weiters festgehalten werden, dass ein Verfall auch im Fall einer gerichtlichen Feststellung, derzufolge es sich um unerlaubte Vervielfältigungsstücke (Nachbildungen) handelt, oder auch dann auszusprechen ist, wenn das – etwa auf Unterlassung oder Feststellung – gerichtete Gerichtsverfahren den Verfall (die Vernichtung) nicht oder nicht rechtzeitig anordnet oder wenn das Finanzstrafverfahren nur wegen fehlenden Verschuldens nicht mit einem Schuldspruch endet (objektiver Verfall).

47 Klarstellungen des zivil- und strafrechtlichen **Sanktionensystems** im Zusammenhang mit den Tatbeständen nach der PPV 1994/99 fehlen in dem vorliegenden Entwurf allerdings. Diese wären vor allem im Zusammenhang mit den Vernichtungsansprüchen des Verletzten sinnvoll. Aber auch in anderen Zusammenhängen, etwa in Bezug auf die Umschreibung des Straftatbestands in § 91 Abs 1 öUrhG iVm § 86 Abs 1 öUrhG fehlen Präzisierungen und Ergänzungen ebenso wie sonstige materiellrechtliche und verfahrensrechtliche Klarstellungen betreffend das Rechtfertigungsverfahren. Angezeigt erschienen in diesem Zusammenhang auch Vorschriften betreffend die aktive (zB Verwertungsgesellschaften) und passive Klagslegitimation und die Zuständigkeit. Von den angedeuteten Kritikpunkten abgesehen, enthält der vorliegende Entwurf jedoch eine Reihe sinnvoller Klarstellungen und Ergänzungen.

Folgerecht-Richtlinie (Gemeinsamer Standpunkt)

(*Bearbeiter: Walter*)

Materialien und Literatur

I. Materialien

Vorschlag für eine Richtlinie des Europäischen Parlaments und des Rates über das Folgerecht des Urhebers des Originals eines Kunstwerks vom 13. März 1996 KOM (1996) 097 endg ABl C 178 vom 21.06.1996, 16[1]

Stellungnahme des Wirtschafts- und Sozialausschusses vom 18. Dezember 1996 CES 1507/1996 ABl C 75 vom 10.03.1997, 17

Stellungnahme des Europäischen Parlaments (Erste Lesung) zu dem Vorschlag für eine Richtlinie des Europäischen Parlaments und des Rates über das Folgerecht des Urhebers des Originals eines Kunstwerkes vom 9. April 1997 R4-0030/1997 ABl C 132 vom 28.04.1997, 88[2]

Geänderter RL-Vorschlag für eine Richtlinie des Europäischen Parlaments und des Rates über das Folgerecht des Urhebers des Originals eines Kunstwerks vom 12. März 1998 KOM (1998) 78 endg ABl C 125 vom 23.04.1998, 8[3]

Gemeinsamer Standpunkt des Rates im Hinblick auf den Erlaß der Richtlinie des Europäischen Parlaments und des Rates über das Folgerecht des Urhebers des Originals eines Kunstwerks vom 19. Juni 2000 CSL 7484/1/2000 ABl C 300 vom 20. Oktober 2000, 1

Mitteilung der Kommission an das Europäische Parlament betreffend den vom Rat angenommenen gemeinsamen Standpunkt im Hinblick auf den Erlaß der Richtlinie des Europäischen Parlaments und des Rates über das Folgerecht des Urhebers des Originals eines Kunstwerks vom 15. September 2000 CE SEC (2000) 1516

Entwurf einer Empfehlung des Ausschusses für Recht und Binnenmarkt vom 27. September 2000 A5-370/2000 für die Zweite Lesung des Europäischen Parlaments betreffend den Gemeinsamen Standpunkt des Rates im Hinblick auf den Erlass der Richtlinie über das Folgerecht des Urhebers des Originals eines Kunstwerks (Berichterstatter: *Zimmerling*) mit Ergänzungen vom 9. und 21. November 2000

Empfehlung des Ausschusses für Recht und Binnenmarkt vom 28. November 2000 A5-370/2000

Legislative Entschließung des Europäischen Parlaments (Zweite Lesung) zu dem Gemeinsamen Standpunkt des Rates im Hinblick auf den Erlass der Richtlinie des Europäischen Parlaments und des Rates über das Folgerecht des Urhebers des Originals eines Kunstwerks vom 13. Dezember 2000 R5-0560/00

---

[1] GRUR Int 1997, 334.

[2] Siehe auch Bericht des Ausschusses für Recht und Bürgerrechte vom 22.01.1997 A4-0030/97; Stellungnahme des Ausschusses für Kultur, Jugend, Bildung und Medien vom 10.12.1996 A4-0030/97.

[3] KUR 1999, 44.

II. Literatur

Benabou, Droits d'auteur et droit communautaire 419
Beseler, Die Harmonisierung des Urheberrechts aus Europäischer Sicht, ZUM 1995, 437
Braun, Joseph Beuys und das deutsche Folgerecht bei ausländischen Kunstauktionen, IPRax 1995, 227
Claverie, Une économie européenne des marchés de l'art, RMC 1992, 698
Cohen Jehoram/Smulders, Law of the European Community EC-90
Doutrelepont, Le droit et l'objet d'art. L'harmonisation du droit de suite des artistes plasticiens dans l'Union européenne (1996) (Kurzzitat: *Doutrelepont*, Le droit de suite)
Ellins, Copyright Law 320ff
Gamerith, Gedanken zur Harmonisierung des Folgerechts in der EG, FS *Dittrich* (2000) 71
Gaster, Harmonisierung des Folgerechts, FS *Dittrich* (2000) 91
Gautier, Le marché unique des œuvres d'art, RIDA 144 (1990) 13
Ibbotsen, *Droit de suite* – Why the EC Directive should be supported, CW 63 (1996) 21
Katzenberger, Das Folgerecht im deutschen und ausländischen Urheberrecht (1970)
Katzenberger, Das Folgerecht in rechtsvergleichender Sicht, GRUR Int 1973, 660
Katzenberger, Deutsches Folgerecht und ausländische Kunstauktionen, GRUR Int 1992, 567
Katzenberger, Harmonisierung des Folgerechts in Europa, GRUR Int 1997, 309
Lohs, F.D.P.-Gesetzesentwurf für ein neues Folgerecht in Deutschland – Drucksache 14/3555 vom 7.6.2000, KUR 2000, 148
Pfefferle, Das deutsche Folgerecht in Fällen mit Auslandsberührung, GRUR 1996, 338
Pfennig, Das Folgerecht in der Europäischen Union, in FS *Kreile* (1994) 491 (Kurzzitat: *Pfennig*, Folgerecht)
Pfennig, Stellungnahme zum Vorschlag für eine Richtlinie des Europäischen Parlaments und des Rates zur Harmonisierung des Folgerechts der Mitgliedstaaten, ZUM 1996, 777
Pfennig, The resale right of artists (droit de suite), Copyright Bulletin 31 (1997/3) 20
Schneider-Brodtmann, Das Folgerecht des bildenden Künstlers im europäischen und internationalen Urheberrecht (1996) 82 (Kurzzitat: *Schneider-Brodtmann*, Folgerecht)
Schneider-Brodtmann, Das Folgerecht des bildenden Künstlers im Internationalen Urheberrecht – der Fall „Beuys" in *Reichelt* (Hrsg), Neues Recht zum Schutz von Kulturgut, Schriftenreihe des Ludwig Boltzmann Instituts für Europarecht (1997) 131
Schwarz, Die Einführung des Folgerechts in Österreich, MR 1994, 210
Siehr, Das urheberrechtliche Folgerecht inländischer Künstler nach Versteigerung ihrer Werke im Ausland, IPRax 1992, 29
Siehr, Joseph Beuys und das Internationale Folgerecht: Eine Zwischenbilanz, IPRax 1992, 29
Smith, Droit de Suite The Case Against the Initiative of the European Commission, CW 63 (1996) 25
Vorpeil, Deutsches Folgerecht und Versteigerung eines Werkes im Ausland, GRUR Int 1992, 913
Walter, Entwurf einer Urheberrechtsgesetz-Novelle 1994 – Ein Zwischenergebnis nach der Urheberrechtsgesetz-Novelle 1993 (ÖSGRUM 14/1993) 58 (Kurzzitat: *Walter* [ÖSGRUM 14/1993])
Walter, Folgerecht und Berner Übereinkunft, ZfRV 1973, 110
Walter, Das Folgerecht und seine Harmonisierung in Europa in *Reichelt* (Hrsg) Neues Recht zum Schutz von Kulturgut, Schriftenreihe des Ludwig Boltzmann Instituts für Europarecht (1997) (Kurzzitat: *Walter*, Folgerecht und Harmonisierung)

Vor Artikel 1

Übersicht

Text

Aus den Erwägungsgründen

ErwG 5 Die Gemeinschaft ist nach Artikel 151 Absatz 4 des Vertrages gehalten, bei ihrer Tätigkeit aufgrund anderer Bestimmungen des Vertrages den kulturellen Aspekten Rechnung zu tragen.

ErwG 8 Das Folgerecht ist derzeit in den Rechtsordnungen der meisten Mitgliedstaaten vorgesehen. Diese Rechtsvorschriften weisen – soweit sie bestehen – Unterschiede insbesondere in bezug auf die erfaßten Werke, die Anspruchsberechtigten, die Höhe des Satzes, die diesem Recht unterliegenden Transaktionen und die Berechnungsgrundlage auf. Die Anwendung oder Nichtausübung eines solchen Rechts hat insofern erhebliche Auswirkungen auf die Wettbewerbsbedingungen im Binnenmarkt, als das Bestehen oder Nichtbestehen einer aus dem Folgerecht resultierenden Abführungspflicht ein Aspekt ist, der von jeder an dem Verkauf eines Kunstwerks interessierten Person in Betracht zu ziehen ist. Daher ist dieses Recht einer der Faktoren, die zu Wettbewerbsverzerrungen und Handelsverlagerungen in der Gemeinschaft beitragen.

ErwG 9 Diese Unterschiede hinsichtlich des Bestehens des Folgerechts und seiner Anwendung durch die Mitgliedstaaten haben unmittelbare negative Auswirkungen auf das reibungslose Funktionieren des Binnenmarkts im Sinne von Artikel 14 des Vertrages, soweit er Kunstwerke betrifft. Artikel 95 des Vertrages ist daher die geeignete Rechtsgrundlage.

ErwG 10 Zu den im Vertrag verankerten Zielen der Gemeinschaft gehören die Schaffung der Grundlagen für einen immer engerer Zusammenschluß der europäischen Völker, die Herstellung engerer Beziehungen zwischen den Mitgliedstaaten der Gemeinschaft und die Sicherung des wirtschaftlichen und sozialen Fortschritts durch gemeinsames Handeln, das die Europa trennenden Schranken beseitigt. Zur Verwirklichung dieser Ziele sieht der Vertrag die Errichtung eines Binnenmarkts vor, in dem die Hindernisse für den freien Waren- und Dienstleistungsverkehr sowie für die Niederlassungsfreiheit beseitigt sind, und die Schaffung eines Systems, das den Wettbewerb innerhalb des Binnenmarkts vor Verfälschungen schützt. Die Harmonisierung der Bestimmungen des Folgerechts der Mitgliedstaaten zum Folgerecht trägt zur Verwirklichung dieser Ziele bei.

ErwG 11 Die Sechste Richtlinie 77/388/EWG des Rates vom 17. Mai 1977 zur Harmonisierung der Rechtsvorschriften der Mitgliedstaaten über die Umsatzsteuer – Gemeinsames Mehrwertsteuersystem: einheitliche steuerpflichtige Bemessungsgrundlage[4] sieht die schrittweise Einführung einer gemeinschaftlichen Regelung u.a. für die Besteuerung von Kunstgegenständen vor. Steuerliche Maßnahmen allein reichen jedoch nicht aus, um das reibungslose Funktionieren des Kunstmarkts zu gewährleisten. Erreicht werden kann dies nur mit Hilfe einer Harmonisierung des Folgerechts.

ErwG 12 Bestehende rechtliche Unterschiede sollten beseitigt werden, soweit sie den Binnenmarkt in seiner Funktion beeinträchtigen, und es sollte verhindert werden, daß neue Unterschiede auftreten. Unterschiede hingegen, die sich nicht nachteilig auf den Binnenmarkt auswirken, können bestehen bleiben bzw. müssen nicht verhindert werden.

ErwG 13 Eine Voraussetzung für das reibungslose Funktionieren des Binnenmarktes sind Wettbewerbsbedingungen, die keine Verzerrungen aufweisen. Unterschiede zwischen den nationalen Rechtsvorschriften zum Folgerecht lassen Wettbewerbsverzerrungen und Handelsverlagerungen in der Gemeinschaft entstehen und führen – je nachdem, wo die Werke verkauft werden – zu einer Ungleichbehandlung der Künstler. Die zur Prüfung stehende Frage weist somit transnationale Aspekte auf, die sich durch Maßnahmen der Mitgliedstaaten nicht befriedigend regeln lassen. Eine Untätigkeit der Gemeinschaft wäre unvereinbar mit dem Gebot des Vertrags, Wettbewerbsverzerrungen und Ungleichbehandlung entgegenzuwirken.

ErwG 14 In Anbetracht des Ausmaßes der Unterschiede zwischen den nationalen Bestimmungen ist es daher erforderlich, die Harmonisierungsmaßnahmen zu erlassen, um Disparitäten zwischen den Rechtsvorschriften der Mitgliedstaaten in den Bereichen zu beheben, in denen diese Disparitäten die Schaffung oder die Aufrechterhaltung von Wettbewerbsverzerrungen zur Folge haben könnten. Eine Harmonisierung sämtlicher Bestimmungen der Mitgliedstaaten zum Folgerecht erscheint jedoch nicht erforderlich; damit so viel Spielraum wie möglich für einzelstaatliche Entscheidungen bleibt, genügt es, nur diejenigen einzelstaatlichen Vorschriften zu harmonisieren, die sich am unmittelbarsten auf das Funktionieren des Binnenmarkts auswirken.

ErwG 15 Diese Richtlinie entspricht daher in ihrer Gesamtheit dem Subsidiaritäts- und Verhältnismäßigkeitsprinzip nach Artikel 5 des Vertrags.

---

[4] ABl L 145 vom 13.06.1977, 1. Zuletzt geändert durch die Richtlinie 99/85/EG ABl L 277 vom 28.10.1999, 34.

Kurzkommentar

1. Harmonisierungsbedarf

In nicht weniger als 11 von derzeit 15 EU-Mitgliedstaaten ist das Folgerecht *(droit de suite)* anerkannt. Neben Österreich fehlen lediglich Großbritannien, Irland und die Niederlande. Es lag deshalb für die Kommission der Europäischen Gemeinschaften auf der Hand, auch das Folgerecht in die Harmonisierungsbestrebungen einzubeziehen[5]. Denn ein Ausweichen auf den Kunstmarkt, insbes auf Versteigerungshäuser in Mitgliedstaaten ohne Folgerecht kann das Funktionieren des Binnenmarkts empfindlich stören, zumal die meisten Mitgliedsländer diese Einrichtung als **sachgerecht** ansehen und in ihrer Urheberrechtsgesetzgebung verankert haben. Die **Kompetenz** der Europäischen Union, eine **Rechtsangleichung** in Bezug auf das Folgerecht herbeizuführen, erscheint schon deshalb unzweifelhaft gegeben zu sein[6]. Hinzu kommt die durch die *Phil Collins* Entscheidung[7] veränderte Situation, wonach im Verhältnis zu Künstlern aus Mitgliedstaaten das Spiel der materiellen Reziprozität nach Art 14ter Abs 2 RBÜ 1967/71 nicht mehr funktioniert[8]. **1**

Dass eine Harmonisierung auch in diesem Zusammenhang nur auf **hohem Niveau** erfolgen sollte, folgt nicht nur aus der Natur der Sache, sondern auch aus dem Leitgedanken, den der Europäische Gesetzgeber in Erwägungsgrund 10 der Schutzdauer-RL niedergelegt hat. Eine Harmonisierung des Urheberrechts auf hohem Schutzniveau ist danach schon deshalb erforderlich, weil diese Rechte die Grundlage für das geistige Schaffen bilden und im Interesse der Kreativen ebenso liegen wie im wohlverstandenen Interesse der Kulturindustrie, der Konsumenten und der gesamten Gesellschaft[9]. Die Fassung der Richtlinie nach dem Gemeinsamen Standpunkt wird diesen Anforderungen allerdings nicht in jeder Hinsicht gerecht. Die zu erwartende Erlassung der Folgerecht-RL stellt – auch im Hinblick auf die dem *droit de suite* entgegenstehenden Widerstände einflussreicher Kreise – dessen ungeachtet einen bedeutenden und zu begrüßenden Schritt in Richtung auf eine möglichst umfassende Harmonisierung des Europäischen Urheberrechts dar. **2**

2. Rechtsnatur und Anliegen des Folgerechts

Das Folgerecht *(droit de suite)* besteht in einem (unverzichtbaren) Anspruch des Urhebers auf **Beteiligung** an den Erlösen, die bei der **Weiterveräußerung** von Originalen seiner Werke erzielt werden. Nicht erfasst ist der Erstverkauf eines Originals (durch den Urheber)[10]; auch **Kommissionsverkäufe** gelten deshalb als **3**

---

[5] Zum Gang der Harmonisierungsarbeiten vgl *Katzenberger*, GRUR Int 1997, 313.

[6] Vgl ErwG 4 und 8 bis 15. Siehe dazu auch *Katzenberger*, GRUR Int 1997, 313.

[7] Vgl dazu *Walter* Allgemeiner Teil – 2. Kapitel Diskriminierungsverbot Rz 7 und 11 sowie unten Art 7 Rz 8.

[8] Da das Folgerecht bereits in den meisten Mitgliedstaaten realisiert ist, wird man auch davon ausgehen können, dass es zum „Europäischen Standard" *(level prevailing in the Community)* im Sinn des Protokoll 28 Art 1 Abs 3 zum EWR-Abkommen zählt.

[9] Vgl dazu auch schon die Ausführungen der Kommission in den Initiativen zum Grünbuch. Siehe auch *Ellins*, Copyright Law 315ff.

[10] Vgl *Schneider-Brodtmann*, Folgerecht 82; siehe auch die ausdrückliche Formulierung in Art 14ter RBÜ 1967/1971 „nach der ersten Veräußerung durch den Urheber".

Erstverkäufe und nicht als Weiterveräußerungen. Das Folgerecht kann in den unterschiedlichsten Spielarten organisiert sein[11]. Das Grundanliegen besteht darin, den Urheber an der Wertsteigerung zu beteiligen, die seine Werke typischer Weise im Lauf der Zeit auf dem Markt erfahren. An dieser Wertsteigerung partizipiert der Künstler anderenfalls überhaupt nicht, weil die Weiterveräußerung einmal mit seiner Zustimmung veräußerter Werkstücke nicht mehr seiner (urheberrechtlichen) Kontrolle unterliegt (Erschöpfung des Verbreitungsrechts)[12]. Hinzu kommt die Überlegung, dass für Werke der bildenden Künste die klassischen Verwertungsrechte, vor allem diejenigen der öffentlichen Wiedergabe, wirtschaftlich eine ungleich geringere Bedeutung haben als dies bei anderen Werkarten der Fall ist, und dass das Original und dessen Verkauf, an die das Folgerecht anknüpft, eine wesentliche Rolle spielt[13].

4 Dagegen lässt sich zwar einwenden, dass es auch Fälle gibt, in welchen eine **Wertsteigerung** tatsächlich nicht oder nur in geringem Umfang eintritt[14]. Wenngleich dies zwar nicht auszuschließen ist, wird aber davon auszugehen sein, dass dies nicht der Regelfall ist. Gewöhnlich veräußert der Urheber seine Werke zu seinen Lebzeiten, insbes in jungen Jahren, zu mäßigen Preisen, und steigt der Wert der Originale erst mit dem wachsenden Bekanntheitsgrad des Künstlers. Trifft dies aber deshalb nicht zu, weil der Künstler keine ins Gewicht fallende Bekanntheit und keinen besonderen Ruf erlangt, werden die auf dem Markt zu erzielenden Weiterveräußerungserlöse in aller Regel ohnehin unter dem in den meisten Rechtsordnungen, die das Folgerecht kennen, festgelegten **Schwellenwert** liegen. Diesem kommt deshalb nicht nur die Funktion einer am administrativen Aufwand orientierten Untergrenze, sondern darüber hinaus auch grundsätzliche Bedeutung zu. Im Übrigen entspricht das Erlösbeteiligungsprinzip ohne Rücksicht auf einen eingetretenen Wertzuwachs dem allgemeinen urheberrechtlichen Prinzip, wonach der Urheber an jeder Werkverwertung zu beteiligen ist, gleichviel ob diese im Einzelfall gewinnbringend erfolgt oder nicht.

5 Das *droit de suite* ist nicht als Ausschlussrecht (Verbotsrecht) des Urhebers konstruiert, sondern als bloßer Vergütungsanspruch. Die Folgerecht-RL spricht deshalb zu Recht von „Folgerechtsvergütung". In den Ländern, die neben dem Vervielfältigungsrecht ein selbständiges Verbreitungsrecht kennen und dieses durch den **Erschöpfungsgrundsatz**[15] beschränken, ist die Weiterveräußerung von Werkstücken (Originalen), die einmal mit Zustimmung des Berechtigten (durch Übertragung des Eigentums) in den Verkehr gebracht wurden, grundsätz-

---

[11] Einen aktuellen Überblick über die geltenden Regelungen im Europa der EU gibt *Pfennig*, Folgerecht 494ff.

[12] Vgl dazu *Walter* Stand der Harmonisierung Rz 35ff.

[13] Vgl zur Rechtfertigung des Folgerechts auch *Katzenberger*, GRUR Int 1997, 310f; *Pfennig*, Folgerecht 491ff; *Schneider-Brodtmann*, Folgerecht 71f.

[14] Manche Rechtsordnungen knüpfen deshalb nicht am Veräußerungserlös, sondern am „Mehrwert" (*plus value*) an.

[15] Verbrauch des Verbreitungsrechts (*first sale doctrin).* Vgl dazu *Walter* Stand der Harmonisierung Rz 35ff. Siehe etwa § 16 Abs 3 öUrhG und § 17 Abs 2 dUrhG.

lich ohne Zustimmung des Urhebers zulässig[16]. Das Folgerecht relativiert aber das Fehlen eines Ausschlussrechts, das dem Urheber die Kontrolle über das weitere Schicksal der Werkexemplare ermöglichen und damit auch einen angemessenen Anteil an den Weiterveräußerungserlösen garantieren würde, durch die Gewährung eines Anspruchs auf angemessene Vergütung. Dieser wirkt als bloßer Zahlungsanspruch nicht absolut und stellt nur ein schuldrechtliches Forderungsrecht dar.

Als **Vergütungsanspruch** wäre das Folgerecht grundsätzlich abtretbar und **6** könnte deshalb auf Dritte (Erwerber, Museen, Galeristen etc) auch im Voraus **übertragen** werden. Einer Vorgabe des Art 14ter RBÜ 1967/71 folgend wird das Folgerecht aber als (unter Lebenden) unveräußerlich (unübertragbar) verstanden[17]. Dieser Grundsatz soll verhindern, dass der Urheber (anlässlich der ersten Veräußerung des Originals) auch seinen Beteiligungsanspruch veräußert bzw hierauf verzichtet[18]. Im Hinblick darauf, dass der Urheber in der Regel die schwächere Verhandlungsposition hat, handelt es sich hierbei um eine sinnvolle Urheberschutzbestimmung, die im Übrigen in entsprechender Form für alle Vergütungsansprüche erwägenswert erscheint[19].

3. Spielarten des Folgerechts

3.1. Mehrwert oder Veräußerungserlös

Wie bereits angedeutet, kann der Anspruch auf angemessene Vergütung an den **7** Erlösen aus der Weiterveräußerung von Originalen entweder am jeweiligen Gesamterlös oder bloß an der Differenz zwischen dem letzten Veräußerungserlös und dem aktuell erzielten Preis, dem Gewinn oder **Mehrwert** (*plus-value*) anknüpfen[20]. Wenngleich ein solches Abstellen auf den Mehrwert dem Grundgedanken des Folgerechts Rechnung trägt, knüpft nur eine Minderzahl derjenigen Länder, die das Folgerecht kennen, an einen solchen Mehrerlös an[21], wobei die Beteiligungssätze dann naturgemäß höher liegen[22]. Wird dagegen an jeden

---

[16] Eine Ausnahme hiervon stellt das (ausschließliche) Vermiet- und Verleihrecht dar. Vgl dazu *v Lewinski* Art 1 Rz 25ff Vermiet- und Verleih-RL.

[17] Vgl *Schneider-Brodtmann*, Folgerecht 80f.

[18] So auch *Pfennig*, Folgerecht 511.

[19] Vgl dazu *Walter* (ÖSGRUM 14/1993) 78f. Vgl jetzt auch Vorschlag zu einem Gesetzesentwurf zur Stärkung der vertraglichen Stellung von Urhebern und ausübenden Künstlern vom 22.05. bzw 17.08.2000 § 32 (http://www.bmj.bund.de/ggv/entwurh).

[20] Vgl dazu *Schneider-Brodtmann*, Folgerecht 32 und 86; siehe auch *Katzenberger*, GRUR Int 1973, 661ff und *Katzenberger*, GRUR Int 1997, 310f.

[21] In Europa etwa die italienische Regelung, die allerdings – wohl auch wegen ihrer Kompliziertheit – in der Praxis nicht angewandt wird (vgl zur italienischen Regelung auch *Pfennig*, Folgerecht 498). Auch das portugiesische Urheberrecht ist zunächst von einer „Gewinnbeteiligung" ausgegangen (§ 59 port UrhG 1966), doch stellt das neue UrhG 1985 (Art 54 Abs 1) bei richtiger Auslegung nun auf eine Beteiligung in der Höhe von 6% an jeder Veräußerung ab (siehe dazu *Dietz*, Urheberrecht in Spanien und Portugal [1990] 113ff). Zum port Recht siehe auch *Schneider-Brodtmann*, Folgerecht 51f und *Pfennig*, Folgerecht 498f.

[22] Nach dem erwähnten ital UrhG 1941 im Fall der öffentlichen Weiterveräußerung 2% bis 10% des Mehrwerts bzw 10% des Mehrwerts bei Privatverkäufen. Vgl zur italienischen Regelung auch *Schneider-Brodtmann*, Folgerecht 47ff.

Weiterveräußerungserlös angeknüpft und nicht bloß vom erzielten Mehrwert ausgegangen, ist der Beteiligungssatz in der Regel verhältnismäßig gering (in den EU-Mitgliedstaaten etwa 3% bis 6%).

8 Abgesehen von dem allgemeinen urheberrechtlichen Grundsatz, dass der Urheber an jeder Verwertung seines Werks zu beteiligen ist, gleichviel ob diese für den „Veranstalter" gewinnbringend ist oder nicht, sprechen vor allem praktische Gründe gegen eine Anknüpfung an den Mehrwert. Denn dieser ist äußerst schwierig festzustellen, was insbes dann gilt, wenn neben Weiterveräußerungen im Weg der Versteigerung oder durch Kunsthändler auch solche im privaten Bereich erfolgen[23]. Auch würde die Feststellung des Mehrwerts in jedem einzelnen Fall einen nicht unbeträchtlichen Verwaltungsaufwand erfordern und damit Kosten nach sich ziehen, die kaum zu rechtfertigen wären. Schließlich darf bei nüchterner Betrachtung nicht außer acht gelassen werden, dass Umsätze mit Kunstwerken (Manuskripten) vor allem aus steuerlichen Überlegungen nicht selten „außerbücherlich" oder zu Preisen erfolgen, die den tatsächlich bezahlten Beträgen nicht entsprechen. Da eine sinnvolle Regelung des Folgerechts in der Praxis anwendbar und mit vertretbarem Aufwand administrierbar sein muss, scheidet eine Anknüpfung an den Mehrwert mE aus[24]. Wird dagegen an **jeden Weiterveräußerungsvorgang** angeknüpft, kann sich der Beteiligungssatz auch in einem Ausmaß halten, das den einzelnen Veräußerungsvorgang nur minimal belastet und jedenfalls weit unter den durchschnittlichen Umsatzsteuersätzen liegt[25].

3.2. Betroffene Werkarten

9 Das *droit de suite* ist eine der wenigen urheberrechtlichen Befugnisse, die sich in erster Linie auf **Werke der bildenden Künste** beziehen. Als solche versteht man (auf der bildnerischen Fantasie des Künstlers beruhende) zwei- oder dreidimensionale visuelle Gestaltungen[26], einschließlich jüngerer Kunstformen wie Aktionskunst, kinetische Kunst, Performance Art, Installationen etc. Manche Regelungen schließen jedoch auch andere Werkkategorien, insbes Sprachwerke und damit Handschriften (Manuskripte) ein. In Europa ist dies etwa nach der italienischen und portugiesischen Regelung der Fall[27]. Da auch Handschriften (Autographe) heute auf dem Markt zu nicht unbeträchtlichen Preisen gehandelt werden und bei Versteigerungen beachtliche Erlöse erzielen, erscheint eine Einbeziehung auch von Sprachwerken (Manuskripten) und Musikwerken (**Autographen** von Musiknoten) durchaus erwägenswert[28]. Dies um so mehr, als sich Manuskripte oft nicht im Besitz des Urhebers bzw der Urhebererben befinden, was ganz allgemein auch für Briefe gilt. Hinzu kommt, dass literarische Nachlässe und Briefe häufig vom Urheber oder seinen Erben (schenkungsweise oder testamen-

---

[23] Vgl zur Durchsetzbarkeit *Katzenberger*, GRUR Int 1997, 311.

[24] So auch *Schneider-Brodtmann*, Folgerecht 86.

[25] Vgl dazu zuletzt *Doutrelepont*, Le droit de suite 25ff.

[26] Vgl *Katzenberger*, Das Folgerecht im deutschen und ausländischen Urheberrecht 82 mwN.

[27] Siehe dazu *Doutrelepont*, Le droit de suite 31ff.

[28] AM *Schneider-Brodtmann*, Folgerecht 79f.

tarisch) öffentlichen Einrichtungen wie Bibliotheken und Archiven überlassen werden. Dabei darf auch nicht übersehen werden, dass nach den meisten Standard-Verlagsverträgen das dem Verleger vom Autor zu übergebende Manuskript ins Eigentum des Verlags übergeht. Dessen ungeachtet liegt der Schwerpunkt des Regelungszwecks beim Folgerecht sicherlich im Bereich der bildenden Künste.

3.3. Veräußerungsvorgänge

Das Folgerecht wurde erstmals in Frankreich verwirklicht, und zwar mit Gesetz **10** vom 20. Mai 1920[29], war aber zunächst auf Verkäufe bei **öffentlichen Versteigerungen** beschränkt. Auch das belgische Gesetz vom 25. Juni 1921 hat diese Beschränkung übernommen, die das neue belgischen UrhG 1994[30] beibehalten hat (Art 11). In Frankreich wurde diese Beschränkung allerdings grundsätzlich bereits mit dem franz UrhG 1957 aufgegeben[31]. Allerdings ist eine entsprechende Durchführungsverordnung nicht erlassen worden; über Untätigkeitsklage der französischen Verwertungsgesellschaft SPADEM hat der *Conseil d'Etat* am 9. April 1993 die Erlassung einer solchen Durchführungsverordnung angeordnet[32]. Die meisten anderen europäischen Gesetzgebungen, die das Folgerecht kennen (Deutschland, Spanien, Dänemark, Finnland, Griechenland und Portugal) sehen das Folgerecht auch für Veräußerungsvorgänge vor, an welchen ein **Kunsthändler** beteiligt ist. Das gilt an sich auch für Italien und Luxemburg, doch werden die entsprechenden gesetzlichen Vorschriften in diesen Ländern in der Praxis nicht angewandt[33].

Die Beschränkung des Folgerechts auf öffentliche Versteigerungen erscheint sachlich nicht gerechtfertigt; sie ist lediglich historisch zu erklären und verstößt wohl auch gegen den Gleichheitsgrundsatz, dessen verfassungsrechtliche Verankerung freilich in den einzelnen Verfassungsordnungen unterschiedlich erfolgt sein mag. Erwägenswert erschiene aber – auch aus Gründen der Wettbewerbsgleichheit – auch eine Einbeziehung von **„Privatverkäufen"**[34], was allerdings zu praktischen Schwierigkeiten führen könnte[35].

4. Sozialbindung des Folgerechts?

Nach dem traditionellen **individualrechtlichen Ansatz** soll das *droit de suite* **11** dem Urheber (Künstler) und – nach seinem Tod – bis zum Ablauf der urheberrechtlichen Schutzfrist seinen Erben zugute kommen. Allerdings stellt sich auch für das Folgerecht die Frage, ob nicht ein Teil der Erträgnisse **sozialen und kulturellen Einrichtungen** zugeführt werden soll, mit deren Hilfe zeitgenös-

---

[29] Ergänzt durch das Dekret vom 17.12.1920. Vgl dazu *J.L. Duchemin*, Le droit de suite des artistes (1948); *Vaunois*, La loi française du 20 mai 1920 et le droit des artistes sur les ventes publiques de leurs œuvres, DdA 1920, 101.

[30] Gesetz vom 30.06.1994 idF 03.04.1995 Moniteur Belge 27.07.1994 und 29.04.1995; deutsche Übersetzung (*v Lewinski*) GRUR Int 1996, 233.

[31] Art 42; jetzt Art L 122-8 CPI 1992.

[32] Vgl GRUR Int 1993, 711. Siehe dazu auch *Schneider-Brodtmann*, Folgerecht 43.

[33] Vgl dazu *Schneider-Brodtmann*, Folgerecht 49 und 50.

[34] Auch Privatverkäufe erfassen in Europa das port UrhG 1985 (Art 54 Abs 1) und die italienische Regelung (Art 144 bis 155 UrhG 1941).

[35] Vgl *Schneider-Brodtmann*, Folgerecht 84.

sische Kunst und lebende Künstler unterstützt werden könnten. Es wird dies auf freiwilliger Basis – allerdings mit mäßigen Prozentsätzen[36] – seit Jahrzehnten von Verwertungsgesellschaften aller Sparten auch gehandhabt. Eine teilweise Sozialwidmung erscheint gerade für das Folgerecht sinnvoll. Es könnte dies im Übrigen auch in Verbindung mit dem Gedanken eines ***Domaine Public Payant*** geschehen[37]. Jedenfalls für den Zeitraum nach dem Tod des Urhebers lässt Art 14ter Abs 1 RBÜ 1967/71 eine solche Widmung – sogar noch bei offener Schutzfrist – ausdrücklich zu. Danach steht das Folgerecht für Lebzeiten des Urhebers zwar diesem zu, nach seinem Tod aber den „von den innerstaatlichen Rechtsvorschriften dazu berufenen Personen oder Institutionen"[38].

5. Entstehungsgeschichte

12 Die Kommission der Europäischen Gemeinschaften hat am 25. April 1996 einen **Vorschlag für eine Richtlinie** des Europäischen Parlaments und des Rates für das Folgerecht des Urhebers des Originals eines Kunstwerks vorgelegt[39]. Der RL-Vorschlag verwies zu Recht darauf, dass Werke der bildenden Künste bei der normalen Werkverwertung benachteiligt sind, wofür das Folgerecht einen gewissen Ausgleich schaffen soll. Der RL-Vorschlag analysierte auch ausführlich die **Situation des internationalen Kunsthandels**, der in der höheren Preisklasse als international mobil und von den Verkaufsorten London und New York dominiert beschrieben wird, was einen Transfer der Verkaufsgeschäfte ins Ausland erleichtert. Sodann wurden die Auswirkungen einer Europäischen Harmonisierung des *droit de suite* auf den Kunstmarkt untersucht, wobei vor allem auf die bei einer Umgehung des Folgerechts anfallenden „Verlagerungskosten" eingegangen wurde. Diese Untersuchung zeigte, dass etwa eine Versteigerung in der Schweiz, wo das Folgerecht bei der Gesetzesreform 1993 mit knapper Mehrheit gescheitert ist, finanziell nicht immer günstiger sein muss als etwa in Frankreich oder in Deutschland, wo das Folgerecht anerkannt ist. Dabei seien nicht nur die Belastungen durch das Folgerecht selbst, sondern auch Transport- und Verpackungskosten, eine allfällige Zollbelastung, Versicherungskosten, Provisionen und die jeweilige Steuergesetzgebung zu berücksichtigen. Dieses Ergebnis wurde durch einen Vergleich der bei einer Verlagerung in die Vereinigte Staaten von Amerika anfallenden Kosten untermauert.

Kern der Regelung des RL-Vorschlags ist der in Art 4 vorgesehene **degressive Beteiligungssatz** nach dem Erlösbeteiligungssystem, der sich in der unteren Preisklasse am durchschnittlichen Prozentsatz der bisherigen europäischen Regelungen in der Höhe von 4% orientierte und über einen mittleren Satz von 3% zu einer Beteiligung von 2% in der höchsten Preisklasse führte[40]. Mit dieser

---

[36] Bis etwa 10%.

[37] Siehe dazu unten Art 8 Rz 2.

[38] Manche Gesetze sehen im Übrigen besondere Vorschriften für die Vererbung des Folgerechts vor, wonach insbes testamentarische Verfügungen zum Schutz der gesetzlichen Erben ausgeschlossen sind (vgl etwa die franz Regelung in Art L 123-7 CPI).

[39] Vgl zur Entstehungsgeschichte und zum RL-Vorschlag auch *Ellins*, Copyright Law 320ff.

[40] Die erste Preisklasse ab Überschreiten des Schwellenwerts von € 1.000,00 reichte bis zu € 50.000, die mittlere bis zu € 250.000.

Regelung sollte der Beteiligungssatz insgesamt moderat gehalten werden, um eine Verlagerung des Kunstmarkts ins Ausland, vor allem in die Schweiz und die Vereinigten Staaten von Amerika zu verhindern. Auch die vorgeschlagene Degression war diesem Grundgedanken verpflichtet.

Was die **Vereinigte Staaten von Amerika** anlangt, sei erwähnt, dass in Kalifornien zwar schon seit dem Jahr 1977 eine einschlägige Regelung besteht[41], das *Copyright Office* aber nach einer öffentlichen Anhörung im Jahr 1992 eine Einführung des Folgerechts nicht empfohlen hat. Allerdings wurde für den Fall einer Einführung des *droit de suite* in Europa eine erneute Befassung des Kongresses mit dieser Frage angeregt[42]. Es wird deshalb nicht nur die weitere Entwicklung in den Vereinigten Staaten von Amerika, sondern auch eine zwingende Verankerung des Folgerechts (als Mindestschutzrecht) in den internationalen Urheberrechtskonventionen entscheidend von den Ergebnissen der Europäischen Harmonisierungsbestrebungen abhängen. **13**

Der **Wirtschafts- und Sozialausschuss** betonte in seiner Stellungnahme die Notwendigkeit einer Harmonisierung des Folgerechts und verwies auch auf die Auswirkungen der *Phil Collins* Entscheidung. Der Ausschuss begrüßte die vorgeschlagene Harmonisierung sowie die damit verbundene Beseitigung von Wettbewerbsverzerrungen und teilte die Ansicht der Kommission, dass die Harmonisierung auf hohem Niveau erfolgen müsse (Punkt 2.2.). Besonders hervorgehoben wurde die Bedeutung des Folgerechts für junge Künstler, die am Beginn ihrer Karriere stehen (Punkt 2.3.) und oft gezwungen sind, ihre Werke zu einem verhältnismäßig geringen Preis zu veräußern. Kritisch äußerte sich der Ausschuss zu der generellen Einbeziehung auch der Verkäufe durch Galerien und schlug vor, es insoweit den Mitgliedstaaten zu überlassen, die Anwendung des Folgerechts durch Vereinbarungen der betroffenen Berufsgruppen zu regeln (Punkt 3.1.2.). **14**

Auch das **Europäische Parlament** billigte den RL-Vorschlag der Kommission in Erster Lesung, brachte aber einige Abänderungsvorschläge ein. Zunächst wurde vorgeschlagen, das Folgerecht auf Werke der bildenden Künste zu beschränken und nicht auf Originalhandschriften auszudehnen. Anders als der ursprüngliche RL-Vorschlag schlug das Europäische Parlament weiters vor, als „Bemessungsgrundlage" die Differenz zwischen Ein- und Verkaufspreis heranziehen (Art 3a). Dies schien auf den ersten Blick eine Umstellung auf das Mehrwertsystem zu sein, erweist sich aber bei näherer Betrachtung – jedenfalls nach der gewählten Formulierung – als Modifizierung der Beteiligungsstaffelung, die ihrerseits aber weiterhin an den Verkaufspreis anknüpfte (Art 4). Vor allem aber regte das Europäische Parlament an, die erste Eigentumsübertragung zwischen Händlern bzw zwischen einem Händler und einem Enderwerber auszunehmen, wenn diese innerhalb von drei Jahren nach dem Erwerb erfolgt. Weiters wurde vorgeschlagen, neue Preisspannen vorzusehen, die Betei- **15**

[41] Vgl dazu *Kunstadt*, GRUR Int 1977, 325 und *Neumann*, IIC 1992, 45 (47ff).

[42] Vgl Droit de suite, The Artist's Resale Royalty, Bericht des Register of Copyright vom Dezember 1992, 149ff.

ligungssätze zu senken und die Erbfolge auf die gesetzlichen Erben zu beschränken.

16 In ihrem **geänderten RL-Vorschlag** übernahm die Kommission die Anregungen des Europäischen Parlaments, Originalhandschriften vom Folgerecht auszunehmen, einen Mindest-Beteiligungssatz von 4% für Fälle vorzusehen, in welchen ein Mitgliedstaat einen niedrigeren Schwellenwert als € 1.000,00 festsetzt, und den Zeitraum, innerhalb dessen Auskünfte verlangt werden können, zu verlängern (Begründung geänderter RL-Vorschlag I.2.). Weiters wurden einige Klarstellungen und redaktionelle Änderungen übernommen. Dagegen folgte die Kommission der Anregung des Europäischen Parlaments nicht, die erste Eigentumsübertragung innerhalb von drei Jahren vom Folgerecht auszunehmen, das Folgerecht auf das Mehrwert-System umzustellen, die Rechtsnachfolge auf die gesetzlichen Erben zu beschränken sowie neue Preisspannen einzuführen und die Folgerechtssätze zu senken (Begründung geänderter RL-Vorschlag I.4.).

17 Die Diskussionen in der **Rats-Arbeitsgruppe** waren zunächst durch den Widerstand einiger weniger Mitgliedstaaten gekennzeichnet. Nach einer Kompromissformel sollten die degressiven Beteiligungssätze nur mehr 4%, 3% und 1% betragen, wobei Mitgliedstaaten, deren Rechtsordnung eine höhere Beteiligung vorsahen, allerdings einen Eingangssatz von 5% beibehalten können sollten. Weiters sollte der Schwellenwert auf € 2.000,00 angehoben werden, während die zweite Stufe der Staffelung auf € 200.000,00 herabgesetzt werden sollte. Vor allem aber sollte eine erste Wiederveräußerung innerhalb von drei Jahren nicht unter das Folgerecht fallen, wenn der Verkaufspreis unter € 10.000,00 liegt. Trotz weiterer Diskussionen in der Rats-Arbeitsgruppe und der Inaussichtnahme weiterer Modifikationen kam es auch unter Finnischer Präsidentschaft zu keiner Einigung und zu keiner Abstimmung über einen Gemeinsamen Standpunkt; der geänderte RL-Vorschlag blieb aber weiterhin auf der Tagesordnung des Rats.

Erst unter Portugiesischer Präsidentschaft kam es zu einer Einigung, die allerdings mit weiteren Zugeständnissen an diejenigen Mitgliedstaaten bezahlt werden musste, die einer Einführung des Folgerechts nach wie vor ablehnend oder kritisch gegenüber standen. Am 22. Mai 2000 hat der Rat schließlich den **Gemeinsamen Standpunkt** im Hinblick auf den Erlass der Folgerecht-RL angenommen. Die wesentlichsten Änderungen im Vergleich zum geänderten RL-Vorschlag bestehen in der Ermächtigung der Mitgliedstaaten, das Folgerecht nicht anzuwenden, wenn der Veräußerer das Werk innerhalb einer Frist von drei Jahren unmittelbar beim Urheber erworben hat und der erzielte Preis € 10.000,00 nicht übersteigt (Art 1 Abs 3). Vor allem aber sieht der Gemeinsame Standpunkt eine ungewöhnlich lange Umsetzungsfrist von fünf Jahren ab Veröffentlichung der Richtlinie im Amtsblatt vor (Art 12 Abs 2), und überlässt es ErwG 16 den Mitgliedstaaten, die zum Zeitpunkt der Verabschiedung der Richtlinie kein Folgerecht anwenden, dieses für einen begrenzten Übergangszeitraum nur zu Gunsten lebender Künstler anzuwenden. Die Beteiligungssätze sind nun in fünf Tranchen gestaffelt und belaufen sich auf 4%, 3%, 1%, 0,5% und 0,25%, wobei der Gesamtbetrag der Folgerechtsvergütung € 12.500,00 nicht übersteigen darf (Art 4 Abs 1). Der Schwellenwert wird mit höchstens € 4.000,00 festgelegt (Art 3 Abs 2).

18 Der Entwurf für eine Empfehlung des Rechtsausschusses des **Europäischen Parlaments** in Zweiter Lesung vom 27. SEptembe 2000 hatte vor allem folgende Änderungsanträge empfohlen: Herabsetzung des Schwellenwerts von € 4.000,00 auf einheitlich € 1.000,00 (Art 3 Abs 2) unter Beseitigung der Möglichkeit, diesen Schwellenwert in der nationalen Gesetzgebung gegebenenfalls zu unterschreiten, Streichung der „Deckelung" des Folgerechts (Art 4 Abs 1 Satz 2), Rückkehr zu den Beteiligungssätzen 4%, 3% und 1% mit den Grenzbeträgen € 50.000,00 und € 200.000,00, Verkürzung der Übergangsregelung des Art 8 Abs 2 bzw des ErwG 16 auf 2 Jahre und Festsetzung der Umsetzungsfrist ebenso mit nur 2 Jahren. Der Berichterstatter hatte einige weitere Punkte angeführt, in welchen zwar Änderungen angezeigt erschienen, auf konkrete Abänderungsanträge aber verzichtet werden sollte, um den erreichten Kompromiss nicht zu gefährden. Dazu zählten insbes die Freistellung auch von Privatverkäufen an Museen sowie der ersten Weiterveräußerung innerhalb von drei Jahren nach dem Erwerb vom Urheber sowie die Anspruchsberechtigung auch des Fiskus (im Fall des Heimfalls der Rechte an den Staat). Diese letztere Änderung hat der Rechtsausschuss in seinem Beschluss vom 28. November 2000 jedoch gleichwohl aufgegriffen und zwei weitere Ergänzungen vorgeschlagen: Einmal soll die Rechnungslegungsfrist von drei Jahren nicht erst vom 1. Januar des Folgejahres an laufen, zum anderen sollen die Mitgliedstaaten gewährleisten, dass die nationalen Verwertungsgesellschaften ihre Arbeit unter demokratischen Gesichtspunkten transparent und effizient gestalten.

Am 13. Dezember 2000 hat das Europäische Parlament den Gemeinsamen Standpunkt des Rats auf der Grundlage der Anträge des Rechtsausschusses grundsätzlich gebilligt und entsprechende Abänderungsvorschläge formuliert[43]. Das Europäische Parlament ist der Auffassung, dass das Folgerecht des Urhebers des Originals eines Kunstwerks eine gesellschaftliche Anerkennung seiner Kreativität darstellt. Es begrüßt den Gemeinsamen Standpunkt grundsätzlich, da dieser die Interessen des Künstlers, des Europäischen Kunstmarkts sowie die Bedürfnisse des Binnenmarkts miteinander in Einklang bringt. Das Parlament unterstreicht schließlich, dass eine verbindliche Regelung des Folgerechts in Art 14ter RBÜ im Hinblick auf die Internationalisierung des Kunstmarkts erstrebenswert ist.

Im Hinblick auf die Abänderungsvorschläge des Europäischen Parlaments in Zweiter Lesung wird es nun voraussichtlich zu einem Vermittlungsverfahren kommen. Dieses kann die Verabschiedung der Folgerecht-RL noch etwas verzögern, gegebenenfalls aber auch noch zur Gänze verhindern. In ihrer Stellungnahme vom 21. Januar 2001 KOM (2001) 0047 unterstützt die Kommission insbes den Abänderungsvorschlag des Europäischen Parlaments auf Herabsetzung des Schwellenwerts auf € 1.000,00 und die Verkürzung der Übergangs- und Umsetzungsfrist auf jeweils 2 Jahre. Dagegen unterstützt die Kommission weder die vorgeschlagene Beseitigung der Möglichkeit, einen niedrigeren Schwellenwert vorzusehen, noch den vorgeschlagenen Eingriff in die erbrechtlichen Regelungen der Mitgliedstaaten. Ein Hinweis auf die kollektive Wahrnehmung des

---

[43] Das Europäische Parlament ist jedoch der Empfehlung des Rechtsausschusses insoweit nicht gefolgt, als eine Beseitigung der „Deckelung" und eine Rückkehr zu den Beteiligungssätzen 4%, 3% und 1% vorgeschlagen wurde.

droit de suite könnte nach Ansicht der Kommission in die Erwägungsgründe aufgenommen werden.

Kapitel I Anwendungsbereich

Artikel 1 Gegenstand des Folgerechts

Übersicht

Text

Artikel 1 Gegenstand des Folgerechts

(1) Die Mitgliedstaaten sehen zugunsten des Urhebers des Originals eines Kunstwerks ein Folgerecht vor, das als unveräußerliches Recht konzipiert ist, auf das der Urheber auch im voraus nicht verzichten kann; dieses Recht gewährt einen Anspruch auf Beteiligung am Verkaufspreis aus jeder Weiterveräußerung nach der ersten Veräußerung durch den Urheber.

(2) Das Recht nach Absatz 1 gilt für alle Weiterveräußerungen, an denen Vertreter des Kunstmarkts wie Auktionshauser, Kunstgalerien und allgemein Kunsthändler als Verkäufer, Käufer oder Vermittler beteiligt sind.

(3) Die Mitgliedstaaten können vorsehen, daß das Recht nach Absatz 1 auf Weiterveräußerungen nicht anzuwenden ist, wenn der Veräußerer das Werk weniger als drei Jahre vor der betreffenden Weiterveräußerung unmittelbar beim Urheber erworben hat und wenn der bei der Weiterveräußerung erzielte Preis € 10.000,00 nicht übersteigt.

(4) Die Folgerechtsvergütung wird vom Veräußerer abgeführt. Die Mitgliedstaaten können vorsehen, dass eine – vom Veräußerer verschiedene – natürliche oder juristische Person nach Absatz 2 allein oder gemeinsam mit dem Veräußerer für die Zahlung der Folgerechtsvergütung haftet.

Aus den Erwägungsgründen

ErwG 1 Im Bereich des Urheberrechts ist das Folgerecht das unabtretbare und unveräußerliche Recht des Urhebers des Originals eines Werkes der bildenden Künste auf wirtschaftliche Beteiligung am Erlös aus jeder Weiterveräußerung des betreffenden Werkes.

ErwG 2 Das Folgerecht ist seinem Wesen nach ein vermögenswertes Recht, das dem Urheber/Künstler die Möglichkeit gibt, für jede Weiterveräußerung seines Werks eine Vergütung zu erhalten. Gegenstand des

Folgerechts ist das materielle Werkstück, d.h. der Träger, der das geschützte Werk verkörpert.

ErwG 3 Das Folgerecht soll den Urhebern von Werken der bildenden Künste eine wirtschaftliche Beteiligung am Erfolg ihrer Werke garantieren. Auf diese Weise soll ein Ausgleich zwischen der wirtschaftlichen Situation der bildenden Künstler und der Situation der anderen Kunstschaffenden hergestellt werden, die aus der fortgesetzten Verwertung ihrer Werke Einnahmen erzielen.

ErwG 4 Das Folgerecht ist Bestandteil des Urheberrechts und stellt ein wesentliches Vorrecht der Urheber dar. Um den Urhebern ein angemessenes und einheitliches Schutzniveau zu gewährleisten, ist die Einführung des Folgerechts in allen Mitgliedstaaten notwendig.

ErwG 17 Der Folgerechtsanspruch sollte bei allen Weiterveräußerungen mit Ausnahme der Weiterveräußerungen zwischen Privatpersonen ohne Beteiligung eines Vertreters des Kunstmarkts entstehen. Dieser Folgerechtsanspruch sollte sich nicht auf Weiterveräußerungen durch Privatpersonen an Museen, die nicht auf Gewinn ausgerichtet und der Öffentlichkeit zugänglich sind, erstrecken. Im Hinblick auf die besondere Situation von Kunstgalerien, die Werke unmittelbar von ihren Urhebern erwerben, sollte den Mitgliedstaaten die Möglichkeit eingeräumt werden, die Weiterveräußerung solcher Werke vom Folgerecht auszunehmen, wenn sie binnen drei Jahren vom Erwerb an gerechnet erfolgt. Durch Begrenzung dieser Ausnahme auf Weiterveräußerungen, bei denen der Verkaufspreis € 10.000 nicht übersteigt, sollte auch den Interessen der Künstler Rechnung getragen werden.

ErwG 24 Die Folgerechtsvergütung sollte grundsätzlich vom Veräußerer abzuführen sein. Die Mitgliedstaaten sollten die Möglichkeit haben, in bezug auf die Haftung für die Zahlung der Folgerechtsvergütung Ausnahmen von diesem Grundsatz vorzusehen. Veräußerer sind die Personen oder Unternehmen, in deren Namen die Veräußerung erfolgt.

Kurzkommentar

1. Rechtsnatur des Folgerechts

Was die **Rechtsnatur** des Folgerechts anlangt, stellt ErwG 1 ausdrücklich klar, dass es sich um einen Anspruch auf „wirtschaftliche Beteiligung" handelt und fügt in einem – im ergänzten RL-Vorschlag neue hinzugefügten – ErwG 2 hinzu, das Folgerecht sei seinem Wesen nach ein vermögenswertes Recht, das dem Urheber (Künstler) die Möglichkeit gibt, für jede Weiterveräußerung seines Werks eine „Vergütung" zu erhalten; Gegenstand des Folgerechts sei das materielle Werkstück, also der das geschützte Werk verkörpernde Träger. Damit wird noch deutlicher als im ursprünglichen RL-Vorschlag zum Ausdruck gebracht, dass es sich um einen urheberrechtlichen **Vergütungsanspruch** handelt. Auch im Gemeinsamen Standpunkt ist ausdrücklich von einem Anspruch auf Beteiligung am Verkaufspreis (Art 1 Abs 1) und wiederholt auch von der „Folgerechtsvergütung" die Rede (Art 1 Abs 4, Art 4, Art 6 Abs 1 und 9 sowie ErwG 19, 24 und 26). **1**

2. Unveräußerlichkeit und Unverzichtbarkeit

2 Schon der ursprüngliche RL-Vorschlag hatte das Folgerecht als **unveräußerliches Recht** (unveräußerlichen Vergütungsanspruch) vorgesehen, was zum Schutz – vor allem junger – Künstler erforderlich und auch von der Berner Übereinkunft vorgegeben ist. ErwG 1 des geänderten RL-Vorschlags unterstrich dies durch den Zusatz, dass es sich beim Folgerecht auch um ein **„unabtretbares"** Recht handelt. Der Vorschlag ging im Übrigen zu Recht auch davon aus, dass das Folgerecht nicht nur unveräußerlich, sondern auch **unverzichtbar** ist[44]. Darüber hinaus wurde allerdings gefordert, dies auch im Richtlinientext selbst zum Ausdruck zu bringen[45]; denn der Grundsatz der Unveräußerlichkeit allein ließe auch eine Interpretation zu, derzufolge ein Verzicht zulässig und wirksam ist. Dieser Forderung hat schon der geänderte RL-Vorschlag Rechnung getragen, in dem auch die Unverzichtbarkeit des Folgerechts ausdrücklich angesprochen wird. An diesem Konzept hält auch der Gemeinsame Standpunkt fest, formuliert in Art 1 Abs 1 aber noch deutlicher und spricht ausdrücklich von der „Konzeption" des Folgerechts als unveräußerliches und unverzichtbares Recht[46].

3. Erlösbeteiligungssystem

3 Auch der Gemeinsamer Standpunkt folgt zu Recht weiter dem **Erlösbeteiligungssystem** und nicht dem Mehrwertsystem. Der Vorschlag des Europäischen Parlaments, zumindest hinsichtlich der Grenzwerte auf das Mehrwertsystem umzustellen, wurde weder vom geänderten RL-Vorschlag noch vom Gemeinsamen Standpunkt übernommen. In Zweiter Lesung beharrte das Europäische Parlament auch nicht mehr hierauf. Eine Bemessung des Folgerechts am erzielten Mehrwert wäre in der Praxis auch kaum realisierbar[47]. So wird für das Scheitern der praktischen Durchsetzung des Folgerechts in Italien in erster Linie das in der italienischen Regelung vorgesehene Gewinnbeteiligungssystem verantwortlich gewesen sein. Das in der Folgerecht-RL gewählte System ist deshalb sachgerecht[48]. Wie bereits erwähnt, war der Abänderungsvorschlag des Europäischen Parlaments auch nicht klar und ging – nach seiner Formulierung und im Hinblick

---

[44] Siehe auch Begründung RL-Vorschlag Punkt V.3. Vgl auch *Walter*, Folgerecht und Harmonisierung 111.

[45] So auch das Europäische Parlament (Abänderungsvorschlag 17 zu ErwG 1 und Art 1), wo von einem „… grundsätzlich unverzichtbares[m] und unveräußerliches[m] Recht auf Beteiligung …" die Rede ist. Der Zusatz „grundsätzlich" ist allerdings missverständlich, weil daraus die Zulässigkeit von Ausnahmen abgeleitet werden könnte, was weder beabsichtigt gewesen sein dürfte noch sachgerecht wäre. Vgl dazu auch *Walter*, Folgerecht und Harmonisierung 111.

[46] Die Wortstellung des Zusatzes (deutsche Fassung) „… auf das der Urheber auch im voraus nicht verzichten kann, …" sollte allerdings geändert werden in: „… auf das der Urheber im voraus auch nicht verzichten kann, …". Zwar könnte auch an die Unwirksamkeit eines Verzichts im Nachhinein gedacht werden, doch dürfte dies nicht gemeint sein. Anderenfalls sollte die Formulierung in diesem Sinn klargestellt werden.

[47] Begründung RL-Vorschlag Punkt V.6. bzw geänderter RL-Vorschlag I.4.b. Siehe auch oben Vor Art 1 Rz 7f.

[48] So auch *Katzenberger*, GRUR Int 1997, 313; *Pfennig*, Folgerecht 510; *Walter*, Folgerecht und Harmonisierung 97f und 110.

auf den im Prinzip unverändert gebliebenen Art 4 – an sich gleichfalls von der Anbindung an die Veräußerungserlöse aus.

4. Sachlicher Anwendungsbereich

Das Folgerecht knüpft nach der Folgerecht-RL nur an **Weiterveräußerungen** an und erfasst insbes Erstveräußerungen (vom Künstler an einen Kunsthändler oder Versteigerer) nicht. Vor allem **Kommissionsverkäufe** werden deshalb nicht von der Folgerechtsvergütung erfasst (Begründung RL-Vorschlag Punkt V.2.). **4**

Art 1 Folgerecht-RL knüpft dabei an jeden Weiterveräußerungsvorgang an, sofern **Vertreter des Kunstmarkts** beteiligt sind. Nach Art 1 Abs 2 ist das Folgerecht auf alle Weiterveräußerungen anzuwenden, an denen solche Vertreter des Kunstmarkts, wie Auktionshäuser, Kunstgalerien und allgemein Kunsthändler als Verkäufer, Käufer oder Vermittler beteiligt sind. Die Anführung ist nur eine beispielsweise. Diese weite Umschreibung geht schon auf ErwG 13 des geänderten RL-Vorschlags zurück, wo die dort erwähnten „gewerblichen Verkäufer" bereits als „Vertreter des Kunstmarkts" umschrieben wurden. Die Voraussetzung einer Beteiligung **gewerblicher Verkäufer** kam im Richtlinientext selbst aber noch nicht zum Ausdruck und ergab sich in den RL-Vorschlägen nur indirekt aus der Ausnahme von „Privatverkäufen"[49]. **5**

Die in manchen nationalen Regelungen vorgesehene Beschränkung auf Veräußerungen bei öffentlichen Versteigerungen übernimmt die Folgerecht-RL nicht; diese ist auch nur historisch zu erklären und wäre jedenfalls nicht sachgerecht[50]. Auch der Wirtschafts- und Sozialausschuss stellte die Einbeziehung der über Kunsthändler abgewickelten Verkäufe an sich nicht in Frage und regte nur den Abschluss von Vereinbarungen zwischen den beteiligten Berufsvertretungen in Bezug auf die Anwendung des Folgerechts an; solchen Vereinbarungen sollte die Richtlinie nach Ansicht des Ausschusses nicht entgegenstehen.

Nicht erfasst werden durch die Einschränkung auf Weiterveräußerungen auf solche, an welchen Vertreter des Kunstmarkts beteiligt sind, dagegen **„Privatverkäufe"**. Inhaltlich hatte dies schon der ursprüngliche **RL-Vorschlag** durch die Ausnahme zu Gunsten von „Veräußerungen, die eine als Privatperson handelnde Person tätigt" vorgesehen. Allerdings waren die gewählte Formulierung und ihr Verhältnis zum damaligen ErwG 13 unklar, der allgemeiner von Geschäften „zwischen Privaten" sprach[51]. Denn die gewählte Formulierung hätte auch Fälle von der Anwendung des Folgerechts ausgenommen, in welchen eine Privatperson Originale an einen Kunsthändler veräußert[52], worauf schon *Katzenberger*[53] zu Recht hingewiesen hat. Hieran hat zunächst auch der geänderte RL-Vorschlag nichts geändert. **6**

---

[49] „... mit Ausnahme von Veräußerungen, die eine als Privatperson handelnde Person nach der ersten Veräußerung durch den Urheber tätigt."

[50] Siehe Begründung RL-Vorschlag Punkt V.4. Vgl auch *Katzenberger*, GRUR Int 1997, 314; *Pfennig*, Folgerecht 510; *Walter*, Folgerecht und Harmonisierung 100f und 110.

[51] So auch Begründung RL-Vorschlag bei Punkt V.1.

[52] § 26 Abs 1dUrhG formuliert dagegen: „und ist hieran ein Kunsthändler oder Versteigerer als Erwerber, Veräußerer oder Vermittler beteiligt".

[53] GRUR Int 1997, 314 FN 57.

In der Fassung der Richtlinie nach dem Gemeinsamen Standpunkt werden diese Unklarheiten aber beseitigt, da jetzt ganz allgemein die Beteiligung von Vertretern des Kunstmarkts Voraussetzung für die Anwendung des Folgerechts ist. Trifft diese Voraussetzung zu, werden auch Verkäufe von Privaten an solche Vertreter des Kunstmarkts erfasst. Nur Weiterveräußerungen zwischen Privaten, an welchen der Kunsthandel nicht beteiligt ist, sind vom Folgerecht ausgenommen. Der Einbeziehung auch von Geschäften zwischen Privaten, an denen kein Kunsthändler oder Versteigerungshaus beteiligt ist, stehen vor allem praktische Überlegungen entgegen[54].

7 ErwG 17 formuliert dies nach dem Konzept der RL-Vorschläge als Ausnahme vom Folgerecht und spricht weiterhin von einer Ausnahme in Bezug auf Weiterveräußerungen „zwischen Privatpersonen" ohne Beteiligung eines Vertreters des Kunstmarkts. Dazu wird weiters klargestellt, dass auch der Öffentlichkeit zugängliche und nicht auf Gewinn gerichtete **Museen** insoweit als „Privatpersonen" gelten. Es dürfte sich hierbei jedoch nicht um eine weitere Beschränkung des Anwendungsbereichs der Richtlinie, sondern nur um eine Klarstellung in diesem Sinn handeln. Ist deshalb im Fall einer Weiterveräußerung durch eine Privatperson an solche Museen ein Kunsthändler beteiligt, kommt die Folgerechtsvergütung zur Anwendung. Der Entwurf für eine Empfehlung des Rechtsausschusses für eine Entschließung des Europäischen Parlaments in Zweiter Lesung hielt zwar die Freistellung der Ankäufe durch Museen von Privaten nicht für sachgerecht, sah aber keinen diesbezüglichen Abänderungsvorschlag vor.

8 Nach der Formulierung der RL-Vorschläge war unklar, ob ein Folgerechtsanspruch auch besteht, wenn ein Kunsthändler nur als **Vermittler** zwischen Privaten auftritt. Nach deutschem Vorbild lag es nahe, auch durch Kunsthändler bloß vermittelte Veräußerungen einzubeziehen, die über den Kunstmarkt laufen; dies schon zur Vermeidung von Umgehungsgeschäften[55]. Eine Doppelbelastung scheidet in solchen Fällen schon deshalb aus, weil es sich im Fall der Vermittlung um einen einzigen Veräußerungsvorgang handelt, und das Folgerecht erst im Fall der durch den Kunsthändler vermittelten Weiterveräußerung anfällt. Schon mit seinem Abänderungsvorschlag Nr 49 hatte des Europäischen Parlaments[56] angeregt, Kommissionäre ausdrücklich anzuführen, obwohl auch sie zu den in ErwG 13 erwähnten „Vertretern des Kunstmarkts" zählten. Art 1 Abs 2 der Fassung nach dem Gemeinsamen Standpunkt stellt aber nun ausdrücklich klar, dass jede Beteiligung von Vertretern des Kunstmarkts Veräußerungsvorgänge folgerechtspflichtig macht, gleichviel ob diese als **Verkäufer**, **Käufer** oder nur als **Vermittler** beteiligt sind. Damit folgt die Richtlinie zu Recht dem weiten Konzept des § 26 Abs 1 dUrhG.

9 Neu ist dagegen die **fakultative Ausnahme** des Art 1 Abs 3 Folgerecht-RL, wonach es den Mitgliedstaaten freigestellt wird, das Folgerecht nicht anzuwenden, wenn der Veräußerer das Werk innerhalb einer Frist von drei Jahren vor der

---

[54] Vgl dazu Vor Art 1 Rz 10 oben.

[55] Vgl auch *Walter*, Folgerecht und Harmonisierung 110.

[56] „... Das Folgerecht gilt somit für alle Geschäfte, an denen ein Händler dieses Marktes beteiligt ist, insbesondere für Versteigerungen und Verkäufe durch Geschäftsbetriebe, Händler und Kommissionäre."

betreffenden Weiterveräußerung unmittelbar vom Urheber erworben hat, und wenn der bei der Weiterveräußerung erzielte Preis € 10.000,00 nicht übersteigt. Damit können Galerien begünstigt werden, die Werke unmittelbar vom Künstler erwerben und nicht bloß in Kommission nehmen, soweit der Weiterveräußerungserlös den erwähnten Schwellenwert nicht übersteigt, und die Weiterveräußerung innerhalb einer Frist von drei Jahren vorgenommen wird. In diesen Fällen kann davon ausgegangen werden, dass sich eine allenfalls bereits eingetretene Wertsteierung in Grenzen hält. Innerhalb dieses Rahmens erscheint eine solche Einschränkung vertretbar, zumal damit der Ankauf durch sog **„Promotiongalerien"** gefördert wird[57]. Der Entwurf einer Empfehlung für eine Entschließung des Europäischen Parlaments in Zweiter Lesung hielt diese Ausnahme zwar gleichfalls nicht für sachgerecht, sah aber keinen Abänderungsantrag vor, um den im Rat gefundenen Gesamtkompromiss nicht zu gefährden.

Diese Ausnahme geht im Übrigen gerade auf einen Vorschlag des Europäischen Parlaments in Erster Lesung zurück, der sich jedoch allgemeiner auf jede erste Eigentumsübertragung (zwischen Händlern bzw zwischen einem Händler und einem Enderwerber) erstreckte[58], wenn diese innerhalb von drei Jahren nach dem Erwerb erfolgt. Dem Abänderungsvorschlag lag offensichtlich die Erwägung zu Grunde, dass im Fall einer Weiterveräußerung innerhalb einer verhältnismäßig kurzen Frist der Erwerb in der Regel nicht zu Spekulationszwecken erfolgt. Der geänderte RL-Vorschlag hat diese Anregung nicht aufgegriffen und in diesem Zusammenhang auf die Vorgaben des Art 14ter RBÜ 1967/1971 verwiesen. Die nach dem Gemeinsamen Standpunkt vorgesehene fakultative Ausnahme beschränkt diese sowohl in zeitlicher als auch in betraglicher Hinsicht und setzt voraus, dass es sich um einen Erwerb direkt vom Urheber handelt.

Die **Beweislast** für das Zutreffen der Voraussetzungen wird nach allgemeinen Regeln denjenigen treffen, der sich hierauf beruft, also den Betreiber einer solchen „Promotiongalerie". Dies im Übrigen auch im Hinblick darauf, dass dem Urheber die maßgebenden Umstände in aller Regel auch nicht bekannt sein können, weshalb auch die „Beweisnähe" für die Beweislastverteilung im angedeuteten Sinn spricht. Die Verankerung einer entsprechenden Auslegungsregel im Richtlinientext oder zumindest in den Erwägungsgründen wäre allerdings sinnvoll gewesen.

5. Zahlungspflichtige

Als **Hauptschuldner** (Zahlungspflichtiger) war noch im geänderten RL-Vorschlag nur der **Veräußerer** angeführt (Art 4 Abs 2 geänderter Folgerecht-RL-Vorschlag). In diesem Zusammenhang wurde jedoch angeregt, es dem nationalen Gesetzgeber zumindest vorzubehalten, weitere Personen zu bestimmen, die für die Zahlung der Folgerechtsvergütung mithaften wie Einlieferer, Käufer, Vermittler etc[59]. Im Gemeinsamen Standpunkt wurde die Regelung der Zah- **10**

---

[57] Siehe auch die entsprechende Anregung von *Pfennig*, Folgerecht 510.

[58] Abänderungsvorschläge 17 („… mit Ausnahme der ersten Eigentumsübertragung zwischen Händlern und zwischen einem Händler und einem Endabnehmer, sofern diese innerhalb von drei Jahren nach dem Erwerb des Werkes durch den Händler erfolgt.") und 49 (betreffend ErwG 13).

[59] Vgl *Walter*, Folgerecht und Harmonisierung 116.

lungspflicht aus Art 4 in Art 1 Abs 4 überstellt und klargestellt, dass die Folgerechtsvergütung zwar grundsätzlich vom Veräußerer abzuführen ist, es den Mitgliedstaaten aber vorbehalten bleibt, auch **andere** – natürliche oder juristische – **Personen** als alleinige Zahlungspflichtige oder als mit dem Veräußerer Mithaftende festzulegen. Solche Personen müssen jedoch dem Kreis der in Abs 2 genannten Vertreter des Kunstmarkts angehören; der Käufer haftet deshalb, wenn er nicht diesem Personenkreis angehört, nicht.

6. Ausfuhr

11 Einem der wesentlichsten Argumente, die gegen die Einführung des Folgerechts in allen Mitgliedstaaten der EU stets ins Treffen geführt wurden, nämlich das befürchtete Abwandern des Kunstmarkts in „folgerechtfreie" Länder, hätte im Übrigen dadurch begegnet werden können, dass das Folgerecht auch die **Ausfuhr** von Originalen in solche Länder erfasst. Davon abgesehen wäre eine solche Erweiterung des Folgerechts auch ein sachlich gerechtfertigter Ansatz. Die erforderliche Kontrolle könnte durch eine entsprechende Erweiterung der Befugnisse der Zollbehörden nach der PPV 1994/99 auch in Bezug auf die Ausfuhr oder Wiederausfuhr der Originale von Werken der bildenden Künste gewährleistet werden. Entgegen der Annahme der Begründung des ursprünglichen RL-Vorschlags (Punkt V.11.) steht das Territorialitätsprinzip einer Ausdehnung des Folgerechts auf die Ausfuhr (in folgerechtsfreie Länder) *de lege ferenda* nicht entgegen. Denn es handelte sich dabei um einen durch „Tatbestandsverkürzung" geschaffenen inländischen Verwertungsakt[60].

Artikel 2 Unter das Folgerecht fallende Kunstwerke

Übersicht

Text: Artikel 2 und Erwägungsgründe
Kurzkommentar

Text

Artikel 2 Unter das Folgerecht fallende Kunstwerke

(1) Als „Originale von Kunstwerken" im Sinne dieser Richtlinie gelten Werke der bildenden Künste wie Bilder, Collagen, Gemälde, Zeichnungen, Stiche, Bilddrucke, Lithographien, Plastiken, Tapisserien, Keramiken, Glasobjekte

---

[60] Vgl in diesem Sinn schon *Walter* (ÖSGRUM 14/1993) 72f; zustimmend *Katzenberger*, GRUR Int 1997, 314. Eine entsprechende Bestimmung könnte etwa wie folgt lauten: „Als Weiterveräußerung ist auch die Ausfuhr in ein Land anzusehen, das keinen entsprechenden Beteiligungsanspruch kennt, wenn sie zum Zweck einer solchen Weiterveräußerung erfolgt."

und Lichtbildwerke, soweit sie vom Künstler selbst geschaffen worden sind oder es sich um Exemplare handelt, die als Originale von Kunstwerken angesehen werden.

(2) Exemplare von unter diese Richtlinie fallenden Kunstwerken, die vom Künstler oder unter seiner Leitung in begrenzter Auflage hergestellt wurden, gelten im Sinne dieser Richtlinie als Originale von Kunstwerken. Derartige Exemplare müssen in der Regel numeriert, signiert oder vom Künstler auf andere Weise ordnungsgemäß autorisiert sein.

Aus den Erwägungsgründen

ErwG 2 Das Folgerecht soll den Urhebern von Werken der bildenden Künste eine wirtschaftliche Beteiligung am Erfolg ihrer Werke garantieren. Auf diese Weise soll ein Ausgleich zwischen der wirtschaftlichen Situation der bildenden Künstler und der Situation der anderen Kunstschaffenden hergestellt werden, die aus der fortgesetzten Verwertung ihrer Werke Einnahmen erzielen.

ErwG 18 Es sollte klargestellt werden, daß sich die durch diese Richtlinie bewirkte Harmonisierung nicht auf die Originalhandschriften von Schriftstellern und Komponisten erstreckt.

ErwG 20 Die Werkgattungen, die dem Folgerecht unterliegen, sollten harmonisiert werden, wobei die Verkehrssitte in der Gemeinschaft zu berücksichtigen ist.

Kurzkommentar

1. Originalhandschriften

Der **ursprüngliche RL-Vorschlag** ging offensichtlich davon aus, dass sich das Folgerecht auf alle Werkgattungen bezieht. Dies folgte schon aus dem neutralen Ausdruck „Kunstwerk" in Art 1 RL-Vorschlag, der für sich genommen nicht auf Werke der bildenden Künste beschränkt ist. Es ergab sich dies aber vor allem auch aus der ausdrücklichen Erwähnung von „**Handschriften**" in Art 2. Ein solchermaßen weites Verständnis des Folgerecht erscheint auch durchaus überlegenswert[61]. Bereits das **Europäische Parlament** wollte das Folgerecht dagegen auf Werke der bildenden Künste beschränken, was in Art 2 dadurch deutlich zum Ausdruck gebracht werden sollte, dass als Originale von Kunstwerken im Sinn der Richtlinie nur „zur Betrachtung bestimmte Werke" gelten sollten (Abänderungsvorschlag 18). Wenngleich die großzügigere Haltung des ursprünglichen RL-Vorschlags die besseren Argumente für sich[62], handelt es sich hierbei sicherlich nur um eine Randfrage, da der wirtschaftliche Schwerpunkt des Folgerechts sicherlich im Bereich der bildenden Künste liegt. Als Alternative wäre in Frage gekommen, die Einbeziehung von Handschriften den Mitgliedstaaten zu überlassen, da das Funktionieren des Binnenmarkts in diesem Randbereich durch unterschiedliche Regelungen kaum beeinträchtigt wäre. Schon der **geänderte RL-Vorschlag** beschränkt das Folgerecht jedoch – dem Abänderungsvorschlag 1

[61] Vgl dazu Vor Art 1 Rz 9 oben.

[62] Zustimmend auch *Katzenberger*, GRUR Int 1997, 314. Siehe auch *Walter*, Folgerecht und Harmonisierung 98f und 112f.

des Europäischen Parlaments folgend – auf Werke der bildenden Künste, was in Art 2 und in den ErwG 2 und 15 ausdrücklich verankert wurde[63]. Hieran hat auch der Gemeinsamer Standpunkt nichts geändert; Art 2 Abs 1 Folgerecht-RL beschränkt die Folgerechtsvergütung auf Werken der bildenden Künste.

2 Den Mitgliedstaaten wird es aber nicht verwehrt sein, das Folgerecht auch für **andere Werkkategorien**, etwa für Sprachwerke und Musikwerke vorzusehen und auch die Weiterveräußerung von Originalhandschriften und -partituren zu erfassen. Die Ausgestaltung eines solchen erweiterten Folgerechts bleibt gleichfalls den Mitgliedstaaten überlassen und richtet sich nicht nach der Folgerecht-RL. Denn diese bezieht sich nur auf Originale eines Kunstwerks im Sinn des Art 1 Abs 1 iVm Art 2.

2. Werke der bildenden Künste

3 Die **Werke der bildenden Künste** werden in Art 2 Abs 2 Folgerecht-RL zu Recht bloß beispielshaft angeführt, wobei insbes Bilder, Gemälde, Collagen, Zeichnungen, Bilddrucke, Stiche, Lithographien, Plastiken, Tapisserien, Keramiken, Glasobjekte und Lichtbildwerke erwähnt werden. Die ausdrückliche Anführung auch von Glasobjekten geht auf den Abänderungsvorschlag Nr 18 des Europäischen Parlaments zurück. Der geänderte RL-Vorschlag hatte diese Änderung noch mit dem Hinweis darauf abgelehnt, dass Werke der angewandten Kunst allgemein nicht unter das Folgerecht fallen (Begründung geänderter RL-Vorschlag I.4.e). Der Gemeinsamer Standpunkt geht aber offensichtlich nicht mehr von einer generellen Ausnahme von Werken der angewandten Kunst aus.

4 Schon in dem erwähnten Abänderungsvorschlag Nr 18 hatte das Europäische Parlament eine Präzisierung des Begriffs „**Originale von Kunstwerken**" vorgeschlagen und wollte einerseits auf die „geltenden Bestimmungen in jedem Mitgliedstaat" verweisen, anderseits aber auch eine zahlenmäßige Beschränkung auf 12 Exemplare einführen[64]. Wenngleich diese zahlenmäßige Limitierung aus dem Gesichtswinkel der Rechtssicherheit und einer weiterreichenden Harmonisierung verständlich erschien, wäre eine solche starre (und verhältnismäßig niedrige) Begrenzung aber den sich wandelnden Verhältnissen auf dem Kunstmarkt und auch der Tatsache nicht gerecht geworden, dass auch „Drucke" mit höheren Auflagen auf dem Kunstmarkt wie Originale gehandelt werden[65]. Der geänderte RL-Vorschlag hat diese Anregung deshalb zu Recht nicht aufgegriffen und auch den im ursprünglichen RL-Vorschlag enthaltenen Hinweis auf die „Verkehrssitte in der Gemeinschaft" gestrichen[66]. Damit sollte der Begriff des Originals noch elastischer umschrieben werden.

---

[63] Vgl auch Begründung geänderter RL-Vorschlag I.2.a. und III. zu Art 2.

[64] „... oder es sich um Exemplare handelt, die nach den geltenden Bestimmungen in jedem Mitgliedstaat als Originale von Kunstwerken angesehen werden, wobei die Zahl dieser Exemplare zwölf nicht übersteigen darf." Siehe auch Abänderungsvorschlag Nr 64.

[65] Auch die Stellungnahme des Wirtschafts- und Sozialausschusses (3.2.2.) wies auf die unterschiedliche Praxis in den Mitgliedstaaten hin.

[66] Die Entschließung des Europäischen Parlaments in Zweiter Lesung hat den Hinweis

Trotz der Schwierigkeiten einer **Abgrenzung** sprechen mE die besseren Gründe dafür, auch in beschränkter Anzahl hergestellte Werkstücke dem Folgerecht zu unterstellen. Denn auch solche Vervielfältigungsstücke werden auf dem Kunstmarkt gehandelt, während das Original, soweit es nicht vernichtet worden ist, oft gar nicht oder erheblich später auf den Markt kommt. Soweit es sich um Originalabdrucke (Originalabzüge) handelt, die auf dem Kunstmarkt gehandelt werden[67], wäre nicht einzusehen, weshalb der Urheber am Veräußerungserlös in diesen Fällen nicht partizipieren sollte. Davon abgesehen scheiden in großer Zahl hergestellte Abzüge in der Regel schon auf Grund des Schwellenwerts aus. Voraussetzung für eine Inanspruchnahme des Folgerechts ist jedenfalls, dass es sich um Originalabzüge und nicht um bloße Reproduktionen[68] handelt. Die in der französischen Rechtsprechung vertretene liberale Auffassung[69] erscheint deshalb grundsätzlich sachgerecht zu sein[70].

3. Originale von Kunstwerken

Auch die Fassung des Art 2 nach dem Gemeinsamen Standpunkt bleibt einer **weiten Umschreibung** des Begriffs der Originale verpflichtet. Nach dem neu hinzugefügten Abs 2 gelten nur solche Werke der bildenden Künste als „Originale von Kunstwerken", die vom **Künstler** selbst oder unter seiner Leitung in **begrenzter Auflage** geschaffen worden sind. Solche Exemplare müssen in der Regel numeriert, signiert oder vom Künstler auf andere Weise ordnungsgemäß autorisiert sein. Damit wird zwar keine starre Auflagengrenze vorgegeben, gleichwohl aber darf es sich nur um begrenzte Auflagen handeln, und muss der Künstler selbst an der Herstellung der einzelnen Exemplare mitgewirkt oder diese zumindest überwacht (geleitet) haben. In der Regel – also nicht zwingend – werden solche Exemplare, um folgerechtspflichtig zu sein, vom Künstler numeriert, signiert oder sonst „autorisiert", also als authentisch bezeichnet sein müssen. **5**

4. Werke der angewandten Kunst

Was schließlich die Werke der **angewandten Kunst** anlangt, bestehen in Europa unterschiedliche Regelungen. So werden solche Werke etwa nach der dänischen Regelung zwar grundsätzlich erfasst, in Serien gefertigte Werke dieser Art schei- **6**

---

auf die Berücksichtigung der Verkehrssitte in der Gemeinschaft in ErwG 20 gestrichen (Abänderungsvorschlag Nr 3). Die Kommission hat dem zugestimmt.

[67] Vgl dazu auch *Katzenberger* in *Schricker*, Kommentar² § 26 UrhG Rz 27f.

[68] In der Praxis ist es auch insoweit zu Abgrenzungsvereinbarungen gekommen. So haben die Versteigerer und die Verwertungsgesellschaften etwa in Frankreich schon im Jahr 1957 eine Vereinbarung getroffen, wonach Druckgraphiken nur dann folgerechtsfähig sind, wenn nicht mehr als 75 Exemplare (zuzüglich 25 Probedrucke) hergestellt werden, und diese vom Künstler signiert sind. Siehe dazu *Duchemin*, Le droit de suite, RIDA 80 (1974) 5 (23).

[69] Vgl *Cour de Cassation* 18.03.1986 JCP 1987 II 20723 = RIDA 129 (1986) 138 (mit dem Schlussantrag des Generalanwalts *Gulphe)*.

[70] Vgl *Walter* (ÖSGRUM 14/1993) 72 FN 67 und *Walter*, Folgerecht und Harmonisierung 99f und 112f. AM *Doutrelepont*, Le droit de suite 336ff; zurückhaltend auch *Schneider-Brodtmann*, Folgerecht 78f. Siehe zum geltenden deutschen Recht ausführlich auch *Katzenberger* in *Schricker* Kommentar² § 27 UrhG Rz 27ff.

den allerdings aus. Nach anderen Regelungen werden Werke der angewandten Kunst generell ausgenommen. Als Werke der angewandten Kunst sind im Übrigen auch Werke der Baukunst anzusehen. Im Hinblick darauf, dass bei Werken der angewandten Kunst und Architektur der Gebrauchszweck entscheidend ins Gewicht fällt und in vielen Fällen – etwa bei Schmuckstücken und Werken der Baukunst – sich ein nicht zu vernachlässigender Teil des Verkaufspreises nicht auf den künstlerischen Wert bezieht, sondern auf das verarbeitete Material oder auf Grund und Boden, sprach vieles dafür, Werke der angewandten Kunst und errichtete Bauwerke auszunehmen[71]. Hinzu kommt die Überlegung, dass sich Werke der angewandten Kunst häufig an der unteren Grenze der für einen urheberrechtlichen Schutz geforderten Originalität bewegen, und der Künstler oft auch anonym bleibt, was zu Schwierigkeiten bei der praktischen Anwendung führen kann[72]. Schließlich wird man auch davon ausgehen können, dass Werke der angewandten Kunst und der Baukunst bei der Erstveräußerung bzw anlässlich der Planausführung eher einen angemessenen Preis erzielen können als dies typischer Weise für Werke der bildenden Künste der Fall ist, die keinem Gebrauchszweck dienen. Freilich würde sich eine Ausnahme von Werken der angewandten Kunst und der Architektur nicht auf Entwürfe, Pläne und Skizzen, sondern nur auf die ausgeführten (errichteten) Werkstücke beziehen. Auch ein Ausscheiden bloß solcher Werke der angewandten Kunst wäre zu überlegen gewesen, bei welchen der Gebrauchszweck bzw der Materialwert überwiegt.

7 Nach den Erläuterungen zum ursprünglichen **RL-Vorschlag** iVm ErwG 15 sollte sich das Folgerecht nicht auf Werke der angewandten Kunst erstrecken. Dies galt auch für den geänderten RL-Vorschlag, wenn Abänderungsvorschlag Nr 18 des Europäischen Parlaments, auch Glasobjekte in die beispielshafte Aufzählung aufzunehmen, mit der Begründung abgelehnt wurde, dass Werke der angewandten Kunst nicht unter das Folgerecht fallen (Begründung geänderter RL-Vorschlag I.4.e). Offensichtlich ging der (geänderte) RL-Vorschlag davon aus, dass Werke der angewandten Kunst schon deshalb ausscheiden, weil es sich bei diesen in der Regel um Serienfertigungen handelt[73], was aber nicht immer zutreffen muss. So wurden als Beispiele folgerechtsfähiger Werke der bildenden Künste in Art 2 auch Produktionen genannt, die eher als Werke der angewandten Kunst anzusehen sind, weil sie gewöhnlich (auch) einem Gebrauchszweck dienen (zB Tapisserien und Keramiken). Insoweit wäre es deshalb konsequent gewesen, wie vom Europäischen Parlament vorgeschlagen, auch Glasobjekte zu nennen. Jedenfalls war eine Klarstellung wünschenswert, wobei auch differenzierte Lösungen denkbar gewesen wären[74].

8 Art 2 Abs 2 Folgerecht-RL in der Fassung nach dem **Gemeinsamen Standpunkt** geht nicht mehr von einem generellen Ausschluss von Werken der angewandten

---

[71] Vgl *Schneider-Brodtmann*, Folgerecht 77 und FN 184; *Walter* (ÖSGRUM 14/1993) 74 § 16c Abs 3.

[72] Ähnlich *Doutrelepont*, Le droit de suite 35.

[73] Siehe dazu auch *Katzenberger*, GRUR Int 1997, 314.

[74] Siehe dazu *Walter*, Folgerecht und Harmonisierung 113 und 123 (Formulierungsvorschläge).

Kunst aus und nennt in Abs 1 neben Tapisserien und Keramiken deshalb nunmehr auch Glasobjekte. Allerdings scheiden Massenproduktionen schon im Hinblick auf das generelle Erfordernis der Anfertigung durch den Künstler selbst in begrenzter Auflage ebenso aus wie **Bauwerke**, die in aller Regel nicht vom Architekten selbst ausgeführt werden. Allerdings erfolgt dies häufig unter seiner Leitung, und zwar auch dann, wenn ihm nicht die technische „Bauleitung“ obliegt. Dessen ungeachtet wird davon auszugehen sein, dass Bauwerke nicht folgerechtspflichtig sind, was in der Regel auch aus der Verkehrssitte folgen wird, auf welche ErwG 20 nach wie vor abstellt.

5. Lichtbildwerke

Die ausdrückliche Anerkennung von **Lichtbildwerken** als „folgerechtsfähige“ **9**
Kunstwerke erscheint sachgerecht. Es steht dies auch mit den Gegebenheiten auf dem Kunstmarkt in Einklang, auf welchem schon seit Jahren auch Werke der Lichtbildkunst in zunehmendem Maß gehandelt werden[75].

Kapitel II Besondere Bestimmungen

Artikel 3 Mindestbetrag

Text

Artikel 3 Mindestbetrag

(1) Die Mitgliedstaaten setzen einen Mindestverkaufspreis fest, ab dem die Veräußerungen im Sinne des Artikels 1 dem Folgerecht unterliegen.
(2) Dieser Mindestverkaufspreis darf € 4.000 in keinem Fall überschreiten.

Aus den Erwägungsgründen

ErwG 21 Der Verzicht auf die Geltendmachung des Folgerechts unterhalb des Mindestbetrags kann dazu beitragen, Erhebungs- und Verwaltungskosten zu vermeiden, die im Verhältnis zum Gewinn des Künstlers unverhältnismäßig sind. Den Mitgliedstaaten sollte jedoch nach dem Subsidiaritätsprinzip die Möglichkeit gegeben werden, unter dem gemeinschaftlichen Mindestbetrag liegende nationale Mindestbeträge festzusetzen, um unbekannte Künstler zu fördern. Diese Ausnahmeregelung dürfte sich aufgrund der niedrigen Beträge nicht nennenswert auf das ordnungsgemäße Funktionieren des Binnenmarkts auswirken.

Kurzkommentar

Schon der **ursprüngliche RL-Vorschlag** hatte eine **Mindestgrenze** vorgesehen, **1**
die aber mit einem Betrag von € 1.000,00 noch verhältnismäßig niedrig, allerdings schon um ein Vielfaches über dem Schwellenwert nach § 26 Abs 1 dUrhG von nur DM 100,00 lag. Allerdings blieb es den **Mitgliedstaaten vorbehalten**,

[75] Vgl auch *Pfennig*, Folgerecht 509; *Walter*, Folgerecht und Harmonisierung 113.

gegebenenfalls einen niedrigeren Betrag festzusetzen, woran sich auch in der Fassung nach dem Gemeinsamen Standpunkt nichts geändert hat (Art 3 Abs 2). Zwar ist nach Abs 1 zwingend ein Schwellenwert festzulegen; die Bestimmung der Höhe des Mindestverkaufspreises bleibt jedoch den Mitgliedstaaten vorbehalten. Dieser Schwellenwert erfüllt auch im Zusammenhang mit der erforderlichen Abgrenzung folgerechtsfähiger Originale von Serienanfertigungen eine wichtige Funktion, weil dieser Unterscheidung in der Praxis damit die Schärfe genommen wird. Allerdings darf nicht übersehen werden, dass das Folgerecht nicht nur arrivierten Künstlern mit einem entsprechend hohen Marktwert zugute kommen sollte[76], weshalb eine Herabsetzung der vorgeschlagenen Mindestgrenze nahe gelegen wäre[77]. Auch die Überlegung, dass es auch hochwertige Kunstwerke gibt, die bloß wegen der verwendeten Technik (zB künstlerische Fotografien) oder wegen eines kleineren Formats im Handel – auf das Einzelstück bezogen – keinen den Schwellenwert übersteigenden Preis erzielen, hätte für eine solche Herabsetzung ins Treffen geführt werden können.

2 Das **Europäischen Parlament** hatte dazu in Erster Lesung ohne inhaltliche Änderungen vorgeschlagen (Abänderungsvorschlag Nr 45), noch deutlicher zum Ausdruck zu bringen, dass die Festlegung des Mindestbetrags den Mitgliedstaaten vorbehalten bleibt. Weiters sollte dieser mit € 500,00 auch herabgesetzt werden. Der Betrag von DM 100,00 (§ 26 Abs 1 dUrhG) und der im österr Ministerialentwurf einer UrhGNov 1994[78] vorgeschlagene Grenzwert von bloß S 1.000,00 liegen aber noch deutlich darunter. Der **geänderte RL-Vorschlag** trug der Anregung des Europäischen Parlaments, deutlicher zum Ausdruck zu bringen, dass die Festlegung des Mindestbetrags den Mitgliedsstaaten vorbehalten bleibt, Rechnung, setzte den Schwellenwert aber nicht herab.

3 In den Diskussionen der **Rats-Arbeitsgruppe** war dagegen nicht mehr von einer Herabsetzung die Rede, es wurden vielmehr höhere Beträge zwischen € 2.000,00 und € 4.000,00[79] genannt. Nach dem **Gemeinsamen Standpunkt** beträgt der Mindestverkaufspreis jetzt € 4.000,00; dieser darf keinesfalls überschritten werden. Dazu hält ErwG 21 ausdrücklich fest, dass die **Mitgliedsstaaten** die Möglichkeit haben, den Schwellenwert unter dem gemeinschaftlichen Mindestbetrag festzusetzen, insbes um unbekannte Künstler zu fördern. Dabei wird in diesem Zusammenhang ausdrücklich auch auf das Subsidiaritätsprinzip hingewiesen. Die erfolgte weitere Anhebung des Mindestverkaufspreises auf € 4.000,00 erscheint sachlich wenig gerechtfertigt und benachteiligt gerade jüngere, auf dem Kunstmarkt noch nicht mit hohen Preisen vertretene Künstler. Es handelt sich dabei um einen politischen Kompromiss, der die Ziele der Richtlinie, eine Harmonisierung des Folgerechts auf hohem Schutzniveau zu erreichen, freilich in Frage stellt. Das Europäische Parlament schlägt dagegen in Zweiter Lesung die Herabsetzung des Schwellenwerts auf € 1.000,00 vor. Der Entwurf für eine Empfehlung des Rechtsausschusses hatte dazu zutreffend ausgeführt, der im

---

[76] So auch Begründung RL-Vorschlag Punkt V.7.
[77] Kritisch wohl auch *Katzenberger*, GRUR Int 1997, 314.
[78] Vom 30.07.1993 Zl 8113/27-I 4/93.
[79] Rats-Arbeitsgruppe vom 08.03.2000.

Gemeinsamen Standpunkt vorgesehene Schwellenwert von € 4.000,00 würde einen zu großen Bereich des Kunstmarkts – etwa den Verkauf von Fotografien – vom Folgerecht ausschließen (Entwurf Abänderungsvorschlag Nr 3 und Begründung). Die Kommission hat sich aber dagegen ausgesprochen, dass dieser Wert von den Mitgliedstaaten nicht unterschritten werden kann.

Artikel 4 Sätze

Text

Artikel 4 Sätze

(1) Die Folgerechtsvergütung beträgt:
   a) 4% für die Tranche des Verkaufspreises bis zu € 50.000;
   b) 3% für die Tranche des Verkaufspreises von € 50.000,01 bis € 200.000;
   c) 1% für die Tranche des Verkaufspreises von € 200.000,01 bis € 350.000;
   d) 0,5% für die Tranche des Verkaufspreises von € 350.000,01 bis € 500.000;
   e) 0,25% für die Tranche des Verkaufspreises über € 500.000.
   Der Gesamtbetrag der Folgerechtsvergütung darf jedoch € 12.500,00 nicht übersteigen.

(2) Abweichend von Absatz 1 können die Mitgliedstaaten einen Satz von 5% auf die Tranche des Verkaufspreises nach Absatz 1 Buchstabe a anwenden.

(3) Setzt ein Mitgliedstaat einen niedrigeren Mindestverkaufspreis als € 4.000 fest, so bestimmt er auch den Satz, der für die Tranche des Vekaufspreises bis zu € 4.000 gilt; dieser Satz darf nicht unter 4% liegen.

Aus den Erwägungsgründen

ErwG 19 Anhand der Erfahrungen, die mit dem Folgerecht auf nationaler Ebene gesammelt wurden, sollte eine tragfähige Regelung eingeführt werden. Die Folgerechtsvergütung sollte als prozentuale Beteiligung am Verkaufspreis und nicht am Mehrerlös, den das Kunstwerk durch eine etwaige Wertsteigerung erzielt, berechnet werden.

ErwG 22 Die Höhe der Folgerechtssätze in den einzelnen Mitgliedstaaten ist derzeit sehr unterschiedlich. Um die Leistungsfähigkeit des Binnenmarkts im Bereich moderner und zeitgenössischer Kunstwerke zu gewährleisten, müssen die Sätze so weit wie möglich vereinheitlicht werden.

ErwG 23 In dem Bemühen um einen Ausgleich der verschiedenen Interessen auf dem Markt für Originale von Kunstwerken empfiehlt es sich, ein System mit degressiven Sätzen für bestimmte Preisspannen festzulegen. Die Gefahr einer Handelsverlagerung und Umgehung der gemeinschaftsrechtlichen Bestimmungen zum Folgerecht muß verringert werden.

Kurzkommentar

Nach dem Grundgedanken des RL-Vorschlags gingen die degressiven Folgerechtssätze von den Verlagerungskosten („**Folgerechtsumgehungskosten**“) in Drittländer aus. Wenngleich diese Überlegungen durchaus zu berücksichtigen **1** sind, erscheint eine exakte Begrenzung des Folgerechtsatzes mit diesen Verlagerungskosten aber nicht gerechtfertigt. Man wird davon ausgehen können, dass sich der europäische Kunsthandel gerade nach einer Harmonisierung des Folgerechts in Europa stabilisieren wird. Wie der ursprüngliche RL-Vorschlag richtig hervorhob, ist die „Belastung" von Versteigerungen bzw des Kunsthandels durch das Folgerecht nur einer von vielen Gesichtspunkten bei der Auswahl des Kunsthandelsplatzes. Daneben spielen steuerliche Aspekte, Provisionen und zahlreiche weitere Umstände eine nicht zu unterschätzende Rolle. Ausschlaggebend für die Wahl des Handelsplatzes wird vor allem das Vorhandensein eines etablierten Kunstmarkts und nicht in erster Linie die „Belastung" durch das Folgerecht sein. Schließlich müssen die wirtschaftlichen Erträge des Folgerechts, wenn das kreative Schaffen auf dem Gebiet der bildenden Künste in Europa gefördert werden soll, einigermaßen ins Gewicht fallen, und sollte die Europäische Harmonisierung auch auf diesem Gebiet grundsätzlich auf hohem Niveau erfolgen. Dabei ist nicht zu übersehen, dass in zahlreichen Mitgliedsländern (Dänemark, Deutschland, Finnland, Griechenland, Portugal und Schweden) derzeit höhere Sätze[80] gelten und insoweit auch von einem zu wahrenden Besitzstand auszugehen ist[81]. Dies umso mehr als es sich bei dem im RL-Vorschlag vorgesehenen Beteiligungssatz von 4% nur um den Ecksatz eines bis zu 2% und jetzt sogar bis zu 0,25% abfallenden Prozentsatzes handelt[82].

2 Schon nach dem Abänderungsvorschlag des **Europäischen Parlaments** Nr 57 in Erster Lesung sollten die Beteiligungssätze aber von 4% über 3% nicht auf 2%, sondern sogar auf 1% abfallen[83]. Darüber hinaus sollte der obere Eckwert nicht € 250.000,00, sondern bloß € 100.000,00 betragen (Art 4 Abs 1), wodurch die Beteiligung im Ergebnis noch geringer war. Anders als nach dem (geänderten) RL-Vorschlag sollte sich die Staffelung aber nicht am Verkaufspreis, sondern vielmehr am **Mehrwert** orientieren, worunter nach dem vorgeschlagenen neuen Art 3a die Differenz zwischen dem Einkaufspreis des Abgabepflichtigen und dem in Rechnung gestellten Betrag zu verstehen war[84]. Der in Art 4 Abs 1 beibehaltene

---

[80] Nur Belgien (4%), Frankreich und Spanien (3%) sowie Luxemburg (bis 3%) liegen bei bzw unter dem im (geänderten) RL-Vorschlag vorgesehenen Höchstsatz für die erste Tranche. Dies gilt für die weiter reduzierten Sätze nach dem Gemeinsamen Standpunkt umso mehr.

[81] Auch *Katzenberger*, GRUR Int 1997, 314 hält die Sätze des RL-Vorschlags für enttäuschend; siehe auch *Walter*, Folgerecht und Harmonisierung 115f.

[82] Die Stellungnahme des Wirtschafts- und Sozialausschusses (3.3.2.) hielt die im ursprünglichen RL-Vorschlag vorgesehenen Sätze für sinnvoll.

[83] Der Ausschuss des Europäischen Parlaments für Kultur, Jugend, Bildung und Medien hatte in Erster Lesung 5% – 3% – 1% vorgeschlagen, der Bericht des Ausschusses für Recht und Bürgerrechte 4% – 3% – 1,5%.

[84] Abänderungsvorschlag Nr 51: „Bemessungsgrundlage – Die Höhe des Folgerechtsanspruchs des Urhebers bestimmt sich nach der Differenz zwischen dem Einkaufspreis des Abgabepflichtigen und dem in Rechnung gestellten Betrag. Der Einkaufspreis ist der Betrag, der sich nach Abzug der Steuern, Restaurierungskosten und sonstiger Kosten, die nicht mit der Kreation des Kunstwerkes in Zusammenhang stehen, ergibt."

Der Bericht des Ausschusses für Recht und Bürgerrechte hatte in einem neuen Art 3a nur den Verkaufspreis präzisiert wie folgt: „Die Höhe des Folgerechtsanspruchs des Ur-

Ausdruck „Preistranche“ (jetzt: Tranche) war deshalb nach den Vorstellungen des Abänderungsvorschlags nach diesem Mehrwert zu berechnen, woraus sich eine Abflachung der Degression ergeben hätte, die allerdings im Hinblick auf den veränderten Eckwert und die Reduzierung des niedrigsten Beteiligungssatzes von 2% auf 1% nur schwer mit den RL-Vorschlägen der Kommission zu vergleichen war[85].

Allerdings war nicht klar, ob das Europäische Parlament nicht generell auf das **Mehrwertsystem** umsteigen wollte, was aber in der Formulierung des Abänderungsvorschlags nicht deutlich zum Ausdruck kam. Zu Recht wurde dieser Systemwechsel jedenfalls nicht nachvollzogen. Wie die Erfahrung gezeigt hat, ist die Berechnung des Mehrwerts schwierig, oft unmöglich und bewirkt jedenfalls einen vermeidbaren Verwaltungsaufwand. Davon abgesehen wären die Beteiligungssätze für ein auf die Preisdifferenz aufbauendes System viel zu gering und müssten etwa zwischen 20% und 30% liegen[86].

Die ohnehin schon geringen Beteiligungssätze der RL-Vorschläge wurden in den **3** Diskussionen in der **Rats-Arbeitsgruppe** in verschiedenen Kompromissvorschlägen, die eine Annahme der Richtlinie ermöglichen sollten, noch weiter herabgesetzt, wobei schließlich auch die Einführung einer vierten und fünften Preisspanne in Erwägung gezogen wurde, und die Beteiligung in der letzten Tranche nur 0,5% betragen sollte. Darüber hinaus wurde auch ein Höchstbetrag diskutiert, den die Beteiligung aus dem Folgerecht nicht überschreiten darf, und zwar mit einem Betrag von € 12.500,00[87]. Eine sachliche Rechtfertigung für eine solche „Deckelung“ des Folgerechtsanspruchs ist nicht zu sehen.

In der Fassung des Art 4 Folgerecht-RL nach dem **Gemeinsamen Standpunkt** **4** wurden alle diskutierten Möglichkeiten einer Herabsetzung der Beteiligungssätze vollzogen. So steigt die Beteiligung von 4% über 3%, 1%, 0,5% bis auf 0,25% herab, wofür eine **vierte und fünfte Preistranche** eingezogen wurde. Weiters wurde die erste Tranche mit einem Beteiligungssatz von 4% mit € 50.000 begrenzt und mit € 12.500 auch ein **Höchstbetrag** eingeführt (Art 4 Abs 1 Unterabsatz 2), den die Folgerechtsvergütung nicht übersteigen darf. Dabei handelt es sich um den sich errechnenden Gesamtbetrag. Nach den durchschnittlichen Erfahrungen führt diese Regelung zu einem Mischsatz von etwa 3%, der – unter Außerachtlassung des Höchstbetrags – deutlich unter den derzeitigen Sätzen liegt. Im Hinblick hierauf wird es den Mitgliedstaaten aber in Art 4 Abs 2 freigestellt, an Stelle des Eingangssatzes von 4% einen solchen von 5% vorzusehen. Diese Möglichkeit ist jedoch auf die erste Tranche (bis zu einem Verkaufpreis von € 50.000) beschränkt[88]. Freilich darf in diesem Zusammenhang nicht übersehen werden, dass es sich auch hier um einen politischen Kompromiss

---

hebers bestimmt sich nach dem in Rechnung gestellten Betrag oder dem Betrag, der als Wert für die Übertragung angesetzt wurde, ausschließlich der Steuern, aber ohne alle sonstigen vorherigen Abzüge.“

[85] Vgl dazu im Einzelnen *Walter*, Folgerecht und Harmonisierung 116.

[86] Vgl *Walter*, Folgerecht und Harmonisierung 97f und 116.

[87] Sitzung der Rats-Arbeitsgruppe vom 08.03.2000.

[88] Hieran ändern auch die Abänderungsvorschläge des Europäischen Parlaments in Zweiter Lesung nichts.

handelt der die Beschlussfassung betreffend einen Gemeinsamen Standpunkt ermöglicht hat. Dessen ungeachtet sind auch die letztlich festgelegten Beteiligungssätze mit dem Ziel der Richtlinie schwer in Einklang zu bringen, eine Harmonisierung auf hohem Niveau vorzunehmen.

Der Entwurf für eine Empfehlung des Rechtsausschusses für eine Entschließung des Europäischen Parlaments in Zweiter Lesung hatte die Beteiligungssätze nach dem Gemeinsamen Standpunkt unverändert gelassen, jedoch eine Beseitigung des Höchstbetrags (Entwurf Abänderungsvorschlag Nr 4) vorgeschlagen. Als Alternative wurde subsidiär zu Art 11 Abs 1 vorgeschlagen, die Kommission möge in ihre Berichte insbes Vorschläge für die Erhöhung oder Beseitigung der in Art 4 Abs 1 genannten Höchstgrenze aufnehmen (Entwurf Abänderungsvorschlag Nr 7). Der Rechtsausschuss hat sogar eine Rückkehr zu den Beteiligungssätzen 4%, 3% und 1% vorgeschlagen. Dem ist das Europäische Parlament in Zweiter Lesung aber nicht gefolgt.

5 Da nach Art 4 Abs 2 Folgerecht-RL die Mitgliedstaaten auch einen niedrigeren Schwellenwert als € 4.000,00 festlegen können, war – wie schon im geänderten RL-Vorschlag – vorzusehen, dass ein Mitgliedstaat, der von dieser Möglichkeit Gebrauch macht, auch den Satz zu bestimmen hat, der für diese vorgelagerte Preistranche zwischen dem von diesem Mitgliedstaat festgesetzten niedrigeren Mindestbetrag und dem in der Richtlinie vorgesehenen Mindestbetrag von € 4.000,00 gilt. Klargestellt wird dazu, dass dieser in diesem Fall jedenfalls nicht unter dem Eingangssatz von 4% liegen darf (Art 4 Abs 3)[89].

Artikel 5 Bemessungsgrundlage

Text

Artikel 5 Bemessungsgrundlage

Als Verkaufspreis im Sinne der Artikel 3 und 4 gilt der Verkaufspreis ohne Steuern.

Kurzkommentar

1 Als Bemessungsgrundlage diente nach den RL-Vorschlägen der von allfälligen Steuern entlastete **Verkaufspreis**. Die Klarstellung, dass der Nettopreis maßgebend ist, erscheint sinnvoll, weil dies anderenfalls strittig sein könnte. Sonstige Abgaben, die Steuern gleichzuhalten sind, werden ebenfalls vorweg abzuziehen sein.

2 Dagegen werden sonstige Belastungen wie Kommissions- oder Versteigerungsgebühren, im Kaufpreis einkalkulierte oder gesondert verrechnete Transport- und Versicherungskosten und insbes Provisionen nicht zu berücksichtigen sein. Nach dem Vorschlag des Europäischen Parlaments (Abänderungsvorschlag Nr 22) in Erster Lesung hätte diese Bestimmung im Hinblick auf die gesonderte Umschreibung der Bemessungsgrundlage in einem neuen Art 3a entfallen sollen.

---

[89] Zu den Beteiligungssätzen siehe allgemein auch die ErwG 22 und 23.

Danach wäre für Zwecke der Berechnung der Differenz zwischen Einkaufs- und Verkaufspreis als Einkaufspreis der Betrag zu verstehen gewesen, der sich nach Abzug der Steuern, Restaurierungskosten und sonstiger Kosten ergibt, die nicht mit der Kreation des Kunstwerks im Zusammenhang stehen, errechnet (Art 3a Satz 2). Diese Vorschläge haben in die Fassung nach dem Gemeinsamen Standpunkt keinen Eingang gefunden.

Artikel 6 Anspruchsberechtigte

Übersicht

Text

Artikel 6 Anspruchsberechtigte

(1) Die Folgerechtsvergütung nach Artikel 1 ist an den Urheber des Werks und, vorbehaltlich des Artikels 8 Absatz 2, nach seinem Tod an seine Rechtsnachfolger zu bezahlen.

(2) Die Mitgliedstaaten können vorsehen, dass die Wahrnehmung des Folgerechts nach Artikel 1 obligatorisch oder fakultativ einer Verwertungsgesellschaft übertragen wird[90].

Aus den Erwägungsgründen

ErwG 26 Es erscheint angezeigt, unter Wahrung des Subsidiaritätsprinzips den Kreis der Personen zu bestimmen, denen die Folgerechtsvergütung zusteht. Das Erbrecht der Mitgliedstaaten sollte von dieser Richtlinie unberührt bleiben. Die Rechtsnachfolger des Urhebers müssen jedoch jedenfalls nach Ablauf des obengenannten Übergangszeitraums, das Folgerecht nach dem Tod des Urhebers in vollem Umfang in Anspruch nehmen können.

ErwG 23 Es ist Sache der Mitgliedstaaten, die Ausübung des Folgerechts, insbesondere die Modalitäten für die Wahrnehmung des Folgerechts, zu regeln. Die Wahrnehmung des Folgerechts durch eine Verwertungsgesellschaft ist nur eine der möglichen Verwaltungsformen. Die Mitgliedstaaten müssen jedoch dafür sorgen, daß die Vergütungen für Urheber aus anderen Mitgliedstaaten tatsächlich eingezogen und verteilt werden. In den Mitgliedstaaten bestehende Regelungen und Vereinbarungen für die Einziehung und Verteilung werden durch diese Richtlinie nicht berührt.

---

90 Der ursprüngliche RL-Vorschlag hatte noch hinzugefügt: „Sie regeln, wie das Folgerecht entrichtet und verteilt wird, wenn der Urheber Angehöriger eines anderen Mitgliedstaats ist."

Kurzkommentar

1. Rechtsnachfolge

1 Der in Abs 1 festgelegte Grundsatz, dass das Folgerecht dem **Urheber** und nach seinem Tod seinen **Rechtsnachfolgern** zusteht, entspricht allgemeinen urheberrechtlichen Prinzipien. Der Einrichtung einer (zwingenden) gemeinschaftsrechtlichen Sonderrechtsnachfolge für das Folgerecht bedarf es nicht, wie die Erläuterungen zum ursprünglichen RL-Vorschlag zu Recht hervorgehoben haben. Nach dem Vorschlag des Europäischen Parlaments sollte das Folgerecht dagegen nach dem Tod des Urhebers nur den gesetzlichen Erben zustehen, womit eine gewillkürte (letztwillige) Erbfolge ausgeschlossen und der versorgungsrechtliche Aspekt unterstrichen werden sollte. Überzeugende Argumente für eine folgerechtsspezifische Regelung der Rechtsnachfolge sind jedoch nicht ersichtlich. Der geänderte RL-Vorschlag hat diese Anregung deshalb ebensowenig aufgegriffen wie die Fassung nach dem Gemeinsamen Standpunkt. Der Entwurf für eine Empfehlung des Ausschusses für Recht und Binnenmarkt für die Zweite Lesung des Europäischen Parlaments sah keinen Abänderungsvorschlag vor, in der Begründung wurde jedoch darauf hingewiesen, die Anspruchsberechtigung des Fiskus im Fall des Heimfalls stünde mit den Anliegen der Richtlinie nicht in Einklang. Der Empfehlung des Rechtsausschusses folgend schlägt das Europäische Parlament in Zweiter Lesung jedoch vor, dass der Staat in Ausübung des Heimfallsrechts keinen Anspruch auf das Folgerecht haben soll, so dass mangels gesetzlicher oder gewillkürter Erben in solchen Fällen kein Folgerecht zu entrichten ist; die Kommission hat sich gegen diese Änderung ausgesprochen.

2 Die Bestimmung der Rechtsnachfolger obliegt ausschließlich der Rechtsordnung der Mitgliedstaaten. Diese bestimmen und regeln nicht nur die gesetzliche und gewillkürte **Erbfolge**, sondern auch alle sonstigen erbrechtlichen Fragen und das Nachlassverfahren. Den Mitgliedstaaten steht es aber auch frei, für urheberrechtliche Befugnisse im Allgemeinen oder speziell für das Folgerecht eine Sondererbfolge vorzusehen. Im Übrigen sind in diesem zusammenhang auch die jeweiligen Vorschriften des **Internationalen Privatrechts** zu berücksichtigen.

3 Macht ein Mitgliedstaat von der **verzögerten Anwendung** des Folgerechts auch auf Rechtsnachfolger nach Art 8 Abs 2 Gebrauch, endet der Anspruch auf Folgerechtsvergütung mit dem Tod des Urhebers. Eine allgemeine Befristung des Folgerechts mit der Lebenszeit des Urhebers ist aber unzulässig, wie ErwG 26 ausdrücklich hervorhebt. Es folgt dies auch aus der auch auf das Folgerecht anzuwendenden allgemeinen Schutzdauer von 70 Jahren pma (Art 8 Abs 1). Wenn in diesem Zusammenhang auch erwähnt wird, dass den Rechtsnachfolgern das Folgerecht jedenfalls nach Ablauf der Übergangsfrist des Art 8 Abs 2 in vollem Umfang zustehen muss, könnte dies als Absage an eine – auch nur teilweise – Sozialbindung des Folgerechts nach dem Tod des Urhebers gelesen werden. Im Hinblick auf den Zusammenhang mit der verzögerten Anwendung des Folgerechts nach der Einschleifregelung des Art 8 Abs 2, sollte mit diesem Hinweis aber wohl nur klargestellt werden, dass auch nach dem Tod des Urhebers keine (niedrigeren) Sätze oder sonstige inhaltliche Beschränkungen vorgesehen werden dürfen.

2. *Sozialbindung*

Eine – teilweise – **Sozialbindung** des Folgerechts ist mE insbes nach dem Tod des Urhebers nicht ausgeschlossen. Es hätte sich freilich empfohlen, dies in der Richtlinie klarzustellen und gegebenenfalls zu präzisieren. Jedenfalls wäre einer solchen Sozialwidmung der Vorzug vor einer Sondererbfolge zu geben[91]. So hatte der Ausschuss des Europäischen Parlaments für Kultur, Jugend, Bildung und Medien in Erster Lesung vorgeschlagen, das Folgerecht nach dem Tod des Urhebers originär einer Verwertungsgesellschaft zuzugestehen, wobei die Erträgnisse in diesem Fall[92] ausschließlich sozialen und kulturellen Zwecken dienenden Einrichtungen zugeführt werden sollten. **4**

3. *Wahrnehmung des Folgerechts*

Wenn in Art 6 Abs 2 Folgerecht-RL festgehalten wird, die Mitgliedstaaten könnten vorsehen, dass die Verwaltung des Folgerechts einer **Verwertungsgesellschaft** übertragen wird[93], ist diese Klarstellung vor allem im Hinblick auf den Grundsatz der Unveräußerlichkeit sinnvoll. **5**

Von einer zwingenden Wahrnehmung des Folgerechts durch Verwertungsgesellschaften wurde jedoch abgesehen und vielmehr ausdrücklich betont, dass die Mitgliedstaaten die Wahrnehmung fakultativ oder obligatorisch Verwertungsgesellschaften überantworten können. Nach den durch viele Jahrzehnte hindurch – vor allem in Frankreich und Deutschland – gesammelten Erfahrungen mit der praktischen Durchsetzung des Folgerechts wäre allerdings eine zwingende Wahrnehmung durch Verwertungsgesellschaften sinnvoll gewesen[94]. Wie die Praxis gezeigt hat, sind – ungeachtet des Unveräußerlichkeitsprinzips – nur Verwertungsgesellschaften den Repressalien auf dem Kunstmarkt gewachsen. Eine zwingende Wahrnehmung durch Verwertungsgesellschaften läge aber auch im wohlverstandenen Interesse der Nutzer, was insbes für die Geltendmachung des Auskunftsanspruchs nach Art 9 gilt. Auch wenn dieser auf einen verhältnismäßig kurzen Zeitraum beschränkt ist, stellt die Erteilung von Auskünften an zahlreiche individuelle Rechtsinhaber für Versteigerer und Kunsthändler eine nicht zu unterschätzende administrative und wirtschaftliche Belastung dar, die durch eine Verwertungsgesellschaftenpflicht vermieden werden könnte. **6**

Der im ursprünglichen RL-Vorschlag enthaltene Zusatz, wonach die Mitgliedstaaten auch regeln sollten, wie das Folgerecht entrichtet und verteilt wird, wenn **7**

---

[91] Siehe dazu ausführlich *Walter*, Folgerecht und Harmonisierung 101f.

[92] Es wurde dies hinsichtlich eines angemessenen Prozentsatzes in Abs 3 auch sonst – also nicht bloß für die Zeit nach dem Tod des Urhebers – angeregt. Zur (teilweisen) Sozialwidmung des Folgerechts siehe auch *Walter*, Folgerecht und Harmonisierung 101f, 118 und 126f.

[93] Der diesbezügliche Abänderungsvorschlag des Europäischen Parlaments in Erster Lesung (Art 6 Abs 2) brachte die Beziehung zum Prinzip der Unveräußerlichkeit deutlicher zum Ausdruck und hielt einfach fest, dass der Urheber das Folgerecht auf Verwertungsgesellschaften übertragen kann.

[94] In diesem Sinn war wohl auch die Stellungnahme des Wirtschafts- und Sozialausschusses (3.4.2.) zu verstehen.

der Urheber Angehöriger eines anderen Mitgliedstaats ist, wurde in den geänderten RL-Vorschlag nicht übernommen[95]. Ein besonderer Hinweis auf die Verteilung für den Fall, dass der Urheber Angehöriger eines anderen Mitgliedstaats ist, erscheint auch entbehrlich und hätte zu Missverständnissen oder unzulässigen Gegenschlüsse führen können. Auch wenn keine Urheber beteiligt sind, die Angehörige anderer Mitgliedstaaten sind, haben Verwertungsgesellschaften für eine (gerechte) Verteilung zu sorgen. Nach der *Phil Collins* Entscheidung des EuGH folgt die Gleichbehandlung der Staatsangehörigen anderer Mitgliedsländer zwingend schon aus dem Diskriminierungsverbot, und ist weder einer Modifizierung zugänglich noch bedarf sie einer vereinzelten Erwähnung in einem Richtlinientext.

Nach der Entschließung des Europäischen Parlaments in Zweiter Lesung sollen die Mitgliedstaaten gewährleisten, dass die nationalen Verwertungsgesellschaften ihre Arbeit unter „demokratischen Gesichtspunkten transparent und effizient gestalten" (Art 6 Abs 2). Dies ist eine Selbstverständlichkeit, die wohl keiner besonderen Erwähnung bedarf und von den meisten Verwertungsgesellschaften auch erfüllt wird. Gleichwohl ist gegen eine Unterstreichung eines möglichst demokratischen Aufbaus von Verwertungsgesellschaften sowie Transparenz (für die Bezugsberechtigten) und Effizienz grundsätzlich nichts einzuwenden. Die Kommission bevorzugt in ihrer Stellungnahme einen entsprechenden Hinweis in den Erwägungsgründen.

Artikel 7 Anspruchsberechtigte aus Drittländern

Übersicht

Text

Artikel 7 Anspruchsberechtigte aus Drittländern

(1) Die Mitgliedstaaten sehen vor, daß Urheber, die Staatsangehörige von Drittländern sind, und – vorbehaltlich des Artikels 8 Absatz 2 – deren Rechtsnachfolger das Folgerecht gemäß dieser Richtlinie und den Rechtsvorschriften des betreffenden Mitgliedsstaates nur dann in Anspruch nehmen können, wenn die Rechtsvorschriften des Landes, dessen Staatsangehörigkeit der Urheber oder sein Rechtsnachfolger hat, den Schutz des Folgerechts für Urheber aus den Mitgliedstaaten und deren Rechtsnachfolger in diesem Land anerkennt.

[95] Auch das Europäische Parlament hatte in Erster Lesung die Streichung dieses Hinweises (Art 6 Abs 2 Satz 2) vorgeschlagen.

(2) Die Kommission kann unter Berücksichtigung der von Mitgliedstaaten gemachten Angaben zu Informationszwecken ein als Hinweis dienendes Verzeichnis der Drittländer veröffentlichen, die die Bedingung nach Absatz 1 erfüllen.

(3) Ein Mitgliedstaat kann Urheber, die nicht Staatsangehörige eines Mitgliedstaats sind, ihren gewöhnlichen Aufenthalt jedoch in diesem Mitgliedstaat haben, für die Zwecke des Folgerechtsschutzes genauso behandeln, wie seine eigenen Staatsangehörigen.

Aus den Erwägungsgründen

ErwG 6 Nach der Berner Übereinkunft zum Schutz von Werken der Literatur und Kunst kann das Folgerecht nur dann in Anspruch genommen werden, wenn der Heimatstaat des Urhebers dieses Recht anerkennt. Das Folgerecht ist demnach fakultativ und durch die Gegenseitigkeitsregel beschränkt. Aus der Rechtsprechung des Gerichtshofes der Europäischen Gemeinschaften zur Anwendung des Diskriminierungsverbots gemäß Artikel 12 des Vertrages, insbesondere dem Urteil vom 20. Oktober 1993 in den verbundenen Rechtssachen C-92/92 und C-326/92, Phil Collins und andere, folgt, daß einzelstaatliche Bestimmungen, die Gegenseitigkeitsklauseln enthalten, nicht geltend gemacht werden dürfen, um den Angehörigen anderer Mitgliedstaaten die Inländerbehandlung vorzuenthalten. Die Anwendung solcher Klauseln im Gemeinschaftskontext steht im Widerspruch zu dem Gleichbehandlungsgebot, das sich aus dem Verbot jeder Diskriminierung aus Gründen der Staatsangehörigkeit ergibt.

ErwG 7 Es ist wichtig, daß das Folgerecht auf internationaler Ebene möglichst umfassend angewandt wird. Es sollten deshalb Verhandlungen aufgenommen werden, um Artikel 14ter der Berner Übereinkunft zu einer zwingenden Vorschrift zu machen.

ErwG 28 Das Folgerecht sollte den Angehörigen der Gemeinschaft sowie Urhebern aus Drittländern vorbehalten werden, die den Urhebern aus den Mitgliedstaaten einen solchen Schutz gewähren. Einem Mitgliedstaat sollte es möglich sein, dieses Recht auf Urheber aus Drittländern mit gewöhnlichem Aufenthalt in diesem Mitgliedstaat zu erstrecken.

Kurzkommentar

1. Berner Übereinkunft

In der **Berner Übereinkunft** ist das Folgerecht seit der Brüsseler Fassung (Art 14bis Abs 1) verankert; dieser Bestimmung entspricht in der Fassung von Stockholm/Paris jetzt Art 14ter Abs 1 RBÜ 1967/71. Danach genießt der Urheber hinsichtlich der Originale von Werken der bildenden Künste und der Originalhandschriften der Schriftsteller und Komponisten ein unveräußerliches Recht auf Beteiligung am Erlös aus Verkäufen eines solchen Werkstücks nach der ersten Veräußerung durch den Urheber. Da sich das Folgerecht zum Zeitpunkt seiner Einführung in das Konventionsrecht im Jahr 1948 international noch nicht auf breiter Basis durchgesetzt hatte, geht die Vorschrift jedoch atypisch nicht vom Inländerbehandlungsgrundsatz aus, sondern sieht eine besondere Spielart der **1**

materiellen Gegenseitigkeit vor. Danach kann das Folgerecht in jedem Verbandsland nur beansprucht werden, wenn die Heimatgesetzgebung des Urhebers diesen Schutz kennt, und soweit es die Rechtsvorschriften des Lands zulassen, in dem der Schutz beansprucht wird. Nach dem Konzept der Konvention ist der nationale Gesetzgeber sowohl in der Entscheidung frei, ob er ein Folgerecht einführen will, als auch in der Frage seiner inhaltlicher Ausgestaltung[96]. Voraussetzung für die Inanspruchnahme des Folgerechts durch Verbandsurheber ist bei richtiger Auslegung dieser Konventionsbestimmung, dass das Heimatland des Urhebers (nicht das Ursprungsland im Sinn der RBÜ) das Folgerecht **im Prinzip** – wenn auch in einer abweichenden Ausgestaltung – kennt (Grundsatz der prinzipiellen absoluten materiellen Reziprozität)[97]. *Schneider-Brodtmann*[98] deutet Art 14ter Abs 2 RBÜ 1967/1971 dagegen als Kollisionsnorm, die auf das Heimatrecht des Urhebers verweist. Dabei handelt es sich aber im Wesentlichen nur um eine rechtstechnische Unterscheidung; sicherlich verweist die Konventionsbestimmung (auch) auf das Heimatrecht des Urhebers, wie im Fremdenrecht ganz allgemein auch Verweisungen vorkommen können. Wesentlich ist aber der Regelungszweck, der hier mE ein fremdenrechtlicher ist.

2 Wie vom Europäischen Parlament in seinem Abänderungsvorschlag Nr 4 in Erster Lesung angeregt und in Zweiter Lesung unterstrichen, fordert ErwG 7 (ErwG 5a des geänderten RL-Vorschlags) die Verbandsländer der Berner Übereinkunft auf, Art 14ter der Übereinkunft verbindlich zu gestalten und damit zum **Mindestschutzrecht** der Konvention zu erheben. Zu diesem Zweck wird weiters angeregt, entsprechende Verhandlungen auf internationaler Ebene aufzunehmen. Dieser programmatischen Grundsatzerklärung ist schon im Hinblick darauf zuzustimmen, dass die Anwendung der materiellen Reziprozität in der Berner Übereinkunft an sich ein Fremdkörper ist, und eine möglichst einheitliche Anwendung des Folgerechts in allen Verbandsstaaten einer allfälligen Flucht in „folgerechtsfreie" Länder entgegenwirken könnte. Mit dem Hinweis auf eine verbindliche Einführung des Folgerechts auf internationaler Ebene spricht ErwG 7 wohl auch einer Aufnahme des Folgerechts in das TRIPs-Abkommen das Wort, welches zwar die materiellen Bestimmungen der Berner Übereinkunft übernimmt, allerdings nur auf dem Stand von Stockholm/Paris 1967/1971.

2. TRIPs-Abkommen

3 Da das **TRIPs-Abkommen** – abgesehen von den Vorschriften über das *droit moral* (Art 6bis RBÜ 1967/1971) – von der Anwendung der materiellen Vorschriften der Art 1 bis 21 RBÜ 1967/71 ausgeht, ist das *droit de suite* auch nach dem TRIPs-Abkommen nicht zwingend vorgesehen und weiterhin vom Vorliegen materieller Gegenseitigkeit abhängig. Daran ändert auch die Meistbegünstigungsklausel des Art 4 TRIPs-Abkommen nichts. Denn nach Art 4 lit b TRIPs-Abkommen sind Begünstigungen von diesem Grundsatz ausgenommen, die auf

---

[96] Zur Bedeutung der Begriffsbestimmung des Abs 1 siehe *Walter*, ZfRV 1973, 110; *Schneider-Brodtmann*, Folgerecht 113 mwN.

[97] Vgl *Walter*, ZfRV 1973, 121ff.

[98] *Schneider-Brodtmann*, Folgerecht 118ff.

dem in dem betreffenden Land gewährten Schutz beruhen und mit der RBÜ (und dem Rom-Abkommen) in Einklang stehen, was für das Folgerecht zutrifft.

3. Welturheberrechtsabkommen

Im **Welturheberrechtsabkommen** (WURA) ist das *droit de suite* dagegen überhaupt nicht verankert, weshalb sich die Frage stellt, ob auch das Folgerecht dem Inländerbehandlungsgrundsatz dieses Abkommens unterliegt. Anders als für das Recht des Berner Verbands vor der Brüsseler Revision[99] geht die herrschende Lehre wohl zu Recht davon aus, dass der Inländerbehandlungsgrundsatz die Vertragsstaaten nicht zur Gewährung des Folgerechts (ohne Gegenseitigkeit) zwingt[100]. Es folgt dies vor allem aus den beschränkten Zielen des WURA und seinem Verhältnis zur Berner Übereinkunft. **4**

4. Materielle Gegenseitigkeit

So wie Art 7 Abs 1 Schutzdauer-RL den Schutzfristenvergleich gegenüber Drittländern zwingend anordnet, geschieht dies entsprechend auch für das Folgerecht. Werken aus Drittländern darf das Folgerecht deshalb grundsätzlich nur für den Fall des Vorliegens **materieller Reziprozität** gewährt werden[101]. Im Gemeinsamen Standpunkt wurde allerdings die zwingende Anwendung des Gegenseitigkeitsprinzips gegenüber Drittlandangehörigen insoweit gelockert, als die Mitgliedstaaten Angehörige von Drittstaaten, die ihren gewöhnlichen Aufenthalt in diesem Mitgliedstaat haben, in Bezug auf das Folgerecht seinen eigenen Staatsangehörigen gleichstellen kann (Art 7 Abs 3). **5**

Schon der Abänderungsvorschlag Nr 24 des Europäischen Parlaments in Erster Lesung hatte in diesem Zusammenhang zu Recht nicht nur auf die Vorschriften der Richtlinie, sondern auch auf die Rechtsordnung der Mitgliedsländer verwiesen. Denn die Ausgestaltung des *droit de suite* ist nicht zur Gänze gemeinschaftsrechtlich geregelt und zum Teil der Regelung durch die Mitgliedstaaten vorbehalten; diese Anregung wurde schon im geänderte RL-Vorschlag aufgegriffen und vom Gemeinsamen Standpunkt übernommen. Da das Konventionsrecht aber von einem besonderen Verständnis der materiellen Gegenseitigkeit ausgeht (prinzipielle absolute materielle Gegenseitigkeit), schien es auch angezeigt, in Art 7 **6**

---

[99] Vgl dazu *Bappert/Wagner*, Internationales Urheberrecht (1956) Art 14bis Rz 1; *J.L. Duchemin*, Le droit de suite des artistes (1948) 267; *Hoffmann*, Berner Übereinkunft 175; *Walter*, ZfRV 1973, 114. AM dagegen die herrschende Lehre (vgl dazu *Schneider-Brodtmann*, Folgerecht 127ff mwN bei FN 136).

[100] Vgl *Schneider-Brodtmann*, Folgerecht 130ff mwN bei FN 142. AM *Nordemann*, Das Verhältnis der Regelung des Art 14ter RBÜ über das Folgerecht zum deutschen Recht, UFITA 80 (1977) 21 (27ff); *Nordemann/Vinck/Hertin*, Internationales Urheberrecht (1977) Art II Rz 1.

[101] Vgl auch die Stellungnahme des Wirtschafts- und Sozialausschusses (3.5.1.). Der Entwurf des Berichterstatters des Rechtsausschusses für eine Entschließung des Europäischen Parlaments in Zweiter Lesung schlug eine geringfügige Formulierungsänderung in ErwG 28 vor, die klarstellen sollte, dass Gegenseitigkeit nur im Verhältnis zu Drittländern verlangt wird, was allerdings auch in der Textierung dieses Erwägungsgrunds in der Fassung des Gemeinsamen Standpunkts ausreichend deutlich zum Ausdruck kommen dürfte.

ausdrücklich auf die Regelung der entsprechenden Vorschrift des Art 14ter RBÜ 1967/1971 zu verweisen[102]. Dies ist im Gemeinsamen Standpunkt geschehen, wobei im Sinn der bloß prinzipiellen Gegenseitigkeit nur darauf abgestellt wird, dass in dem Vergleichsland das Folgerecht zu Gunsten von Angehörigen der Mitgliedstaaten anerkannt ist, ohne dass bestimmte inhaltliche Maßstäbe anzulegen wären.

7 Neu hinzugefügt wurde in der Fassung nach dem Gemeinsamen Standpunkt der zweite Absatz, wonach die Kommission unter Berücksichtigung der von Mitgliedstaaten gemachten Angaben ein **Verzeichnis** der Drittländer veröffentlichten kann, welche die Bedingungen der materiellen Gegenseitigkeit im Sinn Art 7 Abs 1 Folgerecht-RL erfüllen. Solche von der Kommission herausgegebenen Verzeichnisse erfüllen eine ähnliche Funktion wie die im Fremdenrecht mancher Mitgliedstaaten vorgesehenen Gegenseitigkeitsverordnungen. Allerdings dienen die **Verzeichnisse** nach Art 7 Abs 2 Folgerecht-RL, wie im Text ausdrücklich festgehalten wird, ausschließlich **Informationszwecken** und binden die Gerichte deshalb nicht. Um so weniger kommt ihnen konstitutive Wirkung zu.

5. Phil Collins *und das Folgerecht*

8 Im Europäischen Zusammenhang ist mit der ***Phil Collins* Entscheidung** des EuGH jedoch noch ein entscheidender Aspekt hinzugekommen. Nach dieser Entscheidung ist das Diskriminierungsverbot gemäß Art 12 EGV 1997 (früher Art 6) auch auf das Urheber- und Leistungsschutzrecht unmittelbar anwendbar. Dies gilt auch für den EWR und insbes auch für das Folgerecht[103], was dazu führt, dass Angehörige von Mitgliedstaaten der EU und des EWR das Folgerecht in allen Mitgliedsländern in Anspruch nehmen können, auch wenn ihr Heimatrecht das *droit de suite* nicht kennt und materielle Gegenseitigkeit deshalb nicht gewährleistet ist. Die im internationalen Urheberrecht gerade für das Folgerecht vorgesehene materielle Gegenseitigkeit kommt deshalb insoweit nicht zur Anwendung, was eine Harmonisierung der Rechtsordnungen in Europa um so dringender macht.

6. Internationales Privatrecht

9 Auf Fragen des **internationalen Privatrechts**, die in jüngster Zeit vor allem im Zusammenhang mit dem Fall *Joseph Beuys*[104] diskutiert wurden, kann hier nicht näher eingegangen werden[105]. Der BGH wandte im Hinblick auf die in Großbritannien durchgeführte Versteigerung von Werken dieses deutschen Künstlers trotz Einlieferung durch einen deutschen Sammler und Mitwirkung der deutschen Niederlassung des britischen Auktionshauses und deutscher Staatsangehö-

---

[102] Vgl dazu *Walter*, Folgerecht und Harmonisierung 119.

[103] Siehe dazu *Katzenberger*, GRUR Int 1997, 312f mwN bei FN 34 und *Pfennig*, Folgerecht 507f. Vgl auch *Walter* Allgemeiner Teil – 2. Kapitel Diskriminierungsverbot Rz 7 und 11.

[104] BGH 16.06.1994 – „Folgerecht bei Auslandsbezug" GRUR Int 1994, 1044 = JZ 1995, 354 (krit *Schack*).

[105] Vgl dazu *Katzenberger*, GRUR Int 1992, 567ff. Siehe dazu auch *Braun*, IPRax 1995, 227 sowie kritisch *Schneider-Brodtmann*, Folgerecht 93ff und *Siehr*, IPRax 1992, 29.

rigkeit der Parteien bzw deren gewöhnlichen Aufenthalt in Deutschland ausschließlich englisches Recht an, das derzeit kein Folgerecht kennt. Denn die Einlieferung in Deutschland und die Übernahme durch eine inländische Niederlassung des britischen Versteigerungshauses seien nur Vorbereitungshandlungen, während es auf die gemeinsame Staatsangehörigkeit der Parteien im Hinblick auf das im Urheberrecht geltende **Territorialitätsprinzip** nicht ankomme. Aus der Sicht des herrschenden und grundsätzlich auch berechtigten Territorialitätsprinzips ist der Entscheidung mE zuzustimmen[106].

Entgegen der Annahme der Begründung des ursprünglichen RL-Vorschlags **10** (Punkt V.11.) steht das Territorialitätsprinzip aber einer Ausdehnung des Folgerechts auf die Einlieferung als solche oder die **Ausfuhr** in folgerechtsfreie Länder durch den Europäischen bzw den nationalen Gesetzgeber nicht entgegen („Tatbestandsverkürzung")[107].

Was die in jüngerer Zeit bereits praktizierten Versteigerungen über das **Internet** **11** anlangt, wird davon auszugehen sein, dass diese nicht bloß in dem Land, in welchem der Veranstalter solcher Versteigerungen seinen Wohnsitz oder Sitz hat, sondern auch in allen Ländern stattfindet, in welchen der Einliefernde – meist selbst ein Versteigerungshaus – ansässig ist. Darüber hinaus lässt sich mit guten Gründen der Standpunkt vertreten, dass solche Versteigerungen jedenfalls auch in all jenen Ländern stattfindet, in welchen die Bieter bzw der Erwerber (Meistbietende) seinen Wohnsitz oder Sitz hat. Entsprechendes gilt für den Handel über digitale Netze (E-Commerce).

Artikel 8 Schutzdauer des Folgerechts

Übersicht

Text

Artikel 8 Schutzdauer des Folgerechts

(1) Die Schutzdauer des Folgerechts entspricht der in Artikel 1 der Richtlinie 93/98/EWG vorgesehenen Schutzdauer.
(2) Abweichend von Absatz 1 brauchen die Mitgliedstaaten, die das Folgerecht am ... [in Artikel 12 Absatz 1 genannter Zeitpunkt] nicht anwenden, während

[106] So auch *Katzenberger*, GRUR Int 1997, 311f.

[107] Vgl in diesem Sinn schon *Walter* (ÖSGRUM 14/1993) 72f und zustimmend *Katzenberger*, GRUR Int 1997, 314. Siehe auch *Walter*, Folgerecht und Harmonisierung 104f und 125 (Formulierungsvorschlag). Zur Problematik der grenzüberschreitenden Umgehung des *droit de suite* siehe auch *Ellins*, Copyright Law 318f. Siehe auch oben Art 1 Rz 11.

eines Zeitraums, der spätestens am … [zehn Jahre nach dem in Artikel 12 Absatz 1 genannten Zeitpunkt] abläuft, ein Folgerecht zugunsten der nach dem Tod des Künstlers anspruchsberechtigten Rechtsnachfolger nicht anwenden.

(3) Kommt es vor dem ... [zehn Jahre nach dem in Artikel 12 Absatz 1 genannten Zeitpunkt] zu einem erfolgreichen Abschluss von internationalen Verhandlungen zur Ausweitung des Folgerechts auf internationaler Ebene, so legt die Kommission geeignete Vorschläge vor.

Aus den Erwägungsgründen

ErwG 16 Gemäß der Richtlinie 93/98/EWG des Rates zur Harmonisierung der Schutzdauer des Urheberrechts und bestimmter verwandter Schutzrechte erstreckt sich der Schutz des Urheberrechts auf einen Zeitraum von 70 Jahren nach dem Tod des Urhebers. Es empfiehlt sich, die gleiche Dauer für das Folgerecht vorzusehen. Folglich erstreckt sich der Anwendungsbereich des Folgerechts nur auf Originale moderner und zeitgenössischer Kunstwerke. Damit jedoch die Mitgliedstaaten, die zum Zeitpunkt der Annahme dieser Richtlinie ein Folgerecht zugunsten von Künstlern nicht anwenden, dieses Recht in ihre jeweiligen Rechtsordnungen übernehmen können und damit es ferner den Wirtschaftsteilnehmern in den betreffenden Mitgliedstaaten ermöglicht wird, sich schrittweise unter Wahrung ihrer wirtschaftlichen Rentabilität an das Folgerecht anzupassen, sollte den betreffenden Mitgliedstaaten ein begrenzter Übergangszeitraum eingeräumt werden, während dessen sie sich dafür entscheiden können, das Folgerecht zugunsten der nach dem Tode des Künstlers anspruchsberechtigten Rechtsnachfolger nicht anzuwenden.

Kurzkommentar

1. Schutzdauer

1 Die Anwendung der **allgemeinen Schutzfristen**[108] auch auf das Folgerecht, wie dies schon der RL-Vorschlag vorsah, ist folgerichtig. Abänderungsvorschlag Nr 25 des Europäischen Parlaments in Erster Lesung betraf nur Formulierungsfragen[109], die im geänderte RL-Vorschlag berücksichtigt wurden. Hieran hat auch der Gemeinsamer Standpunkt nichts geändert (Art 8 Abs 1).

2. Domaine Public Payant

2 Wie bereits erwähnt, wäre es gerade im Zusammenhang mit dem Folgerecht erwägenswert gewesen, den Gedanken des *Domaine Public Payant*[110] aufzugreifen, und zwar zumindest für einen beschränkten (erweiterten) Zeitraum, etwa

---

[108] Siehe dazu ausführlich *Walter* Art 1 Schutzdauer-RL.

[109] Der ursprüngliche RL-Vorschlag lautete in der Formulierung etwas abweichend: „Das Folgerecht gilt für den in Artikel 1 der Richtlinie 93/98/EWG festgelegten Zeitraum.“

[110] Vgl dazu die bei *Walter* Art 1 Rz 61 Schutzdauer-RL zitierte Literatur.

für 100 Jahre pma[111]. Die Erläuterungen zum ursprünglichen RL-Vorschlag (Punkt 16) schließen dies auch nicht aus, halten die Einführung eines *Domaine Public Payant* aber derzeit nicht für angeraten. Wenn ein Konsens auch für den engeren Bereich des Folgerechts nicht erzielbar war, so hätte zumindest in den Erwägungsgründen klargestellt werden sollen, dass es dem nationalen Gesetzgeber vorbehalten bleibt, eine dem *Domaine Public Payant* verpflichtete Regelung vorzusehen. Ein ausdrücklicher Hinweis im Richtlinientext dürfte aber weder erforderlich noch – im Hinblick auf sonst mögliche Gegenschlüsse – angebracht sein.

Im Übrigen wird gerade von Gegnern des Folgerechts häufig daraufhin gewiesen, dieses komme überwiegend den Rechtsnachfolgern (Erben) renommierter Künstler zugute. Abgesehen davon, dass dies in der Natur der Sache liegt, weil zeitgenössische und avantgardistische Kunst häufig erst nach dem Tod des Künstlers auf breitere Anerkennung hoffen kann, ließe sich gerade diesem Vorbehalt durch eine Regelung im Sinn des Urhebergemeinschaftsrechts gegensteuern. Es ist dies nach Art 14ter Abs 1 RBÜ 1967/1971 auch ausdrücklich vorgesehen, wenn das Folgerecht nach dem Tod des Urhebers – sogar noch bei laufender Schutzfrist – auf die von den innerstaatlichen Rechtsvorschriften dazu berufenen „Personen oder Institutionen" übergeht, und die Brüsseler Revisionskonferenz in *Vœux* IV das berechtigte Interesse zeitgenössischer Autoren an einer Verbesserung ihrer Existenz- und Arbeitsbedingungen durch die Einrichtung von Vorsorge- und Unterstützungskassen, die aus den Erlösen spezieller Rechte an gemeinfreien Werken gespeist werden, ausdrücklich als erstrebenswert anerkannt hat[112].

3. Verzögerte Anwendung auf Rechtsnachfolger

Im Hinblick auf die Widerstände, die einige Mitgliedsländer gegen eine gemeinschaftsweite Regelung des Folgerechts leisteten, wurden in der Rats-Arbeitsgruppe auch Übergangsregelungen diskutiert, die es diesen Ländern erleichtern könnten, der Richtlinie zuzustimmen. Eine solche verzögerte Anwendung fand auch in den Gemeinsamen Standpunkt Eingang. Art 8 Abs 2 sieht in diesem Sinn vor, dass Mitgliedsstaaten, deren innerstaatliches Recht zum Zeitpunkt der Verabschiedung der Richtlinie keine Folgerechtsvergütung kennt, während einer **Übergangsfrist** von zehn Jahren nicht verpflichtet sein sollen, das Folgerecht auch zu Gunsten der Erben eines bereits verstorbenen Künstlers anzuwenden. Auch wenn es sich dabei nur um eine Übergangsregelung für eine beschränkte Anzahl von Jahren handelt, steht diese mit Art 14ter Abs 1 RBÜ 1967/71 in einem Spannungsverhältnis. Danach steht es dem nationalen Gesetzgeber zwar frei, das postmortale Folgerecht nicht den Urhebererben zugute kommen zu lassen, sondern sozialen und kulturellen Zwecken zuzuführen; eine gänzliche Beseitigung des Beteiligungsanspruchs ist dagegen nicht vorgesehen und deshalb auch als Übergangsregelung fragwürdig. 3

[111] Vgl dazu ausführlich *Walter*, Folgerecht und Harmonisierung 124f. In Art 54 Abs 3 des port UrhG ist das Folgerecht im Übrigen – wie das *droit moral* – als ewiges Recht ausgestaltet, das nicht mit Ablauf der urheberrechtlichen Schutzfrist endet.

[112] Vgl Documents Bruxelles 427.

4 Wenn in Art 8 Abs 2 Folgerecht-RL Mitgliedstaaten priviligiert werden, die das Folgerecht zum maßgeblichen Stichzeitpunkt (Ablauf der Umsetzungsfrist) „nicht anwenden", werden nicht nur solche Mitgliedstaaten in den Genuss dieser Übergangsregelung kommen, die ein Folgerecht überhaupt nicht kennen, sondern auch solche, deren Gesetzgebung zwar Folgerechtsansprüche vorsieht, diese in der Praxis aber nicht angewandt werden. Es sind dies neben dem Vereinigten Königreich, Irland, den Niederlanden und Österreich derzeit deshalb auch Italien und Portugal.

5 Die **verzögerte Anwendung** des Folgerechts um nicht weniger als zehn Jahre ist mE aber sachlich nicht gerechtfertigt und schiebt die angestrebte Harmonisierung der Folgerechtsordnungen erheblich auf. Dies umso mehr, als auch die **Umsetzungsfrist** (Art 12 Abs 1 Folgerecht-RL) mit fünf Jahren besonders lang festgelegt wurde, sodass bei Ausnützung aller Fristen eine Harmonisierung erst nach Ablauf von 15 Jahren gewährleistet ist. Die verzögerte Anwendung des Folgerechts auf Urhebererben macht die Folgerechtsvergütung für den Übergangszeitraum auch wirtschaftlich weitgehend inattraktiv, da die wesentlichen Beträge aus der Verwertung von Werken erzielt werden, deren Urheber bereits verstorben sind. Die Übergangsregelung ist freilich der politische Preis, der für die Zustimmung der Mitgliedstaaten zu bezahlen war, die der Harmonisierung des Folgerechts reserviert gegenüberstanden. Der Entwurf für eine Empfehlung des Rechtsausschusses für eine Entschließung des Europäischen Parlaments in Zweiter Lesung hatte eine Reduzierung der verzögerten Anwendung zunächst auf die Hälfte (5 Jahre) vorgeschlagen. Das Europäische Parlament schlägt in Zweiter Lesung aber weitergehend sogar eine Kürzung der Übergangsfrist auf 2 Jahre vor. Die Kommission hat dem zugestimmt.

Artikel 9 Auskunftsrecht

Text

Artikel 9 Auskunftsrecht

Die Mitgliedstaaten sehen vor, daß die Anspruchsberechtigten nach Artikel 6 in einem Zeitraum, der drei Jahre nach dem ersten Januar des Jahres nach dem Zeitpunkt der Weiterveräußerung abläuft, von jedem Kunsthändler und Handelsvertreter, Verkaufsdirektor oder Veranstalter einer Versteigerung alle Auskünfte einholen können, die für die Sicherung der Zahlung der Folgerechtsvergütung aus dieser Veräußerung erforderlich sein können.

Aus den Erwägungsgründen

ErwG 29 Für die Kontrolle der Weiterveräußerungen sind geeignete Verfahren einzurichten, die in der Praxis gewährleisten, daß das Folgerecht in den Mitgliedstaaten tatsächlich angewandt wird. Hierzu zählt auch das Recht des Urhebers oder seines Bevollmächtigten, alle notwendigen Auskünfte bei der abführungspflichtigen natürlichen oder juristischen Person einzuholen. Die Mitgliedstaaten, die eine Wahrnehmung des Folgerechts durch eine Verwertungsgesellschaft vorsehen, können auch vorsehen, daß nur die zuständigen Verwertungsgesellschaften ein Auskunftsrecht haben.

Kurzkommentar

Die zwingende Verankerung einer allgemeinen **Auskunftspflicht** erscheint im Hinblick auf die bisherigen Erfahrungen mit der Durchsetzung des Folgerechts in den Mitgliedsländern sinnvoll[113]. Die Formulierung des ursprünglichen RL-Vorschlags „im abgelaufenen Jahr" war allerdings missverständlich[114] und wurde deshalb schon im geänderten RL-Vorschlag klarer gefasst. Dies gilt auch für die zunächst vorgesehene Begrenzung der Auskunftspflicht auf Zeiträume ganzer Jahre. Im Sinn des Abänderungsvorschlags Nr 26 des Europäischen Parlaments in Erster Lesung wurde die Frist schließlich auf drei Jahre verlängert, wobei es auch nach dem Gemeinsamen Standpunkt geblieben ist. Auch der Anregung des Europäischen Parlaments, die Bestimmung klarer als Verjährungsvorschrift zu formulieren, kam schon der geänderte RL-Vorschlag nach. Allerdings wird die zeitliche Beschränkung des Auskunftsanspruchs auf drei Jahre nicht auch für den materiellen Vergütungsanspruch als solchen gelten, und bleibt es den Mitgliedstaaten vorbehalten, die Verjährungsfrist für den Folgerechtsanspruch als solchen in Übereinstimmung mit den Grundsätzen des nationalen Rechts festzulegen. **1**

Der Anführung der zur **Auskunft verpflichteten Personen** als Verantwortliche einschlägiger Geschäftsbetriebe oder Versteigerungshäuser ist gleichfalls zuzustimmen. Der geänderte RL-Vorschlag fügte zu den ausdrücklich genannten Kunsthändlern, Verkaufsdirektoren und Veranstaltern von Versteigerungen als weiteres Beispiel noch allenfalls eingeschaltete „Handelsvertreter" hinzu. Auskunftspflichtig werden im Hinblick auf die weite Umschreibung und die angeführten Beispiele deshalb alle an den folgerechtspflichtigen Weiterveräußerungen beteiligten Vertreter des Kunstmarkts sein. **2**

Der in den RL-Vorschlägen enthaltene Hinweis darauf, dass nicht nur der Urheber, sondern auch sein „**Vertreter**" den Auskunftsanspruch geltend machen kann, erschien entbehrlich. Denn die Urheberrechtsgesetze stellen auf nationaler und internationaler Ebene stets nur auf den Urheber und nicht auch auf dessen Rechtsnehmer oder Bevollmächtigte ab. Soweit sich der Ausdruck „Vertreter" auf Verwertungsgesellschaften bezogen haben sollte, hätte dies auch deutlicher formuliert werden müssen, war aber schon im Hinblick auf die Bestimmung des Art 6 Abs 2 überflüssig und zu unpräzise. Denn jedenfalls nach österr und deutscher Auffassung treten Verwertungsgesellschaften nicht als Vertreter (*mandataire)*, sondern als Inhaber (abgeleiteter) Rechte im eigenen Namen auf. In der Fassung der Bestimmung nach dem Gemeinsamen Standpunkt ist der Hinweis auf allfällige Vertreter des Urhebers deshalb zu Recht gestrichen worden. Das Europäische Parlament schlägt in Zweiter Lesung aber vor, die dreijährige Verjährungsfrist nicht erst ab dem 1. Januar des Folgejahres an zu berechnen, was **3**

---

[113] Vgl dazu auch die Stellungnahme des Wirtschafts- und Sozialausschusses (3.6.1.).
[114] Vgl *Walter*, Folgerecht und Harmonisierung 120f.

im Hinblick auf gesamtvertragliche Regelungen in den Verträgen mit den Verwertungsgesellschaften, die meist längere Abrechnungsperioden vorsehen, wenig sinnvoll erscheint, von der Kommission aber akzeptiert wurde.

Kapitel III Schlussbestimmungen

Artikel 10 Zeitliche Anwendbarkeit

Text

Artikel 10 Zeitliche Anwendbarkeit

Diese Richtlinie gilt für alle Originale von Kunstwerken im Sinne des Artikels 2, die am ... [in Artikel 12 Absatz 1 genannter Zeitpunkt] noch durch die Folgerechtsbestimmungen der Mitgliedstaaten geschützt sind oder die Kriterien für einen Schutz nach dieser Richtlinie zu diesem Zeitpunkt erfüllen.

Kurzkommentar

1 Die Bestimmung des Art 10 betreffend die *zeitliche Anwendbarkeit* der Richtlinie wurde erst im Gemeinsamen Standpunkt hinzugefügt und war auch im geänderten RL-Vorschlag noch nicht enthalten. Danach gilt die Richtlinie für alle Originale von Kunstwerken, die zu dem in Art 12 Abs 1 genannten Stichzeitpunkt, bis zu welchem die Mitgliedstaaten die Folgerecht-RL längstens umzusetzen haben, durch die Folgerechtsbestimmungen der Mitgliedstaaten geschützt sind oder die Kriterien für einen Schutz nach dieser Richtlinie erfüllen. Um in den Genuss des Folgerechts zu gelangen, muss es sich um **Originale** von Werken der bildenden Künste handeln. Beide Begriffe werden in der Richtlinie näher umschrieben, während das allgemeine Erfordernis eines urheberrechtlichen Schutzes, dass es sich nämlich um originelle **geistige Schöpfungen** handeln muss, auf Europäische Ebene nur in einigen Fällen geregelt ist (Computerprogramme, urheberrechtlich geschützte Datenbanken und Lichtbildwerke). Die gemeinschaftsrechtlichen Vorschriften des Art 6 Schutzdauer-RL sind deshalb in Bezug auf das Folgerecht von besonderer Bedeutung. Im Übrigen ist die Frage der Originalität aber nach dem nationalen Recht der Mitgliedstaaten zu beurteilen[115].

2 Soweit Mitgliedstaaten das Folgerecht schon vor Umsetzung der Folgerecht-RL kannten, kann die Frage, ob es sich um ein **Original** eines Kunstwerks handelt ebenso unterschiedlich – enger oder weiter – beurteilt worden sein, wie diejenige, ob es sich um folgerechtspflichtige Werke der bildenden Künste handelt. Dies gilt insbes für die Frage, ob bzw unter welchen Voraussetzungen Werke der **angewandten Kunst** folgerechtsfähig sind. Insoweit stellt Art 10 deshalb klar, dass nach den bisherigen nationalen Bestimmungen folgerechtspflichtige Originale von Kunstwerken auch weiterhin – nach den Vorgaben der Richtlinie – Anspruch auf die Folgerechtsvergütung haben, auch wenn das Begriffsverständnis der Richtlinie abweichen mag. Gehen die Kriterien der Folgerecht-RL dagegen wei-

[115] Vgl dazu zusammenfassend *Walter* Stand der Harmonisierung Rz 6ff.

ter als das bisherige nationale Recht eines Mitgliedsstaats, kommen auch solche – bisher nicht folgerechtsfähigen – Originale in den Genuss des harmonisierten Folgerechts. Dies gilt freilich für Mitgliedstaaten entsprechend, die bisher kein Folgerecht kannten. Die Folgerechtsvergütung kann nach der Richtlinie für alle Originale in Anspruch genommen werden, die nach Inkrafttreten der Umsetzung Gegenstand einer Weiterveräußerung sind[116].

Von dieser Übergangsregelung nicht betroffen sind dagegen bestehende (oder künftige) Regelungen der Mitgliedsstaaten, die eine Folgerechtsvergütung für **andere Werkarten** als solche der Bildenden Künste gewähren, wie etwa für Originalmanuskripte literarischer Werke oder Originalpartituren von Musikwerken. Die Folgerecht-RL regelt die Folgerechtsvergütung nur für Kunstwerke im Sinn des Art 2. **3**

Artikel 11 Anpassungsklausel

Text

Artikel 11 Anpassungsklausel

(1) Die Kommission legt dem Europäischen Parlament, dem Rat und dem Wirtschafts- und Sozialausschuß spätestens bis ... [drei Jahre nach dem in Artikel 12 Absatz 1 genannten Zeitpunkt] und danach alle vier Jahre einen Bericht über die Durchführung und die Auswirkung dieser Richtlinie vor, wobei besonders auf die Wettbewerbsfähigkeit des Marktes für moderne und zeitgenössische Kunst in der Gemeinschaft, vor allem auf die Position der Gemeinschaft gegenüber den einschlägigen Märkten, die ein Folgerecht nicht anwenden, und auf die Förderung des künstlerischen Schaffens sowie auf die Verwaltungsmodalitäten der Mitgliedstaaten, einzugehen ist. In dem Bericht sind insbesondere die Auswirkungen auf den Binnenmarkt und die Folgen der Einführung des Folgerechts in den Mitgliedstaaten zu prüfen, die vor dem Inkrafttreten dieser Richtlinie ein Folgerecht nicht angewandt haben. Die Kommission legt gegebenenfalls Vorschläge für eine Anpassung des Mindestbetrags und der Folgerechtssätze an die Entwicklung des Sektors sowie weitere Vorschläge vor, die sie für notwendig hält, um die Richtlinie in ihrer Wirkung zu verbessern.

(2) Hiermit wird ein Kontaktausschuß eingerichtet. Dieser Ausschuß setzt sich aus Vertretern der zuständigen Behörden der Mitgliedstaaten zusammen. In ihm führt ein Vertreter der Kommission den Vorsitz und er tritt entweder auf dessen Initiative oder auf Antrag der Delegation eines Mitgliedstaats zusammen.

---

[116] Die Entschließung des Europäischen Parlaments in Zweiter Lesung will dagegen nicht auf die „Folgerechtsbestimmungen" sondern allgemein auf die „Urheberrechtsbestimmungen" abstellen und den Hinweis auf die Kriterien nach der Folgerecht-RL streichen. Die Kommission hat dem zugestimmt. Dies überzeugt allerdings nicht, weil es hier nicht um die urheberrechtliche Schutzfrist, sondern um die Abgrenzung älterer Folgerechtssysteme in einzelnen Mitgliedsstaaten zur harmonisierten Neuregelung nach der Folgerecht-RL geht.

(4) Der Ausschuß hat folgende Aufgaben:
- Durchführung von Konsultationen zu allen sich aus der Anwendung dieser Richtlinie ergebenden Fragen;
- Erleichterung des Informationsaustausches zwischen der Kommission und den Mitgliedstaaten über relevante Entwicklung eines Kunstmarktes in der Gemeinschaft.

Aus den Erwägungsgründen

ErwG 25 Es sollte die Möglichkeit einer regelmäßigen Anpassung des Mindestbetrags und der Sätze vorgesehen werden. Zu diesem Zweck sollte die Kommission beauftragt werden, regelmäßig über die tatsächliche Anwendung des Folgerechts in den Mitgliedstaaten sowie über dessen Folgen für den Kunstmarkt in der Gemeinschaft zu berichten und gegebenenfalls Vorschläge zur Änderung der vorliegenden Richtlinie vorzulegen.

Kurzkommentar

1 Nach Art 10 des ursprünglichen RL-Vorschlags sollte die Kommission dem Europäischen Parlament, dem Rat und dem Wirtschafts- und Sozialausschuss einen **Bericht** über die Anwendung der Richtlinie samt Vorschlägen für eine eventuelle Anpassung des Mindestbetrags und der Folgerechtssätze vorlegen. Der Wirtschafts- und Sozialausschuss (3.7.1.) begrüßte diese Vorschrift, die eine laufende Überprüfung der Angemessenheit im Hinblick auf die weitere (internationale) Entwicklung ermöglichen sollte. Nach dem Abänderungsvorschlag Nr 27 des Europäischen Parlaments in Erster Lesung sollte die Berichtspflicht und eine allfällige „Dynamisierung" noch verstärkt werden. Der erste Bericht war danach schon bis zum 31. Dezember 2001 vorzulegen, während weitere Berichte in detaillierter Form alle drei Jahre folgen sollten. Dabei war auch auf die Auswirkungen auf den (Europäischen) Markt für moderne und zeitgenössische Kunst einzugehen, und sollten die Anregungen der Kommission nicht auf die Anpassung des Mindestbetrags und der Folgerechtssätze beschränkt sein. Von der Verkürzung des Berichtszeitraums abgesehen, wurden diese Vorschläge in den geänderten RL-Vorschlag übernommen.

2 Nach dem Gemeinsamen Standpunkt muss die Kommission – nunmehr innerhalb von drei Jahren nach Ablauf der Umsetzungsfrist von fünf Jahren[117] und danach alle 4 Jahre – über die Durchführung und Auswirkungen der Richtlinie **berichten**, wobei die beispielsweise angeführten Schwerpunkte der Berichterstattung noch erweitert wurden. Danach ist insbes auf die Wettbewerbsfähigkeit des Markts für moderne und zeitgenössische Kunst in der Gemeinschaft, auf die Position der Gemeinschaft im Verhältnis zu folgerechtsfreien Märkten und auf die Förderung des künstlerischen Schaffens sowie auf die Verwaltungsmodalitäten der Mitgliedstaaten einzugehen. Man wird in der Annahme nicht fehlgehen, dass mit dem Hinweis auf die Förderung des künstlerischen Schaffens

[117] Nach dem ursprünglichen RL-Vorschlag sollte der erste Bericht bereits zum 31.12. 2003, nach dem geänderten RL-Vorschlag bis zum 31.12.2004 erfolgen.

auch – freiwillige – Maßnahmen der mit der Verwaltung des Folgerechts betrauten Verwertungsgesellschaften im Sinn von sozialen und kulturellen Zwecken dienenden Einrichtungen zu verstehen sind. Gegebenenfalls hat die Kommission Vorschläge für eine Anpassung des Mindestbetrags und der Folgerechtssätze an die veränderten Verhältnisse sowie sonstige Vorschläge zur Verbesserung der Anwendung des in der Richtlinie geregelten Folgerechts zu erstatten. Nach der Entschließung des Europäischen Parlaments in Zweiter Lesung soll der Bericht auch Vorschläge für die Erhöhung oder Beseitigung der in Art 4 Abs 1 Unterabs 2 genannten Höchstgrenze enthalten, da der auf Beseitigung dieser Höchstgrenze gerichtete Entwurf nicht angenommen wurde.

Nach dem neu hinzugefügten dritten Absatz soll weiters unter der Ägide der Kommission ein **Kontaktausschuss** eingerichtet werden, dessen Aufgaben (Abs 3) darin besteht, die wirksame Umsetzung der Richtlinie durch Konsultationen und Informationsaustausch zwischen Kommission und Mitgliedstaaten über maßgebende Entwicklungen auf dem gemeinsamen Kunstmarkt zu erleichtern. **3**

Artikel 12 Umsetzung der Richtlinie

Text

Artikel 12 Umsetzung der Richtlinie

(1) Die Mitgliedstaaten setzen die Rechts- und Verwaltungsvorschriften in Kraft, die erforderlich sind, um dieser Richtlinie vor dem 1. Januar ... [fünf Jahre ab Beginn des Jahres nach der Annahme dieser Richtlinie] nachzukommen. Sie setzen die Kommission unverzüglich davon in Kenntnis.
Wenn die Mitgliedstaaten derartige Vorschriften erlassen, nehmen sie in den Vorschriften selbst oder durch einen Hinweis bei der amtlichen Veröffentlichung auf diese Richtlinie Bezug. Die Mitgliedstaaten regeln die Einzelheiten der Bezugnahme.

(2) Die Mitgliedstaaten teilen der Kommission den Wortlaut der innerstaatlichen Rechtsvorschriften mit, die sie auf dem unter diese Richtlinie fallenden Gebiet erlassen.

Kurzkommentar

Der von den RL-Vorschlägen ins Auge gefasste späteste **Umsetzungszeitpunkt** 1. Januar 1999 konnte nicht eingehalten werden. Im Hinblick auf den nachhaltigen Widerstand, den einige Mitgliedstaaten (Vereinigtes Königreich, die Niederlande, Luxemburg und Österreich) gegen die Harmonisierung des Folgerechts leisteten, wurde die Umsetzungsfrist zuletzt noch auf nicht weniger als fünf Jahre ab dem 1. Januar des der Annahme der Richtlinie folgenden Jahres erstreckt. Sachliche Gründe für eine so lange Umsetzungsfrist sind nicht erkennbar; es steht dies auch mit der bisherigen Praxis in Widerspruch und verzögert die vollständige Harmonisierung unter Berücksichtigung der fakultativen „Einschleifklausel“ des Art 8 Abs 2 um insgesamt bis zu fünfzehn Jahre. **1**

2 Erfolgt die Annahme der Richtlinie etwa im Jahr 2001, ist die Richtlinie danach erst bis zum 31. Dezember 2006 umzusetzen; erst bis zum 31. Dezember 2016 muss die Folgerechtsvergütung in den derzeit folgerechtsfreien Mitgliedstaaten auch Werken zugute kommen, deren Urheber bereits verstorben sind.

3 Das Europäische Parlament schlägt in Zweiter Lesung – der Empfehlung des Rechtsausschusses folgend – aber die Verkürzung der Umsetzungsfrist auf zwei Jahre vor. Die Kommission hat sich diesem Abänderungsvorschlag bereits angeschlossen. In Verbindung mit der Verkürzung der fakultativen „Einschleifregelung" nach Art 8 Abs 2 auf zwei Jahre wäre damit eine einigermaßen zügige Harmonisierung des Folgerechts in Europa gewährleistet.

Artikel 13 Inkrafttreten

Text

Artikel 13 Inkrafttreten

Diese Richtlinie tritt am Tag ihrer Veröffentlichung im Amtsblatt der Europäischen Gemeinschaften in Kraft.

Kurzkommentar

1 Nach Art 254 Abs 2 Satz 2 EGV 1997 (früher Art 191 Abs 2 Satz 2) treten Verordnungen des Rats und der Kommission sowie die an alle Mitgliedsstaaten gerichteten Richtlinien dieser Organe zu dem durch sie festgelegten Zeitpunkt in Kraft. Wird kein bestimmter Zeitpunkt genannt, treten sie am zwanzigsten Tag nach ihrer Veröffentlichung im Amtsblatt der Europäischen Gemeinschaften in Kraft. Dieser Regel folgte noch der geänderte RL-Vorschlag. Die Fassung nach dem Gemeinsamen Standpunkt schreibt dagegen das Inkrafttreten am Tag der Veröffentlichung im Amtsblatt fest und verzichtet damit auf die Legisvakanz von zwanzig Tagen.

Artikel 14 Adressaten

Text

Artikel 14 Adressaten

Diese Richtlinie ist an die Mitgliedstaaten gerichtet.

Kurzkommentar

1 Richtlinien sind zwar für jeden Mitgliedstaat hinsichtlich des zu erreichenden Ziels verbindlich, diesem bleibt jedoch nach Art 249 Abs 3 EGV 1997 (früher Art 189 Abs 3) die innerstaatliche Durchführung (**Umsetzung**) im Einzelnen vorbehalten. Nach Art 7 EWR-Abkommen gilt dies entsprechend auch für die in den Anhängen zu diesem Abkommen oder die in den Entscheidungen

des EWR-Ausschusses genannten Rechtsakte. Richtlinien[118] sind deshalb grundsätzlich vor ihrer Umsetzung in innerstaatliches Recht nicht unmittelbar anwendbar[119].

---

[118] Vgl Art 11 Software-RL, Art 16 Vermiet- und Verleih-RL, Art 15 Satelliten- und Kabel-RL, Art 14 Schutzdauer-RL und Art 17 Datenbank-RL.

[119] Zur richtlinienkonformen Auslegung und zu einer eventuellen unmittelbaren Anwendbarkeit siehe *v Lewinski* Allgemeiner Teil – 1. Kapitel Einleitung Rz 52f.

Urheberrecht und Informationsgesellschaft

Gemeinsamer Standpunkt Info-Richtlinie mit Hinweisen auf die E-Commerce-Richtlinie und die Zugangskontroll-Richtlinie

(*Bearbeiter: v Lewinski/Walter*)

Übersicht

Materialien und Literatur

I. Materialien

1. Informationsgesellschaft

Weißbuch der Europäischen Kommission über Wachstum, Wettbewerbsfähigkeit, Beschäftigung – Herausforderungen der Gegenwart und Wege ins 21. Jahrhundert

Europa und die globale Informationsgesellschaft – Empfehlungen für den Europäischen Rat vom 26. Mai 1994, EG-Bulletin, Beilage 2/94 (Kurzzitat: *Bangemann*-Bericht)

Mitteilung Europas Weg in die Informationsgesellschaft – ein Aktionsplan vom 19. Juli 1994

Grünbuch Urheberrecht und verwandte Schutzrechte in der Informationsgesellschaft vom 19. Juli 1995 KOM (95) 382 endg (Kurzzitat: Grünbuch Informationsgesellschaft)

Mitteilung der Kommission Initiativen zum Grünbuch über Urheberrecht und verwandte Schutzrechte in der Informationsgesellschaft vom 20. November 1996 KOM (96) 568 endg 8 (Kurzzitat: Initiativen zum Grünbuch Informationsgesellschaft)

Vorschlag für eine Richtlinie des Europäischen Parlaments und des Rates zur Harmonisierung bestimmter Aspekte des Urheberrechts und der verwandten Schutzrechte in der Informationsgesellschaft vom 10. Dezember 1997 KOM (97) 628 endg ABl C 108 vom 07.04.1998, 6[1] (Kurzzitat: Info-RL-Vorschlag)

---

[1] KUR 1999, 67 (69).

Stellungnahme des Wirtschafts- und Sozialausschusses vom 9. September 1998 CES 1122/1998 ABl C 407 vom 28.12.1999, 30[2]

Empfehlung für eine Entschließung des Europäischen Parlaments (Erste Lesung) vom 20. Januar 1999 A4-26/1999 PE 225.907 ABl C 150 vom 28.05.1999, 4

Stellungnahme des Europäischen Parlaments vom 10. Februar 1999 (Erste Lesung) R4-26/1999 ABl C 150 vom 28.05.1999, 154 bzw 183

Geänderter Vorschlag für eine Richtlinie des Europäischen Parlaments und des Rates zur Harmonisierung bestimmter Aspekte des Urheberrechts und der verwandten Schutzrechte in der Informationsgesellschaft vom 21. Mai 1999 KOM (1999) 250 endg ABl C 180 vom 25.06.1999, 6[3] (Kurzzitat: geänderter Info-RL-Vorschlag)

Gemeinsamer Standpunkt des Rates im Hinblick auf den Erlaß einer Richtlinie des Europäischen Parlaments und des Rates zur Harmonisierung bestimmter Aspekte des Urheberrechts und der verwandten Schutzrechte in der Informationsgesellschaft vom 28. September 2000[4] 9512/1/00 ABl C 344 vom 01.12.2000, 1

Mitteilung der Kommission an das Europäisches Parlament vom 20. Oktober 2000 SEC (2000) 1734

2. E-Commerce

Vorschlag für eine Richtlinie des Europäischen Parlaments und des Rates über bestimmte rechtliche Aspekte des elektronischen Geschäftsverkehrs im Binnenmarkt vom 18. November 1998 KOM (1998) 586 endg ABl C 30 vom 05.02.1999, 4[5]

Stellungnahme des Wirtschafts- und Sozialausschusses vom 29. April 1999 CES 457/1999 ABl C 169 vom 16.06.1999, 36

Stellungnahme des Europäischen Parlaments vom 6. Mai 1999 zu dem Vorschlag für eine Richtlinie des Europäischen Parlaments und des Rates über bestimmte rechtliche Aspekte des elektronischen Geschäftsverkehrs im Binnenmarkt (Erste Lesung) R4-248/1999 ABl C 279 vom 01.10.1999, 389

Geänderter Vorschlag für eine Richtlinie des Europäischen Parlaments und des Rates über bestimmte rechtliche Aspekte des elektronischen Geschäftsverkehrs im Binnenmarkt vom 17. August 1999 KOM (1999) 427 endg ABl C 248 vom 08.08.2000, 69

Gemeinsamer Standpunkt (EG) Nr 22/2000 vom 28. Februar 2000 im Hinblick auf den Erlaß einer Richtlinie des Europäischen Parlaments und des Rates über bestimmte rechtliche Aspekte der Dienste der Informationsgesellschaft, insbesondere des elektronischen Geschäftsverkehrs, im Binnenmarkt (Richtlinie über den elektronischen Geschäftsverkehr) CSL 14263/1/1999 ABl C 128 vom 08.05.2000, 32

Mitteilung der Kommission an das Europäische Parlament vom 29. Februar 2000 SEC (2000) 386

Empfehlung für eine Entschließung des Europäischen Parlaments vom 11. April 2000 A5-187/2000

Entschließung des Europäischen Parlaments in bezug auf eine Richtlinie des Europäischen Parlaments und des Rates über bestimmte rechtliche Aspekte der Dienste der Informa-

[2] KUR 1999, 78.
[3] KUR 1999, 243 (245).
[4] KUR 2000, 184.
[5] KUR 2000, 166.

tionsgesellschaft, insbesondere des elektronischen Geschäftsverkehrs im Binnenmarkt (Zweite Lesung) vom 4. Mai 2000 R5-187/2000

3. Zugangskontrolle

Vorschlag der Kommission vom 9. Juli 1997 für eine Richtlinie des Europäischen Parlaments und des Rates über den rechtlichen Schutz von zugangskontrollierten Diensten und von Zugangskontrolldiensten KOM (1997) 356 ABl C 314 vom 16.10.1997, 7

Stellungnahme des Wirtschafts- und Sozialausschusses vom 25. Februar 1998 CES 283/1998 ABl C 129 vom 27.04.1998, 16

Stellungnahme des Europäischen Parlaments vom 30. April 1998 zu dem Vorschlag für eine Richtlinie des Europäischen Parlaments und des Rates über den rechtlichen Schutz von zugangskontrollierten Diensten und von Zugangskontrolldiensten (Erste Lesung) R4-136/1998 ABl C 152 vom 18.05.1998, 18

Geänderter Vorschlag der Kommission vom 18. Mai 1998 für eine Richtlinie des Europäischen Parlaments und des Rates über den rechtlichen Schutz von zugangskontrollierten Diensten und von Zugangskontrolldiensten KOM (1998) 332 ABl C 203 vom 30.06. 1998, 12

Gemeinsamer Standpunkt vom 29. Juni 1998 in bezug auf eine Richtlinie des Europäischen Parlaments und des Rates über den rechtlichen Schutz von zugangskontrollierten Diensten und von Zugangskontrolldiensten CSL 8710/1/1998 ABl C 262 vom 29.08. 1998, 34

Mitteilung der Kommission an das Europäische Parlament vom 8. Juli 1998 SEC (1998) 1140

Empfehlung für eine Entschließung des Europäischen Parlaments vom 23. September 1998 A4-325/1998 ABl C 328 vom 26.10.1998, 5

Entschließung des Europäischen Parlaments vom 8. Oktober 1998 in bezug auf eine Richtlinie des Europäischen Parlaments und des Rates über den rechtlichen Schutz von zugangskontrollierten Diensten und von Zugangskontrolldiensten (Zweite Lesung) R4-325/1998 ABl C 328 vom 26.10.1998, 135

Standpunkt der Kommission (Zweite Lesung) vom 13. November 1998 KOM (1998) 627

II. Rechtsakte

Richtlinie 2000/31/EG des Europäischen Parlaments und des Rates vom 8. Juni 2000 über bestimmte rechtliche Aspekte der Dienste der Informationsgesellschaft, insbesondere des elektronischen Geschäftsverkehrs im Binnenmarkt („Richtlinie über den elektronischen Geschäftsverkehr")[6] ABl L 178 vom 17.07.2000, 1

Richtlinie 98/84/EG des Europäischen Parlaments und des Rates vom 20. November 1998 über den rechtlichen Schutz von zugangskontrollierten Diensten und von Zugangskontrolldiensten ABl L 320 vom 28.11.1998, 54

III. Literatur

Ahrens, Das Herkunftslandprinzip in der E-Commerce-Richtlinie, CR 2000, 835

Auer, Rechtsschutz für technischen Schutz im Gemeinschaftsrecht, FS Dittrich (2000) 3

Boele-Woelki/Kessedjian (Hrsg), Internet – Which Court decides? Which Law Applies? (Kolloquium für *Pelichet*) Law and Electronic Commerce Bd 5 (1998) mit Beiträgen von *Sirinelli, Burnstein, Grosheide, Dessemontet, Kronke, Kaufmann-Kohler, Kessedjian*

---

[6] GRUR Int 2000, 1004 = KUR 2000, 166.

Brenn, Haftet ein Internet-Provider für die von ihm verbreiteten Informationen? ecolex 1999, 249

Crabit/Bergevin, Le cadre réglementaire des services de la Société de l'Information: Laboratoire pour un nouveau droit du marché intérieur? RMCUE 1995, 15

Croella, Le livre vert sur le droit d'auteur et les droits voisins dans la société de l'information, RMCUE 1996, 181

Dietz, Die EU- Richtlinie zum Urheberrecht und zu den Leistungsschutzrechten in der Informationsgesellschaft, ZUM 1998, 438

Dittrich, Internet und on-demand Dienste im IPR, ecolex 1997, 166

Dreier, The Cable and Satellite Analogy, in *Hugenholtz* (Hrsg), The Future of Copyright in a Digital Environment (1996) 57

Dreier, L'analogue, le digital et le droit d'auteur, in Propriétés intellectuelles, FS *Françon* (1995) 119

Dreier, Urheberrecht auf dem Weg zur Informationsgesellschaft – Anpassung des Urheberrechts an die Bedürfnisse der Informationsgesellschaft, GRUR 1997, 859

Dreier/Katzenberger/v Lewinski/Schricker in *Schricker* (Hrsg), Urheberrecht auf dem Weg zur Informationsgesellschaft (1997)

Dreier, Some thoughts on Internet liability in FS *Karnell* (1999) 149

Fink-Hooijer, Schutz des Urheberrechts und der verwandten Schutzrechte in der Informationsgesellschaft: Ein Zwischenstandsbericht über jüngere Entwicklungen auf europäischer Ebene in *Zollner/Fitzner* (Hrsg), FS *Nordemann* (1999) 37

Flechsig, Urheberrecht und verwandte Schutzrechte in der Informationsgesellschaft – Der Richtlinienvorschlag der EG-Kommission zur Harmonisierung bestimmter Aspekte dieser Rechte, CR 1998, 225

Françon, La conférence diplomatique sur certaines questions de droit d'auteur et de droits voisins, RIDA 172 (1997) 3

Freytag, Digital Millenium Copyright Act und europäisches Urheberrecht für die Informationsgesellschaft, MMR 1999, 207

Gaster, Urheberrecht und verwandte Schutzrechte in der Informationsgesellschaft, ZUM 1995, 740

Geis, Die Europäische Perspektive der Haftung von Informationsanbietern und Zertifizierungsstellen, CR 1999, 772

Geller, Internationales Immaterialgüterrecht, Kollisionsrecht und gerichtliche Sanktionen im Internet, GRUR Int 2000, 659

Guibault, Contracts and Copyright Exemptions, in *Hugenholtz* (Hrsg), Copyright and Electronic Commerce

Haller, Informationsgesellschaft: EG-Initiativen zum Grünbuch, MR 1996, 230

Haller, Zum EG-Richtlinienvorschlag betreffend Urheberrecht in der Informationsgesellschaft, MR 1998, 61

Haller, Urheberrechtliche Aspekte des Electronic Commerce in *Biegler* (Hrsg), www. electronicbusiness.at Recht & Steuern im elektronischen Geschäftsverkehr (2000) 67

Heermann, Urheberrechtliche Probleme bei der Nutzung von E-Mail, MMR 1999, 3

Hilty (Hrsg), Information Highway Beiträge zu rechtlichen und tatsächlichen Fragen (1996)

Hoeren, Urheberrecht in der Informationsgesellschaft – Überlegungen zu einem Rechtsgutachten von Gerhard Schricker et al., GRUR 1997, 866

Hoeren, Vorschlag für eine EU-Richtlinie über E-Commerce – Eine erste kritische Analyse, MMR 1999, 192

Hoeren, Entwurf einer EU-Richtlinie zum Urheberrecht in der Informationsgesellschaft – Überlegungen zum Zwischenstand der Diskussion, MMR 2000, 515

Hugenholtz (Hrsg), Copyright and Electronic Commerce – Legal Aspects of Electronic Copyright Management (2000) (Kurzzitat: *Hugenholtz* [Hrsg] Copyright and Electronic Commerce)

Intveen, Internationales Urheberrecht und Internet (1999)

Kreile, Rechtedurchsetzung und Rechteverwaltung durch Verwertungsgesellschaften in der Informationsgesellschaft in *Rehbinder/Schaefer/Zombik* (Hrsg), Aktuelle Rechtsprobleme des Urheber- und Leistungsschutzes sowie der Rechtewahrnehmung (FS *Thurow*), UFITA SchrR 163 (1999) 41

de Kroon, Protection of Copyright Management Information, in *Hugenholtz* (Hrsg) Copyright and Electronic Commerce

Landfermann, Der Richtlinienvorschlag „Elektronischer Geschäftsverkehr", ZUM 1999, 795

Lehmann (Hrsg), Internet- und Multimediarecht (Cyberlaw) (1997)

Lehmann, Electronic Commerce und Urheberrecht – Der neue Richtlinienentwurf der Kommission in *Lehmann* (Hrsg), Rechtsgeschäfte im Netz – Electronic Commerce (1999) 105 (Kurzzitat: *Lehmann* in *Lehmann* [Hrsg] Rechtsgeschäfte)

Lehmann, Electronic Commerce und Verbraucherschutz in Europa, EuZW 2000, 517

v Lewinski, Der EG-Richtlinienvorschlag zum Urheberrecht und zu verwandten Schutzrechten in der Informationsgesellschaft, GRUR Int 1998, 637

v Lewinski, Die Multimedia – Richtlinie. Der EG-Richtlinienvorschlag zum Urheberrecht in der Informationsgesellschaft, MMR 1998, 115

v Lewinski, Die Diplomatische Konferenz der WIPO 1996 zum Urheberrecht und zu verwandten Schutzrechten, ZUM 1998, 607

v Lewinski, Europäisches Urheberrecht in der Informationsgesellschaft, in *Drexl/Kreuzer/Scheuing/Sieber* (Hrsg), Europarecht im Informationszeitalter (2000)

Lindholm/Maennel, Directive on Electronic Commerce (2000/31/EC), CR Int 2000, 65

Mackaay/Poulin/Trudel, The Electronic Superhighway – The Shape of Technology and Law to Come (1995)

Maennel, Elektronischer Geschäftsverkehr ohne Grenzen – der Richtlinienvorschlag der Europäischen Kommission, MMR 1999, 187

Medwenitsch/Schanda, Download von MP3-Dateien aus dem Internet – Private Vervielfältigung und rechtmäßig erstellte Vorlage, FS *Dittrich* (2000) 219

Melichar, Printing on Demand – Eine Bestandaufnahme, FS Dittrich (2000) 229

Michel, Rechtsfragen von Rundfunk und Printmedien im Internet, ZUM 2000, 425

Nordemann, Die Online-Übertragung von Sprachwerken, in *Becker* (Hrsg), Die Wahrnehmung von Urheberrechten an Sprachwerken (Symposium für *Melichar*), UFITA SchrR 167 (1999) 51

Parschalik, Provider-Haftung für Urheberrechtsverletzungen Dritter, ecolex 1999, 834

Poullet/v Willems/ Ph G und F van der Mensbrugge, Vers une société de l'information. Éléments d'un cadre nomatif, Cahier du CRID Nr 10

Prettenthaler, Das EU-Grünbuch „Urheberrecht in der Informationsgesellschaft", MR 1995, 213

Reinbothe, Der EU-Richtlinienentwurf zum Urheberrecht und zu den Leistungsschutzrechten in der Informationsgesellschaft, ZUM 1998, 429

Reinbothe, Beschränkungen und Ausnahmen von den Rechten im WIPO-Urheberrechtsvertrag, FS *Dittrich* (2000) 251

Schack, Internationale Urheber-, Marken- und Wettbewerbsrechtsverletzungen im Internet. Internationales Zivilprozessrecht, MMR 2000, 59 und 135

Schaefer, Welche Rolle spielt das Vervielfältigungsrecht auf der Bühne der Informationsgesellschaft? – Neue Herausforderungen an eine bewährte Rechtsfigur in *Zollner/Fitzner* (Hrsg), FS *Nordemann* (1999) 191

Schaefer, Die neuen Informationstechnologien als Herausforderung an den Gesetzgeber – Eine urheberrechtliche Streitschrift in *Rehbinder/Schaefer/Zombik* (Hrsg), Aktuelle Rechtsprobleme des Urheber- und Leistungsschutzes sowie der Rechtewahrnehmung (FS *Thurow*), UFITA SchrR 163 (1999) 95

Schauer, e-commerce in der Europäischen Union (1999)

Schanda, Urheberrecht in der Informationsgesellschaft, ecolex 1996, 104

Schippan, Die Harmonisierung des Urheberrechts in Europa im Zeitalter von Internet und digitaler Technologie (1999)

Schulze G, Rechtsfragen von Printmedien im Internet, ZUM 2000, 432

Schwab, Urheberrechte und verwandte Schutzrechte in der Informationsgesellschaft, EuZW 1995, 685

Sirinelli, „Le Multimédia" in Droit de l'audiovisuel, 511

Spindler, Verantwortlichkeit von Diensteanbietern nach dem Vorschlag einer E-Commerce-Richtlinie, MMR 1999, 199

Spindler, Der neue Vorschlag einer E-Commerce-Richtlinie, ZUM 1999, 775

Spindler, E-Commerce in Europa. Die E-Commerce-Richtlinie in ihrer endgültigen Fassung, MMR Beilage 7/2000, 4

Thurow, Zur gemeinsamen Interessenlage von Musikurhebern, Künstlern und Tonträgerherstellern angesichts der multimedialen Zukunft in *Rehbinder/Schaefer/Zombik* (Hrsg), Aktuelle Rechtsprobleme des Urheber- und Leistungsschutzes sowie der Rechtewahrnehmung (FS *Thurow*), UFITA SchrR 163 (1999) 127

Veit, Rechtsfragen von Rundfunk und Printmedien im Internet, ZUM 2000, 455

Walter, Zur urheberrechtlichen Einordnung der digitalen Werkvermittlung, MR 1995, 125

Walter, Öffentliche Wiedergabe und Online-Übertragung – Berner Übereinkunft, WIPO-Verträge, künftige Info-RL und deren Umsetzung in österreichisches Recht, FS Dittrich (2000) 363

Zombik, Musik im Informationszeitalter in *Rehbinder/Schaefer/Zombik* (Hrsg), Aktuelle Rechtsprobleme des Urheber- und Leistungsschutzes sowie der Rechtewahrnehmung (FS *Thurow*), UFITA SchrR 163 (1999) 103

I. Kapitel Vorbemerkungen

(*Bearbeiter: Walter*)

1 Seit jeher gingen wesentliche Impulse für die Weiterentwicklung des Urheberrechts von technischen Neuerungen aus. Auch die Entwicklung der **digitalen Technologie** ist im Begriff, die Weiterentwicklung des traditionellen Urheberrechts entscheidend zu beeinflussen. Wenngleich zahlreiche Probleme zumindest ansatzweise sich schon im klassischen Urheberrecht gestellt haben und deshalb nicht grundlegend neu sind, erhalten sie durch laufend erweiterte Speicher- und Kommunikationsmöglichkeiten, das Mittel der Datenkompression und immer rascher arbeitende Hardware eine bisher ungeahnte Dimension. Wenngleich es unwahrscheinlich ist, dass die durch die digitalen Technologien gebotenen Möglichkeiten die klassischen Formen der Werkvermittlung zur Gänze ersetzen werden, sind doch Bereiche denkbar, in welchen die Online-Übertragung in Zukunft die bisherigen Formen der Werkverwertung zurückdrängen oder gar ablösen könnte. Die durch die digitalen Technologien und das Zurverfügungstehen – mehr oder weniger weltumspannender – digitaler Netze entstandenen und sich rasant weiterentwickelnden Strukturen werden schlagwortartig als **„Informationsgesellschaft“** bezeichnet.

Nach verschiedenen Vorarbeiten im Ausland erfolgte die Reaktion auf internationaler Ebene im Weg der Einberufung der Genfer WIPO-Konferenz im Dezember 1996, aus welcher zwei internationale Vertragsinstrumente, das WIPO Copyright Treaty (WCT) und das WIPO Performances and Phonograms Treaty (WPPT) hervorgegangen sind. Knapp ein Jahr später hat die Europäische Kommission den Vorschlag für eine Richtlinie zur Harmonisierung bestimmter Aspekte des Urheberrechts und der verwandten Schutzrechte in der Informationsgesellschaft vorgelegt (Info-RL-Vorschlag).

Der **geänderte RL-Vorschlag** wurde in der Rats-Arbeitsgruppe beraten und mündete noch unter Finnischer Präsidentschaft in zwei konsolidierte Fassungen vom September und Dezember 1999. Unter Portugiesischer Präsidentschaft wurden zwei weitere konsolidierte Fassungen vorgelegt, und zwar im März und Mai 2000. Am 8. Juni 2000 wurde schließlich eine politische Einigung auf einen Text erzielt, der am 28. September 2000 vom Binnenmarktrat als **Gemeinsamer Standpunkt** angenommen wurde. Die Empfehlung des Rechtsausschusses des **Europäischen Parlaments** auf Grund des Berichts des Berichterstatters *Boselli* wurde am 5. Februar 2001 beschlossen; die Entschließung des Europäischen Parlaments in Zweiter Lesung gelangte am 14. Februar 2001 im Plenum zur Abstimmung und sieht neun Abänderungsvorschläge vor (siehe Rz 45 unten), welchen sich die Kommission dem Vernehmen nach anschließen wird. **2**

Da die Richtlinie zum Zeitpunkt des Abschlusses der Arbeiten an diesem Kommentar noch nicht erlassen war, und der Gemeinsame Standpunkt erst während der Drucklegung angenommen wurde, beschränkt sich die Kommentierung einerseits auf die wesentlichsten Punkte und anderseits auf eine **Kurzkommentierung.** In Bezug auf die Haftungsfragen wird diese durch einige Hinweise auf die **E-Commerce-RL** und die **Zugangskontroll-RL** ergänzt. **3**

Der im Folgenden wiedergegebene Text folgt der deutschen Übersetzung des Gemeinsamen Standpunkts vom 28. September 2000 Dokument DE 9512/00. Die in den Fußnoten abgedruckten Erklärungen wurden der englischen Fassung des vorläufigen Texts des Gemeinsamen Standpunkts vom 8. Juni 2000 (politische Einigung) entnommen und ins Deutsche übersetzt; die veränderten Artikelbezeichnungen wurden jedoch berücksichtigt. **4**

II. Kapitel Entstehungsgeschichte und Hintergründe der Info-RL

(*Bearbeiterin: v Lewinski*)

Übersicht

Allgemeine Erwägungsgründe[7]

ErwG 1 Der Vertrag sieht die Schaffung eines Binnenmarkts und die Einführung einer Regelung vor, die den Wettbewerb innerhalb des Binnenmarkts vor Verzerrungen schützt. Die Harmonisierung der Rechtsvorschriften der Mitgliedstaaten über das Urheberrecht und die verwandten Schutzrechte trägt zur Erreichung dieser Ziele bei.

ErwG 2 Der Europäische Rat hat auf seiner Tagung in Korfu am 24. und 25. Juni 1994 die Notwendigkeit der Schaffung eines allgemeinen und flexiblen Ordnungsrahmens auf Gemeinschaftsebene für die Förderung der Entwicklung der Informationsgesellschaft in Europa hervorgehoben. Hierzu ist unter anderem ein Binnenmarkt für neue Produkte und Dienstleistungen erforderlich. Wichtige gemeinschaftsrechtliche Bestimmungen, mit denen ein derartiger Ordnungsrahmen sichergestellt werden sollte, wurden bereits eingeführt, in anderen Fällen steht ihre Annahme bevor. In diesem Zusammenhang spielen das Urheberrecht und die verwandten Schutzrechte eine bedeutende Rolle, da sie die Entwicklung und den Vertrieb neuer Produkte und Dienstleistungen und die Schaffung und Verwertung ihres schöpferischen Inhalts schützen und fördern.

---

[7] Erklärung der Kommission zur weiteren Anpassung bestehender Richtlinien: Die Kommission wird die technischen Entwicklungen und diejenigen des Markts in Bezug auf den Schutz des Urheberrechts und der verwandten Schutzrechte im gemeinsamen Markt sorgfältig beobachten und Anpassungen bzw eine Festigung der bestehenden Direktiven auf diesem Gebiet in angemessener Zeit auf der Grundlage der mit der Anwendung dieser Richtlinie gewonnenen Erfahrungen in Erwägung ziehen, wenn dies zur Gewährleistung der weiteren Kohärenz sinnvoll erscheint. In diesem Zusammenhang wird insbesondere die Notwendigkeit einer Ausnahme vom Vervielfältigungsrecht für bestimmte Vervielfältigungshandlungen im Sinn des Artikels 5 Absatz 1 dieser Direktive in Bezug auf Computerprogramme und Datenbanken sowie den Schutz technischer Maßnahmen im Sinn des Artikel 6 dieser Richtlinie in Bezug auf Computerprogramme besondere Beachtung geschenkt werden (Übersetzung vom Verfasser).

ErwG 3 Die vorgeschlagene Harmonisierung trägt zur Verwirklichung der vier Freiheiten des Binnenmarkts bei und steht im Zusammenhang mit der Beachtung der tragenden Grundsätze des Rechts, insbesondere des Eigentums einschließlich des geistigen Eigentums, der freien Meinungsäußerung und des Gemeinwohls.

ErwG 4 Ein harmonisierter Rechtsrahmen zum Schutz des Urheberrechts und der verwandten Schutzrechte wird durch erhöhte Rechtssicherheit und durch die Wahrung eines hohen Schutzniveaus im Bereich des geistigen Eigentums substantielle Investitionen in Kreativität und Innovation einschließlich der Netzinfrastruktur fördern und somit zu Wachstum und erhöhter Wettbewerbsfähigkeit der europäischen Industrie beitragen, und zwar sowohl bei den Inhalten und der Informationstechnologie als auch allgemeiner in weiten Teilen der Industrie und des Kultursektors. Auf diese Weise können Arbeitsplätze erhalten und neue Arbeitsplätze geschaffen werden.

ErwG 5 Die technische Entwicklung hat die Möglichkeiten für das geistige Schaffen, die Produktion und die Verwertung vervielfacht und diversifiziert. Wenn auch kein Bedarf an neuen Konzepten für den Schutz des geistigen Eigentums besteht, so sollten die Bestimmungen im Bereich des Urheberrechts und der verwandten Schutzrechte doch angepasst und ergänzt werden, um den wirtschaftlichen Gegebenheiten, z.B. den neuen Formen der Verwertung, in angemessener Weise Rechnung zu tragen.

ErwG 6 Ohne Harmonisierung auf Gemeinschaftsebene könnten Gesetzgebungsinitiativen auf einzelstaatlicher Ebene, die in einigen Mitgliedstaaten bereits in die Wege geleitet worden sind, um den technischen Herausforderungen zu begegnen, erhebliche Unterschiede im Rechtsschutz und dadurch Beschränkungen des freien Verkehrs von Dienstleistungen und Produkten mit urheberrechtlichem Gehalt zur Folge haben, was zu einer Zersplitterung des Binnenmarkts und zu rechtlicher Inkohärenz führen würde. Derartige rechtliche Unterschiede und Unsicherheiten werden sich im Zuge der weiteren Entwicklung der Informationsgesellschaft, in deren Gefolge die grenzüberschreitende Verwertung des geistigen Eigentums bereits stark zugenommen hat, noch stärker auswirken. Diese Entwicklung wird und sollte fortschreiten. Erhebliche rechtliche Unterschiede und Unsicherheiten in Bezug auf den Rechtsschutz können die Erzielung von Größenvorteilen für neue Produkte und Dienstleistungen mit urheber- und leistungsschutzrechtlichem Gehalt beschränken.

ErwG 7 Der bestehende Gemeinschaftsrechtsrahmen zum Schutz des Urheberrechts und der verwandten Schutzrechte ist daher anzupassen und zu ergänzen, soweit dies für das reibungslose Funktionieren des Binnenmarkts erforderlich ist. Zu diesem Zweck sollten diejenigen einzelstaatlichen Rechtsvorschriften über das Urheberrecht und die verwandten Schutzrechte, die sich von Mitgliedstaat zu Mitgliedstaat beträchtlich unterscheiden oder eine derartige Rechtsunsicherheit bewirken, dass der Binnenmarkt in seiner Funktionsfähigkeit beeinträchtigt und die Informationsgesellschaft in Europa in ihrer Entwicklung behindert wird, angepasst und uneinheitliches Vorgehen der Mitgliedstaaten gegenüber technischen Entwicklungen vermieden werden, während Unterschiede, die das Funktionieren des Binnenmarkts nicht beeinträchtigen, nicht beseitigt oder verhindert zu werden brauchen.

ErwG 8 Angesichts der verschiedenen sozialen, gesellschaftlichen und kulturellen Auswirkungen der Informationsgesellschaft ist die Besonderheit des Inhalts von Produkten und Dienstleistungen zu berücksichtigen.

ErwG 9 Jede Harmonisierung des Urheberrechts und der verwandten Schutzrechte muss von einem hohen Schutzniveau ausgehen, da diese Rechte für das geistige Schaffen wesentlich sind. Ihr Schutz trägt dazu bei, die Erhaltung und Entwicklung kreativer Tätigkeit im Interesse der Urheber, ausübenden Künstler, Hersteller, Verbraucher, von Kultur und Wirtschaft sowie der breiten Öffentlichkeit sicherzustellen. Das geistige Eigentum ist daher als Bestandteil des Eigentums anerkannt worden.

ErwG 10 Wenn Urheber und ausübende Künstler weiter schöpferisch und künstlerisch tätig sein sollen, müssen sie für die Nutzung ihrer Werke eine angemessene Vergütung erhalten, was ebenso für die Produzenten gilt, damit diese die Werke finanzieren können. Um Produkte wie Tonträger, Filme oder Multimediaprodukte herstellen und Dienstleistungen, z. B. Dienste auf Abruf, anbieten zu können, sind beträchtliche Investitionen erforderlich. Nur wenn die Rechte des geistigen Eigentums angemessen geschützt werden, kann eine angemessene Vergütung der Rechtsinhaber gewährleistet und ein zufrieden stellender Ertrag dieser Investitionen sichergestellt werden.

ErwG 11 Eine rigorose und wirksame Regelung zum Schutz der Urheberrechte und verwandten Schutzrechte ist eines der wichtigsten Instrumente, um die notwendigen Mittel für das kulturelle Schaffen in Europa zu garantieren und die Unabhängigkeit und Würde der Urheber und ausübenden Künstler zu wahren.

ErwG 12 Ein angemessener Schutz von urheberrechtlich geschützten Werken und sonstigen Schutzgegenständen ist auch kulturell gesehen von großer Bedeutung. Nach Artikel 151 des Vertrags hat die Gemeinschaft bei ihrer Tätigkeit den kulturellen Aspekten Rechnung zu tragen.

ErwG 13 Gemeinsame Forschungsanstrengungen und die kohärente Anwendung technischer Maßnahmen zum Schutz von Werken und sonstigen Schutzgegenständen und zur Sicherstellung der nötigen Informationen über die Schutzrechte auf europäischer Ebene sind von grundlegender Bedeutung, weil das Endziel dieser Maßnahmen die Umsetzung der in den Rechtsvorschriften enthaltenen Grundsätze und Garantien ist.

ErwG 14 Ziel dieser Richtlinie ist es auch, Lernen und kulturelle Aktivitäten durch den Schutz von Werken und sonstigen Schutzgegenständen zu fördern; hierbei müssen allerdings Ausnahmen und Beschränkungen im öffentlichen Interesse für den Bereich Ausbildung und Unterricht vorgesehen werden.

ErwG 15 Die Diplomatische Konferenz, die unter der Schirmherrschaft der Weltorganisation für geistiges Eigentum (WIPO) im Dezember 1996 stattfand, führte zur Annahme von zwei neuen Verträgen, dem WIPO-Urheberrechtsvertrag und dem WIPO-Vertrag über Darbietungen und Tonträger, die den Schutz der Urheber bzw. der ausübenden Künstler und Tonträgerhersteller zum Gegenstand haben. In diesen Verträgen wird der internationale Schutz des Urheberrechts und der verwandten Schutzrechte, nicht zuletzt in Bezug auf die sog. „digitale Agenda", auf den neuesten Stand gebracht. Gleichzeitig werden die Möglichkeiten zur Bekämpfung der Piraterie weltweit verbessert. Die Gemeinschaft und die meisten Mitgliedstaaten haben die Verträge bereits unterzeichnet, und inzwischen wurde mit den Vorbereitungen zu ihrer Genehmigung bzw. Ratifizierung durch die Gemeinschaft und die Mitgliedstaaten begonnen. Die vorliegende Richtlinie dient auch dazu, einigen dieser neuen internationalen Verpflichtungen nachzukommen.

ErwG 17 Insbesondere aufgrund der durch die Digitaltechnik bedingten Erfordernisse muss sichergestellt werden, dass die Verwertungsgesellschaften im Hinblick auf die Beachtung der Wettbewerbsregeln ihre Tätigkeit stärker rationalisieren und für mehr Transparenz sorgen.

ErwG 18 Diese Richtlinie berührt nicht die Regelungen der betroffenen Mitgliedstaaten für die Verwaltung von Rechten, beispielsweise der erweiterten kollektiven Lizenzen.

ErwG 19 Die Urheberpersönlichkeitsrechte sind im Einklang mit den Rechtsvorschriften der Mitgliedstaaten und den Bestimmungen der Berner Übereinkunft zum Schutz von Werken der Literatur und der Kunst, des WIPO-Urheberrechtsvertrags und des WIPO-Vertrags über Darbietungen und Tonträger auszuüben. Sie bleiben deshalb außerhalb des Anwendungsbereichs dieser Richtlinie.

Kurzkommentar

1. Vorarbeiten

Seit Mitte der Neunzigerjahre Jahre hat die **digitale Technologie** weltweit und fachübergreifend zu Überlegungen in Bezug auf ihre möglichen Auswirkungen auf die bisherige, nicht digitale Welt geführt. So wurden von den Regierungen einer Reihe wichtiger Industrieländer Berichte über die Bedeutung der neuen Technologien für Gesellschaft, Wirtschaft und Recht im Allgemeinen und für das Urheberrecht im Besonderen erstellt oder in Auftrag gegeben[8]. In Europa wurde die Bedeutung der „digitalen Revolution" zunächst im **Weißbuch** der Europäi- **5**

[8] Siehe zB zum Weißbuch „Intellectual Property and the National Information Infrastructure" der amerikanischen Regierung von 1995 *v Lewinski*, GRUR Int 1995, 858; zum australischen Bericht „Highways to Change" von 1994 *Dreier*, GRUR Int 1995, 837; zum kanadischen Bericht „Copyright and the Information Highway" von 1995 *v Lewinski*, GRUR Int 1995, 851; zu diversen japanischen Berichten *Heath*, GRUR Int 1995, 843 und zu zwei französischen Berichten *Dreier*, GRUR Int 1995, 840 und *Genton*, GRUR Int 1996, 693.

schen Kommission über Wachstum, Wettbewerbsfähigkeit, Beschäftigung – Herausforderungen der Gegenwart und Wege ins 21. Jahrhundert anerkannt: Europa müsse eine leistungsfähige Informationsinfrastruktur errichten, wobei in diesem Zusammenhang von „Informationsgesellschaft“ gesprochen wird. Im Dezember 1993 befürwortete der Europäische Rat nicht nur das Weißbuch, sondern forderte auch die Erstellung eines Berichts mit konkreten Handlungsempfehlungen zu den Problemen der Informationsgesellschaft.

6 Dieser von einer Gruppe renommierter Persönlichkeiten unter Vorsitz des Kommissionsmitglieds *Bangemann* erstellte Bericht erachtete nicht nur Maßnahmen für eine wettbewerbsfähige und marktorientierte **Informationsgesellschaft** (zB Liberalisierung des Telekommunikationswesens), sondern auch die Schaffung eines gemeinsamen Rechtsrahmens für den Schutz der Privatsphäre, die Verschlüsselung von Daten und die Informationssicherheit, das Eigentum an Medien und an erster Stelle für den **Schutz des geistigen Eigentums** als notwendig. Im Bereich des geistigen Eigentums, das als ein wichtiges Thema angesehen wurde, müsse ein hohes Schutzniveau erhalten bleiben. Zu prüfen sei, ob bestehende Regelungen angesichts der Leichtigkeit, digitalisierte Informationen zu übermitteln und zu manipulieren, den Schutz der Rechtsinhaber an Informationsinhalten noch adäquat gewährleisten könnten. Die Empfehlung im *Bangemann*-Bericht lautete: „Der Schutz der geistigen Eigentumsrechte muß den neuen Herausforderungen von Globalisierung und Multimedia gerecht werden und auf europäischer und internationaler Ebene weiterhin hohe Priorität genießen[9]. Der Europäische Rat beschloss auf seiner Tagung in Korfu am 24. und 25. Juni 1994, den meisten Empfehlungen des *Bangemann*-Berichts zu folgen. Insbes wurde die Kommission aufgefordert, ein Arbeitsprogramm für die noch erforderlichen Maßnahmen auf Gemeinschaftsebene festzulegen.

7 Schon am 19. Juli 1994 legte die Europäische Kommission einen Überblick über dieses Arbeitsprogramm vor, und zwar in Form der Mitteilung „Europas Weg in die Informationsgesellschaft – ein Aktionsplan“. Die vier Aktionsbereiche betrafen

1. ordnungspolitische und rechtliche Rahmenbedingungen,
2. Netze, Grunddienste, Anwendungen und Informationsinhalte,
3. gesellschaftliche und kulturelle Aspekte und
4. die Öffentlichkeitsarbeit.

Das **geistige Eigentum** wurde im erstgenannten Bereich als einer von 10 Punkten kurz angesprochen; das Grünbuch Informationsgesellschaft angekündigt, der Rat um eine baldige Verabschiedung der Datenbank-RL ersucht und ein neuer Kommissionsvorschlag zum Thema „Kopieren für private Zwecke“ angekündigt[10].

2. Grünbuch Informationsgesellschaft

8 Am 19. Juli 1995 legte daraufhin die Europäische Kommission das **Grünbuch** Urheberrecht und verwandte Schutzrechte in der Informationsgesellschaft vor.

---

[9] *Bangemann*-Bericht 33; siehe zum geistigen Eigentum auch 17f.

[10] Siehe Initiativen zum Grünbuch Informationsgesellschaft 9.

Ziel des Grünbuchs war zunächst nur, die zu stellenden Fragen aufzuwerfen und mögliche Lösungen anzudeuten; es erhob selbst ausdrücklich nicht den Anspruch, bereits Antworten auf „im Detail noch unbekannte Probleme" zu geben[11]. Es verstand sich als **Diskussionsgrundlage** und enthielt dementsprechend zu jedem Thema detaillierte Fragen an die interessierten Kreise, Organisationen und Staaten, deren Stellungnahmen zur Entscheidung über das weitere Vorgehen der Kommission beitragen sollten. Schon bei der Erarbeitung des Grünbuchs Informationsgesellschaft waren die Ergebnisse einer von der Kommission am 7. und 8. Juli 1994 veranstalteten Anhörung der interessierten Kreise berücksichtigt worden[12].

Im ersten, **allgemein gehaltenen Kapitel** wurde zunächst an die (für die legislative Zuständigkeit der EU maßgebliche) **Binnenmarktrelevanz** des Urheberrechts und der verwandten Schutzrechte erinnert, die sich gerade im Zusammenhang mit der Informationsgesellschaft zeige. Auch wies die Kommission auf die kulturelle, wirtschaftliche und soziale Dimension des Urheberrechts hin und betonte insbes die Notwendigkeit eines effektiven Schutzes der Urheberrechte und der verwandten Schutzrechte vor allem im Zusammenhang mit der Informationsgesellschaft[13]. Aus dem ersten Kapitel des Grünbuchs, das auch die neuen Dienste beschrieb, sei die Annahme erwähnt, dass die neuen Technologien die Grundbegriffe und Grundsätze des Urheberrechts und der verwandten Schutzrechte nicht wesentlich berührten, sondern eher zu einer veränderten Auslegung oder zu einzelnen neuen Ausformungen führen würden. **9**

Im zweiten Kapitel befasste sich die Kommission mit **besonderen Rechtsproblemen**, die entsprechend dem Interesse der beteiligten Kreise bei der Anhörung von 1994 ausgewählt worden waren. Zu dem vielleicht wichtigsten Thema im Zusammenhang mit der Verwertung von Werken und geschützten Gegenständen in den digitalen Netzwerken, dem **anwendbaren Recht**, versuchte die Kommission, zwar am Schutzlandprinzip festzuhalten, dessen Konsequenzen aber durch das sog „**Ursprungslandprinzip**" abzuschwächen. Danach sollte die maßgebliche Verwertungshandlung so definiert werden, dass sie nur in einem Land der EU stattfindet. Der Kommission schien damit eine Lösung nach dem Muster der Satelliten- und Kabel-RL auch für die „digitale Verbreitung Punkt-zu-Punkt" vorzuschweben[14]. Allerdings müsse nach Ansicht des Grünbuchs Informationsgesellschaft zugleich eine weitgehende Rechtsangleichung gewährleistet sein, weshalb diese Regelung nur auf Gemeinschaftsebene, nicht aber auf internationaler Ebene ins Auge gefasst wurde. **10**

Das zweite in diesem Kapitel behandelte Problem der **Erschöpfung des Verbreitungsrechts** stand nur in seinem ersten Teil im Zusammenhang mit den neuen **11**

[11] Grünbuch Informationsgesellschaft 18.

[12] Siehe dazu eine Zusammenfassung im Grünbuch Informationsgesellschaft 16f. Die schriftlichen Stellungnahmen wurden in dem Dokument „Antworten der betroffenen Kreise zu Urheberrechten und Leistungsschutzrechten in der Informationsgesellschaft" veröffentlicht.

[13] Grünbuch Informationsgesellschaft zB 11f Z 16 und 17.

[14] Grünbuch Informationsgesellschaft 41.

Technologien. Insoweit deutete die Kommission zunächst an, dass nach ihrer Meinung der gemeinschaftsrechtliche Erschöpfungsgrundsatz im Einklang mit der ständigen Rechtsprechung des EuGH und im Anschluss an die Anhörung der interessierten Kreise im Juli 1994 nur auf die Verbreitung **materieller Träger**, nicht jedoch auf die elektronische Verbreitung bzw die immaterielle Übertragung (also eine Dienstleistung) anzuwenden sei. Darüber hinaus stellte die Kommission Fragen hinsichtlich einer eventuellen Abschaffung der internationalen Erschöpfung des Verbreitungsrechts über die schon bestehenden Europäischen Regelungen hinaus.

12 In Bezug auf das **Vervielfältigungsrecht** äußerte die Kommission die Ansicht, dass dessen Definition wohl an die Lösungen der Software-RL anknüpfen und daher insbes die **Digitalisierung** als eine Form der Vervielfältigung erfassen müsse. Auch in Bezug auf die **vorübergehende Vervielfältigung** und das Laden im Hauptspeicher wurde nur auf das Vorbild der Software-RL hingewiesen. Einzelfragen, wie etwa im Zusammenhang mit dem Sampling, wurden nicht erläutert. Darüber hinaus sah die Kommission jedoch die Notwendigkeit, über die **Ausnahmen** zum Vervielfältigungsrecht, insbes für den Fall der privaten Vervielfältigung, nachzudenken. Angesichts der Möglichkeiten, die digitale Privatkopie technisch zu kontrollieren, sei zu prüfen, ob die Reduktion des Verbotsrechts auf einen Vergütungsanspruch noch zu rechtfertigen sei.

13 Der Abschnitt über die **öffentliche Wiedergabe** setzte sich primär mit dem Begriff der **Öffentlichkeit** bzw der privaten Nutzung im Hinblick darauf auseinander, dass die zu erwartende Massennutzung in globalen Netzen den Urhebern und Leistungsschutzberechtigten nicht auf Grund einer Einordnung als private Nutzung vorenthalten werden sollte. Eine Reihe von detaillierten Fragen zu der als notwendig angesehenen Definition der öffentlichen Wiedergabe sollte zur Klärung dieses Problembereichs beitragen.

14 Erst im folgenden Abschnitt ging es um die Frage, unter welches Recht die digitale Verbreitung bzw Übertragung (**Online-Übertragung**) falle; ausdrücklich wurden nur elektronische Übertragungen Punkt-zu-Punkt – im Gegensatz zu Übertragungen „Punkt-zu-Multipunkt“ (Rundfunk) – angesprochen. Ohne eine Abgrenzung zu der im vorangehenden Kapitel behandelten öffentlichen Wiedergabe vorzunehmen, äußerte die Kommission die Meinung, dass die **Vermietung** im Sinn der Vermiet- und Verleih-RL eindeutig die elektronische Vermietung auf der Basis einer Punkt-zu-Punkt Übertragung umfasse, wie dies etwa beim Video *on-demand* der Fall sei. Dasselbe gelte für den digitalen Verleih durch der Öffentlichkeit zugängliche Einrichtungen in Bezug auf das Verleihrecht im Sinn der genannten Richtlinie. Allerdings sah die Kommission aus Gründen der Klarheit und Rechtssicherheit die Notwendigkeit, die Anwendung der Vermiet- und Verleih-RL auf die digitale Übertragung im Weg der erneuerten Rechtssetzung zu bestätigen bzw gegebenenfalls zu präzisieren. Insbes dachte die Kommission daran, die Rechte im Hinblick auf den digitalen Verleih durch öffentliche Bibliotheken zu stärken; nach Art 5 Vermiet- und Verleih-RL kann das ausschließliche Verleihrecht nämlich zu einem Vergütungsanspruch herabgestuft und zum Gegenstand weiterer Ausnahmen gemacht werden.

Im Rahmen ihrer Erläuterungen zum **digitalen Rundfunk** sprach die Kommission – ohne dies von Anfang an klar zu formulieren – weiters die Frage an, ob die Inhaber von Leistungsschutzrechten, denen in den meisten Ländern bisher kein ausschließliches Senderecht zusteht, für den Fall von Mehrkanaldiensten auf Gemeinschaftsebene ein Ausschlussrecht zuerkannt erhalten sollten. Die Kommission hielt eine eingehende Prüfung dieser durch die digitale Technologie ermöglichten, neuartigen Verwertung für erforderlich. Damit reagierte sie auf ein insbes von Tonträgerherstellern und ausübenden Künstlern ins Treffen geführtes Anliegen, den in den meisten Ländern bestehenden Vergütungsanspruch für das Senden von Tonträgern angesichts der befürchteten gravierenden wirtschaftlichen Auswirkungen der Verwertung durch Mehrkanaldienste durch ein Ausschlussrecht zu ersetzen. **15**

Im Folgenden hob die Kommission die große Bedeutung des **Urheberpersönlichkeitsrechts** angesichts der durch die digitale Technologie erheblich erleichterten Werkveränderung hervor. Sie erachtete eine Untersuchung zu der Frage, ob es weiterhin bei der fehlenden Harmonisierung des Urheberpersönlichkeitsrechts bleiben könne, als notwendig. Ihre Fragen betrafen den Harmonisierungsbedarf und mögliche Problemlösungen im individual- und kollektivvertraglichen Rahmen. **16**

Im Abschnitt über den **Erwerb** und die **Wahrnehmung von Rechten** bezog sich die Kommission nur auf den Fall der Schaffung von **Multimediawerken**. Hier war angesichts der durch die Digitalisierung sehr vergrößerten Anzahl der Werke, die in einem Multimediawerk üblicherweise verwendet werden, die Frage nach einem erleichterten Rechtserwerb aufgeworfen worden. Auch auf die Problematik einer Kumulierung der Lizenzen für jedes einzelne Werk und jede betroffene Leistung wurde unter dem Gesichtswinkel einer rentablen Nutzung hingewiesen[15]. Allerdings bestehe das Erfordernis, die Rechte für die in einem Multimediawerk genutzten Werke oder Leistungen zu erwerben, grundsätzlich ebenso wie im Bereich traditioneller Werke, die sich aus anderen Werken zusammensetzen. Die besondere Situation bei Multimediawerken im Vergleich mit traditionellen Werken rechtfertige keinesfalls die Einführung gesetzlicher Lizenzen zu Gunsten von Multimediaproduzenten. Vielmehr regte die Kommission im Anschluss an die Anhörung vom Juli 1994 und angesichts der zunehmenden technischen Möglichkeiten der Identifizierung und Kontrolle der Nutzungen an, dass sich die bestehenden Verwertungsgesellschaften in Form einer „zentralen Anlaufstelle“ zusammenschließen sollten, ohne dass die Rechte deshalb notwendigerweise kollektiv verwertet werden müssten. Vielmehr sei eine individuelle Lizenzvergabe durch eine **Clearingstelle** denkbar. Der Aufbau solcher zentraler Systeme solle den beteiligten Kreisen überlassen werden. Aufgabe der Kommission sei es nur, den Rechtsrahmen zu überprüfen, um eine Zersplitterung des Markts zu verhindern, und auf die Grundsätze der Transparenz und Nichtdiskriminierung sowie die Einhaltung der Wettbewerbsregeln zu achten. **17**

---

[15] Grünbuch Informationsgesellschaft 71.

18 Schließlich berichtete die Kommission über Möglichkeiten, Probleme (zB Schutz der Privatsphäre) und rechtliche Rahmenbedingungen von **technischen Identifizierungs- und Schutzsystemen** und über die schon getroffenen Maßnahmen und angelaufenen Forschungsprojekte. Auch auf die positive Resonanz bei der Anhörung vom Juli 1994 wurde hingewiesen. Vorschriften betreffend solche Systeme seien zwar nicht urheberrechtlicher Art, könnten aber für die Wahrnehmung und effiziente Durchsetzung der Rechte von Urhebern und Leistungsschutzberechtigten im Zusammenhang mit digitalen Netzen wesentlich sein. Die Kommission hielt ein Einschreiten der EU allerdings erst dann für notwendig, sobald technische Systeme entwickelt und akzeptiert worden seien, und die Gefahr einer unkoordinierten Einführung von Maßnahmen und damit von Handelshindernissen entstehen könnte. Dennoch wurden auch in diesem Zusammenhang detaillierte Fragen in Bezug auf mögliche Maßnahmen sowie Einzelheiten von Identifizierungs- und Schutzsystemen gestellt.

19 Als Reaktion auf das Grünbuch Informationsgesellschaft erhielt die Kommission über 350 Meinungsäußerungen von **interessierten Kreisen**. Zusätzlich wurden auf einer Anhörung am 8. und 9. Januar 1996 in Brüssel Fragen des Erwerbs und der Wahrnehmung von Rechten sowie der technischen Identifizierungs- und Schutzsysteme diskutiert. Die Kommission wertete alle erhaltenen Stellungnahmen aus und legte sie ihrem Folgedokument, den „Initiativen zum Grünbuch Informationsgesellschaft" zugrunde.

3. Folgedokument Initiativen zum Grünbuch Informationsgesellschaft

20 In weiterer Folge legte die Kommission am 20. November 1996 die Initiativen zum Grünbuch Informationsgesellschaft vor. Darin kam sie zu der Schlussfolgerung, dass in Bezug auf vier Probleme ein sofortiges **Handeln auf Gemeinschaftsebene** notwendig sei, um Handelshindernisse bzw Wettbewerbsverzerrungen zwischen den Mitgliedstaaten zu beseitigen. Dabei handelte es sich um das Vervielfältigungsrecht, das Recht der öffentlichen Wiedergabe, den rechtlichen Schutz von technischen Identifizierungs- und Schutzsystemen und das Verbreitungsrecht. Dagegen hätten sich weitere vier Problembereiche als zwar für die urheberrechtliche Verwertung in der Informationsgesellschaft bedeutsam, derzeit aber noch nicht regelungsreif herausgestellt, nämlich das Recht der Rundfunkübertragung insbes in Form von Mehrkanaldiensten, das anwendbare Recht und die Rechtsdurchsetzung, die Wahrnehmung der Rechte sowie das Urheberpersönlichkeitsrecht.

21 Hinsichtlich der Harmonisierung des **Vervielfältigungsrechts** kündigte die Kommission eine Festlegung des Inhalts dieses Rechts an, die unter Zugrundelegung des schon erreichten *acquis communautaire* erfolgen könne. Danach wäre daran zu denken, insbes die Digitalisierung von Werken und Leistungen oder andere Handlungen, wie zB das Scannen, die Eingabe und das Abspeichern von digitalisiertem Material ausdrücklich durch das Vervielfältigungsrecht zu erfassen; das gelte auch für die nur vorübergehende Vervielfältigung. Eine große und wichtige Aufgabe sah die Kommission im Übrigen in der Harmonisierung der **Schranken** bzw Ausnahmen vom Vervielfältigungsrecht. Hier wäre gegebenenfalls an eine Ausweitung des ausschließlichen Rechts im Gegensatz zu bloßen Vergütungsansprüchen oder an eine unbeschränkte Ausnahme in bestimmten Fällen der digitalen Vervielfältigung zu denken. Jedenfalls müsse Art 9 Abs 2 Berner Übereinkunft berücksichtigt werden. Dies werde auch in Bezug auf die private Vervielfältigung zu einem differenzierten rechtlichen Ansatz führen[16].

In Bezug auf die **Online-Übertragung** von Werken und geschützten Leistungen über digitale Netze sah die Kommission die Notwendigkeit, den – zum Teil noch nicht oder nicht eindeutig bestehenden – Rechtsschutz zu harmonisieren. Im Anschluss an die Ergebnisse des Konsultationsprozesses schlug die Kommission vor, die zu harmonisierenden Vorschriften so eng wie möglich an das herkömmliche Konzept der **öffentlichen Wiedergabe** zu binden. Tatsächlich hatten die Mitgliedstaaten und die Europäische Gemeinschaft im Mai 1996 bei der Sitzung der Sachverständigenausschüsse der WIPO zu einem eventuellen Berner Protokoll und zum „Neuen Instrument" eine Formulierung vorgeschlagen, bei der das Recht der elektronischen Übertragung als Teil des Rechts der öffentlichen Wiedergabe erschien und durch die Elemente der Verfügbarmachung zum Zweck des individuellen Zugangs charakterisiert war. Dieser Vorschlag hatte im Rahmen der WIPO überwiegend positive Reaktionen von Seiten der anderen Staaten erfahren. Es erschien demnach nur folgerichtig, sich auch in der Folgemitteilung zum Grünbuch Informationsgesellschaft auf diesen Vorschlag zu beziehen. Außerdem kündigte die Kommission an, dass der Inhalt des Rechts vollständig, nämlich auch durch eine Harmonisierung der Ausnahmen bzw Schranken, festgelegt werden müsse. Dies könne nach den gleichen Grundsätzen erfolgen, die auch im Zusammenhang mit dem Vervielfältigungsrecht genannt wurden[17]. **22**

Im Zusammenhang mit der Verwertung von Urheberrechten und verwandten Schutzrechten erlangen technische Systeme zur Kontrolle bzw Verhinderung bestimmter Nutzungen immer mehr Bedeutung. Dasselbe gilt für die Möglichkeit, bestimmte Daten (zB den Titel des Werkes, den oder die Rechtsinhaber, Lizenzbedingungen etc) einem Werk oder einer geschützten Leistung elektronisch „anzuheften"; solche Informationen können für die Verwertung des Werks bzw der Leistung äußerst wichtig sein. Die Kommission rief die interessierten Kreise angesichts des Erfordernisses interoperabler Systeme dazu auf, die laufenden Standardisierungsarbeiten voranzutreiben und kündigte an, flankierende Maßnahmen zu ergreifen, um den rechtlichen Schutz der Integrität von **technischen Identifizierungs- und Schutzsystemen** zu harmonisieren. Dabei sollten insbes die Merkmale der Schutzvorrichtung, die Art der verbotenen Handlungen und die angemessenen Sanktionen festgelegt werden[18]. **23**

Im Zusammenhang mit dem **Verbreitungsrecht** und seiner Erschöpfung wurde – wie schon im Grünbuch Informationsgesellschaft angedeutet – weiters angekündigt, aus Gründen der Rechtssicherheit ausdrücklich festzustellen, dass der **Erschöpfungsgrundsatz** im Einklang mit der ständigen Rechtsprechung des **24**

[16] Siehe Initiativen zum Grünbuch Informationsgesellschaft 11f.
[17] Siehe Initiativen zum Grünbuch Informationsgesellschaft 14.
[18] Siehe Initiativen zum Grünbuch Informationsgesellschaft 16f.

EuGH auf Dienstleistungen, wie insbes auf solche der Online-Nutzung, nicht anwendbar sei. Darüber hinaus schlug die Kommission für den Bereich der traditionellen Werkverwertung eine Harmonisierung des urheberrechtlichen Verbreitungsrechts einschließlich seiner Erschöpfung, vor allem in Anlehnung an die Lösung von Art 9 Abs 2 Vermiet- und Verleih-RL vor. Demnach soll die internationale Erschöpfung des Verbreitungsrechts untersagt werden.

25 Was die **Mehrkanaldienste** und die Frage anlangt, ob insbes Tonträgerhersteller und ausübende Künstler für diese Nutzung ein ausschließliches Recht erhalten sollten, räumte die Kommission die Möglichkeit ein, dass die Auswirkungen solcher Dienste auf die Erstverwertung in Zukunft Maßnahmen auf Gemeinschaftsebene zu Gunsten von Tonträgerherstellern und ausübenden Künstlern erforderlich machten könnten. Die Kommission wollte jedoch in enger Verbindung mit den interessierten Kreisen und den Mitgliedstaaten noch die weitere Entwicklung beobachten und – sobald ein Handlungsbedarf erkannt werde – die erforderlichen Rechtssetzungsmaßnahmen einleiten[19].

26 Eine Lösung der **kollisionsrechtlichen Problematik** nach dem Muster der Satelliten- und Kabel-RL wurde insbes wegen der Schwierigkeiten der Bestimmung des Orts, von dem die Übertragung ausgeht, sowie im Hinblick auf die Gefahr von Schutzlücken (gerade bei der Übertragung aus Drittländern) abgelehnt. Aber selbst für Übertragungen innerhalb der Gemeinschaft wäre eine vollständige Harmonisierung des Urheberrechts und der verwandten Schutzrechte erforderlich. In Bezug auf die Frage, das Recht welchen Landes auf digitale Übertragungen anzuwenden ist, referierte die Kommission in den Initiativen zum Grünbuch Informationsgesellschaft über die gewichtigen Zweifel, die an der in Betracht gezogenen Lösung der Satelliten- und Kabel-RL geäußert worden waren[20]; den meisten Stellungnahmen zufolge sei eine angemessene Problemlösung im Rahmen der vertraglichen Beziehungen und der Anwendung des bestehenden internationalen Privatrechts möglich.

Die Kommission sah daraufhin ihre Aufgabe derzeit noch nicht in der Harmonisierung der kollisionsrechtlichen Fragen, sondern in der Klärung der komplexen und nicht einheitlich beurteilten Rechtslage. Auch in Bezug auf die Frage der **Haftung** für urheberrechtliche Verstöße und damit der Rechtsdurchsetzung wollte die Kommission zunächst Studien vornehmen, um die Notwendigkeit einer kohärenten Gemeinschaftsinitiative auf der Grundlage von binnenmarktrelevanten Überlegungen bewerten zu können[21].

27 In Bezug auf das Problem der Schaffung von **Multimediaprodukten** blieb die Kommission bei ihrer im Grünbuch Informationsgesellschaft geäußerten Meinung, dass keine rechtliche Regulierung (insbes durch gesetzliche Lizenzen) notwendig sei, sondern der Rechtserwerb dem Markt überlassen werden soll. Darin folgte sie auch der überwiegenden Mehrheit der geäußerten Stellungnah-

---

[19] Siehe Initiativen zum Grünbuch Informationsgesellschaft 22.

[20] Definition des Übertragungsakts als eine Handlung, die nur in dem Land, aus dem die Übertragung herrührt, stattfindet.

[21] Siehe Initiativen zum Grünbuch Informationsgesellschaft 24.

men, aus denen im Übrigen hervorging, dass die freiwillige Rechteverwertung durch zentrale Anlaufstellen oder ähnliche Einrichtungen befürwortet wurde. Die Kommission sah im Zusammenhang mit der kollektiven Rechtewahrnehmung allerdings Anzeichen für die Notwendigkeit, Rechte und Pflichten der Verwertungsgesellschaften sowie deren Kontrolle unter Berücksichtigung der Binnenmarkt- und Wettbewerbsbestimmungen des EGV zu harmonisieren[22].

In Bezug auf die besonderen **Persönlichkeitsrechte** der Urheber und ausübenden Künstler sah die Kommission Anhaltspunkte für die Notwendigkeit einer Stärkung bzw einer Einführung solcher Rechte, wobei eine Zunahme der Binnenmarktrelevanz angesichts der neuen technischen Möglichkeiten der Veränderung von Werken und Leistungen durch eine Vielzahl von Nutzern ausgemacht wurde. Zunächst sollte jedoch die Marktentwicklung beobachtet werden, um festzustellen, ob bzw wann die bestehenden Rechtsunterschiede einen Handlungsbedarf auf Gemeinschaftsebene ergäben. Aus den Stellungnahmen zu den Fragen der Kommission im Grünbuch Informationsgesellschaft sei die Ablehnung jeglicher vertraglicher Regelung (etwa durch Kollektivverträge oder gesetzliche Vermutungen der Zustimmung zu bestimmten Veränderungen) des Persönlichkeitsrechts durch die Rechtsinhaber hervorgehoben[23]. **28**

4. WIPO Konferenz Dezember 1996

Kurz nach Veröffentlichung der Initiativen zum Grünbuch Informationsgesellschaft im November 1996 fand im Dezember 1996 in Genf bereits die Diplomatische Konferenz der WIPO zu bestimmten Fragen des Urheberrechts und der verwandten Schutzrechte statt. Bei dieser Konferenz wurden neben anderen Problemen auch die meisten der im Grünbuch Informationsgesellschaft und den Initiativen behandelten Fragen diskutiert und – jedenfalls hinsichtlich der vier genannten Hauptthemen – Lösungen auf internationaler Ebene erreicht. Die Konferenz führte zu zwei neuen internationalen Verträgen, dem **WIPO Copyright Treaty** (WCT) und dem **WIPO Performances and Phonograms Treaty** (WPPT). Da nicht nur die Mitgliedstaaten, sondern auch die EU selbst Vertragspartner der neuen WIPO-Verträge werden können, besteht für die Gemeinschaft ein zusätzlicher Beweggrund zur Ergreifung der erforderlichen rechtlichen Maßnahmen hinsichtlich dieser Problembereiche. **29**

5. Info-RL-Vorschlag

Am 10. November 1997 nahm die Europäische Kommission schließlich einen Vorschlag für eine Richtlinie des Europäischen Parlaments und des Rates zur Harmonisierung bestimmter Aspekte des Urheberrechts und der verwandten Schutzrechte in der Informationsgesellschaft (Info-RL-Vorschlag) an[24]. Der Vorschlag schließt unmittelbar an das Grünbuch Informationsgesellschaft und die **30**

[22] Siehe Initiativen zum Grünbuch Informationsgesellschaft 26f.

[23] Siehe Initiativen zum Grünbuch Informationsgesellschaft 28f.

[24] Siehe dazu etwa *Dietz*, ZUM 1998, 438; *Haller*, MR 1998, 61; v *Lewinski*, GRUR Int 1998, 637 und MMR 1998, 115; *Lehmann* in *Lehmann* (Hrsg) Rechtsgeschäfte, 105; *Reinbothe*, ZUM 1998, 429.

Initiativen hierzu an; zugleich geht er von den wesentlichen binnenmarktrelevanten Bestimmungen der im Dezember 1996 angenommenen WIPO-Verträge aus. Die Gemeinschaft verfolgt damit auch das **Ziel**, die Ratifizierung dieser neuen internationalen Vertragsinstrumente voranzutreiben und damit zu deren möglichst baldigem Inkrafttreten beizutragen. Am 16. März 2000 hat der Rat einen Beschluss über die Zustimmung zu beiden WIPO-Verträgen gefasst[25].

31 Vor diesem Hintergrund verwundert es deshalb nicht, dass der RL-Vorschlag im Wesentlichen die in den genannten Kommissionsdokumenten als dringlich erkannten Regelungsbereiche, die gleichzeitig den wichtigsten Bestimmungen der WIPO-Verträge entsprechen, zum **Inhalt** hat. Es geht deshalb in erster Linie um die Harmonisierung des Vervielfältigungsrechts, des Rechts der öffentlichen Wiedergabe einschließlich des Zugänglichmachens über Online-Dienste und des Verbreitungsrechts, wobei auch die Schranken dieser Rechte weitgehend angeglichen werden sollen. Darüber hinaus soll der flankierende Rechtsschutz von technologischen Maßnahmen und von Informationen für die Wahrnehmung der Rechte harmonisiert werden. Im Übrigen enthält der RL-Vorschlag Bestimmungen zum Anwendungsbereich, allgemeine Verpflichtungen in Bezug auf die Rechtsdurchsetzung, zur Anwendung in zeitlicher Hinsicht, zur Anpassung anderer Richtlinien sowie die Standard-Schlussbestimmungen.

32 Der RL-Vorschlag befasst sich dagegen nicht mit Fragen der **Haftung** für die Verletzung von Urheberrechten und verwandten Schutzrechten. Diese Frage war im Rahmen der Verhandlungen zu den WIPO-Verträgen 1996 insbes von Diensteanbietern wie Telekom- und Online-Diensteunternehmen, die einen Haftungsausschluss erreichen bzw anfänglich sogar die Weiterentwicklung des internationalen Urheber- und Leistungsschutzrechts verhindern wollten, zur Sprache gebracht worden. Zu Recht wiesen die Regierungsdelegationen bei der WIPO-Konferenz aber darauf hin, dass die Haftung für Rechtsverstöße in digitalen Netzwerken nicht nur das Urheberrecht, sondern zahlreiche andere Rechtsbereiche betrifft, wie das Werbe- oder Jugendschutzrecht. Daher müsse die Haftungsfrage in einem übergreifenden Rahmen diskutiert werden. Diese Haltung nahm die Kommission auch im Rahmen der gemeinschaftsinternen Maßnahmen an, so dass sie den Info-RL-Vorschlag schon im November 1997 verabschieden konnte; ein übergreifender Vorschlag zur Regelung der Haftungsfrage war zunächst schon für das Frühjahr 1998 vorgesehen[26]. Allerdings machte die Kommission deutlich, dass bei einer Angleichung des Haftungsrechts auch die Besonderheiten des Urheberrechts und der verwandten Schutzrechte zu berücksichtigen und dabei insbes das Gleichgewicht zwischen den Rechten der Rechteinhaber und den Interessen der Nutzer und Diensteanbieter zu wahren seien[27].

33 Die Kommission wies in ihrer Begründung ausdrücklich darauf hin, dass auch ein anderes in der digitalen Umwelt sehr wichtiges Thema, nämlich die Frage des **anwendbaren Rechts**, in diesem RL-Vorschlag noch nicht in Angriff genommen

---

[25] Beschluss 2000/278/EG ABl L 89 vom 11.04.2000, 6.

[26] Siehe Begründung RL-Vorschlag Kapitel 2 Z 7. Nach ErwG 12 (jetzt 16) sollten beide künftigen Richtlinien in einem ähnlichen Zeitrahmen in Kraft treten.

[27] Siehe Begründung RL-Vorschlag Kapitel 2 Z 7.

werden sollte. Sie betonte in diesem Zusammenhang, dass sich an dem auch dem internationalen Recht zu Grund liegenden **Territorialitätsgrundsatz** durch die neue Verwertungsart in digitalen Netzen grundsätzlich nichts geändert hat. Deshalb sei dasjenige nationale Recht für Verwertungshandlungen bzw Rechtsverletzungen maßgebend, für dessen Gebiet der Schutz in Anspruch genommen wird, weshalb bei einer Verwertung in digitalen Netzen das Recht mehrerer Länder gleichzeitig anwendbar sein könne.

Hervorzuheben ist in diesem kollisionsrechtlichen Zusammenhang die ausführliche Darstellung der kritischen Äußerungen der interessierten Kreise in Bezug auf das sog Ursprungslandprinzip, wonach die Lokalisierung der relevanten Handlung allein in dem Land erfolgt, von dem die Übertragung ausgeht. Die Kommission schien sich den aufgeführten Bedenken der interessierten Kreise anzuschließen[28]. Tatsächlich wurden das Urheberrecht und die verwandten Schutzrechte von der inzwischen in der E-Commerce-RL gewählten „Ursprungsland"-Lösung ausgenommen[29].

In Art 2 des ursprünglichen RL-Vorschlags wurde zunächst das **Vervielfältigungsrecht** für Urheber und alle schon in der Vermiet- und Verleih-RL bedachten Leistungsschutzberechtigten einheitlich und darüber hinaus in einer sehr weitreichenden Formulierung definiert: Hervorzuheben ist, dass der RL-Vorschlag neben den dauerhaften ausdrücklich auch die vorübergehenden Vervielfältigungen erfasst. Die gewählte weite Definition beruht auf Vorschlägen, welche die Europäische Gemeinschaft mit ihren Mitgliedstaaten im Hinblick auf die WIPO-Konferenz 1996 vorgelegt hatte. Bedenkt man den Widerstand, welcher der ähnlich weiten Definition in Art 7 des Verhandlungstexts (*Basic Proposal*) bei der Diplomatische Konferenz im Dezember 1996 erfolgreich entgegengesetzt wurde, so war dieser Vorschlag ein wesentlicher Schritt und ist über jeglichen Zweifel erhaben, der in Bezug auf die Vereinbarkeit mit Art 9 Abs 1 RBÜ 1967/71 gegeben sein könnte. **34**

Durch das Element der „**vorübergehenden**" Vervielfältigungen sollen insbes solche in digitalen Netzwerken oder Computern erfasst werden, wie die Zwischenspeicherung oder die Speicherung im Arbeitsspeicher eines Computers. In Bezug auf bestimmte vorübergehende Vervielfältigungshandlungen hat allerdings auch schon der RL-Vorschlag eine zwingende Schranke vorgesehen (Art 5 Abs 1). Voraussetzung für die Ausnahme vom Vervielfältigungsrecht war, dass die vorübergehenden Vervielfältigungshandlungen Teil eines technischen Verfahrens und daher vom Menschen nicht unmittelbar beeinflussbar sind und nur vorgenommen werden, um die Nutzung eines Werks oder anderen Schutzgegenstands zu ermöglichen. Darüber hinaus durften die vorübergehenden Vervielfältigungshandlungen keine eigenständige wirtschaftliche Bedeutung haben, was schon für das sog *caching* fraglich sein konnte, das eine intensivere Nutzung insbes durch die Verkürzung der Übertragungszeit erlaubt. Zusätzlich waren die Voraussetzungen des Drei-Stufen-Tests zu beachten (Art 5 Abs 4 RL-Vorschlag). Die Ausnahme des Art 5 Abs 1 Info-RL-Vorschlag bezog sich auf die Online-Nutzung ebenso wie auf die Offline-Nutzung.

[28] Begründung RL-Vorschlag Kapitel 2 Z 8.

[29] Vgl dazu unten Rz 141f.

35 Neben dieser zwingenden Schranke zum Vervielfältigungsrecht enthielten Art 5 Abs 2 und 3 Info-RL-Vorschlag nur **fakultative Schranken**, von welchen diejenigen nach Abs 3 zusätzlich auch für das Recht der öffentlichen Wiedergabe galten. Für alle Schranken galt, dass sie erschöpfend aufgezählt, und Abweichungen daher nicht zulässig waren (ErwG 22). Aus dem Bereich des Vervielfältigungsrechts (Abs 2) sei hervorgehoben, dass nach lit a in Bezug auf die Reprografie Ausnahmen mit oder ohne Vergütungsregelung eingeführt oder beibehalten werden konnten; einen Harmonisierungsbedarf sah die Kommission noch nicht[30]. Auch für die Vervielfältigung zum privaten Gebrauch im Ton- und Bildbereich sah der RL-Vorschlag noch keinen Harmonisierungsbedarf, da sich die analoge private Vervielfältigung nicht nennenswert auf die Informationsgesellschaft auswirke, und die digitale private Vervielfältigung noch nicht weit verbreitet sei (ErwG 26). Nach lit b konnten die Mitgliedstaaten demnach in diesem Bereich Schranken für die Vervielfältigung durch eine natürliche Person zur privaten Verwendung für nicht gewerbliche Zwecke vorsehen. Ob mit einer solchen Schrankenregelung ein Vergütungsanspruch verbunden sein soll, blieb den Mitgliedstaaten vorbehalten, wobei allerdings auf den Drei-Stufen-Test nach Abs 4 hingewiesen wurde. Insbes für den Bereich der digitalen privaten Vervielfältigung, für die in bestimmten Kreisen ein zwingendes ausschließliches Recht diskutiert wurde, waren weitere Maßnahmen der Kommission nicht ausgeschlossen[31].

Schließlich konnten nach dem Info-RL-Vorschlag der Öffentlichkeit zugängliche Einrichtungen, insbes öffentliche Bibliotheken, in Bezug auf bestimmte Vervielfältigungshandlungen ohne unmittelbaren oder mittelbaren wirtschaftlichen oder kommerziellen Nutzen privilegiert werden (lit c). Die Kommission dachte dabei an Sonderfälle und schloss eine Nutzung im Zusammenhang mit der Online-Lieferung ausdrücklich aus (ErwG 28).

36 In Art 3 Abs 1 RL-Vorschlag war das ausschließliche Recht der **öffentlichen Wiedergabe** einschließlich des Rechts der Online-Zugänglichmachung für Urheber vorgesehen. Damit sollte im Anschluß an Art 8 WCT nicht nur das Recht der öffentlichen Wiedergabe im traditionellen Bereich für Urheber aller Werkarten harmonisiert werden, sondern auch ein ausschließliches Recht der Online-Zugänglichmachung. Das Online-Wiedergaberecht allein war auch für ausübende Künstler, Tonträgerhersteller, Filmhersteller und Sendeunternehmen als ausschließliches Recht vorgesehen (Art 3 Abs 2); Abs 3 stellte dazu klar, dass sich das Recht der öffentlichen Wiedergabe einschließlich der Zugänglichmachung nicht erschöpft. Die Formulierung dieses Wiedergaberechts entsprach einer schon im Mai 1996 von der Europäischen Gemeinschaft und ihren Mitgliedstaaten im Rahmen der WIPO-Sachverständigenausschüsse vorgelegten Formulierung, die auch in Art 8 WCT Eingang gefunden hat. Damit soll die vielleicht wichtigste Nutzung in digitalen Netzwerken erfasst werden.

Die relevante Nutzungshandlung sollte schon nach dem RL-Vorschlag im Online-Anbieten bestehen; der Rechtsschutz setzte also nicht erst mit dem tatsächlichen Abruf eines Werkes oder einer Leistung ein. Da das Angebot jedenfalls gleichzeitig an eine Mehrzahl von miteinander nicht verbundenen

---

30 Begründung Teil 2 Z 5 zu Art 5.

31 Siehe ErwG 26 am Ende.

Personen erfolgt, war die Definition der Öffentlichkeit nicht erforderlich. Das Merkmal der individuellen Wahl des Orts und des Zeitpunkts für den Abruf eines Werkes oder einer Leistung sollte die erfasste Nutzung von anderen Nutzungen, insbes Sendeformen wie *Pay-TV* oder *Pay-per-View* und *Near-Video-on-Demand* abgrenzen, bei welchen sich der Nutzer nur in ein unabhängig von seiner Anfrage ablaufendes Programm einschalten kann. Private Wiedergaben bzw Online-Übertragungen, etwa im Rahmen einer E-Mail Korrespondenz, sollten von diesem Recht nicht erfasst werden.

Das Wiedergaberecht wie auch das Vervielfältigungsrecht konnten nach Art 5 **37**
Abs 3 Info-RL-Vorschlag für fünf näher beschriebene Situationen **eingeschränkt** werden, wobei stets die Voraussetzungen des Drei-Stufen-Tests zu erfüllen waren. Die Schranken knüpften weitgehend an die Regelungen des nationalen Rechts der Mitgliedstaaten an, welche die Vorschriften der RBÜ 1967/71 konkretisierten. Sie betrafen die Nutzung zur Veranschaulichung im Unterricht oder zur wissenschaftlichen Forschung[32], die nicht gewerbliche Nutzung zu Gunsten sehbehinderter oder gehörgeschädigter Personen[33], die Nutzung von Auszügen iVm der Berichterstattung über Tagesereignisse[34], bestimmte Zitate bei Erfüllung weiterer Voraussetzungen sowie Nutzungen für Zwecke der öffentlichen Sicherheit und des ordnungsgemäßen Ablaufs eines Verwaltungs- oder Gerichtsverfahrens. Besonders hervorgehoben wurde auch die Verpflichtung zur Quellenangabe.

Art 4 Info-RL-Vorschlag regelte auch das **Verbreitungsrecht**, obwohl sich **38**
dieses nicht auf die Nutzung in digitalen Netzen bezieht, sondern nur körperliche Gegenstände zum Gegenstand hat. Es hat insbes auch für die Verbreitung digitaler Produkte, wie CD-ROMs maßgebliche Bedeutung. Da ein ausschließliches Verbreitungsrecht für Inhaber verwandter Schutzrechte schon nach Art 9 Vermiet- und Verleih-RL harmonisiert war, beschränkte sich der Info-RL-Vorschlag auf ein ausschließliches Verbreitungsrecht für Urheber wie in Art 6 WCT vorgegeben. Abs 2 gibt nicht nur den gemeinschaftsrechtlichen **Erschöpfungsgrundsatz** wieder, sondern legt in Übereinstimmung mit den bestehenden Regelungen das Verbot der sog internationalen Erschöpfung fest.

Art 8 Info-RL-Vorschlag legte im Einklang mit der Mitteilung der Kommission **39**
über die Bedeutung von **Sanktionen** für die Anwendung des Gemeinschaftsrechts im Binnenmarkt[35] die allgemeine Verpflichtung nieder, geeignete Sanktionen und Rechtsbehelfe vorzusehen, wie insbes die Möglichkeit der Schadenersatzklage, des Antrags auf vorläufigen Rechtsschutz und die Beschlagnahme von rechtswidrigem Material. Mit der Verpflichtung zu wirksamen, verhältnismäßigen und abschreckenden Sanktionen (Art 8 Abs 1 Satz 2 Info-RL-Vorschlag) sollten auch die Verpflichtungen aus Art 14 Abs 2 WCT bzw 23 Abs 2 WPPT erfüllt werden. Diese Maßnahmen werden in den Mitgliedstaaten schon weitgehend bestehen, sind aber gegebenenfalls noch um den Schutz technischer Maßnahmen sowie von Urheberinformationen nach den Art 6 und 7 zu ergänzen.

---

[32] Wenn die Nutzung durch einen nicht gewerblichen Zweck gerechtfertigt ist.
[33] Soweit für die betreffende Behinderung erforderlich und mit ihr verbunden.
[34] Soweit es der Informationszweck rechtfertigt.
[35] KOM (95) 162 endg.

6. Stellungnahme des Europäischen Parlaments (Erste Lesung) und geänderter RL-Vorschlag

40 Das **Europäische Parlament** schlug in Erster Lesung vor, das Vervielfältigungsrecht durch strengere Voraussetzungen für die Schranken nach Art 5 Abs 1 zu stärken. So sollten insbes nur vergängliche und begleitende Vervielfältigungen, die einen wesentlichen und integralen Teil eines technischen Verfahrens darstellen, vom **Vervielfältigungsrecht** ausgenommen sein. Darüber hinaus sollte die mit der Vervielfältigung bezweckte Nutzung des Werks oder anderen Schutzgegenstands durch den Rechtsinhaber oder durch Gesetz erlaubt sein und keinerlei wirtschaftliche Bedeutung für die Rechtsinhaber haben (Abänderungsvorschlag Nr 33). Die Kommission übernahm die erstgenannten Vorschläge und präzisierte darüber hinaus, dass vergängliche und begleitende Vervielfältigungen, die einen wesentlichen und integralen Teil eines technischen Verfahrens darstellen, auch solche sind, die ein effektives Funktionieren von Übertragungssystemen erleichtern. Dagegen wurde der Vorschlag hinzuzufügen, dass die bezweckte Nutzung vom Rechtsinhaber oder durch Gesetz erlaubt sein muss, nicht übernommen (Begründung Punkt I.4.1.).

41 Was das **neue Wiedergaberecht** (Art 3) anlangt, schlug das Europäische Parlament einen zusätzlichen Absatz vor, demzufolge die Bereitstellung der materiellen Voraussetzungen, die eine solche Wiedergabe ermöglichen oder bewirken, für sich genommen keine Wiedergabe in diesem Sinn darstellt (Abänderungsvorschlag Nr 31). Dieser Zusatz entspricht der übereinstimmenden Erklärung zu Art 8 WCT und stellt eine bloße Klarstellung dar. Er wurde in Art 3 Abs 4 geänderter Info-RL-Vorschlag übernommen.

42 Was die **fakultativen Ausnahmen** vom Vervielfältigungsrecht und vom Recht der öffentlichen Wiedergabe anlangt, hat das Europäische Parlament vorgeschlagen, den Schutz im Bereich der privaten Vervielfältigung zu stärken. Einerseits sollten grafische Aufzeichnungen von Werken der Musik nicht ohne Zustimmung des Urhebers privat vervielfältigt werden dürfen. Anderseits sollte die reprografische Vervielfältigung nur freigestellt werden, wenn die Rechtsinhaber eine angemessene Vergütung für die Vervielfältigung erhalten (Abänderungsvorschlag Nr 34). In Bezug auf das Vervielfältigen von Ton-, Bild- und audiovisuellen Trägern sollte die Freistellung der privaten und rein persönlichen Nutzung ebenfalls nur unter der Bedingung einer angemessenen Vergütung erfolgen, wobei die Ausnahme im Fall der Vervielfältigung auf digitale Träger nur dann eingreifen sollte, wenn keine zuverlässigen und wirksamen technischen Schutzmaßnahmen vorhanden sind (Abänderungsvorschläge Nr 36 und 37). Diese Vorschläge wurden in den geänderten Info-RL-Vorschlag der Kommission übernommen.

Weiters präzisierte das Europäische Parlament die freie Nutzung zu Gunsten öffentlich zugänglicher Einrichtungen. So sollten nur Vervielfältigungshandlungen zu Zwecken der Dokumentation und Erhaltung von Werken bzw Schutzgegenständen privilegiert sein, wenn sie etwa durch Bibliotheken, Archive und andere Einrichtungen im Bereich der Bildung, Ausbildung oder Kultur vorgenommen werden (Abänderungsvorschlag Nr 38). Auch dieser Vorschlag wurde in den geänderten Info-RL-Vorschlag übernommen. Weiters schlug das Europäische Parlament eine freie Nutzung zu Gunsten der ephemeren Vervielfältigung durch Sendeunternehmen vor (Abänderungsvorschlag Nr 39), der gleichfalls übernommen wurde. Nicht übernommen hat die Kommission dagegen den Vorschlag, eine freie Nutzung zu Gunsten analoger Pressespiegel vorzusehen (Abänderungsvorschlag Nr 40)[36].

Auch hinsichtlich der fakultativen Ausnahmen nach Abs 3 votierte das Europäische Parlament grundsätzlich für eine Stärkung des Rechtsschutzes. Insbes sollte die Benutzung zur Veranschaulichung im Unterricht und zur wissenschaftlichen Forschung nur unter der Bedingung erlaubt sein, dass die Rechtsinhaber eine angemessene Vergütung dafür erhalten. Die Nutzung von Auszügen im Zusammenhang mit der Berichterstattung über Tagesereignisse sollte auf kurze Auszüge beschränkt werden und durch den Informationszweck gerechtfertigt sein oder der Veranschaulichung des betreffenden Ereignisses dienen. Davon abgesehen sollte nicht nur die Quelle angegeben werden, sondern auch – wenn möglich – der Name des Urhebers. Die letztgenannte Ergänzung wurde auch als neue Bedingung im Zusammenhang mit dem Zitatrecht vorgeschlagen. Erweitert hat das Parlament demgegenüber die vorgeschlagenen Schranken nur insofern, als gemäß Art 5 Abs 2 lit b Menschen mit jeglichen Behinderungen privilegiert werden sollten und als die Nutzung nach Art 5 Abs 3 lit e auch auf Parlamentsverfahren sowie auf die Berichterstattung über diese Verfahren erstreckt werden sollte (Abänderungsvorschläge 41 bis 45). Die Kommission übernahm diese Vorschläge weitgehend in den geänderten Info-RL-Vorschlag. **43**

Schließlich orientierte sich die Kommission an einem weiteren Abänderungsvorschlag des Europäischen Parlaments (Nr 46), demzufolge die Mitgliedstaaten auch unter bestimmten Bedingungen Ausnahmen zum **Verbreitungsrecht** vorsehen können (Art 5 Abs 3a). Zwei andere Abänderungsvorschläge des Parlaments (Nr 47 und 48), die sich mit dem Verhältnis von Schrankenregelungen und technischen Schutzmaßnahmen sowie mit Ausnahmen zu Gunsten von Sendeunternehmen in Bezug auf die digitale Nutzung ihrer Archivproduktionen bezogen, wurden dagegen in den geänderten Info-RL-Vorschlag nicht übernommen (Begründung Punkt I.4.4.2.). **44**

7. Rats-Arbeitsgruppe, Gemeinsamer Standpunkt und Europäisches Parlament (Zweite Lesung)

Der geänderte RL-Vorschlag wurde in der **Rats-Arbeitsgruppe** beraten und weiterentwickelt. Die Beratungen und Änderungen bezogen sich vor allem auf die zwingenden (Art 5 Abs 1 geänderter RL-Vorschlag) und fakultativen (Art 5 Abs 2 und 3 geänderter RL-Vorschlag) Ausnahmen und Beschränkungen sowie auf die technischen Schutzmaßnahmen (Art 6 geänderter RL-Vorschlag). Noch unter Finnischer Präsidentschaft wurden im September und Dezember 1999 zwei konsolidierte Fassungen erstellt; unter Portugiesischer Präsidentschaft wurden zwei weitere konsolidierte Fassungen vorgelegt, und zwar im März und Mai 2000. Am 8. Juni 2000 wurde eine politische Einigung erzielt; zu einzelnen Bestimmungen haben sowohl die Kommission bzw der Rat als auch einzelne **45**

[36] Die Kommission verwies aber auf die Ausnahme nach Art 3 Abs 2 lit c (Begründung geänderter Info-RL-Vorschlag Punkt I.4.3.).

Mitgliedstaaten (Dänemark, Schweden, Finnland und die Niederlande) Erklärungen abgegeben, die dem Text des Gemeinsamen Standpunkts angefügt wurden. Der Text wurde am 28. September 2000 als **Gemeinsamer Standpunkt** angenommen. Das **Europäische Parlament** genehmigte die Richtlinie in Zweiter Lesung am 14. Februar 2001. Die neun Abänderungsvorschläge betreffen eine Klarstellung in Art 5 Abs 2 lit b (weder direkte noch indirekte kommerzielle Zwecke), eine strenger formulierte Ausnahme von der Verpflichtung zur Namensnennung („außer in Fällen, in denen dies nachweisbar nicht möglich ist") in Art 5 Abs 3 lit a, c, d, und j, die Betonung des Ausschlusses einer kommerziellen Nutzung bei der zuletzt genannten freien Nutzung nach lit j, eine Erweiterung der Aufgaben des Ausschusses nach Art 12 und die Verkürzung der Umsetzungsfrist auf 18 Monate (Art 13 Abs 1). In einem neuen ErwG 52a soll hinsichtlich technischer Schutzmaßnahmen auf die Regelung des Art 6 Abs 4 Unterabs 5 Bezug genommen werden, wonach der erste und zweite Unterabsatz dieser Bestimmung nicht anzuwenden ist, wenn Werke über interaktive Dienste auf Abruf auf Grund vertraglicher Vereinbarungen zugänglich gemacht werden.

III. Kapitel Anwendungsbereich und Verwertungsrechte

(*Bearbeiter: Walter*)

Übersicht

Kapitel I Ziel und Anwendungsbereich

Artikel 1 Anwendungsbereich

(1) Gegenstand dieser Richtlinie ist der rechtliche Schutz des Urheberrechts und der verwandten Schutzrechte im Rahmen des Binnenmarkts, insbesondere in Bezug auf die Informationsgesellschaft.

(2) Außer in den in Artikel 11 genannten Fällen lässt diese Richtlinie die bestehenden gemeinschaftsrechtlichen Bestimmungen über folgende Bereiche unberührt und beeinträchtigt sie in keiner Weise:
   a) über den rechtlichen Schutz von Computerprogrammen;
   b) über das Vermietrecht, das Verleihrecht und bestimmte dem Urheberrecht verwandte Schutzrechte im Bereich des geistigen Eigentums;
   c) über das Urheberrecht und die verwandten Schutzrechte im Bereich des Satellitenrundfunks und der Kabelweiterverbreitung;
   d) über die Dauer des Schutzes des Urheberrechts und bestimmter verwandter Schutzrechte;
   e) über den rechtlichen Schutz von Datenbanken.

Kapitel II Rechte und Ausnahmen

Artikel 2 Vervielfältigungsrecht

Die Mitgliedstaaten sehen für folgende Personen das ausschließliche Recht vor, die unmittelbare oder mittelbare, vorübergehende oder dauerhafte Vervielfältigung auf jede Art und Weise und in jeder Form ganz oder teilweise zu erlauben oder zu verbieten:

a) für die Urheber in Bezug auf ihre Werke,
b) für die ausübenden Künstler in Bezug auf die Aufzeichnungen ihrer Darbietungen,
c) für die Tonträgerhersteller in Bezug auf ihre Tonträger,
d) für die Hersteller der erstmaligen Aufzeichnungen von Filmen in Bezug auf das Original und die Vervielfältigungsstücke ihrer Filme,
e) für die Sendeunternehmen in Bezug auf die Aufzeichnungen ihrer Sendungen, unabhängig davon, ob diese Sendungen drahtgebunden oder drahtlos, über Kabel oder Satellit übertragen werden.

Artikel 3 Recht der öffentlichen Wiedergabe von Werken und Recht der öffentlichen Zugänglichmachung sonstiger Schutzgegenstände

(1) Die Mitgliedstaaten sehen vor, dass den Urhebern das ausschließliche Recht zusteht, die drahtgebundene oder drahtlose öffentliche Wiedergabe ihrer Werke einschließlich der öffentlichen Zugänglichmachung der Werke in der Weise, dass sie Mitgliedern der Öffentlichkeit von Orten und zu Zeiten ihrer Wahl zugänglich sind, zu erlauben oder zu verbieten.

(2) Die Mitgliedstaaten sehen für folgende Personen das ausschließliche Recht vor, zu erlauben oder zu verbieten, dass die nachstehend genannten Schutzgegenstände drahtgebunden oder drahtlos in einer Weise der Öffentlichkeit zugänglich gemacht werden, dass sie Mitgliedern der Öffentlichkeit von Orten und zu Zeiten ihrer Wahl zugänglich sind:

a) für die ausübenden Künstler in Bezug auf die Aufzeichnungen ihrer Darbietungen;
b) für die Tonträgerhersteller in Bezug auf ihre Tonträger;
c) für die Hersteller der erstmaligen Aufzeichnungen von Filmen in Bezug auf das Original und auf Vervielfältigungsstücke ihrer Filme;
d) für die Sendeunternehmen in Bezug auf die Aufzeichnungen ihrer Sendungen, unabhängig davon, ob diese Sendungen drahtgebunden oder drahtlos, über Kabel oder Satellit übertragen werden.

(3) Die in den Absätzen 1 und 2 bezeichneten Rechte erschöpfen sich nicht mit den in diesem Artikel genannten Handlungen der öffentlichen Wiedergabe oder der Zugänglichmachung für die Öffentlichkeit.

Artikel 4 Verbreitungsrecht[37]

(1) Die Mitgliedstaaten sehen vor, dass den Urhebern in Bezug auf das Original ihrer Werke oder auf Vervielfältigungsstücke davon das ausschließliche Recht zusteht, die Verbreitung an die Öffentlichkeit in beliebiger Form durch Verkauf oder auf sonstige Weise zu erlauben oder zu verbieten.

(2) Das Verbreitungsrecht erschöpft sich in der Gemeinschaft in Bezug auf das Original oder auf Vervielfältigungsstücke eines Werkes nur, wenn der Erstverkauf dieses Gegenstands oder eine andere erstmalige Eigentumsübertragung in der Gemeinschaft durch den Rechtsinhaber oder mit dessen Zustimmung erfolgt.

Aus den Erwägungsgründen[38]

ErwG 20 Die vorliegende Richtlinie beruht auf den Grundsätzen und Bestimmungen, die in den einschlägigen geltenden Richtlinien bereits festge-

---

[37] Erklärung der Kommission zu Artikel 4 Absatz 2:
Die Kommission bekräftigt, dass der Erschöpfungsgrundsatz im Sinn des Artikels 4 Absatz 2 dieser Richtlinie demjenigen entspricht, wie er in den bestehenden Richtlinien über Urheberrechte und verwandte Schutzrechte festgelegt ist. Eine künftige Auseinandersetzung mit diesem Thema werde unter Berücksichtigung und vor dem Hintergrund von Überlegungen hierzu im Hinblick auf das weitere Gebiet des intellektuellen und gewerblichen Eigentums stattzufinden haben. (Übersetzung vom Verfasser)
Einseitige Erklärung zu Artikel 4 Absatz 2:
Dänemark, Schweden, Finnland und die Niederlande sprechen sich zu Gunsten der internationalen Erschöpfung aus und betonen die Notwendigkeit weiterer Überlegungen zur Problematik der Erschöpfung auf dem Gebiet des Urheberrechts im Licht der internationalen Entwicklung und der weiterführenden Diskussion über die internationale Erschöpfung auf dem Gebiet des Markenrechts. (Übersetzung vom Verfasser)

[38] Erklärung der Kommission zur weiteren Anpassung bestehender Richtlinien:
Die Kommission wird die technischen Entwicklungen und diejenigen des Markts in Bezug auf den Schutz des Urheberrechts und der verwandten Schutzrechte im gemeinsamen Markt sorgfältig beobachten und Anpassungen bzw eine Festigung der bestehenden Direktiven auf diesem Gebiet in angemessener Zeit auf der Grundlage der mit der Anwendung dieser Richtlinie gewonnenen Erfahrungen in Erwägung ziehen, wenn dies zur Gewährleistung der weiteren Kohärenz sinnvoll erscheint. In diesem Zusammenhang wird insbesondere die Notwendigkeit einer Ausnahme vom Vervielfältigungsrecht für bestimmte Vervielfältigungshandlungen im Sinn des Artikels 5 Absatz 1 dieser Direktive in Bezug auf

schrieben sind, insbesondere in den Richtlinien 91/250/EWG, 92/100/EWG, 93/83/EWG, 93/98/EWG und 96/9/EG. Die betreffenden Grundsätze und Bestimmungen werden fortentwickelt und in den Rahmen der Informationsgesellschaft eingeordnet. Die Bestimmungen dieser Richtlinie sollten unbeschadet der genannten Richtlinien gelten, sofern diese Richtlinie nichts anderes bestimmt.

ErwG 21 Diese Richtlinie sollte den Umfang der unter das Vervielfältigungsrecht fallenden Handlungen in Bezug auf die verschiedenen Begünstigten bestimmen. Dabei sollte der gemeinschaftliche Besitzstand zugrunde gelegt werden. Um die Rechtssicherheit im Binnenmarkt zu gewährleisten, muss die Definition dieser Handlungen weit gefasst sein.

ErwG 22 Die Verwirklichung des Ziels, die Verbreitung der Kultur zu fördern, darf nicht durch Verzicht auf einen rigorosen Schutz der Urheberrechte oder durch Duldung der unrechtmäßigen Verbreitung von nachgeahmten oder gefälschten Werken erfolgen.

ErwG 23 Mit dieser Richtlinie sollte das für die öffentliche Wiedergabe geltende Urheberrecht weiter harmonisiert werden. Dieses Recht sollte im weiten Sinne verstanden werden, nämlich dahingehend, dass es jegliche Wiedergabe an die Öffentlichkeit umfasst, die an dem Ort, an dem die Wiedergabe ihren Ursprung nimmt, nicht anwesend ist. Dieses Recht sollte jegliche entsprechende drahtgebundene oder drahtlose öffentliche Übertragung oder Weiterverbreitung eines Werks, einschließlich der Rundfunkübertragung, umfassen. Dieses Recht sollte für keine weiteren Handlungen gelten.

ErwG 24 Das Recht der öffentlichen Zugänglichmachung von Schutzgegenständen nach Artikel 3 Absatz 2 sollte dahin gehend verstanden werden, dass es alle Handlungen der Zugänglichmachung derartiger Schutzgegenstände für Mitglieder der Öffentlichkeit umfasst, die an dem Ort, an dem die Zugänglichmachung ihren Ursprung nimmt, nicht anwesend sind. Dieses Recht gilt für keine weiteren Handlungen.

ErwG 25 Die Rechtsunsicherheit hinsichtlich der Art und des Umfangs des Schutzes der netzvermittelten Übertragung der urheberrechtlich geschützten Werke und der durch verwandte Schutzrechte geschützten Gegenstände auf Abruf sollte durch einen harmonisierten Rechtsschutz auf Gemeinschaftsebene beseitigt werden. Es sollte klargestellt werden, dass alle durch diese Richtlinie anerkannten Rechtsinhaber das ausschließliche Recht haben sollten, urheberrechtlich geschützte Werke und sonstige Schutzgegenstände im Wege der interaktiven Übertragung auf Abruf für die Öffentlichkeit zugänglich zu machen. Derartige interaktive Übertragungen auf Abruf zeichnen sich dadurch aus, dass sie Mitgliedern der Öffentlichkeit von Orten und zu Zeiten ihrer Wahl zugänglich sind.

ErwG 26 In Bezug auf Radio- und Fernsehproduktionen, die Musik aus ge-

---

Computerprogramme und Datenbanken sowie den Schutz technischer Maßnahmen im Sinn des Artikel 6 dieser Richtlinie in Bezug auf Computerprogramme besondere Beachtung geschenkt werden. (Übersetzung vom Verfasser)

werblichen Tonträgern enthalten und von den Sendeunternehmen auf Abruf angeboten werden, sind Vereinbarungen über Sammellizenzen zu fördern, um die Klärung im Zusammenhang mit den betreffenden Rechten zu erleichtern.

ErwG 27 Die bloße Bereitstellung der Einrichtungen, die eine Wiedergabe ermöglichen oder bewirken, stellt selbst keine Wiedergabe im Sinne dieser Richtlinie dar.

ErwG 28 Der unter diese Richtlinie fallende Urheberrechtsschutz schließt auch das ausschließliche Recht ein, die Verbreitung eines in einem Gegenstand verkörperten Werks zu kontrollieren. Mit dem Erstverkauf des Originals oder dem Erstverkauf von Vervielfältigungsstücken des Originals in der Gemeinschaft durch den Rechtsinhaber oder mit dessen Zustimmung erschöpft sich das Recht, den Wiederverkauf dieses Gegenstands innerhalb der Gemeinschaft zu kontrollieren. Dies gilt jedoch nicht, wenn das Original oder Vervielfältigungsstücke des Originals durch den Rechtsinhaber oder mit dessen Zustimmung außerhalb der Gemeinschaft verkauft werden. Die Vermiet- und Verleihrechte für Urheber wurden in der Richtlinie 92/100/EWG niedergelegt. Das durch die vorliegende Richtlinie gewährte Verbreitungsrecht lässt die Bestimmungen über die Vermiet- und Verleihrechte in Kapitel I jener Richtlinie unberührt.

ErwG 29 Die Frage der Erschöpfung stellt sich weder bei Dienstleistungen allgemein noch bei Online-Diensten im besonderen. Dies gilt auch für materielle Vervielfältigungsstücke eines Werks oder eines sonstigen Schutzgegenstands, die durch den Nutzer eines solchen Dienstes mit Zustimmung des Rechtsinhabers hergestellt worden sind. Dasselbe gilt daher auch für die Vermietung oder den Verleih des Originals oder von Vervielfältigungsstücken eines Werks oder eines sonstigen Schutzgegenstands, bei denen es sich dem Wesen nach um Dienstleistungen handelt. Anders als bei CD-ROM oder CD-I, wo das geistige Eigentum in einem materiellen Träger, d.h. einem Gegenstand, verkörpert ist, ist jede Bereitstellung eines Online-Dienstes im Grunde eine Handlung, die zustimmungsbedürftig ist, wenn das Urheberrecht oder ein verwandtes Schutzrecht dies vorsieht.

ErwG 30 Die von dieser Richtlinie erfassten Rechte können unbeschadet der einschlägigen einzelstaatlichen Rechtsvorschriften über das Urheberrecht oder die verwandten Schutzrechte übertragen oder abgetreten werden oder Gegenstand vertraglicher Lizenzen sein.

ErwG 60 Um den Bestimmungen des WIPO-Vertrags über Darbietungen und Tonträger nachzukommen, sollten die Richtlinien 92/100/EWG und 93/98/EWG geändert werden.

Kurzkommentar

1. Anwendungsbereich

46 Die Verwertungsrechte sind bisher nur für **einzelne Werkkategorien** (Art 4 Software-RL und Art 5 Datenbank-RL), für die vier Europäischen Leistungsschutzrechte (Art 6 bis 9 Vermiet- und Verleih-RL) und für das *sui generis*

Schutzrecht an nicht originellen Datenbanken auf Europäischer Ebene geregelt. Hinzu kommen die Sonderregeln für **Satellitensendungen** und die **Kabelweiterverbreitung** nach der Satelliten- und Kabel-RL. Während Art 4 Software-RL nur die Rechte der körperlichen Werkverwertung regelt, bezieht Art 5 lit d Datenbank-RL[39] ausdrücklich auch jede öffentliche Wiedergabe, Vorführung oder Aufführung ein, wodurch insbes auch die Online-Übertragung erfasst werden soll, ohne die Mitgliedstaaten zu einer bestimmten Klassifizierung zu zwingen. Hinsichtlich der **Europäischen Leistungsschutzrechte** regeln die Art 6 bis 9 Vermiet- und Verleih-RL die Verwertungsrechte grundsätzlich umfassend, doch bleiben Fragen der Online-Übertragung offen. Für die übrigen Werkkategorien fehlt eine Harmonisierung der Verwertungsrechte bisher, sieht man von der Harmonisierung des **Vermiet- und Verleihrechts** sowie des bereits erwähnten Satellitensende- und Kabelverbreitungsrechts ab. Auch die Frage der Online-Übertragung geschützter Werke über digitale Netze ist noch offen; diese Lücken soll die **Info-RL** schließen.

2. *Vervielfältigungsrecht*

Dem **Vervielfältigungsrecht** kommt im System der Urheber- und Leistungsschutzrechte eine zentrale Stellung zu. Seit der Stockholmer/Pariser Revision ist es in Art 9 Abs 1 RBÜ 1967/1971 nun auch ausdrücklich geregelt, lag der Berner Übereinkunft aber auch schon vorher zu Grunde. In Art 2 Info-RL soll es jetzt für alle Werkkategorien und die vier Europäischen Leistungsschutzrechte einheitlich (horizontal) geregelt werden. Vor allem aber soll klargestellt werden, dass das Vervielfältigungsrecht grundsätzlich auch im digitalen Umfeld anwendbar ist. **47**

2.1. Aufzeichnungsrecht und Vervielfältigungsrecht

Da Werke immaterielle, geistige Güter sind, stellt bereits ihre erste **Materialisierung** eine Vervielfältigung dar. Auch das Original (Manuskript, Originalzeichnung, Notenhandschrift etc) ist deshalb ein Vervielfältigungsstück des Werks. Art 9 Abs 1 RBÜ 1967/71 unterscheidet deshalb zu Recht nicht zwischen (erster) Festhaltung und Vervielfältigung bzw zwischen den Originalen und Kopien von Werken. Art 2 lit a des ursprünglichen Info-RL-Vorschlags gewährte Urhebern das Vervielfältigungsrecht aber nur in Bezug auf das „Original und auf Vervielfältigungsstücke" ihrer Werke, was deshalb unzureichend war, weil es die Festlegung (Aufzeichnung) eines (öffentlich wiedergegebenen) Werks nicht umfasste. Die geänderte Fassung des Info-RL-Vorschlags hat diese Ungenauigkeit aber bereits korrigiert und gewährt Urhebern das Vervielfältigungsrecht jetzt allgemein „in Bezug auf ihre **Werke**". Allerdings erscheint es fraglich, ob ein Hinweis auf den jeweiligen **Bezugspunkt** des Vervielfältigungsrechts (Werke, Darbietungen, Tonträger, Sendungen, erstmalige Aufzeichnungen von Filmen) überhaupt erforderlich und nicht nur aus der historischen Entwicklung der Leistungsschutzrechte zu erklären ist. **48**

---

[39] Vgl insbes ErwG 31 bis 33 Datenbank-RL. Siehe dazu *v Lewinski* Art 5 Rz 16ff und 22ff Datenbank-RL.

49 Bei den klassischen, schon im Rom-Abkommen geregelten **Leistungsschutzrechten** der ausübenden Künstler, der Tonträgerhersteller und der Rundfunkunternehmer wird sowohl in zahlreichen nationalen Urheberrechtsgesetzen als auch in den internationalen Konventionen zwischen der **Aufzeichnung** (Festhaltung, Festlegung) einerseits und der **Vervielfältigung** solcher Aufzeichnungen anderseits unterschieden. Für **Tonträgerhersteller** folgt dies insoweit aus der Natur der Sache, als die Tonaufnahme begrifflich in einer Aufzeichnung (Festhaltung) besteht, wenngleich auch hier das geschützte Gut ein immaterielles ist. Das Vervielfältigungsrecht bezieht sich hier aber auf Grund der technischen Gegebenheiten auf eine Aufnahme, die gegen ungenehmigte Vervielfältigung geschützt werden soll. Art 10 Rom-Abkommen gewährt dem Tonträgerhersteller deshalb das Recht, die Vervielfältigung seiner Tonträger zu erlauben oder zu verbieten.

50 Für den Schutz der Darbietungen **ausübender Künstler** ist die Unterscheidung zwischen Aufzeichnung und Vervielfältigung insofern von inhaltlicher Bedeutung, als das Recht der Festhaltung in Art 7 Abs 1 lit b Rom-Abkommen unbeschränkt gewährt wird, während das Recht der Vervielfältigung (einer Festlegung der Darbietung) nur zusteht, wenn die Festlegung ungenehmigt erfolgt ist, die Vervielfältigung zu anderen Zwecken erfolgt als von der erteilten Zustimmung umfasst oder wenn die Festlegung auf Grund einer freien Nutzung vorgenommen wurde, und die Vervielfältigung in weiterer Folge zu anderen Zwecken erfolgt. Schon Art 14 Abs 1 TRIPs-Abkommen geht über diese Beschränkungen hinaus, hält aber an der Unterscheidung zwischen der Festlegung einer Darbietung und der Vervielfältigung solcher Festlegungen fest. Dasselbe gilt für Art 6 (ii) und Art 7 WPPT (Festhaltung und Vervielfältigung). Diesem System folgen auch Art 6 Abs 1 und 7 Abs 1 Vermiet- und Verleih-RL, wo gleichfalls zwischen Aufzeichnung und Vervielfältigung unterschieden wird. Da Art 6 Vermiet- und Verleih-RL auch nicht aufgehoben werden soll[40], bleibt es bei der systematischen Doppelgleisigkeit. Ausübende Künstler sind freilich weiterhin auch gegen die Festlegung geschützt (Art 6 Abs 1 Vermiet- und Verleih-RL).

51 Das zu den ausübenden Künstlern Gesagte gilt entsprechend auch für den Schutz der **Rundfunkunternehmer** nach Art 13 lit b und c Rom-Abkommen, wobei das Vervielfältigungsrecht um den zweiten Fall (Überschreitung des Vertragszwecks) eingeschränkt ist. Für den Schutz der Sendeunternehmen bringt aber auch Art 14 Abs 3 TRIPs-Abkommen keine Verbesserung der Rechtsstellung, da hier überhaupt nur das Recht der Festlegung und nicht das Vervielfältigungsrecht festgeschrieben ist, und es darüber hinaus den Mitgliedern auch offen steht, den Schutz der Sendeunternehmen im Weg der Gewährung von Urheberrechten mitzuregeln. Das WPPT 1996 behandelt die Rechte von Sendeunternehmen überhaupt nicht.

Auch in Bezug auf den Schutz der Sendeunternehmen gehen aber schon Art 6 Abs 2 und 7 Abs 1 Vermiet- und Verleih-RL über die internationalen Verpflichtungen hinaus und gewähren diesen sowohl das Aufzeichnungsrecht als auch das

[40] Art 11 Abs 1 lit a streicht nur Art 7 Vermiet- und Verleih-RL (Vervielfältigungsrecht).

Vervielfältigungsrecht ausdrücklich als ausschließliche Rechte. Darüber hinaus wird klargestellt (Art 6 Abs 2 Vermiet- und Verleih-RL), dass das Aufzeichnungsrecht unabhängig davon besteht, ob es sich um drahtlose oder drahtgebundene, über Kabel oder durch Satelliten vermittelte Sendungen handelt, während das Rom-Abkommen auf die klassische Sendung mit Hertz'schen Wellen beschränkt ist.

Die Rechte des **Laufbildherstellers** (Herstellers der erstmaligen Aufzeichnungen **52** eines Films) schließlich sind weder im Rom-Abkommen noch im TRIPs-Abkommen oder dem WPPT 1996 geregelt. Auf Europäischer Ebene sieht dagegen die Vermiet- und Verleih-RL auch einen zwingenden Schutz des Laufbildherstellers vor. Insoweit gilt das oben zum Tonträgerhersteller Gesagte entsprechend; da der Schutz an die „erstmalige Aufzeichnung" anknüpft und diese voraussetzt, wird auch hier nur ein Vervielfältigungsrecht gewährt (Art 7 Abs 1 Vermiet- und Verleih-RL).

Im Hinblick auf den erfolgten Ausbau der Leistungsschutzrechte auf Euro- **53** päischer Ebene erscheint eine Aufrechterhaltung der Unterscheidung zwischen **Aufzeichnung** einerseits und **Vervielfältigung** anderseits heute **entbehrlich**. So wie in Art 9 Abs 1 RBÜ 1967/71 sollte auch im Leistungsschutzrecht nur mehr vom Recht der Vervielfältigung (*reproduction*) die Rede sein. Im Hinblick auf das Anliegen des Art 2 Info-RL, das Vervielfältigungsrecht horizontal für den auf Europäischer Ebene geschützten Bestand der vier Leistungsschutzrechte (und das Urheberrecht) zu regeln, hätte sich auch Art 6 Vermiet- und Verleih-RL mühelos integrieren lassen, indem auch im Leistungsschutzrecht nicht mehr zwischen (erster) Festhaltung (Aufzeichnung) und Vervielfältigung unterschieden wird, so dass auch Art 6 (Aufzeichnungsrecht) hätte aufgehoben werden können.

2.2. Definitionselemente (Digitalisierung)

Die **Umschreibung** des Vervielfältigungsrechts in Art 2 Gemeinsamer Stand- **54** punkt Info-RL beruht auf Vorschlägen, welche von Seiten der Europäischen Union für die WIPO Konferenz 1996 vorgelegt wurden[41]. Sie trägt alle klarstellenden Definitionselemente zusammen, die in den internationalen Konventionen bzw in bestehenden Richtlinien festgeschrieben sind. Ergänzend wird klargestellt, dass das Vervielfältigungsrecht sowohl die **unmittelbare** als auch die **mittelbare** Vervielfältigung umfasst[42]. Weiters wird ausdrücklich festgehalten, dass eine **vorübergehende** Vervielfältigung ebenso dem Vervielfältigungsrecht unterliegt wie eine dauerhafte; damit folgt der RL-Vorschlag den Vorgaben der Art 4 lit a Software-RL bzw Art 5 lit a Datenbank-RL. Dies gilt entsprechend für die Klarstellung, dass auch die bloß **teilweise** Vervielfältigung von der Zustimmung des Berechtigten abhängig ist. Schließlich wird auch klargestellt, dass die Vervielfältigung dem Berechtigten vorbehalten ist, gleichviel auf welche **Art und**

[41] Vgl die ähnlich weite Definition des *Basic Proposal* (WIPO Konferenz) vom 30.08. 1996 CRNR/DC/5.

[42] Siehe dazu Art 10 Rom-Abkommen (Tonträger), Art 6 und 11 WPPT sowie Art 7 Vermiet- und Verleih-RL.

Weise und in welcher **Form** sie geschieht (analog, digital, elektromagnetisch oder reprografisch etc); insoweit folgt der Gemeinsamer Standpunkt Info-RL im Wesentlichen Art 9 Abs 1 RBÜ 1967/71, Art 6 und 11 WPPT sowie Art 4 lit a Software-RL und Art 5 lit b Datenbank-RL.

55 Aus diesen Klarstellungen folgt insbes, dass auch die Vervielfältigung in **digitaler Form** wie auf der Festplatte eines Computers, auf Diskette, Opti-Disk, CD-R (CD-*Recordable*), CD-RW oder auf welchem Trägermaterial immer eine urheberrechtlich relevante Vervielfältigung darstellt. Es entspricht dies im Übrigen der herrschenden Ansicht[43]. Auch in den übereinstimmenden Erklärungen zum WCT (zu Art 1 Abs 4) bzw WPPT (zu Art 7, 11 und 16) wird festgehalten, dass das Vervielfältigungsrecht im digitalen Umfeld unbeschränkt zur Anwendung kommt, insbes im Hinblick auf die Nutzung von Werken (Schutzgegenständen) in digitaler Form. Die Speicherung eines geschützten Werks oder sonstigen Schutzgegenstands in digitaler Form auf einem elektronischen Medium stellt deshalb jedenfalls eine Vervielfältigung im Sinn der entsprechenden Bestimmungen dar.

56 Dies gilt auch für die alte Streitfrage, ob die Speicherung eines Werks oder Schutzgegenstands im **Arbeitsspeicher** (RAM-Speicher) eines Computers als Vervielfältigung anzusehen ist, die insofern nicht dauerhaft ist, als sie mit Beendigung der Arbeitssitzung (Abschalten des Geräts) automatisch aus dem Speicher gelöscht wird. Schon Art 4 lit a Software-RL hat (für Computerprogramme) klargestellt, dass auch die bloß **vorübergehende** Vervielfältigung urheberrechtlich relevant ist, weshalb – sofern damit technisch eine Vervielfältigung verbunden ist – auch Vorgänge wie das Laden, Anzeigen, Ablaufen, Übertragen oder Speichern der Zustimmung des Rechteinhabers bedürfen. In den beiden zuletzt genannten Punkten liegt der Hauptakzent der getroffenen Klarstellungen; dessen ungeachtet ist die Frage weiterhin nicht unumstritten[44]. In ihrer Erklärung zur weiteren Anpassung weist die Kommission in diesem Zusammenhang ausdrücklich auf einen möglichen weiteren Harmonisierungsbedarf hin.

2.3. Vervielfältigungsrecht bestimmter Kabelsendeunternehmen

57 Nach Art 6 Abs 3 Vermiet- und Verleih-RL genießt das **weiterverbreitende Kabelsendeunternehmen**, das lediglich Sendungen anderer Sendeunternehmen über Kabel weiterleitet, kein Aufzeichnungsrecht. Insoweit ist in Art 7 Abs 1 letzter Fall Vermiet- und Verleih-RL auch kein Vervielfältigungsrecht vorgesehen, da dieses wieder auf Sendungen nach Maßgabe des Art 6 Abs 2 beschränkt ist. Eine entsprechende Einschränkung fehlt aber auch im Gemeinsamen Standpunkt Info-RL, was wohl auf ein Redaktionsversehen zurückzuführen und korrigierend auszulegen sein wird.

---

[43] Vgl etwa OGH 26.01.1999 – „Radio Melody III" MR 1999, 94 (*Walter*) = RdW 1999, 409 = EvBl 1999/108 = ÖJZ/LSK 1999/124 = MMR 1999, 352 (*Haller*) = GRUR Int 1999, 968.

[44] Vgl dazu *Blocher* Art 4 Rz 10ff Software-RL.

3. Verbreitungsrecht

3.1. Bestimmungsrecht und selbständiges Verbreitungsrecht

Die Berner Übereinkunft hat bisher – sieht man von den partiellen Regelungen im Filmurheberrecht ab[45] – ausdrücklich nur das Vervielfältigungsrecht (*reproduction right*) vorgesehen (Art 9 Abs 1 RBÜ 1967/71). Allerdings wird davon auszugehen sein, dass das Vervielfältigungsrecht auch die Verbreitung an die Öffentlichkeit einschließt bzw das Recht beinhaltet, über die weitere Verwendung der (rechtmäßig hergestellten) Vervielfältigungsstücke zu bestimmen, wie dies der Rechtstradition in Frankreich und Belgien entspricht (*droit de destination/bestemmingsrecht*)[46]. Die Verbandsländer blieben aber in der Ausgestaltung (**Bestimmungsrecht** oder abgespaltetes Verbreitungsrecht) frei, wobei die Vorsehung eines gesonderten Verbreitungsrechts sowohl im übrigen Europa als auch in den USA vorherrschte. An dieser Situation hat auch das TRIPs-Abkommen nichts geändert, welches die materiellrechtlichen Bestimmungen der Berner Übereinkunft (Art 1 bis 21 1967/71) – mit Ausnahme des Urheberpersönlichkeitsrechts (Art 6bis) – von den wenigen „Bern plus" Elementen abgesehen[47] übernommen hat (Art 9 TRIPs-Abkommen). **58**

Art 6 Abs 1 **WCT** gewährt den Urhebern von Werken der Literatur und Kunst jetzt ergänzend auch ausdrücklich ein gesondertes **Verbreitungsrecht** (*distribution right, droit de mise en circulation*). Damit hat sich auf internationaler Ebene das abgespaltete Verbreitungsrecht gegenüber der gesamtheitlichen Konzeption des Bestimmungsrechts durchgesetzt. Die Vorteile dieses Konzepts liegen in der Unabhängigkeit der Rechtsgewährung von vertraglichen Vereinbarungen und darin enthaltenen Beschränkungen sowie im internationalen Kontext. Auch wenn die Vervielfältigung – aus welchen Gründen immer – in einem Land erlaubt ist, kann auf Grund des abgespalteten Verbreitungsrechts gegen die Verbreitung auch rechtmäßig hergestellter Vervielfältigungsstücke in anderen Ländern vorgegangen werden, wenn dort der Schutz aufrecht besteht. Wenngleich die Vervielfältigung von Werken oder Leistungen in der Regel zum Zweck der Verbreitung erfolgt, so ist dies doch nicht immer der Fall. Das Vervielfältigungsrecht und das Verbreitungsrecht sind deshalb voneinander unabhängig und ergänzen einander insbes dann, wenn die Vervielfältigungs- oder Verbreitungshandlungen in verschiedenen Ländern – mit unterschiedlichen Urheberrechtsordnungen – stattfinden. **59**

Ähnlich stellt sich die Situation im **internationalen Leistungsschutzrecht** dar. So kennt auch das Rom-Abkommen in seinen materiellen Bestimmungen der Art 7, 10 und 13 zwar grundsätzlich das Recht der Festhaltung und Vervielfältigung, gewährt aber kein selbständiges Verbreitungsrecht. Hieran hat auch das TRIPs-Abkommen nichts geändert (Art 14 Abs 1 bis 3). Das Genfer Tonträger- **60**

---

[45] Art 14 Abs 1 (ii) und Art 14bis Abs 1 RBÜ 1967/71.

[46] Vgl etwa *Gotzen,* Het bestemmingsrecht van de auteur; *Françon*, NIR 1982, 384; *Lucas A und H-J,* Traité de la propriété littéraire et artistique (1994) 239; *Pollaud-Dulian*, Le droit de destination – Le sort des exemplaires en droit d'auteur (1989); *Strowel/Triaille,* Le droit d'auteur du logiciel au multimédia (1997) 33ff.

[47] Computerprogramme und Datensammlungen (Art 10), Vermietrecht (Art 11), Schutzdauer (Art 12) und freie Werknutzungen (Art 13).

Abkommen war dagegen immer schon dem „gespaltenen Konzept" verpflichtet und schützt den Tonträgerhersteller in Art 2 nicht nur gegen die Herstellung von Vervielfältigungsstücken ohne dessen Zustimmung, sondern auch gegen die Verbreitung solcher Vervielfältigungsstücke an die Öffentlichkeit. Das WPPT 1996 überträgt dies auch auf den Bereich der dort geregelten Leistungsschutzrechte der ausübenden Künstler und schreibt ein gesondertes Verbreitungsrecht auch für Tonträgerhersteller fest (Art 8 Abs 1 und Art 12 Abs 1).

61 In den bisherigen urheberrechtlichen **Richtlinien** wurde das Konzept des abgespalteten Verbreitungsrechts bereits vorweggenommen. So behält schon Art 4 lit c Software-RL dem Urheber jede Form der öffentlichen Verbreitung des originalen Computerprogramms oder von Kopien davon vor, und zwar einschließlich der Vermietung. Dies gilt nach Art 5 lit c Datenbank-RL entsprechend für urheberrechtlich geschützte Datenbanken; danach ist dem Urheber einer Datenbank auch jede Form der öffentlichen Verbreitung der Datenbank oder eines ihrer Vervielfältigungsstücke vorbehalten[48]. Im Bereich des Leistungsschutzrechts geht auch Art 9 Vermiet- und Verleih-RL von einem selbständigen Verbreitungsrecht aus, freilich begrenzt auf die dort geregelten vier Europäischen Leistungsschutzrechte. Ein generelles, horizontal vorgegebenes abgesondertes Verbreitungsrecht war im Bereich des Urheberrechts ieS bisher auf Europäischer Ebene aber nicht vorgesehen. Art 4 Abs 1 Info-RL soll diese Lücke schließen und auch Urhebern aller Werkkategorien das ausschließliche Recht der Verbreitung an die Öffentlichkeit in beliebiger Form durch Verkauf oder auf sonstige Weise gewähren.

3.2. Systematik des Verbreitungsrechts

62 Sowohl Art 6 Abs 1 **WCT** als auch die entsprechenden Bestimmungen der Art 8 Abs 1 und 12 Abs 1 WPPT 1996 schränken das Verbreitungsrecht **begrifflich** auf **Veräußerungsvorgänge** ein. Das **Vermietrecht** wird für bestimmte Werkarten (Computerprogramme und Filmwerke) bzw Verkörperungsformen (Tonträger) deshalb gesondert geregelt und vom Verbreitungsrecht systematisch getrennt. Dies gilt nach Art 9 Abs 1 und 13 Abs 1 **WPPT** im leistungsschutzrechtlichen Bereich entsprechend. Dagegen geht das Europäische Urheberrecht von einem umfassenden Verbreitungsbegriff aus, der nicht bloß Veräußerungsvorgänge umfasst. Deshalb versteht schon Art 4 lit c **Software-RL** das Vermieten als Teil eines solchen weit verstandenen Verbreitungsrechts. Allerdings sollte nach der Software-RL nur das Erwerbszwecken dienende Vermieten ieS erfasst werden, nicht jedoch das Verleihen. Diesem Ansatz folgt auch Art 9 Abs 1 **Vermiet- und Verleih-RL**, formuliert allerdings umfassender und gewährt ganz allgemein das ausschließliche Recht, Schutzgegenstände oder Kopien davon der Öffentlichkeit „im Wege der Veräußerung oder auf sonstige Weise zur Verfügung zu stellen". Dies ungeachtet des Umstands, dass das Vermiet- und Verleihrecht für Leistungsschutzrechte in Art 2 Vermiet- und Verleih-RL gesondert geregelt ist.

---

[48] Das Verbreitungsrecht schließt an sich auch hier das Vermietrecht ein; dieses wird jedoch im Hinblick auf den Vorbehalt des Art 2 lit b Datenbank-RL ausschließlich durch die Vermiet- und Verleih-RL geregelt. Eine Reduktion des Verleihrechts auf einen Vergütungsanspruch ist deshalb auch für Datenbanken zulässig (vgl dazu *v Lewinski* Art 2 Rz 3 Datenbank-RL).

Art 4 Gemeinsamer Standpunkt **Info-RL** folgt der vorgegebenen Europäischen Systematik und spricht umfassend von „Verbreitung an die Öffentlichkeit in beliebiger Form durch Verkauf oder auf sonstige Weise", womit nicht auf eine Eigentumsübertragung (Veräußerung) abgestellt und daher grundsätzlich auch das Vermieten und Verleihen erfasst wird. Allerdings bleiben auch nach dem Gemeinsamen Standpunkt Info-RL die Bestimmungen der Vermiet- und Verleih-RL unberührt, was in Art 1 Abs 2 lit b ausdrücklich festgehalten wird. Zur Vermeidung von Missverständnissen und Auslegungsschwierigkeiten hätten die Formulierungen allerdings angeglichen und nur differenzierte Regelungen – etwa für Software – aufrecht erhalten werden sollen. **63**

3.3. Einfuhr

Bei den WIPO-Verhandlungen in Genf im Dezember 1996 ist es nicht zur Einführung eines (vom Verbreitungsrecht) abgespalteten **Einfuhrtatbestands** gekommen. Allerdings handelt es sich im Hinblick auf den Grundsatz der nunmehr bloß Europäischen Erschöpfung des Verbreitungsrechts nur um eine weitere Facette in diesem Zusammenhang. Mangels eines gesonderten Einfuhrtatbestands könnte die Ansicht vertreten werden, das Verbreitungsrecht werde nicht schon durch die Einfuhr, sondern erst durch das Anbieten oder ein tatsächliches Inverkehrbringen (im Inland bzw in der Gemeinschaft) verletzt. Dabei hilft im Zusammenhang mit „Parallelimporten" auch die EG-Produktpiraterieverordnung vom 22. Dezember 1994 nicht weiter, da der „Parallelimport" vom Anwendungsbereich der PPV 1994/99 ausgenommen ist; erfasst sind nur unrechtmäßig hergestellte Vervielfältigungsstücke, wobei für die Beurteilung dieser Frage die Rechtsordnung des Einfuhrlands maßgebend ist. Dies folgt im Übrigen auch aus Art 16 Abs 1 und 2 RBÜ 1967/71, wonach unbefugt hergestellte Werkstücke in allen Verbandsländern, in denen das Werk Schutz genießt, beschlagnahmt werden können, und zwar auch dann, wenn Vervielfältigungsstücke aus einem Land stammen, in dem das Werk nicht oder nicht mehr geschützt ist. **64**

Dagegen sieht Art 2 **Genfer Tonträger-Abkommen** ausdrücklich einen Einfuhrtatbestand vor, wenn der Tonträgerhersteller nicht nur gegen die Vervielfältigung und Verbreitung, sondern auch „gegen die Einfuhr von Vervielfältigungsstücken zum Zweck der Verbreitung an die Öffentlichkeit" geschützt ist. Art 4 Gemeinsamer Standpunkt Info-RL sieht jedoch insoweit keine Klarstellungen vor, was auf Europäischer Ebene allerdings wünschenswert gewesen wäre[49]. **65**

4. Öffentliche Wiedergabe

4.1. Konzept der WIPO-Verträge

(A) Online-Übertragung und Öffentliche Wiedergabe

Das schon im US-amerikanischen Weißbuch vertretene Konzept, die **„digitale Verbreitung"** von Werken und Leistungen als (Vervielfältigung und) Verbreitung zu qualifizieren, hat sich bei den **WIPO-Verhandlungen** in Genf 1996 nicht **66**

[49] Vgl dazu *Walter* Art 7 Rz 8 Software-RL.

– jedenfalls nicht als tragendes Grundkonzept – durchgesetzt[50]. Da Leistungsschutzberechtigten das Recht der (drahtgebundenen) Sendung oder sonstigen öffentlichen Wiedergabe im internationalen und nationalen Recht aber nur in sehr beschränktem Maß zusteht, und weder ausübende Künstler noch Tonträgerhersteller ein Untersagungsrecht in Bezug auf die (drahtgebundene) Sendung ihrer Leistungen haben, wenn diese mit Hilfe (rechtmäßig hergestellter) Vervielfältigungsstücke (Schallplatten, CDs, Video-Kassetten etc) vorgenommen werden, konnte sich eine Regelung nicht darauf beschränken, die Online-Übertragung als Sendung bzw öffentliche Wiedergabe zu qualifizieren. Im Leistungsschutzrecht mussten für die digitale Verbreitung vielmehr neue Verwertungsrechte geschaffen werden, was in Art 10 WPPT (ausübende Künstler) und Art 14 WPPT (Tonträgerhersteller) auch geschehen ist. Nach dem Konzept der WIPO-Verträge ist deshalb davon auszugehen, dass das Verbreitungsrecht auf „vorgefertigte" körperliche Vervielfältigungsstücke beschränkt ist, und die Online-Übertragung, bei welcher die Vervielfältigungsstücke unmittelbar beim Nutzer entstehen, nicht vom Verbreitungsrecht des Art 6 Abs 1 WCT erfasst wird. Dies schließt allerdings eine abweichende Qualifizierung im nationalen Recht nicht aus, solange die inhaltlichen Vorgaben berücksichtigt werden.

67 Für den **urheberrechtlichen** Bereich wurde die Online-Übertragung im Zusammenhang mit der **öffentlichen Wiedergabe** in Art 8 WCT 1996 geregelt, und der Mindestschutz der Berner Übereinkunft damit auch für den Online-Bereich ergänzt bzw klargestellt. Danach genießen Urheber ganz allgemein das ausschließliche Recht, die öffentliche Wiedergabe ihrer Werke (mit oder ohne Draht) zu erlauben. Entscheidend und neu ist in diesem Zusammenhang die Klarstellung, dass auch der sog interaktive, individuelle Abruf (*on-demand*) von verschiedenen Orten und zu – vom Publikum beliebig gewählten – verschiedenen Zeitpunkten erfasst wird. Damit wird einerseits ausdrücklich auch die **sukzessive Öffentlichkeit** eingeschlossen, wie sie für den individuellen Abruf von Werken und Leistungen im Online-Betrieb typisch ist, anderseits aber auch der Lehrmeinung der Boden entzogen, wonach für die Anwendung des Senderechts – mit und ohne Draht – ein **gleichzeitiges** Programmangebot Voraussetzung ist. Klargestellt wird aber auch, dass die „Mitglieder der Öffentlichkeit" **nicht an einem Ort** versammelt sein müssen, wie dies für das Aufführungs-, Vortrags- und Vorführungsrecht typisch ist, für das Senderecht aber schon immer zutraf.

(B) Begriff des Wiedergaberechts

68 Wenn in Art 8 WCT von jeder **öffentlichen Wiedergabe**[51] die Rede ist, so entspricht dieser Ausdruck nicht der umfassenden Bedeutung, die ihm vor allem im deutschen Urheberrecht als Oberbegriff für alle Formen der unkörperlichen Werkverwertung (§ 15 Abs 2 dUrhG) zukommt. Nach deutschem Begriffsverständnis ist der Begriff der öffentlichen Wiedergabe umfassend und erfasst insbes das Vortrags-, Aufführungs- und Vorführungsrecht, einschließlich des Rechts

[50] Vgl dazu ausführlich *Walter*, FS Dittrich 369ff; zur Rechtslage nach der RBÜ 1967/71 siehe dort 363ff.

[51] „... *any communication to the public*" bzw „... *toute communication au public*". Siehe zum Begriff des Wiedergaberechts auch *Walter*, FS Dittrich 370f.

der öffentlichen Wiedergabe mit Hilfe von Bild- oder Tonträgern und von Funksendungen, darüber hinaus aber auch das Senderecht. Dagegen unterscheiden die Art 11 und Art 11ter (jeweils Abs 1) RBÜ 1967/71 einerseits zwischen der öffentlichen Aufführung bzw dem öffentlichen Vortrag (jeweils Z 1) und der öffentlichen Wiedergabe „durch irgendein Mittel" anderseits, die durch ein **Distanzelement** gekennzeichnet ist. Dies kommt in der französischen Fassung durch die Wahl des Ausdrucks *transmission* noch deutlicher zum Ausdruck[52]. Entsprechendes gilt für Art 14 Abs 1 Unterabsatz (ii) RBÜ 1967/71[53], wo allerdings beide Fälle zusammengezogen werden und bei der Verwertung in der Form der *communication to the public* noch *„by wire"* („mit Draht") hinzugefügt wird[54].

Die erste Fallgruppe der öffentlichen Aufführung bzw des öffentlichen Vortrags (Art 11 bzw 11ter Abs 1 Z 1) umfasst auch die Aufführung bzw den Vortrag „durch irgendein Mittel", womit insbes die „öffentliche Wiedergabe" mit Hilfe von Bild- und Tonträgern gemeint ist. Dagegen wird der öffentliche Empfang klassischer Rundfunksendungen (mit Hertz'schen Wellen) in Art 11bis Abs 1 Z 3 im Zusammenhang mit der Primär- und der Weitersendung gesondert geregelt, was für den öffentlichen Rundfunkempfang von Drahtfunksendungen wieder nicht zutrifft. Damit weicht die Systematik der RBÜ von derjenigen mancher nationaler Urheberrechtsgesetze nicht unbeträchtlich ab[55]; so wird insbes das Drahtfunkrecht nicht im Zusammenhang mit dem klassischen Senderecht (mit Hertz'schen Wellen) nach Art 11bis Abs 1 RBÜ 1967/71, sondern gemeinsam mit dem Aufführungsrecht geregelt und umfasst auch die Bildschirm- und Lautsprecherwiedergabe außerhalb des Veranstaltungsorts.

Art 11 und 11ter RBÜ 1967/71 sind auf Musikwerke, dramatische Werke und Sprachwerke beschränkt, während die das klassische Senderecht regelnde Vorschrift (Art 11bis) nicht nach Werkkategorien unterscheidet und deshalb auch auf Werke der bildenden Künste und Filmwerke anwendbar ist. Die Mindestschutzrechte der Berner Übereinkunft waren deshalb in Bezug auf Werke der **bildenden Künste** bisher lückenhaft, was auch für das Vorführungsrecht (durch irgendein Mittel) und nicht nur für das Übertragungsrecht (Drahtfunkrecht) gilt. Die bisherige Regelung war aber auch insoweit **lückenhaft**, als Art 11 und 11ter (jeweils Abs 1 Z 2) von der *communication to the public* von „Aufführungen" oder „Vorträgen" ausging, so dass die öffentliche Wahrnehmbarmachung (Bildschirmwiedergabe bzw Drahtfunksendung) von **schriftlichen Vorlagen** (Texten oder Musiknotationen) nicht erfasst oder zumindest problematisch war. **69**

---

[52] Vgl zur Terminologie auch ausführlich *Dittrich*, Überlegungen zur *„communication to the public"* auf Grund des neuen WIPO-Urheberrechtsvertrags (ÖSGRUM 20/1997) 153. Die offizielle deutsche Übersetzung lehnt sich mit dem Ausdruck „Übertragung" eher an die französische Fassung an.

[53] Art 14bis Abs 1 RBÜ 1967/71 verweist wieder auf diese Vorschrift.

[54] Auch hier lautet die französische Fassung *„transmission par fil"*.

[55] Vgl zu all dem ausführlich *Walter*, Probleme des Aufführungs-, Vortrags- und Senderechts nach Art 11 und 11bis der Brüsseler und Stockholmer Fassung der Berner Übereinkunft, ZfRV 1974, 280. Vgl in diesem Sinn auch das *Basic Proposal* (WIPO Konferenz) vom 30.08.1996 CRNR/DC/5 Punkt 10.14 Ende.

(C) Reichweite des neuen Wiedergaberechts

70 Danach umfasst das neue Wiedergaberecht des Art 8 WCT die klassischen Formen des **Aufführungs- und Vortragsrechts** nach Art 11 bzw 11ter (jeweils Abs 1 Z 1) RBÜ 1967/71 nicht[56]. Obwohl Art 8 WCT keinen diesbezüglichen Vorbehalt enthält, wird das Aufführungs- und Vortragsrecht weiterhin durch die genannten Bestimmungen geregelt. Auch das WCT enthält damit aber weiterhin **kein Vorführungsrecht** für Werke der **bildenden Künste**.

71 Dagegen werden die erwähnten Regelungslücken im Zusammenhang mit dem **Übertragungsrecht** (Drahtfunkrecht) (Art 11 bzw 11ter Abs 1 Z 2 RBÜ) jetzt durch das neue Wiedergaberecht geschlossen. Zwar bleiben die bestehenden Regelungen nach der Unbeschadetklausel unberührt, was aber einer Ergänzung durch das neue Wiedergaberecht nicht entgegensteht und der Grund dafür ist, dass im urheberrechtlichen Zusammenhang nicht ausschließlich auf die Online-Übertragung abgestellt wird. Deshalb schließt das Recht der *communication to the public* jetzt auch die öffentliche Wahrnehmbarmachung von **Textvorlagen** und Musiknotationen ein und ist nicht mehr auf Aufführungen und Vorträge beschränkt. Das Übertragungsrecht (Drahtfunkrecht) gilt nun auch für alle Werkkategorien und schließt deshalb insbes auch Werke der bildenden Künste ein.

(D) Bedeutung der Unbeschadetklausel

72 Nach der Unbeschadetklausel[57] des Art 8 WCT bleiben die Bestimmungen der Art 11 bzw 11ter (jeweils Abs 1 Z 2), Art 11bis Abs 1 Z 1 und 2, 14 Abs 1 Z 2 und 14bis Abs 1 RBÜ 1967/71 unberührt. Der Vorbehalt dieser Regelungen zielt wohl vor allem auf die möglichen **Beschränkungen des Senderechts** (mit Hertz'schen Wellen) nach Art 11bis Abs 2 und 3 RBÜ ab[58], die für das „neue Wiedergaberecht" ebensowenig gelten sollen wie für das klassische Aufführungs- und Vortragsrecht und das Übertragungsrecht (Drahtfunkrecht) nach Art 11 bzw 11ter (jeweils Abs 1 Z 2). Die Erwähnung auch dieser zuletzt genannten Vorschriften, die keine Beschränkungen zulassen, wird dahingehend zu deuten sein, dass alle durch ein Distanzelement gekennzeichneten Vorschriften, die mit dem neuen Wiedergaberecht kollidieren könnten, angeführt werden.

73 Allerdings fällt in diesem Zusammenhang auf, dass der Fall des **öffentlichen Rundfunkempfangs** (Art 11bis Abs 1 Z 3 RBÜ 1967/71) in der Unbeschadetklausel nicht erwähnt wird. Auch wenn diese Form der „öffentlichen Wiedergabe" etwa nach deutschem und österr Verständnis dem Aufführungs-, Vortrags- und Vorführungsrecht und nicht dem Senderecht (über Distanz) zuzurechnen ist, erscheint auch dieser Fall insoweit durch ein Distanzelement gekennzeichnet zu sein, als die (öffentlich wiedergegebene) Rundfunksendung von einem anderen Ort ihren Ausgang nimmt, während das Publikum an einem Ort versammelt ist.

---

[56] So auch *Basic Proposal* (WIPO Konferenz) vom 30.08.1996 CRNR/DC/5 Punkt 10.14 Ende. Vgl dazu und zu den verbleibenden Regelungslücken *Walter*, FS Dittrich 370ff.

[57] Vgl dazu auch *Walter*, FS Dittrich 371.

[58] Siehe dazu auch die übereinstimmende Erklärung zu Art 8 WCT.

Geht man nicht von einem bloßen Redaktionsfehler aus, lässt sich hieraus nur ableiten, dass der öffentliche Rundfunkempfang unter das neue Wiedergaberecht fällt und deshalb nicht mehr unter den Vorbehalten des Art 11bis Abs 2 und 3 RBÜ steht. Dies erscheint insoweit auch konsequent, als die Differenzierung zwischen dem öffentlichen Rundfunkempfang danach, ob es sich um Drahtfunksendungen oder solche mit Hertz'schen Wellen handelt, auch wenig sachlich erscheint. Die Annahme eines bloßen Redaktionsversehens erscheint auch im Hinblick darauf unwahrscheinlich, dass die Liste der vorbehaltenen Bestimmungen nicht unverändert aus dem *Basic Proposal* übernommen, sondern offensichtlich bewusst modifiziert wurde[59].

4.2. Konzept des Gemeinsamer Standpunkts zur Info-RL

(A) Interaktives Wiedergaberecht

Art 3 Gemeinsamer Standpunkt Info-RL dient in erster Linie der Umsetzung des **74**
Art 8 WCT und der entsprechenden leistungsschutzrechtlichen Vorschriften des WPPT. Das **interaktive Wiedergaberecht** im Sinn dieser Bestimmungen wird sowohl für **Urheber** als auch für **Leistungsschutzberechtigte** einheitlich vorgesehen (Art 3 Abs 1 bzw Abs 2). In Bezug auf die vier Europäischen Leistungsschutzrechte (ausübende Künstler, Tonträger- und Laufbildhersteller sowie Sendeunternehmen) gewährt Abs 2 jedoch im Sinn der Art 10 und 14 WPPC nur dieses interaktive Wiedergaberecht. Dies einerseits im Hinblick darauf, dass die Sende- und Aufführungsrechte im leistungsschutzrechtlichen Bereich nach dem Stand der internationalen Konventionen und der nationalen Urheberrechtsgesetze weniger weit entwickelt sind, und insbes für die Sendung und öffentliche Wiedergabe mit Hilfe von (rechtmäßig hergestellten) Tonträgern kein Ausschlussrecht besteht (so entschied am 15. Juni 2000 etwa das Oberste Gericht Schwedens). Zum anderen ist das Recht der öffentlichen Sendung und Wiedergabe für den Kreis der genannten Leistungsschutzrechte aber auch bereits in Art 8 Vermiet- und Verleih-RL geregelt, der unberührt bleibt.

(B) Klassische öffentliche Wiedergabe im Urheberrecht

Im **urheberrechtlichen Bereich** geht Art 3 Abs 1 Info-RL-Vorschlag aber in **75**
Übereinstimmung mit dem Konzept des Art 8 WCT über das interaktive Wiedergaberecht hinaus und soll eine horizontale Harmonisierung der klassischen **öffentlichen Wiedergabe** bewirken, die bisher nur für urheberrechtlich geschützte Datenbanken (Art 5 lit d Datenbank-RL) bzw für die Sonderformen der Satellitensendung und Kabelweiterverbreitung geregelt war[60]. Nach Art 1 Abs 2 lit e Gemeinsamer Standpunkt Info-RL bleiben diese Sonderregeln unberührt, doch komplettiert Art 3 Abs 1 den Rechtekatalog im urheberrechtlichen Zusammenhang nun horizontal für **alle Werkkategorien** und ergänzt damit insbes auch die Software-RL. Auch Computerprogramme sind danach insbes gegen eine ungenehmigte Sendung, darüber hinaus aber auch gegen einen interaktiven Abruf geschützt.

---

[59] Siehe dazu auch *Dittrich*, Überlegungen zur „*communication to the public*“ auf Grund des neuen WIPO-Urheberrechtsvertrags (ÖSGRUM 20/1997) 153 (155).

[60] Vgl dazu auch *Walter*, FS Dittrich 374ff.

76 Auch im Zusammenhang mit dem neuen interaktiven Wiedergaberecht sollte allerdings nicht von der öffentlichen Wiedergabe „von **Originalen und Vervielfältigungsstücken** ihrer Werke" und damit von Festlegungen die Rede sein, wie dies in den RL-Vorschlägen der Fall war. Damit würde die öffentliche Wiedergabe von *Live*-Darbietungen ausscheiden, was weder beabsichtigt sein dürfte noch sachgerecht wäre und mit den Vorgaben der Berner Übereinkunft ebenso in Widerspruch stünde wie mit denjenigen des Art 8 WCT, wo zu Recht nur von der öffentlichen Wiedergabe „ihrer Werke" die Rede ist. Der Gemeinsame Standpunkt trägt diesen Bedenken aber bereits Rechnung und spricht allgemein von der öffentlichen Wiedergabe „ihrer Werke".

77 Unklar ist allerdings, was unter **öffentlicher Wiedergabe** im Sinn der neuen Regelung zu verstehen ist, insbes ob im Sinn eines umfassenderen Begriffsverständnisses auch die klassischen Formen der öffentlichen Wiedergabe wie Aufführung, Vortrag und Vorführung (*public performance, recitation and display*) eingeschlossen sind oder nur solche, die durch ein **Distanzelement** gekennzeichnet sind, wie vor allem die Sendung mit und ohne Draht. Nach ErwG 23 ist das Wiedergaberecht zwar in einem weiten Sinn zu verstehen, und soll es jegliche drahtgebundene oder drahtlose „öffentliche Übertragung oder Weiterverbreitung eines Werks, einschließlich der Rundfunkübertragung" umfassen, ist aber auf die Wiedergabe für ein Publikum beschränkt, das an dem Ort, an dem die Wiedergabe ihren Ursprung nimmt, nicht anwesend ist[61]. Damit folgt der Gemeinsamer Standpunkt Info-RL offensichtlich dem beschränkten Begriffsverständnis des Art 8 WCT.

Allerdings findet dies in der **Formulierung** des Art 3 Abs 1 Gemeinsamer Standpunkt Info-RL keinen entsprechend deutlichen Niederschlag, da der Ausdruck „öffentliche Wiedergabe" (*communication to the public*) jedenfalls nach dem Sprachgebrauch der Richtlinien nicht auf eine Wiedergabe über Distanz beschränkt ist. So unterscheidet Art 8 Vermiet- und Verleih-RL zwischen (drahtloser) Sendung einerseits und öffentlicher Wiedergabe anderseits und erfasst mit dem Vergütungsanspruch nach Abs 2 gerade auch die „Aufführung mit Hilfe von Ton- und Bildtonträgern", die jedenfalls nicht *par distance* erfolgt[62]. In diesem Sinn hält auch Art 2 lit g WPPT ausdrücklich fest, dass unter öffentlicher Wiedergabe im Zusammenhang mit Art 15 auch die öffentliche Hörbarmachung mit Hilfe eines Tonträgers zu verstehen ist. Dies gilt für das Begriffsverständnis des Art 3 Schutzdauer-RL entsprechend, wonach die Schutzdauer insbes auch ab Veröffentlichung[63] eines Gegenstands des Leistungsschutzes in jeder Form zu berechnen ist, was in ErwG 18 noch dadurch verdeutlicht wird, dass auf die generelle Zugänglichmachung in jeder geeigneten Weise abgestellt wird[64]. Allerdings unterscheidet Art 5 lit d Datenbank-RL wieder zwischen der öffentlichen Wiedergabe einer Datenbank einerseits und deren „Vorführung oder Aufführung"[65], womit

---

[61] Vgl in diesem Sinn auch das *Basic Proposal* (WIPO Konferenz) vom 30.08.1996 CRNR/DC/5 Punkt 10.14 Ende. Vgl zu den Leistungsschutzrechten jetzt auch ErwG 24.

[62] Vgl zur Begriffsbestimmung auch *v Lewinski* Art 8 Rz 10 Vermiet- und Verleih-RL.

[63] *„... or lawfully communicated to the public"*.

[64] Vgl *Walter* Art 3 Rz 19 Schutzdauer-RL.

[65] Vgl dazu *v Lewinski* Art 5 Rz 16ff Datenbank-RL.

im Fall der öffentlichen Wiedergabe ein Distanzelement unterstellt sein könnte, das bei Vorträgen und Aufführungen nicht vorliegt.

Lässt sich im Hinblick auf Systematik und Terminologie der Berner Übereinkunft eine Begriffsbestimmung der öffentlichen Wiedergabe auch vornehmen, so ist dies für das Europäische Urheberrecht ungleich schwieriger. Denn mangels einer horizontalen Harmonisierung sind die bisherigen Regelungen nur punktuell geblieben, und fehlt jedenfalls bisher ein geordnetes Gesamtsystem. Hinzu kommt, dass die Gesetzgebung in den Mitgliedsländern von unterschiedlichen systematischen Einordnungen und Terminologien ausgeht. Eine entsprechende Klarstellung im Richtlinientext selbst wäre deshalb sinnvoll gewesen. Mangels einer solchen wird aber anzunehmen sein, dass Art 3 Abs 1 Info-RL vom Begriffsverständnis des Art 8 WCT ausgeht, wie vorstehend skizziert. Damit umfasst das neue Wiedergaberecht neben der **Online-Übertragung** jede Art der **Sendung** (mit oder ohne Draht) sowie die öffentliche **Bildschirm-** oder **Lautsprecherwiedergabe** außerhalb des Veranstaltungsorts und den öffentlichen **Rundfunkempfang**. Nicht erfasst sind dagegen die klassischen Wiedergaberechte der Aufführung, des Vortrags und der Vorführung. **78**

Dieses Ergebnis erscheint allerdings für das Europäische Urheberrecht in mehrfacher Hinsicht **unbefriedigend**. Einmal ist nicht einzusehen, weshalb im Hinblick auf die weitgehende Harmonisierung der Verwertungsrechte nicht auch die klassischen Rechte der öffentlichen Wiedergabe erfasst werden sollen, zum anderen ist nicht erklärlich, weshalb für Datenbanken zwar ein umfassendes Wiedergaberecht iwS gewährt wird, wenn dort einerseits die öffentliche Wiedergabe und anderseits auch die Aufführung und Vorführung von Datenbanken geregelt wird, dies aber nicht für alle anderen Werkkategorien gelten sollte. Hinzu kommt, dass die in Art 5 Abs 3 Gemeinsamer Standpunkt Info-RL vorgesehenen fakultativen Ausnahmen dann auch nur für diesen engeren Begriff (mit Distanzelement) harmonisiert werden, was gleichfalls zu einer Differenzierung führt, die sachlich wenig begründet erscheint. Einzelne freie Nutzungen, wie die Nutzung von Werken bei religiösen Feierlichkeiten (Art 5 Abs 3 lit g Gemeinsamer Standpunkt Info-RL) sind im Übrigen sogar geradezu auf Live-Wiedergaben zugeschnitten. **79**

Die **systematische Einordnung** der jeweiligen Formen öffentlicher Wiedergabe bleibt jedenfalls weiterhin der Gesetzgebung der Mitgliedstaaten vorbehalten. Es muss aber gewährleistet sein, dass den Urhebern aller Werkarten die harmonisierten Wiedergaberechte als Ausschlussrechte zur Verfügung stehen, und zwar einschließlich des Rechts der Online-Übertragung. Unter diesen Voraussetzungen dürfte im nationalen Recht auch eine Regelung über das Vervielfältigungs- und Verbreitungsrecht zulässig sein. **80**

(C) Online-Übertragung (Zugänglichmachen)

Nach **geltendem Recht** wird die Subsumtion der **Online-Übertragung** von Werken und anderen Schutzgegenständen unter die ausschließlichen Verwertungsrechte der Vervielfältigung und Verbreitung sinnvoll sein. Dies gilt sowohl **81** für die Berner Übereinkunft als auch für das österr und deutsche Urheberrecht, und zwar auf Grund unmittelbarer oder in analoger Rechtsanwendung. Dies vor allem im Hinblick auf die größeren funktionellen Übereinstimmungen und unter Berücksichtigung des Umstands, dass sowohl das Senderecht als auch das Recht der öffentlichen Wiedergabe im leistungsschutzrechtlichen Bereich derzeit nur unvollständig und jedenfalls nicht ausreichend gewährt wird. Es entsprach dies auch schon der Annäherungsweise des US-amerikanischen Grünbuchs und Weißbuchs, welche die *digital transmission* als Sonderform des Verbreitungsrechts (*distribution right*) verstanden. Das Verbreitungsrecht bietet sich auch im Hinblick auf den hier differenziert zu verstehenden Öffentlichkeitsbegriff an, der die sukzessive Öffentlichkeit bzw die individuelle (interaktive) Abfrage (*on-demand*) schon begrifflich in sich schließt und im Übrigen auch die „Punkt-zu-Punkt-Übertragung" erfasst. Nach diesem Konzept umfasst die digitale Verbreitung sowohl den Übermittlungsvorgang selbst als auch das Anbieten der Online-Übertragung sowie die – von der Zustimmung des Berechtigten getragene – Kopie im Arbeitsspeicher des Nutzers (beim *browsing*) bzw die erste dauerhafte Kopie im Fall des rechtmäßigen Herunterladens (*downloading*). Weitere Kopien (Ausdrucke etc) sind dagegen gesondert dem Vervielfältigungsrecht bzw entsprechenden Vergütungsansprüchen zu unterstellen.

82 Wie bereits erwähnt, gehen die **Genfer WIPO-Verträge** 1996 aber grundsätzlich davon aus, die Online-Übertragung von Werken als Form der unkörperlichen Verwertung zu regeln (Art 8 WCT), wenngleich auch hier der nationale Gesetzgeber nicht an die Systematik der Genfer WIPO-Verträge gebunden ist. Es ergibt sich dies auch aus den übereinstimmenden Erklärungen zu Art 6 (und 7) WCT, wo ausdrücklich davon die Rede ist, dass Gegenstand des Verbreitungs- und Vermietrechts nur Originale und Vervielfältigungsstücke sind, die „als körperliche Gegenstände in den Verkehr gebracht werden können". Damit soll offensichtlich zum Ausdruck gebracht werden, dass es sich um „vorbestehende" Vervielfältigungsstücke handeln muss, die nicht erst im Zug der Verbreitung (beim Nutzer) entstehen.

83 Art 3 Abs 1 und 2 **Gemeinsamer Standpunkt Info-RL** folgt diesem Konzept, nimmt aber gleichfalls keine zwingende systematische Zuordnung vor. Klargestellt wird nur, dass weder das Verständnis des Sendens als gleichzeitiges öffentliches Zugänglichmachen noch das Vorliegen einer bloß sukzessiven Öffentlichkeit dem zwingend vorzusehenden Ausschlussrecht von Urhebern und Leistungsschutzberechtigten im Weg steht. Im Sinn der Vorgaben des WCT und des WPPT wird auch festgehalten, dass das Publikum nicht an einem Ort versammelt sein muss. Den Mitgliedstaaten steht es aber frei, das neue Wiedergaberecht nach der Systematik des nationalen Urheberrechts entweder als Sonderform der Vervielfältigung und Verbreitung zu regeln oder dem Aufführungs-, Vortrags- und Vorführungsrecht bzw dem (drahtgebundenen) Senderecht zuzuordnen. Dabei darf im Übrigen nicht übersehen werden, dass sich die Problematik der sukzessiven Öffentlichkeit nicht nur im digitalen Umfeld stellt.

Das neue **interaktive Wiedergaberecht** geht insoweit über Art 10 und 14 WPPC hinaus, als dieses nicht nur ausübenden Künstlern und Tonträgerherstellern zuerkannt wird, sondern allen vier Europäischen Leistungsschutzberechtigten[66].

(D) Ausschluss des Erschöpfungsgrundsatzes (Abs 3)

Art 3 Abs 3 Gemeinsamer Standpunkt Info-RL hält klarstellend fest, dass weder das für urheberrechtlich geschützte Werke vorgesehene umfassende Recht der öffentlichen Wiedergabe nach Abs 1 (einschließlich der interaktiven Wiedergabe) noch das für Leistungsschutzrechte verankerte interaktive Wiedergaberecht des Abs 2 dem – vom Verbreitungsrecht her bekannten – **Erschöpfungsgrundsatz** unterliegt. Hinsichtlich der klassischen Sende- und Wiedergaberechte ist dies jedenfalls richtig und entspricht im Wesentlichen auch der in den Mitgliedstaaten herrschenden Ansicht. Wie dies auch in der gewählten Formulierung zum Ausdruck kommt, zielt diese Klarstellung wohl in erster Linie auf die interaktive Weitergabe von zuvor auf diesem Weg wiedergegebenen (verbreiteten) Schutzgegenständen ab. Dies wäre allerdings auch bei Anwendung des verbreitungsrechtlichen Erschöpfungsgrundsatzes nicht anders, weil im Fall der interaktiven Weiterverbreitung nicht dasselbe Vervielfältigungsstück weitergegeben wird, das beim Nutzer verbleibt, während durch eine nachfolgende Online-Übertragung vielmehr ein neues Vervielfältigungsstück entsteht[67]. **84**

Der Ausschluss des Erschöpfungsgrundsatzes nach Abs 3 bezieht sich auf das Wiedergaberecht dieses Artikels, einschließlich der interaktiven Wiedergabe, nicht aber auf das in Art 4 geregelte Verbreitungsrecht. Die Frage allerdings, ob im Fall der (rechtmäßigen) Online-Übertragung (*downloading*) das Verbreitungsrecht in Bezug auf dieses Vervielfältigungsstück als erschöpft gelten muss, obwohl dieses – mit Genehmigung und über Veranlassung des Berechtigten – erst beim Nutzer entstanden ist, wird im Zusammenhang mit dem Erschöpfungsgrundsatz näher behandelt[68]. **85**

Für – zum eigenen (privaten) Gebrauch hergestellte – **weitere Vervielfältigungsstücke** folgt der Ausschluss der Erschöpfung des Verbreitungsrechts dagegen schon aus Art 4 Abs 2. Denn auf Grund freier Nutzungen hergestellte Vervielfältigungsstücke wurden nicht „mit Zustimmung des Berechtigten" verbreitet.

5. Öffentlichkeitsbegriff

Art 3 Gemeinsamer Standpunkt Info-RL enthält auch Klarstellungen zum **Öffentlichkeitsbegriff**[69]. So wird ausdrücklich auch die **sukzessive Öffentlichkeit** erfasst, und kommt es jedenfalls nicht darauf an, ob das Publikum **an einem Ort** versammelt ist. Davon abgesehen aber enthält auch die Info-RL keine Präzisierung der Öffentlichkeit im urheberrechtlichen Sinn. Eine allgemeine Umschreibung ist auch schwierig, es stellt das Fehlen jeglicher Anhaltspunkte aber eine nicht zu unterschätzende **Harmonisierungslücke** dar, die gerade im interaktiven **86**

[66] Vgl zu all dem auch *Walter*, FS Dittrich 377f.
[67] Vgl *Walter*, FS Dittrich 378ff.
[68] Vgl *Walter* Stand der Harmonisierung Rz 70f.
[69] Vgl *Walter*, FS Dittrich 380f.

Bereich mE auch binnenmarktrelevant ist. Da sowohl die internationalen Konventionen als auch Art 3 und 4 Gemeinsamer Standpunkt Info-RL die Umschreibung der Öffentlichkeit der Gesetzgebung bzw der Rechtsprechung der Mitgliedsstaaten überlassen, sind insoweit erhebliche Abweichungen nicht ausgeschlossen. Allerdings wird davon auszugehen sein, dass auch diesem Spielraum Grenzen gesetzt sind, die sich aus dem Gesamtanliegen des Konventionsrechts bzw des Europäischen Urheberrechts ergeben. Trotz aller Schwierigkeiten erschiene es aber wünschenswert, zumindest die Eckpfleiler des Öffentlichkeitsbegriffs einheitlich festzulegen. Dies umso mehr als die Info-RL in Art 5 auch die freien Nutzungen umschreibt und ein (abschließendes) System solcher Ausnahmsregelungen anderenfalls Gefahr liefe, durch eine engere oder weitere Auslegung des Öffentlichkeitsbegriffs wieder unterlaufen zu werden.

87 In diesem Zusammenhang sei daran erinnert, dass gelegentlich in Lehre und Rechtsprechung für das Senderecht eine **„breitere Öffentlichkeit"** verlangt wurde, und zwar entweder in räumlichem Sinn oder aber hinsichtlich der Zahl der angesprochenen Personen. Beide Aspekte dieser Lehre sind mE fragwürdig, bleiben aber mangels einer Harmonisierung auch des Öffentlichkeitsbegriffs weiterhin ein Thema.

88 Der Vollständigkeit halber sei erwähnt, dass das Recht der interaktiven Wiedergabe grundsätzlich auch Übermittlungen per **E-Mail** umfasst. Auch wenn es sich dabei um eine Übertragung von **„Punkt-zu-Punkt"** handelt, ändert dies nichts daran, dass sich auch solche Übermittlungen an die Öffentlichkeit richten können. So wie sich beim Verbreitungsrecht in körperlicher Form die einzelne Verbreitungshandlung typischer Weise immer nur an ein einzelnes **Mitglied der Öffentlichkeit** richtet, verhält es sich auch hier. Es kommt dies in Art 3 Abs 1 Gemeinsamer Standpunkt Info-RL auch darin zum Ausdruck, dass wörtlich von „Mitgliedern der Öffentlichkeit" die Rede ist. Am Rande sei bemerkt, dass die gängigen Definitionen des Öffentlichkeitsbegriffs, die auf eine Personenmehrheit abstellen[70], die klassischen Formen der öffentlichen Wiedergabe vor Augen haben, und weder auf das traditionelle Verbreitungsrecht in körperlicher Form noch auf die Online-Übertragung (interaktive Wiedergabe) undifferenziert übertragbar sind.

IV. Kapitel Freie Nutzungen

(Bearbeiter: Walter)

Übersicht

Text: Kapitel II Rechte und Ausnahmen (Artikel 5 und Erwägungsgründe)
Kurzkommentar

[70] Vgl etwa § 15 Abs 3 dUrhG.

Kapitel II Rechte und Ausnahmen

Artikel 5 Ausnahmen von den zustimmungsbedürftigen Handlungen gemäß Artikel 2, 3 und 4

(1) Die in Artikel 2 bezeichneten vorübergehenden Vervielfältigungshandlungen, die flüchtig oder begleitend sind und einen integralen und wesentlichen Teil eines technischen Verfahrens darstellen und deren alleiniger Zweck es ist,

a) eine Übertragung in einem Netz zwischen Dritten durch einen Vermittler oder

b) eine rechtmäßige Nutzung

eines Werks oder sonstigen Schutzgegenstands zu ermöglichen, und die keine eigenständige wirtschaftliche Bedeutung haben, werden von dem in Artikel 2 vorgesehenen Vervielfältigungsrecht ausgenommen.

(2) Die Mitgliedstaaten können in den folgenden Fällen Ausnahmen oder Beschränkungen in Bezug auf das in Artikel 2 vorgesehene Vervielfältigungsrecht vorsehen:

a) in Bezug auf Vervielfältigungen auf Papier oder einem ähnlichen Träger mittels beliebiger fotomechanischer Verfahren oder anderer Verfahren mit ähnlicher Wirkung, mit Ausnahme von Notenblättern und unter der Bedingung, dass die Rechtsinhaber einen gerechten Ausgleich erhalten;

b) in Bezug auf Vervielfältigungen auf beliebigen Trägern zum privaten Gebrauch durch eine natürliche Person für nicht kommerzielle Zwecke unter der Bedingung, dass die Rechtsinhaber einen gerechten Ausgleich erhalten, wobei berücksichtigt wird, ob technische Maßnahmen gemäß Artikel 6 auf das betreffende Werk oder den betreffenden Schutzgegenstand angewendet wurden;

c) in Bezug auf bestimmte Vervielfältigungshandlungen von öffentlich zugänglichen Bibliotheken, Bildungseinrichtungen oder Museen oder von Archiven, die keinen unmittelbaren oder mittelbaren wirtschaftlichen oder kommerziellen Zweck verfolgen;

d) in Bezug auf ephemere Aufzeichnungen von Werken, die von Sendeunternehmen mit eigenen Mitteln und für eigene Sendungen vorgenommen worden sind; aufgrund ihres außergewöhnlichen Dokumentationscharakters kann die Aufbewahrung dieser Aufzeichnungen in amtlichen Archiven erlaubt werden;

e) in Bezug auf Vervielfältigungen von Sendungen, die von nicht kommerziellen sozialen Einrichtungen wie Krankenhäusern oder Haftanstalten angefertigt wurden, unter der Bedingung, dass die Rechtsinhaber einen gerechten Ausgleich erhalten.

(3) Die Mitgliedstaaten können in den folgenden Fällen Ausnahmen oder Beschränkungen in Bezug auf die in den Artikeln 2 und 3 vorgesehenen Rechte vorsehen:

a) für die Nutzung ausschließlich zur Veranschaulichung im Unterricht oder für Zwecke der wissenschaftlichen Forschung, sofern die Quelle, einschließlich des Namens des Urhebers, wann immer dies möglich ist, angegeben wird und soweit dies zur Verfolgung nicht kommerzieller Zwecke gerechtfertigt ist;

b) für die Nutzung zugunsten behinderter Personen, wenn die Nutzung mit der Behinderung unmittelbar in Zusammenhang steht und nicht kommerzieller Art ist, soweit es die betreffende Behinderung erfordert;

c) für die Vervielfältigung durch die Presse, die öffentliche Wiedergabe oder die Zugänglichmachung von veröffentlichten Artikeln zu Tagesfragen wirtschaftlicher, politischer oder religiöser Natur oder von gesendeten Werken oder sonstigen Schutzgegenständen dieser Art, sofern eine solche Nutzung nicht ausdrücklich vorbehalten ist und sofern die Quelle, einschließlich des Namens des Urhebers, angegeben wird, oder die Nutzung von Werken oder sonstigen Schutzgegenständen in Verbindung mit der Berichterstattung über Tagesereignisse, soweit es der Informationszweck rechtfertigt und sofern die Quelle, einschließlich des Namens des Urhebers, angegeben wird, wann immer dies möglich ist[71];

d) für Zitate zu Zwecken wie Kritik oder Rezensionen, sofern sie ein Werk oder einen sonstigen Schutzgegenstand betreffen, das bzw. der der Öffentlichkeit bereits rechtmäßig zugänglich gemacht wurde, sofern die Quelle, einschließlich des Namens des Urhebers, angegeben wird, wann immer dies möglich ist, und sofern die Nutzung den anständigen Gepflogenheiten entspricht und in ihrem Umfang durch den besonderen Zweck gerechtfertigt ist;

e) für die Nutzung zu Zwecken der öffentlichen Sicherheit oder zur Sicherstellung des ordnungsgemäßen Ablaufs von Verwaltungsverfahren, parlamentarischen Verfahren oder Gerichtsverfahren oder der Berichterstattung darüber;

f) für die Nutzung von politischen Reden oder von Auszügen aus öffentlichen Vorträgen oder ähnlichen Werken oder Schutzgegenständen, soweit der Informationszweck dies rechtfertigt und sofern die Quelle, einschließlich des Namens des Urhebers, angegeben wird, wann immer dies möglich ist;

g) für die Nutzung bei religiösen Veranstaltungen oder offiziellen, von einer Behörde durchgeführten Veranstaltungen;

h) für die Nutzung von Werken wie Werken der Baukunst oder Plastiken, die dazu angefertigt wurden, sich bleibend an öffentlichen Orten zu befinden;

---

[71] Eventuelle Erklärung der Niederlande zu Artikel 5 Absatz 3 lit c:
Unbeschadet des Artikel 5 Absatz 3 lit c bleibt es den Mitgliedstaaten vorbehalten, in ihrer Gesetzgebung die Begriffe „Presse“ und „gesendete Werke“ zu umschreiben.

i) für die beiläufige Einbeziehung eines Werks oder sonstigen Schutzgegenstands in anderes Material;
j) für die Nutzung zum Zwecke der Werbung für die öffentliche Ausstellung oder den öffentlichen Verkauf von künstlerischen Werken in dem zur Förderung der betreffenden Veranstaltung erforderlichen Ausmaß;
k) für die Nutzung zum Zwecke von Karikaturen, Parodien oder Pastiches;
l) für die Nutzung im Zusammenhang mit der Vorführung oder Reparatur von Geräten;
m) für die Nutzung eines künstlerischen Werks in Form eines Gebäudes bzw. einer Zeichnung oder eines Plans eines Gebäudes zum Zwecke des Wiederaufbaus des Gebäudes;
n) für die Nutzung von Werken und sonstigen Schutzgegenständen, für die keine Regelungen über Verkauf und Lizenzen gelten und die sich in den Sammlungen der Einrichtungen gemäß Absatz 2 Buchstabe c befinden, durch ihre Wiedergabe oder Zugänglichmachung für einzelne Mitglieder der Öffentlichkeit zu Zwecken der Forschung und privater Studien auf eigens hierfür eingerichteten Terminals in den Räumlichkeiten der genannten Einrichtungen;
o) für die Nutzung in bestimmten anderen Fällen von geringer Bedeutung, soweit solche Ausnahmen oder Beschränkungen bereits in einzelstaatlichen Rechtsvorschriften vorgesehen sind und sofern sie nur analoge Nutzungen betreffen und den freien Waren- und Dienstleistungsverkehr in der Gemeinschaft nicht berühren; dies gilt unbeschadet der anderen in diesem Artikel enthaltenen Ausnahmen und Beschränkungen.

(4) Wenn die Mitgliedstaaten gemäß Absatz 2 oder 3 eine Ausnahme oder Beschränkung in Bezug auf das Vervielfältigungsrecht vorsehen können, können sie entsprechend auch eine Ausnahme oder Beschränkung in Bezug auf das Verbreitungsrecht im Sinne von Artikel 4 zulassen, soweit diese Ausnahme durch den Zweck der erlaubten Vervielfältigung gerechtfertigt ist.

(5) Die in den Absätzen 1, 2, 3 und 4 genannten Ausnahmen und Beschränkungen dürfen nur in bestimmten Sonderfällen angewandt werden, in denen die normale Verwertung des Werks oder des sonstigen Schutzgegenstands nicht beeinträchtigt wird und die berechtigten Interessen des Rechtsinhabers nicht ungebührlich verletzt werden.

Aus den Erwägungsgründen[72]

ErwG 31 Es muss ein angemessener Rechts- und Interessenausgleich zwischen den verschiedenen Kategorien von Rechtsinhabern sowie zwischen den verschiedenen Kategorien von Rechtsinhabern und Nutzern von Schutzgegenständen gesichert werden. Die von den Mitgliedstaaten festgelegten Ausnahmen und Beschränkungen in Bezug auf Schutzrechte müssen vor dem Hintergrund der neuen

[72] Erklärung der Kommission zur Rangordnung der Ausnahmen:
Die Kommission ist der Ansicht, dass zwischen den Ausnahmen und Beschränkungen des Artikel 5 keine Rangordnung besteht, und die Mitgliedstaaten daher unbeschadet der zwingenden Natur des Artikel 5 Absatz 1 wählen können. (Übersetzung vom Verfasser)

elektronischen Medien neu bewertet werden. Bestehende Unterschiede bei den Ausnahmen und Beschränkungen in Bezug auf bestimmte zustimmungsbedürftige Handlungen haben unmittelbare negative Auswirkungen auf das Funktionieren des Binnenmarkts im Bereich des Urheberrechts und der verwandten Schutzrechte. Diese Unterschiede könnten sich mit der Weiterentwicklung der grenzüberschreitenden Verwertung von Werken und den zunehmenden grenzüberschreitenden Tätigkeiten durchaus noch deutlicher ausprägen. Um ein reibungsloses Funktionieren des Binnenmarkts zu gewährleisten, sollten diese Ausnahmen und Beschränkungen einheitlicher definiert werden. Dabei sollte sich der Grad ihrer Harmonisierung nach ihrer Wirkung auf die Funktionsfähigkeit des Binnenmarkts bestimmen.

ErwG 32 Die Ausnahmen und Beschränkungen in Bezug auf das Vervielfältigungsrecht und das Recht der öffentlichen Wiedergabe sind in dieser Richtlinie erschöpfend aufgeführt. Einige Ausnahmen oder Beschränkungen gelten, soweit dies angemessen erscheint, nur für das Vervielfältigungsrecht. Diese Liste trägt den unterschiedlichen Rechtstraditionen in den Mitgliedstaaten Rechnung und soll gleichzeitig die Funktionsfähigkeit des Binnenmarkts sichern. Die Mitgliedstaaten sollten diese Ausnahmen und Beschränkungen in kohärenter Weise anwenden; dies wird bei der zukünftigen Überprüfung der Umsetzungsvorschriften besonders berücksichtigt werden.

ErwG 33[73] Eine Ausnahme vom ausschließlichen Vervielfältigungsrecht sollte für bestimmte vorübergehende Vervielfältigungshandlungen gewährt werden, die flüchtige oder begleitende Vervielfältigungen sind, als integraler und wesentlicher Teil eines technischen Verfahrens erfolgen und ausschließlich dem Ziel dienen, entweder die effiziente Übertragung in einem Netz zwischen Dritten durch einen Vermittler oder die rechtmäßige Nutzung eines Werks oder sonstiger Schutzgegenstände zu ermöglichen. Die betreffenden Vervielfältigungshandlungen sollten keinen eigenen wirtschaftlichen Wert besitzen. Soweit diese Voraussetzungen erfüllt sind, erfasst diese Ausnahme auch Handlungen, die das „Browsing" sowie Handlungen des „Caching" ermöglichen; dies schließt Handlungen ein, die das effiziente Funktionieren der Übertragungssysteme ermöglichen, sofern der Vermittler die Information nicht verändert und nicht die erlaubte Anwendung von Technologien zur Sammlung von Daten über die Nutzung der Information, die von der gewerblichen Wirtschaft weithin anerkannt und verwendet werden, beeinträchtigt.

---

[73] Erklärung zu ErwG 33:
Der Rat und die Kommission sind der Ansicht, dass die Formulierung „sofern der Vermittler die Information nicht verändert und die erlaubte Anwendung von Technologien zur Sammlung von Daten über die Nutzung der Information, die von der gewerblichen Wirtschaft weithin anerkannt und verwendet werden, beeinträchtigt" das proxy cashing durch einen Vermittler nicht von der Ausnahme nach Artikel 5 Absatz 1 ausschließt, wenn die in diesem Artikel vorgesehenen Bedingungen beachtet werden. (Übersetzung vom Verfasser)

Eine Nutzung sollte als rechtmäßig gelten, soweit sie vom Rechtsinhaber zugelassen bzw. nicht durch Gesetze beschränkt ist.

ErwG 34 Die Mitgliedstaaten sollten die Möglichkeit erhalten, Ausnahmen oder Beschränkungen für bestimmte Fälle, etwa für Unterrichtszwecke und wissenschaftliche Zwecke, zugunsten öffentlicher Einrichtungen wie Bibliotheken und Archive, zu Zwecken der Berichterstattung über Tagesereignisse, für Zitate, für die Nutzung durch behinderte Menschen, für Zwecke der öffentlichen Sicherheit und für die Nutzung in Verwaltungs- und Gerichtsverfahren vorzusehen.

ErwG 35[74] In bestimmten Fällen von Ausnahmen oder Beschränkungen sollten Rechtsinhaber einen gerechten Ausgleich erhalten, damit ihnen die Nutzung ihrer geschützten Werke oder sonstigen Schutzgegenstände angemessen vergütet wird. Bei der Festlegung der Form, der Einzelheiten und der etwaigen Höhe dieses gerechten Ausgleichs sollten die besonderen Umstände eines jeden Falls berücksichtigt werden. Für die Bewertung dieser Umstände könnte der sich aus der betreffenden Handlung für die Rechtsinhaber ergebende etwaige Schaden als brauchbares Kriterium herangezogen werden. In Fällen, in denen Rechtsinhaber bereits Zahlungen in anderer Form erhalten haben, z. B. als Teil einer Lizenzgebühr, kann gegebenenfalls keine spezifische oder getrennte Zahlung fällig sein. Hinsichtlich der Höhe des gerechten Ausgleichs sollte der Grad des Einsatzes technischer Schutzmaßnahmen gemäß dieser Richtlinie in vollem Umfang berücksichtigt werden. In bestimmten Situationen, in denen dem Rechtsinhaber nur ein geringfügiger Nachteil entstünde, kann sich gegebenenfalls keine Zahlungsverpflichtung ergeben.

ErwG 36 Die Mitgliedstaaten können einen gerechten Ausgleich für die Rechtsinhaber auch in den Fällen vorsehen, in denen sie die fakultativen Bestimmungen über die Ausnahmen oder Beschränkungen, die einen derartigen Ausgleich nicht vorschreiben, anwenden.

ErwG 37 Die bestehenden nationalen Regelungen über die Reprografie schaffen keine größeren Hindernisse für den Binnenmarkt. Die Mitgliedstaaten sollten die Möglichkeit haben, eine Ausnahme oder Beschränkung für die Reprographie vorzusehen.

ErwG 38 Die Mitgliedstaaten sollten die Möglichkeit erhalten, unter Sicherstellung eines gerechten Ausgleichs eine Ausnahme oder Beschränkung in Bezug auf das Vervielfältigungsrecht für bestimmte Arten der Vervielfältigung von Ton-, Bild- und audiovisuellem Material zu privaten Zwecken vorzusehen. Dazu kann die Einführung oder

---

[74] Erklärung der Kommission zu ErwG 35:
Die Kommission ist der Ansicht, dass für bestimmte einzelne Vervielfältigungshandlungen vorübergehender Natur in Bezug auf ein gesendetes Werk oder einen sonstigen Schutzgegenstand keine Zahlungspflicht entsteht, wenn diese zu dem alleinigen Zweck erfolgen, das Werk oder den Schutzgegenstand zu einem gelegeneren Zeitpunkt sichtbar und/oder hörbar zu machen („time-shifting"), sofern die Bedingungen nach Artikel 5 Absatz 4 dieser Direktive erfüllt sind. (Übersetzung vom Verfasser)

Beibehaltung von Vergütungsregelungen gehören, die Nachteile für Rechtsinhaber ausgleichen sollen. Wenngleich die zwischen diesen Vergütungsregelungen bestehenden Unterschiede das Funktionieren des Binnenmarkts beeinträchtigen, dürften sie sich, soweit sie sich auf die analoge private Vervielfältigung beziehen, auf die Entwicklung der Informationsgesellschaft nicht nennenswert auswirken. Die digitale private Vervielfältigung dürfte hingegen eine weitere Verbreitung finden und größere wirtschaftliche Bedeutung erlangen. Daher sollte den Unterschieden zwischen digitaler und analoger privater Vervielfältigung gebührend Rechnung getragen und hinsichtlich bestimmter Punkte zwischen ihnen unterschieden werden.

ErwG 39 Bei der Anwendung der Ausnahme oder Beschränkung für Privatkopien sollten die Mitgliedstaaten die technologischen und wirtschaftlichen Entwicklungen, insbesondere in Bezug auf die digitale Privatkopie und auf Vergütungssysteme, gebührend berücksichtigen, wenn wirksame technische Schutzmaßnahmen verfügbar sind. Entsprechende Ausnahmen oder Beschränkungen sollten weder den Einsatz technischer Maßnahmen noch deren Durchsetzung im Falle einer Umgehung dieser Maßnahmen behindern.

ErwG 40 Die Mitgliedstaaten können eine Ausnahme oder Beschränkung zugunsten bestimmter nicht kommerzieller Einrichtungen, wie der Öffentlichkeit zugängliche Bibliotheken und ähnliche Einrichtungen sowie Archive, vorsehen. Jedoch sollte diese Ausnahme oder Beschränkung auf bestimmte durch das Vervielfältigungsrecht erfasste Sonderfälle begrenzt werden. Eine Nutzung im Zusammenhang mit der Online-Lieferung von geschützten Werken oder sonstigen Schutzgegenständen sollte nicht unter diese Ausnahme fallen. Die Möglichkeit, dass die Mitgliedstaaten Ausnahmen vom ausschließlichen öffentlichen Verleihrecht gemäß Artikel 5 der Richtlinie 92/100/EWG vorsehen, bleibt von dieser Richtlinie unberührt. Spezifische Verträge und Lizenzen, die diesen Einrichtungen und ihrer Zweckbestimmung zur Verbreitung der Kultur in ausgewogener Weise zugute kommen, sollten daher unterstützt werden.

ErwG 41 Bei Anwendung der Ausnahme oder Beschränkung für ephemere Aufzeichnungen, die von Sendeunternehmen vorgenommen werden, wird davon ausgegangen, dass zu den eigenen Mitteln des Sendeunternehmens auch die Mittel einer Person zählen, die im Namen oder unter der Verantwortung des Sendeunternehmens handelt.

ErwG 42 Bei Anwendung der Ausnahme oder Beschränkung für nicht kommerzielle Unterrichtszwecke und nicht kommerzielle wissenschaftliche Forschungszwecke einschließlich Fernunterricht sollte die nicht kommerzielle Art der betreffenden Tätigkeit durch diese Tätigkeit als solche bestimmt sein. Die organisatorische Struktur und die Finanzierung der betreffenden Einrichtung sind in dieser Hinsicht keine maßgeblichen Faktoren.

ErwG 43 Die Mitgliedstaaten sollten in jedem Fall alle erforderlichen Maßnahmen ergreifen, um für Personen mit Behinderungen, die ihnen die Nutzung der Werke selbst erschweren, den Zugang zu diesen

Werken zu erleichtern, und dabei ihr besonderes Augenmerk auf zugängliche Formate richten.

ErwG 44 Bei der Anwendung der Ausnahmen und Beschränkungen im Sinne dieser Richtlinie sollten die internationalen Verpflichtungen beachtet werden. Solche Ausnahmen und Beschränkungen dürfen nicht auf eine Weise angewandt werden, dass die berechtigten Interessen der Rechtsinhaber verletzt werden oder die normale Verwertung ihrer Werke oder sonstigen Schutzgegenstände beeinträchtigt wird. Die von den Mitgliedstaaten festgelegten Ausnahmen oder Beschränkungen sollten insbesondere die gesteigerte wirtschaftliche Bedeutung, die solche Ausnahmen oder Beschränkungen im neuen elektronischen Umfeld erlangen können, angemessen berücksichtigen. Daher ist der Umfang bestimmter Ausnahmen oder Beschränkungen bei bestimmten neuen Formen der Nutzung urheberrechtlich geschützter Werke und sonstiger Schutzgegenstände möglicherweise noch enger zu begrenzen.

ErwG 45 Die in Artikel 5 Absätze 2, 3 und 4 vorgesehenen Ausnahmen und Beschränkungen sollten jedoch vertraglichen Beziehungen zur Sicherstellung eines gerechten Ausgleichs für die Rechtsinhaber nicht entgegenstehen, soweit dies nach innerstaatlichem Recht zulässig ist.

ErwG 46 Die Einschaltung einer Schlichtungsinstanz könnte Nutzern und Rechtsinhabern für die Beilegung ihrer Streitigkeiten hilfreich sein. Die Kommission sollte gemeinsam mit den Mitgliedstaaten im Rahmen des Kontaktausschusses eine Untersuchung über neue rechtliche Möglichkeiten durchführen, mit denen Streitigkeiten im Bereich des Urheberrechts und der verwandten Schutzrechte beigelegt werden können.

Kurzkommentar

1. Anwendungsbereich der Schrankenregelung

Art 5 sieht eine Reihe von – teils zwingenden, teils fakultativen – Ausnahmen (Schranken, **freien Nutzungen**) von den in den Art 2 bis 4 geregelten Rechten der Vervielfältigung, Verbreitung und öffentlichen Wiedergabe vor. Während sich Art 5 Abs 1 und 2 nur auf das **Vervielfältigungsrecht** bezieht, erstreckt sich Abs 3 auf das Vervielfältigungsrecht und das Recht der **öffentlichen Wiedergabe**. Art 5 Abs 4 wiederum gestattet den Mitgliedstaaten Ausnahmen auch vom **Verbreitungsrecht**, soweit von der Ermächtigung, Ausnahmen vom Vervielfältigungsrecht nach Abs 2 und 3 vorzusehen, Gebrauch gemacht wird. Soweit diese Verwertungsrechte in den Art 2 bis 4 Info-RL selbst geregelt sind, finden auch die Schrankenregelungen des Art 5 Anwendung. Fraglich kann dies jedoch für die bereits geregelten Bereiche der **Computerprogramme, Datenbanken** und der vier Europäischen **Leistungsschutzrechte** sein, die überwiegend sowohl die entsprechenden Verwertungsrechte als auch spezifische Ausnahmen hiervon enthalten, wobei die Bestimmungen dieser Richtlinien nach Art 1 Abs 2 Info-RL unberührt bleiben. **89**

Was zunächst die **Vermiet- und Verleih-RL** anlangt, enthält diese in Art 10 Abs 1 eine Reihe freier Nutzungen (private Benutzung, Berichterstattung über **90**

Tagesereignisse, ephemere Aufzeichnung für Sendezwecke sowie Benutzung zu Unterrichtszwecken und zur wissenschaftlichen Forschung), die – zum Teil aber mit unterschiedlichen Formulierungen – auch in Art 5 Info-RL geregelt sind. Dieser geht aber darüber hinaus und enthält eine Reihe weiterer Fälle freier Nutzung. Dies erscheint im leistungsschutzrechtlichen Zusammenhang aber deshalb unproblematisch, weil nach Art 10 Abs 2 Vermiet- und Verleih-RL auch Beschränkungen der gleichen Art vorgesehen werden können, wie sie für das Urheberrecht ieS vorgesehen sind. Über den Katalog des Art 10 Vermiet- und Verleih-RL hinausgehende freie Nutzungen des Art 5 Info-RL sind deshalb auch im Leistungsschutzrecht anwendbar.

Soweit freie Nutzungen übereinstimmend geregelt sind, werden grundsätzlich die Regelungen der Vermiet- und Verleih-RL vorgehen, wobei eine möglichst einheitliche Auslegung im Licht der jüngeren Vorschriften der Info-RL angebracht sein mag. Empfehlenswert gewesen wäre allerdings eine Angleichung der Formulierungen und eine entsprechende Anpassung in Art 11 Info-RL. Was die zwingende Ausnahme des Art 5 Abs 1 Info-RL anlangt, wird diese wohl auch im Leistungsschutzrecht verbindlich sein, zumal das Vervielfältigungsrecht – nicht allerdings das Aufzeichnungsrecht – jetzt in Art 2 Info-RL geregelt ist, und Art 7 Vermiet- und Verleih-RL aufgehoben wird (Art 11 Abs 1 lit a).

Was das Recht der **öffentlichen Wiedergabe** betrifft, wird aber davon auszugehen sein, dass sich die freien Nutzungen des Art 10 Vermiet- und Verleih-RL nur auf die in dieser Richtlinie geregelten Wiedergaberechte beziehen, während sich das neue interaktive Wiedergaberecht nach Art 5 Abs 3 Info-RL richtet.

Da Art 10 Abs 3 Vermiet- und Verleih-RL bestehende und künftige Rechtsvorschriften in Bezug auf die **Vergütung** für die Vervielfältigung zur privaten Benutzung unberührt lässt, gilt der in Art 5 Abs 2 lit b Info-RL vorgesehene Anspruch auf einen „gerechten Ausgleich" auch für die Europäischen Leistungsschutzrechte. Daran ändert auch der Umstand nichts, dass Abs 3 jetzt nach Art 11 Abs 1 lit b Info-RL gestrichen und durch den Drei-Stufen-Test (*Three-Step-Test*) ersetzt werden soll; auch insoweit erschiene eine Klarstellung allerdings sinnvoll.

91 Was **Computerprogramme** und **Datenbanken** anlangt, wird gleichfalls davon auszugehen sein, dass die spezifischen Regelungen (Art 5 und 6 Software-RL sowie Art 6 und Art 9 Datenbank-RL) unberührt bleiben. Dies gilt grundsätzlich auch im Fall vergleichbarer Regelungen, wobei auch hier eine Auslegung im Sinn der jüngeren Vorschriften sinnvoll sein mag, eine Angleichung und technische Anpassung in Art 11 Info-RL allerdings sinnvoll gewesen wäre. Soweit die Ermächtigungen des nationalen Gesetzgebers in Art 5 Abs 1 und 2 Info-RL über die bestehenden Regelungen hinausgehen, werden diese hier aber nicht anwendbar sein. Dies gilt wohl auch für die zwingende Ausnahme vom Vervielfältigungsrecht (Art 5 Abs 1 Info-RL), da das Vervielfältigungsrecht in der Software-RL und in der Datenbank-RL autonom geregelt ist. Dies wird umso mehr auch für nicht originelle Datenbanken gelten, zumal Art 7 Abs 2 lit a Datenbank-RL die Vervielfältigung als „Entnahme" regelt. Allerdings hätte das Vervielfältigungsrecht auch für Computerprogramme und Datenbanken einheitlich in Art 2 Info-RL geregelt werden sollen.

Was das Recht der öffentlichen Wiedergabe betrifft, wird für Computerprogramme davon auszugehen sein, dass sich die freien Nutzungen nach Art 5 Abs 3

Info-RL richten, während dies für Datenbanken nicht der Fall ist. Dies gilt insbes für den *sui generis* Schutz (Art 9 Datenbank-RL), zumal dort das Recht der öffentlichen Wiedergabe, einschließlich der Online-Übermittlung ebenso wie das Verbreitungsrecht als Recht der „Weiterverwendung" geregelt ist (Art 7 Abs 2 lit b Unterabsatz 1 Datenbank-RL).

Daraus folgt, dass die Schrankenregelungen nicht nur unübersichtlich, sondern **92** auch differenziert geregelt sind, wobei auch Unklarheiten und Unsicherheiten bestehen. Eine weitergehende Harmonisierung erscheint deshalb dringend geboten.

2. Drei-Stufen-Test (Three-Step-Test) (Abs 5)

Die Schrankenbestimmungen des Art 5 Abs 2 bis 4 sind nur **fakultativ** und lassen **93** dem Gesetzgeber der Mitgliedstaaten einen verhältnismäßig weiten Spielraum. Bei der Ausschöpfung dieses Spielraums sind die Mitgliedsländer aber an den Drei-Stufen-Test gebunden (Abs 5). Danach dürfen Ausnahmen und Beschränkungen nur auf bestimmte Sonderfälle angewandt werden, in denen die **normale Verwertung** des Werks oder Schutzgegenstands nicht beeinträchtigt wird, und die **berechtigten Interessen** der Rechtsinhaber nicht ungebührlich verletzt werden. Auch wenn im geänderten RL-Vorschlag nur von den Rechten der Urheber die Rede war, bezog sich der damalige Abs 4 auch auf Leistungsschutzrechte, wie sich dies auch aus dem Hinweis auf „sonstige Schutzgegenstände" ergab. In der Fassung nach dem Gemeinsamen Standpunkt ist zu Recht jetzt allgemeiner von den Interessen der Rechtsinhaber die Rede.

Nach Art 11 Abs 1 lit b Info-RL (technische Anpassungen) soll der Drei-Stufen-Test nun ausdrücklich auch für die freien Nutzungen nach Art 10 Vermiet- und Verleih-RL gelten; auch hieraus folgt, dass die in dieser Bestimmung vorgesehenen freien Nutzungen den in Art 5 Info-RL geregelten Schranken grundsätzlich vorgehen.

Dieser Drei-Stufen-Test wurde erstmals in Art 9 Abs 2 **RBÜ 1967/71** festgelegt, **94** und zwar als beschränkte Ermächtigung des nationalen Gesetzgebers, Ausnahmen vom Vervielfältigungsrecht dieser Bestimmung vorzusehen. Art 13 TRIPs-Abkommen hat diese Form der generellen Ermächtigung des innerstaatlichen Gesetzgebers, unter den genannten Voraussetzungen freie Nutzungen vorzusehen, jetzt für alle dem Urheber (Leistungsschutzberechtigten) vorbehaltenen Verwertungsrechte vorgesehen, ohne dass bestimmte Fälle (abschließend) angeführt werden. Dagegen unterscheiden die entsprechenden Bestimmungen der WIPO-Verträge 1996 (Art 10 WCT und 16 WPPT) zwischen solchen generellen Ermächtigungen (jeweils Abs 1) einerseits und der Anwendung der Konventionsbestimmungen, worunter die in den internationalen Verträgen selbst vorgesehenen besonderen Fälle freier Nutzungen (Ausnahmen und Beschränkungen) zu verstehen sein werden.

Der Drei-Stufen-Test hat auch in die bisher erlassenen **Richtlinien** Eingang **95** gefunden. So sieht schon Art 6 Abs 3 Software-RL vor, dass die Ausnahme zu Gunsten der Dekompilierung zur Wahrung der Übereinstimmung mit den Bestimmungen der Berner Übereinkunft nicht dahingehend ausgelegt werden darf, dass deren Anwendung die rechtmäßigen Interessen des Rechtsinhabers in unvertretbarer Weise beeinträchtigt oder im Widerspruch zur normalen Nutzung des Computerprogramms steht. Die Beschränkung auf besondere Fälle wird hier im Hinblick auf die Sonderbestimmung für das Dekompilieren zu Recht nicht erwähnt, weshalb sich die Vorschrift als ergänzende **Auslegungsregel** darstellt. Da eine entsprechende Auslegungsregel in Art 10 Vermiet- und Verleih-RL bisher fehlte, wird der Drei-Stufen-Test nun auch für diesen Bereich verankert (Art 11 Abs 1 lit b Info-RL). Art 6 Abs 3 Datenbank-RL folgt dagegen dem Beispiel der Software-RL und sieht gleichfalls eine ergänzende Auslegungsregel vor[75].

96 Art 5 Abs 4 **Info-RL** verankert den Drei-Stufen-Test jetzt für alle in Art 5 Abs 1 bis 4 vorgesehenen Ausnahmeregelungen[76] und behält – anders als die entsprechenden Bestimmungen der Software-RL und der Datenbank-RL – auch die Beschränkung auf **bestimmte Sonderfälle** bei. Für die fakultativen Ausnahmen der **Abs 2, 3 und 4** liegt dies auch auf der Hand, da das Erfordernis der Spezifizierung hier schon daraus folgt, dass die Möglichkeiten, Beschränkungen vorzusehen, dort nur grob skizziert sind. Nach der gewählten Formulierung gilt dies aber auch für die zwingende Ausnahmeregelung nach **Abs 1** in Bezug auf das Vervielfältigungsrecht. Die Fälle, in welchen eine vorübergehende Vervielfältigung im urheberrechtlichen Sinn nicht als Vervielfältigung anzusehen ist, sind danach vom Gesetzgeber der Mitgliedstaaten erst für bestimmte Sonderfälle zu konkretisieren, was auch sinnvoll erscheint[77], wenngleich die Fassung nach dem Gemeinsamen Standpunkt die Anwendungsfälle schon genauer umschreibt. Sollte dies jedoch nicht beabsichtigt sein, wäre eine Klarstellung und eine Reduktion auf eine bloße Auslegungsregel („Zwei-Schritt-Test") nach dem Vorbild der Software-RL und der Datenbank-RL sinnvoll gewesen.

97 Die Übernahme des Drei-Schritt-Tests aus den internationalen Verträgen lässt den Mitgliedstaaten innerhalb des vorgegebenen – zwingenden oder fakultativen – Rahmens einen verhältnismäßig weiten **Spielraum**. Die mit den allgemeinen Kriterien naturgemäß verbundenen Auslegungs- und Bewertungsschwierigkeiten bleiben damit aber erhalten. Dazu zählt insbes auch die Frage, ob bzw inwieweit die Vorsehung von Ausnahmen und Schranken durch die Gewährung von **Vergütungs- oder Ausgleichsansprüchen** relativiert werden kann, was grundsätzlich zu bejahen sein wird, allerdings einer genauen Prüfung in jedem einzelnen Fall bedarf. Die Anwendung des Drei-Schritt-Tests kann deshalb auch dort zum Erfordernis einer Vergütungsregelung führen, wo dies in Art 5 Info-RL nicht ausdrücklich vorgeschrieben ist.

98 Nach ErwG 45 stehen die in Art 5 Abs 2 und 3 Info-RL vorgesehenen Ausnahmen einer **vertraglichen Regelung** nicht entgegen, die den Rechtsinhabern einen gerechten Ausgleich sichern sollen. Die Berücksichtigung einer durch freie

---

[75] Art 9 Datenbank-RL sieht dagegen für das *sui generis* Recht an nicht originellen Datenbanken keine entsprechende Beschränkung vor.

[76] Vgl dazu auch ErwG 44.

[77] Siehe dazu unten bei Punkt 4.

Nutzungen ohne Zustimmung des Berechtigten zulässigen Nutzung im Rahmen vertraglicher Entgeltvereinbarungen wird damit ausdrücklich zugelassen. Für die zwingende Ausnahme nach Art 5 Abs 1 Info-RL gilt dies allerdings nicht. Fraglich bleibt, ob aus der Beschränkung vertraglicher Vereinbarungen auf die Sicherung eines gerechten Ausgleichs folgt, dass vertragliche Vereinbarungen unzulässig sind, mit welchen freie Nutzungen zur Gänze abbedungen werden.

3. Abschließende oder beispielsweise Schrankenregelung

Nach dem Konzept des Art 5 Info-RL sind die dort vorgesehenen Schranken der **99**
gewährten Ausschließungsrechte grundsätzlich **abschließend** geregelt[78]. Zwar muss der Gesetzgeber der Mitgliedstaaten bei den fakultativen Regelungen der Abs 2 bis 4 von der Möglichkeit, freie Nutzungen vorzusehen, keinen Gebrauch machen. Geschieht dies aber, kann dies nur in den dort vorgesehenen Fällen und unter Beachtung der entsprechenden Vorgaben, einschließlich des Drei-Schritt-Tests geschehen. In Art 5 Abs 3 lit o in der Fassung des Gemeinsamen Standpunkts wurde allerdings eine allgemeine Ermächtigung zur Aufrechterhaltung bestehender Ausnahmen von geringer Bedeutung hinzugefügt. Diese Möglichkeit ist aber auf analoge Nutzungen beschränkt; auch darf der freie Waren- und Dienstleistungsverkehr in der Gemeinschaft nicht beeinträchtigt werden. Das Konzept einer abschließenden Regelung wurde damit allerdings entscheidend relativiert.

4. Zwingende Ausnahme vom Vervielfältigungsrecht (Abs 1)

4.1. Vorgeschichte

Schon im Rahmen der **WIPO-Verhandlungen** in Genf 1996 wurde versucht, das **100**
Vervielfältigungsrecht näher zu regeln (Art 7 Abs 1 des Präsidialvorschlags vom 30.08.1996)[79]. Im zweiten Absatz dieses Basisvorschlags war eine ähnliche Bestimmung vorgesehen, wie sie nun in Art 5 Abs 1 Info-RL formuliert ist. Danach sollten die Verbandsländer ermächtigt werden, das Vervielfältigungsrecht im Fall vorübergehender Vervielfältigungen zu beschränken, sofern diese ausschließlich dazu bestimmt sind, das Werk wahrnehmbar zu machen, und soweit die Vervielfältigung bloß flüchtiger oder beiläufiger Natur ist; dies unter der weiteren Voraussetzung, dass die Vervielfältigungshandlung im Zug einer vom Urheber genehmigten oder gesetzlich zulässigen Nutzung erfolgt. Eine Einigung hinsichtlich dieser Umschreibungen konnte jedoch bei der diplomatischen Konferenz im Dezember 1996 nicht erzielt werden, weshalb diese Bestimmung in die endgültige Fassung des WCT keinen Eingang gefunden hat.

Die in Abs 1 des **geänderten Info-RL-Vorschlags** vorgesehene entsprechende **101**
zwingende Ausnahme vom **Vervielfältigungsrecht** des Art 2 bezog sich nur auf **vorübergehende**, also nicht auf dauerhafte Vervielfältigungen. Weiters sollte die Ausnahme nur dann greifen, wenn es sich um Vervielfältigungen handelt, die einen wesentlichen und integralen Teil eines **technischen Verfahrens** darstellen, und deren alleiniger Zweck es ist, die Nutzung eines Werks oder sonstigen

[78] So ausdrücklich auch ErwG 32.
[79] OMPI Dokument CRNR/DC-4 Prov.

Schutzgegenstands zu ermöglichen, soweit sie überdies **keine eigenständige wirtschaftliche Bedeutung** haben. Der Einschub „wie vergängliche und begleitende Vervielfältigungen" sollte klarstellen, dass es sich in diesem Fall vor allem um Vervielfältigungen handelt, die – technisch bedingt – vergänglich (kurzlebig, flüchtig) sind und nur beiläufig entstehen. Die Formulierung erschien allerdings verbesserungsbedürftig[80]. Die spätere Klarstellung, dass dazu insbes Vervielfältigungen zählen, die ein effektives Funktionieren von Übertragungssystemen erleichtern, verdeutlichte das Anliegen dieser Vorschrift. Noch deutlicher geschah dies im damaligen ErwG 23, wo insbes vom Zwischenspeichern (*caching*) im Rahmen von Übertragungssystemen und vom Durchsuchen (*browsing*) die Rede war[81].

4.2. Anwendungsfälle

102 Im Hinblick auf die Entscheidung, **Online-Übertragungen** dem neuen interaktiven Wiedergaberecht und grundsätzlich nicht der Vervielfältigung und Verbreitung zu unterstellen, bedürfen **Zwischenspeicherungen** in verschiedenen Servern **auf dem Übertragungsweg** und das **Durchsuchen** des Netzangebots durch den Nutzer (*browsing*) einer Regelung. Unabhängig von einer dauerhaften Abspeicherung (*downloading*) oder von weiteren Vervielfältigungen, insbes auch in konventioneller Form wie durch Ausdruck, sind diese Vervielfältigungen nach der Grundsatzdefinition des Art 2 urheberrechtlich relevant, da es auf die Dauerhaftigkeit der Vervielfältigung an sich nicht ankommt.

Ähnlich verhält es sich bei der **Offline Nutzung** elektronischer Medien. Da bei der Benutzung (rechtmäßig erworbener) Datenträger wie einer CD-ROM gelegentlich schon beim Einspielen, jedenfalls aber bei dem vom Nutzer veranlassten Anzeigen des Inhalts automatisch Vervielfältigungen im RAM-Speicher des Computers entstehen, stellen sich hier ähnliche Probleme wie bei der Benutzung (dem Laufenlassen) geschützter Computerprogramme. Art 5 Abs 1 Software-RL löste diese Fragen allerdings dahingehend, dass der berechtigte Nutzer (rechtmäßige Erwerber) kraft Gesetzes zum bestimmungsgemäßen Gebrauch berechtigt ist.

103 Die zwingende Ausnahmeregelung des Art 5 Abs 1 Info-RL ist grundsätzlich berechtigt[82], wenn man die Grundwertung als richtig unterstellt, dass sowohl das Durchsuchen (*browsing*) durch den Nutzer als auch das Betreiben von Übertragungssystemen und -zugängen grundsätzlich nicht der Zustimmung des Berechtigten unterliegen soll. Allerdings erscheint eine umfassende, nicht auf **bestimmte Sonderfälle** beschränkte und durch eine Reihe von unbestimmten Gesetzesbegriffen gekennzeichnete Ausnahmeregelung, wie sie noch im geänderten RL-Vorschlag enthalten war, jedenfalls problematisch, zumal ihre Auslegung durch die nationalen Gerichte und ihre Anwendung auf die verschiedensten Fälle in der Praxis schwer kalkulierbar gewesen wäre. Hinzu kommt die ebensowenig kon-

---

80 In der Fassung nach dem Gemeinsamen Standpunkt wurde „und" durch „oder" ersetzt („*which are transient or incidental*").

81 Siehe dazu den jetzigen ErwG 33.

82 Die britische Delegation hatte die Notwendigkeit des Art 5 Abs 1 zunächst generell in Frage gestellt.

kretisierte Beschränkung durch die Kriterien des Drei-Stufen-Tests nach Abs 5. Eine so allgemein gefasste Bestimmung gefährdete deshalb die weite Umschreibung des Vervielfältigungsbegriffs nach Art 2 geänderter Info-RL-Vorschlag und stand wohl auch mit dem Konzept der Ausnahmeregelungen in Art 5 Software-RL und Art 6 Datenbank-RL in einem gewissen Widerspruch.

Folgt man allerdings der hier vertretenen Ansicht, dass auch die zwingende Ausnahme gemäß Abs 1 nach dem in Abs 5 vorgesehenen Drei-Stufen-Test vom Gesetzgeber der Mitgliedsstaaten erst für bestimmte Sonderfälle zu konkretisieren ist, wäre den erwähnten Bedenken auch nach dem geänderten RL-Vorschlag schon weitgehend Rechnung getragen gewesen. Dann hätte sich nur die Frage gestellt, ob diese Sonderfälle (Zwischenspeicherung, *browsing* und Nutzung von Offline-Medien) im Hinblick auf die Bedeutung gerade dieser Ausnahme für die digitale Werkverwertung nicht besser in der Richtlinie selbst zu regeln gewesen wären.

4.3. Erlaubtheit der Nutzung

Das Europäische Parlament hatte vorgeschlagen, in Art 5 Abs 1 Info-RL am Ende hinzuzufügen, dass eine solche Nutzung entweder durch die Rechtsinhaber **genehmigt** oder vom Gesetz **erlaubt** sein muss. In die konsolidierten Fassungen des geänderten RL-Vorschlags wurde ein entsprechender Hinweis auch aufgenommen[83]; in der Rats-Arbeitsgruppe konnte dazu aber zunächst kein endgültiger Konsens gefunden werden. Der Zusatz sollte klarstellen, dass Zwischenspeicherungen ebenso wie das Durchsuchen des Netzangebots durch den Nutzer (*browsing*) nur dann zulässig sind, wenn die Nutzung mit Zustimmung des Berechtigten erfolgt oder auf einer freien Nutzung beruht. Dies war insoweit systemkonform, als auch die Software-RL und die Datenbank-RL in den erwähnten Bestimmungen das Greifen bestimmter Ausnahmen davon abhängig machen, dass es sich um eine berechtigte Nutzung handelt, wobei dort allerdings auf den berechtigten Endnutzer (rechtmäßigen Erwerber) abgestellt wird. **104**

Die Voraussetzung der Genehmigung bzw Erlaubtheit der Nutzung war von wesentlicher **Bedeutung**, da die Vorschrift dadurch eine differenzierte Aussage erhielt. Allerdings ließ die gewählte Formulierung die gewünschte Deutlichkeit vermissen, und stand nicht einmal eindeutig fest, ob sich die Erlaubtheit der Nutzung auf diejenige durch den „Endnutzer“ oder durch die Person bezog, die Werke oder Leistungen im Netz zugänglich macht. So ließ dies schon der erste Satz des Art 5 geänderter Info-RL-Vorschlag offen, wenn ganz allgemein von „eine[r] Nutzung eines Werks oder sonstigen Schutzgegenstands“ die Rede war, worauf sich der zweite Satz mit den Worten „eine derartige Nutzung“ wohl bezog. Gemeint dürfte eher eine Nutzung durch den „Endnutzer“ gewesen sein, so dass der Vorbehalt im Sinn eines „bestimmungsgemäßen Gebrauchs“ nach dem Vorbild des Art 5 Abs 1 Software-RL zu lesen gewesen wäre, was zumindest für einige der erwähnten Fälle (*browsing* und Offline-Nutzung) auch sinnvoll sein könnte. **105**

---

[83] Der letzte Satz lautete danach: „*Such use must be authorised by rightholders or permitted by law*“.

4.4. Art 5 Abs 1 in der Fassung des Gemeinsamen Standpunkts

106 Es ist das Verdienst der Portugiesischen Präsidentschaft[84], den **Anwendungsbereich** und damit das **Anliegen** dieser zwingenden freien Nutzung für die vorübergehende Vervielfältigung im Zug technisch bedingter Abläufe näher umschrieben zu haben. Bei sonst im Wesentlichen gleichbleibenden Bedingungen wurde Art 5 Abs 1 Info-RL in der konsolidierten Fassung des geänderten RL-Vorschlags ausdrücklich darauf beschränkt, entweder die Netzwerk-Übertragung zwischen Dritten durch einen **Vermittler** (lit a) oder eine **rechtmäßige Nutzung** (lit b) zu ermöglichen. In dieser Form ist die Bestimmung auch in den **Gemeinsamen Standpunkt** eingeflossen. Die in der Rats-Arbeitsgruppe bis zuletzt strittige Frage, ob die flüchtige Natur und der bloß begleitende Charakter solcher vorübergehender Vervielfältigungshandlungen kumulativ oder nur alternativ gegeben sein müssen, wurde im Gemeinsamen Standpunkt im Sinn einer alternativen Voraussetzung entschieden. Danach ist die freie Nutzung anwendbar, wenn es sich um flüchtige oder begleitende Vervielfältigungen handelt, die einen wesentlichen und integralen Teil eines technischen Verfahrens darstellen. Die Voraussetzung, dass solche Vervielfältigungshandlungen keine eigenständige wirtschaftliche Bedeutung haben dürfen, wurde unverändert beibehalten.

107 Voraussetzung für die Anwendung der freien Nutzung ist danach deshalb zunächst, dass es sich um **vorübergehende**, also nicht dauerhafte Vervielfältigungen im Sinn des Art 2 Info-RL handelt, die einen integralen (integrierenden) und wesentlichen Teil eines **technischen Verfahrens** darstellen. Die Notwendigkeit, Vervielfältigungen geschützten Materials vorzunehmen, muss sich danach unmittelbar aus den Erfordernissen der Anwendung eines technischen Verfahrens ergeben; nur im Zug der Anwendung einer bestimmten technischen Anwendung erfolgende vorübergehende Vervielfältigungen sind bei Erfüllung der übrigen Voraussetzungen freigestellt.

Schwieriger erscheint die Auslegung der zusätzlichen, alternativen Voraussetzungen, dass es sich um flüchtige oder um bloß begleitende Vervielfältigungen handeln muss. **Flüchtig** (*transient*) werden Vervielfältigungen dann sein, wenn sie besonders kurzlebig (rasch vergänglich) sind, wie dies etwa für im Arbeitsspeicher (RAM-Speicher) eines Computers oder beim Zwischenspeichern (*caching*) auf der Festplatte einer Datenverarbeitungsanlage entstehende Kopien zutreffen wird, die nach Beendigung der Arbeitssitzung bzw im Lauf der weiteren Anwendung wieder automatisch gelöscht werden. Auch Vervielfältigungen, die automatisch anlässlich des Durchsuchens des Netzangebots, des sog *browsing* bzw des Wahrnehmbarmachens von im Netz angebotenem geschützten Material entstehen[85], werden als flüchtige Vervielfältigungen zu werten sein. – **Begleitend** (*incidental*) werden dagegen solche Vervielfältigungen sein, die zwar nicht kurzlebig, dafür aber bloß beiläufig im Zug eines technischen Verfahrens entstehen. Allerdings ist dieser Begriff wenig glücklich gewählt, zumal die Beiläufigkeit in einem gewissen Widerspruch zu dem Erfordernis steht, dass es sich um einen wesentlichen und integralen Teil eines technischen Verfahrens handeln muss.

---

84 Vgl „*Non paper*“ 18.02.2000 SN 1554/00 (PI).

85 Vgl dazu auch den ergänzten ErwG 33.

Nach der Absicht des Richtliniengebers soll mit dieser Formulierung offensichtlich das Zwischenspeichern (*caching*) in sog Proxy-Servern bei der Datenübermittlung im Netz erfasst werden, das nicht flüchtig ist. Dies ergibt sich insbes aus ErwG 33, der ausdrücklich auch vom effizienten Funktionieren von Übertragungssystemen spricht. Allerdings erscheint es fraglich, ob es sich in diesem Fall überhaupt noch um vorübergehende Vervielfältigungen handelt, zumal solche Zwischenspeicherungen oft auch längerlebig sein können. Auch nach Art 13 E-Commerce-RL ist der Haftungsausschluss aber auf zeitlich begrenzte (temporary) Vervielfältigungen beschränkt; soweit es sich um vorübergehende Vervielfältigungen handelt, greift die Ausnahme nach Art 5 Abs 1 Info-RL wohl auch zu Gunsten solcher Zwischenspeicherungen[86].

Auslegungsbedürftig ist auch das Erfordernis der fehlenden **eigenständigen wirtschaftlichen Bedeutung**. Nach der Absicht des Richtliniengebers dürfte nur eine eigenständige wirtschaftliche Bedeutung der Vervielfältigungshandlungen selbst die Anwendung dieser freien Nutzung ausschließen. Dies wird bei der bloßen Durchleitung und wohl auch beim *caching* durch Vermittlungsdienste nicht der Fall sein, wohl aber beim *hosting*.

Wie bereits erwähnt, ist die freie Nutzung nach Art 5 Abs 1 Info-RL jetzt auf **108** zwei **konkrete Anwendungsfälle** beschränkt, wodurch auch der Zweck der Vorschrift transparenter geworden ist. Die Zulässigkeit solcher flüchtiger oder beiläufiger Vervielfältigungen soll in Bezug auf bestimmte Online-Dienste (**Dienste der Informationsgesellschaft**) die unmittelbare urheberrechtliche Relevanz der von ihnen vorgenommenen Vervielfältigungshandlungen beseitigen. Dies gilt insbes für die bloße Durchleitung durch Netzvermittler und – von dem erwähnten Bedenken im Hinblick auf das Erfordernis der bloß vorübergehenden Vervielfältigung abgesehen – auch für das *caching*, das Online-Übertragungen effizienter macht.

Auf der anderen Seite sollen solche Vervielfältigungen im Rahmen einer **rechtmäßigen Nutzung** freigestellt werden. Auch diese Voraussetzung bereitet im Einzelnen Auslegungsschwierigkeiten, da hier generell auf die rechtmäßige Nutzung und nicht – wie in Art 5 Abs 1 Software-RL – auf den rechtmäßigen Benützer (*lawful acquirer*) im Rahmen des bestimmungsgemäßen Gebrauchs abgestellt wird. Wenn ErwG 33 dazu ausführt, eine Nutzung sei rechtmäßig, soweit sie vom Rechtsinhaber zugelassen bzw nicht gesetzlich beschränkt ist, hilft dies in Wahrheit nur für den ersten Fall der – ausdrücklichen oder schlüssigen – Zustimmung des Berechtigten weiter. Denn in allen anderen Fällen einer vorübergehenden – flüchtige bzw begleitende Vervielfältigungen mit sich bringenden – Nutzung gilt es deren Erlaubtheit gerade an Hand dieser Bestimmung erst festzustellen. Denkbar wäre eine Auslegung, wonach der Nutzer eine Werkwiedergabe vornehmen darf, wenn er dazu mit Hilfe eines vom Gesetz nicht untersagten Vorgangs in die Lage versetzt wurde. So ist etwa das Herunterladen (*downloading*) von Raubkopien (zB im MP3-Format) im Rahmen der zulässigen Vervielfältigung zum privaten Gebrauch durch eine natürliche Person nach Art 5 Abs 2 lit b Info-RL zulässig, soweit der nationale Gesetzgeber eine solche freie Nutzung vorsieht; nach Art 5 Abs 1 wäre dann auch das Abhören solcher Dateien

[86] Siehe Rz 147 unten.

erlaubt. Mit den Wertungen des Art 5 Abs 1 Software-RL ist eine solche Auslegung allerdings schlecht in Einklang zu bringen.

4.5. Auswirkung auf einzelne Fälle (kritische Würdigung)

109 Im Folgenden sollen die zu regelnden **spezifischen Fälle** beleuchtet und die Auswirkung der Regelung des Art 5 Abs 1 Info-RL in der Fassung nach dem Gemeinsamen Standpunkt kritisch gewürdigt werden. Vor dem Hintergrund eines umfassenden Vervielfältigungsrechts (Art 2 Info-RL) stellt sich im **Offline-Bereich** zunächst die Frage, wie – technisch bedingte – Vervielfältigungen in verschiedenen Geräten, wie etwa beim Abspielen einer Audio-CD mit Hilfe eines **CD-Players** oder beim **digitalen Rundfunk** in Decodern zu beurteilen sind. Solche vorübergehenden Vervielfältigungen ohne selbständige wirtschaftliche Bedeutung sollen nach Art 5 Abs 1 Info-RL frei sein. Denn sie sind flüchtig und stellen einen integrierenden Teil eines technischen Verfahrens dar. Allerdings zeigt sich schon hier eine Unzulänglichkeit der Formulierung, da es die Frage, ob die weitere Voraussetzung erfüllt ist, dass es sich um eine rechtmäßige Nutzung handelt, – wie schon angedeutet – erst zu entscheiden gilt. Im gegebenen Zusammenhang wird man allenfalls davon ausgehen können, dass solche technischen Verfahren nur der Ermöglichung des – urheberrechtlich an sich freien – Werkkonsums (Rundfunkempfangs) dienen. Allerdings zeigt sich damit ein gewisser Wertungswiderspruch zur Regelung der Art 4 lit a iVm Art 5 Abs 1 Software-RL, wonach die Benutzung eines Computerprogramms durch Nichtberechtigte bzw außerhalb des bestimmungsgemäßen Gebrauchs urheberrechtlich sehr wohl relevant ist.

Was solche Vervielfältigungen durch den Nutzer im Zusammenhang mit dem Einsatz der **neueren elektronischen Medien** anlangt, deckt die freie Nutzung etwa die vorübergehende Vervielfältigung im **Arbeitsspeicher eines Computers**, wie etwa beim Laufenlassen einer **CD-ROM** oder bei der **Wiedergabe** von Midi-Dateien bzw von MP3-files mit Hilfe eines Computers oder eines **MP3-Players** ab. Auch in diesen Fällen handelt es sich um vorübergehende und flüchtige Vervielfältigungen als integrierender Bestandteil eines technischen Verfahrens ohne selbständige wirtschaftliche Bedeutung. Nicht erfasst ist dagegen die – nicht bloß vorübergehende – Überspielung geschützter Teile etwa einer CD-ROM auf die Festplatte eines Computers, die ausschließlich zu dem Zweck erfolgt, die Effizienz des Zugriffs zu verbessern. Insoweit erweist sich die Beschränkung der freien Nutzung auf vorübergehende Vervielfältigungen als zu eng, und wäre ein Rückgriff auf den Lösungsansatz der Software-RL bzw der Datenbank-RL wohl sachgerechter gewesen.

110 Im **Online-Bereich** geht es Art 5 Abs 1 Info-RL zunächst um Vervielfältigungen, die beim **Durchsuchen** des Netzes (***browsing***) durch den „Endnutzer" (im Arbeitsspeicher des Computers) entstehen. Dies folgt auch aus ErwG 33, der das *browsing* durch den Endnutzer ausdrücklich erwähnt. Auch beim *browsing* werden die Voraussetzungen dieser freien Nutzung in aller Regel erfüllt sein, da es sich bloß um vorübergehende und flüchtige Kopien handelt, denen keine selbständige wirtschaftliche Bedeutung zukommt, und die einen integrierenden Bestandteil eines technischen Verfahrens darstellen. Allerdings darf dies nur im Rahmen einer rechtmäßigen Nutzung geschehen, deren Problematik oben schon angesprochen wurde. Liegt die Zustimmung des Berechtigten zum Zugänglichmachen und damit zur Möglichkeit des Durchsuchens („Abrufs“) vor, ist dieser Fall auch nicht problematisch, und handelt es sich jedenfalls um eine rechtmäßige Nutzung. Trifft dies aber nicht zu, wie etwa bei der ungenehmigten Zugänglichmachung von MP3-Files mit geschützter Musik, ist die Frage, ob das Durchsuchen des Netzes nach solchen Dateien eine rechtmäßige Nutzung darstellt, nicht *a priori* und losgelöst von der Vorschrift des Art 5 Abs 1 selbst zu beantworten. ErwG 33 dürfte eher von einer generellen Zulässigkeit des *browsing* ausgehen, was im Text des Art 5 Abs 1 aber nicht gleichermaßen deutlich zum Ausdruck kommt und – gemessen an den Wertungen der Software-RL – auch nicht von vornherein einsichtig ist.

Keine rechtmäßige Nutzung wird jedenfalls vorliegen, wenn der Endnutzer vom Berechtigten bzw vom Anbieter gestellte Bedingungen – etwa die Bezahlung eines Entgelts – für das Wahrnehmbarmachen geschützten Materials missachtet. Dies umso mehr, als hier auch die Vorschriften der Zugangskontroll-RL nicht weiterhelfen, zumal die Verbote des Art 4 sich nur auf Vorrichtungen und deren Installation beziehen und außerdem Gewerbsmäßigkeit voraussetzen.

Dagegen ist die **Online-Übertragung** in der Form, dass der Nutzer das im Netz **111**
angebotene Material herunterladen kann (*downloading*), auch dann nicht von der freien Nutzung des Art 5 Abs 1 Info-RL erfasst, wenn es sich bloß um ein vorübergehendes, nicht auf Dauer gerichtetes Abspeichern handelt. Denn weder liegt in diesem Fall eine flüchtige oder beiläufige Vervielfältigung (ohne Selbstzweck) vor noch ist eine solche Vervielfältigung ausschließlich durch ein technisches Verfahren bedingt. Die Rechtmäßigkeit des Herunterladens geschützten Materials aus digitalen Netzen hängt deshalb von der **Zustimmung** des Berechtigten oder vom Vorliegen einer **anderen freien Nutzung** im Einzelfall ab. Kommt keine freie Nutzung zur Anwendung, etwa weil es sich um die Vervielfältigung in einem kommerziellen Betrieb (einer juristischen Person) handelt, sodass Art 5 Abs 2 lit b Info-RL ausscheidet, und auch keine andere freie Nutzung in Betracht kommt, ist für die Herstellung einer digitalen Kopie (das Herunterladen) die Zustimmung des Berechtigten erforderlich. Dies gilt für die Herstellung weiterer Kopien, etwa in Form von Ausdrucken entsprechend. Diese kann vom Rechtsinhaber selbst oder von demjenigen erteilt werden, den der Berechtigte hierzu ermächtigt oder dem er entsprechende Nutzungsrechte eingeräumt hat. Dies wird in der Regel derjenige sein, der das geschützte Material im Sinn des Art 3 Info-RL (interaktiv) zugänglich macht (Netzanbieter). Ob mit der Einräumung des Rechts, geschütztes Material im Netz anzubieten (dieses ins Netz „zu stellen“), auch die Befugnis verbunden ist, dem Endnutzer das *downloading* bzw weiterer Kopien (Ausdrucke) zu gestatten, hängt von den Umständen des Einzelfalls ab.

Liegt dagegen eine freie Nutzung vor, etwa weil die Vervielfältigung durch den Endnutzer zu privaten und nicht-kommerziellen Zwecken erfolgt, und dieser eine natürliche Person ist (Art 5 Abs 2 lit b Info-RL), bedarf es einer Zustimmung des Berechtigten nicht. Zwar kann der Rechtsinhaber bzw der Netzanbieter das *downloading* von Bedingungen abhängig machen, wie der Zahlung eines Entgelts, und kann der Urheber sich dies seinerseits bei der Verfügung über das interaktive Wiedergaberecht auch ausbedingen; umgeht der

Endnutzer aber solche Bedingungen, handelt er im Rahmen einer anwendbaren freien Nutzung nicht rechtswidrig, und helfen insoweit auch die Bestimmungen der Zugangskontroll-RL[87] nicht weiter. Die damit bestehende Schutzlücke lässt sich nur durch technische Schutzmaßnahmen substituieren, die den Berechtigten bzw dessen Rechtsnehmer *de facto* vor einem ungenehmigten *downloading* schützen, was die Bedeutung solcher Schutzmaßnahmen und deren Regelung in Art 6 Info-RL[88] besonders deutlich macht. Umso problematischer erscheint deshalb die Regelung in Art 6 Abs 4 Unterabsatz 2 Info-RL[89].

112 Nach den Intentionen der Ausnahmeregelung nach Art 5 Abs 1 soll sich diese auch auf bestimmte **Dienste der Informationsgesellschaft** beziehen, die nur den Zugang zu digitalen Netzen ermöglichen (Access-Provider) bzw die Übertragung im Netz gewährleisten (Service-Provider), die aber auf das Netzangebot und dessen Inhalt keinen Einfluss nehmen (Content-Provider). Dazu hielt Art 3 Abs 4 geänderter Info-RL-Vorschlag zunächst fest, dass die Bereitstellung der materiellen Voraussetzungen, die eine interaktive öffentliche Wiedergabe im Sinn des Art 3 Info-RL ermöglichen oder bewirken, für sich genommen keine urheberrechtlich relevante Wiedergabe im Sinn dieses Artikels darstellt. Damit sollte offensichtlich die Haftung für eine (technische) **Begünstigung** (**Gehilfenhaftung**) von Rechtsverletzungen Dritter (*secondary infringement*) ausgeschlossen werden[90]; diese Haftungsbeschränkung ist im Gemeinsamen Standpunkt aber gestrichen worden[91]. Ein solcher Haftungsausschluss hätte auch eine unmittelbare Haftung für **Vervielfältigungshandlungen** nicht ausgeschlossen, die solche Vermittler im Zug der Anwendung technischer Verfahren selbst vornehmen; eine Regelung im gegebenen Zusammenhang lag deshalb tatsächlich auf der Hand. Allerdings wurde von allem Anfang an ins Auge gefasst, die Haftung solcher Dienste der Informationsgesellschaft in der **E-Commerce-RL** gesondert zu regeln, wodurch eine vermeidbare Zweigleisigkeit entstanden wäre, die die Auslegung der einschlägigen Bestimmungen nicht erleichtert hätte.

113 Was zunächst die Ausnahme nach Art 5 Abs 1 Info-RL anlangt, sollten Dienste der Informationsgesellschaft (Vermittler) für die von ihnen vorgenommenen vorübergehenden (flüchtigen oder beiläufigen) **Vervielfältigungshandlungen** auf dem Übertragungsweg urheberrechtlich **freigestellt** werden. Damit ist aber auch die Beschränkung einer **unmittelbaren Haftung** für **Rechtsverletzungen** Dritter verbunden, die jedenfalls im Fall der bloßen **Durchleitung** ausscheidet. Nach den Intentionen der Richtlinie dürfte dies, wie bereits angedeutet, auch für das *caching* zutreffen, das die Übertragung in Netzwerken effizienter machen soll. Es erscheint dies aber fraglich, weil es sich in diesem Fall zumindest nicht immer um vorübergehende Kopien handeln wird. Keinesfalls anwendbar ist die freie Nutzung nach Art 5 Abs 1 Info-RL auf das *hosting*, bei welchem es sich um

[87] Siehe Rz 163ff unten.
[88] Siehe Rz 151ff unten.
[89] Siehe Rz 156ff unten.
[90] Vgl dazu *Walter* Art 7 Rz 13 Software-RL.
[91] Die Kommission hatte dazu zunächst einen Vorbehalt angemeldet.

mehr oder weniger dauerhafte Vervielfältigungen handelt, die in der Regel auch eine eigenständige wirtschaftliche Bedeutung haben werden.

Die Sinnhaftigkeit dieser Ausnahme zu Gunsten von Netz-Vermittlern erscheint allerdings im Fall **rechtswidriger Inhalte** im Hinblick auf die in der E-Commerce-RL festgelegten Haftungsbeschränkungen fraglich, da sich diese ohnehin sowohl auf eine unmittelbare urheberrechtliche Haftung (für Vervielfältigungshandlungen) als auch auf eine Gehilfenhaftung im weitesten Sinn bezieht. Soweit die Haftungsbeschränkungen nach Art 12 (reine Durchleitung) und 13 (*caching*) E-Commerce-RL aber nicht reichen bzw die dort festgeschriebenen Voraussetzungen nicht erfüllt sind, erscheint eine Schrankenregelung in Art 5 Abs 1 Info-RL nicht nur entbehrlich, sondern geradezu kontraproduktiv, weil dann die Grundlage für eine unmittelbare **positive Haftung** von Diensten der Informationsgesellschaft" fehlt, und diese nur über die **Gehilfenhaftung** gewährleistet werden kann. Da sich die nationalen Traditionen insoweit aber nicht unerheblich voneinander unterscheiden, wäre gerade diesbezüglich eine einheitliche Regelung sinnvoll gewesen, und zwar auch im Hinblick auf eine offensichtlich gegebene Binnenmarktrelevanz einer solchen Regelung. Eine (einheitliche) positive Haftungsregelung wäre im Übrigen durch eine Haftung für unmittelbare Täterschaft auch einfacher und adäquater zu bewerkstelligen gewesen.

Allerdings gleicht Art 8 Abs 3 Info-RL diese Unzulänglichkeiten in Bezug auf die **114** Verhinderung weiterer Rechtsverletzungen wieder aus. Danach haben die Mitgliedsstaaten nämlich ungeachtet der Freistellung vorübergehender Vervielfältigungen durch Dienste der Informationsgesellschaft zu gewährleisten, dass gegen Vermittler, deren Dienste von dritten Rechtsverletzern benützt werden, **Unterlassungsansprüche** geltend gemacht werden können, was nach dem Konzept der Ausnahmeregelung wohl nur im Weg der Gehilfenhaftung möglich sein wird. Diese ist hier aber zwingend vorgeschrieben, was nach der E-Commerce-RL sonst nicht der Fall ist. Dies gilt im Übrigen auch im Rahmen der Haftungsbeschränkungen nach der E-Commerce-RL, weshalb sich beide Regelungskomplexe auf Unterlassungsansprüche im Ergebnis nicht auswirken, wohl aber auf alle sonstigen aus Urheberrechtsverletzungen ableitbaren Ansprüche wie insbes solche auf angemessene Lizenzgebühr und Schadenersatz[92]. Den Mitgliedstaaten bleibt die Regelung der Gehilfenhaftung und deren Voraussetzungen im Einzelnen aber vorbehalten; eine Harmonisierung wurde insoweit verabsäumt.

5. Fakultative Ausnahmen vom Vervielfältigungsrecht (Abs 2)

Weiters sieht Art 5 Info-RL eine Reihe **fakultativer Schranken** des in Art 2 **115** festgeschriebenen **Vervielfältigungsrechts** vor (Abs 2), die nach Abs 4 gegebenenfalls auch auf das **Verbreitungsrecht** (Art 4) ausgedehnt werden können. Systematisch lassen sich drei Gruppen von Ausnahmen unterscheiden: Zunächst die reprografische Vervielfältigung auf **Papier** (lit a) und die Vervielfältigung zum privaten Gebrauch auf **sonstigem Trägermaterial**. Der geänderter RL-Vorschlag hatte auf Ton-, Bild- oder audiovisuelle Träger abgestellt und zwischen analoger Vervielfältigung (lit b) und digitaler Vervielfältigung (lit ba) unterschie-

[92] Siehe dazu auch Rz 149 unten.

den. In der Fassung nach dem Gemeinsamen Standpunkt werden die Fälle analoger und digitaler Vervielfältigung zum privaten Gebrauch wieder zusammengefasst, während der Vorbehalt zu Gunsten technischer Schutzmaßnahmen – systematisch konsequent und auf alle Schrankenbestimmungen anwendbar – in den Art 6 Abs 4 transferiert wurde. Weitere Vervielfältigungshandlungen sind zu Gunsten nicht kommerzieller Einrichtungen wie **Bibliotheken** sowie im **Bildungsbereich** zulässig (lit c). Schließlich wird auch die **ephemere Aufzeichnung** durch **Sendeunternehmen** ausdrücklich für zulässig erklärt (lit d), und fügt der Gemeinsame Standpunkt noch eine weitere Ausnahme zu Gunsten von Krankenhäusern und Haftanstalten hinzu (lit e).

116 In einigen Fällen ist zwingend vorgesehen, dass die Rechtsinhaber zur Kompensation des durch eine bestimmte freie Nutzung erlittenen wirtschaftlichen Nachteils einen **„gerechten Ausgleich"** erhalten. ErwG 36 stellt dazu klar, dass die Mitgliedstaaten darin frei sind, einen solchen Ausgleichsanspruch auch in anderen Fällen vorzusehen. Welcher Art dieser Ausgleich ist, wird bewusst nicht näher umschrieben. Grundsätzlich wird zwar von einem Anspruch auf eine **angemessene Vergütung** auszugehen sein, es ist dies aber nicht zwingend. Nach ErwG 35 ist dabei auf die besonderen Umstände jedes Einzelfalls Bedacht zu nehmen, und ist der Schaden, den der Berechtigte erleidet, ebenso zu berücksichtigen wie der Umstand, in welchem Ausmaß gegebenenfalls technische Schutzmaßnahmen angewandt werden. Eine Vergütung kann auch entfallen, wenn der Urheber auf andere Weise – zB im Weg einer Lizenzgebühr – eine Zahlung erhalten hat oder wenn der Schaden minimal ist[93].

117 Die **reprografische Vervielfältigung** „auf Papier oder einem ähnlichen Träger" ist mittels beliebiger fotomechanischer Verfahren oder anderer Verfahren mit ähnlicher Wirkung unter der Voraussetzung zulässig, dass die Rechtsinhaber einen **gerechten Ausgleich** erhalten. Die Regelung muss im Sinn des Drei-Stufen-Tests (Abs 5) auf bestimmte Sonderfälle beschränkt sein; auch die beiden übrigen Voraussetzungen müssen erfüllt sein. Eine Beschränkung auf die private Verwendung bzw auf natürliche Personen ist hier nicht vorgesehen, weshalb insbes auch eine Vervielfältigung zum eigenen Gebrauch eines anderen (zB durch Copyshops) und die Vervielfältigung zu beruflichen und „kommerziellen" Zwecken zulässig ist. Eine Vervielfältigung grafischer Aufzeichnungen von Werken der **Musik** (Notenblättern) ist nach dem Gemeinsamen Standpunkt nicht zulässig.

Wenngleich für die freie Nutzung zu Gunsten der reprografischen Vervielfältigung zwingend ein gerechter Ausgleich vorgesehen ist, werden die verschiedenen nationalen Systeme nicht harmonisiert. ErwG 37 geht davon aus, dass damit keine ins Gewicht fallende Beschränkung des Binnenmarkts verbunden ist.

118 Gleichfalls unter der Voraussetzung, dass die Rechtsinhaber einen gerechten Ausgleich erhalten, ist auch die Vervielfältigung auf jedem anderen Medium (Träger) wie **Ton-, Bild- oder audiovisuellen Trägern** zulässig. Diese ist jedoch

93 Der Hinweis des geänderten RL-Vorschlags auf Bagatellfälle wie Privatkopien auf Papier für Studienzwecke ist im Gemeinsamen Standpunkt entfallen.

auf natürliche Personen zur ausschließlich privaten Verwendung für nicht kommerzielle Zwecke beschränkt. Die Beschränkung auf private Zwecke folgt dem Vorbild der Art 10 Abs 1 lit a Vermiet- und Verleih-RL und des Art 6 Abs 2 lit a sowie Abs 9 lit a Datenbank-RL, wobei hinzugefügt wird, dass keinesfalls „kommerzielle Zwecke" verfolgt werden dürfen. Hinzu kommt die Einschränkung dieser freien Nutzung auf natürliche Personen, was im Hinblick auf die Beschränkung auf den privaten (persönlichen) Gebrauch konsequent erscheint, allerdings wohl zu eng ist.

Nach der Fassung des Art 5 Abs 2 lit b Info-RL, wie sie im Gemeinsamen Standpunkt festgelegt ist, bezieht sich die freie Nutzung sowohl auf die **analoge** als auch auf die **digitale** Vervielfältigung auf Ton-, Bild-, oder Bildtonträgern, und wird die Zulässigkeit einer Beschränkung durch technische Schutzmaßnahmen jetzt in Art 6 Abs 4 Info-RL zusammenfassend geregelt. Schließlich wird hier im Richtlinientext selbst, ergänzend aber auch in ErwG 39 darauf hingewiesen, dass der Umfang der Anwendung solcher Maßnahmen im Zusammenhang mit dem zu gewährenden gerechten Ausgleich zu berücksichtigen ist.

Wenn in ErwG 38 hervorgehoben wird, dass hier – anders als bei der reprografischen Vervielfältigung – die unterschiedlichen Vergütungsregelungen das Funktionieren des Gemeinsamen Markts beeinträchtigen können, dies aber keinen Einfluss auf die Informationsgesellschaft habe, wird daraus das Programm des Richtliniengebers abzuleiten sein, auch diesen Bereich ungeachtet des Scheiterns der bisherigen Ansätze zu harmonisieren. Weiters wird betont, dass die Unterschiede zwischen der Vervielfältigung zum privaten Gebrauch mit analogen und derjenigen mit digitalen Mitteln zu berücksichtigen sein werden, zumal die digitale Privatkopie zunehmende Verbreitung finden und größere wirtschaftliche Auswirkung haben dürfte.

Nach lit c dürfen bestimmte Vervielfältigungshandlungen durch öffentlich zugängliche[94] **Bibliotheken, Bildungseinrichtungen, Museen und Archive** vorgenommen werden. Die Beschränkung auf „bestimmte Vervielfältigungshandlungen" unterstreicht das erste Element des Drei-Stufen-Tests, wonach freie Nutzungen nur für bestimmte Sonderfälle geregelt werden dürfen[95]. Nach ErwG 40 scheidet die Online-Übertragung hier zwar aus, doch soll die Lizenzierung im Hinblick auf die kulturpolitische Aufgabe solcher Einrichtungen ausgewogen gefördert werden. Die freie Nutzung ist auf Einrichtungen beschränkt, die keinen „unmittelbaren oder mittelbaren wirtschaftlichen oder kommerziellen Zweck" verfolgen. Diese Formulierung folgt Art 1 Abs 3 Vermiet- und Verleih-RL und stellt damit nicht nur auf eine Gewinnerzielungsabsicht ab, sondern schließt jeden Erwerbszweck aus, wobei ErwG 14 Vermiet- und Verleih-RL hier jedenfalls nicht zur Anwendung kommen wird. Nach ErwG 41 soll es allerdings auf die Tätigkeit dieser Einrichtungen als solche und weniger auf deren Finanzierung ankommen, ein Hinweis, der die Auslegung nicht leichter macht. **119**

Nach dem geänderten RL-Vorschlag waren solche Vervielfältigungen auf die Zwecke der Archivierung oder Erhaltung eines Werks oder Schutzgegenstands

---

[94] Der Zusatz „öffentlich zugänglich" dürfte sich auf alle Einrichtungen dieser Art beziehen.

[95] Siehe auch ErwG 40.

beschränkt[96]. In der Fassung nach dem Gemeinsamen Standpunkt wurde die Beschränkung auf den Zweck der Archivierung oder Erhaltung aber fallengelassen, während die allgemeine Umschreibung „Einrichtungen im Bildungs-, Ausbildungs- oder kulturellen Bereich" präzisiert wurde und jetzt nur Bibliotheken, Bildungseinrichtungen (*educational establishments*), Museen und Archive genannt werden. Dessen ungeachtet ist diese Vorschrift sehr weit gefasst, und ist auch ein gerechter Ausgleich nicht zwingend vorgesehen. Auch hier kommt dem ergänzend zu berücksichtigende Drei-Stufen-Test deshalb besondere Bedeutung zu. Im Einzelfall mag die Gewährung eines Vergütungsanspruchs erforderlich sein, um den Kriterien des Abs 5 zu genügen.

120 Schließlich werden auch **ephemere Vervielfältigungen** im Sinn des Art 11bis Abs 3 RBÜ 1967/71 für zulässig erklärt (lit d), die von Sendeunternehmen mit eigenen Mitteln und für eigene Sendungen hergestellt werden. Damit folgt die Info-RL wieder Art 10 Abs 1 lit c Vermiet- und Verleih-RL. In der Fassung nach dem Gemeinsamen Standpunkt wird konventionskonform hinzugefügt, dass es zulässig ist, solche Aufzeichnungen im Hinblick auf ihren außergewöhnlichen Dokumentationscharakter in amtlichen Archiven aufzubewahren. Wenn ErwG 41 dazu festhält, dass die ephemere Vervielfältigung durch Sendeunternehmen mit ihren eigenen Mitteln auch solche umfasst, die von Personen durchgeführt werden, welche im Namen und unter der Verantwortung des Sendeunternehmens handeln, so ist diese Umschreibung unklar, dürfte aber Auftragsproduktionen im Auge haben. Dies erscheint aber im Hinblick auf die erwähnte Bestimmung der Berner Übereinkunft fragwürdig.

121 Die Fassung der Info-RL nach dem Gemeinsamen Standpunkt ergänzt den Katalog der vorgesehenen Ausnahmen noch um eine weitere Ausnahme vom Vervielfältigungsrecht (lit e), und zwar in Bezug auf die Aufzeichnung von **Rundfunksendungen** durch nicht kommerzielle **soziale Einrichtungen** wie Krankenhäuser oder Haftanstalten, und zwar unter der Voraussetzung, dass die Rechteinhaber einen gerechten Ausgleich erhalten. Eine Anpassung der Formulierung an diejenige des Art 1 Abs 3 Vermiet- und Verleih-RL (kein unmittelbarer oder mittelbarer wirtschaftlicher oder kommerzieller Nutzen) bzw der lit c wäre sinnvoll gewesen.

6. Fakultative Ausnahmen vom Vervielfältigungsrecht und vom Recht der öffentlichen Wiedergabe (Abs 3)

122 Art 5 Abs 3 Info-RL sieht weiters eine Reihe – gleichfalls **fakultativer** – Ausnahmen vom **Vervielfältigungsrecht** und vom Recht der **öffentlichen Wiedergabe** vor. Auch diese Ausnahmen können nach Abs 4 auch auf das Verbreitungsrecht erstreckt werden. Die Ausnahmen betreffen Unterricht und Wissenschaft (lit a), die Nutzung durch Behinderte (lit b), die Berichterstattung über Tagesereignisse (lit c), das Zitatrecht (lit d), die öffentliche Sicherheit sowie behördliche Verfah-

[96] Während die Einschränkung auf die Erhaltung von Schutzgegenständen nachvollziehbar war, traf dies für den ungenauen Begriff der Archivierung nicht zu, zumal solche Archivexemplare im Sinn der allgemeinen Regelung des Abs 4 auch verbreitet werden dürfen.

ren oder Parlamentsverfahren (lit e). Der Gemeinsame Standpunkt fügt noch eine Reihe weiterer fakultativer freier Nutzungen hinzu, und zwar in Bezug auf tagesaktuelle Artikel (lit c), politische Reden (lit f), religiöse Veranstaltungen (lit g), die Freiheit des Straßenbilds (lit h) und die beiläufige Nutzung (lit i), die Werbung für öffentliche Ausstellungen und den Verkauf von Werken der bildenden Künste (lit j), die Karikatur und Parodie (lit k), die Nutzung in bestimmten Geschäftsbetrieben (lit l), die Wiedererrichtung von Werken der Baukunst (lit m) und die Zugänglichmachung in den Räumen bestimmter Einrichtungen für Forschungs- und private Studienzwecke (lit n). Schließlich ergänzt der Gemeinsame Standpunkt den Katalog noch um eine allgemeine Ermächtigung, wonach weitere Ausnahmen von geringer Bedeutung, die in der Gesetzgebung der Mitgliedstaaten bereits bestehen, aufrecht erhalten werden dürfen (lit o), wobei sich solche Nutzungen nur auf einen Gebrauch mit analogen, nicht aber mit digitalen Mitteln beziehen und keinesfalls die gemeinschaftsrechtliche Waren- und Dienstleistungsfreiheit beeinträchtigen dürfen.

Auch für die fakultativen Ausnahmen nach Abs 3 gilt der Drei-Stufen-Test **123**
(Abs 5). Ungeachtet der hier verhältnismäßig präzisen Umschreibung möglicher Ausnahmeregelungen müssen sich diese deshalb insbes auf bestimmte Sonderfälle beziehen, die in der Gesetzgebung der Mitgliedstaaten genau zu umschreiben sind. Dabei ist nicht zu übersehen, dass sich die Ausnahmen nach Abs 3 in Verbindung mit Abs 4 nicht nur auf die Vervielfältigung und auf die öffentliche Wiedergabe, einschließlich der Online-Übertragung beziehen, sondern auch auf die Verbreitung. Die Ausnahmen nach Abs 2 sind insoweit enger, als sie nicht auch die öffentliche Wiedergabe betreffen. Insgesamt sind Ausnahmen sehr weitgehend zulässig, werden im Gemeinsamen Standpunkt noch erweitert und durch die Generalklausel nach lit o ergänzt.

Soweit dies durch den damit verfolgten **nicht kommerziellen Zweck** gerechtfer- **124**
tigt ist, dürfen Ausnahmen zu Gunsten einer Nutzung mit dem ausschließlichen Zweck der Veranschaulichung im **Unterricht**[97] oder in der **wissenschaftlichen Forschung** vorgesehen werden (lit a). Diese freie Nutzung setzt die Angabe der **Quelle** voraus, wobei die Fassung nach dem Gemeinsamen Standpunkt hinzufügt, „soweit dies möglich ist"; weiters wird zu Recht klargestellt, dass die Quellenangabe auch die **Urheberbezeichnung** einschließt. Voraussetzung ist schließlich, dass die Rechtsinhaber einen **gerechten Ausgleich** erhalten.

Diese freie Nutzung entspricht im Ansatz Art 10 Vermiet- und Verleih-RL, enthält aber weitere Beschränkungen nach dem Vorbild der Art 6 Abs 2 lit b bzw Art 9 lit b Datenbank-RL. Danach darf die Nutzung nur der Veranschaulichung dienen. Die Begriffe Unterricht und wissenschaftliche Forschung werden nicht näher umschrieben. Gleichfalls der Datenbank-RL folgend wird hier auch ein urheberpersönlichkeitsrechtliches Element eingeführt, indem die Anführung der Quelle – einschließlich der Urheberbezeichnung – als Voraussetzung für die Inanspruchnahme dieser freien Nutzung vorgesehen wird. Abgesehen von der Angabe des Urhebers wird die Quellenangabe nicht weiter präzisiert, sodass dem nationalen Gesetzgeber ein Spielraum verbleibt. Grundvoraussetzung ist weiters,

[97] Vgl dazu Art 10 Abs 2 RBÜ 1967/71.

dass keine kommerziellen Zwecke verfolgt werden. Auch hier hätte eine mit Art 1 Abs 3 Vermiet- und Verleih-RL übereinstimmende Begriffsbestimmung gewählt werden sollen, wo von einem „unmittelbaren oder mittelbaren wirtschaftlichen oder kommerziellen Nutzen" die Rede ist. Zu begrüßen ist, dass für beide Fälle (Unterricht und wissenschaftliche Forschung) zwingend zumindest ein **gerechter Ausgleich** vorgeschrieben ist. Auch in diesem Zusammenhang ist aber nicht ausdrücklich von einer angemessenen Vergütung (**Schulbuchvergütung**) die Rede.

125 Weiters können die Mitgliedsstaaten Ausnahmen für die Nutzung durch **behinderte Personen** vorsehen (lit b), soweit es die betreffende Behinderung erfordert, wenn die Nutzung mit der Behinderung unmittelbar zusammenhängt und nicht kommerzieller Art ist. Die wieder etwas abweichende Formulierung „Nutzung nicht kommerzieller Art" hätte auch hier entsprechend angeglichen und im Sinn des § 1 Abs 3 Vermiet- und Verleih-RL beschränkt werden sollen.

126 Der Gesetzgeber der Mitgliedstaaten ist weiters ermächtigt, Ausnahmen für die **Berichterstattung über Tagesereignisse** vorzusehen (lit c zweiter Fall), sofern – wenn immer möglich – die **Quelle**, einschließlich der Urheberbezeichnung, angegeben wird, und soweit es der **Informationszweck** rechtfertigt. Diese freie Nutzung orientiert sich an Art 10bis Abs 2 RBÜ 1967/71 und kann auf das Vorbild des Art 10 Abs 1 lit b Vermiet- und Verleih-RL zurückgreifen, während Art 6 Abs 2 lit d Datenbank-RL insoweit auf sonstige Ausnahmen verweist, die traditionell im innerstaatlichen Recht geregelt werden. Allerdings ist der wohl etwas engere Begriff der „kurzen Bruchstücke" im geänderten Info-RL-Vorschlag durch „Auszüge" ersetzt worden, während in der Fassung nach dem Gemeinsamen Standpunkt überhaupt keine umfängliche Beschränkung mehr aufscheint. Eine wesentliche, in Art 10bis Abs 2 RBÜ 1967/71 festgelegte Voraussetzung fehlt auch im Gemeinsamen Standpunkt, dass es sich nämlich um Werke (Schutzgegenstände) handeln muss, die „im Verlauf des Ereignisses" wahrnehmbar (sichtbar oder hörbar) werden. Zu Recht ist jetzt die Bezugnahme auch auf die bloße Veranschaulichung eines Tagesereignisses aber gestrichen worden; eine so weitreichende freie Nutzung wäre nicht gerechtfertigt und stünde ohne Zweifel mit Art 10 Abs 2 RBÜ 1967/71 in Widerspruch. Zu überlegen gewesen wäre allerdings, auch diese Ausnahme vergütungspflichtig zu erklären.

Der Gemeinsame Standpunkt fügt auch die in Art 10bis Abs 1 RBÜ 1967/71 vorgesehene freie Nutzung zu Gunsten der Vervielfältigung durch die Presse, der öffentlichen Wiedergabe oder des Zugänglichmachens hinzu, wenn es sich um erschienene Artikel über wirtschaftliche, politische oder religiöse Tagesfragen oder um gesendete Werke oder andere Schutzgegenstände gleicher Art handelt (lit c erste Fall). Diese soll dann zulässig sein, wenn deren Verwendung nicht ausdrücklich vorbehalten ist, und die Quelle – einschließlich des Namens des Urhebers – angegeben wird. Die Bestimmung geht insoweit über diejenige der Berner Übereinkunft hinaus, als sie ausdrücklich auch sonstige Schutzgegenstände umfasst und sich daher auch auf die vier Europäischen Leistungsschutzrechte erstreckt.

127 Nach lit d kann der nationale Gesetzgeber weiters auch ein **Zitatrecht** vorsehen, wie dies in den nationalen Urheberrechtsgesetzen traditionell der Fall und durch

Art 10 Abs 1 RBÜ 1967/71 auch gedeckt ist. Voraussetzung ist, dass das zitierte Werk (der Schutzgegenstand) bereits rechtmäßig der **Öffentlichkeit** zugänglich gemacht worden ist. Auch hier ist – wenn immer möglich – die **Quelle**, einschließlich der Urheberbezeichnung anzuführen. Die Nutzung muss der **Verkehrssitte** entsprechen und in ihrem Umfang durch den **besonderen Zweck gerechtfertigt** sein. Die Zwecke der Kritik oder Rezension werden nur beispielshaft erwähnt.

Auch Ausnahmen für Zwecke der **öffentlichen Sicherheit** oder des ordnungsgemäßen Ablaufs eines **Verwaltungs-, Parlaments- oder Gerichtsverfahrens** bzw der **Berichterstattung** darüber können vorgesehen werden (lit e). Während Art 10 Abs 2 Vermiet- und Verleih-RL in diesem Fall nur auf die für Urheberrechte vorgesehenen weiteren freien Nutzungen verweist, kann der geänderte Info-RL-Vorschlag auch hier auf das Vorbild der Datenbank-RL (Art 6 Abs 2 lit c) zurückgreifen, wo Parlamentsverfahren allerdings ebensowenig erwähnt sind wie eine Berichterstattung über die genannten Verfahren. **128**

Die Fassung nach dem Gemeinsamen Standpunkt sieht in lit f bis o zehn weitere freie Nutzungen vor, die in den Gesetzen der Mitgliedstaaten Tradition haben. So dürfen **politische Reden** sowie Auszüge aus Vorträgen oder Werken (Schutzgegenständen) ähnlicher Art benützt werden, soweit dies durch den Informationszwecke gerechtfertigt ist, sofern – wenn immer möglich – die **Quelle**, einschließlich der Urheberbezeichnung, angeführt wird (lit f)[98]. Weiters können die Nutzung bei **religiösen Feierlichkeiten** (lit g)[99] und die **beiläufige Aufnahme** eines Werks oder anderen Schutzgegenstands in sonstiges Material (*incidental use*)[100] (lit i) freigegeben werden. Die beiden zuletzt genannten Fälle erscheinen – jedenfalls in dieser Allgemeinheit – bedenklich. Sie dürften im Übrigen auch durch die Generalklausel nach lit o gedeckt sein, weshalb sich eine gesonderte Anführung erübrigt hätte. **129**

Die ausdrückliche Erwähnung der **Freiheit des Straßenbilds** (lit h) erscheint dagegen ebenso sinnvoll wie die Beschränkung dieser freien Nutzung auf zur bleibenden Anbringung an öffentlichen Orten geschaffene Werke[101]. Dagegen ist die sinnvolle Klarstellung, dass deren Wiedergabe nicht den Hauptgegenstand der Nutzung bilden darf, in der Fassung nach dem Gemeinsamen Standpunkt wieder weggefallen. Die Beschränkung auf den durch den Informationszweck erforderlichen Umfang war hier allerdings tatsächlich entbehrlich, weil es sich bei der Freiheit des Straßenbilds um eine allgemeine Schrankenregelung handelt, die nicht auf Informationszwecke beschränkt ist. Der Ausdruck „öffentliche Orte" **130**

---

[98] Diese freie Nutzung ist durch Art 2bis RBÜ 1967/1971 gedeckt und etwas enger umschrieben.

[99] Die deutsche Übersetzung „religiöse Veranstaltungen" ist ungenau und geht jedenfalls zu weit.

[100] ZB als unwesentliches Beiwerk (vgl § 57 dUrhG). Die vorläufige deutsche Übersetzung der konsolidierten Fassung war insoweit unrichtig, wenn dort von „gelegentlicher Verwendung" die Rede war.

[101] Der Gemeinsame Standpunkt spricht beispielsweise von Werken der Baukunst oder Plastiken.

wird im Sinn des „öffentlichen Raums" weit zu verstehen sein und insbes auch Straßen und Wege umfassen. Die Außenansicht von Bauwerken müsste allerdings auch dann frei wiedergegeben werden können, wenn sich diese nicht im öffentlichen Raum befinden. Weshalb hier die grundsätzliche Verpflichtung zur Anbringung der Urheberbezeichnung nicht ausdrücklich erwähnt ist, erscheint nicht recht verständlich.

131 Im letzten Stadium der Beratungen der Rats-Arbeitsgruppe wurden noch fünf weitere freie Nutzungen hinzugefügt (lit j bis n). Dazu zählt zunächst die Nutzung zum Zweck der **Werbung** für öffentliche **Ausstellungen** oder für den **Verkauf** von Werken der bildenden Künste, soweit dies zur Förderung solcher Ereignisse erforderlich ist. Diese Ausnahme ist sehr weit umschrieben und erscheint jedenfalls in dieser Allgemeinheit problematisch. Dies insbes auch im Hinblick darauf, dass die öffentliche Ausstellung von Werken der bildenden Künste in der Regel keinem Ausschlussrecht des Künstlers unterliegt, und auch nur wenige Länder Vergütungsansprüche kennen[102]. Zu bedenken ist auch, dass selbst Verkaufsausstellungen nur dann im Interesse des Künstlers liegen, wenn er noch Eigentümer der zum Verkauf angebotenen Werkstücke ist.

132 Wenn nach lit k auch die Nutzung zu Zwecken der **Karikatur**, **Parodie** oder **Stilnachahmung** freigegeben werden kann, so scheint dies schon im Hinblick darauf verständlich, dass eine entsprechende Ausnahme etwa im französischem Urheberrecht seit Langem bekannt ist. Zu einer Harmonisierung trägt die nicht weiter differenzierte Regelung allerdings kaum bei. Nach herrschender Ansicht sind Stil, Manier und Technik im Übrigen ohnehin nicht urheberrechtlich schutzfähig, weshalb es insoweit keiner freien Nutzung bedurft hätte.

133 Soweit nach lit l auch die Verwendung von Werken in Verbindung mit der **Vorführung** oder **Reparatur** von Geräten in gewerblichen Betrieben freigestellt werden kann, entspricht dies freien Nutzungen, wie sie in zahlreichen nationalen Urheberrechtsgesetzen vorgesehen sind. Das Abstellen bloß auf die Geräte (*equipment*) erscheint zwar eng, dessen ungeachtet aber sachgerecht. § 56 öUrhG gestattet dagegen auch die freie Nutzung von Bild- oder Schallträgern, um die Kunden solcher Geschäftsbetriebe mit solchen Vervielfältigungsstücken und den darauf festgehaltenen Werken und Leistungen bekanntzumachen.

134 Weiters können Werke der **Baukunst** oder Entwürfe bzw Pläne hierzu zum Zweck des Wiederaufbaus eines Gebäudes verwendet werden (lit m). Damit diese freie Werknutzung zum Tragen kommt, muss es sich um ein bereits errichtetes Bauwerk handeln, welches nach einer erfolgten Beschädigung oder Zerstörung wiedererrichtet bzw saniert wird. Die Ausführung bisher nicht errichteter Gebäude nach vorliegenden Plänen fällt ebensowenig unter diese freie Nutzung wie die Fertigstellung bisher nicht errichteter Gebäudeteile. Dagegen wird der Rückbau von – etwa durch Zubauten – veränderter Bauwerke von dieser freien Nutzung umfasst sein.

---

[102] Siehe dazu aber etwa § 16b öUrhG idF 1996; allerdings mit öBGBl 2000 I 110 wieder aufgehoben.

Schließlich kann auch die öffentliche Wiedergabe und das Zugänglichmachen von Werken oder Schutzgegenständen freigegeben werden, wenn diese zu den Beständen von Einrichtungen im Sinn des Absatzes 2 lit c gehören und weder käuflich noch zu Lizenzbedingungen erhältlich sind (lit n). Diese freie Nutzung ist aber auf Forschungszwecke und private Studien durch einzelne Mitglieder der Öffentlichkeit beschränkt, wobei die Nutzung mit Hilfe von hierzu bestimmter Terminals in den Räumlichkeiten solcher Einrichtungen erfolgen muss. Damit soll öffentlich zugänglichen **Bibliotheken**, Bildungseinrichtungen, Museen oder Archiven, die keinen unmittelbaren oder mittelbaren wirtschaftlichen oder kommerziellen Zweck verfolgen, ermöglicht werden, ihre Bestände Besuchern zu den genannten Zwecken auch im Weg von **Lautsprecher- oder Bildschirmvorführungen** zugänglich zu machen, wobei dies allerdings jeweils nur für einzelne Besucher und nicht im Weg von Vorführungen zulässig ist, die für mehrere Besucher (gleichzeitig) erfolgen. Ein solches Zugänglichmachen mit Hilfe von Terminals in den Räumlichkeiten solcher Einrichtungen entspricht im audiovisuellen Bereich der Zurverfügungstellung von Schriftgut wie Büchern, Zeitschriften etc zum Lesen in Präsenzbibliotheken. Eine freie Nutzung dieser Art ist etwa in § 56b öUrhG idF 1996 vorgesehen, wonach dem Urheber allerdings in diesem Fall freier Nutzung ein Anspruch auf angemessene Vergütung zusteht. **135**

Wie bereits erwähnt, bleibt es dem Gesetzgeber der Mitgliedsstaaten nach lit o auch vorbehalten, bestimmte andere **Fälle von geringerer Bedeutung**, die in der innerstaatlichen Gesetzgebung bereits bestehen, aufrecht zu erhalten. Diese Ermächtigung gilt allerdings nur für die Nutzung mit analogen Techniken, nicht aber für die digitale Nutzung. Auch dürfen solche Nutzungen den Grundsatz der Freiheit des Waren- und Dienstleistungsverkehrs nicht beeinträchtigen. Diese weitgehende generelle Ermächtigung war in der Rats-Arbeitsgruppe bis zuletzt umstritten. **136**

7. Ausnahmen vom Verbreitungsrecht (Abs 4)

Wie bereits erwähnt, können die Mitgliedsstaaten, wenn sie von der Ermächtigung nach Abs 2 oder 3 Gebrauch machen und eine Ausnahme vom ausschließlichen Vervielfältigungsrecht vorsehen, entsprechende Ausnahmen auch vom **Verbreitungsrecht** zulassen, sofern diese durch das Ziel der erlaubten Vervielfältigung gerechtfertigt sind. Damit wird der Anwendungs- und Wirkungsbereich der in den Abs 2 und 3 vorgesehenen Ausnahmen vom Vervielfältigungsrecht ganz erheblich erweitert. **137**

V. Kapitel Sanktionen

(Bearbeiter: Walter)

Kapitel IV Allgemeine Bestimmungen

Artikel 8 Sanktionen und Rechtsbehelfe

(1) Die Mitgliedstaaten sehen bei Verletzungen der in dieser Richtlinie festgelegten Rechte und Pflichten angemessene Sanktionen und Rechtsbehelfe

vor und treffen alle notwendigen Maßnahmen, um deren Anwendung sicherzustellen. Die betreffenden Sanktionen müssen wirksam, verhältnismäßig und abschreckend sein.

(2) Jeder Mitgliedstaat trifft die erforderlichen Maßnahmen, um sicherzustellen, dass Rechtsinhaber, deren Interessen durch eine in seinem Hoheitsgebiet begangene Rechtsverletzung beeinträchtigt werden, Klage auf Schadenersatz erheben und/oder eine gerichtliche Anordnung sowie gegebenenfalls die Beschlagnahme von rechtswidrigem Material sowie von Vorrichtungen, Erzeugnissen oder Bestandteilen im Sinne des Artikels 6 Absatz 2 beantragen können.

(3) Die Mitgliedstaaten stellen sicher, dass die Rechtsinhaber gerichtliche Anordnungen gegen Vermittler beantragen können, deren Dienste von einem Dritten zur Verletzung eines Urheberrechts oder verwandter Schutzrechte genutzt werden.

Artikel 9 Weitere Anwendung anderer Rechtsvorschriften

Diese Richtlinie lässt andere Rechtsvorschriften insbesondere in folgenden Bereichen unberührt: Patentrechte, Marken, Musterrechte, Gebrauchsmuster, Topographien von Halbleitererzeugnissen, typographische Schriftzeichen, Zugangskontrolle, Zugang zum Kabel von Sendediensten, Schutz nationalen Kulturguts, Anforderungen im Bereich gesetzlicher Hinterlegungspflichten, Rechtsvorschriften über Wettbewerbsbeschränkungen und unlauteren Wettbewerb, Betriebsgeheimnisse, Sicherheit, Vertraulichkeit, Datenschutz und Schutz der Privatsphäre, Zugang zu öffentlichen Dokumenten sowie Vertragsrecht.

Aus den Erwägungsgründen

ErwG 57 Die Mitgliedstaaten sollten wirksame Sanktionen und Rechtsbehelfe bei Zuwiderhandlungen gegen die in dieser Richtlinie festgelegten Rechte und Pflichten vorsehen. Sie sollten alle erforderlichen Maßnahmen treffen, um die Anwendung dieser Sanktionen und Rechtsbehelfe sicherzustellen. Die vorgesehenen Sanktionen müssen wirksam, verhältnismäßig und abschreckend sein und die Möglichkeit einschließen, Schadenersatz und/oder eine gerichtliche Anordnung sowie gegebenenfalls die Beschlagnahme von rechtswidrigem Material zu beantragen.

ErwG 58 Insbesondere in der digitalen Technik können die Dienste von Vermittlern immer stärker von Dritten für Rechtsverstöße genutzt werden. Oftmals sind diese Vermittler selbst am besten in der Lage, diesen Verstößen ein Ende zu setzen. Daher sollten die Rechtsinhaber – unbeschadet anderer zur Verfügung stehender Sanktionen und Rechtsbehelfe – die Möglichkeit haben, eine gerichtliche Anordnung gegen einen Vermittler zu beantragen, der die Rechtsverletzung eines Dritten in Bezug auf ein geschütztes Werk oder einen anderen Schutzgegenstand in einem Netz überträgt. Diese Möglichkeit sollte auch dann bestehen, wenn die Handlungen des Vermittlers nach Artikel 5 freigestellt sind. Die Bedingungen und Modalitäten für eine derartige gerichtliche Anordnung sollten im nationalen Recht der Mitgliedstaaten geregelt werden.

ErwG 59 Der durch diese Richtlinie gewährte Schutz sollte die nationalen und gemeinschaftlichen Rechtsvorschriften in anderen Bereichen wie gewerbliches Eigentum, Datenschutz, Zugangskontrolle, Zugang zu öffentlichen Dokumenten und den Grundsatz der Chronologie der Auswertung in den Medien, die sich auf den Schutz des Urheberrechts oder verwandter Rechte auswirken, unberührt lassen.

Kurzkommentar

Nach Art 8 (Sanktionen und Rechtsbehelfe) haben die Mitgliedstaaten bei Zuwiderhandlungen angemessene **Sanktionen** und **Rechtsbehelfe** vorzusehen und alle notwendigen Maßnahmen zu treffen, um deren Anwendung sicherzustellen. Die Sanktionen müssen wirksam, verhältnismäßig und abschreckend sein. Hierzu sei auf die Erläuterungen zur ProduktpiraterieV verwiesen[103]. **138**

Wesentlich ist im gegenständlichen Zusammenhang, dass nach dem erst in der Schlussphase der Beratungen der Rats-Arbeitsgruppe hinzugefügten dritten Absatz die Mitgliedstaaten jedenfalls gerichtliche Anordnungen (insbes **Unterlassungsansprüche**) gegen Dienste der Informationsgesellschaft (Vermittler) und deren Durchsetzung sicherstellen müssen. Wie ErwG 58 dazu klarstellt, muss diese Möglichkeit auch dann bestehen, wenn die Beteiligung des Vermittlers im Hinblick auf die zwingende Ausnahme des Art 5 Abs 1 Info-RL nicht als urheberrechtlich relevante Vervielfältigung anzusehen ist. Da in solchen Fällen allerdings eine Haftung des Vermittlers für eine unmittelbare Urheberrechtsverletzung ausscheidet, kommt in solchen Fällen nur eine **Gehilfenhaftung** (Beitragstäterschaft) in Frage, deren Regelung im Einzelnen ebenso dem nationalen Recht der Mitgliedstaaten vorbehalten bleibt wie die Regelung des Verfahrens. Dies gilt im Übrigen auch in den Fällen, in welchen die Haftungsbeschränkungen der E-Commerce-RL (Art 12 bis 14) greifen, da diese Richtlinie einen entsprechenden Vorbehalt enthält (Art 12 bis 14 jeweils Abs 3). **139**

Anders als noch im geänderten **E-Commerce-RL**-Vorschlag ist in deren endgültiger Fassung aber nicht mehr von Unterlassungsklagen, sondern nur davon die Rede, dass die zuständige Behörde (Gericht oder Verwaltungsbehörde) nach den **Rechtssystemen der Mitgliedstaaten** vom Diensteanbieter verlangen kann, die Rechtsverletzung **abzustellen** oder **zu verhindern**. Wenngleich diese Formulierung noch allgemeiner gehalten ist, und darüber hinaus nur klargestellt wird, dass die Möglichkeit solcher behördlicher Maßnahmen unberührt bleiben, ist dies im urheber- und leistungsschutzrechtlichen Zusammenhang im Hinblick auf die ausdrückliche Vorschrift des Art 8 Abs 3 Info-RL in den Rechtssystemen der Mitgliedsländer zwingend vorzusehen. Beide Richtlinien ergänzen einander insoweit, worauf ErwG 16 Info-RL und ErwG 50 E-Commerce-RL im Zusammenhang mit der Abstimmung der Umsetzungsfristen für beide Richtlinien zu Recht hinweisen.

---

[103] Vgl *Walter* Vor Art 1 Rz 22f PPV 1994/99.

VI. Kapitel Haftungsbeschränkungen (E-Commerce-RL)

(*Bearbeiter: Walter*)

Übersicht

Text: E-Commerce-RL Abschnitt 4 – Verantwortlichkeit der Vermittler

Artikel 12 – Reine Durchleitung

(1) Die Mitgliedstaaten stellen sicher, daß im Fall eines Dienstes der Informationsgesellschaft, der darin besteht, von einem Nutzer eingegebene Informationen in einem Kommunikationsnetz zu übermitteln oder Zugang zu einem Kommunikationsnetz zu vermitteln, der Diensteanbieter nicht für die übermittelten Informationen verantwortlich ist, sofern er
(a) die Übermittlung nicht veranlaßt,
(b) den Adressaten der übermittelten Informationen nicht auswählt und
(c) die übermittelten Informationen nicht auswählt oder verändert.

(2) Die Übermittlung von Informationen und die Vermittlung des Zugangs im Sinne von Absatz 1 umfassen auch die automatische kurzzeitige Zwischenspeicherung der übermittelten Informationen, soweit dies nur zur Durchführung der Übermittlung im Kommunikationsnetz geschieht und die Information nicht länger gespeichert wird, als es für die Übermittlung üblicherweise erforderlich ist.

(3) Dieser Artikel läßt die Möglichkeit unberührt, daß ein Gericht oder eine Verwaltungsbehörde nach den Rechtssystemen der Mitgliedstaaten vom Diensteanbieter verlangt, die Rechtsverletzung abzustellen oder zu verhindern.

Artikel 13 – Caching

(1) Die Mitgliedstaaten stellen sicher, daß im Fall eines Dienstes der Informationsgesellschaft, der darin besteht, von einem Nutzer eingegebene Informationen in einem Kommunikationsnetz zu übermitteln, der Diensteanbieter nicht für die automatische, zeitlich begrenzte Zwischenspeicherung verantwortlich ist, die dem alleinigen Zweck dient, die Übermittlung der Information an andere Nutzer auf deren Anfrage effizienter zu gestalten, sofern folgende Voraussetzungen erfüllt sind:
a) Der Diensteanbieter verändert die Information nicht;
b) der Diensteanbieter beachtet die Bedingungen für den Zugang zu der Information;
c) der Diensteanbieter beachtet die Regeln für die Aktualisierung der Information, die in weithin anerkannten und verwendeten Industriestandards festgelegt sind;
d) der Diensteanbieter beeinträchtigt nicht die erlaubte Anwendung von Technologien zur Sammlung von Daten über die Nutzung der Informa-

tion, die in weithin anerkannten und verwendeten Industriestandards festgelegt sind;

e) der Diensteanbieter handelt zügig, um eine von ihm gespeicherte Information zu entfernen oder den Zugang zu ihr zu sperren, sobald er tatsächliche Kenntnis davon erhält, daß die Information am ursprünglichen Ausgangsort der Übertragung aus dem Netz entfernt wurde oder der Zugang zu ihr gesperrt wurde oder ein Gericht oder eine Verwaltungsbehörde die Entfernung oder Sperrung angeordnet hat.

(2) Dieser Artikel läßt die Möglichkeit unberührt, daß ein Gericht oder eine Verwaltungsbehörde nach den Rechtssystemen der Mitgliedstaaten vom Diensteanbieter verlangt, die Rechtsverletzung abzustellen oder zu verhindern.

Artikel 14 – Hosting

(1) Die Mitgliedstaaten stellen sicher, daß im Fall eines Dienstes der Informationsgesellschaft, der in der Speicherung von durch einen Nutzer eingegebenen Informationen besteht, der Diensteanbieter nicht für die im Auftrag eines Nutzers gespeicherten Informationen verantwortlich ist, sofern folgende Voraussetzungen erfüllt sind:

a) Der Anbieter hat keine tatsächliche Kenntnis von der rechtswidrigen Tätigkeit oder Information, und, in bezug auf Schadenersatzansprüche, ist er sich auch keiner Tatsachen oder Umstände bewußt, aus denen die rechtswidrige Tätigkeit oder Information offensichtlich wird, oder

b) der Anbieter wird, sobald er diese Kenntnis oder dieses Bewußtsein erlangt, unverzüglich tätig, um die Information zu entfernen oder den Zugang zu ihr zu sperren.

(2) Absatz 1 findet keine Anwendung, wenn der Nutzer dem Diensteanbieter untersteht oder von ihm beaufsichtigt wird.

(3) Dieser Artikel läßt die Möglichkeit unberührt, daß ein Gericht oder eine Verwaltungsbehörde nach den Rechtssystemen der Mitgliedstaaten vom Diensteanbieter verlangt, die Rechtsverletzung abzustellen oder zu verhindern, oder daß die Mitgliedstaaten Verfahren für die Entfernung einer Information oder die Sperrung des Zugangs zu ihr festlegen.

Artikel 15 – Keine Überwachungspflicht

(1) Die Mitgliedstaaten erlegen Anbietern von Diensten im Sinne der Artikel 12, 13 und 14 keine allgemeine Verpflichtung auf, die von ihnen übermittelten oder gespeicherten Informationen zu überwachen oder aktiv nach Umständen zu forschen, die auf eine rechtswidrige Tätigkeit hinweisen.

(2) Die Mitgliedstaaten können Anbieter von Diensten der Informationsgesellschaft dazu verpflichten, die zuständigen Behörden unverzüglich über mutmaßliche rechtswidrige Tätigkeiten oder Informationen der Nutzer ihres Dienstes zu unterrichten, oder dazu verpflichten, den zuständigen Behörden auf Verlangen Informationen zu übermitteln, anhand deren die Nutzer ihres Dienstes, mit denen sie Vereinbarungen über die Speicherung geschlossen haben, ermittelt werden können.

Aus den Erwägungsgründen (E-Commerce-RL)

ErwG 24 Unbeschadet der Regel, daß Dienste der Informationsgesellschaft an der Quelle zu beaufsichtigen sind, ist es im Zusammenhang mit dieser Richtlinie gerechtfertigt, daß die Mitgliedstaaten unter den in dieser Richtlinie festgelegten Bedingungen Maßnahmen ergreifen dürfen, um den freien Verkehr für Dienste der Informationsgesellschaft einzuschränken.

ErwG 25 Nationale Gerichte, einschließlich Zivilgerichte, die mit privatrechtlichen Streitigkeiten befaßt sind, können im Einklang mit den in dieser Richtlinie festgelegten Bedingungen Maßnahmen ergreifen, die von der Freiheit der Erbringung von Diensten der Informationsgesellschaft abweichen.

ErwG 26 Die Mitgliedstaaten können im Einklang mit den in dieser Richtlinie festgelegten Bedingungen ihre nationalen strafrechtlichen Vorschriften und Strafprozeßvorschriften anwenden, um Ermittlungs- und andere Maßnahmen zu ergreifen, die zur Aufklärung und Verfolgung von Straftaten erforderlich sind, ohne diese Maßnahmen der Kommission mitteilen zu müssen.

ErwG 40 Bestehende und sich entwickelnde Unterschiede in den Rechtsvorschriften und der Rechtsprechung der Mitgliedstaaten hinsichtlich der Verantwortlichkeit von Diensteanbietern, die als Vermittler handeln, behindern das reibungslose Funktionieren des Binnenmarktes, indem sie insbesondere die Entwicklung grenzüberschreitender Dienste erschweren und Wettbewerbsverzerrungen verursachen. Die Diensteanbieter sind unter bestimmten Voraussetzungen verpflichtet, tätig zu werden, um rechtswidrige Tätigkeiten zu verhindern oder abzustellen. Die Bestimmungen dieser Richtlinie sollten eine geeignete Grundlage für die Entwicklung rasch und zuverlässig wirkender Verfahren zur Entfernung unerlaubter Informationen und zur Sperrung des Zugangs zu ihnen bilden. Entsprechende Mechanismen könnten auf der Grundlage freiwilliger Vereinbarungen zwischen allen Beteiligten entwickelt und sollten von den Mitgliedstaaten gefördert werden. Es liegt im Interesse aller an der Erbringung von Diensten der Informationsgesellschaft Beteiligten, daß solche Verfahren angenommen und umgesetzt werden. Die in dieser Richtlinie niedergelegten Bestimmungen über die Verantwortlichkeit sollten die verschiedenen Beteiligten nicht daran hindern, innerhalb der von den Richtlinien 95/46/EG und 97/66/EG gezogenen Grenzen technische Schutz- und Erkennungssysteme und durch die Digitaltechnik ermöglichte technische Überwachungsgeräte zu entwickeln und wirksam anzuwenden.

ErwG 41 Diese Richtlinie schafft ein Gleichgewicht zwischen den verschiedenen Interessen und legt die Grundsätze fest, auf denen Übereinkommen und Standards in dieser Branche basieren können.

ErwG 42 Die in dieser Richtlinie hinsichtlich der Verantwortlichkeit festgelegten Ausnahmen decken nur Fälle ab, in denen die Tätigkeit des Anbieters von Diensten der Informationsgesellschaft auf den technischen Vorgang beschränkt ist, ein Kommunikationsnetz zu betreiben und den Zugang zu diesem zu vermitteln, über das von Dritten zur Verfügung gestellte Informationen übermittelt oder zum alleinigen Zweck vorübergehend gespeichert werden, die Übermittlung effizienter zu gestalten. Diese Tätigkeit ist rein technischer, automatischer und passiver Art, was bedeutet, daß der Anbieter eines Dienstes der Informationsgesellschaft weder Kenntnis noch Kontrolle über die weitergeleitete oder gespeicherte Information besitzt.

ErwG 43 Ein Diensteanbieter kann die Ausnahmeregelungen für die „reine Durchleitung" und das „Caching" in Anspruch nehmen, wenn er in keiner Weise mit der übermittelten Information in Verbindung steht. Dies bedeutet unter anderem, daß er die von ihm übermittelte Information nicht verändert. Unter diese Anforderung fallen nicht Eingriffe technischer Art im Verlauf der Übermittlung, da sie die Integrität der übermittelten Informationen nicht verändern.

ErwG 44 Ein Diensteanbieter, der absichtlich mit einem der Nutzer seines Dienstes zusammenarbeitet, um rechtswidrige Handlungen zu begehen, leistet mehr als „reine Durchleitung" und „Caching" und kann daher den hierfür festgelegten Haftungsausschluß nicht in Anspruch nehmen.

ErwG 45 Die in dieser Richtlinie festgelegten Beschränkungen der Verantwortlichkeit von Vermittlern lassen die Möglichkeit von Anordnungen unterschiedlicher Art unberührt. Diese können insbesondere in gerichtlichen oder behördlichen Anordnungen bestehen, die die Abstellung oder Verhinderung einer Rechtsverletzung verlangen, einschließlich der Entfernung rechtswidriger Informationen oder der Sperrung des Zugangs zu ihnen.

ErwG 46 Um eine Beschränkung der Verantwortlichkeit in Anspruch nehmen zu können, muß der Anbieter eines Dienstes der Informationsgesellschaft, der in der Speicherung von Information besteht, unverzüglich tätig werden, sobald ihm rechtswidrige Tätigkeiten bekannt oder bewußt werden, um die betreffende Information zu entfernen oder den Zugang zu ihr zu sperren. Im Zusammenhang mit der Entfernung oder der Sperrung des Zugangs hat er den Grundsatz der freien Meinungsäußerung und die hierzu auf einzelstaatlicher Ebene festgelegten Verfahren zu beachten. Diese Richtlinie läßt die Möglichkeit der Mitgliedstaaten unberührt, spezifische Anforderungen vorzuschreiben, die vor der Entfernung von Informationen oder der Sperrung des Zugangs unverzüglich zu erfüllen sind.

ErwG 47 Die Mitgliedstaaten sind nur dann gehindert, den Diensteanbietern Überwachungspflichten aufzuerlegen, wenn diese allgemeiner Art sind. Dies betrifft nicht Überwachungspflichten in spezifischen Fällen und berührt insbesondere nicht Anordnungen, die von einzelstaatlichen Behörden nach innerstaatlichem Recht getroffen werden.

ErwG 48 Diese Richtlinie läßt die Möglichkeit unberührt, daß die Mitgliedstaaten von Diensteanbietern, die von Nutzern ihres Dienstes bereitgestellte Informationen speichern, verlangen, die nach vernünftigem Ermessen von ihnen zu erwartende und in innerstaatlichen Rechtsvorschriften niedergelegte Sorgfaltspflicht anzuwenden, um bestimmte Arten rechtswidriger Tätigkeiten aufzudecken und zu verhindern.

ErwG 49 Die Mitgliedstaaten und die Kommission haben zur Ausarbeitung von Verhaltenskodizes zu ermutigen. Dies beeinträchtigt nicht die Freiwilligkeit dieser Kodizes und die Möglichkeit der Beteiligten, sich nach freiem Ermessen einem solchen Kodex zu unterwerfen.

ErwG 50 Es ist wichtig, daß die vorgeschlagene Richtlinie zur Harmonisierung bestimmter Aspekte des Urheberrechts und der verwandten Schutzrechte in der Informationsgesellschaft und die vorliegende Richtlinie innerhalb des gleichen Zeitrahmens in Kraft treten, so daß zur Frage der Haftung der Vermittler bei Verstößen gegen das Urheberrecht und verwandte Schutzrechte auf Gemeinschaftsebene ein klares Regelwerk begründet wird.

Aus den Erwägungsgründen (Info-RL)

ErwG 16 Die Haftung für Handlungen im Netzwerk-Umfeld betrifft nicht nur das Urheberrecht und die verwandten Schutzrechte, sondern auch andere Bereiche wie Verleumdung, irreführende Werbung, oder Verletzung von Warenzeichen, und wird horizontal in der Richtlinie 2000/31/EG des Europäischen Parlaments und des Rates vom 8. Juni 2000 über bestimmte rechtliche Aspekte der Dienste der Informationsgesellschaft, insbesondere des elektronischen Geschäftsverkehrs, im Binnenmarkt („Richtlinie über den elektronischen Geschäftsverkehr") geregelt, die verschiedene rechtliche Aspekte der Dienste der Informationsgesellschaft, einschließlich des elektronischen Geschäftsverkehrs, präzisiert und harmonisiert. Die vorliegende Richtlinie sollte in einem ähnlichen Zeitrahmen wie die Richtlinie über den elektronischen Geschäftsverkehr umgesetzt werden, da jene Richtlinie einen einheitlichen Rahmen für die Grundsätze und Vorschriften vorgibt, die auch für wichtige Teilbereiche der vorliegenden Richtlinie gelten. Die vorliegende Richtlinie berührt nicht die Bestimmungen der genannten Richtlinie zu Fragen der Haftung.

Kurzkommentar

1. Ursprungslandprinzip

140 Die E-Commerce-RL hat sich zum Ziel gesetzt, den freien Verkehr von **Diensten der Informationsgesellschaft** zwischen den Mitgliedstaaten sicherzustellen (Art 1 Abs 1). Zu diesem Zweck sorgt sie für eine Angleichung bestimmter, für die Dienste der Informationsgesellschaft geltender innerstaatlicher Regelungen, die den Binnenmarkt, die Niederlassung der Diensteanbieter, die kommerziellen Kommunikationen, die elektronischen Verträge, die Verantwortlichkeit von Vermittlern, Verhaltenskodizes sowie Systeme zur außergerichtlichen Beilegung von Streitigkeiten, Klagemöglichkeiten und die Zusammenarbeit zwischen den Mitgliedstaaten betreffen (Art 1 Abs 2). Der bestehende Schutz in Bezug auf die öffentliche Gesundheit und den Verbraucherschutz soll aufrecht erhalten werden, soweit dadurch die Freiheit, Dienste der Informationsgesellschaft anzubieten, nicht eingeschränkt wird (Art 1 Abs 3). Bewusst werden sowohl das Internationale Privatrecht als auch die (internationale) Gerichtszuständigkeit ausgeklammert (Art 1 Abs 4).

Eines der tragenden Prinzipien besteht im **Ursprungslandprinzip**, das in Art 3 niedergelegt ist. Danach hat jeder Mitgliedstaat dafür Sorge zu tragen, dass die Dienste der Informationsgesellschaft, die von einem in seinem Hoheitsgebiet niedergelassenen Diensteanbieter erbracht werden, den in diesem Mitgliedstaat geltenden innerstaatlichen Vorschriften entsprechen, die in den durch die Richtlinie koordinierten Bereich fallen (Abs 1)[104]. Im Übrigen dürfen die Mitgliedstaaten in diesem koordinierten Bereich den freien Verkehr von Diensten der Informationsgesellschaft aus einem anderen Mitgliedstaat nicht einschränken. Was unter den koordinierten Bereich fällt, ist in Art 2 lit h E-Commerce-RL festgelegt und umfasst die für die Anbieter von Diensten der Informationsgesellschaft und die Dienste der Informationsgesellschafter in den Rechtssystemen der Mitgliedstaaten festgelegten Anforderungen. Dies wird dahingehend präzisiert, dass hierunter die Rechtsvorschriften zu verstehen sind, die für die Aufnahme der Tätigkeit eines Diensts der Informationsgesellschaft sowie deren Ausübung gelten, einschließlich Anforderungen betreffend Qualität oder Inhalt eines Diensts. Dagegen soll der koordinierte Bereich nicht Anforderungen an Waren als solche, die Lieferung von Waren oder Dienste umfassen, die nicht auf elektronischem Weg erbracht werden. Maßgebend ist danach, ob eine Leistung nur Online erbracht wird[105]. **141**

Offen ist freilich die entscheidende Frage, ob das Ursprungslandprinzip (Herkunftslandprinzip) kollisionsrechtlich als Sachnormverweisung zu verstehen ist, sodass nur das materielle Recht des Herkunftslands, nicht aber dessen Kollisionsrecht zur Anwendung kommt. Für eine Auslegung im Sinn einer Gesamtverweisung spricht insbesondere Art 1 Abs 4 E-Commerce-RL, wonach das Internationale Privatrecht unberührt bleibt. Dagegen spricht der Umstand, dass in diesem Fall – je nach Ausgestaltung des betreffenden Kollisionsrechts – wieder eine Prüfung nach zahlreichen Rechtsordnungen erforderliche ist, wie dies etwa nach dem Marktprinzip im Internationalen Wettbewerbsrecht der Fall ist[106].

Das Ursprungslandprinzip gilt jedoch nicht unbeschränkt. So ist die Richtlinie zunächst auf Diensteanbieter mit Sitz in Drittstaaten nicht anwendbar, da die Anwendung dieses Grundsatzes einen Mindestgrad an Harmonisierung voraussetzt[107]. Davon abgesehen gilt das Herkunftslandprinzip auch nicht für die von der Richtlinie ausgeschlossenen Rechtsgebiete, wie das Steuerrecht und das Datenschutzrecht (Art 1 Abs 5). **142**

Weiters sieht die Richtlinie Ausnahmetatbestände vor, die nur das Herkunftslandprinzip, nicht jedoch die übrigen in der Richtlinie geregelten Gebiete, insbes betreffend die Haftung von Diensteanbietern, betreffen. Diese spezifischen Ausschlüsse sind in Art 3 Abs 3 vorgesehen und im Anhang aufgezählt. Dazu zählen

---

[104] Abweichende Maßnahmen können die Mitgliedstaaten in bestimmten Fällen ergreifen, etwa im Bereich der öffentlichen Ordnung und Sicherheit, des Jugendschutzes, der öffentlichen Gesundheit oder des Verbraucherschutzes (Abs 4).

[105] Vgl ErwG 21 und dazu *Spindler*, MMR Beilage 7/2000, 7f.

[106] Vgl auch ErwG 23. Siehe dazu (auch zur kollisionsrechtlichen Frage) *Ahrens*, CR 2000, 835 (837f) und *Hoeren*, MMR 1999, 194f; *Spindler*, MMR 1999, 205f sowie MMR Beilage 7/2000, 9f mwN in FN 71; *Schauer*, e-commerce in der Europäischen Union (1999) 179ff (184ff). Zu wettbewerbsrechtlichen Fragen vgl etwa *Essel*, E-Commerce-Richtlinie und Wettbewerbsrecht: Eine kritische Anmerkung, ÖBl 2000, 156.

[107] Vgl auch ErwG 58.

insbes das Urheberrecht, die verwandten Schutzrechte und der *sui generis* Schutz von Datenbanken. Abgesehen davon, dass Fragen des Internationalen Privatrechts und des Internationalen Prozessrechts schon nach Art 1 Abs 4 ganz allgemein ausgenommen sind, wurde dies für das Urheberrecht und die verwandten Schutzrechte für das Ursprungslandprinzip auch in Art 3 Abs 3 iVm dem Anhang nochmals klargestellt. Die im Grünbuch Informationsgesellschaft angesprochene Möglichkeit, hinsichtlich des **anwendbaren Rechts** an das Recht des Lands anzuknüpfen, von welchem aus die Online-Übertragung erfolgt, wurde deshalb weder in der Info-RL noch in der E-Commerce-RL aufgegriffen. Bis zu einer Harmonisierung des Internationalen Privatrechts auf dem Gebiet des Urheberrechts bleibt es deshalb im Wesentlichen beim **Territorialitätsprinzip**[108].

2. *Haftungsbeschränkungen*

143 Die Frage der Haftung von Online-Diensten (**Dienste der Informationsgesellschaft**) wird in der **E-Commerce-RL** generell geregelt, und zwar auch für den urheberrechtlichen Bereich[109]; die erwähnte Ausnahme des Art 3 Abs 3 iVm dem Anhang bezieht sich nur auf das Ursprungslandprinzip. Die Regelung des Haftungsausschlusses weist zahlreiche Übereinstimmungen mit dem US-amerikanischen *Online Copyright Infringement Liability Limitation Act* (*Title II* des *Digital Millennium Copyright Act*[110]) auf. Dabei ist im amerikanischen Recht allerdings von verhältnismäßig strengen Haftungsregelungen auszugehen, die aber auch in der neu hinzugefügten Sec 512 *Copyright Act* nicht positiv geregelt werden. Nach Sec 512 (h) kann ein Berechtigter vom Service-Provider insbes Auskunft über bestimmte Kunden verlangen, denen Urheberrechtsverletzungen vorgeworfen werden, und diese durch Beugestrafen auch erzwingen.

144 Die **E-Commerce-RL** beschränkt die Haftung bestimmter Anbieter von Online-Diensten (Art 12 bis 14) und sieht vor, dass für diese grundsätzlich keine (aktive) Überwachungspflicht besteht (Art 15). Soweit die Haftungsbeschränkungen reichen, scheidet nicht bloß eine Haftung für unmittelbare Urheberrechtsverletzungen, sondern auch jede Form der Beitragstäterschaft (*secondary infringement*) aus. Die E-Commerce-RL sieht nur **Haftungsbeschränkungen** vor und verzichtet darauf, für die hiervon nicht betroffenen Fälle eine **positive Haftung** der Diensteanbieter vorzusehen. Allerdings ergibt sich eine solche jedenfalls für das **Abstellen** von Verletzungen, insbes für **Unterlassungsansprüche** aus Art 8 Abs 3 Info-RL im Zusammenwirken mit den Vorbehalten der Art 12 bis 14 (jeweils Abs 3) E-Commerce-RL, die auch zum Tragen kommen, soweit die Voraussetzungen für die Haftungsausschlüsse gegeben sind.

145 In den RL-Vorschlägen der E-Commerce-RL war jeweils der „Fall einer **Unterlassungsklage**" ausgenommen. Ungeachtet der nicht recht glücklichen Formulierung wird diese Beschränkung des Haftungsausschlusses dahingehend zu ver-

---

[108] Kritisch etwa *Hoeren*, MMR 1999, 196 und *Intveen*, Internationales Urheberrecht und Internet; *Schack*, MMR 2000, 62.

[109] Vgl dazu *Koelman* in *Hugenholtz* (Hrsg) Copyright and Electronic Commerce, Online Intermediary Liability.

[110] Pub L N° 105-304, 112 Stat 2860 (Oct 28, 1999).

stehen gewesen sein, dass **Unterlassungsansprüche** unberührt blieben. In der letzten konsolidierten Fassung vor dem Gemeinsamen Standpunkt war der Einschub „außer im Falle einer Unterlassungsklage" zwar aus dem Text der Art 12 bis 14 herausgenommen worden, doch wurde in Bezug auf Service-Provider ein neuer ErwG vorgesehen, wonach die Haftungsbeschränkungen unbeschadet der Geltendmachung von Unterlassungsansprüchen verschiedener Art bestehen, mag es sich dabei um Gerichtsentscheidungen oder um solche von Verwaltungsbehörden handeln, die auf eine Beendigung der Rechtsverletzung oder deren Vorbeugung abzielen, einschließlich einer Beseitigung (Löschung) oder Unzugänglichmachung. In der die Zwischenspeicherung von Übermittlungsdiensten regelnden Vorschrift des Art 13 wurde dagegen ein zweiter Absatz hinzugefügt, wonach der Haftungsausschluss nicht die Möglichkeit einschränkt, nach den Rechtsvorschriften der Mitgliedsstaaten die Unterlassung der Rechtsverletzung oder deren Vorbeugung durchzusetzen. Ähnlich sah ein neu hinzugefügter dritter Absatz in Art 14 in Bezug auf das *hosting* das Recht vor, vom Diensteanbieter zu verlangen, dass die Rechtsverletzung beendet oder dieser vorgebeugt werde, wobei dieser Vorbehalt auch Ansprüche auf Beseitigung oder Unzugänglichmachung der betreffenden Informationen umfasste.

In der endgültigen Fassung der E-Commerce-RL wurde die zuletzt genannte Variante sowohl für die reine Durchleitung als auch für das *cashing* übernommen. Danach berühren die Haftungsbeschränkungen die Möglichkeit nicht, nach den Rechtssystemen der Mitgliedstaaten auf Unterlassung (oder ähnliche Maßnahmen) zu dringen. Für den urheber- und leistungsschutzrechtlichen Bereich folgt aber aus Art 8 Abs 3 Info-RL die Verpflichtung der Mitgliedsstaaten, Unterlassungsansprüche oder ähnliche Ansprüche auch in Fällen vorzusehen, in welchen nach der zwingenden Ausnahme des Art 5 Abs 1 Info-RL keine urheberrechtlich relevante Vervielfältigung vorliegt.

Von einer Verantwortlichkeit für die vermittelten Informationen freigestellt wer- **146**
den zunächst die als „Dienste der Informationsgesellschaft" bezeichneten **Übermittlungsdienste** bzw **Access-Provider** (Art 12 Abs 1), die von **Nutzern** eingegebene Informationen in einem Kommunikationsnetz **übermitteln** oder den **Zugang** zu einem Kommunikationsnetz vermitteln. Dieser Fall wird als „reine **Durchleitung**" (*mere conduit bzw simple transport*) bezeichnet und greift unter der Voraussetzung, dass der Diensteanbieter die Übermittlung nicht veranlasst, den Adressaten der übermittelten Informationen nicht auswählt und die übermittelten Informationen nicht auswählt oder verändert. Diese Voraussetzungen (lit a bis c) sollen klarstellen, dass es sich um rein passive Dienste handeln muss, und weder in die (übermittelten) Informationen noch in den Übermittlungsvorgang – sei es auch nur durch Veranlassung desselben oder Auswahl der Adressaten – eingegriffen werden darf.

Aus der Definition eines solchen Diensteanbieters und den erwähnten Voraussetzungen folgt, dass dieser Fall in erster Linie für das aktive Versenden von Informationen durch einen Nutzer solcher Dienste sowie Access-Provider gedacht sein dürfte[111]. Was den urheberrechtlichen Bereich anlangt, bezieht sich der

[111] Vgl *Spindler*, MMR 1999, 201 und MMR Beilage 7/2000, 16f, der auch zur Problematik von E-Mail Listen Stellung nimmt.

Haftungsausschluss zunächst auf eine Beteiligung solcher Dienste am öffentlichen Zugänglichmachen im Sinn des Art 3 Info-RL. Da sowohl für die Gewährleistung des Zugangs zu Kommunikationsnetzen als auch für die Übermittlung von Informationen aus technischer Sicht Zwischenspeicherungen erforderlich sein können, sieht Art 12 Abs 2 vor, dass der Haftungsausschluss auch die **automatische kurzzeitige Zwischenspeicherung**[112] der übermittelten Informationen umfasst, soweit diese nur zur Durchführung der Übermittlung geschieht, und die Information nicht länger gespeichert wird, als für die Übermittlung üblicherweise erforderlich ist. Nach Durchführung der Übermittlung ist dafür Sorge zu tragen, dass die Zwischenspeicherungen gelöscht werden, wobei eine feste Zeitgrenze nicht vorgegeben wird. Die „flüchtige" (*transient*) Zwischenspeicherung entspricht der Formulierung in Art 5 Abs 1 Info-RL, weshalb solche im Zug der reinen Durchleitung erfolgenden automatischen und flüchtigen Vervielfältigungen auch nicht urheberrechtlich relevant sind. Sofern der Haftungsausschluss nach Art 12 E-Commerce-RL nicht greift, ist die Haftung deshalb in den Mitgliedsstaaten über die Gehilfenhaftung zu regeln, was allerdings nur für Unterlassungsansprüche zwingend ist (Art 8 Abs 3 Info-RL).

147 Eine weitere Haftungsbeschränkung ist für den Fall der **Zwischenspeicherung** (*caching*) durch **Übermittlungsdienste** vorgesehen (Art 13), soweit die Speicherung **automatisch** und **zeitlich begrenzt** erfolgt und dem alleinigen Zweck dient, die **Effizienz** der weiteren Verbreitung von Informationen eines Nutzers auf Grund der Anfrage anderer Nutzer zu steigern. Dieser Fall regelt vor allem die „passive" Übermittlung auf Grund von Nutzerabrufen und soll die Kommunikation zwischen Netzteilnehmern erleichtern[113]. Abgesehen davon, dass die Speicherung auch hier nur automatisch und zeitlich begrenzt erfolgen darf, dürfen die Informationen auch in diesem Fall nicht verändert werden. Weiters muss der Diensteanbieter die Bedingungen des Anbieters für den Zugang und die Regeln betreffend die Aktualisierung der Information nach dem jeweiligen Industriestandard beachten und darf Technologien in ihrer Wirkung nicht beeinträchtigen, die vom Anbieter zur Sammlung von Daten über die tatsächliche Nutzung der von ihm zur Verfügung gestellten Informationen eingesetzt werden (lit a bis d).

Die „zeitlich begrenzte" (*temporary*) Zwischenspeicherung entspricht der „vorübergehenden" Vervielfältigung in Art 5 Abs 1 Info-RL, muss im Fall des *caching* aber nicht flüchtig (*transient*) sein. Wie schon erwähnt, erfüllt das *caching* aber die Voraussetzung einer bloß begleitenden (*incidental*) Vervielfältigung im Sinn dieser Bestimmung. Allerdings steht dies in einem gewissen Widerspruch dazu, dass es sich nach Art 5 Abs 1 Info-RL um einen „wesentlichen und integralen Teil eines technischen Verfahrens" handeln muss. Soweit ein Haftungsausschluss nach Art 13 E-Commerce-RL nicht gegeben ist, wird die Haftung deshalb auch im Fall des *caching* über eine Gehilfenhaftung zu regeln sein, was allerdings auch hier nur für Unterlassungsansprüche zwingend vorgesehen ist (Art 8 Abs 3 Info-RL).

In diesem Fall ist ausdrücklich vorgesehen (lit e), dass der Diensteanbieter zügig handeln muss, um eine Information zu entfernen oder den Zugang zu

---

112 Die englische Fassung lautet „*automatic, intermediate and transient storage*".

113 Vgl dazu *Spindler*, MMR 1999, 202 und MMR Beilage 7/2000, 17.

sperren, sobald er tatsächlich davon Kenntnis erhält, dass die Information vom Anbieter („am ursprünglichen Ausgangsort der Übertragung") entfernt wurde, der Zugang zu ihr gesperrt wurde oder eine zuständige Behörde die Entfernung oder Sperrung angeordnet hat. Mit dem Ablauf einer angemessenen (kurzen) Durchführungsfrist endet danach die Haftungsbeschränkung, wobei es im Fall der Anordnung durch ein Gericht oder eine Verwaltungsbehörde nicht erforderlich ist, dass diese Anordnung gegenüber dem Dienstanbieter erfolgt.

Schließlich regelt Art 14 Abs 1 noch den Fall des ***hosting***, worunter die Speicherung von Informationen auftrags eines Nutzers verstanden wird. Dieser Fall unterscheidet sich von den vorgenannten dadurch, dass es sich nicht bloß um eine kurzfristige (vorübergehende) oder begleitende Speicherung handeln muss. Der Haftungsausschluss gilt nicht, wenn der Nutzer des Dienstes dem Diensteanbieter untersteht oder von ihm beaufsichtigt wird (Abs 2). In diesem Fall endet der Haftungsausschluss, sobald der Anbieter erfahren hat oder ihm bewusst geworden ist, dass die Tätigkeit (des Auftraggebers) unrechtmäßig ist, wobei er in diesem Fall die Informationen „unverzüglich" zu entfernen oder den Zugang zu ihnen zu sperren hat. **148**

Im Fall des *hosting* kommt die freie Nutzung nach Art 5 Abs 1 Info-RL schon deshalb nicht zur Anwendung, weil es sich weder um flüchtige noch um begleitende Vervielfältigungen handelt, und auch die Voraussetzung einer fehlenden eigenständigen wirtschaftlichen Bedeutung nicht gegeben sein wird. Soweit die Haftungsbefreiung nicht zur Anwendung kommt, können die Mitgliedstaaten die Haftung deshalb auch als unmittelbare Urheberrechtsverletzung regeln.

Beim *hosting* wird die Freistellung von der Haftung, wie eben erwähnt, ausdrücklich davon abhängig gemacht, dass der Anbieter keine tatsächliche Kenntnis von der rechtswidrigen Tätigkeit oder Information hat (Art 13 Abs 1 lit a)[114]. Allerdings hält ErwG 42 ganz allgemein fest, dass die Haftungsbefreiungen der Art 12 bis 13 E-Commerce-RL rein technischer, automatischer und **passiver Art** sein müssen, und der Anbieter eines Dienstes der Informationsgesellschaft **weder Kenntnis** noch **Kontrolle** über die weitergeleitete oder gespeicherte Information besitzen darf, um in den Genuss der Haftungsbeschränkungen zu gelangen. Folgt man diesem Ansatz, kommen die Haftungsbefreiungen auch in den Fällen der Durchleitung und des *caching* nicht zur Anwendung, sobald der Diensteanbieter Kenntnis von der Rechtsverletzung hat bzw ihm diese bewusst wird. Ob daraus auf der anderen Seite abzuleiten ist, dass die zwingend vorzusehenden **Unterlassungsansprüche** nach Art 8 Abs 3 Info-RL das Bewusstsein der Rechtswidrigkeit voraussetzen, bedarf noch näherer Untersuchung, dürfte aber eher nicht anzunehmen sein. Jedenfalls wird es dem nationalen Gesetzgeber der Mitgliedsstaaten freistehen, Unterlassungsansprüche auch für unbewusst handelnde Beitragstäter vorzusehen („mittelbare Urheberrechtsverletzung")[115]. **149**

[114] Siehe auch *Schauer*, e-commerce in der Europäischen Union 209; *Spindler*, MMR 1999, 202f und MMR Beilage 7/2000, 17f (auch zum Vergleich mit den geltenden Haftungsbefreiungen nach § 5 dTDG).

[115] Zu Fragen der Störerhaftung bzw mittelbaren Urheberrechtsverletzung siehe auch *Spindler*, MMR 1999, 202f und 204.

Wer absichtlich mit einem Nutzer zusammenarbeitet, um rechtswidrige Handlungen zu begehen, kann den Haftungsausschluss jedenfalls nicht in Anspruch nehmen (ErwG 44). Der Diensteanbieter darf auch sonst in keiner Weise mit der übermittelten Information in Verbindung stehen. Eingriffe rein technischer Art im Verlauf der Übermittlung sind nicht als Veränderungen anzusehen, da sie die Integrität der übermittelten Informationen nicht verändern(ErwG 43). Diese Grundsätze gelten für die reine Durchleitung ebenso wie für das *caching*.

Was **Schadenersatzansprüche** anlangt, sieht die E-Commerce-RL für den Fall des *hosting* – und wohl nur für diesen – eine Haftung auch für fahrlässiges Handeln vor. Dieses wird als fehlende Kenntnis von Tatsachen oder Umständen beschrieben, aus denen die Rechtswidrigkeit offensichtlich wird (Art 13 Abs 1 lit a).

150 Schließlich wird in Art 15 Abs 1 auch ausdrücklich festgehalten, dass die erwähnten Diensteanbieter keine allgemeine **Überwachungspflicht** in Bezug auf die von ihnen übermittelten und gespeicherten Informationen trifft, und sie auch nicht aktiv nach Umständen forschen müssen, die auf eine unerlaubte Tätigkeit hinweisen[116].

Unberührt hiervon blieben nach Art 15 Abs 2 geänderter E-Commerce-RL-Vorschlag zielgerichtete, zeitweilige Überwachungsmaßnahmen, die durch die nationalen Justizbehörden in Übereinstimmung mit dem nationalen Recht angeordnet werden, um die nationale Sicherheit, Verteidigung oder öffentliche Sicherheit zu schützen oder um Straftaten zu verhindern, aufzuklären und zu verfolgen. In der endgültigen Fassung der E-Commerce-RL wurde der zweite Absatz allerdings gestrichen, doch hält ErwG 47 dazu ausdrücklich fest, dass das Verbot allgemeiner Überwachungspflichten nicht **spezifische Fälle** und insbes nicht Anordnungen berührt, die von einzelstaatlichen **Behörden** nach innerstaatlichem Recht getroffen werden. Solche Anordnungen können nach der endgültigen Fassung der Richtlinie nicht nur von Gerichten sondern auch von Verwaltungsbehörden getroffen werden. Auch die Beschränkung auf bestimmte Bereiche wie die nationale Sicherheit, Verteidigung, öffentliche Sicherheit und Strafrechtspflege ist weggefallen. ErwG 26 stellt dazu klar, dass die Mitgliedsstaaten insbes strafrechtliche und strafprozessuale Instrumente einsetzen können, um Ermittlungsmaßnahmen zur Aufklärung und Verfolgung von Straftaten zu ermöglichen. Da Urheberrechtsverletzungen nach dem Recht der Mitgliedstaaten in der Regel auch strafrechtlich verfolgbar sind[117], gilt dies insbes auch im urheberrechtlichen Zusammenhang, doch sind solche Maßnahmen nicht auf den strafrechtlichen Bereich beschränkt[118]. Allerdings überlässt es die Richtlinie den Mitgliedsstaaten, entsprechende Maßnahmen vorzusehen, und verpflichtet sie nicht dazu.

Der nunmehrige zweite Absatz regelt zwei unterschiedliche Vorbehalte zu Gunsten ergänzender nationaler Regelungen. Einmal steht es den Mitgliedstaaten frei, den Diensteanbietern die Verpflichtung aufzuerlegen, die zuständigen Behörden unverzüglich über mutmaßliche rechtswidrige Tätigkeiten oder Informationen der Nutzer ihrer Dienste (aktiv) zu unterrichten. Wenn ErwG 48 in diesem Zusammenhang davon spricht, Diensteanbietern könne die Verpflichtung

[116] Vgl dazu etwa *Spindler*, MMR 1999, 203f.
[117] Vgl *Walter* Vor Art 1 Rz 7 PPV 1994/99.
[118] Siehe dazu allgemein auch ErwG 25.

auferlegt werden, die nach vernünftigem Ermessen von ihnen zu erwartende und in innerstaatlichen Rechtsvorschriften niedergelegte Sorgfaltspflicht anzuwenden, um bestimmte Arten rechtswidriger Tätigkeiten aufzudecken und zu verhindern, so soll damit keine allgemeine Überwachungspflicht festgeschrieben werden; die Mitgliedsstaaten sollen aber darin frei sein, für diese **Anzeigepflicht** auch die Anwendung eines Mindestmaßes an Sorgfalt vorzusehen[119].

Auch eine allgemeine **Auskunftspflicht** wird in der Richtlinie nicht geregelt. Nach dem zweiten in Abs 2 geregelten Fall bleibt es den Mitgliedsstaaten aber auch vorbehalten vorzusehen, dass den zuständigen Behörden über deren Verlangen die erforderlichen Informationen über die Nutzer von Diensten von Diensteanbietern zur Verfügung gestellt werden müssen, um diese Nutzer ermitteln zu können. Allerdings sind solche Benachrichtigungspflichten auf die Vertragspartner des Diensteanbieters beschränkt[120]. Eine Auskunft muss danach nur über Verlangen der zuständigen Behörde erteilt werden, was aber schon auf Grund des allgemeinen Vorbehalts vorgesehen werden kann, wonach Diensteanbieter in besonderen Fällen – insbes über Ersuchen von Behörden – zur Mitwirkung an der Aufklärung und Verfolgung von Rechtsverletzungen verpflichtet werden können. Die in Art 15 Abs 2 zweiter Fall angesprochene Auskunftspflicht wird deshalb auch im Verhältnis zu dem in seinen Rechten Verletzten vorgesehen werden können. Im urheberrechtlichen Zusammenhang wird dies jedenfalls dann anzunehmen sein, wenn Urheberrechtsverletzungen nach der nationalen Rechtsordnung als Privatanklagedelikte geregelt sind.

VII. Kapitel Technische Schutzmaßnahmen, Urheberrechtsinformationen und Zugangskontrolle

(*Bearbeiter: v Lewinski/Walter*)

Übersicht

Kapitel III Schutz von technischen Maßnahmen und von Informationen für die Wahrnehmung der Rechte

Artikel 6 Pflichten in Bezug auf technische Maßnahmen

(1) Die Mitgliedstaaten sehen einen angemessenen Rechtsschutz gegen die Umgehung wirksamer technischer Maßnahmen durch eine Person vor, der bekannt ist oder den Umständen nach bekannt sein muss, dass sie dieses Ziel verfolgt.

---

[119] AM *Spindler*, MMR Beilage 7/2000, 19.
[120] Vgl dazu *Spindler*, MMR Beilage 7/2000, 18f.

(2) Die Mitgliedstaaten sehen einen angemessenen Rechtsschutz gegen die Herstellung, die Einfuhr, die Verbreitung, den Verkauf, die Vermietung, die Werbung im Hinblick auf Verkauf oder Vermietung und den Besitz zu kommerziellen Zwecken von Vorrichtungen, Erzeugnissen oder Bestandteilen sowie die Erbringung von Dienstleistungen vor,

a) die Gegenstand einer Verkaufsförderung, Werbung oder Vermarktung mit dem Ziel der Umgehung wirksamer technischer Maßnahmen sind oder
b) die, abgesehen von der Umgehung wirksamer technischer Maßnahmen, nur einen begrenzten wirtschaftlichen Zweck oder Nutzen haben oder
c) die hauptsächlich entworfen, hergestellt, angepasst oder erbracht werden, um die Umgehung wirksamer technischer Maßnahmen zu ermöglichen oder zu erleichtern.

(3) Im Sinne dieser Richtlinie bezeichnet der Ausdruck „technische Maßnahmen" alle Technologien, Vorrichtungen oder Bestandteile, die im normalen Betrieb dazu bestimmt sind, Werke oder sonstige Schutzgegenstände betreffende Handlungen zu verhindern oder einzuschränken, die nicht von der Person genehmigt worden sind, die Inhaber der Urheberrechte oder der dem Urheberrecht verwandten gesetzlich geschützten Schutzrechte oder des in Kapitel III der Richtlinie 96/9/EG verankerten Sui-generis-Rechts ist. Technische Maßnahmen sind als „wirksam" anzusehen, soweit die Nutzung eines geschützten Werks oder eines sonstigen Schutzgegenstands von den Rechtsinhabern durch eine Zugangskontrolle oder einen Schutzmechanismus wie Verschlüsselung, Verzerrung oder sonstige Umwandlung des Werks oder sonstigen Schutzgegenstands oder einen Mechanismus zur Kontrolle der Vervielfältigung, die die Erreichung des Schutzziels sicherstellen, unter Kontrolle gehalten wird.

(4) Werden von Seiten der Rechtsinhaber freiwillige Maßnahmen, einschließlich Vereinbarungen zwischen den Rechtsinhabern und anderen betroffenen Parteien, nicht ergriffen, so treffen die Mitgliedstaaten ungeachtet des Rechtsschutzes nach Absatz 1 geeignete Maßnahmen, um sicherzustellen, dass die Rechtsinhaber dem Begünstigten einer im nationalen Recht gemäß Artikel 5 Absatz 2 Buchstaben a, c, d, oder e oder Absatz 3 Buchstaben a, b oder e vorgesehenen Ausnahme oder Beschränkung die Mittel zur Nutzung der betreffenden Ausnahme oder Beschränkung in dem für die Nutzung der betreffenden Ausnahme oder Beschränkung erforderlichen Maße zur Verfügung stellen, soweit der betreffende Begünstigte rechtmäßig Zugang zu dem geschützten Werk oder Schutzgegenstand hat.

Ein Mitgliedstaat kann derartige Maßnahmen auch in Bezug auf den Begünstigten einer Ausnahme oder Beschränkung gemäß Artikel 5 Absatz 2 Buchstabe b treffen, sofern die Vervielfältigung zum privaten Gebrauch nicht bereits durch die Rechtsinhaber in dem für die Nutzung der betreffenden Ausnahme oder Beschränkung erforderlichen Maße gemäß Artikel 5 Absatz 2 Buchstabe b und Absatz 5 ermöglicht worden ist; der Rechtsinhaber kann dadurch nicht gehindert werden, geeignete Maßnahmen in Bezug auf die Zahl der Vervielfältigungen gemäß diesen Bestimmungen zu ergreifen.

Die von den Rechtsinhabern freiwillig angewandten technischen Maßnahmen, einschließlich der zur Umsetzung freiwilliger Vereinbarungen angewandten Maßnahmen, und die technischen Maßnahmen, die zur Umsetzung

der von den Mitgliedstaaten getroffenen Maßnahmen angewandt werden, genießen den Rechtsschutz nach Absatz 1.
Die Unterabsätze 1 und 2 gelten nicht für Werke und sonstige Schutzgegenstände, die der Öffentlichkeit aufgrund einer vertraglichen Vereinbarung in einer Weise zugänglich gemacht werden, dass sie Mitgliedern der Öffentlichkeit von Orten und zu Zeiten ihrer Wahl zugänglich sind.
Wenn dieser Artikel im Zusammenhang mit der Richtlinie 92/100/EWG und 96/9/EG angewandt wird, so findet dieser Absatz entsprechende Anwendung.

Artikel 7 Pflichten in Bezug auf Informationen für die Rechtewahrnehmung

(1) Die Mitgliedstaaten sehen einen angemessenen rechtlichen Schutz gegen Personen vor, die wissentlich unbefugt eine der nachstehenden Handlungen vornehmen, wobei ihnen bekannt ist oder den Umständen nach bekannt sein muss, dass sie dadurch die Verletzung von Urheberrechten oder dem Urheberrecht verwandten gesetzlich geschützten Schutzrechten oder die Verletzung des in Kapitel III der Richtlinie 96/9/EG vorgesehenen Sui-generis-Rechts veranlassen, ermöglichen, erleichtern oder verschleiern:
   a) die Entfernung oder Änderung elektronischer Informationen für die Wahrnehmung der Rechte,
   b) die Verbreitung, Einfuhr zur Verbreitung, Sendung, öffentliche Wiedergabe oder öffentliche Zugänglichmachung von Werken oder sonstigen unter diese Richtlinie oder unter Kapitel III der Richtlinie 96/9/EG fallenden Schutzgegenständen, bei denen elektronische Informationen für die Wahrnehmung der Rechte unbefugt entfernt oder geändert wurden.

(2) Im Sinne dieser Richtlinie bezeichnet der Ausdruck „Informationen für die Rechtewahrnehmung" die von Rechtsinhabern stammenden Informationen, die die in dieser Richtlinie bezeichneten Werke oder Schutzgegenstände oder die durch das in Kapitel III der Richtlinie 96/9/EG vorgesehene Sui-generis-Recht geschützten Werke oder Schutzgegenstände, den Urheber oder jeden anderen Rechtsinhaber identifizieren, oder Informationen über die Modalitäten und Bedingungen für die Nutzung der Werke oder Schutzgegenstände sowie die Zahlen oder Codes, durch die derartige Informationen ausgedrückt werden.
Unterabsatz 1 gilt, wenn irgendeine der betreffenden Informationen an einem Vervielfältigungsstück eines Werks oder eines sonstigen Schutzgegenstands, der in dieser Richtlinie genannt wird oder unter das in Kapitel III der Richtlinie 96/9/EG vorgesehene Sui-generis-Recht fällt, angebracht wird oder im Zusammenhang mit der öffentlichen Wiedergabe eines solchen Werks oder Schutzgegenstands erscheint.

Aus den Erwägungsgründen[121]

ErwG 47 Im Zuge der technischen Entwicklung werden Rechtsinhaber von technischen Maßnahmen Gebrauch machen können, die dazu be-

[121] Erklärung zur Wahrnehmung der Rechte:
Die Kommission und der Rat bekräftigen die Notwendigkeit angemessener und trans-

stimmt sind, die Verhinderung oder Einschränkung von Handlungen zu erreichen, die von den Inhabern von Urheberrechten oder verwandten Schutzrechten oder des Sui-generis-Rechts an Datenbanken nicht genehmigt worden sind. Es besteht jedoch die Gefahr, dass die Umgehung des durch diese Vorrichtungen geschaffenen technischen Schutzes durch rechtswidrige Handlungen ermöglicht oder erleichtert wird. Um ein uneinheitliches rechtliches Vorgehen zu vermeiden, das den Binnenmarkt in seiner Funktion beeinträchtigen könnte, muss der rechtliche Schutz vor der Umgehung wirksamer technischer Maßnahmen und vor der Bereitstellung entsprechender Vorrichtungen und Produkte bzw. der Erbringung entsprechender Dienstleistungen harmonisiert werden.

ErwG 48 Dieser Rechtsschutz sollte für technische Maßnahmen gelten, die wirksam Handlungen beschränken, die von den Inhabern von Urheberrechten oder verwandten Schutzrechten oder des Sui-generis-Rechts an Datenbanken nicht genehmigt worden sind, ohne jedoch den normalen Betrieb elektronischer Geräte und deren technische Entwicklung zu behindern. Dieser Rechtsschutz verpflichtet nicht dazu, Vorrichtungen, Produkte, Komponenten oder Dienstleistungen zu entwerfen, die den technischen Maßnahmen entsprechen, solange diese Vorrichtungen, Produkte, Komponenten oder Dienstleistungen nicht in anderer Weise unter das Verbot des Artikels 6 fallen. Dieser Rechtsschutz sollte auch das Verhältnismäßigkeitsprinzip berücksichtigen, und es sollten nicht jene Vorrichtungen oder Handlungen untersagt werden, deren wirtschaftlicher Zweck und Nutzen nicht in der Umgehung technischer Schutzvorkehrungen besteht. Insbesondere dürfen die Forschungsarbeiten im Bereich der Verschlüsselungstechniken dadurch nicht behindert werden.

ErwG 49 Der Rechtsschutz technischer Maßnahmen lässt einzelstaatliche Rechtsvorschriften unberührt, die den privaten Besitz von Vorrichtungen, Erzeugnissen oder Bestandteilen zur Umgehung technischer Maßnahmen untersagen.

ErwG 50 Ein solcher harmonisierter Rechtsschutz lässt die speziellen Schutzbestimmungen gemäß der Richtlinie 91/250/EWG unberührt. Er sollte insbesondere nicht auf den Schutz der in Verbindung mit Computerprogrammen verwendeten technischen Maßnahmen Anwendung finden, der ausschließlich in jener Richtlinie behandelt wird. Er sollte die Entwicklung oder Verwendung anderer Mittel zur Umgehung technischer Maßnahmen, die erforderlich sind, um

---

parenter Bedingungen für die Auswertung und die Wahrnehmung von Rechten im gemeinsamen Markt, und zwar sowohl in Bezug auf die individuelle als auch auf die kollektive Rechtewahrnehmung, die einen angemessenen Ausgleich zwischen allen betroffenen Rechten und Interessen (insbesondere von Nutzern) widerspiegelt. Die Kommission wird die Problematik der Rechtewahrnehmung im Licht der Marktentwicklungen insbesondere in Bezug auf digitale Technologien weiter untersuchen und über eine geeignete weitere Vorgangsweise entscheiden. (Übersetzung vom Verfasser)

Handlungen nach Artikel 5 Absatz 3 oder Artikel 6 der Richtlinie 91/250/EWG zu ermöglichen, nicht aufhalten oder verhindern. Artikel 5 und 6 jener Richtlinie sehen ausschließlich Ausnahmen von den auf Computerprogramme anwendbaren ausschließlichen Rechten vor.

ErwG 51[122] Der Rechtsschutz technischer Maßnahmen gilt unbeschadet des in Artikel 5 zum Ausdruck kommenden Gesichtspunkts des Allgemeininteresses sowie unbeschadet der öffentlichen Sicherheit. Die Mitgliedstaaten sollten freiwillige Maßnahmen der Rechtsinhaber, einschließlich des Abschlusses und der Umsetzung von Vereinbarungen zwischen Rechtsinhabern und anderen interessierten Parteien, fördern, mit denen dafür Sorge getragen wird, dass die Ziele bestimmter Ausnahmen oder Beschränkungen, die im Einklang mit dieser Richtlinie in einzelstaatlichen Rechtsvorschriften vorgesehen sind, erreicht werden können. Werden innerhalb einer angemessenen Frist keine derartigen freiwilligen Maßnahmen oder Vereinbarungen getroffen, sollten die Mitgliedstaaten angemessene Maßnahmen ergreifen, um zu gewährleisten, dass die Rechtsinhaber durch Änderung einer schon angewandten technischen Maßnahme oder durch andere Mittel den von derartigen Ausnahmen oder Beschränkungen Begünstigten geeignete Mittel für die Inanspruchnahme dieser Ausnahmen oder Beschränkungen an die Hand geben. Damit jedoch bei derartigen Maßnahmen, die von den Rechtsinhabern, auch im Rahmen von Vereinbarungen, oder von einem Mitgliedstaat ergriffen werden, kein Missbrauch entsteht, sollten alle technischen Maßnahmen Rechtsschutz genießen, die bei der Umsetzung derartiger Maßnahmen zur Anwendung kommen.

ErwG 52 Bei der Umsetzung einer Ausnahme oder einer Beschränkung im Hinblick auf Vervielfältigungen zum privaten Gebrauch nach Artikel 5 Absatz 2 Buchstabe b sollten die Mitgliedstaaten auch die Anwendung freiwilliger Maßnahmen fördern, mit denen dafür Sorge getragen wird, dass die Ziele derartiger Ausnahmen oder Beschränkungen erreicht werden können. Werden innerhalb einer angemessenen Frist keine derartigen freiwilligen Maßnahmen zur Ermöglichung von Vervielfältigungen zum privaten Gebrauch getroffen, können die Mitgliedstaaten Maßnahmen ergreifen, damit die Begünstigten der betreffenden Ausnahme oder Beschränkung sie tatsächlich nutzen können. Freiwillige Maßnahmen des Rechts-

---

[122] Erklärung der Kommission zu ErwG 51:

Die Kommission ist der Ansicht, dass die Mitgliedstaaten, wenn sie Maßnahmen vorsehen, um die Verwirklichung des Anliegens der Ausnahme zugunsten der privaten Vervielfältigung nach Artikel 5 Absatz 2b durch die Rechtsinhaber sicherzustellen, bestimmte Vervielfältigungshandlungen in Bezug auf ein gesendetes Werk oder einen sonstigen Schutzgegenstand zulassen können, wenn diese ausschließlich zu dem Zweck erfolgen, um dieses oder diesen zu einem gelegeneren Zeitpunkt sichtbar und/oder hörbar zu machen („time-shifting"), sofern die Bedingungen nach Artikel 5 Absatz 5 dieser Richtlinie erfüllt sind. (Übersetzung vom Verfasser)

inhabers, einschließlich etwaiger Vereinbarungen zwischen Rechtsinhabern und interessierten Parteien, sowie Maßnahmen der Mitgliedstaaten stehen solchen technischen Maßnahmen der Rechtsinhaber nicht entgegen, die mit den im nationalen Recht vorgesehenen Ausnahmen und Beschränkungen in Bezug auf Vervielfältigungen zum privaten Gebrauch nach Artikel 5 Absatz 2 Buchstabe b vereinbar sind, wobei der Bedingung des gerechten Ausgleichs nach jener Bestimmung und der Möglichkeit einer Differenzierung zwischen verschiedenen Anwendungsbedingungen nach Artikel 5 Absatz 5, wie z. B. Überwachung der Anzahl der Vervielfältigungen, Rechnung zu tragen ist. Damit bei derartigen Maßnahmen kein Missbrauch entsteht, sollten alle technischen Schutzmaßnahmen Rechtsschutz genießen, die bei der Umsetzung derartiger Maßnahmen zur Anwendung kommen.

ErwG 53 Die internationale Normung technischer Identifizierungssysteme für Werke und sonstige Schutzgegenstände in digitalem Format hat große Fortschritte gemacht. In einer sich ausweitenden Netzwerkumgebung könnten Unterschiede zwischen technischen Maßnahmen zur Inkompatibilität der Systeme innerhalb der Gemeinschaft führen. Kompatibilität und Interoperabilität der verschiedenen Systeme sollten gefördert werden. Es erscheint in hohem Maße wünschenswert, die Entwicklung weltweiter Systeme zu fördern.

ErwG 54 Die technische Entwicklung wird die Verbreitung von Werken, insbesondere die Verbreitung über Netze erleichtern, und dies bedeutet, dass Rechtsinhaber das Werk oder den sonstigen Schutzgegenstand, den Urheber und jeden sonstigen Leistungsschutzberechtigten genauer identifizieren und Informationen über die entsprechenden Nutzungsbedingungen mitteilen müssen, um die Wahrnehmung der mit dem Werk bzw. dem Schutzgegenstand verbundenen Rechte zu erleichtern. Rechtsinhaber sollten darin bestärkt werden, Kennzeichnungen zu verwenden, aus denen bei der Eingabe von Werken oder sonstigen Schutzgegenständen in Netze zusätzlich zu den genannten Informationen unter anderem hervorgeht, dass sie ihre Erlaubnis erteilt haben.

ErwG 55 Es besteht jedoch die Gefahr, dass rechtswidrige Handlungen vorgenommen werden, um die Informationen für die elektronische Wahrnehmung der Urheberrechte zu entfernen oder zu verändern oder Werke oder sonstige Schutzgegenstände, aus denen diese Informationen ohne Erlaubnis entfernt wurden, in sonstiger Weise zu verbreiten, zu Verbreitungszwecken einzuführen, zu senden, öffentlich wiederzugeben oder der Öffentlichkeit zugänglich zu machen. Um ein uneinheitliches rechtliches Vorgehen zu vermeiden, das den Binnenmarkt in seiner Funktion beeinträchtigen könnte, muss der rechtliche Schutz vor solchen Handlungen harmonisiert werden.

ErwG 56 Die genannten Informationssysteme für die Wahrnehmung der Rechte sind je nach Auslegung in der Lage, gleichzeitig personenbezogene Daten über die individuelle Nutzung von Schutzgegenständen zu verarbeiten und Online-Aktivitäten nachzuvollziehen. Die technischen Funktionen dieser Vorrichtungen sollten dem Schutz der Privatsphäre gemäß der Richtlinie 95/46/EG des Europäischen Parlaments und des Rates vom 24. Oktober 1995 zum Schutz natürlicher Personen bei der Verarbeitung personenbezogener Daten und zum freien Datenverkehr[123] gerecht werden.

Zugangskontroll-RL[124]

Artikel 1 Anwendungsbereich

Das Ziel dieser Richtlinie ist die Angleichung der Rechtsvorschriften der Mitgliedstaaten über Maßnahmen gegen illegale Vorrichtungen, die unerlaubten Zugang zu geschützten Diensten ermöglichen.

Artikel 2 Begriffsbestimmungen

Im Sinne dieser Richtlinie bezeichnet der Ausdruck

a) „geschützter Dienst" einen der nachstehend aufgeführten Dienste, soweit er gegen Entgelt erbracht wird und einer Zugangskontrolle unterliegt:
   - Fernsehsendung im Sinne von Artikel 1 Buchstabe a) der Richtlinie 89/552/EWG;
   - Radiosendung im Sinne der drahtgebundenen oder drahtlosen, einschließlich der durch Satelliten vermittelten Sendung von Radioprogrammen, die zum Empfang durch die Allgemeinheit bestimmt ist;
   - Dienste der Informationsgesellschaft im Sinne von Artikel 1 Nummer 2 der Richtlinie 98/34/EG des Europäischen Parlaments und des Rates vom 22. Juni 1998 über ein Informationsverfahren auf dem Gebiet der Normen und technischen Vorschriften und der Vorschriften für die Dienste der Informationsgesellschaft[125] sowie die Zugangskontrolle für die vorstehend genannten Dienste selbst, soweit sie als eigenständiger Dienst anzusehen ist;

b) „Zugangskontrolle" jede technische Maßnahme und/oder Vorrichtung, die den Zugang zu einem geschützten Dienst in verständlicher Form von einer vorherigen individuellen Erlaubnis abhängig macht;

c) „Zugangskontrollvorrichtung" jedes Gerät oder Computerprogramm, das dazu bestimmt oder entsprechend angepasst ist, um den Zugang zu einem geschützten Dienst in verständlicher Form zu ermöglichen;

d) „verbundene Dienste" die Installierung, die Wartung oder den Austausch von Zugangskontrollvorrichtungen sowie die Erbringung von Leistungen der kommerziellen Kommunikation in Verbindung mit ihnen oder mit geschützten Diensten;

e) „illegale Vorrichtung" jedes Gerät oder Computerprogramm, das dazu bestimmt oder entsprechend angepasst ist, um den Zugang zu einem geschützten Dienst in verständlicher Form ohne Erlaubnis des Diensteanbieters zu ermöglichen;

---

[123] ABl L 281 vom 23.11.1995, 31.

[124] Die Richtlinie war nach Art 6 bis zum 28. Mai 2000 umzusetzen.

[125] ABl L 204 vom 21.07.1998, 37; geändert durch die Richtlinie 98/48/EG ABl L 217 vom 05.08.1998, 18.

f) „durch diese Richtlinie koordinierter Bereich" jede Bestimmung über die Zuwiderhandlungen nach Artikel 4.

Artikel 3 Binnenmarkt-Grundsätze

(1) Jeder Mitgliedstaat trifft die erforderlichen Maßnahmen, um die in Artikel 4 genannten Handlungen in seinem Hoheitsgebiet zu untersagen und Sanktionen und Rechtsbehelfe gemäß Artikel 5 vorzusehen.

(2) Unbeschadet des Absatzes 1 dürfen die Mitgliedstaaten aus Gründen, die den durch diese Richtlinie koordinierten Bereich betreffen,
a) weder die Bereitstellung von geschützten Diensten oder die Erbringung von verbundenen Diensten aus anderen Mitgliedstaaten beschränken,
b) noch den freien Verkehr von Zugangskontrollvorrichtungen beschränken.

Artikel 4 Zuwiderhandlungen

Die Mitgliedstaaten verbieten in ihrem Hoheitsgebiet folgende Handlungen:
a) Herstellung, Einfuhr, Vertrieb, Verkauf, Vermietung oder Besitz illegaler Vorrichtungen zu gewerblichen Zwecken;
b) Installierung, Wartung oder Austausch illegaler Vorrichtungen zu gewerblichen Zwecken;
c) Einsatz der kommerziellen Kommunikation zur Förderung des Inverkehrbringens illegaler Vorrichtungen.

Artikel 5 Sanktionen und Rechtsbehelfe

(1) Die Sanktionen müssen wirksam, abschreckend und der potentiellen Wirkung der Zuwiderhandlung angemessen sein.

(2) Die Mitgliedstaaten ergreifen die erforderlichen Maßnahmen, damit Anbieter von geschützten Diensten, deren Interessen durch eine in ihrem Hoheitsgebiet begangene Zuwiderhandlung gemäß Artikel 4 verletzt worden sind, Zugang zu geeigneten Rechtsbehelfen haben; hierzu zählen Klagen auf Schadenersatz und das Erwirken einer einstweiligen Verfügung oder einer sonstigen Präventivmaßnahme sowie gegebenenfalls der Antrag auf Herausnahme der illegalen Vorrichtungen aus dem gewerblichen Verkehr.

Artikel 9 Weitere Anwendung anderer Rechtsvorschriften (Info-RL)

Diese Richtlinie lässt andere Rechtsvorschriften insbesondere in folgenden Bereichen unberührt: Patentrechte, Marken, Musterrechte, Gebrauchsmuster, Topographien von Halbleitererzeugnissen, typographische Schriftzeichen, Zugangskontrolle, Zugang zum Kabel von Sendediensten, Schutz nationalen Kulturguts, Anforderungen im Bereich gesetzlicher Hinterlegungspflichten, Rechtsvorschriften über Wettbewerbsbeschränkungen und unlauteren Wettbewerb, Betriebsgeheimnisse, Sicherheit, Vertraulichkeit, Datenschutz und Schutz der Privatsphäre, Zugang zu öffentlichen Dokumenten sowie Vertragsrecht.

Kurzkommentar

1. Technische Schutzmaßnahmen

Besondere Vorschriften in Bezug auf **technische Schutzmaßnahmen**[126] oder elektronische Informationen für die Wahrnehmung der Rechte bestehen bisher im Recht der Mitgliedstaaten von wenigen Ausnahmen[127] abgesehen nicht. Allerdings hat schon Art 7 Abs 1 lit c Software-RL das Inverkehrbringen oder den Erwerbszwecken dienenden Besitz von Mitteln sanktioniert, die allein dazu bestimmt sind, die unerlaubte Beseitigung oder Umgehung **technischer Programmschutzmechanismen** zu erleichtern. Abs 3 stellte es den Mitgliedsstaaten frei, die Beschlagnahme auch solcher Mittel vorzusehen[128]. Die Kommission knüpfte in Art 6 Info-RL-Vorschlag an dieses Vorbild an und baute es in mehrfacher Hinsicht aus. Das Europäische Parlament hat den Vorschlag präzisiert und zum Teil inhaltlich geändert (Abänderungsvorschläge Nr 49 bis 54). Die Kommission übernahm den Inhalt dieser Vorschläge mit weiteren Präzisierungen im Wesentlichen in den geänderten Info-RL-Vorschlag. In der Rats-Arbeitsgruppe war bis zuletzt vor allem das Verhältnis solcher technischer Schutzmaßnahmen zu den (fakultativen) freien Werknutzungen des Art 5 Abs 2 und 3 Info-RL strittig. In der Fassung nach dem Gemeinsamen Standpunkt können sich technische Schutzmaßnahmen zwar grundsätzlich auch auf den Bereich freier Nutzungen beziehen, doch muss den Begünstigten der Zugang zu Werken oder sonstigen Schutzgegenständen im Bereich freier Nutzungen auf Grund freiwilliger Maßnahmen der Rechtsinhaber oder durch Regelungen der Mitgliedsstaaten grundsätzlich offenstehen[129]. **151**

Der Schutz technischer Schutzmaßnahmen ist danach **horizontal** für alle Werke und Schutzgegenstände vorgesehen, womit auch die entsprechenden Bestimmungen des WCT und des WPPT umgesetzt werden sollen. Art 6 präzisiert dabei die zu sanktionierenden **Handlungen**, die **subjektiven Tatbestandsvoraussetzungen** sowie den **Begriff** der (umgangenen) **technischen Maßnahmen** und bezieht in den Schutz auch den *sui generis* Schutz nach der Datenbank-RL ein. Vor allem sollen nicht nur die **Umgehungshandlungen** selbst, sondern auch **fördernde Handlungen** im weitesten Sinn, wie zB die Herstellung und der Vertrieb von **Umgehungsvorrichtungen** und die Werbung hierfür, erfasst werden. Art 7 Abs 1 lit c Software-RL hatte sich noch darauf beschränkt, das Inverkehrbringen und den qualifizierten Besitz von Umgehungsvorrichtungen zu sanktionieren. Wie die Vorschriften der internationalen Verträge setzt auch Art 6 Info-RL voraus, dass die zu sanktionierende Tätigkeit auf die Verletzung eines Urheberrechts, verwandten Schutzrechts oder – über das internationale Recht hinausgehend – des *sui generis* Schutzes von Datenbanken abzielt. **152**

Nach Art 6 Abs 1 Info-RL müssen die Mitgliedstaaten einen **angemessenen Rechtsschutz** gegen die unerlaubte **Umgehung** wirksamer **technischer Maß-** **153**

[126] Siehe dazu etwa *Auer*, FS *Dittrich* 3; *Koelman/Helberger* in *Hugenholtz* (Hrsg) Copyright and Electronic Commerce, Protection of Technological Measures.

[127] Siehe insb Sec 296ff brit CDPA 1988.

[128] Vgl dazu *Walter* Art 7 Rz 13ff Software-RL.

[129] Siehe dazu unten bei Rz 156ff.

nahmen vorsehen, die zum Schutz von Urheberrechten, verwandten Schutzrechten oder des *sui generis* Schutzes von Datenbanken bestimmt sind. Voraussetzung ist schuldhaftes Handeln, wobei auf die Kenntnis des Umstands, dass eine Umgehung vorliegt, bzw auf das nach den Umständen zu beurteilende Kennenmüssen abgestellt wird. Die Bestimmung der Art der Sanktionen (verwaltungsrechtlich, zivilrechtlich oder strafrechtlich) bleibt der Gesetzgebung der Mitgliedsländer vorbehalten.

154 Wie bereits erwähnt, bezieht sich der vorzusehende angemessene Rechtsschutz auch auf die Herstellung und Verbreitung solcher technischer Vorrichtungen (Vorrichtungen, **Produkte** oder Komponenten), die der Umgehung technischer Schutzmaßnahmen dienen, sowie auf damit in Zusammenhang stehende **Dienstleistungen**. In der Fassung des Gemeinsamen Standpunkts werden die Verletzungshandlungen ergänzt und wie folgt umfassend näher umschrieben: Herstellung, Einfuhr, Verbreitung, Verkauf, Vermietung, Verkaufs- oder Vermietförderung sowie Besitz zu Erwerbszwecken. Dabei genügt es, wenn solche Produkte **hauptsächlich** dazu bestimmt (entworfen, produziert, angepasst oder angefertigt) sind, eine Umgehung zu ermöglichen oder zu erleichtern (Abs 2 lit c). Auch die Verkaufsförderung (Werbung) und Vermarktung mit dem Ziel der Umgehung wird sanktioniert (Abs 2 lit a). Eine weitere Präzisierung liegt in der Klarstellung, dass die Umgehungsprodukte und -dienstleistungen neben der Umgehung nur in sehr begrenzter Weise einen wirtschaftlich bedeutsamen Zweck oder Nutzen haben dürfen (Abs 2 lit b). Damit soll sichergestellt werden, dass gesetzlich nicht verbotene elektronische Geräte, wie zB Feuerlöscher, nicht nur deshalb den Sanktionen unterliegen, weil sie auch zur Überwindung von Kopiersperren oder ähnlichen technischen Maßnahmen genutzt werden können.

155 Abs 3 beschreibt die betroffenen **technischen Maßnahmen** näher, wobei es sich um **wirksame** Maßnahmen handeln muss, was gleichfalls näher umschrieben wird. Solche technischen Maßnahmen werden weit umschrieben und umfassen alle Technologien, Vorrichtungen oder Komponenten, die bei normalem Funktionieren, also ohne besondere zusätzliche technische Vorkehrungen oder Manipulationen zur Verhinderung oder Beschränkung einer nicht genehmigten Nutzung bestimmt sind. Als wirksam sind solche Maßnahmen anzusehen, wenn sichergestellt ist, dass das Schutzziel der Kontrolle durch Zugangsbeschränkungen, Verschlüsselungen, Verzerrungen, sonstige Umwandlungen der geschützten Informationen oder einen Kopierschutzes auch tatsächlich erreicht wird. Damit muss es sich um tatsächlich greifende technische Vorrichtungen handeln und nicht bloß um leicht auszuschaltende „Sperren", die im Wesentlichen auf ein Verbot durch den Rechtsinhaber hinausliefen.

156 Art 6 Abs 4 spricht eine bis zuletzt besonders umstrittene Frage an, ob nämlich technische Schutzmaßnahmen auch dann greifen, und ihre Umgehung mit Sanktionen bedroht werden soll, wenn sich die Nutzung im Rahmen (nationaler) **Schrankenregelungen** etwa zu Gunsten des Kopierens durch natürliche Personen zum privaten Gebrauch bewegt, die nach Art 5 Info-RL zulässig sind. Nach der konsolidierten Fassung des geänderten RL-Vorschlags vom Dezember 1999 sollten die Sanktionen im Rahmen freier Nutzungen (nach Art 5) nicht anwendbar sein, sofern der Nutzer rechtmäßiger Besitzer[130] ist oder **rechtmäßigen Zugang** zu dem Schutzgegenstand hat. Nach Unterabsatz 2 sollte dies aber **nicht** für die **digitale Vervielfältigung** zu privaten Zwecken gelten. Der in Art 5 Abs 2 lit c geänderter Info-RL-Vorschlag enthaltene, entsprechende Vorbehalt wurde in Art 6 Abs 4 überstellt, wo die Frage der Wirksamkeit der Umgehungssanktionen im Bereich freier Nutzungen generell geregelt werden sollte.

Der im **Gemeinsamen Standpunkt** grundlegend neu gefasste vierte Absatz unterscheidet zunächst nach der Art der **freien Nutzung** im Sinn des Art 5. Er sieht vor, dass die Wirkung technischer Maßnahmen hinsichtlich bestimmter, ausdrücklich aufgezählter freier Nutzungen durch die Mitgliedstaaten **eingeschränkt** werden soll, um dem Nutzer die Inanspruchnahme dieser Nutzungen zu gewährleisten. Diese Einschränkung bezieht sich nur auf die ausdrücklich angeführten Ausnahmen vom Vervielfältigungsrecht nach Abs 2 bzw vom Vervielfältigungs- und Wiedergaberecht nach Abs 3. Für die in Unterabsatz 1 geregelten Fälle, zu denen insbes die Vervielfältigung zum privaten Gebrauch auf Papier gehört, sind die Beschränkungen technischer Schutzmaßnahmen **zwingend** vorgesehen, während dies für den in Unterabsatz 2 geregelten Fall der Vervielfältigung zum privaten Gebrauch auf anderen Trägern nicht der Fall ist. All dies gilt jedoch nicht für Werke oder Schutzgegenstände, die der Öffentlichkeit auf Grund vertraglicher Vereinbarungen **interaktiv (online) zugänglich** gemacht wurden (Abs 4 Unterabs 4).

Die **erste Fallgruppe** umfasst neben der bereits erwähnten **reprografischen** **157**
Vervielfältigung (Art 5 Abs 2 lit a) auch Vervielfältigungshandlungen nicht kommerzieller Einrichtungen im Sinn des Art 5 Abs 2 lit c wie **Bibliotheken**, Museen und Archive, **ephemere Aufzeichnungen** von Sendeunternehmen (Art 5 Abs 2 lit d), Vervielfältigungen von Sendungen durch bestimmte **soziale Einrichtungen** (Art 5 Abs 2 lit e) sowie die Vervielfältigung bzw öffentliche Wiedergabe zur Veranschaulichung des **Unterrichts** (Art 5 Abs 3 lit a), die Nutzung durch **Behinderte** (Art 5 Abs 3 lit b) und die Verwendung durch die **Presse** bzw zur **Tagesberichterstattung** (Art 5 Abs 3 lit e). In all diesen Fällen sind die Rechtsinhaber zwar nicht verpflichtet, den durch diese Vorschriften Begünstigten Mittel an die Hand zu geben, mit welchen technische Schutzmaßnahmen im Rahmen solcher freier Nutzungen außer Kraft gesetzt werden können. Setzen die Rechtsinhaber solche **freiwilligen Maßnahmen**, insbes im Weg freier vertraglicher Vereinbarungen jedoch nicht, haben die **Mitgliedsstaaten** geeignete Maßnahmen zu ergreifen, um sicherzustellen, dass den Begünstigten geeignete Mittel zur Verfügung gestellt werden. In der Wahl solcher Maßnahmen sind die Mitgliedsstaaten frei; sie können jedoch nur darin bestehen, die Rechtsinhaber dazu zu verpflichten, solche Mittel zur Verfügung zu stellen, wobei die näheren Bedingungen und das Verfahren (gesetzlich) zu regeln sein werden. Im Hinblick auf die Vielfalt der möglichen Situationen gibt die Richtlinie freiwilligen Maßnahmen den Vorzug, die auch auf die besonderen Umstände der einzelnen Situationen Rücksicht nehmen können. Jedenfalls ist sicherzustellen, dass solche Mittel nicht missbraucht werden können. Grundvoraussetzung ist in jedem Fall, dass der Nutzer **rechtmäßig Zugang** zu der geschützten Information hat. Die Beurteilung der durch eine freie Nutzung nach den genannten Bestimmungen bewirkten

[130] In der Fassung 12.1999 war allerdings nur mehr vom rechtmäßigen Zugang die Rede.

Begünstigung richtet sich nach dem **nationalen Recht** des betreffenden Mitgliedslands, für welches die Bestimmungen der Richtlinie nur den Rahmen abgeben. Werden in einem Mitgliedsstaat die Grenzen einer freien Nutzung im Rahmen der fakultativen Ausnahmen und Beschränkungen enger gezogen, sind jedenfalls nur diese entscheidend.

158 Nach dem zweiten Unterabsatz gilt das Gesagte auch für die **Vervielfältigung zum privaten Gebrauch** auf anderen Trägern, insbes **Bild- und Tonträgern** im weitesten Sinn, wobei nicht mehr zwischen traditionellem und digitalem Trägermaterial bzw entsprechenden Techniken unterschieden wird. Die im ersten Unterabsatz beschriebenen Voraussetzungen, insbes der rechtliche Zugang des Nutzers zu dem geschützten Material und das Fehlen freiwilliger Maßnahmen müssen auch in diesem Fall erfüllt werden. Dies ungeachtet des Umstands, dass im zweiten Unterabsatz nochmals auf eine freiwillige Ermöglichung der Vervielfältigung zum privaten Gebrauch durch den Rechtsinhaber hingewiesen wird. **Nicht** von solchen Gegenmaßnahmen betroffen sind jedoch technische Vorrichtungen, mit welchen die **Zahl der Vervielfältigungen** in Übereinstimmung mit den jeweiligen nationalen Vorschriften kontrolliert wird.

Der wesentlichste Unterschied zu der ersten Fallgruppe besteht jedoch darin, dass die Mitgliedsstaaten **nicht verpflichtet** sind, solche Maßnahmen vorzusehen. Damit wurde die entscheidende Frage, ob technische Schutzmaßnahmen auch in den Bereich dieser freier Nutzungen zu Gunsten der Vervielfältigung zum privaten Gebrauch hinein wirksam werden können, den Mitgliedsstaaten überlassen und ein wesentliches Harmonisierungsziel aufgegeben. Von Seiten der Rechtsinhaber wurde in diesem Zusammenhang ins Treffen geführt, dass im digitalen Bereich mit dem Kopieren kein Qualitätsverlust verbunden ist, und solche Kopien daher die Originale substituieren. Eine Verpflichtung der Rechtsinhaber, „Entschlüsselungsmittel" an die Hand zu geben, mache technische Schutzmaßnahmen deshalb weitgehend sinnlos. Auf der anderen Seite wird auch zu beachten sein, dass die Situationen, in welchen eine Vervielfältigung zum privaten Gebrauch in Frage kommt, sehr unterschiedlich sein können. Es wird deshalb einer feinsinnigen Abwägung der im Spiel befindlichen Interessen und einer ausreichenden Differenzierung bedürfen, wenn Mitgliedsstaaten die Rechteinhaber dazu verpflichten wollen, den Begünstigten entsprechende Entschlüsselungsmittel zur Verfügung zu stellen. Der auf einen französischen Vorschlag zurückgehende Umweg über eine Verpflichtung der Rechteinhaber gibt diesen jedenfalls die Möglichkeit, den Einsatz und die Wirkungsweise solcher Mittel mitzugestalten.

159 Fraglich könnte sein, ob die Mitgliedsstaaten bei **Umsetzung** der Info-RL für den Fall fehlender freiwilliger Maßnahmen sofort entsprechende Maßnahmen vorsehen müssen (Unterabsatz 1) oder können (Unterabsatz 2) oder aber zunächst die weitere Entwicklung in dem betreffenden Mitgliedstaat beobachten müssen mit der Folge, dass sie erst dann eingreifen dürfen, wenn entsprechende freiwillige Maßnahmen tatsächlich fehlen. Im Hinblick auf die Unsicherheiten der künftigen technologischen Entwicklung und der sich herausbildenden Usancen vor allem im elektronischen Bereich wird eher davon auszugehen sein, dass die Richtlinie die Mitgliedstaaten nur im Fall eines praktischen Bedürfnisses im Hinblick auf die jeweils gegebene Situation dazu verpflichtet bzw ermächtigt, entsprechende Maßnahmen vorzusehen.

Unterabsatz 3 hält klarstellend fest, dass von Rechtsinhabern auf freiwilliger Grundlage zur Verfügung gestellte „**Entschlüsselungsvorrichtungen**" gleichfalls den Schutz nach Abs 1 genießen. Dies ungeachtet der gewählten Formulierung „Schutzmaßnahmen". Unterabsatz 4 stellt schließlich ausdrücklich klar, dass der *sui generis* Schutz von **Datenbanken** nicht nur vom Schutz technischer Maßnahmen umfasst, sondern diese auch den Einschränkungen des Abs 4 unterliegen. **160**

2. *Informationen über Urheberrechte*

Art 7 geänderter Info-RL-Vorschlag betreffend den Schutz von **Informationen** für die **Wahrnehmung der Rechte**[131] ist demgegenüber näher als Art 6 an die entsprechenden internationalen Vorschriften angelehnt. Auch hier sind die beschriebenen Handlungen von den Mitgliedstaaten zu sanktionieren, und zwar neben der Entfernung oder Änderung elektronischer Informationen über die Rechtewahrnehmung selbst auch die Verbreitung, die Einfuhr (zur Verbreitung), die öffentliche Wiedergabe oder das öffentliche Zugänglichmachen von Schutzgegenständen, bei welchen solche Informationen unbefugt entfernt oder geändert wurden. Der Schutz betrifft nur Handlungen, durch welche die Verletzung von geschützten Urheberrechten, verwandten Schutzrechten oder des *sui generis* Rechts an Datenbanken bewirkt, ermöglicht, erleichtert oder verschleiert wird. Nach der Fassung des geänderten Info-RL-Vorschlags war – dem Konzept des Art 6 folgend – klar, dass auch fahrlässiges Handeln ausreichen sollte. Dies wird auch für die Fassung nach dem Gemeinsamen Standpunkt gelten, obwohl zunächst nur von vorsätzlichem Handeln (*knowingly*) die Rede ist, was aber in weiterer Folge gleichfalls als Wissen oder Wissenmüssen umschrieben wird. **161**

Unter Informationen für die Rechtewahrnehmung sind alle von Rechtsinhabern mitgeteilten Informationen zur Identifizierung von Werken oder Schutzgegenständen, deren Urheber oder sonstiger Rechtsinhaber sowie Informationen über die entsprechenden Nutzungsbedingungen einschließlich diesbezüglicher Zahlen oder Codes zu verstehen (Abs 2 Unterabsatz 1). Klargestellt wird schließlich, dass diese Informationen geschützt sind, gleichviel ob sie auf Vervielfältigungsstücken angebracht sind oder im Zusammenhang mit der öffentlichen Wiedergabe geschützten Materials aufscheinen (Unterabsatz 2). **162**

3. *Zugangskontrolle*

Von mittelbarer Bedeutung für den Schutz von Urheber- und Leistungsschutzrechten in der Informationsgesellschaft ist weiters die Richtlinie über den rechtlichen Schutz von zugangskontrollierten Diensten und von Zugangskontroll- **163**

---

131 Siehe dazu etwa *Bygrave/Koelman* in *Hugenholtz* (Hrsg) Copyright and Electronic Commerce, Privacy, Data Protection and Copyright: Their Interaction in the Context of Electronic Copyright Management Systems.

diensten (**Zugangskontroll-RL**)[132], mit welcher Maßnahmen gegen **illegale Vorrichtungen** harmonisiert werden, die den unerlaubten Zugang zu geschützten Diensten ermöglichen (Art 1). Zu den geschützten Diensten zählen neben Radio- und Fernsehsendungen auch die **Dienste der Informationsgesellschaft** einschließlich der Zugangskontrolle für diese Dienste (Art 2 Abs 1 lit a). Unter Zugangskontrolle sind alle technischen Maßnahmen (Vorrichtungen) zu verstehen, die den Zugang zu einem geschützten Dienst „in verständlicher Form von einer vorherigen individuellen Erlaubnis abhängig macht" (Art 2 Abs 1 lit b). Unter Zugangskontrollvorrichtungen sind alle Geräte oder Computerprogramme zu verstehen, die dazu bestimmt oder entsprechend angepasst sind, um den Zugang zu einem geschützten Dienst in verständlicher Form zu ermöglichen (Art 2 Abs 1 lit c). Als illegale Vorrichtung ist entsprechend jedes Gerät oder Computerprogramm anzusehen, das dazu bestimmt oder entsprechend angepasst ist, um den Zugang zu einem geschützten Dienst in verständlicher Form ohne Erlaubnis des Diensteanbieters zu ermöglichen (Art 2 Abs 1 lit e).

164 Die Mitgliedstaaten sind nach Art 4 verpflichtet, die Herstellung, die Einfuhr, den Vertrieb, den Verkauf, die Vermietung und den Besitz solcher **illegaler Vorrichtungen** zu gewerblichen Zwecken ebenso zu **verbieten** wie die solchen Zwecken dienende Installierung, Wartung oder den Austausch solcher Vorrichtungen und den Einsatz der kommerziellen Kommunikation zur Verkaufsförderung. Die Verbote müssen durch wirksame, abschreckende und der potentiellen Wirkung der Zuwiderhandlung angemessene **Sanktionen** gesichert werden (Art 3 Abs 1 iVm Art 5 Abs 1). Die Mitgliedsstaaten sind weiters verpflichtet, Zugang zu geeigneten **Rechtsbehelfen** zu gewähren, wobei beispielshaft Klagen auf Schadenersatz und das Erwirken von Einstweiligen Verfügungen oder sonstiger Präventivmaßnahmen und gegebenenfalls der Antrag auf Herausnahme solcher illegaler Vorrichtungen aus dem gewerblichen Verkehr genannt sind (Art 3 Abs 1 iVm Art 5 Abs 2).

165 **Gegenstand** des Schutzes sind nicht die über Dienste der Informationsgesellschaft „transportierten" Schutzgegenstände, sondern die entsprechenden Dienste als solche. Werden solche Dienste nicht vom Rechtsinhaber selbst oder in seinem Auftrag, sondern von Dritten betrieben, wird der Schutz zu Gunsten des Rechtsinhabers an dem angebotenen Material nur bedingt wirksam, und können sonstige technische Schutzmaßnahmen und allfällige Ausnahmen hiervon deshalb auch in diesem Zusammenhang eine Rolle spielen.

Der Schutz ist auch insoweit beschränkt, als nicht die **Umgehung** von Zugangskontrollen als solche sanktioniert wird, sondern nur bestimmte Handlungen in Bezug auf dazu dienende **illegale Vorrichtungen**, worunter nur Geräte und Computerprogramme, nicht aber Handlungen zu verstehen sind. Weiters ist das Verbot des Art 4 auf Tätigkeiten zu **Erwerbszwecken** beschränkt, wobei in der deutschen Fassung von gewerblichen Zwecken die Rede ist. ErwG 13[133]

---

[132] In Österr umgesetzt mit Bundesgesetz über den Schutz zugangskontrollierter Dienste (ZugangskontrollG – ZuKG) BGBl 2000 I 60.

[133] Aus ErwG 13 ergibt sich, dass sich die Worte „zu gewerblichen Zwecken" jeweils auf alle angeführten Handlungen beziehen und nicht bloß auf die jeweils zuletzt angeführte, was vor allem beim Besitz illegaler Vorrichtungen sonst vertretbar wäre.

spricht in diesem Zusammenhang von einem „unmittelbaren oder mittelbaren wirtschaftlichen Gewinn", was die Auslegung nicht erleichtert. Im Zweifel wird der Begriff der „Gewerbsmäßigkeit" auch in dieser Richtlinie wohl im Sinn des Art 1 Abs 3 Vermiet- und Verleih-RL zu verstehen sein. Jedenfalls sind entsprechende Tätigkeiten im privaten Bereich nicht erfasst. Der Schutz geht deshalb weniger weit als derjenige zu Gunsten technischer Schutzmaßnahmen nach Art 6 Info-RL.

Haftungsbeschränkungen sieht die Zugangskontroll-RL – anders als die **166** E-Commerce-RL – **nicht** vor.

VIII. Kapitel Zeitlicher Anwendungsbereich, technische Anpassungen und Schlussbestimmungen

(*Bearbeiter: v Lewinski/Walter*)

Übersicht

Artikel 10 Zeitliche Anwendbarkeit

(1) Die Vorschriften dieser Richtlinie finden auf alle von ihr erfassten Werke und Schutzgegenstände Anwendung, die am ... durch die Rechtsvorschriften der Mitgliedstaaten auf dem Gebiet des Urheberrechts und der verwandten Schutzrechte geschützt sind oder die die Schutzkriterien im Sinne dieser Richtlinie oder der in Artikel 1 Absatz 2 genannten Bestimmungen erfüllen.

(2) Die Richtlinie berührt Handlungen und Rechte nicht, die vor dem ... [zwei Jahre nach dem Inkrafttreten dieser Richtlinie] abgeschlossen bzw. erworben wurden.

Artikel 11 Technische Anpassungen

(1) Die Richtlinie 92/100/EG wird wie folgt geändert:
   a) Artikel 7 wird gestrichen.
   b) Artikel 10 Absatz 3 erhält folgende Fassung:
   „(3) Die Beschränkungen dürfen nur in bestimmten Sonderfällen angewandt werden, in denen die normale Verwertung des Schutzgegenstands nicht beeinträchtigt wird und die berechtigten Interessen des Rechtsinhabers nicht ungebührlich verletzt werden."

(2) Artikel 3 Absatz 2 der Richtlinie 93/98/EWG erhält folgende Fassung:
„(2) Die Rechte der Hersteller von Tonträgern erlöschen fünfzig Jahre nach der Aufzeichnung. Wurde jedoch der Tonträger innerhalb dieser Frist rechtmäßig veröffentlicht, so erlöschen diese Rechte fünfzig Jahre nach der ersten rechtmäßigen Veröffentlichung. Wurde der Tonträger innerhalb der in Satz 1 genannten Frist nicht rechtmäßig veröffentlicht und wurde der Tonträger innerhalb dieser Frist rechtmäßig öffentlich wiedergegeben, so erlöschen diese Rechte fünfzig Jahre nach der ersten rechtmäßigen öffentlichen Wiedergabe.
Sind jedoch die Rechte der Hersteller von Tonträgern aufgrund des Ablaufs der Schutzfrist gemäß dem vorliegenden Absatz in seiner Fassung vor der Änderung durch die Richtlinie 2001/.../EG des Europäischen Parlaments und des Rates vom ... zur Harmonisierung bestimmter Aspekte des Urheberrechts und der verwandten Schutzrechte in der Informationsgesellschaft [zwei Jahre nach dem Inkrafttreten dieser Richtlinie] am ... [ABl L ...] nicht mehr geschützt, so bewirkt dieser Absatz nicht, dass jene Rechte erneut geschützt sind.“

Artikel 12 Schlussbestimmungen

(1) Spätestens am ... [vier Jahre nach dem Inkrafttreten dieser Richtlinie] und danach alle drei Jahre unterbreitet die Kommission dem Europäischen Parlament, dem Rat und dem Wirtschafts- und Sozialausschuss einen Bericht über die Anwendung dieser Richtlinie, in dem sie unter anderem auf der Grundlage der von den Mitgliedstaaten mitgeteilten Informationen insbesondere die Anwendung der Artikel 5, 6 und 8 anhand der Entwicklung des digitalen Marktes prüft. Im Falle des Artikels 6 prüft sie insbesondere, ob dieser ein ausreichendes Schutzniveau sicherstellt und ob sich der Einsatz wirksamer technischer Maßnahmen nachteilig auf gesetzlich erlaubte Handlungen auswirkt. Erforderlichenfalls legt sie – insbesondere um das Funktionieren des Binnenmarkts im Sinne von Artikel 14 des Vertrags sicherzustellen – entsprechende Änderungsvorschläge zu dieser Richtlinie vor.

(2) Der Schutz der dem Urheberrecht verwandten Schutzrechte im Sinne dieser Richtlinie lässt den Schutz des Urheberrechts unberührt und beeinträchtigt ihn in keiner Weise.

(3) Es wird ein Kontaktausschuss eingesetzt. Dieser Ausschuss setzt sich aus Vertretern der zuständigen Behörden der Mitgliedstaaten zusammen. In ihm führt ein Vertreter der Kommission den Vorsitz, und er tritt entweder auf Initiative des Vorsitzenden oder auf Antrag der Delegation eines Mitgliedstaats zusammen.

(4) Der Ausschuss hat folgende Aufgaben:
a) Durchführung von Konsultationen zu allen mit der Anwendung dieser Richtlinie zusammenhängenden Fragen;
b) Erleichterung des Informationsaustauschs über einschlägige Entwicklungen in der Gesetzgebung und Rechtsprechung sowie über die einschlägigen wirtschaftlichen, sozialen, kulturellen und technischen Entwicklungen;
c) Wahrnehmung der Funktion eines Forums zur Bewertung des digitalen Markts für Werke und andere Gegenstände, einschließlich Privatkopien und der Verwendung technischer Maßnahmen.

Artikel 13 Umsetzung

(1) Die Mitgliedstaaten erlassen die erforderlichen Rechts- und Verwaltungsvorschriften, um dieser Richtlinie vor dem … [zwei Jahre nach dem Inkrafttreten dieser Richtlinie] nachzukommen. Sie setzen die Kommission hiervon unverzüglich in Kenntnis.
Wenn die Mitgliedstaaten diese Vorschriften erlassen, nehmen sie in den Vorschriften selbst oder durch einen Hinweis bei der amtlichen Veröffentlichung auf diese Richtlinie Bezug. Die Mitgliedstaaten regeln die Einzelheiten dieser Bezugnahme.
(2) Die Mitgliedstaaten teilen der Kommission den Wortlaut der innerstaatlichen Rechtsvorschriften mit, die sie auf dem unter diese Richtlinie fallenden Gebiet erlassen.

Artikel 14 Inkrafttreten

Diese Richtlinie tritt am Tag ihrer Veröffentlichung im Amtsblatt der Europäischen Gemeinschaften in Kraft.

Artikel 15 Adressaten

Diese Richtlinie ist an die Mitgliedstaaten gerichtet.

Aus den Erwägungsgründen (E-Commerce-RL)

ErwG 50 Es ist wichtig, daß die vorgeschlagene Richtlinie zur Harmonisierung bestimmter Aspekte des Urheberrechts und der verwandten Schutzrechte in der Informationsgesellschaft und die vorliegende Richtlinie innerhalb des gleichen Zeitrahmens in Kraft treten, so daß zur Frage der Haftung der Vermittler bei Verstößen gegen das Urheberrecht und verwandte Schutzrechte auf Gemeinschaftsebene ein klares Regelwerk begründet wird.

Kurzkommentar

1. Zeitlicher Anwendungsbereich

Art 10 zur Anwendung der Richtlinie in **zeitlicher Hinsicht** folgt weitgehend entsprechenden Bestimmungen in früheren Richtlinien im Bereich des Urheberrechts und der verwandten Schutzrechte. So sollen alle zum Umsetzungszeitpunkt nach der Gesetzgebung eines Mitgliedslands auf dem Gebiet des Urheberrechts oder der verwandten Schutzrechte geschützten bzw die Schutzkriterien nach den in Art 1 Abs 2 genannten bisher erlassenen Richtlinien erfüllenden Werke und anderen Schutzgegenstände von der Info-RL erfasst werden. **167**

Während der ursprüngliche RL-Vorschlag alle vor dem Umsetzungszeitpunkt vorgenommen **Verwertungshandlungen** und alle vor dem Tag der Veröffentlichung der Richtlinie abgeschlossenen **Verträge** und **erworbenen Rechte** unberührt ließ, formuliert der Gemeinsamer Standpunkt sparsamer. Auch sollte die Richtlinie in Bezug auf Verwertungsverträge, die zum Umsetzungszeitpunkt in Kraft sind, erst fünf Jahre nach der Veröffentlichung der Richtlinie Geltung erlangen. Damit sollte sichergestellt werden, dass die Richtlinie innerhalb eines **168** angemessenen Zeitraums auch für bereits abgeschlossene Verträge maßgeblich ist. Im Gemeinsamen Standpunkt ist dagegen nur mehr von vorher „abgeschlossenen Handlungen" und „erworbenen Rechten" die Rede. Unter Handlungen werden aber gleichfalls Verwertungshandlungen ebenso zu verstehen sein wie Verträge. Die Bestimmung, wonach die Richtlinie nach Ablauf von fünf Jahren auch auf vorher abgeschlossene Verträge anwendbar sein sollte, ist dagegen weggefallen.

2. Technische Anpassungen

169 Die **technischen Anpassungen** des Art 11 Info-RL betreffen in erster Linie das in der **Vermiet- und Verleih-RL** geregelte leistungsschutzrechtliche Aufzeichnungsrecht sowie die Schrankenbestimmungen dieser Richtlinie. Diese werden durch die Info-RL zum Teil ersetzt bzw präzisiert (Art 11 Abs 1)[134].

170 Art 11 Info-RL-Vorschlag enthält weiters eine Anpassung der Berechnung der **Schutzdauer** an die neuen Vorgaben des Art 17 Abs 2 WPPT in Bezug auf die Rechte der **Tonträgerhersteller** (Art 11 Abs 2). Nach Art 3 Abs 2 Schutzdauer-RL ist die fünfzigjährige Schutzfrist grundsätzlich ab Aufzeichnung eines Tonträgers zu berechnen. Erscheint der Tonträger jedoch innerhalb dieser Frist oder wird er – etwa im Weg der Sendung – **veröffentlicht**, ist die Schutzfrist von diesem Zeitpunkt an zu berechnen. Erscheint ein Tonträger innerhalb der ab Aufzeichnung berechneten Schutzfrist und wird er innerhalb dieser Frist auch veröffentlicht, ist der jeweils frühere Zeitpunkt für die Berechnung der Schutzfrist maßgebend. Nach Art 17 Abs 2 WPPT ist die – gleichfalls fünfzigjährige – Schutzfrist dagegen grundsätzlich vom Zeitpunkt des Erscheinens eines Tonträgers an zu berechnen. Erscheint der Tonträger allerdings nicht innerhalb von 50 Jahren ab Aufzeichnung, endet der Schutz mit diesem Zeitpunkt.

Der Info-RL-Vorschlag knüpfte den Lauf der Schutzfrist deshalb in Abänderung der bisherigen Regelung in der Schutzdauer-RL nur mehr an den Zeitpunkt der Aufzeichnung bzw des **Erscheinens** an. Bei dieser Regelung blieb es auch im geänderten RL-Vorschlag. Nach dem Gemeinsamen Standpunkt wird die Schutzfrist nun zwar grundsätzlich gleichfalls ab Aufzeichnung bzw Erscheinen berechnet; ist ein Tonträger jedoch innerhalb der fünfzigjährigen Frist aber Aufzeichnung nicht erschienen, wird die Schutzfrist ab Veröffentlichung innerhalb dieses Zeitraums berechnet. Der Unterschied zur bisherigen Regelungen besteht deshalb nur darin, dass nicht das jeweils frühere Erscheinen oder Veröffentlichen maßgebend ist, sondern es auf die **Veröffentlichung** nur dann ankommt, wenn ein Tonträger innerhalb der fünfzigjährigen Frist ab Aufzeichnung nicht erschienen ist. Die Richtlinie geht offensichtlich davon aus, dass eine bloß subsidiäre Anknüpfung an den Zeitpunkt der Veröffentlichung mit Art 17 Abs 2 WPPT vereinbar ist.

Der zweite Unterabsatz enthält in der Fassung des Gemeinsamen Standpunkts jetzt auch eine **übergangsrechtliche** Regelung. Danach lebt der Schutz in Bezug auf einen Tonträger, der nach der bisherigen Regelung in Art 3 Abs 2 Schutzdauer-RL bereits abgelaufen ist, durch die gegenständliche Neuregelung

---

[134] Siehe dazu oben Rz 48ff und Rz 90.

nicht wieder auf. Eine solche ergänzende übergangsrechtliche Vorschrift war deshalb notwendig, weil die Neuregelung dann zu einer Schutzfristenverlängerung führt, wenn ein Tonträger innerhalb der ersten Schutzperiode ab Aufzeichnung sowohl veröffentlicht wird als auch erscheint, und der Zeitpunkt des Erscheinens später liegt.

Weitere technische Anpassungen enthält die Fassung nach dem Gemeinsamen Standpunkt nicht. Die konsolidierte Fassung des geänderten RL-Vorschlags vom Dezember 1999 hatte dagegen in Bezug auf **technische Schutzmaßnahmen** vorgesehen, Art 7 Abs 1 lit c **Software-RL** sowie die Bezugnahme auf diesen Unterabsatz am Anfang von Art 7 Abs 1 zu streichen und an dessen Stellen einen neuen Art 7a einzuführen, der inhaltlich dem Art 6 Info-RL entspricht. Dies wurde jedoch im Gemeinsamen Standpunkt wieder fallen gelassen. Soweit die Software-RL keine spezifischen Regelungen enthält, ist Art 6 Info-RL dessen ungeachtet auch auf Computerprogramme anwendbar. **171**

Eine Präzisierung des Verhältnisses der Regelungen der Info-RL zu bereits bestehenden Regelungen früherer Richtlinien fehlt dagegen, wäre allerdings wünschenswert gewesen[135]. **172**

3. Schlussbestimmungen und Inkrafttreten

Die Art 12 bis 14 enthaltenen die üblichen Schlussbestimmungen. Hervorzuheben ist neben der **Berichtspflicht** der Kommission (Art 12 Abs 3 Info-RL) auch die Einsetzung eines **Kontaktausschusses** von Vertretern der Mitgliedsstaaten (Art 12 Abs 3 und 4 Info-RL). **173**

Die **Umsetzungsfrist** ist mit zwei Jahren ab Veröffentlichung der Richtlinie im Amtsblatt eher großzügig bemessen und sollte mit derjenigen für die E-Commerce-RL abgestimmt werden, was freilich infolge der eingetretenen Verzögerungen nicht mehr möglich ist. **174**

[135] Vgl dazu auch Rz 89ff.

Stand der Harmonisierung und Ausblick

(Bearbeiter: v Lewinski/Walter)

Übersicht

I. Kapitel Vorbemerkungen

In diesem letzten Abschnitt soll eine kurze **Bestandaufnahme** der bisherigen Entwicklung des Europäischen Urheberrechts versucht und der Stand der bisherigen Harmonisierungsmaßnahmen kurz systematisch zusammengefasst werden. Ergänzend ist in diesem Zusammenhang auf die Erläuterungen zur Info-RL (Gemeinsamer Standpunkt) zu verweisen, welche die horizontale Harmonisierung in weiteren Teilbereichen voranbringen soll und kurz vor der Verabschiedung steht. **1**

Weiters soll in diesem Abschnitt die Problematik der gemeinschaftsweiten **Erschöpfung** des Verbreitungsrechts bzw das Verbot der internationalen Erschöpfung zusammenfassend und richtlinienübergreifend behandelt werden. Schließlich sollen die anstehenden **Zukunftsprojekte** einer weiteren Harmonisierung kurz erörtert und die Frage gestellt werden, ob im Hinblick auf den erreichten Stand der Harmonisierung und die noch offenen Fragen die Zeit nicht für eine zusammenfassende **Kodifizierung** des Europäischen Urheberrechts reif wäre. **2**

II. Kapitel Vertikale und horizontale Harmonisierung

(Bearbeiter: Walter)

Sieht man von den im **EG-Primärrecht** enthaltenen einschlägigen Regelungen wie den Grundsätzen des freien Waren- und Dienstleistungsverkehrs, den wettbewerbsrechtlichen (kartellrechtlichen) Vorschriften und dem Diskriminierungsverbot ab, die sich unmittelbar auch auf das Urheberrecht auswirken, haben die bisher erlassenen **Richtlinien** in einzelnen, allerdings noch begrenzten Be- **3** reichen bereits zu einer umfassenden **horizontalen Rechtsangleichung** geführt. Dies gilt insbes für die Schutzdauer von Urheber- und Leistungsschutzrechten und die vier Europäischen Leistungsschutzrechte (ausübende Künstler, Tonträgerhersteller, Laufbildhersteller und Rundfunkunternehmer). Andere Richtlinien beschränken sich dagegen punktuell (**vertikal**) auf einzelne, verhältnismäßig eng abgegrenzte Aspekte (Verwertungsarten) bzw auf einzelne Werkkategorien, für welche eine Harmonisierung besonders dringend erschien. So regelt die Software-RL den Schutz von Computerprogrammen umfassend, einschließlich der Schutzvoraussetzungen (Werkbegriff), der Verwertungsrechte sowie der Ausnahmen hiervon, der Rechtsinhaberschaft, besonderer Schutzmaßnahmen und ursprünglich auch der Schutzdauer[1], ist jedoch auf diese Werkkategorie beschränkt. Entsprechendes gilt für die Regelungen der Datenbank-RL, die den urheberrechtlichen und den neu eingeführten *sui generis* Schutz von Datenbanken umfassend, aber gleichfalls nur für diese Kategorie von Werken bzw sonstigen Schutzgegenständen regelt. Dagegen sind die Satelliten- und Kabel-RL sowie Kapitel I der Vermiet- und Verleih-RL im Wesentlichen auf einzelne Verwertungsrechte, die Ausnahmen hiervon und deren Wahrnehmung beschränkt, wobei in letzterer Hinsicht für Teilaspekte die Frage der Rechtsinhaberschaft, der vertraglichen Verfügung und der Rechtewahrnehmung bzw des Rechtserwerbs geregelt werden. Die bisher gesetzten Harmonisierungsschritte sind einerseits durch die (beschränkte) Kompetenz des Europäischen Gesetzgebers in urheberrechtlichen Fragen[2] vorgezeichnet, anderseits durch die Dringlichkeit einer Harmonisierung bedingt. Hinzu kommen – insbes im Zusammenhang mit dem Schutz von Software und Datenbanken – auch wirtschaftliche Aspekte, die in der EU zwar in zunehmendem Maß nicht mehr allein entscheidend sind, gleichwohl aber nach wie vor im Vordergrund stehen.

4 Von den umfassend horizontal harmonisierten Bereichen (Schutzdauer und Europäische Leistungsschutzrechte) abgesehen, lassen sich auch aus den übrigen Richtlinien **Ansätze** für ein umfassendes oder zumindest weite Teile abdeckendes harmonisiertes Europäisches Urheberrecht erkennen. Allerdings ist bei einer analogen Rechtsanwendung der bewusst auf Teilbereiche beschränkten (vertikalen) Regelungen Vorsicht geboten, und lassen die bisher gesetzten Eckpfeiler auch keine sicheren Schlüsse auf die künftige Entwicklung des Europäischen Urheberrechts zu, zumal die „Gesetzgebung“ auf Europäischer Ebene von zahlreichen, im vorhinein kaum abzuschätzenden und im Übrigen auch politischen Aspekten und Gegebenheiten mitbestimmt wird. Diese Konturen eines „Europäischen Urheberrechts“ auszumachen, war Gegenstand des 8. Ringbergsymposiums des Max-Planck-Instituts für ausländisches und internationales Patent-, Urheber- und Wettbewerbsrecht, welches vom 25. bis 30. September 1994 stattgefunden hat[3], und soll auch in diesem Abschnitt zusammenfassend versucht werden[4].

---

[1] Die Regelung der Schutzdauer in Art 8 Software-RL wurde allerdings jetzt durch die horizontale Regelung der Schutzdauer-RL überlagert.

[2] Vgl *v Lewinski* Allgemeiner Teil – 1. Kapitel Einleitung Rz 2ff.

[3] Vgl dazu *Schricker/Bastion/Dietz*, Konturen.

[4] Vgl dazu auch *Ellins*, Copyright Law 230ff.

Das Gesagte gilt für die vor der Verabschiedung stehende Richtlinie zur Harmonisierung bestimmter Aspekte des Urheberrechts und der verwandten Schutzrechte in der **Informationsgesellschaft** (**Info-RL**) entsprechend. Auch hier standen und stehen wirtschaftliche Interessen, insbes der Telekommunikationswirtschaft im Vordergrund. Zugleich aber bietet dieses Richtlinienvorhaben Gelegenheit für ein Vorantreiben der Rechtsangleichung, vor allem durch die (horizontale) Zusammenfassung bestimmter **Verwertungsrechte**[5] und die Erstellung eines (abschließenden) **Ausnahmekatalogs** (Art 5), auch wenn die nunmehr bereits als Gemeinsamer Standpunkt vorliegende Richtlinie vor allem auf die Umsetzung der Ergebnisse der WIPO-Konferenz 1996 im Zusammenhang mit der **Online-Übertragung** (Art 3) von Werken und anderen Schutzgegenständen abzielt. Schwerpunkte bilden weiters Vorschriften im Zusammenhang mit **technischen Schutzmaßnahmen** (Art 6) sowie Pflichten in Bezug auf **Urheberrechtsinformationen** für die Wahrnehmung der Rechte (Art 7). **5**

III. Kapitel Werkbegriff

(Bearbeiter: Walter)

Der zentrale urheberrechtliche Werkbegriff ist bisher noch nicht umfassend harmonisiert[6]. Es zeichnet sich aber ein Europäischer Werkbegriff ab, da die bisher erlassenen Richtlinien von einem einheitlichen Verständnis der Originalität (Individualität) ausgehen, was zunächst in der Software-RL (Art 1 Abs 3) festgelegt wurde. Danach wird als Schutzkriterium nur **Individualität** in dem Sinn vorausgesetzt, dass Computerprogramme „das Ergebnis der eigenen geistigen Schöpfung ihres Urhebers" sein müssen. Hinzugefügt wird, dass zur Bestimmung ihrer Schutzfähigkeit keine anderen Kriterien (wie Qualität oder eine bestimmte „Werkhöhe") erforderlich sind. ErwG 8 Software-RL unterstreicht dies mit dem Hinweis darauf, dass qualitative oder ästhetische Vorzüge nicht als Kriterium für die Beurteilung der Frage der Individualität eines Computerprogramms herangezogen werden sollen. Damit geht die Software-RL von einem **reduzierten Originalitätsbegriff** aus, der vom weiten britischen Verständnis der Originalität ausgeht, die nur voraussetzt, dass es sich insoweit um die eigene Schöpfung des Urhebers handelt, als das Werk nicht kopiert ist. Anderseits wird durch den Hinweis auf das Erfordernis der „geistigen Schöpfung" ein Kompromiss mit der in manchen kontinental-europäischen Ländern traditionell vertretenen strengeren Auffassung herbeigeführt. Urheberrechtliche Unterscheidbarkeit reicht danach aus; völlig alltägliche bzw banale Produktionen sind aber auch dann nicht geschützt, wenn sie im Einzelfall nicht kopiert sein sollten[7]. **6**

Dieser reduzierte Originalitätsbegriff wurde auch in die **Datenbank-RL** (Art 3 Abs 1) übernommen, bezieht sich dort aber im Hinblick auf die Natur urheber- **7**

---

[5] Vervielfältigung und Verbreitung einerseits (Art 2 und 4) und öffentliche Wiedergabe (Art 3) anderseits.

[6] Vgl dazu auch *Benabou*, Droits d'auteur et droit communautaire 372f; *Dreier* in *Schricker/Bastian/Dietz*, Konturen 17ff; *Ellins*, Copyright Law 257ff.

[7] Vgl dazu *Walter* Art 1 Rz 13ff Software-RL.

rechtlich geschützter Datenbanken als Sammelwerke auf die „Auswahl oder Anordnung des Stoffes“[8]. Die Kommission verwies zur Übernahme der Schutzvoraussetzungen aus der Software-RL auf die Ähnlichkeit des schöpferischen Prozesses und darauf, dass Computerprogramme ein wesentlicher Bestandteil des Datenbankmanagements seien[9]. Es ist aber davon auszugehen, dass der Europäische Gesetzgeber diesem Modell auch für andere Werkkategorien folgen wird[10], wie dies in Art 6 **Schutzdauer-RL** zuvor schon für **fotografische Werke** (Lichtbildwerke) geschehen ist[11], die Computerprogrammen und Datenbanken nicht vergleichbar sind[12]. Die Umschreibung der Schutzvoraussetzungen für fotografische Werke in Art 6 Schutzdauer-RL spricht im Übrigen gleichfalls für einen reduzierten Originalitätsbegriff, da diese punktuelle Regelung vor allem darauf zurückzuführen sein wird, dass darauf verzichtet wurde, ein Leistungsschutzrecht für einfache Lichtbilder vorzuschreiben, weshalb zumindest sichergestellt werden sollte, dass auch wenig gestaltete Lichtbilder („kleine Münze“) urheberrechtlichen Schutz genießen[13].

8 Mangels einer umfassenden horizontalen Harmonisierung sind die Mitgliedstaaten jedoch vorerst frei, die Originalität für **andere Werkkategorien** autonom zu regeln. Der reduzierte Originalitätsbegriff der bisher erlassenen Richtlinien wird aber im Auge zu behalten sein. Festzuhalten ist in diesem Zusammenhang weiters, dass die Anforderungen an die Individualität zwar reduziert, gleichwohl aber als Schutzvoraussetzung aufrecht erhalten wurden, wodurch sich das Urheberrecht ieS weiterhin vom Leistungsschutzrecht und von wettbewerbsrechtlichen Schutzpositionen unterscheidet.

9 Am 13. Oktober 1998 wurde die Richtlinie über den rechtlichen Schutz von **Mustern und Modellen** (Geschmacksmuster-RL)[14] erlassen. Darin wird als Schutzvoraussetzung neben der Neuheit (Art 1 Abs 2 iVm Art 4) auch **Eigenart** eines Geschmacksmusters verlangt. Diese wird in Art 5 Abs 1 im Sinn einer **musterrechtlichen Unterscheidbarkeit** beschrieben. Danach hat ein Muster Eigenart, wenn sich der Gesamteindruck, den es beim informierten Benutzer hervorruft, von dem Gesamteindruck unterscheidet, den ein anderes, früher veröffentlichtes Muster[15] bei diesem Benutzer hervorruft[16]. ErwG 13 nimmt in die-

---

[8] Vgl zum Originalitätsbegriff der Datenbank-RL *v Lewinski* Art 3 Rz 7ff Datenbank-RL.

[9] Vgl dazu Begründung Datenbank-RL-Vorschlag 2. Teil Z 2.3. und *v Lewinski* Art 3 Rz 7 Datenbank-RL.

[10] Vgl *v Lewinski* Art 3 Rz 8 Datenbank-RL.

[11] Vgl dazu *Walter* Art 6 Rz 7f Schutzdauer-RL.

[12] Zu der etwas abweichenden Formulierung des ErwG 17 Schutzdauer-RL siehe *Walter* Art 6 Rz 8 Schutzdauer-RL.

[13] Vgl dazu *Walter* Art 6 Rz 7 Schutzdauer-RL.

[14] Richtlinie 98/71/EG des Europäischen Parlaments und des Rates über den rechtlichen Schutz von Mustern und Modellen vom 13.10.1998 ABl L 289 vom 28.10.1998, 28.

[15] Welches der Öffentlichkeit vor dem Tag seiner Anmeldung zur Eintragung oder – wenn eine Priorität in Anspruch genommen wird – am Prioritätstag zugänglich gemacht wurde.

[16] Nach Art 3 Abs 2 wird ein Muster durch ein Musterrecht geschützt, wenn es neu ist und Eigenart hat. Nach Art 4 gilt ein Muster als neu, wenn der Öffentlichkeit vor dem Tag

sem Zusammenhang ausdrücklich auf den „vorbestehenden Formenschatz" Bezug und stellt klar, dass die Art des Erzeugnisses, bei dem das Muster benutzt wird oder in das es aufgenommen wird, und insbes der jeweilige Industriesektor bei der Beurteilung seiner Eigenart zu berücksichtigen ist; dies gilt entsprechend für den Grad der Gestaltungsfreiheit des Entwerfers bei der Entwicklung des Musters[17].

Damit stellt sich die Schutzvoraussetzung der Eigenart als Präzisierung des **Neuheitsbegriffs** dar. Die Eigenart (Unterscheidbarkeit) wird im Geschmacksmusterrecht – anders als im Urheberrecht – nämlich nicht objektiv, sondern nur in Bezug auf den vorbestehenden Formenschatz verstanden. Nicht auf die Unterscheidbarkeit von möglichen ähnlichen Schöpfungen, sondern nur darauf kommt es an, ob sich das Muster ausreichend von vorbestehendem Material unterscheidet. Die Neuheit eines Musters ist nicht bloß an identischen Mustern, deren Merkmale sich nur in unwesentlichen Einzelheiten unterscheiden (Art 4) zu messen; auch bloß ähnliche, bereits veröffentlichte Muster sind zu berücksichtigen. Die Schutzvoraussetzung der geschmacksmusterrechtlichen Eigenart unterscheidet sich deshalb maßgeblich von der urheberrechtlichen Originalität. Einer Abgrenzung zwischen urheberrechtlichem Schutz und geschmacksmusterrechtlichem bedarf es deshalb nicht.

Art 17 Geschmacksmuster-RL[18] hält auch ausdrücklich fest, dass das Geschmacksmusterrecht und das Urheberrecht **kumulativ** nebeneinander anwendbar sind, und ein Musterschutz den urheberrechtlichen nicht ausschließt. Dazu

---

der Anmeldung des Musters zur Eintragung oder, wenn eine Priorität in Anspruch genommen wird, vor dem Prioritätstag kein identisches Muster zugänglich gemacht worden ist. Muster gelten als identisch, wenn sich ihre Merkmale nur in unwesentlichen Einzelheiten unterscheiden. Die Eigenart wird in Art 5 Abs 1 wie folgt umschrieben: „Ein Muster hat Eigenart, wenn sich der Gesamteindruck, den es beim informierten Benutzer hervorruft, von dem Gesamteindruck unterscheidet, den ein anderes Muster bei diesem Benutzer hervorruft, das der Öffentlichkeit vor dem Tag seiner Anmeldung zur Eintragung oder, wenn eine Priorität in Anspruch genommen wird, am Prioritätstag zugänglich gemacht worden ist." Nach Abs 2 wird bei der Beurteilung der Eigenart der Grad der Gestaltungsfreiheit des Entwerfers bei der Entwicklung des Musters berücksichtigt.

[17] Vgl dazu auch die Schutzvoraussetzungen nach Art 4 Abs 1 (Neuheit und Eigenart), Art 5 (Neuheit) und Art 6 (Eigenart) des Vorschlags für eine Verordnung des Rates über das Gemeinschaftsgeschmacksmuster vom 21.06.1999; auch Art 5 Abs 2 weist ausdrücklich auf den Grad der Gestaltungsfreiheit des Entwerfers bei der Entwicklung des Musters für die Beurteilung der Eigenart hin. Der Vorschlag vom 21.06.1999 KOM (1999) 310 endg ABl C 248 vom 29.08.2000, 3 beruht auf einem früheren Vorschlag der Kommission vom 03.12. 1993 KOM (1993) 342 ABl C 29 vom 31.01.1994, 20. Siehe dazu die Stellungnahme des Wirtschafts- und Sozialausschusses vom 27.01.2000 CES 92/2000 ABl C 75 vom 15.03.2000, 35, die Empfehlung für die Stellungnahme des Europäischen Parlaments vom 25.05.2000 A5-150/2000, die Stellungnahme des Europäischen Parlaments vom 16.06.2000 (Erste Lesung) und den geänderten Vorschlag der Kommission vom 20.10.2000 KOM (2000) 660.

[18] Art 17 (Verhältnis zum Urheberrecht) lautet: „Das nach Maßgabe dieser Richtlinie durch ein in einem oder mit Wirkung für einen Mitgliedstaat eingetragenes Recht an einem Muster geschützte Muster ist auch nach dem Urheberrecht dieses Staates von dem Zeitpunkt an schutzfähig, an dem das Muster geschaffen oder in irgendeiner Form festgelegt wurde. In welchem Umfang und unter welchen Bedingungen ein solcher Schutz gewährt wird, wird einschließlich der erforderlichen Gestaltungshöhe von dem einzelnen Mitgliedstaat festgelegt."

wird noch klargestellt, dass ein urheberrechtlicher Schutz keiner Förmlichkeiten bedarf und von „dem Zeitpunkt an" wirkt, „an dem das Muster geschaffen oder in irgendeiner Form festgelegt wurde". In welchem Umfang und unter welchen Bedingungen der urheberrechtliche Schutz gewährt wird, richtet sich – einschließlich einer allenfalls erforderlichen Gestaltungshöhe – nach dem Recht der einzelnen Mitgliedstaaten. ErwG 4 unterstreicht diese Aussage, spricht ausdrücklich die noch nicht (vollständig) erfolgte Harmonisierung des Urheberrechts an und wiederholt, dass es den Mitgliedstaaten freigestellt bleibt, den Umfang des urheberrechtlichen Schutzes und die Voraussetzungen hierfür festzulegen.

IV. Kapitel Inhaberschaft

(Bearbeiter: Walter)

Übersicht

1. Einleitung

10 Eine horizontale, alle Werkkategorien und Schutzgegenstände umfassende Harmonisierung von Fragen der Inhaberschaft des Urheberrechts fehlt bisher[19]. Der Harmonisierungsbedarf wurde insoweit bisher geringer eingeschätzt. Die **Zurückhaltung** des Europäischen Gesetzgebers ist allerdings wenig befriedigend, da diesen Fragen in grundsätzlicher Hinsicht ebenso wie in praktischer große Bedeutung zukommt, und gerade im Rahmen einer regionalen Harmonisierung wie der Europäischen eine weitergehende Angleichung der Urheberrechtsordnungen möglich und zu erwarten gewesen wäre[20]. Die ausdrückliche Zulassung der Urheberschaft auch juristischer Personen und von Kollektivwerken für Computerprogramme und Datenbanken mag für diese spezifischen Werkarten zwar verständlich sein, erleichtert eine weiterführende Harmonisierung aber sicherlich nicht. Dies umso weniger, als Art 1 Abs 4 Schutzdauer-RL juristische Personen als mögliche originäre Inhaber des Urheberrechts auch für andere Werkarten voraussetzt, was aus dem Gesichtswinkel einer Harmonisierung der Schutzfristen gleichwohl verständlich ist.

2. Schöpferprinzip

11 Die Richtlinien gehen aber grundsätzlich vom kontinental-europäischen **Schöpferprinzip** aus, wonach Urheber eines Werks grundsätzlich nur eine oder meh-

---

[19] Vgl zur Rechtsinhaberschaft auch *Cohen Jehoram*, IIC 1994, 821 (830); *Ellins*, Copyright Law 271ff.

[20] Vgl dazu *Ginsburg*, Die Rolle des nationalen Urheberrechts im Zeitalter der internationalen Urheberrechtsabkommen, GRUR Int 2000, 97 (105f); *Katzenberger* in *Schricker/Bastian/Dietz*, Konturen 42f.

rere **natürliche (physische) Personen** sein können. Sowohl Art 2 Abs 1 Satz 1 Software-RL als auch – nahezu wortgleich – Art 4 Abs 1 Datenbank-RL stellen diesen Grundsatz an die Spitze, gestatten dem Gesetzgeber der Mitgliedstaaten aber, in seiner nationalen Gesetzgebung die Urheberschaft juristischer Personen und Kollektivwerke zuzulassen; mangels einer entsprechenden innerstaatlichen Regelung gilt aber das Schöpferprinzip als Regel[21]. Dagegen enthalten weder die Vermiet- und Verleih-RL (Art 2 Abs 1 und 2) noch die Satelliten- und Kabel-RL (Art 2 und Art 8 Abs 1) eine Begriffsbestimmung des Urhebers oder einen ausdrücklichen Vorbehalt zu Gunsten der Urheberschaft juristischer Personen bzw in Bezug auf Kollektivwerke. Die Gesetzgebung der Mitgliedstaaten wird deshalb bei der Festlegung der Urheberschaft in Bezug auf die in diesen Richtlinien geregelten Rechte ebenso frei sein wie hinsichtlich anderer – bisher noch nicht harmonisierter – Werkkategorien[22]. Wenn der Europäische Gesetzgeber in diesen Richtlinien die Urheberschaft juristischer Personen bzw Kollektivwerke im Unterschied zur Software-RL und Datenbank-RL nicht ausdrücklich anspricht, wird daraus aber zumindest eine Präferenz zu Gunsten des Schöpferprinzips abzuleiten sein.

Sonstige einheitliche Regelungen, etwa solche betreffend die **Vermutung der Urheberschaft** oder die Befugnis des „Verlegers“, die Rechte an anonymen oder pseudonymen Werken wahrzunehmen, fehlen. Im Hinblick auf die Zugehörigkeit der Mitgliedstaaten zur Berner Übereinkunft sehen die nationalen Rechtsordnungen aber entsprechende Regelungen vor. Nach Art 15 Abs 1 RBÜ 1967/71 gilt eine (widerlegbare) Vermutung der Urheberschaft (einschließlich der aktiven Klagslegitimation) für Urheber, deren Namen in der üblichen Weise auf dem Werkstück angegeben ist[23]; dies gilt auch für Pseudonyme, die keinen Zweifel über die wahre Identität des Urhebers zulassen. Für **anonyme** und andere **pseudonyme** Werke gilt auch nach der Berner Übereinkunft der Verleger, dessen Name auf dem Werkstück genannt ist, als berechtigt, den Urheber zu vertreten (**Verwaltungsvollmacht**)[24]. Insoweit garantiert die Berner Übereinkunft deshalb ein Mindestmaß an Übereinstimmung. Im Einzelnen bestehen aber nicht unerhebliche Unterschiede[25], und fehlt auch ein einheitliches Begriffsverständnis des **anonymen** Werks[26]. **12**

3. Miturheberschaft

Auch der **Begriff der Miturheberschaft** (*joint authorship*) wird in den Richtlinien nicht näher festgelegt. Zwar bestimmt Art 2 Abs 2 Software-RL, dass die ausschließlichen Rechte an einem Computerprogramm, das von einer Gruppe natürlicher Personen gemeinsam geschaffen wurde, dieser gemeinsam zustehen. Welcher Art das Zusammenwirken mehrerer Urheber sein muss, um zu einer Miturheberschaft zu führen, und ob das Ergebnis des gemeinsamen Schaffens **13**

---

21 Vgl *Walter* Art 2 Rz 5 und 7 Software-RL; *v Lewinski* Art 4 Rz 3 Datenbank-RL.

22 Vgl *Katzenberger* in *Schricker/Bastian/Dietz*, Konturen 45f.

23 Vgl *Masouyé*, Kommentar zur Berner Übereinkunft 103ff.

24 Siehe Art 15 Abs 3 RBÜ 1967/71; vgl etwa §§ 10 dUrhG, 13 öUrhG.

25 Etwa was den Inhalt der Verwaltungsvollmacht des Verlegers anlangt.

26 Siehe dazu *Walter* Art 1 Rz 39ff Schutzdauer-RL.

untrennbar (nicht getrennt verwertbar) sein muss, wie dies im deutschen und österr Recht vorausgesetzt wird, bleibt jedoch offen. Dies gilt entsprechend für Art 4 Abs 3 Datenbank-RL, der eine wörtlich übereinstimmende Regelung enthält. Art 1 Abs 2 Schutzdauer-RL sieht zwar eine Regelung für die Berechnung der Schutzfrist vor, wenn das Urheberrecht den Miturhebern eines Werks gemeinsam zusteht, umschreibt aber den Begriff der Miturheberschaft ebensowenig wie Art 7bis RBÜ 1967/71. Da die Richtlinien den Begriff der Miturheberschaft nicht festlegen, diesen nur in groben Zügen umschreiben und auch der Entstehungsgeschichte der Richtlinien keine eindeutigen Anhaltspunkte zu entnehmen sind, bleibt der Gesetzgebung der Mitgliedstaaten ein weiter Spielraum[27]. Dies gilt auch für die Ausgestaltung der **Rechtsgemeinschaft** mehrerer Miturheber, etwa als Gesamthandeigentum oder als Miteigentum im Sinn einer Bruchteilsgemeinschaft[28].

14 Nach deutscher und österr Auffassung ist **Miturheberschaft** dadurch gekennzeichnet, dass mehrere Personen so bei der Schaffung eines Werks zusammenwirken, dass das Ergebnis ihres Schaffens eine im Wesentlichen untrennbare Einheit bildet (§ 11 Abs 1 öUrhG) bzw die einzelnen Beiträge nicht gesondert verwertet werden können (§ 8 Abs 1 dUrhG)[29]. Von dieser Miturheberschaft im eigentlichen Sinn werden Werke unterschieden, die bloß zur gemeinsamen Verwertung miteinander verbunden sind, wie dies etwa bei Liedern (Songs, Chansons) und musik-dramatischen Werken der Fall ist (**„verbundene Werke"**). Dieser Auffassung folgen aber nicht alle Länder. So stellen etwa das französische und belgische Urheberrecht bei *œuvres de collaboration* nicht auf die Abtrennbarkeit bzw gesonderte Verwertbarkeit, sondern auf den Gesamtcharakter des Werks und seinen einheitlichen Zweck ab und verstehen deshalb auch die Urheber verbundener Werke als Miturheber[30].

15 Dieses Harmonisierungsdefizit wirkt sich vor allem für die **Schutzfristberechnung** aus, während die praktischen Auswirkungen für andere Fragen (gesonderte Verwertung durch einzelne mehrerer Miturheber, Ausgestaltung der Rechtsgemeinschaft etc) verhältnismäßig gering sind. Eine Harmonisierung wurde insoweit offensichtlich nicht angestrebt, wenngleich auch diese Fragen durchaus binnenmarktrelevant sein können.

4. Juristische Personen und Kollektivwerke

16 Wie bereits erwähnt, überlassen es die Richtlinien der innerstaatlichen Gesetzgebung zu bestimmen, ob auch **juristische Personen** originäre Inhaber von Urheberrechten sein können. Ausnahmsweise war dies auch im älteren deutschen

---

[27] Vgl *Walter* Art 2 Rz 17ff Software-RL; abweichend *v Lewinski* Art 4 Rz 4 Datenbank-RL, wonach es nur auf das gemeinsame Zusammenwirken ankommt, und die Untrennbarkeit des Schaffensergebnisses nicht erforderlich ist.

[28] Zur Miturhebergemeinschaft nach österr Recht siehe ausführlich *Walter* in *Blocher/Walter*, Anpassungserfordernisse 510f.

[29] Vgl dazu *Walter* Art 2 Rz 14ff Software-RL und Art 1 Rz 26 Schutzdauer-RL.

[30] Zu den unterschiedlichen Auffassungen in den einzelnen Mitgliedstaaten siehe *Walter* Art 1 Rz 27 Schutzdauer-RL.

und österr Urheberrecht vor 1965 bzw vor 1936 der Fall. Heute kennen beide Rechtsordnungen keine Urheberschaft juristischer Personen; beide folgen insoweit vielmehr uneingeschränkt dem Schöpferprinzip. Ausländischen Gesetzen ist die Urheberschaft juristischer Personen dagegen noch bekannt[31].

Entsprechendes gilt für **Kollektivwerke**[32]. Nur wenn und soweit die Gesetzgebung eines Mitgliedstaats solche Werke anerkennt, gelten als Urheber nicht die tatsächlichen Schöpfer des Werks, sondern die Personen, die nach den Rechtsvorschriften des betreffenden Mitgliedslands als solche anzusehen sind[33]. **17**

5. *Filmwerke*

Auch die im Einzelnen schwierigen und komplexen Fragen der Urheberschaft an **Filmwerken**[34] regeln die Richtlinien nur ansatzweise. Die Einordnung vorbestehender Werke bleibt der Gesetzgebung der Mitgliedsländer grundsätzlich ebenso vorbehalten wie die Bestimmung der Filmurheber. Im Hinblick auf den in Art 2 Abs 2 Schutzdauer-RL gewählten pragmatischen Weg, für die Berechnung der Schutzdauer an Filmwerken vom Tod des Längstlebenden von vier ausgewählten Urhebern auszugehen, war eine Harmonisierung der die Inhaberschaft des Urheberrechts an Filmwerken regelnden Rechtsvorschriften auch nicht unumgänglich. **18**

Allerdings haben die bisher erlassenen Richtlinien eine Harmonisierung der Inhaberschaft der Rechte am Filmwerk zumindest für den **Hauptregisseur** gebracht und damit auch im Filmurheberrecht ein Zeichen für eine Orientierung am **Schöpferprinzip** gesetzt. Schon Art 2 Abs 2 Vermiet- und Verleih-RL sah vor, dass der Hauptregisseur eines Filmwerks oder audiovisuellen Werks für Zwecke dieser Richtlinie als sein Urheber oder als einer seiner Urheber gilt. Wie ausdrücklich klargestellt wird, können die Mitgliedsstaaten vorsehen, dass **weitere Personen** als Miturheber anzusehen sind. Diese Regelung wurde wörtlich in Art 1 Abs 5 Satelliten- und Kabel-RL übernommen. Art 2 Abs 1 Schutzdauer-RL greift diese Regelung schließlich ohne Beschränkung auf die Zwecke dieser Richtlinie auf, womit die Urheberschaft des Hauptregisseurs an einem Filmwerk im Sinn des Schöpferprinzips horizontal festgeschrieben wird. Zwar bleiben die Mitgliedsländer in allen sonstigen Fragen grundsätzlich frei[35], eine ausschließliche Zuordnung der Rechte am Filmwerk an den Filmhersteller (Produzenten) scheidet aber in Bezug auf den Hauptregisseur aus. Dies gilt für das *film copyright* des britischen Rechts ebenso wie für die *cessio legis* Regelung des österr UrhG[36]. **19**

---

[31] Siehe dazu *Walter* Art 1 Rz 50 Schutzdauer-RL und Art 2 Rz 10f Software-RL.

[32] Siehe dazu *Walter* Art 1 Rz 51f Schutzdauer-RL und Art 2 Rz 12f Software-RL.

[33] Ein Beispiel für solche Kollektivwerke (*œuvres collectives*) findet sich etwa im französischen Recht.

[34] Vgl dazu ausführlich *Walter* Art 2 Rz 5f Schutzdauer-RL.

[35] Vgl dazu *v Lewinski* Art 2 Rz 4f Vermiet- und Verleih-RL.

[36] Zu Vermutungsregelungen und zum unverzichtbaren Anspruch auf eine angemessene Vergütung siehe *v Lewinski* Art 2 Rz 30ff Vermiet- und Verleih-RL sowie *Walter* Art 2 Rz 12 Schutzdauer-RL.

V. Kapitel Schutzdauer

(Bearbeiter: Walter)

Übersicht

1. Stand der Harmonisierung

20 Die urheber- und leistungsschutzrechtlichen **Schutzfristen** sind in der Schutzdauer-RL umfassend harmonisiert. Die Rechtsangleichung hat dabei im Weg einer Harmonisierung auf **hohem Niveau** stattgefunden, und beträgt die Regelschutzfrist im Europäischen Urheberrecht jetzt einheitlich 70 Jahre bzw für die vier Europäischen Leistungsschutzrechte der ausübenden Künstler, Tonträgerhersteller, Laufbildhersteller und Sendeunternehmen 50 Jahre. Die Schutzfrist für das neu eingeführte Leistungsschutzrecht an nachgelassenen Werken beträgt dagegen einheitlich nur 25 Jahre, während der *sui generis* Schutz für nicht urheberrechtlich geschützte Datenbanken 15 Jahre beträgt. Das fakultativ vorgesehene Leistungsschutzrecht für wissenschaftlich-kritische Ausgaben wurde nur insoweit harmonisiert, als eine Höchstschutzdauer von 30 Jahren festgelegt wurde.

21 Die Harmonisierung umfasst auch den Zeitpunkt, von welchem an die Schutzfrist zu berechnen ist, wie der Tod des Urhebers oder der Schaffenszeitpunkt bzw derjenige der Veröffentlichung eines Werks, der Erbringung einer Leistung bzw deren Veröffentlichung etc. Die Festlegung eines einheitlichen **Anknüpfungszeitpunkts** war zur Erreichung des Harmonisierungsziels erforderlich. Auch die **Berechnungsregel**, wonach die Schutzfrist jeweils mit dem 1. Januar des auf das maßgebende Ereignis folgenden Jahres zu laufen beginnt, wurde ausdrücklich festgeschrieben.

22 Wenngleich die Inhaberschaft des Urheberrechts noch nicht generell harmonisiert wurde, wird in der Schutzdauer-RL und nicht nur für deren Anwendungsbereich zumindest festgelegt, dass der Hauptregisseur eines **Filmwerks** als dessen Urheber anzusehen ist, wobei es dem nationalen Gesetzgeber vorbehalten bleibt, auch andere Urheber als Filmurheber anzuerkennen. Für Zwecke der Berechnung der Schutzfrist und nur für diese werden aber vier Urheber herausgegriffen, die hierfür maßgebend sind. Dies sind neben dem Hauptregisseur der Autor des Drehbuchs bzw der Dialoge sowie der Urheber einer eigens für einen Film geschaffenen Filmmusik.

Ganz allgemein wird darüber hinaus auch die **Miturheberregel** verankert, wonach die nach dem Todeszeitpunkt des Urhebers zu berechnende Schutzfrist vom Tod des letztversterbenden Miturhebers an zu berechnen ist, was auch für die vier bezeichneten Filmurheber gilt.

23 Wenngleich im Europäischen Urheberrecht das nationale Fremdenrecht noch nicht harmonisiert wurde, sieht die Schutzdauer-RL im Urheberrecht die zwingende Anwendung des **Schutzfristenvergleichs** vor, was zwar auch für den leistungsschutzrechtlichen Bereich gilt, dort aber generell mit dem Vorbehalt der internationalen Verpflichtungen versehen ist. Auch diese einheitliche Regelung trägt wesentlich zur Harmonisierung der Schutzfristen in den Mitgliedsstaaten bei. Hinzu kommt der neue Ansatz der Schutzdauer-RL, wonach sich die neuen harmonisierten Schutzfristen **übergangsrechtlich** auf alle Werke bzw Leistungen erstrecken, die zum Stichzeitpunkt 1. Juli 1995 in nur einem Mitgliedstaat noch Schutz genossen haben. In diesem Zusammenhang hat die *Phil Collins* Entscheidung des EuGH das Tempo der Harmonisierung noch weiter beschleunigt, da auf Grund des danach auch im Urheber- und Leistungsschutzrecht anwendbaren Diskriminierungsverbots durch den Wegfall des Schutzfristenvergleichs im Verhältnis zu Urhebern aus anderen Mitgliedstaaten zu dem genannten Stichzeitpunkt ungleich mehr Werke und Leistungen in zumindest einem Mitgliedsland (mit längeren Schutzfristen) noch geschützt waren.

Nicht harmonisiert wurde dagegen bewusst die Schutzfrist im Zusammenhang **24**
mit den **urheberpersönlichkeitsrechtlichen** Befugnissen. Das *droit moral* wurde aus den bisherigen Europäischen Harmonisierungsmaßnahmen vielmehr generell ausgeklammert, was auch für die Schutzdauer gilt. Den Mitgliedsstaaten bleibt es deshalb weiterhin insbes vorbehalten, auch ein „ewiges *droit moral*" vorzusehen.

2. *Harmonisierungslücken und Konventionswidrigkeiten*

Dessen ungeachtet bestehen im Einzelnen nicht unerhebliche **Harmonisierungs- 25**
lücken. So ist die Feststellung des **Todeszeitpunkts** ebenso der nationalen Gesetzgebung vorbehalten wie die Vorsehung von Lebens- und Ablebensvermutungen und von Verfahren betreffend die behördliche Feststellung des Todes (Todeserklärung). Insoweit können sich deshalb weiterhin Differenzen bei der Schutzfristberechnung ergeben[37].

Auch der Begriff der **anonymen und pseudonymen Werke** wird nicht vorgegeben, weshalb dem Gesetzgeber der Mitgliedsstaaten auch insoweit ein gewisser Spielraum verbleibt. Dies gilt entsprechend für die Rückkehr zur Regelschutzfrist im Fall der **Offenbarung der Identität**, für welche manche Mitgliedstaaten die Eintragung in ein Register (eine Urheberrolle) vorsehen, während diese Einrichtung in anderen Mitgliedsstaaten nicht bekannt und auch nicht in der Richtlinie geregelt ist.

Bei anonymen und pseudonymen Werken kommt aber noch eine **Konventionswidrigkeit** hinzu, und zwar durch die ergänzende Anknüpfung der Schutzfrist an den Zeitpunkt der **Werkschöpfung.** Geht man nämlich nur von einer durchschnittlichen Lebenserwartung von siebzig Jahren aus und unterstellt man, dass das Werkschaffen eines Urhebers typischer Weise etwa mit Vollendung seines 20. Lebensjahrs einsetzt, läuft die Frist von 70 Jahren ab Schaffung des Werks für Werke aus der ersten zwanzigjährigen Schaffensperiode schon zwanzig bis vierzig Jahre nach seinem Tod ab. Die nach Art 7 Abs 3 RBÜ 1967/71 erforderliche Annahme, dass der Urheber bereits länger als 50 Jahre tot ist, ist deshalb nur für Werke gerechtfertigt, die der Urheber nach Vollendung seines 50. Lebensjahres geschaffen hat[38].

---

[37] Vgl dazu *Walter* Art 1 Rz 19 Schutzdauer-RL.
[38] Vgl dazu *Walter* Art 1 Rz 37f Schutzdauer-RL.

Die Harmonisierungslücke mit den weitreichendsten praktischen Folgen dürfte dagegen der Umstand sein, dass weder die Schutzdauer-RL noch andere Richtlinien den Begriff der **Miturheberschaft** einheitlich umschreiben[39]. Die Anwendung der Miturheberregel hängt deshalb von der Begriffsbestimmung der Miturheberschaft in den einzelnen Mitgliedsstaaten ab, die insoweit durch unterschiedliche Regelungen gekennzeichnet sind. So werden in manchen Mitgliedsstaaten bloß zur gemeinsamen Verwertung verbundene Werke wie Opern, Singspiele, Musicals, Operetten etc als in Miturheberschaft geschaffene Werke anerkannt, sodass die Schutzfrist vom Tod des letztversterbenden Urhebers zu berechnen ist. Dagegen gehen andere Mitgliedsstaaten – wie etwa Deutschland und Österreich – von einem engeren Begriff der Miturheberschaft aus, der durch das Kriterium der Untrennbarkeit gekennzeichnet ist. Musik-dramatische Werke, vertonte Texte (Lieder) etc sind nach diesem Konzept deshalb nicht als in Miturheberschaft geschaffene Werke anzusehen, weshalb die Schutzfrist dieser Werke getrennt zu berechnen ist. Für einen weiteren Ausbau der Harmonisierung empfiehlt es sich deshalb, den Begriff der Miturheberschaft – zumindest für die Berechnung der Schutzfrist – einheitlich festzulegen, wie dies im Übrigen für Filmwerke bereits geschehen ist.

VI. Kapitel Europäische Leistungsschutzrechte

(Bearbeiter: Walter)

Übersicht

1. Geschützte Leistungen

26 Die Ausgestaltung der **Leistungsschutzrechte** (Nachbarrechte, verwandte Schutzrechte, *neigbouring rights, related rights, droits voisins)*[40] in den Mitgliedsländern war sehr unterschiedlich; manche Mitgliedstaaten kannten einen ergänzenden Leistungsschutz überhaupt nicht oder erst seit Kurzem. Abgesehen von der Schutzwürdigkeit auch der Leistungen ausübender Künstler, Tonträger- und Laufbildhersteller und Rundfunkunternehmen war diese Situation vor allem einer wirksamen Bekämpfung der Ton- und Bildtonträgerpiraterie hinderlich. Die inhaltliche Harmonisierung erfolgte deshalb bereits in Kapitel II der Vermiet- und Verleih-RL (Art 6 bis 9), während die Schutzfristen erst mit der

---

[39] Vgl dazu *Walter* Art 1 Rz 27f und 32f Schutzdauer-RL.

[40] Vgl dazu etwa *Davies/v Rauscher auf Weeg*, Das Recht der Hersteller von Tonträgern. Zum Urheber- und Leistungsschutzrecht in der Europäischen Gemeinschaft (1983); *Ellins*, Copyright Law 255f und 266; *Gotzen*, Das Recht der Interpreten in der Europäischen Wirtschaftsgemeinschaft (1980); *Gotzen*, Angleichung des Rechts der ausübenden Künstler im Rahmen der Europäischen Gemeinschaften, GRUR Int 1980, 471; *Schorn*, Das Recht der Interpreten in der Europäischen Wirtschaftsgemeinschaft, GRUR Int 1983, 167.

Schutzdauer-RL harmonisiert wurden (Art 3)[41]. Gegenstand der Harmonisierung sind zunächst die Rechte des ausübenden Künstlers an seinen Darbietungen, des Tonträgerherstellers an den von ihm hergestellten Tonträgern (*phonograms*) und des Rundfunkunternehmers an seinen Sendungen. Dabei handelt es sich um die **klassischen Schutzrechte** dieser Art, wie sie auf internationaler Ebene im Rom-Abkommen, in Bezug auf Tonträger auch im Genfer Tonträger-Abkommen und zuletzt auch im TRIPs-Abkommen sowie im WIPO Darbietungs- und Tonträger Abkommen 1996 (WPPT) – hier allerdings mit Ausnahme des „Signalschutzes" des Rundfunkunternehmers – geregelt sind.

Zu diesen traditionellen verwandten Schutzrechten kommt als viertes Europäisches Leistungsschutzrecht noch der Schutz des **Film- und Laufbildherstellers** zu Gunsten des Herstellers der erstmaligen Aufzeichnung eines Films hinzu. Das österr Recht kannte dieses Leistungsschutzrecht schon in der Stammfassung des UrhG 1936; auch dem deutschen, französischen und spanischen Urheberrecht waren diese Leistungsschutzrechte bekannt. Im dUrhG wird dieses Recht zunächst dem Filmhersteller gewährt (§ 94 dUrhG), es ist aber auch auf bloße Bildfolgen und Bild- und Tonfolgen anwendbar und setzt deshalb kein urheberrechtlich schützbares Filmwerk voraus (§ 95 dUrhG). Dasselbe gilt für das österr Recht, da der dem Lichtbildschutz an die Seite gestellte Laufbildschutz (§ 73 Abs 2 öUrhG) unabhängig von einem urheberrechtlichen Schutz und insbes auch parallel[42] zu einem solchen zusteht[43].

Dagegen ist eine Harmonisierung der Leistungsschutzrechte an **einfachen Lichtbildern** auf Europäischer Ebene bisher nicht erfolgt. Hieran hat auch die Schutzdauer-RL nichts geändert, doch behält Art 6 dritter Satz dem nationalen Gesetzgeber ausdrücklich vor, den Schutz anderer (nicht origineller) Fotografien vorzusehen[44]. Allerdings bewirkt die in Art 6 ausdrücklich angeordnete Anwendung des **reduzierten Originalitätsbegriffs** der Richtlinien auch auf fotografische Werke einen leichteren Zugang zum urheberrechtlichen Schutz ieS[45]. **27**

Art 5 Schutzdauer-RL hält weiters fest, dass es den Mitgliedstaaten vorbehalten bleibt, ergänzend zu dem zwingend vorgegebenen Schutz **nachgelassener Werke** (Art 4 Schutzdauer-RL) einen darüber hinausgehenden Leistungsschutz für **wissenschaftlich-kritische Ausgaben** vorzusehen, der zum Teil (Schutzdauer) auch inhaltlich vorgezeichnet wird[46]. In der Zwischenzeit wurde mit dem *sui generis* Schutz für **nicht originelle Datenbanken** im Europäischen Urheberrecht selbst ein weiteres Leistungsschutzrecht zwingend vorgesehen.

---

[41] Vgl dazu auch *v Lewinski* in *Schricker/Bastian/Dietz*, Konturen 58.

[42] Vgl etwa *Dittrich*, Sind Lichtbildwerke gleichzeitig Lichtbilder? ÖBl 1978, 113; *Walter*, Der Werbefilm im österr Urheber- und Umsatzsteuerrecht, MR 1986/4, 6; OGH 31.05.1988 – „Rosa-Lila-Villa" ÖBl 1989, 118 = MR 1988, 161 *(Walter)* = SZ 61/135 = Schulze Ausland Österr 105; 27.01.1987 – „Sex-Shop" ÖBl 1987, 82 = MR 1987, 54 *(Walter)* = WBl 1987, 127 = SZ 60/9 = GRUR Int 1987, 609; 16.09.1986 – „Bildtapete" ÖBl 1987, 28 = MR 1987, 11 *(Walter)* = WBl 1987, 68; 12.03.1991 – „Morawa" MR 1991, 106 *(Walter)* = WBl 1991, 235 = ÖBl 1991, 137 = ecolex 1991,473.

[43] Vgl dazu *Walter* Art 3 Rz 9 Schutzdauer-RL.

[44] Vgl dazu *Walter* Art 6 Rz 9 Schutzdauer-RL.

[45] Vgl dazu *Walter* Art 6 Rz 7f Schutzdauer-RL.

[46] Vgl dazu *Walter* Art 5 Rz 3 und 5ff Schutzdauer-RL.

28 Der Katalog der verwandten Schutzrechte ist **nicht abschließend**. ErwG 20 Schutzdauer-RL weist ausdrücklich darauf hin, dass die Vorbehalte in Art 5 und 6 Schutzdauer-RL einem allgemeinen Prinzip des Europäischen Urheberrechts entsprechen[47]. Dass dies nicht nur für bereits bestehende verwandte Schutzrechte, sondern auch für **künftige Rechtsentwicklungen** gilt, folgt auch aus dem in Art 12 vorgesehenen Meldeverfahren. Danach sind auch andere Leistungsschutzrechte wie ein verwandtes Schutzrecht zu Gunsten des Veranstalters von Darbietungen ausübender Künstler oder von Sportveranstaltungen, ein Sonderschutz von Mustern und Modellen, ein Katalogschutz (zB § 49 schwedisches UrhG), ein Verlegerschutz an der typographischen Gestaltung erschienener Ausgaben (*published editions*)[48] oder ein Schutz von Entwürfen für Theaterszenen[49] etc nicht ausgeschlossen.

2. Begriffsbestimmung und Schutzvoraussetzungen

29 Die geschützten Leistungen werden in Art 2 Abs 1 Vermiet- und Verleih-RL umrissen, aber nicht im Einzelnen beschrieben. Soweit sich eine nähere Begriffsbestimmung nicht aus den internationalen Abkommen ergibt, verbleibt den Mitgliedstaaten auch insoweit ein gewisser Gestaltungsspielraum[50]. Näher umschrieben ist nur der Begriff des – über die internationalen Abkommen hinausgehend – geschützten Laufbildherstellers (Art 2 Abs 1 vierter Gedankenstrich Vermiet- und Verleih-RL)[51]. Ähnlich ist auch der neu geschaffene *sui generis* Schutz für nicht originelle Datenbanken in Art 7 Datenbank-RL autonom festgelegt[52].

30 Hinsichtlich der vier Europäischen Leistungsschutzrechte werden keine **besonderen Schutzvoraussetzungen** festgeschrieben, sodass dem Gesetzgeber der Mitgliedsländer auch in diesen Fragen ein gewisser Spielraum verbleibt. Allerdings geht man allgemein davon aus, dass für den Leistungsschutz – anders als im Urheberrecht ieS – grundsätzlich keine besonderen Schutzvoraussetzungen er-

---

[47] Vgl *Reinbothe/Lewinski*, Rental and Lending Rights 50 und 85; *Dietz*, Schutzdauer-RL 678. Siehe auch *v Lewinski* Vor Art 6 bis 10 Rz 4 Vermiet- und Verleih-RL und *Walter* Art 5 Rz 3 und Art 6 Rz 9 Schutzdauer-RL.

[48] Vgl Sec 1 Abs 1 lit c und Sec 8 brit CDPA 1988; der Schutz ist allerdings urheberrechtlich und nicht leistungsschutzrechtlich qualifiziert, was im Hinblick auf die geringen Anforderungen an die Originalität nach britischem Recht im Ergebnis kaum einen Unterschied macht. In Bezug auf diesen besonderen Schutz des Verlegers hat die Kommission dies auf Anfrage eines Mitgliedstaates schon zur Vermiet- und Verleih-RL ausdrücklich bestätigt. Der in der Sitzung des Binnenmarktrats vom 18.06.1992 zu Protokoll gegebenen Erklärung der Kommission zufolge findet Kapitel II der Vermiet- und Verleih-RL auf Verleger von Druckwerken keine Anwendung und hindert folglich die Mitgliedstaaten nicht, einen solchen Verlegerschutz im nationalen Recht vorzusehen oder beizubehalten.

[49] So steht dem Urheber von Entwürfen für Theaterszenen (Regisseur), auch wenn sie nicht urheberrechtlich geschützt sind, nach § 86 ital UrhG für 5 Jahre ab der Erstaufführung ein Vergütungsanspruch zu, wenn sie in anderen Theatern verwendet werden, als denjenigen, für die sie geschaffen wurden.

[50] Vgl *v Lewinski* Art 2 Rz 15 und 18ff Vermiet- und Verleih-RL.

[51] Vgl *v Lewinski* Art 2 Rz 20ff Vermiet- und Verleih-RL.

[52] Vgl *v Lewinski* Art 7 Rz 4ff Datenbank-RL.

füllt sein müssen. Dessen ungeachtet mag es auch hier einer Grenzziehung bedürfen. Dagegen sind die Schutzvoraussetzungen für die neu eingeführten Leistungsschutzrechte zu Gunsten nachgelassener Werke und nicht origineller Datenbanken in den entsprechenden Richtlinien ausdrücklich festgelegt[53]. Für die bloß vorbehaltenen Leistungsschutzrechte des Lichtbildherstellers sowie an wissenschaftlich-kritischen Ausgaben gilt dies jedoch nicht.

In Erinnerung gerufen sei in diesem Zusammenhang aber, dass nach Art 6 Abs 3 **31** Vermiet- und Verleih-RL einem bloß **weiterverbreitenden Kabelsendeunternehmen** kein Schutzrecht zusteht, wenn lediglich Sendungen anderer Sendeunternehmen über Kabel weiterverbreitet werden[54]. Weiters beschränkt Art 3 Abs 4 Schutzdauer-RL den Schutz von **Sendeunternehmen** auf 50 Jahre nach der Erstsendung, woraus folgt, dass nicht jede (auch bloß wiederholte Sendung) Schutz genießt[55].

3. Verwertungsrechte

Inhaltlich sind die Leistungsschutzrechte aber im Einzelnen festgelegt. So regeln **32** Art 6 bis 9 Vermiet- und Verleih-RL die Rechte der körperlichen Verwertung (Aufzeichnung, Vervielfältigung und Verbreitung)[56] sowie der öffentlichen Sendung und Wiedergabe. Dabei handelt es sich bei den Verwertungsrechten in **körperlicher Form** um eine abschließende Regelung, während das Recht der **öffentlichen Wiedergabe** einschließlich der Sendung nach Art 8 Vermiet- und Verleih-RL nur einen Mindestschutz darstellt[57], was in Art 6 Abs 1 Satelliten- und Kabel-RL auch ausdrücklich festgehalten wird. Hervorzuheben ist in diesem Zusammenhang, dass Art 8 Abs 2 Vermiet- und Verleih-RL zwingend zumindest einen Vergütungsanspruch für die „Zweithandverwertung von Industrietonträgern“ vorsieht.

Entsprechendes gilt für den *sui generis* Schutz **nicht origineller Datenbanken**, **33** der in Art 7 Datenbank-RL ausdrücklich und abschließend umschrieben wird, wobei sich die Bezeichnung der dem Rechtsinhaber vorbehaltenen Verwertungshandlungen als „Entnahme“ und „Weiterverwendung“ bewusst von der Terminologie der traditionellen Leistungsschutzrechte unterscheidet[58]. Damit sollte unterstrichen werden, dass es sich bei diesem besonderen Schutzrecht nicht um Urheberrecht ieS handelt, und die Mitgliedstaaten den Schutz auch nicht notwendig im Rahmen der Leistungsschutzrechte regeln müssen. Dagegen wird der Inhalt des zwingend eingeführten Leistungsschutzrechts an **nachgelassenen Werken** nicht einheitlich festgelegt, es werden nur den Urheberrechten ieS entsprechende Rechte gewährt. Soweit diese nicht harmonisiert sind, richtet sich der

---

53 Art 4 Schutzdauer-RL und Art 7 Datenbank-RL.

54 Vgl *v Lewinski* Art 6 Rz 5 Vermiet- und Verleih-RL.

55 Vgl dazu *Walter* Art 3 Rz 26 Schutzdauer-RL.

56 Das Vervielfältigungsrecht soll künftig aber einheitlich in Art 2 Info-RL geregelt und Art 7 Vermiet- und Verleih-RL deshalb aufgehoben werden.

57 Vgl *v Lewinski* Vor Artikel 6 bis 10 – Erwägungsgrund 20 Rz 2f Vermiet- und Verleih-RL.

58 Vgl *v Lewinski* Art 7 Rz 19ff Datenbank-RL.

Schutzrechtsinhalt deshalb nach den einschlägigen Bestimmungen der Gesetzgebung der Mitgliedstaaten.

4. Info-RL

34 Art 1 Abs 2 Info-RL lässt die bereits **erlassenen Richtlinien** grundsätzlich **unberührt**, was insbes für Kapitel II Vermiet- und Verleih-RL gilt (lit b). Soweit **Modifikationen** erforderlich sind, erfolgt eine Anpassung in **Art 11** Abs 1 (technische Anpassungen). So soll im Hinblick auf das nun einheitlich (horizontal) geregelte **Vervielfältigungsrecht** (Art 2 Info-RL) Art 7 Vermiet- und Verleih-RL gestrichen werden (Art 11 Abs 1 lit a). Dies gilt jedoch nicht für das Aufzeichnungsrecht des Art 6 Vermiet- und Verleih-RL, das Recht der öffentlichen Sendung und Wiedergabe nach Art 8 Vermiet- und Verleih-RL, das Verbreitungsrecht des Art 9 Vermiet- und Verleih-RL und das Vermiet- und Verleihrecht selbst. Dies ist daher zu erklären, dass Art 2 Info-RL im Vergleich zu Art 7 Vermiet- und Verleih-RL verschiedene Klarstellungen enthält, die in Art 7 Vermiet- und Verleih-RL noch nicht enthalten waren. Art 3 Abs 1 und Art 4 Info-RL regeln für den Bereich des Urheberrechts ieS das Recht der öffentlichen Wiedergabe und das Verbreitungsrecht erstmals umfassend, während im Leistungsschutzrecht insoweit weiterhin von den bestehenden Regeln in den Art 8 und 9 Vermiet- und Verleih-RL auszugehen ist; allerdings bedurfte es auch hier einer ergänzenden Regelung der **Online-Übertragung**, die in Art 3 Abs 2 Info-RL differenziert erfolgt[59].

VII. Kapitel Erschöpfung des Verbreitungsrechts

(Bearbeiter: Walter)

Übersicht

[59] Vgl zu all dem *Walter* Rz 46ff und 74ff Info-RL.

1. Literatur

Baudenbacher, Erschöpfung der Immaterialgüterrechte in der EFTA und die Rechtslage in der EU, GRUR Int 2000, 584

Becker, Vermietung von Laserdisks und der Erschöpfungsgrundsatz, EntLR 1998, 521

Beier, Gewerblicher Rechtsschutz und freier Warenverkehr im europäischen Binnenmarkt und im Verkehr mit Drittstaaten, GRUR Int 1989, 603 = IIC 1990, 145

Benabou, Droits d'auteur et droit communautaire 77

Bodewig, Erschöpfung der gewerblichen Schutzrechte und des Urheberrechts in den USA, GRUR Int 2000, 597

Bonet, L'épuisement des droits de propriété intellectuelle, in L'avenir de la propriété intellectuelle, Colloque de l'IRPI, 89

Bonet, Propriété industrielle et libre circulation des produits dans la Communauté économique européenne: la règle d'épuisement des droit de propriété industrielle, Gaz Pal 25/ 26 mars 1994, 5

Bungeroth, Der Schutz der ausübenden Künstler gegen die Verbreitung im Ausland hergestellter Vervielfältigungsstücke ihrer Darbietungen, GRUR 1976, 454

Castell, L'épuisement du droit intellectuel en droit allemand, français et communautaire (1989)

Cornish, „Silhouette" – Through a glass darkly, FS Karnell (1999) 99

Cohen Jehoram, L'épuisement du droit d'auteur aux Pays-Bas, RIDA 137 (1988) 59

Cohen Jehoram, IIC 1994, 821 (822f)

Cohen Jehoram, Parallelimport, recht en beleid (1998) = Prohibiting Parallel Imports through Intellectual Property IIC 1999, 495

Cohen Jehoram/Smulder, Law of the European Community EC-31ff

Davidson, Geographical Restraints on the Distribution of Copyright Material in a Digital Age: Are they Justified? EIPR 1996, 477

Demaret, Patent- und Urheberrechtsschutz, Zwangslizenzen und freier Warenverkehr im Gemeinschaftsrecht, GRUR Int 1987, 1

Defalque, Copyright – Free movement of goods and territoriality: recent developments, EIPR 1989, 435

Desurmont, Le droit de l'auteur de contrôler la destination des exemplaires sur lesquels son œuvre se trouve reproduite, RIDA 134 (1987) 3

Desurmont, Qualification juridique de la transmission numérique, RIDA 170 (1996) 55

Dittrich, Der EuGH und der „Erschöpfungsgrundsatz", ecolex 1993, 249

Dworkin, Distribution Right, Exhaustion and Rental Right: a UK perspective, in Droit d'auteur et Communauté européenne, le Livre vert sur le droit d'auteur et le défi technologique (1989) 67

Françon, Conditions contractuelles concernant les différents aspects de la diffusion des exemplaires, NIR 1982, 384

Gaster, Funktionen des Binnenmarktes und Parelleleinfuhren aus Drittländern: Ein Plädoyer gegen die internationale (globale) Erschöpfung von Immaterialgüterrechten, WBl 1997, 47

Gaster, Die Erschöpfungsproblematik aus der Sicht des Gemeinschaftsrechts, GRUR Int 2000, 571

Gotzen, Het bestemmingsrecht van de auteur (1975)

Gotzen, Gewerbliche Schutzrechte und Urheberrecht in der Rechtsprechung des Europäischen Gerichtshofs zu Art 30-36 des EWG-Vertrags, GRUR Int 1984, 146

Gotzen, Le droit de destination et son fondement juridique in L'importance économique du droit d'auteur – Problèmes posés par la distribution d'exemplaires d'œuvres protégées par le droit d'auteur (ALAI 1989) 67

Graz, Propriété intellectuelle et libre circulation des marchandises, Étude de l'épuisement des droits de propriété intellectuelle en droit suisse, en droit communautaire et selon l'accord de libre échange Suisse-C.E.E (1988)

Hassemer, Bericht über die Tagung für Rechtsvergleichung am 24. September 1999 in Freiburg i Br, Erschöpfung der gewerblichen Schutzrechte und des Urheberrechts aus rechtsvergleichender Sicht, GRUR Int 2000, 624

Hodik, Die österreichische Urheberrechtsgesetz-Novelle 1988 – Ein Schritt zur EG? GRUR Int 1989, 380

Hornbanger, EuGH stoppt Parallelimporte aus Drittländern – zum EuGH-Urteil Rs C-355/96 – Silhouette, ecolex 1998, 811

Johannes, Schallplatten-Import und § 85 des Urheberrechtsgesetzes, GRUR Int 1970, 222

Johannes, Zur Vorlage des BGH an den EuGH, wer im Markenrecht die Erschöpfung darzulegen und zu beweisen hat, MarkenR 2000, 251

Joliet, Geistiges Eigentum und freier Warenverkehr, GRUR Int 1989, 177

Koppensteiner, Zum Erschöpfungsgrundsatz im Patent- und Urheberrecht, GRUR Int 1972, 413

Kunz-Hallstein, COOL WATER und die Erschöpfung – Anmerkungen zum Vorlagebeschluß des englischen High Court of Justice vom 18. Mai 1999, MarkenR 2000, 113

Lattenmayer, Erschöpfung von Markenrechten – EuGH v EFTA-GH oder Silhouette v Maglite, ecolex 1999, 100

Lattenmayer, „Micro Business Leader": Einschränkung des EWR-weiten Erschöpfungsgrundsatzes? ZUM 2000, 477

Orou, Der Erschöpfungsgrundsatz wurde „europareif" – Anmerkung zum „Silhouette"-Urteil des EuGH, ÖBl 1998, 284

Plöckinger, Zur Frage der Erschöpfung im Urheberrecht, MR 1999, 153

Plöckinger, Gemeinschaftsweite vs internationale Erschöpfung des Verbreitungsrechts – Anmerkung zur Entscheidung 4 Ob 151/99f, MR 2000, 24

Pollaud-Dulian, Le droit de destination – Le sort des exemplaires en droit d'auteur (1989)

Pollaud-Dulian, Das Bestimmungsrecht (droit de destination), GRUR Int 1989, 811

Reindl, Der Einfluß des Gemeinschaftsrechts auf das österr Urheberrecht, Urheberrecht und freier Warenverkehr – Erschöpfungsgrundsatz in Koppensteiner, Österreichisches und europäisches Wirtschaftsprivatrecht 281ff (Kurzzitat: Reindl, Einfluß des Gemeinschaftsrechts)

Reimer, Der Erschöpfungsgrundsatz im Urheberrecht und gewerblichen Rechtsschutz unter Berücksichtigung der Rechtsprechung des Europäischen Gerichtshofs, GRUR Int 1972, 221

Reimer, Urheberrecht und freier Warenverkehr, GRUR Int 1981, 70 = IIC 1981, 493

Sack, Der markenrechtliche Erschöpfungsgrundsatz im deutschen und europäischen Recht, WPR 1998, 549

Sack, Die Erschöpfung von gewerblichen Schutzrechten und Urheberrechten nach europäischem Recht, GRUR 1999, 193

Sack, Der Erschöpfungsgrundsatz im deutschen Immaterialgüterrecht, GRUR Int 2000, 610

Schubert, „Merck II", „Warner Brothers" und die Renaissance möglicher Grenzen des gemeinschaftsrechtlichen Erschöpfungsgrundsatzes, EWS 1998, 119

Strowel/Triaille, Le droit d'auteur du logiciel au multimédia (1997)

Ubertazzi, Urheberrecht und freier Warenverkehr, GRUR Int 1984, 327 = IIC 1985, 46

Urlesberger, Auswirkungen des Silhouette-Urteils auf die Europa-Konformität des § 16 Abs 3 UrhG, ecolex 1999, 36

Walter, Grundfragen der Erschöpfung des Verbreitungsrechts im österr Urheberrecht, ÖJZ 1975, 143

Walter, The Right of Distribution and the Principle of Exhaustion – General Remarks with Particular Reference to the Austrian Copyright Law and the EEC Principle of Free Movement of Goods, ALAI Oxford (1986) 57 (Kurzzitat: *Walter,* The Right of Distribution)

Walter, MR 1999, 345 (Anm zu OGH 13.09.1999 „Roll up")

Walter, MR 2000, 252 (Anm zu OGH 23.05.2000 „Handwerkerpaket WIN 2.3")

Zanger, Parallelimporte von Tonträgern im EG-Recht, MR 1989, 38

Literaturzusammenstellung: GRUR Int 2000, 627

2. Einleitung

Der in den nationalen Urheberrechtsordnungen, die ein selbständiges Verbrei- **35**
tungsrecht neben dem Vervielfältigungsrecht kennen, allgemein anerkannte **Erschöpfungsgrundsatz** – auch **Verbrauch des Verbreitungsrechts** genannt – bedarf wegen seiner Bedeutung besonderer Behandlung. Dies zunächst im Hinblick auf den in der Rechtsprechung des EuGH entwickelten Grundsatz der gemeinschaftsweiten Erschöpfung, wonach das Verbreitungsrecht in ganz Europa (EU/EWR) verbraucht wird, auch wenn nur der in einem oder einigen Mitgliedstaaten bzw Vertragsstaaten Berechtigte der Veräußerung eines Vervielfältigungsstücks zugestimmt hat. Anderseits wird die Erschöpfung des Verbreitungsrechts in der Gemeinschaft (EU/EWR) in der jüngeren Entwicklung davon abhängig gemacht, dass die – mit Zustimmung des „Europäischen Berechtigten" erfolgende – Veräußerung auf dem Gebiet eines EU Mitgliedstaats bzw EWR Vertragsstaats („in der Gemeinschaft" bzw „im Vertragsgebiet") erfolgt ist, womit die in manchen nationalen Urheberrechtsgesetzen verankerte sog internationale Erschöpfung in Frage gestellt wird. Allerdings kann der Grundsatz der internationalen Erschöpfung unterschiedlich verstanden werden.

Eine Verbreitung liegt nach dem Verständnis des Europäischen Urheberrechts **36**
auch dann vor, wenn das Inverkehrbringen von Werkstücken auf andere Art als

durch Veräußerung erfolgt[60]. Die **Eigentumsübertragung** bzw der Verkauf von Vervielfältigungsstücken spielt aber im Zusammenhang mit dem Erschöpfungsgrundsatz eine Rolle (*first sale doctrine*). Dieses urheberrechtliche Prinzip soll das ausschließliche Verbreitungsrecht mit den Interessen der Eigentümer rechtmäßig erworbener – Vervielfältigungsstücke in Einklang bringen. Im Einzelnen sind die Regelungen in den **innerstaatlichen Rechtsordnungen** unterschiedlich ausgestaltet und zum Teil auch im nationalen Recht umstritten. Grundsätzlich tritt der Verbrauch des Verbreitungsrechts ein, sobald ein Vervielfältigungsstück mit Zustimmung des Berechtigten veräußert worden ist. Die Erschöpfung bezieht sich aber nicht auf das Werk oder den sonstigen Schutzgegenstand als solchen, sondern nur auf das jeweils veräußerte Vervielfältigungsstück; auch andere Verwertungsrechte als das Verbreitungsrecht, insbes das Vervielfältigungsrecht oder das Recht der öffentlichen Wiedergabe werden durch die Erschöpfung nicht berührt[61]. Der Verbrauch des Verbreitungsrechts hat zur Folge, dass im Weg der Veräußerung erworbene Vervielfältigungsstücke – soweit nicht wieder Ausnahmen vorgesehen sind wie für das Vermieten und Verleihen – weiterverbreitet, insbes verkauft, getauscht oder verschenkt werden dürfen. Vervielfältigungsstücke, die – ohne Veräußerung – bloß vermietet oder verliehen werden, unterliegen dagegen nicht der Erschöpfung.

37 Bei den Verhandlungen anlässlich der Schaffung der **WIPO-Abkommen 1996** in Genf konnte zwar das Verbreitungsrecht ausdrücklich etabliert werden[62]; keine Übereinstimmung wurde jedoch in Bezug auf die Ausgestaltung des Erschöpfungsgrundsatzes erzielt. Allerdings wurde ausdrücklich festgehalten[63], dass es den Mitgliedsländern freisteht, die Erschöpfung des Verbreitungsrechts nach (bzw mit) dem vom Rechtsinhaber genehmigten Erstverkauf oder einer anderen Form der Eigentumsübertragung hinsichtlich des Originals oder eines Vervielfältigungsstücks des Werks (der Darbietung bzw des Tonträgers) zu regeln. Auch eine ausdrückliche Abspaltung der Einfuhr vom Grundtatbestand des Verbreitens, die das Konferenzprogramm vorgesehen hatte, scheiterte bei der Konferenz. Art 6 **TRIPs-Abkommen** beschränkt sich gleichermaßen darauf festzuhalten, dass zum Zweck der Streitbeilegung nichts in diesem Abkommen dazu verwendet werden darf, die Frage der Erschöpfung von Rechten des geistigen Eigentums zu behandeln.

38 Dagegen hat Art 4 lit c Software-RL den Erschöpfungsgrundsatz im **Europäischen Urheberrecht** ausdrücklich verankert; dem sind Art 5 lit c und Art 7 Abs 2 Unterabsatz 1 lit b letzter Satz Datenbank-RL gefolgt, wobei sich beim *sui generis* Recht eine Ausnahme in Bezug auf die Ausgestaltung des Verleihrechts als bloßer Vergütungsanspruch erübrigte, weil dem Datenbankhersteller ein Verleihrecht nicht zuerkannt wird (Art 7 Abs 2 Unterabsatz 2 Datenbank-RL). Auch Art 9 Abs 2 Vermiet- und Verleih-RL schreibt den Erschöpfungsgrundsatz für den Bereich der vier Leistungsschutzrechte der Richtlinie fest; dem folgt auch

---

60 Vgl dazu *Walter* Rz 62f Info-RL.
61 Vgl dazu *Walter* Rz 84f Info-RL.
62 Art 6 Abs 1 WCT bzw Art 8 Abs 1 und 12 Abs 1 WPPT.
63 Art 6 Abs 2 WCT bzw Art 8 Abs 2 und 12 Abs 2 WPPT.

Art 4 Abs 2 Info-RL. Alle erwähnten Richtlinienvorschriften stellen dabei – jedenfalls ihrem Wortlaut nach – nur auf den „Erstverkauf“ ab und nicht auf eine Veräußerung oder ein Inverkehrbringen im Weg der Eigentumsübertragung auf andere Weise als durch Verkauf. Allgemeiner formuliert dagegen Art 4 Abs 2 Info-RL, wo von „Erstverkauf oder eine[r] andere[n] Eigentumsübertragung“ die Rede ist. Alle Bestimmungen gehen davon aus, dass die Erschöpfung durch den Erstverkauf „in der Gemeinschaft“ bzw „in einem Vertragsstaat“ ausgelöst wird, woraus die bereits erwähnte Abkehr vom Grundsatz der internationalen Erschöpfung in erster Linie abgeleitet wird. Art 9 Abs 2 Vermiet- und Verleih-RL verstärkt diese Aussage noch dadurch, dass das Wörtchen „nur“ eingefügt wird[64].

3. Grundzüge der Erschöpfungslehre

3.1. Zustimmung des Berechtigten und deren Beschränkung

Der Eintritt der Erschöpfung ist von der **Zustimmung des Berechtigten** zum Erstverkauf bzw zur sonstigen Veräußerung abhängig. Die Richtlinien bringen dies mit den Worten zum Ausdruck, dass das Vervielfältigungsstück „durch den Rechtsinhaber oder mit seiner Zustimmung“ verkauft (veräußert) worden sein muss[65]. Soweit der Berechtigte Vervielfältigungsstücke selbst auf den Markt bringt, stimmt er damit einer Verbreitung schlüssig zu, und folgt der Verbrauch des Verbreitungsrechts aus der Verbreitung durch den Berechtigten selbst. Erfolgt die Verbreitung dagegen durch Dritte, ist der Inhalt der mit diesen abgeschlossenen Vertriebsverträge zur Ermittlung der Zustimmung des Berechtigten und allfälliger Beschränkungen von wesentlicher Bedeutung. **39**

Vertragliche Beschränkungen der Zustimmung in solchen Vertriebsverträgen sind im Verhältnis zwischen dem Berechtigten und seinem Vertragspartner weitgehend unbeschränkt wirksam und können grundsätzlich auch mit „dinglicher Wirkung“ ausgestattet werden. Dies bedeutet, dass eine Verletzung solcher Vertragsbestimmungen auch als Urheberrechtsverletzung anzusehen ist, weil damit die Grenzen des eingeräumten Nutzungsrechts überschritten werden. In den Richtlinien nicht geregelt und auch im nationalen Recht umstritten ist aber, inwieweit sich solche Beschränkungen auch auf die Erschöpfung des Verbreitungsrechts auswirken (Drittwirkung). Die Beurteilung dieser Frage bedarf auch im Europäischen Kontext einer feinsinnigen Abwägung, wobei insbes dem Grundanliegen der Erschöpfung Rechnung zu tragen ist, und klare Marktverhältnisse geschaffen werden müssen. Einschränkende Vertragsbestimmungen müssen deshalb vorhersehbar sein und voneinander mehr oder weniger unabhängige (inhaltliche) Verwertungsbereiche betreffen. So wird etwa die Missachtung (unzulässiger) Preisbindungsvereinbarungen den Eintritt der Erschöpfung nicht verhindern. Dagegen ist eine **inhaltliche** vertragliche Beschränkung auf den Vertriebsweg des Verkaufs einerseits oder des Vermietens anderseits wirksam. Auch vertragliche Beschränkungen in **zeitlicher** Hinsicht sind grundsätzlich **40**

[64] „… erschöpft sich nur mit dem Erstverkauf des Gegenstands in der Gemeinschaft …“.

[65] Vgl Art 4 lit c Software-RL, Art 9 Abs 2 Vermiet- und Verleih-RL, Art 5 lit c Datenbank-RL und Art 4 Abs 2 Info-RL.

wirksam; wird etwa ein Vertriebsvertrag nur für bestimmte Zeit geschlossen, löst eine Verbreitung nach Vertragsende die Erschöpfung nicht aus. Dies gilt jedenfalls für „**primäre Überschreitungen**" vertraglicher Beschränkungen durch den Vertragspartner des Berechtigten selbst.

41 Für ein „**sekundäres Überschreiten**" der ursprünglichen Zustimmung durch Dritte, die nicht Vertragspartner des Berechtigten sind, ist die Frage differenziert zu beantworten. Ein Überschreiten zeitlicher Beschränkungen lässt das einmal erschöpfte Verbreitungsrecht nicht wieder aufleben; war zB das einem Verleger eingeräumte Verlagsrecht zeitlich beschränkt, ist das Verbreitungsrecht an Werkexemplaren, die vor Ablauf des Verlagsvertrags rechtmäßig veräußert wurden, auch nach Vertragsablauf erschöpft, weshalb solche Vervielfältigungsstücke zB im Antiquariatsbuchhandel weiter abgesetzt werden können. Schwieriger zu beantworten ist diese Frage dagegen für inhaltliche Beschränkungen, doch wird grundsätzlich davon auszugehen sein, dass solche Beschränkungen nicht über die erste Veräußerung hinaus wirken[66]. So hat der BGH[67] vor Kurzem entschieden, dass ein Softwareunternehmen einem mit ihm nicht vertraglich verbundenen Händler nicht verbieten kann, ausdrücklich als OEM-Software gekennzeichnete Ware, die nur gemeinsam mit einem neuen PC vertrieben werden darf, auch gesondert weiter zu veräußern.

3.2. Territoriale Beschränkungen des Verbreitungsrechts

42 Von besonderer Bedeutung sind im Zusammenhang mit dem Erschöpfungsgrundsatz **räumliche Beschränkungen** des Verbreitungsrechts. So lässt etwa § 16 Abs 3 öUrhG das sog „geteilten Verlagsrecht" ausdrücklich zu, weshalb eine Verbreitung innerhalb des genehmigten territorialen Gebiets nicht zur Erschöpfung des Verbreitungsrechts außerhalb desselben führt, was auch für **sekundäre Überschreitungen** nach dem ersten Inverkehrbringen gilt. Innerhalb des genehmigten Verbreitungsgebiets verbreitete Vervielfältigungsstücken dürfen deshalb grundsätzlich auch nach der ersten Veräußerung im Vertragsgebiet (zB an einen Großhändler) in andere Länder nicht ohne Zustimmung des Berechtigten (eingeführt und) dort weiterverbreitet werden. Eine dagegen verstoßende Verbreitung wird als „Direkt- oder **Parallelimport**" bezeichnet.

43 Auch die **territoriale Aufspaltung** des Verbreitungsrechts erfolgt gewöhnlich durch den Abschluss räumlich beschränkter Verwertungsverträge. Solange und soweit der Rechtsinhaber aber (noch) keine räumlich beschränkten Subrechte vergeben hat, ist er innerhalb des gesamten Gebiets, für welches er (noch) Inhaber des Verbreitungsrechts ist, als Berechtigter anzusehen, weshalb die Veräußerung durch den Berechtigten selbst den Verbrauch des Verbreitungsrechts auslöst. Erfolgt die Veräußerung aber durch einen Subberechtigten, dessen Rechte räumlich beschränkt sind, oder durch den Originalberechtigten nach Abspaltung territorial begrenzter Subrechte, ist eine Berechtigung nur in dem jeweiligen beschränkten territorialen Bereich gegeben. Sofern keine vertraglichen Vereinba-

---

[66] Vgl dazu *Walter*, ÖJZ 1975, 143 (148f). Zu territorialen Beschränkungen siehe aaO 149ff und den folgenden Punkt 3.2 Rz 42ff.

[67] BGH 06.07.2000 – „OEM-Version" CR 2000, 651 (*Witte*) = MMR 2000, 749.

rungen vorliegen, etwa weil der Urheber ein Werk im Selbstverlag erscheinen lässt, oder ein Tonträgerhersteller den Vertrieb selbst vornimmt, können (räumliche) Beschränkungen nur durch **Vorbehalte** erfolgen, die auf den einzelnen Vervielfältigungsstücken angebracht sind. Entgegen der herrschenden Ansicht dürften solche Vorbehalte unter der Voraussetzung wirksam sein, dass sie klar ersichtlich sind[68].

Erfolgt die Veräußerung von Vervielfältigungsstücken in **urheberrechtsfreien Ländern**, in welchen es mangels eines entsprechenden Ausschlussrechts keine Berechtigten im urheberrechtlichen Sinn (mehr) gibt, liegt die Annahme nahe, keine Erschöpfung eintreten zu lassen[69]. Dies trifft jedenfalls dann zu, wenn keine Zustimmung vorliegt. Allerdings kann eine Zustimmung, wie bereits erwähnt, auch unabhängig von Urheberrechtsverträgen erteilt werden. Veräußert der Urheber etwa selbst in einem solchen Land Werkexemplare oder gestattet er dies anderen auf welcher Rechtsgrundlage immer, wird von einer Erschöpfung auszugehen sein[70]. **44**

3.3. Erschöpfungsgrundsatz und Europäisches Urheberrecht

Die Vorschriften der **Richtlinien** formulieren aber abweichend und stellen einerseits auf den Verbrauch des Verbreitungsrechts in der Gemeinschaft bzw im Vertragsgebiet des EWR und anderseits auf den Ort des Erstverkaufs ab. Es stellt sich deshalb zunächst die Frage, ob das Verbreitungsrecht durch den Erstverkauf **in einem Mitgliedstaat** (Vertragsstaat) mit Zustimmung des dort Berechtigten zur Erschöpfung in der **gesamten Gemeinschaft** (im gesamten Vertragsgebiet) führt oder nur für das Gebiet dieses einen Mitgliedstaats (Vertragsstaats) verbraucht ist. Diese Frage lässt sich auch dahingehend formulieren, ob das Gebiet der Gemeinschaft (des EWR) territorial mit der Folge in einzelne nationale Märkte aufspaltet werden kann, dass sich das Verbreitungsrecht durch den Erstverkauf mit Zustimmung des in einem Mitgliedsland (Vertragsstaat) Berechtigten in den anderen Vertragsstaaten nicht erschöpft. Diese Problematik ist aber nicht erst mit Erlassung der ersten urheberrechtlichen Richtlinien relevant geworden; sie wurde in der Rechtsprechung des EuGH unter dem Gesichtswinkel der Grundfreiheit des **freien Warenverkehrs** schon vorher geprüft. Insoweit ist die in der Rechtsprechung gefundene Lösung deshalb jedenfalls horizontal anwendbar und nicht auf Computerprogramme, Leistungsschutzrechte und Datenbanken beschränkt, auf welche sich die Aussagen der jeweiligen Richtlinien beziehen. Art 4 Abs 2 Info-RL, der den Grundsatz der gemeinschaftsweiten Erschöpfung für alle Werkkategorien festschreibt, stellt in Bezug auf diese Fragestellung deshalb nur eine Klarstellung dar. **45**

Was die Frage der Aufspaltbarkeit des Verbreitungsrechts im Verhältnis zu **Drittstaaten** anlangt, stellen die bisher erlassenen Richtlinien ebenso wie Art 4 **46**

---

[68] So zum österr Recht *Walter*, ÖJZ 1975, 143 (151) und – mit Hinweisen auf die ErlRV öUrhGNov 1988 – *Walter*, MR 1989, 96 bei Punkt 3.3.

[69] Vgl EuGH 24.01.1989 – „EMI Electrola/Patricia/Schutzfristenunterschiede". Siehe auch *Gaster*, WBl 1997, 48.

[70] Vgl zum österr Recht etwa *Walter*, ÖJZ 1975, 143 (153f).

Abs 2 Info-RL auf den **Ort des Erstverkaufs** ab und regeln ausdrücklich nur den Fall, dass der Erstverkauf in der Gemeinschaft (im EWR) erfolgt. Allerdings liegt der Gegenschluss auf der Hand, dass ein Erstverkauf in einem Drittland deshalb nicht zur Erschöpfung in der Gemeinschaft führt. Voraussetzung für eine Erschöpfung in Europa (EU/EWR) ist, dass der Erstverkauf (die Veräußerung) mit Zustimmung des (auch) in der Gemeinschaft Berechtigten erfolgt ist. Beide Aspekte der Erschöpfungsproblematik sollen im Folgenden gesondert behandelt werden.

4. Gemeinschaftsweite Erschöpfung

4.1. Grundsatz des freien Warenverkehrs

47 Nach Art 28 EGV 1997 (früher Art 30) sind zwischen Mitgliedstaaten **mengenmäßige Einfuhrbeschränkungen** sowie alle Maßnahmen gleicher Wirkung verboten[71]. Zwar stehen diese Bestimmungen nach Art 30 EGV 1997 (früher Art 36) Einfuhr-, Ausfuhr- und Durchfuhrverboten oder -beschränkungen nicht entgegen, die ua aus Gründen des „gewerblichen und kommerziellen Eigentums" gerechtfertigt sind, doch dürfen solche Verbote oder Beschränkungen weder ein Mittel zur willkürlichen Diskriminierung noch eine verschleierte Beschränkung des Handels zwischen den Mitgliedsstaaten darstellen. Nach herrschender Ansicht zählt auch das Urheber- und Leistungsschutzrecht zum „gewerblichen und kommerziellen Eigentum" in diesem Sinn[72], doch ist die Ausübung des Verbreitungsrechts mit dem Ziel einer Isolierung der nationalen Märkte nach der ständigen Rechtsprechung des EuGH unzulässig[73]. Danach ist eine räumliche Aufspaltung des Verbreitungsrechts im Hinblick auf den Grundsatz des freien Warenverkehrs in der Gemeinschaft (im Binnenmarkt) insoweit nicht wirksam. Wurde ein Vervielfältigungsstück in einem Mitgliedstaat mit Zustimmung des dort Berechtigten in den Verkehr gebracht, darf dieses deshalb in der gesamten Gemeinschaft (EU/EWR) weiterverbreitet werden, auch wenn das Verbreitungsrecht in anderen Mitgliedsländern anderen Berechtigten zustehen sollte, und die Erschöpfung deshalb an sich nicht eintreten würde. Voraussetzung dieser gemeinschaftsweiten Erschöpfung ist nur, dass die Zustimmung des im Verbreitungsland Berechtigten vorlag.

4.2. EuGH-Rechtsprechung

(A) Entwicklung der Rechtsprechung zur gemeinschaftsweiten Erschöpfung

48 Die erste Entscheidung des EuGH zum Erschöpfungsgrundsatz im **urheberrechtlichen Zusammenhang** ist die Entscheidung vom 8. Juni 1971 – **„Deutsche Grammophon**/Polydor/Metro". Der „Deutschen Grammophon" standen in diesem Fall die ausschließlichen Verbreitungsrechte an den von ihr produzierten Tonträgern in Deutschland zu. Die von ihr zum Zweck des Vertriebs in Frankreich an ihre französische Tochtergesellschaft veräußerten Tonträger wurden

---

[71] Vgl dazu etwa *Lenz*, EG-Vertrag Kommentar² Art 28.

[72] Vgl dazu die Rechtsprechungsübersicht bei Punkt 4.2 Rz 48ff unten.

[73] Vgl dazu etwa *Dittrich*, ecolex 1993, 249; *Gaster*, WBl 1997, 49f; *Lenz*, EG-Vertrag Kommentar² Art 30 Rz 14.

von dem deutschen Selbstbedienungsgroßmarkt „Metro“ nach Deutschland reimportiert und zu einem günstigeren Preis angeboten. Unter Berufung auf ihr ausschließliches Verbreitungsrecht in Deutschland wollte die „Deutschen Grammophon“ die Verbreitung dieser reimportierten Tonträger in Deutschland verhindern. Der EuGH sah darin eine unzulässige Beschränkung des freien Warenverkehrs zwischen Mitgliedstaaten. Nach Art 36 EGV (jetzt Art 30 EGV 1997) sei dies nur ausnahmsweise und unter der Voraussetzung zulässig, dass solche Beschränkungen weder ein Mittel zur willkürlichen Diskriminierung noch eine verschleierte Beschränkung des Handels zwischen den Mitgliedstaaten darstellen. Bei dieser Abwägung unterschied der Gerichtshof in Anlehnung an seine Entscheidung „Sirena/Novimpex“ zwischen dem **Bestand** und der **Ausübung** nationaler Schutzrechte. Zwar werde deren Bestand vom Gemeinschaftsrecht nicht berührt, ihre Ausübung könne jedoch unzulässig sein. Führt die Ausübung zu einer Beschränkung des Handels zwischen Mitgliedstaaten und damit zur Isolierung der nationalen Märkte, sei dies zur Wahrung der Rechte zulässig, die den **spezifischen Gegenstand** des betreffenden **Schutzrechts** ausmachen, was im gegebenen Zusammenhang aber nicht zutreffe.

Im Fall „Musik-Vertrieb/Membran/K-tel International/GEMA“/**Gebührendifferenz II**“ ging es um Tonträger, die in einem anderen Mitgliedstaat für die dort erfolgende Verbreitung verlizenziert worden waren. Die deutsche Verwertungsgesellschaft GEMA wollte das ihr für Deutschland zustehende Vervielfältigungs- und Verbreitungsrecht zu dem Zweck ausüben, für den Vertrieb dieser Tonträgern in Deutschland die Gebührendifferenz geltend zu machen. In seinem Erkenntnis vom 20. Januar 1981 ging der EuGH gleichfalls davon aus, dass die Ausübung von Urheberrechten hier den Vertrieb von Waren, die den Schutzgegenstand enthalten, beeinträchtige und zu einer unzulässigen Marktaufteilung führe. **49**

In dem kurz danach entschiedenen Fall „Dansk Supermarked/**Imerco Jubiläum**“ vom 22. Januar 1981 wurden diese Grundsätze fortgeschrieben. Die Firma Imerco hatte anlässlich eines Firmenjubiläums von einem britischen Produktionsunternehmen ein Steingutservice mit (urheberrechtlich geschützten) Motiven dänischer Schlösser zum Vertrieb in Dänemark herstellen lassen. Dem britischen Produzenten wurde zwar gestattet, Exemplare zweiter Wahl im United Kingdom zu vertreiben, nicht jedoch in den Skandinavischen Ländern. Das auf den urheberrechtlichen Schutz der Bildmotive gestützte Vorgehen gegen eine dänische Supermarktkette, die solche aus Großbritannien stammenden Exemplare zweiter Wahl nach Dänemark eingeführt und dort vertrieben hatte, scheiterte auch in diesem Fall. Auf der Grundlage seiner bisherigen Rechtsprechung ging der EuGH vom Grundsatz der sog **gemeinschaftsweiten Erschöpfung** aus. **50**

(B) Importe aus urheberrechtsfreien Mitgliedstaaten

In seiner Entscheidung vom 24. Januar 1989 – „EMI Electrola/**Patricia**/Schutzfristenunterschiede“ hatte sich der EuGH auch mit der Frage zu befassen, ob Vervielfältigungsstücke in allen Mitgliedstaaten weiterverbreitet werden dürfen, wenn diese aus einem **Mitgliedstaat** stammen, in welchem die Zustimmung des Rechtsinhabers wegen **Ablaufs der Schutzfrist** nicht erforderlich war. Der Ge- **51** richtshof ging im Hinblick auf die (damals) noch nicht erfolgte Harmonisierung der Schutzfristen davon aus, dass die Ausübung des ausschließlichen Verbreitungsrechts in diesem Fall gerechtfertigt sei, und es Sache des nationalen Gesetzgebers bleibe, den Bestand und die Ausgestaltung des Urheberrechts festzulegen[74].

(C) Importe aus Drittstaaten

52 In seiner Entscheidung vom 9. Februar 1982 **„Polydor/Harlequin"** stellte der EuGH auf der anderen Seite klar, dass das Verbreitungsrecht (an Tonträgern) im Fall der Einfuhr aus **Drittstaaten** nicht verbraucht ist. Dies auch dann nicht, wenn es sich um ein Land handelt, das mit der EG durch ein Freihandelsabkommen verbunden ist (damals Portugal).

(D) Erschöpfung und öffentliche Wiedergabe

53 In seiner Entscheidung **„Coditel I"** aus dem Jahr 1980[75] hatte sich der EuGH auch mit der Anwendung des Erschöpfungsgrundsatzes auf das Recht der **öffentlichen Wiedergabe** zu befassen. Dabei ging es um die Kabelweiterleitung von zuvor in Deutschland ausgestrahlten Filmen in Belgien. Zwar ging der Gerichtshof grundsätzlich von der Anwendbarkeit der entsprechenden Grundsätze des freien Dienstleistungsverkehrs nach Art 59 EGV (jetzt Art 49 EGV 1997) aus; sofern keine Diskriminierung oder versteckte Beschränkung der Wirtschaftsbeziehungen zwischen Mitgliedstaaten vorliege, sei die Berufung auf Vorschriften zum Schutz des geistigen Eigentums (hier: des Kabelsenderechts) aber zulässig, auch wenn das Senderecht in einem anderen Mitgliedstaat durch den dort Berechtigten bereits ausgeübt worden ist. Damit wurde eine Übertragung des Erschöpfungsgrundsatzes auf das Recht der öffentliche Wiedergabe abgelehnt. Der Gerichtshof hob hervor, dass im Bereich der öffentlichen Wiedergabe von einer wiederholten Abgeltung jeder einzelnen Nutzung auszugehen sei; räumliche Beschränkungen von Nutzungsverträgen verstoßen deshalb nicht gegen die Grundsätze des Gemeinschaftsrechts.

54 Mit Entscheidung vom 13. Juli 1989 – „Ministère Public/**Tournier**"[76] stellte der EuGH weiters klar, dass das Recht des Urhebers in Bezug auf die wiederholbare Darbietung eines Werks durch öffentliche Aufführung mit Hilfe von Tonträgern ungeachtet des Umstands, dass für deren Vervielfältigung in einem anderen Mitgliedstaat bereits ein Entgelt gezahlt worden ist (und das Verbreitungsrecht an diesen erschöpft ist) unberührt bleibt. Sieht das innerstaatliche Urheberrecht – wie dies etwa in Frankreich der Fall ist – eine zusätzliche Gebühr für die öffentliche Aufführung mit Hilfe von Industrietonträgern (*surtaxe*) vor, so stehen dem die Art 30 EGV (jetzt 28 EGV 1997) bzw Art 59 EGV (jetzt Art 49 EGV 1997) nicht entgegen.

---

[74] Vgl dazu schon EuGH 14.09.1982 – „Keurkoop/Nancy Kean".

[75] EuGH 18.03.1980 – „Coditel I/Ciné Vog/Le Boucher I"; in der Entscheidung 06.10.1982 – „Coditel II/Ciné Vog/Le Boucher II" prüfte der EuGH den Sachverhalt unter kartellrechtlichen Gesichtspunkten.

[76] Siehe dazu auch schon EuGH 09.04.1987 – „Basset/SACEM/Vorführungsgebühr".

(E) Vermietrecht

Der EuGH unterscheidet weiters zwischen der Weiterveräußerung einerseits und dem **Vermieten** auf der anderen Seite, wobei diese Verwertungsarten getrennten „Märkten" zugeordnet werden. In seiner Entscheidung vom 17. Mai 1988 – „Warner Brothers/**Christiansen**" hatte der Rechtsinhaber in Dänemark der Ausfuhr und dem Verkauf von Videokassetten im Ausland zugestimmt, weshalb diese im Hinblick auf den Grundsatz der gemeinschaftsweiten Erschöpfung wieder nach Dänemark eingeführt werden konnten. Eine Berufung auf das ihm zustehende Vermietrecht erachtete der EuGH aber für zulässig, da die Vermietung von Videogrammen einen vom „Verkaufsgeschäft" abgesonderten Markt betreffe, und das Vermietrecht als im Sinn des Art 36 EGV (jetzt Art 30 EGV 1997) schützenswert anzusehen sei. Eine mittelbare Beeinträchtigung des innergemeinschaftlichen Handels müsse insoweit in Kauf genommen werden. **55**

Die Trennung zwischen der Überlassung von Vervielfältigungsstücken auf Zeit (Vermieten) einerseits und deren endgültiger Überlassung (Veräußerung) anderseits legte der Gerichtshof auch in seiner Entscheidung vom 28. April 1998 – „Metronome Musik/**Music Point Hokamp**" zu Grunde. Der EuGH hielt die Regelungen der **Vermiet- und Verleih-RL** unter diesem Gesichtswinkel als mit Art 36 EGV (jetzt Art 30 EGV 1997) und dem Grundrecht der freien Berufsausübung (gewerblicher Vermieter von Compact Discs) vereinbar. Dies bestätigte der Gerichtshof wenig später im Fall „**Laserdisken**/Videogramm Distributor"[77]. Durch den Verkauf von Werkexemplaren erschöpfe sich weder das Recht der öffentlichen Wiedergabe noch das Vermietrecht, und zwar auch dann nicht, wenn in dem Land, wo der Verkauf stattgefunden hat, ein Vermietrecht nicht besteht. Auch das **Vermietrecht selbst** werde durch die erste Vermietung nicht erschöpft; dieses ziele vielmehr auf wiederholte Vermietvorgänge ab. **56**

4.3. EWR-Abkommen

Nach Art 2 Abs 1 Protokoll 28 zum EWR-Abkommen sehen die Vertragsparteien die Erschöpfung der Rechte des geistigen Eigentums nach Maßgabe des Gemeinschaftsrechts vor, soweit diese in **Maßnahmen** oder in der **Rechtsprechung der Gemeinschaft** geregelt ist. Damit wird die Bedeutung, die der Erschöpfung von Immaterialgüterrechten im EWR beigemessen wird, besonders betont. Denn die einschlägigen Richtlinienbestimmungen sind in den Vertragsstaaten schon im Hinblick auf deren Aufnahme in Anhang XVII zum EWR-Abkommen umzusetzen, während die Rechtsprechung des EuGH zur gemeinschaftsweiten Erschöpfung, die im Wesentlichen aus der Zeit vor dem 2. Mai 1992 stammt, ohnehin zum *acquis communautaire* gehört. Der Grundsatz der gemeinschaftsweiten Erschöpfung folgt im Übrigen aus den auch im EWR-Abkommen verankerten Grundsätzen des freien Waren- und Dienstleistungsverkehrs (Art 8, 11 und 13) in Verbindung mit der Verpflichtung der Vertragsstaaten, ihre innerstaatlichen Rechtsvorschriften über den Schutz des geistigen Eigentums so anzupassen, dass sie diesen Grundfreiheiten entsprechen (Art 1 Abs 2 Protokoll 28 EWR-Abkommen)[78]. **57**

---

[77] EuGH 22.09.1998.

[78] Vgl *v Lewinski* Art 9 Rz 8 Vermiet- und Verleih-RL.

4.4. Zustimmung des Berechtigten

58 In der Praxis werden Vertriebsrechte in der Regel für ganz Europa (EU/EWR) vergeben, und zwar gerade im Hinblick auf den Grundsatz der gemeinschaftsweiten Erschöpfung. Es ist dies allerdings nach wie vor nicht zwingend, und können Rechte etwa auch nur für den skandinavischen Raum, für Spanien und Portugal oder für Deutschland und Österreich eingeräumt werden. Dazu ist festzuhalten, dass die Zustimmung des **im Verbreitungsland** Berechtigten vorliegen muss. Stimmt etwa der in Deutschland und Österreich Berechtigte einer Verbreitung in Frankreich zu, bewirkt dies keine Erschöpfung[79]. Maßgebend ist die Zustimmung des Rechtsinhabers im Land der Veräußerung. Nach der Rechtsordnung dieses Lands ist auch die **kollisionsrechtliche Frage** zu beurteilen, wer als Rechtsinhaber anzusehen ist. Sind diese Voraussetzungen aber erfüllt, wirkt die Erschöpfung für den ganzen Europäischen Raum.

4.5. Zusammenfassung

59 Nach der Rechtsprechung des EuGH ist eine territoriale Aufspaltung des Gebiets der Gemeinschaft bzw des Vertragsgebiets des EWR in Bezug auf die Erschöpfung des Verbreitungsrechts insoweit unwirksam, als mit Zustimmung des in einem Mitgliedstaat Berechtigten veräußerte Waren auch außerhalb dieses Mitgliedslands im gesamten EWR verbreitet werden dürfen. Der Grundsatz der gemeinschaftsweiten Erschöpfung ist auch in den bisher erlassenen Richtlinien sowie in Art 4 Abs 2 Info-RL festgelegt. Sind Waren, die urheberrechtlich oder leistungsschutzrechtlich geschützte Elemente enthalten, einmal mit Zustimmung des Berechtigten in einem Mitgliedstaat der EU oder einem Vertragsstaat des EWR veräußert[80] worden, ist das Verbreitungsrecht auch in allen übrigen Mitgliedstaaten (Vertragsstaaten) erschöpft (**gemeinschaftsweite Erschöpfung**)[81]. Der Verbrauch des Verbreitungsrechts bezieht sich aber nur auf die **Weiterveräußerung**[82], nicht dagegen auf das gesondert gewährte **Vermietrecht**[83]. Dieses wird auch selbst als wiederholbare Verwertungsart nicht durch das erste Vermieten erschöpft. Auch die Rechte der **öffentlichen Wiedergabe** bleiben ungeachtet der Erschöpfung des Verbreitungsrechts an einem bestimmten Vervielfältigungsstück unberührt[84].

---

[79] So auch *Loewenheim* in *Schricker*, Kommentar² § 17 Rz 46; *Walter*, MR 2000, 252 (253 bei Punkt 5). Insoweit nicht ganz klar OGH 23.05.2000 – „Handwerkerpaket WIN 2.3“. Zu Fragen des anwendbaren Rechts vgl *Walter*, MR 1989, 95f bei Punkt 3.

[80] Siehe dazu auch Rz 66 unten.

[81] Vgl *v Lewinski* Art 9 Rz 6f und 8f Vermiet- und Verleih-RL und Art 5 Rz 15 Datenbank-RL. Die Kommission beabsichtigt derzeit keine Änderung ihrer Politik in Bezug auf die gemeinschaftsweite Erschöpfung (siehe Verlautbarung des Binnenmarktkommissars *Bolkestein* vom 07.06.2000 GRUR Int 2000, 651).

[82] Siehe dazu auch Rz 68 unten.

[83] Siehe dazu ausdrücklich Art 1 Abs 4 Vermiet- und Verleih-RL, wonach das Vermiet- und Verleihrecht weder durch die Veräußerung von Originalen und Vervielfältigungsstücken noch durch andere darauf bezogene Verbreitungshandlungen erschöpft wird. Vgl dazu *v Lewinski* Art 1 Abs 4 Vermiet- und Verleih-RL Rz 25ff und Art 5 Rz 14 Datenbank-RL.

[84] Vgl dazu *Walter* Rz 84f Info-RL.

Der Grundsatz der gemeinschaftsweiten Erschöpfung erscheint vor dem Hintergrund des Binnenmarkts im Hinblick darauf verständlich und angemessen, dass der freie Waren- und Dienstleistungsverkehr eines der wesentlichsten Anliegen des EGV darstellt. Dessen ungeachtet sollten die **Eigenheiten des Urheber- und Leistungsschutzrechts** – zumindest in besonderen Situationen – vermehrt berücksichtigt werden. Dies insbes im Hinblick auf die kultur- und sozialpolitischen Aspekte dieses Rechtsgebiets, die Waren, welche urheber- oder leistungsschutzrechtlich geschützte Elemente enthalten, als solche besonderer Art erscheinen lassen. Auch wenn das Urheberrecht zum „geistigen und kommerziellen Eigentum" gehört, dürfen die Unterschiede zu den gewerblichen Schutzrechten nicht übersehen werden[85]. **60**

5. Internationale oder Europäische Erschöpfung

Für die Erschöpfung kommt es an sich nicht darauf an, **wo der Erstverkauf** (die erste Veräußerung) stattgefunden hat. Liegt die Zustimmung des im Inland Berechtigten zu einer Veräußerung vor, so tritt der Verbrauch des Verbreitungsrechts nach dem Grundgedanken des Erschöpfungsgrundsatzes auch dann ein, wenn der Veräußerungsakt im Ausland (in einem Drittland) stattgefunden hat. Man spricht in diesem Zusammenhang auch von der **internationalen Erschöpfung** des Verbreitungsrechts. Die Terminologie ist allerdings nicht einheitlich. Unter internationaler Erschöpfung lässt sich auch eine Spielart des Erschöpfungsgrundsatzes verstehen, wonach eine Veräußerung im Ausland (in einem Drittland) auch dann zur Erschöpfung des Verbreitungsrechts im Inland führt, wenn der Berechtigte zwar im Verbreitungsland, nicht aber auch im Inland der Inhaber des Schutzrechts ist. Ein solches Verständnis der internationalen Erschöpfung würde dem Grundsatz der gemeinschaftsweiten Erschöpfung auf internationaler Ebene entsprechen und diesen auch auf Drittstaaten ausdehnen. Umgekehrt lässt sich eine „nationale Erschöpfung" auch dahingehend verstehen, dass eine Veräußerung im Ausland auch dann nicht zur Erschöpfung im Inland führt, wenn sie mit Zustimmung des im Inland Berechtigten erfolgt ist. Diese Ausgestaltung des Erschöpfungsprinzips setzt neben der Zustimmung des im Inland Berechtigten auch voraus, dass die Veräußerung im Inland stattgefunden hat. **61**

Wie bereits erwähnt, stellen die **urheberrechtlichen Richtlinien** auf den **Ort der Veräußerungshandlung** ab. So spricht schon Art 4 lit c Software-RL in diesem Sinn vom Erstverkauf von Programmkopien „in der Gemeinschaft"; Art 5 lit c und Art 7 Abs 2 Unterabsatz 1 lit b letzter Satz Datenbank-RL folgen dieser Formulierung ebenso wie Art 4 Abs 2 Info-RL für alle Werkkategorien und Schutzgegenstände[86]. Noch deutlicher kommt dies in Art 9 Abs 2 Vermiet- und Verleih-RL zum Ausdruck, wonach sich das Verbreitungsrecht „nur" mit dem Erstverkauf in der Gemeinschaft erschöpft. Eine Erschöpfung des Verbreitungs- **62**

---

[85] Vgl dazu auch *Dietz*, Das Urheberrecht in der Europäischen Gemeinschaft, FS GRUR 1991 Bd 2 1445 (1458).

[86] Dies war in der Rats-Arbeitsgruppe allerdings bis zuletzt umstritten. So haben sich die skandinavischen Mitgliedstaaten sowie Portugal und die Niederlande für die Beibehaltung der internationalen Erschöpfung ausgesprochen.

rechts in Europa setzt danach voraus, dass der Erstverkauf auch **in einem Mitgliedstaat** der Gemeinschaft bzw einem Vertragsstaat des EWR stattgefunden hat[87].

Da die Richtlinien auf die Veräußerung **in der Gemeinschaft** und nicht darauf abstellen, ob diese mit Zustimmung des in der Gemeinschaft Berechtigten (wo immer) erfolgt ist, wird mangels einer Differenzierung davon auszugehen sein, dass die bisher erlassenen urheberrechtlichen Richtlinien im Sinn der zuletzt genannten Spielart des Erschöpfungsgrundsatzes zu verstehen sind. Nicht nur eine internationale Erschöpfung im engeren Sinn scheidet daher aus, wonach jede Veräußerung im Ausland, auch wenn sie nur mit Zustimmung des dort Berechtigten erfolgt, zur Erschöpfung führt; der Verbrauch des Verbreitungsrechts tritt auch dann nicht ein, wenn der in Europa (EU/EWR) Berechtigte eine Veräußerung im Ausland vornimmt oder vornehmen lässt.

63 Dies trifft grundsätzlich auch für die erste **Marken-RL**[88] zu (Art 7 Abs 1), wobei dies allerdings dann nicht gilt, wenn es berechtigte Gründe rechtfertigen, dass der Inhaber einer Marke sich dem weiteren Vertrieb von Waren widersetzt, insbes wenn der Zustand der Waren nach ihrem Inverkehrbringen verändert oder verschlechtert ist. Auch Art 9 der Verordnung betreffend die Gemeinschaftsmarke[89] enthält eine ähnliche Regelung, was auch für den gemeinschaftsrechtlichen Sortenschutz zutrifft[90]. Entsprechendes gilt nach Art 15 Geschmacksmuster-RL[91] auch für den gemeinschaftsrechtlichen Schutz von Mustern und Modellen und nach dem geänderten Vorschlag für eine Verordnung über das künftige Gemeinschaftsgeschmacksmuster (Art 24)[92]. Unter der Überschrift „gemeinschaftsweite Erschöpfung der Rechte“ regelt Art 21 geänderter Gebrauchsmuster-RL-Vorschlag[93] die Abkehr von der internationalen Erschöpfung noch deutlicher und hält in Abs 1 im Sinn der bisherigen Formulierungen zunächst fest, dass sich die Rechte an einem Gebrauchsmuster nicht auf Handlungen erstrecken, nachdem das Erzeugnis vom Rechtsinhaber oder mit seiner Zustimmung „in der Gemeinschaft“ in Verkehr gebracht worden ist. Nach Abs 2 erstrecken sich die Rechte aus einem Gebrauchsmuster jedoch auf Handlungen in Bezug auf das geschützte Erzeugnis, nachdem dieses „außerhalb der Gemeinschaft“ mit Zustimmung des Berechtigten in Verkehr gebracht worden ist.

---

[87] Vgl dazu *Gaster*, WBl 1997, 47; *Sack*, WRP 1998, 549; *Schanda*, ecolex 1998, 718. AM *Beier*, GRUR Int 1989, 603; *Koppensteiner*, Wettbewerbsrecht[3], § 41 Rz 16 mwN; *Pöchacker*, Die Bedeutung der ersten Markenrichtlinie für das österr Markenrecht in Österreichisches und europäisches Wirtschaftsprivatrecht, Teil 2: Geistiges Eigentum, Österreichische Akademie der Wissenschaften, Philosophisch-Historische Klasse, Sitzungsberichte 235. Band (Hrsg *Koppensteiner*) (1996) 183.

[88] Richtlinie 89/104/EWG ABl L 40 vom 11.02.1989, 1.

[89] Verordnung (EG) 40/94 ABl L 11 vom 14.01.1994, 1.

[90] Verordnung (EG) 2100/94 ABl L 227 vom 01.09.1994, 1.

[91] Richtlinie 98/71/EG des Europäischen Parlaments und des Rates über den rechtlichen Schutz von Mustern und Modellen vom 13. Oktober 1998 ABl L 289 vom 28.10. 1998, 28.

[92] 21.06.1999 KOM (1999) 310 endg. Siehe auch 20.10.2000 KOM (2000) 660 endg.

[93] 25.06.1999 KOM (1999) 309 endg.

In seiner „Silhouette" Entscheidung[94] hat der EuGH zum **Markenrecht** auch bereits klargestellt, dass die erwähnten Formulierungen im Sinn des Verbots der internationalen Erschöpfung in dem erwähnten Sinn zu verstehen sind. Danach sind nationale Rechtsvorschriften, welche die Erschöpfung des Markenrechts für Waren vorsehen, die vom Markeninhaber oder mit dessen Zustimmung unter dieser Marke außerhalb des EWR in den Verkehr gebracht worden sind, nicht mit Art 7 Abs 1 Marken-RL vereinbar. Der EuGH leitet dieses Ergebnis[95] im Wesentlichen aus dem Wortlaut der Bestimmung und aus dem Harmonisierungszweck der Marken-RL ab, ohne auf die Funktion der Marke oder handelspolitische Überlegungen näher einzugehen[96]. In seiner Entscheidung „Sebago/Dubois" hat der EuGH diese Position bestätigt und zu Recht hinzugefügt, dass sich die Erschöpfung immer nur auf die konkreten Waren bezieht, die mit Zustimmung des Berechtigten in der Gemeinschaft in den Verkehr gebracht worden sind. Im Hinblick auf die vergleichbaren Formulierungen in den erwähnten urheberrechtlichen Richtlinienvorschriften wird die Klarstellung auch für den **urheberrechtlichen Bereich** entsprechend gelten[97].

Erfolgt die Veräußerung in einem **Drittstaat**, erlischt das Verbreitungsrecht sohin auch dann nicht, wenn die Veräußerung nicht nur mit Zustimmung des dort Berechtigten, sondern auch mit Zustimmung des in Europa (EU/EWR) Berechtigten erfolgt ist. Hat etwa der Inhaber der „Weltrechte" Waren in einem Drittland (zB in Japan) veräußert, erlischt das Verbreitungsrecht in Europa (EU/EWR) hieran gleichwohl nicht. Umso weniger ist dies der Fall, wenn der Verkauf in einem Drittstaat nur mit Zustimmung des dort – und nicht auch in Europa – Berechtigten erfolgt. Der Rechtsinhaber in der Gemeinschaft bzw im Europäischen Wirtschaftsraum kann sich daher auch dann gegen eine Verbreitung in **64**

[94] Siehe dazu auch die Schlussanträge des Generalanwalts *Jacobs*, ecolex 1998, 409 (Zusammenfassung *Schanda*). Vgl auch das Ersuchen des OGH um Vorabentscheidung 15.10.1996 – „Silhouette I" ÖBl 1996, 302 = ecolex 1997, 32 (*Kucsko*) und die Entscheidung des OGH 28.09.1998 ecolex 1998, 926 (*Schanda*) im fortgesetzten Verfahren.

[95] Dagegen ist der EFTA-Gerichtshof in seiner Entscheidung 03.12.1997 – „Maglite" noch zu einem entgegengesetzten Ergebnis gekommen und davon ausgegangen, die EWR-weite Erschöpfung sei nur ein Mindesterfordernis, der nationale Gesetzgeber könne aber darüber hinausgehen und auch eine internationale Erschöpfung vorsehen. In seinen Entscheidungen 23.10.1996 – „Chanel" GRUR Int 1998, 520 (*Knaak*) und 20.07.1998 – „Nintendo-Videospiel" GRUR Int 1999, 362 hat auch das Schweizerische Bundesgericht zum Urheber- und Markenrecht zu Gunsten der internationalen Erschöpfung entschieden, nicht dagegen zum Patentrecht (vgl Bundesgericht 07.12.1999 – „Kodak II" GRUR Int 2000, 639; ebenso BGH 14.12.1999 – „Karate" GRUR Int 2000, 635). Siehe dazu etwa auch *Baudenbacher*, GRUR Int 2000, 584; *Gaster*, GRUR Int 2000, 581; *Lattenmayer*, ecolex 1999, 100.

[96] Vgl *Hornbanger*, ecolex 1999, 36. Siehe zur Erschöpfung im Markenrecht auch Arbeitsdokument der Kommission SEK (1999) 2033 vom 01.12.1999, GRUR Int 2000, 628. Vgl dazu auch den Vorlagebeschluss des englischen High Court of Justice vom 15.05.1999 und dazu ausführlich *Kunz-Hallstein*, MarkenR 2000, 133.

[97] So auch *Urlesberger*, ecolex 1999, 36. In seiner Entscheidung 22.09.1998 – „Laserdisken" deutet der EuGH dies bereits an. Die Kommission beabsichtigt derzeit keine Änderung ihrer Politik in Bezug auf das Verbot der internationalen Erschöpfung (siehe Verlautbarung des Binnenmarktkommissars *Bolkestein* vom 07.06.2000 GRUR Int 2000, 651).

Europa zur Wehr setzen, wenn er selbst Rechtsinhaber ist und der Veräußerung in einem Drittstaat zugestimmt hat. Dies versetzt ihn in die Lage, etwa über den Zeitpunkt der „Markteinführung" oder die Preisgestaltung in Drittländern und in Europa zu entscheiden und diese entsprechend zu differenzieren. Dies gilt für den Rechtsinhaber in Europa (EU/EWR), gleichviel ob dieser seinen Sitz in Europa hat oder ob es sich etwa um Original-Berechtigte aus einem Drittland handelt.

65 Das Verbot der internationalen Erschöpfung gilt jedenfalls für **Software**, für die „Europäischen **Leistungsschutzrechte**" und für **Datenbanken**. Wie bereits erwähnt, dehnt Art 4 Abs 2 Info-RL im Hinblick auf die gewählte Formulierung diesen Grundsatz auch auf alle **übrigen Werkkategorien** und Schutzgegenstände aus. Ob dies schon nach geltendem Recht der Fall ist, könnte mangels einer horizontalen Harmonisierung derzeit aber noch fraglich sein, zumal das Verbot der internationalen Erschöpfung aus den erwähnten Richtlinienbestimmungen und nicht aus dem EG-Primärrecht folgt. Vor einer vollständigen Harmonisierung durch die vorgesehene Bestimmung der Info-RL wird davon auszugehen sein, dass sich das Verbot der internationalen Erschöpfung nur auf die im Europäischen Urheberrecht geregelten Bereiche erstreckt[98].

6. Einzelfragen

6.1. Erstverkauf oder Veräußerung

66 Die urheberrechtlichen Richtlinien, die den Verbrauch des Verbreitungsrechts regeln, sprechen nur vom „Erstverkauf", nicht aber von anderen Formen der **Veräußerung** (Eigentumsübertragung), wie Tausch oder Schenkung. Dessen ungeachtet wird davon auszugehen sein, dass jede Form der Veräußerung zur Erschöpfung führt, und mit dem Erstverkauf nur der praktisch wichtigste Fall herausgegriffen wurde. Art 4 Abs 2 Info-RL spricht deshalb ausdrücklich auch von jeder „anderen Eigentumsübertragung dieses Gegenstands", was aber nur als Klarstellung anzusehen sein dürfte. Denn der Erschöpfungsgrundsatz hat die Abgrenzung der Eigentümerinteressen gegen diejenigen des Urhebers oder Inhabers von Leistungsschutzrechten zum Gegenstand und beschränkt sich nicht auf das Verhältnis zwischen Rechtsinhaber und Käufer. Es folgt dies auch daraus, dass die Richtlinien von einem weiten Verständnis des Verbreitungsrechts ausgehen und jede Form der öffentlichen Verbreitung erfassen. So sprechen die Software-RL und die Datenbank-RL ausdrücklich von „jede[r] öffentlichen Verbreitung" (Art 4 bzw Art 5 lit c), während Art 9 Abs 1 Vermiet- und Verleih-RL das ausschließliche Recht gewährt, die Schutzgegenstände „der Öffentlichkeit im Wege der Veräußerung oder auf sonstige Weise zur Verfügung zu stellen". Es muss deshalb auch jede Veräußerung und nicht bloß der Erstverkauf im engeren Sinn die Erschöpfung auslösen.

6.2. Vervielfältigungsstück oder Original

67 Wenn schließlich sowohl in Art 4 lit c Software-RL als auch in Art 5 lit c und Art 7 Abs 2 Unterabsatz 1 lit b letzter Satz Datenbank-RL nur von **Vervielfälti-**

[98] Vgl *Walter*, MR 1999, 346; aM *Plöckinger*, MR 2000, 25.

gungsstücken die Rede ist, so wird dies darauf zurückzuführen sein, dass weder Computerprogramme noch (urheberrechtlich geschützte) Datenbanken als „Originale", nämlich in der Form des ursprünglichen (einzigen) Vervielfältigungsstücks weitergegeben werden. Soweit dies aber ausnahmsweise der Fall sein sollte, findet der Erschöpfungsgrundsatz auch hierauf Anwendung.

6.3. Weiterverkauf und sonstige Weiterveräußerung

Die Erschöpfung des Verbreitungsrechts bezieht sich zwar weder auf das Ver- **68**
miet- und Verleihrecht noch auf die Rechte der öffentlichen Wiedergabe, sie umfasst aber im Übrigen **jede Form der Veräußerung** und nicht bloß den Weiterverkauf. Auch ein Verschenken oder Tauschen ist deshalb nach Eintritt der Erschöpfung ohne Zustimmung des Urhebers zulässig. Allerdings formulieren Art 5 lit c und Art 7 Abs 2 Unterabsatz 1 lit b letzter Satz Datenbank-RL abweichend und sprechen nur davon, dass es dem Berechtigten nach Eintritt der Erschöpfung versagt ist, „den Weiterverkauf dieses Vervielfältigungsstücks zu kontrollieren". Danach wäre ein Verschenken oder Tauschen nicht von der Erschöpfung erfasst, was aber nicht beabsichtigt sein dürfte[99] und dem Grundanliegen der Erschöpfung zuwiderliefe. Die Formulierung dürfte nur – insoweit konsequent – an den die Erschöpfung auslösenden „Erstverkauf" angeglichen worden sein, was aber – wie oben bereits ausgeführt – gleichfalls nicht wörtlich zu verstehen sein wird.

6.4. Behauptungs- und Beweislast

Wer die Erschöpfung des Verbreitungsrechts in Bezug auf ein bestimmtes Werk- **69**
exemplar als anspruchsvernichtende Tatsache behauptet, muss nach den allgemeinen Regeln betreffend die Behauptungs- und Beweislast die Umstände behaupten und beweisen, die eine Erschöpfung auslösen sollen. Zum Markenrecht hat der österr OGH allerdings die Ansicht vertreten[100], es handele sich um ein negatives Tatbestandselement, für welches die Beweislast grundsätzlich den Kläger treffe. Dagegen geht der BGH davon aus, dass die Darlegungs- und Beweislast für eine behauptete Erschöpfung den Beklagten trifft, hält dieses Ergebnis allerdings im Hinblick auf die Freiheit des Waren- und Dienstleistungsverkehrs für zweifelhaft und hat die Frage deshalb dem EuGH zur Entscheidung vorgelegt[101]. ME handelt es sich bei der Erschöpfung um eine anspruchsvernichtende Tatsache, weshalb grundsätzlich davon auszugehen ist, dass die Behauptungs- und Beweislast denjenigen trifft, der sich auf die Erschöpfung beruft. Im Einzelnen wird aber nach der jeweiligen Beweisnähe zu differenzieren sein.

7. Online-Übertragung

Ein besonderes Problem stellt die Frage der Erschöpfung im Fall der **Online-** **70**
Übertragung von Werken oder anderen Schutzgegenständen dar. Geht man

---

99 So auch *v Lewinski* Art 5 Rz 14 Datenbank-RL.

100 Vgl OGH 15.02.2000 – „BOSS-Brillen" GRUR Int 2000, 785 = ecolex 2000, 370 (*Schanda*).

101 BGH 11.05.2000 MarkenR 2000, 266 (*Stüssy*). Vgl dazu auch *Johannes*, MarkenR 2000, 251.

nämlich davon aus, dass die Online-Übertragung eine Form der öffentlichen Wiedergabe und nicht eine Vervielfältigung und Verbreitung eigener Art darstellt, sind die im Arbeitsspeicher bzw auf der Festplatte des Nutzers entstehenden Vervielfältigungsstücke diesem und nicht dem Online-Anbieter zuzurechnen. Da das Anbieten in digitalen Netzen mit dem Zugänglichmachen abgeschlossen ist, erfolgt die Herstellung des Vervielfältigungsstücks durch den Nutzer (gegebenenfalls zum eigenen Gebrauch), und handelt es sich auch nicht um identische physische Vervielfältigungsstücke. ErwG 33 Datenbank-RL spricht diese Frage ausdrücklich an und kommt zu dem Ergebnis, dass sich die Frage der Erschöpfung des Verbreitungsrechts im Fall von Online-Datenbanken nicht stellt[102]. Hinzugefügt wird, dass solche Online-Datenbanken auch in den Dienstleistungsbereich fallen, für den der Erschöpfungsgrundsatz nicht gelte. Dies soll nach diesem Erwägungsgrund auch in Bezug auf physische Vervielfältigungsstücke einer solchen Datenbank gelten, die vom Nutzer der betreffenden Dienstleistung mit Zustimmung des Rechtsinhabers hergestellt wurden. Anders als im Fall einer CD-ROM bzw CD-I, bei denen das geistige Eigentum an ein physisches Trägermedium, dh an eine Ware gebunden ist, müsse jede Online-Leistung vielmehr grundsätzlich als genehmigungspflichtige Handlung angesehen werden[103].

71 Sieht man in der Online-Übertragung dagegen eine – durch die digitalen Technologien ermöglichte – neue Form der Vervielfältigung und Verbreitung, bei welcher an Stelle der Herstellung eines physischen Vervielfältigungsstücks durch den Produzenten auf dessen Veranlassung und mit dessen Zustimmung ein neues Vervielfältigungsstück beim Nutzer entsteht, ist auch auf dieses der Erschöpfungsgrundsatz anwendbar. Es entspricht dies jedenfalls im Fall des *downloading* auch der vergleichbaren Funktion der Online-Verbreitung, die darauf abzielt, beim Nutzer ein Vervielfältigungsstück entstehen zu lassen (*digital delivery*). Es entspricht die Anwendung des Erschöpfungsgrundsatzes aber – vor allem im Fall von Computerprogrammen – auch einem Bedürfnis der Praxis, zumal es keinen Unterschied machen kann, ob Software traditionell auf Diskette oder CD-ROM oder im Weg des *downloading* verbreitet wird[104].

72 Dies muss auch dann (analog) gelten, wenn die Online-Übertragung als öffentliche Wiedergabe qualifiziert wird. Allerdings gilt dies nur für die erste dauerhafte Kopie, nicht aber für weitere Vervielfältigungsstücke (Ausdrucke oder weitere digitale Kopien). Ein mit Zustimmung des Berechtigten durch digitale Übermittlung erworbenes Computerprogramm darf deshalb durch den rechtmäßigen Erwerber nicht nur benutzt (Art 5 Abs 1 Software-RL), es darf der Computer auch mit dem ordnungsgemäß erworbenen Computerprogramm (zB einem Betriebssystem) weiterveräußert werden. Die Erschöpfung erfasst aber weitere Online-Übertragungen mit Hilfe des Vervielfältigungsstücks nicht, auch wenn daran selbst das Verbreitungsrecht erschöpft sein sollte. Qualifiziert man die Online-Übertragung als Spielart der Vervielfältigung und Verbreitung, so entsteht durch die Online-Weiterübertragung ein neues Vervielfältigungsstück, an welchem das

---

[102] Ähnlich auch ErwG 29 Info-RL.
[103] Vgl *v Lewinski* Art 5 Rz 26 Datenbank-RL.
[104] So auch *Blocher* Art 4 Rz 28f Software-RL.

Verbreitungsrecht ohne Zustimmung des Berechtigten nicht erschöpft ist. Geht man aber von einer öffentlichen Wiedergabe (einem öffentlichen Zugänglichmachen) aus, so bezieht sich hierauf die Erschöpfung ohnehin nicht, was ErwG 33 Datenbank-RL offensichtlich übersieht. Aber auch um die Erschöpfung der Dienstleistung des Online-Anbieters als solcher geht es nicht, sondern nur um den Verbrauch des Verbreitungsrechts an einzelnen (übertragenen) physischen Vervielfältigungsstücken. Freilich ist die Weiterverbreitung des Vervielfältigungsstücks, an welchem das Verbreitungsrecht auch im Fall der Online-Übertragung erschöpft ist, verhältnismäßig selten[105], es ist dies – wie insbes im Fall von Computerprogrammen – aber durchaus denkbar.

8. Durchführung in Deutschland und Österreich

8.1. Deutschland

Das deutsche Urheberrecht regelt den **Erschöpfungsgrundsatz** allgemein in § 17 **73**
Abs 2 dUrhG. Der Grundsatz gemeinschaftsweiter Erschöpfung sowie das Verbot der internationalen Erschöpfung wurden erst mit dem Dritten Änderungsgesetz ausdrücklich in den Gesetzestext übernommen. Danach ist die Weiterverbreitung – mit Ausnahme der Vermietung – zulässig, wenn das Original oder ein Vervielfältigungsstück des Werks mit Zustimmung des zur Verbreitung Berechtigten im Gebiet der Europäischen Union oder eines anderen Vertragsstaats des EWR im Weg der Veräußerung in Verkehr gebracht worden ist. Nach der Begründung zum Dritten ÄnderungsG[106] sollte damit der in der EuGH-Rechtsprechung entwickelte Grundsatz der **gemeinschaftsweiten Erschöpfung**[107] ausdrücklich verankert werden, was im Gesetzestext allerdings nicht deutlich zum Ausdruck kommt, weil dort nicht davon die Rede ist, in welchen Ländern das Verbreitungsrecht erschöpft ist. Es folgte dieser Grundsatz aber schon bisher aus der Rechtsprechung des EuGH in Verbindung mit dem Vorrang des EG-Primärrechts, was im Hinblick auf die vom Gesetzgeber intendierte Umsetzung umso mehr für das geltende Recht gilt.

Das **Verbot der internationalen Erschöpfung** ergab sich jedenfalls für Computerprogramme, Datenbanken[108] und die Europäischen Leistungsschutzrechte in richtlinienkonformer Auslegung schon bisher aus den entsprechenden Umsetzungsbestimmungen. Es wurde mit dem Dritten ÄnderungsG aber auch ausdrücklich umgesetzt, wobei – den entsprechenden Richtlinien sowie Art 4 Abs 2 Info-RL folgend – auf die Veräußerung im Gebiet der EU bzw des EWR abgestellt wird[109]. Im Hinblick auf die Aufnahme in die allgemeine Bestimmung des § 17 Abs 2 dUrhG gilt das Verbot der internationalen Erschöpfung in Deutschland für alle Werkkategorien (und Leistungsschutzrechte).

Versteht man den Erschöpfungsgrundsatz im Zusammenhang mit Datenbanken als auf Vervielfältigungsstücke (im Gegensatz zum Original) und auf das

---

105 Darauf weist auch *v Lewinski* Art 5 Rz 26 Datenbank-RL zu Recht hin.

106 Siehe Entw III bei *M Schulze*, Materialien², 905.

107 Vgl dazu jetzt etwa *Loewenheim* in *Schricker*, Kommentar² § 17 Rz 44 und 59. Zur gemeinschaftsweiten Erschöpfung im deutschen Patentrecht siehe zuletzt BGH 14.12.1999 – „Karate“ GRUR 2000, 635.

108 Siehe auch *v Lewinski* Art 7 Rz 49 und FN 258 Datenbank-RL.

109 Vgl dazu etwa *Loewenheim* in *Schricker*, Kommentar² § 17 Rz 55 mwN.

Recht des Weiterverkaufs beschränkt[110], so hat der deutsche Gesetzgeber diese Besonderheiten allerdings nicht ausdrücklich umgesetzt.

8.2. Österreich

74 Im österr UrhG wurde der Grundsatz der **gemeinschaftsweiten Erschöpfung** dagegen mit öUrhGNov 1988 schon vor dem Beitritt Österreichs zum EWR bzw zur EU ausdrücklich vorgesehen[111], allerdings zunächst auf Tonträger beschränkt[112]. Bis dahin sind Lehre[113] und Rechtsprechung[114] davon ausgegangen, dass weder die Bestimmungen des Freihandelsabkommens zwischen Österreich und der EWG 1972[115] noch das österr Kartellrecht die Aufspaltung des Verbreitungsrechts verbieten und auf die Erschöpfung Einfluss nehmen. Seit der öUrhGNov 1993 gilt diese Ausnahme vom Erschöpfungsprinzip für alle Arten von Werkexemplaren (§ 16 Abs 3 Satz 2 Halbsatz 2 öUrhG), womit Österreich seiner Verpflichtung nach Art 2 des Protokolls 28 zum EWR-Abkommen ausdrücklich nachgekommen ist[116]. Dagegen wurde das **Verbot internationaler Erschöpfung** weder bei der Umsetzung der Software-RL noch bei derjenigen der Vermiet- und Verleih- bzw der Datenbank-RL ausdrücklich übernommen. Auch im österr Recht wird aber davon auszugehen sein, dass die bisher anerkannte internationale Erschöpfung des Verbreitungsrechts für die harmonisierten Gebiete (Computerprogramme, Datenbanken und Europäische Leistungsschutzrechte) – vorerst aber nur für diese – richtlinienkonform zu korrigieren ist[117]. Die internationale Erschöpfung wurde im Urheberrecht bisher dahingehend verstanden, dass es auf den Ort der Veräußerung (Eigentumsübertragung) nicht ankommt, die Veräußerung aber von der Zustimmung des (auch) in Österreich Berechtigten getragen sein muss[118].

---

[110] Vgl dazu *v Lewinski* Art 7 Rz 49 Datenbank-RL.

[111] Die öUrhGNov 1988 spricht deshalb auch noch von der Europäischen Wirtschaftsgemeinschaft und der Europäischer Freihandelsassoziation (EFTA).

[112] Vgl dazu *Hodik*, GRUR Int 1989, 380; siehe auch *Zanger*, MR 1989, 38.

[113] Vgl *Frotz*, Verletzung von Urheberrechten beim Parallel- und Reimport von Tonträgern, ÖBl 1977, 137; *Dittrich*, Die Verträge Österreichs mit den Europäischen Gemeinschaften und das österr Urheberrecht, ÖBl 1977, 81; *Dittrich*, Zum Import von Tonträgern aus dem EWG-Bereich, ÖBl 1982, 141; *Walter*, The Right of Distribution 63f; aM *Koppensteiner*, Zum Import von Tonträgern aus dem EWG-Bereich, JBl 191982, 18.

[114] Vgl OGH 10.07.1979 – „Gramola/Top Hits/Schallplatten-Parallelimporte" ÖBl 1980, 25 = GRUR Int 1980, 185 (*Ulmer*) = EvBl 1979/242 = SZ 52/114 = Schulze Österr 77 = UFITA 87 (1980) 360; 14.03.1989 – „Schallplatten-Parallelimporte II" ÖBl 1989, 120 = MR 1989, 94 *(Walter)* = SZ 62/38 = WBl 1989, 188 = RdW 1989,159 = GRURInt 1989,699 = Schulze Österr 107.

[115] öBGBI 1972/466.

[116] Vgl dazu OGH 13.09.1999 – „Roll up" MR 1999, 343 (*Walter*) = ÖBl 2000, 133 (*Kucsko*); 23.05.2000 – „Handwerkerpaket WIN2.3" MR 2000, 249 (*Walter*). Siehe dazu *Walter* MR 1999, 346 bei Punkt 3.

[117] Vgl dazu *Walter* MR 1999, 346 bei Punkt 4. *Plöckinger*, MR 2000, 25, will das Verbot der internationalen Erschöpfung dagegen schon nach geltendem Recht (vor Umsetzung des Art 4 Abs 2 Info-RL) auf das gesamte Urheberrecht anwenden.

[118] Vgl dazu ausführlich *Walter*, ÖJZ 1975, 143; *Walter*, The Right of Distribution 57.

VIII. Kapitel Urhebervertragsrecht

(Bearbeiterin: v Lewinski)

Übersicht

1. Einleitung

Das **Vertragsrecht**[119] ist eines der heißesten Eisen im Urheberrecht, denn hier **75** geht es um das Geld, um die Frage, inwieweit die wirtschaftlichen Ergebnisse der Urheberrechtsverwertung dem Urheber selbst oder dem Verwerter zukommen. Die Lösung zahlreicher urheberrechtstypischer Probleme könnte in einem starken, den Urheber besser schützenden Vertragsrecht liegen. Das „Eisen" Vertragsrecht scheint jedoch den meisten nationalen Gesetzgebern und auch der Europäischen Union zu heiß zu sein, um es anzutasten – die Gefahr, sich dabei die Finger zu verbrennen, liegt auf der Hand. Auf Europäischer Ebene kommt noch hinzu, dass das Vertragsrecht als solches nicht in die **Kompetenz** der Europäischen Union fällt und daher eine solche Kompetenz im Einzelnen mit der Binnenmarktrelevanz zu begründen ist – eine nicht immer leichte Aufgabe[120]. Zur Klärung soll eine Studie zum Urhebervertragsrecht beitragen, die im Herbst 2000 ausgeschrieben wurde. Es war deshalb auch weder im Grünbuch 1988 noch im darauffolgenden Arbeitsprogramm 1990 als zu bearbeitendes Gebiet aufgeführt. Inzwischen finden sich jedoch einige **punktuelle Regelungen** vertragsrechtlicher Fragen in vier der bisher fünf verabschiedeten Richtlinien sowie im Gemeinsamen Standpunkt zur Folgerecht-RL. Auch im Grünbuch Informationsgesellschaft wurden einzelne vertragsrechtliche Fragen an die interessierten Kreise gestellt, etwa diejenige, ob die freie Rechtswahl insbes im Zusammenhang mit der Online-Übertragung erhalten oder eingeschränkt werden soll[121], oder vertragsrechtliche Fragen im Zusammenhang mit dem Urheberpersönlichkeitsrecht sowie Fragen zum Erwerb und zur Wahrnehmung von Rechten insbes bei der Schaffung von Multimedia-Werken[122]. In den Initiativen zum Grünbuch Informationsgesellschaft kommt die Kommission zu dem Schluss, dass derzeit **keine**

[119] Vgl dazu auch *Dietz*, Das primäre Urhebervertragsrecht in der Bundesrepublik Deutschland und in den anderen Mitgliedstaaten der Europäischen Gemeinschaft. Legislatorischer Befund und Reformüberlegungen (1984); *Ellins*, Copyright Law 280ff; *v Lewinski*, Vertragsrecht in *Schricker*, Konturen 49.

[120] Siehe *v Lewinski* Allgemeiner Teil – 1. Kapitel Einleitung Rz 13ff.

[121] Grünbuch Informationsgesellschaft 67f (Fragen 2 bis 5).

[122] Grünbuch Informationsgesellschaft 69ff (78).

Harmonisierungsmaßnahmen betreffend das anwendbare Recht, das Urheberpersönlichkeitsrecht und das Vertragsrecht bei der Schaffung von Multimedia-Werken angezeigt seien; für den letztgenannten Bereich einschließlich des Rechts der Verwertungsgesellschaften könnten sich allerdings Initiativen auf Gemeinschaftsebene bald als notwendig erweisen.

76 Ein kurzer Blick in die urhebervertragsrechtlichen Regelungen der Mitgliedstaaten ergibt ein von Kontrasten geprägtes Bild. So stehen einzelne Länder mit einem gut ausgebauten allgemeinen und besonderen Urhebervertragsrecht einschließlich einiger Urheberschutzvorschriften, wie insbes Frankreich und Spanien, anderen Ländern gegenüber, die entweder nur rudimentäre Vorschriften in diesem Bereich vorsehen oder denen der Gedanke eines Urhebervertragsrechts völlig fremd ist, da ein Eingriff des Gesetzgebers in den als unantastbar angesehenen Grundsatz der **Vertragsfreiheit** (*freedom of contract*) nachgerade undenkbar erscheint, wie dies etwa für das Vereinigte Königreich und Irland zutrifft[123].

2. *Software-RL*

77 Art 2 Abs 3 Software-RL betrifft die Schaffung von Computerprogrammen durch Arbeitnehmer. Obwohl diese Bestimmung unter der Artikelüberschrift „Urheberschaft am Programm" steht, regelt sie in meinen Augen nicht die Urheberschaft, sondern ist eine widerlegliche, gesetzliche Vermutung der Berechtigung des Arbeitgebers zur Rechtsausübung, ähnlich einer gesetzlichen Übertragungsvermutung. Soweit Mitgliedstaaten diese Bestimmung durch die Zuerkennung der Urheberschaft an den Arbeitgeber oder auch nur durch eine unwiderlegliche Vermutung, eine Fiktion in nationales Recht umgesetzt haben, dürfte dies mit Art 2 Abs 3 der Richtlinie nicht vereinbar sein[124].

78 Im Einzelnen kann man sich fragen, ob der Begriff „wirtschaftliche Rechte" nur die ausschließlichen Rechte des Urhebers, oder auch eventuelle gesetzliche Vergütungsansprüche umfasst; hier bestehen sicher gute Gründe, die Ausübungsvermutung auf die ausschließlichen Rechte des Urhebers zu beschränken[125]. Auch könnte man sich fragen, ob der Ausdruck „Ausübung" der Rechte mit Absicht dem sonst üblichen Ausdruck „Übertragung" (oder nach deutschem Recht „Einräumung") der Rechte vorgezogen wurde. Wenn eine Vermutung der Berechtigung zur Rechtsausübung etwas anderes als eine Vermutung der Rechtsübertragung bedeuten soll, so kann man allenfalls an eine die Rechtsstellung des Urhebers weniger beeinträchtigende Lösung denken, etwa an eine Berechtigung des Arbeitgebers zur Ausübung der Rechte für den Urheber, entweder in dessen Namen und für dessen Rechnung oder in eigenem Namen für dessen Rechnung. Allerdings sind dies Überlegungen auf Grund des bloßen Wortlauts, die man angesichts des Zwecks dieser Bestimmung, wie er sich nicht zuletzt aus den

---

[123] Siehe zum Urhebervertragsrecht in Großbritannien, Frankreich, Skandinavien und Spanien die Beiträge von *Cornish*, *v Lewinski*, *Levin/Kur* und *Schlatter/Götz* in *Beier* Urhebervertragsrecht 643ff, 685ff, 725ff und 771ff.

[124] Vgl auch *Walter* Art 2 Rz 22 Software-RL.

[125] Vgl auch *Walter* Art 2 Rz 23 Software-RL.

Beratungen der Mitgliedstaaten ergibt, wohl nicht für die Interpretation dieser Bestimmung heranziehen kann.

Kann man aus dieser arbeitgeberfreundlichen Vermutungsregelung nun eine allgemeine Tendenz ersehen? Sicherlich nicht. Zunächst stellt der Bereich der Computerprogramme ein Sondergebiet dar, in dem die meisten Urheber Arbeitnehmer sein dürften – und dies oft als Miturheber größerer, in ihrer Zusammensetzung wechselnder Gruppen von Programmierern. Darüber hinaus ist es im Allgemeinen sehr gefährlich, bei der Europäischen Rechtsharmonisierung zu schnell auf bestimmte Tendenzen schließen oder bestimmte Regelungen in ihrer Bedeutung verallgemeinern zu wollen. In der Praxis hängt die Ausgestaltung eines Kommissionsvorschlags immer noch maßgeblich von der Person ab, die den Vorschlag entworfen hat; so fand sich zB die Bestimmung des Art 2 Abs 3 Software-RL im Rahmen des RL-Vorschlags über den Rechtsschutz von Datenbanken (der von derselben Person entworfen wurde) wieder. Gerade der Fall der Datenbank-RL hat jedoch gezeigt, dass die Ausgestaltung eines RL-Vorschlags, selbst wenn sie derjenigen einer schon angenommenen Richtlinie folgt, nicht notwendiger Weise in die Richtlinie selbst übernommen wird; so wurde die dem Art 2 Abs 3 Software-RL nachgebildete Bestimmung nicht in den Text der Datenbank-RL selbst übernommen. Von einem allgemeinen Europäischen Rechtsgedanken kann man bei der Vermutung der Berechtigung zur Rechtsausübung zu Gunsten des Arbeitgebers also nicht sprechen; vielmehr hat die Software-Regelung Ausnahmecharakter behalten. **79**

Eine neuartige, die Vertragsfreiheit einschränkende Bestimmung enthält Art 9 Abs 1 Satz 2 Software-RL. Sie bestimmt, dass vertragliche Regelungen, die Art 6 Software-RL (Dekompilierung) oder den Ausnahmen nach Art 5 Abs 2 und 3 Software-RL widersprechen, unwirksam sind. Der Rechtsinhaber kann sich also die Erstellung einer Sicherungskopie, die für die Benutzung des Computerprogramms erforderlich ist, die in Art 5 Abs 3 Software-RL bezeichneten Handlungen sowie die Dekompilierung nach Art 6 Software-RL nicht vertraglich vorbehalten. Damit werden also die dort niedergelegten Beschränkungen der Rechte am Computerprogramm zu Gunsten des berechtigten Nutzers vertragsfest gemacht. Während gemeinhin der gesetzlich durch die Rechte und Schranken festgelegte Inhalt eines Schutzrechts vertraglich ausgeweitet werden kann, verhindert die Software-RL in den genannten Fällen eine solche Überlagerung der gesetzlichen Inhaltsbestimmung der Rechte durch das Vertragsrecht. Dieser Eingriff in die Vertragsfreiheit dürfte insbesondere durch das Ziel, die Interoperabilität zu gewährleisten, gerechtfertigt sein[126]. **80**

3. Vermiet- und Verleih-RL

3.1. Übertragbarkeit

Gemäß Art 2 Abs 4 Vermiet- und Verleih-RL kann das ausschließliche Vermiet- und Verleihrecht **übertragen** oder abgetreten werden bzw Gegenstand vertrag- **81**

---

[126] Siehe dazu auch *Blocher* Art 5 Rz 19f und Art 6 Rz 19 Software-RL sowie *Walter* Art 9 Rz 3 Software-RL.

licher Lizenzen sein. Eine entsprechende Regelung ist in Kapitel II für die verwandten Schutzrechte vorgesehen[127]. Die Bedeutung dieser Vorschrift darf nicht überschätzt werden. Sie wurde vom Rat eingefügt, nachdem einige Mitgliedstaaten offensichtlich befürchtet hatten, dass sich die Unverzichtbarkeit des Beteiligungsanspruches nach Art 4 (Art 3 des ursprünglichen RL-Vorschlags) auch auf die ausschließlichen Rechte beziehen könnte. Art 2 Abs 4 bedeutet also nur eine Klarstellung, die an der bestehenden Rechtslage nichts ändern und nur die **Verkehrsfähigkeit** des Urheberrechts und der verwandten Schutzrechte sicherstellen sollte. Daher ist es auch unerheblich, auf welche Weise die Verkehrsfähigkeit gewährleistet wird. Es kann dies im Weg der Übertragung, der Einräumung von Rechten, der Gewährung vertraglicher Lizenzen oder auf andere Weise auf vertraglicher Basis erfolgen; die Möglichkeit einer gesetzlichen Lizenz räumt Art 2 Abs 4 aber nicht ein. Diese klarstellende Bestimmung hat aber keinen eigenen Regelungsgehalt.

3.2. Übertragungsvermutungen

82 Das System der **Übertragungsvermutungen** in der Vermiet- und Verleih-RL ist nicht ganz übersichtlich geregelt und bedarf daher näherer Erläuterungen[128]. Die Idee, Übertragungsvermutungen vorzusehen, wurde zunächst vom Europäischen Parlament eingebracht und von einigen Mitgliedstaaten in der Rats-Arbeitsgruppe unterstützt. Von dem anfänglichen Vorschlag in Bezug auf ausübende Künstler im Filmbereich ausgehend entwickelte sich im Lauf der Diskussionen ein kompliziertes, abschließend geregeltes Gesamtsystem von zwingenden oder auch nur möglichen Übertragungsvermutungen nicht nur in Bezug auf das Vermietrecht, sondern auch auf die verwandten Schutzrechte des zweiten Kapitels.

83 Was das **Vermietrecht** anlangt, ist zunächst zwischen Urhebern und **ausübenden Künstlern** zu unterscheiden. Für ausübende Künstler besteht eine zwingende Übertragungsvermutung bei Abschluß eines Vertrags mit einem Filmproduzenten über eine Filmproduktion. Die Richtlinie bietet in Art 2 Abs 5 und Art 2 Abs 7 **zwei** verschiedene **Modelle** an, wobei zu berücksichtigen ist, dass das zweite Modell nur auf den besonderen Wunsch eines bestimmten Mitgliedstaats hin aufgenommen wurde, der eine insgesamt ausgewogene nationale Regelung des Verhältnisses zwischen ausübenden Künstlern und Filmproduzenten hat, so dass diese Möglichkeit auch nur von diesem Mitgliedstaat in Anspruch genommen werden sollte. Die Übertragungsvermutung in Bezug auf das Vermietrecht ist nach beiden Modellen mit **zwei Schutzelementen** versehen, welche die mit einer Übertragungsvermutung für den Künstler verbundenen Nachteile in Grenzen halten sollen: So ist Art 2 Abs 5 als widerlegliche Vermutung ausgestaltet und steht unter dem Vorbehalt des unverzichtbaren Rechts auf angemessene Vergütung gemäß Art 4. Bei dem Modell des Art 2 Abs 7 ist statt der Widerleglichkeit

[127] Art 7 Abs 2 und 9 Abs 2; das Fehlen einer entsprechenden Bestimmung in Art 6 und 8 führt nicht zu einem *e contrario* Schluss (siehe *v Lewinski* Art 2 Rz 29 Vermiet- und Verleih-RL).

[128] Siehe dazu auch *v Lewinski* Art 2 Rz 30ff und Art 10 Rz 9ff Vermiet- und Verleih-RL.

das Schutzelement der Schriftform vorgesehen; im Übrigen besteht auch hier der unverzichtbare Anspruch auf eine angemessene Vergütung aus Art 4.

Eine Übertragungsvermutung in Bezug auf **Urheber** ist nicht zwingend vorgeschrieben. Art 2 Abs 6 eröffnet den Mitgliedstaaten jedoch die Möglichkeit, eine solche vorzusehen. Da es sich um eine abschließende Regelung handelt, dürfen die Mitgliedstaaten, die von dieser Möglichkeit Gebrauch machen, allerdings nur die in Art 2 Abs 6 vorgesehene Vermutung vorsehen – also nur eine die Kriterien des Abs 5 erfüllende Vermutung. Für andere als Filmproduktionsverträge kann also keine Übertragungsvermutung vorgesehen werden; im Übrigen muss eine solche widerleglich und mit einem unverzichtbaren Anspruch auf eine angemessene Vergütung verbunden sein (Art 4).

Obwohl das **Verleihrecht** vom Wortlaut dieser Übertragungsvermutungen nicht erfasst ist, erscheint es vor dem Hintergrund der Beratungen angebracht, sie auch auf das ausschließliche Verleihrecht (soweit ein solches vorgesehen wird) anzuwenden; in diesem Fall muss das „Gesamtpaket" angewendet werden, dh dass auch Art 4, auf den in den Übertragungsvermutungen verwiesen wird, auf das Verleihrecht anzuwenden wäre[129].

In Bezug auf die Rechte der **ausübenden Künstler** nach Kapitel II besteht keine zwingende Übertragungsvermutung. Die Mitgliedstaaten haben aber die Möglichkeit, eine solche vorzusehen, allerdings nur unter den in der Richtlinie festgelegten Bedingungen. Das Modell des Art 2 Abs 7 steht nach dessen zweiten Satz zur Verfügung; allerdings wird auch hier davon auszugehen sein, dass es nach der Intention des Europäischen Gesetzgebers auf den Mitgliedstaat beschränkt bleiben sollte, auf dessen Wunsch dieses Modell vorgesehen wurde. Die dem Modell des Art 2 Abs 5 entsprechende Vorschrift findet sich im ErwG 19 erster Halbsatz. Sieht ein Mitgliedstaat also eine Übertragungsvermutung in Bezug auf die Rechte des Künstlers aus Kapitel II vor, so muss diese widerleglich und – zumindest ihrer Intention nach – auch an einen unverzichtbaren Vergütungsanspruch im Sinn des Art 4 gebunden sein[130]. **84**

Der 2. Halbsatz des ErwG 19 hat wohl keine eigenständige Bedeutung. Er stellt einen Kompromiss zwischen den Auffassungen zweier Mitgliedstaaten dar, der im zweiten Halbsatz nicht gelöst, sondern nur verdeckt wurde. Den Hintergrund bildete die Frage, ob eine Übertragungsvermutung auch jenseits von Filmverträgen, also insbes im Bereich der Musik (Verträge mit Rundfunkunternehmen oder Tonträgerproduzenten) vorgesehen werden könne. Während einige Mitgliedstaaten der Meinung waren, dass dies nach dem Rom-Abkommen unzulässig sei, bestritten andere Mitgliedstaaten diesen Standpunkt. Diese ungelöste Frage schlug sich im zweiten Halbsatz nieder, dem daher wohl kein Aussagewert zukommt. Daher bleibt es bei der Regelung des ersten Halbsatzes, der die

---

[129] Im Einzelnen siehe *v Lewinski* Art 2 Rz 43 bis 45 Vermiet- und Verleih-RL.

[130] Die Tatsache, dass hier – anders als in Art 2 Abs 7 Satz 2 – die notwendige „analoge" oder „sinngemäße" Anwendung nicht ausdrücklich erwähnt ist, führt im Hinblick auf Art 4 zu Interpretationsunsicherheiten. Siehe dazu auch *v Lewinski* Art 10 Rz 10 Vermiet- und Verleih-RL.

Siehe dazu *Gaster*, Die neue EU-Richtlinie zum rechtlichen Schutz von Datenbanken, VPP-Rundbrief 1996/4, 107 (110).

Kriterien einer möglichen Übertragungsvermutung abschließend regelt, weshalb diese nur in Bezug auf Filmverträge zulässig ist[131].

Zusammengefasst ergibt sich also folgendes Bild: In Bezug auf das Vermietrecht der Urheber müssen die Mitgliedstaaten keine Übertragungsvermutung vorsehen; entscheiden sie sich dafür, so muss diese an den unverzichtbaren Vergütungsanspruch aus Art 4 gebunden und widerleglich sein; sie darf auch nur Filmproduktionsverträge betreffen. In Bezug auf das Vermietrecht der ausübenden Künstler ist eine Übertragungsvermutung zwingend vorzusehen; sie ist ebenfalls an den Vergütungsanspruch aus Art 4 gebunden und muss entweder widerleglich sein oder die Schriftform vorsehen.

In Bezug auf die in Kapitel II aufgeführten ausschließlichen Rechte der ausübenden Künstler ist eine Übertragungsvermutung zwar nicht vorgeschrieben, aber gleichfalls zulässig – allerdings wiederum nur unter den zuletzt genannten Bedingungen. Die Idee dieser Regelung bestand darin, auf der einen Seite dem Produzenten die Verwertung zu erleichtern, auf der anderen aber einen Ausgleich für die den Künstler benachteiligende Übertragungsvermutung zu gewährleisten, und zwar in Form eines unverzichtbaren Vergütungsanspruchs und entweder der Widerleglichkeit oder der Schriftform. Wenn Art 4 Abs 3 Satelliten- und Kabel-RL im Zusammenhang mit dem Verweis auf die Rechte der ausübenden Künstler nach Art 6, 7 und 8 Vermiet- und Verleih-RL nur auf die Übertragungsvermutung nach Art 2 Abs 7 verweist, so liegt angesichts des Bestrebens der Mitgliedstaaten, eine Regelung in Einklang mit der zuvor verabschiedeten Vermiet- und Verleih-RL zu finden, die Annahme nahe, dass ErwG 19 Vermiet- und Verleih-RL nur übersehen wurde, zumal er sich als Erwägungsgrund nicht im Artikeltext befindet, so dass man ihn in den Verweis des Art 4 Abs 3 Satelliten- und Kabel-RL wohl hineinlesen muss[132].

3.3. Unverzichtbares Recht auf angemessene Vergütung nach Artikel 4

85 Art 4 könnte man als ein Herzstück der Vermiet- und Verleih-RL bezeichnen. Hier wurde der Gedanke verwirklicht, dass die typischerweise schwächere Vertragspartei, dh der Urheber und Künstler, gegenüber dem Verwerter gestärkt werden muss, um das regelmäßig vorhandene Ungleichgewicht in diesem Verhältnis auszugleichen. Einerseits sollte der Produzent weiterhin die Möglichkeit haben, sich das ausschließliche Vermietrecht übertragen zu lassen und über die Verwertung zu entscheiden, jedoch sollte dem Urheber und ausübenden Künstler auf jeden Fall eine **angemessene finanzielle Beteiligung** an den Vermieteinnahmen garantiert werden. Nach der üblichen Vertragspraxis würden Urheber und Künstler oft nur eine Pauschale für alle Verwertungsarten erhalten, so dass man sicher nicht von einer angemessenen, fortlaufenden Vergütung, und dies unter Berücksichtigung der gesamten Schutzdauer, sprechen könnte. Das unverzichtbare Recht auf angemessene Vergütung aus der Vermietung kann als ein selbst nach der Übertragung des ausschließlichen Rechts beim Urheber bzw Künstler zurückbleibender Restbestandteil dieses Rechts angesehen werden.

---

131 Siehe auch *v Lewinski* Art 10 Rz 14f Vermiet- und Verleih-RL.

132 Abweichend aber *Dreier* Art 4 Rz 10f Satellit- und Kabel-RL.

Art 4 lässt den Mitgliedstaaten bei der Umsetzung einen Spielraum. So kann die Lösung in zwingenden Vorschriften des Urhebervertragsrechts liegen. Da aber eine solche Lösung im Rahmen des problematischen Vertragsverhältnisses zwischen Urheber bzw Künstler einerseits und Hersteller anderseits angesiedelt wäre, dürfte diese Lösung wohl dem Zweck des Art 4 am wenigsten gerecht werden. Andere Lösungsmöglichkeiten könnten in einer tarifvertraglichen (kollektivvertraglichen) Regelung liegen, und zwar insbes dann, wenn eine etablierte Praxis tarifvertraglicher Lösungen besteht, wie dies zB in Frankreich der Fall ist, und man von einem Gleichgewicht der Tarifvertragspartner ausgehen kann. In anderen Mitgliedstaaten, in denen starke und gut funktionierende Verwertungsgesellschaften der Urheber und ausübenden Künstler bestehen, wie etwa in Deutschland, bietet sich eine Lösung über einen gesetzlichen Vergütungsanspruch an, der nur durch Verwertungsgesellschaften geltend gemacht werden kann.

Man mag es als ein kleines Wunder bezeichnen, dass dieser Artikel nicht nur im **86**
Richtlinienvorschlag aufschien, sondern auch tatsächlich verabschiedet wurde. Erstaunlich ist allerdings, wie viel Überzeugungsarbeit in diesem Zusammenhang geleistet werden musste, um die Notwendigkeit und Nützlichkeit einer solchen Bestimmung verständlich zu machen, mit welcher freilich zugegebenermaßen sowohl aus nationaler als auch aus Europäischer und internationaler Sicht Neuland betreten wurde. **Urheberschutzvorschriften** scheinen immer noch schwerer durchsetzbar zu sein als verwerterfreundliche Bestimmungen. Ohne kontinuierliche und insistierende Erläuterungen sind solche Bestimmungen kaum durchzusetzen, wobei zum Teil erst ein Problembewusstsein geschaffen werden muss. Schon in die Satelliten- und Kabel-RL sind derartige Gedanken nicht übernommen worden, obwohl dort eine Sicherung angemessener Vergütungseinnahmen für Urheber und ausübende Künstler vor allem aus der Kabelweiterverbreitung, aber auch aus der Satellitensendung sicherlich nötig gewesen wäre. Auch im Zusammenhang mit der demnächst zu erwartenden Info-RL wurde die Problematik nicht einmal diskutiert. Bezeichnend ist auch, dass – dies sei kritisch angemerkt – oft die mangelnde Kompetenz der Europäischen Union ins Treffen geführt wird, wenn eine urheberschützende vertragsrechtliche Regelung verabschiedet werden soll, während sich niemand die Kompetenzfrage stellt, wenn eine verwerterbegünstigende vertragsrechtliche Regelung wie etwa eine Übertragungsvermutung zur Debatte steht.

4. Satelliten- und Kabel-RL

Art 3 Abs 1 und Art 8 dieser Richtlinie seien nur kurz erwähnt, da sie keine **87**
vertragsrechtlichen Vorschriften im eigentlichen Sinne sind, sondern durch das Erfordernis des vertraglichen Rechtserwerbs nur die Möglichkeit der Zwangslizenzen oder gesetzlichen Lizenzen ausschließen wollen[133]. In Bezug auf **Gesamtverträge** zwischen Verwertungsgesellschaften und Sendeunternehmen betreffend Satellitensenderechte erlaubt Art 3 Abs 2 unter bestimmten Voraussetzungen eine Allgemeinverbindlicherklärung für andere als Filmwerke.

---

[133] Vgl dazu *Dreier* Art 3 Rz 1 und 9 Satellit- und Kabel-RL.

88 In Bezug auf das Kabelweiterverbreitungsrecht schreibt Art 9 **Verwertungsgesellschaftenpflicht** vor. Es sei allerdings kritisch angemerkt, dass die Sendeunternehmen nicht nur für ihre eigenen Rechte, sondern auch für die von den Urhebern und verwandten Schutzrechtsinhabern abgeleiteten Rechte nach Art 10 von der Verwertungsgesellschaftenpflicht ausgenommen sind, so dass wohl der überwiegende Teil der Fälle in der Praxis nicht von der Verwertungsgesellschaftenpflicht nach Art 9 erfasst ist[134]. Damit wurde gleichzeitig eine auf der Hand liegende Chance vergeben, den Urhebern und ausübenden Künstlern durch die zwingende Einschaltung von Verwertungsgesellschaften zumindest eine bessere Vergütung zu sichern, als sie im direkten Verhältnis zwischen Urhebern bzw Künstlern und Sendeunternehmen regelmäßig durchgesetzt werden kann. Dieser urheberschützende Aspekt hätte mitberücksichtigt werden können, auch wenn der Hauptzweck der Regelung über die Kabelweiterverbreitung darin bestand, die auf dem ausschließlichen Kabelweiterverbreitungsrecht beruhenden Handelshemmnisse zu beseitigen, die – wie der EuGH in seiner „Coditel I" Entscheidung festgestellt hat – allerdings durch Art 36 EGV (jetzt Art 30 EGV 1997) gerechtfertigt waren. Dies sollte nicht – wie noch im ursprünglichen Vorschlag für die Richtlinie „Fernsehen ohne Grenzen" vorgesehen – durch eine gesetzliche Lizenz, sondern durch eine Verwertungsgesellschaftenpflicht dieses Rechts geschehen.

5. Datenbank-RL

89 Wie bereits erwähnt[135], wurde eine dem Art 2 Abs 3 Software-RL entsprechende, von der Kommission zunächst vorgeschlagene **Vermutung** bezüglich der Rechtsausübung im Hinblick auf in **Arbeitnehmerverhältnissen** geschaffene Datenbanken[136] im Verlauf der Beratungen gestrichen; nach ErwG 29 Datenbank-RL steht die Regelung dieser Frage den Mitgliedstaaten frei. Wenn der zweite Satz dieses Erwägungsgrunds feststellt, dass die Richtlinie die Mitgliedstaaten nicht daran hindert, eine widerlegliche Vermutung nach dem Muster des RL-Vorschlags bzw von Art 2 Abs 3 Software-RL vorzusehen, könnte man daraus sogar schließen, dass eine andere als die ausdrücklich formulierte Vermutung – etwa eine unwiderlegliche Vermutung oder eine sich auch auf die urheberpersönlichkeitsrechtlichen Befugnisse beziehende Vermutung – nicht zulässig wäre; allerdings lässt Satz 1 jegliche Regelung zu.

90 Eine dem Art 9 Abs 1 Satz 2 Software-RL vergleichbare[137] Bestimmung vertragsrechtlicher Art findet sich in den Art 6 Abs 1 und 8 iVm Art 15 Datenbank-RL. Sie soll bestimmte **Ausnahmen** von den zustimmungsbedürftigen Handlungen bzw dem gesetzlichen **Schutzumfang** des *sui generis* Rechts im Verhältnis zwischen dem Inhaber des Urheberrechts bzw *sui generis* Rechts einerseits und dem rechtmäßigen Benutzer andererseits **vertragsfest** machen. Dem Rechtsinhaber soll es insoweit also nicht möglich sein, den Inhalt seines ausschließlichen Rechts

---

[134] Vgl dazu *Dreier* Art 9 Rz 2ff Satellit- und Kabel-RL.
[135] Siehe oben Rz 79.
[136] Siehe dazu *v Lewinski* Art 4 Rz 9f Datenbank-RL.
[137] Siehe *v Lewinski* Art 6 Rz 13ff Datenbank-RL.

im Weg vertraglicher Vereinbarungen zu erweitern. Rechtmäßiger Benutzer ist dabei jeder, der die Datenbank mit Zustimmung des Rechtsinhabers benutzt, sei es auf Grund eines Lizenzvertrages unmittelbar mit dem Rechtsinhaber, auf Grund eines Sublizenzvertrags mit einem Dritten oder anderweitig[138]. Nach Art 6 Abs 1 erstreckt sich das *ius cogens* nur auf den Zugang zum Datenbankinhalt und die normale Benutzung; nach Art 8 Abs 1 kann der Schutz des *sui generis* Rechts vertraglich nicht auf die Entnahme bzw Weiterverwendung unwesentlicher Teile des Inhalts der Datenbank erstreckt werden.

Der Hauptgrund für die Einführung der vertragsrechtlichen Bestimmung nach Art 15 iVm Art 6 Abs 1 und 8 Datenbank-RL lag zunächst in der sehr starken Ausgestaltung des *sui generis* Rechts, die durch eine Absicherung der Interessen der rechtmäßigen Benutzer ausgeglichen werden sollte; dieser Gedanke wurde dann für das Urheberrecht übernommen. Im Gegenzug zum *ius cogens* im Fall von Art 8 Abs 1 zu Gunsten des rechtmäßigen Benutzers wurden auch diesem gegenüber dem Datenbankhersteller und den Inhabern von Urheberrechten oder verwandten Schutzrechten am Datenbankinhalt bestimmte Pflichten auferlegt, von denen gemäß Art 15 nicht abgewichen werden darf. Insbes darf der rechtmäßige Benutzer keine Handlungen vornehmen, welche die normale Nutzung der Datenbank beeinträchtigen oder die berechtigten Interessen des Herstellers unzumutbar verletzen; auch den Rechtsinhabern am Inhalt der Datenbank darf er keinen Schaden zufügen.

6. Resumée

Aus den einzelnen vertragsrechtlichen Regelungen der bisherigen Richtlinien **91**
lässt sich kaum ein übergreifender Gedanke oder eine eindeutige Tendenz ableiten. Ein einheitliches Europäisches Urhebervertragsrecht dürfte in naher Zukunft schon angesichts der Probleme, die Kompetenz zu begründen[139] nicht zu erwarten sein. In Bezug auf einzelne Regelungen, wie sie in den bisherigen Richtlinien enthalten sind, besteht sicher ein Spielraum, der es weitgehend den Mitgliedstaaten überlässt, ob sie die notwendige und mögliche Beseitigung von Handelshemmnissen und damit die Kompetenz der Europäischen Union annehmen oder nicht. Dass eine gewisse Neigung dahingehend zu bestehen scheint, die Kompetenz eher für verwerterfreundliche als für urheberfreundliche Regelungen anzunehmen, wurde schon angemerkt[140].

IX. Kapitel Internationales Urheberrecht

(Bearbeiter: Walter)

1. Materialien

Vorschlag für eine Entscheidung des Rates über den Beitritt der Mitgliedstaaten zur Berner Übereinkunft zum Schutz von Werken der Literatur und Kunst revidiert in Paris am 24.07.1971 und zum Internationalen Abkommen über den Schutz der ausübenden

---

[138] Siehe *v Lewinski* Art 6 Rz 5 bis 9 Datenbank-RL.

[139] Siehe oben Rz 75.

[140] Oben Rz 86 und *v Lewinski* Art 4 Rz 3 Vermiet- und Verleih-RL.

Künstler, der Hersteller von Tonträgern und der Sendeunternehmen vom 26.10.1961 vom 11. Januar 1991 KOM (90) 582 endg ABl C 24 vom 31.01.1991, 5[141]

Stellungnahme des Wirtschafts- und Sozialausschusses vom 3. Juli 1991 CES 875/1991 ABl C 269 vom 14.10.1991, 53

Empfehlung für die Erste Lesung des Europäischen Parlaments vom 29. Oktober 1991 A3-292/1991 PE 151.271 ABl C 342 vom 16.12.1991, 7

Stellungnahme des Europäischen Parlaments vom 20. November 1991 (Erste Lesung) R3-292/1991 ABl C 326 vom 16.12.1991, 58 und 107

Geänderter Vorschlag für eine Entscheidung des Rates über den Beitritt der Mitgliedstaaten zur Berner Übereinkunft zum Schutz von Werken der Literatur und Kunst revidiert in Paris am 24.07.1971 und zum Internationalen Abkommen über den Schutz der ausübenden Künstler, der Hersteller von Tonträgern und der Sendeunternehmen KOM/92/10 endg SYN 318 ABl C 57 vom 04.03.1992, 13

Stellungnahme der Kommission vom 10. November 1993 KOM (1993) 570

Empfehlung für die Zweite Lesung des Europäischen Parlaments vom 23. November 1993 A3-364/1993 PE 207.257 ABl C 342 vom 20.12.1993, 2

Stellungnahme des Europäischen Parlaments vom 2. Dezember 1993 (Zweite Lesung) R3-364/1993 ABl C 342 vom 20.12.1993, 15 und 30

Rückziehung des Vorschlag durch die Kommission vom 21. November 1996 ABl C 2 vom 04.01.1997, 2

Vorschlag für eine Entscheidung des Rates für eine Genehmigung der Europäischen Konvention über urheber- und leistungsschutzrechtliche Fragen im Bereich des grenzüberschreitenden Satellitenrundfunks vom KOM/96/06 endg vom 31. Januar 1996 ABl C 164 vom 07.06.1996, 10

Empfehlung für die Stellungnahme des Europäischen Parlaments vom 25. Juni 1996 A4-215/1996 PE 213.535 ABl C 211 vom 22.07.1996, 3

Stellungnahme des Europäischen Parlaments vom 17. September 1996 R4-215/1996 ABl C 320 vom 28.10.1996, 20 und 35

Vorschlag für eine Entscheidung des Rates betreffend die Ratifizierung des WIPO-Urheberrechtsvertrags und des WIPO-Vertrags über Darbietungen und Tonträger im Namen der Europäischen Gemeinschaft vom 24. April 1998 KOM (1998) 249 ABl C 165 vom 30.05.1998, 8

Geänderter Vorschlag für eine Entscheidung des Rates vom 4. Oktober 1991 CSL 11221/1999

Empfehlung für die Stellungnahme des Europäischen Parlaments vom 10. Januar 2000 A5-8/2000 PE 232.605

Stellungnahme (Zustimmung) des Europäischen Parlaments vom 16. Februar 2000 R5-51/2000

2. Rechtsakte

Entschließung des Rates 92/C 138/01vom 14.05.1992 im Hinblick auf einen verstärkten Schutz des Urheberrechts und der Leistungsschutzrechte ABl C 138 vom 28.05.1992, 1

Entscheidung des Rates betreffend die Ratifizierung des WIPO-Urheberrechtsvertrags und des WIPO-Vertrags über Darbietungen und Tonträger im Namen der Europäischen Gemeinschaft vom 16. März 2000 2000D0278 ABl L 89 vom 11.04.2000, 6

---

141 GRUR Int 1991, 355 (mit Begründung).

3. Kurzkommentar

92 Eine Harmonisierung des **Fremdenrechts** der Mitgliedstaaten erfolgte bisher nicht[142]. Dagegen wurde schon früh erwogen, die Mitgliedstaaten zum Beitritt zur RBÜ 1967/71 und zum Rom-Abkommen zu verpflichten. Zu diesem Zweck hatte die Kommission eine verbindliche Ratsentscheidung vorgeschlagen. Da sich **Entscheidungen des Rats** nicht nur an Unionsbürger, sondern auch an Mitgliedstaaten richten können, war dies für eine verbindliche Regelung auch der richtige Weg[143]. Nach Art 1 dieses Vorschlags hätten die Mitgliedsstaaten die beiden Abkommen bis zum 31. Dezember 1992 ratifizieren bzw diesen beitreten und deren Bestimmungen anwenden sollen. Im Hinblick auf die in den Abkommen enthaltenen Mindestschutzvorschriften sollte damit ein erster Schritt zur Harmonisierung der urheber- und leistungsschutzrechtlichen Bestimmungen gesetzt und ein Beitrag zur Pirateriebekämpfung geleistet werden. Zwar gehörten die meisten Mitgliedstaaten der Berner Übereinkunft an, doch traf dies für das Rom-Abkommen nicht gleichermaßen zu. Auch war die Berner Übereinkunft nicht für alle Mitgliedstaaten in ihrer letzten Fassung Stockholm/Paris 1967/71 anwendbar. Aus verschiedenen Gründen wurde diese Ratsentscheidung jedoch nicht verabschiedet, und wurde der Vorschlag am 21. November 1996 zurückgezogen.

93 Noch vor Erlassung der Vermiet- und Verleih-RL, mit welcher die vier Europäischen Leistungsschutzrechte weitgehend harmonisiert wurden, hat der Rat jedoch am 14. Mai 1992 eine **Entschließung** gefasst, wonach zur Kenntnis genommen wird, dass sich die Mitgliedstaaten der Gemeinschaft unter Wahrung ihrer jeweiligen Verfassungsvorschriften verpflichten, vor dem 1. Januar 1995 Vertragsparteien der Pariser Fassung der Berner Übereinkunft sowie des Rom-Abkommens zu werden, wenn sie dies nicht bereits sind. Weiters haben sich die Mitgliedstaaten zur tatsächlichen Einhaltung der in diesen Abkommen enthaltenen Vorschriften in ihrer innerstaatlichen Rechtsordnung verpflichtet (Punkt 1). Darüber hinaus vertritt der Rat in dieser Entschließung die Ansicht, dass es im Interesse der Berechtigten in der Gemeinschaft ist, Drittländer zur Ratifizierung zu verhalten, und ersucht die Kommission, hierauf hinzuwirken (Punkt 2). Während diese Entschließung ungeachtet des darin enthaltenen Hinweises auf die Selbstverpflichtung der Mitgliedstaaten nicht verbindlich ist, wurden die Vertragsparteien des **EWR-Abkommens** schließlich dazu verpflichtet, vor dem 1. Januar 1995 der RBÜ 1967/71 und dem Rom-Abkommen beizutreten und die materiellen Bestimmungen in ihr innerstaatliches Recht zu übernehmen (Protokoll 28 Art 5 Abs 1 lit b und c und Abs 3). Darüber hinaus wird die erwähnte Entschließung des Rats vom 14. Mai 1992 betreffend den Beitritt zum Rom-Abkommen und zur Berner Konvention zur Kenntnis genommen.

Am 30. Juli 1999 hat die Kommission beim EuGH gegen **Irland** und **Portugal** eine Klagsführung wegen nicht rechtzeitig erfolgter Ratifizierung der Pariser Fassung der RBÜ 1967/71 durch Irland bzw des Rom-Abkommens durch Portugal beschlossen.

---

[142] Dazu und zu Ausnahmen (Schutzfristenvergleich) siehe *Walter* Art 7 Rz 3ff und 19ff Schutzdauer-RL.

[143] Vgl *v Lewinski* Allgemeiner Teil – 1. Kapitel Einleitung Rz 20.

94 Schließlich sehen auch die mit mittel- und osteuropäischen Staaten abgeschlossenen **Assoziierungsabkommen** die Verpflichtung zum Beitritt zur RBÜ 1967/71 und zum Rom-Abkommen innerhalb von fünf Jahren seit Inkrafttreten des jeweiligen Abkommens vor[144].

95 Im Hinblick auf die Bedeutung des nationalen Fremdenrechts und des internationalen Urheber- und Leistungsschutzrechts für einen einheitlichen Schutz und dessen Dauer enthält Art 7 Schutzdauer-RL weiters Vorschriften betreffend den Schutz im Verhältnis zu Drittländern. Diese Vorschriften beziehen sich insbes auf den **Schutzfristenvergleich**. Insoweit sei auf die Kommentierung des Art 7 Schutzdauer-RL verwiesen.

96 Eine teilweise Harmonisierung des nationalen **Fremdenrechts** erfolgte allerdings indirekt durch das **Diskriminierungsverbot** nach Art 12 EGV 1997 (früher Art 6) in seiner Auslegung durch die *Phil Collins* Entscheidung des EuGH. Dazu sei auf die Ausführungen im Allgemeinen Teil – 2. Kapitel Diskriminierungsverbot verwiesen.

X. Kapitel Ausblick

(Bearbeiter: Walter)

Übersicht

1. Urheberpersönlichkeitsrecht

97 Das Urheberpersönlichkeitsrecht (*droit moral*) war bisher nicht Gegenstand von Harmonisierungsmaßnahmen. Im Gegenteil, im Hinblick auf die zum Teil sehr unterschiedlichen Konzeptionen der Gesetzgebungen der Mitgliedstaaten wurde das Urheberpersönlichkeitsrecht in den bisherigen Richtlinien vielmehr ausdrücklich ausgespart. So enthielt schon die Software-RL keine diesbezüglichen Vorschriften und regelt auch die Rechtsinhaberschaft an Dienstnehmerprogrammen ausdrücklich nur in Bezug auf die „wirtschaftlichen Rechte" (Art 2 Abs 3). Dies gilt für die **Vermiet- und Verleih-RL** entsprechend. Zwar hatte das Europäische Parlament zunächst vorgeschlagen, dem Vermieter (Mieter) und Verleiher (Ausleiher) zu untersagen, an den gemieteten (entliehenen) Werken Änderungen, Schnitte oder Hinzufügungen vorzunehmen (Grundsatz der Werkintegrität), und war diese Anregung von der Kommission auch übernommen worden (Art 4a geänderter RL-Vorschlag), doch hielten die Mitgliedstaaten dies

[144] Vgl dazu *v Lewinski* Allgemeiner Teil – 1. Kapitel Einleitung Rz 67.

nicht für erforderlich, zumal sich dies aus den nationalen Regelungen ergebe[145]. Auch die **Satelliten- und Kabel-RL** regelt den Schutz geistiger Interessen des Urhebers nicht, was insbes im Hinblick auf die „Sendelandtheorie" auch zu einer Beeinträchtigung urheberpersönlichkeitsrechtlicher Interessen im Empfangsland führen kann, geht man nicht davon aus, dass im Hinblick auf die Abstinenz des Richtliniengebers insoweit die allgemeinen Vorschriften anwendbar bleiben[146]. ErwG 28 hält dazu ganz allgemein fest, dass die Ausübung des Urheberpersönlichkeitsrechts vom Regelungsbereich der Richtlinie nicht erfasst wird. Hieran anknüpfend bestimmt auch Art 9 **Schutzdauer-RL** ausdrücklich, dass die Bestimmungen der Mitgliedstaaten zur Regelung der Urheberpersönlichkeitsrechte unberührt bleiben. ErwG 28 **Datenbank-RL** schließlich verweist in Bezug auf die Urheberpersönlichkeitsrechte und deren Ausübung ausdrücklich auf die Bestimmungen der Berner Übereinkunft und hält gleichfalls fest, dass sie außerhalb des Anwendungsbereichs der Richtlinie bleiben[147].

Davon abgesehen weisen die bisher erlassenen Richtlinien nur einige wenige rudimentäre urheberpersönlichkeitsrechtliche Ansätze auf. So behält Art 4 lit b **98**
Software-RL dem Programmurheber neben dem Übersetzungsrecht auch das Recht vor, die Bearbeitung, das Arrangement und andere **Umarbeitungen** eines Computerprogramms sowie die Vervielfältigung der erzielten Ergebnisse zu gestatten (oder zu verbieten)[148]. Versteht man unter „sonstigen Umarbeitungen" Änderungen, die selbst nicht originell, also keine Bearbeitungen sind, liegt in der Gewährung des Umarbeitungsrechts zumindest ansatzweise ein **Änderungsverbot**. Das Gesagte gilt für Art 5 lit b Datenbank-RL entsprechend[149].

Ansätze für ein Recht auf Anbringung einer **Urheberbezeichnung** finden sich in **99**
Art 5 Abs 3 **Info-RL**. Bei einigen der fakultativ vorgesehen Schrankenregelungen (Unterrichtszwecke, Presseberichte, Berichterstattung über Tagesereignisse, Zitatrecht und politische Reden) wird als weitere Voraussetzung der Zulässigkeit solcher Nutzungen die Quellenangabe, einschließlich des Namens des Urhebers vorgeschrieben, was auf Vorschläge des Europäischen Parlaments zurückzuführen ist. Damit wird das Recht des Urhebers auf Anbringung der Urheberbezeichnung (Namensnennung) zumindest für einzelne freie Nutzungen festgeschrieben. Davon abgesehen hält auch ErwG 19 des Gemeinsamen Standpunkts ausdrücklich fest, dass die Urheberpersönlichkeitsrechte der Rechtsinhaber nach der Gesetzgebung der Mitgliedstaaten und den Vorschriften der Berner Übereinkunft bzw des WCT und des WPPT ausgeübt werden sollen, jedoch außerhalb des Anwendungsbereichs der Info-RL bleiben.

Allerdings garantiert Art 6bis RBÜ 1967/71, der den Schutz des Urheberpersön- **100**
lichkeitsrechts als Mindestschutzrecht der **Berner Übereinkunft** festschreibt, für

[145] Vgl dazu *v Lewinski* Vor Art 1 Entstehungsgeschichte – Allgemeine Erwägungsgründe Rz 8 Vermiet- und Verleih-RL
[146] Vgl dazu *Dreier* Art 1 Rz 9 Satelliten- und Kabel-RL.
[147] Vgl *v Lewinski* Art 5 Rz 6 Datenbank-RL.
[148] Vgl *Blocher* Art 4 Rz 21 Software-RL.
[149] Vgl *v Lewinski* Art 5 Rz 10 Datenbank-RL.

eine gewisse Harmonisierung, wobei nach Abs 2 der Schutz nach dem Tod des Urhebers zumindest für die Dauer der Verwertungsrechte zu garantieren ist. Damit wirkt sich die Harmonisierung der Schutzdauer indirekt auch auf die Urheberpersönlichkeitsrechte aus.

101 Die Zurückhaltung des Europäischen Richtliniengebers in Bezug auf das Urheberpersönlichkeitsrecht ist mit den sehr unterschiedlichen **Rechtstraditionen** der Mitgliedsländer zu erklären, die in Bezug auf Inhalt, Rechtsnatur, Dauer und Unverzichtbarkeit des Urheberpersönlichkeitsrechts bestehen[150]. Einige Mitgliedstaaten – wie etwa Großbritannien – kennen nur einen recht rudimentären Schutz des Urheberpersönlichkeitsrechts, während andere ein umfassendes und ewiges *droit moral* gewähren. Große Unterschiede der nationalen Regelungen bestehen auch im leistungsschutzrechtlichen Bereich. Allerdings wird das *droit moral* der ausübenden Künstler jetzt in Art 5 WPPT auf internationaler Ebene vorgegeben.

Die Harmonisierung auch des Urheberpersönlichkeitsrechts wird allerdings auch dadurch nicht erleichtert, dass immer mehr Schutzgegenstände in das Urheberrecht einbezogen werden, die mit dem klassischen Anliegen des Schutzes von literarischen und künstlerischen Werken wenig zu tun haben wie Computerprogramme oder Datenbanken, was eine **Differenzierung** erforderlich machen wird[151]. Wenn es auch aus pragmatischer Sicht verständlich sein mag, im Hinblick auf die unterschiedlichen Auffassungen der Mitgliedsländer kurzfristig auf eine Harmonisierung des Urheberpersönlichkeitsrechts zu verzichten, darf dieses Harmonisierungsanliegen jedoch nicht aus den Augen verloren werden, soll das *droit moral* nicht Gefahr laufen, an den Rand der urheberrechtlichen Entwicklung gedrängt zu werden, wovor *Dietz* – auch im Hinblick auf den Ausschluss des Urheberpersönlichkeitsrechts aus dem TRIPs-Abkommen (Art 9 Abs 1) – zu Recht warnt[152].

In den **Initiativen zum Grünbuch Informationsgesellschaft** erkannte die Kommission auch die Notwendigkeit einer Stärkung bzw einer Einführung urheberpersönlichkeitsrechtlicher Befugnisse, insbes im Hinblick auf die neuen technologischen Möglichkeiten einer Veränderung von Schutzgegenständen durch eine Vielzahl von Nutzern, wobei auch eine zunehmende Binnenmarktrelevanz geortet wurde. Die Kommission ist jedoch der Meinung, dass zunächst die Marktentwicklung beobachtet werden soll[153].

---

[150] Vgl dazu ausführlich *Dietz*, Urheberrecht in der Europäischen Gemeinschaft 104ff. Siehe auch *Doutrelepont*, Le droit moral de l'auteur et le droit communautaire (1997) ; *Doutrelepont,* Das droit moral in der Europäischen Union, GRUR Int 1997, 293 (304); *Ellins*, Copyright Law 286ff. Vgl auch *Walter* Art 9 Schutzdauer-RL.

[151] Vgl *Dietz*, Urheberpersönlichkeitsrechte vor dem Hintergrund der Harmonisierungspläne der EG-Kommission, ZUM 1993, 309.

[152] *Dietz*, Die Schutzdauer-Richtlinie der EU, GRUR Int 1995, 670 (677). Siehe dazu auch *Ginsburg*, Die Rolle des nationalen Urheberrechts im Zeitalter der internationalen Urheberrechtsabkommen, GRUR Int 2000, 97 (105 und 109).

[153] Vgl *v Lewinski* Rz 28 Info-RL.

2. Rechtewahrnehmung und Rechtserwerb

Was die Problematik der Rechtewahrnehmung und des Rechtserwerbs anlangt, ist die Kommission schon in den Initiativen zum Grünbuch Informationsgesellschaft davon ausgegangen, dass es keiner besonderen Regelungen auf Gemeinschaftsebene bedarf, um vor allem die bei der Schaffung von **Multimediaprodukten** auftretenden Probleme des Rechtserwerbs zu regeln; dieser könne vielmehr dem Markt überlassen werden. In den Stellungnahmen war allerdings hervorgehoben worden, dass die Schaffung zentraler Anlaufstellen im Hinblick auf die Vielzahl der zu erwerbenden Rechte wünschenswert wäre. Insoweit sind in den verschiedenen Mitgliedstaaten auch bereits Pilotprojekte und Initiativen auf dem Weg, wobei die Problematik des Rechtserwerbs unter dem Stichwort *One-Stop-Shop* erörtert wird. **102**

Insbes im Hinblick auf die in weiten Bereichen im Weg der **kollektiven Rechtewahrnehmung** durch Verwertungsgesellschaften bestehenden Möglichkeiten, sah die Kommission bisher keine Veranlassung einer besonderen Regulierung. Was die Rahmenbedingungen für die Tätigkeit von Verwertungsgesellschaften anlangt, erscheint eine Harmonisierung der organisatorischen Vorschriften aber ebenso angezeigt wie eine Festlegung der Rechte und Pflichten von Verwertungsgesellschaften und deren Kontrolle durch geeignete Einrichtungen unter Berücksichtigung der Binnenmarkt- und Wettbewerbsbestimmungen des EGV[154]. Dabei werden freilich auch die besonderen Gegebenheiten im kulturellen Bereich zu berücksichtigen sein, und dürfen kartellrechtliche Vorschriften nur mit den erforderlichen Modifikationen Anwendung finden. Wenngleich eine Missbrauchsaufsicht in geeigneter Form gewährleistet werden muss, darf dabei nicht übersehen werden, dass Verwertungsgesellschaften mit sonstigen Monopolgesellschaften im kommerziellen Wirtschaftsleben nicht vergleichbar sind, und sie letztlich nicht nur den Interessen der Urheber und Leistungsschutzberechtigten dienen, sondern auch im wohlverstandenen Interesse der Nutzer tätig sind. **103**

Die Kommission dürfte eine Regelung des Verwertungsgesellschaftenwesens in jüngerer Zeit doch in Erwägung ziehen. Am 23. September 2000 wurde ein Fragenkatalog versandt; am 13. und 14. November 2000 hat dazu bereits eine Anhörung der beteiligten Kreise stattgefunden.

3. Ausbau der Leistungsschutzrechte

Was den Inhalt der vier Europäischen Leistungsschutzrechte anlangt, ist vor allem mit der Vermiet- und Verleih-RL eine weitgehende Harmonisierung gelungen. Allerdings ist zu Recht ein inhaltlicher **Ausbau** der Leistungsschutzrechte vermisst worden, und geht der Europäische Schutzstandard nur unwesentlich über denjenigen des Rom-Abkommens bzw des TRIPs-Abkommens hinaus. Allerdings wird der auf internationaler Ebene nicht zwingend bzw unter Zulassung zahlreicher Ausnahmen vorgesehene Vergütungsanspruch für die „Zweithandverwertung von Industrietonträgern“ in der Vermiet- und Verleih-RL obligatorisch vorgesehen, was einen wesentlichen Fortschritt darstellt. In anderer Hinsicht sind die Leistungsschutzrechte aber noch ausbaufähig. **104**

---

[154] Vgl dazu *Dillenz* Allgemeiner Teil – 4. Kapitel Verwertungsgesellschaften Rz 28ff.

105 Diskutiert wurde dies bisher vor allem im Zusammenhang mit Mehrkanaldiensten. Insoweit wurde schon in den Initiativen zum Grünbuch Informationsgesellschaft erwogen, insbes Tonträgerherstellern und ausübenden Künstlern ein **ausschließliches Senderecht** einzuräumen. Es sollte jedoch noch die weitere Entwicklung abgewartet und beobachtet werden. Die Beschränkung der Leistungsschutzberechtigten auf einen bloßen Vergütungsanspruch, wenn die Sendung mit Hilfe von – rechtmäßig hergestellten – Ton- oder Bildtonträgern erfolgt, erscheint aber ganz allgemein eines Überdenkens wert. Dies vor dem Hintergrund der zunehmend kommerzielleren Rundfunklandschaft in Europa und im Hinblick auf die Möglichkeiten des „Internet-Radios".

Wie bereits erwähnt, erscheinen die Leistungsschutzrechte inhaltlich auch in anderen Punkten ausbaufähig und ausbaubedürftig, was auch für den Schutz persönlichkeitsrechtlicher Anliegen gilt, zumal diese jetzt auch im WPPT angesprochen werden. Eine Harmonisierung auch **persönlichkeitsrechtlicher Aspekte** des Leistungsschutzes erschiene insoweit auf Europäischer Ebene deshalb sogar leichter als im Kernbereich des Urheberrechts, weil in vielen Mitgliedstaaten der Leistungsschutz erst das Ergebnis einer jüngerer Entwicklung ist, weshalb die traditionellen nationalen Konzepte einander noch nicht gleichermaßen „unversöhnlich" gegenüberstehen.

106 Ein weiteres Harmonisierungsdefizit betrifft auch den auf Europäischer Ebene bisher nicht harmonisierten Schutz **einfacher Lichtbilder**. Zwar bleibt dieser dem Gesetzgeber der Mitgliedsstaaten nach Art 6 Schutzdauer-RL ausdrücklich vorbehalten, doch erschiene eine Harmonisierung auch dieses Bereichs begrüßenswert, zumal der Lichtbildschutz – sofern er vorgesehen ist – unterschiedlichen Konzepten folgt und in der Praxis eine große Rolle spielt.

4. Private Vervielfältigung

107 Art 5 Abs 2 lit a und b Info-RL gestattet dem Gesetzgeber der Mitgliedstaaten, Ausnahmen vom (harmonisierten) Vervielfältigungsrecht für die **reprografische Vervielfältigung** sowie für die (private) Vervielfältigung auf – analogen und digitalen – **Bild- oder Tonträgern** vorzusehen. Auch wenn die Info-RL als Ausgleich für die wirtschaftlichen Einbußen der Berechtigten nicht zwingend einen Vergütungsanspruch vorsieht, so ist doch zumindest ein „gerechter Ausgleich" zu gewähren. Damit ist jedenfalls ein Schritt in die richtige Richtung getan. Vor allem im Bereich der Vervielfältigung zum privaten Gebrauch auf Bild- und Bildtonträgern, für welche die Gesetze einiger Mitgliedstaaten Vergütungsansprüche vorsehen, die an die Geräte und/oder das Trägermaterial anknüpfen, dürfte eine Binnenmarktrelevanz auch nicht zu leugnen sein. Zumindest für den Bereich der Gerätevergütung trifft dies allerdings auch für den Bereich der reprografischen Vervielfältigung zu[155].

108 **Frühere Initiativen** auf Europäischer Ebene waren zumindest im Ansatz bereits ehrgeiziger; sie beschränkten sich aber auf die „private Überspielung" im Audio und Videobereich. Schon im Jahr 1977 kündigte die Kommission[156] an, eine

[155] Vgl dazu all dem *Ellins*, Copyright Law 322ff.

[156] Die Aktion der Gemeinschaft im kulturellen Bereich Z 24.

Geräte- und Leerkassettenvergütung vorzuschlagen, was im Jahr 1982 bestätigt und durch eine von der Kommission in Auftrag gegebene Studie unterstützt wurde[157]. Während die Kommission jedoch im Grünbuch 1988 wieder von ihrem Plan Abstand nahm und eine Phase der Konsultationen einleitete, wurde schließlich doch die Ausarbeitung eines RL-Vorschlags angekündigt, der auch bis Ende 1992 fertiggestellt wurde. Eine Vorlage an den Rat unterblieb aber in weiterer Folge; es wurden neuerlich Konsultationen durchgeführt und im Jahr 1993 ein umfassender Fragenkatalog vorgelegt. Trotz weiterführender Pläne der Kommission kam es zur Vorlage eines RL-Vorschlags bisher nicht.

Wie bereits erwähnt, stellt die zwingende Vorsehung eines „gerechten Ausgleichs" in der **Info-RL** einen weiteren Harmonisierungsschritt dar, kann aber letztlich eine vollständige Harmonisierung und Ausgestaltung von Vergütungsansprüchen weder im reprografischen noch im übrigen Bereich ersetzen. Der Plan einer einheitlichen Regelung sollte deshalb auch nach Verabschiedung der Info-RL weiter verfolgt werden. **109**

5. Internationales Privatrecht

Eine ebenso brisante wie wichtige, bisher aber nur ansatzweise behandelte Frage ist diejenige des **anwendbaren Rechts**, und zwar sowohl in Bezug auf das **Sachstatut** als auch hinsichtlich des vertragsrechtlichen Bereichs. Zwar geht man sachrechtlich zunehmend von der Anwendung des Rechts im Schutzland (Territorialitätsprinzip) aus, doch wird dieses in seiner Ableitung und in seinen Auswirkungen nicht einheitlich verstanden. Entgegen einer gelegentlich vertretenen Ansicht bedeutet das Territorialitätsprinzip weder, dass grenzüberschreitende (Verletzungs)Handlungen immer nur unter dem Gesichtswinkel einer bestimmten materiellen Rechtsordnung zu beurteilen sind, noch dass ausländische Rechtsverletzungen im Inland nicht verfolgbar wären. **110**

Nach dem **Territorialitätsprinzip** (Schutzlandrecht)[158] richten sich die Entstehung, der Inhalt und das Erlöschen des Urheberrechts nach dem Recht des Lands, in dem die Benutzungs- oder Verletzungshandlung vorgenommen wird[159]. Das Territorialitätsprinzip entspricht im Wesentlichen der deliktsrechtlichen Regel der *lex loci delicti commissi*[160] und ist als Grundregel im Hinblick darauf einleuchtend, dass dem Nutzer (Verletzer) nur die im Land der Nutzungs- bzw Verletzungshandlung bestehenden urheberrechtlichen Vorschriften als Leitlinie seines Handelns dienen können. Da die urheberrechtlichen Ausschlussrechte für den Nutzer (deliktische) Verbotsnormen darstellen, erscheint die Heranziehung der allgemeinen deliktsrechtlichen Regel der Anwendbarkeit des

---

[157] Vgl *Davies*, Private Copying.

[158] Vgl etwa *Ulmer*, Die Immaterialgüterrechte im internationalen Privatrecht (1975) 12f und 37f; *Katzenberger* in *Schricker*, Kommentar² Vor § 120 Rz 120ff.

[159] So ausdrücklich § 34 Abs 1 öIPRG.

[160] Vgl *Walter*, La liberté contractuelle dans le domaine du droit d'auteur et les conflits de lois, RIDA 87 (1976) 45 = Contractual Freedom in the Field of Copyright and Conflict of Laws, Copyright Contracts (1977) 219 = Die Vertragsfreiheit im Urheberrecht aus der Sicht des Internationalen Privatrechts (1977).

Rechts am Handlungsort grundsätzlich sachgerecht[161]. Das Territorialitätsprinzip wird im Übrigen zunehmend auch in Ländern wie Frankreich anerkannt, die traditionell eher vom Ursprungslandprinzip[162] ausgegangen sind, was allerdings überwiegend fremdenrechtliche Hintergründe hatte.

111 Nach herrschender Ansicht ist auch die Frage der **Inhaberschaft** des Urheberrechts nach dem Recht im Schutzland zu beurteilen. Allerdings schließt das Territorialitätsprinzip eine Sonderanknüpfung nicht aus[163]. So stellte schon *Ulmer*[164] jedenfalls für Auftrags- und Dienstnehmerwerke auf das Vertragsstatut ab und erklärte für Werke, die von Arbeitnehmern geschaffen werden, das Recht des Staats für anwendbar, in dem der Arbeitnehmer gewöhnlich seine Arbeit verrichtet oder in dem sich der Betrieb befindet. Die Nähe von Fragen der Inhaberschaft des Urheberrechts zu vertragsrechtlichen zeigt auch eine Analyse des Art 2 Software-RL. Es soll diesen Fragen hier nicht weiter nachgegangen werden. Eine sinnvolle Lösung wird sich im Hinblick auf den internationalen Rechtsverkehr aber grundsätzlich an einer autonomen Anknüpfung der (ersten) Inhaberschaft des Urheberrechts an die Rechtsordnung eines bestimmten Lands orientieren müssen, wobei das Vertragsstatut als Orientierungshilfe dienen kann. Dabei mag zwischen Fragen der Inhaberschaft im Allgemeinen, den Sonderfällen der Auftragswerke und der von Dienstnehmern geschaffenen Werke sowie der Problematik der Miturheberschaft bzw der Urheberschaft an verbundenen Werken zu differenzieren sein.

Aber auch in anderen Zusammenhängen stellt sich die Frage einer **differenzierten Anknüpfung,** wobei wieder nicht übersehen werden darf, dass auch die innere Stimmigkeit einer bestimmten Urheberrechtsordnung ein zu berücksichtigender Faktor ist, was für bestimmte Fragen wieder zur Anwendung des Schutzlandrechts führen kann. Dies gilt auch für Fragen, bei welchen weniger Fragen des Rechtsverkehrs als vielmehr solche der Verteilungsgerechtigkeit in einem territorialen Kontext im Vordergrund stehen. Es mag dies unter dem Schlagwort der Eingriffsnorm oder des positiven *ordre public* des Schutzlands (nicht der *lex fori*) gesehen werden[165].

112 Besondere Probleme bereitet bei **grenzüberschreitenden Nutzungen** die Bestimmung des **Orts der Verletzungshandlung.** Diese Frage stellte sich schon im

---

[161] Vgl *Ulmer*, Die Immaterialgüterrechte im internationalen Privatrecht 39ff.

[162] So in der reinsten Form *Bartin*, Principes de droit international privé (1930–1935) Bd 3, 57ff. Grundsätzlich in jüngerer Zeit auch *Schack*, Zur Anknüpfung des Urheberrechts im internationalen Privatrecht (1979), der aber hinsichtlich zahlreicher Aspekte von der Anwendung des Schutzlandrechts ausgeht und daher eine differenzierte Lösung vertritt; siehe dazu jüngst auch *Schack*, Internationale Urheber-, Marken- und Wettbewerbsrechtsverletzungen im Internet. Internationales Privatrecht, MMR 2000, 59.

[163] Siehe dazu vor allem *Ginsburg*, Les conflits de lois relatifs au titulaire initial du droit d'auteur, Revue de la propriété industrielle 1986, 26; *Ginsburg*, The Private International Law of Copyright in an Era of Technological Change, Recueil des Cours de l'Académie Internationale de La Haye (1999) 273 (239); *Ginsburg*, Die Rolle des nationalen Urheberrechts im Zeitalter der internationalen Urheberrechtsabkommen, GRUR Int 2000, 97 (106ff).

[164] *Ulmer*, Die Immaterialgüterrechte im internationalen Privatrecht 41f.

[165] Vgl *Walter* in *Blocher/Walter*, Anpassungserfordernisse 515.

Fall der gezielten Sendung ins Ausland und im Zusammenhang mit Satellitensendungen. Die Satelliten- und Kabel-RL hat hier eine besondere Lösung nach dem „Ursprungslandprinzip" getroffen, wobei in diesem Zusammenhang nicht das Ursprungsland des Werks oder sonstigen Schutzgegenstands, sondern das Recht des Staats gemeint ist, von welchem die grenzüberschreitende Sendung ausgeht[166]. Allerdings gehen die Meinungen darüber auseinandern, ob es sich bei diesen Bestimmungen um solche des materiellen Rechts oder (auch) um Kollisionsnormen handelt. Die Kommission hat dieses Modell im Grünbuch Informationsgesellschaft auch für den Bereich der Online-Übertragung zur Diskussion gestellt, was aber – wohl zu Recht – auf heftige Kritik gestoßen ist. Dies insbes im Hinblick auf die Schwierigkeiten der Bestimmung des „Einlieferungsorts" und die Gefahr der Umgehung (*forum shopping*). In den Initiativen zum Grünbuch Informationsgesellschaft berichtet die Kommission über die geäußerten Zweifel an diesem Lösungsmodell[167]. Da man überwiegend davon ausging, dass sich die Probleme anhand der traditionellen Regeln des Internationalen Privatrechts lösen lassen, nahm die Kommission bisher davon Abstand, Vorschläge auszuarbeiten, ist sich der Problematik der kollisionsrechtlichen Fragen aber bewusst. Erinnert sei in diesem Zusammenhang an das schon Mitte der Siebzigerjahre erstattete Gutachten von *Ulmer*[168], das Vorschläge für eine Regelung des Sach- und Vertragsstatuts enthielt, die aber bisher nicht aufgegriffen wurden.

Was das **Urhebervertragsrecht** anlangt, ist dieses in Europa durch das **Römische** **113**
EWG-Übereinkommen über das auf vertragliche Schuldverhältnisse anwendbare Recht vom 19. Juni 1980 (EVÜ)[169] geregelt, dem neben Belgien, Dänemark, Frankreich, Griechenland, Italien, Luxemburg, Großbritannien, Irland, Niederlande, Portugal, Spanien auch Deutschland und jetzt auch Österreich, Schweden und Finnland angehören. In Deutschland ist das internationale Vertragsrecht in den Art 27ff EGBGB geregelt, die mit dem Gesetz zur Neuregelung des Internationalen Privatrechts vom 25. Juli 1986[170] neu gefasst wurden; in Österreich ist das EVÜ unmittelbar anwendbar und wurde nicht in das IPRG 1978 eingearbeitet[171]. Spezifische Regelungen für die Anknüpfung von Verträgen über Immaterialgüterrechte kennt das EVÜ aber nicht. Auch auf Urheberrechtsverträge sind deshalb sowohl hinsichtlich der **Rechtswahl** als auch in Bezug auf die gesetzliche Anknüpfung die allgemeinen Regeln anzuwenden.

Das EVÜ ist damit den Vorschlägen *Ulmers*, die charakteristische Leistung bzw die engste Verbindung für Urheberrechtsverträge zu konkretisieren, nicht gefolgt. Nach Art 4 Abs 1 EVÜ ist deshalb auch für Urheberrechtsverträge das Recht des Lands maßgebend, zu welchem das Vertragsverhältnis die **engste Verbindung** aufweist, wobei nach Art 4 Abs 2 (widerleglich) vermutet wird, dass

---

166 Vgl dazu *Dreier* Art 1 Rz 7ff Satelliten- und Kabel-RL.

167 Vgl etwa *Dreier*, The Cable and Satellite Analogy in *Hugenholtz* (Hrsg), The Future of Copyright in a Digital Environment (1996) 57.

168 Die Immaterialgüterrechte im internationalen Privatrecht (1975).

169 Vgl dazu etwa *Junker*, Die einheitliche europäische Auslegung nach dem EG-Schuldvertragsübereinkommen, RabelsZ 55 (1991) 674.

170 dBGBl 1986 I 1142.

171 Vgl auch *Walter* Art 3 Rz 21 Satelliten- und Kabel-RL.

dies das Land ist, in welchem die Vertragspartei zum Zeitpunkt des Vertragsabschlusses ihren gewöhnlichen Aufenthalt bzw den Sitz der Hauptverwaltung (die Haupt- oder Nebenniederlassung) hat, welche die **charakteristische Leistung** erbringt. Diese Vermutung gilt aber nach Art 4 Abs 5 EVÜ dann nicht, wenn nach den gesamten Umständen eine engere Verbindung zu einem anderen Land besteht (Ausweichklausel).

Berücksichtigt man bei der Anwendung des Grundsatzes der charakteristischen Leistung bzw der engsten Verbindung auch die **kollisionsrechtlichen Interessen** der Vertragsparteien, wird es bei einer objektiven Anknüpfung mangels einer Rechtswahl vor allem darauf ankommen, welcher Vertragspartei die Anwendung (auch) fremder Rechtsordnungen eher zuzumuten ist, weshalb an das Recht des Lands anzuknüpfen ist, in welchem der Rechtsnehmer (Verleger, Theaterunternehmer, Konzertveranstalter, Filmproduzent etc) seinen gewöhnlichen Aufenthalt (Hauptverwaltung, Niederlassung) hat, da diesen das größere Risiko einer Fehlinterpretation des Vertrags trifft. Diese einheitliche und aus Gründen der Rechtssicherheit nicht differenzierende Lösung folgt für Urheberrechtsverträge mE aus einer wohlverstanden Anknüpfung an die charakteristische Leistung, jedenfalls aber aus dem Grundsatz der engsten Verbindung, an welchem auch die Vermutungsregel zu Gunsten der charakteristischen Leistung zu messen ist. Auch über die Ausweichklausel des Art 4 Abs 2 EVÜ erscheint eine solche Anknüpfung argumentierbar. Die herrschende deutsche Lehre[172] folgt dagegen im Wesentlichen[173] der schon bisher vertretenen Ansicht und den Vorschlägen *Ulmers*[174], wonach zu differenzieren ist: Grundsätzlich ist die vom Urheber (Rechtsinhaber) zu erbringende Leistung als die charakteristische anzusehen, was aber dann nicht gilt, wenn der Rechtsnehmer ausschließlich berechtigt ist[175] oder wenn er zur Ausübung der ihm eingeräumten Rechte (oder erteilten

---

[172] Siehe etwa *Joch*, in *Reithmann/Martiny*, Internationales Vertragsrecht[5] Rz 1310 (Verlagsvertrag) und Rz 1315 (Filmproduktions- und -auswertungsverträge); *Katzenberger* in *Schricker*, Urheberrecht Kommentar[2] Rz 156f vor § 120; *Martiny* in Münchner Kommentar BGB/Einführungsgesetz – Internationales Privatrecht[2] Art 28 Rz 266. Vgl auch *Strömholm*, Urheberrechtsverträge und Internationales Privatrecht in *Holl/Klinke*, Internationales Privatrecht – Internationales Wirtschaftsrecht, 269. Auch *Schack*, Urheber- und Urhebervertragsrecht (1997) Rz 1144 folgt der herrschenden Ansicht, betont aber gleichfalls das Interesse des Rechtsnehmers an der Anwendung seiner Rechtsordnung.

[173] Etwas abweichend *v Hoffmann* in *Soergel* BGB Kommentar Bd 10 EGBGB Art 28 Rz 509ff, der im Fall bloßer Entgeltleistung durch den Erwerber an den gewöhnlichen Aufenthalt des Urhebers, bei einer selbständigen Verpflichtung des Erwerbers zu einer Verwertung aber an dessen gewöhnlichen Aufenthalt anknüpft und die Ausschließlichkeit einer Rechtseinräumung nicht für ausreichend hält (Analogie zu einem kauf- oder pachtähnlichen Vertragsverhältnis einerseits bzw einem Geschäftsbesorgungs- oder Vertriebsverhältnis anderseits); so auch schon *Hausmann*, Möglichkeiten und Grenzen der Rechtswahl in internationalen Urheberrechtsverträgen in FS Schwarz 47 (55f). *v Hoffmann* legt insgesamt ein größeres Gewicht auf die Zuordnung des konkreten Vertragsverhältnisses und geht weniger von einer Typisierung aus (Rz 510ff).

[174] Die Immaterialgüterrechte im internationales Privatrecht (1975) Vorschlag 109 Art F Abs 2.

[175] Dazu insbes *Hausmann*, Möglichkeiten und Grenzen der Rechtswahl in internationalen Urheberrechtsverträgen in FS Schwarz 47 (57) mit dem Hinweis auf die sich aus dem Rückrufrecht wegen Nichtausübung ergebende Ausübungslast des Nutzers.

Bewilligungen) verpflichtet ist[176]. Eine solche Differenzierung ist aber wenig interressengerecht und auch unter dem Gesichtswinkel der charakteristischen Leistung kaum überzeugend. Eine Klärung all dieser Fragen auf Europäischer Ebene erscheint nach wie vor angezeigt und – vor allem im Bereich des Sachstatuts – auch binnenmarktrelevant zu sein.

6. Kodifizierung des Europäischen Urheberrechts?

Insgesamt wird man die bisher ins Werk gesetzte Harmonisierung des Urheber- und Leistungsschutzrechts als durchaus gelungen bezeichnen können. Für zahlreiche Mitgliedstaaten sind von der Europäischen Rechtsangleichung auch wesentliche Impulse für eine Weiterentwicklung des nationalen Rechts ausgegangen. Dies umso mehr als die Harmonisierung im Wesentlichen auf hohem Niveau erfolgt ist, wenngleich es auch noch manche Lücke zu schließen und Unebenheiten auszugleichen gilt. Wie die Erörterungen anlässlich der Beratungen der geänderten RL-Vorschläge zum Folgerecht und zur Informationsgesellschaft gezeigt haben, dürfte die Harmonisierung in politischer Hinsicht aber zunehmend schwieriger werden. Dies sollte die zuständigen Stellen aber nicht davon abhalten, die Harmonisierung weiter voranzutreiben und ein hohes Niveau des urheberrechtlichen und leistungsschutzrechtlichen Schutzes anzustreben, und zwar im Interesse der Berechtigten, der Kulturindustrie und der Gesellschaft als solcher. **114**

Da die Harmonisierung zwar bereits größere Teile des Urheber- und Leistungsschutzrechts abdeckt, dessen ungeachtet aber nach wie vor eine punktuelle geblieben ist, läuft das Europäische Urheberrecht allerdings Gefahr, auf Kosten einer einheitlichen Systematik aus dem Ruder zu laufen. So haben insbes die Erläuterungen der Info-RL gezeigt, dass allein das Nebeneinander verschiedener und zum Teil ausdrücklich als voneinander unabhängig statuierter Vorschriften zu Auslegungs- und Abgrenzungsproblemen führen kann und darüber hinaus die Stimmigkeit der gefundenen Regelungen gefährdet. Es scheint deshalb die Zeit reif zu sein, nicht nur Harmonisierungslücken zu schließen und das Schutzniveau weiter auszubauen, sondern auch die bestehenden Querverbindungen zu prüfen und manches Detail zu hinterfragen. Diese Überlegungen könnten – zumindest mittelfristig – aber auch zu einer Zusammenfassung (Kodifizierung) des Europäischen Urheberrechts führen, was nicht nur der Übersichtlichkeit und Systematik förderlich wäre, sondern auch der Rechtsanwendung zugute käme. **115**

---

[176] Die Differenzierung geht schon auf *Troller*, Das Internationale Privat- und Zivilprozeßrecht im gewerblichen Rechtsschutz und Urheberrecht (1952) 218ff, zurück. Zum älteren Recht ablehnend schon BGH 29.03.1960 – „Comics“ GRUR 1996, 447 = UFITA 31 (1960) 365.

Sachregister

Das kursiv gesetzte Buchstabenkürzel verweist auf den jeweiligen Teil des Kommentars, die folgende Zahl auf den Artikel oder das Kapitel dieses Teils. Ein der Zahl nachgestelltes Minuszeichen (-) steht für „Vor", ein Pluszeichen (+) für „Anhang". Die Zahl nach dem Schrägstrich (/) bezeichnet die Randzahl (zB steht „*sd* 1-/7" für: „Vor Artikel 1 der Schutzdauer-RL Randzahl 7"). Bei den durchgehend nummerierten Kommentarteilen „Info-RL" und „Stand der Harmonisierung" werden nur die Randzahlen angegeben (zB „*if* 87").

Behandeln zwei oder mehrere unmittelbar aufeinanderfolgende Absätze des Kommentars dasselbe Stichwort, wird (unter Verzicht auf „f" bzw „ff") nur auf den ersten dieser Absätze verwiesen. Gibt es im Sachregister bei einem Stichwort mehrere Hinweise auf Randzahlen zu demselben Artikel, wird die Artikelnummer nur beim ersten Hinweis angeführt; weitere Randzahlen desselben Artikels werden durch Kommata voneinander getrennt. Auch die Buchstabenkürzel für die einzelnen Abschnitte (Richtlinien, Verordnung etc) werden im Fall mehrfacher Hinweise bei ein und demselben Stichwort nicht wiederholt; die Angaben der Artikel und/oder Randzahlen werden dann ebenfalls durch Kommata separiert. Zwischen Hinweisen auf verschiedene Abschnitte stehen Semikola.

Entscheidungsstichworte werden durch ein nachgestelltes „E" gekennzeichnet.

Buchstabenkürzel

at = Allgemeiner Teil
sk = Satelliten- und Kabel-RL
pp = ProduktpiraterieV
st = Stand der Harmonisierung
sw = Software-RL
sd = Schutzdauer-RL
fr = Folgerecht-RL
vv = Vermiet- und Verleih-RL
db = Datenbank-RL
if = Info-RL

SpringerRecht

Viktor Mayer-Schönberger

Information und Recht – Vom Datenschutz bis zum Urheberrecht

Praxisbezogene Perspektiven für Österreich,
Deutschland und die Schweiz

2001. XIV. 246 Seiten.
Broschiert öS 546,–, DM 78,–
ISBN 3-211-83456-7

Die Industriegesellschaft ist im Begriff, von der Informationsgesellschaft abgelöst zu werden. Auf diesen Paradigmenwechsel hat der Gesetzgeber bisher nur unzureichend reagiert, wie ein Blick auf die subjektiven Rechte an Information (von Urheberrecht bis Datenschutz) zeigt. Gerade die Rechtsordnung soll aber die Antwort auf die Frage geben, wer in Zukunft über welche Informationen, und damit auch welchen wirtschaftlichen Wert, verfügen kann.

Dieses Buch präsentiert eine umfassende Lösung, die kein neues „Informationsgesetzbuch" erfordert, um die notwendige Klarheit der Verfügungsrechte an Information – und damit Rechtssicherheit in der Informationsgesellschaft – zu schaffen. Die Darstellung der österreichischen Situation wird durch Perspektiven für Deutschland und die Schweiz ergänzt und in Kontrast zu amerikanischen Rechtsentwicklungen gestellt.

SpringerWienNewYork

A-1201 Wien, Sachsenplatz 4–6, P.O.Box 89, Fax +43.1.330 24 26, e-mail: books@springer.at, **www.springer.at**
D-69126 Heidelberg, Haberstraße 7, Fax +49.6221.345-229, e-mail: orders@springer.de
USA, Secaucus, NJ 07096-2485, P.O. Box 2485, Fax +1.201.348-4505, e-mail: orders@springer-ny.com
EBS, Japan, Tokyo 113, 3–13, Hongo 3-chome, Bunkyo-ku, Fax +81.3.38 18 08 64, e-mail: orders@svt-ebs.co.jp

Franz Mänhardt, Willibald Posch

Internationales Privatrecht Privatrechtsvergleichung Einheitsprivatrecht

Zweite, aktualisierte und erweiterte Auflage
1999. XVIII, 219 Seiten.
Broschiert öS 495,–, DM 71,–
ISBN 3-211-83359-5
Springers Kurzlehrbücher der Rechtswissenschaft

„Die 2. Auflage dieses österreichischen Standardwerkes zu den ‚Internationalen Dimensionen des Privatrechts' hat den Neuerungen, die der Beitritt Österreichs zur EU und die neuen Medien auch für diesen Bereich brachten, Rechnung getragen ... Dieses sehr anschauliche und gut lesbare Werk ist Anwälten, Rechtanwendern und Juristen in Export/Importfirmen ein Wegweiser und bietet den Studierenden der Rechtswissenschaft einen leichten Einstieg in die internationalen Dimensionen des Privatrechts."
Recht der Wirtschaft

„... ein lesenswertes Nachschlagewerk ... das ... in keiner einschlägigen Fachbibliothek fehlen sollte."
Zeitschrift für Verkehrsrecht

A-1201 Wien, Sachsenplatz 4–6, P.O.Box 89, Fax +43.1.330 24 26, e-mail: books@springer.at, **www.springer.at**
D-69126 Heidelberg, Haberstraße 7, Fax +49.6221.345-229, e-mail: orders@springer.de
USA, Secaucus, NJ 07096-2485, P.O. Box 2485, Fax +1.201.348-4505, e-mail: orders@springer-ny.com
EBS, Japan, Tokyo 113, 3–13, Hongo 3-chome, Bunkyo-ku, Fax +81.3.38 18 08 64, e-mail: orders@svt-ebs.co.jp

SpringerRecht

Dietmar Jahnel, Alfred Schramm, Elisabeth Staudegger (Hrsg.)

Informatikrecht

2000. XXI, 296 Seiten.
Broschiert öS 620,–, DM 89,–
ISBN 3-211-83279-3
Springers Kurzlehrbücher der Rechtswissenschaft

Rechtliche Fragen und Probleme, die im Zusammenhang mit EDV-Anwendungen und Verwendung von EDV entstehen, berühren zahlreiche Rechtsgebiete. Einzelne Problemkreise wurden in der Zwischenzeit zwar in Monografien bearbeitet, eine fächerübergreifende Gesamtdarstellung in knapper Form fehlte jedoch bislang.

Dieses Kurzlehrbuch schließt diese Lücke und wendet sich damit nicht nur an Juristen und fortgeschrittene Jus-Studenten, sondern vermittelt auch Personen aus dem Bereich des Managements (z.B. Personalchefs, Geschäftsführer von EDV-Firmen, etc.) die notwendigen Informationen, um IT-rechtliche Sachverhalte juristisch einordnen zu können.

Im einzelnen werden folgende Gebiete behandelt:
Vertragsrecht • Handelsrecht • Electronic Commerce • Gewerblicher Rechtsschutz (u.a. Urheberrecht, Wettbewerbsrecht) • Arbeitnehmerschutz • Arbeitsvertragsrecht • Datenschutzrecht • Gewerberecht • Telekommunikationsrecht • Steuerrecht • Strafrecht

A-1201 Wien, Sachsenplatz 4–6, P.O.Box 89, Fax +43.1.330 24 26, e-mail: books@springer.at, **www.springer.at**
D-69126 Heidelberg, Haberstraße 7, Fax +49.6221.345-229, e-mail: orders@springer.de
USA, Secaucus, NJ 07096-2485, P.O. Box 2485, Fax +1.201.348-4505, e-mail: orders@springer-ny.com
EBS, Japan, Tokyo 113, 3–13, Hongo 3-chome, Bunkyo-ku, Fax +81.3.38 18 08 64, e-mail: orders@svt-ebs.co.jp

SpringerRecht

Michael Holoubek, Matthias Traimer, Michael Weiner

Grundzüge des Rechts der Massenmedien

2000. V, 126 Seiten.
Broschiert öS 198,–, DM 28,–
ISBN 3-211-83520-2
Springer Notes Rechtswissenschaft

Das Recht der auf dem Gebiet der Massenmedien tätig werdenden Medienunternehmen und der in diesen Unternehmen arbeitenden Menschen wird systematisch dargestellt. Dabei werden auch die verschiedenen Zielsetzungen, die hinter den einzelnen Regulierungen stehen, deutlich gemacht. Behandelt werden: Verfassungs- und europarechtliche Grundlagen, Mediengesetz, Presseförderung, Sonderarbeitsrecht für Journalisten, Rundfunkrecht einschließlich Fragen der „neuen Medien" und „Medienkonzentrationsregelungen", Recht der Werbung in Massenmedien sowie Fragen des straf- und zivilrechtlichen Persönlichkeitsschutzes.

„... Ein kompakter Leitfaden, der eine kompetente Orientierung im Recht der Massenmedien ermöglicht."

Medien + Recht

A-1201 Wien, Sachsenplatz 4–6, P.O. Box 89, Fax +43.1.330 24 26, e-mail: books@springer.at, **www.springer.at**
D-69126 Heidelberg, Haberstraße 7, Fax +49.6221.345-229, e-mail: orders@springer.de
USA, Secaucus, NJ 07096-2485, P.O. Box 2485, Fax +1.201.348-4505, e-mail: orders@springer-ny.com
EBS, Japan, Tokyo 113, 3–13, Hongo 3-chome, Bunkyo-ku, Fax +81.3.38 18 08 64, e-mail: orders@svt-ebs.co.jp

SpringerRecht

Markus Fallenböck

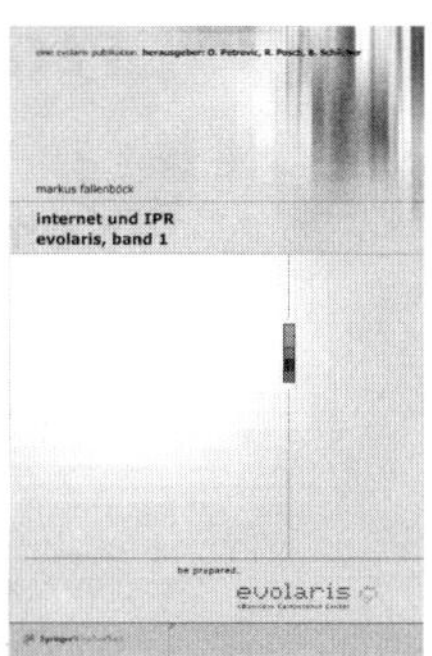

Internet und IPR

Zu den internationalen Dimensionen des Rechts im Electronic Commerce

2001. Etwa 200 Seiten.
Broschiert öS 476,–, DM 68,–
ISBN 3-211-83613-6
Evolaris, Band 1

Der Begriff des Electronic Commerce, als jede Form des Geschäftsverkehrs, der im oder über das Internet seine Dienste abwickelt, ist mittlerweile Allgemeingut geworden.
Vielfach wird dabei aber übersehen, dass das Thema nicht nur hochaktuell, sondern zumindest im gleichen Ausmaß auch juristisch anspruchsvoll ist. Über das rein Fachjuristische weit hinausgehend, ist in diesem Bereich vielfach ein Verständnis technischer Fragen zur Problemlösung erforderlich.

Beides verbindet der Autor in hohem Maß. Neben prägnanten Erläuterungen der für die Behandlung juristischer Probleme notwendigen technischen Begriffe, bietet er dogmatisch fundierte Lösungen für in diesem Bereich auftretende Rechtsfragen. Der Schwerpunkt liegt in jenem Bereich, der die Grundlage jedes grenzüberschreitenden Geschäftsverkehrs darstellt: dem internationalen Schuldvertragsrecht.
Zentraler Aspekt sind die Wechselwirkungen in Internationalem Schuldvertragsrecht und Europäischem Gemeinschaftsrecht. Zusätzlich wird die US-amerikanische Situation beleuchtet, die gerade bei diesem Thema interessante Parallelen, aber auch Gegensätze aufweist.

A-1201 Wien, Sachsenplatz 4–6, P.O.Box 89, Fax +43.1.330 24 26, e-mail: books@springer.at, **www.springer.at**
D-69126 Heidelberg, Haberstraße 7, Fax +49.6221.345-229, e-mail: orders@springer.de
USA, Secaucus, NJ 07096-2485, P.O. Box 2485, Fax +1.201.348-4505, e-mail: orders@springer-ny.com
EBS, Japan, Tokyo 113, 3–13, Hongo 3-chome, Bunkyo-ku, Fax +81.3.38 18 08 64, e-mail: orders@svt-ebs.co.jp

Springer-Verlag und Umwelt

ALS INTERNATIONALER WISSENSCHAFTLICHER VERLAG sind wir uns unserer besonderen Verpflichtung der Umwelt gegenüber bewußt und beziehen umweltorientierte Grundsätze in Unternehmensentscheidungen mit ein.

VON UNSEREN GESCHÄFTSPARTNERN (DRUCKEREIEN, Papierfabriken, Verpackungsherstellern usw.) verlangen wir, daß sie sowohl beim Herstellungsprozeß selbst als auch beim Einsatz der zur Verwendung kommenden Materialien ökologische Gesichtspunkte berücksichtigen.

DAS FÜR DIESES BUCH VERWENDETE PAPIER IST AUS chlorfrei hergestelltem Zellstoff gefertigt und im pH-Wert neutral.